Słownik terminologii prawniczej i ekonomicznej

ANGIELSKO-POLSKI

Janina Jaślan
Henryk Jaślan

AN ENGLISH-POLISH
Dictionary of Legal and Economic Terms

Wiedza Powszechna
Warszawa

Janina Jaślan
Henryk Jaślan

Słownik terminologii
prawniczej i ekonomicznej
ANGIELSKO-POLSKI

Wiedza Powszechna
Warszawa

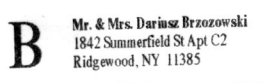

Okładka i karty tytułowe
MAREK STAŃCZYK

Recenzent

DR ANTONI PREJBISZ

Redaktorzy
KATARZYNA BILLIP
IZABELLA JASTRZĘBSKA-OKOŃ

Redaktor techniczny
ELŻBIETA GONTARZ

Korektorzy
ZDZISŁAW BOCHEŃSKI

JERZY LASS

Wydawnictwo
WIEDZA POWSZECHNA
ul. Jasna 26, 00-054 Warszawa
tel./fax: 826 85 94

ISBN 83-214-1024-3

SPIS TREŚCI – CONTENTS

PRZEDMOWA

Niniejszy specjalistyczny słownik jest przeznaczony dla prawników i ekonomistów posługujących się w swojej pracy tekstami angielskimi i amerykańskimi, a także dla tłumaczy, dziennikarzy, studentów, pracowników handlu zagranicznego, służby konsularnej, biur podróży i innych osób zainteresowanych terminologią prawniczą i ekonomiczną.

Słownik obejmuje około 70 000 wyrazów, terminów i wyrażeń używanych w prawie, ekonomii i handlu oraz w innych dziedzinach nauk z nimi związanych. Uwzględnia również instytucje prawne występujące współcześnie w Wielkiej Brytanii i Stanach Zjednoczonych. W wypadku, gdy jakaś instytucja nie ma ścisłego polskiego odpowiednika, podano dosłowne tłumaczenie nazwy organizacji lub wyjaśnienie określające istotę jej funkcjonowania.

Słownik obejmuje terminy z zakresu prawa materialnego oraz przepisów procedury z następujących dziedzin prawa: cywilnego, karnego, administracyjnego, międzynarodowego, morskiego, handlowego, wekslowego, czekowego, upadłościowego, autorskiego, patentowego, spółdzielczego i prawa pracy. Ponadto uwzględnia podstawowe pojęcia z zakresu kryminologii, medycyny i psychiatrii sądowej.

Terminologia ekonomiczna zawiera słownictwo z zakresu gospodarki, finansów, bankowości, handlu (w szczególności zagranicznego), ubezpieczeń, usług pocztowych, opodatkowania, opłat celnych, transportu oraz terminologię związaną z umowami międzynarodowymi, konferencjami, targami i wystawami oraz działalnością organizacji międzynarodowych.

Pominięto natomiast słownictwo z zakresu towaroznawstwa i techniki dotyczącej żeglugi, statystyki i bankowości.

Słownik uzupełniają następujące zestawienia:
- spis angielskich i amerykańskich wag i miar,
- wybór powszechnie stosowanych skrótów,
- ONZ i organizacje wyspecjalizowane (inne ważniejsze organizacje znalazły się w tekście słownika),
- zestaw typowych angielskich i amerykańskich dokumentów prawnych.

PREFACE

This specialistic dictionary is designed for lawyers and economists whose work requires a knowledge of British and American texts, for translators, journalists, students, and for foreign trade, consular service and travel agency employees, as well as for people who are interested in legal and economic terminology.

The dictionary contains about 70,000 words, terms and expressions used in law and economy as well as in other fields of learning connected with domains mentioned above. It includes also the legal institutions of Great Britain and the United States which in case of having no Polish equivalents will be formulated in a descriptive way.

The dictionary comprises terms used in substantive law and procedure provisions in the following fields: civil, penal, administrative, international, maritime, commercial, exchange, cheque, bankruptcy, patent, copyright, co-operative and labour law. There will be also basic terms in criminology, forensic medicine and psychiatry.

The economic terminology includes: economics, finance, banking, trade (especially foreign trade), insurance, postal services, taxation, customs, transport, as well as terms connected with international agreements, conferences, fairs and exhibitions and the activity of international organizations.

Terms referring to the science of commodities and technics in navigation, statistics and banking have been omitted.

The dictionary has a supplement consisting of:
– a list of English and American weights and measures,
– a selection of abbreviations in common use,
– UNO and specialized organizations (other important organizations have been included in the body of the dictionary),
– a set of typical English and American legal documents.

WSKAZÓWKI DLA KORZYSTAJĄCYCH ZE SŁOWNIKA

HASŁA I PODHASŁA

Wyrazy hasłowe będące przeważnie pojedynczymi wyrazami lub złożeniami pisanymi z łącznikiem lub bez niego, a rzadziej złożeniami wielowyrazowymi podano pismem półgrubym w ścisłym porządku alfabetycznym.

Homonimy i wyrazy pełniące różne funkcje gramatyczne podano jako osobne hasła i oznaczono kolejnymi cyframi arabskimi oraz kwalifikatorami gramatycznymi.

Rzeczowniki, które w liczbie pojedynczej i mnogiej mają różne znaczenia, podano w porządku alfabetycznym jako osobne hasła z wzajemnym odesłaniem, np.

> **facilities** *spl* udogodnienia, urządzenia, usługi; *zob.* **facility**
> **facility** *s* dogodność, ulga, ułatwienie; *zob.* **facilities**

Rzeczowniki odsłowne oraz imiesłowy czasu teraźniejszego i przeszłego, które w języku fachowym często pełnią funkcję przymiotników, zostały podane jako osobne hasła.

W porządku alfabetycznym podano także czasowniki z przyimkami i przysłówkami, tzw. phrasal verbs (takie jak **give away, give in, give out, give up**) ze względu na ich odrębność znaczeniową.

Znaczna większość haseł obejmuje szereg podhaseł, tzn. wyrażeń lub zwrotów tworzących semantyczną całość. Podhasła mają także ścisły układ alfabetyczny, z tym że najpierw zamieszczono podhasła zaczynające się od wyrazu hasłowego, następnie podhasła rzeczownikowe, w których wyraz hasłowy jest na dalszym miejscu, i wreszcie podhasła stanowiące wyrażenia i zwroty, które powstały przez zestawienie hasła z czasownikami. W układzie alfabetycznym podhaseł pominięto rodzajniki **a, an** i **the** oraz fakultatywne formy zwrotne **one's, sb's.**

FORMY NIEREGULARNE

Ponieważ słownik ten nie jest przeznaczony do nauki języka angielskiego, pominięto wszelkie informacje gramatyczne z wyjątkiem kwalifikatorów gramatycznych oraz form nieregularnych liczby mnogiej rzeczowników i form nieregularnych czasowników, np.

> **basis** *s* (*pl* **bases**) podstawa, baza, zasada, punkt wyjścia
> **steal** *v* (**stole, stolen**) skraść, ukraść
> **overbid** *v* (**overbid, overbade,** *pp* **overbid, overbidden**) przebić (*na licytacji*), zaoferować wyższą cenę (*na licytacji*)

ODPOWIEDNIKI

Polskie odpowiedniki haseł angielskich drukowane są jasną czcionką. Odpowiedniki o różnych znaczeniach oddzielono kolejnymi cyframi arabskimi, natomiast odpowiedniki o znaczeniach bliższych – przecinkami i średnikami. W podhasłach różne znaczeniowo odpowiedniki oddzielono kolejnymi literami alfabetu, np.

legal action *a)* wystąpienie na drogę sądową *b)* działalność zgodna z prawem

Polskie odpowiedniki angielskich przymiotników podano tylko w formie męskiej, z wyjątkiem takich, które występują wyłącznie w formie żeńskiej.

SKŁADNIA

W wypadkach gdy składnia polska różni się od składni angielskiej, podano je obie w nawiasie okrągłym po polskim odpowiedniku, np.

object *v* zgłaszać zarzuty, sprzeciwiać się, oponować **(to sth** przeciwko czemuś)
irrespective *adv* niezależnie **(of sth** od czegoś), bez względu **(of sth** na coś)

PISOWNIA

Pisownia, którą zastosowano w słowniku, jest ogólnie przyjętą pisownią brytyjską i tylko typowo amerykańskie terminy zachowały pisownię amerykańską.

Wyrazy złożone, pisane z łącznikiem lub bez niego (nastręczające najwięcej trudności ze względu na istniejące rozbieżności w pisowni) zamieszczono podając formy częściej używane, lub z łącznikiem w nawiasach, np.

counter(-)bill *s* weksel zwrotny

DIRECTIONS FOR THE USE OF THE DICTIONARY

THE ENTRIES AND SUB-ENTRIES

The headwords, in most cases single words or hyphened compounds, rarely consisting of more words, are arranged in strictly alphabetical order and printed in bold-face type.

Homonyms and grammatically different categories of words are given as separate entries with the addition of ordinal numbers and qualifying abbreviations indicating grammatical categories.

Some nouns with different meanings in their singular and plural appear twice as separate entries in alphabetical order with proper cross-references, e.g.

facilities *spl* udogodnienia, urządzenia, usługi; *zob.* **facility**
facility *s* dogodność, ulga, ułatwienie; *zob.* **facilities**

Gerunds and participles (both present and past) so often used in their adjectival function in professional language appear as separate entries.

Phrasal verbs (such as **give away, give in, give out, give up**) form separate entries because of their different meanings. They are listed in strict alphabetical order.

Most entries comprise a number of sub-entries, i.e. expressions or phrases forming one semantic whole. The sub-entries are arranged so that first come sub-entries beginning with the headword, then follow those in which the headword appears as a second or third element, to end up with the sub-entries constituting expressions or phrases starting with verbs; all those follow strict alphabetical order with the exception of the articles **a, an** and **the,** and such facultative reflexive forms as **one's, sb's.**

IRREGULAR FORMS

As the present dictionary does not aspire to teach the English language, all grammatical information has been omitted except for grammatical labels and irregular plural forms of nouns and irregular forms of verbs, e.g.

basis *s* (*pl* **bases**) podstawa, baza, zasada, punkt wyjścia
steal *v* (**stole, stolen**) skraść, ukraść
overbid *v* (**overbid, overbade,** *pp* **overbid, overbidden**) przebić (*na licytacji*), zaoferować wyższą cenę (*na licytacji*)

THE RENDERINGS

The Polish renderings of the English words are printed in light type. Renderings with entirely different meanings are separated by successive Arabic numerals, closer renderings by commas and semicolons. In case of sub-entries, if their Polish renderings are entirely different, they are separated by small successive letters, e.g.

legal action *a*) wystąpienie na drogę sądową *b*) działalność zgodna z prawem

The Polish renderings of English adjectives are given in the masculine gender except for those used only in the feminine.

SYNTAX

In cases when the Polish syntax differs from the English one – both of them are given in round brackets after the Polish rendering, e.g.

object *v* zgłaszać zarzuty, sprzeciwiać się, oponować (**to sth** przeciwko czemuś)
irrespective *adv* niezależnie (**of sth** od czegoś), bez względu (**of sth** na coś)

SPELLING

The spelling used in the dictionary is that of the leading British dictionaries, only typical American terms keep their American spelling.

The compounds spelt with a hyphen or without it (causing most difficulties because of the existing divergencies in practice) were considered according to the forms most frequently used or by giving both forms with the hyphen in brackets, e.g.

counter(-)bill *s* weksel zwrotny

SKRÓTY I ZNAKI OBJAŚNIAJĄCE
ABBREVIATIONS AND EXPLANATORY SIGNS

adj	przymiotnik	adjective
adv	przysłówek	adverb
am.	amerykański	American
austral.	australijski	Australian
bryt.	brytyjski	British
conj	spójnik	conjunction
czart.	czarterowanie	chartering
d/s	do spraw	concerning

fr.	francuski	French
giełd.	giełda	Stock Exchange
handl.	handlowy	commercial
hist.	historyczny	historical
hiszp.	hiszpański	Spanish
inf.	informatyka	data processing
itd.	i tak dalej	and so on
itp.	i tym podobne	and the like
koresp.	korespondencja	correspondence
księgow.	księgowość	book-keeping
łac.	łaciński	Latin
med.	medyczny	medical
mors.	morski	nautical
np.	na przykład	for instance
pat.	patentowy	patent
pl	liczba mnoga	plural
polit.	polityka	politics
pot.	potoczny	colloquial
pp	imiesłów przeszły	past participle
praep	przyimek	preposition
pr.mors.	prawo morskie	nautical law
przen.	przenośny	figurative
rel.	religia	religion
s	rzeczownik	substantive
sb	ktoś, kogoś, komuś itd.	somebody
sb's	czyjś	somebody's
skr.	skrót	abbreviation
sl.	slang, żargon	slang
spl	rzeczownik w liczbie mnogiej	substantive in plural
stat.	statystyka	statistics
sth	coś, czegoś, czemuś itd.	something
szkoc.	szkocki	Scottish
turyst.	turystyczny	tourist
tzw.	tak zwany	so called
ubezp.	ubezpieczenia	insurances
ub.mors.	ubezpieczenia morskie	naval insurances
v	czasownik	verb
wł.	włoski	Italian
zob.	zobacz	see
~	Tylda zastępuje wyraz hasłowy.	The tilde stands for the entry.
1,2,3	Kolejne małe cyfry arabskie wyróżniają wyrazy o tej samej pisowni mające różne pochodzenie lub pełniące różne funkcje gramatyczne.	Successive small Arabic numerals mark words with the same spellings but having different origins or different parts of speech.
1.,2.	Cyfry arabskie oddzielają kolejne odpowiedniki danego hasła.	Arabic numerals separate successive renderings of the entry.
a), b)	Małe litery oznaczają różnice w znaczeniu podhaseł.	Small letters mark differences in meaning of sub-entries.
⟨ ⟩	Nawiasy trójkątne zawierają słowa lub wyrażenia wymienne.	Angular brackets enclose words or expressions which are interchangeable.
( )	Nawiasy okrągłe zawierają wszystkie objaśnienia oraz wyrazy (lub ich części), które mogą być opuszczone.	Round brackets enclose all explanations and words (or parts of words) which may be omitted.

A

abaction *s* uprowadzenie siłą ⟨przemocą⟩

abactor *s* złodziej stada (*bydła, koni*)

abalienated *adj* dotknięty chorobą psychiczną ⟨zaburzeniem psychicznym⟩

abalienation *s* choroba psychiczna, zaburzenie psychiczne

abandon *v* **1.** porzucić, opuścić **2.** zaniechać ⟨zaprzestać⟩ (**sth** czegoś) **3.** odstąpić (**sth** od czegoś), zrezygnować (**sth** z czegoś) **4.** zrzec się (*majątku*) **5.** dokonać abandonu

  to ~ an application zrezygnować ze zgłoszenia (*patentu*)

  to ~ one's assets to creditors zrzec się majątku na rzecz wierzycieli

  to ~ the attempt zaniechać usiłowań

  to ~ one's child porzucić dziecko

  to ~ a claim *a)* zrzec się roszczenia *b)* zrezygnować z zastrzeżenia patentowego

  to ~ the defence zrzec się obrony

  to ~ one's family opuścić ⟨porzucić⟩ rodzinę

  to ~ a farm porzucić ⟨opuścić⟩ gospodarstwo rolne

  to ~ a patent zrezygnować z patentu

  to ~ a prosecution odstąpić od ścigania

  to ~ one's rights zrzec się swych uprawnień

  to ~ a ship opuścić ⟨porzucić⟩ statek

abandoned *adj* porzucony, opuszczony, zaniechany

  ~ merchandise porzucony ⟨nie odebrany⟩ towar

  ~ property majątek porzucony ⟨opuszczony⟩, rzecz porzucona (*z zamiarem wyzbycia się własności*)

abandonee *s* osoba, na rzecz której dokonano abandonu

abandoner *s* osoba dokonująca abandonu

abandonment *s* **1.** opuszczenie, pozostawienie **2.** porzucenie, zaniechanie **3.** zrzeczenie się **4.** abandon

  ~ clause *ub. mors.* klauzula abandonowa (*o warunkach i skutkach porzucenia statku*)

  ~ of the gold standard odejście od waluty złota

  ~ of insured goods abandon ⟨opuszczenie, porzucenie⟩ ubezpieczonego towaru

  ~ of nationality zrzeczenie się obywatelstwa

  ~ of an option rezygnacja z prawa opcji giełdowej

  ~ of a ship abandon statku

  ~ of a ship and cargo at sea porzucenie statku z ładunkiem na morzu

  ~ of a ship and freight to creditors oddanie wierzycielom statku i należności frachtowych

  acceptance of ~ przyjęcie abandonu przez ubezpieczyciela

  act of ~ dokonanie abandonu

  notice of ~ zawiadomienie o zrzeczeniu się ⟨abandonie⟩

abatable *adj* podlegający uchyleniu ⟨zniesieniu, unieważnieniu⟩

abate *v* **1.** unieważniać, anulować **2.** wygasać, tracić ważność **3.** zmniejszać, obniżać (*cenę*) **4.** udzielać rabatu ⟨ulgi podatkowej⟩

abatement *s* **1.** unieważnienie, anulowanie **2.** obniżenie, spadek, obniżka (*cen*) **3.** rabat, bonifikata, skonto **4.** ulga podatkowa

  ~ clause klauzula obniżki ⟨obniżenia⟩

  ~ notice publiczne wezwanie do usunięcia (*np. zagrożenia zdrowia mieszkańców*) skierowane do osób powodujących takie zagrożenie

  ~ of action zawieszenie postępowania (*np. na skutek śmierci strony*)

  ~ of debts obniżenie (*proporcjonalne*) długów

  ~ of legacies proporcjonalne obniżenie zapisów wobec braku dostatecznej masy spadkowej

  ~ of nuisance *a)* odparcie samowolnego naruszenia posiadania *b)* samopomoc w celu przywrócenia posiadania

  ~ of purchase money obniżka ceny kupna

  ~ of a suit zawieszenie postępowania

  ~ of taxes obniżenie podatków

  "no ~" „rabatu nie udziela się", „ceny stałe"

  to make an ~ udzielać obniżki ⟨rabatu, bonifikaty, skonta⟩

abater *s* osoba dokonująca unieważnienia ⟨anulowania, obniżenia, obniżki⟩, osoba udzielająca rabatu ⟨skonta, ulgi podatkowej⟩

abbreviate[1] *v* **1.** skracać **2.** sporządzać wyciąg ⟨wypis⟩ (*z aktu, dokumentu*)

abbreviate² *s* 1. skrót 2. wyciąg, wypis (*z aktu, dokumentu*)
  ~ **of adjudication** wypis z wyroku zasądzającego
abbreviated *adj* skrócony
  ~ **text** skrócony tekst
  in ~ **form** w skróconej formie
abbreviation *s* skrót; streszczenie
  accepted ~**s** przyjęte skróty
  to reprint with ~**s** przedrukować ze skrótami
abbreviature *s* 1. skrót 2. wypis ⟨wyciąg⟩ z tekstu ⟨dokumentu⟩
abdicate *v* 1. abdykować 2. podać się do dymisji 3. zrzec się tytułu ⟨stanowiska⟩, zrezygnować
  to ~ **the crown** ⟨**the throne**⟩ zrzec się korony ⟨tronu⟩
abdication *s* 1. abdykacja 2. zrzeczenie się stanowiska ⟨urzędu⟩ 3. rezygnacja
  deed ⟨**instrument**⟩ **of** ~ dokument ⟨akt⟩ abdykacji
abduct *v* uprowadzić, porwać
  to ~ **a minor** uprowadzić osobę nieletnią
abduction *s* uprowadzenie, porwanie
  ~ **of a minor** uprowadzenie osoby nieletniej
abductor *s* sprawca uprowadzenia
aberration *s med.* odchylenie od normy, zboczenie, aberracja
  mental ~ zaburzenie umysłowe
abet *v* podżegać, podjudzać, pomagać (*w przestępstwie*)
  to aid and ~ **sth** być współsprawcą czegoś
abetment *s* podżeganie, pomaganie (*w przestępstwie*)
  ~ **in crime** współsprawstwo w przestępstwie ⟨zbrodni⟩
abetter, abettor *s* współsprawca, podżegacz, poplecznik
abeyance *s* 1. stan niepewności ⟨zawieszenia, nierozstrzygnięcia⟩ 2. wakat
  in ~ *a*) w zawieszeniu, w stanie nierozstrzygniętym *b*) wakujący
  lands in ~ nie objęte ⟨bezpańskie⟩ grunty ⟨nieruchomości⟩
  work in ~ nie wykonana praca
abide *v* (**abode,** ~ **d,** *pp* **abode,** ~ **d**) 1. mieszkać, przebywać 2. dotrzymywać (**by sth** czegoś) 3. obstawać (**by sth** przy czymś) 4. podporządkować się (**by sth** czemuś)
  to ~ **by an agreement** dotrzymywać umowy ⟨porozumienia, układu⟩
  to ~ **by the consequences** ponosić konsekwencje
  to ~ **by a contract** dotrzymywać umowy
  to ~ **by the law** przestrzegać prawa
  to ~ **by one's rights** obstawać przy swoich prawach
  to ~ **by a testimony** obstawać przy swych zeznaniach, podtrzymywać swe zeznania
  to ~ **by a treaty** nalegać na dotrzymanie traktatu ⟨układu⟩
abiding *adj* trwały, stały
  ~ **conviction** ustalone przekonanie (*o winie*)
  ~ **faith** niezłomna wiara, niezłomne przekonanie
  ~ **place** miejsce stałego pobytu ⟨zamieszkania⟩
ability *s* 1. zdolność, kompetencja 2. zdolność prawna 3. uprawnienie.
  ~ **to buy** zdolność nabywania
  ~ **to do sth** zdolność czynienia czegoś
  ~ **to inherit** zdolność dziedziczenia
  ~ **to pay** zdolność płatnicza, wypłacalność

  ~ **to work** zdolność do pracy
lack of ~ brak zdolności prawnej, brak uprawnień ⟨kompetencji⟩
  mental ~ zdolność umysłowa
  physical ~ zdolność fizyczna
  to the best of one's abilities jak można najlepiej, najlepiej jak to jest tylko możliwe
ab initio *łac.* od początku
ab intestato *łac.* (*dziedziczenie*) bez testamentu
abjudge *v* oddalać (*np. roszczenie*), odrzucać (*np. pozew*)
abjudicate *v* 1. wydać wyrok, skazać 2. oddalić (*roszczenie*), odrzucić (*pozew*)
abjuration *s* uroczyste wyrzeczenie się, wyparcie się
  ~ **of allegiance** *am.* wyrzeczenie się wierności swemu dawnemu krajowi
  ~ **of the realm** *bryt.* wyrzeczenie się kraju, opuszczenie kraju z wyrzeczeniem się powrotu
  formula of ~ formuła wyrzeczenia się
abjure *v* 1. odwoływać publicznie, odwoływać pod przysięgą 2. wyrzekać się (**sth** czegoś)
  to ~ **a claim** zrzec się roszczenia
able *adj* 1. zdolny, uzdolniony, utalentowany 2. kwalifikowany, zdatny 3. mający zdolność prawną 4. uprawniony
  ~ **assistance** skuteczna pomoc
  ~ **in body and mind** zdrów na ciele i umyśle, poczytalny
  ~ **to devise property** zdolny do testowania ⟨do sporządzenia testamentu⟩
  ~ **to earn** zdolny do zarobkowania
  ~ **to inherit** zdolny do dziedziczenia
  ~ **to meet competition** zdolny do wytrzymania konkurencji
  ~ **to pay** wypłacalny
  ~ **to purchase** mający środki na dokonywanie zakupów
  ~ **to sea** (*o statku*) zdatny do żeglugi
  to be ~ **to do sth** potrafić ⟨być w stanie⟩ coś zrobić
able-minded *adj* inteligentny
abnormal *adj* 1. anormalny, nieprawidłowy 2. nietypowy
  ~ **family** *stat.* nietypowa rodzina
abnormality *s* 1. nienormalność, nieprawidłowość 2. *med.* wadliwość, zniekształcenie
aboard¹ *adv* na statku, na okręcie
  to fall ~ (*o statkach*) zderzyć się
  to get ⟨**go**⟩ ~ wsiadać na statek ⟨do samolotu, *am.* do pociągu⟩
  to take sth ~ załadować coś na statek ⟨do samolotu, *am.* do pociągu⟩
aboard² *praep* 1. na pokładzie (*statku*) 2. *am.* w (*pociągu, samolocie, tramwaju*)
abode *s* 1. pobyt 2. miejsce zamieszkania ⟨pobytu⟩, siedziba 3. mieszkanie
  change of ~ zmiana miejsca zamieszkania ⟨pobytu⟩
  the last-known place of ~ ostatnie znane miejsce zamieszkania
  of ⟨**with**⟩ **no fixed** ~ bez stałego miejsca zamieszkania
  of unknown ~ o nieustalonym miejscu zamieszkania
  place of ~ miejsce zamieszkania
  to make ⟨**take up**⟩ **one's** ~ **at ...** zamieszkać w ...

abolish *v* 1. znosić, obalać 2. unieważniać 3. uchylać (*ustawę, przepis*)
abolishment *s* = abolition
abolition *s* 1. zniesienie, obalenie 2. unieważnienie 3. uchylenie
~ **of military bases** likwidacja baz wojennych
~ **of restrictions** zniesienie ograniczeń ⟨restrykcji⟩
~ **of slavery** *hist.* zniesienie niewolnictwa
A-bomb *s* bomba atomowa
abominable *adj* ohydny, wstrętny
~ **crime** ohydne przestępstwo (*zwłaszcza sodomia*)
a bon droit *fr.* w dobrej wierze; słusznie; prawnie
abortion *s* 1. poronienie 2. przerwanie ciąży, spędzenie płodu
artificial ~ *med.* sztuczne poronienie
attempt to procure ~ usiłowanie wywołania poronienia
induced ~ *med.* wywołane poronienie
to procure ⟨**produce**⟩ ~ spowodować przerwanie ciąży ⟨poronienie⟩
abortionist *s* osoba trudniąca się przerywaniem ciąży
abortive *adj* 1. poroniony 2. *przen.* poroniony, nieudany, chybiony
~ **birth** poronienie
~ **trial** rozprawa, która nie doszła do skutku
to prove ~ *przen.* nie udać się
abound *v* obfitować ⟨być obficie zaopatrzonym⟩ (**in** ⟨**with**⟩ **sth** w coś)
about *praep* około, przy
at ~ ... (*o cenie*) po około ...
above¹ *adj* powyższy, wyżej wymieniony
the ~ **letter** powyższy list
above² *praep* powyżej, ponad, więcej niż
~ **capacity employment** *stat.* zatrudnienie powyżej normy
~ **criticism** ponad wszelką krytykę
~ **normal** ponad przeciętną, powyżej przeciętnego poziomu
well ~ **the market price** znacznie powyżej ceny rynkowej
above-cited *adj* wyżej wymieniony ⟨cytowany⟩
above-mentioned *adj* wyżej wzmiankowany ⟨wspomniany⟩
above-named *adj* wyżej wymieniony
above-quoted *adj* wyżej cytowany ⟨wymieniony⟩
abrasion *s* starcie; zużycie
~ **of coin** zużycie monety
abridge *v* 1. skracać, streszczać 2. redukować, ograniczać 3. umniejszać 4. pozbawiać
to ~ **sb of his rights** pozbawić kogoś uprawnień
abridged *adj* skrócony
~ **edition** skrócone wydanie
in ~ **form** w formie skróconej
abridgment *s* 1. skrót, streszczenie 2. ograniczenie, redukcja, zmniejszenie 3. wyciąg, wypis (*z aktu, dokumentu*)
~ **of damages** zmniejszenie ⟨ograniczenie, miarkowanie⟩ odszkodowania
~ **of patent** (**specification**) skrót ⟨wyciąg⟩ z opisu patentowego
abroad *adv* 1. za granicą, na obczyźnie 2. za granicę, do innego kraju
from ~ z zagranicy
home and ~ w kraju i za granicą
payable ~ płatny za granicą
residence ~ miejsce zamieszkania za granicą

stay ~ pobyt za granicą
travel ~ podróż za granicę
to do business with ~ prowadzić handel z zagranicą
to go ~ wyjechać za granicę
to live ~ mieszkać za granicą
abrogate *v* odwoływać, znosić, unieważniać, uchylać
to ~ **an agreement** unieważnić umowę
to ~ **a treaty** unieważnić traktat
abrogation *s* odwołanie, zniesienie, unieważnienie, uchylenie
abscond *v* 1. zbiec 2. zniknąć 3. ukrywać się przed prawem
absconder *s* 1. zbieg, uciekinier 2. nie jawiący się (*w sądzie*)
absconding *adj:* ~ **debtor** ukrywający się dłużnik
absence *s* 1. nieobecność 2. niestawiennictwo (*w sądzie, urzędzie*) 3. brak
~ **beyond the sea** *bryt.* nieobecność w Zjednoczonym Królestwie (*usprawiedliwiająca niepowoływanie takiej osoby przed sąd dla potwierdzenia jej pisemnego zeznania* ⟨*oświadczenia*⟩)
~ **from work** nieobecność w pracy
~ **of assent** *a*) wada oświadczenia woli *b*) brak zgody
~ **of authority** brak upoważnienia ⟨pełnomocnictwa⟩
~ **of consideration** *a*) brak pokrycia *b*) brak świadczenia
~ **rate** *stat.* wskaźnik nieobecności
~ **without excuse** ⟨**leave**⟩ nieobecność nie usprawiedliwiona
declaration of ~ uznanie za zaginionego
in the ~ **of** z braku, w braku
in case of ~ w wypadku niestawiennictwa
in sb's ~ pod czyjąś nieobecność, w wypadku czyjejś nieobecności
leave of ~ urlop
length of ~ czas nieobecności
on leave of ~ na urlopie
presumption of ~ domniemanie zaginięcia
to sentence sb in ~ skazać ⟨wyrokować⟩ zaocznie
absent¹ *adj* 1. nieobecny 2. brakujący
~ **on business** służbowo nieobecny
~ **on leave** na urlopie, nieobecny z powodu urlopu
absent² *v:* ~ **oneself** być nieobecnym, nie stawić się
to ~ **oneself from the court** nie stawić się w sądzie
absentee *s* 1. nieobecny 2. osoba przebywająca poza miejscem zamieszkania
~ **ballot** głosowanie przez przesłanie głosu pocztą
~ **ownership** własność osoby przebywającej ⟨mieszkającej⟩ za granicą
temporary ~ czasowo nieobecny
absenteeism *s* absencja, nieobecność, nie stawienie się do pracy
~ **rate** *stat.* wskaźnik nieobecności
absente reo *łac.* w nieobecności pozwanego
absolute *adj* 1. absolutny, bezwarunkowy 2. całkowity, zupełny 3. wyłączny
~ **acceptance** przyjęcie bezwarunkowe
~ **assignment** całkowite przejęcie długów
~ **contraband** kontrabanda bezwzględna (*przemyt towarów nie dopuszczonych do obrotu, np. narkotyków, broni*)

~ **decree** wyrok końcowy ⟨kończący postępowanie w instancji⟩
~ **endorsement** indos bezwarunkowy
~ **figures** ⟨**numbers**⟩ liczby bezwzględne
~ **impediment** przeszkoda bezwzględna
~ **interest** *bryt.* pełna i całkowita własność
~ **land rent** absolutna renta gruntowa
~ **liability** całkowita ⟨pełna⟩ odpowiedzialność
~ **majority** bezwzględna większość
~ **monarchy** monarchia absolutna
~ **ownership** pełna własność
~ **power** absolutna ⟨nieograniczona⟩ władza
~ **power of alienation** nieograniczone prawo rozporządzania
~ **priority** bezwzględne pierwszeństwo
~ **programming** całkowite ⟨pełne⟩ programowanie
~ **proof** całkowity ⟨niewątpliwy⟩ dowód
~ **property** pełna własność
~ **right** nieograniczone ⟨pełne⟩ prawo
~ **title** wyłączny tytuł
~ **total loss** *ub. mors.* rzeczywista strata całkowita
absolutely *adv* **1.** całkowicie, zupełnie **2.** niewątpliwie; absolutnie **3.** wyłącznie
~ **entitled** wyłącznie uprawniony
~ **safe** *a)* całkowicie pewny ⟨bezpieczny⟩ *b)* mający pupilarne zabezpieczenie
~ **unfounded** całkowicie nieuzasadniony
absolution *s* uwolnienie (*od winy i kary*), przebaczenie
absolve *v* **1.** uwolnić (*od odpowiedzialności lub kary*) **2.** uniewinnić
to ~ **from guilt** uwolnić od winy
to ~ **from liability** uwolnić od odpowiedzialności
to ~ **from an obligation** zwolnić ze zobowiązania
absorb *v* absorbować, wchłaniać, likwidować
to ~ **a surplus** zlikwidować nadwyżkę
absorption *s* wchłanianie
point of ~ stan nasycenia, granica chłonności (*np. rynku*)
absorptive *adj* chłonny
~ **capacity** ⟨**power**⟩ chłonność
abstain *v* **1.** powstrzymywać się **2.** uchylać się (**from sth** od czegoś)
to ~ **from voting** wstrzymywać się od głosowania
abstainer *s* **1.** powstrzymujący się od głosowania **2.** abstynent
abstention *s* **1.** powstrzymanie się (**from sth** od czegoś) **2.** powstrzymanie się od głosowania
abstract[1] *s* **1.** wyciąg, wypis (*z aktu, dokumentu*) **2.** streszczenie **3.** *stat.* przegląd
~ **of an account** wyciąg z konta
~ **of an article** streszczenie ⟨wyciąg z⟩ artykułu
~ **of record** wyciąg z akt sądowych
~ **of title** zaświadczenie z księgi wieczystej ⟨rejestru⟩, wyciąg hipoteczny
to make an ~ **of an account** zrobić wyciąg z konta
abstract[2] *v* **1.** ~ sporządzać wyciąg ⟨wypis⟩ (*z akt, dokumentów*) **2.** streszczać **3.** przywłaszczyć sobie, sprzeniewierzyć
abstraction *s* **1.** wyciąg, wypis **2.** sprzeniewierzenie, zagarnięcie, przywłaszczenie
abundance *s* **1.** obfitość, dostatek **2.** duża podaż (*towarów*)
in ~ pod dostatkiem
abundans cautela non nocet *łac.* nadmiar ostrożności nigdy nie zaszkodzi

abundant *adj* obfitujący (**in sth** w coś), występujący obficie
abuse[1] *s* **1.** nadużycie **2.** obelga
~ **of authority** nadużycie władzy
~ **of confidence** nadużycie zaufania
~ **of discretion** nadużycie zasady swobodnej oceny dowodów
~ **of distress** bezprawne używanie rzeczy lub zwierząt zajętych na podstawie prawa zatrzymania
~ **of power** nadużycie władzy
~ **of process** *a)* nadużycie prawa procesowego (*polegające na wykorzystaniu przepisów procesowych w celu przedłużenia postępowania*) *b)* pieniactwo
~ **of right** nadużycie prawa podmiotowego
~ **of trust** nadużycie zaufania; sprzeniewierzenie
abuse[2] *v* **1.** nadużywać **2.** lżyć, obrzucać obelgami **3.** gwałcić **4.** maltretować
to ~ **one's office** nadużywać swego stanowiska
abusive *adj* obelżywy, niewłaściwy
~ **language** obelżywe słowa, zniewagi
to become ~ wyzywać, obrzucać obelgami
abut *v* graniczyć, stykać się (**on sth** z czymś)
abutment *s* miejsce styku (*np. budynków*)
abuttals *spl* **1.** granice posiadłości **2.** części budynku opierające się o sąsiedni budynek
abutter *s* sąsiad – właściciel przyległej nieruchomości
abutting *adj* przyległy, sąsiadujący
~ **owners** właściciele stykających się nieruchomości
accede *v* **1.** przystępować, przyłączać się, zgłosić akces (**to sth** do czegoś) **2.** wyrazić zgodę, zgodzić się (**to sth** na coś) **3.** obejmować (**to sth** coś)
to ~ **to an agreement** przystąpić do układu
to ~ **to a contract** przystąpić do umowy
to ~ **to a convention** przystąpić do konwencji
to ~ **to demands** zgodzić się na żądania
to ~ **to an office** objąć urząd ⟨stanowisko⟩
to ~ **to a pact** przystąpić do paktu
to ~ **to a party** wstąpić do partii
to ~ **to a proposal** zgodzić się na propozycję
to ~ **to a request** spełnić prośbę
to ~ **to the throne** wstąpić na tron
to ~ **to a treaty** przystąpić do układu
accelerate *v* przyspieszać, ponaglać
accelerated *adj* przyspieszony
~ **depreciation** przyspieszona amortyzacja, przyspieszone zużycie
~ **economic development** przyspieszony rozwój ekonomiczny
~ **redemption** przyspieszona spłata (*zobowiązania pieniężnego*)
acceleration *s* przyspieszenie
~ **clause** klauzula przyspieszenia (*terminu płatności*)
~ **coefficient** *stat.* wskaźnik przyspieszenia
~ **factor** *stat.* akcelerator, czynnik przyspieszenia
~ **of maturity** przyspieszenie wymagalności
~ **premium** premia za wcześniejsze wykonanie
~ **principle** zasada akceleracji ⟨przyspieszenia⟩
turnover ~ przyspieszenie obrotu
accept *v* przyjąć, uznać, zaakceptować (**sth** coś), zgodzić się (**sth** na coś)
to ~ **an amendment** zgodzić się na poprawkę
to ~ **as a member** przyjąć w poczet członków
to ~ **a bill of exchange** ⟨**draft**⟩ przyjąć ⟨akceptować⟩ weksel

to ~ **a bribe** wziąć ⟨przyjąć⟩ łapówkę
to ~ **conditionally** przyjąć warunkowo
to ~ **conditions** ⟨**terms**⟩ akceptować warunki
to ~ **a delivery of goods** przyjąć dostawę towarów
to ~ **in blank** akceptować in blanco
to ~ **an invitation** przyjąć zaproszenie
to ~ **an offer** przyjąć ofertę
to ~ **on condition** przyjąć warunkowo ⟨z zastrzeżeniem⟩
to ~ **on presentation** przyjąć za okazaniem ⟨a-wista⟩
to ~ **a patent specification** *pat.* przyjąć opis wynalazku ⟨patentu⟩
to ~ **a proposal** przyjąć propozycję
to ~ **a resignation** przyjąć rezygnację
to ~ **a risk** przyjąć ⟨podjąć⟩ ryzyko
to ~ **subject to confirmation** przyjąć pod warunkiem potwierdzenia
to ~ **unconditionally** przyjąć bezwarunkowo ⟨bez zastrzeżeń⟩
to ~ **under guarantee** przyjąć pod gwarancją
to ~ **the will of the majority** podporządkować się woli większości
to **refuse to** ~ odmówić przyjęcia, nie przyjąć
acceptable *adj* **1.** nadający się do przyjęcia **2.** dogodny
  ~ **price** cena do przyjęcia
  ~ **terms** warunki do przyjęcia
  not ~ nie do przyjęcia
acceptance *s* **1.** przyjęcie **2.** akceptacja, akcept **3.** zgoda (**of sth** na coś) **4.** weksel akceptowany, akcept **5.** *am.* weksel krajowy
  ~ **against documents** akcept ⟨*weksla*⟩ w zamian za dokumenty
  ~ **against stored goods** akcept zabezpieczony dowodem składowym
  ~ **agreement** umowa akceptacyjna
  ~ **by intervention** przyjęcie weksla przez wyręczenie
  ~ **credit** kredyt akceptacyjny
  ~ **date** data przyjęcia
  ~ **domiciled** akcept ⟨weksel⟩ domicylowany ⟨umiejscowiony⟩
  ~ **due on ...** akcept ⟨weksel⟩ płatny w dniu...
  ~ **for honour** przyjęcie grzecznościowe ⟨przez wyręczenie⟩
  ~ **house** bank dyskontowy
  ~ **in blank** akcept in blanco
  ~ **inspection** sprawdzenie przed przyjęciem
  ~ **of abandonment** przyjęcie abandonu
  ~ **of an application** *pat.* przyjęcie zgłoszenia (*wynalazku*)
  ~ **of a gift** przyjęcie darowizny
  ~ **of goods** przyjęcie towarów
  ~ **of a judgment** poddanie się ⟨podporządkowanie się⟩ orzeczeniu
  ~ **of an offer** przyjęcie oferty
  ~ **of a proposal** przyjęcie propozycji
  ~ **of responsibility** przyjęcie odpowiedzialności
  ~ **of service** *bryt.* przyjęcie pozwu (*przez pełnomocnika pozwanego zwalniające powoda od doręczenia go pozwanemu*)
  ~ **procedure** postępowanie odbiorcze, procedura przy odbiorze
  ~ **rate** wysokość odsetek żądana lub płatna przy przyjęciu

  ~ **sampling** pobieranie próbek przy przyjmowaniu towaru
  ~ **supra protest** przyjęcie zaprotestowanego weksla przez wyręczenie
  ~ **test** próba odbiorcza
  ~ **trials** próby zdawczo-odbiorcze (*statku*)
absolute ~ przyjęcie bezwarunkowe
accommodation ~ akcept grzecznościowy
acknowledgment of ~ potwierdzenie przyjęcia
anticipated ~ weksel wykupiony przed terminem
approved ~ akcept weryfikowany (*nie nasuwający zastrzeżeń*)
bank ⟨**banker's**⟩ ~ akcept bankowy
clean ~ akcept bezwarunkowy, przyjęcie bezwarunkowe
conditional ~ akcept warunkowy
for ~ **within ... days** do zaakceptowania w ciągu ... dni
for want of ~ z braku akceptu
general ~ akcept bezwarunkowy
in default of ~ w razie nieprzyjęcia, wobec nieprzyjęcia
partial ~ akcept częściowy
period of ~ termin przyjęcia
qualified ~ akcept warunkowy
tacit ~ milczące przyjęcie

terms of ~ warunki przyjęcia
unconditional ~ bezwarunkowe przyjęcie
to present for ~ przedstawić do akceptacji
to procure ~ uzyskać akceptację
to refuse ~ odmówić przyjęcia
accepted *pp adj* **1.** przyjęty **2.** rozpowszechniony, uznany
  ~ **bill** akcept, przyjęty weksel
  ~ **custom** przyjęty ⟨uznany⟩ zwyczaj
  ~ **interpretation** przyjęta wykładnia ⟨interpretacja⟩ (*przepisu*)
  ~ **opinion** przyjęty ⟨ustalony⟩ pogląd
  ~ **practice** przyjęta ⟨ustalona⟩ praktyka
  ~ **usage** przyjęty ⟨ustalony⟩ zwyczaj ⟨sposób postępowania⟩, uzus
generally ~ powszechnie przyjęty ⟨uznany⟩
to get a bill ~ uzyskać przyjęcie weksla
acceptor *s* akceptant, przyjemca (*weksla*)
  ~ **by intervention** ⟨**for honour**⟩ akceptant przez wyręczenie ⟨grzecznościowy⟩
  ~ **of a bill** akceptant weksla
  ~ **supra protest** akceptant zaprotestowanego weksla
access *s* **1.** dostęp, przystęp; dojście; dojazd **2.** kontakt osobisty **3.** obcowanie cielesne, współżycie
  ~ **to children** kontakt z dziećmi
  ~ **to a market** dostęp do rynku
  ~ **to power** dojście do władzy
  ~ **to public records** dostęp do ksiąg publicznych ⟨rejestrów, akt⟩
difficult of ~ trudno dostępny
easement of ~ służebność ⟨udostępnienie⟩ drogi
easy of ~ łatwo dostępny
presumption of ~ domniemanie współżycia
right of ~ prawo dostępu, droga konieczna
accessary *s* = **accessory** *s*
accessibility *s* dostępność
  ~ **of the files** *a)* dostępność akt *b)* *pat.* dostępność zgłoszeń, możliwość zapoznania się ze zgłoszeniami patentowymi

accessible *adj* dostępny
~ **to everybody** dostępny dla wszystkich, ogólnie dostępny
not ~ **to the public** niedostępny dla publiczności
accessio *s łac.* **1.** część składowa **2.** przyrost
~ **cedit principali** *łac.* część składowa dzieli losy rzeczy głównej
accession *s* **1.** przyrost **2.** pożytki **3.** zgoda **4.** przystąpienie **5.** dojście (*np. do władzy*) **6.** objęcie (*np. stanowiska*)
~ **of property** przyrost majątku na skutek pożytków naturalnych
~ **rate** *stat.* wskaźnik przyrostu
~ **to a contract** przystąpienie do umowy
~ **to a convention** przystąpienie do konwencji
~ **to a debt** przystąpienie do długu
~ **to an estate** objęcie majątku, wejście w posiadanie majątku
~ **to office** objęcie stanowiska ⟨urzędu⟩
~ **to power** objęcie władzy
~ **to the throne** objęcie tronu, wstąpienie na tron
~ **to a treaty** przystąpienie do traktatu ⟨do układu⟩
by right of ~ prawem przyrostu, w drodze przyrostu
declaration of ~ deklaracja przystąpienia, oświadczenie o przystąpieniu
deed of ~ umowa adhezyjna ⟨dodatkowa⟩
accessories *spl* wyposażenie dodatkowe, akcesoria, przybory
accessory[1] *s* **1.** współwinny (*nie będący bezpośrednim sprawcą przestępstwa*); podżegacz; poplecznik **2.** dodatek
~ **after the fact** *a)* poplecznik (*usuwający ślady przestępstwa, skradzione przedmioty lub ukrywający przestępcę*) *b)* paser
~ **before the fact** podżegacz ⟨pomocnik⟩ (*działający przed dokonaniem przestępstwa*)
~ **during ⟨in⟩ the fact** podżegacz ⟨pomocnik⟩ (*w trakcie dokonywania przestępstwa*)
~ **to adultery** winny zdrady małżeńskiej (*który zgodnie z prawem brytyjskim nie może skutecznie żądać rozwodu*)
accessory[2] *adj* **1.** dodatkowy, pomocniczy **2.** uboczny **3.** przynależny
~ **charges ⟨expenses⟩** koszty ⟨opłaty⟩ dodatkowe
~ **circumstances** dodatkowe okoliczności
~ **claim** dodatkowe roszczenie
~ **contract** dodatkowa umowa, aneks do umowy
~ **obligation** dodatkowe zobowiązanie
accident *s* **1.** przypadek, traf **2.** wypadek, katastrofa **3.** awaria
~ **and health insurance** ubezpieczenie od wypadków i utraty zdrowia
~ **at sea** wypadek morski ⟨na morzu⟩
~ **at work** wypadek przy pracy
~ **benefit** renta wypadkowa
~ **caused by sth** wypadek spowodowany czymś ⟨przez coś⟩
~ **frequency rate** *stat.* wskaźnik częstotliwości wypadków
~ **policy** polisa ubezpieczenia od wypadku
~ **prevention** zapobieganie wypadkom
~ **proneness** skłonność do wypadków
~ **severity** *stat.* rodzaj wypadku (*jeśli chodzi o skutki*)
by ~ przypadkowo, przypadkiem

car ~ wypadek samochodowy
compensable ~ *stat.* wypadek uprawniający do odszkodowania
cost of ~ koszt wypadku
death by ~ śmierć na skutek wypadku
employment ~ wypadek przy pracy
fatal ~ śmiertelny wypadek
in case of ~ w razie wypadku
industrial ~ wypadek przy pracy w przemyśle
insurance against ~ ubezpieczenie od wypadku
marine ~ wypadek na morzu
motoring ~ wypadek samochodowy
non-fatal ~ wypadek nie powodujący śmierci
occupation ~ wypadek związany z pracą zawodową
railway ~ wypadek kolejowy
risk of ~ ryzyko wypadku
road ⟨traffic⟩ ~ wypadek drogowy
to cause an ~ spowodować wypadek
to have ⟨meet with⟩ an ~ ulec wypadkowi
accidental *adj* **1.** przypadkowy **2.** uboczny
~ **circumstances** okoliczności uboczne
~ **collision** zderzenie przypadkowe
~ **error** błąd przypadkowy
~ **killing** nieumyślne spowodowanie śmierci, nieumyślne zabójstwo
~ **loss** przypadkowa strata
~ **sampling** próbka pobierana wyrywkowo (*przy jakościowej ocenie towaru*)
~ **war** wojna przypadkowa
acclamation *s* aklamacja
carried by ~ przyjęty przez aklamację
election ⟨voting⟩ by ~ wybór ⟨głosowanie⟩ przez aklamację
to vote by ~ głosować przez aklamację
accommodate *v* **1.** przystosować, dostosować **2.** załagodzić; pogodzić **3.** dogodzić, wyświadczyć przysługę (**sb** komuś) **4.** zakwaterować, udzielić noclegu
to ~ **sb with a loan** udzielić komuś pożyczki
accommodation *s* **1.** przystosowanie, dostosowanie **2.** załagodzenie; pogodzenie **3.** wygoda **4.** usługa **5.** pomieszczenie, kwatera, nocleg
~ **acceptance** grzecznościowe przyjęcie ⟨grzecznościowa akceptacja⟩ weksla
~ **bill ⟨draft, note, paper⟩** weksel grzecznościowy
~ **capacity** *turyst.* pojemność bazy noclegowej
~ **endorsement** grzecznościowe żyro ⟨poręczenie⟩
~ **land** część gruntu przylegająca do budynku, służąca wygodzie jego mieszkańców
~ **maker** grzecznościowy poręczyciel
~ **party** wystawca ⟨akceptant⟩ weksla grzecznościowego
~ **road** droga dostępna wyłącznie dla właściciela określonej nieruchomości
~ **traffic** środki lokomocji
~ **train** *am. a)* pociąg osobowy (*zatrzymujący się na każdej stacji*) *b)* pociąg osobowo-towarowy
~ **unit** mieszkanie, pomieszczenie
credit ~ świadczenie kredytowe, kredyt
hotel ~ pomieszczenie w hotelu
storage ~ pomieszczenie składowe
accompany *v* towarzyszyć
accompanied by... *a)* w towarzystwie... *b)* łącznie z ...
accompanying *adj* towarzyszący
~ **documents** dokumenty towarzyszące

~ **letter** list towarzyszący ⟨przewodni⟩
accomplice s współsprawca, współwinny
~ **in a crime** współsprawca przestępstwa ⟨zbrodni⟩
accomplish v wykonać, spełnić; zrealizować
to ~ **a plan** wykonać plan
to ~ **one's purpose** osiągnąć cel
to ~ **a task** wykonać zadanie
accomplished adj **1.** dokonany, spełniony, wykonany **2.** znakomity, doskonały
~ **contract** wykonana umowa
~ **fact** fakt dokonany
accomplishment s wykonanie, spełnienie, dokonanie
accord[1] s **1.** zgoda, porozumienie **2.** ugoda
~ **and satisfaction** formuła stwierdzająca ugodowe załatwienie sporu o odszkodowanie
in ~ **with** stosownie do, zgodnie z
of one's own ~ z własnej woli, dobrowolnie
with one ~ jednomyślnie
to be of one ~ zgadzać się
accord[2] v **1.** zgadzać się, być w zgodzie (**with sb** z kimś) **2.** udzielać, przyznawać (**sth to sb** coś komuś)
to ~ **a respite** udzielać prolongaty
to ~ **sb an authority** ⟨**a power**⟩ udzielać komuś pełnomocnictwa
accordance s zgodność
in ~ **with** zgodnie z, stosownie do
accordingly adv **1.** zgodnie, stosownie, odpowiednio **2.** konsekwentnie
to **act** ~ działać odpowiednio do ⟨zależnie od⟩ okoliczności
according to praep zgodnie (**sth** z czymś), stosownie (**sth** do czegoś), według (**sth** czegoś)
~ **circumstances** stosownie do okoliczności
~ **claim** pat. według zastrzeżenia, zgodnie z zastrzeżeniem
~ **instructions** zgodnie z instrukcjami, według instrukcji
~ **the law** zgodnie z prawem, według prawa
~ **the press reports** według doniesień prasowych
~ **usage** zgodnie z praktyką
~ **specification** zgodnie ze specyfikacją
~ **stock exchange practice** zgodnie z praktyką giełdową
account[1] s **1.** rachunek, konto **2.** zestawienie, rozliczenie, obliczenie **3.** sprawozdanie **4.** ważność, znaczenie **5.** korzyść **6.** zob. **accounts**
~ **abstract** wyciąg z konta
~ **attached** rachunek obciążony zajęciem (adnotacja banku na czeku)
~ **balance** bilans
~ **book** księga rachunkowa
~ **classification** podział kont
~ **debited** rachunek obciążający ⟨konto obciążone⟩ (**with the amount of...** kwotą...)
~ **due on...** rachunek przypadający do zapłaty dnia...
~ **duty** bryt. opłata od nabycia praw majątkowych w drodze darowizny
~ **holder** właściciel konta ⟨rachunku⟩
~ **number** numer konta
~ **of assets and liabilities** zestawienie aktywów i pasywów
~ **of costs** rachunek kosztów własnych
~ **of disbursements** zestawienie wypłat
~ **of exchange** rachunek weksli
~ **of expenses** rachunek wydatków

~ **of goods purchased** rachunek zakupów ⟨towarów zakupionych⟩
~ **of returns** rachunek wpływów ze sprzedaży
~ **of settlement** rachunek zamknięcia, rozliczenie końcowe
~ **period** okres rozliczeniowy
~ **sales** rachunek sprzedaży
~ **settled** wyciąg z rachunku ⟨konta⟩ uznany przez strony za prawidłowy
~ **stated** zamknięcie rachunkowe
~ **turnover** obrót na koncie ⟨rachunku⟩
abstract of ~ wyciąg z konta ⟨rachunku⟩
acceptance ~ konto akceptów
agio ~ konto różnicy między wartością nominalną pieniędzy ⟨papierów wartościowych⟩ a ich wartością giełdową
amortization ~ rachunek amortyzacyjny
as per ~ zgodnie z rachunkiem ⟨ze sprawozdaniem, z zestawieniem⟩
assets ~ rachunek środków własnych
auxiliary ~ rachunek pomocniczy
balance of ~ saldo rachunkowe
balance-sheet ~ rachunek bilansowy
bank ⟨**banking**⟩ ~ rachunek bankowy, konto bankowe
bill ⟨**bills**⟩ ~ konto wekslowe
blocked ~ konto zablokowane
by order and for ~ na zlecenie i rachunek
capital ~ konto kapitałowe ⟨środków obrotowych⟩
capital reconciliation ~ rachunek rozliczenia kapitału
capital transaction ~ rachunek transakcji kapitałowych
carriage ~ konto frachtowe
cash ~ konto kasy, konto gotówki własnej
cash on ~ gotówka w kasie
charge ~ rachunek na kredyt, rachunek otwarty bez zabezpieczenia (w sklepie, restauracji)
check ⟨**checking**⟩ ~ rachunek kontrolny
cheque ⟨am. **check**⟩ ~ rachunek czekowy
clearing ~ rachunek rozliczeniowy ⟨kliringowy⟩
clients' ~ rachunek klientów
closed ~ rachunek zamknięty
collection ~ rachunek zbiorczy, konto zbiorcze
commission ~ rachunek prowizji
consolidated ~ rachunek konsolidacyjny
costs ~ rachunek kosztów własnych
credit ~ rachunek kredytów
creditor ~ rachunek „wierzyciele"
current ~ rachunek bieżący
custody ~ konto depozytów
debit ⟨**debtor**⟩ ~ rachunek „dłużnicy"
deposit ~ rachunek depozytów
detailed ⟨**itemized**⟩ ~ szczegółowy rachunek, wyszczególnienie rachunku
disbursement ~ rachunek kosztów ⟨wydatków⟩ portowych
drawing ~ rachunek żyrowy ⟨czekowy⟩
expenses ~ rachunek nakładów
external ~ rachunek transakcji z zagranicą
extract of ~ wyciąg z rachunku
final ~ rachunek końcowy
financial ~ konto finansowe
for ~ na rachunek (**of sb** czyjś)
foreign currency ~ konto dewizowe, rachunek dewizowy

freight ~ konto frachtowe
frozen ~ konto zamrożone ⟨zablokowane⟩
general ~ konto główne
goods ~ konto towarów
income ~ rachunek dochodów
income and expenditure ~ rachunek dochodów i wydatków
insurance ~ konto ubezpieczeniowe ⟨ubezpieczenia⟩
interest ~ rachunek odsetek
inventory ~ konto rzeczowe
joint ~ rachunek wspólny
liability ~ konto pasywów
loan ~ rachunek pożyczek
management ~ sprawozdanie ⟨rozliczenie⟩ z zarządzania
manufacturing ~ rachunek produkcji
merchandise ~ konto towarów
national income ~ stat. rachunek dochodu narodowego
national product and expenditure ~ stat. rachunek produktu społecznego i wydatków państwowych
on ~ a) na poczet b) z powodu (of sth czegoś), ze względu (of sth na coś) c) na kredyt
on no ~ w żadnym razie, w żadnym wypadku
on one's own ~ a) na własny rachunek b) na własne ryzyko
on that ~ z tego względu, pod tym względem
open ~ rachunek otwarty
operating ~ rachunek obrotowy ⟨operacyjny⟩
overdrawn ~ przekroczony rachunek, przekroczone konto
post-office ~ pocztowe konto czekowe
post-office saving ~ konto pocztowej kasy oszczędności
private ~ konto prywatne
production ~ rachunek produkcji
profit and loss ~ rachunek strat i zysków
property ~ konto majątkowe
reconciliation ~ konto wyrównawcze
reserve ~ konto rezerwowe
revenue ~ konto dochodów budżetowych
running ~ rachunek bieżący
salary ~ rachunek ⟨konto⟩ płac
sales ~ rachunek sprzedaży
saving ⟨savings-bank⟩ ~ rachunek oszczędności
saving and investment ~ stat. rachunek oszczędności i inwestycji
securities ~ rachunek walorów
settlement ~ konto likwidacyjne
statement of ~ wyciąg z rachunku ⟨konta⟩
sterling ~ rachunek szterlingowy
stock ~ konto walorów
store ~ konto magazynowe
sundries ~ rachunek „różne"
suspense ~ rachunek do wyjaśnienia ⟨w zawieszeniu⟩
temporary ~ rachunek tymczasowy ⟨prowizoryczny⟩
third party ~ rachunek cudzy ⟨obcy⟩
trading ~ rachunek operacji handlowych
transferable ~ rachunek przelewowy
warehouse ~ rachunek magazynowy
to adjust an ~ uzgodnić ⟨sprawdzić⟩ konto ⟨rachunek⟩

to apply for an ~ zwrócić się o otwarcie konta ⟨rachunku⟩
to carry an ~ prowadzić rachunek
to charge an ~ obciążyć rachunek
to charge off an ~ odpisać z rachunku
to check an ~ sprawdzić rachunek
to close an ~ zamknąć konto
to credit an ~ zapisać na dobro
to debit an ~ obciążyć rachunek, zapisać w ciężar rachunku
to freeze an ~ zablokować ⟨zamrozić⟩ konto
to give an ~ of zdać sprawę ⟨złożyć sprawozdanie⟩ z...
to have ⟨hold⟩ an ~ with ⟨at⟩ a bank mieć konto ⟨rachunek⟩ w banku
to keep an ~ prowadzić rachunek ⟨konto⟩
to open an ~ with a bank otworzyć konto ⟨rachunek⟩ w banku
to overdraw the ~ przekroczyć konto
to pay on ~ wpłacić na konto ⟨rachunek⟩
to render the ~ złożyć rachunki, zdać rachunek
to sell on ~ sprzedawać na kredyt
to settle an ~ rozliczyć konto
to settle ~s wyrównać konta
to take ~ of sth brać coś pod uwagę
to take full ~ of sth brać wszystko ⟨wszystkie okoliczności⟩ pod uwagę
to take into ~ brać pod uwagę
to take no ~ of sth nie brać czegoś pod uwagę
to turn ⟨put⟩ sth to ~ obrócić coś na swoją korzyść, skorzystać z czegoś
account[2] v uważać, uznawać; zob. account for
to ~ sb to be guilty uważać kogoś za winnego, uznawać kogoś winnym
a man is ~ed innocent until he is proved guilty człowieka uważa się za niewinnego, dopóki nie udowodni mu się winy
accountability s 1. odpowiedzialność; poczytalność 2. obowiązek zdania sprawy
greatly diminished ~ poczytalność zmniejszona w znacznym stopniu
accountable adj 1. odpowiedzialny 2. obowiązany do wyliczenia się (for sth z czegoś; to sb w stosunku do kogoś) 3. wytłumaczalny, dający się usprawiedliwić
~ delay usprawiedliwiona zwłoka
~ person osoba obowiązana do wyliczenia ⟨rozliczenia⟩ się
~ receipt kwit kasowy ⟨rozliczeniowy⟩
to be ~ to sb for sth odpowiadać za coś wobec kogoś
to hold ⟨make⟩ sb ~ for sth uważać kogoś za odpowiedzialnego za coś
accountancy s księgowość, rachunkowość
accountant s księgowy
~ general główny księgowy
~ to the Crown bryt. osoba mająca obowiązek wyliczenia się wobec państwa z otrzymanych pieniędzy
certified ~ zaprzysiężony rewident księgowy
certified public ~ am. zaprzysiężony rewident księgowy
chartered ~ bryt. rewident, ekspert księgowy
chief ~ główny księgowy
Accountant-General s bryt. wyższy urzędnik Sądu Najwyższego

account for *v* 1. usprawiedliwiać się, uzasadniać 2. wyliczać się 3. stanowić
to ~ the money wyliczać się z pieniędzy
it accounts for his absence to usprawiedliwia jego nieobecność
accounting *s* 1. rachunkowość, księgowość 2. księgowanie
~ **cycle** obieg księgowy
~ **period** okres obrachunkowy ⟨budżetowy⟩
~ **system** system księgowości
business ~ rachunkowość handlowa
cost ~ rachunek ⟨kalkulacja⟩ kosztów
national ~ *stat.* księgowość społeczna
accounts *spl* 1. rachunkowość 2. księgi handlowe 3. zestawienia rachunkowe 4. *zob.* **account**
~ **department** dział księgowości
~ **payable** rachunek zobowiązań ⟨długów, wierzycieli⟩
~ **receivable** rachunek należności ⟨dłużników⟩
balance of ~ saldo, zamknięcie rachunkowe
falsification of ~ fałszowanie księgowości
to keep the ~ prowadzić rachunki ⟨księgowość⟩
accredit *v* 1. akredytować 2. przypisywać (**sth to sb, sb with sth** komuś coś) 3. uznawać
to ~ an ambassador to a government akredytować ambasadora przy rządzie
accreditation *s* akredytowanie
accredited *adj* 1. ogólnie przyjęty; uznany 2. akredytowany
~ **agent** upoważniony agent
~ **broker** makler przysięgły
~ **opinion** ogólnie przyjęta opinia
~ **representative** akredytowany przedstawiciel
accretion *s* zwiększenie, przyrost
~ **of land** przyrost gruntu (*np. w drodze przymulenia*)
average ~ przeciętny przyrost
by way of ~ drogą przyrostu, na skutek przyrostu
right of ~ prawo przyrostu
accrual *s* 1. przyrost, narastanie 2. kwota narosła
~ **of a dividend** przyrost dywidendy
~ **of interest** przyrost kapitału na skutek oprocentowania
accruals *spl am. stat.* narosłe sumy, odsetki
accrue *v* 1. narastać, przyrastać 2. przypadać, należeć się (**to sb** komuś)
accrued *adj* 1. narosły, należny, przypadający 2. przewidywany
~ **assets** przewidywane ⟨przypuszczalne⟩ aktywa
~ **costs** narosłe koszty
~ **dividend** należna ⟨jeszcze nie wypłacona⟩ dywidenda
~ **expenses** przewidywane wydatki
~ **income** przewidywane wpływy
~ **interest** narosłe odsetki
~ **liabilities** przewidywane zobowiązania ⟨długi⟩
~ **surpluses** narosłe nadwyżki
~ **taxes** narosłe podatki
accumulate *v* gromadzić (się), kumulować (się), narastać
accumulated *pp adj* akumulowany, nagromadzony, narosły
~ **amount** zgromadzona suma, końcowa wartość
~ **arrears** zaległe długi
~ **dividend** zaległa ⟨nie wypłacona⟩ dywidenda
~ **earnings** ⟨**profit**⟩ stezauryzowany zysk
~ **income** narosły dochód

~ **surplus** akumulowana ⟨nie rozdzielona⟩ nadwyżka
accumulation *s* nagromadzenie, akumulacja
~ **of capital** akumulacja kapitału
~ **of charges** akumulacja kosztów
~ **of funds** akumulacja funduszów
~ **of interest** akumulacja odsetek
~ **of money** tezauryzacja, gromadzenie pieniędzy
primitive ~ akumulacja pierwotna
accumulative *adj* 1. łączny, kumulujący się 2. dodatkowy
~ **hours** godziny dodatkowe
~ **judgement** ⟨**sentence**⟩ wyrok dodatkowy (*którego wykonanie rozpocznie się po odbyciu poprzedniej kary*)
~ **legacy** zapis dodatkowy
~ **stock** akcje łącznie z narosłą dywidendą
accuracy *s* dokładność, ścisłość
~ **of translation** dokładność ⟨wierność⟩ tłumaczenia
accurate *adj* dokładny, ścisły
fair and ~ **report** rzeczowe i dokładne sprawozdanie
accusable *adj* podlegający oskarżeniu ⟨zarzutom⟩ (**of sth** o coś)
accusation *s* 1. oskarżenie 2. akt oskarżenia (**against sb** przeciw komuś)
false ~ fałszywe oskarżenie
to be under an ~ **of...** być oskarżonym o...
to bring an ~ oskarżyć, wnieść akt oskarżenia
accusatorial *adj* oskarżycielski
~ **procedure** postępowanie skargowe
accusatory *adj* oskarżający, oskarżycielski
~ **procedure** postępowanie skargowe
accuse *v* oskarżać, obwiniać (**sb of sth** kogoś o coś)
to ~ sb of a crime oskarżyć kogoś o zbrodnię
accused *pp adj* oskarżony, obwiniony (**of sth** o coś)
accuser *s* oskarżyciel, oskarżający
accustomed *pp adj* 1. zwyczajowy, zgodny ze zwyczajem 2. przyzwyczajony
to be ~ **to sth** być do czegoś przyzwyczajonym
to get ~ **to sth** przyzwyczaić się do czegoś
achieve *v* osiągnąć
to ~ an agreement osiągnąć porozumienie
to ~ positive results osiągnąć pozytywne wyniki
to ~ a success osiągnąć ⟨odnieść⟩ sukces
acid *s* kwas
~ **test** *a*) próba wykazująca wartość czegoś *b*) ocena wypłacalności (*firmy*)
acknowledge *v* 1. uznawać 2. poświadczyć, potwierdzić 3. przyznawać (się) 4. przyjąć do wiadomości 5. wyrażać wdzięczność ⟨uznanie itp.⟩
to ~ a debt uznać dług
to ~ a letter potwierdzić odbiór listu
to ~ a mistake uznać błąd, przyznać się do błędu
to ~ the receipt of... potwierdzić odbiór...
acknowledged *adj* 1. uznany, przyznany 2. powszechnie znany
acknowledgment *s* 1. uznanie 2. potwierdzenie 3. przyjęcie do wiadomości 4. poświadczenie urzędowe 5. wyrażenie wdzięczności
~ **of acceptance** potwierdzenie odbioru, pokwitowanie
~ **of debt** uznanie długu
~ **of delivery** potwierdzenie dostawy
~ **of order** potwierdzenie zamówienia

~ **of paternity** uznanie ojcostwa
~ **of receipt** potwierdzenie odbioru
~ **of right to production of documents** *bryt.* potwierdzenie obowiązku okazywania dokumentów (*dotyczących własności na każde żądanie osób uprawnionych*)
~ **of wills** potwierdzenie testamentu (*jeśli nie został on sporządzony w obecności świadków, testator musi potwierdzić swój podpis w ich obecności*)
in ~ **of sth** w uznaniu czegoś
written ~ pisemne poświadczenie
acquest *s* 1. nabytek; własność nabyta 2. nabycie
acquiesce *v* zgodzić się; przyzwalać (**to sth** na coś); milcząco aprobować
acquiescence *s* zgoda; przyzwolenie; milcząca zgoda
acquire *v* 1. nabywać 2. osiągać
   to ~ **nationality** przyjąć ⟨uzyskać⟩ obywatelstwo
   to ~ **sth by (way of) purchase** nabyć coś w drodze kupna
   to ~ **the title** nabyć tytuł (**to sth** do czegoś)
acquired *pp adj* nabyty
   ~ **allegiance** nabyte obywatelstwo
   ~ **rights** nabyte prawa
acquirement *s* 1. nabycie 2. uzyskanie; zdobycie
acquirements *spl* 1. nabyte rzeczy 2. nabyte wiadomości 3. nabyta sprawność
acquisition *s* 1. nabycie 2. zdobywanie 3. nabytek
   ~ **by way of inheritance** nabycie w drodze dziedziczenia
   ~ **in good** ⟨**bad**⟩ **faith** nabycie w dobrej ⟨złej⟩ wierze
   ~ **inter vivos** nabycie za życia
   ~ **mortis causa** nabycie na skutek śmierci
   ~ **of property** nabycie własności
   ~ **of title** nabycie tytułu
acquisitive *adj:* ~ **prescription** przedawnienie nabywcze, zasiedzenie
acquit *v* 1. uwolnić (**sb of sth** kogoś od czegoś) 2. uniewinnić 3. uiścić, zapłacić
   to ~ **the accused** uniewinnić oskarżonego
   to ~ **sb of a charge** uwolnić kogoś od zarzutu ⟨oskarżenia⟩
acquittal *s* 1. uwolnienie (**of sth** od czegoś) 2. uniewinnienie 3. wywiązanie się ze zobowiązań
   ~ **of a debt** zapłata ⟨uiszczenie⟩ długu
   ~ **of a debtor** zwolnienie dłużnika (*z długu*)
   ~ **of a duty** wykonanie obowiązku
   sentence of ~ wyrok uniewinniający
acquittance *s* 1. uiszczenie 2. uniewinnienie 3. wywiązanie się 4. pokwitowanie
   sum of ~ kwota odprawy ⟨gratyfikacji, odszkodowania⟩
acquitted *pp adj* 1. uwolniony 2. uniewinniony
acreage *s* powierzchnia ⟨areał⟩ w akrach
   ~ **allotment** *am.* wyznaczony areał (*pod określoną uprawę, uprawniający farmera do otrzymania dopłaty od państwa*)
   ~ **reserve** *am.* rezerwowy areał (*nie podlegający uprawie, za który farmer dostaje odszkodowanie od państwa*)
across *praep* przez, poprzez; za
   ~ **the face of a bill** (*o zakreśleniu*) na przedniej stronie weksla
   from ~ **the sea** zza morza
act[1] *s* 1. czyn, czynność, działanie 2. ustawa 3. czynność prawna 4. akt, dokument 5. *zob.* **acts**

~ **and deed** wiążący dokument prawny
~ **book** *szkoc.* protokół sądowy
~ **complained of** zaskarżona czynność, czyn będący przedmiotem zaskarżenia
~ **covert** działanie skryte ⟨tajne⟩
~ **endangering life** czyn zagrażający życiu
~ **in furtherance of a crime** czyn popierający przestępstwo
~ **in law** *a)* czynność prawna *b)* umowa
~ **in pais** czynność prawna dokonana poza sądem
~ **of abandonment** akt abandonu ⟨porzucenia⟩
~ **of abolition** akt abolicji
~ **of administration** czynność administracyjna
~ **of aggression** akt agresji
~ **of attainder** *hist.* przepadek majątku i pozbawienie wszelkich praw (*osoby, która dopuściła się zdrady kraju*)
~ **of bankruptcy** upadłość, akt upadłości
~ **of capitulation** akt kapitulacji
~ **of care** akt staranności
~ **of clemency** *a)* ustawa amnestyjna *b)* akt łaski
~ **of commission** działanie, czynienie
Act of Congress *am.* ustawa uchwalona przez Kongres
~ **of curatory** ustanowienie kuratora ⟨opiekuna⟩
~ **of defence** akt obrony
~ **of disposal** akt alienacji ⟨przeniesienia własności⟩
~ **of execution** czynność egzekucyjna
~ **of force** akt przemocy
~ **of God** siła wyższa, wypadek losowy
~ **of good will** akt dobrej woli
~ **of grace** *a)* akt łaski *b)* ustawa amnestyjna
~ **of honour** wyręczenie wekslowe
~ **of hostility** akt wrogości, wrogie działanie
~ **of indemnity** *bryt. hist. a)* ustawa legalizująca transakcje poprzednio nielegalne (*uwalniająca od kar pieniężnych i ograniczająca ściganie*) *b)* ustawa amnestyjna
~ **of insolvency** ogłoszenie upadłości
~ **of interruption** czynność mająca na celu przerwanie biegu przedawnienia
~ **of justice** czynność prawna
~ **of law** zdarzenie prawne
~ **of legislation** ⟨*hist.* **legislature**⟩ akt ustawodawczy
~ **of man** *pr. mors.* decyzja kapitana poświęcenia sprzętu lub ładunku dla ratowania statku
~ **of mutiny** akt buntu
~ **of naturalization** akt naturalizacji i nadania obywatelstwa
~ **of oblivion** *bryt. hist.* ustawa amnestyjna (*z 1660 r.*)
~ **of omission** powstrzymanie się od działania
Act of Parliament *bryt.* ustawa uchwalona przez parlament, statut
~ **of piracy** akt piractwa
~ **of prince** *pr. mors.* akt władzy
~ **of protest** akt protestu weksla, protest wekslowy
~ **of Providence** siła wyższa, wypadek losowy
~ **of public enemies** działanie wrogów publicznych
~ **of public nature** działanie o charakterze publicznym
~ **of recognition** akt uznania
~ **of sabotage** akt sabotażu
~ **of sale** akt sprzedaży

Act of Settlement *bryt. hist.* ustawa z 1701 r. wprowadzająca na tron dynastię hanowerską
~ **of state** akt władzy (*nie podlegający kontroli sądowej*)
Act of Supremacy *bryt. hist.* ustawa z 1558 r. ustanawiająca króla zwierzchnikiem Kościoła
~ **of terrorism** akt terroryzmu
Act of Toleration *bryt. hist.* ustawa z 1689 r. o wolności wyznania
Act of Uniformity *bryt. hist.* ustawa z 1662 r. wprowadzająca jednolitość obrządków religijnych
~ **of violence** akt przemocy (gwałtu)
~ **of war** akt wojny, działania wojenne
~ **warranted by law** działanie oparte na prawie
anti-trust ~ ustawa przeciwmonopolowa
arbitrary ~ akt samowoli
budgetary ~ ustawa budżetowa
companies ~ ustawa o spółkach
consolidated ~ jednolity tekst ustawy
criminal ~ działanie przestępcze, czyn przestępczy
final ~ akt (dokument) końcowy
finance (**financial**) ~ ustawa budżetowa
fraudulent ~ czynność oszukańcza, działanie podstępne
hostile ~ akt wrogości, wrogie działanie
illicit ~ czyn niedozwolony
in the ~ **of** w czasie wykonywania (*czegoś*)
introductory ~ przepisy wprowadzające
judicial ~ akt (dokument) sądowy
judiciary (**judicature**) ~ prawo o ustroju sądów
lawful ~ czynność dozwolona
legal ~ akt prawny, czynność prawna
legislative ~ akt ustawodawczy
merchandise marks ~ prawo o znakach towarowych (ochronie znaków)
merchant shipping ~ prawo handlowe morskie
military ~ prawo wojenne
navigation ~ prawo morskie
neutrality ~ prawo o neutralności
official ~ czynność urzędowa
overt ~ *a*) działanie jawne *b*) czynność przygotowawcza
patent ~ ustawa patentowa, prawo patentowe
poor-law ~ *a*) prawo ubogich *b*) zwolnienie od kosztów
preparatory ~ czynność przygotowawcza
punishable ~ czyn karalny (przestępczy)
stamp ~ ustawa o opłatach stemplowych
trade-marks ~ ustawa (prawo) o ochronie znaków towarowych
unlawful ~ czyn niedozwolony
voidable ~ czynność podlegająca unieważnieniu
to be caught in the ~ być schwytanym na gorącym uczynku
to pass an ~ uchwalić ustawę
act² *v* **1.** działać, czynić **2.** postępować, zachowywać się
to ~ **according to circumstances** działać stosownie do okoliczności
to ~ **as ...** spełniać (pełnić) funkcje ..., działać w charakterze ...
to ~ **for sb** działać w czyimś imieniu, reprezentować kogoś
to ~ **in sb's name** działać w czyimś imieniu
to ~ **jointly** działać wspólnie
to ~ **officially** działać (występować) oficjalnie

to ~ **on** (**in**) **sb's behalf** działać na czyjąś rzecz
to ~ **on one's own initiative** występować (działać) z własnej inicjatywy (na własną rękę)
to ~ **together** działać razem (wspólnie), współpracować
to ~ **upon** (**on**) **advice** działać za czyjąś radą, postępować według czyjejś rady
authorized to ~ upoważniony do działania
acting *adj* **1.** czynny **2.** pełniący obowiązki (*skr.* p.o.), działający w zastępstwie
~ **for sb** w zastępstwie kogoś
~ **manager** pełniący obowiązki dyrektora (kierownika)
~ **partner** rzeczywisty (czynny) wspólnik
~ **Secretary of State** *am.* pełniący obowiązki Sekretarza Stanu
action *s* **1.** czynność, działanie **2.** sprawa sądowa **3.** powództwo, pozew, skarga
~ **at law** proces sądowy
~ **ex contractu** powództwo o niedotrzymanie umowy
~ **ex delicto** powództwo oparte na czynie niedozwolonym
~ **for annulment** powództwo o unieważnienie
~ **for compensation** powództwo o odszkodowanie (naprawienie szkody)
~ **for damages** powództwo o odszkodowanie
~ **for debt** powództwo o zapłatę należności
~ **for declaration of right** powództwo o przyznanie prawa
~ **for a declaratory judgment** powództwo o ustalenie prawa lub stosunku prawnego
~ **for division** wniosek o podział (dział)
~ **for ejection** (**eviction**) powództwo o usunięcie (eksmisję)
~ **for infringement (of a patent)** powództwo o naruszenie (patentu)
~ **for the invalidation (of a patent)** powództwo o unieważnienie (patentu)
~ **for libel** skarga o zniesławienie
~ **for maintenance** powództwo o alimenty
~ **for mesne profits** powództwo o wydanie bezprawnie uzyskanych dochodów
~ **for money** powództwo o zasądzenie kwoty pieniężnej
~ **for partition** wniosek o zniesienie współwłasności (o dział spadku)
~ **for payment** powództwo o zapłatę należności
~ **for performance of a contract** powództwo o wykonanie umowy
~ **for permanent injunction** powództwo o zaniechanie (*naruszania posiadania*)
~ **for the recovery of possession** powództwo o przywrócenie naruszonego posiadania
~ **for the recovery of title** powództwo petytoryjne o wydanie (*rzeczy, nieruchomości*), skarga windykacyjna
~ **for rescission** powództwo o unieważnienie (rozwiązanie) umowy
~ **for restitution** powództwo o przywrócenie do stanu poprzedniego
~ **for return** powództwo o zwrot rzeczy
~ **for slander** skarga o zniesławienie
~ **for tort** powództwo o wynagrodzenie szkody wyrządzonej czynem niedozwolonym
~ **for trespass** powództwo o naruszenie posiadania

~ **in contract** powództwo o niedotrzymanie u-mowy

~ **in personam** powództwo oparte na zobowiązaniu określonej osoby

~ **in rem** powództwo o wydanie rzeczy

~ **of book debt** powództwo o zwrot długu wynikającego z zapisów księgowych

~ **of trover** powództwo o wydanie rzeczy znalezionej

~ **over** powództwo regresowe

~ **to quiet title** powództwo o przyznanie nieograniczonego tytułu prawnego

breach of promise ~ *a*) powództwo o niedotrzymanie obietnicy małżeństwa *b*) powództwo o odszkodowanie z powodu niedotrzymania przyrzeczenia

by way of ~ w drodze postępowania sądowego

cause of ~ podstawa powództwa ⟨roszczenia⟩

civil ~ powództwo cywilne

common ⟨**concerted, coordinated**⟩ ~ wspólne postępowanie ⟨działanie⟩

court ~ *a*) pozew, powództwo sądowe *b*) sprawa cywilna

criminal ~ proces karny; postępowanie karne

cross ~ powództwo wzajemne

declaratory ~ powództwo o ustalenie (*prawa*)

disciplinary ~ postępowanie dyscyplinarne

enemy ~ wrogie działanie

legal ~ *a*) proces, sprawa sądowa *b*) dochodzenie karne ⟨sądowe⟩

nullity ~ powództwo o ustalenie nieistnienia (*np. małżeństwa*)

personal ~ powództwo w stosunku do osoby

real ~ powództwo o prawo rzeczowe

right of ~ prawo skargi

subject of the ~ przedmiot powództwa

test ~ powództwo precedensowe, proces precedensowy

to bring ⟨**enter**⟩ **an** ~ wnieść powództwo (**against sb** przeciwko komuś)

to dismiss an ~ oddalić powództwo

to take a legal ~ wystąpić na drogę sądową, wszcząć postępowanie

to win an ~ wygrać sprawę

to withdraw an ~ wycofać pozew

actionable *adj* **1.** zaskarżalny, podlegający zaskarżeniu **2.** dający podstawę dochodzenia na drodze sądowej

~ **claim** dług wymagalny ⟨płatny⟩ (*dający podstawę do dochodzenia w drodze powództwa*)

~ **libel** zniesławienie podlegające zaskarżeniu

~ **negligence** karalne niedbalstwo

civilly ~ podlegający dochodzeniu w drodze cywilnej

criminally ~ podlegający ściganiu karnemu

active *adj* **1.** czynny, aktywny **2.** wzmożony **3.** ożywiony

~ **balance** czynny bilans, dodatnie saldo

~ **capacity** zdolność do czynności prawnych

~ **capital** aktywa, czynny kapitał

~ **circulation** obieg banknotów

~ **collaboration** aktywna współpraca

~ **commerce** ⟨**trade**⟩ handel eksportowy

~ **dealing** ożywione obroty ⟨transakcje⟩

~ **dealing in stocks** ożywione obroty walorami (giełdowymi)

~ **debt** wierzytelność, należność

~ **demand** ożywiony popyt

~ **duty** *am.* czynna służba wojskowa

~ **market** rynek ożywiony, ruch na rynku

~ **money** pieniądze w obrocie

~ **partner** wspólnik działający ⟨występujący⟩ oficjalnie

~ **population** ludność pracująca ⟨czynna zawodowo⟩

~ **property** aktywa, masa czynna, czynny stan posiadania

~ **service** czynna służba

~ **share in a business** aktywny udział w firmie

~ **trade balance** dodatni bilans handlowy

activist *s* działacz

activities *spl* zakres działania, działalność

commercial ~ działalność handlowa

disruptive ~ *polit.* działalność rozłamowa ⟨rozkładowa, destrukcyjna⟩

economic ~ działalność gospodarcza

activity *s* **1.** działalność, czynność **2.** ożywienie, ruch

~ **in** ⟨**on**⟩ **the market** ożywienie na rynku

~ **rate** *stat.* współczynnik aktywności zawodowej

ancillary ~ *stat.* działalność pomocnicza

branch of ~ dziedzina działalności

building ~ działalność budowlana

business ~ działalność handlowa

field ⟨**sphere**⟩ **of** ~ pole ⟨dziedzina⟩ działalności

in full ~ w pełnym ruchu, w pełni działalności

kind of ~ rodzaj działalności

professional ~ działalność zawodowa

primary ~ *stat.* działalność zaliczona do sfery pierwszej (*rolnictwo, leśnictwo, rybołówstwo*)

secondary ~ *stat.* działalność zaliczona do sfery drugiej (*przemysł wydobywczy, przetwórczy, budownictwo*)

tertiary ~ *stat.* działalność zaliczona do sfery trzeciej (*obrót towarowy, transport, usługi*)

acts *spl* **1.** czynności **2.** transakcja **3.** *zob.* **act**

~ **of court** czynności sądowe

~ **of execution** czynności egzekucyjne

Acts of Union *bryt. hist.* statuty ⟨ustawy⟩ o zjednoczeniu Królestwa (*z 1536 r. z Walią, 1706–7 r. ze Szkocją, 1800 r. z Irlandią*)

actual *adj* **1.** faktyczny, istotny, rzeczywisty **2.** obecny, bieżący, aktualny

~ **allegiance** obowiązek przestrzegania miejscowego prawa przez cudzoziemca

~ **assets** faktyczne aktywa

~ **buying value** aktualna ⟨faktyczna⟩ wartość rynkowa

~ **contumacy** niepodporządkowanie się postanowieniu sądu

~ **cost** rzeczywisty koszt

~ **damage** rzeczywista szkoda

~ **danger** rzeczywiste niebezpieczeństwo

~ **deviser (of an invention)** *pat.* rzeczywisty autor (wynalazku)

~ **domicile** aktualne miejsce zamieszkania

~ **employment** aktualne zatrudnienie

~ **expense** ⟨**expenditure**⟩ rzeczywiste wydatki

~ **government** obecny ⟨ówczesny⟩ rząd

~ **intent** rzeczywisty zamiar

~ **knowledge** rzeczywiste rozeznanie

~ **owner** rzeczywisty właściciel

~ **population** obecne ⟨ówczesne⟩ zaludnienie

~ **possession** faktyczne posiadanie

~ **price** cena rzeczywista ⟨bieżąca⟩
~ **profit** rzeczywisty zysk
~ **receipts** rzeczywiste wpływy
~ **state of affairs** rzeczywisty stan rzeczy
~ **tare** tara rzeczywista
~ **total loss** *ub. mors.* rzeczywista strata całkowita (*statku*)
~ **value** rzeczywista wartość
~ **violence** rzeczywista napaść
~ **wage** *stat.* rzeczywisty zarobek
~ **working** *pat.* faktyczne stosowanie (*wynalazku*)
in ~ **fact** w istocie rzeczy
to give the ~ **figures** podać aktualne cyfry ⟨dane⟩
actually *adv* 1. rzeczywiście, faktycznie 2. obecnie
~ **on board** (*o towarze*) obecnie na statku
~ **cashed** rzeczywiście zainkasowany
actuarial *adj* ubezpieczeniowy
~ **tables** tabele śmiertelności (*używane przez towarzystwa ubezpieczeniowe*)
~ **value** wartość ubezpieczenia
actuary *s* urzędnik ubezpieczeniowy
ad acta *łac.* (*złożyć*) ad acta; (*uznać za*) załatwione
adapt *v* dostosować, przystosować, adaptować (**to sth** do czegoś)
adaptability *s* możliwość przystosowania, zdolność adaptacji
adaptable *adj* 1. (*o rzeczy*) dający się dostosować ⟨przystosować⟩ 2. (*o osobie*) zdolny do przystosowania się
adaptation *s* 1. adaptacja, przystosowanie się 2. przeróbka
period for ⟨**of**⟩ ~ okres adaptacji
social ~ społeczne przystosowanie się, asymilacja
social ~ **centre** ośrodek przystosowania społecznego
adapted *pp adj* przystosowany, dostosowany (**to sth** do czegoś)
add *v* 1. dodawać, sumować 2. doliczać
to ~ **in** włączać, wliczać
to ~ **interest to the capital** dodać odsetki do kapitału
to ~ **to** doliczać; dołączać; powiększać; podnosić
to ~ **up** sumować, dodawać
addable *adj* podlegający doliczeniu
added *pp adj* dodatkowy, dalszy
~ **capital** dodatkowy kapitał
value ~ wartość dodana
addendum *s* (*pl* **addenda**) uzupełnienie, dodatek
addict[1] *s* nałogowiec, narkoman
cocaine ~ kokainista
drug ~ narkoman
morphia ~ morfinista
addict[2] *v:* **to** ~ **oneself** ⟨**be** ~**ed**⟩ **to** ... oddawać się nałogowo ... (*czemuś*)
addiction *s* nałóg, uprawianie nałogu
ad diem *łac.* do dnia
addition *s* 1. dodatek 2. dodawanie
in ~ na dodatek, w dodatku, ponadto
patent of ~ patent dodatkowy
to pay sth in ~ dopłacić
additional *adj* 1. dodatkowy, dalszy 2. uzupełniający
~ **application** *pat.* dodatkowe zgłoszenie
~ **assessment** dodatkowe opodatkowanie
~ **bail** dodatkowa kaucja
~ **charge** dodatkowa opłata, dopłata
~ **clause** dodatkowa klauzula

~ **clauses** ⟨**articles**⟩ dodatkowe postanowienia (*umowy*)
~ **convening** dopoznanie
~ **cost** dodatkowy koszt
~ **credit** dodatkowy kredyt
~ **dividend** dodatkowa dywidenda
~ **duty** dodatkowe cło
~ **fee** dodatkowa opłata
~ **freight** dodatkowy fracht
~ **insurance** dodatkowe ubezpieczenie
~ **investment** dodatkowa inwestycja
~ **legacy** dodatkowy zapis
~ **order** dodatkowe zamówienie
~ **pay** dodatkowe wynagrodzenie
~ **payment** dodatkowa płatność
~ **perils clause** *ub. mors.* klauzula dodatkowych niebezpieczeństw
~ **policy** dodatkowa polisa
~ **postage** dodatkowe porto, dopłata pocztowa
~ **premium** dodatkowa premia
~ **price** dodatek do ceny
~ **privileges** dodatkowe przywileje
~ **protocol** dodatkowy protokół
~ **reason** dodatkowa przyczyna
~ **security** dodatkowe zabezpieczenie
~ **servitude** dodatkowa służebność
~ **tax** dodatkowy podatek
~ **work** praca dodatkowa
additionally *adv* dodatkowo, w dodatku
additionals *spl* warunki uzupełniające (*do poprzedniego porozumienia*)
address[1] *s* 1. adres 2. przemówienie 3. prośba, petycja
~ **book** księga adresowa
~ **bureau** biuro adresowe
~ **card** karta ⟨wywieszka⟩ z adresem
~ **clause** *ub. mors.* klauzula czarterowa dotycząca wyznaczenia maklera klarującego
~ **commission** *ub. mors. a*) prowizja adresowa od ubezpieczyciela za pośrednictwo w ubezpieczeniu *b*) upust od frachtu na rzecz czarterującego
~ **for delivery** ⟨**service**⟩ adres dla doręczeń
~ **label** nalepka ⟨wywieszka⟩ z adresem
~ **of congratulation** pismo gratulacyjne
~ **office** biuro adresowe
~ **of thanks** pismo z podziękowaniem
accommodation ~ adres grzecznościowy
business ~ adres firmowy ⟨firmy⟩
cable ~ adres telegraficzny
change of ~ zmiana adresu
code ~ adres kodowy
home ~ adres prywatny, adres miejsca zamieszkania
illegible ~ adres nieczytelny
inaugural ~ przemówienie inauguracyjne
legal ~ siedziba
mailing ~ adres pocztowy
of no fixed ~ bez stałego miejsca zamieszkania
permanent ~ adres stałego miejsca zamieszkania
postal ~ adres pocztowy
private ~ adres prywatny
telegraphic ~ adres telegraficzny
address[2] *v* 1. adresować 2. zwrócić się (**sb** do kogoś) 3. przemówić
to ~ **care of sb** (*skr.* **c/o**) adresować na czyjeś ręce

to ~ **the chairman** zwrócić się do przewodniczącego (*zebrania*)

to ~ **the jury** zwrócić się ⟨przemówić⟩ do ławy przysięgłych

to ~ **a letter** zaadresować list

to ~ **the meeting** zabrać głos na zebraniu

addressed *adj:* ~ **bill** weksel domicylowany

addressee *s* adresat, odbiorca

~ **unknown** adresat nieznany

addresser, addressor *s* nadawca, wysyłający

adduce *v* **1.** przytoczyć, zacytować **2.** wskazać **3.** powołać się (**sth na coś**)

to ~ **evidence** ⟨**proofs**⟩ przedstawić dowody

to ~ **reasons** ⟨**arguments**⟩ podać przyczyny ⟨argumenty⟩

to ~ **a witness** *a)* wskazać świadka *b)* powołać się na dowód świadka

adduction *s* **1.** przytoczenie **2.** powołanie się (**of sth** na coś) **3.** wskazanie

~ **of evidence** wskazanie dowodów

~ **of reasons** wskazanie przyczyn

adeem *v* odwołać zapis ⟨legat⟩

ademption *s* odwołanie, wygaśnięcie

~ **of a legacy** odwołanie ⟨wygaśnięcie⟩ zapisu (*na skutek wcześniejszego rozporządzenia przedmiotem tego zapisu*)

adept[1] *s* biegły, ekspert

adept[2] *adj* zręczny, biegły

to be ~ **in sth** znać coś dogłębnie

adequacy, adequateness *s* współmierność, adekwatność

adequate *adj* **1.** odpowiedni, właściwy, stosowny; adekwatny **2.** wystarczający

~ **care** właściwa troska, właściwe starania

~ **cause** wystarczająca ⟨dostateczna⟩ przyczyna

~ **compensation** dostateczne ⟨odpowiednie, właściwe⟩ odszkodowanie

~ **consideration** odpowiednie ⟨adekwatne⟩ świadczenie wzajemne

~ **means** odpowiednie ⟨wystarczające⟩ środki

~ **or reasonable facilities** właściwe udogodnienia ⟨środki⟩

~ **preparation** odpowiednie ⟨właściwe⟩ przygotowanie (*procesu*)

~ **provocation** wystarczająca prowokacja

~ **remedy** właściwy ⟨stosowny, odpowiedni⟩ środek zaradczy

~ **reward** właściwe ⟨odpowiednie, stosowne⟩ wynagrodzenie

~ **sampling** *stat.* właściwa ⟨reprezentatywna⟩ próbka

adhere *v* **1.** należeć (**to sth** do czegoś) **2.** dotrzymywać (**to sth** czegoś) **3.** obstawać (**to sth** przy czymś) **4.** przestrzegać skrupulatnie (**to sth** czegoś)

to ~ **to a claim** obstawać przy roszczeniu

to ~ **to conditions** dotrzymywać warunków

to ~ **to instruction** przestrzegać instrukcji

to ~ **to a party** należeć do partii

adherence *s* **1.** przynależność **2.** dochowywanie (**to sth** czegoś) **3.** skrupulatne przestrzeganie **4.** *szkoc.* możliwość dochodzenia uprawnień małżeńskich przez każdego z małżonków

to **win** ~ zdobywać zwolenników ⟨członków⟩

adherent[1] *adj* przynależny

adherent[2] *s* stronnik, zwolennik

~ **of a party** stronnik ⟨zwolennik⟩ partii

adhesion *s* **1.** przynależność (**to sth** do czegoś) **2.** aprobata

to **give one's** ~ **to sth** wypowiedzieć się za czymś, wyrazić aprobatę czegoś

adhesive *adj* lepki, przyczepny

~ **label** nalepka, naklejka, etykieta

ad hoc *łac.* specjalnie w tym celu, doraźnie

~ **committee** komitet specjalny ⟨powołany dla celów specjalnych⟩

ad hominem *łac.* (*dowodzenie*) dostosowane do człowieka, z którym mamy do czynienia

ad idem *łac.* do tego samego

ad infinitum *łac.* do nieskończoności, bez końca

ad interim *łac.* tymczasowo, chwilowo, czasowo

adjacent *adj* **1.** sąsiedni, graniczący **2.** styczny, przyległy (**to sth** do czegoś)

~ **property** sąsiednia ⟨przyległa⟩ nieruchomość

to be ~ **to sth** graniczyć z czymś, przylegać do czegoś

adjective *adj:* ~ **law** prawo procesowe

adjoining *adj* przylegający, stykający się, graniczący bezpośrednio

~ **estate** ⟨**property**⟩ przylegająca ⟨sąsiednia⟩ nieruchomość

adjourn *v* **1.** odraczać, odkładać **2.** zarządzać przerwę **3.** przerwać

to ~ **a case** odroczyć sprawę

to ~ **the court** odroczyć posiedzenie sądu

to ~ **the debate** przerwać ⟨zakończyć⟩ debatę

to ~ **the hearing** odroczyć przesłuchanie

to ~ **a meeting** odroczyć zebranie

to ~ **sine die** odroczyć bez podania nowego terminu

to ~ **till** ⟨**until**⟩ ... odroczyć do...

motion to ~ wniosek o odroczenie

adjourned *adj* odroczony

~ **term** termin, na który przesunięto rozprawę

adjournment *s* **1.** odroczenie, odłożenie **2.** zawieszenie **3.** przerwa

~ **day** dzień, na który odroczono rozpoznanie sprawy

~ **motion** wniosek o odroczenie

adjudge *v* **1.** rozstrzygnąć **2.** rozpoznać **3.** zasądzić, wydać orzeczenie **4.** uznać (*np. winnym*) **5.** skazać

to ~ **a bonus to sb** przyznać komuś premię

to ~ **damages** zasądzić odszkodowanie

to ~ **a question of law** rozstrzygnąć kwestię prawną ⟨zagadnienie prawne⟩

to ~ **sb a bankrupt** uznać kogoś za bankruta, ogłosić czyjąś upadłość

to ~ **sb guilty** ⟨**to be guilty**⟩ uznać kogoś winnym ⟨za winnego⟩

adjudgment *s* **1.** orzeczenie sądowe **2.** zasądzenie

adjudicate *v* **1.** orzekać, wyrokować, rozpoznawać sprawę **2.** przyznawać, zasądzać **3.** udzielić przybicia (*na licytacji*)

to ~ **a claim** rozstrzygnąć reklamację

to ~ **sb a bankrupt** uznać kogoś za bankruta, ogłosić czyjąś upadłość

adjudication *s* **1.** zasądzenie **2.** wyrok, orzeczenie

~ **of bankruptcy** sądowe uznanie upadłości

~ **of royalties** *pat.* przyznanie wyrokiem opłat licencyjnych

~ **to the highest bidder** przybicie (licytacyjne)

adjudicator *s* arbiter, osoba rozstrzygająca spór

adjuration s zaprzysiężenie (*przed składaniem zeznań lub oświadczeń*)
adjure v zaprzysięgać (**sb** kogoś)
adjust v **1.** uregulować, załatwić **2.** dopasować, dostosować (**sth to sth** coś do czegoś) **3.** precyzować **4.** prostować **5.** uzgodnić **6.** wyrównać
~ **an account** uzgodnić konto ⟨rachunek⟩
~ **a difference** wyrównać różnicę
~ **a dispute** uzgodnić opinie (*w dyskusji*)
~ **the general average** ub. mors. rozliczać awarię wspólną
~ **a matter** załatwić sprawę
~ **to new situations** dostosowywać się do nowych sytuacji
adjusted adj uzgodniony, dostosowany
~ **account** uzgodniony rachunek
~ **to a standard** znormalizowany, dostosowany do standardu
to be ~ a) do rozliczenia b) do dyspaszy
adjuster, adjustor s ub. mors. dyspaszer
~ **of averages** dyspaszer awarii
adjustment s **1.** uregulowanie, załatwienie, uzgodnienie **2.** ub. mors. dyspasza, rozliczenie awarii wspólnej **3.** dostosowanie, poprawka
~ **bonds** obligacje dodatkowe w związku z reorganizacją przedsiębiorstwa (*dla uzupełnienia kapitału*)
~ **of an account** uregulowanie konta
~ **of the average** ub. mors. dyspasza, rozliczenie awarii wspólnej
~ **(of) charges** ub. mors. koszty dyspaszy
~ **of claims** uregulowanie ⟨zaspokojenie, wyrównanie⟩ roszczeń
~ **of damages** ⟨**losses**⟩ pokrycie ⟨wynagrodzenie⟩ szkody
~ **of wages** regulacja płac
cash ~ uregulowanie ⟨zapłata⟩ gotówką
currency ⟨**monetary**⟩ ~ wyrównanie walutowe
downward ~ a) obniżenie ceny b) tendencja zniżkowa
economic ~ przystosowanie ekonomiczne ⟨gospodarcze⟩
inventory ~ dopełnienie zapasów do stanu normalnego
peaceful ~ pokojowe rozstrzygnięcie ⟨załatwienie⟩
policy ~ uzgodnienie polityki
rolling ~ poprawka na wahania koniunktury
seasonal ~ stat. sezonowa podwyżka ⟨obniżka⟩ (*cen*)
social ~ przystosowanie społeczne; asymilacja
upward ~ a) podwyżka ceny b) tendencja zwyżkowa
wages ~ regulacja płac
ad litem łac. dla oznaczonego procesu
admeasurement s **1.** wymierzenie **2.** wymiar, rozmiar, proporcja **3.** roszczenie przeciw osobie, która korzysta w większym niż jej przysługuje stopniu z gruntu czy nieruchomości
~ **of dower** roszczenie spadkobiercy przeciwko wdowie, która zatrzymuje więcej posagu, niż jej to przysługuje
~ **of pasture** roszczenie jednego użytkownika przeciwko drugiemu o wypasanie wspólnego pastwiska w większym stopniu, niż mu to przysługuje
adminicular adj pomocniczy, potwierdzający
~ **evidence** uzupełniające zeznanie
adminiculate v składać dodatkowe zeznanie

administer v **1.** zarządzać, administrować **2.** udzielać **3.** wymierzać **4.** sprawować rządy **5.** stosować
to ~ **a bankrupt's estate** zarządzać majątkiem upadłego ⟨bankruta⟩
to ~ **justice** wymierzać sprawiedliwość
to ~ **the law** stosować ⟨wykonywać⟩ prawo
to ~ **an oath to sb** zaprzysięgać kogoś, odbierać od kogoś przysięgę
to ~ **poison** dać ⟨podać⟩ truciznę
administered pp adj: ~ **price** cena regulowana ⟨sztywna⟩
administration s **1.** administracja, zarząd **2.** am. rząd **3.** sprawowanie władzy, zarządzanie
~ **action** działalność sądu w celu zapewnienia prawidłowego zarządu majątkiem zmarłego
(the) Administration am. rząd Stanów Zjednoczonych
~ **bond** zaświadczenie sądu o ustanowieniu zarządcy majątku zmarłego
~ **costs** ⟨**charges, expenses**⟩ koszty administracyjne
~ **of the customs** zarząd ceł
~ **of estates** bryt. zarządzanie majątkiem zmarłego (*polegające na ściągnięciu należności, zaspokojeniu długów i rozdziale nadwyżki między osoby uprawnione*)
~ **of justice** ⟨**law**⟩ wymiar sprawiedliwości
~ **of an oath** odebranie przysięgi ⟨przyrzeczenia⟩
~ **of taxes** władze skarbowe
~ **suit** bryt. skarga skierowana do sądu **Chancery Division** w związku z roszczeniami majątkowymi przeciwko zmarłemu
act of ~ akt administracyjny
army ~ administracja wojskowa, władze wojskowe
central ~ władze centralne ⟨zwierzchnie⟩
city ~ władze miejskie
civil ~ władze cywilne
colonial ~ administracja kolonialna
compulsory ~ zarząd przymusowy
council of ~ rada administracyjna
court of ~ trybunał ⟨sąd⟩ administracyjny
fiscal ~ władze finansowe ⟨skarbowe⟩
Letters of Administration bryt. pismo sądowe ustanawiające administratora ⟨kuratora⟩ spadku
local ~ władze miejscowe ⟨lokalne⟩
matter of ~ sprawa administracyjna
municipal ~ władze miejskie
postal ~ dyrekcja poczty
price ~ kontrola cen
prison ~ a) zarząd więzienia b) władze więzienne
public ~ administracja państwowa
railway ~ zarząd ⟨dyrekcja⟩ kolei
state ~ a) administracja państwowa b) am. rząd
administrative adj administracyjny, wykonawczy
~ **act** akt administracyjny
~ **adviser** radca administracyjny
~ **agency** organ administracyjny, komisja administracyjna
~ **area** okręg administracyjny
~ **authority** władza administracyjna
~ **autonomy** autonomia administracyjna, samorząd administracyjny
~ **board** organ administracyjny
~ **body** zespół administracyjny
~ **channels** kanały ⟨drogi⟩ administracyjne
~ **charges** opłaty administracyjne

~ **committee** ⟨**commission**⟩ komisja administracyjna

~ **court** sąd ⟨trybunał⟩ administracyjny

~ **decision** decyzja administracyjna, administracyjne

~ **discretion** swoboda decyzji administracyjnej

~ **district** okręg administracyjny

~ **division** podział administracyjny

~ **expenses** koszty administracyjne

~ **fine** grzywna administracyjna

~ **jurisdiction** orzecznictwo administracyjne

~ **law** prawo administracyjne

~ **machinery** aparat administracyjny

~ **matter** sprawa administracyjna

~ **measure** ⟨**remedy**⟩ środek administracyjny

~ **offence** przestępstwo administracyjne

~ **officer** ⟨**official**⟩ urzędnik administracyjny ⟨administracji⟩

~ **organization** organizacja administracyjna

~ **penalty** kara administracyjna

~ **personnel** personel administracyjny

~ **power** władza administracyjna

~ **procedure** ⟨**proceeding**⟩ postępowanie administracyjne, procedura administracyjna

~ **protection** system ceł ochronnych (*zarządzenia i przepisy celne kontrolujące import*)

~ **regulations** przepisy administracyjne

~ **revenues** wpływy ⟨dochody⟩ administracyjne

~ **secretary** sekretarz administracyjny

~ **staff** kadra administracyjna, zespół pracowników administracji

~ **structure** struktura administracyjna ⟨administracji⟩

~ **tribunals** trybunały ⟨sądy⟩ administracyjne

~ **unit** jednostka administracyjna

through ~ **channels** w trybie administracyjnym

administrator *s* 1. administrator, zarządca 2. zarządca masy spadkowej 3. kurator osoby nie znanej z miejsca pobytu 4. opiekun małoletniego

~ **ad colligendum** zarządca, którego obowiązkiem jest ściągnięcie należności i zabezpieczenie majątku spadkowego

~ **ancillary** zarządca posiłkowy ⟨dodatkowy⟩ (*podległy zarządcy generalnemu*)

~ **cum testamento anexo** wykonawca testamentu ustanowiony w przypadku niemożności lub odmowy działania wykonawcy wyznaczonego w testamencie

~ **de bonis non (administratis)** zarządca wyznaczony przez sąd do podziału majątku, którego nie podzielił poprzedni wykonawca testamentu

~ **durante absentia** kurator ⟨zarządca⟩ majątku nieobecnego

~ **durante minore estate** zarządca ⟨kurator⟩ majątku niepełnoletniego

~ **of a bankrupt's estate** zarządca masy upadłości

~ **of an estate** zarządca nieobjętego spadku

~ **pendente lite** zarządca sądowy ustanowiony na okres toczenia się sprawy

~ **to child unborn** kurator dziecka nie narodzonego

administratrix *s* administratorka, kuratorka, zarządczyni

admiral *s* admirał

Admiralty *s*: (**the**) ~ *bryt.* Admiralicja

~ **Court** *bryt.* Sąd Admiralicji rozpoznający sprawy cywilne i karne związane z morzem

~ **Division** *bryt.* wydział rozpoznający sprawy spadkowe, rozwodowe i morskie (w **High Court of Justice**)

~ **jurisdiction** *bryt.* orzecznictwo ⟨sądownictwo⟩ morskie

~ **law** *bryt.* prawo morskie

Board of ~ *bryt.* Ministerstwo Marynarki

Court of ~ *bryt.* sąd morski

First Lord of the ~ *bryt.* minister marynarki

admissibility *s* dopuszczalność

~ **of an evidence** dopuszczalność dowodu

admissible *adj* dopuszczalny, dozwolony

~ **evidence** dopuszczalny dowód

admission *s* 1. wstęp, dostęp 2. opłata za wstęp 3. dopuszczenie, przyjęcie 4. przyznanie się

~ **against interest** przyznanie się do winy, uznanie swej winy (*wbrew interesom*)

~ **card** karta wstępu

~ **fee** opłata za wstęp

~ **free** wstęp wolny ⟨bezpłatny⟩

~ **in evidence** przyznanie faktu ⟨okoliczności⟩

~ **of guilt** przyznanie się do winy

~ **of members** przyjęcie członków

~ **temporaire** warunkowa odprawa celna (*zwłaszcza dla surowców*)

~ **ticket** karta wstępu, bilet

~ **to the Bar** dopuszczenie do wykonywania praktyki adwokackiej

~ **to quotation at the stock exchange** dopuszczenie do obrotu giełdowego

application for ~ podanie o dopuszczenie ⟨przyjęcie⟩

conditions of ~ warunki dopuszczenia ⟨przyjęcia⟩

duty-free ~ dopuszczenie bez cła

express ⟨**direct**⟩ ~ przyznanie wyraźne

formal ~ przyznanie wyraźne faktów (*dla celów sądowych*)

implied ~ przyznanie domniemane

informal ~ przyznanie domniemane (*wynikające z zachowania lub nie zaprzeczenia*)

qualified for ~ kwalifikujący się ⟨nadający się⟩ do przyjęcia ⟨dopuszczenia⟩

to be denied ~ nie zostać przyjętym

to gain ~ *a*) uzyskać wstęp ⟨dostęp⟩ (**to sth, to sb** do czegoś, do kogoś) *b*) zostać przyjętym

to have free ~ mieć wolny dostęp ⟨wstęp⟩ (**to sth** do czegoś)

admit *v* 1. dopuszczać 2. zezwalać 3. przyznawać, uznawać 4. pomieścić

to ~ **a claim** uznać roszczenie

to ~ **sb's evidence** dopuścić dowód z czyjegoś zeznania

to ~ **one's guilt** uznać swoją winę, przyznać się do winy

to ~ **of no doubt** nie dopuszczać wątpliwości

to ~ **of no excuse** być nie do usprawiedliwienia

to ~ **of several interpretations** dopuszczać możliwość kilku interpretacji

to ~ **paternity** uznać ojcostwo

to ~ **sb as a member** ⟨**partner**⟩ przyjąć kogoś na członka ⟨wspólnika⟩

to ~ **a statement to be true** uznać stwierdzenie za prawdziwe

to ~ **stocks to quotation** dopuścić akcje do obrotu giełdowego

to ~ **to bail** zwolnić za kaucją ⟨poręczeniem⟩

admittance *s* 1. dopuszczenie 2. wstęp, prawo wstępu
  charge for ~ opłata za wstęp
  no ~ wstęp wzbroniony
  no ~ **except on business** nieupoważnionym ⟨nieuprawnionym⟩ wstęp wzbroniony
  to be denied ~ nie zostać dopuszczonym
  to deny sb ~ odmówić komuś prawa wstępu
  to gain ⟨**get**⟩ ~ **to sth** uzyskać dopuszczenie ⟨dostęp⟩ do czegoś
  to give sb ~ przyznać komuś dostęp
admitted *pp adj* 1. dopuszczalny 2. uznany 3. dopuszczony
  ~ **claim** uznana reklamacja
  ~ **truth** uznana prawda
  value ~ wartość uznana
  to be ~ **to the Bar** być ⟨zostać⟩ przyjętym do adwokatury
admittedly *adv* według powszechnej opinii, niezaprzeczalnie
admonish *v* 1. upominać 2. przestrzegać, ostrzegać (**sb of** ⟨**against**⟩ **sth** kogoś przed czymś)
  to ~ **sb to tell the truth** napominać kogoś, aby mówił prawdę
admonition *s* 1. upomnienie 2. ostrzeżenie (**of** ⟨**against**⟩ **sth** przed czymś) 3. nagana
adolescence *s* wiek młodzieńczy
adolescent[1] *adj* młodociany, dorastający
adolescent[2] *s* młodociany
adopt *v* 1. zaadoptować, przysposobić 2. przybrać 3. zastosować 4. powziąć, zatwierdzić
  to ~ **a child** przysposobić ⟨adoptować⟩ dziecko
  to ~ **a measure** zastosować środek
  to ~ **a motion** przyjąć wniosek
  to ~ **a resolution** powziąć uchwałę, przyjąć rezolucję
  to ~ **sth as a basis** przyjąć coś za podstawę
  to ~ **a view** przyjąć pogląd
adopted *pp adj* adoptowany, przybrany, przysposobiony
  ~ **child** dziecko przysposobione ⟨adoptowane⟩
  ~ **country** przybrana ojczyzna
  unanimously ~ **resolution** jednomyślnie przyjęta rezolucja
adoptee *s* osoba przysposobiona ⟨adoptowana⟩
adopter *s* osoba przysposobiająca ⟨adoptująca⟩
adoption *s* 1. przysposobienie, adopcja 2. obranie, wybór 3. zastosowanie
  Adoption Act *bryt.* ustawa o adopcji (*z 1958 r.*)
  ~ **by testament** adopcja testamentowa
  ~ **centre** ośrodek adopcyjny
  ~ **of a child** przysposobienie dziecka
  ~ **of a contract** przyjęcie umowy
  ~ **of a law** przyjęcie prawa
  ~ **of a resolution** przyjęcie rezolucji ⟨uchwały⟩
  ~ **society** *bryt.* osoba zajmująca się adopcją
  brother by ~ brat adoptowany
  country of ~ przybrana ojczyzna
  sister by ~ siostra adoptowana
adoptive *adj* 1. przybrany, przysposobiony 2. przyswajalny
  ~ **act** ustawa wymagająca przyjęcia przez władze miejscowe
  ~ **daughter** adoptowana ⟨przybrana⟩ córka
  ~ **father** przybrany ojciec
  ~ **mother** przybrana matka
  ~ **son** adoptowany ⟨przybrany⟩ syn

ad quem *łac.* termin, z którego nadejściem ustają skutki prawne
ad referendum *łac.* do dalszego uzgodnienia
ad rem *łac.* do rzeczy; bez dygresji
adrift *adj* dryfujący, dryfowany
adult[1] *s* dorosły, osoba dorosła
adult[2] *adj* dorosły, dojrzały
  ~ **fare** pełna opłata za przejazd
adulterant *s* środek dodawany w celu fałszowania (*produktów, leków*)
adulterate[1] *v* fałszować
  to ~ **the coinage** fałszować monety
  to ~ **drugs** fałszować leki
  to ~ **food** fałszować żywność
adulterate[2] *adj* 1. cudzołożny, wiarołomny 2. nieślubny 3. pozamałżeński 4. fałszowany, podrobiony
adulterated *adj* zafałszowany, sfałszowany, podrobiony
  ~ **coin** sfałszowana ⟨fałszywa⟩ moneta
  ~ **drug** sfałszowany lek
  ~ **food** fałszowana żywność
  ~ **money** sfałszowane ⟨fałszywe⟩ pieniądze
adulteration *s* 1. fałszowanie, podrabianie 2. pogarszanie
  ~ **of drug** ⟨**food, money**⟩ fałszowanie leków ⟨żywności, pieniędzy⟩
  ~ **of a text** przekręcenie tekstu
adulterator *s* fałszerz
adulterer *s* cudzołożnik
adulteress *s* cudzołożnica
adulterine *adj* 1. nieprawy, pozamałżeński 2. fałszywy
  ~ **child** dziecko pozamałżeńskie ⟨z nieprawego łoża⟩
adulterous *adj* cudzołożny, pozamałżeński
  ~ **relations** stosunki pozamałżeńskie
adultery *s* cudzołóstwo, zdrada małżeńska
  double ~ obustronna zdrada małżeńska, obustronne cudzołóstwo
  to commit ~ dopuścić się zdrady małżeńskiej ⟨cudzołóstwa⟩
ad valorem *łac.* według wartości, stosownie do wartości
  ~ **cargo** ładunek ad valorem (*wartość ładunku określa stawkę frachtową*)
  ~ **duty** ⟨**tax**⟩ cło ad valorem (*opłata celna pobierana proporcjonalnie do wartości towaru*)
  ~ **freight** fracht ad valorem (*fracht obliczany od wartości towaru*)
advance[1] *s* 1. postęp 2. wzrost, zwyżka 3. zaliczka, zapłata przedterminowa 4. awans, podwyżka 5. pożyczka 6. korzyść
  ~ **against documents** zaliczka pod dokumenty
  ~ **against securities** pożyczka pod zastaw papierów wartościowych
  ~ **against security** pożyczka pod zabezpieczenie
  ~ **copy** sygnalny egzemplarz (*publikacji*)
  ~ **freight** *a)* zaliczka na fracht *b)* fracht zapłacony z góry
  ~ **in price** wzrost ⟨zwyżka⟩ ceny
  ~ **money** przedpłata
  ~ **note** nota zaliczkowa
  ~ **notice** uprzednie zawiadomienie, uprzedzenie
  ~ **on a contract** zadatek ⟨zaliczka⟩ na poczet umowy
  ~ **on costs** ⟨**expenses**⟩ zaliczka na koszty ⟨wydatki⟩
  ~ **on freight** zadatek na poczet przewoźnego

~ **on salary** zaliczka na poczet wynagrodzenia
~ **payment** wpłata zaliczkowa
as an ~ tytułem zaliczki
blank ~ kredyt bez pokrycia ⟨in blanco⟩
by way of ~ zaliczkowo, na poczet
cash in ~ zapłata gotówką z góry
payable in ~ płatne z góry
to book in ~ zarezerwować, zamówić z góry
to make an ~ **to sb** dać komuś zaliczkę
to receive sth in ~ otrzymać coś awansem ⟨z góry⟩
to take in ~ pobrać z góry
advance² *v* 1. awansować 2. podnosić się, wzrastać 3. zwiększać 4. wypłacać zaliczkę, płacić z góry 5. popierać
to ~ **sb's interests** popierać czyjeś interesy
to ~ **money to sb** wypłacić komuś zaliczkę
to ~ **a proposal** zgłosić propozycję, wystąpić z propozycją
advanced *pp adj* 1. zaawansowany 2. postępowy, rozwinięty 3. zaliczkowy
~ **costs of maintenance** podwyższone koszta utrzymania
~ **freight** fracht zaliczkowy ⟨przedpłacony⟩
~ **in years** w starszym ⟨podeszłym⟩ wieku
~ **money** zaliczka, zadatek
~ **payment** płatność z góry; przedpłata
advancement *s* 1. postęp, rozwój 2. zwyżka 3. zaliczka, zadatek 4. poparcie, wspomaganie 5. darowizna (*na rzecz dzieci dokonana przez ojca na poczet przyszłego spadku, uregulowana w* **Trustee Act** *z 1925 r.*)
~ **clause** klauzula testamentowa (*zezwalająca na wypłatę nie więcej niż połowy zapisu osobie obdarowanej na poczet jej udziału w spadku*)
society for the ~ **of ...** towarzystwo popierania ...
advantage *s* 1. korzyść, pożytek 2. przewaga 3. zaleta
to ~ korzystnie, z pożytkiem
to be of ~ przynosić korzyść
to derive ~ **from sth** wyciągnąć korzyść z czegoś
to do sth to the ~ **of sb** zrobić coś z korzyścią dla kogoś
to have an ~ **over sb** mieć przewagę nad kimś
to take ~ **of sb** oszukać kogoś, wykorzystać kogoś
to take ~ **of sth** wykorzystać coś, skorzystać z czegoś
to turn sth to ~ wyciągnąć korzyść z czegoś
advantageous *adj* 1. korzystny, zyskowny 2. pożyteczny
~ **business** ⟨**offer**⟩ korzystna transakcja ⟨oferta⟩
~ **position** *a)* korzystne położenie *b)* dobra posada
adventure¹ *s* 1. ryzykowne przedsięwzięcie 2. spekulacja handlowa
bill ⟨**letter**⟩ **of** ~ list bodmeryjny (*pismo stwierdzające, że towar wysłany jest na ryzyko określonej w nim osoby*)
joint ~ wspólne ryzyko
adventure² *v* ryzykować, ważyć się (**upon sth** na coś)
adventurer *s* 1. kupiec prowadzący ryzykowne transakcje handlowe 2. spekulant 3. hochsztapler, aferzysta, oszust
adventurous *adj* 1. śmiały, przedsiębiorczy 2. ryzykowny, niebezpieczny
adversary *s* przeciwnik, oponent
~ **trial system** kontradyktoryjność
adverse *adj* 1. przeciwny, niepomyślny, niekorzystny 2. wrogi

~ **balance of payments** niekorzystny ⟨ujemny⟩ bilans płatniczy
~ **budget** niekorzystny ⟨deficytowy⟩ budżet
~ **circumstances** niepomyślne okoliczności
~ **claim** powództwo przeciwegzekucyjne
~ **conditions** nie sprzyjające warunki
~ **interests** sprzeczne interesy
~ **judgment** niekorzystne orzeczenie
~ **party** przeciwna strona
~ **possession** bezprawne posiadanie (*prowadzące do zasiedzenia w wypadku, gdy właściciel w terminie nie wystąpi o eksmisję*)
~ **title** niekorzystny tytuł (*np. własności*)
~ **user** bezprawny użytkownik
~ **witness** świadek strony przeciwnej, ,,wrogi świadek"
adversely *adv* niekorzystnie
to act ~ **to sb's interests** działać wbrew czyimś interesom
to be ~ **affected** być niekorzystnie usposobionym
to influence sth ~ wpływać niekorzystnie na coś
adversities *spl* przeciwności, niekorzystne okoliczności
advertise *v* 1. powiadamiać, ogłaszać, obwieszczać 2. reklamować
to ~ **for sth** poszukiwać czegoś przez ogłoszenie
to ~ **for tenders** ogłosić przetarg
to ~ **goods** reklamować ⟨zachwalać⟩ towar
to ~ **in a paper** reklamować się w gazecie
advertisement *s* 1. ogłoszenie, anons, obwieszczenie 2. reklama
~ **canvasser** akwizytor ogłoszeniowy
~ **charges** *a)* koszty ogłoszenia *b)* koszty reklamy
~ **for employment** ogłoszenie w sprawie zatrudnienia
~ **rates** stawki ogłoszeniowe
~ **required by law** ogłoszenie sądowe
classified ⟨**small**⟩ ~**s** drobne ogłoszenia
for ~ **purposes** dla celów reklamowych
official ~ urzędowe ogłoszenie, obwieszczenie
to answer an ~ odpowiadać na ogłoszenie
to insert ⟨**put, place**⟩ **an** ~ zamieścić ogłoszenie
advertiser *s* 1. ogłaszający się 2. gazeta zamieszczająca ogłoszenia
advertising *s* reklama, reklamowanie
~ **activity** działalność reklamowa
~ **agency** biuro ogłoszeń, agencja reklamowa
~ **campaign** kampania reklamowa
~ **charges** ⟨**expenses**⟩ koszty reklamy
~ **film** film reklamowy
~ **media** środki reklamy
~ **page** strona przeznaczona na reklamy ⟨ogłoszenia⟩
~ **rate** stawki za reklamy ⟨ogłoszenia⟩
by ⟨**through**⟩ ~ w drodze ⟨za pomocą⟩ reklamy
costs of ~ koszty reklamy
electric sign ~ reklama świetlna
free-gift ~ reklamowe rozdawanie próbek
mural ⟨**wall**⟩ ~ reklama ścienna
national ~ reklama w skali całego kraju
radio ⟨**television**⟩ ~ reklama radiowa ⟨telewizyjna⟩
advice *s* 1. zawiadomienie 2. wiadomość, informacja 3. rada, porada 4. awizo
~ **note** awizo (*o nadeszłej przesyłce*)
~ **of acceptance** zawiadomienie o przyjęciu

~ **of arrival** zawiadomienie o przybyciu (*towaru, statku itp.*)

~ **of authority to pay** zawiadomienie o zleceniu zapłaty

~ **of delivery** zawiadomienie pocztowe o doręczeniu

~ **of dispatch** zawiadomienie o wysłaniu

~ **of draft** awizo wekslowe

~ **of execution** zawiadomienie o wykonaniu

~ **of receipt** zawiadomienie o odbiorze

~ **of shipment** zawiadomienie o wysyłce

~ **on evidence** opinia ⟨rada⟩ adwokata dotycząca potrzeby powołania dowodów dla poparcia roszczenia klienta

against ~ za zawiadomieniem, po zawiadomieniu

as per ~ zgodnie z zawiadomieniem ⟨ze zleceniem⟩

by ~ za radą, zgodnie z radą

collection ~ zawiadomienie o inkasie

credit ~ awizo kredytowe

for want of ~ wobec braku zawiadomienia

legal ~ porada prawna

letter of ~ = ~ **note**

pending the ~ do czasu otrzymania zawiadomienia

piece of ~ rada

telegraphic ~ zawiadomienie telegraficzne

till ⟨until⟩ further ~ do chwili otrzymania dalszych instrukcji

to act on sb's ~ działać za czyjąś radą

to ask for ~ prosić o radę ⟨opinię⟩

to follow sb's ~ zastosować się do czyjejś rady

to give sb an ~ ⟨**a piece of** ~⟩ udzielić komuś rady

to take legal ~ zasięgnąć porady prawnej

advisable adj 1. celowy 2. słuszny, rozsądny 3. godny polecenia, wskazany

advise v 1. radzić, doradzać 2. awizować, informować, zawiadamiać (**about** ⟨**of, on**⟩ **sth** o czymś)

to ~ **against sth** odradzać coś

to ~ **a bill ⟨draft⟩** awizować weksel

to ~ **by cable ⟨letter⟩** zawiadomić telegraficznie ⟨listownie⟩

to ~ **in confidence** informować poufnie

to ~ **on questions of law** doradzać w kwestiach prawnych

advised pp adj 1. poinformowany 2. rozmyślny 3. przemyślany, roztropny

as ~ zgodnie z informacją ⟨poradą⟩

to keep sb ~ **of sth** informować kogoś o czymś na bieżąco

advisedly adv 1. rozmyślnie 2. roztropnie, mądrze 3. po dokładnym przemyśleniu ⟨rozważeniu, namyśle⟩

adviser, advisor s doradca, radca, ekspert

diplomatic ~ doradca w sprawach dyplomatycznych

financial ~ doradca w sprawach finansowych

legal ~ radca prawny

political ~ doradca w sprawach politycznych

technical ~ doradca techniczny ⟨do spraw technicznych⟩

advisory adj doradczy, opiniodawczy

~ **board ⟨body⟩** organ doradczy

~ **committee ⟨council⟩** komisja doradcza

in ~ **capacity** w ⟨o⟩ charakterze doradczym

advocacy s 1. adwokatura 2. obrona 3. poparcie

~ **of a cause** poparcie w sprawie

advocate[1] s 1. *szkoc.* adwokat 2. zwolennik, orędownik

~ **s of free trade** zwolennicy wolnego handlu

Lord Advocate *szkoc.* prokurator generalny

advocate[2] v 1. zalecać, radzić (**sth** coś) 2. popierać (**sb, sth** kogoś, coś) 3. bronić, występować w sprawie jako obrońca

to ~ **the interest of sb** bronić czyichś interesów

advocator s 1. *szkoc.* apelujący, odwołujący się 2. zwolennik

advocatory adj adwokacki

advocatus diaboli s *łac.* 1. „adwokat diabła” (*osoba wyznaczona w procesie kanonizacyjnym celem występowania przeciwko proponowanej kanonizacji*) 2. krytyk występujący przeciwko ogólnemu zdaniu ⟨atakujący słuszną sprawę⟩; obrońca niesłusznej sprawy

advow, avow v uzasadniać i podtrzymywać akt uprzednio wydany

aerodrome s port lotniczy, lotnisko

aerogram s radiogram, depesza radiowa

aeroplane s samolot

~ **ticket** bilet lotniczy

affair s 1. sprawa, kwestia 2. interes, przedsięwzięcie 3. afera

~ **of honour** sprawa honorowa

~ **s of state** sprawy państwowe

business ⟨commercial⟩ ~ sprawa handlowa

current ~ **s** sprawy bieżące

external ~ **s** sprawy zagraniczne

family ~ sprawa rodzinna

financial ⟨monetary, pecuniary⟩ ~ sprawa pieniężna

foreign ~ **s** sprawy zagraniczne

private ~ sprawa prywatna

public ~ **s** sprawy publiczne ⟨państwowe⟩

affect v 1. oddziaływać, wpływać (**sb, sth** na kogoś, na coś) 2. dotyczyć (**sb, sth** kogoś, czegoś) 3. atakować 4. uszkodzić 5. udawać

to ~ **adversely** wpływać ujemnie

to ~ **guilt** wpływać ⟨mieć wpływ⟩ na orzeczenie o winie

to ~ **the market** oddziaływać ⟨wpływać⟩ na rynek

to ~ **the punishment** wpływać ⟨mieć wpływ⟩ na wymiar kary

affected pp adj 1. dotknięty 2. zaatakowany 3. obciążony

~ **by water ⟨weather⟩** uszkodzony przez wodę ⟨warunki atmosferyczne⟩

~ **property** obciążona własność (*np. hipoteką*)

~ **with a public interest** a) związany z publicznym interesem (*określenie odnoszące się do przedsiębiorstwa lub stowarzyszenia, którego działalność wiąże się ściśle z interesem publicznym i dlatego podlega specjalnym przepisom*) b) użyteczności publicznej (*np. instytucja*)

affiance v zaręczać się (**to sb** z kimś)

affianced pp adj zaręczony, zaręczona

~ **couple** narzeczeni

affiant s osoba składająca pisemne oświadczenie ⟨affidavit⟩

affidavit s *łac.* affidavit, dobrowolne pisemne oświadczenie złożone pod przysięgą (*przed osobą upoważnioną zawiera niekiedy żądane przez stronę lub sąd konkretne wiadomości lub informacje wraz z ich podstawą i źródłami*)

~ **of defence** pisemne oświadczenie na korzyść pozwanego lub oskarżonego

~ **of documents** pisemne oświadczenie w sprawie spisu ⟨listy⟩ dowodów

~ **of finding** pisemne oświadczenie w przypadku odnalezienia zaginionego poprzednio testamentu

~ **of increase** pisemne oświadczenie w przypadku powstania dodatkowych kosztów

~ **of means** pisemne oświadczenie w przedmiocie posiadania przez osobę środków na zapłacenie zasądzonych kwot

~ **of plight and condition** pisemne oświadczenie stwierdzające, że testament jest w tym samym stanie, co w chwili znalezienia

~ **of script** pisemne oświadczenie stwierdzające, czy dokument jest, czy też nie jest w posiadaniu strony

~ **of service** potwierdzenie odbioru pisma procesowego

~ **of support** pisemne oświadczenie o przyjęciu obowiązku utrzymania (*przybysza, imigranta*)

to administer an ~ nakazać złożenie pisemnego oświadczenia pod przysięgą

to attest an ~ *a*) być świadkiem przy złożeniu oświadczenia *b*) uwierzytelnić oświadczenie

to make ⟨swear, take⟩ **an** ~ złożyć pisemne oświadczenie pod przysięgą

affiliate[1] *s* 1. członek; współuczestnik 2. filia, oddział

affiliate[2] *v* 1. przyjmować w poczet członków (**sb** kogoś) 2. jednoczyć, przyłączać, afiliować 3. ustalać ojcostwo

to ~ **a child on** ⟨upon, to⟩ **sb** ustalić czyjeś ojcostwo ⟨,że ktoś jest ojcem dziecka⟩

to ~ **a member** przyjąć w poczet członków

to ~ **oneself with sb** nawiązać z kimś stosunki

to ~ **to an association** *bryt.* wstąpić do stowarzyszenia

affiliated *pp adj* przyłączony, afiliowany

~ **company** filia ⟨oddział⟩ towarzystwa ⟨spółki⟩

affiliation *s* 1. przynależność 2. przyjęcie w poczet 3. przyłączenie 4. ustalenie ojcostwa 5. usynowienie

~ **case** ⟨proceedings⟩ proces ⟨sprawa⟩ o ustalenie ojcostwa

~ **order** wyrok ustalający ojcostwo i zasądzający alimenty

~ **summons** powództwo o ustalenie ojcostwa

application for an ~ pozew o ustalenie ojcostwa

affinity *s* powinowactwo

collateral ~ powinowactwo dalszego stopnia

degree of ~ stopień powinowactwa

direct ~ powinowactwo w linii prostej

secondary ~ powinowactwo w linii bocznej

affirm *v* 1. twierdzić 2. potwierdzić 3. złożyć zapewnienie zamiast przysięgi 4. utrzymać w mocy, zatwierdzić

to ~ **a judgment** *a*) zatwierdzić wyrok *b*) utrzymać wyrok w mocy

to ~ **sth on oath** potwierdzić coś pod przysięgą

affirmance *s* potwierdzenie, stwierdzenie

affirmant *s* osoba składająca przyrzeczenie ⟨zapewnienie⟩ zamiast przysięgi

~ **on oath** osoba składająca zapewnienie pod przysięgą

affirmation *s* 1. twierdzenie 2. oświadczenie 3. zapewnienie zamiast przysięgi, ślubowanie

to declare ⟨testify⟩ **sth by** ~ oświadczyć ⟨zeznać⟩ coś po złożeniu zapewnienia zamiast przysięgi

affirmative[1] *s* afirmacja, pozytywne stwierdzenie

affirmative[2] *adj* twierdzący, pozytywny, potwierdzający

~ **condition** warunek pozytywny ⟨potwierdzający⟩

~ **covenant** umowa zobowiązująca do określonego działania

~ **defence** pozytywna obrona (*polegająca na przyznaniu twierdzenia powoda i przytoczeniu faktów, które wykazują, że roszczenie jest bezzasadne*)

~ **statute** akt ustawodawczy zredagowany w formie zaleceń i nakazów

~ **vote** głos za, głos pozytywny

affix *v* 1. przytwierdzić, przymocować 2. dodać

to ~ **a seal to sth** przyłożyć do czegoś ⟨na czymś⟩ pieczęć, przypieczętować coś

to ~ **a signature to a document** położyć podpis pod dokumentem

affixing *s* 1. przytwierdzenie, umocowanie 2. dodanie

~ **of leads** przymocowanie plomb, zaplombowanie

afflict *v* dotykać (*nieszczęściem, chorobą*); doświadczać

afflicted *pp adj* 1. dotknięty; ciężko doświadczony 2. cierpiący

~ **with** ⟨by⟩ **crisis** dotknięty kryzysem

affluence *s* dostatek, obfitość, bogactwo

affluent *adj* bogaty, zasobny, dostatni

afflux *s* napływ, dopływ, przypływ

afford *v* 1. oferować, dawać, udzielać, użyczać 2. pozwolić sobie (**sth** na coś), zdobyć się (**sth** na coś)

to ~ **an opportunity** dawać sposobność

affranchise *v* wyzwalać, uwalniać

affranchisement *s* 1. uwolnienie, wyzwolenie 2. uwłaszczenie

affray *s* zakłócenie spokoju publicznego

affreight *v* frachtować

affreighter *s* frachtujący

affreighter-by-booking-note *s* rezerwujący

affreightment *s* frachtowanie statku

contract of ~ umowa frachtowa

affront[1] *s* ubliżenie, afront, zniewaga

public ~ publiczna zniewaga

to offer an ~ **to sb, to put an** ~ **upon sb** znieważyć kogoś, zrobić komuś afront

to suffer an ~ doznać zniewagi

affront[2] *v* znieważyć, obrazić

affronter *s* osoba znieważająca ⟨obrażająca⟩

affronting *adj* znieważający, obrażający

afloat *adj adv* 1. unosząc(y) się na wodzie, pływając(y) 2. na statku 3. na morzu 4. będąc(y) w obiegu, kursując(y)

cargo ⟨goods⟩ ~ ładunek ⟨towary⟩ w drodze

to be ~ być w obiegu, kursować

to buy ⟨sell⟩ ~ kupić ⟨sprzedać⟩ towar znajdujący się w drodze

to get business ~ otworzyć ⟨uruchomić⟩ interes

aforementioned, afore-named, afore-said *pp adj* wyżej wymieniony ⟨wspomniany⟩

aforethought *pp adj* rozmyślny, ukartowany

with malice ~ (popełniony) z premedytacją

a fortiori *łac.* tym bardziej

after[1] *adj* 1. późniejszy; następujący 2. dodatkowy 3. tylny

~ **hours** godziny nadliczbowe, nadgodziny

~ **season** martwy sezon, okres posezonowy

after² *praep* po, za
~ **sight** po okazaniu
to be ~ **sb** ⟨**sth**⟩ poszukiwać kogoś ⟨czegoś⟩
to look ~ opiekować się, doglądać
after-acquired *adj:* ~ **property clause** klauzula hipoteczna przewidująca, że każda nabyta nieruchomość po dacie ustanowienia hipoteki staje się automatycznie dodatkowym zabezpieczeniem pożyczki
after-care *s* nadzór ochronny, opieka postpenitencjarna
after-effects *spl* skutki, następstwa, konsekwencje
aftermath *s* pokłosie, następstwa, pozostałość
~ **of war** pokłosie ⟨następstwa⟩ wojny
after-mentioned *adj* niżej wymieniony
after-payment *s* dopłata
against *praep* **1.** przeciwko, wbrew **2.** w zamian za **3.** od **4.** na poczet **5.** w stosunku
~ **acceptance** w zamian za akcept
~ **advice** za zawiadomieniem, po zawiadomieniu
~ **the background of sth** na tle czegoś
~ **fire** (*o ubezpieczeniu*) od ognia
~ **indebtness** (*o wpłacie*) na poczet zadłużenia
~ **last year** w stosunku do poprzedniego roku
~ **receipt** za pokwitowaniem
to be ~ **sb** ⟨**sth**⟩ być przeciwnym komuś ⟨czemuś⟩; być przeciwko komuś ⟨czemuś⟩
to run ~ **sb** ⟨**sth**⟩ najechać ⟨wpaść⟩ na kogoś ⟨na coś⟩
to speak ~ **sb** ⟨**sth**⟩ opowiadać się przeciwko komuś ⟨czemuś⟩
to warn ~ **sb** ⟨**sth**⟩ ostrzegać przed kimś ⟨przed czymś⟩
age *s* **1.** wiek **2.** era, epoka, okres
~ **bracket** przedział lat (*np. 20–30*)
~ **distribution** *stat.* struktura według wieku
~ **group** rocznik
~ **grouping** podział według roczników
~ **limit** granica wieku
~ **of consent** wiek uprawniający do zawarcia małżeństwa
~ **of discretion** wiek dojrzałości
~ **of entry** wiek wstępowania (do...)
~ **of maturity** dojrzałość
~ **qualification** cenzus wieku
attained ~ osiągnięty wiek
average ~ przeciętny wiek
child bearing ~ wiek płodności
full ~ pełnoletność
juvenile ~ wiek młodzieńczy
marriageable ~ wiek zdolności do zawarcia małżeństwa
mean ~ wiek średni, średnia wieku
old ~ wiek starczy, starość
retiring ⟨**retirement**⟩ ~ wiek emerytalny
school ~ wiek szkolny
working ~ wiek zdolności do pracy
to be of (full) ~ być pełnoletnim
to be under ~ być nieletnim ⟨niepełnoletnim⟩
to come of ~ stać się pełnoletnim, osiągnąć pełnoletność
aged *s:* **the** ~ (ludzie) starzy, starcy
home for the ~ dom starców
agency *s* **l.** agencja, przedstawicielstwo **2.** biuro; filia, oddział; agenda **3.** pośrednictwo **4.** zastępstwo **5.** zlecenie **6.** agencja
~ **account** konto filii ⟨oddziału⟩

~ **agreement** ⟨**contract**⟩ *a*) umowa agencyjna, umowa o przedstawicielstwo *b*) umowa ajencyjna
~ **authorization** pełnomocnictwo, upoważnienie do reprezentowania
~ **business** ⟨**trade**⟩ przedsiębiorstwo komisowe
~ **clause** klauzula czarterowa (*o obowiązkach maklera klarującego statek*)
~ **commission** prowizja agenta ⟨ajenta⟩
~ **fee** *a*) opłata agencyjna, wynagrodzenie agencyjne *b*) prowizja spedycyjna *c*) prowizja ajenta ⟨ajencyjna⟩
~ **office** agencja, filia, oddział
~ **of necessity** pełnomocnictwo dorozumiane ⟨domniemane⟩
~ **on commission** przedstawicielstwo na warunkach prowizji
~ **representative** przedstawiciel agencji ⟨biura⟩
advertising ~ biuro reklamy, agencja reklamowa
business ~ agentura, oddział przedsiębiorstwa
commercial ~ agencja handlowa
contract of ~ umowa agencyjna
customs ⟨**custom-house**⟩ ~ agencja celna
detective ~ (*prywatne*) biuro detektywów
domestic ~ biuro pośrednictwa pracy dla pomocy domowych
emigration ~ biuro emigracyjne
employment ~ urząd zatrudnienia, pośrednictwo pracy
enquiry ~ biuro informacji, agencja informacyjna
estate ~ biuro pośrednictwa sprzedaży nieruchomości
exclusive ~ wyłączne przedstawicielstwo
forwarding ~ przedsiębiorstwo spedycyjne
freight ~ agencja frachtowa
general ⟨**central, head**⟩ ~ centralna agencja
government ~ agencja państwowa, biuro główne
inquiry ~ = **enquiry** ~
insurance ~ agencja ubezpieczeniowa
international ~ międzynarodowe biuro, agencja ⟨instytucja⟩ międzynarodowa
land ~ biuro zarządu nieruchomości
literary ~ agencja autorska ⟨literacka⟩
matrimonial ~ biuro matrymonialne, agencja matrymonialna
news ~ agencja informacyjna
patent ~ agencja patentowa, biuro patentowe
postal ~ agencja pocztowa, urząd pocztowy
press ~ agencja prasowa
publicity ~ biuro reklamy ⟨ogłoszeń⟩
purchasing ~ biuro ⟨przedstawicielstwo⟩ zakupu
real estate ~ = **estate** ~
sales ⟨**selling**⟩ ~ biuro sprzedaży
shipping ~ *a*) biuro okrętowe *b*) biuro spedycyjne
sole ~ wyłączne przedstawicielstwo
through the ~ **of ...** za pośrednictwem ...
tourist ⟨**travel, travelling**⟩ ~ agencja turystyczna, biuro podróży
agenda *s* **1.** porządek dzienny, program dzienny **2.** agenda
~ **sheet** porządek dzienny, lista z porządkiem dziennym
item of ⟨**on**⟩ **the** ~ punkt porządku dziennego
to be on the ~ znajdować się na porządku dziennym
to draw up an ~ ułożyć ⟨zaproponować⟩ porządek dzienny

to place ⟨put down⟩ sth on the ~ umieścić coś w porządku dziennym
to remove ⟨withdraw⟩ from the ~ zdjąć z porządku dziennego
to strike sth off the ~ skreślić ⟨usunąć⟩ coś z porządku dziennego
agent s 1. przedstawiciel, pośrednik, agent 2. makler 3. *med.* czynnik 4. środek 5. ajent
~ **by appointment** powiernik
~ **contract** *a)* umowa agencyjna, umowa o przedstawicielstwo *b)* umowa ajencyjna
~ **for litigation** pełnomocnik procesowy
~ **in general merchandise** wielobranżowy makler towarowy, agent towarowy
~ **of necessity** agent prowadzący cudzą sprawę bez zlecenia
~ **on the spot** miejscowy agent
~ **to charterer** agent czarterującego
~ **to owner** agent armatora
~ **to sign** agent zawierający transakcję w imieniu zleceniodawcy
~ **to underwriters** agent ubezpieczycieli
advertising ~ agent reklamowy ⟨ogłoszeniowy⟩
airline ~ agent linii lotniczych
appointed ⟨authorized⟩ ~ mandatariusz, prokurent
authorised ~ przedstawiciel upełnomocniony
bank ~ agent bankowy
business ~ agent handlowy
buying ~ agent zakupu ⟨kupujący⟩
canvassing ~ agent akwirujący
charterer's ~ agent czarterującego
chartering ~ agent czarterujący
clearing ~ agent celny
commercial ~ agent handlowy
commission ~ komisjoner, agent komisowy (*na prowizji*)
consular ~ agent konsularny
customs ⟨custom-house⟩ ~ agent celny
del credere ~ agent del credere
diplomatic ~ przedstawiciel dyplomatyczny
emigration ~ agent emigracyjny
estate ~ agent ⟨pośrednik⟩ handlu nieruchomościami
exclusive ~ agent wyłączny
export ~ agent eksportowy
financial ~ agent finansowy, pośrednik kredytowy
fiscal ~ agent skarbowy
foreign ~ agent obcego wywiadu
forwarding ~ spedytor
freight ~ agent frachtowy
general ~ agent generalny, przedstawiciel generalny
head ~ pełnomocnik ⟨przedstawiciel⟩ generalny
import ~ agent importowy
insurance ~ agent ubezpieczeniowy
invoicing ~ fakturzysta
literary ~ agent literacki
Lloyd's ~ agent ubezpieczycieli Lloyda
local ~ agent miejscowy
managing ~ agent zarządzający
marriage ⟨matrimonial⟩ ~ pośrednik matrymonialny
navy ~ makler okrętowy
patent ~ rzecznik patentowy
paying ~ domicylant, osoba, u której umiejscowiono weksel

press ~ agent reklamowy ⟨prasowy⟩
private ~ mąż zaufania
publicity ~ agent reklamowy ⟨ogłoszeniowy⟩
real estate ~ = estate ~
receiving ~ agent odbiorczy, spedytor odbiorczy
regular ~ stały przedstawiciel
resident ~ agent ⟨przedstawiciel⟩ miejscowy
revenue ~ urzędnik finansowy, celnik
road ~ rozbójnik, rabuś (działający na drogach)
sales ⟨selling⟩ ~ agent sprzedaży
secret ~ tajny agent
shipper's ~ agent załadowczy, agent ⟨makler⟩ statku wyznaczony przez załadowcę
shipping ~ agent okrętowy, makler ⟨agent⟩ spedycyjny
ship's ~ agent okrętowy
sole ~ wyłączny przedstawiciel
statutory ~ przedstawiciel ustawowy
supervising ~ agent zwierzchni ⟨nadzorujący, nadzorczy⟩
ticket ~ *am.* kasjer kolejowy
trade ⟨trading⟩ ~ przedstawiciel handlowy
travelling ~ komiwojażer
universal ~ pełnomocnik generalny
to act as an ~ **for sb** działać jako czyjś agent ⟨przedstawiciel, pośrednik⟩, działać w charakterze czyjegoś agenta ⟨przedstawiciela, pośrednika⟩
agglomerate *v* aglomerować, skupiać
agglomeration *s* aglomeracja, skupisko
~ **of wealth** aglomeracja ⟨gromadzenie⟩ bogactwa
urban ~ aglomeracja miejska
agglutination *s med.* aglutynacja, zlepianie się
~ **test** odczyn zlepny, próba aglutynacyjna (*przy badaniu krwi*)
aggravate *v* pogarszać, zaostrzać, utrudniać
to ~ **the risk** zwiększyć ryzyko
to ~ **the situation** zaostrzać ⟨pogarszać, utrudniać⟩ sytuację ⟨położenie⟩
aggravated *adj:* ~ **assault** *bryt. a)* czynna napaść na chłopca poniżej lat 14 lub na kobietę *b)* czynna napaść przy użyciu niebezpiecznego narzędzia
~ **burglary** *bryt.* włamanie przy użyciu środków wybuchowych lub z bronią w ręku
~ **larceny** kradzież rozbójnicza ⟨zuchwała⟩
aggravating *adj* 1. utrudniający 2. zaostrzający 3. pogarszający, obciążający
~ **circumstances** okoliczności obciążające
aggravation *s* pogorszenie, zaostrzenie
~ **of contradictions** zaostrzenie konfliktów
~ **of a crisis** zaostrzenie kryzysu
~ **of the disability** pogorszenie zdolności do pracy (*uzasadniające żądanie odszkodowania*)
~ **of international tension** zaostrzenie (się) napięcia międzynarodowego
~ **of penalty** zaostrzenie kary
~ **of risk** zwiększenie ryzyka
matter of ~ okoliczność uzasadniająca zwiększenie odszkodowania
aggregate[1] *s* całość, suma ogólna
~ **of sentences** suma ogólna wyroków
aggregate[2] *adj* łączny, globalny, sumaryczny
~ **amount** łączna suma, globalna ⟨ogólna⟩ ilość
~ **corporation** zrzeszenie stowarzyszeń
~ **demand** łączny popyt
~ **figure** łączna liczba
~ **output** łączna wydajność, łączne wydobycie

~ **payment** wypłata ogółem, łączna wypłata
~ **sales** łączny utarg
~ **supply** ogólna podaż, łączne dostawy
~ **term of imprisonment** łączna ilość lat pozbawienia wolności
~ **value** łączna ⟨globalna, ogólna⟩ wartość
aggregate³ *v* 1. połączyć, skupić, zebrać razem 2. wynosić łącznie
aggregation *s* 1. skupienie, zjednoczenie 2. *stat.* agregacja 3. zbiorowość 4. agregat
aggression *s* 1. agresja, zbrojna napaść 2. napad
armed ~ napaść zbrojna
war of ~ wojna agresywna ⟨napastnicza⟩
to commit ~ dokonać ⟨dopuścić się⟩ agresji
to repel ~ odeprzeć agresję ⟨napad⟩
aggressive *adj* agresywny, napastliwy, zaczepny
~ **country** kraj napastniczy
~ **policy** polityka agresywna
aggressor *s* napastnik, agresor
~ **state** państwo napadające
aggrieve *v* skrzywdzić, wyrządzić szkodę
aggrieved *pp adj* pokrzywdzony, poszkodowany
~ **party** ⟨**person**⟩ poszkodowana strona ⟨osoba⟩
agio *s* 1. ażio, prowizja 2. różnica kursu (*np. pieniądza z kruszcu i banknotu*)
~ **account** koszta ażio ⟨prowizji⟩
agio-business, agiotage *s* ażiotaż, spekulacja giełdowa
agist *v* brać cudzy inwentarz żywy na wypas na swoim pastwisku
agister, agistor *s* osoba przyjmująca zwierzęta na wypas
agitate *v* agitować (**sb** kogoś; **for sb, sth** za kimś, za czymś; **against sb, sth** przeciwko komuś, czemuś)
agitation *s* agitacja
agitator *s* agitator, człowiek prowadzący agitację
agnates *spl* krewni ze strony ojca ⟨po mieczu⟩
agnation *s* pokrewieństwo ze strony ojca ⟨po mieczu⟩
agrarian *adj* agrarny, rolny, rolniczy
~ **country** kraj rolniczy
~ **law** prawo rolne
~ **legislation** ustawodawstwo rolne
~ **policy** polityka rolna
~ **reform** reforma rolna
~ **state** państwo rolnicze
~ **structure** struktura rolna ⟨agrarna⟩
agree *v* 1. zgodzić się (**with sb, sth** z kimś, czymś; **to sth** na coś) 2. porozumieć się, wspólnie ustalić, uzgodnić 3. być zgodnym (**with sth** z czymś)
to ~ **the account** ⟨**the books**⟩ uzgodnić konto ⟨księgi handlowe⟩
to ~ **on conditions** zgodzić się warunkowo
to ~ **upon** ⟨**on, about**⟩ **the price** uzgodnić cenę
agreeable *adj* zgodny (**to sth** z czymś)
to be ~ **to sth** zgadzać się na coś
agreed *pp adj* uzgodniony, postanowiony, przyjęty
~ **amount** ⟨**sum**⟩ ustalona kwota
~ **order** uzgodniony ⟨ustalony⟩ porządek
~ **price** uzgodniona cena
~ **statement of facts** przyjęte ustalenia faktyczne
~ **value** ustalona wartość
as ~ jak zostało ustalone, zgodnie z ustaleniem
unless otherwise ~ o ile nie ustalono inaczej
agreement *s* 1. umowa, układ, porozumienie 2. akt ⟨dokument⟩ umowy 3. uzgodnienie
~ **agent** agent działający na podstawie umowy

~ **between master and owner** umowa między kapitanem a armatorem
~ **clause** klauzula umowy
~ **for sale** umowa sprzedaży
~ **in principle** porozumienie co do samej zasady
~ **in writing** umowa na piśmie
~ **of partnership** umowa spółki
~ **on trade and navigation** układ handlowy i żeglugowy
~ **to sell** umowa sprzedaży
~ **under hand** umowa prywatna ⟨dobrowolna⟩ (*nie w wymaganej formie notarialnej*)
agency ~ umowa agencyjna
amalgamation ~ umowa połączenia ⟨fuzji⟩
amicable ⟨**friendly**⟩ ~ polubowne porozumienie, ugoda
arbitration ~ umowa o arbitraż, umowa arbitrażowa
article of the ~ artykuł ⟨paragraf⟩ umowy
as per ~ według umowy, zgodnie z umową
assignment ~ umowa o cesję, umowa o przelewie praw
barter ~ umowa o wymianie towarowej
basis of ~ podstawa układu
bilateral ~ umowa dwustronna
binding ~ umowa obowiązująca ⟨wiążąca⟩
breach of an ~ zerwanie ⟨złamanie⟩ układu ⟨umowy⟩
by mutual ~ za wspólną zgodą, za obopólnym porozumieniem
by piece ~ umowa o wynagrodzeniu od sztuki
clandestine ~ tajny układ
clearing ~ umowa kliringowa ⟨kompensacyjna⟩
collective ~ *a*) umowa zbiorowa *b*) układ zbiorowy pracy
contrary to ~ niezgodnie z umową
credit sale ~ kredytowa umowa sprzedaży, umowa sprzedaży ratalnej
cross-licensing ~ umowa o wymianie licencji
cultural ~ porozumienie ⟨układ⟩ o współpracy kulturalnej
currency ~ układ monetarny
draft ~ projekt umowy
economic ~ umowa gospodarcza
exclusive agency ~ umowa o wyłączności przedstawicielstwa
free currency ~ umowa wolnodewizowa
gentlemen's ~ umowa dżentelmeńska (*oparta wyłącznie na wzajemnym zaufaniu*)
hire-purchase ~ umowa sprzedaży ratalnej
interim ~ układ tymczasowy
international ~ umowa międzynarodowa
lease ~ umowa najmu ⟨dzierżawy⟩
licence ~ umowa licencyjna
loan ~ układ ⟨porozumienie⟩ w sprawie udzielenia pożyczki
main ~ umowa główna
management ~ umowa o prowadzeniu przedsiębiorstwa
marketing ~ umowa marketingowa
monetary ~ układ walutowy
multilateral ~ układ wielostronny
mutual ~ umowa wzajemna
naval ~ układ morski
navigation ~ układ o żegludze, porozumienie w sprawie żeglugi

notarized ~ umowa notarialna
option ~ umowa w sprawie opcji, traktat ⟨układ⟩ opcyjny
pay and hours ~ umowa o pracy i płacy
payments ~ układ płatniczy
pool ⟨pooling⟩ ~ umowa poolowa ⟨kartelowa⟩
preliminary ~ układ wstępny, wstępne porozumienie
private ~ umowa prywatna ⟨dobrowolna⟩
purchase ~ umowa kupna, porozumienie ⟨układ⟩ w sprawie kupna
ratification of an ~ ratyfikacja ⟨potwierdzenie⟩ umowy ⟨układu⟩
reciprocal ~ umowa wzajemna
redemption ~ umowa w sprawie spłaty ⟨umorzenia⟩ długu
seaman's ~ umowa marynarska ⟨werbunkowa⟩ o pracę na statku
separate ⟨special⟩ ~ a) układ specjalny b) odrębne porozumienié
separation ~ umowa separacji małżeńskiej (*od stołu i łoża*)
service ~ umowa o pracę, porozumienie w sprawie pracy
settlement ~ umowa o odszkodowanie ⟨w sprawie odszkodowania⟩
signatory of an ~ sygnatariusz układu
stipulated by ~ ustalony ⟨określony⟩ w umowie
supplementary ~ umowa dodatkowa
tacit ~ umowa dorozumiana, cicha umowa
trade ~ umowa handlowa, układ handlowy
trade and payment ~ umowa handlowo-płatnicza
transfer ~ umowa transferowa, umowa cesji
verbal ~ umowa ustna
void ~ umowa nieważna
wage ~ umowa o płacę
working ~ umowa o zatrudnieniu ⟨o pracę⟩
written ~ umowa pisemna ⟨na piśmie⟩
to abide by an ~ dotrzymywać umowy
to arrive at an ~ dojść do porozumienia
to be in ~ zgadzać się, być w zgodzie
to break an ~ zerwać porozumienie
to bring about an ~ doprowadzić do porozumienia
to cancel an ~ unieważnić umowę
to carry on an ~ wykonywać umowę
to come to an ~ dojść do porozumienia
to conclude an ~ zawrzeć umowę
to dissolve an ~ rozwiązać umowę
to draw up an ~ sporządzić umowę
to enforce an ~ dochodzić wykonania umowy
to enter into ~ zawierać umowę, wchodzić w porozumienie
to execute an ~ wykonać umowę
to extend an ~ a) przedłużyć umowę b) rozszerzyć umowę
to invalidate ⟨ nullify⟩ an ~ anulować ⟨unieważnić⟩ umowę
to reach an ~ osiągnąć porozumienie
to renew an ~ odnowić układ ⟨umowę, porozumienie⟩
to sign an ~ podpisać umowę
to violate an ~ naruszyć ⟨pogwałcić⟩ umowę ⟨układ⟩
agricultural *adj* rolniczy, rolny
~ **acreage** *stat.* powierzchnia użytków rolnych

~ **area** obszar ⟨okręg⟩ rolniczy
~ **bank** bank rolny
~ **census** *stat,* spis rolny
~ **commodities** artykuły rolne
~ **(commodity) market** rynek artykułów rolnych
~ **co-operative** spółdzielnia rolnicza
~ **country** kraj rolniczy
~ **economics** ekonomika rolna
~ **economist ⟨expert⟩** ekonomista – specjalista w zakresie gospodarki rolnej
~ **enterprise**. przedsiębiorstwo rolne
~ **export** eksport artykułów rolnych
~ **holding** gospodarstwo rolne, posiadłość rolna
~ **income** *stat.* dochód z rolnictwa
~ **insurance** ubezpieczenie rolne
~ **labourer** robotnik ⟨pracownik⟩ rolny
~ **land** *stat.* użytki rolne
~ **loan** kredyt rolniczy
~ **marketing** zbyt produktów rolnych
~ **parity price** *am.* ceny parytetowe produktów rolnych
~ **policy** polityka rolna
~ **population** *stat.* ludność rolnicza
~ **produce** płody rolne, produkty rolne
~ **product** produkt rolny
~ **production** produkcja rolna
~ **productivity** produktywność ⟨wydajność, rentowność⟩ rolnicza
~ **reform** reforma rolna
~ **show** wystawa rolnicza
~ **tariff** taryfa celna na produkty rolne
~ **worker** robotnik rolny
agriculture *s* rolnictwo
Department of Agriculture *am.* ministerstwo rolnictwa
Ministry of Agriculture, Fisheries and Food *bryt.* ministerstwo rolnictwa, rybołówstwa i produktów żywnościowych
aground *adv* na gruncie; na mieliźnie
to be ~ znajdować się na mieliźnie
to go ⟨run⟩ ~ osiąść na mieliźnie
ahead *adv* 1. przed, na przedzie 2. z góry 3. (*o statku*) przed dziobem 4. naprzód
~ **of schedule** przed ustalonym terminem, przedterminowo
to buy ~ kupować na termin
to get ~ wyprzedzić, zdystansować (**sb, sth** kogoś, coś)
to go ~ iść naprzód, kontynuować, robić postępy
to look ~ przewidywać, zabezpieczać się na przyszłość
to sell ~ sprzedawać na termin
aid[1] *s* 1. pomoc, wsparcie 2. pomocnik 3. środek pomocniczy
~ **recipient** otrzymujący pomoc ⟨wsparcie⟩
development ~ pomoc na cele rozwoju
economic ~ pomoc ekonomiczna ⟨gospodarcza⟩
emergency ~ pomoc w nagłych wypadkach
financial ⟨pecuniary⟩ ~ pomoc finansowa
first ~ pierwsza pomoc
foreign ~ pomoc zagraniczna
government ⟨state⟩ ~ pomoc państwa
in ~ **of...** na rzecz...
legal ~ pomoc prawna
legal ~ **certificate** postanowienie o ustanowieniu adwokata z urzędu

medical ~ pomoc lekarska
mutual ~ wzajemna pomoc
with sb's ~ z czyjąś pomocą
to give ⟨grant⟩ an ~ udzielić pomocy
aid² v 1. pomagać, wspierać 2. subwencjonować
to ~ and abet udzielać pomocy w dokonaniu przestępstwa
to ~ sb with money pomagać komuś finansowo
aide-mémoire s fr. memorandum
aider s pomocnik
~ and abettor współsprawca przestępstwa
aim¹ s cel
main ⟨principal⟩ ~ główny ⟨zasadniczy⟩ cel
secondary ~ cel uboczny
with the ~ of ... (doing sth) w celu ... (zrobienia czegoś)
aim² v 1. celować 2. dążyć, zmierzać
to ~ at sth ⟨doing sth⟩ dążyć do czegoś ⟨do zrobienia czegoś⟩
aimless adj bezcelowy
air¹ s powietrze
by ~ drogą powietrzną, samolotem
on the ~ drogą radiową
war in the ~ wojna powietrzna
air² adj lotniczy, powietrzny
~ agency agencja lotnicza
~ agreement konwencja lotnicza
~ and sea rescue service ratownictwo morskie i lotnicze
~ attaché attaché lotniczy
~ bill of lading lotniczy list przewozowy
~ cargo ładunek lotniczy
~ carriage transport lotniczy
~ carrier am. a) przewoźnik drogą powietrzną b) linia lotnicza
~ company towarzystwo lotnicze
~ consignment note lotniczy list przewozowy
~ convention konwencja lotnicza
~ delivery dostawa drogą lotniczą
Air Department am. ministerstwo lotnictwa
~ fee porto lotnicze
Air Force bryt. lotnictwo wojskowe
~ freight fracht lotniczy
~ freighter a) samolot towarowy b) przewoźnik lotniczy
~ journey podróż lotnicza
~ law prawo lotnicze
~ letter list lotniczy
~ liability odpowiedzialność w związku z przewozem lotniczym
~ line linia lotnicza
~ load ładunek lotniczy, przesyłka lotnicza
~ mail poczta lotnicza
~ navigation komunikacja lotnicza
~ packet ⟨parcel⟩ przesyłka ⟨paczka⟩ lotnicza
~ piracy piractwo lotnicze ⟨powietrzne⟩
~ pollution zanieczyszczenie powietrza
~ raid nalot
~ route trasa lotu
~ service a) służba lotnicza b) komunikacja lotnicza c) obsługa linii lotniczej
~ space przestrzeń powietrzna
~ terminal dworzec lotniczy
~ ticket bilet lotniczy
~ traffic a) transport lotniczy b) ruch samolotów
~ transit ⟨travel⟩ przelot

~ transportation damage szkoda powstała w transporcie powietrznym
~ transport ⟨transportation⟩ transport ⟨przewóz⟩ lotniczy
~ waybill lotniczy list przewozowy
scheduled ~ service regularna obsługa lotnicza
air-borne adj 1. przewożony drogą powietrzną 2. (o samolocie) znajdujący się w powietrzu
air-conditioned pp adj klimatyzowany, wyposażony w urządzenia klimatyzacyjne
aircraft s (pl ~) 1. samolot 2. siły powietrzne, lotnictwo
~ clearance odprawa samolotu przed lotem
~ constructor konstruktor samolotów
~ departure odlot samolotu
~ entry a) deklaracja celna przywozowa b) odprawa celna przyjazdowa
~ industry przemysł lotniczy
~ service komunikacja lotnicza
chartered ~ samolot czarterowy
commercial ~ samolot handlowy
airfield s am. lotnisko
air-lift s 1. most powietrzny 2. masowy przewóz powietrzny
airline s 1. linia lotnicza 2. towarzystwo lotnicze
airliner s 1. samolot regularnej linii lotniczej 2. duży samolot
air-mail s poczta lotnicza
~ fee porto lotnicze, opłata za list lotniczy
~ letter list lotniczy
~ packet ⟨parcel⟩ przesyłka ⟨paczka⟩ lotnicza
by ~ pocztą lotniczą
airplane s am. samolot
~ ticket bilet lotniczy
airport s lotnisko, port lotniczy
~ of destination port lotniczy docelowy
~ of entry port lotniczy dla samolotów zagranicznych
~ of origin macierzysty port lotniczy
airways spl linie lotnicze
airworthiness s zdatność do lotu
certificate of ~ świadectwo zdolności do lotu
airworthy adj zdolny do lotu
alarm¹ s 1. alarm, trwoga 2. urządzenie alarmowe, sygnał ostrzegawczy
fire ~ urządzenie sygnalizujące pożar
thief ~ urządzenie sygnalizujące włamanie
to sound ⟨ring⟩ the ~ uderzyć na alarm, zaalarmować
alarm² v alarmować
alba firma łac. czynsz dzierżawny płatny w gotówce
alcoholic¹ s alkoholik
alcoholic² adj alkoholowy, spirytusowy
~ liquors am. napoje alkoholowe
alderman s radny miejski
aleatory adj przypadkowy, losowy
~ contract umowa losowa
alert s alarm, pogotowie
alias adv inaczej
~ dictus łac. inaczej zwany
~ writ powtórne wezwanie sądowe
alibi s alibi
to establish ⟨prove⟩ one's ~ dowieść swego alibi
to have an ~ posiadać ⟨mieć⟩ alibi
to produce an ~ przedstawić alibi
alien¹ s cudzoziemiec, obcokrajowiec

~ **department** *bryt.* wydział do spraw cudzoziemców

alien[2] *adj* **1.** obcy **2.** cudzoziemski
~ **ami** obywatel państwa ⟨kraju⟩ zaprzyjaźnionego
~ **born** cudzoziemiec z urodzenia
~ **corporation** zagraniczna spółka akcyjna
~ **enemy** obywatel państwa ⟨kraju⟩ wrogiego
~ **friend** obywatel państwa zaprzyjaźnionego
~ **property** własność ⟨majątek⟩ obcokrajowca
~ **registration card** karta rejestracyjna cudzoziemca
~ **resident** cudzoziemiec stale zamieszkały

alienable *adj* zbywalny
~ **rights** prawa zbywalne

alienage *s* status cudzoziemca
declaration of ~ *bryt.* zrzeczenie się obywatelstwa

alienate *v* **1.** przenosić własność, alienować **2.** zrażać się (*do kogoś*)
right to ~ prawo rozporządzania ⟨alienowania⟩

alienation *s* **1.** przeniesienie prawa własności, alienacja **2.** zrażenie się do kogoś
~ **of affections** wygaśnięcie uczuć małżeńskich
(mental) ~ *med.* zaburzenia psychiczne, choroba umysłowa
restraint of ⟨**on**⟩ ~ ograniczenie alienacji, zakaz sprzedaży

alienator, alienor *s* przenoszący własność, sprzedawca

alienee *s* nabywca prawa, kupujący

alieni juris *łac.* działający w czyimś imieniu (*dziecka, ubezwłasnowolnionego itp.*)

alienist *s* psychiatra

align *v* **1.** wyrównywać **2.** uzgadniać

alignment *s* **1.** wyrównanie **2.** uzgodnienie **3.** *polit.* sojusz, ścisła współpraca
~ **of forces** połączenie sił
~ **of policy** uzgodnienie polityki
currency ⟨**monetary**⟩ ~ wyrównanie waluty, rewaluacja

alimentation *s* wyżywienie, utrzymanie

alimony *s* **1.** utrzymanie **2.** alimenty
action for ~ powództwo o alimenty, skarga alimentacyjna
award of ~ przyznanie ⟨zasądzenie⟩ alimentów
claim of ~ roszczenie o alimenty
obligation to pay ~ obowiązek alimentacyjny ⟨płacenia alimentów⟩
to pay ~ płacić alimenty

all *adj* cały, wszystek
~ **charges deducted** po potrąceniu wszelkich kosztów
„ ~ **fours"** zwrot oznaczający całkowitą zgodność rozstrzygnięcia sądu z praktyką sądową
~ **other perils** *ub. mors.* wszelkie inne niebezpieczeństwa
~ **rights reserved** wszelkie prawa zastrzeżone (*o prawach autorskich i wydawniczych*)
~ **wool** czysta wełna
against ~ **risks** (*o ubezpieczeniu*) od wszelkiego ryzyka
beyond ~ **doubt** ponad wszelką wątpliwość

allegation *s* **1.** twierdzenie **2.** zarzut **3.** imputowanie, bezpodstawne twierdzenie **4.** oświadczenie, stwierdzenie
the ~ **of a fact** przytoczenie ⟨stwierdzenie⟩ faktu
to admit an ~ przyznać prawdziwość twierdzenia

to deny an ~ zaprzeczyć twierdzeniu
to make an ~ twierdzić

allege *v* **1.** twierdzić, oświadczać **2.** imputować, twierdzić bezpodstawnie

alleged *pp adj* **1.** rzekomy **2.** przypuszczalny, domniemany
~ **crime** inkryminowane przestępstwo, zarzucana zbrodnia
~ **invention** *pat.* wynalazek zgłoszony do opatentowania
~ **offender** oskarżony, obwiniony

allegedly *adv* rzekomo, prawdopodobnie

allegiance *s* **1.** lojalność **2.** obowiązek posłuszeństwa **3.** wierność
oath of ~ przysięga na wierność
to owe ~ być zobowiązanym do lojalności ⟨wierności⟩
to pledge ~ **to the flag** *am.* ślubować wierność sztandarowi
to pledge one's ~ **to sb** ślubować komuś wierność

alleviate *v* **1.** ulżyć, przynieść ulgę **2.** złagodzić

alleviating *adj:* ~ **circumstances** okoliczności łagodzące

alleviation *s* **1.** ulga **2.** złagodzenie, zmniejszenie
~ **of taxes** ulgi podatkowe, zmniejszenie podatków

alliance *s* **1.** przymierze, sojusz **2.** skoligacenie, alians **3.** zjednoczenie, związek
close ~ ścisły sojusz
defensive ~ sojusz obronny
military ~ sojusz wojskowy
treaty of ~ **and friendship** traktat o sojuszu i przyjaźni
to enter into an ~ **with sb** sprzymierzyć się z kimś
to form an ~ **with sb** zawrzeć z kimś sojusz

allied *pp adj* **1.** sprzymierzony **2.** pokrewny **3.** pozostający w związku
~ **and associated powers** sprzymierzone mocarstwa
~ **armies** ⟨**forces**⟩ sprzymierzone ⟨sojusznicze⟩ armie ⟨siły⟩
~ **industries** pokrewne gałęzie przemysłu
~ **obligations** zobowiązania sojusznicze
~ **products** produkty pochodne
~ **states** państwa sprzymierzone, sprzymierzeni

allision *s* zderzenie się statków (*płynącego ze stojącym*)

allocate *v* **1.** przeznaczyć, asygnować, przydzielać **2.** rozmieszczać, rozdzielać
to ~ **duties** ⟨**funds**⟩ przydzielać obowiązki ⟨fundusze⟩
to ~ **markets** przydzielać rynki
to ~ **a sum to sth** przeznaczyć ⟨wyasygnować⟩ kwotę na coś

allocation *s* **1.** podział **2.** przydział **3.** wydzielona część **4.** asygnowanie
~ **committee** komisja przydziałowa
~ **of capital** asygnowanie kapitału
~ **of credits** otwarcie ⟨uruchomienie⟩ kredytu
~ **of funds** przydział funduszy
~ **of income** ⟨**of the net profit**⟩ podział dochodów ⟨czystego zysku⟩
~ **of resources** *stat.* podział zasobów
~ **to the highest bidder** przybicie na rzecz licytanta, który zaoferował najwyższą cenę

~ **to the lowest tender** asygnowanie (*pieniędzy*) na najniższą ofertę
~ **to reserve** przeznaczenie na rezerwę
allodial *adj hist.* dziedziczny, rodowy, alodialny, nielenny
~ **estate** majątek dziedziczny (rodowy)
~ **property** dziedziczna własność
allodium *s hist.* majątek wolny od świadczeń na rzecz suwerena, majątek dziedziczny
allonge *s* przedłużka wekslowa (czekowa), alonż
allot *v* 1. wyznaczać, przeznaczać 2. przydzielać 3. asygnować 4. losować 5. parcelować
allotment *s* 1. przydział 2. działka gruntowa 3. parcelacja 4. losowanie 5. przekaz
~ **garden** ogródek działkowy, działka pracownicza
~ **note** *pr. mors.* deklaracja przekazu rodzinnego (*tzn. części wynagrodzenia marynarza na rzecz członka rodziny*)
~ **of shares** przydział akcji
~ **of a sum** przydział kwoty (**for sth** na coś)
~ **system** przydzielanie ogródków działkowych (działek pracowniczych)
letter of ~ powiadomienie o przydziale
allottee *s* osoba otrzymująca przydział
allow *v* 1. pozwalać, dopuszczać 2. przyznawać, udzielać 3. brać coś w rachubę, uwzględniać 4. odliczać, potrącać
to ~ **an appeal** dopuścić odwołanie (apelację)
to ~ **a bill to be protested** dopuścić do zaprotestowania weksla
to ~ **a claim** uznać (przyznać) roszczenie (powództwo)
to ~ **a credit** (**a discount**) udzielić kredytu (rabatu), przyznać kredyt (rabat)
to ~ **for accidents** uwzględnić wypadki
to ~ **for all possibilities** wziąć pod uwagę wszelkie ewentualności
to ~ **for readjustments** uwzględnić sprostowania
to ~ **for the tare** potrącić (odliczyć) koszty opakowania
to ~ **of no delay** nie dopuszczać do zwłoki
to ~ **a reduction** udzielić zniżki (obniżki)
to ~ **time** udzielić zwłoki
allowable *adj* 1. dopuszczalny, dozwolony 2. podlegający potrąceniu
~ **claim** dopuszczalna reklamacja
~ **expense** wydatek podlegający potrąceniu (*przy wymierzaniu podatku*)
~ **for deduction** podlegający potrąceniu
~ **load** dopuszczalny ciężar
~ **margin of errors** tolerancja, dopuszczalny margines błędu
allowance *s* 1. dodatek, zasiłek 2. bonifikata, obniżka, rabat, opust 3. dieta 4. zapomoga 5. potrącenie, odliczenie, marża
~ **for breakage** bonifikata za stłuczki
~ **for cash** obniżka za płatność w gotówce
~ **for children** dodatek na dzieci
~ **for depreciation** potrącenie za zużycie, odpis na amortyzację
~ **for difference of quality** potrącenie za różnicę w jakości
~ **for exchange fluctuations** dodatek za różnicę kursów
~ **for expenses** potrącenie wydatków
~ **for a loss** bonifikata z tytułu straty

~ **for rent** dodatek mieszkaniowy
~ **for tare** potrącenie (ulga) na tarę
~ **for wastage** potrącenie na ubytek
~ **for a wife** dodatek na żonę
~ **in kind** dodatek (świadczenie) w naturze, deputat
~ **of discount** potrącenie skonta
~ **of weight** tara, potrącenie tary
~ **pendente lite** zezwolenie na korzystanie z dochodu z nieruchomości będącej przedmiotem sporu
~ **to cashier for errors** dodatek dla kasjera na pokrycie drobnych niedoborów kasowych powstałych wskutek błędów rachunkowych
clothing ~ dodatek na sorty ubraniowe
cost of living ~ dodatek na wzrost kosztów utrzymania, dodatek drożyźniany
customary ~ zwyczajowa bonifikata
customs ~ ulga celna
daily ~ (dzienna) dieta
dearness ~ dodatek drożyźniany
disability ~ *a)* dodatek za inwalidztwo *b)* renta inwalidzka
duty (**entertainment**) ~ dodatek reprezentacyjny
extra (**special**) ~ dodatek specjalny
family ~ dodatek rodzinny
fixed ~ stały dodatek
free luggage ~ bagaż wolny od opłat
hotel ~ diety na opłacenie hotelu
local ~ dodatek lokalny
lodging ~ dodatek mieszkaniowy
money ~ dodatek pieniężny
monthly ~ comiesięczny zasiłek
„**no** ~ ” „rabatu nie udziela się”
office ~ dodatek na koszty biurowe
personal ~ dodatek personalny (osobowy)
resettlement ~ dodatek na koszty przeprowadzki
seniority ~ dodatek za wysługę lat
state ~ dodatek państwowy
travelling ~ dodatek na koszty podróży, diety
to claim (**demand**) **an** ~ żądać (domagać się) bonifikaty (rabatu, ulgi)
to grant (**make**) **an** ~ udzielać bonifikaty (rabatu, ulgi, zniżki)
to make ~ **s** brać pod uwagę (**for sth** coś)
allowed *pp adj* dozwolony, dopuszczalny
~ **hours** (**time**) czas dopuszczalny (*na posiłek lub na przygotowanie narzędzi pracy, wliczany do czasu pracy i opłacany przez pracodawcę*)
~ **variation** dopuszczalne odchylenie, tolerancja
not ~ zakazany, niedopuszczalny, zabroniony
all-round *adj* 1. wszechstronny, uniwersalny 2. globalny, ryczałtowy
alluvion *s* przymulisko, przyrost gruntu na skutek przymulenia
ally[1] *s* sojusznik, sprzymierzeniec, aliant
ally[2] *v* sprzymierzać się
allmanac *s* kalendarz, informator
alongside *adv praep* obok, wzdłuż, przy
~ **date** data gotowości statku do przyjęcia ładunku
~ **delivery** dostawa pod burtę
~ **ship** wzdłuż burty statku
free ~ **ship** (*skr.* **f.a.s.**) klauzula o dostawie ładunku franco wzdłuż burty statku
to be taken from ~ do odbioru wzdłuż burty statku
alphabetical *adj* alfabetyczny

~ **index** spis ⟨skorowidz⟩ alfabetyczny
in ~ **order** w porządku alfabetycznym
alter *v* 1. zmienić 2. poprawić, przerobić
to ~ **one's address** zmienić adres
to ~ **an agreement** zmienić umowę ⟨układ, porozumienie⟩
to ~ **the claim** *pat.* zmienić zastrzeżenie patentowe
to ~ **an invoice** ⟨**an order**⟩ zmienić fakturę ⟨zamówienie⟩
alteration *s* 1. zmiana 2. poprawka, przeróbka 3. dopisek
~ **in the firm** zmiana nazwy przedsiębiorstwa
~ **in prices** zmiana cen
~ **in status** zmiana stanu cywilnego
~ **of a contract** zmiana kontraktu ⟨umowy⟩
marginal ~ zmiana dokonana na marginesie dokumentu
„**subject to** ~ **s**" „zastrzega się możliwość zmian"
to effect ⟨**make**⟩ **an** ~ wprowadzić zmianę ⟨poprawkę⟩
to undergo an ~ ulec zmianie
altercation *s* sprzeczka, spór
alternate[1] *s* 1. zastępca (*np. delegata*) 2. zmiennik
alternate[2] *adj* alternatywny, zmienny, występujący na przemian
~ **husbandry** płodozmian, gospodarka przemienna ⟨płodozmienna⟩
~ **juror** dodatkowy ⟨zapasowy⟩ sędzia przysięgły
on ~ **days** co drugi dzień
alternate[3] *v* 1. następować kolejno po sobie ⟨na zmianę⟩ 2. stosować przemiennie
alternating *adj* zmienny, zmieniający się, przemienny
~ **light** zmienne światło
alternative[1] *s* alternatywa
alternative[2] *adj* 1. zmienny 2. alternatywny, do wyboru
~ **beneficiaries** alternatywni uposażeni ⟨beneficjenci⟩ (*w umowie ubezpieczeniowej*)
~ **judg(e)ment** alternatywne orzeczenie
~ **obligation** alternatywne zobowiązanie, alternatywny obowiązek
~ **offer** alternatywna oferta
~ **performance** alternatywne wykonanie
~ **rate** alternatywna stawka
~ **vote** alternatywne głosowanie
~ **writ** *hist.* alternatywne polecenie sądu
alternatively *adv* alternatywnie, wymiennie
a fine of... or... months imprisonment ~ grzywna w wysokości ... lub kara ...miesięcy pozbawienia wolności
amalgamate *v* 1. połączyć się, ulec fuzji 2. dokonać fuzji
to ~ **shares** połączyć akcje
amalgamation *s* połączenie, fuzja
~ **agreement** umowa o połączeniu ⟨fuzji⟩
~ **of industries** połączenie przemysłowe, fuzja przemysłów
compulsory ~ przymusowe połączenie
amass *v* gromadzić, zbierać
ambassador *s* ambasador
~ **at large** dyplomata w randze posła
~ **designate** ambasador desygnowany (*przed wręczeniem listów uwierzytelniających*)
Ambassador Extraordinary and Plenipotentiary ambasador nadzwyczajny i pełnomocny

to send sb as ~ **to ... (a country)** wysłać kogoś jako ambasadora do .. (kraju), mianować kogoś ambasadorem w ... (kraju)
ambassadorial *adj:* ~ **law** prawo określające uprawnienia i zadania ambasadora
ambassadress *s* kobieta ambasador
ambidexter *s* 1. adwokat przyjmujący wynagrodzenie od obu stron 2. sędzia przysięgły przyjmujący łapówki od obu stron
ambiguity, ambiguousness *s* dwuznaczność, niejasność
ambiguous *adj* dwuznaczny, niejasny
ambulance *s* ambulans, karetka pogotowia ratunkowego, sanitarka
~ **chaser** wynajęta przez adwokata osoba namawiająca ofiary wypadków ulicznych do występowania o odszkodowanie za pośrednictwem tego adwokata, *pot.* naganiacz
~ **chasing** nieetyczne postępowanie adwokata polegające na nakłanianiu ofiar wypadku do dochodzenia odszkodowania za jego pośrednictwem
ambulatory *adj* 1. ambulatoryjny 2. ruchomy, zmienny, podlegający odwołaniu
~ **care** *med.* opieka ambulatoryjna
~ **court** sąd na sesjach wyjazdowych ⟨wędrujący⟩
~ **patient** *med.* pacjent ambulatoryjny
~ **will** testament podlegający odwołaniu lub zmianie do chwili śmierci testatora
ameliorate *v* poprawiać, ulepszać, udoskonalać
amelioration *s* ulepszenie, poprawa, udoskonalenie
amenability *s* 1. odpowiedzialność 2. podleganie (*np. karze*) 3. zależność
~ **to law** odpowiedzialność wobec prawa
amenable *adj* 1. odpowiedzialny 2. zależny 3. podlegający
~ **to a fine** zagrożony grzywną
~ **to law** odpowiedzialny przed prawem
~ **to punishment** podlegający karze
amend *v* zmieniać; poprawiać; modyfikować; wnosić poprawki; uzupełniać
to ~ **a bill** zmienić projekt ustawy
to ~ **a plan** wnieść poprawki do planu
to ~ **a resolution** wprowadzić zmiany do uchwały
to ~ **a text** wnieść poprawki do tekstu
amendable *adj* podlegający poprawkom ⟨zmianom⟩
~ **error** błąd do naprawienia
amendatory *adj* wnoszący poprawkę, zmieniający
amending *adj:* ~ **opponent's pleading** procedura wnoszenia poprawek do pism sądowych przez jedną ze stron na wniosek drugiej
amendment *s* 1. zmiana, sprostowanie, poprawka 2. umowa dodatkowa 3. nowelizacja, nowela
~ **of the application** *pat.* poprawka wniesiona do zgłoszenia
~ **of a bill** zmiana projektu ustawy
~ **of the constitution** zmiana konstytucji
~ **s and corrections of the specification** *pat.* uzupełnienia i poprawki dokonane w opisie patentowym
certificate of ~ akt notarialny stwierdzający zmianę umowy spółki
to move ⟨**bring forward**⟩ **an** ~ proponować ⟨wnieść⟩ poprawkę
amends *spl* odszkodowanie, kompensacja, rekompensata
by way of making ~ drogą wyrównania szkody

tender of ~ oferta wyrównania szkody (*złożona poszkodowanemu*)
  to make ~ wypłacać odszkodowanie, wynagradzać szkodę (**for sth** za coś)
amenities *spl* ułatwienia
  social ~ urządzenia socjalne
a mensa et thoro *łac.* od stołu i łoża
amentia *s med.* upośledzenie umysłowe
amerce *v* ukarać grzywną
amercement, amerciament *s* kara grzywny
amicable *adj* **1.** przyjazny, przyjacielski **2.** polubowny, ugodowy
  ~ **action** powództwo uzgodnione przez strony (*aby uzyskać wyjaśnienie zagadnienia prawnego*)
  ~ **adjustment** ⟨**arrangement, settlement**⟩ polubowne załatwienie sprawy, ugoda
  ~ **relations** ⟨**terms**⟩ przyjazne stosunki
amicably *adv* przyjaźnie, polubownie
  to settle a matter ~ załatwić sprawę polubownie
amicus curiae *s łac.* osoba udzielająca sędziemu wyjaśnień odnośnie do wątpliwości prawnych czy faktycznych
amity *s* przyjazne ⟨dobre⟩ stosunki, zgoda
  treaty of ~ układ o przyjaźni
amnesia *s med.* amnezja, utrata pamięci, niepamięć
  retroactive ~ niepamięć wsteczna
amnesty[1] *s* amnestia
  ~ **law** ustawa amnestyjna
  general ~ ogólna amnestia
  included in ⟨**covered by**⟩ **the** ~ objęty amnestią
  particular ~ amnestia częściowa
amnesty[2] *v* amnestionować, ułaskawiać
amortizable *adj* podlegający umorzeniu ⟨amortyzacji⟩
amortization, amortizement *s* amortyzacja, umorzenie
  ~ **by lot** amortyzacja poprzez losowanie
  ~ **fund** fundusz amortyzacyjny
  ~ **instalment** rata amortyzacyjna
  ~ **loan** pożyczka amortyzacyjna
  ~ **of a debt** ⟨**loan**⟩ amortyzacja ⟨umorzenie⟩ długu ⟨pożyczki⟩
  ~ **quota** stopa amortyzacji
  ~ **schedule** ⟨**table**⟩ plan umorzenia ⟨amortyzacji⟩
  annual rate of ~ roczna stawka amortyzacyjna
amortize *v* **1.** amortyzować, umarzać **2.** przejmować na rzecz państwa dobra martwej ręki
  to ~ **a loan** umarzać pożyczkę
amotion *s hist.* usunięcie z urzędu
amount[1] *s* kwota, ilość, liczba, suma
  ~ **brought** ⟨**carried**⟩ **forward** suma z przeniesienia
  ~ **brought in** kwota wniesiona, kwota przeniesiona
  ~ **covered** kwota ⟨wartość⟩ ubezpieczenia
  ~ **due** należna kwota
  ~ **due for payment** suma przypadająca do zapłaty
  ~ **entered** suma zaksięgowana
  ~ **in cash** *a)* kwota w gotówce *b)* gotówka w kasie
  ~ **in dispute** ⟨**controversy**⟩ suma sporna
  ~ **in favour of sb** kwota na czyjąś rzecz
  ~ **in figures** suma cyframi
  ~ **invested** kwota zainwestowana
  ~ **in words** suma słownie ⟨słowami⟩
  ~ **of acceptance** kwota akceptu
  ~ **of balance** saldo
  ~ **of a bill of exchange** suma wekslowa
  ~ **of business** ⟨**capital**⟩ suma obrotów ⟨kapitału⟩
  ~ **of a cheque** kwota czekowa

~ **of the claim** suma roszczenia
~ **of compensation** ⟨**damages**⟩ kwota odszkodowania
~ **of the debt** kwota długu
~ **of expenses** ⟨**freight**⟩ kwota wydatków ⟨frachtu⟩
~ **of insurance** suma ubezpieczenia
~ **of an invoice** suma faktury
~ **of judgment** suma zasądzona (*wyrokiem*)
~ **of labour** nakład pracy
~ **of loss** kwota straty
~ **of money** suma pieniędzy
~ **paid** kwota zapłacona ⟨uiszczona⟩
~ **required for redemption** kwota wykupu
~ **short shipped** ilość nie doładowana
~ **sued for** kwota zaskarżona
~ **written off** suma spisana ⟨odpisana na amortyzację⟩
advanced ~ kwota zaliczki
aggregate ~ suma ogółem
agreed ~ uzgodniona suma
all-round ~ ryczałt
annual ~ roczna kwota
available ~ kwota rozporządzalna, suma będąca w dyspozycji
estimated ~ suma szacunkowa
exceeding ~ nadwyżka, kwota nadwyżki
exempt(ed) ~ suma wyłączona (*od opodatkowania*)
face ~ suma nominalna
gross ~ suma brutto
invoice ~ suma fakturowa
maximum ⟨**highest**⟩ ~ maksymalna kwota
minimum ⟨**lowest**⟩ ~ minimalna kwota
net ~ kwota netto
nominal ~ kwota nominalna
outstanding ~ suma należna ⟨nie zapłacona⟩
remitted ~ kwota przekazana ⟨przesłana⟩
substantial ~ znaczna kwota
total ~ suma łączna (globalna, całkowita)
to contribute an ~ wpłacić kwotę
to pass the ~ **of ...to sb's credit** uznać kogoś sumą...
to pay an ~ uiścić kwotę
to repay ⟨**refund**⟩ **an** ~ zwrócić pewną sumę
to set off an ~ przedstawić sumę do potrącenia
to transfer an ~ przekazać kwotę ⟨sumę⟩
amount[2] *v.* **to** ~ **to** wynosić, stanowić, dawać w wyniku
  the bill ~**ing to ...** rachunek wynoszący ⟨opiewający na⟩...
  the bill ~**s to ...** rachunek wynosi ...
ample *adj* **1.** obfity **2.** wystarczający, dostateczny
  ~ **means** wystarczające środki
  ~ **resources** obfite zasoby
amplitude *s* amplituda, wielkość, rozpiętość
analogical *adj* analogiczny
  ~ **application** analogiczne zastosowanie
analogous *adj* analogiczny, podobny (**to** ⟨**with**⟩ **sth** do czegoś)
analogy *s* analogia, podobieństwo (**to** ⟨**with**⟩ **sth** do czegoś)
  by ~ przez analogię, analogicznie
analyse *v* analizować, badać szczegółowo
  to ~ **an account** zbadać dokładnie konto
analysis *s* analiza, szczegółowe badanie
  ~ **of an account** analiza konta, wyciąg z konta

~ **of the cost price** analiza kosztów własnych
~ **of expenses** analiza kosztów
~ **of variance** *stat.* analiza wariancji
check ~ analiza kontrolna
cohort ~ *stat.* analiza kohort ⟨grup⟩
demographic ~ *stat.* analiza demograficzna
economic ~ analiza ekonomiczna ⟨gospodarcza⟩
job ~ analiza pracy
market ~ analiza rynku
marketing ~ analiza zbytu
preliminary ~ analiza wstępna
qualitative ~ analiza jakościowa
quantitative ~ analiza ilościowa
sales ~ analiza obrotów handlowych
supply and demand ~ analiza podaży i popytu
to make an ~ przeprowadzić analizę
analyst *s* analityk
public ~ *bryt.* kontroler żywności i lekarstw
analytical *adj* analityczny, badawczy, porównawczy
~ **jurisprudence** nauka prawa porównawczego
anaphrodisia *s med.* oziębłość płciowa
anarchism *s* anarchizm
anarchist *s* anarchista
anarchy *s* 1. anarchia 2. zamęt, rozprzężenie
anatocism *s* procent składany, pobieranie procentów od procentów
ancestor *s* 1. przodek, antenat 2. poprzedni właściciel majątku
lineal ~ przodek w linii prostej
ancestral *adj* rodowy, dziedziczny
~ **estate** majątek dziedziczny
ancestry *s* 1. przodkowie 2. pochodzenie, ród
anchor *s* kotwica
~ **and chain certificate** świadectwo kotwic i łańcuchów
~ **dues** kotwiczne, opłata przystaniowa
anchorage *s* 1. zakotwiczenie 2. miejsce zakotwiczenia 3. opłata kotwiczna (*postojowa*)
~ **dues** ⟨toll⟩ opłata portowa
~ **permit** *am.* zezwolenie na zakotwiczenie
ancient *adj* stary, dawny, odwieczny, prastary
~ **demesne** *a) bryt. hist.* nieruchomości, które są własnością Korony od chwili podboju normandzkiego (*1066 r.*) *b)* nieruchomości posiadane od niepamiętnych czasów
~ **documents** ⟨writings⟩ stare dokumenty (*pochodzące sprzed 30 lat o niepodważalnej autentyczności*)
~ **lights** *bryt.* serwitut światła ⟨widoku⟩
~ **monuments** *bryt.* zabytkowe budowle (*chronione tzw. Ancient Monuments Acts z lat 1913 do 1953*)
~ **readings** wykłady dawnego prawa angielskiego stanowiącego precedensy w obecnym orzecznictwie
~ **rent** czynsz dzierżawczy ustanowiony przy zawieraniu umowy
ancients *spl bryt. hist.* najstarsi i najwyżsi rangą adwokaci
ancillary *adj* pomocniczy, dodatkowy, podporządkowany
~ **administration** administracja pomocnicza ustanowiona w drodze pomocy prawnej (*w sprawie spadkowej prowadzonej przez inny sąd*)
~ **attachment** dodatkowe zabezpieczenie
~ **bill** dodatkowy rachunek
~ **jurisdiction** *am.* dodatkowa jurysdykcja (*polegająca na rozpoznawaniu przez sąd federalny spraw*

zasadniczo należących do kompetencji niższych sądów; *stosowana w wypadku, gdy sprawy te łączą się ze sprawą rozpoznawaną przez sąd federalny*)
~ **papers** akta pomocnicze
~ **relief** posiłkowy środek prawny
~ **suit** ⟨bill⟩ powództwo dodatkowe wynikające z zasadniczego pozwu
ancipitis usus *łac.* o wątpliwym przeznaczeniu (*określenie używane w przepisach dotyczących przemytu, stosowane w wypadku, gdy towar zależnie od okoliczności może być traktowany jako przemyt*)
androlepsy *s* branie zakładników
angaria *s* przymusowa powinność (*dostarczania pojazdów czy statków dla celów publicznych*)
angary *s* angaria, zajęcie wynagradzane, konfiskata wynagradzana (*zajęcie statku państwa neutralnego na cele wojenne*)
right of ~ prawo angarii
animals *spl:* **liability for** ~ odpowiedzialność właściciela za szkody wyrządzone przez jego zwierzęta
animate *v* ożywiać, pobudzać (**sth** do czegoś)
animation *s* ożywienie
~ **in the market** ożywienie na rynku
animosity *s* wrogość, wrogie nastawienie
animus *s łac.* zamiar, zamysł, chęć
~ **cancellandi** *łac.* zamiar odwołania (*testamentu*)
~ **furandi** *łac.* zamiar kradzieży
~ **manendi** *łac.* zamiar pozostania (*w miejscu zamieszkania*)
~ **morandi** *łac.* zamiar zwłoki
~ **recipiendi** ⟨revertendi⟩ *łac.* zamiar otrzymania ⟨zwrócenia⟩
~ **revocandi** *łac.* zamiar odwołania
~ **testandi** *łac.* zamiar testowania ⟨sporządzenia testamentu⟩
annalist *s* kronikarz
annals *spl* 1. kroniki 2. roczniki
annex(e)[1] *s* 1. dodatek, aneks, załącznik, uzupełnienie 2. przybudówka
annex[2] *v* 1. dołączać, załączać 2. anektować, wcielać
annexation *s* aneksja, zabór, zajęcie
~ **of territory** aneksja obszaru
annexed *pp adj* załączony, przyłączony
~ **territories** terytoria przyłączone ⟨zaanektowane⟩
as ~ zgodnie z załącznikiem
please find ~ przesyłamy w załączeniu
annihilate *v* zniszczyć, unicestwić
annihilation *s* zniszczenie, unicestwienie, zagłada
~ **camp** obóz zagłady
anni nubiles *łac.* wiek dojrzałości kobiety do zawarcia małżeństwa
Anno Domini *łac.* roku pańskiego, naszej ery
annotate *v* zaopatrzyć w adnotacje, zrobić przypisek
annotation *s* adnotacja, przypisek, komentarz
announce *v* 1. zawiadamiać, ogłaszać, oznajmiać 2. zapowiadać
announcement *s* 1. ogłoszenie, obwieszczenie 2. zapowiedź, komunikat
~ **campaign** kampania ogłoszeniowa
~ **of sale** ogłoszenie o sprzedaży
advance ~ zapowiedź komunikatu
broadcast ~ ogłoszenie przez radio
official ~ oficjalne ⟨urzędowe⟩ ogłoszenie ⟨obwieszczenie⟩
public ~ publiczne ogłoszenie ⟨obwieszczenie⟩
to make the ~ **of sth** obwieścić ⟨ogłosić⟩ coś

announcer *s* spiker, konferansjer
annual[1] *s* rocznik (*publikacji, pisma*)
annual[2] *adj* roczny, doroczny, coroczny
   ~ **account** roczny obrachunek
   ~ **amount** suma ⟨kwota⟩ roczna
   ~ **balance** ⟨**balance sheet**⟩ roczny bilans
   ~ **charge** ⟨**fee**⟩ roczna należność
   ~ **conference** doroczna konferencja
   ~ **consumption** roczne spożycie
   ~ **convention** doroczna ⟨coroczna⟩ konwencja
   ~ **dividend** roczna dywidenda
   ~ **earnings** ⟨**expenditure**⟩ roczne zarobki ⟨wydatki⟩
   ~ **income** roczny dochód
   ~ **increase** roczny przyrost
   ~ **instalment** rata roczna
   ~ **interest** roczne oprocentowanie, roczny procent
   ~ **leave** coroczny ⟨doroczny⟩ urlop
   ~ **meeting** coroczne ⟨doroczne⟩ zebranie
   ~ **output** ⟨**production**⟩ roczna produkcja, roczne wydobycie
   ~ **patent fee** roczna opłata patentowa
   ~ **payment** roczna płatność ⟨rata⟩
   ~ **policy** polisa roczna
   ~ **premium** roczna premia
   ~ **profit** zysk roczny
   ~ **receipts** roczne wpływy
   ~ **rent** roczny czynsz
   ~ **report** sprawozdanie roczne
   ~ **return** ⟨**revenue**⟩ roczny dochód
   ~ **royalty** licencyjna opłata roczna
   ~ **salary** roczna pensja, roczne wynagrodzenie
   ~ **sales** roczna sprzedaż
   ~ **saving** roczne oszczędności
   ~ **statement** roczne zestawienie ⟨sprawozdanie⟩, roczny raport
   ~ **subscription** roczna prenumerata
   ~ **tax** ⟨**turnover**⟩ roczny podatek ⟨obrót⟩
   ~ **value** roczna wartość dochodów netto z nieruchomości
   ~ **wage** zagwarantowane przez pracodawcę roczne zatrudnienie bez obniżenia płacy
annually *adv* rocznie
annuitant *s* rencista
   life ~ dożywotnik
annuity *s* 1. renta roczna 2. dożywocie
   ~ **agreement** umowa o rentę dożywotnią
   ~ **bond** ⟨**certificate**⟩ zaświadczenie ⟨tytuł⟩ do pobierania renty
   ~ **charge** renta gruntowa
   ~ **due** renta wymagalna
   ~ **insurance** ubezpieczenie renty
   ~ **value** wartość renty w gotówce
   contingent ⟨**deferred**⟩ ~ renta warunkowa (*której wysokość zależy od dodatkowych okoliczności*)
   government ~ renta państwowa
   joint and survivor ~ renta łączna na przeżycie (*płatna na rzecz ubezpieczonego, a po jego śmierci na rzecz osoby, która go przeżyła, np. wdowy*)
   land ⟨**life, money**⟩ ~ renta gruntowa ⟨ dożywotnia, pieniężna⟩
   patent ~ *a*) patentowa opłata roczna *b*) opłata za wznowienie patentu
   perpetual ~ renta dożywotnia nie podlegająca wypowiedzeniu
   preferential ~ renta uprzywilejowana
   reversionary ~ renta dziedziczna

   terminable ~ renta czasowa
   to invest money in an ~ zainwestować pieniądze w dożywotniej rencie
   to liquidate ⟨**redeem**⟩ **an** ~ zlikwidować ⟨wykupić⟩ rentę
   to pay an ~ wypłacać ⟨płacić⟩ rentę
   to settle an ~ **on sb** wyznaczyć ⟨ustanowić⟩ rentę dla kogoś
annul *v* anulować, unieważniać, kasować, uchylać
   to ~ **a decision** ⟨**judgment**⟩ unieważnić decyzję ⟨wyrok, orzeczenie⟩
   to ~ **a marriage** unieważnić małżeństwo
   to ~ **an order** anulować zamówienie
   to ~ **a treaty** unieważnić traktat
annulment *s* unieważnienie, anulowanie, skasowanie, uchylenie
   ~ **of a collective agreement** unieważnienie zbiorowego porozumienia
   ~ **of a decision** ⟨**judgment**⟩ unieważnienie ⟨uchylenie⟩ decyzji ⟨orzeczenia, wyroku⟩
   ~ **of a decree** uchylenie zarządzenia
   ~ **of marriage** unieważnienie małżeństwa
   action ⟨**suit**⟩ **for** ~ powództwo o unieważnienie
   ground for ~ podstawa unieważnienia
   judgment of ~ orzeczenie stwierdzające nieważność, wyrok stwierdzający nieważność
annum *s:* **per** ~ rocznie, na rok
   interest per ~ odsetki roczne, procent odsetek
annus luctus *s łac.* rok żałoby (*okres, w którym wdowa nie mogła zawrzeć nowego związku*)
anomalous *adj* nieprawidłowy, nienormalny, nieregularny
   ~ **indorser** nieprawidłowy indosant
   ~ **plea** nieprawidłowa ⟨nietypowa⟩ odpowiedź na pozew (*częściowo potwierdzająca, częściowo zaprzeczająca twierdzeniom pozwu*)
anonymity *s* anonimowość
   to preserve ⟨**retain**⟩ **one's** ~ zachować anonimowość
anonymous *adj* anonimowy
   ~ **author** nieznany autor
   ~ **letter** list anonimowy
   ~ **writer** anonimowy ⟨nieznany⟩ pisarz
answer[1] *s* 1. odpowiedź, replika 2. odpowiedź na pozew 3. pismo zawierające zarzuty
   conclusive ⟨**evasive**⟩ ~ odpowiedź definitywna ⟨wymijająca⟩
   favourable ~ odpowiedź pozytywna ⟨przychylna⟩
   immediate ~ natychmiastowa odpowiedź
   negative ~ odpowiedź negatywna
   satisfactory ~ odpowiedź zadowalająca
   an early ~ **will oblige** będziemy wdzięczni za ⟨prosimy o⟩ szybką odpowiedź
   in ~ **to your letter** w odpowiedzi na list
   to give an ~ udzielić odpowiedzi
answer[2] *v* 1. odpowiadać (**sb** komuś) 2. replikować 3. odpowiadać na zarzuty 4. odpowiadać (**sth** czemuś)
   to ~ **an acceptance** wykupić weksel
   to ~ **an appeal** odpowiedzieć na apel ⟨na wezwanie⟩
   to ~ **a bill of exchange** wykupić ⟨honorować⟩ weksel
   to ~ **by return of mail** ⟨**post**⟩ odpowiadać odwrotną pocztą

to ~ **by telephone** ⟨**cable, wire**⟩ odpowiadać telefonicznie ⟨telegraficznie⟩
to ~ **a call** odebrać telefon
to ~ **a charge** odpowiedzieć na oskarżenie ⟨zarzut⟩
to ~ **a claim** uregulować roszczenie
to ~ **for the consequences** odpowiadać za skutki
to ~ **for a crime** odpowiadać za zbrodnię
to ~ **for sb** poręczyć za kogoś, odpowiadać za kogoś
to ~ **in the affirmative** ⟨**negative**⟩ udzielić pozytywnej ⟨negatywnej⟩ odpowiedzi
to ~ **in the law** a) odpowiadać przed prawem b) stawać przed sądem
to ~ **a letter** odpowiedzieć na list
to ~ **the purpose** odpowiadać celowi
to ~ **the requirements** odpowiadać wymaganiom
to ~ **the summons** zastosować się do ⟨posłuchać⟩ wezwania
to ~ **to the description** odpowiadać opisowi
to ~ **to the point** odpowiedzieć na temat ⟨do rzeczy⟩
answerable adj odpowiedzialny
to be ~ **for sth to sb** być odpowiedzialnym za coś wobec kogoś
antagonist s przeciwnik, antagonista
antagonistic adj antagonistyczny, wrogi, przeciwny
antagonize v 1. sprzeciwiać się (**sb, sth** komuś, czemuś) 2. wzbudzać wrogość, zrażać sobie (**sb** kogoś)
to ~ **the public** ⟨**public opinion**⟩ zrażać do siebie ogół ⟨opinię publiczną⟩
antecedence s pierwszeństwo, starszeństwo
antecedent[1] adj poprzedzający, uprzedni
antecedent[2] s 1. fakt poprzedzający, antecedens 2. pl ~ s okoliczności poprzedzające
antecessor s 1. poprzednik 2. przodek, wstępny
antedate v 1. antydatować 2. poprzedzać, wyprzedzać, uprzedzać
to ~ **an agreement** ⟨ **a contract**⟩ antydatować porozumienie ⟨umowę⟩
to ~ **a cheque** antydatować czek
antenuptial adj przedmałżeński
~ **agreement** ⟨**contract, settlement**⟩ umowa przedślubna
~ **intercourse** stosunek przedmałżeński
antichresis s zastaw użytkowy ⟨antychretyczny⟩ (na nieruchomości)
anticipate v 1. przewidywać, z góry zakładać 2. oczekiwać, spodziewać się 3. uprzedzać 4. przesądzać, uważać za pewne
to ~ **one's income** zadysponować dochodem przed jego uzyskaniem
to ~ **a payment** zapłacić przed terminem
anticipated adj 1. spodziewany, przewidywany 2. oczekiwany
~ **freight** spodziewany fracht
~ **liabilities** spodziewane pasywa
~ **profit** oczekiwany dochód
anticipation s 1. oczekiwanie, przewidywanie 2. pobranie z góry ⟨a conto⟩ 3. zapłata ⟨uregulowanie⟩ przed terminem 4. rabat
~ **rate** rabat ⟨skonto⟩ w wypadku zapłaty przed terminem
contrary to ~ wbrew oczekiwaniu
in ~ **of** ... w oczekiwaniu na ...
payment in ~ zapłata przed terminem
restraint on ~ bryt. hist. ograniczenie z góry (odnoś-

nie do dysponowania przez mężatkę jej własnym majątkiem, zniesione 1 stycznia 1936 r.)
thanking in ~ dziękując z góry
anticipatory adj 1. uprzedni, wstępny 2. przedterminowy
~ **breach** a) zerwanie umowy przed terminem jej wykonania b) oświadczenie jednej ze stron o niedotrzymaniu warunków umowy
~ **credit** kredyt zaliczkowy
~ **damages** zakładane ⟨przypuszczalne⟩ straty ⟨szkody⟩
~ **payment** przedterminowa zapłata
anti-communism s antykomunizm
anti-dumping[1] s zwalczanie dumpingu
anti-dumping[2] adj antydumpingowy, przeciwdumpingowy
~ **duty** cło przeciwdumpingowe
antigraphy s kopia dokumentu
anti-inflationary adj: ~ **measures** środki antyinflacyjne
antiquated adj przestarzały, nie będący w użyciu
~ **law** przestarzałe prawo
to become ~ wyjść z użycia
antirevolutionary adj antyrewolucyjny
antisocial adj aspołeczny, sprzeczny z normami współżycia społeczngo
~ **attitude** postawa aspołeczna ⟨sprzeczna z normami współżycia społecznego⟩
anti-trust adj antytrustowy, przeciwtrustowy
~ **laws** ⟨**legislation**⟩ ustawodawstwo przeciwtrustowe
~ **procedure** procedura przeciwtrustowa
anti-war adj antywojenny
~ **feelings** ⟨**sentiments**⟩ nastroje antywojenne
apanage s apanaże, zasiłek, kwota przeznaczona na czyjeś utrzymanie
apart adv 1. na boku, na osobności, osobno 2. z dala
to keep oneself ~ trzymać się z dala ⟨na osobności⟩
to live ~ żyć osobno ⟨w separacji⟩
apartheid s segregacja ⟨dyskryminacja⟩ rasowa, apartheid
apartment s 1. apartament 2. am. mieszkanie
~ **house** am. dom czynszowy
apiece adv od sztuki, za sztukę; od osoby, na osobę
apologize v 1. przepraszać (**to sb for sth** kogoś za coś) 2. usprawiedliwiać się
apology s (pl **apologies**) przeproszenie, usprawiedliwienie
in ~ **for** jako usprawiedliwienie
letter of ~ list przepraszający ⟨usprawiedliwiający⟩
to accept an ~ przyjąć usprawiedliwienie
to demand an ~ domagać się przeproszenia ⟨usprawiedliwienia⟩
to offer ⟨**make**⟩ **apologies** przepraszać
to owe sb an ~ być winnym komuś wyjaśnienie, być obowiązanym do wyjaśnienia
a posteriori łac. (wnioskowanie) a posteriori ⟨na podstawie faktów⟩
apparent adj 1. oczywisty, jawny, widoczny 2. pozorny 3. legalny, prawowity
~ **authority** domniemane pełnomocnictwo (którego zakres wynika w sposób oczywisty z postępowania mocodawcy)
~ **damage** widoczne uszkodzenie
~ **defect** widoczny brak, wada widoczna

~ **error** oczywisty błąd
~ **necessity** oczywista konieczność
~ **right** oczywiste ⟨nie budzące wątpliwości⟩ prawo
apparently *adv* 1. widocznie 2. pozornie, na pozór
apparentment *s* łączenie się kilku partii w jeden blok (*przy wyborach*)
appeal[1] *s* 1. apel, wezwanie 2. apelacja, odwołanie (się) 3. skarga apelacyjna 4. prawo apelacji ⟨odwołania się⟩
~ **bond** kaucja apelacyjna
~ **brief** dokument składany przez adwokata do sądu odwoławczego ⟨apelacyjnego⟩ (*zawierający zwięzłe przedstawienie podstaw apelacji i jej uzasadnienie*)
Appeal Committee Komisja Odwoławcza (*Izby Lordów*)
~ **for peace** apel o pokój
~ **from a sentence** odwołanie od wyroku
~ **lies** apelacja może być wniesiona, przysługuje prawo apelacji ⟨odwołania⟩
~ **to arbitration** odwołanie się do arbitrażu ⟨sądu polubownego⟩
case on ~ *a*) dokument zawierający podstawy odwołania *b*) pytanie prawne (*skierowane przez niższy sąd do wyższego*)
court of ~ sąd odwoławczy ⟨apelacyjny⟩
grounds of ~ podstawa odwołania
notice of ~ zapowiedź złożenia skargi odwoławczej ⟨apelacji⟩
petition of ~ skarga odwoławcza
right of ~ prawo odwołania ⟨apelacji⟩
sales ~ atrakcyjność handlowa
subject to ~ podlegający odwołaniu ⟨zaskarżeniu⟩
without ~ bez odwołania
to allow an ~ dopuścić odwołanie
to dismiss ⟨**reject**⟩ **an** ~ odrzucić odwołanie
to make an ~ wnieść odwołanie
to withdraw the ~ wycofać ⟨cofnąć⟩ odwołanie
appeal[2] *v* 1. wzywać 2. apelować, odwoływać się
to ~ **from** ⟨**against**⟩ **a decision** odwołać się od decyzji
to ~ **to the court** ⟨**law**⟩ odwołać się do sądu ⟨prawa⟩
appear *v* 1. ukazywać się 2. występować 3. wydawać się 4. figurować (*w księgach, na liście, w dokumencie*)
to ~ **as an opponent** ⟨**a witness**⟩ wystąpić jako przeciwnik ⟨świadek⟩
to ~ **for the accused** wystąpić w obronie oskarżonego
to ~ **for the defence** występować w obronie, popierać obronę
to ~ **for the defendant** wystąpić w imieniu pozwanego
to ~ **for the plaintiff** wystąpić w imieniu powoda
to ~ **for the prosecution** wystąpić po stronie oskarżenia, podtrzymywać ⟨popierać⟩ oskarżenie
to ~ **in court** stawić się w sądzie
to ~ **in evidence** wynikać z przedstawionych ⟨przedłożonych⟩ dokumentów ⟨dowodów⟩
to ~ **in the list** być zapisanym na liście
to ~ **in person** ⟨**personally**⟩ stawić się osobiście
to ~ **on remand** być doprowadzonym z aresztu
to ~ **on television** wystąpić w telewizji
to fail to ~ nie stawić się
appearance *s* 1. stawienie się, pojawienie się 2. występowanie 3. rejestracja stawienia się 4. poddanie się jurysdykcji sądu 5. wygląd zewnętrzny 6. pozór

~ **before** ⟨**in**⟩ **the court** stawienie się w sądzie ⟨przed sądem⟩
~ **by attorney** ⟨**by counsel**⟩ występowanie ⟨prowadzenie sprawy⟩ przez adwokata
~ **day** termin stawienia się
~ **de bene esse** warunkowe stawienie się w stosownym czasie (*po spełnieniu określonych warunków*)
~ **docket** rejestr stawiennictwa (*zawierający krótkie dane o sprawach*)
~ **gratis** rejestracja stawienia się w sądzie
compulsory ⟨**corporal**⟩ ~ stawiennictwo obowiązkowe ⟨osobiste⟩
day of ~ termin stawiennictwa
voluntary ~ stawiennictwo nieobowiązkowe
to judge by ~ **s** sądzić po pozorach
appease *v* uciszyć, uspokoić, złagodzić
appeasement *s* uciszenie, uspokojenie, złagodzenie
~ **policy** polityka łagodzenia ⟨uspokajania⟩
appellant[1] *s* osoba apelująca ⟨odwołująca się, wnosząca środek odwoławczy⟩
appellant[2] *adj* 1. apelujący 2. apelacyjny
appellate *adj* apelacyjny
Appellate Court *am.* Sąd Apelacyjny
~ **jurisdiction** orzecznictwo apelacyjne
~ **procedure** procedura apelacyjna ⟨odwoławcza⟩, postępowanie odwoławcze
appellee *s* oskarżony ⟨pozwany⟩ w procesie odwoławczym ⟨apelacyjnym⟩
appellor *s* apelujący, wnoszący apelację
append *v* dokładać, dołączać, dodawać
to ~ **a document to a file** dołączyć dokument do akt
to ~ **a seal** dołączyć odcisk pieczęci, przyłożyć pieczęć
to ~ **one's signature** złożyć podpis
to ~ **to the minutes** dołączyć do protokołu
appendage *s* dodatek, załącznik
appendant *adj* przynależny, dodatkowy, przydany
the law ~ **to possession** prawo związane z posiadaniem
appendix *s* (*pl* **appendixes**, **appendices**) dodatek, załącznik
~ **to charter** dodatkowa umowa czarterowa
~ **to policy** polisa uzupełniająca
appertain *v* 1. należeć (**to sb, sth** do kogoś, czegoś) 2. odnosić się (**to sb, sth** do kogoś, czegoś)
appertaining *adj*: ~ **to the crown** należący do korony
appliance *s* 1. przyrząd 2. urządzenie
rescue ~ urządzenie ratownicze
safety ~ urządzenie zabezpieczające
applicability *s* przydatność, zdatność, możność zastosowania
applicable *adj* dający się zastosować, odpowiedni, nadający się
applicant *s* 1. ubiegający się, petent, reflektant, kandydat 2. subskrybent
~ **for a job** ubiegający się o pracę
~ **for a patent** ubiegający się o patent, zgłaszający wynalazek
~ **for shares** subskrybent akcji
application *s* 1. zgłoszenie, podanie 2. zastosowanie
~ **fee** opłata za zgłoszenie
~ **for admission** prośba o dopuszczenie
~ **for cancellation** podanie o anulowanie
~ **for employment** ⟨**a job**⟩ podanie o zatrudnienie
~ **for an extension** podanie o przedłużenie

~ **for insurance** zgłoszenie ubezpieczenia
~ **for leave** podanie o urlop
~ **form** formularz podania ⟨zgłoszenia⟩
~ **for membership** podanie o członkostwo
~ **for naturalization** podanie o obywatelstwo
~ **for a patent** zgłoszenie patentowe
~ **for payment** żądanie zapłaty, prośba o zapłatę
~ **for registration** podanie o rejestrację
~ **for relief** *a)* podanie o zmniejszenie podatku ⟨ulgę podatkową⟩ *b)* prośba o zasiłek ⟨wsparcie⟩
~ **for shares** prośba o akcje
~ **for a situation** podanie o posadę
~ **under oath** podanie, w którym prawdziwość danych potwierdzono przysięgą
~ **under supervision** zastosowanie pod kontrolą ⟨nadzorem⟩
by ~ przez zgłoszenie, w drodze zgłoszenia
duration of ~ okres ⟨czas⟩ stosowania
field of ~ zakres zastosowania
industrial ~ zastosowanie przemysłowe
letter of ~ pismo zawierające podanie ⟨zgłoszenie, petycję⟩
on ⟨**upon**⟩ ~ na żądanie ⟨prośbę, wniosek⟩
practical ~ praktyczne zastosowanie
prices on ~ ceny na żądanie
uniform ~ zastosowanie jednolite
to file an ~ wnieść podanie
to grant an ~ uwzględnić podanie ⟨zgłoszenie, prośbę⟩
to make an ~ wnieść podanie (**to sb for sth** do kogoś o coś)
to refuse an ~ odrzucić podanie
to withdraw an ~ wycofać podanie
apply *v* **1.** ubiegać się, starać się **2.** zastosować, użyć (**to sth** do czegoś) **3.** stosować się, odnosić się **4.** zwracać się (**to sb for sth** do kogoś o coś)
to ~ **accordingly** ⟨**analogically, by analogy**⟩ stosować odpowiednio ⟨analogicznie⟩
to ~ **for admittance** starać się o przyjęcie
to ~ **for a job** ⟨**situation, position**⟩ ubiegać się o pracę
to ~ **for a loan** ubiegać się ⟨starać się⟩ o pożyczkę
to ~ **for particulars** zwrócić się ⟨prosić⟩ o bliższe dane ⟨szczegóły⟩
to ~ **for payment** ⟨**for shares**⟩ ubiegać się o zapłatę ⟨o akcje⟩
appoint *v* **1.** mianować **2.** ustanowić **3.** wyznaczyć **4.** wyposażyć
to ~ **an arbitrator** wyznaczyć arbitra
to ~ **a committee** wyznaczyć komitet
to ~ **a day** wyznaczyć termin
to ~ **an expert** wyznaczyć biegłego
to ~ **representatives** wyznaczyć przedstawicieli
to ~ **sb as one's proxy** udzielić komuś pełnomocnictwa
to ~ **sb to a post** wyznaczyć kogoś na stanowisko
appointed *pp adj* **1.** wyznaczony, ustalony **2.** wyposażony
~ **agent** wyznaczony ⟨upoważniony⟩ agent ⟨przedstawiciel⟩
~ **day** *bryt.* data wejścia w życie ustawy parlamentu
at the ~ **time** w wyznaczonym ⟨ustalonym⟩ czasie, o określonej godzinie
officially ~ urzędowo ustalony ⟨wyznaczony⟩
on the ~ **day** w wyznaczonym dniu

well ⟨**badly**⟩ ~ dobrze ⟨źle⟩ wyposażony
appointee *s* wyznaczona ⟨mianowana⟩ osoba
appointer, appointor *s* wyznaczający, mianujący, ustanawiający
appointment *s* **1.** wyznaczenie **2.** mianowanie **3.** stanowisko **4.** umówione spotkanie
~ **for life** nominacja dożywotnia, stanowisko dożywotnie
~ **of a committee** wyznaczenie komisji ⟨komitetu⟩
~ **of a defence counsel** wyznaczenie obrońcy
~ **of sb to a post** wyznaczenie kogoś na stanowisko
~ **of a successor** *a)* wyznaczenie następcy *b)* ustanowienie spadkobiercy
~ **s vacant** wolne stanowiska ⟨posady, miejsca pracy⟩
~ **s wanted** poszukiwane stanowiska ⟨posady, miejsca pracy⟩
by ~ w drodze wyznaczenia ⟨wskazania⟩, według umowy
by special ~ **to Her Majesty** *bryt.* ze specjalnego upoważnienia królowej (*w odniesieniu do dostawcy*)
certificate ⟨**letter, warrant**⟩ **of** ~ dokument nominacji
permanent ~ nominacja na stałe
power ⟨**right**⟩ **of** ~ *a)* prawo wyznaczania (*np. pełnomocnika*) *b)* upoważnienie (*darczyńcy*) przeznaczające na rzecz obdarowanego część dochodów z majątku
to cancel an ~ odwołać spotkanie
to keep ⟨**to break**⟩ **an** ~ stawić ⟨nie stawić⟩ się na spotkanie
to make ⟨**fix**⟩ **an** ~ umówić się na spotkanie (**with sb** z kimś)
to meet sb by ~ mieć z kimś spotkanie
apportion *v* **1.** rozdzielać, dzielić, wydzielać **2.** dokonywać repartycji
to ~ **sth pro rata** rozdzielić coś proporcjonalnie (do udziału)
apportionment *s* **1.** wyznaczenie, podzielenie **2.** repartycja **3.** *am.* ustalenie ilości przedstawicieli do Kongresu lub władz ustawodawczych w zależności od liczby wyborców
~ **of a contract** podzielenie umowy na poszczególne części
apposite *adj* stosowny, trafny, właściwy
apposition *s* dołączenie ⟨przyłożenie⟩ pieczęci
appraisal, appraisement *s* **1.** ocena, oszacowanie **2.** wycena, szacunek
~ **committee** komisja szacunkowa
~ **fee** opłata za oszacowanie
~ **of a damage** oszacowanie szkody
expert ~ oszacowanie przez biegłego, ekspertyza
investment ~ ocena inwestycji
market ~ ocena rynku
appraise *v* oceniać, szacować, wyceniać
~ **d value** wartość szacunkowa
to ~ **the damages** oszacować ⟨ocenić⟩ szkody
appraiser, appraisor *s* taksator, rzeczoznawca
official ~ taksator urzędowy
sworn ~ zaprzysiężony taksator
appreciable *adj* dający się ocenić, znaczny, dostrzegalny
appreciate *v* **1.** oceniać, szacować **2.** wzrastać w cenie,

zyskiwać na wartości **3.** brać pod uwagę, uwzględniać
to ~ sb's difficulties uwzględniać czyjeś trudności
appreciation *s* **1.** ocena, oszacowanie **2.** uznanie **3.** wzrost wartości
~ of assets wzrost wartości aktywów
~ of currency rewaluacja
~ of evidence ocena dowodu
~ of ⟨in⟩ prices wzrost cen ⟨kursu⟩
to show an ~ wykazywać przyrost wartości
apprehend *v* **1.** pojmować, rozumieć **2.** aresztować, zatrzymać
to ~ sb in the act ⟨red-handed⟩ schwycić kogoś na gorącym uczynku
apprehension *s* **1.** zrozumienie, percepcja, pojmowanie **2.** aresztowanie, zatrzymanie, ujęcie, pojmanie **3.** obawa
warrant of ~ nakaz aresztowania
apprentice *s* terminator, uczeń (*w rzemiośle*)
~ training szkolenie w rzemiośle, terminowanie
apprenticeship *s* terminowanie, praktyka (*w zawodzie*)
articles ⟨contract⟩ of ~ umowa o naukę rzemiosła (o terminowanie)
certificate of ~ świadectwo odbycia terminu
to serve one's ~ with sb terminować ⟨odbywać praktykę⟩ u kogoś
approach[1] *s* **1.** zbliżenie, dostęp **2.** zwrócenie się (**sb, sth** do kogoś, czegoś) **3.** podejście **4.** ujęcie **5.** nawiązanie kontaktu
concurrence of ~ zbieżność podejścia
right of ~ prawo podejścia (*okrętu wojennego na pełnym morzu w celu identyfikacji bandery innego okrętu*)
unofficial ~es nieoficjalne kontakty
approach[2] *v* **1.** zbliżać się, podchodzić (**sb, sth** do kogoś, czegoś) **2.** nawiązywać kontakt **3.** zwracać się (do kogoś)
to ~ a problem poruszyć problem ⟨zagadnienie⟩
to ~ sb about sth zwrócić się do kogoś w jakiejś sprawie
approbate *v* aprobować, zgadzać się
to ~ and reprobate *szkoc.* częściowo uznać ⟨przyjąć⟩ i częściowo odrzucić ten sam dokument
approbation *s* zatwierdzenie, aprobata, uznanie
on ~ na próbę, do obejrzenia (*w odniesieniu do towaru*)
sale on ~ sprzedaż na próbę
appropriate[1] *adj* stosowny, odpowiedni, właściwy
as ~ odpowiednio, stosownie
to take ~ action ⟨measures⟩ podjąć odpowiednie środki
appropriate[2] *v* **1.** przywłaszczać sobie **2.** przeznaczać **3.** asygnować
to ~ a payment przeznaczyć wpłatę na pokrycie określonej należności
appropriation *s* **1.** przywłaszczenie **2.** przeznaczenie **3.** kredyty
~ account konto celowe ⟨przeznaczone na określony cel⟩
~ bill projekt ustawy o przeznaczeniu funduszu
~ of funds przeznaczenie pieniędzy na określony cel
~ of payment to a debt przeznaczenie pieniędzy na spłatę długu

~ of property przywłaszczenie cudzej rzeczy, kradzież
~ to the reserve przeznaczenie na zakup zapasów
appropriation-in-aid *s* dotacja, zasiłek, subsydium
approval *s* zatwierdzenie, aprobata, zgoda
~ by acclamation zatwierdzenie ⟨przyjęcie⟩ przez aklamację
on ⟨upon⟩ ~ of ⟨by⟩ sb za czyjąś zgodą, po uzyskaniu czyjejś zgody
sale on ~ sprzedaż na próbę
subject to ~ podlegający zatwierdzeniu
tacit ~ milcząca zgoda
to meet with sb's ~ uzyskać czyjąś zgodę ⟨aprobatę⟩
approve *v* zatwierdzić, aprobować, uznawać (**sth ⟨of sth⟩** coś)
to ~ the agenda zatwierdzić ⟨przyjąć⟩ porządek dzienny
to ~ a programme zatwierdzić program
to ~ the proposal przyjąć propozycję ⟨ofertę⟩
approved *pp adj* uznany, zatwierdzony
~ budget zatwierdzony budżet
~ note przyjęty ⟨potwierdzony⟩ weksel
~ programme zatwierdzony program
~ schools *bryt. hist.* szkoły zatwierdzone (*dla nieletnich przestępców – zniesione w 1969 r.*)
~ society *bryt. hist.* uznana przez państwo organizacja charytatywna
generally ~ powszechnie uznany
read and ~ odczytany i zatwierdzony
approvement *s* **1.** *bryt. hist.* przywłaszczenie sobie ziemi należącej do wspólnoty miejskiej lub gminnej **2.** zeznanie przeciwko wspólnikom przestępstwa
approver *s* **1.** osoba popierająca ⟨aprobująca⟩ **2.** osoba składająca zeznania przeciwko współsprawcom przestępstwa
approximate[1] *adj* **1.** zbliżony, przybliżony **2.** bardzo bliski
~ arrival orientacyjna data przybycia
~ calculation przybliżona ⟨orientacyjna⟩ kalkulacja
~ delivery date przybliżony termin dostawy
~ estimate szacunek w przybliżeniu
~ price orientacyjna cena
~ value przybliżona wartość
approximate[2] *v* **1.** przybliżać, zbliżać się (**to sth** do czegoś) **2.** wynosić w przybliżeniu (*o liczbach*)
to ~ gradually zbliżać się stopniowo
to ~ a sum of ... zbliżać się do kwoty ...
approximately *adv* w przybliżeniu, około, mniej więcej
approximation *s* **1.** przybliżenie **2.** obliczenie przybliżone
~ of laws ⟨of legislative provisions⟩ zbliżenie ustaw ⟨przepisów prawnych⟩
by ~ w przybliżeniu
progressive ~ stopniowe zbliżanie, przybliżenie
appurtenances *spl* **1.** wyposażenie (*np. statku*) **2.** przynależności, akcesoria
appurtenant *adj* **1.** przynależny (**to sb, sth** do kogoś, czegoś) **2.** właściwy
~ easement służebność przynależna do nieruchomości
~ things przynależności
a priori *łac.* (*wnioskowanie*) a priori ⟨z przyczyn o skutkach⟩

apt *adj* 1. zdolny 2. odpowiedni, właściwy 3. zdatny 4. skłonny
~ **time** właściwy ⟨odpowiedni⟩ czas
~ **words** właściwe słowa ⟨sformułowania⟩ (*niezbędne do wywołania zamierzonych skutków prawnych*)
aptitude *s* 1. zdolność 2. skłonność 3. przydatność, zdatność
~ **test** test prognostyczny, egzamin ⟨próba⟩ przydatności
a quo (dies) *łac.* termin, od którego zaczynają się skutki prawne
arable *adj* orny, uprawny
~ **land** ziemia orna, grunt uprawny
arbiter *s* arbiter, rozjemca, sędzia polubowny
single ⟨**sole**⟩ ~ arbiter jednoosobowy ⟨wyłączny⟩
arbitrable *adj* podlegający arbitrażowi
arbitrage *s* 1. arbitraż, rozjemstwo 2. arbitraż giełdowy
~ **in bills** ⟨**gold, securities**⟩ arbitraż wekslowy ⟨złotem, dewizowy⟩
~ **operations** transakcje arbitrażowe
arbitral *adj* arbitrażowy, polubowny
~ **decision** orzeczenie arbitrażowe
~ **jurisdiction** ⟨**justice**⟩ sądownictwo polubowne, sąd polubowny
~ **tribunal** sąd polubowny
arbitrament *s* 1. orzeczenie arbitra 2. orzeczenie arbitrażowe
~ **and award** zarzut sprawy już rozstrzygniętej w arbitrażu
arbitrarily *adv* samowolnie, dowolnie
to decide ~ rozstrzygać samowolnie ⟨dowolnie⟩
arbitrary *adj* 1. arbitralny, samowolny 2. dyskrecjonalny, pozostawiony do swobodnego uznania
~ **act** czyn samowolny
~ **assessment** opodatkowanie z urzędu, przymusowy wymiar podatku
~ **behaviour** samowola
~ **power** dyskrecjonalne pełnomocnictwo
~ **rejection** ⟨**renunciation**⟩ samowolne odrzucenie
arbitrate *v* 1. rozstrzygać polubownie 2. orzekać w postępowaniu arbitrażowym 3. dokonywać arbitrażowych transakcji giełdowych
to ~ **a case** rozpoznawać sprawę w postępowaniu polubownym ⟨arbitrażowym⟩
arbitration *s* 1. arbitraż 2. sąd polubowny 3. arbitraż giełdowy 4. decyzja rozjemcza
~ **act** *bryt.* ustawa o arbitrażu
~ **agreement** ⟨**bond, treaty**⟩ umowa o arbitraż
~ **award** orzeczenie arbitrażowe, orzeczenie sądu polubownego
~ **board** ⟨**commission, committee**⟩ komisja arbitrażowa, trybunał ⟨sąd⟩ arbitrażowy
~ **clause** klauzula arbitrażowa
~ **court** sąd arbitrażowy
~ **fees** opłaty arbitrażowe
~ **law** prawo arbitrażowe
~ **memorandum** zapis na sąd polubowny
~ **of exchange** arbitraż dewizowy ⟨walutowy⟩
~ **on quality** arbitraż w przedmiocie jakości (*towaru*)
~ **procedure** ⟨**proceedings**⟩ procedura arbitrażowa, postępowanie arbitrażowe
American Arbitration Association Amerykański Związek Arbitrażowy
board of ~ izba ⟨biuro⟩ arbitrażu

commercial ~ arbitraż handlowy
compulsory ~ przymusowy ⟨obowiązkowy⟩ arbitraż
Conciliation and Arbitration Board *bryt.* Sąd Polubowny i Arbitrażowy
cost of ~ koszt arbitrażu
court of ~ sąd polubowny
mixed ~ arbitraż mieszany (*zarówno odnośnie do faktów jak i do prawa*)
settlement by ~ załatwienie w drodze arbitrażu
stock ~ arbitraż giełdowy
voluntary ~ dobrowolny arbitraż
to go to ~ odwołać się do arbitrażu
to refer ⟨**submit**⟩ **sth to** ~ poddać coś pod arbitraż
to settle by ~ rozstrzygać w drodze arbitrażu
arbitrator *s* arbiter, sędzia polubowny
~'**s award** orzeczenie arbitra ⟨rozjemcze⟩, wyrok sądu polubownego
board ⟨**court**⟩ **of** ~ **s** komisja arbitrażowa, sąd arbitrażowy
to appoint an ~ wyznaczyć arbitra
archives *spl* archiwum, archiwa
state ~ archiwa państwowe
area *s* 1. powierzchnia, obszar 2. rejon, strefa 3. teren, okręg
~ **in tillage** powierzchnia uprawna ⟨użytków rolnych⟩
~ **under crops** ⟨**under cultivation**⟩ powierzchnia obsiana ⟨uprawna⟩
affected ~ powierzchnia dotknięta klęską żywiołową
aggregate ~ powierzchnia całkowita
agricultural ~ obszar uprawny, powierzchnia uprawna
arable ~ powierzchnia uprawna, grunt orny
assessment ~ powierzchnia podlegająca opodatkowaniu
backward ~ strefa zacofana
build-up ~ obszar zabudowany
ceasefire ~ strefa zaprzestania ognia
city ~ powierzchnia miasta
combat ~ obszar działań wojennych
congested ~ obszar przeludniony
consumption ~ obszar konsumpcyjny
crop ~ obszar ⟨powierzchnia⟩ zbiorów
cultivated ~ powierzchnia uprawna
customs ~ obszar celny
delivery ~ okręg dostawy
depressed ~ obszar dotknięty (*klęską, bezrobociem itp.*)
development ⟨**developing**⟩ ~ strefa rozwijająca się ⟨rozbudowująca się⟩
dollar ~ strefa dolarowa
economic ~ strefa gospodarcza
farm ~ obszar rolniczy
forest ~ strefa ⟨powierzchnia⟩ zalesiona
free trade ~ strefa wolnego handlu
frontier ~ strefa graniczna
hard-currency ~ strefa twardej waluty
industrial ~ strefa przemysłowa
marketing ⟨**trading**⟩ ~ rejon zbytu
metropolitan ~ obszar metropolii ⟨miasta⟩
occupied ~ strefa okupowana
operated ~ obszar eksploatacyjny
ploughed ~ ziemia orna, grunty orne
postal ~ rejon pocztowy

productive ⟨**production**⟩ ~ obszar produkcyjny
prohibited ~ strefa zakazana
rented ~ obszar dzierżawiony
residential ~ strefa mieszkaniowa
restricted ~ *a*) strefa zakazana *b*) strefa ograniczonej szybkości
rural ~ obszar wiejski
safety ~ strefa bezpieczeństwa
shopping ~ dzielnica handlowa
sterling ~ strefa szterlingowa
strategic ~ obszar strategiczny
suburban ~ strefa podmiejska
supply ~ strefa zaopatrzenia
uncultivated ~ powierzchnia nieużytków
under-developed ~ obszar zacofany ⟨nierozwinięty gospodarczo⟩
arguable *adj* 1. sporny 2. wątpliwy, podlegający dyskusji
~ **case** wątpliwa sprawa
~ **opinion** opinia dyskusyjna ⟨podlegająca dyskusji⟩
argue *v* 1. argumentować, dowodzić (**sth** czegoś), udowadniać 2. spierać się, kwestionować 3. rozpatrywać, roztrząsać
to ~ **against sb, sth** występować przeciw komuś, czemuś
to ~ **a case** bronić sprawy, prowadzić sprawę
to ~ **for sb, sth** przemawiać za kimś, za czymś
to ~ **in sb's favour** przemawiać na czyjąś korzyść
to ~ **sb into doing sth** nakłaniać kogoś do zrobienia czegoś
arguendo *łac.* dla wykazania ⟨udowodnienia⟩ (*zwrot sądowy*)
argument *s* 1. argument, dowód 2. dyskusja, debata 3. spór 4. streszczenie
conclusive ⟨**decisive**⟩ ~ decydujący ⟨przekonywający⟩ argument
for ~**'s sake** ⟨**by way of** ~⟩ dla udowodnienia
irrefutable ~ nieodparty argument
stringent ~ przekonywający argument
to **advance an** ~ przytoczyć dowód
to **be beyond** ~ nie podlegać dyskusji
to **bring forward an** ~ wysunąć argument
to **follow sb's** ~ popierać czyjąś argumentację
to **invalidate** ⟨**refute**⟩ **an** ~ odeprzeć ⟨obalić⟩ argument
argumentation *s* argumentacja, rozumowanie, dowodzenie
argumentative *adj* sporny, kontrowersyjny, wątpliwy
~ **affidavit** budzące wątpliwości pisemne zaprzysiężone zeznanie ⟨oświadczenie⟩
~ **plea** kontrowersyjny wywód
arise *v* (**arose, arisen**) 1. powstawać, pojawiać się 2. wynikać (**from sth** z czegoś)
if the occasion ~**s, should the occasion** ~ jeśli nadarzy się sposobność ⟨okazja⟩
aristocracy *s* arystokracja
~ **of finance** arystokracja finansowa
landed ~ arystokracja ziemska
arles (penny) *spl bryt.* zadatek
arm *v* uzbroić, zbroić (się)
armament *s* zbrojenie, uzbrojenie
~**(s) control** kontrola zbrojeń
~**s expenditure** wydatki na zbrojenia ⟨zbrojeniowe⟩
~**(s) limitation** ograniczenie zbrojeń
~**(s) production** produkcja zbrojeniowa

~**(s) race** ⟨**drive**⟩ wyścig zbrojeń
~**s reduction** redukcja zbrojeń
conventional ~**s** zbrojenia konwencjonalne
nuclear ⟨**thermonuclear**⟩ ~**s** broń jądrowa ⟨termojądrowa⟩
armed *adj* uzbrojony, zbrojny
~ **attack** zbrojny napad
~ **conflict** konflikt zbrojny
~ **demonstration** demonstracja zbrojna
~ **forces** siły zbrojne
~ **intervention** interwencja zbrojna
~ **merchantman** uzbrojony statek handlowy
~ **neutrality** zbrojna neutralność
~ **peace** pokój zbrojny
~ **resistance** opór zbrojny
~ **robbery** rabunek z bronią w ręku
armistice *s* zawieszenie broni, rozejm
~ **terms** warunki zawieszenia broni
negotiations for an ~ rokowania w sprawie zawieszenia broni
armoury, *am.* **armory** *s* 1. zbrojownia 2. *am.* fabryka broni
arms *spl* broń
~ **and armour** *bryt.* z bronią lub z niebezpiecznym narzędziem
~ **deliveries** ⟨**supplies**⟩ dostawy broni
~ **embargo** embargo na broń
~ **manufacturer** producent broni
~ **race** wyścig zbrojeń
~ **traffic** szmuglowanie broni, niedozwolony handel bronią
atomic ~ broń atomowa
by force of ~ z bronią w ręku
illegal ⟨**unauthorised**⟩ **possession of** ~ bezprawne posiadanie broni
licence ⟨**permit**⟩ **for carrying** ~ pozwolenie na broń
strategic ~ broń strategiczna
to **equip with** ~ uzbroić, wyposażyć w broń
to **lay down** ~ złożyć broń
to **take up** ~ chwycić za broń
army *s* armia, wojsko
Army Act *bryt.* ustawa o siłach zbrojnych (*z 1955 r.*)
Army Council *bryt.* Rada Wojskowa (*obecnie włączona do ministerstwa obrony jako Army Board*)
~ **of occupation** armia okupacyjna
regular ⟨**standing**⟩ ~ armia stała
to **be in the** ~ służyć w wojsku, odbywać służbę wojskową
to **join** ⟨**go into, enter**⟩ **the** ~ wstąpić do wojska
arouse *v* budzić, wzbudzać, pobudzać
to ~ **suspicion** wzbudzać podejrzenie
arraign *v* 1. oskarżać 2. pozywać przed sąd 3. postawić przed sądem (**sb** kogoś)
arraignment *s* 1. postawienie w stan oskarżenia 2. napaść, ostra krytyka
arrange *v* 1. porządkować 2. aranżować, urządzać 3. układać się, umawiać się (z kimś) 4. adaptować, przerabiać 5. załatwiać
to ~ **the matter** załatwić sprawę
to ~ **payments** ⟨**the terms of payment**⟩ umówić się ⟨ułożyć się⟩ co do sposobu zapłaty ⟨warunków płatności⟩
arranged *pp adj*: **as** ~ jak uzgodniono, według umowy
at an ~ **price** po uzgodnionej cenie

arrangement *s* **1.** uporządkowanie **2.** rozmieszczenie, ułożenie **3.** przeróbka, adaptacja **4.** porozumienie, układ **5.** załatwienie **6.** *pl* **arrangements** przygotowania, dyspozycje, kroki
~ **in writing** porozumienie na piśmie
~ **with creditors** układ z wierzycielami
agency ~ porozumienie w sprawie przedstawicielstwa
as per ~ zgodnie z porozumieniem
deed of ~ *a)* dokument porozumienia ⟨układu⟩ *b)* umowa ⟨układ⟩ z wierzycielami
provisional ⟨temporary⟩ ~ tymczasowe porozumienie
regional ~ układy regionalne
scheme of ~ plan układu (*upadłościowego*), projekt układu z wierzycielami
special ~ dodatkowe porozumienie
testamentary ~ polecenia testamentowe
transitional ⟨transitory⟩ ~ tymczasowe porozumienie
verbal ~ ustne porozumienie
to come to an ~ dojść do porozumienia
to conclude an ~ zawrzeć porozumienie
to enter into ~ przystąpić do układu ⟨porozumienia⟩
to make an ~ zawrzeć porozumienie
to make ~s podejmować kroki (**for sth** w jakimś celu)
array[1] *s* **1.** zestaw ⟨lista⟩ przysięgłych **2.** zestaw, uszeregowanie
to challenge the ~ zakwestionować listę przysięgłych
to quash the ~ unieważnić ⟨anulować⟩ listę przysięgłych
array[2] *v* zestawić, przygotować zestaw
to ~ **the panel** zestawić listę przysięgłych
arrear *s*, **arrears** *spl* zaległość, zaległości
~s **of interest** zaległe odsetki
~s **of rent** zaległość w czynszu ⟨czynszowa⟩
~s **of salary** zaległość w płacy, zaległa płaca
~s **of taxes** zaległości podatkowe
~s **of wages** zaległe zarobki ⟨pobory⟩
~s **of work** zaległości w pracy
accumulated ~s akumulowane zaległości
instalments in ~s zaległe raty
interest in ~s zaległe odsetki
payment in ~s zaległa wpłata
to be in ~s zalegać (**with sth** z czymś)
to fall ⟨get⟩ into ~s popaść w zaległości
to pay off ⟨up⟩ the ~s spłacić ⟨wyrównać⟩ zaległości
arrearage *s* **1.** spóźnienie, zaległość **2.** *pl* **arrearages** długi, zaległe płatności
arrest[1] *s* **1.** aresztowanie, uwięzienie **2.** zatrzymanie, wstrzymanie
~ **by a foreign power** zatrzymanie (*statku*) przez obce mocarstwo
~ **of cargo** nałożenie aresztu na ładunek towaru, zatrzymanie towaru
~ **of inquest** wstrzymanie śledztwa
~ **of judgment** wstrzymanie wykonania wyroku ⟨orzeczenia⟩
close ~ areszt obostrzony
house ~ areszt domowy
mass ~ masowe aresztowania
open ~ *a)* areszt zwykły *b)* areszt domowy

warrant ⟨order⟩ of ~ nakaz aresztowania
to be ⟨remain⟩ under ~ pozostawać w areszcie
to effect an ~ dokonać aresztowania
to place ⟨put⟩ under ~ *a)* aresztować *b)* obłożyć aresztem, nałożyć areszt, skonfiskować
arrest[2] *v* **1.** aresztować, zatrzymać **2.** wstrzymać wykonanie
to ~ **goods** nałożyć areszt na towar
to ~ **judgment** wstrzymać wykonanie wyroku
to ~ **a vessel** zatrzymać ⟨skonfiskować⟩ statek
arrestable *adj*: ~ **offence** przestępstwo zagrożone aresztem
arrestation *s* zajęcie, zatrzymanie, konfiskata
place of ~ miejsce zatrzymania
arrested *adj* **1.** aresztowany, zatrzymany **2.** *med.* wstrzymany, zahamowany
~ **development of mind** zahamowany rozwój umysłowy
arrestee *s szkoc.* osoba, u której zajęte zostało mienie należące do dłużnika lub kwota pieniężna należna dłużnikowi
arrester *s szkoc.* wierzyciel występujący do sądu o zajęcie ruchomości lub wierzytelności dłużnika znajdujących się u osoby trzeciej
arrestment *s szkoc.* **1.** areszt ⟨zatrzymanie⟩ osoby **2.** zajęcie rzeczy lub wierzytelności dłużnika znajdujących się u osoby trzeciej
arrêt de prince *fr.* zatrzymanie statku państwa neutralnego na polecenie władz państwa prowadzącego wojnę
arretted *adj* oskarżony
arrival *s* **1.** przybycie, nadejście, przyjazd **2.** transport ⟨partia⟩ towarów **3.** przybysz
~ **draft** trata płatna po nadejściu towaru
~ **notice ⟨note⟩** *a)* awizo ⟨zawiadomienie⟩ o przesyłce *b)* zgłoszenie przybycia statku
~ **of goods** nadejście towaru
business „on ~" transakcja „na przybycie" ⟨na towar w drodze⟩
business „on safe ~" transakcja pod warunkiem „szczęśliwego przybycia" (*nadejścia towaru bez uszkodzeń do portu przeznaczenia*)
goods in ~ towar nadchodzący
port of ~ port przybycia
to await ~ oczekiwać przybycia ⟨na przybycie⟩
to buy ⟨sell⟩ on ~ kupować ⟨sprzedawać⟩ towar będący w drodze
arrivals *spl* **1.** towary, które nadeszły **2.** statki, które przybiły do portu **3.** osoby przybyłe
~ **and departures** przyjazdy i odjazdy (*np. pociągów*)
~ **and sailings** przybycia i odjazdy statków
fresh ~ nowo nadeszłe towary
list of ~ lista osób przybyłych
„no ~" „brak świeżych towarów"
arrive *v* **1.** przybywać, przyjeżdżać, nadchodzić **2.** występować, zdarzać się **3.** osiągnąć (*sukces*)
to ~ **at an agreement with sb** dojść z kimś do porozumienia
to ~ **at a conclusion** dojść do wniosku
to ~ **at a decision** powziąć decyzję
to ~ **at maturity** osiągnąć dojrzałość
to ~ **at the place of destination** przybyć na miejsce przeznaczenia
to ~ **at a price** uzgodnić cenę
to ~ **at an understanding** dojść do porozumienia

to ~ **at a verdict** uzgodnić werdykt
to ~ **at the years of discretion** dojść do wieku rozeznania
to ~ **safely** przybyć szczęśliwie
goods to ~ towary, które mają nadejść
sales to ~ sprzedaż towarów znajdujących się w drodze
arson s podpalenie
   to **commit** ~ dokonać podpalenia
art s 1. sztuka 2. umiejętność, zręczność 3. rzemiosło
   ~ **and part in sth** współsprawca przestępstwa, osoba biorąca udział w przygotowaniu i popełnieniu przestępstwa
   ~ **collection** kolekcja ⟨zbiór⟩ dzieł sztuki
   ~ **collector** zbieracz dzieł sztuki
   ~ **dealer** handlarz dziełami sztuki
   Bachelor of Arts pierwszy stopień uniwersytecki (*bez dyplomu magisterskiego*)
   commercial ~ sztuka na usługach handlu ⟨reklamy handlowej⟩
   Master of Arts magister filozofii
   object ⟨**work**⟩ **of** ~ dzieło sztuki
arterial adj: ~ **line** główna arteria, magistrala
artery s arteria
article[1] s 1. artykuł (*w gazecie*) 2. paragraf, artykuł, punkt (*ustawy, umowy*) 3. towar, wyrób 4. przedmiot 5. *zob.* **articles**
   ~ **in demand** ⟨**request**⟩ towar poszukiwany
   ~ **of an agreement** ⟨**a contract**⟩ artykuł umowy
   ~ **of commerce** artykuł handlowy
   ~ **of common use** artykuł powszechnego użytku
   ~ **of consumption** artykuł konsumpcyjny ⟨codziennego użytku⟩
   ~ **of evidence** środek dowodowy, dowód rzeczowy
   ~ **of exportation** artykuł eksportowy
   ~ **of import** artykuł importowy
   ~ **of luxury** artykuł ⟨towar⟩ luksusowy
   ~ **of prime necessity** artykuł pierwszej potrzeby
   ~ **of property** przedmiot własności
   ~ **of purchase** przedmiot kupna
   ~ **of ready sale** artykuł pokupny ⟨*pot.* chodliwy⟩
   ~ **of value** przedmiot wartościowy
   ~ **on the inventory** pozycja inwentarza
   branded ~ wyrób ze znakiem fabrycznym
   cheap ~ tani artykuł
   export ~ artykuł ⟨towar⟩ eksportowy
   finished ~ wyrób gotowy
   free ~ towar wolny od cła
   in the ~ **of death** w obliczu śmierci
   key ~ artykuł główny (*w obrocie danej firmy*)
   leading ~ a) artykuł wstępny (*w gazecie*) b) główny artykuł firmy
   marketable ~ artykuł pokupny ⟨*pot.* chodliwy⟩
   mass-produced ~ artykuł produkowany masowo
   saleable ~ artykuł ⟨towar⟩ łatwy do zbycia ⟨*pot.* chodliwy⟩
   unsaleable ⟨**unrendible**⟩ ~ artykuł trudny do zbycia ⟨*pot.* niechodliwy⟩
   to **deal in an** ~ handlować artykułem
   to **put an** ~ **on the market** wylansować artykuł na rynku
article[2] v 1. ustalać punkty (**sth** czegoś) 2. oskarżać 3. oddawać do terminu (*ucznia*) 4. sporządzać akt oskarżenia (**against sb** przeciwko komuś)
   to ~ **an apprentice** oddać ucznia do terminu

to ~ **sb for an offence** sporządzać przeciwko komuś akt oskarżenia o przestępstwo
articled adj: ~ **clerk** *bryt.* praktykant, aplikant adwokacki
articles spl 1. system przepisów 2. statut 3. wykaz punktów 4. regulamin 5. umowa, układ 6. warunki umowy 7. *zob.* **article**[1]
   ~ **and conditions** warunki dostawy ⟨kupna z przetargu⟩
   ~ **approbatory** *szkoc.* pisemna odpowiedź na pozew
   ~ **improbatory** *szkoc.* wykaz faktów stanowiących podstawę powództwa
   ~ **of agreement** ⟨**contract**⟩ a) postanowienia umowy b) umowa o pracę na statku (*tak zwana rola zaciągowa*)
   ~ **of apprenticeship** umowa o terminowanie ⟨naukę zawodu⟩
   ~ **of association** statut stowarzyszenia
   Articles of Confederation *hist. am.* artykuły konfederacji (*t.j. porozumienia między 13 koloniami angielskimi, które podpisały deklarację niepodległości tworząc Stany Zjednoczone Ameryki*)
   ~ **of impeachment** zarzuty oskarżenia przeciwko wysokiemu urzędnikowi o wykroczenia służbowe ⟨nadużycie władzy⟩
   ~ **of incorporation** *am.* a) statut stowarzyszenia b) świadectwo rejestracji spółki akcyjnej
   ~ **of marriage** małżeńska umowa majątkowa
   ~ **of partnership** umowa spółki
   ~ **of religion** dogmaty religijne (*39 dogmatów kościoła anglikańskiego ogłoszonych przez Elżbietę I w 1562 r.*)
   ~ **of roup** *szkoc.* warunki sprzedaży licytacyjnej
   ~ **of set** *szkoc.* warunki dzierżawy
   ~ **of war** przepisy wojenne, prawo wojenne
   under the ~ zgodnie z przepisami
artificial adj sztuczny, symulowany, udany, fikcyjny
   ~ **earth satellites** sztuczne satelity Ziemi
   ~ **insemination** sztuczne zapłodnienie
   ~ **person** osoba prawna
   ~ **presumption** domniemanie prawne
   ~ **succession** prawna kontynuacja, nieprzerwane istnienie osoby prawnej
   ~ **transaction** fikcyjna transakcja
artificially adv bezbłędnie (*pod względem prawnym*); zgodnie z wymogami techniki prawniczej
artisan s rzemieślnik
   ~ **lien** ustawowe prawo zastawu przysługujące rzemieślnikowi (*w stosunku do rzeczy oddanych do naprawy*)
artistic adj artystyczny
   ~ **copyright** ⟨**property**⟩ własność artystyczna
   ~ **work** dzieło artystyczne (*podlegające ochronie autorskiej*)
as adv conj 1. jak, jako 2. ponieważ, skoro 3. kiedy, gdy
   as advised jak podano, zgodnie z powiadomieniem
   as against odnośnie do, w stosunku do
   as agent only jedynie jako agent
   as amended jak zostało poprawione, zgodnie ze zmianami
   as compared w porównaniu
   as concerns odnośnie do, co do, co się tyczy
   as customary jak zwykle, zgodnie ze zwyczajem
   as far as human care and foresight will go o tyle, o ile

można liczyć na ludzką staranność i zdolność przewidywania
as far as it is known o ile wiadomo
as fast as can (*skr.* **f.a.c.**) tak szybko, jak to jest
możliwe (*klauzula czarterowa w odniesieniu do
sposobu załadunku i wyładunku*)
as for co do, co się tyczy
as indicated jak podano, jak zaznaczono
as an intermediary jako pośrednik
„**as is**" *am.* „tak jak jest", w tym stanie, bez gwarancji
(*w klauzuli*)
as it is rzeczywiście, w rzeczywistości
as long as pod warunkiem, z zastrzeżeniem
as mentioned before jak poprzednio podano
as of right zgodnie z prawem
as ordered zgodnie z zamówieniem, według zamówienia
as per (order enclosed) stosownie do (załączonego
zamówienia)
as presented tak jak przedstawiono (*w odniesieniu do
czarteru*)
as regards (terms of payment) co się tyczy ⟨co do⟩
(warunków płatności)
as requested ⟨**required**⟩ zgodnie z życzeniem, jak
zażądano
as a rule z zasady, zazwyczaj, zwykle
„**as they are**" „tak jak jest", bez żadnej gwarancji co
do jakości i stanu (*towaru*)
„**as they lie**" „tak jak są" (*odnośnie do sprzedaży
statku bez odpowiedzialności za ukryte wady*)
as though ⟨**if**⟩ jak gdyby
as to co do, co się tyczy
as yet na razie, jak na razie, dotychczas
to act as ... działać ⟨występować⟩ jako ...
ascend *v* **1.** iść w górę, podnosić się **2.** wstępować
  to ~ **the throne** wstąpić na tron
ascendance, ascendancy *s* przewaga, wpływ
  to gain ~ **over sb** uzyskać nad kimś przewagę
  to rise to ~ dojść do władzy
ascendants *spl* przodkowie
ascent *s* przejście (*majątku spadkowego*) na wstępnego
spadkodawcy
ascertain *v* **1.** stwierdzać, upewniać się **2.** ustalać,
określać
  to ~ **the cost** ustalać koszty
  to ~ **a fact** stwierdzić fakt
  to ~ **a price** ustalać cenę
ascertainable *adj* dający się ustalić, do ustalenia
ascertained *adj:* ~ **damages** ustalone szkody ⟨straty⟩
  ~ **goods** towar zindywidualizowany
ascertainment *s* ustalenie, stwierdzenie, upewnienie
się, sprawdzenie
  ~ **of the facts** ustalenie faktów
  ~ **of quality** ustalenie ⟨sprawdzenie⟩ jakości
ascribable *adj* dający się przypisać
ascribe *v* przypisywać
  to ~ **the blame for sth to sb** przypisywać komuś winę
za coś
ascription *s* przypisywanie (**of sth to sb** czegoś
komuś)
asexualization *s* sterylizacja, kastracja
ashore *adv* **1.** na brzegu, na lądzie **2.** na brzeg, na ląd
  ~ **or afloat** na lądzie lub na morzu
  to go ~ zejść na ląd ⟨brzeg⟩
  to run ~ wpaść na mieliznę

to set passengers ~ wysadzić pasażerów na ląd
aside *adv* **1.** na bok, na stronę **2.** na boku, na stronie, na
osobności
  to put ⟨**set**⟩ ~ odłożyć na bok
  to set an objection ~ odrzucić zarzut
  to set a will ~ unieważnić testament
ask *v* **1.** pytać (się) **2.** prosić **3.** informować się **4.**
zapraszać **5.** wymagać, żądać
  to ~ **about sth** pytać ⟨dowiadywać się⟩ o coś
  to ~ **after sb** dopytywać się o kogoś
  to ~ **the banns** ogłaszać zapowiedzi
  to ~ **sb's favour** prosić kogoś o przysługę
  to ~ **for advice** ⟨**for help**⟩ prosić o radę ⟨o pomoc⟩
  to ~ **for information** ⟨**instructions**⟩ prosić o informację ⟨instrukcje⟩
  to ~ **a high** ⟨**low**⟩ **price for sth** żądać wysokiej ⟨niskiej⟩
ceny za coś
  to ~ **sb questions** zadawać komuś pytania
  to ~ **sb's name** pytać o czyjeś nazwisko
  to ~ **sb's opinion** pytać kogoś o zdanie
  to ~ **sb's pardon** przepraszać kogoś
  to ~ **sb's permission** prosić kogoś o pozwolenie
  to ~ **sth** ⟨**for sth**⟩ **back** prosić o zwrot czegoś
asked *pp adj:* ~ **and bid** żądane i zaoferowane (*odnośnie
do kursów giełdowych*)
article ~ **for** poszukiwany artykuł
price ~ **for** żądana cena
asocial *adj* aspołeczny
aspect *s* aspekt, przejaw
  to consider sth in all its ~ **s** rozważyć coś pod każdym
względem
asperse *v* obmawiać, oczerniać, zniesławiać
  to ~ **sb's honour** naruszać czyjąś cześć
aspersion *s* obmowa, oszczerstwo, potwarz, pomówienie
  to cast ~ **s on** ⟨**upon**⟩ **an innocent man** rzucać oszczerstwa na niewinnego człowieka
aspirant[1] *s* aspirant, kandydat
aspirant[2] *adj* starający ⟨ubiegający⟩ się (**after** ⟨**for**⟩ **sth** o
coś)
aspiration *s* aspiracja, pragnienie, dążenie (**after** ⟨**for**⟩
sth do czegoś)
aspire *v* aspirować, dążyć (**to** ⟨**after, at**⟩ **sth** do czegoś)
asportation *s* przeniesienie cudzej rzeczy z jednego
miejsca na inne (*istotny warunek ustalenia przestępstwa kradzieży*)
assail *v* **1.** napadać, rzucać się (**sb, sth** na kogoś, coś) **2.**
zaatakować **3** zasypywać (*np. pytaniami*) **4.** zabierać
się z zapałem (**to** do czegoś)
assailant *s* napastnik
assassin, assassinator *s* morderca, skrytobójca, zama-
chowiec
assassinate *v* zamordować, dokonać zamachu (**sb** na
kogoś)
assassination *s* mord, morderstwo, skrytobójstwo,
zamach
  ~ **plot** spisek mający na celu zabójstwo
  ~ **trial** proces o zabójstwo
assault[1] *s* **1.** napaść z zamiarem pobicia **2.** zgwałcenie
  ~ **and battery** czynna napaść, napad i pobicie
  ~ **in concert** napad grupowy
  ~ **with intent to commit manslaughter** ⟨**murder**⟩
napaść z zamiarem zabójstwa
  ~ **with intent to commit rape** ⟨**robbery**⟩ napaść z
zamiarem dokonania gwałtu ⟨rabunku⟩

aggravated ⟨felonious⟩ ~ napad z bronią w ręku
criminal ⟨indecent⟩ ~ zgwałcenie, usiłowanie zgwałcenia
simple ~ zwykła napaść
unprovoked ~ nie sprowokowana napaść
to make ⟨commit⟩ **an** ~ dokonać napaści ⟨napadu⟩ (**on sb** na kogoś)
assault² v **1.** zaatakować, dokonać napaści, pobić **2.** szturmować
assay¹ s **1.** próba (*metalu*) **2.** próba chemiczna **3.** probierstwo **4.** analiza
  ~ **certificate** świadectwo próby
  ~ **mark** znak próby (*na kruszcu*)
  ~ **office** urząd probierczy (*miar i wag*)
assay² v **1.** próbować, badać **2.** sprawdzać miary **3.** oznaczać próby metali szlachetnych
assayer, assay master s **1.** kontroler urzędu probierczego **2.** osoba dokonująca analizy
assemblage s **1.** zgromadzenie, zebranie **2.** zbiorowisko, zbiór **3.** złożenie, montaż
assemble v **1.** zbierać, gromadzić **2.** składać, montować
assembly s **1.** zebranie, zgromadzenie **2.** montowanie, montaż
  ~ **center** *am.* obóz dla (osób) internowanych
  ~ **department** wydział montażowy ⟨montażu⟩
  ~ **line** ⟨belt⟩ taśma montażowa
  ~ **of equipment** montaż wyposażenia
  ~ **shop** ⟨room⟩ montażownia
  constituent ~ zgromadzenie ustawodawcze, konstytuanta
  consultative ~ zebranie doradcze
  general ~ zgromadzenie ogólne
  legislative ~ zgromadzenie ustawodawcze
  national ~ zgromadzenie narodowe
  open ~ zebranie otwarte
  right of ~ prawo zgromadzeń
  secret ~ tajne zgromadzenie
  unlawful ~ zbiegowisko
assemblyman s *am.* członek ciała ustawodawczego
assent¹ s **1.** zgoda, zatwierdzenie **2.** usankcjonowanie
  ~ **of executor** zgoda wykonawcy (*testamentu*)
  absence of ~ brak zgody
  by common ⟨universal⟩ ~ za wspólną zgodą
  express ~ wyraźna zgoda ⟨aprobata⟩
  implied ~ domniemana zgoda
  mutual ~ obopólna zgoda, wzajemna zgoda
  the Royal ~ *bryt.* sankcja królewska
  verbal ~ ustna zgoda
  with one ~ jednomyślnie, jednogłośnie
assent² v **1.** wyrażać zgodę **2.** dawać sankcję (**to sth** na coś) **3.** uznawać **4.** akceptować (**to sth** coś)
  to ~ **to a proposal** przyjąć propozycję
assenter, assentor s *bryt.* wyborca popierający kandydata do parlamentu (*przez złożenie podpisu na jego nominacji*)
assert v **1.** zapewniać (**sth** o czymś) **2.** dowodzić (**sth** czegoś) **3.** twierdzić stanowczo, utrzymywać **4.** domagać się ⟨dochodzić⟩ (czegoś)
  to ~ **one's claims** ⟨rights⟩ dochodzić swych roszczeń ⟨praw⟩
assertion s **1.** stanowcze twierdzenie **2.** obrona swego prawa **3.** obstawanie przy swoim prawie
  ~ **of a fact** stwierdzenie faktu
  solemn ~ uroczyste zapewnienie
  to make an ~ twierdzić

assertive adj twierdzący, stanowczy, asertoryczny
assertor s bojownik, obrońca, rzecznik
assertory adj twierdzący, stwierdzający
  ~ **covenant** pisemne stwierdzenie prawdziwości pewnych faktów
  ~ **oath** stwierdzenie pod przysięgą prawdziwości pewnych faktów
assess v **1.** taksować, szacować **2.** ustalać, wymierzać (*podatek*) **3.** nałożyć grzywnę **4.** dokonywać repartycji
  to ~ **the costs** ustalić koszty
  to ~ **the damages** ustalić szkody
  to ~ **the expenses** podzielić ⟨rozdzielić⟩ wydatki
  to ~ **a fine** nałożyć grzywnę
  to ~ **a person in damages of** ... ustalić udział osoby w pokryciu szkody na ...
  to ~ **a property** oszacować własność
  to ~ **a tax** wymierzyć podatek
assessable adj podlegający (*np. opodatkowaniu, ocleniu, dopłacie*)
  ~ **income** dochód podlegający opodatkowaniu
  ~ **insurance** ubezpieczenie podlegające dopłacie (*w przypadku niespodziewanie wysokich strat*)
  ~ **policy** polisa ubezpieczeniowa uprawniająca do dopłaty
assessed adj **1.** opodatkowany **2.** (*o podatku*) nałożony, wymierzony
  ~ **income** opodatkowany dochód
  ~ **property** opodatkowany majątek, opodatkowana własność
  ~ **taxes** podatki bezpośrednie
  ~ **value** ⟨valuation⟩ oszacowana własność (*dla celów podatkowych*)
  ~ **wealth** opodatkowany majątek
assessment s **1.** oszacowanie **2.** opodatkowanie **3.** wyznaczenie **4.** kwota należności
  ~ **area** ⟨district⟩ okręg ⟨rejon⟩ podatkowy
  ~ **basis** podstawa opodatkowania
  ~ **book** rejestr podatkowy
  ~ **commission** ⟨committee⟩ komisja szacunkowa (*podatkowa*)
  ~ **insurance** forma wzajemnego ubezpieczenia (*przy której pokrycie straty rozdziela się na ubezpieczonych celem wypłaty poszkodowanemu*)
  ~ **of damages** oszacowanie szkód
  ~ **of duty** wyznaczenie cła
  ~ **of pension** wyznaczenie renty
  ~ **of taxes** wymierzanie podatków
  ~ **on landed property** opodatkowanie nieruchomości
  ~ **period** okres podatkowy
  ~ **roll** ⟨list⟩ rejestr podatkowy
  additional ⟨supplementary⟩ ~ dodatkowe opodatkowanie
  discretionary ~ urzędowy szacunek dla celów podatkowych
  rate of ~ stawka podatkowa
assessor s **1.** taksator **2.** urzędnik podatkowy **3.** *bryt.* ekspert (*doradca sędziego*)
  legal ~ ekspert w kwestiach prawnych
  mercantile ⟨nautical⟩ ~ ekspert w sprawach handlu ⟨żeglugi⟩
asset s **1.** rzecz wartościowa **2.** zaleta, atut, plus **3.** artykuł, paragraf, pozycja (*ustawy*)
  ~ **formation** tworzenie kapitału ⟨aktywów⟩
assets spl **1.** aktywa, majątek **2.** stan posiadania

~ **account** rachunek aktywów ⟨środków własnych⟩
~ **and liabilities** aktywa i pasywa
~ **brought in** udziały ⟨wkłady⟩ kapitałowe
~ **by ⟨per⟩ descent** część spadku przypadająca spadkobiercy, która wystarcza na pokrycie uprzywilejowanych długów spadkodawcy
~ **in kind** udziały ⟨wkłady⟩ rzeczowe
~ **in money** udziały, wkłady pieniężne
~ **of the company** majątek spółki
~ **turnover** rotacja kapitału
~ **valuation** oszacowanie aktywów
~ **value** wartość aktywów
active ~ środki obrotowe
available ~ aktywa rozporządzalne
business ~ aktywa handlowe
capital ~ środki trwałe
cash ~ gotówka, aktywa gotówkowe
circulating ⟨floating⟩ ~ środki obrotowe, majątek ruchomy
concealed ⟨hidden⟩ ~ aktywa ukryte
current ~ aktywa bieżące ⟨łatwe do upłynnienia⟩
dead ~ zamrożone środki, martwy kapitał
doubtful ~ wątpliwe aktywa
external ⟨foreign⟩ ~ majątek za granicą
fictitious ~ aktywa fikcyjne
financial ~ aktywa finansowe
fixed ⟨permanent⟩ ~ środki trwałe
fluid ~ aktywa łatwe do upłynnienia
frozen ~ zamrożone aktywa
government ~ **abroad** państwowe aktywa za granicą
intangible ~ aktywa niematerialne
liquid ~ aktywa płynne ⟨łatwe do upłynnienia⟩
long-term ~ aktywa trudne do upłynnienia ⟨do upłynnienia w dalekim terminie⟩
net ~ aktywa czyste
new ~ nowo nabyte aktywa
personal ~ majątek ruchomy osobisty
physical ~ majątek osobisty
principal ~ **and liabilities** podstawowe pozycje bilansu, aktywa i pasywa bilansu
quick ~ aktywa łatwe do upłynnienia
ready ~ majątek rozporządzalny
real ~ majątek nieruchomy
risk ⟨slow⟩ ~ aktywa trudne do upłynnienia
short-term ~ aktywa łatwe do upłynnienia ⟨do upłynnienia w krótkim terminie⟩
surplus ~ nadwyżka kapitałowa
tangible ~ aktywa materialne
total ~ suma ⟨ogólna wartość⟩ bilansu
trading ⟨working⟩ ~ kapitał obrotowy
unmarketable ~ aktywa nie do upłynnienia
used ~ dobra użytkowe
asseveration s uroczyste zapewnienie (*zamiast przysięgi*)
assign v 1. wyznaczać, przydzielać 2. przekazywać, cedować 3. asygnować 4. ustanawiać 5. przeznaczać 6. ustalać (*czas, miejsce*)
to ~ **a counsel** ustanowić adwokata
to ~ **the date** wyznaczyć datę
to ~ **a day for trial** wyznaczyć dzień rozprawy
to ~ **a limit** wyznaczyć limit ⟨granicę⟩
to ~ **a patent to sb** przenieść patent na kogoś
to ~ **a right to sb** przenieść na kogoś prawa
to ~ **shares to sb** cedować akcje na kogoś
to ~ **a sum** wyasygnować kwotę ⟨sumę⟩

assignable *adj* przenośny, dający się przenieść, nadający się do odstąpienia
~ **right** prawo dające się przenieść
assignation s 1. wyznaczenie, wydzielenie 2. przeniesienie własności 3. umówione spotkanie
~ **house** dom schadzek
~ **of shares ⟨a patent⟩** przeniesienie własności akcji ⟨patentu⟩
deed of ~ akt przeniesienia
assignee s 1. zarządca, pełnomocnik 2. beneficjent 3. cesjonariusz
~ **in bankruptcy** zarządca masy upadłościowej
~ **in law** zarządca (ustanowiony) z urzędu
~ **of a debt** nabywca długu
assignment s 1. wyznaczenie, przydzielenie 2. przeniesienie własności, cesja, przelew 3. umówione spotkanie 4. wyznaczone zadanie
~ **agreement** umowa cesji
~ **clause** klauzula polisy ubezpieczenia morskiego zezwalająca na cesję (*odstąpienie praw*)
~ **for the benefit of creditors** cesja majątku dłużnika na rzecz wierzycieli
~ **in bankruptcy** przekazanie majątku dłużnika syndykowi masy upadłości
~ **in blank** cesja in blanco
~ **of a claim** cesja roszczenia
~ **of copyright** cesja praw autorskich
~ **of a debt** przelew długu
~ **of dower** oddzielenie posagu wdowy od majątku zmarłego
~ **of errors** wskazanie błędów w zaskarżonym orzeczeniu
~ **of funds** przydzielenie funduszy
~ **of a patent** cesja patentu
~ **of rights** cesja ⟨przelew⟩ praw
~ **of sb to a post** wyznaczenie kogoś na stanowisko
absolute ~ cesja bezwarunkowa
declaration of ~ oświadczenie o cesji
deed ⟨instrument⟩ of ~ akt ⟨dokument⟩ cesji
foreign ~ cesja zagraniczna
general ~ cesja generalna
notice of ~ zawiadomienie o cesji
partial ~ cesja częściowa
preferential ~ cesja uprzywilejowana
voluntary ~ dobrowolna cesja
assignor s cedent dokonujący przelewu ⟨cesji⟩
assimilate v asymilować (się)
assise s = assize
assist v 1. pomagać (**sb** komuś), wspierać 2. być obecnym (**at sth** przy czymś), brać udział (**in sth w** czymś)
to ~ **sb with money** pomagać komuś finansowo
assistance s pomoc, wsparcie
~ **of counsel** *am.* obowiązkowy udział ⟨obowiązkowa pomoc⟩ obrońcy
economic ~ pomoc gospodarcza
emergency ~ pomoc w nagłych wypadkach
financial ~ pomoc finansowa
help and ~ pomoc i poparcie
judicial ~ pomoc prawna
maritime ~ pomoc na morzu, ratownictwo morskie
military ~ pomoc wojskowa
mutual ~ wzajemna pomoc
public ⟨social⟩ ~ pomoc ⟨opieka⟩ społeczna

technical ~ pomoc techniczna
with the ~ **of sb** z czyjąś pomocą
with the ~ **of sth** za pomocą czegoś
writ of ~ postanowienie sądu uprawniające osobę, która uzyskała tytuł do nieruchomości, do objęcia jej w posiadanie
to afford ~ zapewnić pomoc
to be of ~ **to sb** być pomocnym komuś
to give ⟨lend, render⟩ ~ udzielić pomocy
assistant s pomocnik, zastępca, asystent
~ **accountant** pomocnik ⟨zastępca⟩ księgowego
~ **cashier** pomocnik kasjera
~ **judge** sędzia dodatkowy ⟨zapasowy⟩
~ **manager** wicedyrektor
~ **professor** docent
Assistant Secretary of State *am.* zastępca sekretarza stanu
shop ~ sprzedawca sklepowy, ekspedient
assisted *adj*: ~ **person** osoba, której udzielono pomocy
assize s **1.** ława przysięgłych **2.** *hist.* sesja sądowa w sprawach o nieruchomości **3.** wyrok, postanowienie
assizes *spl* periodyczne sesje sądowe (*wyjazdowe*)
court of ~ sąd na sesji wyjazdowej
local ~ sesja sądowa na miejscu (*lokalna*)
associate[1] *v* **1.** łączyć się, stowarzyszać się, przyłączać się **2.** kojarzyć, wiązać **3.** współdziałać
associate[2] *adj* **1.** zjednoczony, związany **2.** współdziałający
~ **company** towarzystwo afiliowane ⟨członkowskie⟩
~ **director** wicedyrektor, zastępca dyrektora
~ **judge** asesor
~ **member** członek korespondent
~ **professor** *am.* profesor nadzwyczajny
~ **property** mienie stowarzyszenia
as ~ jako współpracownik
associate[3] s **1.** współpracownik **2.** wspólnik, partner **3.** współdziałający
~ **in crime** współsprawca zbrodni
~ **in guilt** współwinny
~ **in office** osoby łącznie wydające decyzję ⟨orzeczenie⟩
Associate Justice of the United States Supreme Court *am.* członek Sądu Najwyższego
associated *adj*: ~ **bank** bank filialny
~ **banks** *am.* zjednoczenie banków
~ **company** spółka filialna
associates *spl* urzędnicy sądowi
association s **1.** stowarzyszenie, związek, zjednoczenie, konsorcjum **2.** skojarzenie, połączenie
~ **agreement** umowa stowarzyszenia
~ **of capital** spółka kapitałowa
~ **of co-operative societies** związek spółdzielni
~ **of enterprises** zjednoczenie przedsiębiorstw
~ **of persons** spółka osobowa (*prawa cywilnego*)
~ **of shareholders** stowarzyszenie akcjonariuszy
articles of ~ przepisy wewnętrzne ⟨statut⟩ stowarzyszenia
corporate ~ stowarzyszenie posiadające osobowość prawną
credit ~ towarzystwo kredytowe
deed ⟨memorandum⟩ of ~ *a)* akt utworzenia spółki *b)* umowa ⟨statut⟩ stowarzyszenia
employers' ~ zrzeszenie pracodawców

freedom of ~ wolność zrzeszania się ⟨stowarzyszeń⟩
labour ~ związek pracowników
member of ~ członek stowarzyszenia
non-profit ~ stowarzyszenie o celach niezarobkowych
producers' ~ stowarzyszenie ⟨zrzeszenie⟩ producentów
registered ~ stowarzyszenie zarejestrowane
trade ~ zrzeszenie zawodowe, związek zawodowy
to form an ~ utworzyć stowarzyszenie
assort *v* **1.** dobierać **2.** segregować, klasyfikować **3.** zaopatrywać
to ~ **a shop** zaopatrywać sklep w odpowiedni asortyment towarów
assorted *adj* **1.** posortowany **2.** dobrany **3.** mieszany
~ **cargo** posortowany ładunek
ill ⟨well⟩ ~ **stock** źle ⟨dobrze⟩ dobrany asortyment towarów
assortment s **1.** asortyment, wybór, zestaw **2.** sortowanie, dobieranie
~ **of goods** zestaw ⟨wybór⟩ towarów
~ **of patterns** zestaw wzorów ⟨próbek⟩
complete ⟨rich, usual⟩ ~ pełny ⟨bogaty, zwykły⟩ asortyment
assumable *adj* przypuszczalny
~ **responsibility** przypuszczalna odpowiedzialność
assume *v* **1.** przyjmować, przejmować (*odpowiedzialność, ryzyko itp.*) **2.** przypuszczać, zakładać **3.** obejmować w posiadanie, zagarniać **4.** udawać, przybierać pozory (**sth** czegoś)
to ~ **all risks** przyjmować całe ryzyko
to ~ **the charge of a business** przejąć prowadzenie sprawy
to ~ **a debt** przejąć dług
to ~ **the defence** przejąć obronę
to ~ **a duty** przejąć obowiązek
to ~ **a liability ⟨an obligation⟩** przyjąć na siebie odpowiedzialność ⟨zobowiązanie⟩
to ~ **a name** przybrać nazwisko
to ~ **a new form** przybrać nową formę
to ~ **an obligation** przyjąć zobowiązanie
to ~ **ownership** przejąć własność
to ~ **(the) power** przejąć ⟨zagarnąć⟩ władzę
to ~ **the responsibility** przyjąć odpowiedzialność
to ~ **a succession** przyjąć spadek
assumed *adj* **1.** przybrany **2.** fikcyjny
~ **value** fikcyjna wartość
under an ~ **name** pod fałszywym ⟨przybranym⟩ nazwiskiem
assumpsit s *łac.* **1.** przyrzeczenie dokonania czegoś **2.** akcja mająca na celu uzyskanie odszkodowania
express ⟨special⟩ ~ skarga o odszkodowanie oparta na wyraźnym przyrzeczeniu
general ⟨common, indebitatus⟩ ~ skarga o odszkodowanie oparta na domniemanym przyrzeczeniu
assumption s **1.** założenie, przypuszczenie **2.** przyjęcie na siebie (*np. obowiązku*) **3.** przywłaszczenie sobie, uzurpowanie **4.** zagarnięcie, objęcie (*np. władzy*)
~ **of risk rule** przyjęcie zasady odpowiedzialności z tytułu ryzyka (*w przypadku dochodzenia przez robotnika odszkodowania za wypadek przy pracy*)
on ⟨under⟩ the ~ **that** zakładając ⟨przyjmując⟩, że...
assumptive *adj* przypuszczalny, hipotetyczny
assurable *adj* podlegający ubezpieczeniu

assurance s 1. pewność, upewnienie się 2. zapewnienie (of sth o czymś) 3. ubezpieczenie (*na życie*)
~ **company** ⟨**society**⟩ towarzystwo ubezpieczeniowe
~ **policy** polisa ubezpieczeniowa
endowment ⟨**life**⟩ ~ ubezpieczenie na dożywocie ⟨na życie⟩
assure v 1. zapewniać, upewniać 2. ubezpieczać
to ~ **one's life** ubezpieczyć się na życie
assured[1] *pp adj* pewny, zapewniony
~ **profit** pewny zysk
~ **sale** zapewniony zbyt
rest ~ **that...** bądź pewny, że...
assured[2] *s*: **the** ~ ubezpieczony, korzystający z ubezpieczenia
assurer s ubezpieczyciel
astipulation s 1. wzajemne porozumienie stron 2. świadectwo, zapis
asylum s 1. schronisko, przytułek 2. azyl, schronienie
lunatic ~ zakład dla umysłowo chorych
request for political ~ prośba o azyl polityczny
right of ~ prawo azylu
to afford ⟨**give, grant**⟩ ~ udzielić azylu
to ask for ~ prosić o azyl
at *praep* przy, w, na
at and from klauzula ubezpieczenia morskiego stwierdzająca, że ubezpieczenie zaczyna obowiązywać z chwilą przybycia statku do portu, z którego rozpocznie podróż
at any time prior to nie później niż
at arm's length na długość ramienia (*w transakcjach handlowych oznacza to, że każda ze stron działa samodzielnie i nie podlega wpływom ani kontroli drugiej strony*)
at bar (*o sprawie*) w sądzie
at call na wezwanie
at chamber(s) na posiedzeniu niejawnym
at the court w sądzie
at a discount poniżej parytetu, niżej wartości nominalnej
at the end of the will (*o podpisie*) na końcu testamentu
at favourable prices po dogodnych cenach
at the invitation of... na zaproszenie... (*czyjeś*)
at issue sporny, podlegający rozpoznaniu sądowemu
at large (*o przestępcy*) na wolności, poza kontrolą
at law zgodnie z prawem
at least przynajmniej, co najmniej (*w odniesieniu do kwoty ubezpieczenia*)
at the ministers' level na szczeblu ministrów
at once natychmiast, od razu, jak najszybciej
at par według wartości nominalnej
at peace w pokoju
at pleasure według uznania
at a price po cenie
at random (*pobierać próbki, kontrolować*) wyrywkowo
at a reasonable time zawczasu
at sb's death z chwilą czyjejś śmierci
at sb's risk na czyjeś ryzyko
at sea na morzu
at sight za okazaniem
at top ⟨**a summit**⟩ **level** na szczycie
at variance w niezgodności, w sprzeczności
at war w stanie wojny
at will a) według uznania b) bezspornie

at work przy pracy
atheist s ateista, niewierzący
Atlantic *adj* atlantycki
~ **Charter** Karta Atlantycka (*z 1941 roku*)
~ **Pact** Pakt Atlantycki
~ **Standard Time** *am.* czas urzędowy wschodniego wybrzeża USA
atmosphere s atmosfera
~ **of tension** atmosfera napięcia, napięta atmosfera
~ **of trust and mutual understanding** atmosfera zaufania i wzajemnego zrozumienia
atom s atom
~ **bomb** bomba atomowa
atomic *adj* atomowy
~ **blackmail** szantaż atomowy
~ **bomb** bomba atomowa
~ **energy** energia atomowa
~ **powers** mocarstwa atomowe
~ **war** wojna atomowa
~ **weapon** broń atomowa
atrocious *adj* okrutny, skandaliczny, potworny
~ **act** okrutny czyn
~ **crime** okrutna zbrodnia
atrocities *spl* okrucieństwa, nieludzkie czyny
attach v 1. przywiązywać, przykładać 2. być związanym, łączyć się (**to sth** z czymś) 3. zająć (własność)
to ~ **documents** dołączyć dokumenty
to ~ **importance** przywiązywać wagę ⟨znaczenie⟩
to ~ **seal** a) opatrzyć pieczęcią b) przyłożyć ⟨przyczepić⟩ pieczęć
to ~ **sth by order of the court** zaaresztować ⟨zająć⟩ coś zgodnie z nakazem sądowym
attaché s attaché
air ~ attaché lotniczy
commercial ~ attaché handlowy
cultural ~ attaché kulturalny
military ~ attaché wojskowy
naval ~ attaché morski
press ~ attaché prasowy
attached *adj* 1. przywiązany, dołączony 2. zatrudniony czasowo, przydzielony 3. odkomenderowany
~ **documents** ⟨**specifications**⟩ załączone dokumenty ⟨specyfikacje⟩
~ **herewith** załączone przy niniejszym
attachment s 1. przywiązanie, przymocowanie 2. dodatek, załącznik, uzupełnienie 3. zajęcie (*majątku*) 4. zatrzymanie, aresztowanie 5. wejście w życie
~ **and assignment** zajęcie i przekazanie
~ **execution** zajęcie ruchomości lub wierzytelności dłużnika znajdującej się u osoby trzeciej
~ **of insurance** wejście w życie ubezpieczenia
~ **of risk** przejęcie ⟨moment przejęcia⟩ ryzyka
~ **proceeding** procedura zajęcia
foreign ~ zajęcie mienia obcokrajowca
goods under ~ towary pod zajęciem
order of ~ nakaz zajęcia
subject to ~ podlegający zajęciu
writ of ~ nakaz zatrzymania osoby ⟨zajęcia własności⟩
to issue an ~ wydać nakaz zajęcia
to levy an ~ **on sth** zająć coś, dokonać zajęcia czegoś
attack[1] s 1. atak, napad 2. uderzenie, natarcie
~ **on sb's honour** obraza czci ⟨honoru⟩, nastawanie na czyjąś cześć
to launch an ~ rozpocząć ⟨przypuścić⟩ atak

to make an ~ **on** ⟨**upon**⟩ **sb** zaatakować kogoś
attack² v **1.** atakować, napadać (**sb** na kogoś) **2.** ostro kwestionować
to ~ **a judgment** zaatakować ⟨zaskarżyć⟩ orzeczenie ⟨wyrok⟩
attain v osiągać, zdobywać, uzyskiwać
  to ~ **the age of...** osiągnąć wiek...
  to ~ **one's aim** ⟨**end, objective**⟩ osiągnąć cel
  to ~ **knowledge** zdobywać wiedzę
  to ~ **a position** uzyskać posadę, osiągnąć stanowisko
  to ~ **power** dojść do władzy
  to ~ **a price** osiągnąć ⟨uzyskać⟩ cenę
  to ~ **years of discretion** osiągnąć wiek rozeznania
attainder s hist. utrata praw i konfiskata mienia (*w związku ze skazaniem na karę śmierci*)
  act ⟨**bill**⟩ **of** ~ akt ⟨dekret⟩ konfiskaty i utraty praw
attainment s osiągnięcie, zdobycie
  ~ **of majority** osiągnięcie pełnoletności
  ~ **of the truth** osiągnięcie ⟨wykrycie⟩ prawdy
  easy ⟨**difficult**⟩ **of** ~ a) łatwy ⟨trudny⟩ do osiągnięcia b) łatwo ⟨trudno⟩ dostępny
  impossible of ~ niemożliwy do osiągnięcia, nieosiągalny
attainments spl talenty, uzdolnienia, wiedza
  legal ~ wiedza prawnicza
  standard of ~ poziom wiedzy
attaint v skazywać na konfiskatę mienia i utratę praw
attempt¹ s **1.** próba, usiłowanie **2.** zamach
  ~ **at conciliation** ⟨**reconciliation**⟩ próba pojednania
  ~ **at deception** usiłowanie wprowadzenia w błąd
  ~ **at escaping** próba ucieczki
  ~ **at interference** próba interwencji
  ~ **at intimidation** próba zastraszenia
  ~ **at violence** próba gwałtu ⟨przemocy⟩
  ~ **to commit a crime** ⟨**an offence**⟩ usiłowanie ⟨próba⟩ popełnienia przestępstwa
  ~ **to offer a bribe** próba przekupienia
  ~ **to offer resistance** próba oporu, usiłowanie stawienia oporu
  ~ **to procure abortion** usiłowanie ⟨próba⟩ spędzenia płodu
  ~ **to reach a settlement** próba osiągnięcia porozumienia
  punishable ~ usiłowanie karalne
  qualified ~ usiłowanie kwalifikowane
  rough ⟨**inapt**⟩ ~ nieudolne usiłowanie
  to make an ~ a) usiłować b) dokonać zamachu
attempt² v próbować, usiłować
  to ~ **sb's life** dokonać zamachu na kogoś
attempted adj: ~ **blackmail** usiłowanie szantażu ⟨wymuszenia⟩
  ~ **bribery** usiłowanie przekupstwa
  ~ **crime** ⟨**offence**⟩ usiłowanie popełnienia przestępstwa
  ~ **fraud** usiłowanie dokonania oszustwa
  ~ **high treason** próba zdrady stanu
  ~ **murder** usiłowanie zabójstwa
  ~ **subrogation of perjury** usiłowanie nakłonienia do fałszywych zeznań
  ~ **suicide** usiłowanie samobójstwa
  ~ **theft** usiłowanie kradzieży
attend v **1.** towarzyszyć (**sb, sth** komuś, czemuś) **2.** służyć (**sb** komuś), obsługiwać ((**to**) **sb** kogoś) **3.** uczęszczać. być obecnym **4.** zajmować się (**to sb, sth** kimś, czymś) **5.** pielęgnować (**to sb** kogoś)

to ~ **a hearing** ⟨**trial**⟩ być obecnym na przesłuchaniu ⟨procesie⟩
to ~ **a meeting** być obecnym na zebraniu
to ~ **to one's business** zajmować się własnymi sprawami
to ~ **to a customer** obsługiwać klienta
to ~ **to formalities** przestrzegać ⟨dopełniać⟩ formalności, postępować zgodnie z wymogami formalnymi
to ~ **to a matter** zajmować się sprawą, pilnować sprawy
to ~ **to an order** wykonywać zamówienie
attendance s **1.** obsługa, opieka **2.** frekwencja, obecność, uczęszczanie **3.** publiczność, audytorium
  ~ **book** ⟨**list, register, sheet**⟩ książka ⟨lista⟩ obecności
  ~ **card** karta uczestnictwa
Attendance Centre bryt. Ośrodek Uczęszczania (*istniejący od 1950 r. ośrodek dla osób od 12 do 21 lat uznanych za winnych przestępstwa karanego więzieniem, pozostawionych przez sąd na wolności pod warunkiem uczęszczania na odbywające się tam ćwiczenia fizyczne i wykłady*)
  ~ **fee** a) opłata za uczestnictwo (*np. w zjeździe*) b) wynagrodzenie za dozór
  „~ **included**" „łącznie z obsługą"
  hours of ~ godziny urzędowania
  the physician in ~ lekarz dyżurny
  to be in ~ a) obsługiwać b) być obecnym (**at sth** na czymś)
attendant¹ adj: ~ **circumstances** okoliczności towarzyszące
attendant² s **1.** uczestnik **2.** osoba obsługująca ⟨dozorująca⟩
attention s **1.** uwaga **2.** starania, opieka, troska, dbałość
  „~ **of Mr X**" „do rąk pana X"(*w korespondencji*)
  may I have your ~ czy mogę prosić o uwagę (*przy komunikatach*)
  medical ~ opieka lekarska
  to attract ~ przyciągać uwagę
  to bring to ~ a) zwrócić czyjąś uwagę b) przedstawić
  to call ⟨**draw**⟩ **sb's** ~ **to sth** zwrócić czyjąś uwagę na coś
  to pay ~ **to sth** uważać ⟨zwracać uwagę⟩ na coś
attentive adj **1.** uważny, gorliwy **2.** dbały (**to sb, sth** o kogoś, coś)
attenuate v **1.** osłabiać, pomniejszać **2.** łagodzić, ulżyć **3.** rozrzedzać, rozcieńczać
attenuating adj: ~ **circumstances** okoliczności łagodzące
attenuation s **1.** pomniejszenie **2.** złagodzenie **3.** rozcieńczenie, rozrzedzenie
  ~ **charge** opłata akcyzowa od napojów alkoholowych (*zależna od ich mocy*)
attest v **1.** zaświadczać, poświadczać **2.** legalizować **3.** zaprzysięgać (**sb** kogoś) **4.** świadczyć (**to sth** o czymś)
  to ~ **a signature** legalizować ⟨poświadczyć⟩ podpis
  to ~ **sth under oath** zaświadczyć coś pod przysięgą
attestant s osoba poświadczająca
attestation s **1.** zaświadczenie, poświadczenie, świadectwo (*czegoś*) **2.** zeznanie pod przysięgą **3.** podpis pod dokumentem stwierdzającym obecność

~ **as witness** zeznanie świadka
~ **clause** klauzula atestacyjna (*stwierdzająca sporzą-dzenie dokumentu wobec świadków*)
~ **of a signature** poświadczenie ⟨uwierzytelnienie⟩ podpisu
~ **under oath** zeznanie pod przysięgą
attested *adj:* ~ **copy** poświadczona kopia, uwierzytelniony odpis
legally ~ urzędowo poświadczony
attester, attestor *s* osoba obecna przy sporządzaniu aktu lub dokonywaniu określonej czynności
attesting *adj:* ~ **witness** świadek sporządzenia dokumentu
attitude *s* **1.** postawa **2.** nastawienie, ustosunkowanie się **3.** stanowisko (**towards sth** w stosunku do czegoś)
change of ~ zmiana nastawienia
firm ~ zdecydowane nastawienie
friendly ~ przychylne ⟨przyjazne⟩ nastawienie
hostile ~ wrogie nastawienie
uncompromising ~ nieprzejednane stanowisko
to define one's ~ określić ⟨sprecyzować⟩ swoje stanowisko
to take up a waiting ~ zajmować wyczekujące stanowisko
attorn *v* **1.** przenosić **2.** uznawać formalnie nowego właściciela
attorney *s* pełnomocnik, rzecznik, zastępca prawny
~ **at law** adwokat
~ **in fact** pełnomocnik, rzecznik
~ **of record** występujący w sprawie adwokat (*którego nazwisko figuruje w aktach*)
~**'s certificate** dowód opłaty podatku za praktykę adwokacką
by ~ z upoważnienia
letter ⟨**power, warrant**⟩ **of** ~ pełnomocnictwo
patent ~ rzecznik patentowy
private ~ pełnomocnik, osoba posiadająca czyjeś upoważnienie
public ~ adwokat
Attorney-General *s* **1.** *bryt.* prokurator generalny **2.** *am.* minister sprawiedliwości
attorneyship *s* stan prawny ⟨status⟩ pełnomocnika ⟨adwokata⟩
attract *v* **1.** przyciągać **2.** pociągać
to ~ **sb's attention** przyciągać czyjąś uwagę
attractive *adj* atrakcyjny, przyjemny
~ **nuisance doctrine** doktryna o odpowiedzialności właściciela za szkody wyrządzone dzieciom przez znajdujące się na jego gruncie urządzenia stanowiące atrakcję dla dzieci
~ **offer** atrakcyjna oferta
~ **prices** atrakcyjne ceny
attribute[1] *v* przypisywać (**sth to sb** coś komuś)
to ~ **the authorship** przypisywać autorstwo
attribute[2] *s* atrybut, właściwość, cecha
~ **of invention** cecha (decydująca o) wynalazku
attribution *s* przypisywanie (**of sth to sb, sth** czegoś komuś, czemuś); kompetencja, zakres (*władzy*), przynależne prawo
~ **of advantages** przypisywanie korzyści
attrition *s* ścieranie się (*czegoś*)
war of ~ wojna na wyczerpanie ⟨wyniszczenie⟩
auction[1] *s* licytacja, aukcja, przetarg
~ **broker** agent licytacyjny
~ **buyer** nabywca z licytacji, licytant
~ **by order of the court** licytacja sądowa

~ **by tender** zamknięty przetarg pisemny
~ **catalogue** wykaz przedmiotów wystawionych na licytację, katalog aukcyjny
~ **charges** opłaty licytacyjne
~ **contract** kontrakt aukcyjny
~ **day** termin licytacji
~ **mart** ⟨**room**⟩ sala aukcyjna ⟨licytacyjna⟩
~ **on closed bid** przetarg pisemny
~ **sale** sprzedaż z licytacji
~ **without reserve** aukcja bez ograniczania ceny
by ⟨**by way of**⟩ ~ w drodze licytacji, na licytacji
compulsory ⟨**forced**⟩ ~ przymusowa licytacja
customs ~ licytacja towarów pozostawionych na komorze celnej
Dutch ~ licytacja zniżkowa
mock ~ licytacja fikcyjna, zmowa licytacyjna
terms for ~ **sale** warunki aukcyjne
to buy sth at ⟨**in**⟩ ~ kupić coś z licytacji
to hold an ~ przeprowadzać licytację
to put up to ⟨**at**⟩ ~ wystawić na licytację
to sell at ⟨**by way of**⟩ ~ sprzedawać w drodze licytacji
auction[2] *v* sprzedawać na aukcji ⟨na licytacji⟩, licytować
auctioneer[1] *s* aukcjonator, makler licytacyjny, licytator
~**'s commission** ⟨**fees**⟩ prowizja aukcjonatora
the fall of the ~**'s gavel** stuknięcie młotka (*oznaczające nabycie w drodze licytacji*)
auctioneer[2] *v* prowadzić aukcję ⟨licytację⟩
audi alteram partem *łac.* wysłuchaj drugiej strony (*przed wydaniem decyzji*)
audience *s* **1.** audiencja, posłuchanie **2.** audytorium, publiczność
~ **of leave** audiencja pożegnalna ⟨związana z odjazdem⟩
to give ~ posłuchać, wysłuchać
to give ⟨**grant**⟩ **sb an** ~ udzielić komuś audiencji ⟨posłuchania⟩
audiendo et terminando *łac.* wysłuchawszy i rozstrzygnąwszy, po wysłuchaniu i rozstrzygnięciu (*rodzaj skargi o przywrócenie spokoju i ukaranie określonych osób za jego naruszenie*)
audit[1] *s* **1.** rewizja ksiąg **2.** urzędowa kontrola
~ **certificate** protokół rewizji ksiąg
~ **committee** komisja rewizyjna
~ **period** okres objęty kontrolą
~ **report** sprawozdanie z kontroli
external ⟨**internal**⟩ ~ kontrola zewnętrzna ⟨wewnętrzna⟩
audit[2] *v* **1.** kontrolować **2.** badać urzędowo **3.** sprawdzać (*rachunki, księgi itp.*)
to ~ **the accounts** ⟨**books**⟩ rewidować rachunki ⟨księgi⟩
audita querela *łac. hist.* postanowienie sądu o wznowieniu postępowania na korzyść pozwanego
audited *pp adj:* ~ **and found correct** sprawdzono i uznano za prawidłowe
~ **balance sheet** sprawdzony bilans
auditing *adj:* ~ **commission** komisja rewizyjna
auditor *s* kontroler rachunkowy, rewident, członek komisji rewizyjnej
external ⟨**internal**⟩ ~ rewizor kontroli zewnętrznej ⟨wewnętrznej⟩
augment *v* **1.** powiększać (**by sth** o coś) **2.** wzrastać
augmentation *s* **1.** powiększenie, wzrost **2.** dodatek

Aula Regis, Aula Regia *łac. hist. bryt.* Sąd Królewski (*najwyższy sąd w Anglii w pierwszym okresie po podboju normandzkim*)
auspices *spl* auspicje
  under the ~ **of** pod patronatem
  under favourable ~ pod pomyślnymi auspicjami
austerity *s* surowość
  ~ **measures** surowe ograniczenia
  ~ **plan** ⟨**policy**⟩ plan ⟨polityka⟩ ograniczeń ⟨oszczędności⟩
autarchy, autarky *s* autarkia, samowystarczalność gospodarcza państwa
authentic *adj* autentyczny, prawdziwy, oryginalny, wiarygodny
  ~ **act** ⟨**document**⟩ dokument poświadczony przez notariusza lub inną władzę
  ~ **interpretation** autentyczna wykładnia
  ~ **signature** autentyczny podpis
  ~ **text** autentyczny tekst
authenticate *v* 1. poświadczyć urzędowo, uwierzytelnić 2. ustalić autorstwo ⟨autentyczność⟩
  to ~ **the signature** poświadczyć autentyczność podpisu, zalegalizować podpis
authenticated *adj* poświadczony, uwierzytelniony
  ~ **copy** uwierzytelniony odpis
  notarially ~ notarialnie poświadczony
authentication *s* poświadczenie, zalegalizowanie, uwierzytelnienie
  ~ **of a passport** wizowanie paszportu
authenticity *s* autentyczność, wiarygodność, oryginalność, prawdziwość
  ~ **of a signature** autentyczność podpisu
  certificate of ~ świadectwo autentyczności (*obrazu, rzeźby*)
  proof of ~ dowód autentyczności
  to question the ~ **of sth** kwestionować autentyczność czegoś
author *s* 1. autor, twórca 2. sprawca 3. wynalazca
  ~ **'s claims** *pat.* zastrzeżenia patentowe
  ~ **'s rights** prawa autorskie
authoress *s* autorka
authorial *adj* autorski
authoritarian *adj* autorytatywny, dyktatorski
  ~ **regime** dyktatorski system, dyktatorskie rządy
  ~ **state** autorytatywne państwo
authoritative *adj* 1. autorytatywny, stanowczy 2. uprawniony 3. pochodzący od właściwej władzy, wiarygodny
  ~ **document** wiarygodny dokument
  ~ **information** miarodajna informacja
  to be equally ~ mieć jednakową moc obowiązującą
authorities *spl* 1. władza, władze zwierzchnie 2. precedensy (*orzeczenia stanowiące precedensy prawne*)
  administrative ⟨**civil**⟩ ~ władze administracyjne
  central ~ władze centralne
  customs ~ władze celne
  federal ~ władze federalne
  fiscal ⟨**revenue, tax**⟩ ~ władze skarbowe ⟨podatkowe⟩
  health ⟨**public health**⟩ ~ władze sanitarne
  judical ~ władze sądowe
  local ~ władze miejscowe
  military ~ władze wojskowe
  municipal ~ władze miejskie
  police ~ władze policyjne

  public ~ władze publiczne
  superior ~ władze zwierzchnie
authority *s* 1. władza, zakres kompetencji 2. autorytet, powaga, znaczenie 3. organ władzy 4. świadectwo 5. precedens sądowy 6. upoważnienie, pełnomocnictwo
  ~ **by estoppel** domniemane upoważnienie przedstawiciela (*wynikające z zachowania się jego mocodawcy*)
  ~ **by law** upoważnienie z mocy prawa, pełnomocnictwo ustawowe
  ~ **to accept** upoważnienie do akceptacji
  ~ **to contract** upoważnienie do zawierania umów
  ~ **to negotiate** upoważnienie do zdyskontowania traty
  ~ **to pay** upoważnienie do zapłaty
  ~ **to purchase** upoważnienie do zakupu
  ~ **to sign** prawo podpisu, upoważnienie do podpisywania
  ~ **to transfer** upoważnienie do przelewu
  absence of ~ brak upoważnienia
  by ~ **(of sb** czyjegoś**)**
  competent ~ właściwa władza
  executive ~ władza wykonawcza
  full ~ pełnomocnictwo
  highest ~ najwyższy autorytet, największa powaga
  letter of ~ pismo upoważniające, pełnomocnictwo na piśmie
  on ~ z upoważnienia ⟨z mocy⟩ **(of sth** czegoś**)**
  on good ~ z dobrego ⟨poważnego⟩ źródła
  on the ~ **of** ... opierając się na ...
  to act on sb's ~ działać z czyjegoś upoważnienia
  to be in ~ mieć władzę, kierować
  to exceed one's ~ przekroczyć swoje pełnomocnictwo ⟨uprawnienia⟩
  to have ~ **to do sth** być upoważnionym do zrobienia czegoś
authorization *s* 1. upoważnienie, udzielenie pełnomocnictwa 2. autoryzacja 3. sankcja, zezwolenie
  ~ **in writing** pisemne upoważnienie
  ~ **to defend** upoważnienie do obrony
  ~ **to pay** upoważnienie do zapłaty ⟨wypłaty⟩
  to get ~ zostać ⟨być⟩ upoważnionym
  to give ⟨**grant**⟩ **sb** ~ udzielić komuś upoważnienia
  to revoke an ~ odwołać ⟨cofnąć⟩ upoważnienie
authorize *v* 1. upoważniać, udzielać pełnomocnictwa 2. autoryzować 3. sankcjonować, zezwalać
  to ~ **sb to do sth** upoważniać kogoś do zrobienia czegoś
authorized *adj* 1. upoważniony 2. autoryzowany
  ~ **agent** ⟨**representative**⟩ upoważniony przedstawiciel
  ~ **bank** bank dewizowy
  ~ **capital** ⟨**issue, stock**⟩ kapitał zakładowy spółki akcyjnej
  ~ **by custom** sankcjonowany zwyczajem
  ~ **by law** upoważniony z mocy prawa
  ~ **clerk** prokurent
  ~ **party** upoważniona strona
  ~ **person** osoba upoważniona
  ~ **signature** poświadczony podpis
  ~ **translation** autoryzowany przekład
  duly ~ należycie upełnomocniony ⟨upoważniony⟩
  from an ~ **source** z miarodajnego źródła
  through ~ **channels** właściwymi kanałami, właściwą drogą

authorship s autorstwo
  joint ~ współautorstwo
  to claim the ~ rościć prawa autorskie (**of sth** do czegoś)
  to establish the ~ ustalić autorstwo (**of sth** czegoś)
autocracy s autokracja, samowładztwo
  economic ~ autokracja ekonomiczna
autocratic adj autokratyczny
  ~ **government** rząd autokratyczny
autograph¹ s **1.** autograf **2.** rękopis autorski
  ~ **book** księga wzorów podpisów
autograph² v **1.** pisać własnoręcznie **2.** podpisać własnoręcznie
autographic adj własnoręczny, odręczny
  ~ **letter** własnoręczny ⟨odręczny⟩ list
  ~ **signature** własnoręczny podpis
autography s **1.** pisanie własnoręczne **2.** zbiór autografów
automatic adj **1.** automatyczny, samoczynny **2.** machinalny, bezwiedny
  ~ **selling machine** automat (*maszyna*)
  ~ **pistol** automat (*rewolwer*)
automobile s am. samochód
automation s automatyzacja
  ~ **of production** automatyzacja produkcji
autonomous adj autonomiczny, samorządny
  ~ **port** port autonomiczny
  ~ **system** system autonomiczny ⟨samorządny⟩
  ~ **tariff** autonomiczne cło
autonomy s autonomia, samorząd
  administrative ~ samorząd administracyjny
autopsy s **1.** autopsja **2.** med. sekcja zwłok, badanie zwłok
autoptical adj: ~ **evidence** dowód rzeczowy
autre action pendant fr. zarzut toczącego się procesu (*w innej sprawie o to samo roszczenie między tymi samymi osobami*)
autre droit fr. w cudzym imieniu
autrefois acquit fr. poprzednio uniewinniony (*zarzut zgłoszony przez oskarżonego, który poprzednio został uniewinniony z tego zarzutu*)
autrefois convict fr. poprzednio skazany (*zarzut zgłoszony przez oskarżonego, który został już skazany poprzednio za to samo przestępstwo*)
auxiliary¹ adj pomocniczy, dodatkowy
  ~ **account** konto pomocnicze
  ~ **body** organ pomocniczy
  ~ **jurisdiction** am. dodatkowa jurysdykcja (*uprawnienie sądu federalnego do rozpoznawania spraw i zagadnień związanych ze sprawą znajdującą się w tym sądzie i aktualnie rozpatrywaną*)
  ~ **personnel** personel pomocniczy (*poselstwa, misji itp.*)
  ~ **service** służba pomocnicza
  ~ **troops** wojska pomocnicze
auxiliary² s **1.** środek pomocniczy **2.** pomocnik
avail¹ s pożytek, korzyść
  of no ~ bez wartości, bez znaczenia, nieprzydatny
  without ~ na próżno, bezcelowo, bez rezultatu
  to be of little ~ być mało przydatnym ⟨użytecznym⟩
avail² v pomagać, przynosić korzyść (**sb, sth** komuś, czemuś), być użytecznym
  to ~ **oneself of sth** korzystać z czegoś
availability s **1.** możność otrzymania ⟨nabycia⟩, dostępność, podaż **2.** ważność **3.** rozporządzalność

~ **of capital** rozporządzalność kapitałem
dollar availabilities podaż dolara
export availabilities możliwości eksportowe, podaż towarów nadających się do eksportu
available adj **1.** rozporządzalny, dostępny, osiągalny **2.** am. ważny, mający moc
  ~ **amount** suma do dyspozycji
  ~ **assets** rozporządzalne aktywa
  ~ **funds** rozporządzalne fundusze
  ~ **for** ważny do (*określonego terminu*)
  ~ **for work** gotowy do podjęcia pracy
  ~ **until revocation** ważny aż do odwołania
  no longer ~ nieosiągalny, nie do kupienia ⟨dostania⟩
  to be ~ **for export** ⟨**sale**⟩ nadawać się do eksportu ⟨sprzedaży⟩
aver v **1.** twierdzić, oświadczać **2.** zapewniać, zaręczać **3.** przedstawiać dowody
  to ~ **one's statement** dowieść swego twierdzenia
average¹ s przeciętna, średnia
  above the ~ powyżej przeciętnej
  annual ~ roczna przeciętna
  arithmetical ~ średnia arytmetyczna
  below the ~ poniżej przeciętnej
  daily ~ przeciętna dzienna
  fair ~ dobra średnia
  monthly ~ przeciętna miesięczna
  moving ~ średnia ruchoma
  on an ⟨**the**⟩ ~ przeciętnie, średnio
  rough ~ przybliżona średnia
  weighted ~ średnia ważona
  yearly ~ średnia roczna
  to make ⟨**strike**⟩ **an** ~ obliczać przeciętną
average² s awaria morska
  ~ **adjuster** dyspaszer
  ~ **adjustment** dyspasza
  ~ **agreement** zobowiązanie awaryjne
  ~ **as customary** odszkodowanie awaryjne według zwyczaju
  ~ **bond** bon awaryjny
  ~ **claim** roszczenie awaryjne
  ~ **clause** klauzula awaryjna
  ~ **commissioner** komisarz awaryjny
  ~ **contributor** uczestnik awarii wspólnej
  ~ **damage** uszkodzenie awaryjne
  ~ **damages** odszkodowanie za awarię
  ~ **expenses** ⟨**charges**⟩ koszty ⟨wydatki⟩ awarii wspólnej
  ~ **loss** strata awaryjna
  ~ **statement** rozliczenie awaryjne, dyspasza
  ~ **surveyor** komisarz ⟨ekspert⟩ awaryjny
  ~ **taker** am. dyspaszer
customary ~ odszkodowanie awaryjne według zwyczaju
free from ⟨**of**⟩ **general** ~ z wyłączeniem awarii wspólnej
general ⟨**gross**⟩ ~ awaria wspólna ⟨wielka⟩
general ~ **account** rozliczenie awarii wspólnej
general ~ **act** akt ⟨zabieg⟩ awarii wspólnej
general ~ **sacrifice** poświęcenie ładunku w awarii wspólnej
particular ~ awaria poszczególna ⟨partykularna⟩
petty ~ drobna awaria
under ~ w stanie awarii, uszkodzony
„**with particular** ~" „łącznie z awarią poszczególną"

to **adjust** ⟨**settle, state**⟩ **the** ∼ dokonać rozliczenia awarii wspólnej
to **apportion the** ∼ określić ⟨ustalić⟩ udziały w awarii wspólnej
to **bear** ∼ *a*) doznać awarii *b*) ponieść koszty awarii
to **make up the** ∼ ustalić wysokość szkód awaryjnych
to **pay the** ∼ wypłacić odszkodowanie awaryjne
average³ *adj* przeciętny, średni
∼ **capacity** średnia wydajność ⟨pojemność⟩
∼ **consumption** przeciętne spożycie
∼ **cost** przeciętny koszt
∼ **duration** przeciętny okres trwania
∼ **earning** przeciętne zarobki
∼ **income** przeciętny ⟨średni⟩ dochód
∼ **life** przeciętny wiek
∼ **output** *a*) średnia produkcja *b*) średnie wydobycie
∼ **price** przeciętna cena
∼ **profit** średni zysk
∼ **quality** średnia jakość
∼ **rate** ⟨**rate of exchange**⟩ przeciętny kurs (wymiany)
∼ **ratio** przeciętny współczynnik ⟨wskaźnik⟩
∼ **sample** średnia próbka
∼ **speed** przeciętna szybkość
∼ **time** przeciętny czas
∼ **wage** przeciętny zarobek, przeciętna płaca
∼ **yield** średni plon, średnia wydajność
average⁴ *v* 1. wynosić średnio 2. wyprowadzać ⟨wyliczać⟩ przeciętną 3. wahać się między (*jedną a drugą liczbą*)
to ∼ **time for loading** wyliczyć łącznie czas załadowania i wyładowania
averment *s* 1. twierdzenie, oświadczenie 2. udowodnienie 3. przedstawienie dowodu
averse *adj* przeciwny, niechętny
to **be** ∼ to **sth** sprzeciwiać się czemuś, mieć niechęć do czegoś
aversion *s* niechęć, awersja, wstręt
avert *v* odwracać, odsuwać, oddalać
to ∼ **an accident** zapobiec wypadkowi
to ∼ **the danger** odwrócić niebezpieczeństwo
to ∼ **a loss** zapobiec stracie
aviation *s* lotnictwo, awiacja
civil ⟨**commercial**⟩ ∼ lotnictwo cywilne ⟨handlowe⟩
a vinculo matrimonii *łac.* od chwili zawarcia małżeństwa
a vista *łac.* po okazaniu, za okazaniem
avocation *s* 1. zajęcie uboczne 2. zawód
avoid *v* 1. unikać, stronić 2. unieważniać, obalać, anulować
to ∼ **an accident** uniknąć wypadku
to ∼ **a contract** anulować kontrakt
to ∼ **damage** zapobiec szkodzie
to ∼ **a patent** anulować patent
avoidable *adj* do uniknięcia
∼ **accident** wypadek, którego można (było) uniknąć
∼ **cost** koszty do uniknięcia ⟨których można (było) uniknąć⟩
∼ **delay** zwłoka, której można uniknąć

avoidance *s* 1. unikanie 2. uchylanie się 3. unieważnienie, uchylenie
∼ **clause** *a*) klauzula zawierająca warunek rozwiązujący *b*) klauzula o odstąpieniu od umowy
∼ **of a contract** unieważnienie ⟨anulowanie⟩ umowy
∼ **of taxes, tax** ∼ uchylanie się od płacenia podatków
action for ∼ skarga o unieważnienie ⟨uchylenie⟩
confession and ∼ przyznanie się do popełnienia zarzucanego czynu z przytoczeniem okoliczności, które usprawiedliwiają jego popełnienie
avoirdupois *s hist.* angielski system wag handlowych (*przyjęty również w Stanach Zjednoczonych*)
avouch *v* 1. ręczyć, poręczać (**sb, sth** za kogoś, coś), gwarantować 2. wyznawać, przyznawać
avouchment *s* gwarancja, poręka
avow *v* przyznawać (się) (**to sth** do czegoś), oświadczać
to ∼ **oneself** przyznać się
to ∼ **one's fault** uznać swój błąd, przyznać się do błędu
avowal *s* 1. przyznanie się (**of sth** do czegoś) 2. zeznanie
to **make an** ∼ przyznać się
avowant *s* osoba przyznająca fakt
avowed *adj* 1. ujawniony, zdeklarowany, otwarty 2. notoryczny, powszechnie znany
avowry *s* przyznanie faktu
avultion *s* 1. oderwanie 2. przeniesienie gruntu na teren innego właściciela (*przez wodę*) 3. część oderwana
await *v* oczekiwać (**sth** czegoś, na coś)
∼ **ing your further news** oczekując od was dalszych wiadomości
award¹ *s* 1. orzeczenie sądu ⟨arbitrów⟩, decyzja, uchwała 2. grzywna, kara, odszkodowanie 3. przyznana nagroda, odznaczenie
∼ **of alimony** zasądzenie alimentów
∼ **of damages** ⟨**of costs**⟩ zasądzenie odszkodowania ⟨kosztów⟩
∼ **of experts** orzeczenie ekspertów
arbitration ∼ wyrok sądu arbitrażowego
broker's ∼ orzeczenie maklera
to **make an** ∼ zawyrokować, postanowić
to **set aside an** ∼ unieważnić wyrok
award² *v* 1. przysądzać 2. przyznawać (*nagrodę*) 3. decydować, wyrokować 4. powoływać (**sb** kogoś)
to ∼ **a contract** uzyskać ⟨zawrzeć⟩ kontrakt, zawrzeć umowę (*w wyniku targów*)
to ∼ **the costs** zasądzić ⟨przyznać⟩ koszty
to ∼ **damages** przyznać odszkodowanie
to ∼ **judgement** wydać orzeczenie ⟨wyrok⟩
to ∼ **a penalty** wyznaczyć karę konwencjonalną
to ∼ **punishment** wymierzyć karę
to ∼ **sb a post** powołać kogoś na stanowisko
aware *adj* świadomy (**of sth** czegoś)
fully ∼ w pełni świadomy
to **be** ∼ **of sth** wiedzieć o czymś, zdawać sobie z czegoś sprawę
awareness *s* świadomość (**of sth** czegoś, **that** tego, że)
axiom *s* 1. aksjomat, pewnik 2. zasada, maksyma
axiomatic(al) *adj* aksjomatyczny, oczywisty
axis *s* (*pl* **axes**) oś
ay(e) *int s* (*pl* **ayes**) głos „za", tak (*w głosowaniu*)

B

baby *s* niemowlę, dziecko
~ **act** *a)* dziecinne postępowanie *b)* obrona (*oparta na zarzucie braku rozeznania z powodu wieku, braku doświadczenia itp.*) *c)* zwolnienie od odpowiedzialności na podstawie braku rozeznania
~ **bond** *sl.* obligacja opiewająca na niską kwotę
~ **farm** pensjonat dla dzieci
~ **share** *sl.* akcja opiewająca na niską kwotę
to plead the ~ **act** zasłaniać się brakiem doświadczenia ⟨niewiedzą⟩
bachelor *s* **1.** kawaler, człowiek nieżonaty **2.** posiadacz stopnia naukowego
~ **girl** panna, kobieta niezamężna
Bachelor of Arts (*skr.* **B.A.**) najniższy stopień naukowy w zakresie nauk humanistycznych
Bachelor of Laws (*skr.* **B.LL.**) stopień naukowy po ukończeniu studiów prawniczych
Bachelor of Science (*skr. am.* **B.S.,** *bryt.* **B.Sc.**) najniższy stopień naukowy w zakresie nauk ścisłych
~ **tax** podatek kawalerski (*płacony przez osoby stanu wolnego*)·
bachelorhood *s* kawalerstwo, stan kawalerski ⟨wolny⟩
back[1] *s* **1.** grzbiet **2.** odwrotna strona
on the ~ na odwrocie
back[2] *v* **1.** popierać, wspierać, podtrzymywać **2.** finansować, subsydiować **3.** indosować **4.** kontrasygnować **5.** cofać się
to ~ **a bill** poręczać zapłatę weksla, złożyć podpis na odwrocie weksla
to ~ **a cheque** indosować czek grzecznościowo
to ~ **down a claim** zrezygnować z roszczenia, zrzec się pretensji
to ~ **a loan** poręczać spłatę pożyczki
to ~ **out of a transaction** wycofać się z transakcji
to ~ **a proposal** popierać wniosek
to ~ **sb financially** wspierać kogoś finansowo
to ~ **sb up** popierać kogoś, udzielać komuś poparcia
back[3] *adj* **1.** tylny, wsteczny **2.** powrotny **3.** odległy **4.** zaległy **5.** przestarzały, nieaktualny
~ **carriage** ⟨**freight**⟩ fracht powrotny
~ **charges** koszty powrotu
~ **country** odległe tereny (*od centrum kraju*)
~ **interest** zaległe odsetki
~ **letter** *a)* dodatkowa poufna umowa *b)* list gwarancyjny
~ **number** wcześniejszy numer (*dziennika itp.*)
~ **order** zamówienie na towary chwilowo nieosiągalne ⟨do późniejszej realizacji⟩
~ **pay** zaległa zapłata
~ **payment** wypłata zaległości
~ **rent** ⟨**tax etc.**⟩ zaległy czynsz ⟨podatek itp.⟩
~ **room** zaplecze
~ **volume** poprzedni ⟨wcześniejszy⟩ tom
to be ~ **in sth** zalegać z czymś
back[4] *adv* **1.** w tył, do tyłu, wstecz **2.** w tyle
to keep ~ powstrzymywać się
to pay ~ zapłacić należność, spłacić
to write ~ odpisać
two years ~ dwa lata temu

backadation *s* = **backwardation**
back-bencher *s bryt.* poseł w parlamencie siedzący w tylnych ławach
backbite *v* obmawiać
backbiter *s* oszczerca
backbiting *s* obmowa, oszczerstwo
backbone *s* **1.** kręgosłup, stos pacierzowy **2.** kręgosłup moralny **3.** ostoja
to the ~ do szpiku kości
back-date *v* antydatować
back-door *adj* zakulisowy, potajemny
backed *adj:* ~ **note** zlecenie nadawcy na odbiór ładunku (*potwierdzone podpisem kapitana statku*)
backer *s* **1.** protektor, osoba udzielająca poparcia **2.** poręczyciel, indosant **3.** *polit.* zwolennik, stronnik
background *s* **1.** tło, dalszy plan **2.** otoczenie **3.** (*czyjeś*) wychowanie ⟨wykształcenie⟩
family ~ pochodzenie
financial ~ oparcie ⟨zaplecze⟩ finansowe
with a good family ~ z dobrej rodziny
to keep in the ~ pozostawać w cieniu ⟨w ukryciu⟩
backing *s* **1.** poparcie **2.** pokrycie (*finansowe*) **3.** pomoc **4.** indosowanie
~ **of the currency** pokrycie walutowe ⟨w walucie⟩
~ **of gold** pokrycie w złocie
~ **up a candidate** popieranie kandydata
~ **a warrant** *bryt.* poparcie nakazu (*np. aresztowania*) *a)* *hist.* podpis sędziego miejscowego na odwrocie nakazu wydanego przez sędziego innego okręgu *b)* warunek wykonania w Szkocji, Północnej Irlandii i na wyspach kanału La Manche nakazu wydanego przez sędziego angielskiego
financial ~ pomoc finansowa, poparcie finansowe
backlog *s* **1.** zaleganie, niewykonanie zaległości **2.** zapas, rezerwa
~ **of debts** nie uregulowane długi, zaległości płatnicze
~ **of demand** nie zaspokojony popyt
~ **of food** zapas żywności
~ **of licences** nie wykorzystane licencje
~ **of orders** nie wykonane zamówienia, portfel nie wykonanych zamówień
~ **of outstanding payments** przeterminowane płatności
~ **work** nie wykonana praca, zaległości w pracy
to catch up with a ~ wyrównywać zaległości
backstage *adj* zakulisowy
~ **collusion** zakulisowa zmowa
backward[1] *adj* **1.** wsteczny **2.** spóźniony **3.** zacofany **4.** opóźniony w rozwoju, zaniedbany **5.** ociągający się
~ **area** okręg ⟨rejon⟩ zaniedbany
~ **child** dziecko opóźnione w rozwoju
~ **country** zacofany kraj, państwo opóźnione w rozwoju gospodarczym
~ **economy** zacofana gospodarka
~ **ideas** zacofane poglądy, przestarzałe ⟨wsteczne⟩ idee
~ **method** przestarzała metoda
to be ~ *a)* być zacofanym *b)* opóźniać się *c)* zalegać
backward[2] *adv* wstecz, w tył

backwardation s *giełd.* **1.** transakcja deportowa **2.** *bryt.* odsetki za zwłokę w transakcjach deportowych (*w wypadku niedostarczenia w terminie papierów wartościowych*)
~ **rate** kurs deportowy
backwardize v *giełd.* prowadzić transakcje deportowe
backwardness s **1.** zacofanie **2.** opóźnienie w rozwoju
economic ~ zacofanie gospodarcze
backwards *adv* = **backward²**
~ **and forwards** tam i z powrotem, w jedną i w drugą stronę
bacteriological *adj* bakteriologiczny
~ **warfare** wojna bakteriologiczna
~ **weapons** broń bakteriologiczna
bad *adj* **1.** zły, lichy **2.** wadliwy, zepsuty **3.** przekręcony, źle zrozumiany **4.** fatalny, przykry, niepomyślny
~ **accident** poważny wypadek
~ **behaviour** złe prowadzenie się ⟨postępowanie⟩
~ **character** zły charakter
~ **claim** nieuzasadnione roszczenie
~ **coin** fałszywa moneta
~ **condition** zły stan
~ **debt** nieściągalny dług
~ **debtor** niewypłacalny dłużnik
~ **debts insurance** ubezpieczenie od strat (*na skutek nieściągalnych długów*)
~ **egg** ⟨**hat, lot**⟩ *sl.* łotr, nicpoń
~ **faith** zła wiara
~ **lands** *am.* rozległe nieużytki
~ **language** wulgarny język
~ **mistake** poważny błąd
~ **money** fałszywe pieniądze
~ **name** zła reputacja
~ **news** złe wiadomości, zła wiadomość
~ **payer** opieszały ⟨zły⟩ płatnik
~ **quality** zła jakość
~ **risk** duże ryzyko
~ **speculation** zła spekulacja
~ **state** zły stan
~ **title** wadliwy tytuł (prawny)
~ **translation** błędne ⟨złe, nieścisłe⟩ tłumaczenie
~ **treatment** *a)* złe traktowanie *b) med.* niewłaściwe leczenie
in ~ **faith** w złej wierze
in ~ **order** w złym stanie, nie w porządku
in ~ **repute** o złej sławie ⟨reputacji⟩
to call sb ~ **names** przezywać ⟨wyzywać⟩ kogoś
to go ⟨**turn**⟩ ~ (*o towarze*) zepsuć się, ulec zepsuciu
to go to the ~ zejść na złą drogę
badge¹ s **1.** oznaka, odznaka, znak **2.** symbol
~ **of fraud** podstawa do twierdzenia, że zachodzi oszustwo
policeman's ~ znaczek policyjny
badge² v gromadzić towary w celach spekulacyjnych
badly *adv* **1.** źle, niedobrze, marnie **2.** niebezpiecznie, poważnie, dotkliwie, fatalnie **3.** silnie, intensywnie **4.** błędnie, niepoprawnie, wadliwie
~ **beaten** ciężko pobity
~ **damaged** mocno uszkodzony
~ **wounded** ciężko ⟨poważnie⟩ ranny
to need ⟨**want**⟩ **sth** ~ bardzo czegoś potrzebować, silnie odczuwać brak czegoś
bag¹ s worek, torba, walizka
~ **cargo** ładunek w workach
diplomatic ~ poczta dyplomatyczna

travelling ~ torba podróżna
bag² v pakować w worki
baggage s bagaż
~ **car** *am.* wagon bagażowy
~ **check** kwit bagażowy
~ **(check) room** przechowalnia bagażu
~ **declaration** *am.* bagażowa deklaracja celna
~ **entry** zgłoszenie bagażu, deklaracja bagażowa
~ **insurance** ubezpieczenie bagażu
~ **lien** prawo zastawu na bagażu (*pasażera*)
~ **porter** tragarz, bagażowy
~ **sufferance** bagażowa deklaracja celna
~ **voucher** kwit bagażowy
excess ~ nadwaga bagażu, bagaż ponad normę
bagman s *bryt.* komiwojażer
bail¹ s **1.** kaucja sądowa, poręczenie sądowe **2.** poręczyciel (sądowy) **3.** poręczenie, rękojmia, zabezpieczenie
~ **above** poręczenie za zapłatę zasądzonej sumy
~ **below** poręczenie uprzednie (*za stawienie się strony w sądzie*)
~ **bond** *a)* poręczenie (*za stawienie się strony w sądzie*) *b)* poręczenie w celu zwolnienia statku spod zajęcia ⟨aresztu⟩
~ **common** fikcyjne poręczenie (*w postępowaniu jako poręczyciele występują fikcyjne osoby*)
Bail Court *bryt.* sąd pomocniczy Sądu Ławy Królewskiej **King's Bench**
~ **in error** poręczenie ⟨rękojmia⟩ pozwanego (*mająca na celu zabezpieczenie egzekucji wyroku do czasu wniesienia odwołania*)
~ **piece** dokument poręczenia
~ **to the action** poręczenie za zapłatę zasądzonej sumy
~ **to the sheriff** poręczenie za stawienie się oskarżonego w sądzie
on ~ za kaucją ⟨poręczeniem⟩
to admit sb to ~ zwolnić kogoś za kaucją ⟨poręczeniem⟩
to allow ⟨**grant**⟩ **sb** ~ zwolnić kogoś za kaucją ⟨poręczeniem⟩
to go ~ **for sb** złożyć kaucję ⟨poręczenie⟩ za kogoś
to release ⟨**remand**⟩ **sb on** ~ zwolnić kogoś za kaucją ⟨poręczeniem⟩
bail² v **1.** zwalniać za kaucją ⟨poręczeniem⟩ **2.** zgadzać się na przyjęcie kaucji ⟨poręczenia⟩ **3.** deponować (*towar*)
to ~ **sb out** spowodować czyjeś zwolnienie przez złożenie kaucji ⟨poręczenia⟩
bailable *adj* dopuszczający zwolnienie za kaucją ⟨poręczeniem⟩
~ **offence** przestępstwo dopuszczające zwolnienie za kaucją ⟨poręczeniem⟩ (*z tymczasowego aresztu*)
bailee s **1.** osoba biorąca towary w depozyt, depozytariusz **2.** posiadacz zależny
~ **clause** klauzula ubezpieczenia morskiego zwalniająca ubezpieczyciela od odpowiedzialności za szkody powstałe w okresie, gdy towar znajduje się w depozycie
~ **receipt** *am.* kwit depozytowy
bailie, baillie s szkocki urzędnik sądowy
bailiff s **1.** urzędnik sądowy **2.** *am.* pomocnik szeryfa **3.** *bryt.* zarządca majątku, rządca
bailiwick s **1.** okręg podlegający władzy szeryfa **2.** urząd szeryfa

bailment s **1.** depozyt **2.** oddanie na przechowanie **3.** powierzenie do przewozu **4.** spowodowanie zwolnienia aresztowanego za kaucją lub poręczeniem
~ **for hire** przechowanie za wynagrodzeniem
contract of ~ umowa przechowania
naked ~ bezpłatny depozyt, bezpłatne przechowanie
bailor s deponent, osoba oddająca na przechowanie ⟨w zastaw⟩
bailsman s osoba dająca kaucję lub poręczenie
to act as ~ wystąpić jako składający kaucję ⟨poręczyciel⟩
bairn's part s szkoc. ustawowa część spadku należna dzieciom, zachowek
balance[1] s **1.** waga **2.** równowaga **3.** saldo, reszta, pozostałość **4.** bilans
~ **account** konto zbiorowe
~ **at bank** saldo na rachunku bankowym
~ **bill** weksel na pokrycie salda
~ **book** księga bilansowa
~ **brought ⟨carried⟩ down** saldo z przeniesienia
~ **brought ⟨carried⟩ forward** saldo do przeniesienia
~ **deficit** saldo ujemne
~ **due** bilans ujemny
~ **due by...** saldo należne na... (dzień)
~ **in ⟨on⟩ hand** saldo gotówkowe ⟨kasowe⟩
~ **in sb's favour** saldo na czyjąś korzyść
~ **of accounts** a) zamknięcie rachunkowe b) bilans płatniczy
~ **of an account** saldo rachunku
~ **of births and deaths** stat. saldo urodzeń i zgonów
~ **of forces** równowaga sił
~ **of freight** reszta należności frachtowej, saldo frachtowe
~ **of interest** saldo odsetek
~ **of international payments** saldo płatnicze, bilans płatniczy
~ **of materials** bilans materiałowy
~ **of migration** stat. saldo migracji
~ **of mind** równowaga umysłu
~ **of national property** bilans majątku narodowego
~ **of payments** bilans płatniczy
~ **of power** polit. równowaga sił
~ **of settlements** bilans rozrachunkowy
~ **of trade** bilans handlowy
~ **order** nakaz wyrównania salda (skierowany do udziałowca zalegającego z wpłatą udziału)
~ **sheet** zestawienie bilansowe, bilans
~ **to sb's credit ⟨debit⟩** saldo na czyjąś korzyść ⟨niekorzyść⟩
active ~ bilans dodatni, saldo dodatnie ⟨aktywne⟩
adverse ~ = **passive** ~
amount of ~ wysokość salda
book ~ saldo książkowe
cash ~ saldo gotówkowe ⟨kasowe⟩
clearing ~ saldo kliringowe ⟨rozrachunkowe, rozliczeniowe⟩
commodity ~ bilans towarowy
credit ~ saldo kredytowe
debit ⟨debtor⟩ ~ saldo debetowe
energy ~ bilans energetyczny
favourable ~ bilans aktywny
final ~ saldo końcowe
foreign currency ~ bilans walutowy
foreign trade ~ bilans handlowy

initial ~ saldo początkowe
man-power ~ bilans siły roboczej
national income ~ bilans gospodarki narodowej
net ~ saldo czyste, czysta nadwyżka, saldo netto
opening ~ bilans otwarcia
passive ~ bilans ujemny ⟨bierny⟩, saldo ujemne ⟨pasywne⟩
profit ~ saldo zysków
rough ⟨trial⟩ ~ bilans surowy ⟨próbny⟩
trade ~ bilans handlowy
unfavourable ~ bilans bierny
to close with a ~ **of...** zamknąć saldem...
to draw ⟨make⟩ up the ~ sporządzić bilans
to pay a ~ wyrównać saldo
to show a ~ **of...** wykazywać saldo w wysokości...
to strike the ~ zamknąć bilans, wyprowadzić saldo
balance[2] v **1.** ważyć, rozważać **2.** utrzymywać w równowadze, bilansować się, równoważyć się **3.** wyrównywać, kompensować **4.** bilansować, zestawiać bilans
to ~ **an account** a) rozliczyć się b) uregulować należność c) wyrównać konto
to ~ **the books** zamknąć księgi, dokonać zamknięcia ksiąg
to ~ **the budget** wyrównać ⟨zrównoważyć⟩ budżet
to ~ **the foreign trade** zrównoważyć ⟨wyrównać⟩ bilans handlowy
to ~ **the payments** wyrównać płatności, uregulować płatność
balanced adj zrównoważony, wyrównany, równy
~ **budget** zrównoważony budżet
~ **expansion** wyrównana ekspansja
~ **growth** zrównoważony wzrost
~ **trade** zrównoważony handel
balance-sheet s zestawienie bilansowe, bilans
~ **account** rachunek bilansu, konto bilansu
~ **profit** zysk bilansowy
~ **total** suma ogólna bilansu
~ **value** wartość bilansu
annual ⟨yearly⟩ ~ roczny bilans
audited ~ sprawdzony bilans
bankrupt's ~ bilans upadłościowy
consolidated ⟨general⟩ ~ bilans łączny
comparative ~ bilans porównawczy
cooked ⟨dressed up, veiled⟩ ~ bilans fałszywy ⟨upiększony⟩
final ~ bilans końcowy
interim ⟨provisional, rough⟩ ~ bilans brutto ⟨próbny, surowy⟩
monthly ~ bilans miesięczny
opening ~ bilans otwarcia
summarized ~ wyciąg z bilansu
to adopt ⟨approve⟩ the ~ przyjąć ⟨zatwierdzić⟩ bilans
to fake ⟨cook, dress up⟩ the ~ fałszować bilans
to put into the ~ wnieść do bilansu
balancing s **1.** bilansowanie **2.** równoważenie, wyrównywanie
~ **amount** suma wyrównania
~ **of accounts** wyrównanie rachunków ⟨kont⟩
~ **of the books** zamknięcie ksiąg
bale[1] s bela
~ **capacity** pojemność w belach (ładowni statku)
~ **cargo** ładunek w belach
~ **goods** towar w belach
in ~s w belach

bale² *v* pakować w bele
baled *adj*: ~ **cargo** ładunek w belach
ballast¹ *s* balast
  ~ **cargo** *a*) ładunek balastujący (*ładowany na dno statku*) *b*) ładunek balastowy (*przyjęty przez armatora dla uniknięcia podróży pustym statkiem*)
  ~ **declaration** zgłoszenie statku pod balastem do odprawy
  ~ **passage** ⟨**voyage**⟩ rejs bez ładunku ⟨pod balastem⟩
  a ship in ~ statek pod balastem ⟨bez ładunku⟩
  to take in ~ zabierać balast
ballast² *v* balastować, obciążać balastem
ballastage *s* opłata za balast
ballot¹ *s* balot
ballot² *s* **1.** (tajne) głosowanie **2.** kartka ⟨*dawniej* gałka⟩ do głosowania
  ~ **for a list** głosowanie na listę
  to elect by ~ wybierać ⟨dokonać wyboru⟩ za pomocą kartek ⟨gałek⟩
  to take a ~ głosować za pomocą kartek ⟨gałek⟩
  to vote by ~ głosować
ballot³ *v* głosować (**for** ⟨**against**⟩ **sb, sth** za kimś, czymś ⟨przeciw komuś, czemuś⟩)
  to ~ **for a list** ⟨**single candidate**⟩ głosować na listę ⟨pojedynczego kandydata⟩
ballotage *s* balotowanie, balotaż, tajne głosowanie za pomocą gałek białych i czarnych
ballot-box *s* urna wyborcza ⟨do głosowania⟩
ballot-paper, balloting-paper *s* kartka do głosowania
balloting *s* głosowanie
ballyhoo¹ *s am.* hałaśliwa reklama
ballyhoo² *v am.* narobić szumu ⟨hałasu⟩ (**sb, sth** dokoła kogoś, czegoś), reklamować hałaśliwie (kogoś, coś)
ban¹ *s* **1.** zakaz **2.** wyjęcie spod prawa, pozbawienie praw **3.** wygnanie, banicja **4.** *hist.* interdykt, klątwa kościelna
  ~ **of nuclear tests** zakaz prób jądrowych
  ~ **of nuclear weapons** zakaz użycia broni jądrowej
  ~ **of public opinion** pręgierz opinii publicznej
  ~ **on immigration** zakaz imigracji
  ~ **on strikes** zakaz strajków
  to be under a ~ podlegać zakazowi, być zakazanym
  to impose ⟨**put**⟩ **a** ~ objąć zakazem, nałożyć zakaz (**on sth** na coś)
  to lift ⟨**remove**⟩ **a** ~ znieść ⟨uchylić⟩ zakaz
  to put sb under the ~ *a*) skazać kogoś na wygnanie ⟨banicję⟩ *b*) wyjąć kogoś spod prawa
ban² *v* zakazać, zabronić (**sth** czegoś)
  to ~ **nuclear tests** zakazać prób z bronią jądrową
band *s* **1.** grupa osób, zespół **2.** związek, towarzystwo
  ~ **wagon** *am.* wóz z orkiestrą (*jadący na czele kawalkady*)
  to get in the ~ **wagon** *am. polit. a*) przyłączyć się do ruchu *b*) stanąć po stronie pewnych zwycięzców, opowiedzieć się po stronie mającej szanse na sukces
banderol(e) *s* banderola, opaska
bandit *s* (*pl* ~ **s, banditi**) bandyta, zbój, rozbójnik
banditry, banditism *s* bandytyzm, zbójectwo, rozbój
  maritime ~ piractwo, rozbój morski
banish *v* skazać na wygnanie ⟨banicję⟩, wygnać ⟨wypędzić⟩ z kraju
banishment *s* banicja, wygnanie
  local ~ zakaz pobytu (*w określonej miejscowości*)

  to go into ~ pójść na wygnanie ⟨banicję⟩
bank¹ *s* **1.** bank **2.** (*w grze hazardowej*) bank, pula **3.** skład, zapas, rezerwa
  ~ **acceptance** akcept bankowy
  ~ **accommodation** pożyczka bankowa
  ~ **account** konto (*w banku*), rachunek bankowy
  ~ **accountant** księgowy banku
  ~ **advice** awizo bankowe
  ~ **agency** agencja bankowa
  ~ **agent** agent bankowy
  ~ **agio** prowizja bankowa
  ~ **assets** aktywa bankowe
  ~ **auditing** *a*) nadzór bankowy *b*) urzędowa kontrola rachunków bankowych
  ~ **auditor** rewident bankowy
  ~ **balance** saldo rachunku bankowego
  ~ **bill** *zob.* **bank-bill**
  ~ **book** książeczka bankowa
  ~ **broker** agent bankowy
  ~ **brokerage** prowizja bankowa
  ~ **cashier** kasjer bankowy
  ~ **charges** koszty bankowe
  ~ **charter** statut banku
  ~ **cheque** czek bankowy (*wystawiony przez jeden bank na drugi*)
  ~ **clearing** kliring bankowy, wyrównanie kont bankowych
  ~ **clearings** weksle i czeki przedstawione przez bank do kliringu
  ~ **clerk** urzędnik bankowy
  ~ **commission** prowizja bankowa
  ~ **crash** krach bankowy
  ~ **credit** kredyt bankowy
  ~ **currency** *am.* banknoty
  ~ **customs** zwyczaje bankowe, praktyka bankowa
  ~ **debt** dług bankowy
  ~ **debtor** dłużnik bankowy
  ~ **deposit** wkład bankowy
  ~ **depositor** deponent bankowy
  ~ **discount** dyskonto bankowe
  ~ **draft** przekaz bankowy, trata bankowa
  ~ **endorsement** indos bankowy
  ~ **failure** krach bankowy, kryzys bankowy
Bank for International Settlements Bank Rozrachunków Międzynarodowych
  ~ **for loans** bank pożyczkowy
  ~ **guarantee** ⟨**guaranty**⟩ gwarancja bankowa
  ~ **holiday** święto bankowe, dzień wolny od pracy
  ~ **hours** godziny otwarcia banku
  ~ **house** dom bankowy
  ~ **interest** odsetki bankowe
  ~ **law** prawo bankowe
  ~ **legislation** prawo ⟨ustawodawstwo⟩ bankowe
  ~ **liability** zobowiązanie bankowe
  ~ **loan** pożyczka bankowa
  ~ **manager** dyrektor banku
  ~ **money** waluta bankowa
  ~ **note** *a*) banknot *b*) weksel bankowy (*płatny na żądanie okaziciela*)
  ~ **of circulation** bank emisyjny
  ~ **of commerce** bank handlowy
  ~ **of deposit** bank depozytowy
  ~ **of discount** bank dyskontowy
Bank of England Bank Anglii (*emisyjny*)
  ~ **office** kantor bankowy
  ~ **official** urzędnik bankowy

~ **of issue** bank emisyjny
~ **order** przekaz bankowy
~ **overdraft** przekroczenie konta bankowego, zadłużenie na koncie
~ **paper** weksel nadający się do dyskonta
~ **pass-book** książeczka bankowa
~ **payment** płatność przez bank
~ **place** siedziba banku
~ **post bill** przekaz bankowy
~ **rate** stopa bankowa
~ **receipt** pokwitowanie wpłaty do banku, pokwitowanie bankowe
~ **reference** referencje bankowe (*o wypłacalności klienta*)
~ **reimbursement** remburs bankowy
~ **release** zwolnienie bankowe (*towaru zajętego po uiszczeniu długu*)
~ **report** 〈**return**〉 sprawozdanie bankowe, zestawienie stanu rachunków
~ **reserves** rezerwa bankowa, rezerwowy kapitał banku
~ **robbery** napad rabunkowy na bank, rabunek banku
~ **run** run bankowy, masowe podejmowanie wkładów
~ **security** gwarancja bankowa
~ **services** usługi bankowe
~ **share** 〈**stock**〉 akcja bankowa, udział bankowy
~ **stamp** stempel bankowy
~ **statement** a) zestawienie stanu rachunków b) am. wyciąg z konta
~ **stockholder** akcjonariusz banku
~ **syndicate** konsorcjum bankowe
~ **teller** kasjer bankowy
~ **transfer** przelew bankowy
agricultural ~ bank rolny
annuity ~ bank rentowy
branch ~ filia banku
clearing ~ bank rozrachunkowy 〈kliringowy〉
collecting 〈collection〉 ~ bank inkasowy 〈inkasujący〉
commercial ~ bank handlowy
compensation ~ bank kompensacyjny
cooperative ~ bank spółdzielczy
country ~ bank prowincjonalny
credit ~ bank kredytowy
deposit ~ bank depozytowy
discount ~ bank dyskontowy
export-import ~ bank eksportowo-importowy
Federal Reserve Bank am. Bank Rezerwy Federalnej
foreign trade ~ bank handlu zagranicznego
government ~ bank państwowy
industrial ~ bank przemysłowy
International Bank for Reconstruction and Development Międzynarodowy Bank Odbudowy i Rozwoju
insurance ~ bank ubezpieczeniowy
investment ~ bank inwestycyjny
issuing ~ bank emisyjny
joint-stock ~ bank akcyjny
land ~ bank ziemski 〈hipoteczny〉
loan ~ bank pożyczkowy
member ~ a) am. bank – członek systemu rezerwy federalnej b) bank członkowski 〈afiliowany〉
mortgage ~ bank hipoteczny

municipal ~ bank komunalny
mutual savings ~ am. bank wzajemnych oszczędności
national ~ bank narodowy 〈państwowy〉
savings ~ kasa oszczędności
state ~ bank państwowy
trade ~ bank handlowy
to be a holder of a ~ **account** mieć rachunek w banku
to deposit sth at the ~ zdeponować coś w banku
to have 〈**keep**〉 **money at the** ~ mieć pieniądze w banku
to have 〈**maintain**〉 **an account with** 〈**at**〉 **the** ~ mieć rachunek w banku
to open an account with 〈**in**〉 **a** ~ otworzyć rachunek w banku
to pay an amount into the ~ wpłacić sumę 〈kwotę〉 do banku
to place money at 〈**in**〉 **the** ~ ulokować 〈umieścić〉 pieniądze w banku
to run on a ~ masowo podejmować pieniądze w banku, panicznie wycofywać wkłady bankowe
bank² v **1.** składać pieniądze w banku **2.** trzymać pieniądze w banku **3.** prowadzić bank **4.** dokonywać transakcji bankowych
to ~ **an amount** wpłacić sumę 〈kwotę〉 do banku
to ~ **the money** ulokować pieniądze w banku
to ~ **with sb** mieć konto u kogoś
bankable adj **1.** nadający się do obrotu bankowego **2.** dobry do dyskonta
~ **bill** weksel nadający się do dyskonta
bank(-)bill s **1.** weksel bankowy (*trasowany lub przyjęty przez bank*) **2.** am. banknot
banker s **1.** bankier **2.** bank
~'**s acceptance** akcept bankowy
~'**s accommodation** pożyczka bankowa
~'**s bill** weksel trasowany lub zaakceptowany przez bank
~'**s cheque** czek bankowy
~'**s credit** kredyt bankowy
~'**s deposit** depozyt bankowy
~'**s discount** dyskonto bankowe
~'**s draft** przekaz bankowy, weksel trasowany
~'**s guarantee** 〈**guaranty**〉 gwarancja bankowa
~'**s loan** pożyczka bankowa
~'**s note** weksel banku prywatnego
~'**s order** polecenie wypłaty (*skierowane do banku przez klienta*)
~'**s reference** referencje bankowe (*o wypłacalności klienta*)
~'**s sight** trata wystawiona na bank (*płatna za okazaniem*)
bankers spl **1.** bankierzy **2.** bank
~ **association** syndykat 〈stowarzyszenie〉 banków
~ **balances** aktywa bankowe
~ **bank** bank centralny (*dokonujący operacji z małymi bankami*)
~ **clearing house** bankowa izba rozrachunkowa, bank rozrachunkowy
consortium 〈**syndicate**〉 **of** ~ konsorcjum bankowe, syndykat bankowy
merchant ~ bank handlowy
banking s bankowość
~ **accommodation** a) kredyt bankowy b) usługi bankowe
~ **account** rachunek bankowy

~ **association** syndykat bankowy, konsorcjum bankowe

~ **bookkeeping** ⟨**accountancy**⟩ księgowość bankowa

~ **business** *a*) bank *b*) bankowość *c*) operacje bankowe

~ **clause** klauzula o kosztach bankowych

~ **commission** prowizja bankowa

~ **company** towarzystwo bankowe

~ **credit** kredyt bankowy

~ **crisis** kryzys bankowy

~ **customs** zwyczaje bankowe, praktyka bankowa

~ **establishment** ⟨**institution**⟩ instytucja bankowa, bank

~ **expert** biegły w sprawach bankowości ⟨bankowych⟩

~ **failure** krach ⟨kryzys⟩ bankowy

~ **hours** godziny urzędowania banków

~ **house** dom bankowy, bank

~ **law** prawo bankowe

~ **office** kantor bankowy

~ **operations** ⟨**transactions**⟩ operacje bankowe

~ **practice** praktyka bankowa, zwyczaje bankowe

~ **reserve** rezerwa bankowa

~ **shares** ⟨**stocks**⟩ akcje ⟨udziały⟩ bankowe

~ **system** system bankowy, bankowość

~ **world** finansjera, sfery bankowe

banknote, bank-note *s* banknot

bankrupt[1] *s* bankrut, niewypłacalny dłużnik

~ **'s balance-sheet** bilans upadłości

~ **'s debt** długi upadłego dłużnika ⟨bankruta⟩

~ **'s estate** majątek bankruta, masa upadłości

adjudged ⟨**adjudicated**⟩ ~ dłużnik uznany sądownie za upadłego

certificated ~ dłużnik upadły przywrócony do praw (*po uregulowaniu długów*)

cessionary ~ dłużnik upadły, który scedował swój majątek na rzecz wierzycieli

discharged ~ dłużnik upadły przywrócony do praw

fraudulent ~ złośliwy bankrut

to become a ~ zostać bankrutem

bankrupt[2] *v* zrujnować, doprowadzić do bankructwa

bankrupt[3] *adj* zbankrutowany, upadły, niewypłacalny

to adjudge ⟨**declare**⟩ **sb** ~ uznać kogoś sądownie za upadłego

to be adjudicated ~ zostać uznanym sądownie za upadłego

to become ⟨**go, turn**⟩ ~ zbankrutować

to declare oneself ~ ogłosić niewypłacalność

bankruptcy *s* upadłość, bankructwo, niewypłacalność

~ **act** prawo upadłościowe, przepisy dotyczące upadłości

Bankruptcy Act *am.* ustawa o prawie upadłościowym

~ **assets** aktywa upadłości

~ **court** sąd upadłości ⟨upadłościowy⟩

~ **law** prawo upadłościowe (*przepisy dotyczące upadłości*)

~ **notice** zawiadomienie o otwarciu postępowania upadłościowego

~ **petition** wniosek o otwarcie postępowania upadłościowego

~ **proceedings** postępowanie upadłościowe

~ **trustee** syndyk masy upadłości

adjudication in ~ sądowe ogłoszenie upadłości

assignee in ~ syndyk masy upadłości

declaration of ~ ogłoszenie o zaprzestaniu wypłat ⟨o niewypłacalności⟩

decree in ~ wyrok ogłaszający upadłość

fraudulent ~ złośliwe ⟨podstępne⟩ bankructwo

institution ⟨**opening**⟩ **of** ~ otwarcie upadłości

magistrate in ~ sędzia-komisarz (*w sprawie upadłościowej*)

proof in ~ dowód upadłości

receiver ⟨**trustee**⟩ **in** ~ syndyk masy upadłości

wilful ~ bankructwo proste

to file a bill ⟨**petition**⟩ **in** ~ zgłosić do sądu wniosek o ogłoszenie (*czyjejś*) upadłości

to file a declaration of ~ zgłosić do sądu wniosek o ogłoszenie ⟨własnej⟩ upadłości

to go into ~ zbankrutować

to institute ~ **proceedings** wszcząć postępowanie upadłościowe

banned *adj:* ~ **list** lista zabronionych towarów ⟨artykułów⟩

banns *spl* zapowiedzi (*ślubne*)

proclamation of the ~ ogłoszenie zapowiedzi

to ask the ~ dawać na zapowiedzi

to call ⟨**put up, publish**⟩ **the** ~ ogłaszać zapowiedzi

to forbid the ~ zgłosić przeszkodę do zawarcia małżeństwa

baptism *s* chrzest

~ **certificate** świadectwo ⟨metryka⟩ chrztu

baptismal *adj:* ~ **certificate** świadectwo ⟨metryka⟩ chrztu

~ **name** imię nadane na chrzcie

~ **register** księga ⟨rejestr⟩ chrztów

bar[1] *s* 1. sztaba 2. przeszkoda 3. przegroda, bariera 4. mielizna, bar 5. rejestr adwokatów, adwokatura 6. miejsce dla oskarżonych, kratki sądowe, ława oskarżonych 7. sąd 8. bar

the Bar adwokatura, palestra

~ **bound** (*o statku*) osiadły na mieliźnie ⟨barze⟩

~ **chart** ⟨**graph**⟩ *stat.* wykres słupkowy, histogram

~ **of gold** ⟨**silver**⟩ sztab(k)a złota ⟨srebra⟩

at ~ w sądzie, przed sądem

at the ~ **of public opinion** pod pręgierzem opinii publicznej

the case at the ~ sprawa w sądzie ⟨przed sądem⟩

colour ~ segregacja rasowa

prisoner at the ~ oskarżony, osoba znajdująca się na ławie oskarżonych

trial at the ~ *bryt.* rozprawa przed sądem królewskim

to appear at the ~ stawić się przed sądem

to be at the Bar być adwokatem

to be called ⟨**admitted**⟩ **to the Bar** zostać przyjętym do adwokatury

to go to the Bar zostać adwokatem

to practise at the Bar wykonywać zawód adwokata ⟨praktykę adwokacką⟩

to read for the Bar studiować prawo

bar[2] *v* 1. zagrodzić, uniemożliwić dostęp, zamknąć 2. zakazać, nie dopuścić, wykluczyć 3. wnieść sprzeciw, podnieść zarzut

to ~ **a passage** zagrodzić ⟨zamknąć⟩ przejście, zabronić przejścia

to ~ **prescription** wyłączyć przedawnienie

to ~ **sb's right** ograniczyć czyjeś prawo

to ~ **sb from doing sth** zakazać komuś zrobienia czegoś

bar³ *praep* bez, z wyłączeniem, oprócz
~ **none** nie wykluczając nikogo, bez wyjątku
bare *adj* **1.** ogołocony **2.** pozbawiony **(of sth** czegoś) **3.** zwykły **4.** ledwie wystarczający
~ **boat** statek bez załogi
~ **contract** umowa pod tytułem darmym ⟨nieodpłatna⟩
~ **hull** ⟨**pole**⟩ **charter** czarter samego statku (*bez kapitana i załogi*)
~ **majority** znikoma większość
~ **necessaries of life** środki niezbędne do życia
~ **statement of facts** proste stwierdzenie faktów
on ~ **suspicion** jedynie na podstawie podejrzenia
bareboat *adj:* ~ **charter** czarter samego statku (*bez kapitana i załogi*)
bargain¹ *s* **1.** interes, transakcja **2.** okazja, kupno okazyjne
~ **and sale** umowa kupna-sprzedaży
~ **for account** *giełd.* transakcja terminowa
~ **for cash** transakcja gotówkowa
~ **hunter** *a)* osoba polująca na okazję *b)* spekulant na różnicy kursów
~ **in bulk** sprzedaż ⟨transakcja⟩ ryczałtowa (*dotycząca całego towaru*)
~ **money** zadatek
~ **offer** wyjątkowa ⟨okazyjna⟩ oferta
~ **price** cena okazyjna
~ **sale** *a)* sprzedaż okazyjna ⟨reklamowa⟩ *b)* wyprzedaż
by ~ zgodnie z umową
cash ⟨**money**⟩ ~ transakcja gotówkowa, kupno za gotówkę
a good ⟨**bad**⟩ ~ dobry ⟨zły⟩ interes, korzystna ⟨niekorzystna⟩ transakcja
into the ~ w dodatku, na dodatek
losing ~ transakcja ze stratą, zły interes
option ~ *giełd.* transakcja opcyjna
settlement ⟨**time**⟩ ~ *giełd.* transakcja terminowa ⟨na termin⟩
speculative ~ transakcja spekulacyjna
to bind a ~ zadatkować transakcję, dać zadatek
to cancel a ~ unieważnić transakcję
to close ⟨**conclude, settle, strike**⟩ **a** ~ zawrzeć umowę, dobić targu
to make a good ~ zrobić dobry interes, zawrzeć korzystną umowę
to strike a ~ **with sb** dobić targu z kimś
to withdraw from a ~ wycofać się z transakcji
bargain² *v* targować się, pertraktować **(for sth** o coś)
to ~ **sth away** wyzbyć się czegoś za bezcen
bargainee *s* kupujący, nabywca
bargainer *s* sprzedający, sprzedawca
bargaining *s* **1.** negocjacje handlowe **2.** rokowania, pertraktacje
~ **agency** ⟨**power**⟩ upoważnienie ⟨pełnomocnictwo⟩ do prowadzenia negocjacji
~ **position** *a)* pozycja przetargowa *b)* stanowisko podczas rokowań
collective ~ *a)* pertraktacje w sprawie umowy zbiorowej *b)* zbiorowe zawieranie umów o pracę
collective ~ **agreement** umowa zbiorowa, układ zbiorowy (*pracy*)
shrewd ~ umiejętne prowadzenie pertraktacji
wage ~ pertraktacje dotyczące wysokości płacy
barge¹ *s* barka
~ **master** właściciel barki

cargo ~ barka węglowa
coastal ⟨**coasting**⟩ ~ barka żeglugi przybrzeżnej
dump ⟨**self-dumping**⟩ ~ barka samowyładowcza
self-propelled ~ barka z własnym napędem
tow ~ barka holownicza
barge² *v* **1.** przewozić barką **2.** ładować na barkę
bargee *s* właściciel barki, barkarz
barometer *s* **1.** barometr **2.** wskaźnik
~ **of general prosperity** wskaźnik dobrobytu
~ **stock(s)** akcje stanowiące wskaźnik ogólnych tendencji na giełdzie
baron *s* baron (*tytuł szlachecki*)
barrack *s* **1.** barak, prowizoryczne pomieszczenie **2.** *pl* **barracks** koszary
barrator, barretor *s* **1.** popełniający baraterię **2.** pieniacz **3.** *szkoc.* przekupny sędzia
barratry, barretry *s* **1.** barateria (*działanie kapitana lub załogi na szkodę czarterującego załadowcy lub armatora*) **2.** pieniactwo **3.** *szkoc.* przyjmowanie łapówki przez sędziego
~ **insurance** ubezpieczenie morskie od ryzyka baraterii
~ **risk** ryzyko baraterii
common ~ przestępstwo polegające na złośliwym wnoszeniu bezzasadnych powództw
barred *pp adj* **1.** wykluczony, wyłączony **2.** wygasły (*na skutek przedawnienia*)
~ **by limitation** ⟨**prescription**⟩ przedawniony
~ **debt** przedawniony dług
~ **deposit** depozyt zastrzeżony
~ **from ...** wykluczony ⟨wyłączony⟩ z ...
barrel *s* **1.** beczka, baryłka **2.** baryłka (*jednostka pojemności ropy naftowej – bryt. 159 litrów, am. 139 litrów*)
~ **cargo** ładunek w beczkach
barren *adj* **1.** niepłodny, bezpłodny **2.** nieurodzajny, jałowy **3.** nieużyteczny **4.** wyczerpany, pozbawiony **(of sth** czegoś)
~ **capital** ⟨**money**⟩ *a)* martwy ⟨nie procentujący⟩ kapitał *b)* nieoprocentowany dług
~ **land** nieużytek, nieurodzajny grunt
~ **of issue** *a)* bezpotomnie *b)* bezpotomny
barrenness *s* **1.** bezpłodność **2.** nieurodzajność
barrier *s* **1.** bariera, ogrodzenie **2.** zapora, przeszkoda
customs ⟨**tariff**⟩ ~ **s** bariery celne
trade ~ **s** ograniczenia handlu zagranicznego
to eliminate ⟨**remove**⟩ ~ **s** usuwać bariery ⟨przeszkody⟩
barring *praep* z wyjątkiem, wyjąwszy, prócz, oprócz
~ **accidents** z wyjątkiem (nieszczęśliwych) wypadków
~ **clause** klauzula wyłączeniowa
~ **errors** wyłączając błędy
~ **none** bez wyjątku
barrister *s bryt.* adwokat (*uprawniony do występowania przed sądem*)
revising ~ komisarz wyborczy
barrister-at-law *s* **= barrister**
barter¹ *s* handel wymienny, bezgotówkowa wymiana usług ⟨towarów⟩, handel kompensacyjny
~ **agreement** ⟨**contract**⟩ układ kompensacyjny, umowa kompensacyjna
~ **deal** ⟨**transaction**⟩ transakcja kompensacyjna ⟨wymienna⟩
~ **trade, trade by** ~ handel kompensacyjny ⟨wymienny⟩

by way of ~ w drodze wymiany
barter[2] v prowadzić handel wymienny, wymieniać
towar (**for sth** na coś)
to ~ **down** wytargować coś z ceny
to ~ **sth away** przehandlować coś w drodze
wymiany
bartered adj: ~ **export** eksport na zasadzie wymiany
barterer s handlujący na zasadzie wymiany, strona
prowadząca handel wymienny
bartering s **1.** kompensata towarowa **2.** handel
wymienny ⟨kompensacyjny⟩
base[1] s **1.** baza, podstawa **2.** założenie, zasada
~ **line** podstawowa linia (od której liczy się granice
wód terytorialnych)
~ **of contract** podstawa umowy
~ **of operation** baza operacyjna
~ **of supply** a) podstawa zaopatrzenia b) baza zao-
patrzeniowa
~ **of taxation** podstawa opodatkowania
~ **pay** ⟨**wage**⟩ podstawowa płaca
~ **period** stat. okres podstawowy
~ **year** stat. rok podstawowy
air ~ baza lotnicza
military ~ baza wojskowa
naval ~ baza morska
raw materials ~ baza surowcowa
sale on the ~ sprzedaż ,,według bazy'' (z warunkiem,
że towar odpowiada ustalonym wskaźnikom)
base[2] adj **1.** małowartościowy, marny **2.** podły, nikczemny **3.** fałszywy **4.** niższy, podległy
~ **action** podły ⟨nikczemny⟩ czyn
~ **coin** a) fałszywa moneta b) am. moneta zdawkowa
~ **court** niższy sąd (o ograniczonej jurysdykcji)
~ **estate** bryt. hist. a) władanie nieruchomością
zależne od uznania właściciela b) władanie ziemią
przez osoby pozostające w pańszczyźnianej zależności
~ **fee** prawo do nieruchomości na umówionych
warunkach ⟨zależne od spełnienia określonych
warunków⟩
~ **right** szkoc. hist. prawo podporządkowane (wasala
na obszarze oddanych mu w posiadanie nieruchomości)
~ **tenant** bryt. hist. a) osoba władająca nieruchomością z woli właściciela b) posiadacz ziemi podlegającej
pańszczyźnie
~ **tenure** bryt. hist. posiadanie ziemi na prawach
pańszczyzny (z obowiązkiem świadczeń na rzecz
właściciela)
base[3] v **1.** opierać się, bazować (**on sth** na czymś) **2.**
zakładać
to ~ **taxation on income** brać dochód za podstawę
opodatkowania
base-born adj niskiego pochodzenia
baseless adj bezpodstawny, nieuzasadniony
~ **accusation** bezpodstawne oskarżenie
~ **suspicion** nieuzasadnione podejrzenie
baselessness s bezpodstawność
basement s **1.** fundament **2.** podziemie, suterena
~ **house** dom z sutereną
~ **prices** niskie ceny (za towary sprzedawane w
suterenie sklepu)
baseness s podłość, nikczemność, niegodziwość
basic adj podstawowy, zasadniczy
~ **application** pat. zgłoszenie główne ⟨pierwotne⟩

~ **claim** pat. podstawowe zastrzeżenie
~ **commodities** podstawowe towary ⟨produkty⟩
~ **crops** podstawowe płody rolne
~ **data** dane podstawowe ⟨wyjściowe⟩
~ **fee** podstawowa opłata
~ **idea** zasadnicza myśl
~ **industry** podstawowa gałąź przemysłu
~ **instrument** podstawowy akt ⟨dokument⟩
~ **interest** podstawowe ⟨żywotne⟩ interesy
~ **invention** pat. wynalazek główny
~ **patent** pat. patent główny
~ **pay** podstawowa płaca
~ **policy** podstawowa ⟨zasadnicza⟩ linia polityki
~ **price** cena podstawowa
~ **principles** zasadnicze założenia, podstawowe
zasady
~ **production** produkcja podstawowa
~ **rate** stawka zasadnicza (płynnej polisy ubezpieczeniowej)
~ **rights** podstawowe prawa
~ **salary** ⟨**wages**⟩ podstawowe wynagrodzenie ⟨zarob-
ki⟩, płaca zasadnicza
~ **stock** a) podstawowy kapitał b) środki trwałe
basin s **1.** zbiornik **2.** basen portowy **3.** zagłębie
coal ~ a) zagłębie węglowe b) (portowy) basen
węglowy
dock ⟨**harbour**⟩ ~ basen portowy
basis s (pl **bases**) podstawa, baza, zasada, punkt wyjścia
~ **freight** zasadnicza stawka frachtowa
~ **of assessment** podstawa wyznaczania podatku
~ **of comparison** podstawa porównania
~ **of a contract** podstawa umowy ⟨porozumienia⟩
~ **of a mortgage** podstawa obciążenia hipotecznego
~ **of negotiation(s)** podstawa rokowań
~ **of taxation** podstawa opodatkowania
~ **of valuation** podstawa oszacowania
~ **price** cena zasadnicza, cena-baza
firm ⟨**solid**⟩ ~ mocna ⟨trwała⟩ podstawa
legal ~ podstawa prawna
on an annual ~ na podstawie rocznej umowy ⟨spra-
wozdawczości itp.⟩
on the ~ **of...** na podstawie...
on the ~ **of reciprocity** na zasadzie wzajemności
on commission ~ na zasadzie prowizji
on gold ~ na bazie złota
on parity ~ na zasadzie parytetu
on a royalty ~ na zasadzie licencji
on a supply and demand ~ na zasadzie podaży i
popytu
orderly ~ systematyczne ⟨uporządkowane⟩ podstawy
to be the ~ **of** ⟨**for**⟩... być podstawą... (czegoś)
to serve as a ~ służyć za podstawę
to take sth as a ~ przyjąć coś za podstawę
basket[1] s **1.** kosz, koszyk **2.** zestaw towarów i usług
~ **of goods** stat. koszyk dóbr (zestaw towarów i usług
dla obliczenia budżetu rodzinnego)
consumer goods ~ budżetowy zestaw towarów i
usług
basket[2] v **1.** pakować w kosze **2.** oplatać naczynia
basse justice s fr. hist. sąd feudała (w sprawach mniejszej wagi)
bastard[1] s bastard, bękart, nieślubne dziecko

~ **eigné** *fr. hist.* starszy syn (*urodzony przed zawar-ciem małżeństwa przez rodziców*)
bastard[2] *adj* 1. nieprawy 2. nieprawdziwy, podrobiony 3. złej jakości 4. mieszany, nieczysty
~ **wine** wino mieszane (podrobione)
bastardize *v* 1. uznać dziecko za nieślubne 2. dowodzić przed sądem nieślubnego pochodzenia dziecka
bastardy *s* 1. nieprawe pochodzenie 2. urodzenie pozamałżeńskie
~ **case** powództwo o zaprzeczenie ojcostwa
~ **order** wyrok ustalający obowiązek płacenia ali-mentów (*na rzecz dziecka pozamałżeńskiego przez domniemanego ojca*)
~ **process** postępowanie mające na celu uzyskanie alimentów (*dla pozamałżeńskiego dziecka od jego domniemanego ojca*)
batable-ground *s* sporny grunt (teren) (*stanowiący przedmiot sprawy*)
batch[1] *s* 1. partia, transza (*towaru*) 2. paczka, pęk, pęczek 3. grupa
~ **costing** kalkulacja ceny partii towaru
~ **production** produkcja partiami
of the same ~ tego samego rodzaju (gatunku)
batch[2] *v* grupować, dzielić (*towar*) na partie
baton *s* 1. batuta 2. buława 3. gumowa pałka (*policyj-na*)
battel, battle *s hist.* sądowy pojedynek (*którego wynik przesądzał o winie czy słuszności dochodzonych roszczeń*)
battery *s* 1. pobicie 2. naruszenie nietykalności cielesnej
assault and ~ napad z pobiciem
simple ~ zwykłe pobicie
bauble *s* 1. świecidełko 2. tandetny towar
bawd *s* stręczycielka, rajfurka
bawdy *adj* sprośny, rozpustny
~ **house** dom publiczny
bazaar *s* 1. dzielnica handlowa 2. bazar, targ, targowi-sko 3. *am.* sklep z drobną galanterią 4. kiermasz na cele dobroczynne
be *v* być
to be accredited to the government być akredytowa-nym przy rządzie
to be advised (notified) zostać powiadomionym (**of sth** o czymś)
to be consistent with... być zgodnym z...
to be contrary zaprzeczać; przeciwstawiać się
to be deprived być pozbawionym
to be heard in sb's defence zostać przesłuchanym w czyjejś obronie (sprawie)
to be hostile to... być wrogo nastawionym do...
to be let do wynajęcia
to be prosecuted być ściganym sądownie
to be read after my death przeczytać po mojej śmierci
to be satisfied (pleased) być zadowolonym (**with sth** z czegoś)
to be sentenced (to death) być (zostać) skazanym (na karę śmierci)
to be sold do sprzedania
to be sued być pozwanym, posiadać legitymację bierną
I am to inform you... mam poinformować pana...
beach[1] *s* wybrzeże, brzeg morza (jeziora); plaża
beach[2] *v* 1. wyrzucić na brzeg (*łódź, statek*) 2. wyciągnąć na brzeg (*łódź, statek*)

beached *adj* 1. (*o statku*) wyrzucony na brzeg (mieliznę) 2. (*o marynarzu*) na lądzie
beacon[1] *s* 1. latarnia morska 2. boja świetlna 3. znak nawigacyjny
~ **fire** (light) znak świetlny
beacon[2] *v* 1. ustawiać znaki nawigacyjne 2. dawać znaki ostrzegawcze
beaconage *s* 1. system oznakowania nawigacyjnego 2. opłata za światło i boje
beadle *s bryt.* woźny sądowy
bear[1] *s gield.* spekulant grający na zniżkę
~ **market** rynek o tendencji zniżkowej
~ **operation** (transaction) operacja (transakcja) na zniżkę
~ **pool** zmowa (porozumienie) spekulantów grają-cych na zniżkę
~ **raid** (raiding) transakcja terminowa mająca na celu wywołanie zniżki
~ **seller** spekulant na zniżkę
~ **speculation** spekulacja na zniżkę
to go a ~ (sell ~) spekulować na zniżkę
bear[2] *v gield.* obniżać, spekulować na zniżkę
to ~ **a market** powodować zniżkę na rynku (*w celu spekulacji*)
to ~ **a price** powodować obniżkę ceny (*w celu spekulacji*)
bear[3] *v* (**bore**, *pp* **born(e)**) 1. nosić, przynosić 2. podnosić 3. wytrzymywać, znosić, tolerować 4. doty-czyć (odnosić się do) (**on** (upon) **sth** czegoś) 5. rodzić 6. *zob.* **bear out**
to ~ **arms** *a*) nosić broń *b*) służyć w wojsku
to ~ **arms against sb** podnieść broń przeciw komuś, powstać (wystąpić) przeciwko komuś
to ~ **charges** (costs, expenses) ponosić koszty (wyda-tki)
to ~ **children** rodzić dzieci
to ~ **company** towarzyszyć (komuś)
to ~ **comparison** wytrzymywać porównanie
to ~ **consequences** ponosić konsekwencje
to ~ **the date of...** nosić datę...
to ~ **a grudge** żywić urazę (**against sb for sth** do kogoś o coś)
to ~ **a hand** udzielić pomocy
to ~ **in mind** pamiętać, mieć na uwadze
to ~ **interest** przynosić procenty
to ~ **a loss** ponieść stratę
to ~ **the name** nosić imię
to ~ **office** piastować urząd
to ~ **on** (upon) **sth** dotyczyć czegoś, odnosić się do czegoś, wiązać się z czymś
to ~ **a part** brać udział, uczestniczyć
to ~ **penalty** (punishment) ponieść karę
to ~ **relation to sth** pozostawać w stosunku (odnosić się) do czegoś
to ~ **resemblance** wykazywać podobieństwo (**to sth, sb** do czegoś, kogoś)
to ~ **responsibility** ponosić odpowiedzialność (**of sth** za coś)
to ~ **the signature of sb** (*o dokumencie*) nosić czyjś podpis, być podpisanym przez kogoś
to ~ **testimony** (witness) świadczyć (**to sth** o czymś), dawać świadectwo
to ~ **a title** nosić tytuł
bearer *s* 1. okaziciel 2. posiadacz 3. doręczyciel, oddawca
~ **bond** obligacja na okaziciela

~ **certificate** świadectwo na okaziciela
~ **cheque** czek na okaziciela
~ **clause** klauzula na okaziciela
~ **instrument** dokument na okaziciela
~ **of a bill** posiadacz weksla
~ **of dispatches** posłaniec
~ **of this letter** oddawca niniejszego listu
~ **of a passport** właściciel paszportu
~ **papers** ⟨**securities**⟩ papiery wartościowe na okaziciela
~ **share** ⟨**stocks**⟩ akcje na okaziciela
cheque to ~ czek na okaziciela
in ~ **form, made to** ~ wystawiony na okaziciela
negotiable by the ~ zbywalny przez okaziciela
payable to the ~ płatny na okaziciela
bearing[1] *s* **1.** zachowanie się, postawa **2.** związek, stosunek **3.** aspekt **4.** rodzenie, wydawanie plonów **5.** (*zw. pl* **bearings**) sytuacja, położenie
to be out of one's ~ **s** zejść z kursu (*o statku*)
to be past ~ nie rodzić, nie wydawać plonów
to consider a matter in all its ~ **s** rozpatrywać sprawę wszechstronnie ⟨we wszystkich jej aspektach⟩
to have a ~ **on a question** mieć związek ze sprawą, mieć wpływ na sprawę
to lose one's ~ **s** stracić orientację ⟨kierunek⟩
to take one's ~ **s** ustalić położenie (*statku*)
bearing[2] *adj* **1.** noszący **2.** odnoszący się
~ **the date of...** noszący datę ⟨datowany⟩...
~ **interest** przynoszący procent
~ **no date** nie datowany, bez daty
~ **on a matter** odnoszący się do sprawy
bearish *adj* zniżkowy, obliczony na spadek kursów
~ **operation** ⟨**speculation**⟩ spekulacja na zniżkę
~ **tendency** ⟨**tone**⟩ tendencja zniżkowa
to have a ~ **effect** *giełd.* wywołać obniżenie kursów
bear out *v* potwierdzać
to ~ **a statement** potwierdzać oświadczenie
beat[1] *s am.* **1.** jednostka terytorialna (*na południu Stanów Zjednoczonych*) **2.** rejon obchodu policjanta
beat[2] *v* (**beat, beaten**) **1.** bić, uderzać **2.** pokonywać
to ~ **down a price** obniżać cenę
to ~ **sb down in price** zmusić kogoś do obniżenia ceny
becoming *adj* stosowny, odpowiedni, właściwy, przyzwoity
~ **conduct** odpowiednie ⟨właściwe⟩ zachowanie ⟨postępowanie⟩
bed *s* łóżko
~ **and board** mieszkanie z utrzymaniem
~ **and breakfast** mieszkanie ze śniadaniem
from ~ **and board** od stołu i łoża (*w odniesieniu do separacji sądowej*)
bedridden *adj* złożony chorobą, obłożnie chory; przykuty do łoża
bed-rock *s:* ~ **price** najniższa ⟨ostateczna⟩ cena
beforehand *adv* **1.** przedtem, uprzednio **2.** najpierw, z góry
payable ~ płatny z góry
to thank ~ dziękować z góry
before-mentioned *adj* wyżej ⟨poprzednio⟩ wzmiankowany
before-named *adj* wyżej ⟨poprzednio⟩ wymieniony
beg *v* **1.** prosić, upraszać **2.** żebrać
to ~ **alms** prosić o wsparcie ⟨o jałmużnę⟩, żebrać

to ~ **a favour of sb** prosić kogoś o wyświadczenie przysługi
to ~ **for mercy** prosić o łaskę
to ~ **leave** prosić o zezwolenie
to ~ **off** uzyskać darowanie kary
we ~ **to inform you** pozwalamy sobie ⟨mamy zaszczyt⟩ powiadomić
beggar *s* żebrak
beggary *s* skrajna nędza
begging *s* żebranie, żebranina, żebractwo
to live on ~ żyć z żebractwa
beginning *s* początek
at the ~ **of the month** ⟨**year**⟩ na początku miesiąca ⟨roku⟩
from the ~ od początku
beguile *v* **1.** omamić, oszukać **2.** wyłudzić (**sb out of sth** coś od kogoś)
beguilement *s* oszukanie, wyłudzenie
beguiler *s* **1.** oszust **2.** uwodziciel
behalf *s:* **on** ⟨**in**⟩ ~ **of sb** *a)* w czyimś imieniu *b)* w czyimś interesie
payment on ~ **of sb** zapłata w czyimś imieniu
to act for and on ~ **of sb** działać w imieniu i na rzecz kogoś
to speak in ⟨**on**⟩ **sb's** ~ przemawiać w czyimś imieniu ⟨interesie⟩
to work in ~ **of ...** pracować u ... (*kogoś*)
behave *v* zachowywać się, prowadzić się
to ~ **oneself** dobrze się zachowywać ⟨sprawować⟩
behaviour *s* zachowanie się, prowadzenie się, postępowanie (**towards sb** w stosunku do kogoś)
~ **of prices** ruch cen
good ~ **certificate** świadectwo niekaralności
behead *v* ściąć głowę (**sb** komuś), stracić przez ścięcie, zgilotynować
beheading *s* obcięcie głowy, stracenie przez ścięcie, zgilotynowanie
behind *adv praep* w tyle, z tyłu, poza
~ **schedule** ⟨**time**⟩ spóźniony, opóźniony
to be ~ opóźniać się, zalegać (**in** ⟨**with**⟩ **sth** z czymś)
to fall ~ pozostać w tyle
behindhand[1] *adj* zaległy, opóźniony
to be ~ **with** ⟨**in**⟩ **payment** zalegać z zapłatą
behindhand[2] *adv* z opóźnieniem
being[1] *s* **1.** istota **2.** istnienie, egzystencja
to call sth into ~ powołać do życia
to come into ~ zaistnieć, powstać
being[2] *adj* trwający
for the time ~ na razie, chwilowo
belated *adj* opóźniony
~ **payment** opóźniona płatność, płatność po terminie
belief *s* **1.** wiara **2.** przekonanie **3.** zaufanie
religious ~ **s** wierzenia religijne
to the best of my ~ według mego najgłębszego przekonania
it is a common ~ **that** ogólnie uważa się, że
believable *adj* wiarogodny
bellicose *adj* wojowniczy
belligerency *s* **1.** status strony wojującej **2.** stan wojny
belligerent *adj* walczący, wojujący
~ **occupation** okupacja wojenna
~ **rights** prawa stron wojujących

belong *v* **1.** należeć **2.** odnosić się **3.** być właściwym ⟨stosownym⟩ **(to sb, sth** dla kogoś, czegoś) **to** ~ **in** ⟨under⟩ **the category** należeć do kategorii **the ship** ~ **s to the port** ... statek jest zarejestrowany w porcie ...
belonging *adj* przynależny, należący
~ **to sb by right** należący prawnie do kogoś
belongings *spl* **1.** przynależności **2.** mienie, dobytek, rzeczy **3.** akcesoria
personal ~ rzeczy osobiste
below *adv praep* niżej, poniżej, pod
~ **the average** poniżej przeciętnej ⟨średniej⟩
~ **cost** poniżej kosztu własnego
~ **given** niżej podany ⟨przytoczony⟩
~ **par** poniżej wartości nominalnej, poniżej pari
~ **sample** poniżej próbki, gorszy niż próbka
~ **standard** poniżej standardu
~ **value** poniżej wartości
as stated ~ jak podano poniżej
below-mentioned *adj* niżej wymieniony
belt *s* pas, strefa
bench *s* **1.** ława sędziowska, miejsce sędziowskie **2.** sąd, sędziowie, trybunał **3.** urząd sędziego
~ **warrant** nakaz aresztowania wydany przez sąd z urzędu
to be on the ~ być sędzią
to be raised to the ~ zostać sędzią, zostać mianowanym sędzią
King's ⟨**Queen's**⟩ **Bench** *bryt.* Izba Karna Sądu Najwyższego
bencher *s* **1.** *bryt.* członek Izby Gmin **2.** *bryt.* członek Rady Adwokackiej
back ~ członek Izby Gmin nie zasiadający w gabinecie ⟨rządzie⟩
front ~ członek Izby Gmin będący członkiem rządu
bench-mark *s stat.* punkt wyjściowy ⟨orientacyjny⟩
~ **data** dane wyjściowe
~ **statistics** podstawowe dane statystyczne
benefaction *s* dobrodziejstwo, dar dobroczynny
benefactor *s* dobroczyńca, dobrodziej
beneficial *adj* **1.** korzystny, dogodny **2.** dobroczynny, zbawienny **3.** beneficjalny, dotyczący użytkowania, związany z użytkowaniem
~ **association** ⟨**society**⟩ towarzystwo ⟨kasa⟩ wzajemnej pomocy
~ **enjoyment** korzystanie z majątku w charakterze właściciela (*tak jak właściciel*)
~ **estate** majątek będący przedmiotem użytkowania
~ **interest** *a)* umowne korzyści *b)* prawo użytkowania
~ **owner** ⟨**occupant**⟩ *a)* osoba korzystająca lub mająca prawo do korzystania z majątku *b)* użytkownik
~ **power** prawa beneficjenta ⟨użytkownika⟩
~ **use** korzystanie z majątku dla własnych celów
beneficiary *s* **1.** beneficjent, obdarowany **2.** spadkobierca
~ **association** towarzystwo wzajemnej pomocy
~ **heir** spadkobierca przyjmujący spadek z dobrodziejstwem inwentarza
~ **of an insurance policy** beneficjent polisy ubezpieczeniowej, uprawniony do odbioru sumy ubezpieczenia
~ **of a letter of credit** beneficjent akredytywy
beneficium *s łac.* = **benefit**[1]

benefit[1] *s* **1.** dobrodziejstwo, dobro **2.** korzyść, pożytek, zysk **3.** zasiłek **4.** przywilej
~ **association** ⟨**club, society**⟩ towarzystwo wzajemnej pomocy
~ **in cash** świadczenie pieniężne, zasiłek pieniężny
~ **in kind** świadczenie w naturze
~ **of clergy** *hist. a)* przywilej duchowieństwa (*niepodlegania sądom świeckim*) *b)* niestosowanie kary śmierci wobec osób umiejących czytać i pisać
~ **of counsel** prawo oskarżonego do obrony (*zapewnienie mu czasu na jej przygotowanie i prawo wyboru adwokata*)
~ **of discussion** *a)* prawo poręczyciela do żądania zaspokojenia długu w pierwszej kolejności od głównego dłużnika *b) szkoc.* prawo spadkobiercy testamentowego do żądania zaspokojenia długów spadku w pierwszej kolejności przez spadkobierców ustawowych
~ **of division** przywilej poręczyciela do żądania rozdzielenia długu (*na stosowne części i zapłaty tylko jego udziału w długu*)
~ **of the doubt** przywilej wątpliwości (*zasada interpretowania wątpliwości na korzyść oskarżonego*)
~ **of the invention** *pat.* korzyść ⟨zysk⟩ z wynalazku
~ **of the inventory** dobrodziejstwo inwentarza (*ograniczające odpowiedzialność spadkobiercy za długi spadku do jego udziału*)
~ **of priority** przywilej pierwszeństwa
~ **of a third party** korzyść osoby trzeciej
accident ~ odszkodowanie wypadkowe
cash ~ świadczenie pieniężne
death ~ zasiłek w wypadku śmierci
employment injury ~ zasiłek w związku z wypadkiem przy pracy
financial ~ zasiłek finansowy ⟨pieniężny⟩
fringe ~ **s** dodatki do poborów
funeral ~ zasiłek pogrzebowy
maternity ~ zasiłek macierzyński
medical ~ pomoc lekarska
national insurance ~ **s** świadczenia socjalne
nursing ~ dodatek dla karmiących matek
old-age ~ renta starcza
sickness ~ zasiłek chorobowy
social security ~ **s** zasiłki ⟨świadczenia⟩ z tytułu ubezpieczeń społecznych
unemployment ~ zasiłek z tytułu bezrobocia
to derive ~ **from sth** wyciągnąć z czegoś korzyść
to do sth for the ~ **of sb** zrobić coś dla kogoś
to do sth for pecuniary ~ zrobić coś dla korzyści materialnych
to do sth for the public ~ zrobić coś w interesie społecznym
to give the ~ **of the doubt** zastosować zasadę interpretowania wątpliwości na korzyść oskarżonego
benefit[2] *v* **1.** przynosić korzyść, być korzystnym **2.** osiągać korzyść (**from sth** z czegoś), korzystać (**by sth** z czegoś)
benevolence *s* dobrodziejstwo, dar, łaska
benevolent *adj* **1.** dobroczynny **2.** życzliwy
~ **corporation** ⟨**society**⟩ towarzystwo dobroczynności
~ **fund** fundusz na cele dobroczynne
~ **neutrality** życzliwa neutralność
bequeath *v* zapisywać w testamencie, pozostawić w spadku

to ~ a **legacy to sb** uczynić zapis na czyjąś korzyść
bequeather s zapisodawca, spadkodawca
bequest s 1. zapis, legat 2. spuścizna, spadek
charity ⟨**charitable**⟩ ~ zapis na cele dobroczynne
conditional ~ zapis warunkowy
residuary ~ zapis uniwersalny ⟨pod tytułem uniwersalnym⟩
specific ~ zapis szczególny (*określonego przedmiotu*)
to **make a** ~ **to sb** zapisać coś komuś, uczynić zapis na czyjąś rzecz
bereave v (**bereaved, bereft**) 1. pozbawić (**sb of sth** kogoś czegoś) 2. stracić kogoś bliskiego
bereavement s bolesna strata (*osoby*)
berth[1] s 1. miejsce postoju statku w porcie 2. (*na statku*) koja 3. (*w wagonie*) miejsce sypialne
~ **cargo** ładunek uzupełniający statku liniowego
~ **charge** opłata przystaniowa
~ **charter** czarter zastrzegający określone miejsce załadunku lub wyładunku statku w porcie
~ **clause** klauzula czarteru o nieosadzaniu statku na gruncie przy przeładunku
~ **freight** a) fracht na ładunek uzupełniający b) przesyłki uzupełniające (*czekające na okazję przewozu*)
~ **note** umowa przewozu
~ **rate** liniowa stawka frachtowa
~ **terms** warunki liniowe przewozu (*za konosamentem*)
~ **ticket** bilet na miejsce sypialne
loading ~ miejsce ładowania na statek
on the ~ (*o statku gotowym do załadunku lub wyładunku*) na stoisku w porcie
berth[2] 1. stanąć na miejscu postoju 2. doprowadzić statek na miejsce postoju, podstawić statek 3. (*w pociągu, na statku*) dać miejsce do spania
berthage s 1. miejsce postoju statku w porcie 2. opłata przystaniowa
berthing s 1. miejsce postoju (*statku*) 2. rozkład pomieszczeń
~ **clause** klauzula o odpowiedzialności za przestój statku w porcie w oczekiwaniu na przycumowanie
~ **delay** opóźnienie w podstawieniu statku przy nadbrzeżu
best[1] s to, co najlepsze, coś najlepszego
to the ~ **of one's abilities** jak najlepiej, w miarę możliwości
to the ~ **of my judgement** zgodnie z mym przeświadczeniem
to the ~ **of my knowledge** o ile mi wiadomo
to the ~ **of my recollection** o ile sobie dobrze przypominam
to **act for the** ~ zrobić to, co się uważa za najlepsze ⟨najsłuszniejsze⟩
to **do one's** ~ zrobić, co tylko możliwe, dołożyć wszelkich starań
best[2] adj najlepszy, najkorzystniejszy
~ **buy** najlepszy zakup
~ **evidence** najlepszy dowód, najbardziej przekonywający ⟨bezpośredni⟩ dowód
~ **evidence rule** zasada bezpośrednich dowodów
~ **grade** najwyższy gatunek
~ **terms** najlepsze ⟨najkorzystniejsze⟩ warunki
at the ~ **price** po najniższej cenie
the ~ **part** większa ⟨największa⟩ część

in **somebody's** ~ **interest** w czyimś najlepszym interesie
best[3] adv najlepiej, najbardziej
to **sell at** ~ sprzedawać najlepiej ⟨najkorzystniej⟩
bestiality s 1. bestialstwo, zezwierzęcenie 2. sodomia
bestow v 1. dawać, użyczać (**sth upon sb** coś komuś) 2. obdarzać (**sth on sb** kogoś czymś)
to ~ **a favour on sb** wyświadczyć komuś przysługę
to ~ **a title on** ⟨**upon**⟩ **sb** nadać komuś tytuł, obdarzyć kogoś tytułem
bestowal s 1. nadanie (**of sth on sb** czegoś komuś) 2. obdarowanie (**of sth on sb** kogoś czymś)
best-seller s bestseller
bet[1] s zakład
to **make a** ~ założyć się
to **take (up) a** ~ przyjąć zakład, stawiać (**on sth** na coś)
bet[2] v zakładać się, iść o zakład (**sb** z kimś)
betray v 1. zdradzić 2. oszukać, uwieść (*kobietę*)
to ~ **a country** zdradzić kraj ⟨ojczyznę⟩
to ~ **sb's confidence** zawieść czyjeś zaufanie
to ~ **the people's interests** zdradzić interesy narodu
to ~ **a secret** zdradzić tajemnicę, wydać sekret
to ~ **trust** zawieść zaufanie
betrayal s 1. zdrada 2. oszustwo
betrayer s zdrajca
betroth v zaręczyć (**sb to sb** kogoś z kimś)
betrothal s zaręczyny
betrothed s adj narzeczony, narzeczona, (osoba) zaręczona
better, bettor s osoba zakładająca się
better[1] v 1. polepszyć, poprawić 2. przewyższyć, prześcignąć
to ~ **oneself** poprawić swoją sytuację materialną
better[2] adj lepszy, korzystniejszy
~ **living conditions** lepsze warunki życia
~ **part** większa część (**of sth** czegoś)
~ **price** korzystniejsza cena
~ **terms** lepsze ⟨korzystniejsze⟩ warunki
~ **working conditions** lepsze warunki pracy
to **be** ~ **off** być lepiej sytuowanym
betterment s 1. poprawa, polepszenie 2. wzrost wartości (*nieruchomości na skutek melioracji*)
~ **tax** podatek od wzrostu wartości
betting s zakładanie się, zakłady
~ **levy** podatek od zakładów (*pobierany od bukmacherów przyjmujących zakłady*)
~ **office** urząd udzielający zezwoleń na przyjmowanie zakładów
~ **office licence** zezwolenie na przyjmowanie zakładów
~ **transaction** transakcja ⟨umowa⟩ oparta o zakład
beware v wystrzegać się (**of sth** czegoś)
~ **of counterfeits** ⟨**imitations**⟩ wystrzegać się naśladownictw, ostrzega się przed naśladownictwem
~ **of pickpockets** ostrzega się przed złodziejami kieszonkowymi, wystrzegać się złodziei kieszonkowych
beyond praep 1. za, poza, poza zasięgiem 2. ponad, powyżej
~ **belief** nie do wiary, nie do uwierzenia
~ **compare** nieporównywalny, niezrównany
~ **control** nie do skontrolowania, nie podlegający kontroli

~ **recall** nie do odwołania, nie podlegający odwołaniu

~ **the seas** (*zwrot dla określenia nieobecności w
kraju*) a) poza krajem b) zamorski

to go ~ **one's powers** przekroczyć granice (swej)
władzy

to live ~ **one's means** żyć ponad stan

bi-annual *adj* **1.** zdarzający się dwa razy w roku **2.**
półroczny

bias *s* **1.** nastawienie, stronniczość **2.** uprzedzenie
(**against sb, sth** do kogoś, czegoś) **3.** przychylne
nastawienie (**towards sb, sth** do kogoś, czegoś)

biased *adj* stronniczy, uprzedzony

to be ~ być stronniczym, nie być bezstronnym

bicameral *adj* (*o organie ustawodawczym*) dwuizbowy,
składający się z dwóch izb

bid[1] *s* **1.** ofiarowana cena (*na licytacji*) **2.** oferta **3.**
zgłoszenie chęci nabycia, zaproponowanie ceny
nabycia **4.** przetarg

~ **good** ⟨**in force**⟩ **until ...** oferta zakupu pozostaje w
mocy do ...

~ **in return** kontroferta (*na aukcji*)

~ **price** cena oferowana, kurs zakupu

~**s and offers** (*o kursach giełdowych*) w zaofiarowaniu i w zakupie

best ~ najwyższa cena ofiarowana, najwyższa cena
zakupu

firm ~ wiążąca propozycja zakupu

higher ⟨**further**⟩ ~ wyższa oferta

international ~ przetarg międzynarodowy

last ⟨**highest**⟩ ~ najwyższa oferta ⟨cena⟩

no ~**s** brak nabywców, brak chętnych do kupna

opening ~ cena wywoławcza

take-over ~ oferta przyjęta

to accept a ~ przyjąć ofertę, przyjąć ofiarowaną
cenę

to call for ⟨**invite**⟩ ~**s** ogłosić przetarg, wezwać do
składania ofert

to increase the ~ podnieść oferowaną cenę, dać
wyższą cenę

to make a ~ zaoferować żądaną cenę, zgłosić chęć
nabycia (**of sth** czegoś)

to make a ~ **for power** usiłować dojść do władzy

bid[2] *v* (**bade, bid** *pp* **bidden, bid**) **1.** kazać **2.** wezwać **3.**
ogłosić **4.** oferować (*cenę*), zgłaszać ofertę

to ~ **against each other** przelicytować się nawzajem,
wzajemnie podbijać cenę

to ~ **the banns** ogłaszać zapowiedzi

to ~ **down** przelicytować, zgłosić wyższą cenę

to ~ **a good price for sth** oferować dobrą cenę za
coś

to ~ **in** ⟨**up**⟩ oferować więcej, podbijać cenę (*na
licytacji*)

bidder *s* licytujący, oferent, reflektant

the best ⟨**highest**⟩ ~ osoba oferująca najwyższą cenę
⟨stawkę⟩

there were no ~**s** nie było reflektantów

bidding *s* **1.** zaofiarowanie sumy **2.** polecenie

big *adj* duży, wielki

Big Board nowojorska giełda papierów wartościowych

~ **business** wielkie przedsiębiorstwa ⟨koncerny, tru-
sty⟩

~ **buyer** nabywca na wielką skalę

~ **drop in prices** poważny spadek cen

~ **losses** duże straty

Big Powers in the UN wielkie mocarstwa w ONZ

~ **denominations** duże odcinki (*banknotów, akcji*)

bigamist *s* bigamista

bigamous *adj* **1.** bigamiczny **2.** winny bigamii

bigamy *s* bigamia

bilateral *adj* dwustronny, bilateralny

~ **agreement** ⟨**contract, treaty**⟩ dwustronna umowa,
dwustronne porozumienie, dwustronny kontrakt
⟨pakt⟩

~ **consultation** dwustronne konsultacje

~ **trade** handel bilateralny

bilingual *adj* dwujęzyczny

~ **country** państwo, w którym oficjalnie używa się
dwóch języków, państwo o dwóch językach urzędowych

bill[1] *s* **1.** rachunek **2.** weksel, trata **3.** nota, świadectwo,
dokument **4.** projekt ustawy **5.** lista, zestawienie,
wykaz **6.** plakat, afisz **7.** *am.* banknot **8.** skarga
sądowa, powództwo **9.** deklaracja (*celna itp.*)

~ **account,** ~**s account** rachunek weksli

~ **after goods arrival** weksel trasowany; weksel,
którego termin biegnie od nadejścia towaru

~ **at sight** weksel płatny za okazaniem ⟨awista⟩

~ **at usance** weksel płatny w terminie zwyczajowo
przyjętym

~ **book** księga weksli

~ **broker** makler wekslowy

~ **brokerage** a) arbitraż wekslowy b) prowizja wekslowa

~ **case** portfel wekslowy

~ **charges** koszty wekslowe

~ **cover** pokrycie wekslowe

~ **credit** kredyt wekslowy

~ **creditor** a) wierzyciel wekslowy b) posiadacz
weksla

~ **debt** dług wekslowy

~ **debtor** dłużnik wekslowy

~ **diary** terminarz płatności weksli

~ **discounted** weksel zdyskontowany

~ **falling due** weksel (przypadający) do zapłaty

~ **for acceptance** weksel do akceptacji

~ **for collection** weksel do inkasa

~ **for discount** weksel do dyskonta

~ **for foreclosure** wniosek o egzekucję z nieruchomości

~ **for new trial** wniosek o ponowne rozpatrzenie
sprawy (*wniesiony przez dłużnika hipotecznego dla
uzyskania zapłaty*)

~ **forger** a) fałszerz wekslowy b) fałszerz banknotów

~ **forgery** a) fałszowanie weksli b) fałszowanie
banknotów

~ **form** blankiet wekslowy

~ **held over** weksel przeterminowany

~ **holder** posiadacz weksla

~ **in abeyance** weksel nie wykupiony

~ **in course** weksel w obiegu

~ **in the nature of a** ~ **of review** wniosek osoby
trzeciej o ponowne rozpoznanie sprawy (*w systemie
słusznościowym* **equity**)

~ **in the nature of a** ~ **of revivor** wniosek o
wznowienie ⟨podjęcie⟩ postępowania (*w postępowaniu słusznościowym* **equity**)

~ **in the nature of a supplemental** ~ wniosek osoby
trzeciej, która zgłosiła swój udział w sprawie o
przeprowadzenie dodatkowych dowodów

~ **in pawn** weksel zlombardowany ⟨zastawiony⟩

~ **in portfolio** weksel w portfelu
~ **in a set** weksel z wtórnikami, komplet egzemplarzy weksla
~ **in suspense** weksel nie wykupiony
~ **in transit** weksel w drodze
~ **jobber** *a)* wystawca weksli grzecznościowych *b)* spekulant wekslowy
~ **market** rynek wekslowy
~ **money** *am.* banknot
~ **obligatory** pisemne przyrzeczenie bezwarunkowej zapłaty określonej kwoty pieniężnej
~ **of acceptance** akcept, weksel akceptacyjny
~ **of adventure** dokument stwierdzający, że ładunek statku jest własnością osoby trzeciej, która ponosi ryzyko
~ **of advocation** *szkoc.* skarga apelacyjna
~ **of amortization** zaświadczenie o spłacie długu
~ **of attainder** *bryt. hist.* orzeczenie o utracie praw publicznych i konfiskacie mienia *(osoby winnej zdrady i skazanej na karę śmierci)*
~ **of bottomry** list bodmeryjny
~ **of carriage** rachunek kosztów przewozu
~ **of certiorari** *bryt.* wniosek o przekazanie rozpoznania sprawy sądowi wyższej instancji
~ **of charges** rachunek kosztów
~ **of clearance** zezwolenie celne
~ **of complaint** pozew
~ **of conformity** wniosek wykonawcy testamentu lub zarządcy spadku o ustalenie kolejności ⟨sposobu⟩ rozrachunków z wierzycielami
~ **of consignment** list przewozowy, konosament
~ **of costs** *a)* rachunek kosztów adwokackich *b)* rachunek ⟨spis⟩ kosztów sądowych
~ **of credit** list kredytowy, akredytywa
~ **of debt** pisemne uznanie długu przez dłużnika
~ **of ⟨on⟩ demand** weksel płatny na żądanie ⟨za okazaniem⟩
~ **of discovery** wniosek o dostarczenie przez drugą stronę znajdujących się u niej dokumentów ⟨dowodów⟩
~ **of entry** deklaracja celna
~ **of evidence** zapis stenograficzny przebiegu rozprawy
~ **of exceptions** pisemne zarzuty strony odnośnie do uchybień sądu popełnionych w trakcie rozpoznawania jej sprawy
~ **of exchange** *zob.* **bill of exchange**
~ **of fare** jadłospis
~ **of freight** rachunek należności frachtowych
~ **of goods** faktura
~ **of health** świadectwo sanitarne *(zaświadczenie wystawiane kapitanowi statku o stanie sanitarnym statku)*
~ **of impeachment** akt oskarżenia przeciwko wysokiemu urzędnikowi o nadużycie władzy
~ **of indemnity** *bryt. hist.* ustawa parlamentu zwalniająca od odpowiedzialności za niezłożenie obowiązkowej przysięgi
~ **of indictment** akt oskarżenia
~ **of information** powództwo wnoszone w imieniu korony lub rządu
~ **of interpleader** wniosek posiadacza nieruchomości do sądu o rozstrzygnięcie, komu z dwóch lub więcej osób żądających jej zwrotu winien jest wydać nieruchomość
~ **of lading** *zob.* **bill of lading**

~ **of materials** specyfikacja materiałowa
~ **of parcels** faktura
~ **of particulars** szczegółowy wykaz ⟨spis⟩ roszczeń
~ **of peace** powództwo o ustalenie prawa
~ **of proof** *bryt.* interwencja osoby trzeciej roszczącej prawa do przedmiotu sporu *(w sądzie burmistrza Londynu)*
~ **of protest** sprzeciw
~ **of review** wniosek o uzupełnienie lub sprostowanie wyroku
~ **of revivor** wniosek o podjęcie zawieszonego postępowania
~ **of revivor and supplement** wniosek o podjęcie zawieszonego postępowania oraz przeprowadzenie nowych dowodów w sprawie
Bill of Rights ustawa o prawach obywatelskich, akt swobód obywatelskich
~ **of sale** *a)* akt kupna-sprzedaży ruchomości *b)* kwit zastawniczy *(z upoważnieniem wierzyciela do sprzedaży zastawionej rzeczy) c)* akt kupna-sprzedaży statku
~ **of security** weksel gwarancyjny
~ **of sight** *bryt.* zastępcza deklaracja celna
~ **of store(s)** zezwolenie celne na wwóz wolnych od cła zapasów żywności przeznaczonych dla załogi
~ **of stores** *am.* lista celna
~ **of sufferance** zezwolenie na przewóz towarów bez odprawy celnej z portu do portu *(w żegludze przybrzeżnej),* zezwolenie na obrót wolnocłowy
~ **of tonnage** świadectwo pomiarowe *(statku)*
~ **of victualling** lista prowiantowa statku
~ **outstanding** weksel do zainkasowania, rachunek do zapłacenia
~ **overdue** weksel przeterminowany
~ **payable** weksel do zapłaty
~ **payable after date** weksel płatny po terminie
~ **payable at a fixed date** weksel płatny w ustalonym terminie
~ **payable at sight** weksel płatny za okazaniem
~ **payable at usance** weksel „uso" płatny w terminie zwyczajowym
~ **payable on demand** weksel płatny na żądanie
~ **payable to bearer** weksel płatny na okaziciela
~ **quia timet** powództwo o ochronę zagrozonego posiadania
~ **receivable** weksel w portfelu
~ **rendered** rachunek przedstawiony wierzycielom rachunku bieżącego
~**s discount** dyskonto wekslowe
~**s discount rate** stawka dyskonta wekslowego
~ **single** dokument zaopatrzony pieczęcią zawierający zobowiązanie zapłaty określonej sumy pieniężnej
~**s overdue account** rachunek weksli przeterminowanych
~**s payable** *a)* weksle do zapłacenia *b) am.* wierzyciele wekslowi
~**s receivable** *a)* weksle w portfelu *b) am.* dłużnicy wekslowi
~ **stamp** stempel wekslowy, opłata wekslowa
~ **to mature** weksel płatny w szybkim terminie
~ **with documents attached** weksel dokumentowy *(z załączonymi dokumentami)*
A ~ weksel pierwszorzędny
acceptance ~ trata dokumentowa na warunkach, dokumenty w zamian za akceptację

accommodation ~ weksel grzecznościowy
addressed ~ weksel domicylowany ⟨umiejscowiony⟩
after-date ~ weksel płatny po terminie
after-sight ~ weksel płatny po upływie określonego czasu po okazaniu
amount of a ~ suma wekslowa
appropriation ~ *am.* wniosek do Kongresu o przyznanie funduszy
backed ~ weksel awizowany
bank ⟨banker's⟩ ~ a) weksel bankowy ⟨trasowany przez bank⟩ b) *am.* banknot
bankable ~ weksel nadający się do obrotu bankowego
best ~ weksel prima
blank ~ weksel in blanco
bottomry ~ list bodmeryjny
clean ~ czysty weksel, weksel finansowy
commercial ~ weksel handlowy
credit ~ weksel kredytowy
currency ~ weksel dewizowy
demand ~ weksel płatny na żądanie
discounted ~ weksel zdyskontowany
dishonoured ~ weksel nie honorowany ⟨nie wykupiony⟩
documentary ~ weksel dokumentowy
domestic ~ *am.* weksel krajowy
domiciled ~ weksel domicylowany
endorsed ~ weksel indosowany
external ~ weksel zagraniczny
fictitious ~ weksel fikcyjny
finance ⟨financial⟩ ~ weksel finansowy ⟨bezdokumentowy⟩
foreign ~ weksel zagraniczny
freight ~ weksel należności frachtowych
hand ~ weksel własny
home ⟨inland⟩ ~ weksel krajowy
hot ~ weksel płatny w najbliższym czasie
immature ~ weksel płatny w terminie późniejszym
instalment ~ weksel ratalny ⟨płatny w ratach⟩
long ⟨long-dated, long-sighted, long-term⟩ ~ weksel długoterminowy
negotiable ~ weksel zbywalny
negotiated ~ weksel puszczony w obieg
non-negotiable ~ weksel nie nadający się do obiegu
outside ⟨out-of-town⟩ ~ weksel płatny z innej miejscowości
pawned ~ weksel zlombardowany ⟨zastawiony⟩
protested ~ weksel zaprotestowany
secured ~ weksel zabezpieczony dokumentami towarowymi
short ⟨short-dated, short-termed⟩ ~ weksel krótkoterminowy
sight ~ weksel płatny za okazaniem
single ⟨sola⟩ ~ weksel własny
term ⟨time⟩ ~ weksel płatny w późniejszym terminie
trade ~ weksel handlowy
treasury ~ bon bankowy
unpaid ~ weksel nie wykupiony
to accept a ~ akceptować weksel
to address a ~ domicylować weksel
to cash a ~ zainkasować weksel
to collect ~s inkasować weksle

to cover a ~ pokryć weksel
to discount a ~ zdyskontować weksel
to dishonour a ~ odmówić akceptu weksla
to domicile ⟨domiciliate⟩ a ~ domicylować weksel
to draw a ~ wystawić ⟨trasować⟩ weksel (on, upon sb na kogoś)
to endorse ⟨indorse⟩ a ~ indosować weksel
to extend a ~ prolongować weksel
to foot a ~ a) sumować pozycje rachunku b) *am.* uiścić rachunek
to forge a ~ sfałszować ⟨podrobić⟩ weksel
to have a ~ mieć należność (against sb u kogoś)
to honour a ~ a) honorować weksel b) wykupić weksel w terminie
to issue ⟨make out⟩ a ~ wystawić weksel ⟨rachunek⟩
to meet a ~ honorować weksel
to negotiate a ~ negocjować ⟨dyskontować⟩ weksel, puścić weksel w obieg
to note a ~ dokonać notowania weksla
to pass a ~ uchwalić projekt ustawy
to pay a ~ a) zapłacić rachunek b) wykupić weksel
to present a ~ przedstawić ⟨prezentować⟩ weksel (for payment do zapłaty)
to prolong a ~ prolongować weksel
to protect a ~ zaakceptować ⟨wykupić⟩ weksel
to protest a ~ zaprotestować weksel
to remit ⟨send⟩ a ~ for collection przesłać weksel do inkasa
to renew a ~ prolongować weksel
to retire a ~ wycofać weksel z obiegu
to take up a ~ a) akceptować weksel b) wykupić weksel
to withdraw a ~ wycofać weksel z obiegu
to write out a ~ wystawić weksel ⟨rachunek⟩
bill[2] *v* 1. wystawić rachunek ⟨fakturę⟩ 2. umieszczać w programie 3. oklejać etykietami 4. sporządzać spis ⟨wykaz⟩
billboard *s am.* tablica ogłoszeniowa
billbroker *s* makler wekslowy
billbroking *s* prywatne dyskonto wekslowe
billet *s* 1. kwatera 2. nakaz kwaterunkowy 3. posada, zajęcie, zatrudnienie
billeting *s* 1. wypisanie rachunku ⟨faktury⟩ 2. wciągnięcie na listę 3. deklarowanie
~ clerk fakturzysta
blind ~ niezgodne z prawdą deklarowanie wartości
billholder *s* posiadacz weksla
billing *s am.* 1. fakturowanie 2. deklarowanie
blind ~ zbyt niskie deklarowanie wartości
billion *s* 1. *bryt.* bilion 2. *am.* miliard
bill of exchange *s* weksel, trata
~ law prawo wekslowe
clean ~ weksel czysty, trata bezdokumentowa
domestic ~ weksel krajowy
foreign ~ weksel zagraniczny
bill of lading *s* 1. konosament 2. *am.* kolejowy list przewozowy
~ at option konosament opcyjny
~ bearing reservations konosament zawierający zastrzeżenia
~ clause klauzula czarterowa dotycząca sposobu wystawiania konosamentu
~ to bearer konosament na okaziciela

~ **to a named** ⟨**specified**⟩ **person** konosament imienny na oznaczoną osobę
~ **to** ⟨**under**⟩ **order** konosament na zlecenie
~ **under protest** konosament podpisany przez kapitana statku z zastrzeżeniem
against delivery of the ~ w zamian za konosament
air ⟨**airway, aircraft**⟩ ~ *am.* lotniczy list przewozowy
alongside ~ konosament na ładunek dostarczony do burty statku
as per ~ zgodnie z konosamentem
blank ~ konosament in blanco
blanket ~ konosament ramowy
board ~ konosament na ładunek załadowany
captain's ~ konosament kapitański ⟨wtórnik konosamentu⟩
charter party ~ konosament czarterowy (*zawierający powołanie się na postanowienia czarteru*)
claused ⟨**foul**⟩ ~ konosament nieczysty ⟨z klauzulami restrykcyjnymi, zaklauzulowany⟩
clean ~ konosament czysty ⟨bez zastrzeżeń⟩
coastwise ~ konosament kabotażowy
collective ~ konosament zbiorowy (*na drobnicę*)
custody ~ konosament na ładunek znajdujący się na przechowaniu (*przeznaczony dla statku, który jeszcze nie przybył do portu*)
customs ~ konosament celny (*składany w urzędzie celnym*)
dirty ~ konosament nieczysty ⟨z zastrzeżeniami⟩
domestic ~ konosament w obrocie wewnętrznym
export ~ konosament na towary eksportowane
final ~ konosament definitywny (*wydany w zamian za kwit sternika*)
forwarder's ~ konosament spedytorski
freight paid ~ konosament z adnotacją o zapłaceniu ⟨uiszczeniu⟩ frachtu
groupage ⟨**grouped**⟩ ~ konosament zbiorowy (*na drobnicę*)
Hague Rules ~ konosament oparty na Regułach Haskich
house ~ konosament spedytorski
inland waterway ~ konosament na przewóz wodami śródlądowymi
inward ~ konosament importowy
joint ~ wspólny konosament (*towarzystw obsługujących linię*)
liner ~ konosament liniowy (*na przewóz statkami liniowymi*)
local ~ konosament lokalny (*wystawiony przez przewoźnika obsługującego część trasy*)
negotiable ~ konosament zbywalny
notify ~ konosament z klauzulą notyfikacyjną (*z obowiązkiem zawiadomienia określonej osoby o nadejściu ładunku*)
ocean ~ konosament morski
omnibus ~ konosament zbiorowy (*na drobnicę*)
on board ~ konosament na towary załadowane
order ⟨**to order**⟩ ~ konosament na zlecenie
original stamped ~ ostemplowany oryginalny konosament, konosament kapitański (*wydawany kapitanowi zamiast kopii konosamentu*)
outward ~ konosament eksportowy
parcel ~ konosament częściowy (*na oddzielną partię towaru*)
port ~ konosament na ładunek znajdujący się w

porcie (*przeznaczony dla statku, który jeszcze nie przybył do portu*)
port to port ~ konosament na przewóz bez przeładunku
railroad ~ *am.* kolejowy list przewozowy
received for shipment ~ konosament na towary przyjęte do załadunku
sea ⟨**ship, steamer, steamship**⟩ ~ konosament morski
shipped ~ konosament na ładunek załadowany
ship's ~ konosament kapitański
stale ~ konosament spóźniony (*przedstawiony bankowi zbyt późno na przesłanie go do portu przeznaczenia przed przybyciem statku*)
standard ~ konosament typowy
straight ~ konosament imienny
through ~ konosament bezpośredni (*wystawiony przez jednego przewoźnika na całą trasę obsługiwaną przez dwu lub więcej przewoźników*)
transshipment ~ konosament przeładunkowy ⟨z przeładunkiem⟩
unclean ~ konosament nieczysty ⟨z zastrzeżeniami⟩
uniform ~ konosament typowy
billposting *s* rozlepianie plakatów
bimetallism *s* bimetalizm (*system pieniężny opierający się na podwójnej, t.j. srebrnej i złotej jednostce monetarnej*)
bimonthly *s* 1. dwumiesięcznik 2. dwutygodnik
binary *adj* 1. podwójny 2. dwójkowy
bind *v* (**bound, bound**) 1. wiązać, związywać 2. zobowiązywać
to ~ **duties** ⟨**tariffs**⟩ ustalić cła, zobowiązać się do niepodwyższania ceł
to ~ **oneself under oath** zobowiązywać się pod przysięgą
to ~ **sb to do sth** zobowiązywać kogoś do zrobienia czegoś
to ~ **sb to pay** zobowiązywać kogoś do zapłaty
binder *s* tymczasowy dokument umowy (*najczęściej ubezpieczenia*)
binding *adj* obowiązujący, wiążący, obligatoryjny
~ **agreement** umowa obowiązująca ⟨wiążąca⟩
~ **at law** prawnie obowiązujący
~ **declaration** wiążące oświadczenie
~ **force** moc obowiązująca
~ **offer** ⟨**proposal**⟩ wiążąca oferta ⟨propozycja⟩
~ **over** polecenie ⟨nakaz⟩ sądu ⟨sędziego⟩ z żądaniem stosownego zachowania się osoby, do której jest skierowany
~ **receipt** ⟨**slip**⟩ tymczasowy dowód ubezpieczenia (*do czasu sporządzenia polisy*)
generally ~ powszechnie obowiązujący
in a ~ **form** w formie obowiązującej
legally ~ prawnie wiążący
mutually ~ wzajemnie obowiązujący
not ~ nie obowiązujący, nie wiążący
to be ~ **on** ⟨**upon**⟩ **sb** być obowiązującym dla kogoś
to declare sth as ~ ogłosić coś za obowiązujące
to have a ~ **effect** mieć moc obowiązującą
biographical *adj* biograficzny
~ **note** wzmianka ⟨notatka⟩ biograficzna
biography *s* biografia
bipartite *adj* 1. dwustronny 2. dwuczęściowy
~ **agreement** dwustronne porozumienie

~ **contract** dwustronna umowa
~ **treaty** dwustronny traktat
birretum, birretus *s lac.* biret, nakrycie głowy
sędziego
birth *s* **1.** urodzenie **2.** ród, pochodzenie **3.** poród
~ **certificate** świadectwo ⟨metryka⟩ urodzenia
~ **control** regulacja ⟨kontrola⟩ urodzeń
~ **honours** *bryt.* odznaczenia, wyróżnienia i tytuły
nadawane w dniu urodzin monarchy
~ **order** *stat.* kolejność urodzeń
~ **spacing** *stat.* odstęp w czasie między porodami
by right of ~ z tytułu urodzenia
illegitimate ~ urodzenie pozamałżeńskie ⟨nieślub-
ne⟩
legitimate ~ urodzenie w małżeństwie
live ~ urodzenie żywe
premature ~ przedwczesny poród
still ~ urodzenie martwe, martwy płód
country of ~ kraj urodzenia ⟨ojczysty⟩
date ⟨**day**⟩ **of** ~ data ⟨dzień⟩ urodzenia
place of ~ miejsce urodzenia
to be Polish by ~ być Polakiem z urodzenia
to give ~ **to a child** urodzić dziecko
birthday *s* **1.** dzień urodzenia **2.** urodziny
birthmark *s* znamię rodzime
birthplace *s* miejsce urodzenia
birthrate *s stat.* współczynnik urodzeń
birth(-)right *s* **1.** pierworództwo **2.** prawa nabyte na
skutek urodzenia
bisexual *s* **1.** obojnak **2.** osoba seksualnie atrakcyjna dla
obu płci
bissextile *adj:* ~ **day** dzień 29 lutego
~ **year** rok przestępny
biweekly *s* **1.** dwutygodnik **2.** pismo ukazujące się 2 razy w tygodniu
biyearly *adj* **1.** półroczny **2.** zdarzający się raz na ⟨co⟩
dwa lata
black *adj* czarny
~ **cap** *bryt.* czarny biret nakładany przez sędziów
przed ogłoszeniem wyroku śmierci
Black Maria *pot.* buda, karetka więzienna
~ **market** czarny rynek
~ **marketeer** spekulant na czarnym rynku
~ **work** *pot.* praca bez zezwolenia
blackleg *s* **1.** łamistrajk **2.** szuler
blacklist[1] *s* czarna lista *(niesolidnych osób, firm itp.)*
blacklist[2] *v* wciągać na czarną listę *(osoby, firmy itp.)*
blackmail[1] *s* szantaż, wymuszenie
attempted ~ usiłowanie wymuszenia ⟨szantażu⟩
blackmail[2] *v* szantażować, wymuszać
to be ~ed być szantażowanym ⟨ofiarą szantażu⟩
blackout *s* zaciemnienie okien
mental ~ zamroczenie
blame[1] *s* **1.** wina **2.** odpowiedzialność **3.** nagana,
potępienie **4.** zarzut
to attribute the ~ **for sth to sb** przypisywać komuś
winę za coś
to bear the ~ ponosić winę
to clear sb from ~ oczyścić kogoś z winy ⟨zarzu-
tów⟩
to deserve ~ zasłużyć na potępienie ⟨zarzuty⟩
to lay ⟨**put, cast**⟩ **the** ~ **for sth on sb** obwiniać kogoś o
coś, winić kogoś za ⟨o⟩ coś, potępiać kogoś za coś
blame[2] *v* **1.** ganić **2.** winić, czynić odpowiedzialnym **(for**
sth za coś)
to be to ~ zasługiwać na naganę

the party to ~ strona winna
blameless *adj* **1.** nienaganny, nieskazitelny **2.** niewinny,
bez skazy
blameworthy *adj* naganny, zasługujący na naganę,
godny potępienia
blank[1] *s* **1.** puste miejsce *(w formularzu, dokumencie)* **2.**
formularz, blankiet **3.** ślepy nabój
acceptance in ~ akcept in blanco
credit in ~ kredyt in blanco, nie pokryty kredyt
endorsement ⟨**indorsement**⟩ **in** ~ indos in blanco
receipt in ~ potwierdzenie ⟨pokwitowanie⟩ in
blanco
signature in ~ podpis in blanco
transfer in ~ cesja in blanco
blank[2] *adj* pusty, nie wypełniony, nie zapisany *(papier)*
~ **acceptance** akcept in blanco
~ **bill** weksel in blanco ⟨nie wypełniony⟩
~ **bill of lading** konosament na okaziciela
~ **cheque** czek in blanco ⟨nie wypełniony⟩
~ **credit** kredyt in blanco, kredyt nie mający pokrycia ⟨zabezpieczenia⟩
~ **endorsement** ⟨**indorsement**⟩ indos in blanco
~ **form** formularz ⟨blankiet⟩ *(do wypełnienia)*
~ **receipt** pokwitowanie in blanco
~ **space** wolne ⟨puste⟩ miejsce *(w formularzu)*
~ **transfer** cesja ⟨przelew⟩ in blanco
~ **voting paper** nie wypełniona karta do głosowania
in ~ in blanco
to assign in ~ cedować in blanco *(walory)*
to draw in ~ trasować in blanco *(weksel)*
to endorse ⟨**indorse**⟩ **in** ~ indosować in blanco
blanket *adj* **1.** ogólny, uniwersalny, zbiorowy **2.**
ramowy
~ **bond** *a)* zobowiązanie zabezpieczone hipotecznie
b) zobowiązanie pracownika do pokrycia ewentualnych szkód wyrządzonych pracodawcy
~ **clause** klauzula ogólna
~ **code** uniwersalny zbiór przepisów
~ **instructions** ogólne instrukcje
~ **mortgage** ogólna ⟨łączna⟩ hipoteka
~ **policy** *a)* polisa ubezpieczeniowa obejmująca
kolejne przewozy *b) am.* ubezpieczenie od ognia
obejmujące kilka budynków *c)* polisa ogólna od
wszelkiego ryzyka
~ **rate** opłata ubezpieczeniowa od polisy ogólnej
~ **speculator** spekulant na zniżkę
blasphemer *s* bluźnierca
blasphemous *adj* bluźnierczy
blasphemy *s* **1.** bluźnierstwo **2.** *hist.* przestępstwo
bluźnierstwa
blatant *adj* **1.** rażący, krzykliwy **2.** bezczelny
~ **case** rażący przykład ⟨przypadek⟩
~ **injustice** rażąca ⟨krzycząca⟩ niesprawiedliwość
~ **lie** bezczelne kłamstwo
blemish[1] *s* wada, skaza, plama
without ~ bez skazy ⟨wady, zarzutu⟩
blemish[2] *v* **1.** plamić, kazić **2.** psuć
to ~ **the peace** naruszyć pokój
to ~ **sb's reputation** zepsuć komuś opinię
blend[1] *s* mieszanka
~ **of tea** ⟨**coffee**⟩ mieszanka herbaty ⟨kawy⟩
blend[2] *v* **1.** mieszać, łączyć **2.** sporządzić mieszankę
blended *adj:* ~ **fund** fundusz powstały z różnych
źródeł

~ **tea** mieszanka herbaty
blind *adj* **1.** ślepy **2.** niewyraźny, niedokładny, niejasny
~ **check** sprawdzenie ładunku bez porównania z listem przewozowym
~ **selling** *przen.* sprzedaż w ciemno (*np. nieukończonego filmu*)
bloc *s* blok (*np. państw*)
neutral ~ blok państw neutralnych
sterling ~ blok szterlingowy
block[1] *s* **1.** blok (*np. kamienny*) **2.** pakiet, partia **3.** przeszkoda, przegroda **4.** zator (*w ruchu drogowym*)
~ **of flats** *bryt.* dom ⟨blok⟩ mieszkalny
~ **of shares** pakiet akcji
~ **policy** *ub. mors.* polisa obrotowa (*pokrywająca wiele powtarzających się przewozów*)
~ **punishment** kara główna
in ~ **s** (*o towarze*) w blokach, w pakietach
traffic ~ przeszkoda ⟨zator⟩ w ruchu (drogowym)
to write in ~ **letters** pisać drukowanymi literami
block[2] *v* blokować, tamować, przeszkadzać
to ~ **an account** zablokować konto
to ~ **motions and resolutions** blokować wnioski i rezolucje
to ~ **progress** zahamować postęp
to ~ **the traffic** blokować ruch
blockade[1] *s* blokada
~ **breaker** osoba łamiąca blokadę
~ **runner** statek ⟨kapitan statku⟩ przełamujący blokadę
close ~ ścisła blokada
commercial ~ blokada handlowa
economic ~ blokada ekonomiczna
financial ~ blokada finansowa
pacific ⟨**peace-time**⟩ ~ blokada w czasie pokoju
to establish a ~ wprowadzić blokadę
to impose a ~ zastosować blokadę
to lift ⟨**raise**⟩ **the** ~ uchylić ⟨znieść⟩ blokadę
to run the ~ przedrzeć się przez blokadę
to tighten the ~ zaostrzyć blokadę
blockade[2] *v* blokować, poddać blokadzie
blockaded *adj* zablokowany, objęty blokadą
~ **port** zablokowany ⟨objęty blokadą⟩ port
blocked *adj* zablokowany
~ **account** zablokowany rachunek
~ **deposit** zablokowany depozyt
~ **exchange** reglamentowany obrót dewizowy
~ **shares** akcje w pakietach
blood *s* krew
~ **brother** rodzony brat
~ **feud** krwawy spór między rodzinami, wendeta
~ **group** grupa krwi
~ **money** *a)* pieniądze za morderstwo *b)* nagroda za wydanie przestępcy
~ **relation** ⟨**relative**⟩ krewny
~ **relationship** pokrewieństwo
~ **test** próba ⟨badanie⟩ krwi
~ **typing** ustalenie grupy krwi
bloodshed *s* rozlew ⟨przelew⟩ krwi
blot *s* **1.** plama **2.** wada, defekt, usterka
~ **on title** wada w tytule prawnym
blotter *s* **1.** dziennik, rejestr **2.** rejestr policyjny, księga aresztowań **3.** *am.* księga bieżąca
blue-book *s* **1.** błękitna księga **2.** *bryt.* sprawozdanie

Parlamentu lub Przybocznej Rady Królewskiej **3.** *am.* spis wybitnych osobistości
blue-print *s* **1.** odbitka niebieska (*rysunku*), fotokopia **2.** projekt, plan
blue-sky *adj:* ~ **law** *am.* ustawa regulująca obroty giełdowe (*chroniąca przed zakupem bezwartościowych akcji czy walorów*)
board[1] *s* **1.** pokład ⟨burta⟩ statku **2.** rada, komisja **3.** dyrekcja, zarząd **4.** urząd **5.** ministerstwo **6.** utrzymanie, wyżywienie **7.** tablica, deska
~ **and lodging** utrzymanie i mieszkanie
~ **meeting** posiedzenie rady ⟨zarządu, komisji, dyrekcji⟩
~ **of aldermen** zarząd miejski
~ **of audit** komisja rewizyjna
~ **of creditors** zgromadzenie wierzycieli (*upadłości*)
Board of Customs zarząd ceł, urząd celny
~ **of directors** rada nadzorcza, zarząd
Board of Education *bryt.* ministerstwo oświaty
~ **of examiners** komisja egzaminacyjna
Board of Exchequer *bryt.* ministerstwo finansów ⟨skarbu⟩
~ **of guardians** rada familijna ⟨rodzinna⟩
Board of Health *bryt.* ministerstwo zdrowia
~ **of management** zarząd
~ **of receipt** kwit pokładowy, potwierdzenie załadowania towaru na statek
~ **of review** komisja kontrolująca prawidłowość wymiaru podatków
~ **of special inquiry** *am.* komisja do spraw imigracji
Board of Tax Appeals *am.* odwoławcza komisja podatkowa
Board of Trade *a)* *bryt.* ministerstwo handlu *b)* izba handlowa
~ **of trustees** rada opiekuńcza ⟨powiernicza⟩
Board of Weights and Measures Urząd Miar i Wag
advisory ~ komitet doradczy
arbitration ~ komisja rozjemcza
brokerage ~ *am.* rada giełdowa
brokers' ~ *am.* giełda
disciplinary ~ komisja dyscyplinarna
editorial ~ kolegium redakcyjne
exchange control ~ urząd kontroli dewizowej
executive ~ organ wykonawczy, egzekutywa
free ~ bezpłatne wyżywienie (*jako część uposażenia*)
free on ~ (*skr.* **f.o.b.**) franko statek
full ~ pełne ⟨całodzienne⟩ wyżywienie
half ~ *a)* częściowe wyżywienie *b)* półinternat
mediation ~ komisja rozjemcza
medical ~ komisja lekarska
on ~ *a)* na statku *b)* na statek
patent ~ komisja patentowa
to appoint a ~ wyznaczyć komisję ⟨komitet, zarząd itp.⟩
to be on the ~ być członkiem rady ⟨komisji, komitetu itp.⟩
to come on ~ wejść na pokład
to elect a ~ wybrać komisję ⟨komitet, zarząd itp.⟩
to go on ~ zaokrętować się, wejść na statek
to receive ⟨**take**⟩ **on** ~ przyjąć na statek ⟨pokład statku⟩

board[2] *v* **1.** wsiąść do pociągu; wejść na pokład statku ⟨samolotu itp.⟩ **2.** stołować (**sb** kogoś)
to ~ and lodge sb dawać komuś mieszkanie i utrzymanie
to ~ a ship ⟨**train, plane**⟩ wsiąść na statek ⟨do pociągu, do samolotu⟩
boarder *s* **1.** stołownik **2.** pensjonariusz **3.** uczeń w internacie
day ~ stołownik, przychodzący na posiłki
to take in ~ s przyjmować pensjonariuszy ⟨stołowników⟩
boarding *s* **1.** wejście na pokład **2.** żywienie, utrzymanie (*całodzienne*)
~ card *am.* karta wstępu na pokład
~ house pensjonat
~ school szkoła z internatem
~ visit kontrola statku
boat[1] *s* **1.** łódź **2.** statek
~ load ładunek (*łodzi, statku*)
by ~ *a)* łodzią *b)* statkiem
cargo and passenger ~ statek towarowo-pasażerski
cargo ~ statek towarowy, frachtowiec
ferry ~ prom
motor ~ łódź motorowa
pilot ~ statek pilotowy, pilotówka
pleasure ~ statek wycieczkowy
salvage ⟨**rescue**⟩ **~** *a)* statek ratowniczy *b)* łódź ratownicza
tug ~ holownik
boat[2] *v* **1.** płynąć łodzią **2.** przewozić łodzią **3.** ładować na łódź
boatful *s* pełny ładunek (*łodzi, statku*)
boat-train *s* pociąg mający bezpośrednie połączenie ze statkiem
bodily[1] *adj* cielesny
~ harm ⟨**injury**⟩ uszkodzenie cielesne
~ heirs spadkobiercy w prostej linii
bodily[2] *adv* **1.** osobiście, we własnej osobie **2.** w całości, gremialnie
body *s* **1.** ciało **2.** organ, ogół, kolegium, grupa, zespół **3.** główna ⟨zasadnicza⟩ część (*dokumentu*) **4.** korpus, kadłub
~ corporate osoba prawna
~ of creditors ogół wierzycieli
~ of a deed ⟨**an instrument**⟩ główna ⟨istotna⟩ część dokumentu
~ of laws usystematyzowany zbiór ustaw ⟨praw, przepisów prawnych⟩
~ of legislation ciało ustawodawcze ⟨prawodawcze⟩, organ ustawodawczy, władza ustawodawcza
~ politic państwo
administrative ~ organ administracyjny
dead ~ zwłoki, martwe ciało, trup
diplomatic ~ korpus dyplomatyczny, ciało dyplomatyczne
electoral ~ ciało wyborcze, wyborcy
governing ~ organ władzy
in a ~ jak jeden mąż, gremialnie
legislative ~ = ~ of legislation
municipal ~ przedstawicielstwo miejskie, radni
professional ~ organizacja zawodowa
public ~ osoba prawna, stowarzyszenie, korporacja
bogus *adj* **1.** fałszywy, podrabiany **2.** fikcyjny
~ affair oszukańcza afera
~ cheque ⟨*am.* **check**⟩ fałszywy czek

~ company ⟨**firm**⟩ fikcyjna spółka ⟨firma⟩
~ contract fikcyjna umowa
~ money fałszywe pieniądze
~ transaction fikcyjna transakcja
bomb *s* bomba
bombardment *s* bombardowanie
~ of cities and villages bombardowanie miast i wsi
~ of foreign territory bombardowanie obcego terytorium
bona fide *łac.* w dobrej wierze
~ holder ⟨**possessor**⟩ posiadacz w dobrej wierze
~ purchaser nabywca w dobrej wierze
to act ~ działać w dobrej wierze
bona fides *s łac.* dobra wiara
bona gestura *s łac.* dobre sprawowanie
bonanza *s hiszp.* **1.** bogate złoża kopalin **2.** dochodowy interes, *pot.* złota żyła
~ farm nowocześnie wyposażone i dobrze prowadzone gospodarstwo rolne
~ year dochodowy rok
bona vacantia *s łac.* dobra ⟨rzeczy, mienie⟩ porzucone ⟨opuszczone⟩
bona vaviata *s łac.* rzeczy ⟨łupy⟩ porzucone przez złodzieja
bond[1] *s* **1.** więź, więzy **2.** skrypt dłużny, oblig, zobowiązanie zapłaty **3.** obligacja **4.** list zastawny **5.** bon, rewers **6.** gwarancja, zastaw **7.** skład celny, zamknięcie celne **8.** *zob.* **bonds**
~ and disposition in security, *szkoc.* **~ and mortgage** zabezpieczenie pożyczki w postaci skryptu dłużnego oraz hipoteki (*uniemożliwiającej sprzedaż nieruchomości bez zapłaty pożyczki*)
~ broker *am.* makler walorów
~ capital kapitał w obligacjach
~ circulation obieg obligacji
~ creditor wierzyciel mający zabezpieczenie w obligacjach
~ debt dług obligacyjny, dług stwierdzony obligacją
~ debtor dłużnik obligacyjny, dłużnik – wystawca obligacji
~ dues opłaty skarbowe (*na komorze celnej*)
~ for costs zobowiązanie pokrycia kosztów sprawy
~ goods towar na cle ⟨pod zamknięciem celnym⟩
~ holder posiadacz obligacji
~ market rynek papierów wartościowych
~ note kwit warunkowej odprawy celnej
~ of appeal kaucja apelacyjna
~ of indemnity list gwarancyjny, rewers
~ of security list gwarancyjny ⟨zastawny⟩
~ port port posiadający składy wolnocłowe
~ store magazyn celny, skład wolnocłowy
~ tenant *bryt. hist.* dzierżawca majątku nieruchomego ⟨nieruchomości⟩
~ to bearer obligacja na okaziciela
adjustment ~ obligacja wydana celem uzupełnienia kapitału przedsiębiorstwa
annuity ~ obligacja oprocentowana bez terminu jej wygaśnięcia
arbitration ~ zapis na sąd polubowny, zobowiązanie do poddania przyszłych ewentualnych sporów arbitrażowi
average ~ bon awaryjny
baby ~ obligacja na niską kwotę

bail ~ pismo poręczające (*celem zwolnienia statku spod aresztu*)
bearer ~ obligacja na okaziciela
blanket ~ zobowiązanie zabezpieczone hipotecznie
bottomry ~ list bodmeryjny
callable ~ obligacja z terminem wykupu
called ~ obligacja wylosowana
collateral trust ~ obligacja zabezpieczona dodatkowo
common money ~ zwykła obligacja pieniężna
consolidated ~ obligacja skonsolidowana
consolidated mortgage ~ obligacja skonsolidowana zabezpieczona hipotecznie
convertible ~ obligacja wymienialna na akcje na życzenie posiadacza
coupon ~ obligacja z kuponami oprocentowania (*do odcinania po nadejściu terminu płatności*)
customs ~ zamknięcie celne
debenture ~ *a*) oblig, skrypt dłużny *b*) *am.* świadectwo upoważniające do uzyskania cła zwrotnego lub premii eksportowej
defence ⟨**war**⟩ ~ pożyczka obronna ⟨wojenna⟩, pożyczka na obronę kraju
drawn ~ obligacja wylosowana
ex ~ spod zamknięcia celnego
export ~ kwit celny na towary zabrane ze składu wolnocłowego
extended ~ obligacja z przedłużonym terminem wykupu
fiduciary ~ obligacja powiernicza
foreign ~ obligacja zagraniczna
general mortgage ~ obligacja zabezpieczona hipoteką łączną
gold ~ *hist.* obligacja, której suma kapitałowa i odsetki płatne są w złocie
government ~ obligacja państwowa
guaranteed ~ obligacja z dodatkową gwarancją
high-yield ⟨**highly-rated**⟩ ~ obligacja wysoko oprocentowana
in ~ pod zamknięciem celnym
income ~ obligacja, której oprocentowanie jest zależne od corocznego zysku
indemnity ~ list gwarancyjny
instalment ~ obligacja płatna w ustalonych ratach
interchangeable ~ obligacja wymienialna na inną (*na życzenie posiadacza*)
interest ~ obligacja wydana w celu zapłaty odsetek
interim ~ obligacja tymczasowa
irredeemable ~ obligacja bez terminu wykupu
joint and several ~ obligacja, której kapitał i odsetki zagwarantowane są przez kilku dłużników
judgment ~ zabezpieczenie zapłaty zasądzonej kwoty w przypadku nieuwzględnienia odwołania (*składanego przez odwołującego się dłużnika*)
mortgage ~ list zastawny
municipal ~ obligacja miejska
non-negotiable ~ obligacja imienna
optional ~ obligacja, która może być wykupiona przed terminem
participation ~ obligacja oprocentowana uprawniająca do udziału w zyskach przedsiębiorstwa
passive ~ obligacja nie przynosząca procentów
perpetual ~ obligacja oprocentowana bezterminowa (*nie zawierająca terminu wykupu*)

premium ⟨**prize**⟩ ~ obligacja premiowa
profit sharing ~ obligacja oprocentowana uprawniająca do udziału w zyskach przedsiębiorstwa
redeemable ~ obligacja z terminem wykupu
redeemed ~ obligacja wykupiona
refunding ~ obligacja emitowana na wykupienie będących w obiegu obligacji
registered ~ obligacja imienna ⟨zarejestrowana⟩
removal ~ pozwolenie na odbiór towaru z magazynu celnego
respondentia ~ *a*) list bodmeryjny (*na pożyczkę pod zastaw ładunku*) *b*) zobowiązanie bodmeryjne ⟨ładunkowe⟩ *c*) bon bodmeryjny ⟨ładunkowy⟩
revenue ~ obligacja płatna z określonych dochodów
state ⟨**treasury**⟩ ~ obligacja państwowa
surety ~ rewers gwarancyjny
unified ~ obligacja skonsolidowana
under ~ *a*) pod zamknięciem celnym *b*) pod gwarancją, za kaucją
warehouse ~ kwit składowy
to be admitted in ~ być dopuszczonym do warunkowej odprawy celnej
to enter into ~ wystawić pisemne zobowiązanie (**with sb** komuś)
to give ~ *a*) udzielić pisemnej gwarancji zapłaty *b*) złożyć kaucję (**for sth** na coś)
to place ⟨**put**⟩ ~ złożyć na skład celny, umieścić pod zamknięciem celnym
to release ⟨**take**⟩ **goods from** ~ uwolnić towar spod zamknięcia celnego
to sell in ~ sprzedać towar znajdujący się pod zamknięciem celnym
to sign a ~ podpisać zobowiązanie
to store in ~ złożyć na skład, umieścić pod zamknięciem celnym
to take goods out of ~ zwolnić towar spod zamknięcia celnego
bond² *v* 1. wystawić skrypt dłużny ⟨oblig, rewers⟩ 2. złożyć (*towar*) do magazynu celnego
to ~ **to destination** przeznaczyć do oclenia w miejscu przeznaczenia
bondage *s* 1. niewolnictwo, niewola 2. uwięzienie
bonded *pp adj* 1. zabezpieczony walorami lub poręczeniem, fundowany 2. pod zamknięciem celnym
~ **debt** dług fundowany pokryty przez emisję obligacji
~ **goods** towar pod zamknięciem celnym
~ **price** cena wolnocłowa (*towaru*)
~ **stores** okrętowe zapasy żywności pod zamknięciem celnym
~ **value** wartość towaru nie oclonego, wartość wolnocłowa
~ **warehouse** skład wolnocłowy, magazyn celny
~ **zone** strefa wolnocłowa
bonder *s* właściciel towaru złożonego na cle, składający towar w magazynie celnym
bondholder *s* posiadacz obligacji
bonding *s* składowanie towaru pod zamknięciem celnym
~ **charges** koszty składowania pod zamknięciem celnym
~ **port** port posiadający składy pod zamknięciem celnym
to enter goods for ~ zgłosić towary na skład pod zamknięcie celne

bonding-time s dozwolony czas składowania towaru w magazynie celnym przed odprawą celną
bonds spl papiery wartościowe, obligacje, efekty, walory; zob. **bond**
  corporated ⟨industrial⟩ ~ obligacje przemysłowe
  economic ~ więzy ekonomiczne
  government ⟨state, treasury⟩ ~ obligacje państwowe
  lottery ⟨prize, premium⟩ ~ bony premiowe
  marriage ⟨matrimonial⟩ ~ więzy małżeńskie
  saving ~ obligacje dla lokat oszczędnościowych
  serial ~ obligacje seryjne (wydane w tym samym czasie o różnych terminach wykupu)
  series ~ obligacje wydawane w różnym czasie o różnych terminach wykupu
  top-quality ~ obligacje pierwszorzędne
  unissued ~ obligacje w portfelu (przed emisją)
  to issue ~ wydawać ⟨emitować⟩ obligacje
  to redeem ~ spłacać ⟨wykupywać⟩ obligacje
bondsman s poręczyciel, udzielający kaucji ⟨poręczenia⟩
bonification s 1. zwolnienie od podatku 2. bonifikata
bonis non amovendis łac. polecenie sądu nieusuwania przedmiotu sporu
bonus[1] s 1. premia 2. tantiema, dodatek 3. am. opłata rejestracyjna pobierana od osób prawnych
  ~ **funds** fundusz premiowy
  ~ **in kind** dodatek w naturze
  ~ **shares** ⟨stock⟩ bezpłatne akcje
  ~ **system** system premiowy
  cash ~ premia gotówkowa ⟨w gotówce⟩
  Christmas ~ premia świąteczna ⟨noworoczna⟩
  cost-of-living ~ dodatek drożyźniany
  employees' ~ nagrody pracownicze
  export ~ premia eksportowa
  group ~ premia zbiorowa
  no claims ~ obniżka stawki ubezpieczeniowej za bezszkodową jazdę (dla posiadaczy samochodów)
  output ⟨merit⟩ ~ premia za wydajność pracy
  production ~ premia produkcyjna
  to pay a ~ wypłacać premię
bonus[2] v premiować
book[1] s 1. książka, księga 2. rejestr 3. książeczka (czekowa, biletowa itp.) 4. zob. **books**
  the Book biblia, Pismo Święte
  the Books zbiory orzeczeń sądów angielskich (podstawa prawa precedensowego)
  ~ **account** rachunek bieżący
  ~ **claim** roszczenie na podstawie ksiąg handlowych
  ~ **club** klub książki
  ~ **credit** kredyt zapisywany w księdze
  ~ **creditor** wierzyciel książkowy (długów zapisanych w księdze)
  ~ **debt** dług książkowy
  ~ **debtor** dłużnik książkowy
  ~ **entry** zapis księgowy
  ~ **of acceptances** księga akceptów
  ~ **of accounts** księga kontowa
  ~ **of acts** am. protokoły postępowania sądowego w sprawach spadkowych
  ~ **of commissions** księga zamówień
  ~ **of complaints** książka reklamacji ⟨zażaleń⟩
  ~ **of debtors** księga dłużników
  ~ **of entries** księga ⟨dziennik⟩ wpływów
  ~ **of inventory** księga inwentarzowa

  ~ **of invoices** księga faktur
  ~ **of orders** księga zamówień
  ~ **of receipts** księga wpływów
  ~ **of reference** informator
  ~ **of remittances** księga przekazów ⟨przelewów⟩
  ~ **of sales** księga sprzedaży
  ~ **of shares** rejestr akcji
  ~ **of shipments** księga wysyłek (statkiem)
  ~ **of stamps** książeczka ze znaczkami pocztowymi
  ~ **of tickets** książeczka biletowa, karnet z biletami
  ~ **of vouchers** am. książeczka biletowa
  ~ **post** druk (w obrocie pocztowym)
  ~ **price** cena według księgi handlowej
  ~ **profit** zysk księgowy (nadwyżka wartości rynkowej nad księgową)
  ~ **value** wartość księgowa
  acceptance ~ księga ⟨książka⟩ akceptów
  account ~ księga kontowa
  address ~ księga ⟨książka⟩ adresowa
  bank ~ książeczka bankowa
  cargo ~ książka ładunkowa (statku)
  cash ~ księga ⟨książka⟩ kasowa
  Casualty Book rejestr strat i uszkodzeń statku
  cheque ⟨am. check⟩ ~ książeczka czekowa
  claims ~ książka reklamacji ⟨zażaleń⟩
  counterfoil ~ część grzbietowa książeczki czekowej
  day ~ dziennik, pamiętnik
  delivery ~ księga ⟨książka⟩ doręczeń ⟨dostaw⟩
  deposit ⟨depositors'⟩ ~ a) księga depozytowa b) książeczka bankowa
  inventory ~ księga ⟨książka⟩ inwentarzowa
  invoice ~ księga faktur
  law ~ zbiór przepisów, kodeks
  letter ~ kopiał
  loose-leaf ~ kołonotatnik
  memorandum ~ dziennik, notatnik
  minute ~ książka protokołów
  order ~ księga ⟨książka⟩ zamówień
  pass ~ książeczka bankowa
  pattern ~ księga ⟨książka⟩ wzorów
  pay ~ książka uposażenia
  postage ~ książka opłat pocztowych
  purchase ~ księga ⟨książka⟩ zakupów
  register ⟨registry⟩ ~ księga rejestrowa
  returns ~ księga ⟨książka⟩ zwrotów
  sales ~ księga ⟨książka⟩ sprzedaży
  savings-bank ~ książeczka wkładów oszczędnościowych
  signature ~ księga ⟨książka⟩ wzorów podpisów
  stock ⟨store, warehouse⟩ ~ księga ⟨książka⟩ magazynowa
  transfer ~ księga przelewów
  year ~ rocznik
  to keep the ~s **(of a firm)** prowadzić księgowość (firmy)
  to publish a ~ wydać książkę
  to swear on the Book przysięgać na Biblię
book[2] v 1. księgować 2. bukować (bilet), rezerwować miejsce 3. zgłaszać ładunek ⟨przyjmować zgłoszenie ładunku⟩ do przewozu, bukować
  to ~ **accommodation** zarezerwować pokój ⟨nocleg⟩
  to ~ **cargo** ⟨freight, space⟩ bukować miejsce na statku na przewóz ładunku
  to ~ **an order** zanotować zamówienie

to ~ **a passage** bukować miejsce na statku dla pasażera

to ~ **a room** zarezerwować pokój

to ~ **a seat** zarezerwować miejsce (*w samolocie, pociągu*)

to ~ **a ticket through to Paris** kupić bilet bezpośrednio do Paryża

booked *pp adj* **1.** zarezerwowany **2.** zaksięgowany

~ **amount** kwota zaksięgowana

~ **passage** zarezerwowane miejsce na podróż statkiem

~ **seat** zarezerwowane ⟨zabukowane⟩ miejsce

~ **space** zarezerwowane miejsce na statku na przewóz ładunku

~ **up** całkowicie zarezerwowany ⟨zajęty⟩ (*hotel, statek, prom itp.*)

booking *s* **1.** zamówienie ⟨zarezerwowanie⟩ miejsca na przejazd ⟨przewóz⟩, bukowanie **2.** księgowanie

~ **clerk** *a)* urzędnik bukujący *b)* kasjer biletowy

~ **commission** prowizja bukingowa

~ **confirmation** ⟨**note, permit**⟩ nota bukingowa, potwierdzenie zabukowania

~ **office** kasa kolejowa, kasa w biurze podróży

~ **order** zlecenie zabukowania

~ **period** okres obowiązywania umowy bukingowej

freight ~ potwierdzenie zabukowania (*ładunku*)

book(-)keeper *s* księgowy, buchalter

first ⟨**head**⟩ ~ główny księgowy

book(-)keeping *s* księgowość, buchalteria

~ **by double** ⟨**single**⟩ **entry** podwójna ⟨pojedyncza⟩ księgowość

~ **voucher** podkładka do księgowości

bank ~ księgowość bankowa

cash ~ księgowość kasowa

commercial ~ księgowość handlowa

duplicating ~ księgowość przebitkowa

stock ~ księgowość magazynowa ⟨materiałowa⟩

booklet *s* broszura, książeczka, prospekt

descriptive ~ prospekt reklamowy, instrukcja obsługi (*maszyny itp.*)

bookmacher *s* bukmacher, pośrednik przy zakładach (*np. na wyścigach*)

books *spl* książki, księgi, rejestry; *zob.* **hook**

to **agree the** ~ uzgadniać księgi

to **audit the** ~ przeprowadzać rewizję ksiąg

to **balance** ⟨**close**⟩ **the** ~ sporządzić zamknięcie bilansowe, zamknąć księgi

to **enter sth in the** ~ zaksięgować coś

to **falsify the** ~ fałszować księgi

to **keep the** ~ prowadzić księgi

to **produce the** ~ przedstawić księgi do wglądu

to **reconcile the** ~ uzgodnić księgi

bookseller *s* księgarz

second-hand ~ bukinista, człowiek handlujący używanymi książkami, antykwariusz

boom[1] *s* dobra koniunktura, ożywienie na rynku, hossa giełdowa

to **restrain the** ~ powstrzymywać ⟨hamować⟩ koniunkturę

boom[2] *v* (*o popycie, o cenach*) szybko wzrastać

to ~ **the market** wywołać ożywienie na rynku

trade ⟨**business**⟩ **in booming** handel jest w rozkwicie

boost[1] *s* zwyżka, podwyższenie, wzrost (*np. ceny*), śrubowanie (*np. cen, kursów*)

boost[2] *v* podwyższać, podnosić, śrubować (*np. ceny*)

booth *s* **1.** stoisko, kiosk, stragan **2.** kabina telefoniczna

polling ~ kabina do głosowania

bootleg *v am.* **1.** przemycać **2.** handlować nielegalnie alkoholem

bootlegger *s am.* **1.** przemytnik **2.** sprzedawca alkoholu (*nielegalnego pochodzenia*)

bootlegging *s am.* nielegalny handel alkoholem

booty *s* zdobycz, łup

~ **of war** łupy wojenne, wojenna zdobycz

border[1] *s* **1.** brzeg, krawędź, skraj **2.** granica

~ **agreement** układ graniczny

~ **area** obszar przygraniczny, strefa graniczna

~ **check point** punkt graniczny

~ **commission** komisja graniczna

~ **conflict** konflikt graniczny

~ **control** kontrola graniczna

~ **country** kraj sąsiedzki, państwo graniczące

~ **district** okręg przygraniczny

~ **guards** straż graniczna

~ **incident** incydent graniczny

~ **marker** znak graniczny

~ **station** stacja graniczna

~ **town** miasto graniczne

~ **traffic** ruch graniczny

~ **warrant** *bryt.* nakaz zatrzymania (*dłużnika ⟨rzeczy dłużnika⟩ wydany przez sędziego na wniosek wierzyciela w wypadku, gdy wierzyciel i dłużnik mieszkają na pograniczu Szkocji i Anglii*)

customs ~ granica celna

national ⟨**state**⟩ ~ granica państwa

to **cross the** ~ przekroczyć granicę (*kraju*)

to **escape over the** ~ uciec przez granicę

border[2] *v* graniczyć (**on** ⟨**upon**⟩ **a country** z jakimś krajem)

bordereau *s fr.* **1.** spis, rejestr, wykaz, lista **2.** spis przesyłek dla ekspedytora

bordering *adj* graniczący, sąsiadujący

~ **state** państwo graniczące ⟨sąsiednie⟩

borderland *s* pogranicze, kresy

borderline *s* granica, linia graniczna

~ **case** incydent graniczny, zajście graniczne

born *pp adj* urodzony

~ **alive** (*o dziecku*) żywo urodzony

~ **in lawful wedlock** urodzony w małżeństwie, ślubny

~ **offender** urodzony przestępca

~ **out of wedlock** urodzony poza małżeństwem, nieślubny, pozamałżeński

American ~ Amerykanin z urodzenia

to **be** ~ być urodzonym, urodzić się

borough *s* **1.** *bryt.* miasto posiadające samorząd i prawo wyboru posła **2.** *am.* część ⟨dzielnica⟩ miasta **3.** *bryt.* okręg wyborczy

~ **council** rada miejska

~ **court** sąd miejski (*orzekający w drobnych sprawach cywilnych*)

~ **English** *bryt. hist.* prawo przewidujące dziedziczenie nieruchomości ziemskiej przez najmłodsze dziecko spadkodawcy

~ **fund** *bryt.* fundusz miejski (*pochodzący z czynszów, dochodów z własności ziemskich itd.*)

~ **sessions** sądy miejskie (*orzekające w sprawach mniejszej wagi*)

close ⟨**pocket**⟩ ~ *hist.* okręg, w którym wybory są faktycznie kontrolowane przez jedną osobę
municipal ~ miasto posiadające samorząd
Parliamentary ~ *bryt.* miasto mające przedstawiciela w Parlamencie
rotten ~ *hist.* miasto posiadające kilku wyborców uprawnionych do wyboru własnego posła
borrow *v* pożyczać, zaciągać pożyczkę (**from sb** u kogoś)
to ~ **at** ⟨**on**⟩ **interest** pożyczać na procent
to ~ **long** pożyczać na długi termin
to ~ **money** pożyczać pieniądze (**from sb** od kogoś)
to ~ **on mortgage** pożyczać na hipotekę
to ~ **on securities** pożyczać pod zastaw walorów
to ~ **short** pożyczać na krótki termin, zaciągać krótkoterminową pożyczkę
borrowed *pp adj* pożyczony
~ **capital** obcy kapitał (*w spółkach*)
~ **money** ⟨**property**⟩ pożyczone pieniądze ⟨walory⟩
borrower *s* zaciągający pożyczkę, dłużnik
~ **on bottomry** dłużnik bodmeryjny
commercial ~ dłużnik handlowy, kupiec zaciągający krótkoterminową pożyczkę na zakup towaru
borrowing *s* **1.** zaciąganie pożyczki, uzyskiwanie kredytu **2.** pożyczanie
~ **capacity** zdolność kredytowa ⟨pożyczkowa, udzielania pożyczek⟩, potencjał kredytowy
~ **costs** koszty pożyczania ⟨kredytu⟩
~ **needs** zapotrzebowanie na pożyczki, potrzeby pożyczkowe
~ **power** zdolność uzyskania kredytu (*pod kątem wypłacalności*)
short ~ pożyczanie na krótki termin, zaciąganie krótkoterminowych pożyczek
to live by ~ żyć z pożyczek ⟨na kredyt, z kredytu⟩
borrowings *spl* zadłużenie łączne, łączna suma pobranego kredytu
Borstal *adj:* ~ **institution** ⟨**system**⟩ *bryt.* borstalowski zakład ⟨system⟩ karno-wychowawczy dla młodocianych przestępców (*czas przebywania w zakładzie jest zależny od sprawowania się wychowanka*)
~ **institution training** pobyt w borstalowskim zakładzie
boss[1] *s* **1.** *pot.* szef, kierownik, dyrektor, majster **2.** *am.* kierownik ⟨szef⟩ miejscowej organizacji politycznej, lokalny przywódca partii
boss[2] *v* rządzić, kierować, zarządzać (**sth** czymś)
both *adj pron* obydwaj, obydwa
~ **days inclusive** łącznie z dniem początkowym i końcowym
~ **ends** miejsce rozpoczęcia i zakończenia podróży
both-to-blame *adj:* ~ **collision clause** klauzula o obopólnie zawinionym zderzeniu (*statków*)
bottle[1] *s* **1.** butelka, butla, gąsior **2.** zawartość butelki
~ **case** skrzynia do butelek
bottle[2] *v* butelkować, rozlewać do butelek
bottle-neck *s* **1.** wąskie gardło **2.** zator, przeszkoda, korek
~ **of production** wąskie gardło produkcji
bottom[1] *s* **1.** spód, dno; podstawa **2.** *pot.* statek (*towarowy*) **3.** najniższy poziom
~ **cargo** ładunek balastujący
~ **freight** minimalny fracht, najniższa stawka frachtowa

~ **inspection** sprawdzenie dna statku (*przy zakupie starego statku*)
~ **price** najniższa cena
~ **quality** najniższa jakość
to be at the ~ **of the list** być ⟨znajdować się⟩ na końcu listy ⟨wykazu⟩
to bring goods in foreign ~**s** przywozić towary na obcych statkach
to go to the ~ (*o statku, o towarze itp.*) iść na dno
to hit ⟨**reach, touch**⟩ **the** ~ *a*) osiąść na mieliźnie ⟨dnie, gruncie⟩ *b*) osiągnąć najniższy poziom
bottom[2] *v* **1.** osiąść na mieliźnie ⟨gruncie⟩ **2.** gruntować, sondować **3.** wprawiać dno do beczek
bottomry *s* bodmeria, pożyczka zabezpieczona zastawem statku ⟨ładunku statku⟩
~ **bill** ⟨**bond, contract**⟩ list bodmeryjny, zobowiązanie bodmeryjne
~ **loan** pożyczka bodmeryjna
~ **premium** oprocentowanie bodmeryjne ⟨pożyczek bodmeryjnych⟩
bill ⟨**letter**⟩ **of** ~ list bodmeryjny
to borrow money on ~ zaciągnąć pożyczkę bodmeryjną
to lend money on ~ dawać pożyczkę bodmeryjną
bought *pp adj:* ~ **and sold notes** maklerskie dokumenty kupna-sprzedaży przesyłane nabywcy i sprzedawcy
~ **book** ⟨**journal**⟩ dziennik bieżących zakupów
bound[1] *s* **1.** granica **2.** ograniczenie
out of ~ poza granicami swobodnego poruszania się
within the ~**s of possibility** w granicach możliwości
bound[2] *v* **1.** ograniczać **2.** graniczyć (**on sth** z czymś)
bound[3] *s* skok, podskok
to advance ⟨**progress**⟩ **by leaps and** ~**s** posuwać się błyskawicznie ⟨w szybkim tempie⟩
bound[4] *adj* (*o statku, pociągu itp.*) udający się ⟨zdążający, jadący, idący⟩ (**for a place** dokądś)
home ⟨**homeward**⟩ ~ udający się do kraju ⟨portu macierzystego⟩
inward ~ wracający z rejsu
outward ~ udający się za granicę
bound[5] *pp:* ~ **by contract** związany umową
~ **by instructions** związany instrukcjami
~ **to military service** obowiązany do służby wojskowej
to be ~ być zobowiązanym (**to do sth** do zrobienia czegoś)
boundary *s* granica, linia graniczna
~ **commission** komisja graniczna
~ **custom** ⟨**duty**⟩ cło graniczne
~ **delimitation** ustalenie granicy
~ **dispute** spór graniczny
~ **furrow** rów graniczny, bruzda graniczna
~ **line** linia graniczna
~ **litigation** spór graniczny
~ **mark** znak ⟨słup⟩ graniczny
~ **regime** przebieg ⟨układ, kształt, położenie⟩ granicy
~ **treaty** układ graniczny, umowa o przebiegu granicy
to fix a ~ wytyczyć granicę
bounty *s* **1.** hojność, szczodrość **2.** dotacja, subwencja (*wypłacana przez państwo*)
~ **certificate** zaświadczenie upoważniające do otrzymania premii eksportowej

~ **on exportation** ⟨**importation**⟩ premia eksportowa ⟨importowa⟩

~ **on production** premia produkcyjna

export ~ premia eksportowa

system of bounties system premiowy

bourse *s fr.* giełda (*w krajach europejskich z wyjątkiem Wielkiej Brytanii*)

box[1] *s* **1.** pudło, pudełko **2.** skrzynia **3.** zawartość pudła ⟨skrzyni⟩ **4.** kabina **5.** przegroda **6.** budka (*wartownika)* **7.** okienko (*dla interesantów)* **8.** ława (*przysięgłych, oskarżonych)*

ballot ~ urna wyborcza

cash ~ a) kasetka na pieniądze b) okienko kasowe

jury ~ ława przysięgłych

letter ~ skrzynka na listy

post-office ~ skrytka pocztowa

witness ~ miejsce przeznaczone dla świadków

box[2] *v* pakować w skrzynie ⟨pudła⟩

boxed *pp adj:* ~ **for sea transportation** zapakowany w skrzynie do przewozu statkiem

boycott[1] *s* bojkot

economic ~ bojkot ekonomiczny

primary ~ bojkot osoby ⟨firmy⟩

secondary ~ bojkot osób ⟨firm⟩ utrzymujących stosunki handlowe z bojkotowaną osobą ⟨firmą⟩

boycott[2] *v* bojkotować

to ~ **goods** bojkotować towary

brack[1] *s* brak, towar wybrakowany

brack[2] *v* brakować, sortować (*towary)*

bracket *s* **1.** nawias, klamra **2.** grupa

income ~ *stat.* grupa dochodowa

salary ⟨**wage**⟩ ~ grupa uposażeniowa

tax ~ grupa podatkowa

bracking *s* brakowanie ⟨przebieranie, sortowanie⟩ towaru

brain *s* **1.** mózg **2.** umysł

~ **concussion** *med.* wstrząs mózgu

~ **drain** drenaż mózgów

~ **injury** *med.* uszkodzenie mózgu

~ **sickness** *med.* choroba umysłowa

~ **trust** *am.* grupa ekspertów, trust mózgów

~ **wash** ⟨**washing**⟩ intensywna indoktrynacja, *przen.* pranie mózgu

~ **work** praca umysłowa

~ **worker** pracownik umysłowy

brain storm *s med.* gwałtowne (*chwilowe)* zaburzenie umysłowe, atak szału

branch *s* **1.** gałąź **2.** branża **3.** filia, oddział **4.** odgałęzienie, odnoga, bocznica **5.** *am.* licencja pilota

~ **account** konto filialne

~ **bank** bank filialny, filia banku

~ **banking** sieć banków filialnych

~ **bill** weksel filii banku wystawiony na centralę

~ **business** oddział firmy ⟨przedsiębiorstwa⟩

~ **establishment** ⟨**house, office**⟩ zakład filialny, oddział, filia

~ **line** bocznica

~ **manager** dyrektor filii, kierownik oddziału

~ **of activity** sfera działalności

~ **of business** gałąź ⟨branża⟩ handlowa ⟨przemysłowa⟩

~ **of economy** gałąź ekonomii

~ **office** agencja, oddział, filia

~ **of goods** branża towarowa

~ **of industry** gałąź przemysłu, branża

~ **of law** dziedzina ⟨dział⟩ prawa

~ **of production** dziedzina produkcji

~ **of trade** ⟨**commerce**⟩ gałąź handlu

~ **pilot** pilot licencjonowany

to open a ~ otworzyć filię

branch out *v* rozszerzać działalność

brand[1] *s* **1.** marka fabryczna, znak firmowy **2.** gatunek ⟨jakość⟩ towaru **3.** piętno

~ **label** etykieta firmowa

~ **name** nazwa firmowa towaru

choice ~ pierwszorzędna marka

dealer's ~ marka handlowa

factory ~ marka fabryczna

good ~ dobra marka, dobry gatunek

good ordinary ~ dobra przeciętna jakość

house ~ znak firmowy

manufacturer's ⟨**maker's**⟩ ~ marka fabryczna, znak fabryczny

new ~ **of sth** nowa marka ⟨nowy rodzaj⟩ czegoś

of a well-known ~ znanej marki

brand[2] *v* **1.** znakować, oznaczać marką fabryczną **2.** piętnować (*gorącym żelazem)* **3.** cechować (*bydło itp).*

branded *pp adj* oznakowany

~ **goods** towar oznaczony marką, wyroby firmowe

branding *s* **1.** znakowanie **2.** piętnowanie **3.** cechowanie

~ **machine** maszyna do znakowania towaru

brand-new *adj* fabrycznie nowy, najnowszy, najświeższy

brassage *s* opłata mennicza

brawl *s* awantura, bijatyka, bójka, burda

brawler *s* awanturnik, uczestnik bójki

brawling *s* awanturowanie się, zakłócanie spokoju

breach *s* **1.** naruszenie, pogwałcenie **2.** zerwanie, złamanie **3.** wyłom

~ **of an agreement** naruszenie porozumienia ⟨układu⟩

~ **of arrestment** bezprawne rozporządzenie zajętą ⟨zabezpieczoną⟩ rzeczą

~ **of blockade** naruszenie ⟨przerwanie⟩ blokady

~ **of close** naruszenie posiadania

~ **of conditions** niedotrzymanie warunków

~ **of confidence** nadużycie zaufania

~ **of contract** ⟨**covenant**⟩ niedotrzymanie ⟨naruszenie⟩ umowy

~ **of duty** naruszenie obowiązku

~ **of faith** nadużycie zaufania

~ **of the law** naruszenie prawa

~ **of order** naruszenie porządku

~ **of the peace** a) naruszenie ⟨pogwałcenie⟩ pokoju b) naruszenie porządku publicznego

~ **of prison** ucieczka z więzienia ⟨aresztu⟩

~ **of privilege** naruszenie praw parlamentu

~ **of pound** naruszenie zajęcia trzody ⟨towarów⟩

~ **of probation order** naruszenie warunków zawieszenia wykonania kary (*np. polecenia nienagannego prowadzenia się w okresie próby)*

~ **of professional secrecy** naruszenie tajemnicy zawodowej

~ **of promise** niedotrzymanie obietnicy małżeństwa

~ **of trust** naruszenie obowiązków syndyka ⟨kuratora, powiernika⟩

~ **of warranty** naruszenie gwarancji

anticipatory ~ antycypacyjne ⟨przedterminowe⟩ zerwanie (*kontraktu)*

breadth s szerokość
breadwinner s główny żywiciel (*rodziny*)
break[1] s **1.** złamanie **2.** luka, wyłom **3.** przerwa
~ **in prices** nagły spadek ⟨załamanie się⟩ cen
~ **in stocks** nagły spadek akcji
~ **of traffic** przerwa w ruchu
~ **on the market** krach na rynku
meal ~ przerwa na posiłek
rest ~ przerwa na odpoczynek
without ~ bez przerwy
break[2] v (**broke, broken**) **1.** łamać **2.** przerywać, rozrywać **3.** naruszać (*prawo*), przekraczać (*przepisy*) **4.** zrywać (*kontakty*) **5.** komunikować, powiadamiać **6.** rozmieniać (*pieniądze*) **7.** zob. **break down, break in, break into, break off, break open, break out, break through, break up**
to ~ **an agreement** złamać umowę
to ~ **an appointment** nie przyjść na umówione spotkanie
to ~ **bonds** zrywać więzy
to ~ **bounds** łamać zakazy (*np. przebywania w określonym miejscu*)
to ~ **bulk** rozpocząć wyładunek (*statku*), otwierać luki (*ładowni*)
to ~ **a contract** nie dotrzymać umowy, zerwać umowę
to ~ **the deadlock** przełamać impas
to ~ **one's duty** nie dopełnić obowiązku
to ~ **an entail** naruszyć prawo majoratu, znieść ograniczenie dziedziczenia nieruchomości
to ~ **the law** złamać ⟨naruszyć⟩ prawo
to ~ **the peace** zakłócić spokój ⟨porządek⟩
to ~ **one's promise** złamać przyrzeczenie, nie dotrzymać przyrzeczenia
to ~ **the rules** naruszyć zasady ⟨przepisy⟩
to ~ **the seal** złamać ⟨naruszyć⟩ pieczęć
to ~ **the stowage** rozpocząć wyładunek
to ~ **a strike** złamać strajk
to ~ **one's word** złamać słowo, nie dotrzymać słowa
breakable adj łamliwy, kruchy, łatwo tłukący się
breakage s **1.** złamanie, stłuczenie, rozbicie **2.** uszkodzenie, stłuczka **3.** straty spowodowane przez stłuczenie **4.** strata sztauerska (*przestrzeń w ładowni nie wykorzystana z powodu nieregularnego kształtu ładunku*) **5.** drobne sztuki ładunku użyte do wypełnienia straty sztauerskiej
~ **and leakage** stłuczka i wyciek
~ **insurance** ubezpieczenie od ryzyka stłuczenia i połamania
allowance for ~ bonifikata za stłuczkę
free from ~ wolne od stłuczki
to pay for ~**s** zapłacić za uszkodzenia ⟨stłuczenie⟩
break down v **1.** rujnować się **2.** załamywać się **3.** rozkładać, rozdzielać **4.** psuć się **5.** rozbijać na pozycje (*sumę pieniężną*) **6.** analizować
breakdown s **1.** załamanie się **2.** złamanie **3.** poważne uszkodzenie, awaria, defekt **4.** med. załamanie nerwowe
~ **clause** klauzula o przerwach awaryjnych (*np. w czarterze na czas*)
~ **of machinery** awaria maszyn
~ **of marriage** rozkład małżeństwa ⟨pożycia małżeńskiego⟩
break in v = **break into**
breaking s **1.** połamanie **2.** włamanie

~ **and entering** włamanie i wdarcie się (*z zamiarem kradzieży*)
~ **bulk** samowolne rozpieczętowanie i przywłaszczenie zawartości powierzonej przesyłki (*przez posłańca lub przechowującego*)
~ **a case** przerwanie rozprawy (*celem odbycia narady*)
~ **a close** bezprawne wejście na cudzy grunt
~ **doors** sforsowanie drzwi do mieszkania
~ **jail** ucieczka ⟨uwolnienie się⟩ z więzienia
~ **of arrestment** bryt. bezprawne wydanie rzeczy dłużnikowi
breaking-load s częściowy ładunek, częściowe obciążenie
break into v włamać się, wdzierać się
to ~ **a house** włamać się do domu
break off v **1.** zrywać (*kontakty*) **2.** odrywać **3.** przestawać (**doing sth** coś robić)
to ~ **business connections** zerwać stosunki handlowe
to ~ **diplomatic relations** zerwać stosunki dyplomatyczne
to ~ **an engagement** zerwać zaręczyny
to ~ **the negotiations** zerwać rokowania
break open v otworzyć
to ~ **a box** rozbić ⟨otworzyć⟩ skrzynię
break out v **1.** (*o wojnie, pożarze itp.*) wybuchnąć **2.** wydostać się
to ~ **of prison** wydostać się ⟨uciec⟩ z więzienia
break through v przełamać opór, przedrzeć się
break-through s **1.** wyłom **2.** przełomowe osiągnięcie
break up v **1.** rozbić, rozerwać **2.** rozebrać **3.** rozpaść się
to ~ **a coalition** rozbić koalicję
to ~ **a ship** rozebrać ⟨pociąć⟩ statek na złom
break-up s rozbicie, rozpadnięcie się
~ **clause** ub. mors. klauzula straty konstruktywnej ⟨całkowitej utraty statku⟩
breath test s próba trzeźwości (*na zawartość alkoholu*)
breed[1] s **1.** rasa **2.** odmiana (*w hodowli*)
breed[2] v (**bred, bred**) hodować
breeder s hodowca
breeding s hodowla, hodowanie
~ **of cattle** hodowla bydła
animal ~ hodowla zwierząt
breve s **1.** polecenie sądu **2.** brewe papieskie, list papieski ⟨pasterski⟩
brevet[1] s **1.** dyplom **2.** patent **3.** licencja
brevet[2] v **1.** przyznać patent **2.** wydać dyplom
brevity s krótkość, zwięzłość
brew v **1.** warzyć piwo **2.** knuć, spiskować
Brewster Sessions spl bryt. coroczne spotkania, na których wydawane są lub odbierane licencje na sprzedaż alkoholu
bribable adj przekupny, sprzedajny
bribe[1] s przekupstwo, łapówka
to give ⟨**offer, promise**⟩ **a** ~ dać ⟨oferować, przyrzekać⟩ łapówkę
to take ⟨**accept**⟩ **a** ~ brać łapówkę
bribe[2] v przekupywać, dawać łapówkę
to ~ **a judge** przekupić sędziego
to ~ **sb to silence** kupić czyjeś milczenie, skłonić kogoś do milczenia przy pomocy łapówki
to ~ **a witness** przekupić świadka
briber s osoba dająca ⟨oferująca⟩ łapówkę

bribery s przekupstwo, łapownictwo, sprzedajność
  attempted ~ usiłowanie przekupstwa
  open to ~ przekupny, sprzedajny
bribetaker s łapownik, osoba biorąca łapówki
bribing s przekupstwo, przekupywanie
  ~ **of officials** przekupywanie urzędników
  ~ **of witnesses** przekupywanie świadków
bride s panna młoda
bridegroom s pan młody
bridewell s *bryt.* dom poprawczy, zakład poprawczy
bridge[1] s 1. most 2. mostek kapitański
  ~ **crane** suwnica mostowa, dźwig mostowy
  ~ **toll** opłata mostowa, mostowe
bridge[2] v 1. wypełniać lukę, pokryć brak 2. pokonywać, przezwyciężać (*przeszkodę*)
  to ~ **over the difficulties** pokonać trudności
  to ~ **a gap** zapełnić lukę
bridging adj: ~ **loan** pożyczka na pokrycie braku pieniędzy w okresie między nabyciem jednej nieruchomości a sprzedażą drugiej
brief[1] s 1. streszczenie sprawy (*dla adwokata*) 2. krótkie pismo urzędowe 3. sprawa sądowa 4. mandat (powierzenie) sprawy 5. odprawa (*lotnicza, wojskowa*)
  ~ **of title** wyciąg (streszczenie) tytułu własności
  ~ **on appeal** dokument zawierający podstawy apelacji (*sporządzony przez adwokata*)
  to accept a ~ **on behalf of sb** podjąć się czyjejś obrony (*sprawy*)
  to have plenty of ~s mieć wiele spraw (dużą praktykę) (*o adwokacie*)
  to give a ~ **to sb** oddać sprawę adwokatowi
  to hold a ~ **for sb** występować jako adwokat w czyimś imieniu
  to hold watching ~ **for sb** występować jako obserwator
  to take a ~ podejmować się prowadzenia sprawy sądowej
  to throw down one's ~ odmówić dalszego prowadzenia sprawy
brief[2] v 1. skracać, streszczać 2. powierzać prowadzenie sprawy (*adwokatowi*) 3. dawać instrukcje
  to ~ **a counsel** ustanawiać adwokata, powierzyć sprawę adwokatowi
brief[3] adj krótki, treściwy, zwięzły
  in ~ pokrótce, w skrócie, krótko mówiąc
  to be ~ streszczać się, mówić krótko (zwięźle)
briefing s pouczenie, odprawa, instruktaż
  ~ **a counsel** ustanowienie adwokata
  ~ **meeting** zebranie szkoleniowe
briefless adj 1. bez klientów (spraw) (*o adwokacie*) 2. bez mandatu (upoważnienia, pełnomocnictwa)
briefly adv krótko, zwięźle
briefness s 1. krótkość, krótkotrwałość 2. zwięzłość
brieve s szkoc. polecenie sądowe, nakaz sądowy
brig s 1. bryg, statek żaglowy 2. *am.* pomieszczenie dla aresztowanych na okręcie wojennym
brigade s 1. brygada, oddział wojska 2. grupa robocza
  fire ~ straż pożarna
  homicide ~ wydział zabójstw, grupa prowadząca śledztwo w sprawach zabójstw
brigand s bandyta, zbój
brigandage s bandytyzm, rozbój
bright adj 1. jasny 2. świetny, kapitalny 3. żywy, ożywiony 4. bystry, rozgarnięty, inteligentny
  ~ **answer** jasna (inteligentna) odpowiedź

~ **prospects** dobre perspektywy, pomyślne widoki
brighten v 1. rozjaśniać (się) 2. ożywiać (się), poprawiać się (*o sytuacji*)
brightening adj: **trade is** ~ handel się ożywia
brightness s ożywienie, dobra koniunktura
brim v 1. napełniać po brzegi 2. być napełnionym po brzegi
  to ~ **over** przelewać się
brimful adj napełniony po brzegi
bring v (**brought, brought**) 1. przynosić, przywozić 2. przyprowadzać, doprowadzać 3. powodować, wywoływać
  to ~ **an accusation against sb** wnieść oskarżenie przeciwko komuś
  to ~ **an action (at law)** wnieść powództwo (pozew, skargę) do sądu
  to ~ **before the bar** wystąpić do sądu
  to ~ **a case** (matter, suit) **in the court** wnieść sprawę do sądu
  to ~ **a charge against sb** wnieść oskarżenie przeciwko komuś
  to ~ **indictment** wnieść akt oskarżenia
  to ~ **into account** wstawić do rachunku
  to ~ **into the books** zaksięgować
  to ~ **into operation** wprowadzić w życie
  to ~ **into question** zakwestionować, postawić pod znakiem zapytania
  to ~ **into the world** wydać na świat, urodzić
  to ~ **low** a) doprowadzić do upadku, zrujnować b) zdegradować
  to ~ **money into court** złożyć pieniądze do depozytu sądowego
  to ~ **profits** przynosić zysk
  to ~ (**sb**) **to beggary** doprowadzić (kogoś) do nędzy
  to ~ **to a conclusion** (an end) doprowadzić do końca, zakończyć
  to ~ **sb to do sth** nakłonić kogoś do zrobienia czegoś
  to ~ **sb to justice** postawić kogoś przed sądem
  to ~ **sth to sb's knowledge** powiadomić kogoś o czymś
  to ~ **to light** wyciągnąć na światło dzienne, ujawnić
  to ~ **to mind** przywoływać na myśl, przypominać
  to ~ **to pass** spowodować, sprawiać
  to ~ **to a standstill** zatrzymać, doprowadzić do zatrzymania
  to ~ **sb to trial** postawić kogoś przed sądem
  to ~ **under the hammer** wystawić na licytację
bring about v 1. powodować, wywoływać, doprowadzać (**sth** do czegoś) 2. dokonywać (**sth** czegoś)
  to ~ **an accident** spowodować wypadek
  to ~ **an overthrow** spowodować przewrót, doprowadzić do przewrotu
  to ~ **a reconciliation** doprowadzić do pojednania
bring down v 1. obniżać, zniżać 2. powalić, zwalić (*kogoś, coś*) 3. doprowadzić (*akcję, zapiski itp.*) (**to...** do) 4. przenieść sumę (*do następnej kolumny*)
  to ~ **the price** obniżyć cenę
  to ~ **the rate** obniżyć stawkę (ratę, kurs, stopę procentową)
bring forth v 1. wydać na świat 2. ujawnić
  to ~ **a protest** wywołać (spowodować) protest (sprzeciw)
bring forward v 1. wysuwać, przedstawiać, pokazywać,

przytaczać **2.** przenosić sumę (*na drugą stronę*) **3.** ujawniać, podawać do wiadomości
to ~ **an amount** wyprowadzić ⟨przenieść⟩ sumę
to ~ **an argument** przytoczyć ⟨wysunąć⟩ argument
to ~ **a proof** przedstawić dowód
to ~ **a witness** przyprowadzić świadka
bring in *v* **1.** wnosić, przynosić **2.** wprowadzać, przedstawiać **3.** sprowadzać, przywozić
to ~ **a bill** wnieść projekt (*ustawy*)
to ~ **capital** wnieść kapitał
to ~ **goods** *a)* sprowadzać towar *b)* wnosić towar (*np. do spółki*)
to ~ **interest** przynosić procenty ⟨odsetki⟩
to ~ **profit** przynosić zysk ⟨korzyść⟩
to ~ **a verdict of guilty** wydać wyrok skazujący, skazać kogoś
to ~ **a verdict of not guilty** wydać wyrok uniewinniający, uniewinnić kogoś
to bring (sb) in guilty uznać (kogoś) za winnego
to bring (sb) in not guilty uznać (kogoś) za niewinnego
bring off *v* **1.** uratować, ocalić **2.** doprowadzić do skutku ⟨pomyślnego wyniku⟩
bring on *v* **1.** spowodować **2.** doprowadzać (**sth** do czegoś)
bring out *v* **1.** wprowadzać, lansować (*towar*) **2.** ujawniać, podawać do wiadomości **3.** wystawiać
to ~ **a book** wydać książkę
to ~ **a new washing machine** wylansować nową pralkę
bring over *v* **1.** przekonywać, nawracać, zyskiwać (*zwolennika*) **2.** przenosić (*sumę, pozycję itp.*) na drugą stronę
bring round *v* **1.** przyprowadzić, przywieść **2.** ocucić, przywrócić do przytomności **3.** werbować, przekonywać
to bring sb round to an opinion przekonać ⟨skłonić⟩ kogoś do przyjęcia poglądu ⟨opinii⟩
bring through *v* **1.** przeprowadzać, przewozić, przemycać **2.** uratować ⟨wyleczyć⟩ pacjenta
bring together *v* **1.** połączyć, zetknąć, skontaktować **2.** pogodzić (*powaśnione strony*)
to bring the parties together pogodzić strony, doprowadzić strony do porozumienia
bring under *v* podbijać, ujarzmić, podporządkować sobie
bring up *v* **1.** wychowywać **2.** zatrzymać się ⟨utknąć⟩ na mieliźnie **3.** doprowadzać do sądu **4.** podbijać, podwyższać (*cenę*) **5.** podnosić, poruszać zagadnienie ⟨kwestię, problem⟩
to ~ **children** wychowywać dzieci
to ~ **a question** podnieść ⟨poruszyć⟩ problem
to ~ **a subject again** powrócić do tematu
to bring sb up before the court podać kogoś do sądu, postawić kogoś przed sądem
brink *s* brzeg, krawędź, skraj
on the ~ **of ruin** na krawędzi ruiny, bliski ruiny
brisk *adj* **1.** żywy, ożywiony **2.** czynny, ruchliwy
~ **business** ożywione interesy
~ **demand** ożywiony popyt
~ **market** ożywiony rynek
~ **outlet** ożywiony zbyt
~ **sale** ożywiona ⟨szybka⟩ sprzedaż
~ **trade** ożywiony handel
briskly *adv* żywo, szybko

to go off ~ mieć szybki ⟨łatwy⟩ zbyt (*o artykule handlowym*)
British *adj* brytyjski
~ **Broadcasting Corporation** (*skr.* **BBC**) Brytyjskie Radio
~ **Commonwealth** Wspólnota Brytyjska
~ **Empire** *hist.* Imperium Brytyjskie
~ **subject** brytyjski poddany ⟨obywatel⟩
broad *adj* **1.** szeroki, obszerny **2.** liberalny **3.** jasny, wyraźny **4.** ogólny
~ **arrow** *bryt.* znak strzały oznaczający przynależność rzeczy do Korony ⟨państwa⟩ umieszczany na składach lub towarach
~ **co-operation** szeroka współpraca
~ **distinction** wyraźna różnica
~ **experience** duże ⟨bogate⟩ doświadczenie
~ **facts** wyraźne ⟨oczywiste⟩ fakty
~ **hint** wyraźna aluzja
~ **ideas** ⟨**views**⟩ szerokie ⟨liberalne⟩ poglądy
~ **interpretation** *am.* interpretacja ⟨wykładnia⟩ celowościowa (*Konstytucji lub ustawy, pomijająca szczegóły a podkreślająca zamiar ⟨cel⟩ ustawy*)
~ **land** latyfundia, wielkie nieruchomości ziemskie
~ **market** duży ⟨chłonny⟩ rynek
~ **masses** szerokie masy
~ **outlines** ogólne zarysy
~ **rule** ogólna ⟨szeroka⟩ zasada
in ~ **daylight** w jasny dzień
in a ~ **sense** w szerokim znaczeniu
broadcast[1] *s* transmisja, audycja radiowa ⟨telewizyjna⟩
sponsored ~ *am.* radiowa audycja reklamowa
broadcast[2] *v* **1.** nadawać przez radio, transmitować **2.** rozpowszechniać
broadcast[3] *adj* **1.** radiowy **2.** szeroko rozgłoszony
~ **account of ...** sprawozdanie radiowe z ...
~ **advertisement** reklama radiowa
~ **announcement** *a)* zapowiedź radiowa *b)* informacja radiowa
~ **news** dziennik radiowy, wiadomości radiowe
broadcasting *s* **1.** nadawanie przez radio **2.** transmitowanie
~ **publicity** reklama radiowa
broaden *v* rozszerzać się
to ~ **relations between ...** rozszerzać stosunki pomiędzy ...
broadening *adj*: ~ **market** zwiększający się rynek zbytu
Broadmoor institution *s* *bryt.* zakład w Broadmoor dla osób winnych przestępstwa uznanych za niepoczytalne
brochure *s* *fr.* broszura, prospekt
brokage *s* **1.** kurtaż, wynagrodzenie maklera **2.** maklerstwo, pośrednictwo
broke[1] *adj* *pot.* bez grosza, zrujnowany, zbankrutowany
to go ~ zbankrutować
broke[2] *v* zajmować się maklerstwem ⟨pośrednictwem handlowym⟩
broken *adj* połamany, rozbity
~ **home** rozbita rodzina, rozbite życie rodzinne
~ **lot** zdekompletowany zestaw (*serwis, garnitur mebli itp.*)
~ **man** złamany ⟨zrozpaczony⟩ człowiek
~ **promise** niedotrzymane przyrzeczenie
~ **stowage** *a)* strata sztauerska (*przestrzeń w ładowni*

*nie wykorzystana z powodu nieregularnego kształtu
ładunku*) b) drobnica użyta do wypełnienia straty
sztauerskiej
broken-down *adj* 1. zrujnowany, złamany (*człowiek*) 2.
uszkodzony, zniszczony (*przedmiot*) 3. wybrakowany (*towar*)
broker *s* 1. makler, pośrednik handlowy, broker, ajent
2. taksator zajętych rzeczy 3. handlarz starzyzną
~ 's **account** giełdowe konto likwidacyjne maklera
~ 's **board** *am.* giełda
~ 's **book** dziennik maklerski
~ 's **broker** makler działający na własny rachunek
~ 's **business** (**trade**) działalność maklerska, maklerka
~ 's **charges** (**commission**) kurtaż, prowizja maklerska
~ 's **contract note** maklerska karta umowy, nota
maklerska (*o zawarciu* (*dokonaniu*) *transakcji*)
~ 's **cover note** maklerska nota kryjąca (*o ubezpieczeniu*)
~ 's **credit** kredyt maklerski
~ 's **loan** pożyczka maklerska
~ 's **memorandum** maklerska karta umowy
~ 's **order** dyspozycja maklerska (*dotyczy załadunku
lub wyładunku towaru*)
~ 's **return** wykaz załadowanych towarów (*wysyłanych przez kapitana do agenta w porcie załadowania*)
~ 's **ticket** maklerska karta umowy
~ 's **work** czynności maklerskie
accredited ~ makler przysięgły
agency ~ makler agencji okrętowej
auction ~ agent aukcji licytacyjnej
bank ~ agent bankowy
bill ~ makler wekslowy
bond ~ makler walorów
bullion ~ makler walutowy
buying ~ makler zakupu
chartered ~ makler licencjonowany
chartering ~ makler czarterowy (*pośredniczący w
czarterowaniu*)
commission ~ makler na prowizji (*komisowy*)
customs (**custom-house**) ~ agent celny
exchange ~ agent (makler) giełdowy
foreign ~ agent importowy
general merchandise ~ makler towarowy
grain ~ makler zbożowy
inside ~ oficjalny makler giełdowy
insurance ~ makler ubezpieczeniowy
intermediate ~ pośrednik
marine insurance ~ makler ubezpieczeń morskich
marriage ~ agent (pośrednik) matrymonialny
money ~ makler giełdy pieniężnej
note ~ *am.* makler wekslowy
official ~ oficjalny makler giełdowy
outside ~ makler nieoficjalny
passage ~ makler załatwiający przewozy pasażerskie
produce ~ makler towarowy
real estate ~ agent pośredniczący w handlu nieruchomościami
share (**stock**) ~ makler giełdowy
ship (**shipping**) ~ makler okrętowy
ship sale and purchase ~ makler pośredniczący przy
kupnie i sprzedaży statków
sworn ~ zaprzysiężony (przysięgły) makler

to act (**deal**) **as** ~ działać jako makler
brokerage *s* 1. maklerstwo, maklerka 2. prowizja
maklerska, kurtaż 3. przedstawicielstwo handlowe 4.
pośrednictwo
~ **agreement** (**contract**) umowa o pośrednictwo z
maklerem
~ **book** dziennik maklerski, książka kurtażowa
~ **charges** (**fee**) kurtaż, koszty maklerskie, prowizja
maklerska
~ **clause** klauzula o prowizji maklerskiej
~ **house** firma maklerska
~ **tariff** taryfa maklerska
bank (**banking, banker's**) ~ prowizja bankowa, kurtaż bankowy
buying ~ a) pośrednictwo przy (**w**) zakupie b)
prowizja od zakupów
exchange ~ prowizja maklera wekslowego
official ~ kurtaż urzędowy
selling ~ a) pośrednictwo przy sprzedaży b) prowizja
od sprzedaży
without ~ bez prowizji
broking *s* pośrednictwo handlowe, maklerstwo
freight ~ maklerstwo frachtowe
share ~ maklerstwo giełdowe
to do ~ zajmować się maklerką
brothel *s* dom publiczny
brother *s* brat
~ **german** (**by birth**) brat rodzony
blood (**full**) ~ brat rodzony
consanguine ~ brat przyrodni (*z innej matki*)
twin ~ brat bliźniaczy, bliźniak
uterine ~ brat przyrodni (*z innego ojca*)
brotherhood *s* 1. braterstwo 2. związek, towarzystwo 3.
am. związek zawodowy
brother-in-law *s* szwagier
brought *pp* 1. przyniesiony 2. wniesiony 3. przeniesiony
~ **down** do przeniesienia
~ **forward** z przeniesienia, przeniesiono z poprzedniej strony
~ **in capital** wniesiony kapitał
bubble *s* 1. nierealny projekt 2. oszukańcza afera
~ **company** oszukańcza spółka
~ **scheme** oszukańczy plan, szwindel
bubbler *s* aferzysta, oszust
buck *s am. pot.* dolar
bucket *s* wiadro
~ **shop** a) oszukańcza firma maklerska b) *am.*
pokątny kantor wymiany
bucketeer *s am.* pokątny handlarz walutą, waluciarz
bucketful *s* wiadro, pełne wiadro (*czegoś*)
budge *v* 1. ruszyć, poruszyć się 2. drgać, wahać się (*o
cenach*) 3. ustąpić
budget[1] *s* 1. budżet 2. zbiór, zapas, nagromadzenie
~ **accounts** koszta budżetowe
~ **committee** komitet budżetowy, komisja budżetowa
~ **debate** debata budżetowa (*w parlamencie*)
~ **deficit** deficyt budżetowy
~ **estimates** preliminarz (projekt) budżetowy (budżetu)
~ **grants** dotacje budżetowe
~ **prices** ceny budżetowe
~ **proposal** projekt budżetu
~ **records** dokumenty budżetowe
~ **statement** projekt budżetu

~ **surplus** nadwyżka budżetowa
~ **year** rok budżetowy
adverse ~ budżet ujemny ⟨pasywny⟩
approved ~ budżet zatwierdzony
balanced ~ budżet zrównoważony
draft ~ projekt budżetu
extraordinary ~ budżet nadzwyczajny
household ⟨**family**⟩ ~ budżet domowy ⟨rodzinny⟩
interim ~ prowizorium budżetowe
national ⟨**state**⟩ ~ budżet państwowy
supplementary ~ budżet dodatkowy ⟨uzupełniający⟩
to balance the ~ wyrównać ⟨zrównoważyć⟩ budżet
to draft ⟨**draw up**⟩ **the** ~ sporządzić projekt budżetu
to fix the ~ ustalić ⟨sporządzić⟩ budżet
to include ⟨**put**⟩ **in the** ~ wstawić do budżetu
to introduce ⟨**open, present**⟩ **the** ~ przedstawić budżet (*do uchwalenia*)
to pass the ~ uchwalić budżet
budget² *v* **1.** preliminować, wstawić do budżetu, budżetować **2.** asygnować fundusze (**for sth** na coś)
budgetary *adj* budżetowy
~ **commission** komisja budżetowa
~ **control** kontrola budżetowa
~ **deficit** deficyt budżetowy
~ **estimates** preliminarz budżetowy
~ **expenditure** wydatki budżetowe
~ **policy** polityka budżetowa
~ **receipts** ⟨**revenues**⟩ dochody ⟨wpływy⟩ budżetowe
~ **stringency** ograniczenia ⟨oszczędności⟩ budżetowe
~ **surplus** nadwyżka budżetowa
~ **year** rok budżetowy
buffer *s* bufor, zderzak
~ **state** państwo buforowe
bug¹ *s* **1.** pluskwa **2.** ukryty mikrofon
big ~ *sl.* gruba ryba, ważna osobistość
bug² *v* instalować aparaturę podsłuchową
buggery *s* **1.** sodomia **2.** pederastia
bugging *s* aparatura podsłuchowa
build *v* (**built, built**) **1.** budować, konstruować, tworzyć **2.** uzyskiwać, zdobywać **3.** *zob.* **build up**
builder *s* budowniczy
~ **and contractor** budowniczy i przedsiębiorca, przedsiębiorca budowlany
~ **'s certificate** stoczniowy certyfikat budowy, list gwarancyjny statku
~ **'s policy** polisa budowanego statku
building *s* **1.** budynek, budowla, gmach **2.** budownictwo
~ **activity** budowanie, zajmowanie się budownictwem
~ **and loan association** towarzystwo kredytowo-budowlane, spółdzielnia pożyczkowo-budowlana
~ **company** przedsiębiorstwo budowlane
~ **contract** umowa budowlana
~ **contractor** przedsiębiorca budowlany
~ **credit** kredyt budowlany
~ **estimate** kosztorys budowlany
~ **expenses** ⟨**costs**⟩ koszty budowlane ⟨budowy⟩
~ **fund** kapitał budowlany
~ **ground** teren budowlany, plac budowy
~ **industry** przemysł budowlany

~ **lease** zezwolenie na budowę na dzierżawionym terenie
~ **licence** zezwolenie na budowę
~ **lot** działka budowlana
~ **materials** materiały budowlane
~ **permit** zezwolenie na budowę
~ **plot** parcela, działka budowlana
~ **project** projekt budowy
~ **regulations** przepisy budowlane
~ **site** plac pod budowę
~ **society** towarzystwo budowlane, spółdzielnia budowlana
~ **trade** przemysł budowlany
public ~ s budynki publiczne
build up *v* **1.** rozwijać **2.** montować **3.** tworzyć
to ~ **a business** stworzyć ⟨utworzyć⟩ firmę ⟨przedsiębiorstwo⟩
to ~ **a fortune** zrobić majątek ⟨fortunę⟩
to ~ **military force** tworzyć siły zbrojne
to ~ **a reputation** wyrobić sobie ⟨zdobyć⟩ renomę
build-up¹ *s* **1.** budowanie, zakładanie **2.** gromadzenie, zwiększanie ilości **3.** kontyngent wojsk, siły wojskowe
build-up² *adj* zabudowany
~ **area** zabudowany obszar ⟨teren⟩, zabudowana przestrzeń
bulge *s* **1.** wybrzuszenie, wypukłość **2.** chwilowa zwyżka, chwilowy wzrost **3.** *am.* przewaga (**on sb** nad kimś)
demographic ~ wyż demograficzny
bulk¹ *s* **1.** masa, główny zrąb, wielka ilość **2.** przeważająca część, ogromna większość **3.** pojemność, objętość **4.** towar masowy
~ **articles** artykuły masowe, towary masowe
~ **business** *a)* transakcja hurtowa *b)* przedsiębiorstwo hurtowe
~ **buying** masowy skup
~ **cargo** towar sypki, towar ładowany luzem, masówka
~ **carrier** masowiec, transportowiec masówki
~ **commodities** artykuły masowe
~ **consumer** odbiorca masowy
~ **freight** towar sypki, towar ładowany luzem, masówka
~ **goods** towary masowe
~ **loading** ładowanie luzem
~ **of an amount** większa część sumy
~ **of the cargo** większa część ładunku
~ **pile** towar przemieszany bez podziału na numery i firmy
~ **purchase** zakup masowy
~ **sale** sprzedaż masowa ⟨towaru w całości⟩
~ **sample** próbka partii towaru
~ **stowage** ładowanie luzem ⟨bez opakowania⟩
by the ~ *a)* hurtem, w dużych partiach *b)* ryczałtem, w całości
in ~ *a)* luzem, bez opakowania *b)* w całości
to buy ⟨**sell**⟩ **in** ~ kupować ⟨sprzedawać⟩ (*towar*) w wielkich ilościach
to break ~ otworzyć ładownie statku, rozpocząć wyładunek
to load ⟨**ship**⟩ **in** ~ ładować luzem ⟨bez opakowania⟩
bulk² *v* **1.** zajmować dużo miejsca **2.** gromadzić, zbierać **3.** ustalać wagę **4.** mieszać towary różnej jakości **5.** wysyłać jako drobnicę

to ~ **large** *a)* wydawać się wielkim *b)* nabierać znaczenia *c)* przybierać duże rozmiary
bulked *adj* **1.** łączny, zbiorowy **2.** mieszany, pomieszany **3.** wsypany ⟨załadowany⟩ luzem
factory ~ mieszany fabrycznie
bulkhead *s* przegroda, przepierzenie, gródź
bulkiness *s* duża objętość, objętościowość
bulky *adj* **1.** objętościowy, przestrzenny, o dużych rozmiarach, zajmujący dużo miejsca **2.** przewożony luzem, nie opakowany
~ **articles** ⟨**goods**⟩ towar zajmujący dużą przestrzeń
~ **cargo** ładunek przestrzenny ⟨objętościowy⟩
bull[1] *s* spekulant grający na zwyżkę
~ **market** zwyżka cen ⟨kursów⟩ na rynku, rynek zwyżkujący
~ **movement** zwyżka cen ⟨kursów⟩
~ **operation** ⟨**transaction**⟩ spekulacja na zwyżkę
~ **operator** spekulant na zwyżkę
~ **pool** porozumienie spekulantów grających na zwyżkę
~ **purchase** ⟨**support**⟩ zakupy spekulantów grających na zwyżkę
~ **speculation** spekulacja na zwyżkę
the market is all ~**s** na rynku panują nastroje zwyżkowe
to buy a ~ kupować licząc na zwyżkę
bull[2] *v* spekulować na zwyżkę
to ~ **the market** wywoływać sztucznie zwyżkę cen ⟨kursów⟩
bulletin *s* biuletyn, komunikat
~ **board** tablica ogłoszeniowa ⟨ogłoszeń⟩
bullion *s* kruszec, złoto lub srebro w sztabach
~ **broker** makler kupna i sprzedaży szlachetnych kruszców ⟨złota i srebra⟩
~ **dealer** kupiec handlujący kruszcem
~ **market** rynek metali szlachetnych
~ **point** punkt złota
~ **reserve** rezerwa kruszcowa
~ **trade** handel kruszcem
~ **value** wartość złota lub srebra zawartego w monecie
gold ~ kruszec złoty, złoto w sztabach
gold ~ **clause** klauzula o płatności w złocie
silver ~ kruszec srebrny, srebro w sztabach
bullish *adj* zwyżkowy *(o tendencji na giełdzie)*
~ **demonstration** zwyżka cen ⟨kursów⟩
~ **proclivity** ⟨**tendency**⟩ tendencja zwyżkowa
~ **tone** tendencja zwyżkowa
to have a ~ **effect** wywołać podwyższenie cen
bully[1] *s* **1.** tyran *(wobec słabszych i bezbronnych)* **2.** awanturnik **3.** sutener
bully[2] *v* znęcać się nad słabszymi, terroryzować, zastraszać
to ~ **sb in doing sth** zmuszać kogoś siłą do czegoś
bunch[1] *s* wiązka, pęk, pęczek, plik
~ **of banknotes** plik banknotów
~ **of letters** plik listów
bunch[2] *v* wiązać w pęczki, układać w wiązki
bunco *s* oszustwo, szachrajstwo, afera *(sprzedaż bezwartościowych akcji, zapłata czekiem bez pokrycia itp.)*
bundle[1] *s* **1.** tobół, zawiniątko, tobołek **2.** pakunek, plik
~ **of papers** plik papierów
bundle[2] *v* wiązać w pęczki ⟨wiązki⟩

bundled *pp adj* wiązany
~ **goods** towar w wiązkach ⟨pęczkach⟩
bundling *adj:* ~ **machine** maszyna do pakowania w wiązki ⟨pęczki⟩
bung[1] *s* zatyczka, czop, szpunt
bung[2] *v* czopować, szpuntować, zatykać
bungle[1] *s* **1.** partacka robota, fuszerka **2.** brak, wyrób wybrakowany
bungle[2] *v* partaczyć, fuszerować, psuć robotę
bungler *s* partacz, fuszer
bunker[1] *s* zasobnia paliwa, bunkier
~ **clause** klauzula bunkrowa *(dotycząca spraw związanych z paliwem)*
~ **coal** węgiel bunkrowy, bunker
~ **hatchway** luk węglowy, ładownia węglowa
~ **oil** olej bunkrowy
free into ~ franko bunkier
to call for ~ zawinąć do portu po paliwo
bunker[2] *v* bunkrować, zaopatrywać w paliwo *(statek)*
bunkering *s* bunkrowanie, pobieranie paliwa na statek
~ **arrangement** kontrolowanie bunkru ⟨paliwa⟩
buoy *s* boja, pława
~ **dues** opłaty za utrzymanie boi i morskich znaków
buoyage *s* **1.** oznakowanie nawigacyjne **2.** opłata za utrzymanie boi **3.** opłata bojowa ⟨beczkowa⟩ *(za użycie beczek cumowniczych)*
buoyancy *s* **1.** zdolność utrzymywania się na wodzie, pływalność **2.** elastyczność, chwiejność *(rynku)* **3.** ożywienie, tendencja zwyżkowa *(na rynku)*
buoyant *adj* **1.** pływający, zdolny do utrzymania się na wodzie **2.** elastyczny **3.** zwyżkujący
burden[1] *s* **1.** ciężar, brzemię, obciążenie **2.** pojemność, nośność, tonaż **3.** koszty
~ **of evidence** ⟨**proof, proving**⟩ ciężar dowodu, obowiązek przeprowadzenia dowodu
~ **of taxation** ciężar podatkowy
~ **of war** ciężar wojny
a ship of ... tons ~ statek o nośności ... ton
burden[2] *v* **1.** obciążać, obładować, obarczać **2.** nakładać ciężary
to ~ **with mortgages** obciążać hipotekę
to ~ **sb with taxes** obciążać kogoś podatkami
burdened *pp adj* obciążony
~ **with debts** obciążony długami
burdensome *adj* uciążliwy
~ **surpluses** uciążliwe ⟨kłopotliwe⟩ nadwyżki
bureau *s (pl* ~ **x,** ~ **s)* **1.** biuro, urząd **2.** departament *(np. ministerstwa)*
Bureau of Foreign and Domestic Commerce *am.* biuro handlu zagranicznego i wewnętrznego
Bureau of Standards *am.* urząd jakości i miar
Bureau Varitas francuskie towarzystwo klasyfikacyjne statków
credit information ~ kredytowe biuro informacyjne
employment ~ urząd ⟨biuro⟩ pośrednictwa pracy
publicity ~ biuro reklamy, agencja reklamowa
travel ~ biuro podróży
bureaucracy *s* biurokracja
burgess *s* **1.** mieszczanin, obywatel, wyborca **2.** poseł do parlamentu z ramienia miasta ⟨uniwersytetu⟩
burghmote *s* sąd w osiedlu lub mieście
burglar *s* włamywacz

~ **alarm** urządzenie alarmowe przeciwko włamaniu

burglarious *adj:* ~ **attempt** usiłowanie włamania

~ **entry** wtargnięcie z zamiarem włamania ⟨kradzieży⟩

burglarize *v* 1. włamać się (*do domu*) 2. okraść (*dom*)

burglar-proof *adj* zabezpieczony przed włamaniem

burglary *s* 1. włamanie, wtargnięcie nocą do cudzego mieszkania z zamiarem popełnienia przestępstwa 2. kradzież z włamaniem

~ **insurance** ubezpieczenie od włamania

aggravated ~ włamanie kwalifikowane (*z bronią w ręku, przy użyciu materiałów wybuchowych itp.*)

nighttime ~ włamanie nocne

to commit ~ dokonać włamania ⟨kradzieży z włamaniem⟩

burgle *v* włamać się, dopuścić się włamania

to ~ **a house** włamać się do domu

burgled *pp:* **the house has been** ~ włamano się do domu, dokonano kradzieży z włamaniem

burial *s* pogrzebanie, pogrzeb

~ **fund** fundusz pogrzebowy

~ **ground** cmentarz

~ **place** miejsce pogrzebania, grób

burlaw court *s* sąsiedzki sąd polubowny

burn *s* oparzenie

bury *v* pogrzebać ⟨pochować⟩ zmarłego

bursar *s* stypendysta

bushel *s* buszel (*bryt.* 36,35 l, *am.* 35,24 l)

business *s* 1. sprawa 2. zajęcie, zawód 3. działalność handlowa, transakcja handlowa 4. firma, dom handlowy, przedsiębiorstwo 5. interes, interesy 6. zakres obowiązków, kompetencje

~ **activity** działalność gospodarcza ⟨handlowa⟩

~ **address** adres biurowy

~ **affairs** *a)* interesy handlowe *b)* sprawy firmy ⟨przedsiębiorstwa⟩

~ **agent** przedstawiciel handlowy

~ **assets** *a)* majątek przedsiębiorstwa *b)* aktywa handlowe

~ **barometer** wskaźnik koniunktury handlowej

~ **books** księgi handlowe

~ **branch** filia handlowa ⟨przedsiębiorstwa⟩

~ **capital** kapitał firmy ⟨przedsiębiorstwa⟩

~ **centre** centrum handlowe

~ **charges** koszty handlowe

~ **circles** koła handlowe

~ **conditions** warunki handlowe, koniunktura handlowa

~ **connections** stosunki handlowe

~ **corporation** spółka handlowa, przedsiębiorstwo handlowe

~ **correspondence** *a)* korespondencja handlowa *b)* korespondencja firmy

~ **cycle** cykl gospodarczy

~ **day** dzień roboczy ⟨powszedni⟩

~ **dealings** transakcje ⟨operacje⟩ handlowe

~ **directory** *a)* informator handlowy, handlowa księga adresowa *b) am.* rejestr handlowy

~ **depression** spadek koniunktury, depresja gospodarcza, kryzys

~ **disturbance** zakłócenie działalności handlowej

~ **economics** ekonomia przedsiębiorstwa

~ **enterprise** przedsiębiorstwo handlowe

~ **experience** doświadczenie handlowe

~ **expenses** wydatki handlowe

~ **failure** bankructwo

~ **firm** firma handlowa

~ **forecasting** prognoza koniunktury ⟨gospodarcza⟩

~ **for forward** ⟨**future, later**⟩ **delivery** transakcja na przyszłą dostawę ⟨na termin⟩

~ **for shipment** transakcja na załadowanie

~ **friend** firma zaprzyjaźniona, korespondent

~ **habit** zwyczaj ⟨uzus⟩ handlowy

~ **hours** godziny handlu ⟨pracy⟩

~ **house** dom handlowy, firma

~ **law** prawo handlowe

~ **letter** list handlowy

~ **losses** straty handlowe

~ **management** *a)* kierownictwo ⟨zarząd⟩ firmy *b)* kierowanie ⟨zarządzanie⟩ firmą

~ **manager** dyrektor handlowy firmy

~ **name** firma, nazwa firmy

~ **of the day** porządek dzienny

~ **on delivery** transakcja na dostarczenie

~ **on offer** transakcja na zamówienie

~ **on safe arrival** umowa na szczęśliwe przybycie

~ **on shipment** transakcja na załadowanie

~ **on speculation** transakcja spekulacyjna

~ **operation** operacja handlowa

~ **order** zamówienie

~ **outlook** perspektywy handlu, koniunktura

~ **paper** krótkoterminowy weksel handlowy

~ **partner** wspólnik

~ **policy** ⟨**practice**⟩ polityka handlowa, wytyczne działalności handlowej

~ **population** *am. stat.* wszystkie handlowo-przemysłowe przedsiębiorstwa w państwie

~ **premises** pomieszczenie ⟨siedziba⟩ firmy

~ **profit(s)** zysk handlowy

~ **prospects** perspektywy handlowe

~ **purposes** cele handlowe

~ **quarter** dzielnica handlowa

~ **recession** recesja, zastój (*w handlu, interesach*)

~ **recovery** ożywienie (*w handlu, interesach*)

~ **relations** stosunki ⟨powiązania⟩ handlowe

~ **report** sprawozdanie z działalności firmy, biuletyn gospodarczy

~ **research** badanie koniunktury

~ **risk** ryzyko handlowe

~ **sales** *am.* ogół transakcji sprzedaży wszystkich przedsiębiorstw

~ **secret** tajemnica handlowa

~ **situs** siedziba handlowa ⟨firmy, przedsiębiorstwa⟩

~ **solvency** wypłacalność

~ **stagnation** zastój gospodarczy ⟨handlowy⟩

~ **stamp** stempel firmy

~ **statistics** statystyka handlowa

~ **stocks** *am. stat.* zapasy towarowe wszystkich przedsiębiorstw

~ **term** termin handlowy, określenie handlowe

~ **tour** ⟨**trip, travel, journey**⟩ podróż w sprawach handlowych ⟨służbowa⟩, wyjazd w interesach

~ **trade** obrót handlowy

~ **training** praktyka handlowa

~ **transaction** transakcja ⟨operacja⟩ handlowa

~ **turnover** obrót handlowy

~ **value** wartość handlowa

~ **visa** wiza służbowa ⟨na wyjazd służbowy⟩

~ **world** koła handlowe ⟨gospodarcze⟩

~ **year** rok obrotowy ⟨gospodarczy, budżetowy⟩

account-current ~ transakcje na rachunek bieżący
agency ~ przedsiębiorstwo komisowe
agio ~ ażjotaż
bad ~ a) niekorzystna transakcja b) zastój w interesach
barter ~ transakcja kompensacyjna
big ~ wielki kapitał, wielkie przedsiębiorstwa
branch ~ filia, oddział (*firmy, przedsiębiorstwa*)
brisk ~ ożywione obroty
carrying ~ przedsiębiorstwo przewozowe ⟨spedycyjne⟩
cash ~ transakcja gotówkowa
collecting ~ przedsiębiorstwo zajmujące się inkasem
commission ~ a) komis, przedsiębiorstwo komisowe b) operacja komisowa
competing ~ firma konkurencyjna
conclusion of ~ zawarcie transakcji
contango ~ transakcja reportowa (*giełdowa*)
exchange ~ interesy giełdowe
export ~ a) przedsiębiorstwo eksportowe b) eksport, handel eksportowy
factoring ~ transakcja agencyjna ⟨komisowa⟩
forwarding ~ przedsiębiorstwo spedycyjne
future ⟨forward⟩ ~ transakcja na termin ⟨terminowa⟩
import ~ a) handel importowy, import b) przedsiębiorstwo importowe
incorporated ~ spółka handlowa
instalment ~ a) sprzedaż na raty b) przedsiębiorstwo sprzedaży na raty c) ratalny system sprzedaży
insurance ~ ubezpieczenia, operacje ⟨interesy⟩ ubezpieczeniowe
line of ~ branża handlowa, dziedzina działalności
local ~ *am.* transakcja loko, transakcja z natychmiastową dostawą
mail-order ~ a) handel wysyłkowy b) przedsiębiorstwo handlu wysyłkowego
man of ~ kupiec, człowiek interesu
mixed ~ przedsiębiorstwo mieszane
on ~ w interesach, służbowo, w celach handlowych
one-line ~ przedsiębiorstwo branżowe ⟨wyspecjalizowane⟩
one-man ~ firma jednoosobowa
option ~ transakcja premiowa (*na giełdzie*)
private ~ firma prywatna
profitable ~ dochodowa firma
retail ~ a) handel detaliczny, detal b) transakcja detaliczna
rival ~ przedsiębiorstwo konkurencyjne, firma konkurencyjna
shipchandler's ~ przedsiębiorstwo szypczendlerskie (*dostawy dla statków*)
shipment ~ transakcja na eksport
shipping ~ a) przedsiębiorstwo żeglugowe b) żegluga morska
small ~ mała firma, małe przedsiębiorstwo
spot ~ transakcja na miejscu ⟨loko⟩
stagnation of ~ zastój w handlu, stagnacja w interesach
terms of ~ warunki transakcji
underwriting ~ ubezpieczenia, operacje ubezpieczeniowe
unincorporated ~ przedsiębiorstwo prywatne
volume of ~ obrót handlowy, wolumen obrotów

warehouse ~ a) przedsiębiorstwo składowe b) czynności składowe, składownictwo
wholesale ~ handel hurtowy, hurt
to be in ~ zajmować się handlem
to be out of ~ wycofać się z interesów ⟨handlu⟩
to begin ⟨commence⟩ ~ zacząć prowadzić interes ⟨firmę⟩
to complete ⟨conclude⟩ a ~ zawrzeć transakcję
to conduct ~ prowadzić interesy ⟨firmę⟩
to do ~ **in ...** handlować w branży
to do ~ **with sb** prowadzić handel z kimś
to establish ⟨found, set up⟩ a ~ założyć interes ⟨firmę⟩
to extend a ~ rozszerzyć przedsiębiorstwo ⟨firmę⟩
to give up ⟨wind up⟩ a ~ zlikwidować interes ⟨firmę⟩
to go about one's ~ chodzić koło swych interesów
to go out of ⟨retire from⟩ ~ wycofać się z interesów
to open a ~ otworzyć ⟨założyć⟩ firmę
to pass to the ~ **of the day** przejść do porządku dziennego
to transact a ~ dokonać transakcji
to withdraw from ~ wycofać się z interesów
businesslike, business-like *adj* 1. solidny, dokładny, staranny 2. praktyczny
~ **approach** rzeczowe podejście
in a ~ **manner** po kupiecku, zgodnie z kupiecką starannością
businessman *s* człowiek interesu, handlowiec, kupiec
bust *s* krach, bankructwo
busy *adj* 1. ruchliwy, ożywiony 2. zajęty, pracowity
~ **hours** godziny natężenia ruchu (*w sklepach itd.*)
~ **season** ożywiony sezon
to be ~ **at sth** ⟨doing sth⟩ być zajętym czymś ⟨robieniem czegoś⟩
to keep oneself ~ zajmować się (**with sth** czymś)
but *adv conj praep*: **the price is** ~ **5 dollars** cena wynosi tylko 5 dolarów
all foodstuffs ~ **meat went up** wszystkie produkty żywnościowe oprócz mięsa poszły w górę
we cannot ~ **consider** nie możemy nie rozważyć
butt *s* beczka, antał
buy *v* (**bought, bought**) kupować, nabywać (**of** ⟨**from**⟩ **sb** od kogoś, **for** ⟨**with**⟩ **sth** za coś); *zob.* **buy back, buy in, buy out, buy over, buy up**
to ~ **afloat** kupować towar będący w drodze, znajdujący się na morzu ⟨na statku⟩
to ~ **ahead** kupować na zapas ⟨na termin⟩
to ~ **at** ⟨by⟩ **auction** kupować z licytacji (przetargu, aukcji)
to ~ **at a loss** kupować ze stratą
to ~ **at a profit** kupować z zyskiem
to ~ **bills** kupować ⟨dyskontować⟩ weksle
to ~ **a bull** kupować z kalkulacją na zwyżkę
to ~ **against** ⟨for⟩ **cash** kupować za gotówkę
to ~ **for future delivery** kupować na dostarczenie
to ~ **for resale** kupować w celu odsprzedaży
to ~ **for settlement** *giełd.* kupować na termin rozliczeniowy
to ~ **forward** kupować na dostarczenie na termin
to ~ **green corn** kupować zboże na pniu
to ~ **on approval** kupować z zastrzeżeniem zwrotu po obejrzeniu towaru
to ~ **on commission** kupować na zlecenie
to ~ **on credit** kupować na kredyt

to ~ **on fall** kupować z kalkulacją na zniżkę
to ~ **on the instalment** ⟨**hire-purchase**⟩ **system** kupować na raty
to ~ **over one's head** kupować za wyższą cenę niż oferowana, przelicytować
to ~ **spot** kupować na miejscu ⟨za gotówkę, z natychmiastową dostawą⟩
to ~ **outright** kupować ryczałtem ⟨z natychmiastową zapłatą⟩
to ~ **ready money** kupować za gotówkę
to ~ **retail** kupować detalicznie
to ~ **to arrive** kupować na przybycie
to ~ **wholesale** ⟨**in bulk**⟩ kupować hurtowo
buyable *adj* (*o towarze*) do nabycia
buy back *v* odkupić
buyer *s* 1. nabywca, kupujący, odbiorca, reflektant 2. szef działu zakupów, osoba prowadząca zakupy
~ **'s market** rynek nabywcy, przewaga podaży nad popytem
~ **'s monopoly** monopol nabywcy
~ **s over** przewaga popytu nad podażą, nadmiar nabywców
~ **'s shipping agent** agent spedycyjny importera
at ~ **'s option** według wyboru nabywcy
at ~ **'s risk** na ryzyko nabywcy
auction ~ nabywca z licytacji ⟨przetargu, aukcji⟩
bona fide ~ nabywca w dobrej wierze
cash ~ nabywca za gotówkę
exclusive ~ nabywca mający wyłączne prawo nabycia towaru
option ~ nabywca opcji giełdowej
potential ⟨**prospective, would-be**⟩ ~ ewentualny nabywca
regular ~ stały nabywca ⟨odbiorca⟩
special ~ **of the Bank of England** *bryt.* agent Banku Anglii
buyer-up *s* wykupujący na wielką skalę, akaparujący
buy in *v* 1. zakupić, kupić na zapas 2. podkupić, przelicytować 3. *giełd.* pokryć się
to ~ **against a seller** wycofać towar z licytacji oferując wyższą cenę od dawanej przez nabywcę
buying *s* kupno, nabycie, zakup
~ **account** konto zakupów
~ **agent** agent zakupu
~ **brokerage** kurtaż zakupu
~ **capacity** ⟨**power**⟩ siła nabywcza
~ **commission** prowizja od zakupu
~ **contract** umowa kupna-sprzedaży
~ **department** dział zakupów (*firmy*)
~ **order** zlecenie zakupu
~ **preference** prawo pierwokupu, pierwszeństwo zakupu
~ **price** cena ⟨kurs⟩ zakupu
~ **rate** kurs zakupu
~ **sample** próbka będąca podstawą zakupu
bulk ~ kupno ryczałtem
cash ~ kupno za gotówkę
eager ~ ożywione zakupy ⟨transakcje⟩
speculative ~ zakup spekulacyjny
buying back *s* odkup
buying in *s* 1. zakupienie na zapas 2. *giełd.* pokrycie się
buying out *s* wykupienie (*np. udziałów*)
buying up *s* skupowanie, wykupywanie
buy off *v* 1. spłacać (*np. wierzyciela*) 2. okupić się (**sb** komuś – *np. szantażyście, porywaczowi*)

buy out *v* wykupić
to ~ **a partner** przejąć ⟨wykupić⟩ udział wspólnika
buy over *v* przekupić kogoś
buy up *v* skupować, wykupywać towar
to ~ **goods** wykupywać towary
by *praep* 1. przy, obok, koło 2. przez, za pomocą 3. według, na (*np. wagę, sztuki itp.*) 4. z, ze 5. do (*odnośnie do terminu*), najdalej ⟨najpóźniej⟩ do
by accident przypadkowo, przypadkiem
by air ⟨**land, sea**⟩ drogą powietrzną ⟨lądową, morską⟩
by air-mail pocztą lotniczą
by authority z upoważnienia
by birth z urodzenia
by cable telegraficznie
by diplomatic means drogą dyplomatyczną
by disposition z usposobienia
by force siłą, przy użyciu siły
by hearsay ze słyszenia
by implication przez implikację ⟨skojarzenie, domniemanie⟩
by the job na akord, akordowo
by land drogą lądową, lądem
by letter listownie
by lots partiami
by the lump ryczałtem
by mail ⟨**post**⟩ pocztą
by measure na miarę, według miary
by mutual consent za obopólną zgodą
by name z nazwiska
by nature z natury, z usposobienia
by negligence na skutek zaniedbania
by operation of law na mocy prawa
by order of ... na zlecenie
by piece po jednym
by the piece ⟨**dozen etc.**⟩ na sztuki ⟨tuziny itp.⟩
by procuration per procura
by proxy w zastępstwie, z upoważnienia, per procura
by right z prawa, prawnie
by (public) tender w drodze przetargu (publicznego)
by sight z widzenia
by the terms of the agreement stosownie do warunków umowy
by then do tego czasu
by transit tranzytem
by virtue of z tytułu, z mocy
by water drogą wodną, wodą
by weight na wagę, według wagi
cheaper by a half tańsze o połowę
she has a child by her first husband ma dziecko z pierwszym mężem
to abate the price by 5% obniżyć cenę o 5%
to judge by appearances sądzić z pozorów
to work by the hour pracować na godziny
by-address *s* adres pomocniczy
by-bidding *s* podbijanie ceny na licytacji
by-election *s* wybory dodatkowe
by-gain *s* zysk dodatkowy ⟨uboczny⟩
by-interest *s* uboczny interes
by-issue *s* sprawa uboczna ⟨drugorzędna⟩
by-law, bye-law *s* statut, regulamin
by-motive *s* pobudka uboczna
by-name *s* przydomek, przezwisko
by-occupation *s* zajęcie dodatkowe ⟨uboczne⟩

by-pass *s* objazd
by-product *s* produkt uboczny

bystander *s* widz, naoczny świadek
by-work *s* praca dodatkowa ⟨uboczna⟩

C

cabin *s* **1.** kajuta, kabina **2.** budka telefoniczna
~ **baggage** bagaż kabinowy ⟨podręczny⟩
~ **class** druga klasa (*na statku*)
~ **passenger** pasażer kabinowy ⟨kajutowy⟩
cabinet *s* gabinet, rząd, rada ministrów
~ **council** *a*) rada ministrów *b*) posiedzenie rady ministrów
~ **crisis** kryzys gabinetowy, przesilenie rządowe
~ **minister** ⟨**member**⟩ członek rady ministrów
Cabinet Office *bryt.* sekretariat rady ministrów
~ **reshuffle** zmiany w składzie gabinetu ⟨rządu⟩
coalition ~ rząd koalicyjny
fall of the ~ upadek gabinetu ⟨rządu⟩
resignation of the ~ ustąpienie ⟨rezygnacja⟩ gabinetu ⟨rządu⟩
shadow ~ *bryt.* gabinet cieni, utworzony przez opozycję
to form a ~ utworzyć rząd ⟨gabinet⟩
cable[1] *s* **1.** kabel, stalowa lina, łańcuch **2.** = **cable-gram**
~ **address** adres telegraficzny ⟨kablowy⟩
~ **advice** awizo telegraficzne
~ **certificate** *mors.* świadectwo kotwiczne
~ **charges** ⟨**expenses**⟩ opłaty telegraficzne
~ **code** kod kablowy ⟨telegraficzny⟩
~ **communication** ⟨**connection**⟩ połączenie kablowe ⟨telegraficzne⟩
~ **draft** telegraficzny przekaz pieniężny
~ **message** = **cablegram**
~ **offer** oferta kablowa ⟨telegraficzna⟩
~ **order** zamówienie kablowe ⟨telegraficzne⟩
~ **remittance** ⟨**transfer**⟩ przekaz kablowy ⟨telegraficzny⟩
~ **report** sprawozdanie telegraficzne
by ~ drogą kablową, telegraficznie
to remit by ~ **transfer** uiścić należność przekazem telegraficznym
to send a ~ nadać kablogram
cable[2] *v* **1.** kablować, depeszować, telegrafować **2.** przesyłać telegraficznie (*np. pieniądze*)
cablegram *s* kablogram, depesza kablowa
cables *spl* telegraficzne notowania giełdowe
cabotage[1] *s* kabotaż, żegluga przybrzeżna
cabotage[2] *v* **1.** uprawiać kabotaż ⟨żeglugę przybrzeżną⟩ **2.** uprawiać handel przybrzeżny ⟨kabotażowy⟩
cadastral *adj* katastralny
~ **map** mapa katastralna, plan katastralny
~ **number** numer katastralny ⟨katastru⟩
~ **survey** plan katastralny
cadastre *s* kataster
cadaver *s* zwłoki
cadit quaestio *łac.* sprawa nie wymaga dalszych rozważań, dyskusja skończona
caduciary *adj:* ~ **right** *szkoc.* prawo kaduka
caesarian *adj:* ~ **operation** *med.* cesarskie cięcie

calamity *s* klęska, katastrofa
natural ~ klęska żywiołowa
calculable *adj* dający się obliczyć
calculate *v* **1.** liczyć, obliczać, wyliczać, kalkulować **2.** liczyć (**upon sth** na coś) **3.** *am.* przypuszczać, sądzić
to ~ **interest** wyliczać procenty
to ~ **the price** kalkulować cenę
calculated *pp adj* **1.** obliczony (**for sth** na coś) **2.** rozmyślny, umyślny
~ **insult** rozmyślna obelga
~ **murder** umyślne zabójstwo
~ **risk** wkalkulowane ⟨wliczone⟩ ryzyko
calculating *adj:* ~ **error** błąd rachunkowy ⟨w obliczeniu⟩
~ **machine** = **calculator 2.**
calculation *s* obliczenie, kalkulacja
~ **of costs** obliczenie kosztów
~ **of exchange** wyliczenie ⟨obliczenie⟩ kursu waluty
~ **of freight** obliczenie frachtu
~ **of profits** obliczenie zysków
~ **of royalty** *a*) wyliczenie kosztów licencji *b*) obliczenie tantiem
~ **unit** jednostka obliczeniowa
at the lowest ~ według najniższej kalkulacji
conservative ~ *am.* ostrożna kalkulacja
error in ⟨**of**⟩ ~ błąd rachunkowy ⟨w obliczeniu⟩
rough ~ przybliżone obliczenia, wyliczenie z grubsza
to make a ~ przeprowadzić obliczenie
calculative *adj* kalkulacyjny
calculator *s* **1.** rachmistrz **2.** maszyna do liczenia, arytmometr **3.** kalkulator
electronic ~ kalkulator elektroniczny
calendar[1] *s* **1.** kalendarz **2.** spis, lista, rejestr **3.** wokanda sądowa **4.** *am.* porządek dzienny
~ **day** ⟨**month, year**⟩ dzień ⟨miesiąc, rok⟩ kalendarzowy
~ **days** *am.* dni robocze
~ **line** granica (zmiany) daty
~ **of causes** wokanda sądowa, spis spraw do rozpoznania
~ **of prisoners** *bryt.* rejestr ⟨spis⟩ więźniów (*prowadzony przez szeryfa*)
Lloyd's ~ roczny rejestr statków Lloyda
calendar[2] *v* **1.** wciągać na listę, rejestrować **2.** sporządzać wykaz
calibrate *v* kalibrować, cechować, wzorcować
calibration *s* kalibrowanie, cechowanie, wzorcowanie
call[1] *s* **1.** wołanie, przywołanie **2.** wezwanie do telefonu **3.** połączenie telefoniczne, rozmowa telefoniczna **4.** krótka wizyta, odwiedziny **5.** powołanie do wojska **6.** powołanie (*na stanowisko itp.*), nominacja **7.** odwołanie się, apel **8.** żądanie ⟨doma-

ganie się⟩ (*np. towaru, zapłaty*) **9.** popyt (**for sth** na coś) **10.** zawinięcie statku, przybycie pociągu ⟨samolotu⟩ **11.** terminowa transakcja giełdowa
~ **box** budka ⟨kabina⟩ telefoniczna
~ **charge** opłata telefoniczna
~ **deposit** wkład zwracany na żądanie
~ **for assistance** ⟨**help**⟩ apel o pomoc
~ **for peace** apel o pokój
~ **girl** prostytutka przybywająca na wezwanie telefoniczne
~ **loan** ⟨**money**⟩ pożyczka zwrotna na żądanie
~ **of a case** wywołanie sprawy (*w sądzie*)
~ **office** publiczna rozmównica telefoniczna
~ **of the house** ⟨**roll**⟩ głosowanie imienne
~ **on shares** wezwanie do zapłaty za subskrybowane akcje
~ **option** terminowa transakcja giełdowa z premią
~ **premium** premia przy giełdowej transakcji terminowej
~ **rate** stawka procentowa od wkładów płatnych na żądanie
~ **to arms** powołanie do wojska ⟨do odbycia służby wojskowej⟩
~ **to order** *a*) wezwanie do porządku *b*) *am.* otwarcie zebrania
~ **transaction** terminowa transakcja giełdowa
at ~ na żądanie
compulsory ~ przymusowe zawinięcie statku do portu
local ~ (*telefoniczna*) rozmowa miejscowa
long-distance ~ *am.* rozmowa międzymiastowa
on ~ na żądanie
person-to-person ~ rozmowa z przywołaniem
port of ~ port zleceń ⟨zawinięcia, pośredni⟩
trunk ~ rozmowa międzymiastowa
to answer sb's ~ *a*) zgłosić się na czyjeś wezwanie *b*) odezwać się
to book a ~ zamówić rozmowę telefoniczną
to give sb a ~ zadzwonić do kogoś
to have the ~ (*o towarze*) mieć popyt
to make a ~ *a*) odwiedzić (**on sb** kogoś) *b*) zawinąć (**at a port** do portu) *c*) (*o pociągu*) zatrzymać się na stacji *d*) wezwać do zapłaty
to pay a ~ odwiedzić
to put a ~ **through to sb** połączyć kogoś z kimś (*telefonicznie*)
to take ⟨**receive**⟩ **the** ~ odebrać telefon
call² *v* **1.** wołać, zwoływać, wzywać **2.** telefonować **3.** zawijać (*do portu*), zatrzymywać się (*na stacji*) **4.** wymagać ⟨domagać się, żądać⟩ (**for sth** czegoś) **5.** nazywać, dawać imię (**sb** komuś) **6.** ogłaszać **7.** odczytywać (*listę obecnych*); *zob.* **call away, call back, call for, call forth, call in, call off, call on, call up, call upon**
to ~ **at a port** zawijać do portu
to ~ **sb's attention** zwracać czyjąś uwagę (**to sth** na coś)
to ~ **the banns** ogłaszać zapowiedzi
to ~ **a case** wywoływać sprawę (*w sądzie*)
to ~ **for help** prosić o pomoc, wzywać pomocy
to ~ **for orders** prosić o dyspozycję (*w odniesieniu do ładunku statku*)
to ~ **in doubt** ⟨**question**⟩ podawać w wątpliwość, kwestionować
to ~ **into being** ⟨**existence**⟩ powołać do życia, ustanowić

to ~ **the jury** powołać skład ławy przysięgłych
to ~ **a meeting** zwołać zebranie
to ~ **Parliament** *bryt.* zwołać Parlament
to ~ **a rally** zwołać wiec
to ~ **the roll** odczytywać nazwiska, sprawdzać obecność według listy
to ~ **sb as witness** wezwać kogoś na świadka
to ~ **sb names** obrażać kogoś, wymyślać komuś
to ~ **sb to order** przywołać kogoś do porządku
to ~ **a strike** ogłosić strajk
to ~ **to the army** powołać do wojska
to ~ **to the bar** powołać ⟨przyjąć⟩ do adwokatury
to ~ **to order** *a*) wezwać ⟨przywołać⟩ do porządku *b*) *am.* otwierać zebranie
callable *adj* **1.** (*o spłacie*) podlegający umorzeniu **2.** płatny na żądanie
~ **bonds** obligacje podlegające przedterminowemu wykupowi
call away *v* odwołać, oderwać (*od zajęć*), odciągnąć (*uwagę*)
to be called away on business *a*) być zajętym sprawami służbowymi *b*) wyjechać służbowo
call back *v* **1.** przywołać **2.** odwołać (*np. słowa*) **3.** zatelefonować do kogoś, kto uprzednio telefonował, *pot.* oddzwonić
caller *s* **1.** osoba telefonująca (*do kogoś*) **2.** osoba uprawniona do żądania dostawy (*przy giełdowej transakcji terminowej z premią*)
call for *v* **1.** wymagać, domagać się, żądać **2.** wzywać, zapraszać **3.** przychodzić ⟨zgłaszać się⟩ (*po coś*)
to ~ **tenders** zapraszać do składania ofert
to ~ **a wage increase** domagać się podwyżki
to be called for adresat zgłosi się po odbiór (*przesyłki na poste-restante*)
call forth *v* wywołać, powodować (*np. protesty, zamieszki*)
call in *v* **1.** wzywać, zwoływać **2.** wycofać (*z obiegu*) **3.** żądać zwrotu **4.** inkasować, żądać zapłaty
calling *s* **1.** zawód, fach **2.** powołanie, skłonność **3.** wezwanie **4.** zwołanie **5.** powołanie
~ **the docket** ogłoszenie wokandy sądowej
~ **an election** wyznaczenie wyborów
~ **hours** godziny przyjęć
~ **the jury** powołanie składu przysięgłych
~ **a meeting** zwołanie zebrania
~ **of parliament** zwołanie parlamentu
~ **the plaintiff** *bryt.* wezwanie formalne powoda (*do stawienia się w sądzie*)
~ **to the bar** przyjęcie do adwokatury, nadanie prawa praktyki adwokackiej
~ **to testify** wezwanie do złożenia zeznań
call off *v* **1.** odwołać **2.** zerwać (*np. umowę*) **3.** anulować
to ~ **a strike** odwołać strajk
call on *v* = **call upon**
call up *v* **1.** zatelefonować, zadzwonić **2.** powołać do wojska
call upon *v* **1.** wzywać **2.** żądać, domagać się **3.** zwracać się (**for sth** o coś) **4.** składać wizytę, odwiedzać
to be called upon to do sth być powołanym do zrobienia czegoś
calm *adj* spokojny
~ **market** spokojny rynek, zastój na rynku

calumniate *v* szkalować, zniesławiać, oczerniać, rzucać oszczerstwa (**sb** na kogoś)
calumniation *s* szkalowanie, zniesławianie, oczernianie
calumniator *s* oszczerca
calumniatory, calumnious *adj* oszczerczy, zniesławiający
calumny *s* kalumnia, oszczerstwo, potwarz, pomówienie
cambist *s* **1.** wekslarz (*osoba zajmująca się operacjami wekslowymi i walutowymi*) **2.** tabela kursów (*walut itp.*)
cambistry *s* nauka o operacjach wekslowych
camera *s* **1.** gabinet sędziego **2.** *hist.* roczna danina wasala
   in ~ *a*) w gabinecie sędziego *b*) niejawnie, w nieobecności stron, na posiedzeniu niejawnym
   trial in ~ sprawa ⟨proces⟩ przy drzwiach zamkniętych
camp[1] *s* **1.** obóz, obozowisko **2.** ośrodek turystyczny **3.** ugrupowanie polityczne
   concentration ~ obóz koncentracyjny
   holiday ~ ośrodek turystyczny
   internment ~ obóz dla internowanych
   opposition ~ obóz opozycyjny, partia opozycyjna, opozycja
   refugee ~ obóz uchodźców
   training ~ obóz treningowy ⟨szkoleniowy⟩
   war prisoners' ~ obóz jeniecki ⟨jeńców wojennych⟩
camp[2] *v* kempingować, obozować; zakładać obóz
campaign *s* kampania, akcja
   advertising ~ kampania reklamowa
   election ⟨**electioneering, electoral**⟩ ~ kampania wyborcza
   press ⟨**newspaper**⟩ ~ kampania prasowa
   sales ⟨**selling**⟩ ~ kampania sprzedaży
campfight *s bryt. hist.* pojedynek sądowy
camping *s* kempingowanie, obozowanie, życie obozowe
   ~ **ground** kemping, obozowisko, teren kempingowy
   ~ **permit** pozwolenie na prowadzenie kempingu
canal *s* kanał
   ~ **barge** barka kanałowa
   ~ **company** przedsiębiorstwo eksploatacji kanału
   ~ **dues** ⟨**rates, toll**⟩ opłaty kanałowe (*za przejazd przez kanał*)
   ~ **port** port kanałowy
   ~ **zone** strefa kanałowa
cancel *v* **1.** kasować, przekreślać, skreślać **2.** odwoływać, anulować, unieważniać, uchylać
   to ~ **an agreement** unieważnić porozumienie
   to ~ **a bill** anulować weksel
   to ~ **a cheque** anulować czek
   to ~ **a contract** unieważnić umowę
   to ~ **a credit** cofnąć kredyt
   to ~ **a debt** anulować dług
   to ~ **an entry** skreślić wpis (*w księgach*)
   to ~ **a judgment** unieważnić wyrok
   to ~ **a law** uchylić ustawę
   to ~ **an order** cofnąć zamówienie
   to ~ **a patent** unieważnić patent
   to ~ **a power of attorney** odwołać pełnomocnictwo
   to ~ **a stamp** skasować znaczek

cancellable *adj* podlegający odwołaniu ⟨unieważnieniu, anulowaniu⟩
cancellation *s* **1.** skreślenie, skasowanie **2.** odwołanie, anulowanie, unieważnienie, uchylenie
   ~ **clause** klauzula anulowania, prawo odstąpienia od umowy, postanowienie dotyczące unieważnienia umowy (*zawarte w czarterze*)
   ~ **fee** opłata stornowa
cancelled *pp adj* **1.** przekreślony, skasowany **2.** anulowany, unieważniony
   until ~ aż do odwołania
   to consider sth as ~ uważać coś za anulowane ⟨niebyłe⟩
cancelling *s* **1.** skreślenie, skasowanie **2.** anulowanie, unieważnienie
   ~ **clause = cancellation clause;** *zob.* **cancellation**
   ~ **date** data odstąpienia od umowy ⟨anulowania umowy⟩ (*w wypadku, gdy do jej upływu statek nie przybędzie do portu załadowania*)
   ~ **former order** anulowanie ⟨odwołanie⟩ poprzedniego zamówienia
   ~ **price** kara umowna w przypadku odstąpienia od umowy
   ~ **stamp** kasownik, pieczęć do kasowania
candidate *s* kandydat
   ~ **for presidency** kandydat na prezydenta
candidature, candidacy *s* kandydatura
cannibalism *s* ludożerstwo
canning *s* konserwowanie
   ~ **factory** fabryka konserw
   ~ **industry** przemysł przetwórczy
cannon-shot *s* **1.** wystrzał armatni **2.** zasięg działa
   ~ **rule** zasada zasięgu wystrzału armatniego *a*) określenie szerokości wód terytorialnych *b*) doktryna głosząca, że władza państwa kończy się tam, gdzie kończy się siła jego dział
canon *s* kanon, norma, reguła, zasada
   ~ **law** prawo kanoniczne
   ~**s of construction** zasada interpretacji ⟨wykładni⟩
   ~**s of descent** ⟨**inheritance**⟩ zasady dziedziczenia
   ~**s of professional ethics** zasady etyki zawodowej
cant *s* żargon, gwara
   thieves' ~ żargon złodziejski
canvass[1] *s* **1.** dyskutowanie **2.** werbowanie (*klientów, stronników itp.*) **3.** prowadzenie akwizycji **4.** *am.* obliczanie głosów wyborczych
canvass[2] *v* **1.** dyskutować **2.** werbować, zdobywać (*klientów, stronników itp.*) **3.** prowadzić akwizycję
   to ~ **a district for orders** objeżdżać okręg zbierając zamówienia
   to ~ **for customers** zdobywać ⟨zabiegać o⟩ klientów
   to ~ **for votes** zabiegać o głosy wyborców
   to ~ **from door to door** prowadzić handel domokrążny
canvasser *s* **1.** akwizytor, agent **2.** *am.* skrutator, obliczający głosy (*w wyborach*) **3.** *stat.* ankieter
   advertising ~ akwizytor reklamowy ⟨ogłoszeniowy⟩
   freight ~ akwizytor frachtowy
   insurance ~ agent ubezpieczeniowy
canvassing *s* **1.** akwizycja **2.** werbowanie głosów
   ~ **of orders** akwizycja zamówień
   ~ **staff** personel akwizycyjny
   house-to-house ~ domokrążna akwizycja
capabilities *spl* możliwości

industrial ~ możliwości ⟨zdolność produkcyjna⟩ przemysłu

capability s zdolność, zdatność

~ **of inheritance** zdolność dziedziczenia

capable adj **1.** zdolny (**of sth** do czegoś), zdatny, nadający się **2.** mający zdolność prawną **3.** dopuszczający (**of sth** coś)

~ **of change** dopuszczający zmiany

~ **of contracting** zdolny do zawierania umów

~ **of improvement** dopuszczający ulepszenia

~ **of work** zdolny do pracy

capacious adj obszerny, przestronny, pojemny

capacitate v **1.** czynić zdolnym (**for sth, to do sth** do czegoś) **2.** kwalifikować, upoważniać, uprawniać

capacity s **1.** pojemność **2.** ładowność **3.** zdolność, zdatność, możność **4.** wydajność, moc **5.** zdolność prawna **6.** stanowisko, godność, charakter

~ **for cargo** pojemność ładunkowa

~ **to act** ⟨**for action**⟩ zdolność do czynności ⟨działań⟩ prawnych

~ **to contract** zdolność do zawierania umów

~ **to pay** zdolność płatnicza

~ **to sue** zdolność procesowa

~ **to work** zdolność do pracy

buying ~ zdolność ⟨siła⟩ nabywcza

cargo ~ nośność ⟨pojemność⟩ ładunkowa, ładowność

carrying ~ nośność, zdolność przewozowa

daily ~ wydajność dzienna ⟨na dobę⟩

deadweight ~ nośność całkowita ⟨brutto⟩

disposing ~ zdolność rozporządzania

earning ~ zdolność zarobkowa ⟨do zarobkowania⟩

economic ~ moc ⟨potęga⟩ gospodarcza

exporting ~ zdolność eksportowa

filled to ~ pełny po brzegi, szczelnie wypełniony

full ~ pełna wydajność ⟨zdolność, moc⟩

hourly ~ wydajność na godzinę

legal ~ zdolność prawna

lending ~ zdolność kredytowa

productive ~ zdolność produkcyjna

profit-earning ~ rentowność, dochodowość

purchasing ~ zdolność ⟨siła⟩ nabywcza

storage ~ zdolność składowa

traffic ~ przelotowość, zdolność przepustowa

to act in the ~ **of ...** występować ⟨działać⟩ w charakterze ...

to act in one's individual ~ występować ⟨działać⟩ w swoim ⟨we własnym⟩ imieniu

to act in one's official ~ występować oficjalnie ⟨w charakterze oficjalnym, urzędowym⟩

to have the ~ **to do sth** mieć możność zrobienia czegoś

to work at full ~ pracować na pełnej mocy ⟨na pełnych obrotach⟩

cape s bryt. hist. nakaz sądowy w sprawach dotyczących nieruchomości

caper s okręt kaperski

capias s łac. nakaz aresztowania

~ **ad audiendum iudicium** łac. nakaz aresztowania skazanego zaocznie celem odczytania mu wyroku

~ **ad respondendum** łac. nakaz aresztowania oskarżonego o wykroczenie celem postawienia go przed sądem

~ **satisfaciendum** łac. nakaz aresztowania dłużnika, w stosunku do którego egzekucja wyroku okazała się nieskuteczna

~ **extendi facias** łac. nakaz aresztowania dłużnika Korony i zajęcia jego majątku za długi

capita łac.: **per** ~ na głowę

distribution per ~ podział majątku spadkowego na równe udziały (gdy spadkodawca nie zostawił testamentu, a spadkobiercy są krewnymi w tym samym stopniu)

capital[1] s **1.** kapitał, fundusz, środki pieniężne **2.** stolica

~ **account** rachunek ⟨konto⟩ kapitału

~ **accumulation** akumulacja kapitału

~ **and interest** kapitał i odsetki

~ **assets** środki trwałe ⟨kapitałowe⟩

~ **at command** ⟨**disposal**⟩ rozporządzalny kapitał

~ **bonus** dywidenda w postaci akcji

~ **consumption** zużycie kapitału

~ **demand** zapotrzebowanie kapitałowe ⟨na kapitał⟩

~ **expenditure** ⟨**outlay**⟩ wydatki pieniężne

~ **export** eksport ⟨wywóz⟩ kapitału

~ **flight** ucieczka kapitału

~ **formation** tworzenie kapitału

~ **gains and losses** zyski i straty kapitałowe

~ **goods** a) środki ⟨dobra⟩ kapitałowe b) środki trwałe

~ **import** import ⟨przywóz⟩ kapitału

~ **increase** wzrost kapitału

~ **inflow** napływ kapitału

~ **interest** odsetki od kapitału

~ **investment** lokata kapitału, inwestycja kapitałowa

~ **levy** danina majątkowa

~ **loss** strata kapitałowa ⟨kapitału⟩

~ **market** rynek kapitałowy ⟨kapitałów⟩

~ **movements** ruch kapitału

~ **of a company** kapitał (zakładowy) spółki

~ **outflow** odpływ kapitału

~ **receipts** przychód kapitału

~ **reduction** redukcja ⟨zmniejszenie⟩ kapitału

~ **requirements** ⟨**needs**⟩ zapotrzebowanie na kapitał

~ **reserve** rezerwa kapitałowa ⟨kapitału⟩

~ **resources** zasoby kapitałowe ⟨kapitałów⟩

~ **shortage** brak kapitału

~ **stock** kapitał zakładowy ⟨akcyjny⟩

~ **structure** plan finansowy

~ **surplus** nadwyżka kapitałowa

~ **transactions** transakcje kapitałowe

~ **turnover** obrót kapitałowy

~ **value** wartość w kapitale ⟨gotówce⟩

accumulation of ~ akumulacja kapitału

acting ~ kapitał obrotowy, środki obrotowe

active ~ kapitał płynny, aktywa

advanced ~ kapitał zaliczkowy

authorized ~ nominalny ⟨statutowy⟩ kapitał akcyjny

available ~ rozporządzalny kapitał

bank ~ kapitał bankowy

brought-in ~ kapitał wniesiony

business ~ kapitał firmy ⟨przedsiębiorstwa⟩

cash ~ kapitał w gotówce

circulating ~ kapitał obrotowy

circulation of ~ obrót kapitału

commercial ~ kapitał handlowy

commodity ~ kapitał towarowy

company ~ kapitał (zakładowy) spółki

concentration of ~ koncentracja kapitału
constant ~ kapitał stały
contribution of ~ wkład kapitałowy
cost of ~ koszt kapitału
creation of ~ tworzenie kapitału
current ~ kapitał płynny
dead ~ kapitał martwy (*nie przynoszący procentów*)
debenture ~ kapitał obligacyjny
demand for ~ zapotrzebowanie ⟨popyt⟩ na kapitał
fictitious ~ kapitał fikcyjny (*w postaci akcji, obligacji*)
financial ⟨**finance**⟩ ~ kapitał finansowy
fixed ~ kapitał trwały
flight of ~ ucieczka kapitału (*za granicę*)
floating ~ kapitał obrotowy
flow of ~ przepływ kapitału
foreign ~ kapitał zagraniczny
frozen ~ kapitał zamrożony
idle ~ = **dead** ~
increase of ~ wzrost kapitału
industrial ~ kapitał przemysłowy
influx ⟨**inflow**⟩ **of** ~ napływ kapitału
interest on ~ procenty od kapitału
invested ~ kapitał zainwestowany ⟨ulokowany⟩, kapitał zakładowy
investment of ~ inwestycja kapitału
issued ~ kapitał emitowany
joint ~ kapitał spółki
lending ⟨**loan**⟩ ~ kapitał pożyczkowy
liquid ~ kapitał płynny
nominal ⟨**original, opening**⟩ ~ kapitał zakładowy
real ~ kapitał rzeczywisty (*w gotówce*)
registered ~ kapitał zgłoszony ⟨statutowy, nominalny⟩
share ⟨**stock**⟩ ~ kapitał akcyjny
subscribed ~ kapitał subskrybowany
supply of ~ podaż kapitału
trading ⟨**working**⟩ ~ kapitał obrotowy ⟨eksploatacyjny⟩
variable ~ kapitał zmienny
to bring in the ~ wnieść kapitał
to call in the ~ żądać kapitału
to convert into ~ kapitalizować
to engage ~ angażować kapitał
to freeze the ~ zamrozić kapitał
to invest ~ inwestować kapitał (**in sth** w coś)
to lack ~ odczuwać brak kapitału
to live on one's ~ żyć z kapitału
to lock up ⟨**immobilize**⟩ **the** ~ unieruchomić ⟨uwięzić⟩ kapitał
to supply ~ **to sb** dostarczyć komuś kapitału, zaopatrzyć kogoś w gotówkę
to supply with ~ dostarczać kapitału
to withdraw (the) ~ wycofać kapitał
capital[2] *adj* 1. główny, zasadniczy, podstawowy, kapitalny 2. pierwszorzędny 3. karany śmiercią
~ **amount** podstawowa suma, zasadnicza kwota
~ **charge** oskarżenie o przestępstwo zagrożone ⟨oskarżenie grożące⟩ karą śmierci
~ **crime** przestępstwo zagrożone karą śmierci, zbrodnia karana śmiercią
~ **expenditure** podstawowe wydatki
~ **felony** = ~ **crime**
~ **punishment** kara śmierci
~ **repairs** remont kapitalny

~ **sentence** wyrok śmierci, skazanie na karę śmierci
capitalism *s* kapitalizm
state-monopoly ~ monopolistyczny kapitalizm państwowy
under ~ w warunkach kapitalizmu
capitalist[1] *s* kapitalista
capitalist[2] *adj* kapitalistyczny
~ **class** klasa kapitalistyczna
~ **countries** kraje kapitalistyczne
~ **economic system** ⟨**economy**⟩ gospodarka kapitalistyczna
capitalization *s* kapitalizacja
~ **of interest** kapitalizacja odsetek
~ **of reserves** kapitalizacja rezerw
~ **rate** stopa kapitalizacji
capitalize *v* 1. kapitalizować, zamieniać (*inne wartości*) na kapitał 2. kapitalizować, akumulować ⟨gromadzić⟩ kapitał 3. finansować, zaopatrywać w kapitał
capitalized *pp* : ~ **income** dochód skapitalizowany
~ **interest** skapitalizowane odsetki
~ **profits** zyski skapitalizowane
~ **value** wartość skapitalizowana
capitation *s hist.* podatek pogłówny, pogłówne
~ **grant** przydział ⟨dotacja, zasiłek⟩ na głowę
~ **tax** ⟨**fee**⟩ *hist.* podatek od osoby, pogłówne
capitis deminutio *s łac.* utrata ⟨ucięcie⟩ głowy
capitulate *v* kapitulować
capitulation *s* 1. kapitulacja 2. porozumienie 3. spis paragrafów (*np. umowy, porozumienia*)
capitulatory *s* kapitulacyjny
~ **regime** warunki kapitulacyjne
~ **rights** prawa kapitulacji
captain *s* 1. dowódca 2. kapitan statku, dowódca okrętu 3. *wojsk.* kapitan
~'**s bag** = ~'**s mail**
~'**s bridge** mostek kapitański
~'**s copy** kapitańska kopia (*konosamentu*)
~'**s entry** *bryt.* deklaracja celna kapitana ⟨prowizoryczna⟩
~'**s mail** poczta kapitańska ⟨statkowa⟩ (*listy i dokumenty towarowe przesyłane za pośrednictwem statku handlowego*)
~'**s notice** nota kapitańska (*o gotowości statku do załadunku lub wyładunku*)
~'**s protest** protest morski
~'**s report** raport kapitański
sea ~ kapitan statku morskiego
captaincy, captainship *s* 1. ranga kapitana 2. dowództwo
caption[1] *s* 1. nagłówek, napis, tytuł 2. wstępna część dokumentu ⟨aktu prawnego⟩ (*wymieniająca miejsce, czas, władzę i strony*) 3. aresztowanie, pojmanie, pochwycenie
caption[2] *v* zaopatrzyć w nagłówek ⟨tytuł, napis⟩
captive[1] *s* jeniec
captive[2] *adj* pojmany, wzięty do niewoli
~ **state** niewola
to hold ~ trzymać w niewoli
to take ~ wziąć ⟨brać⟩ do niewoli
captivity *s* niewola, odosobnienie w obozie wojskowym ⟨jenieckim⟩
to hold sb in ~ trzymać kogoś w niewoli
captor *s* 1. osoba biorąca jeńca 2. osoba aresztująca 3. statek biorący pryzę ⟨własność nieprzyjaciela, kontrabandę⟩

capture[1] *s* **1.** zawładnięcie, pojmanie, pochwycenie **2.** pryza morska, kaperstwo **3.** łup, zdobycz **4.** jeniec
free of ~ **and seizure** *ub. mors.* z wyłączeniem ryzyka schwytania lub zajęcia statku (*klauzula*)
capture[2] *v* **1.** schwytać, pojmać, wziąć do niewoli **2.** zdobyć, zawładnąć (**sth** czymś)
to ~ **the market** zdobyć rynek, zawładnąć rynkiem
car *s* **1.** wóz, wózek **2.** samochód **3.** *am.* wagon kolejowy **4.** wagon tramwajowy
~ **fare** *am.* opłata za przejazd (*tramwajem, autobusem*)
~ **ferry** prom samochodowy
~ **insurance** ubezpieczenie samochodu
delivery ~ wóz (samochód) dostawczy
freight ~ *am.* wagon towarowy
motor ~ samochód
package ~ *am.* wagon drobnicowy
passenger ~ *am.* wagon osobowy
private ~ samochód osobowy
utility ~ półciężarówka
to drive a ~ prowadzić samochód
caravan *s* **1.** karawana **2.** przyczepa mieszkalna do samochodu
~ **trade** handel w przyczepie samochodowej
card *s* **1.** karta **2.** bilet wizytowy **3.** metka (*przy towarze*) **4.** legitymacja **5.** bilet wstępu
~ **catalogue** katalog kartkowy, kartoteka
~ **index** skorowidz kartkowy, rejestr
~ **punch** dziurkacz
~ **vote** *bryt.* głosowanie przez delegata
address ~ kartka z adresem (*przy przesyłce*)
admission ~ karta wstępu (wejścia)
business ~ wizytówka służbowa
calling ~ *am.* bilet wizytowy
clock ~ karta kontrolna (zegarowa)
correspondence ~ karta pocztowa
identity (**identification**) ~ dowód osobisty
index ~ karta katalogowa
inspection ~ karta kontrolna
invitation ~ karta wstępu, zaproszenie
no ~ bez karty wstępu (*zaproszenie służy za kartę wstępu*)
pattern (**sample**) ~ karta wzorów (próbek)
post ~ karta pocztowa
postal ~ *am.* karta pocztowa (*z nadrukowanym znaczkiem*)
punched ~ karta dziurkowana (perforowana)
ration ~ karta żywnościowa
reply-paid ~ karta z opłaconą odpowiedzią
show ~ karta wzorów
subscription ~ talon subskrypcyjny
visiting ~ bilet wizytowy
voting ~ karta do głosowania
cardinal *adj* główny, zasadniczy
~ **condition** zasadniczy warunek
of ~ **importance** o zasadniczym znaczeniu
card-index *v* katalogować, sporządzać kartotekę, wciągać do kartoteki
care[1] *s* **1.** troska, opieka, piecza (**for sb, sth** nad kimś, czymś) **2.** uwaga, ostrożność, staranność
~ **of** (*skr.* **c/o**) z listami, na adres, do rąk
degree of ~ stopień staranności
due ~ właściwa troska, należyta staranność
in ~ **of sb** pod czyjąś opieką, w czyjejś pieczy
medical ~ opieka lekarska
ordinary ~ zwykła staranność

proper ~ właściwa (odpowiednia, należyta) troska (dbałość)
want of ~ brak staranności
under sb's ~ pod czyjąś opieką
with ~ z troską, ostrożnie, troskliwie
to be handled with ~ (*napis na przesyłce*) ostrożnie!
to take ~ *a*) troszczyć się, dbać (**of** (**for**) **sth** o coś) *b*) uważać, starać się
care[2] *v* troszczyć się, dbać (**for** (**about**) **sb, sth** o kogoś, coś), mieć pieczę (**for sb, sth** nad kimś, czymś), mieć pod opieką (**for sb, sth** kogoś, coś)
career *s* **1.** kariera, działalność **2.** zawód, zajęcie **3.** tok (*sprawy*), bieg (*życia*)
~ **consul** konsul zawodowy (*nie honorowy*)
~ **diplomat** zawodowy dyplomata
~ **judge** zawodowy sędzia
~ **man** *am.* zawodowy dyplomata
~ **woman** kobieta pracująca zawodowo
commercial (**mercantile**) ~ zawód handlowca
to take up (**enter upon**) **a** ~ obrać karierę (zawód)
careerist *s* karierowicz
careful *adj* **1.** troskliwy, dbały **2.** uważny, ostrożny, rozważny **3.** dokładny, skrupulatny, staranny
~ **answer** dobrze przemyślana odpowiedź
~ **attention** baczna uwaga
~ **examination** (**consideration**) **of a question** dokładne rozpatrzenie sprawy
~ **execution of an order** staranne wykonanie zamówienia
to be ~ uważać
to be ~ **of sth** dbać o coś
carefully *adv* **1.** troskliwie **2.** uważnie, ostrożnie, rozważnie **3.** dokładnie, skrupulatnie, starannie
~ **packed** starannie opakowany
handle ~ (*napis*) obchodzić się ostrożnie
carefulness *s* **1.** troskliwość, staranność **2.** ostrożność
careless *adj* **1.** niedbały, niestaranny **2.** nieostrożny, nierozważny, lekkomyślny
~ **about one's duties** zaniedbujący swe obowiązki
~ **of danger** nie zwracający uwagi na niebezpieczeństwo
carelessness *s* **1.** niedbalstwo, niestaranność **2.** nieostrożność, nierozważność, lekkomyślność
care(-)taker *s* **1.** dozorca, stróż **2.** zarządca, gospodarz
~ **government** rząd tymczasowy
~ **management** zarząd tymczasowy
caretaking *s* **1.** staranie **2.** dozór, nadzorowanie
cargo *s* ładunek (*statku, samolotu*), fracht
~ **adrift** ładunek dryfujący
~ **afloat** ładunek pływający
~ **and passenger ship** statek towarowo-osobowy
~ **boat** statek towarowy, frachtowiec
~ **book** księga ładunkowa
~ **booking** bukowanie towaru, rezerwowanie miejsca pod ładunek
~ **broker** makler frachtowy
~ **capacity** ładowność, nośność (pojemność) ładunkowa
~ **carrier** *a*) statek towarowy *b*) samolot transportowy *c*) przewoźnik ładunków
~ **deadweight** = ~ **capacity**
~ **gear** urządzenia przeładunkowe
~ **homeward** ładunek powrotny
~ **insurance** ubezpieczenie ładunku

~ **lien** prawo zastawu na przesyłce ⟨ładunku⟩
~ **liner** liniowiec towarowy
~ **list** lista ładunkowa
~ **navicert** zaświadczenie ⟨świadectwo⟩ morskie stwierdzające, że ładunek nie stanowi kontrabandy
~ **on deck** ładunek pokładowy
~ **plan** plan ładunkowy
~ **plane** samolot towarowy
~ **policy** polisa ubezpieczeniowa frachtu
~ **pool** pool ⟨pul⟩ ładunkowy (*umowa kartelowa dotycząca podziału przewożonych ładunków*)
~ **release** zwolnienie towaru spod zamknięcia celnego
~ **sheet** spis towarów ⟨ładunku⟩
~ **ship** ⟨**vessel**⟩ statek towarowy, frachtowiec
~ **space** przestrzeń ładunkowa
~ **turnover** obrót ładunkowy (*portu*)
~ **under deck** ładunek pod pokładem ⟨w ładowni statku⟩
~ **underwriter** ubezpieczyciel ładunku ⟨towarów⟩
arrested ~ ładunek obłożony aresztem
assorted ~ ładunek sortowany
awkward ~ ładunek trudny do sztauowania
back ~ *a)* ładunek powrotny *b)* ładunek zwrotny ⟨zwrócony⟩ (*przewożony z powrotem*)
booked ~ *a)* ładunek zabukowany *b)* ładunek zapisany do księgi ładunkowej
bulk ~ ładunek masowy ⟨luzem⟩
bulky ~ ładunek objętościowy ⟨zajmujący dużą przestrzeń⟩
choice ~ ładunek według wyboru (*armatora*)
coasting ~ ładunek kabotażowy
deck ~ ładunek pokładowy
full and complete ~ ładunek pełnostatkowy ⟨wystarczający do zapełnienia ładowni⟩
general ~ drobnica
home ⟨**homeward**⟩ ~ ładunek powrotny
inward ⟨**outward**⟩ ~ ładunek importowy ⟨eksportowy⟩
lost ~ *a)* ładunek zagubiony *b)* ładunek całkowicie zniszczony
mixed ~ ładunek mieszany
part ⟨**partial**⟩ ~ ładunek częściowy
return ~ ładunek powrotny
shut out ~ ładunek nie przyjęty na statek (*np. z braku miejsca*)
special ~ ładunek specjalny (*z uwagi na rozmiary itp.*)
through ~ ładunek bezpośredni (*bez przeładunku w drodze*)
transhipment ~ ładunek niebezpośredni (*z przeładunkiem w drodze*)
to book a ~ bukować ładunek
to embark ~ załadować ładunek
to land a ~ wyładować ładunek na nabrzeże
to stow the ~ rozmieszczać ⟨sztauować⟩ ładunek
to take a ~ przyjąć ładunek, załadować
cargoworthiness *s* zdatność ładunkowa statku, zdatność statku do przewozu określonego ładunku
cargoworthy *adj* zdatny do przewozu ładunku, (*o statku*) przystosowany do przyjęcia specjalnego ładunku
carload *s* 1. ładunek całowagonowy 2. wagon (*określenie ilości*)
consolidated ~ zbiorowa przesyłka całowagonowa drobnicy

in ~ **lots** w partiach całowagonowych
carloading *s* ładunek całowagonowy
carnage *s* masowe zabijanie, rzeź (*ludzi*)
carnal *adj* cielesny, płciowy
~ **knowledge** stosunek cielesny ⟨płciowy⟩
carriage *s* 1. przewóz towarów, transport 2. koszt przewozu 3. wóz, pojazd, wagon 4. podwozie, podstawa ⟨konstrukcja⟩ nośna 5. przyjęcie, przeprowadzenie (*projektu ustawy, rezolucji*) 6. postawa, zachowanie się
~ **back** fracht powrotny
~ **by air** ⟨**land, rail, sea**⟩ transport lotniczy ⟨lądowy, kolejowy, morski⟩
~ **charge** ⟨**fare**⟩ opłata za przewóz
~ **forward** koszt przewozu ponosi odbiorca, przewóz nie opłacony
~ **free** przewóz bezpłatny, koszt przewozu ponosi dostawca
~ **note** list ⟨kwit⟩ przewozowy
~ **paid** przewóz opłacony, za przesyłkę zapłacono
~ **ticket** = ~ **note**
contract ~ środek transportu do wynajęcia
road ~ transport drogowy
„**Warsaw**" ~ przewóz lotniczy na zasadach Konwencji Lotniczej Warszawskiej z 1929 r.
water ~ transport wodny
to pay the ~ zapłacić za przewóz ⟨transport⟩
carried *pp* : ~ **by acclamation** przyjęte przez aklamację
~ **forward** ⟨**over**⟩ do przeniesienia
~ **unanimously** przyjęty jednogłośnie
to be ~ być przyjętym ⟨przegłosowanym, uchwalonym⟩
carrier *s* 1. przewoźnik, ekspedytor, spedytor 2. (*w złożeniach*) statek, transportowiec 3. samolot transportowy 4. bagażnik
~ **by land** ⟨**sea**⟩ przewoźnik lądowy ⟨morski⟩
~'**s allowance** rekompensata kosztów przewoźnika
~'**s business** przedsiębiorstwo przewozowe ⟨spedycyjne⟩
~'**s charges** koszty przewozowe ⟨spedycji⟩
~'**s liability** odpowiedzialność przewoźnika
~'**s lien** prawo zastawu przewoźnika
~'**s remuneration** należność przewoźnika
~'**s statement** oświadczenie przewoźnika (*o uszkodzeniu ładunku, o stanie ładunku w punkcie odbioru*)
air ~ przewoźnik lotniczy
cargo ~ statek towarowy
common ⟨**public**⟩ ~ zawodowy przewoźnik
domestic ~ przewoźnik krajowy, krajowe przedsiębiorstwo transportowe
oil ~ tankowiec, zbiornikowiec
private ~ prywatny przewoźnik
carry *v* 1. nosić, przenosić 2. transportować, wozić, przewozić 3. dostarczać 4. doprowadzać, osiągać 5. uchwalać, przeprowadzać, przyjmować (*wniosek, uchwałę*) 6. prowadzić, sprzedawać (*artykuł*) 7. pociągać za sobą (*skutki*) 8. *am.* mieć, posiadać 9. *zob.* **carry forward, carry on, carry out, carry over, carry through**
to ~ **an article** prowadzić artykuł, handlować (jakimś) towarem
to ~ **authority** mieć znaczenie, posiadać autorytet
to ~ **a cause** wygrać sprawę
to ~ **a child** być w ciąży

to ~ **conviction** być przekonywającym, budzić zaufanie

to ~ **costs** ponosić koszty

to ~ **an election** przejść ⟨uzyskać większość głosów⟩ w wyborach

to ~ **goods** przewozić towary

to ~ **interest** przynosić odsetki ⟨procenty⟩

to ~ **into effect** ⟨**execution**⟩ wprowadzić w życie

to ~ **a motion** *a*) przyjąć wniosek *b*) przeprowadzić wniosek

to ~ **a resolution** uchwalić ⟨powziąć⟩ rezolucję

to ~ **weight** mieć wagę, posiadać znaczenie

carry forward *v* przenieść (*sumę na następną stronę*)

amount carried forward suma z przeniesienia

carrying *s* 1. noszenie 2. transport, przewożenie 3. przewóz, spedycja

~ **arms** noszenie broni

~ **business** przedsiębiorstwo przewozowe ⟨spedycyjne⟩

~ **capacity** ⟨**power**⟩ nośność, ładowność, zdolność przewozowa

~ **trade** transport, przemysł transportowy

carry on *v* 1. prowadzić (*rozmowy, zajęcia itp.*) 2. kontynuować, nie zaprzestawać

to ~ **hostile acts** prowadzić wrogie działania

to ~ **a job** kontynuować pracę

to ~ **negotiations** prowadzić rokowania

to ~ **official talks** prowadzić oficjalne rozmowy

carry out *v* 1. wykonywać, wypełniać, realizować 2. wywiązywać się (**sth** z czegoś)

to ~ **a contract** wykonać umowę

to ~ **an experiment** przeprowadzić próbę ⟨eksperyment⟩

to ~ **instructions** zastosować się do instrukcji, wypełnić instrukcje

to ~ **a law** zastosować prawo

to ~ **a price** wycenić

to ~ **a reform** przeprowadzić reformę, dokonać reformy

to ~ **a threat** spełnić groźbę

carry over *v* 1. przewozić 2. przenosić 3. prolongować, odroczyć

to ~ **a balance** przenieść saldo

to ~ **a transaction** *giełd.* dokonać transakcji reportowej

amount carried over suma z przeniesienia

carry-over *s* 1. resztki, pozostałość, remanent 2. *giełd.* transakcja reportowa

~ **day** *giełd.* pierwszy dzień okresu likwidacyjnego

~ **price** ⟨**rate**⟩ kurs reportowy

~ **stocks** pozostałe zapasy, remanenty

carry through *v* 1. przenieść 2. przeprowadzić, doprowadzić do końca

to ~ **an investigation** przeprowadzić dochodzenie

cart[1] *s* wóz, wózek

~ **note** kwit przewozowy (*przy przewozie towarów pod kontrolą celną*)

cart[2] *v* przewozić, rozwozić (*wozem, wózkiem*)

cartage *s* 1. przewóz, dowóz (*na krótkich odcinkach*) 2. koszty przewozu, przewożenie

~ **and railway agent** *a*) agent przewozowy *b*) spedytor kolejowy

~ **contractor** przewoźnik, przedsiębiorca przewozowy

~ **contractors** przedsiębiorstwo przewozowe

~ **service** usługi przewozowe ⟨dowozowe⟩

customs ~ transport towarów pod zamknięciem celnym (*przez uprawnionych przewoźników*)

cartel *s* 1. kartel 2. umowa o wymianie jeńców wojennych

~ **agreement** porozumienie kartelowe, umowa kartelowa

~ **price** cena kartelowa

~ **ship** statek do przewozu jeńców walczących stron (*w drodze wymiany*)

compulsory ~ kartel przymusowy

international ~ kartel międzynarodowy

producers' ~ kartel producentów

cartelist *s* członek kartelu

cartelization *s* kartelizacja, tworzenie karteli

cartelize *v* kartelizować, tworzyć kartel ⟨kartele⟩

cartelized *pp adj* : ~ **commodity** towar kartelowy

~ **industry** przemysł skartelizowany

cartelling *s* wymiana jeńców

carter *s* przewoźnik, woźnica

carting *s* przewóz wozem ⟨wózkiem⟩

~ **to shipside** dowóz (*ładunku*) do burty statku

cart-load *s* fura (*np. towaru*)

cartman *s* = carter

cartulary *s* 1. rejestr 2. archiwum

case[1] *s* 1. wypadek, przypadek 2. stan, sytuacja 3. sprawa sądowa, proces 4. precedens sądowy

~ **agreed on** zestawienie faktów w sprawie (*przedłożone sądowi na piśmie oraz uzgodnione przez strony*)

~ **at bar** sprawa w sądzie ⟨w stadium sądowego rozpoznania⟩

~ **authority** precedens sądowy, sprawa precedensowa

~ **for** argumentacja ⟨dowody przemawiające⟩ za (**sb, sth** kimś, czymś)

~ **for the Crown** oskarżenie

~ **for the defence** *a*) obrona *b*) sprawa wygrana przez obronę

~ **for the defendant** dowody na korzyść pozwanego

~ **for motion** dokument z przedstawieniem okoliczności, na których oparty jest wniosek

~ **for the plaintiff** dowody na korzyść powoda

~ **for the prosecution** *a*) oskarżenie *b*) dowody na korzyść powoda

~ **for wage claims** dowody na korzyść podwyższenia płacy

~ **history** historia choroby

~ **in dispute** sprawa będąca przedmiotem sporu

~ **in equity** sprawa sądzona według systemu słusznościowego

~ **in law** sprawa sądzona według prawa powszechnego

~ **in point** *a*) rozważany przypadek, rozpatrywana sprawa *b*) wypadek przykładowy (*odnoszący się do rozpatrywanej sprawy*)

~ **law** prawo precedensowe (*oparte na precedensach*)

~ **made** *a*) uzgodnione przez strony ustalenie faktów w spornej sprawie *b*) pełny zapis przebiegu sprawy

~ **of the first impression** sprawa bezprecedensowa, sprawa, która nie ma precedensu, sprawa zawierająca nowy problem prawny

~ **on appeal** *a*) *bryt.* przedstawienie przez strony sprawy przed sądem apelacyjnym *b*) wyciąg ze sprawy przedstawiany przez adwokata powoda sądowi apelacyjnemu c) zagadnienie prawne przedstawione przez sąd niższy sądowi wyższemu do rozstrzygnięcia

~ **records** zaprotokołowane materiały ⟨akta⟩ sprawy

~ **reserved** zagadnienia prawne przedstawione na zgodny wniosek stron do rozstrzygnięcia sądowi

~ **sounding in contract** sprawa wynikła z umowy ⟨oparta na niewykonaniu umowy⟩

~ **sounding in tort** sprawa oparta na czynie niedozwolonym ⟨wynikła z czynu niedozwolonego⟩

~ **stated** porozumienie pisemne między powodem a pozwanym dotyczące faktów, które są podstawą sporu

~ **study** badanie poszczególnego przypadku ⟨konkretnej sprawy⟩

~ **system** metoda nauki prawa oparta na studiowaniu spraw osądzonych (*w prawie precedensowym*)

~ **to move for a new trial** wniosek o wznowienie postępowania ⟨o ponowne rozpatrzenie sprawy⟩

~ **work** indywidualna opieka społeczna

~ **worker** *am.* pracownik opieki społecznej

arguable ~ sprawa ⟨kwestia⟩ sporna

as the ~ **may be** zależnie od okoliczności

as the ~ **stands** w obecnym stanie rzeczy

borderline ~ krańcowy przypadek

defamation ~ sprawa o zniesławienie

divorce ~ sprawa o rozwód ⟨rozwodowa⟩

famous ~ głośna ⟨sensacyjna⟩ sprawa

in any ~ w każdym razie ⟨przypadku⟩

in ~ **of accident** w razie wypadku

in ~ **of controversy** ⟨**dispute**⟩ w wypadku sporu

in ~ **of disagreement** w wypadku niezgodności

in ~ **of doubt** w razie wątpliwości

in ~ **of need** w razie potrzeby

in ~ **of refusal** w wypadku odmowy

in ~ **of relapse** ⟨**repetition**⟩ w przypadku recydywy

in ~ **of war** w przypadku ⟨w razie⟩ wojny

in no ~ w żadnym razie ⟨wypadku⟩

just in ~ na wszelki wypadek

leading ~ sprawa precedensowa

main ~ sprawa zasadnicza ⟨główna⟩

murder ~ sprawa o morderstwo ⟨zabójstwo⟩

paternity ~ sprawa o ustalenie ojcostwa

to establish ⟨**make out**⟩ **one's** ~ dowieść słuszności swojej sprawy

to give the ~ **for** ⟨**against**⟩ **sb** rozstrzygnąć sprawę na czyjąś korzyść ⟨niekorzyść⟩

to lose one's ~ przegrać sprawę ⟨proces⟩

to meet the ~ nadawać się, odpowiadać (*wymaganiom*)

to state one's ~ przedstawić swoją sprawę

to win one's ~ wygrać sprawę ⟨proces⟩

case² *s* 1. skrzynia, skrzynka, paka 2. pudełko, szkatułka, kaseta, futerał 3. neseser, pokrowiec, pochwa

glass ⟨**show**⟩ ~ witryna wystawowa

case³ *v* 1. pakować w skrzynie 2. wkładać do pokrowca ⟨futerału, kasety itp.⟩

to ~ **goods** pakować towary w skrzynie

cash¹ *s* 1. gotówka 2. zapłata gotówką 3. kasa

~ **account** konto kasowe

~ **advance** zaliczka gotówkowa

~ **against (shipping) documents** zapłata gotówką w zamian za wydanie dokumentów

~ **allowance** dodatek pieniężny

~ **and carry** sprzedaż za gotówkę bez dostawy ⟨loko miejsce sprzedaży⟩

~ **article** artykuł ⟨towar⟩ sprzedawany za gotówkę

~ **assets** aktywa gotówkowe

~ **at...** płatne gotówką w ...

~ **at hand and at bankers** gotówką w kasie i w banku

~ **audit** rewizja kasy

~ **balance** saldo gotówkowe

~ **bargain** transakcja gotówkowa

~ **book** księga kasowa

~ **box** a) kasa, okienko kasowe b) kasetka na pieniądze

~ **business** transakcja gotówkowa

~ **buyer** ⟨**customer**⟩ nabywca ⟨kupujący⟩ za gotówkę

~ **buying** kupno ⟨zakup⟩ za gotówkę, kupno gotówkowe, zakup gotówkowy

~ **capital** kapitał w gotówce

~ **cover** pokrycie gotówkowe

~ **credit** a) kredyt gotówkowy b) kredyt z rachunku bieżącego

~ **deal** transakcja gotówkowa

~ **deficit** deficyt kasowy, manko kasowe

~ **department** kasa

~ **deposit** depozyt gotówkowy

~ **disbursements** rozchody kasowe, wydatki gotówkowe

~ **discount** rabat przy zapłacie gotówką

~ **down** zapłata gotówką natychmiast po dostawie

~ **holding** zapas gotówki

~ **in ...** płatne gotówką w ...

~ **in advance** zapłata gotówką z góry

~ **in** ⟨**on**⟩ **hand** gotówka w kasie

~ **market** rynek pieniężny

~ **note** asygnata kasowa

~ **on arrival** zapłata gotówką natychmiast po nadejściu (*towaru*)

~ **on delivery** a) płatność przy odbiorze, zapłata gotówką w chwili dostawy b) za pobraniem pocztowym

~ **on delivery parcel** przesyłka za zaliczeniem ⟨pobraniem⟩ pocztowym

~ **over** = ~ **surplus**

~ **payment** wpłata gotówkowa, zapłata gotówką

~ **position** stan kasy

~ **price** cena przy zapłacie gotówką ⟨gotówkowa⟩

~ **purchase** = ~ **buying**

~ **rate** kurs pieniądza

~ **receipts** wpłaty gotówkowe

~ **reimbursement** pokrycie gotówkowe

~ **remittance** przesyłka pieniężna, przekaz pieniężny, przelew

~ **report** sprawozdanie kasowe

~ **reserves** rezerwy gotówkowe

~ **revision** kontrola ⟨sprawdzenie⟩ kasy

~ **sale** sprzedaż za gotówkę

~ **shorts and overs** manka i superaty ⟨niedobory i nadwyżki⟩ kasowe

~ **surplus** nadwyżka kasowa, superata

~ **terms** warunki przy zapłacie gotówką

~ **voucher** dowód kasowy

~ **with order** zapłata gotówką przy zamówieniu

against ~ w zamian za gotówkę ⟨zapłatę⟩

by ~ gotówką, w gotówce

dealings for ~ transakcje gotówkowe

for ~ za gotówkę
immediate ⟨prompt⟩ ~ = ~ down
in ~ w gotówce
net ~ zapłata gotówką bez rabatu
petty ~ a) drobna gotówka b) kasa podręczna
ready ~ gotówka do dyspozycji
spot ~ zapłata gotówką na miejscu
to be in ~ mieć gotówkę, dysponować gotówką
to be out ⟨short⟩ of ~ nie mieć ⟨odczuwać brak⟩ gotówki
to buy for ~ kupować za gotówkę
to keep the ~ prowadzić kasę
to make up the ~ obliczać stan kasy
to pay (in) ~ płacić gotówką
to sell for ~ sprzedawać za gotówkę
cash² v 1. inkasować, otrzymywać gotówkę 2. realizować czek ⟨weksel itp.⟩ 3. wypłacać, płacić
to ~ against ... zapłacić w zamian za ...
to ~ a bill ⟨cheque⟩ realizować ⟨inkasować⟩ weksel ⟨czek⟩
cashable adj nadający się do zrealizowania ⟨zainkasowania⟩
cash-box, cash-desk s kasa (w sklepie itp.)
cashed adj zainkasowany, pobrany
~ bills weksle zainkasowane ⟨wykupione⟩
~ cheque zainkasowany czek
~ interest pobrane odsetki
cashier¹ s kasjer
~'s check am. czek bankowy (wystawiony przez jeden bank na drugi)
~'s desk okienko kasowe
~'s receipt kwit kasowy
chief ⟨head⟩ ~ główny kasjer
receiving ~ kasjer przyjmujący wpłaty
cashier² v 1. zwalniać ⟨usuwać⟩ ze służby 2. degradować (oficera)
casing s 1. opakowanie, pokrowiec 2. obudowa, osłona
cask¹ s beczka, baryłka
cask² v wlewać do beczek, beczkować, ładować w beczki
cassation s kasacja, kasowanie, unieważnianie
Court of Cassation sąd kasacyjny
cast¹ s 1. rzut 2. odlew (metalu) 3. dodawanie, sumowanie, obliczanie
cast² v (cast, cast) 1. rzucać 2. odlewać (metal) 3. dodawać, obliczać 4. oddawać głos (przy głosowaniu) 5. zob. cast aside, cast away, cast off, cast up
to ~ accounts robić rachunki
to ~ anchor zarzucać kotwicę
to ~ ashore wyrzucić na brzeg
to ~ one's ballot (tajnie) głosować
to ~ blame upon sb zrzucać winę na kogoś
to ~ doubts on sth podawać coś w wątpliwość
to ~ into prison wtrącić do więzienia
to ~ light on sth rzucać światło na coś
to ~ overboard wyrzucić za burtę
to ~ a vote oddać głos, głosować
cast aside v 1. odrzucić 2. odłożyć 3. zaniechać
cast away v 1. odrzucić, wyrzucić 2. (o statku) ulec rozbiciu
castaway s 1. rozbitek 2. wyrzutek 3. parias
caste s kasta
to lose ~ ulec degradacji społecznej, zostać zdeklasowanym
to renounce ~ zdeklasować się

castigate v 1. karać, wymierzać surową karę (sb komuś) 2. ostro krytykować 3. poprawiać (np. tekst)
castigation s 1. karanie 2. karcenie, strofowanie 3. ostra krytyka
castigator s osoba karcąca ⟨krytykująca⟩
casting adj: ~ vote rozstrzygający głos (przewodniczącego przy równej liczbie głosów)
cast-iron adj 1. żeliwny, lany 2. przen. niewzruszony
~ alibi niewzruszone ⟨murowane⟩ alibi
~ discipline żelazna dyscyplina
cast off v 1. odrzucać, wykluczać 2. porzucać
to ~ a ship wycofać statek z eksploatacji
cast up v sumować, podliczać, dodawać
casual adj 1. przypadkowy, nieprzewidziany, niezamierzony 2. doraźny, dorywczy 3. zdawkowy, wymijający
~ answer wymijająca ⟨zdawkowa⟩ odpowiedź
~ earnings dorywcze dochody
~ ejector fikcyjny pozwany w sprawie o nabycie własności nieruchomości przez zasiedzenie
~ employment dorywcze zatrudnienie
~ evidence nie planowany ⟨niezamierzony⟩ dowód
~ labourer ⟨worker⟩ robotnik zatrudniony dorywczo
~ purchase okazyjne kupno
~ ward bryt. dom noclegowy dla ubogich
casualty s 1. wypadek, nieszczęście, katastrofa 2. ofiara (wypadku, wojny itp.) 3. pl casualties straty w ludziach, ofiary
~ insurance ubezpieczenie od nieszczęśliwych wypadków
~ list lista strat (zabitych, rannych i zaginionych)
~ ward sala szpitalna ⟨oddział⟩ dla ofiar wypadków
shipping ~ wypadek na morzu, katastrofa okrętu
casuist s kazuista
casuistic adj kazuistyczny
casuistry s kazuistyka
casus s łac. zdarzenie, wypadek, fakt (pociągający za sobą skutki prawne)
~ belli łac. powód wojny, zdarzenie stanowiące podstawę do rozpoczęcia wojny
~ foederis łac. przypadek, w którym strony (państwa lub osoby) na mocy układu ⟨porozumienia⟩ obowiązane są działać wspólnie
~ omissus łac. przypadek nie przewidziany w ustawie ⟨umowie⟩
catalla s łac. = chattels
catalog s v am. = catalogue¹·²
catalogue¹ s 1. katalog 2. am. spis, rejestr, prospekt
~ on application katalog na żądanie
~ price cena katalogowa
~ raisonné fr. katalog opisowy ⟨z krótkimi opisami⟩
alphabetical ~ katalog alfabetyczny
as per ~ według katalogu
classified ~ katalog działowy
descriptive ~ katalog z opisem
illustrated ~ katalog ilustrowany
mail-order ~ katalog towarów przedsiębiorstwa wysyłkowego
on ~ według katalogu
price(d) ~ cennik
to buy by ~ kupować na podstawie katalogu
to forward ~s rozsyłać katalogi
to make (up) a ~ sporządzić katalog

to order on ~ zamówić na podstawie katalogu
catalogue[2] *v* katalogować, sporządzać katalog
catastrophe *s* katastrofa
catastrophic(al) *adj* **1.** katastrofalny **2.** dotyczący katastrofy
  ~ **risk** ryzyko katastrofy
catch[1] *s* **1.** pojmanie, schwytanie **2.** połów
  ~ **time charter** czarter przewidujący opłatę za czas faktycznego posługiwania się statkiem
catch[2] *v* (**caught, caught**) chwytać, łapać
  to ~ **customers** zdobywać klientów
  to ~ **fire** zapalić się
  to ~ **sb in the act** schwytać kogoś na gorącym uczynku
catching *adj* **1.** zaraźliwy **2.** atrakcyjny, pociągający
  ~ **bargain** umowa oparta na wyzysku ⟨wykorzystaniu czyjegoś niedoświadczenia⟩
catchpole, catchpoll *s* egzekutor, komornik
catchword *s* **1.** hasło **2.** frazes, slogan
catchy *adj* **1.** atrakcyjny **2.** łatwy do zapamiętania **3.** zdradliwy **4.** podchwytliwy
  ~ **question** podchwytliwe pytanie
categorical *adj* kategoryczny, stanowczy, bezwzględny
  ~ **denial** kategoryczne zaprzeczenie ⟨dementi⟩
  ~ **refusal** stanowcza odmowa
categorize *v* klasyfikować
category *s* kategoria, klasa, grupa
  to fall into the ~ zaliczać się do kategorii
cater *v* **1.** dostarczać żywności (**for sb** komuś), zaopatrywać w żywność (**for sb** kogoś), zaspokajać potrzeby (**for sb** czyjeś) **2.** być dostawcą
caterer *s* dostawca żywności
catering *s* zaopatrywanie (*w żywność*), dostarczanie (*żywności*)
  ~ **department** dział gastronomiczny
  ~ **trade** gastronomia
catholic[1] *adj* **1.** powszechny, uniwersalny **2.** tolerancyjny, liberalny
  ~ **creditor** *szkoc.* wierzyciel, którego wierzytelność zabezpieczona jest na majątku dłużnika
Catholic[2] *s* katolik
  ~ **Emancipation Act** *bryt. hist.* ustawa z 1829 roku usuwająca ograniczenia i przywracająca pełne prawa katolikom
Catholic[3] *adj* katolicki
cattle *s* **1.** bydło **2.** żywiec, zwierzęta rzeźne
  ~ **grid** siatka ⟨krata⟩ uniemożliwiająca wchodzenie zwierząt hodowlanych na tory kolejowe i autostrady
  ~ **lifting** kradzież bydła
  ~ **market** targ bydlęcy
  ~ **train** ⟨**truck, vessel**⟩ pociąg ⟨wagon, statek⟩ do przewozu bydła
  10 head of ~ 10 sztuk bydła
  ~ **slaughter** ~ bydło rzeźne, żywiec
  to keep ⟨**raise**⟩ ~ hodować bydło
cattleman *s am.* hodowca bydła
causa *s łac.* **1.** przyczyna, powód **2.** motyw, podstawa **3.** podstawa prawna (*świadczenia*)
  ~ **causans** *łac.* bezpośrednia przyczyna
  ~ **falsa** *łac.* a) fałszywa podstawa prawna (*np. świadczenia*) b) fałszywy motyw
  ~ **iusta** *łac.* a) słuszna podstawa prawna (*np. świadczenia*) b) słuszny powód
  ~ **mortis** *łac.* przyczyna śmierci

  ~ **proxima** *łac.* bezpośrednia przyczyna
  ~ **remota** *łac.* pośrednia przyczyna
  ~ **sine qua non** *łac.* przyczyna nieodzowna ⟨niezbędna⟩ (*bez której nie nastąpiłoby wydarzenie*)
  ~ **turpis** *łac.* niegodziwa przyczyna (*podstawa prawna świadczenia*)
causal *adj* przyczynowy
  ~ **concatenation** ⟨**connection**⟩ związek przyczynowy
causality *s* przyczynowość, związek przyczynowy
  chain of ~ łańcuch przyczyn, związek przyczynowy
causation *s* **1.** przyczyna, spowodowanie (*czegoś*) **2.** przyczynowość, związek przyczynowy
  ~ **of crime** przyczyny przestępczości
  chain of ~ łańcuch przyczyn, związek przyczynowy
causative *adj* przyczynowy, powodujący (**of sth** coś)
cause[1] *s* **1.** przyczyna, powód **2.** motyw, podstawa, uzasadnienie **3.** sprawa (*sądowa*), proces **4.** *zob.* **causes**
  ~ **and effect** przyczyna i skutek
  ~ **books** *bryt.* rejestr spraw Sądu Najwyższego
  ~ **for complaint** uzasadnienie skargi
  ~ **for dissatisfaction** przyczyna niezadowolenia
  ~ **for litigation** podstawa procesu ⟨sporu⟩
  ~ **list** wokanda, lista spraw oczekujących na rozpatrzenie ⟨do rozpoznania⟩
  ~ **of action** podstawa roszczenia
  ~ **of death** przyczyna śmierci
  ~ **of divorce** przyczyna ⟨podstawa⟩ rozwodu
  ~ **of impediment** przyczyna ⟨podstawa istnienia⟩ przeszkody (*np. do zawarcia małżeństwa*)
  ~ **of injury** przyczyna uszkodzenia ⟨zranienia⟩ (*ciała*)
  common ~ wspólna sprawa, wspólny cel
  fair ⟨**just**⟩ ~ słuszna sprawa, słuszny ⟨godziwy⟩ cel
  famous ~ głośny proces, głośna sprawa
  for ~ *am.* z uzasadnionych ⟨ważnych⟩ powodów
  in the ~ **of ...** dla ⟨w imię⟩...
  party to a ~ uczestnik sprawy, strona biorąca udział w sprawie
  petty ~ błaha przyczyna
  proximate ~ przyczyna bezpośrednia, bezpośredni związek przyczynowy
  remote ~ przyczyna pośrednia
  there is no ~ **for anxiety** nie ma powodu do obaw
  without any good ~ bez poważnej przyczyny, bez (ważnego) powodu
  to be the ~ **of sth** być przyczyną czegoś, spowodować coś
  to defend a good ~ bronić słusznej sprawy
  to give ~ **for sth** dać powód do czegoś
  to lose ⟨**win**⟩ **a** ~ **in court** przegrać ⟨wygrać⟩ sprawę w sądzie
  to make common ~ **with sb** solidaryzować się z kimś
  to plead a ~ prowadzić sprawę (w sądzie), bronić sprawy, występować w sprawie (sądowej)
  to show sufficient ~ przytoczyć wystarczające ⟨dostateczne⟩ powody
cause[2] *v* **1.** powodować, być przyczyną (**sth** czegoś) **2.** sprawiać (**sb to do sth, sth to be done by sb** że ktoś coś robi) **3.** polecać, kazać (**sth to be done** aby coś było zrobione)
  to ~ **concern** spowodować zaniepokojenie

to ~ **damage to** ... spowodować ⟨wyrządzić⟩ szkodę ... (komuś)

to ~ **suspicion to fall on sb** spowodować rzucenie podejrzenia na kogoś

cause celebre s fr. głośna sprawa, głośny proces

causeless adj bezpodstawny, nieuzasadniony

causes spl 1. przyczyny 2. zob. **cause**
~ **of crime** a) przyczyny przestępczości b) przyczyny zbrodni

caution[1] s 1. ostrożność, roztropność, przezorność 2. ostrzeżenie, przestroga, pouczenie (o konieczności mówienia prawdy przy składaniu zeznania) 3. szkoc. zabezpieczenie, poręczenie, kaucja
~ **!** uwaga!, ostrożnie!, baczność!
~ **board** tablica z napisem ostrzegawczym
~ **juratory** szkoc. zabezpieczenie ⟨poręczenie⟩ pod przysięgą
~ **marks** oznakowanie ostrzegawcze (na przesyłce itd.)
~ **money** a) kaucja, zastaw, zabezpieczenie (składane przez studentów np. chemii na pokrycie ewentualnych szkód) b) zadatek
lack of ~ brak ostrożności
with ~ ostrożnie
handle with ~ (napis na przesyłce) obchodzić się ostrożnie

caution[2] v ostrzegać, przestrzegać (**against sth, sb** przed czymś, kimś)

cautionary[1] s szkoc. poręczenie, gwarancja

cautionary[2] adj 1. ostrzegawczy 2. zabezpieczający
~ **judgment** postanowienie zabezpieczające (powództwo)
~ **mortgage** hipoteka dla zabezpieczenia

cautioner s 1. osoba ostrzegająca 2. osoba udzielająca gwarancji ⟨poręczenia⟩

cautious adj ostrożny, rozważny, uważny
~ **judgment** ostrożny osąd
~ **optimism** ostrożny ⟨umiarkowany⟩ optymizm

caveat łac. 1. sprzeciw, zastrzeżenie 2. ostrzeżenie informujące o toczącym się procesie wpisane do księgi wieczystej 3. zastrzeżenie pierwszeństwa wynalazku
~ **emptor** łac. „niech kupujący się strzeże" (ryzyko obciąża kupującego, ryzyko ponosi kupujący)
~ **venditor** łac. „niech sprzedawca się strzeże" (ryzyko ponosi sprzedawca, ryzyko obciąża sprzedawcę)
to enter ⟨put in⟩ **a** ~ wnieść sprzeciw ⟨wniosek o zawieszenie postępowania⟩

caveatee s osoba, przeciwko której wniesiono zastrzeżenie ⟨sprzeciw⟩

caveator s osoba zgłaszająca zastrzeżenie ⟨sprzeciw⟩

cease[1] v 1. (za)przestać, kończyć, zaniechać (**doing sth** robienia czegoś), przerwać 2. ustawać, wygasać, kończyć się
the contract ~ **s from 1st of January** umowa wygasa z dniem 1 stycznia
to ~ **payments** zaprzestać wypłat, zawiesić płatności
to ~ **work** przestać pracować

cease[2] s zaprzestanie
~ **and desist order** nakaz (organu prawno-administracyjnego) zaprzestania (jakiejś) działalności
~ **clause** klauzula (umowy czarterowej) o ustaniu odpowiedzialności czarterującego
without ~ bez przerwy

cease-fire s wojsk. zawieszenie broni, zaprzestanie ognia
~ **agreement** porozumienie o zawieszeniu broni

cede v 1. odstępować, cedować, przekazywać 2. ustępować
to ~ **a claim** cedować roszczenie
to ~ **a right** cedować prawo (majątkowe)

cedent s cedent, osoba przekazująca prawo, cedujący

ceiling s pułap, górna granica, maksymalna wysokość
~ **price** cena maksymalna
~ **wage** najwyższa ⟨maksymalna⟩ płaca
price ~ pułap cen

celebrate v celebrować, obchodzić uroczyście (święto, rocznicę)
to ~ **the anniversary** obchodzić uroczyście rocznicę
to ~ **a contract** zawierać umowę
to ~ **marriage** zawierać małżeństwo

celebration s celebrowanie, obchody
~ **of a contract** zawarcie umowy (porozumienia, układu)
~ **of a marriage** zawarcie małżeństwa, ceremonia zawarcia małżeństwa

celibacy s celibat, bezżenność

celibatarian, celibate[1] s człowiek żyjący w celibacie, mężczyzna nieżonaty, kobieta niezamężna

celibate[2] adj bezżenny, kawalerski, panieński, nieżonaty, niezamężna

cell s 1. komórka 2. cela więzienna 3. komórka organizacyjna
condemned ~ cela śmierci
dark ~ ciemnica

cellar[1] s piwnica, skład piwniczny

cellar[2] v składować w piwnicy

cellerage s 1. piwnice, składy piwniczne 2. przechowywanie w piwnicy 3. piwniczne (opłata za składowanie)

cemetery s cmentarz (nie przy kościele)

censor[1] s cenzor
(the) board of ~ **s** cenzura
deleted ⟨passed⟩ **by the** ~ skreślone ⟨dozwolone⟩ przez cenzora ⟨cenzurę⟩

censor[2] v 1. cenzurować 2. zakazywać (**sth** czegoś) 3. pełnić obowiązki cenzora

censorial adj cenzorski

censorship s cenzura
~ **before publication** cenzura prewencyjna
~ **of the press** cenzura ⟨kontrola⟩ prasy
postal ~ cenzura ⟨kontrola⟩ pocztowa ⟨listów⟩
post-publication ⟨repressive⟩ ~ cenzura represyjna
pre-publication ⟨preventive⟩ ~ cenzura prewencyjna
under ~ podlegający cenzurze ⟨kontroli⟩
to pass a ~ przejść przez cenzurę
to submit sth to ~ poddać coś cenzurze

censorious adj krytyczny

censurable adj naganny, zasługujący na naganę ⟨potępienie⟩

censure[1] s 1. krytyka, potępienie, nagana 2. kara kościelna (np. upomnienie, zawieszenie w czynnościach)
motion of ~ wniosek o udzielenie nagany ⟨upomnienia⟩
public ~ publiczne potępienie
subject to ⟨deserving of⟩ ~ godny potępienia, zasługujący na naganę ⟨potępienie⟩

vote of ~ wotum nieufności
to deserve ~ zasługiwać na naganę ⟨potępienie⟩
to incur ~ narażać się na potępienie
to pass ~ ganić ⟨krytykować⟩ **(on sb, sth** kogoś, coś)
censure² *v* krytykować, potępiać, ganić
censurer *s* **1.** osoba krytykująca ⟨ganiąca⟩ **2.** osoba udzielająca nagany
census¹ *s* **1.** *stat.* spis **2.** spis ludności
~ **area** obszar objęty spisem
~ **data** dane spisowe
~ **family** (*statystyczna*) rodzina spisowa
~ **operations** czynności spisowe
~ **paper** ⟨**schedule**⟩ kwestionariusz ⟨arkusz⟩ spisowy
~ **returns** wyniki spisowe
agricultural ⟨**farm**⟩ ~ spis rolny
compulsory ~ spis obowiązkowy
decennial ~ spis ludności co dziesięć lat
electoral ~ spis wyborczy
full ~ spis całkowity
general ~ spis powszechny
housing ~ spis mieszkań
partial ~ spis częściowy
population ~ spis ludności
sample ~ spis reprezentacyjny
to take a ~ przeprowadzić spis, dokonać spisu
census² *v* przeprowadzić spis, dokonać spisu
cent *s* cent (*setna część dolara*)
one hundred per ~ *a)* stuprocentowy, całkowity *b)* stuprocentowo, całkowicie
per ~ od sta, procent
10 per ~ 10 procent
centenarian *s* osoba mająca (ponad) sto lat ⟨(ponad) stuletnia⟩
centenary, centennial¹ *s* stulecie, setna rocznica
centenary, centennial² *adj* stuletni
center *s v am.* = **centre**¹,²
centigrade *adj* stustopniowy
~ **degree** stopień Celsjusza
~ **scale** podziałka stustopniowa ⟨Celsjusza⟩
~ **thermometer** termometr Celsjusza
centigram(me) *s* centygram
centilitre, *am.* **centiliter** *s* centylitr
centimetre, *am.* **centimeter** *s* centymetr
central¹ *s am.* centrala telefoniczna
central² *adj* **1.** środkowy, centralny **2.** główny
~ **administration** *a)* zarząd główny *b)* administracja centralna
~ **agency** centrala, centralny urząd
~ **authority** władza centralna
~ **bank** bank centralny ⟨emisyjny⟩
~ **bank policy** polityka banku emisyjnego
~ **board** zarząd główny, centrala
~ **committee** komitet centralny
Central Criminal Court *bryt.* Centralny Trybunał Karny (*zwany popularnie* **the Old Bailey**)
Central European Time czas środkowoeuropejski
~ **executive body** centralny organ wykonawczy
~ **firm** centrala, główne biuro
~ **government** rząd centralny
~ **institution** ⟨**organ**⟩ centralny organ wykonawczy
Central Intelligence Agency (*skr.* **CIA**) Centralna Agencja Wywiadowcza
~ **office** centrala, główny urząd
~ **station** dworzec główny

~ **traffic control** centralna kontrola ruchu kolejowego
centralization *s* centralizacja
centralize *v* centralizować, ześrodkowywać
centre¹ *s* **1.** środek, centrum **2.** ośrodek
~ **of international life** centrum życia międzynarodowego
~ **of population** skupisko ludności
~ **of trade, business** ⟨**commercial, trading**⟩ ~ ośrodek handlowy, centrum handlowe
consultation ~ ośrodek konsultacyjny
distribution ~ ośrodek dystrybucyjny, centrum dystrybucji
documentation ~ centrum dokumentacji
economic ~ ośrodek gospodarczy, centrum gospodarcze
industrial ~ ośrodek przemysłowy, centrum przemysłowe
information ~ ośrodek informacyjny, centrum informacji
production ~ ośrodek produkcyjny, centrum produkcyjne
recreation ~ ośrodek wypoczynkowy
shopping ~ centrum handlowe, dzielnica handlowa
tourist ~ ośrodek turystyczny
centre² *v* **1.** ześrodkowywać **2.** skupiać się
century *s* stulecie, wiek
cepi corpus *łac.* ująłem osobę (*formuła potwierdzenia przez szeryfa wykonania nakazu aresztowania, zawiadomienie o dokonaniu aresztowania*)
cereal¹ *s* **1.** roślina zbożowa, zboże **2.** *pl* **cereals** zboża, ziarno zbóż **3.** produkty zbożowe
cereal² *adj* zbożowy
~ **crops** zbiory zbóż
~ **products** produkty zbożowe
ceremonial¹ *s* ceremoniał, obrządek
ceremonial² *adj* ceremonialny, uroczysty, obrzędowy
ceremony *s* ceremonia, uroczystość, obrzęd
marriage ~ obrzęd zaślubin, ceremonia ślubna
certain *adj* **1.** pewny **(of sth** czegoś), przekonany **(of sth** o czymś) **2.** określony, ustalony
(a) ~ niejaki, pewien, jakiś
~ **contract** pewna ⟨ nieryzykowna⟩ umowa
~ **information** pewna ⟨prawdziwa⟩ informacja
a ~ **Mr Smith** niejaki pan Smith
~ **of** ⟨**in**⟩ **terms** sprecyzowany co do ⟨odnośnie do⟩ warunków
~ **success** pewien ⟨niepełny⟩ sukces
for ~ na pewno, z całą pewnością
to a ~ **extent** do pewnego stopnia
to be ~ **of** ⟨**about**⟩ **sth** być pewnym czegoś
to make ~ **of sth** upewnić się co do czegoś
to my ~ **knowledge** zgodnie z moją wiedzą
under ~ **conditions** pod pewnymi (*nie określonymi*) warunkami
certainty *s* **1.** pewność, przeświadczenie **2.** pewnik, fakt niewątpliwy
~ **of death** niewątpliwy fakt śmierci
~ **of punishment** pewność ukarania
for a ~ z całą pewnością, niezawodnie
certifiable *adj* **1.** dający się stwierdzić, stwierdzalny, możliwy do stwierdzenia **2.** *bryt.* (*o człowieku*) kwalifikujący się do uznania za osobę umysłowo chorą ⟨do ubezwłasnowolnienia⟩, *pot.* niespełna rozumu

certificate[1] *s* **1.** zaświadczenie, poświadczenie, atest, certyfikat **2.** świadectwo, metryka, akt
~ **ad interim** *łac.* zaświadczenie tymczasowe
~ **for costs** *bryt.* atest ⟨poświadczenie⟩ kosztów sądowych
~ **for marriage** świadectwo ślubu, metryka małżeństwa
~ **into Chancery** *bryt.* zaświadczenie o przekazaniu zagadnienia prawnego Sądowi Kanclerskiemu
~ **of acknowledgment** poświadczenie złożonego przed osobą upoważnioną (*np. notariuszem*) oświadczenia o znanych stronie faktach
~ **of age** świadectwo wieku
~ **of airworthiness** świadectwo zdolności do lotu (*samolotu*)
~ **of amendment** zaświadczenie o dokonaniu poprawki ⟨zmiany⟩ umowy
~ **of analysis** świadectwo ⟨atest⟩ analizy
~ **of appointment** dokument nominacji, akt nominacyjny
~ **of apprenticeship** świadectwo czeladnicze
~ **of assay** świadectwo urzędu probierczego ⟨próby metalu⟩
~ **of association** dokument ⟨umowa⟩ o zrzeszeniu się ⟨utworzeniu zrzeszenia⟩
~ **of authenticity** świadectwo autentyczności
~ **of authorship** zaświadczenie autorstwa
~ **of average** atest awaryjny, świadectwo awaryjne
~ **of baptism** metryka ⟨świadectwo⟩ chrztu
~ **of birth** akt ⟨metryka, świadectwo⟩ urodzenia
~ **of cargoworthiness** świadectwo zdatności (*statku*) do przewozu ładunków
~ **of citizenship** świadectwo obywatelstwa
~ **of clearance** zaświadczenie wyklarowania ⟨zaklarowania⟩ statku, świadectwo dokonania odprawy celnej (*statku*)
~ **of clearing inwards** ⟨**outwards**⟩ zaświadczenie o dokonaniu odprawy celnej statku na wejściu ⟨na wyjściu⟩
~ **of competency** świadectwo kwalifikacyjne
~ **of compliance** świadectwo kolaudacji (*budynku*)
~ **of condemnation** świadectwo kondemnacji (*statku*), zaświadczenie o uznaniu (*statku*) za nie nadający się do naprawy
~ **of convenience and necessity** *am.* zaświadczenie o celowości i potrzebie
~ **of correction** *pat.* zaświadczenie o dokonaniu zmian w opisie wynalazku
~ **of count** świadectwo przeliczenia (*towaru*), atest stwierdzający ilość sztuk, atest ilości
~ **of cremation** zaświadczenie o dokonaniu kremacji ⟨spalenia zwłok⟩
~ **of damage** atest awaryjny, zaświadczenie stwierdzające wysokość szkód (*ustalonych przy wyładowaniu towaru*)
~ **of death** akt ⟨metryka, świadectwo⟩ zgonu
~ **of delivery** protokół przekazania (*statku*), certyfikat zdawczo-odbiorczy
~ **of deposit** zaświadczenie o złożeniu do depozytu, kwit składowy ⟨depozytowy⟩, rewers
~ **of deratization** świadectwo deratyzacji
~ **of disability** *am.* świadectwo niezdolności do służby wojskowej
~ **of discharge** świadectwo zwolnienia marynarza z zaciągu ⟨z pracy⟩
~ **of disinfection** świadectwo dezynfekcji

~ **of drawback** zaświadczenie uprawniające do zwrotu cła (*jako premii eksportowej*)
~ **of employment** świadectwo zatrudnienia ⟨z miejsca pracy⟩
~ **of evidence** pisemne zarzuty strony dotyczące uchybień sądu popełnionych w trakcie rozpoznawania jej sprawy
~ **of fitness** zaświadczenie o zdolności, świadectwo uzdolnienia
~ **of force majeure** świadectwo stwierdzające wypadek działania siły wyższej
~ **of fumigation** świadectwo fumigacji
~ **of grant** *pat.* zaświadczenie o wydaniu ⟨przyznaniu, udzieleniu⟩ patentu
~ **of good behaviour** ⟨**conduct**⟩ świadectwo moralności
~ **of guarantee** zaświadczenie gwarancyjne (*co do wagi ładunku*)
~ **of health** świadectwo zdrowia (*także weterynaryjne lub fitosanitarne*)
~ **of identification** *a*) dowód tożsamości *b*) *am.* paszport marynarski
~ **of identity** świadectwo tożsamości (*rzeczy*)
~ **of incorporation** dokument ⟨akt⟩ założenia ⟨ustanowienia⟩ spółki
~ **of indebtness** zaświadczenie o zadłużeniu ⟨stanie zadłużenia⟩
~ **of indemnity** rewers, list gwarancyjny, zobowiązanie pokrycia strat
~ **of inspection** certyfikat inspekcyjny (*dotyczący stanu np. towaru*)
~ **of insurance** zaświadczenie ubezpieczenia, certyfikat asekuracyjny, nota kryjąca
~ **of mailing** dowód nadania pocztowego
~ **of manufacture** zaświadczenie stwierdzające wyprodukowanie zamówionego towaru, świadectwo producenta (*o wyprodukowaniu towaru*)
~ **of marriage** akt ⟨świadectwo⟩ zawarcia małżeństwa, metryka ślubu
~ **of measurement** świadectwo pomiarowe (*statku*)
~ **of merger** akt fuzji, dokument stwierdzający połączenie firm ⟨przedsiębiorstw⟩
~ **of nationality** świadectwo przynależności państwowej (*statku*)
~ **of naturalization** zaświadczenie o naturalizacji ⟨nadaniu obywatelstwa⟩
~ **of necessity** *am.* zaświadczenie o konieczności inwestowania (*wydawane spółkom inwestycyjnym przez urząd federalny*)
~ **of neutrality** zaświadczenie o neutralności
~ **of non-dumping** świadectwo antydumpingowe (*stwierdzające, że towar nie został sprzedany po cenie dumpingowej*)
~ **of origin** świadectwo pochodzenia (*towaru*)
~ **of ownership** *a*) świadectwo własności (*statku*) *b*) świadectwo rejestracyjne (*statku*)
~ **of participation** zaświadczenie o wysokości udziału (*np. w pożyczce, własności, papierach wartościowych*)
~ **of pedigree** świadectwo rodowodu ⟨rasowego pochodzenia⟩ (*zwierzęcia*), rodowód (*dokument*)
~ **of posting** dowód nadania, recepis pocztowy
~ **of poverty** świadectwo ubóstwa ⟨o złym stanie majątkowym⟩
~ **of pratique** świadectwo swobody ruchów (*statku i załogi*)

~ **of production** świadectwo produkcji ⟨pochodzenia⟩ (*towaru*)
~ **of protest** *am.* dokument protestu
~ **of the proxy** zaświadczenie ⟨dokument⟩ pełnomocnictwa
~ **of purchase** zaświadczenie o nabyciu
~ **of qualification** świadectwo zdolności ⟨kwalifikacyjne⟩
~ **of quality** ⟨**quantity**⟩ zaświadczenie stwierdzające jakość ⟨ilość⟩ towaru
~ **of receipt** potwierdzenie odbioru, pokwitowanie otrzymania
~ **of redelivery** protokół zwrotu (*np. statku*), protokół zdawczo-odbiorczy (*czarterowanego statku*)
~ **of registration** *a)* świadectwo rejestracji *b)* zaświadczenie o zgłoszeniu się (*cudzoziemca*) stanowiące zezwolenie na pobyt
~ **of registry** certyfikat okrętowy, świadectwo o banderze
~ **of renewal** zaświadczenie o odnowieniu (*np. umowy*)
~ **of sale** zaświadczenie o sprzedaży
~ **of sampling** świadectwo próbobrania ⟨pobrania próbek⟩
~ **of sea stores** *am.* certyfikat zapasów okrętowych (*wydany przez władze celne*)
~ **of seaworthiness** świadectwo zdolności żeglugowej (*statku*)
Certificate of Secondary Education (*w Anglii i Walii*) świadectwo dojrzałości ⟨maturalne⟩
~ **of shares** zaświadczenie o ilości akcji (*wydane akcjonariuszowi*)
~ **of shipment** zaświadczenie o załadowaniu
~ **of stock** *am.* zaświadczenie o ilości akcji ⟨udziałów w spółce⟩
~ **of stowage** świadectwo sztauerskie ⟨sztauowania⟩, atest sztauerski
~ **of supervision** świadectwo przeprowadzenia kontroli
~ **of survey** atest oględzin (*towaru*)
~ **of tonnage** świadectwo pomiaru tonażu (*statku*)
~ **of validity** świadectwo ważności
~ **of valuation** świadectwo o oszacowaniu ładunku
~ **of weight** atest wagi, świadectwo przeważenia (*towaru*)
acceptance ~ poświadczenie akceptu
assay ~ świadectwo próby (*np. złota*)
author's ~ świadectwo autora, zaświadczenie autorstwa
average ~ atest awaryjny, świadectwo awaryjne
baptismal ~ świadectwo ⟨metryka⟩ chrztu
birth ~ akt ⟨metryka, świadectwo⟩ urodzenia
builder's ~ stoczniowy certyfikat budowy, list gwarancyjny statku
clearance ~ świadectwo klarowania ⟨dokonania odprawy celnej statku⟩
composition ~ świadectwo analizy (*chemicznej*)
conditioning ~ świadectwo kondycjonowania (*towaru*)
consular ~ świadectwo konsularne
coroner's (death) ~ świadectwo zgonu (*wydane przez koronera*)
customs ~ zaświadczenie celne
death ~ akt ⟨świadectwo⟩ zgonu, świadectwo śmierci
doctor's ~ świadectwo lekarskie

freeboard ~ świadectwo wolnej burty
gold ~ zaświadczenie o wykonaniu (*przedmiotu*) ze złota
good conduct ~ świadectwo moralności
health ~ świadectwo zdrowia (*także weterynaryjne lub fitosanitarne*)
inspection ~ certyfikat inspekcyjny, świadectwo oględzin (*towaru*)
insurance ~ świadectwo ubezpieczenia
interim ~ zaświadczenie tymczasowe
inventor's ~ zaświadczenie wynalazcy
land ~ zaświadczenie o własności określonej nieruchomości
marriage ~ akt ⟨metryka⟩ ślubu
master's ~ patent kapitański, dyplom kapitana
medical ~ świadectwo lekarskie
National Savings Certificates państwowe bony oszczędnościowe
non-dumping ~ świadectwo antydumpingowe (*stwierdzające, że towar nie został sprzedany po cenie dumpingowej*)
origin ~ świadectwo pochodzenia (*towaru*)
ownership ~ *a)* świadectwo własności (*statku*) *b)* świadectwo rejestracyjne (*statku*)
provisional ~ zaświadczenie tymczasowe (*dla akcjonariusza*)
qualification ~ świadectwo kwalifikacyjne
quality ⟨**quantity**⟩ ~ zaświadczenie stwierdzające jakość ⟨ilość⟩ towaru
sanitary ~ świadectwo sanitarne (*zdrowia, weterynaryjne*)
scrip(t) ~ *am.* zaświadczenie tymczasowe o subskrypcji akcji
share ~ świadectwo udziałowe ⟨o udziałach⟩
silver ~ zaświadczenie o wykonaniu (*przedmiotu*) ze srebra
stock ~ *am.* zaświadczenie o ilości akcji ⟨udziałów w spółce⟩
stowage ⟨**stowing**⟩ ~ świadectwo sztauerskie ⟨sztauowania⟩, atest sztauerski
vaccination ~ świadectwo szczepienia
veterinary ~ świadectwo weterynaryjne
weight ~ świadectwo wagi
certificate² *v* **1.** potwierdzać, legalizować, zaświadczać **2.** patentować
certificated *adj* **1.** dyplomowany, kwalifikowany **2.** poświadczony, zalegalizowany
~ **bankrupt** osoba, której bankructwo zostało ogłoszone przez sąd
~ **cheque** ⟨*am.* **check**⟩ czek poświadczony (*przez bank*), czek przyjęty do zapłaty
~ **copy** zalegalizowana ⟨poświadczona, uwierzytelniona⟩ kopia
certification *s* **1.** potwierdzenie, zalegalizowanie, uwierzytelnienie, wystawienie zaświadczenia **2.** *bryt.* uznanie osoby za umysłowo ⟨psychicznie⟩ chorą **3.** *szkoc.* uprzedzenie o następstwach niestawienia się w sądzie ⟨niespełnienia polecenia sądu⟩
~ **of signature** poświadczenie podpisu
consular ~ poświadczenie konsularne
trade-mark ~ legalizacja znaku handlowego
certificatory *adj* potwierdzający, poświadczający
~ **letter** pisemna rekomendacja
certified *adj* poświadczony, uwierzytelniony, zalegalizowany
~ **agent** ⟨**broker**⟩ makler przysięgły

~ **balance sheet** *księgow.* potwierdzony ⟨sprawdzony⟩ bilans

~ **cheque** ⟨*am.* **check**⟩ czek potwierdzony (*przez bank*), czek przyjęty do zapłaty

~ **copy** odpis uwierzytelniony

~ **inebriate reformatory** licencjonowany zakład odwykowy (*dla alkoholików*)

~ **invoice** poświadczona ⟨wizowana⟩ faktura

~ **lunatic** osoba ubezwłasnowolniona ⟨uznana za chorą umysłowo⟩

~ **mail** *am.* przesyłka polecona

~ **public accountant** *am.* księgowy przysięgły

~ **statement** oświadczenie uwierzytelnione ⟨poświadczone⟩

legally ~ poświadczony urzędowo

notarially ~ poświadczony notarialnie

to be ~ **as insane** zostać uznanym za umysłowo chorego

certifier *s* osoba poświadczająca

certify *v* 1. poświadczać, zaświadczać, potwierdzać, legalizować, uwierzytelniać 2. ręczyć, świadczyć (**to** ⟨**for**⟩ **sth** o czymś) 3. *bryt.* prawnie uznawać osobę za chorą umysłowo, ubezwłasnowolnić

to ~ **a death** stwierdzić zgon

to ~ **sb as insane** ⟨**a lunatic**⟩ uznać kogoś za chorego umysłowo

to ~ **under oath** stwierdzić pod przysięgą

this is to ~ **that ...** niniejszym zaświadcza się, że ...

certifying[1] *s* 1. poświadczenie 2. uznanie kogoś za chorego umysłowo, ubezwłasnowolnienie

certifying[2] *adj:* ~ **notary** poświadczający ⟨uwierzytelniający⟩ notariusz

certiorari *s łac.* żądanie przekazania akt sprawy z sądu niższego do wyższej instancji (*celem skontrolowania zasadności rozstrzygnięcia lub celem zapoznania się z materiałem sprawy*)

~ **denied** odmawia się prośbie o rewizję sprawy (*formuła odmowy rewizji – nie wymaga uzasadnienia*)

petition for a writ of ~ prośba o rewizję sprawy (*skierowana do sądu wyższej instancji*)

writ ⟨**order**⟩ **of** ~ polecenie przesłania akt sprawy (*do sądu wyższej instancji*)

cess *s* (*w Szkocji, Irlandii*) podatek gruntowy

cessation *s* zaprzestanie, przerwanie, zaniechanie

~ **of arms** zawieszenie broni

~ **of hostilities** przerwanie działań wojennych

~ **of nuclear tests** zaprzestanie prób z bronią jądrową

cesser *s* ustawanie, wygasanie (*terminu itd.*)

~ **clause** klauzula o wygasaniu odpowiedzialności czarterującego

cessio bonorum *s łac.* = **cession of goods** *zob.* **cession**

cession *s* odstąpienie, przekazanie, cesja, przeniesienie praw

~ **clause** klauzula czarteru zezwalająca na cesję towaru

~ **in lieu of payment** cesja zamiast zapłaty

~ **of a claim** cesja roszczenia

~ **of a debt** cesja długu ⟨wierzytelności⟩

~ **of goods** przeniesienie majątku (*dłużnika na rzecz wierzycieli*)

~ **of a patent** cesja patentu, odstąpienie praw patentowych

~ **of rights** przeniesienie ⟨cesja⟩ praw ⟨uprawnień⟩

~ **of territory** odstąpienie terytorium

compulsory ~ cesja przymusowa, odstąpienie przymusowe

cessionary[1] *s* cesjonariusz; osoba, na rzecz której dokonano cesji

~ **bankrupt** bankrut dokonujący cesji majątku na rzecz wierzycieli

cessionary[2] *adj* cesjonarny, dotyczący cesji

cessment *s* podatek

cessor *s* cedent, osoba dokonująca cesji

ceteris paribus *łac.* w takich samych ⟨przy nie zmienionych⟩ warunkach, gdy inne warunki pozostają takie same ⟨nie zmienione⟩

chafe *v* trzeć, ocierać

chaffer *v* targować się

chafing *s* 1. tarcie 2. uszkodzenie (*towaru*) spowodowane tarciem

chain *s* łańcuch

~ **banking** *am.* zjednoczenie banków

~ **gang** grupa więźniów skuta jednym łańcuchem ⟨pracująca w łańcuchach⟩

~ **of causation** związek przyczynowy

~ **of events** łańcuch wydarzeń powiązanych ze sobą, szereg wydarzeń następujących kolejno po sobie

~ **of representation** szereg kolejnych przedstawicieli

~ **of title** szereg kolejnych tytułów własności ⟨przeniesień prawa własności⟩

~ **shop** ⟨*am.* **store**⟩ sklep należący do sieci sklepów jednego przedsiębiorstwa

chair[1] *s* 1. krzesło 2. katedra, stanowisko profesora 3. miejsce przewodniczącego (*zebrania itp.*), przewodnictwo 4. **the Chair** przewodniczący 5. miejsce świadka w sądzie 6. *am.* krzesło elektryczne, fotel elektryczny

~**!** ⟨~**!**⟩ cisza!, spokój! (*wezwanie do przewodniczącego zebrania o przywrócenie porządku na sali*)

electric ~ krzesło elektryczne, fotel elektryczny

holder of the ~ (**of law**) osoba zajmująca katedrę (prawa)

to address ⟨**appeal to**⟩ **the** ~ zwracać się do przewodniczącego (*zebrania*)

to be ⟨**sit**⟩ **in the** ~ przewodniczyć

to fill ⟨**occupy**⟩ **the** ~ przewodniczyć

to get the ~ *am.* być skazanym na fotel elektryczny

to go to the ~ *am.* iść na krzesło elektryczne

to leave ⟨**vacate**⟩ **the** ~ zamknąć ⟨zakończyć⟩ zebranie

to send a criminal to the ~ *am.* posłać zbrodniarza na fotel elektryczny

to speak from the ~ przemawiać jako przewodniczący

to take the ~ *a)* objąć przewodnictwo *b)* otworzyć zebranie

chair[2] *v* 1. przewodniczyć 2. wybrać na przewodniczącego (**sb** kogoś)

to ~ **a meeting** przewodniczyć zebraniu

chairman *s* przewodniczący, prezes

~ **of the board** przewodniczący zarządu ⟨rady nadzorczej⟩

~ **of the company** prezes spółki

Chairman of the Council of Ministers Prezes Rady Ministrów

Chairman of the Council of State Przewodniczący Rady Państwa

~'s **report** sprawozdanie (*roczne*) przewodniczącego

honorary ~ honorowy przewodniczący

to act as a ~ przewodniczyć, być przewodniczącym

chairmanship *s* przewodnictwo, prezesura

under the ~ **of ...** pod przewodnictwem...

to be called to the ~ zostać powołanym na przewodniczącego

challenge[1] *s* **1.** wyzwanie **2.** wezwanie do współzawodnictwa **3.** apel **4.** sprowokowanie **5.** sprzeciw, wniosek o wyłączenie ⟨odrzucenie, nieprzyjęcie⟩, kwestionowanie

~ **for cause** wyłączenie (*sędziego przysięgłego*) oparte na konkretnej przyczynie

~ **propter affectum** *łac.* wyłączenie na skutek stronniczości ⟨oparte na zarzucie stronniczości⟩

~ **propter defectum** *łac.* wyłączenie na skutek braku zdolności prawnej (*np. z powodu wieku lub pokrewieństwa*)

~ **propter delictum** *łac.* wyłączenie na skutek popełnionego przestępstwa

~ **to the array** ⟨**panel**⟩ wyłączenie całego kompletu (*składu sędziów przysięgłych*)

~ **to the favour** wyłączenie oparte na podejrzeniu o stronniczość

~ **to fight** wyzwanie ⟨sprowokowanie⟩ do walki (*stanowi wykroczenie*)

~ **to the poll** wyłączenie pojedynczego sędziego przysięgłego

economic ~ współzawodnictwo ekonomiczne

general ~ generalne wyłączenie (*istnienie przyczyny uniemożliwiającej udział przysięgłego w jakiejkolwiek sprawie*)

grounds for ~ przyczyna ⟨podstawa⟩ wyłączenia

peremptory ~ wyłączenie bez podania przyczyny (*przysługujące oskarżycielowi i oskarżonemu w stosunku do pewnej liczby sędziów przysięgłych*)

right of ~ prawo wyłączenia

to issue a ~ wezwać do współzawodnictwa

challenge[2] *v* **1.** wyzywać, rzucać wyzwanie (**sb** komuś) **2.** współzawodniczyć **3.** prowokować **4.** wysuwać zarzut (**sb** przeciwko komuś), kwestionować (**sth** coś), sprzeciwiać się (**sth** czemuś) **5.** domagać się, wymagać **6.** odrzucać, nie przyjmować **7.** wyłączać (*np. biegłego, sędziego*)

to ~ **the chairman's decision** sprzeciwić się decyzji przewodniczącego

to ~ **the constitution of the court** kwestionować skład sądu

to ~ **an expert** wyłączać biegłego

to ~ **a judge** wyłączać sędziego

to ~ **a juror** ⟨**juryman**⟩ wyłączać sędziego przysięgłego

to ~ **sb's right to do sth** kwestionować czyjeś prawo do robienia czegoś

to ~ **sb's succession** kwestionować czyjeś prawo dziedziczenia

to ~ **to fight** wyzwać ⟨sprowokować⟩ do walki

to ~ **the validity of a document** kwestionować ważność dokumentu

to ~ **a witness** kwestionować wiarygodność świadka

challengeable *adj* podlegający wyłączeniu ⟨kwestionowaniu⟩

challenger *s* osoba wyłączająca ⟨sprzeciwiająca się, kwestionująca (*coś*)⟩

challenging *adj* **1.** śmiały **2.** prowokujący

chamber *s* **1.** sala, pokój **2.** izba **3.** gabinet sędziowski **4.** komora **5.** *zob.* **chambers**

~ **business** czynności sędziego poza salą sądową (*w gabinecie*)

~ **counsel** prywatny doradca, adwokat udzielający porad (*ale nie występujący w sądzie*)

Chamber of Arbitration Izba Rozjemcza, stały sąd polubowny

Chamber of Commerce Izba Handlowa

Chamber of Deputies Izba Posłów ⟨Deputowanych⟩ (*niższa izba parlamentu*)

Chamber of Foreign Trade Izba Handlu Zagranicznego

Chamber of Handicrafts Izba Rzemieślnicza

Chamber of Industry Izba Przemysłowa

Chamber of Shipping of the United Kingdom Brytyjska Izba Żeglugi

~ **practice** konsultacja prawnicza, poradnictwo prawne

cooling ~ komora chłodnicza

double ~ **system** system dwuizbowy (*parlamentu*)

gas ~ komora gazowa

International Chamber of Commerce Międzynarodowa Izba Handlowa

Lower ⟨**Upper**⟩ **Chamber** Niższa ⟨Wyższa⟩ Izba (*parlamentu*)

second ~ izba wyższa (*parlamentu*)

single ~ **system** system jednoizbowy (*parlamentu*)

chamberlain *s* **1.** szambelan, marszałek dworu **2.** skarbnik

Lord Great Chamberlain (of England) Wielki Marszałek Dworu (Anglii)

Lord Chamberlain (of the Household) Ochmistrz Dworu

Lord Chamberlain of the Exchequer Lord Skarbnik

chambers *spl* **1.** kancelaria adwokacka **2.** gabinet sędziowski **3.** *zob.* **chamber**

sitting in ~ posiedzenie niejawne (*bez udziału stron*)

to hear a case in ~ rozpatrzyć sprawę na posiedzeniu niejawnym

champerty *s* **1.** udział osoby trzeciej (*nie zainteresowanej bezpośrednio*) w sprawie (*celem uzyskania udziału w przedmiocie sporu*) **2.** *bryt.* umowa o wynagrodzenie adwokackie w postaci części przedmiotu sporu

chance[1] *s* **1.** przypadek, traf **2.** okazja, sposobność, szansa **3.** ryzyko, hazard

~ **bargain** kupno okazyjne

~ **customer** przypadkowy klient

the ~ **of one's lifetime** jedyna ⟨niepowtarzalna⟩ szansa w życiu

by ~ przypadkiem

game of ~ gra hazardowa

on the ~ **of** ⟨**that**⟩ ... w razie ⟨w przypadku, na wypadek⟩, gdyby ...

the main ~ okazja wzbogacenia się ⟨zrobienia dużych pieniędzy⟩

to give sb a ~ *a*) dawać komuś sposobność *b*) poddawać kogoś próbie

to stand a good ~ mieć wszelkie widoki (*powodzenia*)

to take ~**s** ⟨**a** ~⟩ zaryzykować

chance² *v* **1.** zaryzykować, odważyć się **2.** zdarzyć ⟨przytrafić⟩ się
to ~ **one's arm** brać na siebie duże ryzyko
to ~ **upon sb, sth** natrafić ⟨natknąć się⟩ na kogoś, coś
it ~**d that** ... tak się zdarzyło ⟨złożyło⟩, że ...
chancellery, chancellory *s* **1.** stanowisko ⟨urząd⟩ kanclerza **2.** kancelaria ambasady ⟨poselstwa, konsulatu⟩
chancellor *s* **1.** kanclerz **2.** *am.* przewodniczący ⟨sędzia⟩ sądu słuszności **3.** *bryt.* rektor **4.** *szkoc.* przewodniczący ławy przysięgłych
Chancellor of Duchy of Lancaster Kanclerz Księstwa Lancaster (*minister bez teki w rządzie brytyjskim*)
Chancellor of the Exchequer *bryt.* minister skarbu
Lord High Chancellor lord-kanclerz (*przewodniczący Izby Lordów, głowa angielskiego sądownictwa*)
chancellorship *s* kanclerstwo, urząd kanclerza
chance-medley *s* **1.** przypadkowa bójka ⟨bijatyka⟩ **2.** przypadkowe zabójstwo (*w trakcie samoobrony, bójki*)
chancer *v* rozpatrywać sprawy na podstawie praw słuszności
chancery *s* **1.** archiwum **2.** kancelaria ambasady ⟨poselstwa, konsulatu⟩ **3.** *am.* sąd słuszności
Chancery Division, Court of Chancery *bryt.* Wydział ⟨Sąd⟩ Kanclerski (*Sądu Najwyższego dla spraw upadłościowych, hipotecznych, likwidacji spółek i spraw związanych z obrotem nieruchomościami*)
in Chancery w sądzie kanclerskim
chandler *s* **1.** kupiec handlujący artykułami mydlarskimi i spożywczymi **2.** dostawca artykułów spożywczych
ship ~ dostawca zaopatrujący statki
chandlery *s* **1.** magazyn z towarami mydlarskimi i spożywczymi **2.** dostawa towarów (*na statki*), zaopatrywanie statków
change¹ *s* **1.** zmiana, odmiana **2.** wymiana **3.** drobne pieniądze, reszta **4.** przesiadanie się, przesiadka
Change,'Change *bryt.* nazwa giełdy londyńskiej
~ **for the better** ⟨**for worse**⟩ zmiana na lepsze ⟨gorsze⟩
~ **in** ⟨**of**⟩ **conditions** zmiana warunków
~ **in the economic trend** zmiana kierunku rozwoju gospodarczego
~ **in** ⟨**of**⟩ **mood** zmiana nastrojów (*np. na rynku*)
~ **in market** zmiana koniunktury rynku
~ **in** ⟨**of**⟩ **prices** zmiana cen
~ **machine** automat do rozmieniania bilonu (*na drobne*)
~ **of address** zmiana adresu
~ **of domicile** zmiana siedziby
~ **of name** zmiana nazwy (*firmy*)
~ **of occupation** zmiana zajęcia ⟨zawodu⟩
~ **of ownership** ⟨**title**⟩ zmiana własności ⟨tytułu własności⟩
~ **of parties** zmiana stron w procesie (*np. na skutek śmierci jednej strony*)
~ **of residence** zmiana miejsca zamieszkania
~ **of route** zmiana trasy ⟨kursu⟩
~ **of tendency** zmiana tendencji (*na rynku*)
~ **of venue** *a)* zmiana właściwości terytorialnej sądu *b)* przeniesienie sprawy do innego sądu
abrupt ⟨**sudden**⟩ ~ nagła zmiana
minor ~ mała ⟨drobna⟩ poprawka ⟨zmiana⟩
quality ~ zmiana jakości ⟨jakościowa⟩

small ~ drobne pieniądze
strong ~ poważna zmiana
without ~ *a)* bez przesiadki, bezpośrednio *b)* bez przeładunku
to bring about a ~ spowodować zmianę
to give ~ *a)* rozmienić *b)* wydać resztę
to undergo a ~ podlegać zmianie
change² *v* **1.** zmieniać ⟨odmieniać⟩ (się) **2.** zamieniać (się) **3.** rozmieniać (*pieniądze*) **4.** przesiadać się
to ~ **a cheque** zrealizować czek, wymienić czek na pieniądze
to ~ **one's condition** zmieniać stan cywilny
to ~ **hands** zmienić właściciela
to ~ **one's mind** zmienić zamiar ⟨pogląd⟩
to ~ **a pound note** rozmienić funta na drobne
to ~ **sides** zmienić strony, przejść z jednej strony na drugą, przejść z jednego obozu do drugiego
to ~ **trains** przesiadać się (*z pociągu do pociągu*)
changeable *adj* **1.** zmienny, niestały **2.** wymienny
channel *s* **1.** kanał **2.** droga, pośrednictwo
the (English) Channel Kanał La Manche
Channel boat statek utrzymujący łączność przez Kanał La Manche
~ **dues** ⟨**tolls, rates**⟩ opłata za korzystanie z kanału
~**s of distribution** (*handlowe*) kanały dystrybucji
~ **s of information** kanały ⟨źródła⟩ informacji
through diplomatic ~**s** drogą dyplomatyczną
through private ~**s** poufnie
through the usual ~**s** zwykłą drogą
trade ~**s** kanały handlu
to open up new ~**s for trade** utworzyć nowe kanały handlu
chaplain *s* kapelan
chapter *s* **1.** rozdział (*książki, ustawy*) **2.** kapituła
~ **and verse** rozdział i wiersz, ścisłe ⟨dokładne⟩ powołanie się na źródło
~ **of accidents** nieprzewidziany bieg wypadków
character *s* **1.** charakter, usposobienie **2.** reputacja, sława, opinia **3.** cecha charakterystyczna, znamię, właściwość **4.** postać, osobistość **5.** *pl* **characters** litery **6.** charakter pisma **7.** świadectwo (*z pracy*), opinia
~ **assassination** złośliwe zniszczenie czyjegoś dobrego imienia
~ **loan** *am.* kredyt osobisty
~ **of invention** cecha wynalazku
a bad ~ człowiek o złej reputacji, ciemny typ
a man of no ~ człowiek bez charakteru
a man of strong ~ człowiek z charakterem
a public ~ znana osobistość
a suspicious ~ podejrzany osobnik
to act in the ~ **of...** występować w charakterze ...
to be in ⟨**out of**⟩ ~ **with sth** zgadzać się ⟨nie zgadzać się⟩ z czymś, być ⟨nie być⟩ zgodnym z czymś
to give sb a good ~ wystawić komuś dobre świadectwo
characteristic¹ *s* cecha charakterystyczna, właściwość
~ **of division** cecha charakterystyczna podziału
characteristic² *adj* charakterystyczny ⟨znamienny⟩ (**of sb, sth** dla kogoś, czegoś), właściwy (**of sb, sth** komuś, czemuś), cechujący (**of sb, sth** kogoś, coś)
characterization *s* charakteryzacja, scharakteryzowanie
characterize *v* **1.** charakteryzować, znamionować, cechować **2.** nadawać styl ⟨charakter⟩ (**sb, sth** komuś, czemuś)

characterless *adj* **1.** bez charakteru, bez cech charakterystycznych **2.** niecikawy, nieinteresujący **3.** (*o pracowniku*) bez świadectwa ⟨opinii⟩ (*z poprzedniego miejsca pracy*)

charge[1] *s* **1.** ciężar, ładunek **2.** koszt, opłata, należność **3.** obowiązek, zadanie, odpowiedzialność **4.** opieka, piecza **5.** stanowisko, funkcja **6.** obciążenie, zapis w ciężar, suma hipoteczna **7.** polecenie, pouczenie **8.** osoba powierzona opiece, podopieczny **9.** oskarżenie, zarzut, skarga **10.** *pot.* dawka narkotyku **11.** *zob.* **charges**

~ **account** *am.* rachunek kosztów
~ **card** *am.* karta kredytowa
~ **customer** (klient) kupujący na kredyt
~ **for admittance** opłata za wejście
~ **for carriage** opłata za transport
~ **for collection** opłata za inkaso
~ **for delivery** opłata za dostawę ⟨doręczenie⟩ do domu
~ **for express delivery** opłata za doręczenie ekspresowe
~ **hand** brygadzista
~ **of fraud** oskarżenie o oszustwo
~ **of infringement** oskarżenie o naruszenie (*np. patentu*)
~ **of manslaughter** oskarżenie o (*nieumyślne*) zabójstwo
~ **of share** roszczenie ⟨skarga⟩ o udział
additional ~ dodatkowa opłata
admittance ⟨entry⟩ ~ opłata za wstęp
at sb's ~ na czyjś koszt
at a moderate ~ po umiarkowanej cenie
at the ~ **of ...** za zapłatą ...
at one's own ~ na własny koszt
attorney's ~ opłata adwokacka ⟨należna adwokatowi⟩
baseless ~ bezpodstawne oskarżenie
extra ~ opłata dodatkowa
floating ~ krótkoterminowy dług państwowy, krótkoterminowe obciążenie państwowe
free of ~ bezpłatnie
the judge's ~ **to the jury** pouczenie przysięgłych przez sędziego
lump-sum ~ opłata ryczałtowa
mortgage ~ obciążenie hipoteczne, ciężar hipoteczny
no ~ **is made** bez opłaty, bezpłatnie
on the ~ **of ...** pod zarzutem ...
patent ~ opłata patentowa
person in ~ osoba pełniąca obowiązki kierownika ⟨szefa⟩
postal ~ opłata pocztowa
primary ~ opłata zasadnicza
service ~ **on loans** procenty od pożyczek, obciążenie pożyczek procentami
stevedoring ~ opłata sztauerska
supplementary ~ opłata dodatkowa
tariff ~ opłata taryfowa
without ~ bez opłaty, bezpłatnie
to be in ~ *a)* mieć pieczę, opiekować się (**of sb, sth** kimś, czymś) *b)* pełnić funkcję (*np. kierowniczą*)
to be in the ~ **of sb** być pod czyjąś opieką
to become a public ~ stać się ciężarem dla społeczeństwa
to bring a ~ **of sth against sb** wnieść oskarżenie o coś przeciwko komuś

to clear oneself of a ~ oczyścić się z (zarzutów) oskarżenia
to drop ⟨withdraw⟩ **the** ~ wycofać oskarżenie
to give sb the ~ **over sth** powierzyć komuś pieczę nad czymś
to give sb in ~ oddać kogoś w ręce policji
to lay a ~ **against sb** oskarżyć kogoś o coś, zarzucić komuś coś
to take ~ **of sb, sth** zaopiekować się kimś, czymś, objąć nadzór nad kimś, czymś

charge[2] *v* **1.** ładować, napełniać, obciążać **2.** powierzać, polecać, poruczać, oddawać pod opiekę, poruczać pieczę (**sb with sth** komuś nad czymś) **3.** obciążać (*sumą*) **4.** pobierać, żądać (*opłat*) **5.** oskarżać, obwiniać (**sb with sth** kogoś o coś), zarzucać (**sb with sth** komuś coś) **6.** pouczać (*przysięgłych*), instruować
to ~ **an account** obciążać rachunek ⟨konto⟩
to ~ **an amount to sb's account** zapisać sumę w ciężar czyjegoś rachunku ⟨konta⟩, obciążyć czyjś rachunek sumą
to ~ **high prices** żądać wysokich ⟨wygórowanych⟩ cen
to ~ **interest** obliczać procenty
to ~ **the jury** pouczyć ⟨poinstruować⟩ przysięgłych
to ~ **sb with a commission** obarczyć kogoś poleceniem ⟨zleceniem⟩
to ~ **sb with complicity** oskarżyć kogoś o współudział (*w przestępstwie*)
to ~ **sb with a crime** oskarżyć kogoś o zbrodnię
to ~ **to the account** zapisać na rachunek
~ **it!** proszę to zapisać (na mój rachunek)!

chargeable *adj* **1.** podlegający opłacie **2.** podlegający oskarżeniu
~ **land** nieruchomość podlegająca ⟨grunt podlegający⟩ opodatkowaniu
~ **offence** przestępstwo podlegające oskarżeniu (*z urzędu*)

charged *pp adj* obciążony, oskarżony
~ **on indictment** oskarżony aktem oskarżenia ⟨na podstawie aktu oskarżenia⟩
~ **on inquisition** obwiniony, przeciwko któremu toczy się dochodzenie ⟨śledztwo⟩
property ~ **as security for a debt** nieruchomość obciążona zabezpieczeniem długu

chargé (d'affaires) *s* chargé d'affaires; urzędnik, któremu powierzono prowadzenie spraw (*w dyplomacji*)
~ **d'affaires ad hoc** chargé d'affaires ⟨urzędnik⟩, któremu doraźnie powierzono prowadzenie sprawy
~ **d'affaires ad interim** ⟨pro tempore⟩ chargé d'affaires, któremu czasowo powierzono prowadzenie spraw

charges *spl* koszty, wydatki; *zob.* **charge**[1]
~ **both ways** koszty (*transportu*) w obydwie strony
~ **clause** klauzula o opłatach portowych
~ **deducted** po potrąceniu kosztów
~ **for demurrage** *a)* opłaty za przestój, postojowe *b)* opłata za przeterminowane składowanie
~ **for freight** ⟨carriage⟩ koszty transportu, przewoźne
~ **forward** koszty do pobrania przy odbiorze, za pobraniem kosztów
~ **here** koszty ponosi dostawca ⟨załadowca⟩
~ **paid** koszty opłacono, opłaty uiszczono
~ **to collect** ⟨to be collected⟩ koszty do pobrania przy odbiorze, za pobraniem kosztów

accrued ~ narosłe koszty
accumulated ~ skumulowane koszty
additional ~ dodatkowe koszty
adjusting ⟨**adjustment**⟩ ~ koszty rozliczenia ⟨dyspaszy⟩
advertising ~ koszty reklamy
agency ⟨**agent's**⟩ ~ prowizja agenta, kurtaż
all ~ **included** łącznie z wszystkimi kosztami
bank ⟨**banking**⟩ ~ koszty bankowe
bill of ~ rachunek kosztów
bonding ~ koszty składowania w magazynie celnym
checking ~ koszty przeważenia ⟨przeliczenia⟩ towaru
collection ⟨**collecting**⟩ ~ koszty inkasa
consular ~ opłaty konsularne
credit ~ koszty kredytu
customs ~ opłaty celne
deferred ~ opłaty ponoszone aktualnie, a odnoszące się częściowo do okresów przyszłych
delivery ~ opłaty ⟨koszty⟩ dostawy
depreciation ~ odpisy amortyzacyjne
discount ~ koszty dyskonta
financing ~ koszty finansowania
fiscal ~ obciążenia podatkowe, koszty opodatkowania
fixed ~ koszty stałe
forwarding ~ opłaty wysyłkowe, koszty wysyłki
handling ~ koszty ⟨opłaty⟩ manipulacyjne
list of ~ spis ⟨lista, taryfa⟩ opłat
loading ~ koszty załadowania
overhead ~ koszty ogólne
packing ~ koszty opakowania
particular ~ koszty specjalne (*ponoszone przez ubezpieczającego dla ochrony ubezpieczonego przedmiotu*)
port ~ opłaty portowe
salvage ~ koszty ratownictwa morskiego
scale ⟨**schedule, tariff**⟩ **of** ~ taryfa opłat
shipping ~ *a*) koszty załadowania *b*) koszty transportu
social ~ obciążenia z tytułu świadczeń socjalnych
standing ~ koszty stałe
storage ⟨**storing**⟩ ~ koszty składowania, składowe
supply ~ *bryt.* wydatki budżetowe przeznaczone na utrzymanie wojska i aparatu państwowego
travel ⟨**travelling**⟩ ~ koszty podróży
warehouse ~ koszty składowania, składowe
to bear the ~ ponosić koszty
to defray ~ pokrywać koszty
charge-sheet *s* rejestr policyjny (*w którym zarejestrowane są nazwiska osób zatrzymanych, z podaniem zarzucanego im przestępstwa i osoby oskarżyciela*)
charging *s* **1.** obciążanie **2.** zastawianie, zajmowanie
  ~ **capacity** pojemność ładunkowa (*statku*)
  ~ **lien** prawo zastawu na rzeczy będącej w posiadaniu dłużnika
  ~ **order** polecenie zajęcia papierów wartościowych dłużnika dla zabezpieczenia dochodzonej należności wierzyciela
charitable *adj* dobroczynny, charytatywny
  ~ **bequest** zapis ⟨legat⟩ na cele dobroczynne
  ~ **corporation** towarzystwo dobroczynności
  ~ **foundation** fundacja na cele dobroczynne ⟨charytatywne⟩
  ~ **fund** fundusz na cele dobroczynne

~ **institution** zakład dobroczynny, instytucja charytatywna
~ **organization** ⟨**society**⟩ organizacja charytatywna
~ **trust** fundacja na cele dobroczynne ⟨charytatywne⟩
~ **trustees** powiernicy instytucji dobroczynnej
charity *s* **1.** dobroczynność **2.** jałmużna **3.** datek na cele dobroczynne **4.** instytucja dobroczynna ⟨charytatywna⟩
  ~ **collection** zbiórka na cele dobroczynne
Charity Commission ⟨**Commissioners**⟩ *bryt.* Komitet Kontroli Towarzystw Dobroczynnych
  ~ **fund** kasa zapomogowa
  ~ **sale** sprzedaż na cele dobroczynne
charity-boy *s* wychowanek sierocińca
charity-girl *s* wychowanka sierocińca
charity-school *s* sierociniec
charlatan *s* szarlatan, oszust
charlatanry *s* szarlataneria
charm *s:* ~ **price** cena przyciągająca oko (*np. 2,99 funta*)
chart[1] *s* **1.** mapa morska **2.** wykres, diagram, tablica
organization ~ schemat organizacyjny
weather ~ mapa pogody
chart[2] *v* sporządzać wykres ⟨diagram, mapę⟩ (**sth** czegoś), notować na karcie ⟨wykresie⟩
charta *s* = **charter**[1]
charter[1] *s* **1.** przywilej, statut, karta, edykt **2.** czarter, czarterpartia (*umowa czarterowa*) **3.** akt nadania (*np. ziemi, patentu*)
  ~ **agreement** umowa czarterowa
  ~ **airline** przedsiębiorstwo czarterowe ⟨wynajmu samolotu⟩
  ~ **by demise** czarter statku bez załogi
  ~ **commission** prowizja frachtowa ⟨czarterowa, maklerska⟩
  ~ **contract** umowa czarterowa, czarter
  ~ **flight** lot czarterowy
  ~ **freight** fracht czarterowy
  ~ **hire** wynajęcie statku na przewóz ładunku, fracht czarterowy
  ~ **money** opłata czarterowa
  ~ **of the constitution** ustawa ⟨karta⟩ konstytucyjna
  ~ **of incorporation** dokument zarejestrowania spółki ⟨stowarzyszenia⟩
  ~ **of pardon** dokument stwierdzający ułaskawienie, akt łaski
Charter of the United Nations Karta Narodów Zjednoczonych
  ~ **party** *zob.* **charter-party**
  ~ **rate** stawka czarterowa
  ~ **time** okres ⟨czas trwania⟩ czarteru
air ~ czarter lotniczy
the Atlantic Charter Karta Atlantycka
bank ~ statut bankowy
bareboat ~ czarter (*statku*) bez załogi
berth ~ czarter statku znajdującego się na przystani
clean ~ „czysty" czarter (*nie przewidujący prowizji i potrąceń z frachtu*)
Chamber of Shipping ~ czarter ustalony przez Brytyjską Izbę Żeglugi
consecutive voyages ~ czarter na kolejne rejsy
deadweight ~ czarter z frachtem zależnym od nośności (*statku*)
demise ~ czarter (*statku*) bez załogi

full-cargo ~ czarter pełnostatkowy
gross(-)form ~ czarter na warunkach brutto
harbour ~ czarter na tabor portowy
homeward ~ czarter na rejs powrotny
lump-sum ~ czarter ryczałtowy
net(-)form ~ czarter na warunkach netto
open ~ czarter otwarty (*bez określenia ładunku i portów*)
outward ~ czarter na rejs wyjściowy ⟨docelowy⟩
part-cargo ~ czarter na ładunek niepełnostatkowy
standard ~ czarter standardowy ⟨typowy⟩
time ~ czarter na czas
trip ⟨**voyage**⟩ ~ czarter na podróż
charter² *v* **1.** dawać przywilej, wydawać zezwolenie ⟨licencję⟩, udzielać patentu **2.** czarterować, wynajmować statek, zawierać umowę czarterową
to ~ a coach wynająć autokar
to ~ for a full and entire cargo czarterować na ładunek pełnostatkowy
to ~ for a voyage czarterować na podróż
to ~ on time czarterować na czas
to ~ the ship ⟨**tonnage, a vessel**⟩ czarterować statek
chartered *pp adj* **1.** oparty na przywileju ⟨statucie⟩, działający na mocy przywileju ⟨statutu⟩ **2.** licencjonowany, koncesjonowany **3.** zaczarterowany (**to sb** przez kogoś) **4.** przewidziany umową czarteru
~ **accountant** ekspert ⟨biegły⟩ księgowy, licencjonowany rewident
~ **bank** bank posiadający specjalne uprawnienia
~ **broker** makler licencjonowany
~ **capital** kapitał regulaminowy ⟨statutowy⟩
~ **company** spółka (akcyjna) działająca na mocy przywileju królewskiego lub specjalnego aktu parlamentu
~ **freight** fracht czarterowy
~ **ship** zaczarterowany statek
time ~ **ship** statek zaczarterowany na czas
trip ⟨**voyage**⟩ ~ **ship** statek zaczarterowany na podróż
charterer *s* osoba czarterująca, czarterujący
~'**s agent** agent czarterowy, makler pośredniczący w czarterowaniu statku
"~'**s agents both ends**" klauzula czarterowa przewidująca, że czarterujący wyznacza maklerów klarujących w portach załadunku i wyładunku
"~'**s or shipper's agent**" klauzula czarterowa przewidująca, że maklera statku wyznacza czarterujący lub załadowca
~'**s stevedore** klauzula czarterowa przewidująca, że czarterujący wyznacza sztauera
casual ~ jednorazowy ⟨przypadkowy⟩ najemca statku
time ~ czarterujący na czas
trip ⟨**voyage**⟩ ~ czarterujący na podróż
chartering *s* czarterowanie
~ **agent** agent czarterowy, makler okrętowy
~ **broker** makler frachtujący ⟨okrętowy⟩
~ **clerk** urzędnik frachtujący
~ **office** biuro frachtujące ⟨czarterujące⟩
~ **order** zlecenie zaczarterowania
~ **policy** polityka czarterowa ⟨zatrudnienia statków⟩
charter-member *s* członek-założyciel
charter(-)party *s* czarterpartia, czarter (*dokument zawierający treść umowy czarterowej*)

~ **clause** klauzula czarteru
~ **form** formularz czarterpartii
chase¹ *s* **1.** gonitwa, pogoń, pościg **2.** polowanie, łowy **3.** *bryt.* prawo polowania **4.** teren łowiecki
in ~ **of ...** w pogoni za ...
to give ~ **to sb, sth** gonić za kimś, czymś, ścigać kogoś, coś
chase² *v* **1.** ścigać, gonić **2.** polować
chaste *adj* **1.** czysty, niewinny **2.** skromny, przyzwoity, cnotliwy
chasten *v* **1.** karać, doświadczać (*w celu poprawy*) **2.** utemperować, ustatkować
chastise *v* **1.** karać **2.** bić, chłostać
chastisement *s* **1.** kara **2.** chłosta
chastity *s* czystość (*np. moralna*), niewinność
~ **belt** pas cnoty
chattel *s* rzecz ruchoma, ruchomość, majątek ruchomy
~ **interest** prawo majątkowe w stosunku do ruchomości
~ **mortgage** *am.* hipoteka ⟨zabezpieczenie długu⟩ (*na ruchomości*)
chattels *spl* ruchomości, majątek ruchomy
~ **corporeal** ruchomości, rzeczy ruchome, majątek ruchomy
~ **personal** ruchomości stanowiące majątek osobisty
~ **real** prawa majątkowe na nieruchomości
goods and ~ dobytek, majątek ruchomy
cheap¹ *adj* **1.** tani, niedrogi **2.** małowartościowy, niskogatunkowy, złej jakości **3.** marny, lichy
~ **brand** tani gatunek towaru
~ **credit** tani kredyt
~ **money** „tani pieniądz", waluta o słabej sile nabywczej
cheap² *adv* tanio
as ~ **as dirt** śmiesznie tanio, za psie pieniądze
dirt ~ za bezcen
on the ~ tanio, tanim kosztem
to buy ⟨**sell**⟩ ~ kupić ⟨sprzedać⟩ tanio
to hold ~ mieć za nic, nisko sobie cenić
cheapen *v* tanieć, spadać w cenie, obniżać wartość (**sth** czegoś)
cheaply *adv* tanio
cheapness *s* **1.** taniość, niska cena **2.** mała wartość
cheat¹ *s* **1.** oszustwo, szalbierstwo **2.** oszust, szalbierz
cheat² *v* oszukiwać, okradać, wyłudzać
to ~ at cards ⟨**games**⟩ oszukiwać w kartach ⟨grach⟩
to ~ sb out of sth wyłudzać coś od kogoś
cheater *s* oszust, szalbierz
cheating *s* oszukiwanie, oszustwo (*w grach*)
check¹ *s* **1.** sprawdzenie, kontrola **2.** zahamowanie, powstrzymanie, przeszkoda **3.** zapora, opór **4.** bilet, kupon kontrolny, numerek (*w szatni*), kwit, żeton, liczman **5.** *am.* czek
~ **analysis** analiza kontrolna
~ **book** a) książeczka bankowa b) *am.* książeczka czekowa
~ **clock** zegar kontrolny
~ **mark** *am.* oznaczenie sprawdzonej pozycji, *pot.* odfajkowanie
~ **point** punkt kontrolny
~ **sample** próbka kontrolna
~ **test** badanie kontrolne
~ **to prices** zahamowanie wzrostu cen
~ **weighing** ważenie kontrolne

baggage ⟨**luggage**⟩ ~ kwit bagażowy
blind ~ sprawdzenie ładunku (*bez porównania z listem przewozowym*)
cloakroom ~ numerek z szatni
routine ~ kontrola bieżąca
to keep a ~ **on sth** obserwować ⟨nadzorować, kontrolować⟩ coś
to keep in ~ kontrolować
check² *v* **1.** sprawdzać, kontrolować, porównywać **2.** hamować, powstrzymywać, zatrzymywać **3.** nadawać (*bagaż*) **4.** *am.* wystawiać ⟨wypisywać⟩ czek **5.** **check in, off, out, up**
to ~ **an account** sprawdzić ⟨zweryfikować⟩ konto
to ~ **a copy by the original** porównać ⟨sprawdzić⟩ odpis z oryginałem
to ~ **documents** sprawdzić dokumenty
to ~ **an invoice** sprawdzić fakturę ⟨rachunek⟩
to ~ **one's luggage in** oddać bagaż na przechowanie
to ~ **the production** zahamować produkcję
to ~ **the results of the voting** sprawdzić wyniki głosowania
to ~ **upon ... for the sum ...** *am.* wystawić czek na nazwisko... na sumę ...
checker *s* kontroler, liczman, osoba przeliczająca ładunek
sworn ~ liczman zaprzysiężony
check in *v* **1.** zaznaczyć obecność (*na liście itd.*) **2.** zameldować ⟨zarejestrować⟩ się (*w hotelu*)
checking *s* weryfikacja, sprawdzanie, kontrola
~ **account** *am.* konto czekowe
~ **form** ⟨**slip**⟩ odcinek kontrolny, karta kontrolna
~ **note** świadectwo przeliczenia ⟨atest ilości⟩ (*towaru*)
~ **quality** kontrola jakości, brakowanie
checkless *adj am.* bezczekowy
~ **transfer** przelew bezczekowy
check off *v* odnotować, zaznaczyć, odfajkować (*pozycje w spisie*)
check-off *s* potrącanie
~ **clause** *am.* klauzula w umowie o pracę przewidująca potrącanie przez pracodawcę składek na rzecz związku zawodowego
~ **system** potrącanie przez pracodawcę składek na rzecz związku zawodowego
check out *v* **1.** zaznaczyć ⟨odnotować⟩ wyjście **2.** *am.* wymeldować się (*z hotelu*)
checkroom *s am.* przechowalnia bagażu ręcznego
check up *v* sprawdzać, weryfikować, kontrolować
~ **the data** sprawdzić dane
~ **(on) information** sprawdzić informację
check-up *s* **1.** sprawdzanie, badanie (*lekarskie*) **2.** wywiad policyjny
medical ~ ogólne badanie lekarskie
check(-)weighing *s* sprawdzanie ⟨kontrola⟩ wagi, ważenie kontrolne
cheese-paring *s* **1.** skąpstwo, sknerstwo **2.** groszowe oszczędności
~ **economy** ⟨**policy**⟩ polityka groszowych oszczędności
chemical *adj* chemiczny
~ **analysis** analiza chemiczna
~ **composition** skład chemiczny
~ **compound** ⟨**combination**⟩ związek chemiczny
~ **formula** wzór chemiczny
~ **implements** sprzęt laboratoryjny

~ **industry** przemysł chemiczny
~ **means** środki chemiczne
~ **warfare** wojna chemiczna
chemically *adv* chemicznie
~ **pure** chemicznie czysty
chemicals *spl* chemikalia, produkty chemiczne
chemist *s* **1.** chemik **2.** aptekarz
~ **'s certificate** świadectwo badania chemicznego
~ **'s shop** apteka (*połączona z drogerią*)
analytical ~ analityk, chemik zajmujący się analizami
cheque, am. check *s* czek
~ **account** rachunek czekowy
~ **bank** bank żyrowy ⟨czekowy⟩
~ **bearer** posiadacz czeku
~ **book** książeczka czekowa
~ **collection** inkasowanie czeku
~ **for the amount of** ⟨**amounting to**⟩ ... czek na sumę ...
~ **form** blankiet czekowy
~ **for traveller** czek podróżny
~ **fraud** oszustwo czekowe
~ **on the X bank** czek (wystawiony) na bank X
~ **rate** kurs czekowy
~ **stamp** opłata stemplowa od czeku
~ **to bearer** czek na okaziciela
~ **to order** czek na zlecenie
advised ~ czek awizowany
bank ⟨**banker's**⟩ ~ czek bankowy (*wystawiony przez jeden bank na drugi*)
bearer ~ czek na okaziciela
bearer of a ~ posiadacz czeku
blank ~ czek in blanco
cashier's ~ czek bankowy
certified ~ czek poświadczony (*przez bank*)
circular ~ czek potwierdzony czyn okrężny
counter ~ czek gotówkowy ⟨kasowy⟩
country ~ czek płatny na prowincji
crossed ~ czek zakreślony ⟨zakrzyżowany, krosowany⟩
dishonoured ~ czek nie honorowany
drawer of a ~ wystawca czeku
dud ~ czek bez pokrycia
foreign ~ czek na zagranicę
holder of a ~ posiadacz czeku
marked ~ czek poświadczony
negotiable ~ czek przenoszalny ⟨na zlecenie⟩
non-negotiable ~ czek nieprzenoszalny ⟨nie na zlecenie⟩
open ~ czek gotówkowy ⟨kasowy, nie zakreślony⟩
order ~ czek na zlecenie
outstanding ~ czek nie uregulowany ⟨do inkasa⟩
overdue ~ czek przeterminowany ⟨przedawniony⟩
post(al) ~ czek pocztowy
stale ~ czek przeterminowany ⟨przedawniony⟩
town ~ czek płatny w jednym z banków Londynu
transfer of a ~ przelew czeku
traveller's ~ czek podróżny
uncovered ~ czek bez pokrycia
unlimited ~ czek nie limitowany
unpaid ~ czek nie honorowany
to cash ⟨**collect**⟩ **a** ~ zainkasować czek
to cross a ~ zakreślić ⟨zakrzyżować, krosować⟩ czek
to dishonour a ~ nie honorować ⟨odmówić zapłaty⟩ czeku

to draw a ~ **on a bank** wystawić czek na bank
to endorse a ~ indosować czek
to make out a ~ wystawić czek
to meet ⟨**pay**⟩ **a** ~ honorować czek
to pay by the ~ płacić czekiem
to reject a ~ odmówić honorowania ⟨nie honorować⟩ czeku
to send a ~ **for collection** posłać czek do inkasa
to stop a ~ wstrzymać wypłatę czeku
cheque-book s książeczka czekowa
chest s skrzynia, pudło, skrzynka
chief[1] s 1. szef, kierownik, dyrektor 2. naczelnik, wódz
in ~ na czele
chief[2] adj główny, naczelny, najważniejszy
~ **accountant** główny księgowy
~ **agent** główny przedstawiciel
~ **bank** wielki bank
~ **business** główne zajęcie
~ **buyer** kierownik działu zakupów
~ **cashier** główny kasjer
~ **clerk** a) (w przedsiębiorstwie) kierownik biura ⟨działu⟩ b) (na statku) kierownik biura okrętowego
~ **constable** komisarz ⟨szef⟩ policji (okręgu)
~ **executive** am. gubernator stanu, szef władzy wykonawczej
Chief Executive am. głowa państwa, prezydent Stanów Zjednoczonych
~ **inspector** główny inspektor
~ **judge** przewodniczący sądu ⟨trybunału⟩, sędzia przewodniczący
~ **justice** główny sędzia, przewodniczący kompletu sędziowskiego
Chief Justice of the United States Supreme Court Przewodniczący Sądu Najwyższego Stanów Zjednoczonych
~ **magistrate** am. szef organu wykonawczego
~ **of department** szef ⟨naczelnik, kierownik⟩ departamentu ⟨wydziału⟩
~ **officer of the police** naczelnik policji
~ **of government** szef rządu
~ **of staff** szef sztabu
~ **of state** głowa państwa
~ **war criminal** główny przestępca wojenny
~ **whip** „główny bicz", funkcjonariusz odpowiedzialny za dyscyplinę członków partii (np. w Kongresie, Parlamencie)
chiefly adv 1. głównie, szczególnie 2. przede wszystkim, w głównej mierze
chief-rent s bryt. podstawowy czynsz (płacony przez dzierżawców właścicielowi majątku ziemskiego)
chieftain s 1. wódz 2. herszt 3. szkoc. naczelnik klanu
child s (pl **children**) 1. dziecko, osoba niepełnoletnia 2. potomek
~ **bride** ⟨**wife**⟩ niepełnoletnia panna młoda ⟨żona⟩
~ **care** ⟨**welfare**⟩ opieka (społeczna) nad dziećmi, pomoc (społeczna) dla dzieci
~ **destruction** zabicie płodu w łonie matki
~ **guidance** poradnictwo wychowawcze (dla dzieci trudnych)
~ **labour** praca ⟨zatrudnianie⟩ dzieci ⟨osób niepełnoletnich⟩
~ **of tender age** ⟨**years**⟩ dziecko w wieku poniżej 14 lat
abandoned ~ porzucone dziecko

adopted ~ dziecko przysposobione ⟨adoptowane⟩
bastard ~ nieślubne dziecko
illegitimate ~ dziecko pozamałżeńskie ⟨nieślubne⟩
legitimate ~ dziecko pochodzące z małżeństwa
posthumous ~ pogrobowiec, dziecko urodzone po śmierci ojca
stillborn ~ dziecko martwo urodzone
unborn ~ dziecko jeszcze nie urodzone, nie narodzone dziecko
to be with ~ oczekiwać dziecka, być w ciąży
to bear ⟨**give birth to**⟩ **a** ~ urodzić dziecko
to expose a ~ porzucić dziecko
child-bearing s 1. rodzenie, poród 2. stat. rodność, rozrodczość
~ **period** wiek rozrodczy ⟨zdolności do rodzenia⟩
childless adj bezdzietny
~ **marriage** bezdzietne małżeństwo
to die ~ umrzeć bezpotomnie
childlessness s bezdzietność
chill v chłodzić, ochładzać, stygnąć
~ **ed cargo** ładunek chłodzony
Chiltern Hundreds spl bryt. majątek królewski, w którym przyjęcie stanowiska zarządcy powoduje rezygnację ⟨jest równoznaczne z rezygnacją⟩ z mandatu członka Parlamentu
to accept ⟨**apply for**⟩ **the** ~ przyjąć ⟨ubiegać się o⟩ stanowisko zarządcy w Chiltern Hundreds, rezygnować z mandatu członka Parlamentu
choice[1] s 1. wybór, alternatywa 2. chęć, ochota 3. dobór, asortyment 4. elita, śmietanka (społeczeństwa)
~ **of citizenship** prawo wyboru obywatelstwa, opcja
at ~ do wyboru, według wyboru, dowolnie
by ⟨**for**⟩ ~ najchętniej
the country of one's ~ przybrana ojczyzna, ojczyzna z wyboru
from ~ z wyboru, dobrowolnie
Hobson's ~ brak wyboru (tylko jedna możliwość)
large ⟨**wide**⟩ ~ duży ⟨bogaty⟩ wybór
optimum ~ wybór optymalny ⟨najlepszy⟩
poor ~ niewielki wybór
to have no ~ nie mieć żadnego wyboru
to have no ~ **but** ... nie mieć innego wyboru, jak ...
to make ⟨**take**⟩ **one's** ~ wybierać, dokonywać wyboru
choice[2] adj 1. wybrany 2. doborowy, wyborny, w najlepszym gatunku
~ **article** artykuł w najlepszym gatunku
~ **brand** wyborowy gatunek
~ **commercial paper** pierwszorzędny weksel handlowy
~ **goods** towary wyborowe ⟨w najlepszym gatunku⟩
~ **quality** wyborowa ⟨najlepsza⟩ jakość
choiceness s doborowa jakość (towaru)
choose v (chose, chosen) 1. wybierać, dokonywać wyboru 2. woleć
chooser s wybierający
chop[1] s 1. marka fabryczna, znak fabryczny 2. rodzaj, gatunek (towaru)
first ⟨**second**⟩ ~ pot. pierwszy ⟨drugi⟩ gatunek
chop[2] v uderzać (zw. siekierą)
to ~ **and change** wahać się, być niekonsekwentnym
chose s fr. rzecz, przedmiot

~ **in action** rzecz będąca przedmiotem roszczenia
~ **in possession** rzecz w faktycznym posiadaniu właściciela
~ **jugée** *fr.* sprawa, w której zapadł prawomocny wyrok, sprawa rozstrzygnięta ⟨osądzona⟩
~ **local** rzecz związana z nieruchomością ⟨stanowiąca nieruchomość⟩
~ **transitory** rzecz ruchoma
chosen *pp adj* wybrany
~ **exactly to pattern** wybrany zgodnie ze wzorem ⟨według wzoru⟩
christen *v* **1.** chrzcić **2.** nadawać imię (**sb** komuś) **3.** nadawać nazwę (*statkowi*), chrzcić (*statek*)
christening *s* chrzest
Christian *adj* chrześcijański
~ **burial** chrześcijański pogrzeb
~ **name** imię (*nadane na chrzcie*)
chronic *adj* chroniczny, przewlekły
~ **ill-health** trwała ⟨stała⟩ niezdolność do pracy
~ **invalid** chronicznie ⟨przewlekle⟩ chory
chronological *adj* chronologiczny
in ~ **order** w porządku chronologicznym
church *s* **1.** kościół **2.** religia
Church and State Kościół i państwo
Church authorities władze kościelne
the Established Church religia panująca (*w Wielkiej Brytanii – religia anglikańska*)
~ **lands** dobra kościelne
~ **law** prawo kościelne ⟨kanoniczne⟩
Church of England Kościół anglikański
~ **rate** ⟨tax⟩ podatek kościelny
~ **wedding** ślub kościelny
churchwardens *spl* urzędnicy parafialni i zarządcy majątków kościelnych
cinema *s* kino
~ **advertising** reklama kinowa
~ **rights** prawo filmowania ⟨adaptacji filmowej⟩
cipher[1] *s* **1.** szyfr **2.** cyfra **3.** (*o osobie, rzeczy*) zero **4.** monogram
~ **clerk** szyfrant
~ **code** kod szyfrowy
~ **key** klucz szyfrowy
~ **telegram** telegram szyfrowy
~ **writing** pismo szyfrowane
in ~ cyfrowo, w liczbach
cipher[2] *v* **1.** szyfrować, pisać szyfrem **2.** liczyć, obliczać
ciphered *adj:* ~ **code** kod szyfrowy
~ **correspondence** szyfrowana korespondencja
~ **writing** pismo szyfrowe
circa *praep łac.* około (*w odniesieniu do daty*)
circle *s* **1.** koło, krąg, obwód **2.** środowisko, sfera
~ **of customers** krąg klientów ⟨odbiorców⟩
business ⟨commercial⟩ ~**s** sfery handlowe
diplomatic ~**s** koła dyplomatyczne
financial ~**s** finansjera
government ~**s** sfery rządowe
political ~**s** sfery polityczne
well-informed ~**s** koła dobrze poinformowane
circuit *s* **1.** okręg, obwód **2.** objazd **3.** okręg objazdowy, rewir **4.** okręg sądowy
~ **court** *a)* am. sąd objazdowy *b)* hist. federalny sąd objazdowy (*do 1912 r.*)
~ **court of appeals** *am.* objazdowy sąd apelacyjny (*federalny sąd II instancji*)
~ **judge** *am.* sędzia objazdowy

~ **justice** *am.* sędzia Sądu Najwyższego przydzielony do określonego okręgu sądowego
circuitous *adj* okrężny, niebezpośredni
~ **carriage of contraband** przewóz kontrabandy ⟨przemytu⟩ okrężną drogą
~ **route** droga ⟨trasa⟩ okrężna
circular[1] *s* okólnik, pismo okólne
to issue ~**s** wydawać pisma okólne
to send out ~**s** rozsyłać pisma okólne
circular[2] *adj* **1.** okrężny **2.** okrągły
~ **cheque** czek okrężny
~ **letter** pismo okólne
~ **letter of credit** akredytywa okrężna
~ **note** *a)* akredytywa okrężna *b)* czek podróżny *c)* prospekt reklamowy
~ **ticket** bilet okrężny
~ **tour** ⟨voyage⟩ trasa okrężna, podróż okrężną trasą
circularize *v* **1.** powiadamiać okólnikiem **2.** rozsyłać okólniki ⟨pisma reklamowe⟩
circulate *v* **1.** krążyć, obiegać **2.** być w obiegu **3.** puszczać w obieg, rozpowszechniać
to ~ **bills** żyrować ⟨indosować⟩ weksle
circulating *adj* **1.** obiegowy **2.** obrotowy **3.** okrężny
~ **assets** środki obrotowe, aktywa płynne
~ **banknotes** banknoty obiegowe
~ **capital** kapitał obrotowy
~ **medium** środek płatniczy
~ **notes** *a)* banknoty obiegowe *b)* am. weksle obiegowe
circulation *s* **1.** krążenie, obieg, cyrkulacja **2.** obrót **3.** nakład **4.** rozpowszechnianie
~ **of the bank** suma emitowanych i będących w obiegu banknotów banku emisyjnego
~ **of banknotes** obieg banknotów
~ **of bills** obrót wekslowy
~ **of capital** obrót kapitału
~ **of commodities** ⟨goods⟩ obrót towarowy
~ **of money** obrót pieniężny
~ **of a newspaper** nakład pisma ⟨gazety⟩
~ **of securities** obrót papierów wartościowych
active ~ banknoty w obiegu
bank of ~ bank żyrowy
bills in ~ weksle w obiegu
bond ~ obieg obligacji
credit ~ obieg banknotów (*bez pokrycia kruszcowego*)
currency ~ obieg pieniądza
"for private ~ **only"** "na prawach rękopisu", do użytku wewnętrznego
in ~ w obiegu
in free ~ w wolnym obrocie
means of ~ środki obiegowe
medium of ~ środek obiegowy
money ~ obieg pieniężny ⟨pieniądza⟩
money in ~ pieniądz w obiegu
newspaper with a wide ~ pismo ⟨gazeta⟩ o wielkim nakładzie
paper ~ obrót weksla
rapidity ⟨velocity⟩ **of** ~ szybkość obiegu
to be in ~ być ⟨znajdować się⟩ w obiegu
to be out of ~ nie być w obiegu, być wycofanym z obiegu
to put into ~ puszczać w obieg, rozpowszechniać
to take out of ⟨withdraw from⟩ ~ wycofać z obiegu
circumduction *s szkoc.* upłynięcie terminu przedłożenia

dokumentów 〈dokonania innych czynności〉 wymaganych w sprawie
~ **of the term** *szkoc.* orzeczenie (*sędziego*) o upłynięciu terminu złożenia dokumentów 〈przedstawienia innych dowodów〉 w sprawie
circumscribe *v* **1.** ograniczać **2.** odgraniczać **3.** określać **4.** opisywać, otaczać
circumscription *s* **1.** ograniczenie **2.** odgraniczenie **3.** określenie **4.** okólny napis na monecie 〈medalu, pieczęci〉 **5.** opisanie
circumspect *adj* ostrożny, przezorny, rozważny
circumspection *s* ostrożność, przezorność, roztropność
circumstance *s* **1.** okoliczność **2.** wydarzenie, wypadek **3.** szczegół **4.** *zob.* circumstances
the ~ that ... fakt, że ...
accidental ~ okoliczność uboczna
with pomp and ~ uroczyście, z pompą
without ~ bez ceremonii, bez żenady
circumstanced *pp adj* sytuowany
to be well 〈poorly〉 ~ znajdować się w dobrych 〈złych〉 warunkach, być w pomyślnej 〈niepomyślnej〉 sytuacji
circumstances *spl* **1.** okoliczności, warunki, sytuacja, stan rzeczy **2.** położenie, stan majątkowy **3.** *zob.* circumstance
~ **beyond control** okoliczności (*od nas*) niezależne
~ **of the case** okoliczności sprawy
~ **of the offence** okoliczności popełnienia przestępstwa
~ **permitting** jeśli warunki pozwolą
accessory ~ dodatkowe okoliczności
according to ~ stosownie do okoliczności
actual 〈factual〉 ~ aktualne okoliczności
adverse ~ okoliczności niesprzyjające
aggravating ~ okoliczności obciążające
attendant ~ okoliczności towarzyszące
collateral ~ okoliczności uboczne 〈dodatkowe〉
concurrence of ~ zbieg okoliczności
extenuating ~ okoliczności łagodzące
incriminating ~ okoliczności obciążające
in easy ~ dobrze sytuowany, (*żyjący*) w dobrych warunkach
in humble 〈reduced, straitened〉 ~ w skromnych warunkach
in 〈under〉 **the** 〈these, present〉 ~ w tych 〈danych〉 warunkach, w tym stanie rzeczy
mitigating ~ okoliczności łagodzące
particular ~ specyficzne warunki
under no ~ w żadnym wypadku, w żadnych okolicznościach, nigdy
urgent ~ sytuacja nagląca (*do działania*)
to be in straitened 〈bad〉 ~ być w trudnych warunkach 〈w biedzie〉
to depend on ~ zależeć od okoliczności
to live in bad 〈good〉 ~ żyć w złych 〈dobrych〉 warunkach
circumstantial *adj* **1.** okolicznościowy, przypadkowy, uboczny, pośredni **2.** szczegółowy, drobiazgowy
~ **evidence** dowody pośrednie, poszlaki
~ **report** 〈story〉 szczegółowy raport, szczegółowe sprawozdanie
circumvent *v* **1.** obejść, oszukać **2.** udaremnić
to ~ **the law** obejść prawo
circumvention *s* obejście
~ **of law** obejście prawa

citation *s* **1.** dopozwanie, wezwanie do udziału w sprawie (*osoby nie będącej stroną*) **2.** cytat, przytoczenie **3.** powołanie się na precedens **4.** zaszczytna wzmianka (*w wojsku*)
~ **of authorities** powołanie się na autorytety (*w postaci precedensów, traktatów, ustaw itp.*)
cite *v* **1.** cytować, przytaczać **2.** pozywać do sądu **3.** *am.* wymieniać w komunikacie urzędowym
to ~ **an authority** powoływać się na autorytet
to ~ **sb before the court** pozywać kogoś do sądu, wezwać kogoś przed sąd
citizen *s* **1.** obywatel **2.** mieszczanin **3.** *am.* cywil
~ **of Europe** obywatel Europy 〈Europejskiej Wspólnoty Gospodarczej〉
~ **of the United Kingdom and Colonies** *hist.* obywatel brytyjski 〈Zjednoczonego Królestwa i Kolonii〉
~ **of the world** obywatel świata, kosmopolita
~'**s arrest** *am.* prawo zatrzymania przestępcy przez cywila z obowiązkiem natychmiastowego przekazania go organom ścigania
born ~ obywatel z racji 〈tytułu〉 urodzenia
fellow ~ współobywatel
honorary ~ honorowy obywatel
naturalized ~ obywatel naturalizowany
citizenly *adj* obywatelski
~ **qualities and virtues** cnoty obywatelskie
citizenry *s* obywatele
citizenship *s* **1.** obywatelstwo **2.** obowiązki i prawa obywatela
~ **papers** dokument 〈dowód〉 (*nadania*) obywatelstwa
dual ~ podwójne obywatelstwo
to deprive sb of ~ pozbawić kogoś obywatelstwa
city *s* **1.** (*wielkie*) miasto **2.** *bryt.* miasto posiadające przywileje królewskie **3.** miasto posiadające samorząd **4.** centrum handlowe, dzielnica handlowa
the City *a*) dzielnica handlowa Londynu *b*) finansjera i sfery handlowe
City article *bryt.* artykuł prasowy z zakresu handlu lub finansów
~ **branch** oddział miejski
~ **budget** budżet miejski
~ **centre** centrum miasta
City Company *bryt.* gildia, cech
~ **corporate** miasto posiadające samorząd
~ **council** rada miejska
~ **court** sąd miejski
City editor *bryt.* redaktor działu ekonomicznego 〈finansowego〉
~ **editor** *am.* redaktor działu miejskiego (*gazety*)
~ **fathers** ojcowie miasta, członkowie rady miejskiej
~ **hall** *am.* ratusz, siedziba władz miejskich
~ **man, City man** *bryt.* finansista, handlowiec
City News *bryt.* dział handlowo-ekonomiczny (*gazety*)
City of London Court sąd londyńskiego City
~ **planning** planowanie miejskie
~ **tax** podatek miejski 〈lokalny〉
~ **zone** strefa miejska
of this ~ miejscowy, lokalny
city-state *s hist.* miasto-państwo, miasto suwerenne
civic *adj* **1.** obywatelski, społeczny **2.** miejski
~ **centre** centrum administracyjne miasta
~ **degradation** pozbawienie praw obywatelskich
~ **duties** obowiązki obywatelskie

~ **education** wychowanie obywatelskie
~ **enterprise** przedsięwzięcie społeczne, akcja społeczna
~ **liberties** swobody obywatelskie
~ **rights** prawa obywatelskie
civic-minded *adj* kierujący się dobrem społecznym, mający na względzie dobro publiczne
civics *s* nauka o prawach i obowiązkach obywatelskich
civil *adj* **1.** obywatelski, społeczny **2.** cywilny **3.** państwowy **4.** świecki **5.** grzeczny, uprzejmy **6.** (*o dniu, roku*) kalendarzowy
~ **action** powództwo cywilne
~ **association** spółka cywilna, spółka według prawa cywilnego
~ **authorities** władze cywilne
~ **aviation** lotnictwo cywilne
~ **bail** poręczenie ⟨kaucja⟩ w procesie cywilnym
~ **case** sprawa cywilna
~ **circulation** obrót cywilny
~ **code** kodeks cywilny
~ **cognation** pokrewieństwo ze strony matki
~ **commotion** rozruchy wewnętrzne (*w państwie*), zamieszki
~ **contempt** niewykonanie polecenia sądu (*nie stanowiące obrazy sądu*)
~ **corporation** spółka cywilna, spółka według prawa cywilnego
~ **court** sąd cywilny ⟨rozpoznający sprawy cywilne⟩
~ **damage** odszkodowanie
~ **day** dzień kalendarzowy
~ **death** śmierć cywilna
~ **defence** obrona cywilna (*zw. przeciwlotnicza*)
Civil Defence Corps Korpus ⟨Oddziały⟩ Obrony Cywilnej
~ **degradation** pozbawienie praw obywatelskich
~ **disobedience** odmowa podporządkowania się prawu (*np. płacenia podatków jako element walki politycznej*)
~ **disorders** zamieszki ⟨rozruchy⟩ wewnętrzne
~ **district** okręg administracyjny
~ **duties** obowiązki obywatelskie
~ **engineering** budownictwo lądowe
~ **fruits** pożytki cywilne (*np. czynsz dzierżawny*)
~ **inferior** niższy urzędnik państwowy ⟨administracji państwowej⟩
~ **injury** ⟨**wrong**⟩ szkoda cywilna (*wyrządzona czynem niedozwolonym*)
~ **interruption** przerwanie biegu przedawnienia
~ **jurisdiction** orzecznictwo cywilne
~ **law** *a*) prawo cywilne *b*) *hist.* prawo rzymskie *c*) prawo świeckie
~ **liability** odpowiedzialność cywilna
~ **liberties** swobody ⟨prawa⟩ obywatelskie
~ **list** *bryt.* lista cywilna (*kwoty przeznaczone na utrzymanie rodziny królewskiej*)
~ **marriage** małżeństwo zawarte przed urzędnikiem stanu cywilnego, ślub cywilny
~ **matters** *a*) sprawy cywilne *b*) stosunki cywilne
~ **obligation** zobowiązanie cywilne; zobowiązanie, którego wykonania można dochodzić w drodze powództwa
~ **offence** czyn niedozwolony, delikt cywilny
~ **office** urząd cywilny (*w odróżnieniu od wojskowego*)

~ **officer** urzędnik państwowy
~ **penalty** kara cywilna
~ **population** ludność cywilna
~ **practice lawyer** cywilista, prawnik – specjalista w sprawach cywilnych
~ **prisoner** więzień cywilny (*zatrzymany w areszcie na mocy orzeczenia sądu cywilnego*)
~ **procedure** ⟨**proceedings**⟩ procedura cywilna, postępowanie cywilne
~ **process** proces cywilny
~ **remedy** środek obrony w procesie cywilnym
~ **responsibility** odpowiedzialność cywilna
~ **rights** prawa obywatelskie
~ **salvage** ratownictwo
~ **servant** urzędnik państwowy ⟨administracji państwowej⟩
the Civil Service państwowa służba cywilna, administracja państwowa
~ **side** część pomieszczeń sądu przeznaczona na sprawy cywilne
~ **state** ⟨**status**⟩ stan cywilny
~ **strife** zamieszki, rozruchy wewnętrzne
~ **suit** proces cywilny, powództwo cywilne
~ **superior** wyższy urzędnik państwowy ⟨administracji państwowej⟩
~ **tribunal** sąd cywilny
~ **war** wojna domowa
~ **year** rok kalendarzowy
civilian[1] *s* **1.** cywil, osoba cywilna **2.** cywilista, prawnik – specjalista w zakresie prawa cywilnego **3.** *pl* **civilians** ludność cywilna
civilian[2] *adj* cywilny
~ **duty** obowiązek cywilny (*określonej pracy*)
~ **employment** zatrudnienie ludności cywilnej
~ **goods** towary przeznaczone dla ludności cywilnej
~ **population** ludność cywilna
in ~ **clothes** po cywilnemu, w stroju cywilnym
in ~ **life** w cywilu, w prywatnym życiu
civiliter mortuus *s łac.* nieżyjący ⟨zmarły⟩ cywilnie ⟨w świetle prawa cywilnego⟩
civilly *adv* cywilnie, w drodze cywilnej
~ **actionable** dochodzony cywilnie, podlegający dochodzeniu w drodze cywilnej
~ **dead** cywilnie martwy ⟨wygasły, nie istniejący⟩
~ **responsible** cywilnie odpowiedzialny, ponoszący odpowiedzialność cywilną
claim[1] *s* **1.** roszczenie, domaganie się, żądanie **2.** skarga, zażalenie, pretensja, reklamacja **3.** działka górnicza, prawo poszukiwań górniczych **4.** twierdzenie, oświadczenie
~ **and delivery** roszczenie o wydanie rzeczy ruchomej i odszkodowanie za straty spowodowane jej zabraniem
~ **barred by prescription** roszczenie przedawnione
~ **bond** zabezpieczenie roszczenia (*przez dłużnika na wniosek wierzyciela*)
~ **commission** komisja dla rozpoznawania wzajemnych pretensji
~ **for compensation** żądanie odszkodowania, powództwo o odszkodowanie
~ **for damages** ⟨**indemnity**⟩ roszczenie odszkodowawcze ⟨o odszkodowanie⟩
~ **for infringement** powództwo o naruszenie praw (*patentowych*)

~ **for liberty** *bryt.* powództwo przeciwko władzy o zwolnienie od obowiązków i ciężarów

~ **form** formularz reklamacyjny

~ **for maintenance** roszczenie alimentacyjne ⟨o dostarczenie środków utrzymania⟩

~ **for patent** roszczenie o wydanie patentu

~ **for payment** roszczenie o zapłatę

~ **for refund** roszczenie o refundowanie ⟨zwrot wyłożonej kwoty⟩

~ **for reimbursement** roszczenie regresowe o zwrot wydatkowanej kwoty

~ **for a relief** żądanie ulg podatkowych

~ **for rent** roszczenie o zapłatę czynszu

~ **for restitution** roszczenie restytucyjne ⟨o przywrócenie stanu poprzedniego⟩

~ **in equity** roszczenie w oparciu o zasady słuszności

~ **in excess** nadmierne ⟨wygórowane⟩ roszczenie

~ **in return** roszczenie wzajemne

~ **letter** reklamacja na piśmie

~ **of cognizance** ⟨conusance⟩ *hist.* interwencja główna (*żądanie osoby trzeciej o przyznanie jej prawa, o które toczy się spór pomiędzy stronami*)

~ **of money** roszczenie pieniężne

~ **of mortgage** roszczenie o ustanowienie hipoteki przymusowej

~ **of ownership** *a)* roszczenie o przyznanie prawa własności *b)* żądanie oparte na prawie własności

~ **of priority** *pat.* roszczenie o przyznanie pierwszeństwa (*patentu*)

~ **of right** *a)* roszczenie o przyznanie prawa *b)* żądanie oparte na przysługującym stronie prawie

~ **of title** roszczenie oparte na tytule własności

~ **on a bill of exchange** roszczenie wekslowe

~ **papers** dokumenty, na których oparte jest roszczenie ⟨reklamacja⟩

~**s agreement** międzynarodowe porozumienie o sposobie regulowania wzajemnych pretensji

~**s book** książka zażaleń ⟨reklamacji⟩

~**s to welfare benefits** prawo do świadczeń socjalnych

~ **under insurance policy** roszczenie ubezpieczeniowe ⟨o odszkodowanie z tytułu ubezpieczenia⟩

accessory ~ roszczenie uboczne

additional ~ roszczenie dodatkowe

admission of a ~ przyznanie roszczenia

alternative ~ roszczenie alternatywne

amount of the ~ wysokość roszczenia, wartość powództwa

assignment of a ~ odstąpienie ⟨cesja, scedowanie⟩ roszczenia

average ~ *ub. mors.* roszczenie awaryjne

basic ~ roszczenie główne ⟨podstawowe, zasadnicze⟩

book ~ wierzytelność książkowa

counter ⟨cross⟩ ~ roszczenie wzajemne

enforceable ~ roszczenie zaskarżalne

exaggerated ⟨excessive⟩ ~ roszczenie nadmierne ⟨wygórowane⟩

extinction of a ~ wygaśnięcie roszczenia

false ~ roszczenie nieuzasadnione ⟨oszukańcze⟩

founded ~ roszczenie uzasadnione, reklamacja zasadna

insurance ~ roszczenie ubezpieczeniowe ⟨ z tytułu ubezpieczenia⟩

legal ~ **to sth** tytuł prawny do czegoś

legitimate ~ roszczenie prawnie uzasadnione

money ~ roszczenie pieniężne

mutual ~**s** roszczenia wzajemne

offsetting of ~**s** potrącenie roszczenia wzajemnego

patent ~ roszczenie o wydanie patentu

pecuniary ~ roszczenie majątkowe ⟨pieniężne⟩

personal ~ roszczenie osobiste

preferential ⟨**preferred**⟩ ~ roszczenie uprzywilejowane

preventive ~ roszczenie zapobiegawcze

principal ~ reklamacja główna

prior ~ roszczenie wzajemne

privileged ~ roszczenie uprzywilejowane

real ~ roszczenie rzeczowe ⟨w odniesieniu do rzeczy⟩

salary ~ roszczenie o płacę ⟨wynagrodzenie za pracę⟩

secondary ~ roszczenie uboczne ⟨dodatkowe⟩

territorial ~ roszczenie ⟨żądanie⟩ terytorialne

unfounded ~ roszczenie nieuzasadnione, reklamacja nieuzasadniona

wage ~**s** roszczenia dotyczące płacy ⟨wynagrodzenia za pracę⟩

to abandon a ~ zrzec się roszczenia

to acknowledge a ~ uznać roszczenie

to adhere to a ~ obstawać przy roszczeniu

to admit a ~ przyznać roszczenie

to advance a ~ zgłaszać roszczenie (**to sth** o coś)

to allow a ~ przyznać roszczenie

to answer a ~ odpowiedzieć na roszczenie, spełnić żądanie

to assert a ~ wystąpić z roszczeniem, zgłosić roszczenie

to contest a ~ nie przyznać roszczenia

to discharge a ~ zaspokoić roszczenie

to dispute a ~ zakwestionować roszczenie, nie uznać roszczenia

to drop a ~ zaniechać dochodzenia ⟨zrzec się⟩ roszczenia

to enforce a ~ dochodzić sądownie roszczenia

to establish one's ~ uzasadnić swoje roszczenie

to forfeit a ~ utracić roszczenie ⟨prawo do dochodzenia roszczenia⟩

to give up a ~ zrzec się roszczenia

to lay ~ **to sth** rościć sobie prawo do czegoś

to lodge a ~ **against sb** zgłaszać roszczenie przeciw komuś

to maintain one's ~ podtrzymywać roszczenie

to make a ~ **against** ⟨**on**⟩ **sb for sth** zgłaszać roszczenie o coś przeciwko komuś

to meet a ~ uregulować pretensje, zaspokoić żądania

to prove one's ~ udowodnić roszczenie

to put in a ~ **for sth** rościć sobie pretensje ⟨prawo⟩ do czegoś

to raise ~**s** zgłaszać roszczenia

to reduce a ~ obniżać roszczenie

to refuse a ~ odmówić żądaniu, odrzucić roszczenie ⟨reklamację⟩

to reject a ~ odrzucić roszczenie ⟨reklamację⟩

to relinquish ⟨**satisfy**⟩ **a** ~ zaspokoić roszczenie, uwzględnić reklamację

to renounce ⟨**waive**⟩ **a** ~ zrzec się roszczenia ⟨reklamacji⟩

to withdraw one's ~**s** wycofać roszczenia, zrzec się roszczeń

claim[2] *v* **1.** żądać, domagać się (**sth** czegoś) **2.** rościć sobie prawo (**sth** do czegoś), zgłaszać pretensje ⟨roszczenie⟩ (**sth** do czegoś) **3.** twierdzić, utrzymywać **4.** pretendować (**sth** do czegoś)
to ~ **against** ⟨on⟩ **a person** wnieść roszczenie przeciwko komuś
to ~ **the amount of ...** żądać sumy ⟨kwoty⟩ ...
to ~ **back** żądać zwrotu
to ~ **to be heir** twierdzić, że jest się spadkobiercą, występować jako spadkobierca
to ~ **damages** żądać odszkodowania
to ~ **default** dochodzić roszczeń z tytułu niewykonania umowy
to ~ **one's due** żądać tego, co się (*komuś*) należy
to ~ **payment** żądać zapłaty
to ~ **price** żądać ceny
to ~ **priority** domagać się pierwszeństwa
to ~ **a right to sth** domagać się prawa do czegoś, rościć sobie do czegoś prawo
to ~ **sickness benefits** domagać się zasiłku chorobowego
claimable *adj* **1.** wymagalny **2.** zaskarżalny
claimant *s* **1.** pretendent **2.** zgłaszający reklamację **3.** roszczący sobie prawo
~ **for a patent** wnioskodawca patentowy
~ **to an inheritance** pretendent ⟨osoba roszcząca sobie prawo⟩ do spadku
rightful ~ występujący z prawnie uzasadnionym roszczeniem
claimed *pp*: **if not** ~ **by the buyer** w razie niezgłoszenia się nabywcy (*po odbiór towaru*)
clan *s* **1.** *szkoc.* klan, ród **2.** klika
clannish *adj* klanowy
clansman *s* członek klanu
clandestine *adj* **1.** skryty, potajemny, tajny **2.** pokątny, nielegalny
~ **agreement** tajne porozumienie
~ **education** tajne nauczanie
~ **marriage** potajemne małżeństwo
~ **meeting** tajne zgromadzenie, nielegalne zebranie
~ **movement of capital** ukryty ruch kapitału
~ **printing** tajne drukowanie
~ **trade** pokątny handel
~ **work** nielegalne zatrudnienie
clarification *s* **1.** czyszczenie ⟨klarowanie⟩ (*płynu*) **2.** wyjaśnienie, objaśnienie
clarify *v* **1.** czyścić, oczyszczać ⟨klarować⟩ (*płyn*) **2.** wyjaśniać
to ~ **a misunderstanding** wyjaśnić nieporozumienie
to ~ **the problem** wyjaśnić problem
clarity *s* **1.** czystość, klarowność (*płynu*) **2.** jasność, przejrzystość (*sformułowania*)
lack of ~ brak jasności
clash[1] *s* **1.** zderzenie, kolizja **2.** sprzeczność, rozbieżność, konflikt **3.** starcie, utarczka
~ **of interests** sprzeczność interesów
~ **of opinions** niezgodność poglądów
clash[2] *v* **1.** zderzyć się (**into** ⟨against⟩ **sb, sth** z kimś, czymś) **2.** kolidować ze sobą, wchodzić w kolizję ⟨konflikt⟩
class[1] *s* **1.** klasa, kategoria, grupa, gatunek **2.** kurs, lekcja, wykład **3.** rocznik (*np. wojskowy, szkolny*)
~ **action** grupowy pozew, grupowe powództwo
~ **character** charakter klasowy
~ **consciousness** świadomość klasowa

~ **distinctions** różnice klasowe
~ **feeling** poczucie klasowe
~ **interval** *stat.* przedział klasowy
~ **libel** zniesławienie grupy osób
~ **of commodities** kategoria towarów
~ **of goods** grupa towarów
~ **of the ship** klasa statku (*przyznawana przez towarzystwo klasyfikacyjne*)
~ **rate** stawka frachtowa ⟨klasowa⟩ (*w taryfie liniowej odnosząca się do pewnej grupy towarów*)
~ **society** społeczeństwo klasowe
~ **struggle** ⟨warfare⟩ walka klas ⟨klasowa⟩
economy ~ klasa ekonomiczna ⟨turystyczna⟩ (*w samolocie*)
first ~ pierwsza klasa, najwyższy gatunek
governing ~ **es** klasy rządzące, warstwy panujące
higher ~ **es** klasy wyższe
landed ~ **es** klasa ziemiańska ⟨posiadaczy ziemskich⟩
lower ~ **es** klasy niższe, proletariat
middle ~ **es** klasy średnie
no ~ *pot.* kiepski, marny
ruling ~ klasa ⟨warstwa⟩ rządząca ⟨panująca⟩
social ~ klasa społeczna
tourist ~ klasa turystyczna
upper ~ **es** klasy wyższe ⟨posiadające⟩
working ~ klasa pracująca
to assign a ~ **to sth** klasyfikować coś, zaliczać coś do klasy
to belong to a ~ należeć do jakiejś klasy
to fall into the ~ być zaliczonym do grupy ⟨klasy⟩
to travel first ⟨second⟩ ~ podróżować pierwszą ⟨drugą⟩ klasą
class[2] *v* **1.** klasyfikować, zaliczać do klasy **2.** nadawać klasę (*statkowi*)
to ~ **a ship** zaliczyć statek do jednej z klas rejestru statków
classed *pp adj* zaliczony, klasyfikowany
~ **among ...** zaliczony ⟨zaklasyfikowany⟩ do ...
classification *s* **1.** klasyfikacja, klasyfikowanie **2.** nadawanie klasy (*np. statkowi*)
~ **certificate** świadectwo klasyfikacyjne ⟨świadectwo klasy⟩ (*statku*)
~ **clause** klauzula o klasie statku (*uzależnia ważność ubezpieczenia i wysokość składek od posiadanej przez statek odpowiedniej klasy*)
~ **of documents** klasyfikacja dokumentów
~ **register** rejestr klasyfikacyjny statków (*prowadzony przez towarzystwo klasyfikacyjne Lloyda*)
~ **society** towarzystwo klasyfikacyjne, instytucja klasyfikacyjna (*statków*)
criterion of ~ kryterium podziału ⟨klasyfikacji⟩
decimal ~ klasyfikacja dziesiętna
job ~ klasyfikacja rodzaju pracy
occupational ~ klasyfikacja według zawodów
standard ~ klasyfikacja ⟨nomenklatura⟩ standardowa
Standard International Trade Classification międzynarodowa standardowa nomenklatura towarów
classified *adj* **1.** zaklasyfikowany **2.** poufny, tajny
~ **advertisement** drobne ogłoszenia
~ **information** tajne informacje ⟨dane⟩
~ **publication** publikacja do użytku służbowego
~ **tariff** taryfa klasowa
classifier *s* **1.** klasyfikator (*urządzenie do sortowania*) **2.** pracownik sortujący, sortownik

classify *v* klasyfikować
classifying *s* sortowanie, klasyfikowanie
classless *adj* bezklasowy
~ **society** społeczeństwo bezklasowe
clause *s* 1. klauzula, warunek, przepis 2. paragraf, punkt (*umowy*)
~ **forbidding competition** klauzula konkurencyjna ⟨zabraniająca konkurencji⟩
~ **in a contract** punkt ⟨przepis⟩ umowy
~ **irritant** *szkoc.* klauzula o nieważności wszelkich czynności prawnych dzierżawcy sprzecznych z warunkami zawartymi w dokumencie dzierżawy
~ **of accrual** ⟨**accruer**⟩ klauzula o przyroście udziału w spadku (*w wypadku śmierci jednego ze współspad-kobierców na rzecz pozostałych*)
~ **of a contract** punkt ⟨paragraf⟩ umowy
~ **of warranty** klauzula gwarancyjna
~ **of a will** klauzula testamentowa ⟨testamentu⟩
abandonment ~ *ub. mors.* klauzula abandonowa
abatement ~ klauzula o rabacie
additional ~ klauzula dodatkowa
afloat ~ klauzula dostatecznej wody (*dla statku w porcie*)
agency ~ klauzula o wyznaczeniu maklera klarują-cego statek
appraisal ~ klauzula o oszacowaniu szkody objętej ubezpieczeniem
arbitration ~ klauzula arbitrażowa
assignment ~ klauzula o przelewie praw
attestation ~ klauzula atestacyjna
average ~ *a)* klauzula awaryjna konosamentu ⟨czar-teru⟩ *b)* *ub. mors.* klauzula ustalająca odpowiedzial-ność ubezpieczyciela za awarię
avoidance ~ klauzula o odstąpieniu od umowy
bailee ~ klauzula zwalniająca ubezpieczyciela od odpowiedzialności za szkody powstałe w czasie prze-chowywania towaru na składzie
banking ~ klauzula bankowa ⟨o kosztach banko-wych⟩
barring ~ klauzula wyłączeniowa
bill of lading ~ klauzula o sposobie wystawiania konosamentów
bonded value ~ klauzula o wartości wolnocłowej (*towaru*)
both-to-blame collision ~ klauzula o obopólnie zawinionym zderzeniu (*statków*)
breakdown ~ klauzula o przerwach awaryjnych (*np. w czarterze na czas*)
break up ~ *ub. mors.* klauzula straty konstruktyw-nej
brokerage ~ klauzula o prowizji maklerskiej
bunker ~ klauzula bunkrowa (*dotycząca paliwa*)
cancellation ⟨**cancelling**⟩ ~ *a)* klauzula o rozwiązaniu umowy ⟨prawie odstąpienia od umowy⟩ *b)* klauzula o anulowaniu umowy czarterowej (*w razie nieprzyby-cia statku w oznaczonym terminie*)
cesser ~ klauzula o ustaniu odpowiedzialności frachtującego z chwilą załadowania towaru na sta-tek
charges ~ klauzula o podziale kosztów ⟨opłat porto-wych⟩ między stronami
charter-party ~ *a)* klauzula czarteru *b)* klauzula konosamentu powołująca się na czarter
classification ~ klauzula ubezpieczenia o klasie statku

clearance ~ klauzula o wyznaczeniu maklera klaru-jącego
collision ~ *ub. mors.* klauzula kolizyjna ⟨o szkodach zderzeniowych⟩
congestion ~ klauzula o kongestii ⟨przepełnieniu⟩ portu
consignment ~ klauzula o wyznaczeniu maklera klarującego
contact ~ klauzula kontaktowa ubezpieczenia
continuation ~ klauzula kontynuacyjna ⟨o przedłu-żeniu⟩ (*ważności umowy, polisy itp.*)
contract ~ klauzula umowy
currency ~ klauzula walutowa ⟨waloryzacyjna⟩
customary ~ klauzula zwyczajowa
deficiency ~ klauzula braków
delivery ~ klauzula o przekazaniu statku
demurrage ~ klauzula przestojowa ⟨o opłatach za przestój⟩ (*statku*)
depreciation ~ klauzula deprecjacyjna
derogatory ~ klauzula derogacyjna (*uchylająca inne przepisy ustawy*)
determination ~ klauzula o terminie wygaśnięcia umowy
devaluation ~ klauzula dewaluacyjna
deviation ~ klauzula dewiacyjna (*wyłączająca odpo-wiedzialność armatora za uzasadnione zboczenie z drogi*)
disbursement ~ klauzula wydatków
dispatch ~ klauzula o premii za pośpiech
disposal ~ klauzula o przekazaniu statku
docking ~ klauzula dokowania
dual valuation ~ klauzula podwójnej wyceny (*stat-ku*)
employment ~ klauzula zatrudnienia
enacting ~ klauzula końcowa ustawy
enforcement ~ klauzula wykonalności wyroku
escalation ⟨**escalator**⟩ ~ klauzula o ruchomych cenach
escape ~ klauzula zwalniająca od zobowiązania (*w określonych warunkach*)
excepted perils ~ klauzula niebezpieczeństw wyłą-czonych
excess ~ *ub. mors.* klauzula ubezpieczenia z nad-wyżką (*ubezpieczyciel zwraca tylko część straty prze-kraczającej franszyzę*)
exchange ~ klauzula walutowa ⟨waloryzacyjna, kur-sowa⟩
exemption ⟨**exoneration**⟩ ~ *a)* klauzula egzonera-cyjna (*wyłączająca odpowiedzialność*) *b)* klauzula niebezpieczeństw wyłączonych
expiration ~ klauzula ekspiracyjna (*o przedłużeniu polisy, jeśli statek w chwili jej wygaśnięcia znajduje się na morzu*)
extended cover ~ klauzula o rozszerzonym ubezpie-czeniu
fire ~ *ub. mors.* klauzula pożarowa
flag ~ klauzula o właściwości prawa bandery (*odpo-wiedzialność przewoźnika regulują przepisy kraju bandery statku*)
floating ~ klauzula ,,wystarczającej ⟨dostatecznej⟩ wody"
franchise ~ *ub. mors.* klauzula franszyzowa
free alongside ~ klauzula o dostawie towaru franko wzdłuż burty statku
freight ~ klauzula frachtowa

frustration ~ klauzula frustracyjna (*na wypadek, gdy umowa staje się bezprzedmiotowa*)

general average ~ klauzula o rozliczeniu awarii wspólnej

General Paramount Clause klauzula o podporządkowaniu konosamentu Konwencji Brukselskiej 〈Regułom Haskim〉

gold ~ klauzula złota 〈płatności w złocie〉

gold-bullion ~ klauzula o płatności w sztabkach złota

gold-coin ~ klauzula o płatności w złotych monetach

gold-value ~ klauzula o płatności w równowartości złota

hire and payment ~ klauzula frachtowa

ice ~ klauzula lodowa 〈o skutkach zalodzenia〉 w konosamencie 〈czarterze〉 (*regulująca przypadki przeszkód w przewozie spowodowane lodami*)

Inchmaree ~ *ubezp.* klauzula Inchmaree (*o pokryciu strat spowodowanych ukrytymi wadami w korpusie lub maszynach statku*)

indemnity ~ *a*) klauzula o odszkodowaniu *b*) klauzula o karze umownej

Institute Cargo Clauses (*skr.* **I.C.C.**) „Instytutowe" warunki ubezpieczenia ładunków morskich

Institute Clauses (*skr.* **I. C.**) „Instytutowe" warunki ubezpieczeniowe (*zrzeszenia ubezpieczycieli w Londynie*)

Institute Clauses, Hulls „Instytutowe" warunki ubezpieczenia kadłubów

Institute Freight Clauses „Instytutowe" warunki ubezpieczenia frachtu

Institute Theft, Pilferage and Non-Delivery Clauses „Instytutowe" warunki ubezpieczenia od kradzieży, częściowej kradzieży i niedostarczenia (*towaru*)

Institute Time Clauses „Instytutowe" warunki ubezpieczenia na czas

Institute Voyage Clauses „Instytutowe" warunki ubezpieczenia na podróż

insurance ~ klauzula ubezpieczeniowa

Jason Clause klauzula Jasona (*o awarii wspólnej zawinionej przez członka załogi statku*)

jurisdiction ~ klauzula jurysdykcyjna (*o właściwości sądu*)

label ~ klauzula o odpowiedzialności ubezpieczyciela za uszkodzenie nalepek 〈etykiet, przywieszek〉

launching ~ klauzula wodowania (*określająca ubezpieczenie ryzyka wodowania statku*)

liberties ~ klauzula o prawie przewoźnika do zmiany (*portu wyładunku, trasy przewozu itp.*)

lien ~ klauzula o prawie zastawu (*na ładunku*)

lighterage ~ klauzula czarteru o lichtowaniu 〈wyładunku na lichtugi〉

location ~ klauzula o zmniejszeniu odpowiedzialności ubezpieczyciela w przypadku umieszczenia ubezpieczonych towarów w jednym miejscu

London Clause klauzula londyńska (*o prawie przewoźnika do wyładowania ładunku natychmiast po przybyciu statku do portu*)

lost or not lost ~ klauzula o należności za fracht niezależnie od tego, czy statek lub towar został następnie utracony czy nie

memorandum ~ klauzula memorandowa (*wyłączająca odpowiedzialność ubezpieczyciela za straty niższe od franszyzy*)

misconduct ~ klauzula o obowiązku zmiany załogi przez armatora na żądanie czarterującego

mortality ~ klauzula konosamentu o padnięciu przewożonych zwierząt

most-favoured-nation ~ klauzula największego uprzywilejowania

negligence ~ klauzula ekskulpacyjna (*zwalniająca armatora od odpowiedzialności za szkody powstałe z winy kapitana lub załogi statku*)

net value ~ klauzula wartości netto (*przy ustalaniu wysokości szkody*)

non-cumulative ~ klauzula franszyzy niekumulowanej 〈o nie kumulowaniu strat powstałych w czasie różnych podróży〉

notice of claim ~ klauzula o odpowiedzialności ubezpieczyciela od momentu otrzymania zawiadomienia o utracie ładunku

object ~ klauzula określająca cel przedsiębiorstwa (*spółki itp.*)

off-hire ~ klauzula o przerwach najmu (*statku*)

optional cargo ~ klauzula czarteru o ładunku opcyjnym (*o prawie zamiany lub wyboru ładunku*)

overside delivery ~ klauzula o prawie odbioru przesyłki pod burtą statku (*np. na lichtugę*)

Paramount Clause klauzula Paramount 〈nadrzędności〉 (*podporządkowująca konosament lub umowę przewozu zasadom Konwencji Brukselskiej z 1924 r.*)

parity ~ klauzula parytetowa

penalty ~ klauzula o karze umownej

penalty for non-fulfilment ~ klauzula o karze konwencjonalnej za niewykonanie umowy

perils of the sea ~ klauzula ryzyka wynikającego z niebezpieczeństw morskich

policy proof of interest ~ klauzula o honorowaniu polisy ubezpieczenia jako wystarczającego dowodu ubezpieczenia towaru

preamble ~ klauzula wstępna 〈preambuła〉 (*umowy*)

price fluctuation ~ klauzula o uwzględnieniu fluktuacji cen

prolongation ~ klauzula prolongacyjna (*o przedłużeniu umowy*)

protective ~ klauzula ochronna (*ograniczająca odpowiedzialność przewoźnika*)

reciprocity ~ klauzula wzajemności

Red Clause klauzula „czerwona" (*upoważniająca negocjujący bank do wypłaty na rzecz beneficjenta przed złożeniem dokumentów ładunkowych*)

redelivery ~ klauzula o zwrotnym przekazaniu statku armatorowi przez czarterującego

resolutive ~ klauzula rozwiązująca

restrictive ~ klauzula restrykcyjna (*np. w konosamencie o złym stanie przesyłki*)

rise and fall ~ klauzula o podwyższeniu lub obniżeniu ceny

salvage ~ klauzula ratownicza

saving ~ klauzula restrykcyjna

skimming picking ~ klauzula segregacyjna (*o pokryciu przez ubezpieczyciela kosztów oddzielenia towaru uszkodzonego od nie uszkodzonego*)

skimming(s) ~ klauzula dotycząca kosztów przebrania towaru w razie zepsucia (*kawy, kakao*)

sister(-)ship ~ klauzula ubezpieczenia o statkach siostrzanych (*należących do tego samego armatora*)

standard ~ klauzula standardowa
strike ~ klauzula strajkowa
strike, riot and civil commotion ~ klauzula dotycząca ryzyka strajku, rozruchów i zaburzeń wewnętrznych
subrogation ~ klauzula subrogacyjna (*o przejściu praw ubezpieczającego na ubezpieczyciela po wypłacie ubezpieczenia*)
substitution ~ klauzula substytucyjna (*upoważniająca czarterującego do podstawienia statku zastępczego*)
sue and labour ~ klauzula ubezpieczeniowa o kosztach poniesionych w celu zmniejszenia straty
Tale Quale ~, **Tel Quel** (*skr.* **T.Q.**) ~ klauzula o braku odpowiedzialności sprzedawcy za jakość towaru w chwili przybycia do portu przeznaczenia, jeśli towar był w dobrym stanie w chwili załadowania (*zwłaszcza w handlu zbożem*)
tender ~ klauzula przetargowa ubezpieczenia
trade ~ klauzula czarteru określająca zasięg pływania statku
transshipment ~ klauzula o przeładowaniu towaru na inny statek
usual ~ klauzula zwyczajowa (zwyczajowo stosowana)
valuation ~ klauzula wyceny (*ubezpieczenia*)
war ~ *ub. mors.* klauzula o ryzyku wojny
warehouse-to-warehouse ~ klauzula ubezpieczeniowa „od składu do składu"
winch ~ klauzula windowa (o używaniu wind)
written ~ klauzula dopisana ręcznie
to add a ~ **to a contract** dodać (dołączyć) klauzulę do kontraktu
to insert (**include, put**) **a** ~ **into a contract** wstawić klauzulę do umowy, umieścić klauzulę w umowie
claused *pp adj* zawierający zastrzeżenie (klauzulę), zaklauzulowany
  ~ **bill of exchange** weksel zawierający zastrzeżenia
  ~ **bill of lading** konosament zaklauzulowany (nieczysty, z zastrzeżeniami)
clausula rebus sic stantibus *łac.* klauzula dotycząca nie zmieniającego się stanu rzeczy
clean *adj* 1. czysty, bez domieszek 2. prawidłowy, bez zastrzeżeń, wolny od braków 3. całkowity, zupełny 4. przyzwoity
  ~ **acceptance** bezwarunkowe przyjęcie weksla trasowanego
  ~ **bill** weksel finansowy
  ~ **bill of exchange** weksel trasowany bezdokumentowy
  ~ **bill of health** świadectwo sanitarne (zdrowia) bez zastrzeżeń
  ~ **bill of lading** konosament czysty (bez zastrzeżeń)
  ~ **cargo** ładunek czysty
  ~ **collection** inkaso bezdokumentowe (zwykłe)
  ~ **copy** czystopis
  ~ **credit** a) kredyt in blanco bez zabezpieczenia b) akredytywa bezdokumentowa
  ~ **draft** trata bezdokumentowa
  ~ **hands doctrine** zasada czystych rąk (*osoby udającej się do sądu opartego na zasadzie słuszności* **equity courts**)
  ~ **harbour** port wolny od przeszkód (*raf, skał itp.*)
  ~ **letter of credit** akredytywa czysta (bezdokumentowa)

  ~ **life** (**living**) uczciwe życie
  ~ (**mate's**) **receipt** czysty kwit sternika
  ~ **payment** wypłata bezdokumentowa (zwykła)
  ~ **policy** czysta polisa, polisa bez zastrzeżeń
  ~ **sheet** (**slate**) czysty rejestr
to have a ~ **record** mieć dobrą opinię (reputację)
to make a ~ **breast of sth** przyznać się do czegoś
clean-handed *adj* czysty, uczciwy, bez zarzutu
clear[1] *adj* 1. (*o płynie, substancji*) czysty, klarowny 2. wyraźny, bezsporny 3. wolny (**of sth** od czegoś) 4. (*o zysku*) czysty, netto 5. pełny, cały
  ~ **and convincing proof** wyraźny i przekonywający dowód
  ~ **after debts paid** po odliczeniu (potrąceniu) długów
  ~ **berth** wolna przestrzeń wodna dokoła zakotwiczonego statku
  ~ **conscience** czyste sumienie
  ~ **days** czyste (pełne) dni (*po odliczeniu dnia rozpoczęcia i zakończenia okresu*)
  ~ **estate** (**property**) czysty (nie obciążony długami) majątek
  ~ **income** czysty dochód, dochód netto
  ~ **indication** wyraźna wskazówka
  ~ **loss** czysta strata, strata netto
  ~ **majority** bezsporna (wyraźna) większość
  ~ **of charges** wolny od opłat
  ~ **of debts** wolny od długów
  ~ **profit** czysty zysk, zysk netto
  ~ **title** bezsporny tytuł (*własności*)
  ~ **value** czysta wartość (*po odliczeniu długów*)
the market is ~ **of goods** rynek jest pozbawiony towarów
clear[2] *adv* 1. jasno, wyraźnie 2. całkowicie
to keep ~ trzymać się z dala (**of sth** od czegoś)
to stand ~ stać na uboczu
clear[3] *v* 1. oczyszczać (się) 2. wyjaśniać (się) 3. opróżniać (się), wypróżniać (się) 4. uwalniać (*od długu*), regulować, spłacać, uiszczać 5. dokonywać odprawy celnej, uiszczać cło, klarować (*statek*) 6. wyprzedawać (*towar*) 7. zarabiać na czysto 8. rozliczać się, dokonywać kliringu 9. *zob.* **clear off, out, up**
to ~ **a cheque** rozliczyć czek
to ~ **the court** opróżnić salę rozpraw z publiczności, usunąć publiczność z sali rozpraw
to ~ **a debt** uregulować dług, uwolnić się od długu
to ~ **expenses** pokryć wydatki
to ~ **goods** a) sprzedać (wyprzedać) towar b) odprawić towar na cle, oclić towar
to ~ **goods through customs** odprawić towar na cle, oclić towar
to ~ **land** oczyścić teren (*pod uprawę, zabudowę*)
to ~ (**oneself**) **from a debt** uwolnić (się) od długu
to ~ (**oneself**) **of an accusation** uwolnić (oczyścić) (się) od oskarżenia
to ~ (**oneself**) **of a suspicion** uwolnić (się) od podejrzenia
to ~ **a property** uwolnić nieruchomość od obciążeń
to ~ **the ship inward(s)** (**outward(s)**) dokonać odprawy celnej statku (wyklarować statek) na wejściu (wyjściu)
to ~ **the stock** pozbyć się towaru, wyprzedać towar
to ~ **through the customs** oclić, dokonać odprawy celnej

the firm ~ ed $1,000 firma zarobiła na czysto tysiąc dolarów

clearance s 1. oczyszczenie 2. rozliczenie, obrachunek 3. odprawa celna, klarowanie (*statku*) 4. świadectwo odprawy celnej ⟨klarowania statku⟩ 5. *lotn.* zezwolenie (*wieży kontrolnej*) na start ⟨lądowanie⟩
~ **bill** kwit celny
~ **card** a) świadectwo klarowania ⟨odprawy celnej⟩ b) świadectwo pracy
~ **certificate** zaświadczenie klarowania (*statku*)
~ **charges** a) koszty klarowania b) opłaty celne
~ **clause** klauzula czarterowa o wyznaczeniu maklera klarującego
~ **inward(s)** klarowanie statku na wejściu
~ **label** zaświadczenie klarowania (*statku lub ładunku*)
~ **note** zaświadczenie klarowania (*statku*)
~ **of payment** rozliczenie płatności
~ **order** polecenie opuszczenia domu (*nie nadającego się do zamieszkiwania*)
~ **outward(s)** klarowanie statku na wyjściu
~ **papers** dokumenty odprawy celnej
~ **sale** wyprzedaż (*likwidacyjna*)
~ **through the customs** odprawa celna
customs formalities ~ załatwianie formalności celnych
multilateral ~ wielostronne uregulowanie ⟨rozliczenie⟩ płatności
to effect ~ dokonać odprawy celnej
to enter for customs ~ zgłaszać się do odprawy celnej

cleared *adj* oclony
~ **goods** towary, które przeszły przez odprawę celną
clearing s 1. obrachunek, rozrachunek, kliring (*system rozliczeń międzynarodowych lub bankowych rozliczeń bezgotówkowych*) 2. oczyszczanie 3. wyjaśnianie 4. uwalnianie 5. odprawa celna, uiszczanie cła, klarowanie (*statku*) 6. wyprzedaż
~ **account** konto kliringowe
~ **advances** zaliczki kliringowe
~ **agent** agent celny, makler klarujący
~ **agreement** umowa kliringowa, układ płatniczy oparty na zasadach rozrachunku
~ **balance** saldo rozrachunkowe
~ **bank** bank kliringowy (*należący do izby rozrachunkowej*)
~ **bill** świadectwo odprawy celnej (*statku*)
~ **business** kliring, rozrachunki
~ **certificate** świadectwo odprawy celnej
~ **charges** koszty odprawy celnej
~ **debts** zadłużenie kliringowe
~ **fund** fundusz rozliczeniowy
~ **of accounts** rozliczenie
~ **office** izba rozrachunkowa, urząd rozrachunkowy
~ **of goods** wyprzedaż towarów
~ **rate** kurs kliringowy ⟨rozrachunkowy⟩
~ **sale** a) wyprzedaż b) wyprzedaż likwidacyjna
~ **system** system kliringowy
~ **transaction** transakcja kliringowa ⟨rozrachunkowa⟩
bank ~ s rozliczenia bankowe
bilateral ~ kliring dwustronny
compulsory ~ kliring jednostronny ⟨przymusowy⟩
country ~ kliring wewnętrzny ⟨krajowy⟩

Country Cheque Clearing *bryt.* bezgotówkowe rozliczenia między prowincjonalnymi bankami
exchange ~ kliring dewizowy
interbank ~ kliring międzybankowy
(the) London Bankers' Clearing House Londyńska Izba Rozrachunkowa
London Clearing Banks banki należące do Londyńskiej Izby Rozrachunkowej
Metropolitan Clearing *bryt.* rozliczenia bezgotówkowe między londyńskimi filiami banków kliringowych
multilateral ~ kliring wielostronny
through ~ drogą kliringu
Town Clearing *bryt.* rozliczenia bezgotówkowe pomiędzy bankami kliringowymi londyńskiej City
unilateral ~ kliring jednostronny ⟨przymusowy⟩

clearing-house s 1. izba rozrachunkowa 2. agencja informacyjna, *przen.* bank informacji
clearly *adv* jasno, wyraźnie
~ **defined** jasno ⟨wyraźnie⟩ określony ⟨zdefiniowany⟩
clearness s jasność, czystość
clear off v 1. spłacać 2. wyprzedawać, pozbywać się
to ~ **debts** wyrównać długi
to ~ **goods** pozbywać się towaru (*po niskiej cenie*)
to ~ **one's stock** pozbywać się zapasów
clear out v 1. opróżniać 2. ogołacać (*z pieniędzy*)
clear up v 1. wyjaśniać 2. porządkować
to ~ **a matter** wyjaśnić sprawę
to ~ **a misunderstanding** wyjaśnić nieporozumienie
clemency s 1. łaska, miłosierdzie 2. łagodność
act of ~ akt łaski
plea for ~ prośba o łaskę
clergy s kler, duchowieństwo
benefit of ~ *hist.* przywilej duchowny ⟨duchowieństwa⟩ (*niepodleganie sądom świeckim*)
clergyable *adj:* ~ **crime** przestępstwo, na które rozciąga się przywilej duchowieństwa
clergyman s duchowny, ksiądz
clerical *adj* 1. duchowny 2. biurowy, kancelaryjny
~ **error** ⟨**mistake**⟩ błąd kancelaryjny ⟨pisarski, maszynowy⟩
~ **personnel** ⟨**staff**⟩ personel biurowy ⟨kancelaryjny⟩
~ **work** praca biurowa ⟨kancelaryjna⟩
~ **worker** urzędnik biurowy, pracownik kancelaryjny
clerk s 1. urzędnik, kancelista, pracownik biurowy 2. *am.* sprzedawca, ekspedient sklepowy
~ **in holy orders** wyświęcony duchowny
~ **of arraigns** pomocnik sekretarza na sesji wyjazdowej sądu przysięgłych
~ **of assize** sekretarz sesji wyjazdowej sądu przysięgłych
~ **of court** sekretarz sądu
Clerk of the House of Commons sekretarz Izby Gmin (*mianowany dożywotnio przez Koronę*)
~ **of the Parliament** sekretarz Izby Lordów
~ **of the peace** sekretarz sądu pokoju
~ **of the seats** sekretarz wydziału Sądu Najwyższego
~ **of the table** doradca spikera Izby Gmin w sprawach procedularnych
~ **of the works** kierownik robót budowlanych

~s of Records and Writs urzędnicy Sądu Najwyższego **(Chancery)**
articled ~ pomocnik adwokata, aplikant adwokacki
authorized ~ prokurent
bank ~ urzędnik bankowy
billing ~ fakturzysta
booking ~ a) pracownik załatwiający rezerwację b) (*w kasie biletowej*) kasjer
cargo sheet ~ *am.* urzędnik nadzorujący z ramienia spedytora załadunek i wyładunek statku
chief ⟨**head, managing, principal**⟩ ~ kierownik biura
confidential ~ prokurent
counter ~ urzędnik w okienku ⟨urzędujący przy okienku⟩
customs ~ a) urzędnik celny b) pracownik przedsiębiorstwa załatwiającego sprawy celne
invoice ~ fakturzysta
junior ~ młodszy ⟨niższy⟩ urzędnik
notary's ~ urzędnik notariatu
office ~ pracownik biurowy
post office ~ urzędnik pocztowy
recording ~ protokolant
records ~ urzędnik archiwum
signing ~ prokurent
town ~ urzędnik miejski
travelling ~ komiwojażer
treasury ~ urzędnik skarbowy
warehouse ~ pracownik magazynowy
clerkship s posada biurowa, urząd
client s 1. klient (*korzystający z pomocy prawnika*) 2. klient (*sklepu*), kupujący
~ **state** państwo zależne ⟨uzależnione⟩
clientele s klientela, klienci
climax s 1. najwyższy stopień, punkt kulminacyjny 2. *med.* okres przekwitania
clinch v 1. doprowadzić do końca, zakończyć (*transakcję*) 2. rozstrzygnąć
to ~ **a deal** ⟨**bargain**⟩ doprowadzić do końca transakcję
clinical adj kliniczny
~ **criminology** kryminologia kliniczna
~ **death** śmierć kliniczna
clinker s am. sl. kumpel z kicia ⟨celi⟩
clipping s wycinek (*z gazety*)
close[1] s 1. zamknięcie 2. zakończenie, koniec
at the ~ przy zamknięciu
complimentary ~ formułka grzecznościowa na końcu listu
to **bring to a** ~ doprowadzić do końca
to **come to a** ~ kończyć się
to **draw to a** ~ zbliżać się do końca
close[2] adj 1. zamknięty, szczelny 2. ścisły, dokładny 3. ściśle strzeżony, tajny 4. zakazany, zabroniony 5. zwarty, gęsty, zbity
~ **alliance** ścisłe przymierze
~ **bid** oferta w przetargu zamkniętym
~ **blocade** ścisła blokada
~ **bonds** ścisłe związki ⟨więzy⟩
~ **borough** miasto ⟨okręg⟩ zamknięty (*gdzie wybory kontrolowane są przez jedną osobę*)
~ **collaboration** ⟨**co-operation**⟩ ścisła współpraca
~ **connection(s)** ścisłe powiązania
~ **construction** ⟨**interpretation**⟩ interpretacja ⟨wykładnia⟩ ścieśniająca

~ **contact** bliski ⟨ścisły⟩ kontakt
~ **coordination** ścisła współpraca ⟨koordynacja⟩
~ **copy** dokładna kopia, wierny ⟨dokładny⟩ odpis
~ **corporation** zamknięta spółka (*składająca się z niewielu akcjonariuszy*)
~ **examination** dokładne zbadanie
~ **friendship** ścisła ⟨bliska⟩ przyjaźń
~ **margin of profit** ograniczony ⟨niewielki⟩ margines zysku
~ **observer** uważny obserwator
~ **port** zamknięty port
~ **price** ostateczna cena
~ **prices** a) kursy o małej rozpiętości b) nisko skalkulowane ceny
~ **prisoner** więzień pod ścisłym nadzorem
~ **reasoning** ściśle rozumowanie
~ **relationship** ścisła zależność
~ **relative** bliski krewny
~ **resemblance** zupełne podobieństwo
~ **season** ⟨**time**⟩ czas ⟨okres⟩ ochronny (*dla zwierzyny*)
~ **study** dokładne przestudiowanie
~ **ties** ścisłe ⟨bliskie⟩ więzy ⟨powiązania⟩
~ **translation** dokładne tłumaczenie, wierny przekład
~ **union** ścisły związek
~ **watch** ścisły nadzór
after ~ **consideration** po dokładnym rozważeniu
at ~ **quarters** z bliska
books' ~ zamknięcie ksiąg
in ~ **confinement** pod ścisłym nadzorem
money is ~ jest mało pieniędzy
to **keep sth** ~ trzymać coś w tajemnicy
to **keep** ⟨**lie**⟩ ~ ukrywać się
close[3] adv blisko, tuż obok, ściśle
~ **in shore** tuż przy lądzie, w pobliżu lądu
~ **to 10 tons** około 10 ton
close[4] v 1. zamykać (się), kończyć (się) 2. zgodzić się, dojść do porozumienia, zawrzeć (*umowę*) 3. podchodzić, zbliżać się 4. *zob.* **close down, out, up**
to ~ **an account** zamknąć rachunek
to ~ **accounts with ...** zerwać stosunki handlowe z ...
to ~ **and rule an account** zamknąć ⟨zlikwidować⟩ rachunek ⟨konto⟩
to ~ **at a loss** zamknąć ze stratą (*bilans, rachunek*)
to ~ **a bargain** dobić targu
to ~ **the books** zamknąć księgi
to ~ **a business** ⟨**deal**⟩ zawrzeć transakcję
to ~ **a contract** zawrzeć umowę
to ~ **a debate** zamknąć dyskusję
to ~ **a matter** zakończyć sprawę
to ~ **a meeting** zamknąć ⟨zakończyć⟩ zebranie ⟨posiedzenie⟩
to ~ **ports to foreign ships** zamknąć porty dla obcych statków
to ~ **a transaction** zakończyć transakcję
to ~ **with the land** zbliżać się do lądu
to ~ **with the terms** zgodzić się na ⟨przyjąć⟩ warunki
to ~ **the yearly accounts** zamknąć roczne rachunki
closed adj: ~ **bid** oferta w zamkniętym przetargu
~ **corporation** am. prywatna spółka akcyjna (*posiadająca ograniczoną liczbę akcjonariuszy z ograniczonym prawem sprzedaży akcji*)
~ **frontier** zamknięta granica

~ **indent** zlecenie zakupu limitowane, zamówienie eksportowe ścisłe (*np. określające producenta towaru*)
~ **port** zamknięty port (*dla statków*)
~ **prison** więzienie zamknięte
~ **sea** morze zamknięte
~ **season** *am.* czas ⟨okres⟩ ochronny (*dla zwierzyny*)
~ **shop** zakład pracy dostępny tylko dla członków związku zawodowego
~ **shop contract** umowa nakazująca właścicielowi przedsiębiorstwa zatrudnianie tylko członków związku zawodowego
close down *v* zamknąć (*fabrykę, sklep*)
to ~ **a business** zamknąć firmę, zlikwidować interes
closely *adv* ściśle, dokładnie
~ **connected with** ... ściśle powiązany z ...
~ **cut price** ściśle skalkulowana cena
close out *v am.* likwidować, wyprzedawać
to ~ **the contract against the buyer** ⟨**seller**⟩ *am.* likwidować kontrakt z przeniesieniem różnicy w cenie na rachunek kupującego ⟨sprzedawcy⟩ (*w przypadku nie wywiązania się jednej ze stron ze zobowiązania*)
close up *v* zamknąć
to ~ **a factory** zamknąć fabrykę
to ~ **a way** zamknąć drogę
closing *s* zamknięcie, zamykanie
~ **bid** kurs zamknięcia w zakupie (*na giełdzie*)
~ **date** *a)* termin preluzyjny *b)* ostatni dzień przyjęcia ładunku na statek
~ **of bankruptcy proceedings** zamknięcie postępowania upadłościowego
~ **order** *bryt.* polecenie zamknięcia ⟨opróżnienia⟩ domu nie nadającego się do zamieszkania
~ **price** cena końcowa
~ **quotation** końcowe notowanie giełdowe
~ **rate** końcowy kurs
~ **session** ostatnie posiedzenie, końcowa sesja
~ **speech** przemówienie końcowe, podsumowanie (*dyskusji*)
~ **time** godzina zamknięcia (*sklepu, biura itp.*)
~ **values** ceny w momencie zamknięcia giełdy
closing-down *s:* ~ **sale** wyprzedaż likwidacyjna
closure[1] *s* **1.** zamknięcie, zakończenie **2.** zamknięcie debaty parlamentarnej (*w celu odbycia natychmiastowego głosowania*)
~ **motion** wniosek o zakończenie obrad ⟨debaty⟩
~ **of pits** zamknięcie kopalni
closure[2] *v* **1.** zakończyć (*obrady, debaty*) **2.** odebrać głos (**sb** komuś)
to ~ **the debate** zakończyć obrady
cloture *s am.* = **closure**[1] **2.**
cloud *s* **1.** chmura **2.** *przen.* cień
~ **on title** cień na tytule (*własności*), podejrzenie co do tytułu (*własności*)
club[1] *s* **1.** klub, stowarzyszenie, związek **2.** pałka, maczuga **3.** klub, budynek klubu
~ **bunkering clause** „klubowa" klauzula o bunkrowaniu (*upoważniająca armatora do zboczenia z kursu celem zabunkrowania statku*)
~ **terms** warunki klubowe (*zrzeszeń armatorów*)
gambling ~ dom gry
Protection and Indemnity Club armatorskie zrzeszenie ubezpieczeń wzajemnych

club[2] *v* **1.** stowarzyszać się, zrzeszać się **2.** składać się, tworzyć wspólny fundusz **3.** bić ⟨tłuc⟩ pałką, walić kijem
to ~ **to death** zatłuc na śmierć
clubhouse *s* = **club**[1] **3.**
club(-)law *s* prawo pięści, prawo silniejszego
clue *s* **1.** trop, ślad, poszlaka **2.** wskazanie, wskazówka
to give sb a ~ naprowadzić kogoś na ślad ⟨trop⟩
cluster *s stat.* grono, grupa
~ **sampling** badanie reprezentacyjne grupowe
coach[1] *s* **1.** autokar **2.** autobus dalekobieżny **3.** wagon kolejowy **4.** trener **5.** korepetytor
coach[2] *v* **1.** podróżować autobusem ⟨autokarem⟩ **2.** trenować **3.** przygotowywać do egzaminu, dawać korepetycje
coadjutor *s* pomocnik ⟨asystent⟩ (*zwł. biskupa*)
coal[1] *s* **1.** węgiel **2.** *pl* **coals** węgiel napędowy, bunkier
~ **basin** *a)* zagłębie węglowe *b)* basen węglowy (*w porcie*)
~ **bunker** zasobnia węglowa (*na statku*)
~ **car** węglarka
~ **carrier** węglowiec, statek węglowy ⟨do przewozu węgla⟩
~ **charter** czarter węglowy
~ **district** ⟨**field**⟩ zagłębie węglowe
~ **dumping** *a)* załadunek węgla *b)* dumping węglowy *c) am.* ilość załadowanego węgla (*w określonym porcie*)
~ **freighter** ⟨**ship**⟩ węglowiec, statek węglowy ⟨do przewozu węgla⟩
~ **mine** kopalnia węgla
~ **mining** górnictwo węglowe
~ **output** wydobycie węgla
~ **pit** szyb węglowy
~ **shortage** niedobór ⟨brak⟩ węgla
bunker ~ węgiel napędowy, bunkier
output of ~ wydobycie węgla
to mine ~ wydobywać węgiel
coal[2] *v* **1.** bunkrować, zaopatrywać statek w węgiel **2.** ładować węgiel na statek
to ~ **a ship** zaopatrywać statek w paliwo
coaling *s:* ~ **station** ⟨**port**⟩ stacja węglowa dla statków, port węglowy
coalition *s* koalicja, przymierze, zjednoczenie
~ **cabinet** gabinet koalicyjny
~ **government** rząd koalicyjny
to form a ~ utworzyć koalicję
coalitionist *s* zwolennik koalicji
coarse *adj* **1.** surowy, nieobrobiony **2.** niskiej jakości **3.** ordynarny, grubiański, nieokrzesany
~ **language** wulgarny język
coast[1] *s* wybrzeże, brzeg morski, nadbrzeże
the **Coast** *am.* Zachodnie Wybrzeże, wybrzeże Pacyfiku
~ **guard** straż przybrzeżna
~ **line** linia wybrzeża ⟨brzegowa⟩
Coast Protection Act *bryt.* ustawa (*z 1949 r.*) o ochronie wybrzeża
~ **trade** *a)* żegluga kabotażowa *b)* handel kabotażowy
~ **to** ~ od wybrzeża do wybrzeża, od Atlantyku do Pacyfiku
coast[2] *v* **1.** żeglować ⟨płynąć⟩ wzdłuż wybrzeża **2.** uprawiać kabotaż

coastal *adj* przybrzeżny, kabotażowy
~ **navigation** żegluga przybrzeżna, kabotaż
~ **region** obszar przybrzeżny
~ **state** państwo przybrzeżne ⟨posiadające dostęp do morza⟩
~ **trade** ⟨**traffic**⟩ kabotaż, handel przybrzeżny ⟨kabotażowy⟩
~ **vessel** kabotażowiec, statek żeglugi przybrzeżnej
~ **waiter** *bryt.* celnik zajmujący się nadzorem celnym handlu kabotażowego
~ **waters** wody przybrzeżne
~ **zone** strefa przybrzeżna
coaster *s* statek żeglugi przybrzeżnej ⟨kabotażowej⟩, kabotażowiec
coasting *s* kabotaż, żegluga kabotażowa
~ **barge** lichtuga kabotażowa
~ **boat** *a)* statek żeglugi kabotażowej *b)* łódź przybrzeżna
~ **cargo** fracht kabotażowy
~ **craft** jednostki pływające żeglugi przybrzeżnej
~ **navigation** żegluga przybrzeżna ⟨kabotażowa⟩
~ **rates** taryfa kabotażowa
~ **trade** *a)* żegluga kabotażowa *b)* handel kabotażowy
~ **vessel** statek żeglugi przybrzeżnej ⟨kabotażowej⟩
Imperial Coasting Trade kabotaż między wyspami brytyjskimi i zamorskimi krajami Wspólnoty Brytyjskiej
coastwise[1] *adj* przybrzeżny, kabotażowy
~ **transport** kabotaż, żegluga przybrzeżna ⟨kabotażowa⟩
~ **voyage** rejs przybrzeżny ⟨kabotażowy⟩
coastwise[2] *adv* wzdłuż wybrzeża, wybrzeżem
coat-of-arms *s* herb, godło
co-author *s* współautor, współtwórca
co-belligerent *s* wspólnie walczący, sprzymierzeniec w wojnie
cocket[1] *s* 1. pieczęć celna 2. dokument o zapłacie cła
~ **card** świadectwo odprawy celnej na wyjściu
cocket[2] *v* 1. przykładać pieczęć celną 2. brać ⟨przyjmować⟩ w zamknięcie celne
co-creditor *s* współwierzyciel
code[1] *s* 1. kodeks, zbiór przepisów 2. kod (*handlowy, telegraficzny*), szyfr
~ **address** adres kodowy
~ **book** książka kodowa
Code Civil ⟨**Napoleon**⟩ *fr. hist.* Kodeks Cywilny Napoleona
~ **clerk** urzędnik szyfrujący i rozszyfrowujący, szyfrant
~ **of commerce** kodeks handlowy
~ **of honour** kodeks honorowy
~ **of international law** kodeks prawa międzynarodowego
~ **of practice** ⟨**rules**⟩ kodeks postępowania
~ **telegram** telegram kodowy
cable ~ kod telegraficzny
cipher ⟨**figure**⟩ ~ kod szyfrowany ⟨cyfrowy⟩
civil ~ kodeks cywilny
commercial ~ kodeks handlowy
highway ~ kodeks drogowy
labour ~ kodeks pracy
maritime ~ kodeks morski
penal ~ kodeks karny
postal ~ kod pocztowy
private telegraphic ~ prywatny kod telegraficzny

United Nations Code kod międzynarodowej standardowej nomenklatury towarów ONZ
to write in ~ szyfrować, pisać kodem
code[2] *v* kodować, szyfrować
code-book *s* książka kodowa
co-debtor *s* współdłużnik
coded *adj* szyfrowany
~ **message** ⟨**telegram**⟩ wiadomość szyfrowana, telegram szyfrowany
co-defendant *s* współoskarżony
co-determination *s* współdecydowanie
codicil *s* kodycyl, dodatkowy ⟨uzupełniający⟩ testament
codification *s* kodyfikacja, skodyfikowanie
codify *v* 1. kodyfikować 2. szyfrować
coding *s* kodowanie, szyfrowanie
coefficient *s stat.* współczynnik
~ **of acceleration** współczynnik przyspieszenia
~ **of asymmetry** współczynnik asymetrii
~ **of convergence** współczynnik zbieżności
~ **of correlation** współczynnik korelacji
~ **of elasticity** współczynnik elastyczności
~ **of variance** ⟨**variation**⟩ współczynnik wariancji ⟨zmienności⟩
capital ~ współczynnik kapitałowy
cost ~ współczynnik kosztów
coequal *adj* równy (**in age, rank etc.** wiekiem, rangą itp.)
coerce *v* przymuszać, zniewalać (**sb into doing sth** kogoś do czegoś), wymuszać (*coś od kogoś*)
coercion *s* 1. przymus, zmuszenie 2. rządy silnej ręki
Coercion Act prawo o wstrzymaniu gwarancji konstytucyjnych
measures ⟨**means**⟩ **of** ~ środki przymusu
to act under ~ działać pod przymusem
to be under ~ znajdować się pod przymusem
to choose without duress or ~ wybierać bez zagrożenia i przymusu
coercive *adj* przymusowy, zniewalający
~ **measures** ⟨**methods**⟩ środki przymusowe ⟨przymusu⟩
coeval *adj* 1. współczesny 2. będący w tym samym wieku
coexistence *s* współistnienie, koegzystencja, współżycie
peaceful ~ pokojowe współistnienie
cogency *s* moc ⟨siła⟩ przekonywania
~ **of an argument** siła przekonywająca argumentu
~ **of evidence** moc ⟨siła⟩ przekonywająca dowodu
cogent *adj* przekonywający, nieodparty, trafny
cognate *s* 1. krewny 2. *szkoc.* krewny ze strony matki
~ **offence** kazirodztwo
cognation *s* pokrewieństwo
cognition *s* 1. poznanie, rozeznanie, świadomość (**of sth** czegoś) 2. kompetencja
cognizable *adj* podpadający pod kompetencje (*sądu*)
cognizance *s* 1. świadomość 2. kompetencja, właściwość 3. rozpoznanie sprawy przez sąd
to be beyond ~ nie wchodzić w zakres kompetencji
to fall within ~ wchodzić w zakres kompetencji
to have ~ **of sth** wiedzieć ⟨być powiadomionym⟩ o czymś
to take ~ **of sth** zapoznać się z czymś, przyjąć coś do wiadomości

cognizant *adj* 1. powiadomiony (**of sth** o czymś), świadomy (**of sth** czegoś) 2. kompetentny (**of sth** w czymś)
cognize *v* 1. zauważać, spostrzegać 2. rozpoznawać (*sprawę*)
cognomen *s* 1. nazwisko 2. przezwisko
cognovit *s łac.* 1. pisemne uznanie słuszności roszczeń dłużnika 2. uznanie długu
~ **actionem** *łac.* uznanie powództwa
~ **note** forma skryptu dłużnego uprawniająca wierzyciela do bezpośredniego dochodzenia długu na podstawie tego skryptu (*bez potrzeby występowania do sądu*)
cohabit *v* żyć we wspólnocie, współżyć ze sobą, żyć jak również *w nielegalnym związku*)
mąż z żoną (*również w nielegalnym związku*)
cohabitation *s* wspólne pożycie
co-heir *s* współspadkobierca
co-heiress *s* współspadkobierczyni
cohere *v* zgadzać się logicznie, wiązać się ze sobą
coherence *s* związek logiczny, konsekwencja
coherent *adj* spoisty, logiczny, konsekwentny
cohort *s stat.* kohort, grupa, generacja
~ **life table** tablica wymieralności generacji
~ **reproduction rate** współczynnik reprodukcji generacji
coil *s* zwój, rolka, szpula
coin¹ *s* 1. pieniądz, moneta 2. bilon
base ~ *a*) fałszywa moneta *b*) *am.* drobne 〈zdawkowe〉 monety
counterfeit 〈**false**〉 ~ fałszywa moneta
gold ~ złota moneta
silver ~ srebrny bilon, srebrna moneta
small 〈**token**〉 ~ drobna 〈zdawkowa〉 moneta
spurious ~ fałszywa moneta
coin² *v* 1. bić monetę, przekuwać metal na monety 2. spieniężać 3. ukuć, wymyślić
to ~ **bad money** fałszować monety, bić fałszywe pieniądze
coinage *s* 1. bicie pieniędzy 〈monet〉 2. system monetarny 3. utworzony 〈ukuty〉 wyraz 4. pomysł
~ **law** prawo monetarne
~ **offences** przestępstwa związane z fałszowaniem pieniędzy
coincide *v* 1. zbiegać się, schodzić się 2. (*o faktach*) zgadzać się
coincidence *s* 1. zbieg okoliczności 2. zgodność (*faktów*)
strange ~ dziwny zbieg okoliczności, niezwykła zbieżność (*faktów*)
coincident *adj* 1. zgodny 2. równoczesny
coincidental *adj* 1. przypadkowy 2. równoczesny
coiner *s* fałszerz monet
co(-)inheritance *s* 1. współdziedziczenie 2. współdziedzictwo
co(-)insurance *s* koasekuracja, wspólne ubezpieczenie (*podział ryzyka pomiędzy ubezpieczyciela i ubezpieczonego*)
coition *s* = coitus
coitus *s łac. med.* spółkowanie, współżycie cielesne, stosunek cielesny 〈płciowy〉
~ **interruptus** stosunek przerywany
coke *s sl.* kokaina
cold¹ *s* 1. chłód, zimno 2. *med.* przeziębienie
diplomatic ~ choroba dyplomatyczna, wymówienie się chorobą

cold² *adj* 1. zimny, chłodny 2. słaby, niewyraźny 3. nieuprzejmy, nieżyczliwy
~ **chamber** komora chłodnicza
~ **conditioning** kondycjonowanie (*w warunkach chłodniczych*)
~ **facts** nagie fakty
~ **meat** *a*) zimne mięso *b*) *sl.* truposz
~ **scent** słaby 〈niewyraźny〉 ślad
~ **storage** przechowywanie w chłodni
~ **store** chłodnia
~ **sweat** zimny pot
~ **trail** słaby 〈niewyraźny〉 ślad 〈trop〉
~ **war** zimna wojna
to act in ~ **blood** działać z zimną krwią 〈z rozmysłem, z premedytacją〉
to put into ~ **storage** umieścić w chłodni
cold-blooded *adj* 1. działający z zimną krwią 2. nieczuły, bezlitosny
~ **murder** morderstwo z premedytacją
colic *s med.* kolka
co-litigant *s* współuczestnik sporu
collaborate *v* 1. współpracować, pracować wspólnie 2. współpracować z wrogiem, kolaborować
collaboration *s* 1. współpraca 2. kolaboracja
~ **with the enemy** kolaboracja (z wrogiem)
close ~ ścisła współpraca
policy of ~ polityka współpracy
to work in ~ **with sb** współpracować z kimś
collaborationist *s* kolaboracjonista, kolaborant
collaborator *s* 1. współpracownik 2. kolaboracjonista, kolaborant
collapse¹ *s* 1. upadek, krach, załamanie 2. *med.* zapaść
~ **of a bank** upadek 〈bankructwo〉 banku
~ **of the market** załamanie rynku
~ **of negotiations** załamanie się rokowań 〈negocjacji〉
~ **of plans** załamanie się planów
~ **of prices** gwałtowny spadek cen
collapse² *v* 1. załamać się, doznać załamania (*nerwowego*) 2. runąć, zawalić się
collar *s* kołnierz(yk)
blue ~ **worker** pracownik fizyczny, robotnik
white ~ **worker** pracownik umysłowy, urzędnik
collate *v* porównywać, konfrontować, zestawiać
to ~ **with the original** porównać z oryginałem
collateral¹ *s* 1. krewny z bocznej linii 2. zabezpieczenie (*dodatkowe*)
to lend on ~ pożyczać pod zabezpieczenie 〈za zabezpieczeniem〉
collateral² *adj* 1. równoległy, równoczesny 2. uboczny, drugorzędny, dodatkowy, pośredni
~ **acceptance** *a*) akcept zaprotestowanego weksla przez osobę trzecią (*dla zachowania kredytu wystawcy weksla*) *b*) akcept przez wyręczenie
~ **advantage** dodatkowa korzyść
~ **agreement** dodatkowe porozumienie
~ **assurance** dodatkowe ubezpieczenie
~ **attack** pośredni 〈uboczny〉 atak w postaci wytoczenia innego powództwa (*w celu powstrzymania postępowania sądowego lub osłabienia jego skutków*)
~ **bail** dodatkowe poręczenie
~ **circumstances** dodatkowe okoliczności
~ **condition** dodatkowy warunek
~ **consanguinity** pokrewieństwo w bocznej linii
~ **descendant** krewny z bocznej linii

~ **descent** pochodzenie z bocznej linii
~ **evidence** dodatkowy dowód ⟨materiał dowodowy⟩
~ **facts** fakty dodatkowe (*nie łączące się bezpośrednio ze sprawą*)
~ **heir** spadkobierca z bocznej linii
~ **impeachment** pośrednie kwestionowanie wyroku sądowego w drodze wytoczenia innego powództwa
~ **inheritance** dziedziczenie w bocznej linii
~ **insurance** dodatkowe ubezpieczenie
~ **issue** dodatkowe zagadnienie, dodatkowy problem (*nie pozostający w bezpośrednim związku ze sprawą*)
~ **loan** dodatkowa pożyczka
~ **relationship** pokrewieństwo w linii bocznej
~ **security** zabezpieczenie dodatkowe
collatio bonorum *s łac.* zwrot otrzymanych poprzednio przez spadkobiercę darowizn do masy spadkowej
collation *s* **1.** porównanie, skonfrontowanie **2.** masa spadkowa (*przeznaczona do podziału*) **3.** zwrot otrzymanych poprzednio przez spadkobiercę darowizn do masy spadkowej **4.** *stat.* zestawienie ⟨porównanie⟩ danych
colleague *s* kolega, współpracownik
my esteemed ⟨**learned**⟩ ~ mój szanowny kolega (*zwrot używany przez adwokata strony w stosunku do pełnomocnika drugiej strony*)
collect[1] *v* **1.** zbierać (się), gromadzić (się) **2.** podejmować, odbierać **3.** inkasować, otrzymywać **4.** kolekcjonować
to ~ **accounts** inkasować rachunki
to ~ **bills** ⟨**cheques**⟩ inkasować weksle ⟨czeki⟩
to ~ **data** zbierać dane
to ~ **debts** odbierać długi
to ~ **duties** pobierać cło
to ~ **evidence** zbierać dowody
to ~ **freight** pobierać fracht
to ~ **goods from the warehouse** odbierać towary ze składu
to ~ **information** zbierać informacje
to ~ **interest** pobierać procenty
to ~ **the luggage** odbierać bagaż
to ~ **money** inkasować pieniądze
to ~ **on delivery** *am.* pobierać przy doręczeniu ⟨dostawie⟩
to ~ **taxes** pobierać podatki
authority to ~ pełnomocnictwo do inkasa
collect[2] *adj adv am.* płatny po doręczeniu ⟨przez adresata⟩, przesłany za zaliczeniem ⟨pobraniem⟩; (*o rozmowie telefonicznej*) na rachunek odbiorcy
~ **call** *am.* rozmowa płatna przez osobę odbierającą telefon
~ **freight** *am.* fracht do pobrania ⟨płatny przy wyładunku⟩
~ **on delivery** *am.* płatne za pobraniem ⟨za zaliczeniem, przy odbiorze⟩
to send a telegram ~ *am.* wysłać telegram płatny przy doręczeniu
collected *adj* **1.** pobrany **2.** opanowany, skupiony **3.** działający z rozmysłem
~ **bill** weksel wykupiony
collectible *adj* nadający się do pobrania ⟨inkasa⟩
collecting *s* inkasowanie, inkaso
~ **agency** agencja inkasująca
~ **agent** inkasent
~ **bank** ⟨**banker**⟩ bank inkasujący
~ **business** czynności inkasowe

~ **charges** koszty inkasa
~ **clerk** inkasent
~ **commission** prowizja inkasowa
~ **fee** opłata za inkaso
~ **office** biuro inkasujące
~ **power** pełnomocnictwo do inkasa
account ~ inkasowanie rachunków
collection *s* **1.** zbieranie, gromadzenie **2.** kolekcja, zbiór **3.** odbiór, podjęcie **4.** inkaso **5.** kwesta
~ **area** rejon inkasa (*dla inkasenta*)
~ **bank** bank inkasujący
~ **box** *am.* skrzynka pocztowa
~ **charge** wynagrodzenie za inkaso
~ **charges** koszty inkasa
~ **district** okręg ⟨rejon⟩ inkasa
~ **of accounts** inkasowanie rachunków
~ **of bills** inkaso weksli
~ **of data** zbieranie danych
~ **of debts** odbieranie ⟨ściąganie, inkasowanie⟩ długów ⟨należności⟩
~ **of duties** pobieranie cła
~ **of evidence** zbieranie dowodów
~ **of facts** gromadzenie faktów
~ **of a fine** ściąganie grzywny
~ **of interest** pobieranie odsetek
~ **of laws** zbiór praw
~ **of payments** inkaso należności
~ **of rents** inkasowanie ⟨pobieranie⟩ czynszów
~ **of rights** zbiór praw ⟨uprawnień⟩
~ **of samples** zestaw próbek ⟨wzorów⟩
~ **of taxes** ściąganie podatków
~ **on delivery** inkaso przy doręczaniu, płatność przy odbiorze
~ **order** zlecenie inkasa
clean ~ inkaso bezdokumentowe ⟨zwykłe⟩
conditions for ⟨**of**⟩ ~ warunki inkasa
documentary ~ inkaso dokumentowe
draft ~ inkaso weksli
for ~ do inkasa
for ~ **only** indos dla inkasa (*napis, formułka*)
to effect the ~ dokonać inkasa
to present ⟨**hand in, remit**⟩ **for** ~ przedstawić do inkasa
to receive for ~ otrzymać do inkasa
to send for ~ przesłać do inkasa
collective[1] *adj* zbiorowy, kolektywny, wspólny
~ **account** konto zbiorcze
~ **air shipments** lotnicze przesyłki zbiorowe
~ **bargaining** negocjacje w sprawie umowy zbiorowej
~ **(bargaining) agreement** umowa zbiorowa
~ **bill of lading** konosament zbiorowy ⟨zbiorczy⟩ (*obejmujący kilka przesyłek*)
~ **body** kolektyw, zespół
~ **consignment note** zbiorowy list przewozowy
~ **contract** umowa zbiorowa, układ zbiorowy
~ **defence** obrona zbiorowa
~ **farm** spółdzielnia produkcyjna, gospodarstwo kolektywne
~ **farmer** członek spółdzielni produkcyjnej
~ **goods** mienie społeczne
~ **guarantee** kolektywna ⟨zbiorowa⟩ gwarancja
~ **insurance** wspólne ⟨kolektywne⟩ ubezpieczenie
~ **labour contract** zbiorowy układ pracy
~ **leadership** kolektywne kierownictwo
~ **liability** wspólna odpowiedzialność

Collective Measures Committee Komisja do Spraw Sankcji (*przy ONZ*)
~ **naturalization** naturalizacja zbiorowa
~ **negotiations** rokowania zbiorowe
~ **note** nota zbiorowa
~ **ownership** własność zbiorowa ⟨społeczna, publiczna⟩ (*np. środków produkcji, ziemi*)
~ **passport** paszport zbiorowy ⟨grupowy⟩
~ **penalty** kara łączna
~ **power (of attorney)** pełnomocnictwo zbiorowe (adwokata)
~ **responsibility** odpowiedzialność zbiorowa
~ **security** *polit.* bezpieczeństwo zbiorowe
~ **shipments** zbiorowe przesyłki morskie
~ **truck loads** kolejowe przesyłki zbiorowe
~ **work** praca zbiorowa
collective[2] *s* **1.** kolektyw, zbiorowość **2.** spółdzielnia produkcyjna, gospodarstwo kolektywne
collectively *adv* kolektywnie, wspólnie, zbiorowo, łącznie
to **cause** ~ spowodować ⟨wywołać⟩ łącznie
to **decide** ~ decydować wspólnie
collectivity *s* **1.** kolektyw, zbiorowość **2.** zbiorowe władanie
~ **of the soil** zbiorowe władanie ziemią
collectivization *s* kolektywizacja
collectivize *v* kolektywizować
collector *s* **1.** poborca **2.** inkasent **3.** kolekcjoner, zbieracz **4.** kontroler (*biletów*)
~ **of customs** poborca celny, celnik
~ **of stamps** filatelista
~ **of taxes** poborca podatkowy
~ **'s office** urząd skarbowy, wydział finansowy
tax ~ poborca podatkowy
college *s* **1.** uczelnia, szkoła wyższa **2.** szkoła średnia
collide *v* **1.** zderzyć się **2.** kolidować, wchodzić w kolizję, być w sprzeczności
to ~ **with sb's interests** kolidować z czyimiś interesami
collided *adj*: ~ **ship** statek, który uległ zderzeniu
colliding *adj*: ~ **interests** kolidujące ⟨sprzeczne ze sobą⟩ interesy
~ **opinions** sprzeczne zdania ⟨poglądy⟩
~ **ship** statek, który spowodował zderzenie
collier *s* **1.** górnik **2.** węglowiec, statek do przewozu węgla **3.** marynarz pracujący na węglowcu
colliery *s* kopalnia węgla
~ **guarantee** klauzula czarterowa, stem, gwarancja kopalni (*dotycząca dostarczenia węgla do portu w terminie*)
~ **turn** kolejność podchodzenia statków do załadunku węgla
~ **weight** waga ustalona przez kopalnię (*zastrzeżenie konosamentowe*)
collision *s* zderzenie, kolizja
~ **clause** klauzula kolizyjna ⟨o szkodach zderzeniowych⟩
~ **course** *dosł. i przen.* niebezpieczny ⟨ryzykowny⟩ kurs
~ **damage** szkoda powstała w wyniku kolizji ⟨zderzenia⟩ statków
~ **of interests** kolizja interesów
~ **of ships** zderzenie się statków
~ **of regulations** przepisy o zapobieganiu zderzeniom na morzu
~ **risk** ryzyko zderzenia

both-to-blame ~ **clause** klauzula dotycząca obopólnej odpowiedzialności (*w wypadku wspólnie zawinionego zderzenia się statków*)
to **be in** ~ **with ...** kolidować ⟨znajdować się w kolizji⟩ z ...
to **come into** ~ **with ...** *a*) zderzyć się z ... *b*) *przen.* wejść w kolizję z ...
colloquium *s łac.* (*pl* **colloquia**) **1.** *uniw.* seminarium **2.** słowa o charakterze zniesławiającym ⟨obraźliwym⟩ (*cytowane w akcie oskarżenia o zniesławienie lub obrazę*)
collusion *s* zmowa na niekorzyść trzeciej strony albo w celu wprowadzenia w błąd sądu
criminal ~ karalna zmowa
to **act** ⟨**be**⟩ **in** ~ **with sb** działać ⟨być⟩ z kimś w zmowie
to **enter into** ~ **with sb** wejść z kimś w zmowę
collusive *adj* ukartowany, polegający na zmowie
~ **action** ukartowane działanie
~ **bidding** ukartowane podbijanie (*ceny na licytacji*)
colonial[1] *s* **1.** mieszkaniec kolonii **2.** potomek kolonistów ⟨osadników⟩
colonial[2] *adj* kolonialny
~ **administration** administracja kolonialna
Colonial Appeals Rules *bryt. hist.* zasady postępowania odwoławczego w odniesieniu do kolonii
~ **bondage** niewolnictwo kolonialne
~ **claims** pretensje ⟨roszczenia⟩ kolonialne
~ **conquests** podboje kolonialne
~ **empire** ⟨**power**⟩ mocarstwo kolonialne
~ **law** ⟨**legislature**⟩ prawo ⟨ustawodawstwo⟩ kolonialne
~ **mandate** mandat kolonialny
~ **markets** rynki kolonialne
Colonial Office *bryt. hist.* ministerstwo kolonii
~ **oppression** ucisk kolonialny
~ **policy** polityka kolonialna
~ **possessions** posiadłości kolonialne
~ **produce** towary kolonialne
~ **regime** reżim kolonialny
~ **rule** rządy kolonialne
Colonial Secretary *bryt. hist.* minister kolonii
~ **territories** kraje kolonialne
~ **trade** handel kolonialny
~ **war** wojna kolonialna
~ **yoke** jarzmo kolonializmu
colonialism *s* kolonializm
to **abolish** ~ znieść system kolonialny
to **destroy** ~ zniszczyć ⟨obalić⟩ kolonializm
colonist *s* kolonista, osadnik
colonization *s* kolonizacja, osadnictwo, skolonizowanie
colonize *v* **1.** kolonizować, zasiedlać **2.** tworzyć kolonię
colonizer *s* kolonizator, osadnik
colony *s* **1.** kolonia **2.** osiedle **3.** grupa narodowościowa (*w mieście*)
Crown Colony *bryt. hist.* królewska kolonia (*nie posiadająca samorządu*)
penal ~ *hist.* kolonia karna
color *s am.* = **colour**
~ **cast** *am.* program telewizyjny w kolorze
colour[1] *s* **1.** barwa, kolor **2.** pozór, pretekst **3.** kolor skóry **4.** *zob.* **colours**
~ **bar** ⟨**line**⟩ dyskryminacja rasowa

~ **of law** pozór prawa
~ **of right** pozór słuszności
~ **of title** pozór tytułu własności
under the ~ **of ...** pod pozorem ...
colour[2] v **1.** kolorować, farbować **2.** koloryzować, przedstawiać (coś) w fałszywych barwach (w fałszywym świetle) **3.** pozorować, nadawać pozory
colourable adj **1.** mający pozory prawdy, upozorowany **2.** podrobiony, fałszywy **3.** udany
~ **alteration** pozorna minimalna zmiana (w celu obejścia prawa patentowego)
~ **cause** pozorna (upozorowana) przyczyna (powództwa lub oskarżenia)
~ **claim** pozorna pretensja, pozorne roszczenie (wniesione przez osobę podstawioną przez bankruta)
~ **imitation** udana imitacja, udane naśladownictwo
~ **pleading** pozorna zasadność twierdzeń pozwu
~ **transaction** pozorna transakcja (mająca na celu obejście prawa)
coloured[1] s **1.** (człowiek) kolorowy **2. Coloured** (w południowej Afryce) Mulat; Metys
coloured[2] adj **1.** kolorowy **2.** należący do rasy kolorowej
~ **people** a) kolorowi b) Murzyni
colours spl **1.** bandera statku **2.** wojsko **3.** barwy, sztandary **4.** flaga narodowa **5.** zob. **colour**[1]
to call to the ~ powołać do wojska, zmobilizować
to put false ~ **on sth** przedstawić coś w fałszywym świetle
column s **1.** kolumna **2.** rubryka, dział (gazety)
advertisement ~ **s** (w gazecie) dział ogłoszeń
credit ~ księgow. rubryka „ma"
debit ~ księgow. rubryka „winien"
financial ~ dział finansowy (gazety)
personal ~ ogłoszenia drobne (o pracy, mieszkaniu itp.)
two ~ **tariff** dwukolumnowa taryfa
to fill in (**up**) **a** ~ wypełnić rubrykę
coma s med. stan utraty świadomości
comb v **1.** czesać **2.** przeszukiwać, przeczesywać
to ~ **the market (for sth)** usilnie poszukiwać na rynku (czegoś)
to ~ **the town** przeszukiwać (przeczesywać) miasto, robić w mieście obławę
combat[1] s **1.** walka, bitwa **2.** hist. pojedynek sądowy
single ~ pojedynek
combat[2] v walczyć, zwalczać, sprzeciwiać się (**sth czemuś**)
to ~ **unemployment** walczyć z bezrobociem, zwalczać bezrobocie
combatant s **1.** bojownik, kombatant **2.** strona walcząca
combination s **1.** kombinacja, połączenie **2.** związek, zrzeszenie, zjednoczenie
~ **export manager** agent eksportowy w kilku pokrewnych branżach
~ **freight and passenger steamer** statek towarowo-pasażerski
~ **in restraint of trade** zrzeszenie (zjednoczenie) monopolistyczne (mające na celu ograniczenie konkurencji, dyktowanie cen itd.)
~ **lock** zamek szyfrowy (wielotarczowy nastawny)
~ **rate** kombinowana stawka taryfowa (przy przewozach na liniach różnych towarzystw kolejowych)

~ **shipment** przesyłka zbiorowa
~ **through rate** taryfa kombinowana na trasie bezpośredniej
shipping ~ kartel (związek) armatorów
trade ~ kartel (zjednoczenie) kupców
combine[1] s **1.** kombinat, zjednoczenie, kartel, syndykat **2.** kombajn
~ **buying** zbiorowe zakupy detalistów
~ **harvester** kombajn
buying ~ kartel nabywców
commercial ~ kartel handlowy
horizontal ~ kartel poziomy, konsorcjum
combine[2] v **1.** kombinować, łączyć (się) **2.** jednoczyć **3.** porozumiewać się
combined pp adj połączony, wspólny, łączny, kolektywny
~ **air and rail traffic** przewóz kombinowany (na trasie łamanej) (lotniczo-kolejowy)
~ **board** komisja wspólna (mieszana)
~ **carloads** zbiorowe przesyłki kolejowe
~ **endowment and whole-life insurance** mieszane ubezpieczenie na życie i przeżycie
~ **estimation** ocena łączna
~ **grade** mieszany rodzaj (towaru)
~ **legation** łączne (wspólne) przedstawicielstwo dyplomatyczne
~ **operation** a) wojsk. operacja połączonych sił (morskich, powietrznych itp.) b) wspólny wysiłek, współpraca
~ (**rate**) **tariff** taryfa kombinowana (mieszana)
~ **shipments** zbiorowe przesyłki morskie
~ **ticket** bilet łączny (kombinowany) (np. kolejowo-autobusowy)
~ **transportation** przewóz kombinowany (lotniczo-lądowy)
~ **with ...** w połączeniu z ...
~ **work** wspólna praca
combing s **1.** przeczesywanie (terenu) **2.** pl **combings** wyczeski
~ **up operation** obława, przeczesywanie terenu
combustibility s łatwopalność
combustible adj łatwopalny
combustibles spl towary (materiały) łatwopalne
combustion s **1.** zapalanie się **2.** spalanie **3.** wybuch pożaru
spontaneous ~ a) samozapalenie się b) techn. samozapłon
come v (**came, come**) **1.** przychodzić, przyjeżdżać, przybywać **2.** dziać się, następować, zdarzać się
to ~ **expensive** (**cheaper**) wynosić drogo (taniej)
to ~ **of age** osiągnąć pełnoletność
to ~ **to an agreement** dojść do porozumienia
to ~ **to an arrangement** dojść do ugody (porozumienia)
to ~ **to sb's assistance** przyjść komuś z pomocą
to ~ **to a close** (o konferencji itp.) zakończyć się
to ~ **to a conclusion** dojść do wniosku
to ~ **to a decision** powziąć decyzję
to ~ **to a discussion** przystąpić do dyskusji
to ~ **to hand** (o piśmie, dokumencie) dojść do rąk
to ~ **to the mark** stanąć na wysokości zadania
to ~ **to power** dojść do władzy
to ~ **to terms** (**an understanding**) dojść do porozumienia
to ~ **to a verdict** (o sądzie przysięgłych) uzgodnić werdykt

to ~ **true** sprawdzić się, ziścić się
total ~s **to £ 5** ogółem 5 funtów
come before v (*o sprawie itp.*) zostać rozpoznanym (*przez sąd*)
come by v dostać, zdobyć, uzyskać
come down v (*o cenach*) obniżać się, spadać
come in v **1.** wchodzić, wkraczać **2.** (*o pieniądzach*) wpływać, napływać
come into v **1.** wchodzić (*w coś*) **2.** wchodzić w posiadanie (*np. spadku*)
to ~ **conflict** wejść w zatarg, popaść w konflikt
to ~ **contact** zetknąć się, wejść w styczność ⟨kontakt⟩
to ~ **effect** ⟨**force**⟩ wchodzić w życie
to ~ **estate** odziedziczyć majątek ⟨nieruchomość⟩
to ~ **fashion** wchodzić w modę
to ~ **money** odziedziczyć pieniądze
to ~ **office** objąć urząd (*np. prezydenta*)
to ~ **use** wejść w użycie
come out v **1.** (*o publikacji itp.*) wychodzić, ukazywać się, pojawiać się **2.** wychodzić na jaw **3.** kalkulować się, wychodzić dobrze ⟨źle⟩ na transakcji **4.** rozpocząć strajk, zastrajkować **5.** opowiedzieć się (**for sth** za czymś, **against sth** przeciwko czemuś)
comestibles spl żywność, artykuły żywnościowe ⟨spożywcze⟩
come to v **1.** dziedziczyć **2.** oprzytomnieć, odzyskać rozum ⟨przytomność⟩ **3.** (*o sumie*) wynosić, równać się **4.** zmierzać
come up v **1.** znaleźć się na wokandzie **2.** stanąć przed sądem
come up to v odpowiadać, dorównywać
to ~ **the sample** odpowiadać próbce
the price comes up to ... cena dochodzi do ...
come within v **1.** wchodzić w zakres obowiązków ⟨kompetencji⟩ **2.** być objętym (*np. ustawą*)
to ~ **the jurisdiction** podpadać pod jurysdykcję
to ~ **the purview of** ... podpadać pod działalność ...(ustawy), wchodzić w zakres ...(ustawy)
comfort[1] s **1.** pociecha, otucha **2.** dobrobyt, wygoda **3.** dobre samopoczucie **4.** *hist.* pomoc, poparcie
creature ~s przyjemności życia (*dobre jedzenie, ubranie itp.*)
to give aid and ~ **to the enemy** *hist.* udzielać pomocy i poparcia wrogowi
comfort[2] v **1.** podnosić na duchu, pocieszać, dodawać otuchy (**sb** komuś) **2.** udzielać pomocy
to ~ **a criminal** okazywać pomoc przestępcy (*w postaci współudziału w przestępstwie*)
Comintern s *hist. polit.* Trzecia Międzynarodówka, Komintern
comity s kurtuazja, grzeczność, uprzejmość
~ **of nations** wzajemna kurtuazja w stosunkach międzynarodowych, wzajemne poszanowanie praw i obyczajów narodowych (*np. w orzecznictwie sądowym*)
command[1] s **1.** rozkaz, nakaz **2.** zlecenie, zamówienie, obstalunek **3.** komenda, dowództwo **4.** panowanie (**of sth** nad czymś), władanie; opanowanie (*np. języka*) **5.** rozporządzenie (**of sth** czymś)
~ **of the sea** panowanie na morzu
~ **paper** dyrektywa, wytyczne
~ **post** *wojsk.* stanowisko dowodzenia
at ~ a) do dyspozycji b) na zamówienie
awaiting your further ~s oczekując dalszych zamówień

in ~ **of** ... dowodzący ...
under sb's ~ pod czyimiś rozkazami, do czyjejś dyspozycji
to have a great ~ **of a language** świetnie ⟨biegle⟩ władać językiem ⟨znać język⟩
command[2] v **1.** rozkazywać, nakazywać (**sb** komuś) **2.** zamawiać, zlecać wykonanie, *pot.* stalować **3.** rozporządzać, dysponować **4.** panować (**sth** nad czymś) **5.** górować, dominować (**sb, sth** nad kimś, nad czymś)
to ~ **a high price** mieć wysoką cenę ⟨wartość⟩
to ~ **a majority** dysponować większością (*np. głosów*), cieszyć się poparciem większości
to ~ **a ready sale** (*o towarze*) mieć łatwy zbyt
to ~ **reserves** rozporządzać ⟨dysponować⟩ rezerwami ⟨zapasami⟩
to ~ **respect** nakazywać szacunek
commandant s dowódca, komendant (*np. szkoły wojskowej*)
commandeer v **1.** rekwirować **2.** mobilizować, powoływać do wojska
commander s **1.** *wojsk.* dowódca **2.** komendant (*okręgu policyjnego*) **3.** kawaler (*krzyża komandorskiego*)
commandment s **1.** nakaz, rozkaz **2.** przykazanie
commemorate v uczcić (*pamięć*); obchodzić (*rocznicę*)
commemoration s uczczenie (*pamięci*); obchód (*rocznicy*)
in ~ **of** ... ku czci ⟨dla uczczenia⟩ ...
commence v zaczynać, rozpoczynać (się)
to ~ **an action** wszczynać kroki sądowe ⟨proces⟩
to ~ **a lawsuit** ⟨**legal proceedings**⟩ wszcząć ⟨rozpoczynać⟩ proces ⟨postępowanie sądowe⟩
to ~ **negotiations** rozpocząć pertraktacje
to ~ **prosecution** wszcząć postępowanie karne
commencement s **1.** początek, rozpoczęcie **2.** uroczystość nadawania stopni naukowych, promocja
~ **of business** otwarcie firmy ⟨przedsiębiorstwa⟩
~ **of hostilities** rozpoczęcie działań wojennych
~ **of proceedings** rozpoczęcie kroków sądowych
~ **of prosecution** rozpoczęcie postępowania karnego
commend v **1.** polecać, zalecać **2.** rekomendować
commendable adj godny polecenia
commendation s **1.** pochwała **2.** polecenie (*kogoś komuś*)
letters of ~ listy polecające
commendatory adj pochwalny, polecający
~ **letter** list polecający
commensurable, commensurate adj **1.** współmierny **2.** proporcjonalny (**with** ⟨**to**⟩ **sth** do czegoś)
comment[1] s **1.** komentarz, objaśnienie **2.** notatka, uwaga
adverse ~s uwagi negatywne ⟨krytyczne⟩
judge's ~ objaśnienie sędziego (*dla przysięgłych*)
no ~s bez komentarzy
press ~s komentarze prasowe
comment[2] v komentować ⟨objaśniać⟩ (**on** ⟨**upon**⟩ **sth** coś)
commentary s **1.** komentarz **2.** notatka
press ~ komentarz prasowy
running ~ a) komentarz bieżący b) reportaż radiowy ⟨telewizyjny⟩ c) sprawozdanie (*np. z transmisji meczu*)
commentator s **1.** komentator **2.** sprawozdawca (*radiowy, telewizyjny*)
commerce s handel

~ **clause** *am.* punkt konstytucji regulujący zakres uprawnień Kongresu w sprawach handlu wewnętrznego i zagranicznego
Commerce Department of the USA Ministerstwo Handlu USA
active ~ *a)* handel eksportowy *b)* ożywiony handel ⟨obrót handlowy⟩
Chamber of Commerce Izba Handlowa
code of ~ kodeks handlowy
domestic ⟨**home**⟩ ~ handel wewnętrzny ⟨krajowy⟩
export ⟨**foreign**⟩ ~ handel zagraniczny ⟨eksportowy⟩
international ~ handel międzynarodowy
interstate ~ *am.* handel między stanami
maritime ~ handel morski
prohibition of ~ zakaz handlu
restriction of ~ ograniczenia handlowe
sea-born ~ handel morski
Secretary of Commerce *am.* Minister Handlu
treaty of ~ traktat handlowy
world ~ handel światowy
to carry on ~ prowadzić handel
commercial[1] *s* **1.**reklama radiowa ⟨telewizyjna⟩ **2.** program komercjalny ⟨komercyjny⟩
commercial[2] *adj* **1.**handlowy, kupiecki **2.** komercjalny, komercyjny **3.** rynkowy
~ **activity** działalność handlowa
~ **acts** czynności handlowe
~ **advice** opinia ⟨informacja⟩ handlowa
~ **agency** przedstawicielstwo handlowe
~ **agent** przedstawiciel handlowy, agent
~ **arbitration** arbitraż handlowy
~ **articles** towary handlowe
~ **attaché** attaché handlowy
~ **bank** bank handlowy
~ **bill** weksel handlowy
~ **blanket bond** ubezpieczenie przed kradzieżą ze strony personelu
~ **blockade** blokada handlowa
~ **books** księgi handlowe
~ **broadcasting** program komercyjny
~ **broker** makler handlowy
~ **cause** sprawa handlowa
~ **centre** ośrodek handlowy
~ **clerk** urzędnik ⟨pracownik⟩ handlowy
~ **code** system skrótów handlowych
~ **college** (*średnia, wyższa*) szkoła handlowa
~ **company** ⟨**corporation**⟩ towarzystwo handlowe, spółka handlowa
~ **concern** koncern handlowy
~ **control** wyrywkowa inspekcja sanitarna (*magazynów zbożowych itp.*)
~ **correspondence** korespondencja handlowa
~ **counsellor** radca handlowy
~ **court** sąd handlowy
~ **credit** *a)* kredyt handlowy *b)* kredyt towarowy
~ **custom** zwyczaj handlowy, zwyczaje handlowe
~ **debt** dług handlowy
~ **directory** informator handlowy
~ **domicile** domicyl handlowy
~ **efficiency** sprawność handlowa
~ **enterprise** *a)* przedsiębiorstwo handlowe *b)* inicjatywa handlowa
~ **establishment** dom handlowy, przedsiębiorstwo handlowe
~ **fertilizer** mieszanka nawozów sztucznych

~ **firm** ⟨**house**⟩ firma handlowa, dom handlowy
~ **fleet** marynarka handlowa
~ **information** informacja handlowa
~ **inquiry office** biuro ⟨punkt⟩ informacji handlowej
~ **insurance** ubezpieczenie handlowe
~ **intelligence** informacja handlowa
~ **intercourse** ruch handlowy, wymiana handlowa
~ **invoice** faktura handlowa
~ **judge** sędzia handlowy ⟨do spraw handlowych⟩
~ **law** prawo handlowe
~ **legislation** ustawodawstwo handlowe
~ **letter of credit** *a)* akredytywa handlowa *b) am.* akredytywa dokumentowa adresowana wprost do eksportera
~ **line of business** branża handlowa
~ **mark** znak handlowy
~ **name** nazwa handlowa
~ **navigation** żegluga handlowa
~ **paper** *a)* weksel kupiecki *b)* gazeta handlowa
~ **papers** papiery ⟨walory⟩ handlowe
~ **partnership** spółka handlowa
~ **policy** *a)* polityka handlowa *b) ubezp.* polisa (*w zawodach, które nie wymagają ryzyka utraty zdrowia i życia*)
~ **port** port handlowy
~ **production** produkcja rynkowa ⟨dla potrzeb rynku⟩
~ **reference book** informator handlowy
~ **relations** stosunki handlowe
~ **report** *a)* sprawozdanie handlowe *b)* biuletyn handlowy
~ **representative** przedstawiciel handlowy
~ **scale** skala przemysłowa ⟨produkcji⟩
~ **set** komplet dokumentów handlowych (*faktura, konosament, weksel, polisa ubezpieczeniowa*)
~ **stage** stadium przemysłowe, etap przemysłowy
~ **standing** reputacja ⟨opinia⟩ handlowa
~ **statistics** statystyka handlowa
~ **term** termin handlowy
~ **traffic** obrót handlowy
~ **transaction** transakcja handlowa
~ **traveller** komiwojażer
~ **treaty** (*międzypaństwowy*) układ ⟨traktat⟩ handlowy, umowa handlowa
~ **undertaking** przedsięwzięcie handlowe
~ **usage** zwyczaj handlowy
~ **value** wartość handlowa
~ **world** sfery handlowe
commercialization *s* komercjalizacja
commercialize *v* komercjalizować
commercially *adv* **1.** z handlowego punktu widzenia, handlowo **2.** w dużych ilościach, na skalę przemysłową **3.** komercyjnie, komercjalnie
commissary *s* **1.** komisarz **2.** intendent **3.** delegat **4.** *am. wojsk.* kantyna; magazyn żywności
commission *s* **1.** komisja, komitet **2.** misja, delegacja **3.** prowizja, komisowe **4.** zlecenie, poruczenie, zamówienie **5.** powołanie, mandat **6.** patent oficerski, dyplom **7.** dopuszczenie się, popełnienie (*zbrodni itp.*) **8.** komis
~ **account** rachunek ⟨konto⟩ prowizji
~ **agent** komisant, agent komisowy ⟨na prowizji⟩
~ **book** księga prowizji ⟨komisowa⟩
~ **business** *a)* przedsiębiorstwo komisowe, *pot.* komis *b)* transakcja komisowa

~ **buyer** komisant skupu ⟨kupujący towar⟩
~ **contract** umowa komisowa
~ **day** *bryt.* dzień otwarcia sesji wyjazdowej sądu przysięgłych
~ **del credere** prowizja za delcredere
~ **for cashing** ⟨**collecting, collection**⟩ prowizja inkasowa ⟨za inkaso⟩
~ **for intervention** prowizja za wyręczenie
~ **for sale** prowizja od sprzedaży, komisowe
~ **for transferring** prowizja przekazowa (*za dokonanie przelewu albo przekazu*)
~ **house** *a)* firma maklerska *b)* przedsiębiorstwo komisowe, *pot.* komis
~ **merchant** komisant, kupiec komisowy
~ **note** rachunek należności prowizyjnych
~ **of appointment** dokument ⟨akt⟩ nominacji
~ **of appraisement** sądowe polecenie wyceny ⟨szacunku⟩ zajętego mienia
~ **of appraisement and sale** sądowe polecenie wyceny i sprzedaży zajętego majątku ⟨mienia⟩
~ **of assize** wyznaczenie sędziego do udziału w sesjach wyjazdowych
~ **of conciliation** komisja pojednawcza
~ **of crime** dokonanie przestępstwa ⟨zbrodni⟩
Commission of European Community Komisja Wspólnoty Europejskiej
~ **of gaol delivery** sąd o charakterze komisji rozpoznający wnioski o zwolnienie zatrzymanych z aresztu
~ **of inquiry** komisja dochodzeniowa ⟨śledcza⟩
~ **of lunacy** polecenie przeprowadzenia badań psychiatrycznych (*oskarżonego*)
~ **of oyer and terminer** *bryt.* upoważnienie dla sędziego sądu najwyższego do sądzenia na sesjach wyjazdowych wszystkich przestępstw popełnionych w danym hrabstwie
~ **of the peace** *bryt. a)* sąd pokoju *b)* wyznaczenie ⟨powołanie⟩ sędziów pokoju
~ **of unlivery** polecenie wyładowania statku w celu oceny ⟨oszacowania⟩ ładunku
~ **on current account** prowizja od obrotów na rachunku bieżącym
~ **on delivery** prowizja za dostawę
Commission on Human Rights Komisja Praw Człowieka
Commission on International Commodity Trade Międzynarodowa Komisja do Spraw Handlu Surowcami
Commission on Narcotic Drugs Komisja do Spraw Narkotyków
~ **on sales** prowizja od sprzedaży
Commission on the Status of Women Komisja Praw Kobiet
~ **on turnover** prowizja od obrotu
~ **order** zamówienie komisowe
~ **past us** prowizja obca (*dla innych maklerów*)
~ **rate** stawka prowizyjna
~ **sale** sprzedaż komisowa
~ **salesman** komisant sprzedający towar
~ **travelling agent** akwizytor
address ~ prowizja adresowa (*od sumy frachtu wpłacana czarterującemu lub maklerowi przez armatora*)
agency ⟨**agent's**⟩ ~ prowizja agencyjna ⟨agenta⟩
appraisal ~ komisja szacunkowa
arbitration ~ komisja arbitrażowa

assessment ~ komisja szacunkowa (*dla celów podatkowych*)
bank ⟨**bankers, banking**⟩ ~ prowizja bankowa
border ~ komisja graniczna
broker's ~ prowizja maklerska, kurtaż
buying ~ prowizja od zakupu
buying on ~ kupowanie na zasadzie ⟨warunkach⟩ prowizji ⟨komisu⟩
collecting ⟨**cashing**⟩ ~ prowizja inkasowa
Disarmament Commission Komisja Rozbrojeniowa
discounting ~ prowizja dyskontowa
election ⟨**electoral**⟩ ~ komisja wyborcza
export ~ agent ⟨komisant⟩ eksportowy
free of ~ wolne od prowizji, bez prowizji
goods on ~ towar w komisie
government ~ komisja rządowa
guarantee ~ prowizja gwarancyjna ⟨za rzetelność wagi⟩
handling ~ prowizja manipulacyjna
illicit ~ nielegalna prowizja, łapówka
import ~ **house** *am.* importer branżowy otrzymujący towary w konsygnację
insurance ~ prowizja ubezpieczeniowa
interim ~ komisja tymczasowa
international ~ komisja międzynarodowa
International Commission for Control and Supervision Międzynarodowa Komisja Nadzoru i Kontroli
mandate ~ komisja mandatowa
mixed ~ komisja mieszana
on ~ (**basis**) na (zasadzie) prowizji, za prowizję
parliamentary ~ komisja parlamentarna ⟨poselska⟩
patent ~ komisja patentowa
percent ~ prowizja procentowa
permanent ~ *a)* stała komisja *b)* stała prowizja
purchasing ~ prowizja od zakupu
Royal Commission *bryt.* komisja rządowa
sale on ~ sprzedaż komisowa
selling ~ prowizja sprzedażna ⟨od sprzedaży⟩
ship in ~ statek gotowy do pływania ⟨sprawny⟩
ship out of ~ statek niezdatny do pływania ⟨niesprawny⟩
special ~ komisja specjalna
standing ~ stała komisja
to act within one's ~ działać w ramach uprawnień
to be out of ~ nie nadawać się do eksploatacji
to carry out a ~ skutecznie wypełnić polecenie
to charge a ~ pobrać prowizję
to come into ~ wchodzić do eksploatacji
to establish ⟨**constitute**⟩ **a** ~ utworzyć komisję
to give sth in ~ oddać coś do komisu ⟨w komis⟩
to go beyond one's ~ przekroczyć swe uprawnienia
to have goods on ~ mieć towar w komisie ⟨w sprzedaży komisowej⟩
commission² *v* **1.** zlecać, poruczać (**sb to do sth** komuś zrobienie czegoś) **2.** upoważniać, delegować **3.** (*o statku*) oddać do eksploatacji **4.** mianować (*np. oficera*) **5.** zamawiać, dawać zlecenie
commission-agent *s* **1.** agent, przedstawiciel (*handlowy*) **2.** bukmacher
commissionaire *s fr.* **1.** portier (*hotelowy*) **2.** posłaniec **3.** *am.* agent zakupu
commission-day *s* dzień rozpoczęcia sesji wyjazdowej sądu ⟨*hist.* roków sądowych⟩

commissioned *pp adj* 1. upoważniony, upełnomocniony 2. delegowany 3. mianowany oficerem
to be ~ to do sth być upoważnionym do zrobienia czegoś
commissioner *s* 1. pełnomocnik, komisarz, delegat 2. członek komisji 3. *am.* sędzia pokoju (*w niektórych stanach*)
Commissioner for Oaths *bryt.* prawnik upoważniony do przyjmowania zaprzysiężonych zeznań
~ of bail urzędnik przyjmujący poręczenie sądowe
~ of deeds *am.* urzędnik uprawniony do przyjmowania zaprzysiężonych oświadczeń i do autoryzacji dokumentów
~ of patents kierownik biura patentowego
~ of police komisarz policji
Commissioners in Lunacy komisja do spraw psychicznie chorych
Commissioners of Customs and Excise komisarze (komisja) urzędu celnego i akcyzy
Commissioners of Inland Revenue *bryt.* komisarze podatkowi
Commissioners of Prisons *bryt.* komisja do spraw więzień (więziennictwa)
average ~ komisarz awaryjny
bankruptcy ~ komisarz upadłościowy
Government ~ komisarz rządu
harbour ~ kapitan (komendant) portu
High Commissioner *bryt.* wysoki komisarz (*przedstawiciel jednego kraju wspólnoty w innym*)
police ~ komisarz policji
trade ~ delegat handlowy
commission-merchant *s* 1. agent handlowy 2. właściciel składu (sklepu) komisowego
commissive *adj:* **~ waste** uszkodzenie (*cudzego*) mienia, rozmyślne uszkodzenie
commit *v* 1. powierzać, oddawać, przekazywać 2. odsyłać (*projekt ustawy do komisji*) 3. wydać nakaz aresztowania, uwięzić 4. popełniać (*coś*), dopuszczać się (*czegoś*) 5. angażować (się)
to ~ adultery popełnić cudzołóstwo, dopuścić się cudzołóstwa
to ~ a bill przedstawić (*komisji*) projekt ustawy
to ~ a burglary dokonać włamania
to ~ a crime popełnić zbrodnię, dopuścić się zbrodni
to ~ for trial postawić w stan oskarżenia, oddać pod sąd
to ~ a mistake popełnić omyłkę (błąd)
to ~ an offence popełnić przestępstwo
to ~ oneself zobowiązać się, zaangażować się
to ~ perjury popełnić krzywoprzysięstwo, dopuścić się krzywoprzysięstwa
to ~ suicide popełnić samobójstwo
to ~ to court oddać sądowi (pod sąd)
to ~ to prison osadzić w więzieniu, uwięzić
commitment *s* 1. przekazanie sprawy (*celem rozpoznania*) 2. zobowiązanie (*np. finansowe*) 3. uwięzienie, aresztowanie 4. dokonanie 5. zaangażowanie
~s for future delivery *giełd.* zobowiązania dostawy na termin
foreign exchange ~s zobowiązania dewizowe
no ~s bez zobowiązań
treaty ~s zobowiązania umowne (traktatowe)
to enter into ~s przyjąć na siebie zobowiązania
to meet ~s wypełnić zobowiązania
committal *s* 1. przekazanie sprawy (*celem rozpoznania*)

2. zobowiązanie się (*do czegoś*) 3. uwięzienie, areszt 4. popełnienie (*czegoś*)
~ for trial postawienie w stan oskarżenia, przekazanie sądowi
~ order nakaz przyjęcia do aresztu
committed *pp adj:* **to be ~ for trial** *a*) być przekazanym sądowi *b*) zostać oskarżonym
to be ~ to do sth zobowiązywać się (być zobowiązanym) do zrobienia czegoś
committee *s* 1. komitet, komisja 2. opiekun, kurator
Committee for Conventional Armaments komitet do spraw broni konwencjonalnej
Committee for Industrial Development Komitet do Spraw Rozwoju Przemysłu
Committee for Reciprocity of Information *am.* komitet wzajemnej informacji
~ meeting posiedzenie komitetu
~ member członek komisji
~ of bankruptcy komisja upadłości (*wyznaczona przez wierzycieli do pomocy syndykowi masy upadłości*)
~ of conference komisja uzgadniająca (*rozbieżności*)
~ of coordination komisja koordynacyjna
~ of creditors komitet wierzycieli
~ of enquiry (**inquiry**) komisja śledcza (dochodzeniowa)
~ of experts komisja ekspertów (rzeczoznawców)
~ of inspection *a*) komisja nadzorcza *b*) komisja kontrolująca (*zarządzanie majątkiem bankruta przez kuratora masy upadłości*)
~ of lunatic opiekun (kurator) umysłowo chorego
~ of management rada zarządzająca, dyrekcja
~ of one jednoosobowa komisja
~ of Parliament komisja parlamentarna (poselska)
~ of representatives komitet przedstawicielski
~ of selection on committees *bryt.* komisja selekcyjna (*wyznaczająca członków poszczególnych komisji*)
~ of the stock exchange rada giełdy
~ of supply *bryt.* komisja budżetowa (*parlamentu*)
~ of ways and means *a*) *bryt.* komisja budżetowa dochodów *b*) *am.* komisja budżetowa (*Kongresu*)
Committee of the Whole (House) komitet całej Izby (*Izba działająca w charakterze komisji*)
Committee on the Admission of New Members komisja (komitet) do przyjmowania nowych członków (*w ONZ*)
Committee on Contributions komisja wpłat (*w ONZ*)
Committee on Information from Non-Self Governing Territories komisja do spraw informacji o terytoriach nieautonomicznych
~ on legal questions komitet prawny, komisja prawna
Committee on Non-Governmental Organizations komitet organizacji pozarządowych
Committee on the Peaceful Uses of Outer Space Komitet do Spraw Pokojowego Wykorzystania Przestrzeni Kosmicznej
~ with a standby status komisja obserwacyjna (ze statusem obserwatora)
ad hoc ~ komitet specjalny
administrative ~ komitet administracyjny
advisory ~ komitet doradczy
appraisal ~ komisja szacunkowa

arbitration ~ komisja arbitrażowa ⟨rozjemcza⟩
audit ⟨auditing⟩ ~ komisja rewizyjna
budget ⟨budgetary⟩ ~ komisja budżetowa
Capital Issues Committee *bryt.* komitet do spraw
emisji papierów wartościowych
central ~ komitet centralny
coordinating ~ komitet koordynacyjny
council ~ komitet doradczy
credentials ~ komisja mandatowa
disciplinary ~ komisja dyscyplinarna
drafting ~ komitet redakcyjny
election ⟨electoral⟩ ~ komisja wyborcza
executive ~ komitet wykonawczy
finance ⟨financial⟩ ~ komisja finansowa
Foreign Exchange Control Committee *bryt.* komitet
kontroli dewizowej
government ~ komisja rządowa
House Appropriation Committee *am.* komisja budżetowa Izby (*Kongresu*)
interim ~ komisja tymczasowa
joint ~ komisja mieszana
managing ⟨management⟩ ~ dyrekcja, administracja,
komisja administracyjna
permanent ~ komisja stała
preparatory ~ komitet przygotowawczy
social ~ komisja socjalna
special ~ komisja specjalna
standing ~ komisja stała
strike ~ komitet strajkowy
supervisory ~ komisja nadzorcza
Trusteeship Committee komisja do spraw administracji powierniczej
works ⟨plant, factory⟩ ~ komisja ⟨rada⟩ zakładowa
to appoint ⟨set up⟩ a ~ wyznaczyć ⟨ustanowić⟩
komisję
to be ⟨sit⟩ on a ~ być w komisji, być członkiem
komisji
committee-man *s* członek komisji
committee-woman *s* członkini komisji
committor *s bryt.* sędzia (*zazwyczaj Lord Kanclerz*)
wyznaczający opiekuna dla psychicznie chorego
commodate *s* użyczenie, oddanie do bezpłatnego użytkowania
commodity *s* 1. towar, artykuł handlowy 2. produkt 3.
zob. commodities
~ agreement umowa towarowa
~ circulation obrót towarowy
~ corner wykup towarów dla celów spekulacyjnych,
giełd. akaparacja
~ credit kredyt towarowy
~ deficit deficyt towarów
~ dollar dolar towarowy (*wymienialny na określoną
ilość towarów*)
~ exchange a) wymiana towarów b) giełda towarowa
~ in short supply towar deficytowy
~ market rynek towarów ⟨towarowy⟩
~ paper a) *am.* weksel towarowy b) trata dokumentowa
~ rate stawka frachtowa od poszczególnego ładunku
(*wyrażona bezpośrednio wartością pieniężną*)
commodities *spl zob.* commodity
basic ⟨primary⟩ ~ a) surowce, produkty podstawowe
b) towary podstawowe
bulk ~ towary masowe
household ~ artykuły gospodarstwa domowego

perishable ~ towary łatwo ulegające zepsuciu
scarce ~ towary deficytowe
stable ~ podstawowe ⟨główne⟩ artykuły
common[1] *s* 1. wspólna ziemia, wspólne pastwisko 2.
prawo współużytkowania ⟨współkorzystania⟩ (*z
gruntu, pastwiska*)
~ appendant prawo wypasu na przyległych gruntach
~ of digging prawo eksploatacji
~ of pasturage prawo do wypasu, wspólnota pastwiska
~ of piscary prawo do łowienia ryb, wspólnota
rybołówstwa
in ~ wspólnie
in ~ with ... na równi ⟨wspólnie⟩ z ...
out of the ~ niezwykły
common[2] *adj* 1. zwykły, powszechny, pospolity 2.
wspólny, ogólny 3. publiczny, społeczny
~ aims wspólne cele
~ approach wspólne podejście
~ assault zwykła napaść
~ assumpsit a) pozew o odszkodowanie z powodu
niespełnienia domniemanego obowiązku ⟨quasi
-kontraktu⟩ b) pozew o zapłatę kary konwencjonalnej
~ assurances zwykłe ⟨powszechnie stosowane⟩ sposoby przeniesienia własności
~ average awaria poszczególna ⟨partykularna, zwykła⟩
~ bail fikcyjne poręczenie (*w którym dla celów
proceduralnych wymienia się fikcyjne osoby*)
~ bar obrona w sprawie o naruszenie posiadania
(*polegająca na żądaniu wskazania dokładnego
miejsca, gdzie naruszenie to nastąpiło*)
the Common Bench *bryt. hist.* sąd najwyższy w
sprawach opartych na prawie zwyczajowym (*zniesiony w 1873 r.*)
~ carrier przewoźnik publiczny ⟨zawodowy⟩ (*każdy
środek transportu*)
~ cause ⟨concern⟩ wspólna sprawa
~ cost koszty ogólne
~ council rada komunalna ⟨miejska⟩
~ councillor radny
~ council of the realm *hist.* parlament
~ counts najczęstsze podstawy powództwa
~ design wspólny zamiar (*popełnienia przestępstwa*)
~ disaster równoczesna śmierć ubezpieczonego i
beneficjenta
~ employment doctrine doktryna wspólnego zatrudnienia (*na mocy której pracodawca nie odpowiadał
za szkodę wyrządzoną przez jednego pracownika
drugiemu pracownikowi*)
~ fund wspólny fundusz, fundusz społeczny
~ ground *przen.* wspólna platforma ⟨płaszczyzna⟩
(*np. porozumienia, współpracy, dyskusji*)
Common Hall powszechny sąd londyński
~ informer *hist.* osoba prywatna dochodząca ukarania winnego (*na podstawie statutu*) i otrzymująca
wynagrodzenie w wypadku skazania go
~ intendment a) zwykłe ⟨ogólnie przyjęte⟩ znaczenie
b) oczywista treść (*dokumentu*)
~ interest wspólne zainteresowanie
~ jury a) zwykły skład przysięgłych b) przysięgli z
funkcjami rozstrzygnięcia sporu i podziału należnych sum

~ **jury list** spis spraw podlegających rozpoznaniu sądu przysięgłych

~ **knowledge** rzecz powszechnie znana (*nie wymagająca dowodu w sądzie*)

~ **labour** praca niewykwalifikowana (*nie wymagająca kwalifikacji*)

~ **laud** = **common**[1] **1.**

~ **law** *a*) prawo powszechnie obowiązujące *b*) prawo zwyczajowe (*w przeciwieństwie do prawa zawartego w ustawach*) *c*) prawo cywilne

~ **lawyer** prawnik-specjalista w zakresie prawa zwyczajowego

the **Common Market** Wspólny Rynek, Europejska Wspólnota Gospodarcza

~ **market value** zwykła wartość rynkowa

~ **nuisance** powszechne zagrożenie ⟨niebezpieczeństwo⟩

~ **physical dangers** zwykłe fizyczne niebezpieczeństwo

Common Place *bryt. hist.* Sąd

~ **policy** wspólna polityka

~ **property** wspólna własność, własność w częściach idealnie równych

~ **rule** postanowienie sądu wydane bez udziału strony

~ **seal** pieczęć związku ⟨stowarzyszenia, osoby prawnej⟩

~ **search for peace** wspólne dążenie do pokoju

~ **sense** zdrowy rozsądek

~ **sensical** sensowny, rozsądny

Common Sergeant of London *bryt.* nazwa jednego z głównych sędziów Trybunału Burmistrza i Śródmieścia Londynu

~ **stock** zwykłe akcje

~ **views** wspólne poglądy

by ~ **consent** jednomyślnie, za ogólną zgodą

in ~ **use** w powszechnym użyciu, powszechnie używany

it is ~ **knowledge that** ... jest rzeczą powszechnie znaną, że ...

commonage *s* **1.** wspólne użytkowanie ⟨korzystanie⟩ **2.** prawo wypasu na wspólnym pastwisku

commoner *s* **1.** członek Izby Gmin **2.** obywatel, mieszczanin, człowiek z gminu ⟨gminnego pochodzenia⟩

common-law *adj:* ~ **action** powództwo oparte na prawie zwyczajowym

~ **conspiracy** zmowa w rozumieniu prawa zwyczajowego

~ **court** sąd rozstrzygający sprawy w oparciu o prawo zwyczajowe

~ **husband** konkubent, mężczyzna żyjący w związku nieślubnym

~ **judgment** orzeczenie oparte na normach prawa zwyczajowego

~ **jurisdiction** kompetencja sądu orzekającego w oparciu o prawo zwyczajowe

~ **lien** prawo zastawu z mocy prawa zwyczajowego

~ **marriage** konkubinat, trwałe pożycie bez zawarcia ślubu

~ **remedy** środek obrony w procesie opartym na prawie zwyczajowym

~ **wife** konkubina, kobieta żyjąca w związku nieślubnym

commonness *s* nagminność

commons *spl* **1.** gmin, pospólstwo, lud **2.** trzeci stan **3.** wspólny stół, stołowanie się

the (**House of**) **Commons** *bryt.* Izba Gmin

commonwealth *s* **1.** państwo **2.** związek, wspólnota **3.** *am. hist.* federacja (*stanów Kentucky, Massachusetts, Pensylwania i Wirginia*)

(**British**) **Commonwealth** (**of Nations**) Brytyjska Wspólnota Narodów

Commonwealth citizen obywatel Brytyjskiej Wspólnoty, brytyjski poddany

Commonwealth Countries kraje Brytyjskiej Wspólnoty Narodów

Commonwealth Development Finance Corporation Towarzystwo Finansowania Rozwoju Krajów Wspólnoty Brytyjskiej

Commonwealth of Australia Związek Australijski

Commonwealth of Nations Wspólnota Narodów

Commonwealth preference uprzywilejowany system celny w obrębie Brytyjskiej Wspólnoty Narodów

Commonwealth Relation Office ministerstwo Brytyjskiej Wspólnoty Narodów

Commonwealth Secretary minister do spraw Brytyjskiej Wspólnoty Narodów

commorancy *s* **1.** zamieszkiwanie, siedziba **2.** czasowe miejsce pobytu

commorant *adj* przebywający, mieszkający

commorientes *spl* osoby zmarłe równocześnie (*np. w wyniku katastrofy; dla celów spadkowych w prawie brytyjskim przyjmuje się kolejność zgonów według wieku*)

commotion *s* **1.** wstrząs, wzburzenie, zamieszanie **2.** rozruchy, zamieszki wewnętrzne

civil ~ bunt, rozruchy, zamieszki wewnętrzne

civil ~**s risk** ryzyko szkód spowodowanych przez rozruchy

communal *adj* **1.** komunalny **2.** wspólny, społeczny

~ **land** grunty komunalne

~ **property** własność komunalna

commune *s* komuna, wspólnota

communicate *v* **1.** komunikować, podawać do wiadomości, oznajmiać (**sth to sb** coś komuś) **2.** utrzymywać łączność, komunikować się (**with sb** z kimś), porozumiewać się, utrzymywać stosunki

communication *s* **1.** zawiadomienie, komunikat, udzielenie wiadomości, informacja **2.** kontaktowanie się, komunikowanie się **3.** komunikacja, łączność **4.** środek komunikacji ⟨łączności⟩

~ **network** sieć informacyjna

air ~ komunikacja powietrzna ⟨lotnicza⟩

confidential ⟨**privileged**⟩ ~ poufna informacja (*uzyskana przez adwokata od jego klienta, lekarza od jego pacjenta itd.*)

line of ~ linia komunikacyjna

means of ~ *a*) środki komunikacji ⟨łączności⟩ *b*) środki transportu ⟨lokomocji⟩

rail ⟨**railway,** *am.* **railroad**⟩ ~ komunikacja kolejowa

telegraph ⟨**telephone**⟩ ~ łączność telegraficzna ⟨telefoniczna⟩

to be in ~ **with sb** być z kimś w kontakcie

to break off all ~ **with sb** zerwać z kimś wszelkie kontakty

to get into ~ **with sb** nawiązać z kimś kontakt ⟨stosunki⟩

communications *spl* **1.** łączność, komunikacja **2.** środki łączności ⟨komunikacji⟩, linie komunikacyjne

main ~ główne linie komunikacyjne
mass ~ media środki masowej informacji ⟨masowego przekazu⟩, publikatory
communings *spl szkoc.* wstępne rokowania poprzedzające zawarcie umowy
communion *s* wspólnota
~ of goods *szkoc.* małżeńska wspólnota majątkowa dotycząca ruchomości
communiqué *s fr.* komunikat, oficjalne oświadczenie
final ~ komunikat końcowy
joint ~ komunikat wspólny
press ~ komunikat prasowy
communism *s* komunizm
communist *adj* komunistyczny
the Communist Manifesto Manifest Komunistyczny
~ party partia komunistyczna
community *s* 1. wspólnota, wspólność 2. ogół, społeczność 3. środowisko, koła (*dyplomatyczne itp.*)
~ chest *am.* lokalny fundusz zapomogowy
~ debt wspólny dług małżonków
~ home *bryt.* zakład ⟨dom⟩ poprawczy
~ of acquest ⟨acquisition⟩ wspólność nabytków ⟨majątku nabytego w czasie małżeństwa⟩
~ of goods wspólność majątkowa
~ of heirs wspólny majątek spadkowy
~ of interests wspólnota interesów
~ of nations wspólnota narodów
~ of profits wspólność dochodów
~ (of) property wspólność majątkowa (*małżonków*)
~ of rights wspólność praw
business ~ wspólnota interesów
conjugal ~ wspólność małżeńska
economic ~ wspólnota ekonomiczna
European Coal and Steel Community Europejska Wspólnota Węgla i Stali
European Economic Community (*skr.* the EEC) Europejska Wspólnota Gospodarcza
the immigrant ~ środowisko imigranckie ⟨imigrantów⟩
the mercantile ~ środowisko kupieckie, sfery handlowe
primitive ~ wspólnota pierwotna
socialist ~ wspólnota socjalistyczna
commutable *adj* 1. zamienny, wymienialny 2. przeliczalny
~ penalty kara zamienialna ⟨zastępcza⟩
commutation *s* 1. zamiana 2. złagodzenie (*kary sądowej*) 3. przeliczenie
~ of punishment zamiana kary (*na łagodniejszą*)
~ passenger *am.* pasażer dojeżdżający do pracy ⟨mający bilet okresowy⟩
~ ticket *am.* bilet okresowy ⟨miesięczny⟩
commutative *adj* 1. zamienny, wymienny 2. przeliczeniowy
commute *v* 1. zamieniać 2. łagodzić karę sądową 3. przeliczać 4. *am.* dojeżdżać do pracy
to ~ the death penalty to life imprisonment zamienić karę śmierci na dożywocie
to ~ a sentence of imprisonment into a fine zamienić karę więzienia ⟨pozbawienia wolności⟩ na grzywnę ⟨karę grzywny⟩
commuter *s am.* osoba dojeżdżająca do pracy ⟨posiadająca bilet okresowy⟩
~ train pociąg podmiejski

compact[1] *s* ugoda, umowa, porozumienie, konwencja
by general ~ jednomyślnie, za ogólną zgodą
compact[2] *adj* 1. ścisły, zwarty 2. treściwy, zwięzły 3. zajmujący mało miejsca, ciasno upakowany
company *s* 1. towarzystwo, kompania, (wielkie) przedsiębiorstwo 2. spółka handlowa, stowarzyszenie, korporacja
companies act ustawa o spółkach
companies register rejestr spółek
~ bookkeeping księgowość spółki
~ director dyrektor spółki
~ in liquidation spółka w likwidacji
~ law prawo o spółkach
~ limited by guarantee spółka z ograniczoną odpowiedzialnością (*do wysokości udziałów*)
~ limited by shares spółka akcyjna
~ meeting zgromadzenie ogólne (*akcjonariuszy spółki*)
~ promotor założyciel spółki
~ 's articles statut spółki
~ secretary *bryt.* sekretarz spółki ⟨towarzystwa⟩
~ 's year rok obrotowy ⟨obrachunkowy⟩ spółki
~ town osada ⟨miasteczko⟩ dla pracowników spółki
~ union *am.* związek pracowników spółki
affiliated ~ przedsiębiorstwo afiliowane
air ⟨navigation⟩ ~ towarzystwo linii lotniczych
associated ~ filia spółki
banking ~ przedsiębiorstwo bankowe
bogus ⟨bubble⟩ ~ oszukańcza ⟨fikcyjna⟩ spółka
broadcasting ~ korporacja radiofoniczna, towarzystwo radiofoniczne
chartered ~ spółka koncesjonowana
commercial ~ spółka handlowa
credit ~ towarzystwo kredytowe
forwarding ~ spółka spedycyjna
holding ~ towarzystwo holdingowe (*posiadające udziały innych towarzystw*)
incorporated ~ *am.* spółka akcyjna, towarzystwo akcyjne
insurance ~ towarzystwo ubezpieczeniowe
joint-stock ~ spółka akcyjna
limited liability ~ *bryt.* spółka z ograniczoną odpowiedzialnością
loan ~ kasa pożyczkowa
name of a ~ nazwa ⟨firma⟩ spółki
one-man ~ przedsiębiorstwo jednoosobowe (*stanowiące własność jednej osoby*)
parent ~ firma macierzysta
private ~ prywatna spółka akcyjna (*posiadająca ograniczoną liczbę akcjonariuszy z ograniczonym prawem sprzedaży akcji*)
public ~ publiczna spółka akcyjna
public-utility ~ przedsiębiorstwo użyteczności publicznej
railway ~ towarzystwo kolei żelaznych
real estate ~ spółka handlu nieruchomościami
registered ~ spółka zarejestrowana ⟨rejestrowa⟩
sales finance ~ *am.* towarzystwo finansowania sprzedaży na raty
shipbuilding ~ towarzystwo budowy okrętów
shipping ~ towarzystwo żeglugowe ⟨okrętowe⟩
sister ~ przedsiębiorstwo afiliowane
stock ~ towarzystwo akcyjne, spółka akcyjna
subsidiary ~ przedsiębiorstwo afiliowane, filia przedsiębiorstwa

trading ~ przedsiębiorstwo handlowe, spółka handlowa
trust ~ spółka powiernicza
unlimited ~ spółka z nieograniczoną odpowiedzialnością
warehouse ~ przedsiębiorstwo składowe
to constitute ⟨**establish, form, found, incorporate**⟩ a ~ utworzyć spółkę
to convert into a ~ przekształcić w spółkę
to dissolve ⟨**liquidate, wind up**⟩ a ~ zlikwidować spółkę
comparability s porównywalność, możliwość porównywania
pay ~ dopasowanie płacy (*do innych płac*), wyrównanie płac
comparable adj porównywalny, dający się porównać
  ~ **data** dane porównywalne
  ~ **period** porównywalny okres
  in ~ **prices** w porównywalnych cenach
  to be ~ **with** ⟨**to** ⟩ **sb, sth** dać się porównać z kimś, czymś
comparative adj 1. porównawczy 2. względny
  ~ **advantages** względne korzyści ⟨plusy⟩
  ~ **data** dane porównawcze
  ~ **interpretation** interpretacja porównawcza
  ~ **jurisprudence law** prawo porównawcze
  ~ **table** tabela porównawcza
comparatively adv 1. porównawczo, w porównaniu (**to sth** z czymś) 2. względnie, stosunkowo
compare v 1. porównywać, zestawiać 2. dawać się porównać 3. nie ustępować (*komuś, czemuś*)
  to ~ **evidence** a) zestawić dowody b) dokonać konfrontacji
compared pp adj: **as** ~ **with** ... w porównaniu z ...
  not to be ~ **with** ... nie do porównania z ...
comparison s 1. porównanie, zestawienie 2. konfrontacja (*dokumentów*)
  ~ **of handwritings** porównanie pisma
  beyond ⟨**past**⟩ ~ nie do porównania
  by (way of) ~ przez analogię ⟨porównanie⟩
  in ~ **with** ... w porównaniu z ...
  without ~ nie do porównania
  to bear ⟨**stand**⟩ ~ **with** ... dać się porównać z ⟨do⟩ ...
  to make ⟨**draw**⟩ a ~ **between** ... porównać ... (*coś z czymś*), dokonać porównania ... (*między czymś i czymś*)
compartment s przedział (*w wagonie*)
  cargo ~ przedział bagażowy
compass[1] s 1. kompas, busola 2. obwód, zasięg, okrąg 3. granica (*czasu i przestrzeni*)
  to be within the ~ **of** ... znajdować się w zasięgu ...
compass[2] v 1. otaczać, okrążać, obejmować 2. pojmować 3. knuć, spiskować, zamierzać, planować 4. dopiąć (*czegoś*)
  to ~ **murder** planować morderstwo, zamierzać dokonać morderstwa
compassionate adj 1. współczujący 2. okolicznościowy
  ~ **allowance** bryt. zapomoga (*udzielona w wypadku braku podstaw do wypłacenia renty, zasiłku itp.*)
  ~ **leave** bryt. urlop okolicznościowy
compatibility s zgodność, zgoda
compatible adj zgodny, możliwy do pogodzenia (*z czymś*)

to be ~ **with sth** licować ⟨dać się pogodzić⟩ z czymś
compatriot s rodak, ziomek
compear v szkoc. stawić się w sądzie (*osobiście lub przez pełnomocnika*)
compearance s szkoc. stawienie się w sądzie, występowanie w sądzie
compel v 1. zmuszać (**sth** do czegoś) 2. wymuszać
  to ~ **confession** wymusić przyznanie (się)
  to ~ **the execution of a contract** zmusić do wykonania umowy
  to ~ **sb to obedience** zmusić kogoś do posłuszeństwa
compelling adj 1. nieodparty 2. zmuszający
  ~ **logic** nieodparta logika
  ~ **presumption** nieodparte domniemanie
  ~ **reasons** ważkie ⟨istotne⟩ przyczyny
compendious adj krótki, streszczony, zwięzły
compendium s (*pl* **compendiums, compendia**) streszczenie, kompendium
  ~ **of laws** zbiór ustaw ⟨praw⟩
compensate v 1. wyrównywać, wynagradzać, rekompensować 2. rozliczać wzajemne należności, dokonywać potrąceń ⟨kompensat⟩ 3. kompensować (**for sth** coś), stanowić kompensatę (**for sth** czegoś)
  to ~ **sb for a loss** wyrównać ⟨wynagrodzić⟩ komuś stratę, dać komuś odszkodowanie za stratę
  to ~ **the injury** a) wynagrodzić krzywdę b) wypłacić odszkodowanie za uszkodzenie ciała
  to ~ **a workman for injuries** wypłacić robotnikowi odszkodowanie za uszkodzenie ciała
compensated pp adj: **partly** ~ częściowo wyrównany ⟨zrekompensowany⟩
compensation s 1. wynagrodzenie, odszkodowanie, rekompensata 2. rozliczenie wzajemnych należności, potrącenie, kompensata 3. wyrównanie, równoważenie
  ~ **account** rachunek kompensacyjny ⟨wyrównawczy⟩
  ~ **agreement** umowa kompensacyjna
  ~ **bank** bank kompensacyjny ⟨rozrachunkowy⟩
  ~ **deal** ⟨**transaction**⟩ transakcja kompensacyjna ⟨rozrachunkowa⟩
  ~ **for damage** wynagrodzenie szkody
  ~ **for injury** a) wynagrodzenie krzywdy b) odszkodowanie za uszkodzenie ciała
  ~ **for termination of contract** odstępne za odstąpienie od umowy
  ~ **in cash** ⟨**kind**⟩ wynagrodzenie w gotówce ⟨w naturze⟩
  ~ **tax** podatek wyrównawczy
  ~ **trade** handel kompensacyjny
  as ~ **for** ... jako wyrównanie za ...
  by way of ~ w drodze odszkodowania, za odszkodowaniem
  claim for ~ roszczenie o odszkodowanie, skarga odszkodowawcza
  in ~ **for** ... tytułem odszkodowania za ...
  just ~ właściwe ⟨słuszne, odpowiednie⟩ odszkodowanie
  pecuniary ~ odszkodowanie pieniężne
  right of ⟨**to**⟩ ~ prawo do odszkodowania
  to claim ~ żądać odszkodowania
  to make ⟨**give**⟩ ~ dać odszkodowanie
  to pay ~ zapłacić odszkodowanie (**for sth to sb** komuś za coś)

compensative *adj* odszkodowawczy, wyrównawczy, kompensacyjny
compensator *s* osoba dająca odszkodowanie
compensatory *adj* odszkodowawczy, wyrównawczy, kompensacyjny
~ **damages** odszkodowanie kompensacyjne (*wyrównujące rzeczywistą stratę*)
~ **duty** cło wyrównawcze
~ **rate** stawka wyrównawcza
~ **tariff** taryfa celna wyrównawcza
~ **tax** podatek wyrównawczy
~ **trade** handel kompensacyjny
compete *v* 1. konkurować, współzawodniczyć, robić konkurencję (**with** ⟨**against**⟩ **sb** komuś) 2. ubiegać się (**for sth** o coś)
to ~ **in quality** konkurować pod względem jakości (*towaru*)
to ~ **on the world market** konkurować na światowym rynku
competence *s* 1. kompetencja, właściwość (*np. sądu, władzy*) 2. zdolność, zdatność 3. uzdolnienie, kwalifikacja, fachowość 4. dostatek, zasobność, dobrobyt
~ **in languages** znajomość języków obcych
~ **of a court** kompetencja sądu
local ⟨**territorial**⟩ ~ właściwość miejscowa (*np. sądu*)
to be within the ~ **of a court** być w kompetencji sądu
to disclaim ~ kwestionować właściwość (*sądu, urzędu*)
to exceed one's ~ przekraczać swoje kompetencje
to fall beyond sb's ~ nie należeć do czyjejś kompetencji
to fall within sb's ~ należeć do czyjejś kompetencji, wchodzić w zakres czyjejś kompetencji
competency *s* = **competence**
competent *adj* 1. kompetentny, właściwy 2. fachowy, posiadający kwalifikacje 3. wystarczalny, dostateczny
~ **authorities** kompetentne ⟨właściwe⟩ władze
~ **authority** kompetentny autorytet ⟨specjalista⟩
~ **court** właściwy ⟨kompetentny⟩ sąd
~ **evidence** *a*) właściwy dowód *b*) dowód nadający się do przyjęcia
~ **majority** wystarczająca większość (*np. głosów*)
~ **to do sth** zdolny do zrobienia czegoś
~ **witness** kompetentny świadek (*posiadający pełne kwalifikacje do składania zeznań w sprawie*)
to have ~ **knowledge of law** posiadać fachową znajomość prawa
competing *adj* konkurencyjny
~ **business** ⟨**firm**⟩ firma konkurencyjna
~ **goods** ⟨**merchandise**⟩ towary konkurencyjne
competition *s* 1. konkurencja, współzawodnictwo 2. konkurs, zawody
~ **clause** klauzula wyłączności handlowej
active ⟨**animated**⟩ ~ żywa konkurencja
by open ~ drogą otwartego konkursu
cut-throat ~ bezlitosna ⟨zaciekła⟩ konkurencja
fair ~ uczciwa konkurencja
free ~ wolna konkurencja
keen ~ silna konkurencja
monopolistic ~ konkurencja monopolistyczna
severe ⟨**brisk, fierce**⟩ ~ ostra konkurencja
socialist ~ socjalistyczne współzawodnictwo

unfair ~ nieuczciwa konkurencja
to be in ~ **with sb** współzawodniczyć z kimś
to beat ⟨**crush**⟩ ~ pokonać ⟨zniszczyć⟩ konkurencję
to eliminate ~ wyeliminować konkurencję
to face ⟨**meet**⟩ ~ stawić czoło konkurencji, wytrzymać konkurencję
to restrain ⟨**restrict**⟩ **the** ~ ograniczać konkurencję
competitive *adj* konkurencyjny
~ **ability** ⟨**capacity**⟩ = **competitiveness**
~ **bidding** wezwanie do składania ofert przetargowych
~ **economy** gospodarka konkurencyjna
~ **goods** ⟨**products**⟩ towary konkurencyjne
~ **market** rynek konkurencyjny
~ **power** ⟨**strength**⟩ konkurencyjność
~ **price** cena konkurencyjna
~ **struggle** walka konkurencyjna
~ **system** system wolnej konkurencji
competitiveness *s* konkurencyjność (*cen, towarów*), zdolność konkurencji
competitor *s* konkurent, współzawodnik
~ **s' business** firma konkurencyjna
to distance ⟨**outrun**⟩ **a** ~ osiągnąć przewagę nad konkurentem
to set up as a ~ wystąpić jako konkurent
to undersell the ~ sprzedawać po cenie konkurencyjnej
competitory *adj* konkurencyjny
compilation *s* 1. kompilacja, zestawienie 2. zebranie (*faktów, danych*)
~ **of an inventory** spis inwentarza
compile *v* 1. zbierać, zestawiać 2. kompilować, opracowywać
compiled *pp adj* zebrany, zestawiony
~ **laws** ⟨**statutes**⟩ zbiór praw ⟨ustaw⟩
complain *v* 1. zgłaszać reklamację, reklamować 2. skarżyć ⟨uskarżać⟩ się (**of sb, sth** na kogoś, coś) 3. wnosić skargę ⟨zażalenie⟩ (**against sb of** ⟨**about**⟩ **sth** na kogoś o coś)
to have reasons to ~ mieć podstawy do zażalenia ⟨skargi⟩
complainant *s* 1. osoba zgłaszająca skargę ⟨wnosząca zażalenie⟩ 2. powód, strona powodowa
complainer *s* 1. zgłaszający zażalenie, narzekający 2. *szkoc.* powód
complaint *s* 1. skarga, zażalenie, reklamacja 2. powództwo
~ **book** książka zażaleń, księga reklamacji
~ **department** dział reklamacji
~ **s and proposals** skargi i wnioski
~ **s office** biuro skarg i zażaleń
admissible ~ dopuszczalne powództwo
cause ⟨**ground**⟩ **for** ~ przyczyna reklamacji
groundless ~ nieuzasadniona ⟨bezzasadna⟩ reklamacja
justified ~ słuszna ⟨uzasadniona⟩ reklamacja
letter of ~ list z reklamacją, pisemna reklamacja
unfounded ~ nieuzasadniona ⟨bezzasadna⟩ reklamacja
to adjust a ~ załatwić reklamację
to admit a ~ przyznać słuszność reklamacji, uznać reklamację
to bring a ~ wnieść reklamację
to have a reason for a ~ mieć podstawę do reklamacji
to inquire into a ~ badać reklamację

to lodge a ~ a) wnosić reklamację b) wnosić powództwo (against sb przeciwko komuś)
to make a ~ against sb wnosić powództwo przeciwko komuś
to make ~ s about sth żalić się na coś
to reject ⟨refuse⟩ a ~ odrzucić reklamację
to settle a ~ załatwić reklamację
complement¹ s 1. uzupełnienie, dopełnienie 2. komplet, pełna obsada (załogi statku)
complement² v uzupełniać, dopełniać, kompletować
complementary adj uzupełniający, dopełniający
complete¹ adj 1. zupełny, całkowity, kompletny 2. skończony 3. uzupełniony, skompletowany
~ assortment pełny asortyment
~ banning of tests całkowity zakaz prób
~ cargo ładunek pełnostatkowy
~ details kompletne ⟨pełne⟩ dane
~ disarmament całkowite rozbrojenie
~ independence pełna niezawisłość
~ knowledge pełna znajomość ⟨wiedza⟩
~ particulars wszystkie ⟨wszelkie⟩ szczegóły
~ plants kompletne obiekty (przemysłowe), całkowite fabryki
~ set pełny zestaw, komplet
~ unanimity całkowita jednomyślność
~ with (o dostawie) łącznie z
complete² v 1. uzupełniać, kompletować 2. kończyć, doprowadzać do końca, finalizować 3. wypełniać (np. formularz) 4. wykonywać, dokonywać
to ~ a form wypełnić formularz
to ~ preliminary talks zakończyć wstępne rozmowy
to ~ a sale dokonać sprzedaży
completeness s całkowitość, kompletność
completion s 1. ukończenie, sfinalizowanie, wykonanie 2. uzupełnienie 3. wypełnienie 4. pl completions stat. ukończone obiekty (osiedla, kombinaty itp.)
~ cargo ładunek uzupełniający
~ of a contract wykonanie umowy
~ of a form wypełnienie formularza
~ of an order wykonanie zamówienia
dwelling ~ domy mieszkalne, ukończone budynki mieszkalne
to be near ~ (o budowie itp.) być na ukończeniu
to bring sth to ~ doprowadzić coś do końca
to reach ~ (o budowie itp.) zakończyć się, zostać wykonanym ⟨ukończonym⟩
completive adj dopełniający
complex¹ s 1. kompleks 2. zespół
inferiority ⟨superiority⟩ ~ kompleks niższości ⟨wyższości⟩
military-industrial ~ zespół wojskowo-przemysłowy
complex² adj skomplikowany, złożony
compliance s 1. zgodność, zgoda 2. uległość, ustępliwość
in ~ with sth stosownie do czegoś, zgodnie z czymś
in ~ with your request stosownie do waszej prośby
to act in ~ with orders działać stosownie do instrukcji ⟨poleceń⟩
compliant adj uległy, ustępliwy
complicate¹ adj skomplikowany
complicate² v komplikować, wikłać, gmatwać
complicated adj skomplikowany, zawikłany

to become ~ skomplikować się, stać się skomplikowanym
complication s komplikacja, powikłanie
complicity s współudział (w przestępstwie)
to charge sb with ~ oskarżyć kogoś o współudział
compliment¹ s 1. pozdrowienia; gratulacje 2. życzenie 3. pl compliments ukłony, wyrazy szacunku
to make ⟨pay⟩ one's ~ s złożyć uszanowanie, przesłać wyrazy szacunku
with the ~ s of the season z życzeniami świątecznymi
compliment² v 1. ofiarować (sb with sth komuś coś – w dowód szacunku, przyjaźni itp.) 2. gratulować (sb on sth komuś czegoś) 3. chwalić (sb on sth kogoś za coś) 4. prawić komplementy
complimentary adj 1. pochlebny 2. gratulacyjny 3. okazowy, autorski, gratisowy
~ address przemówienie gratulacyjne, mowa powitalna
~ clause końcowa formułka listu, zwrot grzecznościowy na zakończenie listu
~ copy egzemplarz okazowy ⟨autorski, gratisowy⟩, gratis
~ mission delegacja okolicznościowa (z racji obchodów rocznicy itp.)
~ ticket bezpłatny ⟨gratisowy⟩ bilet
comply v 1. zastosować się (with sth do czegoś) 2. podporządkować się (with sth czemuś) 3. zgadzać się, przestrzegać (with sth czegoś) 4. czynić zadość, odpowiadać (with sth czemuś)
to ~ with conditions a) odpowiadać warunkom, spełniać warunki b) stosować się do ⟨przestrzegać⟩ warunków
to ~ with instructions stosować się do instrukcji
to ~ with the law podporządkować się prawu, przestrzegać prawa
to ~ with sb's request zastosować się do czyjejś prośby, spełnić czyjąś prośbę
to ~ with requirements a) odpowiadać wymaganiom b) zastosować się do wymagań
to ~ with a summons zastosować się do wezwania
to ~ with a term dotrzymać ⟨przestrzegać⟩ terminu
to ~ with the terms spełnić warunki
to ~ with sb's wishes spełnić czyjeś życzenia ⟨żądania⟩, zastosować się do czyichś życzeń
component¹ s składnik, część składowa, komponent
~ of level of living stat. składnik poziomu życia
component² adj składowy
~ parts części składowe
compos adj łac.: ~ mentis w pełni władz umysłowych, zdrowy na umyśle
compose v 1. składać, zestawiać 2. łagodzić, godzić (spór) 3. umorzyć (dług)
composed pp adj 1. spokojny, stateczny, opanowany 2. złożony, zestawiony
~ of... złożony z ...
composite¹ s 1. rzecz złożona 2. mieszanka, mieszanina
composite² adj złożony, mieszany, składany
~ family stat. rodzina złożona
~ index stat. wskaźnik złożony
~ portrait domniemany portret przestępcy (sporządzony na podstawie opisu świadków)
~ state państwo wielonarodowe
~ work praca zbiorowa (w której każdy autor opracował inną część)

composition *s* **1.** skład, struktura **2.** układ, ugoda, kompromisowe porozumienie **3.** załagodzenie (*sporu*) **4.** umorzenie długu **5.** mieszanina, połączenie **6.** składanie
~ **agreement** układ z wierzycielami
~ **of a committee** skład komitetu ⟨komisji⟩
~ **of the court** skład sądu
~ **of the parliament** skład parlamentu
amicable ~ układ polubowny
to come to a ~ dojść do ugody ⟨porozumienia⟩, osiągnąć kompromis
to enter into a ~ **with sb over sth** dojść do porozumienia z kimś co do czegoś
to make a ~ **with one's creditors** zawrzeć układ ⟨ułożyć się⟩ z wierzycielami
to offer a ~ zaproponować ugodę, zaoferować układ kompromisowy
compound[1] *s* **1.** mieszanina, zestawienie **2.** związek chemiczny **3.** obóz przejściowy dla jeńców
compound[2] *adj* **1.** złożony, niejednolity **2.** (*o procencie*) składany
~ **arbitrage** ⟨**arbitration**⟩ arbitraż dewizowy złożony ⟨wielostronny⟩
~ **duties** cła mieszane (*cła od wartości i cła specjalne*)
~ **interest** procent składany
~ **settlement** złożone porozumienie w odniesieniu do nieruchomości (*oparte na kilku dokumentach i obowiązujące przez pewien czas*)
~ **tariff** taryfa celna mieszana
compound[3] *v* **1.** mieszać; łączyć, zestawiać, składać **2.** zawierać ugodę, załatwiać polubownie (*spór*) **3.** umarzać (*dług*) **4.** układać się z wierzycielami (**for sth** o coś) **5.** porozumieć się ⟨ułożyć się⟩ z przestępcą (*odstępując od ścigania go*)
to ~ **a crime** ⟨**felony**⟩ odstąpić od ścigania zbrodni (*w zamian za osobistą korzyść*)
to ~ **with one's creditors** ułożyć się z wierzycielami
compounder *s* **1.** osoba doprowadzająca do ugody skłócone strony **2.** osoba popełniająca przestępstwo nieścigania przestępcy (*w zamian za korzyści osobiste*)
compounding *s:* ~ **a penal action** ⟨**felony**⟩ odstąpienie od karnego ścigania (*w zamian za korzyść osobistą*)
comprehend *v* **1.** rozumieć, pojmować **2.** zawierać, obejmować
comprehensible *adj* zrozumiały, dający się rozumieć
comprehension *s* **1.** rozumowanie **2.** rozumienie, pojmowanie **3.** rozległość, zasięg, zakres
a term of wide ~ termin o szerokim zasięgu ⟨zakresie znaczenia⟩
comprehensive *adj* **1.** obszerny, szeroki, rozległy **2.** pojętny **3.** wyczerpujący, obszerny **4.** ogólny, wszechstronny
~ **account** obszerny ⟨wyczerpujący⟩ raport
~ **disarmament** wszechstronne rozbrojenie
~ **faculty** zdolność pojmowania ⟨rozumowania⟩
~ **guarantee** wszechstronna gwarancja, gwarancja o szerokim zakresie
~ **knowledge** rozległa wiedza, wszechstronna znajomość
~ **policy** polisa ogólna ⟨globalna, od wszelkiego ryzyka⟩
~ **programme** szeroki ⟨ambitny, śmiały⟩ program

~ **report** obszerne ⟨wyczerpujące⟩ sprawozdanie
~ **terms** obszerne ⟨wyczerpujące⟩ warunki (*np. umowy*)
comprehensiveness *s* rozległość, zasięg, zakres
compress *v* **1.** streszczać, zwięźle ujmować **2.** kondensować, skupiać
comprise *v* **1.** zawierać, obejmować, mieścić w sobie **2.** składać się (**sth** z czegoś)
comprised *pp:* **expenses** ~ łącznie z kosztami, wliczając koszta
compromise[1] *s* kompromis, układ, ugoda, porozumienie się stron
~ **candidate** kompromisowy kandydat
~ **clause** klauzula polubownego załatwienia sporu, zapis na sąd polubowny
~ **in court** ugoda sądowa
~ **solution** kompromisowe rozwiązanie
~ **verdict** kompromisowy wyrok, kompromisowe orzeczenie
basis for a ~ podstawa ugody
offer of a ~ propozycja ugody
policy of ~ polityka kompromisowa
to agree to a ~ zgodzić się na kompromis
to arrive at a ~ osiągnąć kompromis, dojść do ugody ⟨porozumienia⟩
compromise[2] *v* **1.** załatwiać kompromisowo, dochodzić do porozumienia, zawierać ugodę, układać się (*np. z wierzycielami*) **2.** kompromitować
to ~ **an action** zakończyć sprawę ugodą ⟨ugodowo⟩
to ~ **a dispute** zakończyć spór ugodą, dojść do kompromisu
to ~ **oneself** skompromitować się
to ~ **one's good name** ⟨**reputation**⟩ narazić na szwank swoje dobre imię ⟨swoją opinię⟩
to ~ **to arbitration** zgodzić się ⟨dokonać zapisu⟩ na sąd polubowny
to be willing to ~ być skłonnym do kompromisu ⟨ugody⟩
compromising *adj* **1.** ugodowy, kompromisowy **2.** kompromitujący
compromissary *adj* kompromisowy, polubowny, ugodowy
~ **clause** klauzula o arbitrażowym rozpoznawaniu ewentualnych przyszłych sporów, klauzula arbitrażowa
comptroller *s* **1.** rewident księgowy **2.** kontroler
Comptroller and Auditor-General *bryt.* urzędnik kontrolujący legalność i celowość wydatków (*składający sprawozdania Komisji Wydatków Publicznych Izby Gmin*)
Comptroller General *am.* przewodniczący Głównej Izby Kontroli Wydatków Państwowych
Comptroller-General (of Patents, Design and Trade Marks) *s bryt.* prezes Urzędu Patentowego
compulsion *s* przymus
measures of ~ środki przymusu
to act under ⟨**upon**⟩ ~ działać pod przymusem
to be under ~ **to do sth** zostać zmuszonym do zrobienia czegoś
compulsive *adj* przymusowy
compulsory *adj* przymusowy, obowiązkowy, obligatoryjny
~ **administration** zarząd przymusowy, przymusowa administracja
~ **administrator** zarządca przymusowy

~ **amalgamation** przymusowa fuzja, przymusowe połączenie
~ **arbitration** obligatoryjny arbitraż
~ **auction** ⟨**sale**⟩ przymusowa licytacja
~ **censuses** *stat.* obowiązkowe spisy
~ **charter-parties** obowiązujące czartery (*członków konferencji żeglugowej*)
~ **condition** warunek obowiązkowy, wymóg obligatoryjny (*którego niezachowanie powoduje nieważność umowy*)
~ **deliveries** obowiązkowe dostawy (*np. produktów rolnych*)
~ **education** przymus szkolny
~ **insurance** obowiązkowe ubezpieczenie
~ **labour** praca przymusowa, obowiązek pracy
~ **licence** licencja przymusowa
~ **liquidation** przymusowa likwidacja
~ **loan** przymusowa pożyczka ⟨danina⟩
~ **measures** środki przymusu
~ **pilot** *mors.* pilot przymusowy ⟨obowiązkowy⟩
~ **pilotage** *mors.* przymusowy pilotaż
~ **portion** część obowiązkowa (*spadku*)
~ **price** cena sztywna ⟨obowiązkowa⟩
~ **process** obowiązek stawienia się w sądzie
~ **purchase** przymusowe nabycie
~ **rate of exchange** kurs przymusowy (*walut*)
~ **registration** przymusowa rejestracja pobytu, obowiązek meldunkowy
~ **retirement** przymusowe przeniesienie w stan spoczynku
~ **sale** a) przymusowa licytacja b) przymusowe wywłaszczenie
~ **savings** obowiązkowe oszczędzanie
~ **service** obowiązek służby wojskowej
~ **vaccination** przymusowe szczepienie, obowiązek szczepienia
~ **work** praca przymusowa, obowiązek pracy
compunction *s* skrupuły
without ~ **s** bez skrupułów
compurgation *s bryt. hist.* oczyszczenie z zarzutu na podstawie przysięgi osób godnych zaufania
compurgator *s bryt. hist.* świadek oczyszczający z zarzutu, świadek składający przysięgę w przedmiocie niewinności ⟨prawdomówności⟩ oskarżonego ⟨pozwanego⟩
compurgatory *adj:* ~ **oath** przysięga oczyszczająca
computable *adj* podlegający wyliczeniu
computation *s* 1. obliczenie, wyliczenie, rachunek 2. szacowanie
~ **sheet** *stat.* arkusz obliczeniowy
beyond ~ nie dający się policzyć, nie do wyliczenia
electronic ~ wyliczenie elektroniczne
period of ~ okres obliczeniowy
to make a ~ **of sth** wyliczyć coś, przeprowadzić kalkulację czegoś
computational *adj* rachunkowy
~ **error** błąd rachunkowy ⟨w obliczeniu⟩
compute *v* obliczać, rachować, podsumowywać, szacować
to ~ **a bill** obliczać termin płatności weksla
to ~ **one's losses at** ... oceniać swoje straty na ...
computer *s* 1. rachmistrz 2. kalkulator 3. komputer, maszyna licząca
~ **accounting** rachunkowość komputerowa
~ **centre** centrum obliczeniowe

~ **code** kod komputerowy
~ **expert** informatyk, specjalista w dziedzinie informatyki
all-purpose ⟨**general purpose**⟩ ~ komputer ⟨kalkulator⟩ uniwersalny
digital ~ komputer cyfrowy
electronic ~ komputer elektroniczny
personal ~ komputer osobisty
computer-controlled *adj* kierowany automatycznie ⟨przy pomocy komputera⟩
~ **plant** zakład kierowany automatycznie, fabryka kierowana ⟨sterowana⟩ automatycznie
computerization, computerizing *s* komputeryzacja
computerize *v* 1. obliczać techniką komputerową 2. komputeryzować, wprowadzać technikę komputerową, instalować komputer(y)
computerized *pp adj* komputerowy
~ **type setting** skład komputerowy
computing *s* obliczanie, szacowanie
~ **capacity** zdolność obliczeniowa
~ **machine** komputer
~ **speed** ⟨**time**⟩ szybkość obliczeniowa
computus *s* sądowy nakaz przedstawienia rachunków (*w stosunku do opiekuna, kuratora itp.*)
con *s adv* (*skr. od* **contra**) przeciw
pro and ~ za i przeciw
the pros and ~ **s** argumenty za i przeciw
conceal *v* ukrywać, zatajać (**sth from sb** coś przed kimś), przemilczać
to ~ **a criminal** ukrywać przestępcę
to ~ **defects** ⟨**vices**⟩ ukrywać wady
to ~ **evidence** ukrywać dowody
to ~ **a fact** przemilczeć fakt
to ~ **a fugitive** ukrywać zbiega ⟨dezertera⟩
to ~ **one's name** ukrywać (*prawdziwe*) nazwisko
to ~ **profits** ukrywać dochody
to ~ **the truth** zataić prawdę
concealed *pp adj:* ~ **assets** ukryte aktywa
~ **defects** wady ukryte
concealment *s* 1. ukrywanie, zatajenie, przemilczenie 2. kryjówka, miejsce ukrycia
~ **of assets** a) ukrywanie aktywów b) sfałszowanie bilansu
~ **of birth** zatajenie urodzenia (*zgodnie z angielskim prawem stanowi przestępstwo*)
~ **of a criminal** ukrywanie przestępcy
fraudulent ~ oszukańcze zatajenie (*faktów, dowodów*)
place of ~ miejsce ukrycia
to keep in ~ ukrywać się
to keep sb in ~ ukrywać kogoś
concede *v* 1. przyznawać, uznawać 2. ustępować, poddawać się 3. dopuszczać, przyzwalać
to ~ **a point** (**in an argument**) ustąpić w pewnym punkcie (sporu), przyznać rację w pewnym punkcie (sporu)
to ~ **a privilege to sb** przyznać komuś przywilej
to ~ **sb the right to sth** przyznać komuś prawo ⟨udzielić komuś prawa⟩ do robienia czegoś
conceding *conj:* ~ **that** ... zakładając, że ..., przyjmując, że ...
conceivable *adj* możliwy do pomyślenia, wyobrażalny
every ~ **precaution** wszelkie możliwe środki ostrożności

with every means ~ wszelkimi dostępnymi środkami, przy pomocy wszelkich możliwych środków
conceive *v* 1. wyobrażać sobie, pojmować 2. ujmować, układać, redagować 3. zrozumieć (**of sth** coś) 4. począć, zajść w ciążę
to ~ **a plan** ułożyć ⟨powziąć⟩ plan
conceived *pp* : ~ **as follows** zredagowany ⟨ujęty⟩ jak następuje
concentrate[1] *s* koncentrat, stężenie
concentrate[2] *v* 1. koncentrować (się), skupiać (się) 2. stężać (*roztwór*); wzbogacać (*rudę*)
to ~ **attention** skupiać uwagę
to ~ **on** ⟨**upon**⟩ **a subject** skoncentrować się na zagadnieniu ⟨problemie⟩
concentration *s* 1. koncentracja, skoncentrowanie 2. zgrupowanie, skupienie 3. stężenie
~ **camp** obóz koncentracyjny
~ **of capital** koncentracja kapitału
concept *s* koncepcja, pojęcie
conception *s* 1. poczęcie, zajście w ciążę 2. pojęcie, wyobrażenie 3. pomysł 4. ułożenie, zredagowanie
~ **control** zapobieganie ciąży, kontrola urodzeń
period of (possible) ~ okres koncepcyjny ⟨przypuszczalnego poczęcia⟩
concern[1] *s* 1. przedsiębiorstwo, firma, koncern 2. sprawa, rzecz 3. zainteresowanie się (**in sth** czymś) 4. udział 5. niepokój, zaniepokojenie, troska (**for** ⟨**about**⟩ sb, sth o kogoś, coś) 6. waga, znaczenie (*sprawy, kwestii*)
big ~ duże przedsiębiorstwo
business ⟨**commercial**⟩ ~ *a*) przedsiębiorstwo handlowe *b*) sprawa handlowa
going ~ działające przedsiębiorstwo
major ~ *a*) duże przedsiębiorstwo *b*) poważne zaniepokojenie *c*) sprawa szczególnie absorbująca
a matter of great ~ sprawa wielkiej wagi
a paying ~ rentowne ⟨dochodowe⟩ przedsiębiorstwo
to cause ~ wywoływać niepokój
to have a ~ **in sth** być zainteresowanym w czymś
concern[2] *v* 1. dotyczyć (**sb, sth** kogoś, czegoś), obchodzić (*kogoś*) 2. odnosić się (**sb, sth** do kogoś, czegoś)
to ~ **oneself with** ⟨**in, about**⟩ **sb, sth** *a*) zainteresować się kimś, czymś *b*) kłopotać się o kogoś, coś *c*) wtrącać się do kogoś, czegoś
as ~**s** co się tyczy, co do
to whom it may ~ do wszystkich zainteresowanych, (*wydany, sporządzony*) w celu przedstawienia ⟨przedłożenia⟩ odnośnym władzom
concerned *pp adj* 1. zainteresowany 2. interesujący się 3. zaniepokojony
as far as someone, sth is ~ jeśli chodzi o kogoś, coś, co się tyczy kogoś, czegoś
the parties ~ strony zainteresowane ⟨uczestniczące⟩
to be ~ **about sth** niepokoić się o coś
to be ~ **in a business** mieć udział w przedsiębiorstwie ⟨interesie⟩
to be ~ **in a crime** być zamieszanym w zbrodnię
to be ~ **in a plot** ⟨**conspiracy**⟩ być zamieszanym w sprawę spisku
concerning *praep* co do, co się tyczy, w sprawie, odnośnie do (**sth** czegoś)
~ **your order** odnośnie do ⟨co się tyczy⟩ waszego zamówienia
concernment *s* 1. sprawa 2. waga, doniosłość, znaczenie 3. zaniepokojenie

of vital ~ sprawa doniosłej wagi ⟨o wielkim znaczeniu⟩
concert[1] *s* zgoda, jednomyślność
in ~ zgodnie, jednomyślnie
to act in ~ **with sb** działać w porozumieniu z kimś
concert[2] *v* 1. układać (*plan działania*) 2. porozumieć się, zgodnie działać
concerted *pp adj* zgodny, jednomyślny
~ **action** zgodne działanie
~ **practices** zgodnie ustalona praktyka, zgodnie przyjęte ⟨uzgodnione⟩ postępowanie
concession *s* 1. ustępstwo 2. koncesja, nadanie (*prawa*) 3. przyznanie się (*do czegoś*)
~ **in** ⟨**on**⟩ **a price** ustępstwo od ceny
~ **of a licence** *pat.* udzielenie licencji
~ **to public opinion** ustępstwo wobec ⟨pod presją⟩ opinii publicznej
application for a ~ podanie o koncesję
by mutual ~ drogą wzajemnych ustępstw
foreign ~ koncesja zagraniczna
government ⟨**state**⟩ ~ koncesja rządowa ⟨państwowa⟩
international ~ koncesja międzynarodowa
preferential ~**s** koncesje preferencyjne ⟨typu preferencyjnego⟩
price ~ ustępstwo od ceny, rabat
to grant a ~ udzielić koncesji
to make ~**s** czynić ⟨iść na⟩ ustępstwa
to withdraw a ~ cofnąć ⟨odebrać⟩ koncesję
concessionaire, concessionary[1] *s* koncesjonariusz, agent
sole ~ wyłączny agent
concessionary[2] *adj* dotyczący koncesji
~ **company** spółka koncesjonowana
~ **fare** taryfa ulgowa
~ **rights** prawa z tytułu koncesji
concessioner *s am.* = **concessionaire**
concessit solvere *s łac.* pozew o zapłatę długu (*wnoszony do sądu burmistrza Londynu*)
conciliate *v* 1. pogodzić, pojednać 2. zjednać sobie (*kogoś*), pozyskać (*czyjeś względy*)
to ~ **conflicting interests** znaleźć kompromisowe rozwiązanie
conciliation *s* 1. pogodzenie, pojednanie 2. postępowanie pojednawcze ⟨rozjemcze⟩
~ **commission** komisja pojednawcza
court of ~ sąd polubowny
conciliative *adj* = **conciliatory**
conciliator *s* osoba doprowadzająca do pojednania; arbiter
conciliatory *adj* pojednawczy, ugodowy
~ **act** akt pojednawczy, czynność pojednawcza
~ **measures** środki pojednawcze, kroki ugodowe
~ **proceedings** postępowanie pojednawcze
~ **proposal** propozycja pojednawcza, oferta ugodowa
~ **spirit** duch pojednania, gotowość do pojednania
concise *adj* zwięzły, treściwy
conciseness *s* zwięzłość, treściwość
conclude *v* 1. zawierać (*np. układ*) 2. kończyć, doprowadzać do końca, finalizować 3. wnioskować, konkludować 4. postanawiać
to ~ **an agreement** zawrzeć umowę ⟨porozumienie⟩
to ~ **an argument** zakończyć spór
to ~ **a contract** zawrzeć kontrakt

to ~ from ... wnioskować z ...
to ~ the negotiations zakończyć rokowania
to ~ peace zawrzeć pokój
to ~ a transaction sfinalizować transakcję
to ~ a treaty zawrzeć traktat
to ~ a trial zakończyć proces
concluded pp adj 1. zakończony 2. zawarty
it was ~ to bring him to trial postanowiono oddać go pod sąd
to be ~ ciąg dalszy ⟨dokończenie⟩ nastąpi
concluding adj końcowy, ostateczny
~ statement końcowe oświadczenie
conclusion s 1. zawarcie (np. układu) 2. zakończenie, koniec, sfinalizowanie 3. konkluzja, wniosek 4. decyzja, rozstrzygnięcie
~ of an agreement ⟨a contract⟩ zawarcie umowy ⟨kontraktu⟩
~ of the debate zakończenie debaty
~ of law wnioski ⟨wnioskowanie⟩ prawne
~ of peace ⟨truce⟩ zawarcie pokoju ⟨rozejmu⟩
~ of a treaty zawarcie traktatu
~ to the country wniosek strony o rozpoznanie sprawy przez sąd przysięgłych
foregone ~ wniosek przesądzony, przewidywana z góry decyzja
in ~ na zakończenie, w końcu
place of ~ miejsce zawarcia (umowy)
to arrive at ⟨come to⟩ a ~ dojść do wniosku
to bring to a ~ zakończyć, sfinalizować
to draw a ~ wyciągnąć wniosek
to jump to ⟨at⟩ a wrong ~ dojść do błędnego wniosku
to rush to a ~ zbyt pochopnie ⟨pospiesznie⟩ wyciągnąć wniosek
conclusive adj 1. rozstrzygający, decydujący 2. ostateczny, stanowczy 3. przekonywający
~ decision ostateczna decyzja
~ evidence przekonywający dowód
~ presumption rozstrzygające ⟨przekonywające⟩ domniemanie
concoct v 1. preparować, pot. wysmażyć 2. wymyślić, ukartować, uknuć
to ~ a charge against sb spreparować oskarżenie przeciwko komuś
to ~ an excuse wymyślić wymówkę ⟨wytłumaczenie⟩
to ~ a plot uknuć spisek
concocted pp adj 1. spreparowany 2. ukartowany
~ scheme ukartowany plan
concoction s 1. spreparowanie 2. wymysł 3. uknucie (spisku)
~ of lies stek kłamstw
~ of a plot uknucie spisku
concomitant adj współistniejący, towarzyszący
~ circumstances okoliczności towarzyszące
concord s 1. zgoda, jedność 2. układ, ugoda
concordance s 1. zgoda, zgodność 2. skorowidz, indeks
in ~ with ... zgodnie z ...
concordant adj zgodny, harmonijny
~ depositions zgodne ⟨pokrywające się⟩ zeznania
concordat s konkordat
concourse s 1. zgromadzenie, zjazd, zbiegowisko 2. zbieg (okoliczności itp.) 3. am. plac, miejsce zgromadzeń 4. hala (np. dworcowa)

unforeseen ~ of circumstances nieprzewidziany zbieg okoliczności
concrete adj 1. konkretny, rzeczywisty 2. specyficzny, szczególny 3. zwarty, stały
~ case konkretny przypadek
~ fact konkretny ⟨rzeczywisty⟩ fakt
concubinage s konkubinat, trwałe pożycie
concubine s konkubina
concur v 1. zgadzać się (with sb, sth z kimś, czymś), podzielać (with sb czyjeś) zdanie 2. zbiegać się, schodzić się, iść w parze 3. współdziałać, przyczyniać się 4. wykazywać zbieżność
to ~ in an opinion podzielać pogląd
concurrence s 1. zgodność, jednomyślność 2. zbieżność, zbieg 3. współdziałanie 4. wspólne prawo ⟨roszczenie⟩ 5. konkurencja, rywalizacja, współzawodnictwo
~ of circumstances zbieg okoliczności
~ of opinions zbieżność ⟨zgodność⟩ opinii ⟨poglądów⟩
concurrent¹ s okoliczność równoczesna ⟨towarzysząca⟩
concurrent² adj 1. zbieżny, zgodny 2. współdziałający 3. równoczesny, towarzyszący 4. równoległy
~ activity równoległa działalność
~ conditions wzajemne warunki
~ consideration równoczesne wzajemne świadczenia
~ covenants wzajemne umowne obowiązki (wymagające równoczesnego spełnienia)
~ freight fracht płatny przy wyładunku
~ insurance równoczesne ubezpieczenie (u kilku ubezpieczycieli, z których każdy ponosi proporcjonalną odpowiedzialność finansową)
~ jurisdiction zbieżna jurysdykcja, równoległa właściwość (wybór właściwego sądu należy do strony)
~ resolution zbieżna rezolucja (drugiej izby parlamentu)
~ sentences równoczesne wyroki (skazujące tę samą osobę za różne przestępstwa)
~ writs a) nakaz sądowy w kilku egzemplarzach b) kilka równoczesnych nakazów (w wypadku większej ilości pozwanych)
concurring adj zbieżny, zgodny
~ opinion zgodna opinia (jednego sędziego z innymi)
~ votes zbieżne głosy, zgodne głosowanie
concuss v szkoc. przysądzać
concussion s wstrząs
~ of the brain wstrząs mózgu
condemn v 1. potępiać, ostro krytykować 2. skazywać 3. uznawać za nieodpowiednie, wybrakować 4. konfiskować 5. am. wywłaszczać
to ~ the policy of ... potępiać politykę ...
to ~ a ship a) uznać statek za nie nadający się do żeglugi i naprawy b) skonfiskować statek
to ~ to death skazać na śmierć
to ~ to imprisonment skazać na więzienie ⟨pozbawienie wolności⟩
condemnable adj 1. zasługujący na potępienie, godny potępienia 2. podlegający konfiskacie ⟨zajęciu⟩
condemnation s 1. potępienie 2. skazanie 3. am. wywłaszczenie 4. konfiskata 5. wybrakowanie (towaru)
~ money odszkodowanie zasądzone od strony przegrywającej

~ **of a ship** *a*) kondemnacja statku *b*) *bryt. hist.* uznanie statku za podlegający konfiskacie i przyznanie go zdobywcy (*przez* **Prize Court**)
~ **proceedings** postępowanie wywłaszczeniowe
condemnatory *adj* 1. potępiający 2. skazujący
~ **sentence** wyrok skazujący
condemned *adj* 1. potępiony 2. skazany 3. wybrakowany
~ **cell** ⟨**ward**⟩ cela (skazanych na karę) śmierci
condensation *s* 1. zgęszczenie 2. zwięzłość 3. streszczenie
condense *v* 1. kondensować, zagęszczać 2. streszczać
condensed *adj:* ~ **statement** krótko ujęte oświadczenie
condescend *v* 1. raczyć ⟨zechcieć łaskawie⟩ (*coś zrobić*) 2. przyjąć łaskawie (**to sb** kogoś), być łaskawym (**to sb** dla kogoś)
to ~ **upon particulars** wyszczególniać, szczegółowo określać ⟨opisywać⟩
condescendence *s szkoc.* wyszczególnienie okoliczności sprawy (*przez powoda*)
condescending *adj* 1. łaskawy (**to sb** dla kogoś) 2. protekcjonalny
condescension *s* 1. łaskawość (**to sb** dla kogoś) 2. protekcjonalność
condign *adj* słuszny, zasłużony, odpowiedni
~ **punishment** zasłużona ⟨odpowiednia⟩ kara
conditio sine qua non *s łac.* obowiązkowy ⟨konieczny⟩ warunek
condition *s* 1. warunek, zastrzeżenie 2. stan, położenie 3. stanowisko 4. stan cywilny 5. *zob.* **conditions**
~ **concurrent** warunek wzajemny
~ **guaranteed on arrival** zagwarantowany (*przez załadowcę*) stan (*towarów*) w chwili przybycia na miejsce przeznaczenia
~ **in a contract** warunek kontraktu ⟨umowy⟩
~ **in deed** warunek wyraźny
~ **in law** warunek dorozumiany
~ **of cargo** stan ładunku
~ **of contents unknown** stan zawartości nieznany
~ **of the market** stan rynku, sytuacja rynkowa
~ **on landing** stan (*towaru*) przy wyładunku
~ **precedent** warunek zawieszający
~ **resolutive** ⟨**resolutory**⟩ warunek rozwiązujący
~ **sine qua non** warunek konieczny ⟨nieodzowny⟩
~ **subsequent** warunek rozwiązujący
~ **suspensive** ⟨**suspensory**⟩ warunek zawieszający
~ **when shipped** stan (*towaru*) w chwili załadunku
basic ~ warunek podstawowy
equilibrium ~ warunek równowagi
essential ~ istotny ⟨zasadniczy⟩ warunek
express ~ warunek wyraźny
fulfilled ~ spełniony warunek
general ~ ogólny stan
good merchantable ~ dobry stan handlowy
implied ~ warunek dorozumiany
in apparent good order and ~ na pierwszy rzut oka w porządku i w dobrym stanie
in bad ⟨**good**⟩ ~ w złym ⟨dobrym⟩ stanie
in damaged ~ w stanie uszkodzonym
indispensable ~ nieodzowny warunek
in excellent ~ w doskonałym stanie
in working ~ w stanie zdatnym ⟨zdatny⟩ do użytku
main ~ podstawowy warunek
mutual ~ warunek wzajemny

on ⟨**upon**⟩ **that** ~ pod warunkiem, że; z zastrzeżeniem, że
poor ~ zły ⟨marny⟩ stan
primary ~ pierwszy ⟨zasadniczy, podstawowy⟩ warunek
principal ~ podstawowy warunek
quality, ~ **and measure unknown** jakość, stan i wymiary nieznane
resolutive ⟨**resolutory**⟩ ~ warunek rozwiązujący
secondary ~ warunek dodatkowy
serviceable ~ stan zdatny do użytku
shipping ~ stan zdatny do wysyłki statkiem
sound ~ stan dobry ⟨bez uszkodzeń⟩
statutory ~ warunek ustawowy
suspensory ~ warunek zawieszający
true ~ rzeczywisty ⟨istotny⟩ warunek
to answer a ~ odpowiadać warunkowi
to comply with ⟨**fulfil(l), meet**⟩ **a** ~ zastosować się do warunku, spełnić warunek
to keep a ~ dotrzymać warunku
to subject sth to a ~ uzależnić coś od warunku
condition[2] *v* 1. warunkować, stawiać warunki, uzależniać, zastrzegać 2. kondycjonować (*towar*) 3. stanowić warunek (**sth** czegoś) 4. badać stan (*materiału*)
conditional *adj* 1. warunkowy 2. uzależniony, zależny (**on sth** od czegoś)
~ **acceptance** warunkowe przyjęcie
~ **contraband** warunkowa kontrabanda (*towarów, które w czasie wojny mogą służyć celom wojennym*)
~ **contract** umowa warunkowa ⟨pod warunkiem zawieszającym⟩
~ **discharge** warunkowe zwolnienie (*od odpowiedzialności*)
~ **fee** warunkowe prawo dziedzicznej własności ziemskiej
~ **guaranty** warunkowe poręczenie
~ **indorsement** warunkowy indos, warunkowa cesja
~ **legacy** zapis warunkowy ⟨pod warunkiem zawieszającym⟩
~ **limitation** warunkowe ograniczenie (*w odniesieniu do władania nieruchomością*)
~ **offer** warunkowa oferta
~ **order** warunkowe zamówienie
~ **order of discharge** postanowienie o warunkowym zwolnieniu
~ **pardon** warunkowe ułaskawienie
~ **promise** warunkowe przyrzeczenie
~ **recognition** warunkowe uznanie
~ **release** warunkowe zwolnienie
~ **sale** *a*) warunkowa sprzedaż *b*) sprzedaż wiązana
to be ~ **on** ⟨**upon**⟩ **sth** zależeć od czegoś
conditioned *pp adj* 1. uwarunkowany, zastrzeżony 2. sytuowany
~ **by external circumstances** zależny od warunków zewnętrznych
ill ⟨**well**⟩ ~ w złym ⟨dobrym⟩ stanie
conditioning *s* kondycjonowanie
~ **certificate** świadectwo kondycjonowania towaru
conditions *spl* 1. warunki, okoliczności, sytuacja 2. koniunktura 3. *zob.* **condition**[1]
~ **of acceptance** warunki przyjęcia
~ **of an agreement** warunki porozumienia
~ **of chartering** warunki czarteru

~ **of employment** warunki zatrudnienia ⟨pracy⟩
~ **of insurance** warunki ubezpieczenia
~ **of payment** warunki płatności
~ **of sale** warunki sprzedaży
boom ~ koniunktura gospodarcza
economic business ~ a) warunki gospodarcze b) koniunktura gospodarcza
hard ~ uciążliwe ⟨ciężkie⟩ warunki
living ~ warunki życiowe ⟨życia⟩
local ~ warunki miejscowe ⟨lokalne⟩
market ~ sytuacja rynkowa ⟨na rynku⟩
marketing ~ warunki ⟨sytuacja na rynku⟩ zbytu
natural ~ warunki naturalne
normal ~ warunki normalne
quiet ~ zastój
service ~ warunki eksploatacji ⟨użytkowania⟩
standard ~ warunki standardowe ⟨normalne⟩
surplus ~ przewaga podaży nad popytem
under existing ⟨**prevalent**⟩ ~ w istniejących warunkach
under favourable ~ w sprzyjających okolicznościach
under production ~ w warunkach produkcyjnych
under such ~ w takich warunkach
working ~ warunki pracy
to be subject to ~ podlegać warunkom
to better ⟨**improve**⟩ ~ poprawić warunki
to establish ⟨**fix**⟩ ~ ustalać warunki
to impose ~ narzucać warunki
to lay down ~ stawiać warunki
to live beyond one's ~ żyć ponad stan
condole v 1. wyrażać kondolencje ⟨współczucie⟩ (**with sb** komuś) 2. współczuć (**with sb** komuś), ubolewać (**with sb** nad kimś)
condolence s kondolencje, wyrazy współczucia
condominium s (pl **condominia**) łac. 1. kondominium (wspólne rządy i terytorium) 2. am. spółdzielcze mieszkanie własnościowe
condonation s 1. przebaczenie, darowanie winy 2. uwolnienie od odpowiedzialności
condone v 1. przebaczyć, darować winę 2. okupić (winę)
to ~ **an adultery** darować ⟨przebaczyć⟩ zdradę małżeńską
conduce v 1. przyczyniać się, doprowadzać (**to sth** do czegoś) 2. sprzyjać (**to sth** czemuś)
conducive adj 1. sprzyjający, przyczyniający się 2. prowadzący (**to sth** do czegoś)
conduct[1] s 1. prowadzenie, zachowanie, sprawowanie się 2. kierownictwo, prowadzenie
~ **book** rejestr kar
~ **money** a) koszty podróży ⟨świadka⟩ b) zaliczka na koszty podróży (dla świadka)
~ **of affairs** prowadzenie spraw
~ **of a business** prowadzenie interesu ⟨firmy⟩
~ **of a case** ⟨**lawsuit**⟩ prowadzenie sprawy w sądzie ⟨procesu⟩
~ **of war** prowadzenie wojny
~ **towards sb** postępowanie wobec kogoś ⟨w stosunku do kogoś⟩
(**the**) **code of** ~ a) zasady postępowania b) kodeks honorowy
good ⟨**bad**⟩ ~ dobre ⟨złe⟩ sprawowanie się
good ~ **certificate** świadectwo moralności
infamous ~ naruszenie etyki zawodowej (zwłaszcza lekarskiej)

safe ~ glejt
conduct[2] v 1. prowadzić 2. kierować 3. doprowadzać, zaprowadzać
to ~ **an account** prowadzić rachunek ⟨konto⟩
to ~ **the affairs** prowadzić sprawy, kierować sprawami
to ~ **a business** prowadzić interes ⟨przedsiębiorstwo⟩, kierować przedsiębiorstwem
to ~ **a campaign against sb** prowadzić kampanię przeciwko komuś
to ~ **a case** ⟨**lawsuit**⟩ prowadzić proces sądowy
to ~ **an investigation** prowadzić dochodzenie
to ~ **negotiations** prowadzić rokowania
to ~ **oneself** prowadzić ⟨zachowywać, sprawować⟩ się
to ~ **a policy** prowadzić politykę
to ~ **a trial** prowadzić rozprawę sądową
conductio s łac. najem
confederacy s 1. polit. konfederacja 2. związek, stowarzyszenie 3. spisek, sprzysiężenie, zmowa
the Southern Confederacy am. hist. Konfederacja Południowych Stanów
to be in ~ spiskować, knuć
to form ⟨**enter**⟩ **into** ~ sprzymierzyć się
confederal adj związkowy, konfederacyjny
confederate[1] s 1. sprzymierzeniec, sojusznik 2. członek konfederacji, konfederat
confederate[2] adj 1. sprzymierzony, sojuszniczy 2. skonfederowany, federalny
confederate[3] v 1. zjednoczyć ⟨sprzymierzyć⟩ się 2. spiskować, knuć
confederated adj 1. skonfederowany, federalny 2. sprzymierzony
~ **states** państwa sprzymierzone
confederation s konfederacja
confer[1] v (skr. **cf**) łac. zobacz, porównaj
confer[2] v 1. nadawać, przyznawać (**on** ⟨**upon**⟩ **sb** komuś) 2. wyświadczać (**on sb** komuś) 3. konferować, naradzać się
to ~ **a degree on sb** nadawać komuś stopień (np. naukowy)
to ~ **a favour on sb** wyświadczyć komuś przysługę
to ~ **a title on** ⟨**upon**⟩ **sb** nadawać komuś tytuł
to ~ **with one's lawyer** naradzać się ze swym adwokatem
conferee s 1. am. uczestnik konferencji 2. osoba, która otrzymała tytuł ⟨stopień⟩
conference s 1. konferencja, narada, zebranie 2. umowa kartelowa (właścicieli statków)
~ **carrier** przewoźnik konferencyjny ⟨zrzeszony w konferencji⟩
~ **hall** sala konferencyjna
~ **line** konferencyjna lista żeglugowa
~ **of foreign ministers** narada ministrów spraw zagranicznych
~ **of heads of governments** narada szefów rządów
~ **participants** uczestnicy konferencji
~ **rate** liniowa stawka frachtowa
~ **terms** konferencyjne warunki frachtowania
annual ~ doroczna konferencja
disarmament ~ konferencja rozbrojeniowa
economic ~ konferencja ekonomiczna
Foreign Ministers' ~ konferencja ministrów spraw zagranicznych
peace ~ konferencja pokojowa
publishers' ~ konferencja ⟨kongres⟩ wydawców

round-table ~ konferencja okrągłego stołu
shipping ~ konferencja żeglugowa
summit ⟨**top**⟩ ~ konferencja na szczycie
trade ~ konferencja handlowa
world ~ konferencja światowa
to be in ~ *a)* być na konferencji, uczestniczyć w konferencji *b)* konsultować się
to call ⟨**convoke**⟩ **a** ~ zwołać konferencję
to hold a ~ odbywać konferencję
to participate ⟨**take part**⟩ **in** ~ brać udział w konferencji
conferment *s* 1. nadanie, przyznanie (*np. dyplomu* – **on sb** komuś) 2. wyświadczenie (*np. przysługi* – **on sb** komuś)
confess *v* 1. przyznawać się (**sth** do czegoś) 2. uznawać (*np. winę*) 3. opowiadać się
to ~ **a crime** przyznać się do zbrodni ⟨przestępstwa⟩
to ~ **one's fault** przyznać się do błędu, uznać swój błąd
to ~ **oneself guilty** przyznać się do winy
confessed *adj* 1. uznany, przyznany 2. jawny
a ~ **murderer** osoba przyznająca się do zabójstwa
confessedly *adv* jawnie, otwarcie
confession *s* 1. przyznanie się (*do czegoś*), wyznanie (*czegoś*) 2. wyznanie, religia 3. spowiedź
~ **and avoidance** przyznanie się do popełnienia przestępstwa z powołaniem się na okoliczności usprawiedliwiające ten czyn
~ **in court** przyznanie przed sądem
~ **of an action** uznanie pozwu
~ **of defence** uznanie przez powoda zasadności obrony
~ **of judgment** wyrok oparty na uznaniu roszczenia
~ **of signature** uznanie autentyczności podpisu
dying ~ przyznanie się ⟨wyznanie winy⟩ na łożu śmierci
extrajudicial ~ przyznanie pozasądowe
free and voluntary ~ dobrowolne przyznanie się
judgment by ~ wyrok z uznania
to extort a ~ wymusić przyznanie się
to make a full ~ przyznać się całkowicie
to retract one's ~ odwołać swe (*uprzednie*) przyznanie się
confide *v* 1. zaufać ⟨zawierzyć⟩ (**in sb** komuś) 2. zwierzać się (**to sb** komuś) 3. powierzać (**sth to sb** coś komuś)
to ~ **a secret to sb** powierzyć komuś tajemnicę
confidence *s* 1. zaufanie, ufność 2. śmiałość, pewność siebie 3. przeświadczenie, pewność 4. zwierzenie
~ **game** *am.* oszustwo, wyłudzenie (*dokonane przez nadużycie zaufania*)
~ **interval** *stat.* próbka losowa
~ **limits** *stat.* granice próbki losowej
~ **man** ⟨*bryt.* **trickster**⟩ oszust (*wykorzystujący zaufanie ofiary*)
~ **trick** *bryt.* oszustwo; wyłudzenie (*dokonane przez nadużycie zaufania*)
~ **vote** *a)* votum zaufania *b)* głosowanie w przedmiocie zaufania
breach of ~ nadużycie zaufania
implicit ~ bezwzględne zaufanie
in ~ w zaufaniu, poufnie
in strict ~ w największej tajemnicy
man of ~ zaufany człowiek

matter ⟨**question**⟩ **of** ~ kwestia zaufania
vote of ~ votum zaufania
to abuse ~ nadużyć zaufania
to be in sb's ⟨**enjoy sb's**⟩ ~ być czyimś powiernikiem, cieszyć się czyimś zaufaniem
to gain ~ zdobyć zaufanie
to have every ~ **in sb** mieć pełne zaufanie do kogoś
to place ~ **in sb** obdarzać kogoś zaufaniem
to take sb in one's ~ zwierzyć się komuś
confident *adj* 1. ufny 2. przeświadczony (**of sth** o czymś) 3. pewny siebie, śmiały
we are ~ **that** ... wierzymy ⟨ufamy⟩, że ..
confidential *adj* 1. poufny, tajny 2. zaufany
~ **agent** zaufany pośrednik ⟨agent, przedstawiciel⟩
~ **clerk** prokurent, zaufany urzędnik ⟨pracownik⟩
~ **communication** poufna informacja (*np. uzyskana przez adwokata od jego klienta*)
~ **correspondence** poufna korespondencja
~ **document** tajny dokument
~ **information** poufna informacja ⟨wiadomość⟩
~ **letter** poufny list
~ **matter** sprawa poufna
~ **post** stanowisko dla zaufanego pracownika
~ **relation** stosunek zaufania
private and ~ prywatna i poufna (*napis na korespondencji*)
strictly ~ ściśle poufne
confidentiality *s* poufny charakter, poufność
~ **of a statement** poufny charakter oświadczenia
confidentially *adv* w zaufaniu, w sekrecie, konfidencjonalnie
to speak ~ **to sb** mówić do kogoś w zaufaniu
confidently *adv* 1. z pełnym zaufaniem 2. z pewnością siebie
confine [1] *s* 1. granica 2. pogranicze 3. kraniec
confine [2] *v* 1. ograniczać 2. więzić, zamykać 3. graniczyć, stykać się 4. odosobnić
to ~ **activities** ograniczyć działalność
to ~ **a lunatic** odosobnić chorego umysłowo
to ~ **oneself to facts** ograniczać się do faktów, poprzestać na faktach
to ~ **a prisoner in a cell** zamknąć więźnia w celi
confined *pp adj* 1. ograniczony, ścieśniony 2. rodząca (*dziecko*)
to be ~ rodzić, być w połogu
to be ~ **at hard labour** odbywać karę ciężkich robót
to be ~ **to one's bed** być przykutym do łóżka, być obłożnie chorym
confinement *s* 1. ograniczenie 2. połóg, poród 3. uwięzienie, odosobnienie, pozbawienie wolności
close ⟨**solitary**⟩ ~ areszt odosobniony ⟨w pojedynczej celi⟩
premature ~ przedwczesny poród
to be in ~ przebywać w odosobnieniu
to place sb under ~ umieścić kogoś w areszcie
confirm *v* 1. potwierdzać, zatwierdzać, ratyfikować 2. umacniać, podtrzymywać
to ~ **an appointment** potwierdzić nominację
to ~ **by** ⟨**under**⟩ **oath** potwierdzić pod przysięgą
to ~ **a conversation** potwierdzić rozmowę
to ~ **a decision** potwierdzić decyzję
to ~ **sb's evidence** potwierdzić czyjeś zeznanie
to ~ **a letter** potwierdzić list

to ~ **the price** potwierdzić cenę
to ~ **a treaty** ratyfikować umowę
confirmation s **1.** potwierdzenie, zatwierdzenie **2.** umocnienie, podtrzymanie, utwierdzenie **3.** ratyfikowanie
~ **by letter** potwierdzenie listowne
~ **in writing** potwierdzenie pisemne ⟨ na piśmie⟩
~ **note** nota potwierdzająca, pisemne potwierdzenie umowy
~ **of an order** potwierdzenie zamówienia
~ **slip** kupon ⟨odcinek⟩ potwierdzenia kontraktu
~ **upon oath** potwierdzenie pod przysięgą (*poprzednio złożonych zeznań*)
against ~ w zamian za potwierdzenie
in ~ **of** w potwierdzeniu, potwierdzając
subject to ~ pod warunkiem potwierdzenia
written ~ pisemne potwierdzenie
confirmative *adj* = **confirmatory**
confirmatory *adj* **1.** potwierdzający, zatwierdzający **2.** umacniający
~ **indent** potwierdzenie zlecenia eksportowego
~ **power** prawo potwierdzania (*umów*), prawo zatwierdzania (*nominacji*)
freight ~ **note** potwierdzenie umowy frachtowej
confirmed *pp adj* **1.** potwierdzony **2.** nałogowy **3.** niepoprawny **4.** zastarzały, chroniczny
~ **drunkard** nałogowy pijak
~ **invalid** chronicznie chory
~ **letter of credit** akredytywa potwierdzona
~ **opponent** nieprzejednany przeciwnik
to be ~ **in one's opinion** utwierdzić się w swoich przekonaniach
confiscable *adj* podlegający konfiskacie
confiscate *v* konfiskować (**sth from sb** coś komuś), rekwirować
confiscation s konfiskata, zajęcie, rekwizycja
~ **of property** konfiskata majątku
confiscatory *adj* : ~ **measures** zarządzenie nakazujące konfiskatę
conflagration s pożoga, pożar
conflict[1] s **1.** konflikt, zatarg, starcie **2.** kolizja, sprzeczność, antagonizm
~ **of authority** konflikt kompetencyjny
~ **of evidence** sprzeczność dowodów
~ **of interest** sprzeczność interesów
~ **of jurisdiction** kolizja jurysdykcyjna, spór kompetencyjny
~ **of laws** *a)* kolizja przepisów prawnych *b)* prawo kolizyjne (*międzynarodowe prawo prywatne*)
~ **of opinion** sprzeczność poglądów
~ **of rule** prawo kolizyjne
armed ~ konflikt zbrojny
irrepressible ~ konflikt nie do usunięcia
labour ~ spór wynikający ze stosunku pracy
to be in ~ **with sb, sth** pozostawać z kimś, czymś w konflikcie
to come into ~ **with sb, sth** wejść z kimś, czymś w kolizję
to enter into ~ **with the law** wejść w kolizję z prawem
to get into a ~ popaść w konflikt
conflict[2] *v* **1.** ścierać się (**with sb, sth** z kimś, czymś) **2.** kolidować, być w sprzeczności
conflicting *adj* sprzeczny, kolidujący
~ **claims** sprzeczne roszczenia
~ **data** sprzeczne dane

~ **evidence** ⟨**testimony**⟩ sprzeczne zeznania (*świadków*)
~ **interests** sprzeczne ⟨kolidujące ze sobą⟩ interesy
~ **jurisdictions** sprzeczne ⟨kolidujące ze sobą⟩ kompetencje
~ **opinions** ⟨**views**⟩ sprzeczne poglądy, kolidujące ze sobą opinie
~ **propositions** sprzeczne projekty ⟨propozycje⟩
~ **reports** sprzeczne ⟨kolidujące ze sobą⟩ sprawozdania
~ **statements** sprzeczne oświadczenia
confliction s niezgodność
conform[1] *v* **1.** dostosowywać (się) (**to sth** do czegoś) **2.** uzgadniać, być zgodnym, odpowiadać (**to** ⟨**with**⟩ **sth** czemuś)
to ~ **oneself to the circumstances** dostosowywać się do okoliczności
to ~ **(oneself) to sth** podporządkowywać się czemuś
to ~ **to the law** podporządkować się prawu
to ~ **to the rules** ⟨**regulations**⟩ podporządkować się przepisom
to ~ **with orders** dostosować się do instrukcji ⟨poleceń⟩
conform[2] *adj* zgodny, stosowny, odpowiedni
~ **sample** próbka zgodna, towar zgodny z próbką
conformable *adj* **1.** zgodny, stosowny, odpowiedni **2.** dostosowany, przystosowany **3.** uległy, posłuszny
~ **to reason** zgodny z rozsądkiem
to be ~ **to sth** być zgodnym z czymś
conformance s = **conformity**
conformation s **1.** ukształtowanie, układ, budowa **2.** zgodność (**to sth** z czymś) **3.** dostosowanie, przystosowanie (**to sth** do czegoś)
conforming *adj* odpowiadający, zgodny
~ **to sample** zgodny z próbką
~ **to the specification** odpowiadający specyfikacji
conformism s **1.** konformizm **2.** anglikanizm
conformist s **1.** konformista **2.** wyznawca Kościoła anglikańskiego
conformity s **1.** zgodność (**to** ⟨**with**⟩ **sth** z czymś) **2.** dostosowanie, przystosowanie (**to** ⟨**with**⟩ **sth** do czegoś) **3.** stosowanie, przestrzeganie (*przepisów, rytuału – zwłaszcza anglikańskiego*)
~ **between the testimony and the facts** zgodność zeznań z faktami
bill of ~ wniosek wykonawcy testamentu lub zarządcy spadku o ustalenie kolejności rozrachunków z wierzycielami
to bring into ~ dostosować, przystosować
in ~ **with your instructions** zgodnie z waszymi instrukcjami, stosownie do waszych instrukcji
confound *v* **1.** pomieszać, poplątać, pogmatwać **2.** pokrzyżować (*np. plany*), zawieść (*nadzieje*) **3.** zmieszać, skonfundować **4.** wprowadzić nieład ⟨zamieszanie⟩
to ~ **calculations** pokrzyżować rachuby
confront *v* **1.** konfrontować **2.** porównywać, zestawiać (**sth with sth** coś z czymś) **3.** stawać twarzą w twarz (**sb, sth** z kimś, czymś), stanąć w obliczu (**sth** czegoś) **4.** stawiać czoło ⟨opór⟩ (**sb, sth** komuś, czemuś)
to ~ **the accused with the witnesses** skonfrontować oskarżonego ze świadkami
confrontation s **1.** konfrontacja **2.** porównanie, zestawienie **3.** konflikt
~ **between ...** konflikt między ...

~ **by force** *polit.* konfrontacja sił
~ **of armed forces** konfrontacja sił zbrojnych
~ **of documents** porównanie dokumentów
nuclear ~**s** konfrontacja nuklearna, konflikt nuklearny
identification by ~ identyfikacja poprzez konfrontację
confuse *v* 1. pomieszać, zmieszać 2. wprawić w zakłopotanie 3. pomylić (*coś z czymś*)
confused *adj* 1. pomieszany, pogmatwany 2. zmieszany, zakłopotany
to become ⟨**get**⟩ ~ *a)* stracić orientację *b)* zmieszać ⟨speszyć⟩ się
confusion *s* 1. zamieszanie, pomieszanie 2. zmieszanie, zakłopotanie 3. nieład, chaos 4. pomylenie
~ **of cargo** pomieszanie ładunków
~ **of dates** pomylenie dat
~ **of debts** wygaśnięcie długu na skutek połączenia w jednej osobie wierzyciela i dłużnika (*np. dłużnik stał się spadkobiercą wierzyciela*)
~ **of goods** pomieszanie towarów (*różnych wierzycieli*) w sposób nie dający się rozdzielić
~ **of names** pomylenie nazwisk
to fall into ~ popaść w nieład
to throw sth into ~ wprowadzić zamęt ⟨chaos⟩ w czymś
confutation *s* odpieranie, zbijanie (*wywodów, argumentów itp.*)
confute *v* odpierać, zbijać (*argumenty, wywody itp.*)
to ~ **an argument** odpierać argument
to ~ **the testimony of the witness** zbijać zeznania świadka
congener[1] *s* osobnik tego samego rodzaju
congener[2], **congeneric, congenerous** *adj* 1. pokrewny, jednorodny, tego samego rodzaju ⟨gatunku⟩ 2. spokrewniony
congenial *adj* 1. pokrewny, zbliżony, podobny (**with sb, sth** do kogoś, czegoś) 2. odpowiedni, stosowny (**to sb** dla kogoś)
~ **employment** odpowiednie zatrudnienie
~ **variety of stock** odpowiedni ⟨właściwy⟩ asortyment towarów
congenital *adj* wrodzony, odziedziczony
congeries *spl* nagromadzenie, natłok, masa, stos
congest *v* 1. gromadzić (się) w nadmiarze, tłoczyć się
to ~ **the market** zalać rynek (*np. towarem*)
congested *pp adj* 1. przeciążony, zatłoczony 2. przeludniony
~ **district** przeludniony okręg
~ **population** nadmierne zaludnienie, przeludnienie
~ **port** przepełniony port, kongestia portu
congestion *s* 1. nagromadzenie, zatłoczenie 2. przeludnienie
~ **of population** nadmierne zaludnienie, przeludnienie
traffic ~ zator w ruchu drogowym
conglomerate[1] *s* 1. zlepek, konglomerat 2. zbiór, skupisko
conglomerate[2] *v* 1. skupiać (się) 2. zlewać (się)
conglomeration *s* 1. konglomeracja 2. skupienie
~ **of population** skupienie ludności
congratulate *v* gratulować (**sb on sth** komuś czegoś), złożyć gratulacje (**sb komuś**)
congratulation *s* 1. gratulacje 2. gratulowanie
letter of ~ list gratulacyjny

congratulatory *adj* gratulacyjny
~ **address** ⟨**speech**⟩ przemówienie gratulacyjne
~ **letter** list gratulacyjny ⟨z gratulacjami⟩
congregate[1] *v* zbierać (się), zgromadzić (się), skupiać (się)
congregate[2] *adj* 1. zebrany, zgromadzony 2. zbiorowy
congregation *s* 1. zebranie, zgromadzenie 2. kongregacja 3. *bryt. uniw.* zgromadzenie (*grona profesorskiego*) 4. parafianie, wierni
congregational *adj* 1. zbiorowy, gromadny 2. *am.* kongresowy
~ **debates** *am.* obrady Kongresu
~ **district** *am.* kongresowy okręg wyborczy
congress *s* 1. kongres, zjazd, zgromadzenie 2. zjazd partii 3. **Congress** *am.* Kongres
congressional *adj* 1. kongresowy 2. zjazdowy
~ **authorization** *am.* sankcja Kongresu
~ **elections** *am.* wybory do Kongresu
~ **investigation** *am.* dochodzenia przeprowadzane przez Kongres
~ **records** *am.* protokoły posiedzeń Kongresu
Congressman *s am.* członek Kongresu, kongresman
Congresswoman *s am.* członkini Kongresu
congruence, congruency *s* zgodność (**with sth** z czymś)
~ **with the law** zgodność z prawem
congruent, congruous *adj* zgodny (**with sth** z czymś), stosowny
congruity *s* zgodność (**with sth** z czymś)
to lack ~ **with sth** być niezgodnym z czymś, być niedostosowanym do czegoś, nie odpowiadać czemuś
conjectural *adj* przypuszczalny, oparty na przypuszczeniu ⟨domysłach⟩
conjecture[1] *s* przypuszczenie, domysł
dubious ~ wątpliwy domysł, wątpliwe przypuszczenie
erroneous ~ błędne przypuszczenie
right ~ słuszne przypuszczenie
well-founded ~ uzasadnione przypuszczenie
to be right in one's ~**s** słusznie przypuszczać
conjecture[2] *v* przypuszczać, mniemać, snuć domysły
conjoin *v* łączyć, połączyć, kojarzyć (się)
conjoined *pp adj* połączony, złączony
~ **in wedlock** połączony węzłem małżeńskim
conjoint *adj* 1. połączony, złączony 2. wspólny
~ **action** połączona ⟨wspólna⟩ akcja ⟨działalność⟩
conjointly *adv* łącznie, wspólnie, w połączeniu
conjoints *spl* małżonkowie, osoby połączone węzłem małżeńskim
conjugal *adj* małżeński
~ **community** wspólność ⟨wspólnota⟩ małżeńska
~ **duty** obowiązek małżeński
~ **faith** wierność małżeńska
~ **infidelity** niewierność małżeńska
~ **life** pożycie małżeńskie
~ **rights** prawa małżeńskie, uprawnienia małżonków
~ **state** stan małżeński
to dissolve the ~ **community** zerwać pożycie małżeńskie
to restore the ~ **community** przywrócić pożycie małżeńskie
conjugality *s* małżeństwo, stan małżeński
conjunct *adj* połączony, wspólny
~ **attempt** wspólne usiłowanie

conjunction s **1.** połączenie, związek, zespół **2.** zbieg (*okoliczności, wydarzeń*)
~ **of circumstances** zbieg okoliczności
in ~ **with** *a*) w połączeniu z, łącznie z *b*) w dodatku do
to act in ~ **with sb** działać wspólnie z kimś
conjunctive adj łączący, połączony
~ **denial** generalne zaprzeczenie (*faktów*)
~ **obligation** łączne zobowiązanie
conjuncture s **1.** zbieg wydarzeń, splot okoliczności **2.** koniunktura **3.** stan rzeczy, sytuacja **4.** krytyczna sytuacja, kryzys
favourable ~ korzystna ⟨dobra⟩ koniunktura
conjuration s uroczyste zwrócenie się o uczynienie czegoś (*np. danie świadectwa prawdzie*)
conjure v błagać, zaklinać
con-man s *sl.* naciągacz, osoba nadużywająca zaufania
connate adj **1.** wrodzony **2.** razem urodzony ⟨powstały⟩ **3.** złączony przez urodzenie lub podobieństwo
connatural adj **1.** przyrodzony, wrodzony **2.** o tej samej naturze, pokrewny
connect v **1.** połączyć ⟨związać, skojarzyć⟩ (się) **2.** mieć połączenie
connected pp adj **1.** połączony, związany (**with sb, sth** z kimś, czymś) **2.** pokrewny, powinowaty, skoligacony **3.** ustosunkowany, posiadający stosunki **4.** logicznie powiązany
~ **by marriage** skoligacony przez małżeństwo
to be well ~ być ustosunkowanym, mieć stosunki ⟨powiązania⟩
connecting adj łączący, wiążący
~ **factor** czynnik łączący
~ **link** łączące ogniwo
connection, connexion s **1.** połączenie, związek **2.** połączenie (*kolejowe, lotnicze, telefoniczne itp.*) **3.** pokrewieństwo, skoligacenie, powinowactwo **4.** krewny, powinowaty **5.** klientela **6.** stosunek **7.** *sl.* osoba dostarczająca narkomanom narkotyków **8.** *pl*
connections stosunki, znajomości
~ **by marriage** skoligacenie przez małżeństwo
carnal ~ stosunek płciowy ⟨cielesny⟩
criminal ~ cudzołóstwo
direct ~ bezpośrednie połączenie
in ~ **with** w związku z
in this ~ w związku z tym
local ~ połączenie (*telefoniczne*) miejscowe
trunk ~ połączenie (*telefoniczne*) międzymiastowe
wide ~ szeroka klientela
to establish ~s nawiązać stosunki ⟨kontakty⟩
to extend the ~ rozszerzyć klientelę
to form a ~ ⟨**get in** ~s⟩ **with sb** nawiązać stosunki ⟨kontakty⟩ z kimś
to have good business ~s mieć dobre stosunki handlowe
to miss the ~ stracić połączenie
connivance s **1.** pobłażanie, tolerowanie, patrzenie przez palce; nieingerencja **2.** zmowa **3.** współudział **4.** przeszkoda w udzieleniu rozwodu w wypadku, gdy współmałżonek tolerował zdradę
~ **at** ⟨**in**⟩ **a crime** współudział w zbrodni
to be in ~ **with sb** być z kimś w zmowie
connive v **1.** pobłażać, tolerować, patrzeć przez palce, nie ingerować **2.** być w zmowie **3.** tajnie współdziałać (**at** ⟨**in**⟩ **sth** w czymś)
to ~ **at an abuse** tolerować nadużycia

to ~ **at** ⟨**in**⟩ **a crime** współdziałać w zbrodni
connoisseur s znawca, koneser
connotation s skojarzenie pojęciowe, konotacja
connote v **1.** zawierać w sobie pojęcie (**sth** czegoś) **2.** oznaczać, nasuwać pojęcie (**sth** czegoś)
connubial adj małżeński
conquer v **1.** podbijać, zdobywać **2.** przezwyciężać, pokonywać
to ~ **a country** podbić kraj
to ~ **an enemy** pokonać nieprzyjaciela
to ~ **a market** podbić ⟨zdobyć⟩ rynek (*zbytu*)
conquest s **1.** zdobycie, podbój, zawojowanie **2.** *szkoc. hist.* nabycie nieruchomości (*nie w drodze dziedziczenia*)
to make a ~ **of ...** *a*) dokonać podboju ... (*czegoś*) *b*) *przen.* zdobyć ... (*czyjeś*) uczucia
consanguine, consanguineous adj krewny, spokrewniony, tej samej krwi
consanguinity s **1.** związek krwi **2.** pokrewieństwo
collateral ~ pokrewieństwo w linii bocznej
lineal ~ pokrewieństwo w linii prostej
ties of ~ więzy pokrewieństwa
conscience s sumienie
~ **clause** klauzula wolności sumienia (*zamieszczona w ustawie wyłącza spod jej działania osoby uznające za niezgodne z ich sumieniem podporządkowanie się ustawie*)
~ **money** pieniądze wpłacone anonimowo dla uspokojenia sumienia (*np. celem wynagrodzenia krzywdy wyrządzonej jakiejś osobie*)
bad ⟨**evil**⟩ ~ nieczyste sumienie
burdened ~ obciążone sumienie
clear ⟨**good**⟩ ~ czyste sumienie
freedom of ~ wolność sumienia
guilty ~ nieczyste sumienie
for ~ **sake** dla spokoju sumienia
in all ~ uczciwie, naprawdę
to be a matter of ~ być sprawą sumienia
to have sth on one's ~ mieć coś na sumieniu
to take sth upon one's ~ wziąć coś na swoje sumienie
conscience-stricken, conscience-smitten adj gnębiony wyrzutami sumienia, pełen wyrzutów sumienia
conscientious adj sumienny, skrupulatny
~ **objector** człowiek uchylający się od służby wojskowej z uwagi na przekonania (*np. religijne*)
~ **worker** sumienny pracownik
conscientiousness s sumienność, skrupulatność
conscious adj **1.** świadomy (**of sth** czegoś) **2.** przytomny
~ **approach to work** sumienny stosunek do pracy
to be ~ **of the consequences** zdawać sobie sprawę z konsekwencji
to be ~ **of one's guilt** zdawać sobie sprawę ze swej winy, uświadamiać sobie swoją winę
to be ~ **of sb's innocence** być przeświadczonym o czyjejś niewinności
to become ~ odzyskać przytomność
to become ~ **of sth** uświadomić sobie coś, zdać sobie z czegoś sprawę
consciousness s **1.** świadomość, poczucie (*czegoś*) **2.** przytomność
~ **of one's guilt** poczucie (*własnej*) winy
~ **of one's innocence** świadomość ⟨przekonanie o⟩ własnej niewinności
class ~ świadomość klasowa

in full ~ of the consequences zdając sobie w pełni sprawę z konsekwencji, w pełni świadomy konsekwencji
national ~ poczucie narodowe
to lose ~ stracić przytomność
to recover ⟨regain⟩ ~ odzyskać przytomność
conscribe v powoływać do wojska
conscript[1] s 1. poborowy 2. rekrut
conscript[2] adj powołany do wojska, zmobilizowany
conscript[3] v 1. przeprowadzać pobór (do wojska), mobilizować 2. mobilizować (kapitał, siłę roboczą)
conscription s 1. pobór do wojska 2. powszechna służba wojskowa 3. danina, kontrybucja
~ of wealth hist. opodatkowanie ⟨konfiskata⟩ na cele wojenne (majątku osób nie służących w wojsku)
consecution s 1. następstwo, logiczna konsekwencja 2. logiczne rozumowanie
consecutive adj 1. kolejny, następujący kolejno po sobie 2. nieprzerwany
~ days dni następujące po sobie ⟨bieżące⟩
~ hours kolejne godziny
~ number kolejny ⟨bieżący⟩ numer
~ terms następujące po sobie ⟨kolejne⟩ wyroki skazujące
~ voyages charter czarter na kolejne rejsy
consenescence s uwiąd starczy
consensual adj 1. konsensualny, zawarty za obopólną zgodą 2. (o odruchu) mimowolny, nieświadomy
~ contract umowa konsensualna
~ obligation konsensualne zobowiązanie
consensus s zgoda, zgodność, jednomyślność
~ of opinion zgodność opinii
~ of testimony zgodność zeznań
~ politics polityka oparta na wysuwaniu popularnych haseł
general ~ powszechna zgodność (poglądów, opinii)
consensus ad idem łac. zgoda stron co do tej samej rzeczy
consensus facit legem łac. zgoda tworzy prawo
consensus tollit errorem łac. zgodne porozumienie usuwa błąd
consent[1] s 1. zgoda, przyzwolenie, pozwolenie 2. ugoda
~ decree ⟨judgement⟩ ugoda sądowa
~ in writing zgoda na piśmie
~ of the parties zgoda stron
~ to the marriage zgoda na małżeństwo (np. rodziców niepełnoletniego)
age of ~ a) wiek uprawniający do zawarcia małżeństwa bez zgody rodziców lub opiekunów b) wiek uprawniający do wyrażenia zgody na odbycie stosunku cielesnego
by common ⟨mutual⟩ ~ za wspólną ⟨wzajemną⟩ zgodą
express ~ wyraźna zgoda
formal ~ formalna zgoda
implicit ⟨implied⟩ ~ zgoda dorozumiana
parental ~ zgoda rodzicielska
silent ⟨tacit⟩ ~ milcząca zgoda
verbal ~ ustna zgoda
with one ~ jednogłośnie, jednomyślnie
written ~ pisemna zgoda
to carry the ~ of sb otrzymać czyjeś przyzwolenie
to give one's ~ to sth udzielić zgody na coś
to obtain sb's ~ uzyskać czyjąś zgodę
to refuse one's ~ odmówić zgody ⟨zezwolenia⟩

to withhold one's ~ wycofać swą zgodę
consent[2] v zgodzić się, przyzwolić, przystać (to sth na coś)
to ~ expressly wyraźnie się zgodzić
to ~ to a proposal zgodzić się na propozycję
consentaneous adj 1. zgodny (to ⟨with⟩ sth z czymś) 2. jednomyślny
consentient adj 1. zgodny 2. wyrażający zgodę (to sth na coś)
consequence s 1. skutek, wynik, następstwo, rezultat, konsekwencja 2. znaczenie, ważność, doniosłość 3. pozory ważności
~ in law skutek prawny
~s of war skutki wojny
the ~ is that ... skutek jest taki, że ...
in ~ w rezultacie, w następstwie, w wyniku
in ~ of sth wskutek czegoś
a matter of ~ ważna ⟨doniosła⟩ sprawa
of ~ ważny, doniosły
of little ~ nie mający większego znaczenia
of no ~ nieistotny, bez znaczenia
to take the ~s ponosić konsekwencje (of sth czegoś)
consequent adj 1. wynikający ⟨wynikły⟩ (on ⟨upon⟩ sth z czegoś) 2. wypływający (from sth z czegoś) 3. następujący 4. logiczny, konsekwentny
consequential adj 1. wynikający, będący wynikiem 2. mający wygórowane mniemanie o sobie, ważny
~ amendment poprawka będąca następstwem innej poprawki
~ damages szkody wtórne ⟨pośrednie⟩
~ loss strata pośrednia ⟨wtórna⟩
~ loss insurance ubezpieczenie od straty pośredniej ⟨wtórnej⟩
consequently adv wskutek tego, w konsekwencji, a zatem
consequents s szkoc. dorozumiane pełnomocnictwo
conservancy s 1. konserwacja, opieka, dozór 2. ochrona przyrody 3. bryt. komisja sprawująca dozór nad ochroną przyrody
conservation s 1. ochrona, konserwacja (czegoś) 2. rezerwat
~ of forests ochrona lasów
~ of nature ochrona przyrody
~ zone strefa ochronna
conservatism s konserwatyzm
conservative[1] adj 1. konserwatywny, zachowawczy 2. umiarkowany, ostrożny
~ calculation ostrożna kalkulacja, ostrożne obliczenie
~ estimate ostrożna wycena
the Conservative Party bryt. Partia Konserwatywna
conservative[2] s 1. konserwatysta 2. środek konserwujący
conservator s 1. konserwator, kustosz 2. strażnik, opiekun 3. członek komisji ochrony przyrody
~s of the peace bryt. strażnicy spokoju publicznego (sędziowie, szeryf itd.)
conserve v 1. konserwować, przechowywać 2. ochraniać, zachowywać, zabezpieczać
consider v 1. rozważać, brać pod uwagę 2. rozpatrywać, zastanawiać się (sth nad czymś) 3. uwzględniać, liczyć się (sb, sth z kimś, czymś) 4. uważać, sądzić
to ~ a claim rozpatrywać roszczenie
to ~ the facts brać pod uwagę fakty

to ~ **an offer** ⟨**a proposal**⟩ rozpatrywać ofertę
to ~ **a report** rozpatrzyć sprawozdanie
to ~ **sth (as) necessary** uważać coś za konieczne
~ **yourself arrested!** jesteś aresztowany!
considerable *adj* **1.** znaczny, poważny, spory, niemały
2. godny uwagi, ważny
~ **achievement** poważne osiągnięcie
~ **difference** znaczna różnica
~ **order** poważne zamówienie
~ **progress** znaczny postęp
~ **sum of money** spora suma pieniędzy
to a ~ degree ⟨**extent**⟩ w znacznym stopniu
considerably *adv* znacznie
considerate *adj* **1.** pełen względów, uważający (**towards**
⟨**to**⟩ **sb** wobec kogoś) **2.** (*o postępowaniu*) rozważny **3.**
(*o człowieku*) ostrożny
consideration *s* **1.** rozwaga **2.** rozważanie **3.** wgląd,
okoliczność **4.** wynagrodzenie, zapłata, rekompensata, świadczenie **5.** świadczenie wzajemne **6.** ważność,
znaczenie **7.** poważanie, szacunek, względy (**for sb**
okazywane komuś)
~ **for a bill of exchange** pokrycie ⟨zapłata⟩ weksla
~ **for the law** poszanowanie prawa, szacunek dla
prawa
~ **of complaints** rozpatrzenie skarg
after ~ po rozpatrzeniu ⟨rozważeniu⟩
agreed ~ uzgodniona zapłata
concurrent ~ równoczesne świadczenie wzajemne
executory ~ należne ⟨przypadające⟩ świadczenie
for a ~ za wynagrodzeniem
for further ~ do dalszego rozpatrzenia
illegal ~ bezprawne wzajemne świadczenie
inadequate ⟨**inadequacy of**⟩ **~** niedostateczne wzajemne świadczenie
in ~ of z uwagi ⟨przez wzgląd⟩ na
main ~ główny wzgląd
meritorious ~ wzgląd merytoryczny
money ~ pieniężne świadczenie wzajemne
nugatory ~ nieważne świadczenie wzajemne
of great ~ o dużym znaczeniu
of no ~ bez znaczenia
on ⟨**under**⟩ **no ~** pod żadnym względem
out of ~ for ... z uwagi ⟨ze względu⟩ na ...
political ~s przesłanki ⟨względy⟩ polityczne
security ~s względy bezpieczeństwa
valid ~ ważne świadczenie wzajemne
valuable ~ właściwe ⟨należyte⟩ świadczenie wzajemne
without any ~ bez żadnych względów
under ~ (*o sprawie*) w rozważaniu
to be under ~ być rozpatrywanym
to be worth of ~ zasługiwać na rozważenie
to come into ~ wchodzić w rachubę
to give sth careful ~ dokładnie coś rozważyć
to leave sth out of ~ pominąć coś, nie brać czegoś pod
uwagę
to take into ~ wziąć pod uwagę, uwzględnić
considered *pp adj* **1.** przemyślany **2.** poważany, szanowany
~ **opinion** przemyślana opinia
all things ~ wszystko (razem) wziąwszy pod uwagę,
po rozważeniu wszystkich okoliczności
considering *praep* : **~ that** zważywszy ⟨biorąc pod
uwagę⟩, że
consign *v* **1.** wysyłać, przesyłać, przekazywać **2.** powierzać (*np. maklerowi klarowanie statku*) **3.** oddawać

na przechowanie, składać, odkładać, deponować **4.**
dawać w komis, konsygnować (*towar*)
to ~ sb to jail posłać kogoś do więzienia, osadzić
kogoś w więzieniu
to ~ the room to sb's use oddać komuś pokój w
użytkowanie
consignation *s* **1.** wysyłka, przesłanie **2.** powierzenie
⟨oddanie⟩ w komis, konsygnacja **3.** depozyt bankowy
to the ~ of ... pod adresem ...
consigned *adj* wysłany
~ **goods** *a*) towar wysłany *b*) towar oddany w
komis
consignee *s* **1.** odbiorca, adresat **2.** konsygnatariusz **3.**
komisant
~ **of the ship** agent klarujący statek, konsygnatariusz
statku
consigner, consignor *s* **1.** nadawca, wysyłający **2.** komitent
consignment *s* **1.** wysyłka, ekspedycja (*towaru*) **2.** towar
wysłany na rachunek, konsygnacja **3.** oddanie w
komis, konsygnacja **4.** partia towaru, przesyłka
~ **account** rachunek konsygnacyjny
~ **bill** list przewozowy
~ **business** przedsiębiorstwo konsygnacyjne
~ **clause** klauzula o powierzeniu klarowania
statku
~ **for inspection and approval** przesyłka towaru do
obejrzenia
~ **goods** ⟨**stock**⟩ towary konsygnacyjne ⟨na składzie
konsygnacyjnym⟩
~ **invoice** faktura konsygnacyjna ⟨wysyłkowa⟩
~ **marketing** sprzedaż komisowa
~ **note** *a*) kwit konsygnacyjny *b*) list przewozowy
~ **on approval** przesyłka towaru na próbę ⟨do obej-
rzenia⟩
~ **purchase** zakup konsygnacyjny ⟨komisowy⟩
~ **sale** sprzedaż konsygnacyjna ⟨komisowa⟩
~ **shipment** przesyłka konsygnacyjna
~ **warehouse** skład konsygnacyjny
on ~ do sprzedaży konsygnacyjnej, w komis
to send goods on ~ wysyłać towar w konsygnację
consignor *s* = **consigner**
consilience *s* zgodność (*np. wniosków wyciągniętych z
różnych faktów*)
consilient *adj* zgodny
consilium *s łac.* dzień wyznaczony dla wysłuchania
przedstawicieli stron
consist *v* **1.** składać się (**of sth** z czegoś) **2.** polegać (**in sth**
na czymś) **3.** zgadzać się (**with sth** z czymś)
consistence *s* konsystencja, gęstość, stopień zagęszcze-
nia
consistency *s* **1.** konsystencja, gęstość **2.** zgodność,
dostosowanie **3.** stałość, konsekwencja, niezmienność
~ **of opinions** niezmienność poglądów
to lack ~ być niekonsekwentnym
consistent *adj* **1.** zgodny (**with sth** z czymś), harmoni-
zujący, dostosowany **2.** stały, konsekwentny, niezmienny
~ **condition** warunek zgodny (*z intencją porozumienia*)
~ **with the law** zgodny z prawem
consistorial *adj* konsystorski
~ **court** sąd konsystorski
consistory *s* konsystorz

~ **court** *bryt.* sąd konsystorski ⟨biskupi⟩
consolation s pocieszenie, pociecha
consolidate v 1. wzmacniać ⟨umacniać⟩ (się), utrwalać 2. konsolidować ⟨zespalać, jednoczyć⟩ (się)
to ~ **actions** łączyć sprawy ⟨powództwa⟩
to ~ **debts** konsolidować ⟨scalać⟩ długi
to ~ **peace** utrwalać pokój
consolidated *pp adj* skonsolidowany, scalony
~ **annuities** a) renta skonsolidowana b) *bryt.* obligacje państwowe, konsole
~ **balance-sheet** bilans zbiorczy ⟨łączny⟩
~ **bonds** obligacje skonsolidowane
~ **debt** dług skonsolidowany
Consolidated Fund *bryt.* fundusz konsolidacyjny (*na opłacanie procentów od długów państwowych*)
~ **laws** ⟨statutes⟩ zbiór obowiązujących ustaw
~ **loan** pożyczka skonsolidowana
Consolidated Orders *bryt.* przepisy postępowania sądu kanclerskiego
~ **shipment** zbiorowy ładunek drobnicowy (*różnych załadowców*)
consolidation s 1. wzmocnienie, utrwalenie 2. konsolidacja, zespolenie, scalenie, zjednoczenie (się), fuzja
~ **act** jednolity tekst ustawy (*poprzednio nowelizowanej*)
~ **of actions** łączenie spraw (*do wspólnego rozpatrzenia*)
~ **of corporations** łączenie ⟨fuzja⟩ przedsiębiorstw ⟨towarzystw⟩
~ **of peace** utrwalenie ⟨umocnienie⟩ pokoju
consols *spl bryt.* konsole, obligacje państwowe
~ **certificate** zaświadczenie o obligacjach państwowych
~ **market** *bryt.* rynek obligacji państwowych
consonance s harmonia, zgodność
consonant *adj* harmonijny, zgodny (**to sth** z czymś)
consort[1] s 1. małżonek, małżonka (*panującego władcy*) 2. statek konwojowy
prince ~ książę małżonek
consort[2] v łączyć ⟨jednoczyć⟩ (się)
to ~ **with criminals** zadawać się z przestępcami
to act in ~ działać zgodnie ⟨w porozumieniu⟩
consortium s (*pl* **consortia**) *łac.* 1. konsorcjum, syndykat 2. prawo każdego z małżonków do współżycia, wzajemnej pomocy i opieki
conspectus s *łac.* konspekt, streszczenie
conspicuous *adj* 1. rzucający się w oczy, widoczny, wyraźny, okazały 2. wyróżniający się, wybitny, znamienity
~ **errors** widoczne ⟨rzucające się w oczy⟩ błędy
to be ~ a) rzucać się w oczy b) wyróżniać się
conspiracy s 1. spisek, sprzysiężenie, zmowa 2. konspiracja
~ **of silence** zmowa milczenia
~ **to commit a crime** zmowa w celu dokonania przestępstwa
~ **to defeat justice** zmowa w celu obejścia ⟨naruszenia⟩ prawa
to be in ~ **against sb** być w zmowie przeciwko komuś
to discover ⟨uncover, unmask⟩ **a** ~ wykryć ⟨zdemaskować⟩ spisek
conspirator s spiskowiec, konspirator
conspire v 1. spiskować, konspirować, knuć 2. obmyślać 3. umawiać się, porozumiewać się
constable s 1. *bryt.* posterunkowy, policjant 2. *am.*

urzędnik sądowy powołany do pilnowania porządku publicznego
Chief Constable naczelnik policji (*w mieście lub hrabstwie*)
special ~ obywatel pełniący doraźnie funkcje policjanta
constabulary[1] s policja, siły policyjne (*miasta, okręgu*)
constabulary[2] *adj* policyjny
~ **force** siły policyjne
constant *adj* 1. stały, ciągły 2. stały, niezmienny, wierny
~ **costs** koszty stałe
~ **prices** niezmienne ceny
~ **proportion** stała proporcja
to stay ~ (*o cenach, popycie itp.*) utrzymywać się na stałym poziomie
constate v 1. konstatować, ustalać 2. stwierdzać
constating *adj* : ~ **instruments** konstytutywne ⟨podstawowe⟩ dokumenty (*stowarzyszenia, np. statut*)
constituency s 1. okręg wyborczy 2. wyborcy 3. klientela, abonenci, członkowie (*klubu, instytucji itd.*)
constituent[1] s 1. część składowa, składnik 2. wyborca 3. mocodawca, zleceniodawca, klient
constituent[2] *adj* 1. składowy 2. wybierający, wyznaczający, wyborczy 3. ustawodawczy
~ **act** akt konstytutywny
~ **assembly** zgromadzenie ustawodawcze
~ **instrument** dokument ustawodawczy
~ **part** część składowa
~ **power** władza ustawodawcza
constitute v 1. składać się (*na coś*), stanowić, tworzyć 2. ukonstytuować, ustanawiać 3. mianować 4. nadawać moc prawną
to ~ **sb arbitrator** wyznaczyć kogoś na arbitra
to ~ **sb one's attorney** ustanowić kogoś swym pełnomocnikiem
to ~ **a committee** utworzyć komitet
to ~ **the court** utworzyć skład sądu
to ~ **a crime** stanowić zbrodnię, posiadać znamiona przestępstwa
to ~ **a precedent** stanowić precedens
to ~ **the quorum** stanowić quorum
to ~ **sb one's heir** ustanowić kogoś swoim spadkobiercą, ustanowić spadkobiercę
to ~ **sb one's proxy** ustanowić kogoś swym pełnomocnikiem
constituted *pp adj* utworzony, ustanowiony
~ **authorities** ustanowione władze
constitution s 1. konstytucja 2. struktura 3. ustanowienie, mianowanie, wyznaczenie 4. założenie, uformowanie, ukonstytuowanie 5. *hist.* postanowienie, dekret, rozporządzenie
~ **of a company** założenie spółki ⟨towarzystwa⟩
amendment of the ~ poprawka do konstytucji
breach of the ~ naruszenie konstytucji
draft ~ projekt konstytucji
economic ~ struktura ekonomiczna
unwritten ~ niepisana konstytucja
written ~ pisana konstytucja
to modify the ~ zmienić konstytucję
constitutional *adj* 1. konstytucyjny, ustrojowy, zgodny z postanowieniami konstytucji 2. istotny, zasadniczy 3. organiczny
~ **amendment** poprawka do konstytucji

~ **convention** zgromadzenie ⟨zebranie⟩ konstytucyjne

~ **court** sąd ustanowiony zgodnie z konstytucją

~ **crisis** kryzys konstytucyjny

~ **deed** akt konstytucyjny

~ **freedom** ⟨**liberty**⟩ swobody konstytucyjne

~ **government** rząd konstytucyjny

~ **law** a) prawo konstytucyjne b) ustawa konstytucyjna

~ **monarchy** monarchia konstytucyjna

~ **officer** urzędnik konstytucyjny (*którego funkcje określa konstytucja*)

~ **procedure** ⟨**process**⟩ procedura konstytucyjna

~ **reform** reforma konstytucyjna

~ **right** prawo zagwarantowane konstytucją

~ **weakness** wada organiczna

constitutionalism s konstytucjonalizm

constitutionalist s 1. zwolennik rządów konstytucyjnych 2. naukowiec zajmujący się zagadnieniami konstytucji

constitutionality s konstytucyjność, zgodność z konstytucją

constitutive adj 1. istotny (**of sth** dla czegoś), stanowiący (**of sth** o czymś) 2. składowy 3. konstytuujący 4. kształtujący

constitutor s 1. mocodawca 2. osoba konstytuująca

constrain v 1. zmuszać, przymuszać 2. ograniczać, krępować, więzić

to ~ **sb to do sth** zmuszać kogoś do zrobienia czegoś

constrained pp adj wymuszony, nienaturalny

to feel ~ **to do sth** czuć się zmuszonym do zrobienia czegoś

to find oneself ~ **to do sth** być ⟨zostać⟩ zmuszonym do zrobienia czegoś

constraint s 1. przymus 2. przemoc 3. skrępowanie, ograniczenie 4. uwięzienie

means of ~ środki przymusu

moral ~ przymus moralny

physical ~ przemoc fizyczna, przymus fizyczny

position of ~ przymusowa sytuacja, przymusowe położenie

under ~ pod przymusem

without any ~ a) bez żadnego przymusu b) bez skrępowania

to act under ~ działać pod przymusem

to be under ~ znajdować się w sytuacji przymusowej

to put sb under ~ a) wywrzeć na kogoś presję b) zatrzymać kogoś siłą ⟨przemocą⟩

construct v 1. budować, konstruować 2. tworzyć

construction s 1. budowanie, budowa 2. konstruowanie, konstrukcja 3. interpretacja, wyjaśnienie 4. budowla, gmach, budynek

~ **equipment** wyposażenie budowlane

~ **estimate** kosztorys budowy

~ **industry** przemysł budowlany

~ **of the contract** interpretacja umowy

under ⟨**in the course of**⟩ ~ w budowie, w trakcie budowy

to put a good ⟨**wrong**⟩ ~ **upon** ⟨**on**⟩ **sb's words** właściwie ⟨niewłaściwie⟩ interpretować czyjeś słowa

constructional adj 1. budowlany 2. konstrukcyjny, strukturalny 3. interpretacyjny

~ **defect** wada konstrukcyjna

~ **policy** polisa ubezpieczenia statku w budowie

constructive adj 1. konstrukcyjny, budowlany 2. konstruktywny, twórczy 3. dorozumiany, dający się wywnioskować, domniemany

~ **assent** domniemana ⟨dorozumiana⟩ zgoda

~ **authority** domniemane pełnomocnictwo

~ **bailment** dorozumiana umowa o przechowanie, dorozumiany depozyt

~ **contempt** domniemana obraza sądu

~ **contract** domniemana ⟨cicha⟩ umowa

~ **crime** domniemane przestępstwo

~ **criticism** konstruktywna krytyka

~ **denial** domniemana odmowa

~ **fraud** domniemane oszustwo

~ **knowledge** a) konstruktywna wiedza b) domniemana znajomość (*czegoś*)

~ **malice** dorozumiany zły zamiar

~ **permission** domniemane zezwolenie, domniemana zgoda

~ **policy** konstruktywna polityka

~ **proposal** konstruktywna propozycja, dorozumiana oferta

~ **service** (**of process**) zastępcze doręczenie (wezwania sądowego)

~ (**total**) **loss** (całkowita) strata konstruktywna (*gdy uszkodzony przedmiot ubezpieczony nie jest wart naprawy*)

~ **treason** domniemana zdrada

~ **trust** domniemane powierzenie, domniemane powiernictwo

~ **wilfulness** świadome zaniedbanie obowiązków

construe[1] s ustęp do (dosłownego) tłumaczenia

construe[2] v 1. interpretować, wyjaśniać 2. tłumaczyć ⟨przekładać⟩ (dosłownie) na inny język

to ~ **broadly** ⟨**extensively**⟩ tłumaczyć ⟨interpretować⟩ rozszerzająco

to ~ **restrictively** tłumaczyć ⟨interpretować⟩ zacieśniająco

consuetude s 1. zwyczaj (*uznany za mający moc prawa*) 2. obyczaj, uzus

consuetudinary adj zwyczajowy, oparty na zwyczaju

~ **law** prawo zwyczajowe

consul s konsul

~ **general** konsul generalny

career ~ konsul zawodowy

honorary ~ konsul honorowy

consulage s opłata konsularna

consular adj konsularny

~ **agency** agencja konsularna

~ **agent** a) agent konsularny b) konsul honorowy

~ **assistant** pomocnik konsula

~ **authority** władze konsularne

~ **bill of health** konsularne świadectwo zdrowia

~ **certificate** zaświadczenie konsularne

~ **certification** poświadczenie konsularne (*dokumentu*), konsularna legalizacja

~ **charges** ⟨**dues, fees**⟩ opłaty konsularne

~ **convention** konwencja konsularna

~ **corps** korpus konsularny

~ **court** sąd konsularny

~ **district** okręg konsularny

~ **employee** pracownik konsularny

~ **invoice** faktura konsularna

~ **jurisdiction** jurysdykcja konsularna

~ **law** prawo konsularne

~ **officer** urzędnik konsularny

~ **passenger** pasażer konsularny (*podróżujący do portu macierzystego na koszt państwa*)
~ **patent** patent konsularny
~ **post** urząd konsularny, placówka konsularna
~ **premisses** pomieszczenia konsularne, lokal konsulatu
~ **regulations** przepisy konsularne
~ **service** służba konsularna
~ **statute** statut konsularny
~ **visa** wiza konsularna
consulate *s* konsulat
~ **general** konsulat generalny
consulship *s* urząd ⟨funkcję⟩ konsula
consult *v* 1. radzić się, zasięgać porady (**sb** czyjejś), konsultować się 2. informować się, naradzać się (**with sb** z kimś) 3. mieć na uwadze, brać pod uwagę, uwzględniać
to ~ **an attorney** ⟨**a lawyer**⟩ zasięgać porady adwokata ⟨prawnika⟩
to ~ **a dictionary** korzystać ze słownika
to ~ **somebody's interests** brać pod uwagę czyjeś interesy
to ~ **one's legal adviser** zasięgnąć porady radcy prawnego
to ~ **the records** ⟨**a register**⟩ zasięgać informacji z akt ⟨rejestru⟩
consultant *s* 1. konsultant, doradca 2. człowiek poszukujący porady 3. lekarz-konsultant
~ **service** pomoc techniczna
firm of ~**s** biuro porad
tax ~ doradca podatkowy
technical ~ doradca techniczny
consultary *adj* doradczy
~ **response** opinia doradcza (*sądu w specjalnej sprawie*)
consultation *s* 1. konsultacja, porada 2. narada, konsylium (*lekarskie*)
~ **hours** godziny udzielania porad ⟨przyjęć⟩
legal ~ porada prawna
in ~ **with sb** po konsultacji z kimś
to hold a ~ odbywać naradę ⟨konsylium⟩
consultative *adj* doradczy, konsultatywny
~ **assembly** zgromadzenie doradcze
~ **group** grupa doradców
~ **voice** głos doradczy
in a ~ **capacity, with** ~ **status** w charakterze doradczym
consulting *adj* 1. doradzający, doradczy 2. (*o lokalu*) ordynacyjny
~ **barrister** doradca prawny, prawnik-konsultant
~ **engineer** doradca techniczny
~ **hours** godziny porad
consumable *adj* 1. konsumpcyjny, jadalny 2. ulegający zniszczeniu ⟨zużyciu⟩
~ **goods** towary konsumpcyjne
consumables *spl* artykuły spożywcze
consume *v* 1. zużywać, niszczyć, trawić 2. konsumować, spożywać 3. spalać (*paliwo*)
to ~ **away** zniszczyć, zmarnować
consumed *pp adj*: **to be** ~ **with sth** *a*) być trawionym przez coś ⟨pochłoniętym czymś⟩ *b*) paść ofiarą czegoś (*np. ognia*)
consumer *s* 1. konsument, spożywca 2. odbiorca, klient, nabywca
~ **cooperative** spółdzielnia spożywców
~ **credit** kredyt konsumpcyjny

~ **demand** zapotrzebowanie ⟨popyt⟩ na towary konsumpcyjne
~ **durables** ⟨**durable goods**⟩ dobra konsumpcyjne trwałe ⟨trwałego użytku⟩
~ ⟨~ **'s,** ~ **s'**⟩ **goods** towary ⟨dobra⟩ konsumpcyjne
~ **market** rynek konsumpcyjny ⟨konsumenta⟩
~ **package** opakowanie jednostkowe
~ **price index** wskaźnik (*wzrostu lub obniżki*) cen detalicznych
~ **prices** ceny detaliczne
~ **protection** ochrona konsumenta ⟨odbiorcy⟩
~ **research** badania konsumpcji
~ **resistance** *a*) brak zainteresowania (*towarem*) ze strony nabywców *b*) bojkotowanie sklepu (*przez klientelę*)
~**s needs** potrzeby konsumentów ⟨rynku⟩
~ **tastes** gusty nabywcy ⟨konsumenta⟩
bulk ~ masowy odbiorca
individual ~ indywidualny konsument
mass ~ ⟨~ **'s,** ~ **s'**⟩ **goods** towary masowego spożycia
producers and ~**s** producenci i konsumenci
ultimate ~ ostateczny konsument ⟨odbiorca⟩
consumerism *s* 1. obrona interesów konsumenta 2. konsumeryzm (*teoria ekonomiczna*)
consummate[1] *adj* wytrawny, doskonały, wielkiej miary
consummate[2] *v* 1. realizować, doprowadzać do końca, finalizować 2. spełniać (*małżeństwo*)
to ~ **business** sfinalizować transakcję
to ~ **marriage** dokonać aktu spełnienia małżeństwa
consummated *pp adj* spełniony, dokonany
~ **crime** spełniona zbrodnia
~ **marriage** spełnione małżeństwo
consummation *s* 1. dokonanie, spełnienie 2. zakończenie, uwieńczenie 3. osiągnięcie (*celu*) 4. doskonałość
~ **of marriage** spełnienie małżeństwa
consumption *s* 1. konsumpcja, spożycie 2. zużycie, zniszczenie 3. *med.* gruźlica płuc
~ **capacity** zdolność konsumpcyjna
~ **control** kontrola spożycia, regulowanie konsumpcji
~ **expenditure** wydatki konsumpcyjne
~ **habits** nawyki konsumpcyjne
~ **level** poziom spożycia
~ **of labour power** zapotrzebowanie na siłę roboczą
~ **pattern** struktura spożycia
~ **price index** wskaźnik (*wzrostu lub obniżki*) cen towarów konsumpcyjnych
annual ~ roczne spożycie
apparent ~ widoczna ⟨uchwytna⟩ konsumpcja
article of ~ artykuł konsumpcyjny
article of mass ~ artykuł masowego spożycia
average ~ przeciętne spożycie
capital ~ zużycie kapitału
collective ⟨**public**⟩ ~ konsumpcja zbiorowa, spożycie zbiorowe
daily ~ dzienne spożycie
decline ⟨**drop**⟩ **in** ~ spadek konsumpcji ⟨spożycia⟩
domestic ⟨**home**⟩ ~ spożycie wewnętrzne ⟨krajowe⟩
farm ~ spożycie naturalne gospodarstw rolnych
increase ⟨**rise**⟩ **in** ~ wzrost konsumpcji ⟨spożycia⟩
induced ~ konsumpcja pobudzana

industrial ~ spożycie przemysłowe
limited ⟨restricted⟩ ~ ograniczona konsumpcja
per capita ⟨head⟩ ~ spożycie na głowę
personal ⟨private⟩ ~ konsumpcja indywidualna, spożycie indywidualne
petrol ~ zużycie benzyny
total ~ spożycie globalne, konsumpcja globalna
unfit for human ~ nie nadający się do spożycia
world ~ spożycie światowe
contact[1] s 1. kontakt, styczność, zetknięcie się 2. pl
contacts stosunki, znajomości, kontakty
~ clause ub. klauzula kontaktowa
~ man łącznik, pośrednik (między przedsiębiorstwem a władzami)
business ~s stosunki handlowe
personal ~s bezpośrednie kontakty ⟨stosunki⟩
to act in close ~ with sb działać w ścisłym kontakcie z kimś
to be in ~ with sb mieć styczność z kimś
to break ~ with sb zerwać z kimś kontakt ⟨styczność⟩
to bring sb into ~ with ... zetknąć ⟨skontaktować⟩ kogoś z ...
to come into ~ nawiązać kontakt
to establish ~s nawiązać stosunki
to make ~ with sb nawiązać z kimś kontakt
to resume ~s odnowić stosunki, podjąć nowe kontakty
contact[2] v 1. nawiązywać kontakt, skontaktować się 2. wchodzić w stosunki, prowadzić interesy (sb z kimś)
to ~ an organization nawiązać kontakt z organizacją
contagion s 1. zarażenie, infekcja 2. choroba zaraźliwa
contagious adj zaraźliwy, zakaźny
~ disease choroba zakaźna
contain v 1. zawierać, obejmować, mieścić w sobie 2. powstrzymywać, hamować
to ~ inflation powstrzymywać ⟨hamować⟩ inflację
container s 1. pojemnik, kontener, zasobnik 2. naczynie 3. opakowanie
~ berth nabrzeże kontenerowe ⟨dla kontenerów⟩
~ depot skład kontenerów
~ service usługi kontenerowe, serwis kontenerowy
~ ship kontenerowiec, statek kontenerowy
~ traffic obrót kontenerowy
~ train pociąg kontenerowy
to put into ~s kontenteryzować, ładować do kontenerów
containerization s kontenteryzacja, wprowadzenie systemu przewozu towarów w kontenerach
containerize v kontenteryzować, wprowadzać system przewozu towarów w kontenerach
containment s powstrzymanie, pohamowanie
policy of ~ polityka powstrzymywania (ekspansji przeciwnika)
contaminant s środek zanieczyszczający (środowisko)
contaminate v 1. zanieczyszczać, skazić 2. zarażać, zakażać
contaminated pp adj 1. zanieczyszczony 2. skażony
~ area teren zanieczyszczony ⟨skażony⟩
~ zone strefa skażona
contamination s 1. zanieczyszczenie, skażenie 2. zarażenie, zakażenie
~ of air zanieczyszczenie powietrza

~ of water skażenie wody
contaminator s osoba ⟨instytucja⟩ zanieczyszczająca, czynnik skażający
contango s gield. 1. report, transakcja reportowa 2. odsetki płacone przez nabywcę walorów za odroczenie terminu ich płatności
~ day termin opcji przy transakcji reportowej
~ rate premia reportowa (za różnicę w kursach)
money on ~ kapitały w transakcjach reportowych
payer of ~ spekulant transakcjami reportowymi
contemn v pogardzać (sb, sth kimś, czymś), lekceważyć
contemner, contemnor s osoba dopuszczająca się obrazy sądu
contemplate v 1. rozważać, rozpatrywać, zastanawiać się 2. zamierzać, planować 3. przewidywać
contemplation s 1. rozważanie, rozpatrywanie, zastanawianie się (of sth nad czymś) 2. kontemplacja, medytacja 3. planowanie, zamierzanie 4. przewidywanie
in ~ of death w przewidywaniu śmierci, na wypadek śmierci
in legal ~ z prawnego punktu widzenia, rozważając (sprawę itd.) pod kątem prawnym
contemporary adj 1. współczesny 2. dzisiejszy
contempt s 1. pogarda, lekceważenie 2. obraza, nieposzanowanie (władzy) 3. naruszenie (normy, prawa)
~ of Congress am. obraza Kongresu
~ of court a) obraza sądu b) niezastosowanie się do nakazu sądu c) niestawiennictwo
~ of law naruszenie prawa, niepodporządkowanie się prawu
~ of Parliament bryt. obraza Parlamentu
contemptible adj zasługujący na pogardę ⟨lekceważenie⟩, podły, niegodziwy
~ conduct niegodne postępowanie
contemptuous adj 1. gardzący (of sb, sth kimś, czymś) 2. pogardliwy, lekceważący
contend v 1. walczyć (with ⟨against⟩ sth z czymś) 2. spierać się (with sb about sth z kimś o coś) 3. współzawodniczyć ⟨rywalizować⟩ (with sb for sth z kimś o coś) 4. utrzymywać, twierdzić
to ~ against the opponents zwalczać przeciwników
to ~ for power walczyć o władzę
to ~ with difficulties walczyć z przeciwnościami ⟨trudnościami⟩
contender s 1. rywal (np. w wyborach) 2. ubiegający się (o stanowisko), kandydat
contending adj 1. sprzeczny, przeciwny 2. zwalczający się
~ interests sprzeczne interesy
~ parties zwalczające się strony
content[1] s 1. zawartość 2. pl contents treść (w przeciwieństwie do formy) 3. pl contents objętość, pojemność
~s of a document treść dokumentu
~s of a letter treść ⟨zawartość⟩ listu
~s of a parcel zawartość paczki
~s unknown zawartość nieznana (zastrzeżenie w konosamencie)
declaration of ~s deklaracja zawartości
form and ~s forma i treść
gold ~ zawartość złota
table of ~s spis rzeczy ⟨treści⟩
content[2] s 1. zadowolenie 2. bryt. głos „za" 3. bryt. głosujący „za" (w Izbie Lordów)

not ~ głos „przeciw" (*w Izbie Lordów*)
to live in peace and ~ żyć w spokoju i zadowoleniu
content³ *adj* **1.** zadowolony, rad **2.** chętny (**to do sth** do zrobienia czegoś)
content⁴ *v* zadowolić, uczynić zadość
to ~ **oneself with sth** zadowolić się czymś, poprzestawać na czymś
contented *pp adj* zadowolony (**with sth** z czegoś)
contention *s* **1.** spór, sprzeczka, kontrowersja **2.** walka, współzawodnictwo **3.** twierdzenie, dowodzenie, argument
bone of ~ kość niezgody
my ~ **is that ...** twierdzę, że ...
contentious *adj* **1.** sporny **2.** kłótliwy
~ **business** *bryt.* sporne postępowanie spadkowe
~ **case** sprawa sporna
~ **clause in treaty** sporny punkt umowy ⟨traktatu⟩
~ **issue** ⟨**point**⟩ kwestia sporna
~ **jurisdiction** sądownictwo sporne ⟨w sprawach spornych⟩
~ **matters** sprawy sporne
~ **proceeding** ⟨**procedure**⟩ postępowanie sporne
~ **question** sporne zagadnienie
contentment *s* zadowolenie
conterminal *adj* graniczący z sobą, mający wspólną granicę
conterminous *adj* **1.** sąsiedni, styczny, ościenny, sąsiadujący (**with** ⟨**to**⟩ **sth** z czymś) **2.** pokrywający się w czasie, ⟨przestrzeni, znaczeniu⟩
contest¹ *s* **1.** spór, dyskusja, kłótnia **2.** współzawodnictwo, rywalizacja, walka **3.** konkurs, zawody
~ **about wages** spór dotyczący płacy
in case of ~ w razie powstania sporu
a matter in ~ sporna sprawa
point of ~ punkt sporny
contest² *v* **1.** spierać się, toczyć spór (**sth** o coś), dyskutować (**sth** nad czymś) **2.** kwestionować, podawać w wątpliwość, zaprzeczać **3.** współzawodniczyć, rywalizować, ubiegać się (**sth** o coś), walczyć
to ~ **a claim** kwestionować roszczenie
to ~ **an election** kwestionować wybór
to ~ **a marriage** kwestionować ważność małżeństwa
to ~ **sb's right to do sth** kwestionować czyjeś prawo czynienia czegoś ⟨do robienia czegoś⟩
to ~ **a seat in Parliament** ubiegać się o miejsce w Parlamencie
to ~ **sb's succession** kwestionować czyjeś prawo do spadku
to ~ **a will** kwestionować ⟨podważać⟩ ważność testamentu
contestable *adj* sporny, wątpliwy
contestant *s* **1.** strona w sporze, przeciwnik **2.** konkurent, rywal, uczestnik konkursu **3.** osoba podająca coś w wątpliwość
contestation *s* **1.** zakwestionowanie **2.** twierdzenie **3.** spór, kontrowersja
matters in ~ sprawy sporne
contested *pp adj* **1.** sporny **2.** zakwestionowany
~ **election** *a*) wybory, podczas których trwa zażarta walka wyborcza między kandydatami *b*) wybory, których ważność została zakwestionowana
~ **will** zakwestionowany testament
context *s* kontekst
in this ~ w związku z tym kontekstem, w tym kontekście

out of ~ wyjęte z kontekstu
contextual *adj* **1.** związany z kontekstem, należący do kontekstu **2.** zależny od kontekstu
contiguous *adj* sąsiedni, ościenny, przyległy, sąsiadujący
~ **zone** przyległa strefa, strefa sąsiadująca z wodami terytorialnymi
continence, continency *s* powściągliwość, wstrzemięźliwość
continent *s* **1.** kontynent **2.** ląd stały
the Continent kontynent europejski
continental¹ *s* mieszkaniec kontynentu ⟨lądu⟩
continental² *adj* **1.** kontynentalny **2.** europejski (*bez Wielkiej Brytanii*)
~ **bill** weksel wystawiony ⟨płatny⟩ na kontynencie europejskim
~ **law** prawo kontynentalne ⟨europejskie⟩
~ **market** rynek kontynentalny ⟨europejski⟩
~ **ports** porty kontynentalne ⟨europejskie⟩
~ **shelf** szelf kontynentalny
Continental Shelf Act umowa o szelfie kontynentalnym (*z 1962 r.*)
Continental³ *s* mieszkaniec kontynentu europejskiego
Continental⁴ *adj* należący ⟨odnoszący się⟩ do kontynentu europejskiego
~ **customs** obyczaje kontynentu europejskiego (*w odróżnieniu od brytyjskich*)
contingency *s* **1.** przypadkowość, ewentualność, możliwość **2.** traf, nieprzewidziana okoliczność, przypadek **3.** *pl* **contingencies** nieprzewidziane koszty, ewentualne wydatki
~ **fund** ⟨**reserve**⟩ fundusz na nieprzewidziane wydatki, rezerwa budżetowa
allowance for contingencies dodatek na nieprzewidziane wydatki
to provide ⟨**allow**⟩ **for contingencies** zabezpieczyć się przed nieprzewidzianymi okolicznościami
contingent¹ *s* **1.** kontyngent, (pewna) ilość, kwota **2.** nieprzewidziany wypadek, ewentualność
to fix a ~ **for sth** ustalić kontyngent na coś
contingent² *adj* **1.** przypadkowy, możliwy, ewentualny **2.** zależny (**on** ⟨**upon**⟩ **sth** od czegoś), uwarunkowany (**upon sth** czymś)
~ **account** konto ⟨rachunek⟩ rezerwy budżetowej
~ **condition** warunek zależny od przypadku
~ **expenses** nieprzewidziane wydatki
~ **fee** wynagrodzenie adwokata zależne od wygrania sprawy
~ **interest** ewentualne odsetki
~ **liability** ewentualne zobowiązanie, ewentualna odpowiedzialność
~ **order** ewentualne zamówienie, zamówienie zależne od okoliczności
~ **profit** przypadkowy zysk
continual *adj* bezustanny, ciągły, powtarzający się
continuance *s* **1.** trwanie **2.** dalsze prowadzenie, dalszy ciąg **3.** odroczenie sprawy sądowej
~ **in office** trwanie na stanowisku
in ~ **of** kontynuując (coś)
of long ~ długotrwały
of short ~ krótkotrwały
continuation *s* **1.** przedłużenie, ciąg dalszy, kontynuowanie **2.** ciągłość **3.** ponowne podjęcie (*czegoś*) **4.** *giełd.* transakcja prolongacyjna, report
~ **clause** klauzula prolongacyjna (*o warunkach kontynuowania umowy, np. ubezpieczenia*)

~ **day** termin deklaracji ⟨opcji⟩ (*przy transakcji reportowej*)

~ **on foreign exchanges** report dewizowy

~ **rate** *giełd.* kurs reportowy

continue *v* **1.** kontynuować, dalej ciągnąć ⟨prowadzić, robić⟩ **2.** trwać; pozostawać; nadal przebywać **3.** odraczać (*sprawę*) **4.** reportować, zawierać reportowe transakcje giełdowe **5.** podjąć na nowo

to ~ **in force** pozostawać w mocy

to ~ **in office** pozostawać na stanowisku

to ~ **quiet** (*o rynku*) pozostawać bez zmian

to ~ **to do sth** robić coś w dalszym ciągu

continued *pp adj* nieprzerwany, ciągły, trwający

~ **existence** nieprzerwane trwanie

~ **interest** stałe zainteresowanie

to be ~ dalszy ciąg nastąpi

continuing *adj* trwający, istniejący

~ **committee** stały komitet

~ **consideration** trwające świadczenia wzajemne

~ **contract** trwający kontrakt

~ **covenant** istniejąca w dalszym ciągu umowa

~ **damage** trwająca szkoda

~ **guarantee** nieprzerwana gwarancja

~ **injury** trwałe uszkodzenie

~ **offer** stała oferta

continuity *s* (nieprzerwana) ciągłość, trwałość

~ **of misfortunes** seria ⟨szereg⟩ nieszczęśliwych wypadków

to break the ~ **of sth** przerwać ciągłość czegoś

continuous *adj* ciągły, nieustanny, nieprzerwany

~ **act** czynność ciągła

~ **discharge** wyładunek nieprzerwany

~ **easement** nieprzerwany serwitut

~ **market** rynek o cenach względnie ustabilizowanych

~ **survey** przegląd ciągły

~ **transportation doctrine** doktryna jedności przewozu

~ **voyage doctrine** doktryna ciągłości podróży (*w prawie międzynarodowym znaczy, że jeżeli towary są przeznaczone dla kraju wroga, mogą być uznane za kontrabandę, chociaż znajdują się w porcie neutralnym*)

contra[1] *s* **1.** przeciwieństwo **2.** strona przeciwna, *księgow.* strona „ma" **3.** dowód ⟨głos⟩ przeciw

~ **account** rachunek przeciwstawny

as per ~ jak podano na odwrocie ⟨rewersie⟩ (*rachunku lub konta*)

the pros and ~ **s** dowody ⟨głosy⟩ za i przeciw

settlement of debts per ~ zapłata długu przez potrącenie

contra[2] *v księgow.* wyksięgować, stornować

to ~ **an item** stornować pozycję, wyksięgować zapis

contra[3] *praep* przeciw, wbrew

~ **bonos mores** *łac.* przeciwko dobrym obyczajom

pro and ~ za i przeciw

contraband[1] *s* **1.** kontrabanda, przemyt, przemytnictwo **2.** kontrabanda, towar z przemytu

~ **control** kontrola przemytu, walka z przemytem

~ **goods** towar z przemytu, towary kontrabandowe, kontrabanda

~ **of war** kontrabanda wojenna

~ **trade** handel przemytniczy, szmugiel

~ **vessel** statek przemytniczy ⟨szmuglerski, przewożący kontrabandę⟩

contraband[2] *v* przemycać, zajmować się kontrabandą, szmuglować

contrabandist *s* przemytnik, osoba trudniąca się przemytem, szmugler

contract[1] *s* **1.** umowa, transakcja, kontrakt **2.** akt umowy, dokument zawarcia umowy

~ **by post** umowa zawarta przez pocztę

~ **carrier** przedsiębiorca przewozowy

~ **confirmation** potwierdzenie umowy

~ **debt** dług umowny ⟨oparty na umowie⟩

~ **for future delivery** umowa o przyszłą dostawę

~ **for hire of services** umowa najmu usług

~ **for shipment** umowa o załadowanie

~ **for work and labour** umowa o pracę

~ **freight** fracht umowny

~ **implied in fact** dorozumiany kontrakt, dorozumiana umowa

~ **implied in law** quasi umowa, dorozumiana umowa

~ **law** prawo zobowiązaniowe ⟨o zobowiązaniach⟩

~ **lien** umowne prawo zastawu

~ **note** karta umowy, pisemne stwierdzenie zawarcia umowy

~ **of adhesion** umowa o przyłączeniu się

~ **of affreightment** umowa frachtowa

~ **of agency** umowa ajencyjna

~ **of apprenticeship** umowa o naukę zawodu

~ **of arbitration** umowa arbitrażowa

~ **of assignment** umowa o cesję

~ **of association** umowa o przystąpieniu do spółki

~ **of bottomry** umowa bodmeryjna

~ **of brokerage** umowa maklerska

~ **of carriage** umowa przewozu ⟨o przewóz⟩

~ **of employment** umowa o pracę ⟨zatrudnienie⟩, umowa zatrudnienia

~ **of good faith** umowa (zawarta) w dobrej wierze

~ **of guarantee** umowa poręczenia

~ **of indemnity** umowa o odszkodowanie

~ **of insurance** umowa ubezpieczenia

~ **of marine insurance** umowa ubezpieczenia morskiego

~ **of partnership** umowa spółki

~ **of passage** umowa o przewóz morski ⟨przewozu morskiego⟩

~ **of purchase** umowa kupna ⟨nabycia⟩

~ **of record** umowa zawarta w formie urzędowej

~ **of sale** umowa sprzedaży

~ **of service** umowa o pracę ⟨zatrudnienie⟩, umowa zatrudnienia

~ **of tenancy** umowa najmu ⟨o najem⟩

~ **of towage** umowa holownicza

~ **price** cena umowna

~ **rate** kontraktowa stawka frachtowa

~ **stevedore** przedsiębiorca sztauerski, sztauer kontraktowy

~ **uberrimae fidei** *łac.* umowa wymagająca najwyższego stopnia zaufania

~ **under seal** umowa przypieczętowana ⟨zawarta w formie urzędowej⟩

~ **value** wartość kontraktu (*towarów kupionych lub sprzedanych*)

accessory ~ umowa dodatkowa

according to ~ stosownie do umowy, zgodnie z umową

ad referendum ~ *łac.* umowa przedwstępna

agency ~ umowa ajencyjna

aleatory ~ umowa losowa
arrival ~ umowa „na przybycie"
as per ~ według umowy
auction ~ umowa aukcyjna, kontrakt zawarty na aukcji
balance of a ~ część umowy pozostająca jeszcze do wykonania
bare ~ umowa pod tytułem darmym
basis of a ~ podstawa ⟨baza⟩ umowy (*np. wskaźnik zawartości danego składnika*)
bilateral ~ umowa dwustronna
bound by ~ związany umową
breach of ~ naruszenie ⟨niedotrzymanie⟩ umowy
broker's ~ note nota maklerska
builder's ⟨building⟩ ~ umowa budowlana
by private ~ z wolnej ręki
cancellation of a ~ rozwiązanie umowy
carriage ~ umowa o przewóz ⟨przewozowa⟩
cash ~ umowa gotówkowa ⟨przewidująca płatność w gotówce⟩
charter ~ umowa czarteru
clauses of a ~ postanowienia umowy
collateral ~ umowa dodatkowa
collective ~ umowa zbiorowa
coming under ~ objęty umową
commercial ~ umowa handlowa
completion of a ~ wykonanie umowy
conclusion ⟨consummation⟩ of a ~ zawarcie umowy
conditions of a ~ warunki umowy
consensual ~ umowa wzajemna
contrary to the ~ sprzeczny ⟨niezgodny⟩ z umową
copy of a ~ *a*) odpis umowy *b*) egzemplarz umowy
crops under ~ uprawy objęte kontraktacją
current ~ umowa ważna ⟨pozostająca w mocy, obowiązująca⟩
delivery ~ umowa na (*przyszłą*) dostawę ⟨na dostarczenie⟩
draft of a ~ projekt umowy, umowa szkicowa
employment ~ umowa o pracę
enclosure to a ~ załącznik do umowy
entire ~ umowa niepodzielna
exchange ~ kontrakt giełdowy
executed ~ umowa wykonana
execution of a ~ wykonanie umowy
existing ~ istniejąca ⟨obowiązująca⟩ umowa
expiration ⟨expiry⟩ of a ~ wygaśnięcie umowy
fictitious ~ umowa fikcyjna ⟨pozorna⟩
form of ~ *a*) forma umowy *b*) formularz umowy
formal ~ umowa formalna (*zawarta w przewidzianej prawem formie*)
forward ~ umowa na (*przyszłą*) dostawę ⟨na dostarczenie⟩
forwarding ~ umowa spedycyjna
freedom of ~ swoboda zawierania umów
freight ~ umowa frachtowa
fulfilment of a ~ wykonanie umowy
futures ~ umowa na przyszłą dostawę
gratuitous ~ umowa pod tytułem darmym ⟨nieodpłatna⟩
group ~ umowa zbiorowa
hire ⟨hiring⟩ ~ umowa najmu
implied ~ *a*) milcząca umowa *b*) umowa dorozumiana

indent ~ umowa zawarta na podstawie indentu ⟨zlecenia eksportowego⟩
infringement of a ~ naruszenie umowy
innominate ~ umowa nie nazwana
instalment ~ umowa ratalna
insurance ~ umowa ubezpieczenia
items of a ~ paragrafy ⟨punkty⟩ umowy
labour ~ umowa o pracę
law of ~ prawo zobowiązaniowe ⟨o zobowiązaniach⟩
lease ~ umowa najmu
license ~ umowa licencyjna
life of a ~ okres ważności umowy
mandatory ~ umowa zlecenia
marriage ~ umowa małżeńska
model ~ umowa wzorcowa
multilateral ~ umowa wielostronna
mutual ~ umowa wzajemna
nude ⟨naked⟩ ~ umowa nieodpłatna ⟨pod tytułem darmym⟩
onerous ~ umowa pod tytułem obciążliwym
open ~ umowa otwarta (*do której mogą przystąpić inni kontrahenci*)
oral ⟨parol⟩ ~ umowa ustna
partnership ~ umowa spółki ⟨o spółce⟩
party to a ~ kontrahent
performance of a ~ wykonanie umowy
period ~ umowa długoterminowa
preliminary ~ umowa przedwstępna
private ~ umowa w formie prywatnej ⟨nie uwierzytelniona⟩
provisions of a ~ postanowienia umowy
publishing ~ umowa wydawnicza
quasi ~ quasi umowa
real ~ umowa realna
reciprocal ~ umowa dwustronna ⟨wzajemna⟩
renewal of a ~ odnowienie umowy
sale ~ umowa sprzedaży
separate ⟨special⟩ ~ umowa odrębna
shipment ~ umowa na załadowanie
simple ~ umowa zwykła ⟨nieformalna, prywatna⟩
solemn ~ umowa zawarta w formie urzędowej ⟨uroczystej⟩
spot ~ umowa loco, umowa z natychmiastową dostawą
standard ~ umowa wzorcowa ⟨typowa⟩
subject of a ~ przedmiot umowy
tacit ~ umowa milcząca
terms of a ~ warunki umowy
unilateral ~ umowa jednostronna
usurious ~ umowa lichwiarska
validity of a ~ okres ważności umowy
verbal ~ umowa ustna
void ~ umowa nieważna
worker on ~ pracownik kontraktowy
written ~ umowa pisana
to acquire sth under a ~ uzyskać coś przez umowę
to annul a ~ unieważnić ⟨anulować⟩ umowę
to be under ~ być związanym umową
to bind oneself by ~ związać się umową
to break a ~ złamać ⟨naruszyć⟩ umowę, nie dotrzymać umowy
to cancel a ~ anulować ⟨unieważnić⟩ umowę
to carry on a ~ wykonać umowę
to claim under a ~ wystąpić z pozwem o wykonanie ⟨niedotrzymanie⟩ umowy

to close ⟨conclude⟩ a ~ zawrzeć umowę
to dissolve a ~ rozwiązać umowę
to draw up a ~ sporządzić umowę
to enforce a ~ dochodzić sądownie wykonania umowy, egzekwować umowę
to enter into a ~ przystąpić do umowy, zawrzeć umowę
to execute ⟨fulfil⟩ a ~ wykonać umowę
to extend a ~ przedłużyć umowę
to invalidate ⟨void⟩ a ~ unieważnić umowę
to make a ~ zawrzeć umowę
to make out a ~ sporządzić umowę
to perform a ~ wykonać umowę
to renew a ~ odnowić umowę
to sign a ~ podpisać umowę
to tender for a ~ stanąć do przetargu o zawarcie umowy
to violate a ~ naruszyć ⟨pogwałcić⟩ umowę
to withdraw from a ~ odstąpić od umowy
contract² *v* 1. zawierać umowę 2. kontraktować 3. zaciągać (*zobowiązania*), zobowiązywać się 4. ograniczać, ścieśniać 5. nabawić się (*np. choroby*)
capacity to ~ zdolność do zawierania umów
intention to ~ zamiar zawarcia umowy
to ~ **debts** zaciągać długi
to ~ **a disease** nabawić się choroby
to ~ **expenses** ograniczyć wydatki
to ~ **for supplying ⟨to supply⟩ farm produce** (*o producencie*) kontraktować płody rolne
to ~ **for work** zawrzeć umowę o pracę
to ~ **a loan** zaciągnąć pożyczkę
to ~ **liabilities** wziąć na siebie obowiązki, zaciągnąć zobowiązania
to ~ **a marriage ⟨matrimony⟩** zawrzeć małżeństwo
to ~ **oneself out of sth** uwolnić się od czegoś
to ~ **out of a law** zobowiązać się do niestosowania swego prawa
contracted *pp adj* ~ **price** cena umowna
~ **quantity** umówiona ilość
contracting¹ *s* kontraktacja
contracting² *adj* umawiający się, zawierający umowę
~ **parties** umawiające się strony
contraction *s* 1. ścieśnienie, ograniczenie 2. zawieranie (*umowy*), zaciąganie (*zobowiązań*), zobowiązanie się w drodze umowy 3. skrót, skracanie 4. kurczenie się 5. *med.* skurcz 6. *med.* nabycie (*choroby*)
~ **in business conditions** ograniczenie działalności handlowej
~ **of credits** kurczenie się kredytów
~ **of debts** zaciągnięcie długów
~ **of a disease** nabawienie się choroby
~ **of a loan** zaciągnięcie pożyczki
contractor *s* 1. kontrahent 2. przedsiębiorca 3. dostawca
advertising ~ przedsiębiorca ⟨ajent⟩ reklamowy
army ~ dostawca wojskowy
building ~ przedsiębiorca budowlany
cartage ⟨carting⟩ ~ przedsiębiorca przewozowy, spedytor
freight ~ przedsiębiorca przewozowy
haulage ~ przedsiębiorca transportowy ⟨przewozowy⟩
labour ~ dostawca siły roboczej
contractual *adj* umowny, kontraktowy
~ **claims** roszczenia wynikające z umowy
~ **clause** klauzula umowna

~ **delinquency** naruszenie postanowień umownych ⟨umowy⟩
~ **liberty** prawo wynikające z umowy, umowne uprawnienie
~ **obligation** zobowiązanie wynikające z umowy ⟨umowne⟩
~ **privileges** przywileje umowne
~ **relationship** stosunek umowny
~ **rights** prawa umowne
~ **treaty** umowny traktat (*międzynarodowy*)
contradict *v* 1. zaprzeczyć (**sb, sth** komuś, czemuś), dementować 2. być sprzecznym, stać w sprzeczności (**sth** z czymś)
to ~ **a statement** zaprzeczyć oświadczeniu
contradiction *s* 1. zaprzeczenie, sprzeciw 2. sprzeczność
a ~ **in terms** antynomia, sprzeczność wewnętrzna
in flagrant ~ w rażącej sprzeczności
contradictory *adj* sprzeczny
~ **directions** sprzeczne wytyczne
~ **reports** sprzeczne sprawozdania
~ **statements** sprzeczne oświadczenia
~ **to common sense** sprzeczny ze zdrowym rozsądkiem
contradistinction *s* uderzający kontrast, (zupełne) przeciwieństwo
in ~ **to** w przeciwieństwie do
contrary¹ *s* przeciwieństwo
evidence to the ~ dowody przeciwne
instructions to the ~ instrukcje sprzeczne ⟨niezgodne⟩ (*z poprzednimi*)
on the ~ przeciwnie, na odwrót
to advise to the ~ odradzać
to prove the ~ dowodzić przeciwieństwa ⟨czegoś przeciwnego⟩
unless the ~ **is proved** o ile nie przeprowadzi się przeciwdowodu; chyba, że udowodni się coś przeciwnego
contrary² *adj* 1. przeciwny, odwrotny; sprzeczny 2. niepomyślny, nie sprzyjający
in the ~ **case** w przeciwnym razie
contrary³ *adv* wbrew (**to sth** czemuś), przeciwnie, w przeciwieństwie (**to sth** do czegoś), sprzecznie, niezgodnie (**to sth** z czymś)
~ **to common sense** wbrew zdrowemu rozsądkowi, sprzecznie ze zdrowym rozsądkiem
~ **to contract** sprzecznie z umową, wbrew umowie
~ **to the evidence** niezgodnie z dowodem, wbrew dowodom ⟨materiałowi dowodowemu⟩
~ **to instructions** wbrew instrukcjom
~ **to the law** wbrew prawu, sprzecznie z prawem
to act ~ **to one's best interests** działać wbrew własnym interesom
contrast¹ *s* kontrast, przeciwieństwo, przeciwstawienie
by ~ przez przeciwstawienie
by ~ **with sth** w przeciwieństwie do czegoś
in ~ **to ⟨with⟩** ... w przeciwieństwie do ...
sharp ~ jaskrawe przeciwieństwo, jaskrawy ⟨rażący⟩ kontrast
to form a ~ **to sb, sth** stanowić przeciwieństwo kogoś, czegoś
contrast² *v* 1. kontrastować, odbijać (**with sth** od czegoś) 2. przeciwstawiać (**with sth** czemuś)
contravene *v* 1. przekraczać, naruszać 2. sprzeciwiać się

⟨zaprzeczać⟩ **(sth** czemuś**) 3.** kolidować **(sth** z czymś**) 4.** kwestionować
to ~ **the law** przeciwstawiać się prawu, naruszać prawo
to ~ **sb's plans** sprzeciwiać się czyimś planom
to ~ **the regulations** naruszać przepisy
contravener *s* **1.** przeciwnik **2.** osoba naruszająca ⟨przekraczająca⟩ *(przepisy)*, winny wykroczenia
contravention *s* **1.** wykroczenie **(of sth** przeciwko czemuś**)**, przekroczenie, naruszenie *(czegoś)* **2.** zaprzeczenie *(czegoś)*, przeciwstawienie się **(of sth** czemuś**)**
~ **of the law** przekroczenie ⟨naruszenie⟩ prawa
in ~ **of the regulations** wbrew przepisom, z naruszeniem przepisów
to act in ~ **of a right** działać wbrew prawu
contribute *v* **1.** przyczyniać się, mieć udział, wnosić wkład **2.** współpracować, współdziałać **3.** wspierać **(to sth** coś**) 4.** być współpracownikiem *(gazety)*, publikować *(w gazecie)*
to ~ **to a collection** przyczynić się do składki, wnieść udział do zbiórki pieniężnej, wpłacić na zbiórkę
to ~ **to ⟨towards⟩ the expenses** partycypować w kosztach ⟨wydatkach⟩
to ~ **to a magazine** pisywać do periodyku
to ~ **to a newspaper** pisywać do gazety, być współpracownikiem dziennika
to ~ **one's share to sth** wnosić swój wkład do czegoś
to ~ **to a success** przyczynić się do sukcesu
contributing *adj:* ~ **cause of an offence** dodatkowa przyczyna przestępstwa
~ **factor** czynnik dodatkowy ⟨wtórny⟩
~ **parties** strony wnoszące udział *(do spółki itp.)*, wspierające strony
contribution *s* **1.** udział, wkład, przyczynek, zasługa **2.** współpraca, współdziałanie **3.** datek, wsparcie, składka **4.** artykuł, felieton, notatka **5.** kontrybucja, odszkodowanie wojenne
~ **in kind** wkład rzeczowy, aport
~ **in money** wkład pieniężny
~ **of capital** udział ⟨wkład⟩ kapitałowy
~ **of war** kontrybucja wojenna
~ **pro rata** składka, *(przypadająca na kogoś)* część udziałowa
~ **to the cause of peace** wkład w dzieło pokoju
~ **to ⟨towards⟩ the expenses of sth** udział w kosztach *(czegoś)*
~ **to a publication** udział w publikacji
employees ⟨employers⟩ ~ składka płacona przez pracowników ⟨pracodawców⟩
general average ~ udział w awarii wspólnej
national ⟨social⟩ insurance ~ składka na ubezpieczenie społeczne
rate of ~ wysokość składki ⟨wkładu⟩
voluntary ~ dobrowolna składka ⟨wpłata, wkład⟩
to impose ⟨levy⟩ a ~ nałożyć kontrybucję
to lay ~ **on tobacco ⟨spirits⟩** nałożyć podatek na wyroby tytoniowe ⟨spirytusowe⟩
to lay a country under a ~ nałożyć kontrybucję na kraj
to make ⟨pay⟩ one's ~ wnieść swój udział **(to sth** do czegoś**)**
contributive *adj* przyczyniający się do czegoś
to be ~ **to sth** przyczynić się do czegoś
contributor *s* **1.** osoba przyczyniająca się ⟨wpłacająca⟩,

ofiarodawca **2.** współpracownik, uczestnik, współdziałający
~ **of capital** wpłacający ⟨wnoszący⟩ kapitał
general average ~ uczestnik awarii wspólnej
contributory *adj* **1.** przyczyniający się *(do czegoś)* **2.** dodatkowy **3.** partycypujący w kosztach
~ **causes** dodatkowe przyczyny; okoliczności, które przyczyniły się *(do czegoś)* ⟨spowodowały *(coś)*⟩
~ **dividend** dodatkowa dywidenda *(przy rozliczaniu awarii wspólnej)*
~ **fund** fundusz składkowy
~ **group insurance** ubezpieczenie zbiorowe z wkładem ubezpieczonych
~ **guilt** wina poszkodowanego
~ **infringement (of patent)** pośrednie naruszenie (patentu)
~ **negligence** przyczynienie się *(poszkodowanego)* do powstania szkody
~ **value** wartość uczestnicząca *(w rozliczeniu awarii wspólnej)*, wartość kontrybucyjna
contrite *adj* skruszony, pełen skruchy, kajający się
~ **words** słowa wyrażające skruchę ⟨pokajanie się, żal⟩
contrition *s* żal, skrucha
contrivance *s* **1.** pomysł, sposób, sprytne posunięcie **2.** pomysłowość **3.** urządzenie, wynalazek
contrive *v* **1.** wymyślić, obmyślić **2.** znaleźć sposób **(sth** na coś**)**, dać sobie radę **(sth** z czymś**)**, potrafić, zdołać **(to do sth** coś zrobić**) 3.** spowodować, doprowadzić do skutku
to ~ **means of escape** obmyślić sposoby ucieczki
to ~ **a robbery** zaplanować ⟨obmyślić⟩ rabunek
control[1] *s* **1.** władza, zwierzchnictwo **2.** kierownictwo, zarząd **3.** nadzór, kontrola, sprawdzanie **4.** sterowanie, kierowanie *(statkiem)* **5.** regulacja, reglamentacja **6.** panowanie **(of ⟨on, over⟩ sth, of oneself** nad czymś, nad sobą**) 7.** zwalczanie, walka *(np. z chorobami)* **8.** *pl* **controls** urządzenia sterujące
~ **account** rachunek kontrolny
~ **board** tablica kontrolna
~ **card** karta kontrolna
~ **commission** komisja kontrolna
~ **fund** fundusz wyrównawczy
~ **of armaments ⟨arms⟩** kontrola zbrojeń
~ **of exports ⟨imports⟩** kontrola eksportowa ⟨importowa⟩, reglamentacja eksportu ⟨importu⟩
~ **of foreign exchanges** kontrola dewizowa
~ **point** punkt kontrolny
~ **sample** próbka kontrolna
~ **test** test kontrolny
administrative ~ kontrola administracyjna
armaments ⟨arms⟩ ~ kontrola zbrojeń
beyond ~ poza kontrolą, nie kontrolowany, nie kierowany
birth ~ regulacja urodzeń, świadome macierzyństwo
border ⟨frontier⟩ ~ kontrola graniczna
budgetary ~ kontrola budżetowa
currency ⟨(foreign) exchange⟩ ~ kontrola dewizowa
export ⟨import⟩ ~ kontrola eksportowa ⟨importowa⟩, reglamentacja eksportu ⟨importu⟩
financial ~ kontrola finansowa
government ~ kontrola państwowa
internal ~ kontrola wewnętrzna
press ~ kontrola prasy

price ~ kontrola ⟨reglamentacja⟩ cen
production ~ kontrola produkcji
quality ~ kontrola jakości
rent ~ kontrola czynszów
right of ~ prawo kontroli
social ~ kontrola społeczna
state ~ kontrola państwowa
traffic ~ kontrola ruchu drogowego
wage ~ kontrola płac
to be beyond one's ~ wymykać się spod czyjejś kontroli
to be subject to ~ podlegać reglamentacji ⟨kontroli⟩
to be under ~ być ⟨znajdować się⟩ pod kontrolą
to bring ⟨get⟩ under ~ opanować, wziąć pod kontrolę, poddać *(coś)* kontroli
to exercise ~ wykonywać kontrolę (**of** ⟨**over**⟩ **sth** nad czymś), kontrolować (**of** ⟨**over**⟩ **sth** coś)
to get out of ~ wyłamać się spod kontroli
to have the ~ **of ...** mieć kontrolę nad ...
to have ⟨keep⟩ under ~ panować nad czymś, trzymać pod kontrolą
to lose ~ stracić kontrolę
to regain ~ odzyskać kontrolę
to take the ~ **of** przejąć kontrolę nad *(czymś)*
to tighten ~ wzmocnić kontrolę
control² *v* **1.** mieć władzę ⟨zwierzchnictwo⟩ (**sb, sth** nad kimś, czymś) **2.** kierować, zarządzać, stać na czele (**sth** czegoś) **3.** kontrolować, regulować, reglamentować **4.** opanowywać *(rozruchy itp.)* **5.** sterować, kierować *(np. statkiem)*
to ~ **(the) accounts** kontrolować ⟨sprawdzać⟩ rachunki
to ~ **a business** stać na czele przedsiębiorstwa, kierować przedsiębiorstwem
to ~ **expenditure** kontrolować wydatki
to ~ **inflation** kontrolować inflację
to ~ **the market** kontrolować rynek, panować nad rynkiem
to ~ **payments** kontrolować płatności
to ~ **prices** kontrolować ⟨regulować⟩ ceny
to ~ **the records** *a)* sprawdzać w aktach *b)* kontrolować prawidłowość zapisów w aktach sądowych
to ~ **the rise in the cost of living** kontrolować wzrost kosztów utrzymania
controllable *adj* nadający się do kierowania ⟨kontroli⟩, dający się kontrolować ⟨kierować⟩
controlled *adj* kontrolowany, reglamentowany
  ~ **disarmament** kontrolowane rozbrojenie
  ~ **economy** kontrolowana gospodarka, gospodarka planowa
  ~ **exports** kontrolowany eksport
  ~ **market** kontrolowany rynek
  ~ **prices** ceny reglamentowane
controller *s* **1.** kontroler, rewident **2.** dozorca, nadzorca
controlling *adj* kontrolujący
  ~ **company** towarzystwo kontrolujące *(spółka holdingowa)*
  ~ **interest** pakiet kontrolny *(pakiet akcji dający możność kontroli przedsiębiorstwa)*
  ~ **report** sprawozdanie kontrolne
controversial *adj* **1.** sporny, dyskusyjny, polemiczny, kontrowersyjny **2.** kłótliwy
  ~ **opinion** kontrowersyjna opinia, kontrowersyjny pogląd

~ **point** punkt sporny
~ **question** ⟨**problem**⟩ sporne zagadnienie, sporna kwestia
controversy *s* kontrowersja, spór, polemika
  beyond ⟨**without**⟩ ~ bezspornie
  border ~ spór graniczny
  to give rise to a ~ spowodować ⟨wywołać⟩ spór ⟨polemikę⟩
controvert *v* **1.** prowadzić spór, spierać się (**sth** o coś), dyskutować (**sth** nad czymś) **2.** kwestionować (**sth** coś), zaprzeczać (**sth** czemuś), oponować (**sth** przeciwko czemuś)
controvertible *adj* sporny, podlegający dyskusji
contumacious *adj* **1.** krnąbrny, oporny **2.** nie podporządkujący się *(zarządzeniom sądu)* **3.** nie stawiający się na wezwanie sądu
contumacy *s* **1.** opór, krnąbrność **2.** niepodporządkowanie się zarządzeniu sądowemu **3.** niestawiennictwo w sądzie
contumelious *adj* **1.** obelżywy, znieważający **2.** impertynencki, arogancki
contumely *s* **1.** obelga, zniewaga **2.** hańba
contuse *v* uderzyć, kontuzjować, spowodować *(czyjąś)* kontuzję
contusion *s* kontuzja, potłuczenie
conurbation *s* aglomeracja miejska
conusance *s bryt.* kompetencja, jurysdykcja
conusant *adj bryt.* zaznajomiony *(z czymś)*, posiadający znajomość *(czegoś)*
convalence *v* wracać do zdrowia, być rekonwalescentem
convalescence *s* rekonwalescencja, powrót do zdrowia
convalescent *s* rekonwalescent, ozdrowieniec, osoba powracająca do zdrowia
  ~ **home** dom dla rekonwalescentów, sanatorium
convene *v* **1.** zbierać się **2.** zwoływać *(np. zebranie)* **3.** wzywać do sądu
  to ~ **a meeting** zwoływać zebranie
  to ~ **a session** zwołać posiedzenie
convenience *s* **1.** dogodność, wygoda, udogodnienie **2.** okazja, sposobność **3.** korzyść **4.** *pl* **conveniences** wygody, udogodnienia
  at your ~ kiedy panu ⟨wam⟩ to będzie dogadzało
  at your earliest ~ przy najbliższej okazji ⟨sposobności⟩
  for the ~ **of your customers** dla wygody waszych klientów
  a marriage of ~ małżeństwo z rozsądku
convenient *adj* dogodny, wygodny, poręczny (**for sb** dla kogoś)
  with all ~ **speed** w miarę możliwości jak najszybciej
convention *s* **1.** zjazd, zgromadzenie **2.** umowa, pakt, konwencja, porozumienie **3.** zwyczaj, konwenans
  ~ **on legal aid** konwencja o pomocy prawnej
  arbitration ~ konwencja arbitrażowa, umowa o arbitrażu
  commercial ~ konwencja handlowa
  consular ~ konwencja konsularna
  copyright ~ konwencja o prawach autorskich
  (the) Geneva Conventions Konwencje Genewskie *(o humanitarnych regułach prowadzenia wojny)*
  international ~ konwencja międzynarodowa
  monetary ~ konwencja monetarna
  multilateral ~ konwencja wielostronna
  post ~ konwencja pocztowa

to **accede to a** ~ przystąpić do konwencji
conventional *adj* **1.** konwencjonalny, tradycyjny **2.** umowny, zgodny z warunkami **3.** typowy, standardowy, powszechnie stosowany
~ **armaments** zbrojenia konwencjonalne
~ **arms** ⟨**weapons**⟩ broń konwencjonalna
~ **heir** spadkobierca umowny
~ **interest** umowne procenty ⟨odsetki⟩
~ **law** prawo umowne
~ **obligation** umowne zobowiązanie
~ **penalty** kara konwencjonalna
~ **rate** kurs umowny
~ **rule** *a)* norma prawa zwyczajowego *b)* norma umowna
~ **tariff** umowna taryfa (*celna*)
conventionary *s* **1.** dzierżawa oparta na umowie **2.** dzierżawca na warunkach umownych
converge *v* zbiegać się, dążyć do jednego punktu, skupiać się
convergence *s* zbieżność
convergent *adj* zbieżny, zbiegający się
conversant *adj* znający (**with sth** coś), zaznajomiony (**with sth** z czymś), posiadający wiedzę ⟨znajomość⟩ (**with sth** czegoś)
conversation *s* **1.** rozmowa, konwersacja **2.** (*w stosunkach międzynarodowych*) nieformalne rozmowy **3.** stosunek płciowy, obcowanie
criminal ~ *hist.* cudzołóstwo
converse[1] *v* rozmawiać (**with sb on** ⟨**about**⟩ **sth** z kimś o czymś)
converse[2] *adj* odwrotny, przeciwny
conversely *adv* na odwrót, odwrotnie
conversion *s* **1.** konwersja, zamiana, wymiana, przeliczenie **2.** przekształcenie, przeistoczenie (**of sth into sth** czegoś w coś) **3.** odwrócenie, odwrotność **4.** przywłaszczenie, sprzeniewierzenie, malwersacja **5.** nawrócenie **6.** przystosowanie
~ **issue** emisja konwersyjna
~ **loan** pożyczka konwersyjna
~ **of pounds into dollars** wymiana funtów na dolary
~ **plan** plan wymiany ⟨konwersji⟩
~ **price** konwersyjna cena (*akcji*)
~ **rate** kurs wymiany
~ **table** tabela przeliczeniowa
compulsory ~ przymusowa konwersja
fraudulent ⟨**improper**⟩ ~ **of funds** sprzeniewierzenie, malwersacja
rate of ~ kurs wymiany ⟨przeliczeniowy⟩
time ~ zmiana czasu
convert[1] *s* **1.** konwertyta **2.** osoba przechodząca z jednej partii do drugiej
convert[2] *v* **1.** konwertować, wymieniać, przeliczać **2.** przekształcać, przemieniać (**sth into sth** coś na coś) **3.** przywłaszczać, sprzeniewierzać **4.** nawracać **5.** przystosowywać
to ~ **a firm into a joint stock company** przekształcić firmę w spółkę akcyjną
to ~ **funds** ⟨**money**⟩ **to one's own use** przywłaszczyć ⟨sprzeniewierzyć⟩ fundusze
to ~ **funds to another purpose** przekazać fundusze na inny cel
to ~ **imprisonment to fine** zamienić areszt na grzywnę
to ~ **pounds into dollars** wymienić funty na dolary
to ~ **stock** dokonać konwersji obligacji

converted *adj* przerobiony, przetworzony
convertibility *s* wymienialność
~ **of currency** wymienialność waluty
convertible *adj* wymienialny, zamienny
~ **bond** wymienna obligacja
~ **currency** waluta wymienialna
~ **securities** łatwe do realizacji papiery wartościowe
convey *v* **1.** przewozić, transportować **2.** udzielać, przekazywać, komunikować **3.** przelewać, cedować, przenosić (*tytuł własności*)
to ~ **fraternal greetings** przesłać braterskie pozdrowienia
to ~ **goods** ⟨**passengers**⟩ przewozić towary ⟨pasażerów⟩
to ~ **ideas** ⟨**informations**⟩ przekazywać myśli ⟨informacje⟩
to ~ **the meaning of** ... komunikować znaczenie ...
to ~ **a property to sb** przenosić własność ⟨przelewać tytuł własności⟩ na kogoś
conveyable *adj* przenośny
conveyance *s* **1.** przewożenie, transport, przenoszenie, dostarczanie **2.** środek transportu ⟨przewozu⟩ **3.** przekazanie, cesja, przelew **4.** zapis, przeniesienie własności, akt cesji ⟨przelewu⟩
~ **by record** przeniesienie praw w formie aktu publicznego (*np. ustawy parlamentu*)
~ **of land** ⟨**real estate**⟩ przeniesienie własności nieruchomości
~ **of passengers** transport pasażerski
~ **of property** przeniesienie własności ⟨prawa własności⟩
air ~ transport powietrzny ⟨lotniczy⟩
bill of ~ rachunek kosztów transportu
by one ~ bez przeładunku
deed of ~ akt cesji ⟨przelewu⟩
fraudulent ~ oszukańcza cesja, oszukańcze przeniesienie własności
letter of ~ list przewozowy
means of ~ środki transportu
mode of ~ sposób transportu
public means of ~ publiczne środki transportu
conveyancer *s* prawnik sporządzający przeniesienie tytułu własności, notariusz, rejent
conveyancing *s* **1.** sporządzanie przeniesienia tytułu własności (*w odniesieniu do nieruchomości*) **2.** część prawa cywilnego odnosząca się do przenoszenia własności nieruchomości
conveyer, conveyor *s* **1.** przenośnik, transporter **2.** przewoźnik
convict[1] *s* **1.** skazaniec **2.** więzień **3.** osoba uznana przez sąd za winną
~ **colony** ⟨**settlement**⟩ *hist.* kolonia karna
~ **prison** więzienie, zakład karny
convict[2] *v* **1.** skazywać, zasądzać **2.** udowodnić komuś winę, uznać za winnego **3.** uświadomić (**sb of sth** komuś coś)
to ~ **sb of murder** uznać kogoś winnym morderstwa
convicted *pp adj:* ~ **offender** skazany
to be ~ zostać skazanym
conviction *s* **1.** skazanie, zasądzenie **2.** przekonanie, przeświadczenie
~ **for an offence** skazanie za przestępstwo
~ **on indictment** skazanie zgodne z aktem oskarżenia

by ~ z przekonania
former ~ poprzednie skazanie (*za to samo przestępstwo*)
summary ~ skazanie przez jednego sędziego (*bez udziału przysięgłych*), skazanie w postępowaniu uproszczonym ⟨sumarycznym⟩
to carry ~ być przekonywającym, brzmieć przekonywająco
to be open to ~ dawać się chętnie przekonać
convince *v* przekonywać (**of sth** o czymś)
convinced *pp:* **to be** ~ **of ...** być przekonanym o...
convincement *s* przekonanie, przeświadczenie
convincing *adj* przekonywający, przekonujący
~ **argument** przekonywający argument
~ **proof** przekonywający dowód
convincingly *adv* w sposób przekonywający, przekonująco
convocation *s* **1.** zwołanie **2.** zebranie, zgromadzenie, zjazd **3.** synod **4.** zebranie studentów uniwersytetów angielskich
~ **of an assembly** ⟨**a meeting**⟩ zwołanie zgromadzenia
~ **of Parliament** zwołanie Parlamentu
convoke *v* zwoływać, gromadzić
to ~ **a conference** zwołać konferencję
to ~ **Parliament** zwołać Parlament
convoy[1] *s* **1.** konwój, konwojowanie, eskorta **2.** transport (*więźniów*)
~ **ship** statek wchodzący w skład konwoju
under ~ pod strażą ⟨konwojem⟩
convoy[2] *v* konwojować, eskortować
co-obliger *s* współdłużnik
cook (up) *v* preparować, fałszować, robić kombinacje (*w rachunkach*)
to ~ **(up) accounts** preparować ⟨fałszować⟩ rachunki
to ~ **the books** fałszować księgi
to ~ **(up) charges** fabrykować oskarżenia, preparować zarzuty
cool[1] *s* zimno, chłód
keep in ~ trzymać ⟨przechowywać⟩ w chłodnym miejscu
cool[2] *adj* chłodny, zimny
~ **chamber** komora chłodnicza
in ~ **blood** z zimną krwią
keep ~ przechowywać w chłodnym miejscu
cool[3] *v* chłodzić, ochładzać
cooler *s am. sl.* cela więzienna
cool-headed *adj* spokojny, opanowany, nie ulegający podnieceniu, działający z zimną krwią
cooling *s* chłodzenie, zamrażanie
~ **chamber** komora chłodnicza
~ **ship** statek chłodnia
co-operate *v* **1.** współpracować, współdziałać **2.** przyczyniać się (**in sth** do czegoś)
co-operation *s* **1.** współpraca, współdziałanie, kooperacja **2.** spółdzielczość
~ **treaty** traktat o współpracy
close ~ ścisła współpraca
economic ~ współpraca gospodarcza
in ~ **with ...** przy współudziale ⟨we współpracy z⟩ ...
international ~ współpraca międzynarodowa
scientific and technical ~ współpraca naukowo--techniczna

co-operative[1], **coop** *s* spółdzielnia, kooperatywa
~ **society** spółdzielnia
agricultural ~ spółdzielnia rolnicza
building ~ spółdzielnia budowlana
consumers' ~ spółdzielnia spożywców
credit ~ spółdzielnia kredytowa
marketing ~ spółdzielnia zbytu
producers' ~ spółdzielnia produkcyjna
co-operative[2] *adj* **1.** spółdzielczy, uspołeczniony **2.** chętny do współpracy **3.** uległy, karny (*np. więzień*)
~ **association** *am.* spółdzielnia
~ **bank** bank spółdzielczy
~ **movement** ruch spółdzielczy, spółdzielczość
~ **productive society** spółdzielnia produkcyjna
~ **society** spółdzielnia
~ **store** sklep spółdzielczy, spółdzielczy dom towarowy
~ **union** związek spółdzielczy
co-operator *s* współpracownik
co-opt *v* kooptować, dokooptować, przybierać
co-optation, co-option *s* kooptacja, dokooptowanie, przybranie, dobranie
co-opted *adj* dokooptowany
~ **member** dokooptowany ⟨dobrany⟩ członek
co-ordinate[1] *adj* równorzędny, równy
~ **jurisdiction** równorzędna jurysdykcja
co-ordinate[2] *v* koordynować, uzgadniać
co-ordinating *adj* koordynujący, koordynacyjny
~ **committee** komitet koordynacyjny
co-ordination *s* koordynacja, skoordynowanie, uzgodnienie, zharmonizowanie
~ **of plans** koordynacja planów
co-ordinator *s* koordynator, osoba uzgadniająca
co-owner *s* współwłaściciel
cop[1] *s sl.* glina, policjant
cop[2] *s sl.* schwytanie, pojmanie
fair ~ schwytanie na miejscu przestępstwa
cop[3] *v sl.* **1.** nakryć, złapać, schwytać (*kogoś na czymś*) **2.** *am.* buchnąć, zwędzić, ukraść
coparcenary, coparcenery *s* **1.** współwłasność **2.** współdziedziczenie **3.** współwłaściciel **4.** współspadkobierca, osoba współdziedzicząca
estate in ~ spadkowa nieruchomość, nieruchomość stanowiąca współwłasność kilku spadkobierców
coparcener *s* **1.** współwłaściciel **2.** współspadkobierca
coparceny *s* współspadkobranie (*w równych częściach*)
copartner *s* wspólnik, udziałowiec
copartnership *s* **1.** spółka **2.** uczestnictwo w zyskach **3.** współposiadanie
cope *v* **1.** uporać się, podołać (**with sth** czemuś), dawać sobie radę **2.** zwalczać, stawiać czoło
to ~ **with difficulties** zwalczyć ⟨pokonać⟩ trudności
to ~ **with an enemy** stawić czoło wrogowi
to ~ **with one's responsibilities** podołać swoim zadaniom
to ~ **with the task** poradzić sobie z zadaniem
copious *adj* **1.** obfity, suty, bogaty **2.** płodny
~ **harvest** obfity zbiór
~ **supply of goods** obfity ⟨bogaty⟩ zapas towarów
co-plaintiff *s* współpowód
copper[1] *s* **1.** miedź **2.** moneta miedziana **3.** *pl* **coppers** bilon miedziany, miedziaki
~ **coin** moneta miedziana, miedziak
copper[2] *s sl.* glina, policjant

copper-captain s samozwańczy kapitan statku
co-promisee s współwierzyciel
co-promisor s współdłużnik
co-property s współwłasność
co-proprietor s współwłaściciel
cop-shop s sl. posterunek policji
copulate v spółkować, kopulować
copulation s spółkowanie, kopulacja
copulative adj łączący, wiążący
~ **condition** warunek wiążący
copy[1] s **1.** kopia, odpis **2.** reprodukcja, odbitka **3.** egzemplarz (np. książki), numer (np. gazety) **4.** rękopis **5.** maszynopis **6.** bryt. hist. wypis z sądowej księgi latyfundiów o warunkach dzierżawy
~ **of a bill of lading** egzemplarz konosamentu
~ **of an invoice** kopia faktury
~ **of a letter** kopia listu
as per ~ **enclosed, as per enclosed** ~ według załączonego odpisu
attested ⟨**authenticated**⟩ ~ uwierzytelniony odpis
captain's ~ egzemplarz konosamentu dla kapitana statku
carbon ~ odpis przebitkowy ⟨kalkowy⟩
certified ~ odpis poświadczony
certified true ~ za zgodność z oryginałem
clean ⟨**fair**⟩ ~ czystopis
complimentary ⟨**free, gratis**⟩ ~ egzemplarz bezpłatny ⟨gratisowy⟩
file ~ egzemplarz do archiwum
foul ~ brulion, brudnopis
legalized ~ odpis legalizowany
office ~ odpis przeznaczony do akt
photostatic ~ fotokopia
presentation ~ egzemplarz autorski
printed ~ przedruk
review ⟨**press**⟩ ~ egzemplarz recenzyjny ⟨prasowy⟩
rough ~ brudnopis
sworn ~ kopia potwierdzona pod przysięgą
top ~ oryginał
true ~ dokładna ⟨wierna⟩ kopia
to make out ⟨**take**⟩ **a** ~ sporządzić odpis
copy[2] v **1.** kopiować, przepisywać, sporządzać odpis **2.** naśladować
copyhold s bryt. hist. dzierżawa dziedziczna, władanie gruntem na podstawie wpisu do księgi latyfundiów
copyholder s bryt. hist. dzierżawca dziedziczny, osoba władająca gruntem na podstawie wpisu do księgi latyfundiów
copyright[1] s prawo autorskie, prawo własności autorskiej
~ **infringement** naruszanie prawa autorskiego
~ **law** ustawa o prawie autorskim
~ **reserved** prawo autorskie zastrzeżone
out of ~ wolne od praw autorskich
protected by ~ chronione prawem autorskim
to secure ~ **for ...** zabezpieczyć prawa autorskie dla ...
copyright[2], **copyrighted** adj chroniony prawem autorskim, podlegający prawu autorskiemu
copyright[3] v zastrzegać sobie prawo własności autorskiej (**sth** do czegoś)
cordial adj serdeczny
~ **atmosphere** serdeczna atmosfera
~ **relation** serdeczne stosunki
co-respondent s współpozwany w sprawie o cudzołós-

two; osoba, z którą współmałżonek dopuścił się zdrady małżeńskiej
corn s **1.** ziarno **2.** zboże **3.** am. kukurydza **4.** (w Szkocji, Irlandii) owies
~ **average** wskaźnik cen zboża
~ **broker** makler zbożowy
~ **chandler** detaliczny kupiec zbożowy
~ **dealer** kupiec zbożowy
~ **exchange** giełda zbożowa
~ **factor** pośrednik w handlu zbożem
~ **failure** nieurodzaj
~ **house** spichlerz zbożowy
~ **market** rynek zbożowy
~ **rent** czynsz dzierżawny (określony w ilości zboża)
Indian ~ am. kukurydza
to sell ~ **standing** sprzedawać zboże na pniu
corner[1] s giełd. akaparacja, korner (wykupywanie towarów dla celów spekulacyjnych)
corner[2] v akaparować, skupować towar dla celów spekulacyjnych
to ~ **the market** monopolizować rynek wykupując towary
corollary s **1.** wniosek dodatkowy **2.** naturalne następstwo, wynik
coronation s koronacja, koronowanie
~ **oath** przysięga koronacyjna
coroner s koroner (urzędnik ustalający przyczynę zgonu osób zmarłych nagłą śmiercią)
~'**s inquest** śledztwo przeprowadzone przez koronera (celem ustalenia przyczyny zgonu)
~'**s court** sąd koronera
~'**s jury** ława przysięgłych sądu koronera
coronership s urząd koronera
corporal adj **1.** cielesny **2.** osobisty
~ **appearance** osobiste stawiennictwo (w sądzie)
~ **oath** uroczysta przysięga (z ręką na Piśmie Świętym)
~ **punishment** kara cielesna
corporate adj **1.** korporacyjny, związkowy **2.** am. dotyczący spółki akcyjnej **3.** zbiorowy
~ **assets** aktywa korporacyjne
~ **body** a) osoba prawna b) zespół, grupa
~ **bonds** am. akcje spółki
~ **entity** osoba prawna
~ **earnings** stat. dochody osób prawnych
~ **feeling** poczucie wspólnoty, solidarność
~ **franchise** prawa osoby prawnej
~ **image** znak osoby prawnej
~ **issue** am. emisja ⟨wypuszczanie⟩ akcji spółki akcyjnej
~ **name** nazwa spółki
~ **profits** zyski osoby prawnej
~ **person** osoba prawna
~ **purpose** cel ⟨zadania⟩ spółki
~ **responsibility** zbiorowa odpowiedzialność
~ **stock** am. obligacje wypuszczone przez władze miejskie
~ **system** system korporacji
corporation s **1.** korporacja, towarzystwo, zrzeszenie, związek **2.** osoba prawna **3.** spółka **4.** am. spółka akcyjna, kompania, przedsiębiorstwo
~ **aggregate** osoba prawna zbiorowa (w skład której wchodzi kilka osób prawnych)
~ **by general act of Parliament** bryt. korporacja ⟨spółka⟩ powołana ogólną ustawą Parlamentu

~ **by-law** statut korporacji ⟨towarzystwa, zrzeszenia, związku, spółki⟩
~ **by prescription** spółka istniejąca na podstawie dawności
~ **by (royal) charter** korporacja ⟨spółka⟩ istniejąca na podstawie przywileju królewskiego
~ **by special act of Parliament** *bryt.* korporacja ⟨spółka⟩ powołana na podstawie specjalnej ustawy Parlamentu
~ **court** sąd miejski
~ **created by Letters Patent** korporacja ⟨spółka⟩ utworzona w drodze darowizny patentu ⟨przywileju⟩
~ **de facto** *łac.* korporacja faktyczna (*nie posiadająca formy prawnej*)
~ **de iure** *łac.* korporacja w formie prawnej
~ **duty** podatek od stowarzyszeń (*nałożony na stowarzyszenia*)
~ **lawyer** adwokat reprezentujący wielkie przedsiębiorstwa
~ **seal** pieczęć korporacji ⟨stowarzyszenia⟩
~ **sole** osoba prawna pojedyncza
~ **stock** kapitał akcyjny korporacji
close ~ spółka akcyjna zamknięta
the Commonwealth Development Finance Corporation *bryt.* stowarzyszenie dla finansowania rozwoju krajów brytyjskiej wspólnoty
limited ~ spółka z ograniczoną odpowiedzialnością
(municipal) ~ korporacja miejska, samorząd miejski
private ~ osoba prawna prawa prywatnego
public ~ osoba prawna prawa publicznego
public service ⟨*am.* **utility**⟩ ~ stowarzyszenie ⟨zakład⟩ użyteczności publicznej
statutory ~ stowarzyszenie oparte na prawie
stock ~ spółka akcyjna
trading ~ spółka handlowa
corporeal *adj* **1.** cielesny, materialny **2.** materialny, finansowy
~ **chattels** majątek ruchomy, ruchomości
~ **hereditament** dziedziczenie przedmiotów materialnych
~ **property** własność przedmiotów materialnych
corps *s* (*pl* **corps**) **1.** korpus **2.** zespół, grono
Corps Consulaire (*skr.* **CC**) korpus konsularny
Corps Diplomatic (*skr.* **CD**) korpus dyplomatyczny
corpse *s* trup, zwłoki, ciało zmarłego
corpus *s łac.* kapitał (*w przeciwieństwie do dochodu*)
corpus delicti *s łac.* dowód przestępstwa
corpus iuris cannonici *s łac.* prawo kanoniczne
corpus iuris civilis *s łac.* całokształt rzymskiego prawa cywilnego, Kodeks Justyniana
correct[1] *adj* **1.** poprawny, prawidłowy, bezbłędny **2.** ścisły, dokładny
~ **answer** poprawna odpowiedź
~ **attitude** prawidłowa postawa, prawidłowy stosunek
~ **calculation** prawidłowa kalkulacja
~ **description** dokładny opis
~ **price** dokładna cena
~ **statement** ścisłe ⟨dokładne⟩ stwierdzenie
~ **time** dokładny czas
~ **to two decimal places** z dokładnością do dwóch miejsc dziesiętnych
to be ~ *a*) mieć rację *b*) być dokładnym ⟨ścisłym⟩

correct[2] *v* **1.** poprawiać, prostować, korygować **2.** wnosić poprawki, przeprowadzać korektę (**sth** czegoś) **3.** naprawiać (*błąd*) **4.** karcić, karać **5.** neutralizować, zobojętniać
to ~ **an error** poprawić błąd
correcting *adj* : ~ **entry** *księgow.* zapis korygujący
correction *s* **1.** poprawka, poprawa, skorygowanie, korektura **2.** korekta **3.** naprawa **4.** skarcenie, ukaranie, kara
~ **centre** ośrodek poprawczy (*dla nieletnich*)
~ **of an account** skorygowanie konta ⟨rachunku⟩
~ **of an error** poprawienie błędu
house of ~ dom poprawczy
means of ~ środki poprawy ⟨wychowawcze dla osiągnięcia poprawy⟩
statistical ~ poprawka statystyczna
subject to ~ zastrzega się prawo wniesienia poprawek
under ~ z zastrzeżeniem możliwości omyłki ⟨błędu⟩
to make a ~ skorygować, zrobić poprawkę
I speak under ~ mogę się mylić, proszę mnie ewentualnie poprawić
correctional *adj* poprawczy, karny
~ **institution** zakład karny, więzienie
correctitude *s* poprawność (*np. postępowania*)
corrective *adj* poprawiający, korygujący, poprawczy
~ **trainee** osoba poddana postępowaniu poprawczemu
~ **training** przeszkolenie w zakładzie poprawczym (**Borstal Institution**)
~ **training allocation centre** ośrodek rozmieszczenia kwalifikujący nieletnich przestępców do odpowiednich zakładów poprawczych
~ **means** środki poprawcze (*służące do osiągnięcia poprawy*)
correctness *s* **1.** prawidłowość, bezbłędność **2.** dokładność
~ **of a description** dokładność opisu
~ **of a judgment** prawidłowość osądzenia
advising of the ~ **of the account** potwierdzenie zgodności konta
correlate *v* pozostawać w korelacji ⟨zależności⟩, być współzależnym, korelować (**with** ⟨**to**⟩ **sth** z czymś)
correlation *s* współzależność, korelacja
~ **analysis** *stat.* analiza współzależności
~ **between forces** korelacja między siłami
~ **coefficient** współczynnik współzależności ⟨korelacji⟩
~ **of forces** współzależność ⟨korelacja⟩ sił
~ **ratio** *stat.* wskaźnik współzależności
multiple ~ wielokrotna współzależność
partial ~ częściowa współzależność
simple ~ prosta współzależność
correlative *adj* współzależny
correspond *v* **1.** odpowiadać (**to sth** czemuś), zgadzać się (**to** ⟨**with**⟩ **sth** z czymś), być zgodnym, nadawać się **2.** korespondować, utrzymywać korespondencję
to ~ **to** ⟨**with**⟩ **the specification** odpowiadać specyfikacji
to ~ **to the sample** odpowiadać próbce, być zgodnym z próbką
correspondence *s* **1.** zgodność, odpowiedniość **2.** korespondencja, korespondowanie
~ **clerk** korespondent (*pracownik biura*)
~ **column** listy od czytelników (*gazety*)

~ **course** kurs korespondencyjny
~ **school** ⟨**college**⟩ studium zaoczne, szkoła korespondencyjna
by ~ listownie, korespondencyjnie
business ⟨**commercial**⟩ ~ korespondencja handlowa
incoming ⟨**inward**⟩ ~ korespondencja przychodząca
outgoing ⟨**outward**⟩ ~ korespondencja wychodząca
to attend to ~ załatwić korespondencję
to be ⟨**stand**⟩ **in** ~ **with sb** pozostawać z kimś w stosunkach korespondencyjnych, korespondować z kimś
to carry on ~ utrzymywać ⟨prowadzić⟩ korespondencję
to enter into ~ nawiązać korespondencję
to go ⟨**look**⟩ **through** ~ przeglądać korespondencję
to keep up ~ utrzymywać ⟨podtrzymywać⟩ korespondencję
correspondent[1] *s* korespondent (*prasowy, handlowy itp.*)
~ **bank** bank korespondent
foreign ~ korespondent zagraniczny
list of ~**s** wykaz ⟨lista⟩ korespondentów
press ⟨**news**⟩ ~ korespondent prasowy
regular ~ stały korespondent
war ~ korespondent wojenny
correspondent[2] *adj* odpowiedni
to be ~ **to** ⟨**with**⟩ **sth** odpowiadać czemuś
corresponding *adj* **1.** odpowiedni, zgodny, właściwy, stosowny **2.** korespondujący
~ **bank** bank-korespondent
~ **member** członek-korespondent
~ **period of the last year** odpowiedni ⟨analogiczny⟩ okres ubiegłego roku
~ **to the original** zgodny z oryginałem
corrigenda *spl łac.* **1.** poprawki (*do zrobienia*) **2.** spis błędów, errata
corrigible *adj* dający się poprawić, możliwy do poprawienia, nadający się do poprawy
corroborate *v* potwierdzać, umacniać
to ~ **sb's statement** potwierdzać czyjeś oświadczenie
corroborating *adj* potwierdzający
~ **evidence** potwierdzający dowód
corroboration *s* potwierdzenie, poparcie (*dalszymi dowodami*)
in ~ **of sth** na potwierdzenie czegoś
corroborative *adj* potwierdzający, popierający
~ **evidence** potwierdzający dowód
corroborator *s* osoba potwierdzająca coś (*zeznaniem*)
corrode *s* **1.** korodować, ulegać działaniu korozji **2.** (*o rdzy, chemikaliach*) zżerać, trawić
corrosion *s* **1.** korozja, rdzewienie **2.** zżeranie, trawienie
corrosive *adj* **1.** korozyjny **2.** gryzący, żrący
corrupt[1] *adj* **1.** zepsuty, zdemoralizowany, skorumpowany, przekupny, sprzedajny **2.** fałszywy, przekręcony (*np. tekst*)
~ **administration** przekupna administracja
~ **form** niewłaściwa ⟨wadliwa⟩ forma
~ **in** ⟨**of**⟩ **blood** *bryt. hist.* pozbawiony praw obywatelskich za popełnienie ciężkiego przestępstwa
~ **judge** przekupny sędzia
~ **practices** nieuczciwe praktyki, korupcja, przekupność, sprzedajność

~ **text** zniekształcony ⟨przekręcony⟩ tekst
corrupt[2] *v* **1.** psuć, demoralizować, korumpować, przekupywać **2.** zanieczyszczać (*np. język*)
to ~ **morals** psuć obyczaje
to ~ **a text** zniekształcić tekst
corrupter *s* osoba przekupująca ⟨demoralizująca⟩
corruptibility *s* **1.** uleganie zepsuciu ⟨korupcji⟩ **2.** przekupstwo, łapownictwo, korupcja
corruptible *adj* **1.** przekupny, sprzedajny **2.** ulegający zepsuciu ⟨korupcji⟩
~ **judges** przekupni sędziowie
corrupting *adj*: ~ **influence** demoralizujący ⟨destrukcyjny⟩ wpływ
corruption *s* **1.** psucie się, rozkład **2.** zepsucie, rozkład moralny; korupcja, sprzedajność, łapownictwo **3.** przekręcanie, zniekształcanie, fałszowanie (*tekstu*)
~ **in** ⟨**of**⟩ **blood** *bryt. hist.* „skażenie krwi", pozbawienie praw publicznych i obywatelskich (*zarówno prawa dziedziczenia jak i przekazania spadku spadkobiercom*) na skutek skazania na śmierć za zdradę
~ **of the body** rozkład ciała
~ **of witnesses** przekupywanie świadków
bribery and ~ przekupstwo ⟨łapownictwo⟩ i korupcja
corruptly *adv* w sposób nieuczciwy, drogą przekupstwa, przez korupcję
corsair *s* **1.** korsarz **2.** statek korsarski
co-signatory *s* konsygnatariusz, osoba podpisująca (*dokument*) wspólnie z inną
cosmic *adj* kosmiczny
~ **space** przestrzeń kosmiczna
corvée *s fr.* **1.** *hist.* pańszczyzna **2.** ciężka praca (*bezpłatne lub częściowo płatne zatrudnienie przy narzuconych przez władze pracach*)
cost[1] *s* **1.** koszt **2.** koszt własny, nakład, wydatek **3.** cena zakupu **4.** *zob.* **costs**
~ **account** rachunek ⟨konto⟩ kosztów własnych
~ **accountant** ⟨**clerk**⟩ kalkulator
~ **accounting** kalkulacja kosztów własnych
~ **analysis** analiza kosztu
~ **and freight** (*skr.* **c& f**) koszt ⟨cena⟩ i fracht (*sprzedaż na warunkach wliczenia frachtu do ceny*)
~ **estimate** kosztorys
~ **free** ⟨**franco**⟩ bez kosztów, bezpłatnie
~ **increase** wzrost kosztów
~**, insurance, freight** (*skr.* **c.i.f.**) koszt ⟨cena⟩, ubezpieczenie i fracht
~**, insurance, freight and commission** (*skr.* **c.i.f.c.**) koszt ⟨cena⟩, ubezpieczenie, fracht i prowizja
~**, insurance, freight and exchange** (*skr.* **c.i.f.& e.**) koszt ⟨cena⟩, ubezpieczenie, fracht i różnica kursu
~**, insurance, freight, commission and interest** (*skr.* **c.i.f.c.& i.**) koszt ⟨cena⟩, ubezpieczenie, fracht, prowizja i procent zysku
~ **of acquisition** koszt nabycia ⟨zakupu⟩
~ **of action** koszty sądowe
~ **of arbitration** koszt arbitrażu
~ **of borrowing** koszty kredytu
~ **of capital** koszt kapitału
~ **of carriage** koszty przewozu ⟨transportu⟩
~ **of collection** koszty inkasa
~ **of delivery** koszty dostawy
~ **of distribution** koszty zbytu ⟨dystrybucji⟩
~ **of goods purchased** koszt zakupu towarów
~ **of goods sold** koszt sprzedaży towarów

~ **of handling** koszty przeładunku
~ **of labour** koszt roboczny
~ **of living** koszty utrzymania; *zob.* **cost-of-living**
~ **of manufacture** koszty produkcji
~ **of marketing** koszty zbytu ⟨marketingu⟩
~ **of materials** koszty surowców ⟨materiałowe⟩
~ **of packaging ⟨packing⟩** koszty opakowania ⟨pakowania⟩
~ **of production** koszty produkcji
~ **of publication** koszty publikacji
~ **of registration** koszty rejestracji
~ **of repair** koszty remontu ⟨naprawy⟩
~ **of representation** koszty reprezentacyjne
~ **of storage** koszty składowania
~ **of supervision** koszty kontroli
~ **of transport(ation)** koszty transportu ⟨przewozu⟩
~ **per piece ⟨unit⟩** koszt jednostkowy (*wyrobu*)
~ **plus contract** *am.* umowa, w której cenę sprzedaży oblicza się według ceny produkcji plus określony w umowie procent
~ **price** cena zakupu, koszt własny ⟨nabycia⟩
~ **recovery** pokrycie kosztów
~ **reduction** obniżka kosztów
actual ~ koszt rzeczywisty
additional ~ koszty dodatkowe
administrative ~ koszty administracyjne
all-in ~ koszt globalny
at any ~ za wszelką ⟨każdą⟩ cenę, po każdej cenie
at the ~ **of ...** kosztem ...
at ~ **(price)** po cenie własnej ⟨kosztu⟩
at sb's ~ na czyjś koszt
at great ~ z wielkim nakładem pieniędzy
at joint ~ na wspólny koszt
average ~ przeciętne koszty
below ~ poniżej kosztu
buying ~ koszt zakupu, koszt (własny) nabycia
first ~ cena fabryczna
fixed assets ~ koszty inwestycyjne
free of ~ wolne od kosztów, gratis, bezpłatnie
global ~ koszt całkowity globalny
gross ~ koszt brutto
imputed ~ koszt kalkulacyjny
index number of living ~ wskaźnik kosztów utrzymania
invoice ~ cena fakturowa
joint ~ koszt łączny
marginal ~ koszt marginalny ⟨krańcowy⟩ (*określający granicę opłacalności*)
net ~ koszt netto
nominal ~ koszt nominalny
original ⟨prime⟩ ~ koszt własny ⟨nabycia⟩, cena zakupu
plant ~ koszt fabryczny
production ~ koszt produkcji
real ~ koszt rzeczywisty
shipping ~ koszt wysyłki (*statkiem*)
to sb's ~ na czyjś koszt
total ~ koszt ogólny ⟨łączny⟩
unit ~ koszt jednostkowy
wage ~ koszt roboczny
wholesale ~ cena hurtowa
without regard to ~ bez względu na koszt(y)
to count the ~ liczyć ⟨obliczać⟩ koszt ⟨ryzyko⟩
to sell at ~ **(price)** sprzedać po cenie kosztu
cost[2] *v* **1.** kosztować **2.** wyceniać (*towar*), kalkulować

cenę **3.** ustalać koszt, sporządzać kosztorys (**sth** czegoś)
to ~ **an article** wyceniać towar ⟨artykuł⟩
costing *s* sporządzanie kosztorysu, ustalanie ceny kosztów
~ **department** departament kosztów ⟨sporządzania kosztorysów i ustalania kosztów⟩
costly *adj* kosztowny, drogi
cost-of-living *adj*: ~ **adjustment** dodatek wyrównawczy
~ **allowance** dodatek drożyźniany ⟨na wzrost kosztów utrzymania⟩
~ **index** *stat.* wskaźnik kosztów utrzymania
costs *spl* **1.** koszty **2.** koszty procesowe ⟨prowadzenia sprawy sądowej⟩ **3.** *zob.* **cost**[1]
~ **involved in bankruptcy** koszty bankructwa
~ **of advertising** koszty reklamy
~ **of the conviction** koszty skazania ⟨związane ze skazaniem⟩
~ **of the defence** koszty obrony ⟨związane z obroną⟩
~ **of the prosecution** koszty oskarżenia ⟨związane z oskarżeniem⟩
~ **of transport(ation)** koszty transportu
~ **of unproductive labour** koszty pracy nieproduktywnej
~ **to abide the event** koszty apelacji
administrative ~ koszty administracyjne
advertising ~ koszty reklamy ⟨ogłoszeń⟩
at all ~ za wszelką ⟨każdą⟩ cenę, po każdej cenie
average ~ koszty przeciętne
basic ~ koszty podstawowe
bond for ~ zabezpieczenie ewentualnych kosztów (*przez stronę*)
capital ~ koszty materiałowe
court ~ koszty sądowe
decreasing ⟨degressive⟩ ~ koszty malejące (*w miarę wzrostu produkcji*)
direct ~ koszty bezpośrednie
estimated ~ koszty szacunkowe, kosztorys
extra ~ koszty dodatkowe
factory ~ koszty produkcji
fixed ~ koszty stałe
general ~ koszty ogólne
indirect ~ koszty pośrednie
issue ~ koszty związane z emisją (*papierów wartościowych*)
law ⟨legal⟩ ~ koszty sądowe
low ~ niskie koszty
maintenance ~ koszty konserwacji
management ~ koszty administracyjne
manufacturing ⟨production⟩ ~ koszty produkcji
packaging ⟨packing⟩ ~ koszty opakowania ⟨pakowania⟩
running ~ koszty bieżące
selling ~ koszty sprzedaży ⟨zbytu, handlowe⟩
social ~ koszty społeczne
solicitor's ~ koszty adwokackie
standard ~ koszty normatywne
standing ~ koszty stałe
storage ⟨storing, warehousing⟩ ~ koszty składowania
sundry ~ koszty różne
upkeep ~ koszty konserwacji
variable ~ koszty zmienne
wage ~ koszty roboczny

with ~ z kosztami, z nałożeniem kosztów na stronę przegrywającą
to bear the ~ pokrywać ⟨ponosić⟩ koszty
to be ordered ⟨**condemned**⟩ **to pay the** ~ być ⟨zostać⟩ obciążonym kosztami sądowymi
to carry ⟨**pay**⟩ **the** ~ płacić ⟨ponosić⟩ koszty
to count the ~ liczyć ⟨obliczać⟩ koszty
to incur ~ narazić się na koszty
to involve ~ pociągać za sobą koszty
to reduce the ~ obniżyć koszty
to share the ~ dzielić koszty, partycypować w kosztach
to spare no ~ nie szczędzić wydatków
co-surety *s* 1. współgwarancja, współporęka 2. współgwarant, współporęczyciel
co-tenant *s* współdzierżawca, współlokator, współnajemca
coterie *s* koteria, klika, grupa osób związanych ciasno pojmowanymi interesami
cottage *s* domek, chata, chałupa, dom(ek) wiejski ⟨letniskowy⟩
~ **industry** chałupnictwo
cottager *s* 1. mieszkaniec chaty ⟨chałupy⟩ 2. chałupnik 3. *am.* właściciel domku letniskowego
cottar, cotter *s szkoc.* pracownik folwarczny (*uprawniony do mieszkania w domku właściciela folwarku w zamian za pracę*)
cottier *s hist.* irlandzki dzierżawca (*płacący czynsz dzierżawny, którego wysokość ustalono w drodze licytacji*)
~ **tenure** system dzierżawienia ziemi w drodze licytacji
cotton *s* 1. bawełna 2. *pl* **cottons** wyroby bawełniane
~ **bill** weksel, którego pokrycie stanowi bawełna
~ **contract** *am.* kontrakt giełdowy na partię bawełny
~ **exchange** giełda bawełniana ⟨na bawełnę⟩
~ **fitted ship** statek dostosowany do przewozu bawełny
~ **goods** towary bawełniane
~ **industry** ⟨**manufacture**⟩ przemysł bawełniany, przemysł przędzalniczy
~ **lords** magnaci przemysłu przędzalniczego
~ **market** rynek bawełniany ⟨bawełny⟩
~ **season** *am.* sezon transakcji bawełną (*od 1 września do 1 maja*)
~ **trade** handel bawełną
cotton-mill *s* przędzalnia
coulisse *s fr.* 1. kulisy 2. nieoficjalna giełda
coulissier *s fr.* nieoficjalny makler giełdowy (*zawierający spekulacyjne transakcje*)
council *s* 1. rada (*zgromadzenie*) 2. narada, konsylium 3. posiedzenie rady
~ **estate** nieruchomość samorządowa, własność rady miejskiej
Council for Mutual Economic Aid (*skr.* **CMEA**) Rada Wzajemnej Pomocy Gospodarczej (*skr.* **RWPG**)
~ **house** dom samorządowy, własność rady miejskiej
~ **of the bar** rada adwokacka
~ **of conciliation** komisja pojednawcza ⟨rozjemcza⟩ (*dla załatwiania sporów pomiędzy pracownikami a pracodawcami*)
Council of Legal Education *bryt.* komisja egzaminacyjna adwokatury
~ **of ministers** rada ministrów

~ **of state** rada państwa
advisory ~ komisja doradcza
city ~ rada miejska
Common Market's Council of Ministers Rada Ministrów Wspólnego Rynku
county ~ *bryt.* rada hrabstwa
ecclesiastical ~ sobór
Economic and Social Council Rada Społeczna i Gospodarcza (ONZ)
family ~ rada familijna
municipal ~ rada miejska
national ~ rada narodowa
Privy Council *bryt. hist.* Rada Przyboczna (*króla*)
Security Council Rada Bezpieczeństwa (ONZ)
town ~ rada miejska
Trusteeship Council Rada Powiernicza (ONZ)
works' ⟨**workers'**⟩ ~ rada zakładowa
to be in ~ radzić, naradzać się
to hold ~ odbywać naradę
to meet in ~ zbierać się na naradę
Council-chamber *s* sala zebrań rady
councillor *s* radny, członek rady
council-man *s* (*pl* **council-men**) radny, członek rady
counsel[1] *s* 1. rada, porada 2. narada 3. doradca 4. radca prawny, adwokat
~ **for the defence** ⟨**defendant**⟩ adwokat obrony ⟨pozwanego⟩
~ **for the plaintiff** adwokat powoda ⟨strony powodowej⟩
~ **for the prisoner** adwokat oskarżonego
~ **for the prosecution** oskarżyciel
~ **to the Crown** *bryt.* adwokat Korony
~ **'s opinion** porada adwokacka
junior ~ adwokat o mniejszym doświadczeniu (*występujący jako pomocnik innego adwokata*)
King's ⟨**Queen's**⟩ **Counsel** radca królewski (*tytuł honorowy przyznawany wybitnym adwokatom*)
patent ~ rzecznik patentowy
trial ~ rzecznik procesowy, adwokat występujący w sprawach karnych
to brief a ~ ustanowić adwokata
to engage a ~ zaangażować adwokata
to give ~ doradzać, udzielać porady
to take ~ **with sb** zasięgać rady ⟨porady⟩ u kogoś
counsel[2] *v* radzić, doradzać, zalecać
to ~ **instant action** zalecać natychmiastowe działanie
to ~ **sb against sth** odradzać komuś robienie ⟨czynienie⟩ czegoś
counsel(l)or *s* 1. radca, doradca 2. radca prawny 3. *am.* adwokat
~ **at law** adwokat
~ **for economic affairs** doradca do spraw ekonomicznych
~ **of embassy** radca ambasady
~ **of state** radca stanu
commercial ~ radca handlowy
count[1] *s* 1. liczenie, obliczanie 2. rachunek 3. waga, znaczenie 4. suma ogólna 5. poszczególny punkt żądań pozwu; poszczególny zarzut oskarżenia
~ **alleging an offence** punkt aktu oskarżenia (*zarzucający przestępstwo*)
~ **sur concessit solvere** powództwo o zwrot długu oparte na zwykłym zobowiązaniu (*wnoszone do Sądu Burmistrza Londynu*)
in the final ~ w ostatecznym rachunku

on all ~**s** pod każdym względem
on several ~**s** z kilku względów, uwzględniając ⟨biorąc pod uwagę⟩ kilka okoliczności
to ask for a ~ zażądać obliczenia głosów (*przy głosowaniu*)
to be convicted ⟨**found guilty**⟩ **on all** ~**s** zostać uznanym winnym wszystkich zarzutów (*aktu oskarżenia*), zostać skazanym na podstawie wszystkich zarzutów
to keep ~ **of sth** prowadzić rachunek czegoś, liczyć coś
to lose ~ stracić rachubę, zgubić się w rachunkach
to take the ~ **of sth** zwracać uwagę na coś, przywiązywać wagę do czegoś, liczyć się z czymś
count² *v* **1.** rachować, liczyć, wyliczać **2.** liczyć się **3.** zaliczać się **4.** poczytywać, uważać **5.** znaczyć, mieć znaczenie **6.** przedstawiać sprawę (*w sądzie*) **7.** *zob.*
count in, count off, count out, count over, count up
to ~ **as** ... uważać za ...
to ~ **for much** ⟨**little**⟩ mieć duże ⟨małe⟩ znaczenie
to ~ **one's losses** ⟨**profits**⟩ obliczać swoje straty ⟨zyski⟩
to ~ **on**⟨**upon**⟩ **sb, sth** liczyć na kogoś, coś; polegać na kimś, czymś
to ~ **sb as dead** uważać kogoś za zmarłego
to ~ **sth against sb** uznać, że coś przemawia przeciwko komuś
to ~ **upon a statute** powołać się na przepis prawa ⟨ustawy⟩
to ~ **with public opinion** liczyć się z opinią publiczną
countenance¹ *s* **1.** poparcie, zachęta **2.** pewność siebie, śmiałość
out of ~ zmieszany, speszony
to give ⟨**lend**⟩ ~ **to sb** udzielić komuś poparcia
to keep one's ~ zachować powagę
to lose ~ zmieszać się, stracić pewność siebie
countenance² *v* **1.** popierać, aprobować, sankcjonować **2.** zachęcać (**sb in sth** kogoś do czegoś) **3.** pozwalać (**sth** na coś)
counter¹ *s* **1.** rachmistrz **2.** licznik, liczydło **3.** kontuar, lada, okienko (*kasowe*) **4.** żeton, fiszka, liczman
~ **business hours** godziny przyjmowania klientów (*przy okienku*)
~ **cheque** czek kasowy
~ **clerk** urzędnik przy kontuarze ⟨okienku kasowym⟩
paying ⟨**cash**⟩ ~ okienko kasowe
to apply at ~ **No** ... zgłosić się do okienka nr ...
to pay over the ~ wpłacać przy okienku
to sell under the ~ sprzedawać spod lady
counter² *adj* przeciwny, przeciwstawny, przeciwległy
~ **opinion** przeciwny pogląd
counter³ *adv* przeciw, wbrew, przeciwnie
to act ~ **to sb's interest** działać wbrew czyimś interesom
counter⁴ *v* **1.** sprzeciwiać się **2.** krzyżować (*np. plany*) **3.** reagować ⟨odpowiadać⟩ (*na coś*)
to ~ **sb's opinion** być przeciwnego zdania
counter(-)account *s* rachunek przeciwstawny, konto przeciwstawne
counteract *v* **1.** przeciwdziałać (**sth** czemuś); neutralizować **2.** krzyżować (*np. plany*)
to ~ **inflationary tendencies** przeciwdziałać tendencjom inflacyjnym
counteraction *s* **1.** przeciwdziałanie; neutralizowanie **2.**

pokrzyżowanie (*np. planów*) **3.** powództwo wzajemne
counteractive *adj* przeciwdziałający; neutralizujący
counter-appeal *s* rewizja wzajemna
counterbalance¹ *s* **1.** przeciwwaga, równoważnik **2.** saldo przeciwstawne
counterbalance² *v* wyrównywać (się), równoważyć (się), kompensować (się), bilansować (się)
counter(-)bill *s* weksel zwrotny
counter(-)bond *s* rewers
counter-bonification *s* obniżka ceny towaru z powodu jego niższej jakości
counter-case *s* odpowiedź na powództwo
countercharge *s* powództwo wzajemne
countercheck *s* **1.** przeciwdziałanie **2.** dodatkowa kontrola
counter(-)claim¹ *s* roszczenie wzajemne
counter(-)claim² *v* wysuwać wzajemne roszczenia
counter-espionage *s* kontrwywiad
counter-evidence *s* przeciwdowód
counterfeisance *s* podrabianie
counterfeit¹ *s* **1.** naśladownictwo, imitacja **2.** sfałszowanie, podrobienie **3.** falsyfikat **4.** oszust **5.** *pl* **counterfeits** fałszywe pieniądze
beware of ~**s** ostrzega się przed naśladownictwem
counterfeit² *adj* sfałszowany, podrobiony, fałszywy
~ **coin** fałszywa moneta
~ **money** fałszywe pieniądze
~ **seal** fałszywa ⟨podrobiona⟩ pieczęć
counterfeit³ *v* **1.** fałszować, podrabiać **2.** naśladować, udawać
to ~ **coins** podrabiać monety
to ~ **sb's handwriting** ⟨**signature**⟩ podrabiać czyjeś pismo ⟨czyjś podpis⟩
counterfeiter *s* fałszerz
counterfeiting *s* podrabianie, naśladownictwo, fałszowanie (*pieniędzy*)
counterfoil *s* odcinek kontrolny, talon (*np. kwitariusza, bloczka czekowego*)
~ **book** kwitariusz
~ **waybill** wtórnik ⟨duplikat⟩ listu przewozowego
counter(-)insurance *s* ubezpieczenie wzajemne, reasekuracja
counter-intelligence *s* kontrwywiad
countermand¹ *s* odwołanie, cofnięcie (*np. zarządzenia*)
countermand² *v* odwołać, anulować, cofać, kasować
to ~ **an order** odwołać zamówienie
to ~ **a strike** odwołać strajk
countermanded *pp*: **unless** ~ (aż) do odwołania
good until ~ ważny (aż) do odwołania
countermark *s* znak (*kontrolny*), cecha (*towaru*)
countermart *s* przeciwkaperstwo, działalność przeciwko kaperstwu ⟨piractwu⟩
countermeasure *s* środek zaradczy ⟨przeciwdziałający⟩
countermine *v* udaremnić przez kontrakcję, przeciwdziałać
to ~ **a plot** udaremnić spisek
counter(-)offer *s* kontroferta, kontrpropozycja
counter-order *s* zlecenie odwołujące zamówienie, kontrzlecenie
counterpart *s* **1.** kopia, duplikat, uzupełnienie (*dokumentu*) **2.** pendant, odpowiednik **3.** kolega po fachu
~ **fund(s)** fundusz uzupełniający
~ **originals** oryginały mające taką samą moc

counterplot s przeciwspisek, przeciwintryga
counter-proof s przeciwdowód, dowód przeciwny
counter-propaganda s kontrpropaganda
counter-proposal s kontrpropozycja
counterpurchase s rodzaj handlu gotówkowo-wymiennego (*zob.* **countertrade**), zakup wzajemny towarów w celu sprzedaży na własnym lub obcym rynku
counter-remittance s rymesa wzajemna, wzajemne pokrycie
counter-revolution s kontrrewolucja
counter-security s kontrgwarancja, zabezpieczenie wzajemne
countersign v 1. kontrasygnować 2. żyrować, podpisać jako druga osoba
countersignature s kontrasygnata
counter-statement s kontroświadczenie
counter-surety s zabezpieczenie wzajemne, kontrgwarancja
countertrade s handel oparty o inne niż gotówkowe ⟨częściowo gotówkowe⟩ rozliczenia
  ~ **transaction** transakcja gotówkowo-wymienna
countertrading s handlowanie oparte na zasadzie gotówkowo-wymiennej
countervail v równoważyć, kompensować, neutralizować
countervailing adj: ~ **duty** cło wyrównawcze
  ~ **equity** wzajemne prawo
counter-value s równowartość, ekwiwalent
counterweigh v przeciwważyć, stanowić przeciwwagę (**sth** dla czegoś)
counter(-)weight s przeciwwaga
counterwork[1] s kontrakcja, przeciwdziałanie
counterwork[2] v przeciwdziałać (**sth** czemuś); udaremnić
count in v wliczać, włączać (*kogoś*), brać (*kogoś*) w rachubę
counting-house, counting-room s kantor, biuro, dział rachunkowości
countless adj niezliczony
count off v odliczać (*na równe grupy*)
count out v 1. odliczać (*w większej ilości*) 2. odroczyć posiedzenie po wyliczeniu braku quorum 3. nie brać (**sb** kogoś) w rachubę
  to ~ **out the House** spowodować odroczenie posiedzenia Izby przez wykazanie braku quorum ⟨odpowiedniej liczby posłów⟩
  to ~ **out a measure** uniemożliwić powzięcie uchwały przez wykazanie braku quorum ⟨wymaganej ilości posłów na posiedzeniu⟩
count over v przeliczać
country s 1. kraj, państwo 2. ojczyzna 3. the country wieś 4. prowincja 5. przysięgli
  ~ **bank** bank prowincjonalny
  ~ **bill** weksel płatny na prowincji
  ~ **branch** filia prowincjonalna, oddział prowincjonalny
  ~ **cheque** czek płatny na prowincji
  ~ **clearing** kliring między bankami prowincjonalnymi
  ~ **collections** inkaso należności na prowincji
  ~ **damage** „szkoda krajowa" (*powstała przed załadowaniem zboża na statek*)
  ~ **house** dom wiejski, wiejska rezydencja
  ~ **note** a) banknot wydany przez bank prowincjonalny b) asygnata bankowa
  ~ **of consumption** kraj konsumpcji

  ~ **of destination** kraj przeznaczenia
  ~ **of issuance** kraj wydania (*np. patentu, dokumentu*)
  ~ **of origin** ⟨**provenance**⟩ kraj pochodzenia (*towaru*)
  ~ **of production** kraj produkcji
  ~ **of purchase** kraj zakupu
  ~ **of sale** kraj sprzedaży
  ~ **'s economic budget** preliminarz budżetu państwowego
  ~ **town** miasto prowincjonalne
agricultural ~ kraj rolniczy
backward ~ kraj zacofany
capitalist ~ kraj kapitalistyczny, państwo kapitalistyczne
colonial ~ kraj kolonialny
communist ~ kraj komunistyczny, państwo komunistyczne
creditor ~ kraj wierzycielski
customer ~ kraj-odbiorca
debtor ~ kraj dłużniczy
developing ~ kraj rozwijający się
exporting ~ kraj eksportujący
hard-currency ~ kraj o twardej ⟨wymienialnej⟩ walucie
importing ~ kraj importujący
industrial ~ kraj przemysłowy
industrialized ~ kraj uprzemysłowiony
member ~ kraj członkowski
mother ⟨**native**⟩ ~ kraj ojczysty ⟨rodzinny⟩, ojczyzna
people's democracy ~ kraj ⟨państwo⟩ demokracji ludowej
producer ⟨**producing**⟩ ~ kraj produkujący
purchasing ~ kraj kupujący ⟨nabywający⟩
signatory ~ kraj-sygnatariusz
socialist ~ kraj socjalistyczny, państwo socjalistyczne
totalitarian ~ państwo totalitarne
transit ~ kraj tranzytowy
underdeveloped ~ kraj słabo rozwinięty
to go to the ~ *bryt.* odwołać się do narodu, rozpisać (*ponowne*) wybory
to live in the ~ mieszkać na wsi
to put oneself upon the ~ stanąć dobrowolnie przed sądem przysięgłych
country-made adj krajowy, krajowej produkcji
countryman s (*pl* **countrymen**) 1. rodak 2. mieszkaniec wsi, wieśniak
country-wide adj ogólnokrajowy, narodowy
countrywoman s (*pl* **countrywomen**) 1. rodaczka 2. mieszkanka wsi, wieśniaczka
count up v sumować, podliczać
county s 1. *bryt.* hrabstwo 2. *am.* okręg administracyjny
  ~ **agent** *am.* urzędnik państwowy służący radą farmerom w sprawach rolnych, okręgowy agronom
  ~ **borough** *bryt.* a) miasto wydzielone b) okręg administracyjny liczący ponad 50 000 mieszkańców
  ~ **commissioner** *am.* urzędnik administracyjny okręgu posiadający szerokie uprawnienia zwłaszcza w sprawach finansowych
  ~ **corporate** miasto wydzielone posiadające status hrabstwa

~ **council** *a*) *bryt.* rada hrabstwa *b*) *am.* rada okręgu

~ **court** *a*) *bryt.* sąd hrabstwa *b*) *am.* sąd miejski (*do spraw cywilnych i karnych mniejszej wagi*)

~ **farm** *am.* gospodarstwo rolne dla osób będących na utrzymaniu władz okręgu

~ **jail** *a*) *bryt.* więzienie hrabstwa *b*) *am.* więzienie okręgowe

~ **seat** *am.* siedziba administracji okręgu

~ **sessions** *bryt.* sesje sądowe hrabstwa (*odbywające się co kwartał*)

~ **town** *am.* siedziba administracji okręgu

county-court *v am.* zaskarżyć (*kogoś*) do sądu okręgowego

coup *s* (*pl* **coups**) *fr.* **1.** mistrzowskie (śmiałe) pociągnięcie **2.** cios, uderzenie

~ **de grace** *fr.* dobicie z litości, zadanie śmiertelnego ciosu celem skrócenia cierpień

~ **d'etat** zamach stanu

couple[1] *s* **1.** para (*małżeńska, narzeczeńska*) **2.** niewielka liczba, kilka

in a ~ **of days** za parę dni

married ~ para małżeńska

couple[2] *v* **1.** łączyć, wiązać, kojarzyć **2.** dobierać się **3.** spółkować

to be ~**d with** być połączonym (związanym) z

coupling *s* **1.** połączenie, związanie, powiązanie, skojarzenie **2.** dobór, dobieranie (się) **3.** spółkowanie

coupon *s* **1.** kupon **2.** talon, odcinek **3.** bon

~ **accepted for collection** kupon przyjęty do inkasa

~ **bond** obligacja z kuponami oprocentowania (dywidendy)

~ **book** karnet z kuponami

~ **date** termin płatności dywidendy

~ **department** dział wypłaty kuponów

~ **due for payment** kupon do zapłaty (zapadły, płatny)

~ **holder** posiadacz kuponu

~ **in arrear** kupon zaległy

~ **rate** stopa (stawka) procentowa

~ **redeemable for cash** kupon wymienialny na gotówkę

~ **sheet** arkusz z kuponami

~ **tax** podatek od dywidendy

cum (**with**) ~ z kuponem (*uprawniającym do dywidendy*)

dividend ~ kupon dywidendowy (upoważniający do otrzymania dywidendy)

due ~ kupon zapadły (płatny, do zapłaty)

ex ~ bez kuponu, bez prawa do dywidendy

football ~ kupon zakładów piłkarskich

interest ~ kupon papierów oprocentowanych

lapsed ~ kupon przedawniony

reply ~ kupon na odpowiedź (*w obrocie pocztowym*)

to cash ~**s** realizować kupony

to cut off (**detach**) ~**s** odcinać kupony

courier *s* **1.** kurier, goniec, posłaniec **2.** agent pośredniczący w przekazywaniu informacji wywiadowczych **3.** agent turystyczny

~ **'s papers** dokumenty kurierskie (przewożone przez kuriera)

diplomatic ~ kurier dyplomatyczny

course *s* **1.** bieg, przebieg, tok, tryb **2.** kierunek, kurs (*statku*) **3.** droga, trasa **4.** kurs, cykl (*wykładów*) **5.**

leczenie **6.** sposób (linia) postępowania **7.** *giełd.* kurs

~ **of action** postępowanie, przebieg działania

~ **of affairs** tok (przebieg) spraw

~ **of the crisis** przebieg kryzysu

~ **of dealing** przebieg transakcji (operacji handlowej)

~ **of duty** przebieg służby

~ **of education** program (kurs) nauczania

~ **of events** bieg wydarzeń

~ **of exchange** kurs walut (walorów, walutowy, dewizowy)

~ **of instruction** kurs nauczania

~ **of justice** tok wymiaru sprawiedliwości

~ **of nature** *a*) naturalny bieg wypadków *b*) zwykła procedura

~ **of policy** kurs polityki

~ **of treatment** przebieg leczenia

as a matter of ~ rzecz prosta, oczywiście, zupełnie naturalnie

by ~ **of ...** zgodnie z ...

during the ~ **of ...** podczas (w trakcie, w toku) ...

holder in due ~ legalny posiadacz

in ~ **of ...** podczas (w ciągu) ...

in the ~ **of ...** w toku (w trakcie, w stadium) ...

in ~ **of construction** w czasie (stadium) budowy

in ~ **of execution** w toku egzekucji

in ~ **of organization** w stadium organizacji

in ~ **of preparation** w stadium przygotowań

in the ~ **of time** z biegiem czasu

in the ~ **of the year** w ciągu roku

in due ~ *a*) we właściwym trybie *b*) we właściwym czasie

in the ordinary ~ normalnym trybem

justice took its ~ sprawiedliwości stało się zadość

legal ~ droga prawna

matter of ~ rzecz naturalna, rzecz oczywista, sprawa zrozumiała

normal ~ normalny przebieg

of ~ oczywiście, naturalnie

to attend a ~ uczęszczać na kurs

to go through a ~ odbyć (przejść) kurs

to set the ~ wytyczyć drogę, nakreślić kurs

to take the middle ~ pójść na kompromis

court *s* **1.** sąd, trybunał **2.** gmach sądu, sala sądowa **3.** sesja sądowa **4.** sędziowie, sędzia **5.** rada zarządzająca **6.** zespół doradców (*np. korporacji*) **7.** dwór królewski **8.** podwórze, dziedziniec

~ **above** sąd wyższy (drugiej instancji)

Court Baron *bryt. hist.* sąd feudalny barona (*zajmujący się sprawami dzierżawców*)

~ **below** sąd niższy (pierwszej instancji)

~ **circular** *bryt.* kronika dworska, biuletyn dworu (*królewskiego*)

~ **costs** koszty sądowe

~ **day** termin sądowy

~ **decision** orzeczenie sądowe

~ **decree** nakaz sądowy

~ **expert** biegły sądowy

~ **fees** opłaty sądowe

Court for Crown Cases Reserved *bryt. hist.* Sąd Karny II Instancji (*do 1907 roku*)

Court for Divorce and Matrimonial Causes *bryt. hist.* Sąd do Spraw Rozwodowych i Rodzinnych (*do 1873 roku*)

~ **guide** *bryt.* almanach zawierający informacje na temat dworu królewskiego

~ **hearing** przesłuchanie sądowe, rozprawa sądowa

~ **house** *a)* gmach sądowy ⟨sądów⟩ *b) am.* budynek administracji okręgu

~ **instance** instancja sądowa

~ **judgment** wyrok sądowy

~ **leet** *bryt. hist.* sąd feudalny dziedzica nad dzierżawcami w drobnych sprawach karnych (*do 1922 roku*)

~ **martial** *zob.* **court-martial**

~ **non of record** sąd nie stosujący pisemnej procedury (*w drobniejszych sprawach*)

~ **of administration** sąd administracyjny

Court of Admiralty *bryt.* Sąd Admiralicji

Court of Aldermen *bryt.* Sąd Starszych (*rady miejskiej*)

Court of Appeal Sąd Apelacyjny

Court of Appeal in Chancery *bryt. hist.* Apelacyjny Sąd Kanclerski (*do 1873 roku*)

Court of Appeals *am.* Sąd Apelacyjny (*stanowy*)

~ **of appellate jurisdiction** sąd wyższej instancji ⟨apelacyjny⟩

~ **of arbitration** sąd rozjemczy ⟨arbitrażowy, polubowny⟩

Court of Assizes sąd przysięgłych na sesji wyjazdowej

Court of Arches *bryt.* Duchowny Sąd Apelacyjny (*arcybiskupa Canterbury*)

~ **of bankruptcy** sąd upadłościowy

~ **of cassation** sąd kasacyjny

Court of Chancery *a) bryt. hist.* Sąd Kanclerski (*od 1873 roku funkcję jego przejął Chancery Division of the High Court of Justice do spraw upadłościowych*) *b) am.* sąd prawa słuszności

Court of Chivalry *bryt. hist.* sąd rozstrzygający sprawy heraldyczne

Court of Claims *am. a)* sąd do spraw roszczeń wobec państwa *b)* (*w niektórych stanach*) sąd okręgowy do spraw finansowych

Court of Commerce sąd handlowy

Court of Common Council Sąd Rady Miejskiej Londynu

~ **of common law** sąd prawa zwyczajowego

Court of Common Pleas *a) bryt. hist.* sąd wyższy w sprawach rozpoznawanych na podstawie prawa zwyczajowego *b) am.* (*w niektórych stanach*) sąd prawa zwyczajowego (*rozpoznający sprawy cywilne i karne*)

~ **of conciliation** sąd rozjemczy

Court of Criminal Appeal *bryt.* Sąd Karny Apelacyjny

~ **of customs** sąd do spraw celnych

Court of Customs and Patent Appeals *am.* Sąd Apelacyjny do Spraw Celnych i Patentowych

~ **of discipline** sąd dyscyplinarny

~ **of equity** sąd systemu prawa słuszności

~ **of error** *am.* sąd apelacyjny

Court of Exchequer *bryt. hist.* Sąd Kanclerski (*od 1873 roku funkcje jego przejął Exchequer Division of the High Court of Justice*)

Court of Exchequer Chamber *bryt. hist.* Izba Apelacyjna Sądu Kanclerskiego (*od 1873 roku funkcje jej przejęły Sądy Apelacyjne*)

~ **office** sekretariat sądowy, biuro sądowe

~ **official** urzędnik sądowy

~ **of first instance** sąd pierwszej instancji

~ **of honour** sąd honorowy

Court of Hustings *bryt. hist.* najstarszy sąd miasta Londynu

~ **of inquiry** *a)* komisja śledcza *b)* sąd śledczy dla londyńskiego City

~ **of justice** sąd, organ sądowy

Court of King's Bench *zob.* **Court of Queen's Bench**

~ **of last resort** sąd ostatniej instancji

~ **of law** *a)* sąd *b)* sąd działający w oparciu o prawo ustawowe lub zwyczajowe

Court of the Marshalsea *bryt. hist.* sąd sprawujący jurysdykcję na obszarze o promieniu 12 mil od rezydencji królewskiej, jeśli przynajmniej jedną stroną w sprawie był członek dworu królewskiego (*sąd zniesiony w 1849 roku*)

~ **of nisi prius** sąd pierwszej instancji w sprawach cywilnych

Court of Ordinary *am.* sąd do spraw spadkowych i opiekuńczych

~ **of original jurisdiction** sąd pierwszej instancji

Court of Passage *bryt.* Sąd Miejski miasta Liverpool (*niższej instancji*)

Court of Petty Sessions *bryt.* Trybunał Małej Sesji (*sąd uproszczonego orzekania w niektórych kategoriach spraw bez udziału publiczności i przysięgłych*)

Court of Piedpoudre ⟨**Pie Poudre**⟩ *bryt. hist.* sąd jarmarczny (*dla kramarzy i wędrownych kupców, działający nadal w mieście Bristol*)

Court of Policies of Assurance *bryt. hist.* Sąd Miasta Londynu

~ **of primary jurisdiction** sąd pierwszej instancji

Court of Probate *a) bryt. hist.* sąd do spraw testamentowych (*do 1873 roku*) *b) am.* sąd do spraw spadkowych

Court of Protection Wydział Sądu Najwyższego zajmujący się sprawami osób umysłowo chorych

~ **of quarter sessions** sąd sesji kwartalnych (*o ograniczonej jurysdykcji – także instancja apelacyjna w sprawach karnych i cywilnych w hrabstwach z udziałem sędziów pokoju, w miastach z udziałem rekordera*)

Court of Queen's ⟨**King's**⟩ **Bench** *bryt. hist.* Sąd Ławy Królewskiej (*najwyższy sąd w sprawach cywilnych i karnych, od 1873 roku włączony do Sądu Najwyższego, obecnie stanowi jego wydział* **Queen's Bench Division**)

~ **of record** sąd postępowania pisemnego ⟨w którym obowiązuje procedura pisemna⟩ (*dokumenty tego sądu są przechowywane i mogą stanowić precedensy; tylko takie sądy mają prawo skazywać na grzywny i więzienie*)

~ **of references** sąd arbitrów ⟨polubowny, rozjemczy⟩

~ **of request** *hist.* niższy sąd o lokalnej jurysdykcji w sprawach o drobne długi

Court of Session *szkoc.* Najwyższy Sąd Cywilny

Court of Sessions *am.* sąd karny w niektórych stanach

~ **of small claims** *am.* sąd dla rozpoznawania drobnych roszczeń (*w wielu stanach dla szybszego rozstrzygania spraw o niewielkiej wartości przedmiotu sporu*)

~ **of summary jurisdiction** sąd sumarycznego orze-

kania (*w drobniejszych sprawach karnych w składzie jednoosobowym*)
Court of Survey *bryt.* Sąd Nadzoru Okrętowego (*dla spraw odwoławczych od decyzji uznających statki za nieżeglowne*)
~ **of trial** sąd rozpoznający sprawę
~ **order** nakaz sądowy
~ **practice** praktyka sądowa
~ **procedure** ⟨proceeding⟩ procedura sądowa, postępowanie sądowe
~ **records** ⟨rolls⟩ akta sądowe
~ **roll** *hist.* dokument zawierający wszystkie zapisy dotyczące nieruchomości
~ **room** sala sądowa, sala posiedzeń sądu ⟨rozpraw⟩
~ **ruling** postanowienie ⟨orzeczenie⟩ sądowe
~ **sentence** wyrok sądowy
~ **sitting** posiedzenie sądu
~**s of conscience** *am.* sąd w sprawach o drobne długi (*istniejący w poszczególnych przedsiębiorstwach rozstrzyga sprawy członków bez udziału adwokatów*)
~ **summons** wezwanie do stawienia się w sądzie
~ **trust** powiernictwo sądowe ⟨ustanowione przez sąd⟩
~ **warrant** nakaz sądowy (*aresztowania, stawiennictwa*)
administrative ~ sąd administracyjny
Admiralty Court *bryt.* Sąd Admiralicji
appellate ~ sąd apelacyjny ⟨rewizyjny⟩
arbitration ~ sąd arbitrażowy ⟨polubowny, rozjemczy⟩
bankruptcy ~ sąd upadłościowy
by the ~ sądownie, na drodze sądowej
by the ~ **order** z nakazu sądowego ⟨sądu⟩
circuit ~ **of appeal** *am.* apelacyjny sąd okręgowy (*w federalnym systemie wymiaru sprawiedliwości*)
civil ~ sąd cywilny
commercial ~ sąd handlowy
competent ~ sąd właściwy dla danego obszaru
consistorial ⟨consistory⟩ ~ sąd konsystorski
contempt of ~ obraza sądu
coroner's ~ sąd koronera (*ustalający przyczynę nagłej śmierci*)
county ~ a) *bryt.* sąd hrabstwa b) *am.* sąd okręgowy
criminal ~ sąd karny
Criminal Courts Sądy Królewskie (*w Liverpoolu i Manchesterze, działające jako sądy przysięgłych pierwszej instancji*)
customary ~ sąd celny
district ~ *am.* sąd okręgowy
federal ~ *am.* sąd stanowy
forest ~ *bryt. hist.* sądy leśne (*dla sądzenia sprawców szkód w zwierzynie królewskiej*)
High Court of Admiralty *bryt. hist.* Najwyższy Sąd Admiralicji (*od 1873 roku włączony do Sądu Najwyższego*)
High Court of Justice *bryt.* Wysoki Trybunał Pierwszej Instancji (*dla spraw wielkiej wagi, wchodzi w skład Sądu Najwyższego jako jego wydział*)
inferior ~ sąd niższy ⟨niższego stopnia, pierwszej instancji⟩
in open ~ na jawnej rozprawie (*przy drzwiach otwartych dla publiczności*)
juvenile ~ sąd dla nieletnich
labour ~ sąd pracy

law ~ sąd
local ~ sąd miejscowy ⟨lokalny⟩
lower ~ sąd niższy ⟨pierwszej instancji⟩
maritime ~ sąd morski
military ~ sąd wojskowy
municipal ~ *am.* sąd miejski (*w niektórych stanach, dla spraw karnych i drobnych spraw cywilnych*)
naval ~ sąd morski
orphans' ~ *am.* sąd powierniczy ⟨sierocy⟩ (*w niektórych stanach*)
patent ~ sąd patentowy
Permanent Court of Arbitration Stały Trybunał Rozjemczy ⟨Arbitrażu⟩ (*w Hadze od 28.VII.1899*)
people's ~ sąd ludowy
police ~ *bryt.* sąd policyjny (*w drobnych sprawach karnych*)
prize ~ sąd kaperski ⟨pryzy⟩ (*w sprawach o konfiskatę ⟨pryzę⟩ towarów i statków w czasie wojny*)
probate ~ *am.* sąd do spraw spadkowych
Restrictive Practices Court *bryt.* Sąd Handlowy (*ustanowiony w 1956 r.*)
special ~ sąd specjalny
state ~ sąd państwowy
superior ~ sąd wyższej instancji
Supreme Court *am.* Sąd Najwyższy
Supreme Court of Judicature *bryt.* Najwyższy Trybunał Orzecznictwa (*dzielący się na Wysoki Trybunał i Trybunał Apelacyjny*)
trade ~ sąd handlowy
upper ~ sąd wyższej instancji ⟨wyższy⟩
to appear in ~ ⟨before the ~⟩ stawić się w sądzie ⟨przed sądem⟩
to arrange ⟨settle⟩ **a matter** ⟨case⟩ **out of** ~ załatwić sprawę poza sądem ⟨polubownie, pozasądownie⟩
to be called ⟨summoned⟩ **before the** ~ a) zostać pozwanym do sądu b) być wezwanym do stawiennictwa w sądzie
to bring a matter ⟨case, dispute⟩ **into** ⟨before the⟩ ~ wnieść sprawę do sądu
to bring the prisoner to ~ **for trial** doprowadzić więźnia do sądu na rozprawę
to be put ⟨ruled⟩ **out of** ~ utracić prawo dochodzenia sprawy w sądzie
to come before the ~ stanąć przed sądem
to clear the ~ opróżnić salę sądową ⟨sąd⟩ z publiczności
to open the ~ otworzyć rozprawę
to put oneself out of ~ utracić prawo dochodzenia roszczenia przed sądem
to represent sb in ~ występować w czyimś imieniu w sądzie, zastępować kogoś w sądzie
to settle sth out of ~ załatwić coś pozasądownie ⟨ugodą pozasądową⟩
courtage *s giełd.* kurtaż, prowizja maklerska
courtesy *s* 1. grzeczność, uprzejmość 2. kurtuazja 3. prawo wdowca do dożywotniego władania majątkiem zmarłej żony
~ **of the port** zwolnienie bagażu od przeglądu celnego
by ~ **of...** a) przez grzeczność ⟨grzecznościowo, darmo⟩... b) za zezwoleniem (*reprodukowane, wystawione*)...
court-martial[1] *s* (*pl* **courts-martial**) sąd wojenny ⟨polowy, wojskowy⟩
~ **summons** wezwanie do stawiennictwa przed sądem wojennym

court-martial[2] *v* oddawać pod sąd wojenny
cousin *s* **1.** brat stryjeczny ⟨cioteczny⟩, siostra stryjeczna ⟨cioteczna⟩ **2.** kuzyn, kuzynka **3.** siostrzeniec, siostrzenica; bratanek, bratanica
first ⟨german⟩ ~ brat stryjeczny ⟨cioteczny⟩, siostra stryjeczna ⟨cioteczna⟩
second ~ kuzyn, kuzynka, krewny, krewna
cousinhood, cousinship *s* pokrewieństwo, kuzynostwo
covenant[1] *s* **1.** ugoda, umowa, konwencja, porozumienie **2.** pakt, traktat **3.** akt umowy, umowa zaopatrzona pieczęcią **4.** punkt umowy, postanowienie umowne, klauzula umowy
  ~ **against incumbrances** postanowienie umowne gwarantujące nieistnienie obciążeń na sprzedanej nieruchomości
  ~ **for further assurance** zobowiązanie dalszego działania (*sprzedawcy*) dla zapewnienia pełnego tytułu własności dla nabywcy gruntu
  ~ **for quiet enjoyment** zapewnienie spokojnego korzystania z rzeczy (*jako gwarancja pełnego tytułu do przeniesienia własności*)
  ~ **for title** zobowiązanie przeniesienia pełnego tytułu własności
  ~ **in law** zobowiązanie przewidziane prawem ⟨w prawie⟩
  ~ **not to** zobowiązanie nie występowania z powództwem
Covenant of the League of Nations *hist.* Pakt Ligi Narodów
  ~ **of non-claim** zobowiązanie nie zaskarżania tytułu (*własności*)
  ~ **of right to convey** ⟨of seisin⟩ zapewnienie, że sprzedawca ma prawo przeniesienia własności
  ~ **of warranty** gwarancja spokojnego korzystania z tytułu
  ~ **running with land** *a)* zobowiązanie łączące się z nieruchomością i dzielące jej losy *b)* zobowiązanie przeniesienia własności nieruchomości
  ~ **to convey** zobowiązanie przeniesienia tytułu
  ~ **to renew** zobowiązanie dające dzierżawcy prawo odnowienia umowy
action of ~ powództwo o odszkodowanie z tytułu niedotrzymania umowy
breach of ~ złamanie ⟨zerwanie, niedotrzymanie⟩ umowy
deed of ~ kontrakt umowy
particular ~ **s** szczególne ⟨specjalne⟩ klauzule
writ of ~ *hist.* pismo zawierające zgłoszenie roszczenia z powodu niedotrzymania zobowiązania
restrictive ~ klauzula ograniczająca ⟨restryktywna⟩
covenant[2] *v* **1.** zawierać umowę (pakt, porozumienie, kontrakt) **2.** zobowiązywać się w drodze umowy (**sth** do czegoś) **3.** zastrzegać sobie w drodze umowy
covenanted *pp* zastrzeżony umową
as ~ jak zastrzeżono w umowie, według umowy
convenantee *s* wierzyciel, osoba uprawniona z mocy umowy, beneficjent, kontrahent
convenantor *s* osoba zobowiązana z mocy umowy, dłużnik, kontrahent
cover[1] *s* **1.** wieko, pokrywa, osłona **2.** okrycie, ochrona, schronienie **3.** okładka, obwoluta, koperta **4.** pokrycie (*pieniężne*), zapłata (*weksla, czeku*) **5.** zabezpieczenie, gwarancja, kaucja, depozyt gwarancyjny **6.** ubezpieczenie
  ~ **charge** *(w restauracji)* dodatkowa opłata
  ~ **for a bill of exchange** pokrycie weksla

  ~ **for drawing** pokrycie dla czeku
  ~ **note** maklerska nota kryjąca (*potwierdzająca ubezpieczenie*)
additional ~ dodatkowe pokrycie
as ~ jako pokrycie ⟨zabezpieczenie, kaucja⟩
cash ~ pokrycie w gotówce
currency ~ pokrycie w walucie ⟨walutowe⟩
extended ~ rozszerzone pokrycie
full ~ pełne pokrycie
gold ~ pokrycie w złocie
insurance ~ pokrycie przez ubezpieczenie
open ~ otwarte pokrycie, ubezpieczenie ładunku na podstawie polisy otwartej ⟨generalnej, bieżącej⟩
provisional ~ tymczasowe pokrycie
sufficient ~ pokrycie dostateczne ⟨wystarczające⟩
under ~ **of...** pod pozorem ⟨pod pokrywką⟩...
want of ~ brak pokrycia
without ~ bez pokrycia
to give sb ~ dać komuś schronienie, ukryć kogoś
to run for ~ szukać schronienia
to send sth under registered ~ przesłać coś jako przesyłkę poleconą
to send sth under the same ~ przesłać coś tą samą przesyłką
to send sth under separate ~ przesłać coś jako osobną przesyłkę
to take ~ schronić się, schować się, ukryć się
cover[2] *v* **1.** przykrywać, osłaniać, ochraniać, ukrywać **2.** pokrywać (*rachunek, weksel itp.*), zapewniać pokrycie (*finansowe*) **3.** ubezpieczać (*od czegoś*) **4.** obejmować, zawierać **5.** przebyć, przejeżdżać (*odległość*) **6.** mierzyć, celować (*do kogoś*) **7.** składać sprawozdanie (*np. z posiedzenia*), dawać opis czegoś
to ~ **an account** pokryć rachunek
to ~ **a bill** *a)* pokryć weksel *b)* zapłacić rachunek
to ~ **a deficit** pokryć deficyt
to ~ **a distance of ...** przebyć odległość ...
to ~ **by insurance** objąć ubezpieczeniem
to ~ **expenses** pokryć wydatki
to ~ **insurance** pokryć ubezpieczenie, ubezpieczyć
to ~ **losses** pokryć straty
to ~ **a meeting** złożyć sprawozdanie z zebrania
to ~ **oneself** *giełd.* pokryć się
to ~ **a risk** pokryć ryzyko, ubezpieczyć się przed ryzykiem
to ~ **the subject** obejmować ⟨wyczerpywać⟩ temat
to ~ **sb with a gun** wziąć kogoś na cel, celować do kogoś
coverage *s* **1.** pokrycie pieniężne **2.** zasięg, zakres **3.** omówienie (*w prasie, radiu itp.*) **4.** ryzyko objęte ubezpieczeniem
complete ~ całkowite pokrycie
full ~ **insurance** ubezpieczenie całkowite (*bez ograniczeń*)
gold ~ pokrycie w złocie
risk ~ pokrycie ryzyka (*ubezpieczeniem*)
covered *pp* pokryty, objęty
period ~ **by insurance** okres objęty ubezpieczeniem
risk ~ **by (insurance) policy** ryzyko objęte polisą (ubezpieczeniową)
to be ~ *a)* do pokrycia *b)* do ubezpieczenia
covering[1] *s* **1.** pokrycie **2.** koperta, futerał **3.** *giełd.* kupowanie towarów lub papierów wartościowych (*dla pokrycia zobowiązań wynikłych z transakcji bankowych przy graniu na zniżkę*)

covering[2] *adj*: ~ **letter** list przewodni ⟨towarzyszący⟩
~ **note** maklerska nota kryjąca (*potwierdzająca ubezpieczenie*)
~ **operation, short** ~ *gield.* = **covering**[1] **3.**
documents ~ **the cargo** dokumenty stanowiące zabezpieczenie ładunku
covert *adj* **1.** ukryty, zamaskowany, potajemny **2.** (*o kobiecie zamężnej*) znajdująca się pod władzą ⟨opieką⟩ męża
coverture *s* **1.** schronienie **2.** status zamężnej kobiety (*gdy pozostaje pod władzą mężowską*)
during ~ małżeństwa, w trakcie trwania związku małżeńskiego
under ~ pod władzą mężowską
covin *s* zmowa (*dwóch lub więcej osób na szkodę innej osoby*)
covinous *adj* oszukańczy, ukartowany, mający na celu szkodę innej osoby lub obejście prawa
crackdown *s* **1.** sankcje dyplomatyczne **2.** *am.* uderzenie; interwencja; akcja
craft *s* **1.** zręczność, umiejętność, kunszt **2.** zawód, rzemiosło, sztuka **3.** rzemieślnicy, specjaliści w jakiejś dziedzinie **4.** cech **5.** statek **6.** (*pl* **craft**) samolot
~ **clause** klauzula ubezpieczeniowa o pokryciu ryzyka przewozu towarów ze statku na ląd barkami portowymi
~ **risk** ryzyko przewozu ładunku barkami portowymi
~ **union** *a*) cech *b*) związek zawodowy robotników jednej branży
harbour ~ portowy tabor pływający
water ~ tabor wodny
craftsman *s* (*pl* **craftsmen**) rzemieślnik, specjalista w swym zawodzie
~**'s business** ⟨**establishment**⟩ zakład rzemieślniczy
craftsmanship *s* **1.** rzemiosło **2.** rękodzielnictwo **3.** mistrzostwo
cranage *s* opłata dźwigowa, dźwigowe
crane *s* dźwig, żuraw, dźwignica
~ **dues** opłata dźwigowa, dźwigowe
deck ~ dźwig pokładowy
dockside ~ dźwig nabrzeżny
floating ~ dźwig pływający
harbour ~ dźwig portowy
quay ⟨**wharf**⟩ ~ dźwig nabrzeżny
ship ~ dźwig okrętowy
travelling ~ dźwig jezdny
crane-handled *pp adj* (*o ładunku*) przeładowywany przy pomocy dźwigu
crash[1] *s* **1.** upadek, runięcie, zawalenie się **2.** katastrofa, rozbicie się (*np. samolotu*) **3.** bankructwo, krach **4.** klęska, ruina
~ **landing** lądowanie zakończone katastrofą, katastrofa lotnicza przy lądowaniu
~ **on the exchange** krach giełdowy ⟨na giełdzie⟩
bank ~ krach bankowy
financial ~ katastrofa finansowa
railway ~ katastrofa kolejowa
road ~ katastrofa drogowa ⟨w ruchu drogowym⟩
crash[2] *v* **1.** upaść, runąć, zawalić się **2.** rozbić się, zderzyć się (**into sth** z czymś) **3.** upadać, bankrutować
crate *s* paka, krata, klatka (*do przewozu towaru*)
creancer, creansor *s* wierzyciel
create *v* **1.** tworzyć, utworzyć, powołać do życia,

kreować **2.** ustanawiać, mianować **3.** wprowadzać, lansować
to ~ **an army** tworzyć armię
to ~ **a company** utworzyć ⟨powołać do życia⟩ spółkę
to ~ **conditions** stworzyć warunki
to ~ **a distinct offence** wprowadzić (*w kodeksie*) nowy rodzaj przestępstwa
to ~ **a mortgage** ustanowić hipotekę
to ~ **obstacles in sb's way** stwarzać ⟨stawiać⟩ komuś przeszkody
creation *s* **1.** utworzenie, stworzenie, powołanie **2.** mianowanie, wyznaczenie, powołanie (*kogoś na stanowisko*) **3.** kreacja, model
~ **of capital** tworzenie kapitału
~ **of credit** kreowanie kredytu
~ **of a party** utworzenie partii
~ **of stable relationship** stworzenie trwałych stosunków
creative *adj* twórczy, pomysłowy
~ **ability** zdolność twórcza
~ **activity** działalność twórcza
~ **effort** wysiłek twórczy
~ **recognition** uznanie ⟨przyznanie⟩ jako akt konstytutywny, konstytutywne uznanie
~ **work** praca twórcza, twórczość
creator *s* twórca, wynalazca
creature *s* **1.** stworzenie, istota, stwór **2.** człowiek **3.** ślepy wykonawca (*cudzych poleceń*)
~ **comforts** *a*) przedmioty osobistego użytku *b*) przyjemności życia
crèche *s fr.* żłobek
credence *s* wiara
letter of ~ list polecający
worthy of ~ godny wiary, zasługujący na wiarę
to give ~ **to sb, sth** dawać wiarę komuś, czemuś
to refuse ~ odmówić wiary, nie dać wiary
credentials *spl* listy uwierzytelniające
~ **committee** komisja mandatowa
to present one's ~ złożyć listy uwierzytelniające
credibility *s* wiarygodność, wiarogodność
to lack ~ nie zasługiwać na wiarygodność
credible *adj* wiarygodny, wiarogodny, zasługujący na wiarę
~ **witness** wiarygodny świadek
credibly *adv* wiarygodnie, wiarogodnie, w sposób wiarygodny
to be ~ **informed** zostać poinformowanym z wiarygodnego źródła
credit[1] *s* **1.** wiara, zaufanie **2.** kredyt **3.** akredytywa **4.** zaszczyt, chluba **5.** dobra reputacja ⟨opinia⟩
~ **account** konto kredytowe
~ **advice** zawiadomienie o uznaniu (*konta*), awiz kredytowy
~ **against goods** akredytywa towarowa, kredyt towarowy (*zabezpieczony na towarach*)
~ **against transfer of documents** akredytywa dokumentowa, kredyt dokumentowy (*zabezpieczony na dokumentach*)
~ **agency** kredytowe biuro informacyjne
~ **agreement** umowa o kredyt ⟨kredytowa⟩
~ **association** ⟨**company**⟩ towarzystwo kredytowe
~ **at the bank** saldo kredytowe na koncie bankowym
~ **balance** *a*) saldo kredytowe *b*) reszta kredytu *c*) saldo akredytywy

~ **bank** bank kredytowy
~ **beneficiary** beneficjent kredytu ⟨akredytywy⟩
~ **business** transakcja kredytowa
~ **capacity** zdolność kredytowa
~ **card** karta kredytowa, dokument upoważniający do kupna na kredyt
~ **ceiling** limit ⟨pułap⟩ kredytu, maksymalny kredyt
~ **charges** koszty kredytu
~ **circulation** obieg kredytowy
~ **conditions** warunki kredytu ⟨akredytywy⟩
~ **cooperative** spółdzielnia kredytowa
~ **currency** środki płatnicze oparte na kredycie
~ **customer** klient kupujący na kredyt
~ **department** wydział kredytowy (*banku itp.*)
~ **entry** ⟨item⟩ zapis księgowy po stronie „ma"
~ **expansion** a) ekspansja kredytu b) rozwój kredytu
~ **facilities** udogodnienia kredytowe
~ **for bills** kredyt wekslowy
~ **free of interest** kredyt bezprocentowy
~ **guarantee** gwarancja kredytu
~ **information bureau** *am.* kredytowe biuro informacyjne
~ **inquiry agency** kredytowe biuro informacyjne
~ **institution** instytucja kredytowa
~ **instrument** a) instrument kredytowy b) dokument stanowiący podstawę udzielenia kredytu
~ **insurance** ubezpieczenie kredytu
~ **investigation** badanie wypłacalności ⟨stanu majątkowego⟩ kredytobiorcy
~ **limit** ⟨line⟩ limit kredytu, maksymalny kredyt
~ **limitation** ograniczenie kredytu
~ **loss** a) utrata kredytu b) utrata zaufania
~ **market** rynek kredytowy
~ **memo(randum)** memorandum kredytowe, zaświadczenie na kwotę należną klientowi
~ **money** pieniądz kredytowy (*bez pełnego pokrycia w kruszcu*)
~ **needs** zapotrzebowanie na kredyt
~ **note** nota kredytowa, zawiadomienie o uznaniu (*konta*)
~ **on goods** kredyt towarowy
~ **on interest** kredyt oprocentowany
~ **on landed property** kredyt zabezpieczony na nieruchomości
~ **on mortgage** kredyt hipoteczny
~ **on personal property** kredyt zabezpieczony osobistym majątkiem dłużnika
~ **on real property** kredyt zabezpieczony na nieruchomości
~ **on securities** ⟨stock⟩ kredyt lombardowy (*zabezpieczony na papierach wartościowych*)
~ **period** okres spłaty kredytu
~ **policy** polityka kredytowa
~ **rating** *am.* ocena zdolności kredytowej
~ **reimbursement** remburs międzybankowy z tytułu akredytywy
~ **relaxation** rozluźnienie kredytu ⟨ograniczeń kredytowych⟩
~ **reserves** rezerwy kredytowe
~ **restraint** ⟨restrictions⟩ ograniczenie kredytu ⟨kredytowe⟩
~ **risk** ryzyko kredytowe
~ **sale** sprzedaż na kredyt
~ **sales** wyprzedaż na kredyt

~ **side** strona „ma" (*w zapisie księgowym*)
~ **slip** a) kwit kasowy, dowód wpłaty na dobro rachunku b) asygnata przychodowa
~ **society** towarzystwo kredytowe
~ **solvency** wypłacalność
~ **squeeze** *am.* ograniczenie kredytu mające na celu zapobieżenie inflacji
~ **standing** wypłacalność
~ **strain** napięta sytuacja na rynku kredytowym
~ **stringency** kurczenie się kredytów, brak kredytu
~ **supply** podaż kredytowa
~ **surplus** nadwyżka kredytowa
~ **terms** warunki kredytu
~ **union** *am.* spółdzielnia kredytowa
~ **voucher** voucher ⟨talon⟩ kredytowy
~ **with the bank** kredyt bankowy
acceptance ~ kredyt akceptacyjny ⟨rembursowy⟩
additional ~ dodatkowy kredyt
advance ~ kredyt zaliczkowy
against my ~ a conto moich należności
anticipatory ~ kredyt zaliczkowy
application for ~ wniosek o udzielenie kredytu
at a month's ~ z kredytem na okres jednego miesiąca ⟨jednomiesięcznym⟩
balance for sb's ~ saldo na czyjąś korzyść
balance of ~ a) saldo kredytowe b) saldo akredytywy c) pozostałość kredytu
bank ⟨bankers', banking⟩ ~ kredyt bankowy
blank ~ a) kredyt otwarty b) kredyt in blanco c) kredyt nie zabezpieczony d) akredytywa bez podania kwoty
book ~ kredyt otwarty
campaign ~ kredyt udzielony zagranicznemu producentowi surowca
cash ~ kredyt gotówkowy
clean ~ a) akredytywa zwykła bezdokumentowa b) kredyt in blanco c) kredyt otwarty d) kredyt niepokryty
commercial ⟨commodity⟩ ~ a) kredyt handlowy b) akredytywa dokumentowa
confirmed ~ a) kredyt potwierdzony b) akredytywa potwierdzona
consumer's ~ kredyt konsumpcyjny
creation of ~ kreowanie kredytu
current account ~ kredyt na rachunku bieżącym
discount ~ kredyt dyskontowy
document ⟨documentary⟩ ~ a) kredyt udokumentowany b) akredytywa dokumentowa
emergency ~ kredyt doraźny
excess of ~ przekroczenie kredytu
export ~ a) kredyt eksportowy b) akredytywa eksportowa
extension of ~ a) przedłużenie kredytu b) powiększenie ⟨rozszerzenie⟩ kredytu
foreign ~ kredyt zagraniczny
frozen ~ kredyt zamrożony
import ~ a) kredyt importowy b) akredytywa importowa
individual ~ kredyt osobisty
industrial ~ kredyt przemysłowy
interbank ~ kredyt międzybankowy
interim ~ kredyt przejściowy
intermediate ~ kredyt średnioterminowy
international ~ kredyt międzynarodowy
investment ~ kredyt inwestycyjny

irrevocable ~ a) kredyt nieodwołalny b) akredytywa nieodwołalna
letter of ~ akredytywa; *zob.* **letter of credit**
limited ~ kredyt ograniczony
line of ~ limit kredytu, maksymalny kredyt
long-term ~ kredyt długoterminowy
mail ~ kredyt pocztowy
man of highest ~ człowiek zasługujący na najwyższe zaufanie
medium-term ~ kredyt średnioterminowy
mercantile ~ kredyt handlowy ⟨kupiecki⟩
money ~ kredyt pieniężny
mutual ~ kredyt wzajemny
national ~ kredyt krajowy
on ~ na kredyt
open ~ a) kredyt otwarty b) akredytywa bezdokumentowa
opening of ~ otwarcie akredytywy
operating ~ kredyt obrotowy
overdraft ~ kredyt w rachunku bieżącym ponad pokrycie rachunku
packing ~ akredytywa otwarta w celu przygotowania towaru do wysyłki
permanent ~ permanentna akredytywa
personal ~ kredyt osobisty
pre-finance ~ kredyt udzielony zagranicznemu wytwórcy surowca
public ~ kredyt z funduszów publicznych
purchase on ~ zakup na kredyt
reimbursement ~ kredyt rembursowy
revocable ~ a) kredyt odwołalny b) akredytywa odwołalna
revolving ~ a) kredyt obrotowy b) akredytywa odnawialna
seasonal ~ kredyt sezonowy
secured ~ kredyt zabezpieczony
short-term ~ kredyt krótkoterminowy
stringency in ⟨of⟩ ~ kurczenie się kredytu, brak kredytu
supplementary ~ kredyt dodatkowy ⟨uzupełniający⟩
terms of ~ warunki kredytu
trade ~ kredyt handlowy
transferable ~ akredytywa przenośna
unconfirmed ~ a) kredyt nie potwierdzony b) akredytywa nie potwierdzona
uncovered ~ kredyt nie zabezpieczony
unlimited ~ kredyt nieograniczony
upon ~ na kredyt
usurious ~ kredyt lichwiarski
3 months' ~ kredyt trzymiesięczny ⟨przyznany na okres 3 miesięcy⟩
to allow a ~ **to sb** udzielić komuś kredytu
to be in ~ **at** ... mieć kredyt u ...
to be in ~ **with** ... mieć saldo na dobro u ...
to book to the ~ **of** ... zaksięgować na dobro ⟨uznać rachunek⟩ ...
to buy on ~ kupować na kredyt
to cancel a ~ a) cofnąć kredyt b) odwołać akredytywę
to curtail a ~ zmniejszyć ⟨ograniczyć⟩ kredyt
to deserve ~ zasługiwać na zaufanie
to enjoy a ~ a) korzystać z kredytu b) cieszyć się zaufaniem
to establish a ~ **with sb** otworzyć kredyt u kogoś
to exhaust a ~ wyczerpać kredyt

to extend a ~ **up to the sum** ... podwyższyć kredyt do sumy ...
to extend the period of a ~ przedłużyć okres spłaty kredytu
to get ~ spotkać się z uznaniem (**for sth** za coś)
to give ~ zaufać
to give a ~ udzielać kredytu
to give sb ~ **for sth** dać komuś kredyt na coś
to give sb the ~ **of sth** przypisywać komuś zasługę czegoś
to give on ~ dawać ⟨sprzedawać⟩ na kredyt
to grant a ~ udzielić kredytu
to lodge a ~ **in favour of sb to the extent** ... otworzyć komuś kredyt do wysokości ...
to make ~ **easier** ułatwić ⟨udostępnić⟩ kredyt
to obtain a ~ uzyskać ⟨otrzymać⟩ kredyt
to open a ~ otworzyć kredyt (**with a bank** w banku)
to overdraw a ~ przekroczyć kredyt (*na rachunku bieżącym*)
to place to the ~ **of an account** zapisać w kredyt rachunku
to reduce a ~ ograniczyć ⟨zredukować⟩ kredyt
to refuse a ~ odmówić kredytu
to release a ~ uruchomić kredyt
to repay a ~ spłacić kredyt
to secure a ~ zapewnić kredyt
to sell on ~ sprzedawać na kredyt
to show a ~ wykazywać saldo kredytowe
to stand to sb's ~ nie zawieść czyjegoś zaufania
to take on ~ wziąć na kredyt
to take up a ~ zaciągnąć kredyt
to utilize a ~ wykorzystać kredyt

credit² *v* 1. kredytować, uznawać 2. wierzyć, dawać wiarę, ufać 3. przypisywać (**sb with sth** coś komuś)
to ~ **an account with an amount** ⟨**an amount to the account**⟩ zapisać kwotę ⟨sumę⟩ na dobro rachunku
to ~ **an amount to sb** ⟨**sb with an amount**⟩ zapisać jakąś kwotę ⟨sumę⟩ na czyjeś dobro
to ~ **a statement** dać wiarę oświadczeniu

creditable *adj* zaszczytny, chlubny

credited *adj*: ~ **amount** zakredytowana suma
  ~ **party** kredytobiorca

creditor *s* 1. wierzyciel 2. pozycja na rachunku „ma" ⟨„kredyt"⟩
  ~ **account** rachunek wykazujący saldo kredytowe
  ~ **at large** wierzyciel nie posiadający zabezpieczenia wierzytelności
  ~ **by endorsement** wierzyciel w drodze indosu
  ~ **country** ⟨**nation**⟩ kraj wierzyciela ⟨wierzycielski⟩
  ~ **in bankruptcy** ⟨**of a bankrupt's estate**⟩ wierzyciel masy upadłości
  ~ **on bottomry** wierzyciel bodmeryjny
  ~ **on mortgage** wierzyciel hipoteczny
bill ~ wierzyciel wekslowy
bond ~ wierzyciel posiadający zabezpieczenie
book ⟨**ledger**⟩ ~ wierzyciel książkowy
bottomry ~ wierzyciel bodmeryjny
general ~ wierzyciel nie posiadający zabezpieczenia wierzytelności
joint (and several) ~ wierzyciel solidarny, współwierzyciel
judgment ~ wierzyciel z wyroku sądowego ⟨posiadający tytuł egzekucyjny⟩
meeting of ~s zebranie wierzycieli

merchandise ~ s wierzyciele-dostawcy, zadłużenie u dostawców (*pozycja bilansu*)
mortgage ~ wierzyciel hipoteczny
preferential ⟨**preferred, privileged**⟩ ~ wierzyciel uprzywilejowany
principal ~ wierzyciel główny
secured ~ wierzyciel posiadający zabezpieczenie
unsecured ~ wierzyciel nie posiadający zabezpieczenia
to abandon (one's assets) to ~ s zrzec się (majątku) na rzecz wierzycieli
to pay off the ~ s spłacić wierzycieli
to satisfy the ~ s zaspokoić wierzycieli
credit-worthiness s zdolność kredytowa, wypłacalność
credit-worthy *adj* wypłacalny
credo s *łac.* kredo, credo, wyznanie wiary
credulity s łatwowierność, naiwność
credulous *adj* łatwowierny, naiwny
creed s **1.** kredo, credo **2.** wiara **3.** wyznanie
   political ~ kredo polityczne
creep *v* **1.** skradać się **2.** pełzać, czołgać się
creeping *adj* : ~ **counter-revolution** pełzająca kontrrewolucja
   ~ **inflation** pełzająca ⟨nadchodząca niewidocznie⟩ inflacja
cremate *v* spalić w krematorium
cremation s spalenie (*zwłok*) w krematorium, kremacja
crematorium s (*pl* **crematoria**) krematorium
crew s **1.** załoga (*statku, samolotu*) **2.** zespół, brygada, ekipa, drużyna, personel
   ~ **and cargo** załoga i ładunek
   ~ **list** lista ⟨spis⟩ załogi
   ~ **'s accommodation** pomieszczenia załogi
   ~ **'s customs declaration** deklaracja celna załogi
   to ship the ~ zamustrować załogę
crier s woźny sądowy (*wywołujący sprawy*)
crime s **1.** zbrodnia; przestępstwo; występek **2.** czyn karygodny **3.** przestępczość
   ~ **actually committed** faktycznie popełnione przestępstwo
   ~ **against bodily security** przestępstwo przeciwko nietykalności cielesnej
   ~ **against humanity** zbrodnia ⟨przestępstwo⟩ przeciwko ludzkości
   ~ **against morality** przestępstwo przeciwko moralności
   ~ **against nature** przestępstwo przeciwko naturze (*sodomia*)
   ~ **against the peace** przestępstwo przeciwko pokojowi
   ~ **against property** przestępstwo przeciwko mieniu
   ~ **against religion** przestępstwo przeciwko wierze ⟨religii⟩
   ~ **against the reputation** przestępstwo przeciwko czci
   ~ **against the State** przestępstwo przeciwko państwu
   ~ **aided and abetted** zbrodnia, w popełnieniu której udzielono pomocy
   ~ **as protest action** przestępstwo jako akt protestu
   ~ **at common law** przestępstwo w świetle prawa zwyczajowego
   ~ **detection** ujawnienie przestępstwa

   ~ **difficult to trace** przestępstwo trudne do wykrycia
   ~ **done unwillingly** przestępstwo popełnione nieumyślnie
   ~ **due to jealousy** przestępstwo popełnione z zazdrości
   ~ **due to passion** przestępstwo popełnione w afekcie, zbrodnia popełniona w afekcie
   ~ **instrument** narzędzie zbrodni
   ~ **of dishonesty** przestępstwo oszustwa
   ~ **of forethought** przestępstwo popełnione ⟨zbrodnia popełniona⟩ z premedytacją
   ~ **of genocide** zbrodnia ludobójstwa
   ~ **of negligence** przestępstwo popełnione przez zaniedbanie
   ~ **of omission** przestępstwo wynikające z nie czynienia ⟨z zaniechania działania⟩
   ~ **of violence** przestępstwo przemocy
   ~ **prevention** a) zapobieganie przestępstwu b) walka z przestępczością
   ~ **rate** wskaźnik przestępczości, przestępczość
   ~ **reconstruction** rekonstrukcja zbrodni
   ~ **scene** miejsce popełnienia przestępstwa
   ~ **scene sketch** szkic miejsca popełnienia przestępstwa
   ~ **sheet** karta karalności (*żołnierza*)
   ~ **statistics** statystyka przestępczości
   ~ **wave** fala przestępczości
   capital ~ przestępstwo zagrożone karą śmierci
   continuous ~ przestępstwo ciągłe
   petty ~ drobne przestępstwo
   political ~ a) przestępstwo polityczne b) zbrodnia przeciwko państwu
   victim of the ~ ofiara zbrodni ⟨przestępstwa⟩
   war ~ zbrodnia wojenna
   to commit a ~ popełnić zbrodnię ⟨przestępstwo⟩
   to perpetrate a ~ a) dopuścić się przestępstwa b) dokonać zbrodni
crimen s *łac.* zbrodnia; przestępstwo
   ~ **falsi** *łac.* fałszerstwo, przestępstwo fałszerstwa
   ~ **laesae maiestatis** *łac.* zbrodnia obrazy majestatu
crime passionnel s *fr.* (*pl* **crimes passionnels**) zbrodnia popełniona w afekcie
crime-ridden *adj* opanowany przez zbrodnię
criminal[1] s zbrodniarz; przestępca; kryminalista
   ~ **at large** przestępca na wolności
   habitual ~ zawodowy przestępca, recydywista
   war ~ przestępca wojenny
criminal[2] *adj* **1.** zbrodniczy; przestępczy; kryminalny **2.** karny
   ~ **act** czyn przestępczy, przestępstwo
   ~ **action** a) działanie przestępcze b) dochodzenie karne
   ~ **anthropology** antropologia kryminalna
   ~ **anthropometry** antropometria kryminalna
   ~ **assault** a) napaść b) zgwałcenie c) usiłowanie zgwałcenia
   ~ **behaviour** zachowanie przestępcze, zbrodnicze postępowanie
   ~ **biology** biologia kryminalna
   ~ **case** sprawa karna
   ~ **charges** zarzuty oskarżenia
   ~ **code** kodeks karny
   ~ **collusion** zmowa przestępcza
   ~ **contempt** obraza sądu (*przez niezastosowanie się do jego polecenia*)

~ **conversation** ⟨**connexion**⟩ cudzołóstwo, zakazany stosunek cielesny, stosunek cielesny z osobą pozostającą w związku małżeńskim

~ **court** sąd karny

~ **etnography** etnografia kryminalna

~ **gang** grupa przestępcza, gang przestępców, związek przestępczy

~ **habitual drunkard** przestępca – chroniczny alkoholik

~ **history** a) historia przestępstwa b) biografia kryminalna (*przestępcy*)

~ **information** oskarżenie (*wniesione przez właściwego oskarżyciela*)

~ **intent** zamiar przestępczy ⟨popełnienia przestępstwa⟩

~ **investigation** dochodzenie karne ⟨w sprawie karnej⟩

Criminal Investigation Department departament śledczy, wydział dochodzeń i śledztw

~ **investigation technique** kryminalistyka, technika dochodzenia karnego

~ **jurisdiction** orzecznictwo karne, jurysdykcja karna

~ **justice** wymiar sprawiedliwości w sprawach karnych

~ **law** prawo karne

~ **lawyer** a) prawnik specjalizujący się w sprawach karnych b) obrońca ⟨adwokat⟩ w sprawach karnych, adwokat – karnik

~ **libel** oszczerstwo karalne, paszkwil podlegający karze ⟨ściganiu karnemu⟩

~ **lunatic** przestępca chory umysłowo, niepoczytalny przestępca

~ **matters** sprawy karne

~ **motive** motyw przestępczy, pobudka kryminalna

~ **negligence** zbrodnicze zaniedbanie

~ **offence** przestępstwo karne

~ **organization** organizacja przestępcza

~ **participation** karnie ścigany udział w przestępstwie

~ **pathology** patologia przestępstwa

~ **phenomenology** fenomenologia kryminalna, nauka o zjawiskach przestępczości

~ **physiology** fizjologia kryminalna

~ **police** policja kryminalna

~ **policy** polityka kryminalna

~ **practice** praktyka kryminalna ⟨w sprawach karnych⟩

~ **predisposition** zbrodnicza predyspozycja, zbrodnicze ⟨przestępcze⟩ skłonności

~ **procedure** ⟨**proceedings**⟩ procedura karna, postępowanie karne

~ **propensities** zbrodnicze ⟨przestępcze⟩ skłonności

~ **prosecution** ściganie karne

~ **psychiatry** psychiatria kryminalna

~ **psychology** psychologia kryminalna

~ **purpose** zbrodniczy cel

~ **record** rejestr karny (*przestępcy*), wykaz skazań

~ **records office** rejestr skazanych

~ **responsibility** odpowiedzialność karna

~ **science** kryminologia, nauka o przestępczości

~ **society** społeczność przestępcza

~ **sociology** socjologia kryminalna

~ **sophistication** zbrodnicze zwyrodnienie

~ **statistics** statystyka przestępczości ⟨karna⟩

~ **technology** a) technologia kryminalna b) technologia przestępstwa

~ **trial** proces karny, sprawa karna

~ **twist** skłonność przestępcza ⟨do popełniania przestępstw⟩

criminalist s kryminolog (*specjalista w zagadnieniach prawa karnego, kryminalistyki i kryminologii*)

criminalistic adj kryminalistyczny, zajmujący się kryminalistyką

criminalistics s kryminalistyka

criminality s przestępczość

~ **of parents** przestępczość rodziców (*jako czynnik kształtowania się osobowości przestępcy*)

ratio of ~ wskaźnik przestępczości

criminally adv 1. karnie 2. w sposób przestępczy

~ **actionable** karnie ścigany

~ **responsible** karnie odpowiedzialny

criminaloid s osoba wykazująca cechy przestępcze

criminate v 1. zarzucać zbrodnię (**sb** komuś), obwiniać, oskarżać 2. dowodzić zbrodni (**sb** komuś) 3. ganić, krytykować

crimination s obwinienie, oskarżenie, inkryminowanie

criminative, criminatory adj oskarżający, obwiniający

criminator s osoba obwiniająca

criminogenesis s przyczyny przestępstwa

criminogenic adj kryminogenny

criminological adj: ~ **institute** instytut kryminologii

~ **laboratory** laboratorium kryminologiczne

~ **researcher** kryminolog

criminologist s kryminolog

criminology s kryminologia

criminous adj przestępczy

~ **conduct** przestępcze prowadzenie się ⟨postępowanie⟩

cripple[1] s kaleka, inwalida, osoba ułomna

war ~ inwalida wojenny

cripple[2] v 1. okaleczyć, spowodować (**sb** czyjeś) kalectwo 2. uczynić niezdatnym, uszkodzić 3. uczynić niezdolnym

crisis s (pl **crises**) 1. kryzys 2. przesilenie, przełom, krytyczny moment

~ **of colonial system** kryzys systemu kolonialnego

~ **of confidence** kryzys zaufania

~ **of overproduction** kryzys nadprodukcji

~ **symptoms** objawy ⟨przejawy⟩ kryzysu

agricultural ~ kryzys agrarny

banking ~ kryzys bankowy

cabinet ~ kryzys gabinetowy ⟨rządowy⟩

commercial ~ kryzys handlowy

currency ~ kryzys walutowy ⟨pieniężny⟩

cyclical ~ kryzys cykliczny ⟨okresowy⟩

economic ~ kryzys ekonomiczny ⟨gospodarczy⟩

financial ~ kryzys finansowy

general ~ kryzys ogólny

imminent ~ zbliżający się ⟨nadchodzący⟩ kryzys

ministerial ~ kryzys ministerialny ⟨rządowy⟩

monetary ~ kryzys pieniężny ⟨walutowy⟩

recurrent economic ~ periodyczny kryzys ekonomiczny

sale ~ kryzys zbytu

world ~ kryzys światowy

to avert a ~ zapobiec kryzysowi

to be affected by ~ przeżywać ⟨przechodzić⟩ kryzys

to bring to a ~ *a*) doprowadzić do momentu ⟨stanu⟩ krytycznego *b*) wywołać kryzys (*ekonomiczny)*
to overcome ⟨**pass through**⟩ **a** ~ przezwyciężyć ⟨przetrzymać⟩ kryzys
to prevent a ~ zapobiec kryzysowi
crisis-breeding *adj*: ~ **element** czynnik wywołujący kryzys
crisis-ridden *pp adj* dotknięty kryzysem
criterion *s* (*pl* **criteria**) kryterium, sprawdzian, probierz, miernik
~ **function** funkcja kryterium
~ **of classification** kryterium klasyfikacji
~ **of division** kryterium podziału
plausibility ~ kryterium prawdopodobieństwa
critical *adj* **1.** krytyczny **2.** przełomowy **3.** niebezpieczny **4.** *am.* deficytowy, trudny do nabycia **5.** decydujący, rozstrzygający
~ **comment** krytyczny komentarz, krytyczna uwaga
~ **condition** krytyczny stan (*np. chorego*)
~ **date** ⟨**day**⟩ decydująca data, decydujący dzień
~ **material** *am.* deficytowy ⟨trudny do nabycia⟩ materiał
~ **moment** przełomowa chwila, decydujący moment
~ **region** *stat.* obszar krytyczny
~ **situation** niebezpieczna sytuacja
~ **value** *stat.* wartość krytyczna
to be ~ **of sth** być usposobionym krytycznie do czegoś
criticism *s* **1.** krytyka **2.** nagana **3.** krytycyzm
adverse ~ nieprzychylna krytyka
beneath ~ poniżej (wszelkiej) krytyki
constructive ~ konstruktywna krytyka
harsh ~ ostra krytyka
historical ~ krytyka źródłowa
open to ~ podlegający krytyce
to be above ~ być ponad wszelką krytykę, nie podlegać krytyce
criticize *v* **1.** krytykować, ganić **2.** dawać ocenę (**sth** czegoś), recenzować
to ~ **shortcomings** krytykować niedociągnięcia
critique *s fr.* **1.** krytyka **2.** recenzja
crook *s pot.* kanciarz, oszust
by hook or by ~ nie przebierając w środkach
crooked *adj* nieuczciwy, oszukańczy
~ **dealings** nieuczciwe interesy, machinacje
crop[1] *s* **1.** zbiór, żniwo, plon, urodzaj **2.** zboże na pniu, zasiew **3.** masa, mnóstwo, stos
~ **damage** zniszczenie upraw
~ **estimate** szacunek zbiorów
~ **failure** nieurodzaj
~ **insurance** ubezpieczenie zbiorów
~ **outlook** przewidywane zbiory
~ **protection** ochrona upraw
~ **prospects** przewidywania (co do wielkości) zbiorów
~ **rotation** ⟨**succession**⟩ płodozmian
~ **year** rok gospodarczy
~ **yield** plon, zbiór; wielkość plonu, zbiory
area under ~ obszar pod zasiewem
basic ~**s** *a*) zbiory podstawowych zbóż *b*) *am.* uprawy, na które rozciąga się gwarancja dotacji
bumper ~ rekordowy zbiór
catch ~**s** poplony
fodder ⟨**forage**⟩ ~ zbiór roślin paszowych

growing ~ zboże na pniu
heavy ~ wysoki zbiór
land ~ obszar uprawny, obszar pod zasiewem
main ⟨**major**⟩ ~ uprawy główne ⟨głównych zbiorów⟩
new ~ tegoroczny zbiór
one ~ **country** kraj o monokulturze
poor ~ słaby zbiór
root ~**s** uprawy okopowe
single ~ uprawy jednoroczne
standing ~ zboże na pniu
thin ~ słaby zbiór, słabe plony
technical ~**s** uprawy przemysłowe
temporary ~ uprawy czasowe
winter ~ uprawy ozime
to gather in the ~**s** zbierać plony
crop[2] *v* **1.** zbierać plony **2.** wydawać plon **3.** obsiewać
cross[1] *s* **1.** krzyż, znak krzyża (*zamiast podpisu*) **2.** przekreślenie, kreska poprzeczna **3.** skrzyżowanie
Red Cross Czerwony Krzyż
to make one's ~ postawić krzyżyk zamiast podpisu
to sign with a ~ podpisać się krzyżykiem
cross[2] *adj* **1.** poprzeczny, przecinający się, krzyżujący się **2.** przeciwny, niepomyślny **3.** nie sprzyjający
~ **account** rachunek kosztów zwrotnych weksla
~ **action** powództwo wzajemne
~ **bench** *bryt.* ława dla posłów nie będących członkami ani partii rządzącej ani opozycji
~ **bill** weksel zwrotny
~ **claim** roszczenie wzajemne
~ **entry** *zob.* **cross-entry**
~ **exchange** arbitraż wekslowy złożony
~ **interests** przeciwne ⟨przeciwstawne⟩ interesy
~ **liability** wzajemna odpowiedzialność za szkody wynikłe ze zderzenia statków
~ **licence** *pat.* licencja wzajemna
~ **order** *am.* zlecenie giełdowe wiązane (*równoczesnego zakupu i sprzedaży*)
~ **questions** pytania krzyżowe
~ **summons** pozew wzajemny
~ **voting** głosowanie przeciwko własnej partii
cross[3] *v* **1.** przekreślać, zakreślać, krosować (*czek*) **2.** przechodzić, przebywać (*odległość)* **3.** przecinać, przejeżdżać, przechodzić (**sth** przez coś) **4.** krzyżować (*czyjeś plany, zamiary*) **5.** mijać ⟨rozmijać⟩ się **6.** *zob.* **cross off** ⟨**out**⟩
to ~ **the Atlantic** przepłynąć ⟨przebyć⟩ Atlantyk
to ~ **the border** przekroczyć granicę
to ~ **a cheque** zakreślić ⟨krosować⟩ czek
cross-account *s* rachunek kosztów zwrotnych weksla
cross-action *s* powództwo wzajemne
cross-appeal[1] *s* apelacja wzajemna
cross-appeal[2] *v* wnieść apelację wzajemną
cross-claim[1] *s* roszczenie wzajemne
cross-claim[2] *v* występować z roszczeniami wzajemnymi
cross-correlation *spl stat.* korelacja krzyżowa
crossed *adj* przekreślony, zakrzyżowany
~ **cheque** czek zakreślony ⟨krosowany⟩
cross(-)entry *s księgow.* zapis przeciwstawny, storno
cross-errors *spl* błędy wytknięte przez przeciwnika we wzajemnej apelacji
cross-examination *s* **1.** przesłuchiwanie przez zadawa-

nie krzyżowych pytań **2.** ponowne zadawanie pytań świadkowi przez stronę przeciwną
~ **under oath** zadawanie krzyżowych pytań osobie zeznającej pod przysięgą
cross-examine v **1.** brać w ogień krzyżowych pytań **2.** zadawać ponownie pytania (*świadkowi strony przeciwnej*)
cross-exchange s arbitraż wekslowy złożony
crossing s **1.** zakreślenie ⟨krosowanie⟩ czeku **2.** skrzyżowanie dróg; przejazd kolejowy **3.** podróż morska
~ **a cheque** zakreślenie ⟨krosowanie⟩ czeku
~ **rules** prawidła ⟨zasady⟩ wymijania statków przecinających sobie kursy
crossing out s wykreślenie
cross-interrogatory s **1.** = **cross-examination 2.** pisemne badanie (*przesłuchiwanie świadka strony przeciwnej*)
cross-licensing s umowa pomiędzy stronami o wzajemnym korzystaniu z licencji przysługujących którejkolwiek ze stron
cross-move s wniosek przeciwstawny
cross off ⟨out⟩ v skreślić, wykreślić, przekreślić
cross-purposes spl nieporozumienie
to be at ~ a) nie rozumieć się nawzajem b) dążąc do jednego celu działać przeciwko sobie
cross-question v brać w ogień krzyżowych pytań
cross-rate s wzajemny kurs wymiany
~ **structure** struktura wzajemnych kursów wymiany
cross-reference s odsyłacz, odesłanie (*do innego miejsca tekstu*)
cross-roads spl skrzyżowanie dróg, rozdroże, rozstaje, rozstajne drogi
to be at the ~ znajdować się na rozdrożu (*w sytuacji, gdy zachodzi konieczność podjęcia decyzji*)
cross-section s przekrój, profil
cross-summons s pozew wzajemny
cross-trade s przewozy pomiędzy obcymi portami
cross-weighing s ważenie krzyżowe
cross-wise adv poprzecznie, w poprzek, na krzyż
crowbar s łom żelazny
crowd[1] s **1.** tłum, tłok, ciżba **2.** pospólstwo, motłoch, tłuszcza **3.** pot. banda, hurma, kupa **4.** pot. załoga (*statku*)
to follow the ~ iść za tłumem ⟨większością⟩
crowd[2] v **1.** zbierać się tłumnie, tłoczyć się, wpychać się, wciskać się, przepychać się **(through sth** przez coś**) 2.** am. pot. napierać, nastawać (*na kogoś*), naciskać (*kogoś np. o zwrot długu*)
to ~ **a debtor** am. naciskać dłużnika
crowded adj **1.** przepełniony, zatłoczony, nabity **2.** (*o mieście*) przeludniony **3.** poszukiwany (*np. zawód*)
~ **cities** przeludnione miasta
~ **port** port przepełniony (*statkami*)
~ **waters** zbyt uczęszczane szlaki morskie
crown[1] s **1.** korona, symbol władzy królewskiej **2.** korona (*moneta*)
the Crown bryt. a) Korona, władza królewska, monarchia b) monarcha panujący c) skarb państwa d) sąd koronny
~ **cases** bryt. sprawy karne (*prowadzone w imieniu Korony*)
~ **cases reserved** bryt. kwestie prawne w sprawach karnych przedstawione do rozstrzygnięcia sądowi apelacyjnemu

Crown Colony bryt. Kolonia Koronna (*bezpośrednio podległa władzy królewskiej* ⟨*Koronie*⟩)
Crown Court bryt. Sąd Koronny (*dla spraw karnych w Anglii i Walii*)
Crown Courts bryt. Sądy Koronne (*ustanowione w 1956 roku dla spraw karnych w Liverpoolu i Manchesterze*)
Crown debts bryt. długi należne Koronie (*Skarbowi Państwa*)
Crown dependency terytorium zależne od Korony
Crown lands bryt. domeny królewskie (*w Wielkiej Brytanii i Kanadzie nieruchomości stanowiące własność władcy lub państwa*)
~ **law** prawo karne
~ **lawyer** prawnik w służbie królewskiej
Crown Office Urząd Ławy Królewskiej (*zajmujący się sprawami karnymi*)
~ **paper** spis spraw karnych podlegających rozpoznaniu przez sąd
~ **prince** następca tronu (*nie w Wielkiej Brytanii*)
~ **princess** a) żona następcy tronu b) następczyni tronu (*nie w Wielkiej Brytanii*)
Crown privilege przywilej Korony polegający na sprzeciwie wobec przeprowadzenia dowodu z dokumentu, którego ujawnienie jest sprzeczne z interesem państwa
Crown Proceedings Act ustawa z 1947 roku regulująca postępowanie, którego stroną jest Korona
Crown servant bryt. urzędnik Korony ⟨w służbie królewskiej⟩
Crown Side jurysdykcja karna, wydział do spraw karnych
Crown Solicitor bryt. a) adwokat koronny b) rzecznik skarbu państwa
by order of the Crown z rozkazu Korony
a witness for the Crown świadek oskarżenia
crown[2] v **1.** ukoronować **2.** uwieńczyć, ozdobić (*np. wieńcem*)
crowned adj: ~ **heads** głowy koronowane (*królowie i królowe*)
crucial adj **1.** decydujący, rozstrzygający, przełomowy, kluczowy **2.** krytyczny
~ **date** krytyczna data, krytyczny dzień (*np. w którym popełniono zbrodnię*)
~ **moment** moment krytyczny
~ **problem** ⟨**question**⟩ decydujące ⟨kluczowe⟩ zagadnienie, kluczowy problem
~ **test** decydująca próba, decydujący sprawdzian
crude adj **1.** surowy, w stanie surowym **2.** nie wykończony **3.** brutalny, (*o wypowiedzi*) bez osłonek
~ **data** stat. surowe ⟨nie opracowane⟩ dane
~ **death rate** stat. surowy współczynnik zgonów
~ **facts** suche ⟨gołe⟩ fakty
~ **moment** stat. moment surowy
~ **rate of natural increase** stat. współczynnik przyrostu naturalnego
cruel adj **1.** okrutny, srogi **2.** bolesny
~ **and abusive** ⟨**inhuman**⟩ **treatment** okrutne i nieludzkie traktowanie
~ **and unusual punishment** am. srogie i niewspółmierne ukaranie
cruelty s okrucieństwo, okrutne ⟨brutalne⟩ traktowanie
~ **to animals** okrucieństwo w stosunku do zwierząt
~ **to children** okrucieństwo w stosunku do dzieci

act of ~ akt okrucieństwa, czyn okrutny
legal ~ okrucieństwo jako podstawa do żądania separacji ⟨rozwodu⟩
mental ~ znęcanie się ⟨dręczenie⟩ psychiczne
cruise[1] *s* **1.** rejs **2.** krążenie po morzu **3.** wycieczka ⟨podróż⟩ morska
cruise[2] *v* (*o statku*) krążyć po morzu
cruising *adj*: ~ **speed** szybkość podróżna ⟨ekonomiczna⟩ (*samochodu, samolotu*)
crumble *v* kruszyć (się), rozdrabniać, rozpadać się
crumbling *s*: ~ **of prices** załamanie się cen
crusade *s* krucjata, kampania, akcja
peace ~ krucjata pokoju
temperance ~ walka z alkoholizmem, kampania ⟨akcja⟩ przeciwalkoholowa
crush *v* **1.** kruszyć, rozbijać, łamać **2.** *am. sl.* zwiać, uciec
to ~ **out** *am.* uciec z więzienia
cry *v* **1.** krzyczeć, wołać **2.** proklamować, ogłaszać **3.** sprzedawać na licytacji
to ~ **for help** żądać pomocy, wołać o pomoc
to ~ **one's wares** reklamować własne towary
cry off *v* **1.** odwoływać, wycofywać się (**sth** z czegoś) **2.** zrezygnować, zaniechać
to ~ **a contract** wycofać się z kontraktu ⟨umowy⟩
cubage, cubature *s* kubatura, objętość, pojemność
cube *v* **1.** obliczać kubaturę (**sth** czegoś) **2.** mieć kubaturę
cubic *adj* kubiczny, sześcienny
~ **capacity** pojemność ładunkowa (*w jednostkach sześciennych*)
~ **content** zawartość mierzona w jednostkach sześciennych ⟨objętości⟩
~ **factor** współczynnik przestrzenności
~ **measure** *a*) miara objętościowa *b*) pojemnik
~ **metre** metr objętościowy, kubik
cuckold[1] *s* zdradzony mąż, rogacz
cuckold[2] *v* przyprawiać rogi (**a husband** mężowi), zdradzać (*męża*)
cui ante divortium *łac.* powództwo rozwiedzionej żony o odzyskanie nieruchomości, którą mąż sprzedał w okresie sprawowania zarządu nad majątkiem żony
cui bono *łac.* na czyją korzyść, dla kogo
cui in vita *łac.* powództwo wdowy o odzyskanie nieruchomości, którą zmarły mąż rozporządził w okresie sprawowania zarządu nad majątkiem żony
cuius est dare eius est disponere *łac.* dawca ⟨darujący⟩ może wskazać, jak dar ma być użyty
cuius regio, eius religio *łac.* czyj kraj, tego religia
cull *v* selekcjonować, przebierać, brakować
culling *s* selekcjonowanie, przebieranie, brakowanie
culminant *adj* kulminacyjny, szczytowy
culminate *v* dochodzić do szczytu, osiągać szczyt
culminating *adj* kulminacyjny, szczytowy
~ **point** punkt kulminacyjny ⟨szczytowy⟩
culpability *s* **1.** wina **2.** karygodność
culpable *adj* **1.** winny, zawiniony **2.** karygodny **3.** zasługujący (**of sth** na coś)
~ **bankruptcy** zawiniona upadłość
~ **negligence** karygodne niedbalstwo ⟨zaniedbanie⟩
~ **of death** zasługujący na śmierć
~ **of punishment** zasługujący na karę
~ **omission** karygodna bezczynność
to hold sb ~ uważać kogoś za winnego
culprit *s* **1.** oskarżony, podsądny **2.** winowajca, przestępca

cult *s* kult, cześć (**of sb, sth** dla kogoś, czegoś)
~ **of personality** kult jednostki
cultivable *adj* uprawny, nadający się pod uprawę
~ **area** obszar uprawny
~ **land** ziemia uprawna
cultivate *v* **1.** uprawiać, kultywować **2.** doskonalić, rozwijać
cultivated *adj*: ~ **area** obszar uprawny
cultivation *s* **1.** uprawa rolnicza, uprawianie roli **2.** kultywowanie **3.** doskonalenie
~ **area** obszar upraw
~ **methods** metody uprawy (*roli*)
~ **of soil** uprawa roli
extensive ~ uprawa ekstensywna
field in ⟨**under**⟩ ~ pole pod uprawą
intensive ~ uprawa intensywna
to bring into ⟨**put under**⟩ ~ wziąć pod uprawę
cultural *adj* **1.** kulturalny **2.** kulturowy
~ **achievements** osiągnięcia kulturalne
~ **centre** *a*) centrum kulturalne *b*) dom kultury
~ **co-operation** współpraca kulturalna
~ **exchange** wymiana kulturalna
culture[1] *s* **1.** kultura **2.** hodowla **3.** uprawa ziemi
culture[2] *v* **1.** uprawiać, kultywować **2.** rozwijać
cultured *adj* **1.** wykształcony, oczytany **2.** uprawiany
cum *praep łac.* z, włącznie z, razem z
~ **coupon** z kuponem (*upoważniającym do odsetek lub dywidendy*)
~ **dividend** łącznie z dywidendą
~ **grano salis** *łac.* z rezerwą, z zastrzeżeniem
~ **interest** z procentami ⟨odsetkami⟩
~ **new** (**rights**) z prawem zakupu nowych ⟨nowej emisji⟩ akcji
cumbersome *adj* (*o ładunku*) niewygodny, nieporęczny, nieustawny
cumulate *v* gromadzić (się), kumulować (się), narastać
to ~ **proofs** gromadzić dowody
cumulation *s* kumulacja, narastanie, gromadzenie
cumulative *adj* kumulacyjny, akumulowany, narosły, łączny, nagromadzony
~ **data** nagromadzone dane
~ **dividend** dywidenda akumulowana
~ **error** *stat.* błąd kumulujący się
~ **evidence** zbiór dowodów, nagromadzone dowody
~ **legacy** łączny zapis
~ **list** lista z uzupełnieniami
~ **offences** zbieg przestępstw
~ **poison** stopniowe zatruwanie ⟨trucie⟩
~ **process** *stat.* proces kumulacyjny
~ **punishments** zbieg skazań
~ **preference shares** ⟨**preferred stock**⟩ akcje uprzywilejowane (*uprawniające do podjęcia zaległych procentów*)
~ **remedy** dodatkowy środek dowodowy, uzupełniający ⟨potwierdzający⟩ dowód
~ **sentence** wyrok łączny
~ **stock** akcje, od których dywidenda ulega kumulacji
~ **value** nagromadzona wartość
~ **voting** głosowanie dopuszczające kumulacje głosów
cunning *adj* chytry, przebiegły
curability *s* uleczalność, możliwość wyleczenia
curable *adj* uleczalny, (możliwy) do wyleczenia

curative *adj* **1.** leczniczy **2.** sankcjonujący
~ **act** akt sankcjonujący (*nadający moc prawną uprzednio nieważnym zarządzeniom lub transakcjom*)
curator *s* **1.** kurator, opiekun, zarządca majątku podopiecznego **2.** kustosz
~ **absentis** kurator nieobecnego
~ **in bankruptcy** syndyk masy upadłości
~ **of an estate** kurator spadku ⟨majątku spadkowego⟩
interim ~ kurator tymczasowy
curatorship *s* urząd ⟨funkcja⟩ kuratora, kuratela
curb[1] *s* **1.** ograniczenie **2.** *am.* nieoficjalna giełda papierów wartościowych **3.** *zob.* **kerb**[1]
~ **broker** *am.* makler na nieoficjalnej giełdzie
~ **exchange** *am.* giełda nieoficjalna papierów wartościowych
~ **market** *am.* rynek walorów nie notowanych na giełdzie
the New York Curb Exchange *am.* nowojorska nieoficjalna giełda papierów wartościowych
to sell ⟨**buy**⟩ **on the** ~ *am.* sprzedawać ⟨kupować⟩ poza giełdą
curb[2] *v* **1.** ograniczać, hamować, ukrócać **2.** *zob.* **kerb**[2]
to ~ **the boom** hamować koniunkturę
to ~ **inflation** hamować inflację
cure[1] *s* leczenie
no ~ **no pay** (*w ratownictwie morskim*) nie płaci się, jeśli pomoc nie była skuteczna
past ~ (*o chorobie, chorym*) nieuleczalny, (*o rzeczy*) nie do naprawienia
cure[2] *v* **1.** leczyć, kurować **2.** konserwować (*mięso, owoce itp.*), solić, wędzić, suszyć, marynować **3.** zaradzić (**sth** czemuś)
to ~ **sb of bad habit** odzwyczaić kogoś od nałogu
cure-all *s* panaceum, lekarstwo uniwersalne (*na wszystkie choroby*)
curfew *s* godzina policyjna
to impose a ~ wprowadzić godzinę policyjną
curia *s łac.* (*pl* **curiae**) **1.** kuria **2.** senat (*w dawnych miastach włoskich*) **3.** sąd feudała
~ **advisari vult** *łac.* sąd udaje się na naradę (*formułka odraczająca ogłoszenie wyroku*)
~ **regis** *łac.* sąd królewski
curio *s* osobliwość, okaz
curiosity *s* **1.** ciekawość **2.** osobliwość, ciekawostka, rzadkość, unikat
curious *adj* **1.** ciekawy **2.** dziwny, osobliwy, niezwykły **3.** pornograficzny
~ **inquiry** drobiazgowe śledztwo
currency *s* **1.** pieniądz, środek płatniczy, środek obiegowy, dewizy, waluta **2.** obrót, obieg, krążenie **3.** okres ważności, czas obiegu
~ **account** rachunek walutowy, konto walutowe
~ **adjustment** wyrównanie waluty
~ **agreement** umowa walutowa
~ **appreciation** rewaloryzacja pieniędzy ⟨waluty⟩
~ **arbitration** arbitraż walutowo-dewizowy
~ **area** (**of the pound sterling**) obszar walutowy (funta szterlinga)
~ **assets** aktywa dewizowe, zapas dewiz
~ **bill** weksel dewizowy ⟨w obcej walucie⟩
~ **bloc** blok dewizowy
~ **bond** obligacja płatna w walucie obiegowej
~ **change-over** reforma walutowa

~ **circulation** obieg pieniężny
~ **clause** klauzula walutowa
~ **control** kontrola dewizowa
~ **conversion** konwersja ⟨wymiana⟩ pieniądza
~ **counterfeiting** fałszowanie pieniędzy
~ **dealings** transakcje dewizowe
~ **depreciation** deprecjacja waluty
~ **devaluation** dewaluacja waluty
~ **draft** weksel walutowy ⟨dewizowy⟩
~ **dumping** dumping walutowy
~ **exchange regulation** kontrola walutowa ⟨wymiany walut⟩
~ **in circulation** waluta ⟨pieniądze⟩ w obiegu
~ **law** *a)* prawo dewizowe *b)* ustawa o systemie pieniężnym
~ **note** *bryt.* banknot zdawkowy (*niewymienialny na złoto*)
~ **of account** waluta rachunku
~ **of a bill** *a)* okres, na jaki weksel został wystawiony *b)* waluta weksla
~ **of a** ⟨**the**⟩ **contract** *a)* waluta umowy *b)* okres ważności umowy
~ **of the credit** waluta akredytywy
~ **offence** przestępstwo dewizowe ⟨walutowe⟩
~ **of money** obieg pieniężny
~ **of payment** waluta płatności
~ **of the policy** okres ważności polisy
~ **operator** spekulant dewizowy
~ **parity** parytet walutowy
~ **policy** polityka walutowa
~ **rates** kursy dewiz
~ **reform** reforma walutowa
~ **regulations** przepisy walutowe
~ **reserves** rezerwy dewizowe
~ **restrictions** restrykcje dewizowe
~ **security** zabezpieczenie walutowe
~ **shipment** przesyłka pieniędzy in specie ⟨gotówką⟩
~ **stability** stałość waluty
~ **stabilization** stabilizacja waluty
~ **stabilization fund** fundusz stabilizacji waluty ⟨stabilizacyjny⟩
~ **standard** ⟨**system**⟩ system walutowy
~ **traffic** ⟨**trafficking**⟩ szmugiel walutowy ⟨waluty⟩
~ **value** wartość waluty ⟨pieniądza⟩
adjustable ~ waluta elastyczna
allocation ⟨**allotment**⟩ **of** ~ przydział dewiz
auxiliary ~ surogat pieniądza, pieniądz zastępczy (*np. bony*)
blocked ~ zablokowane dewizy (*których użycie zostało przez państwo ograniczone*)
control of ~ kontrola dewizowa
convertibility of ~ wymienialność walut (*na złoto lub inne waluty*)
convertible ~ waluta wymienialna
decimal ~ waluta oparta na systemie dziesiętnym
deposit ~ pieniądz w obrocie bezgotówkowym
depreciated ~ waluta zdeprecjonowana
depreciation of ~ deprecjacja waluty
domestic ~ waluta krajowa
double ~ waluta wymienialna na złoto i srebro, bimetalizm pieniężny
during the ~ **of the contract** w okresie obowiązywania umowy
elastic ~ waluta elastyczna
fiduciary ~ pieniądz papierowy

fluctuation of ~ wahania kursów walutowych
foreign ~ waluta obca, dewizy
foreign ~ **control** kontrola dewizowa
free ~ wolne dewizy
gold ~ złota waluta
hard ~ mocna waluta, waluta wymienialna
in British ~ w walucie brytyjskiej ⟨Wielkiej Brytanii⟩
legal ~ legalna waluta, prawny środek obiegowy
local ~ waluta krajowa, pieniądz krajowy
managed ~ waluta kontrolowana ⟨manipulowana ⟩
metallic ~ moneta kruszcowa
national ~ waluta krajowa, pieniądz krajowy
non-convertible ~ waluta niewymienialna
paper ~ pieniądze papierowe, banknoty
payable in ~ płatne w dewizach
reorganization of ~ sanacja waluty
revaluation of ~ rewaluacja pieniądza
silver ~ srebrna waluta
soft ~ słaba waluta, waluta niewymienialna
stability of ~ stałość waluty
stable ~ stabilna ⟨stała⟩ waluta
substitute ~ surogat pieniądza, pieniądz zastępczy
supply of ~ *a)* zapas dewiz *b)* dopływ dewiz
transfer of ~ przelew pieniężny
unconvertible ~ waluta niewymienialna
weak ~ słaba waluta, waluta niewymienialna
world ~ pieniądz światowy
current[1] *s* 1. prąd *(elektryczny)* 2. tok *(np. spraw)*
current[2] *adj* 1. bieżący *(np. rok, miesiąc, numer pisma)* 2. *(o walucie)* obiegowy 3. powszechnie przyjęty, powszechnie używany 4. aktualny 5. *(o opinii, pogłosce)* rozpowszechniony
~ **account** rachunek bieżący
~ **affairs** sprawy bieżące
~ **assets** środki obrotowe, kapitał obrotowy
~ **bank rate** bieżąca stopa dyskontowa
~ **capital** kapitał obrotowy
~ **credit** kredyt rachunku bieżącego
~ **days** dni bieżące ⟨kolejne⟩
~ **debt** dług wymagalny w bieżącym roku
~ **deficit** deficyt bieżący
~ **dollar** *am.* dolar bieżący ⟨płynny⟩ *(o aktualnej sile nabywczej)*
~ **events** bieżące wydarzenia, aktualności
~ **expenditure** ⟨**expenses**⟩ wydatki bieżące
~ **interest** bieżące procenty
~ **interest rate** bieżąca stopa procentowa
~ **investments** bieżące inwestycje
~ **issue of (a newspaper)** bieżące wydanie (gazety)
~ **issues** bieżące emisje
~ **liabilities** bieżące zobowiązania ⟨płatności⟩
~ **market value** bieżąca wartość rynkowa
~ **maturity** zobowiązania bieżące *(których płatność przypada w bieżącym roku)*
~ **money** pieniądz obiegowy
~ **month** bieżący miesiąc
~ **number (of a periodical)** bieżący numer (periodyku)
~ **opinion** powszechna opinia
~ **payments** bieżące płatności
~ **price** cena bieżąca ⟨rynkowa⟩
~ **price list** bieżący ⟨aktualny⟩ cennik
~ **quality** przeciętna jakość
~ **rate** kurs dnia

~ **ratio** aktualny wskaźnik płynności *(pokrycia w analizie bilansu)*
~ **salaries** bieżące płace
~ **surplus** aktywne saldo na rachunku bieżącym *(w bilansie)*
~ **value** wartość rynkowa, cena bieżąca
~ **weighing** *stat.* stosowanie wag z okresu bieżącego
~ **year** bieżący rok
currently *adv* aktualnie, bieżąco, obecnie
~ **due** aktualnie wymagalny
curriculum *s (pl* **curricula)** *łac.* program nauki ⟨studiów⟩
~ **vitae** *łac. a)* życiorys *b)* przebieg pracy zawodowej ⟨naukowej itd.⟩
curse *s* 1. przekleństwo 2. klątwa
cursory *adj* pobieżny, powierzchowny
~ **examination** ⟨**inspection**⟩ pobieżny ⟨powierzchowny⟩ przegląd
curtail *v* ograniczać, redukować, obcinać, skracać
to ~ **a credit** obciąć kredyt
to ~ **the expenses** ograniczać ⟨redukować⟩ wydatki
to ~ **production** zmniejszać ⟨ograniczać⟩ produkcję
curtailment *s* ograniczenie, zredukowanie
~ **of credit** ograniczenie ⟨*pot.* obcięcie⟩ kredytu
~ **of work** ograniczenie ⟨skrócenie⟩ czasu pracy
curtesy *s* prawo wdowca do dożywotniego użytkowania majątku żony *(przy dziedziczeniu wraz z dziećmi)*
curtilage *s* teren przyległy do budynku mieszkalnego, działka przyzagrodowa; obejście, otoczenie domu ⟨budynku⟩
curve *s* krzywa, wykres
demand ~ krzywa popytu
sales ~ krzywa sprzedaży
supply ~ krzywa podaży
custodes pacis *spl łac.* strażnicy pokoju *(nazwa sędziów pokoju do roku 1368)*
custodial *adj* opiekuńczy
~ **responsibility** odpowiedzialność opiekuna
custodian *s* 1. opiekun 2. dozorca, strażnik 3. kustosz
~ **trustee** powiernik mający pieczę nad majątkiem *(ale nie zarządzający nim)*
custody *s* 1. opieka, piecza, dozór 2. przechowywanie 3. areszt, więzienie
Custody Bill of Lading *am.* konosament standardowy używany przy przewozach bawełny
in ~ w areszcie, w więzieniu
in the ~ **of ...** pod opieką ...
in safe ~ w bezpiecznym przechowaniu
protective ~ areszt ochronny ⟨prewencyjny⟩
to be in ~ znajdować się w areszcie, być zatrzymanym
to be in the ~ **of ...** znajdować się pod ochroną ...
to commit to the ~ **of sb** oddać komuś na przechowanie, oddać w czyjąś pieczę
to have the ~ **of the child** mieć pieczę nad dzieckiem
to place sth in ~ nałożyć areszt na coś
to receive goods into one's ~ przyjąć towary na przechowanie
to release sb from ~ uwolnić kogoś z aresztu
to take sb into ~ aresztować kogoś
custom *s* 1. zwyczaj, obyczaj 2. *zw. pl* **customs** cło 3. klientela 4. stałe zaopatrywanie się w danym sklepie 5. prawo zwyczajowe 6. *zob.* **customs**
~ **house** urząd celny

~ **of a country** zwyczaj krajowy
~ **of Lloyd's** zwyczaj (stosowany przez) Lloyda
~ **of the merchants** zwyczaj kupiecki
~ **of the place** zwyczaj miejscowy
~ **of the port** zwyczaj portowy ⟨danego portu⟩
~ **of the trade** zwyczaj handlowy
according to ~ zgodnie ze zwyczajem ⟨z praktyką⟩
authorized by ~ sankcjonowany przez zwyczaj
bank ⟨**banking**⟩ ~ praktyka bankowa, zwyczaj bankowy
commercial ~ zwyczaj handlowy
contrary to ~ wbrew zwyczajowi ⟨praktyce⟩
exchange ~ zwyczaj giełdowy
general ~ powszechny ⟨powszechnie przyjęty⟩ zwyczaj
local ~ zwyczaj miejscowy
long-established ~ od dawna stosowany zwyczaj
loss of ~ strata ⟨utrata⟩ klienteli
maritime ~ morski zwyczaj
trade ~ zwyczaj handlowy
to attract ~ przyciągać klientelę
customable *adj* podlegający ocleniu
customary[1] *s* zbiór miejscowych praw zwyczajowych
customary[2] *adj* **1.** zwyczajowy, uświęcony zwyczajem **2.** zwykły, zwyczajny **3.** podlegający prawu zwyczajowemu
~ **allowance** zwyczajowa bonifikata
~ **average** awaria zwyczajowa
~ **clause** klauzula zwyczajowa
~ **deductions** (*w czarterze*) potrącenia zwyczajowe
~ **dispatch** *(w czarterze)* normalna szybkość załadunku ⟨wyładunku⟩
~ **document of transport** zwyczajowy dokument przewozu (*morskiego*)
~ **freehold** *bryt. hist.* nieruchomość, której tytuł własności pochodzi z rejestrów sądowych
~ **interpretation** zwyczajowa wykładnia (*prawa*)
~ **in trade** stosowany zwyczajowo w handlu
~ **law** prawo zwyczajowe
~ **packing** ⟨**packaging**⟩ zwyczajowe opakowanie (*stosowane przy określonym towarze i sposobie przewozu*)
~ **practices** przyjęta praktyka, przyjęte zwyczaje
~ **right** zwyczajowe uprawnienie
~ **risks** (*w ubezpieczeniu*) ryzyko zwyczajowe
~ **route** normalna ⟨zwykła⟩ trasa
~ **tare** tara zwyczajowa (*przyjmowana dla określonego towaru zamiast tary rzeczywistej*)
~ **tenant** *hist.* dzierżawca posiadający nieruchomość na podstawie zwyczajowego prawa lennego
~ **tenure** *hist.* dzierżawa nieruchomości, której tytuł wywodzi się z rejestrów sądowych, a czas trwania dzierżawy oparty jest na zwyczaju i nie zależy od woli właściciela nieruchomości
~ **trade loss** ubytek naturalny (*towaru w granicach normy*)
~ **ullage** (*zwyczajowo przyjmowany*) ubytek naturalny ładunku płynnego
as ~ jak zwykle, według zwyczaju
it is (**not**) ~ (nie) należy do zwyczaju, (nie) jest przyjęte
custom-built *adj am.* wykonany na zamówienie
customer *s* **1.** klient, nabywca **2.** *pl* **customers** klientela
~ **of long standing** stary ⟨stały⟩ klient

~ **'s acceptance** weksel klienta
~ **'s account** rachunek klienta
~ **s' book** ⟨**ledger**⟩ księga klientów
~ **'s man** pracownik brokera (*załatwiający formalności związane z obrotem walorów*)
awkward ~ trudny ⟨wybredny⟩ klient
cash ~ klient płacący gotówką
casual ⟨**chance**⟩ ~ przypadkowy klient
credit ~ klient korzystający z kredytu
genuine ~ poważny klient
intending ~ ewentualny klient
potential ~ potencjalny klient
prospective ~ ewentualny klient ⟨reflektant⟩
regular ~ stały klient
serious ~ poważny klient ⟨reflektant⟩
service of ~s obsługa klientów
to attend to ~s załatwiać ⟨obsługiwać⟩ klientów
to attract ~s przyciągać klientów
to lose ~s tracić klientów
to serve ~s obsługiwać ⟨załatwiać⟩ klientów
custom(-)house *s* komora celna, cło, urząd celny
~ **agency** agencja celna
~ **agent (of the vessel)** agent celny (statku)
~ **authorities** władze celne
~ **broker** agent celny
~ **charges** opłaty celne
~ **credit** kredyt celny
~ **duty** cło, opłata celna
~ **examination** odprawa celna
~ **fees** opłaty celne
~ **fine** grzywna celna
~ **formalities** formalności celne
~ **officer** urzędnik celny, celnik
to declare ⟨**enter**⟩ **goods at the** ~ zgłosić towar na komorze celnej, zadeklarować towar do oclenia
custom-made *adj am.* wykonany na zamówienie
customs *spl* **1.** cła, opłaty celne **2.** urząd celny, komora celna **3.** *zob.* **custom**
the Customs Urząd Celny, zarząd ceł
~ **account** rachunek celny ⟨opłat celnych⟩
~ **administration** zarząd ceł
~ **aerodrome** celny port lotniczy
~ **agency** *am.* agencja celna
~ **agent** agent celny
~ **allowance** ulga celna
~ **and excise duties** opłaty celne i akcyzowe
~ **appraisement** oszacowanie na cle ⟨komorze celnej⟩
~ **appraiser** taksator celny (*na komorze celnej*)
~ **area** obszar celny
~ **authorities** władze celne
~ **barrier** bariera celna (*wysokie cła importowe*)
~ **bill of entry** codzienny statystyczny wykaz urzędu celnego
~ **bond** zabezpieczenie ⟨zamknięcie⟩ celne (*towaru nie oclonego*)
~ **bonded warehouse** magazyn celny, skład wolnocłowy
~ **border** granica celna
~ **broker** *am.* agent ⟨deklarant⟩ celny
~ **catch-all provision** *am.* postanowienie taryfy celnej w sprawie towarów nie wymienionych w taryfie ⟨nie objętych taryfą⟩
~ **charges** opłaty celne
~ **clearance** ⟨**clearing**⟩ odprawa ⟨kontrola⟩ celna
~ **clearance of the ship** klarowanie statku

~ **collection** pobranie cła
Customs Court *am.* sąd do spraw celnych, sąd celny
~ **custody** dozór celny
~ **debenture** kwit celny upoważniający do uzyskania cła zwrotnego
~ **declaration** deklaracja celna
~ **depot** skład celny
~ **discrimination** dyskryminacja celna
~ **district** okręg celny
~ **documents** dokumenty celne
~ **duties** ⟨**dues**⟩ opłaty celne, cła
~ **duties paid** cło zapłacone
~ **entry** deklaracja celna
~ **examination** rewizja ⟨kontrola⟩ celna
~ **expenses** wydatki na cło
~ **fees** opłaty celne
~ **fine** grzywna celna
~ **form** formularz celny
~ **formalities** formalności celne
~ **free** wolny od cła, nie podlegający ocleniu
~ **free zone** strefa wolnocłowa
~ **frontier** granica celna
~ **guard** straż celna
~ **inspection** rewizja ⟨kontrola⟩ celna
~ **inspector** inspektor celny
~ **international conventions** międzynarodowe konwencje celne
~ **invoice** faktura celna
~ **law** prawo celne
~ **lead** plomba celna
~ **lighterage** *am.* przewóz towarów nie oclonych (*lichtugą koncesjonowaną*)
~ **manifest** manifest celny (*wykaz ładunków*)
~ **nomenclature** nomenklatura celna (*towarów*)
~ **offence** przestępstwo celne
~ **office** biuro celne, komora celna
~ **officer** ⟨**official**⟩ celnik, urzędnik komory celnej
~ **papers** dokumenty celne
~ **permit** zezwolenie celne
~ **policy** polityka celna
~ **procedure** procedura celna, postępowanie przy odprawie celnej
~ **protection** ochrona celna
~ **quay** nabrzeże celne
~ **rates** stawki celne ⟨taryfy celnej⟩
~ **receipt** kwit celny
~ **regulations** przepisy celne
~ **seal** pieczęć ⟨plomba⟩ celna
~ **search (of a ship)** inspekcja ⟨kontrola, odprawa⟩ celna (statku)
~ **shed** hangar pod zamknięciem celnym
~ **station** placówka celna, dworzec celny
~ **storage** składowanie celne
~ **supervision** nadzór celny
~ **surveyor** inspektor ⟨kontroler⟩ celny
~ **tare** tara celna
~ **tariff** taryfa celna
~ **territory** obszar celny
~ **treaty** układ celny, umowa celna
~ **union** unia celna
~ **value** wartość celna (*określona w celu oclenia*)
~ **walls** bariery celne
~ **war** wojna celna
~ **warehouse** magazyn celny
~ **warrant** kwit celny

~ **waters** wody celne
~ **wharf** nabrzeże celne
administration of ~ władze celne, administracja celna
clearance through the ~ odprawa celna
court of ~ sąd celny ⟨do spraw celnych⟩
evasion of ~ **duties** uchylanie się od cła
exemption from ~ **duties** zwolnienie od cła
to clear (goods) through the ~ odprawić celnie (towary), dokonać odprawy celnej (towarów)
to collect ~ **duties** pobierać opłaty celne
to get ⟨**pass**⟩ **through the** ~ przejść przez komorę celną
to enter for ~ **clearance** zgłosić się do odprawy celnej
to levy ~ **duties** ściągać ⟨egzekwować⟩ opłaty celne
custos *s* (*pl* **custodes**) *łac.* stróż, strażnik, opiekun
~ **morum** *łac.* strażnik moralności, cenzor
~ **rotulorum** *łac. bryt.* główny sędzia pokoju w hrabstwie (*mający pieczę nad archiwum*)
cut[1] *s* **1.** cięcie **2.** obniżenie, redukcja, zmniejszenie, obniżka
~ **in output** zmniejszenie produkcji
~ **in prices** obniżka cen
~ **in wages** ⟨**salaries**⟩ obniżka ⟨redukcja⟩ zarobków ⟨płac⟩
price ~ obniżka ⟨obniżenie⟩ ceny
to impose ~s **on imports** wprowadzić ograniczenie importu
cut[2] *pp adj:* ~ **price** najniższa ⟨najniżej skalkulowana⟩ cena
bags ~ (*zastrzeżenie w konosamencie*) worki pocięte
clearly ~ **conditions** ⟨**terms**⟩ ściśle określone warunki
cut[3] *v* (**cut, cut**) **1.** ciąć, ścinać **2.** obniżać, zmniejszać, redukować **3.** *zob.* **cut down, off, under**
to ~ **costs** zmniejszać koszty
to ~ **one's losses** zmniejszyć (swoje) straty
to ~ **prices** obniżyć ceny
to ~ **working hours** skracać czas pracy
cutback *s* obniżenie, obcięcie, zmniejszenie
cut down *v* obniżać, redukować, ograniczać
to ~ **expenses** obcinać ⟨redukować⟩ wydatki
to ~ **production** ograniczyć produkcję
to ~ **sb's salary** obniżyć komuś pobory
cut off *v* **1.** odcinać, odrąbywać **2.** wyłączać (*np. gaz, wodę*)
to ~ **negotiations** przerwać ⟨zerwać⟩ negocjacje ⟨rokowania, rozmowy⟩
to cut sb off with a shilling wydziedziczyć kogoś
cut-price *adj* (*o cenie*) obniżony
~ **shop** sklep z przecenionymi towarami
cutting *s* **1.** obniżka, redukcja **2.** wycinek z gazety
~ **of costs** obniżka kosztów
price ~ obniżka cen
cut under *v* obniżać ⟨redukować⟩ (*ceny w celach konkurencyjnych*)
cyanide *s* cyjanek
~ **of potassium** cyjanek potasu
cybernetics *s* cybernetyka
cycle *s* **1.** cykl **2.** okres
business ⟨**trade**⟩ ~ cykl gospodarczy ⟨koniunkturalny⟩
course of the ~ przebieg cyklu
deformation of the ~ deformacja cyklu

economic ~ cykl ekonomiczny ⟨gospodarczy⟩
investment ~ cykl inwestycyjny
overhaul ~ cykl remontowy
production ~ cykl produkcyjny
short-run ~ cykl krótkookresowy
working ~ cykl pracy, obieg roboczy
cyclic(al) adj 1. cykliczny 2. koniunkturalny
~ **crisis** ⟨**depression**⟩ kryzys cykliczny
~ **experience** ⟨**phenomena**⟩ **of the economy** cykliczne zjawiska w gospodarce
~ **factor** czynnik koniunkturalny

~ **fluctuations** wahania cykliczne
~ **movement** wahania koniunktury
~ **recovery** ⟨**upsurge, upward movement**⟩ ożywienie cykliczne
~ **trend** tendencja cykliczna
~ **unemployment** cykliczne bezrobocie
cypher s 1. cyfra 2. szyfr
cy-prés adv fr. możliwie najbliżej (intencji testatora – doktryna nakazująca tłumaczenie ogólnie sformułowanych życzeń testatora w miarę możliwości zgodnie z jego wolą)

D

dactyloscopy s daktyloskopia, identyfikacja przy pomocy odcisków palców
dagger s sztylet, kordzik
daily[1] s 1. dziennik, (codzienna) gazeta 2. dochodząca pomoc domowa
daily[2] adj 1. dzienny 2. codzienny 3. powszedni
~ **allowance** dieta dzienna
~ **arrivals** dzienne dostawy, dzienny dowóz
~ **average** średnia dzienna
~ **balance** dzienny bilans
~ **charter** umowa frachtowania statku z dniówkową zapłatą
~ **consumption** dzienne zużycie
~ **discharging rate** dzienna norma wyładunkowa
~ **duty** codzienny dyżur, codzienna służba
~ **exchange** kurs dnia
Daily Freight Register codzienne notowanie frachtowe (londyński biuletyn)
~ **inspection** przegląd codzienny
~ **interest** dzienny procent, dzienne odsetki
~ **living needs** codzienne potrzeby
~ **loading rate** dzienna norma załadunkowa
~ **operating rate** dzienne koszty eksploatacyjne
~ **output** dzienne wydobycie, dzienna produkcja
~ **pay** dniówka, płaca dniówkowa
~ **receipts** wpływy dzienne
~ **report** codzienny raport
~ **routine** dzienny rozkład zajęć ⟨tok czynności⟩
~ **sales** dzienny utarg ⟨obrót⟩
~ **use** codzienny użytek
~ **wages** płaca dniówkowa
~ **worker** robotnik dniówkowy
daily[3] adv codziennie, dziennie
daltonian, daltonist s daltonista
daltonism s daltonizm, ślepota barwna
damage[1] s 1. szkoda, uszkodzenie, awaria 2. ujma, uszczerbek 3. pl **damages** odszkodowanie, suma odszkodowania 4. zob. **damages**
~ **by**, ~ **caused** ⟨**done**⟩ **by** ... szkoda spowodowana przez ...
~ **by contamination** uszkodzenie spowodowane zanieczyszczeniem (np. pyłem, kurzem, farbą)
~ **by fire** uszkodzenie spowodowane ogniem ⟨pożarem⟩

~ **by fresh** ⟨**sea**⟩ **water** uszkodzenie spowodowane przez wodę deszczową ⟨morską⟩
~ **by tainting** uszkodzenie spowodowane gazem ⟨zapachem, oparem⟩
~ **certificate** atest ⟨protokół⟩ szkód, zaświadczenie szkodowe
~ **feasant** szkoda wyrządzona przez zwierzęta na cudzym gruncie
~ **in transit** ⟨**transport**⟩ uszkodzenie w czasie transportu
~ **report** protokół ⟨raport⟩ szkodowy, sprawozdanie z oględzin szkód
~ **suit** sprawa ⟨powództwo⟩ o odszkodowanie
~ **survey** przegląd awaryjny, oględziny szkód
~ **to cargo report** atest awaryjny
~ **to the goods** uszkodzenie towarów ⟨ładunku⟩
~ **to person** szkoda wyrządzona osobie
~ **to property** szkoda majątkowa
actual ~ szkoda rzeczywista
air ~ a) szkoda powstała w czasie transportu lotniczego b) szkoda powstała na skutek działania powietrza
allowance for ~ kompensacja szkody
country ~ szkoda krajowa (powstała przed załadowaniem eksportowanego towaru)
estimation of ~ obliczenie ⟨oszacowanie⟩ szkody
free from ~ wolny od uszkodzeń, nieuszkodzony
hidden ~ uszkodzenie ukryte ⟨niewidoczne⟩
hull ~ uszkodzenie kadłuba statku
irreparable ~ szkoda nieodwracalna ⟨nie do naprawienia⟩
land ~ szkoda powstała podczas transportu lądowego
liability for ~ odpowiedzialność za uszkodzenie ⟨szkodę⟩
material ~ a) szkoda materialna ⟨majątkowa⟩ b) poważna szkoda
nominal ~ szkoda niemajątkowa
part ~ szkoda częściowa
remoteness of ~ zbyt odległy związek przyczynowy ze szkodą
risk of ~ ryzyko szkody
sea ~ a) szkoda powstała podczas transportu mor-

skiego b) szkoda powstała skutkiem działania wody morskiej
sentimental ~ uszkodzenie rzeczy będącej dla kogoś drogą pamiątką (*bez większej wartości rzeczywistej*)
special ~ szkoda szczególna
statement of the ~ stwierdzenie szkody
weather ~ szkoda wywołana złą pogodą
to be answerable ⟨**liable, responsible**⟩ **for the** ~ być odpowiedzialnym za uszkodzenie ⟨szkodę⟩
to assess the ~ ustalić wysokość szkody
to avert ~ zapobiegać szkodzie
to avoid ~ uniknąć szkody
to bear the ~ ponieść szkodę
to cause ~ spowodować szkodę ⟨uszkodzenie⟩
to do ~ wyrządzić szkodę
to estimate the ~ oszacować szkodę
to inflict ~ (**on sb**) wyrządzić (komuś) szkodę
to make amends for the ~ wynagrodzić szkodę
to prevent ~ zapobiec szkodzie
to repair the ~ wynagrodzić szkodę
to suffer ~ ponieść szkodę
damage² *v* **1.** uszkodzić **2.** wyrządzić szkodę **3.** zaszkodzić, przynosić ujmę (**sb** komuś)
damageable *adj* (*o towarze*) łatwo ulegający uszkodzeniu
damaged *pp adj* uszkodzony, zniszczony
~ **value** wartość towarów w stanie uszkodzonym
apparently ~ uszkodzony w sposób widoczny
bags ⟨**cases**⟩ ~ worki ⟨skrzynie⟩ uszkodzone (*zastrzeżenie w konosamencie*)
in ~ **condition** w stanie uszkodzonym
sea ~ *a*) uszkodzony przez wodę morską *b*) uszkodzony podczas transportu morskiego
to be ⟨**become**⟩ ~ zostać uszkodzonym
damages *spl* odszkodowanie, suma odszkodowania; *zob.* **damage¹**
~ **at large** całkowita ⟨ogólna⟩ suma poniesionych strat
~ **for delay** odszkodowanie za zwłokę
~ **for detention** odszkodowanie za przetrzymanie (*statku*)
~ **for infringement** odszkodowanie z tytułu naruszenia (*patentu*)
~ **for non-acceptance** (**of the goods**) odszkodowanie za nieprzyjęcie (towaru)
~ **for non-fulfilment** ⟨**non-performance**⟩ odszkodowanie za niewykonanie umowy
~ **through inevitable accidents** odszkodowanie za szkody spowodowane przez nieprzewidziane okoliczności
~ **ultra** wynagrodzenie szkód ⟨odszkodowanie⟩ uzupełniające
action for ~ powództwo ⟨pozew⟩ o odszkodowanie
amount of ~ wysokość ⟨kwota⟩ odszkodowania
anticipatory ~ przewidywane odszkodowanie
average ~ odszkodowanie awaryjne (*z ubezpieczenia morskiego*)
by way of ~ w drodze odszkodowania, jako odszkodowanie
claim for ~ roszczenie o odszkodowanie ⟨odszkodowawcze⟩
compensatory ~ odszkodowanie wyrównawcze ⟨wyrównujące rzeczywistą szkodę⟩
contemptuous ~ *a*) niezmiernie niskie odszkodowanie *b*) odszkodowanie za znikomą szkodę

estimate of ~ oszacowanie odszkodowania
exemplary ~ odszkodowanie „przykładowe" za straty moralne ⟨krzywdę moralną⟩
general ~ odszkodowanie zwykłe (*dotyczące bezpośrednio wyrządzonej szkody*)
insurance against ~ ubezpieczenie od szkód
judgement given for ~ wyrok zasądzający odszkodowanie
liability to pay ~ obowiązek zapłaty odszkodowania
liquidated ~ kara konwencjonalna
measure of ~ wysokość odszkodowania
mitigation of ~ miarkowanie odszkodowania, zmniejszanie wysokości odszkodowania
nominal ~ znikome ⟨symboliczne⟩ odszkodowanie
payment of ~ zapłata odszkodowania
pecuniary ~ odszkodowanie pieniężne
prospective ~ przewidywane ⟨przypuszczalne⟩ odszkodowanie
punitive ~ odszkodowanie za krzywdę moralną ⟨straty moralne⟩
recovery of ~ otrzymanie ⟨uzyskanie⟩ odszkodowania
statutory ~ odszkodowanie ustawowe ⟨z mocy prawa⟩
substantial ~ wysokie ⟨znaczne⟩ odszkodowanie
vindictive ~ odszkodowanie za krzywdę moralną ⟨straty moralne⟩
to allow ~ przysądzić ⟨przyznać⟩ odszkodowanie
to assess ~ ustalić wysokość odszkodowania
to award ~ przyznać odszkodowanie
to be liable for ~ być obowiązanym do odszkodowania
to claim ~ domagać się odszkodowania
to fix ~ ustalić odszkodowanie
to hold sb responsible in ~ obciążać kogoś odpowiedzialnością za szkody
to pay ~ zapłacić odszkodowanie
to recover ~ uzyskać odszkodowanie
to sue for ~ pozywać o odszkodowanie, dochodzić sądownie odszkodowania
damaging *adj* szkodliwy, przynoszący ujmę, dyskredytujący
~ **admission** ⟨**words**⟩ dyskredytujące przyznanie się ⟨słowa⟩
damnable *adj* zasługujący na potępienie
damnation *s* potępienie, zganienie
damnification *s* wyrządzenie szkody, spowodowanie uszkodzenia ⟨straty⟩
damnify *v* **1.** powodować szkodę, uszkadzać **2.** wyrządzić krzywdę
damning *adj* **1.** potępiający **2.** obciążający
~ **statement** obciążające oświadczenie
damnosa hereditas *s łac.* dziedzictwo przynoszące szkodę, niekorzystny spadek (*w którym długi przewyższają aktywa*)
damnum absque iniuria *s łac.* szkoda nie zawiniona (*np. wskutek powstania konkurencyjnej firmy*)
damnum emergens *s łac.* poniesiona szkoda
damnum fatale *s łac.* szkoda losowa
damnum sentit dominus *łac.* szkoda dotyczy właściciela
dandy note *s* polecenie władz celnych zwolnienia spod zamknięcia celnego towaru przeznaczonego na eksport lub na zapasy dla statku
danger *s* **1.** niebezpieczeństwo **2.** groźba **3.** ryzyko

~ **area** strefa niebezpieczeństwa ⟨zagrożenia⟩

~ **light** a) świetlny sygnał niebezpieczeństwa b) czerwone światło

~ **line** granica niebezpieczeństwa ⟨strefy zagrożenia⟩

~ **money** wynagrodzenie za niebezpieczną pracę

~ **of death** niebezpieczeństwo śmierci

~ **of fire** ⟨**war**⟩ niebezpieczeństwo pożaru ⟨wojny⟩

~ **signal** sygnał ostrzegawczy

~**s of the sea** niebezpieczeństwo ⟨ryzyko⟩ podróży morskiej

~ **to life** niebezpieczeństwo dla życia

~ **to peace** zagrożenie pokoju

~ **zone** strefa niebezpieczeństwa ⟨zagrożenia⟩

imminent ~ bezpośrednie zagrożenie

in ~ w niebezpieczeństwie, w zagrożeniu

out of ~ poza niebezpieczeństwem ⟨zagrożeniem⟩

to be a ~ **to** ... stanowić niebezpieczeństwo ⟨być niebezpiecznym⟩ dla ...

to expose sb to ~ narazić kogoś na niebezpieczeństwo

to face a ~ znaleźć się ⟨stanąć⟩ w obliczu niebezpieczeństwa

to keep out of ~ chronić przed niebezpieczeństwem

dangerous adj niebezpieczny

~ **acts** niebezpieczne działania

~ **cargo** niebezpieczny ładunek

~ **driving** niebezpieczna jazda, nieostrożne prowadzenie pojazdu

~ **goods** niebezpieczne towary (np. żrące, wybuchowe, łatwopalne)

~ **per se** niebezpieczny sam w sobie

~ **situation** niebezpieczna sytuacja

~ **to health** niebezpieczny dla zdrowia

~ **weapon** niebezpieczna broń

danism s lichwa, pożyczanie pieniędzy na wysoki procent

dare v (**dared**) 1. ośmielać się, ważyć się (**sth** na coś) 2. nie bać się (**sth** czegoś) 3. gardzić (**death etc.** śmiercią itp.)

to ~ **sb to do sth** sprowokować kogoś do zrobienia czegoś

I ~ **say** przypuszczam, chyba, zapewne

I ~ **swear** założę się, gotów jestem przysiąc

dark s 1. mrok, ciemność 2. brak informacji, tajemnica

to be in the ~ nic nie wiedzieć (o czymś)

to keep sth in the ~ trzymać coś w tajemnicy, ukrywać coś

darraign v 1. uregulować spór 2. odpowiedzieć na oskarżenie

data spl 1. dane 2. informacje dla komputera

~ **acquisition** ⟨**collection**⟩ zbieranie danych

~ **bank** bank danych

~ **handling** interpretacja danych

~ **processing** przetwarzanie danych

absolute ~ dane absolutne

basic ~ dane podstawowe

census ~ dane spisowe

compiling of ~ zbieranie ⟨zestawianie⟩ danych

current ~ dane bieżące

false ~ fałszywe dane

final ~ dane ostateczne

initial ~ dane wyjściowe

no ~ **available** brak danych

numerical ~ dane liczbowe

personal ~ dane osobowe

primary ~ pierwotne ⟨zasadnicze⟩ dane

provisional ~ dane tymczasowe

reliable ~ pewne ⟨wiarygodne⟩ dane

statistical ~ dane statystyczne

supplementary ~ dane dodatkowe ⟨uzupełniające⟩

technical ~ dane techniczne

verified ~ dane sprawdzone ⟨zweryfikowane⟩

to collect ~ zbierać dane

to give ~ podawać dane

to process ~ przetwarzać dane

to provide ~ dostarczać dane

date[1] s 1. data, dzień (tygodnia, miesiąca) 2. termin 3. umówione spotkanie

~ **bill** weksel okresowy ⟨a dato⟩ (płatny po upływie pewnego okresu od daty wystawienia)

~ **draft** a) trata b) okres od dnia wystawienia do dnia zapadłości weksla

~ **of acceptance** data przyjęcia ⟨akceptacji⟩

~ **of arrival** data przybycia

~ **of a bill** data wystawienia weksla

~ **of birth** data urodzenia

~ **of completion** termin wykonania

~ **of death** data zgonu ⟨śmierci⟩

~ **of delivery** termin dostawy

~ **of departure** data odjazdu (statku, pociągu itp.), data odlotu (samolotu)

~ **of dispatch** termin wysyłki ⟨ekspedycji towaru⟩

~ **of expiration** ⟨**expiry**⟩ a) data wygaśnięcia (dokumentu) b) termin ważności

~ **of filing** data wpisu

~ **of issue** a) data wydania ⟨wystawienia⟩ b) data emisji

~ **of maturity** termin płatności, data zapadłości

~ **of payment** termin płatności

~ **of the postmark** data stempla pocztowego

~ **of priority** termin pierwszeństwa

~ **of publication** data publikacji ⟨ogłoszenia⟩

~ **of readiness** data gotowości (statku do przyjęcia ładunku)

~ **of receipt** data wpływu

~ **of registration** data rejestracji ⟨wpisu⟩

~ **of sailing** dzień odjazdu (statku)

~ **of settlement** termin rozliczeniowy

~ **of shipment** termin wysyłki (towaru) statkiem

~ **of trial** termin rozprawy sądowej

~ **stamp** datownik

after ~ po dniu, po dacie, po terminie, począwszy od dnia

at an early ~ w najkrótszym terminie

at long ⟨**short**⟩ ~ na długi ⟨krótki⟩ termin

average (due) ~ średni termin płatności

bearing no ~ bez daty, nie datowany

cancelling ~ data, po upływie której umowa czarteru może być rozwiązana (w razie nieprzybycia statku do portu załadowania)

closing ~ ostatni dzień przyjmowania towaru na statek

delivery ~ data ⟨termin⟩ dostawy

... days after ~ po upływie ... dni od daty

... days' ~ termin wynoszący ... dni

due ~ termin płatności, data zapadłości

effective ~ data wejścia w życie

final ⟨**latest**⟩ ~ termin ostateczny

fixed ~ termin wyznaczony, data ustalona

from ~ od daty, od dnia
initial ~ termin początkowy
long ~ długi termin
of even ⟨the same⟩ ~ z tej samej daty
of this ~ z dnia dzisiejszego
out of ~ przestarzały, nieaktualny
sailing ~ data odejścia statku
short ~ krótki termin
to ~ jak dotychczas, aż do tej chwili
under the ~ **of ...** datowany dnia ...
under to-day's ~ pod dzisiejszą datą, z dnia dzisiejszego
up to ~ najnowszy, nowoczesny
up to this ~ do chwili obecnej
to bring up to ~ wyprowadzać na bieżąco, doprowadzić do stanu aktualnego
to buy at long ~ kupować na długi termin
to make a ~ umówić się
to pay at fixed ~**s** płacić w ustalonych terminach
date² v **1.** datować, oznaczać ⟨ustalać⟩ datę (**sth** czegoś)
2. datować się, pochodzić (z *danego okresu*)
to ~ **back** datować wstecz, antydatować
to ~ **forward** datować naprzód
to ~ **from ⟨back to⟩** a) datować się od, pochodzić z
(*czasu*) b) nosić datę
dated *pp adj* datowany, opatrzony datą
~ **the 7th instant** z dnia siódmego bieżącego miesiąca
long ~ długoterminowy
short ~ krótkoterminowy
dateless *adj* bez daty, nie datowany
date-marker, dater *s* datownik
dative *adj* **1.** (*o urzędniku*) podlegający usunięciu **2.**
szkoc. (*o urzędniku*) wyznaczony przez władze lub
sąd
datum *s* (*pl* **data**) **1.** fakt, przesłanka **2.** podstawa
odniesienia **3.** punkt wyjściowy
daughter *s* córka
daughter-in-law *s* synowa
day *s* **1.** dzień **2.** doba **3.** termin, data
the ~ **before** a) dzień poprzedni b) w dniu poprzed-
nim
~ **book** dziennik, księga memoriałowa
~ **by** ~ dzień w dzień, dzień po dniu
~ **certain** dzień ustalony ⟨wyznaczony⟩
~ **charge** dzienna opłata
~ **in court** a) dzień wyznaczony dla rozpoznania
sprawy sądowej b) dzień, w którym można przedstawić (*ustnie*) swoją sprawę w sądzie
~ **labour** praca dniówkowa
~ **labourer** robotnik dniówkowy
~ **lost** stracona dniówka
~ **off** dzień wolny od pracy
~ **of the hearing** dzień przesłuchania
~ **of release** jednodniowe zwolnienie z pracy na
naukę
~ **of rest** dzień odpoczynku
~ **'s draft** weksel płatny awista lub a dato
~**s of grace ⟨respite⟩** dni ulgowe ⟨respektowe⟩
~ **'s rate** a) kurs dnia b) stawka dzienna, zarobek
dzienny
~ **time shift** dzienna zmiana robocza
~ **wages** zarobki dzienne
account ~ dzień dostawy, dzień likwidacyjny (*terminowej transakcji giełdowej*)
appointed ~ wyznaczony termin

at ... days' ~ w ciągu ... dni, na termin ... dni
auction ~ termin aukcji ⟨licytacji⟩
business ~ a) dzień giełdowy b) dzień roboczy
⟨powszedni⟩
by ~ we dnie, za dnia
by the ~ dziennie, za dzień, za dniówkę
carrying-over ~ pierwszy dzień okresu likwidacyjnego (*przy transakcjach reportowych*)
civil ~ doba, 24 godziny
clear ~**s** dni pełne
contango ~ dzień reportowy
court ~ termin sądowy
critical ~ krytyczny dzień (*w którym nastąpiło
wydarzenie*)
current ⟨consecutive⟩ ~**s** bieżące ⟨kolejne⟩ dni kalen-
darzowe (*wliczając dni świąteczne*)
delivery ~ termin dostawy
demurrage ~**s** dni przestoju, czas przetrzymania
statku w porcie przy przeładunku
discharging ~ dzień wyładunku
discount ~**s** dni dyskontowe
due ~ dzień ⟨data⟩ płatności
eight-hour ~ ośmiogodzinny dzień (*pracy*)
every ~ codziennie, każdego dnia
every other ~ co drugi dzień
exchange ~**s** dni giełdowe
fixed ~ termin wyznaczony
lay ~**s** czas postoju statku w porcie (*dla przeładunku*)
loading ~ dzień załadunku
market ~ dzień giełdowy
on a given ~ w danym ⟨określonym⟩ dniu
pay ~ a) dzień wypłaty b) termin rozliczeniowy
(*giełdowy*)
price ⟨rate⟩ of the ~ kurs dnia
red-letter ~ dzień świąteczny
reduced working ~ skrócony dzień pracy
running ~**s = current** ~**s**
settlement ~ dzień dostawy, dzień likwidacyjny
(*terminowej transakcji giełdowej*)
trading ~**s** dni giełdowe
week ~ dzień powszedni
working ~ dzień powszedni ⟨roboczy⟩
to agree upon the ~ uzgodnić dzień ⟨datę⟩
to appoint the ~ ustalić ⟨wyznaczyć⟩ dzień ⟨datę⟩
to carry the ~ wygrać, odnieść zwycięstwo
to take a ~ **off** wziąć wolny dzień, zwolnić się na
jeden dzień
day-labourer *s* pracownik na dniówkę ⟨dniówkowy⟩
daysman *s* (*pl* **daysmen**) **1.** robotnik dniówkowy **2.**
arbiter, superarbiter, trzeci sędzia z wyboru
daytime *s* dzień (*od świtu do zmroku*)
in the ~ za dnia
daywoman *s* (*pl* **daywomen**) kobieta pracująca na
dniówkę
daywork *s* praca na dniówki
dead¹ *spl* **the** ~ umarli, zmarli
dead² *adj* **1.** zmarły, umarły **2.** martwy, nieczynny
~ **account** konto nie wykazujące obrotów
~ **assets** środki majątkowe nie wykorzystywane w
sposób rentowny
~ **body** martwe ciało, trup
~ **capital** martwy kapitał, kapitał nie procentujący
~ **cargo** a) balast okrętowy b) ładunek niehandlowy
(*nie opłacony*)

~ **freight** martwy fracht, opłata za nie wykorzystaną część zafrachtowanego statku

~ **law** ustawa nie posiadająca mocy prawnej

~ **letter** *a)* martwa litera (*prawa*) *b)* nie doręczone pismo

~ **load** nośność użyteczna (*statku*)

~ **loan** pożyczka nieściągalna

~ **loss** czysta strata

~ **man's part** *bryt.* część masy spadkowej, którą zmarły mógł rozporządzić (*po odliczeniu części należnej żonie i dzieciom*)

~ **market** martwy rynek

~ **money** martwy kapitał

~ **period** okres bezczynności

~ **pledge** hipoteka, dług hipoteczny

~ **rent** czynsz płacony za budynek (grunt) przeznaczony do przyszłego użytku

~ **season** martwy sezon

~ **space** przestrzeń zarezerwowana na ładunek

~ **stock** *a)* martwy kapitał *b)* niechodliwy towar

~ **storage** martwe składowanie (*zwłaszcza nie używanych samochodów w garażach publicznych*)

~ **stowage** nie wykorzystana przestrzeń ładunkowa statku (*wskutek nieustawności ładunku*)

~ **time** *a)* przestoje w pracy *b)* martwy sezon

~ **use** przyszłe użycie

~ **weight** *a)* ciężar własny, waga własna *b)* nośność statku

civilly (**legally**) ~ cywilnie (prawnie) martwy, wygasły (nie istniejący) w świetle prawa cywilnego

to be ~ **to reason** być głuchym na argumenty.

to declare sb ~ uznać kogoś za zmarłego

dead-hand *s* władanie nieruchomością bez prawa sprzedaży, *przen.* martwa ręka

dead-house *s* kostnica

dead-line *s* **1.** nieprzekraczalna granica **2.** nieprzekraczalny termin

deadlock *s* **1.** martwy punkt, sytuacja bez wyjścia, impas **2.** zastój

to come to a ~ stanąć na martwym punkcie

to overcome a ~ wyjść z impasu

deadly *adj* **1.** śmiertelny, śmiercionośny **2.** nieubłagany, zawzięty

~ **blow** śmiertelny cios

~ **injury** śmiertelne uszkodzenie ciała

~ **weapon** śmiercionośna broń

dead-weight, deadweight *s* (*skr.* **D.W.**) **1.** ciężar własny, waga własna **2.** nośność całkowita statku, waga statku łącznie z ładunkiem i paliwem

~ **capacity** nośność całkowita (brutto) (*statku*)

~ **cargo** ładunek ciężki (*o niskim współczynniku sztauowania*)

~ **cargo capacity** nośność ładunkowa (netto), ładowność netto

~ **carrying capacity** nośność całkowita (brutto)

~ **charter** czarter z frachtem od nośności

~ **scale** skala nośności (ładunkowa)

~ **ton** tona nośności (wagowa)

~ **tonnage** nośność całkowita (brutto)

deal[1] *s* **1.** postępowanie, traktowanie **2.** transakcja, interes

~ **on joint account** transakcja na wspólny rachunek

barter ~ transakcja kompensacyjna

cash (**financial**) ~ transakcja gotówkowa (finansowa)

forward ~ transakcja terminowa

futures ~ giełdowa transakcja terminowa

to call off a ~ anulować transakcję

to do a ~ **with sb** zawrzeć z kimś transakcję

to give sb a square ~ uczciwie (rzetelnie) z kimś postąpić

to make (close) **a** ~ **for sth** zawrzeć transakcję dotyczącą czegoś (*np. kupna*)

deal[2] *v* (**dealt, dealt**) **1.** handlować, obracać (**in sth** czymś) **2.** dzielić, wydzielać **3.** mieć do czynienia, postępować (**with sb, sth** z kimś, czymś)

to ~ **in politics** zajmować się polityką

to ~ **with a case** zajmować się sprawą

to ~ **with a criminal** zajmować (opiekować) się przestępcą

to ~ **with sb** zawierać z kimś transakcję

dealer *s* **1.** kupiec, handlujący (**in sth** czymś) **2.** makler

~ **in general produce** kupiec wielobranżowy

~ **in stocks** makler giełdy walorów

~ **in stolen goods** paser

~ **rebate** rabat handlowy

~ **('s) aid advertising** reklama w miejscu sprzedaży

~ **'s franchise** prawo wyłącznej sprzedaży

arbitrage ~ *giełd.* arbitrażysta

art ~ handlarz dziełami sztuki

auction ~ aukcjonator

authorised ~ wyłączny przedstawiciel

bill ~ makler wekslowy, prywatny dyskonter

exchange (**money**) ~ makler dewizowy

export ~ eksporter

general ~ kupiec wielobranżowy

over-the-counter ~ makler nieoficjalny (pozagiełdowy)

real estate ~ handlarz nieruchomościami

retail ~ detalista

second-hand ~ handlarz starzyzną (używanymi rzeczami)

share ~ makler giełdowy (walorów)

wholesale ~ kupiec hurtowy, hurtownik

dealing *s* **1.** transakcja, operacja handlowa **2.** obrót handlowy **3.** postępowanie, traktowanie **4.** sposób prowadzenia interesów **5.** *pl* ~s stosunki handlowe, interesy **6.** *pl* ~s konszachty; machinacje

~ **for the account** transakcja giełdowa na termin rozliczeniowy

~ **for cash** transakcja gotówkowa

~ **for a fall** (**rise**) operacja (transakcja) na zniżkę (na zwyżkę)

~s **in foreign exchange** transakcje dewizowe

~s **in foreign exchange futures** terminowe transakcje dewizowe

~s **in stock and shares** transakcje na giełdzie walorów

arbitrage ~ operacja arbitrażowa

black market ~s transakcje (operacje) czarnorynkowe

business ~s operacje handlowe, interesy

credit ~ transakcja kredytowa

double ~ nieuczciwe postępowanie

fair (**square**) ~ uczciwe postępowanie

option ~ transakcja premiowa (*na giełdzie*)

speculative ~s spekulacje, operacje spekulacyjne

stock exchange ~s obroty giełdowe

underhand ~s nieuczciwe operacje, machinacje

to be engaged in ~s prowadzić operacje handlowe

to have ~**s with sb** prowadzić interesy z kimś
dear *adj* 1. drogi, kosztowny, cenny 2. (*w nagłówku*) drogi, szanowny
~ **bought** *a*) kupiony drogo *b*) drogi zakup
~ **money** drogi pieniądz
Dear Madam(e) (*w korespondencji*) Szanowna Pani
Dear Sir (*w korespondencji*) Szanowny Panie
Dear Sirs (*w korespondencji handlowej w odniesieniu do firmy*) Szanowni Panowie
to become ⟨**get**⟩ ~ **er** podrożeć
to buy ⟨**sell**⟩ ~ kupić ⟨sprzedać⟩ drogo
dearly *adv* drogo
~ **bought** drogo kupione
dearness *s* drożyzna, wysokie ceny
~ **of land** wysokie ceny ziemi
~ **of living** wysokie koszty utrzymania
dearth *s* 1. drożyzna 2. brak, niedostatek (*zwłaszcza żywności*) 3. głód, nieurodzaj
death *s* śmierć, zgon
~ **benefit** pośmiertna odprawa, ubezpieczenie wypłacone po śmierci osoby ubezpieczonej
~ **by accident** śmierć na skutek wypadku
~ **by drowning** śmierć przez utopienie ⟨utonięcie⟩
~ **by hanging** śmierć przez powieszenie
~ **cell** ⟨**am. house**⟩ cela śmierci
~ **certificate** świadectwo ⟨akt⟩ zgonu
~ **chamber** komora śmierci, izba egzekucyjna
~ **duty** podatek spadkowy
~ **hour** godzina śmierci
~ **merchant** fabrykant broni
~ **notice** *a*) nekrolog *b*) klepsydra
~ **penalty** kara śmierci
~ **rate** współczynnik zgonów ⟨śmiertelności⟩
~ **registration** rejestracja zgonu, zgłoszenie śmierci
~ **sentence** ⟨**warrant**⟩ wyrok śmierci
~ **watch** straż przy skazanym na śmierć
~ **wound** śmiertelna rana, śmiertelne zranienie
accidental ~ zgon przypadkowy
cause of ~ przyczyna zgonu
civil ~ śmierć cywilna
condemned to ~ skazany na śmierć
natural ~ śmierć naturalna ⟨z przyczyn naturalnych⟩
presumption ⟨**probability**⟩ **of** ~ domniemanie ⟨prawdopodobieństwo ⟩ śmierci
punishable with ~ (*o przestępstwie*) karane śmiercią
to ~ na śmierć, ze skutkiem śmiertelnym
violent ~ gwałtowna śmierć
to beat to pobić śmiertelnie
to condemn ⟨**sentence**⟩ **sb to** ~ skazać kogoś na śmierć
to punish sb with ~ ukarać kogoś wyrokiem śmierci
to put sb to ~ wykonać na kimś wyrok śmierci, stracić kogoś
death-bed *s*: **on one's** ~ na łożu śmierci
death-blow *s* śmiertelny cios, śmiertelne uderzenie
deathly *adj* śmiertelny
~ **wounds** śmiertelne rany ⟨zranienia⟩
death-roll *s* spis ofiar katastrofy, lista zabitych ⟨ofiar⟩
debar *v* 1. zakazywać 2. wykluczać, nie dopuszczać
to ~ **passage** zakazać przejścia, zabronić przechodzenia
to ~ **sb from voting** pozbawić kogoś prawa głosu

to ~ **sb the right of sth** pozbawić kogoś prawa do czegoś
debark *v* 1. wysadzać na ląd (*pasażerów*) 2. wyładować (*towary ze statku*) 3. schodzić na ląd
debarkation *s* 1. wysadzanie na ląd (*pasażerów*) 2. wyładowanie (*towarów*) 3. zejście ze statku
debase *v* 1. obniżać wartość, pogarszać, deprecjonować 2. fałszować (*pieniądze itp.*) 3. poniżyć, upodlić
debasement *s* 1. obniżenie wartości, zdeprecjonowanie 2. fałszowanie 3. poniżenie, upodlenie
debatable *adj* 1. sporny, dyskusyjny 2. sporny, stanowiący przedmiot sporu
~ **boundary line** sporna granica
~ **ground** sporne terytorium
~ **question** sporna kwestia
debate[1] *s* 1. debata, dyskusja 2. spór, polemika 3. *pl* **debates** debaty parlamentarne
beyond ~ nie podlegający dyskusji, bezsporny
forensic ~ spór sądowy
general ~ debata generalna ⟨ogólna⟩
in ⟨**under**⟩ ~ omawiany, rozważany, podlegający dyskusji
rules of ~ porządek obrad
debate[2] *v* 1. debatować, dyskutować (**sth** nad czymś) 2. spierać się (**sth** o coś) 3. rozważać, zastanawiać się (**sth** nad czymś)
to ~ **a question** dyskutować nad zagadnieniem
to ~ **with sb on** ⟨**about**⟩ **sth** spierać się z kimś o coś
debauch[1] *s* hulanka, rozpusta
debauch[2] *v* 1. psuć, deprawować, sprowadzać na złą drogę 2. oddawać się rozpuście, prowadzić hulaszczy tryb życia
debauched *adj* 1. zepsuty, zdemoralizowany, zdeprawowany 2. rozwiązły
debauchery *s* rozpusta, zepsucie, wyuzdanie, rozwiązłość
de bene esse *łac.* (*działać*) warunkowo, prowizorycznie
debenture *s* 1. obligacja, skrypt dłużny 2. kwit celny upoważniający do pobrania cła zwrotnego lub premii eksportowej
~ **bond** obligacja, skrypt dłużny
~ **capital** kapitał w obligacjach
~ **certificate** kwit celny upoważniający do pobrania cła zwrotnego lub premii eksportowej
~ **debt** dług obligacyjny ⟨stwierdzony obligacją⟩
~ **discount** dyskonto obligacji
~ **holder** posiadacz obligacji
~ **interest** odsetki od obligacji
~ **loan** pożyczka obligacyjna
~ **register** rejestr obligacji
~ **stock** obligacje
bearer ~ obligacja na okaziciela
convertible ~ obligacja wymienialna (*na akcje*)
customs ~ kwit celny upoważniający do uzyskania zwrotu cła
mortgage ~ obligacja hipoteczna ⟨zabezpieczona w formie hipoteki⟩
to issue a ~ wydać obligację
debentured *adj* 1. zabezpieczony obligacją ⟨skryptem dłużnym⟩ 2. korzystający ze zwrotu cła ⟨premii eksportowej ⟩
~ **goods** towary, za które przysługuje zwrot cła ⟨premia eksportowa ⟩

debit[1] *s* **1.** debet, strona ,,winien" **2.** zapis księgowy po stronie ,,winien" **3.** saldo debetowe
~ **account** rachunek debetowy
~ **advice** awiz debetowy
~ **and credit** przychód i rozchód
~ **at the bank** zadłużenie ⟨saldo debetowe⟩ (*w banku*)
~ **balance** saldo debetowe
~ **entry** zapis księgowy po stronie ,,winien"
~ **note** nota debetowa
~ **ticket** nota debetowa wewnątrzbankowa
~ **turnover** obrót debetowy
bank ~**s** wartość weksli i czeków wpłaconych przez bank na rachunek posiadacza konta
to book ⟨**enter, pass, place, put**⟩ **to the** ~ **on an account** zapisać w ciężar rachunku, obciążyć rachunek ⟨konto⟩
to show ~ wykazywać saldo debetowe ⟨zadłużenie⟩
debit[2] *v* obciążać (*rachunek, konto*), zapisywać w ciężar rachunku
to ~ **an account with ...** obciążyć rachunek sumą ...
to ~ **a sum against sb's account** obciążyć kwotą czyjś rachunek
to ~ **sb with an amount** obciążyć kogoś sumą
debiting *s* obciążenie, zapis w ciężar, debetowanie
~ **against** ⟨**of**⟩ **an account** obciążenie rachunku ⟨konta⟩, zapis w ciężar rachunku
debitor *s* dłużnik
deblockage *s* odblokowanie, zwolnienie spod zajęcia
debt *s* dług, należność pieniężna, zobowiązanie pieniężne, wierzytelność
~ **amortization** amortyzacja długu
~ **collection** ⟨**collector**⟩ inkaso ⟨inkasent⟩ należności
~ **collection agency** biuro inkasowe, agencja inkasująca
~ **discount** dyskonto długu, potrącenie należności
~ **due** dług wymagalny
~ **for maintenance** dług alimentacyjny
~ **limit** *am.* granica ⟨maksymalna wysokość⟩ zadłużenia (*państwa lub stanu*)
~ **of honour** dług honorowy
~ **of record** dług stwierdzony wyrokiem sądowym
~ **on mortgage** dług hipoteczny
~ **on pawn** dług zabezpieczony zastawem
~ **redemption** ⟨**repayment**⟩ spłata ⟨spłacenie⟩ długu
~ **register** rejestr długów
~ **service** obsługa długu
~ **settlement** uregulowanie długu
acknowledgment of a ~ uznanie długu
action for ~ powództwo o zapłatę długu
active ~**s** aktywa
amount of the ~ suma długu, wysokość zadłużenia
appropriation to a ~ zaliczenie na poczet długu
assumption of a ~ przejęcie długu
attachment of ~**s** zajęcie należności (*dłużnika u osób trzecich*)
bad ~ *a)* nieściągalna należność *b) am.* należność wątpliwa
balance of ~ bilans ⟨pozostałość, reszta⟩ długu
barred ~ dług przedawniony
bill ~ dług wekslowy
bill of ~ rewers, uznanie długu na piśmie
bonded ~ dług fundowany (*pokryty przez emisję obligacji*)

book ~ dług księgowy
bottomry ~ dług bodmeryjny
cancellation of a ~ umorzenie ⟨skreślenie⟩ długu
claimable ~ dług wymagalny ⟨należny⟩
clearing off a ~ spłacenie ⟨uregulowanie⟩ długu
consolidated ~ dług skonsolidowany ⟨scalony⟩
conversion of a ~ konwersja ⟨zmiana⟩ długu
detention for ~**s** areszt za długi
distraint ⟨**distress**⟩ **for** ~**s** zajęcie (*rzeczy*) za długi
domestic ~ dług krajowy
doubtful ⟨**dubious**⟩ ~ niepewny dług, wątpliwa należność
equalization ~ dług wyrównawczy
external ⟨**foreign**⟩ ~ dług zagraniczny
fixed ~ = **bonded** ~
floating ~ *a)* dług bieżący ⟨niestały, płynny⟩ *b) am.* dług krótkoterminowy
frozen ~ dług zamrożony
funded ~ *a)* dług skonsolidowany *b)* = **bonded** ~
gambling ⟨**gaming**⟩ ~ dług karciany
in ~ w długach, zadłużony
interest-bearing ~ dług oprocentowany
interest on ~**s** procenty od długów
irredeemable ~ dług bezzwrotny ⟨nieodkupny⟩
judgment ~ należność z wyroku sądowego
long-term ~ dług długoterminowy
mature(d) ~ dług wymagalny
money ~ dług pieniężny
mortgage ~ dług hipoteczny
naked ~ dług nie zabezpieczony
national ~ dług państwowy
out of ~ nie zadłużony, wolny od długu
outstanding ~ dług zaległy ⟨nie spłacony⟩
paid ~ spłacony dług
paltry ⟨**petty**⟩ ~ drobny dług
passive ~**s** pasywa
personal ~ dług osobisty
preferential ⟨**preferred**⟩ ~ dług uprzywilejowany
prescribed ~ dług przedawniony
principal ~ dług główny ⟨podstawowy⟩
privileged ~ dług uprzywilejowany
proved ~ udowodniony dług
public ~ dług publiczny ⟨państwowy⟩
receivable ~ należny dług, nie spłacona wierzytelność
recoverable ~ dług ściągalny
recovery of a ~ ściąganie długu
redeemable ~ dług umarzalny ⟨spłacony⟩
secured ~ dług zabezpieczony
settlement of a ~ spłata ⟨uregulowanie⟩ długu ⟨wierzytelności⟩
short-term ~ dług krótkoterminowy
suit for ~ powództwo o zapłatę długu
undue ⟨**unpayable**⟩ ~ dług niewymagalny
unfunded ~ dług nieskonsolidowany
unrecoverable ~ dług nieściągalny
unsecured ~ dług nie zabezpieczony
to acknowledge a ~ uznać dług
to be burdened ⟨**charged**⟩ **with** ~**s** mieć długi
to collect a ~ ściągnąć dług
to contract ~**s** zaciągnąć długi
to convert a ~ skonwersować dług, zamienić dług na inny
to discharge ⟨**get out of**⟩ ~**s** spłacić ⟨uregulować⟩ długi, wyjść z długów
to incur ⟨**run into**⟩ ~**s** wpaść w długi

to pay off one's ~ s spłacić ⟨pospłacać⟩ długi
to repudiate a ~ odmówić zapłacenia długu
debtor s **1.** dłużnik, strona zobowiązana z umowy **2.** (*w księgowości*) debet, strona „winien"
~ **and creditor** a) dłużnik i wierzyciel b) (*w księgowości*) debet i kredyt, „winien" i „ma"
~ **balance** saldo debetowe
~ **by endorsement** dłużnik z tytułu żyra wekslowego
~ **country** kraj dłużniczy
~ **in default** dłużnik (będący) w zwłoce
~ **on mortgage** dłużnik hipoteczny
~'**s prison** więzienie za długi
~'**s summons** wezwanie sądowe do uregulowania długów
~ **state** państwo dłużnicze
bad ~ niepewny dłużnik
bankrupt ~ dłużnik upadły
bond ~ dłużnik obligacyjny (*zobowiązany do spłaty obligacji*)
defaulting ~ dłużnik (będący) w zwłoce
distrained ~ dłużnik, u którego dokonano zajęcia
insolvent ~ niewypłacalny dłużnik
joint (and several) ~ współdłużnik, dłużnik solidarny
judgment ~ dłużnik z tytułu wyroku
mortgage ~ dłużnik hipoteczny
original ⟨**principal**⟩ ~ dłużnik główny
slow ⟨**sluggish, tardy**⟩ ~ opieszały dłużnik
decapitation s ścięcie
decartelization s dekartelizacja, polityka antykartelowa
decay[1] s **1.** upadek **2.** niszczenie, psucie się, rozkład **3.** zanikanie, wygasanie
~ **of the family** rozkład rodziny
moral ~ upadek moralny
to be in ~ chylić się ku upadkowi, niszczeć
to fall into ~ a) niszczeć, podupadać b) zanikać, wygasać
decay[2] v **1.** niszczeć, marnieć **2.** psuć się, rozkładać się **3.** chylić się ku upadkowi, podupadać
decease[1] s śmierć, zgon, zejście śmiertelne
decease[2] v umrzeć, zejść (*ze świata*)
deceased[1] s: **the** ~ zmarły, nieboszczyk
deceased[2] adj umarły, zmarły
decedent s nieboszczyk, osoba, która niedawno zmarła (*pozostawiając majątek*)
~ **estate** majątek pozostawiony przez zmarłego
deceit s **1.** oszukaństwo, oszustwo **2.** podstęp, wprowadzenie w błąd **3.** fałsz
by ~ przy pomocy oszustwa ⟨podstępu⟩, oszukańczo, podstępnie
deceitful adj **1.** oszukańczy, zwodniczy **2.** podstępny **3.** fałszywy, zakłamany, kłamliwy
~ **practice** oszukańcze praktyki, podstępne działanie
deceitfulness s **1.** fałsz **2.** podstępny charakter
deceivable adj oszukańczy, kłamliwy, zwodniczy **2.** dający się oszukać
deceive v **1.** oszukiwać, wprowadzać w błąd, okłamywać, zwodzić **2.** zawieść (*nadzieję itp.*)
to be ~**d in** ⟨**into**⟩ **sth** zostać wprowadzonym w błąd odnośnie do czegoś
deceiver s **1.** oszust **2.** kłamca
decency s **1.** przyzwoitość, obyczajność **2.** pl **the decencies** nakazy przyzwoitości

~ **in conduct** przyzwoitość w postępowaniu
breach of ~ naruszenie obyczajności
in common ~ ze względu na zwykłą przyzwoitość
offence against ~ wykroczenie przeciwko obyczajności
sense of ~ poczucie przyzwoitości
decent adj **1.** przyzwoity, porządny **2.** skromny, obyczajny
~ **conditions** przyzwoite warunki
~ **conduct** przyzwoite prowadzenie się
~ **livelihood** przyzwoite utrzymanie
decentralization s decentralizacja
administrative ~ decentralizacja administracji
decentralize v decentralizować
deception s **1.** oszukaństwo, oszukiwanie **2.** podstęp, wprowadzenie w błąd
attempt at ~ usiłowanie oszukania ⟨wprowadzenia w błąd⟩
to fall into ~ paść ofiarą oszustwa
to practise ~ uprawiać oszukańcze praktyki, oszukiwać, zwodzić (**on sb** kogoś)
deceptive adj oszukańczy, zwodniczy
decern v **1.** rozróżniać **2.** *szkoc.* wydawać nakaz ⟨postanowienie, zarządzenie⟩
decide v decydować (się), postanawiać, rozstrzygać
to ~ **against sb** rozstrzygnąć na czyjąś niekorzyść
to ~ **against sth** wypowiedzieć się przeciwko czemuś
to ~ **between opinions** wybrać ⟨zdecydować się na ⟩ jeden z poglądów
to ~ **a case** rozstrzygnąć sprawę
to ~ **a difference** ⟨**dispute**⟩ rozstrzygnąć spór
to ~ **for** ⟨**in favour of**⟩ **sb** rozstrzygnąć na czyjąś korzyść
to ~ **for** ⟨**in favour of**⟩ **sth** zdecydować się na coś
to ~ **in the last instance** rozstrzygnąć ostatecznie
to ~ **on the record** rozstrzygnąć na podstawie akt
to ~ **sth by vote** rozstrzygnąć o czymś w drodze głosowania
decided adj **1.** zdecydowany **2.** stanowczy, kategoryczny **3.** bezsporny
~ **advantage** bezsporna korzyść
~ **difference** wyraźna różnica
~ **improvement** wyraźna poprawa
~ **opinion** stanowcza opinia
~ **refusal** kategoryczna odmowa
to be ~ **about sth** być przekonanym o czymś
decidedly adv zdecydowanie, stanowczo
decimal adj dziesiętny
~ **coinage** ⟨**currency**⟩ dziesiętny system monetarny
~ **system** system dziesiętny
decimalization s decymalizacja, przejście na system dziesiętny
decimalize v przechodzić na system dziesiętny
decipher v **1.** odcyfrować **2.** odszyfrować, rozszyfrować
to ~ **sb's handwriting** odczytać ⟨odcyfrować⟩ czyjeś pismo
decipherable adj **1.** nadający się do odczytania **2.** dający się rozszyfrować
decipherment s **1.** odcyfrowanie **2.** rozszyfrowanie
decision s **1.** decyzja, postanowienie, rozstrzygnięcie **2.** wyrok, orzeczenie sądowe
~ **against** ⟨**in favour of**⟩ **sb** rozstrzygnięcie na czyjąś niekorzyść ⟨korzyść⟩
~ **in a lawsuit** rozstrzygnięcie w procesie sądowym

~ **in writing** decyzja na piśmie
~ **making** podejmowanie decyzji
~ **of the court** orzeczenie ⟨decyzja⟩ sądu
~ **on a case** decyzja ⟨rozstrzygnięcie⟩ w sprawie
~ **rule** zasady ⟨prawidła⟩ rozstrzygania ⟨orzekania⟩
administrative ~ decyzja administracyjna
appeal from a ~ apelacja ⟨odwołanie⟩ od decyzji
conclusive ~ rozstrzygająca ⟨ostateczna⟩ decyzja
court ~ decyzja sądowa, orzeczenie sądowe
declaratory ~ rozstrzygnięcie deklaratywne
definitive ~ definitywna ⟨ostateczna⟩ decyzja
final ~ końcowa ⟨ostateczna⟩ decyzja
free ~ a) swobodnie powzięta decyzja b) swoboda decyzji
judicial ~ rozstrzygnięcie ⟨orzeczenie⟩ sądowe, decyzja sądowa
lack of ~ brak decyzji ⟨rozstrzygnięcia⟩
legal ~ orzeczenie sądowe
peremptory ~ stanowcza ⟨rozstrzygająca, ostateczna⟩ decyzja
provisional ~ tymczasowa decyzja, postanowienie tymczasowe
supplementary ~ decyzja uzupełniająca, postanowienie ⟨orzeczenie⟩ uzupełniające
to abide by one's ~ obstawać przy swojej decyzji
to appeal from a ~ odwołać się od decyzji
to arrive at ⟨**come to**⟩ **a** ~ powziąć decyzję
to lack ~ być niezdecydowanym
to make ⟨**reach**⟩ **a** ~ powziąć ⟨podjąć⟩ decyzję
to reverse a ~ uchylić decyzję
to submit to a ~ podporządkować się decyzji
decisive adj rozstrzygający, decydujący, definitywny, zdecydowany
~ **answer** ostateczna odpowiedź
~ **date** ⟨**day**⟩ rozstrzygająca data, decydujący dzień
~ **evidence** rozstrzygający dowód
~ **judgment** ostateczne orzeczenie
~ **measures** ostateczne środki
~ **proof** decydujący dowód
~ **vote** decydujący głos
decisiveness s 1. stanowczość, zdecydowanie 2. decydujący ⟨rozstrzygający⟩ charakter (czegoś)
deck s pokład
~ **hands** robotnicy zatrudnieni przy przeładunkach (na statku)
on ~ a) na pokładzie b) na pokład
option ~ prawo załadowania ładunku na pokład
declarant s 1. osoba ⟨firma⟩ składająca deklarację ⟨oświadczenie⟩ 2. am. cudzoziemiec ubiegający się o obywatelstwo amerykańskie
declaration s 1. deklaracja, oświadczenie 2. wypowiedzenie (np. wojny) 3. zeznanie (np. podatkowe) 4. zapewnienie (zamiast przysięgi) 5. uzasadnienie powództwa 6. am. oświadczenie o zamiarze ubiegania się o obywatelstwo amerykańskie
~ **against interest** oświadczenie wbrew własnym interesom
~ **day** dzień złożenia oświadczenia (zawarcia lub odstąpienia od transakcji przy transakcjach premiowych)
~ **in chief** uzasadnienie podstawy powództwa
~ **in writing** deklaracja na piśmie ⟨pisemna⟩
~ **of abandonment** deklaracja porzucenia ⟨abandonu⟩
~ **of absence** uznanie za zaginionego
~ **of accession** deklaracja przystąpienia

~ **of acknowledgment** oświadczenie o uznaniu
~ **of assignment** deklaracja ⟨cesji ⟨odstąpienia praw⟩
~ **of bankruptcy** ogłoszenie upadłości
~ **of consent** oświadczenie zgody
~ **of contents** deklaracja zawartości
~ **of contents and value** deklaracja zawartości i wartości (towarów do oclenia)
~ **of death** stwierdzenie zgonu
~ **of a dividend** oświadczenie o wypłacie dywidendy
~ **of income** zeznanie o dochodach
Declaration of Independence a) hist. Deklaracja Niepodległości Stanów Zjednoczonych – 4 VII 1776 b) ogłoszenie niezależności
~ **of insolvency** ogłoszenie o niewypłacalności
~ **of intention** a) oświadczenie o zamiarze b) am. oświadczenie cudzoziemca o zamiarze ubiegania się o obywatelstwo
~ **of interest** zgłoszenie partii towaru do ubezpieczenia (przy polisie obrotowej)
~ **of legitimation** oświadczenie o uprawnieniu dziecka
~ **of nullity** oświadczenie o nieważności, unieważnienie
~ **of the option** oświadczenie o opcji
~ **of ownership** zgłoszenie własności (statku do rejestru)
~ **of the poll** ogłoszenie wyników głosowania
~ **of rights** deklaracja praw
Declaration of the Rights of the Child Deklaracja Praw Dziecka
~ **of risk** deklaracja ryzyka
~ **of solidarity** deklaracja solidarności
~ **of solvency** bryt. deklaracja wypłacalności
~ **of suretyship** oświadczenie gwarancji ⟨poręki⟩
~ **of transfer** oświadczenie o przeniesieniu praw
~ **of trust** deklaracja o powiernictwie
~ **of war** wypowiedzenie wojny
~ **of will** oświadczenie woli
~ **outwards** a) deklaracja celna wywozowa b) zgłoszenie statku do odprawy celnej (na wyjściu)
~ **policy** polisa abonamentowa ⟨generalna⟩ (ubezpieczenia bez podania nazwy statku)
~ **upon oath** oświadczenie pod przysięgą
currency ~ deklaracja dewizowa
customs ~ deklaracja celna
export ~ deklaracja celna wywozowa ⟨eksportowa⟩
final ~ deklaracja końcowa, ostateczne oświadczenie
formal ~ oficjalne oświadczenie
import ~ deklaracja celna przywozowa ⟨importowa⟩
joint ~ wspólna deklaracja, wspólne oświadczenie
parol ~ oświadczenie ustne
provisional ~ deklaracja tymczasowa
statutory ~ świadectwo, zaświadczenie, poświadczenie
supplementary ~ oświadczenie dodatkowe
to make a ~ złożyć oświadczenie
declarative adj deklaratywny, deklaratoryjny
~ **sentence** wyrok deklaratywny ⟨deklaratoryjny⟩
~ **theory** teoria deklaratywna (w prawie międzynarodowym)
declaratory adj deklaratywny

~ **covenant** umowne zobowiązanie korzystania z rzeczy

~ **judgment** wyrok deklaratywny (*ustalający prawo lub obowiązek*)

~ **statute** ustawa wyjaśniająca wątpliwości prawa zwyczajowego

declare *v* **1.** oświadczać, oznajmiać, ogłaszać **2.** zgłaszać do oclenia, deklarować **3.** wypowiadać (*np. wojnę*) **4.** stwierdzać

to ~ **adherence** ogłosić przystąpienie (przynależność)

to ~ **bankrupt** ogłosić (*kogoś*) bankrutem ((*czyjąś*) upadłość)

to ~ **a dividend** ogłosić wypłacanie dywidendy

to ~ **for** (against) **sth** wypowiedzieć się za czymś (przeciwko czemuś)

to ~ **goods (at the customs)** zgłosić towar do oclenia

to ~ **identity** stwierdzić tożsamość

to ~ **a martial law** ogłosić stan wojenny

to ~ **a meeting closed** (open) ogłosić zebranie za zamknięte (otwarte)

to ~ **missing** uznać za zaginionego, ogłosić zaginięcie

to ~ **oneself guilty** (innocent) oświadczyć, że się jest winnym (niewinnym)

to ~ **one's opinion** wyrazić swoje zdanie

to ~ **peace** ogłosić pokój

to ~ **sb bankrupt** ogłosić czyjeś bankructwo

to ~ **a state of emergency** ogłosić stan wyjątkowy

to ~ **a state of war** ogłosić stan wojenny

to ~ **sth null and void** ogłosić coś za nieważne

to ~ **a strike** ogłosić strajk

to ~ **the value** zgłosić (podać) wartość

to ~ **a vessel unseaworthy** ogłosić statek za niezdolny do żeglugi

to ~ **the vote closed** ogłaszać głosowanie za zakończone

to ~ **war on** (upon, against) **a country** wypowiedzieć wojnę jakiemuś państwu

to ~ **willingness to...** zgłaszać gotowość (chęć) do...

have you anything to ~? czy ma pan coś do oclenia?

I, the undersigned, do hereby ~ **that** ja niżej podpisany stwierdzam, że

declared *pp adj* **1.** otwarty, jasny, zdeklarowany **2.** zadeklarowany, zgłoszony

~ **dividend** zadeklarowana dywidenda

~ **enemy** jawny wróg

~ **goods** zadeklarowane (zgłoszone) towary

~ **value** zadeklarowana wartość

declass *v* deklasować, degradować

déclassé *adj fr.* zdeklasowany, zdegradowany społecznie

declassification *s* ujawnienie (*tajnych dokumentów*)

declassify *v* ujawniać (*tajne dokumenty, kody itp.*)

declination *s szkoc.* prośba o wyłączenie sędziego oparta na zarzucie jego osobistego zainteresowania w sprawie

declinatory *adj:* ~ **exception** (plea) zarzut przeciwko sędziemu rozpoznającemu sprawę

declinature *s szkoc.* zarzut przeciwko sędziemu rozpoznającemu sprawę

decline[1] *s* **1.** upadek, spadek; schyłek **2.** utrata, ubytek, zanik **3.** spadek (obniżka) cen

~ **in business activity** spadek koniunktury

~ **in demand** spadek popytu

~ **in employment** spadek zatrudnienia

~ **in prices** spadek (obniżka) cen

~ **in value** spadek wartości, deprecjacja

~ **of the birthrate** spadek liczby urodzin

~ **of export markets** ubytek rynków eksportowych

continued ~ nieustanny spadek

economic ~ spadek koniunktury

marked ~ znaczny spadek, widoczny zanik

moderate ~ nieznaczny spadek

sharp (steep) ~ gwałtowny spadek

to be on the ~ *a)* ubywać, zanikać *b)* obniżać się, spadać, zniżkować

to fall in a ~ stracić zdrowie (siły)

to suffer a ~ *a)* podupadać *b)* zniżkować

decline[2] *v* **1.** spadać **2.** obniżać się, chylić się do upadku **3.** spadać w cenie, zniżkować **4.** słabnąć, zanikać, maleć **5.** odmawiać, odrzucać **6.** oddalać (*np. prośbę*)

to ~ **in price** (*o towarach*) spadać w cenie, zniżkować

to ~ **an offer** odrzucić ofertę, nie przyjąć oferty

to ~ **responsibility** nie przyjąć (uchylić się od) odpowiedzialności

to ~ **to accept sth** nie przyjąć czegoś

to ~ **to answer a question** odmówić odpowiedzi na pytanie

to ~ **to do sth** odmówić zrobienia czegoś

declining *adj* zniżkowy, zniżkujący

~ **birthrate** obniżająca się liczba urodzeń

~ **market** rynek zniżkowy

~ **sales** zniżkujące obroty handlowe

~ **tendency** tendencja zniżkowa

decode *v* odczytać kod, rozszyfrować

decolonization *s* dekolonizacja

decolonize *v* dekolonizować

decompose *v* **1.** rozkładać się, psuć się, gnić **2.** rozbierać na części, analizować

decomposition *s* rozkład, rozkładanie się, gnicie

decontaminate *v* odkażać

decontamination *s* odkażanie

decontrol[1] *s* zwolnienie od kontroli (*rządowej*)

decontrol[2] *v* zwalniać od reglamentacji (kontroli)

to ~ **the price of meat** obniżyć cenę mięsa

to ~ **wages** znieść kontrolę płac

decontrolled *pp adj* **1.** wolny od kontroli władz **2.** nie podlegający reglamentacji

decorum *s* (*pl* **decora, decorums**) *łac.* dobre obyczaje

breach of ~ naruszenie prawideł postępowania

to behave with ~ postępować zgodnie z dobrymi obyczajami

decoy *v* **1.** zwabić **2.** wciągnąć w pułapkę

to ~ **sb into doing sth** namówić kogoś do zrobienia czegoś niebezpiecznego

decoy-duck *s* **1.** wabik, przynęta **2.** wspólnik przestępcy służący do odwrócenia uwagi (*np. strażnika*)

decrease[1] *s* **1.** spadek, ubytek **2.** obniżenie, zmniejszenie

~ **in population** spadek zaludnienia

~ **in** (of) **prices** spadek cen

~ **in value** zmniejszenie wartości

to be on the ~ zmniejszać się, spadać, ubywać, obniżać się

decrease[2] *v* zmniejszać (się), obniżać, ubywać, maleć

decreasing *adj* malejący, spadający, zmniejszający się

~ **costs** malejące koszty
~ **depreciation** malejąca deprecjacja
~ **prices** obniżające się ⟨spadające⟩ ceny
decree[1] *s* 1. polecenie, nakaz 2. wyrok, orzeczenie sądu 3. dekret
~ **absolute** prawomocne orzeczenie sądu
~ **dative** *szkoc.* postanowienie sądu wyznaczające administratora spadku
~ **in bankruptcy** orzeczenie o upadłości
~ **in equity** orzeczenie sądu oparte na prawie słusznościowym
~ **law** dekret z mocą ustawy
~ **nisi** warunkowy wyrok rozwodowy (*o ile w określonym czasie nie zajdą okoliczności przemawiające przeciwko rozwodowi*)
~ **of divorce** wyrok rozwodowy ⟨orzekający rozwód⟩
~ **of nullity** wyrok o unieważnieniu małżeństwa
~ **pro confesso** wyrok z przyznania (*w wypadku, gdy pozwany nie odpowiedział na pozew, milcząco uznając roszczenie*)
consent ~ wyrok z uznania
final ~ wyrok ostateczny ⟨końcowy⟩
interlocutory ~ orzeczenie tymczasowe
to establish by ~ ustanowić dekretem
to issue ⟨**pass**⟩ **a** ~ wydać orzeczenie ⟨nakaz⟩
to rule by ~ rządzić przy pomocy dekretów
decree[2] *v* 1. nakazywać, zarządzać 2. orzekać sądownie, wyrokować 3. dekretować
decreet *s szkoc.* orzeczenie sądu, wyrok
~ **absolvitor** *szkoc.* wyrok oddalający powództwo lub uniewinniający oskarżonego
~ **condemnator** *szkoc.* wyrok zasądzający ⟨skazujący⟩
decretal[1] *s* 1. dekret papieski (*rozstrzygający kwestię prawa kanonicznego*) 2. polecenie, nakaz
decretal[2] *adj* polecający, ustanawiający, nakazujący
~ **order** postanowienie przedstanowcze (*nie rozstrzygające sprawy*)
decretals *spl* dekretały, dekretalia (*część prawa kanonicznego*)
decretory *adj* 1. dekretowy 2. ustanowiony dekretem 3. sądowy 4. definitywny
decrown *v* detronizować
decry *v* 1. oczerniać, obgadywać, zohydzać 2. deprecjonować, pomniejszać wartość
decumulation *s* zmniejszenie (*zapasów towarów itp.*)
de dato *łac.* od dnia (*wystawienia dokumentu*)
dedicate *v* 1. poświęcać, dedykować, przeznaczać 2. *am.* dokonywać uroczystego otwarcia 3. oddawać w powszechne użytkowanie
dedication *s* 1. oddanie nieruchomości do użytku publicznego 2. *am.* uroczyste otwarcie (*np. wystawy*) 3. dedykacja, poświęcenie 4. wyrzeczenie się praw autorskich
~ **of a way** oddanie drogi prywatnej do użytku publicznego
de die in diem *łac.* od dnia do dnia, nieprzerwanie
deduce *v* 1. dedukować, wnioskować 2. wyprowadzać, wywodzić (*pochodzenie, ród itp.*)
deduct *v* potrącać, odliczać, odejmować
to ~ **an amount of...** potrącić sumę...
to ~ **the cost of transportation** odliczyć koszty transportu
to ~ **from an account** odpisać z rachunku
to ~ **sth from the price** potrącić coś z ceny

deducted *pp adj*: **charges** ~ po potrąceniu kosztów
to be ~ do potrącenia
deductible *adj* podlegający potrąceniu
~ **average** ⟨**franchise**⟩ *am. ub. mors.* franszyza redukcyjna
~ **average** ⟨**franchise**⟩ **clause** *am.* klauzula franszyzy redukcyjnej
~ **expenses** wydatki podlegające potrąceniu
deducting *adj*: ~ **discount** po potrąceniu ⟨z potrąceniem⟩ rabatu
after ~ **charges** po potrąceniu kosztów
deduction *s* 1. dedukcja, wywód, wniosek 2. potrącenie, odpisanie, odliczenie 3. bonifikata, rabat
~ **at source** potrącenie (*przez pracodawcę*) podatku na cele socjalne
~ **for expenses** potrącenie na wydatki
~ **from an account** odpisanie z rachunku ⟨konta⟩
~ **in advance** odliczenie ⟨potrącenie⟩ z góry
~ **in price** rabat
~ **of tax** potrącenie podatku
~**s from pay for insurance and pension** potrącenia z płacy na ubezpieczenie i emeryturę
after ~ **of ...** po potrąceniu ...
customary ~ rabat zwyczajowy
free from all ~**s** bez żadnych ⟨wolne od⟩ potrąceń
no ~ bez rabatu, rabatu nie udziela się
subject to ~ **of...** podlega potrąceniu kwoty...
to make a ~ potrącić (*sumę*)
deed *s* 1. czyn, uczynek, postępek 2. dokument, akt prawny 3. tytuł posiadania 4. umowa pisemna (*opatrzona pieczęcią*)
~ **indented** dokument z duplikatem do oderwania
~ **in fee** dokument o przekazaniu prawa własności nieruchomości
~ **of accession** *szkoc.* umowa między wierzycielami niewypłacalnego dłużnika mająca na celu poprawę jego interesów majątkowych
~ **of agency** *a)* umowa agencyjna ⟨przedstawicielstwa⟩ *b)* ustanowienie powiernictwa dla spłaty długów
~ **of appointment** akt nominacji
~ **of arrangement** umowa z wierzycielami
~ **of assignment** akt cesji ⟨przelewu⟩ majątku niewypłacalnego dłużnika na rzecz wierzycieli
~ **of association** umowa spółki ⟨o spółce⟩
~ **of consent** akt przystąpienia
~ **of conveyance** akt przeniesienia tytułu prawnego
~ **of covenant** umowa ⟨ugoda⟩ opatrzona pieczęcią (*mająca moc prawną*)
~ **of defeasance** umowa o unieważnieniu ⟨o warunkach unieważnienia⟩ innej umowy
~ **of donation** akt darowizny
~ **of investment** akt nominacji
~ **of mortgage** akt ustanowienia hipoteki
~ **of partnership** umowa spółki ⟨o spółce⟩
~ **of sale** umowa sprzedaży
~ **of separation** umowa o separacji od stołu i łoża
~ **of suretyship** umowa gwarancyjna
~ **of title** tytuł własności, dokument stwierdzający własność
~ **of transfer** *a)* dokument przeniesienia własności *b)* akt cesji
~ **of trust** umowa powiernicza
mortgage ~ akt hipoteczny
notarial ~ umowa notarialna, akt notarialny

private ~ umowa prywatna
title ~ dokument własności
valid ~ akt ważny ⟨obowiązujący⟩
to acknowledge a ~ potwierdzić umowę
to draft ⟨make out⟩ a ~ sporządzić akt ⟨umowę⟩
to execute a ~ wykonać umowę
to legalize a ~ poświadczyć dokument ⟨akt⟩
to seal a ~ opatrzyć dokument pieczęcią
deem *v* 1. uważać, sądzić, mniemać 2. poczytywać (sobie) za...
to ~ **advisable** uważać za wskazane ⟨celowe⟩
to ~ **it necessary to do sth** uważać za konieczne coś zrobić
to ~ **unfounded** uważać za nieuzasadnione
deemed *pp adj* uważany ⟨poczytywany⟩ za...
deemster *s bryt.* (*na wyspie Man*) sędzia
deep *adj* 1. głęboki 2. ciężki 3. (*o wiedzy*) rozległy, gruntowny
~ **drinker** nałogowy pijak
~ **in debt** mocno zadłużony
~ **sea** pełne morze
deep-sea *adj* dalekomorski
~ **captain** kapitan żeglugi wielkiej
~ **fishing** połowy dalekomorskie
~ **navigation** żegluga wielka ⟨dalekomorska⟩
~ **voyage** podróż dalekomorska
deface *v* 1. oszpecić, okaleczyć 2. zamazywać, zacierać (*pismo*)
defacement *s* 1. zeszpecenie, okaleczenie 2. wytarcie, zamazanie (*pisma*)
de facto *łac.* w istocie, w rzeczywistości
defalcate *v* sprzeniewierzyć pieniądze, popełnić defraudację
defalcation *s* 1. sprzeniewierzenie 2. sprzeniewierzone pieniądze
defalcator *s* sprzeniewierca, defraudant
defamation *s* zniesławienie, potwarz, oszczerstwo
~ **case** sprawa o zniesławienie
defamatory *adj* oszczerczy, zniesławiający, szkalujący
~ **per quod** zniesławiający w świetle stanu faktycznego
~ **per se** zniesławiający sam w sobie ⟨w samych słowach⟩
~ **statement** szkalujące oświadczenie
defame *v* zniesławiać, szkalować, rzucać oszczerstwa (**sb** na kogoś)
defamer *s* oszczerca, potwarca
default¹ *s* 1. brak 2. nieobecność; niestawiennictwo (w sądzie) 3. niezapłacenie, niewywiązanie się z płatności 4. niedotrzymanie zobowiązania ⟨umowy⟩ 5. zaniedbanie, uchybienie
~ **at trial** niestawiennictwo na rozprawie
~ **in payment** odmowa zapłaty
~ **judgment** wyrok zaoczny
~ **of appearance** niestawiennictwo
~ **of defence** niewniesienie zarzutów przeciwko twierdzeniom powoda
~ **of issue** brak potomstwa ⟨zstępnych⟩
~ **of payment** niezapłacenie
~ **of pleading** niezłożenie pisemnego oświadczenia
~ **on interest** niezapłacenie odsetek
~ **on obligations** niewypełnienie obowiązków ⟨zobowiązania⟩
in ~ **of acceptance** ⟨**agreement**⟩ w ⟨wobec⟩ braku przyjęcia ⟨zgody⟩
interest for ~ odsetki za zwłokę

party in ~ strona w zwłoce
to be in ~ *a*) być w zwłoce *b*) nie wykonać
to put in ~ postawić w zwłoce
default² *v* 1. nie wykonać (**on sth** czegoś) 2. zwlekać, być w zwłoce 3. nie uiszczać należności, odmawiać zapłaty 4. nie stawić się w sądzie 5. skazać zaocznie, wydać wyrok zaoczny
defaultor *s* 1. strona nie dotrzymująca zobowiązania ⟨umowy⟩ 2. strona będąca w zwłoce, opieszały dłużnik 3. człowiek winny niestawiennictwa 4. defraudant 5. *bryt.* żołnierz skazany ⟨odsiadujący karę⟩
defaulting *adj* będący w zwłoce
~ **customer** klient będący w zwłoce
~ **debtor** dłużnik w zwłoce
~ **party** *a*) strona nie wypełniająca zobowiązania *b*) strona nie jawiąca ⟨stawiająca⟩ się w sądzie
defeasance *s* 1. unieważnienie, anulowanie 2. wygaśnięcie (*umowy*) 3. dokument zawierający warunki unieważnienia innego dokumentu
~ **clause** klauzula dotycząca rozwiązania umowy
defeasible *adj* 1. mogący być unieważnionym 2. mogący wygasnąć
defeat¹ *s* 1. porażka, klęska 2. anulowanie, unieważnienie 3. niepowodzenie 4. udaremnienie
~ **at the polls** klęska w wyborach
~ **of a motion** nieprzejście wniosku
~ **of a plot** udaremnienie spisku
election ~ klęska wyborcza
in case of ~ w wypadku niepowodzenia ⟨klęski⟩
to suffer ⟨**sustain**⟩ **a** ~ ponieść klęskę, doznać niepowodzenia
defeat² *v* 1. pokonać, pobić 2. anulować, unieważnić 3. udaremnić, pokrzyżować (*plany*)
to ~ **the action** udaremnić powództwo (*przedstawiając uzasadnione zarzuty odnośnie do żądań pozwu*)
to ~ **the course of justice** udaremnić prawidłowy wymiar sprawiedliwości, przeszkodzić wymiarowi sprawiedliwości
to ~ **one's creditors** działać na szkodę wierzycieli
to ~ **the law** przeszkodzić ⟨przeciwstawiać się⟩ prawu
to ~ **an opponent** pokonać przeciwnika
defeated *pp adj* 1. pokonany 2. anulowany, unieważniony 3. udaremniony
~ **candidate** pokonany kandydat
~ **party** pokonana strona
defeatism *s* defetyzm
defeatist *s* defetysta
defect¹ *s* 1. wada, defekt, mankament, wadliwość, niedoskonałość 2. brak
~ **of form** wadliwość formy
~ **of quality** wada jakości
~ **of substance** niedoskonałość treści
~ **of title** brak tytułu, wada w tytule (*prawnym*)
~ **s in sth** wady ⟨defekty⟩ w czymś
allowable ~ dopuszczalna wada
apparent ~ wada widoczna
constructional ~ wada konstrukcyjna
free from ~ **s** wolny od wad
hidden ⟨**latent**⟩ ~ wada ukryta
incidental ~ nieistotna wada
inherent ~ wada wrodzona ⟨naturalna⟩
major ⟨**principal**⟩ ~ wada istotna
manufacturing ~ wada fabryczna
patent ~ wada oczywista ⟨widoczna⟩

warrant for ~ **s** gwarancja na wady (*rzeczy sprzeda-nej*)
to remove a ~ usunąć wadę
defect² *v* 1. zdezerterować 2. przejść do obozu przeciwnika 3. uciec (*z własnego kraju*)
defection *s* 1. dezercja 2. opuszczenie ⟨ucieczka z⟩ kraju 3. fiasko, krach
defective *adj* 1. wadliwy, niedoskonały 2. niezupełny, niedostateczny 3. posiadający braki, wybrakowany
~ **delinquent** przestępca nie w pełni odpowiedzialny (*za swe czyny*)
~ **material** wadliwy materiał
~ **memory** zawodna pamięć
~ **mental power** brak pełni władz umysłowych
~ **production** wadliwa produkcja, brakoróbstwo
~ **quality** niewłaściwa jakość
~ **title** wadliwy tytuł (*własności*)
~ **wares** wybrakowane towary
defectiveness *s* 1. wada, brak 2. ułomność, kalectwo
defector *s* 1. dezerter 2. odstępca 3. uciekinier z własnego kraju
defence *s* 1. obrona 2. obrona w procesie, zarzuty ⟨argumentacja⟩ strony pozwanej 3. ochrona
~ **area** strefa zagrożona ⟨przyfrontowa⟩
~ **association** towarzystwo ochrony
~ **capability** zdolność obronna, obronność
~ **counsel** obrońca
~ **expenditure** wydatki na obronę
~ **of human rights** obrona praw człowieka
~ **of insanity** obrona oparta na zarzucie niepoczytalności pozwanego
~ **of necessity** obrona konieczna
~ **of peace** obrona pokoju
~ **policy** polityka obronna
~ **secretary** *am.* minister obrony (narodowej)
~ **to an action** zarzuty wniesione przeciwko powództwu
air ~ obrona powietrzna ⟨przeciwlotnicza⟩
case for the ~ sprawa wygrana przez stronę pozwaną
civil ~ obrona cywilna
convincing ~ przekonywająca obrona
cost of the ~ koszty obrony
counsel for the ~ obrońca, pełnomocnik pozwanego
lawful ~ obrona konieczna
national ~ obrona kraju
statement of ~ odpowiedź na pozew (*zawierająca zarzuty obrony*)
weapons of ~ broń obronna ⟨służąca do obrony⟩
witness for the ~ świadek obrony
to assume the ~ podjąć się (*czyjejś*) obrony
to base the ~ **on ...** oprzeć obronę na zarzucie ...
to conduct one's own ~ prowadzić własną obronę
to fight in ~ walczyć w obronie; prowadzić walkę obronną
to speak in ~ **of sb** przemówić ⟨powiedzieć coś⟩ w czyjejś obronie
defenceless *adj* bezbronny
defend *v* 1. bronić (się) (**from** ⟨**against**⟩ **sb, sth** przed kimś, czymś) 2. stawać ⟨występować⟩ w obronie (**sb, sth** czyjejś, czegoś) 3. odpierać powództwo, wnosić zarzuty
to ~ **an action** wnosić zarzuty przeciwko powództwu

to ~ **against** ⟨**from**⟩ **sb, sth** bronić się przed kimś, czymś
to ~ **a case** bronić się w sprawie, przedstawiać przeciwdowody
to ~ **the interests of ...** bronić interesów ...
to ~ **a lawsuit** bronić się w procesie
to ~ **oneself** *a)* bronić się *b)* prowadzić własną obronę (*w sądzie*)
to ~ **suits** bronić się w procesie, odpowiadać na powództwo
defendable *adj* nadający się do obrony
defendant *s* 1. pozwany 2. oskarżony, podsądny
~ **in error** strona broniąca się w apelacji ⟨II instancji⟩
defender *s* 1. obrońca 2. *szkoc.* strona broniąca się w apelacji ⟨II instancji⟩
~ **of the peace** obrońca pokoju
defeneration *s* lichwa, pożyczanie pieniędzy na (*lichwiarski*) procent
defenestration *s* defenestracja, wyrzucenie przez okno
defense *s am.* = **defence**
~ **attorney** *am.* obrońca, adwokat występujący w czyjejś obronie
defensible *adj* 1. dający się obronić 2. nadający się do obrony
~ **border** granica nadająca się ⟨dogodna⟩ do obrony
~ **cause** sprawa do obronienia
~ **claim** roszczenie
defensive¹ *s* defensywa, gotowość obronna
to be ⟨**act, stand**⟩ **on the** ~ być w defensywie, zająć stanowisko obronne
defensive² *adj* obronny, defensywny
~ **alliance** sojusz obronny
~ **measures** środki obronne
~ **pact** pakt ⟨układ⟩ obronny
~ **warfare** ⟨**war**⟩ wojna obronna
defer¹ *v* 1. odkładać, odraczać 2. opóźniać, wstrzymywać 3. zwlekać
to ~ **a judgment** odroczyć ogłoszenie wyroku
to ~ **a payment** odroczyć płatność
defer² *v* 1. liczyć się (**to sb** z kimś) 2. podporządkowywać się, ulegać 3. ustępować (**to sb** komuś)
to ~ **to sb's authority** liczyć się z czyimś autorytetem
to ~ **to sb's decision** podporządkować się czyjejś decyzji
deference *s* 1. szacunek, poważanie, respekt 2. uleganie
in ⟨**out of**⟩ ~ **to the court** z szacunku dla sądu, z uwagi na szacunek dla sądu
with all due ~ z całym szacunkiem, z poważaniem
to pay ⟨**show**⟩ ~ **to sb, sth** okazywać szacunek komuś, czemuś
deferment *s* zwłoka, odroczenie
~ **of payment** odroczenie płatności
deferred *adj* 1. odroczony, przełożony na później 2. obniżony 3. zaplanowany na przyszłość, przyszły
~ **annuities** odroczone płatności renty
~ **bonds** obligacje, od których procenty płatne są po upływie pewnego czasu
~ **charges** podatki ⟨opłaty⟩ wniesione w bieżącym okresie obrachunkowym, odnoszące się do okresu przyszłego
~ **credits** wpływy otrzymane w bieżącym okresie

obrachunkowym, odnoszące się do okresu przyszłego

~ **debt** odroczony dług

~ **liabilities** odroczone zadłużenie

~ **payments** odroczone płatności

~ **rebate** rabat składany „za wierność" (*wypłacany frachtującemu przez linie konferencyjne za wyłączne korzystanie ze statków tych linii*)

~ **sentence** odroczone ogłoszenie sentencji wyroku

~ **shares** ⟨*am.* **stock**⟩ akcje, od których dywidendy wypłaca się w terminie późniejszym (*po wypłacie dywidend akcji uprzywilejowanych i zwykłych*)

defiance *s* 1. opór, nieposłuszeństwo, buntowanie się 2. wyzwanie

~ **of the law** nieposłuszeństwo prawu, naruszenie prawa

~ **of lawful authority** opór przeciwko legalnej władzy

~ **of a resolution** niepodporządkowanie się uchwale

~ **of the rules** naruszenie przepisów

in ~ **of a ban** wbrew zakazowi

spirit of ~ duch oporu ⟨sprzeciwu, buntu⟩

to bid ~ **to sb** *a*) buntować się przeciwko komuś *b*) nie liczyć się z kimś

to set the law at ~ sprzeciwiać się prawu, buntować się przeciwko prawu

defiant *adj* 1. oporny, buntowniczy 2. wyzywający, prowokujący

~ **attitude** wyzywająca ⟨prowokująca⟩ postawa

deficiency *s* 1. brak, niedobór, deficyt, manko 2. wada, wadliwość

~ **account** konto deficytowe

~ **bill** projekt ustawy o dodatkowych funduszach

~ **clause** klauzula braków

~ **in weight** niedobór wagi

~ **judgment** wyrok sądu na resztę długu (*gdy sprzedaż zajętej nieruchomości nie pokryła całości długu*)

~ **of men** niedobór pracowników, brak ludzi (*do pracy*)

in ~ w niedostatecznej ilości

latent ~ ukryta wada

to make good ⟨**make up**⟩ **the** ~ wyrównać ⟨uzupełnić⟩ brak, pokryć niedobór

deficient *adj* 1. brakujący, niewystarczający, niedostateczny 2. wadliwy, niedokładny, zawierający braki

~ **amount** niedostateczna kwota

~ **estate** zaniedbany majątek

~ **memory** kiepska ⟨słaba⟩ pamięć

to be ~ wykazywać brak ⟨niedostatek⟩ (**in sth** czegoś)

deficit *s* deficyt, niedobór, manko

~ **account** rachunek niedoborów

~ **financing** finansowanie przez deficyt budżetowy

~ **in taxes** niedobór podatkowy

~ **of the balance of trade** ujemne saldo bilansu handlowego

balance-of-payment ~ deficyt bilansu płatniczego

current ~ deficyt bieżący

foreign trade ~ deficyt bilansu handlowego

international payments ~ deficyt bilansu płatniczego

operating ~ deficyt eksploatacyjny

widening ~ wzrastający deficyt

to close with a ~ zamknąć (*bilans*) z deficytem

to cover ⟨**make good**⟩ **the** ~ pokryć deficyt

to show a ~ wykazywać deficyt ⟨niedobór⟩

defier *s* osoba sprzeciwiająca się (**of sth** czemuś); buntownik

defile *v* 1. kalać, plamić (*ręce krwią*) 2. bezcześcić 3. deprawować, hańbić 4. zanieczyszczać

to ~ **rivers by waste from factories** zanieczyszczać rzeki ściekami fabrycznymi

defilement *s* 1. skalanie, splamienie 2. zbezczeszczenie 3. zdeprawowanie, pohańbienie 4. zanieczyszczenie

definable *adj* dający się określić ⟨zdefiniować⟩

define *v* 1. określać, definiować 2. oznaczać granicę (**sth** czegoś)

to ~ **one's attitude** ⟨**position**⟩ sprecyzować swoje stanowisko ⟨swój pogląd⟩

to ~ **the competence of ...** określać ... (*czyjeś, czegoś*) kompetencje

to ~ **sb's duties** określić ⟨sprecyzować⟩ czyjeś obowiązki

defined *pp*: **as** ~ **by the law** jak to określa prawo

definite *adj* 1. określony, oznaczony 2. wyraźny, stanowczy 3. jasny, sprecyzowany

~ **answer** jasna ⟨wyraźna⟩ odpowiedź

~ **bodily injury** dokładnie określone uszkodzenie ciała

~ **order** zamówienie wiążące

~ **statement** stanowcze oświadczenie

definition *s* definicja, dokładne określenie

all-embracing ~ wszystko obejmująca ⟨szeroka⟩ definicja

broaded ~ definicja rozszerzona

comprehensive ~ definicja ogólnikowa

tightened ~ definicja zawężona

to give a ~ podać ⟨dać⟩ definicję

definitive *adj* 1. ostateczny, definitywny, stanowczy, rozstrzygający 2. określony, oznaczony

~ **answer** definitywna odpowiedź

~ **date** ostateczny termin

~ **result** ostateczny wynik

~ **sentence** wyrok końcowy

deflate *v* 1. zmniejszać obieg waluty, prowadzić politykę deflacji 2. *am.* obniżać ceny, wpływać na obniżkę cen

to ~ **the currency** zmniejszać obieg waluty

deflation *s* deflacja

policy of ~ polityka deflacyjna

deflationary *adj* deflacyjny

~ **gap** luka deflacyjna (*nadwyżka podaży nad popytem*)

~ **policy** polityka deflacyjna

defloration *s* defloracja, pozbawienie dziewictwa

deforce *v* 1. nie dopuszczać (*kogoś*) przemocą do prawowitej własności 2. zatrzymywać przemocą cudzą własność 3. *szkoc.* przeszkadzać siłą urzędnikowi w wykonywaniu obowiązków

deforcement *s* 1. bezprawne niedopuszczenie do objęcia własności 2. *szkoc.* okazywanie oporu przedstawicielowi władzy

deform *v* 1. zniekształcać, deformować 2. szpecić, kaleczyć

deformation *s* 1. zniekształcenie, zdeformowanie 2. oszpecenie, okaleczenie

deformity *s* 1. kalectwo, ułomność 2. deformacja, zniekształcenie

defraud *v* 1. oszukiwać 2. defraudować, okradać, sprzeniewierzać, przywłaszczać
  to ~ **one's creditors** oszukać swoich wierzycieli
  to ~ **the customs** oszukać urząd celny
  to ~ **sb of sth** okradać kogoś z czegoś
  attempt to ~ usiłowanie oszustwa
  with intent to ~ z zamiarem oszukania
defraudation *s* defraudacja, sprzeniewierzenie, przywłaszczenie (*powierzonego mienia*)
defrauder *s* defraudant, sprzeniewierca
defray *v* opłacać, pokrywać (*koszty, wydatki*)
  to ~ **expenses** pokryć wydatki
defunct[1] *s*: **(the)** ~ (*w języku prawniczym*) zmarły, nieboszczyk
defunct[2] *adj* 1. zmarły 2. wymarły 3. zlikwidowany, rozwiązany
  ~ **company** ⟨**institution**⟩ zlikwidowana firma ⟨instytucja⟩
defy *v* 1. przeciwstawiać ⟨opierać⟩ się (**sb, sth** komuś, czemuś) 2. buntować się (**sb, sth** przeciwko komuś, czemuś) 3. lekceważyć, ignorować 4. prowokować (**sb to sth** kogoś do zrobienia czegoś) 5. wyzywać, rzucać wyzwanie (**sb, sth** komuś, czemuś)
  to ~ **competition** *a*) wytrzymywać konkurencję *b*) opierać się konkurencji
  to ~ **the law** ignorować prawo
degeneracy *s* degeneracja, zwyrodnienie
degenerate[1] *s* degenerat, zwyrodnialec
degenerate[2] *adj* zdegenerowany, zwyrodniały
degenerate[3] *v* degenerować się, wyrodnieć
degeneration *s* degeneracja, zwyrodnienie
degradation *s* 1. degradacja 2. upodlenie, poniżenie 3. pohańbienie
degrade *v* 1. degradować 2. upadlać, poniżać 3. hańbić 4. znikczemnieć
degraded *pp adj* 1. zdegradowany 2. znajdujący się w stanie upadku
degrading *adj* 1. upadlający 2. poniżający 3. hańbiący
degree *s* 1. stopień 2. ranga, szczebel, stan (*społeczny*) 3. stopień naukowy
  ~ **in the commission of crime** stopień udziału w przestępstwie
  ~ **of accuracy** stopień dokładności
  ~ **of belief** stopień przekonania
  ~ **of confidence** stopień zaufania
  ~ **of consanguinity** stopień pokrewieństwa
  ~ **of development** stopień rozwoju
  ~ **of exploitation** stopień wyzysku
  ~ **of hazard** stopień ryzyka
  ~ **of jurisdiction** instancja sądowa
  ~ **of readiness** stopień gotowości
  ~ **of relationship** stopień pokrewieństwa
  by ~**s** stopniowo
  honorary ~ stopień honorowy
  in the highest ~ w najwyższym stopniu
  prohibited ⟨**forbidden**⟩ ~**s** stopnie pokrewieństwa uniemożliwiające małżeństwo
  third ~ **methods** *am.* trzeci stopień (*przesłuchiwania podejrzanego przy użyciu niedozwolonych metod*)
  university ~ stopień naukowy
  to take one's ~ uzyskać ⟨otrzymać⟩ stopień naukowy
degress *v* zniżać, obniżać
  to ~ **prices** obniżać ceny

degression *s* 1. degresja (*podatkowa*) 2. obniżenie, zmniejszenie
degressive *adj* 1. degresyjny 2. obniżający się
  ~ **tax** podatek degresyjny
dehumanize *v* odczłowieczać, pozbawiać cech ludzkich
de iure *adv łac.* prawnie, zgodnie z prawem
  ~ **corporation** stowarzyszenie założone zgodnie z wymogami prawa
delate *v* donosić (**sb na kogoś**), denuncjować (**sb** kogoś)
delation *s* donos, doniesienie, denuncjacja
delator *s* donosiciel, denuncjator
delay[1] *s* 1. zwłoka, opóźnienie 2. odroczenie, prolongata 3. przestój
  ~ **allowance** wynagrodzenie (*robotnikom*) za niezawiniony przestój
  ~ **charges** opłata za zwłokę
  ~ **in delivery** zwłoka w dostawie, opóźnienie dostawy
  ~ **in payment** zwłoka w zapłacie (*należności*)
  ~ **of payment** odroczenie płatności
  intended ~ zamierzona zwłoka
  unavoidable ~ nieunikniony przestój, nieunikniona zwłoka
  willful ~ rozmyślna zwłoka
  without ~ bezzwłocznie
  without further ~ bez dalszej zwłoki
  to apply for a ~ ubiegać się o prolongatę
  to obtain a ~ uzyskać prolongatę
delay[2] *v* 1. odkładać, odwlekać, odraczać, opóźniać 2. wstrzymywać, hamować
  to ~ **a delivery** zwlekać z dostawą, opóźniać dostawę
  to ~ **a payment** opóźniać zapłatę, zwlekać z zapłatą
  to be ~**ed** być opóźnionym, zostać zatrzymanym (**by sth** przez coś)
del credere *s wł.* del credere, odpowiedzialność agenta za wypłacalność klienta
  ~ **account** konto del credere
  ~ **agent** agent del credere (*przyjmujący odpowiedzialność za wypłacalność klientów*)
  ~ **agreement** umowa del credere
  ~ **commission** prowizja del credere
  to assume ⟨**stand**⟩ ~ przyjąć na siebie odpowiedzialność za wypłacalność klienta
delegacy *s* 1. delegacja 2. wydelegowanie 3. pełnomocnictwo delegata
  ~ **of legislative power** delegacja ustawowa (*do wydania rozporządzenia*)
delegate[1] *s* 1. delegat, przedstawiciel 2. *am.* przedstawiciel terytorium (*zasiadający w Izbie Reprezentantów bez prawa głosu*)
delegate[2] *v* 1. delegować, wysyłać 2. przekazywać, przelewać (*władzę, uprawnienia*) 3. przekazywać (*dług, zobowiązanie*) 4. udzielać pełnomocnictwa, umocowywać
  to ~ **one's authority** ⟨**powers**⟩ **to sb** udzielać komuś pełnomocnictwa
  to ~ **sb to do sth** upoważnić kogoś do zrobienia czegoś
delegated *pp adj*: ~ **legislation** prawodawstwo oparte na delegacji ustawowej ⟨na uprawnieniu zawartym w ustawie⟩
delegation *s* 1. delegacja, przedstawicielstwo 2. wydele-

gowanie, wysłanie **3.** przekazanie (*uprawnień, władzy*) **4.** przekazanie długu ⟨zobowiązania⟩
~ **of right** przekazanie uprawnień
employers' ~ przedstawicielstwo pracodawców
trade ~ delegacja handlowa
workers' ~ przedstawicielstwo robotników
delete *v* skreślić, skasować, usunąć (*z tekstu, dokumentu*)
to ~ **where inapplicable** niepotrzebne skreślić
deleterious *adj* szkodliwy, zgubny
~ **impurities** szkodliwe zanieczyszczenie
~ **influence** zgubny wpływ
deletion *s* **1.** skreślenie, skasowanie, usunięcie (*z dokumentu itp.*) **2.** usunięty ⟨skreślony⟩ tekst
deliberate[1] *adj* **1.** rozmyślny, umyślny, zamierzony **2.** rozważny, przemyślany **3.** dokonany z premedytacją
~ **action** zamierzone działanie
~ **distortion** umyślne wypaczenie ⟨zniekształcenie⟩ (*tekstu*)
~ **intent** rozmyślny zamiar
~ **lie** zamierzone ⟨rozmyślne⟩ kłamstwo
~ **murder** morderstwo z premedytacją
~ **violation of the law** rozmyślne naruszenie prawa
deliberate[2] *v* **1.** rozważać, obmyślać **2.** zastanawiać się (**over** ⟨**on**⟩ **sth** nad czymś) **3.** naradzać się
to ~ **in camera** naradzać się w gabinecie sędziego (*bez udziału publiczności*)
to ~ **on a judgment** naradzać się w sprawie wyroku
deliberately *adv* **1.** umyślnie, rozmyślnie **2.** rozważnie, ostrożnie **3.** niespiesznie
deliberation *s* **1.** rozwaga, rozważanie **2.** obrady, narada, naradzanie się **3.** umiarkowanie, powściągliwość
to act with ~ działać z rozwagą
deliberative *adj* **1.** obradujący, debatujący **2.** mający na celu rozważenie
~ **assembly** obradujące zgromadzenie
~ **body** obradujący organ
~ **decision** rozważna decyzja
~ **voice** głos doradczy
delict *s* delikt, przewinienie, naruszenie prawa
to catch sb in flagrant ~ schwytać kogoś na gorącym uczynku
delictual *adj* naruszający prawo, deliktowy
delimit, delimitate *v* wytyczać granice (**sth** czegoś)
delimitation *s* **1.** wytyczenie granicy **2.** rozgraniczenie
delinquency *s* **1.** przestępstwo, wykroczenie, przewinienie **2.** przestępczość **3.** zaniedbanie obowiązku
juvenile ~ przestępczość nieletnich
delinquent[1] *s* **1.** przestępca, osoba naruszająca prawo **2.** osoba nie wypełniająca obowiązku
~ **by birth** urodzony przestępca
~ **by tendency** przestępca z nałogu ⟨przyzwyczajenia⟩
delinquent[2] *adj* **1.** przestępczy, winny przewinienia **2.** *am.* (*np. o podatku*) zaległy
~ **child** dziecko przestępcze
~ **juvenile** młodociany przestępca
~ **offender** przestępca
~ **payment** *am.* zaległa płatność
~ **state** państwo naruszające prawo międzynarodowe
~ **taxes** *am.* zaległe podatki

delirium *s* (*pl* **deliria**) **1.** bredzenie, majaczenie **2.** szał
~ **tremens** delirium tremens, ostry obłęd opilczy
deliver *v* **1.** uratować, wybawić, wyzwolić, oswobodzić (**from sth** od czegoś) **2.** dostarczać, wręczać, doręczać, dostawiać **3.** wydać (*wyrok, rozkaz*) **4.** oddawać w posiadanie **5.** wymierzać ⟨zadawać⟩ (*cios*) **6.** wygłaszać (*odczyt, przemówienie itp.*) **7.** pomagać przy porodzie, odbierać (*dziecko*)
to ~ **against** ... (*np. o dokumentach*) wydać w zamian za ...
to ~ **at sb's house** ⟨**residence**⟩ dostarczyć (*towar*) do czyjegoś domu
to ~ **a bill to sb** przedłożyć komuś rachunek
to ~ **a blow** wymierzyć ⟨zadać⟩ cios
to ~ **by hand against acknowledgment** wydać od ręki za pokwitowaniem
to ~ **free as far as the Polish border** dostarczyć za darmo do granicy Polski
to ~ **goods** dostarczać towary
to ~ **a judgment** wydać wyrok
to ~ **justice** wymierzać sprawiedliwość
to ~ **a lecture** ⟨**speech**⟩ wygłosić wykład ⟨mowę⟩
to ~ **a letter** ⟨**parcel**⟩ doręczyć list ⟨paczkę⟩
to ~ **mankind from war** uratować ⟨uwolnić⟩ ludzkość od wojny
to ~ **a message** przekazać wiadomość
to ~ **oneself of an opinion** wypowiedzieć (swój) pogląd, wyrazić (swoje) zdanie
to ~ **an order to sb** wydawać komuś polecenie
to ~ **over one's property** przekazać swoją własność
to ~ **sb from captivity** uwolnić kogoś
to ~ **sb from death** uratować kogoś od śmierci
to ~ **sth into sb's charge** powierzyć coś czyjejś pieczy
to ~ **sth into sb's hands** przekazać coś w czyjeś ręce
to ~ **up stolen goods** wydać skradzione rzeczy
deliverable *adj* nadający się do dostarczenia
in a ~ **state** w stanie nadającym się do dostawy
deliverance *s* **1.** uwolnienie, wyzwolenie, oswobodzenie **2.** uroczyste oświadczenie **3.** werdykt przysięgłych
~ **from bondage** *hist.* uwolnienie ⟨oswobodzenie⟩ z poddaństwa
~ **from prison** zwolnienie z więzienia
~ **of a judgment** ogłoszenie wyroku
~ **of an opinion** wyrażenie zdania
writ of second ~ postanowienie sądu o zwrocie właścicielowi bezprawnie skonfiskowanego mienia
delivered *pp adj* dostarczony
~ **alongside (ship)** dostawa franko wzdłuż burty (statku)
~ **at frontier** dostawa do granicy
~ **duty paid** dostawa z opłaceniem cła
~ **free at residence** dostawa franko do domu
~ **free at** ⟨**to the**⟩ **station** dostawa franko stacja kolejowa
~ **in store** dostawa franko skład (*odbiorcy*)
~ **on board** dostawa na pokład
~ **overside** dostawa franko nabrzeże w porcie przeznaczenia
~ **price** cena z dostawą na miejsce, cena franko miejsce przeznaczenia
~ **sound** dostawa w stanie nieuszkodzonym
when ~ przy dostawie
to be ~ **of a child** urodzić dziecko

deliverer s 1. oswobodziciel, wybawca 2. doręczyciel, dostawca
delivery s 1. doręczenie, wręczenie, dostarczenie 2. dostawa (*towarów*) 3. oddanie w posiadanie, przeniesienie posiadania 4. zadanie ⟨wymierzenie⟩ ciosu 5. wygłoszenie (*mowy*) 6. poród 7. *pl* **deliveries** roznoszenie listów
~ **according to the sample** dostawa zgodnie z próbką
~ **against payment** wydanie w zamian za zapłatę
~ **ahead** dostawa na termin, przyszła dostawa
~ **alongside** dostawa wzdłuż burty statku
~ **and re-delivery** oddanie statku do dyspozycji czarterującemu i zwrot statku
~ **as required** dostawa według życzenia
~ **at once** dostawa natychmiastowa
~ **at residence** dostawa do domu ⟨siedziby odbiorcy⟩
~ **at the ship's rail** dostawa do nadburcia statku
~ **at station** dostawa franko stacja kolejowa
~ **at trader's premises** dostawa do siedziby odbiorcy
~ **book** książka doręczeń ⟨dostaw⟩
~ **by instalments** dostawa partiami ⟨sukcesywnie⟩
~ **by mail** dostawa ⟨doręczenie⟩ przez pocztę
~ **charges** koszty dostawy, opłaty za doręczenie
~ **clause** klauzula o przekazaniu statku
~ **contract** umowa o przyszłą dostawę
~ **cost** koszty dostawy
~ **date** ⟨day⟩ termin dostawy
~ **forward** = ~ **ahead**
~ **in escrow** warunkowe przeniesienie posiadania rzeczy (*przez złożenie ich na przechowanie do czasu spełnienia przez nabywcę określonych warunków*)
~ **non guaranteed** bez gwarancji dostawy
~ **note** dowód dostawy
~ **obligation** obowiązek dostawy
~ **of cargo** wydanie ⟨oddanie⟩ ładunku
~ **of a child** urodzenie dziecka
~ **of a deed** doręczenie dokumentu (*przenoszącego własność, połączone z wypowiedzeniem określonej formuły*)
~ **of goods** dostawa towarów
~ **of luggage** doręczenie bagażu
~ **of the mail** doręczenie poczty
~ **of a message** przekazanie wiadomości
~ **of a possession** przeniesienie posiadania
~ **of a prisoner** zwolnienie więźnia
~ **of wrong quantity** dostarczenie (towaru w) niewłaściwej ilości
~ **on call** dostawa na (każde) żądanie
~ **on term** dostawa na termin
~ **order** zlecenie wydania, kwit wydawczy
~ **place** ⟨point⟩ miejsce dostawy ⟨odbioru⟩, miejsce wydania
~ **service** usługi przewozowe ⟨dostawcze⟩
~ **sheet** księga doręczeń, kwitariusz doręczeniowy
~ **specification** specyfikacja dostawy
~ **terms** warunki dostawy
~ **time** termin dostawy
~ **to arrive** dostawa po nadejściu statku
~ **to carrier** wydanie przewoźnikowi towaru
~ **to the station** dostawa franko stacja kolejowa
~ **van** wóz ⟨samochód⟩ dostawczy, furgonetka
against ~ w zamian za wydanie (*dokumentów*)

bad ~ *giełd.* dostawa wadliwa ⟨niezgodna ze zwyczajami⟩
balance of ~ pozostałość ⟨reszta⟩ dostawy
business for ⟨on⟩ ~ umowa o przyszłą dostawę
call for ~ żądanie dostawy
cash before ~ zapłata z góry
charges for ~ koszty dostawy, opłaty za doręczenie
contract for ~ umowa o dostawę
cost of ~ koszty dostawy
delayed ~ opóźniona dostawa
for immediate ~ (*o dostawie*) do natychmiastowej realizacji
free ~ (*o cenie*) łącznie z dostawą, dostawa na koszt dostawcy
(the) General Delivery *am.* poste-restante
notice of ~ awizo dostawy
on-call ~ dostawa na każde żądanie
overside ~ dostawa przez burtę statku (*na lichtugi lub inny statek*)
part ⟨partial⟩ ~ dostawa częściowa
payment ⟨payable⟩ **on** ~ zapłata ⟨płatne⟩ przy dostawie
place of ~ miejsce dostawy ⟨odbioru⟩
port of ~ port dostawy
postal ~ doręczenie przez pocztę
prompt ~ szybka dostawa
ready for ~ gotowy ⟨przygotowany⟩ do dostawy
receipt of ~ pokwitowanie odbioru dostawy
recorded ~ przesyłka polecona
refused ~ dostawa nie przyjęta
right and true ~ wydanie ładunku w całości i porządku
sale for ~ sprzedaż na termin ⟨przyszłość, na przyszłą dostawę⟩
short ~ dostawa z brakiem
special ~ przesyłka ekspresowa
split ~ dostawa partiami
spot ~ dostawa na miejsce, wydanie na miejscu (*przy transakcji loco*)
subsequent ~ dostawa uzupełniająca
successive ~ dostawa sukcesywna
supplementary ~ dodatkowa dostawa
term of ~ termin dostawy (*zwłaszcza w transakcjach na przyszłą dostawę*)
terms of ~ warunki dostawy
time of ~ termin dostawy
wrong ~ pomyłkowe wydanie ładunku
to accept a ~ przyjąć dostawę
to buy for ~ kupić na przyszłą dostawę ⟨na termin⟩
to complete ⟨effect, make⟩ **a** ~ a) dokonać dostawy b) wręczyć, doręczyć
to delay a ~ zwlekać z dostawą
to pay on ~ płacić przy dostawie ⟨doręczeniu⟩
to sell for ~ sprzedać na przyszłą dostawę ⟨na termin⟩
to take ~ **of sth** przyjąć dostawę czegoś, dokonać odbioru dostawy czegoś
delude v oszukiwać, zwodzić, okłamywać, wprowadzać w błąd
delusion s 1. zwodzenie, oszukiwanie, wprowadzanie w błąd 2. złudzenie, przywidzenie, iluzja 3. *med.* mania, omamy, urojenie
~**s of persecution** *med.* mania prześladowcza

to be under the ~ that ... łudzić się ⟨ulegać złudzeniom⟩, że ...
delusive, delusory adj **1.** zwodniczy, złudny, wprowadzający w błąd **2.** iluzoryczny, nierealny
~ **hopes** nierealne nadzieje
~ **promises** zwodnicze przyrzeczenia
demagogic adj demagogiczny
demagogue s demagog
demagogy s demagogia
demand[1] s **1.** żądanie, roszczenie, pretensja **2.** zapotrzebowanie, popyt
~ **and supply** popyt i podaż
~ **bill** weksel płatny za okazaniem, weksel awista
~ **deposit** wkład bankowy zwrotny na żądanie
~ **draft** trata płatna za okazaniem
~ **for capital** popyt ⟨zapotrzebowanie⟩ na kapitał
~ **for consumers' goods** popyt na towary konsumpcyjne
~ **for credit** zapotrzebowanie na kredyt
~ **for imports** popyt na towary importowane
~ **for labour force** popyt na siłę roboczą
~ **for payment** wezwanie płatnicze, żądanie zapłaty
~ **from abroad** popyt eksportowy
~ **in reconvention** roszczenie zwrotne ⟨regresowe⟩
~ **loan** ⟨money⟩ pożyczka zwrotna na żądanie
~ **note** żądanie zapłaty, weksel prosty płatny za okazaniem
~ **of goods** popyt na towary
absence of ~ brak popytu
active ~ ożywiony popyt
added ⟨additional⟩ ~ dodatkowy popyt
aggregate ~ popyt globalny
alternative ~ popyt substytucyjny
article in ~ artykuł poszukiwany
boom in ~ nagły wzrost popytu
cash ~ zapotrzebowanie na gotówkę
collective ~ popyt zbiorowy
consumers' ~ popyt konsumpcyjny
derived ~ pochodny popyt
domestic ~ popyt wewnętrzny
effective ~ popyt efektywny
elastic ~ popyt elastyczny
excess ~ nadwyżka popytu nad podażą
home ~ popyt wewnętrzny
increasing ~ wzrastający popyt
in ~ (o artykule, towarze) poszukiwany
individual ~ indywidualny popyt
induced ~ pobudzony popyt
joint ~ popyt wiązany
keen ~ duży popyt
law of supply and ~ prawo podaży i popytu
limited ⟨little⟩ ~ ograniczony ⟨mały⟩ popyt
market ~ .popyt rynkowy
no ~ brak popytu
on ~ na żądanie
persistent ⟨steady⟩ ~ stałe zapotrzebowanie, stały popyt
seasonal ~ sezonowy popyt, zapotrzebowanie sezonowe
world ~ światowy popyt, światowe zapotrzebowanie
to be in ⟨great, small⟩ ~ mieć ⟨duży, mały⟩ popyt
to come into ~ stać się poszukiwanym, znajdować popyt

to meet ⟨satisfy⟩ **the** ~ zaspokajać popyt ⟨zapotrzebowanie⟩
demand[2] v **1.** żądać, domagać się (**sth from sb** czegoś od kogoś) **2.** poszukiwać, zapytywać
to ~ **the annulment** żądać unieważnienia
to ~ **an apology from sb** domagać się przeproszenia ⟨zadośćuczynienia⟩ od kogoś
to ~ **assistance** domagać się pomocy
to ~ **damages** żądać odszkodowania
to ~ **an explanation** żądać ⟨domagać się⟩ wyjaśnienia
to ~ **payment** domagać się zapłaty
to ~ **punishment of ...** żądać ⟨domagać się⟩ ukarania ...
to ~ **the return of sth** domagać się zwrotu czegoś
to ~ **security** domagać się zabezpieczenia
demandable adj **1.** poszukiwany **2.** żądany
demandant s powód, powódka
demanded pp adj: ~ **article** poszukiwany towar
~ **price** żądana cena
demarcate v **1.** wytyczać granice (**sth** czegoś) **2.** rozgraniczać, odgraniczać (coś od czegoś)
to ~ **a frontier** wytyczać granicę
demarcation s **1.** wytyczanie granic **2.** rozgraniczanie **3.** demarkacja, oznaczanie granicy
~ **of a boundary** wyznaczenie granicy
line of ~ linia demarkacyjna
démarche s fr. démarche, posunięcie dyplomatyczne ⟨interwencja dyplomatyczna⟩ (w stosunku do drugiego rządu)
demeanour, am. **demeanor** s **1.** zachowanie (się), postępowanie **2.** postawa
demented adj **1.** obłąkany, oszalały **2.** med. umysłowo chory
act of ~ **folly** czyn podyktowany szaleństwem
démenti s fr. dementi, oficjalne zaprzeczenie ⟨sprostowanie⟩
dementia s łac. **1.** demencja, obłęd **2.** med. otępienie umysłowe
~ **praecox** otępienie (umysłowe) wczesne
senile ~ otępienie starcze
demerit s **1.** przewinienie, wina **2.** wada, ujemna strona
merits and ~ **s of a matter** dodatnie i ujemne strony sprawy
demesne s **1.** własność **2.** majątek, nieruchomość
~ **lands** hist. nieruchomości nie oddane w dzierżawę (zatrzymane przez lorda do jego własnego użytku)
ancient ~ dobra rodowe
state ~ dobra państwowe
to hold in ~ być właścicielem, władać
demesnial adj: ~ **property** własność ziemska, nieruchomość
demilitarization s demilitaryzacja
demilitarize v demilitaryzować
demilitarized pp adj zdemilitaryzowany
~ **zone** strefa zdemilitaryzowana
demisable adj przenoszalny, podlegający cesji
demise[1] s **1.** przeniesienie prawa, zapis, darowizna **2.** oddanie w dzierżawę **3.** przeniesienie władzy królewskiej na następcę **4.** zgon, zejście, śmierć
~ **charter** dzierżawa statku, czarter dotyczący statku (bez załogi, paliwa itp.)
~ **clause** klauzula o odpowiedzialności w przypadku dzierżawy statku

~ **of a ship** wydzierżawienie statku (*bez załogi, paliwa itp.*)
demise[2] *v* **1.** zapisywać, darować, przenosić prawa **2.** wydzierżawiać, oddawać w dzierżawę
demission *s* **1.** podanie się do dymisji **2.** ustąpienie (**of sth** z czegoś) **3.** abdykacja, zrzeczenie się władzy
demit *v* składać urząd, rezygnować, ustępować (*z urzędu, stanowiska*), podawać się do dymisji
demob *v pot.* demobilizować
demobilization *s* demobilizacja
demobilize *v* demobilizować
democracy *s* demokracja
  bourgeois ~ demokracja burżuazyjna
  people's ~ demokracja ludowa
  socialist ~ demokracja socjalistyczna
democrat *s* **1.** demokrata **2.** *am.* **Democrat** członek partii demokratycznej
democratic *adj* **1.** demokratyczny **2.** *am.* dotyczący partii demokratycznej
  ~ **constitution** konstytucja demokratyczna
  ~ **institutions** instytucje demokratyczne
  the Democratic Party *am.* Partia Demokratyczna
  ~ **system** ustrój demokratyczny
democratization *s* demokratyzacja
democratize *v* demokratyzować
demographic *adj* demograficzny
  ~ **bulge** wyż demograficzny
  ~ **statistics** statystyka demograficzna
  ~ **studies** badania demograficzne
demography *s* demografia
  descriptive ~ demografia opisowa
  economic ~ demografia ekonomiczna
  social ~ demografia społeczna
demolish *v* **1.** zniszczyć, zburzyć, zdemolować **2.** obalić (*teorię*)
demolition *s* **1.** zburzenie, zdemolowanie **2.** obalenie
  ~ **of rights** obalenie praw
  ~ **order** polecenie zburzenia domu
demonetization *s* demonetyzacja, wycofanie pieniądza ⟨bilonu⟩ z obiegu
demonetize *v* demonetyzować, wycofywać pieniądz ⟨bilon⟩ z obiegu
demonstrable *adj* dający się udowodnić
  ~ **proposition** twierdzenie do udowodnienia
  it is ~ **that ...** można wykazać ⟨udowodnić⟩, że ...
demonstrant *s* demonstrant, osoba demonstrująca ⟨biorąca udział w demonstracji⟩
demonstrate *v* **1.** wykazywać, udowadniać **2.** demonstrować, pokazywać, przedstawiać **3.** manifestować, urządzać demonstrację ⟨manifestację⟩ (**against sth** przeciwko czemuś)
demonstration *s* **1.** demonstracja, dowodzenie, wykazanie **2.** demonstrowanie, manifestowanie **3.** manifestacja, pokaz **4.** wykazanie, udowodnienie
  ~ **of protest** demonstracja protestacyjna
  bearish ⟨**bullish**⟩ ~ spekulacyjny manewr giełdowy na zniżkę ⟨zwyżkę⟩
  to seek for a ~ **of sb's guilt** szukać dowodów czyjejś winy
demonstrative *adj* **1.** dowodzący (czegoś), wykazujący (**of sth** coś) **2.** dowodowy, rzeczowy
  ~ **argument** rzeczowy argument
  ~ **evidence** dowód rzeczowy
  ~ **example** przekonywający dowód
  ~ **farm** wzorowe gospodarstwo
demonstrator *s* uczestnik demonstracji, demonstrant

demoralization *s* demoralizacja
demoralize *v* demoralizować
demote *v am.* obniżać stopień służby (**sb** komuś), degradować
demotion *s am.* obniżenie stopnia ⟨rangi⟩, degradacja
demur[1] *s* **1.** zarzut **2.** sprzeciw **3.** obiekcja
  no ~ brak zarzutów
  without ~ bez sprzeciwu ⟨obiekcji⟩
demur[2] *v* **1.** sprzeciwiać się (**at** ⟨**to**⟩ **sth** czemuś) **2.** wysuwać zarzuty **3.** podnosić obiekcje
demurrable *adj* podlegający sprzeciwowi ⟨zarzutom⟩
demurrage *s* **1.** przetrzymanie, przestój **2.** przestojowe, wynagrodzenie za przestój
  ~ **charges** przestojowe, opłaty za przetrzymanie
  ~ **clause** klauzula przestojowego ⟨o przestojowym⟩
  ~ **days** okres ⟨dni⟩ przestoju
  ~ **lien** prawo zastawu za przestojowe
  charges for ~ opłata za przetrzymanie, przestojowe
  ship on ~ statek mający przestój przy przeładunku
  wharf ~ *am.* opłata za składowanie na nabrzeżu ponad umówiony okres
demurrant *s* strona wnosząca sprzeciw ⟨zarzuty przeciwko aktowi oskarżenia⟩
demurrer *s* **1.** sprzeciw **2.** zarzut przeciwko twierdzeniom pozwu ⟨procesowym⟩
  ~ **to interrogatory** zarzut świadka, że postawione mu pytanie nie dotyczy sprawy
denationalization *s* **1.** pozbawienie obywatelstwa **2.** denacjonalizacja; reprywatyzacja **3.** wynarodowienie
denationalize *v* **1.** pozbawić obywatelstwa **2.** zdenacjonalizować; reprywatyzować **3.** wynarodowić
denaturalization *s* denaturalizacja, pozbawienie obywatelstwa
denaturalize *v* denaturalizować
denazification *s* denazyfikacja, denacyfikacja
deniable *adj* sporny
denial *s* **1.** zaprzeczenie, negowanie **2.** wyparcie się (*czegoś*) **3.** odmowa
  ~ **of the charge** zaprzeczenie oskarżeniu ⟨zarzutom oskarżenia⟩
  ~ **of export privileges** *am.* pozbawienie prawa zajmowania się eksportem
  ~ **of facts** zaprzeczenie faktom
  ~ **of one's family** wyparcie się rodziny
  ~ **of a fault** nieprzyznanie się do błędu, negowanie błędu
  ~ **of one's guilt** wyparcie się winy, negowanie winy
  ~ **of justice** odmówienie wymiaru sprawiedliwości
  ~ **of passports** odmowa wydania paszportów
  ~ **of responsibility** wyparcie się odpowiedzialności
  ~ **of tariff concessions** odmowa udzielenia obniżek taryfowych
  flat ~ kategoryczne zaprzeczenie
  to give a formal ~ **to a statement** formalnie zaprzeczyć twierdzeniu
  to meet a charge with a flat ~ kategorycznie zaprzeczyć oskarżeniu ⟨zarzutom oskarżenia⟩
denier *s* zaprzeczający (**of sth** czemuś)
denigrate *v* **1.** oczerniać **2.** obmawiać
denigration *s* **1.** oczernianie **2.** obmawianie, obmowa
denization *s* naturalizacja, nadanie obywatelstwa
  letters of ~ *bryt.* udzielenie obywatelstwa

denize v naturalizować, nadawać obywatelstwo
denizen[1] s 1. obywatel, mieszkaniec 2. naturalizowany cudzoziemiec 3. bywalec
denizen[2] v nadawać obywatelstwo
denominate v 1. określać, oznaczać 2. nadawać nazwę (sth czemuś), nazywać
denomination s 1. nazwa, oznaczenie, określenie, miano 2. wyznanie, sekta 3. klasa, typ, kategoria 4. wartość nominalna, nominał
  bonds issued in ~ **s of** ... obligacje wydane w odcinkach po ...
  bonds of large ~ **s** obligacje w dużych odcinkach
  coins of small ~ **s** drobne monety
  criminals of all ~ **s** przestępcy wszelkiej kategorii
  money of small ~ **s** odcinki banknotów o niskiej wartości
denominational adj wyznaniowy
  ~ **education** wychowanie religijne
  ~ **school** szkoła wyznaniowa
denote v 1. oznaczać, wskazywać (sth na coś) 2. znaczyć
denounce v 1. oskarżać otwarcie, krytykować 2. denuncjować, zdradzać, wydawać (zbrodniarza) 3. demaskować, odsłaniać, ujawniać (np. oszustwo) 4. wypowiadać (np. traktat)
  to ~ **an agreement** wypowiedzieć umowę
  to ~ **a criminal** wydać przestępcę
  to ~ **sb as an imposter** zdemaskować kogoś jako oszusta
  to ~ **sb to the authorities** donieść na kogoś do władz, zadenuncjować kogoś u władz (organów ścigania)
  to ~ **a treaty** wypowiedzieć traktat
  to ~ **a truce** wypowiedzieć zawieszenie broni
denouncement s = denunciation
denouncer s denuncjator, donosiciel, informator
denouncing adj: ~ **letter** list oskarżający (informujący), donos
dense adj gęsty
  ~ **population** gęste zaludnienie
density s 1. gęstość 2. nasilenie
  ~ **index** wskaźnik gęstości zaludnienia
  ~ **of population** gęstość zaludnienia
  ~ **of traffic** nasilenie ruchu
denunciation s 1. wydanie (np. zbrodniarza) 2. doniesienie, zadenuncjowanie; denuncjacja, donos 3. zdemaskowanie, ujawnienie (np. oszustwa) 4. wypowiedzenie (np. umowy) 5. potępienie
  ~ **of a treaty** wypowiedzenie traktatu
  unilateral ~ jednostronne wypowiedzenie (np. umowy)
denunciator s 1. donosiciel, denuncjator 2. oskarżyciel
denunciatory adj potępiający, oskarżający
deny v 1. zaprzeczać, dementować 2. odmawiać
  to ~ **an allegation** zaprzeczyć zarzutowi
  to ~ **all responsibility** odmówić jakiejkolwiek odpowiedzialności
  to ~ **any knowledge of the fact** zaprzeczyć wiadomości o fakcie
  to ~ **a charge** zaprzeczyć oskarżeniu
  to ~ **a declaration** zaprzeczyć oświadczeniu, zdementować oświadczenie
  to ~ **a motion** nie uwzględnić wniosku, odrzucić wniosek
  to ~ **one's signature** zaprzeczyć autentyczności swego podpisu

  to ~ **sb admission** (admittance) odmówić komuś przyjęcia (wstępu)
  to ~ **the truth of the statement** zaprzeczyć prawdziwości oświadczenia
  to ~ **one's words** wypierać się własnych słów
denying s: there is no ~ that ...nie można zaprzeczyć, że ...
depart v 1. odchodzić, odjeżdżać, wyruszać w drogę 2. schodzić (ze świata) 3. odstępować, sprzeniewierzać się (from sth czemuś) 4. odbiegać (od tematu)
  to ~ **from one's principles** (a rule) odstępować od swych zasad (reguły)
  to ~ **from this life** zejść ze świata
  to ~ **from one's words** sprzeniewierzyć się własnym słowom
departed[1] s: the ~ zmarły, nieboszczyk
departed[2] adj 1. miniony 2. zmarły
department s 1. dział, sekcja, oddział 2. departament, wydział 3. am. ministerstwo 4. specjalność, dziedzina
  ~ **head** kierownik (szef) sekcji (departamentu)
  Department of Agriculture am. Ministerstwo Rolnictwa
  Department of the Air Force am. Ministerstwo Lotnictwa
  Department of the Army am. Ministerstwo Armii Lądowej
  Department of Commerce am. Ministerstwo Handlu
  Department of Defense am. Ministerstwo Obrony
  Department of Energy am. Ministerstwo Energetyki
  Department of Health, Education and Welfare am. Ministerstwo Zdrowia, Oświaty i Opieki Społecznej
  Department of the Interior am. Ministerstwo Spraw Wewnętrznych
  Department of Justice am. Ministerstwo Sprawiedliwości
  Department of Labor am. Ministerstwo Pracy
  Department of the Navy am. Ministerstwo Marynarki Wojennej
  Department of State am. Ministerstwo Spraw Zagranicznych, Departament Stanu
  Department of Transportation am. Ministerstwo Komunikacji
  Department of the Treasury am. Ministerstwo Skarbu
  ~ **store** am. dom towarowy, sklep wielobranżowy
  accounting (accounts) ~ dział rachunkowości
  administrative ~ wydział administracyjny
  claim (complaints) ~ dział reklamacji
  dispatch (mailing) ~ dział wysyłkowy
  foreign ~ dział zagraniczny
  foreign exchange ~ dział dewizowy
  forwarding ~ dział spedycji
  law (legal) ~ dział prawny
  marketing ~ dział handlowy
  personnel ~ dział kadr (personalny)
  planning ~ dział planowania
  Post Office Department Ministerstwo Poczty
  publicity ~ dział reklamy
  purchase (purchasing) ~ dział zakupu
  research ~ dział badawczy (studiów)
  sales ~ dział sprzedaży

departmental *adj* **1.** działowy, wydziałowy **2.** *am.* ministerialny
~ **invoice** faktura wewnętrzna ⟨w obrocie wewnętrznym⟩
~ **manager** kierownik działu
~ **store** *am.* dom towarowy, sklep wielobranżowy
departure *s* **1.** odejście, odjazd, wyjazd **2.** odchylenie (*od zasady*), naruszenie (*prawa itp.*), niezgodność **3.** punkt wyjścia
~ **from discipline** naruszenie dyscypliny
~ **from instruction** odstąpienie od instrukcji
~ **from the law** naruszenie prawa
~ **from orders** naruszenie poleceń
~ **from a principle** odejście od zasady
~ **from tradition** odejście od tradycji
~ **from the truth** niezgodność z prawdą
delayed ~ opóźniony odjazd
a new ~ nowa orientacja, nowy kurs ⟨kierunek⟩
policy ~ odstąpienie od polityki
port of ~ port wyjściowy ⟨odjazdu⟩
to make a new ~ rozpocząć nowy kurs
to take one's ~ odjeżdżać, odchodzić
depauperate[1] *v* doprowadzać do ubóstwa ⟨nędzy, zubożenia⟩
depauperate[2] *adj* zubożały
depend *v* **1.** zależeć, być zależnym (**on** ⟨**upon**⟩ **sb, sth** od kogoś, czegoś) **2.** liczyć (**on** ⟨**upon**⟩ **sb, sth** na kogoś, coś), polegać (**on** ⟨**upon**⟩ **sb, sth** na kimś, czymś)
to ~ **on circumstances** zależeć od okoliczności
to ~ **on sb for sth** zależeć od kogoś w jakiejś sprawie
dependable *adj* **1.** pewny, niezawodny **2.** godny zaufania, taki, na którym można polegać
to be ~ zasługiwać na zaufanie
dependant *s* człowiek uzależniony materialnie (*od kogoś*)
dependence *s* **1.** zależność, uzależnienie (**on sb, sth** od kogoś, czegoś) **2.** podleganie (**on sb, sth** komuś, czemuś) **3.** zaufanie (**on sb, sth** do kogoś, czegoś), oparcie (**on sb** w kimś)
to live in ~ **on sb** *a)* być od kogoś uzależnionym *b)* być na czyimś utrzymaniu
to put ~ **on sb** mieć do kogoś zaufanie, polegać na kimś
dependency *s* **1.** terytorium zależne, podległa państwu prowincja **2.** przyległość **3.** zależność, uzależnienie **4.** obszary podległe innemu państwu **5.** *pl* **dependencies** peryferie miasta
~ **allowance** dodatek na osoby pozostające na utrzymaniu
dependent[1] *s* osoba znajdująca się na czyimś utrzymaniu
dependent[2] *adj.* **1.** zależny, uzależniony, zawisły (**on sb, sth** od kogoś, czegoś) **2.** uzależniony materialnie (**on sb** od kogoś) **3.** podległy (**on sb, sth** komuś, czemuś)
~ **claim** zastrzeżenie patentowe zależne
~ **condition** warunek zależny (*od spełnienia innego warunku*)
~ **contract** umowa zależna (*od zawarcia innej umowy*)
~ **country** kraj zależny, państwo zależne
~ **covenant** umowa zależna ⟨porozumienie zależne⟩ (*od spełnienia określonego warunku*)
~ **jurisdiction** *am.* orzecznictwo zależne (*rozpoznawanie zagadnień prawnych przez Sąd Federalny*)

~ **on charity** zależny od dobroczynności, pozostający na utrzymaniu dobroczynności
~ **on foreign supplies** zależny od dostaw zagranicznych
~ **on one's own earnings** znajdujący się na własnym utrzymaniu
~ **patent** patent zależny
~ **territories** terytoria zależne
depending *adj* znajdujący się w rozpoznawaniu, nie rozstrzygnięty
deplete *v* wyczerpywać, uszczuplać (*np. zapasy*)
depletion *s* wyczerpanie, uszczuplenie
~ **of provisions** uszczuplenie ⟨wyczerpanie⟩ zapasów
~ **of resources** wyczerpanie zasobów
deplorable *adj* godny pożałowania
~ **consequences** godne pożałowania skutki
~ **events** godne pożałowania wypadki
~ **living condition** opłakane warunki życiowe
in a ~ **state** w opłakanym ⟨godnym pożałowania⟩ stanie
depone *v szkoc.* składać zeznanie pod przysięgą
deponent *s* osoba składająca zeznanie na piśmie pod przysięgą
depopulate *v* wyludniać (się)
depopulation *s* wyludnienie
deport *v* deportować (*np. przestępcę*), wypędzić z kraju, zesłać na wygnanie
deportation *s* deportacja, wygnanie, banicja
deported *s* wygnaniec, deportowany
deportee *s* zesłaniec, banita
deposable *adj* usuwalny
deposal *s* złożenie z urzędu, usunięcie ze stanowiska
depose *v* **1.** usunąć z urzędu ⟨ze stanowiska⟩ **2.** zeznawać, składać zeznania pod przysięgą, zaświadczać (**to sth** o czymś)
to ~ **against sb** składać zeznanie przeciwko komuś
to ~ **a deputy** odwołać delegata
deposit[1] *s* **1.** depozyt, przechowanie, oddanie na przechowanie ⟨skład⟩ **2.** skład ⟨depozyt⟩ bankowy, lokata bankowa **3.** zastaw, kaucja, wadium **4.** zadatek **5.** pokład, złoże (*np. rudy*)
~ **at call** depozyt zwrotny ⟨płatny⟩ na żądanie
~ **at the court** depozyt sądowy
~ **at notice** wkład zwrotny za wypowiedzeniem
~ **at short notice** wkład krótkoterminowy
~ **bank** bank depozytowy
~ **book** *a)* księga depozytowa *b)* bankowa książeczka wkładów
~ **box** ⟨**safe**⟩ trezor ⟨sejf⟩ depozytowy
~ **business** operacje depozytowe
~ **contract** umowa o przechowanie
~ **currency** pieniądz w obrocie bezgotówkowym
~ **for a fixed period** wkład na określony termin
~ **insurance** ubezpieczenie wkładów bankowych
~ **loan** pożyczka pod zastaw
~ **money** pierwsza wpłata (*przy płaceniu ratalnym*)
~ **of cash** ⟨**money**⟩ depozyt pieniężny
~ **of custom duties** wpłata na należności celne
~ **of securities** ⟨**stocks**⟩ depozyt walorów
~ **of a security** depozyt na zabezpieczenie
~ **of title deeds** złożenie tytułu własności nieruchomości (*do rąk wierzyciela jako zabezpieczenie pożyczki*)
~ **rate** stopa oprocentowania wkładów bankowych

~ **receipt** kwit depozytowy ⟨składowy⟩
~ **slip** ⟨**ticket**⟩ *am.* bankowy dowód wpłaty
~ **warrant** dowód ⟨kwit⟩ składowy
average ~ depozyt bankowy zabezpieczający ⟨na⟩ pokrycie udziału w awarii wspólnej
bank ⟨**banker's**⟩ ~ wkład bankowy
call ⟨**demand**⟩ ~ wkład bankowy zwrotny na żądanie
certificate of ~ dowód składowy, kwit depozytowy
current account ~**s** wkłady na rachunek bieżący
derivative ~**s** fikcyjne wkłady oparte na pożyczce bankowej
fixed ~ wkład terminowy
guarantee ~ depozyt gwarancyjny (*na zabezpieczenie*)
in ~ w depozycie, na przechowaniu
naked ~ bezpłatne przechowywanie
primary ~**s** realne ⟨rzeczywiste⟩ wkłady
public ~**s** wkłady instytucji publiczno-prawnych
savings-bank ~ wkład oszczędnościowy
short ~ wkład krótkoterminowy
sight ~ depozyt za okazaniem
time ~ wkład terminowy (*zwrotny w określonym terminie*)
to have money on ~ trzymać pieniądze w banku
to hold on ~ mieć w depozycie
to pay a ~ wpłacić zaliczkę ⟨a conto⟩
to place on ~ składać do depozytu
deposit[2] *v* **1.** deponować, składać do depozytu, oddawać na przechowanie **2.** wpłacać zadatek, składać wadium **3.** składać oszczędności (*w banku, kasie oszczędności*)
to ~ **an amount** ⟨**a sum**⟩ wpłacać kwotę ⟨sumę⟩ na rachunek oszczędnościowy
to ~ **documents** składać dokumenty na przechowanie
to ~ **money with** ⟨**in**⟩ **the bank** składać pieniądze w banku, wpłacać pieniądze do banku
depositary[1] *s* **1.** depozytariusz, biorący na przechowanie **2.** składnica, magazyn składowy
depositary[2] *adj:* ~ **receipt** kwit depozytowy
depositation *s szkoc.* **1.** depozyt **2.** zadatek **3.** wkład
depositing *s:* ~ **business** czynności depozytowe (*banku*)
~ **of documents** złożenie dokumentów do depozytu
~ **of goods** złożenie towarów do magazynu ⟨na skład⟩
deposition *s* **1.** złożenie z urzędu, usunięcie ze stanowiska **2.** pisemne zeznanie pod przysięgą
~ **de bene esse** zeznanie do odczytania na rozprawie (*mające znaczenie zeznania świadka przed sądem*)
depositor *s* depozytor, deponent, oddający na przechowanie
~ **'s book** bankowa książeczka wkładów
bank ~ posiadacz konta w banku
savings-bank ~ posiadacz książeczki oszczędnościowej
depository[1] *s* **1.** depozytariusz, osoba ⟨instytucja⟩ przyjmująca depozyt **2.** miejsce przechowywania depozytów
depository[2] *adj* depozytowy, dotyczący depozytu
depot *s* **1.** skład, magazyn **2.** *am.* dworzec kolejowy ⟨autobusowy⟩
goods ~ skład towarowy
railway ~ kolejowy dworzec towarowy

depravation *s* zdeprawowanie, deprawacja, zepsucie
deprave *v* deprawować
depraved *adj* zdeprawowany, zepsuty
~ **criminal** zdemoralizowany przestępca
~ **mind** zdeprawowany umysł
depravity *s* deprawacja, zepsucie
deprecate *v* potępiać, ganić, dezaprobować
deprecation *s* potępienie, odżegnanie się (*od czegoś*)
depreciate *v* **1.** obniżać wartość, deprecjonować **2.** tracić na wartości, deprecjonować się, spadać w cenie
to ~ **currency** obniżać wartość waluty
depreciation *s* **1.** deprecjacja, obniżenie wartości **2.** amortyzacja, zużycie **3.** odpis amortyzacyjny
~ **allowance** odpis amortyzacyjny ⟨na amortyzację⟩
~ **charges** odpisy na amortyzację
~ **clause** klauzula amortyzacyjna
~ **fund** fundusz amortyzacyjny
~ **of coinage** deprecjacja monety
~ **of fixed assets** amortyzacja nieruchomości
~ **of money** deprecjacja pieniądza
~ **on premises** amortyzacja budynku
~ **rate** stopa amortyzacji
accelerated ~ przyspieszona amortyzacja (*urządzeń*)
allowance for ~ = ~ **allowance**
annual ~ roczna amortyzacja
depreciatory *adj* **1.** obniżający wartość, deprecjonujący **2.** umniejszający
~ **remarks on sth** uwagi pomniejszające znaczenie czegoś
depredation *s* łupiestwo, rabunek, rozbój, grabież
depredator *s* łupieżca, rabuś, rozbójnik, grabieżca
depredatory *adj* łupieżczy, rabunkowy, rozbójniczy
depress *v* **1.** obniżać, zniżać **2.** przyciskać, tłumić, przygniatać **3.** osłabiać, doprowadzać do zastoju ⟨kryzysu⟩
to ~ **prices** obniżać ceny
depressed *pp adj* osłabiony, zahamowany, będący w stagnacji
~ **areas** okręgi objęte kryzysem ⟨dotknięte klęską⟩
~ **market** osłabiony rynek
depression *s* **1.** depresja **2.** kryzys **3.** stagnacja
~ **of trade** zastój w handlu
economic ~ kryzys ekonomiczny
the Great Depression wielki kryzys (*w latach 1929–1933*)
world ~ kryzys światowy
deprival *s* pozbawienie (**of sth** czegoś)
deprivation *s* **1.** pozbawienie, utrata, strata **2.** złożenie z urzędu, odwołanie ze stanowiska
~ **of citizenship** pozbawienie obywatelstwa
~ **of (civil) rights** pozbawienie praw (obywatelskich)
~ **of consortium** utrata prawa do współżycia małżeńskiego
~ **of liberty** pozbawienie wolności
~ **of possesion** pozbawienie posiadania
deprive *v* **1.** pozbawiać (**sb of sth** kogoś czegoś), zabierać, odbierać (**sb of sth** komuś coś) **2.** odwoływać z urzędu
to ~ **of rights** pozbawić praw
to ~ **sb of his life** pozbawiać kogoś życia
to ~ **sb of his office** złożyć kogoś z urzędu, odwołać kogoś ze stanowiska
to ~ **sb of his property** pozbawić kogoś własności

deprived *pp adj* bez przywilejów, nieuprzywilejowany
depth *s* głębokość, głębia
deputation *s* 1. wydelegowanie 2. deputacja, delegacja
depute *v* 1. wyznaczyć jako zastępcę 2. wydelegować 3. zlecić (*coś komuś*)
    to ~ sb to do sth wyznaczyć kogoś do zrobienia czegoś
deputize *v* zastępować (**for sb** kogoś), występować w (**for sb** czyimś) zastępstwie
deputy *s* 1. zastępca 2. poseł, delegat, przedstawiciel
    ~ chairman wiceprezes, wiceprzewodniczący, zastępca przewodniczącego
    ~ consul wicekonsul, zastępca konsula
    ~ governor wicegubernator
    ~ judge pomocnik sędziego
    ~ minister wiceminister, zastępca ministra
    ~ prime minister wicepremier
    ~ sheriff zastępca szeryfa
    general ~ przedstawiciel generalny (*o nieograniczonym pełnomocnictwie*)
    special ~ przedstawiciel o ograniczonym pełnomocnictwie
    to act by ~ działać przez zastępcę
    to appoint ⟨authorize⟩ a ~ mianować ⟨wyznaczyć⟩ przedstawiciela
derail *v* wykoleić (się)
derailment *s* wykolejenie (*pociągu*)
derange *v* 1. wprowadzać nieład (**sth** w czymś), dezorganizować 2. pokrzyżować (*plany*) 3. doprowadzać do obłędu
deranged *pp adj* obłąkany, pomylony
    mentally ~ umysłowo chory, obłąkany
    to become (mentally) ~ popaść w obłęd
derangement *s* 1. nieład, chaos 2. zepsucie, zniszczenie (*maszyny*) 3. *med.* pomieszanie (zmysłów), obłęd, choroba umysłowa
    ~ of trade chaos w handlu
derate *v* uwalniać ⟨odciążać⟩ (*przemysł*) od podatków lokalnych ⟨samorządowych⟩
deration *v* znosić reglamentację (*np. żywności*)
deratization, derating *s* odszczurzanie, deratyzacja
    ~ certificate świadectwo deratyzacji ⟨odszczurzania⟩
derelict[1] *s* 1. rzecz porzucona ⟨bezpańska⟩ 2. opuszczony statek, wrak pływający 3. szczątek, resztka, pozostałość 4. osoba opuszczona przez społeczeństwo, wyrzutek społeczny 5. *am.* osoba winna zaniedbania obowiązku 6. obszar odsłonięty przez ustępujące morze
derelict[2] *adj* 1. opuszczony, porzucony, bezpański 2. *am.* winny zaniedbania obowiązku
dereliction *s* 1. porzucenie, opuszczenie 2. *am.* zaniedbanie obowiązku 3. obszar odsłonięty przez morze ⟨rzekę⟩
    ~ of duty zaniedbanie obowiązku
    ~ of mind zaburzenie umysłowe
derequisition *s* zwolnienie spod rekwizycji
derestrict *v* znosić ograniczenia szybkości (*na drogach*)
derestriction *s* zniesienie ograniczenia szybkości
derivation *s* 1. pochodzenie, źródło 2. uzyskanie, osiąganie
derivative *adj* pochodny
    ~ right prawo pochodne
derive *v* 1. pochodzić, wywodzić się 2. czerpać, osiągać, uzyskiwać

    to ~ benefit from sth osiągać korzyść z czegoś
    to ~ an income osiągać ⟨uzyskiwać⟩ dochód
    to ~ a profit from sth ciągnąć zyski z czegoś
    to ~ one's rights from sb wywodzić swoje prawa od kogoś
    to ~ one's title from sb wywodzić swój tytuł (*własności*) od kogoś
derived *adj* pochodny
    ~ demand popyt komplementarny ⟨pochodny⟩ (*wynikający z popytu na inny artykuł*)
derogate *v* 1. umniejszać, pomniejszać 2. przynosić ujmę ⟨szkodę⟩, poniżać 3. naruszać (*prawo*) 4. uchylać, derogować (*ustawę*)
    to ~ from sb's right umniejszać czyjeś prawa
derogation *s* 1. derogacja, uchylenie (*np. prawa*) 2. naruszenie, umniejszenie, poniżenie
derogatory *adj* 1. uwłaczający, uchybiający (**to sb** komuś) 2. naruszający 3. umniejszający, poniżający, przynoszący ujmę
    ~ appraisal szacunek obniżający wartość
    ~ clause klauzula derogacyjna
    ~ remarks uwłaczające uwagi ⟨spostrzeżenia⟩
descend *v* 1. schodzić, zstępować, zniżać się 2. poniżać się (**to sth** do czegoś) 3. pochodzić, wywodzić się
descendable *adj* możliwy do przeniesienia w drodze spadku
descendant *s* 1. potomek 2. *pl* **descendants** potomkowie, potomność
    ~s and ancestors potomkowie i przodkowie
    collateral ~ potomek z bocznej linii
    legitimate ~ prawny potomek
    lineal ~ potomek w linii prostej
descendible *adj* możliwy do przeniesienia w drodze spadku
descent *s* 1. pochodzenie 2. pokolenie 3. desant 4. nagły atak (**upon sb** na kogoś) 5. przechodzenie (*w drodze spadku*)
    ~ cast przejście nieruchomości na spadkobiercę osoby, która bezprawnie weszła w posiadanie tej nieruchomości
    by ~ w drodze dziedziczenia
    line of ~ linia dziedziczenia ⟨pochodzenia⟩
describe *v* 1. opisywać 2. określać (**sb as ...** kogoś jako ...) 3. przedstawiać, dawać rysopis
    to ~ a criminal podawać rysopis przestępcy
description *s* 1. opis 2. określenie 3. rodzaj, gatunek 4. rysopis
    ~ of design ⟨the goods⟩ opis wzoru ⟨towaru⟩
    ~ of the invention opis wynalazku
    according to ~ zgodnie z opisem
    brief ⟨concise⟩ ~ krótki ⟨zwięzły⟩ opis
    by ~ według ⟨na podstawie⟩ opisu
    choice ~s wyborowe gatunki (*towaru*)
    complete ~ pełny opis
    final ~ końcowy opis (*patentu*)
    of every ~ wszelkiego rodzaju
    partial ~ częściowy opis (*patentu*)
    patent ~ opis patentu
    sale by ~ sprzedaż na podstawie opisu
    to answer to a ~ odpowiadać opisowi
    to give a detailed ~ podać dokładny opis
descriptive *adj* opisowy
    ~ catalogue katalog opisowy
    ~ labelling opisowe oznaczenie towaru
desecrate *v* bezcześcić, profanować
    to ~ a church zbezcześcić kościół

desecration s profanacja, zbezczeszczenie
desegregate v znieść segregację (*rasową*)
desert v 1. opuszczać, porzucać 2. zdradzać 3. zawodzić (*kogoś*) 4. dezerterować
  to ~ the army zdezerterować z wojska
  to ~ one's country porzucić kraj ⟨ojczyznę⟩
  to ~ one's family porzucić rodzinę
  to ~ the ship porzucić statek
deserted adj porzucony, opuszczony
  ~ child porzucone dziecko
  ~ wife opuszczona ⟨porzucona⟩ żona
  ~ wife's equity prawo porzuconej żony do pozostania w małżeńskim domu
deserter s 1. dezerter 2. zbieg
desertion s 1. opuszczenie, porzucenie (*kogoś, czegoś*) 2. dezercja
  ~ of one's duty niewypełnienie obowiązku
  ~ of wife and children porzucenie żony i dzieci
  wilful ⟨malicious⟩ ~ złośliwe opuszczenie ⟨porzucenie⟩
deserve v zasługiwać (**sth** na coś)
  to ~ attention zasługiwać na uwagę
  to ~ sb's confidence zasługiwać na czyjeś zaufanie
  to ~ credit a) zasługiwać na zaufanie b) zasługiwać na udzielenie kredytu
  to ~ punishment zasługiwać na karę
  to ~ a reward zasługiwać na nagrodę
  to ~ well of one's country mieć ⟨położyć⟩ zasługi dla kraju
deservedly adv słusznie, zasłużenie, sprawiedliwie
design[1] s 1. zamiar, projekt, plan 2. rysunek, wzór, deseń 3. wzór, model 4. cel, dążenie 5. konstrukcja
  ~ patent patent na wzór użytkowy
  by ~ rozmyślnie, celowo
  criminal ~ zbrodniczy zamiar
  defect in ~ wada konstrukcji
  industrial ~ wzór przemysłowy (*nowej, artystycznie opracowanej formy wyrobu, maszyny itp.*)
  patentable ~ wzór nadający się do opatentowania
  patented ~ opatentowany wzór (*przemysłowy*)
  patents and ~s patenty i wzory użytkowe
  registered ~ wzór zastrzeżony
  utility ~ wzór użytkowy na przedmiot powszechnego użytku
  to have ~s on sb's money ⟨life⟩ czyhać na czyjeś pieniądze ⟨życie⟩
design[2] v 1. projektować, konstruować, planować 2. przeznaczać, wyznaczać (**sth, sb for ⟨to be⟩ sth** coś, kogoś do czegoś ⟨ na coś⟩) 3. zamierzać, zamyślać (**to do, doing sth** coś zrobić)
  to ~ sth for a purpose przeznaczać coś na jakiś cel
designed adj desygnowany, mianowany, wyznaczony
  ambassador ~ ambasador desygnowany
designate v 1. mianować, wyznaczać (*na stanowisko*), desygnować 2. określać, oznaczać 3. wskazywać (**sth** na coś)
  to ~ an heir wyznaczać ⟨ustanawiać⟩ spadkobiercę
  to ~ sb as ⟨for⟩ sb's successor wyznaczyć kogoś na czyjegoś następcę
  to ~ sb to a post ⟨an office⟩ desygnować kogoś na stanowisko
designation s 1. opis, określenie, oznaczenie 2. nominacja, mianowanie, wyznaczenie (*na stanowisko*), desygnowanie 3. nazwa, tytuł
  ~ of invention oznaczenie ⟨tytuł⟩ wynalazku

  ~ of origin określenie pochodzenia
  ~ of a successor nominacja następcy
  ~ to a post wyznaczenie na stanowisko
designee s osoba wyznaczona ⟨desygnowana⟩
designer s 1. projektant, konstruktor 2. intrygant, podżegacz
designing s 1. planowanie, projektowanie 2. intrygowanie, podżeganie
  ~ office biuro projektów
desire[1] s życzenie, pragnienie (**for sth** czegoś)
  according to your ~ zgodnie z waszym życzeniem
  at your ~ na wasze żądanie
  by ~ na życzenie
  to satisfy a ~ zaspokoić życzenie
desire[2] v życzyć sobie, pragnąć
  as ~d według życzenia
desist v 1. zaprzestać, zaniechać (**from sth** czegoś) 2. odstępować (**from sth** od czegoś), zrzekać się (**from sth** czegoś)
  to ~ from crime odstąpić od popełnienia przestępstwa
  to ~ from doing sth zaprzestać czynienia czegoś
  to ~ from prosecuting odstąpić od ścigania sądowego
desistance s 1. zaprzestanie, zaniechanie 2. odstąpienie (**from sth** od czegoś), zrzeczenie się (**from sth** czegoś)
desk s 1. biurko 2. kasa 3. *am.* redakcja gazety
  ~ clerk recepcjonista
  ~ pad blok ⟨notes⟩ biurkowy
  information ~ informacja, punkt informacyjny
  reception ~ recepcja
  to pay at the ~ zapłacić przy kasie
despatch s v = dispatch
desperate adj 1. desperacki, rozpaczliwy, gotów na wszystko 2. beznadziejny
  ~ debt beznadziejny dług
  ~ villain łotr gotów na wszystko
despoil v 1. grabić, rabować 2. profanować, bezcześcić 3. odzierać, wyzuwać (*kogoś z czegoś*)
  to ~ a tomb zbezcześcić grób ⟨grobowiec⟩
despoilment, despoliation s obrabowanie, splądrowanie, złupienie
despotic adj despotyczny
  ~ rule rządy despotyczne
despotism s despotyzm
destination s 1. miejsce przeznaczenia, cel (*podróży*) 2. przeznaczenie 3. adres (*dla listu, przesyłki*)
  ~ station stacja przeznaczenia, docelowa stacja (*kolejowa*)
  country of ~ kraj przeznaczenia
  payable at the ~ płatny w miejscu przeznaczenia
  place ⟨point⟩ of ~ miejsce przeznaczenia
  port of ~ port przeznaczenia
  to reach one's ~ dojechać do miejsca przeznaczenia
  to take to ~ dostarczyć na miejsce przeznaczenia
destine v przeznaczać (**for ⟨to⟩ sth** do czegoś, na coś)
destined pp: **goods ~ for ⟨to⟩ ...** towary przeznaczone dla ⟨do⟩ ...
destitute[1] spl: **the ~** nędzarze, biedacy, ludzie pozbawieni środków do życia
destitute[2] adj 1. pozbawiony (**of sth** czegoś) 2. bez środków do życia, w nędzy
  to be left ~ pozostać bez środków do życia
destitution s ubóstwo, nędza, brak środków do życia

destroy v 1. niszczyć, burzyć, rujnować 2. niweczyć 3. zabijać
  to ~ a document zniszczyć dokument
  to ~ nuclear weapons zniszczyć broń nuklearną
  to ~ a presumption obalić domniemanie
  to ~ sb's reputation zepsuć komuś opinię
destruction s 1. zniszczenie, ruina, zagłada, zguba 2. zabicie, zgładzenie 3. zniweczenie mocy prawnej
  child ~ usunięcie płodu
  weapons of mass ~ broń masowej zagłady
  to bring to ~ doprowadzić do ruiny
destructive adj niszczycielski, rujnujący, zgubny, destruktywny
  ~ competition rujnująca konkurencja
  ~ of ⟨to⟩ health zgubny dla zdrowia
  to be ~ of sth zniszczyć coś
desuetude s nieużywanie; wyjście z użycia
  to fall into ~ wychodzić z użycia, stawać się przestarzałym
detach v odłączać, odrywać, oddzielać (się)
detachable adj dający się odłączyć ⟨oddzielić⟩
  ~ slip odcinek kontrolny do oderwania
detached adj 1. oderwany, oddzielny, osobny 2. (o człowieku) bezstronny, obiektywny 3. (o opinii) niezależny
  ~ view niezależny pogląd
detachment s 1. oderwanie, odłączenie 2. bezstronność, obiektywność 3. niezależność (zdania)
detail[1] s 1. szczegół, detal, element 2. pl **~s** bliższe dane, szczegóły, wyszczególnienie
  as per ~s zgodnie z wyszczególnieniem
  further ~s dalsze szczegóły
  in ~ szczegółowo, drobiazgowo
  to enter ⟨go⟩ into ~s wchodzić w szczegóły
detail[2] v 1. wyszczególniać, wyliczać szczegółowo, specyfikować 2. podawać szczegóły
  to ~ a claim sprecyzować roszczenie
  to ~ the facts przytoczyć poszczególne ⟨wyszczególnić⟩ fakty
detailed adj szczegółowy, drobiazgowy, dokładny
  ~ account a) szczegółowy rachunek, dokładne rozliczenie b) szczegółowy opis (wydarzeń), szczegółowe sprawozdanie
  ~ data szczegółowe dane
  ~ description szczegółowy opis
  ~ estimate dokładny szacunek, szczegółowe oszacowanie
  ~ examination ⟨study⟩ dokładne przestudiowanie ⟨zbadanie⟩
  ~ information dokładna informacja
  ~ instructions szczegółowe instrukcje
  ~ statement szczegółowy wykaz, dokładne zestawienie, specyfikacja
  ~ survey dokładny przegląd
detain v 1. zatrzymywać, przetrzymywać, opóźniać 2. aresztować, więzić
  to ~ in custody trzymać w areszcie
detained pp zatrzymany
  to be ~ być ⟨zostać⟩ zatrzymanym
detainee s zatrzymany, aresztowany, więzień
detainer s 1. bezprawne zatrzymanie cudzego mienia 2. ujęcie, aresztowanie, uwięzienie (kogoś)
  forcible ~ bezprawne zatrzymanie (cudzej własności)
  writ of ~ nakaz zatrzymania ⟨aresztowania⟩
detainment s zatrzymanie, zajęcie

detect v wykrywać (winnego); śledzić (przestępcę)
  to ~ the murderer wykryć mordercę ⟨zabójcę⟩
  to ~ sb in the act schwytać kogoś na gorącym uczynku
detected pp adj : **~ delinquency** wykrywalność przestępczości
detection s 1. wykrycie, wyśledzenie 2. przychwycenie (in doing sth na czymś) 3. dostrzeżenie
  ~ of a crime wykrycie przestępstwa
  ~ of a fraud wykrycie oszustwa ⟨nadużycia⟩
  to escape ~ a) ujść uwagi b) uniknąć wykrycia
detective[1] s detektyw, wywiadowca
  private ~ prywatny detektyw
detective[2] adj: **~ agency** biuro wywiadowcze
  ~ force policja kryminalna
detector s urządzenie do wykrywania, wykrywacz
  lie ~ wykrywacz kłamstwa
detention s 1. areszt 2. zatrzymanie, przetrzymanie (statku)
  ~ allowance dieta dla załogi zatrzymanego statku
  ~ camp obóz dla internowanych
  ~ centre izba zatrzymań
  ~ clause klauzula dotycząca zatrzymania ⟨przetrzymania⟩ (statku)
  ~ home izba zatrzymań (dla nieletnich)
  ~ in a jail zatrzymanie w więzieniu
  ~ on ⟨under⟩ remand areszt śledczy
  ~ ward areszt (pomieszczenie)
  damages for ~ odszkodowanie za przetrzymanie statku (przez czarterującego)
  house of ~ izba zatrzymań
  illegal ~ nielegalne przetrzymanie w areszcie
  preventive ~ areszt prewencyjny
deteriorate v 1. pogarszać (się) 2. psuć (się) 3. podupadać
  to ~ the value of sth obniżać wartość czegoś
deterioration s 1. zepsucie (się) 2. pogorszenie (się) 3. zmniejszenie wartości
  ~ in quality pogorszenie jakości
  ~ in relations pogorszenie (się) stosunków
  progressive ~ postępujące pogorszenie
  subject to ~ podlega zepsuciu
determinable adj dający się określić, możliwy do określenia
  ~ fee ⟨interest⟩ prawo do korzystania z nieruchomości podlegające pewnym warunkom (np. do śmierci określonej osoby)
determinant adj decydujący (of sth o czymś), warunkujący (of sth coś), miarodajny (of sth dla czegoś)
determinate adj 1. określony, sprecyzowany 2. ostateczny, rozstrzygający, stanowczy
  ~ obligation określony ⟨sprecyzowany⟩ obowiązek
  ~ order określony porządek
  ~ reply ostateczna odpowiedź
determination s 1. określenie, oznaczenie, ustalenie 2. decyzja, rozstrzygnięcie 3. postanowienie, orzeczenie (sądu) 4. wygaśnięcie (prawa), ustanie (np. ważności) 5. zwolnienie (to do sth od czegoś)
  ~ of compensation ustalenie odszkodowania
  ~ of a contract wygaśnięcie umowy
  ~ of a frontier wyznaczenie granicy
  ~ of price określenie ceny, kalkulacja
  to come to a ~ powziąć decyzję
determinative[1] s czynnik decydujący ⟨rozstrzygający⟩
determinative[2] adj 1. określający 2. decydujący, rozstrzygający

determine v 1. oznaczać, ustalać 2. decydować (**sth** o czymś), rozstrzygać 3. decydować się, postanawiać (**on sth** o czymś) 4. ustawać, wygasać, tracić moc obowiązującą
  to ~ **the case** rozstrzygnąć sprawę
  to ~ **the choice** zdecydować się na wybór
  to ~ **a contract** rozwiązać umowę
  to ~ **the crisis** zakończyć kryzys
  to ~ **the damage** ustalić szkodę
  to ~ **sb's duties** określić czyjeś obowiązki
  to ~ **the penalty** wymierzyć karę
  to ~ **the price** wyznaczyć cenę
  to ~ **the rights** ustalać ⟨określać⟩ prawa
  to ~ **the rules** określić zasady
  the contract ~**s on the** ... umowa wygasa dnia ...
  right to ~ prawo do decydowania
determined adj 1. zdecydowany, stanowczy 2. zdeterminowany
  ~ **price** sztywna cena
determining adj: ~ **factor** decydujący czynnik
deterrence s odstraszenie, zastraszenie, groźba
  nuclear ~ groźba nuklearna
deterrent[1] s czynnik odstraszający, środek zapobiegawczy
  ~ **of law** sankcja prawna
  to act ⟨**serve**⟩ **as a** ~ działać jako środek odstraszający
deterrent[2] adj 1. zapobiegawczy, zaradczy 2. odstraszający
detinue s bezprawne zatrzymanie
  action of ~ roszczenie o odzyskanie bezprawnie zatrzymanej rzeczy
detract v 1. umniejszać, uszczuplać, ujmować 2. zaszkodzić
  to ~ **from sb's reputation** zaszkodzić czyjejś reputacji
detraction s 1. umniejszenie, uszczuplenie (**from sth** czegoś) 2. ubliżanie, szkalowanie; obmowa
  to listen to ~ wierzyć oszczerstwom
detractor s oszczerca, potwarca
detriment s szkoda, uszczerbek, strata, krzywda
  to the ~ **of sb, sth** ze szkodą dla kogoś, czegoś
  without ~ **to** bez szkody ⟨krzywdy⟩ dla
detrimental adj szkodliwy, krzywdzący, niekorzystny (**to sb** dla kogoś)
devaluate, devalue v dewaluować, obniżać wartość
devaluation s dewaluacja
  ~ **clause** klauzula dewaluacyjna
  ~ **policy** polityka dewaluacyjna
  currency ~ dewaluacja pieniądza
  rate of ~ stopa dewaluacji
devastate v 1. pustoszyć, niszczyć, dewastować 2. zmniejszać majątek zmarłego (*przez zbędne wydatki*)
devastation s 1. spustoszenie, zniszczenie, dewastacja 2. roztrwonienie majątku zmarłego (*np. przez wykonawcę testamentu*)
devastator s niszczyciel, dewastator
devastavit łac. roztrwonił ⟨zmniejszył⟩ (*powierzony majątek – zarzut w stosunku do kuratora ⟨zarządcy⟩ spadku*)
develop v 1. rozwijać (się), rozszerzać 2. podnosić ekonomicznie 3. eksploatować, wykorzystywać zasoby 4. popadać (**a habit** w nałóg) 5. wydobywać na jaw, wykazywać, przejawiać 6. nabawiać się (**an**

illness choroby) 7. robić postępy 8. wywoływać (**films** filmy)
  to ~ **an argument** wysunąć argument
  to ~ **bilateral trade** rozwijać handel dwustronny
  to ~ **one's business** rozwijać swoje przedsiębiorstwo ⟨swój interes⟩
  to ~ **natural resources** wykorzystywać zasoby naturalne
  to ~ **relations** rozwijać stosunki
  to ~ **symptoms of stagnation** wykazywać objawy stagnacji ⟨zastoju⟩
developing adj rozwijający się
  ~ **countries** kraje rozwijające się
development s 1. rozwój, rozrost, postęp 2. rozwijanie, rozszerzanie 3. podnoszenie ekonomiczne 4. eksploatacja, wyzyskiwanie zasobów 5. pl ~**s** nowe wydarzenia, nowy obrót (*sprawy*)
  ~ **account** a) konto eksploatacji b) konto inwestycji
  ~ **aid** pomoc dla rozwoju
  ~ **area** obszar rozwojowy
  ~ **bank** bank rozwoju
  ~ **company** spółka eksploatacyjna
  ~ **cost** koszty rozwoju ⟨postępu⟩
  ~ **expenditures** wydatki na cele rozwojowe ⟨inwestycje⟩
  ~ **fund** fundusz rozwojowy
  ~ **of economic relations** rozwój stosunków gospodarczych
  ~ **of industry** rozwój przemysłu
  ~ **of land** melioracja
  ~ **of population** rozwój ludności
  ~ **of productive forces** rozwój sił wytwórczych
  ~ **plan** ⟨**programme, scheme**⟩ plan ⟨program⟩ rozwoju (*gospodarczego*)
  ~ **process** proces rozwoju
  ~ **rights** prawa rozwoju
  accelerated ~ przyspieszony rozwój
  balanced ~ równomierny rozwój
  current ~ bieżące wydarzenie
  economic ~ rozwój gospodarczy ⟨ekonomiczny⟩
  industrial ~ rozwój przemysłowy
  rate of ~ wskaźnik rozwoju ⟨postępu⟩
  recent ~**s** ostatnie wydarzenia
  stage of ~ stadium rozwoju
  town ~ budownictwo miejskie
  to await ~**s** oczekiwać dalszego rozwoju wydarzeń
developmental adj 1. rozwojowy 2. ewolucyjny
  ~ **age** wiek rozwojowy
devest v pozbawiać (*prawa, pełnomocnictwa*)
deviate v 1. zbaczać, odchylać się 2. schodzić z drogi ⟨kursu itp.⟩
  to ~ **from one's duty** uchylać się od spełnienia swego obowiązku
  to ~ **from justice** ujść ⟨wymknąć się⟩ sprawiedliwości
  to ~ **from a rule** odbiegać od zasady
  to ~ **from the truth** odbiegać od prawdy
deviation s 1. odchylenie, zboczenie (*z drogi*) 2. dewiacja
  ~ **clause** klauzula dewiacyjna (*określająca przypadki, w których statek jest upoważniony do zboczenia z drogi*)
  ~ **from a principle** odchylenie od zasady
  average ⟨**mean**⟩ ~ *stat.* odchylenie przeciętne

leftist ⟨**rightist**⟩ ~ odchylenie lewicowe ⟨prawicowe⟩
relative ~ *stat.* odchylenie względne
standard ~ *stat.* odchylenie standardowe
device *s* **1.** pomysł, plan **2.** przyrząd, urządzenie, aparat, mechanizm **3.** dewiza, hasło
  labour-saving ~s urządzenia oszczędzające pracę (*ręczną*)
  loading ~ urządzenie ładunkowe
  procedural ~s wybiegi ⟨kruczki⟩ proceduralne
  safety ~ urządzenie zabezpieczające
devilling *s bryt.* bezpłatna praca młodego prawnika w kancelarii adwokackiej
devisable *adj* **1.** do pomyślenia **2.** mogący być przedmiotem zapisu ⟨spadku⟩
devise¹ *s* **1.** testamentowy zapis nieruchomości **2.** nieruchomość zapisana testamentem **3.** część testamentu zawierająca zapis
devise² *v* **1.** zapisać (*testamentem*) **2.** wymyślać, obmyślać, knuć
  to ~ **a plan** obmyślić ⟨wymyślić⟩ plan
  to ~ **a plot** uknuć spisek
devisee *s* spadkobierca (*nieruchomości*) na mocy testamentu
deviser *s* **1.** autor pomysłu ⟨wynalazku⟩, wynalazca **2.** testator
devisor *s* testator
devoid *adj* pozbawiony (*czegoś*), wolny (*od czegoś*)
  ~ **of malice** wolny od zła
devolution *s* **1.** przejście na inną osobę prawa ⟨obowiązku, tytułu⟩ **2.** dziedzictwo, sukcesja **3.** decentralizacja
  ~ **of authority** przeniesienie pełnomocnictwa
  ~ **of the crown** przejście korony na następcę (*tronu*)
devolve *v* **1.** przenosić, przekazywać **2.** zrzucać z siebie
  to ~ **duties to sb** przenosić na kogoś obowiązki
  to ~ **powers to sb** dawać komuś upoważnienie ⟨pełnomocnictwo⟩
  to ~ **responsibility on** ⟨**upon**⟩ **sb** przenosić na kogoś odpowiedzialność
diagnosis *s* (*pl* **diagnoses**) *med.* diagnoza, rozpoznanie
  to make (out) ⟨**form**⟩ **a** ~ postawić diagnozę
diagram *s* wykres, harmonogram, diagram
  ~ **of loading** harmonogram załadunku
  statistical ~s wykresy statystyczne
dial¹ *s* **1.** tarcza zegarowa **2.** tarcza numerowa (*telefonu itp.*)
  ~ **balance** waga towarowa
dial² *v* nakręcać ⟨wybierać⟩ (*numer telefonu*)
dialect *s* **1.** dialekt, narzecze, gwara **2.** żargon zawodowy
  local ~ miejscowy dialekt, gwara miejscowa
  the lawyer's ~ żargon prawniczy
dialectical *adj* dialektyczny
dialectics *s* dialektyka
diary *s* **1.** dziennik, terminarz **2.** agenda, notatnik **3.** kalendarz (*płatności*)
  bill ~ terminarz wekslowy banku
  desk ~ terminarz biurkowy ⟨na biurko⟩
dicker *v* **1.** uprawiać handel wymienny **2.** targować się
dictate¹ *s* nakaz, dyktat

dictate² *v* **1.** dyktować **2.** nakazywać, narzucać **3.** rozkazywać
  to ~ **a letter** dyktować list
  to ~ **terms** dyktować ⟨narzucać⟩ warunki
dictation *s* **1.** dyktat, nakaz **2.** dyktando
  under sb's ~ pod czyjeś dyktando
dictator *s* **1.** dyktator **2.** osoba dyktująca tekst
dictatorial *adj* dyktatorski, bezwzględny, arbitralny
  ~ **government** rząd dyktatorski
dictatorship *s* dyktatura
  ~ **of the proletariat** dyktatura proletariatu
dictionary *s* **1.** słownik **2.** mała encyklopedia (*fachowa*)
dictum *s łac.* (*pl* **dicta**) **1.** wypowiedź, wypowiedzenie się **2.** orzeczenie sędziego nie mające mocy prawnej **3.** powiedzenie, maksyma, sentencja
die *v* **1.** umierać, ginąć, konać **2.** (*o zwierzęciu*) zdechnąć, paść, zginąć
  to ~ **by an enemy's hand** zginąć z ręki nieprzyjaciela
  to ~ **by one's own hand** zginąć z własnej ręki, odebrać sobie życie
  to ~ **by violence** zginąć gwałtowną śmiercią
  to ~ **an early death** zginąć ⟨umrzeć⟩ przedwcześnie
  to ~ **from wounds** umrzeć z ran
  to ~ **intestate** umrzeć bez testamentu ⟨nie pozostawiając testamentu⟩
  to ~ **a natural death** umrzeć śmiercią naturalną
  to ~ **of an illness** umrzeć z powodu ⟨wskutek⟩ choroby
  to ~ **of old age** umrzeć wskutek starości
  to ~ **of poison** umrzeć przez otrucie
  to ~ **a violent death** umrzeć gwałtowną śmiercią
die off *v* **1.** ginąć, niknąć, zanikać **2.** wygasać, wymierać
die out *v* **1.** (*o tradycji*) zanikać **2.** ginąć, (*o rodzie*) wygasać
dies *s łac.* dzień
  ~ **ad quem** *łac.* dzień, w którym (*kończy się* ⟨*upływa*⟩ *termin*)
  ~ **a quo** *łac.* dzień, od którego (*biegnie termin*)
  ~ **iuridicus** *łac.* dzień sądowy ⟨posiedzeń sądu⟩
  ~ **non iuridicus** *łac.* dzień wolny od posiedzeń sądu
diet *s* **1.** sejm, parlament **2.** konferencja międzynarodowa, kongres **3.** *szkoc.* posiedzenie sądu **4.** *szkoc.* dzień stawiennictwa w sądzie, dzień rozpoznawania sprawy karnej
  ~ **of appearance** *szkoc.* dzień stawiennictwa w sądzie
  the Polish Diet polski Sejm, Sejm Polskiej Rzeczypospolitej Ludowej
differ *v* **1.** różnić się, odróżniać się (**from sb, sth** od kogoś, czegoś) **2.** być innego zdania, mieć odmienne zdanie (**from** ⟨**with**⟩ **sb about sth** od kogoś w jakiejś sprawie), nie zgadzać się (**with** ⟨**from**⟩ **sb** z kimś)
  to ~ **in appearance** różnić się wyglądem ⟨pod względem wyglądu⟩
  to ~ **in opinion** różnić się w poglądach
  to agree to ~ (*o przeciwnikach w sporze*) pozostawać przy swoim zdaniu
difference *s* **1.** różnica, rozbieżność, odmienność **2.** nieporozumienie, sprzeczka, spór, różnica zdań **3.** *pl* **differences** *giełd.* różnica kursów
  ~ **in accounts** rozbieżność między kontami
  ~ **in the cash** różnica kasowa

~ **in** ⟨**of**⟩ **exchange** różnica kursów (*przeliczenio-wych*)
~ **in** ⟨**of**⟩ **prices** różnica cen
~ **in** ⟨**of**⟩ **rates** różnica (rozpiętość) kursów
~ **in quality** różnica jakości ⟨w gatunku⟩
~ **in weight** różnica w ⟨na⟩ wadze
~ **of opinion** rozbieżność ⟨różnica⟩ zdań ⟨poglą-dów⟩
basic ⟨**fundamental**⟩ ~ podstawowa różnica
considerable ~ znaczna różnica
major ~ wielka ⟨duża, znaczna⟩ różnica
price ~ różnica cen
relevant ~ istotna ⟨znaczna⟩ różnica
significant ~ *stat.* istotna różnica
substantial ~ istotna różnica
to bridge the ~**s** łagodzić różnice
to make a ~ stanowić różnicę
to make a ~ **between** ... robić różnicę między ...
to pay the ~ zapłacić ⟨wyrównać⟩ różnicę
to settle a ~ załagodzić spór
to speculate in ~ grać na giełdzie na różnicę kur-sów
to split the ~ **a)** pójść na kompromis **b)** przyjąć średnią (*proponowanych przez strony cen* ⟨*sum*⟩)
different *adj* **1.** różny, odmienny, inny (**from** ⟨**to**⟩ **sb, sth** od kogoś, czegoś ⟨niż ktoś, coś⟩) **2.** rozmaity, różno-rodny
~ **social systems** różne systemy ⟨ustroje⟩ społeczne
to be of ~ **opinion** być innego zdania
differential[1] *s* zróżnicowanie (*np. taryf*), rozpiętość, różnica
price ~ różnica cen, marża
wage ~**s** rozpiętość ⟨skala⟩ płac, różnice w stawkach płacy
differential[2] *adj* zróżnicowany, dyferencyjny
~ **duties** cła dyferencyjne
~ **tariffs** dyferencyjna taryfa celna
differentiate *v* **1.** rozróżniać **2.** odróżniać **3.** różnico-wać
differentiation *s* **1.** różnicowanie **2.** rozróżnianie
~ **of labour** podział pracy
differently *adv* **1.** inaczej, odmiennie **2.** rozmaicie
~ **constituted bench** inny skład sądu
differing *adj* różniący się, odmienny
~ **opinions** ⟨**views**⟩ różniące się zdania, odmienne poglądy
difficult *adj* **1.** trudny, niełatwy **2.** (*o pracy*) ciężki **3.** (*o człowieku*) trudny (w pożyciu)
~ **of access** trudno dostępny
~ **of accomplishment** trudny do wykonania
~ **to grasp** trudny do pojęcia ⟨do zrozumienia⟩
difficulties *spl* trudności, kłopoty; *zob.* **difficulty**
~ **of supply** trudności w zaopatrzeniu
credit ~ trudności kredytowe ⟨na rynku kredyto-wym⟩
economic ~ trudności gospodarcze
financial ~ trudności finansowe
in case of ~ w razie ⟨w przypadku⟩ trudności
increasing ~ wzrastające trudności
money ~ trudności pieniężne
transport ~ trudności transportowe·
unforeseen ~ nieprzewidziane trudności
to be in ~ mieć kłopoty (*pieniężne*)
to do sth under ~ robić coś w trudnych warun-kach
to face ~ stanąć w obliczu trudności

to make ⟨**raise**⟩ ~ robić trudności
to meet with ~ napotkać trudności
to overcome ⟨**surmount**⟩ ~ pokonać ⟨przezwyciężyć⟩ trudności
to remove ~ usunąć trudności
difficulty *s* **1.** trudność **2.** kłopot, ambaras **3.** *am.* nieporozumienie, sprzeczka **4.** *zob.* **difficulties**
the ~ **is to** ... trudność polega na tym, żeby ...
with ~ z trudem ⟨trudnością⟩
without ~ bez trudności
to be in a ~ być w kłopocie
to have ~ **in doing sth** mieć trudności w zrobieniu ⟨ze zrobieniem⟩ czegoś
to make no ~ nie czynić trudności
diffuse *v* szerzyć, rozprzestrzeniać, rozpowszechniać
to ~ **rumours** szerzyć pogłoski, rozprzestrzeniać plotki
diffusion *s* szerzenie, rozpowszechnianie, rozsiewanie (*wieści itp.*)
digamous *adj* powtórnie żonaty
digamy *s* powtórne małżeństwo (*po śmierci pierwszego małżonka*)
digest[1] *s* **1.** streszczenie, skrót **2.** zarys, kompendium **3.** zbiór praw
the Digest of Iustinian Kodeks Justyniana
digest[2] *v* **1.** uporządkować, usystematyzować **2.** prze-myśleć **3.** streścić
dignitary *s* dygnitarz, dostojnik
dignity *s* **1.** godność **2.** dostojeństwo, powaga **3.** zaszczyt, ranga, stanowisko, tytuł
impairment of ~ uchybienie godności
digress *v* **1.** zbaczać (*z drogi*) **2.** robić dygresje, odbiegać od tematu
digression *s* dygresja
by way of ~ nawiasem mówiąc
dilapidate *v* **1.** rujnować (się), niszczyć (się) **2.** trwo-nić
to ~ **a fortune** roztrwonić majątek ⟨fortunę⟩
dilapidated *pp adj* zniszczony, walący się, w ruinie
~ **house** zrujnowany dom
dilapidation *s* **1.** zniszczenie, ruina (*spowodowana przez najemcę nieruchomości*) **2.** niewypełnianie obowiązku bieżących remontów **3.** trwonienie
dilatation *s* **1.** rozszerzenie, rozciągnięcie **2.** przyrost objętościowy
dilate *v* **1.** rozszerzać, rozciągać **2.** powiększać objętoś-ciowo
dilatory *adj* **1.** powolny, zwlekający **2.** obliczony na zwłokę, opóźniający
~ **defence** obrona obliczona na zwłokę
~ **exceptions** zarzuty mające na celu opóźnienie postępowania w sprawie
~ **motion** wniosek mający na celu opóźnienie u-chwalenia ustawy
~ **pleas** = ~ **exceptions**
~ **policy** polityka opóźniania ⟨działania na zwło-kę⟩
dilemma *s* dylemat, problem
diligence *s* **1.** pracowitość, staranność, dbałość **2.** *szkoc.* nałożenie aresztu na majątek w celu zabezpieczenia długu **3.** *szkoc.* nakaz stawienia się w sądzie
with due ~ z należytą starannością
diligent *adj* staranny, dbały
diligentia *s łac.* staranność, dbałość, troska
dilute[1] *adj* rozcieńczony, rozwodniony
dilute[2] *v* rozcieńczać, rozrzedzać

to ~ **labour** zastępować część pracowników wykwalifikowanych siłami niewykwalifikowanymi
dilutee s pracownik niewykwalifikowany zatrudniony zamiast wykwalifikowanego
dimension s **1.** rozmiar, wielkość, wymiar **2.** format
  external ~ s wymiary zewnętrzne
  of great ⟨small⟩ ~ s dużych ⟨małych⟩ rozmiarów
diminish v **1.** zmniejszać, ujmować, redukować, obniżać **2.** maleć, niknąć, zanikać **3.** (o cenach) spadać
  to ~ **the costs** obniżyć koszty własne
  to ~ **in number** zmniejszać się ilościowo
  to ~ **wages** zmniejszać ⟨redukować⟩ płace
diminished adj zmniejszony, zredukowany, obniżony
  ~ **proceeds** zmniejszone wpływy ⟨zarobki⟩
  ~ **responsibility** zmniejszona odpowiedzialność
diminishing adj malejący, zmniejszający (się)
  ~ **returns** malejące dochody, zmniejszające się przychody
  ~ **value** malejąca wartość
diminution s zmniejszenie, uszczuplenie, redukcja, obniżka, ubytek
  ~ **in the demand** zmniejszenie się popytu
  ~ **of costs** obniżka kosztów
  ~ **of prices** obniżka cen
diploma s **1.** dyplom, świadectwo **2.** oficjalny dokument
diplomacy s dyplomacja
diplomat s dyplomata
diplomatic adj **1.** dyplomatyczny **2.** dokładny
  ~ **adviser** doradca dyplomatyczny
  ~ **agent** przedstawiciel dyplomatyczny
  ~ **asylum** azyl dyplomatyczny
  ~ **bag ⟨pouch⟩** poczta dyplomatyczna
  ~ **ceremonial** protokół dyplomatyczny
  ~ **channels** kanały dyplomatyczne
  ~ **circles** koła dyplomatyczne
  ~ **conduct** postępowanie dyplomatyczne
  ~ **copy** wierna kopia oryginału
  ~ **corps ⟨body⟩** korpus dyplomatyczny
  ~ **courier** kurier dyplomatyczny
  ~ **etiquette** etykieta dyplomatyczna
  ~ **immunity** immunitet dyplomatyczny
  ~ **law** prawo dyplomatyczne
  ~ **mail** poczta dyplomatyczna
  ~ **negotiations** rokowania dyplomatyczne
  ~ **officer** pracownik służby dyplomatycznej
  ~ **personnel** personel dyplomatyczny
  ~ **practice** praktyka dyplomatyczna
  ~ **privileges** przywileje dyplomatyczne
  ~ **protection** ochrona przysługująca dyplomacie
  ~ **protocol** protokół dyplomatyczny
  ~ **rank** stopień ⟨ranga⟩ w służbie dyplomatycznej
  ~ **relations** stosunki dyplomatyczne
  ~ **representation** przedstawicielstwo dyplomatyczne
  ~ **service** służba dyplomatyczna
  ~ **sources** źródła dyplomatyczne
  ~ **staff** personel dyplomatyczny
  ~ **steps** kroki dyplomatyczne
  through ~ **channels** drogą dyplomatyczną, na drodze dyplomatycznej
  to break off ⟨sever⟩ ~ **relations** zerwać stosunki dyplomatyczne
  to enter the ~ **service** wstąpić do służby dyplomatycznej

to establish ~ **relations** nawiązać stosunki dyplomatyczne
to maintain ~ **relations** utrzymywać stosunki dyplomatyczne
diplomatist s dyplomata
dipsomania s med. dypsomania, opilstwo okresowe
dipsomaniac s dypsomaniak; alkoholik, pijak nałogowy
dire adj straszny, okropny, skrajny
  ~ **misery ⟨poverty⟩** skrajna nędza, skrajne ubóstwo
direct[1] adj **1.** bezpośredni, prosty **2.** bliższy **3.** wyraźny
  ~ **action** stosowanie strajków itp. dla celów politycznych
  ~ **ancestor** bezpośredni przodek
  ~ **answer** wyraźna ⟨kategoryczna⟩ odpowiedź
  ~ **arbitration** arbitraż prosty ⟨bezpośredni⟩
  ~ **attack** bezpośrednie zaatakowanie (orzeczenia sądowego)
  ~ **authority** bezpośrednie źródło
  ~ **bill** weksel prosty
  ~ **bill of lading** konosament bezprzeładunkowy
  ~ **bodily harm** bezpośrednie uszkodzenie ciała
  ~ **call** bezpośrednie zawinięcie do portu
  ~ **carriage of contraband** bezpośredni przewóz kontrabandy
  ~ **cause** bezpośrednia przyczyna
  ~ **collection** inkaso bezpośrednie
  ~ **connection** bezpośrednie połączenie
  ~ **contact** kontakt bezpośredni
  ~ **contempt** bezpośrednia obraza sądu (na sali sądowej)
  ~ **contract** umowa zawarta bez pośredników
  ~ **contradiction** bezpośrednie zaprzeczenie
  ~ **control** kontrola bezpośrednia
  ~ **cost** koszt bezpośredni
  ~ **damages** bezpośrednie szkody
  ~ **denial** formalne ⟨wyraźne⟩ zaprzeczenie
  ~ **descendant** bezpośredni potomek, potomek w linii prostej
  ~ **election** wybory bezpośrednie
  ~ **evidence** dowód bezpośredni
  ~ **examination** bezpośrednie przesłuchanie
  ~ **exchange** wymiana bezpośrednia
  ~ **export** eksport bezpośredni
  ~ **heir** bezpośredni spadkobierca, spadkobierca w linii prostej
  ~ **import** import bezpośredni
  ~ **interest** bezpośrednie ⟨osobiste⟩ zainteresowanie
  ~ **interrogatories** pisemne pytania (przygotowane dla świadka przez stronę, która go powołała)
  ~ **investment** bezpośrednia inwestycja
  ~ **lie** oczywiste kłamstwo
  ~ **line** bezpośrednie połączenie
  ~ **loss** bezpośrednia strata
  ~ **loss by fire** a) straty poniesione wskutek pożaru b) straty powstałe wskutek akcji gaszenia pożaru
  ~ **mail advertising** reklamowanie za pomocą poczty
  ~ **management** bezpośrednie kierowanie
  ~ **motive** bezpośrednia pobudka, bezpośredni motyw
  ~ **naturalization** bezpośrednia naturalizacja
  ~ **opposite** absolutne przeciwieństwo
  ~ **payment** bezpośrednia zapłata
  ~ **possession** bezpośrednie posiadanie

~ **responsibility** bezpośrednia odpowiedzialność
~ **route** ⟨**course**⟩ bezpośrednia droga
~ **sale** bezpośrednia sprzedaż
~ **shipment** *a*) przesyłka bezpośrednia ⟨bez przeładunku⟩ *b*) przewóz bezpośredni
~ **suffrage** bezpośrednie prawo wyborcze
~ **tax** podatek bezpośredni
~ **touch** bezpośredni kontakt
~ **trust** bezpośrednio ⟨wyraźnie⟩ ustanowione powiernictwo
~ **vote** głosowanie bezpośrednie
in ~ **line** w linii prostej
direct[2] *v* **1.** kierować (**sb, sth** kimś, czymś) **2.** adresować, kierować do... **3.** zarządzać, administrować (**sth** czymś) **4.** polecać, dawać dyspozycje (**sb to do sth** komuś, by coś zrobił) **5.** udzielać (*np. sędziom przysięgłym*) pouczenia
to ~ **an acquittal** zalecać sędziom przysięgłym uniewinnienie
to ~ **sb's attention to sth** zwracać ⟨kierować⟩ czyjąś uwagę na coś
to ~ **a business** kierować przedsiębiorstwem ⟨firmą⟩
to ~ **the jury** udzielać sędziom przysięgłym pouczenia
to ~ **a request to sb** kierować prośbę do kogoś
direct[3] *adv* **1.** bezpośrednio, wprost **2.** bez przeładunku
~ **port** bezpośrednio do portu
to write ~ **to sb** napisać bezpośrednio do kogoś
directed *pp adj*: **as** ~ zgodnie z instrukcjami, według instrukcji
to be ~ **to do sth** otrzymać polecenie zrobienia czegoś
directing *adj*: ~ **power** siła kierująca ⟨rządząca⟩
direction *s* **1.** kierowanie **2.** kierownictwo, zarząd, administracja **3.** kierunek **4.** instrukcja, wskazówka, dyrektywa **5.** adres (*np. na liście*) **6.** pouczenie sędziów przysięgłych przez przewodniczącego sądu
~ **of the traffic** kierowanie ruchem, regulacja ruchu
~**s for routing** wskazówki dotyczące trasy (*przesyłki*)
~**s for use** wskazówki dla użytkowników, sposób użycia
~ **sign** znak drogowy
according to ~**s** według instrukcji
full ~**s inside** szczegółowe wskazówki wewnątrz (*przesyłki*)
in the ~ **of...** w kierunku
under the ~ **of...** pod kierownictwem...
to give ~ nadać kierunek
to take over the ~ **of a business** objąć kierownictwo przedsiębiorstwa
directive[1] *s* dyrektywa, zarządzenie
by ~ zgodnie z zarządzeniem ⟨dyrektywą⟩
directive[2] *adj* kierujący, kierowniczy, przewodni
~ **idea** idea ⟨myśl⟩ przewodnia
directly *adv* **1.** bezpośrednio, wprost **2.** w linii prostej, prosto
~ **affected** bezpośrednio dotknięty
~ **or indirectly** bezpośrednio lub pośrednio
~ **responsible** bezpośrednio odpowiedzialny
to be descended ~ **from sb** pochodzić w prostej linii od kogoś

director *s* **1.** dyrektor, zarządca **2.** administrator **3.** członek zarządu
~ **general** dyrektor naczelny
Director of Public Prosecution *bryt.* Dyrektor Ścigania Publicznego (*urzędnik powołany do ścigania najpoważniejszych przestępstw*)
assistant ~ zastępca dyrektora
board of ~**s** rada zarządzająca, zarząd
managing ~ dyrektor, kierownik
directorate *s* **1.** kierownictwo, zarząd, dyrekcja **2.** rada zarządzająca
directorial *adj* kierowniczy, dyrektorski
~ **disposition** zarządzenie dyrekcji
directorship *s* kierownictwo
directory[1] *s* **1.** księga adresowa **2.** książka telefoniczna **3.** spis przedsiębiorstw, instytucji i urzędów **4.** *am.* zarząd (*towarzystwa itp.*)
business ⟨**commercial**⟩ ~ informator handlowy, handlowa księga adresowa
street ~ spis ulic (*dołączony do planu miasta, przewodnika*)
telephone ~ książka telefoniczna
directory[2] *adj*: ~ **trust** ukierunkowane powiernictwo (*zawierające wskazówki co do zainwestowania powierzonego kapitału*)
directress *s* **1.** kierowniczka **2.** dyrektorka **3.** administratorka
dirt-cheap *adj* bardzo tani, za bezcen
dirty *adj* **1.** brudny, zanieczyszczony **2.** brudzący **3.** podły, nikczemny, haniebny
~ **bill of lading** konosament nieczysty (*zaklauzulowany, z zastrzeżeniem*)
~ **cargo** ładunek brudzący (*np. ropa, olej*)
~ **money** premia za pracę przy ładunkach brudzących
~ **ship** ⟨**tanker**⟩ zbiornikowiec ⟨tankowiec⟩ na brudne ładunki
~ **trade** przewozy brudne ⟨brudnych ładunków⟩
~ **war** *przen.* brudna wojna
disability *s* **1.** niezdolność, niezdatność **2.** niezdolność do pracy, inwalidztwo **3.** przeszkoda prawna
~ **benefit** renta inwalidzka
~ **clause** klauzula dotycząca niezdolności do pracy
~ **in the nature of punishment** niemożność zajmowania pewnych stanowisk (*jako kara*)
~ **insurance** ubezpieczenie od inwalidztwa
~ **pension** renta inwalidzka
~ **rate** kategoria ⟨stopień⟩ inwalidztwa
~ **retirement** przejście na rentę na skutek inwalidztwa
~ **to do** ⟨**for doing**⟩ **sth** niezdolność do zrobienia czegoś
~ **to work** niezdolność do pracy
legal ~ brak zdolności do czynności prawnych
physical ~ fizyczna niezdolność
temporary ~ czasowa niezdolność (*do pracy*)
total ~ całkowita niezdolność (*do pracy*)
disable *v* **1.** czynić niezdolnym, uniemożliwiać (**sb from doing sth** komuś robienie czegoś) **2.** czynić inwalidą ⟨kaleką⟩ **3.** unieszkodliwiać, obezwładniać **4.** czynić niezdolnym do działań prawnych **5.** utracić zdolność do działań prawnych **6.** dyskwalifikować, uznawać za niezdolnego (**from doing sth** do robienia czegoś)
disabled *pp adj*: ~ **person** osoba niezdolna do pracy, inwalida

~ **ship** statek niezdolny do żeglugi
~ **soldier** ⟨ex-serviceman⟩ inwalida wojenny
~ **worker** inwalida pracy, człowiek niezdolny do pracy
disablement s 1. pozbawienie możliwości (**from doing sth** robienia czegoś), pozbawienie zdolności (**for sth** do czegoś) 2. niezdolność 3. kalectwo, inwalidztwo 4. unieszkodliwienie 5. dyskwalifikacja
~ **insurance** ubezpieczenie od niezdolności do pracy
degree of ~ stopień niezdolności do pracy
permanent ~ trwała niezdolność do pracy
temporary ~ czasowa niezdolność do pracy
disabling adj: ~ **statute** ustawa parlamentu (*ograniczająca poprzednio istniejące prawo*)
disaccord[1] s niezgoda, różnica zdań, niezgodność poglądów
disaccord[2] v nie zgadzać się, być innego zdania
disacknowledge v nie uznawać, odmawiać uznania
disacknowledgment s nieuznanie, odmowa uznania
disadvantage s 1. wada, ujemna strona 2. niekorzyść 3. szkoda, uszczerbek 4. strata
to be at a ~ być w niekorzystnej ⟨trudnej⟩ sytuacji
to the ~ **of...** na niekorzyść...
to put to a ~ stawiać w trudnej ⟨niekorzystnej⟩ sytuacji
to sell to ~ sprzedać ze stratą
disadvantageous adj niekorzystny, niepomyślny, powodujący straty
to be in a ~ **position** być w niekorzystnej sytuacji
disaffect v zrażać ⟨zniechęcać⟩ do siebie, źle usposabiać
disaffected adj 1. niezadowolony 2. nielojalny (*wobec rządu*)
~ **area** rejon objęty rozruchami
disaffection s 1. niezadowolenie 2. nielojalność (*wobec władz*)
disaffirm v 1. cofać (*poprzednią decyzję*), unieważniać 2. wypowiadać (*np. umowę*)
disaffirmance, disaffirmation s 1. unieważnienie, cofnięcie 2. odmowa potwierdzenia
disagio s dyżażio (*spadek kursu dewiz poniżej ich wartości nominalnej*)
disagree v 1. nie zgadzać się 2. różnić się 3. nie nadawać się (**with sth** do czegoś), nie pasować
to ~ **with the facts** nie zgadzać się z faktami
to ~ **with an opinion** nie zgadzać się ze zdaniem
disagreement s 1. niezgodność, sprzeczność 2. różnica poglądów 3. spór, niezgoda, sprzeczka, nieporozumienie
in case of ~ w wypadku różnicy zdań ⟨braku zgody⟩
to be in ~ **upon sth** nie zgadzać się w jakiejś sprawie
to be in ~ **with sb** nie zgadzać się z kimś
disallow v 1. nie przyjmować (**sth** czegoś), odrzucać 2. odmawiać aprobaty (**sth** czegoś) 3. zakazywać (**sth** czegoś)
to ~ **a claim** odrzucać roszczenie
disallowance s 1. odrzucenie 2. odmówienie 3. zakaz
disannul v anulować, unieważniać
disappear v znikać, przepadać, ginąć
disappearance s 1. zniknięcie, zginięcie 2. zanikanie
disappeared pp: **to be considered as** ~ być uważanym za zaginionego
disapprobation s dezaprobata, niepochwalanie

disapprobative, disapprobatory adj wyrażający dezaprobatę
disapproval s dezaprobata, potępienie, nieuznanie, nieprzyjęcie
disapprove v 1. ganić, potępiać 2. nie pochwalać, źle widzieć, ustosunkować się nieprzychylnie (**of sb, sth** do kogoś, czegoś)
to ~ **sb's conduct** nie pochwalać czyjegoś postępowania
to ~ **of an action** potępić ⟨zganić⟩ działanie ⟨czyn⟩
disarm v 1. rozbroić 2. wytrącić broń z ręki (**sb** komuś)
to ~ **one's opponent** rozbroić przeciwnika
disarmament s rozbrojenie
the Disarmament Commission Komisja Rozbrojeniowa
~ **conference** konferencja rozbrojeniowa
~ **talks** rokowania rozbrojeniowe
general and complete ~ powszechne i całkowite rozbrojenie
partial ~ częściowe rozbrojenie
disaster s nieszczęście, katastrofa, klęska
~ **area** obszar objęty klęską (*żywiołową*)
natural ~ klęska żywiołowa
political ~ klęska polityczna
disastrous adj zgubny, fatalny, katastrofalny
~ **effects** ⟨consequences⟩ katastrofalne skutki, fatalne konsekwencje
disavow v 1. wyrzekać ⟨wypierać⟩ się (**sb, sth** kogoś, czegoś) 2. dezawuować 3. odrzucać, nie uznawać
to ~ **one's signature** zaprzeczyć autentyczności swego podpisu
disavowal s 1. wyrzeczenie się, wyparcie się 2. dezawuowanie 3. nieuznanie, odrzucenie
disbar v skreślić z listy adwokatów, wykluczyć z adwokatury
disbarment s skreślenie z listy adwokatów, wykluczenie z adwokatury
disbelief s niewiara, niedowierzanie
disbelieve v nie dawać wiary, nie wierzyć (**in sb, sth** komuś, czemuś; **in sth** w coś)
disbench v pozbawiać stanowiska sędziowskiego
disburse v wydawać, wypłacać, wydatkować
disbursement s 1. wydatek, rozchód, nakład 2. wypłata, płatność 3. pl **disbursements** wydatki na eksploatację statku
~ **clause** klauzula wydatków
~ **insurance** ubezpieczenie wydatków
~ **s account** rachunek kosztów portowych, nota spedycyjna ⟨maklerska⟩ (*spis kosztów poniesionych przez spedytora lub maklera*)
~ **s commission** prowizja za wyłożone (*przez maklera lub spedytora*) sumy na zapłatę frachtu, ⟨cła itp.⟩
~ **s warranty** ubezp. zastrzeżenie dotyczące wydatków
cash ~ rozchody kasowe
general average ~ **s** wydatki awarii wspólnej
disbursing adj wydatkujący, wypłacający
~ **official** płatnik
discard v 1. wyrzucać, usuwać 2. odrzucać, brakować 3. zarzucić, zaniechać (**sth** czegoś)
to ~ **sb** usunąć kogoś z pracy, wydalić kogoś
to ~ **a project** odstąpić od projektu, zarzucić plan
discarded adj 1. zbyteczny 2. zarzucony, zaniechany 3. wydalony

discharge[1] *s* **1.** rozładowanie, wyładowanie, wyładunek **2.** zwolnienie, odprawienie (*pracownika*) **3.** spłacenie, spłata, uiszczenie (*długu*) **4.** wypełnienie zobowiązania **5.** wypuszczenie na wolność (*więźnia*) **6.** zwolnienie, uwolnienie (*od obowiązku*) **7.** spełnienie, wywiązanie się (*z obowiązku*)
~ **certificate** zaświadczenie zwolnienia z wojska
~ **from the army** zwolnienie z wojska
~ **from office** zwolnienie ze stanowiska
~ **from prison** zwolnienie z więzienia
~ **from responsibility** zwolnienie od odpowiedzialności
~ **from service** zwolnienie ze służby (z pracy)
~ **in bankruptcy** uchylenie upadłości, przywrócenie praw upadłemu
~ **of cargo** wyładunek ładunku
~ **of a contract** zwolnienie z obowiązków wynikających z umowy
~ **of a debt** zapłata długu
~ **of a duty** spełnienie obowiązku
~ **of a liability** zapłata z tytułu zobowiązania
~ **of an obligation** wykonanie zobowiązania
~ **of a ship** rozładowanie statku
~ **of a task** spełnienie zadania
certificate of ~ świadectwo zwolnienia ze służby (*marynarza*)
customary ~ wyładunek zgodnie ze zwyczajami
full ~ całkowita zapłata długu
in — **of one's function** przy wypełnianiu swych obowiązków
notice of readiness to ~ zawiadomienie o gotowości statku do wyładunku
order of ~ zwolnienie sądowe bankruta od spłaty długów
place of ~ miejsce wyładunku
port of ~ port wyładunku
discharge[2] *v* **1.** rozładowywać, wyładowywać **2.** zwalniać, usuwać (*z pracy, służby*) **3.** zwalniać (*więźnia*) **4.** zwalniać od obowiązku **5.** wypełnić obowiązek, wywiązać się z obowiązku **6.** spłacać dług, wypełniać zobowiązanie
to ~ **an account** wyrównać rachunek (konto)
to ~ **afloat** wyładować ze statku na wodzie
to ~ **aground** wyładować ze statku osiadłego (osadzonego) na mieliźnie
to ~ **alongside** wyładować wzdłuż burty statku
to ~ **a bankrupt** uchylić upadłość, przywrócić prawa upadłemu
to ~ **a bill** zapłacić weksel
to ~ **a debt** spłacić dług
to ~ **one's duty** wypełnić swój obowiązek
to ~ **an employee** zwolnić pracownika
to ~ **from liability** zwolnić od odpowiedzialności (zobowiązania)
to ~ **from service** zwolnić ze służby (z pracy)
to ~ **the members of the jury** zwolnić sędziów przysięgłych
to ~ **of a surety** zwolnić od zabezpieczenia
to ~ **of suspicion** uwalniać od podejrzenia
to ~ **a person absolutely** (**subject to a condition**) całkowicie (warunkowo) zwolnić osobę od odpowiedzialności
to ~ **a prisoner** uwolnić więźnia
discharged *adj* **1.** zwolniony **2.** zapłacony
~ **bill** zapłacony (wykupiony) weksel

discharging *adj:* ~ **berth** miejsce wyładunku (*w porcie*)
~ **charges** (expenses) opłaty wyładunkowe, koszty wyładunku
~ **gang** brygada wyładowcza (wyładunkowa)
~ **rate** norma wyładunkowa
~ **time** czas wyładunku
~ **wharf** nabrzeże wyładunkowe
disciplinary *adj* **1.** dyscyplinarny **2.** wdrażający do dyscypliny
~ **authority** władze dyscyplinarne
~ **barracks** *am. wojsk.* areszt, karcer
~ **board** (committee) komisja dyscyplinarna
~ **case** sprawa dyscyplinarna
Disciplinary Committee komisja dyscyplinarna zrzeszenia prawników brytyjskich
~ **investigation** dochodzenie dyscyplinarne
~ **jurisdiction** orzecznictwo dyscyplinarne
~ **offence** przestępstwo (wykroczenie) dyscyplinarne
~ **penalty** (punishment) kara dyscyplinarna
~ **proceeding** postępowanie dyscyplinarne
to take ~ **measures** wszcząć kroki dyscyplinarne
discipline *s* **1.** dyscyplina, karność, posłuch **2.** kara **3.** dziedzina, dyscyplina (*nauki*)
~ **of labour** dyscyplina pracy
breach of ~ złamanie dyscypliny
relaxation of ~ rozluźnienie dyscypliny
strict ~ surowa dyscyplina
to keep (maintain) ~ utrzymać (zachować) dyscyplinę
to tighten up ~ zaostrzyć dyscyplinę
disclaim *v* **1.** zrzekać się, rezygnować **2.** zaprzeczać, zapierać się (**sth** czegoś) **3.** nie przyznawać (*np. powództwa*)
to ~ **all responsibility** wyprzeć się (uchylić się od) wszelkiej odpowiedzialności
to ~ **the authorship** zaprzeczyć autorstwa
to ~ **the damage** nie przyjmować odpowiedzialności za szkodę
to ~ **onerous property** zrzec się obciążonej własności
to ~ **a right** zrzec się prawa
disclaimer *s* zrzeczenie się, zrezygnowanie
partial ~ częściowe zrzeczenie się (*praw*)
statutory ~ przewidziane prawem zrzeczenie się
disclose *v* ujawniać, odkrywać, wyjawiać
to ~ **sb's designs** ujawniać czyjeś (*przestępcze*) zamysły
to ~ **one's intentions** ujawniać swoje zamiary
to ~ **a secret** wyjawić tajemnicę
disclosed *adj* ujawniony
~ **principal** wymieniony z nazwiska mocodawca
disclosure *s* **1.** odsłonięcie, wyjawienie, ujawnienie (*czegoś*) **2.** odsłonięta (ujawniona) tajemnica
~ **of an invention** ujawnienie wynalazku
~ **of official information** ujawnienie urzędowej wiadomości
full ~ pełne (całkowite) ujawnienie
insufficient ~ niepełne (niekompletne) ujawnienie
oath of ~ przysięga wyjawienia majątku
discommon *v* pozbawić prawa korzystania ze wspólnoty (*ziemskiej*)
disconcert *v* **1.** psuć (krzyżować) plany **2.** wyprowadzać z równowagi **3.** zbijać z tropu
to ~ **sb's plan** krzyżować czyjeś plany

discontinuance s **1.** przerwa, przerwanie **2.** zaprzestanie, zaniechanie **3.** zawieszenie, pozostawienie sprawy bez biegu
  ~ **of an action** zaprzestanie prowadzenia sprawy, pozostawienie sprawy bez biegu
  ~ **of legal proceedings** zawieszenie postępowania sądowego
  ~ **of nuclear tests** zaprzestanie prób z bronią jądrową
  ~ **of work** przerwa w pracy, brak ciągłości pracy
discontinue v **1.** przerywać **2.** zaprzestawać (sth czegoś), zarzucać (**sth** coś, **doing sth** robienie czegoś) **3.** ustawać, kończyć się
  to ~ **an action** nie popierać powództwa
  to ~ **deliveries** przerwać ⟨wstrzymać⟩ dostawy
  to ~ **one's work** zaprzestać pracy, porzucić pracę
discontinuity s **1.** brak ciągłości **2.** przerwa
discontinuous adj **1.** przerywany, nieciągły, urywany **2.** urywkowy
  ~ **easement** służebność sporadycznego użytkowania
discord[1] s niezgoda, kłótnia, waśń
discord[2] v różnić się, nie zgadzać się, być w niezgodzie (**with** ⟨**from**⟩ **sb, sth**, z kimś, czymś)
discordant adj niezgodny
  ~ **accounts** niezgodne rachunki ⟨konta⟩
  ~ **opinions** niezgodne ⟨rozbieżne⟩ zdania
  to be ~ **to** ⟨**from, with**⟩ **sth** nie zgadzać się z czymś
discount[1] s **1.** dyskonto **2.** rabat, obniżka, skonto, bonifikata **3.** weksel dyskontowy **4.** strata kursowa, dyzażio **5.** dyskontowanie
  ~ **bank** bank dyskontowy
  ~ **bill** weksel dyskontowy
  ~ **broker** prywatny dyskonter
  ~ **charges** koszty dyskonta
  ~ **credit** kredyt dyskontowy
  ~ **days** dni dyskontowe
  ~ **for cash** dyskonto ⟨rabat⟩ przy zapłacie gotówką
  ~ **for prepayment** rabat za wcześniejszą zapłatę
  ~ **holding** bankowy portfel dyskontów
  ~ **house** bank ⟨dom⟩ dyskontowy
  ~ **ledger** bankowa księga obligów dyskontowych
  ~ **market** rynek dyskontowy
  ~ **operations** operacje dyskontowe
  ~ **policy** polityka dyskontowa
  ~ **prices** ceny z rabatem
  ~ **rate** stopa dyskontowa
  ~ **rate of the open market** stopa dyskontowa pozabankowa
additional ~ dodatkowy rabat
anticipation ~ rabat za wcześniejszą zapłatę
at a ~ a) poniżej parytetu, niżej wartości nominalnej b) z rabatem
bank ~ dyskonto bankowe
cash ~ rabat przy płatności gotówką
cash less ~ **of ... %** gotówką ze skontem ...%
dealer's ~ rabat hurtowy
export ~ rabat eksportowy
freight ~ rabat frachtowy
price ~ rabat od ceny
quantity ~ rabat za ilość
retail ~ rabat detaliczny
trade ~ skonto, rabat handlowy
wholesale ~ rabat hurtowy
to accept a bill for ~ przyjmować weksel do dyskonta

to allow ⟨**grant**⟩ **a** ~ udzielić rabatu ⟨bonifikaty⟩
to give a ~ udzielić opustu
to sell at a ~ sprzedawać z rabatem
to take a bill on ~ przyjąć weksel do dyskonta
discount[2] v **1.** dyskontować **2.** udzielać rabatu ⟨bonifikaty, skonta⟩ **3.** potrącać, odliczać
  to ~ **a bill** dyskontować weksel
discountable adj nadający się do dyskonta
discounted pp : **bills to be** ~ weksle do dyskonta
discounter s dyskonter
discounting[1] s dyskontowanie
  ~ **without recourse** dyskontowanie bez regresu
discounting[2] adj: ~ **bank** bank dyskontowy
  ~ **business** operacja dyskontowa
  ~ **commission** prowizja dyskontowa
discourage v **1.** zniechęcać **2.** nie pochwalać (sth czegoś), być przeciwnym (sth czemuś) **3.** odradzać (**sb from sth** komuś coś), zniechęcać (**from sth** do czegoś), odwodzić (**from sth** od czegoś)
  to ~ **sb's attempts** nie popierać ⟨pochwalać⟩ czyichś usiłowań
discouragement s **1.** zniechęcenie **2.** niechęć **3.** odradzanie (czegoś), dezaprobata, odwodzenie od czegoś
  to meet with ~ spotkać się z dezaprobatą
discover v **1.** odkryć **2.** wykryć **3.** stwierdzić
  to ~ **a plot** wykryć spisek
  to ~ **sb to be ...** wykryć, że ktoś jest ...
discovert adj **1.** niezamężna **2.** owdowiała
discovery s **1.** odkrycie **2.** wynalezienie **3.** wynalazek **4.** ujawnienie, przedstawienie
  the Discovery Day am. rocznica odkrycia Ameryki
  ~ **of documents** przedłożenie dokumentów
discredit[1] s **1.** dyskredytowanie **2.** kompromitacja **3.** niesława **4.** powątpiewanie, niedowierzanie
  to fall into ~ skompromitować się, popaść w niesławę
discredit[2] v **1.** zdyskredytować, skompromitować **2.** nie dowierzać, podawać w wątpliwość **3.** pozbawić kredytu ⟨zaufania⟩
  to ~ **the evidence of ...** zdyskredytować dowód ...
  to ~ **a report** nie dawać wiary sprawozdaniu
  to ~ **a witness** nie wierzyć ⟨nie dać wiary⟩ świadkowi
discreditable adj **1.** przynoszący ujmę, dyskredytujący **2.** niegodny, podły
  ~ **record** zła opinia
discrepancy s niezgodność, rozbieżność, sprzeczność
  ~ **in accounts** ⟨**documents**⟩ niezgodność kont ⟨dokumentów⟩
  ~ **report** wykaz spornych ilości towarów (przy wyładunku statku)
  statistical ~ rozbieżność statystyczna
discrepant adj niezgodny, sprzeczny, rozbieżny, odmienny
discrete adj oderwany, odrębny, odosobniony
discretion s **1.** przezorność, roztropność, rozsądek, rozwaga **2.** swoboda działania ⟨decyzji⟩ **3.** swobodne uznanie **4.** dyskrecja
  ~ **of the court** swobodne uznanie sądu
  ~ **statement** żądanie powoda orzeczenia rozwodu mimo przyznania, że sam jest również winien zdrady współmałżonka
  age ⟨**years**⟩ **of** ~ wiek działania z rozeznaniem
  at ~ do uznania, dowolnie, według uznania
  at sb's ~ według czyjegoś uznania
  to act with ~ działać z rozeznaniem

to leave sth to sb's ~ pozostawić coś do czyjegoś uznania
to use one's own ~ działać według własnego uznania
it is within your own ~ to zależy od twego ⟨waszego⟩ uznania
discretional, discretionary *adj* dyskrecjonalny, zależny od ⟨pozostawiony do⟩ uznania, swobodny, dowolny
~ **decision** swobodna decyzja
~ **power(s)** dyskrecjonalna władza
~ **trust** dyskrecjonalne ⟨nieograniczone⟩ powiernictwo
discriminate *v* 1. odróżniać (**sb, sth from sb, sth** kogoś, coś od kogoś, czegoś), rozróżniać, rozeznawać 2. wyróżniać (**sb from others** kogoś spośród innych), niejednakowo traktować 3. dyskryminować, prześladować, krzywdzić
to ~ **against sb** stosować dyskryminację wobec kogoś
to ~ **in favour of sb** faworyzować ⟨wyróżniać⟩ kogoś
discriminating *adj* 1. wyróżniający, szczególny 2. roztropny, bystry 3. wnikliwy 4. dyskryminacyjny 5. dyferencjalny, zróżnicowany
~ **buyers** wymagający ⟨wybredni⟩ kupcy
~ **duty** cło dyskryminacyjne ⟨dyferencyjne⟩
~ **tariff** taryfa dyferencyjna
discrimination *s* 1. odróżnienie, rozróżnienie 2. rozeznanie 3. dyskryminacja, niejednakowe traktowanie 4. roztropność 5. wnikliwość, spostrzegawczość, znajomość rzeczy
~ **against sb** dyskryminowanie ⟨krzywdzenie⟩ kogoś
~ **in favour of sb** wyróżnienie ⟨uprzywilejowanie⟩ kogoś
flag ~ dyskryminacja bandery
race ⟨**racial**⟩ ~ dyskryminacja rasowa
discriminatory *adj* 1. dyskryminacyjny 2. nierówny
~ **legislation** ustawodawstwo dyskryminacyjne
~ **restrictions** dyskryminacyjne ograniczenia
~ **taxation** nierównomierne ⟨dyskryminujące⟩ opodatkowanie
~ **terms** nierówne warunki
discuss *v* 1. dyskutować, omawiać, debatować (**sth with sb** o czymś z kimś) 2. podejmować kroki w celu egzekucji długu przeciw głównemu dłużnikowi (*przed wszczęciem postępowania przeciwko poręczycielom*)
discussible *adj* dyskusyjny, sporny
discussion *s* 1. dyskusja, debata 2. wystąpienie przeciwko głównemu dłużnikowi w pierwszej kolejności (*przed egzekucją w stosunku do poręczycieli*)
question under ~ zagadnienie będące przedmiotem dyskusji
disease *s* choroba
chronic ~ choroba chroniczna
contagious ⟨**infectious**⟩ ~ choroba zaraźliwa ⟨zakaźna⟩
industrial ⟨**occupational**⟩ ~ choroba zawodowa
notifiable ~ choroba wymagająca zgłoszenia
diseased *pp adj* chory
~ **in body and mind** chory na ciele i umyśle
disembark *v* 1. lądować, wysiadać na ląd 2. wysadzać na ląd, wyokrętowywać (*pasażerów*) 3. wyładowywać (*towary*)

disembarkation *s* 1. lądowanie, zejście na ląd 2. wyokrętowanie 3. wyładunek
disencumber *v* uwalniać od ciężarów ⟨przeszkód⟩
to ~ **from debt** uwalniać od długu
to ~ **a property** uwolnić majątek od ciężarów (*hipotecznych*)
disencumbrance *s* uwolnienie, odciążenie (*od długów, ciężarów*)
disengage *v* 1. uwalniać (*od czegoś*) 2. rozłączać, odrywać
disengaged *adj* wolny, nie zajęty, niezaangażowany
~ **countries** kraje niezaangażowane
disengagement *s* 1. uwolnienie (się), oderwanie (się) 2. zwolnienie ze zobowiązań 3. swoboda, niezależność 4. zerwanie zaręczyn
~ **from influence** uwolnienie się od wpływów
~ **zone** strefa rozdzielająca (*wrogie wojska*)
disentail *v* znosić ograniczenie dziedziczenia nieruchomości
to ~ **an estate** uwolnić majątek od ograniczeń majoratu
disentailment *s* uwolnienie nieruchomości od ograniczeń majoratu ⟨dziedziczenia⟩
disentitle *v* pozbawić prawa ⟨tytułu⟩ (*własności*)
disentomb *v* przeprowadzać ekshumację zwłok
disequilibrium *s* brak równowagi (*np. rynkowej*)
to fall into ~ utracić równowagę
disestablish *v* 1. kasować, znosić 2. oddzielać Kościół od państwa 3. pozbawić Kościół charakteru oficjalnego
disestablishment *s* rozdzielenie Kościoła od państwa
disfigure *v* oszpecić, zeszpecić
to ~ **a face** zeszpecić twarz
to ~ **a landscape** zeszpecić krajobraz
disfigurement *s* oszpecenie, zeszpecenie
disfranchise *v* 1. pozbawić praw obywatelskich 2. pozbawić prawa głosowania
disfranchisement *s* 1. pozbawienie praw obywatelskich 2. pozbawienie prawa głosowania
disgrace[1] *s* 1. niełaska 2. hańba, wstyd, niesława
to be a ~ **to ...** przynosić wstyd ...(*komuś*)
to fall into ~ popaść w niełaskę
disgrace[2] *v* 1. hańbić, zniesławiać 2. pozbawiać (*kogoś*) łaski
disgraceful *adj* haniebny, hańbiący, przynoszący ujmę
~ **behaviour** haniebne ⟨przynoszące ujmę⟩ postępowanie
~ **submission** uległość przynosząca ujmę
disguise[1] *s* 1. przebranie 2. ukrywanie, maskowanie 3. przedstawienie w fałszywym świetle 4. pozory, maska
in ~ w przebraniu, zamaskowany
under the ~ **of ...** pod pozorem ⟨płaszczykiem⟩ ...(*czegoś*)
to speak without ~ mówić bez osłonek ⟨ogródek⟩
disguise[2] *v* 1. przebierać (się) 2. maskować (się), zmieniać wygląd 3. nadawać pozory (**sth czemuś**) 4. ukrywać pod płaszczykiem (*czegoś*) 5. przedstawiać w fałszywym świetle
to ~ **one's feelings** maskować ⟨ukrywać⟩ swoje uczucia
to ~ **one's handwriting** zmieniać charakter pisma (*dla niepoznaki*)
to ~ **one's intentions** ukrywać ⟨maskować⟩ swoje zamiary

to ~ **one's voice** zmieniać głos (*dla niepoznaki*)

disherison *s* wydziedziczenie

dishoarding *s* detezauryzacja

dishonest *adj* nieuczciwy, oszukańczy

  ~ **business** oszukańczy interes, oszukańcze przedsięwzięcie

  ~ **means** nieuczciwe środki

  ~ **profits** nieuczciwe zyski

dishonesty *s* nieuczciwość, oszustwo

  an act ⟨**a piece**⟩ **of** ~ oszustwo, nieuczciwy postępek

dishonour[1] *s* **1.** hańba **2.** hańbiący czyn **3.** niehonorowanie, odmowa zapłaty

  ~ **by non-acceptance** ⟨**non-payment**⟩ odmowa przyjęcia ⟨zapłaty⟩ (*weksla*)

dishonour[2] *v* **1.** hańbić, okrywać hańbą **2.** hańbić, gwałcić (*kobietę*) **3.** nie dotrzymywać (*słowa itp.*) **4.** nie honorować (*czeku, weksla*) **5.** nie wykupywać, odmawiać zapłaty

  to ~ **a bill** ⟨**cheque**⟩ **by non-acceptance** ⟨**non-payment**⟩ nie akceptować ⟨odmówić zapłaty⟩ weksla ⟨czeku⟩

  to ~ **one's promise** nie dotrzymać obietnicy

  to ~ **one's reputation** okryć hańbą swoje dobre imię

  to ~ **one's signature** nie honorować własnego podpisu

  to ~ **one's word** nie dotrzymać słowa

dishonourable *adj* **1.** haniebny, nikczemny **2.** podły, bez czci i wiary

  ~ **action** haniebny postępek

  ~ **conduct** haniebne ⟨nieuczciwe⟩ postępowanie

  ~ **discharge** hańbiące zwolnienie ⟨usunięcie ze stanowiska⟩

disimprison *v* zwolnić z więzienia ⟨aresztu⟩

disimprisonment *s* zwolnienie z więzienia ⟨aresztu⟩

disincarcerate *v* zwolnić z więzienia, wypuścić na wolność

disinfect *v* dezynfekować

disinfection *s* dezynfekcja

disinflation *s* polityka antyinflacyjna, zwalczanie inflacji

disinherison *s* wydziedziczenie

disinherit *v* wydziedziczyć

disinheritance *s* wydziedziczenie

disintegrate *v* rozpadać się, rozdrabniać

disintegration *s* dezintegracja, rozpad, rozkład

disinter *v* przeprowadzać ekshumację, ekshumować (*zwłoki*)

  to ~ **a corpse** ekshumować ciało ⟨zwłoki⟩

disinterested *adj* bezinteresowny, bezstronny, obiektywny

  ~ **aid** bezinteresowna pomoc

  ~ **judge** bezstronny sędzia

  ~ **management** prowadzenie przedsiębiorstwa gastronomicznego bez zarabiania na napojach alkoholowych

  ~ **witness** obiektywny świadek

disinternment *s* ekshumacja

disinvestment *s* ograniczenie inwestycji

  ~ **economy** gospodarka dezinwestycyjna

  external ~ zmniejszenie ⟨ograniczenie⟩ inwestycji zagranicznych

disjunction *s* rozłączenie, oddzielenie (**from sth** od czegoś)

disjunctive *adj* **1.** alternatywny **2.** rozjemczy

  ~ **allegation** alternatywny zarzut

~ **condition** ⟨**covenant**⟩ alternatywny warunek ⟨obowiązek⟩

dislocate *v* **1.** zakłócić (*porządek*), wprowadzić nieład (**sth** w czymś) **2.** *med.* przemieścić, zwichnąć

  to ~ **sb's plans** zburzyć czyjeś plany

  to ~ **the traffic** zakłócić ruch (*uliczny*)

dislocation *s* **1.** zakłócenie **2.** nieład, dezorganizacja **3.** *med.* przemieszczenie

  ~ **of the traffic** zakłócenie ruchu (*ulicznego*)

  ~ **of world trade** zakłócenie handlu światowego

dislodge *v* **1.** usuwać **2.** wysiedlać

dislodgement *s* **1.** usunięcie **2.** wysiedlenie

disloyal *adj* **1.** nielojalny **2.** niewierny, wiarołomny

disloyalty *s* **1.** nielojalność **2.** niewierność, wiarołomność

dismantle *v* rozbierać, rozmontowywać

dismember *v* rozczłonkowywać, dzielić, dokonywać rozbioru

dismemberment *s* podział, rozbiór

  ~ **of a country** rozbiór kraju

dismiss *v* **1.** uwalniać **2.** zwalniać z urzędu, dymisjonować **3.** oddalać (*np. powództwo, skargę*) **4.** zakończyć zebranie **5.** rozwiązać sejm ⟨zgromadzenie, pułk, posiedzenie⟩

  to ~ **an accused** uwolnić oskarżonego

  to ~ **an action** ⟨**appeal**⟩ oddalić powództwo ⟨apelację⟩

  to ~ **the assembly** rozwiązać zgromadzenie

  to ~ **a case** oddalić skargę

  to ~ **the charge** uwolnić od zarzutu

  to ~ **an employee** zwolnić pracownika

  to ~ **an official** zwolnić urzędnika

dismissal *s* **1.** uwolnienie **2.** zwolnienie z urzędu, dymisja **3.** odrzucenie, nieuznanie, oddalenie

  ~ **agreed** uzgodnione (*pomiędzy stronami*) oddalenie (*powództwa*)

  ~ **compensation** odszkodowanie w związku ze zwolnieniem (*z pracy*)

  ~ **of an action** oddalenie pozwu

  ~ **of an appeal** odrzucenie apelacji

  ~ **of an employee** zwolnienie pracownika

  ~ **of a jury** zwolnienie kompletu przysięgłych

  ~ **of a minister** dymisja ministra

  ~ **of the prisoner** zwolnienie więźnia

  ~ **pay** ⟨**wage**⟩ kwota wypłacana zwolnionemu pracownikowi, odprawa

  ~ **with** ⟨**without**⟩ **prejudice** oddalenie powództwa bez możliwości ⟨z możliwością⟩ wytoczenia powództwa o to samo roszczenie

dismission *s* = **dismissal**

dismortgage *v* uwolnić od długów hipotecznych

disobedience *s* **1.** nieposłuszeństwo (**to sb** wobec kogoś) **2.** stawianie oporu, opór, buntowanie się (**to sth** przeciwko czemuś)

  ~ **to orders** niesłuchanie rozkazów

disobedient *adj* nieposłuszny, oporny

disobey *v* nie słuchać (**sb** kogoś), być nieposłusznym, naruszać (*przepisy*), sprzeciwiać się (*rozkazom*)

  to ~ **the law** nie podporządkować się prawu

  to ~ **an order** nie usłuchać rozkazu ⟨polecenia⟩

disoblige *v* **1.** nie uwzględniać (**sb** czyichś) życzeń **2.** lekceważyć, bagatelizować

disorder[1] *s* **1.** nieporządek, zamieszanie **2.** rozruchy, zamieszki, niepokoje **3.** *med.* zaburzenia, dolegliwości

  in ~ w nieładzie, w nieporządku

disorder[2] *v* 1. wprowadzać nieporządek (**sth** w czymś) 2. *med.* powodować zaburzenia, rozstrajać (*np. żołądek*)

disordered *pp adj* 1. w nieładzie 2. *med.* rozstrojony, chory
~ **mind** chory umysł

disorderliness *s* 1. nieporządek, nieład, niechlujstwo 2. nastroje buntownicze 3. chuligaństwo 4. wyuzdanie

disorderly *adj* 1. nieporządny, bezładny, niechlujny, niedbały 2. zbuntowany 3. wyuzdany, rozpasany
~ **conduct** zakłócenie porządku publicznego
~ **house** *a*) dom publiczny *b*) dom gier hazardowych *c*) dom, którego mieszkańcy wywołują zgorszenie publiczne
~ **person** osoba naruszająca porządek publiczny
~ **place of entertainment** miejsce niedozwolonych rozrywek

disorganization *s* dezorganizacja, rozprzężenie, nieład

disorganize *v* dezorganizować, wprowadzać rozprzężenie (**sth** w czymś)

disorientate *v* dezorientować (*kogoś*)

disown *v* 1. nie uznawać, zapierać się, wypierać się (**sb, sth** kogoś, czegoś) 2. nie uznawać czyjejś władzy nad sobą, odmawiać komuś posłuszeństwa 3. dezawuować
to ~ **one's opinion** odstąpić od swego zdania
to ~ **one's son** wypierać się ⟨nie uznawać⟩ własnego syna

disparage *v* 1. dyskredytować, poniżać 2. ubliżać, uwłaczać (**sb** komuś)

disparagement *s* 1. dyskredytowanie, poniżanie 2. ubliżanie (**of sb** komuś)

disparaging *adj* 1. lekceważący 2. uwłaczający, obraźliwy
~ **comments** obraźliwe uwagi
~ **words, acts or gestures** obraźliwe słowa, czyny lub gesty

disparagingly *adv* 1. lekceważąco 2. obraźliwie
to speak ~ **of sb** mówić lekceważąco ⟨obraźliwie⟩ o kimś

disparate *adj* różny, niewspółmierny, nieporównywalny

disparity *s* 1. różnica (**of** ⟨**in**⟩ **sth** w czymś) 2. niewspółmierność, dysproporcja 3. brak jakiegokolwiek związku
~ **in position** różnica w pozycji ⟨położeniu⟩
~ **in years** dysproporcja ⟨różnica⟩ wieku
natural disparities naturalne różnice
structural disparities różnice strukturalne
to diminish ⟨reduce⟩ **the disparities** zmniejszyć różnice

dispassionate *adj* obojętny, beznamiętny, trzeźwy, obiektywny
~ **observer** obiektywny obserwator
~ **view** obiektywny pogląd

dispatch[1] *s* 1. wysyłka, ekspedycja, nadanie 2. szybkość, sprawność 3. depesza 4. komunikat, rozkaz dzienny 5. agencja spedycyjna, biuro przewozowe 6. egzekucja, zgładzenie (*skazanego*) 7. premia ⟨dopłata⟩ za pośpiech
~ **box** teczka dyplomatyczna
~ **clerk** pracownik ekspedycji
~ **days** dni zaoszczędzone (*z przewidzianego okresu przeładunku*)
~ **goods** przesyłka pośpieszna

~ **half demurrage** premia za pośpiech (*w wysokości połowy przestojowego*)
~ **money** premia za pośpiech
~ **note** *a*) adres pomocniczy na przesyłce pocztowej *b*) kwit wysyłkowy
~ **office** biuro wysyłkowe
~ **order** polecenie wysyłki
~ **service** dział wysyłek ⟨ekspedycji⟩
~ **station** stacja wysyłkowa
advice of ~ zawiadomienie o wysyłce
date of ~ dzień ⟨termin⟩ wysyłki
diplomatic ~**es** korespondencja dyplomatyczna
free ~ bez premii za pośpiech
with reasonable ~ z należytym pośpiechem
to deliver a ~ doręczyć depeszę
to do sth with ~ robić coś z pośpiechem
to hasten ~ przyspieszyć wysyłkę
to send sth by ~ wysłać coś kurierem

dispatch[2] *v* 1. wysyłać, nadawać przesyłkę, ekspediować 2. szybko wykonywać ⟨załatwiać⟩ 3. zabijać, wyprawiać na tamten świat
to ~ **one's business** szybko zakończyć sprawę
to ~ **goods** wysłać towar
to ~ **a letter** ⟨**telegramme**⟩ wysłać list ⟨telegram⟩
to ~ **the prisoner** zgładzić więźnia

dispatcher *s* 1. dyspeczer, dyspozytor, dysponent ruchu 2. nadawca, wysyłający

dispatching *adj*: ~ **forwarder** spedytor wysyłkowy ⟨nadawczy⟩
~ **office** pocztowy urząd nadawczy

dispauper *v* pozbawić zwolnienia od kosztów sądowych ⟨prawa ubogich⟩

dispensation *s* 1. rozdawanie, rozdział 2. uwolnienie (**from** ⟨**with**⟩ **sth** od czegoś) 3. wymiar (*sprawiedliwości itp.*) 4. obywanie się (**with sth** bez czegoś) 5. dyspensa
~ **of justice** wymierzanie ⟨wymiar⟩ sprawiedliwości
~ **of pensions** rozdawanie zapomóg ⟨rent⟩
marriage ~ zezwolenie na małżeństwo krewnych, dyspensa

dispense *v* 1. rozdawać, rozdzielać 2. uwalniać (**from sth** od czegoś), udzielać dyspensy (**sb** komuś) 3. wymierzać (*sprawiedliwość*) 4. obywać się (**with sth** bez czegoś) 5. czynić niepotrzebnym ⟨zbędnym⟩
to ~ **from duty** uwolnić od obowiązku
to ~ **money** rozdzielać pieniądze
to ~ **sb from paying** uwolnić kogoś od zapłaty
to ~ **with an oath** uwolnić od przysięgi

dispensing *adj*: ~ **power** prawo zwalniania od obowiązków ustawowych

disperse *v* rozproszyć, rozegnać, rozpędzić
to ~ **the crowd** rozpędzić tłum ⟨zbiegowisko⟩

displace *v* 1. przestawiać, przesuwać, przemieszczać 2. wysiedlać, wypierać 3. usuwać (*pracownika ze stanowiska*) 4. zajmować miejsce (**sb** czyjeś)
to ~ **the law** zmienić prawo (*zastępując je innym*)
to ~ **an official** zwolnić ⟨przesunąć na inne stanowisko⟩ urzędnika

displaced *adj*: ~ **persons** (*skr.* **d.p.**) wysiedleńcy, przesiedleńcy, uchodźcy, *pot.* dipisi

displacement *s* 1. przesuwanie, przestawianie, przenoszenie 2. zastąpienie 3. wysiedlenie 4. usunięcie 5. wyporność (*statku*)
a ship of 10,000 tons ~ statek o wyporności 10.000 ton

a ship with a ~ of 10,000 tons statek o wyporności 10.000 ton

display[1] *s* **1.** wystawa, ekspozycja, pokaz, demonstrowanie **2.** manifestacja, zamanifestowanie
~ **of goods** wystawa towarów
~ **of power** manifestacja siły
~ **of solidarity** zamanifestowanie solidarności

display[2] *v* **1.** wystawiać, eksponować, pokazywać, demonstrować **2.** manifestować, okazywać, dawać dowód (**sth** czegoś)
to ~ **goods at a fair** wystawiać towary na targach
to ~ **one's plans** ujawniać swoje plany

dispone *v szkoc.* zadysponować majątkiem, przekazać majątek

disposable *adj* **1.** będący do dyspozycji, rozporządzalny **2.** pozbywalny **3.** nadający się do przekazania
~ **funds** fundusze (będące) do dyspozycji
~ **income** dochód rozporządzalny po opłaceniu podatków
~ **portion** rozporządzalna część (*majątku*)
~ **surplus** rozporządzalna nadwyżka

disposal *s* **1.** rozmieszczenie, układ, rozlokowanie **2.** rozporządzenie (**of sth** czymś) **3.** dysponowanie **4.** zarządzanie **5.** sprzedaż **6.** pozbywanie się, usuwanie
~ **by contract** rozporządzenie (*majątkiem*) w drodze umowy
~ **by sale** sprzedaż
~ **clause** klauzula ustalająca datę i miejsce podstawienia statku do dyspozycji czarterującego
~ **of business affairs** prowadzenie interesów
~ **of goods** rozporządzenie towarem
~ **of property** rozporządzenie majątkiem, zbycie majątku
~ **of a question** rozstrzygnięcie zagadnienia
act of ~ akt przeniesienia własności
at sb's ~ do czyjejś dyspozycji
capital at ~ kapitał rozporządzalny
for ~ do dyspozycji
full power of ~ całkowita (pełna) możliwość rozporządzenia
to have the ~ **of sth** rozporządzać czymś
to place (**put**) **sth at sb's** ~ postawić coś do czyjejś dyspozycji

dispose *v* **1.** rozmieszczać, układać, lokować **2.** rozporządzać, zarządzać, dysponować, regulować **3.** usposabiać (**sb to sth** kogoś do czegoś) **4.** pozbywać się (**of sb, sth** kogoś, czegoś) **5.** załatwiać **6.** rozprawiać się (**of sb, sth** z kimś, czymś) **7.** sprzedawać, odstępować (**of sth** coś)
to ~ **of one's business** sprzedać swoją firmę
to ~ **of a lot of goods** sprzedać partię towaru
to ~ **of an opponent** rozprawić się z przeciwnikiem
to ~ **of one's property** rozporządzić swoim majątkiem (*przez sprzedaż, darowiznę itp.*)
to ~ **of a question** (**matter**) załatwić (rozstrzygnąć) sprawę
to ~ **of sth by will** rozporządzić czymś w testamencie
to ~ **of sth legally** rozporządzić czymś prawnie (legalnie)
to ~ **otherwise** rozporządzić w inny sposób (inaczej)
goods difficult to ~ **of** towary trudne do sprzedaży (zbycia)

permission to ~ **of a body** zezwolenie na pogrzebanie ciała
right to ~ prawo rozporządzenia

disposed *pp adj* **1.** skłonny, chętny (**to sth** do czegoś) **2.** usposobiony (**towards sb** do kogoś)
~ **of** sprzedany
to be ~ **to buy** reflektować na kupno
to be ~ **to do sth** być gotowym coś uczynić
to be ~ **to sth** mieć skłonność do czegoś
to be ill (**well**) ~ **to** (**towards**) **sb** być źle (dobrze) usposobionym w stosunku do kogoś

disposer *s* **1.** osoba dysponująca (mająca możność dysponowania) **2.** osoba sprzedająca

disposing *adj*: ~ **capacity of mind** osoba posiadająca zdolność testowania (sporządzania testamentu)

disposition *s* **1.** skłonność, dyspozycja (**to sth, to do sth** do czegoś, do robienia czegoś) **2.** popęd, pociąg (**to sth, to do sth** do czegoś, do robienia czegoś) **3.** rozporządzenie, dysponowanie **4.** rozłożenie, rozmieszczenie **5.** klauzula **6.** *pl* **dispositions** zarządzenia, dyspozycje
~ **by will** rozporządzenie w drodze testamentu
~ **inter vivos** rozporządzenie za życia
~ **of** (**in**) **a contract** rozporządzenie (klauzula) w umowie
concluding ~s końcowe postanowienia
criminal ~ zbrodnicze (przestępcze) skłonności
exceptional ~s rozporządzenie wyjątkowe
in one's ~ w czyimś rozporządzeniu, w czyjejś dyspozycji
testamentary ~ rozporządzenie testamentowe
to make ~s wydać zarządzenia

dispositive *adj* regulujący, kontrolujący, dysponujący
~ **facts** fakty prawne (*wydarzenia tworzące lub zmieniające stosunki prawne*)

dispossess *v* **1.** wywłaszczyć **2.** wysiedlić, wypędzić **3.** pozbawić (**of sth** czegoś)
to ~ **sb of his land** wywłaszczyć kogoś z ziemi, pozbawić kogoś ziemi

dispossession *s* **1.** wywłaszczenie, ekspropriacja **2.** wysiedlenie, wypędzenie

disproof *s* **1.** odparcie (obalenie) zarzutów **2.** udowodnienie fałszu **3.** sprostowanie

disproportion *s* dysproporcja, niewspółmierność
~ **in age** różnica wieku

disproportionate *adj* niewspółmierny, nieproporcjonalny
~ **sentence** niewspółmierny wyrok (*w stosunku do przewinienia*)

disprove *v* **1.** odpierać (obalać, zbijać) (*np. zarzuty*) **2.** wykazywać fałszywość (błędność) **3.** przeprowadzać przeciwdowód

disputable *adj* sporny, wątpliwy, niepewny, nie rozstrzygnięty
~ **presumption** wątpliwe domniemanie, wątpliwa presumpcja

dispute[1] *s* **1.** spór, dysputa, dyskusja, polemika **2.** sprzeczka, kłótnia, kontrowersja, konflikt, zatarg
~ **over priority** spór o pierwszeństwo (*patentu*)
beyond (**past**) ~ *a*) bezsporny *b*) bezspornie, bezsprzecznie
border ~ spór graniczny
in ~ sporny, wątpliwy
industrial (**labour**) ~ spór ze stosunku pracy
international ~ konflikt międzynarodowy
legal ~ spór prawny

matter in ~ sprawa sporna
patent ~ spór patentowy ⟨o patent⟩
without ~ *a)* bezsporny *b)* bezspornie
to settle a ~ załatwić spór, załagodzić zatarg
dispute² *v* **1.** dyskutować, rozprawiać (**sth** o czymś), polemizować **2.** kwestionować, oponować, zaprzeczać **3.** kłócić się
to ~ **a claim** kwestionować roszczenia
to ~ **a question** dyskutować nad problemem
to ~ **sb's right to do sth** kwestionować czyjeś prawo robienia czegoś
to ~ **sb's title** kwestionować czyjś tytuł (*własności*)
to ~ **the validity of a document** kwestionować ważność dokumentu
to ~ **a will** kwestionować ważność testamentu
disputed *adj* **1.** nie rozstrzygnięty, otwarty **2.** sporny
~ **amount** sporna suma
~ **point** punkt sporny
~ **property** sporna nieruchomość ⟨własność⟩
~ **territory** terytorium sporne
~ **weight** sporna waga
disputing *adj* spierający się
~ **parties** spierające się strony
disqualification *s* **1.** dyskwalifikowanie, dyskwalifikacja **2.** niezdolność, niezdatność (**for sth** do czegoś)
~ **for service** niezdolność do służby
~ **to hold an office** niezdolność do sprawowania urzędu
disqualified *pp adj* **1.** niezdolny, niezdatny, nie nadający się **2.** zdyskwalifikowany, wykluczony
~ **for closing contracts** niezdolny do zawierania umów
disqualify *v* **1.** uczynić niezdolnym (**for sth** do czegoś) **2.** zdyskwalifikować, odrzucić **3.** uznać za niezdolnego do działań prawnych
to ~ **sb from doing sth** uznać kogoś za niezdolnego do robienia czegoś
disregard¹ *s* **1.** lekceważenie (*np. przepisów*) **2.** niezważanie (**of** ⟨**for**⟩ **sth** na coś), pominięcie (**of** ⟨**for**⟩ **sth** czegoś) **3.** brak poszanowania
~ **of the law** nieposzanowanie prawa
~ **of a rule** niepodporządkowanie się zasadzie
disregard² *v* **1.** lekceważyć (*przepis prawa*) **2.** nie zważać (**sth** na coś), pominąć, ignorować
to ~ **an objection** zignorować zastrzeżenie
to ~ **orders** zlekceważyć polecenia, nie wypełnić rozkazów
disreputable *adj* **1.** haniebny, sromotny **2.** mający złą opinię, podejrzany **3.** podły, niegodziwy
~ **act** haniebny czyn
~ **conduct** podejrzane prowadzenie się, postępowanie przynoszące ujmę
~ **district** dzielnica o złej sławie
disrepute *s* **1.** hańba **2.** zła reputacja
to bring sb into ~ *a)* zepsuć komuś opinię *b)* okryć kogoś hańbą
to fall into ~ stracić dobrą reputację, popaść w niesławę
disrespect *s* **1.** brak szacunku **2.** brak delikatności
to treat sb with ~ potraktować kogoś lekceważąco, okazać komuś brak szacunku
disrespectful *adj* **1.** lekceważący **2.** niegrzeczny
in a ~ **manner** *a)* w lekceważący sposób *b)* niegrzecznie
to be ~ **to sb** być niegrzecznym wobec kogoś

disrupt *v* **1.** rozrywać, rozwalać, niszczyć **2.** przerywać (*np. połączenie*), rozłączać
to ~ **a coalition** rozbijać koalicję
to ~ **traffic** powodować przerwę w ruchu
disruption *s* **1.** rozerwanie, zniszczenie **2.** obalenie **3.** przerwanie (*połączenia*) **4.** zakłócenie
~ **of a partnership** zerwanie spółki
disruptive *adj* **1.** powodujący rozłam **2.** wywrotowy
~ **activities** rozłamowe działania
~ **influence** wywrotowy wpływ
dissect *v* **1.** krajać **2.** robić sekcję **3.** poddawać drobiazgowej analizie
to ~ **a body** przeprowadzić sekcję zwłok
to ~ **the testimony** analizować dokładnie zeznanie
dissection *s* **1.** sekcja (*zwłok*) **2.** drobiazgowa analiza
disseise *v* bezprawnie pozbawiać własności, wyzuwać z majątku
disseisee *s* osoba bezprawnie pozbawiona własności
disseisin *s* bezprawne pozbawienie majątku ⟨własności⟩
disseisor *s* osoba bezprawnie pozbawiająca własności
dissemination *s* rozsiewanie, szerzenie, rozprzestrzenianie
~ **of false information** rozsiewanie fałszywych informacji
~ **of nuclear weapons** rozprzestrzenianie broni jądrowej ⟨nuklearnej⟩
dissension *s* niezgoda, swary, waśnie
dissent¹ *s* **1.** różnica zdań, rozbieżność poglądów **2.** odstępstwo (*od religii panującej*)
dissent² *v* różnić się w zapatrywaniach, mieć odmienne poglądy, być innego zdania (**from sb** od kogoś)
dissenter *s* **1.** odszczepieniec **2.** *hist.* dysydent, recesjonista
dissentient¹ *s* osoba mająca odmienne zdanie
dissentient² *adj* niezgodny, będący odmiennego zdania
~ **opinion** niezgodna opinia
~ **voice** głos przeciwstawny
dissenting *adj* niezgodny
~ **judge** sędzia zgłaszający odrębne zdanie ⟨votum separatum⟩
~ **opinion** zdanie odrębne (*sędziego*)
dissertation *s* dysertacja, rozprawa (**upon** ⟨**concerning**⟩ **sth** na temat ⟨dotycząca⟩ czegoś; **on sth** o czymś)
disserve *v* źle się przysłużyć, zaszkodzić (**sb** komuś)
disservice *s* szkoda, uszczerbek, zła przysługa
dissident *s* **1.** odszczepieniec **2.** dysydent
dissipate *v* **1.** rozpraszać, rozpędzać **2.** trwonić, marnować **3.** ulatniać się, znikać
to ~ **one's fortune** ⟨**money**⟩ roztrwonić fortunę ⟨pieniądze⟩
dissipated *pp adj* hulaszczy, rozpustny
to lead a ~ **life** prowadzić hulaszczy tryb życia
dissipation *s* **1.** rozpraszanie **2.** rozsypanie, rozkurz (*ładunku sypkiego*) **3.** roztrwonienie, zmarnowanie **4.** hulaszcze życie, rozpusta
dissociate *v* **1.** rozdzielać, rozłączać, oddzielać **2.** wyrzekać się
to ~ **oneself** wyrzekać się związku ⟨łączności⟩ (**from sb, sth** z kimś, czymś)
dissociated *adj:* ~ **personality** rozdwojenie osobowości
dissolute *adj* rozpustny, rozwiązły
~ **life** rozwiązłe życie

dissolution *s* 1. rozkład, rozpad 2. rozwiązanie (*umowy, spółki itp.*) 3. anulowanie
~ **of a contract** rozwiązanie umowy
~ **of a marriage** unieważnienie małżeństwa
~ **of a meeting** rozwiązanie zgromadzenia
~ **of parliament** rozwiązanie parlamentu
~ **of a partnership** rozwiązanie spółki
~ **of a treaty** anulowanie układu ⟨traktatu⟩
judicial ~ sądowe rozwiązanie (*umowy, spółki*)
dissolvable *adj* 1. rozwiązalny 2. rozerwalny
dissolve *v* 1. rozwiązywać 2. unieważniać, anulować 3. rozpuszczać się, rozkładać się
to ~ **a cabinet** rozwiązać gabinet
to ~ **a company** ⟨**partnership**⟩ rozwiązać spółkę
to ~ **an injunction** anulować nakaz sądowy
to ~ **a marriage** unieważnić małżeństwo
dissolving *adj:* ~ **condition** warunek rozwiązujący
distaff *s* kądziel
on the ~ **side** po kądzieli, w żeńskiej linii
distance *s* 1. odległość, dystans, oddalenie 2. droga do przebycia 3. odstęp czasu
~ **freight** fracht dystansowy ⟨proporcjonalny⟩ (*za przewóz na części trasy*)
~ **rates** taryfa kolejowa zależna od dystansu ⟨odległości⟩
distant *adj* 1. odległy, daleki 2. mglisty, słaby
~ **future** odległa przyszłość
~ **likeness** ⟨**resemblance**⟩ niewielkie ⟨słabe⟩ podobieństwo
~ **relation** ⟨**relative**⟩ daleki krewny
~ **trade** żegluga dalekomorska, handel dalekomorski
distantly *adv:* ~ **related** spokrewniony w dalszym stopniu, daleki krewny
distinct *adj* 1. różny, odmienny 2. wyraźny, dobitny 3. formalny 4. oddzielny
~ **improvement** wyraźna poprawa
~ **memory** wierna ⟨dobra⟩ pamięć
~ **order** wyraźny rozkaz, wyraźne polecenie
~ **refusal** wyraźna ⟨zdecydowana⟩ odmowa
as ~ **from** w odróżnieniu od
in ~ **terms** w wyraźnych słowach, wyraźnie
distinction *s* 1. różnica 2. odróżnienie, rozgraniczenie 3. odznaczenie, wyróżnienie
~ **in meaning** różnica w znaczeniu
~ **of birth** różnica pochodzenia
~ **of rank** różnica pozycji społecznej
~ **without a difference** pozorna różnica, formalne rozróżnienie
class ~ **s** różnice klasowe
without ~ **of** bez względu na
to make ⟨**draw**⟩ **a** ~ **between** rozróżniać, robić różnicę między
to see no ~ **between** nie widzieć różnicy między
distinctive *adj* wyróżniający, charakterystyczny, odróżniający, znamienny, rozpoznawczy
~ **feature** ⟨**mark**⟩ cecha charakterystyczna, znak charakterystyczny
~ **number** numer rozpoznawczy
it is ~ **of the invention that** cechą charakterystyczną wynalazku jest to, że
distinguish *v* 1. rozróżniać (**between** pomiędzy) 2. dostrzegać, zauważać 3. wyróżniać (się) 4. znamionować
to ~ **oneself by sth** wyróżniać się czymś
distinguishable *adj* 1. rozpoznawalny 2. dostrzegalny

distinguished *adj* 1. wyróżniający się, odznaczający się (**for** ⟨**by**⟩ **sth** czymś) 2. znakomity, wybitny, wspaniały
~ **career** wspaniała kariera
~ **conduct** wyróżniające się postępowanie
~ **delegates** szanowni delegaci (*zwrot w przemówieniu*)
~ **guest** znakomity gość
distort *v* przekręcać, fałszywie przedstawiać, zniekształcać
to ~ **facts** przekręcać fakty
to ~ **the meaning of sth** wypaczać znaczenie czegoś
to ~ **the truth** zniekształcać prawdę
to ~ **sb's words** przekręcić czyjeś słowa
distortion *s* 1. spaczenie 2. fałszywe przedstawienie, zniekształcenie, przekręcenie
~ **of opinions** fałszywe przedstawienie poglądów
errors and ~ **s** błędy i wypaczenia
distracted *adj* 1. roztargniony 2. oszalały, doprowadzony do szału (**with** ⟨**at, by**⟩ **sth** czymś)
~ **person** osoba chora umysłowo
distraction *s* 1. oderwanie uwagi, roztargnienie, brak skupienia 2. szaleństwo
political ~ **s** zamieszki polityczne
to drive sb to ~ doprowadzić kogoś do szaleństwa ⟨szału⟩
distrain *v* zająć, obłożyć aresztem, zasekwestrować
to ~ **for debts** zająć za długi
to ~ **upon sb's property** zająć ⟨zasekwestrować⟩ czyjąś własność
distrained *adj* zajęty, zasekwestrowany
~ **goods** zajęte towary
distrainee *s* dłużnik, którego mienie zostało zajęte
distrainer, distrainor *s* wierzyciel powodujący zajęcie mienia
distrainment *s* = distraint
distraint *s* zajęcie (*mienia*), egzekucja
~ **of property** zajęcie własności ⟨nieruchomości⟩
~ **order** ⟨**warrant**⟩ postanowienie o zajęciu, polecenie zajęcia
under ~ zajęty, pod zajęciem
distress[1] *s* 1. niebezpieczeństwo, stan zagrożenia 2. krytyczne położenie, trudna sytuacja 3. zmartwienie, niedola, nieszczęście 4. bieda, nędza 5. zajęcie sądowe, obłożenie aresztem ⟨sekwestrem⟩
~ **call** wezwanie o pomoc (*statku*)
~ **cargo** *a)* am. pilny ładunek (*o podwyższonej stawce frachtowej*) *b)* ładunek „ratunkowy" (*o obniżonej stawce dla ładunku uzupełniającego*)
~ **committee** komitet pomocy (*ofiarom katastrofy itp.*)
~ **damage-feasant** prawo (*właściciela gruntu*) zajęcia zwierząt wyrządzających mu szkody (*w uprawach*)
~ **flag** flaga wzywania pomocy
~ **freight** *a)* fracht okazyjny *b)* fracht „ratunkowy" (*o obniżonej stawce frachtowej dla ładunku uzupełniającego*)
~ **goods** *a)* towar nie przyjęty *b)* towar u osoby zbankrutowanej
~ **merchandise** towar sprzedawany w pośpiechu (*dla zdobycia gotówki*)
~ **rate** obniżona stawka frachtowa dla ładunku uzupełniającego
~ **selling** sprzedaż zajętego mienia po bardzo niskiej cenie

~ **signal** sygnał wzywania pomocy ⟨alarmowy⟩
~ **warrant** nakaz zajęcia mienia
bill in a ~ weksel nie honorowany ⟨nie wykupiony⟩
commercial ~ trudna sytuacja handlowa ⟨na rynku⟩
port of ~ port schronienia
a ship in ~ statek w niebezpieczeństwie
under ~ zajęty, pod zajęciem
to be subject to ~ podlegać zajęciu
to levy a ~ dokonać zajęcia, obłożyć aresztem ⟨sekwestrem⟩
distress² v **1.** gnębić, dręczyć, trapić **2.** zająć sądownie, obłożyć sekwestrem ⟨aresztem⟩
distressed adj **1.** dotknięty nieszczęściem **2.** znajdujący się w biedzie, pozbawiony środków do życia **3.** znajdujący się w niebezpieczeństwie **4.** (o mieniu) zajęty, zasekwestrowany
~ **area** obszar dotknięty klęską ⟨kryzysem gospodarczym⟩
~ **goods** zajęte ⟨zasekwestrowane⟩ towary
~ **seaman** marynarz statku, który uległ katastrofie
distributable adj podzielny, rozdzielny
~ **profit** zysk do podziału
distributary adj dystrybucyjny, rozdzielczy
~ **canals** kanały ⟨drogi⟩ rozprowadzania masy towarowej
distribute v **1.** rozdzielać, dokonywać podziału **2.** rozprowadzać **3.** rozmieszczać **4.** wymierzać
to ~ **a dividend** rozdzielać dywidendę
to ~ **justice** wymierzać sprawiedliwość
to be ~**d** (o drukach) do rozprowadzania
distributee s współspadkobierca ustawowy
distributing adj rozdzielczy, dystrybucyjny
~ **agency** a) placówka rozdzielcza ⟨dystrybucyjna⟩ b) przedstawicielstwo sprzedaży
~ **agent** koncesjonariusz
~ **centre** ⟨**point**⟩ ośrodek dystrybucyjny
~ **trade** dystrybucja jako dział gospodarki
distribution s **1.** dystrybucja, rozdział, rozprowadzenie **2.** podział, repartycja **3.** rozmieszczenie **4.** podział majątku między spadkobierców ustawowych
~ **area** obszar dystrybucji
~ **census** spis przedsiębiorstw obrotu towarowego
~ **costs** ⟨**expenses**⟩ koszty dystrybucji
~ **list** rozdzielnik
~ **of goods** dystrybucja towarów
~ **of income** podział dochodów
~ **of an inheritance** podział spadku
~ **of justice** wymiar sprawiedliwości
~ **of powers** podział ⟨rozdzielenie⟩ kompetencji
~ **of profits** podział zysków
~ **of risks** podział ⟨rozłożenie⟩ ryzyka
~ **of wealth** podział bogactwa
~ **system** system dystrybucji
age ~ stat. podział według wieku
cash ~ podział gotówki
channels of ~ kanały ⟨drogi⟩ rozprowadzania masy towarowej
cost of ~ koszty dystrybucji
geographical ~ rozmieszczenie geograficzne
prize ~ rozdanie ⟨rozdzielenie⟩ nagród
distributive adj rozdzielczy, dystrybucyjny
~ **trade** a) dystrybucja, transport b) sieć placówek handlowych
distributor s dystrybutor, przedstawiciel sprzedaży

exclusive ⟨**sole**⟩ ~ wyłączny dystrybutor ⟨przedstawiciel sprzedaży⟩
retail ~ detalista, dystrybutor detaliczny
wholesale ~ hurtownik, dystrybutor hurtowy
district¹ s **1.** okręg, obwód, rejon **2.** dzielnica **3.** okolica
~ **attorney** am. prokurator okręgowy
~ **bank** bank rejonowy ⟨okręgowy⟩
~ **board** zarząd okręgowy
~ **council** bryt. rada okręgowa
~ **court** am. a) okręgowy sąd stanowy (pierwszej instancji) b) sąd miejski (w niektórych stanach)
~ **judge** am. a) sędzia sądu stanowego b) sędzia sądu miejskiego (w niektórych stanach)
~ **of delivery** okręg doręczeniowy
~ **registrar** bryt. kierownik kancelarii sądowej sądu okręgowego
administrative ~ okręg administracyjny
agricultural ~ rejon rolniczy
collection ~ rejon inkasa
congressional ~ am. okręg wyborczy
consular ~ okręg konsularny
customs ~ okręg celny
electoral ~ okręg wyborczy
free ~ strefa wolnocłowa
frontier ~ strefa graniczna
municipal ~ okręg miejski
postal ~ okręg pocztowy
rural ⟨**urban**⟩ ~ okręg wiejski ⟨miejski⟩
district² v dzielić na okręgi
distrust¹ s niedowierzanie, nieufność, brak zaufania, podejrzliwość
to show ~ **towards sb** okazywać komuś nieufność
distrust² v nie dowierzać, nie ufać (**sb** komuś), podejrzewać
distrustful adj nieufny, podejrzliwy
to be ~ **of sb** nie ufać komuś, podejrzewać kogoś
to be ~ **of sth** nie mieć zaufania do czegoś
disturb v **1.** naruszać, zakłócać (np. porządek), wprowadzać nieporządek (**sth** w czymś) **2.** burzyć (plany) **3.** niepokoić, denerwować, przeszkadzać (**sb** komuś)
to ~ **the balance** ⟨**equilibrium**⟩ naruszać równowagę
to ~ **sb's plan** pokrzyżować ⟨zniweczyć⟩ czyjeś plany
to ~ **the (public) peace** zakłócić spokój ⟨porządek⟩ (publiczny)
to ~ **the verdict** zakwestionować werdykt
disturbance s **1.** zakłócenie, zaburzenie **2.** zakłócenie spokoju publicznego, awantura **3.** naruszenie posiadania prawa **4.** pl **disturbances** zamieszki, rozruchy
~ **of economic relations** zakłócenie stosunków gospodarczych
~ **of franchise** naruszenie prawa wyborczego
~ **of possession** naruszenie posiadania
~ **of public and religious worship** naruszenie swobód religijnych
~ **of the (public) peace** naruszenie spokoju ⟨porządku⟩ (publicznego)
political ~**s** rozruchy ⟨zamieszki⟩ na tle politycznym
to cause ⟨**create, make**⟩ **a** ~ spowodować naruszenie spokoju
disturbed adj: ~ **market** niespokojny ⟨nieustabilizowany⟩ rynek
disunite v rozchodzić się, rozdzielać się

to ~ **a family** rozbijać rodzinę
disuse[1] s nieużywanie, wyjście z użycia, zarzucenie (*czegoś*)
  to fall into ~ wychodzić z użycia, nie być używanym ⟨stosowanym⟩
disuse[2] v zarzucać, przestawać posługiwać się (**sth** czymś)
disused *adj* **1.** przestarzały **2.** nie używany
ditto s to samo
  ~ **mark** znak powtórzenia
diverge v **1.** rozchodzić się **2.** odchylać się, zbaczać, odbiegać (**from sth** od czegoś) **3.** różnić się
divergence s **1.** rozbieżność **2.** odchylenie
  ~ **of interests** rozbieżność interesów
  ~ **of opinions** rozbieżność poglądów
  ~ **s of the normal** odchylenie od normy
  coefficient of ~ *stat.* współczynnik rozbieżności
divergent *adj* **1.** odbiegający (**from sth** od czegoś) **2.** rozbieżny
  ~ **opinions** ⟨**views**⟩ rozbieżne poglądy
  ~ **trends** rozbieżne tendencje
diverse *adj* **1.** odmienny, inny **2.** zmienny **3.** rozmaity, urozmaicony
  ~ **citizenship case** *am.* a) sprawa sądowa pomiędzy obywatelem Stanów Zjednoczonych a cudzoziemcem b) sprawa sądowa pomiędzy obywatelami różnych stanów
diversification s **1.** różnorodność, urozmaicenie **2.** lokowanie kapitału w rozmaitych przedsiębiorstwach ⟨walorach itp.⟩
  ~ **of the economy** różnorodność rozwoju ekonomicznego
  ~ **of risk** różnorodność ⟨podział⟩ ryzyka
diversified *adj*: ~ **areas** obszary o różnorodnych uprawach
  ~ **economy** zróżnicowana ⟨wielokierunkowa⟩ gospodarka
  ~ **farming** zróżnicowana ⟨różnorodna⟩ gospodarka rolna
  ~ **investments** zróżnicowane inwestycje
diversify v **1.** urozmaicać **2.** *am.* lokować kapitał w różnych przedsiębiorstwach
  to ~ **economy** wielostronnie rozwijać gospodarkę
diversion s **1.** odwrócenie, odchylenie **2.** odwrócenie uwagi **3.** *am.* przekazanie funduszów z kasy
diversity s **1.** rozmaitość, różnorodność **2.** odmienność **3.** skarga więźnia oparta na zarzucie niewłaściwej identyfikacji
divert v **1.** odwracać, zmieniać kierunek (**sth** czegoś) **2.** odrywać uwagę (**sb** czyjąś)
  to ~ **goods from one country to another** skierować towary do innego kraju (*zamiast kraju przeznaczenia*)
  to ~ **suspicion** odwrócić podejrzenie
divest v **1.** uwalniać (**of sth** od czegoś) **2.** pozbawiać (**of sth** czegoś), wyzuwać (**of sth** z czegoś)
  to ~ **sb of his rank** pozbawić kogoś jego rangi ⟨stanowiska⟩
  to ~ **sb of his right** pozbawić kogoś prawa
divestitive *adj* **1.** pozbawiający (*prawa*) **2.** uwalniający
  ~ **fact** fakt zmieniający stosunki prawne, wydarzenie zmieniające stosunki prawne
divestment, divestiture s pozbawienie (**of sth** czegoś)
divide v **1.** podzielić (**into parts** na części), rozdzielać (**among people** pomiędzy ludzi) **2.** oddzielać (**from sb**

⟨**sth**⟩ od kogoś ⟨czegoś⟩) **3.** poróżnić, posiać niezgodę
  to ~ **among** ⟨**between**⟩ **several persons** podzielić pomiędzy kilka osób
  to ~ **the House** *bryt.* przeprowadzić głosowanie w Parlamencie
  to ~ **an inheritance** podzielić spadek
  to ~ **profits and losses** podzielić zyski i straty
  to ~ **sth into lots** ⟨**portions**⟩ podzielić coś na części
  the House ~**d** *bryt.* zarządzono głosowanie (*w Parlamencie*)
divided *adj* **1.** podzielony, rozdzielony **2.** niezgodny
  ~ **court** niezgodność głosów sędziów
  ~ **opinions** niezgodne opinie ⟨zdania⟩
  ~ **payments** podzielona (*na części* ⟨*raty*⟩) płatność
dividend s **1.** dywidenda **2.** udział (*przypadający z podziału*) **3.** udział wierzycieli w masie upadłościowej
  ~ **account** konto dywidend
  ~ **coupons** kupon dywidendy
  ~ **due** należna dywidenda
  ~ **in arrears** zaległa dywidenda
  ~ **off** *am.* bez dywidendy, bez prawa do dywidendy
  ~ **on** *am.* z dywidendą, z prawem do dywidendy
  ~ **on account** zaliczkowa dywidenda
  ~ **on shares** dywidenda od akcji
  ~ **payment** ⟨**payout**⟩ wypłata dywidendy
  ~ **tax** podatek od dywidendy
  ~ **warrant** czek ⟨zlecenie⟩ na wypłatę dywidendy
  accumulative ⟨**accumulated**⟩ ~ dywidenda akumulowana
  cash ~ dywidenda pieniężna (*w formie wypłaty gotówkowej*)
  cum ~ z dywidendą, z prawem do dywidendy
  declared ~ ustalona dywidenda
  distribution of ~ podział dywidendy
  ex ~ bez prawa do dywidendy
  final ~ dywidenda ostateczna
  guaranteed ~ dywidenda gwarantowana
  interim ~ dywidenda tymczasowa
  stock ~ dywidenda opłacona akcjami
  taxfree ~ dywidenda nie podlegająca opodatkowaniu
  tax on ~**s** podatek od dywidend
  to carry a ~ przynosić ⟨dawać⟩ dywidendę
  to declare a ~ ustalić wysokość dywidendy
  to draw ~**s** otrzymywać dywidendę
  ta pay a ~ **of x%** płacić dywidendę w wysokości x%
  to rank first for a ~ mieć pierwszeństwo do otrzymania dywidendy
  to rank for a ~ być uprawnionym do otrzymania dywidendy
divisible *adj* podzielny
  ~ **contract** umowa podzielna
  ~ **credit** ⟨**letter of credit**⟩ akredytywa podzielna
  ~ **obligation** podzielne zobowiązanie
division s **1.** podział, dzielenie, rozdział **2.** rozdrobnienie, rozparcelowanie, parcelacja **3.** rozdział, rozbicie **4.** oddział, wydział **5.** podział administracyjny **6.** (*w więziennictwie*) stopień surowości, rygor **7.** kategoria, grupa **8.** *bryt.* podział głosów w Parlamencie
  ~ **into lots** parcelacja
  ~ **of a department** wydział (*w ministerstwie*)
  ~ **of an inheritance** podział spadku

~ **of labour** podział pracy
~ **of the profits** podział zysków
~ **of the world** podział świata
administrative ~ podział administracyjny
Chancery Division *bryt.* Wydział Kanclerski Sądu Najwyższego (*dla spraw upadłościowych, likwidacji spółek i spraw związanych z obrotem nieruchomościami*)
the first ⟨**second, third**⟩ ~ *bryt.* *a)* łagodny ⟨średni, surowy⟩ reżim więzienny *b)* pierwsza ⟨druga, trzecia⟩ kategoria urzędnika
parliamentary ~ okręg wyborczy (*w głosowaniu do parlamentu*)
Probate, Divorce and Admiralty Division *bryt.* Wydział Spraw Spadkowych, Rozwodowych i Morskich
to cause a ~ powodować rozłam
divisional *adj:* **Divisional Court** *bryt.* Sąd Wydziałowy King's Bench (*działający jako sąd apelacyjny*)
divorce[1] *s* **1.** rozwód **2.** rozdzielenie, oddzielenie
~ **action** powództwo o rozwód
~ **by mutual consent** ⟨**agreement**⟩ rozwód na zgodny wniosek (*za obopólną zgodą*)
~ **case** sprawa o rozwód ⟨rozwodowa⟩
~ **court** sąd rozwodowy ⟨dla spraw o rozwód⟩
~ **decree** orzeczenie o rozwodzie, wyrok rozwodowy ⟨orzekający rozwód⟩
~ **evidence** dowody w sprawie o rozwód (*stanowiące podstawę do orzeczenia rozwodu*)
~ **from the bonds of marriage** rozwiązanie więzów małżeńskich (*formuła przy unieważnieniu małżeństwa*)
~ **law** prawo rozwodowe ⟨regulujące sprawy o rozwód⟩
~ **petition** powództwo o rozwód
~ **proceedings** postępowanie w sprawach rozwodowych
~ **suit** sprawa o rozwód ⟨orzeczenie rozwodu⟩
bill of ~ orzeczenie sądu o rozwodzie, wyrok orzekający rozwód
cause of ⟨**ground(s) for**⟩ ~ podstawa żądania rozwodu
petition of ~ powództwo o rozwód ⟨orzeczenie rozwodu⟩
uncontested ~ sprawa o rozwód, w której strona pozwana nie sprzeciwia się orzeczeniu rozwodu
to apply ⟨**petition**⟩ **for a** ~ żądać ⟨domagać się⟩ rozwodu
to get a ~ otrzymać rozwód, uzyskać orzeczenie rozwodu
to grant a ~ udzielić rozwodu, orzec rozwód
to obtain a ~ **from sb** uzyskać rozwód z kimś
to seek a ~ starać ⟨ubiegać⟩ się o rozwód
to sue for a ~ wystąpić z powództwem o rozwód
to take ⟨**start**⟩ ~ **proceedings** wszcząć postępowanie o rozwód
divorce[2] *v* **1.** rozwodzić (*kogoś*), udzielić (*komuś*) rozwodu **2.** rozwodzić się, brać rozwód (**sb** z kimś) **3.** rozdzielać, oddzielać
to ~ **the Church from the State** rozdzielić Kościół od państwa
to ~ **one's husband** ⟨**wife**⟩ rozwieść się z mężem ⟨żoną⟩
divorced *pp adj* rozwiedziony
to be ~ **from sb** być rozwiedzionym z kimś
divorcé *s fr.* rozwiedziony (mąż), rozwodnik

divorcee *s* rozwodnik, rozwódka
divorcée *s fr.* rozwiedziona (żona), rozwódka
divorcement *s* **1.** rozwód **2.** rozwiązanie, rozdzielenie
bill of ~ orzeczenie o rozwodzie, wyrok rozwodowy
dock[1] *s* **1.** dok, basen portowy **2.** *am.* nabrzeże, pirs **3.** peron towarowy (*na kolei*)
~ **basin** basen portowy
~ **charges** opłaty przystaniowe ⟨dokowe⟩
~ **company** *a)* przedsiębiorstwo przeładunkowe *b)* przedsiębiorstwo eksploatujące część portu
~ **dues** opłaty przystaniowe ⟨dokowe⟩
~ **pass** przepustka portowa
~ **pilot** pilot portowy
~ **receipt** kwit dokowy ⟨składowy⟩, pokwitowanie przyjęcia przesyłki na skład portowy
~ **shed** hangar portowy
~ **strike** strajk portowy
~ **tug** holownik portowy (*do obsługi basenów*)
~ **warehouse** magazyn ⟨skład⟩ portowy
~ **warrant** warrant składów portowych, składowy dowód zastawniczy składów portowych
dry ~ suchy dok
floating ~ dok pływający
graving ~ dok remontowy
in ~ w doku
wet ~ mokry ⟨pływający⟩ dok
to bring a vessel into ~ wprowadzić statek do doku
dock[2] *s* ława oskarżonych
~ **brief** obrona z urzędu
in the ~ na ławie oskarżonych
dockage *s* **1.** dokowanie, postój w doku **2.** opłaty dokowe
~ **charges** opłaty dokowe (*za używanie nabrzeży*)
docked *pp adj* zadokowany, znajdujący się w doku
docker *s* doker, robotnik portowy
docket[1] *s* **1.** etykieta, metka, przywieszka (*przy towarze*) **2.** nalepka (*adresowa*) **3.** *am.* terminarz, agenda, program (*zebrania*) **4.** kwit celny **5.** rejestr spraw sądowych **6.** streszczenie ⟨wypis⟩ aktu urzędowego **7.** wykaz zawartości przesyłki **8.** pozwolenie na zakup towarów reglamentowanych
on the ~ *am.* w załatwianiu
patent ~ rejestr patentowy
docket[2] *v* **1.** etykietować, zaopatrywać w przywieszki ⟨nalepki, metki⟩ **2.** rejestrować, wpisywać do rejestru **3.** sporządzać spis dokumentów (*z krótkim oznaczeniem ich treści*)
to ~ **a case** wciągnąć sprawę do rejestru ⟨skorowidza⟩
to ~ **goods** etykietować, zaopatrywać (*towary*) w metki
docking *s* dokowanie, postój (*statku*) w doku
~ **clause** *ubezp.* klauzula dokowania
~ **survey** przegląd (*statku*) w doku
dockyard *s* stocznia (*marynarki wojennej*)
doctor *s* **1.** lekarz **2.** doktor
~ **of law** doktor praw
Doctor of Medicine ⟨**Philosophy**⟩ doktor medycyny ⟨filozofii⟩
~**'s certificate** świadectwo ⟨zaświadczenie⟩ lekarskie
honorary ~ doktor honoris causa
to take one's ~**'s degree** uzyskać stopień doktorski, doktoryzować się

doctorate *s* doktorat
doctrinal *adj* doktrynalny
~ **interpretation** doktrynalna interpretacja
~ **offence** przestępstwo przeciwko doktrynie (*Kościoła*)
doctrine *s* doktryna
free-trade ~ doktryna wolnego handlu
the Monroe Doctrine doktryna Monroe (*głosząca hasło „Ameryka dla Amerykanów")*
document[1] *s* dokument, akt; *zob.* **documents**
~ **bill** weksel dokumentowy
~ **draft** trata dokumentowa
~ **letter of credit** akredytywa dokumentowa
~ **of title (to the goods)** dokument dyspozycyjny; papier towarowy, dokument dający prawo dysponowania towarem
~ **to order** dokument na zlecenie
authentic ~ dokument oryginalny
basic ~ dokument podstawowy
confidential ~ dokument poufny ⟨tajny⟩
legal ~ dokument prawny
negotiable ~ dokument przenoszalny ⟨zbywalny⟩, zbywalny papier handlowy
non-negotiable ~ dokument niezbywalny
non-transferable ~ dokument nieprzenoszalny ⟨niezbywalny⟩
notarial ~ dokument sporządzony w formie notarialnej
official ~ dokument oficjalny
original ~ dokument oryginalny
private ~ dokument prywatny
secret ~ tajny dokument
working ~ dokument pracy
validity of a ~ ważność dokumentu
to draw up a ~ wystawić dokument
to forge a ~ sfałszować dokument
to have a ~ **authenticated** ⟨**certified**⟩ zalegalizować dokument
document[2] *v* 1. udokumentować 2. zaopatrzyć w dokumenty 3. poprzeć dokumentami, dołączyć dokumenty
to ~ **one's claim** udokumentować swe roszczenie ⟨swą skargę⟩
to ~ **a ship** *am.* zarejestrować statek
documental, documentary *adj* dokumentalny
documentary *adj* 1. dokumentalny, dokumentarny, udokumentowany 2. dokumentowy
~ **acceptance bill** trata dokumentowa na warunkach: dokumenty w zamian za akceptację
~ **bill** weksel dokumentowy
~ **collection** inkaso dokumentowe
~ **commercial bill** *am.* handlowa trata dokumentowa ⟨towarowa⟩
Documentary Committee *bryt.* Komisja Dokumentacyjna (*przy Chamber of Shipping of the United Kingdom*)
Documentary Council Rada Dokumentacyjna (*przy Konferencji Bałtyckiej*)
~ **credit** ⟨**letter of credit**⟩ akredytywa dokumentalna
~ **draft** trata dokumentowa
~ **evidence** ⟨**proof**⟩ dowód z dokumentów
~ **payment bill** trata dokumentowa na warunkach: dokumenty w zamian za zapłatę
documentation *s* 1. dokumentacja, udokumentowanie 2. zaopatrzenie w potrzebne dokumenty

full ~ pełne udokumentowanie
patent ~ dokumentacja patentowa
scientific ~ dokumentacja naukowa
technical ~ dokumentacja techniczna
documents *spl* 1. dokumenty wysyłkowe ⟨ładunkowe, przewozowe itp.⟩ 2. papiery okrętowe; *zob.* **document**[1]
~ **against acceptance** dokumenty (*ładunkowe*) w zamian za akceptację
~ **against** ⟨**for, on**⟩ **payment** dokumenty (*ładunkowe*) w zamian za zapłatę
~ **attached** dokumenty w załączeniu
~ **in support of the statement** dokumenty na poparcie twierdzenia
~ **of incorporation** dokument założenia spółki
~ **on the way** dokumenty (*ładunkowe*) w drodze
accompanying ⟨**attached**⟩ ~ dokumenty towarzyszące
cash against ~ gotówka w zamian za dokumenty (*ładunkowe*)
commercial ~ dokumenty handlowe
complete ⟨**full**⟩ **set of** ~ pełny komplet dokumentów (*ładunkowych*)
customs ~ dokumenty celne
loading ~ dokumenty ładunkowe ⟨załadowcze, wysyłkowe, przewozowe⟩
patent information ~ dokumenty informacji patentowej
presentation of ~ przedstawienie ⟨okazanie⟩ dokumentów
shipment ~ *am.* dokumenty ładunkowe ⟨załadowcze, wysyłkowe, przewozowe⟩
shipping ~ dokumenty ładunkowe
transportation ~ dokumenty przewozowe
vessel ~ *am.* dokumenty ⟨papiery⟩ okrętowe
to confirm sth by ~ potwierdzić coś za pomocą dokumentów
to consult the ~ przeglądać dokumenty
to deliver against ~ wydać w zamian za dokumenty
to deliver ⟨**release**⟩ ~ wydać dokumenty (*po uiszczeniu należności przez odbiorcę*)
to produce ⟨**present**⟩ ~ przedstawić dokumenty
to support sth by ~ poprzeć ⟨udowodnić⟩ dokumentami
dodge[1] *s* kruczek, wybieg, wykręt
calculated ~ przemyślny wykręt
dodge[2] *v* 1. unikać (**sth** czegoś), *pot.* wykręcać się (**sth** od czegoś) 2. wymijająco odpowiadać 3. obchodzić (*np. prawo*) 4. oszukiwać
to ~ **the law** obchodzić prawo
to ~ **military service** uchylać się od służby wojskowej
to ~ **a question** wymijająco odpowiadać na pytanie, uchylać się od odpowiedzi
doer *s* 1. sprawca 2. wykonawca 3. *am.* człowiek czynu
dogmatic *adj* 1. dogmatyczny 2. kategoryczny, bezapelacyjny
~ **statement** kategoryczne stwierdzenie
doing *s* 1. czyn, praca, trud 2. wyczyn, sprawka 3. działanie, robienie 4. *pl* **doings** poczynania 5. *pl* **doings** wydarzenia
~ **business** prowadzenie interesów
~ **justice** wymierzanie sprawiedliwości

doldrums *spl* 1. strefa bezwietrzna, pas ciszy 2. depresja, zastój
in the ~ (*o handlu*) w zastoju
dole *s* zasiłek dla bezrobotnych, zapomoga
to be on the ~ przejść na zasiłek dla bezrobotnych, zarejestrować się jako bezrobotny
dolesman *s* mężczyzna korzystający z zapomogi
doli capax ⟨**incapax**⟩ *adj łac.* zdolny ⟨niezdolny⟩ do popełnienia przestępstwa (*z uwagi na wiek*)
dollar *s* dolar
~ **acceptance** akceptowana trata płatna w dolarach
~ **area** strefa dolarowa
~ **bill** *a*) banknot dolarowy *b*) weksel dolarowy
~ **bill of exchange** *am.* weksel dolarowy
~ **block** blok dolarowy (*opierający swą walutę na dolarze*)
~ **deficit** deficyt dolarowy
~ **draft** trata wystawiona w dolarach
~ **drain** wyczerpywanie (się) rezerw dolarowych
~ **earning commodity** towar stanowiący źródło wpływów dolarowych
~ **exchange** *a*) kurs dolara *b*) *am.* dewizy dolarowe
~ **gap** deficyt dolarowy
~ **holdings** zasoby dolarowe
~ **mark** ⟨**sign**⟩ symbol ⟨znak⟩ dolara
~ **reserves** rezerwy dolarowe
~ **shortage** brak dolarów
~ **standard** parytet dolarowy
~ **value** wartość dolara
~ **zone** strefa dolarowa
to float the ~ upłynnić kurs dolarowy
dolus *s łac.* 1. umyślna wina, zły zamiar, świadome działanie na szkodę 2. podstęp, oszustwo
domain *s* 1. posiadłości, dobra, włości 2. pełny tytuł własności 3. domena, zakres, dziedzina
national ~ własność państwowa
public ~ własność publiczna
right of eminent ~ prawo (*państwa*) do wywłaszczenia wszelkiej własności
to fall into public ~ stać się własnością publiczną
Domesday Book *s bryt. hist.* księga katastralna (*zawierająca spis wszelkiej własności za czasów Wilhelma Zdobywcy*)
domestic[1] *s* 1. służący, pomoc domowa 2. domownik 3. *pl* **domestics** artykuły gospodarstwa domowego
domestic[2] *adj* 1. domowy 2. gospodarski 3. krajowy, wewnętrzny, rodzimy 4. lokalny, miejscowy 5. chałupniczy
~ **affairs** sprawy wewnętrzne
~ **agency** biuro pośrednictwa pracy dla pomocy domowych
~ **agent** przedstawiciel krajowy
~ **articles** artykuły ⟨wyroby, produkty⟩ krajowe
~ **attachment** *a*) nałożenie aresztu na majątek podsądnego *b*) wydany przez szeryfa nakaz doprowadzenia do sądu
~ **bill** weksel krajowy
~ **bill of lading** *am.* konosament w obrocie wewnętrznym (*na dostawę do portu krajowego*)
~ **commerce** handel wewnętrzny
~ **consumption** *a*) krajowa konsumpcja, krajowe spożycie *b*) użytek krajowy
~ **corporation** spółka krajowa
~ **currency** waluta krajowa
~ **demand** popyt krajowy ⟨wewnętrzny⟩

~ **domicile** wewnętrzny domicyl (*ograniczenie zamieszkania do pewnego rejonu kraju*)
~ **economy** gospodarka krajowa ⟨narodowa⟩
~ **freight forwarder** *am.* spedytor działający w obrocie wewnętrznym
~ **industry** *a*) przemysł krajowy *b*) chałupnictwo
~ **judgment** orzeczenie sądu krajowego
~ **law** prawo krajowe
~ **legislation** ustawodawstwo krajowe
~ **loan** pożyczka wewnętrzna ⟨krajowa⟩
~ **market** wewnętrzny rynek krajowy
~ **merchandise** towar ⟨wyrób⟩ krajowy
~ **migration** migracja wewnętrzna
~ **order** zamówienie krajowe
~ **policy** polityka wewnętrzna
~ **price level** poziom cen krajowych
~ **proceedings** postępowanie w sprawach rodzinnych
~ **production** produkcja krajowa
~ **quarrels** *a*) wewnętrzne spory *b*) kłótnie rodzinne
~ **regulations** wewnętrzne zarządzenia
~ **relations** stosunki wewnętrzne
~ **rules** zarządzenia wewnętrzne
~ **sale** sprzedaż krajowa
~ **servant** służący, pomoc domowa
~ **services** *a*) służba domowa *b*) obsługa wewnętrzna
~ **trade** handel krajowy ⟨wewnętrzny⟩
~ **violence** *am.* zamieszki wewnętrzne
~ **voyage** podróż kabotażowa
~ **ware** artykuły gospodarstwa domowego
gross ~ **product** produkt społeczny brutto
net ~ **product** produkt społeczny netto
domestication *s* naturalizacja
domicile[1] *s* 1. domicyl, miejsce płatności weksla 2. siedziba, miejsce stałego zamieszkania, domicyl
~ **bill** weksel domicylowany
~ **by birth** domicyl ⟨miejsce zamieszkania⟩ z racji urodzenia
~ **by choice** domicyl ⟨miejsce zamieszkania⟩ z wyboru
~ **by operation of law** miejsce zamieszkania z przepisu ustawy
~ **clause** klauzula domicylowa
~ **commission** prowizja domicylowa
~ **of choice** miejsce zamieszkania z wyboru
~ **of origin** miejsce zamieszkania z racji urodzenia
~ **of succession** domicyl spadkowy, miejsce zamieszkania (*spadkodawcy*) decydujące o sposobie dziedziczenia
change of ~ zmiana miejsca zamieszkania ⟨domicylu⟩
commercial ~ domicyl handlowy
elected ~ domicyl wybrany (*w celu załatwienia sporu*)
free ~ franko siedziba (*odbiorcy*)
legal ~ zamieszkanie prawne
matrimonial ~ miejsce wspólnego zamieszkania małżonków
payable to the ~ płatny w miejscu zamieszkania
to abandon one's ~ opuścić miejsce zamieszkania
to acquire a ~ **of choice** uzyskać domicyl z wyboru
to elect ~ **at ...** obrać miejsce zamieszkania w ...
domicile[2] *v* domicylować, umiejscowić (*weksel*)

to ~ **a bill at** ⟨**with**⟩ **the bank** domicylować weksel w banku
domiciled *pp adj* domicylowany
~ **acceptance** akcept domicylowany
~ **at** ... płatny w ...
~ **bill (of exchange)** weksel domicylowany (**with sb** u kogoś)
~ **draft** trata domicylowana
domiciliary *adj* domicylowy, domowy
~ **clause** klauzula domicylowa
~ **intent** zamiar zamieszkania w danej miejscowości na stałe
~ **law** prawo domicylu
~ **visit** rewizja domowa
domiciliate *v* osiedlać się, zamieszkać na stałe
domiciliation *s* domicylowanie
dominance *s* 1. przewaga 2. panowanie, supremacja
dominant *adj* 1. panujący, zwierzchniczy 2. przeważający, dominujący, główny
~ **estate** ⟨**tenement**⟩ nieruchomość władnąca (*na rzecz której ustanowiono służebność*)
~ **factor** czynnik dominujący
~ **partner in business** główny wspólnik przedsiębiorstwa
dominate *v* 1. dominować, mieć przewagę (**sb, sth** nad kimś, czymś) 2. panować, mieć zwierzchnictwo (**sb, sth** nad kimś, czymś)
domination *s* dominacja, przewaga, panowanie, zwierzchnictwo, władza
domineer *v* 1. rozkazywać (**over sb** komuś) 2. rządzić despotycznie (**over sth** czymś), tyranizować (**over sb** kogoś)
domineering *adj* despotyczny, władczy, apodyktyczny
~ **character** despotyczny charakter
dominion *s* 1. panowanie, władza, zwierzchnictwo 2. *hist.* dominium, posiadanie na własność 3. duża posiadłość ziemska (*np. króla*) 4. **Dominion** *bryt.* dominium, państwo wchodzące w skład Wspólnoty
dominium *s łac.* 1. własność, posiadanie na własność 2. panowanie
~ **directum** *łac. hist.* bezpośrednie władztwo (*suwerena w stosunku do nieruchomości*)
~ **utile** *łac. hist.* pośrednie władztwo (*wasala w stosunku do nieruchomości nadanej mu przez suwerena*)
dominus *s łac.* właściciel, pan, władca
~ **litis** *łac.* osoba udzielająca pełnomocnictwa
donate *v* darować ⟨podarować, ofiarować⟩ (**sb with sth** komuś coś), obdarować (**sb with sth** kogoś czymś)
donatio *s łac.* darowizna, dar
~ **inter vivos** *łac.* darowizna za życia
~ **mortis causa** *łac.* darowizna na wypadek śmierci
~ **propter nuptias** *łac.* darowizna między małżonkami
donation *s* 1. dar, podarunek 2. darowizna 3. donacja
~ **duty** podatek od darowizny ⟨darowizn⟩
~ **inter vivos** darowizna za życia
~ **mortis causa** darowizna na wypadek śmierci
acceptance of a ~ przyjęcie darowizny
by way of ~ w drodze darowizny
deed of ~ akt darowizny
private ~**s** prywatne darowizny
revocation of a ~ odwołanie darowizny
to make a ~ **of sth to sb** podarować komuś coś
to revoke a ~ odwołać darowiznę

donator *s am.* darczyńca
donatory *s* obdarowany, osoba obdarowana
done *pp* (*o dokumencie*) sporządzony, spisany
~ **at** ⟨**on**⟩ ... sporządzony w ⟨dnia⟩ ...
it is not ~ nie przystoi, nie wypada, nie jest przyjęte
donee *s* obdarowany, osoba obdarowana
donor *s* 1. dawca 2. darczyńca, donator, darujący
blood ~ dawca krwi, krwiodawca
dope[1] *s* narkotyk
dope[2] *v* 1. narkotyzować się 2. dawać środek podniecający ⟨narkotyk⟩ (**sb** komuś)
dope-fiend *s* narkoman
dormant *adj* 1. śpiący, drzemiący 2. nieczynny, nieaktywny, będący w zawieszeniu
~ **account** nieaktywne konto
~ **balance** zadawnione saldo rachunkowe
~ **claim** nieujawnione roszczenie
~ **execution** pozostająca bez biegu egzekucja
~ **funds** *bryt.* znajdujące się w depozycie fundusze, po które w ciągu 15 lat nikt się nie zgłosił
~ **judgment** nie wykonany ⟨nie wyegzekwowany⟩ wyrok, nie oddane do wykonania orzeczenie
~ **partner** cichy wspólnik
to lie ~ pozostawać w zawieszeniu
dose *s* doza, dawka
lethal ~ **of poison** śmiertelna dawka trucizny
dossier *s fr.* 1. akta sprawy (*sądowej itp.*) 2. akta człowieka (*notowanego w rejestrze skazanych*)
dotage *s* zdziecinnienie starcze, uwiąd starczy
dotal *adj* posagowy
~ **property** własność posagowa
~ **system** system posagowy
dotard *s* osoba zdziecinniała
dotation *s* 1. obdarowanie, wyposażenie 2. darowizna, dotacja
douane *s fr.* urząd celny
double[1] *s* 1. sobowtór 2. dubler 3. kopia, duplikat 4. podwójna ilość
double[2] *adj* 1. podwójny, dwukrotny 2. dwuznaczny 3. dwulicowy, podstępny, fałszywy
~ **adultery** podwójne cudzołóstwo (*pozamałżeński stosunek osób pozostających w innych związkach małżeńskich*)
~ **agent** podwójny agent, szpieg działający na dwie strony
~ **allegiance** podwójne obywatelstwo
~ **assessment** podwójne wyznaczenie podatku
~ **bond** podwójna gwarancja, podwójne zabezpieczenie
~ **bookkeeping** podwójna księgowość
~ **costs** podwójne koszty
~ **counting** podwójne liczenie (*w planowaniu i statystyce*)
~ **creditor** wierzyciel mający podwójne zabezpieczenie
~ **damages** podwójne odszkodowanie
~ **entry bookkeeping** podwójna księgowość
~ **insurance** podwójne ubezpieczenie (*ubezpieczenie u dwóch ubezpieczycieli, na sumę przewyższającą wysokość szkody*)
~ **meaning** *a)* podwójne znaczenie *b)* dwuznaczność
~ **nationality** podwójne obywatelstwo
~ **option** *giełd.* transakcja opcyjna z podwójną premią

~ **plea** skarga zawierająca dwa żądania
~ **recovery** podwójne odszkodowanie
~ **standard** bimetalizm, oparcie waluty na złocie i srebrze
~ **tariff** taryfa celna mieszana
~ **taxation** podwójne opodatkowanie
~ **wharfage** *am.* podwójna opłata brzegowa
~ **will** podwójny testament
to live ⟨**lead**⟩ **a** ~ **life** prowadzić podwójne życie
double³ *v* **1.** podwajać (się), dublować (się) **2.** powiększać (się) w dwójnasób
to ~ **the capital** podwoić kapitał
double-cross *v* oszukać, wywieść w pole, przechytrzyć
double-dealer *s* człowiek prowadzący podwójną grę, oszust
double-dealing *s* dwulicowość, prowadzenie podwójnej gry
doubt¹ *s* **1.** wątpliwość, niepewność **2.** niezdecydowanie
benefit of the ~ dobrodziejstwo wątpliwości (*tłumaczenie wątpliwości na korzyść oskarżonego*)
beyond ~ bez wątpienia
in case of ~ w razie wątpliwości
no ⟨**without**⟩ ~ niewątpliwie, bez wątpienia
to be in ~ mieć wątpliwości, nie mieć pewności
to be in the ~ być niejasnym ⟨wątpliwym⟩
to call in ~ podawać w wątpliwość
to give sb the benefit of the ~ rozstrzygnąć wątpliwość na czyjąś korzyść
to throw ~ **upon** podać (*coś*) w wątpliwość
doubt² *v* wątpić (**of sth** o czymś, w coś), być niepewnym (**of sth** czegoś), powątpiewać (**of sth** o czymś)
doubtful *adj* **1.** wątpliwy, niepewny, nasuwający wątpliwość **2.** niezdecydowany, odczuwający wątpliwość **3.** podejrzany
~ **character** podejrzany osobnik, podejrzane indywiduum
~ **debts** wątpliwe wierzytelności (*których ściągnięcie jest niepewne*)
~ **means** podejrzane środki
~ **notes receivable** *am.* niepewne wierzytelności wekslowe
~ **reputation** podejrzana reputacja
~ **title** wątpliwy ⟨nasuwający wątpliwości⟩ tytuł (*własności*)
to be ~ **of** ⟨**about**⟩ **sth** mieć wątpliwości co do czegoś
doubtless *adv* niewątpliwie, bez wątpienia
dough *s am. sl.* pieniądze, forsa
dowager *s bryt.* wdowa (*po utytułowanym lub posiadającym majątek ziemski mężu*)
queen ~ królowa wdowa
dower¹ *s* **1.** posag, wiano **2.** dożywocie wdowy
dower² *v* **1.** wyposażyć **2.** obdarować
to ~ **a daughter** wyposażyć córkę
to ~ **a widow** dać dożywocie wdowie
dower-house *s bryt.* dom stanowiący część dożywocia wdowy
dowerless *adj* bez posagu
down¹ *adj* **1.** opadający **2.** (*o cenie*) zniżkowy
~ **price clause** klauzula przewidująca obniżenie ceny
~ **trend (of the market)** tendencja zniżkowa (rynku)

down² *adv* **1.** w dół, w dole **2.** *pot.* (*o płatności*) gotówką
~ **payment** zapłata gotówką
~ **period** *am.* okres zamknięcia fabryki na czas remontu
cash ⟨**money**⟩ ~ zapłata gotówką
to bring the price ~ spowodować obniżkę ceny
to go ~ *a*) (*o cenie*) obniżać się *b*) (*o gatunku*) pogarszać się
to pay ~ płacić gotówką
down³ *v* położyć
to ~ **opposition** obalić opozycję
to ~ **the tools** zastrajkować, zaprzestać pracy
downfall *s* upadek, ruina
~ **of a government** upadek rządu
downright¹ *adj* **1.** całkowity, zupełny **2.** (*o oświadczeniu itp.*) otwarty, bez ogródek **3.** (*o oszustwie, kłamstwie*) oczywisty, jawny **4.** kategoryczny, stanowczy
~ **lie** oczywiste kłamstwo
~ **refusal** kategoryczna ⟨stanowcza⟩ odmowa
~ **swindle** jawne oszustwo
downright² *adv* **1.** całkowicie, zupełnie **2.** wprost, wręcz, otwarcie, bez ogródek **3.** kategorycznie, stanowczo
to refuse ~ stanowczo odmówić
downtrend *s* tendencja zniżkowa
downturn *s* obniżenie, depresja
~ **in prices** obniżenie cen
economic ~ depresja gospodarcza
downward *adj* **1.** zniżkowy **2.** skierowany w dół, idący ku dołowi **3.** *przen.* prowadzący do upadku ⟨ruiny⟩
~ **tendency** ⟨**trend**⟩ tendencja zniżkowa
downwards *adv* w dół, ku dołowi
dowry *s* posag, wiano
doyen *s* dziekan (*np. korpusu dyplomatycznego*), senior (*zespołu*)
dozen *s* tuzin, dwanaście sztuk
half a ~ pół tuzina
in ~**s** tuzinami
long ~ trzynaście sztuk (*liczone za tuzin*)
over a ~ kilkanaście
several ~ kilkadziesiąt
to sell goods by the ~ ⟨**in** ~**s**⟩ sprzedawać towar na tuziny
Draconian *adj* drakoński
~ **laws** ⟨**measures**⟩ drakońskie prawa ⟨środki⟩
draft¹ *s* **1.** projekt, szkic, plan, zarys **2.** trata, weksel ciągniony ⟨trasowany⟩ **3.** trasowanie ⟨ciągnienie⟩ weksla **4.** pobór (*do wojska*) **5.** polecenie wypłaty, przekaz **6.** bonifikata ilościowa **7.** dopuszczalny ubytek wagowy **8.** zanurzenie (*statku*), głębokość zanurzenia
~ **after arrival (of goods)** trata płatna po nadejściu (towaru)
~ **after date** trata płatna po dacie
~ **agenda** projekt porządku dziennego
~ **agreement** projekt kontraktu
~ **at current rate** polecenie wypłaty po bieżącym kursie
~ **at ... days' sight** trata płatna w ... dni po okazaniu
~ **at sight** trata płatna awista ⟨za okazaniem⟩
~ **bill** projekt ustawy
~ **board** (*wojskowa*) komisja poborowa
~ **budget** projekt budżetu
~ **card** powołanie do wojska

~ **collection only** trata tylko do inkasa
~ **contract** projekt umowy
~ **dodger** *am.* osoba uchylająca się od poboru (*do wojska*)
~ **for a parliamentary bill** projekt ustawy
~ **instructions** wskazówki dotyczące inkasa weksla
~ **letter** projekt listu
~ **loan** zaliczka wekslowa (*zabezpieczona towarem*)
~ **marks** ⟨*am.* **markings**⟩ znaki zanurzenia (*statku*)
~ **of a contract** projekt umowy
~ **on a bank** czek na bank
~ **on demand** trata płatna na żądanie
~ **recourse** regres wekslowy
~ **resolution** projekt uchwały ⟨rezolucji⟩
~ **'s time limit** a) termin płatności traty ⟨weksla⟩ b) okres od wystawienia do terminu płatności traty ⟨weksla⟩
~ **term** okres służby wojskowej
~ **terms** warunki wystawienia traty
accepted ~ weksel przyjęty
accommodation ~ weksel grzecznościowy
advice of a ~ awizo wekslowe, zawiadomienie o wystawieniu traty
after-date ~ trata płatna po dacie
after-sight ~ trata płatna za okazaniem ⟨awista⟩
amount of a ~ suma wekslowa
arrival ~ trata płatna po nadejściu (*towaru*)
bank ⟨**banker's**⟩ ~ trata bankowa, międzybankowe polecenie wypłaty
buying of a ~ dyskonto wekslowe, nabycie weksla w drodze dyskonta, przyjęcie weksla do dyskonta
cable ~ przekaz telegraficzny
clean ~ trata bezdokumentowa
commercial ~ weksel handlowy, trata handlowa
commodity ~ trata towarowa
date ~ trata płatna po dacie
demand ~ trata płatna na żądanie
discount ⟨**discounted**⟩ ~ trata zdyskontowana, dyskonto
dishonoured ~ trata nie przyjęta ⟨nie akceptowana⟩
document ⟨**documentary**⟩ ~ trata dokumentowa
face of a ~ przednia strona weksla
import ~ trata importowa ⟨oparta o akredytywę importową⟩
instalment ~ weksel ratalny
local ~ weksel miejscowy ⟨lokalny⟩
long ~ trata długoterminowa
mail ~ przekaz pocztowy
maturing ~ trata z przypadającym wkrótce terminem płatności
maturity of ~ termin płatności weksla, zapadłość traty ⟨weksla⟩
negotiable ~ weksel zbywalny ⟨nadający się do obiegu⟩
negotiated ~ weksel puszczony w obieg
non-negotiable ~ weksel niezbywalny
original ~ oryginał weksla, pierwszy egzemplarz traty
pawned ~ weksel zastawiony ⟨zlombardowany⟩
preliminary ~ wstępny projekt
presentation ~ trata płatna awista ⟨za okazaniem⟩
protested ~ weksel zaprotestowany
purchase of ~ dyskonto wekslowe, nabycie weksla w drodze dyskonta

reimbursement by ~ rembursowanie za pomocą weksla
reimbursement ~ weksel rembursowy
renewal of a ~ prolongata weksla ⟨traty⟩
return ~ weksel zwrotny
run of a ~ a) termin płatności weksla b) okres od wystawienia do terminu płatności weksla
selling of a ~ oddanie weksla do dyskonta, zbycie weksla w drodze dyskonta, dyskonto weksla
short ~ trata krótkoterminowa, weksel krótkoterminowy
sight ~ trata płatna awista ⟨za okazaniem⟩
stopped ~ weksel zapadły i nie wykupiony
time ~ weksel terminowy
trade ~ weksel handlowy, trata handlowa
weight ~ tolerancja wagi, bonifikata ilościowa
to advise of a ~ zawiadomić o wystawieniu traty ⟨weksla⟩
to dishonour a ~ nie przyjąć ⟨akceptować⟩ traty, nie wykupić weksla
to draw up a ~ wystawić tratę, trasować weksel
to extend a ~ prolongować tratę ⟨weksel⟩
to honour a ~ przyjąć ⟨wykupić⟩ weksel ⟨tratę⟩
to issue a ~ wystawić tratę ⟨weksel⟩
to make a ~ **of sth** zrobić projekt czegoś, zaprojektować coś
to make out a ~ **on sb** trasować weksel na kogoś
to meet a ~ przyjąć ⟨wykupić⟩ weksel ⟨tratę⟩
to repudiate a ~ odmówić przyjęcia traty, odmówić wykupienia weksla
to retire a ~ wycofać weksel z obiegu, wykupić weksel
draft[2] *v* 1. szkicować, kreślić, projektować 2. *am.* przeprowadzać pobór (*do wojska*), powoływać do wojska
to ~ **a bill** przedstawić ⟨opracować⟩ projekt ustawy
to ~ **a contract** opracować projekt umowy
to ~ **sb into the army** *am.* powołać kogoś do wojska
draftage *s* 1. rozkurz, rozsyp, ubytek w towarze sypkim 2. bonifikata za ubytek w towarze sypkim
draftee *s am.* poborowy, osoba powołana do wojska
drafting *s* projektowanie, opracowanie projektu, redakcja tekstu
~ **board** ⟨**committee**⟩ komitet redakcyjny, komisja przygotowująca projekt (*ustawy*)
dragnet *s* 1. sieć, niewód 2. *przen.* środki służące do chwytania przestępców
~ **clause** ramowa klauzula taryfy celnej (*obejmująca artykuły nie wymienione w taryfie*)
to be caught in the police ~ wpaść w sieć zastawioną przez policję
drain[1] *s* 1. odpływ, wyciekanie 2. drenaż
~ **of capital** odpływ kapitału
~ **of gold** odpływ złota
~ **on the resources** wyczerpywanie się ⟨wyciekanie⟩ zasobów
brain ~ drenaż mózgów (*wyjazd uczonych z kraju*)
external ~ odpływ z kraju (*zasobów złota*)
internal ~ drenaż wewnętrzny (*kapitałów*)
drain[2] *v* 1. odpływać 2. drenować
to ~ **the market (of money)** drenować rynek (z pieniędzy)
drapery *s* 1. tekstylia 2. handel tekstyliami

~ **goods** towary tekstylne, tkaniny
drastic *adj* drastyczny, radykalny
~ **measures** drastyczne środki
~ **reduction** drastyczna redukcja ⟨obniżka⟩
to resort to ~ **measures** uciec się do drastycznych środków
to take ~ **measures** zastosować drastyczne środki
draught *s* **1.** ciągnięcie, wyciągnięcie **2.** zanurzenie statku **3.** połów **4.** zarys, projekt
~ **marks** znaki zanurzenia (*statku*)
draw[1] *s* ciągnienie (*losów, loterii*), wyciąganie (*losów*), losowanie (*np. w rozgrywkach sportowych*)
draw[2] *v* (**drew, drawn**) **1.** ciągnąć, przyciągać, wyciągać, wciągać **2.** trasować (*weksel, tratę*), wystawiać (*weksel, czek*) **3.** projektować, nakreślać, rysować **4.** otrzymywać, czerpać, wydobywać **5.** podejmować (*pieniądze*) **6.** formułować, sporządzać (*umowę*) **7.** losować, ciągnąć losy **8.** *zob.* **draw back, draw up**
to ~ **at long** ⟨**short**⟩ **date** wystawiać weksel długoterminowy ⟨krótkoterminowy⟩
to ~ **at sight** wystawiać weksel awista ⟨za okazaniem⟩
to ~ **sb's attention to sth** zwracać czyjąś uwagę na coś
to ~ **benefit from sth** wyciągnąć korzyść z czegoś
to ~ **a bill on sb** trasować weksel na kogoś
to ~ **a check on the bank** wystawiać czek na bank
to ~ **a conclusion** wyciągać wniosek
to ~ **a confirmation from sb** otrzymać potwierdzenie od kogoś
to ~ **a contract** sporządzić umowę
to ~ **customers** przyciągać nabywców
to ~ **a draft** wystawić tratę
to ~ **from one's account** podejmować ⟨czerpać⟩ z konta (*pieniądze*)
to ~ **an income** uzyskać dochód
to ~ **an inference** wyciągnąć konkluzję ⟨wniosek⟩
to ~ **information from witnesses** zdobywać ⟨uzyskiwać⟩ informacje od świadków
to ~ **in reimbursement** rembursować, wystawiać weksel, ciągnąć tratę na pokrycie
to ~ **in a set** wystawić komplet (*konosamentów*)
to ~ **a jury** wybrać przysięgłych
to ~ **lots** ciągnąć losy (**for sth** o coś)
to ~ **money from a bank** podejmować pieniądze z banku
to ~ **on the account** podejmować z rachunku ⟨konta⟩
to ~ **on a bank** brać ⟨podejmować⟩ pieniądze z banku
to ~ **on capital** czerpać z kapitału
to ~ **on demand** wystawiać tratę na żądanie ⟨awista⟩
to ~ **on the reserves** czerpać z rezerw
to ~ **a salary** pobierać pensję ⟨wynagrodzenie⟩
to ~ **samples** pobierać próbki
to ~ **supplies from sb** być zaopatrywanym przez kogoś, otrzymać zaopatrzenie (*w towar*) od kogoś
draw back *v* **1.** wycofywać (się) **2.** otrzymywać zwrot należności, trasować weksel zwrotny
drawback *s* **1.** wada, ujemna strona **2.** cło zwrotne, premia eksportowa
~ **goods** towary, za które należy się premia eksportowa
drawee *s* trasat, odbiorca weksla ⟨czeku⟩
drawer *s* trasant, wystawca weksla ⟨czeku⟩

~ **of a bill of exchange** wystawca ⟨trasant⟩ weksla
~ **of a cheque** wystawca czeku
~ **of a document** wystawca dokumentu
drawing *s* **1.** rysunek, szkic **2.** ciągnienie, losowanie **3.** wystawienie traty, trasowanie **4.** podejmowanie, otrzymywanie
~ **account** konto czekowe
~ **day** data wystawienia traty
~ **in a set** wystawienie kompletu (*dokumentów*)
~ **of a bill of exchange** wystawienie weksla
~ **of a lottery** ciągnienie loterii
~ **of samples** pobieranie próbek
~ **power** atrakcyjność (*towarów itp.*)
~ **s on importers** traty wystawione na importerów
~ **to order** wystawienie (*weksla*) na zlecenie
by ~ **s** drogą losowania
drawn *pp:* ~ **bill** weksel trasowany ⟨ciągniony⟩
~ **by lot** wylosowany, wybrany za pomocą losowania
draw up *v* zredagować, sporządzić, sformułować
to ~ **a balance sheet** sporządzić bilans
to ~ **a contract** sporządzić umowę ⟨kontrakt⟩
to ~ **a document** sporządzić dokument
to ~ **a list** sporządzić listę
dreadage *s* prawo czarterującego do przewozu innego towaru (*na tych samych warunkach*), prawo załadowania ładunku kombinowanego (*przy czarterze całostatkowym*)
dreading *s* = **dreadage**
~ **clause** klauzula o prawie załadowania ładunku kombinowanego
dress[1] *s* **1.** ubiór, strój **2.** dekoracja, urządzenie wystawy
~ **designer** projektant mody
dress[2] *v* **1.** ubierać (się), stroić (się) **2.** dekorować (*wystawę itp.*) **3.** przyrządzać, obrabiać **4.** wykańczać, apreturować
dribblet *s* drobna kwota, niewielka suma
by ~ **s** w drobnych kwotach, w niewielkich ratach
drift[1] *s* **1.** dryfowanie, dryf **2.** tendencja, dążenie
policy of ~ polityka bierności
drift[2] *v* (*o statku*) dryfować
to let things ~ *przen.* pozostawić sprawy własnemu biegowi
drive[1] *s* **1.** przejażdżka **2.** kampania **3.** dążność, tendencja
armament(s) ~ wyścig zbrojeń
export ~ kampania eksportowa
sales ~ kampania sprzedaży
drive[2] *v* (**drove, driven**) **1.** jechać (*samochodem*), kierować (*pojazdem*) **2.** pędzić, gonić **3.** popychać **4.** zmierzać (**at sth** do czegoś) **5.** zmuszać, doprowadzać (**to** ⟨**into**⟩ **sth** do czegoś, **to do sth** do zrobienia czegoś)
to ~ **a bargain** przeprowadzić transakcję
to ~ **a car** prowadzić samochód
to ~ **to crime** popychać do zbrodni
to ~ **to desperation** doprowadzić do rozpaczy
to ~ **to suicide** doprowadzić do samobójstwa
to ~ **a trade** prowadzić handel
driver *s* **1.** kierowca, szofer **2.** woźnica
~ **'s licence** prawo jazdy
driving *s* jazda, prowadzenie (*pojazdu*)
~ **licence** prawo jazdy
~ **test** egzamin na prawo jazdy

drunken ~ prowadzenie pojazdu w stanie nietrzeźwym
reckless ~ nieostrożna jazda
droit *s fr.* **1.** prawo **2.** przedmiot, do którego ma się prawo
droitural *adj:* ~ **action** skarga petytoryjna
drop¹ *s* obniżenie, obniżka, spadek
~ **in the market** spadek cen na rynku
~ **in ⟨of⟩ prices** spadek ⟨obniżka⟩ cen
drop² *v* **1.** spadać, opadać, obniżać się **2.** zarzucać, zaprzestawać (sth czegoś) **3.** zrywać (**sb** z kimś) **4.** opuszczać (*słowa, fakty itp.*)
to ~ **an action** odstąpić od popierania powództwa
to ~ **a bad habit** pozbyć się nałogu, zerwać z nałogiem
to ~ **a charge** wycofać oskarżenie ⟨skargę⟩
to ~ **a hint** dać wskazówkę
to ~ **into a habit** wpaść w nałóg, ulec nałogowi
to ~ **a matter** odstąpić od sprawy, zaniechać sprawy
to ~ **a patent** zrezygnować z patentu
to ~ **the prosecution** odstąpić od oskarżenia ⟨ścigania⟩
to ~ **a right** zrezygnować z prawa (*przysługującego komuś*)
to ~ **one's work** zaprzestać pracy, porzucić pracę
not to be dropped (*napis na przesyłkach*) nie rzucać
drop off *v* odpadać, ubywać
customers ~ ubywa ⟨zmniejsza się liczba⟩ nabywców ⟨klientów⟩
drug¹ *s* **1.** lek, lekarstwo **2.** narkotyk **3.** niepokupny ⟨*pot.* niechodliwy⟩ towar
~ **addict** ⟨**fiend**⟩ narkoman
~ **habit** narkomania
~ **peddler** ⟨*am.* **pedlar**⟩ dostawca narkotyków
~ **sale** ⟨**traffic**⟩ handel narkotykami
to be a ~ **on the market** nie znajdować nabywców, nie mieć popytu
drug² *v* **1.** narkotyzować się **2.** dawać narkotyk (**sb** komuś)
drummer *s am. pot.* akwizytor handlowy, komiwojażer
drunk¹ *s* pijak, pijany
drunk² *adj* pijany
~ **and disorderly behaviour** naruszenie porządku (*publicznego*) w stanie nietrzeźwym ⟨po pijanemu⟩
to get ~ upić się
drunkard *s* nałogowy alkoholik, pijak
incurable ~ nieuleczalny alkoholik
drunken *pp adj* pijany, nietrzeźwy
~ **driving** prowadzenie pojazdu w stanie nietrzeźwym
in a ~ **state** w stanie nietrzeźwym
drunkenness *s* **1.** opilstwo **2.** stan nietrzeźwości
habitual ~ nałogowe pijaństwo, alkoholizm
dry¹ *adj* **1.** suchy, wysuszony **2.** (*o winie*) wytrawny **3.** (*o słowach*) oschły, oziębły **4.** formalny, nominalny
~ **cargo** *a*) ładunek sypki *b*) ładunek w stanie suchym (*nie zamoknięty*)
~ **cargo ship** statek do przewozu ładunków suchych
~ **dock** suchy dok
~ **dock dues** opłata za dokowanie
~ **facts** suche fakty
~ **goods** *a*) towary suche ⟨sypkie⟩ *b*) *am.* towary włókiennicze, galanteria *c*) *austral.* wyroby żelazne

~ **measure** miara towarów sypkich
~ **money** gotówka
~ **state** stan, w którym obowiązuje zakaz sprzedaży alkoholu
~ **town** miasto, w którym obowiązuje zakaz sprzedaży alkoholu
~ **trust** powiernictwo pasywne (*sprowadzające się do wypłaty pieniędzy lub wydania majątku beneficjentom*)
to go ~ zakazać sprzedaży napojów alkoholowych
dry² *v* suszyć, schnąć, wysychać
dual *adj* **1.** podwójny, dwojaki, dwoisty **2.** wspólny dla dwojga
~ **allegiance** podwójne obywatelstwo
~ **alliance** podwójny sojusz
~ **citizenship** podwójne obywatelstwo
~ **control** podwójna kontrola
~ **membership** podwójne członkostwo
~ **monarchy** monarchia dualistyczna
~ **nationality** podwójne obywatelstwo
~ **ownership** współwłasność
~ **personality** rozdwojenie jaźni ⟨osobowości⟩
~ **valuation** podwójne oszacowanie (*statku na wypadek awarii*)
dubious *adj* **1.** wątpliwy, niepewny, problematyczny **2.** dwuznaczny **3.** (*o dochodach*) podejrzany **4.** niezdecydowany, niepewny (**as to** ⟨**about**⟩ sth co do czegoś)
~ **authorship** wątpliwe autorstwo
~ **character** postać ⟨osoba⟩ podejrzana
~ **claims** wątpliwe roszczenia
~ **debts** niepewne wierzytelności
ducal *adj* książęcy
duchy *s* księstwo
Duchy Court of Lancaster Sąd Kanclerski hrabstwa Lancaster (*rozstrzygający sprawy związane z posiadaniem ziemi na podstawie prawa słuszności*)
dud *adj* **1.** fałszywy **2.** nieprzydatny
~ **cheque** czek bez pokrycia
~ **note** fałszywy banknot
due¹ *s* **1.** opłata; należność **2.** to, co się należy; suma należna **3.** *pl* **dues** opłaty, należności
anchor ~ **s** (*opłaty*) kotwiczne
annual ~ **s** opłaty ⟨składki⟩ roczne
canal ~ **s** opłaty kanałowe
crane ~ **s** opłaty dźwigowe
dock ~ **s** opłaty dokowe
ferry ~ **s** opłaty promowe
harbour ~ **s** opłaty portowe
lighthouse ~ **s** opłaty portowe na utrzymanie latarni morskich
market ~ **s** opłaty rynkowe
mooring ~ **s** opłaty cumownicze
pier ~ **s** (*opłaty*) brzegowe
pilotage ~ **s** opłaty za pilotowanie (*statku*)
port ~ **s** opłaty portowe
sluice ~ **s** opłaty śluzowe
state ~ opłata państwowa
storage ~ **s** (*opłaty*) składowe
towage ~ **s** opłaty holownicze
union ~ **s** składki związkowe
wharf ~ **s** (*opłaty*) brzegowe
to claim one's ~ domagać się należności
to give sb his ~ *a*) dać co się komu należy *b*) *przen.* oddać komuś sprawiedliwość

to pay one's ~ **s** uiścić swe należności
due² *adj* **1.** należny, płatny, przypadający do zapłaty **2.** słuszny, zasłużony **3.** oczekiwany, spodziewany **4.** spowodowany ⟨uwarunkowany⟩ **(to sth** czymś⟩
~ **amount** należna kwota
~ **and proper care** odpowiednia i należyta staranność
~ **bill** *a)* weksel płatny ⟨przypadający do zapłaty⟩ *b) am.* pisemne zobowiązanie zapłaty
~ **care** odpowiednia ⟨należyta⟩ troska ⟨opieka⟩
~ **course** ⟨**process**⟩ **of law** właściwa procedura prawna
~ **date** data ⟨termin⟩ płatności
~ **day** dzień ⟨termin⟩ zapłaty
~ **diligence** = ~ **care**
~ **penalty** słuszna ⟨zasłużona⟩ kara
~ **respect** należny szacunek
after ⟨**upon**⟩ ~ **consideration** po właściwym ⟨gruntownym⟩ rozważeniu
debts ~ **and owning** aktywa i pasywa
falling ~ przypadający do zapłaty, zapadły
in ~ **course** *a)* we właściwym trybie, właściwą drogą *b)* prawnie, legalnie, zgodnie z przepisami *c)* we właściwym czasie
in ~ **form** we właściwej formie
in ~ **time** we właściwym czasie, w terminie, w porę
past ~ przeterminowany, zaległy, opóźniony
a ship ~ **to arrive** spodziewany ⟨mający nadejść⟩ statek
when ~ w terminie płatności
to be ~ należeć się, przypadać do zapłaty, być płatnym
to be ~ **to do sth** mieć coś zrobić
to fall ⟨**become**⟩ ~ stać się płatnym ⟨wymagalnym⟩
to remain ~ pozostawać do zapłaty
due³ *praep*: ~ **to...** skutkiem ⟨z powodu⟩... ⟨*czegoś*⟩
duke *s* książę
duel¹ *s* pojedynek
verbal ~ pojedynek słowny
to call sb out ⟨**challenge sb**⟩ **to a** ~ wyzwać kogoś na pojedynek
to fight a ~ odbywać pojedynek, walczyć w pojedynku
duel² *v* pojedynkować się
dull *adj* **1.** martwy **2.** (*o narzędziu*) tępy, stępiony **3.** (*o umyśle*) mało inteligentny, tępy
~ **brain** ⟨**intelligence**⟩ tępy umysł
~ **market** rynek w zastoju
~ **of sale** (*o towarze*) niepokupny, trudny do sprzedania
~ **season** martwy sezon, zastój
dullness *s* **1.** martwota, zastój **2.** tępota **3.** apatia
~ **of business** zastój w handlu ⟨interesach⟩
~ **of the market** zastój na rynku
duly *adv* **1.** słusznie, należycie, we właściwym trybie **2.** legalnie, zgodnie z przepisami **3.** punktualnie, w swoim czasie, w porę
~ **appointed** właściwie ustanowiony ⟨wyznaczony⟩
~ **signed** właściwie podpisany
to pay ~ płacić we właściwym terminie
dumb *adj* niemy
~ **bidding** licytacja cicha ⟨bez wywoływania oferowanych cen⟩
~ **from birth** niemy od urodzenia

dummy¹ *s* **1.** imitacja **2.** manekin, marionetka **3.** atrapa, makieta **4.** figurant, osoba podstawiona
~ **gun** straszak
dummy² *adj* **1.** fałszywy, podrobiony, imitowany **2.** fikcyjny, podstawiony
~ **holder** podstawiony ⟨fikcyjny⟩ właściciel
~ **job** fikcyjna praca, fikcyjne zatrudnienie
~ **statement** pozorne oświadczenie
~ **transaction** pozorna transakcja ⟨umowa⟩
dump *v* **1.** wyrzucać, pozbywać się **2.** wysadzać (*pasażerów*) **3.** uprawiać dumping, eksportować po cenach dumpingowych
to ~ **goods on a market** zarzucać (obcy) rynek (tanim) towarem
dumping *s* dumping
~ **duty** cło antydumpingowe
~ **export** eksport dumpingowy
~ **legislation** antydumpingowe ustawodawstwo
~ **price** cena dumpingowa
currency ~ dumping walutowy
to practise ~ uprawiać dumping
dun¹ *s* **1.** natrętny wierzyciel **2.** upomnienie o zapłatę, monit
dun² *v* upominać się o zapłatę **(sb** u kogoś), monitować, ponaglać
to ~ **a debtor** monitować dłużnika (*o zapłatę*)
dunning *s* monitowanie, ponaglenie
~ **form** formularz ponaglenia
~ **letter** list z ponagleniem zapłaty
dupe¹ *s* ofiara oszustwa ⟨podstępu⟩
dupe² *v* oszukiwać, nabierać, okpiwać
dupery *s* oszustwo, naciąganie, okpienie
duplicate¹ *s* kopia, odpis, duplikat, wtórnik, odbitka
~ **account** kopia rachunku
~ **bill** wtórnik weksla
~ **consignment note** duplikat listu przewozowego
~ **invoice** kopia faktury
~ **of a bill of exchange** kopia weksla
~ **of a document** kopia dokumentu
~ **of a waybill** kopia listu przewozowego
~ **original** duplikat ⟨odpis, kopia⟩ dokumentu o właściwościach oryginału
in ~ w dwóch egzemplarzach
duplicate ² *adj* podwójny, w dwóch egzemplarzach
~ **document** dokument w dwóch egzemplarzach
~ **receipt** pokwitowanie ⟨kwit⟩ w dwóch egzemplarzach
~ **sample** podwójna próbka
~ **taxation** podwójne opodatkowanie
duplicate³ *v* **1.** podwajać **2.** kopiować, robić odbitkę, sporządzać duplikat, robić odpis
to ~ **an order** *a)* sporządzić kopię zamówienia *b)* podwoić zamówienie
duplicator, duplicating machine *s* powielacz
duplicity *s* **1.** fałsz, dwulicowość, obłuda **2.** umieszczenie w jednym pozwie kilku roszczeń **3.** umieszczenie w jednym akcie oskarżenia kilku naruszeń prawa
durable *adj* **1.** trwały, wytrzymały **2.** stały
~ **consumer goods** artykuły konsumpcyjne trwałego użytku
~ **goods** artykuły trwałego użytku
durables *spl* artykuły trwałego użytku
consumer ~ artykuły konsumpcyjne trwałego użytku
durante *łac.* podczas
~ **absentia** *łac.* w czasie nieobecności

~ **lite** *łac.* podczas procesu
~ **minore aetate** *łac.* w okresie małoletniości
~ **viduitate** *łac.* w czasie wdowieństwa
~ **vita** *łac.* w okresie życia
duration *s* czas trwania, trwanie
~ **of benefit** czas trwania świadczeń
~ **of a contract** okres ważności umowy
~ **of copyright** okres obowiązywania praw autorskich
~ **of (human) life** okres życia
~ **of a lease** czas trwania najmu ⟨dzierżawy⟩
~ **of a patent** czas obowiązywania patentu
~ **of a policy** okres ważności polisy (*ubezpieczeniowej*)
~ **of the session** czas trwania posiedzenia
~ **of validity** okres ważności ⟨pozostawania w mocy⟩
for the ~ **of the war** na czas trwania wojny
of long ~ długotrwały
of short ~ krótkotrwały
duress *s* **1.** przymus **2.** bezprawne uwięzienie ⟨pozbawienie wolności⟩
~ **of goods** bezprawne zatrzymanie rzeczy
~ **of imprisonment** bezprawne pozbawienie wolności
~ **per minas** zmuszenie za pomocą gróźb
plea of ~ zarzut zastosowania przemocy
under ~ pod przymusem, z przymusu
to act under ~ działać pod przymusem ⟨z przymusu⟩
to do sth under ~ robić coś pod przymusem ⟨z przymusu⟩
duresser *s* osoba stosująca przymus
Dutch *adj:* ~ **auction** licytacja zniżkowa polegająca na obniżaniu ceny wywoławczej
dutiable *adj* **1.** podlegający ocleniu, obłożony cłem **2.** nie oclony
~ **articles** artykuły podlegające ocleniu
~ **goods** towary do oclenia
~ **price** cena bez cła
~ **value** wartość będąca podstawą wymiaru cła
dutied *adj am.* = **dutiable**
duty *s* **1.** obowiązek, powinność **2.** cło, opłata ⟨należność⟩ celna **3.** podatek (*od nabycia własności*) **4.** służba, dyżur **5.** *pl.* **duties** obowiązki, funkcja
~ **by weight** cło od wagi
~ **for revenue** podatek dochodowy
~ **free** wolne od cła
~ **free import** przywóz bezcłowy ⟨wolnocłowy⟩
~ **free shop** sklep wolnocłowy (*np. w portach lotniczych*)
~ **free store** skład wolnocłowy
~ **inwards** cło przewozowe
~ **mark** stempel celny
~ **of care** obowiązek zachowania ostrożności
~ **of detraction** *am.* podatek od przeniesienia nabytego spadku z jednego stanu do drugiego
~ **of excise** opłata akcyzowa, akcyza
~ **of maintenance** obowiązek alimentacyjny ⟨łożenia na utrzymanie⟩
~ **on exports** ⟨**imports**⟩ *a)* cło wywozowe ⟨przywozowe⟩ *b)* opłata eksportowa ⟨importowa⟩
~ **paid** cło opłacone, oclono
~ **paid free house** franko siedziba odbiorcy po uiszczeniu cła
~ **paid price** cena obejmująca cło

~ **receipt** kwit celny
~ **unpaid** cło nie opłacone
ad speciem ~ cło specyficzne ⟨od jednostki miary⟩
ad valorem ~ cło od wartości
apprisal ⟨**assessment**⟩ **of** ~ wymiar cła ⟨podatku, opłaty⟩
combined ⟨**compound**⟩ ~ cło mieszane
compensation ⟨**compensative**⟩ ~ *am.* cło wyrównawcze
countervailing ~ cło wyrównawcze
customs ⟨**custom-house**⟩ ~ opłata celna
death ~ podatek spadkowy
differential ~ cło dyferencyjne
discriminating ⟨**discriminatory**⟩ ~ cło dyskryminacyjne
dumping ~ cło antydumpingowe
estate ~ podatek spadkowy
excise ~ akcyza, opłata akcyzowa
exempt of ~ wolny od cła ⟨opłat, opodatkowania⟩
export ⟨**import**⟩ ~ *a)* cło wywozowe ⟨przywozowe⟩ *b)* opłata eksportowa ⟨importowa⟩
financial ~ cło fiskalne
free of ⟨**from**⟩ ~ wolny od cła, wolnocłowy, bezcłowy; wolny od opłat ⟨opodatkowania⟩
full ~ cło w pełnej wysokości
mixed ~ cło mieszane
moral ~ obowiązek moralny
off ~ poza służbą, nie na służbie
on ~ na służbie ⟨dyżurze⟩
penalty ~ cło karne
port duties opłaty portowe
preference ⟨**preferential**⟩ ~ cło preferencyjne
prohibitive ~ cło prohibicyjne
protective ~ cło ochronne
registration ~ opłata rejestracyjna
retaliatory ~ cło odwetowe
revenue ~ podatek dochodowy
stamp ~ opłata stemplowa
transit ~ cło tranzytowe
uniform ~ cło jednolite
to be liable to ~ podlegać ocleniu ⟨opodatkowaniu, opłatom⟩
to be on ~ być na służbie ⟨dyżurze⟩
to be under legal ~ być prawnie zobowiązanym
to collect a ~ pobierać cło
to do one's ~ spełnić swój obowiązek
to exempt from ~ zwolnić od cła ⟨podatku, opłaty⟩
to impose ⟨**lay**⟩ **a** ~ nałożyć cło ⟨podatek⟩ (*na kogoś, coś*)
to remit a ~ zwolnić od cła ⟨podatku, opłaty⟩
duty-free *adj* wolny od cła ⟨opłaty celnej⟩
~ **goods** towary wolne od opłaty celnej
~ **shop** sklep wolnocłowy
duty-paid *pp adj* (*o towarze*) z opłaconym cłem ⟨oclony⟩
dwell *v* (**dwelt, dwelt**) mieszkać (**at** ⟨**in**⟩ **in place** w danej miejscowości)
dweller *s* mieszkaniec
city ~ mieszkaniec miasta
dwelling *s* **1.** mieszkanie **2.** miejsce zamieszkania
dwelling-house *s* dom mieszkalny
dwindle *v* zmniejszać się, maleć, kurczyć się
dying *adj* umierający, będący w obliczu śmierci
~ **bed** łoże śmierci
~ **declaration** wyznanie na łożu śmierci

~ **oath** przysięga w obliczu śmierci
~ **without issue** umierający bezpotomnie
dynamite s dynamit

to blow sth up with ~ wysadzić coś dynamitem ⟨za pomocą dynamitu⟩
dynasty s dynastia

E

each adj, pron każdy (z osobna, pojedynczo)
~ **and all** każdy bez wyjątku, każdy z osobna i wszyscy razem
~ **and every** każdy (bez wyjątku)
~ **of the party** każda z osób wchodzących w skład grupy
to charge x % ~ **way** pobrać x % od każdej strony (np. przez maklera zarówno od kupującego jak i sprzedającego)
eager adj 1. chętny, gorliwy, skory 2. skwapliwy 3. żądny, chciwy (**for** ⟨**after**⟩ sth czegoś) 4. energiczny
~ **buying** ożywione zakupy, ożywienie na rynku
~ **pursuit** energiczny pościg
~ **to do sth** chętny do zrobienia czegoś
to meet ~ **buyers** znajdować chętnych nabywców
eagerly adv gorliwie, skwapliwie, ochoczo
~ **enquired** (o towarze) bardzo poszukiwany
~ **expected** niecierpliwie oczekiwany
eagle s 1. orzeł 2. am. złota moneta 10-dolarowa
double ~ złota moneta 20-dolarowa
half ~ złota moneta 5-dolarowa
quarter ~ złota moneta dwuipółdolarowa
earles-penny, earl's penny s zadatek
early[1] adj 1. wczesny 2. rychły, niedaleki 3. dawny 4. przedwczesny 5. początkowy, pierwszy
~ **closing day** dzień wcześniejszego zamykania (sklepów)
~ **death** przedwczesna śmierć
~ **delivery** wczesna ⟨poranna⟩ dostawa
~ **edition** dawne ⟨wcześniejsze⟩ wydanie
~ **retirement** wcześniejsze przejście na emeryturę
~ **shipment** wczesna ⟨szybka⟩ wysyłka
~ **trade** handel w dawnych czasach
at an ~ **age** we wczesnej młodości
at an ~ **date** a) wkrótce b) w krótkim czasie
at the earliest opportunity przy najbliższej sposobności
at your earliest convenience jak państwo mogą najszybciej, przy najbliższej okazji
early[2] adv 1. wcześniej 2. rychło 3. dawno
~ **in the season** na początku sezonu
~ **next month** ⟨**week, year**⟩ na początku przyszłego miesiąca ⟨tygodnia, roku⟩
as ~ **as** ... już w (czasie) ...
at the earliest jak najwcześniej
to wed ~ wcześnie wstąpić w związek małżeński
earmark[1]**, ear-mark** s marka fabryczna, cecha, znak rozpoznawczy
earmark[2] v 1. znakować, cechować 2. asygnować, przeznaczać
to ~ **funds for sth** asygnować fundusze na coś

earmarked adj 1. znakowany, cechowany 2. przeznaczony na specjalny cel, asygnowany
~ **gold** złoto jednego kraju zdeponowane w innym kraju
~ **property** cechowana ⟨oznakowana⟩ własność ⟨rzecz⟩
earn v 1. zarabiać, zarobkować 2. zasługiwać (np. na pochwałę) 3. zdobywać (np. sławę) 4. przynosić (np. dochód)
to ~ **fame** zdobyć sławę
to ~ **interest** uzyskiwać procenty
to ~ **one's living** ⟨**livelihood**⟩ zarabiać na życie ⟨na utrzymanie⟩
to ~ **money** zarabiać pieniądze
to ~ **praise** zasługiwać na pochwałę
earned adj zarobiony; uzyskany
~ **income** zapracowany dochód
~ **freight** uzyskany fracht
~ **surplus** uzyskana nadwyżka, zysk akumulowany (przedsiębiorstwa)
earner s 1. zarobkujący, żywiciel 2. źródło dochodu
dollar ~ źródło wpływów dolarowych
non-wage ~s osoby nie otrzymujące wynagrodzenia
principal ~ główny żywiciel (rodziny)
salary ~s pracownicy umysłowi otrzymujący wynagrodzenie
wage ~s pracownicy fizyczni otrzymujący wynagrodzenie
earnest[1] s zadatek
earnest[2] adj 1. poważny, serio 2. sumienny, gorliwy 3. żarliwy
~ **buyer** poważny kupiec
~ **conviction** głębokie przekonanie
~ **request** żarliwa prośba
~ **worker** sumienny pracownik
earnestly adv poważnie, serio
to press ~ poważnie nalegać, urgować
earnest-money s zadatek pieniężny, kwota wpłacona a conto
earning adj 1. zarobkowy 2. dochodowy
~ **capacity** ⟨**power**⟩ a) zdolność zarobkowa b) dochodowość, rentowność
dollar ~ **commodity** towar będący źródłem wpływów dolarowych
earnings spl 1. zarobek, wynagrodzenie 2. zysk, dochód, wpływ
~ **per day** ⟨**hour, month**⟩ zarobek dzienny ⟨godzinowy, miesięczny⟩
~ **per share** dochód z akcji
~ **power** zdolność zarobkowa
additional ~ dodatkowy zysk ⟨dochód⟩

annual ~ zarobek roczny
average ~ przeciętny zarobek
daily ~ zarobek dzienny
gross ~ a) zarobek brutto b) wpływy brutto
hourly ⟨monthly⟩ ~ zarobek godzinowy ⟨miesięczny⟩
invisible ~ niewidoczne dochody
loss of ~ utrata zarobku
net ~ a) zarobek netto b) wpływy netto
piecework ~ zarobek akordowy
subsidiary ~ zarobek dodatkowy ⟨uboczny⟩
weekly ~ zarobek tygodniowy
ear-witness s świadek ze słyszenia (*zeznający o zasłyszanych faktach*)
ease[1] s **1.** swoboda, łatwość **2.** brak nacisku; odprężenie
~ **in the market** odprężenie na rynku
ease[2] v **1.** ulżyć, złagodzić **2.** osłabić **3.** zwolnić **4.** ułatwić **5.** obniżać, zmniejszać
to ~ **customs formalities** ułatwić ⟨uprościć⟩ formalności celne
to ~ **the deadlock** znaleźć wyjście z impasu
to ~ **the international tension** zmniejszyć ⟨złagodzić⟩ napięcie międzynarodowe
prices have eased ceny obniżyły się
easement s **1.** ulga **2.** udogodnienie **3.** służebność, serwitut
~ **appurtenant** służebność gruntowa
~ **in gross** służebność osobista
~ **of convenience** służebność dla wygody
~ **of necessity** służebność drogi koniecznej
affirmative ~ służebność pozytywna ⟨czynna⟩ (*polegająca na korzystaniu w pewnym zakresie z cudzego gruntu*)
continuing ~ służebność ciągła (*polegająca na stałym korzystaniu z cudzego gruntu*)
negative ~ służebność negatywna ⟨bierna⟩ (*polegająca na obowiązku nie wykorzystywania określonych uprawnień*)
personal ~ służebność osobista
statutory ~ służebność ustawowa ⟨wynikająca z prawa⟩
easily adv łatwo
~ **obtainable** ⟨**procurable**⟩ łatwy do otrzymania, łatwo osiągalny
~ **perishable** łatwo psujący się
easiness s łatwość, swoboda
~ **of the market** spokój ⟨swoboda⟩ na rynku
east s wschód
(the) East End dzielnica doków i składów handlowych Londynu
East European Time czas wschodnio-europejski
(the) Far ⟨**Middle, Near**⟩ **East** Daleki ⟨Środkowy, Bliski⟩ Wschód
eastern adj wschodni
~ **countries** kraje Wschodu
~ **Europe** Europa Wschodnia
~ **standard time** am. czas wschodniej części Ameryki (wcześniejszy o 5 godzin od czasu Greenwich)
easy adj **1.** łatwy, dogodny **2.** swobodny **3.** ostrożny **4.** słaby **5.** (*o towarze*) niepokupny **6.** (*o towarze*) nie mający tendencji zwyżkowej
~ **conscience** spokojne ⟨czyste⟩ sumienie
~ **in one's morals** lekkiego ⟨swobodnego⟩ prowadzenia się
~ **life** beztroskie życie

~ **market** zrównoważony rynek (*na którym jest pod dostatkiem towaru*)
~ **money** łatwo zdobyte pieniądze
~ **of access** łatwo dostępny
~ **payments** dogodne płatności
~ **task** łatwe zadanie
~ **terms** dogodne warunki
~ **to get** łatwy do otrzymania ⟨do zdobycia⟩
the goods are ~ towaru jest pod dostatkiem
the market is easier na rynku panuje tendencja zniżkowa
the money is ~ łatwo jest o kapitał ⟨o kredyt⟩ (*stopa procentowa jest niska*)
the prices are ~ ceny są przystępne
to be in ~ **circumstances** być ⟨znajdować się⟩ w dobrej sytuacji finansowej
to become easier to deal stać się bardziej skłonnym do ustępstw (*przy zawieraniu transakcji*)
to buy ⟨**sell**⟩ **on** ~ **terms** kupować ⟨sprzedawać⟩ a) na dogodnych warunkach b) na raty
eavesdropping s podsłuchiwanie (*przestępstwo według prawa angielskiego*)
ebullience s ożywienie, pobudzenie (*na rynku*)
ecclesiastic s duchowny, osoba duchowna
ecclesiastical adj **1.** kościelny **2.** duchowny
~ **authorities** władze kościelne ⟨duchowne⟩
~ **censure** potępienie ⟨dezaprobata⟩ władz kościelnych ⟨Kościoła⟩
~ **commissioners** komisja zarządzająca majątkiem kościelnym
~ **corporations** stowarzyszenia religijne
~ **council** sobór
~ **courts** sądy kościelne ⟨duchowne⟩
~ **jurisdiction** sądownictwo kościelne, jurysdykcja kościelna
~ **law** prawo kościelne ⟨kanoniczne⟩
~ **matters** sprawy kościelne ⟨podlegające jurysdykcji kościelnej⟩
econometrics s ekonometria
economic adj **1.** ekonomiczny, gospodarczy **2.** praktyczny, mający zastosowanie w praktyce
~ **achievements** osiągnięcia gospodarcze
~ **activity** działalność gospodarcza
~ **aid** ⟨**assistance**⟩ pomoc gospodarcza
~ **analysis** analiza ekonomiczna
~ **application** praktyczne zastosowanie
~ **backwardness** zacofanie gospodarcze
~ **barometer** wskaźnik koniunktury gospodarczej
~ **blockade** blokada gospodarcza
~ **branch** gałąź gospodarki
~ **calculation** rachunek ekonomiczny
~ **capacity** a) potęga gospodarcza b) zdolność gospodarcza
~ **circles** kręgi ⟨koła⟩ gospodarcze
~ **conditions** warunki ekonomiczne
~ **consideration** względy gospodarcze
~ **cooperation** współpraca gospodarcza
~ **crisis** kryzys ekonomiczny ⟨gospodarczy⟩
~ **cycle** cykl gospodarczy
~ **depression** depresja gospodarcza
~ **development** rozwój ekonomiczny ⟨gospodarczy⟩
~ **difficulties** trudności gospodarcze
~ **equilibrium** równowaga gospodarcza
~ **expansion** ekspansja ekonomiczna
~ **forecast** prognoza gospodarcza
~ **geography** geografia gospodarcza

~ **growth** rozwój gospodarczy
~ **independence** niezależność gospodarcza
~ **indicator** wskaźnik gospodarczy
~ **integration** integracja gospodarcza
~ **intelligence** wywiad gospodarczy
~ **isolationism** izolacjonizm gospodarczy
~ **law** prawo ekonomiczne
~ **life** życie gospodarcze
~ **planning** planowanie gospodarcze
~ **policy** polityka gospodarcza
~ **potential** potencjał ekonomiczny
~ **power** potęga gospodarcza
~ **pressure** nacisk gospodarczy, presja ekonomiczna
~ **problems** zagadnienia ekonomiczne ⟨gospodarcze⟩
~ **progress** postęp gospodarczy
~ **recession** recesja gospodarcza
~ **reconstruction** odbudowa gospodarcza
~ **recovery** ożywienie gospodarcze
~ **rent** renta kompensująca koszty (*ziemi, budowy itd.*)
~ **research** badania gospodarcze
~ **resources** zasoby gospodarcze
~ **sanctions** sankcje gospodarcze
~ **situation** sytuacja gospodarcza
~ **stabilization** stabilizacja gospodarcza
~ **system** system ekonomiczny
~ **traffic** obrót gospodarczy
~ **trend** trend gospodarczy, tendencja gospodarcza
~ **turnover** obrót gospodarczy
~ **unit** jednostka gospodarcza
~ **warfare** wojna ekonomiczna
economical *adj* 1. oszczędny, gospodarny 2. ekonomiczny, gospodarczy
~ **car** samochód ekonomiczny
~ **measures** zarządzenia ⟨środki⟩ oszczędnościowe
~ **speed** szybkość ekonomiczna (*środków transportu*)
economics *s* 1. ekonomia 2. ekonomika 3. gospodarka
planned ~ gospodarka planowa
welfare ~ ekonomia dobrobytu
economist *s* ekonomista
economize *v* oszczędzać (**sth** coś, czegoś), oszczędnie gospodarować (**sth** czymś), robić oszczędności (**on sth** na czymś)
to ~ **on food** oszczędzać na żywności
economy *s* 1. ekonomia 2. ekonomika 3. gospodarka, system gospodarczy 4. organizacja; struktura 5. gospodarność, oszczędność 6. *pl* **economies** oszczędności
~ **bonus** premia za oszczędność
~ **class** klasa turystyczna (*w samolocie, na statku*)
~ **in expenses** oszczędność w wydatkach
~ **measures** środki oszczędności, zarządzenia oszczędnościowe
~ **of power** oszczędzanie ⟨oszczędność⟩ energii
capitalist ~ gospodarka kapitalistyczna
controlled ~ gospodarka kontrolowana
domestic ⟨**home**⟩ ~ gospodarka krajowa
international ~ gospodarka międzynarodowa
market ⟨**moneyed**⟩ ~ gospodarka rynkowa ⟨pieniężna⟩
national ~ gospodarka narodowa
naval ~ gospodarka morska

planned ~ gospodarka planowa
political ~ ekonomia polityczna
rural ~ gospodarka rolna
sectors of ~ sektory gospodarki
social ~ gospodarka społeczna
socialist ~ gospodarka socjalistyczna
socialized ⟨**state**⟩ ~ gospodarka uspołeczniona ⟨państwowa⟩
totalitarian ⟨**war**⟩ ~ gospodarka totalitarna ⟨wojenna⟩
world ~ gospodarka światowa
to disturb the ~ **of the country** zakłócić gospodarkę kraju
edge *s* brzeg, kant, skraj, krawędź
to set on ~ postawić na sztorc
„**to stow on** ~" „stawiać na kancie" (*napis na ładunku*)
edict *s* dekret, edykt
edit *v* 1. wydawać 2. redagować, przygotowywać do druku
edition *s* 1. wydanie 2. nakład
abridged ~ wydanie skrócone
cheap ~ tanie ⟨popularne⟩ wydanie
first ~ pierwsze wydanie; pierwodruk
limited ~ ograniczony nakład
new ~ nowy nakład, nowe wydanie
pocket ~ wydanie kieszonkowe
revised and enlarged ~ wydanie poprawione i uzupełnione
special ~ specjalne wydanie (*gazety*)
editor *s* 1. redaktor 2. wydawca
editorial[1] *s* artykuł wstępny ⟨redakcyjny⟩
editorial[2] *adj* 1. wydawniczy 2. redakcyjny
~ **board** zespół redakcyjny
~ **office** redakcja
editor-in-chief *s* redaktor naczelny
education *s* 1. wykształcenie 2. nauczanie, nauka 3. oświata 4. wychowanie
adult ~ oświata dla dorosłych, nauczanie dorosłych
Board of Education *bryt.* ministerstwo oświaty
college ~ *am.* wyższe wykształcenie
commercial ~ wykształcenie handlowe
compulsory ~ obowiązkowe nauczanie
elementary ⟨**primary**⟩ ~ wykształcenie podstawowe
free ~ bezpłatna oświata, bezpłatne nauczanie
grammar-school ⟨**secondary**⟩ ~ wykształcenie średnie
higher ⟨**university**⟩ ~ wykształcenie wyższe ⟨uniwersyteckie⟩
life-long ⟨**permanent**⟩ ~ kształcenie stałe ⟨ciągłe⟩
public ~ powszechna oświata
technical ~ wykształcenie techniczne
vocational ~ wykształcenie zawodowe ⟨techniczne⟩
educational *adj* oświatowy, wychowawczy
Educational Act *am.* ustawa o szkolnictwie
~ **institution** zakład nauczania, szkoła
~ **qualification** cenzus naukowy, kwalifikacje naukowe
~ **system** system nauczania ⟨oświaty⟩
educationalist, educationist *s* pedagog, wychowawca, działacz oświatowy
educative *adj* wychowawczy
~ **value** wartość wychowawcza
educator *s* wychowawca
efface *v* ścierać, wycierać, zacierać

to ~ **the boundaries** zatrzeć granice

to ~ **an inscription** zatrzeć napis (*np. numer rejestra-cyjny pojazdu*)

effaced *pp adj* zatarty, wymazany

~ **marks** zatarte ⟨niewyraźne⟩ znaki (*na opakowaniu*)

to **keep sth** ~ rozmyślnie pozostawić zatarty (*napis, numer itp.*)

effect[1] *s* **1.** skutek, rezultat, wynik, konsekwencja **2.** wpływ; efekt **3.** moc obowiązująca; wejście w życie **4.** sens, treść, znaczenie **5.** cel, zamiar **6.** *pl* **effects** *a)* walory, efekty *b)* ruchomości, dobytek, majątek (*ruchomy*)

beneficial ~ dobroczynny skutek

binding ~ wiążąca ⟨obowiązująca⟩ moc (*ustawy, przepisu*)

in ~ w praktyce, w konsekwencji

,,**no** ~**s**" ,,brak pokrycia" (*czeku*), (*o wekslu*) ,,nie akceptowany", ,,zaprotestowany"

of no ~ bez rezultatu, bezskutecznie

personal ~**s** rzeczy osobiste, własność osobista ⟨odrębna⟩

to **the** ~ *a)* w celu *b)* tej treści

to **the same** ~ o tej samej treści

with ~ **from ...** ze skutkiem od ..., z mocą obowiązującą od ...

without ~ bez rezultatu, bezskutecznie

to **be in** ~ (*o ustawie*) obowiązywać

to **bring into** ~ wykonać, zrealizować, dokonać

to **carry plans into** ~ zrealizować plany

to **come into** ~ (*o ustawie*) wejść w życie, uzyskać moc obowiązującą

to **give** ~ **to sth** nadać czemuś moc obowiązującą

to **have its full** ~ osiągnąć w pełni cel, dać pełny efekt

to **have no** ~ nie przynieść efektu, pozostać bez rezultatu

to **put into** ~ wprowadzić w życie, nadać moc obowiązującą

to **remain in** ~ pozostawać w mocy

to **take** ~ wchodzić w życie, zacząć obowiązywać

effect[2] *v* **1.** wykonywać, dokonywać (**sth** czegoś) **2.** przeprowadzać (**sth** coś)

to ~ **an application** *a)* dokonać zgłoszenia (*patentu*) *b)* wdrożyć (*coś*), zastosować

to ~ **an arrest** dokonać aresztowania

to ~ **a compromise** doprowadzić do kompromisu

to ~ **a contract** zawrzeć umowę

to ~ **customs clearance** dokonać odprawy celnej

to ~ **an insurance** ⟨**insurance policy**⟩ ubezpieczyć się, zawrzeć umowę ubezpieczeniową

to ~ **a payment** dokonać płatności

to ~ **a reconciliation** doprowadzić do pojednania

to ~ **sales** sprzedawać

effected *pp:* to **be** ~ *a)* zostać wykonanym *b)* wejść w życie

effective *adj* **1.** skuteczny, efektywny **2.** rzeczywisty, realny, faktyczny **3.** obowiązujący, będący w mocy

~ **blockade** skuteczna blokada

~ **control** skuteczna kontrola

~ **co-operation** skuteczna współpraca

~ **date** data wejścia w życie (*np. umowy, ustawy*)

~ **demand** efektywny popyt

~ **dollar** wypłata w dolarach

~ **in law** prawnie skuteczny

~ **jurisdiction** rzeczywista władza

~ **management** skuteczne zarządzanie

~ **measures** skuteczne środki

~ **money** efektywna waluta ⟨gotówka⟩

~ **occupation** faktyczna okupacja

~ **output** faktyczna produkcja

~ **protection** skuteczna ochrona

~ **revenue** realny dochód

~ **steps** skuteczne kroki

~ **value** realna wartość

~ **yield** rzeczywista wydajność

immediately ~ z natychmiastowym skutkiem

to **be** ⟨**become**⟩ ~ wchodzić w życie

effectiveness *s* skuteczność; efektywność

~ **of investments** efektywność inwestycji

to **reduce** ~ zmniejszać skuteczność

effectual *adj* **1.** skuteczny, celowy, efektywny **2.** posiadający moc prawną, obowiązujący, będący w mocy

~ **punishment** skuteczna kara

effectuate *v* sprawiać, dokonywać, realizować

efficacy *s* skuteczność

efficacious *adj* skuteczny

efficiency *s* **1.** skuteczność **2.** sprawność, biegłość, umiejętność **3.** wydajność

~ **expert** specjalista w zakresie wydajności

~ **factor** współczynnik wydajności

~ **of advertising** skuteczność reklamy

~ **test** próba sprawności

~ **wages** płace akordowe

commercial ~ wydajność ekonomiczna

labour ~ wydajność pracy

technical ~ wydajność techniczna

to **increase** ~ zwiększyć efektywność ⟨wydajność⟩

efficient *adj* **1.** skuteczny, efektywny **2.** sprawny, biegły, zdolny, kompetentny **3.** wydajny

~ **distribution** sprawna dystrybucja

~ **machine** sprawna ⟨wydajna⟩ maszyna

~ **methods of production** skuteczne ⟨wydajne⟩ metody produkcji

~ **worker** wydajny pracownik

efflux, effluxion *s* **1.** upływ (*czasu*) **2.** odpływ, wypływ

~ **of capital** ⟨**gold**⟩ odpływ kapitału ⟨złota⟩

~ **of time** upływ czasu

effort *s* **1.** usiłowanie **2.** wysiłek **3.** próba **4.** *pl* **efforts** starania

~ **at ...** wysiłek zmierzający do ...

to **combine one's** ~**s** połączyć starania

to **make an** ~ **to do sth** usiłować coś zrobić

to **spare no** ~**s** nie szczędzić wysiłków

effraction *s* włamanie

effrontery *s* bezczelność

egalitarian *s* zwolennik powszechnej równości, egalitarysta

egoism *s* egoizm, samolubstwo, sobkostwo

egoist *s* egoista, samolub, sobek

egress *s* wyjście

~ **and regress right** prawo wstępu i wyjścia

the **right of free** ~ prawo wolnego wyjścia

eject *v* **1.** eksmitować, wysiedlać **2.** wydalać **3.** pozbawiać posiadania

to ~ **an employee** wydalić pracownika

to ~ **a tenant** eksmitować dzierżawcę ⟨lokatora⟩

ejection *s* **1.** wyrzucenie, wydalenie **2.** eksmisja, wysiedlenie **3.** pozbawienie posiadania

ejectment *s* **1.** eksmisja, wyrzucenie **2.** przywrócenie posiadania **3.** odzyskanie własności

writ of ~ powództwo o przywrócenie posiadania
ejector s eksmitujący, żądający eksmisji
ejusdem generis *łac.* tego samego rodzaju
elaborate[1] *adj* **1.** wypracowany, staranny, drobiazgowy, gruntowny **2.** złożony, skomplikowany, zawiły
elaborate[2] *v* opracowywać, wypracowywać
  to ~ **details** opracowywać szczegóły
  to ~ **a plan** opracowywać plan
elaboration s **1.** opracowanie, elaborat **2.** przetwarzanie, wytwarzanie, przerabianie
elapse *v* (*o czasie*) upływać, mijać
elastic *adj* elastyczny
  ~ **demand** elastyczny popyt
  ~ **money** elastyczny pieniądz
  ~ **prices** elastyczne ceny
  ~ **regulations** elastyczne przepisy
  ~ **supply** elastyczna podaż
elasticity s elastyczność
  ~ **of demand** elastyczność popytu
  ~ **of the market** elastyczność rynku
  ~ **of supply** elastyczność podaży
  coefficient of ~ współczynnik elastyczności
  income ~ elastyczność dochodu
  price ~ elastyczność cen
elect[1] s elekt, osoba wybrana
  the bride ~ przyszła małżonka
  the president ~ prezydent elekt (*wybrany, lecz jeszcze nie urzędujący*)
elect[2] *v* obierać, wybierać (*w drodze głosowania*)
  to ~ **one's domicile** ⟨**residence**⟩ obierać siedzibę ⟨miejsce zamieszkania⟩
  to ~ **sb to the presidency** wybrać kogoś na stanowisko prezesa ⟨prezydenta⟩
election s **1.** wybór (*drogą głosowania*) **2.** wybory
  ~ **agent (of a candidate)** agent (kandydata) do przeprowadzenia wyborów
  ~ **campaign** kampania wyborcza
  ~ **commission** ⟨**committee**⟩ komisja wyborcza
  ~ **day** dzień wyborów
  ~ **district** okręg wyborczy
  ~ **judge** sędzia obserwujący przebieg wyborów
  ~ **law** prawo wyborcze
  ~ **meeting** zebranie wyborcze
  ~ **petition** protest wyborczy
  ~ **program(me)** program wyborczy
  ~ **propaganda** propaganda wyborcza
  ~ **results** ⟨**returns**⟩ wyniki wyborów
  free ~ wolne wybory
  general ⟨**local**⟩ ~ wybory powszechne ⟨miejscowe⟩
  municipal ~ wybory komunalne ⟨miejskie⟩
  parliamentary ~ wybory parlamentarne ⟨do parlamentu⟩
  presidential ~ wybory prezydenckie ⟨na prezydenta⟩
  special ~s *am.* wybory uzupełniające
  to declare the ~ **void** unieważnić wybory
  to hold an ~ przeprowadzić ⟨odbyć⟩ wybory
  to run in an ⟨**stand for**⟩ ~ kandydować w wyborach
electioneer *v* prowadzić kampanię wyborczą, agitować
electioneering s **1.** propaganda wyborcza **2.** kampania wyborcza
elective *adj* **1.** obieralny, elekcyjny **2.** wyborczy **3.** mający prawa wyborcze **4.** fakultatywny
  ~ **assembly** zgromadzenie wyborcze

~ **body** organ wyborczy
~ **franchise** prawo wybierania ⟨wyborcze⟩
~ **office** urząd wybieralny, stanowisko wybieralne
~ **representation** wybieralne przedstawicielstwo
~ **subjects** osoby wybieralne
~ **system** *am.* system dowolnego wyboru (*przedmiotów studiów*)
elector s **1.** wyborca **2.** *am.* członek kolegium wyborczego w wyborach prezydenckich
electoral *adj* wyborczy
  ~ **ballot** wynik wyborów
  ~ **body** organ wyborczy
  ~ **campaign** kampania wyborcza
  ~ **coalition** koalicja wyborcza
  ~ **college** a) *am.* kolegium wyborcze (*prezydenta i wiceprezydenta*) b) komisja wyborcza
  ~ **district** okręg wyborczy
  ~ **fraud** nadużycie wyborcze
  ~ **law** prawo wyborcze, ordynacja wyborcza
  ~ **list** ⟨**register roll**⟩ lista wyborcza
  ~ **qualification** kwalifikacje wyborcze, cenzus wyborczy
  ~ **quotient** liczba głosów konieczna do wyboru kandydata
  ~ **reform** reforma wyborcza
  ~ **rights** prawa wyborcze
  ~ **system** system wyborczy
  ~ **victory** zwycięstwo wyborcze ⟨w wyborach⟩
  ~ **vote** głos wyborczy
electorate s ciało wyborcze, wyborcy
electric *adj* elektryczny
  ~ **chair** krzesło elektryczne
electrocute *v* **1.** tracić na krześle elektrycznym **2.** porazić prądem elektrycznym
electrocution s egzekucja na krześle elektrycznym
eleemosynary *adj* **1.** dobroczynny **2.** jałmużniczy
  ~ **corporation** dobroczynne stowarzyszenie, dobroczynna instytucja
  ~ **gift** dar na cele dobroczynne
elegit *łac. hist.* tytuł egzekucyjny oddający wierzycielowi majątek dłużnika do czasu zapłaty długu
  estate by ~ majątek oddany wierzycielowi (*do czasu zapłaty długu*)
element s **1.** element **2.** składnik, część składowa **3.** cząstka **4.** żywioł **5.** *pl* (**the**) **elements** żywioły, siły natury, siła wyższa
  ~ **of truth** cząstka prawdy
  ~ **of uncertainty** element niepewności
  ~**s essential to the offence** podstawowe składniki przestępstwa
  damage by the ~ szkoda wyrządzona przez siłę wyższą
  (**the**) **human** ~ czynnik ludzki
  (**the**) **time** ~ czynnik czasu
elemental *adj* **1.** żywiołowy **2.** elementarny, zasadniczy
elementary *adj* elementarny, podstawowy, zasadniczy
  ~ **education** podstawowe wykształcenie
  ~ **school** szkoła podstawowa
  ~ **training** podstawowe przeszkolenie
elevate *v* podnosić, podwyższać
elevated *adj* **1.** podniesiony, podwyższony **2.** wysoki
  ~ **position** wysokie stanowisko
  ~ **railway** kolej nadziemna
  ~ **road** droga nadziemna

elevator s 1. dźwig, winda 2. elevator, magazyn zbożowy
~ **certificate** ⟨**receipt**⟩ kwit składowy na zboże złożone do elewatora
grain ~ elewator zbożowy
elicit v 1. wydobywać (*coś od kogoś*) 2. ujawniać,
wyciągać na światło dzienne
to ~ **the truth from sb** wydobywać od kogoś
prawdę
eligibility s 1. wybieralność 2. zdatność, potrzebne
kwalifikacje ⟨warunki⟩
~ **for discount** am. nadający się do dyskonta
eligible adj 1. wybieralny, nadający się do wybrania 2.
pożądany, odpowiedni, wskazany
~ **for discount** am. nadający się do dyskonta
~ **for membership** ⟨**for a position**⟩ nadający się na
członka ⟨na stanowisko⟩
~ **paper** papier handlowy nadający się do dyskonta
to become ~ **for ...** uzyskać kwalifikacje do ...
eliminate v eliminować, usuwać, wydalać, wykluczać
(**from sth** z czegoś)
to ~ **competition** wyeliminować konkurencję
to ~ **errors** usunąć błędy
to ~ **a possibility** wykluczyć możliwość
elimination s 1. usunięcie, wykluczenie 2. skasowanie
3. eliminacja, wyłączenie
~ **of differences** usunięcie różnic
~ **of restrictions** usunięcie ograniczeń
elisor s osoba wyznaczona (*zamiast szeryfa*) do spełnienia sądowego polecenia (*zwłaszcza sporządzenia
zestawu przysięgłych*)
elogium s łac. testament, ostatnia wola
eloi(g)n v usuwać, ukrywać (*np. przedmioty podlegające zajęciu*)
elope v uciec z ukochanym (*od rodziców lub męża*)
elopement s ucieczka z ukochanym (*od rodziców lub
męża*)
elude v 1. unikać (**sth** czegoś) 2. uchylać się (**sth** od
czegoś) 3. obchodzić (*np. prawo*) 4. umknąć
to ~ **capture** uniknąć pojmania ⟨aresztowania⟩
to ~ **payment** uchylać się od płatności
to ~ **a question** uchylać się od odpowiedzi
to ~ **a treaty** uchylać się od zawarcia umowy
elusive adj 1. nieuchwytny, wymykający się 2.
wykrętny
~ **answer** wykrętna odpowiedź
~ **criminal** nieuchwytny przestępca
emancipate v 1. wyzwalać; emancypować 2. usamowol-
nić, usamodzielnić
to ~ **a minor** usamodzielnić nieletniego
to ~ **a slave** hist. wyzwolić niewolnika
emancipation s emancypacja; wyzwolenie; usamowol-
nienie
the Emancipation Proclamation am. proklamacja o
zniesieniu niewolnictwa w USA (*1863 r.*)
economic ~ emancypacja ekonomiczna, usamo-
dzielnienie gospodarcze
embargo[1] s embargo; zakaz; sekwestr; ograniczenie
~ **list** spis towarów objętych zakazem (*wywozu lub
przywozu*)
~ **on imports** embargo importowe
arm ~ zakaz wywozu broni, embargo na broń
civil ~ embargo pokojowe
export ~ embargo eksportowe
gold ~ embargo na złoto, zakaz wywozu złota

impositon of an ~ nałożenie embarga
money ~ zakaz wywozu pieniędzy, embargo na
pieniądze
to be under ~ być objętym ⟨obłożonym⟩ embargo
to lay ⟨**place, put**⟩ **an** ~ nałożyć embargo
to lift ⟨**raise, take off**⟩ **the** ~ znieść ⟨uchylić⟩
embargo
embargo[2] v nakładać embargo (**sth** na coś), rekwirować,
konfiskować
to ~ **a ship** nałożyć sekwestr na statek
embark v 1. załadować na statek, zaokrętować 2.
wsiadać na statek, zaokrętować się 3. przedsięwziąć,
rozpocząć (**on** ⟨**upon**⟩ **sth** coś) 4. lokować (*kapitał*)
to ~ **on a business** rozpocząć prowadzenie interesu
to ~ **on hostilities** rozpocząć działania wojenne
embarkation s 1. zaokrętowanie, załadowanie na statek
2. wejście na statek, zaokrętowanie się
~ **notice** zawiadomienie (*pasażerów*) o dacie i
miejscu odpłynięcia statku
~ **officer** oficer ⟨urzędnik⟩ odpowiedzialny za zaokrętowanie
embassy s 1. ambasada 2. misja
embezzle v sprzeniewierzać, defraudować, przywłaszczać
embezzlement s sprzeniewierzenie, defraudacja, przywłaszczenie, malwersacja
to commit ~ dopuścić się malwersacji ⟨sprzeniewie-
rzenia⟩
embezzler s sprzeniewierca, defraudant, malwersant
emblements spl 1. dochody z ziemi 2. płody rolne
embody v 1. obejmować, zawierać 2. wcielać w życie,
urzeczywistniać
to ~ **an article in a law** wprowadzić artykuł do
prawa
to ~ **a clause in a contract** wprowadzić klauzulę do
umowy
emboss v wytłaczać, wyryć
embossed adj wytłoczony
~ **address** wytłoczony adres
~ **stamp** wytłoczony znak pieczęci
embrace v 1. obejmować, zawierać 2. skwapliwie skorzystać 3. obierać (*zawód*)
to ~ **an offer** chętnie skorzystać z oferty
to ~ **an opportunity** skwapliwie skorzystać ze sposobności
to ~ **a profession** obrać zawód
to ~ **sth in a report** objąć coś sprawozdaniem
embracement s 1. objęcie, przyjęcie 2. obranie (*zawodu*)
3. przejście na inną wiarę
embracery s usiłowanie przekupienia sędziego przysięgłego
emend v poprawiać, wnosić poprawki; prostować; korygować
to ~ **a text** wnieść poprawki do tekstu
emendation s poprawka, sprostowanie
emergence s 1. powstawanie 2. rozwój
~ **of a tendency** rozwój tendencji (*np. na rynku*)
emergency s 1. nagły wypadek, awaria; nagła potrzeba
2. krytyczna sytuacja
~ **aid** natychmiastowa pomoc
~ **clause** klauzula awaryjna
~ **exit** wyjście zapasowe
~ **fund** fundusz na nagłe ⟨nieprzewidziane⟩ wydatki
~ **jurisdiction** jurysdykcja konieczna

~ **landing** przymusowe lądowanie
~ **laws** ⟨legislation⟩ ustawodawstwo wyjątkowe
~ **measures** nadzwyczajne środki, doraźne zarządzenia
~ **meeting** nadzwyczajne posiedzenie ⟨zebranie⟩
~ **powers** nadzwyczajne pełnomocnictwa
~ **procedure** nadzwyczajne postępowanie
~ **restrictions** doraźne ⟨nadzwyczajne⟩ ograniczenia
~ **state** stan wyjątkowy ⟨wyższej konieczności⟩
in case of ~ w razie nagłej konieczności ⟨potrzeby⟩
port of ~ port schronienia
state of ~ stan wyjątkowy ⟨wyższej konieczności⟩
emigrant *s* emigrant, wychodźca
~ **labourer** cudzoziemski robotnik
emigrate *v* 1. emigrować 2. przesiedlić się
emigration *s* 1. emigracja, wychodźstwo 2. przesiedlenie się
~ **agent** agent emigracyjny
~ **officer** urzędnik emigracyjny
mass ~ masowa emigracja
émigré *s fr.* emigrant polityczny, uchodźca
eminent *adj* znakomity, wybitny, sławny
~ **domain** prawo państwa do wywłaszczenia na cele publiczne (*własności prywatnej*)
emissary *s* emisariusz, wysłannik
emission *s* wypuszczenie, wydanie, emisja
~ **of banknotes** wypuszczenie ⟨emisja⟩ banknotów
~ **of shares** wypuszczenie akcji
emit *v* wypuszczać, wydawać, emitować, puszczać w obieg
to ~ **a loan** wypuścić pożyczkę
emolument *s* 1. wynagrodzenie, pobory, zarobki 2. *pl* **emoluments** diety poselskie
emotional *adj* emocjonalny, uczuciowy
~ **instability** brak równowagi emocjonalnej
~ **reaction** reakcja emocjonalna
~ **stress** napięcie emocjonalne, stres emocjonalny
empanel *v* sporządzać listę przysięgłych, tworzyć skład sędziów przysięgłych
emperor *s* cesarz
emphasize *v* kłaść nacisk (**sth** na coś), podkreślać, uwypuklać
emphyteusis *s łac.* długoletnia ⟨wieczysta⟩ dzierżawa
empire *s* imperium
Empire City *am.* miasto Nowy Jork
Empire Day *bryt. hist.* dzień święta imperium 24 maja (*urodziny królowej Wiktorii*)
~ **preference system** *bryt.* system preferencji imperialnych (*uprzywilejowania państw Wspólnoty Brytyjskiej*)
Empire State *am.* stan Nowy Jork
colonial ~ imperium kolonialne
world ~ imperium światowe
employ[1] *s* zajęcie, zatrudnienie
out of ~ bez zajęcia
to be in the ~ **of sb** być zatrudnionym u kogoś
employ[2] *v* 1. zatrudniać (**sb** kogoś), angażować do pracy 2. stosować, używać, posługiwać się (**sth** czymś) 3. zajmować się, trudnić się (**sth** czymś)
to ~ **capital** angażować kapitał
to ~ **one's money** lokować ⟨angażować⟩ pieniądze
to ~ **questionable methods** posługiwać się metodami budzącymi zastrzeżenia
to ~ **services** zamawiać wykonanie usług
employed *adj* zatrudniony

employee *s* pracownik (*płatny*)
~ **'s bonus** premia pracownicza
administrative ~ pracownik administracyjny
government ~ pracownik państwowy
salaried ~ pracownik umysłowy
wage ~ pracownik fizyczny
employer *s* pracodawca
~ **'s association** zrzeszenie ⟨związek⟩ pracodawców
~ **'s liability** odpowiedzialność pracodawcy
~ **'s (liability) insurance** ubezpieczenie pracodawcy (*od odpowiedzialności cywilnej*)
employment *s* 1. zatrudnienie, praca 2. zajęcie, zawód 3. używanie, zastosowanie
~ **agency** ⟨**bureau**⟩ biuro zatrudnienia ⟨pośrednictwa pracy⟩
~ **agreement** umowa o pracę
~ **certificate** świadectwo zatrudnienia ⟨pracy⟩
~ **clause** klauzula zatrudnienia (*regulująca zakres podwładności kapitana statku wobec czarterującego na czas*)
~ **contract** umowa o pracę
~ **exchange** pośrednictwo pracy
~ **injury** wypadek przy pracy
~ **market** rynek pracy
~ **of labour** zatrudnienie siły roboczej
~ **of patent** zastosowanie patentu
~ **of a sum** *a*) ulokowanie sumy *b*) zużytkowanie sumy
~ **status** stanowisko w zatrudnieniu ⟨zawodzie⟩
conditions of ~ warunki zatrudnienia ⟨pracy⟩
decline ⟨**increase**⟩ **in** ~ spadek ⟨wzrost⟩ zatrudnienia
full ~ pełne zatrudnienie
guaranteed ~ zagwarantowane zatrudnienie
level of ~ stan ⟨poziom⟩ zatrudnienia
part-time ~ zatrudnienie w niepełnym wymiarze godzin
place of ~ miejsce pracy ⟨zatrudnienia⟩
security of ~ pewność zatrudnienia
to be out of ~ być bez pracy
to reduce ~ zmniejszać zatrudnienie
to seek ~ poszukiwać zatrudnienia ⟨pracy⟩
emporium *s* 1. ośrodek handlowy, baza handlowa, centrum handlowe 2. duży sklep; skład towarów, magazyn towarowy
empower *v* 1. uprawniać, upoważniać 2. dawać pełnomocnictwo (**sb to do sth** komuś do czegoś), umocowywać
to ~ **sb to contract** upoważniać kogoś do zawarcia umowy
empowered *pp adj* upoważniony, umocowany, upełnomocniony
to be ~ być upoważnionym
empowering *s* umocnienie, upełnomocnienie
emption *s* 1. kupno 2. akt kupna
bill of ~ umowa kupna
empty[1] *s* 1. puste opakowanie 2. *pl* **empties** opakowania
empties are not taken back nie przyjmuje się zwrotu opakowań
empties to be returned opakowania do zwrotu
returned empties zwrócone opakowania
empty[2] *adj* 1. pusty, próżny, bez ładunku 2. gołosłowny, pozbawiony znaczenia
~ **journey** pusty przebieg (*środka transportu*)

~ **promises** gołosłowne obietnice, przyrzeczenia bez pokrycia
~ **ship** statek bez ładunku
~ **weight** waga tary ⟨opakowania⟩
empty³ v **1.** wypróżniać, opróżniać **2.** przesypywać, przelewać (**sth into sth** coś do czegoś)
emulations spl współzawodnictwo
enable v **1.** umożliwiać, dawać możność **2.** upoważniać, umocowywać
enabling adj: ~ **act** ⟨**statute**⟩ a) ustawa znosząca (dotychczasowe) ograniczenia b) am. ustawa o udzieleniu nadzwyczajnych pełnomocnictw
enact v **1.** postanawiać, zarządzać, uchwalać **2.** ustanawiać prawo, nadać moc prawną
as the law ~ **s** jak ustanawia ⟨nakazuje, przewiduje⟩ prawo
enacted pp: **be it further** ~ **that** ... zarządza się dalej ..., postanawia się następnie, że...
the bill was ~ **into law** ustawa stała się prawem
enacting adj: ~ **clause** a) preambuła ⟨wstęp do⟩ aktu prawnego b) część ustawy ustanawiająca ⟨określająca⟩ (przestępstwo)
enactment s **1.** wprowadzenie w życie, ogłoszenie (ustawy) **2.** akt prawny, prawo, ustawa, zarządzenie
~ **of a law** wprowadzenie prawa ⟨ustawy⟩ w życie
enactor s ustawodawca
en bloc fr. w całości
to buy ⟨**sell**⟩ ~ kupować ⟨sprzedawać⟩ w całości
encase v pakować, układać w skrzynie
encash v inkasować, ściągać, realizować (czek, weksel itp.)
encashable adj nadający się do inkasa, ściągalny
encashment s inkasowanie, inkaso
enceinte adj fr. w ciąży, ciężarna
enclave s **1.** enklawa, zamknięty obszar **2.** zamknięta grupa
privileged ~ uprzywilejowana grupa (ludności)
enclose v **1.** otaczać, ogradzać **2.** zawierać w sobie **3.** załączać, dołączać
we ~ **herewith** załączamy przy niniejszym
enclosed pp adj **1.** dołączony, załączony **2.** zakryty, zamknięty
~ **note** załączona nota, załączony rachunek
~ **sea** a) morze wewnętrzne b) zamknięte morze
please find ~, **please find** w załączeniu przesyłamy
enclosure s **1.** miejsce ogrodzone **2.** ogrodzenie **3.** obudowa, osłona **4.** załącznik
encourage v **1.** ośmielać, zachęcać **2.** popierać, udzielać poparcia (**sth** czemuś)
to ~ **prosecution** popierać oskarżenie
to ~ **trade** popierać handel
encouragement s **1.** zachęta **2.** poparcie, protekcja
to give ~ udzielać poparcia (**in sth, to do sth** w czymś)
to receive ~ znajdować poparcie (**in sth** w czymś)
encroach v **1.** wkraczać (**on** ⟨**upon**⟩ **sth** do czegoś ⟨w coś⟩) **2.** wtargnąć, wedrzeć się **3.** naruszać (**on** ⟨**upon**⟩ **sth** coś)
to ~ **on** ⟨**upon**⟩ **sb's land** wedrzeć się na cudzy grunt, wtargnąć do czyjejś posiadłości
to ~ **on** ⟨**upon**⟩ **sb's rights** naruszać czyjeś prawa
to ~ **on** ⟨**upon**⟩ **a territory of a state** wtargnąć na terytorium państwa

encroachment s **1.** wkroczenie, wtargnięcie (**on** ⟨**upon**⟩ **sth** do czegoś) **2.** naruszenie, wdarcie się
encumber v **1.** obarczać, obciążać **2.** przeszkadzać, hamować, utrudniać
to ~ **an estate** ⟨**a property**⟩ **with a mortgage** obciążyć majątek ⟨własność⟩ hipoteką ⟨hipotecznie⟩
encumbered adj obciążony
~ **estate** obciążony majątek
~ **with a charge** obciążony zarzutem ⟨oskarżeniem⟩
~ **with debts** obciążony długami
~ **with a large family** obarczony dużą rodziną
~ **with mortgages** obciążony hipotecznie
encumbrance s **1.** ciężar, obciążenie (hipoteczne) **2.** przeszkoda, utrudnienie
~ **with mortgages** obciążenie hipoteczne
without ~ a) bez obciążeń b) nie obarczony dziećmi
encumbrancer s wierzyciel hipoteczny, właściciel hipoteki
end¹ s **1.** koniec, zakończenie, kres **2.** cel, wynik **3.** wygaśnięcie **4.** granica, kraniec
~ **of a contract** wygaśnięcie umowy
~ **of a risk** wygaśnięcie ubezpieczenia
~ **of the term** upływ terminu, zakończenie okresu
~ **product** produkt końcowy
„**at our** ~ ", „**at this** ~ " tu u nas, „w miejscu"
„**at your** ~ " tam, „u was"
at the ~ **of the week** ⟨**month, year**⟩ w końcu tygodnia ⟨miesiąca, roku⟩
both ~**s** na obu krańcach (trasy, przewozu), w obu portach (załadowczym i wyładowczym)
by the ~ **of the month** pod koniec ⟨przed upływem⟩ miesiąca
carriage paid to your ~ franko odbiorca
for private ~**s** dla celów prywatnych
for these ~**s** w tych celach
in the ~ w rezultacie, ostatecznie
to this ~ w tym celu
to bring to an ~ doprowadzić do końca
to come to an ~ kończyć się
to draw to an ~ dobiegać końca, zbliżać się ku końcowi
to make ⟨**put**⟩ **an** ~ położyć kres (**to sth** czemuś)
to meet one's ~ zakończyć życie
to serve an ~ odpowiadać celowi, nadawać się
end² v **1.** kończyć (się), zakończyć (się), wygasnąć **2.** położyć kres
to ~ **in sth** zakończyć się czymś
endanger v narażać, wystawiać na niebezpieczeństwo; zagrażać
to ~ **the country** zagrażać bezpieczeństwu państwa
to ~ **health** zagrażać zdrowiu; narażać zdrowie
to ~ **life** zagrażać życiu
to ~ **property** zagrażać majątkowi
to ~ **the public peace** zagrażać porządkowi publicznemu
endeavour¹ s **1.** usiłowanie, staranie **2.** próba, wysiłek
to make every ~ **to** ... dołożyć wszelkich starań, aby...
to use one's best ~**s** dołożyć wszelkich starań
endeavour² v **1.** usiłować, starać się, próbować **2.** dążyć (**after sth** do czegoś), zabiegać (**after sth** o coś)
to ~ **to compromise the case** starać się zakończyć sprawę kompromisem
ending s zakończenie, koniec

~ **of the contract** wygaśnięcie umowy
year ~ koniec roku
endorsable *adj* podlegający indosowaniu, przenoszalny w drodze indosu
endorse *v* 1. indosować, żyrować 2. potwierdzać, aprobować 3. podpisywać na odwrocie (*dokumentu*) 4. umieszczać uwagę (*na odwrocie dokumentu o popełnieniu wykroczenia*)
to ~ **a bill in blank** indosować weksel in blanco
to ~ **a bill to sb** indosować weksel na kogoś
to ~ **a candidate** popierać kandydata
to ~ **a decision** popierać decyzję
to ~ **a licence** umieścić adnotację o wykroczeniu na prawie jazdy
to ~ **a passport** umieścić wizę w paszporcie
endorsed *pp adj* indosowany
~ **in blank** indosowany in blanco
~ **to the effect that...** zawierający na odwrocie stwierdzenie, że...
blank ~ indosowany in blanco
endorsee *s* indosatariusz
endorsement *s* 1. indos, żyro 2. potwierdzenie, aprobata, uznanie 3. adnotacja na odwrocie dokumentu
~ **for collection** indos dla (w celu) inkasa
~ **for pledge** indos zastawniczy
~ **in blank** indos in blanco
~ **in full** indos pełny
~ **of a bill of lading** indosowanie konosamentu
~ **on a bill of exchange** indos wekslowy
~ **supra protest** indos po proteście
~ **without recourse** indos bez prawa regresu
accommodation ~ żyro grzecznościowe
assignable (transferable) **by** ~ przenośny przez indos
conditional ~ indos warunkowy
creditor (debtor) **by** ~ wierzyciel (dłużnik) przez indos (na podstawie indosu)
full (regular, special) ~ pełny indos
partial ~ indos częściowy
qualified ~ indos z zastrzeżeniem
restrictive ~ indos restrykcyjny (*ograniczający obiegowość dokumentu*)
to pass (transfer) **by** ~ przenieść w drodze indosu (przez indos)
endorser *s* indosant, żyrant
preceding (previous) ~ poprzedni indosant
subsequent ~ następny indosant
endow *v* 1. fundować, subwencjonować, dotować 2. zapisywać, obdarzać 3. wyposażać
to ~ **a foundation** subwencjonować fundację
to ~ **an institution with sth** zapisać coś na rzecz instytucji, obdarzyć czymś instytucję
endowment *s* 1. fundacja 2. zapis 3. wyposażenie 4. posag 5. subwencja, wkład 6. *pl* **endowments** zdolności, talenty
~ **insurance** ubezpieczenie na życie
~ **policy** polisa ubezpieczeniowa płatna po osiągnięciu przez ubezpieczonego określonego wieku lub po jego śmierci
endurance *s* 1. wytrzymałość 2. cierpliwość
~ **test** próba wytrzymałości (trwałości)
beyond ~ nie do zniesienia
endure *v* 1. znosić, cierpieć 2. przetrwać, przetrzymać
to ~ **a punishment** odbywać karę

enemy[1] *s* 1. wróg, nieprzyjaciel 2. przeciwnik (of sth czegoś)
~ **'s property** majątek wroga (*podlegający konfiskacie*)
alien ~ obywatel państwa (kraju) wrogiego (nieprzyjacielskiego)
public enemies *ub. mors.* korsarze, piraci, rozbójnicy morscy
public ~ *am.* wróg publiczny (*określenie niebezpiecznego zbrodniarza*)
enemy[2] *adj* 1. wrogi, nieprzyjacielski 2. konkurencyjny
~ **action** *a*) wroga działalność *b*) działania wojenne
~ **firm** przedsiębiorstwo konkurencyjne
~ **port** port konkurencyjny
~ **ship** nieprzyjacielski okręt (statek)
enface *v* umieszczać (wpisywać) adnotację (*na tracie, wekslu*); wypełniać (*tratę, weksel*)
en famille *fr.* z rodziną, w rodzinie, przy rodzinie, w domu
enfeoff *v hist.* nadawać ziemię w lenno (sb komuś)
enforce *v* 1. narzucać (sth on (upon) sb komuś coś), wymuszać, egzekwować, ściągać 2. wprowadzać w życie, nadawać moc (*np. ustawie*) 3. wzmacniać
to ~ **an act** (a law) wprowadzać w życie ustawę (prawo)
to ~ **the blockade** wprowadzać blokadę
to ~ **by action** uzyskać na drodze sądowej, wyegzekwować sądownie
to ~ **a claim** egzekwować roszczenie
to ~ **a contract** egzekwować wykonanie umowy
to ~ **a judgment** egzekwować wyrok
to ~ **obedience** wymusić posłuszeństwo
to ~ **a payment** zmusić do zapłaty (on sb kogoś), ściągnąć należność (on sb od kogoś)
to ~ **one's rights** egzekwować swoje uprawnienia (prawa)
to ~ **a security** ściągać (*należność*) z zabezpieczenia
to ~ **a writ (of execution)** egzekwować tytuł wykonawczy
enforceable *adj* wykonalny, stanowiący podstawę egzekucji, nadający się do wykonania
~ **claim** roszczenie nadające się do wyegzekwowania
~ **judgment** wyrok nadający się do wykonania
~ **title** tytuł wykonawczy
specifically ~ **contract** umowa uprawniająca do wykonania w naturze
to be ~ nadawać się do wykonania (do egzekucji)
enforced *pp adj* wymuszony, przymusowy
~ **economy** przymusowe oszczędzanie
~ **sale** przymusowa sprzedaż
~ **silence** wymuszone milczenie
not to be ~ **by law** nie nadający się do sądowej egzekucji
enforcement *s* 1. wykonanie 2. narzucenie 3. przymus 4. wprowadzenie w życie
~ **action** przymusowe działanie
~ **measures** środki przymusowe
~ **of a judgment** wykonanie wyroku
~ **of the law** wprowadzenie ustawy w życie
~ **order** nakaz wykonania
~ **procedure** postępowanie wykonawcze
by ~ przymusowo, w drodze przymusu

provisional ~ tymczasowe wykonanie
enforcer s 1. wykonawca, egzekutor 2. organ wprowadzający prawo w życie
~ **of law** wykonawca ⟨egzekutor⟩ prawa
enfranchise v 1. uwalniać, wyzwalać 2. uwłaszczać 3. nadawać prawo wyborcze (**sb** komuś) 4. nadawać prawo reprezentowania w parlamencie
enfranchisement s 1. uwolnienie 2. uwłaszczenie 3. nadanie prawa wyborczego 4. nadanie prawa reprezentacji w parlamencie
engage v 1. angażować, najmować, zatrudniać 2. rezerwować, zamawiać 3. zobowiązywać się, podejmować się 4. *zob.* **engage for**
to ~ **capital** angażować kapitał
to ~ **cargo** bukować ładunek
to ~ **counsel** angażować adwokata
to ~ **employees** zatrudniać pracowników
to ~ **oneself to sth** ⟨**to do sth**⟩ zobowiązywać się do zrobienia czegoś
engaged *pp adj* 1. zajęty, zatrudniony, zaangażowany (**in sth** w czymś) 2. zaręczony
~ **couple** zaręczona para
~ **line** *bryt.* zajęty numer (*telefonu*)
~ **seat** zarezerwowane ⟨zajęte⟩ miejsce
to be ~ być zajętym, nie mieć czasu
to be ~ **in business** zajmować się handlem
to be ~ **to be married** być zaręczonym
to become ~ **to sb** zaręczyć się z kimś
engage for v gwarantować, przyjmować odpowiedzialność
engagement s 1. zatrudnienie, zaangażowanie, przyjęcie do pracy 2. zobowiązanie, umowa 3. zarezerwowanie 4. zaręczyny 5. umówione spotkanie
~ **sheet** *am.* pisemne potwierdzenie rezerwacji miejsca
freight ~ zabukowanie ładunku
international ~s zobowiązania międzynarodowe
trial ~ zatrudnienie na okres próbny
without ~ bez zobowiązania ⟨gwarancji, obliga⟩
to break off an ~ zerwać zaręczyny
to enter into an ~ zobowiązać się
to meet ⟨**carry out, fulfil, keep**⟩ one's ~s wywiązywać się ze swoich zobowiązań, wypełniać swe zobowiązania, dotrzymywać zobowiązań
engender v 1. zrodzić 2. spowodować, wywołać
to ~ **crime** spowodować przestępstwo, doprowadzić do zbrodni
engine s 1. silnik 2. maszyna 3. lokomotywa
~ **failure** defekt silnika (*uniemożliwiający dalszą jazdę*)
~ **trouble** zakłócenie pracy silnika
aircraft ~ silnik lotniczy
car ⟨**motor-car,** *am.* **automobile**⟩ ~ silnik samochodowy
Diesel ~ wysokoprężny silnik Diesla ⟨dieslowski⟩
high-speed ⟨**low-speed**⟩ ~ silnik szybkobieżny ⟨wolnobieżny⟩
internal combustion ~ silnik spalinowy
jet (reaction) ~ silnik odrzutowy
steam ~ silnik parowy ⟨tłokowy⟩
traction ~ silnik trakcyjny
engine-driver s maszynista kolejowy
engineer[1] s 1. technik; mechanik; inżynier 2. *am.* maszynista kolejowy
agricultural ~ inżynier rolnik
chemical ~ inżynier chemik

civil ~ inżynier budownictwa lądowego i wodnego
consultary ⟨**consulting**⟩ ~ doradca techniczny
design ~ inżynier konstruktor
electrical ~ inżynier elektryk
mechanical ~ inżynier mechanik
mining ~ inżynier górnik
planning ~ inżynier planista
power ~ inżynier energetyk
production ~ inżynier technolog ⟨warsztatowy⟩
site ~ inżynier nadzoru (*na budowie*)
staff of ~s personel inżynieryjny
engineer[2] v 1. projektować 2. konstruować 3. urządzać 4. kierować
engineering s 1. technika; technologia 2. inżynieria 3. konstruowanie, budowa (*maszyn*)
~ **design** projektowanie techniczne
civil ~ inżynieria lądowa i wodna
human ~ ergonomia
industrial ~ organizacja przemysłu
production ~ technika produkcji
engine-room s maszynownia
English s język angielski
business ⟨**commercial**⟩ ~ angielski język handlowy
engross v 1. wypisywać (*np. dokument*) 2. redagować, ujmować w formę prawną 3. wykupywać towar celem zmonopolizowania
to ~ **a document** *a)* wypisywać ⟨wystawiać⟩ dokument *b)* nadawać dokumentowi formę prawną
to ~ **a market** monopolizować rynek (*wykupując towary*)
engrossing s wykupywanie (*towarów*) w celach spekulacyjnych
engrossment s 1. wypisanie dokumentu 2. ujęcie w formę prawną (*dokumentu*) 3. wykupywanie towaru
enhance v 1. uwydatniać, uwypuklać, podkreślać 2. podnosić ⟨podwyższać⟩ (*cenę*)
enhancement s 1. powiększenie, uwydatnienie 2. podwyższenie (*ceny*)
enjoin v 1. nakazywać coś, zalecać (**sth on** ⟨**upon**⟩ **sb** coś komuś) 2. zakazywać, zabraniać (**sb from sth** komuś czegoś) 3. *am.* zabraniać sądownie (**from sth** czegoś)
to ~ **sb from infringing on the rights of sb** zabraniać komuś naruszania czyichś praw
enjoy v 1. być zadowolonym, cieszyć się (**sth** czymś) 2. korzystać (**sth** z czegoś) 3. użytkować (**sth** coś)
to ~ **allowances** korzystać z dotacji
to ~ **sb's confidence** cieszyć się czyimś zaufaniem
to ~ **a credit** *a)* korzystać z kredytu *b)* cieszyć się zaufaniem
to ~ **an excellent reputation** cieszyć się doskonałą opinią
to ~ **preference** ⟨**priority**⟩ korzystać z pierwszeństwa
to ~ **a privilege** korzystać z przywileju
to ~ **a right** korzystać z uprawnienia
enjoyment s 1. zadowolenie, przyjemność 2. korzystanie, użytkowanie 3. posiadanie
~ **of a right** korzystanie z uprawnienia ⟨z prawa⟩
enlarge v 1. powiększać, rozszerzać, rozwijać 2. przedłużać 3. rozprawiać, rozwodzić się (**upon sth** nad czymś) 4. *am.* wypuszczać na wolność (*więźnia*)
to ~ **the bail** podwyższać kaucję
to ~ **the payment** prolongować termin płatności

to ~ **the scope of activity** rozszerzać zakres działalności
to ~ **upon a subject** rozwodzić się na jakiś temat
enlarged *pp adj* rozszerzony, powiększony
~ **competence** rozszerzona ⟨zwiększona⟩ kompetencja
~ **edition** rozszerzone wydanie
~ **meeting** ⟨**session**⟩ rozszerzone zgromadzenie ⟨posiedzenie⟩
enlargement *s* 1. powiększenie, rozszerzenie 2. rozwodzenie się (**upon sth** nad czymś) 3. *am.* wypuszczenie na wolność (*więźnia*)
enlarging *adj*: ~ **statute** ustawa rozszerzająca prawo zwyczajowe
enlist *v* 1. brać ⟨powoływać⟩ do wojska 2. zjednywać, werbować 3. wstępować ⟨zaciągać się⟩ do wojska
to ~ **sb for** ⟨**in support of**⟩ **a cause** zjednywać kogoś dla sprawy, uzyskiwać czyjeś poparcie dla sprawy
enlistment *s* 1. zaciąg, pobór 2. werbowanie, zdobywanie 3. zaciągnięcie się (*do wojska*)
en masse *adv fr.* w całości, w masie
enmity *s* wrogość, nienawiść, wrogi stosunek
to be at ~ **with sb** być na stopie wojennej z kimś
enormity *s* 1. ogrom, ogromne rozmiary 2. potworność
~ **of crime** potworność zbrodni
enquire *v* = **inquire**
enquirer *s* = **inquirer**
enquiry *s* = **inquiry**
enrich *v* wzbogacać
enrichment *s* wzbogacenie (się)
unjust ⟨**unjustified**⟩ ~ bezpodstawne ⟨niesłuszne⟩ wzbogacenie (się)
enrol(l) *v* 1. wciągać na listę, wpisywać do rejestru 2. zaciągać (się) do wojska 3. werbować
enrolled *adj* zapisany, wpisany, zarejestrowany
~ **bill** *am.* ustawa, która przeszła przez wszystkie instancje i została przedstawiona prezydentowi do podpisu
enrollment *s* 1. zarejestrowanie 2. wpis 3. pobór, werbunek, zaciąg 4. *am.* świadectwo rejestracyjne (*dla statków kabotażowych*)
certificate of ~ **and licence** *am.* świadectwo rejestracyjne, certyfikat okrętowy
en route *adv fr.* po drodze
~ **port** port pośredni
enseal *v* opieczętować, zaopatrzyć pieczęcią
ensign *s* 1. flaga, bandera 2. godło, emblemat
ensue *v* 1. następować (**on** ⟨**from**⟩ **sth** po czymś) 2. wynikać, wypływać (**on** ⟨**from**⟩ **sth** z czegoś)
ensuing *adj* 1. następujący 2. wynikający, wypływający 3. dalszy, późniejszy
~ **consequences** wynikłe konsekwencje
in the ~ **year** w następnym roku
ensure *v* 1. zabezpieczać (**sb, sth against** ⟨**from**⟩ **sth** kogoś, coś przed czymś) 2. zapewniać, gwarantować (**sth to** ⟨**for**⟩ **sb** coś komuś)
entail[1] *s* 1. ustanowienie majoratu ⟨ordynacji⟩ 2. majorat, ordynacja
entail[2] *v* 1. ustanowić majorat ⟨ordynację⟩ 2. powodować, pociągać za sobą (**sth** coś) 3. wymagać (**sth on sb** czegoś od kogoś)
to ~ **an estate on sb** ustanowić majorat na czyjąś rzecz
to ~ **extra costs** pociągać za sobą dodatkowe koszty

entailed *adj*: ~ **estate** majorat, ordynacja (*nieruchomość podlegająca ograniczeniom przy dziedziczeniu i rozporządzaniu*)
~ **interest** ⟨**property**⟩ ograniczona własność
entailment *s* utworzenie majoratu ⟨ordynacji⟩
entangle *v* 1. pogmatwać, powikłać 2. uwikłać (się)
to ~ **oneself with criminals** uwikłać się w kontakty ze światem przestępczym
entanglements *spl* wplątanie ⟨uwikłanie⟩ się
entente *s fr.* 1. porozumienie 2. ententa
enter *v* 1. wchodzić, wstępować 2. wpisywać, rejestrować, księgować 3. zgłaszać, wnosić 4. zgłaszać ⟨deklarować⟩ do odprawy celnej 5. wjeżdżać, wchodzić (*do portu*) 6. *zob.* **enter up**
to ~ **an action** wnieść powództwo
to ~ **an appearance** *a*) pokazać się ⟨wystąpić⟩ na zebraniu *b*) zarejestrować swoje stawiennictwo *c*) zgłosić swój udział (*w sprawie*)
to ~ **the army** wstąpić ⟨zaciągnąć się⟩ do wojska
to ~ **an association** przystąpić do ⟨zostać członkiem⟩ stowarzyszenia
to ~ **the debate** zabrać głos w dyskusji
to ~ **the dock** wejść do doku
to ~ **goods** (**into the custom house**) zgłosić towar (do odprawy celnej)
to ~ **the harbour** wejść do portu
to ~ **an item in the books** wpisać pozycję do ksiąg, dokonać zapisu księgowego
to ~ **into an agreement** dojść do porozumienia
to ~ **into business** wchodzić ⟨przystępować⟩ do interesu
to ~ **into a contract** zawrzeć umowę
to ~ **into correspondence** nawiązać korespondencję
to ~ **into details** wchodzić w szczegóły
to ~ **into sb's heritage** zostać czyimś współspadkobiercą
to ~ **into negotiations with sb** wejść z kimś w układy ⟨porozumienie⟩
to ~ **into obligations** przyjąć na siebie zobowiązania
to ~ **into partnership with sb** przystąpić do spółki z kimś
to ~ **into a plot** przystąpić do spisku
to ~ **into possession** wejść w posiadanie
to ~ **into recognizances** złożyć zobowiązanie ⟨kaucję⟩ dla zapewnienia czyjegoś stawienia się w sądzie
to ~ **into relations** nawiązać stosunki
to ~ **into the rights of a creditor** wstąpić w prawa wierzyciela
to ~ **into service** wstąpić do służby
to ~ **inwards** ⟨**outwards**⟩ zgłosić statek na wejściu ⟨wyjściu⟩ (*do odprawy celnej*)
to ~ **judgment** wydać wyrok, napisać sentencję wyroku
to ~ (**a name**) **on a list** wciągnąć ⟨wpisać⟩ (nazwisko) na listę
to ~ **one's own recognizance** zobowiązać się (*do zachowania nakazów sądu karnego*)
to ~ **a plea** przedstawić (*sądowi*) zarzuty procesowe
to ~ **the port** wejść do portu
to ~ **a protest** zgłosić protest
to ~ **a ship into the custom house** zgłosić statek do odprawy celnej

to ~ **upon one's duties** podjąć pełnienie obowiązków

to ~ **upon an inheritance** objąć spadek (*w posiadanie*)

to ~ **upon a lawsuit** wszcząć sprawę sądową

to ~ **upon a property** wejść w posiadanie majątku, objąć majątek

to ~ **upon the record** wciągnąć do protokołu

entering *s* **1.** wejście; przystąpienie **2.** księgowanie, wpis, rejestracja **3.** zgłoszenie, zadeklarowanie

~ **personal appearance** osobiste stawienie się

~ **of a partner** przystąpienie wspólnika

~ **a plea** zgłoszenie zarzutu

enterprise *s* **1.** przedsiębiorstwo, firma **2.** przedsięwzięcie, zadanie **3.** przedsiębiorczość, inicjatywa

business ⟨**commercial**⟩ ~ przedsiębiorstwo handlowe

co-operative ~ przedsiębiorstwo spółdzielcze

free ~ wolna inicjatywa

incorporated ~ *am.* spółka akcyjna

private ~ *a*) prywatne przedsiębiorstwo *b*) prywatna inicjatywa

public ~ przedsiębiorstwo uspołecznione

small-scale ~ przedsiębiorstwo rzemieślnicze

state ~ przedsiębiorstwo państwowe

entertain *v* **1.** podejmować, gościć **2.** rozważać, brać pod uwagę **3.** żywić (*uczucia*) **4.** doznawać (*obaw*), mieć (*podejrzenia*)

to ~ **action** przyjąć do rozpoznania powództwo, rozpoznawać pozew

to ~ **a proposal** rozważać propozycję

to ~ **relations** utrzymywać stosunki

to ~ **a risk** podejmować ryzyko

to ~ **suspicions** mieć podejrzenia

entertainment *s* **1.** rozrywka, widowisko **2.** przyjęcie (*gości*)

~ **allowance** fundusz reprezentacyjny

~ **expenses** wydatki reprezentacyjne

~ **tax** podatek od widowisk

cost of ~ koszty reprezentacji

enter up *v* zaksięgować

entice *v* **1.** zwieść, omamić **2.** skusić **3.** uwieść

to ~ **sb away from his duty** odciągnąć kogoś od wypełniania obowiązku

to ~ **sb to do sth** skusić kogoś do zrobienia czegoś

to ~ **with false promises** zwieść kogoś fałszywymi obietnicami

enticement *s* **1.** pokusa, poneta **2.** uwiedzenie **3.** odstręczenie

~ **action** *a*) powództwo o odszkodowanie w związku z uwiedzeniem *b*) powództwo o odszkodowanie w związku z pozbawieniem praw wynikających z małżeństwa

~ **of customers** odstręczenie klientów

entire *adj* **1.** cały, całkowity **2.** niepodzielny **3.** zupełny, kompletny **4.** czysty, bez domieszek **5.** wyłączny

~ **cargo** ładunek pełnostatkowy

~ **contract** umowa niepodzielna

~ **ignorance** całkowita niewiedza, zupełna ignorancja

~ **tenancy** wyłączne władanie ⟨posiadanie⟩

entirely *adv* całkowicie, zupełnie

~ **voluntary absence** świadome niestawiennictwo (*w sądzie*)

entirety *s* **1.** całość **2.** integralność **3.** suma ogólna

in its ~ w całości

possession by entireties własność niepodzielna

entitle *v* **1.** nazywać, tytułować **2.** dawać tytuł ⟨prawo⟩, uprawniać, upoważniać

to ~ **sb to act** upoważniać kogoś do działania

entitled *pp adj* uprawniony, umocowany, upoważniony

~ **to appear before the court** uprawniony do występowania przed sądem

~ **to do sth** upoważniony do czynienia czegoś

~ **to inherit** uprawniony do dziedziczenia

~ **to vote** uprawniony do głosowania

to be ~ *a*) mieć prawo, być uprawnionym *b*) nosić tytuł

entitlement *s* **1.** uprawnienie **2.** nabycie prawa

foreign exchange ~ uprawnienie do nabycia walut

holiday ~ uprawnienie ⟨prawo⟩ do płatnego urlopu

import ~ uprawnienie importowe

entity *s* **1.** istota **2.** jednostka, osoba

legal ~ osoba prawna

entrance *s* wejście; wstęp; wjazd

~ **card** karta wejścia, bilet wstępu

~ **duty** cło przywozowe

~ **fee** *a*) opłata za wstęp *b*) wpisowe

~ **visa** wiza wjazdowa

entrench *v* **1.** obwarować, zabezpieczyć **2.** wykraczać (**upon sth** przeciwko czemuś)

entrenched *adj:* ~ **provision** norma konstytucji wymagająca dla jej zmiany kwalifikowanej większości

entrenchment *s* wykroczenie (**upon sth** przeciwko czemuś)

entrepôt *s fr.* składnica, magazyn, skład dla towarów tranzytowych

~ **port** skład w porcie wolnocłowym

~ **trade** handel tranzytowy (*reeksportowy*)

entrepreneur *s fr.* **1.** przedsiębiorca **2.** impresario

entrust *v* powierzyć, poruczyć (**sth to sb** coś komuś)

to ~ **sb with an order** udzielić komuś zamówienia

entry *s* **1.** wejście; wjazd; wstęp **2.** wejście w posiadanie **3.** wtargnięcie **4.** pozycja w spisie ⟨rejestrze⟩, zapis **5.** zgłoszenie **6.** deklaracja celna, zgłoszenie do odprawy celnej (*statku, przesyłki*)

~ **by bill of sight** prowizoryczna deklaracja celna na towar importowany

~ **certificate** zaświadczenie celne o dokonaniu odprawy

~ **for free goods** deklaracja celna na towary importowane bez cła

~ **for home use** deklaracja celna na towar przeznaczony na użytek krajowy

~ **for warehousing** deklaracja celna na towar pod zamknięciem celnym

~ **in possession** wejście w posiadanie

~ **inwards** ⟨**outwards**⟩ deklaracja celna przywozowa ⟨wywozowa⟩

~ **of judgment** wpisanie wyroku do odpowiedniego rejestru

~ **of trial** wpisanie sprawy na wokandę

~ **papers** dokumenty odprawy celnej

~ **permit** *a*) zezwolenie przywozowe (*dla statku*) *b*) zezwolenie wejścia do portu

~ **visa** wiza wjazdowa

age of ~ wiek uprawniający do wejścia ⟨wpisu itp.⟩

appraisement ~ *am.* zgłoszenie towaru do oszacowania na komorze celnej

baggage ~ *am.* deklaracja celna bagażu
balancing ⟨**contra**⟩ ~ zapis przeciwstawny
bill of ~ zgłoszenie celne
captain's imperfect ~ prowizoryczna deklaracja celna (*kapitana statku*)
consumption ~ *am.* deklaracja celna na towary przeznaczone na użytek krajowy
Customs Bill of Entry *bryt.* ceduła urzędu celnego (*dla celów statystycznych*)
customs ~ deklaracja celna
double ~ **book-keeping** podwójna księgowość
forcible ~ wtargnięcie siłą, wejście przy użyciu siły
free ~ deklaracja na towary importowane bez cła
illegal ~ włamanie się, bezprawne wejście
imperfect ~ prowizoryczna deklaracja celna
importation ⟨**exportation**⟩ ~ deklaracja celna przywozowa ⟨wywozowa⟩
perfect ~ definitywna deklaracja celna
post ~ *a)* deklaracja dodatkowa *b)* wpis dodatkowy
preliminary ~ tymczasowa deklaracja celna
prime ~ właściwa ⟨zasadnicza⟩ deklaracja celna
ship's ~ zgłoszenie statku do odprawy celnej
transit ~ deklaracja celna w obrocie tranzytowym
warehouse ~ *am.* deklaracja celna na towary pod zamknięciem celnym
writ of ~ *bryt. hist.* nakaz sądowy przywracający posiadanie własności
wrong ~ błędny wpis
to make ⟨**pass**⟩ **an** ~ zaksięgować
to pass a customs ~ złożyć deklarację celną
enumerate *v* 1. wyliczać, wyszczególniać 2. sporządzać wykaz (*sth czegoś*)
enumerated *adj* zamieszczony w spisie, wymieniony, wyliczony
~ **articles** *am.* towary objęte taryfą celną
~ **population** ludność objęta spisem
enumeration *s* spis, wykaz, wyliczenie
~ **district** okręg spisowy
enumerator *s* komisarz spisowy, ankieter (*przeprowadzający spis*)
enure *v* wchodzić w życie, obowiązywać
to ~ **from...** obowiązywać ⟨wchodzić w życie⟩ od...
envelope[1] *s* 1. koperta 2. opakowanie
window ⟨**panel**⟩ ~ koperta z okienkiem (*na adres*)
envelope[2] *v* owijać, zawijać, okrywać
envenom *v* 1. zatruć (*np. ostrze broni*) 2. podsycać (*np. kłótnię*) 3. zaogniać (*np. spór*)
envious *adj* zawistny, zazdrosny
to be ~ **of sth** zazdrościć komuś czegoś
environment *s* otoczenie, środowisko
protection of ~ ochrona środowiska
envisage *v* 1. widzieć (*w pewnym świetle*), przewidywać 2. stanąć w obliczu (*sth czegoś*)
envoy *s* poseł, wysłannik
~ **extraordinary and minister plenipotentiary** poseł nadzwyczajny i minister pełnomocny
envy *s* zawiść, zazdrość
epidemic *s* epidemia
prevention of ~ zapobieganie epidemiom
epilepsy *s med.* epilepsja, padaczka
episcopal *adj* biskupi
the Episcopal Church kościół episkopalny
equal[1] *adj* 1. równy 2. jednakowy 3. zdatny, nadający się

~ **and uniform taxation** równe i jednolite opodatkowanie
~ **before the laws** równy w obliczu ⟨wobec⟩ prawa
~ **in quality** tej samej jakości
~ **in rank** równego stopnia
~ **remuneration** jednakowe wynagrodzenie
~ **suffrage** równe ⟨jednakowe⟩ prawo wyborcze
~ **to demand** odpowiadający zapotrzebowaniu
~ **to sample** zgodny z próbką
~ **treaty** równoprawny układ
in ~ **amounts** w równych kwotach
of ~ **value** równej wartości
on ~ **footing** na równej stopie, na równych prawach
on ~ **terms** na takich samych warunkach
other things being ~ przy nie zmienionych innych warunkach
equal[2] *v* 1. dorównywać 2. odpowiadać (**sth, with sth** czemuś)
to ~ **the sample** odpowiadać próbce
equality *s* równość
~ **before the law** równość wobec prawa
~ **of rights** równość praw, równouprawnienie
~ **of status** równość polityczna ⟨praw politycznych⟩
~ **of treatment** równość traktowania
~ **of votes** równość głosów
on a basis ⟨**a footing**⟩ **of** ~ na zasadzie równości
equalization *s* 1. wyrównanie, zrównanie 2. normalizacja, ujednolicenie 3. rekompensata
~ **duty** cło wyrównawcze
~ **fund** ⟨**tax**⟩ fundusz ⟨podatek⟩ wyrównawczy
exchange ~ **fund** walutowy fundusz wyrównawczy
equalize *v* 1. wyrównywać, zrównywać 2. ujednolicać
to ~ **costs of production** ujednolicać koszty produkcji
to ~ **the difference** wyrównywać różnicę
to ~ **dividends** wyrównać dywidendy
to ~ **the wages** wyrównać płace
equate *v* wyrównywać, zrównywać
~ **d time of payment** średni termin płatności
equation *s* wyrównywanie (*rozchodu i przychodu*)
~ **of payments** wyrównanie płac
equilibrium *s łac.* równowaga
~ **in the balance of payments** równowaga w bilansie płatniczym
economic ~ równowaga gospodarcza
financial ⟨**monetary**⟩ ~ równowaga finansowa
market ~ równowaga rynkowa
population ~ równowaga demograficzna
stable ⟨**unstable**⟩· ~ równowaga stała ⟨niestała⟩
to disturb the ~ zakłócić równowagę
to maintain ⟨**lose**⟩ ~ utrzymać ⟨stracić⟩ równowagę
to restore the ~ przywrócić równowagę
equip *v* wyposażyć, wyekwipować, zaopatrzyć (**with sth** w coś)
to ~ **a workman with tools** wyposażyć pracownika w narzędzia
to ~ **with plant** wyposażyć w urządzenia
equipment *s* wyposażenie, sprzęt, ekwipunek, urządzenie, aparatura
~ **bounty** premia eksploatacyjna (*dla armatora*)
~ **subsidy** premia za eksploatację statku
capital ~ wyposażenie kapitałowe
construction ~ sprzęt budowlany
household ~ sprzęt gospodarstwa domowego

fire-fighting ~ sprzęt przeciwpożarowy
technical ~ wyposażenie techniczne
equitable *adj* **1.** sprawiedliwy, słuszny, godziwy **2.** oparty na normach słuszności (*zob.* **equity**)
~ **action** powództwo oparte na prawie słuszności
~ **assets** część aktywów (*spadku*), z której można dochodzić długów na podstawie prawa słuszności
~ **assignment** cesja oparta na prawie słuszności
~ **claim** słuszne roszczenie
~ **conditions** godziwe warunki
~ **consideration** rozpoznawanie sprawy w oparciu o zasady słuszności
~ **construction** interpretacja słusznościowa ⟨rozszerzająca⟩
~ **defence** obrona oparta na prawie słuszności
~ **estate** prawo do nieruchomości oparte na prawie słuszności
~ **estoppel** zarzut oparty na prawie słuszności
~ **judges** sprawiedliwi ⟨bezstronni⟩ sędziowie
~ **jurisdiction** wymiar sprawiedliwości oparty na prawie słuszności
~ **lien** zastaw oparty na prawie słuszności
~ **price** słuszna ⟨godziwa⟩ cena
~ **remedy** środek obrony oparty na prawie słuszności
~ **right** uprawnienie oparte na prawie słuszności
~ **sanctions** sankcje według prawa słuszności
~ **title** tytuł prawny oparty na prawie słuszności
~ **treaty** sprawiedliwy układ
on an ~ **basis** na słusznej podstawie
equity *s* **1.** słuszność **2.** sprawiedliwość **3.** prawo ⟨uprawnienie⟩ oparte na prawie słuszności **4.** system prawa słuszności (*oparty na orzecznictwie dawnych Sądów Kanclerskich*) **5.** akcja zwykła (*bez ustalonej dywidendy*) **6.** różnica pomiędzy rynkową wartością towaru a wysokością otrzymanej pod jego zastaw pożyczki; marża **7.** część majątku pozostała po spłaceniu długów
~ **court** sąd oparty na prawie słuszności
~ **earnings** dochody z akcji
~ **in assets** przewaga aktywów nad pasywami (*w przedsiębiorstwie*)
~ **jurisdiction** wymiar sprawiedliwości oparty na prawie słuszności
~ **law** prawo słuszności
~ **of redemption** prawo wykupienia obciążonej hipoteką nieruchomości
~ **of statute** intencja i duch ustawy (*jako podstawy interpretacji*)
~ **pleading** normy postępowania przyjęte przez sądy orzekające na podstawie prawa słuszności
~ **securities** ⟨**shares**⟩ papiery bezprocentowe, akcje zwykłe
~ **side** jurysdykcja w ramach prawa słuszności
claim in ~ roszczenie oparte na prawie słuszności
equivalence, equivalency *s* równowartość, równoważność
equivalent[1] *s* **1.** równoważnik, ekwiwalent **2.** równowartość
dollar ~ równowartość w dolarach
to pay the ~ zapłacić równowartość
equivalent[2] *adj* **1.** równoważny, równowartościowy **2.** równoznaczny
to be ~ **to sth** stanowić równowartość czegoś
equivocal *adj* **1.** dwuznaczny **2.** wymijający **3.** podejrzany, wątpliwej natury

~ **answer** dwuznaczna odpowiedź
~ **transaction** podejrzana transakcja
equivocate *v* **1.** wyrażać się dwuznacznie **2.** szukać ⟨używać⟩ wykrętów
equivocation *s* **1.** dwuznaczność **2.** uchylanie się (*od wyraźnej odpowiedzi*)
eradicate *v* wykorzenić, wyplenić
to ~ **crime** wytępić ⟨wyeliminować⟩ zbrodnie
erase *v* **1.** wycierać, wymazywać **2.** usuwać z tekstu
erasure *s* **1.** wymazanie, wytarcie **2.** usunięcie z tekstu
erect *v* **1.** ustanawiać, tworzyć **2.** wznosić, budować
to ~ **barriers** ustanawiać bariery
to ~ **principles into a system** tworzyć system z zasad
to ~ **a tribunal** ustanawiać sąd
erection *s* **1.** ustanowienie, utworzenie **2.** wzniesienie, wybudowanie
ergonomics *s* ergonomia, ergonomika
ermine *s* **1.** gronostaj **2.** *przen.* toga sędziowska
erotomania *s med.* erotomania
err *v* **1.** błądzić **2.** grzeszyć **3.** mylić się, być w błędzie, popełniać błędy
erratic *adj* nieobliczalny, nierówny, niekonsekwentny
erratum *s* (*pl* **errata**) *łac.* błąd drukarski
erroneous *adj* błędny, mylny; fałszywy; niedokładny
~ **belief** ⟨**opinion**⟩ błędna opinia
~ **entry** błędny wpis (*do ksiąg*)
error *s* **1.** błąd, pomyłka, omyłka **2.** błędna opinia
~ **apparent of record** oczywisty błąd w postępowaniu
~ **coram nobis** *łac.* błąd stanowiący podstawę do sprostowania w tym samym sądzie (*który wydał orzeczenie*)
~ **in accidentia** *łac.* błąd odnoszący się do nieistotnych części umowy
~ **in calculation** ⟨**reckoning**⟩ błąd w obliczeniach
~ **in causa (contrahendi)** *łac.* błąd co do istoty umowy
~ **in consensu** *łac.* błąd w przedmiocie zgody ⟨zezwolenia⟩
~ **in essentia** *łac.* błąd co do istoty
~ **in judgment** błąd w osądzeniu ⟨w orzeczeniu⟩
~ **in** ⟨**of**⟩ **law** błąd odnośnie do ⟨co do⟩ prawa
~ **in personam** *łac.* błąd co do osoby
~ **in printing** błąd drukarski
~ **in rem** *łac.* błąd odnośnie do ⟨co do⟩ rzeczy
~ **in substantia** *łac.* błąd co do istoty
~ **in verbis** *łac.* omyłka słowna
~ **of fact** błąd co do faktu
„~**s and omissions excepted**" „z zastrzeżeniem błędów i opuszczeń"
admissible ⟨**permissible**⟩ ~ dopuszczalny błąd
clerical ~ błąd pisarski ⟨kancelaryjny⟩
inevitable ~ nieunikniony błąd
material ~ istotny błąd
typing ~ błąd maszynowy
writ of ~ skarga ⟨powództwo⟩ o unieważnienie wyroku z powodu błędu
to be in ~ mylić się, być w błędzie
to commit ⟨**make**⟩ **an** ~ popełnić błąd ⟨pomyłkę⟩
to fall ⟨**run**⟩ **into** ~ pomylić się
to rectify an ~ sprostować błąd ⟨pomyłkę⟩
to remedy an ~ naprawić błąd
escalation *s* eskalacja; stopniowanie; zwiększanie; wzmaganie czegoś (*np. działań wojennych*)

~ **clause** klauzula o wzroście cen
~ **price** najwyższa cena
the danger of ~ niebezpieczeństwo eskalacji
escalator *s*: ~ **clause** *a*) klauzula ustalająca podwyższenie płac w zależności od podwyżki kosztów utrzymania *b*) klauzula o wzrastaniu cen
escape[1] *s* **1.** ucieczka **2.** uchodzenie; ulatnianie się; przeciekanie **3.** uniknięcie
~ **by persons in custody** ucieczka osób znajdujących się pod strażą
~ **clause** *a*) klauzula dająca prawo uwolnienia się od zobowiązania *b*) klauzula zwalniająca od odpowiedzialności
~ **from prison** ucieczka z więzienia
~ **warrant** nakaz zezwalający na ujęcie zbiegłego więźnia
escape[2] *v* **1.** uciec, zbiec **2.** uchodzić; ulatniać się; przeciekać **3.** ujść, uniknąć (*np. kary, śmierci*)
to ~ **(from) punishment** uniknąć kary
to ~ **liability** uniknąć odpowiedzialności
to ~ **notice** ujść uwadze
escaped *pp adj*: ~ **prisoner** ⟨**convict**⟩ zbiegły więzień, zbieg
escapee *s* zbieg, zbiegły więzień, uciekinier
escheat[1] *s* **1.** *hist.* powrót nieruchomości do suwerena po wygaśnięciu uprawnień lennika **2.** przejście spadku bezdziedzicznego na rzecz państwa **3.** bezdziedziczność
escheat[2] *v* **1.** konfiskować **2.** przechodzić na własność państwa
escort *s* konwojent, strażnik
escrow *s* depozyt lub pisemne zobowiązanie wręczone osobie trzeciej celem wydania osobie uprawnionej (*po spełnieniu przez nią określonych warunków lub po upływie określonego czasu*)
~ **account** rachunek depozytowy
in ~ w depozycie, na przechowaniu
delivery in ~ doręczenie celem przechowania dla osoby trzeciej
espionage *s* szpiegostwo, wywiad
economic ~ szpiegostwo gospodarcze
industrial ~ szpiegostwo przemysłowe
Esquire *s* (*skr.* **Esq**) **1.** tytuł grzecznościowy, używany w korespondencji po nazwisku adresata **2.** tytuł przysługujący szeryfom, sędziom pokoju i adwokatom występującym przed sądem (**barristers**)
essence *s* **1.** istota, istotna treść **2.** ekstrakt, esencja, wyciąg
~ **of the contract** istota umowy
~ **of the crime** istota przestępstwa
~ **of the matter** sedno sprawy
in ~ w istocie rzeczy
essential[1] *s* **1.** istotny element, podstawowa zasada **2.** *pl* **essentials** *a*) podstawowe zasady, główne elementy *b*) artykuły pierwszej potrzeby
essential[2] *adj* **1.** istotny, zasadniczy, podstawowy **2.** niezbędny, konieczny, nieodzowny
~ **condition** podstawowy ⟨zasadniczy⟩ warunek
~ **goods** artykuły podstawowe ⟨pierwszej potrzeby⟩
~ **element** podstawowy składnik
~ **ignorance** nieznajomość podstawowych zasad
it is ~ **that...** jest rzeczą niezbędną, aby...
essentially *adv* **1.** zasadniczo, istotnie **2.** nade wszystko, w pierwszym rzędzie **3.** z natury
establish *v* **1.** zakładać, ustanawiać **2.** ustalać **3.** wyka-

zywać, dowodzić, przeprowadzać (*przed sądem*) **4.** umacniać, utrwalać **5.** uznawać (*panującą religię*) **6.** otwierać (*akredytywę, kredyt*)
to ~ **an agency** ustanowić przedstawicielstwo
to ~ **one's alibi** przedstawić swoje alibi
to ~ **blockade** ustanowić blokadę
to ~ **a business** założyć przedsiębiorstwo
to ~ **business relations** nawiązać stosunki handlowe
to ~ **one's case** przeprowadzić swoją sprawę (*w sądzie*)
to ~ **the cause of death** ustalić przyczynę śmierci
to ~ **a claim** wykazać zasadność roszczenia
to ~ **a company** założyć firmę
to ~ **a credit in a bank** otworzyć kredyt w banku
to ~ **a date** ustalić termin
to ~ **defence** przeprowadzić obronę
to ~ **a government** ustanowić rząd
to ~ **sb's guilt** ustalić czyjąś winę
to ~ **one's identity** wykazać swoją tożsamość, wylegitymować się
to ~ **sb's innocence** wykazać czyjąś niewinność
to ~ **oneself** *a*) osiedlić się, zainstalować się *b*) objąć stanowisko
to ~ **a price** ustalić ⟨wyznaczyć⟩ cenę
to ~ **a principle** ustanowić zasadę
to ~ **one's rights** przeprowadzić swoje prawa
to ~ **a tax on tobacco** nałożyć podatek na tytoń
to ~ **the truth of sth** wykazać prawdziwość czegoś
established *pp adj* **1.** ustalony, przyjęty **2.** wykazany, dowiedziony
~ **authority** uznany autorytet
the Established Church Kościół anglikański
~ **custom** ustalony zwyczaj
~ **fact** dowiedziony fakt
~ **law** ustanowione prawo
~ **practice** przyjęta ⟨ustalona⟩ praktyka
to be ~ **by evidence** zostać ustalonym na podstawie dowodów
establishment *s* **1.** ustanowienie, założenie **2.** przedsiębiorstwo, zakład, firma **3.** ustalenie, wykazanie, udowodnienie **4. the Establishment** *bryt. a*) grupa społeczna będąca u władzy *b*) Kościół anglikański
~ **charges** *a*) koszty założenia *b*) koszty ogólne
banking ~ instytucja bankowa
branch ~ filia przedsiębiorstwa
business ~ dom handlowy
charitable ~ instytucja dobroczynna
manufacturing ~ fabryka, zakład wytwórczy
penitentiary ~ instytucja penitencjarna, zakład karny
to form a part of the ~ stanowić część personelu
estate *s* **1.** majątek, mienie **2.** nieruchomość, posiadłość ziemska **3.** stan, pozycja społeczna **4.** tytuł prawny do rzeczy; prawo o charakterze rzeczowym
~ **agency** biuro pośrednictwa handlu nieruchomościami
~ **agent** *a*) pośrednik w handlu nieruchomościami *b*) pełnomocnik do zarządu majątkiem
~ **at sufferance** władanie za milczącą zgodą właściciela
~ **at will** władanie nieruchomością za zgodą (*wydzierżawiającego*)
~ **by** ⟨**in**⟩ **the entirety** władanie (*nieruchomością*) na zasadach małżeńskiej wspólnoty majątkowej

~ **contract** umowa sprzedaży nieruchomości
~ **duty** ⟨**tax**⟩ podatek spadkowy
~ **for life** dożywotnie władanie majątkiem
~ **for term of years** dzierżawa nieruchomości na czas określony
~ **free from encumbrances** majątek nieruchomy bez obciążeń
~ **from year to year** dzierżawa przedłużana z roku na rok
~ **in abeyance** spadek bezdziedziczny
~ **in common** współwłasność, współposiadanie kilku osób
~ **in coparcenary** dziedziczenie przez kilka osób, współdziedziczenie
~ **in dower** majątek przypadający wdowie na dożywotnie użytkowanie
~ **in expectancy** majątek, który ma przypaść (*komuś*) w przyszłości
~ **in fee-simple** prawo własności bezwarunkowe ⟨nieograniczone⟩
~ **in (fee-)tail** prawo własności ograniczone co do dziedziczenia oraz rozporządzania, fideikomis
~ **in joint tenancy** współwłasność ⟨współposiadanie⟩ nieruchomości
~ **in land** prawo własności nieruchomości
~ **in possession** majątek w posiadaniu (*właściciela*), faktyczne posiadanie majątku
~ **in remainder** prawo własności majątku oddanego w dożywocie
~ **in reversion** prawo do majątku po ustaniu dożywocia
~ **in severalty** własność nie ograniczona prawami innych osób
~ **in-tail-male** majorat, majątek dziedziczony przez najstarszego syna lub krewnego
~ **of inheritance** własność nieruchomości nabyta w drodze dziedziczenia
~ **of matrimony** stan małżeński
~ **pour autre vie** prawo własności ograniczone czyimś dożywotnim prawem użytkowania
(**the**) **Estates of the Realm** *bryt.* Stany Królestwa
~ **tail** prawo własności ograniczone co do dziedziczenia oraz rozporządzania
~ **tail female** ⟨**male**⟩ majątek dziedziczony tylko w żeńskiej ⟨męskiej⟩ linii
~ **upon condition** warunkowe prawo własności
absolute ~ własność pełna ⟨całkowita⟩
bankrupt's ~ majątek upadłego dłużnika
conditional ~ własność ograniczona ⟨warunkowa⟩
contingent ~ własność warunkowa ⟨zastrzeżona⟩ (*np. dla osoby jeszcze nie urodzonej*)
crown ~**s** *bryt.* dobra koronne
entailed ~ fideikomis, własność ograniczona (*co do dziedziczenia i rozporządzania*)
housing ~ osiedle mieszkaniowe
legal ~ tytuł prawny (*uznawany w sądach opartych na prawie zwyczajowym*)
life ~ dożywocie, dożywotnia własność
personal ~ majątek ruchomy, ruchomości
real ~ majątek nieruchomy, nieruchomości
residuary ~ majątek spadkowy pozostały po zaspokojeniu długów i innych obciążeń
trust ~ majątek powierniczy
vested ~ nadana własność, przysługujące prawo własności

to entail an ~ *a*) ustanowić majorat w odniesieniu do nieruchomości *b*) odziedziczyć majątek na podstawie majoratu
to succeed to an ~ odziedziczyć majątek
esteem *v* szanować, cenić
estimate[1] *s* **1.** ocena, obliczenie, oszacowanie **2.** kosztorys, kalkulacja, *pl* **estimates** preliminarz, przewidywania **3. the Estimates** *bryt.* preliminarz budżetu państwa
~ **of expenditure** kosztorys wydatków
blank ~ ślepy kosztorys
budget(ary) ~**s** preliminarz budżetowy
preliminary ~ preliminarz
rough ~ szacunek prowizoryczny ⟨przybliżony⟩
to ask for an ~ zażądać kosztorysu
to draw up an ~ sporządzić kosztorys, dokonać wyceny
estimate[2] *v* **1.** oceniać, obliczać, szacować **2.** kalkulować, sporządzać kosztorys
to ~ **above** ⟨**under**⟩ **the value** oszacować powyżej ⟨poniżej⟩ wartości
to ~ **at the amount of ...** ocenić na sumę ...
estimated *adj* **1.** oceniony, oszacowany **2.** szacunkowy
~ **amount** suma szacunkowa
~ **cost** koszt szacunkowy
~ **tare** tara szacunkowa
~ **value** wartość szacunkowa
estimation *s* **1.** ocena, obliczenie, oszacowanie **2.** zdanie, mniemanie, sąd
at a rough ~ według przybliżonej oceny
in sb's ~ według czyjegoś zdania, na podstawie czyjejś oceny
estop *v* **1.** wykluczyć, przeszkodzić, nie dopuścić **2.** zgłosić zarzut formalny uniemożliwiający rozpoznanie sprawy
estoppage *s* **1.** wykluczenie **2.** prekluzja
estoppel *s* **1.** przeszkoda nie pozwalająca stronie na powołanie się na fakty czy okoliczności sprzeczne z jego poprzednimi oświadczeniami czy czynnościami **2.** zarzut
~ **by agreement** przeszkoda oparta na zarzucie istnienia porozumienia, zarzut sprawy ugodzonej
~ **by conduct** przeszkoda oparta na sprzeczności zarzutu z zachowaniem się i postępowaniem strony
~ **by deed** przeszkoda oparta na zarzucie istnienia dokumentu formalnego (*opatrzonego pieczęcią*) stwierdzającego odmienne okoliczności
~ **by election** przeszkoda oparta na poprzednio dokonanym wyborze
~ **by judgment** przeszkoda oparta na zarzucie rzeczy osądzonej ⟨rei iudicatae⟩
~ **by laches** przeszkoda oparta na zarzucie zaniedbania (*dokonania czynności prawnej*)
~ **by record** niedopuszczalność kwestionowania faktów ustalonych w urzędowym dokumencie
equitable ~ zarzut oparty na prawie słuszności
estovers *spl* **1.** prawo dzierżawcy pobierania z lasu właściciela drzewa na remonty i opał **2.** utrzymanie należne wdowie ⟨rozwiedzionej żonie lub żonie żyjącej w separacji⟩ **3.** alimenty
estrange *v* zrazić sobie (*kogoś*), odstręczać (*kogoś od kogoś*)
estranged *pp adj*: ~ **wife** żona żyjąca w separacji z mężem

to become ~ **from sb** zniechęcić się do kogoś
estrangement s odsunięcie się od siebie (*małżonków*), oziębienie stosunków (*między małżonkami*)
estreat[1] s odpis, wyciąg (*z akt sądowych*)
estreat[2] v **1.** robić wyciąg z akt sądowych **2.** ściągać tytułem grzywny
ethics *spl* etyka
professional ~ etyka zawodowa
etiquette s *fr.* etykieta, ceremoniał
Eurocurrency s waluta Europejskiej Wspólnoty Gospodarczej
Eurodollar s dolar Europejskiej Wspólnoty Gospodarczej
Euromarket s rynek europejski ⟨Europejskiej Wspólnoty Gospodarczej⟩
European *adj* europejski
~ **Economic Community** Europejska Wspólnota Gospodarcza
~ **Free Trade Association** Europejskie Stowarzyszenie Wolnego Handlu
~ **Monetary Agreement** Europejski Układ Walutowy
euthanasia s *med.* eutanazja
evacuate v **1.** opróżnić **2.** ewakuować
evacuation s **1.** opróżnienie **2.** ewakuacja
evade v **1.** unikać, wymykać się **2.** obchodzić, omijać, uchylać się
to ~ **one's creditors** unikać swych wierzycieli
to ~ **a duty** uchylać się od obowiązku
to ~ **the law** *a)* omijać prawo *b)* uchylać się od podporządkowania się prawu
to ~ **responsibility** uchylać się od odpowiedzialności
evaluate v oceniać, szacować, wyceniać
evaluation s ocena, oszacowanie, ewaluacja, wycena
~ **job** praca związana z wyceną
~ **of data** ocena danych
stock ~ wycena towarów na składzie
evaporate v parować, ulatniać się
evaporation s parowanie, ulatnianie się
~ **loss** ubytek przez parowanie
evasion s **1.** wykręt, wybieg **2.** uchylanie się (**of sth** od czegoś), obejście (*np. ustawy*)
~ **of customs duties** uchylanie się od opłat celnych
~ **of payment** uchylanie się od zapłaty
tax ~ uchylanie się od płacenia podatków
to resort to ~s używać wybiegów ⟨wykrętów⟩
evasive *adj* **1.** wymijający **2.** wykrętny **3.** nieuchwytny
~ **answer** wymijająca odpowiedź
even[1] *adj* **1.** równy, jednakowy, jednostajny **2.** równomierny, regularny **3.** parzysty **4.** sprawiedliwy, słuszny **5.** *giełd.* po kursie pari, al pari
~ **division of votes** równe rozdzielenie głosów
~ **running** określenie jakości towaru (*cały towar musi odpowiadać określonej jakości*)
at ~ *giełd.* po kursie pari, al pari
a letter of ~ **date** list z tej samej daty
to be ⟨**get**⟩ ~ **with sb** zemścić się na kimś, wyrównać z kimś porachunki
even[2] *adv* **1.** równo, jednakowo, równomiernie **2.** nawet **3.** właśnie wtedy, akurat
to break ~ nie osiągnąć zysku ani straty
even[3] v wyrównywać (się)

event s **1.** wypadek, przypadek **2.** wydarzenie **3.** wynik, rezultat
at all ~s w każdym razie
in either ~ bez względu na wynik
in the ~ **of sb's death** w razie czyjejś śmierci
the natural course of ~s naturalny bieg rzeczy
eventual *adj* **1.** ostateczny, końcowy, wynikowy **2.** przypuszczalny, zależny od okoliczności
~ **losses** przypuszczalne ubytki
eventuality s możliwość, ewentualność
eventually *adv* ostatecznie, w końcu, koniec końcem
every *adj* każdy, wszelki
~ **possible precaution** wszelkie środki ostrożności
evict v **1.** wyeksmitować, wyrzucić **2.** odzyskać, odebrać **3.** wyprocesować (*coś od kogoś*)
to ~ **a property of** ⟨**from**⟩ **sb** odebrać własność od kogoś
to ~ **a tenant** eksmitować najemcę ⟨lokatora⟩
evicted *pp adj* **1.** pozbawiony własności **2.** wyrzucony, wydalony
~ **from a country** wydalony z kraju
~ **owner** właściciel pozbawiony własności
eviction s **1.** usunięcie, eksmisja **2.** odzyskanie w drodze sądowej, windykacja
~ **decree** ⟨**order**⟩ nakaz eksmisyjny
action for ~ skarga ⟨powództwo⟩ o eksmisję
to sue for ~ wnieść powództwo o eksmisję
evidence[1] s **1.** jawność, oczywistość **2.** świadectwo **3.** dowód, dowody **4.** zeznanie **5.** świadek, świadkowie
~ **aliunde** dowód z zewnątrz ⟨z innego źródła⟩
~ **by inspection** dowód z oględzin
~ **by witnesses** dowód z zeznań świadków
~ **for the defence** dowód obrony (*w procesie karnym*)
~ **for the prosecution** dowód obciążający (*w procesie karnym*)
~ **in sb's favour** dowód na czyjąś korzyść
~ **in writing** dowód na piśmie
~ **of citizenship** *am.* poświadczenie obywatelstwa
~ **of debt** ⟨**indebtedness**⟩ dowód zadłużenia
~ **of ownership** ⟨**title**⟩ tytuł własności
~ **on** ⟨**upon**⟩ **oath** dowód ⟨zeznanie⟩ pod przysięgą
~ **to the contrary** przeciwdowód, dowód przeciwny
absence of ~ brak dowodów
admissibility of an ~ dopuszczalność dowodu
circumstantial ~ dowody pośrednie, poszlaki
cogency of ~ siła przekonywająca dowodu
conclusive ~ dowód rozstrzygający
consideration of the ~ ocena dowodów
corroborative ~ dowód dodatkowy ⟨potwierdzający⟩
direct ~ dowód bezpośredni
documentary ~ dowód z dokumentu
expert ~ dowód z opinii biegłego ⟨rzeczoznawcy⟩
extrinsic ~ dowód nieistotny
false ~ fałszywe zeznanie
fresh ~ nowy dowód ⟨materiał dowodowy⟩
full ~ dowód zupełny
hearsay ~ dowód ze słyszenia
immaterial ~ dowód nieistotny ⟨bez znaczenia⟩
incriminating ~ dowód obciążający
indirect ~ dowód pośredni

irrefutable ~ dowód nie do obalenia ⟨podważenia⟩
lack of ~ brak dowodów
material ⟨**pertinent**⟩ ~ dowód rzeczowy
oral ~ dowód z zeznania
original ~ autentyczny dowód
parol ~ dowód słowny ⟨ustny⟩
peremptory ~ dowód rozstrzygający
police ~ dowody przedstawione przez policję
prima facie ~ dowód na pierwszy rzut oka
primary ~ dowód podstawowy ⟨zasadniczy⟩
real ~ dowód rzeczowy
secondary ~ dowód drugorzędny
weight of ~ ciężar dowodu
written ~ dowód na piśmie ⟨pisemny⟩
to bear ⟨**give**⟩ ~ świadczyć, składać zeznania
to be in ~ a) mieć miejsce b) być na widoku, rzucać się w oczy
to call sb in ~ wezwać kogoś na świadka
to furnish ⟨**offer, submit**⟩ ~ dostarczać dowodów, przedstawiać dowody
to gather ~ zbierać dowody
to preserve ~ zabezpieczyć dowody
to produce ~ a) przeprowadzać dowód b) dostarczyć dowody
to serve as ~ służyć jako dowód
to turn Kings's ⟨**Queen's,** am. **State's**⟩ ~ zeznawać przeciwko uczestnikom przestępstwa, obciążać innych uczestników przestępstwa
evidence[2] v 1. świadczyć, składać zeznania (for ⟨against⟩ sb na czyjąś korzyść ⟨niekorzyść⟩) 2. potwierdzać
to be ~d zostać potwierdzonym
evident adj jawny, jasny, widoczny, oczywisty
evidential adj 1. dowodowy 2. świadczący (of sth o czymś), dowodzący (of sth czegoś)
~ **force** siła dowodowa
evidentiary adj 1. dowodowy 2. świadczący (of sth o czymś) 3. mający znaczenie dowodowe
~ **facts** fakty mające znaczenie dowodowe ⟨służące za dowód⟩
~ **material** materiał dowodowy
evil[1] s zło
lesser ~ mniejsze zło
evil[2] adj 1. zły 2. zepsuty 3. nieszczęsny, fatalny
~ **reputation** zła opinia ⟨sława⟩
evil-doer s złoczyńca
evocation s przeniesienie sprawy do wyższej instancji
evoke v przenosić sprawę do wyższej instancji
evolution s rozwój, ewolucja
ex praep łac. 1. z, od, bez, poza 2. loko, loco, z ...
ex abundanti cautela łac. z nadmiaru ostrożności
ex aequo et bono łac. sprawiedliwie i w dobrej wierze
ex all (w odniesieniu do akcji lub obligacji) bez niczego (bez uprawnień do dywidendy, premii, wykupu, nabycia nowej emisji)
ex allotment z przydziału
ex bond ⟨**bonded warehouse**⟩ spod zamknięcia celnego, z magazynu celnego
ex cathedra łac. autorytatywnie, ze szczególnym autorytetem
ex contractu łac. z umowy, na podstawie umowy
ex coupon (o akcji, obligacji) bez kuponu (upoważniającego do procentów)
ex curia łac. poza sądem

ex delicto łac. z czynu niedozwolonego
ex dividend (o akcji) bez dywidendy, bez prawa do dywidendy
ex dock z przystani, loco przystań
ex factory ⟨**mill**⟩ loco fabryka
ex gratia łac. z łaski
ex inmate były współwięzień
ex interest a) bez procentów b) bez kuponu oprocentowania
ex lege łac. na mocy prawa, z prawa
ex new (o akcji, obligacji) bez prawa do nabycia nowej emisji
ex offender były przestępca
ex officio łac. jednostronnie, w interesie tylko jednej strony
ex parte materna ⟨**paterna**⟩ łac. ze strony matki ⟨ojca⟩
ex pier ⟨**quay**⟩ z nabrzeża, franko nabrzeże
ex post facto łac. z mocą wsteczną
ex post facto clause am. klauzula o niedopuszczalności prawa karnego działającego z mocą wsteczną
ex proprio motu łac. z własnej woli ⟨chęci⟩
ex relatione łac. na podstawie informacji ⟨relacji⟩
ex ship ⟨**steamer**⟩ ze statku, franko statek
ex store ⟨**warehouse**⟩ loko magazyn ⟨skład⟩
ex works loko fabryka
to buy ⟨**sell**⟩ **ex...** kupować ⟨sprzedawać⟩ po cenie loko ⟨franko⟩...

exact[1] adj 1. ścisły, dokładny 2. właściwy 3. punktualny 4. ostry, srogi, surowy
~ **copy** wierna kopia
~ **details** dokładne szczegóły
~ **discipline** ostra ⟨surowa⟩ dyscyplina
~ **in business** dokładny ⟨punktualny⟩ w interesach
~ **knowledge** pełna ⟨dokładna⟩ znajomość
~ **price** ściśle określona cena
~ **to sample** identyczny z próbką
exact[2] v 1. wymagać, żądać (sth czegoś) 2. egzekwować, wymuszać (sth from sb coś na kimś)
to ~ **confession** wymusić przyznanie się
to ~ **duties** ściągać cło
to ~ **payment** domagać się zapłaty
exacting adj 1. wymagający, stawiający duże wymagania 2. uciążliwy, trudny
~ **customer** wymagający klient
~ **terms of payment** uciążliwe warunki płatności
exaction s 1. wymuszanie (np. świadczeń) 2. ściąganie, egzekwowanie 3. kwota ściągnięta
~ **of dues** ściąganie należnych kwot
exactitude, exactness s 1. ścisłość, dokładność 2. punktualność
exactor s 1. poborca 2. zdzierca, wyzyskiwacz
exaggerate v 1. przesadzać (sth w czymś) 2. wyolbrzymiać
exaggerated adj 1. wyolbrzymiony 2. przesadny 3. zbytni
~ **claim** wyolbrzymione ⟨wygórowane⟩ roszczenie
~ **price** wygórowana cena
examination s 1. badanie 2. oględziny 3. inspekcja, rewizja, kontrola 4. przesłuchanie, śledztwo 5. egzamin
~ **as to novelty** badanie nowości (patentu)
~ **de bene esse** wstępne przesłuchanie świadka
~ **for damage** badanie uszkodzenia

~ **in chief** bezpośrednie przesłuchanie świadka (*przez stronę*)
~ **of accounts** badanie rachunków
~ **of books** kontrola ksiąg
~ **of a claim** rozpatrzenie roszczenia
~ **of witnesses** przesłuchanie świadków
customs ~ kontrola celna
medical ~ badanie lekarskie
on closer ~ po bliższym zbadaniu
post-mortem ~ sekcja zwłok
under ~ w trakcie badania ⟨rozpatrywania⟩
to submit to an ~ poddać badaniu ⟨oględzinom⟩
to undergo ~ być przesłuchiwanym
examine v **1.** egzaminować **2.** badać **3.** przeprowadzać kontrolę ⟨rewizję, inspekcję⟩ **4.** przesłuchiwać **5.** przeprowadzać śledztwo
to ~ **an account** sprawdzić rachunek
to ~ **documents** badać dokumenty
to ~ **evidence** badać dowody
examiner s **1.** inspektor, kontroler, rewident **2.** urzędnik patentowy badający zgłoszone patenty
customs ~ inspektor celny
examining adj przeprowadzający badanie ⟨śledztwo⟩
~ **body** komisja śledcza
~ **judge** ⟨**justice, magistrate**⟩ sędzia śledczy
example s **1.** przykład, wzór **2.** precedens
without ~ bez precedensu, bezprzykładny
to make an ~ **of sb** ukarać kogoś dla przykładu
exceed v **1.** przewyższać, przekraczać, prześcigać **2.** przebierać miarę
to ~ **one's authority** ⟨**competence**⟩ przekroczyć swoje kompetencje
to ~ **limit** przekroczyć limit
to ~ **one's powers** przekroczyć pełnomocnictwo
to ~ **one's rights** przekroczyć swoje uprawnienia
to ~ **the speed limit** przekroczyć dozwoloną szybkość
excel v **1.** przewyższać, prześcigać **2.** celować, odznaczać się ⟨wyróżniać się⟩ (**in** ⟨**at**⟩ **sth** czymś)
to ~ **in quality** przewyższać jakością
Excellency s ekscelencja (*tytuł ambasadora, gubernatora itp.*)
excellent adj doskonały, znakomity, pierwszorzędny
except[1] v **1.** wykluczać, wyłączać **2.** stawiać zarzut ⟨sprzeciwiać się⟩ (**against sth** czemuś), podnosić zastrzeżenie
except[2] praep oprócz, poza, wyjąwszy, z wyjątkiem, pomijając
~ **as provided in** ... z wyjątkami przewidzianymi w ...
~ **for** z wyjątkiem, oprócz
excepted pp: ~ **perils clause** klauzula niebezpieczeństw wyłączonych
„**errors and omissions** ~ " „z zastrzeżeniem błędów i opuszczeń"
exception s **1.** wyjątek **2.** obiekcja, zarzut, zastrzeżenie **3.** ekscepcja (*prawna*)
~ **clause** klauzula wyłączeniowa ⟨wyłączająca od odpowiedzialności⟩
~ **to bail** zarzut co do wysokości kaucji
~ **to the rule** wyjątek od reguły
by way of ~ w drodze wyjątku
liable to ~ podlegający zarzutowi ⟨zastrzeżeniu⟩
special ~ zarzut formalno-prawny

with the ~ **of** ... z wyjątkiem ...
to take ~ podnosić zastrzeżenia, sprzeciwiać się (**to** ⟨**against**⟩ **sth** czemuś)
exceptionable adj naganny, podlegający zastrzeżeniom
exceptional adj wyjątkowy, szczególny, niezwykły
~ **circumstances** wyjątkowe okoliczności
~ **price** wyjątkowa cena
exceptive adj wyłączający, wykluczający się wzajemnie
~ **propositions** wykluczające się propozycje
excerpt s wyciąg, wypis
excess s **1.** nadmiar, nadwyżka **2.** nadużycie, przekroczenie
~ **amount** nadwyżka
~ **charges** nadwyżka kosztów
~ **clause** klauzula o zwrocie przez ubezpieczyciela części szkody, ubezpieczenie z nadwyżką
~ **fare** dopłata (za przejazd)
~ **freight** nadwyżka frachtowa
~ **labour force** nadmiar siły roboczej
~ **luggage** nadwyżka bagażu (*podlegająca opłacie*)
~ **of assets over liabilities** nadwyżka aktywów nad pasywami
~ **of births over deaths** nadwyżka liczby urodzeń nad liczbą zgonów, przyrost naturalny
~ **of expenditure over revenue** nadwyżka wydatków nad dochodami
~ **of export trade** nadwyżka eksportowa
~ **of jurisdiction** przekroczenie kompetencji (przez sąd)
~ **of power** przekroczenie pełnomocnictwa ⟨władzy⟩
~ **payment** nadpłata
~ **price** wygórowana cena
~ **profits** nadmierne zyski
~ **profits tax** podatek od nadmiernych zysków
~ **reserves** rezerwy (*bankowe*) przekraczające ustalone normy
~ **weight** nadwaga, nadwyżka wagi
excessive adj **1.** nadmierny, zbytni **2.** nieumiarkowany, niepohamowany
~ **bodily harm** ciężkie uszkodzenie ciała
~ **damages** nadmierne odszkodowanie
~ **fine** ⟨**penalty**⟩ nadmierna grzywna
~ **load** przeciążenie, nadmierne obciążenie
~ **price** wygórowana cena
~ **speed** nadmierna szybkość
~ **violence** niepohamowana gwałtowność, nieumiarkowane użycie siły
exchange[1] s **1.** wymiana, zamiana **2.** giełda **3.** waluta obca, dewizy **4.** kurs wymiany **5.** weksel, trata
~ **account** rachunek dewizowy
~ **allocation agreement** dwustronny układ płatniczy
~ **as per endorsement** wymiana po kursie wskazanym na odwrocie weksla
~ **bank** bank dewizowy ⟨wekslowy⟩
~ **broker** a) makler giełdowy b) makler wekslowy
~ **brokerage** prowizja maklera giełdowego
~ **business** a) operacje giełdowe b) operacje obcą walutą ⟨dewizowe⟩
~ **clause** klauzula walutowa
~ **clearing** kliring dewizowy

~ **contract** umowa giełdowa
~ **control** kontrola dewizowa
~ **control authorities** władze dewizowe
~ **customs** zwyczaje giełdowe
~ **dealer** makler dewizowy
~ **dealings** obroty giełdowe
~ **equalization fund** walutowy fundusz wyrównawczy
~ **fluctuations** wahania kursów ⟨giełdowe⟩
~ **gambling** gra na giełdzie
~ **law** prawo dewizowe
~ **list** cedula giełdowa
~ **loss** strata kursowa
~ **market** rynek dewizowy
~ **of commodities** wymiana towarowa
~ **of correspondence** ⟨**of letters**⟩ wymiana korespondencji ⟨listów⟩
~ **of the day** kurs dnia
~ **of goods** wymiana towarowa
~ **of information** wymiana informacji
~ **of notes** *polit.* wymiana not
~ **of products** wymiana produktów
~ **of ratifications** *polit.* wymiana dokumentów ratyfikacyjnych
~ **of territories** *polit.* wymiana terytoriów
~ **on London** ⟨**Paris, New York**⟩ dewizy ⟨traty⟩ na Londyn ⟨Paryż, Nowy Jork⟩
~ **operations** a) operacje dewizowe b) transakcje giełdowe
~ **operator** spekulant giełdowy
~ **option** terminowe transakcje dewizowe, dewizy na termin
~ **order** zlecenie giełdowe
~ **permit** zezwolenie dewizowe
~ **premium** ⟨**profit**⟩ zysk kursowy
~ **price** cena giełdowa
~ **rate** a) kurs dewizowy b) kurs przeliczeniowy c) kurs wekslowy
~ **requirements** zapotrzebowanie na dewizy
~ **restrictions** ograniczenia dewizowe
~ **risk** ryzyko dewizowe ⟨walutowe⟩
~ **rules** zwyczaje giełdowe (*ujęte w regulaminie*)
~ **sale** sprzedaż na giełdzie
~ **securities** walory giełdowe
~ **speculator** spekulant giełdowy
~ **stabilization** stabilizacja waluty
~ **stamp tax** wekslowa opłata stemplowa
~ **tax** podatek od operacji giełdowych
~ **time** czas otwarcia giełdy
„~ **to be added**" „z doliczeniem różnicy kursowej" (*klauzula zabezpieczająca eksportera od strat kursowych*)
~ **trade** transakcje ⟨operacje⟩ giełdowe
~ **transactions** a) operacje walutowe b) transakcje giełdowe
~ **usages** zwyczaje giełdowe
~ **value** a) równowartość b) wartość wymienna ⟨giełdowa⟩
arbitrated (rate of) ~ najkorzystniejszy kurs przeliczeniowy (*przy wyrównawczym arbitrażu dewizowym*)
arbitration of ~ a) arbitraż wyrównawczy b) arbitraż wekslowy ⟨dewizowy⟩
at the opening ⟨**close**⟩ **of the** ~ przy otwarciu ⟨zamknięciu⟩ giełdy
bank ~**s** kliring bankowy

bill of ~ weksel, trata
blocked ~ dewizy zablokowane
charter ~ giełda frachtowa
commercial ~ weksel handlowy ⟨kupiecki⟩
commodity ⟨**goods**⟩ ~ a) wymiana towarowa b) giełda towarowa
„**cost, insurance, freight and** ~" „klauzula c.i.f. włącznie z różnicą kursową"
current rate of ~ bieżący kurs dnia
direct rate of ~ kurs bezpośredni, notowanie bezpośrednie
dollar ~ dewizy w dolarach
first of (**bill of**) ~ pierwopis wekslowy, weksel prima
forced ~ przymusowy kurs przeliczeniowy
foreign ~ obca waluta, dewizy
free ~**s** wolne dewizy
freely convertible ~ wolno wymienialna waluta
free market ~ a) wolne dewizy b) kurs wolnodewizowy
future ⟨**forward**⟩ ~ terminowe transakcje dewizowe, dewizy na termin
indirect ~ pośredni arbitraż dewizowy
in ~ **for...** w zamian za...
international ~ *am.* obca waluta, dewizy
the Labour Exchange *bryt.* pośrednictwo pracy
maritime ~ giełda żeglugowa
means of ~ środki wymiany
medium of ~ środek wymiany, pieniądz
money ~ wymiana pieniężna
paper ~**s** waluta papierowa
par ⟨**parity**⟩ **of** ~ parytet walutowy
pegged ~ sztucznie podtrzymywany kurs
rate of ~ = ~ **rate**
rules of ~ zasady wymiany
second of ~ wtóropis wekslowy, weksel secunda
shipping ~ giełda frachtowa
spot ~ dewizy z natychmiastową dostawą
sterling ~ dewizy w funtach szterlingach
stock ~ giełda pieniężna, giełda walorów
third of ~ weksel tertia
value in ~ wartość wymienna, równowartość
to be on the ~ być członkiem giełdy
to buy ⟨**sell**⟩ **at the** ~ kupować ⟨sprzedawać⟩ na giełdzie
to deal at the stock ~ prowadzić operacje giełdowe
to make an ~ wymienić, zamienić
to peg the ~**s** sztucznie podtrzymywać kurs (*dewiz*)
the ~ **hardens** kurs wzmacnia się
the ~ **keeps** kurs utrzymuje się
exchange² *s* centrala (telefoniczna)
direct ~ bezpośrednia linia telefoniczna
telephone ~ centrala telefoniczna
trunk ~ międzymiastowa centrala telefoniczna
exchange³ *v* wymieniać (**sth for sth** coś na coś), rozmieniać (*np. pieniądze*)
„**no goods** ~**d**" „towarów nie wymienia się"
exchangeable *adj* wymienny, wymienialny
exchequer *s* 1. skarb państwa 2. zasoby pieniężne, fundusze
~ **bill** ⟨**bond**⟩ obligacja państwowa, bon skarbowy
the Exchequer *bryt.* ministerstwo skarbu
Chancellor of the Exchequer *bryt.* minister skarbu
excisable *adj* podlegający opłacie akcyzowej

excise[1] *s* 1. akcyza 2. **the Excise** *bryt.* urząd akcyzowy
~ **duty** ⟨**tax**⟩ opłata akcyzowa
~ **law** ustawa regulująca sprzedaż trunków
~ **office** urząd akcyzowy
~ **officer** urzędnik akcyzy
to be liable to ~ podlegać akcyzie
excise[2] *v* obłożyć akcyzą, obciążyć podatkiem od konsumpcji
exciseman *s* urzędnik akcyzy ⟨skarbowy⟩
excite *v* 1. pobudzać, podniecać 2. wzniecać, wywoływać 3. podburzać
to ~ **the masses** ⟨**the mob**⟩ podburzać masy ⟨tłum⟩
to ~ **a mutiny** wywoływać bunt
exclude *v* wyłączać, wykluczać, usuwać, pomijać
to ~ **from the procedure** usunąć z udziału w postępowaniu
to ~ **the goods** wyłączać towary (*z przywozu*)
to ~ **sb** ⟨**sth**⟩ **from...** zamykać komuś ⟨czemuś⟩ dostęp do...
excluding *praep* wyłączając, z wyłączeniem
exclusion *s* wyłączenie, wykluczenie, usunięcie, pominięcie
to the ~ **of...** z wyłączeniem...
exclusive[1] *adj* 1. wyłączny, jedyny 2. zastrzeżony
~ **agency** wyłączne przedstawicielstwo
~ **agent** wyłączny przedstawiciel
~ **jurisdiction** wyłączna właściwość (sądu)
~ **property** wyłączna własność
~ **right** wyłączne prawo
~ **sale** wyłączne prawo sprzedaży
exclusive[2] *adv* wyłącznie
~ **of costs** z wyłączeniem kosztów
~ **of packing** bez kosztów opakowania
exclusiveness *s* wyłączność
excommengement, excommunication *s* klątwa, wyklęcie, ekskomunika
exculpate *v* 1. ekskulpować, usprawiedliwiać 2. uniewinniać
exculpation *s* 1. ekskulpacja, usprawiedliwienie 2. uniewinnienie
exculpatory *adj* 1. usprawiedliwiający 2. uniewinniający
excusable *adj* 1. wybaczalny 2. usprawiedliwiony
~ **delay** usprawiedliwiona zwłoka
~ **homicide** usprawiedliwione zabójstwo (*w obronie własnej*)
~ **mistake** usprawiedliwiony błąd
excusatory *adj* usprawiedliwiający
excuse[1] *s* 1. wytłumaczenie, usprawiedliwienie 2. wymówka, pretekst
in ~ **of sth** na usprawiedliwienie ⟨dla usprawiedliwienia⟩ czegoś
to be ~**d by law** być prawnie usprawiedliwionym
excuse[2] *v* 1. wybaczać 2. usprawiedliwiać
to ~ **an offence** wybaczyć wykroczenie
execute *v* 1. wykonywać, wypełniać 2. przeprowadzać, dokonywać (**sth** czegoś) 3. nadawać formę prawną 4. stracić (*skazańca*)
to ~ **a contract** *a)* wykonać umowę *b)* sporządzić umowę
to ~ **a conveyance** dokonać przeniesienia własności
to ~ **a criminal** zgładzić ⟨stracić⟩ przestępcę
to ~ **a deed** sporządzić akt prawny
to ~ **a judgment** wykonać wyrok

to ~ **an order** wykonać zamówienie
to ~ **a power of attorney** wystawić pełnomocnictwo
to ~ **a process** przeprowadzić proces
to ~ **a transfer** dokonać przelewu
to ~ **a will** wykonać testament
to ~ **a writ** wykonać nakaz sądowy
executed *adj* wykonany, spełniony
~ **agreement** wykonane porozumienie
~ **consideration** spełnione świadczenie wzajemne
~ **contract** wykonana umowa
~ **covenant** spełniony układ
execution *s* 1. wykonanie, spełnienie, dokonanie 2. nadanie formy prawnej 3. egzekucja sądowa, zajęcie mienia 4. stracenie ⟨egzekucja⟩ (*skazanego*)
~ **against property** egzekucja z nieruchomości
~ **creditor** wierzyciel egzekwujący (*należność*)
~ **debtor** dłużnik podlegający egzekucji (*przeciwko któremu egzekucja jest prowadzona*)
Execution Dock *bryt. hist.* miejsce kaźni (*dla piratów nad Tamizą*)
~ **docket** spis ⟨rejestr⟩ prowadzonych egzekucji
~ **in private** *hist.* egzekucja nie publiczna (*wykonana na skazańcu np. w więzieniu, a nie w miejscu publicznym*)
~ **of a contract** *a)* zawarcie umowy *b)* wykonanie umowy
~ **of a deed** sporządzenie aktu prawnego (*pod pieczęcią*)
~ **of instructions** wypełnienie poleceń
~ **of judgment** ⟨**of a sentence**⟩ wykonanie wyroku
~ **of the law** wykonanie ustawy
~ **of the order** ⟨**of a plan**⟩ wykonanie zamówienia ⟨planu⟩
~ **of a will** wykonanie testamentu
~ **proceeding** postępowanie egzekucyjne
~ **sale** sprzedaż przymusowa (*w drodze egzekucji*)
~ **upon property** egzekucja z nieruchomości
act of ~ czynność egzekucyjna
careful ~ staranne wykonanie
date of ~ dzień wykonania egzekucji
in course of ~ w toku realizacji
notice of ~ zawiadomienie o wszczęciu egzekucji
order of ~ nakaz egzekucyjny
part ~ częściowe wykonanie
special ~ *a) bryt.* odpis wyroku przesyłany szeryfowi do wykonania *b)* egzekucja skierowana przeciwko określonemu przedmiotowi majątkowemu
spot ~ wykonanie natychmiastowe
warrant ⟨**writ**⟩ **of** ~ tytuł egzekucyjny
to carry ⟨**put**⟩ **into** ~ *a)* realizować, wprowadzać w życie *b)* egzekwować
executioner *s* kat, oprawca
executive[1] *s* 1. kierownik, zarządca 2. egzekutywa, władza wykonawcza, organ wykonawczy 3. pracownik na kierowniczym stanowisku
sales ~ kierownik działu sprzedaży
executive[2] *adj* wykonawczy
~ **ability** zdolność do działania
~ **administration** *bryt.* gabinet; ministrowie; ministerstwa
~ **authority** ⟨**power**⟩ władza wykonawcza
~ **board** ⟨**committee**⟩ zarząd ⟨komitet⟩ wykonawczy
~ **body** organ wykonawczy
~ **decision** *am.* decyzja władzy wykonawczej

~ **department (of government)** władza wykonawcza

~ **order** *am.* zarządzenie ⟨rozkaz⟩ prezydenta

~ **session** *am.* posiedzenie zamknięte

executor *s* **1.** wykonawca, realizator **2.** wykonawca testamentu

~ **dative** wykonawca wyznaczony przez sąd

~ **nominate** wykonawca testamentu wskazany przez testatora

executory *adj* **1.** wykonawczy **2.** obowiązujący **3.** podlegający wykonaniu **4.** będący tytułem do żądania świadczenia

~ **agreement** porozumienie mające być wykonane w przyszłości

~ **bequest** zapis przyszłych praw do rzeczy

~ **consideration** wzajemne świadczenie mające być spełnione w przyszłości

~ **contract** umowa jeszcze nie wykonana ⟨mająca być spełniona w przyszłości⟩

~ **covenant** obowiązek umowny do spełnienia w przyszłości

~ **devise** rozporządzenie co do postępowania w przyszłości

~ **interest** prawa majątkowe należne w przyszłości

~ **process** postępowanie egzekucyjne ⟨mające na celu wykonanie wyroku⟩

executrix *s* (*pl* ~ **es, executrices**) wykonawczyni (testamentu)

exemplary *adj* **1.** wzorowy **2.** przykładny **3.** przykładowy, dla przykładu

~ **conduct** przykładne zachowanie

~ **damages** odszkodowanie z nawiązką

~ **penalty** ⟨**punishment**⟩ przykładna kara

exemplification *s* **1.** odpis uwierzytelniony **2.** poświadczona kopia (*dokumentu*)

exemplify *v* **1.** sporządzić odpis uwierzytelniony **2.** udowodnić za pomocą uwierzytelnionego odpisu **3.** stanowić przykład (*czegoś*)

exempli gratia *łac.* na przykład

exempt[1] *adj* **1.** wolny, zwolniony **2.** wyłączony

~ **from charges** ⟨**duty**⟩ wolny od kosztów ⟨od cła⟩

~ **from military service** zwolniony od służby wojskowej

~ **from taxation** wolny od opodatkowania ⟨od podatku⟩

exempt[2] *v* **1.** uwalniać, zwalniać **2.** wyłączać

to ~ **from jurisdiction** wyłączyć spod jurysdykcji

exemption *s* **1.** uwolnienie, zwolnienie **2.** wyłączenie (**from sth** z czegoś)

~ **card** zaświadczenie o przywilejach dyplomatycznych (*wydane w kraju przebywania osoby*)

~ **certificate** świadectwo zwolnienia (*np. od deratyzacji*)

~ (**from liability**) **clause** klauzula egzoneracyjna (*uwalniająca od opowiedzialności za niektóre szkody lub ryzyka*)

tax ~ zwolnienie od opodatkowania

exequatur, exsequatur *s* zezwolenie na działalność konsula (*ze strony państwa, na terenie którego ma on pełnić swą funkcję*)

exercisable *adj* **1.** wykonalny **2.** podlegający wykonaniu

~ **authority** władza, którą można się posłużyć

~ **right** prawo, które może być użyte ⟨wykorzystane⟩

exercise[1] *s* **1.** wykonywanie, pełnienie **2.** praktykowanie, stosowanie **3.** realizowanie

~ **of discipline** wykonywanie uprawnień dyscyplinarnych

~ **of parental authority** wykonywanie władzy rodzicielskiej

religious ~**s** praktyki religijne

exercise[2] *v* **1.** wykonywać, pełnić **2.** praktykować, stosować **3.** realizować **4.** korzystać **5.** wywierać (*np. presję*)

to ~ **authority** ⟨**control**⟩ sprawować władzę ⟨kontrolę⟩

to ~ **due diligence** stosować należytą staranność, wykonywać (*coś*) z należytą starannością

to ~ **a function** pełnić funkcję

to ~ **an influence** wywierać wpływ

to ~ **an option** realizować opcję

to ~ **a profession** wykonywać zawód

to ~ **one's rights** czynić użytek ze swych uprawnień, realizować swe prawa

exert *v* **1.** stosować, posługiwać się (**sth** czymś) **2.** wywierać (*np. wpływ*)

to ~ **an influence** wywierać wpływ

to ~ **pressure** wywierać nacisk ⟨presję⟩

exertion *s* **1.** stosowanie, posługiwanie się (**of sth** czymś) **2.** wywieranie (*np. wpływu*)

exhaust *v* **1.** wyczerpywać **2.** wypróżniać

to ~ **a credit** ⟨**the stock**⟩ wyczerpać kredyt ⟨zapas⟩

exheredate *v* wydziedziczyć

exheredation *s* wydziedziczenie

exhibit[1] *s* **1.** eksponat **2.** dowód rzeczowy **3.** dokument służący jako dowód

exhibit[2] *v* **1.** pokazywać, eksponować, wystawiać **2.** przedstawiać jako dowód, przedkładać

to ~ **goods for sale** wystawiać towary na sprzedaż

to ~ **one's passport** okazać (swój) paszport

exhibition *s* **1.** pokaz, wystawa **2.** przedłożenie dokumentów

~ **goods** eksponaty ⟨towary⟩ przeznaczone na wystawę

~ **ground** ⟨**premises**⟩ teren wystawowy

~ **room** ⟨**hall**⟩ salon wystawowy, sala wystawowa

international ~ międzynarodowa wystawa

exhibitionism *s med.* ekshibicjonizm

exhibitor *s* wystawca

exhumation *s* ekshumacja

exhume *v* przeprowadzać ekshumację (**sb** czyichś zwłok), ekshumować

exigence, exigency *s* **1.** konieczna potrzeba **2.** krytyczna sytuacja, konieczność, ostateczność **3.** *pl* **exigences, exigencies** wymogi

exigent *adj* **1.** naglący, pilny **2.** wymagający (**of sth** czegoś)

~ **list** spis spraw do załatwienia poza kolejnością (*w sądzie*)

exigible *adj* **1.** wymagalny **2.** ściągalny

~ **debt** wymagalny dług

exile[1] *s* **1.** wygnanie, banicja **2.** wygnaniec, emigrant

government in ~ rząd emigracyjny

to go into ~ udać się na emigrację, emigrować na obczyznę

to live in ~ żyć na emigracji ⟨na obczyźnie⟩

exile[2] *v* skazać na wygnanie

exist *v* istnieć, egzystować, żyć

existence *s* istnienie, egzystencja, byt

means of ~ środki utrzymania

minimum of ~ minimum egzystencji
to be in ~ istnieć, znajdować się
to come into ~ powstawać, narodzić się
existing *adj* istniejący
~ **claim** istniejące roszczenie
exit *s* **1.** wyjście **2.** zejście
~ **permit** zezwolenie na wyjazd
~ **visa** wiza wyjazdowa
port ~ wyjście (statku) z portu
exitus *s* **1.** dzieci, potomstwo **2.** czynsz ⟨dochody⟩ z ziemi **3.** konkluzja pisma procesowego
exodus *s* masowe wędrowanie, exodus
~ **of capital** odpływ kapitału
brain ~ emigracja naukowców, „odpływ mózgów"
exonerate *v* **1.** usprawiedliwiać **2.** uwalniać, zwalniać
to ~ **from a liability** ⟨**from an obligation**⟩ zwolnić od odpowiedzialności ⟨od zobowiązania⟩
exoneration *s* **1.** uwolnienie **2.** usprawiedliwienie
~ **clause** klauzula uwalniająca (*od odpowiedzialności za niektóre szkody lub ryzyka*)
~ **from a charge** uwolnienie od oskarżenia, oczyszczenie z zarzutu
~ **of the management** absolutorium dla zarządu
exorbitant *adj* nadmierny, wygórowany
~ **price** wygórowana cena
expand *v* rozszerzać ⟨rozprzestrzeniać, rozwijać⟩ (się); powiększać (się)
to ~ **diplomatic** ⟨**trade**⟩ **relations** rozszerzać stosunki dyplomatyczne ⟨handlowe⟩
to ~ **the markets** rozszerzać rynki zbytu
expansion *s* **1.** ekspansja **2.** rozszerzanie (się), rozwój, rozrost
~ **of credit** rozszerzenie kredytu
~ **of the currency** zwiększenie obiegu pieniężnego
~ **of export** rozwój eksportu
~ **of territory** ekspansja terytorialna
~ **of trade** ekspansja handlowa, rozwój handlu
economic ~ rozwój ekonomiczny
expatriate[1] *s* **1.** wygnaniec, osoba skazana na wygnanie **2.** emigrant
expatriate[2] *adj* **1.** wygnany (z kraju), pozbawiony obywatelstwa **2.** emigrujący
expatriate[3] *v* **1.** skazać na wygnanie, pozbawić obywatelstwa **2.** opuścić kraj, emigrować
~ **oneself** zrzec się obywatelstwa; wyemigrować
expatriation *s* **1.** wygnanie **2.** emigrowanie, emigracja **3.** zrzeczenie się obywatelstwa
expect *v* **1.** oczekiwać, spodziewać się **2.** przypuszczać, sądzić, myśleć
expectancy *s* **1.** oczekiwanie **2.** widoki na przyszłość, perspektywa
in ~ przypuszczalny
life ~ przeciętna długość życia
expectant[1] *s* kandydat (*na stanowisko itp.*)
expectant[2] *adj* **1.** oczekujący, wyczekujący **2.** spodziewany **3.** mający widoki
~ **estate** spodziewany majątek (*uzależniony od spełnienia się warunku*)
~ **heir** domniemany ⟨przypuszczalny⟩ spadkobierca
~ **mother** przyszła matka
~ **right** oczekiwane prawo (*zależne od spełnienia się warunku*)
expectation *s* **1.** oczekiwanie, nadzieje, przewidywanie **2.** *pl* **expectations** nadzieje ⟨widoki⟩ (*np. na spadek*)

~ **of life** przeciętna długość życia
beyond ~ nadspodziewanie
contrary to ~ wbrew oczekiwaniom
in ~ **of your reply** oczekując waszej odpowiedzi
expected *pp adj* oczekiwany, spodziewany
~ **life** przypuszczalna długość życia
~ **loss** spodziewana strata
~ **to arrive** oczekiwany, mający nadejść
expedient[1] *s* **1.** sposób, środek **2.** wybieg, fortel
expedient[2] *adj* **1.** dogodny, korzystny **2.** stosowny, celowy, wskazany
expedite *v* **1.** przyspieszać **2.** szybko załatwiać
to ~ **delivery** przyspieszyć dostawę
expedition *s* **1.** wysyłka, ekspedycja **2.** szybkość, pośpiech **3.** wyprawa, ekspedycja
~ **of goods** wysyłka towarów
punitive ~ ekspedycja karna
with ~ szybko
expel *v* **1.** wyganiać, wypędzać, wydalać **2.** wykluczać (**from sth** z czegoś)
~ **manu militari** *łac.* wydalić przy użyciu siły ⟨siłą⟩
expellee *s* osoba usunięta ⟨wydalona⟩
expend *v* wydawać, wydatkować, rozchodować
expenditure *s* **1.** wydatek, koszt, rozchód, nakład **2.** wydatkowanie, rozchodowanie
~ **for armaments** wydatki na zbrojenia
capital ⟨**cash**⟩ ~ wydatki kapitałowe ⟨pieniężne⟩
current ~ wydatki bieżące
domestic ~ wydatki krajowe
government ⟨**state**⟩ ~ wydatki państwowe
national ~ rozchody państwowe
receipts and ~ wpływy i wydatki
to entail ~ pociągać za sobą wydatki
to incur ~ narazić się na wydatki
expense *s* wydatek, koszt
~ **allowance** dieta
accessory ⟨**additional**⟩ ~**s** koszty dodatkowe ⟨uboczne⟩
administration ⟨**administrative**⟩ ~**s** koszty administracyjne
advance on ~**s** zaliczka na koszty
advertising ~**s** koszty reklamy
at sb's ~ na czyjś koszt
at the ~ **of...** na koszt...
bill of ~**s** rachunek kosztów
boarding ~**s** wydatki na utrzymanie
budgetary ~**s** wydatki budżetowe
collecting ~**s** koszty inkasa
current ~**s** wydatki bieżące
discharging ~**s** koszty wyładunku
distribution ~**s** koszty dystrybucji
formation ~**s** koszty założenia (*firmy*)
forwarding ~**s** *a)* koszty wysyłki *b)* koszty transportu
funeral ~**s** koszty pogrzebu
general average ~**s** wydatki awarii wspólnej
general ~**s** *a)* koszty ogólne ⟨handlowe⟩ *b)* wydatki różne
heavy ~**s** wysokie koszty
household ~**s** wydatki domowe
incidental ~**s** wydatki nieprzewidziane ⟨uboczne⟩
initial ~**s** wydatki początkowe ⟨wstępne⟩
law ⟨**legal**⟩ ~**s** koszty sądowe ⟨procesowe⟩
living ~**s** koszty utrzymania
management ~**s** koszty zarządzania, wydatki administracyjne

manufacturing ~s koszty wytwarzania
office ~s koszty biurowe ⟨administracyjne⟩
operating ~s koszty eksploatacyjne
overhead ~s ogólne koszty handlowe
petty ~s drobne koszty ⟨wydatki⟩
public ~s wydatki publiczne
research and development ~s wydatki na badania i rozwój
running ~s a) wydatki bieżące b) koszty eksploatacji
shipping ~s koszty wysyłki statkiem
statement of ~s zestawienie kosztów
total ~s całość wydatków
travelling ~s koszty podróży
„without ~s" „bez kosztów"
working ~s koszty eksploatacyjne
to bear the ~s ponosić koszty
to cut down ⟨curtail⟩ ~s obcinać ⟨ograniczać⟩ wydatki
to defray ⟨cover⟩ ~s pokrywać koszty, ponosić wydatki
to go to the ~ of... pozwolić sobie na wydatek...
to incur ~s narażać się na koszty ⟨na wydatki⟩
to involve ~s pociągać za sobą koszty
to pay ~s zapłacić koszty, pokryć wydatki
to put sb to ~s narażać kogoś na wydatki
expensive adj drogi, kosztowny
experience¹ s 1. przeżycie, doznanie 2. doświadczenie 3. praktyka
business ~ doświadczenie handlowe
by ⟨from⟩ one's own ~ z własnego doświadczenia
many years' ~ wieloletnie doświadczenie, długoletnia praktyka
professional ~ doświadczenie zawodowe, dotychczasowy przebieg pracy
to gain ~ zdobyć doświadczenie
to have ~ in sth mieć doświadczenie w czymś
to lack ~ nie mieć doświadczenia
experience² v 1. doznawać, doświadczać 2. przeżywać 3. poznać, dowiedzieć się
to ~ an advance ⟨a decline⟩ in price wzrosnąć ⟨spaść⟩ w cenie
experienced adj doświadczony; znający się na czymś
~ in business znający się na handlu, doświadczony w interesach
experiment¹ s próba, doświadczenie, eksperyment
as an ⟨by way of⟩ ~ próbnie, eksperymentalnie
to carry out ⟨make⟩ an ~ przeprowadzić doświadczenie ⟨eksperyment⟩
to perform an ~ wykonać doświadczenie, zrobić eksperyment
experiment² v eksperymentować (on ⟨with⟩ sth na czymś), robić doświadczenia
experimental adj eksperymentalny, doświadczalny
~ study badanie eksperymentalne
~ testimony dowód z przeprowadzonych doświadczeń
expert¹ s biegły, rzeczoznawca, ekspert, specjalista
~ appraisement ekspertyza
~ evidence dowód z ekspertyzy
~ examination ekspertyza
~ findings ⟨opinion⟩ wyniki ekspertyzy
~'s advice porada specjalisty
~'s committee komisja rzeczoznawców
~'s report ⟨statement⟩ pisemna opinia biegłego, dokument ekspertyzy

~ testimony zeznanie biegłego
~ valuation ocena biegłego
~ witness świadek posiadający specjalną wiedzę
court ~ biegły sądowy
medical ~ biegły z zakresu medycyny
sworn ~ biegły zaprzysiężony
to assign an ~ wyznaczyć biegłego
to be an ~ in ⟨on⟩ sth być biegłym w jakiejś dziedzinie
to consult an ~ zasięgnąć opinii biegłego ⟨rzeczoznawcy⟩
expert² adj doświadczony, biegły (at ⟨in⟩ sth w czymś)
expertise s ekspertyza
expiate v odpokutować, zmazać winę
expiation s pokuta, odpokutowanie, ekspiacja
expiration s 1. wygaśnięcie, ekspiracja 2. upływ (np. terminu)
~ date data wygaśnięcia (np. umowy)
~ of lease wygaśnięcie dzierżawy
~ of a policy wygaśnięcie polisy
~ of a sentence upływ okresu kary (oznaczonej w wyroku)
~ of a visa wygaśnięcie wizy
expire v 1. wygasać, ekspirować, tracić ważność 2. upływać 3. wyzionąć ducha
expiry s 1. wygaśnięcie 2. upływ czasu
~ date data wygaśnięcia
~ of a contract wygaśnięcie umowy
~ of the legal szkoc. upływ czasu, w jakim dłużnik mógł wykupić mienie przekazane przez sąd wierzycielowi
~ of term of imprisonment upływ czasu uwięzienia
explain v wyjaśniać, tłumaczyć
to ~ away usprawiedliwiać (się) (sth z czegoś)
explanation s wyjaśnienie, wytłumaczenie
to give an ~ of one's conduct wytłumaczyć swoje postępowanie
explanatory adj objaśniający, tłumaczący
~ note nota wyjaśniająca
~ statement oświadczenie wyjaśniające
explicit adj 1. jasny, wyraźny 2. formalny, kategoryczny 3. sprecyzowany
to be ~ jasno się wypowiadać
explicitly adv wyraźnie, jasno, dosadnie
exploit v 1. eksploatować, użytkować 2. wyzyskiwać, wykorzystywać
to ~ sb's ignorance wykorzystać czyjąś niewiedzę
to ~ a patent korzystać z opatentowanego wynalazku ⟨z patentu⟩
exploitation s 1. eksploatacja 2. wyzysk, wykorzystywanie
~ of children wykorzystywanie dzieci (do pracy)
right of ~ prawo eksploatacji
exploiter s 1. wyzyskiwacz 2. eksploatator
exploration s 1. badanie 2. poszukiwanie
~ work prace poszukiwawcze
explorative, exploratory adj poszukiwawczy, badawczy, odkrywczy
explore v badać, prowadzić badania ⟨poszukiwania⟩ (sth czegoś)
explosion s wybuch, eksplozja
population ~ eksplozja demograficzna
expo s wystawa
export¹ s 1. wywóz, eksport 2. pl exports eksport, przedmioty eksportu

~ **agent** agent eksportowy
~ **article** artykuł eksportowy
~ **association** zrzeszenie eksportowe, syndykat eksportowy
~ **bill of lading** konosament eksportowy
~ **bonus** ⟨**bounty**⟩ premia eksportowa
~ **broker** agent eksportowy
~ **business** *a*) handel eksportowy *b*) firma eksportowa
~ **certificate** zezwolenie eksportowe
~ **commission agent** komisant eksportowy
~ **control** reglamentacja eksportu
~ **credit** kredyt eksportowy
~ **credit guarantee** zabezpieczenie ⟨gwarancja⟩ kredytu eksportowego
~ **credit insurance** ubezpieczenie kredytu eksportowego
~ **dealer** eksporter, kupiec eksportowy
~ **declaration** deklaracja wywozowa
~ **department** dział eksportu
~ **duty** cło wywozowe
~ **embargo** zakaz wywozu
~ **gold point** eksportowy punkt złota
~ **goods** towary eksportowe
~ **guarantees** gwarancje eksportowe
~ **house** firma eksportowa
~ **indent** zlecenie eksportowe
~ **industries** gałęzie przemysłu produkujące na eksport
~ **invoice** faktura eksportowa
~ **licence** licencja eksportowa, zezwolenie wywozowe
~ **list** wykaz ⟨lista⟩ towarów eksportowych
~ **market** rynek eksportowy
~ **order** zamówienie eksportowe
~ **outlet** zagraniczny rynek zbytu, możliwości eksportowe
~ **outlook** perspektywy eksportowe ⟨eksportu⟩
~ **packing** opakowanie eksportowe
~ **permit** zezwolenie eksportowe ⟨wywozu⟩
~ **plan** plan eksportu
~ **prohibition** zakaz wywozu
~ **promotion** popieranie eksportu
~ **quota** kontyngent eksportowy, kwota eksportowa
~ **quotations** notowania cen eksportowych
~ **regulations** przepisy eksportowe
~ **restitution** ⟨**refund**⟩ wznowienie eksportu
~ **restrictions** ograniczenia wywozowe
~ **sales** sprzedaż na eksport, obroty eksportowe
~ **specification** celna deklaracja wywozowa
~ **structure** struktura (towarowa) eksportu
~ **subsidy** subwencja eksportowa
~ **surplus** nadwyżka eksportowa
~ **tariff** taryfa celna wywozowa, cła wywozowe
~ **tax** podatek eksportowy
~ **trade** handel eksportowy
capital ~ eksport kapitału
combination ~ **manager** agent obsługujący kilku eksporterów
direct ~ *a*) eksport bezpośredni *b*) eksport bez pośredników
indirect ~ *a*) eksport pośredni *b*) eksport z udziałem pośredników
invisible ~ eksport niewidoczny (*np. usług, kapitałów*)

prohibition of ~ **s** zakaz eksportu
total ~ eksport całkowity, globalny wywóz
value of ~ wartość eksportu
visible ~ eksport widoczny (*towarowy*)
volume of ~ wolumen ⟨rozmiar⟩ eksportu
to expand ~ rozszerzać eksport
to increase ~ zwiększać eksport
export² *v* eksportować, wywozić
exportable *adj* nadający się do eksportu, przeznaczony na eksport
~ **goods** towary przeznaczone na eksport
~ **surplus** nadwyżka eksportowa
exportation *s* eksport, wywóz; wywożenie, eksportowanie
~ **entry** *am.* deklaracja celna wywozowa
bounty on ~ subwencja eksportowa
duty on ~ cło wywozowe
port of ~ port wywozu
exported *adj* eksportowany, wywieziony
~ **goods** towary wywiezione ⟨wyeksportowane⟩
exporter *s* eksporter
~ **'s invoice** faktura eksportowa
general ~ eksporter wielobranżowy
sole ~ eksporter wyłączny
expose *v* 1. wystawiać (*na pokaz, na sprzedaż*) 2. narażać 3. odsłaniać, wyjawiać 4. ujawniać, demaskować
to ~ **a child** porzucić dziecko
to ~ **deception** ujawnić podstęp ⟨oszukaństwo⟩
to ~ **goods for sale** wystawić towary na sprzedaż
to ~ **a plot** zdemaskować spisek
to ~ **to danger** narazić na niebezpieczeństwo
exposé *s fr.* 1. zdemaskowanie, odsłonięcie 2. wypowiedź programowa premiera ⟨ministra⟩
exposed *adj* 1. wystawiony 2. narażony (**to sth** na coś)
~ **goods** wystawione towary
exposition *s* 1. wystawa, wystawienie, ekspozycja 2. przedstawienie, przedłożenie (*np. sprawy*)
~ **of a child** porzucenie dziecka
expository *adj* wyjaśniający, objaśniający
~ **statute** ustawa wyjaśniająca poprzednią ustawę
exposure *s* 1. wystawienie, ekspozycja 2. narażenie 3. ujawnienie, zdemaskowanie 4. porzucenie (*dziecka*) 5. obnażenie się
~ **of a child** porzucenie dziecka
~ **of a crime** ujawnienie zbrodni
indecent ⟨**intentional**⟩ ~ obnażenie się w miejscu publicznym
express¹ *s* 1. ekspres (*pociąg*) 2. kurier, specjalny posłaniec 3. pismo terminowe 4. *am.* terminowa wysyłka, nadanie bagażu
by ~ ekspresem
express² *adj* 1. wyraźny, kategoryczny 2. specjalny, umyślny 3. szczególny 4. pospieszny, ekspresowy
~ **agreement** ⟨**assent**⟩ specjalne porozumienie
~ **company** firma spedycyjna
~ **consent** wyraźna zgoda
~ **delivery** doręczenie ekspresowe
~ **letter** list ekspresowy
~ **liner** szybki liniowiec pasażerski
~ **mail** ⟨**parcel**⟩ poczta ⟨przesyłka⟩ ekspresowa
~ **prohibition** wyraźny zakaz
express³ *adv* 1. umyślnie, specjalnie 2. szybko, ekspresem
to travel ~ podróżować ekspresem

express[4] *v* **1.** wyrażać, wypowiadać **2.** wysyłać ekspresem **3.** nadawać bagaż, ekspediować
expression *s* **1.** wyrażenie, wypowiedzenie **2.** wyrażenie, zwrot
legal ~ termin prawny
expressly *adv* **1.** umyślnie, specjalnie **2.** wyraźnie, jasno
~ **or by implication** wyraźnie albo w sposób dorozumiany
expropriate *v* **1.** wywłaszczyć **2.** zagarnąć, skonfiskować
to ~ **sb's property** zagarnąć czyjąś własność
expropriation *s* **1.** wywłaszczenie **2.** zagarnięcie, konfiskata
expulsion *s* **1.** wydalenie, wypędzenie **2.** wykluczenie
expurgate *v* usunąć, oczyścić
to ~ **a book** ⟨**a film**⟩ usunąć drastyczne sceny z książki ⟨z filmu⟩
expurgation *s* **1.** usunięcie, oczyszczenie **2.** czystka
~ **of a book** usunięcie drastycznych ustępów z książki
extant *adj* **1.** istniejący **2.** pozostały
~ **prices** istniejące ceny
extend *v* **1.** przedłużać, prolongować **2.** rozciągać, rozszerzać, powiększać **3.** okazywać, wyrażać **4.** udostępniać, ułatwiać **5.** wyszczególniać pozycje (**sth** czegoś) **6.** zajmować (*mienie*)
to ~ **activity** rozszerzać działalność
to ~ **a bill of exchange** prolongować weksel
to ~ **a business** rozszerzać przedsiębiorstwo
to ~ **credit to sb** prolongować komuś kredyt
to ~ **one's estate** rozszerzyć ⟨powiększyć⟩ (swój) majątek ziemski
to ~ **an invoice** wyszczególnić pozycje faktury
to ~ **a lease** przedłużyć dzierżawę ⟨najem⟩
to ~ **maturity** prolongować termin płatności
to ~ **a passport** przedłużyć ważność paszportu
to ~ **one's power** rozszerzyć (swą) władzę
to ~ **production** rozwinąć ⟨zwiększyć⟩ produkcję
to ~ **relations** rozszerzać stosunki
to ~ **shorthand** przepisywać stenogram
to ~ **a ticket** prolongować bilet
to ~ **the time of payment** przedłużyć ⟨prolongować⟩ termin płatności
to ~ **trade** rozwijać handel
to ~ **validity** przedłużać ważność
to ~ **a visa** przedłużyć ważność wizy
extended *adj* **1.** rozszerzony **2.** przedłużony, prolongowany **3.** *am.* długi, przeciągający się
~ **coverage** rozszerzony zakres ubezpieczenia (*na dodatkowe ryzyka*)
~ **credit** rozszerzony ⟨nieograniczony⟩ kredyt
~ **land** zajęte mienie
~ **protest** morski protest rozszerzony
extendible, extensible *adj* rozszerzalny
extension *s* **1.** przedłużenie, prolongata **2.** rozciąganie, powiększanie, rozszerzanie **3.** wzrost, rozwój **4.** zasięg, rozległość **5.** numer wewnętrzny (*telefonu*)
~ **of a bill (of exchange)** prolongata płatności weksla
~ **of credit** *a)* powiększenie kredytu *b)* prolongowanie kredytu
~ **of a draft** prolongata weksla
~ **of leave of absence** przedłużenie urlopu
~ **of a patent** przedłużenie patentu
~ **of a term** przedłużenie terminu

~ **of the time of payment** przedłużenie terminu płatności
~ **of validity** przedłużenie ważności
~ **of working hours** przedłużenie godzin pracy
marine ~ **clause** *ub. mors.* klauzula o dodatkowym ubezpieczeniu towarów
reserve for ~ rezerwa na rozszerzenie ⟨rozwój⟩ (*przedsiębiorstwa*)
to get an ~ **of time** uzyskać prolongatę
extensive *adj* **1.** obszerny, rozległy, szeroko rozgałęziony **2.** ekstensywny
~ **advertisement** szeroka reklama
~ **interpretation** rozszerzająca interpretacja ⟨wykładnia⟩
~ **knowledge** szeroka wiedza, dobra znajomość
~ **market** szeroki rynek zbytu
~ **order** duże ⟨poważne⟩ zamówienie
extent *s* **1.** rozmiar, zakres **2.** zasięg, rozciągłość **3.** wysokość **4.** miara, stopień **5.** oszacowanie (majątku) **6.** zajęcie ⟨nakaz zajęcia⟩ mienia
~ **in chief** *bryt.* nakaz zajęcia mienia za należności państwowe
~ **of business** rozmiar ⟨zakres⟩ operacji finansowej
~ **of the damage** zakres szkody
~ **of losses** rozmiar strat
~ **of the power of attorney** zakres pełnomocnictwa
~ **of the protection** zakres ⟨zasięg⟩ ochrony (*wynalazku*)
~ **of the risk** zakres ryzyka
to the ~ **of...** do wysokości...
to a great ⟨**small**⟩ ~ w dużym ⟨małym⟩ stopniu ⟨zakresie⟩
to some ~ w pewnej mierze, do pewnego stopnia
extenuate *v* zmniejszyć, złagodzić
to ~ **sb's guilt** zmniejszyć czyjąś winę
extenuating *adj*: ~ **circumstances** okoliczności łagodzące
extenuation *s* **1.** osłabienie, zmniejszenie **2.** okoliczność łagodząca
in ~ **of...** na usprawiedliwienie...
extenuatory *adj* łagodzący, zmniejszający winę
exterior *s* zewnętrzna strona, wygląd zewnętrzny, powierzchowność
exterminate *v* **1.** tępić, niszczyć **2.** wykorzeniać
extermination *s* wyniszczenie, wytępienie, zagłada
~ **camp** obóz zagłady
mass ~ masowa zagłada, eksterminacja
exterminatory *adj* eksterminacyjny
external *adj* **1.** zewnętrzny **2.** zagraniczny
~ **affairs** sprawy zagraniczne
~ **assets** walory zagraniczne
~ **condition** stan zewnętrzny
~ **loan** pożyczka zagraniczna
~ **packing** opakowanie zewnętrzne
~ **payments** płatności zagraniczne
~ **relations** stosunki zagraniczne
~ **trade** handel zagraniczny
~ **visual examination** oględziny zewnętrzne
externals *spl* **1.** powierzchowność, wygląd zewnętrzny **2.** okoliczności **3.** pozory
to judge by ~ sądzić z pozorów
exterritorial *adj* eksterytorialny, zakrajowy
~ **status** status eksterytorialny
exterritoriality *s* eksterytorialność, zakrajowość
privilege of ~ przywilej eksterytorialności
to grant ~ przyznać eksterytorialność

extinct *adj* 1. wygasły, wymarły, zanikły 2. umorzony
~ **debt** umorzony ⟨spłacony⟩ dług
to become ~ wygasnąć, zaniknąć, wyjść z użycia
extinction *s* 1. wygaśnięcie 2. wymarcie 3. zanik 4. zagłada 5. zniesienie, skasowanie 6. umorzenie 7. wyjście z użycia
~ **of a claim** wygaśnięcie roszczenia
~ **of a debt** wygaśnięcie ⟨umorzenie⟩ długu
~ **of an obligation** wygaśnięcie zobowiązania
~ **of a right** wygaśnięcie prawa
extinctive *adj* 1. umarzający 2. niweczący
~ **prescription** umarzające przedawnienie
extinguish *v* 1. niszczyć, tępić 2. kasować, znosić 3. umarzać, anulować 4. gasić (*np. pożar*)
to ~ **a debt** umorzyć ⟨anulować⟩ dług
extinguishment *s* 1. zniesienie, skasowanie 2. wytępienie 3. umorzenie, anulowanie
~ **of easement** wygaśnięcie służebności
extort *v* wymuszać, wydzierać (**sth from** ⟨**out of**⟩ **sb** coś komuś)
to ~ **a confession from sb** wymusić na kimś przyznanie się
to ~ **money from sb** wymusić od kogoś pieniądze
to ~ **a promise** wymusić obietnicę ⟨przyrzeczenie⟩
extortion *s* 1. wymuszenie 2. wydarcie 3. zdzieranie, zdzierstwo
~ **by public officer** wymuszenie ze strony urzędnika państwowego
~ **by threat** wymuszenie za pomocą groźby
extortionate *adj* 1. wymuszony 2. wygórowany, zawyżony
~ **price** wygórowana ⟨spekulacyjna⟩ cena
~ **rent** wygórowany czynsz
extortioner, extortionist *s* 1. szantażysta 2. zdzierca
extra[1] *s* 1. dodatek 2. dopłata 3. nadzwyczajne wydanie 4. pracownik dodatkowy 5. rzecz szczególnej jakości
~**s for quality** dopłaty za wyższą jakość
„**no** ~**s**" „bez dopłat"
extra[2] *adj* 1. dodatkowy, uzupełniający 2. specjalny, luksusowy; o wyższej jakości
~ **allowance** dodatek ⟨zasiłek⟩ specjalny
~ **charge** dodatkowa opłata
~ **charges** ⟨**costs**⟩ dodatkowe koszty
~ **discount** specjalny rabat
~ **dividend** ⟨**duty, expenses**⟩ dodatkowe dywidendy ⟨cło, koszty⟩
~ **fare** dopłata (*za przejazd*)
~ **fee** dodatkowa opłata
~ **freight** *a*) fracht dodatkowy *b*) dopłata do frachtu
~ **hours** godziny nadliczbowe
~ **income** dodatkowy dochód
~ **luggage** dodatkowy bagaż
~ **pay** dodatkowe wynagrodzenie
~ **payment** dopłata
~ **postage** dopłata pocztowa
~ **premium** dodatkowa premia
~ **price** *a*) cena specjalna *b*) dopłata do ceny
~ **profit** dodatkowy dochód
~ **rebate** rabat specjalny ⟨dodatkowy⟩
~ **risks** dodatkowe ryzyka (*wyszczególnione w polisie ubezpieczeniowej*)
~ **weight** nadwaga

~ **work** praca dodatkowa, nadgodziny, godziny nadliczbowe
extra[3] *adv* 1. dodatkowo 2. osobno, specjalnie 3. nadzwyczajnie
charged ~ za osobną opłatą
„**packing** ~" „bez kosztów opakowania"
to pay ~ dodatkowo opłacać
extra-conjugal *adj* pozamałżeński
extract[1] *s* 1. ekstrakt 2. wyciąg, wypis
extract[2] *v* 1. wyciągać, wydobywać (**from sb, sth** z kogoś, czegoś) 2. sporządzać wyciąg ⟨wypis⟩ (**from sth** z czegoś) 3. wymuszać, wyłudzać (**from sb** od kogoś)
to ~ **a confession from sb** wymusić od kogoś przyznanie
to ~ **money** wymusić pieniądze
extraction *s* 1. wyciąganie, wydobywanie 2. wypisywanie 3. wyciąg 4. pochodzenie
of Polish ⟨**of English**⟩ ~ polskiego ⟨angielskiego⟩ pochodzenia
extraditable *adj* podlegający ekstradycji
~ **offence** przestępstwo podlegające ekstradycji
extradite *v* wydawać (*przestępcę*), ekstradować
to ~ **a criminal** ekstradować przestępcę
extradition *s* ekstradycja, wydanie przestępcy
~ **proceeding** postępowanie ekstradycyjne
~ **treaty** umowa o ekstradycji
~ **warrant** nakaz ekstradycji
demand of ~ żądanie ekstradycji
extra-judicial *adj* 1. nie podlegający jurysdykcji sądu 2. pozasądowy
~ **confession** pozasądowe przyznanie się
~ **settlement** porozumienie pozasądowe
extra-legal *adj* 1. pozaprawny 2. pozasądowy
extra-marital *adj* pozamałżeński
~ **relations** stosunki pozamałżeńskie
extraneous *adj* 1. obcy (**to sb, sth** dla kogoś, czegoś), nie związany (**to sth** z czymś) 2. uboczny
~ **evidence** dowód nie związany z dokumentem
~ **interference** ingerencja z zewnątrz
~ **offence** przestępstwo nie objęte sprawą ⟨aktem oskarżenia⟩
extraordinary *adj* 1. nadzwyczajny 2. niezwykły
~ **items** nadzwyczajne dochody
~ **measures** środki nadzwyczajne
~ **session** sesja nadzwyczajna
envoy ~ poseł nadzwyczajny
to call an ~ **meeting** zwołać nadzwyczajne zebranie
extra-territorial *adj* eksterytorialny
extra-territoriality *s* eksterytorialność
extravagance *s* 1. ekstrawagancja, wybryk 2. marnotrawność, rozrzutność
extravagant *adj* 1. nadmierny, przesadny 2. rozrzutny, marnotrawny, lekkomyślny 3. wygórowany
~ **claim** nadmierne żądanie
~ **precaution** nadzwyczajne środki ostrożności
~ **price** wygórowana ⟨nadmierna⟩ cena
extreme[1] *s* 1. kraniec, ostateczna granica 2. ostateczność 3. skrajność, krańcowość
to go to ~**s** wpadać w ostateczność
extreme[2] *adj* 1. najwyższy, ostateczny, krańcowy 2. radykalny 3. nieumiarkowany
~ **cruelty** niesłychane okrucieństwo
~ **penalty** najwyższa kara
~ **views** ⟨**opinions**⟩ radykalne ⟨ekstremistyczne⟩ poglądy

in ~ **danger** w największym niebezpieczeństwie
in ~ **poverty** w skrajnej nędzy
extremely *adv* niezmiernie, krańcowo, w najwyższym stopniu
extremist *s* ekstremista
extremity *s* **1.** ostateczność, skrajność **2.** potrzeba, krytyczna sytuacja **3.** *pl* **extremities** *a)* ostateczne środki *b)* ostatnie chwile życia
driven ⟨**reduced**⟩ **to** ~ doprowadzony do ostateczności

extrinsic *adj* **1.** zewnętrzny **2.** obcy, niewłaściwy **3.** nieistotny, postronny **4.** nominalny
~ **evidence** dowód zewnętrzny (*dotyczący dokumentu, ale pochodzący spoza dokumentu*)
~ **value** wartość nominalna pieniądza
eye[1] *s* oko
private ~ detektyw prywatny
in the ~ **of the law** w świetle prawa
eye[2] *v* podejrzliwie śledzić
eye-witness *s* naoczny świadek
eyre *s* *bryt. hist.* sąd objazdowy

F

fabric *s* **1.** tkanina, materiał **2.** struktura, budowla **3.** wyrób, fabrykat
fabricate *v* **1.** wytwarzać **2.** konstruować **3.** fabrykować, podrabiać, fałszować, preparować
to ~ **an accusation** spreparować oskarżenie
to ~ **a document** podrobić ⟨sfałszować⟩ dokument
fabricated *adj* **1.** wytworzony **2.** spreparowany, sfałszowany, podrobiony
~ **evidence** fałszywy dowód
~ **fact** wymyślony fakt
fabrication *s* **1.** wytwarzanie, produkcja, wyrób **2.** fałszowanie, podrabianie **3.** rzecz zmyślona
face[1] *s* **1.** przednia ⟨czołowa⟩ strona **2.** pozór, wygląd zewnętrzny **3.** oblicze, twarz
~ **amount** kwota wskazana w tekście dokumentu
~ **of a bill** pierwsza strona weksla
~ **of judgment** kwota zasądzona wyrokiem
~ **value** *a)* wartość nominalna *b)* *przen.* pierwszy rzut oka
in (the) ~ **of sth** wobec ⟨w obliczu⟩ czegoś
on the ~ **of it** na pozór, na pierwszy rzut oka
to bring sb ~ **to** ~ **with sb** skonfrontować kogoś z kimś
face[2] *v* **1.** stawiać czoło (**sth** czemuś) **2.** stanąć (**sb, sth** wobec kogoś, czegoś), napotkać
to ~ **competition** stanąć wobec konkurencji
to ~ **difficulties** napotykać trudności
to ~ **the facts** liczyć się z faktami
to ~ **realities** stanąć wobec rzeczywistości, liczyć się z faktami
faced *pp*: **to be** ~ **with bankruptcy** stanąć wobec bankructwa
to be ~ **with a lawsuit** stanąć ⟨znaleźć się⟩ przed sądem
facilitate *v* ułatwiać, uprzystępniać
facilities *spl* **1.** ułatwienia, udogodnienia **2.** usługi **3.** urządzenia
banking ~ usługi ⟨udogodnienia⟩ bankowe
credit ~ ułatwienia kredytowe, udogodnienia płatnicze
employment ~ możliwości zatrudnienia
harbour ~ urządzenia portowe
insurance ~ usługi ubezpieczeniowe

loading and unloading ~ urządzenia załadowcze i wyładowcze
payment ~ dogodne warunki płatności
transport ⟨**transportation**⟩ ~ środki komunikacji, usługi transportowe
we have no ~ **for it** nie posiadamy urządzeń do tego
facility *s* **1.** łatwość, zdolność **2.** ułatwienie, dogodność, ulga
facsimile *s* *łac.* **1.** dokładna kopia **2.** wzór ⟨reprodukcja⟩ podpisu, faksymile
~ **signature** faksymile podpisu
~ **stamp** pieczątka z podpisem
fact *s* **1.** fakt, okoliczność, zdarzenie **2.** rzeczywistość
~ **in evidence** wykazana okoliczność
~ **in issue** zdarzenie będące przedmiotem sporu
~ **of common knowledge** ⟨**of notoriety**⟩ fakt powszechnie znany, powszechnie znana okoliczność
~**s of the case** okoliczności sprawy
accomplished ~ fakt dokonany
as a matter of ~ w rzeczywistości, faktycznie
essential ~**s** istotne okoliczności
in (actual) ~ w istocie, w rzeczy samej
known ~**s** znane okoliczności
material ~**s** istotne fakty
question of ~ problem dotyczący faktu, zagadnienie faktyczne
summary of ~**s** krótki opis stanu faktycznego
to deny a ~ zaprzeczać okoliczności
to distort the ~**s** przekręcać fakty
to state the ~ stwierdzić fakt
fact-finding *s* ustalenie faktów
faction *s* odłam, frakcja
factor *s* **1.** agent komisowy, pośrednik, faktor **2.** czynnik, składnik, element **3.** okoliczność
~ **of safety** współczynnik bezpieczeństwa
~**s of criminality** czynniki przestępczości
~**s of criminogenesis** czynniki kryminogenne
determining ~ czynnik decydujący
factorage *s* **1.** komis, faktorstwo **2.** prowizja, komisowe

factory *s* 1. fabryka, zakład produkcyjny 2. *hist.* faktoria, placówka handlowa
Factories Act *bryt.* ustawa o ochronie pracy
~ **hand** ⟨**worker, workman**⟩ robotnik fabryczny
~ **inspection** inspekcja pracy
~ **inspector** inspektor pracy
~ **mark** znak fabryczny
~ **price** cena fabryczna ⟨producenta⟩
~ **ship** wielorybniczy statek-baza
at ~, **ex** ~ loko fabryka
on ~ **line** fabrycznie, w sposób fabryczny; masowo
factory-made *adj* (*o wyrobie*) fabryczny; (*o produkcji*) masowy, przemysłowy
~ **goods** towary fabryczne
factotum *s* zausznik, faktotum
factual *adj* faktyczny, rzeczowy, oparty na faktach
~ **circumstances** okoliczności faktyczne
~ **data** faktyczne dane
~ **knowledge** znajomość rzeczy
~ **proof** dowód rzeczowy
factum *s* (*pl* **facta**) *łac.* 1. zestawienie faktów 2. dokument, akt
~ **iuridicum** *łac.* fakt prawny
~ **probandum** *łac.* okoliczność do udowodnienia
facultative *adj* 1. fakultatywny, dowolny, do wyboru, nie obowiązujący 2. możliwy, przypadkowy, ewentualny
~ **clause** klauzula fakultatywna
faculty *s* 1. zdolność, możność 2. fakultet, wydział 3. *pl* **faculties** władze umysłowe
~ **of advocates** *szkoc.* zespół adwokacki, kolegium adwokackie
~ **of law** wydział prawa
in full possession of one's faculties w pełni władz umysłowych
faggot vote *s bryt. hist.* uzyskanie prawa głosu przez osobę nie posiadającą cenzusu majątkowego drogą fikcyjnego przeniesienia własności nieruchomości
fail[1] *s*: **without** ~ na pewno, niezawodnie, niechybnie, bezwarunkowo
fail[2] *v* 1. doznawać niepowodzenia 2. nie udać się, zawieść oczekiwania 3. brakować 4. omieszkać, zaniechać, zaniedbać 5. niknąć, znikać 6. zbankrutować
to ~ **in one's duties** zaniedbać swe obowiązki
to ~ **in a suit** przegrać proces
to ~ **to agree** nie zgodzić się
to ~ **to appear** nie stawić się, omieszkać stawiennictwa
to ~ **to do sth** nie spełnić ⟨nie zrobić⟩ czegoś
to ~ **to keep one's promises** nie dotrzymać obietnic ⟨przyrzeczeń⟩
we shall not ~ **to inform you** nie omieszkamy was zawiadomić
failing[1] *s* 1. brak, błąd, wada, niedociągnięcie 2. zrobienie zawodu
failing[2] *adj* brakujący
~ **cargo** ładunek brakujący ⟨nie nadeszły⟩
failing[3] *praep* w braku, z braku (**sth** czegoś), w razie niezrobienia (**sth** czegoś)
~ **advice to the contrary** w braku odmiennych decyzji
~ **all else** gdy wszystko inne zawiedzie
~ **an answer** w braku odpowiedzi
~ **payment** w razie niezapłacenia

~ **proof to the contrary** w braku przeciwnych dowodów
~ **which** w przeciwnym razie
~ **whom** w razie jego ⟨ich⟩ nieobecności ⟨niestawiennictwa⟩
failure *s* 1. brak, niedostatek 2. zaniedbanie, niezrobienie (*czegoś*) 3. niepowodzenie, fiasko, nieudanie się 4. bankructwo, upadłość, niewypłacalność 5. defekt, awaria, uszkodzenie
~ **in duties** niewypełnienie obowiązków
~ **in payment** niezapłacenie, brak płatności
~ **of consideration** niepowodzenie wzajemnego roszczenia
~ **of crops** nieurodzaj
~ **of evidence** brak dowodów
~ **of issue** brak potomstwa
~ **of justice** brak sprawiedliwości
~ **of negotiations** niepowodzenie rokowań ⟨układów⟩
~ **of a plan** fiasko planu ⟨projektu⟩
~ **of proof** brak dowodów
~ **of title** brak tytułu
~ **to act** brak działania
~ **to appear** niestawiennictwo
~ **to comply** nieprzestrzeganie, niezastosowanie się (*do czegoś*)
~ **to cooperate** brak współpracy
~ **to deliver** brak dostawy, niedostarczenie
~ **to keep** niedotrzymanie
~ **to perform** niespełnienie, niewykonanie
faint *adj* 1. słaby 2. niewyraźny 3. bojaźliwy 4. nieśmiały
~ **action** słabe ⟨nie do wygrania⟩ powództwo (*opierające się jednak na prawdziwych przesłankach*)
~ **attempt** ⟨**effort**⟩ słabe usiłowanie, słaba próba
~ **pleading** argumentacja mająca na celu wprowadzenie w błąd osoby trzeciej
fair[1] *s* 1. jarmark, targ 2. wystawa 3. targi międzynarodowe
annual ~ doroczne targi
book ~ targi książki
charity ~ kiermasz na cele dobroczynne
samples ~ targi próbek
world ~ wystawa światowa
fair[2] *adj* 1. uczciwy, sprawiedliwy, słuszny, rzetelny, prawy 2. czysty, bez skazy 3. dostateczny, niezły, zadowalający, możliwy 4. spory, pokaźny, niemały 5. wyraźny, czytelny
~ **allowance** dostateczny ⟨wystarczający⟩ zasiłek
~ **and square** uczciwy, sprawiedliwy
~ **and valuable consideration** rzetelne i dostateczne świadczenie wzajemne
~ **average (quality)** przeciętna dobra jakość
~ **claim** słuszne roszczenie, zasadna skarga
~ **comment** ⟨**criticism**⟩ (*w sprawie o zniesławienie*) uczciwie postawiony zarzut
~ **competition** uczciwa konkurencja
~ **consideration** dostateczne świadczenie wzajemne (*przy bankructwie*)
~ **copy** czystopis, czysty egzemplarz
~ **deal** uczciwa transakcja
~ **handwriting** wyraźne pismo odręczne
~ **heritage** pokaźny spadek
~ **offer** ⟨**proposition**⟩ uczciwa oferta ⟨propozycja⟩
~ **on (its) face** formalnie poprawny

~ **play** a) gra zgodna z przepisami b) szlachetne postępowanie
~ **price** słuszna ⟨godziwa⟩ cena
~ **profits** godziwe zyski
~ **quantities** znaczne ilości
~ **supply** dostateczny zapas
~ **terms** zadowalające ⟨godziwe⟩ warunki
~ **trade (practice)** handel oparty na zasadach wzajemności w polityce celnej
~ **trial** uczciwy proces
~ **wages** uczciwe ⟨godziwe, zadowalające⟩ płace
~ **wear and tear** normalne ubytki i straty ⟨zużycie⟩
by ~ **means** uczciwymi środkami, uczciwie
by ~ **means or foul** wszelkimi środkami, nie przebierając w środkach
in ~ **condition** w dobrym stanie
to charge a ~ **price** żądać uczciwej ceny
to give sb a ~ **hearing** przesłuchać kogoś bezstronnie ⟨bez uprzedzeń⟩
to make ~ **profits** osiągać godziwe zyski
fairly adv **1.** sprawiedliwie, słusznie **2.** bezstronnie **3.** uczciwie, rzetelnie **4.** zupełnie, całkowicie **5.** dostatecznie, dość
~ **active** (o rynku) dość ożywiony
~ **good** dostatecznie ⟨dość⟩ dobry, nie najgorszy
~ **steady** dość stały, wystarczająco ustabilizowany
to deal ~ solidnie prowadzić interesy
fairness s **1.** sprawiedliwość **2.** bezstronność
in all ~ sprawiedliwie, słusznie, oddając sprawiedliwość
fair-to-middling adj (o jakości) lekko ⟨trochę⟩ ponad przeciętną ⟨powyżej przeciętnej⟩
fait accompli s fr. fakt dokonany
faith s **1.** wiara, ufność, zaufanie **2.** wiara, religia **3.** słowność **4.** uczciwość, lojalność
breach of ~ a) złamanie (danego) słowa b) niedotrzymanie wiary
conjugal ~ wierność małżeńska
freedom of ~ wolność wyznania, swoboda religijna
in all good ~ w najlepszej wierze
in good ⟨**bad**⟩ ~ w dobrej ⟨złej⟩ wierze
on the ~ **of...** w oparciu o ⟨opierając się na⟩...
political ~ kredo polityczne
purchaser in good ~ nabywca w dobrej wierze
to give ⟨**pledge**⟩ **one's** ~ dawać słowo
to have ~ **in sb** mieć zaufanie do kogoś
to keep ⟨**break**⟩ ~ **with sb** dotrzymać ⟨nie dotrzymać⟩ danego komuś słowa
faithful adj **1.** wierny, lojalny **2.** wierny, dokładny **3.** sumienny, skrupulatny
~ **account** dokładne ⟨ścisłe⟩ sprawozdanie
~ **copy** dokładna ⟨wierna⟩ kopia
~ **translation** wierne ⟨dokładne⟩ tłumaczenie
faithfully adv **1.** wiernie, lojalnie **2.** wiernie, dokładnie **3.** sumiennie, skrupulatnie
yours ~ (w listach handlowych i oficjalnych) z poważaniem
faithless adj **1.** wiarołomny **2.** niewiarygodny **3.** zdradziecki
fake[1] s **1.** fałszerstwo, szachrajstwo, sl. szwindel, kant **2.** falsyfikat **3.** oszust
fake[2] v **1.** fałszować, podrabiać, fingować **2.** ukrywać wady (np. sprzedawanego zwierzęcia)
to ~ **a business report** sfałszować sprawozdanie (z działalności przedsiębiorstwa)

to ~ **up results** fałszować wyniki
fall[1] s **1.** upadek **2.** obniżka, zmniejszenie się, spadek **3.** opad **4.** am. jesień
~ **in exchange** a) spadek na giełdzie b) obniżenie kursu
~ **in** ⟨**of**⟩ **prices** spadek cen
~ **in** ⟨**of**⟩ **sales** spadek sprzedaży
~ **in value** spadek wartości
~ **of the Cabinet** upadek gabinetu ⟨rządu⟩
~ **of the currency** deprecjacja pieniądza
benefit of ~ prawo do obniżki frachtu (jeżeli stawki frachtowe obniżono po zabukowaniu towaru, a przed jego załadowaniem)
dealing for a ~ działanie ⟨spekulacja⟩ na zniżkę
heavy ~ poważna zniżka ⟨obniżka⟩
to speculate for a ~ spekulować na zniżkę
fall[2] v (**fell, fallen**) **1.** spadać, obniżać się **2.** przypadać **3.** podpadać, zaliczać się **4.** nie udać się **5.** upadać **6.** zob. **fall back, fall behind, fall in, fall off, fall through**
to ~ **due** przypadać do zapłaty
to ~ **flat** nie udać się
to ~ **from a right** szkoc. tracić prawo
to ~ **in price** spadać w cenie, zniżkować
to ~ **into arrears** zalegać, popaść w zwłokę
to ~ **into decay** popaść w ruinę
to ~ **into disuse** wychodzić z użycia
to ~ **into error** popadać w błąd
to ~ **into a habit** nabierać zwyczaju, przyzwyczajać się, popadać w nałóg
to ~ **into oblivion** iść w zapomnienie ⟨niepamięć⟩
to ~ **short** a) zabraknąć, nie wystarczać b) nie osiągnąć (**of sth** czegoś)
to ~ **short of expectations** zawieść oczekiwania
to ~ **to sb's share** przypaść komuś w udziale
to ~ **under suspicion** stać się podejrzanym
to ~ **within competence** wchodzić w zakres kompetencji
to ~ **within jurisdiction** podlegać jurysdykcji
fallacious adj błędny, złudny, zwodniczy
fallacy s **1.** fałszywe rozumowanie **2.** błąd, błędne pojęcie
fall back v **1.** cofać się **2.** spadać
to ~ **on the reserves** uciekać się do rezerw
shares ~ **a point** akcje ⟨obligacje⟩ spadają o jeden punkt
fall behind v **1.** zalegać **2.** pozostawać w tyle
to ~ **in one's payment** zalegać z zapłatą
fall in v **1.** być płatnym, podlegać płatności **2.** (o terminie) upływać **3.** zgadzać się (**with sb, sth** z kimś, czymś), dostosować się
falling adj: ~ **market** rynek o tendencji zniżkowej
~ **tendency** tendencja zniżkowa
fall off v **1.** spadać, maleć, zmniejszać się **2.** pogarszać się
fallow s ugór, nieużytek
fall through v nie dochodzić do skutku, kończyć się fiaskiem
false adj **1.** fałszywy, błędny **2.** podrobiony **3.** zdradliwy, kłamliwy **4.** obłudny
~ **accusation** fałszywe oskarżenie
~ **address** fałszywy adres
~ **answer** kłamliwa ⟨wykrętna⟩ odpowiedź
~ **arrest** bezprawne aresztowanie ⟨zatrzymanie⟩
~ **balance-sheet** sfałszowany bilans
~ **coin** fałszywa moneta

~ **colours** *a)* fałszywa bandera *b) przen.* podszywanie się *(pod kogoś, coś)*
~ **data** fałszywe dane
~ **debt** *(w postępowaniu upadłościowym)* fikcyjny dług
~ **declaration** kłamliwe oświadczenie
~ **entry** fałszywe zaksięgowanie
~ **evidence** fałszywy dowód, fałszywe ⟨kłamliwe⟩ zeznanie
~ **fact** nieprawdziwy fakt
~ **impersonation** podszywanie się *(pod inną osobę)*
~ **imprisonment** bezprawne uwięzienie
~ **instrument** podrobiony dokument
~ **name** fałszywe nazwisko
~ **oath** fałszywa przysięga
~ **omission** kłamliwe przemilczenie
~ **pretenses** fałszywy pretekst
~ **representations** fałszywe dane
~ **rumour** fałszywa pogłoska
~ **statement** fałszywe oświadczenie
~ **statement on oath** fałszywe oświadczenie złożone pod przysięgą
~ **suspicion** niesłuszne podejrzenie
~ **swearing** krzywoprzysięstwo
~ **testimony** fałszywe zeznanie
~ **weight** fałszywa waga
~ **witness** fałszywy świadek
to be ~ **to sb** zdradzać kogoś
to give ~ **testimony** fałszywie zeznawać
to play sb ~ oszukiwać ⟨zdradzać⟩ kogoś
to prove ~ okazać się nieprawdziwym ⟨kłamliwym⟩
falsehood *s* kłamstwo, fałsz, nieprawda
falsely *adv* fałszywie, mylnie, nieprawdziwie, kłamliwie
~ **impersonate** kłamliwie podawać się za inną osobę
~ **pretend** udawać, stwarzać fałszywe pozory
~ **translated** źle ⟨nieściśle⟩ przetłumaczony ⟨przełożony⟩ *(np. dokument)*
to accuse sb ~ fałszywie kogoś oskarżyć
to state ~ **that...** kłamliwie stwierdzić, że...
falsification *s* fałszerstwo, podrobienie, falsyfikat
~ **of accounts** fałszowanie rachunków
~ **of signature** podrobienie podpisu
passport ~ podrobienie paszportu
falsifier *s* fałszerz
falsify *v* 1. fałszować, podrabiać 2. oszukiwać 3. wykazywać nieprawidłowość ⟨błędność, fałsz⟩
to ~ **a document** sfałszować dokument
to ~ **a judgment** wykazać wadliwość wyroku
falsity *s* fałszywość, fałsz
to plead (the) ~ **of a document** wykazać fałsz dokumentu
familiar *adj* 1. znany 2. obeznany 3. bliski, znajomy
to be ~ **with sth** być z czymś obeznanym, orientować się w czymś
to be on ~ **terms with sb** pozostawać z kimś w zażyłych stosunkach
familiarization *s* popularyzacja
family *s* 1. rodzina 2. „rodzina" *(np. w mafii)*, gang
~ **allowance** dodatek rodzinny
~ **arrangement** umowa o podziale majątku rodzinnego
~ **budget** budżet rodzinny

Family Division *bryt.* sąd rodzinny *(orzekający w sprawach o adopcję, rozwód itp.*)
~ **estate** majątek rodzinny, posiadłość rodzinna
~ **household** gospodarstwo rodzinne
~ **law** prawo rodzinne
~ **name** nazwisko
~ **planning** planowanie rodziny
~ **provision** *(w postępowaniu spadkowym)* żądanie członka rodziny zabezpieczenia mu utrzymania z majątku spadkowego, zachowek
~ **purpose doctrine** zasada odpowiedzialności właściciela za szkody wyrządzone przez używających jego samochodu członków rodziny
~ **settlement** umowa rodzinna *(o podziale majątku)*
~ **size** liczebność ⟨wielkość⟩ rodziny
~ **structure** struktura rodziny
~ **worker** pracujący członek rodziny
broken ~ rodzina rozbita ⟨niepełna⟩
census ~ rodzina spisowa ⟨statystyczna⟩
composite ⟨joint⟩ ~ rodzina złożona
fancy *adj* 1. fantastyczny 2. modny
~ **articles** ⟨goods, wares⟩ towary modne ⟨luksusowe⟩, galanteria
~ **man** sutener
~ **prices** fantastyczne ⟨wygórowane⟩ ceny
fare *s* 1. opłata za przejazd, cena biletu 2. pasażer *(np. taksówki)* 3. wikt, wyżywienie
adult ~ pełna opłata
bill of ~ jadłospis, menu
half ~ **(ticket)** połowa opłaty *(za przejazd)*
farewell *s:* ~ **audience** pożegnalna audiencja *(np. ambasadora)*
farm[1] *s* 1. gospodarstwo rolne, ferma, farma 2. pobór
~ **hand** ⟨labourer, worker⟩ robotnik rolny
~ **land** obszar rolny
~ **lease** dzierżawa gospodarstwa rolnego
~ **produce** płody rolne
~ **tenant** dzierżawca nieruchomości rolnej
animal ⟨cattle⟩ ~ gospodarstwo hodowlane
collective ~ zespołowe gospodarstwo rolne, zespół rolniczy
commercial ~ gospodarstwo rolne towarowe
co-operative ~ spółdzielcze gospodarstwo rolne, spółdzielnia produkcyjna
dairy ~ gospodarstwo mleczarskie
fish ~ gospodarstwo rybackie
individual ⟨private⟩ ~ gospodarstwo indywidualne
poultry ~ gospodarstwo drobiarskie
small ~ drobne ⟨małe⟩ gospodarstwo
state ~ państwowe gospodarstwo rolne
farm[2] *v* 1. uprawiać *(ziemię)* 2. dzierżawić 3. oddawać w dzierżawę
to ~ **out** oddawać w dzierżawę
farmer *s* 1. rolnik, gospodarz, farmer 2. hodowca 3. dzierżawca
farming *s* gospodarka rolna, rolnictwo
~ **lease** umowa o dzierżawę gospodarstwa rolnego
fish ~ gospodarka rybna
mixed ~ gospodarstwo wielouprawowe
stock ~ gospodarka hodowlana
farthing *s bryt.* ćwierć pensa
fascism *s* faszyzm
fascist[1] *s* faszysta
fascist[2] *adj* faszystowski
~ **organization** organizacja faszystowska

fashion *s* **1.** sposób, tryb **2.** moda, styl **3.** wzór **4.** zwyczaj
~ **goods** modne towary ⟨artykuły⟩
~ **house** dom mody
after a ~ do pewnego stopnia
after the ~ **of...** na wzór..., naśladując... (*kogoś*)
in (the) ~ modny
out of ~ niemodny
fast[1] *adj* **1.** szybki **2.** stały; trwały **3.** rozwiązły
~ **colour** trwała barwa
~ **dyed** trwale farbowany
~ **estate** nieruchomość
~ **life** rozwiązłe życie
~ **track** pas ⟨tor⟩ szybkiego ruchu
fast[2] *adv* szybko, pospiesznie
as ~ **as can** możliwie najszybciej (*klauzula czarteru*)
fatal *adj* **1.** fatalny, zgubny **2.** nieuchronny **3.** śmiertelny **4.** rozstrzygający **5.** feralny
~ **accident** śmiertelny wypadek
~ **day** feralny ⟨krytyczny⟩ dzień
~ **error** fatalny błąd
~ **injury** śmiertelna rana, śmiertelne uszkodzenie ciała
father[1] *s* **1.** ojciec **2.** twórca, autor
~ **of the family** ojciec rodziny
adoptive ~ przybrany ojciec
on the ~**'s side** ze strony ojca
father[2] *v* **1.** być ojcem (**sb** kogoś) **2.** być autorem ⟨twórcą⟩ (**sth** czegoś) **3.** przyznawać się do ojcostwa, uchodzić za ojca (*kogoś*) ⟨autora (*czegoś*)⟩ **4.** przypisywać ojcostwo ⟨autorstwo⟩
to ~ **a child** uznać ojcostwo
to ~ **a child on** ⟨**upon**⟩ **sb** ustalić czyjeś ojcostwo
to ~ **sth on** ⟨**upon**⟩ **sb** ustalić autorstwo ⟨że ktoś jest autorem⟩ czegoś
fatherhood *s* ojcostwo
father-in-law *s* teść
fatherland *s* ojczyzna
fatherless *adj* bez ojca, osierocony
fault *s* **1.** wada, usterka, defekt, brak **2.** wina, błąd, omyłka
~ **in design** błąd w konstrukcji ⟨konstrukcyjny⟩
actual ~ błąd co do faktu
at ~ w błędzie, w niewiedzy
free from ~ wolny od wady
latent ~ wada ukryta
mutual ~ wina wzajemna ⟨obustronna⟩
party at ⟨**in**⟩ ~ strona winna
through your ⟨**his, their**⟩ ~ z waszej ⟨jego, ich⟩ winy
with all ~**s** na ryzyko nabywcy
to be at ~ być winnym, ponosić winę
to find ~ krytykować, ganić (**with sth, sb** coś, kogoś)
faultless *adj* **1.** bezbłędny **2.** bez wad, bez zarzutu, nienaganny
faulty *adj* **1.** wadliwy, błędny **2.** nieścisły
~ **goods** wadliwy towar
~ **stowage** wadliwe sztauowanie
faux pas *s fr.* niezręczność, niewłaściwe postępowanie
favour[1], *am.* **favor** *s* **1.** łaska, przychylność, życzliwość **2.** przysługa, uprzejmość **3.** korzyść, pożytek **4.** aprobata **5.** stronniczość, faworyzowanie, protegowanie **6.** pismo, list (*w korespondencji*)
as a ~ z życzliwości, jako grzeczność

by ~ **of** (*w adresie*) przez grzeczność
in ~ **of sb** na czyjąś korzyść ⟨rzecz⟩
your ~ **of...** wasz list z dnia...
to ask a ~ **of sb** prosić kogoś o przysługę
to beg a ~ **of (doing sth)** prosić o uprzejmość (zrobienia czegoś)
to be in ~ (*o towarze*) mieć powodzenie
to be out of ~ (*o towarze*) nie mieć powodzenia
to decide in sb's ~ rozstrzygnąć na czyjąś korzyść
to do a ~ wyświadczyć przysługę
to plead in ~ **of sb** wystąpić na czyjąś korzyść
to return a ~ odwzajemnić przysługę ⟨uprzejmość⟩
favour[2], *am.* **favor** *v* **1.** sprzyjać **2.** popierać, faworyzować, wyróżniać; dawać pierwszeństwo
to ~ **with orders** wyróżniać zamówieniami, udzielać zamówień
favourable, *am.* **favorable** *adj* **1.** pomyślny, życzliwy, sprzyjający **2.** korzystny
~ **answer** pomyślna odpowiedź
~ **balance of trade** korzystny ⟨dodatni⟩ bilans handlowy
~ **circumstances** sprzyjające okoliczności
~ **decision** ⟨**judgment**⟩ korzystne rozstrzygnięcie
~ **exchange rate** korzystny kurs (*waluty*)
~ **offer** korzystna oferta
~ **price** korzystna cena
~ **prospects** ⟨**outlook**⟩ pomyślne widoki
~ **reception** życzliwe przyjęcie
on ~ **terms** na korzystnych warunkach
favoured, *am.* **favored** *adj* uprzywilejowany
favouritism, *am.* **favoritism** *s* faworyzowanie, protekcja
fealty *s hist.* wierność lennicza
oath of ~ przysięga wierności ⟨na wierność⟩
fear[1] *s* strach, obawa
without ~ **or favour** całkiem bezstronnie
fear[2] *v* obawiać się, lękać się
to ~ **the worst** spodziewać się najgorszego
feasibility *s* **1.** wykonalność **2.** prawdopodobieństwo
feasible *adj* **1.** wykonalny, możliwy do przeprowadzenia **2.** prawdopodobny
feature[1] *s* **1.** rys, cecha **2.** właściwość, osobliwość **3.** *pl* **features** rysy (*twarzy*)
characteristic ~ cechy charakterystyczne
distinctive ~ cecha wyróżniająca
feature[2] *v* **1.** cechować, znamionować, stanowić wyróżniającą cechę **2.** opisywać, przedstawiać **3.** uwypuklać, uwydatniać
federal *adj* federalny, związkowy
~ **aid** *am.* dotacja rządu federalnego dla poszczególnych stanów
~ **article** *am.* artykuł konstytucji regulujący stosunki pomiędzy stanami oraz poszczególnych stanów wobec federacji
~ **authority** władze federalne
Federal Bureau of Investigation (*skr.* **FBI**) Federalne Biuro Śledcze
~ **court** sąd federalny
~ **funds** *am.* rezerwa federalnego banku rezerw
~ **government** rząd federalny
~ **judge** sędzia federalny
~ **law** prawo federalne
~ **police** policja federalna
~ **question** *am.* sprawa należąca do kompetencji władz federalnych

Federal Reserve Bank *am.* Bank Rezerwy Federalnej
Federal Reserve Board *am.* Centralna Rada Banków Rezerwy Federalnej
Federal Rules of Civil Procedure *am.* federalne przepisy procedury cywilnej
~ **state** państwo federalne
Federal Trade Commission *am.* federalna komisja do spraw handlu
~ **union** federacja
federalization *s* federalizacja, tworzenie federacji
federalize *v* tworzyć federację, łączyć się w federację
federate[1] *adj* federacyjny
federate[2] *v* jednoczyć ⟨federować⟩ się
federation *s* federacja, związek
employers' ~ federacja pracodawców
federative *adj* federalny, związkowy
fee[1] *s* **1.** honorarium, wynagrodzenie **2.** opłata, czesne, wpisowe **3.** majątek dziedziczny, nieograniczone prawo własności ziemskiej **4.** opłata za transfer (*zawodnika*)
~ **bill** *a)* tabela opłat sądowych *b)* rachunek kosztów sądowych
~ **damages** odszkodowanie za naruszenie spokojnego posiadania (*np. przy przeprowadzeniu nadziemnej kolei*)
~ **simple** nieruchomość dziedziczona bez ograniczeń kategorii spadkobierców
~ **tail** ordynacja
admission ~ *a)* opłata wstępu *b)* wpisowe
arbitration ~s opłaty arbitrażowe
auction ⟨**auctioneer's**⟩ ~s opłaty aukcyjne ⟨licytacyjne⟩
booking ~ opłata za rezerwację
broker's ~ opłata maklerska
collection ⟨**collecting**⟩ ~ opłata za inkaso
commission ~ opłata komisowa
consular ~s opłaty konsularne
court ~s opłaty sądowe
customs ~s opłaty celne
delivery ~ opłata za doręczenie
discharging ~s opłaty za wyładunek
entrance ~ opłata wstępu
filing ~ opłata za rejestrację patentu
licence ~ opłata za licencję
notary's ⟨**notarial**⟩ ~ opłata notarialna
patent ~ opłata patentowa
postage ~ opłata pocztowa
registration ~ *a)* opłata rejestracyjna *b)* opłata za list polecony
retaining ~ zaliczka na poczet honorarium adwokackiego
schedule ~ opłata taryfowa
stamp ~ opłata stemplowa
storage ~ opłata za składowanie
subscription ~ opłata taryfowa
to charge ⟨**collect, levy**⟩ **a** ~ pobrać opłatę
to draw one's ~ odebrać ⟨zainkasować⟩ honorarium
to hold in ~ **simple** posiadać jako pełną własność (*bez ograniczeń*)
fee[2] *v* **1.** płacić honorarium **2.** wnosić opłatę
feeble-minded *adj* ograniczony (*intelektualnie*), niedorozwinięty (umysłowo)
fee-farm *s* wieloletnie korzystanie z dzierżawy, emfiteuza

~ **rent** czynsz pobierany za dzierżawę przez właściciela gruntu
feel *v* (**felt, felt**) **1.** czuć się **2.** odczuwać, wyczuwac **3.** uważać (, że...), mieć wrażenie **4.** *zob.* **feel out**
to ~ **bound to...** czuć się zobowiązanym do...
to ~ **certain** być pewnym
to ~ **inclined** być skłonnym
to ~ **it advisable** ⟨**necessary**⟩ **to do sth** uważać za wskazane ⟨konieczne⟩ coś zrobić
we ~ **it our duty to...** uważamy za swój obowiązek...
feeling *s* **1.** czucie **2.** uczucie, wrażenie, nastrój **3.** tendencja
~ **of the market** tendencja na rynku
bearish ⟨**bullish**⟩ ~ tendencja zniżkowa ⟨zwyżkowa⟩
the general ~ **was against it** opinia publiczna była temu przeciwna
feel out *v* wyczuwać (**sth** coś)
feign *v* **1.** udawać, symulować **2.** wymyślać, znajdować wymówkę
to ~ **illness** symulować chorobę
feigned *adj* udawany, pozorowany, fikcyjny
~ **accomplice** fałszywy wspólnik (*w przestępstwie*), prowokator
~ **action** fikcyjny proces
~ **bid** fikcyjna oferta
~ **business** fikcyjna transakcja
~ **contract** fikcyjna umowa
~ **name** fałszywe nazwisko
to write in a ~ **hand** pisać zmienionym charakterem pisma
feint *s* **1.** udawanie **2.** pozorowany atak ⟨cios⟩
to make a ~ **of doing sth** udawać, że się coś robi
fellow *s* **1.** towarzysz, kolega **2.** członek (*towarzystwa naukowego*) **3.** stypendysta **4.** *pot.* facet, chłop, chłopak
fellow-citizen, fellow-countryman *s* współobywatel, rodak
fellow-creature *s* bliźni
fellow-delinquent *s* współwinny
fellow-heir *s* współspadkobierca
fellow-servant *s* podwładny, zależny pracownik
~ **rule** zasada odpowiedzialności pracodawcy za szkody wyrządzone przez podwładnego
fellowship *s* **1.** wspólnota, solidarność **2.** towarzystwo, związek, bractwo **3.** członkostwo towarzystwa naukowego **4.** stypendium
fellow-traveller *s* **1.** towarzysz podróży **2.** sympatyk partii komunistycznej
felo-de-se *s* (*pl* **felones-de-se, felos-de-se**) **1.** samobójca **2.** samobójstwo
felon *s* przestępca, zbrodniarz
felonious *adj* **1.** przestępczy, zbrodniczy **2.** mający charakter występku
~ **act** czyn przestępczy ⟨mający charakter przestępstwa, noszący znamiona przestępstwa⟩
~ **assault** zbrodnicza napaść
~ **enterprise** zbrodnicze przedsięwzięcie
~ **homicide** rozmyślne zabójstwo
~ **intent** zbrodniczy zamysł ⟨zamiar⟩
~ **rescue** przestępcze uwolnienie (*zbrodniarza*)
~ **wounding** zbrodnicze zranienie
feloniously *adv* z zamiarem popełnienia przestępstwa
felonry *s* świat przestępczy, zbrodniarze
felony *s* przestępstwo, zbrodnia, poważny występek

~ **at common law** zbrodnia według prawa zwyczajowego

to commit a ~ popełnić zbrodnię ⟨ciężkie przestępstwo⟩

female *adj* rodzaju żeńskiego, kobiecy
~ **child** dziewczynka, dziecko płci żeńskiej
~ **heir** spadkobierczyni
~ **prison** więzienie dla kobiet
~ **suffrage** prawo głosowania dla kobiet
~ **worker** pracownica, robotnica
male and ~ obojga płci

feme, femme *s fr.* 1. kobieta 2. żona, małżonka
~ **covert** kobieta zamężna (*ograniczona w rozporządzaniu majątkiem*)
~ **sole** a) kobieta niezamężna *b*) rozwódka *c*) kobieta uprawniona do rozporządzania majątkiem
~ **sole merchant** ⟨**trader**⟩ kobieta prowadząca handel we własnym imieniu

feminine *adj* żeński, kobiecy
~ **occupations** kobiece zawody, zajęcia wykonywane przez kobiety

feminism *s* feminizm

fence *s* 1. płot, parkan, ogrodzenie 2. paser 3. melina paserska

fender bender *s* stłuczka, niegroźny wypadek samochodowy

feneration *s* lichwa, pożyczanie pieniędzy na wysoki procent

feoff *s hist.* lenno
feoffee *s hist.* lennik
feoffment *s hist.* nadawanie ziemi w lenno
feoffor *s hist.* osoba nadająca nieruchomość w lenno

ferry[1] *s* prom
~ **charges** opłaty za przewóz promem
ferry[2] *v* przewozić promem, przeprawiać promem
ferryboat *s* prom

fetal *adj* embrionalny
~ **position** pozycja embrionalna

fetch *v* 1. iść po coś, przyprowadzić, przynieść 2. osiągnąć
to ~ **a high price** osiągnąć wysoką cenę

fetters *spl* 1. okowy, więzy, pęta 2. kajdany na nogi

feu[1] *s szkoc.* 1. wieczysta dzierżawa 2. *hist.* lenno opłacane w płodach rolnych lub pieniądzach (*bez obowiązku służby wojskowej*)

feu[2] *v szkoc.* oddać w wieczystą dzierżawę
feuar *s szkoc.* osoba posiadająca wieczystą dzierżawę
feud[1] *s* waśń rodowa
to be at ~ **with** walczyć ⟨wadzić się⟩ z
feud[2] *s hist.* lenno
feudal *adj* 1. feudalny 2. lenny
~ **law** prawo lenne ⟨feudalne⟩
~ **system** system feudalny
~ **tenure** system feudalnego władania ziemią
feudalism *s* feudalizm

fiancé *s* narzeczony
fiancée *s* narzeczona
fiasco *s* (*pl* ~**s**) fiasko, niepowodzenie
fiat *s łac.* 1. zarządzenie 2. upoważnienie 3. dekret
~ **money** *am.* pieniądz papierowy (*bez pokrycia w złocie*)
fiction *s* fikcja, urojenie, wymysł
~ **of law** fikcja prawna, domniemanie prawne
based on a legal ~ oparte na domniemaniu prawnym
fictitious *adj* fikcyjny, zmyślony, udany, pozorny

~ **account** fikcyjne konto
~ **action** fikcyjne powództwo
~ **assets** fikcyjne aktywa
~ **bargain** ⟨**transaction**⟩ fikcyjna transakcja
~ **bill** weksel fikcyjny (*ciągniony na nie istniejącą osobę*)
~ **blockade** fikcyjna blokada
~ **contract** fikcyjna umowa
~ **marriage** fikcyjne małżeństwo
~ **name** fikcyjne nazwisko
~ **person** fikcyjna osoba prawna
~ **possession** fikcyjne posiadanie
~ **presumption** domniemanie prawne
~ **price** fikcyjna cena
~ **sale** fikcyjna sprzedaż
~ **signature** fałszywy podpis
~ **value** fikcyjna wartość

fidei-commissary *s* 1. osoba dziedzicząca ordynację 2. beneficjant
fidei-commissor *s* osoba ustanawiająca lub przekazująca ordynację
fidei-commissum *s łac.* fideikomis, dziedziczenie nieruchomości bez możliwości jej sprzedaży ⟨podziału⟩
fidelity *s* 1. wierność, lojalność 2. zgodność, dokładność, prawidłowość
~ **bond** umowa o ubezpieczenie od sprzeniewierzenia
~ **guarantee** poręczenie za uczciwość osoby zatrudnionej
~ **(guarantee) insurance** ubezpieczenie (*pracodawcy*) od szkód spowodowanych przez pracowników
fiducial *adj* 1. oparty na zaufaniu 2. powierniczy
fiduciary[1] *s* powiernik
fiduciary[2] *adj* 1. powierniczy 2. oparty na zaufaniu
~ **circulation** obieg banknotów ⟨pieniędzy papierowych⟩
~ **contract** umowa powiernicza
~ **currency** pieniądze papierowe, banknoty
~ **debt** dług powierniczy ⟨nie zabezpieczony rzeczowo⟩
~ **loan** pożyczka nie zabezpieczona rzeczowo
~ **(note) issue** emisja fiducjarna (*bez pokrycia kruszcowego*)
~ **relation** stosunek oparty na zaufaniu
fief *s hist.* lenno
fief-tenant *s hist.* lennik
field *s* 1. pole, obszar, teren 2. zakres, sfera, dziedzina
~ **of activity** ⟨**operation**⟩ pole działania, zakres działalności
~ **of application** zakres zastosowania
~ **of functions** zakres kompetencji
~ **of production** dziedzina produkcji
to cover a wide ~ obejmować duży zakres
fiend *s* 1. zły duch (*człowiek*) 2. osoba oddająca się nałogowi
dope ⟨**drug**⟩ ~ narkoman
fieri facias *s łac.* nakaz egzekucji (*skierowany do szeryfa*)
fieri feci *s łac.* zwrot nakazu egzekucyjnego przez szeryfa po wykonaniu
fifty-fifty *adj* po 50%, po połowie
~ **venture** transakcja ⟨ryzyko⟩ po 50%
fight[1] *s* walka
~ **for** ⟨**in**⟩ **defence** walka w obronie
~ **for life** walka o życie

~ **for peace** walka o pokój
to show ~ wykazać się wolą walki
fight[2] *v* 1. walczyć, zwalczać 2. bić się 3. toczyć walkę 4. prowadzić proces
  to ~ **against sb** walczyć przeciwko komuś, zwalczać kogoś
  to ~ **back** stawiać opór, nie ustępować (*w walce*)
  to ~ **for justice** walczyć o sprawiedliwość
  to ~ **for liberty** walczyć o wolność
figure[1] *s* 1. cyfra, liczba 2. cena 3. postać 4. rysunek, ilustracja
  ~ **code** szyfr, kod szyfrowy
  at a high ⟨**low**⟩ ~ po wysokiej ⟨niskiej⟩ cenie
  in round ~**s** w liczbach zaokrąglonych ⟨przybliżonych⟩
  public ~ osoba ogólnie znana
  to express in ~**s** wyrażać w liczbach
  to find a mistake in the ~**s** znaleźć błąd w obliczeniach
figure[2] *v* 1. wyobrażać, przedstawiać (**sth to oneself** coś sobie) 2. obliczać, kalkulować 3. rozumieć, pojmować 4. *zob.* **figure out, figure up**
figure-head *s* figurant
figure out *v* 1. kalkulować, wyliczać 2. *am.* rozumieć, pojmować 3. *am.* szacować
figure up *v* zliczać, sumować
filch *v* zwędzić, ukraść
file[1] *s* 1. rejestr, ewidencja 2. akta 3. kartoteka 4. *pl* **files** archiwum sądu
  ~ **copy** kopia dla archiwum
  card-index ~ skorowidz kartkowy
  court ~**s** akta sądowe
  memorandum for ~ notatka do akt
  to have on ⟨**keep on**⟩ ~ mieć w aktach, mieć w ewidencji
  to insert in ~**s**, **to place** ⟨**put**⟩ **on** ~**s** umieścić w aktach, odłożyć ⟨składać⟩ do akt
file[2] *v* 1. odkładać do akt 2. wciągać do ewidencji ⟨rejestru⟩ 3. wnosić, składać, przedstawiać (*dokumenty*)
  to ~ **an action** wnosić powództwo
  to ~ **an appeal** wnosić odwołanie ⟨apelację⟩
  to ~ **an application** złożyć podanie
  to ~ **an application for a patent** dokonać zgłoszenia patentu
  to ~ **a bill** wnosić powództwo (*oparte na prawie słuszności*)
  to ~ **in alphabetical order** ułożyć w porządku alfabetycznym
  to ~ **in order of date** układać według dat
  to ~ **an objection** wnieść zastrzeżenie
  to ~ **a petition** wnieść podanie
  to ~ **a petition for divorce** wnieść powództwo o rozwód
  to ~ **one's petition in bankruptcy** zgłosić wniosek o otwarcie upadłości
  to ~ **a petition of grace** wnieść podanie o łaskę ⟨ułaskawienie⟩
  to ~ **a suit against sb** wnieść powództwo przeciwko komuś
filiate *v* 1. ustalić ojcostwo 2. zakładać filię
filiation *s* 1. pochodzenie 2. ustalenie ojcostwa 3. rodowód 4. założenie filii
  ~ **proceeding** postępowanie o ustalenie ojcostwa
filibuster[1] *s* 1. korsarz, pirat 2. *am.* obstrukcjonista

filibuster[2] *v* 1. uprawiać korsarstwo 2. *am.* powodować obstrukcję (*w parlamencie*)
filibustering *s* 1. piractwo, korsarstwo 2. *am.* obstrukcja (*w parlamencie*)
filing *s* 1. odkładanie do akt 2. wciągnięcie do ewidencji
  ~ **cabinet** szafa na akta
  ~ **clerk** archiwista
  ~ **system** metoda ⟨system⟩ ewidencji ⟨klasyfikacji⟩
fill *v* 1. napełniać 2. wypełniać (*np. formularz*) 3. zajmować (*stanowisko*), pełnić (*funkcję*) 4. wykonywać (*zamówienie*) 5. *zob.* **fill in, fill out, fill up**
  to ~ **a cheque** wypełniać czek
  to ~ **an order** wykonywać zamówienie
  to ~ **a post** ⟨**vacancy**⟩ zajmować stanowisko
fill in *v* wypełniać, wypisywać
  to ~ **an application form** wypełnić formularz podania
  to ~ **the date** wpisać datę
fill out *v am.* = **fill in**
fill up *v* 1. napełnić 2. uzupełnić (*np. braki*) 3. wypełnić
  to ~ **a cheque** wypisać czek
  to ~ **a vacancy** obsadzić wolne stanowisko
finable *adj* podlegający karze grzywny, karany grzywną
  ~ **offence** przestępstwo karane grzywną
final *adj* 1. końcowy, ostatni 2. ostateczny, nieodwołalny, definitywny
  ~ **address for the prosecution** końcowe przemówienie oskarżyciela
  ~ **address to the jury** końcowe przemówienie obrony
  ~ **balance** saldo końcowe
  ~ **clause** klauzula końcowa
  ~ **costs** końcowe koszty (*należne od strony przegrywającej sprawę*)
  ~ **date** ostateczny termin, ostateczna data
  ~ **decision** ostateczna decyzja
  ~ **demand** ostateczne żądanie
  ~ **determination** ostateczne rozstrzygnięcie (*nie podlegające zaskarżeniu*)
  ~ **examination** matura
  ~ **goods** gotowe wyroby
  ~ **hearing** ⟨**trial**⟩ ostatnia rozprawa (*poprzedzająca wydanie rozstrzygnięcia*)
  ~ **instalment** ostatnia rata płatności
  ~ **invoice** definitywna faktura
  ~ **judgment** *a*) wyrok końcowy *b*) wyrok prawomocny
  ~ **passage** ostateczne ⟨końcowe⟩ głosowanie (*nad projektem ustawy*)
  ~ **port** końcowy port, port przeznaczenia
  ~ **product** produkt końcowy ⟨finalny⟩
  ~ **protocol** końcowy protokół
  ~ **purchaser** ostateczny nabywca
  ~ **result** końcowy wynik
  ~ **settlement** ostateczne rozliczenie
  ~ **term** ostateczny termin
  ~ **text** ostateczny tekst
  ~ **vote** końcowe głosowanie
  to become ~ uprawomocnić się
finality *s* 1. nieodwołalność, ostateczność 2. stanowczość, determinacja
  ~ **of a decision** ostateczny charakter decyzji
finalize *v* sfinalizować, zakończyć

finance[1] *s* **1.** finanse, gospodarka finansowa, skarbowość **2.** nauka o finansach **3.** *pl* **finances** finanse, dochody
   ~ **act** ustawa skarbowa
   ~ **bill** *a)* projekt ustawy skarbowej *b)* weksel finansowy
   ~ **capital** kapitał finansowy
   ~ **company** ⟨**house**⟩ *a)* instytucja finansująca system ratalnej sprzedaży *b) am.* towarzystwo pożyczkowe
   ~ **paper** weksel finansowy
   ~ **statement** sprawozdanie finansowe
   high ~ wielka finansjera
   public ~ finanse publiczne
   questions of ~ problemy finansowe
   sound ~ prawidłowy ⟨budzący zaufanie⟩ stan finansów
   the world of ~ światowa finansjera
finance[2] *v* **1.** finansować, dostarczać środków **2.** prowadzić operacje finansowe **3.** *am.* udzielać pożyczki (*na zakup czegoś*)
   to ~ **the cost of the undertaking** pokrywać koszt przedsięwzięcia
financial *adj* finansowy, pieniężny, skarbowy
   ~ **activity** *a)* działalność finansowa, gospodarka finansowa *b)* ożywienie finansowe
   ~ **adviser** ⟨**consultant**⟩ doradca ⟨konsultant⟩ finansowy
   ~ **affairs** sprawy finansowe
   ~ **assistance** pomoc finansowa
   ~ **backing** poparcie finansowe
   ~ **bill** weksel finansowy
   ~ **centre** ośrodek finansowy
   ~ **circles** koła ⟨sfery⟩ finansowe
   ~ **circumstances** warunki finansowe, sytuacja finansowa
   ~ **commitments** zobowiązania finansowe
   ~ **company** towarzystwo finansujące ⟨pożyczkowe⟩
   ~ **control** nadzór finansowy
   ~ **crisis** kryzys finansowy
   ~ **difficulties** trudności finansowe
   ~ **expert** biegły ⟨ekspert⟩ w sprawach finansowych
   ~ **law** prawo finansowe ⟨skarbowe⟩
   ~ **matters** sprawy finansowe
   ~ **means** środki finansowe
   ~ **news** ⟨*am.* **service**⟩ informacje finansowe
   ~ **operations** operacje finansowe
   ~ **participation** udział finansowy
   ~ **policy** polityka finansowa
   ~ **position** położenie finansowe, pozycja finansowa
   ~ **questions** problemy finansowe
   ~ **resources** zasoby pieniężne
   ~ **situation** ⟨**standing, status**⟩ sytuacja finansowa, położenie finansowe
   ~ **statement** sprawozdanie finansowe
   ~ **support** poparcie finansowe, pomoc finansowa
   ~ **system** system pieniężny
   ~ **transactions** transakcje pieniężne, operacje finansowe
   ~ **year** rok budżetowy ⟨obrachunkowy⟩
financier[1] *s* finansista, kapitalista
financier[2] *v* **1.** prowadzić operacje finansowe, spekulować na giełdzie **2.** *am.* oszukiwać w sprawach finansowych
   to ~ **one's money away** stracić pieniądze na spekulacjach giełdowych

   to ~ **money out of sb** wyłudzać pieniądze od kogoś
financing *s* finansowanie
   ~ **expenses** koszty finansowania
   ~ **institution** ⟨**person**⟩ inwestor
   ~ **syndicate** konsorcjum finansujące
find *v* (**found, found**) **1.** znajdować **2.** stwierdzić, skonstatować, dojść do wniosku **3.** orzekać, wydawać orzeczenie **4.** zaopatrywać (**sth** w coś), dostarczać (**sth** czegoś)
   to ~ **fault with sb, sth** krytykować ⟨ganić⟩ kogoś, coś
   to ~ **for** ⟨**against**⟩ **the plaintiff** ⟨**defendant**⟩ rozstrzygnąć ⟨orzec⟩ na korzyść ⟨na niekorzyść⟩ powoda ⟨pozwanego⟩
   to ~ **the money for an undertaking** znaleźć pieniądze ⟨fundusze⟩ na przedsięwzięcie
   to ~ **a ready sale** mieć łatwy zbyt
   to ~ **sb dishonest** stwierdzić czyjąś nieuczciwość
   to ~ **sb guilty** ⟨**not guilty, innocent**⟩ uznać kogoś winnym ⟨za niewinnego⟩
   to ~ **sth valid** uznać ważność czegoś
   to ~ **sureties** wskazać poręczycieli
   to ~ **verdict** wydać orzeczenie ⟨werdykt⟩
   enclosed please ~ **our cheque for...** w załączeniu przesyłamy nasz czek na...
finder *s* znalazca
   ~'s **fee** *a)* wynagrodzenie dla osoby znajdującej klientów dla bankiera *b) am.* = ~'s **reward**
   ~'s **reward** wynagrodzenie dla znalazcy
finding *s* **1.** znalezienie **2.** odkrycie **3.** rozstrzygnięcie, wyrok **4.** rzecz znaleziona **5.** *pl* **findings** wyniki badań, wnioski
   ~ **of fact** stwierdzenie faktu (*w sprawie*)
   ~ **of guilt** stwierdzenie winy
fine[1] *s* **1.** grzywna, kara pieniężna **2.** *hist.* suma pieniężna płacona właścicielowi gruntu przy objęciu dzierżawy
   punishable by a ~ zagrożony ⟨karany⟩ grzywną
   to convert imprisonment into a ~ zamienić karę więzienia na grzywnę
   to impose ⟨**inflict**⟩ **a** ~ **upon sb** nałożyć na kogoś grzywnę
   to levy a ~ **on** ⟨**against**⟩ **sb** ukarać kogoś grzywną
   to pay a ~ zapłacić grzywnę
fine[2] *adj* **1.** dobry, wysokiej jakości, pierwszorzędny **2.** czysty, bez domieszek
   ~ **bill** pierwszorzędny weksel
   ~ **gold** czyste złoto
   ~ **quality** pierwszorzędna jakość
   ~ **trade paper** pierwszorzędny papier handlowy
fine[3] *v* **1.** nałożyć grzywnę, ukarać grzywną **2.** opłacać ⟨płacić⟩ czynsz
fineness *s* **1.** pierwszorzędna jakość, doskonałość **2.** czystość, próba (*metali szlachetnych*)
finger-alphabet *s* alfabet głuchoniemych ⟨migowy⟩, migi
finger-mark, finger-print *s* odcisk palca
finger-printable *adj*: ~ **offence** przestępstwo wymagające rejestracji daktyloskopijnej
fingerprinting *s* pobieranie odcisków palców, rejestracja daktyloskopijna
finish[1] *s* **1.** koniec, zakończenie **2.** wykończenie, apretura **3.** obróbka końcowa
finish[2] *v* **1.** zakończyć (się) **2.** wykończyć
   to ~ (**off**) **sb** zabić (*pot.* wykończyć) kogoś

finished *adj* wykończony, gotowy
~ **goods** ⟨**products**⟩ gotowe wyroby
finishing[1] *s* **1.** obróbka końcowa **2.** wykończenie, apretura
finishing[2] *adj* końcowy, ostatni
~ **clause** końcowa klauzula
~ **stroke** ostatni ⟨śmiertelny⟩ cios
~ **touch** końcowy retusz, ostatnie poprawki
fire[1] *s* **1.** ogień **2.** pożar
~ **brigade** ⟨*am.* **department**⟩ straż ogniowa
~ **damage** szkoda spowodowana przez pożar
~ **escape** wyjście na wypadek pożaru ⟨awaryjne⟩
~ **extinguisher** gaśnica
~ **insurance** ubezpieczenie od ognia ⟨pożaru⟩
~ **(insurance) policy** polisa ubezpieczenia od ognia ⟨pożaru⟩
to **catch** ⟨**take,** *szkoc.* **go on**⟩ ~ zapalić się
to **set** ~ to **sth** podłożyć ogień pod coś
to **set sth on** ~ podpalić coś
fire[2] *v* **1.** zapalać (się) **2.** podpalać
fire-alarm *s* pożarnicze urządzenie alarmowe
fire-arm *s* broń palna
~ **certificate** zezwolenie na posiadanie broni
fire-clause *s* klauzula pożarowa (*zwłaszcza dotycząca ładunku przed załadowaniem*)
fire-damaged *adj* uszkodzony przez ogień
fire-proof *adj* ogniotrwały, ognioodporny
fire-protection *s* ochrona przeciwpożarowa
fire-raiser *s* podpalacz, piroman
fire-raising *s* podpalenie (*przestępcze*)
fire-trap *s* budynek bez awaryjnych wyjść na wypadek pożaru
firing *s* strzelanie
~ **party** ⟨**squad**⟩ *a*) oddział ⟨pluton⟩ egzekucyjny *b*) oddział oddający salwę honorową (*na pogrzebie*)
firm[1] *s* **1.** firma **2.** dom handlowy **3.** przedsiębiorstwo
~ **name** nazwa firmy
~ **of renown** renomowana firma
~ **sign** szyld firmowy
~ **stamp** stempel firmowy, pieczęć firmowa
banking ~ przedsiębiorstwo bankowe
bogus ~ oszukańcze przedsiębiorstwo
business ⟨**commercial, trading**⟩ ~ firma handlowa
competitive ⟨**rival**⟩ ~ przedsiębiorstwo konkurencyjne
export ⟨**import**⟩ ~ firma eksportowa ⟨importowa⟩
original ⟨**parent**⟩ ~ firma macierzysta, centrala
private ~ firma prywatna
supplying ~ firma dostawcza
to **change the** ~ ⟨~ **name**⟩ zmienić firmę ⟨nazwę firmy⟩
to **establish** ⟨**found**⟩ **a** ~ założyć firmę ⟨przedsiębiorstwo⟩
to **liquidate a** ~ zlikwidować firmę ⟨przedsiębiorstwo⟩
to **register a** ~ zarejestrować firmę ⟨przedsiębiorstwo⟩
firm[2] *adj* **1.** mocny, trwały, stały **2.** niezmienny, stanowczy, zdecydowany **3.** wiążący **4.** ustabilizowany
~ **conviction** mocne przekonanie
~ **indication** konkretna wskazówka
~ **market** ustabilizowany ⟨mocny⟩ rynek
~ **measures** radykalne środki
~ **offer** wiążąca oferta

~ **order** wiążące zamówienie
~ **position** ⟨**stand**⟩ zdecydowane stanowisko
~ **price** *a*) stała cena *b*) mocna cena
~ **rate** *a*) stały kurs *b*) mocny kurs
~ **until...** (*np. o ofercie*) ważny do...
to **hold** ~ **until...** pozostawać w mocy do...
to **remain** ~ (*np. o cenie*) utrzymywać się
to **stand** ~ nie ustępować
firmness *s* **1.** stałość, trwałość **2.** stanowczość **3.** stabilizacja
~ **of the exchange** stabilizacja kursów
~ **of the market** stabilizacja rynku
~ **of the prices** stabilizacja cen
to **assume** ~ stabilizować się, ustalać się
first[1] *s* **1.** początek **2.** pierwszy egzemplarz (*weksla*) **3.** *pl* **firsts** towary pierwszej jakości
~ **of bill** ⟨**exchange**⟩ weksel prima, oryginał weksla
first[2] *adj* **1.** pierwszy **2.** wyróżniający się
~ **aid** pierwsza pomoc
~ **conviction** pierwsze skazanie
~ **cost** koszt własny
~ **cousin** *a*) brat cioteczny ⟨stryjeczny⟩ *b*) siostra cioteczna ⟨stryjeczna⟩
~ **degree** (*o morderstwie*) pierwszego stopnia
~ **impression** (**case**) sprawa nie mająca precedensu
~ **instalment** pierwsza rata
~ **instance** pierwsza instancja (*sądu*)
~ **intent** pierwszy ⟨pierwotny⟩ zamiar
First Lady *am.* małżonka prezydenta
First Lord of the Admiralty *bryt.* pierwszy lord admiralicji, tytuł ministra marynarki wojennej
First Lord Commissioner (of the Treasury) *bryt.* tytuł ministra skarbu
~ **mortgage** pierwszy numer hipoteki
~ **name** imię
~ **offence** pierwsze (popełnione) przestępstwo
~ **offender** przestępca poprzednio nie karany
~ **open water** natychmiast po otwarciu żeglugi (*klauzula czarteru*)
~ **option** prawo pierwokupu
~ **papers** *am.* wstępne dokumenty (*składane przy podaniu o naturalizację*)
~ **priority** priorytet zerowy (*zastrzeżenie pierwszeństwa*)
~ **quality** najwyższa jakość
~ **reading** *parl.* pierwsze czytanie (*projektu ustawy*)
~ **refusal** *a*) prawo nieprzyjęcia oferty *b*) prawo pierwszeństwa w otrzymaniu oferty
First Secretary pierwszy sekretarz
First Secretary of State *bryt.* pierwszy sekretarz stanu ⟨wicepremier⟩
First World pierwszy świat (*rozwinięte kraje kapitalistyczne*)
at ~ **hand** z pierwszej ręki, bezpośrednio
first-born *adj* pierworodny
first-class *adj* pierwszorzędny, wyborowy
~ **articles** towary najwyższej jakości
~ **bill** pierwszorzędny weksel
~ **securities** ⟨**papers**⟩ pierwszorzędne walory
~ **title** bezsporny tytuł (*prawny*)
first-hand *adj* bezpośredni, z pierwszej ręki
~ **information** wiadomość z pierwszej ręki
first-rate *adj* **1.** pierwszorzędny **2.** znakomity **3.** pierwszej kategorii
fisc *s* skarb państwa, fiskus

fiscal *adj* podatkowy, skarbowy, fiskalny
~ **authorities** władze skarbowe
~ **band** banderola na artykułach podlegających akcyzie
~ **charges** opłaty skarbowe
~ **duties** cła fiskalne
~ **law** prawo skarbowe
~ **penalty** grzywna skarbowa
~ **period** okres finansowy
~ **year** rok budżetowy
fiscality *s* fiskalizm, polityka skarbowa zmierzająca do osiągnięcia maksymalnych dochodów z podatków i opłat
fishery *s* 1. rybołówstwo 2. przetwórstwo rybne 3. łowisko morskie 4. prawo połowu
~ **conservation zone** strefa ochrony łowisk
~ **harbour** port rybacki
~ **laws and regulations** przepisy rybackie ⟨dotyczące rybołówstwa⟩
inshore ~ łowisko przybrzeżne
deep-sea ⟨**high seas**⟩ ~ łowisko pełnomorskie ⟨dalekomorskie⟩
fishing *s* 1. rybołówstwo 2. prawo połowu
~ **boat** ⟨**vessel**⟩ statek rybacki, łódź rybacka
~ **fleet** flota rybacka
~ **grounds** łowiska morskie
~ **harbour** port rybacki
~ **licence** karta rybacka
~ **right** prawo połowu
~ **trade** *a)* rybołówstwo morskie *b)* żegluga rybacka
fishy *adj* podejrzany, nieczysty (*np. interes*)
~ **business** podejrzana transakcja
fit[1] *adj* 1. odpowiedni, właściwy, dogodny 2. gotowy
~ **for acceptance** (nadający się) do przyjęcia
~ **for a post** nadający się na stanowisko
to be ~ *a)* być gotowym *b)* nadawać się (**for sth** do czegoś)
fit[2] *v* 1. nadawać się, pasować, być odpowiednim 2. dostosowywać, dopasowywać (**for sth** do czegoś) 3. *zob.* **fit in, fit out** ⟨**up**⟩
fit in *v* zgadzać się, harmonizować (**with sth** z czymś); pasować (**with sth** do czegoś)
fitness *s* zdatność, przydatność
~ **for purpose** przydatność do celu
certificate of ~ świadectwo zdatności (*statku*)
fit out ⟨**up**⟩ *v* wyposażać, ekwipować, zaopatrywać
fittings *spl* instalacje, urządzenia, armatura, wyposażenie
fiver *s* banknot pięciofuntowy ⟨pięciodolarowy⟩
five-star *adj* najwyższej jakości, (*o alkoholu*) pięciogwiazdkowy
five-year *adj* pięcioletni
~ **plan** plan pięcioletni
fix *v* 1. ustalać, oznaczać, wyznaczać 2. załatwiać, przygotowywać, urządzać 3. skupiać, koncentrować (*np. uwagę*) 4. frachtować 5. przekupić, załatwić (*coś z kimś*) na boku 6. *sl.* załatwić, uciszyć, zabić
to ~ **one's attention on sth** skupiać uwagę na czymś
to ~ **a budget** wyznaczyć ⟨ustalić⟩ budżet
to ~ **a charter** zawrzeć umowę czarteru
to ~ **conditions** ustalić warunki
to ~ **damages** ustalić odszkodowanie
to ~ **a date** ⟨**day**⟩ **for sth** wyznaczyć datę czegoś
to ~ **a hearing** wyznaczyć posłuchanie

to ~ **a judge** przekupić sędziego
to ~ **a limit** wyznaczyć granicę, oznaczyć limit
to ~ **a meeting for 3 o'clock** wyznaczyć ⟨zwołać⟩ zebranie na godzinę trzecią
to ~ **a penalty** wymierzyć karę
to ~ **a price** ustalić ⟨wyznaczyć⟩ cenę
to ~ **a quota** wyznaczyć kontyngent
to ~ **a sentence** wymierzyć wyrok
to ~ **a ship** zaczarterować statek
to ~ **a term** wyznaczyć termin
fixed *adj* 1. stały, niezmienny, niewzruszony 2. ustalony, wyznaczony
~ **assets** środki trwałe
~ **belief** ⟨**opinion**⟩ z góry ustalone przekonanie, niewzruszona opinia
~ **capital** kapitał trwały
~ **charges** koszty ⟨opłaty⟩ stałe
~ **deposit** wkład terminowy
~ **duty** stałe cło
~ **idea** mania
~ **income** stały dochód
~ **liability** długoterminowe zobowiązania
~ **price** ustalona cena
~ **property** majątek nieruchomy
~ **rate** *a)* ustalona stawka *b)* ustalona norma (*np. przeładunku*)
~ **rate of interest** ustalona stopa procentowa
~ **salary** stała płaca
fixing *adj:* ~ **letter** pisemne potwierdzenie zawarcia umowy czarterowej
fixture *s* 1. osprzęt, wyposażenie, armatura 2. frachtowanie ⟨wynajem⟩ statku 3. ustalenie, utrwalenie 4. *pl* **fixtures** ruchomości stanowiące przynależność nieruchomości, akcesoria
agricultural ~**s** przynależności do gospodarstwa rolnego
domestic ~**s** wyposażenie gospodarstwa domowego
trade ~**s** urządzenia handlowe, wyposażenie sklepu ⟨magazynu⟩
flag[1] *s* flaga, sztandar, bandera
~ **alphabet** alfabet flagowy
~ **clause** klauzula o właściwości prawa bandery
~ **discrimination** dyskryminacja bandery
~ **of convenience** tania bandera (*przynależność statku do bandery kraju o korzystnym opodatkowaniu*)
~ **of distress** flaga wzywająca pomocy
~ **of truce** biała flaga parlamentariusza
~ **surtax** dopłata do ładunku przewiezionego na obcym statku
cheap ~ tania bandera (*kraju o korzystnym opodatkowaniu*)
law of the ship's ~ prawo kraju bandery
merchant ⟨**mercantile**⟩ ~ flaga marynarki handlowej
national ~ flaga narodowa
private ⟨**house**⟩ ~ bandera armatora
quarantine ⟨**yellow**⟩ ~ flaga kwarantanny
flag[2] *v* 1. sygnalizować flagami 2. słabnąć, podupadać
flag-bearer *s* 1. chorąży 2. parlamentariusz
flagitious *adj* zdeprawowany, ohydny
flagrant *adj* 1. jaskrawy, skandaliczny 2. ohydny, straszny 3. notoryczny
~ **case** skandaliczna sprawa
~ **crime** ohydna zbrodnia

~ **injustice** krzycząca ⟨jaskrawa⟩ niesprawiedliwość
in ~ **delict** na miejscu przestępstwa, na gorącym uczynku
flagrante delicto *łac.* na miejscu przestępstwa, na gorącym uczynku
flat *adj* 1. płaski, równy 2. słaby, apatyczny, bez życia, ospały 3. jednostajny, jednakowy, monotonny 4. kategoryczny, ostateczny, stanowczy 5. jednolity, ryczałtowy, globalny
~ **commission** prowizja ryczałtowa
~ **denial** *a)* kategoryczne zaprzeczenie *b)* stanowcza odmowa
~ **market** słaby ⟨nieożywiony⟩ rynek
~ **price** jednolita cena
~ **rate** jednolita stawka
~ **refusal** stanowcza odmowa
flatly *adv* kategorycznie, zdecydowanie, stanowczo
to deny sth ~ kategorycznie zdementować
to refuse ~ kategorycznie odmówić
flaw *s* 1. wada, skaza, usterka 2. defekt, wadliwość (*powodująca nieważność np. dokumentu*)
~ **in the title** wadliwość tytułu
~ **in the will** wadliwość wyrażenia woli (*w testamencie*)
flawless *adj* bez skazy, bez zarzutu
flee *v* (**fled, fled**) 1. uciekać, ratować się ucieczką 2. unikać (**sb, sth** kogoś, czegoś)
to ~ **the country** uciec z kraju
to ~ **from justice** ukrywać się przed wymiarem sprawiedliwości
fleet *s* flota, flotylla
~ **of cars** park samochodowy
merchant ~ flota handlowa
flesh *s* ciało
flesh-wound *s* rana powierzchowna
flexibility *s* 1. giętkość, elastyczność 2. łatwość przystosowania się
~ **of prices** elastyczność cen (*względem popytu*)
flexible *adj* 1. giętki, elastyczny 2. ustępliwy
~ **budget** elastyczny budżet
~ **prices** ruchome ceny
~ **tariff** ruchoma taryfa (*celna*)
~ (**working**) **hours** ruchomy czas pracy
flextime *s am.* ruchomy czas pracy
flight *s* 1. ucieczka 2. lot
~ **control** kontrola lotów
~ **from the currency** ucieczka od pieniądza
~ **into goods** ucieczka od pieniądza przez wzmożone zakupy
~ **of capital** ucieczka kapitału
charter ~ lot czarterowy
scheduled ~ lot według rozkładu
to take to ~ zbiec, uciec
fling *v* wtrącić do więzienia
float *v* 1. pływać, unosić się na wodzie 2. puszczać w obieg, rozprowadzać 3. zakładać, uruchamiać 4. rozpisywać (*pożyczkę*) 5. wprowadzać w życie (*np. plan*) 6. upłynnić kurs (*np. waluty*)
to ~ **a company** założyć firmę, uruchomić przedsiębiorstwo
to ~ **the currency** upłynnić kurs waluty
to ~ **a loan** rozpisać ⟨wypuścić, emitować⟩ pożyczkę
to ~ **a ship** spuścić statek na wodę
floater *s* 1. *bryt. giełd.* papier wartościowy, pożyczka państwowa 2. wyborca niezdecydowany ⟨nie nale-

żący do żadnej partii⟩ 3. osoba często zmieniająca miejsce pobytu ⟨pracy⟩ 4. *am.* polisa ubezpieczeniowa
floating *adj* 1. płynny, zmienny 2. pływający, unoszący się na wodzie 3. (*o towarze*) będący w drodze
~ **assets** środki obrotowe, aktywa łatwe do upłynnienia
~ **capital** kapitał obrotowy
~ **cargo** towar w drodze ⟨płynący⟩
~ **charges** koszty zmienne
~ **clause** klauzula dostatecznej wody (*dla statku w porcie*)
~ **debt** *a)* dług krótkoterminowy *b)* państwowy dług nieskonsolidowany
~ **dock** dok pływający
~ **exchange rate** płynny kurs waluty
~ **policy** polisa generalna (*o określonej maksymalnej sumie pokrycia*)
~ **policy insurance** polisa abonamentowa
~ **population** ludność niestała ⟨często zmieniająca miejsce pobytu⟩
~ **rate** (**of exchange**) płynny ⟨swobodnie kształtujący się⟩ kurs (*waluty*)
~ **vote** płynny element wyborczy (*osób niezdecydowanych, nie należących do żadnej partii*)
~ **voter** = **floater** *s* 2.
flood[1] *s* 1. powódź; potop 2. *przen.* zalew
flood[2] *v* zalać, zatopić
floor *s* 1. podłoga 2. platforma, pomost 3. miejsce, gdzie siedzą posłowie w parlamencie 4. prawo głosu
~ **broker** ⟨**partner**⟩ *am.* submakler (*załatwiający sprawy dla innych maklerów*)
~ **manager** kierownik piętra (*domu towarowego*)
~ **of the court** *bryt.* miejsce między stołem sędziowskim a miejscami dla stron
~ **price** cena minimalna
~ **wage** minimalna płaca
from the ~ z sali (*w odróżnieniu od prezydium zebrania*)
to give (**the**) ~ udzielić głosu
to have (**the**) ~ mieć głos
to take (**the**) ~ zabrać głos
flotage *s* 1. unoszenie się na wodzie 2. tonaż statków rzecznych 3. szczątki rozbitego statku 4. prawo przywłaszczenia unoszących się na wodzie szczątków
flotation *s* 1. pływanie, pływalność 2. emitowanie, rozpowszechnianie (*papierów wartościowych*) 3. zakładanie, uruchomienie (*np. firmy*)
~ **of bonds** wypuszczenie obligacji
flotsam *s* 1. ładunek wyrzucony za burtę 2. szczątki rozbitego statku
~ **and jetsam** *a)* towary z rozbitego statku *b)* rupiecie, rzeczy bez wartości *c) przen.* rozbitkowie życiowi; włóczędzy, bezdomni
flow *s* 1. ruch, przepływ, strumień 2. obrót
~ **of business** przebieg interesów
~ **of capital** przepływ kapitału
~ **of currency** obrót pieniędzy
fluctuate *v* chwiać się, ulegać wahaniom, zmieniać się
fluctuating *adj* zmienny, wahający się, niestały
~ **market** zmienny rynek
~ **prices** wahające się ⟨ulegające zmianom⟩ ceny
fluctuation *s* fluktuacja, wahanie, zmienność, chwiejność
~ (**s**) **in demand** wahania popytu

~ **(s) in ⟨of⟩ exchange** wahania kursowe ⟨walut⟩
~ **(s) in ⟨of⟩ prices** wahania cen
cyclical ~ **s** wahania cykliczne
market ~ **s** wahania rynkowe
random ⟨**chance**⟩ ~ **s** przypadkowe wahania
seasonal ~ **s** sezonowe wahania
to undergo ~ **s** podlegać wahaniom
fly *v* latać
flying *adj*: ~ **squad** lotna brygada (*policji*)
fly-post *v* rozrzucać ⟨rozlepiać⟩ (*ulotki*)
foe *s* nieprzyjaciel
foetus, *am.* **fetus** *s med.* płód
folio *s* stronica dokumentu (*obejmująca 72, 90 lub 100 słów*)
follow *v* 1. następować, iść w ślad 2. pociągać za sobą 3. śledzić, obserwować 4. być zwolennikiem ⟨stronnikiem⟩ (**sb** czymś) 5. ścigać, gonić, poszukiwać 6. uprawiać (*zawód*) 7. stosować, przestrzegać 8. rozumieć, pojmować 9. *zob.* **follow up**
to ~ **sb's advice** zastosować się do czyjejś rady
to ~ **the case** kierować się precedensem
to ~ **instructions** ⟨**directions**⟩ postąpić zgodnie z instrukcją
to ~ **the law** zostać prawnikiem
to ~ **a policy** stosować politykę
to ~ **a profession** wykonywać zawód
to ~ **regulations** stosować przepisy
to ~ **suit** iść za przykładem
following your instructions stosownie do waszych dyspozycji
as ~ **s** jak następuje
letter to ~ list w drodze
further details to ~ dalsze szczegóły nastąpią
follower *s* stronnik, zwolennik
following *adj* następujący; następny
in the ~ **way** w następujący sposób
in the ~ **year** w następnym roku
on the ~ **terms** na następujących warunkach
follow-up¹ *s* 1. powtórne ogłoszenie 2. powtórny list 3. upomnienie
follow-up² *adj* 1. uzupełniający 2. powtórny
~ **letter** list reklamacyjny ⟨upominający⟩
follow up³ *v* 1. ścigać, iść w ślad 2. prowadzić dalej, kontynuować 3. uzupełniać
food *s* jedzenie, żywność, pożywienie
Food and Agriculture Organization (*skr.* **FAO**) Organizacja Wyżywienia i Rolnictwa (*w ONZ*)
~ **control** kontrola żywności
~ **industry** przemysł spożywczy
~ **value** wartość odżywcza (*żywności*)
health ~ produkty naturalne (*bez stosowania nawozów sztucznych*)
tinned ⟨*am.* **canned**⟩ ~ **s** konserwy żywnościowe
to adulterate ~ fałszować żywność
to ration ~ racjonować żywność
foodstuffs *spl* artykuły żywnościowe
essential ~ podstawowe produkty żywnościowe
foot *v* 1. regulować (*rachunek*) 2. wynosić (*kwotę*), opiewać (na) 3. podliczyć, podsumować
to ~ **the bill** zapłacić rachunek
to ~ **(up) an account** podsumować rachunek
the expenses ~ **(up) to ... dollars** wydatki opiewają na ... dolarów
footing *s* 1. oparcie, punkt oparcia, ostoja 2. stanowisko, pozycja 3. poziom 4. suma 5. podsumowanie, podliczenie

on an equal ~ na równej stopie
on a peace ⟨**war**⟩ ~ w stanie pokoju ⟨wojny⟩
on the same ~ na równi
to be on good ⟨**bad**⟩ ~ **with sb** być w dobrych ⟨złych⟩ stosunkach z kimś
to pay (for) one's ~ wkupić się
footmark, footprint *s* ślad stopy
footnote *s* odnośnik, odsyłacz, notka (*u dołu strony*)
for *praep* 1. dla, z uwagi na, ze względu na 2. za (*kimś, czymś*), po stronie 3. do, w celu 4. na (*sumę*) 5. co do, co się tyczy 6. przez (*okres czasu*) 7. mimo, wbrew
~ **account** *giełd.* na termin rozliczeniowy
~ **account of** na czyjś rachunek
~ **account of whom it may concern** *ub. mors.* na rachunek tego, kogo dotyczy
~ **all we know** o ile nam wiadomo
~ **and against** za i przeciw
~ **and on behalf of...** w imieniu i na rzecz...
~ **cash** za gotówkę
~ **collection** (*waluta*) na inkaso
~ **convenience sake** dla ułatwienia ⟨wygody⟩
~ **copy conform** za zgodność (z oryginałem)
~ **fear of punishment** z obawy przed karą
~ **free** za darmo
~ **hire** do wynajęcia
~ **lack of evidence** z braku dowodów
~ **life** dożywotnio
~ **the present** na razie, tymczasem
~ **(ready) money** za gotówkę
~ **safe custody** w celu prewencyjnym
~ **sale** na sprzedaż
~ **true copy** za zgodność (z oryginałem)
~ **value (received)** za odpłatnością
~ **want of...** z powodu braku...
~ **your guidance** dla waszej orientacji
word ~ **word** słowo w słowo, dosłownie
to act ~ **sb** *a*) działać w czyimś imieniu *b*) zastępować kogoś
to be ~ **sth** opowiadać się za czymś, być za czymś, być zwolennikiem czegoś
forbear¹ *s* przodek, antenat
forbear² *v* (**forbore, forborne**) 1. powstrzymywać się (*od czegoś*), zaniechać (**sth** czegoś), zaprzestać 2. znosić, tolerować
to ~ **to sue** wstrzymać się od wniesienia powództwa
forbearance *s* 1. powstrzymywanie się (*od działania*) 2. pobłażliwość, wyrozumiałość, cierpliwość 3. zwłoka (*udzielona dłużnikowi*) 4. zaniechanie egzekwowania prawa
~ **is no acquittance** wyrozumiałość nie oznacza uwolnienia od obowiązku
forbid *v* (**forbade, forbidden**) 1. zakazywać, zabraniać 2. nie dopuszczać, zabraniać dostępu 3. uniemożliwiać
to ~ **sb the country** zabraniać komuś wjazdu do kraju
forbidden *adj* zakazany, zabroniony
~ **act** zabroniony czyn
~ **by law** prawnie zabroniony
~ **conduct** zakazane postępowanie
~ **degrees** stopnie pokrewieństwa uniemożliwiające zawarcie ważnego związku małżeńskiego
force¹ *s* 1. siła, moc 2. przemoc, przymus, gwałt 3. ważność 4. znaczenie, sens 5. **the** ~ policja 6. potęga 7. *pl* **forces** wojska

~ **majeure** *fr.* siła wyższa
~ **of argument** siła przekonująca
~ **of law** praworządność
armed ~**s** siły zbrojne
bank ~ ważność w obrocie bankowym (*czeku*)
binding ~ moc obowiązująca
by ~ siłą, przy pomocy siły
by the ~ **of circumstances** pod naciskiem okoliczności
by ~ **of number** na skutek przewagi liczebnej
in ~ *a*) licznie, liczebnie, wszystkimi siłami *b*) (*o przepisie prawnym itd.*) ważny, obowiązujący
labour ~ siła robocza
legal ~ moc prawna
motive ⟨**driving**⟩ ~ siła napędowa
probatory ~ moc dowodowa
rates in ~ obowiązujące stawki
still in ~ nadal obowiązujący
striking ~ siła uderzeniowa
to be ⟨**remain**⟩ **in** ~ pozostawać w mocy, być ważnym, obowiązywać
to come into ~ wchodzić w życie, nabierać mocy obowiązującej
to obtain ~ uzyskać moc prawną, wejść w życie
to put in ~ nadać moc obowiązującą ⟨prawną⟩, wprowadzić w życie
to resort to ~ uciec się do (użycia) siły
to use ~ posługiwać się siłą ⟨przemocą⟩
force² *v* 1. zmuszać 2. narzucać, wymuszać 3. niewolić, gwałcić 4. forsować
to ~ **the bidding** podbijać ceny (*na licytacji*)
to ~ **down** zmusić (samolot) do lądowania
to ~ **an entry** wymusić wejście, wtargnąć
to ~ **the issue** forsować sprawę
to ~ **the prices down** ⟨**up**⟩ działać na zniżkę ⟨zwyżkę⟩ cen
to ~ **the truth** ⟨**a confession**⟩ **out of sb** wymusić z kogoś prawdę ⟨przyznanie⟩
forced *adj* wymuszony, przymusowy
~ **currency** kurs przymusowy
~ **entry** wymuszone wejście ⟨wkroczenie⟩
~ **exchange** ⟨**rate**⟩ kurs przymusowy (*np. dewiz*)
~ **heir** spadkobierca ustawowy
~ **labour** praca przymusowa
~ **landing** przymusowe lądowanie
~ **loan** przymusowa pożyczka
~ **sale** przymusowa sprzedaż (*w drodze licytacji*)
force-feed *v* karmić (*więźnia*) przymusowo
forcible *adj* 1. przymusowy, dokonany przemocą, bezprawny 2. przekonywający, sugestywny
~ **detainer** bezprawne posiadanie nieruchomości
~ **entry** *a*) bezprawne objęcie w posiadanie (*nieruchomości*) *b*) bezprawne wtargnięcie do mieszkania
~ **expropriation** bezprawne wywłaszczenie
~ **reasons** przekonywające argumenty
by ~ **means** przy użyciu środków przymusu
forcibly *adv* 1. przymusowo, z konieczności 2. przekonywająco
to be ~ **removed** zostać usuniętym siłą
forecast¹ *s* prognoza, przewidywanie, rokowanie
~ **plan** przewidywany plan
economic ~ prognoza ekonomiczna
population ~ prognoza demograficzna
sales ~ prognoza sprzedaży
forecast² *v* (**forecast, forecasted,** *pp* **forecast, forecasted**) przewidywać, stawiać prognozę

forecasting *s* przewidywanie, stawianie prognozy
business ~ przewidywanie koniunktury gospodarczej
foreclose *v* 1. wykluczać, nie dopuścić (**sth** do czegoś) 2. przesądzać z góry (*sprawę*) 3. pozbawiać prawa wykupu zajętej nieruchomości 4. wnieść zastrzeżenie hipoteczne (*dla zabezpieczenia należności*)
foreclosure *s* 1. pozbawienie prawa wykupu zastawu 2. wniesienie zastrzeżenia hipotecznego 3. przejście obciążonej nieruchomości na własność wierzyciela
~ **decree** *a*) polecenie sądowe zapłaty długu pod rygorem utraty prawa wykupu zastawionej rzeczy *b*) polecenie sądowe sprzedaży obciążonej nieruchomości
~ **sale** sprzedaż obciążonej długiem nieruchomości
mortgage ~ egzekucja hipoteczna z nieruchomości
forefathers *spl* przodkowie, antenaci
foregift *s bryt.* premia dzierżawna
forego *v* (**forewent, foregone**) poprzedzać
foregoing¹ *s*: **the foregoing** to, co było poprzednio wymienione
it follows from the ~ **that...** wynika z wyżej wspomnianego, że...
foregoing² *adj* poprzedni, poprzednio wymieniony ⟨wzmiankowany⟩
foregone *adj* 1. miniony 2. przesądzony
~ **conclusion** wniosek z góry przesądzony, sąd powzięty z góry
foreign *adj* 1. cudzy, obcy 2. obcokrajowy, zagraniczny, cudzoziemski
~ **affairs** sprawy zagraniczne
~ **agency** filia firmy zagranicznej, zagraniczna ekspozytura
~ **agent** przedstawiciel zagraniczny
~ **aid** pomoc zagraniczna (z zagranicy)
Foreign and Commonwealth Office *bryt.* Ministerstwo Spraw Zagranicznych
~ **assets** walory zagraniczne
~ **attachment** zajęcie majątku cudzoziemca
~ **balance** *a*) bilans należności i zobowiązań zagranicznych *b*) saldo przypadające wierzycielowi zagranicznemu *c*) saldo należne od zagranicznego dłużnika
~ **bill** weksel zagraniczny
~ **body** ⟨**substance**⟩ ciało obce, zanieczyszczenie
~ **born** urodzony za granicą
~ **broker** ⟨*am.* **factor**⟩ agent importowy
~ **capital** kapitał zagraniczny
~ **cargo** *a*) ładunek dla zagranicy *b*) ładunek z zagranicy
~ **commerce** handel zagraniczny
~ **company** spółka zagraniczna
~ **correspondent** korespondent zagraniczny
~ **country** obcy kraj
~ **court** sąd zagraniczny
~ **creditor** wierzyciel zagraniczny
~ **currency** obca waluta, dewizy
~ **currency account** rachunek dewizowy
~ **currency control** kontrola dewizowa
~ **debt** dług zagraniczny
~ **deposits** depozyty zagraniczne
~ **distributor** *am.* dystrybutor towarów pochodzenia zagranicznego
~ **domicile** domicyl zagraniczny

~ **exchange** a) dewizy, obca waluta b) kurs dewizowy
c) obroty dewizowe

~ **exchange bank** bank dewizowy

~ **exchange commitments** zobowiązania w dewizach,
płatności dewizowe

~ **exchange control** kontrola dewizowa

~ **exchange futures** ⟨**forward**⟩ terminowe transakcje
dewizowe

~ **exchange list** lista kursów dewizowych

~ **exchange market** rynek dewizowy

~ **exchange rate** kurs dewizowy

~ **exchange restrictions** ograniczenia dewizowe

~ **exchange transactions** transakcje dewizowe

~ **goods** towary zagraniczne

~ **indebtedness** zadłużenie za granicą ⟨wobec zagranicy⟩

~ **investment** inwestycje zagraniczne

~ **items** am. a) zagraniczne pozycje rachunkowe b)
weksle obce

~ **judgment** a) orzeczenie sądu zagranicznego b) am.
orzeczenie wydane przez sąd innego stanu

~ **jurisdiction** jurysdykcja zagraniczna

~ **law** prawo zagraniczne

~ **loan** pożyczka zagraniczna

~ **make** marka zagraniczna

~ **market** rynek zagraniczny

Foreign Minister a) przedstawiciel dyplomatyczny
innego kraju b) minister spraw zagranicznych (*poza
Zjednoczonym Królestwem*)

~ **money** zagraniczna waluta

~ **money order** zagraniczny przekaz pieniężny

~ **nationality** obywatelstwo zagraniczne

Foreign Office bryt. hist. Ministerstwo Spraw Zagranicznych

~ **patent** patent zagraniczny

~ **plea** zarzut przeciwko jurysdykcji sądu

~ **policy** polityka zagraniczna

~ **produce** ⟨**product**⟩ zagraniczny towar ⟨wyrób⟩

~ **relations** stosunki zagraniczne

~ **remittance** przekaz zagraniczny

Foreign Secretary bryt. minister spraw zagranicznych

~ **securities** zagraniczne papiery wartościowe

~ **service** służba zagraniczna (*dyplomatyczna i konsularna*)

~ **subject** cudzoziemiec, obywatel ⟨poddany⟩ innego
państwa

~ **subsidiary** filialne przedsiębiorstwo zagraniczne

~ **trade** handel zagraniczny

~ **tourists** ⟨**visitors**⟩ turyści zagraniczni

~ **values** a) walory zagraniczne b) wartość towaru
importowanego (*według cen rynkowych kraju pochodzenia*)

~ **worker** robotnik zagraniczny ⟨cudzoziemski⟩

foreigner s cudzoziemiec, obcokrajowiec

foreign-made adj zagraniczny, produkcji zagranicznej

foreign-owned adj: ~ **company** spółka stanowiąca własność cudzoziemców, towarzystwo handlowe zagraniczne

~ **property** własność zagraniczna ⟨obcych obywateli⟩

foreign-trade adj: ~ **zone** am. strefa wolnocłowa

forejudge v z góry osądzać, przesądzać (**sth** coś, o
czymś)

foreman s (pl **foremen**) 1. majster, brygadzista 2.
przewodniczący ławy przysięgłych

forename s imię

forenamed adj wyżej ⟨poprzednio⟩ wymieniony

forensic adj sądowy

~ **medicine** medycyna sądowa

~ **psychiatry** psychiatria sądowa

~ **skill** umiejętności prawnicze ⟨adwokackie⟩

foresee v (**foresaw, foreseen**) przewidywać

foreseeable adj dający się przewidzieć

foresight s 1. przewidywanie 2. przezorność

forestall v 1. uprzedzać, ubiegać 2. hist. skupować
towary w celach spekulacyjnych

forestry s leśnictwo

forethought s 1. namysł 2. zamysł, premedytacja

forewoman s 1. brygadzistka 2. przewodnicząca ławy
przysięgłych

forfeit[1] s 1. grzywna, kara pieniężna 2. konfiskata,
przepadek mienia 3. pozbawienie prawa 4. rzecz
skonfiskowana

~ **clause** (**of a contract**) klauzula kary konwencjonalnej (w umowie)

~ **of civil rights** utrata praw obywatelskich

to pay a ~ zapłacić grzywnę

to relinquish the ~ zrezygnować z kary umownej

forfeit[2] v utracić, stracić, postradać

to ~ **one's bail** utracić kaucję (*na skutek nie zjawienia się w sądzie*)

to ~ **one's life** utracić życie

to ~ **one's office** ⟨**employment**⟩ utracić ⟨stracić⟩ stanowisko (zatrudnienie, pracę)

to ~ **a patent** utracić patent

to ~ **one's property** utracić majątek (*na skutek
konfiskaty*)

to ~ **a right** utracić prawo

forfeitable adj 1. podlegający konfiskacie 2. podlegający grzywnie

forfeited adj 1. utracony 2. skonfiskowany

~ **right** utracone prawo

forfeiture s 1. utrata 2. grzywna, kara pieniężna 3.
konfiskata 4. pozbawienie prawa

~ **of a patent** utrata ⟨umorzenie⟩ patentu

~ **of property** konfiskata majątku

~ **to the Crown** bryt. konfiskata na rzecz skarbu
państwa

under penalty of ~ pod groźbą ⟨karą⟩ konfiskaty

to be subject to ~ podlegać konfiskacie

forge v fałszować, podrabiać

to ~ **a document** sfałszować dokument

to ~ **money** podrabiać pieniądze

to ~ **a signature** podrobić podpis

to ~ **a will** sfałszować testament

forged adj sfałszowany, podrobiony

~ **authority** sfałszowane pełnomocnictwo

~ **banknote** podrobiony banknot

~ **cheque** sfałszowany czek

~ **document** podrobiony dokument

~ **signature** sfałszowany podpis

forger s fałszerz

forgery s 1. fałszerstwo 2. podrabianie 3. podrobiony
dokument

bill ~ fałszerstwo weksla

to be a ~ być falsyfikatem

to prosecute for ~ ścigać (*sądownie*) za fałszerstwo

forget v (**forgot, forgotten**) zapomnieć

forging s fałszowanie, podrabianie

money ~ podrabianie pieniędzy

forgive *v* (**forgave, forgiven**) **1.** przebaczać **2.** darować (**sb for sth** komuś coś)
to ~ **a debt** darować dług
to ~ **an error** przebaczyć błąd
to ~ **an offence** wybaczyć obrazę
forgo *v* (**forwent, forgone**) **1.** powstrzymywać się (**sth** od czegoś) **2.** obywać się (**sth** bez czegoś) **3.** zrzekać się, rezygnować (**sth** z czegoś)
form¹ *s* **1.** forma, kształt, postać **2.** formuła, formułka **3.** formalność **4.** blankiet, formularz, druk
~ **and substance** forma i treść
~ **letter** list o charakterze formularza
~ **of action** forma pozwu
~ **of application** forma podania
~ **of contract** forma umowy
~ **of government** forma rządów
(**the**) ~ **of statute** norma ustawy, litera prawa
application ~ *a*) formularz podania ⟨wniosku⟩ *b*) zgłoszenie ubezpieczeniowe
as a matter of ~ dla formalności
bill ~ blankiet wekslowy
Chamber of Shipping ~**s** czartery typowe ustalone przez Brytyjską Izbę Żeglugową
cheque ~ blankiet czekowy
customs ⟨**custom-house**⟩ ~ formularz celny
entry ~ formularz zgłoszenia
for ~'**s sake** dla formy ⟨zasady⟩, ze względów formalnych
in abridged ~ w formie skróconej
in any ~ w jakiejkolwiek formie
in due ~ we właściwej formie, przepisowo, formalnie
in notarial ⟨**notarized**⟩ ~ w formie notarialnej
inquiry ~ kwestionariusz, ankieta
legal ~ forma prawna
order ~ blankiet zamówienia
proxy ~ formularz pełnomocnictwa
receipt ~ pokwitowanie (*formularz*)
registration ~ formularz meldunkowy, karta meldunkowa
standard ~**s** (**of charter party**) typowe ⟨standardowe⟩ czartery
telegram ~ blankiet telegraficzny
written ~ forma pisemna
to complete ⟨**fill in**⟩ **a** ~ wypełnić formularz ⟨blankiet⟩
to put in judicial ⟨**legal**⟩ ~ nadać formę prawną
to take ~ przybrać formę
form² *v* **1.** formować, kształtować, konstytuować **2.** organizować, zakładać **3.** stanowić
to ~ **an alliance** zawierać sojusz
to ~ **a balance** sporządzać bilans
to ~ **a company** ⟨**corporation**⟩ tworzyć spółkę
to ~ **a government** tworzyć rząd
to ~ **an opinion** *a*) wyrobić sobie pogląd *b*) urabiać opinię
to ~ **part of sth** stanowić część czegoś
to ~ **sth into shape** nadawać czemuś kształt
forma *s łac.* forma, kształt
pro ~ *łac.* pro forma, dla formy, dla pozoru, dla przyzwoitości
formal *adj* **1.** formalny, oficjalny **2.** urzędowy, przepisowy **3.** wyraźny, kategoryczny
~ **charge** oskarżenie formalne ⟨wniesione we właściwej formie⟩
~ **consent** formalna zgoda

~ **contract** przepisowa umowa
~ **conviction** formalne skazanie
~ **defect** wada formalna, niezachowanie formy
~ **denial** kategoryczne zaprzeczenie ⟨zdementowanie⟩
~ **law** prawo formalne ⟨procesowe⟩
~ **meeting** akademia (*uroczystość*)
~ **note** nota urzędowa
~ **notice** oficjalne zawiadomienie
~ **protest** oficjalny protest
~ **receipt** przepisowe pokwitowanie
~ **summons** oficjalne wezwanie do stawiennictwa
~ **validity** oficjalnie potwierdzona ważność
formality *s* **1.** formalność **2.** poprawność, zachowanie form
formalities of registration formalności rejestracyjne
customs formalities formalności celne
legal formalities wymogi prawne
a mere ~ czysta formalność
prescribed ⟨**required**⟩ **formalities** wymagane formalności
to comply with the formalities przestrzegać wymogów formalnych ⟨formalności⟩
to observe formalities przestrzegać formalności
formalize *v* ujmować w formę prawną, formułować, nadawać kształt prawny
formally *adv* formalnie, przepisowo, zgodnie z wymogami
~ **correct** prawidłowy, zgodny z przepisami ⟨wymogami⟩
to act ~ działać przepisowo ⟨oficjalnie⟩
formation *s* **1.** formowanie, kształtowanie, tworzenie (się) **2.** ustanowienie, utworzenie, założenie
~ **expenses** koszty założenia
~ **of a company** utworzenie spółki
~ **of a government** utworzenie rządu
~ **of prices** kształtowanie się cen
capital ~ tworzenie się kapitału
formed *adj*: ~ **action** powództwo w ściśle określonej formie
~ **design** (*w prawie karnym*) z góry powzięty zamiar ⟨plan⟩ zabójstwa
former *adj* **1.** poprzedni, były, dawny **2.** pierwszy z dwóch (*wymienionych poprzednio*)
~ **adjudication** poprzednie osądzenie
~ **convict** były więzień
formula *s łac.* (*pl* **formulae, formulas**) **1.** formuła, formułka, wzór **2.** recepta, przepis
legal ~ formułka prawna
formulate *v* **1.** formułować, redagować **2.** wyrażać, wypowiadać
formulation *s* **1.** sformułowanie, zredagowanie **2.** wyrażenie, wypowiedzenie
final ~ ostateczna redakcja
fornicate *v* utrzymywać stosunki pozamałżeńskie
fornication *s* utrzymywanie stosunków pozamałżeńskich (*przez osoby stanu wolnego*)
forsake *v* (**forsook, forsaken**) opuszczać, porzucać
to ~ **one's wife and children** porzucić żonę i dzieci
forswear *v* (**forswore, forsworn**) **1.** wypierać się (**sb, sth** kogoś, czegoś) **2.** zaprzeczać pod przysięgą (**sth** czemuś)
to ~ **oneself** krzywoprzysięgać
forsworn *adj* krzywoprzysięski
forthcoming *adj* **1.** nadchodzący, mający się ukazać **2.** przyszły **3.** (do dostarczenia) na żądanie

~ **bond** zobowiązanie się do dostarczenia zajętych ruchomości na żądanie

forthwith *adv* **1.** natychmiast, bezzwłocznie **2.** w odpowiednim czasie

fortuitous *adj* przypadkowy, nieprzewidziany
~ **event** przypadkowe zdarzenie, nieprzewidziany wypadek
~ **losses** przypadkowe straty

fortuity *s* **1.** przypadkowość **2.** przypadek

fortune *s* **1.** fortuna, majątek, bogactwo **2.** przypadek, traf
~ **hunter** łowca posagowy
by ~ przypadkowo, przypadkiem
man of ~ człowiek majętny ⟨zamożny⟩
to make a ~ zrobić ⟨zbić⟩ majątek
to make one's ~ dorobić się majątku ⟨fortuny⟩
to marry a ~ ożenić się bogato ⟨dla pieniędzy⟩

forum *s* (*pl* **forum, fora**) *łac.* **1.** sąd, trybunał **2.** forum
~ **actus** *łac.* sąd miejsca dokonania czynności ⟨gdzie czynność została dokonana⟩
~ **contractus** *łac.* sąd miejsca zawarcia umowy
~ **delicti** *łac.* sąd miejsca popełnienia przestępstwa
~ **domicilii** *łac.* sąd miejsca stałego zamieszkania
~ **gestae administrationis** *łac.* sąd siedziby administracji majątku
~ **originis** *łac.* sąd miejsca urodzenia ⟨pochodzenia⟩
~ **patrimonii** *łac.* sąd miejsca spadku ⟨w którym znajduje się spadek⟩
~ **prorogatum** *łac.* sąd wyznaczony przez strony
~ **rei gestae** *łac.* sąd miejsca zawarcia umowy
~ **rei sitae** ⟨**situs**⟩ *łac.* sąd miejsca znajdowania się przedmiotu sporu

forward[1] *adj* **1.** przyszły **2.** późniejszy, terminowy **3.** wczesny **4.** postępowy
~ **business** ⟨**transaction**⟩ transakcja na dostawę
~ **buying** kupowanie naprzód
~ **contract** umowa na dostawę
~ **cover** pokrycie ⟨zabezpieczenie⟩ transakcji terminowych
~ **delivery** przyszła dostawa, dostawa na termin
~ **exchange** transakcja dewizowa na termin
~ **exchange rate** kurs dewiz w transakcjach terminowych
~ **freight** fracht płatny w miejscu przeznaczenia
~ **market** rynek transakcji terminowych
~ **order** zamówienie na terminową dostawę
~ **price** cena w transakcjach terminowych
~ **purchase** zakup na dostawę ⟨termin⟩
~ **quotation** cena w transakcji terminowej
~ **rates** stawki transakcji terminowych
~ **sale** sprzedaż na termin ⟨dostawę⟩
~ **shipment** załadowanie w późniejszym terminie

forward[2] *adv* **1.** naprzód **2.** przedterminowo, z góry, za pobraniem
brought ~ z przeniesienia
carriage ~ za pobraniem kosztów przewozu
charges ~ za pobraniem kosztów
freight ~ fracht płatny w miejscu wyładunku
to bring ~ wysuwać, przedstawiać, zwracać uwagę (*na coś*)
to buy ⟨**sell**⟩ ~ kupować ⟨sprzedawać⟩ na termin
to date ~ datować naprzód
to put ~ **a motion** wysuwać ⟨zgłaszać⟩ wniosek

forward[3] *v* **1.** posyłać, ekspediować, wysyłać **2.** popierać **3.** przesyłać dalej **4.** przyspieszać (*np. rozwój*)
to ~ **goods** ekspediować towary
please ~ **my letter to...** proszę przekazać mój list...

forwarder *s* **1.** spedytor **2.** wysyłający

forwarding[1] *s* spedycja, ekspedycja
international ~ spedycja międzynarodowa

forwarding[2] *adj* spedycyjny, wysyłkowy
~ **address** adres wysyłkowy
~ **advice** zawiadomienie o wysyłce
~ **agency** ⟨**business, firm, house**⟩ dom spedycyjny, przedsiębiorstwo spedycyjne
~ **agent** spedytor
~ **charges** opłaty spedycyjne
~ **commission** prowizja spedycyjna ⟨spedytora⟩
~ **contract** umowa spedycyjna, zlecenie spedycji
~ **instructions** instrukcje wysyłkowe
~ **order** zlecenie wysyłkowe ⟨wysyłki⟩
~ **station** stacja wysyłkowa ⟨nadania⟩
~ **trade** spedycja

forwards *adv* = **forward**[2]

foster *v* **1.** wychowywać **2.** żywić (*uczucie*) **3.** popierać, sprzyjać (**sth** czemuś)

fosterage *s* **1.** wychowywanie cudzego dziecka **2.** oddawanie dziecka na wychowanie **3.** popieranie

foster-child, fosterling *s* wychowanek, przybrane dziecko

fosterer *s* **1.** opiekun, wychowawca **2.** patron, protektor

foster-father *s* przybrany ojciec

foster-mother *s* **1.** *hist.* mamka, karmicielka **2.** przybrana matka

foul *adj* **1.** odrażający, wstrętny **2.** podły, haniebny **3.** niedozwolony **4.** wadliwy, budzący zastrzeżenia **5.** nieuczciwy **6.** zanieczyszczony, nieczysty
~ **bill of exchange** niepewny weksel
~ **bill of health** „nieczyste" świadectwo zdrowia, świadectwo zdrowia z uwagami o chorobach (*w odniesieniu do towaru*)
~ **bill of lading** konosament „nieczysty" (*zawierający klauzulę restrykcyjną*)
~ **crime** ohydna zbrodnia
~ **deed** podły czyn, podłość
~ **motive** niska pobudka
~ **play** a) *gra b*) *przen.* nieuczciwe postępowanie c) *przen.* podejrzenie morderstwa

found *v* **1.** zakładać, tworzyć **2.** ufundować **3.** opierać, opierać się (*na czymś*)
to ~ **an association** założyć stowarzyszenie
to ~ **a claim on facts** oprzeć roszczenie na faktach
to ~ **a family** założyć rodzinę

foundation *s* **1.** utworzenie, założenie **2.** zasada, podstawa **3.** organizacja, fundacja
charitable ~ fundacja charytatywna
claim without ~ roszczenie bezpodstawne

founded *pp adj* **1.** oparty **2.** znajdujący oparcie
~ **in law** mający oparcie w prawie
~ **on contract** oparty na umowie
~ **on facts** oparty na faktach
~ **on fraud** oparty na oszustwie

founder *s* **1.** założyciel **2.** fundator
~ **member** członek założyciel
~ **'s shares** akcje założycielskie

foundling *s* podrzutek
~ **hospital** dom podrzutków ⟨sierot⟩, sierociniec

four *num* cztery

~ **corners of a document** ⟨**an instrument**⟩ dokument w całości, pełny tekst dokumentu
~ **seas** cztery morza otaczające Wielką Brytanię
fourth *adj* czwarty
Fourth World czwarty świat (*kraje słabo rozwinięte, nie posiadające bogactw mineralnych*)
fraction *s* 1. ułamek 2. drobna ilość ⟨część⟩ 3. frakcja, odłam
~ **of share** część akcji
decimal ~ ułamek dziesiętny
fractional *adj* 1. cząstkowy, ułamkowy 2. drobny, nieznaczny 3. frakcyjny
~ **amount** niewielka ilość
~ **coins** monety zdawkowe
~ **currency** moneta zdawkowa, banknoty o niskich nominałach
~ **load** ładunek częściowy
~ **note** banknot o niskim nominale
fracture *s* złamanie (*np. w wypadku*)
fragile *adj* łamliwy, kruchy, delikatny (*np. ładunek*)
fragmentation *s* rozdrobnienie
frail *adj* słaby, nietrwały
~ **packing** słabe ⟨nietrwałe⟩ opakowanie
frail-package *s:* ~ **clause** klauzula słabego opakowania
frame *v* 1. kształtować, układać 2. formułować, tworzyć 3. *sl.* wymyślać, fabrykować, knuć 4. *zob.* **frame up**
to ~ **a charge against sb** fabrykować oskarżenie przeciwko komuś
to ~ **an innocent person** uknuć intrygę przeciwko niewinnemu człowiekowi
to ~ **a plan** opracować plan
to ~ **a plot** uknuć spisek
framed *pp adj sl.* ukartowany, uknuty, sfabrykowany
~ **for murder** kłamliwie oskarżony o morderstwo
~ **person** osoba, przeciwko której sfabrykowano oskarżenie
Framers *spl* twórcy konstytucji amerykańskiej
frame-up *s sl.* kłamliwe oskarżenie, spisek przeciwko niewinnemu człowiekowi
~ **trial** zainscenizowany proces
frame up *v sl.* uknuć, ukartować, sfabrykować (*np. wynik*)
framework *s* 1. struktura 2. kompetencje, ramy (*instytucji*)
within the ~ **of the agreement** w ramach umowy
franc *s* frank (*belgijski, francuski, szwajcarski*)
franchise *s* 1. przywilej, immunitet 2. prawo wyborcze 3. prawa obywatelskie 4. franszyza ubezpieczeniowa (*granica odpowiedzialności ubezpieczyciela za szkodę*)
~ **clause** klauzula określająca wysokość franszyzy ubezpieczeniowej
franco *adj* bezpłatny
frank[1] *s* 1. prawo do bezpłatnej przesyłki 2. przesyłka wolna od opłaty
frank[2] *v* 1. frankować, przesyłać bezpłatnie 2. przewozić bezpłatnie 3. zwalniać od opłaty
to ~ **a letter** ofrankować list
franking *s* frankowanie
~ **machine** maszyna do frankowania
~ **privilege** prawo bezpłatnego przesyłania poczty
fratricidal *adj* bratobójczy
~ **war** bratobójcza wojna
fratricide *s* 1. bratobójca 2. bratobójstwo
fraud *s* 1. oszustwo, szalbierstwo 2. oszust, szalbierz

~ **charge** oskarżenie o oszustwo
~ **in fact** wprowadzenie w błąd odnośnie do faktów ⟨stanu faktycznego⟩
~ **in law** wprowadzenie w błąd odnośnie do prawa
~ **order** *am.* polecenie ministra poczty o niedostarczaniu przesyłek
attempted ~ usiłowanie oszustwa
by ~ przy pomocy oszustwa
constructive ~ domniemane oszustwo
in ⟨**to**⟩ **the** ~ **of...** celem oszukania...
to commit a ~ popełnić oszustwo
to obtain sth by ~ uzyskać coś za pomocą oszustwa
fraudulence *s* oszukańczy charakter (*np. transakcji*)
fraudulent *adj* oszukańczy, szalbierski, fałszywy
~ **alienation** *a)* = ~ **conveyance** *b)* roztrwonienie majątku spadkowego przez zarządcę spadku
~ **balance-sheet** fałszywy bilans
~ **bankruptcy** oszukańcze ⟨złośliwe⟩ bankructwo
~ **concealment** oszukańcze zatajenie ⟨przemilczenie⟩
~ **conduct** oszukańcze postępowanie
~ **contrivance** oszukańcza sztuczka
~ **conversion** oszukańcze przywłaszczenie (*przez powiernika*)
~ **conveyance** oszukańcze przeniesienie własności na szkodę wierzycieli
~ **debtor** bankrut składający fałszywe oświadczenie o swym położeniu materialnym
~ **declaration** fałszywe oświadczenie
~ **device** oszukańczy pomysł ⟨plan⟩
~ **intent** ⟨**intention**⟩ oszukańczy zamiar
~ **offer** oszukańcza oferta
~ **preference** oszukańcze uprzywilejowanie jednego z wierzycieli
~ **pretence** *a)* oszukańcze pozory *b)* szalbierstwo
~ **representation** fałszywe przedstawienie faktów
~ **transaction** oszukańcza transakcja
free[1] *adj* 1. wolny, uwolniony (**from sth** od czegoś) 2. niezależny, swobodny 3. nie zajęty 4. bezpłatny, nie podlegający opłacie, wolny od opłaty 5. bezpłatny, franko, franco (*przy podawaniu cen*)
~ **access** wolny dostęp, swobodne dojście
~ **admission** *a)* import bez cła ⟨wolnocłowy⟩ *b)* wstęp wolny ⟨bezpłatny⟩
~ **alongside** franko wzdłuż burty (*statku*)
~ **alongside bill of lading** konosament na ładunek dostarczany do burty statku
~ **alongside ship** (*skr.* **f.a.s.**) franko wzdłuż burty statku
~ **and clear** (*o tytule prawnym, majątku*) nieobciążony
~ **articles** *a)* towary wolne od cła *b)* towary nie podlegające ograniczeniom *c)* przedmioty nie będące kontrabandą
~ **at buyer's warehouse** franko magazyn odbiorcy
~ **at factory** ⟨**mill**⟩ franko fabryka
~ **at port of destination** ⟨**departure**⟩ franko port przeznaczenia ⟨odjazdu⟩
~ **at port of shipment** franko port załadunku
~ **at quay** (*skr.* **f.a.q.**) ⟨**at wharf**⟩ franko nabrzeże
~ **at ship's rail** franko nadburcie statku
~ **at station** franko stacja kolejowa
~ **at yours** franko u was, dostawa na miejsce
~ **average** franszyza ubezpieczeniowa
~ **board** wolna burta

~ **board and lodging** bezpłatne utrzymanie i mieszkanie

~ **capitals** wolny kapitał

~ **case** bez kosztów pakowania w skrzynie

~ **choice** wolny wybór

Free City wolne miasto

~ **competition** wolna konkurencja

~ **copy** bezpłatny egzemplarz, gratis

~ **credit** kredyt bezprocentowy

~ **decision** swoboda decyzji

~ **delivered** franko miejsce przeznaczenia, bez kosztów dostawy

~ **delivered price** cena łącznie z dostawą

~ **delivery** a) dostawa na koszt dostawcy, dostawa franko (*określone*) miejsce b) *am.* bezpłatne doręczanie poczty

~ **demonstration in the home** bezpłatny pokaz w domu

~ **destination** franko miejsce przeznaczenia

~ **discharge** bez kosztów wyładunku

~ **dispatch** ⟨**despatch**⟩ bez premii za pośpiech

~ **district** strefa wolnocłowa, wolny obszar celny

~ **domicile** franko siedziba odbiorcy

~ **election** wolne wybory

~ **enterprise** wolna inicjatywa

~ **entry** a) przywóz ⟨import⟩ bezcłowy b) deklaracja celna na towary importowane bez cła

~ **exchanges** wolne dewizy

~ **factory** franko fabryka

~ **from all average** *ub. mors.* z wyłączeniem wszelkiej awarii

~ **from capture and seizure** *ub. mors.* z wyłączeniem ryzyka zajęcia ⟨przetrzymania⟩ statku

~ **from damage** wolny od uszkodzeń

~ **from debts** wolny od długów

~ **from duty** a) wolny od cła, bezcłowy b) wolny od opłat ⟨podatków⟩

~ **from encumbrances** wolny od obciążeń

~ **from error** wolny od błędu

~ **from** ⟨**of**⟩ **defects** wolny od wad

~ **from particular average** *ub. mors.* z wyłączeniem poszczególnej awarii

~ **gift** prezent, upominek

~ **godown** ⟨**house**⟩ franko magazyn odbiorcy

~ **gold** *am.* wolna rezerwa złota

~ **goods** towary wolne od cła ⟨bezcłowe⟩

~ **hand** wolna ręka, swoboda decyzji

~ **harbour** franko port, z dostawą do portu

~ **house city limits** franko siedziba odbiorcy w granicach miasta

~ **import** import bez cła ⟨bezcłowy⟩

~ **in** bez kosztów załadunku (*dla armatora*)

~ **in and out** (*skr.* **f.i.o.**) bez kosztów załadowania i wyładowania

~ **in and stowed** ⟨**trimmed**⟩ załadunek i sztauerka ⟨trymerka⟩ bez kosztów dla armatora

~ **into barge** franko barka

~ **labour** zatrudnianie nie zrzeszonych robotników

~ **lance** ⟨**lancer**⟩ dziennikarz niezależny ⟨bez stałej posady⟩

~ **law** *hist.* ogół praw obywatelskich

~ **lighterage** bez kosztów lichtowania

~ **list** lista towarów wolnocłowych (*gratisów itp.*)

~ **loading** bez kosztów załadunku

~ **loan** pożyczka bezprocentowa

~ **luggage** bagaż wolny od opłaty

~ **market** wolny rynek

~ **market price** cena wolnorynkowa

~ **market rate** kurs wolnorynkowy

~ **of capture and seizure** *ub. mors.* z wyłączeniem zajęcia i przetrzymania

~ **of charge** wolny od opłat, bezpłatny

~ **of commission** bez prowizji, bez obciążenia prowizją

~ **of debts** wolny od długów

~ **of duty** a) wolny od cła, bezcłowy b) wolny od opłat

~ **of interest** bezprocentowy

~ **of mortgages** wolny od obciążeń hipotecznych

~ **of (particular) average** *ub. mors.* z wyłączeniem szkód częściowych

~ **of postage** wolny od opłaty pocztowej

~ **of tax** wolny od opodatkowania

~ **of turn** (*o statku czekającym na załadowanie*) poza kolejnością, bez kolejki

~ **on board** (*skr.* **f.o.b.**) a) franko statek b) franko wagon c) *am.* franko samochód ciężarowy d) franko pokład samolotu

~ **on board airplane** franko pokład samolotu

~ **on board and stowed** ⟨**trimmed**⟩ franko statek łącznie z kosztami sztauowania ⟨trymowania⟩

~ **on board vessel** *am.* franko statek

~ **on car** franko wagon

~ **on quay** franko nabrzeże

~ **on rail** (*skr.* **f.o.r.**) franko wagon

~ **on truck** (*skr.* **f.o.t.**) franko samochód ciężarowy

~ **out (of sea vessel)** (*czarter*) bez kosztów wyładunku (*dla armatora*)

~ **overside** franko nabrzeże ⟨lichtugi⟩ w porcie przeznaczenia

~ **packed** łącznie z kosztami opakowania

~ **pardon** całkowite ułaskawienie

~ **pass** bezpłatny ⟨wolny⟩ wstęp, passe-partout

~ **passage** wolne przejście

~ **pilotage** a) pilotaż nie obowiązujący b) pilotaż bezpłatny

~ **policy** bezpremiowa polisa

~ **port** a) wolny port b) port wolnocłowy, strefa wolnocłowa (*portu*)

~ **port of departure** ⟨**destination**⟩ franko port wyjścia ⟨przeznaczenia⟩

~ **pratique** czyste świadectwo swobody ruchów, dozwolone przez władze sanitarne komunikowanie się z lądem

~ **price** cena franko

~ **(right of) disposal** prawo dysponowania

~ **sale** sprzedaż z wolnej ręki, wolna sprzedaż

~ **sample** bezpłatna próbka

~ **sea** otwarte morze

~ **share** bezpłatna akcja, akcja gratis

~ **ship** statek neutralny

~ **speech** wolność słowa

~ **state** państwo niepodległe

~ **tenement** ⟨**tenure**⟩ *hist.* pełna własność nieruchomości, wolne od opłacania dzierżawy lub pełnienia świadczeń władanie ziemią

~ **ticket** bilet bezpłatny

~ **time** a) czas wolny (*od momentu gotowości statku do chwili załadowywania lub wyładowywania*) b) wolny czas składowania c) wolny czas postoju wagonu (*bez płacenia postojowego*)

~ **trade** wolny handel

~ **trade policy** polityka wolnego handlu
~ **transit** tranzyt wolny od opłat
~ **translation** wolny przekład
~ **trial** bezpłatna próba
~ **turn** klauzula o obciążeniu czarterującego za czas wyczekiwania na załadowanie lub wyładowanie
~ **vote** *parl.* swobodne ⟨wolne⟩ głosowanie (*nie podporządkowane dyscyplinie partyjnej*)
~ **warehouse** *a)* franko magazyn *b)* magazyn wolnocłowy
~ **will** swobodna ⟨wolna⟩ wola
~ **zone** strefa wolna ⟨wolnocłowa⟩
to make ~ with sth rozporządzać czymś (*cudzą własnością*)
free² *adv* **1.** wolno, swobodnie **2.** bezpłatnie, za darmo, gratis
~ **of charge** bezpłatnie
to enter ~ (*o towarze*) być wwożonym ⟨wjeżdżać⟩ bezpłatnie
to set sb ~ uwolnić kogoś
catalogue sent ~ on request na żądanie wysyłamy bezpłatnie katalog
free³ *v* **1.** uwalniać, oswobadzać **2.** wyzwalać **3.** oczyszczać (**of** ⟨**from**⟩) **sth** z czegoś)
to ~ an estate from mortgage uwolnić majątek od hipoteki, zdjąć hipotekę z majątku
to ~ from a liability zwolnić z zobowiązania
to ~ oneself from a debt uwolnić się od długu
to ~ sb from an accusation ⟨**a charge**⟩ uwolnić kogoś od oskarżenia ⟨zarzutu⟩
to ~ sb from restraint zwolnić kogoś z aresztu
freeboard *s* wolna burta
~ **mark** znak wolnej burty
certificate of ~ świadectwo wolnej burty
freebooter *s* pirat
freeborn *adj hist.* wolno urodzony
freedom *s* **1.** wolność, swoboda **2.** przywilej, zwolnienie (**from sth** od czegoś) **3.** prawo (**of sth** do czegoś), swobodne korzystanie (**of sth** z czegoś), wolny wstęp (**of sth** do czegoś)
~ **fighter** bojownik o wolność
~ **from defect** niewadliwość, brak wady
~ **from fear** uwolnienie od strachu
~ **from taxes** uwolnienie od podatków
~ **from want** uwolnienie od niedostatku ⟨biedy⟩
~ **of action** swoboda działania
~ **of assembly** wolność zgromadzeń
~ **of association** wolność stowarzyszeń, prawo do zrzeszania się
~ **of belief** wolność przekonań
~ **of the city** *a)* obywatelstwo miasta *b)* honorowe obywatelstwo miasta
~ **of competition** wolna konkurencja, swoboda konkurencji
~ **of conscience** wolność sumienia
~ **of contract** wolność zawierania umów
~ **of discussion** wolność ⟨swoboda⟩ dyskusji
~ **of election** wolność wyborów
~ **of faith** ⟨**religion**⟩ wolność wyznania
~ **of navigation** wolność żeglugi
~ **of the press** wolność prasy ⟨druku⟩
~ **of the seas** wolność mórz
~ **of speech** wolność słowa
~ **of trade** wolność handlu
~ **of the will** wolna wola
~ **of worship** wolność praktyk religijnych

to enjoy ~ korzystać z wolności, cieszyć się wolnością
freehold¹ *s* **1.** prawo władania nieruchomością bez ograniczeń **2.** grunt posiadany na własność
freehold² *adj* posiadany na własność (*bez ograniczeń*)
~ **estate** ⟨**property**⟩ majątek nieruchomy posiadany na własność
freeholder *s* właściciel majątku
freeman *s* **1.** *hist.* wolny człowiek, obywatel **2.** członek (*np. cechu*) **3.** obywatel (*miasta*)
free-trade *adj* wolnocłowy
~ **port** port wolnocłowy
~ **zone** strefa wolnocłowa, wolny obszar celny
free-trader *s* zwolennik doktryny wolnego handlu
freeze *v* (**froze, frozen**) **1.** zamarzać **2.** zamrażać **3.** zablokować
to ~ an account zamrozić ⟨zablokować⟩ konto
to ~ a credit zamrozić ⟨zablokować⟩ kredyt
to ~ prices zamrozić ceny
to ~ wages zamrozić płace
freezer *s* zamrażarka
freezing *s* zamrażanie, zamrożenie
freight¹ *s* **1.** fracht, przewoźne, wynagrodzenie za przewóz **2.** ładunek, przesyłka, zafrachtowany towar **3.** zafrachtowanie ⟨przewóz⟩ towarów
~ **account** ⟨**bill**⟩ rachunek za fracht ⟨frachtowy, należności frachtowej⟩, rozliczenie frachtowe
~ **ad valorem** fracht płatny od wartości ładunku
~ **advance** zaliczka frachtowa ⟨na fracht⟩
~ **agent** agent frachtowy
~ **at destination** fracht płatny w miejscu przeznaczenia
~ **at risk** fracht na ryzyko (*przewoźnika*)
~ **basis** zasadnicza stawka frachtowa
~ **booking** bukowanie frachtu ⟨ładunku⟩
~ **booking note** potwierdzenie zabukowania
~ **broker** makler frachtujący
~ **brokerage** *a)* maklerka frachtowa *b)* prowizja frachtowa
~ **broking** maklerka frachtowa
~ **by case** fracht płatny od sztuki opakowania
~ **by measurement** fracht kubaturowy ⟨przestrzenny⟩
~ **by weight** fracht wagowy
~ **canvasser** akwizytor frachtowy
~ **capacity** pojemność ładunkowa
~ **car** *am. a)* wagon towarowy *b)* samochód ciężarowy
~ **carrier** *a)* frachtowiec *b)* przewoźnik towarów
~ **charges** fracht, przewoźne, opłata frachtowa
~ **clause** klauzula frachtowa
~ **collection fee** ⟨**commission**⟩ prowizja inkasowa ⟨za inkaso frachtu⟩
~ **collision clause** *bryt. ub. mors.* klauzula frachtowa kolizyjna
~ **contract** *a)* umowa frachtowa *b)* potwierdzenie bukowania
~ **contractor** *a)* przedsiębiorca przewozowy *b) am.* makler ładunkowy
~ **cost** koszty przewozu
~ **depot** magazyn frachtowy
~ **discount** rabat frachtowy
~ **earning** dochody frachtowe
~ **elevator** elewator frachtowy
~ **fixtures** notowania frachtowe
~ **forwarder** *am.* spedytor portowy

~ **home** fracht powrotny
~ **house** am. skład, magazyn
~ **idea** orientacyjna stawka frachtowa, „idea" frachtowa
~ **in advance** fracht płatny z góry
~ **index** indeks frachtowy, wskaźnik poziomu frachtów
~ **in full** pełny fracht (*bez prymażu, dodatku itp.*).
~ **insurance** ubezpieczenie frachtowe
~ **list ⟨manifest⟩** lista towarów przewożonych
~ **market** rynek frachtowy
~ **market report ⟨review⟩** sprawozdanie z rynku frachtowego
~ **market research** badania rynku frachtowego
~ **money** prowizja frachtowa
~ **note** nota frachtowa
~ **of carriage** fracht, przewoźne
~ **offer** oferta frachtowa
~ **office** a) biuro frachtowe b) am. biuro ekspedycji towarowej
„~ **paid"** „fracht uiszczono" (*napis na konosamencie*)
~ **paid bill of lading** konosament z uwagą o uiszczeniu frachtu z góry
~ **payable as per charter(-)party** fracht płatny zgodnie z umową czarterową
~ **payable concurrent with discharge** fracht płatny w miarę wydawania ładunku
~ **payable on arrival** fracht płatny po (doręczeniu zawiadomienia o) przybyciu
~ **payable upon final delivery** fracht płatny po wyładowaniu całego ładunku
~ **pending** fracht należny ⟨do zapłacenia⟩
~ **per ton weight** fracht płatny od tony (*wagowej*)
~ **plane** samolot frachtowy
~ **policy** ub. mors. polisa frachtowa
~ **prepaid** fracht opłacony z góry
~ **quotation** notowania stawek frachtowych
~ **rate** stawka frachtowa
~ **rebate** rabat frachtowy
~ **reduction** obniżka frachtu
~ **release** polecenie wydania przesyłki, kwit zwolnienia przesyłki
~ **service** transport towarów
~ **ship** frachtowiec
~ **space ⟨room⟩** przestrzeń ładunkowa
~ **surcharges** procentowe dodatki do stawek frachtowych
~ **tariff** taryfa frachtowa
~ **terms** warunki frachtowe
~ **ton** tona frachtowa (*przestrzenna lub ciężarowa*)
~ **tonnage** pojemność ładunkowa (*w tonach rejestrowych*)
~ **traffic** ruch frachtowy
~ **train** am. pociąg towarowy
~ **unit** jednostka frachtowa (*przy obliczaniu frachtu*)
additional ~ fracht dodatkowy, dopłata do frachtu
advance ~ a) fracht opłacony z góry b) zaliczka frachtowa
air ~ fracht lotniczy
anticipated ~ fracht spodziewany ⟨przypuszczalny⟩
back ~ a) fracht powrotny b) ładunek powrotny
backward ⟨homeward⟩ ~ fracht wejściowy ⟨powrotny⟩ (*pobierany przy powrocie statku do portu macierzystego*)

berth ~ fracht za ładunek uzupełniający
bulk ~ ładunek masowy luzem
carload ⟨railroad⟩ ~ am. fracht kolejowy za przewozy całowagonowe
chartered ~ fracht czarterowy
collect ~ fracht do pobrania (*w miejscu przeznaczenia*)
dead ~ martwy ⟨ślepy⟩ fracht (*za ładunek nie dostarczony lub brakujący*)
distance ⟨pro rate⟩ ~ fracht dystansowy ⟨częściowy⟩ (*należny armatorowi za przebytą część podróży w razie niedowiezienia ładunku do miejsca przeznaczenia bez winy armatora*)
distress ~ fracht okazyjny (*za ładunki uzupełniające*)
earned ~ fracht „zarobiony" (*należny mimo utraty towaru*)
extra ~ fracht dodatkowy, dopłata do frachtu
gross ~ fracht brutto ⟨pełny⟩ (*bez żadnych potrąceń*)
guaranteed ~ am. fracht gwarantowany (*płatny nawet w razie niedostarczenia towaru*)
home ⟨homeward, inbound, inward⟩ ~ a) fracht powrotny b) ładunek powrotny
insurance on ~ ubezpieczenie frachtu
lien for ~ prawo zastawu na zabezpieczenie frachtu
liner ~ **rate** liniowa stawka frachtowa
lump ⟨lump-sum⟩ ~ fracht ryczałtowy
mass ~ ładunek masowy
measurement ~ ładunek objętościowy ⟨przestrzenny⟩
minimum ~ fracht minimalny, najniższa stawka frachtowa
net ~ fracht netto
ocean ~ fracht morski
optional ~ fracht opcyjny (*przy zastrzeżeniu wyboru portu wyładowania*)
out and home ~ fracht w podróży okrężnej
outbound ⟨outward⟩ ~ a) fracht wyjściowy (*w rejsie z portu macierzystego*) b) fracht eksportowy
over ~ a) dopłata do frachtu b) nadwyżka ładunku
package ~ drobnica
railroad ~ fracht kolejowy
return ~ a) fracht powrotny b) ładunek powrotny
sea ~ fracht morski
through ~ fracht bezpośredni (*przy przewozach morsko-lądowych*)
time ~ fracht okresowy
voyage ~ fracht ustalony w czarterze ⟨czarterowy⟩
to pay the ~ zapłacić ⟨opłacić⟩ fracht
freight² v przewozić, frachtować
freightage s 1. frachtowanie 2. fracht, przewoźne 3. przewóz (*towaru*) statkiem 4. am. przewóz (*towaru*) koleją 5. pojemność ładunkowa
freighter s 1. strona frachtująca statek 2. strona wysyłająca towar 3. frachtowiec 4. am. wagon towarowy
freight-liner s pociąg kontenerowy
frequency s częstotliwość, częstość
~ **rate of accidents** częstotliwość wypadków
fresh adj świeży, nowy
~ **application** świeże zgłoszenie ⟨podanie⟩
~ **arrivals** nowo ⟨świeżo⟩ otrzymane towary
~ **bail** nowa kaucja sądowa (*jako poręczenie*)
~ **evidence** nowy dowód

~ **pursuit** pościg po świeżych śladach
~ **water** słodka woda
friction s **1.** tarcie **2.** nieporozumienie
international ~ spięcie międzynarodowe
friend s **1.** przyjaciel, osoba zaprzyjaźniona **2.** klient, osoba związana stosunkami handlowymi **3.** kolega (*w stosunkach między posłami, adwokatami itp.*)
~ **at court** wpływowa osoba
~ **business** zaprzyjaźniona firma, bank korespondent
my honourable ⟨**noble**⟩ ~ mój szanowny kolega (*zwrot między posłami*)
my learned ~ mój uczony kolega (*zwrot między adwokatami*)
friendly adj **1.** przyjazny, życzliwy **2.** pomyślny **3.** zaprzyjaźniony
~ **action** ⟨**suit**⟩ sprawa wniesiona zgodnie przez obydwie strony celem wyjaśnienia spornej kwestii
~ **arrangement** przyjazne ⟨polubowne⟩ załatwienie
~ **nation** naród zaprzyjaźniony
~ **neutrality** życzliwa neutralność
~ **relations** ⟨**terms**⟩ przyjazne stosunki
~ **settlement of a claim** polubowne załatwienie roszczenia
~ **society** bryt. towarzystwo wzajemnej pomocy
~ **state** zaprzyjaźnione państwo
friendship s przyjaźń
act of ~ przyjacielska przysługa
bonds of ~ więzy przyjaźni
treaty of ~ układ przyjaźni
fright s strach, przerażenie
frighten v przestraszyć, przerazić
fringe s: ~ **benefits** dodatkowe wynagrodzenie, dodatki do poborów
frisk v obszukać (*w poszukiwaniu broni*)
frivolous adj **1.** frywolny **2.** lekkomyślny, powierzchowny **3.** błahy, marny **4.** samowolny
~ **answer** niepoważna odpowiedź (*na pozew*)
~ **arrest** samowolny areszt
~ **bankruptcy** lekkomyślne bankructwo
~ **claim** lekkomyślne ⟨niepoważne⟩ roszczenie
from praep z, od
~ **bad faith** w złej wierze
~ **the evidence** na podstawie dowodów
~ **the original** według oryginału
~ **that day** od tego dnia
~ **this point of view** z tego punktu widzenia
to do sth ~ **necessity** robić coś z konieczności
to judge ~ **appearances** sądzić z pozorów
to release ~ **prison** uwolnić z więzienia
front s front, przód, przednia strona
~ **benchers** bryt. osoby siedzące w pierwszych rzędach w Parlamencie (*ministrowie i przywódcy opozycji*)
~ **money** zaliczka, przedpłata
~ **of the bill (of exchange)** przednia strona weksla
National Liberation Front Front Wyzwolenia Narodowego
frontager s właściciel nieruchomości przylegającej do drogi ⟨rzeki⟩
frontier s granica
~ **control** kontrola graniczna
~ **customs office** graniczny urząd celny
~ **duty** cło graniczne
~ **line** linia graniczna
~ **port** port graniczny

~ **rectification** ⟨**revision**⟩ rewizja granic
~ **station** stacja graniczna
~ **trade** przygraniczny handel
~ **traffic** ruch graniczny
~ **zone** strefa graniczna
closing of the ~ zamknięcie granicy
crossing of the ~ przekroczenie granicy
customs ~ granica celna
state ~ granica państwa
frozen adj zamrożony, zablokowany
~ **account** zablokowane konto
~ **assets** zamrożone kapitały ⟨aktywa⟩
~ **credit** zamrożony kredyt
~ **food(s)** mrożone produkty żywnościowe
frustrate v **1.** unicestwiać, niszczyć **2.** udaremniać, uniemożliwiać, krzyżować **3.** czynić bezskutecznym ⟨bezprzedmiotowym⟩
to ~ **sb's plans** pokrzyżować ⟨udaremnić⟩ czyjeś plany
to ~ **a plot** udaremnić spisek
frustrated adj udaremniony, bezskuteczny
~ **contract** umowa, która stała się bezskuteczna
~ **exports** udaremniony eksport
frustration s **1.** udaremnienie, pokrzyżowanie, uniemożliwienie **2.** pozbawienie skuteczności
~ **clause** klauzula frustracyjna (*na wypadek gdyby umowa stała się bezprzedmiotowa*)
~ **of (the) adventure** ub. mors. udaremnienie ⟨nie dojście do skutku⟩ wyprawy morskiej
~ **of contract** bezprzedmiotowość umowy, niecelowość kontraktu
fuel[1] s paliwo, opał
~ **consumption** zużycie paliwa
~ **ship** tankowiec
~ **supply** zaopatrzenie w paliwo
fuel[2] v zaopatrywać (się) w paliwo
fugitive[1] s **1.** zbieg, uciekinier **2.** dezerter
~ **from justice** osoba ukrywająca się przed wymiarem sprawiedliwości
fugitive[2] adj **1.** zbiegły **2.** krótkotrwały, nietrwały
~ **offender** zbiegły przestępca
fulfil, am. **fulfill** v **1.** spełniać, wypełniać **2.** wywiązywać się, wykonywać **3.** dokonać (*czegoś*)
to ~ **conditions** spełniać warunki, odpowiadać warunkom
to ~ **a contract** wykonać umowę
to ~ **a duty** spełnić obowiązek
to ~ **sb's instructions** wykonać czyjeś instrukcje ⟨polecenia⟩
to ~ **an obligation** wypełnić zobowiązanie
to ~ **the requirements** spełnić wymagania
fulfilment, am. **fulfillment** s **1.** wykonanie, spełnienie **2.** wywiązanie się **3.** zadośćuczynienie
full[1] s **1.** całość **2.** całkowita ilość
in ~ całkowicie, w pełni
name in ~ pełne imię i nazwisko
payment in ~ całkowita zapłata, pełna opłata
to the ~ do najwyższego stopnia, do najwyższych granic
full[2] adj **1.** pełny, całkowity **2.** dokładny
~ **address** pełny ⟨dokładny⟩ adres
~ **age** pełnoletniość
~ **agreement** pełne porozumienie
~ **and complete cargo** ładunek pełny (*na całą pojemność lub nośność statku*)

~ **and down** (*o statku*) pełny i zanurzony do znaku

~ **assembly** plenum

~ **brother** rodzony brat

~ **commission** komisja w pełnym składzie

~ **consent** całkowita zgoda

~ **court** sąd w pełnym składzie

~ **coverage** pełne pokrycie szkody (*w drodze ubezpieczenia*)

~ **details** wszystkie szczegóły, pełne dane

~ **discharge** pełne zwolnienie, pełna spłata

~ **duty** cło w pełnej wysokości

~ **employment** pełne zatrudnienie

~ **endorsement** pełny indos

~ **faith and credit clause** *am.* klauzula konstytucji przyznająca pełne poszanowanie praw i wyroków sądowych jednego stanu w innych stanach

~ **fare** pełna opłata ⟨taryfa⟩

~ **freight** pełny fracht

~ **load** pełne obciążenie

~ **measure** dobra miara

~ **membership** pełne członkostwo

~ **name** pełne imię i nazwisko

~ **particulars** pełne szczegóły ⟨dane⟩

~ **pay(ment)** pełna płaca ⟨zapłata⟩

~ **power** pełnomocnictwo generalne

~ **price** cena całkowita

~ **qualifications** pełne kwalifikacje

~ **right** pełne prawo własności (*połączone z faktycznym posiadaniem*)

~ **risk** całkowite ryzyko

~ **set of documents** pełny komplet dokumentów

~ **settlement** całkowite zaspokojenie

~ **statement** pełne ⟨wyczerpujące⟩ oświadczenie

~ **text** pełny ⟨całkowity⟩ tekst

~ **time** a) pełny dzień roboczy b) pełny etat

~ **validity** pełna moc ⟨ważność⟩

~ **value** pełna wartość

~ **weight** pełna ⟨dobra⟩ waga

full-time *adj* pełnoetatowy

~ **employment** zatrudnienie w pełnym wymiarze godzin

~ **job** praca w pełnym wymiarze godzin ⟨na pełnym etacie⟩

~ **worker** pracownik w pełnym wymiarze godzin ⟨na pełnym etacie⟩

fully *adv* całkowicie, zupełnie

~ **authorized** w pełni upoważniony

~ **booked** (*o statku*) całkowicie zabukowany

~ **certificated** w pełni wykwalifikowany

~ **justified** całkowicie usprawiedliwiony

~ **liable** ⟨**responsible**⟩ w pełni ⟨całkowicie⟩ odpowiedzialny

~ **licensed** posiadający koncesję (*na sprzedaż napojów alkoholowych*)

~ **paid (up)** całkowicie zapłacony

~ **qualified** a) w pełni wykwalifikowany b) w pełni upoważniony

~ **subscribed** całkowicie pokryty w drodze subskrypcji

fumigation *s* fumigacja, dezynfekcja gazem

~ **certificate** świadectwo fumigacji

function[1] *s* **1.** funkcja, czynność **2.** urząd, stanowisko **3.** obowiązek, zadanie **4.** *pl* **functions** zobowiązania dłużne

function[2] *v* działać, funkcjonować

functionary *s* funkcjonariusz, urzędnik, pracownik

fund[1] *s* **1.** fundusz, kapitał **2.** zapas, zasób, rezerwa **3.** *pl* **funds** kapitały, fundusze, środki pieniężne **4.** *pl* **the funds** państwowe papiery wartościowe, akcje pożyczki narodowej

~ **holder** a) posiadacz papierów wartościowych b) rentier

~ **raising** zebranie kapitału

~**s earmarked for...** fundusze przeznaczone na...

~**s in hand** środki pieniężne będące w dyspozycji

~**s invested abroad** fundusze zainwestowane za granicą

amortization ~ fundusz amortyzacyjny

available ~s fundusz dyspozycyjny

benefit ~ fundusz zapomogowy

capital ~s fundusz zakładowy

circulating ~ fundusz obrotowy

contingency ⟨**reserve**⟩ ~ fundusz rezerwowy (*na wydatki nieprzewidziane*)

depreciation ~ fundusz amortyzacyjny (*powstały z odpisów od wartości majątku trwałego*)

development ~ fundusz rozwojowy

discretional ~ fundusz dyspozycyjny

equalization ~ fundusz wyrównawczy

guarantee ~ fundusz gwarancyjny

insufficient ~s (*na rachunku, czeku*) brak pokrycia

insurance ~ fundusz na ubezpieczenie

International Monetary Fund Międzynarodowy Fundusz Walutowy

investment ~ fundusz inwestycyjny

National Insurance Fund państwowy fundusz ubezpieczeniowy

no ~s (*na rachunku, czeku*) brak pokrycia

not sufficient ~s niedostateczne ⟨niewystarczające⟩ pokrycie

pension ⟨**retirement, retiring**⟩ ~ fundusz emerytalny

premium ~ fundusz ubezpieczeniowy (*na wypłatę odszkodowań*)

public ~s fundusze publiczne

relief ⟨**welfare**⟩ ~ fundusz pomocy ⟨opieki społecznej⟩

short-term ~ krótkoterminowy kapitał (*zagraniczny*)

sinking ~ fundusz amortyzacyjny (*na umorzenie długów*)

social ~ fundusz socjalny

stabilization ~ fundusz stabilizacyjny

wages ~ fundusz płac

working capital ~ kapitał obrotowy

to accumulate ~s gromadzić kapitały

to allocate ⟨**allot**⟩ ~s asygnować ⟨przeznaczać⟩ fundusze

to appropriate ~s **to sth** przeznaczać fundusze na coś

to be in ~s dysponować pieniędzmi

to be out of ~s nie mieć funduszów, nie dysponować pieniędzmi

to raise ~s zdobyć ⟨zgromadzić⟩ kapitały

fund[2] *v* **1.** lokować pieniądze w papierach wartościowych **2.** konsolidować dług **3.** gromadzić, robić zapasy

fundamental *adj* **1.** zasadniczy, podstawowy, istotny **2.** pierwszorzędny

~ **condition** podstawowy warunek

~ **error** istotny błąd
~ **freedoms** podstawowe swobody
~ **idea** podstawowa myśl ⟨zasada⟩
~ **law** podstawowe prawo, konstytucja
~ **principle** główna zasada
~ **reason** istotna przyczyna
~ **rights** podstawowe prawa
fundamentals *spl* podstawowe zasady ⟨założenia⟩
   to agree upon ~ zgodzić się co do podstawowych założeń ⟨zasad⟩
   to differ on ~ różnić się w kwestiach zasadniczych
funded *adj*: ~ **debt** dług fundowany, pożyczka w obligacjach państwowych
   ~ **loan** pożyczka fundowana ⟨w obligacjach państwowych⟩
   ~ **property** majątek zgromadzony w papierach wartościowych
   long-term ~ **capital** kapitał ulokowany na długi termin
funding *s* konsolidowanie ⟨gromadzenie, zbieranie⟩ funduszu
   ~ **loan** pożyczka konsolidowana
funeral *s* pogrzeb
   ~ **expenses** koszty pogrzebu
   ~ **insurance** kasa pogrzebowa
fungible *adj* zamienny, zamienialny
   ~ **freight** ładunek zamienny (*składający się z przesyłek, które można pomieszać i nie trzeba oddzielać*)
   ~ **things** rzeczy ruchome oznaczone co do rodzaju
furnish *v* 1. dostarczać 2. zaopatrywać (**with sth** w coś)
   to ~ **evidence** dostarczyć dowodu
   to ~ **explanations** dostarczyć wyjaśnień, podać wyjaśnienia
   to ~ **proofs** dostarczyć dowodów
   to ~ **references** dać referencje
   to ~ **sb with funds** dostarczyć komuś funduszy, zaopatrzyć kogoś w fundusze
   to ~ **sb with information** dostarczyć komuś informacji
further[1] *adj* 1. dalszy 2. dodatkowy, uzupełniający
   ~ **abatement** dalsza ⟨dodatkowa⟩ zniżka

~ **credit** dodatkowy kredyt
~ **education** *bryt.* nauka dla dorosłych
~ **information** ⟨**news**⟩ dalsze wiadomości
~ **offences by a person** dalsze przestępstwa popełnione przez tę samą osobę
~ **orders** dalsze zamówienia
~ **particulars to follow** dalsze szczegóły nastąpią
for ~ **consideration** do dalszego rozważenia
till ⟨**until**⟩ ~ **notice** ⟨**orders**⟩ aż do dalszego zawiadomienia ⟨otrzymania dalszych instrukcji⟩
upon ~ **consideration** po dalszym rozważeniu
with ~ **reference to the letter of...** nawiązując w przyszłości do listu z...
   to ask for a ~ **credit** prosić o dalszy kredyt
further[2] *adv* dalej, dodatkowo, ponadto
   ~ **to the letter of...** w ślad za listem z dnia...
   to inquire ~ badać bardziej szczegółowo
further[3] *v* 1. wspierać, pomagać (**sth** w czymś) 2. współdziałać, przychodzić z pomocą
   to ~ **sb's interests** działać w czyimś interesie
   to ~ **sb's plans** popierać czyjeś plany
furtherance *s* poparcie, wspomaganie, przyjście z pomocą
fuse *v* 1. dokonywać fuzji 2. podlegać fuzji, łączyć się
fusion *s* fuzja, łączenie się, połączenie
futile *adj* daremny, próżny, bezskuteczny
   ~ **attempt** bezskuteczne usiłowanie
futility *s* daremność, próżność, bezskuteczność
future[1] *s* 1. przyszłość 2. *pl* **futures** transakcje giełdowe terminowe 3. *pl* **futures** towary dostarczone w ramach tych transakcji
   ~ **s contracts** kontrakty giełdowe na przyszłą dostawę
   ~ **s market** rynek transakcji terminowych
future[2] *adj* przyszły
   ~ **delivery business** giełdowa transakcja terminowa
   ~ **goods** towary dostarczane z transakcji terminowej
   ~ **orders** dalsze zamówienia
   ~ **price** cena w transakcji terminowej
   ~ **property** przyszły majątek

G

G *adj (o filmie)* dozwolony dla wszystkich, bez ograniczeń
gabel *s* akcyza
gag[1] *s* knebel
   ~ **order** *am.* zakaz dyskutowania (*w prasie itd.*) na temat sprawy sądowej w toku jej trwania ⟨rozpatrywania⟩
gag[2] *v* kneblować
gage[1] *s* 1. zastaw, rękojmia 2. wadium, zabezpieczenie 3. *hist.* wyzwanie
   auction ~ wadium
   to give ⟨**leave**⟩ **sth in** ~ dawać ⟨zostawiać⟩ coś w zastaw

gage[2] *v* 1. zastawiać, oddawać w zastaw 2. dawać zabezpieczenie 3. ręczyć (**sth** czymś)
gagee *s* zastawnik, osoba otrzymująca zastaw
gager *s* zastawca, osoba dająca zastaw
gain[1] *s* 1. zysk, korzyść 2. zarobek, dochód 3. przyrost, zwiększenie 4. wygrana 5. *pl* **gains** dochody, zyski
   ~ **in weight** przyrost wagi
   ~ **of prices** zwyżka cen
   ~ **sharing** *am.* system płac z premią za wzrost produkcji
   capital ~ **s** zysk z operacji giełdowych
   for ~ dla zysku
   net ~ czysty dochód ⟨zysk⟩

to make ~ s osiągać zyski

gain² v 1. zyskiwać, korzystać 2. zarabiać 3. wygrywać 4. osiągać, zdobywać 5. nabywać
  to ~ **one's case** wygrać sprawę sądową
  to ~ **one's destination** osiągnąć cel
  to ~ **experience** zdobyć doświadczenie
  to ~ **ground** *przen.* zyskać oparcie, poszerzać teren działania
  to ~ **independence** uzyskać niepodległość, zdobyć niezależność
  to ~ **in importance** zyskać na znaczeniu
  to ~ **in value** zyskać na wartości
  to ~ **one's living** zarabiać na utrzymanie ⟨życie⟩
  to ~ **a majority (of votes)** uzyskać większość (głosów)
  to ~ **money** zarabiać pieniądze
  to ~ **a reputation** zyskać sławę
  to ~ **time** zyskać na czasie
  to ~ **the victory** odnieść zwycięstwo

gainful *adj* zyskowny, dochodowy, korzystny, intratny
  ~ **employment** zatrudnienie przynoszące dochód
  ~ **occupation** zyskowne zajęcie
  ~ **undertaking** dochodowe przedsięwzięcie

gaining *adj*: ~ **market** zwyżkujący rynek

gainings *spl* 1. zysk(i), zarobki 2. dochód 3. wygrana

gainless *adj* 1. niekorzystny, nie zyskowny 2. nie dochodowy

gale *s bryt.* okresowe płacenie czynszu
  ~ **day** dzień płatności czynszu
  hanging ~ zaległości czynszowe

gallows *spl* szubienica
  to send sb to the ~ posłać kogoś na szubienicę

Gallup (poll) *s* 1. ankieta instytutu Gallupa 2. typ badań opinii (*prowadzonych na dobranej populacji*)

gamble¹ *s* 1. hazard 2. spekulacja, ryzykowna transakcja
  pure ~ czysty hazard

gamble² *v* 1. uprawiać hazard, hazardować się 2. spekulować
  to ~ **away a fortune** przegrać fortunę
  to ~ **on a fall** ⟨**rise**⟩ *giełd.* grać na zniżkę ⟨zwyżkę⟩
  to ~ **on the Stock Exchange** grać na giełdzie

gambler *s* 1. hazardzista 2. ryzykant 3. spekulant giełdowy
  ~ **on the Stock Exchange** spekulant giełdowy

gambling *s* 1. hazard 2. gra na giełdzie 3. spekulacja
  ~ **policy** polisa ubezpieczenia spekulacyjnego
  stock ~ spekulacje giełdowe

gambling-den, gambling-house *s* dom ⟨jaskinia⟩ gry

game¹ *s* 1. gra 2. zwierzyna łowna 3. *pl* **games** zawody, igrzyska 4. *pl* **games** knowania, machinacje; sztuczki
  ~ **of chance** gra hazardowa
  ~ **plan** plan gry ⟨kampanii⟩
  the Olympic Games igrzyska olimpijskie, olimpiada
  to play a double ~ prowadzić podwójną grę

game² *v* uprawiać hazard
  to ~ **away one's fortune** przegrać majątek

game-acts, game-laws *spl* ustawy łowieckie ⟨o ochronie zwierzyny⟩

game-licence *s* karta łowiecka

game-preserve *s* rezerwat zwierzyny

game-tenant *s* dzierżawca terenu łowieckiego

game-warden *s* strażnik zwierzyny ⟨łowiecki⟩

gaming *s* 1. hazard 2. karciarstwo
  ~ **debt** dług wynikły z gry hazardowej ⟨karciany⟩
  ~ **house** ⟨**club**⟩ dom gry
  ~ **loss** strata wynikła z hazardu
  ~ **policy** polisa spekulacyjna
  ~ **rooms** sale gier hazardowych

gang *s* 1. brygada robocza, ekipa, drużyna, zespół, grupa 2. banda, szajka, gang
  ~ **activities** przestępcza działalność bandy ⟨gangu⟩
  ~ **psychology** psychologia bandy ⟨gangu⟩
  ~ **robbery** kradzież rabunkowa dokonana przez bandę
  ~ **war** wojna pomiędzy gangami

gang-bang, gang-shag *s sl.* zbiorowa orgia, gwałt zbiorowy

ganger, gangman *s* brygadzista

gangster *s* gangster, bandyta

gangsterism *s* 1. gangsterstwo, bandytyzm 2. zbrodnia, przestępstwo

gang up *v* działać wspólnie jako gang

gaol¹ *bryt.*, **jail** *s* 1. więzienie 2. uwięzienie 3. *zob.* **jail**
  to put in ⟨**send to**⟩ ~ wsadzić do więzienia

gaol² *bryt.*, **jail** *v* uwięzić, wsadzić do więzienia

gaolbird *bryt.*, **jailbird** *s pot.* 1. więzień, aresztant 2. typ zbrodniczy

gaol-break *bryt.*, **jail-break** *s* ucieczka z więzienia

gaol-delivery *bryt.*, **jail-delivery** *s* opróżnienie więzienia w wyniku rozpatrzenia spraw aresztantów

gaoler *bryt.*, **jailer, jailor** *s* dozorca ⟨strażnik⟩ więzienny

gap *s* 1. luka, wyrwa, wyłom 2. brak, deficyt, niedobór
  ~ **in the balance of payment** deficyt w bilansie płatniczym
  ~ **in the law** luka w prawie
  dollar ~ deficyt dolarowy
  trade ~ deficyt handlowy
  to bridge ⟨**close, fill (in), stop**⟩ **a** ~ zapełnić ⟨wypełnić⟩ lukę, usunąć brak
  to narrow a ~ zmniejszyć lukę ⟨różnicę⟩

garble *v* 1. przekręcać, fałszywie przedstawiać, manipulować (*informacją*) 2. sortować, brakować (*towar*)
  to ~ **evidence** przekręcać ⟨fałszywie przedstawiać⟩ dowody
  to ~ **a text** zniekształcać tekst (*przez opuszczenia*)

garbler *s* brakarz, sortowacz

garbling *s* 1. sortowanie, brakowanie, przebieranie 2. *pl* **garblings** odpady, odpadki

garnish *v* 1. dokonać zajęcia u osoby trzeciej (*przedmiotów należących do dłużnika*) 2. przypozwać (*osobę trzecią jako stronę w sporze*)

garnishee *s* osoba trzecia, u której dokonano zajęcia (*rzeczy stanowiącej własność dłużnika*)
  ~ **order** nakaz sądu zajęcia rzeczy ⟨wierzytelności⟩ dłużnika, znajdującej się u osoby trzeciej

garnisher *s* wierzyciel dokonujący zajęcia rzeczy ⟨wierzytelności⟩ dłużnika u osoby trzeciej

garnishment *s* 1. dokonanie zajęcia u osoby trzeciej (*rzeczy* ⟨*wierzytelności*⟩ *dłużnika*) 2. przypozwanie osoby trzeciej
  ~ **order = garnishee order** *zob.* **garnishee**

garrotte¹ *s* 1. stracenie przez uduszenie 2. garota, narzędzie do wykonania kary przez uduszenie 3. uduszenie w celu rabunkowym

garrotte[2] v 1. stracić przez uduszenie 2. dusić w celu rabunkowym
gas s 1. gaz 2. am. paliwo, benzyna
  ~ **certificate** a) świadectwo o stanie zagazowania (zbiorników tankowca) b) świadectwo odgazowania
  ~ **chamber** komora gazowa (do wykonywania kary śmierci)
  ~ **poison** gaz bojowy (rodzaj broni chemicznej)
  ~ **station** am. stacja benzynowa
gather v 1. zbierać, gromadzić (się) 2. wnioskować, rozumieć (from sth that z czegoś, że)
  to ~ **evidence** (information) zbierać dowody (informacje)
  to ~ **rents** (taxes) pobierać czynsze (podatki)
gathering s 1. zebranie, zgromadzenie 2. zbiórka (np. pieniędzy)
gauge[1], am. **gage** s 1. miara, sprawdzian, kaliber, szablon 2. skala, podziałka 3. szerokość toru, rozstęp szyn 4. pojemność, rozmiar, zasięg
  narrow (wide) ~ wąski (szeroki) rozstaw szyn
gauge[2], am. **gage** v 1. mierzyć, dokonywać pomiarów 2. sprawdzać (wagi, miary) 3. szacować, oceniać
gauger, am. **gager** s 1. miernik, miarka 2. kontroler miar 3. taksator 4. poborca akcyzy
gavel s młotek (licytatora, przewodniczącego zebrania, sędziego)
gavelkind s bryt. hist. tenuta, z którą związany był równy podział ziemi między spadkobierców (w braku testamentu)
gazette[1] s bryt. dziennik urzędowy (publikujący informacje o nominacjach, bankructwach, likwidacjach spółek itp.)
gazette[2] v ogłaszać w dzienniku urzędowym
gazetted pp: to be ~ zostać (urzędowo) ogłoszonym
gazump v bryt. sl. oszukać, nabrać, naciągnąć
gem s klejnot
Gencon s czarter generalny (według Konferencji Bałtyckiej)
genealogy s genealogia
general adj 1. ogólny, powszechny, generalny 2. główny, podstawowy, zasadniczy, naczelny 3. ogólny, ramowy
  ~ **acceptance** bezwarunkowa akceptacja weksla (traty)
  ~ **account** konto ogólne
  ~ **accounting office** am. biuro rewidentów ksiąg handlowych
  ~ **act** (law, statute) ustawa generalna (ogólna) (w odróżnieniu od szczególnej)
  ~ **agency** przedstawicielstwo generalne
  ~ **agent** główny agent, pełnomocnik generalny
General Agreement on Tariffs and Trade (skr. GATT) Układ Ogólny w Sprawie Ceł i Handlu
  ~ **and complete disarmament** powszechne i całkowite rozbrojenie
  ~ **appraiser** taksator importowanych towarów (dla urzędu celnego)
  ~ **armistice** powszechne zawieszenie broni
  ~ **assembly** zgromadzenie ogólne
  ~ **assignment** a) przeniesienie całego majątku dłużnika na powiernika celem likwidacji długów b) cesja całego majątku
  ~ **assumpsit** powództwo o odszkodowanie oparte na niespełnieniu domniemanego zobowiązania
  ~ **authority** generalne pełnomocnictwo
  ~ **average** awaria wspólna (wielka)

  ~ **average act** akt (zabieg) awarii wspólnej
  ~ **average adjuster** dyspaszer
  ~ **average adjustment** rozliczenie awarii wspólnej, dyspasza
  ~ **average bond** bon awaryjny, zabezpieczenie awaryjne
  ~ **average clause** ub. mors. klauzula o rozliczeniu awarii wspólnej
  ~ **average contribution** udział w awarii wspólnej
  ~ **average deposit** depozyt awaryjny (na zabezpieczenie udziału w awarii wspólnej)
  ~ **average expenditure** wydatki w awarii wspólnej
  ~ **average loss** strata wielkoawaryjna (poniesiona w awarii wspólnej)
  ~ **average sacrifice** poświęcenie (ładunku) w awarii wspólnej
  ~ **balance-sheet** bilans zbiorczy
  ~ **bill of lading** konosament zbiorowy
  ~ **bonded warehouse** am. generalny magazyn celny
  ~ **business** sprawy różne (punkt porządku obrad)
  ~ **cargo** drobnica, ładunek drobnicowy
  ~ **cargo rate** stawka za przewóz drobnicy, stawka drobnicowa
  ~ **cargo ship** (vessel) drobnicowiec, statek do przewozu drobnicy
  ~ **census** powszechny spis (ludności)
General Certificate of Education bryt. świadectwo dojrzałości (ukończenia szkoły średniej), matura
  ~ **conditions (of sale)** ogólne warunki (sprzedaży)
  ~ **credit** akredytywa okrężna
  ~ **creditor** wierzyciel nie mający zabezpieczenia wierzytelności
  ~ **crisis** powszechny kryzys
  ~ **custom** powszechny zwyczaj
  ~ **damages** szkody ogólne
  ~ **dealer** kupiec towarów mieszanych
  ~ **debate** debata generalna, ogólna dyskusja
  ~ **delivery** am. poste restante
  ~ **demurrer** (exception) generalna ekscepcja, ogólny (generalny) zarzut procesowy
  ~ **denial** generalne zaprzeczenie (twierdzeniom pozwu)
  ~ **deposit** depozyt nieregularny
  ~ **device** generalny zapis nieruchomości
  ~ **election** wybory powszechne
  ~ **endorsement** indos in blanco
  ~ **execution** nakaz egzekucji z całego majątku (dłużnika)
  ~ **executor** generalny wykonawca (testamentu)
  ~ **expenses** koszty ogólne (handlowe)
  ~ **exporter** (importer) eksporter (importer) wielobranżowy
  ~ **exports** (imports) eksport (import) towarów różnych branż
  ~ **goods** towary różne
  ~ **guardian** opiekun o szerokich funkcjach (generalny)
  ~ **imparlance** termin dla przedstawienia odpowiedzi na pozew
  ~ **jurisdiction** generalna jurysdykcja, właściwość ogólna
General Laws am. zbiór praw (określonego stanu)
  ~ **ledger** księga główna
  ~ **letter of credit** akredytywa okrężna
  ~ **licence** generalna licencja

~ **lien** zastaw ogólny, ogólne prawo zastawu
~ **manager** dyrektor naczelny ⟨generalny⟩
General Medical Council *bryt.* Główna Rada Lekarska (*powołana w 1956 r.*)
~ **meeting** zebranie ogólne
~ **merchant** kupiec wielobranżowy
~ **mortgage** hipoteka łączna
~ **opinion** opinia powszechna, ogólne zdanie
~ **orders** ogólne zasady procesowe
~ **outline** ogólne zarysy
General Paramount Clause klauzula konosamentu powołująca się na Reguły Haskie
~ **pardon** ogólna amnestia
~ **partner** wspólnik w spółce jawnej
~ **partnership** spółka jawna
General Post Office główny urząd pocztowy
~ **power (of attorney)** pełnomocnictwo generalne ⟨ogólne⟩
~ **rule** ogólna zasada
~ **secretary** sekretarz generalny
~ **session of the peace** generalna sesja kolegium sędziów pokoju
~ **sessions** sąd karny orzekający na kwartalnych sesjach
~ **store** sklep z towarami mieszanymi
~ **strike** strajk powszechny ⟨generalny⟩
~ **tariff** jednolita taryfa celna
~ **tenancy** bezterminowa dzierżawa
~ **terms (of delivery)** ogólne warunki dostawy
~ **trade charters** generalne czartery
~ **truce** powszechne zawieszenie broni
~ **verdict** generalny werdykt przysięgłych
~ **warrant** blankietowy nakaz aresztowania
~ **worker** robotnik niewykwalifikowany
as a ~ **rule** jako generalna zasada
Consul General konsul generalny
Postmaster General *am.* minister poczt
generally *adv* **1.** ogólnie, powszechnie **2.** w ogóle, ogólnie biorąc **3.** zazwyczaj, przeważnie, najczęściej
~ **accepted** ogólnie przyjęty
~ **binding** ogólnie wiążący
~ **known facts** powszechnie znane fakty
~ **speaking** mówiąc ogólnie
generation *s* pokolenie
generic *adj* **1.** rodzajowy **2.** ogólny, pospolity
~ **name** imię pospolite
Geneva *s:* ~ **Convention** Konwencja Genewska (*z 1864 r. o opiece medycznej podczas wojny*)
~ **Protocol** Protokół Genewski (*z 1925 r. przeciw stosowaniu broni chemicznej i bakteriologicznej*)
genocide *s* ludobójstwo
gentleman *s* (*pl* **gentlemen**) **1.** pan, szlachcic **2.** człowiek honorowy ⟨dobrze wychowany⟩, dżentelmen
~ **'s** ⟨**gentlemen's**⟩ **agreement** układ dżentelmeński (*nieformalny*)
~ **usher** woźny sądowy
Gentleman Usher of the Black Rod mistrz ceremonii w Izbie Lordów (*Kawaler Orderu Podwiązki noszący czarną laskę jako oznakę godności wprowadza w życie polecenia Izby*)
genuine *adj* **1.** prawdziwy, autentyczny, rzeczywisty **2.** oryginalny, naturalny
~ **article** autentyczny wyrób, dobry towar
~ **coin** dobra ⟨niefałszywa⟩ moneta
~ **document** autentyczny dokument

~ **loss** rzeczywista strata
~ **money** dobra waluta
~ **purchaser** poważny klient ⟨nabywca⟩
~ **signature** autentyczny ⟨własnoręczny⟩ podpis
~ **text** oryginalny tekst
genuineness *s* **1.** autentyczność, prawdziwość **2.** szczerość
german *adj* rodzony
brother ⟨**sister**⟩ ~ rodzony brat, rodzona siostra
cousin ~ brat stryjeczny ⟨cioteczny⟩, siostra stryjeczna ⟨cioteczna⟩
germane *adj* związany (**to the matter** z tematem), należący (**to the matter** do tematu)
gerrymander[1] *s* machinacje przedwyborcze (*nieuczciwy podział okręgu wyborczego*)
gerrymander[2] *v* **1.** robić machinacje (*przedwyborcze*) **2.** dzielić nieuczciwie okręg wyborczy ⟨manipulować podziałem okręgu wyborczego⟩ (*na korzyść jakiejś partii*)
to ~ **a constituency** zmieniać liczebność okręgu wyborczego (*w interesie jakiejś partii*)
to ~ **an election** wpływać machinacjami na wynik wyborów
to ~ **school districts** *am.* nieuczciwie rejonizować szkoły (*faktycznie utrzymując segregację rasową*)
gerrymandering *s* = **gerrymander**[1] *s*
gestation *s* okres ciąży, ciąża
get *v* (**got**, *pp* **got**, *am.* **gotten**) **1.** dostawać, otrzymywać, zdobywać **2.** zarabiać **3.** kupować, nabywać **4.** stawać się **5.** docierać, przybywać **6.** *zob.* **get away, back, in, off, out, through**
to ~ **aground** osiąść na mieliźnie
to ~ **approval** uzyskać poparcie ⟨aprobatę⟩
to ~ **a bill discounted** zdyskontować weksel
to ~ **cheaper** potanieć
to ~ **a cheque cashed** zrealizować czek
to ~ **dearer** podrożeć
to ~ **into arrears** (*o wekslu*) popaść w zwłokę
to ~ **into debts** popaść w długi
to ~ **one's living** zarabiać na utrzymanie ⟨życie⟩
to ~ **lost** zagubić się, zaginąć
to ~ **money** zdobyć pieniądze
to ~ **orders** otrzymywać zamówienia
to ~ **possession of sth** uzyskać posiadanie czegoś, zawładnąć czymś
to ~ **a price** uzyskać cenę
to ~ **profit** otrzymać zysk, uzyskać dochód
to ~ **a promotion** uzyskać awans
to ~ **ready** przygotować (się)
to ~ **rid of sth** pozbyć się czegoś
to ~ **time** uzyskać prolongatę
get away *v* uciec, umknąć
get-away *s* ucieczka (*zwłaszcza po popełnieniu zbrodni*)
get back *v* otrzymać z powrotem, odzyskać (**sth coś**)
get in *v* **1.** zostać wybranym (*do parlamentu*) **2.** dostać się (*do szkoły itp.*) **3.** zebrać pieniądze
get off *v* **1.** wychodzić, wysiadać **2.** poradzić sobie (**with sth** z czymś), wyjść cało ⟨obronną ręką⟩ (*np. z opresji*)
to ~ **at a trial** zostać uwolnionym w procesie, *pot.* wyjść cało ze sprawy
to ~ **with a fine** zostać skazanym (tylko) na grzywnę, *pot.* wyjść ze sprawy z grzywną
get out *v* **1.** wychodzić na jaw **2.** wydobywać, uzyskiwać

(of sb od kogoś – *np. informacje, pieniądze*) **3.** ogłaszać, ujawniać
to ~ of business wycofać się z interesu
to ~ of hand wymykać się z rąk ⟨spod kontroli⟩
get through *v* **1.** zbliżać się do celu, osiągać cel **2.** (*o ustawie*) przejść (*w parlamencie*), zostać uchwalonym **3.** zdać (*egzamin*) **4.** połączyć się (*telefonicznie*)
to ~ the customs przejść przez kontrolę celną ⟨cło⟩
gibbet[1] *s* **1.** szubienica **2.** śmierć na szubienicy
~ law prawo linczu
gibbet[2] *v* **1.** wieszać **2.** piętnować
gift[1] *s* **1.** dar, podarunek **2.** darowizna
~ by will legat, zapis
~ inter vivos darowizna za życia
~ mortis causa darowizna na wypadek śmierci ⟨po śmierci⟩
~ tax podatek od darowizny
as a ~ tytułem darowizny
by (free) ~ w prezencie, w darze
deed of ~ darowizna
gift[2] *v* **1.** obdarzać (**sb with sth** kogoś czymś) **2.** ofiarować (**sb with sth** coś komuś)
gild *s* = **guild**
gilt-edged *adj* **1.** ze złoconymi brzegami **2.** cenny **3.** pierwszorzędny
~ paper *a*) pierwszorzędny weksel *b*) pierwszorzędny papier wartościowy
~ securities ⟨**stocks**⟩ *a*) obligacje państwowe *b*) papiery wartościowe
giro *s* (*pl* **giros**) system przelewowy (*bankowy, pocztowy itp.*)
~ (bank) system system przelewowy (bankowy)
~ cheque czek przelewowy
bank ~ transfer przelew bankowy
gist *s* istota, esencja, sens, główna treść
the ~ of an action istota powództwa
the ~ of the matter sedno sprawy
give *v* (**gave, given**) **1.** dawać, udzielać **2.** darzyć, obdarzać (*np. zaufaniem*) **3.** zasądzać, przyznawać **4.** *zob.* **give away, back, in, on, out, over, up**
to ~ an account *a*) zdawać rachunek *b*) składać sprawozdanie (**of sth** z czegoś)
to ~ advice udzielać rady
to ~ aid or comfort to a criminal udzielać pomocy i poparcia przestępcy
to ~ and bequeath zapisać (**sth to sb** komuś coś) testamentem
to ~ attention to sth zwracać uwagę na coś
to ~ bail dać zabezpieczenie; złożyć kaucję
to ~ a bill wystawić weksel
to ~ birth to a child urodzić dziecko
to ~ compensation wynagrodzić, wyrównać
to ~ consideration rozważyć, rozpatrzyć
to ~ costs przyznać koszty
to ~ credit *a*) ufać, zaufać *b*) udzielać kredytu
to ~ effect wprowadzić (**to sth** coś) w życie, dojść do skutku
to ~ evidence *a*) przedstawiać dowód *b*) składać zeznanie
to ~ explanations udzielić wyjaśnień
to ~ (goods) for... oddać ⟨sprzedać⟩ (towary) za...
to ~ information udzielić informacji
to ~ in marriage oddawać w małżeństwo, wydać za mąż
to ~ judgment wydać wyrok ⟨orzeczenie⟩

to ~ the lie to sb, sth zadać kłam komuś, czemuś
to ~ notice *a*) wypowiedzieć (*np. pracę*) *b*) oficjalnie powiadomić ⟨ogłosić, uprzedzić⟩
to ~ offence to sb obrazić kogoś
to ~ an order udzielić zamówienia
to ~ permission wydać zezwolenie
to ~ a power of attorney dawać pełnomocnictwo
to ~ price zapłacić cenę
to ~ quarter oszczędzić kogoś
to ~ a report złożyć sprawozdanie
to ~ rise to sth spowodować coś, doprowadzić do czegoś
to ~ sb into custody oddać kogoś w ręce władz
to ~ security dać zabezpieczenie
to ~ time udzielić prolongaty
to ~ wound zadać ranę, zranić
give-and-take *s* wzajemne ustępstwa, kompromis
~ policy polityka wzajemnych ustępstw
give away *v* **1.** dawać, darowywać, rozdawać **2.** wydawać, zdradzać **3.** kompromitować
give back *v* zwracać, oddawać
give in *v* **1.** ustępować, dawać za wygraną **2.** wręczać (*np. dokument*)
given *pp adj* **1.** dany, ustalony **2.** wiadomy **3.** nadany **4.** datowany, wydany **5.** (*o człowieku*) ze skłonnością (**to sth** do czegoś)
~ above ⟨**below**⟩ przytoczony powyżej ⟨poniżej⟩
~ and sealed... datowany i opieczętowany...
~ name *am.* imię (chrzestne)
in a ~ time w danym ⟨określonym⟩ czasie
under the ~ circumstances w danych okolicznościach
to be ~ to sth mieć skłonność ⟨pociąg⟩ do czegoś
give on *v* giełd. reportować, zapłacić report
give out *v* **1.** rozgłaszać, publikować, wydawać **2.** wyczerpywać się
give over *v* wydawać, przekazywać
to give sb over to the police wydać kogoś w ręce policji
giver *s* **1.** dawca **2.** autor, wystawca **3.** osoba sprzedająca ⟨oferująca⟩
~ of a bill wystawca weksla
~ of a bribe dający łapówkę
give up *v* **1.** rezygnować, wyrzekać się, zaniechać, porzucać **2.** wydawać (*np. zbiega*)
to ~ a claim zrezygnować z roszczenia
global *adj* **1.** globalny, ogólny, ryczałtowy **2.** światowy, ogólnoświatowy
~ contingent globalny kontyngent
~ market ogólnoświatowy rynek
~ output globalna produkcja, globalne wydobycie
~ permit ogólne zezwolenie
~ quota ilość globalna, kontyngent
~ war wojna globalna
gloss[1] *s* **1.** glosa, objaśnienie, komentarz, przypisek **2.** fałszywy pozór
~ on law komentarz prawa
gloss[2] *v* **1.** komentować, interpretować, zaopatrywać (*tekst w glosę*) **2.** błędnie cytować, fałszywie tłumaczyć
glossary *s* **1.** glosariusz **2.** spis alfabetyczny słownictwa specjalistycznego (*z wyjaśnieniami*)
glut[1] *s* nadmiar, przesycenie, nasycenie
a ~ in the market nadmiar (*towarów*) na rynku
a ~ of money nadmiar pieniędzy
glut[2] *v* **1.** nasycać **2.** zarzucać (*rynek towarem*)

to ~ the market zalewać rynek towarem, zaopatrywać rynek w nadmiarze

go *v* (**went, gone**) **1.** iść, udać się, jechać, lecieć (*samolotem*) **2.** (*o dokumencie*) brzmieć **3.** stawać się **4.** (*o czasie*) upływać, mijać **5.** uchodzić (*za kogoś*), być znanym (*pod nazwiskiem*) **6.** (*o pieniądzach*) zostać wydanym, pójść (**in** ⟨**on**⟩ **sth** na coś) **7.** (*o towarze*) zostać sprzedanym, pójść (**for...** za...) **8.** *zob.*

go against, back, between, beyond, by, down, off, out, over, through, up, without

to go aboard *a*) wejść na pokład (*statku*) *b*) wsiąść na statek, zaokrętować się

to go ashore *a*) osiąść na mieliźnie *b*) wyjść na brzeg, wylądować

to go at large wyjść na wolność, uwolnić się z zamknięcia

to go bad psuć się, niszczeć

to go bail złożyć kaucję (**for sb** za kogoś)

to go bankrupt ⟨*pot.* **broke**⟩ zbankrutować

to go better poprawiać się, (*o cenie*) podnosić się

to go by the name of... być znanym pod nazwiskiem ...

to go for a fall ⟨**rise**⟩ spekulować na zniżkę ⟨zwyżkę⟩

to go free ⟨**unpunished**⟩ wyjść wolno ⟨bez kary⟩

to go halves ⟨**shares**⟩ dzielić się równo ⟨po połowie⟩

to go into bankruptcy zbankrutować

to go into details wdawać się w szczegóły

to go into effect uzyskiwać moc, wchodzić w życie

to go into liquidation przejść w stan likwidacji, likwidować się

to go into profession obrać zawód

to go into question zbadać ⟨zgłębić⟩ sprawę

to go light płynąć bez ładunku ⟨pod balastem⟩

to go on circuit wyjeżdżać w objazd ⟨na sesje wyjazdowe⟩

to go surety gwarantować

to go to the bar uzyskać prawo praktyki adwokackiej, zostać adwokatem

to go to the country *bryt.* odwoływać się do narodu (*przez ogłoszenie wyborów*), rozpisać nowe wybory

to go to court iść do sądu (**over sth** w sprawie czegoś)

to go to expenses ponosić wydatki

to go to law udać się na drogę sądową, wszcząć kroki sądowe

to go to the polls głosować, uczestniczyć w wyborach

go against *v* działać ⟨występować⟩ przeciwko (*komuś, czemuś*)

go back *v* wracać, cofać się

to ~ on one's confession cofnąć swe przyznanie

to ~ on one's promise cofnąć obietnicę

go between *v* pośredniczyć, być pośrednikiem

go beyond *v* przekraczać, przewyższać

go by *v* (*o czasie*) płynąć, upływać

God *s* Bóg

~'s truce *hist.* pokój Boży

~'s truth szczera prawda

act of ~ siła wyższa

go down *v* **1.** spadać, zniżkować **2.** (*o statku*) zatonąć

godown *s* skład towarowy, magazyn (*w Indiach i na Dalekim Wschodzie*)

going *adj* **1.** ruchliwy **2.** istniejący, działający

~ concern działające ⟨prosperujące⟩ przedsiębiorstwo

~ price aktualna cena

~ rate aktualna stawka czynszu ⟨dzierżawy⟩

~ witness świadek zamierzający wyjechać z okręgu (*danego sądu*)

goings-on *spl* zachowanie się, postępowanie

gold *s* złoto

~ bar sztab(k)a złota

~ basis waluta oparta na złocie

~ bloc blok państw o walucie wymienialnej na złoto

~ bond obligacja płatna w złocie

~ bullion złoty kruszec, złoto w stanie surowym

~ bullion clause klauzula złotego kruszcu

~ bullion points punkty złote

~ bullion standard kruszcowa waluta złota

~ certificate *am.* certyfikat złota (*wymienialność papierowego pieniądza na złoto*)

~ clause klauzula złota ⟨płatności w złocie⟩

~ coin clause klauzula płatności w złotych monetach

~ coin standard złota waluta monetowa

~ content zawartość złota

~ cover pokrycie w złocie

~ currency złota waluta

~ embargo embargo na złoto, zakaz wywozu złota

~ exchange standard złota waluta dewizowa

~ export point (*górny*) punkt odpływu złota

~ export(s) wywóz złota

~ hoarding gromadzenie złota

~ import przywóz złota

~ import point (*dolny*) punkt przypływu złota

~ ingot złoto w sztabach

~ loan pożyczka w złocie

~ market rynek złota

~ mine kopalnia złota

~ outflow odpływ złota

~ parity parytet złota

~ payment płatność w złocie

~ point punkt złota

~ price cena złota

~ premium premia za złoto (*przy wymianie złota na banknoty*)

~ reserve rezerwa ⟨zapas⟩ złota

~ shares akcje płatne w złocie

~ shipment ⟨**specie**⟩ **point** punkt złota

~ standard waluta złota, standard złota

~ stock zapas złota

~ trade handel złotem

~ value clause klauzula płatności w równowartości złota

bar ⟨**ingot**⟩ **~** złoto w sztabach

coined ~ złoto w monetach

earmarked ~ złoto zdeponowane na określony cel

efflux of ~ odpływ złota

essayed ~ złoto z próbą

fine ~ czyste złoto, złoto wysokiej próby

flight in ~ ucieczka do złota (*od pieniądza papierowego*)

influx of ~ przypływ złota

monetary ~ złoto monetarne (*na bicie monety*)

on ~ basis na bazie złota

payment in ~ płatność w złocie

rate of ~ kurs złota

rush for ~ wykupywanie złota

value in ~ wartość w złocie

to go off ~ odejść od systemu pełnego pokrycia waluty w złocie
good[1] *s* **1.** dobro, korzyść **2.** pożytek **3.** *zob.* **goods**
for the public ~ na dobro publiczne
to the ~ na dobro ⟨korzyść⟩ (*w rachunku*)
to do ~ dobrze czynić, prowadzić działalność charytatywną
good[2] *adj* **1.** dobry, dobrej jakości **2.** ważny, prawdziwy, autentyczny **3.** korzystny **4.** właściwy, odpowiedni, zgodny z wymogami prawa **5.** moralny **6.** godny zaufania, zasługujący na kredyt
~ **at the price** (*o towarze*) odpowiadający ⟨korzystny⟩ pod względem ceny
~ **average quality** przeciętna dobra jakość
~ **bargain** korzystna transakcja, korzystny interes
~ **behaviour** właściwe zachowanie, dobre prowadzenie się
~ **bill** pewny weksel
~ **cause** *a*) ważna przyczyna *b*) dobra sprawa
~ **character** dobra reputacja, dobry charakter
~ **country** *szkoc.* ława przysięgłych
~ **customs** ⟨**usages**⟩ dobre obyczaje
~ **debt** pewny dług
~ **defence** właściwa obrona
~ **faith** dobra wiara
~ **jury** właściwy zestaw przysięgłych
~ **law** obowiązujące ⟨właściwe⟩ prawo
~ **leasehold title** zgodny z wymogami prawa tytuł dzierżawy
~ **merchantable quality** dobra jakość handlowa
~ **middling quality** dobra przeciętna jakość
~ **money** *a*) prawdziwe ⟨dobre⟩ pieniądze *b*) *pot.* wysokie pobory
~ **name** dobre imię, dobra sława
~ **offices** dobre usługi
~ **opportunity** dobra sposobność, właściwa okazja
~ **part** znaczna ⟨przeważająca⟩ część
~ **reason** dostateczna podstawa, słuszny powód
~ **record title** potwierdzony dokumentem tytuł prawny
~ **relations** dobre stosunki
~ **standing** dobra reputacja, solidność
~ **term** korzystne warunki
~ **title** dobry ⟨ważny⟩ tytuł prawny
~ **until countermanded** ważny (aż) do odwołania
~ **will mission** ⟨**visit**⟩ misja ⟨wizyta⟩ dobrej woli
after ~ **consideration** po starannym rozważeniu
any ~ **brand** jakakolwiek dobra marka (*towaru*)
in ~ **faith** w dobrej wierze
in ~ **safety** w bezpiecznych warunkach
in ~ **time** we właściwym czasie, na czas, punktualnie, w porę
on ~ **authority** z pewnego źródła
through the ~ **offices** przez grzeczność, za łaskawym pośrednictwem
to be ~ **for...** być wypłacalnym do wysokości...
to be ~ **in law** być w mocy, obowiązywać
to hold ~ być nadal w mocy, utrzymywać nadal swoją wartość ⟨swoje znaczenie⟩
to make ~ *a*) wyrównać, pokrywać (*np. wydatek*) *b*) spełniać (*np. zadanie*) *c*) doprowadzać do skutku, urzeczywistniać *d*) zwracać *e*) dawać odszkodowanie (*za coś*)
to stand ~ **in law** być w mocy, obowiązywać

goods *spl* **1.** towar **2.** towary, artykuły handlowe, wyroby **3.** rzeczy ruchome, majątek ruchomy **4.** dobra **5.** *zob.* **good**[1] *s*
~ **account** rachunek towarów
~ **afloat** towar w drodze ⟨płynący⟩
~ **agent** urzędnik ekspedycji towarowej (*na kolei*)
~ **and chattels** ruchomości i inne prawa majątkowe
~ **and services** towary i usługi
~ **awaiting delivery** towar do odebrania
~ **awaiting shipment** towar gotowy do wysłania
~ **brought back** zwroty towarów, towary zwrotne
~ **circulation** obrót towarowy
~ **department** biuro ekspedycji towarowej (*na kolei*)
~ **depot** *a*) skład towarowy *b*) *am.* dworzec towarowy
~ **exchange** *a*) wymiana towarowa *b*) giełda towarowa
~ **for further processing** półfabrykaty, wyroby do dalszego przerobu
~ **for home use** towar na użytek krajowy
~ **in bond** towary pod zamknięciem celnym
~ **in bulk** ładunek masowy
~ **in customs storage** towary na składzie celnym
~ **in doubtful condition** towary w stanie budzącym wątpliwości
~ **in** ⟨**on**⟩ **stock** towar na składzie
~ **in process** dobra w toku produkcji
~ **in transit** ⟨**the way**⟩ *a*) towar w drodze *b*) towar tranzytowy
~ **movement** obrót towarów
~ **office** ekspedycja towarowa na kolei
~ **of foreign origin** towary pochodzenia zagranicznego
~ **of ready sale** towar pokupny ⟨łatwo zbywalny⟩
~ **on approbation** towar wysłany na próbę ⟨próbnie⟩
~ **on commission** towar komisowy ⟨do sprzedaży komisowej⟩
~ **on hand** towar na składzie ⟨do dyspozycji⟩
~ **on loading** towar w załadunku
~ **on passage** towar w drodze
~ **on spot** towar loko ⟨do natychmiastowej dyspozycji⟩
~ **rates** kolejowa taryfa towarowa
~ **returned** towary zwrócone
~ **returned from abroad** *am.* towar reimportowy
~ **station** dworzec towarowy
~ **to arrive** towar w drodze
~ **traffic** *a*) ruch towarów, obrót towarowy *b*) transport towarów
~ **train** pociąg towarowy
actual ~ towar na miejscu ⟨do natychmiastowej dyspozycji⟩
appropriation of ~ indywidualizacja ⟨wyszczególnienie⟩ towaru
ascertained ~ towar zindywidualizowany
assortment of ~ wybór ⟨asortyment⟩ towaru
available ~ towar dostępny
banned ~ towar zakazany ⟨nie dopuszczony do legalnego obrotu⟩
barter ~ towar kompensacyjny
bill on ~ weksel towarowy
bond ⟨**bonded**⟩ ~ towar pod zamknięciem celnym

branded ~ towary ⟨wyroby⟩ firmowe ⟨z marką fabryczną⟩
bulk ⟨**bulked**⟩ ~ towar masowy ⟨nie opakowany⟩
by ~ **train** pociągiem towarowym
capital ~ środki produkcji, dobra kapitałowe ⟨inwestycyjne⟩
chattel ~ ruchomości, majątek ruchomy
choice ~ towar wyborowy
choice of ~ wybór towarów, asortyment
clearing ~ towar wyprzedażowy
consigned ⟨**consignment**⟩ ~ a) towar komisowy ⟨oddany w komis⟩ b) towar wysłany
consumer ⟨**consumer's, consumers', consumption**⟩ ~ dobra konsumpcyjne
contraband ~ towar z przemytu
controlled ~ towary reglamentowane
damaged ~ towary uszkodzone
damaging ⟨**damageable**⟩ ~ towary mogące uszkodzić inne towary
dangerous ~ towar ⟨ładunek⟩ niebezpieczny
debentured ~ towary, od których należy się cło zwrotne lub premia eksportowa
defective ~ towar wybrakowany ⟨z wadami⟩
domestic ~ towar krajowy
dry ~ a) ładunek sypki b) ładunek w stanie suchym
durable ~ towary użytku trwałego
dutiable ~ towary podlegające ocleniu
duty-free ~ towar wolny od cła ⟨wolnocłowy⟩
duty-paid ~ towar oclony
exchange of ~ wymiana towarowa
exported ~ towar wyeksportowany
export ~ towar eksportowy
fancy ~ wyroby galanteryjne
final ⟨**finished**⟩ ~ wyroby gotowe
flammable ~ towar łatwopalny
foreign ~ towar zagraniczny ⟨pochodzenia zagranicznego⟩
free ~ towar wolny od cła
general ~ towary różne ⟨różnych branż⟩
generic ~ towar nie zindywidualizowany ⟨nie wyszczególniony⟩
half-finished ~ półfabrykaty, półwyroby
hazardous ~ towar ⟨ładunek⟩ niebezpieczny (podlegający wyższej stawce ubezpieczeniowej)
high-class ⟨**high-grade, high-quality**⟩ ~ towar wysokiej jakości
high-duty ~ towar wysoko clony
home-made ~ towar krajowy ⟨produkcji krajowej⟩
import ⟨**imported**⟩ ~ towar importowany
industrial ~ wyroby przemysłowe
insured ~ towar ubezpieczony
investment ~ dobra inwestycyjne
lawful ⟨**legal**⟩ ~ towary dopuszczone do obrotu
light ~ ładunek lekki ⟨przestrzenny⟩
line of ~ branża, rodzaj towaru
local ⟨**loco**⟩ ~ towar na miejscu
loose ~ towar nie opakowany ⟨luzem⟩
low-class ⟨**low-grade, low-quality**⟩ ~ towar niskiej jakości
low-duty ~ towar nisko clony
luxury ~ towary luksusowe, przedmioty zbytku
manufactured ~ wyroby fabryczne
manufacturer's ~ dobra produkcyjne, środki produkcji
marketable ~ towary pokupne ⟨łatwo zbywalne⟩

mass consumer ⟨**consumer's, consumers'**⟩ ~ towary masowego spożycia
measure ⟨**measurement**⟩ ~ ładunek przestrzenny ⟨objętościowy⟩
movable ~ rzeczy ruchome
overtime ~ ładunek ⟨towar⟩ nie wykupiony w terminie
perishable ~ towar łatwo psujący się
piece ~ towary sprzedawane na sztuki
producer's ⟨**production**⟩ ~ środki produkcji
prohibited ~ towar zakazany ⟨nie dopuszczony do obrotu⟩
proprietary ~ towary firmowe
quality ~ towar gatunkowy
range of ~ asortyment ⟨wybór⟩ towarów
ready-made ~ wyroby gotowe ⟨nie na zamówienie⟩
retail ~ towary detaliczne
return ~ ładunek powrotny
rummage ~ towar wybrakowany
saleable ~ towar pokupny ⟨mający łatwy zbyt⟩
sale of ~ sprzedaż towarów
scarce ~ towar deficytowy
scarcity of ~ brak ⟨niedobór⟩ towarów
seasonal ~ towary sezonowe
second-hand ~ towary używane
semi-finished ⟨**semi-manufactured, semi-processed**⟩ ~ półfabrykaty, półwyroby
short-shipped ~ a) towar nie załadowany w całości b) nie załadowana część ładunku
slow-selling ~ towar niepokupny ⟨mający trudny zbyt⟩
smuggled ~ towar (pochodzący) z przemytu
soft ~ tkaniny
sound ~ towar zdrowy ⟨nieuszkodzony⟩
spoiled ~ towar zepsuty
spot ~ towar na miejscu
standard ~ towar standardowy
staple ~ główny towar ⟨artykuł⟩
stocked ~ towar składowany
stranded ~ towary wyrzucone na brzeg (po awarii statku)
supply of ~ dostawa towarów, zaopatrzenie
trade-marked ~ towar firmowy ⟨z marką fabryczną⟩
transit ~ towar tranzytowy
transshipment ~ ładunek w transporcie pośrednim
unclaimed ~ towar nie odebrany
uncleared ~ towar nie oclony
uncustomed ~ towar nie oclony ⟨przed odprawą celną⟩
unentered ~ towar nie zgłoszony do odprawy celnej
ungraded ~ towar nie sortowany
unmarketable ⟨**unmerchantable, unsaleable**⟩ ~ towar niepokupny
valuable ~ towar wysokowartościowy
vendible ~ towar pokupny
warehouse ~ towary zmagazynowane
weight ~ ładunek ciężki
wet ~ towar płynny
wetted ~ ładunek zamoknięty
wholesale ~ towary hurtowe
wrecked ~ towar z rozbitego statku
to bring in ~ przywozić ⟨sprowadzać⟩ towar
to clear ~ clić towar, zgłosić towar do odprawy celnej

to deliver ~ dostarczać towar
to dispose of ~ zbyć towar
to grade ~ sortować towar
to handle ~ a) (*o kupcu*) prowadzić (dany) towar *b*) manipulować towarem (*przy przeładunku*), przeładowywać towar
to have ~ **in stock** mieć towar na składzie
to have ~ **on sale** mieć towar w sprzedaży, handlować towarem
to lend on ~ pożyczać pod zastaw towaru
to market ~ sprzedawać ⟨zbywać⟩ towar
to order ~ zamawiać towar
to place ~ znajdować nabywców na towar, plasować towar
to push ~ lansować ⟨promować⟩ towar
to release ~ **from bond** zwolnić towar spod zamknięcia celnego, wydać towar po uiszczeniu cła
to smuggle ~ szmuglować ⟨przemycać⟩ towar
to throw ~ **on the market** rzucić towar na rynek
to warehouse ~ składować ⟨magazynować⟩ towar
goodwill *s* 1. dobra wola 2. życzliwość 3. wartość przedsiębiorstwa (*w postaci reputacji, klienteli, wyrobionych stosunków*) 4. zgoda na przeniesienie nazwy ⟨klienteli, reputacji itp.⟩ firmy na nabywcę przedsiębiorstwa
~ **ambassador** wysłannik mający na celu nawiązanie dobrych stosunków
~ **mission** misja dobrej woli
~ **visit** wizyta przyjacielska
policy of ~ polityka dobrej woli
go off *v* (*o towarze*) mieć zbyt, iść
to ~ **well** ⟨**heavily**⟩ mieć łatwy ⟨trudny⟩ zbyt
go out *v* wychodzić
to ~ **of business** wycofać się z interesu
to ~ **on strike** zastrajkować
go over *v* 1. przechodzić 2. przeglądać, sprawdzać 3. być odłożonym (*np. do następnej sesji*)
go through *v* 1. badać, roztrząsać 2. przeszukiwać, przeglądać (*przy rewizji*) 3. (*o ustawie*) przechodzić, zostać przyjętym
go up *v* (*o cenie*) podnosić się, iść w górę
gospel *s*: ~ **oath** przysięga na Ewangelię
gossip[1] *s* plotka, obmowa
gossip[2] *v* plotkować, obmawiać
govern *v* 1. rządzić, sprawować rządy 2. kierować, regulować 3. określać
governance *s* 1. rządzenie, zarządzanie 2. kierowanie, kierownictwo 3. kontrola
governing *adj* 1. zarządzający 2. kontrolujący
~ **body** zarząd ⟨rada zarządzająca⟩ (*szkoły, szpitala itp.*)
~ **commission** ⟨**committee**⟩ komisja zarządzająca ⟨kontrolująca⟩
government *s* 1. rząd 2. system rządzenia, ustrój polityczny 3. kierownictwo, zarząd, administracja 4. okręg, prowincja, gubernia 5. **the Government** (*istniejący, obecny*) rząd
~ **annuity** renta państwowa
~ **coalition** koalicja rządowa
~ **de facto** rząd de facto, faktyczny rząd
~ **de iure** rząd de iure, legalny rząd
~ **department** *a*) centralny urząd, resort rządowy *b*) *am.* ministerstwo
~ **employee** urzędnik państwowy
~ **funds** fundusze państwowe
~ **guarantee** gwarancja państwowa

~ **in exile** rząd na emigracji ⟨emigracyjny⟩
~ **loan** pożyczka państwowa
~ **matter** sprawa państwowa
~ **monopoly** monopol państwowy
~ **office** urząd państwowy
~ **organ** organ rządowy
~ **property** własność państwowa
~ **representative** przedstawiciel rządowy ⟨rządu⟩
~ **revenue** dochody państwowe
~ **securities** państwowe papiery wartościowe
~ **service** służba państwowa
~ **spending** wydatki rządowe
~ **spokesman** rzecznik rządowy ⟨rządu⟩
central ~ zarząd centralny
coalition ~ rząd koalicyjny
Conservative Government *bryt.* rząd konserwatywny
democratic ~ rząd demokratyczny
federal ~ rząd federalny
for sb's ~ dla czyjejś wiadomości, komuś do wiadomości
interim ~ rząd tymczasowy
Labour Government *bryt.* rząd laburzystowski
local ~ zarząd lokalny, miejscowa administracja, urząd gminny ⟨miejski, dzielnicowy⟩
majority ⟨**minority**⟩ ~ rząd większości ⟨mniejszości⟩
military ~ rząd wojskowy
municipal ~ zarząd miejski, administracja miejska
parliamentary ~ ustrój ⟨system⟩ parlamentarny
provisional ~ rząd tymczasowy
puppet ~ rząd marionetkowy
republican ~ ustrój republikański
shadow ~ rząd cieni (*sformowany przez partię opozycyjną*)
sovereign ~ rząd suwerenny ⟨niezawisły⟩
totalitarian ~ ustrój ⟨system⟩ totalitarny
to form a ~ utworzyć rząd
to overthrow the ~ obalić rząd
to resign from the ~ ustąpić z rządu, (*o członku ekipy rządowej*) podać się do dymisji
to take over the ~ przejąć rządy
governmental *adj* 1. rządowy 2. państwowy
~ **bill** rządowy projekt ustawy
~ **bodies** ⟨**agencies**⟩ organy państwowe
~ **circles** koła rządowe
~ **declaration** ⟨**exposé**⟩ exposé ⟨oświadczenie⟩ rządowe ⟨rządu⟩
~ **matter** sprawa państwowa
~ **press** prasa rządowa
~ **service** służba państwowa
government-owned *adj* państwowy, stanowiący własność państwa
~ **enterprise** przedsiębiorstwo państwowe
governor *s* 1. gubernator 2. komendant, naczelnik (*np. więzienia*) 3. dyrektor (*np. banku*), kierownik
~ **of a state** *am.* gubernator stanu
military ~ komendant wojskowy
prison ~ naczelnik więzienia
governor-general *s* namiestnik, gubernator generalny, generał-gubernator
go without *v* obchodzić się (*bez czegoś*)
gown *s* 1. suknia, toaleta 2. toga (*adwokata, sędziowska, uniwersytecka*)
grace *s* 1. łaska, łaskawość 2. ulga, respiro, prolongata terminu płatności

act of ~ akt łaski, amnestia
days of ~ dni respektowe ⟨ulgowe⟩, respiro wekslowe
letter of ~ pismo udzielające prolongaty
payment out of ~ płatność w ustalonym terminie
to grant ⟨**give**⟩ **a week's** ~ udzielić tygodniowej zwłoki ⟨prolongaty⟩
grade[1] *s* **1.** stopień **2.** ranga, szczebel (*służbowy*) **3.** jakość, klasa, gatunek (*towaru*)
~ **labeling** *am.* oznaczanie gatunku (*towaru*) na etykiecie
average ~ przeciętna jakość
basic ~ jakość zastrzeżona jako podstawa umowy
contract ~ *a*) gatunek umowny *b*) gatunek zastrzeżony jako podstawa w kontraktach giełdowych
low ~ niski gatunek
standard ~ jakość standardowa
top ~ najwyższy gatunek
up to ~ odpowiedniej jakości
grade[2] *v* **1.** segregować, sortować **2.** klasyfikować
graded *adj* **1.** sortowany, klasyfikowany **2.** stopniowany
~ **goods** towar sortowany
~ **offence** kwalifikowane przestępstwo
~ **tariff** stopniowana taryfa celna
~ **tax** stopniowany podatek
grader *s* **1.** sortowacz **2.** klasyfikator towaru
grading *adj*: ~ **rules** zasady klasyfikacji
gradual *adj* stopniowy, postępujący
~ **industrialization** stopniowa industrializacja, stopniowe uprzemysłowienie
graduate[1] *s* absolwent, abiturient
~ **training scheme** program studiów podyplomowych
graduate[2] *v* **1.** stopniować **2.** dzielić na klasy **3.** nadawać stopień naukowy (**sb** komuś) **4.** ukończyć studia, otrzymać dyplom ⟨stopień naukowy⟩ (**from a university** na uniwersytecie)
graduated *adj* stopniowany, progresywny
~ **income-tax** progresywny podatek dochodowy
~ **rate** progresywna stawka
~ **tariff** stopniowana taryfa celna
graduation *s* **1.** stopniowanie **2.** dzielenie na klasy **3.** nadawanie stopnia naukowego **4.** promocja, promowanie
graft[1] *s am.* **1.** łapówka **2.** nieuczciwe zyski **3.** przekupstwo
graft[2] *v am.* **1.** brać łapówki **2.** szukać nieuczciwych zysków
grafter *s am. pot.* łapownik
grain *s* **1.** zboże **2.** ziarno
~ **broker** makler zbożowy
~ **capacity** pojemność (*ładowni statku*) dla towarów sypkich
~ **cargo certificate** *a*) świadectwo o zdatności statku do przewozu zboża luzem *b*) świadectwo o zachowaniu przepisów dotyczących załadowania zboża na statek
~ **crops** zbiory ⟨plony⟩ zbóż
~ **dealer** ⟨**merchant**⟩ handlarz zbożem
~ **elevator** elewator ⟨spichrz⟩ zbożowy, silos
~ **exchange** giełda zbożowa
~ **market** rynek zbożowy
~ **rent** czynsz dzierżawny płatny zbożem ⟨w naturze⟩
~ **storage** składowanie zboża

fodder ⟨**feed**⟩ ~ zboże pastewne ⟨na paszę⟩
food ~ zboże jadalne
market ~ zboże towarowe
granary *s* magazyn zbożowy, elewator ⟨spichrz⟩ zbożowy
grand[1] *adj* **1.** wielki **2.** główny **3.** kapitalny, fatalny (*np. błąd*) **4.** ostateczny, ogólny (*np. wynik*) **5.** doniosły, pierwszorzędnej wagi **6.** pełny, kompletny
~ **bill of sale** akt kupna statku znajdującego się na morzu
~ **jury** *am.* wielka ława przysięgłych (*złożona z 12-23 osób rozpoznająca zasadność oskarżenia przed właściwym procesem*)
~ **larceny** ⟨**theft**⟩ poważna kradzież (*w której szkoda przekracza pewną wartość*)
~ **meeting** uroczyste zebranie
Grand Old Party *am.* Partia Republikańska
~ **serjeanty** *bryt.* dzierżawa połączona z pełnieniem honorowej funkcji (*na dworze królewskim*)
~ **total** ogólna suma, ,,ogółem''
grand[2] *s sl.* tysiąc funtów ⟨*am.* dolarów⟩
grandchild *s* (*pl* **grandchildren**) wnuk, wnuczka
granddaughter *s* wnuczka
grandfather *s* dziadek
~ **clause** *am. hist.* klauzula konstytucji niektórych południowych stanów dyskryminująca Murzynów w prawie głosowania
grandmother *s* babka
grandparents *spl* dziadkowie
grandson *s* wnuk
grant[1] *s* **1.** przyznanie, udzielenie, nadanie **2.** darowizna **3.** zasiłek, zapomoga **4.** dotacja, subwencja **5.** cesja, przekazanie własności **6.** *am.* koncesja gruntowa
~ **of lands** darowizna nieruchomości
~ **of a licence** udzielenie licencji ⟨zezwolenia⟩
~ **of a loan** udzielenie pożyczki
~ **of a patent** wydanie patentu
~ **of a permission** udzielenie zezwolenia
~ **of probate** poświadczenie autentyczności testamentu
~ **of a right** udzielenie prawa
~ **of title of honour** nadanie tytułu
government ⟨**state**⟩ ~ subwencja ⟨dotacja⟩ państwowa
maternity ⟨**birth**⟩ ~ zasiłek macierzyński
to make a ~ udzielić subwencji
grant[2] *v* **1.** przyznać, udzielić, nadać **2.** przekazywać (*np. własność*) **3.** uznawać, przyznawać (*np. słuszność*) **4.** zakładać (**that...** że...) **5.** zgadzać się (*np. na prośbę*)
to ~ **an allowance** udzielić bonifikaty ⟨ulgi⟩
to ~ **authority** udzielić pełnomocnictwa
to ~ **a bail** udzielić poręczenia, złożyć kaucję
to ~ **a compensation for a loss** przyznać odszkodowanie za stratę
to ~ **a concession** przyznać koncesję
to ~ **credit** udzielić kredytu, przyznać kredyt
to ~ **a delay** udzielić zwłoki ⟨odroczenia⟩
to ~ **a discount** udzielić rabatu
to ~ **a divorce** udzielić rozwodu, orzec rozwód
to ~ **a licence** przyznać licencję
to ~ **a loan** udzielić pożyczki
to ~ **a motion** uwzględnić wniosek
to ~ **an overdraft** zgodzić się na przekroczenie pokrycia ⟨kredytu⟩
to ~ **a patent** wydać patent

to ~ **a permission** ⟨**permit**⟩ udzielić zezwolenia
to ~ **political asylum** udzielić azylu politycznego
to ~ **priority** udzielić pierwszeństwa, przyznać pierwszeństwo
to ~ **a privilege** udzielić przywileju, uprzywilejować
to ~ **a rebate** udzielić rabatu
to ~ **a respite** udzielić prolongaty
to ~ **a request** przychylić się do prośby
to ~ **rights to sb** nadać komuś prawa
to ~ **sb a pardon** udzielić komuś łaski ⟨przebaczenia⟩
to ~ **a visa** udzielić wizy, dać wizę
grant-aided *adj* subwencjonowany, dotowany
granted *pp*: ~ **that** zakładając ⟨założywszy⟩, że
  to take sth for ~ *a*) przesądzać coś (*z góry*) *b*) przyjąć coś za rzecz naturalną ⟨zrozumiałą, oczywistą⟩
grantee *s* 1. nowy właściciel, nabywca praw 2. osoba uzyskująca subwencje ⟨dotacje⟩ 3. cesjonariusz
  ~ **of licence** posiadacz licencji
  ~ **of patent** posiadacz patentu
  ~ **of trademark** posiadacz znaku towarowego
grant-in-aid *s* (*pl* **grants-in-aid**) subwencja, dotacja
granting[1] *s* 1. przyznawanie 2. uznawanie 3. przydział
  ~ **of freedom** przyznanie swobód
granting[2]: ~ **that** zakładając ⟨założywszy⟩, że
grantor *s* 1. darczyńca 2. cedent 3. udzielający zezwolenia 4. udzielający dotacji
graph *s* wykres, grafik
graphology *s* grafologia
gratification *s* wynagrodzenie, gratyfikacja
gratify *v* 1. zadowalać, czynić zadość (*czemuś*) 2. dawać gratyfikację 3. przekupywać
gratis *adv* łac. gratis, bezpłatnie, gratisowo
  ~ **dictum** łac. dobrowolne oświadczenie (*do złożenia którego strona nie była zobowiązana*)
gratitude *s* wdzięczność
  debt of ~ dług wdzięczności
gratuitous *adj* 1. bezpłatny, darmowy, darmy 2. dobrowolny 3. nieuzasadniony, niepotrzebny
  ~ **consideration** nieodpłatne świadczenie wzajemne
  ~ **contract** nieodpłatna umowa
  ~ **guest** grzecznościowy ⟨bezpłatny⟩ pasażer (*w samochodzie*)
  ~ **loan** pożyczka bezprocentowa
  ~ **promise** nieodpłatne zobowiązanie ⟨przyrzeczenie⟩
  ~ **service** bezpłatne świadczenie, grzecznościowa usługa
gratuity *s* 1. napiwek, wynagrodzenie za usługę 2. *bryt.* zasiłek wypłacany żołnierzom przy demobilizacji ⟨zwalnianym więźniom⟩
gravamen *s* łac. (*pl* **gravamina**) 1. skarga, zażalenie 2. istota oskarżenia ⟨skargi⟩
grave[1] *s* grób
grave[2] *adj* 1. poważny 2. ważny, doniosły 3. ciężki
  ~ **accusation** poważne oskarżenie
  ~ **consequences** poważne skutki
  ~ **crime** poważna zbrodnia, ciężkie przestępstwo
  ~ **mistake** poważny błąd
  ~ **news** ważna wiadomość
gravity *s* 1. powaga, ważność 2. ciężkość, ciężar
  ~ **of international situation** powaga sytuacji międzynarodowej

centre of ~ środek ciężkości
specific ~ ciężar właściwy
gray *adj am.*: ~ **market** *a*) spekulacja towarami deficytowymi, skupowanie poszukiwanych towarów w celu odprzedaży po wysokich cenach *b*) rynek spekulacyjny poszukiwanych towarów celem ich odprzedaży *c*) deficytowe towary będące przedmiotem spekulacji
  ~ **marketeer** spekulant, paskarz
Gray's Inn *s bryt.* uczelnia kształcąca adwokatów
great *adj* wielki, duży, znaczny
  ~ **care** wielka troska, wyższy stopień staranności
  (the) Great Charter Wielka Karta Wolności
  ~ **damage** znaczna szkoda
  ~ **dozen** dwanaście tuzinów
  ~ **game** *a*) golf *b*) szpiegostwo
  ~ **gross** dwanaście grosów
  ~ **hundred** sto dwadzieścia (*sztuk*)
  ~ **insult** ciężka zniewaga
  the ~ **majority** znaczna ⟨przeważająca⟩ większość
  ~ **power** wielkie mocarstwo
  ~ **price** wysoka cena
  Great Seal (of the Realm) Wielka Pieczęć (Królewska)
  Great War I wojna światowa
great-grandchild *s* prawnuk, prawnuczka
great-granddaughter *s* prawnuczka
great-grandfather *s* pradziadek
great-grandmother *s* prababka
great-grandson *s* prawnuk
greed *s* chciwość, zachłanność, chęć zysku
  ~ **of power** żądza władzy
greedy *adj* chciwy, zachłanny, żądny (**of sth** czegoś)
green *adj* zielony
  ~ **card** karta międzynarodowego ubezpieczenia samochodowego
  Green Paper wstępny projekt rządowy
green-carder *s am.* cudzoziemiec mający zezwolenie na pracę
greengrocer *s* handlarz jarzynami i owocami
greengrocery *s* handel jarzynami i owocami
Gresham's law *s* prawo Greshama o wypieraniu pieniądza lepszego przez gorszy
Gretna-Green marriage *s* ślub w miejscowości szkockiej Gretna-Green (*udzielany bez zgody rodziców*)
grievance *s* 1. krzywda 2. skarga, zażalenie
  ~ **committee** komisja rozjemcza (*rozpoznająca skargi robotników*)
  ~ **procedure** procedura rozpoznawania skarg
  to have a ~ **against sb** mieć powód do skargi na kogoś
  to redress a ~ wynagrodzić krzywdę
  to state one's ~ **s** wystąpić z zażaleniem
grieved *adj* pokrzywdzony
grievous *adj* 1. przykry, dotkliwy, bolesny 2. ciężki, poważny
  ~ **accident** poważny wypadek
  ~ **bodily harm** ciężkie uszkodzenie ciała
  ~ **crime** poważne przestępstwo, ciężka zbrodnia
  ~ **incident** przykry incydent, przykre wydarzenie
  ~ **loss** bolesna strata
  ~ **mistake** poważny błąd
  ~ **wrongs** poważne krzywdy
grievousness *s* poważny charakter (*np. przestępstwa*)
grocer *s* handlarz ⟨kupiec⟩ towarów spożywczych
grocery *s* sklep spożywczy

gross¹ s (pl **gross**) **1.** gros (12 tuzinów) **2.** masa
by the ~ a) hurtem, większymi partiami b) grosami, na grosy
in (the) ~ a) wielkimi partiami, w masie b) ogółem
small ~ gros
gross² adj **1.** brutto, bez potrąceń **2.** całkowity **3.** rażący, jaskrawy **4.** pospolity, ordynarny, wulgarny, grubiański **5.** nieprzyzwoity, niesmaczny
~ **abuse** ciężka obelga ⟨obraza⟩
~ **adventure** pożyczka pod zastaw statku
~ **amount** suma brutto
~ **assets** aktywa brutto
~ **average** wielka awaria
~ **balance** bilans brutto
~ **blunder** poważny błąd
~ **capacity** wydajność brutto
~ **carelessness** rażąca lekkomyślność
~ **charter** czarter na warunkach brutto
~ **domestic product** produkt krajowy brutto
~ **earnings** zarobki brutto
~ **error** poważny błąd, rażąca pomyłka
~ **freight** fracht brutto ⟨bez potrąceń⟩
~ **ignorance** rażąca ignorancja ⟨nieznajomość⟩
~ **income** dochód brutto
~ **indecency** gruba nieprzyzwoitość
~ **injustice** rażąca niesprawiedliwość
~ **insult** ciężka zniewaga
~ **language** ordynarne wyrażanie się ⟨słownictwo⟩
~ **less tare** brutto po potrąceniu tary
~ **liabilities** pasywa brutto
~ **loss** strata ogółem
~ **margin** marża handlowa
~ **national product** produkt narodowy brutto
~ **negligence** rażące niedbalstwo
~ **output** produkcja globalna
~ **price** cena brutto
~ **proceeds** wpływy brutto
~ **profit** zysk brutto
~ **receipt** dochód brutto
~ **(register) tonnage** pojemność brutto, tonaż brutto (w tonach rejestrowych)
~ **returns** ⟨**turnover**⟩ obrót brutto
~ **sales** ogólna wysokość obrotów
~ **terms** warunki czarterowe brutto
~ **value** globalna wartość
~ **violation** poważne naruszenie ⟨pogwałcenie⟩ (prawa)
~ **weight** waga brutto
~ **weight for net** brutto za netto (waga łącznie z opakowaniem)
grossly adv wybitnie, ciężko, mocno, poważnie
~ **exaggerated** mocno przejaskrawiony (np. opis)
~ **indecent act** wybitnie nieprzyzwoity postępek
~ **insulted** ciężko obrażony
~ **offensive** mocno ⟨bardzo⟩ obraźliwy
to be ~ **mistaken** poważnie się pomylić
grossness s **1.** ordynarność **2.** skandaliczność **3.** grubiaństwo, chamstwo **4.** nieprzyzwoitość **5.** ogrom
~ **of a crime** ogrom zbrodni
ground¹ s **1.** ziemia, grunt **2.** teren, obszar **3.** podstawa, przyczyna, wzgląd **4.** dno morskie
~ **control** kontrola naziemna (na lotnisku)
~ **for dismissal** podstawa do zwolnienia, przyczyna zwolnienia
~ **of action** podstawa powództwa

~ **of suspicion** przyczyna podejrzenia
~ **price** cena podstawowa ⟨zasadnicza⟩
~ **rent** a) renta gruntowa b) czynsz dzierżawny (za użytkowanie ziemi)
~ **(s) for appeal** podstawa do apelacji
~ **(s) for complaint** podstawa do reklamacji
~ **(s) for divorce** podstawa rozwodu
~ **s for litigation** podstawy procesu
forbidden ~ a) teren zakazany b) przen. zabroniony temat (rozmowy)
on the ~ **of** z racji ⟨na podstawie⟩ (czegoś)
on the ~ **of informality** z uwagi na niezachowanie formy
on legal ~s z prawnych względów
on personal ~s z przyczyn osobistych
storage ~ plac składowy
to cover much ~ (o dochodzeniu, poszukiwaniach) zatoczyć szeroki krąg
to gain ⟨**make**⟩ ~ posuwać się naprzód, rozszerzać zakres działania
to give ~s **for sth** umotywować ⟨uzasadnić⟩ coś
to give ⟨**lose**⟩ ~ ustępować
to hold ⟨**stand, keep**⟩ **one's** ~ nie ustępować, utrzymać się na swoich pozycjach
to take ~ (o statku) osiąść na mieliźnie
ground² v **1.** opierać się (**on sth** na czymś) **2.** (o statku) osiąść na mieliźnie
groundage s bryt. kotwiczne
grounded adj uzasadniony
ill ~ nieuzasadniony
well ~ właściwie ⟨dobrze⟩ uzasadniony
grounding s utknięcie na mieliźnie
~ **clause** ub. mors. klauzula utknięcia
ground-landlord s właściciel gruntu, na którym znajduje się budynek
groundless adj bezpodstawny, nieuzasadniony
~ **fears** nieuzasadnione obawy
~ **suspicions** bezpodstawne podejrzenia
groundlessness s bezpodstawność, gołosłowność, niezasadność
group¹ s **1.** grupa **2.** polit. frakcja
~ **banking** am. kontrolowanie grupy banków na zasadach holdingu
~ **discussion** dyskusja grupowa (jako metoda wychowawcza)
~ **insurance** ubezpieczenie zbiorowe ⟨grupowe⟩
~ **law** prawo dla odrębnych grup ludzi (np. kodeks wojskowy)
~ **therapy** terapia grupowa, leczenie grupowe (np. alkoholików)
~ **work** zespołowa praca społeczna
age ~ grupa wieku
occupational ~ grupa zawodowa
political ~ frakcja polityczna
to form a ~ tworzyć grupę ⟨frakcję⟩
group² v grupować, dobierać, klasyfikować
groupage s ładunek zbiorowy
~ **bill of lading** konosament zbiorowy ⟨zbiorczy⟩
grouped adj: ~ **bill of lading** konosament zbiorowy ⟨zbiorczy⟩
grouping s **1.** grupowanie, łączenie w grupy **2.** ugrupowanie
age ~ stat. podział według grup wieku
military ~ ugrupowanie wojskowe ⟨militarne⟩
grow v (**grew, grown**) **1.** rosnąć, wzrastać **2.** uprawiać, hodować **3.** wytwarzać **4.** stawać się

to ~ **better** (*o sytuacji itp.*) poprawiać się
to ~ **in price** rosnąć w cenie
to ~ **less** zmniejszać się
to ~ **old** starzeć się
to ~ **poor** ubożeć
to ~ **worse** pogarszać się
grower *s* **1.** hodowca **2.** plantator
growing[1] *s* **1.** rozrost, rozwój, wzrastanie **2.** uprawa
growing[2] *adj* wzrastający
~ **crops** rosnące zboża, zbiory na pniu
~ **demand** wzrastający popyt
~ **prices** wzrastające ceny
growth *s* **1.** wzrost, rozwój **2.** przyrost, zwiększenie, rozrost **3.** uprawa, hodowla
~ **company** *am.* przodujące przedsiębiorstwo
~ **index** wskaźnik rozwoju
~ **industry** przodujący przemysł
~ **of production** wzrost produkcji
economic ~ wzrost gospodarczy
full ~ pełnia rozwoju
of domestic ⟨home⟩ ~ pochodzenia krajowego
of foreign ~ pochodzenia zagranicznego
rate of ~ tempo wzrostu
grudge *s* pretensja, niechęć, zawiść
guarantee[1] *s* **1.** gwarancja, poręka, poręczenie, rękojmia **2.** poręczyciel, gwarant, żyrant **3.** osoba, za którą poręczono
~ **agreement** układ gwarancyjny
~ **certificate** świadectwo ⟨zaświadczenie⟩ gwarancyjne (*dotyczy wagi przesyłki*)
~ **commission** prowizja gwarancyjna
~ **contract** umowa gwarancyjna
~ **fund** fundusz gwarancyjny
~ **insurance** ubezpieczenie pracodawcy od strat spowodowanych przez nieuczciwość personelu
~ **of a bill of exchange** poręczenie wekslowe, awal
~ **of quality** gwarancja jakości
~ **of solvency** gwarancja wypłacalności
~ **of weight** gwarancja wagi
~ **period** okres gwarancji
~ **society** towarzystwo gwarancyjne
bank(er's) ~ gwarancja bankowa
certificate of ~ zaświadczenie gwarancyjne
commercial credits ~ gwarancja kredytów handlowych
constitutional ~s gwarancje konstytucyjne
continuing ~ gwarancja stała (*nie ograniczona czasem*)
contract of ~ umowa gwarancyjna
general average ~ gwarancja pokrycia udziału w awarii wspólnej ⟨wielkiej⟩
government ~ gwarancja państwowa
joint ~ gwarancja wspólna ⟨solidarna⟩
letter of ~ *a)* list gwarancyjny *b)* rewers (*wystawiany kapitanowi statku przez odbiorcę towaru w wypadku braku konosamentu*)
quality ~ gwarancja jakości
single ~ pojedyncza gwarancja
state ~ gwarancja państwowa
sworn ~ gwarancja pod przysięgą
term of ~ termin (upływu) gwarancji
under ~ pod gwarancją, z gwarancją
weight ~ gwarancja wagi
without ~ bez gwarancji
written ~ gwarancja pisemna

to go ~ **(for sb)** występować jako ⟨czyjś⟩ poręczyciel, poręczyć (za kogoś), żyrować (komuś)
to leave sth as a ~ pozostawić coś jako gwarancję
to secure all ~s udzielić wszelkich gwarancji
guarantee[2] *v* **1.** gwarantować, ręczyć, udzielać poręczenia **2.** ubezpieczyć (**against** ⟨**from**⟩ **sth** od ⟨na wypadek⟩ czegoś)
to ~ **against loss** ubezpieczyć na wypadek straty
to ~ **an endorsement** udzielić poręczenia ⟨żyra⟩
to ~ **independence** gwarantować niezależność
to ~ **the payment of a debt** gwarantować zapłatę długu
to ~ **regular employment** zagwarantować stałe zatrudnienie
guaranteed *pp adj* gwarantowany, zagwarantowany, poręczony, żyrowany
~ **bond** gwarantowana obligacja
~ **by the government** poręczony przez rząd
~ **free of defects** pod gwarancją „wolny od wad"
~ **freight** *am.* fracht gwarantowany (*płatny niezależnie od dostarczenia ładunku*)
~ **mail transfer** pocztowy przekaz pieniężny z gwarancją terminu dostarczenia
~ **prices** gwarantowane ceny (*przez rząd*)
~ **securities** ⟨**stock**⟩ gwarantowane walory
delivery not ~ bez gwarancji dostawy
state ~ gwarantowany przez państwo
guarantor *s* poręczyciel, gwarant, żyrant
joint ~ poręczyciel solidarny
to stand as ~ **(for sb)** występować jako ⟨czyjś⟩ poręczyciel
guaranty *s* gwarancja, poręka, poręczenie, rękojmia
guard[1] *s* **1.** straż, ochrona **2.** wartownik, stróż, konwojent **3.** *am.* dozorca więzienny
coast ~ straż przybrzeżna
customs ~ *am.* straż celna
goods ~ konwojent (*ładunku towarów*)
to be on ~ **against sb, sth** mieć się na baczności przed kimś, czymś
guard[2] *v* **1.** chronić (**against sth, sb** od czegoś, przed kimś) **2.** ochraniać, pilnować, strzec **3.** zabezpieczyć się (**against sth** przed czymś)
to ~ **sb's interests** chronić czyjeś interesy
to ~ **the prisoners** pilnować ⟨dozorować⟩ więźniów
guardian *s* **1.** kurator **2.** opiekun **3.** przedstawiciel ustawowy **4.** nadzorca, dozorca
~ **ad litem** *a)* kurator procesowy *b)* opiekun dla ochrony interesów (*małoletniego lub ubezwłasnowolnionego*) przed sądem ⟨w postępowaniu sądowym⟩
~ **by appointment of court** opiekun ⟨kurator⟩ ustanowiony przez sąd
~ **by election** kurator z wyboru
~ **by nature** opiekun z natury (*ojciec, matka*)
~ **by statute** opiekun ⟨przedstawiciel⟩ ustawowy
~ **of the poor** opiekun ubogich
statutory ~ opiekun ⟨przedstawiciel⟩ ustawowy
testamentary ~ opiekun ustanowiony w testamencie
to appoint a ~ ustanowić opiekuna
guardianship *s* **1.** opieka, ochrona, straż **2.** urząd opiekuna ⟨strażnika⟩
under the ~ **of the laws** pod ochroną prawa
to be under ~ być pod opieką ⟨kuratelą⟩
to place ⟨**put**⟩ **sb under** ~ ustanowić nad kimś kuratelę

guer(r)illa *s* partyzant
  ~ **war** ⟨**warfare**⟩ wojna partyzancka, partyzantka
  urban ~ **war** partyzantka miejska
guest *s* gość
  ~ **of honour** honorowy gość
  ~ **passenger** osoba przewożona bezpłatnie
  paying ~ pensjonariusz, gość hotelowy
guidance *s* **1.** kierownictwo, kierowanie, przewodnictwo **2.** informacja **3.** poradnictwo (*zawodowe*)
  for your ~ dla waszej orientacji ⟨informacji⟩
  under the ~ **of...** pod kierownictwem...
  vocational ~ poradnictwo zawodowe
guide[1] *s* **1.** przewodnik **2.** informator
  railway ~ rozkład jazdy
  travel ~ przewodnik dla podróżnych ⟨turystów⟩
guide[2] *v* **1.** kierować **2.** być przewodnikiem ⟨doradcą⟩ (**sb** czyimś) **3.** być wskazówką (**sb** dla kogoś)
guide-book *s* przewodnik (*książka*)
guided *adj* **1.** kierowany **2.** (zdalnie) sterowany
  ~ **missile** pocisk zdalnie sterowany
  ~ **tour** wycieczka z przewodnikiem
guidelines *spl* dyrektywy, wskazówki, instruktaż
guiding *adj* przewodni, wiodący
  ~ **idea** myśl przewodnia
  ~ **principle** główna zasada
guild *s* cech, bractwo, gildia
  merchant ~ gildia kupiecka, cech kupiecki
  trade ~ cech rzemieślniczy ⟨rzemiosł⟩
guillotine[1] *s* gilotyna
guillotine[2] *v* **1.** zgilotynować, stracić na gilotynie **2.** *bryt. parl.* ograniczać czas przemówień (*celem uniknięcia obstrukcji*)
guilt *s* wina
  ~ **complex** kompleks winy
  admission of ~ przyznanie (się do) winy

  consciousness of ~ świadomość winy
  evidence of ~ dowód winy
  question of ~ kwestia ⟨zagadnienie⟩ winy
  verdict of ~ werdykt o winie
  to admit one's ~ uznać swoją winę, przyznać się do winy
guiltless *adj* **1.** niewinny **2.** wolny (**of sth** od czegoś)
guiltlessness *s* niewinność
guilty *adj* **1.** winny (**of sth** czegoś) **2.** (*o sumieniu*) nieczysty **3.** (*o postępowaniu*) karygodny, niewłaściwy
  ~ **but insane** winien, ale niepoczytalny
  ~ **conscience** nieczyste sumienie
  ~ **knowledge** świadomość winy
  ~ **mind** poczucie winy
  ~ **of a crime** winny zbrodni
  (**the**) ~ **party** strona winna
  (**the**) ~ **person** osoba winna
  ~ **secret** wstydliwa tajemnica
  to be found ⟨**proved**⟩ ~ zostać uznanym za winnego
  to be ~ być winnym (**sth** czegoś)
  to plead ~ przyznać się do winy
  to plead not ~ nie przyznać się do winy
guinea *s bryt.* **1.** *hist.* gwinea (= *21 szylingów*) **2.** gwinea (= *1,05 funta*)
guise *s* pozór, pretekst
  under the ~ **of...** pod pretekstem ⟨płaszczykiem⟩...
gullibility *s* łatwowierność
gun *s* **1.** broń **2** rewolwer **3.** działo
  ~ **licence** pozwolenie na posiadanie broni
gunman *s* (*pl* **gunmen**) uzbrojony bandyta
gun-runner *s* przemytnik broni
gun-running *s* przemyt broni

H

habeas corpus *s łac.* nakaz doprowadzenia zatrzymanego do sądu w celu stwierdzenia legalności aresztu
Habeas Corpus Act statut (z 1679 r.) gwarantujący wolność osobistą
  ~ **ad deliberandum et recipiendum** *łac.* sądowy nakaz wydania aresztowanego sądowi miejsca popełnienia przestępstwa
  ~ **ad faciendum et recipiendum** *łac.* sądowy nakaz przekazania sprawy do sądu wyższej instancji
  ~ **ad prosequendum** *łac.* sądowy nakaz wydania aresztowanego kompetentnemu sądowi
  ~ **ad satisfaciendum** *łac.* sądowy nakaz wykonania zapadłego poprzednio wyroku
  ~ **ad subjiciendum** *łac.* sądowy nakaz wydania aresztowanego sądowi
  ~ **ad testificandum** *łac.* sądowy nakaz dostawienia do sądu świadka znajdującego się w areszcie
  ~ **cum causa** *łac.* sądowy nakaz przekazania sprawy do wyższej instancji

habendum *s łac.* termin określający przedmiot transakcji
habere facias (possessionem) *s łac.* sądowy nakaz wprowadzenia w posiadanie
habilitate *v* **1.** habilitować się **2.** finansować prace poszukiwawcze
habit *s* **1.** zwyczaj, przyzwyczajenie, nawyk **2.** *pl* **habits** maniery, sposób postępowania
  ~ **and repute** ogólnie przyjęte normy postępowania
  ~ **of mind** sposób myślenia, predyspozycja
  bad ~ nałóg
  buying ~**s** przyzwyczajenia ⟨upodobania⟩ kupujących
  force of ~ siła przyzwyczajenia
  from (force of) ~, **out of** ~ z przyzwyczajenia, z nawyku
  to be in the ~ **of doing sth** *a*) mieć zwyczaj coś robić *b*) nałogowo coś robić (*np. pić*)
  to form ⟨**fall into, get into**⟩ **the** ~ **of doing sth** *a*)

przyzwyczaić się do robienia czegoś b) popaść w nałóg robienia czegoś (*picia, palenia itd.*)
to get out of the ~ odzwyczaić się
habitable *adj* mieszkalny, nadający się do zamieszkania
  in ~ **repair** w stanie nadającym się do zamieszkania
habitat *s* **1.** habitat, naturalne środowisko (*zwierzęcia, rośliny*) **2.** stałe miejsce pobytu
habitation *s* **1.** miejsce zamieszkania **2.** mieszkanie
  fit for human ~ nadający się do zamieszkania przez ludzi
habit-forming *adj med. (o leku)* dający przyzwyczajenie, powodujący nałóg
habitual *adj* **1.** zwykły, zwyczajny, powszedni, normalny **2.** (*o człowieku*) niepoprawny, notoryczny, nałogowy
  ~ **criminal** notoryczny przestępca
  ~ **drunkard** nałogowy pijak
  ~ **liar** niepoprawny kłamca
  ~ **offender** recydywista
habitude *s* **1.** skłonność, nastawienie **2.** przyzwyczajenie
haemorrhage *s med.* krwotok
haggle *v* **1.** targować się **2.** spierać się (**about** ⟨**over**⟩ **sth** o coś)
haggling *s* **1.** targowanie się **2.** spieranie się
  ~ **margin** limit obniżki ceny
Hague *s*: ~ **Conventions** Konwencje Haskie (*regulujące zasady międzynarodowego prawa publicznego z 1899, 1904 i 1907 r.*)
  ~ **Rules** Reguły Haskie (*o prawach i obowiązkach armatorów z 1921 r.*)
half¹ *s* (*pl* **halves**) połowa, pół
  ~ **the amount** połowa sumy ⟨kwoty⟩
  ~ **dozen** pół tuzina
  ~ **measures** półśrodki, kompromisy
  ~ **per cent** pół procenta
  ~ **year** pół roku, półrocze
  at ~ **price** za połowę ceny
  by ~ o połowę (*np. mniejszy*)
  on ~ **profits** za połowę dochodów
  to cry halves żądać (dla siebie) połowy
  to go halves dzielić się po połowie
half² *adv* **1.** na pół, do połowy, w połowie **2.** prawie, w znacznej mierze
  ~ **as big** o połowę mniejszy
  ~ **as much** o połowę mniej
  ~ **as much** ⟨**many, big**⟩ **again** półtora raza taki, o połowę większy ⟨więcej⟩
half-blood *s* **1.** przyrodni brat, przyrodnia siostra **2.** mieszaniec
  he is a ~ **Indian** (on) jest półkrwi Indianinem
half-brother *s* przyrodni brat
half-commission *s*: ~ **man** pośrednik giełdowy dzielący się prowizją z maklerem
half-crown *s bryt. hist.* pół korony, moneta o wartości 2 szylingów i 6 pensów
half-dime *s am.* moneta pięciocentowa
half-dollar *s am.* moneta półdolarowa
half-eagle *s am.* moneta pięciodolarowa
half-fare *adj* ulgowy, zniżkowy, (*o bilecie*) ze zniżką 50%
half-finished *adj* w połowie gotowy, nie wykończony
  ~ **goods** półwyroby, półfabrykaty

half-holiday *s* dzień częściowo wolny od pracy (*np. sobota*)
halfpenny *s* moneta o wartości pół pensa
half-price *s* ulgowa ⟨obniżona⟩ cena (*np. wstępu*)
  at ~ za połowę ceny
half-sister *s* przyrodnia siostra
half-sovereign *s bryt. hist.* pół suwerena, złota moneta o wartości nominalnej 10 szylingów
half-time *s* **1.** połowa gry ⟨meczu, czasu pracy⟩. **2.** przerwa (*w połowie czasu trwania*)
  ~ **worker** robotnik zatrudniony na pół dniówki
  to work ~ pracować na pół dniówki ⟨na półetacie⟩
half-truth *s* twierdzenie tylko częściowo prawdziwe, półprawda
half-wholesale *s* półhurt
half-year *s* półrocze
half-yearly¹ *adj* półroczny
half-yearly² *adv* półrocznie, co pół roku
Halifax law *s hist.* prawo linczu, samosąd
hallmark¹ *s* stempel probierczy, cecha, próba
hallmark² *v* cechować, stemplować stemplem probierczym
halt *v* zatrzymać, powstrzymać
  to ~ **inflation** powstrzymać inflację
halter *s* **1.** pętla, stryczek **2.** śmierć przez powieszenie
hammer¹ *s* młotek
  to bring to ⟨**under**⟩ **the** ~ wystawić na licytację
  to come to ⟨**under**⟩ **the** ~ być wystawionym na licytację, *pot.* pójść pod młotek
hammer² *v* **1.** uderzać młotkiem **2.** ogłaszać (**sb** czyjąś) niewypłacalność
  to ~ **prices** obniżyć ceny
hammered *adj* : ~ **member** członek giełdy uznany za niewypłacalnego
hamper *v* zawadzać, przeszkadzać
  to ~ **the progress** przeszkadzać rozwojowi
hand¹ *s* **1.** ręka **2.** podpis **3.** pismo odręczne **4.** robotnik, pracownik **5.** *pl* **hands** siły robocze, personel, obsługa
  ~ **bill** a) weksel własny, sola b) ulotka (*np. reklamowa*)
  ~ **luggage** bagaż ręczny
  ~ **money** zadatek, akonto
  ~**s off** ręce precz (od...)
  ~**s wanted** (*w ogłoszeniu*) pracownicy poszukiwani
  ~ **to mouth deliveries** dostawy bieżące ⟨na doraźne potrzeby⟩
  at first ⟨**second**⟩ ~ z pierwszej ⟨drugiej⟩ ręki
  at ~ a) na składzie, do dyspozycji b) pod ręką
  balance in ~ saldo kasowe
  bills in ~ portfel wekslowy, weksle posiadane
  by ~ a) odręcznie b) pracą fizyczną c) przez posłańca
  by the ~**s of sb** za czyimś pośrednictwem
  cash ⟨**money**⟩ **in** ~ gotówka do dyspozycji ⟨w kasie⟩
  goods on ~ towar na składzie
  in ~ a) w ręku ⟨ręce⟩ b) do dyspozycji c) rezerwowy, zapasowy d) (*o sprawie, podaniu*) rozpatrywany
  in sb's ~**s** w czyichś rękach, w czyjejś gestii
  legible ~ czytelne pismo
  the matter in ~ omawiana sprawa
  note of ~ weksel własny, sola
  on ~ w posiadaniu
  on the one ⟨**other**⟩ ~ z jednej ⟨z drugiej⟩ strony

orders on ~ portfel zamówień, otrzymane zamówienia
out of ~ *a*) od razu, z miejsca *b*) poza kontrolą, nie kontrolowany
stock in ~ towar na składzie
under one's ~ **and seal** za czyimś podpisem i pieczęcią
to change ~s przechodzić z rąk do rąk, zmieniać właściciela
to come to ~ dojść do rąk
to give sb a free ~ dać komuś wolną rękę
to have a ~ **in a matter** uczestniczyć w jakiejś sprawie
to lend ⟨**give**⟩ **a** ~ udzielić pomocy
to live from ~ **to mouth** żyć z dnia na dzień
to play into sb's ~s działać na czyjąś korzyść
to put a case into the ~**s of a lawyer** oddać sprawę w ręce adwokata
to put an order in ~ przystąpić do wykonania zamówienia
to send by ~ przesłać przez kogoś
to set one's ~ **to a deed** złożyć swój podpis na dokumencie
to take the law into one's own ~s samemu wymierzać sprawiedliwość
to take sth in one's ~ przejąć coś w swoje ręce
to witness the ~ **of sb** być świadkiem złożenia przez kogoś podpisu, potwierdzać autentyczność czyjegoś podpisu
your letter to ~ (będąc) w posiadaniu waszego listu
hand[2] *v* podawać, wręczać; *zob.* **hand down, in, out, over**
hand-bill, handbill *s* ulotka
handbook *s* 1. podręcznik 2. informator, przewodnik 3. *am.* książka zapisów pośrednika w grze w totalizatora
handcuff *v* założyć kajdanki (**sb** komuś), zakuć w kajdany (**sb** kogoś)
handcuffs *spl* kajdany, kajdanki
hand down *v* podawać, przekazywać
to ~ **a decision** wydać decyzję (*sądową*), wydać wyrok
handicap[1] *s* 1. przeszkoda, zawada, trudność 2. handicap, lepsze warunki dla słabszego zawodnika w celu wyrównania szans
handicap[2] *v* stawiać w gorszym położeniu (**sb** kogoś), przeszkadzać (**sb** komuś)
handicapped *adj* upośledzony
mentally ~ upośledzony umysłowo
physically ~ upośledzony fizycznie
handicraft *s* rzemiosło
handicraftsman *s* (*pl* **handicraftsmen**) rzemieślnik
hand in *v* wręczyć (*np. pismo urzędowe*), złożyć (*np. podanie*)
to ~ **one's resignation** złożyć rezygnację
handle *v* 1. manipulować (**sth** czymś) 2. przeładowywać, przekładać 3. handlować, obracać (**sth** czymś), prowadzić (*towar*) 4. posługiwać się (**sth** czymś), obsługiwać (**sth** coś) 5. traktować, obchodzić się (**sth, sb** z czymś, kimś) 6. załatwiać, regulować
to ~ **the affairs of other people** prowadzić cudze sprawy
to ~ **a business** prowadzić firmę ⟨przedsiębiorstwo⟩
to ~ **goods** *a*) przeładowywać towar(y) *b*) prowadzić

towar, handlować towarem
to ~ **a matter** zajmować się sprawą
to ~ **orders** wykonywać zamówienia
to ~ **the situation** panować nad sytuacją
~ **with care!,** ~ **carefully!** (*napis na przesyłce*) ostrożnie!
handler *s* treser psów policyjnych
handling *s* 1. ładowanie, przeładunek 2. manipulowanie 3. załatwianie, regulowanie 4. obsługa, obsługiwanie 5. traktowanie, obchodzenie się
~ **capacity** zdolność przeładunkowa
~ **charges** opłaty przeładunkowe ⟨manipulacyjne⟩
~ **commission** prowizja manipulacyjna (*np. agenta żeglugi lub spedytora za manipulacje ładunkiem w porcie*)
bulk ~ ładowanie towaru luzem
freight ~ przeładunek, manipulacja ładunkiem
harsh ⟨**rough**⟩ ~ nieostrożny przeładunek
improper ~ niewłaściwe traktowanie ⟨obchodzenie się⟩
hand-made *adj* ręcznie wykonany, ręcznej roboty
hand out *v* wydawać, rozdawać
hand over *v* 1. przekazywać, wręczać, oddawać 2. wypłacać
to ~ **a note** wręczyć notę
to hand sb over to justice oddać kogoś w ręce sprawiedliwości
handprint *s* ślad ⟨odbicie⟩ ręki
handsale *s* sprzedaż ruchomości dokonana przez przybicie rąk
han(d)sel *s* zadatek
handshake *s* uścisk dłoni
golden ~ odprawa, prezent pożegnalny
handwork *s* praca ręczna ⟨fizyczna⟩
handworker *s* robotnik, pracownik fizyczny
handwriting *s* pismo, charakter pisma
~ **expert** grafolog, biegły ⟨ekspert⟩ z zakresu pisma
in one's own ~ odręcznie, własnym pismem
handwritten *adj* ręcznie napisany, odręczny
hang *v* powiesić (*człowieka*)
to ~ **the jury** *am.* nie podzielać zdania większości przysięgłych
to be ~**ed by the neck** zginąć na szubienicy
hanging[1] *s* powieszenie
death by ~ śmierć przez powieszenie
hanging[2] *adj* zasługujący na karę powieszenia, gardłowy
a ~ **matter** sprawa gardłowa
~ **offence** przestępstwo zasługujące na karę powieszenia
hangman *s* (*pl* **hangmen**) kat dokonujący egzekucji przez powieszenie
Hanseatic *adj*: ~ **Laws of the Sea** kodeks morski miast hanzeatyckich (*z 1591 r.*)
hansel *zob.* **handsel**
harassment *s* szykana
harbour[1], *am.* **harbor** *s* 1. port, przystań 2. schronienie, azyl, przytułek
~ **authorities** władze portowe, zarząd portu
~ **basin** basen portowy
~ **board** urząd morski
~ **charter** najem taboru portowego
~ **craft** portowy tabor pływający
~ **dues** opłaty portowe
~ **facilities** ⟨**installations**⟩ urządzenia portowe
~ **master** kapitan portu

~ **master's office** kapitanat portu
~ **of discharge** port wyładunkowy
~ **of loading** port załadunkowy
~ **of refuge** ⟨distress, emergency⟩ port schronienia
~ **of tran(s)shipment** port przeładunkowy
~ **service** żegluga portowa
~ **station** dworzec morski
artificial ~ sztuczny port
commercial ~ port handlowy
estuary ~ port przy ujściu rzeki
fishery ⟨fishing⟩ ~ port rybacki
inland ~ port śródlądowy
inner ~ port wewnętrzny
natural ~ port naturalny
outer ⟨outside⟩ ~ port zewnętrzny
tidal ~ port przypływowy
harbour², *am.* **harbor** *v* **1.** zawijać do portu **2.** dawać schronienie **3.** dopuszczać ⟨żywić⟩ (*uczucia, myśli itp.*)
to ~ **a criminal** ukrywać przestępcę, dawać schronienie przestępcy
to ~ **a grudge against sb** żywić do kogoś urazę
to ~ **suspicions** żywić ⟨mieć⟩ podejrzenia
harbourage *s* **1.** miejsce postoju statków w porcie **2.** schronienie, przystań
hard¹ *adj* **1.** twardy, mocny **2.** trudny, ciężki, przykry **3.** stanowczy, nieugięty, surowy
~ **and fast** bezwzględny, sztywny, nienaruszalny
~ **and fast custom** niezmienny zwyczaj
~ **and fast rule** nienaruszalna reguła, sztywny przepis prawny
~ **cash** *a)* gotówka *b)* monety, pieniądz monetarny
~ **currency** mocna waluta
~ **fact** niezaprzeczalny fakt, twarda rzeczywistość
~ **labour** ciężkie roboty
~ **landing** twarde lądowanie
~ **money** *a)* mocna waluta *b) am.* pieniądz monetarny
~ **price** sztywna cena
~ **problem** trudny problem
~ **sell** natarczywa sprzedaż
~ **task** ciężkie ⟨trudne⟩ zadanie
~ **terms** ciężkie ⟨niedogodne⟩ warunki (*np. umowy*)
~ **ticket** *am.* bilet z rezerwacją miejsca ⟨miejscówką⟩
~ **to sell** (*o towarze*) trudny do sprzedania ⟨niepokupny⟩
~ **words** *a)* mocne słowa *b)* obraźliwe słowa
~ **worker** ciężko pracujący robotnik
hard² *adv* **1.** mocno, silnie, twardo **2.** stanowczo, nieugięcie, uporczywie **3.** nadmiernie, bez umiaru
to be ~ **pressed** ⟨pushed⟩ **for money** potrzebować pilnie pieniędzy
to be ~ **up** być w kłopotach finansowych, mieć mało pieniędzy
harden *v* **1.** stabilizować się, sztywnieć, twardnieć **2.** znieczulać, czynić zatwardziałym
prices are ~**ing** ceny stabilizują się
hardened *adj* **1.** sztywny, ustabilizowany **2.** zatwardziały
~ **criminal** ⟨offender⟩ zatwardziały przestępca
~ **prices** ustabilizowane ⟨usztywnione⟩ ceny
hardening *s:* ~ **of the market** stabilizacja rynku, poprawa sytuacji na rynku
harm¹ *s* **1.** szkoda, uszczerbek **2.** krzywda

bodily ~ uszkodzenie cielesne
out of ~**'s way** *a)* bezpieczny *b)* bezpiecznie
to do ~ **to sb** wyrządzić komuś krzywdę
harm² *v* **1.** szkodzić **2.** krzywdzić, wyrządzać krzywdę
harmful *adj* szkodliwy
~ **error** fatalny ⟨istotny⟩ błąd
harmfulness *s* szkodliwość
harmless *adj* nieszkodliwy, niewinny
~ **error** nieistotny błąd
harsh *adj* **1.** szorstki **2.** przykry **3.** surowy, okrutny
~ **language** ostre ⟨raniące⟩ słowa
~ **measures** ostre ⟨surowe⟩ środki
to exchange ~ **words** wymienić przykre słowa
harshness *s* **1.** szorstkość **2.** ostrość **3.** surowość, okrucieństwo
~ **of a judgment** surowość wyroku
~ **of a punishment** surowość kary
Harter Act *s am.* ustawa Hartera (*z 1893 r. o odpowiedzialności przewoźnika morskiego*)
harvest¹ *s* **1.** żniwa, zbiory **2.** plon, żniwo, urodzaj
harvest² *v* zbierać plony
hasten *v* **1.** przyspieszyć, ponaglać **2.** spieszyć się
to ~ **delivery** przyspieszać dostawę
to ~ **the solution of a problem** przyspieszyć rozwiązanie problemu
hasty *adj* **1.** pospieszny **2.** porywczy, popędliwy **3.** pochopny, nierozważny, nie przemyślany
~ **decision** nie przemyślana decyzja
~ **judgment** pochopny sąd
hat *s:* ~ **money** prymaż, dopłata do frachtu na rzecz kapitana i załogi
hatch *s* luk okrętowy
~ **hours** godziny załadunku i wyładunku
hatchway *s* = **hatch**
haul *v* **1.** ciągnąć, holować **2.** przewozić, transportować **3.** zmienić miejsce postoju (*statku w porcie*), przeholowywać
haulage *s* **1.** holowanie, przeciąganie **2.** transport, przewóz **3.** koszt transportu ⟨przewozu⟩, opłata holownicza
~ **contractor** przedsiębiorca transportowy ⟨przewozowy⟩
haunt *s* miejsce często odwiedzane
~ **of criminals** miejsce spotkań ⟨melina⟩ przestępców
have *v* (**had, had**) mieć, posiadać
to ~ **in custody** trzymać pod strażą
to ~ **in possession** mieć w posiadaniu, posiadać
to ~ **monopoly on...** mieć monopol na...
to ~ **notice of sth** wiedzieć o czymś, być powiadomionym o czymś
to ~ **priority** mieć pierwszeństwo
to ~ **recourse against sb** posiadać uprawnienie regresowe przeciwko komuś, mieć regres w stosunku do kogoś
to ~ **recourse to...** uciekać ⟨zwracać⟩ się do... (*np. sądu*)
to ~ **revenge** zemścić się
to ~ **talks with sb (on sth)** prowadzić rozmowy z kimś (na temat czegoś)
haven *s* przystań, port (*naturalny*)
having *s* **1.** posiadanie **2.** *pl* **havings** mienie, dobytek, własność
hawk¹ *s polit.* jastrząb, zwolennik ostrego kursu polityki
hawk² *v* prowadzić sprzedaż uliczną

hawker *s* sprzedawca uliczny, domokrążca
hawking *s* handel uliczny ⟨domokrążny⟩
~ **trade** handel domokrążny
hazard[1] *s* **1.** hazard, ślepy traf **2.** ryzyko, niebezpieczeństwo
~ **s of the voyage** ryzyka podróży morskiej
at all ~ **s** za wszelką cenę, bez względu na ryzyko
hazard[2] *v* ryzykować
to ~ **one's life** ryzykować życiem
hazardous *adj* ryzykowny, niebezpieczny
~ **cargo** niebezpieczny ładunek
~ **contract** ryzykowny kontrakt, ryzykowna umowa
~ **game** ryzykowna gra
~ **goods** niebezpieczne (*np. łatwopalne*) towary
~ **insurance** ryzykowne ubezpieczenie (*np. łatwopalnych towarów*)
H-bomb *s* bomba wodorowa
head[1] *s* **1.** głowa **2.** szef, kierownik, zwierzchnik **3.** wierzch, góra, górna część **4.** szczyt, punkt kulminacyjny **5.** rubryka **6.** nagłówek
~ **agent** główny przedstawiciel
~ **book-keeper** główny księgowy
~ **clerk** *a)* prokurent *b)* kierownik biura
~ **lessee** główny lokator
~ **money** *a)* podatek od głowy, pogłówne *b)* nagroda za czyjąś głowę ⟨za pomoc w schwytaniu groźnego przestępcy⟩
~ **of the business** kierownik przedsiębiorstwa
~ **of the delegation** szef ⟨przewodniczący⟩ delegacji
~ **of department** *a)* naczelnik wydziału *b) am.* minister
~ **of the family** głowa rodziny
~ **office** *a)* centrala, oddział główny *b)* główny urząd
~ **of the government** szef rządu
~ **of the State** głowa państwa
~ **partner** główny wspólnik (*posiadający większość udziałów*)
~ **tax** *am.* pogłówne, podatek od głowy
per ~ na głowę (*ludności*)
under the ~ **of...** pod nagłówkiem ..., w rubryce...
head[2] *v* **1.** stać na czele, przewodzić **2.** kierować się, zdążać (**for...** do...) **3.** dochodzić do szczytu **4.** zaopatrywać w nagłówek ⟨tytuł⟩, umieszczać u góry (*np. dokumentu*)
to ~ **a delegation** stać na czele delegacji
to ~ **for the port** (*o statku*) brać kurs na port, zdążać do portu
to ~ **for ruin** iść ⟨chylić się⟩ ku ruinie
to ~ **a list** być na początku listy
heading *s* **1.** nagłówek, tytuł rubryki **2.** kurs, kierunek (*statku*)
~ **of a bill** nagłówek rachunku
collective ~ rubryka zbiorcza
letter ~ nagłówek listu
under the same ~ *a)* pod tym samym tytułem *b)* w tej samej rubryce
head-note *s* teza (*zawierająca istotę orzeczenia sądu*)
headquarters *spl* **1.** główne biuro, centrala **2.** kwatera główna, dowództwo
~ **of the organisation** główna kwatera organizacji
headsman *s* (*pl* **headsmen**) kat dokonujący egzekucji przez ścięcie głowy
health *s* zdrowie
~ **certificate** świadectwo zdrowia ⟨sanitarne⟩

~ **insurance** ubezpieczenie na wypadek choroby
~ **laws** przepisy sanitarne
~ **officer** inspektor sanitarny
~ **service** służba zdrowia ⟨sanitarna⟩
bill of ~ świadectwo sanitarne ⟨zdrowia⟩
clean bill of ~ czyste ⟨bez zastrzeżeń⟩ świadectwo sanitarne
foul bill of ~ świadectwo sanitarne z zastrzeżeniami
public ~ zdrowie publiczne
state of ~ stan zdrowia
hear *v* (**heard, heard**) **1.** słyszeć **2.** słuchać **3.** sądzić ⟨rozpoznawać⟩ (*sprawę*) **4.** przesłuchiwać **5.** dowiadywać się (**about sth** czegoś, o czymś)
to ~ **a case** rozpoznawać sprawę
to ~ **the evidence** przeprowadzić dowód
to ~ **the parties** przesłuchać strony
to ~ **a report** wysłuchać sprawozdania
to ~ **a witness** przesłuchać świadka
hearing *s* **1.** usłyszenie **2.** wysłuchanie **3.** przesłuchanie **4.** rozprawa sądowa **5.** *pl* **hearings** *am.* protokoły posiedzeń (*komisji rządowych lub parlamentarnych*)
~ **in camera** rozprawa sądowa ⟨przesłuchanie⟩ przy drzwiach zamkniętych
~ **of arguments** wystąpienia stron
~ **of witnesses** przesłuchiwanie świadków
close ~ rozprawa ⟨przesłuchanie⟩ przy drzwiach zamkniętych
open ⟨**public**⟩ ~ rozprawa publiczna
preliminary ~ przesłuchanie wstępne
hearsay *s* pogłoska, wieść
~ **evidence** ⟨**testimony**⟩ dowód ze słyszenia
~ **rule** zasada niedopuszczalności dowodów ze słyszenia
heavily *adv* **1.** ciężko **2.** znacznie **3.** obficie, dużo
~ **fined** ukarany wysoką grzywną
~ **loaded** ⟨**laden**⟩ ciężko ⟨mocno⟩ załadowany
~ **stocked** obficie zaopatrzony
the goods go off ~ towary są niepokupne ⟨trudno sprzedać⟩
heavy *adj* **1.** ciężki **2.** mocny, silny **3.** duży, wielki **4.** obfity **5.** burzliwy, wzburzony
~ **arrivals** duże dostawy
~ **blow** ciężka strata, ciężki cios
~ **buyer** poważny odbiorca, odbiorca dużych partii towaru
~ **cargo** ciężki ładunek
~ **case** trudna sprawa, ciężki przypadek
~ **drinker** pijak nałogowy
~ **expenditure** ⟨**expenses**⟩ duże wydatki ⟨koszty⟩
~ **fine** wysoka grzywna ⟨kara pieniężna⟩
~ **indebtedness** duże ⟨poważne⟩ zadłużenie
~ **industry** ciężki przemysł
~ **lift** *a)* duży udźwig *b)* ciężki ładunek
~ **load** ciężki ładunek
~ **loss** wielka ⟨poważna⟩ strata
~ **market** rynek o tendencji zniżkowej
~ **of sale** trudny do sprzedaży, niepokupny, *pot.* niechodliwy
~ **order** duże zamówienie
~ **penalty** ⟨**punishment**⟩ ciężka ⟨surowa⟩ kara
~ **percentage** wysoki procent
~ **responsibility** duża odpowiedzialność
~ **sales** duża sprzedaż
~ **stocks** duże zapasy

~ **task** ciężkie ⟨trudne⟩ zadanie
~ **tax** duży ⟨wysoki⟩ podatek
~ **terms** ciężkie warunki
~ **traffic** duży ruch
hedge[1] s *giełd.* transakcja terminowa polegająca na kupnie i równoczesnej sprzedaży takiej samej ilości towaru (*mająca na celu zabezpieczenie przed zmianą cen*)
~ **clause** klauzula zabezpieczająca przy transakcjach terminowych
hedge[2] v **1.** zawierać podwójną transakcję terminową **2.** zabezpieczyć się na dwie strony (*np. przepisami*) **3.** nie angażować się
hegemony s hegemonia
height s **1.** wysokość **2.** szczyt
the ~ **of the season** pełnia sezonu
heinous adj potworny, ohydny, haniebny
~ **charges** haniebne zarzuty
~ **crime** potworna ⟨ohydna⟩ zbrodnia, ohydne przestępstwo
heinousness s ohyda, potworność
the ~ **of a crime** potworność ⟨ohyda⟩ zbrodni
heir s **1.** spadkobierca, dziedzic **2.** następca (*tronu*)
~ **apparent** *a)* prawowity następca *b)* legalny spadkobierca
~ **beneficiary** spadkobierca z dobrodziejstwem inwentarza (*odpowiadający za długi spadkowe tylko do wysokości spadku*)
~ **by adoption** spadkobierca na skutek adopcji ⟨przysposobienia⟩
~ **by custom** *bryt.* spadkobierca na mocy zwyczaju (*lokalnego*)
~ **by device** spadkobierca (*nieruchomości*) wyznaczony w testamencie
~ **collateral** spadkobierca w linii bocznej
~ **conventional** spadkobierca na podstawie umowy ze spadkodawcą
~ **general** spadkobierca ustawowy ⟨generalny⟩
~ **of the blood** spadkobierca na podstawie pokrewieństwa
~ **of the body** spadkobierca w linii zstępnej
~ **presumptive** domniemany spadkobierca
joint ~ współspadkobierca
legitimate ⟨**legal**⟩ ~ prawowity spadkobierca
male ~ spadkobierca w linii męskiej ⟨po mieczu⟩
testamentary ~ spadkobierca testamentowy ⟨na podstawie testamentu⟩
to be sb's ~ być czyimś spadkobiercą
to be ~ to sth być spadkobiercą czegoś
to make sb one's ~ uczynić kogoś swoim spadkobiercą
heir-at-law s prawowity ⟨legalny⟩ spadkobierca
heirdom s dziedzictwo, dziedziczenie
heiress s **1.** spadkobierczyni, dziedziczka **2.** następczyni
heirless adj: ~ **property** bezdziedziczna własność
heirloom(s) s(pl) **1.** klejnoty rodzinne **2.** ruchomości stanowiące przynależność nieruchomości
heirship s dziedzictwo, prawo dziedziczenia
helm s ster
(the) ~ **of the State** ster państwa
to be at the ~ być u steru, kierować
to take the ~ objąć ster ⟨kierownictwo⟩
help[1] s **1.** pomoc **2.** środek zaradczy **3.** wsparcie **4.** pomocnik, służący
~ **and assistance** pomoc i wsparcie

help[2] v pomagać
so ~ **me God** tak mi (Panie) Boże dopomóż (*formuła przysięgi*)
helpless adj **1.** bez oparcia **2.** bezradny
~ **invalid** bezradny inwalida
~ **orphan** sierota bez oparcia
helpmate s **1.** pomocnik, współpracownik **2.** małżonek, małżonka, towarzysz ⟨towarzyszka⟩ życia
hemorrhage s = **haemorrhage**
hence adj **1.** stąd **2.** odtąd, od tego czasu **3.** stąd (więc), skutkiem tego
3 weeks ~ za trzy tygodnie, po upływie 3 tygodni
henceforth, henceforward adv odtąd
herbage s prawo wypasu na cudzym gruncie, służebność wypasu
here adv tu, tutaj
charges ~ koszty (*wysyłki*) ponosi sprzedawca
open ~ tu otwierać (*napis na opakowaniu*)
hereafter adv **1.** poniżej **2.** odtąd, od tego czasu **3.** w przyszłości
hereby adj **1.** niniejszym, przy niniejszym **2.** w ten sposób, tą drogą, przez to
I, the undersigned, do ~ **declare that...** ja, niżej podpisany, stwierdzam niniejszym, że...
hereditable adj podlegający dziedziczeniu, dziedziczny
hereditament s własność podlegająca dziedziczeniu, dziedzictwo, spadek
corporeal ~s dobra materialne podlegające dziedziczeniu
incorporeal ~s dobra niematerialne podlegające dziedziczeniu (*np. prawa*)
hereditary adj **1.** dziedziczny **2.** odziedziczony
~ **disease** choroba dziedziczna
~ **lease** dziedziczna dzierżawa
~ **monarchy** monarchia dziedziczna
~ **portion** zachowek, część obowiązkowa
~ **succession** następstwo prawne
hereditas s *łac.* spadek, dziedzictwo
heredity s dziedziczność
herein adv tu, w tym, w niniejszym
hereinabove adv (*w dokumentach*) powyżej
hereof adv tego, niniejszego
upon the receipt ~ po otrzymaniu niniejszego
hereon adv tu, na tym
heres s *łac.* spadkobierca
heresy s herezja, kacerstwo
heretic s heretyk, kacerz
heretical adj heretycki, kacerski
hereto adv do niniejszego ⟨tego⟩ (*aktu*)
heretofore adv dotychczas, w przeszłości
as ~ jak dotychczas, jak poprzednio
hereunder adv poniżej
hereupon adv **1.** co do niniejszego, na ten temat **2.** po czym
herewith adv **1.** z niniejszym, przy niniejszym **2.** w załączeniu, przy tej sposobności
we enclose ~ przy niniejszym załączamy
heriot s *bryt. hist.* zwyczajowa danina (*w pieniądzach lub naturze*) na rzecz właściciela gruntu po śmierci dzierżawcy
heritable adj **1.** dziedziczny **2.** podlegający dziedziczeniu
~ **bond** dług, którego zabezpieczenie stanowi nieruchomość

~ **obligation** zobowiązanie podlegające dziedziczeniu

~ **right** dziedziczne prawo

heritage s dziedzictwo, spadek, spuścizna, scheda

heritor s dziedzic, spadkobierca

hermaphrodite s hermafrodyta

heroin s heroina

heterogeneous adj różnorodny, heterogeniczny, niejednorodny

~ **cargo** niejednolity ładunek

hide v (**hid, hidden**) ukrywać (się)

hidden adj ukryty

~ **assets** ukryte kapitały ⟨aktywa⟩

~ **defect** ⟨**fault**⟩ wada ukryta

~ **inflation** ukryta inflacja (*polegająca na pogarszaniu jakości towarów*)

~ **reserves** ukryte rezerwy

~ **tax** ukryty podatek (*wliczony w cenę*)

hideous adj ohydny, obrzydliwy

~ **crime** potworna zbrodnia

hide-out s kryjówka

hiding s kryjówka

~ **place** kryjówka

to be in ~ ukrywać się

hierarchic(al) adj hierarchiczny

hierarchy s hierarchia

higgle v targować się

higgler s osoba targująca się

high¹ adj 1. wysoki, znaczny 2. drogi 3. pochlebny, korzystny 4. wybitny, szczytowy

~ **bailiff** urzędnik sądowy (*doręczający nakazy i polecenia sądu hrabstwa*)

High Church bryt. odłam Kościoła anglikańskiego

~ **class** wysoka klasa ⟨jakość⟩

High Commissioner Wysoki Komisarz (*tytuł przedstawiciela kraju Brytyjskiej Wspólnoty*)

~ **contracting parties** wysokie umawiające się strony

High Court of Justice bryt. Wysoki Trybunał (*sąd I instancji*)

~ **finance** wielka finansjera

~ **grade** wysoka jakość

~ **level** wysoki poziom

~ **level conference** konferencja na wysokim szczeblu

~ **limit** górna granica

~ **misdemeanor** bryt. poważne wykroczenie (*przestępstwo popełnione przez najwyższych urzędników państwowych*)

~ **monetary standard** mocny system walutowy

~ **price** wysoka cena

~ **quality** wysoka jakość

~ **rank** wysoka ranga

~ **rate** wysokie oprocentowanie

~ **sea(s)** pełne morze

~ **season** pełny sezon

~ **standing** dobra reputacja handlowa

~ **treason** zdrada stanu

~ **wages** wysokie płace

high² adv wysoko

to pay ~ płacić wysoką cenę ⟨drogo⟩

high-class adj pierwszorzędny, pierwszej jakości

higher adj wyższy

~ **bid** wyższa oferta (*na licytacji*)

~ **chamber** wyższa izba

~ **education** wyższe wykształcenie

~ **price** wyższa cena

highest adj najwyższy

~ **amount** najwyższa suma

~ **award** najwyższa nagroda, najwyższe wyróżnienie

~ **bidder** osoba oferująca najwięcej ⟨najkorzystniejsze warunki⟩

~ **offer** najwyższa ⟨najkorzystniejsza⟩ oferta

~ **price** najwyższa cena

highflier s am. giełd. zwyżkująca akcja

high-grade adj pierwszorzędny

~ **bill** pierwszorzędny weksel

highly adv wysoko, wysoce

~ **dangerous** wysoce niebezpieczny

~ **developed countries** kraje wysoko rozwinięte

~ **paid** wysoko opłacany ⟨płatny, wynagradzany, honorowany⟩

~ **placed official** urzędnik na wysokim stanowisku

~ **recommended** wysoce zalecany

to think ~ **of sb** być o kimś bardzo dobrego mniemania ⟨zdania⟩

high-priced adj drogi, kosztowny

highway s 1. szosa, magistrala 2. szlak (*handlowy*)

~ **code** kodeks drogowy

~ **laws** przepisy drogowe

~ **network** ⟨**system**⟩ sieć drogowa ⟨dróg⟩

~ **of commerce** główny szlak handlowy

~ **robber** bandyta rabujący na drogach

~ **robbery** rabunek na drodze

~ **tax** podatek drogowy (*na rozbudowę i utrzymanie dróg*)

~ **transportation** transport drogowy

hijack v 1. am. rabować, grabić (*towar w drodze*) 2. porywać samolot, uprowadzać samolot z załogą, uprawiać piractwo powietrzne

to ~ **a plane** uprowadzić ⟨porwać⟩ samolot

hijacker s 1. am. bandyta rabujący towar będący w drodze 2. porywacz samolotu, pirat powietrzny

hijacking s porywanie samolotu, piractwo powietrzne

Hilary s: ~ **sitting** bryt. hist. zimowa sesja Sądu Najwyższego

~ **term** bryt. a) hist. okres od 11 do 31 stycznia (*w którym odbywała się zimowa sesja Sądu Najwyższego*) b) zimowa ⟨styczniowa⟩ sesja (*na uniwersytecie*)

hinder v 1. przeszkadzać, zawadzać 2. powstrzymywać, zatrzymywać

hindrance s przeszkoda, zawada

hinterland s zaplecze

hire¹ s 1. najem, wynajem 2. opłata za najem 3. opłata czarterowa ⟨za czarter na czas⟩

~ **and payment clause** klauzula frachtowa

~ **contract** umowa najmu

~ **money** czynsz najmu

~ **of services** najem usług

~ **of work** ⟨**labour**⟩ najem pracy

charter ~ fracht przy czarterze na czas

on ⟨**for**⟩ ~ do wynajęcia

term of ~ okres (wy)najmu

to let out on ~ wynajmować, oddawać w najem

to take on ~ (wy)najmować, brać w najem

hire² v 1. (wy)najmować, brać w najem 2. (wy)najmować się 3. zob. hire out

to ~ **a murderer** wynająć mordercę

hired adj 1. wynajęty 2. najemny

~ **assassin** wynajęty morderca

~ **berth** wynajęte miejsce przy nabrzeżu

~ **car** wynajęty samochód
~ **labour** praca najemna
~ **troops** najemni żołnierze, najemnicy
~ **worker** pracownik najemny
hireling s najemnik
hire out v wynajmować, oddawać w najem
  to ~ **by the month** ⟨**year**⟩ wynajmować za opłatą miesięczną ⟨roczną⟩
hire-purchase s sprzedaż ratalna ⟨na raty⟩
  ~ **agreement** umowa sprzedaży ratalnej
  ~ **system** system sprzedaży ratalnej
  to buy sth on ~ kupować coś na raty
hirer s najemca, osoba biorąca w najem
hirer-out s osoba wynajmująca ⟨oddająca w najem⟩
hiring s (wy)najem, (wy)najmowanie, branie w najem
  ~ **at will** (wy)najem na czas nieokreślony
  ~ **contract** umowa (wy)najmu
  ~ **of labour** wynajmowanie siły roboczej
historic(al) adj historyczny
  ~ **injustice** historyczna niesprawiedliwość
  ~ **significance** historyczne znaczenie
hit[1] s **1.** uderzenie, ugodzenie, stuknięcie **2.** trafienie (w cel) **3.** sukces **4.** przebój, szlagier **5.** doza narkotyku **6.** morderstwo, mord (zwłaszcza popełniony przez członka gangu)
  ~ **man** zabójca, zawodowy morderca
  to make a ~ odnieść sukces
hit[2] v (**hit, hit**) **1.** uderzyć (się), stuknąć **2.** ugodzić, trafić
  to ~ **the bottom** (o statku) osiąść na dnie
  to ~ **sb a blow** zadać komuś cios
  to ~ **a target** trafić w cel
hit[3] pp adj uderzony, trafiony
  to be hard ~ **by sth** ucierpieć ⟨ponieść poważne straty⟩ wskutek czegoś
hit-and-run adj (o kierowcy samochodu) zbiegły po spowodowaniu wypadku
hitch s przeszkoda, trudność, komplikacja
  ~ **in the negotiations** przeszkoda w rokowaniach
  without a ~ bez przeszkód ⟨trudności⟩
hitherto adv dotychczas, do tej pory, dotąd
hoard[1] s **1.** zapas, zbiór **2.** (nagromadzony) skarb
hoard[2] v gromadzić, składać (pieniądze, zapasy), tezauryzować (pieniądze)
  to ~ **gold** gromadzić ⟨tezauryzować⟩ złoto
hoarder s osoba zbierająca ⟨gromadząca⟩ zapasy ⟨pieniądze itp.⟩
hoarding s gromadzenie, zbieranie, tezauryzacja
  ~ **of capital** gromadzenie kapitału
hoax[1] s oszustwo, mistyfikacja
hoax[2] v oszukiwać, pot. nabierać
hobo s am. **1.** włóczęga **2.** robotnik wędrowny
hoist v **1.** podnosić **2.** wyciągać, dźwigać
hoisting s podnoszenie, pot. hisowanie
  ~ **capacity** udźwig, nośność (dźwigu)
  charges for ~ opłaty dźwigowe
hold[1] s **1.** ładownia (statku) **2.** władza, wpływ **3.** hist. dzierżawa
  to have a ~ **on the market** mieć mocną pozycję na rynku
  to have a ~ **over sb** trzymać kogoś w garści, mieć władzę nad kimś
hold[2] v (**held, held**) **1.** trzymać (się) **2.** zawierać, mieścić w sobie **3.** odbywać (np. naradę) **4.** obowiązywać, mieć zastosowanie **5.** mieć, posiadać (np. tytuł) **6.** orzekać, postanawiać, wydawać orzeczenia **7.** uwa-

żać, utrzymywać (**that** że) **8.** zob. **hold back, by, down, on, out, over, to, up**
  to ~ **the affirmative** ponosić ciężar dowodu
  to ~ **an auction** prowadzić licytację
  to ~ **a brief for sb** występować w sądzie po czyjejś stronie, bronić kogoś w sądzie
  to ~ **court** odbywać rozprawę sądową
  to ~ **an election** prowadzić wybory
  to ~ **firm until...** pozostawać w mocy do...
  to ~ **for court** oddawać pod sąd
  to ~ **good** pozostawać w mocy, obowiązywać
  to ~ **in abeyance** trzymać w zawieszeniu
  to ~ **in law** posiadać moc prawną, być prawnie uzasadnionym
  to ~ **in** ⟨**on**⟩ **trust** posiadać coś w powiernictwie ⟨jako powiernik⟩
  to ~ **an inquiry** prowadzić dochodzenie
  to ~ **intercourse with sb** obcować z kimś, utrzymywać stosunki z kimś
  to ~ **a licence** posiadać licencję
  to ~ **the market** podtrzymywać koniunkturę rynkową
  to ~ **a meeting** odbywać zebranie
  to ~ **office** sprawować urząd
  to ~ **a patent for** ⟨**of**⟩**...** mieć ⟨posiadać⟩ patent na...
  to ~ **pleas** rozpoznawać sprawy
  to ~ **a press-conference** odbyć konferencję prasową
  to ~ **sb as hostage** trzymać kogoś jako zakładnika
  to ~ **sb at bay** trzymać kogoś w szachu
  to ~ **sth at the disposal of sb** trzymać coś do czyjejś dyspozycji
  to ~ **sb for murder** zatrzymać kogoś (w areszcie) pod zarzutem morderstwa
  to ~ **sb guilty** uważać kogoś za winnego
  to ~ **sb responsible** czynić kogoś odpowiedzialnym
  to ~ **sb to bail** wyznaczyć komuś kaucję
  to ~ **a session** odbyć sesję
  to ~ **shares** posiadać akcje, być akcjonariuszem
  to ~ **a stock of goods** mieć towar na składzie
  to ~ **stocks as security** posiadać papiery wartościowe jako zabezpieczenie
  to ~ **a title** posiadać tytuł
  to ~ **water** przen. wytrzymywać krytykę, mieć sens
hold back v **1.** powstrzymywać (się), zatrzymywać **2.** ukrywać, zatajać
  to ~ **information** ukrywać informację
  to ~ **payment** wstrzymać wypłatę
  to ~ **the truth** zataić prawdę
hold by v trzymać się (czegoś), obstawać (przy czymś)
hold down v **1.** przygniatać, nie dawać się podnieść **2.** uciskać
  to ~ **prices** utrzymywać ceny na niskim poziomie
holder s **1.** posiadacz, właściciel **2.** okaziciel **3.** dzierżawca
  ~ **by endorsement** indosatariusz
  ~ **for value** posiadacz (np. weksla) nabytego odpłatnie
  ~ **in due course** prawny ⟨legalny⟩ posiadacz (weksla, czeku)
  ~ **in good** ⟨**bad**⟩ **faith** posiadacz w dobrej ⟨złej⟩ wierze
  ~ **of an account** posiadacz rachunku

~ **of a bill** ⟨**cheque**⟩ posiadacz weksla ⟨czeku⟩

~ **of insurance policy** posiadacz polisy ubezpieczeniowej

~ **of a pledge** ⟨**security**⟩ posiadacz zastawu

~ **of record** posiadacz akcji wpisanych do księgi udziałów spółki

~ **of a share** posiadacz udziału

bona ⟨**mala**⟩ **fide** ~ posiadacz w dobrej ⟨złej⟩ wierze

joint ~ współposiadacz

licence ~ posiadacz licencji

office ~ osoba zajmująca urząd

patent ~ posiadacz patentu

policy ~ posiadacz polisy

proxy ~ pełnomocnik

small ~ drobny posiadacz

holding *s* **1.** dzierżawa **2.** posiadłość dzierżawiona **3.** aktywa, stan posiadania **4.** zapas, zasób **5.** holding, pakiet kontrolny ⟨*akcji*⟩

~ **centre** ośrodek zatrzymań

~ **company** ⟨**trust**⟩ towarzystwo holdingowe posiadające akcje innych firm

~ **in the capital** udział w kapitale (*np. akcyjnym*)

~ **of acceptances** portfel akceptów

foreign exchange ~**s** aktywa w walucie zagranicznej

gold and silver ~**s** zapasy złota i srebra

small ~ małe ⟨karłowate⟩ gospodarstwo

hold on *v* **1.** podtrzymywać **2.** trzymać się (**to sth** czegoś) **3.** wytrzymywać

hold out *v* **1.** wytrzymywać, przetrzymywać **2.** przedkładać

to ~ **an offer** przedłożyć ofertę

hold over *v* **1.** odkładać, odraczać **2.** przetrzymywać (*np. jako rezerwę*)

to ~ **a decision** odłożyć ⟨odroczyć⟩ decyzję

to ~ **a payment** odroczyć płatność

hold to *v* **1.** obstawać, trzymać się **2.** popierać

to ~ **one's opinion** obstawać przy swoim zdaniu

to ~ **terms** obstawać przy dotrzymaniu warunków

hold up *v* **1.** wstrzymywać, hamować **2.** popierać, podtrzymywać

to ~ **delivery** wstrzymać dostawę

to ~ **a train** *am.* zatrzymać pociąg w celach rabunkowych

to ~ **the traffic** spowodować zator

to hold sb up to ransom zatrzymać kogoś dla okupu

holiday *s* **1.** święto, dzień świąteczny **2.** *pl* **holidays** wakacje, urlop, ferie

~**s with pay** urlop płatny

bank ~**s** *bryt.* święta bankowe (*dni ustawowo wolne od pracy*)

legal ⟨**official, public**⟩ ~ święto ustawowe

a month's ~ miesięczny urlop

national ~ święto państwowe ⟨narodowe⟩

paid ~**s** urlop płatny

sundays and ~**s excepted** z wyłączeniem ⟨wyjątkiem⟩ niedziel i dni świątecznych

to stagger ~**s** dzielić ⟨rozdzielać w czasie⟩ urlop

holocaust *s* masakra, rzeź

holograph *s* dokument napisany własnoręcznie, pismo odręczne

~ **will** testament holograficzny ⟨własnoręczny⟩

holographic *adj* holograficzny, odręczny, własnoręczny

~ **will** testament holograficzny ⟨własnoręczny⟩

holy *adj* święty, poświęcony

Holy (**Apostolic**) **See** stolica apostolska

home[1] *s* **1.** dom **2.** kraj ojczysty **3.** mieszkanie, miejsce zamieszkania **4.** zakład opiekuńczy, przytułek

mental ~ zakład dla psychicznie chorych

home[2] *adj* **1.** domowy **2.** rodzinny, ojczysty **3.** wewnętrzny, krajowy

~ **affairs** sprawy wewnętrzne

~ **cargo** ładunek powrotny

~ **consumption** *a*) użytek wewnętrzny *b*) spożycie wewnętrzne

~ **country** kraj pochodzenia

~ **currency** waluta krajowa

~ **economy** gospodarka krajowa

~ **freight** *a*) fracht powrotny *b*) ładunek powrotny

~ **industry** przemysł krajowy

~ **leave privilege** przywilej urlopu domowego (*dla więźniów*)

~ **market** rynek wewnętrzny ⟨krajowy⟩

Home Office *bryt.* Ministerstwo Spraw Wewnętrznych

~ **policy** polityka wewnętrzna

~ **port** *a*) port macierzysty ⟨rejestracji⟩ *b*) port krajowy

~ **price** cena wewnętrzna ⟨krajowa⟩

~ **produce** ⟨**product**⟩ produkt ⟨wyrób⟩ krajowy

Home Rule *hist.* autonomia (*program ruchu na rzecz niezależności Irlandii*) *b*) niezależność, samorządność

Home Secretary *bryt.* minister spraw wewnętrznych

~ **station** stacja macierzysta

~ **trade** *a*) kabotaż, żegluga między własnymi portami *b*) handel wewnętrzny

voyage ~ rejs powrotny

home[3] *adv* **1.** do domu **2.** do kraju, do portu macierzystego **3.** we właściwy sposób, trafnie

cargo ~ ładunek powrotny

on the way ~ w drodze powrotnej

to bring sth ~ **to sb** przekonać kogoś o czymś, trafić komuś do przekonania

home(-)bound powracający do portu macierzystego, będący w podróży powrotnej

~ **voyage** rejs powrotny

homeland *s* ojczyzna, kraj rodzinny

~ **associations** ziomkostwa

home-produced *adj* wytwarzany w kraju

~ **goods** towar produkcji krajowej

homestead *s* **1.** gospodarstwo rolne **2.** zabudowania gospodarcze **3.** *am.* działka gruntu przeznaczona na siedlisko **4.** *am.* nieruchomość wyłączona spod zajęcia (*za długi*) **5.** *am.* obszar (*160 akrów*) nadawany osadnikowi

Homestead Act *am.* ustawa o nadawaniu osadnikom gospodarstw (1862 r.)

~ **exemption law** prawo chroniące gospodarstwa przed zajęciem za długi

~ **right** prawo wyłączenia spod zajęcia za długi przedmiotów gospodarstwa domowego

homesteader *s am.* **1.** właściciel gospodarstwa **2.** osadnik

home-trade *s:* ~ **bill** weksel krajowy

home-use *s:* ~ **entry** deklaracja celna importowa

home-value *s:* ~ **declaration** deklaracja wartości towaru w kraju pochodzenia

homeward *adj* powrotny, powracający
~ **bill of lading** konosament na podróż powrotną
~ **cargo** ładunek powrotny
~ **freight** fracht powrotny
~ **journey** podróż powrotna
homewards *adv* do kraju, do portu macierzystego, w kierunku powrotnym
homicidal *adj* morderczy
homicide *s* **1.** zabójstwo **2.** morderca, zabójca
~ **by misadventure** przypadkowe zabójstwo
~ **in self-defence** zabójstwo w obronie własnej
excusable ~ usprawiedliwione zabójstwo (*np. w obronie własnej*)
felonious ~ zabójstwo z premedytacją, umyślne zabójstwo
justifiable ~ zgodne z prawem pozbawienie życia (*egzekucja skazanego*)
homogeneous *adj* (*o ładunku*) jednorodny, jednolity
~ **cargo** jednorodny ładunek
homologate *v* uznawać, zatwierdzać, sankcjonować
homologation *s* **1.** uznanie, zatwierdzenie **2.** homologacja
homosexual[1] *s* **1.** homoseksualista **2.** lesbijka
homosexual[2] *adj* **1.** homoseksualny **2.** lesbijski
homosexuality *s* **1.** homoseksualizm **2.** lesbijska miłość
honest *adj* **1.** uczciwy, rzetelny, prawy **2.** legalny, prawdziwy **3.** godziwy, słuszny **4.** szczery
~ **broker** bezstronny ⟨uczciwy⟩ arbiter ⟨rozjemca⟩
~ **confession** szczere wyznanie
honesty *s* uczciwość, rzetelność
commercial ~ rzetelność ⟨solidność⟩ kupiecka
honorarium *s* (*pl* ~ **s, honoraria**) honorarium, wynagrodzenie
honorary *adj* **1.** honorowy **2.** bezpłatny
~ **citizen** obywatel honorowy
~ **citizenship** obywatelstwo honorowe
~ **debt** dług honorowy
~ **duties** honorowe funkcje ⟨obowiązki⟩
~ **member** członek honorowy
~ **office** urząd honorowy
~ **president** honorowy przewodniczący
~ **secretary** ⟨**treasurer**⟩ honorowy sekretarz ⟨skarbnik⟩
~ **services** *bryt.* funkcje honorowe (*na dworze królewskim*)
~ **title** tytuł honorowy
honour[1], *am.* **honor** *s* **1.** honor, zaszczyt **2.** odznaczenie **3.** tytuł grzecznościowy sędziego **4.** honorowanie **5.** wyręka wekslowa
~ **policy** polisa honorowa (*bez obowiązku wykazania zainteresowania przez ubezpieczonego*)
acceptance for ~ przyjęcie (*weksla*) przez wyręczenie
code of ~ kodeks honorowy
court of ~ sąd honorowy
debt of ~ dług honorowy
Your Honour Wysoki Sądzie (*w odniesieniu do sędziego*)
to pay for ~ zapłacić weksel przez wyręczenie
honour[2], *am.* **honor** *v* **1.** zaszczycać **2.** honorować (*np. weksel*) **3.** czcić, poważać, szanować **4.** zapłacić należność
to ~ **a bill** honorować weksel
to ~ **one's commitments** spełnić swe zobowiązania
to ~ **one's signature** honorować swój podpis

to ~ **with orders** zaszczycić zamówieniami
honourable *adj* honorowy, prawy, szanowany
my ~ **friend** ⟨**colleague**⟩ mój szanowny kolega (*zwrot w odniesieniu do adwokata drugiej strony*)
hoodlum *s am. sl.* chuligan
hoodwink *v* oszukiwać, okpiwać
hook *s* hak
by ~ **or by crook** za wszelką cenę, nie przebierając w środkach
hooligan *s* chuligan
~ **gang** banda chuliganów
hooliganism *s* chuligaństwo
horizontal *adj* horyzontalny, poziomy
~ **integration** porozumienie• poziome (*między firmami produkującymi podobne podzespoły*)
~ **union** *am.* związek zawodowy branżowy (*pracowników tej samej branży*)
horror *s* **1.** przerażenie **2.** okropność **3.** wstręt **4.** *pl* **horrors** biała gorączka, obłęd opilczy
hospital *s* szpital, lecznica
~ **care** opieka szpitalna
~ **chart** ⟨**sheet**⟩ karta choroby
~ **services** usługi szpitalne
~ **ship** okręt szpitalny ⟨sanitarny⟩
~ **train** pociąg sanitarny
~ **treatment** leczenie szpitalne
maternity ~ szpital położniczy
mental ~ szpital psychiatryczny
hospitalization *s* hospitalizacja, leczenie szpitalne
~ **insurance** ubezpieczenie szpitalne
hospitalize *v* hospitalizować, umieszczać w szpitalu
host *s* **1.** gospodarz **2.** właściciel zajazdu
~ **country** kraj goszczący ⟨przyjmujący⟩
hostage *s* zakładnik
hostel *s bryt.* **1.** dom akademicki **2.** schronisko
youth ~ schronisko młodzieżowe
hostess *s* **1.** gospodyni, pani domu **2.** stewardesa, hostesa
air ~ stewardesa
grand ~ gospodyni, pani domu
hostile *adj* wrogi (**to sb, sth** komuś, czemuś ⟨wobec kogoś, czegoś⟩)
~ **embargo** embargo dla statków nieprzyjaciela
~ **encirclement** wrogie otoczenie
~ **possession** władanie nieruchomością z zamiarem nabycia tytułu własności (*wbrew interesom prawego właściciela*)
~ **witness** świadek wrogo nastawiony do powołującej go strony
hostilities *spl* działania wojenne ⟨zaczepne⟩
cessation of ~ przerwanie działań wojennych ⟨zaczepnych⟩
hostility *s* wrogość, wrogie nastawienie
hot *adj* **1.** gorący **2.** świeżo wydany **3.** płatny niebawem **4.** *sl.* poszukiwany przez policję **5.** *sl.* nielegalnie zdobyty
~ **bill** weksel z bliskim terminem płatności
~ **goods** towary nielegalnego pochodzenia
~ **line** gorąca linia
~ **money** *a)* kapitał przeznaczony na spekulacje *b)* pieniądze nielegalnie zdobyte, *pot.* lewe pieniądze
~ **news** ostatnie wiadomości
~ **pursuit** ściganie po świeżych śladach
~ **seat** *am. sl.* krzesło elektryczne
~ **ship** *am.* statek z ładunkiem uzbrojenia

~ **stuff** *pot.* a) rozpustnica b) materiały pornograficzne (*zdjęcia, pisma itd.*)

hotbed *s* ognisko, rozsadnik, siedlisko
~ **of tension** ognisko napięcia
~ **of vice** siedlisko zła
~ **of war** ognisko wojny

hotchpot, hotchpotch *s* 1. mieszanina 2. masa spadkowa 3. zaliczenie do masy spadkowej poprzednio otrzymanych darowizn
~ **provision** klauzula o niezaliczaniu do masy darowizn
to bring sth into ~ zaliczyć coś do masy spadkowej

hotel *s* hotel
~ **trade** hotelarstwo
private ⟨**residential**⟩ ~ pensjonat

hour *s* godzina
~ **of cause** *szkoc.* godzina posiedzenia sądu
~ **of closing** godzina zamknięcia (*np. sklepu, banku*)
~ **of death** godzina śmierci
~**s of attendance** godziny urzędowania ⟨przyjęć⟩
~**s of business** godziny biurowe ⟨urzędowania, otwarcia sklepów⟩
~**s of exchange** godziny otwarcia giełdy
~**s of service** ⟨**work**⟩ godziny pracy
after ~ **s** a) po godzinach (*np. pracy*) b) po zamknięciu (*giełdy, kasy*)
banking ~**s** godziny otwarcia banków
before ~**s** przed otwarciem giełdy
business ~**s** godziny biurowe ⟨urzędowania, otwarcia sklepów⟩
busy ~**s** godziny natężenia ruchu
by the ~ (*o zapłacie itd.*) za godzinę
exchange ~**s** godziny otwarcia giełdy
office ~**s** godziny urzędowe ⟨biurowe⟩
overtime ~**s** godziny nadliczbowe, nadgodziny
peak ~**s** godziny szczytu (*napływu kupujących*)
per ~ na godzinę
running ~**s** bieżące godziny (*przy obliczaniu przestoju statku*)
rush ~**s** godziny szczytu (natężenia) ruchu ulicznego
work ⟨**working**⟩ ~**s** godziny pracy ⟨urzędowania⟩

hourly[1] *adj* 1. godzinny, godzinowy 2. ciągły, ustawiczny

hourly[2] *adv* 1. co godzinę 2. na godzinę 3. ciągle, ustawicznie
~ **paid workers** robotnicy płatni za godziny
~ **pay** płaca za godzinę
~ **paid** taryfa godzinowa ⟨za godzinę⟩

house[1] *s* 1. dom 2. dom handlowy, firma 3. izba (*np. Lordów*) 4. giełda
the House a) *bryt.* giełda londyńska b) *am.* Izba Reprezentantów c) *bryt. pot.* Izba Gmin
~ **agent** *bryt.* agent ⟨pośrednik⟩ handlu nieruchomościami
~ **arrest** areszt domowy
~ **bill** a) weksel wystawiony przez firmę na swój oddział b) *am.* projekt ustawy wniesiony do Izby Reprezentantów
~ **bill of lading** konosament spedytorski
~ **brand** ⟨**mark**⟩ znak firmowy
~ **breaker** a) włamywacz b) przedsiębiorca burzący stare domy
~ **duty** ⟨**tax**⟩ podatek lokalowy

~ **flag** flaga armatora
House of Commons *bryt.* Izba Gmin
~ **of correction** dom poprawczy
House of Delegates *am.* niższa izba ustawodawcza (*w niektórych stanach*)
~ **of ill fame** dom rozpusty
House of Lords *bryt.* Izba Lordów
Houses of Parliament *bryt.* parlament
House of Representatives *am.* Izba Reprezentantów (*Kongresu*)
House price *bryt. pot.* kurs giełdowy ⟨giełdy londyńskiej⟩
~ **telephone** telefon wewnętrzny
~ **weight** *am.* waga wysyłkowa (*podana przez załadowcę*)
acceptance ⟨**accepting**⟩ ~ bank akceptacyjny
arbitrage ~ bank specjalizujący się w operacjach arbitrażowych
bank ⟨**banking**⟩ ~ dom bankowy
branch ~ filia oddziału firmy
brokerage ~ firma maklerska
business ~ dom handlowy, firma
chief ~ centrala ⟨oddział główny⟩ firmy
clearing ~ izba rozrachunkowa
commercial ~ dom handlowy
commission ~ przedsiębiorstwo komisowe, firma maklerska
confirming ~ korespondent firmy nadzorującej jej interesy za granicą
custom ~ urząd celny, komora celna
discount ~ bank dyskontowy
exporting ~ firma eksportowa
factoring ~ bank kredytowy (*w handlu wewnętrznym*)
finance ~ bank finansujący sprzedaż na raty
free ~ franko siedziba odbiorcy
importing ~ firma importowa
issuing ~ bank emisyjny
mercantile ⟨**merchant**⟩ ~ firma handlowa
mother ~ firma macierzysta, centrala firmy
on the ~ na koszt firmy
original ⟨**parent**⟩ ~ firma macierzysta
publishing ~ firma wydawnicza, wydawnictwo
shipping ~ firma armatorska, towarzystwo okrętowe
stem ~ *am.* firma macierzysta
store ~ skład, magazyn
supply ~ firma dostawcza
trading ~ firma handlowa
wholesale ~ firma hurtowa

house[2] *v* 1. dawać schronienie, umieszczać, użyczać mieszkania 2. magazynować, składować

house-breaker *s* włamywacz

housebreaking *s* włamanie
~ **implements** narzędzia do włamania

household *s* 1. gospodarstwo domowe 2. rodzina, domownicy 3. służba domowa
~ **articles** ⟨**goods**⟩ artykuły gospodarstwa domowego
~ **budget** budżet gospodarstwa domowego
~ **expenses** wydatki domowe
~ **money** pieniądze na gospodarstwo domowe
~ **suffrage** ⟨**franchise**⟩ prawo głosowania przysługujące właścicielom nieruchomości

householder *s* właściciel domu, gospodarz
~**'s protest** *bryt.* protest (*weksla*) dokonany przez

właściciela nieruchomości w obecności dwóch świadków (*w miejscowości, w której nie ma notariusza*)

housekeeper *s* **1.** gospodyni **2.** osoba zarządzająca sprawami gospodarczymi

housekeeping *s* gospodarstwo, gospodarowanie

house-tax *s* podatek od nieruchomości

house-to-house *adj* (prowadzony) od domu do domu, domokrążny

~ **canvassing** akwizycja domokrążna

~ **delivery** z dostawą do domu

housewife *s* (*pl* **housewives**) gospodyni domowa

housing *s* **1.** schronienie, pomieszczenie **2.** gospodarka mieszkaniowa **3.** budownictwo mieszkaniowe **4.** składowanie

~ **association** *bryt.* stowarzyszenie budowlano-mieszkaniowe, spółdzielnia budowlano-mieszkaniowa

~ **charges** opłaty za składowanie

~ **conditions** warunki mieszkaniowe

~ **construction** budownictwo mieszkaniowe

~ **estate** osiedle mieszkaniowe

~ **needs** potrzeby mieszkaniowe

~ **note** kwit składowy

~ **problem** ⟨**shortage**⟩ brak mieszkań, problem ⟨kryzys⟩ mieszkaniowy

hue *s*: ~ **and cry** *a*) pogoń ⟨pościg⟩ za przestępcą *b*) list gończy

huggery *s* zabiegi adwokata mające na celu powierzenie mu sprawy

hulk *s* **1.** kadłub (*rozbitego statku*) **2.** *pl* **hulks** *hist.* statek-więzienie

hull *s* kadłub statku

~ **damage** uszkodzenie kadłuba

~ **insurance** ubezpieczenie casco statku

~ **policy** polisa ubezpieczenia casco

~ **port risk** ryzyko uszkodzenia statku w czasie postoju w porcie

~ **premium** premia za ubezpieczenie kadłuba statku

~ **underwriter** ubezpieczyciel statku

human *adj* ludzki, humanitarny

Human Rights prawa człowieka

Human Tissue Act *bryt.* ustawa (*z 1961 r.*) o pobieraniu organów z ciała zmarłych

humane *adj* ludzki, humanitarny

~ **ideas and principles** idee i zasady humanitarne

~ **killing** humanitarny ubój (*zwierząt*)

~ **treatment** humanitarne traktowanie

humanitarian *adj* humanitarny, filantropijny

humanity *s* ludzkość, człowieczeństwo

crimes against ~ zbrodnie przeciw ludzkości

humbug *s* **1.** oszustwo, matactwo **2.** oszust, szarlatan

humiliation *s* poniżenie

hundred *s* *hist.* okręg (*złożony ze 100 dzierżawców*)

~ **court** sąd okręgowy

hung *adj*: ~ **jury** sąd przysięgłych, który nie osiągnął jednomyślności

hunger-march *s* marsz głodowy (*bezrobotnych*)

hunger-strike *s* strajk głodowy

hunt *v* **1.** polować **2.** gonić, ścigać (**for sb** kogoś)

to ~ **for a criminal** poszukiwać ⟨ścigać⟩ zbrodniarza

hunt down *v* wyśledzić, pojmać

to ~ **a criminal** pojmać ⟨ująć⟩ zbrodniarza

hunter *s* myśliwy, łowca

hurt *v* (**hurt, hurt**) **1.** skaleczyć, zranić **2.** zaszkodzić ⟨przynieść szkodę⟩ (**sb, sth** komuś, czemuś) **3.** obrazić, urazić

husband *s* mąż, małżonek

~**'s authorization** zgoda męża (*na rozporządzanie majątkiem przez żonę*)

ship's ~ agent działający w imieniu właścicieli statków

husbandry *s* gospodarka rolna, uprawa roli, rolnictwo

animal ~ hodowla zwierząt, gospodarka hodowlana

hush *v* uciszać, uspokajać

~ **money** pieniądze za milczenie

hush up *v* zatuszować

to ~ **a scandal** zatuszować skandal

hustings *s* *bryt.* **1.** *hist.* sąd miejski **2.** platforma, z której przemawiają kandydaci do parlamentu **3.** kampania wyborcza

hydrogen *s* wodór

~ **bomb** bomba wodorowa

hypnosis (*pl* **hypnoses**) *s* hipnoza

hypothec, hypotheca *s* hipoteka

hypothecary *adj* hipoteczny

~ **action** dochodzenie wierzytelności hipotecznej ⟨zabezpieczonej hipoteką⟩

~ **debt** dług hipoteczny

~ **law** prawo hipoteczne

~ **security** zabezpieczenie hipoteczne

hypothecate *v* **1.** zastawiać, dawać jako zabezpieczenie, oddawać do lombardu **2.** hipotekować, zabezpieczać hipotecznie

hypothecation *s* **1.** zastaw **2.** oddanie w zastaw **3.** obciążenie hipoteką, zahipotekowanie

~ **bond** zabezpieczenie bodmeryjne, list bodmeryjny

~ **certificate** *am.* deklaracja zastawnicza

~ **entry** wpis hipoteczny

~ **letter** list zastawny ⟨gwarancyjny⟩

~ **value** wartość hipoteki

maritime ~ hipoteka morska

hypothesis *s* (*pl* **hypotheses**) hipoteza

admissible ~ dopuszczalna hipoteza

composite ~ hipoteza złożona

simple ~ hipoteza prosta

testing of a ~ sprawdzanie hipotezy

working ~ hipoteza robocza

hypothetical *adj* hipotetyczny

~ **question** pytanie hipotetyczne

hysteria *s* *med.* histeria

hysterical *adj* histeryczny

hysterics *s* przypadek histerii

I

ice *s* lód
  ~ **clause** klauzula lodowa (*regulująca przypadki przeszkód w przewozie spowodowane oblodzeniem*)
  clear of ~ wolny od lodów, nie zalodzony
ice-bound *adj* **1.** (*o statku*) uwięziony przez lody **2.** (*o porcie*) skuty lodem, oblodzony
ice-breaker *s* lodołamacz
ice-free *adj* nie zalodzony, wolny od lodów
identic *adj* identyczny
  ~ **note** identyczna nota (*równocześnie wysłana przez kilka państw do jednego*)
identical *adj* identyczny, analogiczny (**with sb, sth** z kimś, czymś)
  ~ **twins** identyczne bliźnięta (*jednojajowe*)
  ~ **with the original** identyczny z oryginałem
  ~ **with the sample** taki sam jak próbka
identifiable *adj* możliwy do zidentyfikowania
identification *s* identyfikacja, ustalenie tożsamości
  ~ **by confrontation** ustalenie tożsamości w drodze konfrontacji
  ~ **card** dowód osobisty ⟨tożsamości⟩
  ~ **certificate** *am.* książeczka żeglarska ⟨marynarska⟩
  ~ **disc** ⟨**plate, tag**⟩ *bryt.* znaczek tożsamości (*żołnierza*)
  ~ **of a criminal** identyfikacja przestępcy
  ~ **papers** dowód tożsamości ⟨osobisty⟩
  ~ **parade** konfrontacja, rozpoznanie obwinionego w grupie innych osób
  ~ **tag** *am.* znaczek tożsamości (*żołnierza*)
  letter of ~ bankowy dowód tożsamości (*beneficjanta akredytywy okrężnej*)
identify *v* **1.** identyfikować, stwierdzać tożsamość (**sb, sth** czyjąś, czegoś), utożsamiać **2.** rozpoznawać
  to ~ **a corpse** zidentyfikować ciało ⟨zwłoki⟩
identikit *s* domniemany ⟨pamięciowy⟩ portret przestępcy (*sporządzony na podstawie opisu świadków*)
Identity *s* tożsamość, identyczność
  ~ **card** dowód osobisty ⟨tożsamości⟩
  ~ **certificate** świadectwo tożsamości
  ~ **disc** ⟨**plate, tag**⟩ *bryt.* znaczek tożsamości
  ~ **of invention** identyczność wynalazku
  ~ **parade** konfrontacja, rozpoznanie obwinionego w grupie innych osób
  proof of ~ dowód dla stwierdzenia tożsamości
  to establish one's ~ wylegitymować się
ideology *s* ideologia
  bourgeois ⟨**Marxist**⟩ ~ ideologia burżuazyjna ⟨marksistowska⟩
ideological *adj* ideologiczny
  ~ **aggression** agresja ideologiczna
idiocy *s* **1.** niedorozwój umysłowy zupełny, tępota umysłowa zupełna **2.** *pot.* idiotyzm
idiot *s* **1.** niedorozwinięty umysłowo **2.** *pot.* idiota
idle[1] *adj* **1.** bezczynny, jałowy, nie będący w ruchu **2.** bezrobotny, nie zatrudniony **3.** bezzasadny, bezpodstawny
  ~ **and disorderly person** włóczęga
  ~ **capital** martwy kapitał
  ~ **car** nie wykorzystany wagon
  ~ **hours** czas przestoju

  ~ **market** mało aktywny rynek
  ~ **money** nieprodukcyjne pieniądze
  ~ **ship** nie wykorzystany statek
  ~ **time** czas przestoju
idle[2] *v* próżnować, leniuchować
  to ~ **away the time** marnować czas
idleness *s* **1.** bezczynność **2.** bezzasadność, bezpodstawność
ignoble *adj* niecny, haniebny, podły
ignominious *adj* haniebny, bezecny, sromotny
  ~ **death** haniebna śmierć
  ~ **defeat** sromotna porażka
  ~ **punishment** haniebna kara
ignominy *s* hańba, sromota
ignoramus *s* *łac.* **1.** *hist.* formuła na akcie oskarżenia umieszczana przez **grand jury,** gdy dowody nie potwierdziły zarzutów aktu oskarżenia **2.** ignorant
ignorance *s* **1.** ignorancja, nieznajomość **2.** niewiedza
  ~ **of fact** nieznajomość faktu
  ~ **of law** nieznajomość prawa
  culpable ⟨**guilty**⟩ ~ zawiniona nieznajomość
  to plead ~ zasłaniać się nieznajomością
ignorant *adj* **1.** nieświadomy (**of sth** czegoś) **2.** nie powiadomiony (**of sth** o czymś) **3.** niewykształcony
ignorantia *s* *łac.* nieznajomość
  ~ **facti excusat,** ~ **iuris non excusat** *łac.* nieznajomość faktów usprawiedliwia, nieznajomość prawa nie usprawiedliwia
  ~ **iuris** ⟨**legis**⟩ **neminem excusat** *łac.* nieznajomość prawa nikogo nie usprawiedliwia
  ~ **iuris nocet** *łac.* nieznajomość prawa szkodzi
ignore *v* **1.** ignorować **2.** nie znać **3.** uchylać, odrzucać
  to ~ **the bill** (**of indictment**) odrzucać akt oskarżenia
ill[1] *adj* **1.** zły, niedobry, szkodliwy **2.** niewłaściwy **3.** niezdrowy
  ~ **act** zły postępek
  ~ **deed** niegodziwość
  ~ **health** słabe zdrowie, zły stan zdrowia
  ~ **management** nieudolne kierownictwo
  ~ **practice** nieuczciwe praktyki
  ~ **repute** ⟨**fame**⟩ zła opinia ⟨sława⟩
  ~ **treatment** brutalne traktowanie ⟨obchodzenie się⟩
ill[2] *adv* źle, niedostatecznie
  to be ~ **provided** być źle ⟨niedostatecznie⟩ zaopatrzonym
ill-acquired *adj* bezprawnie uzyskany
ill-advised *adj* nierozważny, nierozsądny
ill-assorted *adj* niedobrany, źle dobrany
ill-conditioned *adj* (*o towarze*) zepsuty, w złym stanie
ill-considered *adj* nierozważny, pochopny
ill-doer *s* złoczyńca
illegal *adj* nielegalny, bezprawny, sprzeczny z prawem
  ~ **act** ⟨**action**⟩ czyn niezgodny z prawem ⟨bezprawny⟩
  ~ **consideration** sprzeczne z prawem świadczenie wzajemne
  ~ **contract** niezgodna z prawem umowa

~ **entry** nielegalny wwóz, przemyt
~ **interest** bezprawne ⟨lichwiarskie⟩ oprocentowanie
~ **liberation** bezprawne uwolnienie (*aresztowanego*)
~ **lock-out** bezprawny strajk okupacyjny
~ **operation** niedozwolona operacja
~ **practices** niedozwolone praktyki
~ **strike** nielegalny ⟨*pot.* dziki⟩ strajk
~ **trade** nielegalny handel
illegality s nielegalność, sprzeczność z prawem, bezprawie
illegalize v pozbawić podstawy prawnej, zdelegalizować
illegible *adj* nieczytelny
illegimacy s **1.** nieprawość **2.** nieprawne ⟨nieślubne⟩ pochodzenie
illegitimate[1] *adj* **1.** bezprawny, nieprawny **2.** (*o dziecku*) nieślubny, z nieprawego łoża **3.** niesłuszny, nieuzasadniony (*np. wniosek*)
~ **child** nieślubne dziecko
illegitimate[2] v **1.** uczynić bezprawnym **2.** uznać (*dziecko*) za nieślubne ⟨nieprawego pochodzenia⟩
ill-famed *adj* o złej sławie
ill-founded *adj* nieuzasadniony, źle uzasadniony
ill-gotten *adj* nieuczciwie zdobyty
illicit *adj* bezprawny, nielegalny, zakazany, niedozwolony
~ **cohabitation** nielegalne współżycie
~ **competition** nieuczciwa konkurencja
~ **dealings** nielegalne interesy ⟨praktyki, machinacje⟩
~ **gains** ⟨**profits**⟩ nielegalne zyski
~ **intercourse** niedozwolony stosunek (*płciowy*)
~ **sale** niedozwolona sprzedaż (*np. narkotyków*)
~ **trade** ⟨**trading**⟩ pokątny handel
illicitness s bezprawność
illiquid *adj* **1.** niepłynny **2.** nie wyjaśniony; nie poparty dowodem
~ **assets** niełatwe do upłynnienia aktywa
~ **claim** nie wyjaśnione roszczenie
illiteracy s analfabetyzm
illiterate *adj* niepiśmienny, nie umiejący pisać i czytać
ill-judged *adj* nierozważny, nieopatrzny
illness s choroba
ill-timed *adj* nie na czasie, nie w porę
ill-treat, ill-use v maltretować, znęcać się (**sb** nad kimś), źle się obchodzić (**sb** z kimś)
ill-treatment, ill-usage s maltretowanie, znęcanie się, brutalne obchodzenie się
illusive, illusory *adj* złudny, zwodniczy, iluzoryczny
ill-will s niechęć, wrogość
imaginary *adj* **1.** urojony, zmyślony **2.** rzekomy, przypuszczalny
~ **damage** przypuszczalna szkoda
~ **profit** przypuszczalny dochód
imbalance s **1.** brak równowagi **2.** ujemny bilans
trade ~ ujemny bilans handlowy
imbecile s *med.* niedorozwinięty umysłowo, głuptak, imbecyl
imbecility s *med.* niedorozwój umysłowy, imbecylizm, głuptactwo
imitate v **1.** naśladować, imitować, kopiować **2.** podrabiać

imitation s **1.** naśladownictwo, naśladowanie, imitacja **2.** falsyfikat, podrobienie
~ **gold** imitacja złota
~ **leather** sztuczna skóra, imitacja skóry
in ~ **of...** na wzór...
poor ⟨**weak**⟩ ~ słabe naśladownictwo
,,**beware of** ~ **s**" ,,wystrzegać się naśladownictw"
,,~ **s will be prosecuted**" ,,naśladownictwo będzie ścigane sądownie"
immaterial *adj* **1.** nieistotny, bez znaczenia, nieważny, błahy **2.** niematerialny
~ **averment** *a)* nieistotny dowód *b)* nieistotne oświadczenie
~ **error** nieistotna pomyłka, nieistotny błąd
~ **facts** nieistotne fakty
~ **issue** nieistotne zagadnienie, kwestia bez znaczenia
~ **objection** nieistotny zarzut
~ **to the subject** nieistotny dla sprawy
immature *adj* **1.** niedojrzały, niedorosły **2.** niedorozwinięty, nie w pełni rozwinięty
~ **bill** weksel, którego termin płatności jeszcze nie nadszedł
immaturity s **1.** niedojrzałość **2.** niedorozwój
immediate *adj* **1.** bezpośredni **2.** najbliższy **3.** natychmiastowy, bezzwłoczny **4.** pilny, nagły
~ **!** (*napis na piśmie*) pilne!
~ **answer** ⟨**reply**⟩ natychmiastowa odpowiedź
~ **cash** natychmiast gotówką
~ **cause** bezpośrednia przyczyna
~ **compensation** natychmiastowa kompensacja
~ **death** natychmiastowa śmierć
~ **delivery** bezzwłoczna ⟨natychmiastowa⟩ dostawa
~ **dismissal** natychmiastowe zwolnienie (*z pracy*)
~ **information** bezpośrednia informacja
~ **measures** natychmiastowe środki
~ **payment** bezzwłoczna płatność
~ **problems** pilne zagadnienia
~ **shipment** natychmiastowy załadunek
~ **transportation** przewóz bezpośredni
to take ~ **action** podjąć natychmiastową działalność
immediately *adv* **1.** bezpośrednio **2.** niezwłocznie, natychmiast
immemorial *adj* odwieczny, trwający od niepamiętnych czasów, bardzo dawny
~ **possession** posiadanie od niepamiętnych czasów
~ **prescription** bardzo odległe przedawnienie
~ **usage** zwyczaj obowiązujący od niepamiętnych czasów, odwieczny zwyczaj
from time ~ od niepamiętnych czasów
immigrant s **1.** imigrant **2.** osadnik, osiedleniec
immigrate v **1.** imigrować (**into** do) **2.** sprowadzać osadników ⟨robotników⟩
immigration s **1.** imigracja **2.** osadnictwo
~ **certificate** ⟨**permit**⟩ zezwolenie na osiedlenie
~ **country** kraj osiedlenia
~ **office** urząd osiedleńczy ⟨imigracyjny⟩
~ **officer** *a)* przedstawiciel urzędu imigracyjnego *b)* kontroler paszportowy ⟨paszportów⟩
~ **quota** kontyngent imigracyjny
~ **restrictions** ograniczenia imigracyjne
ban on ~ zakaz imigracji ⟨osiedlania się⟩
imminence s groźba (**of sth** nadejścia czegoś), zagrożenie
~ **of a crisis** groźba (bliskiego) kryzysu

~ **of a danger** groźba niebezpieczeństwa
imminent *adj* nadchodzący, grożący, bliski, zagrażający
~ **danger** ⟨**peril**⟩ bliskie ⟨bezpośrednie⟩ niebezpieczeństwo ⟨zagrożenie⟩
to be ~ grozić, zagrażać, nadciągać
immission *s* wprowadzenie na urząd
immobilization *s* 1. unieruchomienie 2. zamrożenie
~ **of capital** zamrożenie kapitału
immobilize *v* 1. unieruchomić 2. zamrozić 3. ściągnąć z obiegu monety (*w celu wzmocnienia banknotów*)
to ~ **a capital** unieruchomić ⟨zamrozić⟩ kapitał
immoderate *adj* nieumiarkowany, nadmierny
immoderation *s* brak umiaru, nieumiarkowanie
immodest *adj* nieskromny, nieprzyzwoity, bezwstydny
immodesty *s* nieprzyzwoitość, bezwstydność
immoral *adj* niemoralny, nieetyczny, rozpustny
~ **act** czyn niemoralny ⟨nieetyczny⟩
~ **character** amoralny człowiek
~ **conduct** niemoralne ⟨złe⟩ prowadzenie się
~ **contract** umowa naruszająca dobre obyczaje
~ **influence** niemoralny ⟨zły⟩ wpływ
~ **life** niemoralne życie
~ **practices** nieetyczne ⟨niemoralne⟩ postępowanie
~ **purposes** niemoralne cele
immorality *s* 1. niemoralność, rozpusta 2. brak poczucia moralności
immovable *adj* nieruchomy
~ **property** majątek nieruchomy, nieruchomość
immovables *spl* nieruchomości, majątek nieruchomy
immune *adj* 1. wolny, zwolniony (**from sth** od czegoś) 2. uodporniony ⟨odporny⟩ (**from** ⟨**against, to**⟩ **sth** na coś)
~ **from taxes** wolny od podatków
immunity *s* 1. zwolnienie, uwolnienie (**from sth** od czegoś) 2. niepodleganie (**from sth** czemuś) 3. odporność (**from sth** na coś) 4. immunitet, nietykalność
~ **from customs duties** zwolnienie od cła
~ **from taxation** zwolnienie od podatków
~ **of residence** nietykalność mieszkania
diplomatic ~ immunitet dyplomatyczny
waiver of ~ zniesienie ⟨zrzeczenie się⟩ immunitetu
to claim ~ **from certain taxes** żądać zwolnienia od pewnych podatków
immure *v* 1. zamykać (*w czterech ścianach, w klasztorze itp.*) 2. zamykać, więzić, wsadzać do więzienia
impact *s* 1. uderzenie, wstrząs 2. zderzenie, kolizja 3. wpływ, działanie
the ~ **of a publicity campaign** wpływ ⟨działanie⟩ kampanii propagandowej
impair *v* 1. zmniejszać, ograniczać 2. pogarszać, psuć 3. osłabić, zaszkodzić
impairment *s* 1. zmniejszenie, ograniczenie 2. pogorszenie, uszkodzenie 3. osłabienie, zaszkodzenie
~ **of conditions** pogorszenie warunków
~ **of dignity** uchybienie godności
impanel *v* umieścić na liście (*przysięgłych*)
to ~ **a jury** sporządzić listę przysięgłych
impanelment *s* umieszczenie na liście (*przysięgłych*)
imparlance *s* 1. czas udzielony stronie na odpowiedź na pozew 2. czas udzielony stronom celem porozumienia się co do ugody
impart *v* 1. udzielać (**sth** czegoś) 2. komunikować, przekazywać (*informacje*) 3. rozpowszechniać

impartial *adj* bezstronny, obiektywny, nie uprzedzony
~ **acts** działanie bezstronne
~ **jury** bezstronny skład przysięgłych
impartiality *s* bezstronność, obiektywizm
impartible *adj* niepodzielny
~ **estate** niepodzielny majątek
impasse *s* impas, martwy punkt, położenie bez wyjścia
impeach *v* 1. podawać w wątpliwość, kwestionować 2. zarzucać (**with sth** coś) 3. pociągać do odpowiedzialności, oskarżać (**of sth** o coś) 4. postawić (*kogoś*) w stan oskarżenia (*o zdradę itd.*)
to ~ **an evidence** kwestionować dowód
to ~ **a witness** kwestionować prawdomówność świadka
to ~ **sb for high treason** oskarżyć kogoś o zdradę stanu
to ~ **sb of a crime** oskarżyć kogoś o popełnienie zbrodni
impeachable *adj* podlegający oskarżeniu ⟨pociągnięciu do odpowiedzialności⟩
~ **offence** przestępstwo podlegające ściganiu
impeachment *s* 1. podawanie w wątpliwość, kwestionowanie 2. oskarżenie 3. postawienie w stan oskarżenia (*osoby na wysokim stanowisku*)
~ **of waste** oskarżenie o zniszczenie ⟨zdewastowanie⟩ (*nieruchomości*)
articles of ~ *am.* pisemne oskarżenie wyższego urzędnika
impeccable *adj* nieskazitelny, bez zarzutu
impecunious *adj* bez pieniędzy, ubogi, bez środków do życia, w nędzy
impede *v* przeszkadzać, hamować, wstrzymywać, utrudniać
to ~ **negotiations** utrudniać rokowania
to ~ **traffic** hamować ruch uliczny
impediment *s* 1. przeszkoda, zawada, utrudnienie 2. przeszkoda do zawarcia małżeństwa
absolute ~ przeszkoda bezwzględna (*czyniąca małżeństwo nieważnym*)
canonical ~ przeszkoda kanoniczna (*według prawa kanonicznego*)
prohibitive ~ przeszkoda względna (*nie powodująca nieważności małżeństwa*)
relative ~ przeszkoda z tytułu pokrewieństwa lub powinowactwa w stopniu nie pozwalającym na zawarcie małżeństwa
impend *v* zagrażać, grozić
impending *adj* bliski, grożący, zagrażający
~ **danger** bliskie ⟨bezpośrednie⟩ niebezpieczeństwo ⟨zagrożenie⟩
imperative *adj* 1. nakazujący 2. naglący, konieczny, nieodzowny 3. stanowczy
~ **reason** nagląca przyczyna
imperfect *adj* 1. niedoskonały, wadliwy 2. niezupełny, niedostateczny
~ **competition** konkurencja niedoskonała
~ **entry** niekompletna ⟨niezupełna⟩ deklaracja celna
~ **obligation** zobowiązanie niezupełne ⟨naturalne⟩
~ **title** niepełny tytuł własności
~ **usufruct** użytkowanie nieprawidłowe
imperfection *s* 1. niedoskonałość 2. wadliwość 3. niewykończenie, niekompletność 4. wada, defekt, brak, usterka

to **expose** ⟨**reveal**⟩ ~**s** wykrywać wady
imperial *adj* **1.** cesarski, imperialny **2.** *hist.* należący do imperium brytyjskiego **3.** ustawowo obowiązujący w Brytyjskiej Wspólnocie Narodów (*np. miary i wagi*)
~ **coasting trade** kabotaż wielki (*między portami wysp brytyjskich i krajów Brytyjskiej Wspólnoty Narodów*)
~ **conference** *hist.* konferencja imperialna ⟨członków Imperium Brytyjskiego⟩
~ **preferences** preferencje ⟨ulgi celne⟩ imperialne na towary Brytyjskiej Wspólnoty Narodów w obrocie wewnętrznym
~ **trade** handel imperialny (*pomiędzy krajami Brytyjskiej Wspólnoty Narodów*)
imperialism *s* imperializm
imperialist(ic) *adj* imperialistyczny
~ **policy** polityka imperialistyczna
~ **state** państwo imperialistyczne
~ **war** wojna imperialistyczna
imperious *adj* **1.** nakazujący, naglący, imperatywny **2.** arogancki
~ **necessity** nagląca konieczność
imperium *s* (*pl* **imperia**) *łac.* **1.** imperium **2.** władza absolutna **3.** najwyższa władza **4.** prawo użycia siły (*ze strony państwa*)
impermissible *adj* **1.** niedopuszczalny **2.** niedozwolony
imperscriptible *adj* **1.** niepisany **2.** nie zapisany, nie poparty dowodami pisemnymi
~ **law** ⟨**right**⟩ niepisane prawo
impersonal *adj* **1.** nieosobisty **2.** nieosobowy
~ **account** rachunek rzeczowy
impertinence *s* **1.** impertynencja, bezczelność **2.** brak związku (*z omawianym tematem*) **3.** wprowadzenie do sprawy nieistotnego materiału
impertinent *adj* **1.** impertynencki, bezczelny **2.** nie należący do sprawy ⟨rzeczy⟩, nie związany (*z tematem*) **3.** absurdalny
impetus *s* rozpęd, impet
to **give an** ~ **to sth** nadać czemuś rozpęd, dać czemuś impuls, dać bodziec do czegoś
impinge *v* naruszać (**on** ⟨**upon**⟩ **sth** coś), wkraczać (**on** ⟨**upon**⟩ **sth** w coś)
to ~ **upon sb's authority** naruszać czyjąś władzę
to ~ **upon sb's rights** wkraczać w czyjeś prawa
impingement *s* naruszenie, wkroczenie
implead *v* **1.** ścigać, dochodzić sądownie **2.** oskarżać
implement[1] *s* **1.** sprzęt **2.** narzędzie, instrument, przyrząd
~ **s of production** narzędzia produkcji
implement[2] *v* **1.** wykonywać, wprowadzać w życie, urzeczywistniać **2.** dopełniać, spełniać (*np. zobowiązanie*) **3.** uzupełniać **4.** wyposażać
to ~ **an agreement** wprowadzić w życie porozumienie
to ~ **a contract** wykonać umowę
to ~ **an obligation** spełnić zobowiązanie
to ~ **a plan** zrealizować ⟨wykonać⟩ plan
implementation *s* wykonanie, realizacja
~ **of a program(me)** wykonanie ⟨realizacja⟩ programu
progressive ~ progresywna realizacja
implicate *v* **1.** wplątywać, wciągać (**sb into sth** kogoś w coś) **2.** pociągać za sobą (*jako skutek*) **3.** dawać do zrozumienia, nasuwać na myśl **4.** domniemywać

to **be** ~ **d in a crime** być wplątanym ⟨zamieszanym⟩ w zbrodnię
implication *s* **1.** wplątanie, wmieszanie **2.** dorozumiewanie (się), ukryte znaczenie **3.** domniemanie
~ **in a matter** wmieszanie w sprawę
~ **of the law** presumpcja prawna, domniemanie prawne
by ~ przez domniemanie, w drodze domniemania
financial ~ finansowe następstwa
social ~ społeczne skutki ⟨konsekwencje⟩
implicit *adj* **1.** domniemany, dorozumiany, ukryty, pośrednio wynikający **2.** absolutny, bezwarunkowy, bez zastrzeżeń
~ **agreement** milcząca umowa
~ **confidence** ⟨**faith**⟩ całkowite ⟨pełne⟩ zaufanie
~ **consent** milcząca zgoda
~ **obedience** ślepe posłuszeństwo
~ **threat** ukryta groźba
implicitly *adv* **1.** domyślnie **2.** (*wynikać itd.*) z istoty rzeczy **3.** bez zastrzeżeń, bezwarunkowo
to **obey** ~ ślepo wykonywać rozkazy, być ślepo posłusznym
to **trust sb** ~ mieć pełne zaufanie do kogoś
implied *adj* dający się wywnioskować, dorozumiany, ukryty, zrozumiały sam przez się
~ **acceptance** milczące przyjęcie, cicha akceptacja
~ **agency** domniemane przedstawicielstwo
~ **agreement** dorozumiana umowa
~ **condition** dorozumiany warunek
~ **confession** dorozumiane przyznanie się
~ **consent** dorozumiana zgoda
~ **consideration** dorozumiane świadczenie wzajemne
~ **contract** dorozumiana umowa, quasi-kontrakt
~ **intention of the parties** dorozumiana wola stron
~ **malice** dorozumiany zły zamiar
~ **meaning** dorozumiane znaczenie
~ **trust** domniemane powiernictwo
~ **warranty** domniemana gwarancja
express or ~ wyraźny lub dorozumiany
impliedly *adv* w sposób dorozumiany, milcząco
expressly or ~ w sposób wyraźny lub dorozumiany
imply *v* **1.** zakładać **2.** dawać do zrozumienia, sugerować **3.** implikować, nasuwać wniosek **4.** znaczyć, oznaczać, zawierać w sobie pojęcie (**sth** czegoś)
imponderabilia, imponderables *spl* imponderabilia, rzeczy nieuchwytne (*wartości, uczucia itd.*)
import[1] *s* **1.** import, przywóz, wwóz **2.** *pl* **imports** masa towarowa (*przedmiot importu*), wolumen importu, towary importowane
~ **agents** agenci importowi
~ **ban** zakaz importu
~ **bill of lading** konosament na przewóz towarów importowanych (*na trasie morsko-lądowej*)
~ **commission house** firma importowa branżowa (*przyjmująca towary w komis*)
~ **credit** *a*) kredyt importowy *b*) akredytywa importowa
~ **dealer** importer, kupiec importowy
~ **duty** cło przywozowe
~ **entry** przywozowa deklaracja celna
~ **firm** firma importowa, przedsiębiorstwo importowe ⟨przywozowe⟩
~ **licence** licencja importowa

~ **list** *a*) lista towarów importowanych *b*) nomenklatura celna przywozowa

~ **merchant** importer, kupiec importowy

~ **permit** zezwolenie importowe

~ **price** cena importowa

~ **prohibition** zakaz przywozu

~ **quota** kontyngent importowy, kwota przywozowa

~ **regulations** przepisy dotyczące importu

~ **restrictions** ograniczenia przywozowe

~ **surcharge** dodatkowa opłata importowa

~ **surplus** nadwyżka importowa

~ **taxes** podatki importowe

~ **trade** handel importowy

control of ~ kontrola ⟨reglamentacja⟩ przywozu

direct ~ import bezpośredni

duty-free ~ import wolnocłowy ⟨bezcłowy⟩

duty on ~s cło przywozowe

embargo on ~s zakaz przywozu, embargo importowe

excess of ~s nadwyżka importu (*nad eksportem*)

free ~ import bezcłowy ⟨wolnocłowy⟩

invisible ~s import niewidzialny ⟨pozatowarowy⟩

prohibited ~s towary objęte zakazem przywozu

retained ~s towary nie podlegające reeksportowi (*dla konsumpcji krajowej*)

total ~s import całkowity (*towarów*)

value of ~s wartość importu

visible ~ import widzialny

volume of ~s wielkość ⟨wolumen⟩ importu

import² *s* 1. znaczenie, ważność, doniosłość 2. treść

a matter of great ~ rzecz wielkiej wagi

of no ~ bez znaczenia

import³ *v* importować, przywozić z zagranicy, wwozić

to ~ **goods** importować ⟨przywozić⟩ towary

to ~ **labour** importować siłę roboczą

import⁴ *v* znaczyć

importable *adj* nadający się do importu, importowy

importance *s* znaczenie, ważność, doniosłość

of great ~ mający duże znaczenie, ważny, doniosły

of little ~ o małym znaczeniu, mało znaczący

of no ~ bez znaczenia

of vital ~ o zasadniczym ⟨żywotnym⟩ znaczeniu

to attach ~ przywiązywać znaczenie (**to sth** do czegoś)

important *adj* ważny, doniosły, posiadający duże znaczenie

~ **decision** doniosła decyzja

~ **firm** poważna firma

importation *s* 1. import, przywóz 2. towary importowane

agent for ~ agent importowy

articles of ~ artykuły importowe

duty-free ~ przywóz ⟨import⟩ bezcłowy

duty on ~ cło przywozowe

embargo on ~ zakaz przywozu, embargo przywozowe

imported *pp adj* importowany

~ **articles** towary importowane

~ **cargo** ładunek importowy

~ **from...** importowane z...

~ **goods** towary importowane

when ~ przy wwozie

importer *s* importer, kupiec importowy

general ~ importer generalny ⟨wielobranżowy⟩

~**'s buying agent** agent zakupujący towar na zlecenie importera

~**'s buying office** biuro zakupu importera (*za granicą*)

importing *adj* importujący, importowy

~ **agent** agent importowy

~ **country** kraj importujący

~ **firm** ⟨**house**⟩ firma importowa, przedsiębiorstwo importowe ⟨importu⟩

impose *v* 1. nakazywać 2. narzucać, nakładać 3. wykorzystywać, oszukiwać

to ~ **a ban** wprowadzić zakaz

to ~ **a contribution** nałożyć kontrybucję

to ~ **a duty on goods** nałożyć cło na towary

to ~ **a fine** nałożyć grzywnę (**upon sb** na kogoś), ukarać grzywną (**upon sb** kogoś)

to ~ **an obligation upon sb** nałożyć na kogoś obowiązek

to ~ **a punishment** nałożyć karę

to ~ **a restrictions** wprowadzić ograniczenia

to ~ **a tax** nałożyć podatek (**on sth** na coś)

to ~ **terms** narzucać warunki

to ~ **a veto** założyć ⟨postawić⟩ weto

imposition *s* 1. nałożenie, narzucenie 2. obciążenie; danina; podatek; cło 3. oszustwo, zdzierstwo, wykorzystanie

~ **of conditions** ⟨**terms**⟩ narzucenie warunków

~ **of a duty** nałożenie obowiązku

~ **of an embargo** nałożenie embarga

~ **of a fine** nałożenie grzywny

~ **of a tax** nałożenie podatku

to burden sb with ~s obciążyć kogoś obowiązkami, nałożyć na kogoś obowiązki

to order ⟨**decree**⟩ ~s zarządzić ⟨wprowadzić⟩ obciążenia ⟨podatki⟩

to pay ~s płacić podatki

impossibility *s* 1. niemożność 2. rzecz niemożliwa ⟨niewykonalna⟩ 3. nieprawdopodobieństwo

~ **in fact** faktyczna niemożliwość

~ **in law** prawna niemożliwość

~ **of performance** niemożność wykonania (*świadczenia*)

partial ~ częściowa niemożliwość

physical ~ fizyczna niemożliwość

impossible *adj* 1. niemożliwy 2. niewykonalny

~ **consideration** niewykonalne świadczenie wzajemne

~ **contract** niewykonalna umowa

~ **of reconciliation** niemożliwy do uzgodnienia

~ **performance** niemożliwe wykonanie (*np. umowy*)

~ **to execute** niemożliwy do wykonania

impost *s* = **imposition** *s* 2.

impostor *s* 1. oszust, szalbierz 2. samozwaniec, osoba podszywająca się pod kogoś innego

imposture *s* oszustwo, szalbierstwo

impotence, impotency *s* 1. *med.* niemoc płciowa, impotencja 2. nieudolność

impotent *adj* 1. bezsilny 2. *med.* cierpiący na niemoc płciową

impotentia *s łac.* 1. niemożliwość 2. *med.* impotencja, niemoc płciowa

~ **excusat legem** *łac.* niemożliwość (*wykonania*) zwalnia od wykonania

impound v 1. zajmować sądownie, sekwestrować 2. zajmować zwierzęta czyniące szkody 3. konfiskować
to ~ a document wziąć dokument do depozytu sądowego
impoverish v 1. zubożać, doprowadzać do ubóstwa 2. wyniszczać 3. wyjaławiać
impracticability s 1. niewykonalność 2. niezdatność do użytku
impracticable adj 1. niewykonalny, nie do przeprowadzenia 2. niezdatny do użytku 3. (o drodze) nieprzejezdny
imprescriptibility s niepodleganie przedawnieniu
imprescriptible adj 1. nienaruszalny, (o prawie) niewzruszony 2. nie ulegający przedawnieniu
~ rights nienaruszalne prawa
impress[1] s 1. odcisk (np. pieczęci), stempel 2. wytłoczony znak
impress[2] v 1. wyciskać, wytłaczać 2. pieczętować 3. wywierać wrażenie 4. hist. wcielać siłą do służby w wojsku (marynarce)
to ~ sb favourably (**unfavourably**) wywierać na kimś korzystne (niekorzystne) wrażenie
to ~ a seal on (**upon**) **sth** odcisnąć (wycisnąć) pieczęć na czymś
impression s 1. odbicie, odcisk 2. znak 3. wrażenie 4. nakład (wydawniczy), edycja
~ of a seal odcisk pieczęci
to be under the ~ that... pozostawać pod wrażeniem (mieć wrażenie), że...
to make a good (**bad**) **~** wywrzeć dobre (złe) wrażenie
impressive adj wywołujący wrażenie, imponujący
~ figures imponujące cyfry
impressment s 1. hist. przymusowe wcielenie do wojska (marynarki) 2. rekwizycja, zajmowanie (towarów)
imprest s zaliczka, zadatek (na prowadzenie prac państwowych)
~ system system zaliczkowy
imprimatur s łac. 1. zezwolenie na druk, imprimatur 2. przen. aprobata
imprimis adv łac. przede wszystkim, w pierwszym rzędzie
imprint[1] s 1. odbicie, odcisk 2. znak firmowy
printer's ~ metryczka
publisher's ~ znak firmowy wydawcy
imprint[2] v wytłaczać, wyciskać (np. pieczęć)
imprison v uwięzić, wtrącić do więzienia
imprisonment s 1. uwięzienie 2. pozbawienie wolności
~ before trial aresztowanie przed rozprawą (tymczasowe)
~ for debt uwięzienie za długi
~ for life kara dożywotniego więzienia, dożywotnie więzienie
false ~ bezprawne uwięzienie (pozbawienie wolności)
life ~ dożywotnie więzienie
penalty of ~ kara więzienia (pozbawienia wolności)
to serve a sentence (**term**) **of ~** odbywać karę więzienia (pozbawienia wolności)
improbability s nieprawdopodobieństwo
improbable adj nieprawdopodobny
improbity s 1. nieuczciwość, nierzetelność 2. podłość

improper adj 1. niewłaściwy, niestosowny, nieodpowiedni 2. wadliwy, nieprawidłowy 3. zdrożny, nieprzyzwoity
~ conduct nieprzyzwoite zachowanie (prowadzenie) się
~ exploitation niewłaściwa eksploatacja, niewłaściwe użytkowanie
~ influence nieodpowiedni (szkodliwy) wpływ
~ language niewłaściwe (nieprzyzwoite) słownictwo
~ motive niewłaściwa pobudka (działania)
~ purpose niewłaściwy cel
~ stowage wadliwe sztauowanie (umieszczenie, przechowywanie ładunku)
~ treatment niewłaściwe traktowanie
~ use niewłaściwy użytek
impropriation s sekularyzacja, przekazanie majątków kościelnych osobom (instytucjom) świeckim
impropriety s 1. niewłaściwość, rzecz niestosowna 2. nieprzyzwoitość, zdrożność
improve v 1. ulepszać, poprawiać 2. podnosić (wartość) 3. zyskiwać na wartości 4. wykorzystywać (sposobność) 5. usprawniać, udoskonalać (**on** (**upon**) **sth** coś)
to ~ sb's conditions poprawiać czyjeś warunki
to ~ on an offer dawać korzystniejsze warunki
to ~ relations poprawić stosunki
improved adj ulepszony, udoskonalony
~ goods towar w obrocie uszlachetniającym
~ offer korzystniejsza oferta
improvement s 1. ulepszenie, polepszenie, usprawnienie 2. podniesienie wartości, zwyżka (cen itp.) 3. udoskonalenie
~ in economic condition poprawa warunków ekonomicznych
~ in the market poprawa koniunktury rynkowej
~ in pay podwyżka płac
~ in prices podwyżka cen
~ in quality poprawa jakości
~ of the living conditions poprawa warunków życiowych
~ of the occasion wykorzystanie sposobności (dla celów umoralniających)
~ of relations poprawa stosunków
~ patent patent na udoskonalenie wynalazku
~ trade obrót uszlachetniający
house ~ modernizacja domu (mieszkania)
land ~ melioracja gruntów
moral ~ umoralnianie
imprudence s nieroztropność, nieoględność
imprudent adj nieroztropny, nierozważny
~ behaviour (**conduct**) nierozważne postępowanie
impubes s łac. osoba małoletnia (chłopiec poniżej 14, a dziewczynka 12 lat)
impudence s 1. bezwstyd 2. zuchwalstwo, bezczelność
impudent adj 1. bezwstydny 2. zuchwały, bezczelny
impugn v 1. atakować, zwalczać (słownie) 2. kwestionować, podawać w wątpliwość
to ~ a contract zakwestionować umowę
to ~ a testimony kwestionować zeznanie świadka
to ~ the truth of a statement podawać w wątpliwość prawdziwość oświadczenia
impugnable adj sporny, wątpliwy
impugnment s 1. kwestionowanie, podawanie w wątpliwość 2. słowne zwalczanie

~ **of a witness** podawanie w wątpliwość zeznań świadka
impulse *s* impuls, bodziec
   ~ **buying** nagły ⟨niezamierzony⟩ zakup
impunity *s* **1.** bezkarność **2.** niepodleganie karaniu
   with ~ bezkarnie
impure *adj* nieczysty, zanieczyszczony, z domieszką
impurity *s* zanieczyszczenie
   percentage of ~ procent zanieczyszczenia
imputation *s* **1.** przypisywanie, imputowanie **2.** zarzut
impute *v* **1.** przypisywać, imputować **2.** zarzucać (**sth to sb** komuś coś)
imputed *pp adj* **1.** przypisywany **2.** zarzucany
   ~ **cost** koszt kalkulacyjny (*nie mający odpowiednika w rzeczywistych wydatkach*)
   ~ **interest** procent kalkulacyjny (*od kapitału, który w rzeczywistości nie podlega oprocentowaniu*)
   ~ **knowledge** domniemana świadomość ⟨wiedza⟩
   ~ **negligence** a) domniemane zaniedbanie b) odpowiedzialność za cudzą winę
   ~ **value** domniemana wartość
in *praep* **1.** w, w ciągu, w czasie **2.** po **3.** za
   in absentia *łac.* w ⟨podczas⟩ nieobecności, pod nieobecność
   in accordance zgodnie (**with sth** z czymś)
   in apparent good order and condition zewnętrznie w dobrym stanie i w porządku (*klauzula konosamentowa*)
   in articulo mortis *łac.* w obliczu śmierci
   in bad faith w złej wierze
   in bad repair w złym stanie (*technicznym*)
   in ballast (*o statku*) pod balastem
   in banc(o) (*o sądzie*) w pełnym składzie
   in behalf of w imieniu, z ramienia, na rzecz
   in blanc ⟨blanco⟩ (*o indosie*) in blanco
   in bond pod zamknięciem celnym
   in bulk a) luzem, bez opakowania b) ryczałtem
   in camera *łac.* przy drzwiach zamkniętych
   in case of need apply to... w razie potrzeby zwrócić się do...
   in consimili casu *łac.* w podobnym przypadku
   in contravention of z naruszeniem, wbrew
   in custodia legis *łac.* pod strażą prawa
   in default a) w braku (**of sth** czegoś) b) w zwłoce
   In defiance of sth wbrew czemuś
   in due course we właściwym trybie, zgodnie z przepisami
   in due time we właściwym czasie, w porę
   in duplicate w dwóch egzemplarzach
   in equity na podstawie słuszności
   in an emergency w nagłej potrzebie
   in esse *łac.* aktualnie istniejący
   in evidence w materiale dowodowym, opierając się na dowodach (*znajdujących się w aktach sprawy*)
   in extenso *łac.* w pełni, w całej rozciągłości
   in extremis *łac.* w obliczu śmierci
   in fact faktycznie, w istocie
   in favour of na korzyść
   in flagrante delicto *łac.* na gorącym uczynku
   in forma pauperis *łac.* na prawie ubogich, korzystając ze zwolnienia od kosztów
   in force będący w mocy, obowiązujący
   in full settlement na całkowite zaspokojenie (*roszczeń*)

   in genere *łac.* według gatunku (*na oznaczenie towaru*)
   in good faith w dobrej wierze
   in iure *łac.* zgodnie z prawem, według prawa
   in kind w naturze, w towarach
   in law według prawa, zgodnie z prawem
   in loco parentis *łac.* w miejsce rodzica, zamiast rodziców
   in nomine *łac.* w imieniu
   in one's capacity we własnym imieniu
   in one's own defence w obronie własnej, w samoobronie
   in pais *łac.* a) bez zachowania formy b) nie na piśmie
   in party częściowo
   in parts (*o dostawie*) w partiach, partiami
   in perpetuity na czas nieograniczony, bezterminowo
   in person osobiście
   in posse *łac.* mogący zaistnieć (*ale jeszcze nie istniejący*)
   in prejudice of na szkodę, z uszczerbkiem dla
   in private przy drzwiach zamkniętych
   in progress w toku, w trakcie (**of sth** czegoś)
   in pursuance of... zgodnie z..., stosownie do..., wykonując...
   in re *łac.* w sprawie
   in regard to w odniesieniu do
   in regular turn we właściwej kolejności
   in request (*o towarze*) cieszący się popytem, poszukiwany
   in respect of w odniesieniu do
   in satisfaction na zaspokojenie
   in specie konkretnie (*oznaczenie towaru*)
   in suspense a) (*o wekslu*) nie wykupiony b) w zawieszeniu, nie rozstrzygnięty
   in terms of dollars ⟨gold⟩ w przeliczeniu na dolary ⟨złoto⟩
   in transit (*o towarze*) w tranzycie, w drodze, przeznaczony do reeksportu
   in usual and customary manner najkrótszą zwykle używaną drogą (*w umowie frachtowej*)
   in virtue of na mocy, z tytułu, na podstawie
   in witness whereof w dowód czego
   in word and deed słowem i czynem
   in words słownie
   in writing na piśmie
inability *s* niezdolność, niemożność
   ~ **to pay** niewypłacalność
inaccessible *adj* niedostępny, nieprzystępny
   ~ **by ice** (*o porcie*) niedostępny z powodu zalodzenia
inaccuracy *s* nieścisłość, niedokładność, pomyłka
   ~ **of an information** nieścisłość informacji
   ~ **of translation** niedokładność tłumaczenia
   ~ **of witnesses** omylność świadków
inaccurate *adj* nieścisły, niedokładny; mylny
   ~ **statement** nieprawidłowe ⟨nieścisłe, niedokładne⟩ ustalenie
inaction *s* bezczynność, zastój
   ~ **in** ⟨of⟩ **a market** zastój na rynku
inactive *adj* bezczynny, nieożywiony, bierny
   ~ **account** martwy rachunek, martwe konto
   ~ **market** martwy rynek, rynek w zastoju
   ~ **securities** ⟨stocks⟩ walory mało poszukiwane ⟨nie mające popytu⟩

inactivity *s* bezczynność, brak aktywności
  market ~ zastój na rynku
inadequacy *s* **1.** nieodpowiedniość, nie nadawanie się (**to do sth** do robienia czegoś) **2.** brak kompetencji, nieudolność **3.** niedostateczność
inadequate *adj* **1.** nieodpowiedni, nie odpowiadający wymaganiom **2.** niedostateczny **3.** niewspółmierny
  ~ **compensation** niedostateczne odszkodowanie, niedostateczna kompensata
  ~ **information** niedostateczna ⟨niepełna⟩ informacja
  ~ **packing** nieodpowiednie opakowanie
  ~ **price** nieodpowiednia ⟨niewspółmierna⟩ cena
  ~ **salary** niedostateczne wynagrodzenie
  ~ **terms** nieodpowiednie warunki
inadmissibility *s* niedopuszczalność
inadmissible *adj* niedopuszczalny, nie do przyjęcia
  ~ **evidence** niedopuszczalny dowód
inadvertence *s* **1.** nieuwaga, brak dozoru; niedbalstwo **2.** omyłka, przeoczenie
  by ⟨**through**⟩ ~ przez przeoczenie, na skutek niedbalstwa
inadvertent *adj* **1.** nieuważny; niedbały **2.** nieumyślny
  ~ **act** nieumyślny postępek
inalienability *s* nieprzenośność ⟨niezbywalność⟩ własności
inalienable *adj* nieprzenośny, niezbywalny
  ~ **right** niezbywalne prawo
inanimate *adj* nieożywiony, martwy
  ~ **market** rynek w zastoju
inapplicability *s* niemożność zastosowania; nieodpowiedniość
inapplicable *adj* nieodpowiedni, niewłaściwy; nie nadający się do zastosowania
  ~ **means** nieodpowiednie ⟨niewłaściwe⟩ środki
  strike ~ **words** niepotrzebne ⟨słowa⟩ skreślić
inaptitude *s* nieudolność
inaugurate *v* **1.** inaugurować **2.** wprowadzać na stanowisko **3.** zapoczątkowywać; otworzyć (*np. wystawę*)
inauguration *s* **1.** inauguracja **2.** uroczyste wprowadzenie na stanowisko
  Inauguration Day *am.* dzień wprowadzenia na urząd nowego prezydenta
  ~ **meeting** zebranie inauguracyjne
inboard *adj* położony wewnątrz statku
  ~ **cargo** ładunek podpokładowy
inborn *adj* wrodzony
inbound *adj* powrotny, (*o statku*) będący w drodze powrotnej
  ~ **freight** fracht ⟨ładunek⟩ powrotny
  ~ **vessel** statek w rejsie powrotnym
  ~ **voyage** rejs powrotny
incalculable *adj* **1.** nieobliczalny, nie dający się obliczyć **2.** nie dający się przewidzieć
  ~ **harm** ⟨**loss**⟩ nieobliczalna szkoda ⟨strata⟩
incapability *s* niezdolność, niezdatność
incapable *adj* **1.** niezdolny, niezdatny (**of sth** do czegoś) **2.** nie będący w stanie (**of doing sth** czegoś zrobić)
  ~ **of making a will** niezdolny do testowania
incapacitate *v* **1.** uczynić niezdatnym ⟨niezdolnym⟩ (**for sth** do czegoś) **2.** pozbawić zdolności prawnej
incapacitation *s* **1.** uczynienie niezdolnym **2.** pozbawienie zdolności prawnej **3.** dyskwalifikacja
  ~ **for** ⟨**from**⟩ **work** niezdolność do pracy

incapacity *s* **1.** niezdatność, niezdolność **2.** brak zdolności prawnej, niezdolność do działań prawnych
  ~ **to inherit** niezdolność do dziedziczenia
incarcerate *v* uwięzić, wtrącić do więzienia
incarceration *s* uwięzienie
incendiarism *s* **1.** podpalenie **2.** podżeganie
incendiary *s* **1.** podpalacz **2.** podżegacz **3.** bomba zapalająca
incentive *s* pobudka, bodziec, podnieta
  ~ **scheme** plan bodźców (*płacowych*)
  ~ **taxation** opodatkowanie stwarzające bodźce gospodarcze
  ~ **wage system** premiowy ⟨motywacyjny⟩ system płac
  economic ⟨**material**⟩ ~**s** bodźce ekonomiczne ⟨materialne⟩
incest *s* kazirodztwo
incestuous *adj* kazirodczy
Inchmaree Clause *s ub. mors.* klauzula o pokryciu szkód zaistniałych wskutek ukrytych wad kadłuba lub maszyn okrętowych
inchoate *adj* **1.** rozpoczęty, zapoczątkowany **2.** niekompletny, niepełny
  ~ **agreement** układ nie podpisany przez wszystkich uczestników
  ~ **bill** ⟨**cheque**⟩ weksel ⟨czek⟩ in blanco
  ~ **contract** umowa wstępna
  ~ **crime** *a*) przestępstwo nie w pełni dokonane *b*) karalne przygotowanie do przestępstwa
incidence *s* **1.** zasięg, zakres, rozmiar **2.** przypadanie **3.** obciążanie
  ~ **of an epidemic** rozmiary epidemii
  ~ **of taxation** obciążenie podatkowe, zakres opodatkowania
incident[1] *s* incydent, zajście
  border ⟨**frontier**⟩ ~ incydent graniczny
incident[2] *adj* **1.** związany (**to sth** z czymś) **2.** wynikający (**to sth** z czegoś)
incidental *adj* **1.** uboczny, dodatkowy **2.** incydentalny, przypadkowy, nieprzewidziany **3.** związany (**to sth** z czymś), wynikający (**to sth** z czegoś)
  ~ **benefits** uboczne korzyści majątkowe
  ~ **costs** koszty dodatkowe ⟨uboczne, nieprzewidziane⟩
  ~ **intention** uboczny zamiar
  ~ **jurisdiction** *am.* dodatkowa jurysdykcja (*sądu federalnego do rozpoznania innych spraw związanych z aktualnie rozpoznawaną sprawą*)
  ~ **point** ⟨**question**⟩ kwestia uboczna
  expenses ~ **to packing** wydatki związane z opakowaniem
incidentally *adv* **1.** przypadkowo **2.** nawiasem mówiąc, notabene, na marginesie
incidentals *spl* nieprzewidziane ⟨uboczne⟩ wydatki
incipient *adj* początkowy, będący w stadium początkowym
  ~ **recession** rozpoczynająca się recesja
incite *v* namawiać, podburzać, podżegać, zachęcać
  to ~ **to a riot** podburzać do rozruchów
incited *pp adj:* ~ **offence** przestępstwo dokonane na skutek namowy
  ~ **person** osoba namówiona do popełnienia przestępstwa
incitement *s* **1.** namawianie, podburzanie, podżeganie **2.** pobudka, zachęta, bodziec
inciter *s* podżegacz

in-clearing *s bryt.* suma rachunków przedstawionych bankowi do uregulowania w drodze rozrachunku

inclination *s* skłonność, chęć, tendencja
~ **to buy** tendencja do kupowania

incline *v* skłaniać się (**to sth** do czegoś), być skłonnym (**to do sth** coś zrobić), mieć skłonność (**to sth** do czegoś)

inclose *v* = **enclose**

inclosure *s* = **enclosure**

include *v* **1.** włączać, wliczać **2.** zawierać, obejmować
to ~ **in the agenda** włączyć do porządku dziennego
to ~ **in the invoice** włączyć do faktury
to ~ **sb in one's will** objąć kogoś testamentem, uwzględnić kogoś w testamencie

included *adj*: **packing** ~ łącznie z opakowaniem

including *praep*: ~ **all charges** włączając wszystkie koszty

inclusion *s* włączenie, wliczenie
with the ~ **of...** z włączeniem ⟨wliczeniem⟩..., łącznie z...

inclusive *adj* **1.** obejmujący, zawierający (**of sth** coś) **2.** globalny, ryczałtowy **3.** łącznie (**of sth** z czymś), z włączeniem ⟨wliczeniem⟩ (**of sth** czegoś)
~ **fee** łączna opłata
~ **price** cena globalna ⟨łączna⟩
~ **sum** suma globalna
both days ~ wliczając obydwa dni
terms ~ łącznie ze wszystkim, cena globalna
till ⟨**to**⟩ **February 12th** ~ do 12 lutego włącznie

incognito[1] *adj* występujący pod przybranym nazwiskiem

incognito[2] *adv* incognito
to travel ~ podróżować incognito

incombustible *adj* niepalny

income *s* dochód, przychód, wpływy pieniężne ⟨kasowe⟩
~ **account** rachunek dochodów ⟨wpływów⟩
~ **bracket** *stat.* klasa ⟨grupa⟩ według dochodu
~ **distribution** podział dochodu
~ **from capital** dochód z kapitału
~ **from earnings** dochód z zarobków ⟨pracy⟩
~ **from property** dochody z własności
~ **from securities** dochód z papierów wartościowych
~ **from wages and salaries** dochody z płac i wynagrodzeń
~ **group** grupa podatkowa przy wymiarze podatku dochodowego
~ **in kind** dochód w naturze
~ **in money** dochód pieniężny
~ **per head** dochód na głowę ludności
~ **policy** polityka (kształtowania) dochodów
~ **statement** rachunek zysków i strat ⟨wyników⟩
~ **tax** podatek dochodowy
~ **taxation** opodatkowanie dochodu
additional ~ dodatkowy ⟨uboczny⟩ dochód
annual ~ dochód roczny
assessable ~ dochód podlegający opodatkowaniu
average ~ przeciętny dochód
cash ~ wpływ gotówkowy ⟨kasowy⟩
corporate ~ *am.* dochód z udziału w przedsiębiorstwie
disponible ~ dochód rozporządzalny (*po odliczeniu podatków*)
earned ~ dochód z pracy ⟨zarobków⟩

family ~ dochód rodzinny
fixed ~ dochód stały
gross ~ dochód brutto
investment ~ dochody z inwestycji
national ~ dochód narodowy
net ~ dochód netto, czysty dochód
partial ~ dochód cząstkowy (*przy wymiarze podatku*)
personal ~ dochód osobisty ⟨indywidualny⟩
real national ~ realny dochód narodowy
regular ~ dochód stały
source of ~ źródło dochodu
taxable ~ dochód podlegający opodatkowaniu
unearned ~ dochód niezarobkowy ⟨nie pochodzący z pracy⟩ (*z kapitału, rent itp.*)
yearly ~ dochód roczny
to bring (in) an ~ przynosić ⟨dawać⟩ dochód
to derive ~ **from sth** czerpać ⟨mieć⟩ z czegoś dochód
to draw an ~ ciągnąć (*z czegoś*) dochód
to exclude ⟨**exempt**⟩ **from** ~ wyłączyć z dochodu (*dla wymiaru podatku*)
to live within one's ~ żyć w ramach dochodów

income-tax *adj*: ~ **return** zeznanie podatkowe ⟨o dochodach⟩ (*służące jako podstawa wymiaru podatku*)

incoming[1] *s* **1.** przybycie, nadejście **2.** *pl* **incomings** dochody, wpływy
~**s and outgoings** dochody i rozchody ⟨wydatki⟩
stock ~ dopływ towarów, dowóz zapasów

incoming[2] *adj* **1.** przybywający, nadchodzący **2.** (*o dochodzie*) narastający, kumulujący się
~ **mail** korespondencja przychodząca
~ **traffic** ruch przyjazdowy, przewozy przychodzące

incommunicado *adj* **1.** nie mający możliwości porozumienia się **2.** (*o więźniu*) izolowany

incompatibility *s* niezgodność, sprzeczność

incompatible *adj* **1.** niezgodny, sprzeczny, nie dający się pogodzić (**with sth** z czymś) **2.** (*o współmieszkańcach, współpracownikach*) niezgodny, kłótliwy
~ **with rules of law** sprzeczny z zasadami prawa

incompetence, incompetency *s* **1.** niekompetencja, niewłaściwość (*np. sądu*) **2.** brak zdolności prawnej

incompetent *adj* **1.** niekompetentny, niewłaściwy **2.** nie posiadający zdolności prawnej
~ **evidence** niedopuszczalny dowód
~ **witness (in court)** osoba nie mogąca być świadkiem (w sądzie)

incomplete *adj* **1.** niezupełny, niekompletny, nie wykończony **2.** wadliwy, z brakami
~ **set of bills of lading** niepełny komplet ⟨zestaw⟩ konosamentów

incompletely *adv* **1.** niezupełnie, niekompletnie **2.** wadliwie, z brakami
~ **signed** (*napis banku na zwróconym wekslu* ⟨*czeku itp.*⟩) niekompletnie podpisany

incomprehensible *adj* niezrozumiały

incomprehension *s* niezrozumienie

inconclusive *adj* **1.** nieprzekonywający **2.** nie rozstrzygający, nie rozstrzygnięty
~ **evidence** nieprzekonywający dowód
~ **presumption** nie rozstrzygające domniemanie
~ **reasoning** nieprzekonywająca argumentacja

inconsiderable *adj* (*o stracie itd.*) nieznaczny, niewielki

inconsistence, inconsistency *s* 1. niezgodność 2. niekonsekwencja, nielogiczność

inconsistent *adj* 1. niezgodny, sprzeczny 2. niekonsekwentny, nielogiczny 3. zmienny
~ **statements** sprzeczne oświadczenia
~ **with one's duty** niezgodny z czyimś obowiązkiem

incontestable *adj* niezaprzeczalny, bezsporny, niewątpliwy
~ **evidence** niezaprzeczalne świadectwo ⟨zeznanie⟩
~ **facts** bezsporne fakty
~ **proof** bezsporny dowód

inconvenience[1] *s* niewygoda, niedogodność, kłopot
to cause ~ sprawiać kłopot

inconvenience[2] *v* sprawiać kłopot; przeszkadzać (**sb** komuś)

inconvenient *adj* niedogodny, kłopotliwy, nieodpowiedni; uciążliwy
~ **time** nieodpowiedni czas, nieodpowiednia pora
if not ~ jeśli to nie sprawi kłopotu

inconvertibility *s* niewymienialność
~ **of paper money** niewymienialność pieniędzy papierowych (*na złoto*)

inconvertible *adj* niewymienialny, niewymienny
~ **currency** waluta niewymienialna

incorporate[1] *adj* 1. (*o firmie*) zarejestrowany, zalegalizowany 2. *am.* akcyjny 3. połączony, zrzeszony, inkorporowany 4. (*o mieście*) posiadający samorząd
~ **person** osoba prawna

incorporate[2] *v* 1. jednoczyć, łączyć (się), inkorporować 2. rejestrować, legalizować (*np. spółkę*), nadawać osobowość prawną 3. przyjmować do spółki
to ~ **a company** zalegalizować spółkę
to ~ **a town** nadać miastu samorząd

incorporated *adj* 1. zarejestrowany 2. należący do spółki ⟨zrzeszenia, stowarzyszenia⟩ 3. mający osobowość prawną
~ **accountant** przysięgły rewident księgowy
~ **company** spółka mająca osobowość prawną ⟨zarejestrowana⟩
~ **town** miasto mające samorząd

incorporation *s* 1. zjednoczenie, połączenie, inkorporacja 2. zalegalizowanie, zarejestrowanie, nadanie osobowości prawnej 3. nadanie samorządu miasta
~ **by reference** inkorporacja (*dokumentu*) przez odesłanie (*bez wprowadzenia tekstu włączonego dokumentu*)
~ **of a company** legalizacja spółki
~ **of a town** nadanie samorządu miastu
actual ~ faktyczne włączenie (*przez przepisanie tekstu włączonego dokumentu*)
certificate of ~ świadectwo zarejestrowania spółki

incorporeal *adj* niematerialny
~ **chattels** szczególne prawa (*niematerialne*)
~ **hereditament** prawo niematerialne podlegające dziedziczeniu
~ **property** własność praw niematerialnych
~ **right** prawo niematerialne (*autorskie, patentowe*)

incorrect *adj* 1. nieprawidłowy, błędny, wadliwy 2. nieścisły, niedokładny; zawierający błędy 3. niestosowny
~ **conduct** ⟨**behaviour**⟩ niestosowne zachowanie
~ **expression** niewłaściwe wyrażenie
~ **text** wadliwy tekst

incorrectly *adv* mylnie, wadliwie, błędnie
~ **addressed** mylnie ⟨błędnie⟩ zaadresowany
~ **printed** wadliwie ⟨błędnie⟩ wydrukowany

incorrectness *s* 1. nieprawidłowość, błąd, pomyłka 2. niestosowność

incorrigible *adj* niepoprawny, nie wykazujący chęci poprawy
~ **rogue** niepoprawny łajdak ⟨przestępca⟩

incorruptibility *s* nieprzekupność, niesprzedajność

incorruptible *adj* 1. nie ulegający zepsuciu 2. nieprzekupny, niesprzedajny
~ **judge** nieprzekupny sędzia

increase[1] *s* wzrost, przyrost, powiększenie, podwyżka
~ **in capital** wzrost kapitału
~ **in demand** wzrost popytu
~ **in discount rate** podwyżka stopy dyskontowej
~ **in employment** wzrost zatrudnienia
~ **in output** wzrost produkcji ⟨wydobycia⟩
~ **in population** przyrost ludności
~ **in price** wzrost ceny
~ **in sales** wzrost sprzedaży
~ **in taxation** podwyżka opodatkowania
~ **in turnover** wzrost obrotów
~ **in value** wzrost wartości
~ **in wages** podwyżka płac
~ **of consumption** wzrost spożycia
~ **of custom duties** podwyżka ceł
~ **of exports** zwiększenie eksportu
~ **of freight** podwyżka frachtu
~ **of imports** zwiększenie importu
~ **of penalty** zaostrzenie kary
~ **of prices** podwyższenie cen
~ **of production** zwiększenie produkcji
~ **of rent** podwyższenie czynszu
~ **of salary** podwyższenie wynagrodzenia
to be on the ~ zwiększać się, wzrastać, mieć tendencję zwyżkową
to show an ~ wykazywać wzrost

increase[2] *v* 1. wzrastać, zwiększać (się) 2. podnosić, podwyższać
to ~ **by x %** zwiększać się o x procent
to ~ **cooperation** zwiększyć ⟨poszerzyć⟩ współpracę
to ~ **the cost** ⟨**price**⟩ **of sth** zwiększać ⟨podwyższać⟩ koszt ⟨cenę⟩ czegoś
to ~ **a credit up to...** podwyższać kredyt do...
to ~ **the efficiency** zwiększyć wydajność
to ~ **the expenditure** zwiększyć wydatki
to ~ **taxes** podwyższać podatki
to ~ **wages** podwyższać płace

increased *adj* zwiększony, podwyższony
~ **demand** zwiększony popyt
~ **exports** zwiększony eksport ⟨wywóz⟩
~ **imports** zwiększony import ⟨przywóz⟩
~ **productivity** zwiększona wydajność ⟨rentowność⟩

increasing *adj* wzrastający, progresywny
~ **demand** wzrastający popyt
~ **depreciation** wzrastająca deprecjacja
~ **difficulties** wzrastające trudności
~ **prices** wzrastające ceny

increment *s* 1. wzrost, powiększanie się, przyrost 2. zysk
~ **tax** ⟨**value duty**⟩ podatek od wzrostu ⟨przyrostu⟩ wartości
~ **value** przyrost wartości
unearned ~ nie wypracowany przyrost (*wartości*)

incriminate *v* obwiniać, oskarżać, obciążać winą, obejmować (*kogoś*) oskarżeniem
incriminating *adj* obciążający
  ~ **circumstances** okoliczności obciążające
  ~ **documents** obciążające dokumenty
  ~ **evidence** obciążający dowód (materiał dowodowy)
incrimination *s* obwinienie, oskarżenie
incriminator *s* oskarżyciel
incriminatory *adj* obciążający
  ~ **statement** obciążające oświadczenie
inculpate *v* oskarżać, obwiniać, obciążać, obejmować oskarżeniem
inculpation *s* oskarżenie, obwinienie, obciążenie
inculpatory *adj* obwiniający, obciążający
incumbency *s* **1.** obowiązek **2.** beneficjum
incumbent[1] *s* **1.** osoba zajmująca urząd **2.** *bryt.* posiadacz beneficjum
  ~ **of the mission** głowa (szef) misji dyplomatycznej
incumbent[2] *adj* ciążący (**on** (**upon**) **sb** na kimś), będący (**on** (**upon**) **sb** czymś) obowiązkiem
incumber *v* obciążać (*np. nieruchomość*)
incumbrance *s* **1.** obciążenie (*hipoteczne*), ciężar realny, hipoteka **2.** przeszkoda, utrudnienie
incumbrancer *s* wierzyciel obciążenia
incur *v* **1.** ponosić (*np. ryzyko*) **2.** narażać się (**sth** na coś) **3.** zaciągać (*np. dług*)
  to ~ **debts** zaciągać długi
  to ~ **expenses** ponieść wydatki
  to ~ **a fine** narazić się na grzywnę
  to ~ **liability** wziąć (przyjąć) na siebie odpowiedzialność, zobowiązać się
  to ~ **losses** ponieść straty
  to ~ **penalty** podlegać karze, zostać ukaranym
  to ~ **responsibilities** ponosić odpowiedzialność
  to ~ **risk** narażać się na ryzyko
incurable *adj* nieuleczalny
  ~ **disease** nieuleczalna choroba
incurred *pp adj* poniesiony
  ~ **expenses** poniesione koszty
  ~ **penalty** poniesiona kara
  no expenses to be ~ bez kosztów (*protestu weksla*)
indebted *pp adj* **1.** zadłużony, dłużny **2.** wdzięczny, zobowiązany (**to sb** wobec kogoś)
  to be heavily ~ **to sb** być mocno zadłużonym u kogoś
indebtedness *s* zadłużenie, długi, zobowiązania (*pieniężne*)
  foreign ~ zadłużenie zagraniczne
indecency *s* nieprzyzwoitość, nieskromność
  gross ~ poważna obraza moralności
  public act of ~ obraza moralności publicznej
indecent *adj* nieprzyzwoity, niemoralny
  ~ **assault** dopuszczenie się czynu lubieżnego
  ~ **behaviour** nieprzyzwoite zachowanie się
  ~ **exhibition** nieprzyzwoite obnażenie się
  ~ **exposure** dopuszczenie się niemoralnego obnażenia
  ~ **prints** (**publications**) pornograficzne zdjęcia (wydawnictwa), nieprzyzwoite publikacje
indecipherable *adj* nie do odcyfrowania, nie do odczytania
  ~ **writing** nieczytelne pismo
indecisive *adj* **1.** niezdecydowany **2.** nie rozstrzygnięty

  ~ **answer** niezdecydowana odpowiedź
  ~ **argument** nie rozstrzygający argument
indefeasible *adj* nieodwołalny, niewzruszony, nienaruszalny
  ~ **law** (**right**) nienaruszalne prawo (uprawnienie)
indefensible *adj* nie do obrony
indefinite *adj* **1.** nieokreślony, nie sprecyzowany **2.** nieograniczony
indemnification *s* odszkodowanie, rekompensata, naprawienie szkody
  claim of ~ roszczenie o odszkodowanie
indemnify *v* **1.** wynagradzać straty, wypłacać odszkodowanie, dawać rekompensatę **2.** zabezpieczać (**sb from** (**against**) **sth** kogoś przed czymś)
  to ~ **a bail** wynagrodzić stratę poniesioną przez złożenie kaucji
  to ~ **bailor** wyrównać szkodę składającemu kaucję
  to ~ **sb for a loss** wynagradzać komuś stratę
indemnitee *s* osoba uprawniona do odszkodowania (*z umowy ubezpieczenia*)
indemnitor *s* osoba zobowiązana do odszkodowania (*z umowy ubezpieczenia*)
indemnity *s* **1.** wynagrodzenie, odszkodowanie, kompensata, wyrównanie strat **2.** ubezpieczenie (**against** (**from**) **sth** od czegoś) **3.** zwolnienie od kary
  ~ **against liability** ubezpieczenie od odpowiedzialności
  ~ **against loss** ubezpieczenie od straty
  ~ **bond** list gwarancyjny, rewers
  ~ **contract** umowa gwarancyjna
  ~ **for expropriation** odszkodowanie za wywłaszczenie
  cash ~ odszkodowanie pieniężne
  certificate (**letter**) **of** ~ list gwarancyjny (*wystawiony kapitanowi w celu otrzymania czystego konosamentu*)
  claim for ~ żądanie odszkodowania, roszczenie o odszkodowanie
  insurance ~ odszkodowanie ubezpieczeniowe
  to award an ~ przyznać (przysądzić, zasądzić) odszkodowanie
  to be entitled to ~ być uprawnionym do odszkodowania
  to pay full ~ **to sb** zapłacić komuś pełne odszkodowanie
indenization *s* naturalizacja, nadanie obywatelstwa
indent[1] *s* **1.** zamówienie eksportowe, indent **2.** zamówienie towaru na skład **3.** *bryt.* rekwizycja (*towaru*)
  ~ **agent** agent nadzorujący wykonanie zlecenia eksportowego (*z ramienia importera*)
  ~ **business** transakcja na zasadzie zlecenia importowego
  closed ~ limitowane zamówienie eksportowe
  open ~ zamówienie eksportowe otwarte
indent[2] *v* **1.** udzielać zamówienia, zamawiać **2.** wystawić dokument z duplikatem **3.** *bryt.* rekwirować
  to ~ **for goods** udzielić zamówienia na towary, zamówić towar
  to ~ **on** (**upon**) **sb** rekwirować (*coś*) komuś
indentor *s* **1.** osoba udzielająca zamówienia eksportowego (indentu) **2.** osoba zamawiająca towar, klient
indenture *s* **1.** umowa urzędowa **2.** świadectwo urzędowe, spis urzędowy, inwentarz **3.** dokument z duplikatem (*do oderwania*) **4.** umowa terminatorska
  ~ **apprenticeship** umowa o naukę zawodu (terminatorska)

independence *s* **1.** niezależność, niepodległość, niezawisłość **2.** autonomia
Independence Day *am.* święto ogłoszenia niepodległości (*4 lipca*)
Declaration of Independence *am.* Deklaracja Niepodległości (*4. VII. 1776 r.*)
economic ⟨**political**⟩ ~ niezależność gospodarcza ⟨polityczna⟩
to gain ~ zdobyć ⟨uzyskać⟩ niepodległość
to grant ~ przyznać niepodległość
independency *s* niepodległe państwo
independent *adj* **1.** niezależny, niepodległy **2.** autonomiczny, samodzielny
~ **accountant** niezależny ekspert księgowy
~ **advice** bezstronna kalkulacja prawnicza
~ **authority** niezależny organ
~ **contractor** samodzielny kontrahent
~ **covenants** niezależne postanowienia umowne
~ **income** ⟨**means**⟩ dochody ⟨środki⟩ zapewniające niezależność, dochód z kapitału
~ **nation** ⟨**state**⟩ państwo niezależne ⟨niepodległe⟩
~ **patent** niezależny patent
~ **trade union** niezależny związek zawodowy
~ **witness** bezstronny świadek
indeterminable *adj* **1.** nieokreślony, nie dający się określić **2.** (*o sporze*) nie do rozstrzygnięcia, nierozstrzygalny
indeterminate *adj* nieokreślony, niewyraźny
~ **obligation** zobowiązanie, którego przedmiot jest określony tylko co do gatunku
~ **sentence** wyrok bez dokładnego podania długości kary (*zależnej od sprawowania się więźnia*)
index[1] *s* (*pl* **indexes, indices**) **1.** wskaźnik **2.** indeks, spis alfabetyczny, wykaz, skorowidz
the Index indeks książek zakazanych (*przez Kościół katolicki*)
~ **card** karta kartoteki, fiszka
~ **for value** wskaźnik wartości
~ **in percentage** wskaźnik procentowy
~ **number** indeks cen ⟨zarobków⟩
~ **of production** wskaźnik produkcji
~ **of share quotations** wskaźnik kursu akcji, indeks
average ~ wskaźnik średni
business ~ wskaźnik handlowy
card ~ kartoteka
consumer price ~ wskaźnik cen artykułów konsumpcyjnych
cost-of-living ~ wskaźnik kosztów utrzymania
distribution ~ rozdzielnik
price ~ wskaźnik cen
price and wages ~ wskaźnik cen i płac
weighted ~ *stat.* wskaźnik ważony
index[2] *v* sporządzać skorowidz, wnosić do skorowidza
indicate *v* **1.** wskazywać, pokazywać **2.** zalecać, dawać wskazówki
indicated *pp: as* ~ zgodnie ze wskazówkami
indication *s* wskazówka, wskazanie, znak, oznaka
indicative *adj* wskazujący, dowodzący (*czegoś*)
~ **evidence** wskazanie sposobu uzyskania dowodu
indicator *s* wskaźnik, wskazówka
indict *v* oskarżać (**for sth** o coś), stawiać w stan oskarżenia
to ~ **sb for a crime** oskarżyć kogoś o przestępstwo

indictable *adj* podlegający oskarżeniu publicznemu
~ **offence** przestępstwo podlegające oskarżeniu publicznemu
indicted *adj* oskarżony
~ **for complicity** oskarżony o współudział
~ **for murder** oskarżony o zabójstwo
indictment *s* **1.** oskarżenie **2.** akt oskarżenia
bill of ~ *am.* akt oskarżenia (*przedstawiony* **grand jury**)
joint ~ łączny akt oskarżenia (*w stosunku do kilku osób*)
indignation *s* oburzenie
~ **meeting** zebranie protestacyjne, masówka protestacyjna
indignity *s* obelga, obraza, zniewaga
indirect *adj* **1.** pośredni **2.** nieuczciwy **3.** (*o drodze*) okrężny, okólny **4.** (*o podatku*) ukryty
~ **aggression** agresja pośrednia
~ **arbitrage** arbitraż złożony
~ **bill** weksel domicylowany
~ **contempt** pośrednia ⟨niezawiniona⟩ obraza sądu
~ **costs** ⟨**charges, expenses**⟩ koszty pośrednie
~ **evidence** pośredni dowód
~ **exchange** *a*) operacje dewizowe prowadzone za pośrednictwem krajów trzecich *b*) kurs pośredni
~ **export** eksport pośredni
~ **motive** uboczny motyw, uboczna pobudka
~ **possession** pośrednie władanie ⟨posiadanie⟩
~ **production** produkcja środków produkcji
~ **rule** pośrednie rządy
~ **tax** podatek pośredni
~ **taxation** ukryte opodatkowanie
indirection *s* **1.** droga pośrednia ⟨okólna⟩ **2.** nieuczciwość, oszustwo
by ~ *a*) drogą okrężną *b*) w nieuczciwy sposób, nieuczciwie
indiscreet *adj* **1.** nierozważny **2.** niedyskretny
indiscretion *s* **1.** nierozwaga **2.** naruszenie ⟨uchybienie⟩ moralności społecznej **3.** przypadkowa niedyskrecja ⟨zdrada tajemnicy⟩
calculated ~ zamierzona niedyskrecja, *pot.* przeciek
indispensable *adj* **1.** niezbędny, nieodzowny **2.** (*o prawie*) obowiązujący
~ **condition** nieodzowny warunek
~ **evidence** niezbędny dowód
indisputable *adj* bezsporny, nie podlegający dyskusji
~ **fact** fakt nie podlegający dyskusji
~ **jurisdiction** bezsporna jurysdykcja
~ **rights** bezsporne prawa ⟨uprawnienia⟩
individual[1] *s* jednostka, człowiek, osoba fizyczna
the rights of the ~ prawa osobiste
individual[2] *adj* **1.** indywidualny, osobisty **2.** pojedynczy **3.** osobny, oddzielny
~ **credit** ⟨**debt**⟩ kredyt ⟨dług⟩ osobisty
~ **farm** indywidualne gospodarstwo rolne
~ **income tax** *am.* podatek dochodowy (*od dochodów osobistych*)
~ **opinion** osobiste zdanie
~ **property** własność osobista
~ **proprietorship** *am.* firma jednoosobowa
individuality *s* odrębność
indivisibility *s* niepodzielność
indivisible *adj* niepodzielny
~ **contract** niepodzielna umowa
~ **obligation** niepodzielne zobowiązanie

indivisum *s łac.* **1.** własność niepodzielna **2.** współwłasność łączna
indoctrinate *v* uświadamiać ideologicznie, indoktrynować, wpajać
to ~ **sb with sth** wpajać coś komuś
indoctrination *s* uświadamianie ideologiczne, indoktrynacja, wpajanie (*zasad, doktryn*)
indorse *v* = **endorse**
indorsee *s* = **endorsee**
indorsement *s* = **endorsement**
indorser *s* = **endorser**
indubitable *adj* niewątpliwy, oczywisty
~ **heir** niewątpliwy spadkobierca
~ **truth** oczywista prawda
induce *v* **1.** skłaniać, nakłaniać, namawiać (**sb to sth** kogoś do czegoś) **2.** pobudzać, zachęcać **3.** powodować, wywoływać, prowokować
nothing will ~ **me to...** nic mnie nie skłoni do..., nigdy nie...
inducement *s* **1.** zachęta, bodziec, pobudka **2.** wstępna część pisma procesowego (*wyjaśniająca okoliczności sprawy*)
~ **to buyers** zachęta dla kupujących
matters of ~ wprowadzająca część pisma procesowego
induct *v* **1.** wprowadzać (*np. na stanowisko, urząd*) **2.** wprowadzać w posiadanie **3.** tworzyć, konstytuować (*np. rząd*) **4.** *am.* powoływać do wojska
to ~ **an official** wprowadzać urzędnika na stanowisko
induction *s* **1.** oficjalne wprowadzenie na stanowisko **2.** *am.* powołanie do wojska, pobór
indulge *v* **1.** prolongować (**sb sth** komuś coś) **2.** pozwalać sobie (**in sth** na coś) **3.** oddawać się ⟨ulegać⟩ (**in a habit** nałogowi)
indulgence *s* **1.** prolongata ⟨odroczenie⟩ (*terminu płatności*) **2.** pozwalanie (sobie) **3.** oddawanie się ⟨uleganie⟩ (**in a habit** nałogowi)
indult *s* dyspensa, indult
industrial[1] *s* **1.** pracownik przemysłu, robotnik (wielko)przemysłowy **2.** przemysłowiec **3.** *pl* **industrials** akcje przemysłowe
industrial[2] *adj* przemysłowy
~ **accident** wypadek przy pracy
~ **advance** rozwój przemysłowy
~ **and provident societies** *bryt.* spółki przemysłowo-handlowe
~ **area** obszar ⟨okręg⟩ przemysłowy
~ **bank** bank przemysłowy
~ **bonds** akcje przemysłowe (*emitowane przez towarzystwa przemysłowe*)
~ **capacities** zdolności produkcyjne przemysłu
~ **capital** kapitał przemysłowy
~ **centre** ośrodek przemysłowy
~ **company** spółka przemysłowa
~ **concentration** koncentracja przemysłu
~ **concern** koncern przemysłowy
~ **country** kraj uprzemysłowiony
~ **court** sąd przemysłowy
~ **credit** kredyt przemysłowy
~ **crisis** kryzys przemysłowy
~ **crops** uprawy przemysłowe
~ **design** wzornictwo przemysłowe
~ **disease** choroba zawodowa
~ **disputes** zatargi w pracy
~ **district** region przemysłowy

~ **espionage** szpiegostwo przemysłowe
~ **estate** teren fabryczny ⟨fabryki⟩
~ **exhibition** wystawa przemysłowa
~ **expansion** ekspansja przemysłowa
~ **fair** targi przemysłowe
~ **goods** wyroby przemysłowe
~ **injury** wypadek przy pracy, uszkodzenie ciała w czasie pracy
~ **insurance** ubezpieczenie od wypadków przy pracy
~ **investments** inwestycje przemysłowe
~ **law** ⟨**legislation**⟩ prawo ⟨ustawodawstwo⟩ przemysłowe
~ **mark** znak towarowy
~ **output** wydajność ⟨produkcja⟩ przemysłowa
~ **plant** przedsiębiorstwo przemysłowe, fabryka, zakład przemysłowy
~ **power** mocarstwo przemysłowe
~ **price** cena fabryczna
~ **producer** przemysłowiec, fabrykant
~ **property** własność przemysłowa
~ **rehabilitation** odbudowa przemysłu
~ **relations** *am.* stosunki między pracodawcami a pracownikami w przemyśle
~ **research** badania przemysłowe ⟨dla potrzeb przemysłu⟩
~ **revolution** rewolucja przemysłowa
~ **schools** *bryt.* szkoły nauki zawodu dla młodocianych przestępców
~ **shares** ⟨**stocks**⟩ akcje przemysłowe
~ **undertaking** zakład przemysłowy
~ **waste product** odpady przemysłowe
~ **worker** pracownik ⟨robotnik⟩ przemysłowy ⟨fabryczny⟩
industrialism *s* industrializm
industrialist *s* przemysłowiec
industrialization *s* uprzemysłowienie
industrialize *v* uprzemysławiać, industrializować
industrialized *adj* uprzemysłowiony
~ **country** kraj uprzemysłowiony
highly ~ wysoce uprzemysłowiony
industry *s* **1.** przemysł **2.** pracowitość **3.** *pl* **industries** gałęzie przemysłu
agricultural ~ przemysł rolny
armament ⟨**arms**⟩ ~ przemysł zbrojeniowy
basic ~ przemysł kluczowy ⟨podstawowy⟩
branch of ~ gałąź przemysłu
building ~ przemysł budowlany
chamber of ~ izba przemysłowa
cottage ⟨**domestic**⟩ ~ przemysł chałupniczy
engineering ~ przemysł maszynowy
extractive ~ przemysł wydobywczy
heavy ~ przemysł ciężki
home ⟨**internal**⟩ ~ przemysł krajowy
infant ~ młody ⟨rozwijający się⟩ przemysł
key ~ przemysł kluczowy
light ~ przemysł lekki
local ~ przemysł miejscowy
manufacturing ⟨**processing**⟩ ~ przemysł przetwórczy
metal ~ przemysł metalurgiczny
mining ~ przemysł górniczy
oil ⟨**petroleum**⟩ ~ przemysł naftowy
power ~ przemysł energetyczny
shipbuilding ~ przemysł okrętowy
shipping ~ transport morski, żegluga handlowa

small ⟨small-scale⟩ ~ drobny przemysł
textile ~ przemysł włókienniczy
inebriate s (nałogowy) pijak, alkoholik
ineffective adj 1. bezskuteczny, daremny 2. nieefektywny, niewydajny, niewprawny
legally ~ prawnie bezskuteczny
ineffectual adj 1. bezskuteczny, daremny, bezowocny 2. (o człowieku) niewydarzony, nieudany
~ **attempt** daremna próba, bezskuteczne usiłowanie
inefficiency s niesprawność, niedołęstwo, niewydajność
inefficient adj nieudolny, niedołężny, nieskuteczny, niesprawny
~ **management** nieudolne kierownictwo
~ **worker** nieudolny pracownik
inelastic adj nieelastyczny
~ **demand** nieelastyczny popyt
~ **supply** nieelastyczna podaż
ineligibility s 1. brak kwalifikacji 2. brak ⟨pozbawienie⟩ biernego prawa wyborczego
ineligible adj 1. nie mający kwalifikacji, nieodpowiedni 2. niezdatny do służby wojskowej 3. taki, który nie może być wybrany
inequality s 1. nierówność 2. niewystarczalność 3. nieodpowiedniość
social inequalities nierówności społeczne
inequitable adj niesprawiedliwy, niesłuszny
inequity s niesprawiedliwość, niesłuszność, uprzedzenie
inertia s 1. inercja 2. lenistwo, rozleniwienie
~ **selling** sprzedaż wysyłkowa nie zamówionych towarów, sprzedaż wymuszona
inescapable adj nieunikniony, nieuchronny, niechybny
inessential adj nieistotny, nieważny
inestimable adj 1. nieoceniony 2. nieobliczalny 3. bezcenny
inevitable adj nieunikniony, nieuchronny, niechybny
~ **accident** nieunikniony wypadek
~ **conflict** nieuchronny konflikt
inexact adj niedokładny
inexcusable adj niewybaczalny, nie do wybaczenia ⟨usprawiedliwienia⟩
~ **negligence** niewybaczalne zaniedbanie
inexecution s niewykonanie
~ **of a contract** niewykonanie umowy
inexpensive adj niedrogi, tani
inexperience s brak doświadczenia
infamous adj 1. haniebny, podły 2. niesławny 3. pozbawiony praw publicznych ⟨obywatelskich⟩
~ **conduct** ⟨**behaviour**⟩ postępowanie naruszające etykę zawodową (np. lekarską)
~ **crime** przestępstwo powodujące pozbawienie praw publicznych ⟨obywatelskich⟩
~ **plot** haniebny spisek
~ **punishment** hańbiące skazanie
infamy s 1. niesława, hańba 2. utrata czci i praw obywatelskich
infancy s 1. niemowlęctwo 2. niepełnoletność
natural ~ wczesne dzieciństwo (do 7 lat)
infans s łac. dziecko w wieku poniżej 7 lat
infant s 1. niemowlę 2. dziecko do 7 lat 3. niepełnoletni (poniżej 21 lat)
infanticide s 1. dzieciobójstwo 2. dzieciobójca, dzieciobójczyni

infantile adj 1. niemowlęcy, dziecięcy 2. med. infantylny
~ **mind** infantylny umysł
~ **mortality** umieralność niemowląt (do 1 roku życia)
infantilism s med. infantylizm
infection s med. zakażenie, zarażenie, infekcja
infectious adj zakaźny, zaraźliwy
~ **disease** choroba zakaźna
infer v wnioskować, wyciągać wniosek
inference s 1. wnioskowanie; wywód 2. wniosek
inferential adj dedukcyjny, konkluzyjny
~ **evidence** dowód dedukcyjny (wprowadzony na podstawie wnioskowania)
~ **facts** wydedukowane fakty
inferior adj 1. niższy 2. gorszy (**to sth** od czegoś)
~ **court** sąd niższej instancji
~ **estate** majątek nieruchomy obciążony serwitutem
~ **goods** towary gorszego gatunku
~ **in finish** gorzej wykończony
~ **quality** gorsza jakość
inferiority s niższość, podrzędność
~ **complex** med. kompleks niższości
infidelity s 1. niewierność (małżeńska) 2. nielojalność
infirm adj słaby, niedołężny
infirmity s słabość, niedołęstwo
inflammable adj zapalny, łatwopalny
~ **goods** łatwopalne towary
inflate v 1. nadymać 2. sztucznie podnosić (ceny) 3. wywoływać inflację
to ~ the currency wywołać inflację
inflation s inflacja
~ **of the currency** inflacja pieniądza
~ **of prices** wzrost cen
~ **rate** stopa inflacji
creeping ~ powolna ⟨pełzająca⟩ inflacja
galloping ~ galopująca inflacja
hidden ~ ukryta inflacja
monetary ~ inflacja pieniądza
open ~ jawna inflacja
to fight ⟨**combat**⟩ ~ zwalczać inflację
to check ~ zahamować inflację
to prevent ~ zapobiegać inflacji
to stem ~ powstrzymywać inflację
inflationary adj inflacyjny
~ **policy** polityka inflacyjna
~ **pressure** nacisk inflacyjny
~ **spiral** spirala inflacyjna
~ **tendencies** tendencje inflacyjne
inflation-ridden adj trapiony przez inflację
inflict v 1. nakładać, wymierzać 2. zadawać (cios) 3. narzucać (**sth upon sb** coś komuś)
to ~ bodily harm ⟨**injury**⟩ **upon sb** zadawać komuś rany, ranić kogoś
to ~ a fine nakładać grzywnę
to ~ a penalty ⟨**punishment**⟩ wymierzyć karę
inflow s dopływ, napływ
~ **of capital** napływ kapitału
~ **of gold** napływ złota
influence[1] s wpływ, oddziaływanie
sphere of ~ sfera wpływów
under the ~ **of alcohol etc.** pod wpływem alkoholu itd.
to exert an ~ wywierać wpływ

to have an ~ **on** ⟨**upon**⟩ **sth** mieć wpływ ⟨wpływać⟩ na coś
influence² v wpływać, oddziaływać (**sth** na coś), wywierać wpływ
influential adj wpływowy, posiadający wpływy
influx s przypływ, napływ
~ **of capital** napływ kapitału
~ **of gold** napływ złota
inform v **1.** informować, powiadamiać **2.** donosić, robić doniesienia, denuncjować (**against sb** kogoś) **3.** oznajmiać (**sb of sth** komuś coś) **4.** oskarżyć, zaskarżyć (**against** ⟨**on**⟩ **sb** kogoś)
informal adj **1.** nieformalny, nieoficjalny **2.** nieprzepisowy, niezgodny z przepisami
~ **warrant** nakaz wydany bez zachowania wymogów formalnych
informant s **1.** informator **2.** donosiciel
information s **1.** informacja, wiadomość **2.** informacje, wiadomości **3.** powiadomienie **4.** pouczenie **5.** doniesienie **6.** oskarżenie, zaskarżenie (**against sb** kogoś)
~ **agency** agencja informacyjna
~ **bureau** ⟨**office**⟩ biuro informacji
~ **centre** ośrodek informacyjny
~ **channels** kanały ⟨drogi⟩ zdobywania informacji
~ **copy** kopia przesłana dla informacji ⟨do wiadomości⟩
~ **desk** informacja (hotelowa, kolejowa itp.), punkt informacyjny
~ **ex officio** łac. oskarżenie z urzędu
~ **off the record** nieoficjalna informacja (nie do publikacji)
~ **on** ⟨**about**⟩ **sth** informacja dotycząca czegoś
~ **retrieval** wyszukiwanie informacji (z książek, komputerów itd.)
~ **sources** źródła informacji
~ **system** system informacji
~ **theory** teoria informacji
accurate ~ ścisłe ⟨dokładne⟩ informacje
business ⟨**trade**⟩ ~ informacja handlowa
complete ⟨**comprehensive**⟩ ~ pełne ⟨wyczerpujące⟩ informacje
confidential ~ poufna informacja, poufne wiadomości
correct ~ ścisłe wiadomości
credit ~ wywiad kredytowy (o wypłacalności ewentualnego dłużnika)
criminal ~ akt oskarżenia
detailed ~ szczegółowe informacje
for your ~ do waszej ⟨pańskiej⟩ wiadomości
full ~ pełne informacje
(**an**) **item of** ~ wiadomość
misleading ~ wiadomości wprowadzające w błąd, mylne informacje
(**a**) **piece of** ~ wiadomość
private ~ prywatna informacja
reliable ~ wiarygodne informacje
request for ~ prośba o informację
tourist ~ informacja turystyczna
wrong ~ fałszywa wiadomość
to apply for ~ zwracać się o informacje
to collect ⟨**gather**⟩ ~ zbierać informacje
to get ~ otrzymywać informacje
to give ⟨**furnish**⟩ ~ udzielać informacji
to supply ~ dostarczać ⟨udzielać⟩ informacji
informative adj **1.** informacyjny **2.** pouczający

informed adj **1.** poinformowany **2.** wykształcony, inteligentny
well ~ **sources** dobrze poinformowane źródła
to keep sb ~ informować kogoś na bieżąco
informer s donosiciel, konfident, informator
common ~ donosiciel, denuncjator
infract v gwałcić, łamać, naruszać (np. przepisy)
infraction s pogwałcenie, złamanie, naruszenie
~ **of the law** naruszenie prawa
infrastructure s infrastruktura
infringe v gwałcić, łamać, naruszać
to ~ **a copyright** naruszać prawo autorskie
to ~ **the law** naruszać prawo
to ~ **an oath** łamać przysięgę
to ~ **a patent** naruszać patent ⟨prawa patentowe⟩
to ~ **the regulations** naruszać przepisy
to ~ (**on, upon**) **sb's rights** naruszać czyjeś prawa
infringement s naruszenie, złamanie
~ **of a contract** naruszenie umowy
~ **of a copyright** naruszenie praw autorskich
~ **of a duty** naruszenie obowiązków
~ **of patent rights** naruszenie praw patentowych
~ **of a trade mark** naruszenie prawa do znaku ochronnego (towaru)
~ **upon** ⟨**on**⟩ **sb's rights** naruszenie czyichś praw
infringer s osoba naruszająca prawo patentowe
ingot s sztaba (złota, srebra, stali)
gold ⟨**silver**⟩ ~ sztaba złota ⟨srebra⟩
gold in ~**s** złoto w sztabach
ingratitude s niewdzięczność (**to sb** w stosunku do kogoś)
for ~ (o odwołaniu darowizny) z powodu niewdzięczności
gross ~ rażąca niewdzięczność
ingredient s składnik, część składowa
ingress s prawo wstępu
inhabit v mieszkać, zamieszkiwać
inhabitancy s **1.** zamieszkanie **2.** okres zamieszkiwania konieczny do uzyskania praw (np. wyborczych)
inhabitant s mieszkaniec
inherent adj **1.** wrodzony; naturalny **2.** nieodłączny
~ **defect** ⟨**vice**⟩ wada wrodzona
~ **delay** nieunikniona zwłoka
~ **nature** ⟨**property**⟩ naturalna właściwość
~ **right** prawo nabyte przez urodzenie
inherit v dziedziczyć (**sth from sb** coś po kimś)
inheritable adj dziedziczny, podlegający dziedziczeniu
inheritance s **1.** dziedziczenie **2.** spadek, dziedzictwo, spuścizna
~ **proceedings** postępowanie spadkowe
~ **tax** podatek spadkowy
linear ~ dziedziczenie w linii prostej
right of ~ prawo dziedziczenia
to come into an ~ otrzymać ⟨dostać⟩ spadek
inheritor s spadkobierca
inheritress, inheritrix s spadkobierczyni
inhibit v **1.** zakazywać (**sb from doing sth** komuś robienia czegoś) **2.** powstrzymywać, hamować
inhibition s **1.** zakaz **2.** wstrzymanie, zahamowanie
inhibitory adj **1.** zakazujący **2.** wstrzymujący, hamujący
inhuman adj nieludzki
~ **treatment** nieludzkie traktowanie
inhumane adj niehumanitarny

inhumanity s nieludzkość, okrucieństwo, bestialskie postępowanie
inhumation s 1. pochowanie, pogrzebanie 2. pogrzeb
iniquity s 1. rażąca niesprawiedliwość 2. niegodziwość, nikczemność
initial[1] s 1. początkowa litera wyrazu 2. *pl* **initials** inicjały
  to put one's ~**s** sygnować inicjałami, parafować
initial[2] *adj* początkowy, wstępny
  ~ **capital** kapitał zakładowy
  ~ **costs** ⟨**expenses**⟩ wstępne koszty ⟨wydatki⟩
  ~ **payment** wstępna zapłata
  ~ **price** *a*) cena wyjściowa *b*) cena wywoławcza *c*) kurs otwarcia
  ~ **stage** wstępna faza
  ~ **term** początkowy termin (*obowiązywania umowy itp.*)
initial[3] *v* parafować, sygnować, opatrzyć inicjałami
  to ~ **a document** parafować dokument
initiate *v* 1. początkować, inicjować 2. wprowadzać (*np. do organizacji*)
  ~ **bills** ⟨**laws**⟩ inicjować ustawy ⟨prawa⟩
  ~ **legal proceedings** wszczynać postępowanie ⟨proces⟩
initiation s 1. zapoczątkowanie 2. inicjatywa 3. wprowadzenie, wtajemniczenie
  ~ **fee** wpisowe (*do organizacji*)
  ~ **of bills** inicjatywa ustawodawcza ⟨prawodawcza⟩
  ~ **of war** rozpętanie wojny
initiative s 1. inicjatywa 2. zapoczątkowanie 3. przedsiębiorczość
  on one's own ~ na własną rękę, z własnej inicjatywy
  to have the ~ *wojsk.* przejąć ⟨mieć⟩ inicjatywę
  to take the ~ (**in doing sth**) wystąpić z inicjatywą ⟨podjąć inicjatywę⟩ (zrobienia czegoś)
injunction s 1. nakaz sądowy 2. zakaz sądowy (**from doing sth** robienia czegoś) 3. upomnienie
  compulsive ~ nakaz przymusowy
  final ~ nakaz końcowy ⟨ostateczny⟩
  interim ~ nakaz tymczasowy
  mandatory ~ nakaz polecający
  permanent ⟨**perpetual**⟩ ~ zakaz stały
  preliminary ⟨**provisional**⟩ ~ nakaz tymczasowy
  restraining ⟨**restrictive**⟩ ~ nakaz ograniczający
  to allow ⟨**grant**⟩ **an** ~ wydać nakaz ⟨zakaz⟩
  to lift an ~ znieść zakaz
injure *v* 1. ranić 2. krzywdzić, wyrządzać krzywdę 3. uszkodzić, wyrządzić szkodę
injured *adj* 1. ranny 2. poszkodowany 3. dotknięty, urażony
  ~ **party** strona poszkodowana
  ~ **person** poszkodowany, pokrzywdzony
  badly ~ ciężko ranny
  fatally ~ śmiertelnie ranny
  slightly ~ lekko ranny
injuria s naruszenie (*czyichś*) praw
injurious *adj* 1. szkodliwy 2. krzywdzący 3. obelżywy, obraźliwy
  ~ **language** obraźliwe słownictwo
  ~ **to the health** szkodliwy dla zdrowia
  ~ **to one's interests** szkodliwy dla czyichś interesów
  ~ **to the public** szkodliwy społecznie
injuriousness s szkodliwość, krzywdzący charakter (*czegoś*)

~ **of an action** szkodliwość działania
injury s 1. szkoda 2. krzywda 3. uszkodzenie (**to sth** czegoś) 4. uszkodzenie ciała
  bodily ~ obrażenie cielesne
  civil ~ delikt, przewinienie, wykroczenie przeciwko prawu
  industrial ⟨**employment**⟩ ~ uszkodzenie ciała w czasie pracy ⟨zatrudnienia⟩
  minor ~ lekkie uszkodzenie ciała
  permanent ~ trwałe uszkodzenie ciała
  serious ~ poważne uszkodzenie ciała
  to the ~ **of sb** na czyjąś szkodę
  to do sb an ~ wyrządzić komuś krzywdę, zaszkodzić komuś
injustice s niesprawiedliwość, pokrzywdzenie
  to do sb an ~ być niesprawiedliwym w stosunku do kogoś
inland[1] s wnętrze kraju
inland[2] *adj* krajowy, wewnętrzny
  ~ **bill** weksel krajowy
  ~ **duties** opłaty krajowe
  ~ **manufacture** wyrób krajowy
  ~ **market** rynek krajowy ⟨wewnętrzny⟩
  ~ **navigation** żegluga śródlądowa
  ~ **port** port krajowy ⟨śródlądowy⟩
  ~ **price** cena krajowa
  ~ **produce** wyroby krajowe
  ~ **rate** taryfa wewnętrzna
  ~ **revenue** *bryt.* podatki i opłaty krajowe
  ~ **risk** ryzyko przy przewozie towarów wewnątrz kraju
  ~ **trade** handel wewnętrzny
  ~ **waters** wody wewnętrzne ⟨śródlądowe⟩
  ~ **waterways** drogi wodne śródlądowe
inmate s 1. współmieszkaniec 2. pensjonariusz 3. domownik 4. pacjent 5. współwięzień
  ~ **of a hospital** pacjent szpitalny
inn s gospoda, zajazd
  Inns of Chancery *bryt. hist.* domy akademickie dla studentów prawa
  Inns of Court *bryt.* (budynki mieszczące) zrzeszenia prawników w Londynie (**Lincoln's Inn, Gray's Inn, the Inner Temple, the Middle Temple** – *mające wyłączne prawo dopuszczania do praktyki sądowej*)
innavigable *adj* nieżeglowny
inner *adj* wewnętrzny
  ~ **conviction** wewnętrzne przekonanie
  ~ **reserves** wewnętrzne ⟨ukryte⟩ rezerwy
innocence s 1. niewinność 2. naiwność 3. głupota
  to pretend ~ udawać niewinnego ⟨naiwnego⟩
  to prove one's ~ dowieść swej niewinności, wykazać swą niewinność
innocent *adj* 1. niewinny 2. naiwny 3. nieszkodliwy 4. legalny, zrobiony w dobrej wierze
  ~ **agent** niewinny ⟨nie odpowiedzialny wobec prawa⟩ pośrednik
  ~ **in fact** istotnie niewinny
  ~ **of the charge** uznany za niewinnego zarzutów oskarżenia
  ~ **purchaser** nabywca w dobrej wierze
innovation s 1. innowacja, nowość 2. *szkoc.* nowacja ⟨odnowienie⟩ długu
innuendo s *łac.* 1. aluzja; insynuacja 2. przytoczenie ⟨wyjaśnienie⟩ obraźliwych zwrotów (*w procesie o zniesławienie*)

inofficious *adj* **1.** sprzeczny z obowiązkiem moralnym **2.** niesprawiedliwy, krzywdzący
~ **will** ⟨**testament**⟩ krzywdzący testament
inoperative *adj* **1.** nieczynny, nie działający **2.** nie mający mocy (*prawnej*) **3.** bezskuteczny
~ **account** martwy rachunek, martwe konto
~ **clause** klauzula nie mająca mocy prawnej
the act is ~ ustawa nie obowiązuje
inordinate *adj* nieumiarkowany, nadmierny
~ **cost** nadmierna cena
~ **demands** nieumiarkowane żądania
input *s* nakład, wkład, input
inquest *s* **1.** dochodzenie sądowe **2.** badanie ⟨dochodzenie⟩ przyczyny zgonu **3.** sąd przysięgłych koronera
~ **of office** *bryt.* dochodzenie w celu ustalenia czy nieruchomość lub ruchomości należą do Korony
Coroner's ~ dochodzenie koronera dotyczące przyczyny zgonu
inquire, *bryt.* **enquire** *v* **1.** dowiadywać się (**after** ⟨**for**⟩ **sb** o kogoś), zapytywać, informować się **2.** poszukiwać (**for sth** czegoś) **3.** badać, wnikać, dociekać (**into sth** czegoś)
~ **within** (*w napisie*) wiadomość na miejscu
to ~ **about the price of an article** pytać o cenę artykułu
to ~ **for goods** poszukiwać ⟨żądać⟩ towarów
to ~ **into a matter** badać sprawę
inquirer, *bryt.* **enquirer** *s* **1.** informujący się **2.** reflektant
inquiry, *bryt.* **enquiry** *s* **1.** dowiadywanie się, zasięganie informacji **2.** zapytanie handlowe **3.** poszukiwanie (**after** ⟨**for**⟩ **sb** kogoś; **for sth** czegoś) **4.** badanie, dociekanie **5.** dochodzenie, śledztwo **6.** ankieta
~ **agent** prywatny detektyw
~ **form** kwestionariusz
~ **office** biuro informacyjne, informacja (*kolejowa itd.*)
court of ~ *wojsk.* sąd badający okoliczności nieszczęśliwych wypadków
judicial ~ dochodzenie sądowe
letter of ~ zapytanie pisemne
market ~ badanie ⟨analiza⟩ rynku
to hold an ~ prowadzić dochodzenie
to make inquiries dowiadywać się, zasięgać informacji
inquisition *s* **1.** badanie; poszukiwanie **2.** śledztwo **3.** dokument zawierający wyniki dochodzenia **4. (the) Inquisition** *hist.* inkwizycja
inquisitor *s* **1.** urzędnik dochodzeniowy **2.** *hist.* inkwizytor
inquisitorial *adj* inkwizytorski
~ **procedure** postępowanie śledcze (*prowadzone przez sąd*)
insane *adj* obłąkany, szalony, chory umysłowo
guilty but ~ winny, ale obłąkany (*werdykt przysięgłych*)
insanitary *adj* **1.** niehigieniczny **2.** niezdrowy, szkodliwy dla zdrowia
~ **conditions** warunki szkodliwe dla zdrowia
insanity *s* obłąkanie, obłęd, pomieszanie zmysłów
inscribe *v* **1.** wpisywać; rejestrować **2.** umieszczać na liście
inscribed *adj:* ~ **mortgage** wpisana hipoteka
~ **owner** wpisany ⟨zarejestrowany⟩ właściciel
~ **securities** imienne papiery wartościowe
~ **shares** ⟨**stocks**⟩ akcje imienne

inscription *s* **1.** napis **2.** wpis, zapis **3.** wpisanie do rejestru
~ **in the trade register** wpisanie do rejestru handlowego
insecure *adj* niepewny, nie zabezpieczony
~ **investment** niepewna inwestycja (*kapitału*)
insecurity *s* niepewność, brak zabezpieczenia
insensible *adj* **1.** niewrażliwy, nieczuły **2.** nieprzytomny **3.** obojętny
~ **condition** warunek nie związany z celem umowy
insensitivity *s* brak wrażliwości; *pot.* znieczulica
insert *v* **1.** umieszczać, wstawiać, zamieszczać **2.** włączać
to ~ **an advertisement in a newspaper** zamieścić ogłoszenie w gazecie
to ~ **a clause in a contract** umieścić klauzulę w umowie
insertion *s* **1.** wstawka, dopisek **2.** zamieszczenie **3.** ogłoszenie, anons, inserat
inshore *adj* przybrzeżny
~ **navigation** żegluga przybrzeżna
inside *adj* **1.** wewnętrzny **2.** (*o informacji*) poufny, zakulisowy
~ **information** poufna wiadomość
~ **job** *pot.* kradzież przy udziale domownika ⟨pracownika⟩
insignia *s* insygnia ⟨atrybuty⟩ (*władzy, urzędu itp.*)
insignificant *adj* nieznaczny, błahy, nieistotny
insinuation *s* **1.** insynuacja **2.** aluzja, napomknienie
insist *v* **1.** nalegać, obstawać (**on sth** przy czymś) **2.** domagać się
to ~ **on immediate payment** domagać się natychmiastowej zapłaty
to ~ **on sb's innocence** ⟨**that sb is innocent**⟩ obstawać przy czyjejś niewinności
insistent *adj* uporczywy, natarczywy
~ **demand** natarczywe żądanie
insobriety *s* nietrzeźwość
insolvency *s* **1.** niewypłacalność **2.** upadłość, bankructwo
act of ~ odmowa zapłaty
declaration of ~ ogłoszenie niewypłacalności
to be in a state of ~ znajdować się w stanie niewypłacalności, być niewypłacalnym
insolvent[1] *s* **1.** niewypłacalny dłużnik **2.** bankrut
insolvent[2] *adj* **1.** niewypłacalny **2.** zbankrutowany, upadły, w stanie upadłości
~ **debtor** niewypłacalny dłużnik
~ **laws** prawa odnoszące się do niewypłacalności
to become ~ stać się niewypłacalnym
to declare oneself ~ ogłosić upadłość, zbankrutować
inspect *v* **1.** oglądać, badać **2.** sprawdzać, kontrolować **3.** odbywać inspekcję
to ~ **accounts** ⟨**books**⟩ badać ⟨kontrolować⟩ rachunki ⟨księgi⟩
to ~ **passports** przeprowadzać kontrolę paszportową
inspected *pp adj:* ~ **and approved** zbadano i zatwierdzono
as ~ w wyniku oględzin, jak wykazały oględziny
inspection *s* **1.** badanie, oglądanie **2.** kontrola, inspekcja **3.** nadzór, sprawdzanie
~ **certificate** świadectwo dokonania oględzin
~ **of documents** kontrola dokumentów

~ **order** nakaz inspekcji ⟨kontroli⟩
acceptance ~ kontrola odbiorcza
customs ~ kontrola celna
luggage ~ kontrola bagażu
medical ~ badanie lekarskie, kontrola lekarska
on ~ po oględzinach, po kontroli
patrol(ling) ~ lotna kontrola
produce ~ kontrola techniczna produkcji
quality ~ kontrola jakości
random ~ wyrywkowa kontrola
right of ~ prawo kontroli
sale for ⟨**by**⟩ ~ sprzedaż po obejrzeniu (*z prawem zwrotu*)
sanitary ~ kontrola sanitarna
subject to ~ podlegający kontroli
to make an ~ przeprowadzić kontrolę ⟨inspekcję⟩
inspector *s* **1.** inspektor **2.** kontroler **3.** wizytator **4.** nadzorca
~ **general** główny inspektor
~ **of taxes** *bryt.* urzędnik podatkowy
~ **of weights and measures** kontroler wag i miar
customs ~ inspektor celny
factory ~ inspektor pracy
police ~ inspektor policji
road ⟨**traffic**⟩ ~ kontroler drogowy ⟨ruchu⟩
sanitary ~ inspektor sanitarny
tax ~ kontroler podatkowy
instability *s* niestałość, chwiejność
economic ⟨**political**⟩ ~ brak stabilizacji ekonomicznej ⟨politycznej⟩
monetary ~ chwiejność waluty
install *v* **1.** instalować, umieszczać **2.** urządzać **3.** wprowadzać na stanowisko
to ~ **sb in an office** wprowadzać kogoś na stanowisko
installation *s* **1.** zainstalowanie, urządzenie **2.** wprowadzenie (*na urząd*)
~ **of equipment** instalacja urządzeń
instalment, *am.* **installment** *s* **1.** rata **2.** partia (*towaru*)
~ **bonds** obligacje umarzane spłatami częściowymi
~ **business** *a*) przedsiębiorstwo sprzedaży ratalnej *b*) sprzedaż ratalna ⟨na raty⟩
~ **buying** zakup ratalny ⟨na raty⟩
~ **contract** umowa ratalnej sprzedaży
~ **credit** kredyt ratalny
~ **delivery** dostawa sukcesywna ⟨partiami⟩
~ **draft** weksel na płatność ratalną
installment plan *am.* system sprzedaży ratalnej
~ **system** system płatności ratalnej
amortization ~ rata amortyzacyjna
annual ~ roczna rata
delivery by ~**s** dostawa partiami
final ~ ostatnia rata
on the ~ **plan** ratalnie, na raty
payable by ⟨**in**⟩ ~**s** płatne w ratach
to arrange ~**s for a payment** rozłożyć spłatę na raty
to buy ⟨**sell**⟩ **on the** ~ **system** kupować ⟨sprzedawać⟩ na raty
instance *s* **1.** przykład **2.** przypadek **3.** instancja **4.** żądanie **5.** wniosek
Instance Court of Admiralty *bryt.* sąd Admiralicji (*rozstrzygający wszelkie sprawy, z wyjątkiem spraw o prawo pryzy*)
at the ~ **of ...** na prośbę ⟨wniosek⟩...

court of first ~ sąd pierwszej instancji
in the first ~ na początku, najpierw, przede wszystkim
in the given ~ w danym przypadku
in the last ~ w ostatniej instancji
in this ~ w tym przypadku
instant *adj* (*skr.* **inst.**) **1.** bezzwłoczny, natychmiastowy **2.** pilny, nagły **3.** bieżący (*miesiąc*) **4.** bezpośredni
~ **danger to life** bezpośrednie zagrożenie życia
~ **death** *a*) natychmiastowy zgon *b*) nagła śmierć
instantly *adv* bezzwłocznie, natychmiast
instigate *v* podburzać, podżegać, namawiać
to ~ **a rebellion** podżegać do buntu
to ~ **sb to a crime** namawiać kogoś do zbrodni
instigation *s* **1.** podżeganie, namowa **2.** sprowokowanie, wywołanie
at ⟨**by**⟩ **the** ~ **of sb** z czyjejś namowy, za czyimś poduszczeniem
instigator *s* prowokator; podżegacz
institute[1] *s* **1.** instytut, zakład (*naukowy*) **2.** obowiązująca zasada; instytucja prawna **3.** *pl* **institutes** zasady prawne
Institute of London Underwriters Zrzeszenie Londyńskich Ubezpieczycieli
Institute cargo clauses klauzule towarowe „instytutowe" (*opracowane przez* **Institute of London Underwriters**)
Institute clauses *ubez.* klauzule instytutowe
Institute of International Law Instytut Prawa Międzynarodowego
Institutes of Justinian *hist.* kodeks Justyniana
Institute time clauses klauzule instytutowe na czas
Institute warranties *ubez.* gwarancje instytutowe (*ubezpieczycieli według regulaminu* **Institute of London Underwriters**)
educational ~ instytut ⟨zakład⟩ wychowawczy
research ~ instytut naukowo-badawczy
institute[2] *v* **1.** zakładać, ustanawiać **2.** zapoczątkować, zainicjować **3.** wszczynać (*postępowanie*) **4.** ustanawiać, naznaczać (*np. spadkobiercę*)
to ~ **an action** wszcząć sprawę sądową
to ~ **an inquiry** wszcząć dochodzenie ⟨śledztwo⟩
to ~ **legal proceedings** wszcząć postępowanie prawne ⟨sądowe⟩
to ~ **prosecution** wszcząć postępowanie karne
to ~ **restrictions on sth** nałożyć na coś ograniczenia
to ~ **sb as an heir** ustanowić kogoś spadkobiercą
institution *s* **1.** instytucja **2.** zakład **3.** towarzystwo, zrzeszenie, związek **4.** ustanowienie, założenie **5.** wszczęcie, zainicjowanie **6.** ustanowienie spadkobiercy
~ **of a suit against sb** wszczęcie procesu przeciwko komuś
~**s of international law** instytucje prawa międzynarodowego
banking ~ instytucja bankowa
charitable ~ instytucja charytatywna
credit ~ instytucja kredytowa
educational ~ zakład wychowawczy
financial ~ instytucja finansowa
government ~ instytucja państwowa
international ~ instytucja międzynarodowa
penal ⟨**penitentiary**⟩ ~ zakład penitencjarny
public ~ instytucja publiczna

public utility ~ instytucja ⟨zakład⟩ użyteczności publicznej
social ~s instytucje społeczne
institutional *adj* 1. instytucjonalny 2. zakładowy
~ **changes** przemiany instytucjonalne
~ **structure** struktura instytucjonalna (*społeczeństwa*)
instruct *v* 1. uczyć, szkolić, instruować 2. pouczać, informować, dawać wskazówki (*np. adwokatowi, ławie przysięgłych*) 3. ustanawiać
to ~ **a representative** *am.* udzielać posłowi dyrektyw
to ~ **a solicitor** ustanowić adwokata ⟨radcę prawnego⟩
instructed *pp* 1. poinstruowany 2. ustanowiony
„**as** ~ " „zgodnie ze wskazówkami"
to be ~ **in a case** (*o adwokacie*) być ustanowionym w sprawie
instruction *s* 1. szkolenie, kształcenie, nauka 2. wskazówka, dyrektywa, instrukcja, pouczenie 3. *pl* **instructions** *a*) dyspozycje *b*) przepisy, wskazówki, wytyczne
~s **for documents** dyspozycje dotyczące dokumentów ładunkowych
~s **for use** wskazówki używania ⟨użycia⟩
according to your ~s zgodnie z waszymi wskazówkami
as per ~s zgodnie z dyrektywami
book of ~s regulamin
contrary to ~s wbrew dyspozycjom
packing ~s dyspozycje dotyczące opakowania
route ⟨**routing**⟩ ~s dyspozycje dotyczące trasy (*przesyłki*)
shipping ~s dyspozycje wysyłkowe
to act under ~s działać zgodnie z dyrektywami
to carry out ~s wykonywać dyspozycje
to disregard ~s nie uwzględniać dyrektyw
to follow ⟨**obey**⟩ ~s stosować się do instrukcji
to give ~s wydawać dyrektywy ⟨dyspozycje⟩
instrument *s* 1. instrument, przyrząd, aparat 2. dokument, akt urzędowy
~ **in writing** dokument pisemny
~ **of abdication** akt abdykacji
~ **of accession** dokument przystąpienia
~ **of appeal** skarga apelacyjna, odwołanie
~ **of debt** skrypt dłużny
~ **of donation** akt darowizny
~ **of payment** środek płatniczy
~ **of policy** narzędzie polityki
~ **of ratification** dokument ratyfikacyjny
~ **of title** *a*) tytuł własności *b*) tytuł nabycia
~ **of transfer** akt cesji
~ **to bearer** dokument na okaziciela
~ **to order** dokument na zlecenie
assignable ~ dokument zbywalny ⟨przenoszalny⟩
legal ~ dokument stanowiący tytuł prawny
negotiable ~ dokument dyspozycyjny
non-negotiable ~ dokument niezbywalny
non-transferable ~ dokument nieprzenoszalny
transferable ~ dokument przenoszalny ⟨zbywalny⟩
instrumental *adj* będący narzędziem, służący za narzędzie
~ **capital** dobra kapitałowe, środki produkcji
insubordination *s* niesubordynacja, nieposłuszeństwo
insufficiency *s* niedostateczność, niewystarczalność
~ **of evidence** niedostateczność dowodów

insufficient *adj* niedostateczny, niewystarczający, nieodpowiedni
~ **funds** brak pokrycia (*adnotacja banku na wekslu lub czeku*)
~ **packing** niedostateczne opakowanie
insult[1] *s* obraza, zniewaga, obelga
insult[2] *v* obrażać, znieważać, ubliżać (**sb** komuś)
insurable *adj* podlegający ubezpieczeniu, nadający się do ubezpieczenia
~ **interest** zainteresowanie w ubezpieczeniu (*np. tytułu własności ubezpieczonego przedmiotu*)
~ **value** wartość ubezpieczeniowa ⟨ubezpieczenia⟩.
insurance *s* 1. ubezpieczenie, asekuracja 2. premia ubezpieczeniowa
~ **account** rachunek ubezpieczenia
~ **act** ustawa ubezpieczeniowa
~ **adjuster** taksator ubezpieczeniowy (*szacujący szkody*)
~ **against accident** ubezpieczenie od wypadku
~ **against all risk** ubezpieczenie od wszelkiego ryzyka (*z wyjątkiem wojny, strajków itp.*)
~ **against damage by water** ubezpieczenie od szkód wynikłych z zalania ładunku wodą
~ **against fire** ubezpieczenie od ognia
~ **against loss** ubezpieczenie od strat
~ **against loss on exchange** ubezpieczenie od straty kursowej
~ **against material damage** ubezpieczenie od szkód majątkowych
~ **against perils of the sea** ubezpieczenie od niebezpieczeństw na morzu
~ **against theft** ubezpieczenie od kradzieży
~ **against total loss only** ubezpieczenie od straty całkowitej
~ **against war risk** ubezpieczenie od ryzyka wojny
~ **agent** agent ubezpieczeniowy ⟨od ubezpieczeń⟩
~ **agreement** umowa ubezpieczeniowa
~ **appraiser** taksator ubezpieczeniowy (*szacujący szkody*)
~ „**at**" **and** „**from**" ubezpieczenie biegnące od momentu załadowania towaru do wyjścia statku, a następnie od chwili wyjścia statku
~ **bank** bank ubezpieczeniowy
~ **binder** *am.* maklerska nota kryjąca
~ **broker** makler ubezpieczeniowy
~ **brokerage** *a*) maklerka ubezpieczeniowa *b*) maklerska prowizja ubezpieczeniowa
~ **broker's (cover) note** maklerska nota kryjąca
~ **broker's slip** formularz wypełniony przez maklera (*zawierający szczegóły proponowanego ubezpieczenia dla ubezpieczyciela*)
~ **business** ubezpieczenia, operacje ubezpieczeniowe
~ **canvasser** akwizytor ubezpieczeniowy
~ **certificate** zaświadczenie ubezpieczeniowe, certyfikat ubezpieczeniowy
~ **claim** roszczenie ubezpieczeniowe
~ **clause** klauzula ubezpieczeniowa
~ **commission** prowizja ubezpieczeniowa
~ **company** towarzystwo ubezpieczeniowe ⟨ubezpieczeń⟩
~ **compensation** odszkodowanie ubezpieczeniowe
~ **conditions** warunki ubezpieczenia
~ **contract** umowa ubezpieczenia
~ **crime** przestępstwo w dziedzinie ubezpieczenia ⟨związane z ubezpieczeniem⟩

~ **fraud** oszustwo ubezpieczeniowe
~ **fund** fundusz ubezpieczeniowy
~ **indemnity** suma ubezpieczenia
~ **in transit** ubezpieczenie ładunków w transporcie
~ **law** prawo ubezpieczeniowe
~ **market** rynek operacji ubezpieczeniowych
~ **matters** sprawy ubezpieczeniowe
~ **money** suma ubezpieczenia
~ **note** talon ubezpieczeniowy
~ **office** biuro ubezpieczeniowe, instytucja ubezpieczeniowa
~ **of property** ubezpieczenie majątkowe
~ **on cargo** ubezpieczenie ładunków morskich
~ **on freight** ubezpieczenie frachtu
~ **on goods ⟨merchandise⟩** ubezpieczenie towaru
~ **on hull** ubezpieczenie statku ⟨casco⟩
~ **order** polecenie ⟨zlecenie⟩ ubezpieczenia
~ **payment** wypłata ubezpieczenia
~ **policy** polisa ubezpieczeniowa
~ **premium** składka ubezpieczeniowa
~ **rate** stawka ubezpieczeniowa
~ **slip ⟨rider⟩** dodatek ⟨doklejka⟩ do polisy ubezpieczeniowej
~ **taker** ubezpieczający
~ **tariff** taryfa ubezpieczeniowa
~ **valuation** ocena ubezpieczeniowa
~ **value** wartość ubezpieczenia
~ **with average** ubezpieczenie łącznie z awarią poszczególną
accident ~ ubezpieczenie od wypadku
additional ~ ubezpieczenie dodatkowe
air ⟨aerial⟩ ~ ubezpieczenie lotnicze
air-cargo ~ ubezpieczenie ładunków lotniczych
all-in ~ ubezpieczenie łączne (*pokrywające różne ryzyka*)
all risks ~ ubezpieczenie od wszelkiego ryzyka
attachment of ~ bieg ubezpieczenia
automobile ~ ubezpieczenie samochodu
bad-debts ~ ubezpieczenie od niewypłacalności dłużników
breakage ~ ubezpieczenie od strat spowodowanych połamaniem lub potłuczeniem
burglary ~ ubezpieczenie od włamania
business ~ ubezpieczenie przedsiębiorstwa handlowego
business interruption ~ ubezpieczenie przedsiębiorstwa od strat wywołanych unieruchomieniem przedsiębiorstwa
cargo ~ ubezpieczenie ładunku
carrier ~ ubezpieczenie przewoźnika od odpowiedzialności za szkody (*przy przewozie*)
casualty ~ ubezpieczenie od nieszczęśliwych wypadków
certificate of ~ zaświadczenie ubezpieczeniowe
charges of ~ koszty ubezpieczenia
collective ~ ubezpieczenie zbiorowe
compulsory ~ ubezpieczenie przymusowe
contract of ~ umowa ubezpieczenia
credit ~ ubezpieczenie kredytu
crop ~ ubezpieczenie zbiorów ⟨plonów⟩
deposit ~ ubezpieczenie wkładów bankowych
disability ⟨disablement⟩ ~ ubezpieczenie na wypadek niezdolności do pracy ⟨inwalidztwa⟩
double ~ podwójne ubezpieczenie

employer's liability ~ ubezpieczenie pracodawcy od odpowiedzialności za wypadki przy pracy
endowment ~ ubezpieczenie na dożywocie
excess ~ ubezpieczenie z zastrzeżeniem wypłaty odszkodowania tylko za szkodę przekraczającą określony procent wartości mienia ubezpieczonego
expiry ⟨expiration⟩ of the ~ wygaśnięcie ubezpieczenia
fidelity ~ ubezpieczenie pracodawcy od strat spowodowanych nieuczciwością personelu
fire ~ ubezpieczenie od ognia ⟨ogniowe⟩
floating-policy ~ ubezpieczenie na podstawie polisy generalnej
freight ~ ubezpieczenie frachtu
full-coverage ~ ubezpieczenie całkowite bez ograniczeń wysokości odszkodowania
hail(storm) ~ ubezpieczenie od gradobicia
health ~ ubezpieczenie chorobowe ⟨na wypadek choroby⟩
hull ~ ubezpieczenie statku ⟨casco⟩
hull and cargo ~ ubezpieczenie statku i ładunku
indemnity ⟨liability⟩ ~ ubezpieczenie od odpowiedzialności cywilnej
leakage ~ ubezpieczenie od strat wskutek wycieku
life ~ ubezpieczenie na życie
livestock ~ ubezpieczenie inwentarza żywego
luggage ~ ubezpieczenie bagażu
marine ⟨maritime⟩ ~ ubezpieczenie morskie
motor-car ~ ubezpieczenie samochodu ⟨pojazdu samochodowego⟩
mutual ~ ubezpieczenie wzajemne
National Insurance *bryt.* ubezpieczenia społeczne
non-marine ~ ubezpieczenie w transporcie lądowym
non-valued ~ ubezpieczenie bez ustalenia wartości
old-age ~ ubezpieczenie emerytalne
open ~ ubezpieczenie na zasadzie polisy otwartej
overland ~ ubezpieczenie w transporcie lądowym
parcel post ~ ubezpieczenie przesyłek pocztowych
period of ~ okres ubezpieczenia
personal ~ ubezpieczenie osobowe
policy of ~ polisa ubezpieczeniowa
property ~ ubezpieczenie majątkowe
provisional ~ ubezpieczenie tymczasowe
rate of ~ stawka ubezpieczenia
social ~ ubezpieczenia społeczne
supplementary ~ ubezpieczenie dodatkowe
third-party ~ ubezpieczenie od odpowiedzialności cywilnej
time ~ ubezpieczenie na (jakiś) czas
transport ⟨transportation⟩ ~ ubezpieczenie ładunków w transporcie
unemployment ~ ubezpieczenie od bezrobocia
voluntary ~ ubezpieczenie dobrowolne
voyage ~ ubezpieczenie na czas podróży
war damage ~ ubezpieczenie od strat wojennych
war risk ~ ubezpieczenie od ryzyka wojny
to cover by ~ objąć ⟨pokryć⟩ ubezpieczeniem
to effect an ~ dokonać ubezpieczenia
to pay an ~ wypłacić ubezpieczenia
to place an ~ ulokować ⟨załatwić⟩ ubezpieczenie (*u ubezpieczyciela*)
to take out an ~ ubezpieczyć (się) (**against sth** od czegoś)
to transact ~ **business** prowadzić operacje ubezpieczeniowe

to **undertake an** ~ (o *ubezpieczycielu*) przyjąć ubezpieczenie
insurant s ubezpieczony
insure v ubezpieczać, asekurować (**against sth** od czegoś)
to ~ **against theft** ubezpieczyć się od kradzieży
to ~ **for...** ubezpieczyć się na sumę...
to ~ **oneself ⟨one's life⟩** ubezpieczyć się na życie
to ~ **with...** ubezpieczyć w ⟨u⟩...
insured[1] s: **the** ~ ubezpieczony
insured[2] adj ubezpieczony, pokryty umową ubezpieczenia
~ **goods** ubezpieczone towary
~ **letter** list wartościowy
~ **parcel** paczka ⟨przesyłka⟩ wartościowa
~ **perils** ryzyka pokryte ubezpieczeniem
~ **value** wartość ubezpieczenia
short ~ niedostatecznie ubezpieczony, niedoubezpieczony
insurer s ubezpieczyciel, asekurator
insurgence s powstanie, insurekcja
insurgent s powstaniec
insurrection s powstanie, insurekcja
armed ~ powstanie zbrojne
intake s 1. pobranie, przyjęcie 2. ilość pobrana ⟨przyjęta⟩ 3. spożycie
~ **of prisoners** ilość przyjętych więźniów
intaken adj: ~ **measure of quantity delivered** określenie ilości dostarczonego towaru przy załadowaniu
~ **quantity** a) ilość załadowana b) ilość przyjęta
~ **weight** waga stwierdzona przy załadowaniu
intangible adj niematerialny; niedotykalny
~ **assets** aktywa niematerialne (*np. patenty*)
~ **property** dobra niematerialne
~ **thing** przedmiot niematerialny
integral adj 1. składowy; nieodłączny 2. dotyczący całości; całkowity; integralny
~ **part** istotna ⟨integralna⟩ część
integrate v 1. jednoczyć, scalać, integrować 2. dopełniać
integration s 1. integracja, scalenie, zjednoczenie 2. kompletowanie, uzupełnianie
economic ⟨political⟩ ~ integracja gospodarcza ⟨polityczna⟩
integrity s 1. integralność, niepodzielność 2. nienaruszalność 3. uczciwość, prawość
commercial ~ uczciwość kupiecka
man of ~ człowiek prawy ⟨uczciwy⟩
territorial ~ nienaruszalność terytorialna
intelligence s 1. inteligencja 2. informacja, wiadomości; doniesienia 3. wywiad
~ **bureau** biuro informacji
~ **service** a) służba informacyjna ⟨wywiadowcza⟩ b) wywiad
business ~ informacja handlowa
commercial ~ **office** biuro informacji handlowej
shipping ~ informacje o ruchu statków
intelligentsia s inteligencja (*warstwa społeczna*)
intend v 1. zamierzać, zamyślać 2. przeznaczać (**for sth** na coś) 3. rozumieć (**by sth** przez coś); uważać (**sth as** coś za)
to ~ **no harm** nie mieć złych zamiarów
intended adj zamierzony, planowany, umyślny
~ **effect** zamierzony skutek
~ **for export** przeznaczony na eksport
~ **insult** umyślna zniewaga

intending adj: ~ **buyer ⟨customer, purchaser⟩** reflektant na kupno
intendment s 1. zamiar, intencja 2. znaczenie prawne
~ **of the contract** intencja umowy
~ **of the law** intencja ustawy
intensification s intensyfikacja
~ **of labour** intensyfikacja ⟨wzrost wydajności⟩ pracy
intensity s intensywność
~ **of ill will** nagromadzenie złej woli
labour ~ pracochłonność
intensive adj intensywny; wzmożony
~ **development** wzmożony rozwój
intent[1] s zamiar, intencja, cel
to all ~**s and purposes** faktycznie, w rzeczywistości, we wszystkim co istotne
with criminal ~ w zbrodniczym zamiarze
with good ⟨malicious⟩ ~ w dobrych ⟨złych⟩ zamiarach
intent[2] adj zdecydowany (**on sth** na coś); zdeterminowany
intention s zamiar, intencja; cel
~ **of law** intencja ustawy
implied ~ dorozumiana intencja
with the ~ **of** w zamiarze, w celu
without ~ bez zamiaru
intentional adj zamierzony, umyślny; celowy; świadomy
~ **act** rozmyślny postępek
~ **omission** rozmyślne zaniechanie (*zrobienia czegoś*)
intentionally adv rozmyślnie; świadomie
~ **and voluntarily** świadomie i dobrowolnie
inter łac. między, pomiędzy, pośród
~ **alia** łac. między innymi
~ **pares** łac. pomiędzy równymi
~ **partes** łac. między stronami
~ **vivos** łac. a) pomiędzy żywymi b) podczas ⟨za⟩ życia
intercensal adj stat. międzyspisowy
~ **period** okres międzyspisowy
intercept v 1. przejąć, przechwycić 2. przerwać, przeszkodzić
to ~ **a letter** przejąć list
to ~ **the traffic** wstrzymać ruch
intercession s wstawiennictwo, orędownictwo
interchange[1] s 1. wymiana 2. zamiana
interchange[2] v 1. wymieniać 2. zamieniać
interchangeable adj 1. wymienny 2. zamienny
intercoastal adj am.: ~ **navigation ⟨shipping, trade⟩** żegluga kabotażowa pomiędzy portami Stanów Zjednoczonych na Atlantyku i Pacyfiku, kabotaż wielki
intercommunication s połączenie, porozumiewanie się, (*wzajemna*) komunikacja
interconnection s wzajemne powiązanie; współzależność
intercontinental adj międzykontynentalny
~ **ballistic missiles** międzykontynentalne pociski balistyczne
intercourse s 1. stosunki 2. wymiana; obrót 3. stosunek płciowy
~ **between states** stosunki pomiędzy państwami
adulterous ~ cudzołożny stosunek
business ~ stosunki handlowe

commercial ~ obrót handlowy, wymiana handlowa
diplomatic ~ stosunki dyplomatyczne
economic ~ wymiana gospodarcza
illicit ~ niedozwolony stosunek płciowy
incestuous ~ kazirodczy stosunek płciowy
sexual ~ stosunek płciowy
interdepend v zależeć wzajemnie od siebie, współzależeć
interdependence s współzależność
~ **of nations** współzależność narodów
interdependent adj współzależny
interdict[1] s 1. zakaz 2. szkoc. nakaz 3. hist. rel. interdykt
interdict[2] v 1. zabraniać, zakazywać 2. rel. obłożyć interdyktem
interdiction s zakaz handlu
interdictory adj 1. zakazujący 2. prohibicyjny
interest[1] s 1. interes 2. zainteresowanie 3. korzyść 4. udział, wkład 5. prawo 6. procent, oprocentowanie 7. pl **interests** odsetki, procenty
~ **account** rachunek ⟨konto⟩ odsetek
~ **at,...** procent w wysokości...
~ **bearing** przynoszący odsetki, procentujący
~ **charges** procenty podlegające zapłacie
~ **coupon** kupon papierów procentowych
~ **date** termin płatności procentów
~ **due** należne odsetki
~ **for default** odsetki za zwłokę
~ **free loan** pożyczka bezprocentowa ⟨nieoprocentowana⟩
~ **in business** udział w przedsiębiorstwie
~ **in land** udział we własności nieruchomości
~ **in a patent** udział w patencie
~ **in personalty** prawo rzeczowe do ruchomości
~ **in realty** prawo do nieruchomości
~ **money** procenty, odsetki
~ **on the account** oprocentowanie rachunku
~ **on the arrears** odsetki za zwłokę
~ **on bonds** procent od obligacji
~ **on bank credit** procent od kredytów bankowych
~ **on capital** procenty od kapitału
~ **on judgment** procenty od przysądzonej sumy
~ **on loans** procenty od pożyczek
~ **on mortgage** procenty od pożyczek hipotecznych
„~ **or no** ~" „bez względu na zainteresowanie" (klauzula polisy)
~ **payment date** termin płatności odsetek
~ **rate** stopa procentowa
~ **table** tabela obliczania odsetek
~ **upon** procent składany, procenty od procentów
~ **warrant** kupon oprocentowania
~ **yielding** przynoszący dochody, procentujący
accrued ~ narosłe odsetki
accumulated ~ zaległe odsetki
anticipated ~ odsetki pobierane z góry
arrears of ~ zaległe odsetki
at ~ na procent
back ~ zaległe odsetki
business ~s koła gospodarcze, sfery wielkiego kapitału
calculation of ~ obliczanie odsetek
capitalized ~ odsetki skapitalizowane
common ~ wspólny interes

community of ~s wspólnota interesów
compound ~ procent składany
computation of ~ obliczanie odsetek
contract ~ odsetki umowne
cum ~ włączając odsetki, z odsetkami
default ~ odsetki za zwłokę
ex ~ bez odsetek, nieoprocentowany
excessive ~ nadmierne ⟨lichwiarskie⟩ procenty ⟨oprocentowanie⟩
fixed ~ **rate** a) stała stopa procentowa b) ustalona stopa procentowa
free of ~ bez procentów ⟨odsetek⟩
legal ⟨**legitimate**⟩ ~ odsetki ustawowe ⟨prawne⟩
loan on ~ oprocentowana pożyczka
material ~ zainteresowanie materialne
no ~ bez odsetek, nieoprocentowany
outstanding ⟨**overdue**⟩ ~ zaległe odsetki
policy proof (of) ~ polisa honorowa
principal and ~ kapitał z odsetkami
public ~ interes publiczny
running ~ odsetki bieżące
sphere of ~s krąg zainteresowań
statutory ~ odsetki ustawowe
stipulated ~ odsetki umowne
usurious ~ lichwiarski procent, lichwiarskie oprocentowanie
vested ~s nabyte prawa
to act in sb's ~ działać w czyimś interesie
to arouse ⟨**awake**⟩ ~ wzbudzać zainteresowanie
to be in sb's ~ być ⟨leżeć⟩ w czyimś interesie
to bear ⟨**bring**⟩ ~ przynosić procenty ⟨odsetki⟩, procentować
to borrow on ~ zaciągnąć pożyczkę na procent
to calculate ~ obliczać procenty
to charge ⟨**compound**⟩ ~ pobierać procenty ⟨odsetki⟩
to have an ~ **in sth** interesować się czymś, być zainteresowanym czymś
to lend on ~ udzielać pożyczek na procent, pożyczać (coś komuś) na procent
to pay ~ płacić odsetki
to promote the ~s popierać interesy
to take ~ **in sth** interesować się czymś
interest[2] v interesować, wzbudzać zainteresowanie
interested pp adj 1. zainteresowany 2. interesowny 3. stronniczy
~ **motives** pobudki materialne
~ **party** ⟨**person**⟩ strona zainteresowana
~ **witness** stronniczy świadek
to be ~ **in sth** a) interesować się czymś b) być zainteresowanym w czymś (materialnie)
interest-free adj bezprocentowy, nieoprocentowany
interfere v 1. ingerować ⟨wtrącać się⟩ (**in sth** w coś) 2. przeszkadzać (**with sb, sth** komuś, czemuś) 3. kolidować (**with sth** z czymś) 4. rościć sobie prawo pierwszeństwa (do patentu)
to ~ **with the course of justice** przeszkadzać wymiarowi sprawiedliwości
to ~ **with sb's interests** szkodzić czyimś interesom
interference s 1. ingerencja, wtrącanie się 2. wgląd 3. przeszkoda, zawada 4. kolizja, zakłócenie
~ **in business of others** mieszanie się w cudze interesy
~ **in internal affairs** ingerencja w sprawy wewnętrzne
outside ~ ingerencja z zewnątrz

patent ~ kolizja praw patentowych
intergovernmental *adj* międzypaństwowy, międzyrzą-
dowy
~ **conference** konferencja międzypaństwowa
**Intergovernmental Maritime Consultative Organiza-
tion** (*skr.* **IMCO**) Międzyrządowa Doradcza Organizacja Morska (*skr.* **MDOM**)
interim[1] *s łac.* okres tymczasowy ⟨przejściowy⟩
in the ~ tymczasem, chwilowo
interim[2] *adj* **1.** tymczasowy, przejściowy **2.** zastępczy
~ **agreement** tymczasowe porozumienie
~ **budget** prowizorium budżetowe
~ **certificate** zaświadczenie tymczasowe
~ **chairman** tymczasowy przewodniczący, osoba
pełniąca obowiązki przewodniczącego
~ **committee** tymczasowy komitet
~ **credit** kredyt przejściowy
~ **curator** *bryt.* tymczasowy zarządca
~ **dividend** dywidenda tymczasowa ⟨zaliczkowa⟩
~ **government** rząd tymczasowy
~ **index** wykaz tymczasowy
~ **officer** tymczasowy funkcjonariusz, pełniący obowiązki (*do czasu urzędowej nominacji*)
~ **order** zarządzenie tymczasowe
~ **receipt** tymczasowe pokwitowanie
~ **report** tymczasowe sprawozdanie
interior[1] *s* **1.** wnętrze **2.** wnętrze kraju
Department of the Interior *am.* ministerstwo spraw
wewnętrznych
Minister ⟨**Secretary**⟩ **of the Interior** *am.* minister
spraw wewnętrznych
interior[2] *adj* wewnętrzny
~ **bank** *am.* bank prowincjonalny
~ **trade** handel wewnętrzny
interlinear *adj* międzywierszowy
~ **note** dopisek umieszczony pomiędzy wierszami
interlineation *s* wpisywanie wyrazów między wierszami (*dokumentu*)
interlock *v* powiązać; sprzęgać
interlocking *adj* powiązany wzajemnie, wspólny
~ **directorate** *am.* wspólna dyrekcja (*dla kilku towarzystw*)
interlocutor *s* **1.** rozmówca **2.** *szkoc.* decyzja sądowa;
nakaz sądowy
interlocutory *adj* **1.** prowizoryczny, tymczasowy;
wstępny, przedstanowczy **2.** wtrącony
~ **costs** koszty postępowania incydentalnego
~ **decree** orzeczenie przedstanowcze, zarządzenie
tymczasowe
~ **judgment** wstępny wyrok
~ **motion** wniosek incydentalny
~ **order** postanowienie przedstanowcze
~ **proceedings** postępowanie incydentalne
intermarriage *s* **1.** małżeństwo zawarte między przed-
stawicielami różnych środowisk **2.** małżeństwo
pomiędzy krewnymi
intermediary[1] *s* **1.** pośrednik **2.** pośrednictwo
through the ~ **of...** za pośrednictwem...
to act as ~ działać w charakterze pośrednika
intermediary[2] *adj* **1.** pośredni **2.** pośredniczący
intermediate[1] *adj* **1.** pośredni; przejściowy **2.** tymczasowy, przedstanowczy
~ **credit** kredyt średnioterminowy
~ **forwarding agent** ekspedytor pośredni
~ **goods** dobra kapitałowe, środki produkcji
~ **order** postanowienie przedstanowcze

~ **party** pośrednik
~ **port** port pośredni
~ **product** produkt pośredni; półprodukt
~ **ship** statek towarowo-pasażerski
~ **trade** handel pośredni ⟨reeksportowy⟩
intermediate[2] *v* pośredniczyć
intermediation *s* pośrednictwo
to by-pass ~ pominąć pośrednictwo
intermediator *s* pośrednik
intern *v* **1.** internować **2.** izolować chorego umysłowo
to ~ **an insane person** izolować chorego umysłowo
to ~ **a vessel** internować statek
internal *adj* **1.** wewnętrzny **2.** krajowy
~ **affairs** sprawy wewnętrzne
~ **audit** wewnętrzna kontrola
~ **charges** opłaty wewnętrzne
~ **commerce** handel wewnętrzny
~ **contradictions** sprzeczności wewnętrzne
~ **currency** waluta krajowa
~ **debt** dług wewnętrzny (*obligacje pożyczki*)
~ **defect** wada ukryta
~ **evidence** dowód wewnętrzny (*wynikający z treści
dokumentu*)
~ **government** rząd wewnętrzny
~ **law** ⟨**legislation**⟩ prawo ⟨ustawodawstwo⟩ krajowe
~ **loan** pożyczka wewnętrzna
~ **market** rynek krajowy ⟨wewnętrzny⟩
~ **migration** migracja wewnętrzna
~ **navigation** żegluga śródlądowa
~ **policy** polityka wewnętrzna
~ **price** cena krajowa
~ **regulations** przepisy procedury krajowej
~ **revenue** krajowy dochód skarbowy
~ **sale** sprzedaż na rynku wewnętrznym
~ **sea** morze wewnętrzne
~ **trade** handel wewnętrzny
~ **waters** wody wewnętrzne
international *adj* międzynarodowy
~ **adjudication** przekazanie sprawy instancji międzynarodowej
~ **administration** administracja międzynarodowa
~ **administrative law** międzynarodowe prawo administracyjne
~ **affairs** sprawy międzynarodowe
~ **agreement** układ międzynarodowy, umowa międzynarodowa
International Air Transport Association (*skr.* **IATA**)
Międzynarodowe Stowarzyszenie Transportu Po-
wietrznego
~ **arbitration** arbitraż międzynarodowy
International Atomic Energy Agency (*skr.* **IAEA**)
Międzynarodowa Agencja Energii Atomowej (*skr.*
MAEA)
~ **association** stowarzyszenie międzynarodowe
~ **auction** licytacja międzynarodowa
**International Bank for Reconstruction and Develop-
ment** (*skr.* **IBRD**) Międzynarodowy Bank Odbudowy
i Rozwoju (*skr.* **MBOR**)
~ **banking** banki międzynarodowe ⟨światowe⟩
~ **body** organ międzynarodowy
International Chamber of Commerce (*skr.* **ICC**) Międzynarodowa Izba Handlowa
~ **cheque** ⟨*am.* **check**⟩ czek turystyczny
International Children's Day Międzynarodowy
Dzień Dziecka

International Civil Aviation Organization (*skr.* **ICAO**) Międzynarodowa Organizacja Lotnictwa Cywilnego
~ **code** kod międzynarodowy (*dla telegramów*)
~ **commerce** handel międzynarodowy
~ **commercial arbitration** międzynarodowy arbitraż handlowy
International Commision for Control and Supervision Międzynarodowa Komisja Kontroli i Nadzoru
~ **commitments** międzynarodowe zobowiązania
~ **conventional law** międzynarodowe prawo umowne
~ **co-operation** współpraca międzynarodowa
International Court of Justice Międzynarodowy Trybunał Sprawiedliwości
~ **courtesy** kurtuazja w stosunkach międzynarodowych
International Criminal Police Organization (*skr.* **Interpol**) Międzynarodowa Organizacja Policji Kryminalnej, Interpol
~ **custom** ⟨**practice**⟩ zwyczaj międzynarodowy
~ **delinquency** przestępstwo międzynarodowe, naruszenie prawa międzynarodowego, delikt międzynarodowy
International Development Association (*skr.* **IDA**) Międzynarodowe Stowarzyszenie Rozwoju (*skr.* **MSR**)
~ **diplomacy** dyplomacja międzynarodowa
~ **dispute** spór międzynarodowy
~ **division of labour** międzynarodowy podział pracy
~ **economic co-operation** międzynarodowa współpraca gospodarcza
~ **exchange** *a*) wymiana międzynarodowa *b*) *am.* dewizy
~ **fairs** międzynarodowe targi
~ **family law** międzynarodowe prawo rodzinne
International Finance Corporation (*skr.* **IFC**) Międzynarodowe Towarzystwo Finansowe (*skr.* **MTF**)
~ **finances** finanse międzynarodowe
~ **inquest** śledztwo międzynarodowe
~ **inspection** inspekcja międzynarodowa
International Investments Bank Międzynarodowy Bank Inwestycyjny
~ **jurisdiction** sądownictwo międzynarodowe
~ **jurist** prawnik specjalista w zakresie prawa międzynarodowego
International Labour Organization (*skr.* **ILO**) Międzynarodowa Organizacja Pracy (*skr.* **MOP**)
~ **language** język międzynarodowy
~ **law** prawo międzynarodowe
International Law Commission (*skr.* **ILC**) Komisja Prawa Międzynarodowego
~ **law of commerce** międzynarodowe prawo handlowe
~ **law of communications** międzynarodowe prawo komunikacyjne
~ **law of the sea** międzynarodowe prawo morskie
~ **legal capacity** międzynarodowa zdolność do czynności prawnych
~ **load line certificate** międzynarodowe świadectwo wolnej burty
~ **maritime law** międzynarodowe prawo morskie
~ **market** rynek międzynarodowy

International Military Tribunal Międzynarodowy Trybunał Wojskowy
International Monetary Fund (*skr.* **IMF**) Międzynarodowy Fundusz Walutowy (*skr.* **MFW**)
~ **nuclear law** międzynarodowe prawo atomowe
~ **obligations** zobowiązania międzynarodowe
~ **organs** organa międzynarodowe
~ **payments** płatności międzynarodowe
~ **penal law** międzynarodowe prawo karne
~ **person** podmiot prawa międzynarodowego
~ **private** ⟨**public**⟩ **law** prawo międzynarodowe prywatne ⟨publiczne⟩
~ **relations** stosunki międzynarodowe
~ **river** rzeka międzynarodowa
~ **security** bezpieczeństwo międzynarodowe
~ **societies** towarzystwa międzynarodowe
~ **space law** międzynarodowe prawo kosmiczne
~ **standards** normy międzynarodowe
~ **tension** napięcie w stosunkach międzynarodowych
International Telecommunication Union (*skr.* **ITU**) Międzynarodowy Związek Telekomunikacyjny (*skr.* **MZT**)
~ **trade** handel międzynarodowy
~ **trademark** międzynarodowy znak towarowy ⟨ochronny⟩
~ **treaty** umowa międzynarodowa, traktat międzynarodowy
~ **tribunal** trybunał międzynarodowy
~ **waters** wody międzynarodowe
International Women's Day Międzynarodowy Dzień Kobiet
~ **workers' movement** międzynarodowy ruch robotniczy
~ **zone** strefa międzynarodowa
Bank for International Settlements Bank Rozliczeń Międzynarodowych
internationalism *s* internacjonalizm
internationalize *v* umiędzynarodowić
internecine *adj* **1.** morderczy **2.** wzajemnie niszczący ⟨wyniszczający⟩
~ **war** wojna na śmierć i życie
internee *s* internowany
internment *s* internowanie
~ **camp** obóz dla internowanych
interpellate *v* interpelować, wnosić interpelację
interpellation *s* interpelacja
interpleader *s* wystąpienie osoby posiadającej cudzą rzecz do sądu o ustalenie czyją własność stanowi ta rzecz
Interpol *s* = **International Criminal Police Organization** *zob.* **international**
interpose *v* **1.** wysuwać obiekcje **2.** protestować **3.** używać prawa weta **4.** interweniować
interposition *s* **1.** wstawka, wstawienie czegoś **2.** założenia protestu **3.** wysunięcie zarzutu **4.** interwencja
interpret *v* **1.** interpretować **2.** tłumaczyć ustnie ⟨kabinowo⟩
to ~ **broadly** ⟨**narrowly**⟩ interpretować rozszerzająco ⟨ścieśniająco⟩
interpretation *s* **1.** wykładnia, interpretacja **2.** tłumaczenie (*ustne*)
~ **clause** klauzula interpretacyjna, przepis wyjaśniający terminologię
~ **of a judgment** ⟨**sentence**⟩ wykładnia wyroku

~ **of the law** wykładnia prawa
authentic ~ wykładnia autentyczna
extensive ~ wykładnia rozszerzająca
judicial ⟨**legal, statutory**⟩ ~ wykładnia ustawowa
patent ~ opis patentu
restrictive ~ interpretacja restryktywna ⟨ścieśniają-ca⟩
to put a wrong ~ **on sth** błędnie coś tłumaczyć
interpretative *adj* objaśniający
interpreter *s* tłumacz (*tekstu mówionego*)
interregnum *s* (*pl* **interregna**) *łac.* bezkrólewie
interrelation *s* wzajemne powiązanie
  ~ **of facts** wzajemne powiązanie faktów
interrogate *v* wypytywać, indagować, przesłuchiwać
  to ~ **a witness** przesłuchiwać świadka
interrogation *s* przesłuchanie, zadawanie pytań
interrogatories *spl* **1.** przesłuchanie, śledztwo **2.** pytania na piśmie (*skierowane do świadków i stron*)
  paper of ~ pismo z pytaniami
interrupt *v* **1.** przerywać **2.** wstrzymywać, przeszka-dzać
interruption *s* przerwa, przerwanie, wstrzymanie
  without ~ bez przerwy, nieprzerwanie
interstate *adj* **1.** międzypaństwowy **2.** *am.* międzysta-nowy
  ~ **commerce** *am.* handel międzystanowy
  ~ **extradition** *am.* międzystanowa ekstradycja (*prze-stępców*)
  ~ **law** *am.* prawo kolizyjne w stosunkach pomiędzy stanami
  ~ **organizations** organizacje międzypaństwowe
  ~ **relations** stosunki międzypaństwowe
intertemporal *adj* międzyczasowy
  ~ **law** prawo międzyczasowe ⟨intertemporalne⟩
interval *s* przerwa, odstęp
  at ~ **s** z przerwami, co pewien czas
intervene *v* **1.** interweniować; ingerować **2.** przystąpić do sprawy sądowej **3.** wyręczyć wekslowo, wykupić weksel jako wyręczyciel **4.** zdarzać się
  to ~ **in a contract** przystąpić do umowy
  to ~ **in sb's defence** wystąpić w czyjejś obronie
  to ~ **on sb's behalf** ingerować na czyjąś korzyść
intervener *s* **1.** interwenient **2.** strona wstępująca do sprawy w charakterze interwenienta
intervention *s* **1.** interwencja **2.** przystąpienie do sprawy sądowej **3.** wyręka wekslowa
  ~ **of right** przystąpienie do sprawy osoby trzeciej ⟨interwenienta⟩
  ~ **policy** polityka interwencyjna
  ~ **price** cena wyręki wekslowej
  acceptance by ~ przyjęcie (*weksla*) przez wyręcze-nie
  armed ~ interwencja zbrojna
  official ⟨**state**⟩ ~ interwencja urzędowa ⟨państwo-wa⟩
  police ~ interwencja policyjna
  war of ~ wojna interwencyjna
interventional *adj* interwencyjny
interventionist *s* interwencjonista, zwolennik polityki interwencji
interview[1] *s* **1.** wywiad **2.** rozmowa **3.** spotkanie się
interview[2] *v* przeprowadzać wywiad (**sb** z kimś)
interviewer *s* **1.** przeprowadzający wywiad **2.** ankie-ter
intestable *adj* nie posiadający zdolności testowania

intestacy *s* **1.** brak testamentu **2.** zgon bez testa-mentu
intestate *adj* **1.** zmarły beztestamentowo ⟨bez testamen-tu⟩ **2.** (*o majątku*) beztestamentowy
  ~ **heir** ustawowy spadkobierca
  ~ **laws** przepisy dotyczące dziedziczenia ustawo-wego
  ~ **succession** dziedziczenie ustawowe (*wobec braku testamentu*)
  to die ~ umrzeć bez pozostawienia testamentu
intimacy *s* stosunek cielesny
intimate[1] *adj* intymny, zażyły, bliski
  to be on ~ **terms with sb** być z kimś w bliskich ⟨zażyłych⟩ stosunkach
intimate[2] *v* **1.** zawiadamiać, podawać do wiadomości **2.** dawać do zrozumienia, nadmieniać
intimation *s* **1.** zawiadomienie, wiadomość **2.** napo-mknienie, wzmiankowanie
intimidate *v* zastraszyć
  to ~ **a witness** zastraszyć świadka
intimidation *s* zastraszenie
  attempt at ~ próba ⟨usiłowanie⟩ zastraszenia
  methods of ~ metody zastraszenia
intolerable *adj* nie do zniesienia
  ~ **cruelty** wyrafinowane okrucieństwo (*jako przy-czyna rozwodu*)
intolerance *s* nietolerancja
  racial ⟨**religious**⟩ ~ nietolerancja rasowa ⟨religijna⟩
intolerant *adj* nietolerancyjny
intoxication *s* upojenie alkoholowe, stan nietrze-źwości
intra vires *łac.* w ramach kompetencji ⟨pełnomocnic-twa⟩
intricacy *s* zawiłość
  intricacies of the law zawiłości prawa
intricate *adj* zawiły, powikłany, skomplikowany
intrigue *s* intryga, knowanie
intrinsic *adj* **1.** wewnętrzny, tkwiący (*w czymś*) **2.** istotny, faktyczny; właściwy
  ~ **defect** wada ukryta
  ~ **evidence** dowód tkwiący w dokumencie
  ~ **value** istotna ⟨rzeczywista⟩ wartość
intrinsically *adv:* ~ **dangerous** niebezpieczny sam w sobie
introduce *v* **1.** wprowadzać **2.** zaprowadzać **3.** przedkła-dać, przedstawiać
  to ~ **an amendment to a bill** wprowadzać poprawkę do ustawy
  to ~ **a clause into a contract** wnieść klauzulę do umowy
  to ~ **a new line of production** wprowadzać nowy rodzaj produkcji
introduction *s* **1.** wprowadzenie **2.** przedłożenie, przed-stawienie (*np. wniosku*) **3.** prezentacja osoby, przed-stawienie **4.** wstęp, przedmowa **5.** nowość, innowa-cja
  ~ **of a bill** preambuła do ustawy, wstęp do aktu prawnego
  ~ **of new methods** wprowadzenie nowych metod
  ~ **to office** wprowadzenie na urząd
  letter of ~ list polecający
  to make ~ **s** dokonać prezentacji
introductory *adj* **1.** wprowadzający; wstępny **2.** poleca-jący
  ~ **letter** list wprowadzający
  ~ **offer** oferta wstępna

~ **provisions** przepisy wprowadzające
~ **statement** wstępne oświadczenie
intrude v 1. niepokoić **(on ⟨upon⟩ sb** kogoś) 2. wtrącać się 3. narzucać **(sth upon sb** coś komuś) 4. naruszać czyjeś posiadanie
to ~ **into other people's affairs** wtrącać się w cudze sprawy
to ~ **upon sb's privacy** zakłócać komuś spokój
intruder s 1. intruz, natręt 2. osoba naruszająca cudze posiadanie
intrusion s 1. wtargnięcie 2. niepokojenie 3. wkroczenie w cudze prawa
intrust v = **entrust**
inure v (o ustawie) wchodzić w życie, zyskać moc obowiązującą
invade v 1. najeżdżać, dokonywać inwazji, wtargnąć 2. naruszyć, zakłócić, wkroczyć (w cudze prawa)
to ~ **a country** dokonać inwazji na kraj
to ~ **sb's privacy** zakłócić czyjś spokój
to ~ **sb's rights** wkraczać w czyjeś prawa
invader s 1. najeźdźca, okupant 2. osoba naruszająca czyjeś prawa
invalid[1] s 1. kaleka 2. inwalida 3. człowiek chory
invalid[2] adj 1. słaby, ułomny 2. niezdatny (do służby wojskowej)
invalid[3] adj nieważny, nieprawomocny, nie posiadający mocy prawnej
~ **at law** nieważny w świetle prawa
~ **clause** nieważna klauzula
to **declare** ~ uznać za nieważne
invalidate v anulować, unieważniać, czynić nieważnym
to ~ **an act** unieważniać akt prawny
to ~ **a contract** anulować umowę
to ~ **a judgment** unieważnić wyrok ⟨orzeczenie sądowe⟩
invalidation s unieważnienie, anulowanie
invalidity[1] s kalectwo, inwalidztwo
degree of ~ stopień inwalidztwa
permanent ~ trwałe inwalidztwo ⟨kalectwo⟩
invalidity[2] s nieważność
invasion s 1. najazd, inwazja 2. wtargnięcie
~ **on the other state's territory** wtargnięcie na terytorium innego państwa
invective s obelga, inwektywa
invent v 1. wynaleźć 2. wymyślić, zmyślić
invention s wynalazek
claimed ⟨**joint**⟩ ~ zgłoszony ⟨wspólny⟩ wynalazek
patentable ~ wynalazek nadający się do opatentowania
prior ~ poprzedni ⟨wcześniejszy⟩ wynalazek
inventor s wynalazca, twórca wynalazku
inventory[1] s 1. inwentarz, spis inwentarza 2. zasób, zapas
~ **book** ⟨**value**⟩ księga ⟨wartość⟩ inwentarzowa
under beneficium of ~ (o spadku) z dobrodziejstwem inwentarza
to **draw up** ⟨**make, take**⟩ **an** ~ sporządzić spis inwentarza
inventory[2] v inwentaryzować, sporządzać inwentarz
invest v 1. inwestować, lokować 2. nadawać **(sb with sth** komuś coś) 3. obdarzać, wyposażać **(with sth** w coś)
to ~ **capital** ⟨**money**⟩ **in...** inwestować kapitał w...
to ~ **in real estate** inwestować ⟨lokować⟩ w nieruchomości

to ~ **sb with a power (of attorney)** udzielić komuś pełnomocnictwa
invested adj zainwestowany, ulokowany
~ **capital** kapitał ulokowany ⟨zainwestowany⟩
investigate v 1. badać, dociekać 2. rozpatrywać 3. prowadzić dochodzenie ⟨śledztwo⟩
to ~ **a crime** prowadzić dochodzenie w sprawie zbrodni
investigating adj śledczy, prowadzący dochodzenie
investigation s 1. badanie 2. dochodzenie, śledztwo
~ **of a case** badanie sprawy
judicial ~ dochodzenie sądowe
market ~ badanie rynku
the matter under ~ rozpatrywana sprawa
on further ~ po dokładniejszym rozpatrzeniu
scientific ~ badanie naukowe
thorough ~ dokładne badanie
to **carry** ⟨**conduct**⟩ **an** ~ prowadzić dochodzenie
investigator s prowadzący badanie, ankieter
investitive adj: ~ **fact** fakt prawotwórczy, wydarzenie tworzące prawo
investiture s inwestytura
investment s 1. inwestycja 2. inwestowanie 3. lokata, nakład kapitału
~ **abroad** inwestycje zagraniczne
~ **activity** działalność inwestycyjna
~ **bank** bank inwestycyjny (zajmujący się rozprowadzaniem papierów wartościowych)
~ **banking** działalność bankowa polegająca na obrocie walorami
~ **bill** projekt ustawy inwestycyjnej
~ **boom** koniunktura inwestycyjna
~ **company** towarzystwo inwestycyjne, spółka inwestycyjna
~ **credit** kredyt inwestycyjny
~ **cycle** cykl inwestycyjny
~ **fund** fundusz inwestycyjny
~ **goods** dobra inwestycyjne
~ **income** dochód z inwestycji kapitałowych
~ **in real estate** lokata w nieruchomościach
~ **limit** limit inwestycyjny
~ **market** rynek kapitałów inwestycyjnych
~ **outlays** nakłady inwestycyjne
~ **plan** plan inwestycyjny
~ **policy** polityka inwestycyjna
~ **portfolio** portfel lokat inwestycyjnych
~ **profits** zyski z inwestycji
~ **program** program inwestycyjny
~ **project** obiekt inwestycyjny, inwestycja
~ **securities** ⟨**shares, stocks**⟩ papiery wartościowe jako lokata kapitałowa
~ **trust** trust inwestycyjny, spółka inwestycyjna
~ **value** wartość inwestycji
capital ~ **s** inwestycje w kapitale trwałym
current ~ **s** bieżące inwestycje
direct ~ **s** inwestycje bezpośrednie
financial ~ **s** lokata finansowa
foreign ~ **s** inwestycje kapitałowe za granicą
good ~ korzystna lokata
indirect ~ **s** inwestycje pośrednie
industrial ~ **s** inwestycje przemysłowe
long-term ⟨**short-term**⟩ ~ lokata długoterminowa ⟨krótkoterminowa⟩
rate of ~ stopa inwestycji
real ~ inwestycja rzeczowa (stwarzająca nowy kapitał)

safe ~ bezpieczna lokata
to make ~s inwestować, robić inwestycje, dokonywać inwestycji
investor s inwestor, osoba lokująca kapitał
  institutional ~ inwestor publiczny
  private ~ inwestor prywatny
inviolability s nienaruszalność, nietykalność
  ~ **of frontiers** ⟨**territory**⟩ nienaruszalność granic ⟨terytorium⟩
inviolable adj nienaruszalny, nietykalny
  ~ **law** nienaruszalne prawo
invisible adj niewidoczny, ukryty
  ~ **defect** wada ukryta
  ~ **exports** ⟨**imports**⟩ niewidoczny eksport ⟨import⟩ (pozatowarowy)
  ~ **item of foreign trade** niewidoczne pozycje handlu zagranicznego
  ~ **unemployment** ukryte bezrobocie
invisibles spl niewidoczny eksport ⟨import⟩
invitation s 1. zaproszenie 2. wezwanie
  ~ **card** karta wstępu, zaproszenie
  ~ **for tenders** wezwanie do składania ofert
  ~ **to make bids** wezwanie do składania ofert (przy przetargu)
  ~ **to offer** wezwanie do składania ofert
  admission by ~ **only** wstęp tylko za zaproszeniami
  at sb's ~ na czyjeś zaproszenie
  by ~ **of...** za zaproszeniem...
  letter of ~ zaproszenie, karta wstępu
invite v 1. zapraszać, wzywać 2. prosić (o radę, zdanie) 3. wywoływać, prowadzić do czegoś
  to ~ **application for a position** wzywać do składania podań o posadę
  to ~ **questions** a) prosić o zadawanie pytań b) prowokować pytania
  to ~ **shareholders to subscribe** wzywać akcjonariuszy do subskrypcji
  to ~ **tenders** wzywać do składania ofert
invited pp adj: ~ **error** sprowokowany błąd
invitee s osoba zaproszona do wstępu na cudzą nieruchomość
invoice[1] s faktura
  ~ **amount** suma fakturowa
  ~ **book** księga faktur
  ~ **book inwards** ⟨**outwards**⟩ księga faktur przychodzących ⟨wychodzących⟩
  ~ **clerk** fakturzysta
  ~ **copy** odpis faktury
  ~ **cost** ⟨**price**⟩ cena fakturowa
  ~ **register** rejestr faktur
  ~ **specification** specyfikacja faktury (dołączona do faktury)
  ~ **tare** tara fakturowa
  ~ **value** wartość fakturowa
  ~ **weight** waga fakturowa
  amount of ~ suma fakturowa
  as per ~ **enclosed** zgodnie z (załączoną) fakturą
  certified ~ faktura poświadczona
  commercial ~ faktura handlowa
  consignment ~ faktura konsygnacyjna ⟨wysyłkowa⟩
  consular ~ faktura konsularna
  customs ~ faktura celna
  departmental ~ faktura wewnętrzna (w obrocie wewnątrz przedsiębiorstwa)
  export ⟨**exporter's**⟩ ~ faktura eksportowa

fictitious ~ faktura pro forma
final ~ faktura ostateczna
import ~ faktura importowa
legalized ~ faktura poświadczona
memorandum ~ faktura pro forma
original ~ faktura oryginalna, oryginał faktury
pro forma ~ faktura pro forma
provisional ⟨**provisory**⟩ ~ faktura tymczasowa ⟨prowizoryczna⟩
purchase ~ faktura zakupu
rebilling ~ rachunek refakturowany
receipted ~ faktura z odnotowaniem odbioru należności
sale ~ faktura sprzedaży
shipping ~ faktura morska
simulated ~ faktura pro forma
to make out an ~ wystawić fakturę
invoice[2] v fakturować
  to ~ **back** fakturować zwrotnie
invoicing s fakturowanie
  ~ **machine** maszyna do fakturowania
involuntary adj 1. nieumyślny, mimowolny 2. nie dobrowolny, przymusowy
  ~ **bailment** ⟨**deposit**⟩ nie zamierzony depozyt
  ~ **bankruptcy** nieumyślne bankructwo
  ~ **consent** nie dobrowolna ⟨wymuszona⟩ zgoda
  ~ **discontinuance** niezawinione wstrzymanie postępowania
  ~ **drunkenness** nieumyślne wprowadzenie (się) w stan upojenia alkoholowego
  ~ **ignorance** niezawiniona ignorancja ⟨nieświadomość⟩
  ~ **injury** nieumyślne uszkodzenie ciała
  ~ **manslaughter** nieumyślne zabójstwo
  ~ **payment** wymuszona zapłata
  ~ **servitude** przymusowa praca
  ~ **trust** przymusowe powiernictwo
involve v 1. powodować, pociągać za sobą 2. obejmować, ogarniać 3. wmieszać, wciągać 4. uwikłać, wplątać
  to ~ **expenses** pociągać za sobą wydatki
  to ~ **oneself in debts** popaść w długi
  to ~ **penalty** pociągać za sobą karę, powodować ukaranie
  to ~ **sb in a crime** wmieszać kogoś w zbrodnię
involved adj 1. wplątany 2. zawiły 3. wynikający 4. odnośny
  ~ **amount** wynikająca ⟨odnośna⟩ kwota
  ~ **in debt** zadłużony
  ~ **in difficulties** w kłopotach, uwikłany w kłopoty
  ~ **reasoning** zawiła ⟨niejasna⟩ argumentacja
  to be ~ **in sth** a) być wmieszanym ⟨uwikłanym⟩ w coś b) być zaangażowanym w coś, gorliwie się czymś zajmować
involvement s 1. wplątanie, uwikłanie 2. wciągnięcie, wmieszanie 3. kłopoty pieniężne
inward adj 1. przychodzący, nadchodzący 2. krajowy, wewnętrzny 3. środkowy
  ~ **bill of lading** konosament w podróży powrotnej
  ~ **cargo** ładunek importowy
  ~ **charges** portowe opłaty wejściowe
  ~ **clearance** odprawa celna na wejściu (statku)
  ~ **clearance certificate** zaświadczenie celne o dokonaniu odprawy
  ~ **correspondence** ⟨**mail**⟩ korespondencja przychodząca

~ **freight** *a*) fracht powrotny *b*) ładunek powrotny
~ **manifest** manifest przywozowy (*lista przesyłek na wejściu*)
inward(s) *adv* do wewnątrz, do kraju, do środka
clearance ~ odprawa celna na wejściu, klarowanie statku
cleared ~ (*o statku*) zaklarowany
declaration ⟨**entry**⟩ ~ deklaracja celna przywozowa
duty ~ cło przywozowe
weight ~ waga ładunku przy nadejściu
to clear ~ odprawić celnie (*statek na wejściu*), zaklarować (*statek*)
to enter ~ zgłosić statek do odprawy celnej przywozowej
inward-bound *adj* powracający, będący w podróży powrotnej
~ **vessel** statek powracający do kraju ⟨portu macierzystego⟩
~ **voyage** (*o statku*) w rejsie powrotnym
IOU *s skr.* (= **I owe you**) skrypt dłużny, rewers
ipso: ~ **facto** *łac.* tym samym, przez to samo
~ **iure** *łac.* z ⟨na⟩ mocy prawa
iron *s* żelazo
~ **curtain** żelazna kurtyna
irrevocable *adj* **1.** nie do odzyskania **2.** niepowetowany
~ **losses** niepowetowane straty
irrecusable *adj* **1.** nie do odrzucenia **2.** bezsporny
~ **obligation** bezsporne zobowiązanie
~ **proposition** propozycja nie do odrzucenia
irredeemable *adj* **1.** nie podlegający wykupowi **2.** nie wymienialny na złoto (*waluta papierowa*) **3.** beznadziejny **4.** nie do odzyskania
~ **bond** ⟨**debenture**⟩ obligacja nie podlegająca wykupowi
~ **debt** beznadziejny dług, dług nie do odebrania
~ **loan** pożyczka nie do odebrania
~ **money** pieniądz niewymienialny (*na złoto*)
irredeemables *spl* papiery wartościowe nie podlegające wykupowi
irrefutable *adj* **1.** niezbity **2.** nieodparty
~ **evidence** niezbity dowód
irregular *adj* **1.** nieprawidłowy, nieformalny **2.** nieregularny **3.** rozwiązły
~ **conduct** złe prowadzenie się
~ **deposit** depozyt nieprawidłowy
~ **life** rozwiązłe życie
~ **marriage** nieformalne ⟨nielegalne⟩ małżeństwo
~ **proceedings** nieprawidłowe postępowanie sądowe
~ **warrant** nieprawidłowy nakaz aresztowania
It Is ~ to jest wbrew zasadom
irregularity *s* **1.** nieprawidłowość, nieformalność **2.** nieregularność **3.** *pl* **irregularities** *a*) nieporządki *b*) nadużycia
legal ~ nieformalność prawna
irrelevance, irrelevancy *s* **1.** brak związku **2.** uwaga ⟨wypowiedź⟩ bez związku ⟨nie na temat⟩
irrelevant *adj* nie należący do rzeczy, nieistotny; nie mający związku (**to sth** z czymś)
~ **error** ⟨**mistake**⟩ nieistotna pomyłka
~ **in law** bez znaczenia pod względem prawnym, prawnie nieistotny
~ **testimony** zeznanie nieistotne
~ **to the subject matter** nie mający związku ze sprawą

irreparable *adj* **1.** niepowetowany **2.** nie do naprawienia
~ **damage** ⟨**injury**⟩ szkoda ⟨krzywda⟩ nie do naprawienia
~ **loss** niepowetowana strata
irreplaceable *adj* niezastąpiony
irreproachable *adj* nienaganny, bez zarzutu
~ **conduct** nienaganne prowadzenie się
irresistible *adj* nieodparty, nieprzeparty
~ **force** nieodparta siła
~ **impulse** impuls nie do pokonania (*w odniesieniu do kleptomanii*)
irrespective[1] *adj* nie uwzględniający (**of sth** czegoś)
irrespective[2] *adv* niezależnie (**of sth** od czegoś), bez względu (**of sth** na coś)
~ **of other claims** niezależnie od innych roszczeń
~ **of race, sex, language or religion** niezależnie od rasy, płci, języka lub wyznania
irresponsibility *s* **1.** nieodpowiedzialność **2.** lekkomyślność
irresponsible *adj* **1.** nieodpowiedzialny **2.** nierozważny, nieobliczalny, lekkomyślny
~ **criminal** przestępca nie odpowiadający za swoje czyny
irretrievable *adj* **1.** bezpowrotnie stracony, niepowetowany **2.** nie do naprawienia
~ **loss** niepowetowana strata
irreversibility *s* nieodwracalność
irreversible *adj* **1.** nieodwracalny, nie dający się cofnąć **2.** (*o prawie*) niewzruszalny
irrevocability *s* nieodwołalność
irrevocable *adj* nieodwołalny
~ **credit** *a*) kredyt nieodwołalny *b*) akredytywa nieodwołalna
~ **decision** nieodwołalna decyzja
~ **letter od credit** akredytywa nieodwołalna
irritant *adj szkoc.* anulujący, unieważniający
~ **clause** *szkoc.* klauzula anulująca ⟨unieważniająca⟩
isolation *s* odosobnienie
issuable *adj* nadający się do wydania
~ **term** posiedzenie sądowe dla wydania ostatecznej decyzji w sprawie
issuance *s* wydanie, wypuszczenie, emitowanie, puszczenie w obieg
~ **of a licence** wydanie licencji
~ **of a patent** wydanie ⟨udzielenie⟩ patentu
~ **of a policy** wystawienie polisy
~ **of an ultimatum** postawienie ultimatum
issue[1] *s* **1.** emitowanie, wypuszczenie, wydawanie **2.** nakład, emisja, wydanie **3.** numer czasopisma **4.** kwestia sporna, problem, zagadnienie **5.** rezultat, wynik **6.** potomstwo **7.** wyjście, ujście, wypływ
~ **bank** bank emisyjny
~ **of banknotes** emisja banknotów
~ **of bonds** emisja ⟨wypuszczenie⟩ obligacji
~ **of a book** wydanie ⟨nakład⟩ książki
~ **of a cheque** wystawienie czeku
~ **of a draft** wystawienie ⟨trasowanie⟩ weksla
~ **of first** ⟨**lower**⟩ **priority** zagadnienie pierwszorzędnej ⟨drugorzędnej⟩ wagi
~ **of** ⟨**in**⟩ **fact** zagadnienie faktyczne, spór co do faktu
~ **of** ⟨**in**⟩ **law** zagadnienie prawne, problem prawny, spór co do zastosowania prawa
~ **of a licence** udzielenie licencji

~ **of a loan** emisja pożyczki
~ **of an order** wydanie zlecenia ⟨zarządzenia⟩
~ **of a passport** wydanie ⟨wystawienie⟩ paszportu
~ **of a patent** wydanie patentu
~ **of a receipt** wydanie pokwitowania
~ **of securities** emisja papierów wartościowych
~ **of shares** emisja ⟨wypuszczenie⟩ akcji
~ **of state significance** zagadnienie wagi państwowej
~ **price** ⟨**rate**⟩ kurs emisyjny
at ~ w sporze, sporny
bank of ~ bank emisyjny
currency ~ emisja pieniędzy ⟨banknotów⟩
date ⟨**day**⟩ **of** ~ data emisji ⟨wydania⟩
fiduciary ⟨**note**⟩ ~ emisja fiducjarna (*banknotów bez pokrycia*)
in the ~ w ostatecznym wyniku
matter ⟨**point**⟩ **of** ~ kwestia sporna, punkt sporny
place of ~ miejsce wydania
side ~ problem drugorzędny ⟨uboczny⟩
special ~ wydanie specjalne
to be at ~ *a)* nie zgadzać się (**with sb** z kimś) *b)* być przedmiotem sporu
to bring the matter to an ~ doprowadzić sprawę do końca
to bring out a new ~ wypuścić nową emisję
to die without ~ umrzeć bezpotomnie
to plead the general ~ *a)* zaprzeczać całkowicie roszczeniu *b)* nie przyznawać się do winy
to raise an ~ podnieść kwestię, zakwestionować
to state an ~ postawić problem
to take ~ różnić się, być odmiennego zdania
issue² *v* **1.** wydawać, emitować, wypuszczać **2.** kończyć się **3.** wynikać, być wynikiem, pochodzić (**from sth** z czegoś) **4.** stanowić dochód
to ~ **banknotes** emitować banknoty
to ~ **a bill** wystawić weksel
to ~ **bonds** emitować obligacje
to ~ **a certificate** wydać zaświadczenie
to ~ **a cheque** wystawić czek
to ~ **a commission** wydać polecenie
to ~ **a credit** otworzyć akredytywę
to ~ **a draft** wystawić ⟨trasować⟩ weksel
to ~ **a law** wydać ustawę
to ~ **a letter of credit** otworzyć akredytywę
to ~ **a loan** wypuszczać ⟨rozpisać⟩ pożyczkę
to ~ **a passport** wystawić ⟨wydać⟩ paszport
to ~ **a receipt** wydać pokwitowanie
to ~ **shares** wypuścić akcje
to ~ **to the bearer** wystawić na okaziciela

to ~ **a warrant for the arrest of sb** wydać ⟨wystawić⟩ nakaz aresztowania kogoś
issued *pp adj:* ~ **capital** kapitał akcyjny pokryty przez subskrybentów
~ **to the bearer** wystawiony na okaziciela
issuer *s* **1.** wystawca **2.** instytucja emitująca
issuing¹ *s* wydawanie, emitowanie
~ **bank** *a)* bank emisyjny *b)* bank wystawiający (*np. akredytywę*)
~ **company house** towarzystwo emisyjne, spółka emisyjna
~ **operation** operacja emisyjna
~ **place** miejsce emisji ⟨wystawienia⟩
~ **price** kurs emisyjny
issuing² *adj:* ~ **judge** ⟨**justice**⟩ sędzia wydający nakaz
item¹ *s* **1.** pozycja (*w spisie*) **2.** punkt (*programu*) **3.** paragraf **4.** klauzula **5.** informacja, wiadomość
~ **in the account** pozycja rachunku
~ **of the agenda** punkt porządku dziennego
~ **of expense** ⟨**expenditure**⟩ pozycja wydatku
~ **of information** wiadomość, informacja
~ **of the inventory** pozycja inwentarza
balance-sheet ~ pozycja bilansu
credit ⟨**debit**⟩ ~ pozycja po stronie „ma" ⟨„winien"⟩
export ⟨**import**⟩ ~ pozycja ⟨artykuł⟩ eksportu ⟨importu⟩
news ~**s** aktualności, wiadomości
separate ~**s** poszczególne pozycje
to check off ~**s** sprawdzić (*pot.* odfajkować) pozycje
to pass an ~ zaksięgować pozycję
to strike out an ~ wykreślić pozycję
item² *v* wyszczególniać, wyliczać pozycjami
item³ *adv* podobnie, także, to samo dotyczy (*np. następnej pozycji*)
itemize *v* specyfikować, wyszczególniać, wyliczać
to ~ **costs** wyszczególnić ⟨wyliczyć pozycjami⟩ koszty
itemized *adj* wyspecyfikowany, szczegółowy
~ **account** rachunek szczegółowy ⟨wyspecyfikowany, rozbity na pozycje⟩
~ **charges** specyfikacja kosztów
itinerant *adj* **1.** wędrowny **2.** objazdowy
~ **exhibition** wystawa objazdowa
~ **judge** ⟨**justice**⟩ objazdowy sędzia
~ **trade** handel wędrowny
~ **vendor** wędrowny sprzedawca
~ **worker** wędrowny robotnik
itinerary *s* **1.** trasa, marszruta, droga **2.** podróż **3.** rejs

J

jactitation *s* fałszywe oświadczenie (*mogące przynieść szkodę innej osobie*)
~ **of marriage** fałszywe podawanie się za męża ⟨żonę⟩
jail¹, *bryt.* **gaol** *s* **1.** więzienie **2.** uwięzienie **3.** *zob.* **gaol**¹

to be ⟨**sit**⟩ **in** ~ przebywać ⟨siedzieć⟩ w więzieniu
to break ~ uciec z więzienia
to go to ~ iść do więzienia, zostać uwięzionym
to put into ~ wsadzić ⟨wtrącić⟩ do więzienia
jail², *bryt.* **gaol** *v* uwięzić, wsadzać ⟨wtrącać⟩ do więzienia

jailbird *s pot.* **1.** więzień, aresztant **2.** recydywista
jail-break *s* ucieczka z więzienia
jail-breaker *s* zbieg z więzienia
jail-delivery *s* = **gaol-delivery**
jailer *s* strażnik ⟨dozorca⟩ więzienny
jam[1] *s* zator, tłok
   traffic ~ korek w ruchu ulicznym
jam[2] *v* zagłuszać (*audycje radiowe*)
janitor *s* **1.** odźwierny; dozorca **2.** woźny sądowy
Jason clause *s ub. mors.* klauzula Jasona (*o udziale ładunku w pokryciu kosztów awarii wspólnej, nawet gdy winę za jej spowodowanie ponosi załoga statku*)
jaywalk *v* chodzić nieprzepisowo po jezdni
jaywalker *s* przechodzień łamiący przepisy ruchu
Jedburgh ⟨**Jeddart, Jedwood**⟩ **justice** *bryt. hist.* sąd nie zachowujący żadnych form prawnych (*od nazwy szkockiego miasteczka, gdzie skazywano tak bandytów na powieszenie*)
jemmy *s* łom, drąg żelazny
jeopardize *v* **1.** narażać na niebezpieczeństwo **2.** ryzykować (**sth** coś, czymś)
jeopardy *s* **1.** niebezpieczeństwo, ryzyko **2.** niebezpieczeństwo zostania uznanym za winnego przestępstwa
   double ~ powtórne pociągnięcie do odpowiedzialności za to samo przestępstwo
   to be in ~ *a)* być w niebezpieczeństwie *b)* być obwinionym
jerque *v* dokonywać kontroli celnej (*dokumentów i ładunku statku*)
jerque-note *s* zaświadczenie celne o całkowitym wyładowaniu towaru (*ze statku*)
jerquer *s* kontroler celny (*statku*)
jerquing *s* rewizja celna statku
jerry-builder *s* przedsiębiorca budowlany stawiający tandetne domy
jerry-building *s* tandetne budownictwo
jet *s* samolot odrzutowy, odrzutowiec
   jumbo ~ ogromny odrzutowiec
jetsam *s* towary wyrzucone za burtę
   flotsam and ~ ładunek wyrzucony ze statku i pływający po morzu
   right of flotsam, ~ **and lagan** prawo przywłaszczenia rzeczy wyrzuconych na brzeg
jettison[1] *s* przymusowe wyrzucenie za burtę (*towarów*)
   ~ **of cargo** przymusowe wyrzucenie ładunku za burtę
jettison[2] *v* wyrzucać (*towary*) za burtę (*w razie awarii statku*)
jetty *s* **1.** pomost przeładunkowy, pirs **2.** molo
jingo *s* szowinista
jingoism *s* szowinizm
job[1] *s* **1.** praca, zajęcie, robota **2.** interes **3.** *pot.* szachrajstwo, nieczysta sprawa, nadużycie
   ~ **applicant** osoba ubiegająca się o pracę
   ~ **bias** dyskryminacja w zakresie pracy
   ~ **buyer** półhurtownik
   ~ **card** karta pracy
   ~ **classification** *am.* podział na grupy zależne od stawek i rodzaju pracy
   ~ **goods** towar wybrakowany ⟨przeznaczony do wyprzedaży⟩
   ~ **lot** *a)* partia towarów nabyta dla odprzedaży *b)* partia towarów przeznaczonych do wyprzedaży

   ~ **market** rynek pracy
   ~ **office** urząd zatrudnienia ⟨pośrednictwa pracy⟩
   ~ **rate** stawka akordowa (*za wykonanie określonej pracy*)
   ~ **security** bezpieczeństwo pracy
   ~ **seeker** osoba poszukująca pracy
   ~ **s on offer** wolne miejsca pracy
   ~ **work** praca akordowa ⟨na akord⟩
   ~ **worker** robotnik akordowy
   accident on the ~ wypadek przy pracy
   bad ⟨**good**⟩ ~ złe ⟨dobre⟩ interesy
   full-time ~ całodzienna praca, całodzienne zatrudnienie, pełny etat
   odd ~ praca dorywcza
   out of a ~ bez pracy, bez zatrudnienia
   paid by the ~ płatny od sztuki ⟨akordowo⟩
   part-time ~ praca w niepełnym wymiarze godzin
   put-up ~ praca pozorowana ⟨fikcyjna⟩
   scarcity of ~ **s** brak pracy
   to apply for a ~ starać ⟨ubiegać⟩ się o pracę
   to be paid by ~ być płatnym akordowo
   to do a ~ wykonywać pracę
   to give up ⟨**throw up**⟩ **one's** ~ porzucić pracę
   to look for a ~ szukać pracy
   to lose one's ~ stracić pracę
job[2] *v* **1.** pracować, robić **2.** wykonywać roboty dorywcze **3.** handlować, kupować towary na handel **4.** prowadzić maklerkę, spekulować papierami wartościowymi **5.** wykorzystywać swe stanowisko dla osiągania nielegalnych dochodów
jobber *s* **1.** półhurtownik **2.** pośrednik, makler **3.** spekulant (*zwłaszcza giełdowy*) **4.** pracownik akordowy **5.** człowiek wykorzystujący swe stanowisko dla osiągnięcia korzyści materialnych
jobbery *s* **1.** spekulacja **2.** maklerstwo **3.** wykorzystywanie stanowiska dla celów osobistych
jobbing *s* **1.** półhurt **2.** maklerka (*walorami giełdowymi*) **3.** praca akordowa **4.** praca dorywcza
   stock ~ maklerka, spekulacja papierami wartościowymi
jobless *adj* bezrobotny
jockey *v* oszukiwać, okpiwać
   to ~ **sb out of sth** wyłudzić ⟨*pot.* wycyganić⟩ coś od kogoś
join *v* **1.** łączyć ⟨przyłączać⟩ (się) **2.** przystępować (**in sth** do czegoś); wstępować (*w poczet członków*) **3.** połączyć, związać
   to ~ **the army** wstąpić do wojska
   to ~ **an association** przystąpić do stowarzyszenia
   to ~ **(one's) efforts** połączyć (swe) wysiłki
   to ~ **in marriage** połączyć się małżeństwem, wstąpić w związek małżeński
   to ~ **in partnership** przystąpić do spółki
   to ~ **a lawsuit** przystąpić do procesu ⟨sprawy sądowej⟩
   to ~ **the party** wstąpić do partii
   to ~ **the union** wstąpić do związku (zawodowego)
joinder *s* **1.** połączenie **2.** przystąpienie do sprawy sądowej **3.** wspólne wystąpienie w procesie
   ~ **in issue** zgoda na przekazanie zagadnienia prawnego podniesionego przez stronę przeciwną do rozstrzygnięcia sędziom przysięgłym
   ~ **in pleading** przyłączenie się do zaproponowanego przez stronę przeciwną trybu postępowania
   ~ **of (causes of) actions** połączenie powództw
   ~ **of claims** połączenie roszczeń

~ **of issue** zgodne ustalenie przez strony spornego zagadnienia

~ **of parties** przystąpienie jednej lub kilku osób do jednej ze stron

~ **to an agreement** przystąpienie do umowy

joint *adj* połączony; wspólny; łączny; niepodzielny; solidarny

~ **account** wspólny rachunek

~ **action** wspólne powództwo

~ **adventure** ⟨**bargain**⟩ transakcja partycypacyjna (*dwóch lub więcej firm*)

~ **agreement** układ zbiorowy (*np. pomiędzy pracodawcami a pracownikami*)

~ **(and several) creditors** wierzyciele solidarni, współwierzyciele

~ **(and several) debtors** ⟨**promisors**⟩ dłużnicy solidarni, współdłużnicy

~ **and several liability** odpowiedzialność solidarna ⟨łączna⟩

~ **and several obligation** zobowiązanie solidarne ⟨łączna⟩

~ **applicants** osoby współubiegające się

~ **authors** współautorzy

~ **ballot** *bryt.* wspólne głosowanie obydwu izb parlamentu

~ **beneficiaries** współspadkobiercy

~ **business** *a)* transakcja partycypacyjna *b)* firma o charakterze spółki

~ **command** połączone dowództwo

~ **committee** *a)* komisja międzyparlamentarna *b)* komisja mieszana

~ **communiqué** wspólny komunikat

~ **conference** wspólna konferencja ⟨narada⟩

~ **contract** umowa przewidująca solidarną odpowiedzialność

~ **covenant** zobowiązanie z solidarną odpowiedzialnością dłużników

~ **debtor** współdłużnik

~ **demand** popyt wiązany

~ **efforts** wspólne wysiłki

~ **enterprise** wspólne przedsiębiorstwo

~ **estate** wspólny majątek, współwłasność

~ **executor** współwykonawca (*testamentu*)

~ **guarantee** ⟨**guaranty**⟩ *a)* gwarancja łączna ⟨solidarna⟩ *b)* poręczyciel solidarny

~ **heirs** współspadkobiercy

~ **holder** współdzierżyciel, współposiadacz

~ **interest** wspólność interesów

~ **inventor** współwynalazca

~ **legacy** wspólny zapis

~ **manager** współrządca

~ **obligation** wspólne zobowiązanie

~ **owners** współwłaściciele

~ **ownership** współwłasność

~ **parliamentary secretary** parlamentarny zastępca ministra

~ **partner** wspólnik, współudziałowiec

~ **procuration** kolektywne ⟨łączne⟩ pełnomocnictwo

~ **property** *a)* współwłasność *b)* wspólność ⟨wspólnota⟩ majątkowa

~ **proprietor** współwłaściciel

~ **rate** stawka łączna (*np. za przewóz na liniach należących do różnych towarzystw*)

~ **recognition** wspólne uznanie ⟨przyznanie⟩

~ **resolution** *bryt.* wspólna uchwała (*obu izb parlamentu*)

~ **security** ⟨**surety**⟩ *a)* poręka, gwarancja łączna ⟨solidarna⟩ *b)* poręczyciel solidarny

~ **session** wspólna sesja

~ **signature** łączne podpisanie

~ **sitting** wspólne posiedzenie

~ **statement** wspólne oświadczenie

~ **stock** kapitał akcyjny; *zob.* **joint-stock**

~ **survey** wspólne oględziny, wspólna ekspertyza

~ **tenancy** wspólna dzierżawa, wspólny najem

~ **tenants** współlokatorzy, współnajemcy, współdzierżawcy

~ **undertaking** wspólne przedsięwzięcie

~ **value** łączna wartość

~ **venture** transakcja partycypacyjna, wspólne przedsięwzięcie

~ **will** wspólny testament

at our ~ **expense** na nasz wspólny koszt

to take a ~ **action** podjąć wspólne działanie

jointly *adv* wspólnie; łącznie, solidarnie; niepodzielnie

~ **and severally** solidarnie, niepodzielnie i wspólnie

~ **entitled** współuprawniony

to act ~ działać wspólnie

to be ~ **and severally liable** odpowiadać solidarnie

to possess sth ~ posiadać coś wspólnie

jointress *s* wdowa na dożywociu

joint-stock *adj* :~ **bank** bank akcyjny

~ **company** spółka akcyjna

jointure *s* dożywocie wdowy

joker *s am.* klauzula osłabiająca znaczenie ustawy ⟨umowy⟩

journal *s* 1. czasopismo 2. gazeta 3. dziennik okrętowy 4. księga memoriałowa

the Journals of Parliament *bryt.* sprawozdania z obrad Parlamentu

journalize *v* wciągać (*transakcję*) do księgi

journey[1] *s* 1. podróż 2. przejazd 3. rejs

~ **abroad** podróż zagraniczna

~ **on business** podróż służbowa

~ **out and home** ⟨**to and fro, there and back**⟩ podróż tam i z powrotem

air ~ podróż samolotem

empty ~ pusty przebieg

home ⟨**homeward**⟩ ~ podróż powrotna

land ⟨**overland**⟩ ~ podróż lądowa

outbound ⟨**outward**⟩ ~ podróż wyjściowa, rejs z portu macierzystego

railway ~ podróż koleją

sea ~ podróż morska

to go on a ~ wyjechać w podróż

to make ⟨**take, undertake**⟩ **a** ~ odbyć podróż

journey[2] *v* podróżować, odbywać podróż

journeyman *s* (*pl* **journeymen**) 1. czeladnik 2. robotnik dniówkowy ⟨najemny⟩

judge[1] *s* 1. sędzia 2. znawca, ekspert

Judge Advocate General sędzia cywilny sprawujący nadzór nad sądem wojskowym

~ **in lunacy** sędzia rozpoznający sprawy o ubezwłasnowolnienie

~ **of assizes** sędzia wyjazdowy (*biorący udział w sesjach wyjazdowych*)

~ **ordinary** *a)* *bryt.* sędzia do spraw rodzinnych *b)* *szkoc.* sędzia

~ **probate** sędzia rozpoznający sprawy spadkowe i opiekuńcze

~ **'s order** nakaz sędziowski wydany na posiedzeniu niejawnym

judge[2] *v* **1.** sądzić, wydawać sąd **2.** osądzać, orzekać, oceniać **3.** uważać, mniemać **4.** wnioskować

judge-advocate *s* **1.** asesor sądu wojskowego **2.** *am.* prokurator sądu wojennego

judge-made *adj* (*o zasadzie prawnej*) oparty na orzecznictwie sądowym

~ **law** prawo precedensowe ⟨oparte na orzecznictwie sądowym⟩

judg(e)ment *s* **1.** orzeczenie, wyrok **2.** sąd, pogląd, mniemanie

~ **after trial** wyrok wydany po procesie kontradyktoryjnym

~ **at law** orzeczenie sądu oparte na prawie zwyczajowym (**common law**)

~ **book** księga zapisów orzeczeń sądowych

~ **by cognovit (actionem)** ⟨**confession**⟩ orzeczenie oparte na uznaniu powództwa

~ **by default** wyrok zaoczny

~ **creditor** wierzyciel z mocy wyroku

~ **debt** dług stwierdzony orzecznictwem sądowym

~ **debtor** dłużnik, przeciwko któremu zapadł wyrok sądowy ⟨z mocy wyroku⟩

~ **docket** rejestr orzeczeń sądowych

~ **in error** wyrok sądu odwoławczego

~ **in the last instance** wyrok ostateczny ⟨ostatniej instancji⟩

~ **in personam** wyrok kontradyktoryjny przeciwko osobie (*regulujący odpowiedzialność z tytułu zobowiązania*)

~ **in rem** wyrok regulujący prawa rzeczowe

~ **inter partes** wyrok regulujący wzajemne obowiązki stron

~ **lien** wyrok dotyczący prawa zastawu

~ **nihil dicit** wyrok na korzyść powoda przy braku obrony pozwanego

~ **non obstante veredicto** orzeczenie przeciwne werdyktowi przysięgłych

~ **of death** wyrok śmierci ⟨skazujący na karę śmierci⟩

~ **of dismissal** wyrok oddalający powództwo

~ **of nil capiat per breve** wyrok na korzyść pozwanego

~ **of nolle prosequi** wyrok na niekorzyść powoda, gdy ten w toku sprawy oświadczył, że nie popiera powództwa

~ **of non prosequitur** wyrok na niekorzyść powoda na skutek niedopełnienia przez niego w odpowiednim czasie obowiązków procesowych

~ **of nonsuit** wyrok na niekorzyść powoda z powodu nieprzedstawienia przez niego dowodów

~ **of quod computet** wyrok wstępny w sprawach rozrachunkowych nakazujący przedstawienie rozrachunków

~ **of quod recuperat** wyrok zasądzający odszkodowanie

~ **of repleader** postanowienie o ponownej wymianie pism między stronami

~ **of retraxit** orzeczenie oparte na cofnięciu pozwu ze zrzeczeniem się roszczenia

~ **of revocation** orzeczenie unieważniające poprzednie rozstrzygnięcie

~ **on the merits** orzeczenie co do istoty sprawy

~ **pro retorno habendo** wyrok przywracający władanie rzeczy ruchomej

~ **reserved** odroczenie ogłoszenia orzeczenia (*po zakończeniu postępowania*)

~ **respitet** zawieszenie wykonania orzeczenia

~ **roll** *bryt.* pisma i dokumenty sprawy sądowej

~ **seat** siedziba sądu

~ **upon verdict** wyrok oparty na werdykcie przysięgłych

adjudicative ~ wyrok zasądzający

alternative ~ wyrok alternatywny (*przewidujący dwie lub więcej możliwości zwolnienia ze zobowiązania*)

appeal ~ wyrok instancji odwoławczej

appealable ~ wyrok podlegający zaskarżeniu

awarding ~ wyrok zasądzający

confirming ~ wyrok zatwierdzający ⟨II instancji⟩

consent ~ wyrok na podstawie uznania ⟨oparty na uznaniu⟩ roszczenia

contradictory ~ wyrok kontradyktoryjny

declaratory ~ wyrok deklaratoryjny ⟨ustalający⟩

default ~ wyrok zaoczny

enforceable ~ wyrok wykonalny

final ~ wyrok ostateczny

preliminary ~ wyrok wstępny

reasons ⟨**grounds**⟩ **of a** ~ uzasadnienie wyroku

to appeal from a ~ odwołać się od wyroku

to deliver ⟨**enter, give**⟩ **a** ~ wydać wyrok

to execute ⟨**enforce**⟩ **a** ~ wykonać wyrok

to pass ⟨**pronounce**⟩ **a** ~ wydawać ⟨ogłosić⟩ wyrok

to reserve the ~ odroczyć wydanie wyroku

to suspend the ~ zawiesić wykonanie wyroku

to uphold the ~ utrzymać wyrok w mocy

judgeship *s* urząd sędziego ⟨sędziowski⟩

judicable *adj* podlegający sądzeniu

judicative *adj* sądowniczy

judicatory[1] *s* **1.** trybunał **2.** wymiar sprawiedliwości

judicatory[2] *adj* sądowniczy

judicature *s* **1.** wymiar sprawiedliwości, jurysdykcja **2.** urząd sędziowski **3.** trybunał, sąd

~ **acts** *bryt.* ustawy o ustroju sądów w Wielkiej Brytanii

Supreme Court of Judicature in England *bryt.* Najwyższy Trybunał Sprawiedliwości (*złożony z* **Court of Appeal** *oraz* **High Court of Justice**)

judicial *adj* **1.** sądowy **2.** sędziowski, sprawujący władzę sądowniczą **3.** bezstronny, sprawiedliwy **4.** rozsądny, rozumny

~ **abuse** obraza sądu

~ **acts** czynności sądowe

~ **admission** przyznanie sądowe (*w trakcie postępowania sądowego*)

~ **assembly** zgromadzenie sądowe

~ **assistance** pomoc sądowa

~ **authority** władza sędziowska ⟨związana z urzędem sędziowskim⟩

~ **circuit** okręg sądowy, jurysdykcja

~ **code** *a*) kodeks postępowania cywilnego *b*) ustrój sądowy

~ **cognizance** *a*) kompetencja sądowa *b*) sędziowska świadomość, sędziowskie rozeznanie

~ **combat** *hist.* sąd boży

~ **comity** *am.* przyznawanie orzeczeniom sądów jednego stanu mocy obowiązującej na terenie innych stanów (*na zasadzie kurtuazji*)

Judicial Committee of the Privy Council *bryt.* komisja sądowa Rady Przybocznej

~ **confession** przyznanie się do winy w trakcie postępowania sądowego

~ **corruption** przekupstwo sędziów

~ **day** dzień posiedzenia sądowego

~ **decision** decyzja sądowa

~ **discretion** swobodne uznanie sędziowskie

~ **document** dokument sądowy

~ **enquiry** ⟨**inquiry**⟩ dochodzenie sądowe

~ **error** błąd sądowy

~ **execution** egzekucja sądowa

~ **fairness** bezstronność sądu

~ **hearing** przesłuchanie sądowe

~ **immunity** immunitet sądowy

~ **law** prawo sądowe (*oparte na orzecznictwie sądowym*)

~ **legislation** prawo sędziowskie ⟨precedensowe⟩

~ **murder** morderstwo sądowe (*wydany zgodnie z prawem, lecz niesprawiedliwy wyrok śmierci*)

~ **notice** a) jurysdykcja b) świadomość sędziowska

~ **oath** przysięga sądowa

~ **office** a) urząd sędziowski b) wydział sądowy (*w Izbie Lordów*)

~ **officer** funkcjonariusz wymiaru sprawiedliwości

~ **opinion** praktyka sądowa

~ **order** nakaz sądowy, polecenie sądowe

~ **organization** ustrój sądów

~ **power** władza sędziowska

~ **precedent** precedens sądowy

~ **procedure** procedura sądowa

~ **proceeding(s)** postępowanie sądowe

~ **question** zagadnienie prawne podlegające kompetencji sądu

~ **remedy** środek prawny

~ **responsibility** odpowiedzialność sędziowska

~ **review** kontrola sądowa

~ **sale** sprzedaż na polecenie sądu, licytacja sądowa

~ **sentence** wyrok sądowy, orzeczenie sądowe

~ **separation** separacja sądowa (*od stołu i łoża*)

~ **sequestration** sekwestr sądowy, zajęcie sądowe

~ **settlement** sądowe załatwienie ⟨rozstrzygnięcie⟩

~ **statistics** statystyka sądowa

~ **system** system sądowy, ustrój sądowy

~ **tribunal** trybunał sądowy

~ **trustee** kurator sądowy

~ **vacations** wakacje sądowe

~ **writ** nakaz sądowy

judicially *adv* sądownie

judiciary[1] *s* 1. sądownictwo 2. sędziowie

judiciary[2] *adj* 1. sądowy 2. sędziowski

~ **law** a) sądowa praktyka, prawo precedensowe b) prawo sędziowskie

judicious *adj* rozsądny, rozumny

judicium Dei *s łac.* sąd boży

jumble-sale *s* 1. wyprzedaż towarów wysortowanych 2. wenta dobroczynna

jump[1] *s* skok

~ **in prices** raptowna zwyżka cen

jump[2] *v* (*o cenach, płacach*) skakać

to ~ at an occasion ⟨**offer**⟩ skwapliwie skorzystać z okazji ⟨z oferty⟩

to ~ to a conclusion szybko ⟨pochopnie⟩ wyciągnąć wniosek

jumpy *adj* skaczący, zmienny

~ **market** zmienny rynek

junior[1] *s* (*skr.* **jun.**, **jr**) 1. junior 2. podwładny; podkomendny

junior[2] *adj* 1. młodszy (*wiekiem, rangą, stopniem służbowym*) 2. późniejszy

~ **barrister** ⟨**counsel**⟩ a) młodszy z dwóch adwokatów tej samej strony b) adwokat nie mający tytułu adwokata królewskiego

~ **clerk** pomocnik ⟨praktykant⟩ handlowy

~ **creditor** późniejszy wierzyciel (*nie korzystający z pierwszeństwa przy egzekucji*)

~ **execution** późniejszy tytuł wykonawczy (*przeciwko temu samemu dłużnikowi*)

~ **judgment** późniejszy wyrok (*przeciwko tej samej osobie*)

~ **lien** późniejsze prawo zastawu

~ **minister** zastępca ministra (*w parlamencie*)

~ **mortgage** późniejsza hipoteka

~ **partner** młodszy wspólnik, wspólnik mający mniejszy wpływ na prowadzenie przedsiębiorstwa

~ **right** prawo zwyczajowe przewidujące przejście nieruchomości na najmłodszego syna

junta *s hiszp.* 1. junta 2. rada

junto *s* 1. klika 2. zmowa

jural *adj* 1. prawny 2. prawniczy

~ **facts** fakty prawne, wydarzenia mające znaczenie prawne

~ **relations** stosunki prawne

jurat *s* 1. notatka na oświadczeniu (*affidavit o złożonej przysiędze*) 2. wyższy urzędnik miejski

juration *s* 1. zaprzysiężenie 2. złożenie przysięgi

juratory *adj* 1. dotyczący przysięgi 2. złożony pod przysięgą

~ **obligation** zobowiązanie złożone pod przysięgą

juridical *adj* 1. prawny, prawniczy 2. sądowy

~ **days** dni posiedzeń sądu

~ **person** ⟨**personality**⟩ osoba prawna

jurisconsult *s* 1. prawnik 2. radca prawny

jurisdiction *s* 1. jurysdykcja, wymiar sprawiedliwości 2. sądownictwo 3. obszar podlegający kompetencji sądu 4. kompetencja ⟨właściwość⟩ sądu

~ **clause** klauzula określająca właściwość sądu (*w przypadku sporu*)

administrative ~ sądownictwo administracyjne

Admiralty ~ a) orzecznictwo sądów morskich b) sądownictwo morskie c) właściwość sądów morskich

appellate ~ orzecznictwo odwoławcze

civil ~ sądownictwo cywilne

concurrent ~ właściwość równorzędna ⟨zbieżna⟩

contentious ~ sądownictwo sporne

criminal ~ a) sąd karny b) sądownictwo karne

disciplinary ~ sąd dyscyplinarny

emergency ~ jurysdykcja konieczna

equitable ~ sądownictwo oparte na prawie słuszności

exclusive ~ właściwość wyłączna

foreign ~ właściwość sądu zagranicznego

maritime ~ sądownictwo morskie

material ~ właściwość rzeczowa

matrimonial ~ sądownictwo w sprawach małżeńskich

national ~ kompetencja sądów krajowych

original ~ kompetencja sądu pierwszej instancji

penal ~ sądownictwo karne

probate ~ właściwość w sprawach rodzinnych i opiekuńczych
special ~ sądownictwo szczególne
summary ~ a) orzecznictwo sądu niższej instancji b) sądownictwo w trybie przyspieszonym
territorial ~ właściwość miejscowa
under ⟨within⟩ the ~ **of...** podlegający kompetencji...
want of ~ brak właściwości ⟨niewłaściwość⟩ sądu
without ~ niewłaściwy, niekompetentny
jurisdictional adj jurysdykcyjny, podlegający jurysdykcji
~ **facts** fakty przesądzające o jurysdykcji (konkretnego sądu)
~ **immunity** immunitet sądowy
~ **statement** stwierdzenie wskazujące na podstawy skargi apelacyjnej (skierowanej do sądu najwyższego)
juris et de jure łac. (o domniemaniu) prawnie niezbite ⟨niewzruszone⟩
jurisprudence s 1. prawoznawstwo, znajomość prawa 2. praktyka sądowa
medical ~ medycyna sądowa
jurisprudent s prawnik, znawca prawa
jurisprudentia s łac. (w odniesieniu do prawa cywilnego) nauka prawa
jurist s prawnik, jurysta
juristic(al) adj prawniczy, prawny
~ **act** czynność prawna
~ **commentary** komentarz prawny
~ **person ⟨personality⟩** osoba prawna
juror s 1. sędzia przysięgły, członek sądu przysięgłych 2. członek jury ⟨sądu konkursowego⟩, juror
~ **book** spis przysięgłych
jury s 1. sąd przysięgłych 2. sąd konkursowy, jury
~ **action** proces przed sądem przysięgłych
~ **box** ława przysięgłych
~ **case** sprawa rozpoznawana z udziałem przysięgłych
~ **commissioner** urzędnik sądowy zajmujący się ustalaniem listy sędziów przysięgłych
~ **directed** sąd przysięgłych pouczony przez sędziego
~ **list ⟨panel⟩** zestaw sędziów przysięgłych
~ **of inquiry and presentment** przysięgli powołani dla przeprowadzenia dochodzenia i przedstawienia winnego sądowi
~ **of matrons** sąd przysięgłych złożony z kobiet (gdy chodzi o zawieszenie wykonania wyroku śmierci ze względu na ciążę podsądnej)
~ **process** wezwanie przysięgłych do pełnienia ich funkcji
~ **question** zagadnienie prawne stojące przed przysięgłymi
~ **trial** sąd z udziałem przysięgłych
common ~ zwykły skład przysięgłych (rozpoznający normalne sprawy)
coroner's ~ przysięgli koronera (uczestniczący w śledztwie mającym na celu wyjaśnienie przyczyn śmierci)
grand ~ wielka ława przysięgłych (w składzie 12–23 osób)
member of the ~ członek ławy przysięgłych
mixed ~ mieszana ława przysięgłych (dwujęzyczna lub złożona w połowie z białych i czarnych)

special ~ specjalna ława przysięgłych (do rozpoznawania spraw o szczególnym znaczeniu, złożona z ludzi o wyższym cenzusie majątkowym)
juryman s (pl **jurymen**) członek sądu przysięgłych
jurywoman s (pl **jurywomen**) członkini sądu przysięgłych
jus s łac. prawo, uprawnienie
~ **abutendi** łac. prawo (właściciela) do przetworzenia, zużycia i zniszczenia rzeczy
~ **accrescendi** łac. prawo przyrostu
~ **belli** łac. prawo wojny ⟨wojenne⟩
~ **civile** łac. prawo cywilne
~ **disponendi** łac. prawo rozporządzania rzeczą
~ **fruendi** łac. prawo do pobierania pożytków i innych przychodów z rzeczy
~ **gentium** łac. prawo narodów ⟨międzynarodowe⟩
~ **infinitum** łac. prawo nieograniczone
~ **in personam** łac. prawo w odniesieniu do osoby
~ **in rem** łac. prawo do rzeczy
~ **legitimum** łac. legalne prawo ⟨uprawnienie⟩
~ **mariti** łac. prawo męża ⟨mężowskie⟩
~ **naturae ⟨naturale⟩** łac. prawo natury ⟨naturalne⟩
~ **navigandi** łac. prawo żeglugi
~ **non scriptum** łac. prawo niepisane
~ **possidendi** łac. prawo posiadania (rzeczy)
~ **primae noctis** łac. hist. prawo pierwszej nocy
~ **privatum** łac. prawo prywatne
~ **publicum** łac. prawo publiczne
~ **quaesitum tertio** łac. prawo na rzecz osoby trzeciej
~ **sanguinis** łac. prawo krwi (uzależniające obywatelstwo dziecka od obywatelstwa rodziców)
~ **scriptum** łac. prawo pisane
~ **soli** łac. prawo miejsca urodzenia (decydujące o prawie obywatelskim dziecka)
~ **talionis** łac. prawo odwetu
~ **tertii** łac. prawo osoby trzeciej
~ **tollendi** łac. uprawnienie (posiadacza) do zabrania dokonanych nakładów
~ **utendi** łac. uprawnienie do używania rzeczy
just¹ adj 1. słuszny, sprawiedliwy 2. uzasadniony 3. godziwy 4. właściwy 5. bezstronny
~ **cause** słuszna sprawa
~ **claim** słuszne roszczenie
~ **compensation** godziwe odszkodowanie
~ **demand** uzasadnione żądanie
~ **opinion** bezstronna opinia
~ **price** godziwa cena
~ **right** słuszne prawo
~ **sentence** sprawiedliwy wyrok
~ **suspicion** uzasadnione podejrzenie
~ **title** uzasadniony tytuł prawny
~ **treatment** właściwe traktowanie
~ **value** właściwa wartość
~ **war** słuszna ⟨sprawiedliwa⟩ wojna
just² adv 1. właśnie, dopiero co 2. ledwo, zaledwie 3. tylko
~ **arrived goods** dopiero co nadeszłe towary
justice s 1. sprawiedliwość 2. wymiar sprawiedliwości 3. słuszność 4. sędzia
~ **in eyre** bryt. hist. sędzia objazdowy
~ **of assize ⟨of nisi prius⟩** sędzia biorący udział w sesjach wyjazdowych
~ **of the peace** sędzia pokoju
administration of ~ wymiar sprawiedliwości

court of ~ sąd
in ~ to... oddając sprawiedliwość...
ministry of ~ ministerstwo sprawiedliwości
miscarriage of ~ niesprawiedliwy wyrok, omyłka sądowa
sense of ~ poczucie sprawiedliwości
social ~ sprawiedliwość społeczna
to administer ~ wymierzać sprawiedliwość
to bring sb to ~ pociągnąć kogoś do odpowiedzialności
justiceship *s* 1. urząd sędziowski 2. kadencja sędziowska
justiciability *s* możliwość rozpoznawania w drodze sądowej
justiciable *adj* podległy jurysdykcji
~ **dispute** spór do rozstrzygnięcia w sądzie
justiciary *s* sądownictwo
Court of ~ *szkoc.* najwyższy sąd karny
justifiable *adj* 1. usprawiedliwiony 2. uzasadniony; zrozumiały
~ **act** usprawiedliwione działanie

~ **homicide** zabójstwo usprawiedliwione ⟨w obronie własnej, koniecznej⟩
legally ~ prawnie uzasadniony
justification *s* 1. usprawiedliwienie 2. uzasadnienie
justificative, justificatory *adj* 1. usprawiedliwiający 2. uzasadniający
justified *adj* uzasadniony, usprawiedliwiony
~ **act** uzasadniony czyn, usprawiedliwione działanie
fully ~ w pełni uzasadniony
justify *v* usprawiedliwiać, uzasadniać, motywować
to ~ **a bail** dać dowody wypłacalności (*przed poręczeniem za kogoś*)
justness *s* słuszność, sprawiedliwość
~ **of a cause** słuszność sprawy
juvenile¹ *s* młodociany, małoletni, nieletni
~ **court** sąd dla nieletnich
~ **labour** praca nieletnich, zatrudnianie nieletnich
juvenile² *adj* młodociany, małoletni, nieletni
~ **delinquency** przestępczość nieletnich
~ **delinquent** ⟨**offender**⟩ młodociany ⟨nieletni⟩ przestępca

K

kangaroo *s*: ~ **closure** *bryt.* procedura dająca przewodniczącemu komisji parlamentarnej prawo wyboru (*do dyskusji*) poprawek do projektu ustawy
~ **court** *am. pot.* sąd nielegalny, parodia sądu
keelage *s bryt.* opłata za postój statku w porcie, opłata stępkowa
keen *adj* ostry, silny, intensywny
~ **competition** silna konkurencja
~ **demand** duży popyt
~ **prices** ceny konkurencyjne
keep *v* (kept, kept) 1. trzymać, utrzymywać (się) 2. prowadzić (*firmę*) 3. dotrzymywać (*np. obietnicy*), przestrzegać (*np. prawa*) 4. mieć (*w sprzedaży*) 5. przechowywać 6. *zob.* keep down, keep up
~ **cool** przechowywać w chłodnym miejscu (*napis na opakowaniu*)
~ **dry** przechowywać w suchym miejscu (*napis na opakowaniu*)
~ **flat** ustawiać poziomo (*napis na opakowaniu*)
~ **upright** trzymać pionowo (*napis na opakowaniu*)
to ~ **an account** prowadzić rachunek ⟨konto⟩
to ~ **an account at** ⟨**with**⟩ **the bank** mieć konto w banku
to ~ **the accounts** prowadzić rachunkowość
to ~ **an appointment** przyjść na umówione spotkanie
to ~ **an article** prowadzić artykuł, mieć artykuł na składzie
to ~ **the balance** utrzymywać równowagę
to ~ **the books** prowadzić księgowość
to ~ **firm** (*o cenach*) trzymać się mocno, utrzymywać się

to ~ (**goods**) **in stock** ⟨**store**⟩ mieć (towar) na składzie
to ~ **in custody** trzymać pod strażą
to ~ **in (good) repair** utrzymywać w dobrym stanie
to ~ **in order** utrzymywać w porządku
to ~ **in prison** trzymać w więzieniu ⟨areszcie⟩
to ~ **in working order** utrzymywać w stanie sprawności
to ~ **the minutes** protokołować
to ~ **the peace** zachowywać spokój i porządek
to ~ **a price** utrzymywać cenę
to ~ **a promise** dotrzymywać przyrzeczenia
to ~ **a record of sth** prowadzić zapis czegoś
to ~ **a secret** dotrzymać tajemnicy
to ~ **steady** (*o cenie*) utrzymywać się, nie zmieniać się
to ~ **to the terms** stosować się do warunków (*umowy*)
to ~ **under control** kontrolować
to ~ **under lock and key** trzymać pod zamknięciem
to ~ **well** (*o towarze*) przechowywać się dobrze, nie psuć się
keep down *v* 1. utrzymywać na niskim poziomie (*np. ceny, płace*) 2. ukrywać się
keeper *s* 1. dozorca, nadzorca 2. opiekun, kurator 3. właściciel (*np. sklepu*) 4. posiadacz, dzierżyciel, przechowawca
Keeper of the Great Seal *bryt.* Lord Strażnik Wielkiej Pieczęci
Keeper of the Privy Seal *bryt.* Lord Strażnik Pieczęci

keeping *s* **1.** trzymanie, prowadzenie, utrzymywanie **2.** nadzór, dozór, piecza
~ **house** pozostawanie w domu (*w celu uniknięcia aresztowania za długi – uważane za przyznanie się do bankructwa*)
~ **in custody** zatrzymanie (*osoby*)
in ~ **with sth** zgodny ⟨zgodnie⟩ z czymś
in sb's ~ pod czyimś nadzorem, w czyjejś pieczy
keep up *v* podtrzymywać, utrzymywać (*np. cenę*)
to ~ **with the demand** nadążać za popytem
kerb *s* **1.** krawężnik chodnika **2.** *przen.* nieoficjalna giełda
~ **market** nieoficjalny rynek giełdowy
~ **price** cena wolnorynkowa ⟨czarnorynkowa⟩
on the ~ w obrocie pozagiełdowym, na wolnym rynku
kerbstone *s* krawężnik
~ **broker** *am.* makler nie będący członkiem giełdy
key *s* klucz
~ **book** książka szyfrów
~ **currency** waluta obiegowa
~ **industry** przemysł kluczowy
~ **man** człowiek na kluczowym stanowisku, *przen.* główna sprężyna
~ **money** zadatek niezbędny przy niektórych transakcjach
~ **post** kluczowe stanowisko
~ **problem** kluczowe zagadnienie
~ **witness** główny świadek
~ **word** hasło, slogan
cipher ~ klucz szyfrowy
skeleton ~ wytrych
test ~ klucz telegraficzny
kidnap *v* porywać, uprowadzać
kidnapper *s* porywacz, sprawca porwania; kidnaper
kidnapping *s* porwanie, uprowadzenie (*osoby*)
kill *v* zabijać, mordować, uśmiercać
to ~ **oneself** zabić się; popełnić samobójstwo
killer *s* **1.** zabójca, morderca **2.** *am.* bandyta, gangster
killing *s* zabicie, mord, zamordowanie
~ **of prisoners of war** zabijanie jeńców wojennych
kin *s* **1.** ród **2.** rodzina **3.** rodzeństwo **4.** krewny, krewni **5.** powinowaty, powinowaci
near of ~ blisko spokrewniony
next of ~ *a)* najbliższy krewny *b)* najbliższa rodzina
kind¹ *s* **1.** rodzaj, gatunek **2.** klasa, odmiana **3.** towar (*jako środek płatniczy*)
~ **of goods** rodzaj towaru
~ **of trade** branża handlowa
to pay ⟨**return**⟩ **in** ~ zapłacić ⟨zwrócić⟩ w naturze
kind² *adj* **1.** uprzejmy, grzeczny, życzliwy **2.** łaskawy
~ **invitation** uprzejme zaproszenie
be so ~ **as to** ... bądźcie łaskawi ⟨zechciejcie łaskawie⟩ ...
with kind(est) regards z wyrazami poważania (*zwrot grzecznościowy*)
kindly *adv* uprzejmie, łaskawie
~ **acknowledge the receipt of** ... proszę łaskawie potwierdzić odbiór ...
kindred¹ *s* **1.** pokrewieństwo **2.** krewni, rodzina, rodzeństwo
kindred² *adj* spokrewniony, pokrewny
~ **offence** podobne przestępstwo, przestępstwo tego samego rodzaju

king *s* król, monarcha
King's advocate *bryt.* adwokat królewski (*adwokat państwowy do spraw morskich, rodzinnych i spadkowych, doradca w zagadnieniach prawa międzynarodowego*)
King's Bench *bryt. hist.* Sąd Ławy Królewskiej (*do 1873 r.*)
King's Bench Division *bryt.* Wydział Ławy Królewskiej (*Sądu Najwyższego*)
King's Chambers *bryt.* części morza tworzące wody terytorialne
King's Counsel *bryt.* radca ⟨adwokat⟩ królewski
King's evidence dowód obciążający (*w postaci zeznań jednego z kilku oskarżonych, któremu obiecano ułaskawienie*)
King's proctor *bryt.* adwokat reprezentujący Koronę w sądach rodzinnych i opiekuńczych (**court of probate and divorce**)
King's stores składy publiczne
King's widow *hist.* wdowa po wasalu, która musiała złożyć przysięgę, że nie poślubi nikogo bez zgody króla
to receive the King's pardon uzyskać ułaskawienie
kingdom *s* królestwo
the United Kingdom (of Great Britain and Northern Ireland) Zjednoczone Królestwo (Wielkiej Brytanii i Północnej Irlandii)
kinsfolk *spl* krewni, rodzeństwo
kinship *s* pokrewieństwo
kinsman *s* (*pl* **kinsmen**) krewny, powinowaty
kinsmanship *s* pokrewieństwo, powinowactwo
kinswoman *s* (*pl* **kinswomen**) krewna, powinowata
kiss *v* całować
kissing *s* pocałunek
~ **the Book** ucałowanie Biblii (*jako symbol przysięgi*)
kite *s* **1.** weksel fikcyjny ⟨grzecznościowy⟩ **2.** *am.* czek bez pokrycia
to fly a ~ *a)* zdobywać pieniądze za pomocą weksla fikcyjnego *b) am.* wystawiać czek bez pokrycia
kleptomania *s* kleptomania
kleptomaniac *s* kleptoman
knave *s* łotr, złoczyńca
knavery *s* łotrostwo
knight¹ *s* **1.** rycerz **2.** kawaler (*orderu*) **3.** nobilitowany obywatel z tytułem „Sir"
Knight of the Bath kawaler Orderu Łaźni
Knight of the Garter kawaler Orderu Podwiązki
~ **of the post** oszust trudniący się zawodowo składaniem fałszywych zeznań
~ **of the shire** *bryt.* przedstawiciel hrabstwa w Parlamencie
Knight of St. Michael and St. George kawaler Orderu św. Michała i św. Jerzego
Knight's Service *bryt. hist.* obowiązek pełnienia służby wojskowej z tytułu posiadania dóbr ziemskich
knight² *v* **1.** nobilitować, nadawać tytuł szlachecki (**sb** komuś) **2.** odznaczać (*kogoś*) orderem (*nadającym tytuł kawalera orderu*)
knighthood *s* **1.** tytuł rycerski **2.** rycerstwo
knight-marshal *s* sędzia dworu królewskiego (*rozpoznający sprawy członków dworu*)
knock *v* uderzać, pukać; *zob.* **knock down, knock off, knock out, knock together**

knock down *v* 1. powalić, obalić (*np. dowód*) 2. obniżyć (*np. cenę*) 3. przybić (*na licytacji*), przyznać **the goods were knocked down to the highest bidder** towary zostały przyznane oferentowi najwyższej stawki (*na licytacji*)

knock-down *adj:* ~ **price** cena ostateczna ⟨najniższa⟩ (*poniżej której nie można sprzedać towaru na licytacji*)

knock off *v* 1. obniżać (*cenę przy targach*), potrącać (*np. z ceny*) 2. sporządzać 3. odbijać, wybijać

knock out *v* 1. zwalczyć, usunąć (*np. przeszkodę*) 2. znokautować 3. wykupywać licytowane przedmioty do dalszej odsprzedaży

knock-out *adj:* ~ **price** cena rujnująca (*sprzedawcę*)

knock together *v* tworzyć
    to ~ **a military bloc** utworzyć blok wojskowy

knot *s* węzeł
    marriage ~ węzeł małżeński

know *v* (**knew, known**) 1. wiedzieć; znać; umieć 2. dowiedzieć się; poznać
    to ~ **one's business** (*o handlowcu*) znać swój zawód
    to ~ **the law** znać prawo, orientować się w kwestiach prawnych
    to ~ **the ropes** znać panujące stosunki, orientować się w sytuacji
    to ~ **sth from experience** znać coś z doświadczenia ⟨praktyki⟩
    to ~ **sth from hearsay** znać coś ze słyszenia ⟨na podstawie pogłosek⟩
    to ~ **what's what** wiedzieć co i jak, być zorientowanym
    to come to ~ dowiedzieć się
    to get to ~ **sth** dowiedzieć się czegoś
    to let sb ~ **sth** powiadomić kogoś o czymś

know-how *s* 1. znajomość rzeczy 2. znajomość ⟨sposób, tajemnica⟩ (*produkcji*)

knowingly *adv* 1. świadomie, umyślnie 2. ze znajomością rzeczy

~ **and wilfully** świadomie z własnej woli
    to ~ **permit** świadomie zezwalać
    to kill ~ świadomie ⟨umyślnie⟩ zabić ⟨dokonać zabójstwa⟩
    to make ~ **a false statement** świadomie złożyć fałszywe oświadczenie

knowledge *s* 1. wiedza, poznanie 2. znajomość rzeczy 3. posiadane wiadomości ⟨umiejętności⟩
~ **of business** znajomość handlu, wiedza handlowa
~ **of commodities** towaroznawstwo
~ **of the fact** znajomość faktów
guilty ~ nieczyste sumienie
lack of ~ brak wiadomości, niewiedza
local ~ znajomość terenu
a matter of common ~ rzecz powszechnie ⟨ogólnie⟩ znana ⟨wiadoma⟩
profound ⟨**thorough**⟩ ~ gruntowna znajomość
to the best of my ~ **and belief** zgodnie z moją najlepszą wiedzą i przekonaniem
without sb's ~ bez czyjejś wiedzy
working ~ praktyczna znajomość
to bring ⟨**come**⟩ **to sb's** ~ podać ⟨dojść⟩ do czyjejś wiadomości
to get ~ (**of sth**) dowiedzieć się (czegoś)
to have a ~ **of sth** znać ⟨umieć⟩ coś

known *pp adj* 1. znany, wiadomy 2. notoryczny
~ **character** znana reputacja
~ **fact** znany fakt
~ **heirs** znani ⟨wiadomi⟩ spadkobiercy
~ **immoral character** powszechnie znana zła reputacja
~ **risk** znane ryzyko
~ **thief** notoryczny złodziej
~ **to the police** znany policji
to be ~ **as ...** znany pod nazwiskiem ...
to make sth ~ podać coś do wiadomości, ogłosić coś

L

label[1] *s* 1. etykieta, nalepka (*na towarze*), metka 2. przywieszka ⟨nalepka⟩ z adresem 3. przywieszka do umieszczania pieczęci (*notariusza lub urzędu*) 4. *hist.* kodycyl, dodatek do aktu
~ **clause** *ub. mors.* klauzula wyłączająca odpowiedzialność z tytułu uszkodzeń etykiet i nalepek
address ~ nalepka ⟨przywieszka⟩ z adresem
adhesive ~ etykietka do naklejania
brand ~ etykieta firmowa
clearance ~ zezwolenie na bezcłowe zaprowiantowanie statku
enclosure ~ znak ⟨symbol, cyfra⟩ na załączniku
gummed ~ nalepka podgumowana
luggage ~ nalepka na bagażu
price ~ metka ⟨przywieszka⟩ z ceną
quality ~ znak jakości
tie-on ~ przywieszka, metka, nalepka

union ~ *am.* metka informująca o zgodności towaru z wymogami ustalonymi przez organizację związkową
label[2] *v* 1. opatrzyć etykietą ⟨nalepką⟩ 2. przyczepić kartkę z adresem 3. oznaczyć, zakwalifikować ⟨określić⟩ (**sth as ...** coś jako ...)
labelled *adj:* ~ **goods** towary opatrzone etykietą
labour, *am.* **labor** *s* 1. praca, robota 2. zadanie 3. robocizna 4. klasa pracująca, świat pracy 5. poród
~ **arbitration** arbitraż pracy
~ **bureau** biuro ⟨urząd⟩ zatrudnienia
labor camp *am.* obóz pracy przymusowej
~ **code** kodeks pracy
~ **compensation** wynagrodzenie za pracę
~ **conditions** warunki pracy
~ **contract** umowa o pracę
~ **costs** koszty robocizny

Labour ⟨Labor⟩ Day święto pracy (*bryt. 1 maja, am. pierwszy poniedziałek września*)
~ **discipline** dyscyplina pracy
~ **dispute** spór między pracodawcą i pracownikami co do warunków pracy
~ **distribution** podział pracy
~ **efficiency** wydajność pracy
Labour Exchange *bryt. hist.* urząd zatrudnienia
~ **flux** płynność kadr
~ **force** siła robocza
~ **hours** godziny pracy
~ **income** dochód z pracy
~ **input** nakład pracy
~ **law** prawo pracy
~ **leader** działacz związku zawodowego
~ **legislation** ustawodawstwo pracy
~ **market** rynek pracy
~ **movement** ruch robotniczy
Labour Office Międzynarodowe Biuro Pracy
Labour Party *bryt.* Partia Pracy (*stronnictwo polityczne*)
~ **permit** zezwolenie na pracę (*dla obcokrajowców*)
~ **power** siła robocza
~ **productivity** wydajność pracy
~ **protection** ochrona pracy
~ **relations** stosunki pracy
~ **risk** *ub. mors.* ryzyko strajków, rozruchów i zamieszek
~ **shortage** brak siły roboczej
~ **supply** podaż siły roboczej
~ **therapy** terapia przy pomocy pracy (*dla więźniów, inwalidów*)
~ **ticket** odcinek listy płac
~ **time** czas pracy
~ **turnover** płynność kadr
~ **union** *am.* związek zawodowy
~ **walkout** strajk
agricultural ~ praca w rolnictwie
black-leg ~ praca nielegalna, zatrudnianie osób nie należących do związku zawodowego
casual ~ praca dorywcza
child ~ zatrudnianie ⟨praca⟩ dzieci
common ~ praca niewykwalifikowana
compulsory ~ praca przymusowa
convict ~ zatrudnianie ⟨praca⟩ więźniów
cost of ~ koszt robocizny
division of ~ podział pracy
expenditure of ~ nakład pracy
farm ~ zatrudnienie ⟨praca⟩ w rolnictwie
forced ~ praca przymusowa
hard ~ ciężkie roboty
hired ~ praca najemna
hourly ~ praca płatna za godzinę
implements ⟨**instruments**⟩ **of** ~ narzędzia pracy
indirect ~ praca pomocnicza
local ~ lokalna ⟨miejscowa⟩ siła robocza
manual ~ praca fizyczna
migratory ~ wędrowna siła robocza
organized ~ zorganizowana klasa robotnicza
productive ~ praca produkcyjna
protection of ~ ochrona pracy
skilled ⟨**unskilled**⟩ ~ wykwalifikowana ⟨niewykwalifikowana⟩ siła robocza
slave ~ praca niewolnicza
social ~ praca społeczna

sue and ~ **clause** *ub. mors.* klauzula o zwrocie kosztów poniesionych przez ubezpieczonego w celu zapobieżenia szkodzie
surplus ~ praca dodatkowa
wage ~ praca najemna
women's ~ praca kobiet
labour², *am.* **labor** *v* ciężko pracować, trudzić się
labour-absorbing, *am.* **labor-absorbing** *adj* pracochłonny
labourage, *am.* **laborage** *s* robocizna
labour-consuming, *am.* **labor-consuming** *adj* pracochłonny
labourer, *am.* **laborer** *s* robotnik (*niewykwalifikowany*), pracownik fizyczny
agricultural ~ robotnik rolny
casual ~ robotnik pracujący dorywczo
common laborer *am.* prosty robotnik
day ~ robotnik dniówkowy
farm ~ robotnik rolny
general ~ robotnik niewykwalifikowany
labour-hour, *am.* **labor-hour** *s* roboczogodzina
labouring, *am.* **laboring** *adj*: ~ **classes** klasy pracujące
~ **man** robotnik, pracownik fizyczny
~ **population** ludność pracująca
labourite, *am.* **laborite** *s bryt.* 1. członek Partii Pracy, laburzysta 2. sympatyk Partii Pracy
labour-saving, *am.* **labor-saving** *adj* oszczędzający pracę, usprawniający
~ **machinery** urządzenia usprawniające pracę, maszyny zautomatyzowane
laches *s* zaniedbanie (*np. terminu*), niedokonanie czynności prawnej
~ **and acquiescence** zaniedbanie i milcząca zgoda
lachrymator *s* gaz łzawiący
lack¹ *s* brak, niedostatek
~ **of ability** *a)* brak zdolności prawnej *b)* brak kompetencji ⟨odpowiednich uprawnień⟩
~ **of capital** brak kapitału
~ **of caution** brak ostrożności
~ **of clarity** brak jasności (*tekstu, interpretacji*)
~ **of confidence** brak zaufania
~ **of consideration** brak (jakichkolwiek) względów, bezwzględność
~ **of data** brak danych
~ **of discernment** brak rozeznania
~ **of evidence** brak dowodów
~ **of form** brak formalny, uchybienie formalne
~ **of foundation** bezzasadność
~ **of funds** brak funduszy
~ **of interest** brak zainteresowania
~ **of invention** *pat.* brak cechy wynalazku
~ **of jurisdiction** brak jurysdykcji
~ **of labour** brak siły roboczej
~ **of money** brak pieniędzy
~ **of novelty** *pat.* brak cechy nowości
~ **of religious allegiance** bezwyznaniowość
~ **of resources** brak zasobów ⟨funduszów⟩
~ **of sales** brak zbytu
~ **of support** brak poparcia
~ **of uniformity** brak jednolitości
~ **of use** brak zastosowania
~ **of work** brak pracy
for ~ **of...** z braku...
no ~ **of...** mnóstwo...

lack[2] *v* **1.** brakować **2.** odczuwać brak **(for sth** czegoś) **to ~ capital** odczuwać brak kapitału
to ~ experience nie mieć doświadczenia
to be lacking in sth (courage etc.**)** brakować (*komuś*) czegoś (odwagi itd.), nie mieć czegoś (odwagi itd.)
money was lacking brakowało pieniędzy
lackland *s* bezrolny, osoba nie posiadająca ziemi
lacuna *s* (*pl* **lacunae**) luka
lade *v* (**laded, laden**) ładować (*towar*), załadowywać (*statek*)
laden *adj* załadowany, obciążony, obładowany
~ **in bulk** załadowany luzem (*towarem bez opakowania*)
~ **draught** zanurzenie pełne (*statku pod ładunkiem*)
~ **weight** waga przy załadunku
lading *s* **1.** załadunek **2.** ładunek
~ **charges** koszty załadunku
~ **days** okres przewidziany na załadunek
~ **port** port załadunku
bill of ~ konosament
laesae majestatis *s łac.* obraza majestatu (*określenie zdrady stanu*)
crimen ~ *łac.* zbrodnia obrazy majestatu, zdrada stanu
lag[1] *s* **1.** opóźnienie, zwłoka **2.** *sl.* niepoprawny kryminalista
economic ~ opóźnienie (zacofanie) gospodarcze
old ~ *sl.* recydywista
time ~ opóźnienie w czasie
lag[2] *v* **1.** opóźniać, pozostawać w tyle **2.** *sl.* zaaresztować, złapać, wsadzić do ciupy
to ~ **behind** nie nadążać
lagan *s* zatopiony ładunek (statek) (*oznaczony boją*) do późniejszego-odzyskania
laic *adj* świecki, laicki
laicize *v* **1.** laicyzować, zeświecczać **2.** udostępniać osobom świeckim
laissez faire *s fr.* polityka wolnej ręki (nieinterwencji) (*zwłaszcza w handlu*)
laity *s* **1.** osoby świeckie **2.** laicy
lame *adj* **1.** kulawy, kulejący **2.** (*o argumencie, wymówce itp.*) kiepski, słaby, kulawy
~ **duck** *a)* inwalida *b)* *giełd.* osoba (firma) niewypłacalna
Lammas *s bryt.* pierwszy sierpnia (*hist. dzień dożynek*)
~ **Day** święto żniw, dożynki
~ **Lands** pastwiska dzierżawione sezonowo przez różnych rolników
latter ~ (na) święty nigdy
land[1] *s* **1.** ziemia, ląd **2.** kraj, państwo **3.** nieruchomość rolna, własność ziemska, grunt **4.** pas gruntu (*oddzielony rowem drenującym*)
~ **agency** *a)* pośrednictwo w handlu nieruchomościami *b)* *bryt.* zarządzanie majątkiem
~ **agent** *a)* pośrednik w handlu nieruchomościami *b)* *bryt.* (za)rządca majątku
~ **and buildings** grunt i budynki, nieruchomości
~ **bank** bank ziemski (rolny)
~ **carriage** transport lądowy
~ **certificate** zaświadczenie z urzędu ziemskiego (*stanowiące tytuł własności*)
~ **charge** *a)* ciężar gruntowy, obciążenie gruntu *b)* dług hipoteczny
~ **damage** szkoda powstała na lądzie

~ **dealings** transakcje (handel) gruntami (nieruchomościami)
~ **estate** majątek ziemski
~ **force(s)** *wojsk.* siły lądowe
~ **frontier** granica lądowa (na lądzie)
~ **grant** *am.* nadanie państwowej ziemi (*instytucjom*)
~ **jobber** spekulant gruntami
~ **mass** duży areał gruntów
~ **mile** mila lądowa
~ **office** *am.* urząd ziemski
~ **owner** właściciel nieruchomości ziemskiej
~ **reform** reforma rolna
~ **register** (**records**) *a)* rejestr gruntowy *b)* księga wieczysta (hipoteczna)
~ **registration** wpis do księgi wieczystej
Land Registry *bryt.* urząd ziemski
~ **rent** renta gruntowa
~ **revenue** *bryt.* dochód osiągany z dóbr królewskich
~ **risk** ryzyko lądowe (szkód powstałych na lądzie)
~ **rotation** płodozmian
~ **route** trasa lądowa
~ **speculation** spekulacja gruntami
~ **tax** podatek gruntowy (od nieruchomości)
~ **tenant** *a)* użytkownik gruntu *b)* dzierżawca gruntu
~ **tenure** czynsz dzierżawny, tenuta (opłata) dzierżawna
~ **transport** transport lądowy
~ **tribunal** trybunał ziemski
~ **value** wartość gruntu
~ **waiter** urzędnik portowej kontroli celnej
~ **warrant** *am.* tytuł własności (*wydany przez urząd ziemski*)
~ **worker** robotnik rolny
arable ~ grunt orny, ziemia orna
barren ~ nieużytek, nieużytki
by ~ lądem, drogą lądową
communal ~ ziemia komunalna
cultivated ~ ziemia uprawna, grunt rolny
deforested ~ obszar wykarczowany
fallow ~ odłog, ugór
forest ~ obszar zalesiony
idle ~ odłogi
pasture ~ pastwisko
productive ~ ziemia urodzajna
waste ~ nieużytki
land[2] *v* **1.** lądować, dostać się na ląd **2.** wysadzić na ląd **3.** zawinąć do portu
to ~ **a criminal** pojmać przestępcę
to ~ **up in prison** wylądować (znaleźć się) w więzieniu
land-borne *adj* (*o towarze*) przewożony lądem, (*o transporcie itp.*) lądowy
~ **trade** handel lądowy
landed[1] *pp adj* (*o towarze*) wyładowany
~ **cost** (**price**) cena towaru wraz z kosztem wyładunku
~ **quality** jakość towaru przy wyładunku
~ **terms** warunki wyładunku (*obejmujące koszt towaru i wyładunku*)
~ **weight** waga towaru przy wyładunku
safely ~ (*o towarze*) bezpiecznie wyładowany

short ~ *a*) niewyładowany *b*) niezupełnie ⟨ nie w całości⟩ wyładowany *c*) wykazujący braki ⟨manko⟩
landed[2] *adj* ziemski, posiadający ziemię
~ **classes** klasy posiadające ziemię, obszarnicy
~ **estate** ⟨**property**⟩ majątek ziemski, własność ziemska
~ **gentry** ziemiaństwo, ziemianie
the ~ **interest** właściciele i użytkownicy ziemi
~ **proprietor** właściciel ziemski
~ **security** zabezpieczenie hipoteczne
~ **servitude** służebność gruntowa
land-grabber *s* grabieżca ziemi
landholder *s* 1. właściciel ziemski 2. dzierżawca
landing *s* 1. lądowanie (*statku, samolotu*) 2. wyładunek 3. miejsce lądowania ⟨wyładunku⟩
~ **account** specyfikacja wyładowanych towarów
~ **book** rejestr wyładunków
~ **certificate** *a*) specyfikacja wyładowanych towarów *b*) dokumenty celne na wyładowane towary *c*) *am.* świadectwo konsularne z portu załadowania (*przy bezcłowym eksporcie*)
~ **charges** koszty wyładunku
~ **clerk** pracownik czuwający nad zejściem pasażerów
~ **notice** zawiadomienie o wyładowaniu towaru
~ **order** *a*) zlecenie dokonania wyładunku *b*) = ~ **permit**
~ **permit** zezwolenie władz celnych na wyładunek
~ **place** *a*) miejsce lądowania *b*) miejsce wyładunku
~ **rate** stawka za wyładunek
~ **ticket** karta lądowania
~ **troops** *wojsk.* oddziały desantowe
~ **weight** waga wyładowanych towarów
condition on ~ stan towarów w chwili wyładunku
emergency ~ przymusowe lądowanie
port of ~ *a*) port lądowania *b*) port wyładowania
landlady *s* 1. właścicielka hotelu (pensjonatu, zajazdu) 2. właścicielka mieszkania ⟨domu⟩, gospodyni
land-law *s* prawo ziemskie ⟨dotyczące własności ziemskiej⟩
landless *adj* bezrolny
landlocked *adj* (*o nieruchomości*) położony w enklawie
landlord *s* 1. właściciel ziemski ⟨nieruchomości⟩ 2. właściciel hotelu (pensjonatu, zajazdu) 3. właściciel wynajmowanego pokoju ⟨mieszkania, domu⟩, gospodarz
~ **and tenant** *a*) właściciel i dzierżawca *b*) właściciel i najemca
landlordism *s* system dzierżawy rolnej
landmark *s* 1. znak ⟨słup⟩ graniczny 2. punkt orientacyjny (*w terenie*) 3. *przen.* kamień milowy, ważne wydarzenie
landowner *s* właściciel ziemski
lane *s* 1. ścieżka, dróżka, uliczka 2. pas ruchu (*dla pojazdów*) 3. tor ⟨pas⟩ (*np. wyścigowy*) 4. przejście 5. tor (*wodny, lotu*)
language *s* 1. język, mowa 2. wysławianie się
~ **of diplomacy** język dyplomatyczny
bad ~ język wulgarny
business ⟨**commercial**⟩ ~ język handlowy
code ~ *a*) porozumiewanie się kodem *b*) język kodowy
computer ⟨**machine**⟩ ~ język komputerowy
defamatory ~ obraźliwe wysławianie się

finger ~ (porozumiewanie się na) migi, język migowy
foreign ~ język obcy
legal ~ język prawniczy
native ~ mowa ojczysta, język ojczysty
official ~ język urzędowy
plain ~ zwykły ⟨niekodowy⟩ język
technical ~ język techniczny ⟨fachowy⟩
lapse[1] *s* 1. upływ, wygaśnięcie 2. utrata ważności (*prawa, patentu*) 3. omyłka, lapsus 4. *bryt.* umorzenie postępowania na skutek śmierci oskarżonego
~ **of copyright** wygaśnięcie praw autorskich
~ **of memory** utrata pamięci
~ **of the patent** wygaśnięcie patentu
~ **of time** upływ czasu
lapse[2] *v* 1. upływać, wygasać 2. tracić ważność 3. ulegać przedawnieniu
lapsed *adj*: ~ **legacy** wygasły zapis
~ **period** miniony okres
~ **policy** wygasła polisa ubezpieczeniowa (*z powodu niepłacenia składek*)
~ **right** wygasłe prawo (*z powodu niekorzystania z niego*)
larcener, larcenist *s* złodziej, sprawca kradzieży
larcenous *adj* 1. mający charakter kradzieży, złodziejski 2. winny kradzieży ⟨zaboru mienia⟩
~ **intent** działanie z zamiarem kradzieży
~ **taking** zabór mienia w celu przywłaszczenia
larceny *s* kradzież; zabór, zagarnięcie
~ **by trick** zabór mienia przy pomocy oszustwa
compound ~ kradzież rabunkowa ⟨rozbójnicza⟩
grand ~ kradzież w znacznym rozmiarze
mixed ~ kradzież zuchwała lub z włamaniem
petty ~ drobna kradzież
simple ~ zwykła kradzież
large[1] *s*: **at** ~ *a*) obszernie, szczegółowo *b*) w ogóle, ogólnie biorąc
consumers at ~ ogół konsumentów
a criminal at ~ zbrodniarz na wolności, grasujący przestępca
in ~ na dużą ⟨wielką⟩ skalę
people at ~ ogół ludzi; szeroki ogół
to be at ~ być na wolności
to relate at ~ szeroko ⟨szczegółowo⟩ relacjonować
to set at ~ uwolnić (*np. więźnia*)
large[2] *adj* 1. duży, obszerny 2. poważny, znaczny
~ **advertising** kampania reklamowa
~ **assortment** ⟨**choice**⟩ duży asortyment ⟨wybór⟩
~ **expenditure** duże wydatki
~ **family** liczna rodzina
~ **order** duże zamówienie
~ **powers** ⟨**discretion**⟩ szerokie pełnomocnictwo
on a ~ **scale** na wielką skalę
to trade on a ~ **scale** handlować na wielką skalę
large-scale *adj* wielki, na wielką skalę
~ **industry** wielki przemysł
~ **investment** inwestycja na wielką skalę, duża inwestycja
~ **production** produkcja masowa
lascivious *adj* lubieżny
~ **carriage** lubieżne zachowanie
~ **cohabitation** *am.* współżycie w konkubinacie, konkubinat
lash *s*: **the** ~ kara chłosty, chłosta
last[1] *adj* 1. ostatni, ostateczny 2. ubiegły, poprzedni
~ **buyer** ostateczny nabywca

~ **clear chance (doctrine)** doktryna ostatniej szansy (*nie uwalniająca strony od odpowiedzialności za szkodę, której można było uniknąć zachowując ostrożność*)

~ **heir** osoba, na którą przechodzi spadek bezdziedziczny

~ **impulsive cause** decydujący motyw

~ **instance** ostatnia instancja

~ **name** nazwisko

~ **offices** ⟨**rites**⟩ ostatnie posługi

~ **plea** ostatnie słowo (*podsądnego*)

~ **port of discharge** końcowy port podróży, port docelowy

~ **price** cena ostateczna

~ **quotation** ostatnie notowania (*giełdowe*)

~ **resort** ostatnia instancja

~ **statement** ostatnie słowo (*podsądnego*)

~ **will,** *am.* ~ **will and testament** testament, ostatnia wola

~ **word** ostatnie słowo (*oskarżonego*)

of the ~ **importance** mający największe znaczenie, najwyższej wagi

last² *v* **1.** trwać, utrzymywać się **2.** przetrwać **3.** starczać

lastage *s* **1.** opłata portowa **2.** ładunek ⟨balast⟩ okrętowy **3.** pojemność ładunkowa

~ **money** opłaty ładunkowe ⟨portowe⟩

lasting *adj* stały, trwały, długotrwały

~ **growth of production** stały wzrost produkcji

~ **peace** trwały pokój

no ~ **benefit** brak stałego dochodu ⟨zasiłku⟩

late *adj* **1.** późny, spóźniony **2.** nieżyjący, zmarły **3.** niedawny, miniony

~ **delivery** spóźniona ⟨późna⟩ dostawa

~ **husband** zmarły mąż

~ **name** poprzednie nazwisko

~ **prime minister** ostatni ⟨poprzedni⟩ premier

~ **shipment** późne załadowanie

of ~ niedawno, ostatnio

latent *adj* ukryty, utajony

~ **defect** ⟨**fault**⟩ wada ukryta

~ **defects clause** *ub. mors.* klauzula odpowiedzialności ubezpieczyciela za szkody powstałe wskutek wad ukrytych towaru

~ **partner** cichy wspólnik

~ **period** *med.* okres inkubacyjny ⟨inkubacji⟩ (*choroby*)

~ **reserves** ukryte rezerwy

lateral *adj* **1.** boczny **2.** z bocznej linii

~ **support** prawo oparcia (*zabraniające sąsiadom wykonywania robót ziemnych, które zagrażałyby cudzym istniejącym budynkom*)

latest *adj* ostatni, najświeższy

~ **closing** końcowy kurs giełdowy

~ **models** najnowsze modele

~ **news** ostatnie wiadomości

~ **novelties** ostatnie nowości

~ **time** ostateczny termin

latifundium *s* (*pl* **latifundia**) *łac. hist.* latyfundium, wielka własność ziemska

Latin *adj* łaciński

~ **rite** obrządek łaciński

latitude *s* **1.** szerokość geograficzna **2.** tolerancja, wolność, swoboda

latitudinarian *adj*: ~ **construction** ⟨**interpretation**⟩ wykładnia rozszerzająca

latter *adj* drugi (*z dwóch wymienionych*)

latter-day *adj* **1.** dzisiejszy, współczesny **2.** końcowy

launch *v* **1.** spuszczać na wodę, wodować (*statek*) **2.** uruchamiać, puszczać w ruch **3.** lansować **4.** wszczynać (*śledztwo, kampanię itd.*) **5.** wystrzelić (*rakietę, pocisk*)

to ~ **a campaign** wszcząć kampanię

to ~ **a new enterprise** uruchamiać nowe przedsiębiorstwo

to ~ **a product** wylansować wyrób

to ~ **a rocket** wystrzelić rakietę

to ~ **a ship** wodować statek

launching *s* **1.** wodowanie (*statku*) **2.** wystrzelenie (*rakiety itd.*) **3.** wylansowanie (*nowego modelu*)

law *s* **1.** prawo **2.** ustawa **3.** zasada, przepis, reguła, prawidło **4.** prawidłowość; prawo natury **5.** *przen.* adwokatura, sądownictwo

~ **action** proces, sprawa sądowa

~ **adviser** radca prawny

~ **agent** przedstawiciel prawny, pełnomocnik

~ **and equity** prawo i słuszność

~ **and order** prawo i porządek

~ **breaker** łamiący prawo, przestępca

~ **case** sprawa sądowa, proces sądowy

~ **Christian** prawo kościelne

~ **costs** koszty sądowe

~ **court** sąd

the Law Courts *bryt.* siedziba sądu najwyższego w Londynie

~ **day** ustanowiony (*w dokumencie*) dzień (*np. płatności długu*)

~ **department** wydział prawny

~ **enforcement** wykonanie ustaw

~ **enforcement officer** komornik sądowy

~ **expenses** koszty sądowe

~ **faculty** prawo, wydział prawa

Law French terminologia starofrancuska (*używana w brytyjskim prawie*)

~ **gazette** ⟨**journal**⟩ dziennik ustaw

~ **in force** obowiązujące prawo, obowiązująca ustawa

~ **Latin** łacina sądowa

Law List *bryt.* coroczna lista adwokatów (*barristerów i solicitorów*)

Law Lords prawnicy – członkowie Izby Lordów (*orzekający jako najwyższa instancja*)

~ **martial** prawo wojenne

~ **merchant** prawo handlowe

~ **of the air** prawo lotnicze

~ **of arms** prawo wojenne

~ **of bankruptcy** prawo upadłościowe

~ **of the case** wskazania sądu odwoławczego dla sądu I instancji w rozpatrywanej sprawie

Law of the Church prawo kościelne

~ **of conflict of laws** prawo kolizyjne

~ **of contracts** prawo zobowiązaniowe ⟨o zobowiązaniach⟩

~ **of domestic relations** prawo rodzinne ⟨familijne⟩

~ **of equity** prawo słuszności

~ **of evidence** prawo o postępowaniu dowodowym

~ **of exchange** prawo dewizowe

~ **of the flag** prawo bandery

~ **of honour** kodeks honorowy

~ **of inheritance** prawo spadkowe

~ **of insurance** prawo ubezpieczeniowe

~ **of the jungle** *przen.* prawo dżungli

~ **of the land** prawo krajowe ⟨zwyczajowe⟩
~ **of (the) large numbers** prawo wielkich liczb
~ **of the market** prawo rynku
~ **of marriage** prawo małżeńskie
~ **of master and servant** prawo pracy
~ **of merchant(s)** prawo handlowe
~ **of nations** prawo narodów ⟨międzynarodowe⟩
~ **of nature** prawo natury
~ **of obligations** prawo zobowiązaniowe ⟨o zobowiązaniach⟩
~ **of procedure** prawo procesowe
~ **of (real) property** prawo rzeczowe
~ **of reports** zbiór orzecznictwa ⟨orzeczeń sądowych⟩
~ **of reprisals** ⟨retaliation⟩ prawo retorsji ⟨odwetu⟩
~ **of the road** prawo drogowe, kodeks drogowy
~ **of the sea** prawo morskie
~ **of substance** prawo materialne
~ **of succession** prawo spadkowe
~ **of supply and demand** prawo podaży i popytu
~ **of trusts** prawo powiernicze
~ **of value** prawo wartości
~ **of war** prawo wojenne ⟨wojny⟩
~ **on bills of exchange** prawo wekslowe
~ **on matrimony** prawo małżeńskie
~ **on procedure** prawo procesowe
~ **order** porządek prawny
Law Reports zbiory orzecznictwa sądowego
Law Society *bryt.* Stowarzyszenie Prawnicze (*decydujące o dopuszczeniu do wykonywania zawodu solicitora*)
~ **spiritual** prawo kościelne
~ **term** termin prawniczy
according to the ~ zgodnie z prawem
act in ~ czynność prawna
action in ~ *a)* powództwo, pozew *b)* postępowanie sądowe, proces sądowy
adjective ~ prawo procesowe
administrative ~ prawo administracyjne
admiralty ~ prawo morskie
against the ~ wbrew prawu
air ~ prawo lotnicze
amending ~ nowela prawna, prawo nowelizujące
amnesty ~ ustawa o amnestii
application of the ~ stosowanie prawa
arbitration ~ prawo arbitrażowe ⟨o arbitrażu⟩
at ⟨in⟩ ~ według prawa
bachelor of ~s magister praw
bank ⟨banking⟩ ~ prawo bankowe
bankruptcy ~ prawo upadłościowe
binding in ~ wiążący ⟨obowiązujący⟩ prawnie
body of ~s zbiór praw
branch of ~ dziedzina ⟨dział⟩ prawa
budgetary ~ prawo budżetowe
by ~ legalnie, prawnie, zgodnie z prawem
canon ~ prawo kanoniczne
case ~ prawo oparte na orzecznictwie sądowym ⟨na precedensach⟩, prawo precedensowe
civil ~ prawo cywilne
code of ~ kodeks
codified ~ prawo skodyfikowane
commercial ~ prawo handlowe
common ~ *a)* prawo zwyczajowe ⟨niepisane⟩ *b)* prawo powszechne
company ~ prawo o spółkach
consideration for the ~ poszanowanie prawa

constitutional ~ prawo konstytucyjne
contract ~ prawo o zobowiązaniach ⟨zobowiązaniowe⟩
contrary to ~ sprzeczny z prawem
copyright ~ prawo autorskie
councellor at ~ radca prawny
course of ~ droga prawna
court of ~ sąd
criminal ~ prawo karne
customary ~ prawo zwyczajowe
customs ~ prawo celne
doctor of ~s doktor praw
domestic ~ prawo krajowe ⟨wewnętrzne⟩
ecclesiastical ~ prawo kościelne
economic ~ prawo ekonomiczne
electoral ~ prawo wyborcze
enforcement of the ~ *a)* wykonanie prawa *b)* przymus prawny
equity ~ prawo słuszności
error in ~ błąd prawny
exchange ~ prawo wekslowe
execution of the ~ wykonanie prawa
family ~ prawo rodzinne
federal ~ prawo federalne
fiscal ~ prawo skarbowe
fist ~ *przen.* prawo pięści
forbidden by ~ prawnie zabroniony ⟨zakazany⟩
foreign ~ prawo obce ⟨obcego kraju, zakrajowe⟩
foreign exchange ~ prawo dewizowe
game ~ prawo łowieckie
gap in the ~ luka w prawie
ignorance of the ~ nieznajomość prawa
industrial ~ prawo przemysłowe
infraction ⟨infringement⟩ **of the** ~ naruszenie ⟨pogwałcenie⟩ prawa
insurance ~ prawo ubezpieczeniowe ⟨ubezpieczeń⟩
international ~ prawo międzynarodowe
interpretation of the ~ wykładnia ⟨interpretacja⟩ prawa
introductory ~ przepisy wprowadzające
invalid at ~ prawnie nieważny
issue of ~ kwestia prawna, zagadnienie prawne, problem prawny
labour ~ prawo pracy
letter of ~ litera prawa
Levitical ~ prawo Lewitów (*ograniczające małżeństwa między powinowatymi*)
maritime ~ prawo morskie
martial ~ prawo stanu wojennego
mercantile ~ prawo handlowe
merchant shipping ~ morskie prawo handlowe
military ~ prawo wojskowe
moral ~ prawo moralne
municipal ~ *a)* prawo państwowe *b)* prawo krajowe ⟨wewnętrzne⟩
national ~ prawo krajowe
nationality ~ prawo o obywatelstwie
natural ~ prawo naturalne ⟨przyrodzone⟩
naval ~ prawo morskie
patent ~ prawo patentowe
penal ~ prawo karne
penal revenue ~ prawo karne skarbowe
point of ~ kwestia prawna, zagadnienie prawne, problem prawny
prescriptive ~ prawo przedawnienia ⟨zasiedzenia⟩
press ~ prawo prasowe

presumption of ~ domniemanie prawne, presumpcja prawna
private ~ prawo prywatne
private international ~ prawo prywatne międzynarodowe
process of ~ droga prawna ⟨sądowa⟩
property ~ prawo majątkowe
public ~ prawo publiczne
revenue ~ prawo skarbowe
rule of ~ reguła ⟨zasada⟩ prawna, przepis prawny
spirit of ~ duch prawa
state ~ prawo państwowe
statutory ~ prawo pisane ⟨ustawowe⟩
substantive ~ prawo materialne
tariff ~ prawo celne
under the ~ według prawa, zgodnie z prawem
violation of the ~ pogwałcenie prawa
within the ~ w granicach prawa
to abolish the ~ uchylić ⟨znieść⟩ prawo
to administer the ~ stosować prawo
to be at ~ **with sb** być z kimś w sporze, mieć z kimś sprawę sądową
to break the ~ łamać prawo
to evade the ~ obchodzić ⟨omijać⟩ prawo
to go to ~ **against sb** zaskarżyć kogoś do sądu
to have ⟨**take**⟩ **the** ~ **of** ⟨**on** ⟩ **sb** pozwać ⟨zaskarżyć⟩ kogoś
to infringe the ~ naruszyć ⟨pogwałcić⟩ prawo
to observe ⟨**obey**⟩ **the** ~ przestrzegać prawa
to pass ⟨**promulgate**⟩ **a** ~ uchwalić ustawę
to read ⟨*bryt.* **study the**⟩ ~ , *am.* **to study** ~ studiować prawo
to repeal a ~ uchylić ustawę
to respect the ~ przestrzegać prawa
to take the ~ **into one's hands** samemu wymierzyć sprawiedliwość
to violate ⟨**transgress**⟩ **the** ~ pogwałcić ⟨naruszyć⟩ prawo
law-abiding *adj* praworządny, szanujący prawo, lojalny
law-breaker *s* 1. osoba łamiąca ⟨naruszająca⟩ prawo 2. przestępca
law-breaking *s* łamanie prawa
lawful *adj* 1. legalny, prawowity, zgodny z prawem 2. sprawiedliwy, słuszny
~ **act** czynność zgodna z prawem
~ **age** pełnoletniość
~ **authorities** legalne władze
~ **cause** przyczyna prawna
~ **consent** zgoda (*poszkodowanego*) mająca znaczenie prawne
~ **contract** ważna umowa
~ **correction** *a)* legalna poprawka, zgodne z prawem sprostowanie *b)* zgodna z prawem kara chłosty
~ **currency** prawny środek płatniczy
~ **custody** *a)* opieka prawna *b)* zgodne z prawem aresztowanie ⟨zatrzymanie w areszcie⟩
~ **damages** odszkodowanie należne według prawa
~ **demand** słuszne żądanie
~ **discharge** przywrócenie praw upadłemu dłużnikowi (*przez zwolnienie go z długu*)
~ **excuse** legalne usprawiedliwienie
~ **exercise of right** legalne korzystanie z uprawnienia
~ **goods** legalny towar
~ **heir** ustawowy spadkobierca

~ **holder** posiadacz prawny
~ **homicide** legalne pozbawienie życia (*np. przez wykonanie kary śmierci*)
~ **husband** prawowity małżonek
~ **means** legalne środki
~ **merchandise** towar legalny ⟨dopuszczony do obrotu⟩
~ **merchant** prawo handlowe
~ **money** prawny środek płatniczy
~ **officer** funkcjonariusz wymiaru sprawiedliwości
~ **punishment** zgodne z prawem skazanie ⟨ukaranie⟩
~ **representative** ustawowy przedstawiciel
~ **sentence** sprawiedliwy wyrok
~ **share** zachowek, część obowiązkowa
~ **trade** legalny handel
~ **wife** prawowita małżonka
lawfully *adv* zgodnie z prawem, legalnie, słusznie
~ **bound** prawnie wiążący
~ **charged** oskarżony zgodnie z prawem
~ **sworn** zaprzysiężony zgodnie z prawem
lawfulness *s* 1. legalność 2. praworządność
law-giver *s* prawodawca, ustawodawca, kodyfikator
lawless *adj* 1. bezprawny 2. niepraworządny 3. pozbawiony praw 4. rozwiązły
~ **act** bezprawny postępek
~ **man** człowiek wyjęty spod prawa
lawlessness *s* 1. bezprawie 2. anarchia 3. samowola 4. rozwiązłość
lawmaker *s* prawodawca, ustawodawca
lawsuit *s* proces sądowy
to bring ⟨**enter**⟩ **a** ~ **against sb** wszcząć proces przeciwko komuś
law-term *s* 1. termin prawniczy 2. sesja sądowa
law-writer *s* 1. prawnik 2. urzędnik przepisujący dokumenty sądowe
lawyer *s* prawnik, adwokat
~ **'s fee** honorarium adwokackie
~ **'s office** kancelaria adwokacka
~ **'s trick** kruczek adwokacki
lay[1] *adj* 1. świecki, laicki 2. niefachowy, dyletancki, laicki
~ **judge** ławnik
~ **magistrate** sędzia pokoju
~ **people** przysięgli
lay[2] *v* (**laid, laid**) 1. kłaść 2. składać 3. nakładać 4. przedkładać, przedstawiać; wnosić (*np. skargę*) 5. *zob.* **lay aside, down, in, on, out, up**
to ~ **an action against sb** wnieść powództwo przeciwko komuś
to ~ **a case before the court** przedstawić sprawę sądowi
to ~ **a charge on sb** obciążać kogoś zarzutem, winić kogoś o coś
to ~ **claim against sb** wystąpić z roszczeniem przeciwko komuś
to ~ **a claim to sth** rościć o coś pretensje, wystąpić z roszczeniem o coś
to ~ **a complaint** wnieść reklamację ⟨skargę⟩
to ~ **damages** przedstawiać wysokość (dochodzonych) szkód
to ~ **doubts** rozwiać ⟨usunąć⟩ wątpliwości
to ~ **an embargo on sth** nałożyć embargo na coś
to ~ **fast** uwięzić
to ~ **hands on oneself** targnąć się na swoje życie, popełnić samobójstwo

to ~ **hands on sth** *a*) przywłaszczyć coś sobie *b*) znaleźć coś *c*) potwierdzić ⟨zatwierdzić⟩ przez położenie ręki

to ~ **an information against sb** złożyć na kogoś doniesienie

to ~ **the matter before the court** przedstawić sprawę sądowi

to ~ **an offer** przedkładać ⟨składać⟩ ofertę

to ~ **sb under a necessity** postawić kogoś wobec konieczności

to ~ **sb under an obligation** nałożyć na kogoś obowiązek, zobowiązać kogoś

to ~ **a tax on sth** nałożyć podatek na coś

to ~ **under a contribution** nałożyć kontrybucję

to ~ **venue** wskazać właściwość terytorialną

lay aside *v* **1.** odkładać na bok **2.** odkładać na później **3.** odrzucać

to ~ **money** odkładać pieniądze, oszczędzać

lay-days *spl* dni postoju w porcie

~ **for discharging** ⟨**loading**⟩ postój przewidziany na wyładunek ⟨załadunek⟩

reversible ~ przemienny czas postoju (*na załadunek i wyładunek*)

lay down *v* **1.** kłaść, składać **2.** projektować, planować **3.** ustalać, formułować

to ~ **arms** składać broń, kapitulować

to ~ **the conditions** precyzować ⟨formułować⟩ warunki

to ~ **sb's duties** ustalić czyjeś obowiązki

to ~ **the law** ustanawiać normy ustawowe

to ~ **office** złożyć urząd

to ~ **plans for ...** ustalać plany na ...

to ~ **a principle** ustalić zasadę

to ~ **rules** ustanawiać normy

lay in *v* gromadzić, magazynować

to ~ **goods** magazynować towary

to ~ **stores** gromadzić zapasy

layman *s* (*pl* **laymen**) **1.** osoba świecka **2.** laik

lay-off *s* **1.** przerwa w pracy, przestój **2.** zwolnienie (*robotnika z pracy*) **3.** krótkotrwałe bezrobocie

lay on *v* nakładać (*np. podatek, grzywnę*)

to ~ **duties** ⟨**taxes**⟩ nakładać cła ⟨podatki⟩

lay(-)out *s* **1.** plan **2.** rozplanowanie, rozłożenie

lay out *v* **1.** wystawiać, wykładać, eksponować **2.** wykładać, wydatkować **3.** projektować, planować

to ~ **goods** wykładać ⟨eksponować⟩ towary

to ~ **money** wydawać ⟨wydatkować⟩ pieniądze

lay up *v* **1.** gromadzić, składać **2.** wycofać (*np. statek z eksploatacji*)

to ~ **a ship** wycofać statek z eksploatacji

to ~ **stores** gromadzić zapasy

lead¹ *s* **1.** przywództwo, kierownicza rola **2.** czołowa pozycja **3.** przewaga

to **follow the** ~ iść za przykładem

to **give sb a** ~ dawać komuś zachętę ⟨przykład⟩

to **take the** ~ przodować, przewodzić, wysunąć się na czoło

lead² *s* **1.** ołów **2.** plomba

~ **poisoning** *med.* ołowica

customs ⟨**custom-house**⟩ ~ plomba celna

to **affix** ~**s** *a*) przymocować plomby *b*) oplombować towar na cle

lead³ *v* (**led, led**) **1.** prowadzić **2.** doprowadzać **3.** kierować, przewodzić **4.** skłaniać, namawiać

to ~ **a delegation** przewodniczyć delegacji

to ~ **for the defence** prowadzić obronę

to ~ **for the prosecution** prowadzić oskarżenie, kierować oskarżeniem

to ~ **in the case** występować w charakterze głównego adwokata strony

to ~ **to the ruin** doprowadzać do ruiny

to ~ **a witness** kierować zeznaniami świadka (*przez sugestywne pytania*)

leader *s* **1.** przywódca, lider **2.** rzecznik **3.** *bryt.* główny adwokat (*w sprawie*) **4.** artykuł wstępny ⟨redakcyjny⟩

~ **of a delegation** szef delegacji

leadership *s* **1.** kierownictwo, przewodnictwo **2.** dowództwo

collective ~ kolektywne kierownictwo

price ~ wpływ wielkich przedsiębiorstw na kształtowanie cen

under the ~ **of ...** pod przewodnictwem ⟨kierownictwem⟩ ...

leading *adj* **1.** kierujący, prowadzący **2.** przewodni, główny **3.** stanowiący precedens

~ **article** *a*) artykuł wstępny ⟨redakcyjny⟩ *b*) artykuł sprzedawany po niskiej cenie w celach reklamowych

~ **bank** bank odgrywający czołową rolę na rynku ⟨decydujący o stopie dyskontowej⟩

~ **case** sprawa precedensowa

~ **counsel** główny adwokat strony

~ **creditor** główny wierzyciel

~ **decision** zasadnicza decyzja, decydujące rozstrzygnięcie

~ **firm** przodująca firma

~ **idea** idea przewodnia

~ **mark** główna cecha towaru (*umożliwiająca identyfikację*)

~ **market** główny ⟨podstawowy⟩ rynek, rynek wiodący

~ **motive** główny motyw, zasadnicza pobudka

~ **partner** główny udziałowiec

~ **position** kierownicze stanowisko

~ **principle** główna zasada

~ **question** sugestywne pytanie, pytanie sugerujące odpowiedź

~ **shareholder** główny akcjonariusz

~ **underwriter** główny ubezpieczyciel

leaflet *s* ulotka reklamowa

league *s* liga, przymierze

(**the**) **League of Arab States** Liga Państw Arabskich

(**the**) **League of Nations** *hist.* Liga Narodów

to **associate in a** ~ sprzymierzać się

to **be in** ~ **with** być sprzymierzonym z

to **form a** ~ utworzyć ligę ⟨przymierze⟩

leak¹ *s* **1.** nieszczelność **2.** szczelina, miejsce przecieku **3.** przeciek informacji

leak² *v* **1.** (*o naczyniu*) cieknąć, przepuszczać, przeciekać **2.** (*o płynie*) wyciekać **3.** (*o gazie*) uchodzić, ulatniać się **4.** (*o tajemnicy*) wychodzić na jaw, ujawniać się

leakage *s* **1.** wyciek, przeciekanie **2.** ubytek **3.** bonifikata za ubytek

~ **and breakage** wycieki i stłuczki

~ **of business secrets** przeciekanie tajemnic handlowych

~ **of information** przeciek ⟨przenikanie⟩ informacji

currency ~ (nielegalne) przeciekanie dewiz

loss by ~ strata spowodowana wyciekiem

risk of ~ ryzyko wycieku
leakproof *adj* zabezpieczony przed wyciekiem
~ **test** próba szczelności
leaky *adj* przeciekający, nieszczelny
leap *s* skok
~ **day** dzień 29 lutego
~ **year** rok przestępny
to develop by ~**s and bounds** rozwijać się skokowo ⟨nierównomiernie⟩
learn *v* 1. uczyć się 2. dowiadywać się, otrzymywać informacje
learned *adj* 1. uczony, o głębokiej wiedzy 2. (*o publikacji itd.*) naukowy
~ **in the law** uczony w prawie
(the) ~ **professions** wolne zawody
my ~ **colleague** *bryt.* mój czcigodny ⟨szanowny⟩ kolega (*forma zwracania się do kolegi adwokata*)
leasable *adj* nadający się do wynajęcia ⟨wydzierżawienia⟩
lease[1] *s* 1. najem, dzierżawa 2. umowa najmu ⟨dzierżawy⟩ 3. okres najmu ⟨dzierżawy⟩
expiration of a ~ wygaśnięcie dzierżawy ⟨najmu⟩
long ~ wieloletnia dzierżawa
term of ~ okres dzierżawy ⟨najmu⟩
terms of ~ warunki dzierżawy
under ~ wynajęty, wydzierżawiony
to grant a ~ udzielić prawa dzierżawy
to put ⟨**let**⟩ **out sth on** ~ oddać coś w dzierżawę
to renew a ~ wznowić dzierżawę, prolongować umowę dzierżawy
to take a ~ **of sth** wziąć dzierżawę czegoś
to take sth on ~ wziąć coś w dzierżawę
lease[2] *v* dzierżawić, najmować
to ~ **a farm** wydzierżawić gospodarstwo rolne
leasehold *s* 1. dzierżawa 2. prawa i obowiązki dzierżawcy
~ **estate** wydzierżawiony majątek
~ **improvements** ulepszenia ⟨ nakłady ⟩ dzierżawcy
~ **interest** prawo dzierżawy
~ **property** nieruchomość stanowiąca przedmiot dzierżawy
life ~ dożywotnia dzierżawa
leaseholder *s* dzierżawca, najemca nieruchomości
Lease-Lend Act *s* = **Lend-Lease Act**
leave[1] *s* 1. pozwolenie, zezwolenie 2. zwolnienie 3. urlop
~ **and licence** obrona w sprawie o naruszenie posiadania oparta na twierdzeniu, że naruszenie nastąpiło za zgodą właściciela
~ **of absence** urlop
~ **of court** zezwolenie sądu (*na dokonanie czynności*)
~ **schedule** plan urlopów
~ **to prosecute** zezwolenie na ściganie (*sądowe*)
~ **without pay** urlop bezpłatny
~ **with pay** płatny urlop
absence without ~ nieuzasadniona ⟨nieusprawiedliwiona⟩ nieobecność
application for ~ podanie o urlop
by special ~ za specjalnym zezwoleniem
extention of ~ przedłużenie urlopu
full-pay ~ pełnopłatny urlop
maternity ~ urlop macierzyński
sick ~ urlop chorobowy ⟨zdrowotny⟩
to be on ~ być na urlopie
to go on ~ iść na urlop

to take ~ wziąć urlop
leave[2] *v* (**left, left**) 1. zostawiać, opuszczać 2. wyjeżdżać ⟨odjeżdżać⟩ (**for** do) 3. porzucić (*np. żonę, rodzinę*) 4. pozostawiać (*w spadku*)
to ~ **alone** zostawić (*kogoś*) w spokoju, dać spokój (*komuś, czemuś*)
to ~ **harbour** (*o statku*) wyjść z portu
to ~ **impression** pozostawić wrażenie
to ~ **one's job** porzucić pracę
to ~ **paroled** zwolnić na słowo
to ~ **a profit** dawać zysk
to ~ **sth to sb by will** zostawić ⟨zapisać⟩ coś komuś w testamencie
to ~ **one's wife** porzucić ⟨opuścić⟩ żonę
leavings *spl* pozostałości, resztki
lecturer *s* wykładowca
ledger *s* 1. księga główna 2. *am.* rejestr
~ **account** konto księgi głównej
~ **clerk** księgowy, buchalter
bills discounted ~ księga dyskontów bankowych
creditor's ~ księga wierzycieli
current account ~ księga rachunków bieżących
debtors' ~ księga dłużników
deposit ⟨**depositors'**⟩ ~ księga depozytowa
general ~ księga główna
stock ~ księga akcji
subsidiary ~ księga pomocnicza
to balance the ~ zamknąć księgę główną
ledgerize *v* księgować w księdze głównej, wciągnąć do księgi głównej
ledgerless *adj* bezkontowy
~ **bookkeeping** bezkontowa księgowość
left[1] *pp adj* pozostawiony, opuszczony, porzucony
to be ~ **until called for** pozostawić do zgłoszenia się (*odbiorcy*)
to be well ~ być dobrze zaopatrzonym ⟨wyposażonym⟩ (*przez testament itd.*)
left[2] *s* 1. lewa strona 2. *polit.* lewica
keep ~ (*w napisie*) jechać lewą stroną
left[3] *adj* lewy
~ **wing** *polit.* lewe skrzydło, lewica
left-handed *adj* 1. leworęczny, leworęki 2. (*o małżeństwie*) morganatyczny
~ **marriage** *a)* małżeństwo morganatyczne *b)* konkubinat
leftism *s polit.* lewicowość, lewicowe odchylenie
leftist *adj polit.* lewicowy
~ **coalition** koalicja lewicowa
~ **deviation** lewicowe odchylenie
legacy *s* 1. spadek, dziedzictwo 2. zapis, legat
~ **duty** *bryt.* podatek spadkowy
~ **hunter** łowca zapisów
~ **tax** *am.* podatek spadkowy
absolute ~ zapis bezwarunkowy
additional ~ zapis dodatkowy
conditional ⟨**contingent**⟩ ~ zapis warunkowy
demonstrative ~ zapis z określonego funduszu lub masy spadkowej
general ~ zapis uniwersalny (*z ogólnej masy spadku*)
joint ~ wspólny zapis
lapsed ~ wygasły zapis
pecuniary ~ zapis pieniężny
preferential ~ zapis uprzywilejowany (*do zaspokojenia w pierwszej kolejności*)
specific ⟨**special**⟩ ~ szczególny zapis

universal ~ zapis uniwersalny ⟨ogólny, generalny⟩
to come into a ~ odziedziczyć spadek
to leave a ~ pozostawić spadek
legal *adj* 1. prawny, legalny, zgodny z prawem 2. urzędowy 3. sądowy 4. ustawowy
~ **act** *a)* czynność prawna *b)* akt prawny
~ **action** *a)* wystąpienie na drogę sądową *b)* działanie zgodne z prawem
~ **advice** porada ⟨pomoc⟩ prawna
~ **adviser** radca prawny
~ **age** pełnoletniość
~ **agent** pełnomocnik
~ **aid** ⟨assistance⟩ *a)* pomoc prawna *b)* fundusz przeznaczony na pomoc prawną
~ **aid consulting service** służba ⟨biuro⟩ pomocy prawnej
~ **aid society** *am.* społeczne biuro pomocy prawnej
~ **argument** wywód prawny
~ **assets** aktywa spadku (*przeznaczone na spłatę długów i zapisów*)
~ **authorities** władze sądowe
~ **basis** podstawa prawna
~ **capacity** zdolność prawna
~ **capital** kapitał zakładowy
~ **case** sprawa sądowa
~ **charges** ⟨costs⟩ koszty sądowe
~ **claim** roszczenie
~ **coin** prawna moneta
~ **commerce** legalny handel
~ **confirmation** potwierdzenie prawne
~ **consequence** skutek prawny
~ **consideration** zgodne z prawem świadczenie wzajemne
~ **continuity** ciągłość prawna
~ **course** droga sądowa
~ **cruelty** okrucieństwo (*jako podstawa do żądania rozwodu*)
~ **currency** prawny środek płatniczy
~ **custody** legalne zatrzymanie
~ **custom** zwyczaj uznany przez prawo
~ **day** pełna doba
~ **decision** postanowienie sądowe
~ **department** wydział prawny, biuro prawne
~ **discretion** swobodne uznanie (*sędziowskie*)
~ **document** dokument prawny
~ **domicile** zamieszkanie prawne
~ **duty** obowiązek prawny
~ **effect** *a)* skutek prawny *b)* moc prawna
~ **entity** osoba prawna
~ **equality** równość wobec prawa
~ **ethics** etyka zawodowa (*adwokatów*)
~ **evidence** dowód prawny
~ **excuse** *am.* okoliczność uzasadniająca przekroczenie przepisów drogowych
~ **expenses** koszty sądowe
~ **expert** biegły sądowy
~ **fees** opłaty sądowe
~ **fiction** fikcja prawna
~ **force** moc prawna
~ **form** forma prawna
~ **foundation** ⟨ground⟩ podstawa prawna, uzasadnienie prawne
~ **heir** spadkobierca ustawowy
~ **holder** prawny posiadacz

~ **holiday** *am.* dzień ustawowo wolny od pracy, ustawowe święto
~ **home** prawne miejsce zamieszkania
~ **immunity** immunitet prawny
~ **implications** konsekwencje ⟨skutki⟩ prawne
~ **impossibility** niemożność prawna
~ **incapacity** brak zdolności prawnej
~ **injury** naruszenie prawa podmiotowego
~ **insanity** niedorozwój umysłowy lub choroba psychiczna mogące stanowić podstawę do ubezwłasnowolnienia
~ **institution** instytucja prawna
~ **instrument** dokument stanowiący tytuł prawny
~ **interest** odsetki ustawowe
~ **interpretation** wykładnia ustawowa
~ **issue** kwestia prawna, zagadnienie prawne
~ **knowledge** wiedza prawnicza
~ **language** język prawniczy
~ **man** podmiot praw
~ **matter** kwestia prawna
~ **maxim** maksyma prawna
~ **measures** środki prawne
~ **medicine** medycyna sądowa
~ **memory** *am.* okres (*zw. 20 lat*), w którym uprawomocnia się jakiś zwyczaj ⟨precedens prawny⟩
~ **merchandise** towar legalny ⟨dopuszczony do obrotu handlowego⟩
~ **money** prawny środek płatniczy
~ **monopoly** monopol prawny
~ **mortgage** hipoteka prawna
~ **nomenclature** terminologia prawna
~ **notice** ogłoszenie sądowe
~ **notion** pojęcie prawne
~ **obligation** obowiązek prawny
~ **opinion** opinia prawna
~ **opponent** przeciwnik sądowy
~ **order** nakaz sądowy
~ **owner** legalny ⟨prawowity⟩ właściciel
~ **period of conception** okres koncepcyjny ⟨możliwego poczęcia dziecka⟩
~ **person** osoba prawna
~ **personality** osobowość prawna
~ **plea** ekscepcja prawna
~ **point of view** prawny punkt widzenia
~ **portion** zachowek, legityma, część spadku przypadająca z mocy prawa
~ **position** sytuacja prawna
~ **possession** posiadanie legalne ⟨zgodne z prawem⟩
~ **power** pełnomocnictwo
~ **practitioner** prawnik, jurysta
~ **presumption** domniemanie prawne
~ **procedure** procedura prawna, postępowanie sądowe
~ **proceedings** postępowanie sądowe, proces sądowy
~ **profession** *a)* zawód prawniczy *b)* prawnicy
~ **protection** ochrona prawna
~ **provision** przepis prawny
~ **quay** nabrzeże celne
~ **question** zagadnienie prawne, kwestia prawna
~ **rate** kurs urzędowy
~ **rate of exchange** urzędowy kurs wymiany walut
~ **rate of interest** odsetki ustawowe, urzędowa stopa procentowa

~ **redress** prawna rekompensata, prawne zadośćuczynienie
~ **regulation** przepis prawny
~ **relationship** stosunek prawny
~ **remedy** środek prawny
~ **rent** czynsz ustawowy
~ **representation** *a)* przedstawicielstwo ustawowe *b)*
zastępstwo prawne
~ **representative** *a)* przedstawiciel ustawowy *b)*
pełnomocnik, zastępca prawny
~ **requirements** wymogi prawa
~ **reservation** zastrzeżenie prawne
~ **reserve** rezerwa bankowa, ustawowe pokrycie
wkładów bankowych
~ **residence** prawne miejsce zamieszkania
~ **responsibility** odpowiedzialność prawna
~ **restraint** ograniczenie ustawowe
~ **right** prawo podmiotowe, uprawnienie
~ **rule** przepis prawny
~ **sanction** sankcja prawna
~ **separation** separacja sądowa
~ **standing** stan prawny, sytuacja prawna
~ **status** *a)* status prawny *b)* sytuacja prawna
~ **steps** kroki prawne
~ **subject** przedmiot prawny
~ **succession** następstwo prawne
~ **successor** następca prawny
~ **system** system prawny
~ **tare** tara celna ⟨legalna⟩ *(przyjęta przez władze celne)*
~ **tender** prawny środek płatniczy
~ **term** termin prawny
~ **terminology** terminologia prawnicza
~ **test** badanie urzędowe, próba urzędowa
~ **title** tytuł prawny
~ **trade** handel legalny, dozwolony obrót handlowy
~ **training** aplikacja
~ **transaction** czynność prawna
~ **ubiquity** *bryt.* fikcja obecności monarchy we
wszystkich sądach
~ **validity** moc prawna, prawomocność
~ **voter** osoba uprawniona do głosowania
~ **warrant** zarządzenie, nakaz sądowy
~ **weight** *a)* waga urzędowa *(ustalona w taryfie celnej dla jednostek miar poszczególnych towarów) b)* waga
towaru z opakowaniem *(bez wagi kontenera)*
~ **wrong** delikt, przewinienie, wykroczenie przeciw
prawu
by ~ **means** w drodze prawnej
for ~ **reasons** ze względów prawnych
from ~ **point of view** z prawnego punktu widzenia
to take ~ **action** wszcząć kroki sądowe, wystąpić na
drogę sądową
to take ~ **advice** zasięgnąć porady prawnej
legalism *s* przesadny legalizm, biurokracja
legality *s* **1.** legalność, zgodność z prawem **2.** praworządność
principle of ~ zasada legalności
legalization *s* legalizacja, uwierzytelnienie, poświadczenie
~ **of a consular invoice** legalizacja faktury konsularnej
~ **of a signature** legalizacja ⟨poświadczenie⟩ podpisu
legalize *v* legalizować, uwierzytelniać, poświadczać

legalized *adj* zalegalizowany, uwierzytelniony, poświadczony
~ **copy** odpis uwierzytelniony
~ **invoice** faktura urzędowo poświadczona
~ **signature** podpis uwierzytelniony ⟨urzędowo po-
świadczony⟩
~ **statement** oświadczenie urzędowo potwierdzone
legally *adv* **1.** prawnie, legalnie, ustawowo **2.** urzędowo
~ **adopted** prawnie przysposobiony
~ **attested** urzędowo poświadczony ⟨zalegalizowa-
ny⟩
~ **binding** prawnie obowiązujący
~ **bound** zobowiązany z mocy prawa
~ **ineffective** prawnie nieważny
~ **justifiable** prawnie uzasadniony
~ **liable** prawnie zobowiązany
~ **protected** prawnie chroniony
~ **responsible** prawnie odpowiedzialny
~ **valid** prawnie obowiązujący
legate[1] *s* legat, poseł papieski
legate[2] *v* zapisywać, pozostawiać w spadku
legatee *s* legatariusz, zapisobiorca
residuary ~ zapisobiorca, któremu testator przeznaczył resztę majątku po zaspokojeniu długów oraz
innych zapisów
legation *s* poselstwo, przedstawicielstwo dyplomatyczne
~ **asylum** azyl na terenie przedstawicielstwa dyplomatycznego
legator *s* legator, zapisodawca
legend *s* legenda, napis *(na medalu, monecie)*
legibility *s* czytelność
legible *adj* czytelny
~ **handwriting** czytelne pismo
~ **signature** czytelny podpis
legion *s* legion
American Legion stowarzyszenie kombatantów amerykańskich
foreign ~ legia cudzoziemska
Royal British Legion stowarzyszenie kombatantów
brytyjskich
legislate *v* ustanawiać prawa, wydawać ustawy
legislation *s* **1.** ustawodawstwo, prawodawstwo **2.** prawa, ustawy, akty prawne
~ **clause** *czart.* klauzula przewidująca anulowanie
czarteru w razie wydania ograniczeń ustawowych
(posługiwania się obcymi statkami)
~ **protecting tenants** ustawodawstwo o ochronie
lokatorów
~ **to protect youth underaged** ustawodawstwo o
ochronie (pracy) młodocianych
emergency ~ ustawodawstwo wyjątkowe
labour ~ ustawodawstwo pracy
penal ~ ustawodawstwo karne
social ~ ustawodawstwo socjalne
war ~ ustawodawstwo wojenne
legislative *adj* ustawodawczy, prawodawczy
~ **act** akt ustawodawczy
~ **assembly** zgromadzenie ustawodawcze
~ **authorities** władze ustawodawcze
~ **bill** projekt ustawodawczy
~ **body** ciało ustawodawcze, organ ustawodawczy
~ **council** rada ustawodawcza
~ **court** *am.* sąd ustanowiony ustawą Kongresu

~ **department (of government)** władza ustawodawcza

~ **function** funkcja ustawodawcza

~ **initiative** inicjatywa ustawodawcza

~ **intent** ⟨**design**⟩ zamiar ustawodawczy

~ **measures** ustawodawstwo

~ **power** władza ustawodawcza

~ **supremacy** wyższość władzy ustawodawczej (*nad wykonawczą i sądowniczą*)

legislator s ustawodawca, prawodawca

legislatorial *adj* ustawodawczy, prawodawczy

legislature s legislatura, władza ustawodawcza

legist s prawnik

legitim s *szkoc.* legityma, zachowek, część ustawowa (*spadku dla dzieci zmarłego*), część obowiązkowa

legitimacy s 1. legalność, prawowitość 2. prawne uzasadnienie 3. pochodzenie z małżeństwa

~ **of a child** pochodzenie dziecka z małżeństwa

legitimate[1] *adj* 1. prawowity; pochodzący z małżeństwa; ślubny 2. prawnie uzasadniony, słuszny

~ **child** prawowite dziecko, dziecko pochodzące z małżeństwa

~ **claim** roszczenie prawnie uzasadnione

~ **descent** pochodzenie z małżeństwa, prawowite pochodzenie

~ **government** prawowity rząd

~ **heir** prawowity spadkobierca ⟨dziedzic⟩

~ **portion** zachowek, legityma, część obowiązkowa

~ **possessor** posiadacz prawny

~ **profit** zysk prawnie dozwolony

~ **reason** uzasadniona prawnie przyczyna

~ **rights of peoples** uzasadnione prawa narodów

~ **title** prawny tytuł

of ~ **birth** z prawego łoża, pochodzący z małżeństwa

legitimate[2] *v* 1. uprawniać; legalizować 2. uzasadniać prawnie 3. uznawać ślubne pochodzenie (*sb* czyjeś)

to ~ **a child** uznać dziecko za pochodzące z małżeństwa

legitimation s 1. uprawnienie; legalizacja 2. uznanie ślubnego pochodzenia (*dziecka*)

~ **per subsequens matrimonium** uprawnienie dziecka poprzez zawarcie małżeństwa przez jego rodziców

legitimist s legitymista

legitimize *v* = **legitimate**[2] *v*

leisure s wolny czas, wolne chwile

~ **time** czas wolny, wypoczynek

leisured *adj* bezczynny, próżniaczy

the ~ **classes** klasy posiadające ⟨nie pracujące⟩

lend *v* (**lent, lent**) 1. dawać pożyczkę ⟨kredyt⟩ 2. udzielać, użyczać 3. wypożyczać

to ~ **assistance** udzielać pomocy

to ~ **long** udzielać długoterminowej pożyczki

to ~ **money at interest** pożyczać pieniądze na procent

to ~ **on documents** pożyczać pod zastaw dokumentów

to ~ **on goods** pożyczać pod zastaw towarów

to ~ **on mortgage** pożyczać za zabezpieczeniem hipotecznym ⟨na hipotekę⟩

to ~ **on securities** pożyczać pod zastaw papierów wartościowych ⟨walorów⟩

lender s pożyczający, udzielający pożyczki ⟨kredytu⟩

lending s 1. pożyczanie, pożyczka 2. kredytowanie, kredyt

~ **bank** bank pożyczkowy ⟨udzielający pożyczek⟩

~ **capacity** zdolność kredytowa

~ **capital** kapitał pożyczkowy

~ **for use** użyczenie

~ **limit** pułap ⟨górna granica⟩ kredytu

~ **society** towarzystwo kredytowe

foreign ~**s** pożyczki zagraniczne, kredyt zagraniczny

international ~ kredyt międzynarodowy

minimum ~ **rate** najniższa stopa dyskontowa

Lend-Lease Act s ustawa Kongresu USA o pożyczkach i dzierżawie (*z 11.III.1941 r.*) upoważniająca rząd do udzielania pomocy narodom walczącym z Niemcami i Włochami

length s 1. czas ⟨długość⟩ trwania 2. odległość 3. rozciągłość

~ **of haul goods** odległość ⟨długość⟩ transportu ⟨przewozu⟩

~ **of service** staż pracy, starszeństwo w służbie

~ **of time** czas trwania

at ~ *a*) w końcu, wreszcie *b*) długo *c*) obszernie, szczegółowo, w całej rozciągłości

in words at ~ w pełnym brzmieniu

to go to any ~ posuwać się do ostateczności, nie cofać się przed niczym

lengthen *v* przedłużać (się), rozciągać (się)

leniency s wyrozumiałość, łagodność, pobłażliwość

lenient *adj* wyrozumiały, łagodny

~ **judgment** ⟨**sentence**⟩ łagodny wyrok

~ **measures** łagodne środki

~ **punishment** łagodne ukaranie

leonina societas s *łac.* lwia spółka; spółka, w której jedna strona osiąga korzyści

leonine *adj* lwi, przyznający jednej stronie nadmierne korzyści

~ **contract** ⟨**convention**⟩ lwi kontrakt, lwia umowa

~ **partnership** lwia spółka

Lesbian[1]**, lesbian** s lesbijka

Lesbian[2] *adj* lesbijski

lesbianism s miłość lesbijska

lese-majesty s 1. zdrada ⟨zbrodnia⟩ stanu 2. obraza majestatu

lesion s 1. krzywda, pokrzywdzenie 2. obrażenie cielesne

less *adv praep* mniej, bez, z potrąceniem, minus

~ **allowance** z potrąceniem rabatu ⟨bonifikaty⟩

~ **charges** z potrąceniem kosztów, po potrąceniu kosztów

~ **discount** z potrąceniem rabatu ⟨dyskonta⟩

~ **franchise** *ub. mors.* bez franszyzy

~ **in dispute** (*zastrzeżenie w konosamencie*) ilość towaru jest mniejsza niż podana

~ **interest accrued** z potrąceniem narosłych odsetek

~ **tax** po potrąceniu podatku

cash ~ **discount** gotówką po potrąceniu rabatu

gross ~ **tare** waga brutto po potrąceniu tary

to sell sth at ~ **than cost price** sprzedać coś poniżej kosztu własnego

less-developed *adj*: ~ **countries** kraje słabo rozwinięte

lessee s 1. dzierżawca 2. najemca

lessen *v* zmniejszać (się), obniżać (się)

to ~ **danger** zmniejszyć niebezpieczeństwo

to ~ **the price** obniżyć cenę
to ~ **tension** zmniejszyć napięcie
lessor *s* **1.** wydzierżawiający, oddający w dzierżawę **2.** wynajmujący, oddający w najem
~'s **lien** prawo wynajmującego do zastawu
let *v* (**let, let**) **1.** pozwalać, dopuszczać **2.** wynajmować **3.** wydzierżawiać **4.** zostawiać **5.** zwalniać, wypuszczać **6.** *zob.* **let into, off, out**
to ~ **the bill be protested** dopuścić do protestu weksla
to ~ **on hire** wynająć
to ~ **sb into a secret** dopuścić kogoś do tajemnicy, wtajemniczyć kogoś
to ~ **sb know sth** powiadomić kogoś o czymś
to ~ **to bail** zwolnić za kaucją ⟨poręczeniem⟩
to (**be**) ~ do wynajęcia
lethal *adj* **1.** śmiertelny, zgubny **2.** śmiercionośny, morderczy
~ **chamber** komora śmierci
~ **dose** śmiertelna dawka
~ **weapon** śmiercionośna broń, śmiercionośne narzędzie
let into *v* wpuszczać, wprowadzać
to ~ **possession** wprowadzić w posiadanie
let off *v* **1.** wypuszczać **2.** wynajmować **3.** darować winę
to let sb off with a fine zwolnić kogoś poprzestając na grzywnie
let out *v* **1.** wypuszczać **2.** wynajmować **3.** wydzierżawiać **4.** wydawać ⟨zdradzać⟩ (*tajemnicę*)
to ~ **a prisoner** uwolnić ⟨wypuścić⟩ uwięzionego
to ~ **a secret** zdradzić tajemnicę
letter *s* **1.** list **2.** pismo **3.** litera **4.** *pl* **letters** korespondencja **5.** *zob.* **letters**
~ **book** kopiał listów, rejestr korespondencji
~ **carrier** *am.* listonosz
~ **case** teczka do listów
~ **file** segregator ⟨kartoteka⟩ listów
~ **number** znak ⟨symbol⟩ listu
~ **of acceptance** *a*) pismo akceptujące *b*) akcept wekslowy
~ **of acknowledgment** pisemne potwierdzenie odbioru
~ **of advice** awizo, zawiadomienie
~ **of allotment** zawiadomienie o przyznaniu akcji
~ **of apology** list z wyjaśnieniem ⟨przeproszeniem⟩
~ **of application** dowód zgłoszenia (*przy subskrypcji akcji*)
~ **of appointment** pismo nominacyjne
~ **of attorney** pisemne pełnomocnictwo
~ **of authority** upoważnienie, pełnomocnictwo
~ **of bottomry** list bodmeryjny
~ **of charge** list zastawny ⟨gwarancyjny⟩, deklaracja zastawnicza
~ **of collection** list z żądaniem zapłaty
~ **of complaint** reklamacja pisemna, list reklamacyjny
~ **of condolence** list kondolencyjny
~ **of confirmation** list potwierdzający
~ **of congratulation** list gratulacyjny
~ **of consignment** *a*) list konsygnacyjny, zawiadomienie o wysyłce *b*) list przewozowy
~ **of conveyance** list przewozowy
~ **of credit** *zob.* **letter of credit**
~ **of delegation** zlecenie inkasowe, upoważnienie do inkasa, przelew

~ **of denization** pismo nadające obywatelstwo
~ **of grace** pismo udzielające prolongaty, respiro
~ **of guarantee** ⟨**guaranty**⟩ list ⟨rewers⟩ gwarancyjny (*zobowiązanie załadowcy do poniesienia konsekwencji za zły stan towaru*)
~ **of hypothecation** *a*) list zastawny, deklaracja zastawnicza *b*) list gwarancyjny (*upoważniający bank do sprzedania towaru eksportera w wypadku nie wykupienia traty przez importera*)
~ **of identification** ⟨**indication**⟩ bankowy dowód tożsamości (*dla beneficjenta akredytywy okrężnej lub podróżniczej*)
~ **of indemnity** *a*) list gwarancyjny *b*) pisemne zobowiązanie
~ **of inquiry** pisemne zapytanie
~ **of instruction(s)** dyspozycje dla spedytora (*co do sposobu wysyłki*)
~ **of intent** pismo informujące o zamiarze zawarcia transakcji
~ **of introduction** list wprowadzający ⟨polecający⟩
~ **of law** litera prawa, ściśle interpretowany przepis prawny
~ **of licence** moratorium udzielone niewypłacalnemu dłużnikowi
~ **of lien** ⟨**trust**⟩ potwierdzenie odbioru towarów do wiernych rąk, kwit powierniczy
~ **of marque** ⟨**mart**⟩ *am. hist.* list kaperski (*zezwolenie na atakowanie i konfiskowanie statków i towarów należących do nieprzyjaciela*)
~ **of notification** awizo, zawiadomienie oficjalne
~ **of purchase** upoważnienie do kupna
~ **of recall** list odwoławczy
~ **of recommendation** ⟨**reference**⟩ list polecający
~ **of refusal** list odmawiający przyjęcia towaru
~ **of reminder** upomnienie, monit
~ **of request** prośba o udzielenie pomocy prawnej (*przez sąd zagraniczny*)
~ **of resignation** zawiadomienie o odstąpieniu od umowy
~ **of respite** respiro, pismo udzielające prolongaty
~ **of thanks** list z podziękowaniem
~ **of transmittal** list przewodni
~ **patent** patent, dyplom, świadectwo
~ **payment** przekaz listowy
~ **postage** opłata pocztowa, porto
~ **rates** pocztowa taryfa listowa
~ **remittance** przekaz listowy
~ **requesting payment** list z żądaniem zapłaty
~ **stamp** stempel pocztowy
~ **telegram** telegram listowy
~ **to be called for** list adresowany na poste restante
accompanying ~ list przewodni ⟨towarzyszący⟩
airmail ~ list lotniczy
attached ~ załączony list
autograph ~ własnoręczny list
body of a ~ treść listu
bottomry ~ list bodmeryjny
business ~ list handlowy
by ~ listownie
cash ~ pisemne polecenie uznania rachunku ⟨konta⟩
circular ~ pismo okólne, okólnik
collection ~ list z żądaniem zapłaty
commendatory ~ list polecający
commercial ~ list handlowy

complaint ~ list z reklamacją ⟨reklamacyjny⟩
confirmatory ~ list potwierdzający
contract ~ list potwierdzający (*w obrocie międzynarodowym*)
covering ~ list przewodni
dead ~ *a*) list nie doręczony *b*) martwa litera
dunning ~ upomnienie płatnicze
enclosed ~ załączony list
express ~ list ekspresowy
follow-up ⟨**monitory**⟩ ~ list monitujący ⟨upominający⟩, monit
indemnity ~ list gwarancyjny, rewers
insured ~ list wartościowy
introductory ~ list polecający
money ~ list wartościowy
order ~ list z zamówieniem
personal ~ list prywatny
prepaid ~ list opłacony z góry
railway ~ list dworcowy
registered ~ list polecony
returned ~ list zwrócony jako niedoręczony
sales ~ otwarta oferta, prospekt handlowy
sealed ~ list zapieczętowany
special delivery ~ *am.* list ekspresowy
stamped ~ list ofrankowany
stop ~ zaświadczenie spedytora stwierdzające załadowanie towaru i wydanie kwitu sternika
trust ~ potwierdzenie towaru do wiernych rąk, kwit powierniczy
unanswered ⟨**unacknowledged**⟩ ~ list pozostawiony bez odpowiedzi
unclaimed ~ list nie odebrany
to mail ⟨**post**⟩ **a** ~ wysłać ⟨nadać⟩ list
to seal a ~ zapieczętować ⟨zalakować⟩ list
letter-head *s* 1. nagłówek na papierze listowym 2. papier listowy ⟨papeteria⟩ z nagłówkiem
lettering *s* 1. układ graficzny (*napisu, tekstu*) 2. napis, tekst
letter of credit (*skr* **L/C**) *s* akredytywa
  ~ **in blank** akredytywa in blanco
  ~ **notification** zaświadczenie o otwarciu akredytywy
anticipatory ~ akredytywa bankowa na koszty zakupu i przygotowania towaru do wysyłki
assignable ~ *a*) akredytywa przenoszalna *b*) *am.* akredytywa bez wymieniania beneficjentów
balance of ~ reszta sumy akredytywy, saldo akredytywy
banker's ~ akredytywa bankowa
beneficiary of a ~ beneficjent akredytywy
blank ~ akredytywa in blanco
circular ~ akredytywa okrężna
clean ~ akredytywa czysta ⟨bezdokumentowa⟩
commercial ~ *am.* akredytywa dokumentowa ⟨handlowa⟩ adresowana wprost do beneficjenta
confirmed ~ akredytywa potwierdzona
cumulative ~ akredytywa odnawialna kumulująca kwoty poprzednio nie wykorzystane
direct ~ akredytywa prosta (*realizowana przez wskazany bank*)
divisible ~ akredytywa podzielna
documentary ~ akredytywa dokumentowa
domestic ~ *am.* akredytywa krajowa
duplicate ~ duplikat akredytywy
duration ~ okres ważności akredytywy
export ~ akredytywa eksportowa

extended ~ akredytywa odnawialna (*bez ograniczeń kwoty lub okresu ważności*)
general ~ akredytywa okrężna
import ~ akredytywa importowa
indivisible ~ akredytywa niepodzielna
irrevocable ~ akredytywa nieodwołalna
marginal ~ akredytywa dokumentowa (*z nadrukiem wzoru traty wymaganej przez bank*)
non-cumulative ~ akredytywa odnawialna nie kumulująca kwot poprzednio nie wykorzystanych
non-renewable ⟨**non-revolving**⟩ ~ akredytywa nieodnawialna
non-transferable ⟨**non-transmissible**⟩ ~ akredytywa nieprzenoszalna
open ~ akredytywa czysta ⟨bezdokumentowa⟩
packing ~ akredytywa bankowa na koszty zakupu i przygotowania do wysyłki towarów
red-clause ~ akredytywa z czerwoną klauzulą (*upoważniająca bank do wypłacania zaliczek na poczet przyszłych dostaw przed złożeniem dokumentów załadowczych*)
renewable ⟨**revolving**⟩ ~ akredytywa odnawialna ⟨rewolwingowa⟩
restricted ~ akredytywa prosta realizowana bezpośrednio przez wskazany bank
revocable ~ akredytywa odwołalna
sight ~ akredytywa płatna za okazaniem ⟨awista⟩
special ~ akredytywa pieniężna
straight ~ akredytywa potwierdzona nieodwołalna, realizowana przez bank awizujący
transferable ⟨**transmissible**⟩ ~ akredytywa przenośna
traveller's ~ akredytywa podróżnicza ⟨turystyczna⟩
unconfirmed ~ akredytywa nie potwierdzona
validity of a ~ ważność ⟨okres ważności⟩ akredytywy
to advise a ~ awizować akredytywę
to cancel a ~ unieważnić ⟨anulować⟩ akredytywę
to exhaust a ~ wykorzystać ⟨wyczerpać⟩ akredytywę
to extend a ~ przedłużyć ważność akredytywy
to increase a ~ podwyższyć sumę akredytywy
to issue a ~ wystawić akredytywę
to open a ~ otworzyć akredytywę
to utilize a ~ wykorzystać akredytywę
letters *spl zob.* **letter**
  ~ **credential** listy uwierzytelniające
  ~ **of administration** upoważnienie sądowe ustanawiające zarządcę majątku zmarłego
  ~ **of credence** listy uwierzytelniające
  ~ **of domiciliation** pismo o ustanowieniu domicylu
  ~ **of guardianship** zaświadczenie sądu określające zakres uprawnień opiekuna lub kuratora
  ~ **of marque and reprisal** *am. hist.* list kaperski (*zezwolenie na atakowanie i konfiskowanie statków i towarów należących do nieprzyjaciela*)
  ~ **patent** zaświadczenie patentowe o wynalazku
  ~ **rogatory** prośba ⟨rekwizycja⟩ o udzielenie pomocy sądowej
  ~ **testamentary** dokument sądowy upoważniający wykonawcę testamentu do działania
incoming ⟨**outgoing**⟩ ~ korespondencja przychodząca ⟨wychodząca⟩
letting *s* 1. najem 2. dzierżawa

~ **agency** agencja wynajmująca kwatery
level[1] *s* poziom
~ **of bare subsistence** minimum egzystencji
~ **of consumption** poziom konsumpcji ⟨spożycia⟩
~ **of development** poziom rozwoju
~ **of efficiency** poziom wydajności
~ **of employment** poziom zatrudnienia
~ **of interest rates** poziom stopy procentowej
~ **of investments** poziom inwestycji
~ **of living** poziom życia, stopa życiowa
~ **of organization** poziom ⟨stopień⟩ organizacji
~ **of output** poziom wydobycia ⟨produkcji⟩
~ **of performance** poziom wydajności
~ **of prices** poziom cen
~ **of productivity** poziom rentowności
~ **premium insurance** stawka przy ubezpieczeniu na życie zależna od wieku ubezpieczonego
bargain ~ najniższy poziom (*kursów, cen itp.*)
peak ⟨**top, maximum**⟩ ~ szczytowy poziom (*kursów, cen itp.*)
price ~ poziom cen
wage ~ poziom płac
to bring to ~ wyrównywać, niwelować
to maintain prices at a high ~ utrzymywać ceny na wysokim poziomie
level[2] *adj* 1. poziomy 2. płaski 3. równy 4. jednolity 5. zrównoważony
level[3] *v* 1. wyrównywać 2. niwelować 3. ujednolicać 4. celować, kierować
to ~ an accusation against sb kierować oskarżenie przeciwko komuś, oskarżać kogoś
to ~ down ⟨**up**⟩ wyrównać (*do jednakowego poziomu*) przez obniżenie ⟨podwyższenie⟩
levelling *s* 1. wyrównanie 2. niwelacja
~ **charges** koszty wyrównania ładunku
~ **of prices** zrównanie cen
lever *s* bodziec
economic ~ bodziec ekonomiczny
leverage[2] *s* 1. dźwignięcie, podniesienie 2. działanie, wpływ
~ **coefficient** *stat.* wskaźnik wzrostu
~ **factor** *stat.* czynnik wzrostu
levitical degrees *spl hist.* stopnie pokrewieństwa i powinowactwa uniemożliwiające zawarcie małżeństwa (*przyjęte na podstawie księgi Lewitów*)
levy[1] *s* 1. ściąganie, egzekwowanie, pobieranie 2. podatek, danina 3. zajęcie sądowe 4. pobór rekruta
~ **en masse** ⟨**in mass**⟩ pospolite ruszenie
capital ~ danina majątkowa, podatek od kapitału
special ~ podatek specjalny, danina wyjątkowa
levy[2] *v* 1. pobierać, ściągać 2. nakładać 3. rekwirować 4. wszczynać, prowadzić 5. przeprowadzić pobór, werbować
to ~ bail wyznaczyć wysokość kaucji
to ~ blackmail on sb wymuszać szantażem pieniądze od kogoś
to ~ contributions ściągać kontrybucję
to ~ a distress dokonać zajęcia (**on sth** czegoś)
to ~ a duty on goods opodatkować towary
to ~ an execution wszczynać egzekucję
to ~ a fine on sb nałożyć grzywnę na kogoś
to ~ a tax nałożyć podatek
to ~ troops przeprowadzić werbunek do wojska
to ~ war on a country wszcząć wojnę przeciwko jakiemuś państwu
lewd *adj* lubieżny, sprośny

~ **and lascivious cohabitation** współżycie w konkubinacie
lex *s* (*pl* **leges**) *łac.* prawo, ustawa
~ **commissoria** *łac.* umowa przewidująca prawo odstąpienia od umowy w przypadku nie zapłacenia przez nabywcę ceny kupna w ustalonym terminie
~ **communis** *łac.* prawo zwyczajowe ⟨niepisane⟩
~ **contractus** ⟨**loci actus**⟩ *łac.* prawo miejsca zawarcia umowy
~ **domicilli** *łac.* prawo miejsca zamieszkania
~ **ferenda** *łac.* prawo, które ma być wprowadzone w przyszłości
~ **fori** *łac. a*) prawo miejsca procesu *b*) prawo sądu, który rozpoznaje sprawę
~ **lata** *łac.* prawo obowiązujące
~ **loci delicti commissi** ⟨**loci delictus**⟩ *łac.* prawo miejsca popełnienia czynu niedozwolonego ⟨przestępstwa⟩
~ **loci executionis** *łac.* prawo miejsca wykonania umowy
~ **loci** ⟨**rei sitae**⟩ *łac.* prawo miejsca położenia ⟨usytuowania⟩ nieruchomości
~ **loci solutionis** *łac.* prawo miejsca spełnienia świadczenia
~ **mercatoria** *łac.* prawo handlowe
~ **non scripta** *łac.* prawo niepisane ⟨zwyczajowe, precedensowe⟩
~ **ordinandi** *łac.* prawo miejsca rozpoznawania sprawy
~ **patriae** *łac.* prawo ojczyste
~ **posterior derogat priori** *łac.* ustawa późniejsza uchyla wcześniejszą
~ **Rhodia** *łac.* prawo rodyjskie (*określające zasady awarii wspólnej*)
~ **scripta** *łac.* prawo pisane ⟨stanowione⟩
~ **specialis** *łac.* ustawa szczególna
~ **specialis derogat legi generali** ustawa szczególna uchyla ustawę ogólną
~ **talionis** *łac.* prawo retorsji ⟨odwetu⟩
~ **terrae** *łac.* prawo krajowe
liabilities *spl* 1. zobowiązania pieniężne, należności, płatności 2. długi, obciążenia, pasywa
acknowledged ~ uznane należności
assets and ~ aktywa i pasywa
current ~ bieżące należności
incurred ~ powstałe należności
long-term ~ zobowiązania długoterminowe
permanent ⟨**perpetual**⟩ ~ stałe należności ⟨zobowiązania⟩
quick ⟨**short-term**⟩ ~ zobowiązania krótkoterminowe
liability *s* 1. odpowiedzialność 2. zobowiązanie 3. podleganie (**to sth** czemuś) 4. obowiązek (*np. służby wojskowej*) 5. niebezpieczeństwo
~ **for damage** odpowiedzialność za szkodę
~ **for debts** odpowiedzialność za długi
~ **for military service** podleganie służbie wojskowej
~ **for war crimes** odpowiedzialność za zbrodnie wojenne
~ **insurance** ubezpieczenie od odpowiedzialności cywilnej
~ **in tort** odpowiedzialność deliktowa za szkodę spowodowaną czynem niedozwolonym
~ **of heirs** odpowiedzialność spadkobierców (*za długi spadkodawcy*)

~ **on bills of exchange** zobowiązanie wekslowe
~ **reserve** rezerwa dla pokrycia szkód (*o nie ustalonej jeszcze wysokości*)
~ **to give maintenance** obowiązek utrzymywania ⟨łożenia na utrzymanie⟩
~ **to pay** zobowiązanie do zapłaty
~ **to third person** zobowiązanie wobec osoby trzeciej
~ **under the contract rule** zobowiązanie wynikające z umowy
absolute ~ pełna odpowiedzialność
air ~ odpowiedzialność (*przewoźnika*) za szkodę w transporcie lotniczym
carrier's ~ odpowiedzialność przewoźnika
civil ~ odpowiedzialność cywilna
contingent ~ odpowiedzialność warunkowa (*za ewentualne szkody*)
contractual ~ zobowiązanie umowne
cross ~ odpowiedzialność wzajemna (*np. statków w wypadku kolizji*)
employer's ~ odpowiedzialność pracodawcy
exemption from ~ zwolnienie ⟨wyłączenie⟩ od odpowiedzialności
insurer's ~ odpowiedzialność ubezpieczyciela
joint (and several) ~ odpowiedzialność solidarna, zobowiązanie solidarne
legal ~ *a*) zobowiązanie ustawowe *b*) odpowiedzialność prawna
limited ~ odpowiedzialność ograniczona
limited ~ **company** ⟨**corporation**⟩ spółka z ograniczoną odpowiedzialnością
outstanding ~ zobowiązanie nie pokryte
personal ~ odpowiedzialność osobista
ship owner's ~ odpowiedzialność armatora
single ~ odpowiedzialność do wysokości udziału
statutory ~ odpowiedzialność ustawowa, zobowiązanie ustawowe
third-party ~ odpowiedzialność osoby trzeciej
tortious ~ odpowiedzialność deliktowa (*za szkodę spowodowaną czynem niedozwolonym*)
underwriting ~ zobowiązanie ubezpieczeniowe
unlimited ~ odpowiedzialność nieograniczona
vicarious ~ odpowiedzialność za cudze działanie ⟨zaniechanie⟩
to absolve sb from a ~ zwolnić kogoś z odpowiedzialności ⟨zobowiązania⟩
to contract a ~ zaciągać zobowiązanie, zobowiązać się
to discharge a ~ spłacić ⟨pokryć⟩ zobowiązanie
to escape ~ uniknąć odpowiedzialności
to exempt sb from a ~ *a*) zwolnić kogoś z zobowiązania *b*) wyłączyć czyjąś odpowiedzialność
to incur ~ zaciągnąć zobowiązanie
to involve ~ pociągać za sobą zobowiązanie ⟨odpowiedzialność⟩
to meet a ~ wykonać zobowiązanie
to relieve ⟨**discharge**⟩ **sb from a** ~ zwolnić kogoś z zobowiązania
liable *adj* **1.** odpowiedzialny (**for sth** za coś) **2.** podlegający (**to sth** czemuś) **3.** narażony ⟨wystawiony⟩ (**to sth** na coś)
~ **at law** odpowiedzialny cywilnie
~ **for damage** odpowiedzialny za szkodę
~ **in tort** odpowiedzialny za szkodę spowodowaną czynem niedozwolonym

~ **to breakage** narażony na połamanie ⟨potłuczenie⟩
~ **to civil proceedings** podlegający cywilnej odpowiedzialności
~ **to criminal proceedings** podlegający odpowiedzialności karnej
~ **to damage** narażony na uszkodzenie
~ **to duty** podlegający ocleniu
~ **to military service** podlegający służbie wojskowej
~ **to pay damages** zobowiązany do zapłaty odszkodowania
~ **to penalty** podlegający karze
~ **to prosecution** podlegający ściganiu sądowemu
~ **to stamp duty** podlegający opłacie skarbowej
~ **to taxes** podlegający opodatkowaniu
~ **to variations** podlegający fluktuacjom ⟨zmianom⟩
directly ~ bezpośrednio odpowiedzialny
goods ~ **to go bad** towary łatwo psujące się ⟨ulegające zepsuciu⟩
jointly (and severally) ~ solidarnie odpowiedzialny
legally ~ *a*) zobowiązany z mocy ustawy *b*) odpowiedzialny prawnie
personally ~ osobiście odpowiedzialny
primarily ⟨**secondarily**⟩ ~ odpowiedzialny w pierwszej ⟨drugiej⟩ kolejności
to make sb ~ czynić kogoś odpowiedzialnym
liaison *s*: ~ **committee** komitet łączności
Lib *s* (*skr.* = **women liberation movement**) ruch wyzwolenia kobiet
libel[1] *s* **1.** zniesławienie (*na piśmie lub w druku*) **2.** oszczerstwo, potwarz
action for ~ sprawa o zniesławienie
to sue for ~ skarżyć o zniesławienie
libel[2] *v* **1.** zniesławić (*pismem lub w druku*) **2.** napisać paszkwil
libeller, *am.* **libeler** *s* **1.** zniesławiający autor **2.** oszczerca, paszkwilant
libellous, *am.* **libelous** *adj* **1.** zniesławiający **2.** oszczerczy
liberal *adj* **1.** liberalny **2.** tolerancyjny **3.** szeroki **4.** (*o ofercie*) korzystny
~ **construction** ⟨**interpretation**⟩ szeroka ⟨rozszerzająca⟩ interpretacja
~ **offer** korzystna oferta
(the) Liberal Party *bryt* partia liberalna
~ **professions** wolne zawody
liberalism *s* liberalizm
liberalization *s* liberalizacja
~ **of commerce** ⟨**trade**⟩ liberalizacja handlu
~ **of imports** liberalizacja importu
liberate *v* **1.** uwalniać (**sb from sth** kogoś od czegoś) **2.** oswobadzać, wyzwalać
to ~ **a capital** upłynniać kapitał
liberation *s* uwolnienie, oswobodzenie, wyzwolenie
~ **war** wojna wyzwoleńcza
liberties *spl* **1.** swobody **2.** uprawnienia
~ **clause** *a*) klauzula upoważniająca przewoźnika do zmiany portu wyładowania, trasy przewozu itp. *b*) *ub. mors.* klauzula o rozszerzeniu odpowiedzialności ubezpieczyciela w wypadku, gdy przewoźnik zmieni sposób przewozu
civil ~ swobody ⟨prawa⟩ obywatelskie
liberty *s* **1.** wolność, swoboda **2.** uprawnienie

~ **of action** swoboda działania
~ **of commerce** wolność handlu
~ **of conscience** wolność sumienia
~ **of contract** swoboda zawierania umów
~ **of discussion** swoboda dyskusji
~ **of a port** uprawnienie przewoźnika do wyładowania towarów w dowolnym porcie
~ **of the press** wolność prasy
~ **of speech** wolność słowa
~ **of the subject** prawa podmiotowe
~ **of trade** wolność handlu
civil ~ wolność osobista
deprivation of ~ pozbawienie wolności
political ~ wolność polityczna
religious ~ wolność religijna
to be at ~ **to do sth** ⟨**of doing sth**⟩ mieć możność ⟨swobodę⟩ robienia czegoś
to set sb at ~ uwolnić kogoś
to take the ~ **to do sth** ⟨**of doing sth**⟩ pozwolić sobie na coś

licence¹, *am.* **license** *s* **1.** pozwolenie, zezwolenie **2.** licencja, koncesja **3.** patent **4.** świadectwo przemysłowe **5.** świadectwo zarejestrowania, dowód opłacenia podatku (*np. za psa*) **6.** zezwolenie na ślub
~ **agreement** ⟨**contract**⟩ umowa licencyjna ⟨w sprawie licencji⟩
~ **fees** opłaty za licencję
~ **holder** posiadacz licencji
~**s of right** (*na patencie*) wzmianka o gotowości udzielenia licencji
angling ~ karta wędkarska
building ~ pozwolenie budowlane
current ~ ważna licencja
driving ~ prawo jazdy
exclusive ~ licencja wyłączna
export ~ licencja eksportowa, pozwolenie wywozu
fishing ~ karta rybacka
global ~ licencja globalna
hunting ~ karta łowiecka
import ~ licencja importowa, pozwolenie przywozu
liquor ~ koncesja na wyszynk alkoholu
manufacturing ~ licencja na produkcję
manufacturing under ~ produkcja na licencji
marriage ~ zezwolenie na zawarcie związku małżeńskiego
mining ~ koncesja na eksploatację górniczą ⟨kopalni⟩
non-exclusive ~ licencja zwykła
patent ~ licencja patentowa
printing ~ pozwolenie na druk
prospecting ~ zezwolenie na prowadzenie prac poszukiwawczych ⟨geologicznych⟩
radio ~ abonament radiowy
special ~ *bryt.* specjalne zezwolenie na zawarcie małżeństwa (*w dowolnym miejscu i czasie*)
swimming ~ karta pływacka
television ~ abonament telewizyjny
trade ⟨**trading**⟩ ~ koncesja handlowa, zezwolenie na prowadzenie handlu
under ~ **from** z upoważnienia (*czyjegoś*), za zezwoleniem
to cancel a ~ cofnąć licencję ⟨pozwolenie⟩
to grant a ~ udzielić licencji ⟨zezwolenia⟩
to issue a ~ wydać licencję ⟨zezwolenie⟩

to marry by ~ zawrzeć małżeństwo kościelne za indultem (*bez uprzednich zapowiedzi*)
to revoke a ~ cofnąć licencję ⟨pozwolenie⟩
to take out a ~ otrzymać ⟨nabyć⟩ licencję
to withdraw a ~ cofnąć zezwolenie ⟨koncesję⟩
licence², **license** *v* **1.** udzielać pozwolenia (**sb** komuś), upoważniać **2.** wydawać licencję ⟨patent, koncesję, świadectwo przemysłowe, dowód rejestracji, dowód uiszczenia podatku⟩ **3.** licencjonować, udzielać licencji
to ~ **imports** udzielić licencji importowej, zezwolić na przywóz
licenced, licensed *adj* **1.** licencjonowany, upoważniony, uprawniony **2.** koncesjonowany, zarejestrowany **3.** posiadający prawo ⟨licencję, patent, świadectwo⟩
~ **custom-house cartman** *am.* licencjonowany przewoźnik towarów w porcie do magazynów celnych
~ **dealer** koncesjonowany agent sprzedaży, koncesjonariusz
~ **house** firma mająca koncesję na sprzedaż napojów alkoholowych
~ **pilot** pilot licencjonowany
~ **to sell beer, wines and spirits** uprawniony do sprzedaży napojów alkoholowych
~ **victualler** *bryt.* właściciel zakładu gastronomicznego z prawem wyszynku
licencing, licensing *s* **1.** upoważnienie, uprawnienie, koncesjonowanie **2.** udzielenie prawa ⟨zezwolenia, patentu, licencji, świadectwa⟩ **3.** rejestracja
~ **acts** ⟨**laws**⟩ ustawy o sprzedaży napojów alkoholowych
~ **contract** umowa licencyjna
~ **requirements** wymogi związane z udzieleniem licencji
licensee *s* posiadacz licencji ⟨koncesji⟩, koncesjonariusz
licenser, licensor *s* **1.** władza udzielająca licencji ⟨patentu, koncesji⟩, władza wydająca dowody zarejestrowania ⟨uiszczenia podatków, uzyskania świadectwa⟩ **2.** cenzor
licentious *adj* rozwiązły, rozpustny
licentiousness *s* rozwiązłość, rozpusta
lie¹ *s* kłamstwo, fałsz
~ **detector** wykrywacz kłamstwa
white ~ kłamstwo usprawiedliwione ⟨w dobrej intencji⟩
to give sb the ~ (**in his throat**) zarzucać komuś (wierutne) kłamstwo
to tell ~**s** kłamać
lie² *v* kłamać
lie³ *v* (**lay, lain**) **1.** leżeć, być położonym **2.** być, znajdować się **3.** (*o statku*) stać na kotwicy, znajdować się w porcie **4.** być dopuszczalnym, przysługiwać **5.** *zob.* lie over
to ~ **at anchor** (*o statku*) stać na kotwicy
to ~ **dormant** (*o normie prawnej*) pozostawać w zawieszeniu
to ~ **idle** *a*) być bezczynnym *b*) nie być wykorzystanym
to ~ **in franchise** (*o rzeczach porzuconych*) podlegać zawłaszczeniu bez postępowania sądowego
to ~ **in grant** (*o prawach*) podlegać cesji bez przeniesienia posiadania
to ~ **in livery** (*o rzeczach ruchomych*) podlegać cesji przy przeniesieniu posiadania

to ~ **in prison** siedzieć ⟨przebywać, znajdować się⟩ w więzieniu
to ~ **under a charge** być oskarżonym o coś, pozostawać pod zarzutem
to ~ **under an obligation** być zobowiązanym
to ~ **under the suspicion** być podejrzanym
to ~ **upon the table** (*o projekcie ustawy*) być rozpatrywanym
an **action lies** powództwo jest uzasadnione
an **appeal lies** przysługuje odwołanie
the **problem lies in...** problem polega na...
lien *s* zastaw, prawo zastawu (**on** ⟨**upon, over**⟩ **sth** na czymś)
~ **clause** klauzula o prawie zastawu
~ **creditor** wierzyciel, któremu przysługuje prawo zastawu ⟨uprzywilejowany⟩
~ **for freight** prawo zastawu ładunku (*na zabezpieczenie frachtu*)
~ **holder** posiadacz prawa zastawu
~ **letter** potwierdzenie odbioru (*towaru*) do wiernych rąk
~ **on (the) cargo** prawo zastawu ładunku (*na zabezpieczenie frachtu i innych należności*)
~ **on goods** zastaw towaru
admiralty ~ prawo zastawu morskiego
bottomry ~ zastaw bodmeryjny
broker's ~ prawo zastawu na zabezpieczenie prowizji maklera
cargo ~ prawo zastawu na ładunku (*na zabezpieczenie należności frachtowych*)
carrier's ~ prawo zastawu na zabezpieczenie należności przewoźnika
charging ~ prawo zastawu na rzeczy nie będącej w posiadaniu wierzyciela
contract ⟨**contractual**⟩ ~ umowne prawo zastawu
judgment ~ prawo zastawu na podstawie wyroku sądowego
lessor's ~ prawo zastawu (*na ruchomościach najemcy*) przysługujące wynajmującemu lokal
letter of ~ potwierdzenie odbioru (*towaru*) do wiernych rąk
maritime ~ prawo zastawu morskiego (*na statku lub frachcie*)
possessory ~ prawo zastawu na rzeczy będącej w posiadaniu wierzyciela
salvage ~ prawo zastawu na uratowanej rzeczy (*na zabezpieczenie należności za ratownictwo*)
statutory ~ ustawowe prawo zastawu
vendor's ~ prawo zastawu na rzeczy sprzedanej (*na zabezpieczenie reszty ceny kupna*)
warehouseman's ~ prawo zastawu na składowanym towarze (*na zabezpieczenie składowego*)
to **be secured by a** ~ być zabezpieczonym zastawem
to **exercise a** ~ wykonać prawo zastawu
to **get a** ~ uzyskać prawo zastawu
to **have a** ~ **on ...** mieć prawo zastawu na ..
to **lose the** ~ utracić prawo zastawu
lienee *s* dający zastaw, zastawca
lienor *s* biorący zastaw, zastawnik
lie over *v* **1.** być ⟨zostać⟩ odroczonym, ulegać zwłoce **2.** pozostawać nie zapłaconym
lieu *s fr.*: **in** ~ **of** zamiast, w miejsce
life *s* **1.** życie. **2.** okres trwania **3.** żywotność
~ **and property** życie i mienie, pasażerowie, załoga i ładunek statku

~ **annuitant** dożywotnik
~ **annuity** renta dożywotnia
~ **assurance** ubezpieczenie na życie
~ **boat** łódź ratunkowa
~ **estate** dożywotnie użytkowanie nieruchomości
~ **expectancy** przeciętna długość życia
~ **imprisonment** kara dożywotniego więzienia
~ **insurance** ubezpieczenie na życie ⟨na wypadek śmierci⟩
~ **insurance company** towarzystwo ubezpieczeń na życie
~ **interest** *a*) prawo do dożywotniego użytkowania nieruchomości *b*) dożywotnia renta
~ **lease** dożywotnia dzierżawa
~ **of a contract** ⟨**a patent, a policy**⟩ okres ważności umowy ⟨patentu, polisy ubezpieczeniowej⟩
~ **of a loan** czas trwania pożyczki
~ **or limb** życie i nietykalność cielesna
~ **policy** polisa ubezpieczenia na życie
~ **rent** *szkoc.* dożywotnie użytkowanie nieruchomości
~ **salvage** ratownictwo ludzi
~ **sentence** wyrok dożywotniego więzienia ⟨pozbawienia wolności⟩
~ **story** *a*) biografia *b*) życiorys
~ **table** *stat.* tablica wymieralności
~ **tenant** dożywotni użytkownik
~ **test** próba trwałości
~ **usufruct** dożywocie, dożywotnie użytkowanie
average ~ *stat.* przeciętna długość życia
conjugal ~ pożycie we wspólnocie małżeńskiej
duration of ~ długość życia
economic ~ życie gospodarcze
expectation of ~ przewidywana ⟨przypuszczalna⟩ długość życia
for ~ *a*) na całe życie, do śmierci *b*) dożywotnio; dozgonnie
loss of ~ ofiary (*katastrofy*)
necessaries ⟨**necessities**⟩ **of** ~ przedmioty pierwszej potrzeby
presumption of ~ domniemanie, że ktoś pozostaje przy życiu
standard of ~ stopa życiowa, standard życiowy
way of ~ sposób ⟨styl⟩ życia
working ~ okres aktywnego życia ⟨pracy zawodowej⟩
to **take one's own** ~ odebrać sobie życie
lifer *s* **1.** dożywotni więzień **2.** dożywotnie więzienie
life-saving *adj* ratowniczy
~ **appliances** urządzenia ratownicze
~ **service** służba ratownicza, ratownictwo
lifetime *s* życie, długość życia
lift *v* **1.** podnosić, dźwigać **2.** uchylać, znosić **3.** *am.* wykupywać, spłacać (*np. hipotekę*) **4.** *am.* podwyższać (*ceny, płace*) **5.** kraść w sklepie, dopuszczać się kradzieży sklepowych
to ~ **a ban** znosić zakaz
to ~ **a blockade** znieść blokadę
to ~ **the embargo on ...** uchylić embargo na ...
to ~ **(quota) restrictions** znieść ograniczenia (kontyngentowe)
to ~ **a tariff** znieść taryfę
lifting *s* **1.** podnoszenie, dźwiganie **2.** plagiat **3.** kradzież
~ **capacity** udźwig, nośność dźwigu

ligan s zatopiony ładunek lub statek oznaczony boją (*celem późniejszego odzyskania*)

light[1] s **1.** światło, oświetlenie **2.** (*prawnie chroniony*) dostęp światła (*do okien*)
~ **dues** opłaty za światła (*nawigacyjne*)
coasting ~s światła nabrzeżne ⟨brzegowe⟩
in the ~ **of ...** w świetle ...
navigation ~s światła nawigacyjne
port ~s światła portowe (*wejściowe*)
traffic ~s sygnalizacja świetlna (*na ulicy*)
warning ~s światła ostrzegawcze
to bring sth to ~ ujawnić coś, wyciągnąć coś na światło dzienne
to come to ~ wyjść na jaw
to place sth in good ⟨**bad**⟩ ~ przedstawić coś w dobrym ⟨złym⟩ świetle

light[2] adj **1.** lekki **2.** jasny **3.** (*o statku*) bez ładunku **4.** mało ważny, błahy
~ **cargo** ⟨**freight, load**⟩ ładunek lekki ⟨przestrzenny, objętościowy⟩
~ **goods** lekkie towary
~ **industry** przemysł lekki
~ **luggage** lekki bagaż
~ **punishment** lekka ⟨niewielka⟩ kara
~ **ship** ⟨**vessel**⟩ statek pusty ⟨niezaładowany⟩
~ **weight** waga lekka (*bez tary*)
to go ~ (*o statku*) płynąć bez ładunku ⟨pod balastem⟩

lighten v **1.** odciążać, zmniejszać (*ciężar*), odładowywać **2.** łagodzić, czynić lżejszym **3.** obniżać, zmniejszać (*np. podatki*) **4.** ulżyć, ułatwić
to ~ **a sentence** złagodzić wyrok
to ~ **a ship** odciążyć ⟨odładować⟩ statek
to ~ **the taxes** zmniejszyć podatki
readiness to ~ gotowość do wyładunku

lighter[1] s barka portowa, lichtuga
~ **risk** ryzyko przewozu ładunku lichtugą
ex ~ loco lichtuga ⟨barka portowa⟩

lighter[2] v przewozić barką portową ⟨lichtugą⟩, lichtować

lighterage s **1.** przewóz lichtugą **2.** opłata za przewóz lichtugą, lichtugowe **3.** wyładunek na lichtugę, lichtowanie
~ **clause** klauzula o lichtowaniu ⟨o wyładunku na lichtugi⟩
~ **risk** ryzyko przewozu ładunku lichtugą
customs ~ am. przewóz nieoclonych towarów koncesjonowaną lichtugą

lightning s piorun
~ **insurance** ubezpieczenie od szkody spowodowanej uderzeniem pioruna

like adj podobny, analogiczny
~ **period** podobny ⟨analogiczny⟩ okres
of ~ **date** tej samej daty

likelihood s prawdopodobieństwo
little ~ małe prawdopodobieństwo, niewielkie szanse

likely adj **1.** prawdopodobny, możliwy **2.** rokujący nadzieję, obiecujący
it is ~ **to** należy się spodziewać, że; istnieje możliwość, że

likeness s podobieństwo

limit[1] s **1.** granica, kraniec, kres **2.** limit
~ **of age** granica wieku
~ **of credit** limit kredytu
~ **of tolerance** dopuszczalna tolerancja

above the ~ powyżej limitu
age ~ granica wieku
at the ~ zgodnie z limitem
„**at your** ~ " „po cenie przez was ustalonej"
beyond the ~ poza limitem
price ~ limit ceny
size ~ ograniczenie rozmiaru ⟨co do wielkości⟩
time ~ ograniczenie w czasie
trading ~s ub. mors. zasięg ⟨granice⟩ pływania statku
weight ~ ograniczenie wagi
within ~s a) w granicach, w ramach b) umiarkowanie, z umiarkowaniem
without ~s bez ograniczeń
to adhere to a ~ utrzymywać się w ramach limitu
to be bound to a ~ być związanym limitem
to exceed the ~ przekroczyć limit
to extend the ~ rozszerzyć ⟨podnieść⟩ limit
to fix a ~ ustalić limit
to go beyond the ~ przekroczyć limit
to keep within the ~s utrzymywać się w granicach
to lower the ~ obniżyć limit
to set a ~ ustalić limit

limit[2] v ograniczać, limitować
to ~ **a price** limitować cenę, ustalać limit ceny
to ~ **production** limitować ⟨ograniczać⟩ produkcję

limitary adj **1.** ograniczony, podlegający ograniczeniom **2.** ograniczający **3.** pograniczny

limitation s **1.** ograniczenie **2.** zastrzeżenie **3.** przedawnienie, prekluzja
~ **fund** fundusz zdeponowany w celu ograniczenia odpowiedzialności (*do określonej sumy*)
~ **of actions** przedawnienie roszczeń
~ **of armament** ograniczenie zbrojeń
~ **of investment** ograniczenie inwestycji
~ **of liability** a) ograniczenie odpowiedzialności b) przedawnienie zobowiązania
~ **of a right** przedawnienie prawa
~ **of spending** ograniczenie wydatków
~ **of trade** ograniczenie handlu
credit ~ ograniczenie kredytu
period of ~ okres przedawnienia
statute of ~ przepisy o przedawnieniu
time of ~ okres przedawnienia
to be barred by ~ ⟨**by the statute of** ~s⟩ ulec przedawnieniu na mocy ustawy

limitative adj ograniczający
~ **clause** klauzula ograniczająca

limited adj **1.** ograniczony, limitowany **2.** z ograniczoną odpowiedzialnością
~ **administration** administracja o charakterze ograniczonym (*co do czasu, celu itp.*)
~ **and reduced** z ograniczoną odpowiedzialnością i zmniejszonym kapitałem
~ **capacity** ograniczona zdolność
~ **cheque** czek limitowany
~ **coasting trade** kabotaż mały
~ **company** spółka z ograniczoną odpowiedzialnością
~ **conditions of the market** ograniczone możliwości zbytu, słaba koniunktura rynkowa
~ **construction** wykładnia ścieśniająca
~ **contract stevedores** przedsiębiorstwa specjalizujące się w przeładunkach i sztauowaniu niektórych towarów .

~ **corporation** *am.* spółka z ograniczoną odpowiedzialnością
~ **credit** ograniczony kredyt
~ **demand** ograniczony popyt
~ **divorce** separacja sądowa od stołu i łoża
~ **executor** wykonawca (*testamentu*) ograniczony (*np. co do czasu lub miejsca*)
~ **fee** *bryt.* ograniczone prawo własności
~ **interpretation** wykładnia ścieśniająca
~ **liability** ograniczona odpowiedzialność
~ **liability company** spółka z ograniczoną odpowiedzialnością
~ **market** ograniczony rynek (zbyt)
~ **means** ograniczone środki
~ **monarchy** monarchia konstytucyjna
~ **order** zamówienie limitowane
~ **owner** ograniczony właściciel (użytkownik)
~ **partner** komandytariusz, komandytor
~ **partnership** spółka komandytowa, komandyta, komandytorium
~ **policy** ograniczona polisa ubezpieczeniowa
~ **price store** *am.* sklep z towarami o jednolitych cenach
~ **servitude** służebność osobista
~ **storage** składowanie krótkoterminowe
in a ~ **degree** w ograniczonym stopniu
limitrophe *adj* pograniczny, graniczący (**to sth** z czymś)
line[1] *s* 1. linia (*kolejowa, telefoniczna, lotnicza*) 2. linia postępowania, zasada 3. wiersz (*tekstu*) 4. branża, specjalność, dziedzina 5. gatunek (klasa) towaru 6. asortyment, towar 7. operacje ubezpieczeniowe 8. linia genealogiczna, ród 9. *pl* **lines** *bryt.* świadectwo ślubu
~ **of action** sposób działania
~ **of business** branża handlowa, dziedzina działalności gospodarczej
~ **of conduct** sposób postępowania
~ **of credit, credit** ~ granica kredytu
~ **of defence** sposób (linia) obrony
~ **of demarcation** linia demarkacyjna
~ **of goods** *a*) gatunek towarów *b*) branża towarowa
~ **of industry** gałąź przemysłu
~ **of production** branża produkcyjna
~ **of succession** linia dziedziczenia
~ **of trade** branża handlowa
air ~ linia lotnicza
ascending ~ linia wstępna (*pokrewieństwa*)
banking ~ bankowość
border ~ linia graniczna
branded ~ towary firmowe
cash ~ *a*) towary sprzedawane za gotówkę *b*) transakcje gotówkowe
cheap ~ tani towar, tandeta
clearing ~ towar wyprzedażowy ((przeznaczony) do wyprzedaży)
collateral ~ linia boczna (*pokrewieństwa*)
commercial ~ branża handlowa
conference ~ linia żeglugowa konferencyjna
date ~ *a*) linia czasu (*po przekroczeniu której następuje zmiana daty*) *b*) miejsce na wstawienie daty
descending ~ linia zstępna (*pokrewieństwa*)
direct ~ linia prosta (*pokrewieństwa*)

exchange ~ bezpośrednia linia telefoniczna, numer bezpośredni
extension ~ wewnętrzna linia telefoniczna, numer wewnętrzny
flow ~ linia potokowa (*produkcji*)
hot ~ gorąca linia (*bezpośrednie połączenie np. Moskwy z Waszyngtonem*)
marine ~ *a*) ubezpieczenie morskie *b*) ryzyko morskie
maternal (**paternal**) ~ linia macierzysta (ojcowska)
on customary (**usual**) ~**s** w normalnym trybie, na zwykłych zasadach
party (**shared**) ~ towarzyska (wspólna) linia telefoniczna, telefon towarzyski
proprietary ~ towar firmowy (markowy)
railway ~ linia kolejowa
regular ~ regularna linia (*komunikacyjna*)
shipping ~ linia żeglugowa (okrętowa)
telegraphic (**telephone**) ~ linia telegraficzna (telefoniczna)
to be in ~ **with sb, sth** zgadzać się z kimś, czymś
to cover (**insure**) **a** ~ pokryć (ubezpieczyć) ryzyko
to read between the ~**s** czytać między wierszami
to run on regular ~ (*o statku*) kursować na regularnych liniach
to take a strong ~ zająć twarde (nieustępliwe) stanowisko
line[2] *v* 1. limitować 2. wyściełać, wykładać
lineage *s* ród; pochodzenie; rodowód
lineal *adj* 1. liniowy 2. (*o krewnym*) w prostej linii
~ **ancestor** wstępny w linii prostej
~ **consanguinity** pokrewieństwo w linii prostej
~ **descendant** zstępny w linii prostej
~ **heir** spadkobierca w linii prostej
~ **relative** krewny w linii prostej
~ **succession** następstwo (dziedziczenie) w linii prostej
linear *adj* 1. liniowy 2. bieżący
~ **measures** miary liniowe (długości)
liner *s* 1. liniowiec, statek żeglugi liniowej 2. samolot linii regularnej 3. autobus linii regularnej
~ **bill of lading** konosament liniowy (na przewóz ładunku liniowcem)
~ **cargo** ładunek przewożony liniowcem
~ **freighting** frachtowanie na warunkach liniowych
~ **freighting rates** frachtowe stawki liniowe
~ **shipping** żegluga liniowa
~ **shipping company** towarzystwo żeglugi liniowej
~ **terms** warunki liniowe (*przewozu morskiego*)
air ~ *a*) samolot linii regularnej *b*) samolot transportowy
ocean ~ liniowiec (statek) oceaniczny (dalekomorski)
passenger ~ liniowiec (statek) pasażerski
line-up *s* przedstawienie kilku osób świadkowi celem identyfikacji przestępcy
link[1] *s* 1. ogniwo, związek 2. powiązanie
~ **in a chain of evidence** ogniwo w łańcuchu dowodów (związku dowodowym)
missing ~ brakujące ogniwo
link[2] *v* łączyć (się), wiązać (się)
to ~ **sb with an affair** wiązać kogoś z aferą
to ~ **up two matters** łączyć ze sobą dwie sprawy
linked *adj* związany (**to sth** z czymś)

~ **problems** zagadnienia związane (**to sth** z czymś)
liquid *adj* płynny
~ **assets** środki obrotowe, aktywa płynne
~ **capital** kapitał płynny
~ **cargo** ładunek płynny
~ **debt** płynny dług
liquidate *v* **1.** likwidować **2.** likwidować się, zaprzestać działalności **3.** upłynniać (*np. kapitały*) **4.** spłacać
to ~ **a company** likwidować firmę
to ~ **a debt** spłacać dług
liquidated *adj*: ~ **damages** odszkodowanie umowne, kara konwencjonalna ⟨umowna⟩
liquidation *s* **1.** likwidacja **2.** likwidowanie się **3.** upłynnianie kapitału **4.** spłata
~ **of colonialism** likwidacja kolonializmu
~ **of damages** likwidacja szkód
~ **of a debt** spłata długu
~ **of war effects** likwidacja skutków wojny
~ **sale** sprzedaż likwidacyjna
~ **value** wartość likwidacyjna
company in ~ towarzystwo ⟨spółka⟩ w likwidacji
compulsory ~ likwidacja przymusowa
voluntary ~ likwidacja dobrowolna
to go into ~ likwidować się, przejść w stan likwidacji
liquidator *s* likwidator
general ~ likwidator generalny
liquidity *s* płynność
~ **of assets** płynność aktywów
liquor *s* napój alkoholowy
~ **licence** licencja na sprzedaż napojów alkoholowych
(the) ~ **question** zagadnienie ⟨problem⟩ alkoholizmu
~ **smuggling** przemyt alkoholu
~ **trade** ⟨**traffic**⟩ handel napojami alkoholowymi
duty on ~ cło na napoje alkoholowe
under the influence of ~ pod wpływem ⟨działaniem⟩ alkoholu, w stanie nietrzeźwym
lis pendens *s łac.* tocząca się sprawa
list *s* **1.** lista, spis, wykaz **2.** rejestr **3.** katalog **4.** zestawienie, ceduła
~ **of applicants** lista zgłoszeń ⟨ubiegających się⟩
~ **of assets and liabilities** lista aktywów i pasywów
~ **of bills for collection discount** wekslowy arkusz inkasowy ⟨dyskontowy⟩
~ **of candidates** lista kandydatów
~ **of cargo** specyfikacja ładunku (*okrętowego*)
~ **of creditors** lista wierzycieli
~ **of the crew** lista załogi
~ **of customers** lista klientów
~ **of documents** spis ⟨wykaz⟩ dokumentów
~ **of exports** lista eksportowa
~ **of foreign exchange** tabela kursów dewizowych
~ **of (free) goods** spis towarów (wolnocłowych)
~ **of names** spis imienny
~ **of prices** cennik
~ **of quotations** ceduła giełdowa ⟨kursowa⟩
~ **of sailings** rozkład rejsów
~ **of shareholders** lista akcjonariuszy
~ **of speakers** lista mówców
~ **of voters** lista wyborców ⟨wyborcza⟩
~ **price** cena katalogowa
~ **voting** głosowanie na listy
attendance ~ lista obecności

black ~ czarna lista (*np. niesolidnych dłużników*)
cargo ⟨**freight**⟩ ~ lista ładunkowa
check ~ spis kontrolny
free ~ spis towarów wolnocłowych, wykaz towarów nie podlegających ocleniu
mailing ~ lista wysyłkowa
nominal ~ wykaz imienny
official ~ spis ⟨wykaz⟩ urzędowy, ceduła urzędowa
packing ~ specyfikacja poszczególnych sztuk ładunku
passenger ~ lista pasażerów (*np. statku*)
price ~ *a)* cennik *b)* ceduła kursowa
sailings ~ rozkład rejsów
stores ~ lista prowiantowa (*statku*)
subscription ~ lista subskrybentów
supplementary ~ lista dodatkowa
voters ~ lista wyborców ⟨wyborcza⟩
waiting ~ lista zgłoszeń na późniejsze terminy
weight ~ specyfikacja wagi
to be on a ~ znajdować się na liście, być wciągniętym na listę
to draw up a ~ sporządzić listę
to enter on the ~ wpisać na listę
to make out a ~ sporządzić listę ⟨wykaz⟩
to put sb on the ~ umieścić kogoś na liście, zarejestrować kogoś
to remove from ⟨**strike off**⟩ **the** ~ wykreślić z listy
list² *v* sporządzać listę ⟨wykaz, zestawienie⟩, rejestrować, katalogować
listed *adj*: ~ **article** artykuł podany w katalogu ⟨cenniku, wykazie⟩
~ **securities** papiery wartościowe notowane na giełdzie
~ **shares** akcje notowane
listening *adj*: ~ **device** aparat podsłuchowy
listing *s* spisywanie, inwentaryzowanie, katalogowanie
literacy *s* piśmienność, znajomość czytania i pisania
~ **qualification** *am.* cenzus wykształcenia ⟨znajomości czytania i pisania⟩
~ **test** *am.* test znajomości czytania i pisania (*warunkujący prawo głosowania*)
literal *adj* **1.** literowy **2.** dosłowny, literalny **3.** formalny
~ **construction** ⟨**interpretation**⟩ literalna interpretacja, dosłowna wykładnia
~ **error** błąd literowy, omyłka w druku
~ **proof** formalny ⟨pisemny⟩ dowód
~ **translation** dosłowne tłumaczenie
in a ~ **sense** w dosłownym znaczeniu
literary *adj* literacki
~ **composition** ⟨**work**⟩ utwór literacki, dzieło literackie
~ **property** prawa wydawnicze
literatim *adv łac.* dosłownie, słowo w słowo
litigant¹ *s* strona w procesie
litigant² *adj* będący w sporze, procesujący się
the ~ **parties** strony w procesie
litigate *v* procesować się, prowadzić proces, występować w charakterze strony w procesie
litigation *s* spór sądowy, proces, sprawa sądowa
~ **value** wartość przedmiotu sporu
agent for ~ pełnomocnik procesowy
the parties in ~ strony w procesie
in order to avoid ~ w celu uniknięcia procesu

litigious *adj* **1.** sporny **2.** procesowy, sądowy **3.** skłonny do pieniactwa, pieniacki
  ~ **case** sprawa sporna, proces
  ~ **claim** roszczenie procesowe
  ~ **matter** przedmiot procesu
  ~ **person** pieniacz
  ~ **procedure** postępowanie sporne ⟨procesowe⟩
live[1] *v* **1.** żyć **2.** mieszkać, przebywać
  to ~ **by** utrzymywać się z
  to ~ **on sb's expense** żyć czyimś kosztem
  to ~ **on one's gains** żyć z własnych zarobków
live[2] *adj* żywy
  ~ **birth** żywe urodzenie (*dziecka*)
  ~ **load** ciężar osób z bagażem (*w windzie, samochodzie*)
  ~ **weight** żywa waga (*zwierzęcia przed ubojem*)
livelihood *s* utrzymanie, środki egzystencji
  to earn one's ~ zarabiać na utrzymanie ⟨życie⟩
liveliness *s* ożywienie
  ~ **of the market** ożywienie rynku
lively *adj* żywy, ożywiony
  ~ **market** ⟨**trade**⟩ ożywiony rynek ⟨handel⟩
livery *s* przekazanie posiadania; wprowadzenie (*kogoś*) w posiadanie
  ~ **of seisin** *hist.* uroczyste przeniesienie posiadania ⟨własności⟩ nieruchomości
livestock *s* **1.** inwentarz żywy **2.** żywiec **3.** bydło
living *s* **1.** życie, egzystencja **2.** utrzymanie
  ~ **allowance** dieta ⟨dodatek⟩ na utrzymanie
  ~ **apart** życie osobno ⟨w separacji⟩
  ~ **conditions** warunki życia
  ~ **costs** ⟨**expenses**⟩ koszty utrzymania
  ~ **in adultery** życie w konkubinacie
  ~ **in hiding** ukrywanie się
  ~ **space** przestrzeń życiowa
  ~ **standard** stopa życiowa, poziom życia
  ~ **together** (*o małżeństwie*) życie we wspólnocie małżeńskiej
  (a) ~ **wage** płaca wystarczająca na utrzymanie
  cost of ~ koszty utrzymania
  standard of ~ stopa życiowa, poziom życia
  to earn ⟨**make**⟩ **one's** ~ zarabiać na utrzymanie ⟨życie⟩
  to work for one's ~ pracować na utrzymanie
Lloyd's *s* **1.** londyńskie towarzystwo ubezpieczeń morskich (**the Corporation of Lloyd's**) **2.** brytyjskie towarzystwo klasyfikujące i rejestrujące statki brytyjskie i zagraniczne (**Lloyd's Register of British and Foreign Shipping**)
  ~ **agent** przedstawiciel Lloyda, agent ubezpieczycieli Lloyda
  ~ **average bond** standardowy bon awaryjny Lloyda
  ~ **class ship** statek zarejestrowany przez Lloyda
  ~ **Custom** zasada rozliczania awarii przyjęta przez Lloyda
  ~ **daily index** codzienny wykaz ruchu statków sporządzony przez Lloyda
  ~ **Guarantee Policy** polisa gwarancyjna Lloyda
  ~ **marine policy** polisa ubezpieczenia morskiego Lloyda
  ~ **member** członek towarzystwa ubezpieczeniowego Lloyda
  ~ **Record of Casualties** rejestr wypadków morskich sporządzony przez Lloyda
  ~ **risk** ryzyko zgodne z polisą Lloyda
  ~ **survey** inspekcja statków z ramienia Lloyda

  ~ **surveyor** inspektor statków z ramienia Lloyda
  ~ **Survey Report** atest awaryjny wystawiony przez agenta Lloyda
  ~ **underwriter** ubezpieczyciel zrzeszony w Lloydzie
  ~ **underwriting agent** agent ubezpieczeniowy Lloyda
  A 1 at ~ (*o statku*) pierwszorzędny według klasyfikacji Lloyda
  insured at ~ **Rooms** ubezpieczony przez towarzystwo ubezpieczeniowe Lloyda
  Ship/Goods (*skr.* **S/G**) **Form of** ~ **Marine Insurance** polisa ubezpieczenia morskiego Lloyda typu „SG Form"
load[1] *s* **1.** ładunek **2.** obciążenie, ciężar **3.** wielka ilość, mnóstwo
  ~ **capacity** nośność
  ~ **carrying capacity** zdolność ładunkowa, ładowność
  ~ **displacement** wyporność ładunkowa statku
  ~ **distribution** rozkład obciążeń
  ~ **draught** ⟨**draft**⟩ zanurzenie ładunkowe
  ~ **line** ⟨**waterline**⟩ linia ładunkowa
  allowable ~ dopuszczalne obciążenie
  average ~ przeciętny ładunek
  bare ~ balast okrętowy
  boat ~ ładunek całookrętowy
  car ~ ładunek całowagonowy
  commercial ⟨**pay**⟩ ~ ładunek handlowy
  deck ~ ładunek pokładowy
  fractional ~ ładunek częściowy
  full ~ pełny ładunek, pełne obciążenie
  light ~ ładunek lekki ⟨przestrzenny⟩
  light ~ **line** linia zanurzenia statku bez ładunku
  maximum ~ ładunek maksymalny
  part ~ ładunek częściowy
  permissible ⟨**safe**⟩ ~ maksymalne dopuszczalne obciążenie
  ship ~ ładunek całookrętowy
  test ~ próba ładunkowa
  total ~ ładunek pełny
load[2] *v* **1.** ładować, załadować **2.** brać ładunek, być ładowanym **3.** obciążać **4.** fałszować (*np. kości do gry*) **5.** obrzucać (*np. obelgami*) **6.** *zob.* **load in, out, up**
  to ~ **homewards** brać ładunek powrotny
  to ~ **in bulk** ładować (*towar*) luzem
  to ~ **sb with insults** obrzucać kogoś obelgami
  to ~ **wine** fałszować wino alkoholem, dodawać alkoholu do wina
  readiness to ~ gotowość (*statku*) do załadunku
loaded *pp adj*: ~ **displacement** wyporność ładunkowa statku
  ~ **draught** ⟨**draft**⟩ pełne zanurzenie statku (*pod ładunkiem*)
  fully ~ całkowicie załadowany
loader *s* **1.** ładowacz **2.** załadowca (*nie będący frachtującym*)
load in *v* załadować, naładować
loading *s* **1.** ładowanie, obciążanie **2.** ładunek, załadunek
  ~ **aboard** załadunek na statek
  ~ **and discharging conditions** warunki (*sposób i koszt*) załadowania i wyładowania
  ~ **berth** miejsce ⟨nabrzeże⟩ przeładunkowe

~ **broker** makler ładunkowy, agent akwirujący ładunki
~ **capacity** nośność, ładowność
~ **charges** ⟨**costs**⟩ koszty załadunku
~ **chute** pochylnia ładunkowa
~ **days** dni przewidziane na załadunek
~ **documents** dokumenty wysyłkowe ⟨ładunkowe⟩
~ **hand** ładowacz
~ **homewards** branie ładunku powrotnego
~ **in bulk** ładowanie (*towaru*) luzem
~ **in turn** ładowanie w kolejności podejścia statku na miejsce załadunku
~ **on board** załadunek na statek
~ **order** zlecenie załadunku
~ **place** miejsce załadowania ⟨załadunku⟩
~ **port** port załadunku
~ **rate** norma załadunkowa ⟨załadunku⟩
~ **readiness** gotowość (*statku*) do załadunku
~ **scale** tabela norm załadunkowych
~ **siding** bocznica załadowcza
~ **time** czas przewidziany na załadunek
~ **turn** kolejność ładowania
~ **warranties** klauzula o zakazie ładowania niektórych towarów
~ **weight** waga przy załadunku
port of ~ port załadowania
rate of ~ norma ładunkowa
load(-)line *s* wodna linia ładunkowa
~ **certificate** świadectwo wolnej burty
~ **convention** konwencja o liniach ładunkowych
~ **disc** znak wolnej burty, krąg Plimsolla
annual ~ roczna ⟨corocznie ustalana⟩ linia ładunkowa
fresh-water ~ słodkowodna linia ładunkowa
lumber ⟨**timber**⟩ ~ linia ładunkowa przy ładunkach drewna
seasonal ~ sezonowa linia ładunkowa (*dla poszczególnych pór roku*)
summer ~ letnia linia ładunkowa
tropical ~ linia ładunkowa tropikalna
winter ~ zimowa linia ładunkowa
load readiness *s* gotowość statku do załadunku
notice of ~ awizo o gotowości statku do załadunku
load out *v* wyładować
load up *v* załadować do pełna
loan[1] *s* 1. pożyczka 2. kredyt 3. zaliczka
~ **account** rachunek pożyczek, konto pożyczkowe ⟨udzielonych pożyczek⟩
~ **against security** pożyczka za zabezpieczeniem
~ **agreement** ⟨**contract**⟩ umowa pożyczki ⟨o pożyczce⟩
~ **and fund association** towarzystwo ubezpieczeń wzajemnych
~ **association** towarzystwo pożyczkowe
~ **at call** pożyczka zwrotna na żądanie
~ **at interest** pożyczka oprocentowana
~ **at notice** pożyczka zwrotna za wypowiedzeniem
~ **at short notice** pożyczka krótkoterminowa ⟨zwrotna za krótkim wypowiedzeniem⟩
~ **bank** bank kredytowy
~ **bearing interest** ⟨**no interest**⟩ pożyczka oprocentowana ⟨bezprocentowa⟩
~ **business** operacje pożyczkowe
~ **capital** kapitał pożyczkowy

~ **collection** zbiór wypożyczonych dzieł sztuki (*np. na wystawę*)
~ **conditions** warunki pożyczki
~ **convertion** konwersja ⟨przeliczenie⟩ pożyczki
~ **for consumption** pożyczka rzeczy (*oznaczonych co do gatunku*) przeznaczonych na zużycie z obowiązkiem zwrotu takich samych rzeczy w tej samej ilości
~ **for exchange** pożyczka przedmiotu przeznaczonego do użytku z obowiązkiem zwrotu takiego samego przedmiotu
~ **for use** użyczenie
~ **holder** wierzyciel hipoteczny, posiadacz listów zastawnych
~ **in kind** pożyczka w naturze (*nie pieniężna*)
~ **interest** odsetki od pożyczki, oprocentowanie kredytu
~ **market** rynek pożyczkowo-kredytowy
~ **office** *a*) kasa pożyczkowa *b*) lombard
~ **of goods** pożyczka w towarach ⟨towarowa⟩
~ **of money** pożyczka pieniężna
~ **on bottomry** pożyczka bodmeryjna
~ **on collateral** pożyczka zabezpieczona
~ **on a gold basis** pożyczka oparta na złocie
~ **on mortgage** pożyczka hipoteczna
~ **on pawn** pożyczka pod zastaw
~ **on respondentia** pożyczka pod zastaw ładunku okrętowego
~ **on securities** ⟨**on stock**⟩ pożyczka pod zastaw papierów wartościowych
~ **on trust** dług honorowy
~ **operation** transakcja pożyczkowa
~ **policy** polityka kredytowa
~ **shark** *am. pot.* lichwiarz
~ **society** towarzystwo kredytowe
~ **value** wysokość ⟨wartość⟩ pożyczki
~ **with** ⟨**without**⟩ **stringa** pożyczka warunkowa ⟨bezwarunkowa⟩
amortization of a ~ amortyzacja pożyczki
application for a ~ prośba o pożyczkę
as a ~ tytułem pożyczki
bank ⟨**banker's**⟩ ~ pożyczka bankowa
bottomry ~ pożyczka bodmeryjna
business ~ kredyt handlowy
call ~ pożyczka zwrotna na żądanie
character ~ kredyt osobisty
commercial ~ kredyt handlowy
commodity ~ kredyt towarowy
consolidated ~ pożyczka skonsolidowana
converted ~ pożyczka konwersyjna
day-to-day ~ pożyczka krótkoterminowa, chwilówka
dead ~ nieściągalna pożyczka, nieściągalny dług
debenture ~ pożyczka obligacyjna
defence ~ pożyczka na obronę kraju
demand ~ pożyczka zwrotna na żądanie
domestic ~ pożyczka wewnętrzna
draft ~ zaliczka wekslowa
external ⟨**foreign**⟩ ~ pożyczka zagraniczna
floated ~ pożyczka emitowana
funded ~ pożyczka skonsolidowana
government ~ pożyczka państwowa
gratuitous ~ pożyczka bezprocentowa
indexed ~ pożyczka przeliczana według indeksu (*np. cen*)
inland ⟨**internal**⟩ ~ pożyczka wewnętrzna

long ⟨long–dated, long-sighted, long-term, long-
-termed, long-time⟩ ~ pożyczka długoterminowa
low-interest ~ pożyczka niskoprocentowa
mortgage ~ pożyczka hipoteczna
naked ~ pożyczka nie zabezpieczona
national ~ pożyczka państwowa
open ~ pożyczka o nie zakończonej subskrypcji
perpetual ~ pożyczka dożywotnia ⟨bezterminowa⟩
premium ~ pożyczka premiowa
private ~ pożyczka prywatna
public ~ pożyczka państwowa ⟨publiczna⟩
redemption ~ pożyczka amortyzacyjna
secured ~ pożyczka zabezpieczona
service of a ~ obsługa pożyczki
short ⟨short-sighted, short-termed, short-time⟩ ~
pożyczka krótkoterminowa
stabilization ~ pożyczka stabilizacyjna
subscription to a ~ subskrypcja pożyczki
terms of a ~ warunki pożyczki
tied ~ pożyczka wiązana (*uzależniona od zakupu
towarów*)
time ~ pożyczka zwrotna w określonym terminie
unsecured ~ pożyczka nie zabezpieczona
usurious ~ lichwiarska pożyczka
warehouse ~ kredyt warrantowy
war ~ pożyczka wojenna
to apply for a ~ ubiegać się ⟨starać się⟩ o pożyczkę
to contract a ~ zaciągnąć pożyczkę
to emit ⟨issue⟩ a ~ emitować ⟨wypuszczać⟩
pożyczkę
to float a ~ rozprowadzać pożyczkę ⟨obligacje
pożyczki⟩
to grant a ~ udzielić pożyczki
to negotiate ⟨raise⟩ a ~ zaciągnąć pożyczkę
to obtain a ~ otrzymać pożyczkę
to pay off ⟨repay⟩ a ~ spłacić pożyczkę
to subscribe to a ~ subskrybować pożyczkę
loan[2] *v am.* pożyczać, udzielać pożyczki
loanee *s* pożyczkobiorca; kredytobiorca
loaner *s* pożyczkodawca; kredytodawca
loaning *s* pożyczanie, udzielanie kredytu
~ **institution** instytucja pożyczkowa
~ **interest** odsetki od pożyczki
lobby[1] *s* 1. westybul; kuluary parlamentu 2. lobby,
grupa nacisku, grupa osób wywierająca wpływ na
ciała ustawodawcze
Lobby Day dzień spotkania wyborców z członkiem
parlamentu
lobby[2] *v* 1. namawiać (*posłów w kuluarach*) do głosowania 2. wywierać wpływ na ciała ustawodawcze
to ~ a bill through przeforsować ustawę poprzez
interwencje kuluarowe
lobbying *s* wpływanie na ciała ustawodawcze przez
interwencje kuluarowe
lobbyist *s* członek lobby ⟨grupy nacisku⟩
local *adj* miejscowy, lokalny, tutejszy
~ **action** powództwo, które musi być wniesione w
określonym miejscu (*np. położenia nieruchomości*)
~ **administration** miejscowa administracja
~ **agent** miejscowy agent ⟨przedstawiciel⟩
~ **allegiance** obowiązek (*cudzoziemca*) podporządkowania się miejscowemu prawu
~ **authorities** *bryt.* władze miejscowe
~ **banishment** zakaz przebywania w danej miejscowości
~ **bank** bank miejscowy ⟨lokalny⟩

~ **bill** ⟨**draft**⟩ weksel miejscowy (*wystawiony i płatny
w tym samym miejscu*)
~ **bill of lading** *am.* konosament odcinkowy ⟨loka-
lny⟩ (*dotyczący części trasy przewozu*)
~ **branch** filia miejscowa
~ **business** transakcja na miejscu ⟨loko, z natychmiastową dostawą⟩
~ **call** telefon miejscowy
~ **charges** koszty miejscowe
~ **competence** kompetencja ⟨właściwość⟩ miejscowa
~ **conditions** warunki miejscowe
~ **consumption** miejscowe spożycie
~ **currency** waluta krajowa ⟨miejscowa⟩
~ **custom** zwyczaj miejscowy
~ **elections** miejscowe wybory
~ **goods** towar na miejscu ⟨loko, na składzie⟩
~ **government** *a)* rada narodowa *b)* samorząd
~ **jurisdiction** właściwość miejscowa (*sądu*)
~ **knowledge** znajomość stosunków miejscowych
~ **law** prawo miejscowe
~ **option** ⟨**veto**⟩ system prohibicji na mocy głosowania mieszkańców danego okręgu
~ **price** cena miejscowa
~ **prison** *bryt.* miejscowe więzienie (*typ więzienia*)
~ **produce** wyrób miejscowy ⟨regionalny⟩
~ **requirements** miejscowe potrzeby
~ **time** czas miejscowy
~ **usage** miejscowa praktyka, zwyczaj miejscowy
locality *s* miejscowość
localization *s* 1. zlokalizowanie 2. umiejscowienie,
lokalizacja
~ **of economic crisis** zlokalizowanie kryzysu gospodarczego
~ **of industry** lokalizacja przemysłu
localize *v* lokalizować, umiejscawiać
locate *v* 1. umiejscawiać, lokalizować 2. lokować,
umieszczać 3. *am.* zgłaszać pretensje (*do ziemi*),
obejmować w posiadanie (*ziemię*)
location *s* 1. umieszczenie, umiejscowienie, lokalizacja
2. miejsce, pozycja 3. *am.* koncesja górnicza 4. *szkoc.*
umowa najmu
~ **clerk** pracownik spedycyjny notujący miejsce
ładunku
~ **of industry** rozmieszczenie przemysłu
lock[1] *s* 1. zamknięcie 2. śluza, tama
~ **dues** opłaty śluzowe
under the ~ **and key** pod kluczem, pod dobrym
zamknięciem
to sell sth ~, **stock, and barrel** sprzedać coś ze
wszystkim
lock[2] *v* 1. zamykać (się) 2. zaopatrywać w śluzy 3.
przepływać przez śluzy 4. *zob.* lock out, up
lockage *s* opłaty za użytkowanie śluz, śluzowe
locker *s* 1. schowek, skrytka 2. pomieszczenie na cenne
przesyłki (*na statku*)
lock-out *s* 1. lokaut, strajk okupacyjny 2. zamknięcie
zakładu pracy przez pracodawcę
lock out *v* 1. zamykać 2. zastosować lokaut
lock-up *s* 1. więzienie, areszt 2. unieruchomienie,
zamrożenie
~ **house** *a)* więzienie *b)* miejsce czasowego zatrzymania
~ **of capital** unieruchomienie ⟨zamrożenie⟩ kapitału
lock up *v* 1. zamykać (*na klucz*) 2. więzić

to ~ **capital** unieruchomić kapitał

loco adv łac. loco, loko, na miejscu
~ **business** transakcja loko
~ **citato** łac. w cytowanym miejscu
~ **goods** towar loko ⟨do natychmiastowej dostawy, na miejscu⟩
~ **invoice** faktura przy cenach loko
~ **price** cena loko
~ **quotations** podawanie cen na warunkach loko

locum-tenens s (pl **locum-tenentes**) łac. zastępca

locus s (pl **loci**) łac. miejsce, umiejscowienie, położenie
~ **contractus** łac. miejsce zawarcia umowy
~ **in quo** łac. miejsce zdarzenia
~ **regit actum** łac. prawo miejsca zawarcia umowy decyduje o jej ważności
~ **sigilli** łac. miejsce pieczęci
~ **standi** łac. a) miejsce stawiennictwa b) uznana pozycja

locution s zwrot, wyrażenie

lodge v 1. lokować, umieszczać, deponować 2. zgłaszać, wnosić 3. mieszkać, przebywać
to ~ **an appeal** złożyć apelację, wnieść odwołanie
to ~ **a claim** wnieść skargę, wysunąć roszczenie
to ~ **a complaint** złożyć reklamację ⟨zażalenie⟩
to ~ **a credit (in favour of sb)** otworzyć akredytywę ⟨kredyt⟩ (na czyjąś rzecz)
to ~ **goods in a warehouse** złożyć towar na składzie
to ~ **money with a bank** wpłacić pieniądze do banku, zdeponować pieniądze w banku
to ~ **objections** wnieść ⟨zgłosić⟩ zastrzeżenia
to ~ **a protest** wnieść ⟨zgłosić⟩ protest
to ~ **securities at ⟨with⟩ the bank** deponować papiery wartościowe w banku
to ~ **a security** złożyć zabezpieczenie

lodg(e)ment s 1. złożenie (np. skargi) 2. depozyt 3. mieszkanie
~ **form** blankiet reklamacyjny

lodger s lokator, najemca
to take ~s wynajmować pokoje, udzielać noclegów

lodging s 1. mieszkanie, zakwaterowanie 2. depozyt, złożenie 3. zgłoszenie 4. pl **lodgings** mieszkanie, pokoje umeblowane
~ **allowance** dodatek mieszkaniowy
~ **of a claim ⟨complaint⟩** zgłoszenie roszczenia, wniesienie reklamacji
board and ~ mieszkanie z pełnym utrzymaniem
to take ~s wynająć umeblowane mieszkanie

lodging-house s pensjonat, hotel
common ~ bryt. dom noclegowy

log s dziennik okrętowy

log-book s 1. dziennik okrętowy 2. dziennik pokładowy (samolotu)

logic s logika

logical adj logiczny
~ **conclusion** logiczny wniosek
~ **reasoning** logiczne rozumowanie

Lombard Street s ulica głównych banków w Londynie, centrum finansowe Londynu

London s Londyn
~ **clause** klauzula londyńska (zezwalająca na natychmiastowe wyładowanie statku po przybyciu do portu)

~ **Court of Arbitration** Sąd Arbitrażowy w Londynie (przy Izbie Handlowej)
(the) ~ **Exchange** giełda londyńska

long[1] adj 1. długi, długotrwały 2. dalekosiężny 3. odległy (np. termin) 4. zwiększony
~ **bill** a) weksel długoterminowy b) wysoki rachunek
~ **criminal record** długi rejestr kar (w karcie karnej)
~ **date** długi ⟨odległy⟩ termin; zob. **long-date**
~ **distance** duża odległość; zob. **long-distance**
~ **dozen** trzynaście (sztuk)
~ **draft** trata długoterminowa
~ **family** rodzina wielodzietna
~ **figure** wysoka ⟨wielocyfrowa⟩ cena
~ **firm** bryt. oszukańcza firma (pobierająca towary bez uiszczenia należności)
~ **goods** ładunek długich sztuk
~ **hand** pismo zwykłe (nie stenograficzne)
~ **haul** transport na dalekich dystansach
~ **hundred** sto dwadzieścia (sztuk)
~ **lease** dzierżawa długoterminowa
~ **loan** długoterminowa pożyczka
~ **measures** miary długości
~ **price** a) wysoka cena b) cena brutto
~ **purse** worek pieniędzy, sakiewka bez dna
~ **rate** kurs dewiz długoterminowych
~ **robe** adwokatura
~ **service** a) długi staż pracy b) wojsk. wieloletnia służba
~ **sight** a) długi termin płatności weksla po okazaniu b) weksel długoterminowy c) zdolność przewidywania, dalekowzroczność
~ **stocks** giełd. duże partie towaru zakupione w oczekiwaniu na podwyżkę cen
~ **term** długi termin; zob. **long-term**
~ **thousand** tysiąc dwieście (sztuk)
~ **vacation** wakacje letnie (sądowe, uniwersyteckie)
in the ~ **run** na dłuższą metę, długofalowo, w końcu
of ~ **standing** a) dawny, zadawniony b) długo istniejący c) mający długi staż pracy
to be ~ **of goods ⟨of the market⟩** trzymać zapas towarów w przewidywaniu zmiany cen
to take ~ **views** przewidywać na dłuższą metę

long[2] adv długo, od dawna, od długiego czasu
~ **established** dawno założony ⟨utworzony⟩

long-dated adj długoterminowy
~ **bill** weksel długoterminowy
~ **stocks** papiery wartościowe długoterminowe

long-distance adj: ~ **call** rozmowa zamiejscowa, międzymiastowa rozmowa telefoniczna
~ **forecast** a) prognoza długoterminowa b) długofalowe przewidywania
~ **transport** transport na dalekich dystansach

long-drawn(-out) adj bezzasadnie prolongowany

longevity s stat. długowieczność

long-lived adj trwały

long-range adj długofalowy
~ **missile** pocisk dalekiego zasięgu
~ **plane** samolot dalekiego zasięgu
~ **planning** planowanie długofalowe ⟨perspektywiczne⟩

longshore adj nadbrzeżny, przybrzeżny

longshoreman s (pl **longshoremen**) am. robotnik portowy, doker (pracujący na lądzie)

longshoremen's gang brygada sztauerska
long-sighted *adj*: ~ **bill** weksel długoterminowy
long-standing *adj* dawny, długoletni
~ **relations** długoletnie stosunki
long-term *adj* długoterminowy
~ **charter** czarter długoterminowy
~ **contract** umowa długoterminowa
~ **credit** kredyt długoterminowy
~ **debt** dług długoterminowy
~ **investment** inwestycja długoterminowa
~ **loan** pożyczka długoterminowa
~ **planning** planowanie długoterminowe
~ **prison** długoletnie ⟨długoterminowe⟩ więzienie
~ **programme** plan długoterminowy
long-termed *adj* długoterminowy
~ **bill** weksel długoterminowy
long-time *adj* **1.** długoletni **2.** długoterminowy
~ **charter** czarter długoterminowy
~ **forecast** *a)* prognoza długoterminowa *b)* długofalowe przewidywanie
look *v* **1.** patrzeć, obserwować **2.** wyglądać, robić wrażenie, zapowiadać się **3.** (*o faktach*) wskazywać
to ~ **after sb, sth** pilnować kogoś, czegoś, opiekować się kimś, czymś
to ~ **down** ⟨**downwards**⟩ mieć tendencje zniżkową, (*o cenach*) spadać
to ~ **into sth** wejrzeć w coś, zbadać coś
to ~ **over** kontrolować, przeglądać
loom *v* zagrażać, grozić
loophole[1] *s przen.* **1.** wykręt **2.** furtka, luka
loose[1] *adj* **1.** luźny, swobodny **2.** (*o towarze*) nie opakowany, luzem **3.** (*o człowieku*) rozpustny **4.** (*o tłumaczeniu*) nieścisły
~ **bulk cargo** ładunek luzem ⟨nie opakowany⟩
~ **construction** ⟨**interpretation**⟩ szeroka ⟨swobodna⟩ wykładnia
~ **funds** wolne środki pieniężne, wolny kapitał
~ **goods** towar luzem
~ **life** ⟨**conduct**⟩ rozwiązłe życie
~ **translation** swobodne tłumaczenie
loose[2] *v* **1.** zwolnić, zluzować **2.** odcumować
loot[1] *s* **1.** łup, zdobycz **2.** splądrowanie, złupienie **3.** nielegalne zyski (*ciągnięte podczas pełnienia urzędu*) **4.** *am. sl.* forsa
loot[2] *v* **1.** plądrować, łupić **2.** ciągnąć nielegalne zyski, *pot.* obłowić się (*na stanowisku*)
looter *s* łupieżca
lord *s* **1.** pan, władca **2.** dziedzic majątku, właściciel **3.** senior (*feudalny*) **4.** lord (*tytuł brytyjski*) **5.** członek Izby Lordów
Lord Advocate *bryt.* prokurator generalny Szkocji
Lord Campbell's Act *bryt.* ustawa Lorda Campbella (*z 1846 r.*) o nieszczęśliwych wypadkach (*zezwalająca na dochodzenie odszkodowania od sprawcy wypadku*)
Lord Chamberlain *bryt.* urzędnik dworu królewskiego (*cenzor sztuk teatralnych*)
Lord Chief Justice *bryt.* Lord Naczelny Sędzia, przewodniczący Ławy Królewskiej, członek Sądu Apelacyjnego
Lord High Admiral *bryt. hist.* minister marynarki
Lord (High) Chancellor *bryt.* Lord Kanclerz (*członek Rady Ministrów, spiker Izby Lordów, przewodniczący Najwyższego Trybunału Orzecznictwa* **Supreme Court of Judicature**)

Lord High Treasurer *bryt. hist.* wysoki urzędnik Korony zarządzający dochodami
Lord Justice Clerk *szkoc.* wiceprezes sądu
Lord Justice (of Appeal) *bryt.* sędzia Sądu Apelacyjnego
Lord Keeper of the Great Seal *bryt.* Lord Strażnik Wielkiej Pieczęci
Lord Mayor burmistrz (*Londynu, Yorku, Dublina itp.*)
Lord Mayor's Court *bryt.* sąd burmistrza Londynu
Lord Ordinary *szkoc.* sędzia sesyjnego sądu (*I instancji*)
Lord Privy Purse *bryt.* lord skarbnik kwot asygnowanych na królewskie wydatki
Lord Privy Seal *bryt.* Lord Skarbnik Pieczęci
Lord Provost *szkoc.* burmistrz
(the) Lords Izba Lordów
~**s of appeal** *bryt.* lordowie – sędziowie
~**s of appeal in ordinary** *bryt.* członkowie Izby Lordów wyznaczeni na sędziów apelacyjnych
~**s spiritual** lordowie duchowni
~**s temporal** lordowie świeccy
Lord Steward of the King's ⟨**Queen's**⟩ **Household** zarządzający dworem królewskim
lose *v* (**lost, lost**) **1.** gubić, tracić, utracić **2.** przegrać
to ~ **an action** przegrać sprawę
to ~ **at weight** stracić na wadze
to ~ **a case at law** przegrać proces sądowy ⟨sprawę sądową⟩
to ~ **a customer** stracić klienta
to ~ **in value** stracić na wartości
to ~ **one's job** stracić pracę
to ~ **one's life** utracić życie
to ~ **one's money** tracić pieniądze
to ~ **nationality** utracić obywatelstwo
to ~ **a right** utracić prawo
loser *s* przegrywający, ponoszący stratę
to come off a ~ wyjść ze stratą, ponieść stratę
losing *adj* przegrywający, tracący
~ **business** niekorzystny ⟨przynoszący straty⟩ interes
~ **game** sprawa z góry przegrana
~ **market** obniżająca się koniunktura rynku
(the) ~ **side** strona przegrywająca
loss *s* **1.** strata, utrata, ubytek **2.** zguba
~ **adjustment** wyrównanie straty
~ **and gain account** rachunek strat i zysków
~ **assessment** ustalenie straty
~ **at the exchange** strata na giełdzie
~ **at sea** strata na morzu (*podczas transportu morskiego*)
~ **by breakage** strata wskutek stłuczenia
~ **by collision** strata wskutek zderzenia
~ **by fire** strata wskutek pożaru
~ **by leakage** strata wskutek wycieku
~ **by measuring** strata przy mierzeniu
~ **by sea perils** *ub. mors.* strata spowodowana niebezpieczeństwami morza
~ **incurred** poniesiona strata
~ **in weight** ubytek ⟨strata⟩ na wadze
~ **leader** towar sprzedawany ze stratą celem pozyskania klienteli
~ **of civil rights** utrata praw obywatelskich
~ **of consortium** utrata więzi małżeńskiej
~ **of customers** utrata klienteli
~ **of earnings** ⟨**wages**⟩ utrata ⟨strata⟩ zarobków

~ **of freight** *a*) utrata ładunku *b*) utrata frachtu
~ **of a lawsuit** przegranie procesu
~ **of life** utrata życia
~ **of market** utrata rynku zbytu
~ **of memory** utrata ⟨zanik⟩ pamięci
~ **of money** strata pieniężna
~ **of nationality** utrata obywatelstwa
~ **of novelty** utrata (cechy) nowości (*wynalazku*)
~ **of prestige** utrata prestiżu
~ **of production** strata w produkcji
~ **of profit** utrata zysku
~ **of property** utrata własności
~ **of reputation** utrata opinii ⟨reputacji⟩
~ **of a right** utrata prawa
~ **of a ship** utrata statku
~ **of time** strata czasu
~ **on exchange** strata kursowa (*na skutek zmiany kursu walut*)
~ **prevention** zapobieganie stratom
~ **ratio** stosunek strat do uzyskanych premii (*towarzystwa ubezpieczeniowego*)
absolute ⟨**actual**⟩ **total** ~ *ub. mors.* rzeczywista strata całkowita
account ⟨**book**⟩ ~ strata bilansowa
allowance for a ~ bonifikata za stratę
concealed ~ ukryta strata
consequential ~ strata wynikowa ⟨pośrednia⟩
constructive total ~ *ub. mors.* konstruktywna strata całkowita (*koszty naprawy przekraczają wartość przedmiotu*)
customary trade ~ zwyczajowo uznany ubytek towarowy
dead ~ strata bezpowrotna
exchange ~ strata kursowa (*na skutek zmiany kursu walut*)
financial ⟨**pecuniary**⟩ ~ strata pieniężna
general average ~ strata w awarii wspólnej
heavy ⟨**serious, substantial**⟩ ~ poważna ⟨duża, ciężka⟩ strata
imminent ~ grożąca ⟨zagrażająca⟩ strata
incidental ~ strata uboczna
initial ~ początkowa strata
insured ~ strata ubezpieczona
irreparable ~ niepowetowana strata
marine ~ strata podczas przewozu morskiego
market ~ strata rynkowa
natural ~ ubytek naturalny
partial ~ strata częściowa
presumptive ~ domniemana ⟨przypuszczalna⟩ strata
recovery of a ~ wynagrodzenie straty
total ~ strata całkowita
to appraise the ~ oszacować stratę
to bear ⟨**incur**⟩ **a** ~ ponieść stratę, doznać straty
to bring about ⟨**cause, inflict**⟩ **a** ~ spowodować ⟨wyrządzić⟩ stratę
to compensate ⟨**make good**⟩ **a** ~ wynagrodzić stratę
to cover ⟨**repair**⟩ **a** ~ pokryć stratę
to entail a ~ powodować ⟨pociągać za sobą⟩ stratę
to estimate the ~ ocenić straty
to recover one's ~ odzyskać stratę
to sell at a ~ sprzedawać ze stratą
to show a ~ wykazywać stratę
to suffer ⟨**sustain**⟩ ~**es** ponieść straty
lost *pp adj* zagubiony, przepadły, utracony
~ **cargo** utracony ładunek

~ **cause** przegrana sprawa
~ **day** doba nie liczona z powodu przesunięcia daty przy przekroczeniu linii zmiany daty
~ **or not lost** *ub. mors. a*) niezależnie od utraty ładunku (*klauzula zastrzegająca odszkodowanie dla ubezpieczającego w wypadku utraty ładunku przed zawarciem umowy ubezpieczenia*) *b*) klauzula konosamentu zobowiązująca właściciela ładunku do zapłaty frachtu w przypadku utraty ładunku podczas przewozu
~ **parcel** przesyłka ⟨paczka⟩ zaginiona
~ **property office** biuro rzeczy zagubionych
to give up sth for ~ uznać coś za stracone
lot¹ *s* **1.** partia (*towaru, ładunku itp.*), transza **2.** parcela, działka **3.** los, losowanie **4.** udział
(**the**) ~ całość, cała ilość
~ **money** prowizja aukcjonatora ⟨licytującego⟩ od sprzedaży partii towaru
broken ⟨**odd**⟩ ~ niepełna partia
bulked ~ partia towaru mieszanego ⟨niejednorodnego⟩
carload ~ partia całowagonowa
chosen by ~ wybrany losowo ⟨drogą losowania⟩
even ~ pełna partia towaru
full ~ pełna partia
to buy ⟨**sell**⟩ **by** ⟨**in**⟩ ~**s** kupować ⟨sprzedawać⟩ partiami
to draw ~**s** ciągnąć losy
lot² *v* dzielić towar na partie ⟨transze⟩
lottery *s* loteria
~ **loan** pożyczka premiowa
~ **ticket** bilet loteryjny
loudspeaker *s* megafon
love *s* miłość
~ **affair** romans, przygoda miłosna
love-letter *s* list miłosny
love-making *s* **1.** zaloty **2.** stosunek płciowy
love-match *s* małżeństwo z miłości
lover *s* kochanek
low¹ *adj* **1.** niski **2.** marny, lichy **3.** podły **4.** (*o funduszach*) mały
~ **birth rate** niski przyrost naturalny
Low Church *bryt.* odłam Kościoła anglikańskiego
~ **class** niska klasa, marny gatunek
~ **consumption** niewielkie spożycie
~ **demand** niski ⟨mały⟩ popyt
~ **duty** niskie cło
~ **grade** ⟨**quality**⟩ niska jakość
~ **incomes** niskie dochody
~ **level** niski poziom (*cen, kursów itp.*)
~ **offer** niska oferta
~ **point** najniższy punkt ⟨poziom⟩, *przen.* dno (*np. kryzysu*)
~ **price** niska cena
~ **rate** niska stawka
~ **standard of living** niska stopa życiowa
~ **stocks** małe ⟨niewielkie⟩ zapasy
~ **supply** niedostateczna podaż
~ **wages** niskie zarobki ⟨uposażenie⟩
low² *adv* **1.** nisko **2.** tanio
to buy ~ kupować tanio
to run ~ (*o zapasach*) wyczerpywać się
lower¹ *adj* niższy
Lower Chamber, the Lower House *bryt.* Izba Gmin

~ **class** ⟨**grade**⟩ niższa klasa, niższy gatunek
~ **court** sąd niższej instancji
~ **income groups** grupy ludności o niskim dochodzie
lower² v **1.** obniżać, opuszczać, zmniejszać **2.** opadać, obniżać się
  to ~ **the price** obniżać cenę
  to ~ **the rents** obniżać czynsze
  to ~ **tariffs** obniżać cła
lowering s obniżenie, obniżka
loyal adj **1.** wierny, lojalny **2.** legalny
loyalist s lojalista
loyalty s lojalność, wierność
  ~ **oath** przysięga wierności
  ~ **test** sprawdzenie lojalności
  ~ **to one's country** lojalność wobec ojczyzny
L-plate s nauka jazdy (tabliczka)
lucid adj: med. ~ **interval** chwila przytomności (w chorobie umysłowej)
lucrative adj zyskowny, lukratywny
luggage s bagaż
  ~ **examination** rewizja ⟨kontrola⟩ bagażu
  ~ **insurance** ubezpieczenie bagażu
  ~ **receipt** ⟨**ticket**⟩ kwit bagażowy
  ~ **van** wagon bagażowy
  excess ~ nadwaga bagażu
  free ~ bagaż wolny od opłaty
  hand ~ bagaż ręczny ⟨podręczny⟩
  to deposit the ~ złożyć ⟨oddać⟩ bagaż (na przechowanie)
  to register ~ nadawać bagaż
lull s zastój, bezruch
lump¹ s **1.** całość, cała ilość **2.** pot. mnóstwo, wielka ilość
  (the) ~ robotnicy niewykwalifikowani
  ~ **freight** fracht ryczałtowy

~ **sum** a) suma ryczałtowa ⟨globalna⟩, ryczałt b) gotówka, należna suma w gotówce; zob. **lump-sum**
  in the ~ w całości, ryczałtem
lump² v traktować jako całość, liczyć razem, łączyć
  to ~ **the costs** zryczałtować ⟨podliczyć⟩ koszty
lump-sum adj: ~ **charter** czarter ryczałtowy
  ~ **freight** fracht ryczałtowy
  ~ **price** cena ryczałtowa
  ~ **tax** podatek ryczałtowy ⟨zryczałtowany⟩
lunacy s **1.** choroba umysłowa, obłąkanie, obłęd **2.** szaleństwo
  commissioner in ~ bryt. członek komisji do spraw zakładów psychiatrycznych
  commission of ~ bryt. zezwolenie (sądu) na zbadanie stanu umysłowego
  inquest ⟨**inquisition**⟩ **of** ~ badanie podstaw do ubezwłasnowolnienia
  Master in Lunacy bryt. hist. urzędnik sądowy do przeprowadzania badań chorób umysłowych
lunatic s umysłowo chory, obłąkany
  ~ **asylum** hist. zakład psychiatryczny ⟨dla umysłowo chorych⟩
  certified ~ osoba ubezwłasnowolniona z powodu choroby umysłowej
luncheon s : ~ **voucher** bryt. talon na lunch ⟨obiad⟩
luxurious adj **1.** luksusowy, zbytkowny **2.** lubiący zbytek
  ~ **life** życie w zbytku
luxury s luksus, zbytek
  ~ **flat** luksusowe mieszkanie
  ~ **goods** towary luksusowe
  ~ **tax** podatek od zbytku ⟨luksusu⟩
  article of ~ towar luksusowy
lying adj kłamliwy, fałszywy
lynch¹ s lincz, samosąd
  ~ **law** prawo linczu
lynch² v linczować, dokonywać samosądu

M

mace s **1.** hist. maczuga **2.** bryt. laska marszałkowska
machiavellian adj makiawelski, makiaweliczny, przewrotny, obłudny, podstępny
machinations spl **1.** intrygi, knowania **2.** matactwo
machinator s intrygant
machine¹ s **1.** maszyna **2.** machina (polityczna itp.)
  ~ **capacity** wydajność maszyny
  ~ **idleness** przestój maszyny
  ~ **power** moc maszyny
  ~ **production** produkcja maszynowa ⟨masowa⟩
  ~ **shop** warsztat mechaniczny
  ~ **work** a) praca maszynowa b) wyrób maszynowy
  adding ~ maszyna do dodawania
  billing ⟨**invoicing**⟩ ~ maszyna do fakturowania
  calculating ~ arytmometr
  copying ~ kopiarka
  dictating ~ dyktafon
  duplicating ~ powielacz
  labelling ~ maszyna do etykietowania

  packing ~ pakowaczka, pakowarka
  sorting ~ sortownik, sortownica
  vending ~ automat do sprzedaży drobnych towarów
  war ~ machina wojenna
machine² v **1.** wytwarzać maszynowo **2.** poddawać mechanicznej obróbce, obrabiać
machined adj : ~ **article** ⟨**product**⟩ wyrób maszynowy
machine-made adj maszynowy, wykonany ⟨wyprodukowany⟩ maszynowo
machinery s **1.** maszyna, maszyneria **2.** mechanizm, aparat
  ~ **and equipment** maszyny i urządzenia
  ~ **of government** mechanizm ⟨aparat⟩ rządzenia
  administrative ~ aparat administracyjny
mad adj **1.** obłąkany, pomylony **2.** szalony **3.** wściekły
  to go ~ zwariować, oszaleć

made *pp adj* **1.** zrobiony, wyprodukowany **2.** fabryczny (*np. wyrób*)
   ~ **bill** weksel indosowany
   ~ **in ...** wyprodukowany w ... (*danym kraju*)
   ~ **in duplicate** ⟨**triplicate**⟩ sporządzony w dwóch ⟨trzech⟩ egzemplarzach
   ~ **man** człowiek mający ustaloną pozycję w życiu ⟨ustabilizowany⟩
Madison Avenue *s am.* przemysł reklamowy
madman *s* (*pl* **madmen**) wariat, szaleniec
madness *s* **1.** obłąkanie, obłęd **2.** szaleństwo, szał
madwoman *s* (*pl* **madwomen**) wariatka, szalona
mafia *s* mafia
magazine *s* **1.** czasopismo (*ilustrowane*), periodyk **2.** magazyn, skład (*np. broni*)
   ~ **rights** prawo przedruku w periodykach
   fashion ~ żurnal
magisterial *adj* **1.** sędziowski, sądowniczy **2.** obdarzony władzą **3.** autorytatywny, apodyktyczny
   ~ **precinct** *am.* okręg sędziego pokoju (*w niektórych stanach*)
magistracy *s* **1.** wyżsi urzędnicy administracji państwowej **2.** urząd sędziego **3.** władza sędziowska **4.** ogół sędziów (*okręgu, kraju itp.*)
magistrate *s* **1.** wyższy urzędnik administracji państwowej **2.** sędzia pokoju **3.** sędzia sądu policyjnego
   magistrates' court sąd pokoju ⟨rozjemczy⟩ (*dla drobnych spraw i wstępnych przesłuchań*)
   police ~ *bryt.* sędzia policyjny (*orzekający w drobnych sprawach karnych*)
   stipendiary ~ *bryt.* płatny sędzia pokoju
Magna Carta *s łac.*, **Magna Charta** *s bryt. hist.* Wielka Karta Wolności (*1215 r.*)
magnate *s* magnat, potentat
   cotton ~ potentat w przemyśle bawełnianym ⟨handlu bawełną⟩
   financial ⟨**industrial**⟩ ~ potentat finansowy ⟨przemysłowy⟩
magnitude *s* **1.** wielkość, ogrom **2.** ważność, znaczenie
maiden *s* **1.** panna, kobieta niezamężna **2.** dziewica
   ~ **assize** sesja sądu przysięgłych, na której nie ma żadnych spraw do osądzenia
   ~ **name** nazwisko panieńskie
   ~ **voyage** ⟨**trip**⟩ dziewicza ⟨pierwsza⟩ podróż (*statku*)
mail¹ *s* **1.** poczta; przesyłki pocztowe; korespondencja **2.** poczta (*służba łączności*)
   ~ **advice** zawiadomienie ⟨awizo⟩ pocztowe
   ~ **articles** przesyłki pocztowe
   ~ **car** wagon pocztowy
   ~ **carrier** a) statek pocztowy b) *am.* listonosz, doręczyciel
   ~ **charges** opłaty pocztowe, porto
   ~ **contract** umowa o przewozie poczty
   ~ **credit** kredyt pocztowy
   ~ **delivery** doręczenie przez pocztę
   ~ **draft** przekaz pocztowy, pocztowe polecenie wypłaty
   ~ **entry** deklaracja celna pocztowa
   ~ **matters** przesyłki pocztowe
   ~ **order** a) przekaz pocztowy b) zamówienie ⟨zlecenie⟩ listowne; *zob.* **mail-order**
   ~ **packet** ⟨**package, parcel**⟩ przesyłka ⟨paczka⟩ pocztowa
   ~ **payment** zapłata przekazem pocztowym

   ~ **service** poczta, służba pocztowa
   ~ **stamp** stempel pocztowy
   ~ **tariff** taryfa pocztowa
   ~ **transfer** przekaz pocztowy
   air ~ poczta lotnicza
   air ~ **letter** list lotniczy
   by air ~ pocztą lotniczą
   by express ~ pocztą ekspresową, ekspresem
   by ~ pocztą
   by next ~ najbliższą ⟨następną⟩ pocztą
   by registered ~ listem poleconym
   by return of ~ odwrotną pocztą
   by the same ~ tą samą pocztą
   captain's ~ poczta kapitańska
   incoming ⟨**inward**⟩ ~ korespondencja ⟨poczta⟩ przychodząca
   outgoing ⟨**outward**⟩ ~ korespondencja ⟨poczta⟩ wychodząca
   to advise by ~ zawiadomić listownie ⟨pocztą⟩
   to deal with one's ~, **to do one's** ~ załatwiać korespondencję
   to forward ⟨**send**⟩ **by** ~ wysyłać pocztą
mail² *v* wysyłać pocztą, nadawać przesyłkę pocztową
mailable *adj* nadający się do wysyłki pocztą
mail-box *s am.* skrzynka pocztowa
mailing *s* przesyłanie pocztą
   ~ **address** adres pocztowy
   ~ **list** spis stałych odbiorców przesyłek pocztowych
mailman *s am.* listonosz, doręczyciel
mail-order *adj:* ~ **business** a) handel wysyłkowy b) = ~ **firm**
   ~ **firm** ⟨**house**⟩ przedsiębiorstwo handlu wysyłkowego, dom wysyłkowy
   ~ **selling** sprzedaż wysyłkowa
maim *v* **1.** okaleczyć (*sb* kogoś) **2.** wypaczyć (*np. sens tekstu*)
   to ~ **sb for life** uczynić kogoś kaleką na całe życie
main *adj* główny, najważniejszy
   ~ **action** ⟨**case**⟩ podstawowa ⟨główna, zasadnicza⟩ sprawa
   ~ **application** główne zgłoszenie (*patentu*)
   ~ **branch** główny oddział (*firmy*)
   ~ **business** główna branża
   ~ **claim** a) główne roszczenie b) główne zastrzeżenie patentowe
   ~ **condition** główny ⟨podstawowy⟩ warunek
   ~ **feature** główna cecha
   ~ **liability** zobowiązanie główne
   ~ **line** a) magistrala ⟨główna linia⟩ kolejowa b) *am.* główna droga ⟨ulica⟩, arteria komunikacyjna
   ~ **office** główne biuro, centrala (*firmy itp.*)
   ~ **patent** patent główny
   ~ **points** główne punkty (*umowy, sporu itp.*)
   ~ **profession** główny ⟨podstawowy⟩ zawód
   ~ **storehouse** ⟨**warehouse**⟩ główny magazyn
   ~ **supplier** główny dostawca
   ~ **tenant** główny lokator
maintain *v* **1.** utrzymywać (*stosunki, korespondencję*) **2.** utrzymywać w dobrym stanie, konserwować **3.** mieć na utrzymaniu **4.** popierać, podtrzymywać **5.** toczyć, prowadzić (*np. spór, wojnę*)
   to ~ **an action** popierać powództwo
   to ~ **business contacts** utrzymywać kontakty handlowe

to ~ **a correspondence (with sb)** utrzymywać korespondencję (z kimś)
to ~ **one's family** utrzymywać rodzinę
to ~ **international peace** utrzymywać pokój międzynarodowy
to ~ **law and order** przestrzegać prawa i porządku
to ~ **a position** utrzymywać się na stanowisku
to ~ **a price** a) podtrzymywać cenę b) utrzymywać cenę
to ~ **relations with sb** utrzymywać stosunki z kimś
to ~ **one's reputation** podtrzymywać swoją reputację
to ~ **the required standards** utrzymywać wymagany poziom
to ~ **one's rights** bronić swych praw
maintainable adj nadający się do popierania ⟨podtrzymywania⟩
maintained adj: ~ **school** bryt. szkoła państwowa ⟨publiczna⟩
maintenance s 1. utrzymywanie 2. poparcie, pomoc 3. środki egzystencji 4. alimenty 5. utrzymywanie w dobrym stanie, konserwacja 6. popieranie strony prowadzącej spór celem przedłużenia sporu
~ **allowance** dodatek żywnościowy, diety
~ **charges** ⟨cost⟩ a) koszty utrzymania b) koszty konserwacji
~ **man** konserwator (urządzeń)
~ **of membership** am. utrzymanie członkostwa (klauzula w umowie pracowniczej o obowiązku przynależności do związku zawodowego)
~ **of order** utrzymywanie porządku
~ **of peace and security** utrzymanie pokoju i bezpieczeństwa
~ **of prices** utrzymanie cen
~ **of one's rights** podtrzymywanie ⟨obrona⟩ swych praw
~ **order** nakaz alimentacji, wyrok zasądzający alimenty
~ **service** pomoc w utrzymaniu (świadczona przez stronę)
claim for ~ powództwo ⟨skarga⟩ o alimenty
in ~ **of this statement** na poparcie tego twierdzenia
major[1] s człowiek pełnoletni, osoba pełnoletnia
major[2] adj 1. większy, główny 2. znaczny, poważny 3. pełnoletni 4. wybitny
~ **export items** główne pozycje eksportu
~ **part** większa część
~ **problem** główne zagadnienie, główny problem
~ **producer** główny producent
of ~ **importance** o poważnym znaczeniu
majority s 1. większość, przeważająca część 2. pełnoletność
~ **decision** decyzja większości
~ **government** rząd większości
~ **leader** przywódca większości (w parlamencie)
~ **rule** zasada większości (w głosowaniu)
~ **verdict** werdykt większości (przysięgłych)
~ **vote** a) większość głosów b) uchwała przyjęta większością głosów
absolute ⟨overall⟩ ~ bezwzględna większość
by a ~ **of x votes** większością x głosów
narrow ~ nieznaczna większość
overwhelming ~ przeważająca większość
qualified ~ kwalifikowana większość

relative ~ względna większość
required ~ wymagana większość
simple ~ zwykła większość
to attain ⟨reach⟩ **one's** ~ osiągnąć pełnoletność
to be in the ~ być w większości, stanowić większość
to obtain ⟨secure⟩ **a** ~ zdobyć większość
make[1] s 1. produkt, wyrób, fabrykat 2. marka 3. rodzaj, typ 4. produkcja, wykonanie
best ~ najlepszy wyrób
British ~ wyrób brytyjski ⟨angielski⟩
first-class ⟨first-rate⟩ ~ najlepszy ⟨pierwszorzędny⟩ wyrób
foreign ~ wyrób zagraniczny
inferior ~ a) gorszy wyrób b) podrzędna marka
standard ~ wyrób standardowy
make[2] v (**made, made**) 1. sporządzać, wykonywać (**sth out of** ⟨**from**⟩ **sth** coś z czegoś) 2. robić, czynić 3. produkować, wytwarzać 4. stanowić (sumę), wynosić 5. oceniać, obliczać 6. udzielać, dawać (np. rabat) 7. zdobywać, osiągać, uzyskiwać 8. przetwarzać, przerabiać (**sth into sth** coś na coś) 9. wprowadzać, ustanawiać (przepis, prawo) 10. przebywać (odległość), odbywać (podróż) 11. napisać (testament), wypisać (dokument), podpisać (weksel, umowę) 12. wyznaczyć (**sb one's heir** kogoś na spadkobiercę) 13. zob. make away, off, out, over, up
to ~ **accountable** czynić odpowiedzialnym, pociągać do odpowiedzialności
to ~ **an account of sth** zdać sprawozdanie z czegoś
to ~ **an address** wygłosić mowę
to ~ **an agreement** zawrzeć ugodę ⟨porozumienie⟩
to ~ **an alliance** zawrzeć przymierze
to ~ **an allowance** udzielić bonifikaty ⟨rabatu⟩
to ~ **amends to sb for sth** kompensować coś komuś, dawać komuś odszkodowanie za coś
to ~ **an answer** dać odpowiedź, odpowiedzieć
to ~ **an appeal** a) wnieść odwołanie ⟨apelację⟩ b) wygłosić apel, apelować
to ~ **an appearance** a) przedstawić, okazać b) stawić się
to ~ **an application** wnieść podanie
to ~ **an appointment** wyznaczyć spotkanie
to ~ **arrangements** podejmować kroki
to ~ **an attempt** a) dokonać zamachu b) usiłować (**to do sth** coś zrobić)
to ~ **available** oddać ⟨postawić⟩ do dyspozycji, udostępnić
to ~ **an award** wydać orzeczenie
to ~ **a bargain** ⟨deal⟩ zawrzeć transakcję
to ~ **a bill** wystawić weksel
to ~ **a blunder** ⟨mistake⟩ popełnić błąd, pomylić się
to ~ **by the sale** uzyskać ze sprzedaży
to ~ **a call** złożyć wizytę, odwiedzić
to ~ **a charge** wnieść oskarżenie
to ~ **a choice** dokonać wyboru, wybrać
to ~ **a claim (on sth)** zgłosić roszczenie (o coś)
to ~ **compensation** kompensować, wyrównywać szkodę
to ~ **a complaint** zgłosić ⟨wnieść⟩ reklamację ⟨skargę⟩
to ~ **concessions** iść na ustępstwa
to ~ **a condition** postawić warunek
to ~ **a contract** a) zawrzeć umowę b) sporządzić umowę

to ~ **a contribution** wnieść wkład
to ~ **a decision** podjąć decyzję
to ~ **a default** *a*) nie stawić się *b*) nie dotrzymać terminu
to ~ **a distinction** robić różnicę
to ~ **a draft** sporządzić projekt
to ~ **an entry** dokonać wpisu
to ~ **an estimate** dokonać szacunku
to ~ **estimates** sporządzić preliminarz budżetowy
to ~ **excuses** usprawiedliwiać się
to ~ **one's fortune** zrobić majątek, dorobić się majątku
to ~ **gain of sth** wyciągnąć z czegoś korzyść
to ~ **good** wyrównywać, pokrywać
to ~ **a good beginning** zrobić dobry początek
to ~ **good a loss** pokryć ⟨wyrównać⟩ stratę
to ~ **good title** wykazać tytuł (*do czegoś*)
to ~ **house** tworzyć kworum
to ~ **inquiries (about sth)** zasięgać informacji (o czymś), dowiadywać się (o coś)
to ~ **an inventory** przeprowadzić inwentaryzację
to ~ **known** zawiadamiać, podawać do wiadomości
to ~ **a law** ustanawiać prawo
to ~ **a living** zarabiać na życie
to ~ **a loss (on the transaction)** stracić (na transakcji)
to ~ **a mistake** popełnić błąd, pomylić się
to ~ **money** zdobywać pieniądze, zarabiać
to ~ **no doubt** nie ulegać wątpliwości
to ~ **a note of sth** zanotować coś, zwrócić na coś uwagę
to ~ **an oath** złożyć przysięgę
to ~ **an offer** złożyć ofertę
to ~ **payment** dokonać płatności ⟨zapłaty⟩
to ~ **peace** zawrzeć pokój
to ~ **a practice of sth** praktykować coś, stale coś stosować
to ~ **a price** *a*) ustalić cenę *b*) osiągnąć cenę
to ~ **a profit** osiągnąć zysk
to ~ **progress** robić postępy
to ~ **a promise** złożyć przyrzeczenie, przyrzec
to ~ **a proposal** zgłosić propozycję, zaproponować
to ~ **a protest** zgłosić protest, zaprotestować
to ~ **a purchase** dokonać zakupu, kupić
to ~ **ready** przygotować
to ~ **reprisals** stosować represje
to ~ **a revolt** wszcząć rewolucję
to ~ **a rule** wprowadzić zasadę
to ~ **satisfaction** wynagrodzić, zaspokoić
to ~ **sb do sth** zmusić kogoś do zrobienia czegoś
to ~ **sb liable** czynić kogoś odpowiedzialnym
to ~ **a speech** wygłosić mowę ⟨przemówienie⟩
to ~ **sure** upewnić się
to ~ **a (sworn) statement** złożyć oświadczenie (pod przysięgą)
to ~ **terms** ustalić warunki
to ~ **to order** zrobić na zamówienie
to ~ **a total** podsumować, wyprowadzić sumę
to ~ **a treaty** zawrzeć traktat
to ~ **trouble** sprawiać kłopot
to ~ **use of sth** czynić użytek z czegoś
to ~ **war (on sb)** prowadzić wojnę (z kimś)
to ~ **a way** utorować drogę
to ~ **a will** sporządzić testament

make away *v* **1.** zniszczyć, zaprzepaścić (**with sth** coś) **2.** zdefraudować (**with money** pieniądze) **3.** zgładzić, pozbyć się (**with sb** kogoś)
to ~ **with oneself** odebrać sobie życie
make-believe *adj* udany, pozorny, fikcyjny, zmyślony
make off *v* ukraść (**with sth** coś), uciec ⟨zbiec⟩ (**with sth** z czymś)
make out *v* **1.** wypisywać (*rachunek, czek*), sporządzać (*spis, akt itp.*) **2.** wypełniać (*formularz*) **3.** udowadniać, uzasadniać, wykazywać **4.** zrozumieć **5.** odcyfrować
to ~ **a bill** *a*) wystawić weksel *b*) wystawić rachunek
to ~ **a case against sb** wnieść sprawę przeciwko komuś
to ~ **a cheque (to ⟨in favour of⟩ sb)** wystawić ⟨wypełnić⟩ czek (dla kogoś)
to ~ **one's claim** uzasadnić swoje roszczenie
to ~ **a document in duplicate** sporządzić dokument w dwóch egzemplarzach
to ~ **a handwriting** odcyfrować (*czyjeś*) pismo
to ~ **an invoice** sporządzić fakturę
to ~ **a list** sporządzić wykaz ⟨spis, listę⟩
to ~ **the meaning of sth** zrozumieć sens czegoś
make over *v* **1.** cedować, przekazywać, przelewać **2.** przerabiać
to ~ **one's property to sb** przekazywać komuś (swój) majątek
to ~ **one's rights to sb** cedować na kogoś swoje prawo
make-peace *s* rozjemca
maker *s* **1.** producent, wytwórca **2.** wystawca (*weksla, czeku*) **3.** sprawca **4.** budowniczy, konstruktor
~ **of goods** producent
~ **'s price** cena fabryczna ⟨producenta⟩
makeshift *s* **1.** środek zastępczy, namiastka **2.** półśrodek, prowizorium
make-up *s* **1.** struktura, budowa, układ **2.** charakteryzacja
make up *v* **1.** wykonywać, sporządzać, przygotowywać **2.** zbierać, zestawiać **3.** uzupełniać, kompletować **4.** rekompensować, wynagradzać, wyrównywać straty **5.** zmyślać, fabrykować
to ~ **back payments** uregulować zaległości
to ~ **a balance-sheet** sporządzić bilans
to ~ **books** dokonać zamknięcia ksiąg
to ~ **the budget** sporządzić budżet
to ~ **the deficiency** uzupełnić brak
to ~ **the difference** wyrównać ⟨uzupełnić⟩ różnicę
to ~ **for the lost time** nadrobić stracony czas
to ~ **an inventory** sporządzić inwentarz
to ~ **a list** sporządzić spis ⟨wykaz, listę⟩
to ~ **a loss** wyrównać stratę
to ~ **one's mind** zdecydować się
to ~ **on a competitor** pokonać konkurenta
to ~ **a sum** uzupełnić sumę
makeweight *s* wyrównanie wagi, dokładka do wagi
making *s* **1.** powstawanie, tworzenie (się) **2.** produkcja, fabrykacja **3.** *pl* **makings** zadatki, warunki (**of sth** na coś) **4.** *pl* **makings** zarobki, dochody, wpływy
~ **accessible** udostępnienie
~ **plausible** ⟨**probable**⟩ uprawdopodobnienie
in the ~ w procesie powstawania, w stadium rozwoju
making-out *s* sporządzanie, wypełnianie, wystawianie
~ **an invoice** wystawienie faktury

making-over s 1. cedowanie, przekazywanie, przelewanie 2. przeróbka, przerabianie
making-up s 1. sporządzanie, wykonanie, przygotowanie 2. uzupełnianie 3. wyrównanie, rekompensowanie 4. łagodzenie, likwidowanie
~ **an account** wyprowadzenie rachunku na bieżąco, zamknięcie konta
~ **day** giełd. termin opcji reportowej
~ **excuses** zmyślanie usprawiedliwień
~ **price** giełd. kurs rozliczeniowy ⟨likwidacyjny⟩
maladjustment s 1. niedostosowanie 2. brak równowagi
~ **in the balance of trade** brak równowagi w bilansie handlowym
maladministration s złe zarządzanie
mala fide adj adv łac. (zrobiony) w złej wierze
~ **holder** posiadacz w złej wierze
~ **purchaser** nabywca w złej wierze
to act ~ działać w złej wierze
mala in se łac. (czynności) złe same w sobie (np. sprzeczne z zasadami moralności)
mala prohibita łac. (czynności) zabronione ⟨zakazane⟩
malconduct s 1. nieuczciwe postępowanie 2. złe prowadzenie (się)
maldistribution s zła dystrybucja, zły podział
male[1] s mężczyzna
male[2] adj męski, płci męskiej
~ **child** dziecko płci męskiej
~ **descendants** potomkowie płci męskiej
~ **heir** spadkobierca płci męskiej
malediction s przekleństwo, złorzeczenie
malefaction s przestępstwo, zbrodnia
malefactor s przestępca, zbrodniarz
maleficence s szkodliwość, zgubne działanie
maleficent adj 1. szkodliwy 2. zbrodniczy
malfeasance s 1. wykroczenie 2. przestępstwo urzędowe, nadużycie władzy
~ **in office** przestępstwo urzędowe
malfeasant[1] s 1. sprawca wykroczenia 2. urzędnik dopuszczający się nadużycia władzy
malfeasant[2] adj przestępczy, bezprawny
malice s zły zamiar, zła wola, złośliwość
~ **aforethought** ⟨**prepense**⟩ premedytacja, uprzedni zły zamiar
~ **in fact** wyraźny zły zamiar, wyraźna zła wola
~ **in law** zły zamiar
to bear ~ **to** ⟨**towards, against**⟩ **sb** mieć złe zamiary w stosunku do kogoś
malicious adj 1. złośliwy 2. zrobiony w złym zamiarze
~ **abandonment** ⟨**desertion**⟩ złośliwe opuszczenie ⟨porzucenie⟩
~ **accusation** złośliwe oskarżenie
~ **act** czyn dokonany w złym zamiarze
~ **arrest** złośliwe aresztowanie (bez podstawy prawnej)
~ **damage** złośliwe uszkodzenie
~ **intent** zły zamiar
~ **killing** zabójstwo w złym zamiarze, rozmyślne zabójstwo
~ **mischief** ⟨**injuries to property**⟩ złośliwe wyrządzenie szkody majątkowej
~ **prosecution** złośliwe ściganie (na podstawie fałszywego oskarżenia)
~ **wounding** złośliwe okaleczenie
maliciously adv złośliwie, w złym zamiarze

malign[1] adj 1. szkodliwy 2. złośliwy
malign[2] v oczerniać, szkalować (**sb** kogoś)
malignant adj 1. szkodliwy 2. złośliwy
malignity s 1. szkodliwość 2. złośliwość
malinger v symulować chorobę
malingerer s symulant
malingering s symulacja
malnutrition s niedożywienie
malpractice s 1. wykroczenie, przestępstwo 2. zaniedbanie (np. ze strony lekarza) 3. nadużycie zaufania ⟨władzy⟩
maltreat v maltretować, znęcać się (**sb** nad kimś)
maltreatment s maltretowanie, złe traktowanie, znęcanie się
malum s łac. zło
~ **in se** łac. zło ⟨przestępstwo⟩ samo w sobie
~ **necessarium** łac. zło konieczne ⟨którego nie można uniknąć⟩
~ **prohibitum** łac. zło na skutek zakazu (np. przemyt)
malversation s sprzeniewierzenie, malwersacja, nadużycie zaufania
mammoth adj olbrzymi, gigantyczny
~ **concern** wielki koncern, koncern gigant
~ **reduction** ogromna redukcja
~ **size** duży rozmiar
on a ~ **scale** na gigantyczną ⟨kolosalną⟩ skalę
man[1] s (pl **men**) 1. człowiek 2. mężczyzna
~ **and wife** mąż i żona, małżeństwo
~ **in** ⟨am. **on**⟩ **the street** przeciętny ⟨zwykły⟩ człowiek, człowiek z ulicy
~ **of business** człowiek interesu
~ **of confidence** mąż zaufania
~ **of honour** uczciwy człowiek
~ **of property** posiadacz (majątku)
~ **of straw** figurant, osoba podstawiona
(**all**) **to a** ~ (wszyscy) bez wyjątku ⟨do ostatniego człowieka⟩
legal ~ osoba posiadająca zdolność prawną
married ~ żonaty mężczyzna
rights of ~ prawa człowieka
salaried ~ osoba pracująca za wynagrodzeniem
sandwich ~ żywa reklama, człowiek noszący tablice reklamowe (na piersiach i plecach)
single ~ kawaler, mężczyzna stanu wolnego
man[2] v obsadzać ludźmi (np. stanowiska), obsadzać załogą (statek)
to ~ **a night shift** obsadzić nocną zmianę
manacle v zakładać kajdany ⟨kajdanki⟩
manacles spl kajdany, kajdanki
manage v 1. kierować (**sth** czymś), prowadzić, zarządzać (**sth** czymś) 2. regulować, mieć pod kontrolą 3. posługiwać się (**sth** czymś), operować (**sth** czymś) 4. potrafić, dawać sobie radę (**with sth** z czymś, **without sth** bez czegoś), zdołać 5. gospodarować
to ~ **affairs** prowadzić sprawy, zajmować się sprawami
to ~ **a business** kierować przedsiębiorstwem
to ~ **money** gospodarować pieniędzmi
manageable adj 1. uległy, posłuszny 2. wykonalny, możliwy do przeprowadzenia 3. ulegający wpływom, podatny na wpływy
~ **voter** am. a) wyborca ulegający wpływom b) wyborca przekupny
managed adj 1. kierowany 2. regulowany
~ **currency** waluta kierowana ⟨elastyczna⟩

~ **economy** gospodarka kierowana
~ **exchange rates** regulowane kursy walutowe
~ **prices** ceny regulowane
management s **1.** kierowanie, zarządzanie, prowadzenie **2.** regulowanie **3.** kierownictwo, administracja
the ~ zarząd, dyrekcja
~ **consultant** doradca zarządu
~ **costs** ⟨**expenses**⟩ koszty administracyjne
~ **of affairs** prowadzenie spraw, kierowanie sprawami
~ **of a company** zarząd spółki
~ **science** nauka o zarządzaniu
~ **stocks** akcje dyrektorskie (*dające specjalne uprawnienia przy głosowaniu*)
~ **techniques** technika zarządzania
board of ~ zarząd, dyrekcja
business ~ zarządzanie przedsiębiorstwem ⟨firmą⟩
direct ~ kierownictwo bezpośrednie
factory ~ *a)* kierownictwo fabryki *b)* kierowanie fabryką
general ~ kierownictwo ogólne
joint ~ wspólne kierownictwo, wspólny zarząd
owing to bad ~ na skutek złego zarządzania
State ~ kierowanie sprawami państwowymi
theory of ~ teoria zarządzania
top ~ naczelna dyrekcja
to entrust sb with the ~ **of ...** powierzyć komuś kierownictwo ... (*czegoś*)
manager s dyrektor, kierownik, zarządzający
acting ~ pełniący obowiązki dyrektora ⟨kierownika⟩
art ~ dyrektor artystyczny
assistant ~ współpracownik dyrektora ⟨kierownika⟩, wicedyrektor
bank ~ dyrektor banku
board of ~**s** dyrekcja, zarząd, administracja
branch ~ kierownik oddziału
business ⟨**commercial**⟩ ~ dyrektor handlowy
careful ~ dobry gospodarz
department ~ kierownik oddziału (*w dużym sklepie*)
deputy ~ zastępca dyrektora ⟨kierownika⟩
engineering ⟨**technical**⟩ ~ dyrektor techniczny
export ~ kierownik działu eksportowego
factory ~ dyrektor fabryki
general ~ dyrektor generalny
harbour ~ *am* dyrektor portu
hotel ~ dyrektor hotelu
sales ~ kierownik działu sprzedaży
staff ⟨**personnel**⟩ ~ dyrektor działu kadr ⟨spraw pracowniczych⟩
manageress s dyrektorka, kierowniczka, zarządzająca
joint ~ współdyrektorka, współkierowniczka
managerial adj **1.** kierowniczy, dyrektorski **2.** dotyczący zarządzania
~ **duties** funkcje kierownicze
~ **position** ⟨**post**⟩ kierownicze stanowisko
~ **staff** personel zarządzający, kadra kierownicza
~ **structure** hierarchia (*stanowisk*)
managership s zarządzanie, zarząd, kierownictwo
managing[1] s zarządzanie, kierowanie
managing[2] adj **1.** zarządzający **2.** gospodarny
~ **agent** ajent zarządzający
~ **board** zarząd
~ **clerk** dysponent handlowy
~ **director** dyrektor, kierownik

~ **owner** armator zarządzający (*statkiem*)
~ **partner** wspólnik zarządzający
~ **staff** personel zarządzający, kadra kierownicza
Manchester s : ~ **goods** *bryt.* wyroby bawełniane
~ **School** *hist.* zwolennicy doktryny wolnego handlu i leseferyzmu
mandamus s *łac.* **1.** polecenie wydane przez sąd wyższy niższemu **2.** nakaz sądowy spełnienia żądania pozwu
mandatary s **1.** mandatariusz **2.** zleceniobiorca
mandate[1] s **1.** mandat **2.** zlecenie urzędowe, nakaz **3.** umowa zlecenia **4.** instrukcja dana posłowi przez wyborców
~ **commission** komisja mandatowa
electoral ~ mandat wyborczy
territory under ~ obszar objęty mandatem (*np. poselskim*)
mandate[2] v **1.** oddać w zarząd ⟨powiernictwo⟩ **2.** powierzać mandat (*danego okręgu wyborczego*)
to ~ **a territory** powierzyć zarząd nad terytorium (*jakiemuś państwu*)
mandator s zleceniodawca
mandatory[1] s = **mandatary**
mandatory[2] adj **1.** mandatowy **2.** obowiązkowy, nakazany ustawą **3.** dotyczący zlecenia
~ **commission** komisja mandatowa
~ **contract** umowa zlecenia
~ **order** obowiązujący nakaz sądu
~ **powers** zlecone pełnomocnictwo
~ **territory** *hist.* terytorium mandatowe
man-day s roboczodniówka, przepracowana dniówka
manhood s **1.** wiek męski, dojrzałość **2.** ludność płci męskiej
~ **suffrage** prawo głosowania wyłącznie dla mężczyzn
man-hour s roboczogodzina
manhunt s obława, polowanie (*na bandytę itp.*)
mania s **1.** mania **2.** obłęd, szaleństwo
persecution ~ mania prześladowcza
suicidal ~ mania samobójcza
maniac s **1.** maniak **2.** szaleniec
maniacal adj **1.** maniakalny, obłędny **2.** wariacki, szalony
manifest[1] s **1.** manifest **2.** manifest okrętowy ⟨ładunkowy⟩, dokładny wykaz ładunku **3.** lista pasażerów (*samolotu*)
~ **weight** waga według manifestu
aircraft ~ manifest lotniczy
captain's ~ manifest okrętowy
cargo ~ manifest okrętowy
certified ~ potwierdzony konsularnie manifest okrętowy
coasting ~ manifest kabotażowy
customs ~ manifest celny
freight ~ manifest okrętowy
inward ⟨**outward**⟩ ~ manifest na wejściu ⟨wyjściu⟩ (*statku*)
ship's ~ manifest okrętowy
transit ~ manifest tranzytowy
manifest[2] adj jawny, oczywisty, niewątpliwy
manifest[3] v **1.** manifestować, ujawniać, okazywać **2.** zamieszczać w manifeście okrętowym, sporządzać manifest okrętowy
manifestation s **1.** manifestacja **2.** wykazanie, udowodnienie **3.** objaw, dowód (*np. uczuć*)
~ **of a crisis** objawy kryzysu

~ **of a good will** wykazanie dobrej woli
manifesto *s* (*pl* **manifestos, manifestoes**) manifest
  to issue a ~ wydać manifest
manifold *adj* 1. wieloraki, różnorodny 2. powielony
manipulate *v* 1. manipulować, zręcznie kierować 2. umiejętnie postępować (**sb, sth** z kimś, czymś) 3. fałszować
  to ~ **accounts** fałszować rachunki
  to ~ **the market** oddziaływać ⟨wpływać⟩ na rynek
manipulation *s* 1. manipulacja, manipulowanie, manewrowanie 2. wpływanie 3. fałszowanie
  ~ **of the market** manipulowanie rynkiem, wywoływanie sztucznej tendencji rynkowej
  ~ **of the stock exchange** spekulacje giełdowe
mankind *s* 1. rodzaj ludzki 2. ludzie, ludzkość
man-made *adj* sztuczny
  ~ **textile** tkanina syntetyczna
manned *adj* załogowy, z załogą
  ~ **space flights** loty załogowe pojazdów kosmicznych
  ~ **spaceship** załogowy pojazd (*kosmiczny*)
  fully ~ z pełną załogą, z kompletem załogi
manner *s* 1. sposób, metoda 2. rodzaj, styl 3. postawa, maniera, zachowanie się 4. *pl* **manners** wychowanie, zachowanie się
  ~ **of commodities** rodzaj ⟨charakter⟩ towarów
  ~ **of conveyance** sposób przewozu ⟨przesłania⟩
  ~ **of dealing** sposób postępowania
  ~ **of living** styl ⟨sposób⟩ życia
  ~ **of packing** sposób opakowania
  ~ **of payment** sposób zapłaty
  ~ **of voting** sposób głosowania
  in a ~ (**of speaking**) w pewnej mierze, w pewnym sensie
  in the usual ~ w zwykły sposób
manoeuvre[1], *am.* **maneuver** *s* 1. manewr 2. podstęp, intryga
manoeuvre[2], *am.* **maneuver** *v* manewrować
manor *s* 1. *hist.* dobra lenne 2. dwór, rezydencja, siedziba (*właściciela ziemskiego*)
manorial *adj* 1. *hist.* (*o dobrach*) lenny 2. dworski
  ~ **court** sąd lenny
  ~ **rights** prawa lenne (*właściciela ziemskiego wobec dzierżawców*)
manpower *s* 1. siła robocza 2. kadra
  ~ **forecasting** przewidywania kadrowe, prognozy zatrudnienia
  ~ **management** zarządzanie kadrami
  scientific ~ kadra naukowa
  shortage of ~ brak siły roboczej
  technical ~ kadra techniczna
manshift *s* dniówka robocza, roboczodniówka
manslaughter *s* nieumyślne pozbawienie życia, zabójstwo bez premedytacji, nieumyślne zabójstwo
  ~ **by culpable omission** pozbawienie życia na skutek karygodnego zaniedbania
  involuntary ~ nieumyślne zabójstwo ⟨spowodowanie śmierci⟩
manslayer *s* nieumyślny zabójca
manual *adj* 1. ręczny 2. fizyczny 3. w fizycznym posiadaniu
  ~ **alphabet** alfabet głuchoniemych
  ~ **delivery** oddanie do rąk, wręczenie
  ~ **gear-change** ręczna ⟨nieautomatyczna⟩ zmiana biegów
  ~ **gift** darowizna rękodajna

~ **labour** ⟨**work**⟩ praca fizyczna
  ~ **occupation** fizyczne władanie, fizyczne posiadanie
  ~ **worker** pracownik fizyczny
manufactory *s* fabryka, wytwórnia
manufacture[1] *s* 1. produkcja, wytwarzanie 2. przetwórstwo 3. *hist.* manufaktura 4. *pl* **manufactures** wyroby fabryczne, fabrykaty
  ~ **brand** ⟨**mark**⟩ znak fabryczny, marka fabryczna
  article of ~ wyrób fabryczny
  certificate of ~ świadectwo producenta (*o wyprodukowaniu towaru*)
  costs of ~ koszty produkcji
  finished ~ **s** wyroby gotowe, fabrykaty
  foreign ~ **s** wyroby zagraniczne
  of home ~ produkcji krajowej
  sophisticated ~ **s** wyroby ⟨towary⟩ wyszukane ⟨wymyślne⟩
manufacture[2] *v* 1. produkować, fabrykować, wyrabiać (*fabrycznie*) 2. zmyślać, fabrykować
  to ~ **false evidence** fabrykować fałszywe dowody
manufactured *adj* wyprodukowany
  ~ **goods** ⟨**articles, products**⟩ *a*) wyroby fabryczne *b*) wyroby gotowe
manufacturer *s* producent, wytwórca
  ~ **'s brand** ⟨**mark**⟩ marka fabryczna, znak fabryczny
  ~ **'s certificate** świadectwo ⟨zaświadczenie⟩ producenta (*o wyprodukowaniu towaru*)
  ~ **'s goods** środki produkcji, dobra produkcyjne
  ~ **'s price** cena producenta ⟨wytwórcy⟩
  small ~ drobny wytwórca
manufacturing *s* 1. produkcja fabryczna, wyrób (*produktów*) 2. przemysł wytwórczy
  ~ **activity** działalność wytwórcza, wytwórczość
  ~ **capacity** zdolność wytwórcza ⟨produkcyjna⟩
  ~ **centre** ośrodek ⟨centrum⟩ produkcji
  ~ **company** spółka produkcyjna
  ~ **control** kontrola wyrobów ⟨produkcji⟩
  ~ **costs** koszty produkcji
  ~ **industry** ⟨**trade**⟩ przemysł wytwórczy
  ~ **price** cena fabryczna
  ~ **process** proces ⟨sposób⟩ produkcji
  ~ **rights** prawa wytwarzania ⟨produkcji⟩
  defect of ~ błąd fabryczny
manuscript *s* 1. rękopis, manuskrypt 2. maszynopis autorski
man-week *s* przepracowany tydzień, tydzień pracy
man-year *s* przepracowany rok, rok pracy
maraud *v* 1. grasować 2. włóczyć się kradnąc 3. plądrować, rabować
marauder *s* 1. maruder 2. rabuś
marauding *s* 1. plądrowanie, rabowanie 2. wyprawa łupieżcza
march *s* 1. tereny pograniczne 2. sporne terytorium
margin[1] *s* 1. granica, kraniec, krawędź 2. limit, dopuszczalny zakres 3. marża 4. rozpiętość (*cen, kursów itp.*) 5. pokrycie, zabezpieczenie 6. rezerwa (*czasu, pieniędzy*) 7. giełdowa transakcja dyferencyjna 8. medium w transakcji dyferencyjnej 9. zysk ⟨przychód⟩ krańcowy
  ~ **business** giełdowa transakcja dyferencyjna
  ~ **call** ⟨**notice**⟩ żądanie zapłaty różnic kursów lub cen
  ~ **of error** margines błędu
  ~ **of profit** marża zysku

~ **of safety** zakres ⟨granica⟩ bezpieczeństwa

~ **rate** kurs graniczny (*efektywności handlu zagranicznego*)

~ **s of fluctuations** granice wahań (*waluty, ceny*)

credit ~ marża kredytowa

narrow ~ niska marża, nieznaczny zysk

profit ~ marża zysku

retail ~ marża detaliczna

safety ~ margines bezpieczeństwa

wholesale ~ marża hurtowa

margin² *v* **1.** składać zabezpieczenie ⟨wadium⟩ (**sth** na coś) **2.** robić uwagi na marginesie

marginal *adj* **1.** krańcowy **2.** dodatkowy, uzupełniający, marginalny **3.** marginalny, marginesowy, napisany na marginesie

~ **abstract** streszczenie (*tekstu*) na marginesie (*dokumentu*)

~ **buyer** nabywający (*towar*) tylko za daną cenę

~ **clause** klauzula uzupełniająca ⟨dodatkowa⟩

~ **cost** koszt krańcowy

~ **letter of credit** akredytywa z nadrukiem wzoru wymaganej traty

~ **note(s)** uwagi na marginesie

~ **productivity** wydajność krańcowa

~ **revenue** zysk krańcowy

~ **sea** morze przybrzeżne

~ **seller** sprzedający (*towar*) tylko za daną cenę

~ **utility** użyteczność krańcowa, granica opłacalności

~ **waters** wody przybrzeżne

marginalia *spl* uwagi na marginesie, marginalia

marijuana, marihuana *s* marihuana

marine¹ *s* marynarka, flota

    mercantile ⟨**merchant**⟩ ~ marynarka handlowa

    Ministry of Marine ministerstwo marynarki

marine² *adj* morski

~ **accident** ⟨**casualty**⟩ wypadek morski (*zderzenie, zatonięcie, pożar statku*)

~ **belt** pas wód terytorialnych ⟨przybrzeżnych⟩

~ **carrier** przewoźnik morski

~ **chamber** izba morska

~ **documents** *am.* papiery okrętowe

~ **hazards** ⟨**risks**⟩ ryzyka morskie

~ **insurance** ubezpieczenie morskie

~ **insurance broker** makler ubezpieczeń morskich

~ **insurance company** towarzystwo ubezpieczeń morskich

~ **insurance market** rynek ubezpieczeń morskich

~ **insurance policy** polisa ubezpieczenia morskiego

~ **insurer** ubezpieczyciel morski

~ **interest** *a)* oprocentowanie bodmeryjne *b)* zainteresowanie przedsiębiorstwem morskim

~ **law** prawo morskie

~ **line(s)** *a)* ubezpieczenia morskie *b)* ryzyka morskie

~ **loan** pożyczka bodmeryjna

~ **loss** strata w czasie transportu morskiego

~ **market** rynek ubezpieczeń morskich

~ **perils** niebezpieczeństwa morskie, ryzyka morskie, wypadki na morzu

~ **policy** polisa morska

~ **registry** rejestr morski

~ **resources** zasoby morskie

~ **store** skład szypczendlerski (*artykułów okrętowych*)

~ **surveyor** rzeczoznawca morski, ekspert towarzystwa ubezpieczeń morskich

~ **transport** ⟨**transportation**⟩ transport morski

~ **underwriter** ubezpieczyciel morski

mariner *s* marynarz

~ **'s lien** zastaw marynarski, prawo zastawu na statku i towarach na zabezpieczenie poborów marynarzy

master ~ kapitan statku handlowego

marital *adj* **1.** mężowski **2.** małżeński

~ **administration** zarządzanie (*przez męża*) majątkiem małżonków

~ **consent** zgoda na zawarcie związku małżeńskiego ⟨wstąpienie w związek małżeński⟩

~ **rights** prawa małżeńskie, uprawnienia małżonków

~ **status** stan cywilny

maritime *adj* **1.** morski **2.** żeglugowy

~ **adventure** przedsięwzięcie morskie, handlowa wyprawa morska

Maritime Arbitration Commission morska komisja arbitrażowa

~ **assistance** ratownictwo morskie

~ **banditry** rozbójnictwo morskie

~ **belt** pas wód terytorialnych ⟨przybrzeżnych⟩

~ **blocade** blokada morska

Maritime Chamber Izba Morska

Maritime Code Kodeks Morski

~ **commerce** handel morski

~ **commission** komisja morska

~ **contract** umowa o przewóz morski

~ **court** sąd morski

~ **custom** zwyczaj morski

~ **declaration** protest morski

~ **documents** dokumenty morskie załadowcze

~ **exchange** giełda żeglugowa

~ **insurance** ubezpieczenie morskie

~ **interest** *a)* oprocentowanie bodmeryjne *b)* zainteresowanie przedsięwzięciem morskim

~ **jurisdiction** jurysdykcja w sprawach morskich

~ **law** prawo morskie

~ **lien** zastaw morski, umowne prawo zastawu na majątku morskim

~ **loan** pożyczka bodmeryjna

~ **navigation** żegluga morska

~ **perils** niebezpieczeństwa morskie

~ **power** *a)* państwo morskie *b)* potęga morska

~ **protest** protest morski

~ **risks** ryzyka morskie

~ **salvage** ratownictwo morskie

~ **shipping** żegluga morska

~ **territory** wody terytorialne

~ **tort** czyn niedozwolony popełniony podczas żeglugi

~ **trade** handel morski

~ **traffic** *a)* ruch statków morskich *b)* obrót w handlu morskim

~ **transport** ⟨**transportation**⟩ transport morski

mark¹ *s* marka (*pieniądz*)

mark² *s* **1.** cel **2.** znak, marka, cecha, oznaczenie **3.** krzyżyk, znak (*zamiast podpisu*) **4.** stopień, ocena, punkt **5.** notowanie giełdowe

~ **of good-will** oznaka dobrej woli

~ **of origin** znak ⟨oznaczenie⟩ pochodzenia (*towaru*)

~ **of quality** znak jakości

~ **s unclear** ⟨**stained**⟩ cechy niewyraźne ⟨zaplamione⟩ (*zastrzeżenie konosamentowe*)
below the ~ poniżej poziomu
birth ~ przyrodzone znamię
boundary ~ znak graniczny
caution ~ znak ostrzegawczy
certification ~ znak gwarancyjny ⟨gwarancji⟩
commercial ~ znak handlowy, marka handlowa
distinctive ~ znak odróżniający ⟨wyróżniający⟩
factory ~ znak fabryczny, marka fabryczna
finger ~ odcisk ⟨ślad⟩ palca
foot ~ odcisk ⟨ślad⟩ stopy
funnel ~s znaki armatorskie (*na kominie statku*)
house ~ znak firmowy
identification ⟨**identity**⟩ ~ znak tożsamości
merchandise ~ znak towarowy ⟨ochronny towaru⟩
mint ~ stempel ⟨znak⟩ mennicy
of ~ godny uwagi, wyróżniający się
Plimsoll's ~ znak wolnej burty ⟨dopuszczalnego zanurzenia statku⟩
port ~ oznaczenie portu przeznaczenia
price ~ przywieszka z ceną
proprietary ~ zarejestrowana marka fabryczna
quality ~ znak jakości
registered ~ zastrzeżony znak ochronny (*towaru*)
standard ~ próba (*na kruszcu*)
standard certification ~ znak zgodności z normą
trade ~ znak ochronny (*towaru*), marka ochronna
trade ~ **certification** zarejestrowanie znaku towarowego ⟨ochronnego towaru⟩
trade ~ **protection** ochrona znaków towarowych
up to the ~ na odpowiednim poziomie
to make one's ~ podpisać się krzyżykiem
mark³ *v* 1. oznaczać, cechować, znakować 2. wyznaczać cenę 3. zaznaczać, uwydatniać 4. *giełd.* notować 5. oceniać, punktować 6. *zob.* **mark down, off, out, up**
to ~ **an anniversary** obchodzić rocznicę
to ~ **the goods** wyznaczać cenę na towar
to ~ **the price on the goods** oznaczać cenę na towarze
to ~ **time** wyczekiwać, zwlekać
mark(-)down *s* zniżka ceny
mark down *v* obniżać (*np. cenę, kurs*), wyceniać niżej (*towar*)
to ~ **goods** obniżyć cenę towaru
to ~ **the price** obniżyć cenę ⟨kurs⟩
marked *adj* 1. znaczony 2. wyraźny, wybitny (*np. cecha, różnica*)
~ **check** *am.* czek ze znakiem rozpoznawczym
~ **cheque** czek potwierdzony
~ **difference** wyraźna różnica
~ **improvement** znaczna poprawa
~ **shares** potwierdzone ⟨ostemplowane⟩ akcje
markedly *adv* znacznie, wyraźnie
to rise ~ wyraźnie wzrastać
marker *s* człowiek notujący zapisy, markier
market¹ *s* 1. rynek 2. rynek zbytu, zbyt, popyt, odbiorcy 3. giełda 4. kurs giełdowy, cena rynkowa 5. obrót handlowy 6. tendencja ⟨koniunktura⟩ rynkowa, kształtowanie się cen ⟨kursów⟩ 7. targ
~ **analysis** analiza rynkowa, badanie rynku
~ **appraisal** ocena rynku
~ **averages** średnie kursy rynkowe
~ **boom** zwyżka ⟨hossa⟩ na rynku
~ **capacity** pojemność rynkowa (*towarów*)

~ **changes** fluktuacje rynkowe, zmiany tendencji rynkowych
~ **conditions** sytuacja na rynku, koniunktura rynkowa
~ **day** *a*) dzień targowy *b*) dzień giełdowy
~ **demand** popyt rynkowy
~ **depression** depresja rynkowa
~ **dues** opłaty targowe
~ **exploration** badanie rynku
~ **feeling** tendencja rynkowa, nastrój na rynku
~ **fluctuations** wahania rynkowe
~ **forces** tendencje rynkowe
~ **forecasts** prognozy rynkowe
~ **hours** godziny zawierania transakcji rynkowych ⟨giełdowych⟩
~ **inactivity** zastój na rynku
~ **inquiry** ⟨**investigation**⟩ badanie rynku
~ **in securities** rynek walorów ⟨papierów wartościowych⟩
~ **in steel** ⟨**wool etc.**⟩ rynek stali ⟨wełny itp.⟩
~ **is active** rynek jest ożywiony
~ **is all bears** *giełd.* podaż jest większa od popytu
~ **is all bulls** *giełd.* popyt jest większy od podaży
~ **is all givers** podaż jest większa od popytu
~ **is all takers** popyt jest większy od podaży
~ **is animated** ⟨**bright, lively**⟩ rynek jest ożywiony
~ **is a buyer** ⟨**seller**⟩ na rynku jest duży popyt ⟨duża podaż⟩
~ **is depressed** ⟨**dull, idle**⟩ rynek jest w zastoju, panuje depresja ⟨duża podaż⟩ na rynku
~ **is easier** ceny na rynku się obniżają ⟨spadają⟩
~ **is easy** na rynku jest ⟨panuje⟩ tendencja zniżkowa
~ **is firm** na rynku panuje tendencja zwyżkowa
~ **is flat** na rynku panuje zastój
~ **is hesitant** na rynku panuje tendencja wyczekująca
~ **is idle** ⟨**inactive**⟩ na rynku panuje zastój
~ **is improving** sytuacja na rynku się poprawia
~ **is in the doldrums** na rynku panuje zastój
~ **is neglected** brak zainteresowania na rynku
~ **is off** ceny na rynku spadają
~ **is quietly steady** na rynku zawiera się mało transakcji, ceny się utrzymują
~ **is stagnant** na rynku jest ⟨panuje⟩ zastój
~ **is strong** tendencja na rynku jest mocna
~ **is uncertain** sytuacja na rynku jest niepewna
~ **is unsteady** rynek jest chwiejny
~ **is weak** na rynku jest ⟨panuje⟩ słaba tendencja
~ **jobbery** spekulacje giełdowe
~ **knowledge** znajomość rynku
~ **level** poziom cen rynkowych
~ **maker** osoba sztucznie kształtująca tendencję rynkową
~ **manipulator** spekulant rynkowy
~ **monopoly** monopol rynkowy
~ **order** zlecenie transakcji po kursie dnia
~ **outlet** rynek zbytu
~ **outlook** koniunktura rynkowa
~ **overstocking** przeładowanie rynku nadmiernymi zapasami (*towarów*)
~ **overt** wolny rynek (*bez ingerencji państwa*)
~ **place** plac targowy, targ, rynek
~ **position** sytuacja na rynku, koniunktura
~ **potential** potencjał rynkowy
~ **price** cena rynkowa

~ **profit** zysk kursowy
~ **quotations** notowania giełdowe
~ **rate** *a*) cena rynkowa *b*) kurs giełdowy *b*) nieoficjalna stopa dyskontowa
~ **report** ⟨review⟩ biuletyn, przegląd rynkowy
~ **research** badanie rynku, analiza rynkowa
~ **risk** ryzyko w związku z wahaniami koniunktury rynkowej
~ **study** badanie rynku
~ **supply** podaż rynkowa
~ **survey** *a*) przegląd rynkowy *b*) analiza rynku
~ **tendency** tendencja rynkowa
~ **trend** tendencja rynkowa (*rozwojowa, długofalowa*)
~ **upsurge** zwyżka na rynku
~ **value** wartość rynkowa ⟨sprzedażna⟩
abroad ~ *am.* rynek zagraniczny, zbyt za granicą
absorptive ~ chłonny rynek
active ⟨animated, bright, broad⟩ ~ rynek ożywiony
advancing ~ rynek zwyżkujący
at ~ **prices** po cenach rynkowych
bear ~ rynek zniżkujący
bill ~ rynek wekslowy
black ~ czarny rynek
bond ~ rynek obligacji
booming ~ rynek zwyżkujący, wysoka koniunktura na rynku
break on the ~ załamanie się rynku, krach rynkowy
broadening ~ rynek rozszerzający się
bull ~ rynek zwyżkowy, zwyżkowa tendencja rynkowa
buyer's ⟨consumer's⟩ ~ rynek nabywcy ⟨konsumenta⟩ (*przy nadmiarze towarów*)
buyoant ~ *a*) rynek elastyczny *b*) rynek zwyżkowy
capital ~ rynek kapitałowy
capital goods ~ rynek dóbr inwestycyjnych
chartering ⟨shipping⟩ ~ rynek czarterowy ⟨frachtowy⟩
close of the ~ zamknięcie giełdy
commodity ~ rynek towarowy
competitive ~ rynek konkurencyjny
consuming ~ chłonny rynek
contract ~ *am.* rynek transakcji terminowych
credit ~ rynek kredytowy
curb ~ *am.* wolny rynek, rynek pozagiełdowy
declining ⟨depressed⟩ ~ rynek zniżkowy, recesja ⟨depresja⟩ rynkowa
discount ~ rynek dyskontowy
domestic ⟨home⟩ ~ rynek wewnętrzny ⟨krajowy⟩
dull ~ rynek w zastoju ⟨o słabej tendencji⟩
easy ~ rynek o tendencji spokojnej (*przy dostatecznej podaży*)
employment ~ rynek pracy
(European) Common Market, *bryt.* **the Market** (Europejski) Wspólny Rynek
exchange ~ *a*) rynek dewizowy *b*) rynek giełdowy
expanding ~ rozszerzający się rynek
export ~ rynek wywozowy ⟨eksportowy⟩
extensive ~ szeroki ⟨rozległy⟩ rynek
falling ~ rynek zniżkowy
firm ~ rynek ustabilizowany
flat ~ rynek o słabej tendencji
fluctuating ~ chwiejny rynek
foreign ~ *a*) rynek zagraniczny *b*) rynek walorów zagranicznych

foreign bill ~ rynek dewizowy
free ~ wolny rynek (*bez ingerencji państwa*)
freight ~ rynek frachtowy
futures ~ rynek transakcji terminowych
gaining ~ rynek charakteryzujący się zwyżką cen
gloomy ~ rynek w zastoju
glut of the ~ nasycenie rynku (*towarem*)
glutted ~ rynek nasycony (*towarami*)
heavy ~ rynek w zastoju
hesitant ⟨hesitating⟩ ~ rynek o tendencji wyczekującej
idle ~ rynek w zastoju
import ~ rynek przywozowy ⟨importowy⟩
improvement in the ~ poprawa na rynku
inactive ⟨inanimate⟩ ~ rynek w zastoju
inland ~ rynek wewnętrzny
insurance ~ rynek ubezpieczeniowy
investment ~ rynek inwestycyjny
issue ~ rynek emisyjny
kerb ~ *bryt.* wolny rynek, rynek pozagiełdowy
labour ~ rynek pracy
leading ~ rynek główny ⟨centralny⟩
limited ~ rynek ograniczony, ograniczony zbyt
lively ~ rynek ożywiony
loan ~ rynek kredytowo-pożyczkowy
local ~ rynek miejscowy
marine insurance ~ rynek ubezpieczeń morskich
money ~ rynek pieniężny
narrow ~ niewielki rynek, niewielki zbyt
open ~ wolny rynek (*bez ingerencji państwa*)
opening of the ~ *a*) otwarcie giełdy *b*) otwarcie rynku dla importu
outside ~ wolny rynek, rynek pozagiełdowy
overseas ~ rynek zamorski
price ~ zbyt uzależniony od cen (*towarów*)
primary ⟨principal⟩ ~ główny rynek
produce ~ *a*) rynek towarowy *b*) rynek płodów rolnych
quality ~ rynek zbytu towarów wysokiej jakości
quiet ~ spokojny rynek, rynek w zastoju
raw-material ~ rynek surowców
ready ~ szybki ⟨łatwy⟩ zbyt
recovery in the ~ poprawa na rynku
retail ~ rynek detaliczny
revival of the ~ ożywienie rynku
rising ~ rynek zwyżkujący
rural ~ wiejski rynek zbytu
sagging ~ rynek zniżkowy, depresja na rynku
security ~ rynek walorów
seller's ~ rynek sprzedawcy (*przy niedoborze towarów*)
settlement ⟨terminal⟩ ~ rynek transakcji terminowych
share ~ rynek walorów
shrinkage of ~ **s** kurczenie się rynków zbytu
sluggish ~ ospały rynek, rynek w zastoju
spot ~ rynek transakcji loko (*z natychmiastową dostawą*)
stable ~ rynek ustabilizowany
stagnant ~ rynek w zastoju
state of the ~ stan rynku, sytuacja na rynku
steady ~ *a*) rynek o tendencji stałej *b*) mocna tendencja rynkowa
stock ~ rynek walorów
strong ~ mocny rynek, zwyżkowa ⟨mocna⟩ tendencja rynkowa

tendency of the ~ tendencja rynkowa
tight ~ rynek słabo zaopatrzony; ciasnota na rynku; trudna koniunktura
trading ~ rynek w zastoju
unchanged ~ tendencja rynkowa bez zmian
urban ~ miejski rynek zbytu
weak ~ słaby rynek, zniżkowa ⟨słaba⟩ tendencja rynkowa
well-stocked ~ rynek dobrze zaopatrzony
wholesale ~ rynek hurtowy, hurt
world ~ rynek światowy
to affect the ~ oddziaływać na rynek
to bang the ~ powodować sztuczną zniżkę cen na rynku
to bear the ~ sztucznie wywoływać zniżkę cen na rynku
to be a drug in the ~ być niepokupnym, nie znajdować zbytu
to be in the ~ **for sth** poszukiwać czegoś na rynku, reflektować na kupno czegoś
to be long on the ~ trzymać towar ⟨papiery wartościowe⟩ w oczekiwaniu na zwyżkę cen
to be on ⟨come into⟩ the ~ być ⟨znajdować się⟩ na rynku
to boom the ~ wywoływać ożywienie na rynku
to break into ⟨invade⟩ the ~ zdobyć rynek, wtargnąć na rynek
to bull the ~ sztucznie wywoływać zwyżkę cen na rynku
to buy at the ~ kupować po aktualnie najlepszej cenie
to capture the ~ zdobyć rynek
to congest ⟨flood⟩ the ~ zalać rynek (towarem)
to conquer the ~ zawładnąć rynkiem
to control the ~ kontrolować rynek, panować na rynku
to cover the ~ objąć rynek swym zasięgiem działania
to cultivate the ~ dbać o rynek, starać się o utrzymanie rynku
to dominate the ~ panować na rynku, zdominować rynek
to drain the ~ drenować rynek
to enter the ~ wejść na rynek
to expand ~s rozszerzać rynki zbytu
to feed the ~ zasilać rynek (pieniężny)
to find a ~ mieć zbyt
to glut ⟨overstock⟩ the ~ nasycić rynek (towarem)
to hold the ~ podtrzymywać rynek, prowadzić akcję w celu podtrzymania cen ⟨kursów⟩
to increase the ~ rozszerzać rynek
to introduce the goods into the ~ wprowadzić towar na rynek
to meet a ready ~ znajdować szybko zbyt
to oust from the ~ wyprzeć z rynku
to peg the ~ podtrzymywać rynek
to pioneer in the ~ (o towarze lub kupcu) wejść po raz pierwszy na rynek
to play the ~ grać na giełdzie
to prevail ⟨rule⟩ in the ~ panować na rynku
to put on the ~ wystawiać na sprzedaż, wypuścić na rynek
to rig the ~ sztucznie wywoływać zniżkę lub zwyżkę cen
to seek ~ **for goods** poszukiwać rynku zbytu na towar

to struggle for the ~s walczyć o rynki zbytu
to supply the ~ zaopatrywać rynek
to throw goods on the ~ rzucać towar na rynek
market[2] v 1. sprzedawać, zbywać; handlować 2. wprowadzać na rynek, umieszczać (towar) na rynku
to ~ **a product** umieszczać towar na rynku
marketability s pokupność (towaru), zdolność wywoływania popytu (na rynku)
marketable adj 1. pokupny, łatwo zbywalny 2. nadający się do sprzedaży rynkowej
~ **securities** pokupne walory
~ **title** niewątpliwy tytuł prawny (pozwalający na bezzwłoczne przeniesienie własności)
~ **value** a) wartość rynkowa ⟨sprzedażna⟩ b) atrakcyjność (towaru)
marketeer s osoba sprzedająca na rynku, handlarz, kupiec
black ~ handlarz na czarnym rynku, paskarz
marketing s 1. sprzedaż, zbyt, marketing 2. dystrybucja, rozmieszczenie towarów
~ **agency** przedstawicielstwo sprzedaży, biuro zbytu
~ **agreement** umowa dotycząca zbytu
~ **area** rejon zbytu
~ **board** urząd kontroli handlu
~ **campaign** kampania sprzedaży
~ **charges ⟨costs, expenses⟩** koszty zbytu ⟨sprzedaży⟩
~ **co-operative** spółdzielnia zbytu
~ **difficulties** trudności zbytu
~ **opportunities** możliwości zbytu
~ **organization** organizacja zbytu ⟨dystrybucji⟩
~ **policy** polityka sprzedaży, polityka rynkowa
~ **season** sezon sprzedaży
~ **skill** umiejętność sprzedaży
~ **technique** technika zbytu ⟨marketingu⟩
commodity ~ dystrybucja towarów
consignment ~ sprzedaż konsygnacyjna ⟨komisowa⟩
system of ~ organizacja zbytu ⟨marketingu⟩
marking s 1. znakowanie, cechowanie 2. oznaczenie, znak 3. potwierdzenie czeku
~ **of cargo ⟨goods⟩** cechowanie ładunku ⟨towarów⟩
insufficient ~s znakowanie niedostateczne (zastrzeżenie konosamentowe)
mark off v oddzielać, rozgraniczać, odmierzać
mark out v 1. oznaczać, nakreślać, wytyczać granice (sth czegoś) 2. przeznaczać (for sth do czegoś ⟨na coś⟩)
mark-up s 1. zwyżka ceny 2. artykuł o podwyższonej cenie 3. marża, narzut na cenę
mark up v podnosić, podwyższać, wyceniać wyżej
to ~ **goods** podwyższyć cenę towaru
to ~ **price** podwyższyć cenę ⟨kurs⟩
marque s hist. : **letters of** ~ list kaperski
marriage s 1. małżeństwo, ślub 2. związek małżeński
~ **annulment** unieważnienie małżeństwa
~ **articles** majątkowa umowa małżeńska, intercyza
~ **broker** pośrednik matrymonialny
~ **by habit and repute** małżeństwo nieformalne, konkubinat
~ **by proxy** małżeństwo przez pełnomocnika
~ **ceremony** ceremonia ślubna
~ **certificate** świadectwo ⟨metryka, akt⟩ ślubu
~ **contract ⟨deed⟩** umowa małżeńska

~ **law** prawo małżeńskie
~ **licence** zezwolenie na zawarcie związku małżeńskiego
~ **lines** *bryt.* świadectwo ślubu
~ **loan** pożyczka dla młodych małżeństw
~ **of convenience** małżeństwo z rozsądku
~ **of necessity** małżeństwo z konieczności
~ **outfit** ślubna wyprawa
~ **portion** posag
~ **promise** obietnica małżeństwa
~ **property agreement** ⟨**pact**⟩ małżeńska umowa majątkowa, intercyza
~ **proposal** oświadczyny, propozycja małżeństwa
~ **register** rejestr ślubów
~ **settlement** *a)* intercyza małżeńska *b)* posag
~ **ties** więzy małżeńskie
bigamous ~ małżeństwo bigamiczne
church ~ ślub kościelny
civil ~ ślub cywilny
common-law ~ konkubinat
trial ~ małżeństwo na próbę
valid ~ ważne małżeństwo
void ⟨**voidable**⟩ ~ nieważne ⟨podlegające unieważnieniu⟩ małżeństwo
to annul a ~ unieważnić małżeństwo
to celebrate a ~ zawrzeć związek małżeński
to contract a new ~ zawrzeć nowy związek małżeński
to propose ~ oświadczyć się
to take sb in ~ poślubić kogoś
marriageable *adj* zdolny do zawarcia małżeństwa
~ **age** wiek uprawniający do zawarcia małżeństwa
married *adj* **1.** żonaty; zamężna **2.** ślubny, małżeński
~ **couple** para małżeńska
~ **life** pożycie małżeńskie
~ **man** mężczyzna żonaty
~ **woman** mężatka, kobieta zamężna
to be ~ (*o mężczyźnie*) być żonatym; (*o kobiecie*) być mężatką ⟨zamężną⟩
to get ~ (*o mężczyźnie*) ożenić się; (*o kobiecie*) wyjść za mąż
marry *v* żenić się; wychodzić za mąż; poślubiać (**sb** kogoś)
to ~ **again** ożenić się ⟨wyjść za mąż⟩ ponownie
to ~ **beneath** popełnić mezalians
to ~ **by proxy** ożenić się ⟨wyjść za mąż⟩ przez pełnomocnika, zawrzeć związek małżeński przez pełnomocnika
to ~ **money** ⟨**wealth**⟩ ożenić się ⟨wyjść za mąż⟩ dla pieniędzy
engagement to ~ zaręczyny
marry into *v* (*o mężczyźnie*) wżenić się (*w rodzinę, firmę*)
marshal *s* **1.** marszałek **2.** *am.* egzekutor sądowy (*rodzaj szeryfa*) **3.** naczelnik policji lub straży ogniowej **4.** urzędnik sądowy
marshalling *s* porządkowanie, układanie według pewnego porządku
mart *s* **1.** rynek, targ, ośrodek handlowy **2.** sala aukcyjna ⟨licytacyjna⟩
money ~ rynek pieniężny
world ~**s** rynki światowe, światowe ośrodki handlowe
martial *adj* wojskowy, wojenny
~ **law** *a)* prawo wojenne *b)* stan wyjątkowy

court ~ sąd wojenny
Marxism *s* marksizm
Marxism-Leninism *s* marksizm-leninizm
Marxist[1] *s* marksista
Marxist[2] *adj* marksistowski
masochism *s* masochizm
masochist *s* masochista
masochistic *adj* masochistyczny
mass *s* **1.** masa **2.** duża ilość, mnóstwo
~ **arrests** masowe aresztowania
~ **consumer's goods** artykuły masowej konsumpcji
~ **consumption** konsumpcja masowa
~ **destruction** masowa zagłada
~ **emigration** masowa emigracja
~ **executions** masowe egzekucje
~ **freight** ładunek masowy
~ **media** środki masowego przekazu
~ **meeting** zebranie ogólne, *pot.* masówka
~ **movement** ruch masowy
~ **murderer** morderca na wielką skalę
~ **observation** masowe badania (socjologiczne)
~ **of the succession** masa spadkowa
~ **production** produkcja masowa
~ **protests** masowe protesty
~ **rally** wiec
~ **unemployment** masowe bezrobocie
massacre[1] *s* masakra, rzeź
massacre[2] *v* urządzić rzeź, wyrżnąć
master[1] *s* **1.** zwierzchnik, przełożony, szef **2.** kapitan (*statku handlowego*) **3.** majster, mistrz **4.** magister **5.** wyższy urzędnik sądowy
~ **and servant** przełożony i podwładny (*w stosunku pracy*)
~ **at arms** porządkowy (*na statku pasażerskim*)
~ **builder** przedsiębiorca budowlany
~ **carpenter** ⟨**mason etc.**⟩ majster ⟨mistrz⟩ ciesielski ⟨murarski itd.⟩
Master of Arts magister filozofii
Master of Ceremonies *bryt.* mistrz ceremonii
Master of the Rolls *bryt.* przewodniczący sądu apelacyjnego i zwierzchnik archiwum sądowego
~ **plan** plan ogólny ⟨globalny, nadrzędny⟩
~ **porter** przedsiębiorca manipulacji portowych (*sortujący ładunki na nabrzeżu*)
~**'s certificate** ⟨**licence**⟩ patent kapitański, dyplom kapitana statku handlowego
~**'s copy** kapitańska kopia konosamentu
~**'s declaration inwards** ⟨**outwards**⟩ deklaracja celna przywozowa ⟨wywozowa⟩ statku
~**'s protest** protest morski
baggage ~ *a)* oficer bagażowy statku *b)* *am.* magazynier bagażowy na kolei
berthing ~ dyspozytor wyznaczający miejsce postoju statku w porcie
harbour ~ kapitan portu
master[2] *v* opanowywać; pokonywać (*np. trudności*); owładnąć (**sth** czymś)
master-key *s* klucz uniwersalny, wytrych
masterpiece *s* arcydzieło
master-stroke *s* mistrzowskie posunięcie ⟨zagranie⟩ (*w polityce itd.*)
match[1] *s* **1.** małżeństwo, ożenek **2.** para, odpowiednik, rzecz pasująca
to be a good ⟨**bad**⟩ ~ być dobrze ⟨źle⟩ dobranym
to make a ~ skojarzyć małżeństwo

match² *v* **1.** kojarzyć małżeństwo, swatać **2.** współzawodniczyć (**sb** z kimś) **3.** być dobrze dobranym (**sth** do czegoś), (*o parze ludzi*) odpowiadać sobie **4.** dorównywać (**sb** komuś), sprostać (**sth** czemuś) **to** ~ **the sample** odpowiadać próbce
matched *pp adj* : ~ **orders** *giełd.* równoczesne polecenia różnym maklerom sprzedaży i kupna walorów **well** ~ (*o parze ludzi*) dobrze dobrani
mate *s* **1.** oficer pokładowy (*statku handlowego*) **2.** towarzysz, partner
~**'s receipt** kwit sternika, pokwitowanie przyjęcia przesyłki na statek
material¹ *s* **1.** materiał, substancja **2.** dane statystyczne
~ **testing** badanie materiału
auxiliary ~**s** materiały pomocnicze
building ~**s** materiały budowlane
raw ~ surowiec
synthetic ~ materiał syntetyczny
material² *adj* **1.** materialny **2.** materiałowy **3.** istotny, ważny
~ **assets** wartości ⟨aktywa⟩ rzeczowe
~ **assistance** pomoc materialna
~ **damage** szkoda materialna
~ **defect** ⟨**deficiency**⟩ istotna wada, istotny brak
~ **error** istotny błąd
~ **evidence** istotny dowód
~ **fact** ważny fakt, ważna okoliczność
~ **input** wkład materiałowy, nakłady materiałowe
~ **misrepresentation** wprowadzenie w błąd co do istotnej okoliczności
~ **particular** istotny szczegół
~ **point** istotny punkt ⟨moment⟩
~ **resources** *a*) zasoby materiałowe *b*) środki materialne
~ **witness** istotny świadek, świadek na istotną okoliczność
materialization *s* realizacja, urzeczywistnienie, dojście do skutku
materialize *v* realizować (się), dochodzić do skutku, urzeczywistniać (się)
maternal *adj* **1.** matczyny, macierzyński **2.** (*krewny*) ze strony matki
~ **grandfather** dziadek ze strony matki
~ **inheritance** spadek po matce
~ **line** linia ze strony matki ⟨macierzysta⟩
~ **mortality** śmiertelność matek (*w połogu*)
~ **property** majątek matki
maternity *s* macierzyństwo
~ **benefit** zasiłek macierzyński
~ **centre** ⟨**hospital, ward**⟩ szpital położniczy
~ **grant** zasiłek macierzyński
matricide *s* **1.** matkobójstwo **2.** matkobójca
matriculation *s* immatrykulacja
matrimonial *adj* małżeński, matrymonialny
~ **action** powództwo o rozwód
~ **agency** pośrednictwo ⟨biuro⟩ matrymonialne
~ **cause** podstawy rozwodu lub unieważnienia małżeństwa
~ **cohabitation** współżycie małżeńskie
~ **domicile** ⟨**home**⟩ domicyl małżeński, miejsce zamieszkania małżonków
~ **jurisdiction** kompetencja w sprawach małżeńskich
~ **law** prawo małżeńskie ⟨rodzinne⟩
~ **regime** ustrój majątkowy małżeński

matrimony *s* **1.** małżeństwo, stan małżeński **2.** zawarcie małżeństwa, ślub
matter¹ *s* **1.** substancja, materia **2.** rzecz, przedmiot **3.** sprawa, kwestia **4.** treść, temat
~ **in controversy** ⟨**dispute**⟩ *a*) kwestia sporna *b*) przedmiot sporu
~ **in deed** *a*) sporny fakt *b*) fakt potwierdzony dokumentem z pieczęcią
~ **in pais** *a*) sporny fakt *b*) fakt potwierdzony ustnym dowodem
~ **of aggravation** okoliczność obciążająca
~ **of argument** zagadnienie sporne
~ **of business** kwestia handlowa
~ **of common knowledge** notoryjny fakt, okoliczność powszechnie znana, fakt powszechnie znany
~ **of conscience** kwestia sumienia
~ **of course** rzecz oczywista
~ **of dispute** przedmiot kontrowersji
~ **of fact** okoliczność faktyczna, kwestia faktu
~ **of form** kwestia formy, zagadnienie formalne
~ **of honour** kwestia honoru, sprawa honorowa
~ **of importance** ważna kwestia
~ **of law** zagadnienie prawne, kwestia prawna
~ **of life and death** kwestia życia i śmierci
~ **of money** kwestia pieniężna ⟨pieniędzy⟩
~ **of necessity** kwestia konieczności
~ **of opinion** kwestia poglądu ⟨zapatrywania⟩
~ **of public concern** kwestia dotycząca spraw publicznych ⟨o znaczeniu społecznym⟩
~ **of record** fakt stwierdzony na piśmie (*w oficjalnym dokumencie*)
~ **of substance** zagadnienie dotyczące istoty sprawy
~ **of time** kwestia czasu
as a ~ **of fact** w rzeczy samej, w istocie rzeczy, prawdę powiedziawszy
as ~**s stand** tak jak sprawy wyglądają ⟨stoją⟩
business ~**s** sprawy handlowe
financial ~**s** sprawy finansowe
in the ~ **of ...** co tyczy ...
legal ~**s** kwestie prawne
litigious ~**s** kwestie sporne
mail ~**s** przesyłki pocztowe
money ~**s** sprawy pieniężne
pending ~**s** sprawy w toku
postal ~**s** listy i przesyłki pocztowe
printed ~**s** druki (*w obrocie pocztowym*)
private ~**s** sprawy prywatne
public ~**s** sprawy publiczne
subject ~ *a*) temat *b*) dana ⟨niniejsza⟩ sprawa
to bear on the ~ dotyczyć ⟨odnosić się do⟩ sprawy
to place a ~ **in sb's hands** oddać sprawę w czyjeś ręce
to settle a ~ załatwić sprawę
matter² *v* **1.** znaczyć **2.** mieć znaczenie; odgrywać rolę
matter-of-course *adj* naturalny, zrozumiały sam przez się, oczywisty
matter-of-fact *adj* **1.** prozaiczny, suchy **2.** rzeczowy **3.** (*o człowieku*) praktyczny, realnie myślący
mature¹ *adj* **1.** dojrzały **2.** płatny, przypadający do zapłaty
~ **age** wiek dojrzały
to become ~ być płatnym, przypadać do zapłaty
mature² *v* **1.** dojrzewać **2.** stawać się płatnym, przypadać do zapłaty

matured *adj* płatny, przypadający do zapłaty
  ~ **bill** weksel płatny w najbliższym czasie
  ~ **bond** ⟨**loan**⟩ obligacja ⟨pożyczka⟩ płatna w najbliższym czasie ⟨przypadająca do zapłaty⟩
maturity *s* 1. dojrzałość 2. płatność, termin płatności
  age of ~ wiek dojrzały
  at ⟨**on**⟩ ~ w dniu płatności
  date ⟨**time**⟩ **of** ~ data ⟨termin⟩ płatności
  to extend ~ prolongować termin płatności
  to pay prior to the ~ płacić przed terminem
maxim *s* maksyma, zasada, prawidło
  ~ **of the law** zasada prawna
maximization *s* maksymalizacja
  ~ **of profit** maksymalizacja zysku
maximize *v* maksymalizować, zwiększać maksymalnie
maximum[1] *s* (*pl* **maxima**) maksimum
  to raise production to a ~ podwyższyć produkcję do maksimum
maximum[2] *adj* maksymalny, najwyższy, największy
  ~ **efficiency** najwyższa wydajność
  ~ **length of imprisonment** maksymalny okres kary więzienia
  ~ **load** maksymalne obciążenie
  ~ **output** maksymalna produkcja
  ~ **price** maksymalna cena
  ~ **punishment** maksymalny wymiar kary
  ~ **rate** najwyższa stawka
  ~ **risk** maksymalne ryzyko
  ~ **salary** najwyższe uposażenie
  ~ **speed** maksymalna szybkość
  ~ **tariff** cło maksymalne
  ~ **value** najwyższa wartość
  ~ **weight** maksymalny ciężar
mayhem *s* 1. rozmyślne okaleczenie ⟨uszkodzenie ciała⟩ (*pozbawienie ręki, nogi itp.*) 2. *przen.* gwałt, zamieszanie
mayor *s* naczelnik (*miasta*), burmistrz, *fr.* mer
  Mayor's and City of London Court sąd burmistrza i miasta Londynu (*powstały w 1921 roku z połączenia dwóch sądów*)
  ~**'s court** sąd burmistrza
  Mayor's Court of London *hist* sąd burmistrza Londynu (*mający jurysdykcję w sprawach cywilnych*)
mayoress *s* 1. żona burmistrza 2. kobieta burmistrz
mean[1] *s* 1. środek 2. średnia, przeciętna 3. *pl* **means** środki, możliwości (*finansowe*), zasoby (*pieniężne*) 4. *zob.* **means**
  ~ **proportional** średnia proporcjonalna
  arithmetic ~ średnia arytmetyczna
  weighted ~ średnia ważona
mean[2] *adj* 1. średni, przeciętny 2. mierny 3. podły, niski, nikczemny 4. skąpy
  ~ **action** podły postępek
  ~ **capacity** przeciętna zdolność ⟨wydajność⟩
  ~ **crime** ohydna ⟨nikczemna⟩ zbrodnia
  ~ **density** przeciętna gęstość
  ~ **due date** przeciętny termin płatności
  ~ **increment** średni przyrost
  ~ **length of life** przeciętna długość życia
  ~ **price** średnia cena (*na giełdzie*)
  ~ **rate** średni kurs
  ~ **tare** przeciętna tara
  ~ **value** średnia wartość
  Greenwich Mean Time średni czas Greenwich, czas uniwersalny

mean[3] *v* (**meant, meant**) 1. znaczyć, oznaczać 2. mieć na myśli, rozumieć (**by sth** przez coś) 3. zamierzać, mieć zamiar ⟨intencję⟩ 4. przeznaczać
  to ~ **business** poważnie traktować sprawę
  to ~ **mischief** mieć złe zamiary
  to ~ **no harm** nie chcieć uczynić krzywdy
  to ~ **no offence** nie chcieć nikogo obrazić
  to ~ **well** mieć dobre intencje
meaning *s* treść, znaczenie, sens
  double ~ podwójne znaczenie, dwuznaczność
  implied ~ ukryte ⟨domniemane⟩ znaczenie
  within the ~ **of the law** w sensie prawa
  without ~ bez znaczenia
  to distort the ~ **of** ... wypaczyć sens ⟨znaczenie⟩ ...
meaningless *adj* bez znaczenia
meanness *s* 1. podłość, nikczemność 2. skąpstwo
means *spl* 1. środki, środek 2. możliwości finansowe 3. zasoby pieniężne 4. *zob.* **mean**[1]
  ~ **and methods of warfare** środki i metody prowadzenia wojny
  ~ **of circulation** środki obiegu
  ~ **of communication** środki komunikacji ⟨łączności⟩
  ~ **of consumption** środki spożycia, artykuły konsumpcyjne
  ~ **of conveyance** środki transportu
  ~ **of defence** środki obrony
  ~ **of delivery** środki ⟨sposoby⟩ dostawy
  ~ **of exchange** środki wymiany
  ~ **of labour** środki ⟨narzędzia⟩ pracy
  ~ **of payment** środki płatności
  ~ **of preservation** środki ochronne
  ~ **of prevention of aggression** sposoby zapobiegania agresji
  ~ **of production** środki produkcji
  ~ **of settlement of international disputes** sposoby regulowania sporów międzynarodowych
  ~ **test** ankieta dotycząca ⟨badanie dotyczące⟩ środków utrzymania
  adequate ~ stosowne ⟨właściwe, odpowiednie⟩ środki
  available ~ dostępne ⟨będące w dyspozycji⟩ środki
  by all (manner of) ~ na pewno, za wszelką cenę, wszelkimi środkami ⟨sposobami⟩
  by fair or foul ~ nie przebierając w środkach
  by ~ **of (sth** czegoś)
  by ~ **of an action in law** w drodze sądowej
  by no (manner of) ~, **not by any (manner of)** ~ w żaden sposób, w żadnym razie ⟨wypadku⟩
  coercive ~ środki przymusu
  financial ~ środki finansowe
  man of ~ człowiek zamożny
  pecuniary ~ środki pieniężne
  private ~ prywatne środki
  sufficient ⟨**insufficient**⟩ ~ wystarczające ⟨niewystarczające⟩ środki
  ways and ~ środki (*do czegoś*), sposoby
  to live beyond one's ~ żyć ponad stan
  to live on one's own ~ utrzymywać się ⟨żyć⟩ z własnych środków
  to supply with ~ zaopatrywać w środki
measure[1] *s* 1. miara, probierz 2. skala 3. środek (*działania*) 4. wymiar, rozmiar 5. *pl* **measures** kroki ⟨środki⟩ zaradcze
  ~ **goods** ładunek objętościowy ⟨przestrzenny⟩
  ~ **of capacity** miara pojemności

~ **of damage** zasada obliczania szkody ⟨odszkodowa-
nia⟩
~ **of length** miara długości
~ **of prices** skala cen
~ **of value** miara wartości
~ **retaliation** środek odwetowy
~ **s of conciliation** środki ⟨kroki⟩ pojednawcze ⟨ugo-
dowe⟩
administrative ~ **s** środki administracyjne
beyond ~ przesadnie, nadmiernie, (po)nad miarę
coercive ~ **s** środki przymusowe
compensatory ~ **s** środki kompensacji
cubic ~ miara objętościowa, kubatura
deflationary ~ **s** środki deflacyjne
disciplinary ~ **s** środki dyscyplinarne
drastic ~ **s** drastyczne środki
dry ~ **s** miara pojemności towarów sypkich
economy ~ **s** środki oszczędnościowe
for good ~ (*dołożyć itp.*) do dobrej miary ⟨z nadwyż-
ką⟩
full ~ dokładna ⟨pełna⟩ miara
in a ⟨**some**⟩ ~ częściowo, w pewnej mierze
legal ~ **s** *a*) kroki sądowe *b*) zarządzenia sądowe
linear ~ miara długości
liquid ~ miara pojemności cieczy
made to ~ zrobiony ⟨uszyty itd.⟩ na miarę
precautionary ~ **s** środki zapobiegawcze ⟨ostrożnoś-
ci⟩
preventive ~ **s** środki prewencyjne
protective ~ **s** środki ochronne
punitive ~ **s** środki karne ⟨represyjne⟩
restrictive ~ **s** środki restrykcyjne ⟨ograniczające⟩
retaliatory ~ **s** środki odwetowe
security ⟨**safety**⟩ ~ **s** środki bezpieczeństwa
short ~ miara niedokładna ⟨niepełna⟩
solid ~ miara objętości
square ~ miara powierzchni
temporary ~ **s** środki tymczasowe ⟨prowizoryczne⟩
unit of ~ jednostka miary
to sell by ~ sprzedawać na miarę
to set ~ **s to sth** ograniczać coś, stawiać granicę
to take ~ **s** przedsiębrać środki
measure² *v* **1.** mierzyć, wymierzać **2.** mieć wymiar
to ~ **the tonnage of a ship** mierzyć tonaż statku
measured *adj* **1.** wymierzony **2.** miarowy **3.** odmierzony
4. (*o słowach*) ostrożny
measurement *s* **1.** mierzenie, pomiar **2.** wymiar,
wymiary, kubatura
~ **account** rozliczenie kubatury (*statku*) dla ustalenia
frachtu
~ **cargo** ⟨**goods**⟩ ładunek objętościowy ⟨przestrzen-
ny⟩
~ **certificate** świadectwo pomiarowe statku
~ **charge** opłata zależna od objętości (*ładunku*)
~ **of cargo** pomiar kubatury ładunku
~ **rate** stawka liczona w zależności od objętości
(*ładunku*)
~ **ton** tona frachtowa
~ **tonnage** tonaż frachtowy
certificate of ~ świadectwo pomiarowe statku
critical ~ **s** krytyczne ⟨dopuszczalne⟩ parametry
cubic ~ *a*) pomiar objętości *b*) kubatura
freight by ~ fracht obliczany w zależności od
objętości (*ładunku*)
mechanization *s* mechanizacja
mechanize *v* mechanizować

media *spl* środki, media
advertising ~ środki reklamowe ⟨reklamy⟩
mass ~ środki masowego przekazu, publikatory
median *s stat.* mediana, wartość środkowa
mediate¹ *adj* pośredni
~ **testimony** pośredni dowód
mediate² *v* pośredniczyć, być mediatorem
mediation *s* pośrednictwo, mediacja
~ **board** komisja mediacyjna
offer of ~ oferta mediacyjna
through the ~ **of...** za pośrednictwem...
mediator *s* pośrednik, mediator
medical *adj* **1.** lekarski **2.** medyczny
~ **aid** ⟨**assistance**⟩ pomoc lekarska
~ **benefits** świadczenia chorobowe
~ **care** opieka lekarska
~ **certificate** świadectwo ⟨zaświadczenie⟩ lekarskie
~ **evidence** dowód z opinii lekarskiej
~ **examination** badanie lekarskie
~ **insurance** ubezpieczenie chorobowe
~ **jurisprudence** medycyna sądowa
~ **opinion** opinia lekarska
~ **services** świadczenia lekarskie
Medicare *s am.* bezpłatna opieka lekarska (*dla osób
powyżej 65 roku życia*)
medicine *s* **1.** medycyna **2.** lekarstwo
~ **chest** apteczka
forensic ~ medycyna sądowa
medium¹ *s łac.* (*pl* **the media,** ~ **s**) **1.** środek **2.** średnia **3.**
pośrednictwo **4.** towar średniej jakości
~ **of circulation** środek obiegowy (*np. moneta*)
~ **of communication** środek komunikacji ⟨łącznoś-
ci⟩
~ **of exchange** środek wymiany
~ **of payment** środek płatniczy
advertising ~ środek reklamowy
by ⟨**through**⟩ ~ **of...** za pośrednictwem ⟨przy pomo-
cy⟩...
medium² *adj* średni
~ **income** średni dochód
~ **price** średnia cena
~ **quality** średnia jakość
~ **size** średni rozmiar
medium-dated *adj:* ~ **stocks** obligacje średniotermi-
nowe
medium-term *adj:* ~ **credit** kredyt średnioterminowy
meet *v* (**met, met**) **1.** spotykać (się) **2.** zbierać się **3.**
zaspokajać, zadowalać, wypełniać **4.** spłacać, pokry-
wać, wykupywać, honorować **5.** stawiać czoło,
odpierać (*np. zarzuty*)
to ~ **at regular intervals** spotykać się w regularnych
odstępach czasu
to ~ **a bill** wykupić ⟨honorować⟩ weksel
to ~ **a claim** *a*) odpierać zarzuty ⟨roszczenia⟩ *b*) nie
uznawać reklamacji
to ~ **one's commitments** wypełnić zobowiązanie
to ~ **competition** wytrzymać konkurencję
to ~ **conditions** ⟨**terms**⟩ spełnić ⟨wypełnić⟩ warunki
to ~ **the crisis** pokonać kryzys
to ~ **demand** zaspokoić popyt
to ~ **difficulties** ⟨**obstacles**⟩ pokonać trudności ⟨prze-
szkody⟩
to ~ **one's engagement** pokryć swe zobowiązania,
wywiązać się z zobowiązań
to ~ **the expenses of sth** pokryć koszty czegoś
⟨wydatki na coś⟩

to ~ **one's liabilities** pokryć swoje zobowiązania
to ~ **requirements** zaspokoić wymagania
to ~ **sb half-way** pójść na kompromis
to ~ **sb's wishes** spełnić czyjeś życzenia
to ~ **with an accident** ulec wypadkowi
to ~ **with sb's approval** (*o towarze*) spotkać się z czyimś uznaniem
to ~ **with difficulties** napotkać trudności
to ~ **with due honour** (*o wekslu*) być honorowanym
to ~ **with a loss** ponieść stratę
to ~ **with the refusal** spotkać się z odmową
meeting *s* 1. zebranie, zgromadzenie 2. spłacenie, honorowanie, wykupienie 3. zaspokojenie, spełnienie, wypełnienie
~ **in camera** posiedzenie niejawne
~ **of a bill** wykupienie weksla
~ **of creditors** zebranie wierzycieli
~ **of shareholders** ⟨**stockholders**⟩ zebranie udziałowców ⟨akcjonariuszy⟩
~ **place** ⟨**point**⟩ miejsce zebrania ⟨spotkania⟩
annual ~ doroczne zebranie
board ~ posiedzenie ⟨zebranie⟩ zarządu
emergency ⟨**extraordinary**⟩ ~ zebranie nadzwyczajne
general ~ zgromadzenie ogólne
notice of a ~ zawiadomienie o zebraniu
plenary ~ zebranie plenarne
protest ~ zebranie protestacyjne
public ~ zebranie ⟨zgromadzenie⟩ publiczne
statutory ~ zebranie statutowe
summit ~ spotkanie na szczycie
working ~ spotkanie ⟨zebranie⟩ robocze, narada robocza ⟨produkcyjna⟩
to **address the** ~ przemówić do zebranych ⟨zgromadzonych⟩
to **adjourn a** ~ odroczyć zebranie
to **attend a** ~ uczestniczyć w zebraniu
to **call** ⟨**convene, convoke, summon**⟩ **a** ~ zwołać zebranie
to **close a** ~ zamknąć zebranie
to **dissolve a** ~ rozwiązać zebranie
to **hold a** ~ odbywać zebranie
to **postpone a** ~ odroczyć zebranie
meliorate *v* ulepszać, poprawiać (się), polepszać (się)
melioration *s* ulepszanie, poprawianie, poprawa
melon *s am. pot.* dodatkowy zysk, dywidenda (*w postaci bezpłatnych akcji*)
to **cut the** ~ podzielić zyski ⟨dodatkową dywidendę⟩ (*w formie bezpłatnych akcji*)
member *s* członek
~ **bank** *a*) bank należący do izby rozrachunkowej *b*) *am.* bank należący do systemu banków rezerwy federalnej
~ **country** ⟨**nation, state**⟩ kraj członkowski
~ **of the board** członek zarządu
~ **of the cabinet** członek gabinetu ⟨rządu⟩
Member of Congress *am.* członek Kongresu, kongresman
~ **of the council** członek rady
~ **of the family** członek rodziny
~ **of the household** domownik
~ **of the House of Commons** *bryt.* członek Izby Gmin
~ **of the House of Lords** *bryt.* członek Izby Lordów

Member of Parliament (*skr.* **M. P.**) poseł do parlamentu
~ **of a union** członek związku zawodowego
~ **to serve in Parliament** kandydat do parlamentu
adopted ~ adoptowany członek rodziny
associate ~ członek korespondent
clearing ~ członek instytucji kompensacyjnej
compulsory ~ przymusowy członek
co-opted ~ dokooptowany członek
honorary ~ członek honorowy
original ~ członek założyciel
permanent ~ stały członek
retiring ~ ustępujący członek
membership *s* członkostwo, uczestnictwo
~ **card** legitymacja ⟨karta⟩ członkowska, karta uczestnictwa
~ **fee** składka członkowska
conditions of ⟨**qualifications for**⟩ ~ warunki członkostwa ⟨uczestnictwa⟩
opinion of the majority of our ~ zdanie ⟨opinia⟩ większości naszych członków
to **apply for** ~ ubiegać się o członkostwo
to **renew one's** ~ odnowić (swoje) członkostwo
memo *s* (*pl* ~**s**) *pot.* = **memorandum**
memorandum *s* (*pl* **memoranda**, ~**s**) *łac.* 1. notatka (*dla pamięci*) 2. krótkie zawiadomienie (*o sprawach urzędowych*), notatka służbowa 3. *dypl.* memorandum
~ **(and articles) of association** *a*) statut spółki *b*) umowa o założeniu spółki akcyjnej
~ **bill** rachunek pro forma
~ **book** księga memoriałowa
~ **clause** klauzula memorandowa (*wyłączająca odpowiedzialność ubezpieczyciela za straty niższe od franszyzy*)
~ **invoice** faktura pro forma
~ **of agreement** notatka o umowie
~ **pad** blok memoriałowy
~ **percentage** franszyza ubezpieczeniowa
~ **sale** sprzedaż umowna (*przewidująca prawo nieprzyjęcia towaru przez kupującego*)
broker's ~ *giełd.* maklerska karta umowy
insurance ~ ubezpieczenie przewidujące ograniczenie odpowiedzialności ubezpieczyciela za częściowe uszkodzenie ładunku
to **make a** ~ **of sth** sporządzić notatkę o czymś
memorial *s* memoriał
memory *s* pamięć
within legal ~ od niepamiętnych czasów
within living ~ za ludzkiej pamięci
to **lose one's** ~ stracić pamięć
to **refresh sb's** ~ odświeżyć czyjąś pamięć
menace[1] *s* groźba, zagrożenie
~ **of dismissal** groźba zwolnienia (*z pracy*)
~ **of war** groźba wojny
menace[2] *v* grozić, zagrażać
mendacious *adj* kłamliwy, fałszywy, zakłamany
mendacity *s* kłamliwość, zakłamanie
mens rea *s łac.* zły zamiar, zła wola, świadomość o szkodliwości działania
mental *adj* 1. umysłowy 2. pamięciowy
~ **age** wiek inteligencji ⟨umysłowy⟩ (*dziecka, chorego umysłowo*)
~ **ability** ⟨**capacity**⟩ zdolność umysłowa
~ **alienation** zaburzenie umysłowe
~ **blackout** zamroczenie
~ **condition** stan psychiczny

~ **cruelty** znęcanie się ⟨dręczenie⟩ psychiczne (*jako podstawa pozwu o rozwód itd.*)
~ **deficiency** ⟨defectiveness⟩ upośledzenie umysłowe
~ **disease** ⟨illness⟩ choroba psychiczna ⟨umysłowa⟩
~ **disorder** zaburzenie umysłowe ⟨psychiczne⟩
~ **home** ⟨hospital⟩ szpital ⟨zakład⟩ dla umysłowo chorych
~ **patient** umysłowo chory, pacjent szpitala dla umysłowo chorych
~ **treatment** leczenie chorób ⟨zaburzeń⟩ psychicznych
mentality *s* 1. mentalność 2. umysłowość, inteligencja
mentally *adv* umysłowo, psychicznie
~ **defective** ⟨deficient⟩ niedorozwinięty umysłowo
~ **deranged** chory umysłowo ⟨psychicznie⟩
~ **retarded** opóźniony w rozwoju umysłowym
mention[1] *s* wzmianka
to make ~ **on sth** wzmiankować o czymś
mention[2] *v* wzmiankować, wymieniać
to ~ **sb in one's will** wymienić kogoś w testamencie
mentioned *pp adj* wymieniony, wspomniany
above ⟨afore, before⟩ ~ wyżej ⟨uprzednio, poprzednio⟩ wymieniony
below ⟨after, under⟩ ~ niżej wymieniony
opposite ~ wymieniony na odwrocie
mercantile *adj* 1. handlowy, kupiecki 2. merkantylny
~ **agency** przedstawicielstwo handlowe, agencja handlowa
~ **agent** przedstawiciel ⟨agent⟩ handlowy
~ **bank** bank handlowy
~ **business** *a)* przedsiębiorstwo handlowe *b)* transakcja handlowa
~ **credit** kredyt handlowy ⟨towarowy⟩
~ **custom** zwyczaj handlowy
~ **flag** bandera handlowa
~ **fleet** flota handlowa
~ **house** ⟨firm⟩ dom handlowy, firma handlowa
~ **law** prawo handlowe
~ **marine** ⟨navy⟩ marynarka ⟨flota⟩ handlowa
~ **operations** operacje handlowe
~ **paper** weksel handlowy ⟨kupiecki⟩
~ **partnership** spółka handlowa
~ **policy** polityka handlowa
~ **port** port handlowy
~ **report** wywiad handlowy
~ **risk** ryzyko handlowe
~ **shipping** żegluga handlowa
~ **system** merkantylizm
~ **usage** zwyczaj handlowy, praktyka handlowa
mercantilism *s* merkantylizm
mercenary[1] *s* najemnik, żołnierz najemny
mercenary[2] *adj* 1. interesowny, chciwy, wyrachowany 2. najemny
~ **marriage** małżeństwo z wyrachowania
from ~ **motives** z wyrachowania, z chciwości
merchandise[1] *s* towar, towary
~ **allowance** rabat towarowy
~ **broker** makler towarowy
~ **checker** brakarz towarowy
~ **exchange** giełda towarowa
~ **knowledge** towaroznawstwo
~ **mark** znak fabryczny ⟨towarowy, ochronny⟩
~ **risk** ryzyko handlowe

~ **shipment** przesyłka towarowa
~ **trade** wymiana towarowa
~ **traffic** ⟨turnover⟩ ruch ⟨obrót⟩ towarowy
branded ~ towar firmowy
bulk ~ towar masowy
competing ~ towar konkurencyjny
export ⟨import⟩ ~ towar eksportowy ⟨importowy⟩
lawful ⟨legal⟩ ~ towar legalny (*w normalnym obrocie handlowym*)
quality ~ towar gatunkowy ⟨wysokiej jakości⟩
merchandise[2] *v* 1. handlować 2. reklamować, promować (*towary*)
merchant *s* 1. kupiec, handlowiec 2. załadowca
~ **agent** ⟨broker⟩ makler statku wyznaczony przez załadowcę
~ **bank** bank˙akceptacyjny ⟨rembursowy⟩
~ **flag** bandera handlowa
~ **fleet** flota handlowa
~ **house** dom handlowy, firma handlowa
~ **navy** ⟨*am.* **marine**, *bryt.* **fleet**⟩ marynarka ⟨flota⟩ handlowa
~ **quantities** duże partie towaru
~ **service** marynarka handlowa, żegluga handlowa
~ **ship** statek handlowy
~ **shipper** *a)* kupiec frachtujący *b)* eksporter branżowy
~ **shipping** żegluga handlowa
~ **vessel** statek handlowy
at ~**'s risk** na ryzyko załadowcy
commission ~ kupiec komisowy
export ~ *a)* eksporter branżowy *b)* kupiec eksportowy
general ~ kupiec wielobranżowy
import ~ *a)* importer branżowy *b)* kupiec importowy
law ~ prawo handlowe
retail ~ detalista, kupiec detaliczny
wholesale ~ hurtownik, kupiec hurtowy
merchantable *adj* 1. pokupny, sprzedażny 2. nadający się do sprzedaży
~ **title** tytuł uprawniający do sprzedaży, pełny tytuł (*własności*)
good ~ **brand** dobra marka handlowa ⟨jakość towaru⟩
good ~ **condition** dobry stan handlowy (*towaru*)
good ~ **quality** dobra jakość handlowa (*towaru*)
merchantman *s* (*pl* **merchantmen**) statek handlowy
fleet of merchantmen flota handlowa
mercy *s* litość, miłosierdzie, łaska
~ **killing** zabójstwo z litości, eutanazja
recommendation to ~ wniosek o prawo łaski
to be at sb's ~ być zdanym na czyjąś łaskę
mere *adj* 1. zwykły, zwyczajny 2. nic innego tylko, po prostu
~ **accident** czysty ⟨zwykły⟩ przypadek
~ **coincidence** zwykły zbieg okoliczności
~ **right** zwykły ⟨goły⟩ tytuł (*własności*)
merge *v* 1. łączyć ⟨zlewać⟩ (się) 2. zostać wcielonym (**into sth** do czegoś)
merger *s* połączenie ⟨zlanie⟩ się, fuzja
conglomerate ~ połączenie różnych przedsiębiorstw
cross-frontier ⟨transnational⟩ ~ połączenie ⟨fuzja⟩ przedsiębiorstw mieszczących się w sąsiednich państwach
industrial ~ fuzja przedsiębiorstw przemysłowych

monopoly ~ fuzja monopoli
merit[1] *s* **1.** zasługa **2.** zaleta, dobra strona **3.** *pl* **merits** meritum
   ~ **bonus** premia za wydajność
   ~ **rating** ocena personelu
   ~**s of the case** meritum sprawy
   ~ **system** *am.* obsadzanie stanowisk według kwalifikacji (*w drodze konkursu*)
   to consider a matter on its ~**s** rozważyć meritum sprawy
   to discuss the ~**s of sth** przedyskutować zalety czegoś
   to judge sth on its ~**s** oceniać coś merytorycznie
merit[2] *v* zasługiwać (*sth* na coś)
   to ~ **punishment** zasługiwać na karę
meritocracy *s* **1.** system, w którym rządy sprawują ludzie o najwyższych kwalifikacjach **2.** sprawująca władzę grupa ludzi o najwyższych kwalifikacjach
meritorious *adj* **1.** (*o człowieku*) zasłużony **2.** merytoryczny
   ~ **consideration** wzgląd merytoryczny
   ~ **defence** obrona merytoryczna
mesalliance, misalliance *s* mezalians
mesne *adj* **1.** międzyterminowy, międzyokresowy **2.** *hist.* pośredni
   ~ **lord** feudał posiadający lenno z nadania innego feudała
   ~ **process** postępowanie sądowe pomiędzy wniesieniem powództwa a wydaniem wyroku
   ~ **profits** dochód uzyskany w okresie od zajęcia gruntu do usunięcia z niego bezprawnego użytkownika
mess *s* **1.** nieład, bałagan **2.** mesa (*na statku*)
message *s* **1.** zawiadomienie, wiadomość **2.** telegram, depesza **3.** orędzie **4.** zlecenie, poruczenie, misja
   ~ **on the state of the Union** *am.* orędzie o stanie państwa
   ~ **to Parliament** *bryt.* orędzie do Parlamentu
   advertising ~ zlecenie reklamowe
   cable ~ kablogram
   cod ~ telegram kodowy
   cypher ~ telegram szyfrowy
   presidential ~ orędzie prezydenta
   radio ~ komunikat radiowy
   special ~ misja specjalna
   telephonic ~ wiadomość telefoniczna
   wire ⟨**telegraphic, cable**⟩ ~ telegram
   wireless ~ depesza radiowa
   to deliver a ~ doręczyć wiadomość
   to leave a ~ zostawić wiadomość (**for sb** dla kogoś)
messenger *s* posłaniec, wysłannik
   ~ **boy** goniec
   by ~ przez posłańca
   office ~ goniec, woźny (*w biurze*)
Messieurs *spl* (*skr.* **Messrs** – *w adresach*) panowie (*z dodaniem nazwisk*)
messuage *s* obejście, dom mieszkalny z zabudowaniami i przylegającym gruntem, siedlisko
metage *s* **1.** urzędowe ważenie (*ładunku*) **2.** opłata za ważenie
metal *s* metal
   ~ **exchange** giełda metali
   noble ⟨**precious**⟩ ~ metal szlachetny
metallic *adj* metalowy
   ~ **currency** bilon

mete out *v* wymierzać
   to ~ **justice** wymierzać sprawiedliwość
   to ~ **punishment** wymierzać karę
method *s* **1.** metoda, sposób **2.** system
   ~ **of election** sposób przeprowadzania wyborów
   ~ **of estimation** metoda oceny
   ~ **of operation** sposób działania
   ~ **of payment** sposób zapłaty
   ~ **of taxation** system podatkowy
   ~ **of working** metoda pracy
   ~**s of management** metody zarządzania
   ~**s of trading** technika handlu
   marketing ⟨**selling**⟩ ~**s** metody zbytu ⟨sprzedaży⟩
   production ~ sposób produkcji
   running ~ sposób eksploatacji
metric *adj* metryczny
   ~ **measurements** miary metryczne
   (**the**) ~ **system** system metryczny
   ~ **unit** jednostka metryczna
   to go ~ przyjąć system metryczny
metropolis *s* **1.** metropolia (*państwo*) **2.** stolica, metropolia
   the ~ Londyn
   commercial ~ główny ośrodek handlowy
metropolitan *adj* stołeczny, metropolitalny
   ~ **area** okręg stołeczny
   ~ **country** metropolia (*państwo*)
   ~ **police** stołeczna policja
Michaelmas term *s bryt.* jesienna sesja sądowa
microfilm *s* mikrofilm
middle[1] *s* środek
middle[2] *adj* średni, przeciętny
   (**the**) ~ **class** średniozamożna burżuazja
   ~ **grade** średni gatunek, średnia jakość
   ~ **man** pośrednik (*pomiędzy producentem a konsumentem*)
   ~ **name** *a*) drugie imię *b*) (*czyjaś*) cecha charakterystyczna
   ~ **price** *a*) średnia cena *b*) średni kurs
   to take a ~ **course** wybrać pośrednią drogę
middleman *s* pośrednik, agent
middling[1] *s am.* **1.** średnia jakość **2.** towar średniej jakości (*zwłaszcza bawełna*)
middling[2] *adj* średni, przeciętny
   ~ **quality** średnia ⟨przeciętna⟩ jakość
   fair to ~ *a*) (*o towarze*) średniej ⟨drugiej⟩ jakości *b*) *pot.* (*o zdrowiu*) mniej więcej dobre
migrant[1] *s* **1.** wędrowiec **2.** emigrant
   ~ **'s transfers** pieniądze przesyłane do ojczyzny przez emigrantów
migrant[2] *adj* **1.** wędrowny **2.** emigracyjny
   ~ **worker** robotnik wędrowny
migrate *v* **1.** wędrować **2.** emigrować
migration *s* **1.** wędrówka, migracja **2.** emigracja
   ~ **of capital** migracja kapitału
   ~ **of labour** migracja siły roboczej
   external ~ migracja zagraniczna
   industrial ~ migracja przemysłowa
   internal ~ migracja wewnętrzna
   international ~ migracja międzynarodowa
   labour ~ migracja siły roboczej
   seasonal ~ migracja sezonowa
migratory *adj* wędrowny
   ~ **divorce** *am.* rozwód uzyskany przez czasowe przeniesienie się do innego stanu

~ **workers** wędrowni robotnicy
mileage s **1.** długość ⟨odległość⟩ (w milach) **2.** koszty podróży obliczane według stawki za 1 milę
~ **allowance** zwrot kosztów podróży (według karty drogowej)
~ **rate** stawka od kilometra ⟨mili⟩
~ **tax** am. podatek od ilości przebytych mil (dla przewoźnika)
daily ~ dzienny przebieg (w milach, kilometrach)
on a ~ **basis** zależnie od ilości mil
milieu s środowisko
militarism s militaryzm
military adj wojskowy
~ **age** wiek poborowy
~ **and political bloc** blok militarno-polityczny
~ **alliance** sojusz wojskowy
~ **assistance** pomoc wojskowa
~ **attaché** attaché wojskowy
~ **authorities** władze wojskowe
~ **bases** bazy wojskowe
~ **blocade** blokada wojenna
~ **conflicts** konflikty zbrojne
~ **court** sąd wojskowy
~ **duty** obowiązek służby wojskowej
~ **expenditure** wydatki na cele wojenne
~ **government** rząd wojskowy
~ **governor** gubernator wojskowy
~ **justice** ⟨**jurisdiction**⟩ sądownictwo wojskowe
~ **law** prawo wojenne
~ **manoeuvres** manewry wojskowe
~ **mission** misja wojskowa
~ **occupation** okupacja wojskowa
~ **offence** przestępstwo wojskowe
~ **police** żandarmeria
~ **policeman** żandarm
~ **potential** potencjał militarny
~ **regime** reżym wojskowy
~ **service** służba wojskowa
~ **spending** wydatki na cele wojskowe
~ **target** obiekt wojskowy
~ **testament** testament wojskowy
~ **tribunal** trybunał wojskowy
~ **unit** jednostka wojskowa
~ **witness** świadek odbywający służbę wojskową
militia s : **(the)** ~ milicja
militiaman s (pl **militiamen**) milicjant
mill[1] s **1.** młyn **2.** fabryka, wytwórnia
ex ~ loco fabryka
free at ~ franco fabryka
mill[2] s am. tysięczna część dolara (w rozliczeniach)
mind[1] s **1.** umysł **2.** pamięć **3.** zdanie, mniemanie **4.** chęć, zamiar, postanowienie
absence of ~ roztargnienie
presence of ~ przytomność umysłu
soundness of ~ poczytalność
state of ~ stan umysłowy
to my ~ moim zdaniem
weakness of ~ niedorozwój umysłowy
to bear in ~ mieć na względzie
to change one's ~ zmienić zamiar
to have in ~ zamierzać
to keep in ~ pamiętać
to lose one's ~ postradać zmysły
to make up one's ~ zdecydować się (na coś), postanowić

mind[2] v **1.** pamiętać (**sth** o czymś), mieć na uwadze, uważać (**sth** na coś) **2.** mieć coś przeciwko (**sth** czemuś), sprzeciwiać się (**sth** czemuś) **3.** troszczyć się (**sth** o coś), zajmować się (**sth** czymś)
never ~ **expenses** nie licząc się z kosztami ⟨wydatkami⟩
mine s **1.** kopalnia **2.** mina
risk of ~s **and torpedoes** ub. mors. ryzyko min i torped
minify v zmniejszać, redukować
minimal adj minimalny
~ **amount** minimalna ilość
~ **value** wartość minimalna
~ **weight** minimalna waga
minimize v zmniejszać (się), sprowadzać do minimum
to ~ **the costs** zmniejszać koszty do minimum
to ~ **a loss** zmniejszyć stratę
to ~ **the importance of sth** pomniejszyć ważność czegoś
minimum[1] s minimum, najmniejsza ilość
~ **of existence** minimum egzystencji
to reduce to a ~ zmniejszyć do minimum
minimum[2] adj minimalny, najniższy
~ **bill of lading** am. konosament na najniższą dopuszczalną wartość
~ **charge** najniższa opłata
~ **freight** najniższy fracht
~ **interest** najniższe odsetki ⟨oprocentowanie⟩
~ **number of shares** minimalna ilość akcji
~ **penalty** najniższa kara
~ **price** najniższa cena
~ **quantity** najmniejsza ilość
~ **rate** najniższa stawka
~ **tariff** najniższa taryfa
~ **value** najniższa ⟨minimalna⟩ wartość
~ **wages** najniższe ⟨minimalne⟩ płace
mining s górnictwo, kopalnictwo
~ **company** towarzystwo górnicze
~ **industry** przemysł górniczy
~ **shares** akcje kopalniane
coal ~ górnictwo węglowe
minister s **1.** minister **2.** przedstawiciel dyplomatyczny **3.** duchowny
~ **extraordinary and plenipotentiary** minister nadzwyczajny i pełnomocny
Minister of Agriculture, Fisheries and Food bryt. minister rolnictwa, rybołówstwa i żywności
Minister of Commerce bryt. minister handlu
Minister of Defence bryt. minister obrony
Minister of Education bryt. minister oświaty
Minister of Health bryt. minister zdrowia
Minister of Housing and Local Government bryt. minister budownictwa mieszkaniowego i samorządu lokalnego
Minister of Justice minister sprawiedliwości
Minister of Labour and National Service minister pracy i opieki społecznej
Minister of Pensions and National Insurance bryt. minister emerytur i ubezpieczeń społecznych
Minister of Power bryt. minister energetyki
Minister of Shipping minister żeglugi
Minister of Supply bryt. minister zaopatrzenia
Minister of Transport minister komunikacji
Minister of Works minister robót publicznych
~ **residentiary** stały przedstawiciel dyplomatyczny

Minister without portfolio *bryt.* minister bez teki
acting ~ minister urzędujący
cabinet ~ *bryt.* minister – członek gabinetu
foreign ~ minister spraw zagranicznych
Prime Minister premier, prezes rady ministrów
ministerial *adj* **1.** ministerialny, rządowy **2.** urzędowy, administracyjny **3.** wykonawczy
~ **act** akt wykonawczy
~ **benches** *bryt.* ławy ministerialne (*w Parlamencie*)
~ **crisis** kryzys rządowy
~ **duties** urzędowe obowiązki
~ **inquiry** dochodzenie administracyjne
~ **level talks** rozmowy na szczeblu ministerialnym
~ **procedure** postępowanie administracyjne
ministry *s* **1.** ministerstwo **2.** urząd ministra **3.** rada ⟨gabinet⟩ ministrów **4.** pomoc, usługa, służba
(the) Ministry of Agriculture, Fisheries and Food *bryt.* ministerstwo rolnictwa, rybołówstwa i żywności
(the) Ministry of Civil Aviation ministerstwo lotnictwa cywilnego
(the) Ministry of Commerce *bryt.* ministerstwo handlu
(the) Ministry of Defence *bryt.* ministerstwo obrony
(the) Ministry of Education *bryt.* ministerstwo oświaty
(the) Ministry of Finance *bryt.* ministerstwo finansów
(the) Ministry of Foreign Affairs *am.* ministerstwo spraw zagranicznych
(the) Ministry of Foreign Trade ministerstwo handlu zagranicznego
(the) Ministry of Health *bryt.* ministerstwo zdrowia
(the) Ministry of Home Trade ministerstwo handlu wewnętrznego
(the) Ministry of Housing and Local Government ministerstwo budownictwa mieszkaniowego i samorządu lokalnego
(the) Ministry of the Interior *am.* ministerstwo spraw wewnętrznych
(the) Ministry of Justice ministerstwo sprawiedliwości
(the) Ministry of Labour and National Service ministerstwo pracy i opieki społecznej
(the) Ministry of National Defence ministerstwo obrony narodowej
(the) Ministry of Pensions and National Insurance ministerstwo emerytur i ubezpieczenia społecznego
(the) Ministry of Power *bryt.* ministerstwo energetyki
(the) Ministry of Shipping ministerstwo żeglugi
(the) Ministry of Supply *bryt.* ministerstwo zaopatrzenia
(the) Ministry of Transport *bryt.* ministerstwo transportu ⟨komunikacji⟩
(the) Ministry of War ministerstwo wojny
(the) Ministry of Works *bryt.* ministerstwo robót publicznych
(the) Air Ministry ministerstwo lotnictwa
through the ~ **of sb** przez kogoś, za czyimś pośrednictwem
minor[1] *s* (*o osobie*) niepełnoletni, nieletni

~ **interests** majątek niepełnoletnich (osób) podlegający ograniczeniom w obrocie
minor[2] *adj* **1.** mniejszy **2.** nieznaczny, drobny **3.** pośledni, drugorzędny **4.** niepełnoletni, nieletni
~ **changes** drobne ⟨niewielkie⟩ zmiany
~ **details** drugorzędne szczegóły
~ **expenses** drobne wydatki
~ **injury** niewielkie uszkodzenie ciała
~ **larceny** drobna kradzież
~ **price** niska cena
~ **repairs** drobne naprawy ⟨remonty⟩
of ~ **importance** nie mający większego znaczenia
minority *s* **1.** mniejszość **2.** niepełnoletniość, nieletniość
~ **government** rząd mniejszości
national ~ mniejszość narodowa
to be in the ~ być w mniejszości
mint[1] *s* **1.** mennica **2.** duża ilość, mnóstwo
~ **fine bars** *am.* złoto mennicze w sztabach
~ **parity** ⟨**par of exchange**⟩ parytet menniczy
~ **price** wartość mennicza monety
~ **ratio** stopa mennicza (*zawartość metalu szlachetnego w monetach*)
in ~ **condition** nie uszkodzony, w idealnym stanie
mint[2] *v* bić monetę
to ~ **money** bić monetę ⟨bilon⟩
mintage *s* **1.** bicie monety **2.** opłata mennicza, koszt bicia monety
minute[1] *s* **1.** minuta **2.** chwila **3.** notatka, zapisek **4.** brulion **5.** zalecenie, urzędowa instrukcja **6.** *pl* **minutes** protokół
~**s of the meeting** protokół posiedzenia
read and confirmed ⟨**approved, adopted**⟩ ~**s** protokół odczytany i przyjęty
to draw up the ~**s** sporządzić protokół
to enter on the ~**s** zaprotokołować, wciągnąć do protokółu
to take ⟨**make**⟩ ~**s** sporządzać protokół, protokołować
minute[2] *v* notować, protokołować
minute[3] *adj* **1.** drobny, znikomy **2.** drobiazgowy, szczegółowy
minute-book *s* księga protokołów
Mirror (of Justice) *s bryt. hist.* Zwierciadło (*średniowieczna nazwa zbioru praw*)
misaddress *v* mylnie adresować
misadventure *s* **1.** niepowodzenie, nieszczęście **2.** nieszczęśliwy wypadek
death by ~ śmierć na skutek nieszczęśliwego wypadku
homicide by ~ *bryt.* nieumyślne zabójstwo
misadvise *v* mylnie informować
misapplication *s* **1.** niewłaściwe użycie **2.** sprzeniewierzenie
~ **of funds** sprzeniewierzenie funduszów
misapply *v* **1.** niewłaściwie stosować **2.** nadużywać
misapprehend *v* źle ⟨błędnie⟩ rozumieć
misapprehension *s* złe ⟨błędne⟩ zrozumienie
~ **of the facts** złe zrozumienie faktów
under a ~ wskutek niezrozumienia, w błędnym mniemaniu
misappropriate *v* sprzeniewierzać, przywłaszczać
misappropriation *s* sprzeniewierzenie, przywłaszczenie
misbehave *v* zachowywać się niewłaściwie

misbehaviour s 1. niewłaściwe zachowanie 2. złe prowadzenie się

miscalculate v źle obliczyć, pomylić się w obliczeniu

miscalculation s mylne obliczenie, mylna kalkulacja, błąd rachunkowy

miscarriage s 1. niepowodzenie, nieudanie się 2. błąd w dostawie, zaginięcie (*np. przesyłki*) 3. błąd, pomyłka 4. *med.* poronienie

~ **of goods** a) błąd w dostawie towarów b) niedostarczenie towarów

~ **of justice** pomyłka sądowa

to procure ~ spowodować poronienie

miscellaneous adj 1. różnorodny, rozmaity 2. mieszany

~ **goods** towary mieszane

~ **expenses** wydatki różne

~ **income** dochody różne (z różnych źródeł)

~ **risks** różne ryzyka

~ **shares** różne akcje (walory)

mischarge s 1. omyłkowe obciążenie 2. omyłkowo pobrana opłata

mischief s 1. szkoda, krzywda 2. zło

~ **of the statute** zło, któremu ustawa ma zapobiec (*cel ustawy*)

to do sb (oneself) a ~ wyrządzić (zrobić) komuś (sobie) krzywdę

to make ~ (between people) siać niezgodę (między ludźmi)

misconduct[1] s 1. złe prowadzenie się (*zwłaszcza cudzołóstwo*) 2. niewłaściwe zachowanie 3. wykroczenie służbowe 4. złe prowadzenie (zarządzanie)

~ **clause** klauzula upoważniająca czarterującego do żądania zmiany źle pracującej załogi

~ **in office** naruszenie obowiązków służbowych

misconduct[2] v 1. źle się prowadzić 2. postępować niewłaściwie 3. źle zarządzać (*czymś*), źle prowadzić (*coś*)

misconstruction s błędne tłumaczenie sobie (*czegoś*)

to be open to ~ dopuszczać możliwość sporów (nieporozumienia)

misconstrue v błędnie tłumaczyć sobie (*coś*)

to ~ **sb's words** niewłaściwie tłumaczyć czyjeś słowa

miscount[1] s błąd w obliczeniu, błąd rachunkowy

miscount[2] v błędnie obliczyć, popełnić błąd rachunkowy

misdate v mylnie datować

misdating s mylne datowanie, omyłkowa data

misdeed s zły czyn, nieprawość, przestępstwo

misdeliver v mylnie doręczyć

misdelivery s mylne doręczenie (*np. towaru*)

misdemean v zachowywać się niewłaściwie

misdemeanant s 1. osoba winna wykroczenia 2. osoba skazana za wykroczenie

misdemeanour s 1. wykroczenie, występek 2. złe prowadzenie (sprawowanie) (się)

~ **at common law** wykroczenie według prawa zwyczajowego

misdescription s 1. mylny opis 2. niewłaściwe (błędne) oznaczenie przedmiotu transakcji

misdirect v 1. mylnie skierować 2. błędnie zaadresować 3. udzielić błędnych wskazówek

to ~ **the jury** błędnie poinstruować przysięgłych

misdirection s 1. błędny adres 2. mylne skierowanie 3. błędna instrukcja, mylne poinformowanie

~ **of the jury** błędne poinstruowanie (pouczenie) przysięgłych

misenter v błędnie zaksięgować

misentry s błędne zaksięgowanie, błędny zapis księgowy

miserable adj 1. nędzny 2. nieszczęśliwy 3. przykry, ohydny

misery s 1. niedola, nieszczęście 2. nędza, ubóstwo

to live in ~ **and want** żyć w skrajnej nędzy

misfeasance s wykroczenie służbowe, nadużycie władzy

mishandle v 1. źle się obchodzić (**sb, sth** z kimś, czymś) 2. maltretować

misinform v wprowadzać w błąd, mylnie informować

misinformation s dezinformacja, błędna informacja

misinterpret v błędnie tłumaczyć, mylnie interpretować

misinterpretation s błędna interpretacja

misjoinder s włączenie do sprawy niewłaściwych osób lub kwestii

~ **of action** nieprawidłowe połączenie powództw (żądań pozwu)

~ **of parties** nieprawidłowe włączenie do sprawy osób (*w charakterze powodów lub pozwanych*)

misjudge v źle sądzić, mieć błędne mniemanie (**sb, sth** o kimś, o czymś)

misjudgment s błędne mniemanie, niewłaściwa ocena

mislaying s zagubienie

mislead v (misled, misled) 1. wprowadzać w błąd, okłamywać 2. sprowadzać na manowce

misleading adj: ~ **answer** kłamliwa odpowiedź

~ **information** fałszywa informacja

~ **statement** fałszywe (kłamliwe) oświadczenie

mismanage v niewłaściwie zarządzać, źle prowadzić (*np. firmę*)

mismanagement s złe zarządzanie, wadliwa gospodarka, niegospodarność

misnomer s 1. błędna nazwa 2. błędne wymienienie nazwiska strony (*w pozwie, akcie oskarżenia itp.*)

misplaced adj: ~ **confidence** źle umieszczone (ulokowane) zaufanie

misplacing s zagubienie

mispleading s błąd (*strony*) w piśmie procesowym

misprint s omyłka w druku, błąd drukarski (maszynowy)

misprision s 1. zaniedbanie obowiązku (*doniesienia o przestępstwie*) 2. niedocenianie

~ **of crime** zaniedbanie doniesienia o (planowanym) przestępstwie

~ **of treason** zaniedbanie doniesienia o zdradzie (zamiarze zdrady) (kraju)

misprize v 1. gardzić 2. nie doceniać

misquotation s błędny cytat; błędne przytoczenie (*czyichś słów*)

misquote v błędnie przytaczać (cytować)

misread v (misread, misread) błędnie odczytywać (interpretować)

misreading s błędne odczytanie, błędna interpretacja

misrepresent v błędnie przedstawiać, wprowadzać w błąd

~ **facts** błędnie przedstawiać fakty

misrepresentation s wprowadzenie w błąd, fałszywe przedstawienie

false (fraudulent) ~ świadome wprowadzenie w błąd

innocent ~ nieświadome wprowadzenie w błąd

negligent ~ wprowadzenie w błąd na skutek niedbalstwa
misrule s 1. złe rządy 2. anarchia, chaos
miss[1] s nietrafienie, chybienie
miss[2] v 1. nie trafić, chybić 2. spóźnić się 3. opuścić, przepuścić (*np. okazję*) 4. zauważać ⟨odczuwać⟩ brak 5. nie dosłyszeć, nie zrozumieć
  to ~ **an opportunity** przepuścić okazję
  to ~ **the point** nie zrozumieć sensu
missing adj 1. zaginiony 2. brakujący
  ~ **document** brakujący ⟨zaginiony⟩ dokument
  ~ **link** brakujące ogniwo
  ~ **package** brakująca przesyłka
  ~ **person** zaginiona osoba
  ~ **ship** zaginiony statek
  to be ~ być zaginionym, zaginąć
mission s 1. misja 2. delegacja 3. posłannictwo
  commercial ⟨**trade**⟩ ~ misja handlowa
  diplomatic ~ misja dyplomatyczna
  military ~ misja wojskowa
misspend v (**misspent, misspent**) niepotrzebnie ⟨rozrzutnie⟩ wydawać
misstatement s nieprawdziwe ⟨kłamliwe⟩ oświadczenie, nieścisłość, fałsz
mistake[1] s błąd, omyłka, pomyłka
  ~ **in calculation** pomyłka ⟨błąd⟩ w obliczeniu
  ~ **in labelling** omyłka w etykietowaniu
  ~ **in the date** pomyłka w dacie
  ~ **of fact** błąd faktyczny ⟨co do faktu⟩
  ~ **of law** błąd prawny ⟨odnośnie do prawa⟩
  and ⟨**make**⟩ **no** ~ niewątpliwie, z całą pewnością
  by ~ omyłkowo, na skutek błędu
  to commit ⟨**make**⟩ **a** ~ popełnić błąd
  to correct a ~ skorygować ⟨poprawić⟩ błąd
  to remedy a ~ naprawić skutki błędu
mistake[2] v (**mistook, mistaken**) 1. mylić się 2. źle rozumieć
  to ~ **sb for sb** brać kogoś za kogo innego
mistaken pp adj: ~ **identity** błąd co do osoby, błędna identyfikacja
  ~ **opinion** błędna opinia
  ~ **statement** błędne oświadczenie
  to be ~ być w błędzie, mylić się
mistress s 1. pani (*domu, sytuacji*) 2. kierowniczka (*szkoły*) 3. kochanka, przyjaciółka
mistrial s nieważne postępowanie sądowe, nieważny proces
misunderstand v (**misunderstood, misunderstood**) źle zrozumieć
misunderstanding s 1. nieporozumienie 2. niezgoda 3. niezrozumienie
misuse[1] s 1. błędne ⟨niewłaściwe⟩ użycie 2. nadużycie
  ~ **of authority** nadużycie władzy
  ~ **of confidence** nadużycie zaufania
  ~ **of funds** niewłaściwe użycie funduszów
  ~ **of right** nadużycie prawa
misuse[2] v 1. niewłaściwie używać 2. nadużywać
misuser s 1. osoba nadużywająca prawa 2. nadużycie (*prawa, przywileju itp.*)
mitigate v 1. łagodzić 2. zmniejszać
  to ~ **damages** zmniejszać odszkodowanie
  to ~ **a punishment** łagodzić karę
mitigating adj: ~ **circumstances** okoliczności łagodzące
mitigation s 1. złagodzenie 2. zmniejszenie
  ~ **of damages** zmniejszenie odszkodowania

~ **of penalty** ⟨**punishment**⟩ zmniejszenie ⟨złagodzenie⟩ kary
mix v mieszać (się)
mixed adj mieszany, różnorodny
  ~ **action** powództwo mieszane (*rzeczowo-odszkodowawcze*)
  ~ **cargo** ładunek mieszany
  ~ **cognation** pokrewieństwo i powinowactwo
  ~ **commission** komisja mieszana
  ~ **committee** komitet mieszany
  ~ **condition** warunek mieszany (*zależny od woli stron i okoliczności*)
  ~ **contract** umowa mieszana
  ~ **duty** cło mieszane
  ~ **fund** fundusz mieszany (*powstały z dochodów z nieruchomości i ruchomości*)
  ~ **general cargo** drobnica różnorodna
  ~ **marriage** małżeństwo mieszane
  ~ **policy** mieszana polisa ubezpieczeniowa
  ~ **property** majątek mieszany (*złożony z ruchomości i nieruchomości*)
  ~ **school** szkoła koedukacyjna
  ~ **sea and land risks** ub. mors. mieszane ryzyka morskie i lądowe
  ~ **tariff** taryfa ceł mieszanych
  ~ **traffic** a) przewóz z przeładunkiem b) przewóz na trasie lądowo-morskiej
  to get ~ **up** wmieszać ⟨wplątać⟩ się (*w coś*)
mixtion s pomieszanie (*rzeczy należących do różnych osób*)
mixture s mieszanka, mieszanina
mob s 1. tłum, motłoch 2. zbiegowisko 3. banda, szajka
  ~ **law** ⟨**rule**⟩ prawo motłochu ⟨narzucone przez tłum⟩
  risk of ~s ub. mors. ryzyko rozruchów
mobiliary adj odnoszący się do ⟨dotyczący⟩ ruchomości
mobility s 1. ruchliwość 2. zmienność 3. przenośność
  ~ **of capital** a) ruchliwość kapitału b) przenośność kapitału
  ~ **of labour** przenośność siły roboczej
  occupational ~ ruchliwość zawodowa
mobilization s 1. mobilizacja 2. uruchomienie
  ~ **of funds** mobilizacja funduszów
  ~ **of resources** mobilizacja ⟨uruchomienie⟩ środków
mobilize v mobilizować
  to ~ **capital** mobilizować ⟨gromadzić⟩ kapitał
mobster s am. sl. gangster
mock adj fałszywy, fikcyjny, udany
  ~ **auction** fikcyjna licytacja
  ~ **trial** pozorowany ⟨pozorny⟩ proces
mockery s drwina, pośmiewisko, kpiny
  ~ **of justice** kpiny ze sprawiedliwości
mode s sposób, tryb
  ~ **of conveyance** ⟨**transport**⟩ sposób przewozu ⟨transportu⟩
  ~ **of delivery** sposób dostawy
  ~ **of distribution** sposób dystrybucji
  ~ **of election** sposób przeprowadzenia wyborów
  ~ **of payment** sposób zapłaty
model[1] s model, wzór
  new ~ **of a car** nowy model samochodu
  working ~ model roboczy
model[2] adj modelowy, wzorowy, pokazowy

moderate *adj* 1. umiarkowany 2. średni
~ **demand** umiarkowany popyt
~ **income** umiarkowany dochód
~ **price** umiarkowana cena
~ **speed** umiarkowana szybkość
modern *adj* nowoczesny
modernization *s* modernizacja, unowocześnienie
modernize *v* modernizować, unowocześniać
modest *adj* skromny
modification *s* modyfikacja, zmiana
~ **of a contract** zmiana umowy
~ **of the terms** zmiana warunków
modify *v* modyfikować, zmieniać (się)
to ~ **one's claims** zmieniać ⟨modyfikować⟩ roszczenia
to ~ **a judgment** zmienić wyrok
to ~ **a statement** zmienić oświadczenie
modo et forma *adv łac.* zarówno co do sposobu jak i formy
modus *s łac.* sposób
~ **operandi** *łac.* sposób działania
~ **vivendi** *łac.* sposób życia
moiety *s* połowa, jedna z dwóch części
moisture *s* wilgoć, zawilgocenie
~ **insurance** ubezpieczenie od zawilgocenia
moisture-proof *adj* odporny na wilgoć
momentum *s* (*pl* **momenta,** ~ **s**) rozmach, impet
to **gather** ⟨**gain**⟩ ~ przybierać na sile
monarchist *s* monarchista
monarchy *s* monarchia
absolute ~ monarchia absolutna
constitutional ⟨**limited**⟩ ~ monarchia konstytucyjna ⟨ograniczona⟩
hereditary ~ monarchia dziedziczna
monetary *adj* pieniężny, monetarny, walutowy
~ **agreement** porozumienie walutowe, układ walutowy
~ **area** obszar walutowy, strefa walutowa
~ **circulation** obieg pieniężny ⟨pieniądza⟩
~ **convention** konwencja walutowa
~ **crisis** kryzys walutowy
~ **gold** złoto na monety
~ **indemnity** odszkodowanie pieniężne
~ **inflation** inflacja walutowa
~ **instability** brak stabilności walutowej
~ **policy** ⟨**management**⟩ polityka walutowa
~ **pressure** trudności walutowe
~ **reform** ⟨**reorganization**⟩ reforma walutowa
~ **reserves** rezerwy walutowe
~ **restrictions** ograniczenia walutowe
~ **situation** sytuacja walutowa
~ **stabilization** stabilizacja waluty
~ **stocks of gold and silver** pieniężne zasoby złota i srebra, zasoby złotych i srebrnych monet
~ **supply** zasoby pieniężne
~ **system** system walutowy
~ **union** unia monetarna
~ **unit** jednostka pieniężna ⟨monetarna⟩
~ **value** wartość pieniężna
European Monetary System (*skr.* **EMS**) Europejski System Walutowy
International Monetary Fund (*skr.* **IMF**) Międzynarodowy Fundusz Walutowy
monetize *v* 1. bić pieniądze ⟨monety⟩ 2. nadawać wartość walucie 3. wprowadzać do obiegu jako pieniądz

money *s* 1. pieniądz, pieniądze 2. *pl* **moneys, monies** sumy pieniężne, kapitały, fundusze
~ **advance** zadatek
~ **allowance** zasiłek pieniężny
~ **at** ⟨**on**⟩ **call** (*krótkoterminowa*) pożyczka zwrotna na żądanie
~ **at short notice** pożyczka krótkoterminowa
~ **bill** projekt ustawy skarbowej ⟨budżetowej⟩
~ **broker** makler walutowy
~ **change** ⟨**changing**⟩ *a)* wymiana waluty *b)* kantor wymiany
~ **changer** ⟨**dealer**⟩ właściciel kantoru wymiany
~ **circulation** obieg pieniężny ⟨pieniądza⟩
~ **claim** roszczenie pieniężne
~ **conditions** *a)* sytuacja pieniężna ⟨finansowa⟩ *b)* warunki finansowe
~ **consideration** świadczenie pieniężne
~ **corporation** *am.* firma bankierska
~ **counterfeiting** fałszowanie pieniędzy
~ **debt** dług pieniężny
~ **down** (*płatne*) natychmiast gotówką
~ **exchange** wymiana pieniędzy
~ **expenses** wydatki pieniężne
~ **flows** przepływ pieniądza
~ **forging** fałszowanie ⟨podrabianie⟩ pieniędzy
~ **grant** subwencja pieniężna
~ **grubber** ciułacz
~ **in circulation** pieniądz obiegowy
~ **income** dochód pieniężny
~ **in hand** ⟨**in cash**⟩ gotówka
~ **interest** zainteresowanie pieniężne
~ **judgment** wyrok zasądzający kwotę pieniężną
~ **lender** osoba pożyczająca zawodowo pieniądze
~ **loan** pożyczka pieniężna
~ **made** wyegzekwowano (*napis szeryfa na tytule egzekucyjnym*)
~ **market** rynek pieniężny
~ **matters** sprawy finansowe
~ **of account** pieniądz rozliczeniowy
~ **on deposit** wkłady pieniężne
~ **order** przekaz pieniężny, polecenie wypłaty
~ **pressure** trudności pieniężne ⟨finansowe⟩
~ **rate** *a)* kurs pieniądza *b)* oprocentowanie pożyczki
~ **remittance** przekaz pieniężny
~ **sale** sprzedaż za gotówkę
~ **scarcity** brak pieniędzy ⟨gotówki⟩
~ **squeeze** ⟨**stringency**⟩ ciasnota na rynku pieniężnym
~ **standard** waluta, system walutowy
~ **supply** zasoby pieniężne
~ **trade** handel walutą
~ **transaction** transakcja gotówkowa
~ **transfer** przelew, przekaz pieniężny
~ **turnover** obrót pieniężny
~ **value** wartość pieniężna
advance ~ zadatek, zaliczka
bank ~ pieniądz bankowy
cable ~ **order** telegraficzny przekaz pieniężny
call ~ *giełd.* pieniądz dzienny, krótkoterminowa pożyczka
cash ~ gotówka
caution ~ kaucja
charter ~ fracht płacony przez czarterującego
cheap ~ tani pieniądz
circulation of ~ obieg pieniężny ⟨pieniądza⟩

coined ~ bilon
common ~ gotówka
convertible (paper) ~ wymienialny pieniądz papierowy
counterfeit ~ pieniądz fałszywy
current ~ pieniądz obiegowy
danger ~ premia za ryzyko ⟨niebezpieczne warunki pracy⟩
day-to-day ⟨**daily**⟩ ~ *gield.* pieniądz dzienny, pożyczka krótkoterminowa
dead ~ martwy kapitał, pieniądz nie wykorzystany
dear ~ drogi pieniądz
deposit ~ pieniądz depozytowy, wkłady pieniężne
depreciation ~ deprecjacja pieniądza
dispatch ~ premia za przyspieszenie przeładunku
earnest ~ zadatek
easy ~ tani pieniądz
effective ~ gotówka, waluta efektywna
exchange of ~ wymiana pieniędzy
fiat ~ fikcyjny pieniądz (*nie mający odpowiedniej wartości realnej*)
fiduciary ~ pieniądz papierowy
flux of ~ przepływ pieniądza
for ~ za gotówkę
foreign ~ obca waluta
freight ~ fracht, przewoźne
gold ~ pieniądz złoty
hard ~ *a)* mocna waluta *b)* pieniądz metalowy
hot ~ spekulacyjny ⟨*przen.* gorący⟩ pieniądz
idle ~ martwy pieniądz ⟨kapitał⟩
in ~ gotówką, w gotówce
insurance ~ suma ubezpieczenia
issue of ~ emisja pieniędzy
lawful ⟨**legal**⟩ ~ prawny środek płatniczy
lot ~ prowizja od sprzedanej partii towaru (*dla prowadzącego aukcję*)
option ~ *gield.* premia opcyjna
paper ~ pieniądz papierowy, banknot
passage ~ opłata za przejazd
pocket ~ kieszonkowe
postal ~ **order** przekaz pocztowy
present ~ gotówka
price of ~ stopa procentowa, cena pieniądza
purchase ~ cena kupna
ready ~ gotówka
ready ~ **only** tylko za gotówkę
real ~ pieniądz towarowy
salvage ~ wynagrodzenie za ratownictwo morskie
short ~ pożyczka krótkoterminowa
small ~ drobne pieniądze
soft ~ *a)* słaba ⟨niewymienialna⟩ waluta *b)* pieniądz papierowy
standard ~ złote i srebrne monety właściwej próby
stock of ~ zasób ⟨zapas⟩ pieniędzy
time ~ pieniądze pożyczone na określony termin
token ~ znaki pieniężne, żetony itp.
to be short of ~ nie mieć (dostatecznej ilości) pieniędzy
to coin ⟨**mint**⟩ ~ bić monetę
to earn ~ zarabiać pieniądze
to get one's ~ **back** odzyskać pieniądze
to invest ~ inwestować pieniądze
to make ~ robić ⟨zdobywać⟩ pieniądze

to put ~ **into a business** zainwestować ⟨włożyć⟩ pieniądze w jakiś interes
to raise ~ zbierać kapitały
to spend ~ wydawać pieniądze
to transfer ~ przekazywać pieniądze
moneyed *adj* **1.** pieniężny **2.** bogaty, zasobny w pieniądze
~ **aid** ⟨**assistance**⟩ pomoc pieniężna
~ **class** klasa posiadająca
~ **corporation** spółka inwestycyjna
~ **interest** kapitaliści, klasa posiadająca
~ **resources** środki pieniężne
moneyless *adj* (*o osobie*) bez pieniędzy
money-making *adj* dochodowy
monger *s* handlarz, kupiec
monition *s* **1.** ostrzeżenie, uprzedzenie **2.** wezwanie sądowe **3.** upomnienie, monitowanie
monitory[1] *s* list upominający, monit pisemny
monitory[2] *adj* ostrzegawczy, upominający
~ **letter** monit pisemny
monocracy *s* autokracja, jedynowładztwo
monogamy *s* monogamia
monomania *s* monomania, chorobliwe opanowanie umysłu przez jedną myśl
monopolist *s* monopolista
monopolize *v* monopolizować
to ~ **the market** monopolizować rynek
monopoly *s* monopol
~ **capital** kapitał monopolowy
~ **clause** klauzula monopolowa
~ **contract** umowa monopolowa
~ **control** kontrola monopoli
~ **domination** dominacja ⟨panowanie⟩ monopoli
~ **of foreign trade** monopol handlu zagranicznego
~ **of production** monopol produkcji
~ **of raw materials** monopol surowcowy ⟨na surowce⟩
~ **position** pozycja monopolistyczna
~ **power** władza monopoli
~ **price** cena monopolowa
~ **profits** zyski z monopolu
~ **revenues** zyski z monopolu skarbowego
~ **rule** panowanie monopoli
buyer's ~ monopol kupna
exclusive ~ wyłączny monopol
government ~ monopol państwowy
international ~ monopol międzynarodowy
issuing ~ monopol emisyjny
market ~ monopol zbytu ⟨rynkowy⟩
outright ~ monopol całkowity
production ~ monopol produkcji
sales ~ monopol zbytu ⟨sprzedaży⟩
state ~ monopol państwowy
tobacco ⟨**liquor**, **match**⟩ ~ monopol tytoniowy ⟨spirytusowy, zapałczany⟩
trade ~ monopol handlu
to have ⟨**hold**⟩ **the** ~ **of** ⟨*am.* **on**⟩ **sth** mieć monopol na coś, monopolizować coś
to restrain ⟨**restrict**, **curb**⟩ **monopolies** ograniczać władzę monopoli
monopsony *s* monopol kupna ⟨nabywcy⟩ (*sytuacja, w której jest jeden nabywca, a wielu producentów*)
Monroe doctrine *s am.* doktryna Monroe ⟨izolacjonizmu, nieinterwencji⟩
Monsieur *s* (*skr.* **M.**) *fr.* pan
monstrous *adj* potworny, ohydny

~ **crime** ohydna zbrodnia
month *s* miesiąc
  ~ **under report** ⟨**review**⟩ miesiąc sprawozdawczy
  by the ~ miesięcznie
  calendar ~ miesiąc kalendarzowy
  current ~ bieżący miesiąc
  delivery ~ miesiąc dokonania dostawy
  lunar ~ miesiąc księżycowy (28-dniowy)
  once a ~ raz na miesiąc ⟨w miesiącu⟩, miesięcznie
  this ⟨**next, last**⟩ ~ w bieżącym ⟨następnym, ubiegłym⟩ miesiącu, bieżącego ⟨następnego, ubiegłego⟩ miesiąca
monthly[1] *adj* miesięczny
  ~ **expenses** wydatki miesięczne
  ~ **instalment** rata miesięczna
  ~ **loan** pożyczka z miesięcznym wypowiedzeniem
  ~ **payments** comiesięczne płatności
  ~ **salary** miesięczna pensja
  ~ **season ticket** bilet miesięczny
  ~ **shipments** comiesięczne przesyłki okrętowe
  ~ **statement** (**of account**) miesięczny wykaz ⟨stan⟩ (rachunku)
monthly[2] *adv* miesięcznie, co miesiąc
moonshine *s am.* samogon, bimber
moorage *s* portowe opłaty postojowe
Moorsom *s*: ~ **system** ⟨**rules**⟩ system Moorsoma (*mierzenia pojemności statków*)
moot[1] *s* **1.** *hist.* zgromadzenie ludowe **2.** studenckie zebranie dyskusyjne
  ~ **court** inscenizacja rozprawy sądowej (*dla studentów prawa*)
moot[2] *adj* sporny, podlegający dyskusji
moot[3] *v* roztrząsać sprawę; poddawać pod dyskusję
mooting *s* inscenizacja rozprawy sądowej (*dla studentów prawa*)
moral[1] *s* **1.** morał, sens moralny, nauka moralna **2.** *pl* **morals** moralność, obyczaje
moral[2] *adj* **1.** moralny, obyczajny **2.** (*o przekonaniu*) wewnętrzny
  ~ **certainty** wewnętrzne przekonanie
  ~ **consideration** *a*) względy moralne *b*) moralne zadośćuczynienie
  ~ **courage** wewnętrzna odwaga
  ~ **damage** straty moralne, krzywda moralna
  ~ **defectives** braki moralne
  ~ **duty** ⟨**obligation**⟩ moralny obowiązek
  ~ **fitness** kwalifikacje moralne
  ~ **insanity** brak poczucia moralności
  ~ **law** prawo moralne
  ~ **life** obyczajne ⟨uczciwe⟩ życie
  ~ **responsibility** moralna odpowiedzialność
  ~ **support** poparcie moralne
  ~ **turpitude** podłość ⟨nikczemność⟩ postępowania
  ~ **victory** moralne zwycięstwo
morale *s* postawa, duch, morale (*np. armii*)
  loss of ~ upadek na duchu, demoralizacja
morality *s* **1.** moralność, obyczajność **2.** moralizatorstwo **3.** etyka (*zawodowa*)
morally *adv* moralnie
  ~ **responsible** moralnie odpowiedzialny
  ~ **wrong** moralnie szkodliwy ⟨zły⟩
  to be ~ **bound to do sth** być moralnie zobowiązanym do zrobienia czegoś
moratorium *s* moratorium
  to announce a ~ ogłosić moratorium
moratory *adj* moratoryjny

~ **loan** pożyczka moratoryjna
morbidity *s stat.* zachorowalność
  ~ **rate** współczynnik zachorowalności
mores *spl łac.* obyczaje, zasady postępowania
morganatic *adj* morganatyczny
  ~ **marriage** małżeństwo morganatyczne
morgue *s* kostnica (*dla ofiar nieszczęśliwych wypadków, zbrodni itp.*)
moron *s* człowiek o ograniczonym rozwoju umysłowym (*dziecka do 12 lat*)
morphia, morphine *s* morfina
mortal *adj* śmiertelny
  ~ **agony** przedśmiertna agonia
  ~ **battle** walka na śmierć i życie
  ~ **blow** śmiertelny cios
  ~ **bodily harm** śmiertelne uszkodzenie ciała
  ~ **wound** śmiertelna rana
mortality *s* umieralność, śmiertelność
  ~ **rate** *stat.* współczynnik zgonów
  ~ **table** *stat.* tabela śmiertelności
mortgage[1] *s* **1.** hipoteka **2.** dług hipoteczny **3.** wpis hipoteczny ⟨obciążenia do księgi hipotecznej, wieczystej⟩
  ~ **bank** bank hipoteczny
  ~ **bond** ⟨**debenture**⟩ list zastawny ⟨hipoteczny⟩
  ~ **charge** obciążenie hipoteczne, ciężar hipoteczny
  ~ **credit** kredyt hipoteczny
  ~ **creditor** wierzyciel hipoteczny, hipotekariusz
  ~ **debt** dług hipoteczny
  ~ **debtor** dłużnik hipoteczny
  ~ **deed** umowa ustanawiająca dług hipoteczny
  ~ **duty** podatek hipoteczny
  ~ **foreclosure** egzekucja z nieruchomości ⟨hipoteczna⟩
  ~ **interests** odsetki hipoteczne ⟨zabezpieczone hipoteką⟩
  ~ **loan** pożyczka hipoteczna
  ~ **rates** procenty hipoteczne
  ~ **register** księga hipoteczna ⟨wieczysta, gruntowa⟩
  ~ **registration** wpis hipoteczny
  ~ **registry** urząd hipoteczny
  aggregate ⟨**collective, general, joint and several**⟩ ~ łączna hipoteka
  construction ~ hipoteka na zabezpieczenie długu zaciągniętego na budowę
  farm ~ hipoteka na gospodarstwie rolnym
  first ⟨**prior**⟩ ~ pierwsza ⟨wcześniejsza⟩ hipoteka
  instalment ~ hipoteka amortyzacyjna
  judicial ~ hipoteka przymusowa ⟨z wyroku sądowego⟩
  rank(ing) of a ~ miejsce hipoteki (*według kolejności wpisu*)
  second ~ drugi numer hipoteki
  ship's ⟨**vessel**⟩ ~ hipoteka morska
  to borrow on ~ pożyczać (*od kogoś*) na hipotekę
  to burden with ~ obciążyć hipoteką
  to encumber a property by a ~ obciążyć nieruchomość hipoteką
  to have a ~ **on** mieć hipotekę na
  to lend on ~ pożyczać (*komuś*) na hipotekę
  to lift a ~ uwolnić nieruchomość od hipoteki ⟨obciążenia hipotecznego⟩
  to pay off ⟨**redeem**⟩ **a** ~ spłacić dług hipoteczny
  to register a ~ wpisać hipotekę ⟨dług hipoteczny⟩
  to secure by ~ zabezpieczyć hipotecznie ⟨przez wpis hipoteki⟩

mortgage² *v* obciążyć hipoteką, zahipotekować, wpisać dług hipoteczny
  to ~ **a property** obciążyć nieruchomość hipoteką
mortgageable *adj* nadający się do obciążenia hipoteką ⟨hipotecznego⟩
  ~ **property** nieruchomość nadająca się do obciążenia hipoteką
mortgaged *adj* zahipotekowany, wpisany do hipoteki
  ~ **estate** majątek ziemski obciążony hipotecznie
  ~ **house** dom obciążony hipotecznie
  ~ **property** nieruchomość obciążona hipotecznie
  ~ **ship** statek obciążony hipoteką
mortgagee *s* wierzyciel hipoteczny, hipotekariusz
mortgager, mortgagor *s* dłużnik hipoteczny
mortis causa *adv łac.* na wypadek śmierci
  donatio ~ *łac.* darowizna na wypadek śmierci
mortmain *s* **1.** martwa ręka **2.** dobra martwej ręki (*nieruchomości należące do Kościoła, związków religijnych, korporacji itp.*)
mortuary *s* kostnica, dom pogrzebowy
most-favoured *adj* : ~ **nation clause** klauzula największego uprzywilejowania (*państwa*)
  ~ **nation treatment** kraj traktowany z najwyższym uprzywilejowaniem
mother *s* matka
  (the) ~ **country** kraj ojczysty ⟨macierzysty⟩
  ~ **house** centrala firmy, firma macierzysta
  ~ **'s help** pomoc domowa ⟨opiekunka⟩ do dziecka
  ~ **ship** statek-baza
  on the ~ **'s side** ze strony matki
  unmarried ~ niezamężna matka
mother-in-law *s* (*pl* **mothers-in-law**) teściowa, świekra
motherland *s* ojczyzna, kraj ojczysty ⟨macierzysty⟩
motion *s* **1.** ruch **2.** wniosek **3.** prośba
  ~ **for adjournment** wniosek o odroczenie
  ~ **for arrest** wniosek o aresztowanie
  ~ **for judgment** prośba o wydanie wyroku (*na korzyść proszącego*)
  to adopt a ~ przyjąć ⟨uchwalić⟩ wniosek
  to bring ⟨**forward**⟩ **a** ~ przedstawić wniosek (**for sth** w sprawie czegoś)
  to carry a ~ przeprowadzić wniosek
  to defeat a ~ obalić wniosek
  to file a ~ wystąpić z wnioskiem, przedstawić ⟨złożyć⟩ wniosek
  to put a ~ **to the vote** poddać wniosek pod głosowanie
  to put ⟨**set**⟩ **in** ~ puścić w ruch, uruchomić
  to reject a ~ odrzucić wniosek
  to speak for ⟨**against**⟩ **the** ~ przemawiać za wnioskiem ⟨przeciwko wnioskowi⟩
  to support the ~ popierać wniosek
  to table a ~ zgłosić wniosek
motivate *v* **1.** motywować, uzasadniać **2.** stanowić uzasadnienie, być motywem
motive *s* motyw, pobudka
  buying ~ **s** pobudki kupna
  profit ~ motyw zysku
  to act from personal ~ **s** działać z pobudek osobistych
motor *s* **1.** motor, silnik **2.** samochód **3.** motocykl **4.** siła poruszająca
  ~ **boat** łódź motorowa
  ~ **car** *bryt.* samochód, auto, automobil
  ~ **cycle** motocykl
  ~ **scooter** skuter

~ **industry** ⟨**trade**⟩ przemysł samochodowy
~ **ship** ⟨**vessel**⟩ statek motorowy
~ **transportation** transport samochodowy
~ **vehicle** pojazd mechaniczny
motorable *adj* (*o drodze*) przejezdny, zdatny do ruchu
motorization *s* motoryzacja
motorize *v* motoryzować
mountebank *s* szarlatan
movable *adj* **1.** ruchomy **2.** przenośny
  ~ **estate** ruchomości stanowiące własność osobistą
  ~ **goods** ruchomości
  ~ **property** majątek ruchomy, własność ruchoma
movables *spl* ruchomości
  ~ **and immovables** ruchomości i nieruchomości
  seisure of ~ zajęcie ruchomości
move¹ *s* **1.** ruch **2.** posunięcie, krok **3.** przeprowadzka, zmiana miejsca zamieszkania
move² *v* **1.** poruszać (się), posuwać (się) **2.** stawiać wniosek, proponować, wnosić **3.** przeprowadzać się **4.** (*o towarze*) mieć zbyt **5.** wzruszać
  to ~ **an amendment** wnieść poprawkę
  to ~ **a motion** proponować wniosek
  to ~ **a resolution** przedstawić rezolucję
movement *s* ruch
  ~ **of capital** ruch kapitału
  ~ **of goods** ⟨**freight**⟩ ruch towarów
  bull ~ tendencja zwyżkowa, hossa giełdowa
  capital ~ ruch kapitału
  cyclical ~ **s** ruch cykliczny
  downward ~ obniżka ⟨spadek⟩ (*cen*)
  population ~ ruch ludności, migracja
  revolutionary ~ ruch rewolucyjny
  underground ~ ruch podziemny
  upward ~ podwyżka ⟨wzrost⟩ (*cen*)
mover *s* **1.** wnioskodawca **2.** inicjator **3.** ekspedytor, spedytor (*mebli*)
mulct¹ *s* grzywna
mulct² *v* **1.** karać grzywną **2.** pozbawiać za karę (**of sth** czegoś)
multifarious *adj* wieloraki, różnorodny
  ~ **business** różnorodne interesy
multifariousness *s* nieprawidłowe łączenie różnych roszczeń w jednym pozwie
multilateral *adj* wielostronny
  ~ **agreement** ⟨**treaty**⟩ wielostronny układ ⟨traktat⟩
  ~ **diplomacy** wielostronne zabiegi dyplomatyczne
  ~ **trade** wielostronny handel
multinational *adj* wielonarodowy
  ~ **company** wielonarodowa spółka
  ~ **nuclear force** wielonarodowe siły nuklearne
multipartite *adj* wielostronny
  ~ **agreement** wielostronne porozumienie, wielostronny układ
multiple *adj* **1.** wieloraki, różnorodny, złożony **2.** wielokrotny **3.** (*o sklepie*) wielobranżowy
  ~ **delivery contract** umowa o dostawy sukcesywne
  ~ **firm** firma posiadająca sieć sklepów
  ~ **insurance** ubezpieczenie wielokrotne
  ~ **rates of exchange** różność ⟨różnorodność⟩ kursów walutowych
  ~ **shop** ⟨*am.* **store**⟩ sklep firmy posiadającej sieć sklepów
  ~ **tariff** wieloklasowa taryfa celna
  ~ **taxation** wielokrotne opodatkowanie
multiply *v* **1.** mnożyć **2.** pomnażać **3.** rozmnażać (się)

multiracial *adj* wielorasowy
~ **country** kraj wielorasowy
municipal *adj* **1.** miejski, komunalny **2.** samorządowy
~ **authorities** władze miejskie
~ **bond** obligacje korporacji samorządowych
~ **budget** budżet miejski
~ **corporation** korporacja samorządowa, gmina miejska
~ **court** *am.* sąd miejski *(pierwszej instancji)*
~ **election** wybory do władz miejskich ⟨samorządowych⟩
~ **law** prawo państwowe wewnątrzkrajowe ⟨wewnętrzne⟩ *(w odróżnieniu od międzynarodowego)*
~ **official** ⟨**officer**⟩ urzędnik miejski
~ **ordinance** rozporządzenie ⟨zarządzenie⟩ władz miejskich
~ **rates** ⟨**taxes**⟩ podatki miejskie ⟨samorządowe⟩
~ **services** ⟨*am.* **utilities**⟩ miejskie przedsiębiorstwa użyteczności publicznej
municipality *s* **1.** gmina miejska **2.** zarząd miejski
municipalize *v* oddawać ⟨brać⟩ pod zarząd ⟨władzę⟩ miasta
muniments *spl* dokumenty stanowiące dowód praw ⟨przywilejów⟩
~ **of title** dowody tytułu własności *(zwłaszcza nieruchomości)*
murder[1] *s* morderstwo, mord, zabójstwo
~ **by poisoning** zabójstwo przez otrucie
~ **in the first** ⟨**second**⟩ **degree** zabójstwo pierwszego ⟨drugiego⟩ stopnia
~ **with robbery** morderstwo rabunkowe
attempted ~ usiłowanie zabójstwa
capital ~ morderstwo karane śmiercią
premeditated ⟨**wilful**⟩ ~ zabójstwo z premedytacją
strangulation ~ zabójstwo przez uduszenie
to commit a ~ popełnić morderstwo
murder[2] *v* zamordować
murderer *s* morderca
murderess *s* morderczyni
murderous *adj* morderczy, zabójczy
~ **blow** morderczy cios
~ **weapon** mordercza broń
with ~ **intent** z zamiarem zabójstwa
muster[1] *s* **1.** zbiórka, apel, przegląd **2.** wzór, próbka
~ **roll** lista załogi *(statku)*
muster[2] *v* **1.** zamustrować *(załogę statku)* **2.** odbywać przegląd
mutatis mutandis *łac.* z potrzebnymi zmianami, uwzględniając istniejące różnice
mute[1] *s* **1.** niemowa **2.** oskarżony odmawiający zeznań
mute[2] *adj* niemy
to stand ~ **of malice** *(o oskarżonym)* odmawiać zeznań
mutilate *v* zniekształcać, kaleczyć
to ~ **the text** zniekształcić tekst
mutilation *s* okaleczenie

mutineer *s* buntownik
mutinous *adj* buntowniczy, zbuntowany
~ **assembly** buntownicze zgromadzenie
~ **practice** buntowniczy postępek
~ **purpose** buntowniczy cel
mutiny[1] *s* bunt, powstanie
Mutiny Act *bryt. hist.* coroczny akt Parlamentu w sprawie dyscypliny w armii i marynarce
mutiny[2] *v* buntować się, wszczynać bunt
mutual *adj* **1.** wzajemny, obustronny, obopólny **2.** wspólny
~ **advantage** wzajemna ⟨obustronna⟩ korzyść
~ **agreement** obopólne porozumienie
~ **aid** wzajemna pomoc
~ **allowances** obustronna bonifikata, wzajemne rabaty
~ **and independent covenants** niezależne wzajemne obowiązki umowne
~ **assent** obopólna zgoda
~ **assistance** wzajemna pomoc
~ **benefit** wzajemna ⟨obustronna⟩ korzyść
~ **claim** roszczenie wzajemne
~ **combat** bójka
~ **conditions** wzajemne warunki
~ **consent** wzajemna ⟨obopólna⟩ zgoda
~ **consideration** świadczenie wzajemne
~ **contract** obustronna umowa
~ **credit** wzajemny kredyt
~ **guarantee** wzajemna gwarancja
~ **indebtedness** wzajemne zadłużenie
~ **insurance** ubezpieczenie wzajemne
~ **insurance** ⟨**assurance**⟩ **company** towarzystwo ubezpieczeń wzajemnych
~ **loan society** wzajemne towarzystwo kredytowe
~ **non-aggression** wzajemna nieagresja
~ **reduction of armed forces** wzajemna redukcja sił zbrojnych
~ **relations** wzajemne stosunki
~ **respect** wzajemny szacunek
~ **savings bank** wspólna kasa oszczędności
~ **testament** wspólny testament *(małżonków)*
~ **understanding** wzajemne zrozumienie
by ~ **consent** za obopólną zgodą
on ~ **terms** na zasadzie wzajemności
mutuality *s* wzajemność
mutually *adv* **1.** wzajemnie, obustronnie, obopólnie **2.** wspólnie
~ **advantageous trade** wzajemnie korzystny handel
~ **agreed** wspólnie uzgodniony
~ **binding** wzajemnie ⟨obustronnie⟩ wiążący ⟨obowiązujący⟩
mutuant *s* *(wierzyciel)* pożyczający w naturze
mutuary *s* *(dłużnik)* biorący pożyczkę w naturze
mutuum *s* *łac.* pożyczka w naturze
mystification *s* mistyfikacja, wprowadzenie w błąd
mystify *v* **1.** wykorzystywać czyjąś łatwowierność **2.** wprowadzać w błąd, mistyfikować

N

nail *s*: **to pay on the** ~ zapłacić natychmiast ⟨gotów-ką⟩

naked *adj* **1.** odkryty, nie osłonięty, goły, nagi **2.** gołosłowny, nie poparty niczym **3.** niekompletny, niezupełny **4.** nie obwarowany zastrzeżeniami czy warunkami

~ **assertion** gołosłowne zapewnienie

~ **bailment** nieodpłatne przechowanie

~ **confession** gołosłowne przyznanie się do winy (*nie znajdujące oparcia w dowodach*)

~ **contract** umowa nie posiadająca mocy prawnej

~ **debenture** zobowiązanie nie zabezpieczone

~ **deposit** nieodpłatny depozyt

~ **facts** gołe ⟨nagie⟩ fakty

~ **possession** faktyczne posiadanie ⟨władanie⟩ bez jakiejkolwiek podstawy prawnej ⟨bez jakiegokolwiek tytułu prawnego⟩

~ **promise** gołosłowne przyrzeczenie

~ **title** goły tytuł (*własności – bez posiadania*)

~ **trust** pasywne powiernictwo (*nie połączone z zarządzaniem majątkiem*)

~ **truth** goła ⟨czysta⟩ prawda

name[1] *s* **1.** imię, miano, nazwisko, nazwa **2.** reputacja

~ **day** *giełd.* termin rozliczeniowy

~ **of account** nazwa ⟨oznaczenie⟩ konta ⟨rachunku⟩

~ **of the company** nazwa towarzystwa ⟨spółki⟩

~ **of the payee** nazwisko beneficjenta

assumed ~ przyjęte nazwisko, pseudonim

brand ~ nazwa firmowa (*towaru*)

business ⟨**firm**⟩ ~ nazwa firmy

change of ~ zmiana nazwy ⟨nazwiska⟩

code ~ nazwa kodowa

false ~ fałszywe nazwisko

family ~ nazwisko rodowe

fictitious ~ fikcyjna nazwa, fikcyjne nazwisko

first ~ imię

full ~ imię i nazwisko

in the ~ **of sb, sth** w imieniu kogoś, czegoś

in the ~ **of the law** w imieniu prawa

in one's own ~ a) we własnym imieniu b) samodzielnie

last ~ nazwisko

list of ~**s** wykaz imienny, lista imienna

maiden ~ panieńskie nazwisko

pen ~ pseudonim literacki

proprietary ~ (*zastrzeżona*) nazwa firmowa

trade ~ firma, nazwa firmy

under the ~ pod nazwą ⟨firmą⟩

to act in one's own ~ działać we własnym imieniu

to adopt a ~ przybrać nazwę

to bear a ~ nosić nazwę

to call sb ~**s** wyzywać ⟨przezywać⟩ kogoś

to have a good ⟨**ill**⟩ ~ mieć dobrą ⟨złą⟩ reputację

to have to one's ~ mieć, posiadać

to lend one's ~ **to** ... udzielić swego poparcia ... (*np. firmie*)

to put one's ~ **down for** ... a) zapisać się na ... b) zgłosić swoją kandydaturę na ...

to put one's ~ **to sth** złożyć podpis na czymś

name[2] *v* **1.** nazywać, nadawać nazwę **2.** oznaczać, określać, wymieniać **3.** mianować **4.** *bryt.* wymieniać z nazwiska ⟨ganić⟩ (*członka Parlamentu*)

to ~ **the day** wyznaczyć dzień ślubu

to ~ **one's price** podać swoją cenę

to ~ **sb to an office** wyznaczyć kogoś na stanowisko

named *adj* (wyżej) wymieniony, oznaczony

~ **brand** określona marka towaru

~ **policy** *ub. mors.* polisa imienna (*z nazwą statku*)

on ~ **terms** na oznaczonych ⟨sprecyzowanych⟩ warunkach

nameless *adj* **1.** bezimienny, nieznany, anonimowy **2.** niesłychany, ohydny

namely *adv* mianowicie

namesake *s* imiennik

Nansen certificate ⟨**passport**⟩ *s hist.* paszport nansenowski (*wydawany przez Ligę Narodów osobom nie posiadającym żadnego obywatelstwa*)

narcotic *s* narkotyk

nark *s bryt. sl.* szpicel, informator (*policji*)

narrative *s* narracja (*część wstępna do umowy międzynarodowej*)

narrow[1] *adj* **1.** wąski, ograniczony **2.** dokładny, staranny **3.** ścisły, szczegółowy

~ **bed** ⟨**cell, house**⟩ grób

~ **circumstances** ograniczone warunki (*finansowe*), trudne położenie (*materialne*), ubóstwo

~ **escape** ucieczka w ostatniej chwili, uniknięcie nieszczęścia o włos

~ **examination** dokładne ⟨szczegółowe⟩ zbadanie

~ **gauge** wąski tor

~ **limits** ścisłe ograniczenia

~ **majority** nieznaczna większość

~ **margin (of profits)** niska marża (*zysku*)

~ **market** wąski rynek zbytu, ograniczony ⟨słaby⟩ zbyt

~ **means** ograniczone środki

~ **seas** *bryt.* Kanał La Manche i Morze Irlandzkie

in ~ **bounds** w wąskich ramach

narrow[2] *v* zwężać (się), zmniejszać (się), kurczyć (się)

nasciturus *s łac.* poczęte, ale jeszcze nie narodzone dziecko

natality *s stat.* **1.** współczynnik urodzeń **2.** przyrost naturalny

~ **rate** współczynnik przyrostu naturalnego

~ **statistics** statystyka urodzeń

nation *s* **1.** naród **2.** kraj, państwo

creditor ~ kraj wierzycielski

debtor ~ kraj dłużniczy

Law of ~**s** prawo narodów ⟨międzynarodowe⟩

member ~ kraj członkowski

seafaring ~ kraj żeglarski ⟨morski⟩

United Nations Organization (*skr.* **UNO**) Organizacja Narodów Zjednoczonych (*skr.* ONZ)

national[1] *s* obywatel (*danego państwa*)

national[2] *adj* **1.** narodowy **2.** państwowy **3.** publiczny

~ **accounts** sprawozdanie o wykonaniu budżetu państwa

~ **affairs** sprawy państwowe ⟨publiczne⟩

~ **anthem** hymn narodowy
~ **assembly** zgromadzenie narodowe
~ **assets** majątek narodowy, mienie narodowe
~ **attachment** ⟨status⟩ narodowość, przynależność narodowa
~ **bank** am. bank stanowy
~ **budget** budżet państwa
~ **colours** kolory narodowe
~ **convention** am. konwencja partii (*mianująca kandydata na prezydenta*)
~ **court** am. sąd federalny
~ **currency** waluta państwowa ⟨krajowa⟩
~ **day** święto narodowe ⟨państwowe⟩
~ **debt** dług państwowy
~ **defence** obrona narodowa
~ **democracy** demokracja ludowa
~ **dividend** dochód narodowy
~ **domain** ⟨property⟩ własność państwowa ⟨ogólnonarodowa⟩
~ **domicile** domicyl państwowy
~ **economic plan** plan gospodarki narodowej
~ **economy** gospodarka narodowa
~ **emblem** godło państwowe
~ **expenditure** wydatki państwowe
~ **government** a) rząd narodowy b) am. rząd federalny
National Guard am. gwardia narodowa, ochotnicza rezerwa (*stanowa*)
National Health Service bryt. państwowa służba zdrowia (*od 1948 r.*)
~ **holiday** święto państwowe ⟨ogólnokrajowe⟩
~ **income** dochód narodowy
~ **independence** niezależność państwowa
National Insurance bryt. (podatek na) ubezpieczenia społeczne
~ **interests** interesy państwowe
~ **law** prawo krajowe
~ **liberation movement** ruch narodowowyzwoleńczy
~ **loan** pożyczka państwowa ⟨krajowa⟩
~ **minority** mniejszość narodowa
~ **park** park narodowy
~ **price level** poziom cen krajowych ⟨wewnętrznych⟩
~ **product** produkt globalny (państwa)
~ **revenue** wpływy skarbowe (państwa)
~ **security** bezpieczeństwo narodowe
~ **service** bryt. służba wojskowa
National Socialist narodowy socjalista (*w Niemczech 1933–45 r.*)
~ **sovereignty** niezawisłość państwowa
National Trust bryt. stowarzyszenie (dla) ochrony zabytków
~ **waters** wody państwowe
~ **wealth** bogactwo narodowe
nationalism s nacjonalizm
nationalist s nacjonalista
nationality s przynależność państwowa, obywatelstwo
double ⟨dual⟩ ~ podwójne obywatelstwo
ethnic ~ przynależność etniczna
legal ~ prawna przynależność państwowa
loss of ~ utrata obywatelstwa
nationalization s 1. upaństwowienie, nacjonalizacja 2. naturalizacja, nadanie obywatelstwa
to effect ~ **of industry** upaństwowić przemysł

nationalize v 1. upaństwowiać, nacjonalizować 2. naturalizować, nadawać obywatelstwo (**sb** komuś)
nationalized adj : ~ **industry** przemysł upaństwowiony
nationhood s 1. status państwowy 2. narodowość, przynależność narodowa 3. status narodowy (*obywatela*)
nation-wide adj 1. ogólnokrajowy, ogólnopaństwowy 2. ogólnonarodowy
~ **vote** ogólnonarodowe głosowanie
native[1] s 1. tubylec, krajowiec 2. autochton
~ **of** ... osoba urodzona w ...
to go ~ zasymilować się
native[2] adj 1. rodzimy, ojczysty 2. krajowy, miejscowy, tubylczy 3. naturalny, samorodny 4. wrodzony, przyrodzony
~ **country** ⟨land⟩ kraj urodzenia ⟨rodzinny⟩, ojczyzna
~ **industry** przemysł miejscowy ⟨tubylczy⟩
~ **language** język ojczysty
~ **market** rynek krajowy ⟨wewnętrzny⟩
~ **place** miejsce urodzenia
~ **population** tubylcza ludność
~ **speaker** osoba mówiąca od urodzenia danym językiem
~ **town** miasto rodzinne
native-born adj tubylczy
natural adj 1. naturalny, przyrodzony 2. prawdziwy, oczywisty 3. normalny, zwykły 4. przyrodniczy 5. (o dziecku) nieślubny, naturalny
~ **affection** naturalne uczucie rodzinne (*np. jako motyw darowizny*)
~ **allegiance** obowiązek wierności wynikający a) bryt. z urodzenia b) am. również z tytułu naturalizacji
~ **boundary** naturalna granica
~ **brother** przyrodni brat
~ **calamity** klęska żywiołowa
~ **causes** naturalne przyczyny
~ **child** nieślubne ⟨pozamałżeńskie⟩ dziecko
~ **childbirth** poród naturalny
~ **cognation** pokrewieństwo
~ **consequence of an act** naturalne konsekwencje czynu
~ **death** naturalna śmierć
~ **decay** zepsucie (*produktów*) z naturalnych przyczyn
~ **disaster** klęska żywiołowa
~ **disparities** naturalne różnice
~ **domicile** domicyl wynikający z pochodzenia
~ **food** żywność naturalna (*bez środków konserwujących itp.*), żywność zdrowa
~ **guardian** naturalny opiekun (*np. ojciec, matka*)
~ **harbour** port naturalny
~ **heir** naturalny spadkobierca ⟨dziedzic⟩ (*zstępny w linii prostej*)
~ **increase** przyrost naturalny
~ **interruption** przerwa zasiedzenia na skutek działania strony
~ **justice** naturalne ⟨przyrodzone⟩ poczucie sprawiedliwości
~ **language** język naturalny (*w odróżnieniu od komputerowego*)
~ **law** prawo natury, prawo przyrodzone
~ **loss** ⟨wastage⟩ ubytek naturalny ⟨normalny⟩
~ **obligation** zobowiązanie naturalne

~ **person** osoba fizyczna
~ **preserve** rezerwat przyrody
~ **price** normalna cena
~ **resources** bogactwa naturalne
~ **rights** podstawowe prawa
~ **selection** dobór naturalny, selekcja naturalna
~ **sister** przyrodnia siostra
~ **succession** dziedziczenie naturalne (*między osobami fizycznymi*)
~ **tendency** naturalna skłonność
~ **weight** naturalna waga (*zboża*)
natural-born *adj* : ~ **subject** osoba posiadająca obywatelstwo z tytułu urodzenia
naturalization *s* naturalizacja
~ **certificate** świadectwo naturalizacji (nadania obywatelstwa)
~ **papers** dokumenty o nadaniu obywatelstwa (naturalizacji)
collective ~ zbiorowa naturalizacja
to apply for ~ ubiegać się o nadanie obywatelstwa
naturalize *v* nadawać obywatelstwo, naturalizować (się)
naturalized *adj* : ~ **alien** naturalizowany cudzoziemiec
~ **citizen** naturalizowany obywatel
~ **name** imię (nazwisko) noszone w wyniku naturalizacji
nature *s* 1. charakter, natura, właściwość 2. przyroda, natura
~ **of cargo** charakter (rodzaj) ładunku
~ **of damage** rodzaj szkody
~ **of data** charakter danych
by ~ z natury, z usposobienia
in the course of ~ naturalnym porządkiem rzeczy
perils of forces of ~ *ub. mors.* niebezpieczeństwa wynikające z sił natury
state of ~ stan naturalny (przyrodzony)
nautical *adj* morski, żeglarski, marynarski
~ **almanac** rocznik morski
~ **chart** mapa morska
~ **custom** zwyczaj morski
~ **mile** mila morska
~ **term** termin morski (marynarski)
naval *adj* 1. morski 2. okrętowy 3. dotyczący marynarki wojennej
~ **academy** wyższa szkoła morska
~ **architecture** (**construction**) budowa okrętów
Naval Attaché attaché morski
~ **base** baza morska
~ **certificate** = navicert
~ **court** *bryt.* sąd morski
~ **law** prawo morskie
~ **officer** oficer marynarki wojennej
~ **prize law** morskie prawo pryzy
~ **register** rejestr statków
~ **stores** a) wyposażenie (zaopatrzenie) okrętowe b) składy marynarki wojennej
~ **warfare** wojna morska
navicert *s* świadectwo morskie (*dokument stwierdzający, że statek przewozi legalnie towary do portu neutralnego*)
~ **system** system morskich świadectw
navigable *adj* 1. żeglowny, spławny 2. nadający się do żeglugi 3. (*o balonie*) sterowny
~ **river** rzeka żeglowna
~ **ship** statek nadający się (zdatny) do żeglugi

~ **waters** wody żeglowne
in ~ **condition** w stanie nadającym się (zdatny) do żeglugi
navigate *v* 1. żeglować, pływać 2. kierować statkiem
navigating *s* żegluga
incapable of ~ (*o statku*) niezdolny do żeglugi
navigation *s* 1. nawigacja 2. żegluga
~ **acts** *bryt. hist.* ustawy popierające żeglugę i handel brytyjskich linii okrętowych
~ **agreement** konwencja morska
~ **certificate** = navicert
~ **company** spółka morska
~ **dues** opłaty nawigacyjne
~ **law** prawo morskie
~ **lights** światła pozycyjne (*samolotu*)
~ **limits** *ub. mors.* zasięg pływania statku
~ **risk** ryzyko związane z przewozem morskim
~ **route** trasa morska
~ **season** sezon żeglugowy
~ **subsidy** subsydium żeglugowe (eksploatacyjne), premia eksploatacyjna
aids to ~ urządzenia (przyrządy) nawigacyjne
closed to ~ zamknięty dla żeglugi
coastal (**coasting**, **coastwise**) ~ żegluga przybrzeżna (kabotażowa)
deep-sea ~ żegluga wielka (dalekomorska)
error in (**of**) ~ błąd w nawigacji
faulty ~ wadliwa nawigacja
freedom of ~ wolność żeglugi
home-trade (**inshore**) ~ żegluga przybrzeżna (kabotażowa)
inland (**inside**, **internal**) ~ żegluga śródlądowa
maritime ~ żegluga morska
ocean ~ żegluga oceaniczna
open for ~ otwarty (dostępny) dla żeglugi
river ~ żegluga rzeczna
safety of ~ bezpieczeństwo żeglugi
tramp ~ żegluga trampowa (nieregularna)
navy *s* marynarka (flota) wojenna
Navy Department *am.* ministerstwo marynarki wojennej
Navy List *bryt.* spis oficerów marynarki wojennej
nay *s* 1. odpowiedź odmowna 2. sprzeciw w głosowaniu
to say ~ odmówić
Nazi *s* nazista, narodowy socjalista (*niemiecki*)
~ **crimes** zbrodnie hitlerowskie
Nazizm *s* nazizm, faszyzm niemiecki
né *adj fr.* (*o mężczyźnie*) urodzony (**Lord Beaconsfield né Benjamin Disraeli** Lord Beaconsfield urodzony jako Beniamin Disraeli)
near *adj* 1. bliski, niedaleki 2. (*o części zwierzęcia, pojazdu*) lewy
~ **delivery** dostawa w krótkim terminie
Near East Bliski Wschód
~ **relation** a) bliski krewny b) bliskie pokrewieństwo
~ **resemblance** duże podobieństwo
~ **work** precyzyjna robota (*wymagająca przyglądania się z bliska*)
nearly *adv* blisko
~ **related** blisko spokrewniony
not ~ wcale nie, ani trochę
necessarities *spl* 1. potrzeby życiowe 2. artykuły pierwszej potrzeby
necessary *adj* konieczny, nieodzowny, niezbędny

~ and proper clause *am.* klauzula konstytucji o prawie wydawania niezbędnych ustaw (*przez Kongres i inne władze*)
~ and voluntary absence celowe niejawienie się (*w sądzie*)
~ arrangements niezbędne przygotowania ⟨kroki⟩
~ condition nieodzowny warunek
~ damages wszelkie wynikłe straty ⟨szkody⟩ (*nie tylko pieniężne*)
~ domicile prawne miejsce zamieszkania
~ evil zło konieczne
~ implication nieuniknione następstwo, nieodzowny skutek
~ validity of a treaty konstytucyjność międzynarodowego układu
to consider ⟨**judge**⟩ **~** uznać za konieczne
to take the ~ steps przedsięwziąć niezbędne kroki
necessitate *v* czynić niezbędnym, wymagać, narzucać potrzebę, stwarzać konieczność (**sth** czegoś)
necessity *s* **1.** konieczność, przymusowa sytuacja **2.** niezbędna potrzeba **3.** niedostatek
agent of ~ osoba prowadząca ⟨załatwiająca⟩ cudze sprawy bez zlecenia
article of first ⟨**prime**⟩ **~** artykuł pierwszej potrzeby
in case of ~ w razie konieczności
marriage of ~ małżeństwo z konieczności
port of ~ port schronienia
way of ~ droga konieczna
to be under the ~ of doing sth być zmuszonym do zrobienia czegoś
neck *s* szyja
~ and ~ (*w wyścigu*) łeb w łeb
~ or nothing wszystko albo nic, za wszelką cenę
~ verse *hist.* cytat z Biblii, którego znajomość uprawniała więźnia do korzystania z przywileju duchownego (*ratując mu życie*)
to risk one's ~ uratować skórę, wyratować się
necrophilia, necrophilism *s* nekrofilia
necropsy, necroscopy *s* autopsja, sekcja zwłok
née, *am.* nee *adj fr.* (*przy nazwisku kobiety*) z domu, urodzona
need¹ *s* **1.** potrzeba **2.** bieda, niedostatek **3.** *pl* **needs** potrzeby, wymagania
~s test dochodzenie mające na celu ustalenie stanu majątkowego osoby ubiegającej się o pomoc państwa
address in case of ~ adres w potrzebie (*na wekslu*)
in case of ~ w razie potrzeby
present ~s bieżące potrzeby
referee in case of ~ adresat wekslowy w potrzebie
social ~s potrzeby społeczne
urgent ~ pilna ⟨nagląca⟩ potrzeba
to be in ~ znajdować się w potrzebie ⟨biedzie⟩
to have ~ of sth potrzebować czegoś
to meet the ~s zaspokajać potrzeby
to supply ⟨**cover**⟩ **sb's ~s** zaspokajać czyjeś potrzeby, troszczyć się o czyjeś potrzeby
need² *v* potrzebować, wymagać
needful *adj* potrzebny, niezbędny
~ equipment niezbędne wyposażenie
to do the ~ uczynić to, co niezbędne
needless *adj* niepotrzebny, zbędny, zbyteczny
~ cruelty niepotrzebne ⟨bezmyślne⟩ okrucieństwo
~ work niepotrzebna ⟨zbędna⟩ praca
~ to say nie trzeba dodawać (że ...)

needy *adj* potrzebujący, (będący) w biedzie ⟨niedostatku⟩
in ~ circumstances w biedzie, w potrzebie
nefarious *adj* **1.** nikczemny, niegodziwy **2.** bezprawny
~ practices niegodziwe praktyki
nefariousness *s* łotrostwo, niegodziwość
negate *v* negować, kwestionować, zaprzeczać (**sth** czemuś)
to ~ a fact zaprzeczać faktowi
to ~ a statement zaprzeczyć oświadczeniu, wykazać nieprawdziwość oświadczenia
negation *s* zaprzeczenie (**of sth** czemuś), negacja
negative¹ *s* **1.** zaprzeczenie, przeczenie **2.** wartość ujemna **3.** prawo weta **4.** negatyw
to answer in the ~ udzielić odmownej odpowiedzi
negative² *adj* **1.** przeczący, odmowny **2.** negatywny, ujemny **3.** (*o prawie*) zakazujący **4.** (*o głosie*) przeciwny
~ act ⟨**statute**⟩ ustawa zakazująca (*czegoś*)
~ answer odpowiedź odmowna
~ attitude negatywny stosunek
~ balance ujemne saldo
~ condition warunek negatywny
~ covenant umowa przewidująca nieczynienie czegoś
~ criticism negatywna ⟨niekonstruktywna⟩ krytyka
~ evidence dowód negatywny (*że zarzucana okoliczność nie miała miejsca*)
~ income tax *am.* dodatek dla rodzin o najniższych dochodach
~ investment economy gospodarka dezinwestycyjna
~ plea zarzut oparty na zaprzeczeniu faktów podanych w pozwie
~ pregnant zaprzeczenie zawierające w sobie przyznanie
~ proof dowód z przeciwieństwa
~ vote *a)* prawo weta *b)* głos sprzeciwu, sprzeciw
negative³ *v* **1.** sprzeciwiać się, nie zgadzać się **2.** odrzucać **3.** zaprzeczać **4.** neutralizować (*np. skutek*)
to ~ the effects of sth zneutralizować skutki czegoś
to ~ a statement zaprzeczać stwierdzeniu
negatory *adj* **1.** przeczący **2.** odmowny
neglect¹ *s* **1.** niedbalstwo, zaniedbanie **2.** lekceważenie, nieuszanowanie
~ of children zaniedbanie dzieci, niespełnianie obowiązków wobec dzieci
~ of duty niespełnianie ⟨zaniedbanie⟩ obowiązku ⟨obowiązków⟩
~ of official duty zaniedbanie obowiązku służbowego
~ of precaution zaniedbanie środków ostrożności
~ to provide maintenance zaniedbanie ⟨niespełnianie⟩ obowiązków alimentacyjnych
neglect² *v* **1.** zaniedbywać **2.** lekceważyć, pomijać, nie uszanować **3.** zapomnieć (**to do sth** coś zrobić)
to ~ one's family zaniedbywać rodzinę
neglected *adj* zaniedbany
~ article mało poszukiwany towar
~ minor zaniedbany ⟨pozbawiony właściwej pieczy⟩ małoletni
neglectful *adj* niedbały

to be ~ **of sth** ⟨**of doing sth**⟩ zaniedbać coś ⟨zrobienia czegoś⟩
negligence *s* niedbalstwo, zaniedbanie, brak staranności
~ **clause** klauzula o zaniedbaniu ⟨ekskulpacyjna⟩
~ **collision** zderzenie statków wskutek niedbalstwa
~ **per se** brak ⟨zaniedbanie⟩ zwykłej staranności
contributory ~ wspólne zaniedbanie
criminal ~ zbrodnicze zaniedbanie
culpable ~ karygodne zaniedbanie
gross ~ rażące zaniedbanie
professional ~ zaniedbanie obowiązków służbowych
slight ~ niewielkie zaniedbanie
through ~ na skutek zaniedbania
negligent *adj* niedbały, niestaranny
~ **escape** ucieczka (*więźnia*) na skutek niedbalstwa (*strażnika*)
~ **ignorance of the fact** nieznajomość faktu na skutek niedbalstwa
~ **of one's duties** niesumienny w wykonywaniu obowiązków
~ **stowage** niedbałe sztauowanie
negligently *adv* niedbale, niesumiennie
~ **done** (*o akcie, dokumencie*) niedbale sporządzony
negligible *adj* niegodny uwagi, bez znaczenia, nie wchodzący w rachubę
negotiability *s* zbywalność, przenoszalność, zdatność do obiegu
negotiable *adj* zbywalny, przenoszalny, nadający się do obiegu
~ **bill** ⟨**draft, paper**⟩ weksel nadający się do dyskonta
~ **bill of lading** konosament przenoszalny ⟨zbywalny⟩
~ **copy** przenoszalny ⟨zbywalny⟩ egzemplarz
~ **document** ⟨**instrument**⟩ przenoszalny papier handlowy, dokument nadający się do obrotu
~ **instrument of title** dokument przenoszący własność
~ **securities** przenoszalne cenne walory ⟨papiery wartościowe⟩
~ **stocks** zbywalne akcje
negotiate *v* 1. rokować, pertraktować (**with sb** z kimś) 2. dyskontować, negocjować, puszczać w obieg, upłynniać 3. załatwiać w drodze rokowań 4. przedkładać do wypłaty, realizować (*np. czek*)
to ~ **about wages** pertraktować w sprawach uposażeń
to ~ **a bill (of exchange)** dyskontować ⟨puszczać w obieg⟩ weksel
to ~ **a cheque** realizować czek
to ~ **a contract** zawrzeć umowę
to ~ **for a loan** pertraktować o pożyczkę
to ~ **a letter of credit** znegocjować ⟨otworzyć i zrealizować⟩ akredytywę
to ~ **a loan** uzyskać pożyczkę, zawrzeć umowę pożyczki
to ~ **a price** ustalić cenę w drodze rokowań, wynegocjować cenę
to ~ **a sale** dokonać sprzedaży
to ~ **tariff concession** wynegocjować ulgi taryfowe
to ~ **a treaty** zawrzeć układ, pertraktować w sprawie zawarcia układu

authority to ~ upoważnienie do rokowań ⟨pertraktacji⟩
negotiation *s* 1. rokowania, negocjacje, pertraktacje, pertraktowanie 2. realizacja, upłynnienie, dyskontowanie, puszczenie w obieg
~ **credit** upoważnienie banku do dyskonta traty dokumentowej
~ **of a bill** dyskontowanie weksla
~ **of a loan** pertraktowanie o pożyczkę
~ **of a treaty** negocjowanie układu
~ **s at the highest level** rokowania na najwyższym szczeblu
basis of ~ **s** podstawa rokowań
by (way ⟨**means**⟩ **of)** ~ **s** drogą rokowań
collective ~ **s** układy ⟨rokowania⟩ zbiorowe
course of ~ **s** przebieg rokowań
diplomatic ~ **s** rokowania dyplomatyczne
peace ~ **s** rokowania pokojowe
preliminary ~ **s** wstępne rokowania ⟨negocjacje⟩
tariff ~ **s** negocjacje ⟨układy⟩ celne
trade ~ **s** rokowania handlowe
under ~ **s** w trakcie rokowań
to be in ~ **with sb** prowadzić z kimś rokowania ⟨negocjacje⟩
to break off ~ **s** zerwać rokowania
to carry on ⟨**conduct**⟩ ~ **s** prowadzić rokowania
to enter into ⟨**open**⟩ ~ **s** wszcząć rokowania
to resume ~ **s** podjąć na nowo rokowania
to take up ~ **s** podjąć rokowania
negotiator *s* 1. negocjator 2. pośrednik 3. osoba prowadząca układy
negotiorum *łac.* : ~ **gestio** *łac.* prowadzenie ⟨załatwianie⟩ cudzych spraw bez zlecenia
~ **gestor** *łac.* osoba prowadząca ⟨załatwiająca⟩ cudze sprawy bez zlecenia
neighbour[1], *am.* **neighbor** *s* sąsiad
(the) ~ **states** sąsiednie państwa
Good Neighbor Policy *am.* polityka dobrego sąsiedztwa
neighbour[2], *am.* **neighbor** *v* 1. sąsiadować 2. (*o gruncie*) przytykać (**upon sth** do czegoś)
neighbourhood, *am.* **neighborhood** *s* 1. sąsiedztwo 2. okolica, rejon 3. sąsiedzi 4. bliskość, pobliże
in the ~ **of** w sąsiedztwie, w pobliżu (*czegoś*)
in the ~ **of £ 200** około 200 funtów
neighbouring, *am.* **neighboring** *adj* sąsiedni, sąsiadujący, ościenny
the ~ **countries** państwa ościenne
neighbourly, *am.* **neighborly** *adj* 1. sąsiedzki 2. przyjazny, życzliwy
good ~ **relations** dobrosąsiedzkie stosunki
nemine contradicente *łac.* (*skr.* **nem. con.**) bez sprzeciwu, jednogłośnie
nemo *s łac.* nikt
~ **agit in seipsum** *łac.* nikt nie może występować z procesem przeciwko sobie
~ **dat quod non habet** *łac.* nikt nie może dać więcej niż posiada
~ **debet bis puniri pro uno delicto** *łac.* nikt nie może być dwukrotnie karany za to samo przestępstwo
~ **debet esse judex in propria causa** *łac.* nikt nie może być sędzią we własnej sprawie
~ **est haeres viventis** *łac.* nikt nie jest spadkobiercą osoby żyjącej

~ **plus juris ad alium transferre potest, quam ipse haberet** *łac.* nikt nie może przenieść więcej praw aniżeli sam posiada

~ **tenetur se ipsum accusare** *łac.* nikt nie może być zmuszony do oskarżania samego siebie

neocolonialism *s* neokolonializm

nephew *s* siostrzeniec, bratanek

nepotism *s* nepotyzm, faworyzowanie krewnych

nervous *adj* nerwowy
~ **breakdown** załamanie nerwowe
~ **shock** szok nerwowy

net¹, nett *adj* netto, *(o zysku)* czysty
~ **amount** suma netto
~ **assets** aktywa netto
~ **avails** *a)* czysty dochód *b)* kwota wekslowa po odliczeniu dyskonta
~ **balance** nadwyżka netto, czyste saldo
~ **capacity** ładowność netto, nośność ładunkowa
~ **capital movement** saldo ruchu kapitałów
~ **cash** zapłata gotówką *(bez rabatu)*
~ **charter** czarter na warunkach netto
~ **cost** koszty netto
~ **freight** fracht netto
~ **income** czysty dochód
~ **lease** dzierżawa z obowiązkiem ponoszenia przez dzierżawcę wszystkich obciążeń
~ **liabilities** zobowiązania netto
~ **loss** czysta strata
~ **margin** marża netto
~ **national product** produkt globalny netto
~ **premium** premia netto *(przy ubezpieczeniu na życie)*
~ **price** cena netto
~ **proceeds** czysty dochód, dochód netto
~ **profit** czysty zysk
~ **receipts** ⟨**revenues**⟩ czysty dochód, czyste wpływy
~ **register tonnage** tonaż rejestrowy netto
~ **sales** obroty netto
~ **surplus** czysta nadwyżka
~ **terms** warunki czarterowe netto
~ **value** czysta wartość ładunku ubezpieczonego *(bez frachtu itp.)*
~ **values clause** *ub. mors.* klauzula wartości netto *(przy obliczaniu szkody)*
~ **weight** waga netto, ciężar bez opakowania
~ **worth** czysta wartość, wartość netto

net², nett *v* zarabiać, przynosić na czysto *(dochód)*

network *s* sieć, siatka
~ **of canals** sieć kanałów
broadcasting ~ sieć radiowa
espionage ⟨**intelligence**⟩ ~ siatka szpiegowska
distribution ~ sieć dystrybucji ⟨rozprowadzania⟩
railway ~ sieć kolejowa
retail trade ~ detaliczna sieć handlowa
road ~ sieć drogowa

neurasthenia *s med.* neurastenia

neurasthenic *s* neurastenik

neurotic *adj* neurotyczny, nerwicowy
~ **criminal** znerwicowany ⟨histeryczny⟩ przestępca

neutral¹ *s* **1.** państwo neutralne **2.** osoba neutralna **3.** obywatel państwa neutralnego

neutral² *adj* neutralny
~ **country** państwo neutralne
~ **nations** narody neutralne
~ **port** port neutralny

~ **waters** wody neutralne
~ **zone** strefa neutralna
to remain ~ pozostać neutralnym, zachować neutralność
to sail under a ~ **flag** płynąć pod neutralną banderą

neutrality *s* **1.** neutralność **2.** bezstronność
~ **of a judge** bezstronność sędziego
~ **of states** neutralność państw
~ **policy** polityka neutralności
armed ~ zbrojna neutralność
declaration of ~ deklaracja neutralności
violation of ~ pogwałcenie neutralności

neutralization *s* neutralizacja

neutralize *v* **1.** neutralizować **2.** unieszkodliwiać

ne varietur *łac.* bez dalszych zmian i poprawek

new *adj* **1.** nowy, nie używany, świeży **2.** nowoczesny
~ **approach** nowe podejście
New Deal *am.* Nowy Ład *(ekonomiczna i polityczna doktryna partii Roosevelta)*
~ **edition** nowe wydanie
~ **for old** nowe za stare *(zasada potrącania z sumy ubezpieczenia różnicy wartości nowych części i materiałów – przeciętnie 1/3 kwoty odszkodowania)*
~ **issue** nowa emisja
~ **line** nowy rodzaj ⟨gatunek⟩ towaru
~ **matter** *(w procesie)* nowe fakty i dowody
~ **style** nowy styl *(datowanie według kalendarza gregoriańskiego)*
New Towns Act *bryt.* ustawa o nowych miastach
~ **trial** ponowne rozpoznanie sprawy

new-born *adj* nowo narodzony
~ **child** noworodek

newly-discovered *adj:* ~ **evidence** nowo wykryty dowód

news *spl* wiadomość, wiadomości
~ **agency** agencja prasowa
~ **bulletin** biuletyn informacyjny
~ **conference** konferencja prasowa
~ **correspondent** dziennikarz, korespondent prasowy
~ **dealer** *am.* sprzedawca czasopism
business ~ prasa handlowa
financial ~ wiadomości finansowe ⟨giełdowe⟩
market ~ wiadomości rynkowe

newsagent *s* sprzedawca czasopism

newscast *s* wiadomości *(radiowe, telewizyjne)*, dziennik radiowy ⟨telewizyjny⟩

news-letter *s* biuletyn członkowski *(np. stowarzyszenia)*

newsman *s (pl newsmen)* **1.** sprzedawca gazet **2.** reporter

newsmonger *s* plotkarz

newspaper *s* gazeta, czasopismo, dziennik
~ **advertisement** ogłoszenie w prasie
~ **campaign** prasowa kampania reklamowa
~ **libel** oszczerstwo w prasie
~ **publicity** reklama prasowa
commercial ~ gazeta handlowa
official ~ dziennik urzędowy

new-speak *s* nowomowa, język propagandy prasowej

next *adj* następny, najbliższy, sąsiedni, kolejny
~ **best** drugi co do jakości

~ **friend** osoba występująca w imieniu dziecka lub osoby nie posiadającej zdolności do działań prawnych, a nie będąca jej ustawowym przedstawicielem

~ **of kin** *a*) najbliższy krewny *b*) *hist.* osoby uprawnione do spadku po zmarłym w wypadku braku testamentu

business to ~ **account** *giełd.* transakcja na najbliższy termin rozliczeniowy

by the ~ **mail** najbliższą pocztą

our ~ nasz następny list

nexus *s* **1.** ogniwo, związek **2.** splot
(the) **cash** ~ stosunki pieniężne
causal ~ związek przyczynowy

nick *s sl.* ciupa, więzienie, areszt

nickel *s* **1.** nikiel **2.** *am.* moneta pięciocentowa

nicker *s bryt. sl.* funt szterling

nickname *s* przezwisko

niece *s* bratanica, siostrzenica

nigger *s* Murzyn, *(pogardliwie)* czarnuch
to work like a ~ harować jak wół

night *s* noc
~ **and day** dzień i noc, cały czas, bez przerwy
~ **letter** *am.* telegram wysyłany nocą po znacznie niższej taryfie
~ **nurse** pielęgniarka dyżurująca w nocy
~ **safe** skarbiec nocny, trezor
~ **shift** nocna zmiana
~ **work** praca nocna
all ~ (**long**) całą noc
at ~ w nocy
by ~ podczas nocy, w ciemności
to be on ~ **duty** pełnić nocną służbę
to spend the ~ **with ...** spędzić noc u ... ⟨z ...⟩ *(zwykle z kochankiem ⟨kochanką⟩)*
to stay the ~ pozostać do rana
to work ~**s** pracować na nocnej zmianie ⟨nocą⟩

nisi *łac.* **1.** jeśli nie **2.** *(o orzeczeniu sądu)* tymczasowy, nie definitywny, warunkowy
decree ~ orzeczenie warunkowe, które nabierze mocy dopiero po upływie określonego czasu w zależności od postępowania pozwanego

nisi prius *łac.* : ~ **court** *a*) sąd przysięgłych rozpoznający sprawy cywilne na sesjach wyjazdowych *b*) *am.* sąd pierwszej instancji

no¹ *adj pron* żaden
no admittance wstęp wzbroniony
no agents needed pośrednicy wykluczeni, bez pośredników
no cards zawiadomienie służy za kartę wstępu
no charge is made bezpłatnie, gratis
no commercial value bez wartości handlowej
no cure no pay *(w ratownictwie morskim)* nie ma wynagrodzenia za bezskuteczne ratownictwo
no entrance wstęp wzbroniony
no entry zakaz wjazdu ⟨wstępu⟩
no expenses to be incurred bez kosztów
no funds *(napis na rachunku)* brak pokrycia
no goods *(napis szeryfa na tytule wykonawczym)* brak majątku
no load bez obciążenia
no man ⟨**one**⟩ nikt
no man's land ziemia niczyja *(teren między walczącymi stronami)*
no place *am.* nigdzie
no protest bez kosztów protestu

no thoroughfare droga bez przelotu, ślepa ulica
no value bez wartości

no² *s* **1.** odmowa, odpowiedź „nie" **2.** głos „przeciw"
the noes have it większość głosowała przeciw

Nobel *s* : ~ **prize** nagroda Nobla

nobility *s* **1.** szlachetność **2.** szlachectwo **3.** szlachta

noble *adj* **1.** szlachetny **2.** dobrze urodzony

nobleman *s* szlachcic

noblewoman *s* szlachcianka

noise *s* hałas
Noise Abatement Act *bryt.* ustawa o zwalczaniu hałasu i wibracji
~ **pollution** zakłócenie naturalnego środowiska przez nadmierny hałas

nolle prosequi *s łac.* odstąpienie od dochodzenia roszczenia *(powodujące umorzenie postępowania)*

nolo episcopari *s łac.* odmowa przyjęcia urzędu *(formuła)*

nol-pros *v am.* odstąpić od dochodzenia roszczenia

nomen *s łac.* imię, nazwisko

nomenclature *s* nomenklatura, terminologia
~ **of law** terminologia prawnicza
customs ~ nomenklatura celna

nominal *adj* **1.** nominalny **2.** symboliczny **3.** imienny
~ **capital** kapitał zakładowy ⟨akcyjny, udziałowy⟩
~ **damages** symboliczne odszkodowanie
~ (**face**) **value** wartość nominalna *(akcji itp.)*
~ **fine** kara porządkowa
~ **list** wykaz imienny, spis ⟨lista⟩ nazwisk
~ **par** nominalny parytet
~ **partner** cichy wspólnik
~ **price** ⟨**quotation**⟩ cena nominalna
~ **rate of exchange** nominalny kurs walutowy
~ **register** ⟨**roll**⟩ lista osób ⟨imienna⟩
~ **rent** nieznaczny ⟨symboliczny⟩ czynsz
~ **shipper** załadowca nie będący właścicielem frachtu
~ **value** wartość nominalna
~ **wages** nominalna płaca

nominalism *s* nominalizm *(zasada nie uwzględniania deprecjacji)*

nominate *v* **1.** mianować, wyznaczać **2.** przedstawiać *(kandydata)*
to ~ **sb to a post** *a*) mianować ⟨wyznaczyć⟩ kogoś na stanowisko *b*) przedstawić kogoś jako kandydata na stanowisko

nominating *adj* : ~ **convention** *am.* zjazd dla wyznaczenia kandydata na prezydenta

nomination *s* **1.** nominacja, wyznaczenie **2.** przedstawienie kandydata na stanowisko **3.** prawo wyznaczania
~ **day** dzień wyboru kandydatów
~ **paper** dokument o wyznaczeniu kandydata
~**s committee** komitet wybierający kandydatów

nominative *adj* wyznaczony, z nominacji
(**the**) ~ **and elective members** wyznaczeni i wybrani członkowie
(**the**) ~ **candidate** wyznaczony kandydat
~ **warrant** nakaz imienny

nominator *s* osoba mianująca

nominee *s* **1.** osoba mianowana, nominat **2.** osoba wymieniona *(w zapisie)*, beneficjent **3.** kandydat

non-ability *s* **1.** brak zdolności *(fizycznej lub umysłowej)* **2.** brak zdolności prawnej ⟨do działań prawnych⟩, niezdolność prawna

non-acceptance *s* nieprzyjęcie, odmowa akceptu

non-access s 1. niemożność odbycia stosunku płciowego (*z uwagi na okoliczności*) 2. niedopuszczenie do odbycia stosunku płciowego
    presumption of ~ domniemanie o niemożności odbycia stosunku płciowego
    to plead ~ bronić się przed zarzutem niemożności odbycia stosunku płciowego
non-accomplishment s niewypełnienie, niewykonanie, niedopełnienie
non-accountability s niepoczytalność
non-actionable adj niezaskarżalny
non-active adj (*o rynku*) martwy, nie ożywiony
non-admission s zakaz wstępu, niedopuszczenie
nonage s niepełnoletniość, małoletniość, nieletniość
non-aggression s nieagresja
    ~ **pact** pakt o nieagresji
non-agreement s brak zgody, niezgoda
non-aligned adj: ~ **countries** kraje neutralne (nie powiązane politycznie, niezaangażowane)
non-alignment s neutralność, niezaangażowanie
    policy of ~ polityka neutralności
non-amicable adj nieprzyjazny
non-appearance s niestawiennictwo, niejawienie się (*w sądzie*)
non-approval s 1. brak zgody 2. niepotwierdzenie
non-arrival s nieprzybycie, nienadejście
non-assessable adj nie podlegający opodatkowaniu
non-assignable adj niezbywalny, nieprzenośny
non-assumpsit łac. nie przyjął odpowiedzialności (*zarzut pozwanego w odpowiedzi na pozew*)
non-atomic adj: ~ **states** państwa nie posiadające broni atomowej
non-availability s niedostępność, nieosiągalność, brak (*towarów*)
non-bankable adj nie nadający się do obrotu bankowego
non-belligerent adj nie wojujący
non-branded adj bez znaku towarowego, niefirmowy
non-business adj : ~ **day** dzień wolny od pracy
non-capital adj : ~ **felony** zbrodnia nie karana śmiercią (nie zagrożona karą śmierci)
non-cash adj : ~ **payment** rozrachunek bezgotówkowy
non-claim s niezgłoszenie roszczenia w przepisanym terminie
non-claimable adj niezaskarżalny
non-combatant adj 1. nie walczący 2. neutralny
non-committal adj 1. nie zobowiązujący 2. (*o człowieku*) nie angażujący się (*po żadnej stronie w sporze*) 3. wymijający, ostrożny
non-competency s niekompetencja, brak właściwości
non-competent adj niekompetentny, niewłaściwy
non-compliance s niestosowanie się, nieprzestrzeganie, odmowa
non compos (mentis) adj łac. niepoczytalny
non-conference adj niekonferencyjny, nie należący do konferencji
    ~ **carrier** a) przewoźnik pozakonferencyjny b) statek przewoźnika pozakonferencyjnego
    ~ **rate** niekonferencyjna stawka frachtowa
    ~ **ship** statek armatora nie należącego do konferencji
non-confidence adj : ~ **vote** wotum nieufności
non-confirmation s niepotwierdzenie, niezatwierdzenie
non-conformist s nonkonformista

non-conformity s 1. niestosowanie się (**to sth** do czegoś) 2. nonkonformizm
non-consent s niezgoda, brak zgody
non-content s bryt. członek Izby Lordów głosujący przeciwko (*ustawie*)
non-contentious adj niesporny
    ~ **procedure** postępowanie niesporne
non-contributory adj nie wymagający płacenia składek (*np. system emerytalny*)
non-controlled adj nie kontrolowany, nie reglamentowany
non-controversial adj niesporny
non-co-operation s 1. brak współpracy (kooperacji), odmowa współpracy 2. bierny opór (bojkot polityczny) (*wobec władz*)
non-corporate adj : ~ **body** zrzeszenie bez osobowości prawnej
non-cul(pabilis) adj łac. niewinny
non-cumulative adj niekumulujący
    ~ **clause** ub. mors. klauzula o niekumulowaniu szkód (*powstałych w różnych podróżach*)
    ~ **letter of credit** akredytywa odnawialna
non-declaration s niezadeklarowanie, niepodanie (*czegoś*)
non-delivery s niedostarczenie
    in case of ~ w wypadku niedostarczenia
non-departmental adj : ~ **minister** minister bez teki
nondescript adj 1. nie do określenia 2. nieokreślony
non-detected adj niewykryty
    ~ **delinquency** niewykryte przestępstwo
non-deviation s trzymanie się kursu (*statku*)
non-diplomatic adj niedyplomatyczny
    ~ **staff** personel niedyplomatyczny
non-disclosure s nieujawnienie, zatajenie
non-discriminatory adj niedyskryminacyjny
    ~ **customs tariff** niedyskryminacyjna taryfa celna
    in a ~ **manner** w sposób niedyskryminacyjny
non-divisible adj niepodzielny
non-dumping adj : ~ **certificate** zaświadczenie, że towar nie jest eksportowany po cenach dumpingowych
non-durable adj nietrwały
    ~ **goods** towary nietrwałe
non-dutiable adj 1. nie podlegający ocleniu, wolnocłowy 2. nie podlegający opodatkowaniu
none pron żaden, nikt, nic
    ~ **other (than)** nikt inny (niż, aniżeli)
non-effective adj 1. nieefektywny 2. niezdolny (nie nadający się) do czynnej służby wojskowej
    ~ **service** służba pozaliniowa
non-efficiency s nieskuteczność, bezskuteczność
non-efficient adj nieskuteczny, bezskuteczny
non-essential adj nieistotny, błahy
    ~ **ignorance** nieznajomość nieistotnych okoliczności
non est factum łac. zaprzeczenie dokonania czegoś (*formuła*)
non est inventus łac. zawiadomienie o niemożności znalezienia pozwanego przez szeryfa (*formuła przy zwrocie pozwu*)
non-execution s niewykonanie, niespełnienie
non-existent adj nie istniejący
non-extradition s niewydanie (*przestępcy*)
nonfeasance s zaniedbanie dopełnienia obowiązku
non-forfeiture adj : ~ **clause** klauzula prolongacyjna
non-fulfilment s niewykonanie, niewypełnienie
    ~ **of duty** niedopełnienie obowiązku

non-hazardous *adj* : ~ **cargo** bezpieczny ⟨nie ryzykowny⟩ ładunek, ładunek bez ryzyka
non-inflammable *adj* niepalny
non-interest *adj* : ~ **bearing** nieoprocentowany, nie procentujący
non-interference *s* = **non-intervention**
non-intervention *s* 1. nieinterwencja, zasada niemieszania się 2. nieingerowanie
   ~ **policy** polityka nieinterwencji
non-joinder *s* niewłączenie się do sprawy jakiejś osoby w charakterze strony
non-juridical *adj* : ~ **day** dzień wolny od rozpraw sądowych
non-jury *adj* : ~ **case** sprawa rozpoznawana bez udziału sądu przysięgłych
non-legal *adj* nie mający charakteru prawnego
non-liability *s* 1. brak odpowiedzialności (**for sth** za coś) 2. brak zobowiązania (**to sth** do czegoś) 3. niepodleganie (**to sth** czemuś)
   ~ **clause** klauzula o nieodpowiedzialności
non-licensed *adj* niekoncesjonowany, nielicencjonowany, niedozwolony
non-limitation *s* nieprzedawnialność
non liquet *s łac.* werdykt sądu przysięgłych odraczający sprawę wobec wątpliwości
non-litigious *adj* niesporny
   ~ **procedure** postępowanie niesporne
non-mandatory *adj* niemandatowy
non-marine *adj* niemorski
   ~ **insurance** ubezpieczenie od innych ryzyk niż morskie
non-material *adj* niematerialny
   ~ **input** wkład niematerialny
   ~ **services** usługi niematerialne
non-member *s* nie członek
   ~ **states** państwa nieczłonkowskie
   open to ~**s** otwarte ⟨wstęp wolny⟩ dla publiczności
non-negotiable *adj* niezbywalny, nieprzenoszalny, nie nadający się do obiegu
   ~ **bill** weksel nie na zlecenie
non-nuclear *adj* nienuklearny, bezatomowy
   ~ **country** państwo nie dysponujące bronią nuklearną
   ~ **weapons** broń konwencjonalna
non-observance *s* nieprzestrzeganie, niezachowanie
non obstante *łac.* mimo, nie bacząc na, wbrew
   ~ **veredicto** *łac.* rozstrzygnięcie wbrew werdyktowi przysięgłych
non-official *adj* nieurzędowy, nieoficjalny
   ~ **majority** nieoficjalna większość
   ~ **report** sprawozdanie nieoficjalne
non omittas *łac.* nie omieszkaj (*klauzula na tytule wykonawczym nakazująca szeryfowi wykonanie tytułu bez względu na przywileje dłużnika*)
non-paid *adj* nie zapłacony, nie pokryty
non-participation *s* nieuczestniczenie
non-party *adj* bezpartyjny
non-payment *s* niezapłacenie, niepokrycie
   in case of ~ w razie ⟨wypadku⟩ niezapłacenia
non-performance *s* niewykonanie, niewypełnienie
non-permanent *adj* niestały
   ~ **member** niestały członek
non placet *łac.* weto, głos „przeciw" (*w zgromadzeniach uniwersyteckich, kościelnych*)
non-polluting *adj* nie zanieczyszczający

   ~ **sources of power** nie zanieczyszczające środowiska źródła energii
non possumus *łac.* oświadczenie o niemożności działania w danej sprawie
non-productive *adj* nieprodukcyjny
   ~ **labour** praca nieprodukcyjna
   ~ **workers** pracownicy nieprodukcyjni
non-professional *adj* niezawodowy
   ~ **consul** niezawodowy ⟨honorowy⟩ konsul
non-profit(-making) *adj* nie obliczony na zysk, niezarobkowy, niedochodowy
   ~ **association** ⟨**organization**⟩ towarzystwo ⟨organizacja⟩ o charakterze niezarobkowym
   ~ **institutions** instytucje niedochodowe
non-profitable *adj* niedochodowy
non-proliferation *s* nierozprzestrzenianie, nieproliferacja
   ~ **of nuclear weapons** nierozprzestrzenianie broni atomowej
   ~ **policy** polityka nierozprzestrzeniania broni jądrowej
non-proprietary *adj* : ~ **rights** prawa niemajątkowe
non-pros *v* wydawać wyrok zaoczny
non prosequitur *łac.* wyrok zaoczny
non-quoted *adj* nie notowany (*np. kurs*)
non-recognition *s* nieuznanie, odmowa uznania
non-recurring *adj* nie powtarzający się, jednorazowy
   ~ **expenses** ⟨**expenditure**⟩ jednorazowe wydatki
non-repayable *adj* bezzwrotny
   ~ **subsidy** bezzwrotne subsydium
non-residence *s* zamieszkiwanie poza granicami jurysdykcji
non-resident *adj* 1. nie posiadający stałego miejsca zamieszkania 2. zamiejscowy 3. dojeżdżający, dochodzący
   ~ **patient** pacjent dochodzący (*nie przebywający w zakładzie*)
   ~ **post** stanowisko ⟨posada⟩ bez stałego zamieszkania w miejscu pracy
   ~ **voter** wyborca nie zamieszkujący (*w danym okręgu*)
non-resistance *s* niestawianie oporu, bierne posłuszeństwo
non-restricted *adj* nieograniczony, nie podlegający ograniczeniom
non-returnable *adj* bezzwrotny, niezwrotny, nie podlegający zwrotowi
   ~ **containers** ⟨**packing**⟩ kontenery ⟨opakowania⟩ nie podlegające zwrotowi ⟨bezzwrotne⟩
non-revocable *adj* nieodwołalny
non-salable, non-saleable *adj* niepokupny, nie mający zbytu
non-scheduled *adj* nieregularny, nie przewidziany planem
non-self-governing *adj* niesamorządny, nieautonomiczny
   ~ **territory** obszar nieautonomiczny
non sequitur *łac.* wniosek nie wynikający z poprzednich wywodów ⟨nielogiczny⟩
non-shipment *s* niewysłanie, niezaładowanie
non-smoker *s* osoba niepaląca
   ~ **compartment** przedział dla niepalących (*w pociągu*)
non-solvency *s* niewypłacalność
non-solvent *adj* niewypłacalny

non-specified *adj* nie wymieniony, nie wyspecyfikowany, (*o towarze*) nie zindywidualizowany

nonsuit[1] *s* wstrzymanie postępowania przez sędziego, gdy powód nie dostarczy dostatecznych dowodów, pozostawienie rozpoznania

nonsuit[2] *v* oddalać (*powództwo*)

non-support *s* niedostarczanie środków utrzymania

non-taxable *adj* nie podlegający opodatkowaniu

non-term *s* ferie sądowe

non-transferable *adj* nieprzenoszalny, niezbywalny

non-union *adj* 1. niezrzeszony, nie należący do związku zawodowego 2. nie związkowy

non-unionist *s* pracownik nie należący do związku zawodowego ⟨niezrzeszony⟩

non-use, non-usage *s* nieużywanie

non-user *s* niekorzystanie (*z prawa*), nieużywanie (*prawa*)

non-valued *adj* : ~ **insurance** ubezpieczenie bez określenia wartości ubezpieczeniowej

non-violence *s* postawa przeciwna używaniu siły (*w sprawach konfliktowych*)

non-voter *s* osoba nie głosująca ⟨nie posiadająca prawa głosu⟩

non-voting *adj* (*o pakiecie akcji*) nie uprawniający właściciela do głosowania

non-warranty *adj* : ~ **clause** klauzula o nie udzieleniu gwarancji ⟨o niegwarantowaniu⟩

norm *s* 1. norma 2. wzorzec, standard
   to fulfil one's ~ wykonać normę

normal[1] *s* normalny stan
   above ⟨**below**⟩ ~ powyżej ⟨poniżej⟩ normalnego stanu
   to return to ~ wrócić do normy ⟨normalnego stanu⟩

normal[2] *adj* normalny, zwykły
   ~ **conditions** normalne ⟨zwykłe⟩ warunki
   ~ **shrinkage** ubytek normalny (*towaru*)
   ~ **terms** zwykłe warunki
   ~ **value** zwykła wartość

normalization *s* normalizacja, standaryzacja, ujednolicenie
   ~ **of relations** normalizacja stosunków
   ~ **of a situation** normalizacja sytuacji

normalize *v* normalizować, standaryzować, ujednolicać
   to ~ **relations** normalizować stosunki

normative *adj* normatywny

nostro account *s* rachunek ⟨konto⟩ nostro

not *adv* nie
   ~ **always afloat** nie zawsze pływający (*klauzula czarterowa dopuszczająca osiadanie statku na dnie portu w czasie odpływu*)
   ~ **binding** niewiążący
   ~ **content** *bryt.* głosujący przeciw (*w Izbie Lordów*)
   ~ **dutiable** nie podlegający ocleniu
   ~ **entered goods** towar nie zgłoszony do odprawy celnej
   ~ **exceeding** nie przekraczający
   ~ **guilty** niewinny
   ~ **negotiable** niezbywalny, nieprzenoszalny
   ~ **sufficient** (*o czeku*) bez (dostatecznego) pokrycia
   ~ **to order** nie na zlecenie
   ~ **transferable** nieprzenoszalny

nota bene *łac.* (*skr.* **N.B.**) nawiasem mówiąc

notarial *adj* notarialny, rejentalny

~ **act** ⟨**deed, document**⟩ akt notarialny
~ **fees** ⟨**charges**⟩ koszty ⟨opłaty⟩ notarialne
~ **records** dokumenty notarialne
~ **seal** pieczęć notarialna
~ **verification** potwierdzenie ⟨poświadczenie⟩ notarialne
~ **will** testament notarialny

notarially *adv* notarialnie
   ~ **certified** poświadczony ⟨potwierdzony⟩ notarialnie

notarise, notarize *v am.* uwierzytelniać ⟨poświadczać⟩ notarialnie

notarized *adj am.* : ~ **power of attorney** pełnomocnictwo notarialne

notary *s* notariusz, rejent
   ~ **public** notariusz
   ~'s **clerk** urzędnik notarialny
   ~'s **fees** ⟨**charges**⟩ opłaty notarialne
   ~'s **office** biuro notarialne
   ~'s **seal** pieczęć notarialna
   authentication ⟨**legalization**⟩ **by a** ~ uwierzytelnienie przez notariusza
   to conclude ⟨**draw up**⟩ **before a** ~ zawrzeć przed notariuszem

notation *s* adnotacja (*istotnej okoliczności*) na upoważnieniu sądowym (*ustanawiającym zarządcę majątku zmarłego*)

note[1] *s* 1. nota, zawiadomienie, awizo 2. notatka, adnotacja, uwaga 3. weksel 4. *bryt.* banknot 5. rachunek 6. rewers, skrypt dłużny 7. nota dyplomatyczna 8. znak, cecha, znamię 9. znaczenie, reputacja
   ~ **bank** bank emisyjny
   ~ **broker** *am.* makler wekslowy, prywatny dyskonter
   ~ **circulation** obieg banknotów
   ~ **coverage** pokrycie banknotów
   ~ **issue** emisja banknotów
   ~ **of charges** rachunek kosztów ⟨opłat⟩
   ~ **of costs** specyfikacja kosztów
   ~ **of hand** *a*) weksel własny *b*) skrypt dłużny *c*) notatka odręczna
   ~ **of protest** nota protestacyjna
   ~ **of purchase** nota kupna, giełdowa karta zakupu
   ~ **of sale** giełdowa karta sprzedaży
   ~ **of tare** specyfikacja tary
   ~**s payable** weksle do zapłaty
   accommodation ~ weksel grzecznościowy
   advice ~ awizo
   air consignment ~ lotniczy list przewozowy
   bank ~ banknot
   bond ~ kwit odprawy celnej
   booking ~ nota ⟨potwierdzenie⟩ zabukowania (*miejsca dla załadunku*)
   bought ~ nota kupna, giełdowa karta zakupu
   broker's contract ~ maklerska karta umowy
   carriage ~ list przewozowy
   cash ~ asygnata kasowa, polecenie wypłaty
   charge ~ rachunek kosztów
   checking ~ atest ilości, świadectwo liczenia kontrolnego
   circular ~ rodzaj akredytywy okrężnej
   collateral ~ weksel zabezpieczony
   commission ~ rachunek należności prowizyjnych
   confirmation ~ pisemne potwierdzenie

consignment ~ kwit konsygnacyjny, zawiadomienie o wysyłce, list przewozowy
contract ~ karta umowy
cover ⟨coverage, covering⟩ ~ nota kryjąca, ubezpieczeniowa nota pokrycia
credit ~ nota kredytowa
custom-house ~ rachunek celny
debit ~ nota debetowa
delivery ~ dowód dostawy
demand ~ wezwanie płatnicze
discount ~ nota dyskontowa
dispatch ~ a) kwit wysyłkowy b) adres pomocniczy przy przesyłce pocztowej
exchange of ~s wymiana not (*dyplomatycznych*)
freight ~ nota frachtowa
housing ~ specyfikacja magazynowa (*towarów oddanych na skład*)
insurance broker's ~ nota kryjąca (*zawiadomienie ubezpieczonego przez maklera o zawarciu umowy ubezpieczenia*)
marginal ~ notatka na marginesie
pawn ~ rewers zastawny
person of ~ wybitna osobistość
postal ~ am. przekaz pocztowy
promissory ~ a) weksel własny ⟨sola⟩ b) skrypt dłużny
railway consignment ~ kolejowy list przewozowy
request ~ zezwolenie na wyładunek towarów (*łatwo psujących się*) przed odprawą celną
sales ~ am. giełdowa karta sprzedaży
seizure ~ zawiadomienie celne o konfiskacie towaru
shipping ~ kwit załadowczy
short-term ~ krótkoterminowy weksel własny
sold ~ giełdowa karta sprzedaży
tick ~ wykaz ilości sztuk oraz cech ładunku
treasure ~ bilet skarbowy
Treasury ~ am. bilet ⟨kwit⟩ skarbowy
weighing ⟨weight⟩ ~ atest ⟨specyfikacja⟩ wagi
to take ~ **of sth** zauważyć coś, zwrócić uwagę na coś

note² v 1. notować, zapisywać 2. zwracać uwagę (**of sth na coś**), zauważać (**of sth coś**) 3. zaopatrywać w uwagi, robić notatki
to ~ **a bill** dokonać czynności notowania weksla, stwierdzić odmowę przyjęcia weksla
to ~ **an order** zanotować ⟨przyjąć⟩ zamówienie
to ~ **the need for sth** stwierdzić potrzebę czegoś
to ~ **sth down** zapisywać coś
noted pp adj 1. znany, wybitny 2. zaprotestowany
~ **bill** weksel z notarialną uwagą o odmowie przyjęcia lub zapłaty
to cause a bill to be ~ , **to have a bill** ~ oddać weksel do notowania
not to be ~ nie dokonywać czynności notowania weksla
noteworthy adj godny uwagi
nothing s nic
for ~ a) za darmo b) bez celu, daremnie
notice¹ s 1. zawiadomienie, notyfikacja, awizowanie 2. wypowiedzenie, wymówienie 3. uwaga 4. recenzja, notatka (*prasowa*) 5. obwieszczenie
~ **in advance** uprzednie zawiadomienie
~ **in writing** zawiadomienie pisemne

~ **of abandonment** ub. mors. deklaracja abandonowa, zgłoszenie abandonu, oświadczenie o abandonie
~ **of appeal** zawiadomienie o apelacji ⟨odwołaniu⟩
~ **of appearance** zawiadomienie (*powoda przez pozwanego*) o stawieniu się w sądzie
~ **of appropriation** powiadomienie o wydzieleniu ⟨indywidualizacji⟩ towaru
~ **of arrival** ⟨delivery⟩ a) zgłoszenie przybycia (*statku*) b) zawiadomienie o przesyłce, awizo przesyłki
~ **of assignment clause** ub. mors. klauzula uzależniająca przelew praw z polisy od zawiadomienia ubezpieczyciela
~ **of cancellation** a) zawiadomienie o anulowaniu ⟨odwołaniu⟩ b) wypowiedzenie
~ **of dishonour** zawiadomienie o odmowie honorowania ⟨akceptu⟩ weksla
~ **of dispatch** zawiadomienie o wysyłce
~ **of lien** zawiadomienie o skorzystaniu z prawa zastawu
~ **of loadreadiness** awizo o gotowości statku do załadunku
~ **of loss** zawiadomienie o powstałej szkodzie
~ **of meeting** zawiadomienie o zebraniu
~ **of protest** am. zawiadomienie notarialne o zaprotestowaniu weksla
~ **of readiness** zawiadomienie o gotowości, nota kapitańska, nota gotowości (*do przyjęcia lub wyładowania ładunku*)
~ **of readiness to discharge** zawiadomienie o gotowości do wyładowania
~ **of readiness to load** zawiadomienie o gotowości do załadowania ⟨przyjęcia⟩ ładunku
~ **of receipt** potwierdzenie odbioru, recepis
~ **of shipment** zawiadomienie o wysyłce
~ **of termination** wypowiedzenie (*np. umowy*)
~ **of trial** zawiadomienie o wyznaczeniu terminu rozprawy
~ **of withdrawal** zawiadomienie o wycofaniu ⟨podjęciu⟩ pieniędzy
~ **to pay** wezwanie płatnicze
~ **to proceed** zawiadomienie o zamiarze wznowienia postępowania (*wysłane do strony w sprawie, która przez rok pozostawała bez biegu*)
~ **to produce** wezwanie do przedstawienia dokumentu znajdującego się w posiadaniu strony
~ **to quit** wezwanie do opuszczenia mieszkania, wypowiedzenie najmu
~ **to stop in transitu** zawiadomienie o wstrzymaniu wydania towaru
~ **to treat** zawiadomienie o zamiarze wywłaszczenia
approximate ~ **of arrival** zawiadomienie o przewidywanym terminie przybycia (*statku*)
arrival ~ a) zgłoszenie przybycia (*statku*) b) awizo nadejścia (*przesyłki*)
at ... days' ~ za ... dniowym wypowiedzeniem
at short ~ na krótki termin, za wypowiedzeniem krótkoterminowym
captain's ~ nota kapitańska (*o gotowości statku do załadowania lub wyładowania*)
deposit at ~ wkład zwrotny za wypowiedzeniem
due and proper ~ należyte zawiadomienie
embarkation ~ zawiadomienie pasażerów o dacie odejścia statku
formal ~ urzędowe zawiadomienie

forwarder agent's ~ awizacja wysyłkowa spedytora
landing ~ zawiadomienie o wyładowaniu, awizacja wyładunku (*ze statku*)
legal ~ przewidziane ⟨zgodne z⟩ prawem zawiadomienie
loan at ~ pożyczka zwrotna za wypowiedzeniem
official ~ zawiadomienie urzędowe
previous ~ uprzednie zawiadomienie ⟨wypowiedzenie⟩
public ~ obwieszczenie publiczne
till ⟨**until**⟩ **further** ~ aż do odwołania
upon ~ po otrzymaniu zawiadomienia
without ~ bez uprzedzenia ⟨wypowiedzenia⟩
to bring to sb's ~ zwrócić czyjąś uwagę (*na coś*)
to give ~ *a*) zawiadomić *b*) wypowiedzieć
to receive ~ otrzymać wymówienie
to take no ~ **of sth** *a*) nie zauważyć czegoś *b*) nie podjąć żadnej czynności w związku z czymś
take ~ **that** ... ostrzegam, że ...
notice² *v* **1.** powiadamiać, awizować **2.** zauważać, spostrzegać **3.** opatrywać uwagami **4.** wypowiadać, dawać wypowiedzenie
notice-board *s* **1.** tablica ogłoszeń **2.** tablica informacyjna (*o objeździe itp.*)
notifiable *adj* : ~ **disease** choroba podlegająca zgłoszeniu
notification *s* zgłoszenie, powiadomienie, awizowanie, notyfikacja
~ **of birth** ⟨**death**⟩ zgłoszenie urodzenia ⟨zgonu⟩
~ **of dispatch** awizowanie wysyłki
~ **of protest** zawiadomienie o proteście
letter of credit ~ zawiadomienie o otwarciu akredytywy
notify *v* **1.** zawiadamiać, podawać do wiadomości, notyfikować **2.** obwieszczać, ogłaszać
to ~ **a birth** zgłosić ⟨zarejestrować⟩ urodzenie
to ~ **a loss** zgłosić zgubę (*policji*)
~ **address** adres osoby, którą należy zawiadomić o nadejściu przesyłki
~ **bill of lading** konosament zawierający klauzulę notyfikacyjną
~ **clause** klauzula notyfikacyjna w konosamencie (*o obowiązku zawiadomienia wskazanej osoby o nadejściu przesyłki do portu*)
notifying *adj* : ~ **bank** bank potwierdzający akredytywę
noting *s* notowanie
~ **of a bill** notowanie weksla
notion *s* **1.** pojęcie **2.** koncepcja **3.** pogląd
legal ~ pojęcie prawne
notional *adj* **1.** spekulatywny, teoretyczny **2.** urojony
notoriety *s* **1.** notoryczność **2.** rozgłos
notorious *adj* **1.** notoryczny **2.** głośny, znany **3.** jawny
~ **case** powszechnie znana sprawa (*stanowiąca precedens*)
~ **insolvency** notoryczna ⟨powszechnie znana⟩ niewypłacalność
~ **thief** notoryczny złodziej
nought *s* nic
to bring to ~ udaremnić
to reduce to ~ doprowadzić do zera
Nova Statuta *s bryt.* Nowe Statuty (*zbiory ustaw od 1327 r. do 1483 r.*)
novatio *s łac.* nowacja (*stosunku prawnego*)

novation *s* **1.** nowacja **2.** cesja długu
novel *s* nowela, nowa ustawa, nowa norma prawna
novelty *s* nowość, nowy towar (*wprowadzony na rynek*)
latest novelties ostatnie nowości
now *adv* teraz, obecnie
~ **afloat** (*o towarze*) obecnie w drodze ⟨na morzu⟩
~ **at sea** (*o statku*) obecnie na morzu, w rejsie
~ **on the berth** (*o statku*) obecnie w miejscu postoju ⟨w porcie⟩
~ **trading** (*o statku*) obecnie w drodze ⟨na morzu⟩
noxious *adj* szkodliwy, niezdrowy
noxiousness *s* szkodliwość, niezdrowość
nubile *adj* (*o kobiecie*) w wieku dojrzałym ⟨nadającym się⟩ do zamążpójścia
nubility *s* wiek dojrzały ⟨nadający się⟩ do zamążpójścia, dojrzałość do małżeństwa
nuclear *adj* nuklearny, jądrowy
~ **armaments** zbrojenia nuklearne
~ **capability** potencjał nuklearny
~ **energy** energia atomowa
~ **forces** siły nuklearne
~ **free zone** strefa bezatomowa
~ **power station** elektrownia atomowa
~ **proliferation** rozprzestrzenianie broni atomowej
~ **test ban treaty** układ o zakazie prób nuklearnych
~ **tests** próby nuklearne
~ **warfare** wojna nuklearna
~ **weapon** broń jądrowa
nude *adj* **1.** nagi, goły **2.** jasny, oczywisty **3.** nieformalny
~ **contract** nieformalna ⟨nie posiadająca mocy prawnej⟩ umowa
~ **fact** oczywisty fakt
~ **matter** gołosłowne twierdzenie o zrobieniu czegoś (*nie poparte dowodem*)
~ **pact** nieformalny ⟨nie mający mocy prawnej⟩ układ
~ **statement** wyraźne oświadczenie
nudie *adj* nudystyczny, naturystyczny
~ **films** ⟨**magazines**⟩ nudystyczne filmy ⟨czasopisma⟩
nudism *s* nudyzm, naturyzm
nudist *s* nudysta, naturysta
nudum pactum *s łac.* nieformalna umowa, układ nie mający mocy prawnej
nugatory *adj* **1.** nieważny **2.** bezskuteczny
~ **consideration** nieważne świadczenie wzajemne
nuisance *s* **1.** niedogodność, przykrość **2.** rzecz przykra, utrapienie, plaga **3.** naruszenie porządku publicznego
~ **tax** podatek płacony w drobnych ratach
common ⟨**public**⟩ ~ naruszenie porządku publicznego
private ~ sąsiedzkie naruszenie posiadania
null *adj* nieważny, nie posiadający mocy prawnej
~ **and void** nieważny, unieważniony, nie posiadający mocy prawnej
to declare ⟨**render**⟩ ~ unieważnić
nulla bona *s łac.* stwierdzenie szeryfa, że dłużnik nie posiada żadnego majątku (*nadającego się do zajęcia*)
nulla poena sine lege *łac.* nie może być kary bez naruszenia prawa

nullification *s* **1.** unieważnienie, anulowanie **2.** *am.* odmowa wprowadzenia w życie praw federalnych w obrębie stanu, którego władze nie wyrażają na to zgody
   ~ **of money** unieważnienie waluty
nullify *v* unieważniać, anulować
   to ~ **an act** unieważnić akt prawny
   to ~ **a will** unieważnić testament
nullity *s* **1.** nieważność **2.** nieważny akt ⟨dokument⟩
   ~ **decree** orzeczenie nieważności
   ~ **of a contract** nieważność umowy
   ~ **of marriage** nieważność małżeństwa
   ~ **suit** proces o unieważnienie
   action for ~ powództwo o unieważnienie
   plea of ~ zarzut nieważności
number[1] *s* **1.** liczba, ilość **2.** cyfra **3.** numer
   a ~ **of ...** pewna ilość ...
   cheque ~ numer czeku
   code ~ numer kodowy
   consecutive ~ numer porządkowy ⟨kolejny⟩
   current ⟨**running**⟩ ~ numer bieżący
   file ~ numer akt
   house ~ numer domu
   index ~ wskaźnik, indeks
   in ~ według ilości, liczebnie
   in round ~**s** w liczbach zaokrąglonych

order ~ numer zamówienia
reference ~ *koresp.* numer, na który należy się powoływać, nasz znak
registration ~ numer rejestracyjny (*pojazdu*)
serial ~ numer serii
telephone ~ numer telefoniczny
   to the ~ **of ...** w ilości...
number[2] *v* **1.** numerować **2.** liczyć **3.** oznaczać liczbą **4.** wliczać, zaliczać
numberless *adj* niezliczony
numeral *s* cyfra
   Arabic ⟨**Roman**⟩ ~ cyfra arabska ⟨rzymska⟩
numeration *s* **1.** liczenie, obliczanie **2.** numeracja
numerical *adj* **1.** liczbowy **2.** cyfrowy
   ~ **analysis** analiza liczbowa
   ~ **data** dane liczbowe
   in ~ **order** w porządku liczbowym
numerous *adj* liczny
nuncio *s* nuncjusz (*papieski*)
nuncupate *v* wyrażać ustnie ostatnią wolę
nuncupative *adj*: ~ **will** ustny testament
nuptial *adj* ślubny, weselny
nuptials *spl* ślub, zaślubiny
nymphomania *s med.* nimfomania
nymphomaniac *s* nimfomanka

O

oath *s* przysięga
   ~ **ex officio** *hist.* przysięga niewinności (*składana przez duchownego oskarżonego o zbrodnię*)
   ~ **in litem** przysięga dla ustalenia wartości przedmiotu sporu
   ~ **of allegiance** przysięga wierności ⟨na wierność⟩
   ~ **of entry** zeznanie importera składane pod przysięgą (*władzom celnym*)
   ~ **of office** przysięga przy obejmowaniu urzędu, ślubowanie urzędnika
   ~ **on arrival** potwierdzenie pod przysięgą manifestu okrętowego
   ~ **on departure** zeznanie eksportera składane pod przysięgą (*władzom celnym*)
   ~ **rite** ceremonia składania przysięgi
   administration of ~ nakazanie (*przez sąd*) złożenia przysięgi
   false ~ fałszywa przysięga
   judicial ~ przysięga sądowa
   official ~ ślubowanie urzędnika
   on ⟨**under**⟩ ~ pod przysięgą
   to be on ⟨**upon, under**⟩ ~ być ⟨zostać⟩ zaprzysiężonym
   to break ⟨**violate**⟩ **one's** ~ złamać przysięgę, nie dotrzymać przysięgi
   to declare on ⟨**upon**⟩ ~ oświadczać pod przysięgą
   to make ⟨**swear an, take an**⟩ ~ składać przysięgę
   to put sb on ⟨**under**⟩ ~ zaprzysięgać kogoś
obedience *s* posłuszeństwo
   in ~ **to ...** zgodnie z ...

passive ~ *a*) bierne posłuszeństwo *b*) ślepe posłuszeństwo
obedient *adj* posłuszny
   your ~ **servant** *koresp.* z poważaniem
obey *v* **1.** słuchać **2.** podporządkować się, być posłusznym
   to ~ **a decision** podporządkować się decyzji
   to ~ **instructions** stosować się do instrukcji
   to ~ **the law** podporządkować się prawu, respektować prawo
   to ~ **a resolution** przestrzegać ⟨podporządkowywać się⟩ rezolucji
   to ~ **a summons** zastosować się do wezwania sądowego
obiit *v łac.* zmarł (dnia ...)
obiter dictum *s łac.* **1.** uwaga mimochodem **2.** incydentalna opinia (*sędziego lub sądu*) nie mająca decydującego znaczenia w sprawie
obituary *s* nekrolog
object[1] *s* **1.** przedmiot, rzecz **2.** cel
   ~ **at issue** przedmiot sporu
   ~ **clause** postanowienie określające cel działalności (*np. spółki*)
   ~ **competence** przedmiotowa kompetencja
   ~ **of action** cel powództwa
   ~ **of historical value** zabytek
   ~**s of utility** przedmioty użytku
   ~ **trouvé** znaleziony przedmiot
   price ⟨**distance, time**⟩ **(is) no** ~ cena ⟨odległość, czas⟩ nie gra roli

object² v sprzeciwiać się, oponować, zgłaszać zarzuty (**to sth** przeciwko czemuś)
objection s **1.** zarzut **2.** sprzeciw (**to sth** przeciwko czemuś) **3.** trudność, przeszkoda **4.** wada
~ **in the point of law** sprzeciw ⟨zastrzeżenie⟩ o charakterze prawnym
no ~**s** nie ma zastrzeżeń
without ~ bez zastrzeżenia
to make ⟨**raise**⟩ ~**s** zgłosić ⟨podnieść⟩ zastrzeżenia
to overrule an ~ odrzucić sprzeciw
to sustain an ~ podtrzymać sprzeciw, uwzględnić zarzut
objectionable adj **1.** niewłaściwy, niepożądany **2.** podlegający krytyce, naganny
~ **conduct** niewłaściwe zachowanie
~ **foreigner** niepożądany cudzoziemiec
~ **language** naganny język
objective¹ s cel, zadanie
chief ⟨**main, principal**⟩ ~ główny cel
final ⟨**ultimate**⟩ ~ ostateczny cel
immediate ~ bezpośredni cel
long-term ⟨**short-term**⟩ ~ długoterminowe ⟨krótkoterminowe⟩ zadanie
objective² adj **1.** obiektywny **2.** przedmiotowy, rzeczowy
~ **factor** czynnik obiektywny
~ **impossibility of performance** obiektywna niemożność wykonania
~ **limitations** obiektywne trudności
~ **point** cel
objectiveness, objectivity s **1.** obiektywność **2.** przedmiotowość
objectless adj bezprzedmiotowy, bezcelowy
objector s oponent, osoba zgłaszająca zastrzeżenia ⟨wnosząca sprzeciw⟩
conscientious ~ osoba sprzeciwiająca się pełnieniu służby wojskowej ze względu na przekonania
obligate¹ adj zobowiązany
obligate² v zobowiązywać
to ~ **sb to do sth** zobowiązać kogoś do zrobienia czegoś
obligation s **1.** zobowiązanie, powinność **2.** obowiązek, przymus prawny **3.** obligacja, skrypt dłużny
~ **civilis** łac. zobowiązanie cywilne
~ **of a contract** moc obowiązująca umowy
~ **of contract clause** am. (w konstytucji) punkt o obowiązującej mocy umów (które nie mogą być zmieniane ustawami stanowymi)
~ **of humanity** obowiązek humanitarny
~ **of maintenance** obowiązek utrzymywania ⟨alimentacji⟩
~ **of performance** obowiązek działania
~ **to give assistance** obowiązek udzielenia pomocy
~ **to pay** zobowiązanie do zapłaty, obowiązek płatności
collateral ~ zobowiązanie uboczne
contractual ~ zobowiązanie umowne
counterpart ~ zobowiązanie wzajemne
discharge of an ~ wypełnienie zobowiązania
family ~**s** obowiązki rodzinne
joint (**and several**) ~ zobowiązanie solidarne
legal ~ zobowiązanie ustawowe
long-term ⟨**short-term**⟩ ~ zobowiązanie długoterminowe ⟨krótkoterminowe⟩
marketable ~ obligacja nadająca się do sprzedaży rynkowej

moral ⟨**imperfect**⟩ ~ zobowiązanie naturalne, obowiązek moralny
mutual ⟨**reciprocal**⟩ ~ zobowiązanie wzajemne
of ~ obowiązujący
perfect ⟨**statutory**⟩ ~ zobowiązanie ustawowe
without ~ bez zobowiązania
to absolve ⟨**discharge, exempt**⟩ **sb from an** ~ zwolnić kogoś od obowiązku
to acquit oneself of ~**s** wywiązywać się ze zobowiązań
to be under an ~ być zobowiązanym
to contract an ~ zaciągnąć zobowiązanie
to meet one's ~**s** wywiązywać się ze zobowiązań
to offer without ~ oferować bez zobowiązania
to put ⟨**place**⟩ **sb under an** ~ zobowiązać kogoś
to repay an ~ spłacać dług wdzięczności
obligator s dłużnik, osoba przyjmująca na siebie zobowiązanie
obligatory adj **1.** obowiązujący, obowiązkowy **2.** wiążący, obligatoryjny
~ **for all** ogólnie obowiązujący
oblige v **1.** zobowiązywać **2.** spełniać czyjąś prośbę
to ~ **oneself to do sth** zobowiązać się do zrobienia czegoś
your early answer will ~ **us** koresp. będziemy zobowiązani za szybką odpowiedź
obliged pp: **to be** ~ a) być zobowiązanym b) być wdzięcznym (**to sb** komuś)
much ~ dziękuję
to feel ~ poczuwać się do obowiązku, czuć się zobowiązanym
obligee s wierzyciel, strona uprawniona z umowy
obligor s dłużnik, strona zobowiązana z umowy
obiterate v **1.** zacierać, zamazywać **2.** skreślać, kasować
obliteration s **1.** zacieranie, zamazywanie **2.** skreślenie, skasowanie
oblivion s **1.** niepamięć, zapomnienie **2.** puszczenie w niepamięć
Act ⟨**Bill**⟩ **of Oblivion** bryt. ustawa o amnestii
to fall into ~ pójść w niepamięć ⟨zapomnienie⟩, zostać zapomnianym
oblivious adj niepomny (**of sth** czegoś, na coś)
~ **of one's duties** niepomny swych obowiązków
obloquy s **1.** obmowa, oszczerstwo **2.** hańba, pohańbienie
obscene adj **1.** nieprzyzwoity, sprośny, plugawy, obsceniczny **2.** ohydny
~ **language** nieprzyzwoity język
~ **publication** bryt. pornograficzna publikacja
obscenity s nieprzyzwoitość, sprośność, obsceniczność
observance s przestrzeganie
~ **of the law** przestrzeganie prawa
observation s **1.** obserwacja **2.** spostrzegawczość **3.** uwaga
concordant ⟨**discordant**⟩ ~**s** zbieżne ⟨rozbieżne⟩ obserwacje ⟨spostrzeżenia⟩
post of ~ punkt obserwacyjny
under ~ pod obserwacją
to keep sb under ~ mieć kogoś pod obserwacją, obserwować kogoś
observe v **1.** obserwować **2.** spostrzegać **3.** przestrzegać, stosować
to ~ **the rules** stosować się do przepisów, przestrzegać przepisów

to ~ **terms of a treaty** przestrzegać warunków traktatu

observer *s* obserwator

obsession *s* **1.** obsesja, natręctwo myślowe **2.** opętanie

obsessive *adj* obsesyjny, mający charakter obsesji

obsolence *s* starzenie się, wychodzenie z użycia
~ **clause** klauzula o wychodzeniu (*towaru itp.*) z użycia
~ **of seasonal goods** starzenie się sezonowych towarów
planned ~ przewidywane starzenie się ⟨wychodzenie z użycia⟩

obsolescent *adj* zanikający, wychodzący z użycia

obsolete *adj* **1.** przestarzały, zdezaktualizowany **2.** (*o napisie*) wytarty

obstacle *s* przeszkoda (**to sth** do czegoś)
to remove ~**s** usuwać przeszkody

obstruct *v* **1.** utrudniać, przeszkadzać **2.** czynić obstrukcje **3.** tamować, hamować
to ~ **justice** przeszkadzać wymiarowi sprawiedliwości
to ~ **traffic** hamować ruch (*drogowy*)

obstruction *s* **1.** utrudnienie, przeszkoda **2.** obstrukcja (*parlamentarna*)
~ **of justice** matactwo
policy of ~ polityka utrudniania
trade ~**s** utrudnienia w handlu

obstructionism *s* polityka obstrukcji

obstructive *adj* tamujący, przeszkadzający, obstrukcyjny
~ **tactics** taktyka obstrukcyjna

obtain *v* **1.** otrzymać, uzyskać **2.** przeważać, panować **3.** (*o przepisie*) być ważnym, obowiązywać
to ~ **credit** uzyskać kredyt
to ~ **experience** zdobyć doświadczenie
to ~ **an extension** uzyskać przedłużenie (*np. płatności*)
to ~ **information** zdobyć wiadomości
to ~ **legal force** nabrać mocy prawnej
to ~ **a licence** uzyskać licencję
to ~ **a permit** uzyskać zezwolenie
to ~ **a position** otrzymać stanowisko ⟨posadę, zatrudnienie⟩
to ~ **a price** osiągnąć cenę
to ~ **a respite** uzyskać prolongatę
to ~ **a result** uzyskać wynik
the custom still ~**s** zwyczaj jeszcze się utrzymuje

obtainable *adj* do nabycia ⟨otrzymania⟩, osiągalny
~ **price** cena, jaką można uzyskać

obtaining *s* uzyskanie, otrzymanie
~ **by false pretences** ⟨**by fraud**⟩ uzyskanie drogą oszustwa

obtainment, obtention *s* otrzymanie, uzyskanie, wyjednanie
~ **of a visa** uzyskanie wizy

obvious *adj* oczywisty, jasny, widoczny
~ **fact** oczywisty fakt
~ **intention** widoczny zamiar
~ **risk** oczywiste ryzyko

occasion[1] *s* **1.** sposobność, okazja, okoliczność **2.** powód, przyczyna **3.** przypadek
~ **for complaint** przyczyna reklamacji
if ~ **arises** jeśli zdarzy się sposobność
on the ~ **of ...** z okazji ...
on this ~ przy tej sposobności

(up)on ~ w razie potrzeby
to give the ~ **to sth** dawać powód do czegoś, wywoływać coś
to rise to the ~ stanąć na wysokości zadania
to take ~ korzystać ze sposobności
there is no ~ **to ...** nie ma powodu, żeby ...

occasion[2] *v* **1.** wywoływać, powodować **2.** stanowić okazję (**sth** do czegoś)

occasional *adj* **1.** okazyjny, przypadkowy **2.** okolicznościowy
~ **cause** powód uboczny
~ **clause** klauzula specjalna
~ **criminal** przypadkowy przestępca
~ **licence** *bryt.* koncesja na doraźny wyszynk

occupancy *s* **1.** posiadanie, władanie **2.** objęcie w posiadanie
~ **of a house** zajmowanie mieszkania ⟨domu⟩
~ **of a post** zajmowanie stanowiska
density of ~ *stat.* gęstość zaludnienia mieszkań ⟨pomieszczeń⟩
standard of ~ *stat.* norma zaludnienia mieszkań ⟨pomieszczeń⟩

occupant *s* **1.** posiadacz, dzierżyciel **2.** okupant

occupation *s* **1.** zawód, zajęcie, zatrudnienie **2.** okupacja, zajmowanie (*np. lokalu*), zajęcie (*np. budynku, kraju*)
~ **authorities** władze okupacyjne
~ **franchise** *bryt.* prawo lokatora ⟨dzierżawcy⟩ do głosowania
~ **regime** reżym okupacyjny
~ **road** *bryt.* droga prywatna
~ **tax** podatek od wykonywania zawodu
army of ~ armia okupacyjna
change of ~ zmiana zawodu
gainful ~ zajęcie zarobkowe
no ~ bez zawodu
practised ~ zawód wykonywany
principal ⟨**main, primary**⟩ ~ główne zajęcie
secondary ~ dodatkowe ⟨uboczne⟩ zajęcie
unhealthy ~ zajęcie szkodliwe dla zdrowia
without ~ bez zajęcia ⟨zatrudnienia, pracy⟩
zone of ~ strefa okupacyjna

occupational *adj* **1.** zawodowy **2.** okupacyjny
~ **accident** wypadek przy pracy
~ **class** ⟨**group**⟩ grupa zawodowa
~ **disease** choroba zawodowa
~ **hazard** ryzyko zawodowe ⟨związane z wykonywaniem zawodu⟩
~ **injuries** obrażenia wypadkowe, obrażenia powstałe w wyniku wypadku przy pracy
~ **mortality** *stat.* umieralność zawodowa
~ **status** *a)* stanowisko w zawodzie *b)* status zawodowy
~ **therapy** terapia zajęciowa

occupied *adj* **1.** zatrudniony **2.** okupowany
~ **population** *stat.* ludność czynna ⟨aktywna⟩ zawodowo
~ **territory** obszar okupowany
~ **zone** strefa okupowana

occupier *s bryt.* **1.** posiadacz, użytkownik **2.** lokator

occupy *v* **1.** zajmować (*urząd, lokal itp.*) **2.** okupować
to ~ **oneself with sth** zajmować się czymś
to ~ **a post** zajmować stanowisko ⟨posadę⟩
to ~ **a seat** zajmować miejsce

occur *v* **1.** zdarzyć się, wydarzyć się **2.** występować, pojawiać się **3.** przychodzić na myśl

if **opportunity occurs** jeśli zdarzy się sposobność
a mistake has occurred popełniono omyłkę
occurrence s 1. występowanie, pojawianie się 2. wydarzenie, traf
of frequent ⟨rare⟩ ~ często ⟨rzadko⟩ zdarzający się
⟨występujący⟩
ocean s ocean
~ **bill of lading** konosament morski
~ **documents** morskie dokumenty wysyłkowe
~ **freight** fracht morski
~ **greyhound** szybki statek pasażerski
~ **lanes** szlaki ⟨drogi⟩ oceaniczne ⟨statków oceanicz-
nych⟩
~ **liner** liniowiec oceaniczny
~ **service** żegluga dalekomorska ⟨wielka⟩
~ **trade** handel morski
~ **transport** transport morski
~ **voyage** rejs dalekomorski
ocean-going adj (o statku) oceaniczny, dalekomorski
oceanic adj oceaniczny
octroi s (w niektórych państwach europejskich) 1.
akcyza miejska 2. urząd akcyzowy 3. urzędnicy
akcyzy
ocular adj 1. oczny 2. naoczny 3. widoczny
~ **proof** widoczny ⟨jawny, oczywisty⟩ dowód
odd adj 1. nieparzysty, nie do pary 2. dodatkowy,
przypadkowy, dorywczy 3. pozostały, stanowiący
nadwyżkę, zbywający 4. niepełny
~ **jobs** zajęcia dorywcze
~ **lot** niepełna partia (towaru); zob. **odd-lot**
~ **money** drobne, reszta
~ **months** miesiące mające po 31 dni
~ **number** liczba nieparzysta
~ **numbers** ⟨volumes⟩ pojedyncze ⟨zdekompletowa-
ne⟩ numery ⟨tomy⟩
~ **size** nietypowy rozmiar
no parking etc. on ~ **dates** zakaz parkowania itd. w
dni nieparzyste
odd-lot adj: ~ **broker** am. makler giełdowy operujący
małymi pakietami walorów
~ **business** am. operacje giełdowe małymi pakietami
walorów
oddments spl resztki, pozostałości
odds spl 1. przewaga 2. spór 3. szansa 4. fory 5. (w
zakładach) stosunek
~ **and ends** resztki, luźne artykuły
by all ~ z pewnością
over the ~ powyżej ustalonej ceny
to make ~ **even** wyrównać szanse
what's the ~? co za różnica?
odious adj wstrętny, ohydny, odpychający
~ **crime** ohydna zbrodnia
odiousness s ohyda
odium s 1. nienawiść 2. ohyda 3. hańba
off praep adv 1. od, poza 2. poniżej
~ **duty** poza służbą, nie na służbie
~ **hire clause** klauzula o przerwach najmu (statku)
~ **the peg** (o ubraniu) konfekcyjny, gotowy, nie na
miarę
~ **quality** niższego ⟨gorszego⟩ gatunku
~ **the record** a) nie zaprotokołowany, nieoficjalny,
poufny b) nieoficjalnie, poufnie
to be well ⟨**badly**⟩ ~ być w dobrej ⟨złej⟩ sytuacji
finansowej
offence s 1. przestępstwo, wykroczenie 2. obraza,
zniewaga 3. agresja, ofensywa

~ **against common decency** ⟨**propriety**⟩ przestępstwo
przeciwko obyczajności
~ **against freedom** przestępstwo przeciwko wolności
~ **against the law** naruszenie prawa
~ **against marriage** przestępstwo przeciwko mał-
żeństwu
~ **against morality** przestępstwo przeciwko moralności
~ **against the person** przestępstwo przeciwko osobie
~ **against property** przestępstwo przeciwko mieniu
~ **against public safety** przestępstwo przeciwko bezpieczeństwu publicznemu
~ **aided and abetted** przestępstwo, w którego popełnieniu udzielono pomocy
~ **ancillary to another charge** przestępstwo stanowiące pomoc w popełnieniu innego przestępstwa
~ **at common law** przestępstwo w świetle prawa
powszechnego
~ **of attempting to commit a crime** przestępstwo
usiłowania popełnienia zbrodni
~ **prosecuted ex officio** ⟨**triable on indictment**⟩ przestępstwo ścigane z urzędu
~ **proved against a person** przestępstwo udowodnione jakiejś osobie
continuing ~ przestępstwo ciągłe
currency ~ przestępstwo dewizowe
customs ~ przestępstwo celne
indictable ~ przestępstwo ścigane z urzędu
juvenile ~ przestępstwo popełnione przez nieletniego
legal ~ naruszenie prawa
military ~ przestępstwo wojskowe
minor ~ przestępstwo mniejszej wagi, drobne przestępstwo
no ~ pot. nie ma się o co obrażać
petty ~ wykroczenie
political ~ przestępstwo polityczne
second ~ recydywa
serious ~ poważne przestępstwo
weapon of ~ narzędzie przestępstwa
to commit an ~ popełnić przestępstwo (**against sth**
przeciwko czemuś)
to give ~ **to sb** obrazić kogoś, ubliżyć komuś
to take ~ **at sb** obrazić się na kogoś
offend v 1. wykraczać (**against sth** przeciw czemuś) 2.
naruszać (np. prawo) 3. obrażać, znieważać
to ~ **against the law** wykraczać przeciwko prawu
offender s 1. przestępca, złoczyńca 2. winowajca 3.
sprawca wykroczenia
~ **by accident** przypadkowy przestępca
first ~ przestępca dotychczas nie karany
incorrigible ~ niepoprawny przestępca
juvenile ~ nieletni przestępca
old ⟨**second, subsequent**⟩ ~ recydywista
professional ~ przestępca zawodowy
offense s am. = **offence**
offensive[1] s napaść, atak, ofensywa
peace ~ ofensywa pokoju
offensive[2] adj 1. obraźliwy 2. zaczepny, ofensywny,
napastniczy
~ **and defensive alliance** przymierze zaczepno-
-obronne
~ **and defensive arm** ⟨**weapon**⟩ broń zaczepno-
-obronna

~ **language** obraźliwy język
~ **war** wojna zaczepna ⟨napastnicza⟩
offer[1] *s* **1.** oferta (**for sth** na coś), propozycja **2.**
oferowana cena, oferta cenowa
~ **and acceptance** oferta i przyjęcie ⟨akcept⟩
~ **and demand** podaż i popyt
~ **by telegraph** oferta telegraficzna
~ **for delivery** oferta dostawy
~ **for sale** oferta sprzedaży
~ **in blank** oferta in blanco
~ **in force** oferta ważna
~ **in return** kontrpropozycja, kontroferta
~ **in writing** oferta pisemna
~ **not acceptable** ⟨**good enough**⟩ oferta nie (nadająca
się) do przyjęcia
~ **of marriage** propozycja małżeństwa
~ **of services** zaofiarowanie usług
~ **of tonnage** zaofiarowanie tonażu
~ **of work** zaofiarowanie pracy
~ **open... days** oferta ważna... dni
~ **open until...** oferta ważna ⟨aktualna⟩ do...
~ **remains open until recall** oferta ważna ⟨aktualna⟩
do odwołania
~ **subject to acceptance by...** oferta z zastrzeżeniem
akceptowania do dnia...
~ **subject to confirmation** oferta podlegająca
potwierdzeniu ⟨z zastrzeżeniem potwierdzenia⟩
~ **subject to immediate acceptance** oferta z zastrzeżeniem akceptowania natychmiast po przyjęciu
~ **subject to prior sale** ⟨**to being unsold**⟩ oferta z
zastrzeżeniem ewentualnej wcześniejszej sprzedaży
⟨ważna w wypadku nie sprzedania⟩ (*towaru*)
~ **to buy** oferta zakupu
~ **without engagement** oferta nie wiążąca
acceptable ~ oferta do przyjęcia
acceptance of an ~ przyjęcie oferty
advantageous ⟨**favourable**⟩ ~ korzystna oferta
bids and ~**s** *giełd.* kursy w zaofiarowaniu i zakupie
binding ⟨**firm**⟩ ~ oferta wiążąca
cable ⟨**wire**⟩ ~ oferta telegraficzna
cash ~ oferta za gotówkę
counter ~ kontroferta
duration of an ~ okres ważności oferty
exceptional wyjątkowa oferta
expiration of an ~ wygaśnięcie oferty
free ~ oferta nie wiążąca
genuine ~ oferta poważna
incidental ~ oferta przypadkowa
job ~**s** oferty pracy ⟨zatrudnienia⟩
non-acceptance of an ~ nieprzyjęcie oferty
occasional ~ oferta okazyjna (*np. po zniżonej
cenie*)
on ~ na sprzedaż, w zaofiarowaniu
open ~ oferta nie wiążąca ⟨otwarta⟩
oral ⟨**verbal**⟩ ~ oferta ustna
positive ~ konkretna oferta
preferential ~ oferta specjalna
sampled ~ oferta z dołączonymi próbkami
solicited ~ oferta wywołana
special ~ wyjątkowa ⟨specjalna⟩ oferta
suitable ~ oferta odpowiednia ⟨do przyjęcia⟩
terms of an ~ warunki oferty
unsolicited ⟨**voluntary**⟩ ~ oferta nie wywołana
written ~ oferta pisemna
to accept ⟨**take**⟩ **an** ~ przyjąć ofertę

to ask for an ~ prosić o złożenie oferty
to be open to an ~ być skłonnym do rozważenia
oferty
to cancel ⟨**retract**⟩ **an** ~ anulować ofertę
to decline ⟨**reject**⟩ **an** ~ odrzucić ofertę
to entertain an ~ rozważać ofertę
to make an ~ złożyć ofertę
to take advantage of an ~ skorzystać z oferty
to withdraw an ~ wycofać ofertę
offer[2] *v* **1.** oferować, proponować, ofiarować **2.** przedstawiać (*np. trudności*), nastręczać **3.** nadarzać się
to ~ **an apology** przepraszać
to ~ **assistance** ofiarować pomoc
to ~ **a bribe** dawać ⟨proponować⟩ łapówkę
to ~ **compensation** ofiarować rekompensatę ⟨wyrów-
nanie⟩
to ~ **evidence** przedstawić dowody
to ~ **firm** oferować wiążąco
to ~ **f.o.b.** ⟨**c.i.f.**⟩ oferować na warunkach f.o.b.
⟨c.i.f.⟩
to ~ **for sale** oferować do sprzedaży
to ~ **guarantee** dawać gwarancję ⟨zabezpieczenie⟩
to ~ **no apology** nie usprawiedliwiać się
to ~ **no resistance** nie stawiać oporu
to ~ **a price** proponować ⟨oferować⟩ cenę
to ~ **resistance** stawiać opór
to ~ **security** ofiarować zabezpieczenie
to ~ **violence** stosować przemoc, używać przemocy
offeree *s* adresat ⟨odbiorca⟩ oferty
offerer, offeror *s* **1.** oferent, osoba ⟨firma⟩ składająca
ofertę **2.** licytant
offering *s* **1.** zaoferowanie, propozycja **2.** oferta **3.** *pl*
offerings podaż
~ **list** cennik, katalog
~ **of a bribe** propozycja łapówki
~ **price** proponowana cena, kurs w zaofiarowaniu
ample ~**s** duża podaż
freight ~ podaż ładunków ⟨frachtów⟩
merchandise ~ podaż towarów
tonnage ~ podaż tonażu
office *s* **1.** urząd, posada, zajęcie, stanowisko urzędowe
2. urząd państwowy, ministerstwo **3.** obowiązek,
zadanie **4.** biuro, kancelaria **5.** usługa, przysługa **6.**
am. gabinet lekarski
~ **address** adres biurowy ⟨miejsca pracy⟩
~ **boy** goniec
~ **building** biurowiec
~ **copy** kopia pozostająca w aktach
~ **employee** urzędnik, pracownik biurowy
~ **expenses** wydatki biurowe ⟨administracyjne⟩
~ **holder** urzędnik, funkcjonariusz
~ **hours** godziny urzędowania ⟨biurowe⟩
~ **manager** kierownik biura
~ **messenger** goniec biurowy
~ **of destination** urząd przeznaczenia ⟨adresat⟩ (*pisma*)
~ **of honour** urząd honorowy
Office of International Trade *am.* biuro handlu
zagranicznego
~ **of origin** urząd pochodzenia ⟨nadawca⟩ (*pisma*)
~ **of profit** zajęcie zarobkowe, płatna posada
~ **of state** urząd państwowy
~ **premises** lokal biurowy, teren biura
~ **staff** personel biurowy
~ **worker** pracownik biurowy, urzędnik

accounting ~ *am. a)* izba rewizyjna rachunkowości *b)* dział księgowości
advertisement ~ biuro ogłoszeń
agency ~ agencja, oddział, biuro przedstawiciela
audit ~ izba rewizyjna rachunkowości
booking ~ *bryt. a)* kasa biletowa *b)* wydział frachtowy agencji okrętowej
branch ~ filia, oddział
broker's ~ biuro maklerskie
buying ~ biuro zakupów
cash ~ kasa
central ~ centrala
chartering ~ biuro frachtowe
clearing ~ izba rozrachunkowa
Colonial Office *bryt. hist.* Ministerstwo Kolonii
commercial inquiry ~ biuro informacji handlowej
consular ~ biuro konsularne, konsulat
customs ~ urząd celny
delivery ~ urząd doręczeń
dispatching ~ urząd nadawczy
emigration ~ biuro emigracyjne
exchange ~ kantor wymiany
exchange control ~ urząd kontroli dewizowej
excise ~ urząd skarbowy
export ~ biuro eksportowe
Foreign Office *bryt.* Ministerstwo Spraw Zagranicznych
forwarding ~ biuro spedycyjne
goods ~ ekspedycja towarowa (*kolejowa*)
government ~ urząd państwowy, biuro rządowe
harbour master's ~ kapitanat portu
head ⟨**principal**⟩ ~ oddział główny, centrala
high ⟨**important**⟩ ~ wysokie ⟨ważne⟩ stanowisko
Home Office *bryt.* Ministerstwo Spraw Wewnętrznych
information ⟨**inquiry**⟩ ~ biuro informacji
insurance ~ biuro ⟨zakład⟩ ubezpieczeń
labour ~ urząd pracy, biuro pośrednictwa pracy
law ⟨**lawyer's**⟩ ~ kancelaria adwokacka
left-luggage ~ przechowalnia bagażu
lost-property ~ biuro rzeczy zagubionych ⟨znalezionych⟩
marine ~ urząd morski
notary's ~ biuro notarialne
passport ~ biuro paszportowe
patent ~ urząd patentowy
pawn ~ lombard
pay ⟨**paying**⟩ ~ kasa wypłat
post ~ urząd pocztowy
private ~ prywatne biuro
public ~ urząd publiczny
purchasing ~ biuro zakupu
receiving ~ *a)* ekspedycja bagażowa (*kolejowa*) *b)* nadawczy urząd (*pocztowy*) *c)* biuro recepcji
reception ~ recepcja
registrar's ⟨**registry**⟩ ~ urząd stanu cywilnego
sales ⟨**selling**⟩ ~ biuro sprzedaży
shipping ~ *a)* biuro okrętowe *b)* biuro spedycyjne
stamp duty ~ urząd opłat stemplowych
Stationary Office *bryt.* państwowa drukarnia
statistical ~ urząd statystyczny
telegraph ~ urząd telegraficzny
through the good ~**s of...** za łaskawym pośrednictwem ⟨dzięki uprzejmości⟩...
tourist ⟨**travel**⟩ ~ biuro podróży ⟨turystyczne⟩
vacant ~ wakat, nie obsadzone stanowisko

War Office *bryt. hist.* Ministerstwo Wojny
to be in ~ sprawować rządy, być u władzy
to enter upon one's ~ objąć stanowisko, rozpocząć urzędowanie
to hold an ~ piastować urząd
to install sb in an ~ powierzyć komuś urząd
to leave ⟨**resign**⟩ ~ zrezygnować ze służby ⟨z urzędu⟩
to run for an ~ ubiegać się o urząd
to take ~ obejmować urząd
to work at an ~ pracować w biurze
office-bearer *s* funkcjonariusz, pracownik
officer *s* **1.** urzędnik, funkcjonariusz **2.** oficer **3.** członek zarządu
~ **of justice** *a)* urzędnik sądowy *b)* komornik sądowy
~ **of police** urzędnik policji, policjant
~ **of state** urzędnik państwowy
chief ~ pierwszy oficer (*statku*)
civil ~ urzędnik państwowy
consular ~ urzędnik konsularny
court executive ~ komornik sądowy
customs ⟨**custom-house**⟩ ~ urzędnik celny, celnik
examining ⟨**preventing**⟩ ~ rewident celny
excise ~ urzędnik monopolowy
executive ~ urzędnik na kierowniczym stanowisku
immigration ~ urzędnik imigracyjny
judicial ~ urzędnik sądowy
landing ~ urzędnik celny nadzorujący wyładunek statku
medical ~ inspektor sanitarny
municipal ~ urzędnik samorządowy
passport control ~ urzędnik ⟨funkcjonariusz⟩ kontroli paszportowej
police ~ policjant, posterunkowy
port medical ~ lekarz portowy
probation ~ kurator sądowy
public relations ~ rzecznik prasowy (*urzędu*)
sheriff's ~ pomocnik szeryfa
superior ~ wyższy urzędnik
official[1] *s* urzędnik, funkcjonariusz
bank ~ urzędnik bankowy
court ~ urzędnik sądowy
customs ~ urzędnik celny
government ⟨**state**⟩ ~ urzędnik państwowy
high-ranking ⟨**top-level**⟩ ~ wysoki urzędnik
official[2] *adj* urzędowy, oficjalny, służbowy
~ **act** czynność urzędowa
~ **announcement** obwieszczenie urzędowe
~ **appraiser** taksator urzędowy
~ **authority** władza ⟨kompetencja⟩ urzędowa
~ **broker** makler przysięgły
~ **business** sprawa służbowa ⟨urzędowa⟩
~ **capacity** charakter służbowy
~ **certificate** zaświadczenie urzędowe
~ **charge** taksa ⟨opłata⟩ urzędowa
~ **communication** *a)* komunikat urzędowy *b)* stosunki urzędowe
~ **confirmation** poświadczenie urzędowe
~ **copy** wypis
~ **document** dokument urzędowy
~ **dress** strój służbowy ⟨urzędowy⟩
~ **duty** obowiązek służbowy
~ **function** funkcja urzędowa
~ **hours** godziny urzędowe
~ **journey** ⟨**tour**⟩ podróż służbowa

~ **language** język urzędowy
~ **list** lista urzędowa
~ **majority** wymagana większość
~ **mark** urzędowa cecha (*towaru*)
~ **matter** sprawa służbowa
~ **meeting** oficjalne spotkanie
~ **nomenclature** nomenklatura urzędowa
~ **notice** zawiadomienie urzędowe
~ **oath** przysięga ⟨ślubowanie⟩ przed objęciem urzędu
~ **organ** a) organ urzędowy b) oficjalny organ (*np. partii*)
~ **pass** przepustka służbowa
~ **position** stanowisko służbowe
~ **price** cena urzędowa
~ **price-list** a) cennik urzędowy b) ceduła giełdowa
~ **quotation** urzędowe notowania, kurs urzędowy
~ **rate** a) kurs urzędowy b) stopa urzędowa
~ **rate of exchange** urzędowy kurs dewizowy
~ **receiver** zarządca przymusowy, syndyk masy upadłości
~ **referees** *bryt.* urzędowi arbitrzy
~ **report** oficjalne sprawozdanie
~ **residence** siedziba urzędu
~ **seal** pieczęć urzędowa
~ **secret** tajemnica służbowa
Official Solicitor *bryt.* adwokat z urzędu (*występujący w Sądzie Najwyższym*)
~ **statement** oświadczenie urzędowe, komunikat oficjalny
~ **title** tytuł służbowy
Official Trustees of Charitable Funds *bryt.* urzędowi zarządcy funduszów na cele dobroczynne
~ **use** użytek służbowy
~ **value** wartość według ceny urzędowej ⟨szacunku urzędowego⟩
~ **visit** wizyta oficjalna
~ **weight** waga urzędowa
~ **year** rok urzędowy
through ~ **channels** drogą służbową
to perform ~ **functions** ⟨**duties**⟩ wykonywać czynności urzędowe ⟨służbowe⟩
officialdom, officialism *s* **1.** urzędnicy **2.** biurokracja **3.** sfery urzędowe
officially *adv* urzędowo, oficjalnie, formalnie
officiate *v* urzędować, spełniać obowiązki urzędowe
officio *łac.*: **ex** ~ z urzędu
officious *adj* **1.** natrętny, narzucający się **2.** *dypl.* nieurzędowy, nieoficjalny
off-licence *s bryt.* zezwolenie na sprzedaż napojów alkoholowych bez spożywania ich na miejscu ⟨*pot.* na wynos⟩
off-peak *adj* pozaszczytowy
~ **day** dzień mniejszego ruchu
~ **season** poza szczytem sezonu
off-season *adj* niesezonowy, (*o okresie*) ogórkowy
~ **tariff** taryfa posezonowa
offset[1] *s* **1.** rekompensata, wyrównanie **2.** roszczenie wzajemne (*do potrącenia*)
as an ~ **against...** jako rekompensata za...
as an ~ **to my losses** jako wyrównanie moich strat
offset[2] *v* (offset, offset) **1.** kompensować (się), potrącać **2.** *am.* zawierać transakcję terminową (*polegającą na zakupie i równoczesnej sprzedaży takiej samej partii towaru*)

to ~ **losses** kompensować straty
offsetting *s* **1.** kompensata, potrącenie **2.** *am.* transakcja terminowa (*zakup i sprzedaż takiej samej partii towaru*)
~ **of claims** kompensata wzajemnych roszczeń
offshore *adj* oddalony od brzegu
~ **dollars** *am. hist.* kredyty na zakup towarów poza granicami USA
~ **orders** *am.* zamówienia (*na materiały wojenne*) poza granicami USA
~ **purchases** ⟨**procurement**⟩ *am.* zakupy (*materiałów wojennych*) poza granicami USA
offspring *s* potomstwo, potomek
off(-)take *s* **1.** zakup towaru **2.** ilość zakupionego towaru, wielkość zbytu w danym okresie **3.** potrącenie, rabat
off-time *adj* = off-season
off-year *adj am.* dotyczący roku, w którym nie ma wyborów
oil *s* **1.** ropa naftowa **2.** *pl* **oils** akcje towarzystw naftowych
~ **cargo** ładunek ropy naftowej
~ **carrier** ⟨**tanker**⟩ zbiornikowiec, tankowiec
~ **company** towarzystwo naftowe
~ **demand** zapotrzebowanie na ropę
~ **field** pole naftowe
~ **fuel** paliwo płynne
~ **products** produkty naftowe
~ **refinery** rafineria ropy
~ **tank** cysterna
~ **well** szyb naftowy
crude ~ ropa naftowa
to strike ~ a) dowiercić się do ropy naftowej b) *przen.* odnieść sukces
oiler *s* zbiornikowiec, tankowiec
oil-field *s* **1.** pole naftowe, rejon naftowy **2.** *pl* **oil-fields** zagłębie naftowe
old *adj* stary, dawny
~ **age** starość
~ **age pension** renta starcza, emerytura
Old Bailey *bryt.* centralny sąd karny w Londynie
~ **country** *am.* kraj macierzysty, stary kraj
Old Glory *am.* flaga narodowa USA
~ **hand** stary ⟨wykwalifikowany⟩ pracownik ⟨robotnik⟩
~ **law** poprzednio obowiązujące prawo
~ **money** odziedziczony (*od pokoleń*) kapitał
of ~ **standing** (*o firmie*) dawno założony, o długiej tradycji
old-established *adj* istniejący od dawna, dawno założony
old-fashioned *adj* staromodny, przestarzały, nienowoczesny
old-standing *adj* dawno istniejący, stary
a firm of ~ dawno istniejąca firma
oligarchy *s* oligarchia
oligraphic *adj* własnoręczny
~ **testament** własnoręczny testament
ombudsman *s* (*pl* **ombudsmen**) ombudsman, rzecznik praw obywatelskich
omission *s* **1.** opuszczenie, pominięcie **2.** zaniedbanie, zaniechanie
~ **in the text** opuszczenie w tekście
errors and ~**s excepted** z zastrzeżeniem błędów i opuszczeń

omit *v* **1.** opuszczać, nie włączać **2.** pomijać, zaniedbać
to ~ **doing** ⟨**to do**⟩ **sth** zaniedbać zrobienia czegoś
omnibus *adj* zbiorowy
~ **bill** *a)* projekt ustawy obejmujący różne zagadnienia *b)* objęcie w jednym powództwie różnych roszczeń
~ **bill of lading** konosament zbiorowy (*na drobnicę*)
~ **count** zbiorowy rachunek
~ **order** zamówienie zbiorowe
~ **package** opakowanie zbiorowe
~ **resolution** rezolucja obejmująca szereg zagadnień
on *praep* **1.** na, przy **2.** nad, ponad **3.** na podstawie (*czegoś*) **4.** o, co do
on account na rachunek, na poczet
on account of z powodu
on all fours analogiczny (*w odniesieniu do przypadku już rozstrzygniętego, opartego na tej samej podstawie faktycznej i prawnej*)
on and after the date... począwszy od dnia...
on application na żądanie, na wniosek
on approval (*o sprzedaży*) na próbę
on arrival w chwili nadejścia, przy nadejściu
on the authority of... według świadectwa...
on the average przeciętnie
on the basis of... na zasadzie ⟨podstawie⟩...
on behalf of... *a)* na rzecz ⟨na korzyść⟩... *b)* w imieniu...
on the berth na miejscu postoju, w porcie
on board *a)* na statku, na statek *b) am.* w wagonie, do wagonu
on board bill of lading konosament załadowania ⟨na towary załadowane⟩
on business służbowo
on call *a)* na żądanie *b) giełd.* transakcja ,,na wypowiedzenie" *c)* załadunek lub dostawa ,,na odwołanie"
on the charge of... pod zarzutem...
on condition pod warunkiem, z zastrzeżeniem
on consignment do sprzedaży konsygnacyjnej
on deck na pokładzie
on default w wypadku niespełnienia, w razie niewykonania
on delivery *a)* przy dostawie, w chwili dostawy *b) giełd.* (*o transakcji*) na przyszłą dostawę
on demand na żądanie
on demurrage (*o statku*) mający przestój przy przeładunku
on display na wystawie, w witrynie wystawowej
on duty w służbie, na dyżurze
on evidence na dowodzie, w oparciu o dowód
on examination przy zbadaniu
on file znajdujący się w aktach
on hand w dyspozycji, w posiadaniu
on holiday na urlopie
on the initiative of... z inicjatywy...
on joint account *a)* na wspólny rachunek *b)* (*o transakcji*) partycypacyjny
on loan tytułem pożyczki
on maturity w terminie wymagalności
on merits merytorycznie, co do meritum
on the minute punktualnie co do minuty
on no evidence bezpodstawnie, bezzasadnie

on oath pod przysięgą
on or before the date... włącznie do dnia...
on order na zlecenie
on passage (*o statku*) w drodze
on penalty of death pod karą śmierci
on presentation za okazaniem ⟨przedłożeniem⟩, awista
on probation *a)* w zawieszeniu *b)* pod nadzorem kuratora
on receipt przy odbiorze
on record zaprotokołowany, zarejestrowany
on request na żądanie
on safe arrival (*o transakcji*) na szczęśliwe przybycie
on sale na sprzedaż, do sprzedania, w sprzedaży
on schedule planowo, według rozkładu
on security za zabezpieczeniem
on sight za okazaniem
on the spot (*o transakcji*) na miejscu, z natychmiastową dostawą
on standard według standardu
on time na czas, punktualnie
on trial na próbę
on usual terms na zwykłych warunkach
on-carrier *s* przewoźnik na dalszym odcinku trasy
once *adv* raz
at ~ *a)* natychmiast *b)* jednocześnie
delivery at ~ natychmiastowa dostawa
oncost *s* koszty ogólne, stałe koszty handlowe
on-deck *adj*: ~ **cargo** ładunek pokładowy
one *adj* jeden, powien, jakiś
~ **justice** jeden sędzia, sąd jednoosobowy
~ **man,** ~ **vote** głosowanie równe
~ **of the party** jedna osoba z grupy
one-man *adj*: ~ **business** firma jednoosobowa
~ **company** spółka, w której jeden ze wspólników ma większość udziałów
one-price *adj*: ~ **shop** ⟨**store**⟩ sklep z towarami o jednakowej cenie
onerous *adj* **1.** obciążający, obciążliwy **2.** uciążliwy
~ **contract** umowa pod tytułem obciążliwym
~ **gift** obciążliwa darowizna
~ **property** własność połączona ze świadczeniami
~ **task** trudne zadanie
~ **terms** uciążliwe warunki
~ **title** tytuł własności uzyskany w zamian za poważne świadczenia
one-sided *adj* **1.** jednostronny **2.** stronniczy
~ **actions** działania jednostronne
~ **judgment** stronniczy wyrok, stronnicze orzeczenie
~ **obligation** jednostronne zobowiązanie
~ **statement** jednostronne oświadczenie
one-way *adj*: ~ **packing** kosztu opakowania nie dolicza się
~ **ticket** bilet w jedną stronę
~ **traffic** ruch jednokierunkowy
on-freight *s* przewoźne na dalszym odcinku trasy
only[1] *adj* jedyny
~ **bill** weksel sola
only[2] *adv* jedynie, tylko
~ **principals** bez pośredników
onus *s* ciężar, obowiązek
~ **of proof** ⟨**proving**⟩ ciężar dowodu
~ **probandi** *łac.* ciężar dowodu ⟨udowodnienia⟩

open[1] *adj* **1.** otwarty **2.** wolny, dostępny **3.** chętny, skłonny, gotowy (**for** ⟨**to**⟩ **sth** do czegoś) **4.** jawny **5.** *bryt.* (*o czeku*) nie przekreślony
~ **access** otwarty ⟨wolny⟩ dostęp (*do książek w bibliotece itp.*)
~ **account** rachunek otwarty
~ **act** jawne działanie
~ **admission** ⟨**enrollment**⟩ otwarty wstęp do szkoły (*niezależnie od miejsca zamieszkania*)
~ **ballot** głosowanie jawne
~ **basin** ⟨**dock**⟩ basen portowy otwarty
~ **borstal** otwarty zakład borstalowski (*dla nieletnich*); *zob.* **Borstal institution**
~ **cargo insurance** ubezpieczenie morskie na warunkach polisy otwartej
~ **charter** umowa czarteru bez specyfikowania ładunku lub portu
~ **cheque** czek gotówkowy
~ **city** miasto otwarte ⟨nie bronione⟩
~ **contract** umowa nie zawierająca wszystkich warunków (*jedynie dane zasadnicze*)
~ **corporation** otwarta spółka akcyjna
~ **court** jawne posiedzenie sądu (*dostępne dla publiczności*)
~ **cover** polisa generalna
~ **credit** *a*) kredyt in blanco *b*) kredyt nie zabezpieczony *c*) czysta akredytywa (*bezdokumentowa*)
~ **display** preselekcja, wyłożenie towaru umożliwiające wybór
~ **door policy** polityka otwartych drzwi
~ **fact** powszechnie znany fakt
~ **for general use** ogólnodostępny
~ **general licence** otwarta generalna licencja
~ **guilt** oczywista wina
~ **hostilities** jawne działania wojenne
~ **indecency** jawna nieprzyzwoitość
~ **indent** otwarte zamówienie eksportowe ⟨nielimitowane⟩
~ **letter** list otwarty
~ **letter of credit** akredytywa otwarta
~ **market** wolny rynek
~ **offer** oferta otwarta ⟨nielimitowana⟩
~ **order** zamówienie otwarte ⟨nielimitowane⟩
~ **policy** polisa otwarta ⟨generalna⟩
~ **port** *a*) port otwarty *b*) port wolny od lodów
~ **prison** więzienie otwarte
~ **question** otwarta kwestia, sprawa nie przesądzona
~ **rate** niekonferencyjna stawka (*frachtowa*)
~ **sales** sprzedaż na wolnym rynku
(**the**) ~ **sea** *a*) morze otwarte *b*) morze wolne od lodów
~ **season** sezon otwarty (*dla polowania*)
~ **secret** tajemnica publiczna
~ **shop** *am.* zakład pracy zatrudniający pracowników bez względu na ich przynależność do związku zawodowego
~ **stock** *am.* zapas towarów w sklepie detalicznym
~ **threatening** jawne groźby ⟨pogróżki⟩
~ **ticket** bilet otwarty
~ **time** godziny pracy ⟨otwarcia sklepu itp.⟩
~ **town** miasto otwarte
~ **treaty** otwarty traktat
~ **trial** jawna rozprawa karna, jawny proces karny
Open University *bryt.* otwarty uniwersytet

~ **verdict** otwarty werdykt (*wydany przez przysięgłych i koronera nie przesądzający o tym, czy miała miejsce zbrodnia i kto ją popełnił*)
~ **war** ⟨**warfare**⟩ otwarta wojna
~ **water** otwarte wody
first ~ **water** (*o czarterze*) natychmiast po otwarciu żeglugi
to be ~ **for** ⟨**to**⟩ **charter** (*o statku*) być wolnym do zaczarterowania
to be ~ **for** ⟨**to**⟩ **offer** być skłonnym do rozpatrzenia oferty
to be ~ **to criticism** podlegać dyskusji ⟨krytyce⟩
to be ~ **to do sth** być skłonnym ⟨gotowym⟩ do zrobienia czegoś
to be ~ **with sb** być szczerym wobec kogoś
to hold ~ obowiązywać, pozostawać w mocy
to lay sth ~ pozostawić coś otwartym ⟨nie załatwionym⟩
open[2] *v* **1.** otworzyć, otwierać się **2.** rozpoczynać (się)
to ~ **an account in sb's name** otworzyć konto na czyjeś nazwisko
to ~ **an account with a bank** otworzyć konto ⟨rachunek⟩ w banku
to ~ **bankruptcy proceedings** otworzyć postępowanie upadłościowe
to ~ **the bidding** rozpocząć licytację
to ~ **a branch** otworzyć filię ⟨oddział⟩
to ~ **business relations** rozpocząć ⟨nawiązać⟩ stosunki handlowe
to ~ **a business** ⟨**shop**⟩ otworzyć firmę ⟨sklep⟩
to ~ **the case** rozpocząć sprawę (*składając wstępne wyjaśnienia*)
to ~ **a credit with a bank** otworzyć kredyt ⟨akredytywę⟩ w banku
to ~ **the debate** otworzyć ⟨rozpocząć⟩ obrady
to ~ **an inquiry** ⟨**investigation**⟩ rozpocząć śledztwo
to ~ **a letter of credit** otworzyć akredytywę
to ~ **a meeting** otworzyć zebranie
to ~ **negotiations** rozpocząć rokowania
to ~ **Parliament** otworzyć sesję parlamentu
to ~ **pleadings** rozpocząć przedstawianie sprawy (*przed przysięgłymi*)
to ~ **a policy** przekształcić polisę otaksowaną w otwartą ⟨nie otaksowaną⟩
to ~ **proceedings** wszcząć postępowanie (*np. sądowe*)
to ~ **a subscription** otworzyć ⟨ogłosić⟩ subskrypcję
there ~ (*na przesyłce*) tu otwierać
open-end *adj*: ~ **contract** umowa na dostawy bieżące
opening *s* **1.** otwarcie, rozpoczęcie **2.** możliwość, sposobność **3.** wakans, wolne miejsce pracy
~ **balance** saldo otwarte
~ **balance sheet** bilans otwarcia
~ **capital** kapitał zakładowy
~ **ceremony** inauguracja
~ **clause** wstępna klauzula
~ **hours** godziny otwarcia
~ **of an account** otwarcie rachunku ⟨konta⟩
~ **of bids** otwarcie ofert w przetargu
~ **of books** otwarcie ksiąg
~ **of negotiations** otwarcie ⟨rozpoczęcie⟩ rokowań
~ **of new markets** powstanie nowych rynków zbytu
~ **of a will** otwarcie testamentu
~ **price** *giełd.* cena otwarcia
~ **quotation** ⟨**rate**⟩ *giełd.* kurs otwarcia

~ **statement** wstępne oświadczenie
~ **time** czas otwarcia
at the ~ *gield.* przy otwarciu giełdy, po kursie otwarcia
trade ~ okazja ⟨możliwość⟩ zbytu
open-market *adj*: ~ **discount rate** prywatna stopa dyskontowa
~ **operations** ⟨**transactions**⟩ operacje ⟨transakcje⟩ na otwartym rynku
~ **sales and purchases** sprzedaż i zakup na otwartym rynku
operable *adj* wykonalny, dający się wprowadzić w życie
operate *v* 1. działać, funkcjonować 2. prowadzić operacje (*handlowe itp.*), spekulować 3. eksploatować 4. prowadzić, kierować 5. obsługiwać
to ~ **an account** prowadzić rachunek
to ~ **a coal-mine** eksploatować kopalnię
to ~ **a factory** prowadzić fabrykę
to ~ **a farm** prowadzić gospodarstwo rolne
to ~ **for a fall** ⟨**rise**⟩ spekulować na zniżkę ⟨zwyżkę⟩
to ~ **a machine** obsługiwać maszynę, pracować na maszynie
to ~ **on part time** pracować w niepełnym wymiarze godzin
to ~ **a shipping line** eksploatować linię okrętową
to ~ **to sb's advantage** (*o prawie*) działać na czyjąś korzyść
to ~ **under a charter of the state** działać za zezwoleniem władz
operating *adj* operacyjny, eksploatacyjny
~ **account** konto eksploatacyjne
~ **comfort** łatwość obsługi
~ **condition** warunki eksploatacyjne ⟨pracy⟩
~ **costs** ⟨**expenses**⟩ koszty eksploatacji
~ **data** dane eksploatacyjne
~ **income** ⟨**profit**⟩ dochody z eksploatacji, zysk operacyjny
~ **losses** straty eksploatacyjne
~ **period** okres eksploatacji ⟨eksploatacyjny⟩
~ **potential** potencjał operacyjny
~ **profits** dochody eksploatacyjne
~ **surplus** nadwyżka eksploatacyjna
operation *s* 1. czynność, działanie, funkcjonowanie 2. operacja (*finansowa, giełdowa itp.*) 3. spekulacja 4. kierowanie, prowadzenie; manipulowanie 5. eksploatacja
~ **of economy** funkcjonowanie ekonomiki
~ **of labour market** działanie rynku pracy
~ **of law** działanie prawa, moc obowiązująca prawa
~ **of poison** działanie trucizny (*na organizm ludzki*)
~ **on credit** operacja kredytowa
~ **research** *am.* badanie operacyjne
~ **s on current account** operacje na rachunku bieżącym
arbitrage ~ operacja arbitrażowa
auxiliary ~**s** operacje pomocnicze
banking ~**s** operacje bankowe
black-market ~**s** operacje czarnorynkowe
cash ~**s** operacje gotówkowe
charter ~**s** przewozy czarterowe
continuous ~ działanie ciągłe, proces ciągły
costs of ~ koszty eksploatacji

credit ~**s** operacje kredytowe
current ~**s** operacje bieżące
discount ~**s** operacje dyskontowe
domestic ~**s** wewnętrzne przewozy
exchange ~ *a*) operacja dewizowa *b*) operacja giełdowa *c*) wymiana
financial ~**s** operacje finansowe
foreign exchange ~ operacja dewizowa
foreign trade ~ operacja w handlu zagranicznym
forwarding ~**s** czynności spedycyjne ⟨wysyłkowe⟩
forward ~ operacja na termin
illegal ~ nielegalna operacja
large scale ⟨**small scale**⟩ ~ operacja na wielką ⟨małą⟩ skalę
loading ⟨**unloading**⟩ ~**s** czynności załadunkowe ⟨wyładunkowe⟩
marketing ~**s** czynności zbytu
monetary-credit ~**s** operacje kredytowo-finansowe
monetary ~**s** operacje pieniężne
open-market ~**s** operacje na wolnym rynku
over-the-counter ~ operacja pozagiełdowa
salvage ~ akcja ratownicza
seasonal ~**s** operacje sezonowe
speculative ~**s** operacje ⟨transakcje⟩ spekulacyjne
stock exchange ~**s** operacje akcjami
to be in ~ funkcjonować, działać
to be out of ~ nie funkcjonować, nie działać
to bring ⟨**put**⟩ **into** ~ wprowadzić w życie, uruchomić
to come ⟨**go**⟩ **in** ~ zacząć działać, wejść w życie
to suspend the ~ **of a law** zawiesić działanie ustawy ⟨prawa⟩
operational *adj* 1. operacyjny 2. operatywny, zdolny do działania
~ **deficit** deficyt eksploatacyjny
~ **efficiency** operacyjna skuteczność
~ **expenses** ⟨**costs**⟩ koszty operacyjne
~ **loss** strata operacyjna
~ **profit** zysk operacyjny
~ **research** badania operacyjne
~ **season** sezon operacyjny
operative[1] *s* 1. pracownik, robotnik, mechanik 2. *am.* detektyw
operative[2] *adj* 1. skuteczny, operatywny 2. czynny, działający 3. skuteczny, praktyczny (*nie teoretyczny*)
~ **part** działająca część (*ustawy*)
~ **rule** działająca norma
to become ~ wejść w życie, zacząć działać
to make a law ~ wprowadzić ustawę w życie
operator *s* 1. mechanik, operator, osoba obsługująca maszynę 2. *am.* kierownik, zarządzający 3. finansista, przedsiębiorca 4. spekulant
~ **for a fall** ⟨**rise**⟩ *gield.* spekulant na zniżkę ⟨zwyżkę⟩
black-market ~ spekulant na czarnym rynku
currency ~ spekulant walutowy
market ~ spekulant rynkowy
telephone ~ telefonista, telefonistka
opinion *s* 1. opinia, zdanie, zapatrywanie, sąd, pogląd 2. podstawy ⟨uzasadnienie⟩ rozstrzygnięcia sądowego
~ **book** księga referencji (*o klientach firmy*)
~ **poll** ⟨**survey**⟩ sondaż opinii publicznej
attorney's ⟨**counsel's**⟩ ~ pisemna opinia adwokata (*o sprawie*)
concurrence ⟨**consensus**⟩ **of** ~**s** zgodność poglądów

current ~ powszechnie panująca opinia
difference of ~ rozbieżność poglądów
dissenting ~ odrębne zdanie (*zgłoszone przez przegłosowanego sędziego*)
expert's ~ opinia biegłego
in the ~ of sb zgodnie z czyjąś opinią
legal ~ opinia prawna
matter of ~ kwestia sporna (*poglądów*)
medical ~ opinia lekarska
personal ~ opinia prywatna, pogląd osobisty
public ~ opinia publiczna, powszechny pogląd
public ~ poll sondaż opinii publicznej
to be of different ~ być odmiennego zdania
to be of (the) ~ that... uważać, że...
to express one's ~ wyrazić swój pogląd
to form one's ~ wyrobić sobie pogląd
to give an ~ wydać ⟨wyrazić⟩ opinię
to have a good ⟨high⟩ ~ of sb mieć o kimś dobrą opinię
to have no ~ of sb mieć o kimś nie najlepszą opinię
to share an ~ podzielać opinię
to take sb's ~ zasięgnąć czyjejś opinii
opium *s* opium
~ den palarnia opium
~ habit nałóg palenia opium
opponent *s* **1.** przeciwnik, oponent **2.** strona przeciwna
opportune *adj* odpowiedni, dogodny, na czasie, w porę
~ act odpowiedni akt
~ moment odpowiedni moment
opportunist *s* oportunista
opportunity *s* **1.** sposobność, okazja **2.** możliwość
~ of committing a crime możliwość popełnienia zbrodni
~ of employment możliwość zatrudnienia
at the first ~ przy pierwszej sposobności
investment ~ okazja do ⟨możliwość⟩ inwestowania
job ~ możliwość pracy ⟨zatrudnienia⟩
productive ~ możliwość produkcji
shipping ~ okazja wysyłki
trade ~ możliwość zawarcia transakcji
to avail oneself ⟨take advantage⟩ of the ~ skorzystać z okazji
to miss ⟨neglect⟩ the ~ stracić okazję
oppose *v* przeciwstawiać się, sprzeciwiać się, oponować
to ~ an action oponować przeciwko czynności
to ~ an application *pat.* zgłosić sprzeciw w sprawie udzielenia patentu
to ~ apprehension oponować przeciwko zatrzymaniu
to ~ a motion oponować przeciwko wnioskowi
opposed *pp adj* przeciwstawny, odmienny, przeciwny
~ to common sense wbrew rozsądkowi
as ~ to w przeciwieństwie do
opposing *adj:* ~ party przeciwna strona
opposite *adj* przeciwny
~ party przeciwna strona (*w procesie*)
opposition *s* **1.** opozycja **2.** opór **3.** przeciwstawienie (się) **4.** przeciwieństwo **5.** zarzut, sprzeciw (*w sprawie o udzielenie patentu*)
~ fee *pat.* opłata za wniesienie sprzeciwu
~ proceedings *pat.* postępowanie w związku z wniesieniem sprzeciwu

Her Majesty's Opposition *bryt.* partia opozycyjna (*w Parlamencie*)
to be in the ~ być w opozycji
to break down ~ złamać ⟨pokonać⟩ opozycję ⟨opór⟩
to offer ~ to the police stawiać opór policji
oppress *v* gnębić, uciskać, ciemiężyć
to ~ the people gnębić lud
oppression *s* ucisk, gnębienie
~ by public officer nadużycie władzy przez urzędnika
policy of ~ polityka ucisku
oppressive *adj* **1.** uciskający, gnębicielski **2.** uciążliwy
~ system of taxation surowy system podatkowy
oppressor *s* ciemięzca, gnębiciel
opprobrious *adj* **1.** obelżywy **2.** haniebny
~ conduct haniebne zachowanie ⟨prowadzenie się⟩
~ words obelżywe słowa
opprobrium *s* hańba, sromota
opt *v* **1.** optować **2.** dokonywać wyboru, wybierać
to ~ for sth opowiadać się za czymś
optimal *adj* optymalny, najbardziej korzystny
optimum[1] *s* (*pl* **optimums, optima**) optimum, najkorzystniejsze rozwiązanie
optimum[2] *adj* optymalny, najkorzystniejszy
~ choice najkorzystniejszy wybór
~ conditions najkorzystniejsze warunki
~ population optymalne zaludnienie
~ rate of accumulation optymalna stopa akumulacji
~ solution najkorzystniejsze rozwiązanie
option *s* **1.** wybór, prawo wyboru **2.** alternatywa **3.** transakcja terminowa, opcja giełdowa **4.** opcja, wybór obywatelstwa
~ bargain ⟨business⟩ *giełd.* transakcja opcyjna
~ buyer nabywca opcji giełdowej
~ dealings premiowe transakcje opcyjne
~ (declaration) day termin dokonania opcji giełdowej
~ money premia opcyjna
~ of change ⟨payment⟩ wybór waluty płatności
~ of collection wybór miejsca płatności
~ of a fine prawo zamiany kary aresztu na grzywnę
~ of nationality prawo wyboru obywatelstwa
~ of port prawo wyboru portu wyładowania
~ of redemption ⟨repurchase⟩ prawo odkupu
~ operator spekulant transakcji premiowych
~ price ⟨rate⟩ kurs opcyjny
~s market rynek opcyjny
at ~ do wyboru, według uznania, z prawem opcji
buyer's ⟨call⟩ ~ premiowa transakcja terminowa dająca nabywcy prawo dokonania zakupu lub zrezygnowania z transakcji
compound ⟨double⟩ ~ opcja z premią podwójną (*dotycząca zakupu i sprzedaży*)
owner's ~ opcja armatora (*prawo wyboru obliczania frachtu od objętości lub wagi ładunku*)
put ⟨seller's⟩ ~ premiowa transakcja terminowa dająca sprzedawcy prawo dokonania sprzedaży lub odstąpienia od transakcji
ship's ~ opcja armatora
single ~ opcja z premią pojedynczą (*dotyczącą zakupu lub sprzedaży*)
weight-measurement ~ prawo wyboru obliczania frachtu od wagi lub objętości ładunku

to deal in ~**s** dokonywać transakcji opcyjnych
to declare ⟨state⟩ **one's** ~ wykonać prawo opcji
to have no ~ nie mieć wyboru, być w sytuacji przymusowej
to have an ~ **on the goods** mieć pierwszeństwo zakupu towaru
to make one's ~ wybrać
optional *adj* 1. opcyjny, fakultatywny, pozostawiony do wyboru 2. nie obowiązujący, dyskrecjonalny
~ **appearance** fakultatywne poddanie się jurysdykcji sądu
~ **bond** obligacja, którą można wykupić przed terminem umorzenia
~ **cargo** ładunek opcyjny
~ **(cargo) clause** klauzula o ładunku opcyjnym (*prawie zamiany lub wyboru ładunku*)
~ **pilotage** pilotaż nieobowiązkowy
~ **retirement** nieobowiązkowe przejście na emeryturę
oral *adj* ustny
~ **agreement** ustna umowa, ustne porozumienie
~ **argument** wystąpienie ⟨głos⟩ strony (*w sądzie*)
~ **complaint** powództwo zgłoszone ustnie (*w sądzie niższej instancji*)
~ **evidence** dowód z przesłuchania (*świadków*)
~ **hearings** przesłuchanie (*stron*)
~ **proceedings** postępowanie ustne
ordain *v* 1. nakazywać, zarządzać 2. ustanawiać 3. mianować na urząd ⟨stanowisko⟩
ordeal *s* 1. *hist.* sąd boży 2. ciężka próba
fire ⟨**water**⟩ ~ *hist.* próba ognia ⟨wody⟩
trial by ~ *hist.* próba podczas sądu bożego
order[1] *s* 1. zamówienie 2. zarządzenie, polecenie 3. układ, szyk, kolejność 4. stan, klasa 5. zakon 6. porządek 7. instrukcja 8. *bryt.* przepustka (*uprawniająca do bezpłatnego lub ulgowego wstępu*)
~ **acceptance** przyjęcie zamówienia
~ **as per sample** zamówienie według próbki ⟨wzoru⟩
~ **bill of lading** konosament na zlecenie
~ **blank** ⟨**form**⟩ formularz ⟨blankiet⟩ na zamówienia
~ **book** księga zamówień
~ **cheque** czek na zlecenie
~ **confirmation** potwierdzenie zamówienia
~ **for delivery** kwit wydawczy
~ **for payment** polecenie wypłaty
~ **for remittance** polecenie przelewu
~ **for settlement** *giełd.* polecenie transakcji terminowej
Order in Council *bryt.* rozporządzenie królewskie
~ **instrument** papier handlowy na zlecenie
~ **in writing** polecenie na piśmie
~ **nisi** sądowe polecenie tymczasowe lub warunkowe (*pozostawiające stronie czas na wykonanie czynności*)
~ **number** numer zamówienia
~ **of arrest** nakaz aresztowania
~ **of the court** zarządzenie sądowe
~ **of the day** porządek dzienny
~ **of discharge** *bryt.* (*w postępowaniu upadłościowym*) zwolnienie upadłego z długów, uchylenie upadłości
~ **of execution** nakaz egzekucyjny
~ **of exemption** *am.* zwolnienie od opodatkowania
~ **of precedence** porządek starszeństwa

~ **of prohibition** zakaz rozporządzania rzeczą lub prawem
~ **of priority** porządek ⟨kolejność⟩ pierwszeństwa
~ **of release** nakaz zwolnienia
~ **of revivor** postanowienie o wznowieniu postępowania
~ **of succession** porządek ⟨kolejność⟩ dziedziczenia
~ **on a bank** zlecenie na bank
~ **on catalogue** zamówienie według katalogu
~**s on** ⟨**in**⟩ **hand** portfel zamówień, otrzymane zamówienia
~ **to buy** ⟨**purchase**⟩ zlecenie zakupu
~ **to pay** zlecenie zapłaty
~ **to quit** nakaz eksmisji
~ **to sell** zlecenie sprzedaży
~ **to transfer** zlecenie przelewu
~ **to view** zlecenie obejrzenia (*np. domu*)
according to ~ zgodnie z zamówieniem
alphabetical ~ porządek alfabetyczny
as per ~ zgodnie ze zleceniem ⟨z zamówieniem⟩
attachment ~ sądowy nakaz zajęcia
backlog of ~**s** portfel zamówień
back ~ zaległe zlecenie
birth ~ kolejność urodzenia
broker's ~ dyspozycja agenta okrętowego (*co do załadunku lub wyładunku*)
buying ~ polecenie zakupu
by ~ **of...** na zlecenie...
cable ~ zamówienie telegraficzne
cash ~ *a)* przekaz gotówkowy *b)* zamówienie gotówkowe
cash with ~ płatne gotówką przy zamówieniu
chartering ~ polecenie zafrachtowania
cheque to ~ czek na zlecenie
chronological ~ porządek ⟨układ⟩ chronologiczny
commission ~ zlecenie w oparciu o prowizję
confirmation of an ~ potwierdzenie zamówienia
counter ~ odwołanie zamówienia ⟨zlecenia⟩
credit ~ zamówienie kredytowe
delivery ~ zlecenie wydania (*towaru*)
departure ⟨**deviation**⟩ **from** ~**s** odstąpienie od poleceń
deportation ⟨**expulsion**⟩ ~ nakaz deportacji
dispatch ~ dyspozycja wysyłkowa, zlecenie wysyłki
exchange ~ zlecenie giełdowe
execution ⟨**fulfilment**⟩ **of an** ~ wykonanie zamówienia
export ⟨**foreign**⟩ ~ zamówienie eksportowe
final ~ zamówienie wiążące
for ~**s sake** dla porządku
import ~ zamówienie importowe
in good ~ **and condition** (*o towarze*) w porządku i dobrym stanie
in ~ **of size** według wielkości
inspecting ~ zlecenie dokonania oględzin (*towaru*)
insurance ~ zlecenie ubezpieczenia
interim ~ zarządzenie tymczasowe
in working ~ w stanie zdatnym do użytku
issue ~ zezwolenie opuszczenia magazynu itp.
landing ~ *a)* zezwolenie (*władz celnych*) na wyładunek *b)* zlecenie wyładunku (*dla portowych przedsiębiorstw wyładunkowych*)
legal ~ porządek prawny
limited ~ zamówienie limitowane
loading ~ zlecenie załadunku

made out to ~ wystawiony na zlecenie
made to ~ zrobiony na zamówienie ⟨obstalunek⟩
mail ~ a) przekaz pocztowy b) zamówienie pisemne
money ~ przekaz pieniężny, polecenie wypłaty
not to ~ nie na zlecenie
on ~ na zlecenie, na zamówienie
out of ~ a) uszkodzony, zepsuty b) niezdatny do użytku
payable to ~ płatny na zlecenie
payment ~ polecenie wypłaty
point of ~ kwestia formalna ⟨porządkowa⟩
postal ⟨**post office (money)**⟩ ~ pocztowy przekaz pieniężny
repeat ~ powtórne zamówienie
routing ~ dyspozycja co do trasy przewozu
sample ~ zlecenie nadesłania próbki
sampling ~ polecenie pobrania próbek
selling ~ zlecenie sprzedaży
separation ~ postanowienie (sądu) o separacji małżonków
shipping ~ kwit załadowczy, zlecenie załadowania
telegraphic money ~ telegraficzny przekaz pieniężny
to ~ na zlecenie
to ~ **of a bearer** na zlecenie okaziciela
transfer ~ polecenie przelewu
trial ~ zamówienie próbne
unlimited ~ zamówienie nielimitowane
until (further) ~ s (ważny) aż do odwołania ⟨do czasu wydania dalszych dyspozycji⟩
warehousekeeper's ~ polecenie przez władze celne wydania towaru spod zamknięcia
warehouse ~ dyspozycja przygotowania towaru do wysyłki
to accept ⟨**take**⟩ **an** ~ przyjąć zamówienie
to annul an ~ anulować ⟨odwołać⟩ zamówienie
to book an ~ przyjąć ⟨wpisać do księgi⟩ zamówienie
to bulk ~ s łączyć zamówienia (w celu uzyskania rabatu)
to call for ~ s (o statku) prosić o dyspozycje (co do portu przeznaczenia)
to call to ~ a) przywołać do porządku b) am. otwierać (zebranie)
to cancel an ~ odwołać ⟨cofnąć, unieważnić⟩ zamówienie
to carry out ⟨**complete, effect, execute, fill**⟩ **an** ~ wykonać zamówienie
to confirm an ~ potwierdzić zamówienie
to countermand ⟨**withdraw**⟩ **an** ~ cofnąć zamówienie
to entrust ⟨**favour**⟩ **sb with an** ~ udzielić komuś zamówienia
to establish ~ zaprowadzić porządek
to give an ~ dać zlecenie ⟨zamówienie⟩
to keep ⟨**maintain**⟩ ~ utrzymywać porządek
to place an ~ **with sb** udzielić komuś zamówienia
to repeat an ~ ponowić zamówienie
to restore ~ przywrócić porządek
to solicit ~ s akwirować ⟨ubiegać się o⟩ zamówienia
order² v 1. zlecać, polecać 2. nakazywać, zarządzać 3. zamówić, obstalować 4. uporządkować, zaprowadzić porządek, uregulować
to ~ **one's affairs** uporządkować swoje sprawy

to ~ **an enquiry** zarządzić dochodzenie
to ~ **goods** zamówić towary
to ~ **a taxi** zamówić taksówkę
ordered pp adj zamówiony
as ~ zgodnie z zamówieniem
to be ~ **to...** otrzymać polecenie udania się ⟨być skierowanym⟩ do...
orderer s zamawiający, klient, zleceniodawca
ordering s 1. uregulowanie, uporządkowanie 2. zamówienie
~ **of goods** zamówienie towarów
~ **of priorities** uregulowanie pierwszeństwa
ordinance s 1. zarządzenie, rozporządzenie 2. am. zarządzenie zarządu miejskiego 3. zwyczaj, praktyka 4. bryt. hist. akt Parlamentu nie posiadający zgody Korony, Izby Lordów lub Izby Gmin
ordinary adj 1. zwykły, zwyczajny, normalny 2. przeciętny, typowy 3. pospolity
~ **care** zwykła staranność, przeciętna miara staranności
~ **class** bryt. zwykła kategoria (w odniesieniu do więźniów)
~ **court** zwykły sąd
~ **creditor** wierzyciel nie uprzywilejowany
~ **debt** zwykły dług (nie uprzywilejowany)
~ **decency** zwykła przyzwoitość
~ **intelligence** przeciętna inteligencja
~ **judge** zwykły sędzia
~ **negligence** zwykłe zaniedbanie
~ **partnership** spółka jawna
~ **precaution** zwykła ostrożność, przeciętny stopień ostrożności
~ **quality** zwykła ⟨przeciętna⟩ jakość
~ **resolution** uchwała podejmowana zwykłą większością głosów
~ **scale of remuneration** zwykła skala wynagrodzenia
~ **shareholder** akcjonariusz nie uprzywilejowany
~ **shares** ⟨**stock**⟩ akcje zwykłe ⟨nie uprzywilejowane⟩
organ s organ
~ s **of public opinion** publikatory
government ~ organ rządowy
official ~ oficjalny organ
organic adj 1. organiczny, zasadniczy 2. usystematyzowany
~ **act** am. statut federalny nadający samorząd terytorialny
~ **law** ustawa zasadnicza ⟨konstytucyjna⟩, konstytucja
~ **limitation** konstytucyjne ograniczenie
~ **powers** konstytucyjne upoważnienie
~ **statute** ustawa organiczna
organization, organisation s 1. organizacja, instytucja 2. zrzeszenie 3. organizowanie
Organization for Economic Co-operation and Development (skr. **OECD**) Organizacja Współpracy Gospodarczej i Rozwoju
Organization for European Economic Co-operation (skr. **OEEC**) Organizacja Europejskiej Współpracy Gospodarczej
Organization for Trade Co-operation (skr. **OTC**) Organizacja Współpracy Handlowej
Organization of African Unity (skr. **OAU**) Organizacja Jedności Afrykańskiej (skr. **OJA**)

Organization of American States (*skr.* **OAS**) Organizacja Państw Amerykańskich (*skr.* **OPA**)
~ **of distribution** organizacja dystrybucji ⟨rozpowszechniania⟩
~ **of labour** organizacja pracy
~ **of the market** organizacja rynku
Organization of Petroleum Exporting Countries (*skr.* **OPEC**) Organizacja Krajów Eksportujących Naftę
~ **of production** organizacja produkcji
banking ~ organizacja bankowości
bank ~ organizacja ⟨instytucja⟩ bankowa
business ~ organizacja przedsiębiorstwa
charity ~ organizacja charytatywna ⟨dobroczynna⟩
civic ~ organizacja społeczna
clearing ~ *giełd.* instytucja kompensacyjna
criminal ~ organizacja przestępcza
economic ~ organizacja ekonomiczna
Food and Agriculture Organization (*skr.* **FAO**) Organizacja do spraw Wyżywienia i Rolnictwa
industrial ~ organizacja przedsiębiorstwa
labour ~ organizacja pracy
marketing ~ *a*) organizacja zbytu *b*) instytucja sprzedaży
political ~ organizacja polityczna
professional ~ organizacja zawodowa, stowarzyszenie zawodowe
sales ⟨**selling**⟩ ~ organizacja sprzedaży
secret ~ tajna organizacja
to establish ⟨**set up**⟩ **an** ~ utworzyć ⟨powołać⟩ organizację ⟨stowarzyszenie⟩
organize, organise *v* 1. organizować 2. zrzeszać 3. nadawać strukturę organizacyjną
organized, organised *adj* zorganizowany
~ **body** organizacja
~ **crime** przestępczość zorganizowana
~ **labour** *a*) związki zawodowe *b*) robotnicy zorganizowani w związkach zawodowych
~ **market** rynek zorganizowany
organizer, organiser *s* organizator
organizing, organising *adj* organizacyjny
~ **committee** komitet organizacyjny
orgy *s* orgia
origin *s* 1. pochodzenie 2. początek, źródło, geneza
~ **of goods** pochodzenie towaru (*kraj produkcji lub eksportu*)
certificate of ~ świadectwo pochodzenia
country of ~ kraj pochodzenia (*towaru*)
declaration of ~ deklaracja pochodzenia (*w fakturze*)
invoice of ~ faktura oryginalna
of foreign ~ (*o towarze*) pochodzenia zagranicznego
of Polish ~ (*o osobie*) pochodzenia polskiego
point of ~ miejsce pochodzenia (*towaru*)
original[1] *s* oryginał (*np. obrazu*)
~ **of a deed** oryginał aktu
~ **of an invoice** oryginał faktury
in the ~ w oryginale
to take a copy from the ~ sporządzić kopię z oryginału
original[2] *adj* 1. pierwotny, początkowy 2. oryginalny, autentyczny 3. osobliwy, niezwykły
~ **bill in equity** *bryt.* pierwszy pozew (*w postępowaniu opartym na słuszności*)
~ **bill (of exchange)** *a*) oryginał weksla, weksel prima *b*) weksel nie indosowany

~ **bill of lading** oryginał konosamentu
~ **capital** kapitał zakładowy ⟨nominalny⟩
~ **contractor** kontrahent pierwotny
~ **cost** koszt własny, cena zakupu
~ **country** kraj pochodzenia (*towaru*)
~ **cover** ubezpieczenie pierwotne
~ **debtor** główny dłużnik
~ **document** autentyczny dokument
~ **edition** pierwsze wydanie
~ **entry** pierwszy wpis (*w księdze handlowej*)
~ **evidence** autentyczny dowód
~ **firm** centrala firmy, firma macierzysta
~ **invoice** faktura oryginalna
~ **jurisdiction** jurysdykcja sądu pierwszej instancji
~ **order** oryginalny nakaz (*w odróżnieniu od odpisu*)
~ **package** ⟨**packing**⟩ opakowanie oryginalne
~ **patent** główny ⟨pierwszy⟩ patent
~ **price** cena własna (*zakupu*)
~ **process** *a*) pierwsze wezwanie sądowe *b*) sądowe wezwanie do stawienia się pozwanego w sądzie
~ **right** prawo pierwszeństwa
~ **signature** autentyczny podpis
~ **text** tekst autentyczny
~ **value** początkowa wartość
~ **version** wersja oryginalna
~ **weight** waga pierwotna (*załadowania*)
~ **writ** *hist.* pierwotny pozew według prawa zwyczajowego (**common law**)
originate *v* 1. zapoczątkować, dać początek 2. powstawać, pochodzić, brać początek
originating *adj:* ~ **notice of motion** wniosek rozpoczynający postępowanie
~ **petition** pismo rozpoczynające proces sądowy
~ **point** stacja nadania ⟨wysyłki⟩
~ **summons** *bryt.* wezwanie do sądu (*forma wszczęcia powództwa w pewnych sprawach*)
originator *s* 1. autor, twórca 2. projektodawca, inicjator
orphan *s* sierota
~ **s' court** *am.* sąd spadkowy i opiekuńczy w niektórych stanach
orphanage *s* 1. sieroctwo 2. sierociniec
orphaned *adj* osierocony
orthodox *adj* 1. ortodoksyjny 2. prawosławny
the Orthodox Church Kościół prawosławny
oscillate *v* oscylować, wahać się
oscillation *s* oscylowanie, wahanie się, fluktuacja
~ **in** ⟨**of**⟩ **prices** wahania ⟨fluktuacja⟩ cen
ostensible *adj* pozorny, rzekomy, upozorowany
~ **agency** ⟨**authority**⟩ rzekome przedstawicielstwo ⟨pełnomocnictwo⟩
~ **partner** rzekomy wspólnik, osoba zezwalająca na używanie jego nazwiska w transakcjach (*a nie będąca wspólnikiem*)
oust *v* 1. wyrugować, wyrzucić 2. usunąć z posiadania, wysiedlić
to ~ **sb from his office** ⟨**post**⟩ usunąć kogoś ze stanowiska
ouster *s* pozbawienie posiadania, wywłaszczenie
out *adv* poza, na zewnątrz
~ **and home** (*o podróży*) tam i z powrotem
~ **of benefit** (*o właścicielu polisy*) pozbawiony premii (*za niepłacenie opłat*)
~ **of condition** w złym stanie, (*o towarze*) zepsuty
~ **of date** przestarzały, niemodny

~ **of doubt** niewątpliwy
~ **of order** (*o maszynie*) nie funkcjonujący, zepsuty
~ **of repair** nie nadający się do naprawy
~ **of season** poza sezonem
~ **of time** nie we właściwym czasie
to be ~ być (*czasowo*) nieobecnym
to be ~ **of circulation** wyjść z obiegu
to be ~ **of stock** wyczerpać zapas towaru, nie mieć towarów na składzie
to be ~ **of work** być bez pracy
outage *s am.* **1.** ubytek, wyciek **2.** manko, brak
outbalance *v* przeważać, przewyższać
outbid *v* (**outbade, outbid,** *pp* **outbidden, outbid**) przelicytować, oferować na licytacji wyższą cenę
outbound *adj* **1.** udający się za granicę **2.** (*o ładunku*) eksportowy **3.** (*o statku*) odbywający rejs docelowy
~ **freight** ładunek eksportowy
outbreak *s* **1.** wybuch **2.** bunt
~ **of an epidemic** wybuch epidemii
~ **of fire** wybuch ognia
~ **of hostilities** wybuch działań wojennych
~ **of war** wybuch wojny
out-cargo *s* **1.** ładunek eksportowy **2.** ładunek wychodzący z portu
outcast *s* **1.** wyrzutek **2.** wygnaniec, banita
out-clearance *s* klarowanie na wyjściu, wyklarowanie (*statku*)
outcome *s* wynik, rezultat
outdated *adj* przestarzały
~ **opinion** przestarzałe poglądy
outdistance *v* prześcignąć, zdystansować, wyprzedzić
outdo *v* (**outdid, outdone**) **1.** przewyższać, wyprzedzać **2.** przelicytować
outer *adj* zewnętrzny
~ **bar** *bryt.* zewnętrzna bariera (*miejsce przeznaczone dla adwokatów, nie będących radcami królewskimi*)
~ **harbour** (**port**) port zewnętrzny, awanport
~ **space treaty** układ o przestrzeni kosmicznej
outfit[1] *s* **1.** wyposażenie, wyekwipowanie **2.** urządzenie **3.** zestaw narzędzi
~ **insurance** ubezpieczenie wyposażenia
ship's ~ wyposażenie statku
outfit[2] *v* wyekwipować, wyposażyć (**with sth** w coś)
outflow *s* **1.** odpływ **2.** wypływ, wyciek
~ **of capital** odpływ kapitału
~ **of gold** odpływ złota
out-freight *s* **1.** ładunek eksportowy **2.** fracht w podróży docelowej
outgo *s* rozchód, wydatki
outgoing *adj* wychodzący
~ **freight** ładunek eksportowy
~ **mail** poczta wychodząca
~ **traffic** ruch wyjazdowy, przewozy (przeładunki) wychodzące
outgoings *spl* wydatki, rozchód
outlaw[1] *s* **1.** banita, człowiek wyjęty spod prawa **2.** *pot.* przestępca
outlaw[2] *v* **1.** wyjąć spod prawa **2.** zakazywać (**sth** czegoś) **3.** ogłaszać coś za nielegalne
outlawed *adj* **1.** pozbawiony mocy prawnej **2.** zakazany
~ **debt** przedawniony dług
outlawry *s* **1.** wyjęcie spod prawa, banicja **2.** zakaz

outlay[1] *s* **1.** wydatek, nakład pieniężny (**on sth** na coś), rozchód **2.** wydatkowanie
capital ~ nakład kapitałowy
investment ~ wydatek (nakład) inwestycyjny
to get back (**recover**) **one's** ~ odzyskać nakład (wydatek)
outlay[2] *v* wydatkować, rozchodować
outlet *s* **1.** ujście **2.** rynek zbytu, zbyt **3.** *am.* detaliczny punkt sprzedaży, sklep
to look for ~ szukać rynku zbytu
outline[1] *s* **1.** zarys, projekt **2.** obrys
~ **of a contract** projekt umowy
outline[2] *v* projektować, szkicować
outlook *s* **1.** widok, perspektywa (*na przyszłość*) **2.** punkt widzenia, pogląd
economic ~**s** perspektywy ekonomiczne
good ~ **for foreign trade** perspektywy dla handlu zagranicznego
outmarriage *s* małżeństwo mieszane (*między osobami różnych ras itp.*)
outnumber *v* przewyższać liczebnie, mieć przewagę liczebną (**sb** nad kimś)
out-of-court *adj.* ~ **settlement** załatwienie pozasądowe
out-of-date *adj* przestarzały
~ **cheque** przedawniony czek
out-of-pocket *adj.* ~ **expenses** wydatki bieżące
out-of-season *adj* posezonowy
~ **sale** posezonowa wyprzedaż
out-of-time *adj.* ~ **goods** ładunek zgłoszony po terminie (*nie przyjęty na statek*)
out-of-use *adj* bezużyteczny
out-of-work *adj* bezrobotny
outport *s* **1.** port drugorzędny (dowozowy) **2.** port odjazdu (wyjściowy) **3.** *bryt.* każdy port Wielkiej Brytanii (*z wyjątkiem Londynu*)
output *s* **1.** wydajność, zdolność wytwórcza **2.** moc (*np. silnika*) **3.** produkcja, wydobycie **4.** informacje z komputera
~ **bonus** premia za wydajność
~ **capacity** zdolność (moc) produkcyjna
~ **ceiling** pułap wydajności
~ **level** poziom produkcji
~ **per day** (**hour**) wydajność dzienna (godzinowa)
~ **per man** wydajność jednostkowa (*na jednego pracownika*)
~ **test** próba wydajności
annual ~ roczna produkcja, roczne wydobycie
average ~ przeciętna produkcja, przeciętne wydobycie
daily ~ wydajność dzienna
gross ~ produkcja globalna (brutto)
individual ~ produkcja jednostkowa (*na jednego pracownika*)
industrial ~ produkcja przemysłowa
net ~ produkcja czysta (netto)
power of ~ zdolność produkcyjna
total ~ produkcja globalna
volume of ~ wielkość produkcji
world ~ produkcja światowa
outrage[1] *s* **1.** gwałt, pogwałcenie **2.** zniewaga, obraza **3.** zbrodnia **4.** zamach (*np. bombowy*)
~ **against humanity** zbrodnia przeciwko ludzkości
~ **against morals** obraza moralności
~ **on justice** pogwałcenie sprawiedliwości

outrage² v 1. zadawać gwałt, gwałcić 2. pogwałcić 3. obrażać, urągać (**sth** czemuś)
to ~ **common sense** urągać zdrowemu rozsądkowi
to ~ **public opinion** oburzyć opinię publiczną
outrageous adj 1. oburzający, skandaliczny 2. obrażający 3. (o cenie) wygórowany, horrendalny
~ **conduct** skandaliczne prowadzenie się
~ **injustice** oburzająca niesprawiedliwość
~ **insult** niesłychana ⟨śmiertelna⟩ zniewaga
outrank v przewyższać (rangą)
outrider s 1. hist. foryś 2. osoba jadąca przodem ⟨przed pojazdem⟩ (np. na motocyklu)
outright¹ adj 1. całkowity, zupełny 2. stanowczy, wyraźny 3. bezpośredni 4. (o kupnie) gotówkowy, ryczałtowy
~ **monopoly** wyłączny monopol
~ **owner** pełny właściciel
~ **sale** sprzedaż ryczałtowa
outright² adv 1. całkowicie, zupełnie 2. wyraźnie, bez zastrzeżeń 3. z miejsca, zaraz, natychmiast 4. wprost, otwarcie 5. (o kupnie) ryczałtem
to buy ~ a) kupić ryczałtem b) kupić z natychmiastową dostawą i zapłatą
tu buy rights ~ nabyć ryczałtem prawa
outrun v (outran, outrun) 1. zdystansować, wyprzedzić 2. przekraczać
to ~ the limit przekroczyć limit
outsell v (outsold, outsold) 1. być sprzedawanym drożej; sprzedawać drożej (sb od kogoś) 2. sprzedawać więcej
to ~ one's competitors sprzedawać więcej niż konkurenci
outside adj 1. zewnętrzny 2. krańcowy 3. (o pracy) chałupniczy 4. (o cenie) najwyższy, maksymalny 5. (o zdaniu) postronny
~ **broker** makler pozagiełdowy
~ **broking** maklerka pozagiełdowa
~ **capital** obcy kapitał
~ **employment** zatrudnienie na zewnątrz (więzienia)
~ **estimate** krańcowy szacunek, najwyższe oszacowanie
~ **market** wolny rynek, rynek pozagiełdowy
~ **port** port zewnętrzny
~ **price** krańcowa cena
~ **ship** statek nie objęty konferencją żeglugową
~ **work** praca wykonywana na powietrzu
outsider s 1. obcy, osoba postronna 2. outsider 3. statek nie należący do konferencji 4. makler pozagiełdowy 5. firma nie należąca do monopolu
outstanding adj 1. zaległy, należny, nie uregulowany, nie zapłacony 2. (o sprawie) nie załatwiony, otwarty 3. wybitny, wyróżniający się
~ **account** rachunek nie zapłacony
~ **amount** suma zaległa
~ **balance** saldo należne ⟨nie uregulowane⟩
~ **bill** a) nie zapłacony rachunek b) nie zapłacony weksel
~ **coupons** zaległe kupony
~ **debts** ⟨liabilities⟩ nie pokryte długi ⟨zobowiązania pieniężne, wierzytelności⟩
~ **interest** zaległe procenty
~ **matter** ⟨problem⟩ sprawa (pozostająca) do załatwienia ⟨do rozstrzygnięcia⟩
~ **notes** banknoty w obiegu
~ **obligations** nie zapłacone zobowiązania

~ **orders** nie wykonane ⟨zaległe⟩ zamówienia
~ **payment** zaległa płatność
~ **risk** a) ryzyko główne b) ryzyko niewygasłe
~ **shares** akcje w obiegu
~ **worker** przodownik pracy
outstandings spl należności, wierzytelności
outturn s 1. produkcja, wytwórczość 2. zdolność produkcyjna, wydajność, efekt 3. ilość wyładowanych towarów
~ **report** raport wynikowy, zestawienie wynikowe (np. o ilości wyładowanego ładunku)
~ **weight** ciężar wyładowany, ciężar dostarczonej przesyłki
~ **weight guarantee** gwarancja pełnej wagi przy wyładowaniu
outvalue v przewyższać (coś) wartością
outvote v przegłosować
outvoter s bryt. wyborca spoza okręgu
outward adj 1. zewnętrzny, widoczny 2. odjeżdżający, wychodzący 3. (o bilecie) docelowy
~ **appearance** wygląd zewnętrzny
~ **bill of lading** konosament w podróży docelowej
~ **cargo** ładunek eksportowy
~ **charges** wyjściowe opłaty portowe
~ **clearance** wyklarowanie, dokonanie odprawy (statku na wyjściu)
~ **clearance certificate** świadectwo celne o dokonaniu odprawy na wyjściu
~ **freight** fracht wyjściowy ⟨docelowy⟩; ładunek eksportowy
~ **mail** poczta wychodząca
~ **manifest** manifest wywozowy, lista przesyłek na wyjściu
~ **mission** misja zagraniczna
~ **trade** handel wywozowy
~ **voyage** rejs docelowy
outward-bound adj (o statku) wychodzący z portu, odpływający
outward-bounder s statek wychodzący z portu ⟨odpływający w podróż⟩
outward(s) adv na zewnątrz, za granicę
cargo ~ ładunek eksportowy
cleared ~ statek wyklarowany
declaration ~ wywozowa deklaracja celna (statku)
entry ~ zgłoszenie statku do odprawy celnej na wyjściu
to clear ~ wyklarować statek, clić na wyjściu
to enter ~ zgłosić (statek) do odprawy celnej wywozowej
outweigh v 1. przeważać, ważyć więcej 2. mieć większe znaczenie (sb, sth od kogoś, czegoś)
outwit v przechytrzyć, użyć podstępu (sb w stosunku do kogoś)
overabundance s nadmiar
overabundant adj będący w nadmiarze, nadmierny
overage s am. nadwyżka ładunkowa
overall adj ogólny, całkowity, obejmujący całość
~ **business activity** całkowita działalność handlowa
~ **consumption** konsumpcja ogólna
~ **cost of living** całkowity koszt utrzymania
~ **demand** całkowity popyt
~ **dimensions** całkowity gabaryt (ładunku)
~ **economic policy** ogólna polityka ekonomiczna
~ **efficiency** maksymalna wydajność

~ **measurement** maksymalny rozmiar (*sztuki ładunku*)
~ **responsibility** całkowita odpowiedzialność
~ **risk** ogólne ⟨całkowite⟩ ryzyko
overbalance[1] *s* nadwyżka, nadwaga
overbalance[2] *v* 1. przeważać 2. tracić równowagę
overbear *v* (**overbore, overborne**) 1. pokonywać, przezwyciężać 2. przeważać
overbid[1] *s* przelicytowanie, przebicie licytacyjne
overbid[2] *v* (**overbid, overbade,** *pp* **overbid, overbidden**) przebić (*na licytacji*), zaoferować wyższą cenę (*na licytacji*)
overbidder *s* licytant przebijający ⟨dający wyższą cenę⟩
overboard *adj* za burtą, za burtę
  risk of washing ~ *ub. mors.* ryzyko zmycia za burtę
  to throw ~ wyrzucić za burtę
overbook *v* bukować większą ilość ładunków (*niż mieści się na statku*)
overbought *adj:* ~ **market** rynek nadmiernie zaopatrzony (*w stosunku do popytu*)
overburden *v* przeciążyć, przeładować
overbuy *v* (**overbought, overbought**) kupować nadmierną ilość ⟨ponad możliwości finansowe⟩
overcapitalize *v* nadmiernie nasycić kapitałem
  to ~ **an enterprise** włożyć zbyt duży kapitał w przedsiębiorstwo
overcarriage *s* 1. przewiezienie ładunku dalej niż do umówionego portu 2. przewiezienie przez przewoźnika więcej ładunku niż przewiduje umowa
overcarried *adj:* ~ **cargo** ładunek przewieziony dalej (*aniżeli do umówionego portu*)
overcarry *v* 1. przewieźć ładunek dalej niż do umówionego portu 2. przewieźć więcej ładunku niż przewiduje umowa
overcertificate *v* potwierdzić czek na sumę nie mającą pokrycia na rachunku
overcharge[1] *s* 1. przeładowanie, przeciążenie, nadmierny ładunek 2. nadmierna cena ⟨opłata⟩ 3. żądanie nadmiernej ceny ⟨opłaty⟩
  ~ **on an account** przekroczenie konta
  fraudulent ~ oszukańcze żądanie nadmiernej ceny ⟨opłaty⟩
  to make an ~ **on sth** żądać nadmiernej ceny ⟨opłaty⟩ za coś
overcharge[2] *v* 1. przeciążyć, przeładować, nadmiernie obciążyć ładunkiem 2. liczyć zbyt wysoką cenę, ustalić wygórowaną cenę ⟨opłatę⟩
overcome *v* (**overcame, overcome**) 1. przezwyciężać, pokonywać, zwalczać 2. obalać
  to ~ **economic and cultural backwardness** pokonać ⟨przezwyciężyć⟩ gospodarcze i kulturalne zacofanie
  to ~ **difficulties** pokonywać trudności
  to ~ **an obstacle** usunąć ⟨pokonać⟩ przeszkodę
  to ~ **a presumption** obalić domniemanie
overdose *s* zbyt duża dawka, przedawkowanie
  lethal ~ śmiertelne przedawkowanie
overdraft *s* 1. przekroczenie konta (*bankowego*) 2. przekroczenie kredytu (*bankowego*) 3. suma przekroczenia (*rachunku, konta*)
  unsecured ~ nie zabezpieczone przekroczenie konta
  to make an ~ przekroczyć kredyt bankowy ⟨stan konta⟩

overdraw *v* (**overdrew, overdrawn**) 1. przekroczyć (*konto, kredyt*) 2. wystawić czek ponad pokrycie bankowe
  to ~ **an account** przekroczyć stan konta (*przez wystawienie czeku bez pokrycia*)
  to ~ **a credit** przekroczyć kredyt
overdrawn *pp adj:* ~ **account** przekroczone konto
  ~ **credit** kredyt przekroczony
  to be ~ **at the bank to the extent of...** mieć saldo debetowe na rachunku bankowym w wysokości...
overdue *adj* opóźniony, zaległy, przeterminowany
  ~ **account** zaległy rachunek
  ~ **bill** *a*) przeterminowany weksel *b*) zaległy rachunek
  ~ **delivery** opóźniona dostawa
  ~ **interest** zaległe odsetki
  ~ **payment** zaległa płatność, zapłata nie dokonana w terminie
  ~ **ship** opóźniony statek
  to be ... days ~ być opóźnionym ... dni, zalegać od ... dni
overemployment *s* nadmierne zatrudnienie
overestimate[1] *s* zbyt wysoka cena ⟨kalkulacja⟩, wygórowany kosztorys
overestimate[2] *v* przeceniać, zbyt wysoko oceniać ⟨kalkulować⟩
overfreight *s* 1. dopłata do frachtu 2. ładunek większy od przewidywanego, nadwyżka ładunku
overfulfil *v* wykonać z nadwyżką
  to ~ **a plan** przekroczyć plan, wykonać plan z nadwyżką
overhaul[1] *s* 1. gruntowny przegląd 2. kontrola, rewizja 3. remont kapitalny, naprawa główna
overhaul[2] *v* 1. poddawać oględzinom, kontrolować, przeglądać 2. remontować, naprawiać 3. (*o statku*) wyprzedzić, prześcignąć
overhead *adj* 1. ogólny, globalny 2. górny, znajdujący się na wierzchu
  ~ **charges** ⟨**costs, expenses**⟩ koszty ogólne ⟨handlowe⟩
  ~ **company** towarzystwo holdingowe dysponujące akcjami lub udziałami innej firmy
  ~ **price** cena ogólna ⟨ryczałtowa⟩
  ~ **projection** planowanie wsteczne
overheads *spl* koszty ogólne ⟨handlowe⟩
overhours *spl* godziny nadliczbowe, nadgodziny
overinflation *s* nadmierna emisja (*np. pieniędzy*)
  ~ **of securities** nadmierna emisja papierów wartościowych
overinsurance *s* ubezpieczenie powyżej wartości, nadubezpieczenie
overinsure *v* ubezpieczyć powyżej wartości (*ubezpieczonego przedmiotu*)
overinvest *v* przeinwestować, nadmiernie inwestować
overinvestment *s* przeinwestowanie, nadmierne inwestowanie
overinvoicing *s* fakturowanie po zawyżonych cenach
overissue[1] *s* nadmierna emisja (*pieniądza papierowego*) w stosunku do pokrycia
overissue[2] *v* dokonywać nadmiernej emisji (*pieniądza papierowego*)
overkill *s* zdolność zniszczenia (*bronią nuklearną*) w większym stopniu niż niezbędne
overladen *adj* przeładowany
overland[1] *adj* lądowy

~ **carriage** przewóz lądowy
~ **insurance** ubezpieczenie w transporcie lądowym
~ **route** droga lądowa
~ **trade** handel lądowy
~ **transport** ⟨**transportation**⟩ transport lądowy
overland[2] *adv* drogą lądową, lądem
~ **and overseas** drogą lądową i morską
overleaping *s* ~ **of two jobs** zachodzenie jednej pracy na drugą
overload[1] *s* przeładowanie, nadmierne obciążenie, przeciążenie
overload[2] *v* przeładować (*np. statek*), przeciążyć, nadmiernie obciążyć
overlook *v* 1. przeoczyć, nie zauważyć (**sth** czegoś) 2. nie docenić
overmuch[1] *adj* nadmierny, zbytni
overmuch[2] *adv* nadmiernie, zbyt, zbytnio
overpaid *adj* przepłacony
overpay *v* (**overpaid, overpaid**) przepłacać, nadpłacać
overpayment *s* 1. przepłacenie 2. nadpłata
overplus *s* nadwyżka, nadmiar
overpopulation *s* przeludnienie
overpower *v* 1. opanować, poskromić 2. przezwyciężyć, przemóc, pokonać
overprice *s* nadmierna ⟨wygórowana⟩ cena
overproduce *v* produkować w nadmiarze
overproduction *s* nadprodukcja
crisis of ~ kryzys nadprodukcji
overrate *v* przeceniać, oceniać zbyt wysoko
override *v* (**overrode, overridden**) 1. pomijać, nie uwzględniać 2. przechodzić do porządku dziennego (*nad czymś*) 3. przekraczać (*np. kompetencje*) 4. nadużywać
to ~ **sb's claims** nie uwzględniać czyichś pretensji ⟨czyichś roszczeń⟩
to ~ **one's commission** przekroczyć uprawnienia ⟨pełnomocnictwo⟩
overrule *v* 1. unieważniać, anulować 2. odrzucać, nie uwzględniać 3. kasować, uchylać
to ~ **a claim** nie uwzględnić żądania ⟨reklamacji, sprzeciwu⟩
to ~ **a decision** anulować decyzję
to ~ **a judgment** uchylić wyrok
to ~ **an objection** nie uwzględnić zarzutu ⟨zastrzeżenia⟩
overrun *v* (**overran, overrun**) 1. przekroczyć (*granicę, czas*) 2. najechać
oversaid *adj* wyżej wymieniony ⟨wspomniany, wzmiankowany⟩
oversavings *spl* nadmierne oszczędności
oversea(s)[1] *adj* zamorski, zagraniczny
~ **business** handel zamorski
~ **debt** zamorski dług
~ **market** rynek zamorski
~ **possession** posiadłość zamorska
~ **shipment** wysyłka zamorska
~ **territories** zamorskie obszary ⟨terytoria, posiadłości⟩
~ **trade** handel zamorski
oversea(s)[2] *adv* 1. za morze, za ocean 2. za morzem, za oceanem
from ~ zza morza, z krajów zamorskich
oversee *v* (**oversaw, overseen**) doglądać, nadzorować, pilnować
overseer *s* nadzorca, brygadzista

oversell *v* (**oversold, oversold**) 1. sprzedawać więcej niż jest się w stanie dostarczyć 2. sprzedawać po wyższej cenie
overship *v* 1. przeładować (*statek*) 2. wysyłać (*statkiem*) z nadwyżką
overside *adv* za burtą, za burtę
~ **cargo** ⟨**goods**⟩ ładunek do wyładowania w pierwszej kolejności
~ **delivery** wyładunek ze statku na statek
~ **delivery clause** klauzula o prawie odbioru przesyłki pod burtą statku (*np. na lichtugę*)
~ **port** port, w którym przeważają przeładunki ze statku na statek (*bez przybijania do nabrzeża*)
free ~ franko za burtą ⟨lichtuga, nabrzeże⟩
oversight *s* 1. przeoczenie, niedopatrzenie 2. nadzór, pilne baczenie
by ⟨**through**⟩ (**an**) ~ przez przeoczenie ⟨nieuwagę⟩
overspend *v* (**overspent, overspent**) wydawać za dużo
to ~ **one's income by £ 100** wydać 100 funtów powyżej swego dochodu
overstate *v* przesadzać (**sth** w czymś)
overstep *v* przekraczać
to ~ **one's competence** przekroczyć kompetencje
to ~ **one's powers** przekroczyć uprawnienia
overstock[1] *s* nadmierny zapas (*towarów*)
overstock[2] *v* 1. zaopatrywać się nadmiernie w towar, robić nadmierne zapasy 2. nadmiernie zaopatrywać (*np. rynek*)
to ~ **a shop** ⟨**market**⟩ nadmiernie zaopatrzyć sklep ⟨rynek⟩ w towar
overstowage *s* niewłaściwe sztauowanie
oversubscribe *v* przekroczyć planowaną kwotę subskrypcji
oversupply[1] *s* nadmierna podaż, nadmierne zaopatrzenie
oversupply[2] *v* nadmiernie zaopatrywać, dostarczać w nadmiarze
overt *adj* jawny, otwarty, nie ukrywany
~ **act** jawne działanie
~ **hostility** jawna wrogość
market ~ sprzedaż publiczna
overtake *v* (**overtook, overtaken**) 1. doganiać, dopędzać 2. wyprzedzać, mijać 3. odrabiać (*zaległości*)
overtaker *s* dodatkowy ładunek (*za uzupełnienie ubytków w towarze*)
overtax *v* przeciążyć podatkami
over-the-counter *adj:* ~ **market** obrót wolnorynkowy
overthrow[1] *s* przewrót, upadek, obalenie
overthrow[2] *v* (**overthrew, overthrown**) obalić, doprowadzić do upadku
to ~ **a government** obalić rząd
overtime[1] *s* 1. godziny nadliczbowe, nadgodziny 2. wynagrodzenie za pracę w godzinach nadliczbowych
~ **ban** zakaz pracy w godzinach nadliczbowych
~ **clause** *czart.* klauzula zobowiązująca załogę do pracy w godzinach nadliczbowych
~ **request** prośba o przeprowadzenie oclenia towarów w nie ustalonym z góry czasie
compulsory ⟨**voluntary**⟩ ~ obowiązkowa ⟨dobrowolna⟩ praca w godzinach nadliczbowych
to be on ~ pracować w godzinach nadliczbowych
to pay for ~ płacić za pracę w godzinach nadliczbowych
overtime[2] *adv* w godzinach nadliczbowych, poza normalnym czasem pracy

to work ~ pracowac w godzinach nadliczbowych, pracować dodatkowo, dorabiać

overtonnage *s* nadmierna podaż wolnego tonażu (*na rynku frachtowym*)

overtrade *v* handlować na większą skalę, niż pozwala własny kapitał obrotowy

overtures *spl* próby nawiązania rokowań, wstępne rokowania

overturn[1] *s* **1.** przewrót **2.** obrót

overturn[2] *v* przewracać, obalać

overvaluation *s* **1.** przecenianie **2.** zbyt wysoka wycena **3.** wygórowana cena

overvalue *v* przeceniać, wyceniać ⟨szacować⟩ zbyt wysoko

overweight[1] *s* nadwaga, nadwyżka wagi

overweight[2] *v* przeładować, przeciążyć ładunkiem

overwhelm *v* zasypywać, zalewać (*np. zamówieniami*)

overwhelming *adj:* ~ **majority** przeważająca ⟨przytłaczająca⟩ większość

overwork[1] *s* **1.** przemęczenie, przepracowanie **2.** nadmierna praca

overwork[2] *v* przemęczać ⟨przeciążać⟩ pracą

owe *v* **1.** być dłużnym ⟨winnym⟩ **2.** zawdzięczać
    to ~ **money** być winnym, mieć dług
    to ~ **sth to sb** zawdzięczać coś komuś

owelty *s* wyrównanie
    ~ **of partition** wyrównanie pieniężne w przypadku nierównego podziału nieruchomości

owing[1] *adj* należny; przypadający do zapłaty
    amount ~ suma należna
    balance ~ saldo przypadające do zapłaty
    rent ~ zaległy czynsz

owing[2] *praep:* ~ **to** z powodu, na skutek, dzięki

own[1] *adj* własny
    at ⟨**on**⟩ **one's** ~ **account** na własny rachunek
    at one's ~ **risk** na własne ryzyko
    by one's ~ **fault** z własnej winy
    by ⟨**with**⟩ **one's** ~ **hand** własnoręcznie
    in one's ~ **name** we własnym imieniu
    in one's ~ **right** w mocy własnego prawa
    of one's ~ **accord** dobrowolnie
    on one's ~ **responsibility** na własną odpowiedzialność

own[2] *v* **1.** posiadać, mieć na własność **2.** uznać, przyznać **3.** być właścicielem (**sth** czegoś) **4.** *zob.* **own to, own up**
    to ~ **a child** uznać dziecko (za własne)
    to ~ **one's fault** uznać własną winę, przyznać się do winy

owned *pp:* ~ **by...** będący własnością ⟨stanowiący własność⟩...
    partly ~ będący częściową własnością
    privately ~ znajdujący się w prywatnym posiadaniu, prywatny
    publicly ~ będący własnością publiczną, społeczny
    State ~ stanowiący własność państwa, państwowy
    to be ~ należeć, stanowić własność

owner *s* **1.** właściciel, posiadacz **2.** armator, właściciel statku
    ~ **of capital** właściciel kapitału
    ~ **of goods** właściciel towarów
    ~ **of a patent** właściciel patentu

    ~ **of property** właściciel
    ~ **of real estate** właściciel nieruchomości
    ~ **of shares** właściciel akcji
    ~ **of the ship** właściciel statku
    ~**'s agent** agent ⟨makler⟩ wyznaczony przez armatora
    ~**'s broker** agent ⟨makler⟩ armatora pośredniczący przy zawieraniu umowy czarterowej
    ~**'s representative** przedstawiciel armatora
    ~**'s risk** *a)* ryzyko armatora *b)* ryzyko właściciela ładunku
    ~**'s work** czynności armatorskie
    agent to ~ agent wyznaczony przez armatora
    at ~**'s option** (*o kolejności zawijania do portów*) według wyboru armatora
    at ~**'s risk** na ryzyko ⟨odpowiedzialność⟩ właściciela
    bare ~ właściciel tytularny nieruchomości (*bez korzyści z jej użytkowania*)
    cargo ~ właściciel ładunku
    exclusive ~ wyłączny właściciel ⟨posiadacz⟩
    farm ~ właściciel gospodarstwa rolnego
    joint ~ współwłaściciel (*w częściach nie wydzielonych*)
    lawful ⟨**legitimate, rightful**⟩ ~ prawny właściciel ⟨posiadacz⟩
    managing ~ armator – administrator statku, armator eksploatujący statek
    original ~ pierwotny właściciel ⟨posiadacz⟩
    part ~ współwłaściciel (*w częściach wydzielonych*)
    previous ~ poprzedni właściciel ⟨posiadacz⟩
    rightful ~ prawny właściciel ⟨posiadacz⟩
    ship ~ armator
    sole ~ wyłączny właściciel ⟨posiadacz⟩
    subsequent ~ następny właściciel ⟨posiadacz⟩, następca prawny

ownerless *adj* bezpański, niczyj
    ~ **property** bezpańska własność

ownership *s* **1.** własność, posiadanie **2.** prawo własności
    ~ **transfer** przeniesienie (prawa) własności
    absentee ⟨**bare, nominal**⟩ ~ własność nominalna ⟨tytularna⟩ (*nie połączona z posiadaniem lub zarządzaniem*)
    absolute ⟨**exclusive, sole**⟩ ~ wyłączna własność
    claim of ~ akcja petytoryjna (*o wydanie własności*)
    common ⟨**collective**⟩ ~ wspólna ⟨kolektywna⟩ własność, współwłasność
    joint ~ współwłasność niepodzielna
    lawful ⟨**legal**⟩ ~ własność legalnie nabyta
    private ~ prywatna własność
    restricted ~ ograniczona własność
    undivided ~ własność niepodzielna
    to ban private ~ **of...** zakazać prywatnej własności... (*czegoś*)

oxidation, oxidization *s* utlenianie, oksydacja
    risk of rust and ~ ryzyko zardzewienia i oksydacji

oyer *s* **1.** *hist.* rozprawa w sprawie dokumentu **2.** dokument dostarczony przez stronę przeciwną
    ~ **and terminer** *hist. a) am.* wyższy sąd karny *b) bryt.* polecenie odbycia sądu

P

pace *s* **1.** tempo, szybkość **2.** krok
at a quick ⟨slow⟩ ~ w szybkim ⟨wolnym⟩ tempie
to keep ~ **with the demand** nadążać za popytem
to keep ~ **with sb, sth** dotrzymywać kroku komuś, czemuś
to set the ~ nadawać tempo
pacific *adj* pokojowy
~ **blockade** pokojowa blokada
~ **means** pokojowe środki
~ **settlement** pokojowe załatwienie (*sporu*)
pacification *s* **1.** pacyfikacja **2.** układ pokojowy
policy of ~ polityka pokojowa
pacificatory *adj* pojednawczy
pacifism *s* pacyfizm
pacifist *s* pacyfista, zwolennik pokoju
pacify *v* **1.** uspokajać **2.** pacyfikować
pack¹ *s* **1.** pakunek, paczka **2.** ładunek **3.** pakowanie, rodzaj opakowania **4.** stek (*np. kłamstw*)
~ **goods** towar opakowany
~ **of cigarettes** *am.* paczka papierosów
~ **of lies** stek kłamstw
~ **of thieves** banda złodziei
pack² *v* **1.** pakować, opakować **2.** układać **3.** *am.* przewozić w jukach **4.** stronniczo dobierać (*skład przysięgłych*) **5.** *zob.* **pack in, out, up**
to ~ **the jury** dobierać nieuczciwymi metodami skład przysięgłych
package¹ *s* **1.** pakiet, paczka, pakunek, sztuka ładunku **2.** opakowanie **3.** pakowanie **4.** koszty opakowania **5.** *hist. bryt.* podatek od importu ⟨eksportu⟩ towarów w porcie londyńskim
~ **car** *am.* wagon drobnicowy
~ **cargo** ⟨*am.* **freight**⟩ ładunek drobnicowy, drobnica
~ **deal** ⟨**offer**⟩ *pot.* pakiet propozycji ⟨ofert⟩
~ **disarmament plan** plan kompleksowego rozbrojenia
~ **goods** towar opakowany
~ **policy** polisa ubezpieczeniowa od różnych ryzyk
~ **proposal** *am. pot.* propozycja ryczałtowa
~ **store** *am.* sklep sprzedający napoje alkoholowe do zabrania ze sobą ⟨*pot.* na wynos⟩
~ **tour** *pot.* wycieczka zbiorowa z ustalonym programem
frail ~ słabe opakowanie
heavy ~ ciężka sztuka ładunku
mail ~ paczka ⟨przesyłka⟩ pocztowa
original ~ opakowanie oryginalne
packed ~ *am.* zbiorowa sztuka ładunku
wage ⟨**money**⟩ ~ porozumienie ze związkiem zawodowym dotyczące płac
package² *v* pakować, opakowywać
packaging *s* **1.** pakowanie **2.** opakowanie
~ **costs** koszty opakowania
~ **material** materiał do pakowania
packer *s* **1.** pakowacz **2.** maszyna do pakowania **3.** właściciel przedsiębiorstwa pakującego artykuły żywnościowe na zlecenie **4.** fabrykant konserw (*zwłaszcza mięsnych*)
~ **'s brand** znak firmowy fabryki konserw
automatic ~ maszyna do pakowania

packery *s* pakowanie
packet¹ *s* **1.** (mała) paczka, pakiet **2.** *pot.* statek pocztowo-pasażerski
~ **boat** statek pocztowo-pasażerski
~ **goods** drobnica, towar paczkowany
~ **of cigarettes** *bryt.* paczka papierosów
mail ⟨**postal**⟩ ~ *a)* przesyłka pocztowa *b)* statek pocztowy
sample ~ przesyłka próbek handlowych
packet² *v* **1.** paczkować **2.** opakowywać
packeting *s* **1.** paczkowanie **2.** opakowanie **3.** koszt opakowania
pack in *v* zapakować
packing *s* **1.** pakowanie, opakowywanie **2.** szczelne układanie **3.** opakowanie, materiał do pakowania
~ **agent** przedsiębiorca pakujący towary
~ **box** ⟨**case**⟩ skrzynia ⟨skrzynka⟩ do pakowania
~ **carton** karton ⟨pudło kartonowe⟩ do pakowania
~ **charges** ⟨**expenses**⟩ koszty opakowania
~ **cloth** płótno pakunkowe
~ **credit** kredyt bankowy na przygotowanie wysyłki towarów
~ **extra** opakowanie płatne dodatkowo
~ **free** ⟨**included, inclusive**⟩ (*o cenie*) łącznie z kosztami opakowania
~ **house** *a)* przedsiębiorstwo pakowania artykułów żywnościowych *b)* fabryka konserw
~ **instructions** wskazówki dotyczące opakowania
~ **list** ⟨**note, slip**⟩ specyfikacja poszczególnych sztuk ładunku
~ **machine** maszyna do pakowania, pakowarka
~ **material** materiał do pakowania
~ **paper** papier pakowy
~ **room** paczkarnia, pakownia
~ **to be returned** opakowanie do zwrotu
~ **trade** ⟨**industry**⟩ przemysł przetwórczy ⟨konserwowy⟩
cardboard ⟨**carton**⟩ ~ opakowania kartonowe
certificate of ~ atest o stanie opakowania
cost of ~ koszty opakowania
customary ⟨**standard**⟩ ~ opakowanie standardowe
defective ⟨**faulty, improper**⟩ ~ opakowanie wadliwe ⟨niewłaściwe⟩
exclusive of ~ opakowanie płatne oddzielnie
export ~ opakowanie eksportowe
external ⟨**outer**⟩ ~ opakowanie zewnętrzne
frail ~ nietrwałe ⟨słabe⟩ opakowanie
including ⟨**inclusive**⟩ ~ bez dopłaty za opakowanie
insufficient ~ opakowanie niedostateczne
internal ⟨**inner**⟩ ~ opakowanie wewnętrzne
manner of ~ sposób opakowania
non-returnable ~ opakowanie bezzwrotne ⟨nie do zwrotu⟩
omnibus ~ opakowanie zbiorowe
reliable ~ mocne ⟨należyte⟩ opakowanie
returnable ~ opakowanie zwrotne ⟨do zwrotu⟩
seaproof ⟨**seaworthy**⟩ ~ opakowanie dostosowane do transportu morskiego
weight of ~ waga opakowania, tara
pack out *v* rozpakować, wypakować
pack up *v* spakować, zapakować

pact *s* pakt, układ, umowa, ugoda
~ **of mutual assistance** pakt o wzajemnej pomocy
~ **of non-aggression** pakt o nieagresji
clandestine ⟨secret⟩ ~ tajny układ
defensive ~ pakt ⟨układ⟩ obronny
non-intervention ~ układ o nieinterwencji
nude ~ umowa jednostronna (*nie posiadająca mocy prawnej*)
peace ~ układ pokojowy
security ~ układ bezpieczeństwa
trade ⟨trading⟩ ~ układ handlowy
to make a ~ zawrzeć układ
to sign a ~ podpisać układ
paction *s* pakt, układ, umowa, ugoda
pactional *adj* umowny, dotyczący umowy
pactum *s* (*pl* **pacta**) *łac.* pakt, układ, umowa
pacta sunt servanda *łac.* umowy powinny być dotrzymywane
~ **nudum** *łac.* umowa jednostronna (*nie posiadająca mocy prawnej*)
pad *s* blok
memo ⟨scribbling⟩ ~ blok, notes
page[1] *s* strona, stronica
page[2] *v* numerować strony, paginować
paid *pp adj* zapłacony, płatny
~ **amount** zapłacona kwota
~ **bill** weksel wykupiony
~ **bills** zapłacone ⟨uregulowane⟩ rachunki
~ **holiday** ⟨leave⟩ płatny urlop
~ **labour** ⟨work⟩ płatna praca
about to be ~ płatny wkrótce
carriage ~ porto opłacone, koszt przewozu ponosi dostawca
charges ~ koszty uiszczone, porto opłacone
customs duties ~ cło opłacone
duly ~ zapłacone w terminie
freight ~ fracht opłacony ⟨uiszczony⟩
fully ~ zapłacony całkowicie
partly ~ zapłacony częściowo
post ⟨postage⟩ ~ ofrankowany
reply ~ odpowiedź opłacona
tax ~ podatek opłacony ⟨opłacono⟩
when ·· po opłaceniu
to be ~ do zapłacenia, należny
pain *s* **1.** kara, zagrożenie karą **2.** *pl* **pains** starania, trudy
~ **s and penalties** kary
under ⟨on, upon⟩ ~ **of...** pod karą ⟨pod rygorem⟩...
to spare no ~**s** nie szczędzić trudu ⟨wysiłków⟩
to take ~**s** zadawać sobie trud
pair[1] *s* para
pair[2] *v* **1.** dobierać do pary, układać parami **2.** łączyć (się) w pary
pal *s pot.* kolega, kumpel
palace *s* pałac, rezydencja
~ **revolution** rewolucja pałacowa
palaver *s* **1.** narada, konferencja, rozmowy **2.** gadanina
pallet *s* paleta (*do transportu towaru*)
paltry *adj* **1.** drobny, nieznaczny **2.** marny, lichy
~ **debts** drobne długi
~ **excuses** kiepskie ⟨marne⟩ wykręty
~ **sum** drobna suma
pamphlet *s* **1.** broszura, ulotka **2.** prospekt
~ **laws** *am.* ustawy stanowe wydawane w formie broszury

panacea *s* panaceum (*lekarstwo na wszystkie dolegliwości*)
pan-African *adj* panafrykański
~ **movement** ruch panafrykański (*na rzecz unii państw Afryki*)
pan-American *adj* panamerykański, dotyczący Ameryki Północnej i Południowej
~ **policy** polityka panamerykańska
~ **Union** Unia Panamerykańska
pandects *spl* **1.** *hist.* pandekty, pandekta, digesta, zbiór ustaw rzymskich (*najważniejsza część tzw. kodeksu Justyniana*) **2.** kompletny zbiór praw
pandemic *adj med.* (*o chorobie*) pandemiczny, obejmujący wielki obszar
pander *s* stręczyciel, rajfur, sutener
panel[1] *s* **1.** lista sędziów przysięgłych **2.** *szkoc.* oskarżony, oskarżeni **3.** *am.* grupa, komitet **4.** *bryt.* lista lekarzy ubezpieczalni **5.** lista, spis
~ **discussion** dyskusja panelowa ⟨publiczna grupy specjalistów⟩
~ **meeting of experts** panelowa narada ekspertów
~ **of arbitrators** lista arbitrów
~ **of experts** lista biegłych
advisory ~ komitet doradczy
to be on the ~ znajdować się w spisie osób ⟨na liście przysięgłych⟩
panel[2] *v* **1.** kompletować ławę przysięgłych **2.** *szkoc.* stawiać przed sądem
panellation *s* sporządzenie listy przysięgłych
panic[1] *s* panika, popłoch
~ **in the market** ⟨on stock exchange⟩ panika na rynku ⟨giełdzie⟩
bear ~ *giełd.* panika na skutek sztucznej zniżki
panic[2] *adj* **1.** paniczny **2.** alarmowy
~ **button** przycisk alarmowy
~ **buying** panikarskie zakupy
~ **feeling** nastrój paniki
~ **prices** *giełd.* niskie kursy (*spowodowane paniką*)
papacy *s* papiestwo
papal *adj* papieski
~ **bull** *hist.* bulla papieska
~ **legate** ⟨nuncio⟩ legat ⟨nuncjusz⟩ papieski
Papal State *hist.* państwo papieskie
paparazzo *s* (*pl* **paparazzi**) *wł.* reporter ⟨fotograf⟩ polujący na sensacyjne zdjęcia popularnych osobistości
paper *s* **1.** papier **2.** weksel **3.** banknot **4.** papier wartościowy, walor **5.** *pl* **papers** dokumenty, papiery (*np. statku*) **6.** gazeta
~ **at a short date** krótkoterminowy weksel
~ **blockade** „papierowa" ⟨nieefektywna⟩ blokada
~ **circulation** *a)* obieg banknotów *b)* obieg weksla
~ **credit** kredyt wekslowy
~ **currency** *a)* waluta papierowa *b)* obieg banknotów, banknoty w obiegu
~ **exchange** waluta papierowa
~ **industry** ⟨trade⟩ przemysł papierniczy
~ **mill** *a)* fabryka papieru *b)* *bryt. hist.* archiwum państwowe *c)* *bryt.* archiwum sądowe
~ **money** pieniądze papierowe, banknoty
~ **of causes** wokanda, spis spraw do rozpoznania
~ **office** *a)* archiwum państwowe *b)* archiwum sądowe
~ **of legitimation** dokumenty legitymacyjne
~ **profits** dochody ⟨zyski⟩ na papierze, nie istniejące dochody ⟨zyski⟩
~ **securities** bilety bankowe, pieniądz papierowy

~ **standard** system walutowy, waluta papierowa niewymienialna na złoto
~ **title** papierowy ⟨formalny⟩ tytuł własności
~ **value** wartość nominalna
~ **warfare** papierkowa wojna, wymiana korespondencji w spornej sprawie
accommodation ~ weksel grzecznościowy
bad ~ niepewny weksel
bank ~ weksel bankowy (*nadający się do dyskonta*)
bankable ⟨**unbankable**⟩ ~ weksel bankowy ⟨niebankowy⟩
best ⟨**choice**⟩ ~ pierwszorzędny weksel
bundle of ~**s** pakiet walorów ⟨papierów wartościowych⟩
business ~ weksel handlowy krótkoterminowy
clearance ~**s** dokumenty odprawy celnej (*statku*)
commercial ~ *a*) weksel handlowy *b*) gazeta handlowa
commodity ~ weksel towarowy ⟨handlowy⟩
customs ~**s** dokumenty celne
daily ~ dziennik, gazeta codzienna
fine ⟨**first-class, high-grade**⟩ ~ pierwszorzędny weksel
gilt-edged ~ pierwszorzędny papier wartościowy
good ~ pewny weksel
guaranteed ~ weksel awalizowany ⟨poręczony⟩
house ~ weksel wewnętrzny (*między centralą a oddziałem firmy*)
long ⟨**long-dated**⟩ ~ weksel długoterminowy
mercantile ~ weksel handlowy ⟨kupiecki⟩
naturalization ~**s** dokumenty naturalizacyjne
negotiable ~ weksel handlowy krótkoterminowy
on ~ teoretycznie
prime ~ weksel pierwszorzędny
printed ~**s** (*w obrocie pocztowym*) druk
shipper's ⟨**shipping**⟩ ~**s** dokumenty wysyłkowe ⟨ładunkowe⟩
ship's ~ papiery ⟨dokumenty⟩ okrętowe ⟨statku⟩
short ⟨**short-sighted**⟩ ~ weksel krótkoterminowy
stamped ~ papier stemplowy
Sunday ~ gazeta niedzielna
time ~ weksel długoterminowy
trade ~ weksel kupiecki
weekly ~ tygodnik
to show ⟨**present**⟩ **one's** ~**s** wylegitymować się
paperwork *s* praca papierkowa ⟨urzędnicza⟩
par *s* **1.** parytet, kurs wymienny (*walut*) **2.** wartość nominalna, nominał **3.** równość, równorzędność **4.** suma średnia ⟨przeciętna⟩
~ **of exchange** parytet walutowy ⟨wymiany⟩
~ **value** wartość parytetowa ⟨nominalna⟩
above ⟨**below**⟩ ~ powyżej ⟨poniżej⟩ parytetu
at ~ *a*) według parytetu *b*) na równi, al pari
face ~ wartość nominalna
issue ~ parytet, kurs emisyjny
mint ~ parytet menniczy ⟨ustawowy⟩
no ~ **value** bez wartości nominalnej, nie nominalny
on a ~ przeciętnie
on ⟨**upon**⟩ **a** ~ **with...** na równi z...
to be above ~ stać powyżej pari ⟨parytetu⟩
to be at ~ stać na równi z parytetem
parade *s* **1.** pokaz **2.** parada **3.** popis
identification ~ konfrontacja celem identyfikacji ⟨rozpoznania⟩

paragraph *s* paragraf, ustęp, rozdział
paralegal *adj* półlegalny
~ **counsellor** półlegalny doradca
parallel[1] *s* równoleżnik
parallel[2] *adj* **1.** równoległy **2.** analogiczny, bardzo podobny
~ **case** analogiczna sprawa
paramilitary *adj* paramilitarny
paramount *adj* **1.** najwyższy, nadrzędny **2.** główny **3.** kapitalny
~ **clause** *a*) klauzula nadrzędności (*podporządkowująca konosament lub umowę przewozu zasadom Konwencji Brukselskiej*) *b*) *am.* klauzula ustalająca, że strony obowiązuje prawo amerykańskie
~ **necessity** najwyższa konieczność
of ~ **importance** o kapitalnym znaczeniu
of ~ **interest** niezwykle interesujący
paranoia *s med.* paranoja
paraphernal *adj*: ~ **property** własność odrębna ⟨osobista⟩ (*żony*)
paraphernalia *spl* **1.** rzeczy osobiste **2.** przybory, rekwizyty **3.** *hist.* rzeczy stanowiące odrębną własność żony
parasite *s* pasożyt
parasitic *adj* pasożytniczy
parcel[1] *s* **1.** parcela, działka **2.** paczka, pakunek, przesyłka **3.** partia (*towaru*) **4.** *pl* **parcels** drobnica
~ **bill of lading** konosament na oddzielną partię towaru
~ **booking-office** kolejowa kasa towarowa
~ **clerk** magazynier
~ **company** przedsiębiorstwo przewozu drobnicy
~ **gilt** częściowo (*np. jednostronnie*) pozłacany
~ **of goods** partia towaru
~ **of shares** pakiet akcji
~ **post** ⟨*am.* **mail**⟩ pocztowy dział paczek
~ **rates** stawki za przesyłki paczkowe
~ **receipt** ⟨**ticket**⟩ kwit przesyłkowy (*dla małych paczek*)
air ~ przesyłka lotnicza
batch of ~ partia drobnicy
bill of ~**s** faktura ze specyfikacją towaru
by ⟨**in**⟩ ~**s** *a*) w małych partiach *b*) na sztuki
by ~ **post** pocztą, przesyłką pocztową
cash-on-delivery ~ przesyłka pocztowa za pobraniem
post ⟨**postal,** *am.* **mail**⟩ ~ przesyłka pocztowa
registered ~ przesyłka ⟨paczka⟩ polecona
sample ~ przesyłka próbek
value ~ przesyłka ⟨paczka⟩ wartościowa
to send sth by ~ **post** wysłać coś przesyłką paczkową ⟨w paczce⟩
parcel[2] *v* **1.** dzielić **2.** formować partie **3.** paczkować
to ~ **out goods** formować partie towarów
to ~ **out an inheritance** dzielić spadek
parcellations *spl* parcelacja
parcenary *s* **1.** współwłasność **2.** współdziedziczenie
parcener *s* **1.** współwłaściciel **2.** współspadkobierca
pardon[1] *s* **1.** przebaczenie **2.** darowanie kary, ułaskawienie
conditional ~ amnestia warunkowa
free ~ ułaskawienie
general ~ amnestia ogólna (*połączona z zatarciem skazania*)
partial ~ częściowa amnestia
petition for ~ podanie o łaskę

power ⟨**right**⟩ **of** ~ prawo łaski
to ask for ~ prosić o łaskę ⟨ułaskawienie⟩
to grant sb a ~ ułaskawić kogoś
to receive ~ uzyskać prawo łaski
pardon² v **1.** przebaczać, darować **2.** ułaskawiać
to ~ **sb an offence** przebaczyć komuś popełnienie przestępstwa
pardonable adj wybaczalny
~ **error** wybaczalny błąd
~ **lie** wybaczalne kłamstwo
pardoning adj. ~ **power** prawo ułaskawienia
pare v obcinać, zmniejszać
to ~ **profits** zmniejszać zyski
parent¹ s **1.** ojciec, rodzic; matka, rodzicielka **2.** pl **parents** rodzice
parent² adj macierzysty
~ **bank** bank mający prawo kontrolowania banków (na skutek posiadania pakietu akcji)
~ **body** organ nadrzędny ⟨zwierzchni⟩
~ **case** sprawa precedensowa
~ **company** ⟨**house**⟩ firma macierzysta, towarzystwo holdingowe
~ **ship** statek baza
~ **state** a) metropolia b) państwo macierzyste (z którego wydzielono drugie)
parentage s **1.** pochodzenie **2.** ród **3.** ojcostwo, macierzyństwo
parental adj rodzicielski
~ **authority** ⟨**power**⟩ władza rodzicielska
~ **care** opieka rodzicielska
~ **consent** zgoda rodziców
parenthood s **1.** stan rodzicielski **2.** ojcostwo, macierzyństwo
parentless adj osierocony
pari passu łac. w równych częściach, jednakowo
to rank ~ **with ...** (o akcjach, obligacjach) stać na równym poziomie z ...
parish s parafia
~ **clerk** urzędnik parafialny prowadzący księgi metrykalne
~ **council** bryt. rejonowy komitet opieki społecznej
~ **register** parafialna księga stanu cywilnego ⟨metrykalna⟩
civil ~ bryt. rejon ⟨okręg⟩ administracyjny (np. opieki społecznej)
to go on the ~ hist. korzystać z opieki społecznej
parity s **1.** równość **2.** parytet kursów, kurs przeliczeniowy **3.** równowartość, ekwiwalent
~ **basis** zasada parytetu
~ **clause** klauzula parytetowa (dotycząca przeliczania zobowiązań)
~ **income** am. dochód wyliczony na podstawie przeciętnej dochodów w określonym okresie (dla rolników)
~ **of exchange** parytet walutowy
~ **of stocks** parytet walorów
~ **price** cena parytetowa ⟨przeliczeniowa⟩ (am. w odniesieniu do artykułów rolnych)
~ **table** tabela parytetów przeliczeniowych
at ~ według parytetu
gold ~ parytet złota
mint ~ parytet menniczy
purchasing power ~ parytet siły nabywczej waluty
park¹ s **1.** park **2.** rezerwat **3.** parking
national ~ park narodowy

park² v parkować (samochód)
parking s parkowanie
~ **forbidden** parkowanie zabronione
~ **meter** automat do inkasowania opłaty za parkowanie
~ **ticket** mandat karny za nieprzepisowe parkowanie
no ~ zakaz postoju
parking-lot s am. parking
Parkinson's Law s prawo Parkinsona (o biurokracji)
parley¹ s **1.** dyskusja, konferencja **2.** negocjacje, rokowania
to be in ⟨**hold a**⟩ ~ dyskutować, prowadzić negocjacje
parley² v **1.** konferować, negocjować **2.** mówić (w obcym języku)
parliament s parlament
Parliament Act ustawa uchwalona przez parlament
the Houses of Parliament bryt. a) Izby Parlamentu b) budynki parlamentu (w Londynie)
Member of Parliament członek parlamentu, poseł do parlamentu
to adjourn ~ a) odroczyć obrady parlamentu b) zakończyć obrady parlamentu
to convene ⟨**summon**⟩ ~ zwołać parlament
to dissolve ~ rozwiązać parlament
to have a seat in ~ być członkiem parlamentu
to open Parliament (o panującym) otworzyć obrady parlamentu
parliamentary adj **1.** parlamentarny **2.** (o języku) parlamentarny, przyzwoity
~ **agents** bryt. doradcy firmowi (pilnujący interesów swych przedsiębiorstw w Parlamencie)
~ **candidate** kandydat do parlamentu
~ **committee** komisja parlamentarna
~ **debates** obrady parlamentarne ⟨parlamentu⟩
~ **delegation** delegacja parlamentarna
~ **deputy** poseł do parlamentu
~ **elections** wybory do parlamentu
~ **franchise** prawo wyborcze do parlamentu
~ **immunity** immunitet parlamentarny, nietykalność poselska
~ **impeachment** oskarżenie o zdradę (wnoszone przez Izbę Gmin do Izby Lordów)
~ **law** ⟨**procedure**⟩ prawo parlamentarne (regulujące procedurę parlamentarną)
~ **majority** większość parlamentarna
~ **party** grupa parlamentarna (posłów poszczególnych partii)
~ **secretary** ⟨**under-secretary**⟩ bryt. parlamentarny zastępca ministra
~ **session** sesja ⟨posiedzenie⟩ parlamentu
~ **system** system parlamentarny
~ **tax** podatek wprowadzony ustawą parlamentu
parol adj **1.** ustny **2.** (o dokumencie) nie opieczętowany ⟨opatrzony pieczęcią⟩
~ **agreement** a) ustne porozumienie b) porozumienie nieformalne (nie zawarte w opieczętowanym dokumencie)
~ **contract** a) ustna umowa b) umowa nieformalna (nie opatrzona pieczęcią)
~ **evidence** dowód ustny (z przesłuchania)
parole¹ s **1.** słowo honoru **2.** hasło **3.** parol, zwolnienie warunkowe
~ **system** am. system warunkowego zwalniania

to be put on ~ *a*) być zwolnionym na słowo *b*) *am.* być zwolnionym warunkowo
to break one's ~ złamać słowo honoru
parole² *v* 1. zwalniać na słowo 2. *am.* zwalniać warunkowo (*za poręczeniem*)
parolee *s am.* więzień zwolniony warunkowo
parricide *s* 1. ojcobójstwo 2. ojcobójca
part¹ *s* 1. część 2. strona (*np. sporu*) 3. udział 4. rola 5. *pl* **parts** kraje, okolice
~ **and parcel of...** nieodłączna część... (*czegoś*)
~ **cargo** ładunek częściowy
~ **damage** szkoda częściowa, częściowe uszkodzenie
~ **delivery** dostawa częściowa
~ **execution** częściowe wykonanie
~ **load** ładunek częściowy
~ **lot** partia towarów
~ **of a bill of lading** egzemplarz konosamentu
~ **owner** współwłaściciel
~ **payment** częściowa zapłata
~ **performance** częściowe wykonanie
~ **shipment** wysyłka częściowa
~ **time** niepełny wymiar czasu (*pracy*); *zob.* **part-time**
for our ~ z naszej strony, jeśli chodzi o nas, co się nas tyczy
in equal ~ s w równych częściach
in ~ częściowo, po części
in ~ **payment** ratalnie, na spłaty ⟨raty⟩
on our ~ z naszej strony, jeśli chodzi o nas
spare ~ s części zapasowe
to have ~ **in sth** mieć w czymś udział
to play a ~ *a*) wspomagać, przyczyniać się *b*) maczać (*w czymś*) palce, działać podstępnie
part² *v* 1. dzielić, rozdzielać, oddzielać 2. dzielić ładunek na partie 3. wyzbyć się (**with sth** czegoś)
to ~ **from sb** pożegnać się z kimś
to ~ **with the possession of the goods** wyzbyć się towarów
to ~ **with a right** wyzbyć się prawa
till death us do ~ (*w przysiędze małżeńskiej*) aż do śmierci
partake *v* (**partook, partaken**) brać udział, uczestniczyć (**in** ⟨**of**⟩ **sth** w czymś)
partaker *s* uczestnik
partial *adj* 1. częściowy, niecałkowity 2. stronniczy, niesprawiedliwy 3. uprzedzony
~ **acceptance** częściowe przyjęcie weksla, niepełny akcept
~ **amount** niepełna suma
~ **average** częściowa awaria
~ **ban** częściowy zakaz
~ **damage** szkoda częściowa, częściowe uszkodzenie
~ **delivery** dostawa częściowa
~ **disability** częściowa niezdolność
~ **insurance** ubezpieczenie częściowe
~ **loss** strata częściowa
~ **payment** częściowa zapłata
~ **shipment** wysyłka częściowa ⟨partiami⟩
~ **to sb, sth** faworyzujący kogoś, coś
~ **verdict** częściowe skazanie
partiality *s* stronniczość
partially *adv* częściowo, w części
particeps criminis *s łac.* współsprawca przestępstwa, współwinny zbrodni

participant *s* uczestnik
~ **of the resistance movement** uczestnik ruchu oporu
participate *v* brać udział, uczestniczyć, partycypować
to ~ **in a crime** uczestniczyć ⟨brać udział⟩ w przestępstwie
to ~ **in profits** mieć udział w zyskach
participating *adj*: ~ **bond** akcja dająca prawo uczestniczenia w zyskach
~ **policy** polisa ubezpieczeniowa dająca prawo do udziału w zyskach (*ubezpieczonej spółki*)
~ **preference shares** ⟨*am.* **preferred stock**⟩ akcje uprzywilejowane dające prawo do dodatkowej dywidendy
~ **right** prawo udziału w zyskach
participation *s* udział, uczestnictwo
~ **account** rachunek partycypacyjny ⟨konsorcjum⟩
~ **certificate** świadectwo udziałowe
~ **clause** klauzula partycypacyjna
~ **in a crime** współudział w przestępstwie
~ **in the profits** udział w zyskach
~ **in a vote** uczestnictwo ⟨uczestniczenie, udział⟩ w głosowaniu
financial ~ udział finansowy
joint ~ współuczestnictwo
right of ~ prawo udziału
worker ~ udział robotników w zyskach przedsiębiorstwa
participator *s* uczestnik, udziałowiec
particular¹ *s* 1. szczegół 2. *pl* **particulars** szczegółowe dane, wyszczególnienie
~ s **of an account** wyszczególnienie rachunku
as per ~ s zgodnie z wyszczególnieniem
for further ~ s **apply to...** o dalsze szczegóły ⟨informacje⟩ należy zwrócić się do...
full ~ s szczegółowe informacje
in ~ w szczególności, zwłaszcza, szczególnie
to give ⟨~ s (**of sth**)⟩ podać szczegóły (czegoś)
to go ⟨**enter**⟩ **into** ~ s wchodzić w szczegóły
particular² *adj* 1. poszczególny 2. szczególny, specjalny 3. szczegółowy, drobiazgowy 4. określony, konkretny 5. wymagający, wybredny
~ **about quality** wymagający co do jakości
~ **act** konkretne działanie
~ **average** *ub. mors.* awaria poszczególna
~ **brand** *a*) specjalna marka towaru *b*) dana marka towaru
~ **case** specjalny ⟨wyjątkowy⟩ przypadek
~ **circumstances** wyjątkowe okoliczności
~ **custom** szczególny zwyczaj
~ **forms of treatment** szczególne formy postępowania (*z więźniami*)
~ **intent** konkretny zamiar
~ **lien** zastaw szczególny
~ **partnership** spółka jawna
~ **power** pełnomocnictwo szczególne
~ **trade** określona branża handlowa
for no ~ **reason** z żadnego rozsądnego powodu, bez żadnej szczególnej przyczyny
free from ⟨**of**⟩ ~ **average** *ub. mors.* z wyłączeniem awarii poszczególnej
with ~ **average** *ub. mors.* włącznie z awarią poszczególną
to give ~ s **of sth** podać szczegóły czegoś
to pay ~ **attention** zwracać szczególną uwagę
particularism *s* partykularyzm

particularize *v* 1. wyszczególniać, specyfikować 2. podawać szczegóły
particularly *adv* 1. szczególnie, w szczególności, zwłaszcza 2. indywidualnie 3. szczegółowo
parties *spl* strony, osoby; *zob.* **party**
~ **at variance** strony niezgodne ⟨nie zgadzające się⟩
~ **concerned** zainteresowane strony
~ **to the commission of a crime** osoby uczestniczące w przestępstwie
contending ~ strony pozostające w sporze
interested ~ zainteresowane.strony
opposing ~ strony przeciwne
partisan *s* 1. stronnik, zwolennik 2. partyzant
partition[1] *s* 1. podział, rozdział, parcelacja 2. podział nieruchomości, działy majątkowe 3. część wydzielona, dział 4. przegroda
~ **of average** *ub. mors.* podział awarii wspólnej
~ **of a country** podział ⟨rozbiór⟩ państwa ⟨kraju⟩
~ **of a succession** podział spadku
~ **plan** plan podziału
~**s of Poland** rozbiory Polski
compulsory ~ przymusowy podział współwłasności (*drogą sądową*)
deed of ~ wniosek o zniesienie ⟨podział⟩ współwłasności
voluntary ~ dobrowolny podział nieruchomości
partition[2] *v* dzielić
to ~ **off** oddzielać przegrodą
partly *adv* częściowo, w części
~ **paid** częściowo zapłacony
~ **secured creditor** wierzyciel częściowo zabezpieczony
wholly or ~ całkowicie lub częściowo
partner *s* 1. wspólnik, udziałowiec 2. partner, kontrahent
~ **in crime** współsprawca ⟨wspólnik⟩ przestępstwa ⟨zbrodni⟩
~**'s contribution** wkład wspólnika
~**'s interest** ⟨share⟩ udział wspólnika
active ~ rzeczywisty wspólnik
contracting ~ kontrahent, osoba zawierająca umowy
dormant ⟨secret, sleeping⟩ ·· cichy wspólnik
full ~ pełny udziałowiec
general ⟨responsible, unlimited⟩ ~ wspólnik odpowiadający całym swoim majątkiem
inactive ⟨silent⟩ ~ wspólnik nie uczestniczący w zarządzaniu spółką
joint ~ wspólnik, współudziałowiec
leading ~ główny udziałowiec
limited ⟨special⟩ ~ komandytariusz, wspólnik odpowiadający do wysokości swego udziału
managing ~ wspólnik zarządzający
senior ~ główny wspólnik
working ~ wspólnik rzeczywisty ⟨czynny⟩
to become a ~ zostać wspólnikiem
to buy out a ~ wykupić ⟨przejąć⟩ udział wspólnika
to make sb a ~ uczynić kogoś wspólnikiem
to take a ~ przyjąć wspólnika
partnership *s* 1. spółka 2. współudział, uczestnictwo
~ **assets** aktywa spółki
~ **at will** spółka bezterminowa (*którą może rozwiązać każdy wspólnik bez wypowiedzenia*)
~ **capital** kapitał spółki
~ **debt** dług spółki
~ **firm** spółka handlowa jawna

~ **in commendam** spółka komandytowa
~ **property** majątek spółki
~ **share** udział w spółce
articles of a ~ statut spółki
commercial ~ spółka handlowa
contract ⟨deed⟩ **of** ~ umowa ⟨akt⟩ spółki
deed of ~ umowa spółki
dissolution of a ~ rozwiązanie spółki
dormant ⟨silent⟩ ~ cicha spółka
general ~ spółka handlowa jawna
limited ~ spółka komandytowa
limited liability ~ spółka z ograniczoną odpowiedzialnością
mercantile ~ spółka handlowa
non-commercial ~ spółka prawa cywilnego
ordinary ~ spółka handlowa jawna
particular ⟨special⟩ ~ spółka szczególna ⟨okolicznościowa⟩
terms of ~ warunki spółki
trading ~ spółka handlowa
to contract a ~ **with sb** zawrzeć z kimś spółkę
to dissolve a ~ rozwiązać spółkę
to enter ⟨go⟩ **into** ~ **with sb** przystąpić z kimś do spółki
to form a ~ utworzyć spółkę
to take sb into ~ przyjąć kogoś do spółki
to withdraw ⟨retire⟩ **from a** ~ wystąpić ze spółki
part-time *adj:* ~ **job** zajęcie ⟨praca⟩ w niepełnym wymiarze godzin
~ **work** praca w niepełnym wymiarze godzin; półetat; ćwierć etatu
~ **worker** robotnik zatrudniony w niepełnym wymiarze godzin
part-timer *s* = **part-time worker**
party *s* 1. partia, stronnictwo 2. strona (*w sporze, umowie itp.*), uczestnik (**to sth** czegoś), osoba wtajemniczona (*w coś*) 3. grupa, ekipa 4. *zob.* **parties**
~ **accused** strona oskarżona, oskarżony
~ **and party costs** koszty sądowe należne stronie wygrywającej sprawę od strony przegrywającej
~ **at** ⟨in⟩ **fault** strona winna (*np. wypadku*)
~ **authorities** władze partyjne
~ **concerned** strona zainteresowana
~ **congress** zjazd partii
~ **dues** składka partyjna
~ **entitled** strona uprawniona
~ **in default** strona w zwłoce
~ **in dispute** strona w sporze
~ **in interest** strona zainteresowana
~ **line** telefon towarzyski
~ **machine** aparat partyjny
~ **member** członek partii
~ **not at** ⟨in⟩ **fault** strona niewinna
~ **opposed** strona przeciwna
~ **ordering** zleceniodawca
~ **presenting** okaziciel (*weksla*)
~ .**receiving** odbiorca
~ **spirit** atmosfera partyjna
~ **system** system partyjny
~ **to an action at law** strona w procesie
~ **to be charged** *a)* strona zobowiązana *b)* pozwany
~ **to a cause** strona w procesie
~ **to a contract** strona w umowie, kontrahent
accommodated ~ beneficjent

accommodation ~ strona akceptująca weksel grzecznościowy
accredited ~ strona uprawniona ⟨upoważniona⟩
adverse ~ strona przeciwna
aggrieved ~ strona pokrzywdzona ⟨poszkodowana⟩
authorized ~ strona upoważniona
beneficiary ~ strona uzyskująca korzyść
contending ~ strona spierająca ⟨procesująca⟩ się
contracting ~ kontrahent
credit ~ kredytobiorca
defaulting ~ strona w zwłoce
guilty ⟨**responsible**⟩ ~ strona winna ⟨odpowiedzialna⟩
injured ~ strona poszkodowana ⟨pokrzywdzona⟩
interested ~ strona zainteresowana
opposing ~ strona przeciwna
other ~ strona przeciwna, druga strona
prevailing ~ strona, która wygrała sprawę
rescue ~ drużyna ⟨grupa, ekipa⟩ ratownicza
third ~ osoba trzecia
willing ~ strona ,,pilniejsza" w procesie
working ~ grupa robocza
to be a ~ **to sth** uczestniczyć w czymś, być zamieszanym w coś
to follow the ~ **line (on sth)** postępować zgodnie z linią partyjną (w jakiejś sprawie)
party-wall s mur sąsiedzki ⟨graniczny⟩
par value s wartość nominalna
~ **share** akcja o wartości nominalnej
pass[1] s 1. przepustka, zezwolenie 2. przejście 3. wolny ⟨bezpłatny⟩ bilet 4. paszport
~ **book** a) książeczka bankowa wkładów b) książeczka zakupów na kredyt
customs ~ zezwolenie celne
dock ~ zezwolenie na wywóz towarów z portu
police ~ przepustka policyjna
to hold the ~ bronić pozycji ⟨sprawy⟩
to sell the ~ a) oddać wrogowi bronioną pozycję b) zdradzić sprawę
pass[2] v 1. przechodzić 2. mijać 3. uchwalać, przeprowadzać, przyjmować 4. wydawać (np. wyrok) 5. przenosić, przekazywać, wręczać 6. puszczać w obieg 7. odchodzić, umierać 8. uchodzić (**for sth** za coś) 9. zapisywać, księgować
to ~ **an act** przyjmować ustawę
to ~ **an amendment to...** uchwalić poprawkę do...
to ~ **an amount to sb's credit** ⟨**debit**⟩ zapisać sumę na czyjeś konto ,,ma" ⟨,,winien"⟩
to ~ **a bill** a) puścić weksel w obieg b) przyjmować projekt ustawy
to ~ **the customs** przejść przez cło
to ~ **the dividend** am. nie wypłacić dywidendy
to ~ **a draft (on sb)** trasować weksel (na kogoś)
to ~ **an entry** zaksięgować
to ~ **an examination** złożyć ⟨zdać⟩ egzamin
to ~ **from one account to another** przenieść z jednego rachunku na inny
to ~ **the frontier** przekroczyć granicę
to ~ **into sb's hands** przejść w czyjeś ręce
to ~ **in transit** a) być przewożonym tranzytem b) przewozić tranzytem (towar)
to ~ **an invoice** przyjmować fakturę
to ~ **an item to current account** wpisać ⟨wstawić⟩ pozycję do rachunku bieżącego
to ~ **judgment** wydać wyrok ⟨orzeczenie⟩
to ~ **legislation** uchwalać ustawy

to ~ **on to sb** przekazywać komuś, przenosić na kogoś
to ~ **over ship's rail** (o ładunku) przejść przez burtę
to ~ **a resolution** przyjąć rezolucję
to ~ **a sentence (on sb)** wydać wyrok (na kogoś)
to ~ **a test** przejść próbę
to ~ **to the credit of sb** zapisać na czyjeś dobro, uznać czyjś rachunek
to ~ **to the debit of sb** obciążyć czyjś rachunek
passage s 1. przejście, prawo przejścia ⟨przejazdu⟩ 2. uchwalenie, przeprowadzenie (np. ustawy) 3. przejazd, rejs, kurs, (długa) podróż 4. opłata za przejazd 5. ustęp, rozdział
~ **broker** makler przewozów pasażerskich (zwłaszcza emigrantów)
~ **money** opłata za przejazd
~ **of an act** uchwalenie ustawy
~ **of ownership** ⟨**property, title**⟩ przejście własności
~ **ticket** bilet pasażerski na podróż morską
ballast ~ rejs statku pod balastem
cargo ~ rejs z ładunkiem
homeward ⟨**return**⟩ ~ rejs powrotny
on ~ w drodze
outward ~ rejs docelowy, podróż wyjściowa
rough ~ podróż (samolotem, statkiem) w złą pogodę ⟨przy złej pogodzie⟩
sale of goods on ~ sprzedaż towarów będących w drodze
passenger s pasażer, podróżny
~ **accommodation** pomieszczenie pasażerskie
~ **agent** agent emigracyjny
~ **air service** lotnictwo pasażerskie
~ **and cargo boat** ⟨**ship, vessel**⟩ statek pasażersko--towarowy
~ **car** a) bryt. samochód osobowy b) am. wagon pasażerski
~ **carriage** przewóz pasażerów
~ **certificate** certyfikat pasażerski (statku)
~ **contract** umowa o przewóz pasażerów
~ **list** lista pasażerów
~ **plane** samolot pasażerski
~ **service transport** a) ruch pasażerski b) obsługa podróżnych
~ **station terminal** przystań pasażerska, dworzec pasażerski
~ **traffic** ruch pasażerski
~ **train** pociąg pasażerski
passer-by s przechodzień
passim adv łac. passim, w wielu miejscach (książki, rozprawy itp.)
passing s 1. przejście (np. prawa) 2. uchwalenie, przyjęcie (np. ustawy) 3. odejście, śmierć
~ **a law** uchwalenie ⟨przyjęcie⟩ prawa ⟨ustawy⟩
~ **of a resolution** przyjęcie rezolucji
passive adj bierny, pasywny
~ **balance** pasywny ⟨ujemny⟩ bilans
~ **bond** bezprocentowa obligacja
~ **debt** a) dług, zobowiązanie b) dług bezprocentowy
~ **debts** pasywa
~ **obedience** bierne posłuszeństwo
~ **resistance** bierny opór
~ **trade** handel przywozowy, import
~ **trade balance** ujemny bilans handlowy

~ **trust** bierne powiernictwo (*polegające na wypłacie pieniędzy*)
passport *s* **1.** paszport **2.** paszport okrętowy, list morski (*zezwolenie na podróż w czasie wojny*)
~ **office** biuro paszportowe
collective ~ paszport zbiorowy
diplomatic ~ paszport dyplomatyczny
seaman's ~ paszport marynarski
valid ~ ważny paszport
to endorse (**visé**) **a** ~ wizować paszport
to issue a ~ wydać paszport
password *s* hasło
past[1] *s* przeszłość
in the ~ w przeszłości
past[2] *adj* **1.** przeszły, ubiegły, miniony **2.** poprzedni
past-due *adj* przeterminowany, zaległy, opóźniony
~ **bill** weksel przeterminowany
~ **interest** zaległe odsetki
patent[1] *s* **1.** patent **2.** dyplom **3.** przywilej
~ **act** ustawa patentowa
~ **action** proces w sprawie patentowej
~ **advertising** wzmianka o ochronie patentowej
~ **agent** (*am.* **counsel, attorney**) rzecznik patentowy
~ **agreement** porozumienie patentowe
~ **amendment** poprawki dokonane w patencie
~ **annuity** roczna opłata patentowa
~ **applicant** ubiegający się o patent, zgłaszający wynalazek w celu uzyskania patentu
~ **application** zgłoszenie patentowe (praw patentowych)
„~ **applied for**" „zgłoszono do opatentowania"
~ **article** artykuł opatentowany
~ **case** sprawa patentowa, spór patentowy
~ **claim** zastrzeżenie patentowe
~ **court** sąd patentowy
~ **coverage** (**protection**) ochrona patentowa (patentów)
~ **dispute** spór w sprawach patentowych
~ **exchange agreement** umowa o wzajemnej wymianie patentów
~ **expired** wygasły patent
~ **fee** (**charge**) opłata patentowa
~ **holder** posiadacz patentu
~ **in force** istniejący (ważny) patent
~ **infringement** naruszenie patentu
~ **law** prawo patentowe
~ **legislation** ustawodawstwo patentowe
~ **letters** dokument patentowy
~ **licence** licencja na korzystanie z patentu
~ **litigation** spór (proces) w sprawach patentowych
~ **name** nazwa opatentowana
~ **of addition** (**amendment**) patent uzupełniający (*np. na udoskonalenie wynalazku*)
~ **office** urząd patentowy
~ **of invention** patent na wynalazek
~ **pending** patent zgłoszony
~ **register** (**rolls**) rejestr praw patentowych
~ **regulations** przepisy dotyczące patentów
~ **rights** prawa (uprawnienia) patentowe
~ **rules** przepisy wykonawcze w sprawach patentowych
~ **specification** opis patentowy (*wynalazku zgłoszonego do opatentowania*)
~ **suit** spór patentowy, sprawa patentowa
~ **tax** podatek patentowy

assignment of a ~ odstąpienie patentu
basic ~ patent główny (pierwotny)
design ~ patent na wzór przemysłowy
expiration (**lapse**) **of a** ~ wygaśnięcie praw patentowych
foreign ~ patent zagraniczny
letters ~ patent na wynalazek
owner of a ~ posiadacz patentu
provisional ~ patent tymczasowy
to abandon (**drop**) **a** ~ zrezygnować z patentu
to apply for a ~ zgłosić prawa patentowe, ubiegać się o patent
to assign a ~ **to sb** przelać na kogoś prawa patentowe
to exploit a ~ korzystać z patentu
to file an application for a ~ ubiegać się o patent
to grant (**issue**) **a** ~ (**for sth**) przyznać patent (na coś)
to protect (**secure**) **by** ~ = **patent**[3]
to take out a ~ **for sth** opatentować coś, mieć patent na coś
patent[2] *adj* otwarty, oczywisty, jawny, widoczny
~ **ambiguity** oczywista dwuznaczność
~ **defect** wada widoczna
~ **fact** oczywisty fakt
patent[3] *v* opatentować, chronić przy pomocy patentu
patentable *adj* **1.** nadający się do opatentowania **2.** posiadający zdolność patentową
~ **invention** wynalazek nadający się do opatentowania
patented *adj* : ~ **article** opatentowany artykuł
patentee *s* posiadacz patentu, osoba uprawniona z patentu
patenting *s* patentowanie
pater *s* łac. ojciec
~ **est quem nuptiae demonstrant** łac. ojcem jest ten, na kogo wskazuje małżeństwo
paterfamilias *s* łac. hist. ojciec rodziny, któremu przysługiwała władza rodzicielska
paternal *adj* **1.** ojcowski **2.** (*o krewnym*) ze strony ojca
~ **grandmother** babka ze strony ojca, matka ojca
~ **line** linia ojcowska
~ **power** władza rodzicielska
paternity *s* **1.** ojcostwo, pochodzenie ze strony ojca **2.** *przen.* autorstwo, pochodzenie
~ **case** sprawa o ustalenie ojcostwa
~ **test** badanie grupowe (*krwi*) mające na celu wykluczenie ojcostwa
~ **unknown** ojcostwo (pochodzenie) nieznane
pathological *adj* patologiczny
pathology *s* patologia
patient *s* pacjent, chory
patria *s* łac. **1.** kraj, ojczyzna **2.** ława przysięgłych
patria potestas *s* łac. hist. władza ojcowska
patricidal *adj* ojcobójczy
patricide *s* **1.** ojcobójca **2.** ojcobójstwo
patrimonial *adj* patrymonialny, dziedziczny, odziedziczony
patrimony *s* **1.** ojcowizna, patrymonium **2.** dziedzictwo, spuścizna **3.** fundacja
patrol *s* **1.** patrolowanie, obchód **2.** patrol policyjny **3.** patrol zwiadowczy
~ **car** radiowóz policyjny
~ **wagon** am. samochód policyjny do przewozu aresztantów

patrolman *s am.* posterunkowy
patron *s* 1. patron, opiekun, protektor, mecenas 2. stały klient
patronage *s* 1. patronat, opieka, poparcie 2. stała klientela
patronal *adj* opiekuńczy
patronize *v* 1. popierać, roztaczać opiekę (**sb, sth** nad kimś, czymś) 2. być stałym klientem
  to ~ **a firm** być stałym klientem firmy
pattern *s* 1. wzór, model, próbka 2. charakter, struktura
  ~ **book** katalog wzorów ⟨próbek⟩
  ~ **card** karta wzorów ⟨próbek⟩
  ~ **of trade** struktura handlu
  ~ **parcel** przesyłka wzorów handlowych
  according to ⟨**as per**⟩ ~ zgodnie z wzorem ⟨próbką⟩
  by ~ według wzoru ⟨próbki⟩
  equal to ~ równy wzorowi ⟨próbce⟩
  latest ~ najnowszy model ⟨wzór⟩
  made to ~ zrobiony według wzoru
  price ~ struktura cen
  up to the ~ zgodny z wzorem, zgodnie z próbką
pauper *s* 1. ubogi 2. osoba korzystająca z opieki społecznej 3. strona korzystająca z prawa ubogich
  ~ **asylum** przytułek
pauperization *s* pauperyzacja
pauperize *v* pauperyzować
pawn[1] *s* 1. zastaw, lombardowanie 2. rzecz zastawiona
  ~ **note** ⟨**ticket**⟩ kwit zastawny ⟨lombardowy⟩
  bill in ~ weksel zlombardowany
  in ~ zastawiony, oddany w zastaw
  loan on ~ pożyczka pod zastaw
  to give in ~ dawać w zastaw
  to put in ~ zastawiać, zlombardować
  to take in ~ brać w zastaw
  to take out of ~ odebrać z lombardu
pawn[2] *v* zastawić, dać w zastaw, zlombardować
  to ~ **one's property** zastawić swoją własność
pawnbroker *s* właściciel lombardu, osoba pożyczająca pod zastaw
pawnee *s* zastawnik, osoba otrzymująca zastaw, wierzyciel zastawniczy
pawner, pawnor *s* zastawca, osoba dająca w zastaw
pawnshop *s* lombard, zakład zastawniczy
pay[1] *s* 1. płaca, zapłata 2. wynagrodzenie, pobory, wypłata
  ~ **and hours agreement** umowa o pracy i płacy
  ~ **day** *a)* dzień wypłaty *b)* *giełd.* termin rozliczenia na giełdzie
  ~ **envelope** *am.* koperta z wypłatą
  ~ **list** ⟨**roll**⟩ lista płac
  ~ **load** ładunek handlowy
  ~ **master** płatniczy, płatnik
  ~ **packet** *bryt.* koperta z wypłatą
  ~ **phone** ⟨*am.* **station**⟩ automat telefoniczny
  ~ **slip** pasek ⟨odcinek⟩ z wyliczeniem wynagrodzenia ⟨pensji⟩
  ~ **talks** negocjacje płacowe
  ~ **voucher** asygnata kasowa
  ~ **warrant** nakaz płatniczy
  basic ~ płaca ⟨pensja⟩ podstawowa
  daily ~ płaca dzienna
  equal ~ jednakowa płaca (*dla kobiet i mężczyzn*)
  extra ~ dodatkowa płaca
  incentive ~ płaca bodźcowa ⟨motywacyjna⟩

  leave with ~ urlop płatny
  overdue ~ zaległa płaca
  sea ~ zapłata za czas pracy na morzu
  severance ~ odprawa
  sick ~ zasiłek chorobowy
  take-home ~ płaca netto
  unemployment ~ zasiłek dla bezrobotnych
  without ~ bezpłatny, bez zapłaty
  to be in the ~ **of sb** być na czyimś żołdzie
pay[2] *v* (**paid, paid**) 1. płacić, pokrywać, uiszczać 2. wynagradzać, opłacać 3. opłacać się, popłacać, dawać dochody 4. udzielać 5. *zob.* **pay back, down, in, off, out, up**
  to ~ **acceptance** wykupić akcept ⟨weksel⟩
  to ~ **an account** zapłacić rachunek
  to ~ **afterwards** płacić z dołu
  to ~ **against documents** płacić po otrzymaniu dokumentów
  to ~ **at due date** ⟨**at maturity**⟩ płacić punktualnie ⟨w terminie⟩
  to ~ **at sight** ⟨**on presentation**⟩ płacić za okazaniem
  to ~ **the balance** wyrównać saldo, zapłacić resztę należności
  to ~ **beforehand** ⟨**in anticipation**⟩ płacić z góry ⟨przedterminowo, przed terminem⟩
  to ~ **a bill** *a)* wykupić weksel *b)* zapłacić rachunek
  to ~ **by the cheque** płacić czekiem
  to ~ **by draft** zapłacić tratą
  to ~ **by** ⟨**in**⟩ **instalments** płacić rachunek w ratach ⟨ratami, ratalnie⟩
  to ~ **by intervention** ⟨**for honour**⟩ płacić przez wyręczenie
  to ~ **cash down** ⟨**spot cash**⟩ płacić gotówką przy zakupie
  to ~ **contribution** zapłacić kontrybucję
  to ~ **damages** zapłacić odszkodowanie
  to ~ **a deposit** wypłacać depozyt
  to ~ **for services** płacić za usługi
  to ~ **in addition** dopłacać
  to ~ **in advance** ⟨**on account**⟩ wpłacać z góry ⟨zaliczkowo, na poczet⟩
  to ~ **in bills** płacić wekslami
  to ~ **in cash** płacić gotówką
  to ~ **in full** zapłacić w całości
  to ~ **in kind** płacić w naturze
  to ~ **in part** zapłacić częściowo
  to ~ **into sb's account** wpłacić na czyjś rachunek
  to ~ **into the bank** wpłacić do banku
  to ~ **military honours** oddawać honory wojskowe
  to ~ **on call** płacić na żądanie
  to ~ **on delivery** płacić przy dostawie
  to ~ **on demand** płacić na żądanie
  to ~ **on the nail** *przen.* płacić gotówką ⟨od ręki⟩
  to ~ **on receipt** płacić przy odbiorze
  to ~ **on time** płacić punktualnie
  to ~ **over the counter** płacić gotówką natychmiast
  to ~ **promptly** *a)* płacić natychmiast *b)* płacić punktualnie
  to ~ **punctually** płacić punktualnie
  to ~ **a salary** wypłacać pensję ⟨pobory⟩
  to ~ **a tax** zapłacić podatek
  to ~ **to bearer** wypłacić okazicielowi
  to ~ **to the order of...** płacić na zlecenie...
  to ~ **a visit** złożyć wizytę

to ~ well opłacać się
to ~ when due płacić we właściwym terminie
able to ~ wypłacalny
authority to ~ upoważnienie banku do zdyskontowania traty dokumentowej
inability to ~ niewypłacalność, niemożność zapłacenia
liability to ~ zobowiązanie do zapłaty
notice to ~ wezwanie do zapłaty
order to ~ polecenie wypłaty, nakaz zapłaty
payable adj 1. płatny, przypadający do zapłaty, należny, wymagalny 2. opłacalny, dochodowy
~ against... płatny w zamian za... (*np. dostarczenie dokumentów*)
~ as per indorsement (*napis na wekslu*) płatny według kursu podanego na odwrocie weksla
~ at destination płatny w miejscu przeznaczenia
~ at the domicile płatny w miejscu zamieszkania
~ at maturity ⟨when due⟩ płatny w terminie
~ at our counters płatny w naszej kasie
~ at sight ⟨on presentation⟩ płatny za okazaniem ⟨awista⟩
~ at usance płatny w terminie zwyczajowym
~ by instalments płatny w ratach
~ in advance ⟨beforehand⟩ płatny z góry
~ in cash płatny gotówką
~ in gold płatny w złocie
~ net cash płatny gotówką netto
~ on... płatny w dniu...
~ on arrival płatny po nadejściu towaru
~ on delivery płatny przy dostawie
~ on demand płatny na żądanie
~ on receipt płatny przy odbiorze
~ to bearer płatny na okaziciela
~ to order płatny na zlecenie
~ with... płatny w... (*banku, firmie itp.*)
~ with exchange (*napis na wekslu*) podlega wypłacie z potrąceniem kosztów inkasa
accounts ~ am. rachunek „wierzyciele"
bills ~ weksle do zapłaty
due and ~ wymagalny i płatny
to make a bill ~ at ⟨in⟩... domicylować weksel w...
pay-as-you-earn s bryt. (skr. PAYE) potrącanie podatku dochodowego przy wypłacie
pay back v spłacać, pokrywać, zwracać (*pieniądze*)
pay down v 1. płacić gotówką 2. wpłacać pierwszą ratę
payee s odbiorca płatności, remitent, beneficjent
~ of a letter of credit beneficjent akredytywy
~ of a money order odbiorca przekazu pieniężnego
account ~ (*adnotacja na czeku*) na rachunek odbiorcy
alternative ~ alternatywny odbiorca płatności ⟨remitent⟩
payer s 1. płatnik 2. wystawca weksla ⟨czeku⟩, trasat
bad ⟨dilatory, sluggish, tardy⟩ ~ zły ⟨opieszały⟩ płatnik
good ⟨prompt, punctual⟩ ~ dobry ⟨solidny, punktualny⟩ płatnik
tax ~ płatnik podatków
pay in v wpłacać (*na konto*)
paying s płatność, wpłata
~ agent pełnomocnik wpłacający należność, domicylant

~ business a) dochodowe przedsiębiorstwo b) korzystna transakcja
~ capacity zdolność płatnicza, wypłacalność
~ enterprise przedsiębiorstwo dochodowe
~ guest pensjonariusz, stołownik
~ office kasa wypłat
default in ~ zwłoka w zapłacie
payment s 1. zapłata, wypłata 2. płatność 3. spłata 4. pl
payments zobowiązania płatnicze, płatności
~ after date zapłata po terminie
~ against documents zapłata za wydaniem dokumentów
~ agreement układ płatniczy, umowa płatnicza
~ at due date zapłata w terminie
~ authority upoważnienie do wypłaty
~ bill trata dokumentowa na warunkach „dokumenty za zapłatę"
~ by bill ⟨cheque⟩ zapłata wekslem ⟨czekiem⟩
~ by instalments zapłata w ratach
~ by intervention ⟨for honour⟩ zapłata przez wyręczenie
~ by results płaca akordowa
~ forward płatność za pobraniem
~ in advance zapłata z góry
~ in anticipation zapłata przed terminem
~ in arrear zaległa zapłata
~ in cash zapłata w gotówce
~ in excess nadpłata
~ in full zapłata w całości
~ in gold zapłata w złocie
~ in kind zapłata w naturze
~ in one amount zapłata w całości ⟨jednorazowa⟩
~ in part zapłata częściowa
~ instructions dyspozycje odnośnie do sposobu płatności
~ into court wpłata do depozytu sądowego
~ net cash zapłata gotówką bez skonta
~ of capital wpłata kapitału
~ of interest wypłata procentów ⟨odsetków⟩
~ on account wpłata na rachunek ⟨na poczet⟩
~ on delivery płatność ⟨zapłata⟩ przy dostawie
~ on request płatność ⟨zapłata⟩ na żądanie
~ order polecenie ⟨nakaz⟩ zapłaty
~s received otrzymane wpłaty
~ supra protest zapłata zaprotestowanego weksla przez trzecią osobę
additional ~ dopłata
advance ~ a) przedpłata b) płatność z góry
advice of ~ zawiadomienie o dokonaniu wpłaty
against ~ w zamian za zapłatę, po zapłaceniu ⟨uiszczeniu⟩
anticipated ⟨anticipation⟩ ~ zapłata przed terminem
back ⟨belated⟩ ~ płatność po terminie ⟨zaległa⟩
balance of ~s bilans płatniczy
cash ~ płatność gotówkowa ⟨w gotówce⟩
conditions of ~ warunki płatności
currency of ~ waluta płatności
date ⟨day⟩ of ~ data ⟨termin⟩ płatności
default ⟨delay⟩ in ~, delay ~ zwłoka w zapłacie
deferred ~ płatność odroczona
delivery against ~ wydanie (*towaru*) w zamian za zapłatę ⟨po zapłaceniu⟩
demand for ~ żądanie zapłaty
documents against ~ wydanie dokumentów w zamian za zapłatę ⟨po zapłaceniu⟩

down ~ *am.* pierwsza rata
easy terms of ~ dogodne warunki płatności
excess ~ nadpłata
extension of ~ prolongata płatności
external ~s płatności zagraniczne
extra ~ dodatkowa zapłata
facilities of ~ udogodnienia płatności
failure in ~ niedokonanie wpłaty
final ~ zapłata końcowa, ostatnia wpłata
full ~ zapłata w całości, spłata całkowita
gold ~ zapłata w złocie
initial ~ zaliczka
in lieu of ~ zamiast zapłaty
in ~ **(of sth)** tytułem zapłaty (za coś)
international ~ płatności międzynarodowe
inward ~ wpłata, przychód, wpływ
late ~ płatność zaległa ⟨opóźniona⟩
letter ~ przekaz listowy
manner ⟨**method, mode, way**⟩ **of** ~ sposób zapłaty
means of ~ środki płatnicze
on ~ przy zapłacie, po zapłaceniu ⟨uiszczeniu⟩
order for ~ polecenie zapłaty ⟨wypłaty⟩
outward ~ wypłata, rozchód
part ⟨**partial**⟩ ~ zapłata częściowa
place of ~ miejsce płatności
progress ~ stopniowa zapłata
prompt ~ płatność natychmiastowa
receipt for ~ dowód ⟨pokwitowanie⟩ wpłaty
refusal of ~ odmowa zapłaty
request for ~ żądanie zapłaty
return ~ spłata, zwrot (*należności*)
sight ~ *a)* zapłata po przedstawieniu dokumentów *b)* zapłata po przedstawieniu traty
single ~ wpłata jednorazowa
stoppage ⟨**stopping**⟩ **of** ~ wstrzymanie zapłaty ⟨płatności⟩
summons for ~ wezwanie do zapłaty
suspension of ~s zawieszenie wypłat
tender of ~ zaofiarowanie zapłaty
term of ~ termin płatności
terms of ~ warunki płatności
time for ⟨**of**⟩ ~ termin płatności
wire ~ zapłata przekazem telegraficznym
without ~ tytułem darmnym, bez zapłaty
to accept in ~ przyjąć tytułem zapłaty
to accept the ~ przyjąć zapłatę
to advance the ~ płacić z góry
to anticipate the ~ wpłacić przed terminem
to apply for ~ zwrócić się o zapłatę
to authorize the ~ zlecić zapłatę, upoważnić do dokonania zapłaty
to decline ⟨**refuse**⟩ ~ odmówić zapłaty
to defer ⟨**delay, postpone**⟩ ~ odroczyć zapłatę
to demand ~ żądać zapłaty
to effect ⟨**make**⟩ **a** ~ dokonać zapłaty ⟨płatności⟩
to enforce ~ wymusić zapłatę
to evade ~ uchylać się od zapłaty
to extend ⟨**enlarge**⟩ **a** ~ prolongować termin płatności
to keep up one's ~s wywiązywać się ze swych zobowiązań płatniczych
to receive a ~ otrzymać zapłatę
to spread a ~ **into instalments** rozłożyć płatność na raty
to stop ⟨**suspend**⟩ ~s wstrzymać ⟨zawiesić⟩ zapłatę ⟨wypłaty⟩

to urge ⟨**press for**⟩ ~ upominać się o zapłatę
to withhold ~ wstrzymać zapłatę
pay off *v* spłacać, rozliczać się (**sb** z kimś), uiszczać, wyrównywać
to ~ **debts** spłacać długi
to ~ **a mortgage** spłacać hipotekę
pay-office *s* kasa
pay out *v* wypłacać, wydatkować
pay(-)roll *s* lista płac(y)
to be on the ~ być pracownikiem ⟨na liście płacy⟩
pay up *v* spłacać (*rachunki*), wyrównywać (*długi*)
peace *s* 1. pokój 2. pojednanie 3. traktat pokojowy 4. spokój
~ **and order** spokój i porządek
~ **at any price** pokój za wszelką cenę
~ **conference** konferencja pokojowa
Peace Corps *am.* korpus pokojowy (*organizacja młodzieżowa udzielająca pomocy krajom rozwijającym się*)
~ **fighter** bojownik o pokój
~ **initiative** pokojowa inicjatywa
~ **movement** ruch pokoju
~ **negotiations** negocjacje ⟨rokowania⟩ pokojowe
~ **overtures** propozycje ⟨inicjatywy⟩ pokojowe
the ⟨**Queen's**⟩ ~ *bryt.* zagwarantowany przez prawo powszechny pokój w Zjednoczonym Królestwie
~ **treaty** traktat pokojowy
~ **with honour** honorowy pokój
at ~ **(with)** na stopie pokojowej (z)
breach of the ~ pogwałcenie pokoju, rozruchy
justice of (the) ~ sędzia pokoju
lasting ~ trwały pokój
threat to ~ zagrożenie pokoju
world ~ pokój światowy
to break ~ pogwałcić pokój
to keep the ~ utrzymać pokój
to make one's ~ **with...** zawrzeć pokój z...
to restore ~ przywrócić pokój
peaceable *adj* 1. zgodny 2. pojednawczy
peaceful *adj* 1. pokojowy 2. pojednawczy
~ **co-existence** pokojowe współistnienie
~ **competition** pokojowe współzawodnictwo
~ **co-operation** pokojowa współpraca ⟨kooperacja⟩
~ **intentions** pokojowe zamiary ⟨intencje⟩
~ **means** środki pokojowe
~ **nation** państwo pokojowe
~ **settlement** pokojowe załatwienie
~ **sign** znak pokoju (*w postaci palców tworzących literę V*)
peace-keeping *adj* : ~ **forces** siły pokojowe ⟨utrzymujące pokój⟩
peace-loving *adj* : ~ **nations** miłujące pokój narody
peacemaker *s* rozjemca, arbiter, pojednawca
peacenik *s* uczestnik pokojowej demonstracji
peak *s* szczyt, szczytowy punkt
~ **hours** godziny szczytu ⟨szczytowego ruchu⟩
~ **level** szczytowy poziom (*kursu, ceny itp.*)
~ **load** maksymalne obciążenie
~ **month** szczytowy miesiąc (*np. produkcji, eksportu*)
~ **of the boom** szczytowy punkt ożywienia gospodarczego
~ **output** szczytowa ⟨najwyższa⟩ wydajność
~ **price** najwyższa cena
~ **season** pełnia sezonu
off ~ poza godzinami szczytu

peculate *v* sprzeniewierzać (*coś*), dopuszczać się sprzeniewierzenia
peculation *s* sprzeniewierzenie, malwersacja
peculator *s* malwersant, sprzeniewierca
peculiar[1] *s* 1. własność osobista 2. przywilej osobisty 3. *bryt. hist.* parafia wyjęta spod zwykłej jurysdykcji
peculiar[2] *adj* 1. szczególny, specyficzny 2. właściwy, charakterystyczny, osobliwy
   of ~ **interest** będący przedmiotem szczególnego zainteresowania
pecuniary *adj* 1. pieniężny, finansowy 2. karany grzywną
   ~ **advantages** ⟨**benefits**⟩ korzyści finansowe ⟨pieniężne⟩
   ~ **affairs** ⟨**matters**⟩ sprawy finansowe
   ~ **aid** ⟨**assistance**⟩ pomoc finansowa
   ~ **claims** roszczenia pieniężne
   ~ **considerations** pieniężne świadczenia wzajemne
   ~ **damages** odszkodowanie pieniężne
   ~ **difficulties** ⟨**embarassments**⟩ trudności finansowe
   ~ **loss** strata pieniężna
   ~ **offence** przestępstwo karane ⟨zagrożone⟩ grzywną
   ~ **penalty** kara pieniężna, grzywna
   ~ **prejudice** szkoda majątkowa
   ~ **question** kwestia pieniężna
   ~ **request** żądanie pieniężne
   ~ **resources** zasoby ⟨środki⟩ pieniężne
   for ~ **gain** z chęci zysku, dla osiągnięcia korzyści majątkowej
peddle *v* handlować chodząc po domach
peddler *s am.* = **pedlar**
pederast *s* pederasta
pederasty *s* pederastia
pedigree *s* 1. rodowód (*np. zwierzęcia*) 2. drzewo genealogiczne
   ~ **cattle** bydło rasowe (*z rodowodem*)
   certificate of ~ świadectwo pochodzenia (*rasowego*) zwierząt
pedlar *s* domokrążca
pedlary *s* 1. handel obnośny ⟨domokrążny⟩ 2. towary handlu obnośnego ⟨domokrążnego⟩
pedophilia *s med.* pedofilia
peer *s bryt.* par, członek Izby Lordów
peerage *s bryt.* 1. godność para 2. parowie, szlachta, arystokracja
peg[1] *s* 1. kołek 2. czop, zatyczka
   to buy off the ~ kupować konfekcję ⟨gotowe ubrania⟩
peg[2] *v* 1. zakołkować, zamknąć ⟨zatkać⟩ czopem ⟨zatyczką⟩ 2. *bryt. giełd.* podtrzymywać sztucznie cenę (*papierosów itp.*) 3. *am.* utrzymywać na dotychczasowym poziomie, sztucznie stabilizować
   to ~ **prices** ⟨**wages**⟩ zamrozić ceny ⟨płace⟩
pegged *adj:* ~ **exchange** *a*) sztuczny kurs *b*) waluta o sztucznie podtrzymywanym kursie
   ~ **market** *am.* sztucznie podtrzymywany rynek
   ~ **price** sztucznie podtrzymywana cena
penal *adj* 1. karny 2. karalny 3. płatny tytułem grzywny
   ~ **act** czyn karalny
   ~ **action** dochodzenie kary umownej
   ~ **bond** zobowiązanie zapłaty kary umownej
   ~ **clause** klauzula karna
   ~ **code** kodeks karny
   ~ **colony** *hist.* kolonia karna

   ~ **consequence** konsekwencja karna
   ~ **establishment** zakład karny
   ~ **interest** odsetki za zwłokę
   ~ **jurisdiction** ⟨**legislation**⟩ jurysdykcja karna, orzecznictwo karne
   ~ **law** prawo karne
   ~ **offence** przestępstwo karalne
   ~ **servitude** *hist.* ciężkie roboty, katorga
   ~ **statutes** ustawy karne
   ~ **sum** kara konwencjonalna
   ~ **system** system penitencjarny
   ~ **taxation** opodatkowanie karne, *pot.* domiar
penalization *s* penalizacja, rozszerzanie zakresu czynów uznanych za przestępstwo przez wprowadzenie nowych przepisów karnych
penalize *v* 1. karać 2. uznać za karalne
   to ~ **in costs** obciążyć kosztami
   to ~ **an offence** karać przestępstwo
penalty *s* 1. kara 2. grzywna, kara pieniężna 3. kara umowna ⟨konwencjonalna⟩
   ~ **cargo** ładunek, za który pobiera się specjalną dopłatę
   ~ **clause** klauzula o karze umownej
   ~ **dockage** *am.* opłata za przedłużony postój statku w porcie, przestojowe
   ~ **duty** cło karne
   ~ **envelope** *am.* koperta dla pism urzędowych
   ~ **for breach** ⟨**non-fulfilment**⟩ **of the contract** kara umowna za niewykonanie ⟨niespełnienie warunków⟩ umowy
   ~ **for delay** kara za zwłokę
   ~ **for delayed delivery** kara za spóźnioną dostawę
   ~ **of death** kara śmierci
   ~ **of detention** kara pozbawienia wolności
   ~ **of imprisonment** kara więzienia
   ~ **postage** karne porto pocztowe
   conventional ~ kara umowna ⟨konwencjonalna⟩
   disciplinary ~ kara dyscyplinarna
   exemplary ~ kara przykładowa ⟨dla przykładu⟩
   fiscal ~ kara skarbowa
   heavy ~ wysoka kara konwencjonalna
   on ⟨**under**⟩ ~ **of ...** pod karą ...
   pecuniary ~ kara pieniężna
   stipulated ~ kara umowna
   subject to ~ zagrożony karą, podlegający karze
   to aggravate the ~ zaostrzyć karę
   to incur a ~ podlegać karze
   to inflict ⟨**lay on**⟩ **a** ~ nałożyć ⟨wymierzyć⟩ karę
penance[1] *s* pokuta
penance[2] *v* pokutować
pence *zob.* **penny**
pendency *s* 1. tok, przebieg (*np. rozprawy*) 2. stan zawieszenia
pendent *adj* = **pending**[1]
pendente lite *łac.* podczas trwania procesu
pending[1] *adj* 1. nie zakończony, nie rozstrzygnięty 2. będący w zawieszeniu 3. będący w toku ⟨trakcie⟩
   ~ **action** sprawa sądowa w toku
   ~ **application** *pat.* zgłoszenie w toku załatwiania
   ~ **contract** umowa w trakcie realizacji
   ~ **debt** należny dług
   ~ **in court** znajdujący się w toku postępowania (*sądowego*)
   ~ **patent** patent znajdujący się w toku załatwiania
pending[2] *praep* 1. w toku, podczas 2. do (czasu), aż, w oczekiwaniu na

~ **the action** do czasu rozstrzygnięcia sprawy sądowej
~ **the advice** do czasu otrzymania zawiadomienia
~ **the arrival** do czasu nadejścia
~ **the definite agreement** do czasu ostatecznego porozumienia
~ **further instructions** do czasu otrzymania dalszych instrukcji
~ **negotiations** w toku rokowań
~ **presentation** do chwili przedstawienia
penetrate v 1. przenikać, przedostawać się 2. badać, penetrować
to ~ **into** ⟨**to**⟩ **the market** wchodzić na rynek
to ~ **the market** badać ⟨penetrować⟩ rynek
penetration s przenikanie, penetracja, wejście (np. na rynek)
penitentiary[1] s 1. am. zakład penitencjarny ⟨karny⟩ 2. dom poprawczy
penitentiary[2] adj 1. poprawczy 2. karny 3. penitencjarny 4. am. (o czynie) karany więzieniem
~ **measures** środki penitencjarne
~ **offence** am. przestępstwo karane więzieniem
penny s (pl **pennies, pence**) pens
pretty ~ ładne pieniądze, dużo pieniędzy
pennyweight s 1/20 uncji (= 1,5552 grama – jednostka wagi używana w handlu kruszcami)
~ **job** kradzież wyrobów jubilerskich
pennyweighter s złodziej kradnący wyroby jubilerskie
penology s penologia
pension[1] s emerytura, renta
~ **age** wiek emerytalny
~ **contributions** składki emerytalne
~ **entitlement** uprawnienie do renty ⟨emerytury⟩
~ **fund** fundusz emerytalny
~ **scheme** system rentowy ⟨emerytalny⟩
disability ⟨**disablement**⟩ ~ renta inwalidzka
life ~ renta dożywotnia
old-age ⟨**retirement**⟩ ~ emerytura
orphan's ~ renta sieroca
survivors' ~ renta pośmiertna
war ~ renta wojenna
widow's ~ renta wdowia
to be entitled to a ~ mieć prawa emerytalne
to commute a ~ a) ustalić wysokość renty b) wypłacić rentę
to draw a ~ pobierać emeryturę ⟨rentę⟩
to live on a ~ żyć z emerytury
to retire on a ~ iść na emeryturę
pension[2] v spensjonować, przenieść na ⟨przyznać⟩ emeryturę
to ~ **off an official** przenieść urzędnika w stan spoczynku ⟨na emeryturę⟩
pensionable adj 1. (o człowieku) mający prawo do emerytury ⟨renty⟩ 2. (o wysłudze lat itp.) uprawniający do emerytury 3. (o wieku) emerytalny
~ **age** wiek emerytalny
~ **disability** inwalidztwo uprawniające do pobierania renty
~ **job** zajęcie uprawniające do emerytury
pensionary[1] s 1. emeryt, rencista 2. najmita
pensionary[2] adj 1. (o prawach) emerytalny 2. (o człowieku) emerytowany, pobierający emeryturę 3. najemny, przekupiony
~ **benefits** świadczenia emerytalne
~ **fund** fundusz emerytalny
to have ~ **rights** mieć prawa emerytalne

pensioner s 1. emeryt, rencista 2. weteran
old-age ~ emeryt
people s 1. naród, lud 2. ludzie, ludność 3. am. państwo (jako strona oskarżająca w sprawie karnej)
People's Democracy demokracja ludowa
~**'s front** front ludowy
People's Republic Republika Ludowa
working ~ klasa ⟨ludność⟩ pracująca, świat pracy
to go to the ~ a) ogłosić wybory b) przeprowadzić referendum
per praep łac. 1. przez, za pomocą 2. od, za, na
~ **bearer** przez okaziciela ⟨oddawcę⟩
~ **boat** okrętem, statkiem
~ **contra** na przeciwnej ⟨sąsiedniej⟩ stronie (np. rachunku)
~ **copy enclosed** według załączonej kopii
~ **head** na głowę
~ **hour** na godzinę, od godziny
~ **messenger** przez posłańca
~ **parcel post** przesyłką pocztową
~ **post** pocztą
~ **rail** ⟨**railway**⟩ koleją
~ **return** odwrotną pocztą
~ **sample** według próbki
~ **week** na tydzień, tygodniowo
as ~ zgodnie z, stosownie do, według
as ~ **contract** zgodnie z umową
as ~ **sample** według próbki, zgodnie z próbką
as ~ **specification enclosed** według załączonej specyfikacji
perambulation s 1. inspekcja, objazd 2. ustalenie granic (obszaru)
per annum adv łac. rocznie, na rok
per capita adv łac. na głowę ⟨osobę⟩
~ **income** stat. dochód na głowę ludności
percent s am. procent
per cent[1] s procent
~ **commission** prowizja procentowa
~ **loan** pożyczka oprocentowana
per cent[2] adv łac. od sta, na sto
to reduce prices by x ~ obniżyć ceny o x procent
percentage s 1. procent, odsetek, stopa procentowa 2. prowizja 3. ub. mors. franszyza
~ **of impurities** procent zanieczyszczeń
~ **of profits** tantiema
in ~ **terms, on** ~ **basis** procentowo
irrespective of ~ ub. mors. bez franszyzy
memorandum ~ ub. mors. franszyza
no ~ bez zysku
percentaged adj procentowy, określony w procentach
perception s 1. percepcja 2. pobieranie, pobór (np. czynszu)
per curiam adv łac. przez sąd
per diem adv łac. dziennie, na dzień
peremptory adj 1. stanowczy, ostateczny 2. definitywny, rozstrzygający
~ **challenge** wyłączenie bez podania przyczyny (przysługujące każdej ze stron w stosunku do pewnej liczby przysięgłych)
~ **defence** generalny zarzut (że powodowi nie przysługuje prawo do wytoczenia powództwa, lub że takie prawo wygasło)
~ **paper** ostateczny spis spraw wyznaczonych na posiedzenie
~ **plea** zarzut podstawowy (zmierzający do całkowitego oddalenia powództwa)

~ **rule** bezwzględna zasada, absolutna norma
perfect[1] *adj* **1.** zupełny, całkowity **2.** doskonały **3.**
wykończony
~ **condition** doskonały stan (*towaru*)
~ **entry** ostateczna deklaracja celna
~ **obligation** zobowiązanie, którego można dochodzić sądownie
~ **quality** doskonała jakość
~ **title** pełny tytuł
perfect[2] *v* **1.** udoskonalać, ulepszać **2.** wykańczać,
uzupełniać
to ~ **an invention** ulepszać wynalazek
perfection *s* **1.** doskonałość, perfekcja **2.** wykończenie
3. udoskonalenie **4.** szczyt doskonałości
to **bring sth to** ~ doprowadzić coś do doskonałości
perfectioning *s* doskonalenie
perfidious *adj* **1.** wiarołomny **2.** perfidny **3.** zdradziecki
perfidiousness, perfidy *s* **1.** wiarołomność **2.** perfidia
perform *v* **1.** wykonywać, dokonywać, spełniać, wypełniać **2.** świadczyć
to ~ **the conditions** spełniać warunki
to ~ **a contract** wykonać umowę
to ~ **a duty** spełniać obowiązek
to ~ **a mission** wypełnić misję
to ~ **an obligation** spełnić (wykonać) zobowiązanie
to ~ **a promise** spełnić obietnicę
to ~ **a task** wykonać zadanie
to ~ **a test** przeprowadzić próbę
obligation to ~ obowiązek wykonania (świadczenia)
to **decline to** ~ odmówić wykonania (świadczenia)
performance *s* **1.** wykonanie, spełnienie, wypełnienie **2.**
świadczenie **3.** funkcjonowanie (*np. maszyny*)
~ **appraisal** (**evaluation**) ocena wykonania
~ **in anticipation** przedterminowe wykonanie
(świadczenia)
~ **in kind** (**money**) świadczenie w naturze (w pieniądzu)
~ **of a contract** wykonanie umowy
~ **of a plan** wykonanie planu
~ **test** próba eksploatacyjna
action for ~ powództwo o wykonanie (*świadczenia*)
alternative ~ alternatywne świadczenie
collateral ~ świadczenie uboczne
complete ~ pełne wykonanie (świadczenie
counter (**return**) ~ świadczenie wzajemne
duty of ~ obowiązek świadczenia
earnings ~ rentowność, opłacalność
extent of ~ zakres świadczenia
impossibility of ~ niemożność wykonania (spełnienia) świadczenia
in ~ **of a contract** w wykonaniu umowy
job ~ wydajność pracy
part ~ świadczenie częściowe
payment in lieu of ~ zapłata zamiast wykonania
(świadczenia)
place of ~ miejsce wykonania (świadczenia)
specific ~ świadczenie w naturze
standard of ~ poziom wykonawstwa
time of ~ termin wykonania (świadczenia)
to **make a** ~ wykonać świadczenie
to **offer a** ~ zaofiarować świadczenie

to refuse to accept a ~ odmówić przyjęcia świadczenia
to sue for ~ skarżyć o wykonanie (świadczenie)
peril *s* niebezpieczeństwo, ryzyko
~ **covered** ryzyko ubezpieczone
~ **of war** ryzyko wojny
~ **points** *am.* taryfa celna importowanych towarów
(*przewidująca znaczną zwyżkę, gdy ilość towarów
może spowodować zachwianie równowagi rynku
krajowego*)
~**s of the sea** niebezpieczeństwa morza, ryzyka
związane z żeglugą morską
~**s of the sea clause** klauzula ryzyka (*wynikającego z
niebezpieczeństw morskich*)
~**s on the sea** ryzyka mogące zaistnieć na morzu (*nie
związane ściśle z żeglugą*)
at one's (**sb's**) ~ na własne (czyjeś) ryzyko
excepted ~**s clause** klauzula dotycząca wyłączenia
od odpowiedzialności ubezpieczyciela za niektóre
ryzyka
imminent ~ niebezpieczeństwo bezpośrednie (bezpośrednio zagrażające)
in ~ **of one's life** wobec zagrożenia życia, w obliczu
śmierci
marine (**maritime, sea**) ~**s** niebezpieczeństwa morskie
perilous *adj* niebezpieczny, ryzykowny
per incuriam *adv łac.* przez przeoczenie (*np. sędziego*)
period *s* **1.** okres **2.** termin
~ **contract** długoterminowa umowa
~ **covered by policy** okres objęty ubezpieczeniem
~ **for presentation** termin przedłożenia (*np. dokumentów*)
~ **of availability** (**validity**) okres ważności
~ **of charter** okres ważności czarteru
~ **of conception** okres koncepcyjny
~ **of conditional discharge** okres warunkowego zwolnienia
~ **of coverage** okres objęty ubezpieczeniem
~ **of employment** okres zatrudnienia
~ **of extension** okres przedłużenia (*np. ważności
dokumentu*)
~ **of forecast** okres prognozowania
~ **of grace** respiro wekslowe, dni ulgowe
~ **of inquiry** *stat.* okres ankietowy
~ **of insurance** okres ubezpieczenia
~ **of life** okres życia
~ **of limitation** (**prescription**) okres (termin) przedawnienia
~ **of notice** okres (termin) wypowiedzenia
~ **of observation** *stat.* okres obserwacji
~ **of office** okres urzędowania (sprawowania urzędu)
~ **of production** okres produkcji
~ **of respite** respiro wekslowe, dni ulgowe
~ **of transition** okres przejściowy
~ **of unemployment** okres bezrobocia
~ **of use** okres używania (korzystania)
~ **of warranty** okres gwarancyjny
~ **under review** okres sprawozdawczy
accounting ~ okres rozrachunkowy (rozliczeniowy)
budgetary ~ okres budżetowy
contractual ~ okres ważności umowy
for a ~ **of...** na okres...

for the ~ up to... na okres do...
gestation ~ *a)* okres ciąży *b)* okres odroczenia *(np. cyklu inwestycyjnego)*
incubation ~ okres inkubacji ⟨inkubacyjny⟩
initial ~ *stat.* okres wyjściowy
operating ~ okres eksploatacyjny
over a ~ w ciągu okresu
policy ~ okres ważności polisy ubezpieczeniowej
probation ⟨**probationary, testing, trial**⟩ ~ okres próbny
reporting ~ okres sprawozdawczy
validity ~ okres ważności
within a ~ **of...** w okresie ⟨terminie⟩...
to extend a ~ przedłużyć termin ⟨okres⟩
to put a ~ **to sth** zakończyć coś
periodical[1] *s* czasopismo, periodyk
periodical[2] *adj* okresowy, periodyczny
~ **payments** wpłaty okresowe
~ **performances** świadczenia okresowe
~ **press** periodyki, czasopisma
perish *v* 1. ginąć, tracić życie 2. psuć się, niszczeć
perishable *adj* nietrwały, ulegający zepsuciu
~ **cargo** ⟨**freight**⟩ łatwo psujący się ładunek
~ **goods** towary nietrwałe
~ **traffic** przewozy łatwo psujących się towarów
perishables *spl* towary nietrwałe ⟨łatwo ulegające zepsuciu⟩
perjure *v.* ~ **oneself** krzywoprzysięgać
perjured *adj* 1. winny krzywoprzysięstwa 2. wiarołomny
~ **witness** świadek składający fałszywe zeznania po przyrzeczeniu
perjurer *s* krzywoprzysięzca
perjury *s* 1. krzywoprzysięstwo 2. wiarołomstwo
to commit ~ popełnić krzywoprzysięstwo
perk *s* = **perquisite**
permanence *s* = **permanency** 1.
permanency *s* 1. stałość, trwałość, permanencja 2. stan trwały 3. rzecz trwała
permanent *adj* 1. stały, trwały 2. ciągły, nieustanny, niezmienny
~ **abode** ⟨**residence**⟩ stałe miejsce zamieszkania
~ **address** stały adres
~ **alimony** stała ⟨dożywotnia⟩ renta alimentacyjna
~ **assets** środki trwałe
~ **body** stałe ciało ⟨kolegium⟩
~ **commission** ⟨**committee**⟩ komisja stała
~ **debt** dług skonsolidowany
~ **delegate** stały delegat
~ **employment** stałe zatrudnienie
~ **income** stały dochód
~ **investment** trwała inwestycja
~ **job** stałe zajęcie ⟨zatrudnienie⟩, stała praca
~ **liabilities** pasywa stałe
~ **loan** pożyczka skonsolidowana
~ **medium** stała waluta
~ **member** stały członek
~ **mission to UN** stałe przedstawicielstwo ⟨stała misja⟩ przy ONZ
~ **neutrality** stała neutralność
~ **observers** stali obserwatorzy
~ **position** ⟨**post, situation**⟩ stała posada, stałe stanowisko
~ **power of attorney** stałe pełnomocnictwo
~ **repair** bieżący remont
~ **representative** stały przedstawiciel

~ **resident** stały mieszkaniec
~ **seat** stałe miejsce, stała siedziba
~ **staff** stały personel
~ **treaty** długoletni traktat
permissible *adj* dopuszczalny, dozwolony
~ **limit** dopuszczalna granica
~ **load** dopuszczalny ciężar
permission *s* pozwolenie, zezwolenie
~ **to stay** ⟨**reside**⟩ zezwolenie na pobyt
by ~ za zezwoleniem
without ~ bez zezwolenia
written ~ pisemne zezwolenie, zezwolenie na piśmie
to ask sb for ~ prosić kogoś o zezwolenie
to grant a ~ udzielić zezwolenia
to obtain sb's ~ uzyskać czyjeś ⟨od kogoś⟩ zezwolenie
to withhold a ~ wstrzymać zezwolenie
permissive *adj* 1. dozwalający 2. zalecający 3. dozwolony
~ **intervention** przystąpienie do procesu za zezwoleniem sądu
~ **legislation** tolerancyjne ⟨liberalne⟩ ustawodawstwo
(**the**) ~ **society** *bryt.* (zbyt) tolerancyjne ⟨liberalne⟩ społeczeństwo
~ **use** dozwolone ⟨dopuszczalne⟩ użytkowanie
~ **waste** dopuszczalne ubytki
permissiveness *s* tolerancyjność, liberalność
permit[1] *s* 1. zezwolenie, pozwolenie, licencja 2. przepustka
~ **of residence** pozwolenie na pobyt
~ **of transit** zezwolenie na tranzyt
~ **to lade** ⟨**unlade**⟩ *am.* zezwolenie celne na załadunek ⟨wyładunek⟩ statku
~ **to practise a profession** prawo wykonywania zawodu
booking ~ potwierdzenie rezerwacji frachtu
building ~ zezwolenie budowlane
delivery ~ *am.* zlecenie władz celnych na wydanie towaru
discharging ~ *am.* pozwolenie na wyładunek
entry ~ *am.* pozwolenie na przywóz
exchange ~ zezwolenie dewizowe
exit ~ pozwolenie wyjazdu ⟨na wyjazd⟩
export ~ licencja eksportowa, pozwolenie wywozu ⟨na wywóz⟩
import ~ licencja importowa, pozwolenie przywozu ⟨na przywóz⟩
labour ⟨**work**⟩ ~ pozwolenie na pracę ⟨zatrudnienie⟩
landing ~ *a)* zezwolenie na lądowanie *b)* zezwolenie ⟨pozwolenie⟩ na wyładunek
loading ~ zezwolenie ⟨pozwolenie⟩ na załadunek
official ~ urzędowe zezwolenie
shipping ~ dyspozycja załadowcza (*spedytora*)
transit ~ *a)* zezwolenie ⟨pozwolenie⟩ na przewóz *b)* zezwolenie na tranzyt
to grant a ~ udzielić zezwolenia
permit[2] *v* pozwalać, zezwalać
permitted *pp adj* 1. dozwolony 2. legalny
~ **hours** godziny sprzedaży napojów alkoholowych
partial shipments ~ (*w akredytywie*) wysyłka partiami dozwolona
permittee *s* posiadacz zezwolenia ⟨licencji⟩

permitting: circumstances ~ jeśli pozwolą okoliczności
weather ~ jeśli pogoda pozwoli
permutation s 1. permutacja 2. zamiana
pernancy s wejście w posiadanie, pobranie
pernor s: ~ **of profits** osoba otrzymująca pożytki z nieruchomości
perpetrate v popełnić
to ~ **a crime** popełnić zbrodnię ⟨przestępstwo⟩
perpetration s 1. popełnienie (*przestępstwa*) 2. zbrodnia, przestępstwo
perpetrator s sprawca, przestępca
perpetual adj 1. wieczny, trwały, ustawiczny 2. dożywotni
~ **annuity** renta dożywotnia
~ **income** dożywotni dochód
~ **inventory** stała inwentaryzacja
~ **lease** wieczysta dzierżawa
~ **loans** pożyczki bezterminowe ⟨nie podlegające wypowiedzeniu⟩
~ **neutrality** stała neutralność
~ **succession** (*w stowarzyszeniach*) nieprzerwana ciągłość posiadania
perpetuation s utrwalenie, uwiecznienie, zabezpieczenie
~ **of evidence** ⟨**testimony**⟩ utrwalenie ⟨zabezpieczenie⟩ dowodów
perpetuity s 1. dożywocie 2. renta dożywotnia 3. wieczność
~ **of the king** bryt. wieczność panowania króla
to give sth to sb in ~ dać coś komuś na zawsze
per procurationem adv łac. per procura, z upoważnienia, w zastępstwie
perquisite s 1. dodatek (*do poborów*), świadczenia związane z zajmowanym stanowiskiem 2. napiwek 3. prerogatywa
salaries and ~s zarobki i świadczenia dodatkowe
perquisition s rewizja, przeszukanie
per se adv łac. sam przez się
persecute v 1. prześladować, szykanować, napastować 2. karać
persecution s prześladowanie
~ **complex** ⟨**mania**⟩ med. mania prześladowcza
persecutor s prześladowca
persist v 1. obstawać, upierać się (**in sth** przy czymś) 2. utrzymywać się, trwać
persistence s uporczywość
persistent adj 1. trwały, uporczywy 2. stały
~ **demand** stały popyt
~ **offender** ⟨**criminal**⟩ niepoprawny przestępca
~ **thief** notoryczny złodziej
person s 1. osoba fizyczna, człowiek 2. osoba prawna
~ **aided and abetted** osoba, której udzielono poparcia i pomocy (*w przestępstwie*)
~ **charged with an offence** osoba obwiniona ⟨oskarżona⟩ o przestępstwo
~ **in authority** osoba upoważniona
~ **in command** rozkazodawca
~ **indicted for a crime** osoba oskarżona aktem oskarżenia o przestępstwo
~ **irresponsible for his acts** osoba nie odpowiadająca za swe czyny
~ **of foreign descent** osoba obcego pochodzenia, obcokrajowiec
~ **of independent means** osoba utrzymująca się z własnych środków

~ **of law** osoba prawna
~ **of no fixed abode** osoba bez stałego miejsca zamieszkania
~ **of ordinary intelligence** osoba o przeciętnej inteligencji
~ **of ordinary prudence** osoba o przeciętnej roztropności
~ **of unsound mind** osoba chora umysłowo
~ **of weak mind** osoba upośledzona umysłowo
~ **on conditional discharge** osoba zwolniona warunkowo
~ **on probation** osoba pozostająca pod nadzorem sądowym
~ **proceeded against** osoba, przeciwko której toczy się postępowanie
~ **responsible for his act** osoba odpowiadająca za swe postępowanie
~ **under sentence** osoba skazana
artificial ⟨**fictitious**⟩ ~ osoba prawna
authorized ~ osoba upoważniona
disabled ~ inwalida
handicapped ~ osoba upośledzona fizycznie
illiterate ~ analfabeta
in ~ osobiście
judicial ⟨**juristic, legal**⟩ ~ osoba prawna
naturalized ~ naturalizowany obywatel
natural ~ osoba fizyczna
offences against the ~ przestępstwa przeciwko osobie
policy to a named ~ polisa imienna
private ~ osoba prywatna
third ~ osoba trzecia
to be delivered in ~ doręczyć do rąk własnych
persona s łac. osoba
~ **designata** łac. osoba wyznaczona
~ **extranea** łac. osoba spoza rodziny
~ **grata** łac. osoba mile widziana
~ **non grata** łac. osoba niepożądana
~ **publica** łac. osoba publiczna ⟨ciesząca się publicznym zaufaniem⟩
personable adj posiadający zdolność prawną
personal adj osobisty, prywatny, własny
~ **account** rachunek własny ⟨prywatny, osobisty⟩
~ **action** powództwo osobowe ⟨w stosunku do osoby⟩
~ **affair** sprawa osobista
~ **allowance** dodatek personalny ⟨osobowy⟩
~ **assets** majątek ruchomy osobisty
~ **belongings** przedmioty osobistego użytku
~ **call** rozmowa telefoniczna z przywołaniem
~ **contact** kontakt osobisty
~ **credit** kredyt osobisty
~ **data** personalia
~ **debt** dług prywatny ⟨osobisty⟩
~ **envoy** wysłannik osobisty
~ **estate** ⟨**chattels, property**⟩ majątek osobisty, własność osobista
~ **finance company** am. instytucja kredytowa udzielająca pożyczek osobom prywatnym
~ **freedom** ⟨**liberty**⟩ wolność osobista
~ **immunity** przywilej osobisty, nietykalność osobista
~ **income** dochód osobisty
~ **injury** uszkodzenie ciała
~ **law** prawo osobowe
~ **law of origin** prawo miejsca pochodzenia

~ **liability** odpowiedzialność osobista
~ **note** adnotacja osobista
~ **notice** *a*) powiadomienie osobiste *b*) powiadomienie przez przedstawiciela
~ **obligation** zobowiązanie osobiste
~ **opinion** prywatne zdanie
~ **questionnaire** ankieta personalna
~ **remittances** wpłaty prywatne (*niehandlowe*)
~ **representative** *a*) osobisty przedstawiciel *b*) zarządca spadku
~ **restraint** ograniczenie wolności osobistej
~ **rights** prawa osobiste
~ **security** gwarancja osobista
~ **selling** sprzedaż bezpośrednio nabywcy ⟨bez pośrednictwa⟩
~ **service** osobiste doręczenie wezwania sądowego
~ **servitude** służebność osobista
~ **share** akcja imienna, imienny papier wartościowy
~ **statute** prawo osobowe
~ **supremacy** przewaga ⟨supremacja⟩ osobista
~ **tax** pogłówne, podatek osobisty
~ **tort** przestępstwo przeciwko osobie
~ **touch** kontakt osobisty
~ **union** unia personalna
~ **violence** gwałt przeciwko osobie
personality *s* 1. osobowość 2. osobistość
~ **cult** kult jednostki
juridical ⟨**legal**⟩ ~ osobowość prawna
personally *adv* 1. osobiście 2. do rąk własnych
~ **liable** ⟨**answerable**⟩ odpowiedzialny osobiście
personalty *s* 1. majątek osobisty, mienie osobiste 2. ruchomości
gross ⟨**net**⟩ ~ majątek osobisty brutto ⟨netto⟩
mixed ~ majątek osobisty związany z nieruchomością
pure ~ majątek osobisty nie związany z nieruchomością
to convert realty into ~ zamienić majątek nieruchomy na ruchomości
personate *v*: **to** ~ **sb** podawać się za kogoś (*w celach oszukańczych*), podszywać się pod kogoś
personation *s* podawanie się (*za kogoś*)
personator *s* oszust podający się za kogoś innego
personnel *s* personel, pracownicy, kadry, załoga
~ **department** (wy)dział kadr ⟨spraw osobowych⟩
~ **manager** szef działu kadr ⟨spraw osobowych⟩
~ **officer** urzędnik działu kadr ⟨spraw osobowych⟩, personalny
~ **rating** ocena kadry
sales ~ personel obsługujący klientów, obsługa (*np. sklepu*)
persuasion *s* nakłanianie
pertain *v* 1. należeć (**to sth** do czegoś), wchodzić w zakres (**to sth** czegoś) 2. być właściwością (**to sth** czegoś) 3. odnosić się (**to sth** do czegoś), dotyczyć (**to sth** czegoś)
pertinence, pertinency *s* 1. przynależność, powiązanie, związek 2. właściwość
it is of no ~ **to us** to nas nie dotyczy
pertinent *adj* 1. odnoszący się, dotyczący, pozostający w związku (**to sth** z czymś) 2. stosowny, trafny, właściwy
~ **to the matter in hand** odnoszący się do danej ⟨rozpatrywanej⟩ sprawy
perturbation *s* zakłócenie

perusal *s* przeczytanie, przestudiowanie, zapoznanie się, wgląd
after ~ po zapoznaniu się
for your kind ~ do łaskawego wglądu
peruse *v* przeczytać, rozpatrzyć, zbadać
perverse *adj* 1. perwersyjny 2. przewrotny
~ **verdict** *bryt.* werdykt wydany wbrew wskazówkom sędziego
perversion *s* 1. zboczenie, perwersja 2. deprawacja 3. przekręcenie, wypaczenie
~ **of justice** wypaczenie sprawiedliwości
pervert[1] *s* 1. zboczeniec 2. odstępca
pervert[2] *v* 1. deprawować 2. przekręcać 3. nadużywać, używać niewłaściwie
to ~ **the course of justice** nadużywać prawa
to ~ **the facts** przekręcać fakty
to ~ **the meaning** przekręcić znaczenie ⟨sens⟩
pestilence *s* zaraza
petit *adj fr.* drobny, mały
~ **jury** Mała Ława (*sąd przysięgłych złożony z 12 sędziów rozstrzygający jednomyślnie sprawy karne*)
~ **larceny** drobna kradzież
petition[1] *s* 1. petycja, prośba 2. wniosek pisemny skierowany do sądu, skarga
~ **for appeal** skarga apelacyjna, wniosek apelacyjny
~ **for discharge of a bankrupt** wniosek o przywrócenie upadłego do praw
~ **for divorce** pozew o rozwód
~ **for mercy** ⟨**pardon, reprieve**⟩ prośba o łaskę ⟨ułaskawienie⟩
~ **for respite** prośba o odroczenie
~ **in bankruptcy** wniosek o otwarcie postępowania upadłościowego
~ **of right** *bryt.* powództwo o wydanie nieruchomości znajdującej się w posiadaniu Korony
to dismiss ⟨**refuse**⟩ **a** ~ odrzucić petycję
to file a ~ wnieść wniosek ⟨prośbę⟩ (**for sth** o coś, w sprawie)
to grant a ~ uwzględnić wniosek ⟨prośbę⟩
to support a ~ popierać prośbę ⟨wniosek, skargę⟩
petition[2] *v* 1. składać podanie, ubiegać się (**for sth** o coś), prosić 2. składać (*pisemny*) wniosek ⟨skargę⟩ do sądu
to ~ **the authorities** złożyć petycję do władz
to ~ **the court for sth** wnosić o coś do sądu
to ~ **for divorce** składać pozew o rozwód
to ~ **for mercy** ⟨**pardon**⟩ prosić o łaskę
petitionary *adj* mający charakter prośby
petitioner *s* 1. petent, wnioskodawca, autor prośby 2. powód (*w procesie rozwodowym*)
petitory *adj* petytoryjny
~ **action** powództwo petytoryjne (*rozstrzygające o czyimś prawie podmiotowym*)
petrodollars *spl* petrodolary
petrol *s bryt.* benzyna, paliwo płynne
~ **consumption** *bryt.* zużycie paliwa ⟨benzyny⟩
~ **station** *bryt.* stacja benzynowa
~ **tanker** *bryt.* zbiornikowiec, tankowiec
premium-grade ⟨**four-star**⟩ ~ *bryt.* benzyna super
petroleum *s* 1. ropa naftowa 2. olej skalny
Petroleum Company towarzystwo naftowe
~ **gas** gaz ziemny
~ **industry** przemysł naftowy

~ **products** produkty naftowe
petties *spl* drobne koszty, drobne opłaty
pettifog *v* 1. pieniaczyć się 2. prowadzić krętackie sprawy
pettifogger *s* 1. pieniacz 2. krętacz 3. pokątny doradca (*prawny*)
pettifogging *s* zajmowanie się pokątnym doradztwem
petty *adj* drobny, mały, nieznaczny
~ **articles** ⟨**wares**⟩ drobne towary
~ **average** drobna awaria
~ **bourgeois** drobnomieszczanin
~ **bourgeoisie** drobnomieszczaństwo
~ **cash** podręczna gotówka, drobne pieniądze
~ **charges** ⟨**expenses**⟩ drobne opłaty ⟨koszty⟩
~ **dealer** drobny kupiec
~ **jury** Mała Ława (*sąd przysięgłych złożony z 12 sędziów rozstrzygający jednomyślnie sprawy karne*)
~ **larceny** drobna kradzież
~ **offence** drobne przestępstwo
~ **sessions** małe sesje (*sądów złożonych z 2 sędziów pokoju rozpoznających drobne sprawy karne*)
~ **trader** drobny kupiec
pharmaceutical *adj* farmaceutyczny
~ **products** wyroby farmaceutyczne
pharmacy *s* 1. farmacja 2. apteka
philantropic *adj* dobroczynny, filantropijny
~ **institution** instytucja dobroczynna
phone[1] *s* telefon
~ **box** budka ⟨kabina⟩ telefoniczna
~ **call** rozmowa telefoniczna
to answer the ~ odebrać telefon
to be on the ~ mówić przez telefon
to speak to sb on the ~ rozmawiać z kimś przez telefon
phone[2] *v* telefonować ⟨dzwonić⟩ (**sb** do kogoś)
to ~ **for sth** prosić o coś telefonicznie ⟨przez telefon⟩
to ~ **for a taxi** dzwonić po taksówkę, wezwać taksówkę przez telefon
photocopy, photostat *s* fotokopia
phrase *s* zwrot, wyrażenie
phraseology *s* frazeologia, terminologia
legal ~ terminologia prawnicza
physical *adj* fizyczny
~ **danger** zagrożenie fizyczne
~ **defect** defekt fizyczny
~ **impossibility** fizyczna niemożliwość
~ **injury** uszkodzenie cielesne
~ **part in a crime** fizyczny udział w przestępstwie
~ **volume of trade** fizyczny rozmiar ⟨wolumen⟩ handlu
physician *s* lekarz
pick[1] *s* 1. dobór, wybór 2. zbiór (*np. płodów rolnych*)
the ~ **of sth** lepsza część czegoś
to have the ~ mieć prawo wyboru
pick[2] *v* 1. wybierać, dobierać, sortować, przebierać 2. zbierać, zdejmować 3. *zob.* **pick out, up**
picked *adj*: ~ **goods** towar wyborowy
~ **samples** próbki nietypowe ⟨specjalnie dobrane⟩
picket[1] *s* pikieta w czasie strajku
strike ~**s** pikiety strajkowe
picket[2] *v* pikietować (*w czasie strajku*)
to ~ **a factory** pikietować fabrykę
picketing *s* pikietowanie

picking *s*: ~ **clause** *ub. mors.* klauzula o pokryciu przez ubezpieczyciela kosztów sortowania towaru celem zmniejszenia strat
~ **and stealing** popełnianie drobnych kradzieży
pickings *spl* 1. odpadki, resztki 2. kradzione drobiazgi 3. dodatkowe drobne zarobki, dodatkowe prowizje
picklock *s* 1. włamywacz 2. wytrych
pick out *v* 1. wybierać, sortować 2. odszukać, wytropić, wyśledzić
pickpocket *s* złodziej kieszonkowy, kieszonkowiec
pick up *v* 1. zbierać, zabierać 2. znajdować, uzyskiwać, zdobywać 3. zarabiać
to ~ **a bargain** natrafić na dobry interes
to ~ **a living** zarabiać na życie
to ~ **a prisoner** pojmać więźnia
picture *s* 1. obraz 2. zdjęcie, fotografia 3. film
piece *s* 1. sztuka, egzemplarz 2. kawałek, część 3. moneta 4. odcinek banknotu
~ **cargo** pojedynczy ładunek
~ **goods** materiały tekstylne tkane w standardowych długościach
~ **of injustice** niesprawiedliwość
~ **of land property** działka, parcela
~ **of luggage** sztuka bagażu
~ **of work** wyrób, dzieło
by the ~ od sztuki, za sztukę
gold ~ złota moneta
number of ~**s** ilość sztuk (*ładunku*)
of a ~ jednakowy, identyczny
to be paid ~ **rates** otrzymywać zapłatę od sztuki
to sell by the ~ sprzedawać na sztuki
to work by the ~ pracować na akord
piecemeal *adj* 1. urywkowy, fragmentaryczny; robiony po kawałku ⟨częściami⟩ 2. stopniowy, sukcesywny
~ **reforms** częściowe ⟨stopniowe⟩ reformy
piece-price *s* cena od sztuki
piece-rate, piece-wage *s* płaca akordowa
piece-work *s* praca na akord
piece-worker *s* robotnik akordowy
pier *s* molo, pirs
~ **crew** zespół dokerów pracujących na nabrzeżu
~ **dues** opłaty brzegowe
landing ~ molo pasażerskie, pomost przeładunkowy
pierage *s* brzegowe (*rodzaj opłaty*)
pierman *s* am. robotnik portowy, doker (*pracujący na nabrzeżu*)
pigeon(-)hole[1] *s* przegródka (*np. w kartotece*)
pigeonhole[2] *v* 1. segregować 2. wkładać do szuflady, odkładać do akt
pile[1] *s* 1. stos, sterta, zwał, kupa 2. moc pieniędzy, majątek 3. stos, bateria
atomic ~ stos atomowy
pile[2] *v* 1. układać w stosy, zwalać na kupę 2. gromadzić
pile up *v* 1. osadzać statek na mieliźnie 2. rozbić statek 3. gromadzić
to ~ **atomic bombs** gromadzić zapasy bomb atomowych
pilfer *v* 1. plądrować 2. dokonywać drobnych kradzieży
pilferage *s* 1. plądrowanie 2. drobna kradzież
~ **risk** *ub. mors.* ryzyko częściowej kradzieży ładunku (*w czasie podróży*)
pilferer *s* złodziejaszek
pill *s* 1. pigułka 2. **the** ~ pigułka antykoncepcyjna

pillage[1] s 1. rabunek, grabież, łupiestwo 2. łup, zdobycz
pillage[2] v rabować, grabić, łupić
pillager s łupieżca, rabuś
pillory s pręgierz
  to put sb in the ~ hist. przen. postawić kogoś pod pręgierzem
pilot[1] s 1. pilot 2. przewodnik
  ~ **boat** łódź pilotowa, pilotówka
  ~ **chart** mapa pilotowa
  ~ **dues** ⟨**fees**⟩ opłaty pilotażowe ⟨za pilotowanie⟩
  ~ **service** służba pilotowa, pilotaż
  ~ **'s licence** licencja pilotowa
  ~ **'s waters** wody wymagające pilotowania ⟨pilotażu⟩
  air ~ pilot samolotu
  compulsory ~ pilot przymusowy
  dock ⟨**harbour**⟩ ~ pilot portowy
  river ⟨**sea**⟩ ~ pilot rzeczny ⟨morski⟩
pilot[2] adj próbny, wstępny, eksperymentalny
  ~ **census** wstępny ⟨próbny⟩ spis
  ~ **project** wstępny projekt
  ~ **sample** wstępna próbka
  ~ **survey** wstępne badanie
pilot[3] v pilotować
  to ~ **a ship into the port** wprowadzić statek do portu
  to ~ **a ship out of the port** wyprowadzić statek z portu
pilotage s 1. pilotaż, pilotowanie 2. opłaty pilotażowe
  ~ **dues** opłaty pilotażowe
  ~ **fees** wynagrodzenie za pilotaż
  ~ **inwards** ⟨**outwards**⟩ pilotowanie przy wejściu do portu ⟨przy wyjściu z portu⟩
  ~ **service** służba pilotowa, pilotaż
  ~ **waters** wody wymagające pilotowania ⟨pilotażu⟩
  compulsory ~ pilotowanie obowiązkowe
  free ~ a) pilotowanie bezpłatne b) pilotowanie nieobowiązkowe
pimp s sutener, stręczyciel
pin-money s 1. hist. pieniądze przeznaczone dla żony na osobiste wydatki 2. kieszonkowe, pieniądze na drobne wydatki
pioneer v być pionierem, torować drogę
  to ~ **in the market** wprowadzić (coś) po raz pierwszy na rynek
pipeline s rurociąg
piracy s 1. piractwo, rozbójnictwo morskie 2. naruszenie praw patentowych 3. naruszenie praw autorskich, niedozwolony przedruk
  ~ **by the law of nations** piractwo według ⟨w obliczu⟩ prawa międzynarodowego
  ~ **of design** naruszenie prawa do znaku fabrycznego
  ~ **of invention** ⟨**a patent**⟩ naruszenie patentu na wynalazek
  ~ **with violence** piractwo połączone z przemocą
pirate[1] s 1. pirat 2. osoba naruszająca prawo patentowe 3. osoba dopuszczająca się plagiatu
  ~ **ship** statek piracki
pirate[2] v 1. uprawiać piractwo 2. naruszać prawa patentowe 3. naruszać prawa autorskie, dopuszczać się plagiatu
piratical adj piracki
  ~ **robbery** rozbójnictwo pirackie

~ **slave-trading** piracki handel niewolnikami
piscary s prawo połowu
  common of ~ prawo połowu na cudzych wodach
pit s 1. szyb 2. kopalnia 3. am. (branżowy) dział giełdy
  ~ **trader** am. = **pitman**
pitman s am. branżowy makler giełdowy
pittance s 1. nędzne wynagrodzenie 2. drobna kwota
pivotal adj główny, podstawowy, kluczowy
  ~ **industry** przemysł kluczowy
  ~ **issue** kluczowy problem, kluczowe zagadnienie
placard[1] s plakat, afisz
placard[2] v 1. rozlepiać afisze (**a wall** na murze) 2. ogłaszać ⟨reklamować⟩ za pomocą afiszów
place[1] s 1. miejsce 2. miejscowość (miasto, osiedle, wieś itp.) 3. (w nazwach) plac, ulica 4. posiadłość, siedziba, rezydencja 5. posada, stanowisko, zajęcie
  ~ **of abode** miejsce zamieszkania
  ~ **of arrival** miejsce przybycia (towaru, statku itp.)
  ~ **of birth** miejsce urodzenia
  ~ **of business** siedziba firmy ⟨biura, zakładu pracy itp.⟩
  ~ **of conclusion** miejsce zawarcia (umowy)
  ~ **of confinement** miejsce uwięzienia
  ~ **of contract** miejsce zawarcia umowy
  ~ **of delivery** miejsce dostawy ⟨wydania⟩ towaru
  ~ **of departure** miejsce wyjazdu, port wyjściowy
  ~ **of destination** port docelowy, miejsce przeznaczenia
  ~ **of discharge** a) miejsce wyładunku b) miejsce wykonania
  ~ **of dispatch** miejsce wysyłki ⟨nadania⟩
  ~ **of election** miejsce wyborów
  ~ **of employment** miejsce zatrudnienia
  ~ **of the forum** miejsce rozpoznania sporu
  ~ **of fulfilment** miejsce wykonania umowy
  ~ **of issue** miejsce wystawienia ⟨sporządzenia⟩ (dokumentu)
  ~ **of loading** miejsce załadunku
  ~ **of manufacture** miejsce wyprodukowania (towaru)
  ~ **of necessity** port schronienia
  ~ **of origin** miejsce pochodzenia
  ~ **of payment** miejsce płatności
  ~ **of performance** miejsce wykonania (świadczenia)
  ~ **of production** miejsce produkcji
  ~ **of protest** miejsce protestu (weksla)
  ~ **of public resort** miejsce powszechnie uczęszczane
  ~ **of refuge** port schronienia
  ~ **of residence** stałe miejsce zamieszkania, siedziba
  ~ **of shipment** miejsce wysyłki ⟨nadania⟩
  ~ **of transshipment** miejsce przeładunku
  ~ **of work** miejsce pracy
  anchoring ~ miejsce zakotwiczenia
  at ⟨**in**⟩ **this** ~ w tym miejscu, tutaj, u nas
  at ⟨**in**⟩ **your** ~ tam, u was, w waszej miejscowości
  bank ⟨**banking**⟩ ~ miejscowość, w której znajduje się bank, siedziba banku
  convenient ~ dogodne miejsce
  custom of the ~ miejscowy zwyczaj
  delivery ~ miejsce dostawy
  in ~ a) loko, na miejscu b) odpowiedni, właściwy, na swoim miejscu

in the ~ of sth zamiast czegoś
landing ~ miejsce lądowania, miejsce wyładunku
loading ~ miejsce załadowania
out of ~ niewłaściwy, niestosowny, nie na miejscu
storing ~ plac składowy, miejsce składowania
working ~ miejsce pracy
to lose one's ~ stracić posadę
to take ~ mieć miejsce, zdarzyć się, nastąpić
place² *v* **1.** umieszczać, lokować **2.** zbywać, sprzedawać **3.** wnosić (*do ksiąg*), zapisywać **4.** porządkować, ustalać **5.** umiejscawiać, lokalizować
to ~ **an agency in sb's hands** powierzyć komuś przedstawicielstwo
to ~ **an amount to sb's credit** zapisać sumę na czyjś rachunek
to ~ **an amount to sb's debit** obciążyć sumą czyjś rachunek
to ~ **at the disposal** postawić do dyspozycji
to ~ **a business with sb** zawrzeć z kimś transakcję
to ~ **a case in the hands of a lawyer** powierzyć sprawę adwokatowi
to ~ **a child under sb's care** powierzyć dziecko czyjejś pieczy
to ~ **confidence in sb** pokładać w kimś zaufanie
to ~ **goods on the market** umieścić towary na rynku
to ~ **in escrow** zdeponować u osoby trzeciej (*do czasu spełnienia określonych warunków*)
to ~ **an insurance with ...** ubezpieczyć się w ...
to ~ **an issue** wypuścić akcje ⟨obligacje⟩
to ~ **a loan** *a*) zawrzeć umowę pożyczki *b*) negocjować pożyczkę
to ~ **money** umieścić ⟨ulokować⟩ pieniądze
to ~ **on deposit** zdeponować, złożyć w depozyt
to ~ **on probation** umieścić pod nadzorem kuratorskim
to ~ **on record** wnieść do protokołu
to ~ **on trial** wnieść do sądu
to ~ **orders with sb** udzielić komuś zamówień
to ~ **responsibility on** ⟨**upon**⟩ **sb** złożyć ⟨przerzucić⟩ odpowiedzialność na kogoś
to ~ **under supervision** umieścić pod nadzorem
difficult to ~ (*o towarze*) trudny do sprzedaży
placement *s* lokata
~ **of funds** inwestycja, lokata funduszy
placing *s bryt.* **1.** umieszczenie **2.** lokata, inwestycja
~ **of orders** udzielenie zamówień
plain *adj* **1.** wyraźny, jasny **2.** prosty, zwykły
~ **dealing** uczciwość, otwartość, szczerość
~ **language** zwykły język (*niekodowy*)
~ **proof** oczywisty dowód
~ **statement** jasne oświadczenie
plaint *s* skarga, pozew
~ **note** powództwo
plaintiff *s* powód, strona skarżąca
~ **in error** strona wnosząca apelację ⟨odwołanie⟩
against ~ przeciwko powodowi
in ~ **'s favour** na korzyść powoda
counsel for the ~ adwokat powoda
to appear for the ~ występować w imieniu powoda
plan¹ *s* **1.** plan **2.** projekt, zamiar, zamierzenie **3.** program
~ **assignment** zadania planu
~ **for development** plan rozwoju
~ **of action** plan działania

~ **of drawing** tabela ciągnienia, plan losowania (*np. obligacji*)
~ **of national economy** narodowy plan gospodarczy
action ~ plan działania
annual ~ roczny plan
cargo ⟨**storage**⟩ ~ plan załadunku (*statku*)
carriage ~ plan przewozu
current ~ plan bieżący
economic ~ plan gospodarczy
employment ~ plan zatrudnienia
export ~ plan eksportu
five-year ~ plan pięcioletni
in excess of the ~ ponad plan
investment ~ plan inwestycyjny
long-term ~ plan długoterminowy
preliminary ~ wstępny plan
production ~ plan produkcji
sales ⟨**selling**⟩ ~ plan sprzedaży
saving ~ plan oszczędności ⟨oszczędnościowy⟩
workable ~ realny ⟨wykonalny⟩ plan
to amend the ~ skorygować plan
to carry out ⟨**execute**⟩ **a** ~ wykonać plan
to draw up a ~ sporządzić ⟨opracować⟩ plan
to implement a ~ wprowadzić plan w życie
to overstep ⟨**overfulfil**⟩ **a** ~ przekroczyć plan
plan² *v* **1.** planować, projektować **2.** zamierzać **3.** zob. **plan out**
plane *s* **1.** samolot **2.** płaszczyzna, poziom
by ~ samolotem
cargo ~ samolot towarowy
planned *adj* planowy, planowany
~ **and balanced development** planowy i równomierny rozwój
~ **deficit** planowany deficyt
~ **economy** gospodarka planowa
~ **production** planowana produkcja
~ **wages fund** planowany fundusz płac
centrally ~ planowany centralnie
planner *s* planista, projektant
town ~ urbanista
planning *s* planowanie, projektowanie
~ **permission** zezwolenie budowlane ⟨na budowę⟩
central ~ planowanie centralne
economic ~ planowanie gospodarcze
family ~ planowanie rodziny
long-range ⟨**long-term**⟩ ~ planowanie długoterminowe
short-range ⟨**short-term**⟩ ~ planowanie krótkoterminowe
town and country ~ planowanie przestrzenne
plan out *v* zaplanować, zorganizować
plant¹ *s* **1.** fabryka, zakład przemysłowy, warsztat **2.** urządzenia przemysłowe, wyposażenie techniczne **3.** roślina
~ **capacity** zdolność produkcyjna fabryki ⟨zakładu⟩
~ **committee** ⟨**council**⟩ rada zakładowa
~ **manager** dyrektor fabryki ⟨zakładu⟩
atomic ~ atomowy zakład przemysłowy
industrial ~ zakład przemysłowy
power ~ elektrownia, siłownia
plant² *v* **1.** sadzić **2.** umieszczać **3.** planować (*np. oszustwo*), knuć (*spisek*)
plantation *s* **1.** plantacja **2.** *pl* **plantations** *hist.* nazwa kolonii angielskich w Ameryce Północnej

platform *s* **1.** platforma, rampa, pomost, podest **2.** peron
arrival ⟨**departure**⟩ ~ peron przyjazdowy ⟨odjazdowy⟩
unloading ~ rampa wyładowcza
play[1] *s* gra
~ **debt** dług karciany
play[2] *v* **1.** grać **2.** odgrywać
to ~ **crucial** ⟨**vital**⟩ **role in...** odegrać decydującą ⟨istotną⟩ rolę w...
to ~ **a major part in...** odegrać główną rolę w...
plea *s* **1.** obrona (*sądowa*) **2.** zarzut, ekscepcja (*w procesie*) **3.** apel, prośba **4.** twierdzenie, argument **5.** usprawiedliwienie, uzasadnienie, pretekst **6.** powództwo, skarga **7.** *hist.* proces sądowy
~ **for aid** prośba o pomoc
~ **for clemency** ⟨**mercy**⟩ prośba o łaskę
~ **in abatement** zarzut formalny (*odnoszący się do czasu, miejsca lub sposobu wytoczenia powództwa, nie dotyczący meritum sprawy*)
~ **in bar** zarzut mający na celu wykazanie niezasadności powództwa
~ **in discharge** zarzut nieistnienia zobowiązania
~ **in reconvention** *a*) powództwo wzajemne *b*) zarzut potrącenia
~ **in suspension** zarzut mający na celu wstrzymanie (*np. zawieszenie*) postępowania
~ **of compensation** zarzut potrącenia
~ **of duress** zarzut działania pod przymusem
~ **of fair comment** twierdzenie, że zniesławiające oświadczenie uczynione było w dobrej wierze
~ **of incompetence** zarzut braku kompetencji (*sądu*)
~ **of insanity** zarzut braku poczytalności (*sprawcy*)
~ **of never indebted** zarzut braku zadłużenia
~ **of non guilty** zarzut niewinności
~ **of nullity** zarzut nieważności (*zobowiązania*)
~ **of payment** zarzut uiszczenia długu
~ **of superior orders** zarzut działania na polecenie zwierzchników
~ **of tender** zarzut gotowości zaspokojenia roszczenia
~ **side** wydział cywilny (*sądu*)
~ **to further maintenance** powództwo ⟨skarga⟩ o dalsze utrzymywanie
~ **to the jurisdiction** zarzut braku jurysdykcji (*sądu*)
~ **to the merits** zarzut o charakterze merytorycznym
dilatory ~ zarzut obliczony na zwłokę w postępowaniu
on the ~ **of...** pod pretekstem ⟨na zasadzie⟩...
peremptory ~ zarzut odnośnie do meritum sprawy
special ~ przytoczenie nowego faktu przez obronę
to put in a ~ zgłosić zarzut
to reject a ~ odrzucić zarzut
to tender a ~ zgłosić ⟨przedstawić⟩ zarzut
plead *v* (**pleaded, plead**) **1.** bronić sprawy (*w sądzie*) **2.** odpierać powództwo, odpowiadać na oskarżenie, stawiać zarzuty **3.** błagać (**with sb for sth** kogoś o coś) **4.** argumentować **5.** powoływać się (**sth** na coś)
to ~ **an alibi** powoływać się na alibi
to ~ **the baby act** bronić się brakiem doświadczenia ⟨niewiedzą⟩
to ~ **a case** ⟨**cause**⟩ bronić sprawy (*w sądzie*)
to ~ **guilty** przyznawać się do winy

to ~ **ignorance** powoływać się na niewiedzę
to ~ **inexperience** powoływać się na brak doświadczenia
to ~ **insanity** powoływać się na chorobę psychiczną
to ~ **no defence** uznać powództwo
to ~ **not guilty** nie przyznawać się do winy
to ~ **poverty** powoływać się na ubóstwo
to ~ **the statute of limitation** powoływać się na przedawnienie
to ~ **to the merits** bronić się merytorycznie
pleadable *adj* **1.** (*o sprawie*) nadający się do obrony **2.** (*o argumencie*) możliwy do przytoczenia
pleader *s* obrońca, adwokat
pleading *s* **1.** obrona przed sądem **2.** wystąpienie adwokata przed sądem **3.** *bryt.* formalne przedstawienie sprawy **4.** *pl* **pleadings** *a*) przewód sądowy *b*) pisemne oświadczenie stron w toku rozprawy
please *v* **1.** podobać się, zadowalać **2.** życzyć sobie, chcieć
to ~ **the client** ⟨**customer**⟩ zadowolić klienta
to be ~**d to do sth** zechcieć coś uczynić
to be ~**d with sth** zadowolić się czymś, być zadowolonym z czegoś
he is hard to ~ (*o kliencie*) trudno mu dogodzić
(**may it**) ~ **your honour** proszę Wysokiego Sądu (*zwrot używany w sądzie*)
we are ~**d to inform you that...** mamy zaszczyt zawiadomić Pana ⟨Panów itd.⟩, że...
pleasure *s* **1.** przyjemność, zadowolenie **2.** życzenie, wola **3.** prawo dyskrecjonalne
at ~ według życzenia, do woli
at sb's ~ według czyjegoś upodobania
to have ⟨**take**⟩ ~ **in doing sth** znajdować w czymś przyjemność, z przyjemnością coś robić
we have ⟨**take**⟩ ~ **in informing you** mamy zaszczyt poinformować Pana ⟨Panów itd.⟩
plebiscite *s* plebiscyt, referendum
~ **zone** obszar objęty plebiscytem
pledge[1] *s* **1.** zastaw, zabezpieczenie, gwarancja **2.** prawo zastawu **3.** przyrzeczenie, zobowiązanie
~ **of goods** zastaw towarów
~ **of stocks** lombardowanie papierów wartościowych
by way of a ~ tytułem zastawu, jako zastaw
contract of ~ umowa zastawu
endorsement for ~ indos zastawniczy
holder of a ~ osoba przyjmująca zastaw, zastawnik
in ~ jako zastaw
under ~ **of secrecy** z obowiązkiem zachowania tajemnicy
unredeemed ~ zastaw nie wykupiony
value as ~ waluta na zabezpieczenie (*weksel*)
to borrow on ~ zaciągnąć pożyczkę pod zastaw
to give on ~ dawać w zastaw
to lend on ~ udzielać pożyczki pod zastaw
to put in ~ zastawić
to redeem a ~ wykupić zastaw
to take on ~ brać w zastaw
to take sth out of ~ wykupić coś z zastawu, zwolnić coś od zastawu
pledge[2] *v* **1.** zastawiać, dawać w zastaw, lombardować **2.** przyrzekać, zobowiązywać się **3.** ręczyć (*słowem, honorem itp.*)

to ~ **an account** zabezpieczyć rachunek ⟨konto⟩ zastawem

to ~ **one's allegiance** przyrzekać lojalność (*wobec kraju*)

to ~ **credit** zabezpieczyć kredyt zastawem

to ~ **goods with a bank** pobrać pożyczkę w banku pod zastaw

to ~ **one's property** zastawić swoją własność

to ~ **securities** dawać w zastaw papiery wartościowe

to ~ **support** zobowiązać się do popierania, udzielić poparcia

pledged *adj* zastawiony, zlombardowany

~ **chattels** zastawione ruchomości

~ **goods** zastawione towary

~ **securities** zastawione papiery wartościowe

pledgee *s* zastawnik, osoba przyjmująca zastaw

pledger, *am.* **pledgor** *s* zastawca

pledgery *s* gwarancja, poręka

plenary *adj* **1.** pełny, całkowity, nieograniczony **2.** plenarny

~ **admission** ⟨**confession**⟩ pełne ⟨całkowite⟩ przyznanie

~ **assembly** ⟨**meeting**⟩ zebranie ⟨zgromadzenie⟩ plenarne

~ **jurisdiction** pełna jurysdykcja

~ **power** *a*) pełna władza *b*) pełnomocnictwo generalne

~ **session** posiedzenie plenarne, sesja plenarna

plenipotentiary[1] *s* pełnomocnik

plenipotentiary[2] *adj* **1.** pełnomocny, upełnomocniony **2.** pełny **3.** dający pełnomocnictwa

~ **delegation** delegacja upełnomocniona

minister ~ minister pełnomocny

plenitude *s* **1.** obfitość **2.** pełnia

~ **of power** pełnia władzy

plentiful *adj* obfity, występujący w obfitości

~ **supply** obfite zaopatrzenie

plenty *s* **1.** mnóstwo **2.** obfitość

~ **of goods** obfitość towarów

~ **of money** mnóstwo pieniędzy

plethora *s* nadmiar, przesyt

~ **of goods in the market** przesycenie rynku towarem

plot[1] *s* **1.** spisek, zmowa **2.** intryga **3.** kawałek ziemi, parcela, działka **4.** *am.* plan, wykres

~ **of land** parcela, działka ziemi

building ~ parcela budowlana

political ~ spisek polityczny

terrorist ~ zamach terrorystyczny

to **devise** ⟨**hatch, lay**⟩ a ~ uknuć spisek

to **discover** ⟨**unmask**⟩ a ~ odkryć ⟨ujawnić⟩ spisek

to **foil** ⟨**frustrate**⟩ a ~ zniweczyć ⟨udaremnić⟩ spisek

plot[2] *v* **1.** knuć **2.** robić plan (*czegoś*)

to ~ **against sb** spiskować przeciwko komuś

to ~ **sb's assassination** planować zabójstwo

plotter *s* spiskowiec

plunder[1] *s* **1.** grabież, rabunek **2.** łup, zdobycz, zrabowane mienie

~ **and violence** grabież i przemoc

~ **of population** ograbianie ludności

plunder[2] *v* grabić, rabować, uprawiać grabież

plunderer *s* grabieżca, rabuś, łupieżca

plural *adj* **1.** mnogi **2.** pluralistyczny, wieloraki

~ **citizenship** obywatelstwo więcej niż jednego państwa

~ **marriage** wielożeństwo (*np. mormonów*)

~ **society** społeczeństwo wielonarodowe ⟨wielorasowe⟩

~ **vote** prawo kilkakrotnego głosowania

~ **voter** wyborca, który ma prawo kilkakrotnego głosowania

plurality *s* **1.** pluralizm, wielorakość **2.** mnogość **3.** kumulacja **4.** większość **5.** *am.* względna większość

~ **of offices** kumulacja urzędów ⟨stanowisk⟩

~ **of votes** większość głosów

plurilateral *adj* wielostronny

~ **convention** wielostronna konwencja

plus *praep* **1.** plus, oraz, i **2.** z dodatkiem

~ **or minus difference** różnica na plus lub minus, superata lub manko

cost ~ **price** cena plus dodatkowy procent (*np. w okresie inflacji*)

purchase price ~ **brokerage** cena kupna plus prowizja maklerska

plutocracy *s* plutokracja

poach *v* uprawiać kłusownictwo

to ~ **on sb's preserves** polować na cudzym gruncie

poacher *s* kłusownik

poaching *s* kłusownictwo, polowanie na cudzym gruncie

pocket[1] *s* kieszeń

~ **borough** *bryt. hist.* miasto, w którym wybory kontrolowała jedna osoba ⟨rodzina⟩

~ **expenses** drobne wydatki osobiste

~ **money** kieszonkowe

~ **veto** *am.* „kieszonkowe weto" (*bierny opór prezydenta* ⟨*gubernatora*⟩ *wobec projektu ustawy polegający na niepodpisaniu jej do czasu zakończenia sesji ustawodawczej*)

pocket[2] *v* **1.** chować do kieszeni **2.** przywłaszczać sobie **3.** *am.* wstrzymać podpisanie projektu ustawy

pocket-picking *s* kradzież kieszonkowa

poena *s łac.* kara

point[1] *s* **1.** punkt, kropka **2.** pozycja, szczegół **3.** miejsce, miejscowość **4.** *am.* stacja **5.** kwestia, sedno sprawy, istota rzeczy **6.** kupon, odcinek **7.** punkt w notowaniach giełdowych

~ **at issue** sporna kwestia

~ **of arrival** miejsce przyjazdu

~ **of the charge** punkt oskarżenia

~ **of conscience** kwestia sumienia

~ **of contact** punkt styczności

~ **of contest** punkt sporny

~ **of delivery** miejsce dostawy

~ **of departure** miejsce odjazdu

~ **of destination** punkt docelowy, miejsce przeznaczenia

~ **of fact** kwestia faktu

~ **of honour** punkt honoru

~ **of law** kwestia prawna

~ **of no return** punkt, z którego nie ma powrotu

~ **of order** kwestia formalna

~ **of origin** *a*) miejsce pochodzenia *b*) punkt wyjściowy (*np. przy pomiarach*)

~ **of purchase** miejsce zakupu

~ **of sale** miejsce sprzedaży

~ **of shipment** miejsce wysyłki

~ **of storage** miejsce składowania

~ **of view** punkt widzenia
~**s of claim** punkty skargi ⟨roszczenia⟩
~**s of a contract** punkty umowy
~**s of defence** zarzuty przeciwko powództwu
at all ~**s** pod każdym względem
beside ⟨**off**⟩ **the** ~ nie na temat, nie należący do rzeczy
the case in ~ rozpoznawana sprawa
culminating ~ punkt kulminacyjny
gold ⟨**bullion, specie**⟩ ~ punkt złota
gold export ⟨**import**⟩ ~ punkt górny odpływu ⟨dolny przypływu⟩ złota
in ~ stosowny, odpowiedni
in ~ **of fact** faktycznie, istotnie
in ~ **of sth** pod względem czegoś
loading ⟨**unloading**⟩ ~ miejsce załadunku ⟨wyładunku⟩
off the ~ nie na temat
originating ~ *am.* miejsce ⟨stacja⟩ nadania ⟨wysyłki⟩
saturation ~ punkt nasycenia (*np. rynku*)
starting ~ punkt wyjścia
to be on the ~ **of...** być w trakcie... (*robienia czegoś*)
to carry one's ~ postawić na swoim
to come to the ~ przystępować do rzeczy
to differ at ⟨**on**⟩ **some** ~**s** nie zgadzać się w niektórych punktach
to make a ~ **of...** przywiązywać wagę do..., uważać... za rzecz zasadniczą
to raise a ~ podnieść ⟨poruszyć⟩ kwestię
to rise ⟨**decline**⟩ **x** ~**s** zwyżkować ⟨zniżkować⟩ o x punktów
to speak to the ~ mówić na temat ⟨do rzeczy⟩
point[2] *v* wskazywać (**to** ⟨**at**⟩ **sth** na coś)
to ~ **out** wykazywać, zwracać uwagę (**that...** na...)
to ~ **out the necessity of...** wskazywać na potrzebę...
pointless *adj* bez sensu, nie na miejscu
poison[1] *s* trucizna
to die of ~ umrzeć z powodu trucizny ⟨otrucia⟩
poison[2] *v* **1.** otruć **2.** zatruć
poisoner *s* truciciel
poison-pen *adj* oszczerczy, zniesławiający
~ **letters** anonimowe ⟨oszczercze⟩ listy
police[1] *s* policja
~ **abuse** nadużycie władzy policyjnej
~ **authority** władza policyjna
~ **charge-sheet** protokół policyjny
~ **constable** *bryt.* posterunkowy, policjant
~ **court** *bryt.* sąd policyjny
~ **dog** pies policyjny
~ **escort** eskorta policyjna
~ **force** siły policyjne, policja
~ **inspector** inspektor policji
~ **investigation** dochodzenie policyjne
~ **magistrate** *bryt.* przewodniczący sądu policyjnego
~ **office** komenda policji
~ **officer** policjant, funkcjonariusz policji
~ **power** władza policyjna
~ **regulations** przepisy policyjne
~ **reports** protokoły policyjne
~ **state** państwo policyjne
~ **station** komisariat, posterunek policji
~ **supervision** dozór policyjny

~ **surveillance** inwigilacja
~ **van** karetka policyjna
military ~ żandarmeria
traffic and road ~ policja drogowa
police[2] *v* **1.** utrzymywać porządek **2.** patrolować **3.** regulować ruch
policy[1] *s* **1.** polityka, linia postępowania, kierunek, kurs **2.** dyplomacja, rozsądek, rozważny sposób postępowania
~ **guide-lines** wytyczne polityki
~ **of alliances** polityka sojuszów
~ **of appeasement** polityka ustępstw dla utrzymania pokoju
~ **of collaboration** polityka współpracy
~ **of compromise** polityka kompromisu
~ **of deflation** polityka deflacyjna
~ **of dictate** polityka przymusu ⟨dyktatu⟩
~ **of encirclement** polityka okrążenia
~ **of expansion** polityka ekspansji
~ **of inaction** polityka nieinterwencji (*w sprawy gospodarcze*)
~ **of integration** polityka integracji
~ **of intervention** polityka interwencji, interwencjonizm
~ **of legislation** polityka legislacyjna
~ **of neutrality** polityka neutralności
~ **of the open door** polityka otwartych drzwi
~ **of oppression** polityka ucisku
~ **of sanctions** polityka stosowania sankcji
~ **of a statute** cel ustawy
agricultural ~ polityka rolna
commercial ⟨**mercantile**⟩ ~ polityka handlowa
credit ~ polityka kredytowa
currency ~ polityka walutowa
customs ~ polityka celna
economic ~ polityka gospodarcza
employment ~ polityka zatrudnienia
finance ⟨**financial**⟩ ~ polityka finansowa
fiscal ~ polityka podatkowa ⟨skarbowa⟩
foreign ~ polityka zagraniczna
foreign trade ~ polityka handlu zagranicznego
free trade ~ polityka wolnego handlu
home ~ polityka wewnętrzna
investment ~ polityka inwestycyjna
loan ~ polityka kredytowa
marketing ~ polityka rynkowa ⟨sprzedaży⟩
merchandising ~ polityka sprzedaży
monetary ~ polityka monetarna
peace ⟨**peaceful**⟩ ~ polityka pokojowa
population ~ polityka demograficzna ⟨ludnościowa⟩
price ~ polityka cenowa
price and incomes ~ polityka cen i płac
public ~ polityka państwowa
social ~ polityka socjalna ⟨społeczna⟩
tariff ~ polityka celna ⟨taryfowa⟩
trade ~ polityka handlowa
wages ~ polityka płac
wait-and-see ~ polityka wyczekiwania
to adopt a ~ przyjąć linię postępowania, zastosować politykę
to follow ⟨**pursue**⟩ **a** ~ prowadzić politykę
to reverse the ~ zmienić politykę
policy[2] *s* polisa ubezpieczeniowa
~ **broker** makler ubezpieczeniowy
~ **duty** opłata skarbowa od polisy

~ **form** formularz polisy
~ **holder** beneficjent polisy
~ **of insurance** polisa ubezpieczeniowa
~ **of reinsurance** polisa reasekuracyjna
~ **period** okres ważności polisy
~ **proof of interest, honour** ~ polisa honorowa (*bez obowiązku udowodnienia przez ubezpieczonego zainteresowania w ubezpieczeniu*)
~ **to bearer** polisa na okaziciela
~ **to order** polisa na zlecenie
addendum ⟨**amendment**⟩ **to a** ~ dodatek do polisy (*zawierający uzupełniające klauzule*)
all-risks ~ polisa od wszelkich ryzyk
assurance ~ polisa ubezpieczeniowa
bearer ~ polisa na okaziciela
blanket ⟨**block**⟩ ~ polisa obrotowa
cargo ~ polisa ubezpieczeniowa ładunku
casco ~ polisa ubezpieczenia kadłuba statku
declaration ~ polisa bieżąca
definitive ~ polisa definitywna
endorsement to a ~ dodatek na odwrocie polisy (*zawierający klauzule uzupełniające*)
expired ~ polisa przeterminowana
fire ⟨**insurance**⟩ ~ polisa ubezpieczenia od ognia
floating ~ polisa bieżąca abonamentowa
free of particular average (*skr.* **F.P.A**) ~ polisa nie obejmująca awarii nie wymienionych w polisie
freight ~ polisa ubezpieczeniowa frachtu
gambling ~ polisa spekulacyjna
group ~ polisa zbiorowa ⟨grupowa⟩
harbour (risks) ~ polisa ubezpieczenia statku od ryzyk portowych
hull ~ polisa ubezpieczenia kadłuba statku
insurance ~ polisa ubezpieczeniowa
interest ~ polisa pokrywająca udowodniony interes ubezpieczonego
issuance of a ~ wystawienie ⟨wydanie⟩ polisy
life (insurance) ~ polisa ubezpieczenia na życie
Lloyd's S.G. Marine (Insurance) Policy polisa ubezpieczenia statku i ładunku na warunkach Lloyda
marine (insurance) ~ polisa ubezpieczenia morskiego
mixed (risks) ~ polisa od ryzyka transportu na trasie lądowej i morskiej
named ~ polisa imienna (*dla określonego obiektu lub osoby*)
open ~ polisa generalna ⟨bieżąca⟩
order ~ polisa na zlecenie
paid-up ~ polisa z opłaconymi składkami ubezpieczeniowymi
participating ~ polisa dająca prawo do udziału w zyskach (*ubezpieczonej spółki*)
port (risks) ~ polisa ubezpieczenia od ryzyka w porcie
renewal of a ~ odnowienie polisy
revolving ~ polisa odnawialna
running ~ polisa bieżąca
single ~ polisa jednorazowa
stamped ~ polisa, od której opłacono opłatę stemplową
standard ~ polisa typowa
terminus of the ~ wygaśnięcie polisy
time ~ polisa ubezpieczenia na czas
trip ~ polisa ubezpieczenia na jedną podróż

unvalued ~ polisa bez podania wartości przedmiotu ubezpieczonego
valuation ⟨**valued**⟩ ~ polisa określająca wartość przedmiotu ubezpieczonego
voyage ~ polisa ubezpieczenia na jedną podróż
wager(ing) ~ polisa spekulacyjna
war-risks ~ polisa ubezpieczenia od ryzyka wojny
„with average" (*skr.* **W.A.**) ~ polisa ubezpieczenia na warunkach „with average" (*pokrywająca ryzyka wszystkich wypadków awarii poszczególnej*)
to draw out ⟨**issue, make out**⟩ **a** ~ wystawić polisę
to redeem ⟨**surrender**⟩ **a** ~ wykupić polisę
to renew a ~ odnowić polisę
to take out a ~ uzyskać polisę
Polish *adj* polski
~ **Chamber of Commerce** Polska Izba Handlowa
~ **Chamber of Foreign Trade** Polska Izba Handlu Zagranicznego
~ **exports** polskie wyroby eksportowe
~ **made articles** artykuły polskiej produkcji
~ **make** wyrób polski
~ **Register of Ships** Polski Rejestr Statków
~ **shipper's clause** klauzula czarteru Baltcon (*wymagająca podania maklera statku na 10 dni naprzód*)
political *adj* polityczny
~ **allegiance** polityczna lojalność ⟨wierność⟩
~ **and social science(s)** nauki polityczne i społeczne
~ **bankrupt** bankrut polityczny
Political Bureau Biuro Polityczne
Political Committee Komitet Polityczny (ONZ)
~ **convictions** przekonania polityczne
~ **co-operation** polityczna współpraca
~ **crime** ⟨**offence**⟩ przestępstwo polityczne
~ **crisis** kryzys polityczny
~ **economy** ekonomia polityczna
~ **independence** niezależność polityczna
~ **law** prawo polityczne ⟨państwowe⟩
~ **liberty** wolność polityczna
~ **offender** przestępca polityczny
~ **party** stronnictwo polityczne
~ **prisoner** więzień polityczny
~ **relationship** ⟨**relations**⟩ stosunki polityczne
~ **rights** prawa polityczne
~ **science** nauki polityczne
~ **struggle** walka polityczna
~ **unit** jednostka polityczna
politician *s* polityk
politics *s* polityka
~ **from the position of strength** polityka z pozycji siły
world ~ polityka światowa
to go into ~ obrać karierę polityczną
polity *s* **1.** administracja państwowa **2.** ustrój **3.** państwo
poll[1] *s* **1.** głosowanie **2.** ilość oddanych głosów **3.** lista wyborcza **4.** *am.* urny wyborcze **5.** *am.* lokal wyborczy **6.** ankieta
~ **money** ⟨**silver, tax**⟩ pogłówne, podatek wyborczy
exclusion from the ~ pozbawienie prawa wyborczego
the Gallup ~ ankieta (Instytutu) Gallupa
(public) opinion ~ sondaż opinii publicznej

to carry out a ~ przeprowadzać sondaż (*opinii publicznej*)
to go to the ~**s** głosować, pójść do głosowania ⟨urn wyborczych⟩
poll² *v* **1.** otrzymywać (*jakąś*) liczbę głosów (*w wyborach*) **2.** głosować, oddawać głos **3.** obliczać głosy **4.** przeprowadzać ankietę
to ~ **the jury** żądać od każdego z przysięgłych jego werdyktu (*przez odczytanie listy imiennej*)
pollicitation *s* oferta jeszcze nie przyjęta
polling *s* **1.** wybory **2.** głosowanie
~ **booth** *bryt.* kabina z kotarą (*w lokalu wyborczym*)
~ **day** dzień wyborów
~ **the jury** żądanie od każdego z przysięgłych wydania werdyktu
~ **station** *bryt.* lokal wyborczy, miejsce głosowania
pollute *v* **1.** skażać, zanieczyszczać **2.** bezcześcić, kalać
pollution *s* **1.** skażenie, zanieczyszczenie **2.** zbezczeszczenie, skalanie
polygamy *s* wielożeństwo, poligamia
pool¹ *s* **1.** pula, fundusz **2.** kartel, syndykat, zjednoczenie, koncern, wspólnota
~ **of foreign exchange** ogólny fundusz walut (*zagranicznych*)
bear ⟨**bull**⟩ ~ **giełd.** porozumienie w celu wywołania sztucznej zniżki ⟨zwyżki⟩ kursów
Black Pool Europejskie Zjednoczenie Węgla i Stali
buffer ~ zapasy buforowe
dollar ~ pula dolarowa
gold ~ pula złota
money ~ *am.* konsorcjum bankowe dla finansowania maklerów giełdowych
shipping ⟨**traffic**⟩ ~ kartel żeglugowy, konferencja żeglugowa
pool² *v* **1.** włączyć do wspólnego funduszu **2.** zawrzeć porozumienie **3.** utworzyć kartel ⟨syndykat, konsorcjum⟩, kartelizować
to ~ **commodities** zgromadzić towary
to ~ **foreign exchange** zgromadzić obcą walutę
to ~ **interests** zawrzeć porozumienie w sprawie wspólnego prowadzenia spraw (*produkcji, handlu itp.*)
to ~ **orders** kartelizować zamówienia
to ~ **profits** zgromadzić zyski do wspólnego funduszu
to ~ **resources** włączyć do wspólnego funduszu ⟨kartelizować⟩ zasoby
pooling *s* kartelizowanie, tworzenie kartelu ⟨syndykatu, konsorcjum⟩
~ **agreement** porozumienie kartelowe
~ **contract** umowa kartelowa
poor *adj* **1.** biedny, ubogi **2.** marny, lichy, słaby, małowartościowy
~ **bargain** niekorzystna transakcja, kiepski interes
~ **condition** marny stan
~ **excuse** niedostateczne usprawiedliwienie
~ **law** ustawa o opiece nad ubogimi
~ **quality** zła jakość
~ **translation** słabe tłumaczenie, kiepski przekład
in ~ **demand** (*o towarze*) mający słaby zbyt, mało poszukiwany
poor(-)house *s* przytułek
poorness *s* **1.** ubóstwo **2.** brak, niedostatek **3.** kiepski gatunek, licha jakość

pope *s* papież
popular *adj* **1.** popularny, rozpowszechniony, powszechny **2.** ludowy, narodowy
~ **action** powszechnie dostępne powództwo
~ **edition** wydanie popularne
~ **error** powszechny ⟨częsty⟩ błąd
~ **insurrection** powstanie ludowe
~ **opinion** powszechna ⟨rozpowszechniona⟩ opinia
~ **prices** ceny przystępne
~ **referendum** referendum ludowe
~ **sovereignty** suwerenność narodowa
~ **vote** powszechne głosowanie
popularity *s* popularność
popularize *v* popularyzować, upowszechniać
populate *v* zaludniać
populated *adj* zaludniony
densely ⟨**sparsely**⟩ ~ gęsto ⟨rzadko⟩ zaludniony
population *s* ludność, zaludnienie
~ **census** spis ludności
~ **density** gęstość zaludnienia
~ **dynamics** dynamika demograficzna
~ **explosion** gwałtowny przyrost ludności, eksplozja demograficzna
~ **forecast** prognoza demograficzna
~ **growth** przyrost ludności
~ **movement** ruch ludności
~ **policy** polityka demograficzna
~ **pressure** nacisk demograficzny
~ **pyramid** piramida wieku
~ **register** rejestr ludności
~ **statistics** statystyka ludności ⟨demograficzna⟩
agricultural ⟨**farm**⟩ ~ ludność zatrudniona w rolnictwie
business ~ ludność pracująca w handlu
civil ⟨**civilian**⟩ ~ ludność cywilna
decline of ~ spadek ludności ⟨zaludnienia⟩
economically active ~ ludność aktywna ⟨czynna⟩ zawodowo
increase ⟨**rise**⟩ **in** ~ wzrost liczby ludności
labouring ⟨**working**⟩ ~ ludność pracująca
nomadic ~ ludność koczownicza
occupied ~ ludność pracująca zawodowo
resident ~ stali mieszkańcy, ludność miejscowa
rural ~ ludność wiejska
urban ~ ludność miejska
world ~ zaludnienie świata
populous *adj* ludny, gęsto zaludniony
~ **districts** gęsto zaludnione okręgi
pornography *s* pornografia
port *s* port, przystań
~ **administration** ⟨**authority**⟩ zarząd portu
~ **authorities** władze portowe
~ **basin** basen portowy
~ **capacity** zdolność przeładunkowa portu
~ **captain** inspektor nawigacyjny (*armatora*)
~ **charges** ⟨**dues, duties**⟩ opłaty za usługi portowe, koszty portowe
~ **charter** czarter zastrzegający określony port załadunku lub wyładunku
~ **entrance** wejście do portu
~ **equipment** ⟨**facilities**⟩ wyposażenie portu, urządzenia portowe
~ **holiday** święto portowe, dzień świąteczny w porcie
~ **mark(ing)** oznaczenie portu przeznaczenia na ładunku

~ **medical officer** lekarz portowy
~ **of arrival** port przybycia ⟨docelowy⟩
~ **of call** port pośredni (*do którego zawija statek*)
~ **of clearance** port wyklarowania statku
~ **of commission** port macierzysty
~ **of debarkation** port wyładunku ⟨wyokrętowania⟩
~ **of delivery** *a*) port przekazania (*statku przez armatora – czarterującemu*) *b*) port dostawy (*towaru*), port wyładunku
~ **of departure** port wyjściowy ⟨odjazdu⟩
~ **of destination** port przeznaczenia
~ **of discharge** port wyładunku
~ **of distress** ⟨emergency⟩ port schronienia
~ **of documentation** *am.* port macierzysty
~ **of embarkation** port zaokrętowania ⟨załadunku⟩
~ **of entry** port przywozowy ⟨przybycia⟩
~ **of exportation** ⟨importation⟩ port wywozowy ⟨przywozowy⟩
~ **of lading** ⟨loading⟩ port załadowania ⟨wysyłki⟩
~ **of landing** port lądowania ⟨wyokrętowania, wyładowania⟩
Port of London Authority zarząd portu londyńskiego
~ **of necessity** ⟨refuge⟩ port schronienia
~ **of orders** port pośredni, do którego przybija statek po dyspozycje
~ **of quarantine** port kwarantannowy
~ **of registration** ⟨registry⟩ port macierzysty ⟨rejestracji statku⟩
~ **of sailing** port odjazdu ⟨wyjściowy⟩
~ **of shipment** ⟨shipping⟩ port wysyłki
~ **of transhipment** port przeładunku
~ **of transit** port tranzytowy
~ **of unloading** port wyładunku
~ **rates** opłaty portowe
Port Reeve inspektor portowy (*nadzorujący przestrzeganie przepisów, zwłaszcza dotyczących bezpieczeństwa żeglugi*)
~ **risks** ryzyka portowe (*grożące statkowi w czasie postoju w porcie*)
~ **sale** aukcja portowa, sprzedaż towaru na nabrzeżu (*po wyładunku*)
~ **speed** szybkość przeładunków portowych
~ **station** dworzec morski
~ **tolls** opłaty portowe
Port Warden *a*) inspektor portowy (*bezpieczeństwa żeglugi*) *b*) kapitan portu
air ~ port lotniczy
artificial ~ port sztuczny
bar ~ port dostępny tylko przy wysokim stanie wody (*gdy próg jest zalany*), port zagrodzony progiem ⟨mielizną, barem⟩
base ~ port główny ⟨pierwszorzędny⟩
bonded ⟨bonding⟩ ~ *am.* port celny (*posiadający składy pod zamknięciem celnym*)
building ~ port budowy statku
canal ~ port kanałowy ⟨śródlądowy⟩
Channel ~ port brytyjski nad kanałem La Manche
coal ~ port węglowy
coastal ~ port drugorzędny ⟨dowozowy⟩
commercial ~ port handlowy
Continental ~s porty europejskie (*z wyłączeniem portów brytyjskich*)
custom of the ~ zwyczaj danego portu
discharging ~ port wyładunku
enemy ~ port konkurencyjny

final ⟨last⟩ ~ port końcowy podróży ⟨przeznaczenia⟩
fishery ⟨fishing⟩ ~ port rybacki
foreign ~ *a*) port zagraniczny *b*) port obcy ⟨nie macierzysty⟩
free ~ port wolny ⟨wolnocłowy⟩
general cargo ~ port drobnicowy
handling capacity of a ~ zdolność przeładunkowa portu
home ~ *a*) port macierzysty *b*) port krajowy
ice-free ~ *a*) port wolny od lodów *b*) port niezamarzający
inland ~ port śródlądowy
inner ~ port wewnętrzny
intermediate ⟨en route⟩ ~ port pośredni ⟨podróżny⟩
lading ⟨loading⟩ ~ port załadowania ⟨wysyłki⟩
mercantile ~ port handlowy
named ~ port wymieniony (*w polisie*)
native ~ port macierzysty
natural ~ port naturalny
naval ~ port wojenny
oil ~ port naftowy
open ~ port otwarty ⟨wolny⟩
option ~ port opcyjny (*wskazany przez uprawnionego spośród portów będących w zasięgu statku*)
order ~ port zlecenia
outer ⟨outside⟩ ~ port zewnętrzny, awanport
overside ~ port zewnętrzny (*w którym przeważają przeładunki ze statku na inny statek lub na lichtugę*)
premier ~ port pierwszej klasy
public ~ port publiczny (*pod zarządem władz publicznych*)
quay ~ port z nabrzeżami
rail ~ port, w którym przeważają przeładunki ze statku na wagony
range ~ port drugorzędny, port dowozowy
river ~ port rzeczny
safe ~ port bezpieczny
sea ~ port morski
secondary ~ port drugorzędny ⟨dowozowy⟩
shipping ~ port załadunku
surf ~ port przybojowy
terminal ~ port krańcowy linii żeglugowej
tidal ~ port przypływowy
transhipping ~ port przeładunku
transit ~ port tranzytowy
unloading ~ port wyładunku
up-river ~ port w górze rzeki (*dostępny dla statków*)
usage of the ~ zwyczaj panujący w danym porcie
warehousing ~ port rozdzielczy
wintering ~ port zimowania (*statku*)
to arrive safe ⟨safely⟩ **into the** ~ przybyć szczęśliwie do portu
to call at the ~ zawijać do portu
to enter the ~ wejść ⟨dopłynąć⟩ do portu
to leave the ~ opuścić port, wypłynąć z portu
to reach the ~ dojść ⟨dopłynąć⟩ do portu
portable *adj* przenośny, ruchomy
~ **typewriter** przenośna maszyna do pisania
portage *s* **1.** przenoszenie, transport, przewóz **2.** opłata za transport
porter *s* **1.** tragarz **2.** portier **3.** *am.* konduktor wagonu sypialnego
baggage ~ bagażowy, tragarz dworcowy

warehouse ~ tragarz magazynowy
porterage *s* **1.** koszt transportu **2.** opłata za usługi dokerów **3.** dodatkowa opłata za doręczenie (*poczto-we*)
portfolio *s* **1.** portfel ⟨teka⟩ na ważne dokumenty **2.** stanowisko ministerialne, urząd ministra
~ **bill** weksel „w portfelu"
~ **of bills** portfel wekslowy
~ **securities** portfel papierów wartościowych
minister without ~ minister bez teki
shares in ~ portfel akcji
portion[1] *s* **1.** część, udział **2.** porcja, przydział **3.** partia (*np. towaru*), transza **4.** posag
~ **of costs** udział w kosztach
~ **of securities** partia ⟨transza⟩ papierów wartościowych
legal ~ część ustawowa (*spadku*)
legitimate ⟨**natural**⟩ ~ część obowiązkowa (*spadku*)
marriage ~ posag
to divide into ~s dzielić na części
portion[2] *v* **1.** rozdzielać, dzielić, wydzielać **2.** wyposażać
to ~ **a daughter** wyposażyć córkę, obdarzyć córkę posagiem
to ~ **out property** rozdzielać ⟨dzielić⟩ majątek
pose *v* **1.** stawiać (*np. kwestię, problem*) **2.** wysuwać (*np. pretensje*)
to ~ **an argument** wysuwać argument
to ~ **a claim** zgłaszać pretensję
to ~ **a question** stawiać pytanie
position *s* **1.** pozycja, położenie, stan, sytuacja, właściwe miejsce **2.** stanowisko, posada **3.** kontrakt giełdowy (*dostawa na termin*)
~ **in occupation** stanowisko w zawodzie
~ **of an account** stan rachunku ⟨konta⟩
~ **of the market** sytuacja na rynku, koniunktura rynkowa
~ **of the vessel** pozycja statku
bargaining ~ pozycja przetargowa (*w pertraktacjach itp.*)
dollar ~ saldo dolarowe
economic ~ sytuacja gospodarcza
financial ~ sytuacja finansowa
firm ⟨**strong**⟩ ~ mocna pozycja
January ~ kontrakt giełdowy na dostawę w styczniu
juridical ⟨**legal**⟩ ~ sytuacja prawna, stan prawny
key ~ pozycja kluczowa
open ~s nie zakończone kontrakty terminowe
ship's ~ pozycja statku
vacant ~ wolna ⟨wakująca⟩ posada
to adopt ⟨**take up**⟩ **a** ~ **on sth** zająć stanowisko wobec czegoś
to be in a ~ **to do sth** być w stanie coś zrobić
to have a ~ **with firm X** mieć posadę w firmie X
to maintain ⟨**preserve**⟩ **one's** ~ utrzymywać swoją pozycję
positive *adj* **1.** pozytywny, realny, konkretny **2.** wyraźny, stanowczy **3.** przekonany, pewny **4.** dodatni **5.** ustanowiony, stanowiony
~ **attitude to...** pozytywne ustosunkowanie się do...
~ **balance of trade** aktywny bilans handlowy
~ **condition** pozytywny warunek
~ **evidence** pozytywny dowód
~ **fraud** wyraźne oszustwo

~ **instructions** konkretne instrukcje
~ **law** *a)* prawo stanowione (*w odróżnieniu od zwyczajowego*) *b)* prawo obowiązujące
~ **offer** konkretna oferta
~ **proof** wyraźny ⟨przekonywający⟩ dowód
we are ~ **that ...** jesteśmy przekonani, że ...
posse *s łac.* **1.** możliwość **2.** siła (*kraju*)
~ **comitatus** *łac. a) hist.* powołanie przez szeryfa wszystkich mężczyzn dla utrzymania porządku *b)* obława *c)* siła policyjna
in ~ potencjalnie
thing in ~ rzecz, która może się wydarzyć
possess *v* **1.** posiadać, mieć, być w posiadaniu (**sth** czegoś) **2.** władać, rozporządzać (**sth** czymś) **3.** opętać
to ~ **in common** współposiadać, mieć we współposiadaniu
to ~ **oneself of sth** wejść w posiadanie ⟨uzyskać posiadanie⟩ czegoś
to ~ **qualifications** posiadać kwalifikacje
possessed *pp adj*: **to be** ⟨**become**⟩ ~ **of sth** wejść w posiadanie czegoś
to be ~ **by** ⟨**with**⟩ **a mania** być owładniętym manią
possessio *s łac.* posiadanie, faktyczne władanie
~ **civilis** *łac.* posiadanie cywilne (*w dobrej wierze prowadzące do nabycia własności*)
~ **naturalis** *łac.* posiadanie naturalne (*w złej wierze i bez tytułu*)
possession *s* **1.** posiadanie, władanie **2.** rzecz posiadana **3.** *pl* **possessions** majątek, własność, posiadłość
actual ~ faktyczne władanie ⟨posiadanie⟩
buyer ⟨**seller**⟩ **in** ~ nabywca ⟨sprzedawca⟩ będący w posiadaniu (*towaru*)
direct ~ posiadanie bezpośrednie
exclusive ⟨**sole**⟩ ~ wyłączne posiadanie
faulty ⟨**defective**⟩ ~ wadliwe posiadanie
house to let with vacant ~ dom do wynajęcia do natychmiastowego zamieszkania
illegitimate ~ bezprawne posiadanie
indirect ~ posiadanie pośrednie
joint ~ wspólne posiadanie, współposiadanie
lawful ⟨**legitimate**⟩ ~ posiadanie prawne ⟨legalne⟩
protection of ~ ochrona posiadania
right of ~ prawo posiadania
unlawful ~ bezprawne posiadanie
vacant ~ wolna ⟨niezamieszkała⟩ nieruchomość
to be in ~ **of sth** być w posiadaniu czegoś, posiadać coś
to come ⟨**enter, get**⟩ **into** ~ wejść w posiadanie
to have sth in ~ mieć coś w posiadaniu, posiadać coś
to pass into sb's ~ wejść w czyjeś posiadanie
to regain ⟨**resume**⟩ ~ **of sth** odzyskać posiadanie czegoś
to take ~ wziąć w posiadanie
possessor *s* posiadacz
~ **bona** ⟨**mala**⟩ **fide** *łac.* posiadacz w dobrej ⟨złej⟩ wierze
possessory *adj* **1.** posesoryjny, związany z posiadaniem, dotyczący posiadania **2.** posiadający
~ **action** skarga posesoryjna ⟨o przywrócenie posiadania⟩
~ **lien** zastaw na przedmiocie będący w posiadaniu wierzyciela
~ **right** prawo posiadania
~ **title** tytuł posiadania

possibility *s* możliwość, możność, prawdopodobień-stwo
  possibilities of employment możliwość zatrudnie-nia
  by any ~ w żaden sposób
  export possibilities możliwości eksportowe
  great ⟨strong⟩ possibilities wielkie możliwości
  to allow for possibilities brać pod uwagę wszelkie możliwości
  to rule out the ~ **of ...** wykluczyć możliwość ...
possible *adj* możliwy, prawdopodobny
  ~ **purchaser** możliwy nabywca
post[1] *s* 1. poczta 2. korespondencja, przesyłka pocz-towa
  ~ **box** skrzynka pocztowa
  Post Central Office Główny Urząd Pocztowy
  ~ **free** wolny od opłaty pocztowej
  ~ **mark** *a)* stempel pocztowy *b)* znaczek pocztowy
  ~ **money order** *(pieniężny)* przekaz pocztowy
  ~ **office** urząd pocztowy, poczta; *zob.* **post-office**
  ~ **office box** skrytka pocztowa
  ~ **package ⟨parcel⟩** przesyłka pocztowa
  ~ **paid** opłacony, ofrankowany, „uiszczono opłatę pocztową"
  ~ **rates** taryfa pocztowa, stawki opłat pocztowych
  ~ **remittance** *am.* przekaz pocztowy
  ~ **stamp** znaczek pocztowy
  air ~ poczta lotnicza
  book ~ *(napis na przesyłce)* druk, przesyłka pod opaską
  by parcel ~ przesyłką pocztową
  by ~ pocztą
  by registered ~ przesyłką poleconą
  by return (of) ~ odwrotną pocztą
  by this ⟨the same⟩ ~ tą samą pocztą
  by to-day's ~ dzisiejszą pocztą
  central ⟨general, main⟩ ~ **office** poczta główna
  date as ~ **mark** data stempla pocztowego
  dispatch by ~ wysyłka pocztą
  letter ~ przesyłka listowa
  parcel ~ oddział paczkowy *(na poczcie)*
  pneumatic ~ poczta pneumatyczna
  railway ~ poczta dworcowa, *pot.* dworcówka
  sample ~ przesyłka pocztowa próbek handlowych
  yesterday's ~ wczorajsza poczta ⟨korespondencja⟩
  to forward ⟨send, transmit⟩ by ~ wysyłać pocztą
post[2] *s* 1. posada, stanowisko 2. pozycja *(w księgach)* 3. placówka
  vacant ~ wolna posada
  to apply for a ~ ubiegać się o posadę
  to hold a good ~ zajmować dobrą posadę
  to relieve sb of his ~ zwolnić kogoś ze stanowiska
  to remain at one's ~ pozostać na swoim stano-wisku
  to renounce ⟨withdraw from⟩ one's ~ rzucić posadę
post[3] *v* 1. wysłać pocztą; nadać na poczcie; wrzucić do skrzynki pocztowej 2. rozlepiać plakaty 3. księgo-wać, wpisywać do księgi 4. dostarczać szczegółowych informacji
  to ~ **into the ledger** *księgow.* wpisać do księgi głównej
  to ~ **up placards** wywieszać ⟨rozlepiać⟩ plakaty reklamowe
postage *s* opłata pocztowa, porto
  ~ **envelope** koperta ofrankowana
  ~ **free** wolny od opłaty pocztowej

~ **included** łącznie z opłatą pocztową
„~ **paid"** „opłata pocztowa uiszczona"
~ **rates** taryfa pocztowa
~ **stamp** znaczek pocztowy
additional ~ dopłata pocztowa
cost of ~ koszty przesyłek pocztowych
ordinary ~ zwykła opłata pocztowa
penalty ~ karna opłata pocztowa
to collect the ~ pobrać opłatę pocztową
postal *adj* pocztowy
  ~ **address** adres pocztowy
  ~ **advice** awizo pocztowe
  ~ **agency** agencja pocztowa
  ~ **authorities** władze pocztowe
  ~ **card** karta pocztowa
  ~ **charges** opłaty pocztowe, porto
  ~ **cheque** czek pocztowy
  ~ **collection order** pobranie ⟨zaliczenie⟩ pocztowe
  ~ **communication ⟨connection, link⟩** łączność pocz-towa
  ~ **convention** konwencja pocztowa
  ~ **delivery** doręczenie pocztowe
  ~ **district** okręg pocztowy
  ~ **matter** przesyłka pocztowa
  ~ **officer** urzędnik pocztowy
  ~ **order** przekaz pocztowy
  ~ **package ⟨packet, parcel⟩** paczka polecona
  ~ **publicity** reklama pocztowa
  ~ **rates ⟨tariff⟩** taryfa pocztowa
  ~ **receipt** recepis pocztowy, dowód nadania
  ~ **regulations** przepisy pocztowe
  ~ **savings bank** pocztowa kasa oszczędności
  ~ **services** usługi pocztowe
  ~ **transfer** przelew pocztowy
  ~ **union** unia pocztowa
  Universal Postal Union Światowy Związek Pocz-towy
postcard *s* karta pocztowa, pocztówka
  picture ~ widokówka
postcode[1] *s bryt.* kod pocztowy
postcode[2] *v* zaopatrzyć w kod pocztowy, dopisać kod pocztowy
postdate *v* postdatować
postea *s* sprawozdanie sędziego *(po wydaniu wyroku)* zawierające przebieg sprawy i wynik postępowania *(dla strony wygrywającej)*
posted *pp adj:* ~ **entry ⟨item⟩** *księgow.* zaksięgowana pozycja
  ~ **in ⟨on⟩ sth** poinformowany o czymś
post-entry *s* dodatkowa deklaracja celna
poster[1] *s* afisz, plakat
  ~ **advertising ⟨publicity⟩** reklama za pomocą plaka-tów
  ~ **pillar ⟨hoarding⟩** słup ogłoszeniowy
  election ~ plakat wyborczy
  official ~ plakat urzędowy
poster[2] *v* nalepiać afisze
poste restante *s bryt.* poste restante
posterior *adj* późniejszy **(to sth** od czegoś), następny
posterity *s* potomność, potomkowie
post-free *adj* 1. wolny od opłaty pocztowej 2. *bryt.* opłacony z góry
post-graduate *adj (o kursie nauki)* podyplomowy, odby-wany po ukończonych studiach
  ~ **education ⟨study⟩** studia podyplomowe

posthumous *adj* **1.** pośmiertny **2.** (*o dziecku*) urodzony po śmierci ojca
  ~ **child** pogrobowiec, dziecko urodzone po śmierci ojca
posting *s* **1.** nadanie na pocztę, wysyłka pocztą **2.** zapis księgowy, księgowanie **3.** rozlepianie afiszów **4.** *bryt.* mianowanie na stanowisko (*zwłaszcza w armii*)
  ~ **box** skrzynka pocztowa
  ~ **of missing vessels** ogłoszenie (*Lloyda*) o zaginionych statkach
  certificate of ~ recepis pocztowy
postliminium *s łac.* przywrócenie pierwotnego stanu posiadania na terenach odzyskanych podczas działań wojennych
postman *s* listonosz
postmark[1] *s* stempel pocztowy
postmark[2] *v* stemplować pieczęcią pocztową
postmaster *s* naczelnik urzędu pocztowego
  Postmaster General minister poczt
post-mortem *s* autopsja, oględziny pośmiertne
  ~ **examination** sekcja zwłok
post-nuptial *adj* poślubny
  ~ **settlement** umowa majątkowa małżeńska
post-obit[1] *s łac.* skrypt dłużny płatny po śmierci osoby, po której dłużnik oczekuje spadku (*o charakterze lichwiarskim*)
post-obit[2] *adj łac.* (*o dokumencie*) nabierający ważności po czyjejś śmierci
post-office *s*: ~ **order** przekaz pocztowy
  ~ **receipt** recepis pocztowy, dowód nadania
  ~ **savings bank** pocztowa kasa oszczędności
post-paid *adj* opłacony, ofrankowany
postpone *v* **1.** odkładać, odraczać **2.** podporządkowywać (**sth to sth else** coś czemuś)
  to ~ **an action** odroczyć sprawę
  to ~ **the debate** odroczyć debatę
  to ~ **a delivery** odłożyć dostawę
  to ~ **the payment** odroczyć płatność ⟨termin płatności⟩
  to ~ **to the next session** odłożyć do następnej sesji
postponement *s* odroczenie, odłożenie
  ~ **of a trial** odroczenie rozprawy sądowej
postscript *s* (*skr.* **P.S.**) dopisek na końcu listu, postscriptum
postulate[1] *s* postulat
postulate[2] *v* domagać się, żądać (**for sth** czegoś)
postulation *s* **1.** żądanie, postulat **2.** założenie
post(-)war *adj* powojenny
potential[1] *s* potencjał
  economic ~ potencjał gospodarczy
potential[2] *adj* **1.** potencjalny, ewentualny, możliwy **2.** ukryty, utajony
  ~ **buyer** ⟨**customer**⟩ ewentualny ⟨potencjalny⟩ nabywca
  ~ **danger** możliwe ⟨potencjalne⟩ niebezpieczeństwo
  ~ **demand** potencjalny popyt
  ~ **market** potencjalny rynek
  ~ **menace** potencjalna groźba
  ~ **resources** potencjalne zasoby
potentiality *s* moc, możliwość, zdolność
  development potentialities możliwości rozwoju
potestative *adj* pozostawiony do decyzji stron
  ~ **condition** warunek zależny od woli jednej z umawiających się stron

pound *s* funt
  ~ **note** banknot funtowy
  ~ **sterling** funt szterling (*angielski*)
  ~ **weight** waga funta, funt
  in ~ **s sterling** w funtach szterlingach
poundage *s* **1.** opłata od wagi **2.** procent w funtach **3.** prowizja od obrotu **4.** waga w funtach
poverty *s* **1.** ubóstwo **2.** brak **3.** niedostatek
  certificate of ~ świadectwo ubóstwa
  to live in ~ żyć w nędzy ⟨biedzie⟩
power *s* **1.** możność, możliwość, moc **2.** władza, potęga **3.** pełnomocnictwo, upoważnienie **4.** moc prawna **5.** mocarstwo **6.** *pl* **powers** uprawnienia
  ~ **industry** przemysł energetyczny
  ~ **of agency** pełnomocnictwo, upoważnienie
  ~ **of appointment** pełnomocnictwo ⟨prawo⟩ do nominacji
  ~ **of attorney** pełnomocnictwo, upoważnienie
  ~ **of attorney for a lawsuit** pełnomocnictwo procesowe
  ~ **of disposal** ⟨**disposition**⟩ prawo dysponowania
  ~ **of pardon** prawo łaski
  ~ **of procuration** prokura
  ~ **of resistance** siła oporu
  ~ **of review** prawo przeglądu
  ~ **of substitution** prawo substytucji
  ~ **of veto** prawo weta
  ~ **plant** elektrownia, siłownia
  ~ **politics** polityka siły
  ~ **station** elektrownia, siłownia
  ~ **to act** *a)* pełnomocnictwo do działania *b)* zdolność do działania
  ~ **to contract** zdolność do zawierania umów
  ~ **to initiate legislation** prawo inicjatywy ustawodawczej
  ~ **to prosecute** prawo ścigania
  ~ **to represent** prawo reprezentowania
  ~ **to sign** prawo podpisu
  ~ **to sue and be sued** legitymacja czynna i bierna
  ~ **to take decisions** prawo decydowania ⟨podejmowania decyzji⟩
  absorptive ~ (**of the market**) chłonność (rynku)
  administrative ~ władza administracyjna
  arbitrary ~ władza dyskrecjonalna (*działająca według uznania*)
  balance of ~ równowaga sił
  bargaining ~ upoważnienie do pertraktacji handlowych
  bargain ~ siła przetargowa
  borrowing ~ zdolność kredytowa
  buying ~ siła nabywcza
  carrying ~ *a)* ładowność *b)* zdolność przewozowa
  competitive ~ zdolność konkurencyjna, konkurencyjność
  consuming ~ zdolność konsumpcyjna
  dictatorial ~ władza dyktatorska
  disciplinary ~ władza dyscyplinarna
  discretionary ~ dyskrecjonalna władza
  display of ~ pokaz ⟨demonstracja⟩ siły
  drawing ~ atrakcyjność (*np. towarów*)
  driving ~ siła napędowa
  earning ~ *a)* zdolność zarobkowa *b)* rentowność
  economic ~ potęga gospodarcza
  excess of ~ *a)* nadwyżka mocy (*np. produkcyjnej*) *b)* nadużycie władzy
  executive ~ władza wykonawcza

expiration of a ~ **of attorney** wygaśnięcie pełnomocnictwa
financial ~ *a*) zdolność finansowa *b*) potęga finansowa
foreign ~ obce mocarstwo
full ~ pełnia władzy
full ⟨**general**⟩ ~**s** pełnomocnictwo ogólne
(the) Great Powers wielkie mocarstwa
labour ~ siła robocza
legislative ~ władza ustawodawcza
maritime ~ mocarstwo morskie, potęga morska
negotiating ~ pełnomocnictwo do negocjacji ⟨rokowań⟩
notarial ⟨**notarized**⟩ ~ **of attorney** pełnomocnictwo notarialne
nuclear ~ energia atomowa
nuclear ~ **station** elektrownia atomowa ⟨jądrowa⟩
particular ~ pełnomocnictwo szczególne
party in ~ rządząca partia
permanent ~ pełnomocnictwo stałe
plenary ~ *a*) pełna władza *b*) pełnomocnictwo generalne
plenitude of ~ pełnia władzy
political ~ władza polityczna
productive ~ siła ⟨moc⟩ produkcyjna
public ~ władza publiczna
purchasing ⟨**spending**⟩ ~ siła ⟨zdolność⟩ nabywcza
sea ⟨**maritime**⟩ ~ potęga morska
special ⟨**particular**⟩ ~ pełnomocnictwo szczególne
substitute ~ prawo substytucji
substitution of the ~ substytucja pełnomocnictwa
temporal ~ władza tymczasowa
universal ~ pełnomocnictwo nieograniczone
wide ~**s** szerokie pełnomocnictwa
withdrawal of the ~ **of attorney** cofnięcie pełnomocnictwa
to accord ⟨**give, grant**⟩ **sb a** ~ **of attorney** udzielić komuś pełnomocnictwa
to act with full ~**s** działać na podstawie szerokich pełnomocnictw
to be in ~ być u władzy, mieć władzę
to be in sb's ~ znajdować się ⟨być⟩ w czyichś rękach
to come to ⟨**into**⟩ .. dojść do władzy
to display ~ manifestować siłę
to exercise one's ·· **of attorney** działać jako pełnomocnik
to have full ⟨**wide**⟩ ~**s** mieć szerokie pełnomocnictwa
to invest sb with ~ **of attorney** dać komuś pełnomocnictwo
to produce one's ~ **of attorney** przedstawić swoje pełnomocnictwo
to revoke ⟨**withdraw**⟩ **a** ~ **of attorney** odwołać ⟨cofnąć⟩ pełnomocnictwo
to seize ~ przechwycić władzę
to struggle for ~ walczyć o władzę
to usurp ~ uzurpować władzę
powerful *adj* potężny, silny
practicable *adj* 1. realny, wykonalny, dający się zrealizować 2. nadający się do użytku
~ **method** praktyczny sposób
~ **plan** ⟨**scheme**⟩ wykonalny ⟨realny⟩ plan
practical *adj* 1. praktyczny 2. rzeczywisty, faktyczny
~ **application** praktyczne zastosowanie
~ **efficiency** rzeczywista ⟨faktyczna⟩ wydajność

~ **impossibility** praktyczna niemożliwość
~ **knowledge** praktyczna wiedza
of no ~ **value** bez praktycznej wartości
to have a ~ **control on sth** mieć faktyczny nadzór nad czymś
to have ~ **experience in sth** mieć praktyczne doświadczenie
practice[1] *s* 1. praktyka, doświadczenie, wprawa 2. zwyczaj 3. wykonywanie zawodu, praktykowanie 4. procedura prawna 5. *pl* **practices** praktyki, machinacje, intrygi
Practice Court *bryt.* sąd pomocniczy (*przy Ławie Królewskiej*) zajmujący się zagadnieniami proceduralnymi
~ **master** *bryt.* dyżurny sędzia udzielający pomocy (*Ławie Królewskiej*) w zagadnieniach proceduralnych
~ **of the law** praktyka prawna (*sądowa*), wykonywanie prawa
~ **of a profession** wykonywanie zawodu
~ **of the trade** praktyka handlowa, zwyczaje handlowe
accepted ⟨**accredited, established**⟩ ~ przyjęta ⟨ustalona⟩ praktyka
banking ~ praktyka bankowa
business ~**(s)** zwyczaje ⟨metody⟩ handlowe, praktyka handlowa
civil ~ procedura cywilna
commercial ~ praktyka handlowa
common ~ powszechnie stosowana praktyka
criminal ~ procedura karna
customary ~**(s)** przyjęte zwyczaje
established ~ ustalona praktyka
in ~ *a*) w praktyce *b*) w rzeczywistości
law ~ praktyka adwokacka
legal ~ praktyka prawna
private ~ praktyka prywatna
rules of ~ przepisy proceduralne
trade ~**s** zwyczaje handlowe
to be in ~ praktykować, wykonywać praktykę
to buy a ~ *bryt.* (*o lekarzu*) kupić praktykę
to follow the usual ~ stosować powszechnie przyjętą praktykę
to have a large ~ mieć dużą praktykę ⟨klientelę⟩
to put into ~ zrealizować, wprowadzić w życie
to retire from ~ wycofać się z praktyki ⟨uprawiania zawodu⟩
practice[2], *am.* **practise** *v* 1. szkolić (się) 2. praktykować (*w zawodzie*) 3. stosować w praktyce
to ~ **at the Bar** praktykować jako adwokat
to ~ **deceit** oszukiwać
to ~ **the law** pracować jako adwokat, prowadzić kancelarię adwokacką
to ~ **medicine** praktykować (*jako lekarz*), leczyć
to ~ **on** ⟨**upon**⟩ **sb** wyzyskiwać ⟨wykorzystywać⟩ kogoś
to ~ **smuggling** zajmować się przemytem
practised *adj* 1. doświadczony, biegły, wprawny 2. wypraktykowany, wypróbowany
practising *adj* wykonujący (*zawód*), (*o lekarzu*) praktykujący, (*o adwokacie*) prowadzący kancelarię
~ **certificate** *bryt.* corocznie wydawane zezwolenie dla solicitorów
practitioner *s* 1. praktyk 2. lekarz praktykujący 3. adwokat prowadzący kancelarię
general ~ lekarz ogólnie praktykujący

praecipe *s łac.* **1.** *hist.* pozew nakazujący zrobienie czegoś lub uzasadnienie, dlaczego nie zostało to zrobione **2.** notatka sporządzona przez stronę dla urzędnika sądu (*zawiera szczegóły dokumentu, który ma być wystawiony przez tegoż urzędnika*)
  ~ **quod reddat** *łac. hist.* pozew o przywrócenie posiadania
praedial *adj* **1.** ziemski, gruntowy **2.** przywiązany do ziemi
  ~ **tithes** dziesięcina gruntowa
praedium *s łac.* grunt, nieruchomość ziemska
  ~ **dominans** *łac.* nieruchomość władnąca
  ~ **serviens** *łac.* nieruchomość służebna (obciążona służebnością na rzecz nieruchomości władnącej)
praefine *s hist.* opłata należna królowi w związku z wniesieniem pozwu
praemunire *s łac. bryt. hist.* **1.** zarzut uciekania się do obcego sądu (*np. papieskiego*) **2.** kara za uciekanie się do obcego sądu
praepositus *s łac.* osoba posiadająca władzę
  ~ **regius** *łac.* setnik
praesumptio *s łac.* = **presumption**
pratique *s* świadectwo sanitarne swobody ruchu (*wydane przez władze sanitarne portu*)
prayer *s* **1.** modlitwa **2.** prośba
  ~ **of process** prośba o wydanie nakazu sądowego
preamble *s* preambuła, wstęp, przedmowa, wprowadzenie
  ~ **clause** klauzula wstępna
  ~ **of a statute** preambuła ustawy
  ~ **of a treaty** wstęp do traktatu (układu)
pre-audience *s* prawo pierwszeństwa przemawiania przed sądem
precarious *adj* **1.** niepewny, wątpliwy, przypadkowy **2.** odwołalny **3.** niebezpieczny, ryzykowny
  ~ **loan** pożyczka bez określonego terminu płatności, której wypowiedzenie zależy od woli wierzyciela
  ~ **possession** prekaryjne (odwołalne) posiadanie
  ~ **right** odwołalne prawo (*korzystania z rzeczy*)
  ~ **trade** handel prowadzony przez państwo neutralne między walczącymi stronami
precatory *adj* **1.** zawierający prośbę (życzenie) **2.** wyrażający nadzieję
  ~ **trust** polecenie zawarte w testamencie (*o charakterze wiążącym*)
  ~ **words** słowa wyrażające życzenie skierowane do wykonawcy testamentu czy zapisobiorcy (*nie posiadające wiążącego charakteru*)
precaution *s* **1.** ostrożność **2.** zapobieganie **3.** środek ostrożności, środek zapobiegawczy
  ~**s against theft** środki zabezpieczenia przed kradzieżą
  by way of ~ z ostrożności
  measures of ~ środki ostrożności
  to take (**use**) ~**s against sth** przedsięwziąć środki ostrożności przeciwko czemuś
precautionary *adj* zapobiegawczy, zabezpieczający
  ~ **attachment** zajęcie dla zabezpieczenia powództwa
  ~ **measures** środki zapobiegawcze
precede *v* **1.** poprzedzać, wyprzedzać **2.** mieć pierwszeństwo
precedence, precedency *s* **1.** pierwszeństwo, nadrzędność **2.** prawo pierwszeństwa (starszeństwa)
  in order of ~ według starszeństwa
  to give ~ **to sth** dawać pierwszeństwo czemuś

to take ~ **of** (**over**) **sb, sth** mieć pierwszeństwo (korzystać z pierwszeństwa) przed kimś, czymś
precedent[1] *s* precedens, prejudykat
  authoritative ~ autorytatywny precedens
  judicial ~ precedens sądowy
  without ~ bez precedensu
  to create (**set**) **a** ~ stworzyć precedens
precedent[2] *adj* poprzedzający, poprzedni, uprzedni
  ~ **condition** uprzedni warunek
precedent[3] *adj* mający precedens, oparty na precedensie
precedential *adj* stanowiący precedens, precedensowy
preceding *adj* **1.** poprzedzający, poprzedni **2.** (*w dokumencie*) powyższy
  ~ **endorser** poprzedni indosant (*weksla*)
precept *s* **1.** nakaz, zarządzenie **2.** przepis, reguła, zasada
  ~ **of law** norma prawna, przepis prawa
  by ~ według zarządzenia
precinct *s* **1.** obręb, granice (*posiadłości*) **2.** *am.* okręg wyborczy **3.** *pl* **precincts** okolice miasta
  pedestrian ~ ulica zamknięta dla ruchu kołowego
  shopping ~ *a*) centrum handlowe, dzielnica handlowa *b*) pasaż handlowy
precious *adj* drogocenny, wartościowy, cenny
  ~ **cargo** cenny ładunek
  ~ **metal** metal szlachetny
  ~ **stone** kamień szlachetny
précis *s fr.* streszczenie, wyciąg
  ~ **of a document** wyciąg z dokumentu
precise *adj* **1.** dokładny, ścisły **2.** ściśle określony, sprecyzowany **3.** drobiazgowy, pedantyczny
  ~ **definition** ścisłe określenie, dokładna definicja
  to be ~... dla ścisłości...
precisely *adv* **1.** dokładnie, ściśle **2.** skrupulatnie **3.** punktualnie
precision *s* **1.** precyzja **2.** ścisłość, dokładność
pre-cited *adj* wyżej wymieniony
preclude *v* **1.** wykluczać, wyłączać **2.** uniemożliwiać (*coś*), zapobiegać (**sth** czemuś) **3.** przeszkadzać (**sb from sth** komuś w czymś)
  to ~ **all doubt** wykluczyć wszelkie wątpliwości
preclusion *s* **1.** wykluczenie **2.** niedopuszczenie (**from sth** do czegoś)
preclusive *adj* **1.** wykluczający (**of sth** coś) **2.** uniemożliwiający (**of sth** coś), zapobiegający (**of sth** czemuś)
  ~ **buying** zakup mający na celu uniemożliwienie nabycia (*jakiegoś towaru itd.*) przez konkurenta
  to be ~ **of sth** przeszkodzić czemuś
preconceive *v* **1.** zawczasu (z góry) powziąć sąd (**sth** o czymś), z góry sobie wyobrażać **2.** uprzedzać się (**sth** do czegoś)
preconceived *adj* zawczasu (z góry) powzięty (wyrobiony) (*np. sąd*)
  ~ **decision** z góry powzięta decyzja
  ~ **notion** z góry wyciągnięty wniosek
preconception *s* **1.** zawczasu (z góry) wyrobiony sąd **2.** uprzedzenie
preconcert *v* z góry układać
preconcerted *adj* zawczasu (z góry) ułożony (ustalony, umówiony)
  ~ **plan** z góry ułożony plan
precondition *s* warunek wstępny (konieczny)
pre-contract[1] *s* **1.** umowa wstępna **2.** umowa przedmałżeńska

pre-contract[2] *v* zawierać umowę wstępną
predate *v* antydatować, oznaczać wcześniejszą datą
predatory *adj* rabunkowy, grabieżczy
  ~ **exploitation** rabunkowa eksploatacja
  ~ **war** wojna zaborcza
predecease[1] *s* wcześniejsza śmierć
predecease[2] *v* umrzeć wcześniej (**sb** od kogoś)
predecessor *s* 1. poprzednik 2. przodek, antenat
  ~ **in business** poprzednik w prowadzeniu przedsiębiorstwa
  ~ **in title** poprzednik prawny; osoba, od której prawo zostało nabyte
predetermination *s* określenie z góry, z góry powzięta decyzja
predetermine *v* ustalać ⟨określać⟩ z góry
predial *adj* gruntowy, ziemski
  ~ **servitude** serwitut gruntowy
predicament *s* kłopot, kłopotliwe położenie
predicate *v* orzekać, twierdzić, głosić
predict *v* przepowiadać, prognozować, wróżyć
prediction *s* prognoza
  ~ **study** studium prognostyczne (*przestępcy*)
  social ~ **tables** tablice prognozy społecznej (*dla młodocianych*)
predisposition *s* skłonność, predyspozycja (**to sth** do czegoś)
  criminal ~ skłonności przestępcze
predominance *s* 1. przewaga 2. dominacja, panowanie
predominant *adj* 1. dominujący, panujący, przeważający 2. wyróżniający się
predominate *v* 1. dominować, panować, przeważać 2. górować (**over sb** nad kimś)
  to ~ **on the market** dominować na rynku
pre-empt *v* 1. nabywać w drodze pierwokupu, korzystać z prawa pierwokupu 2. *am.* zajmować państwową ziemię celem zdobycia prawa pierwokupu
pre-emption *s* 1. pierwokup, prawo pierwokupu 2. skorzystanie z prawa pierwokupu
  ~ **claimant** osoba zgłaszająca swoje prawo pierwokupu
  ~ **right** *am.* prawo pierwokupu ziemi państwowej (*dawane osadnikom*)
pre-emptive *adj* dotyczący pierwokupu
  ~ **right** prawo pierwokupu
pre-emptor *s* nabywca z mocy prawa pierwokupu
pre-enter *v* zadeklarować wstępnie (*na cle*)
  to ~ **goods** zadeklarować wstępnie towary (*na cle*)
pre-entry *s* 1. wstępna deklaracja celna 2. wstępne zgłoszenie
pre-examination *s* badanie wstępne
prefabricate *v* prefabrykować
prefabricated *adj* prefabrykowany
  ~ **goods** prefabrykaty
  ~ **houses** domy zbudowane z elementów prefabrykowanych
preface *s* wstęp, wprowadzenie, przedmowa
prefecture *s* prefektura
prefer *v* 1. woleć ⟨preferować⟩ (**sth to sth** coś od czegoś) 2. wyróżniać, uprzywilejowywać, dawać pierwszeństwo 3. wnosić, składać, zgłaszać (*np. oskarżenie, zażalenie*) 4. dawać awans (**sb** komuś), awansować
  to ~ **an action against sb** wnosić powództwo przeciwko komuś
  to ~ **a charge against sb** wnosić oskarżenie przeciwko komuś

to ~ **a claim** zgłaszać pretensje
to ~ **one creditor over others** uprzywilejować jednego wierzyciela w stosunku do pozostałych
preferable *adj* 1. lepszy (**to sb, sth** od kogoś, czegoś) 2. bardziej pożądany ⟨wskazany⟩ (**to sb, sth** aniżeli ktoś, coś)
preferably *adv* raczej, prędzej, chętniej
preference *s* 1. preferencja, uprzywilejowanie, traktowanie z priorytetem, przyznawanie pierwszeństwa 2. preferencja celna, preferencyjna taryfa celna 3. oświadczenie, zgłoszenie 4. *pl* **preferences** akcje uprzywilejowane
  ~ **as to assets** pierwszeństwo w odniesieniu do aktywów (*majątku*)
  ~ **as to dividends** pierwszeństwo w odniesieniu do dywidendy
  ~ **bond** ⟨**debenture**⟩ obligacja uprzywilejowana
  ~ **clause** klauzula preferencyjna
  ~ **duty** cło preferencyjne
  ~ **margin** margines ⟨zakres⟩ uprzywilejowania
  ~ **offer** korzystna oferta
  ~ **scale** skala preferencji (*konsumenta*)
  ~ **shareholder** ⟨**stockholder**⟩ uprzywilejowany posiadacz akcji
  ~ **shares** ⟨**stocks**⟩ akcje uprzywilejowane
  ~ **system** sytem preferencji
  ~ **tariff** preferencje celne
  buying ~ pierwszeństwo zakupu, prawo pierwokupu
  by ~ zwłaszcza, szczególnie, przede wszystkim
  colonial ~ *bryt.* ulgi celne dla kolonii (*w handlu z metropolią*)
  consumer's ~ uprzywilejowanie konsumentów
  custom ~s preferencje celne
  Imperial ⟨**Commonwealth**⟩ ~s preferencje imperialne ⟨ulgi celne⟩ w obrocie krajów Wspólnoty Brytyjskiej
  liquidity ~s preferencje płynności
preferential *adj* preferencyjny, uprzywilejowany, priorytetowy
  ~ **assignment** cesja uprzywilejowana
  ~ **claim** roszczenie uprzywilejowane
  ~ **clause** klauzula preferencyjna
  ~ **creditor** wierzyciel uprzywilejowany
  ~ **debt** dług uprzywilejowany
  ~ **dividend** uprzywilejowana dywidenda
  ~ **duty** cło preferencyjne
  ~ **loan** pożyczka uprzywilejowana
  ~ **offer** korzystna oferta
  ~ **payments** płatności preferencyjne
  ~ **price** cena uprzywilejowana ⟨wyjątkowo korzystna⟩
  ~ **rates** *a)* stawki preferencyjne *b) bryt.* preferencyjne stawki celne dla kolonii
  ~ **right** przywilej, prawo pierwszeństwa
  ~ **share** akcja uprzywilejowana
  ~ **shop** *am.* zakład pracy zapewniający pierwszeństwo zatrudnienia członkom związków zawodowych
  ~ **tariff** preferencyjna taryfa celna
  ~ **terms** uprzywilejowane warunki
  ~ **transportations rates** uprzywilejowane stawki transportowe
  ~ **treatment** uprzywilejowane traktowanie
preferment *s* 1. prawo pierwszeństwa 2. awans
preferred *adj* uprzywilejowany, priorytetowy

~ **claim** roszczenie uprzywilejowane
~ **creditor** uprzywilejowany wierzyciel
~ **debt** dług uprzywilejowany
~ **dividend** uprzywilejowana dywidenda
~ **share** ⟨stock(s)⟩ akcja uprzywilejowana
prefinance *v* finansować produkcję zamówionych towarów
pregnancy *s* ciąża
 plea for ~ zarzut ciąży (*kobiety skazanej na karę śmierci*)
pregnant *adj* brzemienna, ciężarna, w ciąży
prehension *s* schwytanie, pojmanie
prejudge *v* przesądzać, osądzać z góry
 to ~ **a question** przesądzić kwestię
prejudgment *s* sąd wydany z góry
prejudication *s* prejudykat, precedens sądowy
prejudice[1] *s* **1.** uprzedzenie, nastawienie negatywne (**against sb, sth** przeciwko komuś, czemuś) **2.** pozytywne nastawienie (**in favour of sb, sth** w stosunku do kogoś, czegoś) **3.** szkoda, uszczerbek
 free of ~ wolny od uprzedzeń
 pecuniary ~ szkoda majątkowa
 to the ~ **of sb** ze szkodą ⟨z uszczerbkiem⟩ dla kogoś
 without ~ bez szkody, bez uszczerbku (**to** ⟨**for**⟩ **sb** dla kogoś)
 to have a ~ **against sb, sth** być uprzedzonym do kogoś, czegoś
prejudice[2] *v* **1.** krzywdzić, przynosić uszczerbek ⟨szkodę⟩ (**sb, sth** komuś, czemuś), naruszać (*np. prawa*) **2.** uprzedzać (**sb against sb, sth** kogoś do kogoś, czegoś) **3.** przychylnie usposabiać (**sb in favour of sb, sth** kogoś do kogoś, czegoś)
 to ~ **the title** naruszyć tytuł ⟨prawo⟩ własności
prejudicial *adj* krzywdzący, szkodliwy (**to sb, sth** dla kogoś, czegoś), powodujący uszczerbek
 ~ **to national economy** szkodliwy dla gospodarki narodowej
 ~ **to national security** szkodliwy dla bezpieczeństwa państwa
preliminary[1] *s* **1.** wstępne zbadanie **2.** czynności przygotowawcze **3.** *pl* **preliminaries** preliminaria, rozmowy wstępne
 preliminaries of peace wstępne rozmowy pokojowe
preliminary[2] *adj* wstępny, przygotowawczy, przedwstępny
 ~ **act** *bryt.* dokument zawierający dane o kolizji statków (*wnoszony przez adwokatów każdej ze stron*)
 ~ **agreement** porozumienie wstępne
 ~ **condition** warunek wstępny
 ~ **contract** umowa przedwstępna
 ~ **custody** areszt tymczasowy
 ~ **decision** decyzja wstępna
 ~ **draft** ⟨**design**⟩ projekt wstępny
 ~ **entry** *a)* wstępna deklaracja celna *b)* wstępne zgłoszenie
 ~ **estimate** kosztorys wstępny
 ~ **examination** ⟨**hearing**⟩ wstępne badanie ⟨przesłuchanie⟩
 ~ **expenses** wstępne wydatki
 ~ **inquiry** *a)* wstępne zapytanie *b)* wstępna informacja
 ~ **investigation** wstępne dochodzenie
 ~ **invoice** faktura pro forma ⟨tymczasowa⟩
 ~ **proceeding** wstępne postępowanie

~ **project** projekt wstępny
~ **question** kwestia wstępna
~ **report** wstępne sprawozdanie
~ **stage** stadium wstępne
~ **talks** rozmowy wstępne
premarital *adj* przedmałżeński
premature *adj* **1.** przedwczesny **2.** pospieszny, pochopny
 ~ **birth** ⟨**labour**⟩ przedwczesny poród
 ~ **death** przedwczesna śmierć
 ~ **decision** pochopna decyzja
premeditate *v* obmyśleć z góry
premeditated *adj* dokonany z premedytacją, rozmyślny, obmyślony z góry
 ~ **crime** przestępstwo popełnione z premedytacją
 ~ **design** obmyślony z góry plan
 ~ **infringement of a patent** świadome ⟨rozmyślne⟩ naruszenie patentu
 ~ **malice** rozmyślny zły zamiar
 ~ **murder** morderstwo z premedytacją
premeditation *s* premedytacja
 to act with ~ działać z premedytacją
premier[1] *s* **1.** premier, prezes rady ministrów **2.** *am.* sekretarz stanu
premier[2] *adj* **1.** pierwszy **2.** główny
 ~ **port** port główny
premise[1] *s* przesłanka, podstawa dowodzenia
premise[2] *v* **1.** zaznaczać na wstępie **2.** zakładać, wychodzić z założenia
premises *spl* **1.** część wstępna, uwagi wstępne, nagłówek (*w akcie*) **2.** nieruchomości wymienione w akcie przenoszącym własność **3.** lokal, pomieszczenie **4.** nieruchomość, teren
 ~ **for sale** nieruchomość na sprzedaż
 allocation of ~ przydział lokalu
 bank ~ pomieszczenia bankowe
 business ~ lokal ⟨pomieszczenie⟩ firmy
 diplomatic ~ teren i pomieszczenia placówki dyplomatycznej
 exhibition ~ teren wystawowy
 factory ~ teren ⟨zabudowania⟩ fabryki
 off the ~ poza obrębem nieruchomości
 on our ~ w naszym przedsiębiorstwie
 on the ~ na miejscu ⟨terenie⟩
 shop ~ *bryt.* pomieszczenie magazynu, zaplecze
 subsidiary ~ zaplecze
premium *s* **1.** premia **2.** składka ubezpieczeniowa **3.** ażio **4.** nagroda **5.** opłata terminatorska (*za naukę rzemiosła*)
 ~ **bargain** giełdowa transakcja premiowa
 ~ **bonus** premia motywacyjna ⟨za wydajność⟩
 ~ **bonds** obligacje premiowe
 ~ **due date** data płatności składki ubezpieczeniowej
 ~ **for marine risk** składka ubezpieczenia morskiego
 ~ **for war risk** składka ubezpieczeniowa od ryzyka wojny
 ~ **grade petrol** benzyna wysokooktanowa ⟨*pot.* super⟩
 ~ **loan** pożyczka premiowa
 ~ **money** suma składki ubezpieczeniowej
 ~ **on gold** ażio złota ⟨złotych monet⟩
 ~ **on the issue of shares** ażio przy emisji akcji
 ~ **on shares** premia od akcji, superdywidenda
 ~ **pay** płaca dodatkowa (*w formie premii*)

~ price cena premiowa (*powyżej nominalnej*)
~ reducing clause klauzula o zmniejszeniu ⟨zwrocie⟩ składek ubezpieczenia za okres po utracie przedmiotu ubezpieczenia
~ token bon premiowy (*wydawany klientom przez sklep*)
additional ⟨**extra**⟩ ~ dodatkowa składka ubezpieczeniowa (*przy zwiększeniu ryzyka*)
annual ~ premia roczna
at a ~ z premią (*powyżej nominału*)
exchange ~ zysk kursowy
fire ~ składka ubezpieczenia od ognia
first ~ składka początkowa (*przy zawarciu umowy ubezpieczenia*)
insurance ~ składka ubezpieczeniowa
life insurance ~ składka ubezpieczenia na życie
marine ~ składka ubezpieczenia morskiego
rate of ~ stawka składki ubezpieczeniowej
reinsurance ~ składka reasekuracyjna
renewal ~ składka przy odnowieniu umowy ubezpieczenia
return ~ zwrotna składka ubezpieczeniowa
single ~ składka jednorazowa
time ~ składka przy ubezpieczeniu na czas
voyage ~ składka ubezpieczenia na podróż statku
war ~ składka ubezpieczenia od ryzyka wojny
to be ⟨**stand**⟩ **at a** ~ stać powyżej nominału parytetu
to insure at a ~ **of...** ubezpieczyć ze składką w wysokości...
to sell at a ~ *a*) sprzedawać powyżej pari *b*) sprzedawać z zyskiem
prepaid *pp adj* opłacony z góry, przedpłacony, pokryty
~ answer ⟨**reply**⟩ odpowiedź opłacona, z opłaconą odpowiedzią
~ expenses opłacone z góry wydatki
~ letter list ofrankowany
charges ~ koszty opłacone
freight ~ fracht opłacony
postage ~ z opłaconą odpowiedzią, porto opłacone
preparation *s* **1.** przygotowanie (**for sth** do czegoś) **2.** preparat
~s for war przygotowania do wojny
with no ~ bez przygotowania
to make ~ czynić przygotowania
preparatory *adj* przygotowawczy, wstępny
~ action czynności przygotowawcze
~ consultations konsultacje przygotowawcze
~ measures kroki ⟨środki⟩ przygotowawcze
~ meeting posiedzenie przygotowawcze
~ work prace przygotowawcze
prepare *v* przygotowywać (się)
to ~ **a contract** przygotować umowę
to ~ **a draft of sth** przygotować projekt czegoś
to ~ **for an examination** przygotować się do egzaminu
to ~ **a report** przygotować ⟨sporządzić⟩ sprawozdanie
prepared *pp adj*: ~ **for use** gotowy ⟨przygotowany⟩ do użycia
~ to deliver przygotowany do dostawy
to be ~ **to do sth** być przygotowanym ⟨gotowym⟩ do zrobienia czegoś

preparedness *s* gotowość
lack of ~ brak gotowości
prepay *v* (**prepaid, prepaid**) **1.** opłacać ⟨ofrankować⟩ z góry **2.** dokonać przedpłaty, zaprenumerować
prepayable *adj* płatny z góry
prepayment *s* **1.** opłacanie z góry **2.** przedpłata, prenumerata **3.** *pl* **prepayments** (*w bilansie*) zaliczki
~ of charges opłata z góry za koszty przesyłki
~ of postage uiszczenie opłat pocztowych ⟨ofrankowanie⟩ z góry
discount of ⟨**for**⟩ ~ rabat ⟨skonto⟩ przy wypłacie z góry ⟨przedpłacie⟩
prepense *adj* umyślny, rozmyślny, dokonany z premedytacją
malice ~ premedytacja, zły zamiar
of malice ~ w złym zamiarze, z premedytacją
preponderance *s* przewaga, wyższość
~ of evidence wyższość ⟨większy ciężar gatunkowy⟩ dowodów
preponderant *adj* przewyższający, mający przewagę, górujący
preponderate *v* przewyższać, mieć przewagę, górować (**over sb, sth** nad kimś, czymś)
to ~ **in voting** uzyskać większość głosów ⟨przewagę w głosowaniu⟩
pre-release *adj* odbywający się przed zwolnieniem
~ training przeszkolenie (*więźniów*) przed zwolnieniem
~ treatment traktowanie (*więźniów*) przed zwolnieniem
prerequisite[1] *s* warunek wstępny ⟨zasadniczy⟩
prerequisite[2] *adj* warunkujący, wymagany jako warunek wstępny
prerogative[1] *s* prerogatywa, przywilej
royal ~ prerogatywa królewska, przywilej królewski
prerogative[2] *adj* **1.** uprzywilejowany **2.** posiadany na mocy przywileju
~ court *bryt. hist.* sąd arcybiskupi dla spraw spadkowych
~ writs nakazy ⟨polecenia⟩ uprzywilejowane (*wydawane przez sądy wyższe sądom niższych instancji*)
prescribable *adj* ulegający przedawnieniu
prescribe *v* **1.** nakazywać, zalecać, postanawiać **2.** ulegać przedawnieniu, przedawniać się **3.** rościć prawo na podstawie zasiedzenia (**to** ⟨**for**⟩ **sth** do czegoś)
prescribed *pp adj* **1.** ustanowiony, nakazany, wymagany **2.** przedawniony
~ by law nakazany prawem, ustanowiony przez prawo
~ debt przedawniony dług
~ form wymagana forma
~ formalities wymagane formalności
~ task nakazane zadanie
in the ~ **time** w wyznaczonym terminie
prescript *s* przepis, nakaz, zalecenie
prescriptible *adj* ulegający przedawnieniu, przedawniający się
prescription *s* **1.** przepis, zarządzenie **2.** zalecenie, nakazywanie **3.** przedawnienie **4.** zasiedzenie, dawność **5.** recepta (*na lekarstwo*)
~ charge ulgowa opłata za lekarstwo (*dla ubezpieczonych*)
~ of a bill of exchange przedawnienie wekslowe
acquisitive ~ zasiedzenie

barred by ~ przedawniony
extinctive ~ dawność, przedawnienie
negative ~ przedawnienie, utrata prawa na mocy przedawnienia
period of ~ okres przedawnienia
positive ~ zasiedzenie, nabycie praw przez zasiedzenie
subject to ~ podlegający przedawnieniu
to acquire sth by ~ uzyskać coś przez zasiedzenie
prescriptive *adj* **1.** nakazany **2.** oparty na przedawnieniu ⟨zasiedzeniu⟩
  ~ **right** prawo oparte na zasiedzeniu
presence *s* **1.** obecność **2.** prezencja, postawa, powierzchowność
  ~ **of mind** przytomność umysłu
  in the ~ **of...** w obecności...
  your ~ **is requested** uprasza się o przybycie
present[1] *s* **1.** teraźniejszość **2.** podarunek, prezent, dar **3.** *pl* **presents** niniejszy dokument, niniejsze pismo
  at ~ obecnie
  by these ~**s** niniejszym
  for the ~ na razie
  up to the ~ do chwili obecnej
present[2] *adj* **1.** obecny **2.** aktualny, teraźniejszy **3.** niniejszy
  ~ **address** aktualny adres
  ~ **goods** towar do natychmiastowej dostawy
  ~ **letter** niniejszy list
  ~ **money** gotówka
  ~ **month** ⟨**week**⟩ bieżący miesiąc ⟨tydzień⟩
  ~ **price** obecna ⟨bieżąca⟩ cena
  ~ **value** wartość obecna ⟨dzisiejsza⟩
  at the ~ **day** w dniu dzisiejszym, obecnie
  at the ~ **time** obecnie, aktualnie
  in the ~ **case** w danym ⟨niniejszym⟩ przypadku
  property ~ **and future** majątek obecny i przyszły
  up to the ~ **time** do chwili obecnej
present[3] *v* **1.** okazywać, prezentować, przedkładać **2.** wnosić, zgłaszać **3.** darować, ofiarować
  to ~ **an amendment to a proposal** zgłosić poprawkę do projektu (*umowy itd.*)
  to ~ **a bill of exchange** okazywać ⟨przedstawiać⟩ weksel
  to ~ **a case** przedstawiać ⟨referować⟩ sprawę
  to ~ **a check for payment** przedstawiać czek do zapłaty
  to ~ **a claim** wnosić skargę
  to ~ **one's compliments** ⟨**regards**⟩ składać wyrazy szacunku
  to ~ **credentials** wręczyć listy uwierzytelniające
  to ~ **difficulties** nastręczać trudności
  to ~ **documents** przedstawiać dokumenty
  to ~ **for acceptance** przedstawić do akceptacji
  to ~ **for collection** przedstawić do inkasa
  to ~ **for discount** przedstawić do dyskonta
  to ~ **for payment** przedstawić do zapłaty
  to ~ **oneself** zgłaszać się
  to ~ **petition** wnieść podanie
  to ~ **a proposal** zgłosić ⟨wnieść⟩ propozycję ⟨projekt⟩
  to ~ **sb with sth** zrobić komuś prezent z czegoś
  to ~ **an ultimatum** przedłożyć ⟨przedstawić, postawić⟩ ultimatum
  the books ~ **a balance of...** księgi wykazują saldo w wysokości...

presentation *s* **1.** przedstawienie, przedłożenie, okazanie **2.** złożenie, wniesienie **3.** podarowanie, ofiarowanie
  ~ **copy** egzemplarz okazowy ⟨autorski⟩
  ~ **draft** trata płatna za okazaniem ⟨awista⟩
  ~ **for acceptance** ⟨**collection, discount, payment**⟩ przedstawienie do akceptacji ⟨inkasa, dyskonta, zapłaty⟩
  ~ **of a case** przedstawienie sprawy, wywód w sprawie
  ~ **of credentials** wręczenie listów uwierzytelniających
  ~ **of a request** wniesienie podania, przedstawienie prośby
  ~ **of shipping documents** przedstawienie dokumentów ładunkowych
  data ~ przedstawienie danych
  on ⟨**upon**⟩ ~ za okazaniem, po przedstawieniu
  payable on ~ płatny za okazaniem ⟨awista⟩
present-day *adj* dzisiejszy, bieżący, aktualny, współczesny
presenter *s* okaziciel
  ~ **of a bill** okaziciel weksla
presentment *s* **1.** przedstawienie, opis, sprawozdanie **2.** oświadczenie ⟨werdykt⟩ przysięgłych
  ~ **of a bill (for acceptance)** przedstawienie weksla (do akceptacji)
preservation *s* **1.** zachowanie, utrzymanie **2.** zabezpieczenie, ochrona, konserwacja
  ~ **of game** ochrona zwierzyny
  ~ **of peace** utrzymanie ⟨zachowanie⟩ pokoju
  ~ **of price stability** utrzymanie stałości cen
  in a state of good ~ w dobrym stanie, dobrze zachowany
preservative[1] *s* środek konserwujący ⟨ochronny⟩
  without artificial colours or ~**s** bez sztucznych barwników i środków konserwujących
preservative[2] *adj* ochronny, zapobiegawczy, zabezpieczający, konserwujący
preserve *v* **1.** ochraniać, chronić (**from sth** od czegoś, przed czymś) **2.** zabezpieczać **3.** zachowywać, utrzymywać **4.** przechowywać, konserwować **5.** trzymać pod ochroną (*zwierzynę*)
  to ~ **appearance** zachowywać pozory
  to ~ **discipline** zachowywać dyscyplinę
  to ~ **the priority** zachować prawo pierwszeństwa
  to ~ **one's rights** zachować swe prawa
preserved *adj*: ~ **fruit** ⟨**meat**⟩ konserwa owocowa ⟨mięsna⟩
  well ~ dobrze utrzymany ⟨zachowany⟩
preside *v* przewodniczyć
  to ~ **at** ⟨**over**⟩ **a meeting** przewodniczyć zebraniu
presidency *s* **1.** prezydentura, kadencja prezydenta **2.** przewodnictwo, prezesura
president *s* **1.** prezydent (*głowa państwa*) **2.** przewodniczący, prezes **3.** dyrektor
  ~ **elect** prezydent elekt
  ~ **judge** przewodniczący (*kompletu sędziowskiego*)
  President of the Board of Trade *bryt.* minister handlu
  President of General Assembly Session przewodniczący sesji Zgromadzenia Ogólnego (ONZ)
  ~ **of the jury** przewodniczący sądu przysięgłych
  to be elected ~ zostać wybranym na prezydenta
presidential *adj* **1.** prezydencki **2.** prezydialny
  ~ **elections** wybory prezydenckie

~ **electors** *am.* elektorzy wybierający prezydenta
~ **message** orędzie prezydenta
~ **officers** *am.* wyżsi urzędnicy powołani przez prezydenta
~ **year** *am.* rok wyborów prezydenta
presiding *adj* przewodniczący
~ **board** prezydium
~ **commissioner** przewodniczący komisji
~ **judge** przewodniczący kompletu sędziowskiego
~ **officer** *a)* przewodniczący *b)* przewodniczący komisji wyborczej
presidium *s* prezydium
press[1] *s* **1.** prasa (*dzienniki i czasopisma*) **2.** instytucje wydawnicze **3.** nacisk **4.** natłok, nawał
~ **advertisement** ogłoszenie w prasie
~ **advertising** ⟨**publicity**⟩ reklama prasowa
~ **agency** agencja prasowa
~ **attaché** attaché prasowy
~ **bulletin** biuletyn informacyjny ⟨prasowy⟩
~ **campaign** kampania prasowa
~ **censorship** cenzura prasy
~ **clippings** ⟨**cuttings**⟩ wycinki prasowe
~ **commentary** komentarz prasowy
~ **conference** konferencja prasowa
~ **correspondent** korespondent prasowy
~ **error** błąd drukarski
~ **item** ⟨**note**⟩ notatka prasowa
~ **law** prawo prasowe
~ **news** wiadomości prasowe
~ **notice** notatka prasowa
~ **of work** nawał pracy
~ **release** komunikat dla prasy
~ **report** sprawozdanie prasowe
~ **service** serwis prasowy
business ~ prasa handlowa ⟨gospodarcza⟩
daily ~ prasa codzienna
freedom of the ~ wolność prasy
gutter ⟨**yellow**⟩ ~ prasa brukowa ⟨sensacyjna⟩
in the ~ w druku
local ⟨**vernacular**⟩ ~ prasa miejscowa ⟨lokalna⟩
periodical ~ czasopisma, periodyki
stunt ⟨**penny**⟩ ~ prasa sensacyjna
to have a good ~ mieć dobrą prasę, cieszyć się uznaniem prasy
to pass (a book) for ~ oddać (książkę) do druku
to write for the ~ pisać do gazet ⟨czasopism⟩, publikować w gazetach ⟨czasopismach⟩
press[2] *v* **1.** naciskać, nalegać, domagać się **2.** wywierać presję
to ~ **one's claim** obstawać przy swoim żądaniu
to ~ **for action** domagać się działania
to ~ **for an answer** domagać się ⟨żądać⟩ odpowiedzi
to ~ **for a debt** żądać zapłaty długu
to ~ **for payment** domagać się zapłaty
to ~ **goods on a person** wciskać komuś towar
to ~ **wage claims** żądać podwyższenia zarobków
pressed *pp*: **to be hard** ~ być w kłopotach
to be ~ **by one's creditors** być nękanym przez wierzycieli
to be ~ **for funds** ⟨**money**⟩ być w kłopotach finansowych
to be ~ **for time** nie mieć czasu, mieć mało czasu
pressing *adj* **1.** pilny, terminowy **2.** natrętny, gwałtowny
~ **debt** terminowy dług

~ **demand** pilne zapotrzebowanie
~ **issue** ⟨**problem**⟩ zagadnienie wymagające natychmiastowego rozpatrzenia
~ **matter** pilna sprawa
~ **order** pilne zamówienie
~ **payments** terminowe płatności
to be ~ nalegać
pressman *s* (*pl* **pressmen**) dziennikarz
pressure *s* **1.** nacisk, presja **2.** natłok, nawał **3.** napięcie, napięta sytuacja **4.** ciśnienie
~ **for money** brak pieniądza
~ **group** grupa nacisku
~ **of business** natłok ⟨nawał⟩ interesów
~ **of orders** nawał zamówień
~ **of taxation** nacisk podatkowy
atmospheric ~ ciśnienie atmosferyczne
bear ~ działanie na zniżkę kursów
economic ~ presja ekonomiczna
financial ~ trudności finansowe
inflationary ~ nacisk inflacyjny (*na ceny*)
political ~ presja polityczna
population ~ nacisk demograficzny
to act under ~ działać pod naciskiem ⟨presją⟩
to exert ~ wywierać nacisk ⟨presję⟩
to put ~ **on sb** wywierać presję na kogoś
prestation *s hist.* świadczenie (*pieniędzy lub usług*) w systemie feudalnym
prestige *s* prestiż, powaga
~ **advertising** reklama dla podtrzymania renomy (*firmy lub towaru*)
loss of ~ utrata prestiżu
presumable *adj* przypuszczalny, ewentualny, domniemany
presumably *adv* przypuszczalnie, rzekomo
presume *v* **1.** przypuszczać, mniemać **2.** pozwalać sobie, ośmielać się **3.** nadużywać, wykorzystywać (**on sth** coś)
to ~ **on sb's time** zabierać komuś czas
presumed *adj*: ~ **author** domniemany autor
~ **dead** uznany za zaginionego ⟨zmarłego⟩
the ship ~ **to be lost** statek uznany za zaginiony
presumption *s* domniemanie, przypuszczenie, presumpcja
~ **of death** domniemanie śmierci
~ **of fact** domniemanie faktyczne ⟨dotyczące faktu⟩
~ **of innocence** domniemanie niewinności
~ **of law** domniemanie prawne
~ **of sanity** domniemanie zdrowia psychicznego
irrebuttable ~ domniemanie nie do obalenia
legal ~ domniemanie prawne
proof by ~ dowód oparty na domniemaniu
rebuttable ~ domniemanie podlegające obaleniu ⟨które może być obalone⟩
presumptive *adj* domniemany, przypuszczalny
~ **co-heir** domniemany współspadkobierca
~ **damages** domniemana kwota odszkodowania
~ **death** domniemana śmierć
~ **evidence** *a)* poszlaki *b)* dowody oparte na domniemaniu
~ **heir** domniemany spadkobierca
~ **next of kin** przypuszczalny najbliższy krewny
~ **notice** domniemane zawiadomienie
~ **profits** spodziewane zyski
~ **total loss** przypuszczalna strata całkowita
heir ~ ewentualny dziedzic, następca tronu

preteen[1] *s* osoba w wieku poniżej 13 lat
preteen[2] *adj* **1.** mający mniej niż 13 lat **2.** odnoszący się
do ⟨produkowany dla⟩ dzieci poniżej lat 13
~ **drug addicts** małoletni ⟨nieletni⟩ narkomani
~ **fashions** moda dla dzieci
pretence *s* **1.** pretekst, pozór **2.** wykręt **3.** roszczenie,
pretensja **4.** stwarzanie pozorów **5.** udawanie, symu-
lowanie
false ~**s** fałszywe pozory
on ⟨**under**⟩ ~ pod pozorem ⟨pretekstem⟩
under flimsy ~ pod byle pozorem
to act by ⟨**on, under**⟩ **false** ~**s** stwarzać fałszywe
pozory, posługiwać się fałszem
to give sth as a ~ podać coś jako pretekst
pretend *v* **1.** udawać, symulować, stwarzać pozory **2.**
rościć sobie prawo, pretendować (**to sth** do czegoś)
to ~ **ignorance** udawać ignorancję ⟨nieświado-
mość⟩
to ~ **illness** udawać chorobę
to ~ **to a right** ⟨**title**⟩ pretendować do prawa ⟨tytu-
łu⟩
pretender *s* **1.** pretendent **2.** symulant
pretension *s* **1.** pretensja, roszczenie **2.** pretekst,
wymówka
preterision *s* **1.** pominięcie w testamencie spadkobiercy
ustawowego **2.** pominięcie, nieuwzględnienie
preterlegal *adj* pozaprawny, nielegalny, niezgodny z
prawem
pretermission *s* **1.** pominięcie w testamencie spadkobiercy ustawowego **2.** pominięcie, nieuwzględnienie
pretermit *v* **1.** pomijać **2.** zaniedbywać **3.** zaniechać,
zaprzestać (**sth** czegoś)
pretext[1] *s* pretekst, pozór, wymówka
on ⟨**under**⟩ **flimsy** ~ pod byle pozorem
to give as ~ podawać jako wymówkę
to serve as ~ służyć za wymówkę
pretext[2] *v* wymawiać się, zasłaniać się (**sth** czymś),
podawać jako pretekst
pre-trial *adj* przedprocesowy
~ **procedure** postępowanie przed rozpoczęciem
sprawy (*porozumienie sądu z adwokatami stron*)
prevail *v* **1.** zapanować, zwyciężyć, uzyskać przewagę
(**over sb, sth** nad kimś, czymś) **2.** przeważać, mieć
przewagę
to ~ **on the market** panować na rynku
to ~ **on** ⟨**upon**⟩ **sb** skłonić ⟨przekonać⟩ kogoś
prevailing *adj* **1.** przeważający, powszechny, ogólny **2.**
obecny, obecnie panujący
~ **law** obecne ⟨obowiązujące⟩ prawo
~ **opinion** powszechna ⟨przeważająca⟩ opinia
~ **party** wygrywająca ⟨sprawę⟩ strona
~ **price** bieżąca ⟨aktualna⟩ cena
~ **tone** przeważający ⟨panujący⟩ nastrój (*np. na
rynku, giełdzie*)
prevalence *s* **1.** powszechność, powszechne występowanie, rozpowszechnienie **2.** przewaga, panowanie
the ~ **of bribery** powszechne występowanie łapow-
nictwa
the ~ **of burglaries** rozpowszechnienie włamań
prevalent *adj* **1.** powszechny, powszechnie praktykowany, panujący, dominujący **2.** obecny, obecnie panujący
the ~ **conditions on the market** koniunktura panująca na rynku
~ **custom** panujący zwyczaj

prevent *v* **1.** zapobiegać (**sth** czemuś) **2.** przeszkadzać (**sb
from doing sth** komuś w zrobieniu czegoś), nie
dopuszczać (**sth** do czegoś), uniemożliwiać (**sth**
coś)
to ~ **accidents** zapobiegać wypadkom
to ~ **aggression** zapobiegać agresji
to ~ **delay in production** zapobiegać zwłoce w produkcji
to ~ **losses** zapobiegać stratom
to ~ **offence** zapobiegać przestępstwu
to ~ **war** zapobiegać wojnie
prevention *s* prewencja, zapobieganie (**of sth** czemuś),
ochrona
~ **of accidents** (**at work**) zapobieganie wypadkom
(przy pracy)
~ **of aggression** zapobieganie agresji
~ **of crime** zapobieganie przestępczości, walka z
przestępczością
~ **of loss** zapobieganie stracie
general crime ~ prewencja ogólna ⟨generalna⟩
preventive[1] *s* środek zapobiegawczy ⟨prewencyjny⟩,
działanie zapobiegawcze
preventive[2] *adj* zapobiegawczy, prewencyjny
~ **action** profilaktyka
~ **arrest** areszt prewencyjny
~ **detention** ⟨**custody**⟩ zatrzymanie ⟨aresztowanie⟩
tymczasowe
~ **measures** środki prewencyjne
~ **officer** urzędnik ⟨rewident⟩ celny
~ **service** służba celna ochrony wybrzeża (*przed
kontrabandą*)
~ **war** wojna prewencyjna
previous *adj* **1.** poprzedni, poprzedzający, wcześniejszy
(**to sth** od czegoś) **2.** *am.* pochopny, popędliwy
~ **advice** uprzednie powiadomienie
~ **agreement** poprzednie porozumienie, poprzedni
układ
~ **concert** poprzednia ugoda
~ **conviction** poprzednie skazanie
~ **endorser** ⟨**indorser**⟩ poprzedni indosant, poprzednik wekslowy
~ **holder** poprzedni posiadacz (*weksla*)
~ **month** ubiegły miesiąc
~ **offence** poprzednio popełnione przestępstwo
~ **owner** poprzedni właściciel
~ **payment** przedpłata, zapłata z góry
~ **question** *parl.* zapytanie o głosowanie nad główną
sprawą
~ **quotation** *giełd.* poprzednie notowanie
~ **speaker** przedmówca, poprzedni mówca
~ **to the payment** przed zapłaceniem
~ **to signing the contract** przed podpisaniem kontraktu
~ **year** ubiegły rok
pre-war *adj* przedwojenny (*sprzed I lub II wojny
światowej*)
~ **prices** przedwojenne ceny
price[1] *s* **1.** cena, kurs **2.** wartość, koszt
~ **abatement** obniżka cen
~ **adjustment** regulacja cen
~ **advance** zwyżka ceny ⟨cen⟩
~ **afloat** cena towaru w drodze ⟨płynącego⟩
~ **after-hours** kurs po zamknięciu giełdy
~ **as before** cena jak poprzednio
~ **as per agreement** ⟨**contract**⟩ cena według umowy
~ **boom** zwyżka cen

~ **boost** śrubowanie cen
~ **calculation** kalkulacja cen
~ **cartel** kartel cen
~ **catalogue** katalog cen, cennik
~ **ceiling** pułap cen
~ **c.i.f.** cena c.i.f.
~ **competition** konkurencja cenowa ⟨za pomocą cen⟩
~ **concession** ustępstwo z ceny
~ **control** reglamentacja ⟨kontrola⟩ cen
~ **control board** urząd kontroli cen
~ **covering the costs of production** cena pokrywająca koszty produkcji
~ **cut** ⟨**cutting**⟩ obniżka cen
~ **decontrol** zniesienie kontroli cen
~ **decrease** ⟨**decline**⟩ spadek cen
~ **deduction** rabat
~ **difference** różnica cen
~ **differential** rozpiętość cen
~ **discount** rabat od ceny
~ **earnings ratio** (*skr.* **PER**) relacja cen i zarobków
~ **equilibrium** równowaga cen
~ **ex bond** cena bez cła
~ **exclusive of...** cena z wyłączeniem...
~ **ex dock** ⟨**factory**⟩ cena loko dok ⟨fabryka⟩
~ **f.a.s.** cena f.a.s.
~ **fixing** wyznaczanie ⟨ustalanie⟩ cen
~ **fluctuation clause** klauzula cen ruchomych
~ **fluctuations** ⟨**variations**⟩ fluktuacje ⟨wahania⟩ cen
~ **f.o.b.** cena f.o.b.
~ **for future delivery** cena w transakcjach terminowych
~ **formation** kształtowanie cen
~ **freeze** zamrożenie cen
~ **improvement** poprawa ⟨zwyżka⟩ cen
~ **in bond** cena bez cła
~ **inclusive of ...** cena łącznie z ...
~ **increase** wzrost cen
~ **index** indeks ⟨wskaźnik⟩ cen
~ **inflation** inflacja cen
~ **in foreign currency** cena w dewizach
~ **issue** kurs emisyjny
~ **leadership** przywództwo w kształtowaniu cen
~ **level** poziom cen
~ **limit** limit ⟨górna granica, pułap⟩ ceny
~ **list** *a*) cennik *b*) ceduła kursów *c*) taryfa
~ **maintenance agreement** kartel cen
~ **margin** marża
~ **mark** ⟨**tag, ticket**⟩ metka, przywieszka z ceną
~ **market** rynek zbytu zależny od ceny towaru
~ **a matter for arrangement** cena do uzgodnienia
~ **mechanism** mechanizm cen
~ **movements** ruch cen
~ **of day** cena dnia, kurs dzienny
~ **of goods** cena towaru
~ **of issue** kurs emisyjny
~ **of money** stopa procentowa
~ **on application** cena na żądanie
~ **on spot** cena loko
~ **on the free market** cena wolnorynkowa
~ **packing** ukryta podwyżka cen
~ **policy** polityka cen
~ **quotation** *a*) notowania cen ⟨kursów⟩ *b*) podawanie cen przez oferujących

~ **quoted** *a*) cena podana (*np. w ofercie*) *b*) cena notowana
~ **range** rozpiętość cen
~ **reduction** *a*) obniżka ceny *b*) opust, rabat
~ **regulation** regulacja cen
~ **ring** monopol cen
~ **shears** nożyce cen
~ **slump** załamanie się cen
~ **spiral** spirala cen
~ **spoiling** ⟨**undercutting**⟩ podcinanie ⟨psucie⟩ cen
~ **spread** różnica między kosztami własnymi a ceną sprzedaży, marża zysku, narzut
~ **stability** stałość cen
~ **stabilization** stabilizacja cen
~ **structure** struktura cen
~ **support** sztuczne utrzymywanie poziomu ⟨subsydiowanie⟩ cen
~ **system** system cen
~ **unit** cena jednostkowa
~ **war** wojna cenowa
~ **weakness** osłabienie cen
acceptable ~ cena dogodna ⟨przystępna, do przyjęcia⟩
actual ~ *a*) cena rynkowa *b*) cena rzeczywista
additional ~ dopłata do ceny
administered ~ cena regulowana
advanced ~ cena podwyższona
advancing ~ cena zwyżkująca
advantageous ~ cena korzystna
agreed ~ cena uzgodniona
all-round ~ cena globalna ⟨ryczałtowa⟩
alteration in ⟨**of**⟩ ~ zmiana ceny
appreciation in ⟨**of**⟩ ~ poprawa ⟨wzrost⟩ cen
approximate ~ cena przybliżona ⟨orientacyjna⟩
arbitrary ~ cena dowolnie ustalona
arranged ~ cena umówiona ⟨ustalona⟩
ascending ~ cena wzrastająca
asked ~ *a*) cena żądana *b*) kurs „w żądaniu"
asking ~ cena żądana, wstępna cena
at about a ~ **of ...** po cenie około ...
at any ~ po każdej cenie
at a cheapest ~ po najniższej cenie
at cost ~ po cenie kosztu ⟨własnej⟩
at half ~ *a*) za pół ceny *b*) za pół darmo
at one ~ *a*) po jednej ⟨jednolitej⟩ cenie *b*) po tej samej ⟨nie zmienionej⟩ cenie
at a ⟨**the**⟩ ~ po cenie, w cenie
attractive ~ cena atrakcyjna
auction ~ cena licytacyjna ⟨przetargowa, aukcyjna⟩
average ~ cena przeciętna ⟨średnia⟩
bargain ~ cena okazyjna ⟨wyprzedażowa⟩
base ⟨**basic**⟩ ~ cena podstawowa ⟨zasadnicza⟩
bed-rock ~ cena najniższa, dolna granica ceny
best ~ cena najkorzystniejsza
bid ~ kurs ⟨cena⟩ zakupu, cena oferowana
bidding ~ cena oferowana na aukcji ⟨przetargu⟩
big ~ wysoka cena
billing ~ cena fakturowa
blanket ~ cena ramowa ⟨orientacyjna⟩
bonded ~ cena bez cła
bottom ~ cena minimalna ⟨najniższa⟩, dolna granica ceny
break in ~**s** załamanie się cen
buyer's ~ cena korzystna ⟨zachęcająca⟩ dla nabywcy
buying ~ *a*) cena zakupu *b*) kurs zakupu

calculated ~ cena kalkulacyjna
calculation of a ~ kalkulacja ceny
cash ~ cena gotówkowa ⟨w transakcjach za gotów-
kę⟩
catalogue ~ cena katalogowa
ceiling ~ pułap ⟨górna granica⟩ ceny, cena najwyższa
change in ⟨of⟩ a ~ zmiana ceny
cheapest ~ cena najniższa
close ~s kursy ⟨ceny⟩ o małej rozpiętości
closing ~ kurs zamknięcia ⟨giełdy⟩
collapse ⟨crumbling⟩ of ~s załamanie się cen
combine ~ cena kartelowa ⟨syndykatowa⟩
competitive ~ cena konkurencyjna
concession on a ~ ustępstwo z ceny
constant ~ cena stała ⟨niezmienna⟩
consumer ⟨consumer's⟩ ~ cena dla nabywcy ⟨konsu-
mentów⟩
contract ⟨contracted⟩ ~ cena umówiona ⟨umowna,
dostawy⟩
controlled ~ cena reglamentowana
correction of a ~ skorygowanie ⟨przekalkulowanie⟩
ceny
cost ~ cena zakupu ⟨kosztu własnego⟩
credit ~ cena kredytowa ⟨przy zakupie na kredyt⟩
curb ~ am. cena wolnorynkowa, kurs pozagiełdowy
current ~ cena bieżąca
cut ~ cena obniżona ⟨zredukowana⟩
cut in ~s obniżka cen
day-of-arrival ~ cena ⟨kurs⟩ dnia nadejścia (towaru)
day-of-shipment ~ cena ⟨kurs⟩ w dniu wysyłki (towaru)
day's top ~ najwyższa cena dnia
dealer's ~ cena dla odsprzedawcy
decline in ⟨decrease of⟩ a ~ spadek ⟨obniżka⟩ ceny
declining ~ cena zniżkująca
deduction in a ~ rabat, opust, bonifikata
delivered ~ cena łącznie z dostawą
demanded ~ cena żądana
demand ~ a) cena popytu b) kurs w żądaniu
diminution of a ~ obniżka ceny
direct ~ cena hurtowa ⟨w hurcie⟩
discount ~ cena z rabatem dla odsprzedawcy
domestic ~ cena krajowa
drop in ⟨of⟩ a ~ spadek ceny
dumping ~ cena dumpingowa
dutiable ~ cena bez cła
duty-paid ~ cena po opłaceniu cła
enhancement of a ~ podbijanie ⟨podwyższanie⟩
ceny
equation ~ cena wypośrodkowana
equitable ~ cena słuszna ⟨godziwa⟩
estimated ~ cena przypuszczalna ⟨kosztorysowa⟩
exact ~ cena ściśle ustalona
exaggerated ~ cena wygórowana
exceptional ~ cena wyjątkowa
excessive ~ cena wygórowana
exchange ~ cena giełdowa, kurs giełdowy
exorbitant ~ cena nadmiernie wygórowana
export ~ cena eksportowa
extra ~ cena wyjątkowa
factory ~ cena fabryczna
fair ~ słuszna ⟨godziwa⟩ cena
fall in ⟨of⟩ a ~ spadek ceny

fancy ~ cena nierealna (bardzo wysoka)
farm ~s ceny płodów rolnych
favourable ~ cena korzystna
firm ⟨steady⟩ ~ a) cena stała b) kurs stały ⟨mocny⟩
firming-up of ~s wzmocnienie cen ⟨kursów⟩
first ~ cena kosztu własnego (zakupu)
fixed ~ a) cena stała b) cena ustalona
flat ~ cena jednolita
flexible ~ cena elastyczna
floor ~ cena najniższa
forward ~ cena w transakcji terminowej
franco ~ cena franko
free ~ a) cena franko b) cena ustalona dowolnie
przez kontrahentów
free-market ~ cena wolnorynkowa
frozen ~ cena zamrożona ⟨zablokowana⟩
future ~ cena w transakcji terminowej
general advance in ~s ogólna zwyżka cen
general level of ~s ogólny poziom cen
gross ⟨great⟩ ~ cena brutto
ground ~ cena podstawowa ⟨zasadnicza⟩
hard ~ cena sztywna
high ~ cena wygórowana
hire-purchase ~ cena ratalna
home ~ cena krajowa
home-market ~ cena krajowa (na rynku wewnętrznym)
honest ~ cena godziwa ⟨umiarkowana⟩
House ~ bryt. kurs giełdowy
huge ~ cena bardzo wysoka
import ~ cena importowa
improvement in ⟨of⟩ a ~ poprawa ⟨zwyżka⟩ ceny
in-bond ~ cena bez cła
inclusive ~ cena globalna
increasing ~ cena zwyżkująca
index of ~s wskaźnik ⟨indeks⟩ cen
industrial ~ cena fabryczna
initial ~ a) cena wyjściowa ⟨wywoławcza⟩ b) kurs
otwarcia
inland ⟨internal⟩ ~ cena krajowa
instalment ~ cena ratalna
inventory ~ cena inwentarzowa
invoice ⟨invoiced⟩ ~ cena fakturowa
issue ⟨issuing⟩ ~ kurs emisyjny
jump in ~s skok cen
kerb ~ a) kurs pozagiełdowy b) cena wolnorynkowa
knock-down ~ cena ostateczna ⟨najniższa⟩ (poniżej
której nie może nastąpić sprzedaż, zwłaszcza na
licytacji)
landed ~ cena z kosztami wyładunku
latest ~ cena ostateczna
level of ~s at wholesale poziom cen hurtowych
limited ~ cena limitowana
list of ~s wykaz cen
list ~ cena cennikowa ⟨katalogowa⟩
local ~ cena miejscowa, kurs miejscowy
loco ~ cena loko
long ~ a) cena wraz z cłem ⟨brutto⟩ b) cena
wysoka
losing ~ cena poniżej kosztu własnego ⟨ze stratą⟩
lowest ~ cena najniższa ⟨ostateczna⟩
lump(-)sum ~ cena globalna ⟨ryczałtowa⟩
making-up ~ kurs rozliczeniowy ⟨likwidacyjny⟩
managed ⟨manipulated⟩ ~ cena kreowana ⟨regulowa-
na⟩ (przez czynniki pozarynkowe)

manufacturer's ~ cena fabryczna ⟨producenta⟩
manufacturing ~ a) cena fabryczna ⟨producenta⟩ b) cena produkcji ⟨własna⟩
marginal ~ cena graniczna
mark-down ~ cena zniżona
marked ~ cena oznaczona (na towarze)
market ~ a) cena rynkowa b) kurs giełdowy
marketable ~ cena rynkowa
maximum ~ cena maksymalna
middle ~ cena pośrednia, kurs średni
minor ~ cena niska
mint ~ wartość mennicza monety
moderate ~ cena umiarkowana
monopoly ~ cena monopolowa
natural ⟨**normal**⟩ ~ cena nominalna ⟨zwykła, bieżąca⟩
net(t) ~ cena netto
nominal ~ cena nominalna
offered ~ cena oferowana ⟨proponowana⟩, kurs w zaoferowaniu
offering ~ cena oferowana
official ~ cena oficjalna
"one ~ only" ceny jednolite
one ~ **shop** ⟨**store**⟩ sklep z jednolitymi cenami
opening ~ giełdowy kurs otwarcia
option ~ giełdowy kurs opcyjny
ordinary ~ cena bieżąca
original ~ cena zakupu ⟨własna⟩
overhead ~ cena globalna ⟨ryczałtowa⟩
overpay ~ cena wygórowana
parity ~ cena parytetowa
paying ~ cena opłacalna
peak ~ cena szczytowa
piece ~ cena od sztuki
premium ~ cena z premią
present ~ cena aktualna ⟨bieżąca, obecna⟩
prevailing ~ cena przeważająca (na rynku)
pre-war ~ cena przedwojenna
producer's ~ cena fabryczna
prohibitive ~ cena prohibicyjna
purchase ⟨**purchasing**⟩ ~ a) cena zakupu b) kurs zakupu
put-up ~ cena wywoławcza
quantity ~ cena zależna od ilości sprzedawanego towaru
quoted ~ a) cena podana w ofercie b) cena notowana na giełdzie
realization ~ cena sprzedażna realizacji, kurs likwidacyjny
reasonable ~ cena godziwa ⟨umiarkowana⟩
reduced ~ cena obniżona
reduction in ⟨**of**⟩ ~**s** obniżka cen
regardless of ~ bez względu na cenę
regular ~ cena normalna ⟨zwykła, bieżąca⟩
relative ~ cena względna
remunerative ~ cena opłacalna
resale ⟨**reselling**⟩ ~ cena w odsprzedaży
reserve ⟨**reserved**⟩ ~ cena wywoławcza ⟨minimalna⟩
retail ~ cena detaliczna
retail ~ **maintenance** (skr. **RPM**) regulowanie cen detalicznych
rigid ~ cena sztywna
rock-bottom ~ dolna granica ceny
sale(s) ~ cena sprzedaży
saving ~ cena ostateczna ⟨minimalna⟩

second-hand ~ cena za towar używany ⟨„z drugiej ręki"⟩
seller's ~ cena korzystna dla sprzedawcy
selling off ~ cena wyprzedażowa
selling ~ cena zbytu
sensible ~ cena godziwa ⟨umiarkowana⟩
set ⟨**settled**⟩ ~ cena ustalona ⟨oznaczona⟩
settlement ⟨**settling**⟩ ~ kurs rozliczeniowy ⟨likwidacyjny⟩
share ⟨**stock**⟩ ~ giełdowy kurs akcji
short ~ a) cena netto bez cła b) cena obniżona
skyrocketing ~ cena gwałtownie zwyżkująca
sliding ~ zniżkująca cena
small ~ cena niska
spot ~ cena przy transakcji z natychmiastową dostawą
staggering ~ cena chwiejna
standard of ~ miernik wartości
standard of ~**s** poziom cen
standard ~ cena normalna
starting ~ cena początkowa
steady ~ cena stała
stiff ~ a) sztywna cena b) wysoka cena
street ~ kurs pozagiełdowy
subscription ~ cena w przedpłacie
subsidized ~ cena subsydiowana
suitable ~ cena odpowiednia ⟨godziwa⟩
supply ~ cena zależna od podaży
supported ~ cena podtrzymywana ⟨dotowana⟩
tape ~ giełd. kurs telegraficzny
tender ~ cena ofertowa ⟨zamieszczona w ofercie⟩
time ~ cena ratalna
today's ~ cena dnia
top ~ cena szczytowa
trade ~ cena rynkowa ⟨handlowa⟩
uniform ~ cena jednolita
unit ~ cena jednostkowa
upset ~ cena wywoławcza (na licytacji)
utmost ~ cena ostateczna
variation in ⟨**of**⟩ ~**s** fluktuacja cen
weight ~ cena (zależna) od wagi
wholesale ~ cena hurtowa
wide ~**s** kursy o dużej rozpiętości
world ~ cena światowa
world-market ~ cena na rynkach światowych
wretched ~ cena bardzo niska ⟨pot. nędzna⟩
to abate from a ~ potrącać ⟨opuszczać⟩ z ceny
to abate a ~ obniżać cenę
to adjust a ~ skorygować cenę
to advance in ~ zwyżkować, drożeć
to advance a ~ podnosić ⟨podwyższać⟩ cenę
to agree on ⟨**upon**⟩ **a** ~ uzgodnić cenę
to alter a ~ zmienić cenę
to arrive at a ~ skalkulować ⟨wyliczyć⟩ cenę
to ask a ~ żądać ceny
to attain a ~ osiągnąć cenę
to augment a ~ podwyższać cenę
to bargain a ~ targować się o cenę
to bear a ~ działać na zniżkę ceny
to beat down a ~ utargować ⟨wytargować⟩ cenę
to be worth the ~ być wartym ceny
to bid a ~ oferować cenę
to bid up a ~ podwyższać cenę przetargową
to boost a ~ śrubować ⟨windować⟩ cenę
to bring down ⟨**up**⟩ **a** ~ obniżać ⟨podwyższać⟩ cenę
to calculate a ~ kalkulować cenę

to change a ~ zmienić cenę
to charge a ~ żądać ceny, pobierać cenę
to claim a ~ żądać ceny
to compete in ⟨**on**⟩ ~**s** konkurować przez obniżanie cen
to correct a ~ przekalkulować ⟨skorygować⟩ cenę
to cut down a ~ obniżać cenę, opuszczać z ceny
to decline in ~ zniżkować, tanieć
to deduct from a ~ potrącać (*rabat*) z ceny
to demand a ~ żądać ceny
to depress a ~ powodować zniżkę ceny
to drive up a ~ podwyższać cenę
to enhance a ~ śrubować cenę
to fall in ~ tanieć, zniżkować
to fetch a ~ osiągnąć cenę
to fix a ~ ustalić cenę
to force down ⟨**up**⟩ ~**s** obniżać ⟨podwyższać⟩ ceny
to freeze ~**s** zamrażać ceny
to go at ⟨**for**⟩ **a** ~ być sprzedawanym po cenie
to go down with the ~ obniżać cenę
to increase a ~ podwyższać cenę
to inquire about a ~ zapytywać o cenę
to keep a ~ **down** utrzymywać cenę na niskim poziomie
to keep a ~ **up** utrzymywać wysoką cenę, nie opuszczać ceny
to lessen a ~ zmniejszać cenę
to lower a ~ obniżać cenę
to limit a ~ limitować cenę
to maintain a ~ *a)* utrzymywać ⟨podtrzymywać⟩ cenę *b)* nie opuszczać z ceny
to make a ~ osiągnąć cenę
to mark down a ~ obniżyć cenę
to name a ~ wymienić cenę
to negotiate a ~ targować cenę
to obtain a ~ osiągnąć ⟨otrzymać⟩ cenę
to offer a ~ oferować cenę
to pay a ~ płacić cenę
to peg a ~ podtrzymywać cenę
to quote a ~ *a)* podawać cenę (*w ofercie*) *b)* giełd. notować cenę
to raise a ~ podnieść cenę
to realize a ~ osiągnąć cenę
to rebate a ~ udzielać rabatu od ceny
to reduce a ~ obniżać cenę
to salt a ~ żądać wygórowanej ⟨*pot.* słonej⟩ ceny
to sell at a ~... sprzedawać za cenę...
to sell under ~ sprzedawać poniżej wartości ⟨ceny kosztu⟩
to set a ~ wyznaczać ⟨ustalać⟩ cenę
to spoil a ~ popsuć cenę
to stand at a high ⟨**low**⟩ ~ mieć wysoką ⟨niską⟩ cenę
to stop ~**s** zamrażać ceny
to support a ~ podtrzymywać cenę (*przez interwencje na rynku*)
to undercut ~**s** podcinać ceny, oferować cenę niższą od rynkowej
price² *v* **1.** cenić, oceniać, wyceniać (**at**... na...) **2.** wyznaczać cenę
to ~ **an article** kalkulować cenę towaru
to ~ **competitors out of the market** wyeliminować z rynku konkurencję przy pomocy niskich cen
to ~ **oneself out of the market** stać się niedostępnym (*na skutek zbyt wysokiej ceny*)
priced *pp adj* wyceniony, oceniony

~ **catalogue** katalog cen
~ **goods** towary wycenione
high ~ wysoko wyceniony, drogi
low ~ nisko wyceniony, tani
to be ~ **out of the market** być wypartym z rynku (*przez tańszy towar*)
price-current *s* cennik
price-cutting *s* zniżka cen
price-list *s* cennik
price-slashing *s* gwałtowny spadek cen
price-tagged *adj* (*o towarze*) z uwidocznioną ceną
pricey *adj pot.* drogi, kosztowny
too ~ zbyt drogi
pricing *s* polityka cen
~ **policy** polityka cen
competitive ~ konkurencyjna polityka cen
prima facie *łac.* prima facie, na pierwszy rzut oka, bez zagłębiania się w sprawę
~ **case** sprawa oparta na domniemaniu faktycznym (*korzystna dla strony aż do obalenia domniemania*)
~ **evidence** ⟨**proof**⟩ dowód oparty na domniemaniu faktycznym (*dobry do chwili przeprowadzenia przeciwdowodu*)
primage *s* prymaż (*dodatek procentowy do frachtu*)
primal *adj* **1.** pierwotny **2.** główny, podstawowy
primary *adj* **1.** początkowy, pierwotny, pierwszy **2.** zasadniczy, podstawowy, główny
~ **allegation** podstawowe twierdzenie
~ **assembly** *am.* zgromadzenie ⟨zebranie⟩ przedwyborcze dokonujące wyboru elektorów
~ **cause** zasadnicza ⟨podstawowa⟩ przyczyna
~ **charges** opłaty zasadnicze
~ **classification** pierwsza klasyfikacja (*w prawie kolizyjnym*)
~ **data** podstawowe dane
~ **debtor** podstawowy ⟨główny⟩ dłużnik
~ **deposits** realne ⟨rzeczywiste⟩ wkłady ⟨depozyty⟩
~ **education** podstawowe wykształcenie
~ **election** *am. a)* wybór elektorów *b)* wybory przedwstępne, prawybory
~ **entry** zasadnicza deklaracja celna
~ **evidence** podstawowy ⟨najważniejszy⟩ dowód
~ **goods** podstawowe towary ⟨artykuły⟩
~ **industry** podstawowy przemysł
~ **market** główny rynek
~ **object** podstawowy cel
~ **organization** podstawowa organizacja
~ **point** *am.* najważniejszy rynek
~ **product** podstawowy produkt (*danego kraju na danym rynku*)
~ **receipts** *am.* codzienne dostawy na główne rynki
~ **resources** podstawowe bogactwa naturalne
~ **rights** podstawowe prawa
~ **shipments** *am.* codzienne wysyłki z głównych rynków
~ **source** bezpośrednie źródło
prime¹ *s* **1.** pierwsza część **2.** najwyższa jakość
prime² *adj* **1.** pierwszy, wcześniejszy, początkowy **2.** zasadniczy, główny, podstawowy **3.** (*o jakości*) pierwszorzędny, najwyższego gatunku, wyborny, wyborowy
~ **article** wyborowy ⟨pierwszorzędny⟩ artykuł
~ **bank** pierwszorzędny ⟨pewny⟩ bank
~ **bill** pierwszorzędny weksel

~ **bond** pierwszorzędna obligacja
~ **cause** podstawowa przyczyna
~ **cost** koszt własny
~ **entry** podstawowa deklaracja celna
~ **goods** pierwszorzędny towar
~ **minister** premier, prezes rady ministrów
~ **paper** pierwszorzędny weksel
~ **quality** pierwszorzędna jakość
~ **securities** pierwszorzędne papiery wartościowe
~ **trade bill** pierwszorzędny weksel handlowy
article of ~ **necessity** artykuł pierwszej potrzeby
primogeniture *s* **1.** pierworództwo, primogenitura **2.** majorat, prawo przechodzenia majątku nieruchomego na najstarszego syna
right of ~ prawo pierworództwa, pierwszeństwo dziedziczenia
primo loco *łac.* na pierwszym miejscu
primo voto *łac.* (*nazwisko*) z pierwszego małżeństwa
prince *s* książę, władca, suweren
~ **consort** *bryt.* książę małżonek (*królowej*)
Prince of Wales *bryt.* książę Walii (*tytuł następcy tronu*)
act of ~ akt władzy (*w terminologii prawa morskiego i ubezpieczeń morskich*)
arrêt de ~ areszt statku (*neutralnego znajdującego się w porcie kraju prowadzącego wojnę*)
princess *s* księżna, księżniczka
Princess Royal *bryt.* tytuł najstarszej córki królewskiej
principal[1] *s* **1.** przełożony, szef, dyrektor, kierownik **2.** zleceniodawca, mocodawca, komitent **3.** kapitał, suma podlegająca oprocentowaniu **4.** suma nominalna, nominał **5.** główny sprawca **6.** główny dłużnik
~ **and agent** zleceniodawca i zleceniobiorca (pełnomocnik)
~ **and interest** kapitał wraz z odsetkami
~ **of a bill** suma wekslowa
~ **s to the contract** bezpośredni uczestnicy umowy
only ~ **s** bez pośredników
principal[2] *adj* **1.** główny, zasadniczy **2.** (*o kwocie*) nominalny
~ **accused** główny oskarżony
~ **agent** główny agent (przedstawiciel)
~ **claim** roszczenie główne
~ **condition** zasadniczy warunek
~ **contract** podstawowa umowa
~ **creditor** (debtor) główny wierzyciel (dłużnik)
~ **customer** główny odbiorca
~ **establishment** oddział główny, główna siedziba przedsiębiorstwa
~ **market** główny rynek
~ **obligation** zobowiązanie główne
~ **occupation** główne zajęcie
~ **offender** główny sprawca
~ **office** główny urząd, centrala
~ **port** główny port
~ **profession** główny zawód
~ **shareholder** główny akcjonariusz
~ **sum** suma kapitału bez odsetek
~ **tenant** główny lokator
~ **witness for the defence** główny świadek obrony
~ **witness of the prosecution** główny świadek oskarżenia
principality *s* księstwo
principle *s* zasada, podstawa
~ **of law** zasada prawna

~ **of collective security** zasada bezpieczeństwa zbiorowego
~ **of majority** zasada większości
~ **of mutuality** (reciprocity) zasada wzajemności
~ **of peaceful coexistence** zasada pokojowego współistnienia
~ **of self-determination** zasada samostanowienia
~ **of unanimity** zasada jednomyślności
~ **s of trade** zasady handlu
basic (fundamental) ~ podstawowa zasada
guiding ~ wytyczna
in ~ w zasadzie
legal ~ zasada prawna
a matter of ~ kwestia zasady
moral ~ **s** zasady moralne
on ~ ze względów zasadniczych
to hold to ~ **s** trzymać się ściśle zasad
to lay down (establish) **a** ~ przyjąć (ustalić) zasadę
print[1] *s* **1.** druk **2.** odcisk (*pieczęci, palca itp.*) **3.** *am.* publikacja drukowana
in ~ (*o książce*) w druku
in large (small) ~ dużym (drobnym) drukiem
out of ~ (*o nakładzie*) wyczerpany
print[2] *v* **1.** drukować **2.** odciskać, odbijać
printed *adj*: ~ **clause** klauzula drukowana (*w odróżnieniu od odbitej w formie pieczęci*)
~ **as manuscript** na prawach rękopisu
~ **form** formularz, druk
~ **matter** (*w obrocie pocztowym*) druk
printer *s* drukarz
~ **'s error** błąd drukarski
~ **'s proof** korekta drukarska
printing *s* **1.** drukowanie, druk **2.** nakład
~ **house** (office, works) drukarnia, zakłady drukarskie
~ **industry** przemysł poligraficzny
~ **machine** (press) maszyna drukarska
print-out *s* wydruk (*komputerowy*)
prior[1] *adj* **1.** poprzedzający, uprzedni, wcześniejszy (**to sth** od czegoś) **2.** pierwszy, mający pierwszeństwo, priorytetowy
~ **contract** poprzednia (wcześniejsza) umowa
~ **claim** poprzednie roszczenie
~ **creditor** uprzywilejowany (mający pierwszeństwo) wierzyciel
~ **endorser** poprzedni indosant
~ **patent** wcześniejszy patent
~ **permission** poprzednie (uprzednie) zezwolnie
~ **possession** poprzednie (uprzednie) posiadanie
~ **publication** wcześniejsza publikacja
~ **right** prawo pierwszeństwa
~ **to signing the contract** przed podpisaniem kontraktu (umowy)
~ **user** poprzedni użytkownik
subject to ~ **sale** z zastrzeżeniem wcześniejszej sprzedaży
prior[2] *adv* przed (**to sth** czymś), wcześniej
~ **to dispatch** przed wysyłką
~ **to the maturity** przed terminem płatności
priority *s* **1.** priorytet, pierwszeństwo **2.** pierwszeństwo w roszczeniach
~ **documents** dokumenty uzasadniające pierwszeństwo (*patentu*)
~ **list** lista pierwszeństwa
~ **of birth** pierworództwo, pierwszeństwo urodzenia

~ **of a creditor** prawo zastawu na rzecz wierzyciela na majątku dłużnika

~ **right** prawo pierwszeństwa

~ **sectors** priorytetowe działy gospodarki

~ **share** akcja uprzywilejowana

~ **surcharge** dodatkowa opłata za wyładunek poza kolejnością

first ~ priorytet zerowy, pierwszeństwo zastrzeżone w ofercie

goods of first ~ towary priorytetowe

top ~ bezwzględne pierwszeństwo

to accord ~ dawać pierwszeństwo

to have ~ **over sth** mieć pierwszeństwo przed czymś

to rank in ~ **to sth** mieć priorytet przed czymś

prison *s* **1.** więzienie, zakład karny **2.** areszt

~ **administration** zarząd więzienia

~ **break** ⟨**breaking**⟩ ucieczka z więzienia

~ **breaker** zbieg z więzienia

~ **commissioners** członkowie komisji do spraw więziennictwa

~ **experience** doświadczenie nabyte w więzieniu

~ **medical service** więzienna służba zdrowia

~ **rules** regulamin więzienny

~ **system** system więziennictwa

~ **van** karetka więzienna

to be sent to ~ zostać skazanym na więzienie

to escape from ~ uciec z więzienia

to lie in ~ znajdować się w więzieniu

prisoner *s* **1.** więzień **2.** aresztant

~ **at the bar** *a)* oskarżony, podsądny *b)* więzień w areszcie śledczym

~ **in the dock** oskarżony

~ **of State** więzień polityczny

~ **of war** jeniec wojenny

~ **participation** udział więźniów w samorządzie więziennym

~ **'s dock** ława oskarżonych

to keep sb ~ trzymać kogoś w więzieniu, więzić kogoś

to take ⟨**make**⟩ **sb** ~ *a)* wziąć kogoś do niewoli *b)* uwięzić kogoś

privacy *s* **1.** odosobnienie, samotność **2.** utrzymywanie w tajemnicy, unikanie rozgłosu **3.** intymność

~ **of correspondence** tajemnica korespondencji

in ~ w tajemnicy, bez rozgłosu

right of ~ prawo do unikania rozgłosu ⟨życia w spokoju⟩

to confer in ~ naradzać się w tajemnicy

to disturb sb's ~ zakłócać czyjś spokój

to trespass on ⟨**upon**⟩ **sb's** ~ naruszyć czyjeś prywatne życie ⟨czyjś spokój⟩

private¹ *s* szeregowiec, prosty żołnierz

private² *adj* **1.** prywatny, osobisty **2.** ukryty, tajny, poufny **3.** intymny, własny **4.** (*o rozprawie*) niejawny **5.** odosobniony, odizolowany

Private (*w napisie*) wstęp wzbroniony

~ **account** rachunek prywatny ⟨własny, osobisty⟩

~ **act** ustawa odnosząca się do konkretnych osób ⟨pojedynczej osoby⟩

~ **address** adres prywatny

~ **affair** sprawa prywatna

~ **agent** przedstawiciel osoby prywatnej

~ **agreement** umowa prywatna

~ **and confidential** prywatne i poufne

~ **arrangement** *a)* układ pozasądowy, umowa pozasądowa *b)* ugoda pozasądowa

~ **attorney** pełnomocnik pozasądowy

~ **bank** ⟨**banker**⟩ bank prywatny

~ **bill** projekt ustawy dotyczącej pojedynczych osób ⟨pojedynczej osoby⟩

~ **bill of exchange** weksel własny

~ **business** firma prywatna

~ **capital** kapitał prywatny

~ **carrier** prywatny przewoźnik

~ **company** ⟨**corporation**⟩ spółka prywatna

~ **concern** *a)* koncern prywatny *b)* prywatna sprawa

~ **contract** umowa prywatna

~ **contractor** przedsiębiorca prywatny

~ **correspondence** prywatna korespondencja

~ **debt** dług prywatny

~ **deposits** wkłady prywatne (*bankowe*)

~ **detective** detektyw prywatny

~ **discount** dyskonto na rynku prywatnym

~ **document** dokument prywatny

~ **donations** prywatne dotacje

~ **easement** służebność osobista

~ **education** wykształcenie prywatne

~ **enterprise** prywatna inicjatywa, przedsiębiorstwo prywatne

~ **execution** egzekucja wykonana (*na skazanym*) bez udziału publiczności

~ **expenses** wydatki osobiste

~ **firm** firma prywatna

~ **flag** flaga własna (*właściciela jachtu*)

~ **fortune** majątek osobisty

~ **for your information** do prywatnej wiadomości

~ **house** dom prywatny

~ **income** dochód osobisty

~ **individual** osoba prywatna

~ **industry** przemysł prywatny

~ **initiative** inicjatywa prywatna

~ **instrument** dokument prywatny

~ **interest** prywatny interes

~ **international law** międzynarodowe prawo prywatne

~ **interview** *a)* spotkanie przy drzwiach zamkniętych *b)* rozmowa w cztery oczy

~ **law** prawo prywatne

~ **means** środki prywatne (*utrzymania*)

~ **meeting** zebranie zamknięte

~ **member** *bryt.* członek Izby Gmin nie zasiadający w rządzie

~ **opinion** opinia prywatna

~ **ownership** własność prywatna

~ **partnership** spółka prywatna

~ **person** osoba prywatna

~ **property** własność osobista ⟨prywatna⟩

~ **rate** stopa procentowa na rynku prywatnym

~ **residence** prywatna siedziba

~ **road** droga prywatna

~ **sale** sprzedaż bezpośrednia ⟨z wolnej ręki⟩

~ **seal** pieczęć prywatna (*osoby lub korporacji*)

~ **secretary** sekretarz osobisty

~ **sector** sektor prywatny

~ **session** ⟨**sitting**⟩ posiedzenie niejawne

~ **settlement** ugoda prywatna ⟨pozasądowa⟩

~ **trading** handel prywatny

~ **trust** powiernictwo nad majątkiem osoby prywatnej

~ **wharf** przystań prywatna
by ~ **treaty** z wolnej ręki
for ~ **use only** tylko do użytku prywatnego
in ~ *a*) prywatnie *b*) w sekrecie, w tajemnicy
in a ~ **capacity** prywatnie
in ~ **defence** w obronie własnej
in ~ **hands** w rękach prywatnych, w prywatnym posiadaniu
to mark a letter „~” oznaczyć list „do rąk własnych"
privateer[1] *s* **1.** kaper, korsarz **2.** statek korsarski
privateer[2] *v* uprawiać korsarstwo
privateering *s* uprawianie korsarstwa, kaperstwo
privately *adv* **1.** prywatnie **2.** poufnie
  to advise ~ zawiadomić poufnie
  to settle sth ~ załatwić coś w tajemnicy
privately-owned *adj* będący w rękach prywatnych, stanowiący prywatną własność
privation *s* **1.** brak, niedostatek, ubóstwo **2.** pozbawienie
  life in ~ życie w niedostatku
privilege[1] *s* **1.** przywilej, immunitet **2.** zaszczyt, wyróżnienie **3.** *am.* giełdowa transakcja premiowa **4.** prawo pierwszeństwa
  ~ **broker** makler giełdowy w transakcjach premiowych
  ~ **of note issue** przywilej wydawania biletów bankowych
  ~ **of Parliament** immunitet parlamentarny
  bill of ~ *bryt.* prośba para o poddanie sprawy sądowi parów
  diplomatic ~**s** przywileje dyplomatyczne
  parliamentary ~ nietykalność poselska
  writ of ~ nakaz zwolnienia z aresztu osoby zatrzymanej w sprawie cywilnej
  to enjoy a ~ korzystać z przywileju
privilege[2] *v* **1.** uprzywilejować, nadawać przywilej **2.** udzielać licencji, koncesjonować **3.** uwalniać (**from sth** od czegoś)
privileged *adj* uprzywilejowany
  ~ **claim** uprzywilejowane roszczenie
  ~ **classes** klasy uprzywilejowane
  ~ **communication** *a*) informacja poufna *b*) poufne rozmowy adwokata z klientem
  ~ **copyhold** uprzywilejowane władanie majątkiem nieruchomym (*oparte na wypisie z sądowej księgi latyfundiów*)
  ~ **creditor** uprzywilejowany wierzyciel
  ~ **debt** dług uprzywilejowany
  ~ **vessel** statek mający pierwszeństwo przy mijaniu
privity *s* **1.** wiedza, znajomość **2.** stosunek (*np. prawny*); więzy (*np. umowne*)
  ~ **of blood** więzy krwi
  ~ **of contract** więzy wynikające z kontraktu, stosunek umowny
  ~ **of estate** stosunek oparty na nieruchomości (*np. między dzierżawcą a właścicielem*)
  without the ~ **of sb** bez czyjejś wiedzy
  with the ~ **of sb** za czyjąś wiedzą
privy[1] *s* strona osobiście zainteresowana
privy[2] *adj* **1.** wtajemniczony (**to sth** w coś) **2.** tajny **3.** prywatny, osobisty
  Privy Council *bryt.* Królewska Rada Przyboczna

~ **councillor** *bryt.* tajny radca
Privy Purse *bryt.* uposażenie prywatne monarchy, prywatna szkatuła
Privy Seal *bryt.* mała pieczęć państwowa
  ~ **verdict** werdykt wydany na posiedzeniu niejawnym
prize *s* **1.** nagroda, premia **2.** morska pryza **3.** wygrana (*np. na loterii*)
  ~ **bond** obligacja premiowa
  ~ **bounty** premia ⟨wynagrodzenie⟩ za udział w pryzie
  ~ **case** sprawa w sądzie kaperskim
  ~ **court** sąd kaperski
  ~ **crew** załoga pryzowa
  ~ **law** prawo kaperskie
  ~ **master** dowódca pryzy
  ~ **money** wynagrodzenie pryzowe, udział w pryzie
  ~ **proceedings** postępowanie w sprawach o morską pryzę
  ~ **system** system premiowy (*płac*)
  to become lawful ~ ulec prawnemu zajęciu
  to make a ~ **of...** zajmować... (*statek, ładunek itp.*)
pro *łac.* : ~ **and con** za i przeciw
  ~ **forma** *łac.* pro forma
  ~ **forma bill** weksel grzecznościowy
  ~ **forma invoice** faktura pro forma, faktura tymczasowa
  ~ **forma sale** sprzedaż fikcyjna
  ~ **futuro** *łac.* na przyszłość
  ~ **memoria item** zapisek dla pamięci
  ~ **rata apportionment** podział proporcjonalny
  ~ **tempore** *łac.* tymczasowo, prowizorycznie
probability *s* prawdopodobieństwo
  ~ **of death** ⟨**survival**⟩ prawdopodobieństwo zgonu ⟨przeżycia⟩
  in all ~ wedle wszelkiego prawdopodobieństwa
probable *adj* **1.** prawdopodobny **2.** (*o kandydacie*) mający szanse **3.** możliwy do przyjęcia, dopuszczalny
  ~ **absence** dopuszczalna nieobecność
  ~ **cause** *a*) prawdopodobna przyczyna *b*) prawdopodobieństwo winy
  ~ **consequence** prawdopodobny skutek
  ~ **error** prawdopodobny błąd
  ~ **evidence** *a*) domniemany dowód *b)* domniemanie faktyczne
  ~ **presumption** wiarygodne domniemanie
  ~ **results** prawdopodobne rezultaty ⟨wyniki⟩
probate[1] *s* **1.** urzędowe potwierdzenie autentyczności testamentu **2.** uwierzytelniona kopia testamentu
  Probate Court sąd dla spraw spadkowych
  Probate, Divorce and Admiralty Division *bryt.* Wydział Testamentów, Rozwodów i Admiralicji (*Wysokiego Trybunału*)
  ~ **judge** sędzia sądu dla spraw spadkowych
  ~ **jurisdiction** jurysdykcja w sprawach spadkowych, testamentowych i opiekuńczych
  ~ **of wills** zatwierdzanie testamentów
  ~ **proceeding** postępowanie w sprawach spadkowych, testamentowych i opiekuńczych
  to take out ⟨**grant**⟩ ~ **of a will** udzielić urzędowego potwierdzenia autentyczności testamentu
probate[2] *v* **1.** zatwierdzać testament **2.** zawieszać wykonanie wyroku

probation *s* **1.** próba, okres próbny, staż **2.** probacja, zawieszenie wykonania wyroku i poddanie pod dozór lub nadzór ochronny **3.** system wychowawczy

~ **officer** kurator sądowy osoby oddanej pod dozór

~ **order** polecenie sądu ustanowienia dozoru lub nadzoru ochronnego

~ **period** *a)* okres poddania skazanego pod dozór sądowy lub recydywisty pod nadzór ochronny *b)* okres próbny

~ **system** system wychowawczy (*polegający na ustanowieniu dozoru sądowego lub nadzoru ochronnego*)

~ **term** staż, okres próbny

to be on ~ znajdować się pod dozorem sądowym lub nadzorem ochronnym

to place under ~ poddać pod dozór sądowy lub nadzór ochronny

to take sb on ~ brać kogoś na próbę

probationer *s* **1.** pracownik w okresie próby **2.** osoba znajdująca się pod dozorem sądowym lub nadzorem ochronnym

probative *adj* **1.** dowodowy, stanowiący dowód **2.** mający moc dowodową

~ **fact** fakt będący przedmiotem dowodu

~ **force** siła dowodowa

~ **letter** pismo służące za dowód

probatory *adj:* ~ **term** okres czasu dla przedstawienia dowodów

probe[1] *s* **1.** sonda **2.** *am.* badanie, śledztwo

probe[2] *v* **1.** sondować, zgłębiać **2.** dokładnie badać

probity *s* uczciwość, rzetelność, solidność

problem *s* problem, zagadnienie, kwestia

~ **analysis** analiza problemu

~ **child** trudne (do wychowania) dziecko

~ **of vital importance** problem o wielkim znaczeniu

economic ~s zagadnienia gospodarcze

legal ~ zagadnienie prawne

urgent ~ palący problem

to cope with the ~ poradzić sobie z problemem

to deal with a ~ zajmować się zagadnieniem

to face the ~ stać wobec problemu

procedendo *s łac.* **1.** nakaz rozpoznania sprawy przez sąd niższej instancji (*wydany przez sąd wyższy, któremu sprawa została przekazana*) **2.** nakaz rozpoznania sprawy i wydania wyroku

~ **ad judicium** *łac.* nakaz wyższego sądu kontynuowania przez niższy rozpoznawania sprawy i wydania wyroku

procedural *adj* proceduralny, procesowy

Procedural Committee Komisja Proceduralna (*Organizacji Narodów Zjednoczonych*)

~ **law** prawo procesowe

procedure *s* **1.** procedura, tryb postępowania, postępowanie **2.** proces

~ **in bankruptcy** postępowanie w sprawie upadłościowej (*polegające na przekazaniu majątku dłużnika wierzycielom*)

~ **of conciliation** procedura pojednawcza (pojednania)

~ **of custom** procedura celna, postępowanie w sprawach celnych

~ **of production** proces produkcyjny

administrative ~ procedura administracyjna

legal ~ procedura sądowa

matter ⟨**question**⟩ **of** ~ kwestia proceduralna

rules of ~ przepisy proceduralne

summary ~ skrócona procedura

proceed *v* **1.** iść naprzód ⟨dalej⟩ **2.** postępować, działać **3.** kontynuować, prowadzić dalej (**with sth** coś) **4.** wynikać **5.** wszcząć kroki sądowe (**against sb** przeciwko komuś)

to ~ **against a person** wszcząć kroki sądowe przeciwko komuś

to ~ **cautiously** postępować ostrożnie

to ~ **legally** postępować legalnie ⟨zgodnie z prawem⟩

to ~ **to action** przystąpić do działania

to ~ **to the next business** przystąpić do następnej sprawy

to ~ **with the sale** prowadzić dalej sprzedaż

proceeding(s) *s(pl)* **1.** postępowanie sądowe, kroki prawne **2.** debaty, obrady, zebranie **3.** (*w nagłówku*) sprawozdanie, protokół **4.** proces (*sądowy*), sprawa sądowa

~ **at** ⟨**in**⟩ **law** postępowanie sądowe

~ **in bankruptcy** postępowanie upadłościowe

~ **in camera** ⟨**chamber(s)**⟩ postępowanie niejawne ⟨w gabinecie sędziowskim⟩

~ **in error** postępowanie na skutek skargi na wadliwy wyrok

~ **in law** postępowanie sądowe, kroki prawne ⟨sądowe⟩

~ **in open court** postępowanie ⟨posiedzenie⟩ jawne

~ **in revision** postępowanie rewizyjne

~ **publicly heard** publiczny proces

~ **to take evidence** postępowanie dowodowe

administrative ~ postępowanie administracyjne

appeal ~ postępowanie apelacyjne ⟨odwoławcze⟩

arbitration ~ postępowanie arbitrażowe

bankruptcy ~ postępowanie upadłościowe

civil ~ postępowanie cywilne

criminal ~ postępowanie karne

default ~ postępowanie zaoczne

execution ~ postępowanie egzekucyjne

institution of the ~ wszczęcie postępowania

judicial ⟨**legal**⟩ ~ postępowanie sądowe, proces sądowy

reopening of the ~ wznowienie postępowania

stay ⟨**suspension**⟩ **of the** ~ zawieszenie postępowania

to institute ⟨**take**⟩ (**legal**) ~ wszcząć postępowanie sądowe (**against sb** przeciwko komuś)

to stop ~ wstrzymać postępowanie sądowe

to withdraw ~ wycofać sprawę sądową

proceeds *spl* przychód, dochód, wpływy, zarobki, zysk

~ **of trade** zysk w handlu

estimated ~ szacunkowe ⟨przybliżone⟩ dochody ⟨wpływy⟩

gross ⟨**net**⟩ ~ dochód brutto ⟨netto⟩

process[1] *s* **1.** proces, przebieg, tok **2.** proces sądowy, postępowanie sądowe **3.** metoda, sposób **4.** procedura

~ **claim** zastrzeżenie patentowe dotyczące sposobu wytwarzania

~ **of law** proces sądowy, postępowanie sądowe

~ **of production** proces produkcyjny

~ **of social degradation** proces społecznej degradacji

~ **to compel appearance** środki mające na celu stawienie się pozwanego ⟨oskarżonego⟩ w sądzie
civil ~ proces cywilny
goods in ~ wyroby w toku produkcji
in ~ **of time** w miarę upływu czasu
manufacturing ~ proces produkcyjny
secret ~ tajny proces
process[2] *v* 1. obrabiać, poddawać obróbce, przerabiać 2. wszczynać postępowanie sądowe (**against sb** przeciwko komuś) 3. doręczyć wezwanie sądowe
processing *s* 1. przetwarzanie, przerób, przetwórstwo 2. formułowanie, opracowanie
~ **industry** przemysł przetwórczy
~ **of documents** formułowanie ⟨opracowanie⟩ dokumentów
~ **tax** podatek pobierany w toku produkcji
data ⟨**information**⟩ ~ przetwarzanie danych, informatyka
processor *s* zakład zajmujący się przetwórstwem towarów
procès-verbal *s* (*pl* **procès-verbaux**) *fr.* protokół
proclaim *v* 1. obwieszczać, proklamować, ogłaszać 2. zakazywać (**sth** czegoś) 3. wprowadzać ograniczenia
to ~ **amnesty** ogłosić amnestię
to ~ **meetings** zakazać odbywania zebrań
to ~ **sb (to be) a traitor** ogłosić kogoś zdrajcą
to ~ **a state of emergency** ogłosić stan wyjątkowy
to ~ **a war** wypowiedzieć wojnę
proclamation *s* 1. proklamacja, obwieszczenie, odezwa 2. zakaz 3. wprowadzenie ograniczeń prawnych
~ **of banns** ogłoszenie zapowiedzi
~ **of independence** ogłoszenie niepodległości
~ **of martial law** ogłoszenie o wprowadzeniu stanu wojennego
~ **of neutrality** ogłoszenie neutralności
to issue ⟨**make**⟩ **a** ~ ogłosić proklamację
proclivity *s* skłonność, tendencja (**to** ⟨**towards**⟩ **sth** do czegoś), inklinacja
to exhibit a ~ **towards sth** przejawiać ⟨wykazywać⟩ tendencję do czegoś
procrastinate *v* zwlekać, odkładać z dnia na dzień
procrastination *s* zwlekanie, odkładanie z dnia na dzień
proctor *s* 1. cenzor, urzędnik do spraw dyscyplinarnych (*na uniwersytecie*) 2. *hist.* pełnomocnik
King's ⟨**Queen's**⟩ ~ urzędnik czuwający nad prawidłowością działania stron (*np. w sprawach spadkowych i rozwodowych*) ⟨interweniujący w przypadku zmowy stron⟩
procurable *adj* osiągalny, możliwy do uzyskania
easily ~ łatwo osiągalny
procuracy *s* pełnomocnictwo
procuration *s* 1. prokura, upoważnienie, pełnomocnictwo 2. nabywanie 3. prowizja 4. stręczycielstwo
~ **fee** ⟨**money**⟩ prowizja maklerska
granting of ~ udzielenie prokury
joint ~ prokura łączna
to act by ⟨**per**⟩ ~ działać na zlecenie ⟨w zastępstwie, per procura⟩
to give ~ udzielić prokury
procurator *s* pełnomocnik, zastępca, prokurent
~ **fiscal** *szkoc.* okręgowy oskarżyciel publiczny
procure *v* 1. uzyskać, zdobyć, otrzymać 2. postarać się (**sth** o coś) 3. stręczyć do nierządu 4. spowodować

to ~ **abortion** spowodować poronienie, spędzić płód
to ~ **an acceptance** uzyskać akceptację
to ~ **a crime** spowodować przestępstwo
to ~ **goods** zdobyć ⟨zaopatrzyć się w⟩ towar
to ~ **indecent prints** wykonać zdjęcia pornograficzne
to ~ **marriage** spowodować zawarcie małżeństwa
procurement *s* 1. nabywanie, zdobywanie 2. *am.* dostarczanie 3. stręczycielstwo
procurer *s* stręczyciel, rajfur
procuress *s* stręczycielka, rajfurka
procuring *s* stręczenie
~ **prostitution** stręczenie do nierządu
prodigal *s* marnotrawca, rozrzutnik, utracjusz
prodigality *s* 1. rozrzutność, marnotrawstwo, szafowanie (*czymś*) 2. hojność
produce[1] *s* 1. produkty, wyroby 2. produkty ⟨płody⟩ rolne 3. przychód, zysk 4. rezultat (*np. pracy*)
~ **broker** makler towarowy
~ **exchange** giełda towarowa
~ **market** rynek towarowy ⟨surowcowy⟩
agricultural ⟨**farm**⟩ ~ produkty ⟨płody⟩ rolne
colonial ~ towary kolonialne
foreign ~ towary ⟨wyroby⟩ zagraniczne
home ⟨**inland**⟩ ~ produkty ⟨wyroby⟩ krajowe
raw ~ surowce
surplus ~ produkty dodatkowe
produce[2] *v* 1. tworzyć, wytwarzać, produkować 2. dawać, przynosić (*zysk, plony*) 3. okazywać, przedstawiać
to ~ **an alibi** przedstawić alibi
to ~ **a certificate** okazać zaświadczenie ⟨świadectwo⟩
to ~ **documents** przedstawić dokumenty ⟨dowody⟩
to ~ **innocence** wykazywać niewinność, przedstawiać dowody niewinności
to ~ **a profit** przynieść zysk
to ~ **under licence** produkować na licencji
producer *s* producent, wytwórca, fabrykant
~ **goods** środki produkcji
~ **price** cena produkcji
~ **'s association** zrzeszenie producentów
~ **'s capital** dobra kapitałowe
~ **'s co-operative** spółdzielnia produkcyjna
producing *s* 1. produkowanie, wytwarzanie 2. okazanie, przedstawienie
~ **capacity** zdolność produkcyjna
~ **centre** centrum produkcyjne
~ **country** kraj wytwarzania
~ **industry** przemysł wytwórczy
spoilage ~ brakoróbstwo
product *s* 1. produkt, wyrób, produkcja 2. wynik, rezultat
~ **advertising** reklamowanie produktu ⟨wyrobu⟩
~ **line** ⟨**range**⟩ zakres produkcji
basic ⟨**primary, staple**⟩ ~ wyrób ⟨produkt⟩ podstawowy
factory ~ wyrób fabryczny
final ~ produkt końcowy ⟨finalny⟩
finished ⟨**end**⟩ ~ wyrób gotowy
gross national ~ dochód narodowy brutto
home ~ wyrób krajowy
industrial ⟨**industry**⟩ ~**s** wyroby przemysłowe
manufactured ~ produkt fabryczny
raw ~ surowiec

secondary ~ produkt uboczny
semi-fabricated ⟨**semi-finished, semi-manufactured**⟩ ~ półfabrykat
substitute ~ produkt zastępczy, namiastka
waste ~ *a*) odpadek *b*) produkt z odpadów
production *s* 1. produkcja, produkowanie, wytwarzanie 2. produkt, wyrób 3. okazanie, przedstawienie
~ **assignments** zadania produkcyjne
~ **basis** baza produkcyjna
~ **bonus** ⟨**grant**⟩ premia produkcyjna
~ **capacity** zdolność produkcyjna
~ **centre** centrum produkcyjne
~ **control** *a*) kontrola produkcji *b*) ograniczenie produkcji
~ **cost** koszt produkcji
~ **cycle** cykl produkcyjny
~ **decrease** zmniejszenie produkcji
~ **forces** siły ⟨moce⟩ produkcyjne
~ **goods** środki produkcji
~ **improvement** usprawnienie produkcji
~ **increase** wzrost produkcji
~ **index** wskaźnik produkcji
~ **level** poziom produkcji
~ **line** taśma produkcyjna
~ **loss** straty produkcyjne
~ **management** kierownictwo produkcji
~ **manager** kierownik produkcji
~ **method** sposób ⟨metoda⟩ produkcji
~ **monopoly** monopol produkcji
~ **of argument** przedstawienie dowodów
~ **of documents** przedstawienie dokumentów
~ **of evidence** przedstawienie dowodów
~ **plan** ⟨**programme**⟩ plan produkcji
~ **planning** planowanie produkcji
~ **plant** zakład produkcyjny
~ **process** proces produkcji
~ **quota** kwota produkcji
~ **supervision** kontrola produkcji
~ **surplus** nadwyżka produkcyjna
~ **to order** produkcja na zamówienie ⟨zlecenie⟩
~ **unit** jednostka produkcyjna
~ **undercapacity** niepełne obciążenie mocy produkcyjnej
~ **volume** wielkość ⟨wolumen⟩ produkcji
agricultural ~ produkcja rolna
armaments ~ produkcja zbrojeniowa
batch ~ produkcja partiami
belt-system ~ produkcja taśmowa
big-lot ~ produkcja wielkoseryjna
bottle-neck of ~ wąskie gardło produkcji
civilian ~ produkcja na potrzeby ludności
comparable ~ produkcja porównywalna
continuous ~ produkcja ciągła
cost(s) of ~ koszt(y) produkcji
decline in ~ spadek produkcji
defective ~ produkcja wybrakowana
estimated ~ przewidywana produkcja
excess ⟨**excessive, surplus**⟩ ~ *a*) nadprodukcja *b*) nadwyżka produkcyjna
factors of ~ czynniki produkcji
factory ~ produkcja fabryczna
farm ~ produkcja rolna
flow-line ~ produkcja potokowa
gross ~ produkcja brutto
home ~ produkcja krajowa
index of ~ wskaźnik produkcji

individual ~ produkcja jednostkowa
industrial ~ produkcja przemysłowa
instruments of ~ narzędzia produkcji
large-scale ~ produkcja na wielką skalę
latest ~ najnowsze wyroby, nowości
level of ~ poziom produkcji
loss of ~ straty produkcyjne
machine ~ produkcja maszynowa
mass ~ produkcja masowa
means of ~ środki produkcji
on ~ **of...** za okazaniem...
over-planned ~ produkcja ponadplanowa
planned ~ planowa produkcja
primary ~ produkcja podstawowa
rate of ~ norma produkcyjna
relations of ~ stosunki produkcyjne
rise of ~ wzrost produkcji
secondary ~ produkcja przemysłu przetwórczego
serial ~ produkcja seryjna
standarized ~ produkcja standaryzowana
world ~ produkcja światowa
to curtail ⟨**diminish, reduce**⟩ ~ ograniczyć ⟨zmniejszyć⟩ produkcję
to expand ⟨**increase**⟩ ~ rozszerzyć ⟨zwiększyć⟩ produkcję
to go into ~ podejmować produkcję
to take up ~ podjąć produkcję
productive *adj* 1. produkcyjny, wytwórczy 2. wydajny, produktywny 3. rentowny
~ **activity** działalność produkcyjna ⟨przynosząca zyski⟩
~ **capacity** ⟨**power**⟩ zdolność produkcyjna
~ **capital** kapitał produkcyjny
~ **co-operative society** spółdzielnia produkcyjna
~ **department** dział produkcji (*firmy*)
~ **facilities** urządzenia produkcyjne
~ **investment** lokata inwestycyjna
~ **labour** praca produkcyjna
~ **life (of a machine)** okres pełnej sprawności (maszyny)
~ **workers** pracownicy ⟨robotnicy⟩ produkcyjni
productiveness, productivity *s* 1. produktywność, wydajność 2. rentowność 3. urodzajność (*np. gleby*)
~ **bonus for workers** premia produkcyjna dla robotników
~ **of labour** wydajność pracy
profanation *s* profanacja, zbezczeszczenie
profane[1] *adj* 1. świecki, laicki 2. bluźnierczy
profane[2] *v* profanować, bezcześcić
profanity *s* bluźnierstwo
profess *v* 1. twierdzić, utrzymywać, oświadczać 2. wyznawać 3. uprawiać, wykonywać (*zawód*)
to ~ **a religion** wyznawać (*jakąś*) wiarę
professed *adj* 1. jawny, zdeklarowany (*np. wróg*) 2. rzekomy, udawany 3. zawodowy
profession *s* 1. zawód, fach, zajęcie 2. oświadczenie, zapewnienie 3. *pl* **the professions** wolne zawody
acquired ~ zawód wyuczony
by ~ z zawodu
choice of ~ wybór zawodu
main ~ główny zawód
practised ~ zawód wykonywany
without ~ bez zawodu
to exercise ⟨**practise**⟩ **a** ~ wykonywać zawód
to learn a ~ uczyć się zawodu

professional[1] *s* **1.** fachowiec **2.** zawodowiec **3.** osoba wykonująca wolny zawód
professional[2] *adj* fachowy, zawodowy
~ **advice** fachowa konsultacja ⟨porada⟩
~ **consul** zawodowy konsul
~ **courses** kursy podnoszenia kwalifikacji zawodowych ⟨doskonalenia zawodowego⟩
~ **criminal** zawodowy przestępca
~ **fee** honorarium
~ **qualifications** ⟨**skills**⟩ kwalifikacje zawodowe
~ **secrecy** ⟨**secret**⟩ tajemnica zawodowa
proffer[1] *s* **1.** ofiarowanie **2.** oferta, propozycja
proffer[2] *v* **1.** zaofiarować **2.** oferować, proponować
to ~ **one's help** zaofiarować pomoc
to ~ **services** zaofiarować usługi
proficiency *s* biegłość, fachowość, umiejętność
~ **in English** praktyczna ⟨biegła⟩ znajomość języka angielskiego
proficient *adj* biegły, wykwalifikowany, fachowy
profile *s* profil
company ~ profil przedsiębiorstwa
customer ~ profil klienteli
job ~ opis ⟨profil⟩ pracy
market ~ profil rynku
profit[1] *s* **1.** korzyść, pożytek **2.** zysk, zarobek **3.** *pl* **profits** zyski
~ **after tax(ation)** zysk po opłaceniu podatków
~ **and loss account** rachunek zysków i strat
~ **and loss statement** zestawienie rachunku zysków i strat
~ **available for distribution** zyski podlegające podziałowi
~ **before tax(ation)** zysk przed opłaceniem podatków
~ **from capital** zysk od kapitału
~ **margin** marża zysku
~ **motive** motyw zysku
~ **on exchange** zysk kursowy
~ **on sales** zysk z obrotu
~ **opportunity** okazja zysku ⟨zarobku⟩
~ **progressive taxation** progresywne opodatkowanie dochodów
~ **prospects** widoki zysku
~ **sharing** udział w zyskach
~ **tax** podatek od zysków
actual ~ zysk rzeczywisty
against ~ w celach zarobkowych
allotment of ~ podział zysków
annual ~ zysk roczny
anticipated ~ spodziewany zysk
appropriated ⟨**distributed, divided**⟩ ~ podzielony zysk
at a ~ z zyskiem, korzystnie
average ~ przeciętny zysk
balance of ~ bilans ⟨saldo⟩ zysku
book ~ zysk księgowy ⟨bilansowy⟩
business ~ zysk operacyjny
casual ~ zysk przypadkowy
clean ⟨**clear**⟩ ~ czysty zysk
differential ~ zysk nadzwyczajny (*w wyniku usprawnień technicznych*)
entrepreneurial ⟨**entrepreneur's**⟩ ~ zysk przedsiębiorcy
excessive ~ zysk nadmierny
excess ⟨**surplus**⟩ ~ zysk dodatkowy, nadwyżka zysku

extraneous ~ zysk koniunkturalny
founder's ~ zysk założycielski
gross ~ zysk brutto
imaginary ~ zysk pozorny
legitimate ~ zysk dozwolony ⟨uzyskany drogą legalną⟩
loss of ~ utrata zysku
lost ~ zysk utracony
margin of ~ marża zysku
market ~ zysk kursowy
monopolistic ~ zysk monopolowy
net ~ zysk netto ⟨czysty⟩
operating ~ zysk operacyjny
pecuniary ~ zysk pieniężny
rate of ~ stopa zysku
secured ~ zysk gwarantowany ⟨pewny⟩
taxable ~**s** zyski podlegające opodatkowaniu
to one's ~ na czyjąś korzyść
trading ~ zysk handlowy
unappropriated ⟨**undivided, undistributed**⟩ ~**s** zyski nie podzielone
understatement of ~**s** zaniżone zadeklarowanie zysków
windfall ~ zysk niespodziewany
to allot ⟨**apportion**⟩ **the** ~ rozdzielać zyski
to bring ⟨**produce, yield**⟩ ~ przynosić ⟨dawać⟩ zysk
to clear a ~ osiągnąć zysk
to derive ⟨**draw**⟩ **a** ~ **from sth** ciągnąć zysk z czegoś
to ensure a ~ zapewnić zysk
to fix a ~ ustalić ⟨określić⟩ zysk
to have a share in the ~ mieć udział w zyskach
to make a ~ **on** ⟨**out of**⟩ **sth** osiągnąć zysk z czegoś
to move into ~ stać się dochodowym ⟨rentownym⟩
to participate in the ~**s** mieć udział w zyskach
to realize a ~ osiągnąć zysk
to sell at a ~ sprzedawać z zyskiem
to show a ~ wykazywać zysk
to turn sth to ~ wyciągnąć z czegoś korzyść
profit[2] *v* **1.** przynosić ⟨dawać⟩ korzyść ⟨zysk⟩ **2.** osiągać korzyść, zyskiwać **3.** korzystać
to ~ **by sb's advice** korzystać z czyjejś rady
to ~ **by the occasion** korzystać z okazji
profitability *s* dochodowość, opłacalność, rentowność
profitable *adj* **1.** pożyteczny, korzystny **2.** zyskowny, rentowny, intratny, dochodowy
~ **business** korzystny interes, rentowne zajęcie
~ **deal** opłacalna transakcja
~ **employment** intratne zajęcie
~ **investment** dochodowa inwestycja
~ **rate of exchange** korzystny ⟨dogodny⟩ kurs waluty
profitableness *s* **1.** dochodowość, rentowność **2.** opłacalność
profit-earning *adj*: ~ **capacity** dochodowość
profiteer[1] *s* spekulant, paskarz
profiteer[2] *v* spekulować, *pot.* paskować
profiteering *s* spekulacja, paskarstwo
profitless *adj* **1.** bezużyteczny, daremny **2.** nie przynoszący zysku, nierentowny
~ **business** nierentowny interes
~ **deal** nierentowna transakcja
profit-making *adj* przynoszący zysk, dochodowy, rentowny
profit-sharing *adj*: ~ **scheme** plan podziału dochodów ⟨zysków⟩, program udziału (*robotników*) w zyskach

proforma = pro forma; *zob.* **pro**
prognosis *s* (*pl* **prognoses**) prognoza
program(me)[1] *s* program, plan
  ~ **of a stay** ⟨**visit**⟩ program pobytu ⟨wizyty⟩
  ~ **of work** program pracy
  aid ~ program pomocy
  development ~ plan ⟨program⟩ rozwoju
  economic ~ program gospodarczy
  housing ~ plan mieszkaniowy
  investment ~ plan inwestycyjny
  political ~ program polityczny
  production ~ plan produkcyjny
  research ~ program badań
  to arrange ⟨**draw up**⟩ **a** ~ nakreślić ⟨opracować⟩ program
program(me)[2] *v* programować
programmer *s* programista
programming *s* programowanie
  ~ **manager** szef programowania
  computer ~ programowanie dla maszyn matematycznych
  linear ~ programowanie liniowe
progress[1] *s* **1.** postęp, rozwój **2.** posuwanie się naprzód, postępy
  ~ **report** sprawozdanie z postępu (*prac itd.*)
  economic ~ postęp gospodarczy
  the negotiations in ~ negocjacje w toku
  to be in ~ być w toku, odbywać się
  to make ~ robić postępy, postępować naprzód
progress[2] *v* **1.** posuwać się naprzód, osiągać postęp **2.** być w toku, trwać, rozwijać się
progression *s* **1.** progresja, postępowanie naprzód **2.** *mat.* postęp
  salary ~ **curve** *stat.* krzywa wzrostu płac
  tax ~ progresja podatkowa
progressive *adj* **1.** progresywny **2.** postępowy
  ~ **ideas** idee postępowe
  ~ **(increase in) taxation** opodatkowanie progresywne, progresja podatkowa
  ~ **rate** stawka progresywna
  ~ **tax** podatek progresywny
  ~ **taxation scale** progresywna skala podatku
  ~ **wages** progresywne płace, progresja płac
prohibit *v* zakazywać, zabraniać
  to ~ **actions** zabronić działalności
prohibited *pp adj* zabroniony, zakazany, niedopuszczalny
  ~ **degrees** niedopuszczalny stopień pokrewieństwa (*przy zawieraniu małżeństwa*)
  ~ **goods** towary nie dopuszczone do obrotu handlowego
  ~ **means of war** zakazane sposoby prowadzenia wojny
  ~ **zone** strefa zakazana (*dla przelotu samolotów*)
  smoking strictly ~ palenie surowo wzbronione
prohibition *s* **1.** zakaz **2.** prohibicja, zakaz sprzedaży alkoholu
  ~ **of chemical weapons** zakaz stosowania broni chemicznych
  ~ **of manufacture** ⟨**production**⟩ zakaz produkcji
  absolute ~ całkowita prohibicja
  export ⟨**import**⟩ ~ zakaz eksportu ⟨importu⟩
  limited ⟨**partial**⟩ ~ ograniczona ⟨częściowa⟩ prohibicja
  temporary ~ czasowa prohibicja

prohibitive *adj* **1.** zakazujący, zabraniający **2.** stanowiący przeszkodę, nie dopuszczający
  ~ **duty** cło prohibicyjne
  ~ **price** cena prohibicyjna (*uniemożliwiająca nabycie*)
  ~ **system** system ceł prohibicyjnych
prohibitory *adj* prohibicyjny, ochronny
  ~ **laws** ⟨**legislation**⟩ ustawy ⟨ustawodawstwo⟩ prohibicyjne
project[1] *s* plan, projekt
  ~ **analysis** analiza projektu
  investment ~ plan inwestycyjny
project[2] *v* projektować, planować
projection *s* projektowanie, planowanie, prognoza
  population ~**s** prognozowanie demograficzne
  profit ~ prognoza dochodu
proletarian *s* proletariusz
  ~ **internationalism** internacjonalizm proletariacki
proletariat *s* proletariat
proliferation *s* rozprzestrzenianie
  ~ **of nuclear weapons** rozprzestrzenianie broni jądrowej
prolixity *s* **1.** rozwlekłość **2.** podawanie zbędnych faktów i dowodów w sprawie
prolong *v* prolongować, przedłużać
  to ~ **a bill of exchange** prolongować weksel
  to ~ **the validity of a treaty** przedłużyć ważność traktatu ⟨układu⟩
prolongation *s* prolongata, przedłużenie
  ~ **clause** klauzula prolongacyjna
  ~ **of a bill** prolongowanie weksla
  ~ **of a term** przedłużenie terminu
promise[1] *s* **1.** obietnica, przyrzeczenie **2.** zapowiedź **3.** promesa
  ~ **of a loan** promesa pożyczki
  ~ **of a marriage** przyrzeczenie małżeństwa
  ~ **of a visa** promesa wizy
  ~ **to lend** przyrzeczenie pożyczki
  ~ **to pay** przyrzeczenie zapłaty
  ~ **to perform** przyrzeczenie świadczenia
  breach of ~ złamanie przyrzeczenia (*małżeństwa*)
  conditional ⟨**unconditional**⟩ ~ warunkowe ⟨bezwarunkowe⟩ przyrzeczenie
  to abide by ⟨**keep**⟩ **one's** ~ dotrzymać obietnicy
  to break one's ~ nie dotrzymać obietnicy
  to claim sb's ~ domagać się spełnienia obietnicy
  to make a ~ obiecywać, przyrzekać
  to release sb from his ~ zwolnić kogoś z obowiązku dotrzymania obietnicy
promise[2] *v* **1.** przyrzekać, obiecywać, zapowiadać **2.** zaręczać, zapewniać
  to ~ **assistance** obiecać pomoc ⟨udzielenie pomocy⟩
  to ~ **money** obiecać pieniądze
  to ~ **payment** ⟨**to pay**⟩ przyrzec zapłatę
  to ~ **well** dobrze się zapowiadać
promisee *s* osoba otrzymująca obietnicę
promisor *s* osoba dająca przyrzeczenie ⟨obietnicę⟩
promissory *adj* zawierający obietnicę, obiecujący
  ~ **note** weksel własny, sola, skrypt dłużny
  ~ **oath** przysięga przyrzekająca właściwe prowadzenie się
promote *v* **1.** popierać, rozwijać, lansować, patronować **2.** zakładać, organizować **3.** przesuwać na wyższe stanowisko, awansować

to ~ **economic development** ⟨**expansion**⟩ popierać rozwój gospodarczy
to ~ **an enterprise** ⟨ **a company**⟩ założyć przedsiębiorstwo ⟨spółkę⟩
to ~ **foreign trade** popierać handel zagraniczny
to ~ **international trade** popierać handel międzynarodowy
to ~ **justice** utwierdzać zasady sprawiedliwości
to ~ **sales** rozwijać obrót
to ~ **sb to an office** ⟨**a post**⟩ awansować kogoś na stanowisko
to be ~ **d** awansować
promoter s 1. osoba udzielająca poparcia ⟨patronująca⟩ 2. założyciel, organizator
~ **'s share** akcja założycielska
~ **'s stock** *am.* akcje założycielskie
company ~ założyciel spółki
sales ~ organizator sprzedaży
promotion s 1. popieranie, rozwijanie 2. zakładanie, organizowanie 3. awans 4. reklama, promocja
~ **by seniority** awansowanie na zasadzie starszeństwa
~ **expenses** ⟨**money**⟩ a) koszty założenia (*spółki itp.*) b) koszty reklamy ⟨promocji⟩
~ **of a company** założenie spółki
~ **of foreign trade** popieranie ⟨rozwijanie⟩ handlu zagranicznego
prospect ⟨**chance**⟩ **of** ~ możliwość awansu
sales ~ popieranie ⟨rozwijanie, promocja⟩ sprzedaży
to get ⟨**gain**⟩ ~ otrzymać awans
promotional adj promocyjny, reklamowy
~ **campaign** ⟨**sale**⟩ kampania ⟨sprzedaż⟩ promocyjna
prompt¹ s 1. termin płatności, okres od nabycia towaru do chwili zapłaty 2. umowa ⟨nota⟩ sprzedaży ustalająca termin płatności 3. podnieta, zachęta
~ **date** ⟨**day**⟩ data płatności ceny kupna liczona od daty dostawy
~ **note** przypomnienie o dniu płatności (*wysyłane przez sprzedawcę*)
at a ~ **of...** płatne w terminie do...
one month's ~ termin miesięczny
prompt² adj 1. szybki, natychmiastowy, niezwłoczny, bezzwłoczny 2. punktualny, terminowy 3. podlegający natychmiastowej dostawie i zapłacie
~ **answer** ⟨**reply**⟩ natychmiastowa odpowiedź, odpowiedź odwrotna
~ **arrival** szybkie nadejście
~ **cable** szybka odpowiedź drogą kablową
~ **cash** płatne gotówką natychmiast
~ **date** termin płatności
~ **day** a) data płatności b) ostatni dzień terminu dostawy
~ **delivery** natychmiastowa dostawa
~ **goods** towary do natychmiastowej dostawy
~ **loading** natychmiastowe załadowanie
~ **note** nota sprzedaży ustalająca wysokość i termin płatności
~ **payer** punktualny płatnik
~ **payment** a) szybka zapłata b) terminowa zapłata c) zapłata gotówką
~ **service** szybka obsługa
~ **ship** ⟨**vessel**⟩ statek gotowy do załadowania w krótkim terminie
~ **shipment** niezwłoczna wysyłka

~ **turnover** szybki obrót
prompt³ v 1. przypominać, skłaniać 2. zachęcać, pobudzać 3. suflerować, podpowiadać
to ~ **a witness** zasugerować świadkowi zeznanie
promptitude, promptness s 1. szybkość 2. terminowość
promptly adv 1. natychmiast, szybko 2. punktualnie, terminowo
promptness s = **promptitude**
promulgate v ogłosić, opublikować, promulgować
to ~ **a decree** ⟨**law**⟩ ogłosić dekret ⟨ustawę⟩
promulgation s ogłoszenie, opublikowanie, promulgacja
~ **of a law** ogłoszenie ustawy
pronounce v 1. oświadczać, wypowiadać się (**for sb, sth** za kimś, czymś) 2. wydawać, ogłaszać
to ~ **against a proposal** wypowiadać się przeciwko propozycji
to ~ **a judg(e)ment** ogłaszać orzeczenie
to ~ **a sentence** ogłosić ⟨wydać⟩ wyrok
pronouncement s 1. wypowiedź 2. orzeczenie
proof¹ s 1. dowód 2. przeprowadzenie dowodu, wykazanie 3. próba, sprawdzenie 4. norma zawartości ⟨mocy⟩ (*np. alkoholu*) 5. korekta (*drukarska*)
~ **by inspection** dowód z oględzin
~ **by witnesses** dowód ze świadków
~ **of delivery** dowód dostawy
~ **of guilt** dowód winy
~ **of identity** dowód autentyczności
~ **of the negative** dowód na okoliczność negatywną
~ **of working** *pat.* dowód stosowania wynalazku
~ **test** próba
~ **to the contrary** przeciwdowód, dowód przeciwny
above ~ powyżej ustalonej mocy
additional ~ dodatkowy dowód
affirmative ~ dowód na potwierdzenie (*określonej tezy*)
as ~ **of...** na dowód ⟨poparcie⟩...
burden of ~ ciężar dowodu
capable of ~ dający się udowodnić
clear ~ niewątpliwy ⟨niezbity⟩ dowód
conclusive ~ decydujący ⟨istotny⟩ dowód
convincing ~ dowód przekonujący
documentary ~ dowód z dokumentów
doubtful ~ wątpliwy dowód
full ⟨**incontestable, irrefutable**⟩ ~ dowód nie do odparcia
in ~ **whereof...** na dowód czego...
onus of ~ ciężar dowodu
sufficient ~ dowód wystarczający
under ~ poniżej ustalonej mocy
to furnish ⟨**offer, produce**⟩ **a** ~ przedstawić dowód
to give ⟨**show**⟩ **a** ~ udowodnić, wykazać, przeprowadzić dowód
to put to the ~ poddać próbie
proof² adj 1. odporny (**against sth** na coś) 2. zabezpieczający
proof³ v 1. zabezpieczyć od przenikania (*np. wody*), uodpornić 2. wypróbować
propensity s skłonność, tendencja, inklinacja
~ **to invest** skłonność do inwestowania
proper adj 1. należyty, właściwy, odpowiedni 2. dotyczący, odnoszący się
~ **evidence** właściwy ⟨stosowny⟩ dowód

~ **law of the contract** właściwe umowie prawo
~ **name** nazwisko
~ **precaution** właściwy stopień ostrożności
~ **to this matter** właściwy dla tej sprawy, odnoszący się do tej sprawy
~ **warning** odpowiednie ostrzeżenie (*przed niebezpieczeństwem*)
at the ~ **moment** ⟨time⟩ we właściwym czasie
in ~ **form** we właściwej formie
to put sth to its ~ **use** właściwie z czegoś korzystać, odpowiednio coś stosować
properly *adv* właściwie, odpowiednio, stosownie
~ **packed** należycie opakowany
~ **speaking** dokładnie mówiąc, ściśle biorąc
to behave ~ prowadzić ⟨zachowywać⟩ się właściwie
propertied *adj* posiadający
~ **classes** ⟨groups⟩ klasy posiadające (*zwłaszcza obszarnicy*)
property *s* **1.** własność **2.** prawo własności **3.** rzecz stanowiąca własność **4.** nieruchomość, posiadłość, gospodarstwo **5.** właściwość, cecha
~ **account** rachunek majątkowy
~ **assets** środki trwałe, majątek trwały, dobra kapitałowe
~ **for sale** nieruchomość ⟨posiadłość⟩ na sprzedaż
~ **in goods** własność towaru
~ **insurance** ubezpieczenie majątkowe
~ **interest** zainteresowanie majątkowe
~ **law** prawo rzeczowe ⟨majątkowe⟩
~ **levy** danina majątkowa
~ **market** handel nieruchomościami
~ **qualification** cenzus majątkowy
~ **right** *a)* prawo własności *b)* prawo majątkowe
~ **room** *am.* skład rzeczy zgubionych ⟨znalezionych⟩
~ **tax** *a)* podatek majątkowy *b) bryt.* podatek od nieruchomości
~ **tort** czyn niedozwolony w stosunku do własności
acquisition of ~ nabycie majątku ⟨własności⟩
confiscation of ~ konfiskata majątku
conveyance of ~ przeniesienie własności
damage to ~ szkoda materialna
encumbered ~ własność obciążona
freehold ~ pełna własność, własność nie obciążona czynszem
immovable ~ własność nieruchoma
joint ~ wspólna własność, współwłasność
landed ~ własność ziemska
leasehold ~ własność obciążona czynszem
loss of ~ szkoda ⟨strata⟩ majątkowa
man of ~ posiadacz, człowiek posiadający majątek
movable ~ majątek ruchomy
national ~ majątek narodowy
offence against ˙~ przestępstwo przeciwko własności
personal ~ majątek osobisty ⟨odrębny⟩
piece of ~ przedmiot majątkowy
private ⟨**public**⟩ ~ prywatna ⟨publiczna⟩ własność
real ~ własność nieruchoma
state ~ własność państwowa, majątek państwowy
surplus ~ nadwartość
transfer of ~ przeniesienie własności
trespassing (up)on sb's ~ naruszenie czyjejś własności

trust ~ majątek powierniczy
to acquire ~ nabyć własność
to convey ~ przenieść ⟨zbyć⟩ prawo własności
to infringe sb's ~ **rights** naruszyć czyjeś prawo własności
to recover the ~ odzyskać własność ⟨majątek⟩
proportion[1] *s* **1.** stosunek, proporcja **2.** udział, część, odsetek, procent **3.** *pl* **proportions** wielkość, rozmiary
~ **of the profits** część zysków
~**s in economic development** proporcje rozwoju gospodarczego
in ~ **to...** w stosunku do...
fixed ~ ustalone proporcje
out of ~ niewspółmierny
to bear no ~ **to...** nie stać w żadnym stosunku do...
proportion[2] *v* **1.** nadawać proporcje **2.** dzielić proporcjonalnie
proportional *adj* proporcjonalny, stosunkowy
~ **assessment** proporcjonalny wymiar ⟨proporcjonalne rozłożenie⟩ podatków na każdego podatnika
~ **representation** reprezentacja proporcjonalna
~ **scale** skala proporcjonalna
~ **taxation** opodatkowanie proporcjonalne
~ **to the damage** (*odszkodowanie*) proporcjonalne do szkody
directly ⟨**inversely**⟩ ~ wprost ⟨odwrotnie⟩ proporcjonalny
system of ~ **representation** proporcjonalny system wyborczy
proportionate[1] *adj* **1.** współmierny **2.** proporcjonalny (**to sth** do czegoś)
~ **price** cena współmierna
proportionate[2] *v* dostosować
proposal *s* **1.** propozycja **2.** projekt **3.** *am.* oferta
~ **of business** propozycja handlowa
~ **of insurance** propozycja ⟨oferta⟩ ubezpieczenia
acceptable ~ propozycja do przyjęcia
alluring ~ propozycja zachęcająca
compromise ⟨**conciliatory**⟩ ~ propozycja kompromisowa
refusal of a ·~ odrzucenie propozycji
to accept ⟨**agree to, accede to**⟩ **a** ~ przyjąć propozycję
to bring ⟨**put**⟩ **forward a** ~ **, to make a** ~ wysunąć propozycję ⟨projekt⟩, wystąpić z propozycją ⟨projektem⟩
to decline ⟨**refuse, reject**⟩ **a** ~ odrzucić propozycję
to withdraw a ~ cofnąć ofertę ⟨propozycję⟩
propose *v* **1.** proponować, przedstawiać **2.** projektować, zamierzać **3.** planować
to ~ **a candidate** zaproponować ⟨przedstawić⟩ kandydata
to ~ **a motion** przedłożyć ⟨zgłosić⟩ wniosek
to ~ **a plan** przedłożyć plan
proposition *s* **1.** propozycja **2.** projekt **3.** twierdzenie, założenie
~ **of law** norma prawna ⟨prawa⟩
(**a**) **business** ~ (*korzystna*) propozycja handlowa
paying ~ projekt opłacalny ⟨rentowny⟩
to accept a ~ przyjąć propozycję
to agree to a ~ zgodzić się na propozycję
to make a ~ wystąpić z propozycją
to reject a ~ odrzucić propozycję
to submit a ~ przedłożyć propozycję

to take a ~ into consideration wziąć pod rozwagę ⟨rozważyć⟩ propozycję
propositus *s łac.* protoplasta (*osoba, od której wywodzi się rodzina*)
propound *v* 1. przedkładać, wysuwać, zgłaszać 2. przedstawiać do sądowego zatwierdzenia
to ~ a will przedłożyć testament do zatwierdzenia
proprietary[1] *s* 1. prawo własności 2. własność 3. posiadacz(e)
proprietary[2] *adj* 1. stanowiący własność, własny 2. prawnie zastrzeżony, firmowy, opatentowany
~ **article** towar firmowy ⟨chroniony marką fabryczną⟩
~ **brand** marka prawnie zastrzeżona
~ **class** klasa posiadająca
~ **company** przedsiębiorstwo holdingowe
~ **goods** towary firmowe
~ **interest** prawo majątkowe ⟨rzeczowe⟩
~ **possessor** posiadacz na mocy prawa własności
~ **right** prawo własności, prawo wynikające z własności
proprietor *s* 1. właściciel, posiadacz 2. gospodarz
exclusive ⟨**sole**⟩ ~ wyłączny właściciel
hotel ~ właściciel hotelu
joint ~ współwłaściciel
landed ~ właściciel ziemski
previous ~ poprzedni właściciel
subsequent ~ następny właściciel
working ~ właściciel pracujący we własnym przedsiębiorstwie ⟨gospodarstwie⟩
proprietorship *s* 1. własność 2. prawo własności 3. własność ziemska
proprietress *s* 1. właścicielka, posiadaczka 2. gospodyni
propriety *s* 1. stosowność, właściwość, odpowiedzialność 2. celowość 3. przyzwoitość
~ **of conduct** przyzwoite prowadzenie się
for motives of ~ ze względów przyzwoitości
prorogation *s* 1. prorogacja 2. przedłużenie terminu, odroczenie
~ **of a lease** przedłużenie dzierżawy
~ **of the parliamentary session** odroczenie sesji parlamentarnej
prorogue *v* 1. przedłużyć termin 2. odroczyć
proscribe *v* 1. wyjmować spod prawa 2. skazać na wygnanie, wydalić z kraju 3. zakazać (**sth** czegoś)
proscription *s* 1. proskrypcja, wyjęcie spod prawa 2. wygnanie, wydalenie 3. zakaz
prosecute *v* 1. ścigać sądownie, zaskarżać 2. dochodzić sądownie, podawać do sądu, wnosić sprawę do sądu 3. prowadzić, kontynuować 4. wykonywać, sprawować, pełnić 5. trudnić się
to ~ a claim in a court dochodzić sądownie roszczenia
to ~ a company ⟨firm⟩ występować (*sądownie*) przeciwko spółce ⟨firmie⟩
to ~ an inquiry ⟨enquiry⟩ prowadzić dochodzenie
to ~ sb for... ścigać kogoś za...
to ~ one's trade wykonywać swój zawód
prosecuting *adj:* ~ **attorney** oskarżyciel publiczny, prokurator
~ **by indictment** ściganie aktem oskarżenia
~ **witness** świadek, na którym opiera się oskarżenie; poszkodowany
prosecution *s* 1. ściganie sądowe 2. dochodzenie sądowe 3. prowadzenie, wykonywanie, kontynuowanie

malicious ~ złośliwe ściganie sądowe
witness for the ~ świadek oskarżenia ⟨strony powodowej⟩
to appear for the ~ występować jako adwokat po stronie powoda ⟨oskarżyciela⟩
prosecutor *s* oskarżyciel
public ~ oskarżyciel publiczny, prokurator
prospect[1] *s* 1. widok 2. perspektywa, przewidywana szansa 3. działka złotonośna 4. *am.* ewentualny klient, reflektant
~ **of success** szansa na sukces
market ~**s** perspektywy rynkowe
the firm has good ~**s** przedsiębiorstwo ma pomyślne perspektywy
to have nothing in ~ nie mieć nic na widoku
to have sth in ~ mieć coś na widoku ⟨w perspektywie⟩
prospect[2] *v* prowadzić poszukiwania, badać
prospective *adj* przyszły, przewidywany, ewentualny, spodziewany
~ **advantages** spodziewane korzyści
~ **buyer** ⟨**customer**⟩ ewentualny nabywca ⟨klient⟩
~ **damages** ewentualne ⟨przewidywane⟩ straty ⟨ubytki⟩
prospector *s* 1. poszukiwacz (*np. złota*) 2. spekulant
prospectus *s* 1. prospekt 2. publikacja o organizacji i podstawach finansowych spółki akcyjnej
~ **company** spółka obowiązana przy rejestracji do przedstawienia danych o swej organizacji i podstawach finansowych
„~ **es on application**" prospekty na żądanie
prosper *v* prosperować, dawać dobre wyniki, pomyślnie się rozwijać
prosperity *s* 1. pomyślność, dobrobyt, rozkwit 2. dobra koniunktura
business ~ dobra koniunktura gospodarcza
prosperous *adj* 1. dobrze prosperujący, będący w rozkwicie 2. pomyślny
~ **state of affairs** pomyślny stan interesów
prostitution *s* prostytucja
protect *v* 1. zabezpieczać (**from** ⟨**against**⟩ **sth** od czegoś) 2. popierać, chronić 3. honorować, wykupić
to ~ a book chronić książkę (*prawami autorskimi*)
to ~ a draft ⟨bill⟩ akceptować ⟨wykupić⟩ tratę
to ~ from cold ⟨heat⟩ chronić przed zimnem ⟨gorącem⟩
to ~ from moisture chronić przed wilgocią
to ~ from violence chronić przed przemocą
to ~ sb's interests chronić czyjeś interesy
to ~ an invention by patent chronić wynalazek przy pomocy patentu
protected *adj:* ~ **state** państwo znajdujące się pod protektoratem
legally ~ prawnie chroniony
protection *s* 1. ochrona, zabezpieczenie (**against** ⟨**from**⟩ **sth** przed czymś) 2. honorowanie, wykupienie
~ **money** opłata za ochronę (*gangsterom*)
~ **of a bill** wykupienie ⟨honorowanie⟩ weksla
~ **of game** ochrona zwierzyny
~ **of home industries** ochrona przemysłu krajowego
~ **of industrial property** ochrona własności przemysłowej
~ **of inventions** ochrona wynalazków
~ **of a patent** ochrona patentu

~ **society** stowarzyszenie wzajemnego ubezpieczenia
~ **tariff** cła ochronne, taryfa ochronna
health ~ ochrona zdrowia
legal ~ ochrona prawna
patent ⟨**trade-mark**⟩ ~ ochrona patentowa ⟨znaków
towarowych⟩
system of ~ system protekcyjny, protekcjonizm
to find due ~ (*o wekslu*) *a*) zostać akceptowanym *b*)
zostać zapłaconym
to give ~ **to a bill** *a*) akceptować weksel *b*) zapłacić
weksel
protectionism *s* protekcjonizm (*np. w polityce gospodarczej*)
protective *s* 1. ochronny 2. zapobiegawczy
~ **arrest** ⟨**custody**⟩ areszt zapobiegawczy ⟨prewencyj-
ny⟩
~ **devices** urządzenia ochronne
~ **duty** cło ochronne
~ **measures** środki zabezpieczające ⟨ochronne⟩
~ **system** system protekcyjny ⟨ochronny⟩
~ **tariff** cło ochronne, taryfa ochronna
~ **vaccination** *med.* szczepienie ochronne
protector *s* protektor, obrońca, opiekun
protectorate *s* protektorat
protest[1] *s* 1. protest, sprzeciw 2. protest wekslowy 3.
protest morski
~ **by master** protest morski (*informacja kapitana
statku o szkodach spowodowanych przez siłę wyższą*)
~ **charges** ⟨**expenses**⟩ koszty protestu
~ **crime** zbrodnia jako protest przeciwko czemuś
~ **fees** opłata za sporządzenie protestu
~ **for non-acceptance** ⟨**for want of acceptance**⟩ protest
z powodu nieprzyjęcia
~ **for non-payment** ⟨**for want of payment**⟩ protest z
powodu niezapłacenia
~ **of a bill** ⟨**draft**⟩ protest wekslowy
~ **strike** strajk protestacyjny
act of ~ akt protestu (*czynność lub dokument*)
bill ⟨**deed**⟩ **of** ~ protest (*dokument*)
captain's ⟨**master's**⟩ ~ protest morski
day of ~ termin protestu
extended ~ rozszerzony protest
importer's ~ protest importera co do wymiaru cła
notice of ~ zawiadomienie o proteście
payment supra ~ zapłata po proteście
sea ⟨**ship's, vessel's**⟩ ~ protest morski
under ~ *a*) z zastrzeżeniem *b*) zaprotestowany
without ⟨**no**⟩ ~ ,,bez protestu", ,,bez kosztów"
to draw up ⟨**make**⟩ **a** ~ sporządzić protest
to enter ⟨**file, lodge**⟩ **a** ~ złożyć ⟨założyć⟩ protest
to give notice of the ~ zawiadomić o proteście
to make formal ~ złożyć formalny protest
protest[2] *v* 1. sprzeciwiać się, protestować (**against sth**
przeciwko czemuś) 2. protestować weksel, oddać
weksel do protestu 3. uroczyście zapewniać (*o
czymś*)
to ~ **acts of violence** protestować przeciw aktom
gwałtu
to ~ **a bill** (**for dishonour**) protestować weksel (z
powodu niehonorowania)
to ~ **a bill for non-acceptance** ⟨**for want of acceptance**⟩
protestować weksel z powodu nieprzyjęcia
to ~ **a bill for non-payment** ⟨**for want of payment**⟩
protestować weksel z powodu niezapłacenia

to ~ **one's innocence** uroczyście zapewnić o swej
niewinności
to ~ **that...** zapewnić, że...
protestable *adj* 1. nadający się do zaprotestowania 2.
podlegający zaprotestowaniu
protestation *s* 1. uroczyste zapewnienie 2. protestowa-
nie 3. protest (*wekslowy, czekowy*)
a ~ **of loyalty** uroczyste zapewnienie o lojalności
⟨wierności⟩
certificate ⟨**deed**⟩ **of** ~ dokument protestu
cheque ~ protest czeku
protester, protestor *s* 1. strona składająca uroczyste
zapewnienie 2. strona protestująca
protocol[1] *s* 1. protokół, zapis rezultatu porozumienia 2.
protokół dyplomatyczny
Protocol (**Department**) protokół dyplomatyczny
~ **article** zapis protokolarny (*porozumienia międzynarodowego*)
~ **of ratification** protokół ratyfikacyjny
chief of the ~ szef protokołu (*dyplomatycznego*)
protocol[2] *v* 1. sporządzać protokół 2. zaprotokołować
protocolary *adj* protokolarny, formalny
protract *v* przedłużać ⟨przewlekać⟩ się
to ~ **negotiations** przeciągać rokowania
to ~ **a stay** przedłużać pobyt
protraction *s* przewlekanie (się), przeciąganie (się)
provable *adj* dający się udowodnić
~ **debt** dług dający się udowodnić
prove *v* 1. wykazać, udowodnić 2. wypróbować, poddać
próbie 3. sprawdzać, kontrolować 4. okazać się 5.
ustalać autentyczność
to ~ **an alibi** wykazać alibi
to ~ **authenticity** wykazać autentyczność
to ~ **one's claim** udowodnić swoje roszczenie
to ~ **a debt** wykazać ⟨udowodnić⟩ istnienie długu
to ~ **sb's liability** udowodnić czyjąś odpowiedzialność
to ~ **to be a forgery** okazać się fałszerstwem
to ~ **to the contrary** wykazać, że jest przeciwnie
⟨odwrotnie⟩
to ~ **to the satisfaction of the court** udowodnić przed
sądem
to ~ **useful** okazać się pożytecznym, przydać się
proved *adj* wykazany, udowodniony
~ **damages** udowodnione szkody
~ **offence** udowodnione przestępstwo
~ **will** testament, którego autentyczność stwierdzono
provenance *s* pochodzenie
~ **of goods** pochodzenie towaru (*kraj produkcji*)
country of ~ kraj pochodzenia
of foreign ~ (*o towarze*) zagranicznego pochodzenia
provide *v* 1. dostarczać, zaopatrywać 2. zabezpieczać,
zapewniać 3. postanawiać, ustalać 4. przewidywać,
zastrzegać
to ~ **against sth** zabezpieczać się przed czymś ⟨od
czegoś⟩
to ~ **for a bill** zapewnić pokrycie weksla, dać
pokrycie na weksel
to ~ **for one's children** utrzymywać dzieci, zapewniać utrzymanie dzieciom
to ~ **for the needs** zaspokajać potrzeby
to ~ **maintenance** zapewniać utrzymanie
to ~ **necessary information** dostarczyć niezbędnych
informacji

to ~ **payment** zapewnić dokonanie zapłaty
to ~ **with funds** zaopatrywać w środki finansowe
the agreement ~ **s that**...umowa przewiduje, że...
provided[1] *conj* (*także* ~ **that**) pod warunkiem (, że...); z zastrzeżeniem (, że...); założywszy (, że...)
provided[2] *pp adj* przewidziany
   ~ **by the law** przewidziany przez prawo
   ~ **for** zaopatrzony, zapewniony, zaspokojony
   ~ **for all eventualities** przygotowany na wszelkie ewentualności
provident *adj* 1. przezorny 2. oszczędny
   ~ **bank** kasa oszczędności
   ~ **fund** kasa zapomogowa
   ~ **reserve** specjalna rezerwa
providential *adj* opatrznościowy
provider *s* dostawca
universal ~ dom towarowy
province *s* 1. prowincja 2. dziedzina, dział 3. zakres, kompetencja
provincial *adj* 1. prowincjonalny 2. rejonowy 3. wojewódzki
   ~ **bank** bank prowincjonalny
   ~ **court** sąd rejonowy
   ~ **government** władze wojewódzkie, zarząd prowincji
   ~ **taxes** lokalne opodatkowanie
proving *s* udowodnienie, ustalenie, wykazanie
   ~ **of a will** otwarcie i ogłoszenie testamentu
provision[1] *s* 1. postanowienie, klauzula 2. zastrzeżenie, warunek 3. zaopatrzenie (**of sth** w coś) 4. zabezpieczenie się (**for** ⟨**against**⟩ **sth** przed czymś ⟨na wypadek czegoś⟩), rezerwa 5. *pl* **provisions** zapasy żywności, prowiant
   ~ **for bad and doubtful debts** rezerwa na pokrycie nieściągalnych długów
   ~ **for depreciation** rezerwa na obniżenie wartości ⟨deprecjację⟩
   ~ **for income tax** rezerwa na pokrycie podatku
   ~ **merchant** kupiec handlujący artykułami spożywczymi
   ~ **of capital** zaopatrzenie w kapitał
   ~ **of a contract** postanowienie umowy
   ~ **of services** dostarczanie usług
   ~**s of the law** normy prawa
   ~**s of a lease** warunki dzierżawy
   final ~**s** postanowienia końcowe
   general ~**s** postanowienia ogólne
   restrictive ~**s** klauzule ograniczające ⟨restryktywne⟩
   special ~ klauzule specjalne
   to make ~ zabezpieczać się
   to make ~ **for sb** zapewniać komuś utrzymanie ⟨byt⟩
provision[2] *v* zaopatrywać w artykuły spożywcze, prowiantować
provisional *adj* tymczasowy, przejściowy, prowizoryczny
   ~ **agreement** porozumienie tymczasowe
   ~ **certificate** tymczasowe zaświadczenie
   ~ **committee** komitet tymczasowy
   ~ **contract** umowa wstępna ⟨tymczasowa⟩
   ~ **duties** funkcje tymczasowe
   ~ **government** rząd tymczasowy
   ~ **insurance** ubezpieczenie tymczasowe
   ~ **invoice** faktura tymczasowa ⟨przejściowa⟩
   ~ **judgment** postanowienie tymczasowe

   ~ **measures** prowizoryczne środki
   ~ **note** *a*) nota prowizoryczna *b*) tymczasowe potwierdzenie zawarcia umowy
   ~ **order** rozporządzenie tymczasowe
   ~ **presumption** tymczasowe domniemanie
   ~ **receipt** pokwitowanie tymczasowe
   ~ **remedy** zabezpieczenie tymczasowe
provisionally *adv* tymczasowo, prowizorycznie
appointed ~ wyznaczony tymczasowo
proviso *s* (*pl* **provisoes**) zastrzeżenie, warunek, klauzula
   under the ~ **that**... z zastrzeżeniem, że...
   with a ~ pod warunkiem
   to make a ~ zrobić zastrzeżenie
provisory *adj* 1. warunkowy 2. tymczasowy, prowizoryczny 3. zapobiegawczy
provocation *s* 1. prowokacja 2. spowodowanie, sprowokowanie 3. irytacja, zdenerwowanie
provocative *adj* prowokujący, prowokacyjny
   ~ **behaviour** prowokacyjne ⟨wyzywające⟩ zachowanie
provoke *v* 1. prowokować, podburzać, podżegać 2. rozdrażniać, gniewać 3. wywoływać, powodować
   to ~ **a riot** sprowokować bunt ⟨rozruchy⟩
provost *s* 1. *bryt.* rektor (*w niektórych uczelniach*) 2. *szkoc.* burmistrz, mer
   ~ **court** sąd wojskowy dla mniejszych przestępstw
   ~ **marshal** komendant żandarmerii
   ~ **prison** więzienie wojskowe
proxenitism *s* stręczycielstwo
proximate *adj* 1. najbliższy, bezpośredni 2. przybliżony
   ~ **cause** bezpośrednia przyczyna
   ~ **damages** bezpośrednie szkody
   ~ **successor** najbliższy spadkobierca
proximity *s* bliskość
   ~ **of blood** pokrewieństwo
proximo *adv łac.* w przyszłym miesiącu
proxy *s* 1. pełnomocnictwo, upoważnienie, prokura 2. prawo podpisu 3. pełnomocnik, zastępca, prokurent
   ~ **signature** podpis w zastępstwie
   by ~ w zastępstwie, per procura, z upoważnienia
   general · · pełnomocnictwo generalne
   marriage by ~ zawarcie małżeństwa przez pełnomocnika
   to appoint a ~ wyznaczyć pełnomocnika
   to produce one's ~ przedstawić pełnomocnictwo
   to stand ~ **to sb** występować jako czyjś pełnomocnik, działać z czyjegoś upoważnienia
   to vote by ~ głosować przez pełnomocnika
psychiatric(al) *adj* psychiatryczny
psychiatrist *s* psychiatra
psychologic(al) *adj* psychologiczny
   ~ **war** wojna psychologiczna
psychologist *s* psycholog
psychopath *s* psychopata
psychopathic *adj* psychopatyczny
   ~ **criminal** przestępca psychopata
psychopathology *s* psychopatologia
public[1] *s* 1. publiczność, ogół 2. lud, naród
   ~ **at large** szeroka publiczność
   general ~ ogół społeczeństwa
   in ~ publicznie
   sale by ~ publiczna licytacja

public² *adj* **1.** publiczny, ogólny, powszechny **2.** (*o czynie*) jawny **3.** obywatelski **4.** urzędowy
~ **accountant** *am.* przysięgły rewident księgowy
~ **act** dokument urzędowy
~ **administration** administracja publiczna
~ **affairs** sprawy państwowe ⟨publiczne⟩
~ **agency** organ publiczny
~ **agent** przedstawiciel władzy
~ **announcement** obwieszczenie ⟨ogłoszenie⟩ publiczne
~ **appointment** urzędowa nominacja
~ **assistance** pomoc ⟨opieka⟩ społeczna
~ **attorney** adwokat
~ **auction** przetarg publiczny, aukcja
~ **authorities** organy władzy, władze publiczne
~ **benefit** dobro publiczne, korzyść społeczna
~ **bid** jawna oferta przetargowa
~ **bill** projekt ustawy
~ **blockade** oficjalnie ogłoszona blokada
~ **body** *a*) osoba prawa publicznego *b*) organ władzy
~ **bond** obligacja państwowa
~ **bonded warehouse** publiczny magazyn celny
~ **boundary** znak ⟨słupek⟩ graniczny
~ **call office** publiczna rozmównica telefoniczna
~ **carrier** przewoźnik publiczny ⟨zawodowy⟩
~ **charge** osoba korzystająca z pomocy społecznej
~ **code** kodeks prawa publicznego
~ **company** spółka akcyjna
~ **contracts** zamówienia państwowe
~ **control** kontrola społeczna
~ **convenience** powszechna użyteczność
~ **credit** kredyt państwowy
~ **debt** dług państwowy ⟨publiczny⟩
~ **defensor** *am. szkoc.* obrońca państwowy ⟨z urzędu⟩
~ **defensor system** *am. szkoc.* system pomocy prawnej z urzędu (*dla niezamożnych*)
~ **disorders** rozruchy
~ **document** dokument publiczny
~ **domain** majątek państwowy
~ **duty** społeczny obowiązek
~ **easement** służebność publiczna
~ **economy** ekonomia społeczna ⟨państwowa⟩
~ **employment** zatrudnienie w urzędzie państwowym
~ **enemy** *a*) wróg publiczny *b*) *hist.* pirat
~ **enterprise** przedsiębiorstwo państwowe
~ **evil** zło publiczne ⟨powszechne⟩
~ **expenses** ⟨**expenditure**⟩ wydatki publiczne ⟨państwowe⟩
~ **exposure of the person** obnażenie się w miejscu publicznym
~ **finance** finanse publiczne
~ **funds** fundusze publiczne
~ **gallery** galeria dla publiczności (*w parlamencie itd.*)
~ **good** dobro społeczne
~ **health** zdrowie społeczeństwa
~ **hearing** przesłuchanie publiczne
~ **holiday** święto publiczne ⟨powszechne⟩
~ **indecency** obraza moralności publicznej
~ **institution** instytucja publiczna
~ **interest** interes publiczny ⟨społeczny⟩

~ **international law** międzynarodowe prawo publiczne
~ **issue** publiczna emisja akcji
~ **lands** grunty państwowe
~ **law** *a*) prawo państwowe *b*) prawo powszechne ⟨dotyczące wszystkich⟩
~ **loan** pożyczka państwowa ⟨publiczna⟩
~ **man** osoba urzędowa
~ **market** wolny rynek
~ **meeting** powszechne zebranie
~ **minister** urzędnik dyplomatyczny wysokiej rangi
~ **mischief** powszechne zło
~ **money** finanse ⟨pieniądze⟩ państwowe
~ **morality** moralność powszechna ⟨publiczna⟩
~ **notice** obwieszczenie publiczne
~ **nuisance** naruszenie porządku publicznego
~ **office** urząd publiczny
~ **officer** ⟨**official**⟩ urzędnik państwowy
~ **opinion** opinia publiczna
~ **opinion poll** ⟨**survey**⟩ badanie opinii publicznej
~ **order** porządek publiczny
~ **pawn-house** lombard
~ **peace** spokój i porządek publiczny
~ **place** miejsce publiczne
~ **policy** porządek publiczny
~ **power** władza publiczna ⟨państwowa⟩
~ **pressure** presja ⟨nacisk⟩ opinii publicznej
~ **proclamation** proklamacja publiczna
~ **property** własność publiczna ⟨państwowa⟩
~ **prosecutor** oskarżyciel publiczny, prokurator
~ **protest** protest publiczny
~ **record** akt ⟨dokument⟩ urzędowy
~ **record office** archiwum państwowe
~ **relations** (*skr.* **PR**) służba informacyjna
~ **relations department** biuro prasowe
~ **relations officer** urzędnik informacyjny, rzecznik prasowy
~ **relief** pomoc ⟨opieka⟩ społeczna
~ **resolution** *am.* uchwała Kongresu
~ **revenues** dochody państwowe
~ **safety** bezpieczeństwo publiczne
~ **sale** sprzedaż z licytacji, licytacja
~ **seal** pieczęć państwowa
~ **sector** sektor państwowy (*gospodarki narodowej*)
~ **securities** ⟨**stocks**⟩ państwowe papiery wartościowe
~ **security** bezpieczeństwo państwa
~ **servant** funkcjonariusz państwowy
~ **service** służba państwowa
~ **service corporation** przedsiębiorstwo użyteczności publicznej
~ **spirit** duch obywatelski
~ **statute** prawo powszechne
~ **tax** podatek państwowy
~ **trading** handel państwowy
~ **transport** transport publiczny, komunikacja publiczna
~ **trial** publiczny proces
~ **trust** powiernictwo państwowe
~ **trustee** powiernik państwowy
~ **use** jawne stosowanie
~ **utility company** ⟨**corporation**, **concern**⟩ przedsiębiorstwo ⟨instytucja⟩ użyteczności publicznej
~ **verdict** werdykt publiczny

~ **war** wojna pomiędzy państwami
~ **warehouse** ⟨**store**⟩ skład publiczny
~ **welfare** dobro publiczne, dobrobyt społeczny
~ **works** roboty publiczne
~ **wrong** zło społeczne
notary ~ notariusz
sale by ~ **auction** sprzedaż aukcyjna
service by ~ **notice** dostarczenie informacji przez obwieszczenie publiczne
to become ~ stać się wiadomym ⟨znanym⟩
to make sth ~ ogłosić coś, opublikować coś
publication s 1. ogłoszenie, obwieszczenie 2. wydanie, publikacja
publicist s 1. publicysta, dziennikarz 2. specjalista w zakresie prawa międzynarodowego 3. właściciel biura reklamy
publicity s reklama
~ **agency** ⟨**bureau**⟩ biuro reklamy
~ **compaign** kampania reklamowa
~ **department** wydział reklamy (*w przedsiębiorstwie*)
~ **expenses** koszty reklamy
~ **expert** ⟨**man**⟩ specjalista od spraw reklamy
~ **manager** szef reklamy
~ **sign** wywieszka reklamowa
puffing ~ hałaśliwa reklama
wide ~ szeroka reklama
to launch a ~ **campaign** rozwinąć kampanię reklamową
to make ~ reklamować
publish v 1. publikować, wydawać (*książki itp.*) 2. ogłaszać, ujawniać
to ~ **a book** wydać książkę
to ~ **sb's will** ogłosić czyjś testament
publisher s wydawca
~'s **agreement** ⟨**contract**⟩ umowa wydawnicza
~'s **house** wydawnictwo
~'s **rights** prawa wydawcy
publishing *adj* wydawniczy
~ **business** ⟨**company, house**⟩ wydawnictwo, firma wydawnicza, przedsiębiorstwo wydawnicze
~ **contract** umowa wydawnicza
~ **market** rynek księgarski
puff[1] s 1. hałaśliwa ⟨nierzeczowa⟩ reklama 2. przesadna pochwała
puff[2] v 1. hałaśliwie ⟨nierzeczowo⟩ reklamować 2. przesadnie chwalić 3. podbijać cenę na licytacji celem jej wyśrubowania
puffer s osoba zaangażowana do podbijania ceny na licytacji
puisne *adj fr.* 1. młodszy, podporządkowany, niższy (*rangą*) 2. późniejszy
~ **judge** *bryt.* niższy rangą sędzia sądu najwyższego
~ **mortgage** późniejsza hipoteka (*nie zabezpieczona dostatecznie i nie zarejestrowana*)
pull[1] s 1. pociągnięcie 2. wpływ, oddziaływanie 3. *pot.* protekcja
~ **of publicity** atrakcyjność reklamy
to have a strong ~ **with sb** mieć czyjeś silne poparcie
pull[2] v ciągnąć, przyciągać
to ~ **customers** *am.* przyciągać klientelę
pull down v 1. ściągać 2. osłabiać, obniżać
to ~ **prices** obniżać ceny

pump s 1. próba wysondowania ⟨wybadania⟩ (*kogoś*) 2. człowiek umiejący wyciągać wiadomości od innych
~ **priming** *am.* zwalczanie depresji gospodarczej przy pomocy inwestycji publicznych
punctual *adj* punktualny, dokładny
~ **payment** punktualna płatność
punctuality s punktualność, dokładność
~ **in payment** punktualność w płaceniu
punish v karać
to ~ **sb for a crime** ukarać kogoś za zbrodnię
to ~ **sb with death** ukarać kogoś śmiercią
punishability s karalność
punishable *adj* karalny, podlegający karze
~ **act** czyn karalny
~ **attempt** usiłowanie karalne
~ **by** ⟨**with**⟩ **a fine** karalny grzywną
punishment s kara, karanie
~ **endured** odbyte skazanie
~ **of death** kara śmierci
~ **of guilty persons** ukaranie osób winnych
~ **of war criminals** karanie przestępców wojennych
abolition of a ~ zatarcie skazania, abolicja kary
aggravation of ~ zaostrzenie kary
capital ~ kara śmierci
corporal ~ kara cielesna
disciplinary ~ kara dyscyplinarna
exemption from ~ bezkarność
liable to ~ podlegający karze
mitigation of ~ złagodzenie kary
pecuniary ~ kara pieniężna
to bear ~ ponieść karę
to impose ⟨**inflict**⟩ **a** ~ **upon sb** ukarać kogoś, nałożyć karę na kogoś
to mete out a ~ wymierzyć karę
punitive, punitory *adj* 1. karny 2. karzący
~ **damages** odszkodowanie za straty moralne, nawiązka, zadośćuczynienie
~ **expedition** ekspedycja karna
~ **justice** sądownictwo karne
~ **measures** środki karne
~ **sanctions** sankcje karne
puppet s marionetka
~ **government** rząd marionetkowy
~ **regime** marionetkowy reżim
~ **state** państwo marionetkowe
purchasable *adj* (będący) do nabycia
purchase[1] s 1. kupno, akt kupna, nabycie 2. nabytek, zakup, sprawunek
~ **account** rachunek kupna
~ **and sale** kupno i sprzedaż
~ **book** ⟨**journal**⟩ księga zakupów
~ **by brand** kupno według marki firmowej
~ **by** ⟨**on**⟩ **sample** kupno według próbki
~ **consideration** cena zakupu
~ **contract** a) umowa kupna b) *giełd.* nota kupna
~ **deed** dokument kupna
~ **department** wydział zakupów ⟨zaopatrzenia⟩
~ **for** ⟨**against**⟩ **cash** ⟨**money**⟩ kupno za gotówkę
~ **for future delivery** kupno na termin
~ **in bulk** zakup ryczałtem
~ **invoice** faktura zakupu
~ **method** metoda ⟨sposób⟩ kupna ⟨zakupu⟩
~ **money** suma zapłacona (*za towar*)
~ **note** nota kupna, giełdowa karta zakupu

~ **of draft** skup traty
~ **offer** propozycja ⟨oferta⟩ zakupu
~ **on approval** kupno na próbę
~ **on commission** kupno komisowe (*na warunkach prowizji*)
~ **on condition** kupno pod warunkiem
~ **on credit** kupno na kredyt
~ **on term** kupno na termin
~ **on trial** kupno na próbę
~ **order** zlecenie zakupu
~ **price** cena zakupu
~ **tax** *bryt. hist.* podatek od zakupu; *zob.* **value-added tax**
bulk ~ kupno ryczałtem
by (way of) ~ drogą kupna
cash ~ kupno za gotówkę
conditional ~ kupno warunkowe
credit ~ kupno na kredyt
firm ~ zakup na ściśle ustalonych warunkach
first-hand ~ zakup z pierwszej ręki
forward ~ kupno na termin
government ~s zakupy rządowe
hire ~ kupno na raty
open ~ zakup na wolnym rynku
outright ~ *a*) kupno ryczałtem *b*) kupno z natychmiastową dostawą i zapłatą
point of ~ *am.* miejsce zakupu
ready-money ~ kupno za gotówkę
second-hand ~ kupno z drugiej ręki
speculative ~ zakup spekulacyjny
trade ~ kupno handlowe
to acquire by (way of) ~ nabyć drogą zakupu
to conclude a ~ dokonać zakupu, zawrzeć umowę kupna
to make a ~ kupić
purchase² *v* kupować, nabywać
to ~ **firm** kupować na ściśle określonych warunkach
to ~ **for cash (money)** kupować za gotówkę
to ~ **for one's own account** kupować na własny rachunek
to ~ **for third party** kupować na cudzy rachunek
to ~ **(sth) on credit** kupować (coś) na kredyt
purchaser *s* nabywca, kupujący, konsument
~ **in bad ⟨good⟩ faith** nabywca w złej ⟨dobrej⟩ wierze
~ **'s association** spółdzielnia zaopatrzenia
intending ~ reflektant, ewentualny nabywca
serious ~ poważny nabywca
purchasing *s* zakup, zakupywanie, dokonywanie zakupów
~ **agency** przedstawicielstwo zakupu
~ **agent** agent zakupu
~ **capacity** zdolność ⟨siła⟩ nabywcza
~ **costs** koszty zakupu
~ **order** zlecenie zakupu
~ **power** siła nabywcza
~ **price** cena zakupu
combined ~ zbiorowe dokonywanie zakupu
pure *adj* **1.** czysty, nie fałszowany, bez domieszki **2.** zwykły, prosty, wolny od warunków i ograniczeń
~ **chance** czysty przypadek
~ **competition** konkurencja doskonała
~ **debt** zwykły dług
~ **gold** czyste złoto
~ **obligation** bezwarunkowe zobowiązanie

~ **premium** *ubezp.* czysta premia
purgation *s hist.* oczyszczenie z zarzutów
purge¹ *s* czystka
purge² *v* **1.** oczyszczać **2.** uzdrawiać (*np. gospodarkę*) **3.** przeprowadzać czystkę
to ~ **the finances** uzdrawiać finanse
to ~ **oneself of a charge** oczyszczać się z zarzutu
purport¹ *s* **1.** sens, znaczenie, treść **2.** cel, zamiar
purport² *v* **1.** oznaczać **2.** wyrażać, sugerować, dawać do zrozumienia
purportless *adj* bez znaczenia
purpose¹ *s* **1.** cel, zamiar **2.** skutek **3.** dążenie do celu
chief ⟨main, principal⟩ ~ główny cel
for business ~s dla celów handlowych
for immoral ~s dla celów niemoralnych
for legal ~s z punktu widzenia prawa
for practical ~s dla celów praktycznych
for public ~s na cele publiczne
for tax ~s dla celów podatkowych
of set ~ celowo, rozmyślnie
on ~ *a*) celowo, rozmyślnie *b*) w celu
to no ~ *a*) na próżno, bezcelowo, daremnie *b*) nie na temat, od rzeczy
to answer ⟨suit⟩ the ~ odpowiadać celowi
to effect one's ~ osiągnąć cel
to serve the ~ służyć celowi
purpose² *v* zamierzać, mieć zamiar, mieć na celu
purposeful *adj* **1.** celowy, rozmyślny **2.** doniosły, znaczący
purposeless *adj* bezcelowy, daremny
purposely *adv* celowo, rozmyślnie
purse *s* **1.** portmonetka, sakiewka (*na pieniądze*) **2.** pieniądze, fundusz **3.** *am.* (damska) torebka
the public ~ skarb państwa
pursuance *s* wykonywanie, wypełnianie, dążenie
in ~ **of...** zgodnie z..., stosownie do..., na podstawie...
pursuant¹ *adj* zgodny (**to sth** z czymś)
~ **to the instructions** zgodnie z instrukcjami
pursuant² *adv* zgodnie (**to sth** z czymś), stosownie (*do czegoś*)
~ **to your letter** zgodnie z Waszym listem, stosownie do Waszego listu
pursue *v* **1.** ścigać, tropić, iść w ślad **2.** zmierzać, dążyć **3.** wykonywać, spełniać, realizować **4.** postępować (*według czegoś*), trzymać się ściśle, kontynuować **5.** prowadzić (*np. politykę*)
to ~ **a claim** realizować roszczenie
to ~ **one's duties** spełniać obowiązki
to ~ **a policy** prowadzić politykę
to ~ **a profession** wykonywać zawód
pursuer *s* **1.** ścigający, prześladowca **2.** *szkoc.* prokurator **3.** skarżący, strona skarżąca
pursuit *s* **1.** pogoń, pościg (**of sb, sth** za kimś, czymś) **2.** dążenie do osiągnięcia (*czegoś*) **3.** zawód, zajęcie, praca
daily ~s codzienne zajęcia
in ~ **of sb, sth** w pogoni za kimś, czymś
right of ~ *pr. mors.* prawo pościgu
purvey *v* dostarczać (**to sb** komuś), zaopatrywać (**for sb** kogoś)
purveyance *s* dostawa, zaprowiantowanie, zaopatrywanie w żywność
purveyor *s* dostawca (*żywności*)
purview *s* **1.** treść (*ustawy*) **2.** zakres, granice **3.** pole widzenia

push¹ *s* **1.** pchnięcie **2.** inicjatywa, energia **3.** protekcja, poparcie **4.** nacisk
push² *v* **1.** pchać, popychać **2.** popierać, protegować **3.** wykorzystywać, wyzyskiwać **4.** forsować
to ~ **a matter through** przeprowadzić sprawę
to ~ **sales** rozszerzać sprzedaż
to ~ **up prices** śrubować ceny
pusher *s am. pot.* handlarz narkotykami
put¹ *s* premiowa transakcja terminowa
~ **and call** premiowa transakcja terminowa z opcją podwójną, stelaż
~ **and call price** kurs stelażowy
~ **option** premiowa transakcja terminowa
~ **premium** premia opcyjna
to give for the ~ sprzedać z podwójną opcją
to take for the ~ kupić z podwójną opcją
put² *v* (put, put) **1.** kłaść, umieszczać, stawiać **2.** (*o statku*) wchodzić, wychodzić **3.** oceniać, szacować, obliczać **4.** stosować, wprowadzać **5.** *zob.* **put aside, away, back, by, down, forth, forward, in, off, on, out, through, up**
to ~ **an action** wnosić powództwo
to ~ **an advertisement (in the paper)** dać ogłoszenie (do gazety, w gazecie)
to ~ **an amount in the receipts** ⟨**in the expenditure**⟩ zaksięgować kwotę po stronie ,,ma" ⟨,,winien"⟩
to ~ **an article on the market** ⟨**on sale**⟩ wprowadzić artykuł na rynek ⟨do sprzedaży⟩
to ~ **capital** ⟨**money**⟩ **into a business** wnieść pieniądze ⟨kapitał⟩ do przedsiębiorstwa
to ~ **cargo ashore** wyładować ładunek na ląd
to ~ **a clause into a contract** wstawić klauzulę do umowy
to ~ **the date on sth** datować coś, zaopatrywać coś w datę
to ~ **duty on the goods** nałożyć cło na towary
to ~ **an end to sth** położyć czemuś kres
to ~ **goods on the market** wprowadzić towar na rynek
to ~ **in circulation** puścić w obieg
to ~ **in default** postawić w zwłoce
to ~ **into English** ⟨**Polish**⟩ przetłumaczyć na angielski ⟨polski⟩
to ~ **into operation** wprowadzić w życie, zastosować
to ~ **a law into force** wprowadzić ustawę w życie
to ~ **a matter into sb's hands** oddać sprawę w czyjeś ręce, powierzyć komuś sprawę
to ~ **money into an undertaking** ulokować pieniądze w przedsięwzięciu
to ~ **a name on a list** umieścić nazwisko na liście, wciągnąć na listę
to ~ **obstacles in sb's way** stwarzać komuś trudności
to ~ **on board** załadować na statek
to ~ **on paper** zapisać, zanotować
to ~ **on probation** oddać pod dozór kuratora (*przestępcę*)
to ~ **on trial** a) postawić przed sądem b) wyznaczyć termin rozprawy
to ~ **a question** ⟨**resolution**⟩ **to the vote** poddać problem ⟨wniosek⟩ pod głosowanie
to ~ **a resistance** stawiać opór
to ~ **sb to expense** narazić kogoś na wydatek

to ~ **one's signature on sth** złożyć podpis na ⟨pod⟩ czymś
to ~ **a stamp** przylepić znaczek
to ~ **to death** zgładzić, uśmiercić
to ~ **to sea** (*o statku*) wyjść w morze, odpłynąć
to ~ **to vote** poddać pod głosowanie
to ~ **under arrest** aresztować
put aside *v* odkładać
to ~ **as a reserve** odłożyć jako rezerwę
putative *adj* domniemany, przypuszczalny
~ **father** domniemany ojciec
~ **marriage** domniemane małżeństwo (*zawarte w dobrej wierze, ale nieważne*)
put away *v* **1.** odkładać **2.** poniechać
put back *v* **1.** odkładać (*z powrotem*) **2.** powstrzymywać **3.** (*o statku*) powracać
put by *v* **1.** odkładać, rezerwować **2.** uchylać się (**sth od** czegoś)
put down *v* **1.** wysadzać (*pasażerów*) **2.** położyć kres (**sth** czemuś), ukrócić (*np. spekulację*) **3.** ograniczać (*np. wydatki*) **4.** zapisywać, notować **5.** przypisywać (**to sth** czemuś)
to ~ **a revolt** stłumić rewolucję
put forth *v* **1.** robić wysiłki, usiłować **2.** wydawać, publikować
to ~ **a proposal** uczynić propozycję
put forward *v* wysuwać, przedkładać
to ~ **a claim** wysuwać żądanie
put in *v* **1.** wstawiać, umieszczać **2.** przedstawiać, przedkładać **3.** kandydować (**for sth** na coś) **4.** (*o statku*) wchodzić do portu
to ~ **an appearance** stawić się (*w sądzie*)
to ~ **a claim** zgłosić roszczenie
to ~ **a clause** wstawić klauzulę (*do umowy*)
to ~ **for an election** kandydować w wyborach
to ~ **for a job** starać się o pracę
put off *v* **1.** odkładać, odraczać **2.** pozbywać się, uwalniać się (**sth od** czegoś) **3.** (*o statku*) odpływać
to ~ **a case** odroczyć sprawę
to ~ **a decision** odłożyć podjęcie decyzji
put on *v* **1.** nakładać **2.** zwiększać, dodawać **3.** podnosić, podwyższać
to ~ **to a bill** dodawać ⟨dopisywać⟩ do rachunku
to ~ **to a price** podnosić cenę
put out *v* **1.** wyrzucać, eliminować **2.** pożyczać na procent **3.** inwestować **4.** wydawać drukiem **5.** (*o statku*) wyruszać
to ~ **money at interest** umieścić pieniądze na procent
putsch *s* pucz, zamach stanu
put through *v* **1.** doprowadzać do końca, przeprowadzać **2.** łączyć telefonicznie
putting *s* umieszczenie, wprowadzenie
~ **into circulation** puszczenie w obieg
~ **into force** ⟨**operation**⟩ wprowadzenie w życie
~ **on board** załadowanie (*na statek*)
~ **on trial** a) oddanie pod sąd b) poddanie próbie
put up *v* **1.** podnosić **2.** wystawiać **3.** pakować **4.** wysuwać (*kandydaturę*) **5.** informować (**sb to sth** kogoś o czymś)
to ~ **for auction** wystawić na licytację
to ~ **for sale** wystawić na sprzedaż, zaoferować do sprzedaży
to ~ **the price** podnosić cenę
pyramid¹ *s* piramida

~ **selling** metoda sprzedaży polegająca na odsprzedaży części praw do zbytu towarów przez pierwotnego nabywcę tych praw

population ~ *stat.* piramida wieku
pyramid² *v* **1.** *am. giełd.* zarabiać na spekulacji papierami wartościowymi **2.** zwiększać (*koszty, płace*)

Q

quack *s* (*także* ~ **doctor**) szarlatan, znachor
quackery *s* znachorstwo
quadrennial *adj* czteroletni, powtarzający się co 4 lata
~ **election** wybory odbywające się co 4 lata
quadripartite *adj* czterostronny
~ **agreement** czterostronne porozumienie
~ **treaty** czterostronny układ
quadruple *adj* poczwórny
~ **alliance** czwórprzymierze
~ **invoice** faktura w czterech egzemplarzach
quadruplets *spl* czworaczki
quadruplicate¹ *s*: **in** ~ w czterech egzemplarzach
quadruplicate² *adj* sporządzony w czterech egzemplarzach
quadruplicate³ *v* sporządzić w czterech egzemplarzach
qualification *s* **1.** kwalifikowanie **2.** kwalifikacja **3.** ograniczenie, zastrzeżenie **4.** cenzus
~ **certificate** świadectwo kwalifikacyjne (*towaru*)
the necessary ~**s for a job** wymagane kwalifikacje do podjęcia pracy
professional ~**s** kwalifikacje zawodowe
property ~ cenzus majątkowy
required ~**s** wymagane (niezbędne) kwalifikacje
without ~ bez kwalifikacji
to accept without ~ przyjąć bez zastrzeżeń
to acquire ~**s** zdobyć kwalifikacje
to have ~ **for sth** mieć kwalifikacje do czegoś
qualificatory *adj* **1.** kwalifikujący **2.** ograniczający
qualified *adj* **1.** kwalifikowany, wykwalifikowany, posiadający kwalifikacje **2.** zawierający zastrzeżenie (ograniczenie)
~ **acceptance** przyjęcie z zastrzeżeniem, niepełny akcept
~ **accountant** dyplomowany księgowy
~ **elector** wyborca posiadający prawo głosu (odpowiadający cenzusowi)
~ **endorsement** indos bez prawa regresu (bez obligu)
~ **fee** prawo do dziedziczenia nieruchomości z zastrzeżeniami
~ **majority** kwalifikowana większość
~ **neutrality** niepełna neutralność
~ **persons** kompetentne osoby
~ **property** ograniczona własność
~ **purchase** kupno (nabycie) z zastrzeżeniem
~ **theft** kradzież kwalifikowana
~ **title** ograniczony tytuł własności
~ **voter** wyborca posiadający prawo głosu (odpowiadający cenzusowi)
~ **worker** robotnik kwalifikowany (posiadający kwalifikacje)

qualify *v* **1.** kwalifikować, zakwalifikować **2.** zastrzegać **3.** nabywać prawa (*do czegoś*) **4.** ograniczać, zmniejszać, osłabiać
to ~ **a rule** ograniczać działanie normy
qualifying *adj:* ~ **certificate** atest kwalifikacyjny
~ **examination** egzamin kwalifikacyjny
~ **period** staż
~ **period of residence** cenzus osiedlenia (zamieszkania)
qualitative *adj* jakościowy, dotyczący jakości
~ **analysis** analiza jakościowa
~ **indices** wskaźniki jakościowe (*planu*)
~ **restrictions** jakościowe ograniczenia
quality *s* **1.** jakość, gatunek **2.** właściwość, cecha charakterystyczna, zaleta (*osoby lub rzeczy*)
~ **as** (**up**) **to sample** jakość zgodna z próbką
~ **certificate** atest jakościowy (kwalifikacyjny)
~ **control** kontrola jakości
~ **goods** towary wysokiej jakości
~ **guarantee** gwarancja jakości
~ **inspection** kontrola jakości
~ **landed** jakość towaru w momencie wyładunku
~ **mark** znak jakości
~ **newspaper** poważny dziennik
~ **not guaranteed** (**warranted**) bez gwarancji jakości
~ **product** wyrób wysokiej jakości
~ **requirements** wymagania co do jakości (jakościowe)
~ **shipped** jakość towaru w momencie załadunku (załadowania)
~ **standard** standard jakości
~ **test** próba jakości
acceptable ~ dopuszczalna jakość
assurance as to ~ gwarancja jakości
average kind and ~ średni gatunek i jakość
average ~ średnia (przeciętna) jakość
bad ~ zła jakość
best ~ najwyższa jakość
bottom ~ najniższa jakość
certificate of ~ atest jakości
choice ~ wyborowa jakość
commercial ~ jakość handlowa
current ~ zwykła (handlowa) jakość
defective ~ zła (wadliwa) jakość
deviation of ~ odchylenie jakości (*np. od normy, próbki*)
difference in ~ różnica w jakości
equal in ~ jednakowej jakości
fair average ~ przeciętna średnia jakość
fine (**first-class, first-rate**) ~ pierwszorzędna jakość
good average ~ przeciętna dobra jakość

guarantee of ~ gwarancja jakości
high ~ wysoka jakość
inferior in ~ gorszej jakości
inferior ~ gorsza jakość
landed ~ jakość towaru w chwili wyładunku
low ~ niska jakość
medium ~ średnia jakość
merchantable ~ jakość handlowa
middling ~ średnia jakość
of good ⟨high⟩ ~ dobrej ⟨wysokiej⟩ jakości
poor ~ niska jakość
prime ~ pierwszorzędna jakość
sampled ~ jakość zgodna z próbką
selected ~ pierwszorzędna jakość
shipped ~ jakość towaru w chwili załadowania
shipping ~ zwykła ⟨przeciętna⟩ jakość eksportowa
standard ~ jakość standardowa
superior in ~ wyższej jakości
superior ~ wyższa jakość
supervision ⟨superintendence⟩ of ~ kontrola jakości
uniform ~ jakość jednolita
usual ~ zwykła ⟨przeciętna⟩ jakość
warranted ~ gwarantowana jakość
to equal in ~ dorównywać pod względem jakości
quantitative *adj* ilościowy
~ **analysis** analiza ilościowa
~ **regulation of imports** kontyngentowanie przywozu ⟨importu⟩
~ **restrictions** ograniczenia ilościowe (*przywozu*)
quantity *s* **1.** ilość, liczba **2.** znaczna ilość, obfitość
~ **buyer** odbiorca masowy
~ **discount ⟨rebate⟩** rabat ilościowy
~ **on hand** ilość będąca w dyspozycji
~ **production** produkcja masowa
~ **unknown** ilość niewiadoma (*zastrzeżenie w konosamencie*)
approximate ~ przybliżona ilość
available ~ ilość możliwa do nabycia
delivered ~ ilość dostarczona
intaken ~ ilość załadowana ⟨przyjęta⟩ (*na statek*)
relative ~ ilość względna
shipped ~ ilość załadowana
sufficient ·· wystarczająca ilość
to buy sth in large quantities kupować coś w wielkich ilościach
quantum *s łac.* ilość; łączna suma
~ **index** wskaźnik ilości
~ **meruit** *łac.* sprawiedliwe wynagrodzenie za wykonaną pracę
~ **of damages** suma odszkodowań
~ **of world trade** obroty handlu światowego
~ **valebat** *łac.* sprawiedliwa cena za dostarczony towar, zapłata po słusznej cenie
quarantine¹ *s* kwarantanna
~ **certificate** świadectwo odbycia kwarantanny
~ **declaration** zgłoszenie do kwarantanny
~ **dues ⟨fees⟩** opłaty za kwarantannę
~ **laws ⟨regulations⟩** przepisy dotyczące kwarantanny
~ **risk** ryzyko kwarantanny
~ **service** służba zdrowia przeprowadzająca kwarantannę
~ **station** punkt kwarantanny
port of ~ port kwarantanny
to be in ~ odbywać kwarantannę

to detain in ~ zatrzymać dla przeprowadzenia kwarantanny
to go into ~ poddać się kwarantannie
to liberate ⟨release⟩ from ~ uwolnić od ⟨zwolnić z⟩ kwarantanny
to perform ~ odbywać kwarantannę
to put in ⟨subject to⟩ ~ poddać kwarantannie
to raise (the) ~ znieść kwarantannę
quarantine² *v* poddawać kwarantannie
quarrel¹ *s* kłótnia, spór
~ **at law** spór sądowy
family ~ spór rodzinny
quarrel² *v* kłócić się, spierać się **(with sb about sth** z kimś o coś)
quarter *s* **1.** czwarta część **2.** kwartał **3.** dzielnica (*miasta*) **4.** strona świata **5.** *pl* **quarters** a) mieszkanie, kwatera b) czynniki, kręgi
~ **day** dzień, w którym zwyczajowo przypadają kwartalne płatności dzierżawcze ⟨czynszowe⟩
~ **sessions** sesje kwartalne (*sądu*)
~**'s income** dochód kwartalny
~**'s instalment** rata kwartalna
~**'s payments** płatności kwartalne
~**'s rent** czynsz kwartalny
business ~ dzielnica handlowa
crew ~s pomieszczenie dla załogi
from the highest ~s z autorytatywnych źródeł
quarterage *s* suma płatna kwartalnie
quarterly¹ *s* kwartalnik
quarterly² *adj* kwartalny
~ **account** rachunek kwartalny
~ **instalment** rata kwartalna
~ **statement** kwartalny wyciąg z konta
quarterly³ *adv* kwartalnie, co kwartał
payable ~ płatny kwartalnie
quash *v* **1.** unieważnić, anulować **2.** stłumić
to ~ **charges against sb** anulować oskarżenie przeciwko komuś
to ~ **a conviction** unieważnić skazanie
to ~ **a indictment** anulować akt oskarżenia
to ~ **a judgment ⟨sentence⟩** unieważnić wyrok
to ~ **a rebellion** stłumić rebelię
quasi- *łac. w złożeniach*: prawie, niemal, niby, quasi-, pseudo-, rzekomo, pozornie
quasi-contraband *s* prawie ⟨niemal⟩ kontrabanda, rzekoma kontrabanda
quasi-contract *s* quasi-umowa
quasi-contractual *adj* prawie ⟨niby⟩ umowny
quasi-corporation *s* quasi-spółka, rzekoma spółka
quasi-delict *s* quasi-delikt, rzekome przestępstwo
quasi-delictual *adj* prawie przestępczy, quasi-przestępczy
quasi-easement *s* quasi-służebność
quasi-judicial *adj* quasi-sądowy
quasi-national *adj*: ~ **domicile** quasi-domicyl
quasi-negotiable *adj*: ~ **instrument** dokument rozporządzający towarem
quasi-obligation *s* quasi-zobowiązanie
quasi-personality *s* rzekomy majątek osobisty
quasi-possession *s* pozorne posiadanie, niepełne posiadanie
quasi-tort *s* czyn prawie ⟨niemal⟩ niedozwolony
quasi-usufruct *s* prawo użytkowania rzeczy z obowiązkiem zwrotu nowej rzeczy tego samego rodzaju
quay¹ *s* nabrzeże, keja
~ **berth** miejsce postoju statku na nabrzeżu

~ **dues** opłaty portowe ⟨brzegowe⟩
~ **handling charges** opłaty za przeładunki na nabrzeżu
~ **operations** operacje przeładunkowe na nabrzeżu
~ **port** port z nabrzeżami
~ **receipt** kwit kejowy ⟨składowy⟩, pokwitowanie przyjęcia przesyłki na skład portowy
~ **terms** warunki załadunku i wyładunku na nabrzeżu
customs ~ nabrzeże celne
ex ~ z nabrzeża
free at ⟨**on**⟩ ~ franko nabrzeże
legal ~ nabrzeże celne
loading ~ nabrzeże załadowcze
passing over ~ przeładunek przez nabrzeże
quay² *v* składać na nabrzeżu
quayage *s* opłaty portowe ⟨przystaniowe, brzegowe⟩
queen *s* królowa
~ **consort** królewska małżonka, małżonka króla
~ **dowager** królowa-wdowa
Queen in Council *bryt.* władza wykonawcza
Queen in Parliament *bryt.* władza ustawodawcza
~ **regnant** panująca królowa
Queen's advocate *bryt.* adwokat królewski (*adwokat państwowy do spraw morskich, rodzinnych i spadkowych, doradca w zagadnieniach prawa międzynarodowego*)
Queen's Bench *bryt. hist.* Sąd Ławy Królewskiej (*do 1873 r.*)
Queen's Bench Division *bryt.* Wydział Ławy Królewskiej (Sądu Najwyższego)
Queen's Counsel *bryt.* radca ⟨adwokat⟩ królewski (*tytuł honorowy adwokata*)
Queen's evidence *bryt.* dowód obciążający (*w postaci zeznań jednego z kilku oskarżonych, któremu obiecano ułaskawienie*)
Queen's speech *bryt.* mowa tronowa
query¹ *s* 1. zapytanie, pytanie 2. badanie, dociekanie 3. wątpliwość, obiekcja
to raise a ~ poddawać w wątpliwość, podnosić kwestię
query² *v* 1. pytać, dowiadywać się 2. dociekać, badać 3. poddawać w wątpliwość, kwestionować
quest¹ *s* 1. poszukiwanie 2. śledztwo
in ~ **of sb, sth** w poszukiwaniu kogoś, czegoś
quest² *v* szukać, poszukiwać (**for** ⟨**after**⟩ **sth** czegoś)
question¹ *s* 1. pytanie 2. zagadnienie, kwestia, sprawa 3. wątpliwość
~ **at issue** sporne zagadnienie, kwestia sporna
~ **form** kwestionariusz
~ **of confidence** kwestia zaufania
~ **of fact** kwestia faktu, zagadnienie faktyczne
~ **of importance** ważna sprawa
~ **of law** zagadnienie prawne, kwestia prawna
contentious ~ kwestia sporna
legal ~ kwestia prawna
the matter in ~ *a*) sprawa, o której mowa *b*) sprawa sporna
open ~ kwestia nierozstrzygnięta, zagadnienie otwarte
to be beside the ~ nie mieć związku ze sprawą
to be beyond the ~ być bezspornym, nie podlegać dyskusji
to be out of the ~ nie wchodzić w rachubę
to bring up a ~ podnosić kwestię

to call in ~ poddawać w wątpliwość, kwestionować
to come in ~ wchodzić w rachubę, być przedmiotem dyskusji
to put the ~ poddać sprawę pod głosowanie
question² *v* 1. pytać 2. badać, dociekać 3. kwestionować
questionable *adj* niejasny, wątpliwy, sporny
~ **statement** niejasne oświadczenie
questionary *s* kwestionariusz
questionnaire *s fr.* kwestionariusz, ankieta
qui *pron łac.* kto
~ **prior est tempore potior est jure** *łac.* kto pierwszy, ten lepszy
~ **tacet consentire videtur** *łac.* kto milczy, ten się zgadza
quick *adj* szybki, żwawy
~ **assets** aktywa łatwe do upłynnienia
~ **liabilities** krótkoterminowe zobowiązania
~ **recovery** szybki powrót do zdrowia, szybkie wyzdrowienie
~ **return(s)** ⟨**turnover**⟩ szybki obrót (*handlowy*)
~ **sale** szybka sprzedaż, łatwy zbyt
~ **shipment** szybka wysyłka
quicken *v* 1. przyspieszać 2. ożywiać
to ~ **the market** ożywiać rynek
quid pro quo *łac.* usługa za usługę, kompensacja
quiet¹ *s* spokój, cisza, zastój
on the ~ po cichu, cichaczem, w tajemnicy
quiet² *adj* spokojny, cichy
~ **enjoyment** spokojne władanie ⟨posiadanie⟩
~ **market** spokojny rynek
~ **season** martwy sezon
quiet³ *v* uspokajać
quinquennial *adj* pięcioletni, zdarzający ⟨odbywający⟩ się co pięć lat
~ **valuation** ocena dokonywana co pięć lat
quit¹ *adj* wolny, uwolniony (**of sth** od czegoś)
to get ~ **of one's debts** zostać uwolnionym od długów
quit² *v* (**quit, quitted**, *pp* **quit, quitted**) 1. opuścić, odjechać 2. opłacać, spłacać
to ~ **hold** pozbyć się (**of sth** czegoś)
to ~ **office** opuścić urząd
to ~ **work** porzucić pracę
notice to ~ wypowiedzenie umowy najmu ⟨dzierżawy, o pracę⟩
quitclaim¹ *s* zrzeczenie się, zrzeczenie się prawa (*do czegoś*)
~ **deed** akt zrzeczenia się
quitclaim² *v* zrzekać się, zrzekać się prawa (*do czegoś*)
quitrent *s* czynsz w gotówce płacony zamiast usługi (*odrobku*)
quittance *s* 1. odpłata, spłata 2. uwolnienie (**from sth** od czegoś) 3. kwit, pokwitowanie
omittence is no ~ brak przypomnienia nie równa się zwolnieniu od długu
quorum *s łac.* kworum, komplet
a ~ **is not present** brak kworum ⟨kompletu⟩
to form ⟨**constitute**⟩ **a** ~ tworzyć kworum
quota *s* 1. kwota 2. kontyngent 3. część, udział
~ **of profits** udział w zyskach
~ **system** system kontyngentowania, dystrybucja
abolition of a ~ zniesienie kontyngentu

export ⟨**import**⟩ ~ kwota eksportowa ⟨importowa⟩
global ~ kwota globalna
immigration ~ kontyngent imigracyjny
tariff ~ stawka celna
to exhaust the ~ wykorzystać kontyngent
to fix ⟨**establish**⟩ ~**s for sth** ustalać kontyngenty na coś
to take up the ~ wyczerpać kontyngent
quotation *s* **1.** notowanie (*kursów giełdowych*) **2.** podawanie ceny ⟨kursu⟩ **3.** oferta, propozycja **4.** kurs, cena, stawka **5.** cytat
~ **c.i.f.** ⟨**f.o.b., f.a.s.**⟩ notowanie ⟨podawanie ceny⟩ c.i.f. ⟨f.o.b., f.a.s.⟩
~ **of the day** notowanie ⟨kurs⟩ dnia
~ **of exchange rates** notowanie kursów dewizowych
~ **of a price** podanie ceny
actual ~**s** kurs rzeczywisty ⟨aktualny⟩
asked ~ kurs w sprzedaży
bid ~ kurs zakupu
closing ~ notowanie końcowe
export ~ podanie ceny i warunków eksportowych
flat ~ notowanie bezprocentowe
indirect ⟨**direct**⟩ ~ notowanie pośrednie ⟨bezpośrednie⟩
latest ~**s** ostatnie notowania (*giełdowe*)
list of ~**s** ceduła notowań giełdowych
loco ~ cena loko
market ~ notowanie rynkowe
official ~ notowania oficjalne, stawka oficjalna

opening ~ notowanie otwarcia (*giełdy*)
previous ~ poprzednie notowanie
price ~ *a)* podanie ceny ⟨kursu⟩ *b)* notowanie cen ⟨kursów⟩
share ~ notowanie kursów akcji
spot ~ podawanie ceny sprzedaży z natychmiastową dostawą
tape ~ notowanie telegraficzne kursów
to admit to ~ dopuścić (*np. akcje*) do notowania na giełdzie
quote *v* **1.** cytować, przytaczać **2.** podawać (*cenę, warunki*) **3.** oferować towar **4.** notować kurs
to ~ **low** podawać niską cenę
to ~ **per unit** podawać cenę od sztuki
to ~ **a price** podawać cenę (**for sth** czegoś)
to ~ **a rate** podawać stawkę
to ~ **terms** podawać warunki
quoted *pp adj* **1.** notowany **2.** cytowany
~ **at the exchange** notowany na giełdzie
~ **company** spółka, której akcje notowane są na giełdzie
~ **in the official list** notowany na oficjalnym wykazie ⟨na giełdzie⟩
~ **price** kurs notowany na giełdzie
as ~ zgodnie z ofertą, według oferty
to be ~ być notowanym (**at...** po...)
quotient *s* iloraz
intelligence ~ współczynnik ⟨iloraz⟩ inteligencji
quo varranto *s łac.* sądowy nakaz okazania tytułu do korzystania z praw ⟨ze stanowiska, przywileju itp.⟩

R

race[1] *s* **1.** rasa **2.** szczep, plemię **3.** ród, pochodzenie (*człowieka*)
~ **hatred** nienawiść rasowa
~ **riot** *am.* rozruchy na tle rasowym
~ **segregation** segregacja rasowa
human ~ ród ludzki
purity of ~ czystość rasowa
race[2] *s* **1.** wyścig **2.** gonitwa **3.** *pl* **races** wyścigi konne
~ **arms** ⟨**armaments**⟩ wyścig zbrojeń
race[3] *v* **1.** ścigać się (**with** ⟨**against**⟩ **sb** z kimś) **2.** brać udział w wyścigach
racial *adj* rasowy, dotyczący rasy
~ **discrimination** dyskryminacja rasowa
~ **hatred** nienawiść rasowa
~ **minorities** mniejszości rasowe
~ **prejudice** uprzedzenia rasowe
racism *s* rasizm
racist *s* rasista
rack[1] *s* koło tortur
to put to the ~ łamać kołem, poddawać torturom
rack[2] *v* **1.** łamać kołem, poddawać torturom **2.** *przen.* zdzierać skórę, ściągać czynsz (*z lokatorów, dzierżawców*)
to ~ **tenants** ściągać nadmierny czynsz od dzierżawców

racket *s pot.* **1.** oszustwo, krętactwo, nieuczciwe praktyki **2.** szantaż, wymuszenie **3.** organizacja przestępcza, gang
blackmail ~ *pot.* gang szantażystów
racketeer *s pot.* **1.** szantażysta, oszust, gangster **2.** spekulant nie przebierający w środkach **3.** członek gangu
racketeering *s pot.* **1.** szantaż, wymuszenie **2.** nieuczciwa spekulacja **3.** działalność gangsterska
rack(-)rent *s* wygórowany czynsz dzierżawny
rack(-)renter *s* lokator płacący wygórowany czynsz
radar *s* radar, radiolokator
~ **tracking** śledzenie ⟨obiektu⟩ radarem
~ **trap** kontrola radarowa (*w ruchu drogowym*)
radiation *s* **1.** promieniowanie, radiacja **2.** naświetlanie promieniami **3.** radioaktywność
~ **counter** licznik promieniowania
~ **intensity** ⟨**strength**⟩ siła promieniowania
~ **sickness** choroba popromienna
atomic ~ promieniowanie atomowe
radical *adj* zasadniczy, podstawowy, istotny
~ **change** ⟨**turn**⟩ radykalna zmiana
~ **error** istotny błąd
radicalism *s* radykalizm
radio[1] *s* **1.** radio **2.** aparat radiowy **3.** depesza radiowa

~ **advertising** reklama radiowa
~ **announcement** komunikat radiowy
~ **broadcasting** nadawanie przez radio
~ **communication** a) komunikacja ⟨łączność⟩ radiowa b) połączenie radiowe
by ~ drogą radiową
to send a message by ~ przesłać wiadomość drogą radiową
radio² v nadawać przez radio, wysyłać radiogram
radio-active adj radioaktywny, promieniotwórczy
~ **area** rejon radioaktywny ⟨skażony radioaktywnością⟩
~ **fall-out** opad radioaktywny
~ **substances** substancje radioaktywne
~ **waste** odpady radioaktywne ⟨promieniotwórcze⟩
radioactivity s radioaktywność
~ **of atmosphere** radioaktywność atmosfery
to detect ~ wykrywać radioaktywność
radiogram s 1. radiogram, depesza radiowa, telegram radiowy 2. zdjęcie rentgenowskie
radius s 1. promień (koła) 2. zasięg ⟨zakres⟩ działania
~ **of trading** zasięg żeglugi (szlaki, na których statek może być eksploatowany przez czarterującego)
cruising ~ zasięg pływania (statku)
within the ~ **of...** w zasięgu...
raft¹ s tratwa
raft² v przewozić tratwami
RAFT Definitions spl = **Revised American Foreign Trade Definitions**; zob. **revised**
rafter, raftsman s flisak
raid¹ s 1. najazd 2. napad 3. obława (policyjna), łapanka
a ~ **on the bank** napad (bandycki) na bank
air ~ nalot powietrzny ⟨lotniczy⟩
police ~ obława policyjna
smash-and-grab ~ napad (przeważnie na sklep) z wybiciem szyb i rabunkiem
raid² v 1. dokonać nalotu 2. zrobić obławę 3. giełd. sztucznie obniżać kurs (rzucając duże ilości akcji do sprzedaży)
raider s 1. grabieżca 2. osoba dokonująca napadu ⟨nalotu⟩
rail¹ s 1. kolej 2. nadburcie (statku) 3. bariera, ogrodzenie 4. pl rails akcje ⟨obligacje⟩ kolejowe
~ **carriage** transport kolejowy
~ **carrier** przewoźnik kolejowy
~ **connection** połączenie kolejowe
~ **port** port, w którym większość przeładunków odbywa się z kolei na statek
~ **traffic** ruch kolejowy
by ~ koleją
free on ~ franko wagon kolejowy
price on ~ cena franko
ship's ~ nadburcie statku
rail² v 1. oddzielać barierą, odgradzać 2. przewozić koleją 3. jechać koleją
railage s 1. przewóz kolejowy 2. opłata za przewóz kolejowy
rail-air s am. przesyłka kolejowo-lotnicza
railroad¹ s am. 1. kolej 2. pl **railroads** akcje ⟨obligacje⟩ kolejowe
~ **bill of lading** ⟨**waybill**⟩ am. kolejowy list przewozowy
~ **car** am. wagon kolejowy
~ **demurrage** am. opłata za przestój wagonu na stacji

~ **freight** am. fracht kolejowy
~ **loss** am. strata wynikła w czasie transportu kolejowego
~ **schedule** am. kolejowy rozkład jazdy
~ **(uniform) through bill of lading** am. konosament bezpośredni kolejowo-morski
railroad² v 1. am. przewozić koleją 2. pospiesznie ⟨podstępnie⟩ nakłonić (**sb into sth** kogoś do czegoś) 3. pospiesznie przeprowadzić (np. uchwalenie ustawy, zrealizowanie czegoś) 4. am. spowodować uwięzienie (np. przeciwnika politycznego)
railway s 1. kolej 2. tor kolejowy
~ **accident** wypadek kolejowy
~ **advice** zawiadomienie o nadejściu przesyłki kolejowej
Railway and Canal Commission bryt. Komisja Kolei i Kanałów
~ **brotherhood** am. związek zawodowy kolejarzy
~ **car** am. wagon kolejowy
~ **carriage** a) transport kolejowy b) bryt. wagon kolejowy
~ **carting agent** ekspedytor kolejowy
~ **charges** fracht kolejowy
~ **company** towarzystwo kolejowe
~ **connection** połączenie kolejowe
~ **crossing** przejazd kolejowy (skrzyżowanie)
~ **freight** fracht kolejowy
~ **goods traffic** kolejowe przewozy towarowe
~ **guide** ⟨**schedule, time-table**⟩ kolejowy rozkład jazdy
~ **junction** węzeł kolejowy
~ **letter** list dworcowy, pot. dworcówka
~ **line** linia kolejowa
~ **market** rynek kolejowy
~ **mileage** odległość kolejowo-taryfowa w milach
~ **network** ⟨**system**⟩ sieć kolejowa
~ **rate** kolejowa stawka frachtowa
~ **rates** ⟨**tariff**⟩ taryfa kolejowa
Railway Rates Tribunal bryt. Trybunał Taryf Kolejowych
~ **shares** ⟨**stocks**⟩ kolejowe akcje ⟨papiery wartościowe⟩
~ **siding** bocznica kolejowa
~ **station** stacja kolejowa
~ **terminal** końcowa stacja kolejowa
~ **ticket** bilet kolejowy
~ **traffic** komunikacja kolejowa, przewozy kolejowe, transport kolejowy
~ **transport** transport kolejowy
~ **truck** ⟨**wag(g)on**⟩ wagon kolejowy
~ **weight** waga ustalona przez kolej
~ **worker** pracownik ⟨robotnik⟩ kolejowy
at ~ **station** a) na stacji kolejowej b) loko stacja kolejowa
to send by ~ posłać koleją
to work on the ~ pracować na kolei
raise¹ s am. podwyżka (płac, stawek itp.)
raise² v 1. podnosić, wznosić, unosić 2. uprawiać, hodować 3. zbierać, zdobywać 4. am. podrabiać 5. wychowywać, uczyć 6. znosić, usuwać 7. zdejmować, uchylać
to ~ **action** szkoc. wnieść powództwo
to ~ **(the) anchor** podnosić kotwicę
to ~ **a blocade** znieść blokadę
to ~ **capital** podwyższać kapitał
to ~ **a claim** zgłaszać pretensję ⟨reklamację⟩

to ~ **defence** podnosić zarzuty przeciwko powództwu

to ~ **difficulties** robić trudności

to ~ **discontent** wzbudzać niezadowolenie

to ~ **the discount rate** podwyższyć stopę procentową

to ~ **an embargo** znieść embargo

to ~ **funds** mobilizować kapitał

to ~ **funds by subscription** zdobywać kapitał w drodze subskrypcji

to ~ **one's glass to ...** wznieść toast za ...

to ~ **issue** ustalić sporną kwestię (*podlegającą rozpoznaniu*)

to ~ **a loan** ⟨money⟩ zaciągnąć pożyczkę

to ~ **material and cultural standards** podnieść poziom materialny i kulturalny

to ~ **a monument** wznieść ⟨postawić⟩ pomnik

to ~ **objections** podnosić ⟨wnosić⟩ zastrzeżenia

to ~ **a point of order** wystąpić w sprawie porządku dziennego (*zebrania*)

to ~ **presumption** powołać się na domniemanie

to ~ **a price** podwyższyć cenę

to ~ **a promise** powołać się na przyrzeczenie

to ~ **quarantine** znieść kwarantannę

to ~ **a question** podnieść kwestię

to ~ **the rent** podwyższyć ⟨podnieść⟩ czynsz

to ~ **restrictions** znieść ograniczenia ⟨restrykcje⟩

to ~ **taxes** podnieść ⟨podwyższyć⟩ podatki

to ~ **to a higher level** podnieść na wyższy poziom

to ~ **wages** podnieść płace

raised *adj* 1. podniesiony 2. podwyższony 3. podrobiony, przerobiony

~ **bill** *am.* podrobiony banknot (*na wyższą wartość*)

~ **check** *am.* podrobiony ⟨przerobiony⟩ czek (*na wyższą sumę*)

raising *s* 1. podniesienie 2. wniesienie 3. zniesienie, uchylenie

~ **of the ban** zniesienie ⟨uchylenie⟩ zakazu

~ **of the bank rate** podwyższenie stopy procentowej

~ **of objections** wniesienie zastrzeżeń

~ **of rents** podwyższenie ⟨podwyżka⟩ czynszów

~ **of taxes** podwyższenie podatków

rally[1] *s* 1. zebranie (się) na nowo, umocnienie się, konsolidacja 2. poprawa, ożywienie

market ~ ożywienie na rynku, poprawa sytuacji rynkowej

rally[2] *v* 1. zebrać (się) na nowo, umocnić (się), skonsolidować (się) 2. poprawić (się), odzyskać siły, ożywić (się)

prices ~ ceny podnoszą się

ramp[1] *s* rampa; platforma; ładownia

loading ~ rampa załadowcza

ramp[2] *s* 1. oszustwo 2. wymuszanie pieniędzy, szantaż 3. wyśrubowane ceny

ramp[3] *v* 1. oszukiwać 2. wymuszać pieniądze (**sb** od kogoś), szantażować

ranch[1] *s am.* ranczo, ferma hodowlana

ranch[2] *v am.* prowadzić ranczo ⟨fermę hodowlaną⟩

rancher *s am.* rancher, właściciel fermy hodowlanej

random[1] *s:* **at** ~ wyrywkowo

random[2] *adj* wyrywkowy, przypadkowy, losowy

~ **fluctuations** wahania przypadkowe ⟨losowe⟩

~ **inspection** ⟨**check**⟩ wyrywkowa kontrola

~ **sample** wyrywkowa próbka, próbka pobrana wyrywkowo

stratified ~ **sampling** *stat.* badanie reprezentacyjne warstwowe

range[1] *s* 1. szereg, rząd 2. zasięg, rozpiętość 3. zakres, dziedzina 4. „rendż", porty określonego wybrzeża (*położone pomiędzy dwoma krańcowymi portami*)

~ **additional** dodatek „rendżowy" (*do stawki konferencyjnej*)

~ **for cable** ⟨**transfers**⟩ rozpiętość kursów przekazów telegraficznych

~ **of activity** zakres działania

~ **of a definition** zakres definicji

~ **of goods** asortyment towarów

~ **of patterns** asortyment próbek ⟨wzorów⟩

~ **of a port** „rendż" (*zasięg portów pływania statków danej linii*)

~ **of products** asortyment produktów ⟨wyrobów⟩

~ **of samples** kolekcja próbek

~ **of sizes** asortyment wielkości ⟨rozmiarów⟩

~ **port** *a)* port drugorzędny dowozowy *b)* port należący do danego „rendżu"

the Northern ~ porty amerykańskiego wybrzeża Atlantyku

out of ~ poza zasięgiem

price ~ skala kursów ⟨cen⟩

salary ~ skala płac

trading ~ zasięg pływania (*statku*)

within a ⟨**the**⟩ ~ **of...** w zakresie... (od... do...)

range[2] *v* 1. uszeregować 2. brać czyjąś stronę 3. zaliczać 4. wahać się (*w określonych granicach*)

price ~ **s from... to...** ⟨**between... and...**⟩ cena waha się od... do...

rank[1] *s* 1. szereg 2. klasa; grupa; kategoria 3. ranga; stanowisko 4. kolejność

bank ~ pierwszorzędny bank

birth ~ kolejność urodzenia

house of first ~ pierwszorzędny dom towarowy

rank[2] *adj* 1. ordynarny, obrzydliwy, bezwstydny 2. kompletny, zupełny, oczywisty, wierutny 3. zjełczały, zepsuty

~ **and file member** zwykły ⟨szeregowy⟩ członek

~ **injustice** krzycząca niesprawiedliwość

~ **lie** wierutne kłamstwo

~ **swindler** zwykły oszust

rank[3] *v* 1. ustawiać w szereg 2. zaszeregować ⟨zaliczać (się)⟩ (**among...** do...) 3. klasyfikować, przyznawać miejsce 4. liczyć się (**as...** jako...)

to ~ **after** ⟨**before**⟩ **sb, sth** ustawiać za ⟨przed⟩ kimś, czymś

to ~ **according to the date** zaszeregować ⟨posegregować⟩ według dat

to ~ **creditors (in bankruptcy)** szeregować wierzycieli (bankruta)

to ~ **(equally) with sb** stać na równi z kimś

to ~ **first for dividend** kwalifikować się w pierwszej kolejności do dywidendy

to ~ **high among specialists** zaliczać się do najlepszych specjalistów

to ~ **pari passu** (*o akcjach, obligacjach*) stać jednakowo

this quality ~ **s with the other** ten gatunek dorównuje tamtemu

ranking *s* zaszeregowanie

ransack *v* 1. dokładnie przeszukiwać 2. rabować, grabić

ransom[1] *s* **1.** okup **2.** zwolnienie za okupem
  to hold sb to ~ żądać okupu za kogoś
  to pay ~ zapłacić okup
ransom[2] *v* **1.** płacić okup (**sb** za kogoś) **2.** żądać okupu
rape[1] *s* **1.** porwanie, uprowadzenie **2.** gwałt, zgwałcenie
  attempted ~ usiłowanie zgwałcenia
  to commit a ~ popełnić gwałt
rape[2] *v* **1.** porwać (*kobietę*) **2.** zgwałcić **3.** pogwałcić neutralność
  to ~ **a country** pogwałcić neutralność kraju
  to ~ **a woman** zgwałcić kobietę
rapid *adj* **1** szybki, prędki, bystry **2.** stromy
  ~ **sale** szybki ⟨łatwy⟩ zbyt
  ~ **upsurge** szybki wzrost ⟨rozkwit⟩
rare *adj* **1.** rzadki, niezwykły, nadzwyczajny **2.** niespotykany, występujący w małych ilościach
  the capital is ~ brakuje kapitału, trudno jest o kapitał
rarity *s* rzadkość
  ~ **of capital** niedostatek kapitału
ratable *adj* **1.** proporcjonalny **2.** podlegający opodatkowaniu
  ~ **freight** fracht proporcjonalny (*do odległości*)
  ~ **value** wartość podlegająca opodatkowaniu
  to be ~ podlegać opodatkowaniu
rate[1] *s* **1.** norma, stopa, miara **2.** cena, kurs **3.** stawka **4.** taryfa **5.** klasa, kategoria **6.** szybkość, tempo **7.** *pl* **rates** *a*) taryfa *b*) wskaźniki *c*) *bryt.* podatek komunalny
  ~ **asked** kurs sprzedaży
  ~ **book** taryfa (*publikacja*), cennik
  ~ **card** taryfa rozsyłana dla celów reklamowych
  ~ **fixing** ustalanie taryfy, taryfikacja
  ~ **fluctuations** fluktuacja kursów
  ~ **for bank loans** oprocentowanie pożyczek bankowych
  ~ **for gold** kurs złota
  ~ **for telegraphic transfers** kurs przekazów telegraficznych
  ~ **of brokerage** stawka prowizji maklerskiej
  ~ **of charges** stawka opłat
  ~ **of commission** stawka prowizyjna
  ~ **of the day** kurs dnia
  ~ **of depreciation** stopa amortyzacyjna
  ~ **of devaluation** stopa inflacyjna
  ~ **of discount** stopa dyskontowa
  ~ **of duty** stopa podatkowa
  ~ **of exchange** *a*) kurs dewizowy *b*) kurs przeliczeniowy *c*) kurs wekslowy
  ~ **of freight** stawka frachtowa
  ~ **of growth** tempo ⟨stopa⟩ wzrostu
  ~ **of increase** tempo wzrostu ⟨podwyżki⟩
  ~ **of industrialization** tempo industrializacji
  ~ **of inflation** stopa inflacji
  ~ **of insurance** stawka ubezpieczeniowa
  ~ **of interest** stopa procentowa
  ~ **of investment** tempo ⟨wzrost⟩ inwestycji
  ~ **of issue** kurs emisyjny
  ~ **of loading** norma załadunku
  ~ **of natural loss** norma ubytku naturalnego
  ~ **of premium** stawka ubezpieczeniowa (*z uwzględnieniem premii ubezpieczeniowej*)
  ~ **of profit** stopa zysku
  ~ **of return** rentowność, opłacalność

~ **of wages** stawka płac
~ **per cent** stawka procentowa
agreed ~ kurs uzgodniony
asked ~ *giełd.* kurs na żądanie
assessment ~ stopa podatkowa, stawka opodatkowania
at the ~ **of...** *a*) po cenie ⟨kursie⟩... *b*) w stosunku ⟨według proporcji⟩...
at any ~ w każdym razie ⟨przypadku⟩
at a cheap ⟨**low**⟩ ~ po niskiej cenie, tanio
at an easy ~ tanim kosztem
at that ⟨**this**⟩ ~ w takim razie, w takich okolicznościach
average ~ stawka ⟨stopa⟩ przeciętna, kurs przeciętny
backwardation ~ *giełd.* kurs deportowy
bank ~ *a*) bankowa stopa dyskontowa *b*) bankowa stopa procentowa
Bank ~ *bryt.* stopa dyskontowa Banku Angielskiego
base ~ stawka zasadnicza
berth ~ liniowa stawka frachtowa
bill ~ stopa wekslowa
birth ~ współczynnik urodzeń
buying ~ *a*) *giełd.* kurs zakupu *b*) *stat.* wskaźnik zakupów
cable ~ kurs przekazu telegraficznego
cargo ⟨**freight**⟩ ~ stawka frachtowa
carrying-over ~ *giełd.* kurs reportowy ⟨prolongacyjny⟩
cartage ~ stawka przewozowa
charter ~ stawka czarterowa
clearing ~ kurs rozrachunkowy ⟨kliringowy⟩
closing ~ *giełd.* kurs zamknięcia
commission ~ stawka prowizyjna
conference ~ konferencyjna stawka frachtowa
contango ⟨**continuation**⟩ ~ *giełd.* kurs reportowy ⟨prolongacyjny⟩
crude ~ *stat.* współczynnik brutto
currency ~ stawka walutowa
current ~ *a*) kurs dnia *b*) stawka bieżąca
customs ~**s** taryfa celna
custom tariff ~ stawka celna
day's ~ *a*) norma dzienna *b*) kurs dnia
death ~ *stat.* współczynnik zgonów
difference in ~**s** rozpiętość kursów ⟨cen⟩
discharging ~ norma wyładunku
discount ~ stopa dyskontowa
excess-baggage ~ stawka za nadwyżkę bagażu
exchange ~ kurs wymiany
fertility ~ *stat.* współczynnik płodności
firm ~ *a*) stały kurs *b*) mocny kurs
fixed ~ stała stawka ⟨cena⟩, stały kurs
flat ~ stała opłata ⟨stawka⟩
free exchange ~ kurs walut wymienialnych ⟨wolnych dewiz⟩
freight ~ stawka frachtowa
goods ~**s** taryfa towarowa
graduated ~ stawka progresywna
inclusive ~ stawka ryczałtowa
inland ~ taryfa krajowa
insurance ~ stawka ubezpieczeniowa
interest ~ stopa procentowa
legal ~ kurs urzędowy ⟨oficjalny⟩
legal ~ **of interest** urzędowa stopa procentowa
lending ~ pożyczkowa stopa procentowa

letter ~ **s** pocztowa taryfa przewozu listów
liner ~ stawka frachtowa w żegludze liniowej
local ~ **s** (lokalny) podatek od nieruchomości
lombard ~ stawka lombardowa
long ~ *a*) kurs dewiz długoterminowy *b*) stawka ubezpieczenia długoterminowego
lump-sum ~ stawka ryczałtowa
marine ~ stawka ubezpieczenia morskiego
market ~ *a*) cena rynkowa *b*) nieoficjalna stopa dyskontowa
maximum ⟨**minimum**⟩ ~ stawka maksymalna ⟨minimalna⟩
measurement ~ stawka frachtowa zależna od kubatury ładunku
minimum lending ~ minimalna stopa pożyczkowa
money ~ stawka pieniężna
multiple ~ (**of exchange**) wieloraki kurs wymiany
night's ~ taryfa nocna, stawki nocne
nominal ~ kurs nominalny
non-conference ⟨**open**⟩ ~ stawka frachtowa niekonferencyjna
official ~ kurs urzędowy, stopa urzędowa
opening ~ *giełd.* kurs otwarcia
owner's risk ~ stawka za przewóz kolejowy na ryzyko właściciela
parcel ~ **s** pocztowa taryfa przewozu paczek
par ~ **of exchange** parytet walutowy
part-load ~ stawka za przewóz drobnicy
passenger ~ **s** taryfa przewozów pasażerskich
piece ~ stawka akordowa
postage ⟨**postal**⟩ ~ **s** taryfa usług pocztowych
preferential ~ stawka preferencyjna ⟨uprzywilejowana⟩
prevailing ~ istniejąca ⟨aktualna⟩ stawka
private discount ~ stopa dyskontowa pozabankowa
progressive ⟨**scale**⟩ ~ stawka progresywna
quantity ~ stawka zależna od ilości
quotation of exchange ~ **s** notowanie kursów dewizowych
railway ~ **s** taryfa przewozów kolejowych
reduced ~ stawka ulgowa
seller's ⟨**selling**⟩ ~ *giełd.* kurs sprzedaży, stawka sprzedażna
severity ~ *stat.* wskaźnik ciężkości wypadków
short ~ *a*) kurs dewiz krótkoterminowy *b*) stawka ubezpieczenia krótkoterminowego (*do 1 roku*)
sight ~ kurs wekslowy awista
single ~ **of exchange** jednolity kurs wymiany
special ~ stawka specjalna
specific ~ określona stopa ⟨stawka⟩
standardized ~ stawka standaryzowana
subscription ~ stawka abonamentowa
tariff ~ **s** stawki taryfowe
tax ~ stopa podatkowa
telegraph ~ **s** taryfa usług telegraficznych
time ~ stawka płacy czasowej
to-day's ~ stawka ⟨kurs⟩ (*dzisiejszego*) dnia
transportation ~ **s** taryfa przewozowa, stawki przewozowe
truck-load ~ stawka frachtowa całowagonowa
uniform ~ jednolita stawka (*od wagi*)
varying ~ **of exchange** zmienny kurs wymiany
wage ~ stawka płac
to apply a ~ zastosować taryfę ⟨stawkę⟩

rate² *v* **1.** szacować, taksować, oceniać **2.** ustalać stawkę **3.** zaliczać (do ...) **4.** opodatkować **5.** klasyfikować
to ~ **high** wysoko cenić
to ~ **a property at a certain sum** szacować nieruchomość na pewną sumę
rateable *adj* podlegający opodatkowaniu
~ **deductions from pay** potrącanie podatków od płac
~ **value** wartość (*nieruchomości*) podlegająca opodatkowaniu
rate-sided *adj* subwencjonowany z podatków lokalnych
rated *pp adj* oszacowany, wyceniony
to be ~ **above the value** być szacowanym powyżej wartości
to be ~ **at...** być oszacowanym na...
rate-payer *s* podatnik (*płacący lokalne podatki*)
rater *s* taksator
ratification *s* **1.** ratyfikacja, ratyfikowanie, potwierdzenie **2.** *pl* **ratifications** dokumenty ratyfikacyjne
~ **of a treaty** ratyfikacja traktatu ⟨układu⟩
exchange of ~ **s** wymiana dokumentów ratyfikacyjnych
instruments of ~ dokumenty ratyfikacyjne
ratify *v* ratyfikować, potwierdzać
to ~ **an appointment** zatwierdzać nominację
to ~ **a contract** potwierdzić umowę
to ~ **a treaty** ratyfikować traktat ⟨układ⟩
rating *s* **1.** oszacowanie, otaksowanie, ocena **2.** opodatkowanie **3.** klasyfikacja **4.** klasa, kategoria
~ **qualification** cenzus podatkowy
credit ~ ocena zdolności kredytowej
financial ~ ocena sytuacji finansowej
market ~ kurs giełdowy ⟨rynkowy⟩
merit ~ ocena walorów (*maszyny*)
performance ~ ocena wydajności
personnel ~ ocena personelu ⟨pracowników⟩
priority ~ ustanowienie pierwszeństwa ⟨kolejności⟩
ship ⟨**vessel**⟩ ~ zaklasyfikowanie statku
to receive a good ~ uzyskać wysoką ocenę
ratio¹ *s łac.:* ~ **decidendi** motywy rozstrzygnięcia
ratio² *s* **1.** stosunek, proporcja **2.** współczynnik, wskaźnik **3.** stopa, udział **4.** iloraz
~ **of current assets to current liabilities** stosunek bieżących środków do zobowiązań krótkoterminowych
~ **of exchange** stosunek kursowy
~ **of import prices to export prices** stosunek cen importu do cen eksportu
~ **of merchandise to sales** stosunek zapasów towarowych do sprzedanych towarów
~ **of reserves to liabilities** stosunek rezerw do zobowiązań
capital-labour ~ współczynnik kapitał-praca
capital-output ~ współczynnik kapitał-produkcja
cover ~ stosunek pokrycia (*banknotów*)
liquidity ~ współczynnik płynności
net income ~ stopa dochodowości netto
ration¹ *s* **1.** racja, przydział, porcja **2.** *pl* **rations** aprowizacja
~ **book** książeczka żywnościowa
~ **card** kartka żywnościowa
iron ⟨**emergency**⟩ ~ żelazna porcja
ration² *v* **1.** racjonować, przydzielać **2.** wydawać ⟨sprzedawać⟩ na kartki ⟨talony⟩
to ~ **food** racjonować żywność

rational *adj* **1.** racjonalny, sensowny, rozsądny **2.** wymierny
~ **explanation** rozsądne wyjaśnienie
rationalism *s* racjonalizm
rationalization *s* racjonalizacja, usprawnienie
rationalize *v* racjonalizować, usprawniać
rationed *adj* racjonowany
~ **goods** towary racjonowane ⟨na przydział⟩
rationing *s* racjonowanie, system przydziału
ravishment *s* **1.** porwanie **2.** gwałt, zgwałcenie
raw *adj* surowy, nie obrobiony
~ **data** nie opracowane ⟨surowe⟩ dane
~ **material** surowiec
~ **produce** produkty po wstępnej obróbce
~ **product** surowy produkt, produkt po wstępnej obróbce
re *praep* **1.** dotyczy, odnośnie do **2.** w sprawie, co do
re your order w sprawie waszego zamówienia
in re w sprawie
reach[1] *s* **1.** zasięg, zakres, granice **2.** sięgnięcie (**for sth** po coś)
out of ⟨**beyond**⟩ ~ poza zasięgiem
within ~ w zasięgu
reach[2] *v* **1.** sięgać (**for sth** po coś) **2.** rozciągać się, sięgać **3.** przychodzić, dochodzić, osiągać
to ~ **the age limit** osiągnąć granicę wieku
to ~ **an agreement** osiągnąć porozumienie
to ~ **one's aim** osiągnąć cel
to ~ **a deadlock** znaleźć się w impasie
to ~ **a level** osiągnąć poziom
to ~ **old age** dojść do starości
to ~ **perfection** osiągnąć doskonałość, dojść do perfekcji
to ~ **the port of destination** przybyć do portu przeznaczenia
to ~ **a price** osiągnąć cenę
to ~ **sb by phone** połączyć się z kimś telefonicznie
react *v* **1.** reagować **2.** przeciwdziałać **3.** oddziaływać
reaction *s* **1.** reakcja **2.** oddziaływanie, przeciwdziałanie
chain ~ reakcja łańcuchowa
forces of ~ siły reakcyjne ⟨reakcji⟩
reactionary[1] *s* reakcjonista
reactionary[2] *adj* **1.** reakcyjny, wsteczny **2.** przeciwdziałający
~ **circles** koła reakcyjne
reactivation *s* reaktywizacja, ożywienie
read[1] *v* (**read, read**) **1.** czytać **2.** dorozumiewać się, interpretować **3.** studiować **4.** (*o tekście*) brzmieć **5.** (*o ustawie*) głosić
to ~ **as follows** brzmieć jak następuje ⟨następująco⟩
to ~ **for the bar** przygotowywać się do adwokatury
to ~ **(for the) law** studiować prawo
to ~ **a handwriting** odczytać pismo odręczne
to ~ **a report (to the meeting)** złożyć sprawozdanie (zebranym)
to ~ **a statement** odczytać oświadczenie
to ~ **a will** otworzyć i ogłosić ⟨odczytać⟩ testament
read[2] *pp*: ~ **and approved** odczytano i akceptowano
readable *adj* czytelny
~ **handwriting** czytelne pismo (*odręczne*)
readdress *v* **1.** przeadresować **2.** zwrócić się ponownie (*do kogoś*)

reader *s* **1.** czytelnik **2.** korektor **3.** recenzent **4.** wykładowca
readiness *s* **1.** gotowość, stan gotowości **2.** szybkość, łatwość
~ **of goods for shipment** gotowość towaru do wysłania
~ **to deliver** gotowość do dokonania dostawy
~ **to discharge** ⟨**unload**⟩ gotowość (*statku*) do wyładunku
~ **to lighten** gotowość (*statku*) do wyładowania ładunku na lichtugi
~ **to load** gotowość statku do załadunku
~ **to undertake a task** gotowość podjęcia się zadania
date of ~ data gotowości (*statku do załadunku lub wyładunku*)
notice of ~ zawiadomienie o gotowości
to hold in ~ trzymać w gotowości
readjournment *s* powtórne odroczenie
readjust *v* **1.** doprowadzić do porządku; zrewidować; poprawić **2.** zreorganizować **3.** przystosować
readjustment *s* **1.** doprowadzenie do porządku; poprawa **2.** reorganizacja **3.** przystosowanie
ready *adj* **1.** gotowy, przygotowany **2.** łatwy, szybki, łatwo osiągalny **3.** chętny, skłonny
~ **cash** *a)* płatność gotówkowa *b)* gotówka
~ **delivery** natychmiastowa dostawa
~ **delivery goods** towar ⟨dostawy⟩ loko
~ **for cargo** (*o statku*) gotowy do załadunku
~ **for collection** gotowy do inkasa
~ **for delivery** *a)* gotowy do dostawy *b)* gotowy do wydania
~ **for departure** gotowy do odjazdu
~ **for dispatch** gotowy do wysyłki
~ **for production** przygotowany do produkcji
~ **for sea** ⟨**to sail**⟩ (*o statku*) gotowy do wyjścia w morze
~ **for service** gotowy do eksploatacji
~ **for** ⟨**to**⟩ **shipment** *a)* gotowy do załadunku *b)* gotowy do wysyłki
~ **for use** gotowy ⟨przygotowany⟩ do użytku
~ **money** *a)* gotówka *b)* płatność gotówkowa
~ **money down** gotówką przy zakupie
~ **reckoner** tablica obliczeniowa (*zawierająca liczby wynikowe*)
~ **sale** łatwy ⟨szybki⟩ zbyt
~ **to deliver the cargo** gotowy do wydania ładunku
~ **to ship** (*o towarze*) gotowy do wysyłki ⟨załadunku⟩
~ **to start** (*o samolocie*) gotowy do startu
~ **to take in cargo** (*o statku*) gotowy do załadunku
for ~ **money** za gotówkę
to get ~ przygotować
to have ⟨**find**⟩ **a** ~ **market** ⟨**outlet, sale**⟩ mieć ⟨znaleźć⟩ łatwy ⟨szybki⟩ zbyt
to pay in ~ **money** (za)płacić gotówką
to keep ~ trzymać w pogotowiu
to meet with a ~ **sale** mieć łatwy zbyt
ready-made, ready-to-wear *adj* (*o odzieży*) gotowy (*nie na zamówienie*)
~ **clothes** konfekcja
reaffirmation *s* potwierdzenie
real *adj* **1.** prawdziwy, rzeczywisty, autentyczny **2.** istotny, faktyczny **3.** realny, rzeczowy, nieruchomy
~ **action** powództwo rzeczowe

~ **assets** nieruchomość wraz z przywiązanymi do niej prawami
~ **burden** ciężar realny, obciążenie rzeczowe ⟨hipoteczne⟩
~ **chattels** prawa majątkowe na nieruchomości
~ **contract** umowa realna ⟨rzeczowa⟩
~ **cost** prawdziwy ⟨rzeczywisty⟩ koszt
~ **estate** nieruchomość, majątek nieruchomy
~ **estate agent** *am.* agent ⟨pośrednik⟩ kupna ⟨sprzedaży⟩ nieruchomości
~ **estate bank** bank ziemski ⟨hipoteczny⟩
~ **estate loan** pożyczka hipoteczna, kredyt hipoteczny
~ **estate tax** podatek od nieruchomości
~ **evidence** dowód rzeczowy
~ **income** dochód rzeczywisty
~ **investment** inwestycja rzeczowa
~ **law** prawo rzeczowe
~ **money** *am.* pieniądz kruszcowy
~ **obligation** zobowiązanie rzeczowe
~ **property** = ~ **estate**
~ **servitute** służebność gruntowa
~ **tare** tara rzeczywista, rzeczywista waga opakowania
~ **terms** rzeczywiste ⟨prawdziwe⟩ warunki
(the) ~ **thing** rzecz autentyczna, autentyk
~ **value** wartość rzeczywista
~ **wages** płace realne
realistic *adj* realistyczny
~ **approach** realistyczne podejście
~ **policy** realistyczna polityka
realizable *adj* 1. nadający się do realizacji, wykonalny 2. nadający się do sprzedaży ⟨upłynnienia⟩ 3. zrozumiały
~ **assets** kapitał nadający ⟨aktywa nadające⟩ się do upłynnienia
realization *s* 1. urzeczywistnienie, realizacja 2. sprzedaż 3. wyprzedaż, upłynnienie 4. pojmowanie, rozumienie
~ **of goods** sprzedaż towarów
~ **of a plan** realizacja planu
~ **of a price** uzyskanie ceny
~ **price** cena likwidacyjna ⟨wyprzedażowa⟩
~ **sale** wyprzedaż likwidacyjna
realize *v* 1. urzeczywistniać, realizować 2. sprzedawać, upłynniać, spieniężać 3. osiągać (*zyski itp.*) 4. przynosić (*zyski itp.*) 5. zdawać sobie sprawę, rozumieć
to ~ **one's assets** upłynnić swoje aktywa
to ~ **a plan** zrealizować plan
to ~ **a price** uzyskać ⟨osiągnąć⟩ cenę
to ~ **a profit** uzyskać dochód
to ~ **securities** upłynniać walory ⟨papiery wartościowe⟩
to ~ **a sum** uzyskać sumę
realm *s* 1. królestwo, państwo 2. dziedzina, zakres, sfera, domena
in the ~ **of commerce** w dziedzinie handlu
the laws of the ~ *bryt.* prawa królestwa ⟨państwa⟩
realtor *s am.* agent ⟨pośrednik⟩ kupna ⟨sprzedaży⟩ nieruchomości
realty *s* nieruchomość, majątek nieruchomy
reappraisal *s* przeszacowanie, ponowna wycena, ponowne oszacowanie
reappraise *v* przeszacować, ponownie wycenić ⟨oszacować⟩
reargue *v*: **to** ~ **a case** rozpatrywać sprawę ponownie

rearm *v* ponownie zbroić się
rearmament *s* ponowne zbrojenia, remilitaryzacja
reason[1] *s* 1. przyczyna, powód, racja 2. rozsądek, rozum 3. uzasadnienie, motyw
~ **of state** racja stanu
~**s adduced** motywy ⟨uzasadnienie⟩ orzeczenia sądu
~**s for judgment** uzasadnienie ⟨motywy⟩ wyroku
~**s of appeal** uzasadnienie odwołania ⟨apelacji⟩
business ~**s** powody handlowe
by ~ **of ...** z powodu ... (*czegoś*)
chief ~ główna ⟨istotna⟩ przyczyna
family ~**s** przyczyny ⟨powody⟩ rodzinne
for ~**s of health** ze względów zdrowotnych
for security ~**s** ze względu na bezpieczeństwo, dla bezpieczeństwa
for these ~**s** z tych powodów
important ~ ważna przyczyna
in ~ rozsądnie, w granicach rozsądku
just for that ⟨**this**⟩ ~ z tego właśnie powodu, z tej właśnie przyczyny
principal ~ główna przyczyna
sound ~**s** uzasadnione powody
with ~ słusznie
without ~ niesłusznie
to give ~**s for sth** podawać przyczyny czegoś, uzasadniać coś
to have ~ **to complain** ⟨**for complaint**⟩ mieć powód do skargi ⟨reklamacji⟩
to have strong ~**s for sth** mieć poważne powody do czegoś
it stands to ~ trudno temu zaprzeczyć, rozumie się samo przez się, jest oczywiste
reason[2] *v* 1. rozważać 2. wnioskować (**from sth** z czegoś) 3. rozprawiać (**about** ⟨**of**⟩ **sth** o czymś)
to ~ **sb into sth** namówić kogoś do czegoś
to ~ **sb out of sth** wyperswadować coś komuś
reasonable *adj* 1. rozsądny 2. uzasadniony, słuszny 3. należyty, właściwy 4. umiarkowany, niezbyt drogi
~ **care** należyta ⟨dostateczna⟩ staranność ⟨troska⟩
~ **cause** rozsądna ⟨uzasadniona⟩ przyczyna
~ **claim** uzasadnione roszczenie
~ **demand** uzasadnione żądanie
~ **deviation** uzasadniona dewiacja
~ **diligence** należyta staranność
~ **dispatch** należyty pośpiech
~ **doubt** uzasadniona wątpliwość
~ **excuse** dostateczne usprawiedliwienie
~ **notice** właściwe powiadomienie
~ **offer** rozsądna oferta
~ **price** umiarkowana ⟨niezbyt wysoka⟩ cena
~ **rent** umiarkowany ⟨niezbyt wysoki⟩ czynsz
~ **suspicion** uzasadnione podejrzenie
~ **term** rozsądny termin
~ **terms** umiarkowane warunki
~ **time** właściwy czas
reasoned *adj* uzasadniony, umotywowany
~ **refusal** uzasadniona odmowa
~ **statement** umotywowane ustalenie ⟨oświadczenie⟩
reasoning *s* argumentacja, wywody, rozumowanie
reassess *v* ponownie oszacować
reassessment *s* ponowne oszacowanie
reassign *v* ponownie scedować, retrocedować
reassignment *s* powrotna cesja, retrocesja
~ **deed** akt powrotnej cesji

reassurance s 1. ponowne zapewnienie 2. reasekuracja
reassure v 1. zapewnić ponownie 2. reasekurować
rebate[1] s 1. rabat, bonifikata, obniżka 2. zapłata zwrotna
 ~ of freight rabat frachtowy
 ~ of 2 per cent rabat dwuprocentowy
 conference ~ rabat konferencyjny (za korzystanie tylko ze statków linii konferencyjnych)
 dealer ~ rabat hurtowy
 deferred (freight) ~ rabat konferencyjny wypłacony po upływie pewnego okresu
 freight ~ rabat frachtowy
 quantity ~ rabat ilościowy
 special ~ rabat specjalny
 tax ~ obniżka podatkowa
 to allow ⟨grant⟩ a ~ udzielać rabatu
 to sell at a ~ sprzedawać z rabatem
rebate[2] v obniżać (cenę), udzielać rabatu
 to ~ a price udzielić rabatu od ceny
rebel[1] s 1. buntownik 2. powstaniec
rebel[2] v 1. buntować się 2. powstawać (against sb, sth przeciwko komuś, czemuś)
rebellion s bunt, rewolta
rebellious adj 1. buntowniczy, zbuntowany 2. oporny 3. powstańczy
 ~ act akt buntu
rebuild v (rebuilt, rebuilt) 1. odbudować 2. przebudować 3. odremontować, odnowić
rebuke v skarcić, udzielić upomnienia ⟨nagany⟩
rebus sic stantibus łac. przy nie zmienionych warunkach
rebut v 1. odrzucać 2. odpierać (np. zarzuty)
 to ~ sb's offer odrzucić czyjąś ofertę
 to ~ a presumption obalić domniemanie
 to ~ a statement obalić twierdzenie
rebutment s 1. odparcie 2. obalenie
rebuttable adj podlegający obaleniu
 ~ presumption domniemanie podlegające obaleniu
rebuttal s 1. replika (pozwanego) 2. odrzucenie 3. odparcie (zarzutu)
 ~ of a proposal odrzucenie propozycji
rebutter s 1. osoba odpierająca zarzuty 2. odpowiedź powoda na zarzuty pozwanego
rebutting adj odpowiadający na ⟨obalający⟩ zarzuty
 ~ evidence dowód obalający zarzuty
rebuy v odkupić
recalculate v przekalkulować, przeprowadzić ponowną kalkulację
recalculation s ponowna kalkulacja
recall[1] s 1. odwołanie 2. am. odwołanie ⟨prawo odwołania⟩ urzędnika w drodze głosowania
 beyond ⟨past⟩ ~ nieodwołalny, nie dający się cofnąć
recall[2] v 1. odwołać, cofać 2. przypominać (sobie)
 to ~ the capital wycofać kapitał
 to ~ an envoy odwołać posła ⟨wysłannika⟩
 to ~ from circulation wycofać z obiegu
 to ~ a loan cofnąć pożyczkę
 to ~ a representative odwołać przedstawiciela
 to ~ the restrictions znieść ograniczenia
 to ~ a thing to one's memory przypomnieć sobie o czymś
recallable adj odwoływalny
recalled pp adj: until ~ aż do odwołania

recant v 1. odwoływać 2. odwoływać (publicznie) poglądy
recapitalize v 1. odnowić kapitał 2. ponownie sfinansować
 to ~ a company zmienić strukturę finansową spółki
recaption s 1. odzyskanie (posiadania), ponowne zajęcie 2. zabieranie części nadmiernych zysków
recapture[1] s odzyskanie, odebranie
recapture[2] v 1. odzyskać, zająć ponownie 2. zabierać (część nadmiernych zysków)
recede v 1. odstępować, cofać się 2. spadać, zniżkować
 to ~ from an agreement odstąpić od umowy
 to ~ from an opinion zmienić zdanie
 to ~ from a promise cofnąć przyrzeczenie
receding adj: ~ prices zniżkujące ceny
receipt[1] s 1. odbiór, otrzymanie 2. potwierdzenie odbioru, pokwitowanie, kwit 3. rzecz ⟨kwota⟩ otrzymana 4. pl receipts wpływy, przychody
 ~ ad interim tymczasowe pokwitowanie
 ~ book kwitariusz
 ~ for the balance pokwitowanie na wyrównanie salda
 ~ for a loan skrypt dłużny
 ~ form formularz kwitu
 ~ for money kwit kasowy
 ~ for payment dowód wpłaty ⟨zapłaty⟩
 ~ for rent pokwitowanie za zapłatę czynszu
 ~ for securities kwit depozytowy
 ~ for taxes kwit podatkowy
 ~ in duplicate pokwitowanie w dwóch egzemplarzach
 ~ in full discharge pokwitowanie za całkowitą zapłatę
 ~ of custom kasa urzędu celnego
 ~ of goods pokwitowanie odbioru towarów
 ~ s and expenditure ⟨expenses⟩ wpływy i wydatki
 ~ voucher kwit, dowód odbioru
 acknowledgment of ~ potwierdzenie odbioru
 advice of ~ zawiadomienie o odbiorze
 against ~ za pokwitowaniem
 as per ~ zgodnie z pokwitowaniem
 board ~ kwit pokładowy
 budgetary ~s wpływy budżetowe
 carrier's ~ kwit przewoźnika
 cash ~s wpływy kasowe ⟨gotówkowe⟩
 clean mate's ~ czysty kwit sternika
 counterfoil of ~ odcinek kontrolny (pozostający w kwitariuszu)
 current ~s wpływy bieżące
 customs ~ kwit celny
 delivery ~ potwierdzenie otrzymania dostawy
 deposit ⟨depository⟩ ~ kwit depozytowy
 dock ~ kwit dokowy, potwierdzenie przyjęcia do składu portowego towaru przeznaczonego do załadowania
 exchequer ~s wpływy skarbowe
 luggage ~ kwit bagażowy
 mate's ~ kwit sternika, potwierdzenie załadowania towaru na statek
 notice of ~ potwierdzenie odbioru, recepis
 on the ~ hereof przy odbiorze niniejszego
 on ~ of przy odbiorze
 ordinary ~s przychody zwyczajne
 parcel ~ kwit przesyłkowy

payable on ~ płatny przy odbiorze
post-office ⟨postal⟩ ~ pocztowy recepis ⟨dowód nadania⟩
quay ~ kwit dokowy ⟨kejowy⟩
rent ~ pokwitowanie zapłaty czynszu
return ~ pokwitowanie zwrotne
safe custody ~ kwit depozytowy
ship's ~ *am.* kwit sternika
stub of ~ odcinek kontrolny kwitu (*pozostający w kwitariuszu*)
total ~s ogólne wpływy, łączna suma wpływów
warehouse ~ kwit składowy
wharfinger's ~ kwit dokowy ⟨kejowy⟩
within x days of ~ w ciągu x dni po otrzymaniu
to acknowledge ⟨advise⟩ ~ potwierdzić odbiór
to be in ~ **of a letter** być w posiadaniu listu, otrzymać list
to give ⟨issue⟩ a ~ wystawić kwit, dać pokwitowanie, pokwitować
to pay on ~ płacić przy odbiorze
receipt² *v* **1.** potwierdzić odbiór, pokwitować **2.** dawać pokwitowanie
to ~ **a bill (in the margin)** pokwitować rachunek, umieścić na rachunku adnotację o uiszczeniu należności
receipt-book *s* kwitariusz
receipted *pp adj*: ~ **in duplicate** pokwitowanie wydano w 2 egzemplarzach
~ **invoice** faktura, na której odnotowano odbiór należności
receiptor *s* **1.** potwierdzający odbiór, kwitujący **2.** *am.* osoba przyjmująca rzecz na przechowanie
receipt-stamp *s* stempel „otrzymano"
receivable *adj* **1.** nadający się do przyjęcia **2.** podlegający zainkasowaniu; należny, przypadający do zapłaty
accounts ~ wierzytelności, należności, saldo ujemne na rachunku bieżącym
bill ~ weksel do inkasa ⟨w portfelu⟩
goods not in ~ **condition** towary nie nadające się do przyjęcia
receivables *spl* należności, wierzytelności
receive *v* **1.** otrzymywać, dostawać **2.** przyjmować, dostawać **3.** mieścić, zawierać **4.** dopuszczać, uznawać **5.** przechowywać (*np. kradzione rzeczy*), ukrywać (*np. przestępcę*)
to ~ **education** otrzymać wykształcenie
to ~ **in payment** otrzymać tytułem zapłaty
to ~ **a letter** otrzymać list
to ~ **an offender** ukrywać przestępcę
to ~ **a payment** otrzymać zapłatę
to ~ **punishment** ponieść karę
to ~ **a sentence** otrzymać wyrok, zostać skazanym
to ~ **(sth) in trust** przyjąć (coś) na przechowanie
receive back *v* otrzymać z powrotem
received *pp adj*: ~ **for account of ...** otrzymano na rachunek ...
~ **for shipment bill of lading** konosament przyjęcia do załadowania, konosament na przesyłkę przyjętą ⟨na towary przyjęte do załadunku⟩
~ **opinion** powszechnie przyjęta opinia
~ **stamp** stempel przyjęcia
~ **tare** tara przyjęta na podstawie szacunkowych obliczeń
value ~ (*o wekslu*) walutę ⟨wartość⟩ otrzymano
when ~ po otrzymaniu

receiver *s* **1.** odbiorca **2.** poborca **3.** zarządca przymusowy, likwidator **4.** zarządca ⟨kurator⟩ masy upadłości **5.** paser **6.** odbiornik (*np. radiowy*); słuchawka (*telefoniczna*)
~ **general of the public revenue** *bryt.* poborca podatkowy
~ **in bankruptcy** kurator masy upadłości
~ **of cargo** odbiorca ładunku
~ **of stolen property** paser
~ **of wrecks** *a)* urzędnik sprawujący pieczę nad ludźmi i mieniem wyrzuconym na brzeg i organizujący akcje ratownicze *b) hist.* wójt plażowy
(Official) Receiver kurator masy upadłości
receivership *s* **1.** *am.* zarząd przymusowy **2.** sekwestr sądowy **3.** administracja dochodów
Official Receivership zarząd masy upadłości
to go into ~ znaleźć się pod sekwestrem sądowym
receiving *s* **1.** otrzymanie, odbiór, przyjęcie **2.** paserstwo
~ **cashier** kasjer przyjmujący wpłaty
~ **certificate** dowód otrzymania
~ **ex steamer ⟨ship⟩** odbiór ze statku
~ **forwarder** spedytor odbiorczy
~ **house** melina paserska
~ **inspection** kontrola odbiorcza
~ **note** dyspozycja załadowcza, zgłoszenie ładunku na statek
~ **office** *a)* ekspedycja bagażowa na kolei *b)* pocztowy urząd nadawczy
~ **of goods** odbiór ⟨przyjęcie⟩ towarów
~ **of a payment** otrzymanie zapłaty
~ **(of) stolen goods** paserstwo
~ **order** decyzja o ustanowieniu syndyka masy upadłości
~ **point** *am.* miejsce nadania
~ **station** stacja nadania
recent *adj* **1.** niedawny, świeżej daty **2.** współczesny
~ **events** niedawne ⟨ostatnie⟩ wydarzenia
receptacle *s* **1.** naczynie, zbiornik **2.** schowek
~ **for stolen goods** schowek na skradzione rzeczy
reception *s* **1.** przyjmowanie, odbiór **2.** powitanie
~ **clerk** *am.* recepcjonista, dyżurny portier
~ **desk ⟨office⟩** recepcja, biuro przyjęć, portiernia
~ **hours** godziny przyjęć
~ **of deposits** przyjęcie wkładów ⟨depozytów bankowych⟩
~ **of evidence** dopuszczenie dowodów
~ **of goods** przyjęcie towaru
~ **stamp** data wpływu (*wybita datownikiem*)
to take ~ podjąć, odebrać
receptionist *s* recepcjonista, dyżurny portier
recess¹ *s* **1.** wakacje **2.** ferie sądowe **3.** przerwa
~ **for deliberation** przerwa na naradę
court ~ wakacje sądowe
school ~ wakacje szkolne
to declare a ~ zarządzić przerwę
recess² *v* **1.** zostać odroczonym **2.** udawać się ⟨rozjeżdżać się⟩ na ferie
recession *s* **1.** cofnięcie się, ustąpienie **2.** recesja, zastój **3.** kryzys ekonomiczny
~ **from a contract** wycofanie się z umowy, odstąpienie od umowy
~ **in demand** spadek popytu
business ~ recesja gospodarcza, spadek koniunktury
mild ⟨minor⟩ ~ nieznaczna recesja

prices ~ spadek cen
seasonal ~ sezonowy spadek, sezonowa recesja
recessionary *adj:* ~ **tendencies** tendencje spadkowe ⟨zniżkowe⟩
recharter[1] *s* podczarter, subczarter, podnajem (*statku*)
recharter[2] *v* podnająć statek, podczarterować
recharterer *s* podnajemca statku, subczarterujący
recidivism *s* recydywa
recidivist *s* recydywista
recipient *s* 1. odbiorca, adresat 2. osoba otrzymująca ⟨obdarowana⟩
~ **of an allowance** *a)* osoba otrzymująca ⟨pobierająca⟩ zasiłek ⟨dodatek⟩ *b)* osoba uprawniona do pobierania zasiłku ⟨dodatku⟩
~ **of goods** odbiorca ładunku towarów
~ **of a letter** adresat
~ **of services** odbiorca usług
reciprocal *adj* wzajemny, obustronny
~ **concessions** wzajemne ⟨obustronne⟩ ustępstwa ⟨koncesje⟩
~ **contract** umowa dwustronna ⟨wzajemna⟩
~ **deliveries** obustronne ⟨wzajemne⟩ dostawy
~ **insurance** wzajemne ubezpieczenie
~ **trade agreement** układ handlowy na zasadzie wzajemności
~ **will** wzajemny testament (*małżonków*)
reciprocate *v* 1. odwzajemniać się, rewanżować się 2. dawać sobie nawzajem
to ~ **favours** wymieniać uprzejmości
reciprocation *s* 1. odwzajemnianie się, rewanżowanie się 2. wymiana
reciprocity *s* wzajemność
~ **agreement** układ na zasadzie wzajemności
~ **clause** klauzula wzajemności
~ **insurance risk** ryzyka wzajemne ⟨wymienne⟩
~ **of treatment** traktowanie na zasadach wzajemności
based on ~ oparty na wzajemności
by ~ na zasadzie wzajemności
principle of ~ zasada wzajemności
recital *s* 1. wyszczególnienie, wyliczenie 2. przytoczenie, przedstawienie 3. deklaratywna część dokumentu
~ **clause** klauzula opisowa ⟨wstępna⟩ polisy ubezpieczenia morskiego
~ **of the facts** przedstawienie stanu faktycznego
recite *v* 1. wyliczać, wyszczególniać 2. relacjonować
reckless *adj* 1. nierozważny 2. lekkomyślny
~ **driving** nieostrożna jazda
recklessness *s* 1. brak rozwagi 2. lekkomyślność, nieostrożność 3. brawura
reckon *v* 1. liczyć, rachować, obliczać 2. liczyć (**on sb, sth** na kogoś, coś) 3. zaliczać (**among ⟨in⟩** ... do ...) 4. liczyć się (**with sb, sth** z kimś, czymś) 5. sądzić, przypuszczać, mniemać 6. *zob.* **reckon in, off, over, up**
to ~ **the costs** obliczać koszty (**of sth** czegoś)
reckoned *pp:* **the fact to be** ~ **with** fakt, z którym należy się liczyć
he is ~ **as a bad ⟨good⟩ partner** on jest uważany za niepewnego ⟨pewnego⟩ partnera
this firm is not ~ **among our customers** ta firma nie zalicza się do naszych klientów
reckoner *s* rachmistrz, kalkulator (*osoba*)
reckon in *v* wliczać, włączać do rachunku

reckoning *s* 1. obliczenie, kalkulacja, rachunek 2. rozrachunek, rozliczenie 3. wyrównanie kont 4. przypuszczenie
according to our ~ *a)* naszym zdaniem *b)* według naszych obliczeń ⟨wyliczeń⟩
by my ~ moim zdaniem
day of ~ dzień rozrachunku ⟨zapłaty⟩
to the best of my ~ jeśli się nie mylę
to be out in one's ~ omylić się w swoich rachubach
to pay the ~ zapłacić rachunek
reckon off *v* odliczać, potrącać
reckon over *v* przeliczać ponownie
reckon up *v* 1. podliczać, podsumowywać 2. liczyć (**on sb, sth** na kogoś, coś)
to ~ **the bill** podliczyć rachunek
reclaim *v* 1. żądać zwrotu, dochodzić 2. zgłaszać reklamację 3. reformować, korygować 4. użyźniać 5. meliorować 6. *szkoc.* apelować, wnosić apelację
to ~ **a criminal** reformować ⟨resocjalizować⟩ przestępcę
reclaimer *s* osoba zgłaszająca reklamację
reclamation *s* 1. rewindykowanie 2. reklamacja, sprzeciw 3. użyźnianie ziemi 4. melioracja 5. reformowanie, korygowanie
réclame *s fr.* reklama
reclassification *s* przeklasyfikowanie
~ **of a ship** *a)* zmiana klasy statku *b)* ustalenie na nowo klasy statku
reclassify *v* przeklasyfikować
to ~ **a ship** zmienić klasę statku
recognition *s* 1. uznanie 2. dowód uznania 3. rozpoznanie, poznanie
~ **de facto** faktyczne uznanie
~ **de jure** uznanie prawne
~ **of belligerency** uznanie za stronę wojującą
~ **of a claim** uznanie roszczenia
~ **of a country** uznanie (*jakiegoś*) kraju
~ **of government** uznanie rządu
~ **of insurgency** przyznanie statusu powstańczego
~ **of a nation** uznanie narodowości
~ **of rights** uznanie praw
~ **of a state** uznanie państwa
~ **signal** sygnał rozpoznawczy
act of ~ akt uznania
as a sign of ~ jako dowód uznania
brand ~ uznanie marki ⟨znaku towarowego⟩
deed of ~ tytuł uznania
in ~ **of sth** w dowód uznania czegoś
past all ~ nie do rozpoznania
recognizance *s* 1. uznanie 2. zobowiązanie pisemne (*wobec sądu*) 3. kaucja, zastaw
recognizant *adj* 1. uznający (**of sth** coś) 2. świadomy (**of sth** czegoś)
recognize *v* 1. uznawać, przyznawać 2. rozpoznawać, poznawać 3. składać pisemne zobowiązanie ⟨kaucję⟩ 4. urzędowo dopuszczać
to ~ **one's duty** uznawać swój obowiązek
to ~ **an obligation** uznawać zobowiązanie
to ~ **sb's rights** uznawać czyjeś prawa
to ~ **one's signature** rozpoznać ⟨uznać⟩ własny podpis
to refuse to ~ **sth** odmówić uznania czegoś
recognized *adj* 1. uznany, ogólnie przyjęty 2. przyznany
~ **agent** uznany przedstawiciel

~ **bank** (uznany za) poważny ⟨solidny⟩ bank

~ **custom** uznany zwyczaj

~ **fact** uznany fakt

~ **forms charter-party** czartery zwyczajowe (*stosowane na pewnych liniach przy przewozach określonych towarów*)

~ **insurance company** towarzystwo ubezpieczeniowe będące członkiem Międzynarodowego Związku Ubezpieczycieli

~ **merchant** kupiec posiadający licencję

~ **warehouse** dom składowy uprawniony do wydawania dowodów składowania (**warrants**)

recognizee s osoba, na rzecz której składa się zobowiązanie

recognizor s osoba składająca zobowiązanie

recoin v przebijać

to ~ **money** przebijać monetę

recoinage s przebijanie monety

recommend v 1. polecać (**sb, sth to sb** kogoś, coś komuś) 2. zalecać, rekomendować (**sth to sb** coś komuś)

to ~ **a (good) hotel** rekomendować (dobry) hotel

to ~ **haste** zalecać pośpiech

to ~ **sb to an employer** polecić kogoś pracodawcy

to ~ **sb to ⟨for⟩ a post** polecać kogoś na stanowisko

to ~ **to attention** polecać uwadze

recommendable adj godny polecenia

recommendation s 1. polecenie, rekomendacja 2. zalecenie

~ **of a dividend** zalecenie ⟨propozycja⟩ dywidendy

letter of ~ list polecający

on the ~ **of sb** na czyjeś polecenie

recommendatory adj polecający

~ **letter** list polecający

recommended adj zalecony

~ **charter-party form** zalecony formularz czarteru (*przez konferencję żeglugową*)

recommit v 1. zlecać ⟨powierzać⟩ ponownie 2. odsyłać (*projekt ustawy*) do ponownego rozpoznania 3. odsyłać więźnia do celi

to ~ **to prison** powtórnie aresztować

recompense[1] s 1. rekompensata, wynagrodzenie 2. zadośćuczynienie, odszkodowanie

in ~ ⟨**as a** ~⟩ **for** ... jako wynagrodzenie ... (*za coś*)

recompense[2] v 1. wynagradzać (**sb for sth** kogoś za coś) 2. wynagradzać, rekompensować

to ~ **sb for a loss** wynagrodzić komuś straty

reconcilable adj 1. możliwy do pogodzenia 2. skłonny do zgody, pojednawczy

~ **opinions** możliwe do pogodzenia ⟨uzgodnienia⟩ opinie

reconcile v 1. pojednać, pogodzić, skłonić do zgody (**sb with sb** kogoś z kimś) 2. uzgadniać

to ~ **the accounts** uzgodnić rachunki

to ~ **the interests** uzgodnić interesy

to ~ **the parties** pogodzić strony

reconcilement s 1. uzgodnienie 2. pojednanie

~ **of accounts** uzgodnienie rachunków ⟨kont⟩

reconciliation s 1. pojednanie, dojście do zgody 2. uzgodnienie

~ **account** rozliczenie konta

~ **of the parties** pojednanie się stron

~ **statement** wyciąg z konta, stwierdzenie wysokości konta

reconciliatory adj pojednawczy

recondition v remontować, naprawiać (**sth** coś)

reconditioning s remont, naprawa

~ **expenses** koszty remontu

costs of ~ koszty naprawy ⟨remontu⟩

reconduct v odprowadzić

reconduction s 1. odprowadzenie 2. odnowienie najmu ⟨dzierżawy⟩

reconfirm v potwierdzać (*porozumienie*)

reconnaissance s 1. rozpoznanie, rekonesans, zwiad 2. zbadanie terenu

~ **party** patrol

~ **photography** rozpoznanie terenu za pomocą zdjęć lotniczych

reconsider v rozważyć ponownie, poddać ponownemu rozważeniu, zrewidować

reconsideration s 1. ponowne rozważenie 2. rewizja ⟨zrewidowanie⟩ (*np. decyzji*)

on ~ po ponownym rozważeniu

reconsign v 1. wysłać ponownie 2. dosłać

reconstruct v 1. odbudować, zrekonstruować 2. odtworzyć

reconstruction s 1. odbudowa, rekonstrukcja 2. odbudowany obiekt 3. odtworzenie

~ **of a document** odtworzenie dokumentu

~ **of records** ⟨**files**⟩ odtworzenie akt

economic and financial ~ odbudowa ekonomiczna i finansowa

reconvention s powództwo wzajemne, roszczenie wzajemne

reconvert v 1. przywrócić do normalnego stanu 2. dokonać rekonwersji

reconvertion s 1. przywrócenie do normalnego stanu 2. rekonwersja, przestawienie (*np. przemysłu*) na produkcję pokojową

~ **of economy** przestawienie gospodarki (*z wojennej na pokojową*), normalizacja gospodarki

reconvey v przenieść z powrotem, retrocedować

reconveyance s przeniesienie z powrotem, retrocesja

reconvict v ponownie skazać

reconvicted s ponownie skazany, recydywista

reconviction s ponowne skazanie

recopy v przepisać ponownie

record[1] s 1. zarejestrowanie, udokumentowanie, zaprotokołowanie 2. protokół, sprawozdanie, zapiski, rejestr 3. dokument, akt 4. niezwykłe osiągnięcie, rekord 5. reputacja 6. płyta gramofonowa 7. pl **records** akta

~ **figure** rekordowa liczba ⟨ilość⟩

Record Office bryt. archiwa państwowe

~ **of service** wykaz służby

~ **output** ⟨**production**⟩ rekordowa wydajność ⟨produkcja⟩

~ **title** tytuł prawny oparty na zapisie w księdze wieczystej

~ **year** rekordowy rok

"**as a** ~" „dla pamięci"

birth ⟨**death**⟩ ~ rejestracja urodzeń ⟨zgonów⟩

in ~ **time** w rekordowym czasie

a matter of ~ fakt stwierdzony na piśmie, rzecz stwierdzona urzędowo

"**off the** ~" am. „nie do publikowania", „poufne"

Public Records bryt. archiwum sądowe

trial by ~ proces oparty na dokumentach (*bez wprowadzenia innych dowodów*)

to **bear** ~ **to sth** dawać świadectwo czemuś

to **be on** ~ być urzędowo zarejestrowanym

to have a bad ⟨good⟩ ~ mieć złą ⟨dobrą⟩ reputację
to keep a ~ prowadzić zapiski, notować, rejestrować
record² *v* notować, zapisywać, rejestrować, utrwalać (*na taśmie magnetofonowej*)
to ~ in writing zanotować, utrwalić na piśmie
recorder *s* 1. *bryt.* sędzia zawodowy orzekający w Sesjach Kwartalnych wraz z ławą przysięgłych w małych miastach (*w sprawach karnych i cywilnych*) 2. kronikarz 3. przyrząd rejestrujący ⟨samopiszący⟩
Recorder of the City of London przewodniczący Sądu Śródmieścia Londynu (na Sesjach Kwartalnych)
tape ~ magnetofon
recount *v* 1. przeliczać ponownie 2. wyliczyć, opisać szczegółowo
recoup *v* 1. dokonywać potrącenia, kompensować 2. wynagradzać, wyrównywać (*szkodę*)
to ~ one's disbursements odzyskać swoje nakłady, *pot.* wyjść na swoje
to ~ one's outlays odzyskać swoje nakłady ⟨poniesione wydatki⟩
to ~ sb for loss ⟨damage⟩ wynagrodzić komuś stratę
recoupment *s* 1. potrącenie, kompensata, odliczenie należności wzajemnych 2. pokrycie, wyrównanie 3. opłacalność
~ of capital investments opłacalność inwestycji kapitałowych
~ period okres opłacalności
recourse *s* 1. regres, prawo regresu 2. uciekanie się (**to sth** do czegoś)
~ against third parties regres w stosunku do osób trzecich
draft ~ regres wekslowy
endorsement without ~ indos bez prawa regresu
with ~ z prawem regresu
to have ~ to ⟨against⟩ sb mieć regres w stosunku do kogoś
to preserve ⟨reserve⟩ the right of ~ zachować prawo regresu
to take ~ against ⟨upon⟩ a person wystąpić z regresem przeciwko komuś
recourse-back *s* regres zwrotny
recover *v* 1. odzyskać, otrzymać z powrotem, rewindykować 2. uzyskać rekompensatę, zrekompensować 3. powrócić do normy, poprawić się 4. dochodzić sądownie
to ~ against sb windykować od kogoś
to ~ consciousness odzyskać przytomność
to ~ damages uzyskać odszkodowanie
to ~ debts ściągnąć wierzytelności
to ~ expenses pokryć wydatki
to ~ from sb rewindykować od kogoś
to ~ judgment dochodzić wykonania wyroku
to ~ losses odzyskać straty
to ~ lost time nadrobić stracony czas
to ~ one's money odzyskać swoje pieniądze
recoverable *adj* 1. ściągalny 2. podlegający zwrotowi
~ debt ściągalny dług, ściągalna należność
recovery *s* 1. odzyskanie, ściągnięcie, windykacja 2. odszkodowanie, rekompensata, przyznanie zwrotu (*np. przez sąd*) 3. poprawa, powrót do normy
~ charges koszty ściągnięcia należności ⟨windykacji⟩
~ in kind odszkodowanie w naturze
~ in the market poprawa sytuacji rynkowej

~ of business poprawa działalności handlowej
~ of debts ściągnięcie długów
~ of the loss wynagrodzenie strat
~ of prices podniesienie się cen
~ of property odzyskanie własności
action for ~ skarga o odszkodowanie
economic ~ poprawa sytuacji gospodarczej
losses beyond ⟨past⟩ ~ straty nie do odzyskania, niepowetowane straty
past ~ w beznadziejnym stanie
right to ⟨of⟩ ~ prawo do odszkodowania
recredit *v* rekredytować, stornować
recriminate *v* obwiniać się wzajemnie
recrimination *s* rekryminacja, wzajemne obwinianie się
recruit *v* werbować, rekrutować
recruitment *s* rekrutacja, werbunek, zaciąg, pobór
rectification *s* 1. skorygowanie, poprawienie, sprostowanie 2. oczyszczenie, rektyfikacja
~ of an account skorygowanie rachunku
~ of an item poprawienie punktu ⟨paragrafu⟩
rectify *v* 1. korygować, poprawiać, prostować 2. oczyszczać, rektyfikować
to ~ an error sprostować błąd
to ~ a frontier skorygować granicę
recuperate *v* odzyskać siły, wrócić do normy
to ~ after financial losses wrócić do normy po doznaniu strat finansowych
recuperation *s* odzyskanie sił, powrót do normy
economic ~ poprawa sytuacji ekonomicznej
recur *v* 1. powracać, powtarzać się, występować ponownie 2. zwracać się, uciekać się (**to sth** do czegoś) 3. dochodzić w drodze regresu, korzystać z prawa regresu
recurrence *s* 1. powrót, nawrót (**to sth** do czegoś) 2. uciekanie się (**to sth** do czegoś) 3. powtórzenie się
to prevent the ~ of sth zapobiec powtórzeniu się czegoś
recurrent *adj* 1. powtarzający ⟨ponawiający⟩ się 2. periodyczny, okresowy 3. zwrotny, należny z tytułu regresu
~ expenses powtarzające się ⟨bieżące⟩ wydatki
recusancy *s* 1. niepodporządkowanie się władzy, niewypełnienie rozkazu 2. *hist. bryt.* odmowa udziału w nabożeństwie anglikańskim
recusant *adj* 1. odmawiający podporządkowania się władzy lub jej zarządzeniom 2. *hist. bryt.* odmawiający udziału w nabożeństwach anglikańskich
red *adj* 1. czerwony 2. radykalny 3. *am.* debetowy, deficytowy
Red Army Armia Czerwona
~ book *bryt.* księga rodów angielskich
Red Crescent Czerwony Półksiężyc (*odpowiednik Czerwonego Krzyża w krajach muzułmańskich*)
Red Cross Czerwony Krzyż
Red Cross Conventions Konwencje Czerwonego Krzyża
~ ensign bandera brytyjskiej marynarki handlowej
~ flag czerwona flaga (*jako znak ostrzegawczy*)
~ ribbon *bryt.* wstęga Orderu Łaźni
~ tape a) czerwona taśma (*do związywania aktów urzędowych*) b) formalistyka c) biurokracja
to be in the ~ *am.* a) być zadłużonym b) pracować ze stratą
to come out of the ~ *am.* wyjść z długów ⟨deficytu⟩

redact *v* 1. redagować, formułować 2. wydawać
redaction *s* 1. redakcja, formułowanie 2. nowe wydanie
red-clause *s* klauzula upoważniająca bank do wypłacenia beneficjentowi należności bez przedstawienia dokumentów ładunkowych
redeem *v* 1. odkupić, wykupić, odzyskać 2. spłacić 3. umorzyć, amortyzować 4. wywiązać się, spełnić 5. wyrównać, skompensować
to ~ **a bill** honorować ⟨wykupić⟩ weksel
to ~ **a debt** *a)* spłacić dług *b)* umorzyć dług
to ~ **a loan** spłacić pożyczkę
to ~ **a mortgage** spłacić hipotekę ⟨dług hipoteczny⟩
to ~ **an obligation** wykonać zobowiązanie
to ~ **pledged goods** wykupić zastawione towary
to ~ **a promise** spełnić obietnicę
redeemable *adj* 1. podlegający wykupieniu 2. podlegający spłacie ⟨amortyzacji⟩ 3. umarzalny
~ **by drawings** umarzalny w drodze losowania
~ **in gold** (*o banknotach*) wymienialne na złoto
~ **loan** pożyczka podlegająca umorzeniu
re(-)deliver *v* 1. dostarczyć ponownie 2. oddać, zwrócić
re(-)delivery *s* 1. ponowna dostawa 2. oddanie, zwrot
~ **clause** klauzula o zwrotnym przekazaniu statku armatorowi przez czarterującego
~ **notice** zawiadomienie o miejscu i czasie zwrotu zaczarterowanego statku
delivery and ~ ustalenie w czarterze terminu i miejsca oddania statku czarterującemu oraz terminu zwrotu armatorowi
redemand *v* 1. żądać ponownie 2. żądać zwrotu (**sth** czegoś)
redemise *s* zwrot
redemption *s* 1. wykup, odkup 2. odzyskanie 3. spłata, umorzenie 4. amortyzacja 5. wywiązanie się
~ **before due date, interim** ~ wykup przed terminem
~ **date** wykup przymusowy
~ **fund** fundusz amortyzacyjny
~ **loan** pożyczka amortyzacyjna
~ **notice** zawiadomienie o wykupie
~ **of a bond** wykup obligacji
~ **of a debt** spłata długu
~ **of a mortgage** spłata pożyczki hipotecznej ⟨hipoteki⟩
~ **of a pledge** ⟨**security**⟩ wykup zastawu
~ **price** cena ⟨kurs⟩ wykupu ⟨odkupu⟩
~ **table** plan amortyzacyjny
~ **value** wartość wykupu
covenant of ~ umowa o prawie odkupu ⟨wykupu⟩
debt ~ amortyzacja ⟨umorzenie⟩ długów publicznych
option ⟨**right**⟩ **of** ~ prawo wykupu
terms of ~ warunki amortyzacji ⟨umorzenia⟩
redhibition *s* rozwiązanie umowy kupna (*z powodu wady rzeczy nabytej*)
redhibitory *adj*: ~ **action** powództwo o rozwiązanie umowy kupna z powodu wady rzeczy nabytej
~ **defect** ⟨**vice**⟩ wada rzeczy uprawniająca nabywcę do rozwiązania umowy kupna-sprzedaży
redirect *v* skierować ponownie, przeadresować
redirection *s* skierowanie ponowne, przeadresowanie
rediscount[1] *s* redyskonto
~ **rate** stopa redyskontowa

eligible for ~ nadający się do redyskonta
rediscount[2] *v* redyskontować
redispatch *v* wysłać ponownie, dosłać
redistribute *v* rozdzielić ponownie, dokonać redystrybucji
redistribution *s* redystrybucja, ponowna dystrybucja, ponowny podział
redivision *s*: ~ **of the world** ponowny podział świata
re(-)draft *s* weksel zwrotny, retrata
redraw *v* (**redrew, redrawn**) 1. wystawiać weksel zwrotny 2. ciągnąć ponownie 3. zmieniać redakcję, przeredagować
to ~ **a sample** pobrać ponownie próbkę
redress[1] *s* 1. zadośćuczynienie, rekompensata, odszkodowanie 2. naprawienie, wyrównanie, zaspokojenie
legal ~ prawne zadośćuczynienie
redress[2] *v* 1. zadośćuczynić, zrekompensować 2. zaspokoić, naprawić, wyrównać (*stratę*)
to ~ **the balance** przywrócić równowagę
reduce *v* 1. zmniejszać, obniżać, redukować 2. doprowadzać, sprowadzać (**to sth** do czegoś)
to ~ **the cost of living** obniżyć koszty utrzymania
to ~ **the discount** obniżać dyskonto
to ~ **expenses** zmniejszać wydatki
to ~ **an invoice** obniżać cenę faktury
to ~ **the price** obniżyć cenę
to ~ **speed** zmniejszać szybkość
to ~ **the staff** zmniejszyć ⟨zredukować⟩ personel
to ~ **to order** doprowadzić do porządku
to ~ **the output** zmniejszyć produkcję
to ~ **to ruin** doprowadzić do ruiny
to ~ **taxes** zmniejszyć podatki
to ~ **tension** zmniejszyć napięcie
reduced *pp adj* 1. zredukowany, zmniejszony, obniżony 2. osłabiony, wymizerowany 3. zubożały
~ **assessment on property** obniżenie podatków od nieruchomości
~ **circumstances** trudna sytuacja materialna, ubóstwo
~ **goods** towary przecenione, resztki
~ **output** zmniejszona ⟨obniżona⟩ wydajność
~ **price** obniżona cena
~ **rates** stawki ulgowe
~ **scale** zmniejszona skala
~ **tariff** taryfa ulgowa
~ **working day** skrócony dzień pracy
limited and ~ (*o spółce akcyjnej*) z kapitałem zmniejszonym
to sell at ~ **prices** sprzedawać po zniżonych ⟨obniżonych⟩ cenach
reducible *adj* 1. podlegający obniżeniu 2. dający się obniżyć
~ **price** cena podlegająca obniżeniu
~ **rates** stawki, od których może być udzielona zniżka
reduction *s* 1. redukcja, obniżenie, zmniejszenie 2. kwota obniżki, opust, rabat
~ **of armed forces and armaments** redukcja sił zbrojnych i zbrojeń
~ **in** ⟨**of**⟩ **discount rate** obniżenie stopy dyskontowej
~ **in** ⟨**of**⟩ **prices** obniżka cen
~ **in price** rabat od ceny ⟨cenowy⟩
~ **in rates** obniżka taryf

~ **in turnover** zmniejszenie obrotu
~ **of costs** ⟨**expenses**⟩ obniżka ⟨zmniejszenie⟩ kosztów
~ **of interest** obniżenie stopy procentowej
~ **of invoice** obniżenie sumy faktury
~ **of labour hours without wage cut** skrócenie godzin pracy bez obniżenia uposażenia
~ **of a penalty** złagodzenie kary
~ **of share capital** obniżenie kapitału akcyjnego
~ **of staff** redukcja personelu
~ **of tension** zmniejszenie napięcia
~ **of wages** obniżka płac
tax ~ obniżenie podatków
to make a ~ **on an article** dokonać obniżki ceny artykułu
to sell at ⟨**with**⟩ **a** ~ sprzedawać z rabatem
redundance s = **redundancy** s
redundancy s nadmiar
~ **of workers** nadmiar siły roboczej
redundant adj **1.** będący w nadmiarze, nadmierny **2.** zbędny, zbyteczny
~ **capital** nadmierny kapitał
to be made ~ a) zostać zwolnionym (na skutek nadmiaru rąk do pracy) b) stać się zbędnym (na skutek rozwoju technologii)
• **re-education** s reedukacja
re-elect v wybrać ponownie
re-election s ponowny wybór
re-embark v zaokrętować ponownie
re-emigration s reemigracja
re-employ v zatrudnić ponownie
re-endorse v indosować ponownie
re-engage v ponownie przyjąć do pracy
re-enter v **1.** zaksięgować ponownie, przeksięgować **2.** zarejestrować ponownie **3.** zgłosić ⟨zadeklarować⟩ ponownie
to ~ **for an examination** zgłosić się ponownie do egzaminu
re-entry s **1.** ponowne zaksięgowanie, przeksięgowanie **2.** ponowne zarejestrowanie **3.** ponowne zgłoszenie, ponowna deklaracja
re-equip v wyposażyć ponownie, odnowić wyposażenie
re-establish v ustanowić na nowo, przywrócić
to ~ **diplomatic relations** przywrócić stosunki dyplomatyczne
to ~ **public order** przywrócić porządek publiczny
to ~ **sb in his possessions** przywrócić komuś posiadanie
re-examination s ponowne zbadanie, ponowna kontrola
re-examine v ponownie zbadać ⟨skontrolować⟩
re(-)exchange s **1.** weksel zwrotny **2.** suma weksla zwrotnego **3.** wystawienie weksla zwrotnego
re(-)export[1] s **1.** reeksport, handel reeksportowy **2.** pl **re-exports** towary reeksportowe
~ **trade** handel reeksportowy
re(-)export[2] v reeksportować
re(-)exportation s reeksport
refer v **1.** powoływać się, nawiązywać (**to sth** do czegoś) **2.** zwracać się, kierować się **3.** odsyłać, kierować **4.** dotyczyć, odnosić się **5.** przypisywać (**to sth** czemuś) **6.** przedstawiać do rozpatrzenia
to ~ **a bill to a committee** odesłać projekt ustawy do komisji

to ~ **a cheque** ⟨am. **check**⟩ **to drawer** zwrócić czek do wystawcy
to ~ **a dispute to arbitration** skierować spór do arbitrażu
to ~ **a matter to the court** skierować sprawę do sądu
to ~ **the non-payment to a mistake** przypisać niezapłacenie pomyłce
to ~ **a question to sb's decision** przedstawić wątpliwość co do czyjejś decyzji
to ~ **to another department** skierować do innego departamentu
to ~ **to the catalogue for information** odesłać do katalogu w celu zasięgnięcia informacji ⟨po informację⟩
to ~ **to a document** powoływać się na dokument
~ **to acceptor** zwrot do akceptanta (napis na wekslu)
~ **to drawer** zwrot do wystawcy (napis na wekslu)
we ~ **to our letter** powołujemy się na nasz list
referee s **1.** arbiter **2.** osoba, której przesyła się dokumenty ładunkowe w przypadku odmowy ich przyjęcia przez nabywcę towaru
~ **in case of need** adresat wekslowy „w potrzebie" (osoba akceptująca lub wykupująca weksel za zobowiązanego)
official ~ bryt. urzędowy arbiter
reference s **1.** powołanie się, nawiązanie, odesłanie (**to sth** do czegoś) **2.** przekazanie do rozpatrzenia ⟨decyzji⟩ **3.** skierowanie **4.** związek, powiązanie, stosunek **5.** referencja **6.** informacja **7.** notatka, adnotacja, uwaga, zapisek
~ **book** informator
~ **for** ⟨**in case of**⟩ **need** adres „w potrzebie" (na wekslu)
~ **mark** odsyłacz
~ **matter** materiał sprawy
~ **number** numer (sprawy, listu), na który należy powoływać się w korespondencji
~ **to arbitrage** przekazanie do arbitrażu
~ **tribunal** sąd arbitrażowy, arbitraż
banker's ~s referencje banku
board of ~ komisja arbitrażowa
highest ~s **required** wymagane doskonałe referencje
letter of ~ list polecający ⟨z referencjami⟩
list of ~ bibliografia
our ~ (w liście) nasz znak
terms of ~ zakres pełnomocnictw, kompetencje
with ~ **to your letter** ⟨**order**⟩ w związku z waszym listem ⟨zamówieniem⟩
without ~ **to sth** bez związku z czymś, niezależnie od czegoś
your ~ (w liście) wasz znak
to ask for ~s zwrócić się ⟨prosić⟩ o referencje
to enter on the ~ przystąpić do rozpoznania sprawy
to give ~s **about sb** wydać referencje ⟨udzielić referencji⟩ komuś
to have good ~s mieć dobre referencje
to make ~ **to sth** zrobić aluzję do czegoś, wzmiankować o czymś
to present sb's ~s powołać się na czyjeś referencje
to take up sb's ~s zasięgnąć o kimś informacji
referendum s (pl ~s, **referenda**) referendum, plebiscyt

refinance *v* 1. na nowo sfinansować, dofinansować 2. refinansować (*w stosunkach kredytowych między bankami*)
refine *v* 1. oczyszczać, rafinować 2. poddawać obróbce, uszlachetniać
refinement *s* 1. oczyszczanie, rafinowanie, rafinacja 2. obróbka, uszlachetnianie, podnoszenie jakości
refinery *s* rafineria
  oil ~ rafineria ropy naftowej
refit¹ *s* 1. naprawa, remont 2. ponowne wyposażenie
refit² *v* 1. naprawiać, remontować 2. na nowo wyposażyć
reflate *v* spowodować reflację (*waluty, ekonomii itd.*)
reflation *s* reflacja, powrót siły nabywczej pieniądza do normalnego poziomu
refloat *v* 1. ściągnąć na wodę (*statek z mielizny*) 2. ponownie puścić w obieg
  to ~ **a company** zreorganizować spółkę
  to ~ **a ship** ściągnąć statek na wodę
reflux *s* odpływ, cofanie się
  ~ **of capital** odpływ kapitału
  ~ **of gold** odpływ złota
reform¹ *s* reforma
  currency ~ reforma walutowa
  land ~ reforma rolna
  managerial ~ reforma zarządzania
  penal ~ reforma prawa karnego
  social ~s reformy społeczne
  tax ~ reforma podatkowa
  to introduce ⟨**launch**⟩ ~s wprowadzić reformy
reform² *v* reformować (**sth coś**), przekształcać
reformation *s* 1. poprawa, nawrócenie 2. przekształcenie
  the ~ **of learning** reforma nauczania
reformatory *s* zakład poprawczy
  ~ **schools** *bryt.* szkoły dla nieletnich przestępców
  to send sb to a ~ umieścić kogoś w zakładzie poprawczym
reforward *v* reekspediować
reforwarding *s* reekspedycja
refractory *adj* 1. nieposłuszny, krnąbrny, buntowniczy, oporny 2. *med.* uporczywy
  ~ **prisoner** nieposłuszny ⟨niezdyscyplinowany⟩ więzień
refrain *v* wstrzymać (się), hamować (się)
  to ~ **from actions** powstrzymać się od działań
  to ~ **from doing sth** wstrzymać się od robienia czegoś
  to ~ **from infringement of the contract** powstrzymać się od naruszenia umowy
  to ~ **from use of force** powstrzymać się od użycia siły
refreight *v* podfrachtować
refreighter *s* podfrachtowujący
refresh *v* odświeżać, odnawiać
  to ~ **the stock** odnawiać zapasy
refresher *s* 1. dodatkowe honorarium adwokata w przypadku przeciągania się sprawy 2. odświeżanie (*pamięci*)
  a ~ **course** kurs podyplomowy (*powtarzający zdobyte wiadomości*)
refrigerate *v* 1. chłodzić 2. ulegać chłodzeniu
refrigerated *adj*: ~ **car** ⟨**van**⟩ wagon chłodnia
  ~ **cargo** ładunek chłodzony
  ~ **lorry** samochód (ciężarowy) chłodnia

~ **provision store** chłodnia prowiantowa (*na statku*)
~ **ship** ⟨**vessel**⟩ statek chłodnia
refrigeration *s* 1. chłodzenie, oziębianie 2. chłodnictwo
  ~ **counter** lada chłodnicza
  to keep under ~ przechowywać w chłodni
refrigerator *s* chłodziarka, lodówka
refuge *s* 1. schronienie 2. wysepka (*na jezdni*) 3. przytułek
  ~ **dues** opłaty portowe w porcie schronienia
  port of ~ port schronienia
  to seek ~ szukać schronienia
  to take ~ schronić się
refugee *s* uciekinier, uchodźca
  ~ **camp** obóz dla uchodźców
  ~ **relief** pomoc dla uchodźców
refund¹ *s* 1. spłata, zwrot (*sumy*) 2. suma zwrócona ⟨spłacona⟩
  ~ **of tax** zwrot podatku
  to obtain a ~ **of sth** uzyskać zwrot czegoś
refund² *v* spłacić, zwrócić (*sumę*)
  to ~ **the cost of postage** zwrócić koszt opłaty pocztowej
  to ~ **money** zwrócić pieniądze
  to ~ **a sum** zwrócić kwotę ⟨sumę⟩
refundable *adj* zwrotny
refunding *s* spłata, zwrot (*sumy*)
  ~ **bond** obligacja emitowana w celu uzyskania środków na wykup poprzedniej pożyczki
  ~ **of travel expenses** zwrot kosztów podróży
refundments *spl* = **refunding** *s*
refusal *s* 1. odmowa 2. odrzucenie 3. prawo pierwszeństwa, opcja
  ~ **of acceptance** odmowa przyjęcia
  ~ **of goods** nieprzyjęcie towaru
  ~ **of justice** odmówienie wymiaru sprawiedliwości
  ~ **of an offer** odrzucenie oferty
  ~ **of payment** odmowa zapłaty
  ~ **to accept** odmowa przyjęcia
  ~ **to answer questions** odmowa udzielenia informacji
  ~ **to obey** odmowa posłuszeństwa
  ~ **to pay** odmowa zapłaty
  ~ **to take an oath** odmowa złożenia przysięgi
  ~ **to testify** ⟨**give evidence**⟩ odmowa składania zeznań
  flat ~ kategoryczna odmowa
  right of (first) ~ prawo pierwokupu
  in case of ~ w przypadku odmowy
  to have the (first) ~ **of sth** posiadać prawo pierwokupu czegoś
  to meet with a ~ spotkać się z odmową
refuse¹ *s* 1. odpadki, śmieci 2. liche towary, braki
  the ~ **of society** męty społeczne, szumowiny
  ~ **water** ścieki fabryczne
  disposal of ~ wywóz śmieci
refuse² *v* odmawiać, odrzucać
  to ~ **an appointment** odmówić przyjęcia stanowiska
  to ~ **(acceptance of) a bill** odmówić przyjęcia weksla
  to ~ **the goods** odmówić przyjęcia towarów
  to ~ **obedience** odmówić posłuszeństwa
  to ~ **an offer** odrzucić ofertę
  to ~ **payment** ⟨**to pay**⟩ odmówić zapłaty

to ~ a request odrzucić podanie ⟨prośbę⟩
to ~ to consider odmówić rozpatrzenia
to ~ to do sth odmówić zrobienia czegoś
to ~ to take delivery odmówić przyjęcia dostawy
to ~ to take part in ... odmówić wzięcia udziału w ...
(*spółce itd.*)
refused *adj*: ~ delivery nie przyjęta dostawa
~ payment odmowa przyjęcia zapłaty
refuse-goods *spl* wybrakowane towary
refutable *adj* (*o argumencie*) do obalenia ⟨odparcia⟩
refutal, refutation *s* obalenie, wykazanie bezpodstawności, odparcie zarzutów
refute *v* obalić, odeprzeć (*zarzuty*), zbić (*dowody*)
to ~ an argument obalić ⟨zbić⟩ argument, wykazać bezpodstawność argumentu
to ~ a statement obalić twierdzenie
regain *v* 1. odzyskać, posiąść na nowo 2. powrócić
to ~ control odzyskać kontrolę
to ~ freedom ⟨liberty⟩ odzyskać wolność
to ~ a loss wyrównać (*sobie*) stratę
to ~ the port powrócić do portu
to ~ possession of sth odzyskać posiadanie czegoś
regalia *spl* 1. insygnia królewskie, regalia 2. *bryt.* uprawnienia królewskie
regard¹ *s* 1. wzgląd 2. szacunek, poważanie 3. *pl* regards pozdrowienia, ukłony, wyrazy poważania ⟨szacunku⟩
in this ~ w tej sprawie, w tym względzie
in ⟨with⟩ ~ of ⟨to⟩ co się tyczy, odnośnie do
with kind ~s z wyrazami poważania ⟨szacunku⟩
without ~ to sth bez względu na coś
to have ~ to sb, sth mieć wzgląd ⟨zwracać uwagę⟩ na kogoś, coś
to pay no ~ to sb, sth nie zważać na kogoś, coś
regard² *v* 1. traktować, uważać 2. dotyczyć, odnosić się
as ~s co się tyczy, co do
to ~ sth as confidential traktować coś jako poufne
regardful *adj* 1. staranny, dbały 2. pełen szacunku (of sb dla kogoś)
to be ~ of sth troszczyć się o coś
regardless *adj* niestaranny, niedbały, nieuważny
~ of the consequences nie liczący się z konsekwencjami
~ of expense ⟨cost⟩ bez względu na koszty
~ price bez względu na cenę
regency *s* 1. regencja 2. rząd, władza
~ council rada regencyjna
regent *s* regent
prince ~ książę regent
regicide *s* 1. królobójstwo 2. królobójca, królobójczyni
régime *s* reżym, ustrój
~ of occupation reżym okupacyjny
matrimonial ~ ustrój (*majątkowy*) małżeński
parliamentary ~ ustrój parlamentarny
statutory ~ reżym ustawowy
region *s* region, okręg, obszar
coastal ~ obszar przybrzeżny
economic ~ region gospodarczy
underdeveloped ~s obszary nierozwinięte ⟨zacofane⟩ gospodarczo
it will cost in the ~ of £ 20 to będzie kosztowało około 20 funtów
regional *adj* regionalny, rejonowy, okręgowy
~ agency organ regionalny ⟨terenowy⟩

~ agreements układy regionalne
~ bank *am.* federalny bank rezerw
~ conference konferencja regionalna
~ market regionalny ⟨lokalny⟩ rynek
~ pact układ regionalny
~ understanding regionalne porozumienie
register¹ *s* 1. rejestr, spis, wykaz, lista 2. mechanizm rejestrujący, licznik
~ book rejestr, księga rejestrowa
~ of births ⟨deaths⟩ rejestr urodzeń ⟨zgonów⟩
~ of companies *bryt.* rejestr handlowy
~ office urząd rejestracyjny, urząd stanu cywilnego
~ of members wykaz ⟨spis⟩ członków
~ of shareholders rejestr akcjonariuszy
~ ton tona rejestrowa
~ tonnage pojemność rejestrowa, tonaż rejestrowy
address ~ księga adresowa
aircraft ~ rejestr statków powietrznych
bank ~ rejestr bankowy
cadastral ~ księga katastralna
cash ~ kasa rejestrująca ⟨kontrolna⟩
classification ~ rejestr klasyfikacyjny (*statków*)
commercial ~ rejestr handlowy
extract from a ~ wyciąg z rejestru
keeping of ~ prowadzenie rejestru
land ~ księga gruntowa ⟨wieczysta⟩
Lloyd's Register of British and Foreign Shipping rejestr statków morskich brytyjskich i zagranicznych Lloyda
mortgage ~ office urząd hipoteczny
naval ~ rejestr morski
patent ~ rejestr patentowy
share ~ rejestr akcji
shipping ~ rejestr statków
ship's ~ świadectwo rejestracyjne statku
stock ~ *am.* rejestr akcji
trade ~ rejestr handlowy
to enter in the ~ wpisać do rejestru, zarejestrować
register² *v* 1. rejestrować, zapisywać, wnosić do rejestru 2. nadawać przesyłkę poleconą
to ~ at the congress zgłosić się jako uczestnik konferencji ⟨zjazdu⟩
to ~ a birth ⟨death⟩ zgłosić urodzenie ⟨zgon⟩
to ~ a company zarejestrować spółkę akcyjną
to ~ a letter nadać list polecony
to ~ luggage nadać bagaż
to ~ oneself at a hotel *am.* wpisać się w księgę gości hotelowych, zameldować się w hotelu
to ~ a protest zarejestrować protest
to ~ a security zarejestrować papier wartościowy
to ~ a trade mark zarejestrować znak handlowy
to ~ a treaty zarejestrować traktat
registered *adj*: ~ cable address zarejestrowany adres telegraficzny
~ bond ⟨debenture⟩ imienna akcja
~ capital nominalny kapitał akcyjny
~ design wzór zastrzeżony
~ invention opatentowany wynalazek
~ letter *a*) list polecony *b*) list wartościowy
~ office siedziba prawna ⟨osoby prawnej⟩
~ share ⟨stock⟩ akcja imienna
~ ship statek znajdujący się w rejestrze klasyfikacyjnym
~ ton tona rejestrowa
~ tonnage tonaż rejestrowy

~ **trademark** zarejestrowany znak handlowy
~ **unemployed** zarejestrowani bezrobotni
to send under ~ **cover** wysłać jako list polecony
registrant *s am.* osoba zgłaszająca rejestrację
registrar *s* urzędnik prowadzący rejestr, rejestrator
~ **in bankruptcy** sędzia w sprawach o bankructwo
~ **of mortgage** *a*) *hist.* sędzia hipoteczny ⟨wieczysto-
-księgowy⟩ *b*) notariusz prowadzący księgi wie-
czyste
~ **'s office** urząd stanu cywilnego
companies' ~ kierownik rejestru handlowego
Registrar-General *s bryt.* kierownik centralnego urzędu
statystycznego
registration *s* 1. rejestracja, zarejestrowanie 2. nadanie
przesyłki poleconej 3. wpis do rejestru, wciągnięcie
na listę
~ **at the trade register** wpis do rejestru handlowego
~ **card** karta rejestracyjna ⟨meldunkowa⟩
~ **certificate** karta wpisowa
~ **duties** opłaty rejestracyjne
~ **fee** opłata za przesyłkę poleconą ⟨wartościową⟩
~ **number** numer rejestracyjny
~ **of business** rejestracja firmy
~ **of business name** rejestracja nazwy firmy
~ **office** biuro rejestracji, urząd rejestracyjny
~ **of luggage** nadanie na bagaż
~ **of mortgages** wpis hipoteczny
~ **of a trademark** rejestracja znaku towarowego
~ **plate** tablica rejestracyjna (*samochodu*)
aircraft ~ rejestracja samolotu
continuous ~ *stat.* rejestracja stała
country of ~ kraj macierzysty
port of ~ port macierzysty
ship's ~ rejestracja statku
vehicle ~ rejestracja pojazdu mechanicznego
registry *s* 1. rejestracja, wpis do rejestru 2. rejestr, księga
rejestrowa 3. urząd stanu cywilnego 4. biuro pośrednictwa pracy dla pomocy domowych
~ **book** rejestr, księga rejestrowa
~ **fee** opłata rejestracyjna
~ **marriage** ślub cywilny
~ **office** urząd stanu cywilnego
certificate of ~ świadectwo rejestracji (*statku*)
Land Registry *bryt.* Urząd Ziemski
marine ~ rejestr morski
port of ~ port macierzysty
to be ⟨**get**⟩ **married at the** ~ zawrzeć małżeństwo w
urzędzie stanu cywilnego, zawrzeć ślub cywilny
regnal *adj* (*o roku itp.*) panowania (*królewskiego*)
~ **day** rocznica wstąpienia na tron
~ **years** lata panowania
regress¹ *s* 1. powrót 2. regres
free ~ **for ships** prawo powrotnego przybicia ⟨po-
wrotu⟩ statków
regress² *v* 1. cofać się 2. dochodzić w drodze regresu,
wykonywać prawo regresu
regression *s* 1. cofanie się 2. *stat.* regresja
~ **analysis** analiza regresji ⟨cofania się⟩
~ **coefficient** współczynnik regresu
regressive *adj* regresywny, wsteczny
regret¹ *s* 1. żal 2. ubolewanie
to express ~ **for sth** przepraszać za coś, wyrażać żal
z powodu czegoś
to feel ~ **for sth** żałować czegoś

to refuse with much ~ ⟨**with many** ~**s**⟩ odmówić z
przykrością
please accept our ~ **s** prosimy przyjąć wyrazy ubole-
wania
regret² *v* 1. żałować 2. boleć, ubolewać (**sth** nad
czymś)
we ~ **being unable to pay in due time** żałujemy, że nie
możemy zapłacić w terminie
we deeply ~ żałujemy bardzo
regrettable *adj* godny pożałowania
~ **attitude** godna pożałowania postawa
~ **error** godny pożałowania błąd
regular *adj* 1. stały, regularny 2. zwykły, normalny,
prawidłowy 3. powszechnie przyjęty, zwyczajowy
~ **airline** regularna linia lotnicza
~ **boat** statek liniowy ⟨regularnej żeglugi⟩
~ **buyer** stały nabywca ⟨odbiorca, klient⟩
~ **communication line** stała linia komunikacyjna
~ **correspondent** stały korespondent
~ **customer** stały klient
~ **delivery** regularna ⟨stała⟩ dostawa
~ **deposit** przechowanie, depozyt (*prawidłowy*)
~ **election** normalne wybory
~ **income** stały dochód
~ **line** regularna linia (*żeglugowa, lotnicza*)
~ **lot** *giełd.* minimalna partia towaru (*zastrzeżona w*
kontrakcie)
~ **meeting** zwykłe zebranie
~ **member** członek zwyczajny
~ **model** aktualny model ⟨typ⟩
~ **passport** normalny paszport
~ **press conferences** stałe konferencje prasowe
~ **price** normalna cena
~ **session** sesja zwyczajna, posiedzenie zwyczajne
~ **shipping line** linia żeglugi regularnej
~ **staff** stała obsada, stały personel
~ **supply** stała ⟨regularna⟩ dostawa
~ **troops** wojska ⟨oddziały⟩ regularne
~ **turn** właściwa kolejność podejścia statku do przeładunku
~ **ways** *am. giełd.* transakcja z dostawą papierów
najpóźniej w następnym dniu
at ~ **intervals** w regularnych odstępach
to keep ~ **hours** prowadzić regularny tryb życia
regularity *s* 1. regularność, stałość, prawidłowość 2.
metodyczność, pilność
regularization *s* regulowanie, normowanie
regularize *v* regulować, normować
regulate *v* 1. regulować, normować 2. reglamentować
regulated *adj* : ~ **price** cena regulowana
regulation *s* 1. regulacja, normowanie, regulowanie 2.
reguła, przepis prawny, prawidło 3. *pl* **regulations**
regulamin, przepisy
~ **lights** światła pozycyjne
~ **of relations** ⟨**intercourse**⟩ regulowanie stosunków
administrative ~ **s** przepisy administracyjne
breach of ~ **s** naruszenie przepisów
consular ~ **s** przepisy konsularne
currency ~ **s** przepisy dewizowe
customs ~ **s** przepisy celne
emergency ~ **s** przepisy o stanie wyjątkowym
port ~ **s** przepisy portowe
price ~ regulacja cen
road ⟨**traffic**⟩ ~ **s** przepisy drogowe
safety ~ **s** przepisy bezpieczeństwa
working ~ **s** regulamin pracy

to act in accordance with the ~ **s** działać zgodnie z przepisami
to tighten the ~ **s** zaostrzyć przepisy
rehabilitate *v* **1.** rehabilitować **2.** przywrócić do poprzedniego ⟨normalnego⟩ stanu **3.** uzdrowić
rehabilitation *s* **1.** rehabilitacja **2.** przywrócenie do poprzedniego ⟨normalnego⟩ stanu **3.** uzdrowienie
~ **of disabled persons** rehabilitacja inwalidów
~ **of industrial production** odbudowa produkcji przemysłowej
~ **of offender** rehabilitacja przestępcy
~ **plan** plan uzdrowienia ⟨sanacji⟩
financial ~ uzdrowienie finansowe
rehear *v* **(reheard, reheard)** ponownie rozpatrywać (*sprawę*)
to ~ **a case** ponownie rozpatrywać sprawę sądową
rehearing *s* ponowne rozpatrywanie sprawy
reimburse *v* **1.** zwracać, rembursować **2.** wypłacać, pokrywać
to ~ **sb expenses** ⟨**costs**⟩ zwracać komuś wydatki ⟨koszty⟩
to ~ **sb for his losses** wynagrodzić komuś szkody
reimbursement *s* **1.** zwrot (*wyłożonej kwoty*), remburs **2.** pokrycie, spłata
~ **bank** bank rembursowy
~ **credit** kredyt rembursowy
~ **draft** weksel rembursowy
~ **of costs** ⟨**expenses**⟩ zwrot (*poniesionych*) wydatków
against ~ **of outlays** za zwrotem nakładów ⟨wydatków⟩
to draw in ~ zrembursować, wystawić weksel (ciągły) na pokrycie
to take a draft in ~ przyjąć tratę na pokrycie
reimport[1] *s* **1.** reimport, handel reimportowy **2.** *pl* **reimports** towary reimportowane, masa towarowa jako przedmiot reimportu
reimport[2] *v* reimportować
reimportation *s* reimport, przywóz poprzednio wywiezionych towarów
re-indorse *v* indosować ponownie
reinspect *v* ponownie badać, kontrolować
reinspection *s* ponowne badanie, ponowna kontrola, ponowne oględziny
reinstate *v* przywrócić do pierwotnego stanu
to ~ **sb in his former post** ⟨**job**⟩ przywrócić kogoś na poprzednie stanowisko ⟨do poprzedniej pracy⟩
reinstatement *s* przywrócenie do poprzedniego stanu
reinsurance *s* reasekuracja
~ **agreement** umowa reasekuracyjna
~ **business** operacje reasekuracyjne
~ **company** towarzystwo reasekuracyjne
~ **market** rynek reasekuracyjny
~ **policy** polisa reasekuracyjna
~ **premium** premia reasekuracyjna
~ **rate** stawka reasekuracyjna
~ **risks** ryzyka objęte reasekuracją
compulsory ⟨**non-compulsory**⟩ ~ reasekuracja przymusowa ⟨fakultatywna⟩
to cover by ~ **, to effect the** ~ reasekurować
reinsure *v* reasekurować
reinsurer *s* reasekurator
reinvest *v* **1.** ponownie inwestować **2.** ponownie wprowadzić na urząd
to ~ **money** reinwestować pieniądze
to ~ **the profits** reinwestować zyski

reinvested *adj* : ~ **amounts** ⟨**funds**⟩ reinwestowane kwoty
reinvestment *s* reinwestycja, ponowna inwestycja
reinvoice *v* fakturować ponownie, refakturować
reissue[1] *s* ponowna emisja, ponowne wystawienie, ponowne wydanie, wznowienie
reissue[2] *v* ponownie emitować ⟨wystawiać, wydawać⟩, wznawiać
reiterate *v* powtarzać, ponawiać
reiterated *adj* : ~ **reminders** wielokrotne upomnienia
reiteration *s* powtarzanie, ponawianie
reject[1] *s* **1.** odrzucenie **2.** rzecz odrzucona **3.** *pl* **rejects** wybrakowany towar
~ **shop** sklep z towarami wybrakowanymi
export ~ odrzut eksportowy
reject[2] *v* **1.** odrzucić **2.** wybrakować
to ~ **the accusation** ⟨**charges**⟩ odrzucić oskarżenie
to ~ **an appeal** odrzucić apelację
to ~ **as defective** odrzucić jako brak
to ~ **a claim** odrzucić reklamację ⟨roszczenie⟩
to ~ **goods** wybrakować towar
to ~ **a motion** odrzucić wniosek
to ~ **a note** odrzucić notę
to ~ **an offer** odrzucić ofertę
to ~ **a proposition** ⟨**proposal**⟩ odrzucić propozycję
to ~ **a resolution** odrzucić uchwałę
rejection *s* **1.** odrzucenie, nieprzyjęcie **2.** wybrakowanie
~ **of a claim** odrzucenie reklamacji ⟨roszczenia⟩
~ **of goods** nieprzyjęcie ⟨wybrakowanie⟩ towarów
~ **of an offer** odrzucenie oferty
rejoin *v* **1.** odpowiadać **2.** odpierać zarzuty
rejoinder *s* **1.** odpowiedź, replika **2.** odparcie zarzutów
relade *v* załadować na nowo
reland *v* wyładować z powrotem
relapse *v* popaść z powrotem (*np. w nałóg*), powrócić
to ~ **into crime** powrócić do przestępstwa
relate *v* **1.** relacjonować **2.** wykazywać związek, łączyć **(with** ⟨**to**⟩ **sth** z czymś) **3.** odnosić się **(to sth** do czegoś)
relation *s* **1.** relacja, stosunek **2.** relacjonowanie **3.** krewny, powinowaty **4.** *pl* **relations** stosunki, kontakty
~ **s among states** stosunki pomiędzy państwami
~ **s with abroad** stosunki z zagranicą
amicable ⟨**friendly**⟩ ~ **s** stosunki przyjacielskie
business ⟨**commercial**⟩ ~ **s** stosunki handlowe
contractual ~ stosunek umowny
diplomatic ~ **s** stosunki dyplomatyczne
economic ~ **s** stosunki ekonomiczne ⟨gospodarcze⟩
external ⟨**foreign**⟩ ~ **s** stosunki zagraniczne
extra-marital ~ **s** stosunki pozamałżeńskie
foreign ~ **s** stosunki zagraniczne
human ~ **s** stosunki międzyludzkie
international ~ **s** stosunki międzynarodowe
in ⟨**with**⟩ ~ w stosunku, odnośnie **(to sth** do czegoś)
labour ~ **s** stosunki pracy
labour-management ~ **s** stosunki pomiędzy pracownikami a kierownictwem zakładu
legal ~ stosunek prawny
long standing ~ **s** od dawna utrzymywane stosunki
near ~ **s** rodzeństwo, rodzina
on friendly ~ **s** w przyjacielskich stosunkach
out of ~ niewspółmierny

price ~ s relacja cen
public ~ s (*skr.* **PR**) służba informacyjna; *zob.*
public
strained ~ s napięte stosunki
to bear ~ mieć związek, odnosić się (**to sth** do
czegoś)
to be in ~ s pozostawać w stosunkach
to break off ⟨**sever**⟩ ~ s zerwać stosunki (**with sb** z
kimś)
to develop ⟨**extend**⟩ ~ s rozwijać stosunki
to enter ⟨**get**⟩ **into** ~ s, **to establish** ~ s nawiązać
stosunki
to keep up ⟨**maintain**⟩ ~ s podtrzymywać stosunki
relative *adj* **1.** względny, stosunkowy **2.** odnośny,
dotyczący (**to sth** czegoś), odnoszący się (**to sth** do
czegoś)
~ **impossibility** faktyczna niemożność
~ **majority** względna ⟨odpowiednia⟩ większość
~ **values of the dollar and the pound** odnośne
wartości dolara i funta
the ~ **costs of marine transport and air transport**
koszty transportu morskiego w porównaniu z
kosztami transportu lotniczego
a matter of ~ **importance** stosunkowo ważna
sprawa
relator *s* informator, osoba składająca doniesienie
relax *v* **1.** złagodzić, rozluźnić **2.** ulegać złagodzeniu
⟨rozluźnieniu⟩
to ~ **the controls** złagodzić kontrolę
to ~ **discipline** rozluźnić dyscyplinę
to ~ **a law** złagodzić prawo
to ~ **a penalty** złagodzić karę
to ~ **requirements** obniżyć wymagania
relaxation *s* **1.** złagodzenie **2.** rozluźnienie, odprężenie
~ **in the market** odprężenie na rynku
~ **in controls** złagodzenie kontroli
~ **of discipline** złagodzenie dyscypliny
~ **of a fine** obniżenie grzywny ⟨kary pieniężnej⟩
~ **of international tension** złagodzenie napięcia międzynarodowego
~ **of a penalty** złagodzenie kary
relay *s* **1.** zmiana, szychta **2.** przekaźnik (*radiowy,
telewizyjny*)
~ **station** stacja przekaźnikowa
~ **system** system zmianowy
to work in ⟨**by**⟩ ~ s pracować na zmiany ⟨w systemie
zmianowym⟩
release[1] *s* **1.** zwolnienie, uwolnienie, odblokowanie **2.**
zwolnienie od zobowiązania ⟨obciążenia⟩ **3.** przekazanie, wydanie **4.** zezwolenie na publikację
~ **for shipment** zezwolenie na załadowanie statku
~ **from bond** zwolnienie spod zamknięcia celnego
~ **from custody** zwolnienie z aresztu
~ **from an oath** zwolnienie od (*składania*) przysięgi
~ **of a blocked account** zwolnienie zablokowanego
rachunku
~ **of cargo** zwolnienie towaru spod zamknięcia
celnego po zapłaceniu cła
~ **of goods against payment** wydanie towaru w
zamian za zapłatę
~ **of political prisoners** uwolnienie więźniów politycznych
~ **on bail** zwolnienie za kaucją
~ **on parole** *hist.* zwolnienie na słowo honoru

~ **sb from an obligation** zwolnienie kogoś z zobowiązania
bank ~ zwolnienie towaru przez bank (*po uiszczeniu
należności*)
conditional ~ zwolnienie warunkowe
customs ~ wydanie towaru po odprawie celnej
freight ~ polecenie wydania ładunku po uiszczeniu
frachtu
order of ~ nakaz zwolnienia
warehouse ~ *a)* wydanie towaru z magazynu (*po
uiszczeniu należności*) *b)* kwit na wydanie towaru
to order sb's ~ zarządzić zwolnienie kogoś
release[2] *v* **1.** zwolnić, uwolnić **2.** zwolnić od zobowiązania **3.** zrzec się **4.** wydać, przekazać **5.** zezwolić na
wydanie ⟨przekazanie⟩ **6.** dopuścić do publikacji
to ~ **cargo** wydać ładunek (*po zwolnieniu spod
zamknięcia celnego*)
to ~ **for publication** zezwolić na publikację
to ~ **from attachment** zwolnić spod zajęcia
to ~ **from an oath** zwolnić od (składania) przysięgi
to ~ **funds** odblokować ⟨zwolnić⟩ fundusze
to ~ **a prisoner on bail** zwolnić aresztowanego za
kaucją
to ~ **a property to sb** przekazać tytuł własności
nieruchomości na rzecz osoby będącej w jej posiadaniu
to ~ **sb from an obligation** zwolnić kogoś z zobowiązania
re-lease *v* **1.** ponownie wynająć **2.** podnająć
re-let *v* **1.** ponownie oddać w najem ⟨dzierżawę⟩ **2.**
podnająć, poddzierżawić
relevant *adj* **1.** dotyczący, odnoszący się, związany (**to
sth** z czymś) **2.** stosowny, trafny **3.** posiadający
znaczenie
~ **fact** istotny ⟨dotyczący sprawy⟩ fakt
~ **information** stosowna informacja
~ **shipping documents** stosowne dokumenty ładunkowe
facts ~ **to the case** fakty dotyczące sprawy
documents ~ **to the matter** dokumenty dotyczące
sprawy
reliability *s* **1.** solidność, rzetelność **2.** wiarygodność **3.**
niezawodność
~ **of the source** wiarygodność źródła ⟨wiadomości⟩
~ **trial** próba wytrzymałości
reliable *adj* **1.** solidny, rzetelny **2.** wiarygodny **3.**
niezawodny, pewny
~ **bank** pewny bank, bank godny zaufania
~ **data** wiarygodne dane
~ **estimate** rzetelny szacunek
~ **evidence** wiarygodne zeznanie
~ **firm** solidna firma
~ **guarantee** pewna gwarancja
~ **information** wiarygodna informacja
~ **man** osoba godna zaufania
~ **packing** właściwe opakowanie
~ **witness** wiarygodny świadek
from a ~ **source** z wiarygodnego źródła
reliance *s* **1.** zaufanie, wiara **2.** oparcie, ostoja
in ~ **thereon** w oparciu o to
to put ⟨**place**⟩ ~ **in** ⟨**on, upon**⟩ **sb** pokładać zaufanie w
kimś
relict *s* wdowa (**of ...** po ...)
relief *s* **1.** ulga **2.** odciążenie **3.** pomoc, zapomoga **4.**
uwolnienie (*od zarzutu, kary*) **5.** zmiana, zastęps-
two

~ **driver** zapasowy kierowca, zmiennik
~ **from duty** zwolnienie od cła
~ **from a fine** zwolnienie od grzywny
~ **from taxation** ulga w podatkach
~ **fund** fundusz zapomogowy
~ **measures** środki ⟨sposoby⟩ pomocy
~ **organization** organizacja pomocy (*społecznej*)
~ **works** roboty publiczne (*celem zatrudnienia bez-robotnych*)
application for ~ podanie o zapomogę
social ~ opieka społeczna
tax ~ ulga podatkowa
unemployment ~ pomoc dla bezrobotnych
to be on ~ pobierać zasiłek (*z opieki społecznej*)
to come to sb's ~ przyjść komuś z pomocą
relieve *v* **1.** ulżyć **2.** uwolnić **3.** zwolnić (*z pracy*)
to ~ **sb from a duty** zwolnić kogoś z obowiązku
to ~ **sb from his office** ⟨**post**⟩ zwolnić kogoś ze stanowiska
to ~ **sb from a responsibility** uwolnić kogoś od odpowiedzialności
to ~ **sb from a tax** zwolnić kogoś od podatku
religion *s* **1.** religia, wyznanie, obrządek **2.** zakon
change of ~ zmiana wyznania
freedom of ~ wolność ⟨swoboda⟩ wyznania ⟨religijna⟩
State ⟨**Established**⟩ ~ *bryt.* religia państwowa ⟨urzędowa⟩
war of ~ wojna religijna
to enter into ~ wstąpić do zakonu
religious *adj* **1.** religijny **2.** zakonny
~ **beliefs** wierzenia ⟨przekonania⟩ religijne
~ **denomination** wyznanie
~ **education** religijne wychowanie
~ **liberty** wolność ⟨swoboda⟩ religijna
~ **minority** mniejszość wyznaniowa
relinquish *v* **1.** zaniechać, zaprzestać **2.** zrezygnować (**sth** z czegoś), zrzec się
to ~ **one's appointment** zrezygnować ze stanowiska
to ~ **an inheritance** zrzec się spadku
to ~ **a right** zrzec się prawa
relinquishment *s* **1.** zaniechanie, zaprzestanie **2.** zrezygnowanie, zrzeczenie się, wyrzeczenie się
~ **of a succession** zrzeczenie się spadku
reload *v* **1.** załadować ponownie **2.** przeładować
reloading *s* **1.** ponowne załadowanie **2.** przeładowanie
~ **charges** ⟨**costs**⟩ koszty przeładunku
relocation *s* przeniesienie, przemieszczenie, przesiedlenie
~ **camp** obóz dla ewakuowanych ⟨wysiedleńców⟩
~ **center** *am.* obóz dla internowanych Japończyków (*w okresie II wojny światowej*)
rely *v* **1.** polegać (**on** ⟨**upon**⟩ **sb, sth** na kimś, czymś) **2.** mieć zaufanie (**on sb, sth** do kogoś, czegoś) **3.** liczyć, zdawać się (**on sb, sth** na kogoś, coś)
to ~ **upon sb for financial support** liczyć na czyjąś pomoc finansową
you may ~ **on** ⟨**upon**⟩ **me** możecie na mnie polegać ⟨liczyć⟩
remain *v* **1.** pozostawać **2.** trwać, utrzymywać się
to ~ **constant** pozostawać bez zmian
to ~ **due** pozostawać winnym ⟨dłużnym⟩
to ~ **firm** (*o cenie, kursie*) trzymać się mocno
to ~ **in abeyance** pozostawać w zawieszeniu

to ~ **in force** pozostawać w mocy
to ~ **good until recalled** pozostawać w mocy aż do odwołania
to ~ **on hand** pozostawać na składzie
to ~ **steady** utrzymywać się na stałym poziomie
to ~ **unpaid** pozostać niezapłaconym
to ~ **unsettled** pozostawać niezałatwionym
to ~ **unsold** pozostawać niesprzedanym
it ~ **s to be seen** to się okaże
we ~ **yours truly** ⟨**respectfully, faithfully**⟩ (pozostajemy) z poważaniem
remainder *s* **1.** pozostałość **2.** reszta
~ **of cargo** reszta ⟨pozostałość⟩ ładunku
~ **of a debt** reszta długu
~ **of stock** pozostałość akcji
~ **sale** wyprzedaż remanentów edycji książek
to pay the ~ spłacić resztę, zapłacić pozostałość
remake *v* (**remade, remade**) przerabiać
remand[1] *s* **1.** odesłanie z powrotem do więzienia **2.** odesłanie sprawy (z powrotem) do niższej instancji **3.** więzień śledczy
~ **centre** ⟨**home**⟩ *bryt.* izba zatrzymań (*nieletnich*)
to be on ~ znajdować się w więzieniu ⟨areszcie⟩ śledczym
remand[2] *v* **1.** odesłać z powrotem do więzienia **2.** odesłać sprawę do niższej instancji do ponownego rozpoznania
to ~ **a case** przekazać sprawę do ponownego rozpoznania
to ~ **a prisoner in custody** odesłać więźnia do aresztu śledczego
remark[1] *s* **1.** spostrzeżenie, obserwacja **2.** wzmianka, uwaga
final ~ końcowa uwaga
worthy of ~ godny uwagi
to make ⟨**pass**⟩ **a** ~ zauważyć, wypowiedzieć się
remark[2] *v* **1.** spostrzec, zauważyć **2.** uczynić wzmiankę
re-mark *v* oznakować ponownie, zmienić oznakowanie
remarriage *s* ponowne małżeństwo
remarry *v* ponownie wstąpić w związek małżeński, ponownie ożenić się ⟨wyjść za mąż⟩
remeasure *v* przemierzyć, dokonać ponownego pomiaru
remeasurement *s* ponowny pomiar
remedial *adj* **1.** zaradczy, zapobiegawczy **2.** ochronny
~ **law** prawo procesowe
~ **measures** środki zaradcze
remedy[1] *s* **1.** lekarstwo, środek (**for sth** na coś) **2.** zadośćuczynienie, zaspokojenie, wyrównanie szkody ⟨krzywdy⟩ **3.** tolerancja mennicza, dopuszczalne odchylenie od normy wagi i wykonania monety
~ **of weight** tolerancja wagi
legal ~ środek prawny
past ~ nie do wyleczenia
remedy[2] *v* naprawić, zaradzić (**sth czemuś**)
to ~ **an abuse** zaradzić nadużyciu
to ~ **the defects** naprawić defekty ⟨wady⟩
to ~ **an evil** zaradzić złu
to ~ **a grievance** wynagrodzić krzywdę
remilitarization *s* remilitaryzacja
remind *v* przypominać (**sb of sth** komuś o czymś)
reminder *s* przypomnienie, upomnienie, monit
~ **of due date** ⟨**of account due**⟩ przypomnienie o terminie ⟨dacie⟩ płatności

letter of ~ upomnienie pisemne, monit
to send a ~ wysłać upomnienie
remise s zrzeczenie się (*prawa, pretensji*)
remission s 1. darowanie, przebaczenie 2. zrzeczenie się, darowanie, uwolnienie (*od długu, kary*) 3. złagodzenie, zmniejszenie
   ~ **for good conduct** zmniejszenie kary za dobre sprawowanie
   ~ **of charges** zmniejszenie wydatków
   ~ **of a claim** zrzeczenie się skargi ⟨pretensji⟩
   ~ **of a debt** *a)* zrzeczenie się należności *b)* zmniejszenie długu
   ~ **of penalty** darowanie grzywny ⟨kary pieniężnej⟩
   ~ **of a tax** zniżka podatkowa, zmniejszenie podatku
remissness s 1. niedbalstwo 2. opieszałość 3. zaniedbywanie obowiązków
remit v 1. przebaczyć (*grzechy*), darować (*winy*) 2. umorzyć, darować (*dług, karę*) 3. przesłać, przekazać (*pieniądze*) 4. pokryć, remitować 5. odesłać, skierować 6. *bryt.* odesłać sprawę do niższej instancji 7. odroczyć, odłożyć 8. złagodzić, zmniejszyć 9. ulec złagodzeniu ⟨zmniejszeniu⟩ 10. przywrócić (*do pierwotnego stanu*)
   to ~ **a bill** remitować weksel
   to ~ **by cheque** pokryć czekiem
   to ~ **by cable transfer** przekazać telegraficznie
   to ~ **a debt** anulować dług
   to ~ **a fine** umorzyć grzywnę
   to ~ **goods by railway** przesłać towary koleją
   to ~ **a matter till a certain date** odroczyć sprawę do określonego terminu
   to ~ **money** przekazać pieniądze
   to ~ **a penalty** uwolnić od kary
   to ~ **the settlement of a question** odłożyć załatwienie sprawy
remittance s 1. przesłanie, przekazanie, przelanie 2. pokrycie, remitowanie 3. suma ⟨należność⟩ przesłana ⟨przekazana⟩ 4. rymesa
   ~ **advice** zawiadomienie o przelewie
   ~ **in cash** przekaz gotówkowy ⟨pieniężny⟩
   ~ **order** polecenie przelewu
   ~ **to cover** przelew na pokrycie
   money ~ przekaz pieniężny
   post ~ *am.* przekaz pocztowy
   sight ~ rymesa awista
   to make a ~ dokonać przesłania ⟨przelania⟩
remittee s odbiorca (*należności*), adresat (*przekazu, przelewu*)
remitter s 1. wysyłający, nadawca 2. remitent 3. przywrócenie (*np. do pierwotnego stanu*) 4. sanowanie wadliwego tytułu
remnant s 1. reszta, pozostałość 2. *pl* **remnants** resztki (*tkanin*)
   ~**s sale** wyprzedaż resztek (*tkanin*)
remonstrance s 1. protest 2. upomnienie, napomnienie
remonstrate v 1. protestować, zgłaszać zarzuty (**against sth** przeciwko czemuś) 2. czynić zarzuty, napominać (**with sb** kogoś)
   to ~ **against cruelty** protestować przeciwko okrucieństwu
remote adj 1. daleki, odległy, oddalony 2. słaby, mało prawdopodobny
   ~ **ancestors** odlegli przodkowie

   ~ **cause** daleka przyczyna, przyczyna pozostająca w odległym związku
   ~ **control** zdalne sterowanie
   ~ **kinsman** daleki krewny
   ~ **place** odległe miejsce, odległa miejscowość
   ~ **prospect** słaba nadzieja
remoteness s 1. odległość (*w przestrzeni i czasie*) 2. daleki stopień (*np. pokrewieństwa*)
removal s 1. przemieszczenie, przeniesienie 2. usunięcie, zabranie 3. przeprowadzka 4. wyprowadzenie (*zwłok*)
   ~ **bond** zezwolenie na odbiór z magazynu celnego
   ~ **contractor** przedsiębiorca przewozowy
   ~ **expenses** koszty przeprowadzki
   ~ **from a list** usunięcie ⟨skreślenie⟩ z listy
   ~ **into a house** przeprowadzka do (nowego) domu
   ~ **of actions** przenoszenie spraw (*z jednego sądu do innego*)
   ~ **of barriers to international trade** zniesienie barier w handlu międzynarodowym
   ~ **of goods** przewiezienie towarów (*do innego magazynu*)
   ~ **of an official** usunięcie urzędnika (*ze stanowiska*)
   ~ **of restrictions** zniesienie ograniczeń
   ~ **of the seals** usunięcie pieczęci
   ~ **to new premises** przeprowadzka do nowego lokalu
   ~ **van** samochód do przeprowadzek
mandatory ~ przymusowe usunięcie (*z urzędu*)
notice of ~ zawiadomienie o przeniesieniu się ⟨przeprowadzeniu się⟩
remove v 1. przenieść się, przeprowadzić się 2. usunąć, zabrać 3. zdjąć
   to ~ **barriers** ⟨**obstacles**⟩ usunąć przeszkody
   to ~ **the damage** usunąć uszkodzenie
   to ~ **difficulties** usunąć trudności
   to ~ **from office** usunąć ⟨zdjąć⟩ ze stanowiska
   to ~ **the goods** przewieźć towary, wywieźć towar
   to ~ **a name from a list** usunąć nazwisko z listy
   to ~ **suspicions** usunąć ⟨odwrócić⟩ podejrzenia
   to ~ **traces** usunąć ślady
remunerate v wynagradzać, rekompensować (**for sth za coś**)
   to ~ **sb for his services** wynagrodzić kogoś za jego usługi
remuneration s wynagrodzenie, zapłata
   ~ **in cash** wynagrodzenie w gotówce
   ~ **in kind** wynagrodzenie w naturze
   against ~ za wynagrodzeniem
   equal ~ jednakowe wynagrodzenie, równość wynagrodzenia
   in lieu of ~ zamiast wynagrodzenia
   in ~ **for ...** jako zapłatę ⟨wynagrodzenie⟩ za ...
   salvage ~ wynagrodzenie za ratownictwo morskie
remunerative adj dochodowy, opłacalny, zyskowny
   ~ **business** opłacalna transakcja, opłacalny interes
   ~ **work** opłacalna praca
renail v ponownie ⟨na nowo⟩ zbić gwoździami
   cases ~**ed** (*zastrzeżenie w konosamencie*) skrzynie ponownie zbite gwoździami
rename v przemianować, nadać nową nazwę (**sth** czemuś)
render v 1. złożyć, przedłożyć, przedstawić 2. zwrócić, oddać 3. okazywać, udzielać (*pomocy*) 4. tłumaczyć, przekładać

to ~ **an account (to sb)** przedstawić (komuś) rachunek

to ~ **an account of sth** zdać rachunek ⟨złożyć sprawozdanie⟩ z czegoś

to ~ **aid** ⟨**assistance, help**⟩ okazać pomoc

to ~ **back the money** zwrócić pieniądze

to ~ **into English** przetłumaczyć na angielski

to ~ **possible** umożliwić

to ~ **profits** przynosić zyski

to ~ **responsible** czynić odpowiedzialnym

to ~ **sb a service** oddać komuś przysługę

to ~ **thanks** złożyć podziękowanie

to ~ **void** czynić nieważnym

renegade s renegat, odszczepieniec, odstępca

renew v **1.** odnowić, odświeżyć **2.** ponowić, przedłużyć, prolongować

to ~ **an alliance** odnowić przymierze

to ~ **a bill** prolongować weksel

to ~ **a contract** przedłużyć umowę

to ~ **a lease** przedłużyć dzierżawę ⟨najem⟩

to ~ **an order** ponowić zamówienie

to ~ **a policy** odnowić polisę

to ~ **a promise** odnowić przyrzeczenie

to ~ **relations** wznowić stosunki

to ~ **a request** ponowić żądanie

to ~ **(one's) subscription (to sth)** wznowić subskrypcję ⟨prenumeratę⟩ (czegoś)

to ~ **a title** odnowić tytuł

renewable adj odnawialny, podlegający przedłużeniu

~ **letter of credit** akredytywa odnawialna

~ **natural resources** odnawialne zasoby naturalne

renewal s **1.** odnowienie, odnowa, odświeżenie **2.** ponowienie, przedłużenie, prolongata **3.** wymiana (np. części maszyny, urządzenia)

~ **bill** weksel prolongacyjny

~ **of activity** wznowienie działalności

~ **of a contract** prolongata ⟨przedłużenie⟩ umowy

~ **of a draft** prolongata traty ⟨weksla⟩

~ **of insurance** przedłużenie ubezpieczenia

~ **of a lease** przedłużenie dzierżawy

~ **of negotiations** wznowienie negocjacji

~ **of a patent** prolongata patentu

~ **of relations** wznowienie stosunków

~ **of ship's parts** wymiana części statku (na nowe)

~ **of subscription** prolongata ⟨przedłużenie⟩ subskrypcji

~ **order** ponowne zamówienie

~ **rate** opłata za odnowienie ⟨przedłużenie⟩

tacit ~ milczące przedłużenie

renewed adj : ~ **bill** weksel prolongowany

renounce v **1.** zrezygnować, zrzec się (**sth** czegoś) **2.** wyrzec się

to ~ **a claim** zrezygnować z reklamacji

to ~ **one's right** zrzec się swych uprawnień

to ~ **one's son** wyrzec się syna

renouncement s **1.** zrzeczenie się, rezygnacja **2.** wyrzeczenie się

~ **of property** zrzeczenie się własności

~ **of a succession** zrzeczenie się spadku

renovate v **1.** odnowić, wyremontować **2.** wznowić, podjąć na nowo

renovation s **1.** odnowienie, renowacja **2.** ponowienie, podjęcie na nowo **3.** naprawa

renown s **1.** renoma, reputacja **2.** sława, rozgłos

bank of ~ renomowany bank

firm of bad ⟨**good**⟩ ~ firma o złej ⟨dobrej⟩ renomie ⟨reputacji⟩

renowned adj renomowany, sławny, słynny (**as** ... jako ...; **for sth** z czegoś)

~ **article** renomowany artykuł

rent[1] s **1.** czynsz dzierżawny, komorne **2.** renta **3.** najem, dzierżawa

~ **in advance** czynsz płatny z góry

~ **payer** dzierżawca, najemca

~ **tax** podatek od czynszów

annual ~ czynsz roczny

agricultural ~ czynsz rolny

arrears of ~ zaległy czynsz

control of ~s kontrola czynszów

differential ⟨**economic**⟩ ~ renta różniczkowa

for ~ am. do wynajęcia

high ⟨**low**⟩ ~ wysoki ⟨niski⟩ czynsz

land ~ renta gruntowa

nominal ⟨**peppercorn**⟩ ~ symboliczny czynsz

truck ~ osiowe

warehouse ~ składowe, opłata składowa

to **give in** ~ wynajmować, wydzierżawiać

rent[2] v **1.** dzierżawić, najmować **2.** wydzierżawiać, wynajmować, pobierać czynsz

to ~ **a house from sb** wynająć od kogoś dom

to ~ **a house to sb** wynająć komuś dom

the land ~s **at** ⟨**for**⟩ ... czynsz dzierżawny (za ziemię) wynosi ...

rental s czynsz, kwota czynszu

~ **value** wartość czynszowa

annual ⟨**yearly**⟩ ~ roczna kwota czynszu

car ~ wynajem samochodów

residential ~ am. opłata za lokal, czynsz

rent-charge s czynsz dzierżawny

rent-collector s poborca czynszu

rent-contract s umowa najmu ⟨dzierżawy⟩

rent-day s dzień płacenia czynszu ⟨dzierżawy⟩

renter s lokator, dzierżawca, najemca

rent-free adj wolny od czynszu

rentier s fr. rentier

renumber v ponownie ponumerować, zmienić numerację

renunciation s **1.** zrzeczenie się, rezygnacja **2.** wypowiedzenie, odstąpienie

~ **of nationality** wyrzeczenie się obywatelstwa

~ **of a right** zrzeczenie się prawa

~ **of a treaty** wypowiedzenie traktatu

~ **of war** wyrzeczenie się wojny

renvoi s odesłanie

reopen v **1.** otwierać ponownie **2.** wznowić

to ~ **a case** wznowić sprawę

to ~ **legal proceedings** wznowić proces

reopening s **1.** wznowienie **2.** ponowne otwarcie

~ **day** dzień ponownego otwarcia

~ **of the hearing** wznowienie przewodu sądowego

~ **of legal proceedings** wznowienie procesu

reorder[1] s ponowne zamówienie

reorder[2] v ponownie zamówić

reorganization s **1.** reorganizacja **2.** reforma, sanacja

financial ~ reforma finansowa

scheme of ~ plan reorganizacji

reorganize v **1.** reorganizować (się) **2.** reformować, uzdrawiać

re(-)pack v zapakować na nowo, przepakować

re(-)packing s zapakowanie na nowo, przepakowanie

repair[1] *s* 1. naprawa, reperacja, remont 2. stan używalności
~ **parts** części zapasowe
~ **piece** część zapasowa
~ **shop** warsztat remontowy
~ **work** prace remontowe
beyond ~ nie nadający się do naprawy
capital ⟨**gross**⟩ ~ remont kapitalny
costs of ~ koszty naprawy ⟨remontu⟩
heavy ~**s** znaczny ⟨poważny⟩ remont
in bad ⟨**good**⟩ ~ w złym ⟨dobrym⟩ stanie
in need of ~ wymagający remontu
out of ~ w bardzo złym stanie
road ⟨**street**⟩ ~**s** roboty drogowe
running ~ naprawa bieżąca
slight ~**s** drobne naprawy
tenant's ~**s** naprawy, do których zobowiązany jest najemca ⟨lokator⟩
under ~ w remoncie, w naprawie
to be under ⟨**to be undergoing**⟩ ~**s** znajdować się ⟨być⟩ w remoncie ⟨w naprawie⟩
repair[2] *v* 1. reperować, naprawiać, remontować 2. powetować (*straty*) 3. naprawić, poprawić
to ~ **a damage** naprawić szkodę
to ~ **a loss** powetować stratę
to ~ **a mistake** naprawić błąd
to ~ **a vessel** remontować statek
bags ~ **ed** worki reperowane (*zastrzeżenie w konosamencie*)
repairable *adj* nadający się do naprawy, do naprawienia
~ **mistake** błąd do naprawienia
reparation *s* 1. reperacja, naprawa, remont 2. *pl* **reparations** odszkodowania (*wojenne*), reparacje
~ **commission** komisja reparacyjna ⟨odszkodowawcza⟩
~ **deliveries** dostawy reparacyjne
~ **of damages** naprawienie szkód
war ~**s** odszkodowania ⟨reparacje⟩ wojenne
repartition *s* podział, repartycja
~ **of loss** podział strat
repatriate[1] *s* repatriant
repatriate[2] *v* repatriować
repatriation *s* repatriacja
~ **agreement** umowa o repatriacji
~ **of capital** wycofanie do kraju lokat zagranicznych
~ **of crew** odesłanie załogi statku do kraju
repay *v* 1. zapłacić (**sb, sth** komuś, za coś) 2. spłacić, oddać, zwrócić
to ~ **a debt** zapłacić dług
to ~ **a debt in full** spłacić dług w całości
to ~ **an injury** wynagrodzić krzywdę
to ~ **the sum due** zapłacić należną sumę
repayable *adj* 1. podlegający zwrotowi (**over 20 years** w ciągu 20 lat) 2. zwrotny, odpłatny, spłacalny
~ **advance** zaliczka zwrotna
~ **by instalment** płatny w ratach
~ **on demand** podlegający zwrotowi na żądanie
not ~ bezzwrotny
repayment *s* 1. spłata, zwrot 2. odpłata, odwzajemnienie się 3. nagroda
~ **for help** nagroda za pomoc
~ **of a debt** spłata długu
terms of ~ warunki spłaty
to demand ~ żądać spłaty

repeal[1] *s* 1. uchylenie, unieważnienie, anulowanie 2. cofnięcie, odwołanie
~ **of a law** uchylenie ustawy
repeal[2] *v* 1. uchylać, unieważniać, anulować 2. odwoływać, cofać
to ~ **an order** cofnąć ⟨anulować⟩ zamówienie
to ~ **regulations** znieść ⟨uchylić⟩ przepisy
repeat[1] *s* 1. powtórzenie 2. *pl* **repeats** ponowne zamówienia
~ **of an order** powtórzenie zamówienia, ponowne ⟨powtórne⟩ zamówienie
repeat[2] *v* powtarzać, ponawiać
to ~ **an attempt** ponowić usiłowanie
to ~ **an order** ponowić zamówienie
repeated *adj* 1. powtórny, powtarzający się 2. wielokrotny
~ **offence** ponownie popełnione przestępstwo
~ **offender** recydywista
~ **request** ponowna prośba
~ **test** ponowne badanie
~ **use** wielokrotne użycie
repeater *s* 1. informator, donosiciel 2. *am.* recydywista 3. broń automatyczna
repel *v* 1. odpierać, odrzucać 2. odtrącać, odpychać
to ~ **an argument** odeprzeć argument
to ~ **a proposal** odrzucić propozycję
repentance *s* żal, skrucha
active ~ czynny żal
to show ~ okazywać skruchę
reperable *adj* dający się naprawić
repetition *s* powtórzenie, powtórka
~ **work** produkcja seryjna ⟨masowa⟩
repetitive *adj* : ~ **sale** powtórna sprzedaż
replace *v* 1. położyć na poprzednie ⟨dawne⟩ miejsce 2. zwrócić, oddać 3. wymienić, zastąpić (**by** ⟨**with**⟩ **sth** czymś; **sb by sb** kogoś kimś)
to ~ **borrowed money** zwrócić pieniądze
to ~ **a defective machine by another** wymienić niesprawną maszynę na inną
to ~ **a tyre** wymienić oponę
impossible to ~ niezastąpiony
replacement *s* 1. umieszczenie z powrotem 2. wymiana, zastąpienie 3. rzecz zastępująca inną 4. *pl* **replacements** *a*) części zamienne *b*) uzupełnienia
~ **costs** koszt wymiany części
~ **of ambassadors** zmiana ambasadorów
~ **of fixed assets** wymiana środków trwałych
~ **of worn-out parts** wymiana części zużytych (*na nowe*)
~ **parts** części zapasowe
~ **value** wartość wymiany
replenish *v* 1. napełnić ponownie, dopełnić 2. uzupełnić 3. zaopatrzyć
to ~ **the stock** uzupełnić zapas
replenishment *s* 1. ponowne napełnienie, dopełnienie 2. uzupełnienie 3. zaopatrzenie
~ **of supplies** uzupełnienie zapasów ⟨rezerw⟩
continuous ~ stałe uzupełnianie (*zapasów*)
replevin *s bryt.* 1. uchylenie zajęcia ruchomości pod warunkiem, że sprawa o nie zostanie skierowana do sądu i skarżący podda się wyrokowi 2. sprawa sądowa o takim charakterze 3. pismo wyrażające zgodę na takie załatwienie
reply[1] *s* 1. odpowiedź 2. replika (*pozwanego*)
~ **card** karta odpowiedzi
~ **coupon** kupon ⟨odcinek⟩ na odpowiedź

~ **in the affirmative** ⟨**negative**⟩ odpowiedź pozytywna ⟨negatywna⟩

~ **paid** ⟨**prepaid**⟩ odpowiedź (*listowna, telegraficzna*) opłacona

~ **(post-)card** karta pocztowa z opłaconą odpowiedzią

awaiting ⟨**looking forward to**⟩ **your** ~ oczekując waszej odpowiedzi

delayed ~ spóźniona odpowiedź

early ~ szybka odpowiedź

inaccurate ~ nieścisła ⟨niedokładna⟩ odpowiedź

in ~ **to ...** w odpowiedzi na ...

pending ~ do czasu otrzymania odpowiedzi

reply² v (**replied, replied**) **1.** odpowiadać (**to sth** na coś) **2.** replikować

to ~ **by mail** ⟨**wire**⟩ odpowiadać listownie ⟨telegraficznie⟩

to ~ **to a letter** odpowiadać na list

report¹ s **1.** raport, protokół, sprawozdanie, relacja **2.** pogłoska **3.** opinia, reputacja **4.** świadectwo szkolne **5.** odgłos (*strzału, wybuchu*)

~ **of the board** (**of directors**) sprawozdanie zarządu

~ **on damage to cargo** raport komisarza awaryjnego, atest awaryjny

~ **on 1986** sprawozdanie za rok 1986

annual ⟨**monthly**⟩ ~ roczny ⟨miesięczny⟩ raport, roczne ⟨miesięczne⟩ sprawozdanie

audit ⟨**auditor's**⟩ ~ *a*) sprawozdanie komisji rewizyjnej *b*) protokół rewizji ksiąg handlowych

business ~ *a*) sprawozdanie z działalności handlowej *b*) biuletyn gospodarczy

captain's ~ raport kapitański (*np. o awarii*)

cargo ~ raport statku dla władz celnych, manifest okrętowy

census ~ sprawozdanie z wyników spisu powszechnego

chairman's ⟨**president's**⟩ ~ sprawozdanie przewodniczącego

credit ~ informacja o wypłacalności kredytobiorcy

customs ~ deklaracja celna

damage ~ protokół stwierdzający szkodę ⟨szkodowy⟩

detailed ⟨**specified**⟩ ~ sprawozdanie szczegółowe

exchange ~ ceduła giełdowa

expert's ~ protokół ekspertyzy

firm of good ~ firma o dobrej reputacji ⟨ciesząca się dobrą opinią⟩

market ~ *a*) biuletyn o sytuacji rynkowej *b*) biuletyn cen

newspaper ~ reportaż

official ~ sprawozdanie urzędowe

press ~ sprawozdanie prasowe

progress ~ okresowe ⟨periodyczne⟩ sprawozdanie, sprawozdanie o postępie (prac)

ship's ~ zgłoszenie przybycia statku

stock market ~ biuletyn giełdowy

survey ~ protokół oględzin

treasurer's ~ sprawozdanie finansowe

to adopt ⟨**confirm**⟩ **a** ~ przyjąć ⟨zatwierdzić⟩ sprawozdanie

to hear a ~ wysłuchać sprawozdania

to make ⟨**to draw up**⟩ **a** ~ sporządzić sprawozdanie (**on sth** o czymś)

to present ⟨**submit**⟩ **a** ~ (**to sb on sth**) przedstawić sprawozdanie (komuś o czymś)

report² v **1.** zdawać sprawozdanie (**to sb** komuś; **on sth** z czegoś), referować, podawać informacje **2.** zameldować urzędowo, zgłosić **3.** składać zażalenie

to ~ **badly** ⟨**well**⟩ wydać nieprzychylną ⟨przychylną⟩ opinię

to ~ **for duty** zgłosić się do pracy

to ~ **progress to sb** składać komuś bieżące sprawozdanie

to ~ **a vessel** zawiadomić o przybyciu ⟨gotowości do odjazdu⟩ statku

duty to ~ obowiązek składania sprawozdań

obligation to ~ obowiązek meldowania się

reporter s **1.** sprawozdawca, reporter **2.** sekretarz, protokolant

reporting adj sprawozdawczy

~ **day** dzień zgłoszenia ⟨gotowości⟩ statku do załadunku

~ **period** okres sprawozdawczy

repose v **1.** spoczywać **2.** być opartym, mieć oparcie (**on sth** w czymś) **3.** pokładać (*zaufanie itp.*)

to ~ **confidence in** ⟨**on**⟩ **sb** mieć do kogoś zaufanie

repository s **1.** miejsce przechowywania, skład, magazyn **2.** grobowiec

~ **of furniture** skład mebli

~ **of goods** magazyn towarów

repossess v **1.** odzyskać posiadanie (**sth** czegoś) **2.** przywrócić posiadanie (**sb of sth** komuś czegoś)

represent¹ v **1.** przedstawiać, wyobrażać **2.** reprezentować, zastępować **3.** opisywać, referować

represent² v przedstawiać ponownie (*np. datę do akceptacji, czek do realizacji*)

representation s **1.** przedstawienie, okazanie **2.** przedstawicielstwo, reprezentacja **3.** zastępstwo prawne **4.** *pl* **representations** dane, szczegóły, opis stanu faktycznego

~ **costs** koszty reprezentacyjne

~ **of the people** narodowe przedstawicielstwo

collective ~ przedstawicielstwo zbiorowe

commercial ⟨**trade**⟩ ~ przedstawicielstwo handlowe

diplomatic ~ przedstawicielstwo dyplomatyczne

joint ~ wspólne przedstawicielstwo

legal ~ zastępstwo prawne

proportional ~ proporcjonalny system wyborczy

right of ~ prawo reprezentowania

workers' ~ przedstawicielstwo robotników ⟨robotnicze⟩

representative¹ s **1.** przedstawiciel, reprezentant **2.** zastępca **3.** poseł

~ **of business circles** przedstawiciel kół handlowych

~ **of the management** przedstawiciel kierownictwa

~ **of the workers** przedstawiciel robotników

buying ~ przedstawiciel do spraw zakupu

chief ⟨**head, principal**⟩ ~ główny przedstawiciel

commercial ⟨**trade, business**⟩ ~ przedstawiciel handlowy

diplomatic ~ przedstawiciel dyplomatyczny

foreign ~ przedstawiciel zagraniczny

general ~ przedstawiciel generalny

the House of Representatives Izba Reprezentantów (*Kongres USA*)

legal ~ przedstawiciel ustawowy

manufacturer's ~ przedstawiciel producenta

owner's ~ przedstawiciel armatora ⟨właściciela statku⟩

permanent ⟨regular⟩ ~ stały przedstawiciel
sales ~ przedstawiciel do spraw sprzedaży
sole ~ przedstawiciel wyłączny
representative[2] *adj* 1. charakteryzujący, przedstawiający (of sth coś) 2. reprezentatywny, charakterystyczny ⟨typowy⟩ dla całości
~ body ciało reprezentatywne
~ sample *stat.* próba reprezentacyjna
~ studies badanie reprezentacyjne
repress *v* 1. hamować, powstrzymywać 2. poskramiać 3. stosować środki represyjne 4. tłumić
to ~ an uprising ⟨a revolt⟩ stłumić powstanie ⟨bunt⟩
repression *s* 1. hamowanie, powstrzymywanie 2. poskramianie 3. tłumienie 4. represja
repressive *adj* represyjny
~ legislation represyjne ustawodawstwo
~ measures środki represyjne
reprice *v* zmienić cenę, ustalić nową cenę
reprieve[1] *s* 1. zawieszenie ⟨odroczenie⟩ wykonania wyroku 2. zwłoka
reprieve[2] *v* 1. odraczać 2. zawieszać 3. udzielać zwłoki
to ~ a debtor udzielić zwłoki dłużnikowi
to ~ an offender odroczyć skazanemu wykonanie kary
reprimand[1] *s* nagana, reprymenda
reprimand[2] *v* udzielać nagany, karcić, ganić
reprint[1] *s* 1. przedruk, odbitka 2. nowy nakład
reprint[2] *v* 1. przedrukować 2. wydać nowy nakład
reprisal *s* 1. kroki odwetowe, retorsja 2. *pl* reprisals represalia
law of ~ prawo retorsji
to make ~s stosować represalia ⟨środki odwetowe⟩
reprise *s* 1. repryza morska 2. potrącenie od dochodu
reprivatization *s* reprywatyzacja
reprivatize *v* reprywatyzować
reproach[1] *s* 1. zarzut, nagana 2. hańba
beyond ~ bez zarzutu, nieskazitelny
reproach[2] *v* 1. zarzucać 2. ganić (with sth za coś)
to ~ sb with negligence zarzucać komuś niedbalstwo
to ~ sb for having done sth ganić kogoś za zrobienie czegoś
reprobate *s* rozpustnik
reprobation *s* potępienie
public ~ publiczne potępienie
reproduce *v* 1. reprodukować 2. sporządzać kopię
to ~ in full ⟨in part⟩ odtwarzać całkowicie ⟨częściowo⟩
reproduction *s* 1. reprodukcja, reprodukowanie 2. rozmnażanie się 3. przedruk, kopia
~ of capital reprodukcja kapitału
~ process proces reprodukcji
~ rate współczynnik reprodukcji
extended ~ reprodukcja rozszerzona
simple ~ reprodukcja prosta
reproof *s* 1. wytyk 2. wyrzut 3. zarzut
republic *s* republika, rzeczpospolita
republican[1] *s* 1. republikanin 2. *am.* Republican członek partii republikańskiej, republikanin
republican[2] *adj* republikański
~ government rząd republikański

repudiate *v* 1. nie uznawać, nie honorować, odrzucać 2. odmawiać (*zapłaty*), uchylać się (*od zobowiązania*) 3. wyrzekać się 4. nie przyznawać się, zaprzeczać 5. odtrącić 6. rozwodzić się
to ~ authorship of sth zaprzeczyć autorstwa czegoś
to ~ a bill odmówić przyjęcia weksla
to ~ a claim nie uznawać roszczenia, odrzucić roszczenie
to ~ a contract uchylać się od zobowiązania
to ~ a debt odmawiać zapłaty długu
to ~ a draft odmawiać zapłaty weksla ⟨traty⟩
to ~ payment odmówić zapłaty
to ~ one's wife odtrącić żonę
repudiated *adj*: ~ draft *a*) trata nie zaakceptowana *b*) trata nie wykupiona
repudiation *s* 1. nieuznawanie, niehonorowanie, odrzucenie 2. odmowa (*zapłaty*) 3. uchylenie się (*od zobowiązania*) 4. odtrącenie 5. rozwód, separacja
~ of a contract uchylenie się od zobowiązania
~ of a debt odmowa zapłaty długu
repugnance *s* 1. niezgodność, sprzeczność 2. niechęć, odraza, awersja
repugnant *adj* 1. sprzeczny, niezgodny 2. odrażający, wywołujący niechęć ⟨awersję⟩
~ condition warunek sprzeczny z celem umowy
~ to the law niezgodny ⟨sprzeczny⟩ z prawem
repulse *s* odparcie
repurchase[1] *s* odkup
option ⟨right⟩ of ~ prawo odkupu
repurchase[2] *v* odkupywać
sale with right to ~ sprzedaż z prawem odkupu
reputable *adj* 1. mający dobrą opinię, renomowany 2. zaszczytny
~ occupation zaszczytne zajęcie, zaszczytna praca
reputation *s* 1. reputacja, opinia 2. dobre imię, sława
bad ~ zła reputacja
to enjoy good ⟨high⟩ ~ cieszyć się dobrą opinią
to keep up one's good ~ dbać o swoją dobrą opinię
repute[1] *s* reputacja, renoma
a firm of ~ szanowana ⟨poważana⟩ firma
repute[2] *v* być uważanym, być poczytywanym
reputed *pp adj* 1. cieszący się dobrą opinią, renomowany 2. domniemany, rzekomy 3. znany
~ criminal znany przestępca
~ father domniemany ojciec
~ firm znana firma
~ owner rzekomy właściciel
request[1] *s* 1. życzenie, prośba, żądanie 2. popyt, zapotrzebowanie 3. upomnienie, monit
~ for money ⟨for funds⟩ prośba o pieniądze ⟨kredyt⟩
~ for payment żądanie zapłaty
~ for respite prośba o odroczenie płatności
~ letter polecenie otwarcia akredytywy
~ note zezwolenie na wyładowanie towarów przed odprawą celną
(article) in ~ (artykuł, towar) poszukiwany ⟨mający duży popyt⟩
by ⟨on⟩ ~ na żądanie
dying ~ życzenie na łożu śmierci
formal ~ formalne ⟨urzędowe⟩ żądanie
pecuniary ~ żądanie pieniężne
samples sent on ~ próbki (wysyłamy) na żądanie
to be in good ~ cieszyć się dużym popytem
to be in poor ~ nie cieszyć się popytem

to comply with ~ spełniać życzenie
to grant sb's ~ spełnić czyjąś prośbę
to make a ~ zwracać się z prośbą
request[2] v **1.** prosić, upraszać **2.** żądać, życzyć sobie
to ~ a price żądać ceny
to ~ **payment (from sb)** żądać zapłaty (od kogoś)
to ~ **permission to do sth** prosić o pozwolenie na zrobienie czegoś
to ~ **sb to do sth** prosić kogoś o zrobienie czegoś
as ~ed zgodnie z (waszym) życzeniem
require v **1.** wymagać, potrzebować **2.** żądać, domagać się
the matter ~s **further consideration** rzecz wymaga dalszego rozważenia
to ~ **sb's consent** wymagać czyjejś zgody
required pp adj: ~ **by law** wymagany przez prawo
by the ~ **date** do wymaganej daty
if ~ na żądanie
requirement s **1.** żądanie, wymaganie **2.** potrzeba, zapotrzebowanie, wymóg
buyers' ~s wymagania odbiorców
consumers' ~s wymagania konsumentów
environmental ~s wymagania ochrony środowiska
growing ~s wzrastające ⟨rosnące⟩ wymagania
labour force ~s zapotrzebowanie na siłę roboczą
legal ~s wymogi prawne
quality ~s wymaganie co do jakości
skill ~s zapotrzebowanie na wykwalifikowaną siłę roboczą
to comply with ~s czynić zadość wymaganiom
to ease ⟨relax⟩ ~s złagodzić ⟨zmniejszyć⟩ wymagania
to meet the ~s zaspokoić wymagania
to raise ~s zwiększyć wymagania
requisite[1] s **1.** rzecz niezbędna, niezbędny wymóg, niezbędna cecha **2.** pl requisites a) przybory b) rekwizyty
travelling ~s przybory podróżne
the ~ is missing brak tego, co jest wymagane
requisite[2] adj wymagany, niezbędny, nieodzowny
~ **capital** wymagany kapitał
~ **cover** niezbędne pokrycie
~ **form** wymagana forma
~ **majority** wymagana większość
the ~ **measures** a) wymagane wymiary b) nieodzowne środki
requisition[1] s **1.** żądanie, nakaz **2.** wymaganie **3.** zapotrzebowanie **4.** rekwizycja
~ **for extradition** żądanie ekstradycji
~ **for materials** ⟨for supplies⟩ zapotrzebowanie na surowce ⟨dostawy⟩
requisition[2] v **1.** rekwirować **2.** zgłaszać zapotrzebowanie, domagać się, żądać
requital s odpłata
re-rummage s powtórna rewizja celna statku po wyładowaniu (przed ponownym załadowaniem)
resale s odprzedaż, odstąpienie
~ **price** cena odprzedaży
~ **value** wartość odprzedaży
re-sample v pobrać ponownie próbkę
rescind v **1.** unieważnić, anulować **2.** uchylić
to ~ **a contract** unieważnić ⟨anulować, rozwiązać⟩ umowę
to ~ **a judgment** uchylić wyrok
to ~ **a law** uchylić ustawę
to ~ **the regulations** uchylić przepisy

rescindable adj **1.** podlegający unieważnieniu **2.** podlegający uchyleniu
~ **contract** umowa, która może być unieważniona
rescinding adj: ~ **clause** klauzula o rozwiązaniu umowy ⟨dotycząca odstąpienia od umowy⟩
rescission s **1.** unieważnienie, anulowanie **2.** uchylenie
~ **of a contract** unieważnienie ⟨anulowanie⟩ umowy
action for ~ powództwo o unieważnienie
right of ~ prawo uchylenia się
rescissory adj: ~ **action** pozew o unieważnienie (np. dokumentu)
rescue[1] s **1.** uwolnienie, oswobodzenie **2.** ratownictwo **3.** odbicie (więźnia) **4.** odebranie (mienia) siłą ⟨przy użyciu siły⟩
~ **boat** łódź ratunkowa
~ **of prisoners** uwolnienie (siłą) więźniów
~ **party** drużyna ratownicza
sea ~ ratownictwo morskie
to come to the ~ przyjść z pomocą
rescue[2] v **1.** uwolnić, oswobodzić **2.** odbić (więźnia) **3.** odbierać siłą (mienie) **4.** ratować, nieść pomoc
to ~ **sb from prison** uwolnić kogoś z więzienia
to ~ **the market** podtrzymać ⟨uratować⟩ rynek
research[1] s **1.** badanie, poszukiwanie **2.** studia
~ **and development** badania i rozwój
~ **centre** ⟨department⟩ ośrodek badawczy
~ **institute** instytut naukowy
~ **library** biblioteka naukowo-techniczna
~ **work** praca badawcza ⟨naukowa⟩
~ **worker** pracownik naukowy
economic ~ badania ekonomiczne
market ~ badanie rynku, analiza sytuacji na rynku
public opinion ~ badanie opinii publicznej
scientific ~ badania naukowe, prace naukowo-badawcze
to do ~, to be engaged in ~ zajmować się badaniami
research[2] v **1.** prowadzić badania **2.** wykonywać prace badawcze
researcher s badacz, pracownik naukowo-badawczy
re(-)sell v (re(-)sold, re(-)sold) odprzedawać
reselling adj: ~ **price** cena odprzedaży
resend v **1.** przesyłać ponownie **2.** odesłać
reservation s **1.** zastrzeżenie, ograniczenie, restrykcja **2.** klauzula restrykcyjna **3.** zw. am. rzecz zarezerwowana (np. pokój, miejsce w pociągu) **4.** rezerwat (np. przyrody)
~ **clause** klauzula restrykcyjna
~ **fee** opłata za rezerwację
~ **on signature** zastrzeżenie przy podpisie
~ **price** cena wyjściowa ⟨minimalna, wywoławcza⟩
bearing ~s zawierający zastrzeżenia
bill of lading bearing ~s konosament z zastrzeżeniami
legal ~ ograniczenie prawne
mental ~ zastrzeżenie potajemne ⟨dokonane w myśli⟩ (nie podane do wiadomości stronie zainteresowanej)
with ~ z zastrzeżeniem
without ~ bez zastrzeżeń, bezwarunkowo
to enter a ~ in respect of a contract wnieść zastrzeżenie do umowy

to make ~s zarezerwować miejsce (*w pociągu, teatrze itp.*)
reserve[1] *s* **1.** rezerwa, zapas **2.** zasoby **3.** zastrzeżenie, ograniczenie **4. the Reserve** *wojsk.* rezerwa **5.** rezerwat
  ~ **account** konto rezerwowe
  ~ **capital** kapitał rezerwowy
  ~ **currencies** waluty rezerwowe
  ~ **for bad debts** rezerwa na niepewne wierzytelności
  ~ **for depreciation** rezerwa na amortyzację
  ~ **fund** fundusz rezerwowy
  ~ **price** (*na licytacji*) cena wyjściowa ⟨minimalna, wywoławcza⟩
  ~ **ratio** stosunek płynnych rezerw bankowych do sumy wkładów
accumulation ⟨**building up**⟩ **of** ~s gromadzenie ⟨tworzenie⟩ rezerwy
bank ~ rezerwa bankowa
bullion ⟨**metallic**⟩ ~ rezerwa kruszcowa
cash ~s rezerwa gotówkowa
contingency ~ rezerwa na nieprzewidziane wydatki
economic ~ rezerwy gospodarcze
foreign exchange ⟨**currency**⟩ ~s rezerwy dewizowe
gold ~s zasoby złota
hidden ⟨**latent**⟩ ~s ukryte rezerwy
international monetary ~s rezerwy walut zagranicznych
legal ~ prawnie ustalona rezerwa (*np. bankowa*)
liability ~s rezerwa na pokrycie zobowiązań
liquid ~ rezerwa płynna
money ~ rezerwa pieniężna
statutory ~ prawnie ustalona rezerwa (*np. bankowa*)
under ~ *bank.* z zastrzeżeniem
without ~ bez zastrzeżeń ⟨ograniczeń⟩
to act with ~ działać z ostrożnością
to draw on the ~s czerpać z rezerw
to hold in ~ trzymać w rezerwie
to keep in ~ mieć w rezerwie
reserve[2] *v* **1.** rezerwować **2.** zastrzegać **3.** odłożyć, odroczyć
to ~ **judgment** zastrzec ⟨odroczyć⟩ wydanie wyroku
to ~ **for oneself a right** zastrzec sobie prawo
to ~ **a room at a hotel** ⟨**a table at a restaurant**⟩ zarezerwować pokój w hotelu ⟨stolik w restauracji⟩
reserved *pp adj :* ~ **seat** miejsce zarezerwowane
all rights ~ wszystkie prawa zastrzeżone
buyers are ~ nabywcy powstrzymują się od zakupów
resettle *v* przesiedlać, osiedlać w innym kraju
reship *v* **1.** załadować ponownie **2.** przeładować na inny statek **3.** reekspediować, odesłać jako ładunek zwrotny
reshipment *s* **1.** ponowne załadowanie **2.** przeładowanie na inny statek **3.** reekspedycja, odesłanie zwrotne
reshipping *s* **1.** reekspedycja, odesłanie zwrotne **2.** przeładunek
reside *v* **1.** rezydować, stale zamieszkiwać, mieć stałą siedzibę **2.** tkwić, znajdować się (**in sth** w czymś)
to ~ **abroad** mieszkać za granicą
to ~ **in the country** zamieszkiwać na wsi ⟨poza miastem⟩

permission to ~ zezwolenie na zamieszkanie
residence *s* **1.** stałe miejsce zamieszkania **2.** siedziba, rezydencja
  ~ **of a company** siedziba spółki
  ~ **permit** zezwolenie na zamieszkanie
  ~ **qualification** cenzus zamieszkania
change of ~ zmiana stałego miejsca zamieszkania
the conjugal ~ miejsce (*wspólnego*) zamieszkania małżonków
country of ~ kraj zamieszkania
delivery at ~ z dostawą na miejsce ⟨do domu⟩
place of ~ miejsce stałego zamieszkania
to be in ~ **at ..** zamieszkiwać (*stale*) w ...
to change one's ~ zmienić miejsce zamieszkania
to establish a ~ ustalić miejsce zamieszkania
to take up one's ~ zamieszkać na stałe
with ⟨**of**⟩ **no fixed** ~ bez stałego miejsca zamieszkania
residency *s* rezydencja (*przedstawiciela innego państwa*)
resident *s* **1.** stały mieszkaniec **2.** rezydent **3. Resident** przedstawiciel (*innego państwa*)
  ~ **population** stali mieszkańcy
  ~ **qualifications for voters** cenzus zamieszkania wyborców
  ~ **suburb** (podmiejska) dzielnica mieszkaniowa
original ~ tubylec
permanent ~ stały mieszkaniec
temporary ~ czasowy mieszkaniec
residential *adj:* ~ **quarter** dzielnica willowa ⟨mieszkaniowa⟩
  ~ **qualification** cenzus zamieszkiwania (*w miejscu głosowania*)
residual *adj* pozostały, stanowiący pozostałość
  ~ **estate** oczyszczony z długów ⟨pozostały⟩ majątek
  ~ **products** wyroby z odpadów
  ~ **value** pozostała wartość
residuary *adj* **1.** pozostały **2.** (*o majątku*) oczyszczony z długów i obciążeń
  ~ **bequest** zapis uniwersalny (*na całym majątku*)
  ~ **estate** majątek spadkowy pozostały po zaspokojeniu długów i innych obciążeń
  ~ **devisee** ⟨**legatee**⟩ zapisobiorca, któremu testator przeznaczył resztę majątku po zaspokojeniu długów
residue *s* **1.** reszta, pozostałość **2.** spadek oczyszczony z długów, kosztów pogrzebu, zapisów itp.
  ~ **cargo** *am.* reszta ładunku przeznaczona do wyładowania w dalszych kolejnych portach
  ~ **in hand** istniejąca pozostałość, obecna reszta
resign *v* **1.** zrezygnować, zrzec się (**sth** czegoś) **2.** odstąpić, przekazać, scedować (**sth to sb** coś na kogoś) **3.** złożyć (**sth into sb's hands** coś w czyjeś ręce) **4.** podać się do dymisji, wnieść rezygnację, ustąpić ze stanowiska
to ~ **a claim** zrzec się roszczenia
to ~ **from the Cabinet** ustąpić z rządu
to ~ **a managership** zrzec się kierownictwa
to ~ **merchandise to sb's care** powierzyć komuś towar
to ~ **a right** zrezygnować z prawa
to ~ **a right to sb** ustąpić ⟨scedować⟩ swe prawo komuś
to ~ **one's office** ⟨**position**⟩ zrzec się stanowiska ⟨urzędu⟩

resignation s 1. dymisja, ustąpienie 2. rezygnacja, zrzeczenie się 3. pogodzenie się z sytuacją, rezygnacja
  ~ **of an office** zrzeczenie się urzędu
  letter of ~ pismo z rezygnacją, pisemna rezygnacja
  to accept the ~ przyjąć rezygnację
  to give (in) ⟨**offer, hand in, send in, tender**⟩ **one's** ~ złożyć rezygnację ⟨wymówienie⟩
resist v 1. stawiać opór, sprzeciwiać się 2. buntować się, odmawiać posłuszeństwa 3. odrzucać (*projekt, propozycję*)
  to ~ **arrest** sprzeciwiać się aresztowaniu
  to ~ **a plan** odrzucić plan
  to ~ **the police** stawiać opór policji
  to ~ **the temptation of sth** oprzeć się pokusie czegoś
resistance s 1. opór, sprzeciw 2. przeciwstawienie się 3. wytrzymałość
  ~ **movement** ruch oporu
  armed ~ zbrojny opór
  passive ~ bierny opór
  without (offering) ~ bez sprzeciwu, bez stawiania oporu
  to offer ~ stawiać opór
  to overcome ~ pokonać ⟨przełamać⟩ opór
  to take ⟨**follow**⟩ **the line of least** ~ iść po linii najmniejszego oporu
resolution s 1. decyzja, uchwała, postanowienie 2. rezolucja
  ~ **of the majority** uchwała większości
  consent to a ~ zgoda na decyzję
  draft ~ projekt rezolucji
  joint ~ wspólna rezolucja ⟨uchwała⟩
  to adopt ⟨**carry, pass**⟩ **a** ~ przyjąć ⟨uchwalić⟩ rezolucję
  to put a ~ **to the meeting** zgłosić rezolucję zebranym
  to reject a ~ odrzucić rezolucję
resolutive adj 1. rozwiązujący 2. unieważniający
  ~ **clause** klauzula rozwiązująca
  ~ **condition** warunek rozwiązujący
resolutory adj = **resolutive** adj
resolve v 1. decydować (się), postanawiać (**on** ⟨**upon**⟩ **sth** coś) 2. uchwalać ⟨przyjmować⟩ rezolucję 3. rozstrzygać (*np. wątpliwości*) 4. rozwiązywać (się)
  to ~ **difficulties** rozwiązać trudności
  to ~ **a problem** rozstrzygnąć problem
  to ~ **to do sth** postanowić coś zrobić
resort[1] s 1. uciekanie się (**to sth** do czegoś), ucieczka, ostateczny ratunek 2. uczęszczanie, odwiedzanie, przebywanie
  ~ **of thieves** melina złodziejska
  court of last ~ sąd ostatniej instancji ⟨rozstrzygający ostatecznie sprawę⟩
  health ~ uzdrowisko, kurort
  in the last ~ w ostateczności
  winter ~ ośrodek sportów zimowych
  without ~ **to force** bez uciekania się do użycia siły
resort[2] v 1. zwracać się, udawać się (**to sb for sth** do kogoś o coś) 2. uciekać się, używać 3. licznie uczęszczać
  to ~ **to force** ⟨**violence**⟩ uciekać się do użycia siły ⟨przemocy⟩
  to ~ **to law** zwrócić się na drogę prawną

  to ~ **to drastic measures** uciekać się do drastycznych środków
  to ~ **to military actions** rozpocząć działania wojenne
  to ~ **to war** zdecydować się na wojnę
re-sort v posortować na nowo
resource s 1. zasób 2. *pl* **resources** bogactwa naturalne, zasoby (*także pieniężne*)
  ~ **allocation** alokacja ⟨przeznaczenie, przydział⟩ środków (*pieniężnych*)
  capital ⟨**financial**⟩ ~ s środki pieniężne
  cash ~ s zasoby gotówkowe
  country's ~ s bogactwo narodowe
  economic ~ s środki ekonomiczne
  financial ~ s środki finansowe
  human ⟨**labour, manpower**⟩ ~ s zasoby ludzkie ⟨siły roboczej⟩
  limited ~ s ograniczone środki
  liquid ~ s płynne środki
  living ~ s fauna i flora
  monetary ~ s zasoby pieniężne
  natural ~ s bogactwa naturalne
  raw materials ~ s zasoby surowcowe
  transfer of ~ s przemieszczenie zasobów
respect[1] s 1. wzgląd, uwzględnienie 2. respekt, szacunek 3. *pl* **respects** wyrazy szacunku ⟨poważania⟩
  ~ **for** ⟨**of**⟩ **human rights and freedoms** poszanowanie praw i swobód człowieka
  based on ~ oparty na poszanowaniu
  in all ⟨**many**⟩ ~ s pod każdym względem
  in ~ **for the law** z szacunkiem dla prawa
  in ~ **of, with** ~ **to** co się tyczy, odnośnie do
  in some ~ pod pewnym względem
  lack of ~ brak szacunku
  with all due ~ s z należytym szacunkiem ⟨poważaniem⟩
  to enforce ~ **for a law** wymuszać poszanowanie dla prawa
  to have ~ **for sb** mieć dla kogoś szacunek, szanować kogoś
respect[2] v 1. respektować, uwzględniać, szanować, mieć na uwadze 2. dotyczyć
  to ~ **a clause in a contract** uwzględnić klauzulę kontraktu
  to ~ **customs of a country** szanować obyczaje kraju
  to ~ **the law** przestrzegać prawa, szanować prawo
  to ~ **sb's opinion** respektować czyjąś opinię
  to ~ **sb's rights** szanować czyjeś prawa
  to ~ **the status** respektować ⟨szanować⟩ status (*prawny*)
  as ~ s co się tyczy, odnośnie do
respectability s 1. powszechne poważanie, ogólny szacunek 2. solidność (*np. firmy*)
respectable adj 1. godny poważania 2. poważny, znaczny
  ~ **competence** znaczny majątek
  ~ **firm** solidna firma, firma ciesząca się szacunkiem
  ~ **number** poważna liczba
respectfully adv z szacunkiem, z poważaniem
  we remain yours ~ (pozostajemy) z poważaniem
respecting praep dotyczący
  legislation ~ **property** ustawodawstwo dotyczące prawa własności
respective adj odnośny, odpowiedni

~ **prices** odnośne ceny

respite s **1.** ulga, okres ulgowy **2.** zawieszenie, moratorium, respiro, odroczenie, prolongata
~ **for payment** odroczenie terminu płatności
~ **money** opłata za prolongatę
days of ~ dni respektowe ⟨ulgowe⟩, respiro wekslowe
letter of ~ respiro pisemne, prolongata na piśmie
request for ~ prośba o prolongatę ⟨odroczenie⟩ (*płatności*)
to accord ⟨allow, grant⟩ a ~ (for payment) udzielić prolongaty (płatności), odroczyć (płatność)
to get ⟨obtain⟩ a ~ uzyskać prolongatę ⟨odroczenie⟩ (*płatności*)

respond v **1.** odpowiadać, dawać odpowiedź **2.** reagować, odwzajemniać się **3.** *am.* być zobowiązanym do zapłaty

respondent s **1.** pozwany, strona pozwana (*zw. w procesie rozwodowym*) **2.** osoba odpowiadająca, respondent

respondentia s pożyczka bodmeryjna pod zastaw ładunku okrętowego
~ **loan** ⟨bond⟩ list bodmeryjny (*na pożyczkę pod zastaw ładunku*), zobowiązanie bodmeryjne ⟨ładunkowe⟩, bon bodmeryjny ⟨ładunkowy⟩

response s **1.** odpowiedź **2.** odzew, oddźwięk, reakcja
in ~ **to the appeal** w odpowiedzi na apel
to meet with a ~ znaleźć oddźwięk, odpowiedzieć
to meet with no ~ pozostawić bez odpowiedzi

responsibility s **1.** odpowiedzialność, zakres odpowiedzialności **2.** odpowiedzialność finansowa, wypłacalność
~ **and exemption clause** klauzula czarterowa określająca odpowiedzialność i wyłączenia od odpowiedzialności armatora za ładunek
allocation of responsibilities podział odpowiedzialności
civil ~ odpowiedzialność cywilna
criminal ~ odpowiedzialność karna
collective ~ odpowiedzialność zbiorowa
division of the ~ podział odpowiedzialności
financial ~ odpowiedzialność finansowa
joint and several ~ odpowiedzialność solidarna
legal ~ odpowiedzialność prawna
managerial ~ odpowiedzialność kierownictwa
ministerial ~ odpowiedzialność ministra
on one's own ~ na własną odpowiedzialność
position of ~ odpowiedzialne stanowisko
private ~ osobista odpowiedzialność
sense of ~ poczucie odpowiedzialności
without (any) ~ **on our part** bez odpowiedzialności z naszej strony
to assume ⟨take⟩ ~ wziąć na siebie odpowiedzialność
to be relieved of a ~ zostać zwolnionym od odpowiedzialności
to bear ⟨incur⟩ ~ ponosić odpowiedzialność
to decline all ~ **for sth** uchylać się od wszelkiej odpowiedzialności za coś
to escape the ~ uniknąć odpowiedzialności
to exempt ⟨release⟩ **from the** ~ zwolnić od odpowiedzialności
to saddle sb with ~ obarczać kogoś odpowiedzialnością
to shift the ~ **on sb** przerzucić odpowiedzialność na kogoś

to withdraw from the ~ zrzucić z siebie odpowiedzialność

responsible adj **1.** odpowiedzialny (**to sb** wobec kogoś; **for sb, sth** za kogoś, coś), ponoszący odpowiedzialność **2.** odpowiedzialny finansowo
~ **agent** przedstawiciel ⟨agent⟩ odpowiedzialny
~ **house** ⟨firm⟩ odpowiedzialna ⟨wypłacalna⟩ firma
~ **job** odpowiedzialna praca
~ **man** poważny ⟨odpowiedzialny⟩ człowiek
~ **post** odpowiedzialne stanowisko
civilly ~ odpowiedzialny cywilnie
financially ~ odpowiedzialny finansowo
non ~ **for breakage** ⟨leakage etc.⟩ bez odpowiedzialności za stłuczki ⟨wyciek itd.⟩
equally ~ jednakowo ⟨w równej mierze⟩ odpowiedzialny
to be ~ **for sb, sth** być odpowiedzialnym za kogoś, coś
to hold sb ~ **for sth** obciążyć kogoś odpowiedzialnością za coś
to make ⟨render⟩ **sb** ~ czynić kogoś odpowiedzialnym

responsiveness s reakcja, reagowanie (**for sth** na coś)
~ **to interest changes** reakcja na zmiany wysokości oprocentowania
~ **to monetary policy** reakcja na politykę monetarną ⟨pieniężną⟩

rest[1] s **1. the** ~ reszta, pozostałość **2.** sporządzenie bilansu, wyprowadzenie salda **3.** *bryt.* rezerwa bankowa
~ **fund** obowiązkowa rezerwa bankowa
the ~ **is to be paid in cash** resztę ⟨pozostałość⟩ należy uiścić gotówką
for the ~ co się tyczy pozostałych spraw, poza tym

rest[2] s odpoczynek, wypoczynek
~ **house** dom wypoczynkowy
day of ~ dzień świąteczny ⟨odpoczynku⟩
without ~ bez odpoczynku
to make a ~ **from work** zrobić przerwę w pracy na odpoczynek

rest[3] v **1.** spoczywać **2.** opierać (się), polegać
to ~ **on** ⟨upon⟩ **sb's promise** polegać na czyjejś obietnicy
to ~ **with sb** pozostawać w czyjejś gestii
the claim ~ **s on sufficient** ⟨doubtful⟩ **proofs** roszczenie opiera się na dostatecznych ⟨wątpliwych⟩ dowodach

rest[4] v pozostawać
to ~ **satisfied** być zaspokojonym ⟨zadowolonym⟩
it ~ **s with you to decide** decyzja należy do was
the responsibility ~ **s with you** odpowiedzialność spoczywa na was
you may ~ **assured** możecie być pewni

restamp v przestemplować, ostemplować na nowo

restart v wznowić, zacząć na nowo
to ~ **work** wznowić pracę

restate v ponownie przedstawić ⟨oświadczyć, wyłożyć⟩
to ~ **a question** ponownie przedstawić sprawę ⟨zagadnienie, problem⟩

restatement s **1.** ponowne przedstawienie **2.** zbiór, zestaw (*praw*)
Restatement of the Law zbiór prawa cywilnego USA (*zapoczątkowany przez Amerykański Instytut Prawa w 1923 r.*)

restitute v restytuować, przywrócić, zwrócić
restitutio in integrum *łac.* przywrócenie do stanu poprzedniego ⟨pierwotnego⟩
restitution s 1. zwrot, przywrócenie, restytucja 2. odszkodowanie (*za niedotrzymanie umowy*)
  ~ **of conjugal rights** *bryt.* orzeczenie sądu kościelnego nakazujące powrót do wspólności pożycia małżeńskiego
  action for ~ powództwo o zwrot (*rzeczy*)
  export ~ restytucja eksportu
  to make ~ *a*) zwrócić przywłaszczone mienie *b*) wynagrodzić szkodę
  to make ~ **of an amount** zwrócić określoną kwotę
re(-)stock v odnowić ⟨uzupełnić⟩ zapasy (**with sth** czegoś)
restoration s 1. zwrot, przywrócenie, restytucja 2. odbudowa, odnowienie, odrestaurowanie
  ~ **of a building** odnowienie budynku
  ~ **of the economy** odbudowa gospodarki
  ~ **of citizenship** przywrócenie obywatelstwa
  ~ **of industry** odbudowa przemysłu
  ~ **of stolen** ⟨**lost**⟩ **property** zwrot rzeczy skradzionej ⟨zgubionej, znalezionej⟩
  ~ **of public order** przywrócenie porządku publicznego
restore v 1. oddać, zwrócić, przywrócić 2. odbudować, zrekonstruować
  to ~ **confidence** przywrócić zaufanie
  to ~ **discipline** przywrócić dyscyplinę
  to ~ **an employee to his old post** przywrócić pracownika na poprzednie stanowisko
  to ~ **law** przywrócić panowanie prawa
  to ~ **order** przywrócić porządek
re(-)stow v ponownie zasztauować, przesztauować
restrain v powstrzymać (się); ograniczać (się); stawiać przeszkody
restraint s 1. przeszkoda, ograniczenie, krępowanie 2. areszt, zatrzymanie, sekwestr 3. wstrzemięźliwość, umiarkowanie
  ~ **of trade** *a*) ograniczanie wolności handlu lub swobody konkurencji *b*) ograniczenie swobody wykonywania zawodu
  ~ **on alienation** ograniczenie przenoszenia własności
  lack of ~ brak opanowania ⟨umiaru⟩
  legal ~ ograniczenie ustawowe ⟨prawne⟩
  wage ~ ograniczenia płacowe
  without ~ bez ograniczeń, swobodnie
  to act under ~ działać pod przymusem
  to keep sb under ~ więzić kogoś
  to put ~ **s on sth** nakładać ograniczenia na coś
restrict v 1. ograniczać 2. ścieśniać
  to ~ **the consumption of sth** ograniczyć spożycie czegoś
  to ~ **credit** ⟨**expenses**⟩ ograniczać kredyty ⟨wydatki⟩
  to ~ **one's expenses** ograniczać się w wydatkach
  to ~ **the issue of paper money** ograniczać emisję banknotów
  to ~ **trade** ograniczać wolność handlu
  to ~ **the output** ograniczać produkcję
restricted adj ograniczony
  ~ **application** ograniczone zastosowanie
  ~ **area** strefa ograniczeń (*np. prędkości, pobytu*)
  ~ **bloc** zamknięty blok (*polityczny*)
  ~ **credit** ograniczony kredyt

  ~ **data** dane zastrzeżone (*tylko do użytku służbowego*)
  ~ **goods** towary o ograniczonym obiegu
  ~ **market** ograniczony zbyt
  ~ **treaty** zamknięty układ międzynarodowy
  ~ **visibility** ograniczona widoczność
  locally ~ lokalnie ograniczony
restriction s ograniczenie, zastrzeżenie, restrykcja
  ~ **of birth** regulacja ⟨ograniczenie⟩ urodzin
  ~ **of expenditure** ograniczenie wydatków
  ~ **of sovereignty** ograniczenie suwerenności
  ~ **s in effect** obowiązujące ograniczenia
  ~ **s on export** ⟨**import**⟩ ograniczenia eksportowe ⟨importowe⟩
  ~ **s of credit, credit** ~ **s** ograniczenia kredytu
  ~ **s of trade** ograniczenia handlu
  abolition ⟨**elimination**⟩ **of** ~ **s** zniesienie ograniczeń
  discriminatory ~ **s** ograniczenia dyskryminacyjne (*handlu*)
  export ⟨**import**⟩ ~ **s** ograniczenia eksportowe ⟨importowe⟩
  foreign exchange ~ **s** ograniczenia dewizowe
  measures of ~ zarządzenia ograniczające
  quota ~ **s** ograniczenia kontyngentowe
  to be subject to ~ **s** podlegać ograniczeniom
  to free from ~ **s** uwolnić od ograniczeń
  to impose ⟨**lift**⟩ ~ **s** wprowadzić ⟨znieść⟩ ograniczenia
  to place ⟨**set**⟩ ~ **s on sth** wprowadzić na coś ograniczenia
restrictive adj 1. ograniczający, restrykcyjny 2. ścieśniający
  ~ **clause** klauzula restrykcyjna (*np. konosamentowa – ograniczająca odpowiedzialność statku za przewożony ładunek*)
  ~ **condition** warunek ograniczający
  ~ **endorsement** indos restrykcyjny (*ograniczający obiegowość weksla*)
  ~ **interpretation** wykładnia ścieśniająca
  ~ **measures** zarządzenia ograniczające
  to make ⟨**render**⟩ **existing regulations more** ~ zaostrzyć istniejące przepisy
result[1] s 1. rezultat, wynik 2. skutek, efekt
  actual ~ faktyczny rezultat
  as a ~ **of sth** skutkiem czegoś, w wyniku czegoś
  direct ~ bezpośredni rezultat
  election ~ **s** wyniki wyborów
  final ~ ostateczny wynik ⟨rezultat⟩
  good ~ skuteczność
  inspection ~ wynik kontroli ⟨przeglądu⟩
  payment by ~ **s** zapłata ⟨wynagrodzenie⟩ stosownie do ⟨w zależności od⟩ wyników
  without ~ bez rezultatu
  to achieve a ~ osiągnąć wynik
  to bring ⟨**yield**⟩ ~ **s** dawać dobre rezultaty
  to obtain good ~ **s** uzyskać dobre wyniki
result[2] v 1. wynikać 2. dawać w wyniku, doprowadzać (**in sth** do czegoś)
  to ~ **badly** źle się skończyć
  to ~ **in a loss** dawać w wyniku stratę, przynosić straty
  to ~ **in a profit** dawać w wyniku zysk, przynosić zysk
resume v 1. wznowić, podjąć na nowo 2. odzyskać 3. streścić, podsumować
  to ~ **contact with sb** wznowić z kimś stosunki

to ~ **correspondence with sb** wznowić z kimś korespondencję
to ~ **a debate** wznowić debatę ⟨dyskusję⟩
to ~ **the course** (*o statku*) kontynuować podróż
to ~ **the hearing** ⟨trial⟩ wznowić przesłuchania ⟨proces⟩
to ~ **legal proceedings** wznowić proces
to ~ **the negotiations** wznowić rokowania
to ~ **payments** podjąć na nowo płatności, wznowić wypłaty
to ~ **possession of sth** odzyskać posiadanie czegoś
to ~ **relations** nawiązać ponownie stosunki
to ~ **a sitting** wznowić posiedzenie
to ~ **tests** wznowić próby
to ~ **work** podjąć na nowo pracę
résumé *s fr.* streszczenie
resumption *s* **1.** wznowienie, podjęcie na nowo, kontynuowanie **2.** odzyskanie **3.** streszczenie, podsumowanie
~ **of legal proceedings** wznowienie procesu
~ **of negotiations** wznowienie rokowań
~ **of payments** wznowienie wypłat
~ **of work** wznowienie pracy ⟨robót⟩
re(-)survey[1] *s* ponowna inspekcja, ponowne oględziny
re(-)survey[2] *v* dokonać ponownej inspekcji, przeprowadzić ponowne oględziny
retail[1] *s* handel detaliczny, detal, sprzedaż detaliczna
~ **articles** artykuły w sprzedaży detalicznej
~ **broker** makler detalista
~ **business** *a)* handel detaliczny *b)* przedsiębiorstwo handlu detalicznego *c)* transakcja detaliczna
~ **customer** nabywca detaliczny
~ **dealer** detalista
~ **discount** rabat dla detalisty
~ **enterprise** ⟨firm⟩ przedsiębiorstwo handlu detalicznego
~ **market** rynek sprzedaży detalicznej, obrót w detalu
~ **merchant** detalista, kupiec detaliczny
~ **price** cena detaliczna
~ **price index** wskaźnik cen detalicznych
~ **sale** sprzedaż detaliczna
~ **shop** ⟨store⟩ sklep detaliczny
~ **tax** podatek od ceny detalicznej
~ **trade** ⟨trading⟩ handel detaliczny
~ **trader** kupiec detaliczny, detalista
~ **trading network** handlowa sieć detaliczna
wholesale and ~ **business** handel hurtowy i detaliczny
to buy (by) ~ kupować detalicznie
to do a ~ prowadzić handel detaliczny
to sell (by, *am.* **at)** ~ sprzedawać detalicznie
retail[2] *v* **1.** sprzedawać w detalu, prowadzić handel detaliczny **2.** być sprzedawanym w detalu ⟨detalicznie⟩
the goods ~ **at** ⟨for⟩ ... towary są sprzedawane w detalu po ...
retailer *s* detalista, kupiec detaliczny
small ~ drobny detalista
retailing *s* handel detaliczny, sprzedaż detaliczna, detal
retain *v* **1.** zatrzymywać, podtrzymywać, utrzymywać, zachowywać, nadal posiadać **2.** angażować (*np. adwokata, doradcę*)

to ~ **a counsel** ⟨lawyer⟩ zaangażować adwokata ⟨prawnika⟩
to ~ **a post** zachować stanowisko
to ~ **one's rights to do sth** zachować swoje prawo do czynienia czegoś
to ~ **title** zachować tytuł własności
to ~ **water** nie przepuszczać wody
right to ~ prawo zatrzymania rzeczy (*na zabezpieczenie należności*)
retained *adj* : ~ **earnings** zyski zatrzymane (*nie podlegające podziałowi*)
retainer *s* **1.** umowa o zaangażowanie adwokata ⟨doradcy itp.⟩ **2.** honorarium adwokata ⟨doradcy⟩ płacone z góry za okres, w którym jego usługi mogą okazać się konieczne **3.** zatrzymanie, retencja **4.** zaliczka
to pay a ~ wypłacić zaliczkę
retaining *adj* : ~ **fee** zaliczka na poczet honorarium adwokata ⟨doradcy⟩
~ **pay** płaca tymczasowa (*przed przeniesieniem na emeryturę*)
retake *v* (**retook, retaken**) **1.** odbierać **2.** odbijać (*np. więźnia*)
retaking *s* odebranie rzeczy w drodze samopomocy
retaliate *v* **1.** stosować odwet ⟨retorsję⟩ **2.** odwzajemniać się, odpłacać tym samym
to ~ **an insult** odpowiedzieć tym samym za zniewagę
retaliation *s* **1.** odpłata, odwet **2.** środki odwetowe, zemsta
~ **tariff** taryfa celna odwetowa
in ~ w odwet
the law of ~ prawo retorsji
measures of ~ środki odwetowe
to exercise ~ stosować środki odwetowe
retaliatory *adj* odwetowy, retorsyjny
~ **duty** cło odwetowe
~ **measures** środki ⟨kroki⟩ odwetowe
~ **policy** polityka represji
~ **tariff** cła odwetowe
retard *v* opóźniać, wstrzymywać, hamować, odwlekać
to ~ **progress** opóźniać postęp
retardation *s* **1.** opóźnianie **2.** hamowanie, wstrzymywanie
retarded *pp adj* opóźniony
~ **answer** opóźniona odpowiedź
~ **child** dziecko opóźnione w rozwoju
mentally ~ opóźniony w rozwoju umysłowym
retention *s* zatrzymanie, zachowanie
~ **money** zatrzymanie części wynagrodzenia jako ubezpieczenie (*wykonania pracy*)
~ **of title** zachowanie tytułu (własności)
right of ~ prawo zatrzymania rzeczy, retencja
reticence *s* przemilczenie
retinue *s* **1.** osoby towarzyszące **2.** orszak, świta
retiral *s* = **retirement** *s*
retire *v* **1.** wycofywać (*z obiegu*), wykupywać **2.** wycofywać się **3.** odchodzić ⟨przechodzić⟩ na emeryturę
to ~ **a bill** wykupić weksel
to ~ **bonds** wycofać z obiegu obligacje
to ~ **coins from circulation** wycofać monety z obiegu
to ~ **for deliberations** (*o sądzie*) udać się na naradę
to ~ **from business** wycofać się z interesów
to ~ **from a post** zrezygnować ze stanowiska

to ~ **from service** wycofać się ze służby
to ~ **an official** przenieść urzędnika na emeryturę
to ~ **on a pension** odejść ⟨przejść⟩ na emeryturę
to ~ **shipping documents** wykupić ⟨opłacić⟩ dokumenty przewozowe
retired *pp adj* emerytowany, w stanie spoczynku
a ~ **businessman** były kupiec
~ **farmer** rolnik na emeryturze
~ **pay** emerytura
~ **person** emeryt
to be on the ~ **list** być na emeryturze
to place ⟨put⟩ on the ~ **list** przenieść w stan spoczynku ⟨na emeryturę⟩
retirement *s* **1.** wycofanie z obiegu, wykupienie **2.** wycofanie się, odejście ze stanowiska, przejście na emeryturę
~ **age** wiek emerytalny
~ **employee** emeryt
~ **fund** fundusz emerytalny
~ **of a bill** wykupienie weksla
~ **of a bond** wycofanie z obiegu obligacji
~ **of a partner** wycofanie się wspólnika
~ **on account of age** przejście na emeryturę z powodu osiągnięcia wieku emerytalnego
~ **pay** ⟨**pension**⟩ emerytura
compulsory ⟨**mandatory**⟩ ~ przymusowe przejście na emeryturę (*z powodu osiągnięcia wieku emerytalnego*)
disability ~ przejście na rentę inwalidzką
early ~ wczesne przejście na emeryturę
optional ~ wcześniejsze ⟨dobrowolne⟩ przejście na emeryturę
to go into ~ przejść na emeryturę
retiring *s* = **retirement** *s*
~ **age** wiek emerytalny
~ **allowance** odprawa emerytalna
~ **fund** fundusz emerytalny
~ **pension** emerytura
retort[1] *s* ostra odpowiedź, odprawa
retort[2] *v* zareplikować, dać ostrą odpowiedź, dać odprawę
to ~ **an insult** zareplikować ⟨odpowiedzieć⟩ na zniewagę
retortion *s* retorsja,-odwet, represja
act of ~ akt retorsji
duty of ~ cło odwetowe
retract *v* **1.** cofnąć (się), wycofać (się) **2.** odwołać, unieważnić
to ~ **one's confession** odwołać przyznanie się (do winy)
to ~ **from a contract** wycofać się z umowy
to ~ **an offer** cofnąć ofertę
to ~ **one's promise** odwołać przyrzeczenie
to ~ **a statement** cofnąć twierdzenie, odwołać oświadczenie
retractation *s* **1.** cofanie (się), wycofanie (się) **2.** odwołanie, unieważnienie
~ **of one's confession** odwołanie przyznania się
retraction *s* = **retractation** *s*
re-train *v* **1.** przeszkalać ponownie **2.** reedukować
to ~ **workers** przeszkalać ponownie robotników
re-training *s* **1.** ponowne przeszkolenie **2.** reedukacja
job ~ przyuczenie do zawodu
occupational ⟨**professional**⟩ ~ przekwalifikowanie
retransfer[1] *s* **1.** retrocesja, przelew powrotny **2.** *księgow.* zapis przeciwstawny

retransfer[2] *v* **1.** retrocedować, przelać z powrotem **2.** cedować dalej **3.** *księgow.* stornować
retraxit *łac.* cofnięcie powództwa ze zrzeczeniem się roszczenia
retreat[1] *s* **1.** odwrót **2.** cofnięcie (się) (*np. koniunktury, kursów rynkowych*)
retreat[2] *v* cofać się, wycofywać się, ustępować
to ~ **from public life** wycofać się z życia publicznego
retrench *v* redukować, obcinać, ograniczać (*np. wydatki*), robić oszczędności
to ~ **expenditure** ⟨**expenses**⟩ redukować wydatki
to ~ **sb's pension** obciąć ⟨zmniejszyć⟩ komuś emeryturę
retrenchment *s* redukcja, obcięcie, zmniejszenie
~ **of expenditures** ⟨**spending**⟩ redukcja wydatków
~ **program** program ograniczenia (*wydatków na zbrojenia*)
policy of ~ polityka oszczędnościowa
retrial *s* **1.** ponowna rozprawa, ponowny proces **2.** ponowna próba
retribution *s* **1.** kara, zemsta **2.** odpłata
law of ~ prawo zemsty ⟨odwetu⟩
retributive, retributory *adj* **1.** karzący **2.** stanowiący odpłatę
retrieve *v* **1.** odzyskać **2.** powetować, naprawić (*błąd*)
to ~ **one's losses** odzyskać straty
to ~ **a mistake** naprawić błąd
to ~ **one's reputation** odzyskać reputację
retrim *v* dokonać na nowo trymowania (*ładunku*), przetrymować
retroact *v* (*o ustawie*) działać wstecz
retroaction *s* działanie wsteczne, moc wsteczna (*np. ustawy*)
retroactive *adj* działający wstecz
~ **law** prawo działające wstecz
~ **pay** podwyżka płacy z mocą wsteczną
~ **to April 1** mający moc wsteczną od 1 kwietnia
with ~ **effect as from ...** z mocą wsteczną ⟨z działaniem wstecznym⟩ od ...
to be ~ działać ⟨obowiązywać⟩ wstecz
to make an agreement ~ nadać umowie moc wsteczną
retrocede *v* przelać z powrotem, retrocedować, zwrócić
retrocession *s* retrocesja
retrograde[1] *adj* **1.** wsteczny, regresywny **2.** pogarszający (się)
~ **policy** wsteczna polityka
~ **tendency of prices** spadkowa tendencja cen
retrograde[2] *v* **1.** cofać się **2.** pogarszać się
retrogression *s* cofanie się, ruch wsteczny
retrospective *adj* retrospektywny, odnoszący się do przeszłości, działający wstecz
~ **effect** działanie wsteczne (*np. ustawy*)
~ **law** ⟨**statute**⟩ ustawa z mocą wsteczną ⟨działająca wstecz⟩
return[1] *s* **1.** powrót **2.** zwrot, oddanie, odesłanie, zwrócenie **3.** zysk, dochód, zarobek **4.** sprawozdanie, zestawienie **5.** deklaracja (*np. podatkowa*) **6.** *pl* **returns** *a*) dochód *b*) zwroty towarowe *c*) *bryt.* weksle i czeki skierowane do izby rozrachunkowej i nie honorowane *d*) zestawienia statystyczne
~ **address** adres zwrotny
~ **cargo** ⟨**load**⟩ *a*) ładunek powrotny *b*) ładunek zwrotny

~ **draft** weksel zwrotny
~ **freight** fracht zwrotny
~ **of capital** zysk z kapitału
~ **of empties** zwrot opakowań
~ **of income** zeznanie podatkowe o dochodzie
~ **passage** powrotna podróż statku
~ **payment** zwrot, spłata
~ **performance** świadczenie zwrotne
~ **postage** porto zwrotne
~ **premium** zwrotna składka ubezpieczeniowa
~ **ticket** bilet powrotny
~ **trip** ⟨voyage⟩ podróż powrotna
annual ~ *a)* dochód roczny *b)* sprawozdanie roczne
broker's ~ maklerski wykaz przeładunków
cash by ~ **(of) mail** gotówka odwrotną pocztą
claim in ~ roszczenie wzajemne
customs ~ deklaracja celna
day ~ bilet powrotny *(ważny 1 dzień)*
estimated ~ szacunkowy zysk ⟨dochód⟩
expected ~ oczekiwany zysk ⟨dochód⟩
in ~ **for ...** w zamian za ...
income tax ~ oświadczenie podatkowe
law of diminishing ~**s** prawo zmniejszającego się zysku
merchandise ~ zwrot towaru *(do magazynu)*
on sale or ~ *(o towarze)* na sprzedaż lub do zwrotu
rate of ~ stopa dochodu
ship's ~ sprawozdanie statku *(o przyjęciu ładunku lub wyładowaniu)*
social ~ dochód społeczny
statistical ~ sprawozdanie statystyczne
tax ~ *a)* oświadczenie podatkowe *b)* podatek dochodowy
to bring ⟨yield⟩ ~ przynosić dochód
return² *v* 1. powracać 2. zwracać, oddawać, odsyłać 3. przynosić, dawać *(zysk, dochód)* 4. zgłaszać, deklarować 5. składać sprawozdanie
to ~ **an amount paid in excess** zwrócić nadpłaconą kwotę
to ~ **an answer** dać odpowiedź
to ~ **article** zwrócić towar
to ~ **to one's country** powrócić do kraju
to ~ **guilty** uznać winnym
to ~ **one's income** złożyć deklarację ⟨oświadczenie⟩ o dochodzie
to ~ **interest** przynosić ⟨dawać⟩ procenty
to ~ **a loan** zwrócić pożyczkę
to ~ **verdict** wydać werdykt
to ~ **a visit** złożyć rewizytę
obligation to ~ obowiązek zwrotu
please ~ **the enclosed ...** prosimy o zwrot załączonych ...
~ **to sender** zwrot do nadawcy, zwrócić nadawcy
returnable *adj* zwrotny, podlegający zwrotowi
~ **bags** worki do zwrotu
~ **goods** towar podlegający zwrotowi
not ~ bezzwrotny, nie podlegający zwrotowi
returned *pp adj* : ~ **bill** weksel zwrotny
~ **empties** opakowania zwrotne
~ **for want of acceptance** *(o wekslu)* zwrócony z prośbą o akceptację
~ **goods** zwroty towaru
~ **letter** list zwrócony ⟨nie doręczony⟩
~ **property** zwrócona własność

to be ~ do zwrotu
revalorization *s* rewaloryzacja, przewartościowanie
revalorize *v* rewaloryzować, przewartościować
revaluation *s* 1. przeszacowanie 2. rewaloryzacja
~ **of assets** rewaloryzacja aktywów stanu majątkowego
~ **reserve** rezerwa rewaloryzacyjna
~ **surplus** nadwyżka rewaloryzacyjna
~ **upwards** rewaluacja polegająca na podwyższeniu parytetu waluty
revalue *v* 1. przeszacować 2. rewaloryzować
revanchism *s* rewanżyzm, polityka rewanżu i odwetu
revanchist¹ *s* rewanżysta, odwetowiec
revanchist² *adj* rewanżystyczny, rewanżystowski, odwetowy
~ **movement** ruch rewanżystowski ⟨odwetowy⟩
~ **party** partia rewanżystowska ⟨odwetowa⟩
reveal *v* odsłaniać, ujawniać, wyjawiać
to ~ **one's identity** ujawnić się, wyjawić swą tożsamość
to ~ **a secret** ujawnić tajemnicę
to ~ **the truth** ujawnić prawdę
revelation *s* wyjawienie
revenue *s* 1. dochód ⟨wpływ⟩ pieniężny 2. dochód państwowy 3. urząd skarbowy ⟨finansowy⟩ 4. *pl*
revenues poszczególne pozycje dochodów państwa
~ **account** rachunek dochodów
~ **agent** urzędnik skarbowy
~ **authorities** *a)* władze finansowe *b)* władze celne
~ **board** ⟨office⟩ urząd skarbowy
~ **cutter** ⟨officer⟩ funkcjonariusz celny
~ **duty** *a)* opłata skarbowa *b)* cło fiskalne
~ **law** prawo skarbowe
~ **offence** przestępstwo skarbowe
~ **source** źródło dochodów
~ **stamp** znaczek stemplowy ⟨opłaty stemplowej⟩
~ **tariff** taryfa opłat skarbowych
~ **vessel** ⟨ship⟩ statek celniczy
additional ~**s** dodatkowe dochody
budgetary ~**s** dochody budżetowe
freight ~ dochody z frachtów
gain in ~ wzrost dochodów
public ~**s** dochody publiczne
taxation of ⟨on⟩ ~ opodatkowanie dochodu
reversal *s* 1. odwrócenie, zmiana kierunku 2. uchylenie, anulowanie 3. uchylenie wyroku, kasacja 4. *księgow.* storno
~ **of a decision** uchylenie decyzji
~ **of a judgment** uchylenie wyroku
~ **of policy** zmiana *(kierunku)* polityki
reverse¹ *s* 1. odwrotność, przeciwieństwo 2. odwrotna strona
reverse² *v* 1. odwracać, przeciwstawiać 2. uchylać 3. anulować, kasować 4. *księgow.* stornować zapis księgowy
to ~ **call charges** obciążyć kosztami rozmowy wywołanego abonenta
to ~ **a decision** ⟨judgment⟩ uchylić decyzję ⟨wyrok⟩
to ~ **an entry** *księgow.* stornować zapis księgowy
to ~ **one's opinion** zmienić swą opinię
to ~ **one's policy** zmienić swą politykę
reverse³ *adj* 1. odwrotny, przeciwny 2. powrotny
~ **cargo** powrotny ładunek
~ **side** odwrotna strona
in ~ **order** w odwrotnym porządku
reversible *adj* 1. odwracalny 2. odwoławczy

~ **error** odwracalny błąd
~ **judgment** wyrok podlegający uchyleniu
~ **lay-days** dni przemienne postoju statku (*łącznie dla załadowania i wyładowania*)
revert *v* **1.** powracać **2.** zwrócić poprzedniemu właścicielowi
to ~ **to a custom** powrócić do zwyczaju, przywrócić zwyczaj
to ~ **to the problem** powracać do zagadnienia
„**reverting to our letter**" „nawiązując do naszego listu"
review[1] *s* **1.** przegląd **2.** rewizja **3.** recenzja, omówienie
~ **board** komisja obserwacyjna (*w portach*)
~ **copy** egzemplarz recenzyjny (*książki itp.*)
financial ~ badanie finansowe
law ~ przegląd prawniczy, czasopismo prawnicze
market ~ przegląd rynku
periodic(al) ~ periodyczny przegląd
court of ~ sąd rewizyjny ⟨apelacyjny⟩
year under ~ rok sprawozdawczy
to come under ~ podlegać rozpatrzeniu ⟨omówieniu⟩
review[2] *v* **1.** dokonywać przeglądu, poddawać rewizji **2.** recenzować, omawiać
to ~ **a book** recenzować książkę
to ~ **a case** przeprowadzić rewizję sprawy, poddawać sprawę rewizji
to ~ **a military guard of honour** dokonywać przeglądu kompanii honorowej
to ~ **salaries** poddać rewizji płace ⟨wynagrodzenia⟩
to ~ **the situation** dokonać przeglądu sytuacji ⟨położenia⟩
reviewer *s* recenzent, krytyk
~ **'s copy** egzemplarz recenzyjny
revile *v* łżyć, obrzucać obelgami, wymyślać (**against sb** komuś)
revindice *v* rewindykować, odzyskać
revindication *s* rewindykacja, odzyskanie
revisal *s* rewizja
revise *v* **1.** przeglądać, sprawdzać, rewidować, kontrolować **2.** korygować, poprawiać
to ~ **the cash** sprawdzić gotówkę ⟨kasę⟩
to ~ **a decision** skorygować decyzję
to ~ **a law** ⟨**statute**⟩ nowelizować ustawę
to ~ **prices and terms** zrewidować ceny i warunki
revised *adj*: ~ **edition** poprawione wydanie
Revised American Foreign Trade Definitions 1941 *am.* definicje zawierające wykładnię międzynarodowych terminów handlowych z 1941 r.
Revised Statutes *am.* zbiór przejrzanych ustaw
revision *s* **1.** zrewidowanie, rewizja **2.** poprawiona wersja, przejrzane wydanie
~ **of a border** rewizja granicy
~ **of standards** rewizja norm
~ **of statutes** nowelizacja ustaw
frontier ~ rewizja granic
treaty ~ rewizja traktatu
revisionism *s* rewizjonizm
revisionist[1] *s* rewizjonista
revisionist[2] *adj* rewizjonistyczny
~ **movement** rewizjonizm
revival *s* **1.** ożywienie **2.** wznowienie **3.** przywrócenie mocy prawnej
~ **in the market** ożywienie na rynku ⟨gospodarcze⟩

~ **of business** ożywienie interesów
~ **of militarism** ożywienie militaryzmu
~ **of trade relations** ożywienie stosunków handlowych
petition for ~ skarga o wznowienie (*postępowania*)
trade ~ ożywienie handlu
revive *v* **1.** odżyć, odnowić się **2.** ożywić, przywrócić do życia
to ~ **an agreement** odnowić układ
to ~ **old connections** odnowić stare stosunki
to ~ **a law** przywrócić moc obowiązującą ustawie
to ~ **trade** ożywić handel ⟨wymianę handlową⟩
revocable *adj* odwołalny
~ **letter of credit** akredytywa odwołalna
to be ~ **at any time** odwołalny w każdym czasie
revocation *s* **1.** odwołanie, cofnięcie **2.** anulowanie, unieważnienie
~ **of citizenship** pozbawienie obywatelstwa
~ **of a donation** odwołanie darowizny
~ **of sb's driving** ⟨**driver's**⟩ **licence** odebranie komuś prawa jazdy
~ **of a law** uchylenie ustawy
~ **of power** cofnięcie pełnomocnictwa
~ **of a will** odwołanie testamentu
revoke *v* **1.** odwołać, cofnąć **2.** anulować, unieważnić
to ~ **an authority** cofnąć upoważnienie
to ~ **one's consent** cofnąć swą zgodę
to ~ **an order** cofnąć ⟨odwołać⟩ zamówienie
to ~ **a promise** odwołać przyrzeczenie
to ~ **the regulations** uchylić przepisy
to ~ **a testament** odwołać testament
revolt *s* bunt, powstanie, rewolta
to be in ~ buntować się
to put down a ~ zgnieść ⟨zdławić⟩ bunt
to rise in ~ zbuntować się
to stir up the people to ~ podburzać (ludzi) do powstania
revolution *s* **1.** przewrót, rewolucja **2.** obrót
bourgeois ~ rewolucja burżuazyjna
cultural ~ rewolucja kulturalna
Great October Socialist Revolution Wielka Socjalistyczna Rewolucja Październikowa
industrial ~ rewolucja przemysłowa
palace ~ rewolucja pałacowa
proletarian ~ rewolucja proletariacka
technological ~ rewolucja techniczna
world ~ rewolucja światowa
300 ~ **s per minute** 300 obrotów na minutę
revolutionary, revolutionist *s* rewolucjonista
~ **government** rząd rewolucyjny
revolve *v* **1.** obracać (się) **2.** występować w regularnych odstępach czasu
revolving *adj* **1.** obracający się **2.** występujący periodycznie **3.** odnawialny
~ **credit** kredyt odnawialny
~ **fund** odnawialny fundusz (*uzupełniany w miarę wydatkowania stałymi wpływami*)
~ **letter of credit** akredytywa odnawialna ⟨rewolwingowa⟩
reward[1] *s* wynagrodzenie, nagroda
~ **for long-time service** dodatek za wysługę lat
as a ~ **for sth** w nagrodę za coś
finder's ~ znaleźne
money ~ nagroda pieniężna
to offer a ~ **for sth** wyznaczyć nagrodę za coś
reward[2] *v* nagrodzić

to ~ **sb for sth** nagrodzić kogoś za coś
to ~ **sb with sth** wynagrodzić kogoś czymś
rewarding *adj* dochodowy, zyskowny
rewarehouse *v* **1.** przeskładować, przenieść do innego składu **2.** ponownie złożyć na skład
rewarehousing *s* **1.** przeskładowanie, przeniesie ~ e do innego składu **2.** ponowne złożenie na skład
reweigh *v* ważyć ponownie, przeważyć
reweight *s* waga po przeważeniu ponownym, waga na nowo ustalona
rich *adj* **1.** bogaty, zamożny, zasobny **2.** żyzny, urodzajny **3. the rich** bogaci, klasa posiadająca
~ **exposition** bogata wystawa
~ **harvest** ⟨**crop**⟩ bogaty urodzaj
~ **in minerals** obfitujący w minerały
~ **land** urodzajna ziemia
~ **reward** cenna nagroda
to grow ~ bogacić się (**at** ⟨**on**⟩ **sth** na czymś)
riches *spl* bogactwo, obfitość
natural ~ bogactwa naturalne
source of ~ źródło bogactwa
rid *v* (**rid, rid**) **1.** uwalniać (**of sth** od czegoś), oczyszczać **2.** uwalniać (się), pozbywać się
to ~ **oneself of a debt** uwolnić się od długu
to get ~ **of sb, sth** pozbyć się kogoś, czegoś
to ~ **a region of criminals** oczyścić okolicę z przestępców
riddance *s* uwolnienie, pozbycie się
ride *v* (**rode, ridden**) **1.** jechać **2.** unosić się na wodzie
to ~ **at anchor** stać na kotwicy
rider *s* **1.** dodatkowy dokument dołączony do aktu urzędowego, alonż, przedłużka **2.** klauzula dodatkowa, dodatek, poprawka do ustawy
~ **to a bill of exchange** przedłużka do weksla
insurance ~ dodatek do polisy ubezpieczeniowej
rig *v* dopuszczać się nieuczciwych kombinacji, zwłaszcza przez skup lub sprzedaż towarów lub walorów w celu wywołania sztucznej zwyżki lub zniżki cen ⟨kursów⟩
to ~ **the elections** manipulować wyborami
to ~ **the market** wywoływać sztuczną zwyżkę lub zniżkę na rynku
right[1] *s* **1.** prawa strona **2.** prawica (*polityczna*)
the extreme Right skrajna prawica
to keep to the ~ trzymać się prawej strony
right[2] *s* **1.** prawo (*subiektywne*), uprawnienie **2** słuszność, rzecz słuszna
~ **in personam** prawo osobowe
~ **in rem** prawo rzeczowe
~ **of access** prawo dostępu ⟨dojścia, dojazdu⟩
~ **of access to courts** prawo dostępu ⟨zwrócenia się⟩ do sądu
~ **of action** czynna legitymacja procesowa
~ **of angary** prawo angarii ⟨rekwizycji obcych statków dla celów wojennych⟩
~ **of appeal** prawo do apelacji
~ **of assembly** prawo do zgromadzeń ⟨gromadzenia, zbierania się⟩
~ **of association** prawo do zrzeszania się
~ **of asylum** prawo azylu
~ **of attachment** prawo zajęcia (*rzeczy*)
~ **of blood** prawo krwi
~ **of choice** prawo wyboru
~ **of co-determination** prawo do współdecydowania

~ **of continued use** prawo dalszego stosowania (*patentu*)
~ **of control** prawo kontroli
~ **of defence** prawo obrony
~ **of distrait** ⟨**distress**⟩ prawo zajęcia (*rzeczy*)
~ **of enjoyment** prawo do użytkowania ⟨korzystania z⟩ rzeczy
~ **of fishery** prawo swobody połowów
~ **of inheritance** prawo dziedziczenia
~ **of issue** prawo emitowania
~ **of lien** prawo zastawu
~ **of mooring** prawo kotwiczenia
~ **of navigation** prawo żeglugi
~ **of objection** prawo sprzeciwu
~ **of passage** prawo przejazdu
~ **of possession** prawo posiadania
~ **of prescription** zasiedzenie
~ **of priority** prawo pierwszeństwa
~ **of property** prawo własności
~ **of pre-emption** prawo pierwokupu
~ **of primogeniture** prawo pierworództwa ⟨pierwszeństwa urodzenia⟩
~ **of pursuit** prawo pościgu (*statku łamiącego prawo na wodach terytorialnych danego kraju*)
~ **of recourse** ⟨**regress**⟩ prawo regresu
~ **of redemption** ⟨**repurchase**⟩ prawo odkupu ⟨wykupu⟩
~ **of representation and performance** prawo publicznego wykonania (*dzieła muzycznego*)
~ **of retention** prawo zatrzymania ⟨retencji⟩
~ **of search** prawo rewizji ⟨przeszukania⟩ (*statku na pełnym morzu*)
~ **of seisure** prawo konfiskaty ⟨zajęcia⟩
~ **of seclusion** prawo wyłączenia rzeczy z egzekucji
~ **of self-determination** prawo samostanowienia
~ **of state to self-defence** prawo państwa do samoobrony
~ **of succession** prawo dziedziczenia ⟨do spadku⟩
~ **of visit** prawo inspekcji (*statku neutralnego*)
~ **of veto** prawo weta
~ **of voting** prawo głosu
~ **of way** *a*) prawo pierwszeństwa przejazdu *b*) prawo przejazdu
~ **of withdrawal** prawo do odstąpienia (*od umowy*)
~ **of use** prawo użytkowania
~**s granted by contract** prawa zagwarantowane umową ⟨przyznane w umowie⟩
~ **to alienate** ⟨**dispose**⟩ prawo rozporządzania (*majątkiem*)
~ **to choose** prawo wyboru
~ **to defence** prawo do obrony
~ **to denounce** ⟨**terminate**⟩ **a contract** prawo wypowiedzenia umowy
~ **to draw a pension** prawo do emerytury
~ **to education** prawo do nauki
~ **to existence** prawo do istnienia
~ **to form societies** prawo do zrzeszania się
~ **to give notice** prawo do wypowiedzenia (*np. umowy*)
~ **to good name and reputation** prawo do czci
~ **to inspect the books** prawo wglądu do ksiąg handlowych
~ **to maintenance in old age** prawo do zaopatrzenia na starość

~ **to privileged satisfaction** prawo pierwszeństwa zaspokojenia (*z majątku dłużnika*)
~ **to publish** prawo publikacji
~ **to redeem** prawo odkupu
~ **to rest and leisure** prawo do wypoczynku
~ **to sue** prawo wytoczenia powództwa
~ **to strike** prawo do strajku
~ **to social insurance** prawo do zabezpieczenia społecznego
~ **to terminate a contract** prawo wypowiedzenia umowy
~ **to vote** prawo do głosowania
~ **to work** prawo do pracy
absolute ~ prawo wyłączne (pełne, nieograniczone)
acquired ~ prawo nabyte
alienable ~ prawo zbywalne
"**all** ~**s reserved**" „wszystkie prawa zastrzeżone" (*np. wydawnicze*)
assignment of ~ przelew prawa (*na kogoś*)
author's ~**s** prawa autorskie
by ~ z mocy (na mocy) prawa, słusznie
civic ~**s** prawa obywatelskie
civil ~**s** prawa prywatne
corporal ~ prawo materialne
exclusive ~ wyłączne prawo
extinction of a ~ wygaśnięcie prawa
fundamental ~**s** prawa podstawowe
holder of a ~ posiadający prawo, uprawniony
human ~**s** prawa człowieka
inalienable ~ niezbywalne prawo
incorporal ~ prawo niematerialne
independent ~ prawo samoistne
in one's own ~ we własnym imieniu
joint ~ wspólne prawo
legal ~ uprawnienie ustawowe (wynikające z przepisu prawa)
loss of a ~ utrata prawa
mineral (**mining**) ~**s** prawa górnicze
non-alienable (**non-transferable**) ~ niezbywalne prawo
participating ~ prawo udziału w zyskach
pensionary ~ prawo do emerytury
personal ~ prawo osobiste
precarious ~**s** prawa niepewne (prekaryjne)
prior ~ prawo pierwszeństwa (wcześniejsze)
property ~ prawo własności
publishing ~**s** prawa wydawnicze
real ~ prawo rzeczowe
renunciation (**relinquishment**) **of a** ~ zrezygnowanie z prawa
sole ~ wyłączne prawo
transfer of ~**s** przelew praw
third party ~**s** prawa osoby trzeciej
vested ~**s** prawa dobrze nabyte (nienaruszalne)
voting ~ prawo głosowania
to abandon a ~ zrzec się prawa, nie korzystać z uprawnienia
to assert one's ~ dochodzić swojego prawa
to assign a ~ przenieść prawo
to avail oneself of a ~ skorzystać z prawa, zrobić użytek z prawa
to be in the ~ (**in one's** ~**s**) mieć prawo, być uprawnionym
to bestow a ~ przyznać (nadać) prawo, udzielić prawa

to deny (**dispute**) **sb's** ~ zaprzeczać czyjemuś prawu, kwestionować czyjeś prawo
to deprive sb of a ~ pozbawić kogoś prawa
to enjoy a ~ korzystać z prawa, mieć prawo
to encroach upon sb's ~ wkraczać w czyjeś prawa
to exercise one's ~ wykonywać swoje prawo
to forfeit a ~ utracić prawo
to grant a ~ udzielić prawa, przyznać uprawnienia
to have the ~ **to** (**do**) (**of doing**) **sth** mieć prawo do czegoś
to infringe sb's ~ naruszyć czyjeś prawo
to put (**set**) **to** ~**s** uporządkować, doprowadzić do porządku
to renounce one's ~ zrzec się prawa, zrezygnować z uprawnienia
to reserve the ~ zastrzec prawo
to respect sb's ~ respektować (szanować) czyjeś prawo
to transfer a ~ przenieść (cedować) prawo
to use one's ~ wykorzystywać (wykonywać) swoje prawo
to usurp sb's ~ uzurpować sobie czyjeś prawo
to vest sb with ~**s** przyznać komuś prawa
to vindicate one's ~ dochodzić swego prawa, powoływać się na swe prawo
to waive a ~ zrzec się prawa, zrezygnować z uprawnienia
right[3] *v* **1.** naprawić, skorygować, sprostować **2.** wymierzyć sprawiedliwość **3.** naprawić (*np. krzywdę*)
to ~ **an error** naprawić błąd
to ~ **a wrong** naprawić krzywdę
right[4] *adj* prawy, położony po prawej stronie
~ **turn** skręt w prawo
right[5] *adj* **1.** słuszny, zgodny z prawem **2.** właściwy, stosowny
~ **answer** właściwa odpowiedź
~ **conduct** właściwe prowadzenie się (postępowanie)
~ **figure** prawidłowa cyfra
the ~ **man on the** ~ **place** właściwy człowiek na właściwym miejscu
the ~ **side** prawa (właściwa) strona (*np. materiału*)
the ~ **size** właściwy rozmiar
to be ~ mieć rację
to set things ~ uporządkować rzeczy
right[6] *adv* po prawej stronie, z prawej strony
right[7] *adv* **1.** słusznie, prawidłowo, poprawnie, we właściwy sposób **2.** ściśle, dokładnie **3.** bezpośrednio, wprost **4.** całkowicie, zupełnie
~ **away** od razu, bezzwłocznie
~ **here** w tym miejscu, właśnie tu
~ **now** obecnie, w danym momencie
to act ~ postępować słusznie
rightful *adj* **1.** legalny, prawny, zgodny z prawem **2.** słuszny
~ **action** słuszne postępowanie
~ **claim** słuszna skarga (reklamacja)
~ **heir** legalny spadkobierca
~ **owner** legalny właściciel
~ **possessor** legalny posiadacz
rightly *adv* **1.** słusznie, sprawiedliwie, prawidłowo **2.** właściwie, należycie
to argue ~ słusznie rozumować (argumentować)
to be ~ **informed** być należycie poinformowanym

rightness s **1.** prawość **2.** słuszność *(decyzji)* **3.** trafność **4.** ścisłość *(np. obliczenia)*
rigid adj **1.** sztywny **2.** twardy, surowy
~ **discipline** surowa dyscyplina
~ **prices** sztywne ceny
rigor s łac. med. zesztywnienie
~ **mortis** zesztywnienie pośmiertne *(ciała)*
rigour s **1.** surowość **2.** ostrość **3.** rygor
with the utmost ~ **of the law** z całą surowością prawa
rigorous adj **1.** surowy **2.** rygorystyczny
~ **application** ścisłe zastosowanie
~ **measures** surowe środki
ring s **1.** ring, syndykat *(porozumienie w celu utrzymania cen rynkowych)* **2.** banda, gang
ringleader s herszt
riot s **1.** rozruchy, zamieszki, zaburzenia wewnętrzne **2.** rozpusta, wyuzdanie, orgia
civil ~**s** zamieszki wewnętrzne
food ~**s** rozruchy głodowe
outbreak of ~ wybuch rozruchów ⟨zamieszek⟩
risk of ~**s and civil commotion** ub. mors. ryzyko rozruchów i zamieszek wewnątrz kraju
rioter s **1.** uczestnik rozruchów i zamieszek **2.** hulaka, rozpustnik
riotous adj **1.** buntowniczy, zbuntowany **2.** rozpustny
~ **assembly** buntownicze zgromadzenie
~ **damage** szkoda wyrządzona podczas zamieszek
ripe adj **1.** dojrzały **2.** gotowy
~ **for execution** gotowy do wykonania
rise[1] s podwyżka, zwyżka, wzrost
~ **in the bank rate** podwyższenie bankowego oprocentowania
~ **in cost of living** wzrost kosztów utrzymania
~ **in prices** wzrost cen
~ **in population** wzrost zaludnienia
~ **in value** wzrost wartości
~ **of 5%** podwyżka 5-procentowa
~ **of** ⟨**in**⟩ **rates** podwyżka stawek taryfowych
~ **of living standards** wzrost stopy życiowej
~ **of wages** wzrost płac ⟨zarobków⟩
operator for a ~ spekulant na zwyżkę
pay ~ podwyżka ⟨wzrost⟩ płac
to ask (one's employer) for a ~ prosić (pracodawcę) o podwyżkę
to be on the ~ zwyżkować, mieć tendencję zwyżkową
to buy for a ~ spekulować na zwyżkę
to give ~ dać początek (**to sth** czemuś), zainicjować
to go ⟨**speculate**⟩ **for a** ~ spekulować na zwyżkę
to undergo a ~ ulec zwyżce
rise[2] v **(rose, risen) 1.** podnosić (się), wstawać **2.** wzrastać, zwyżkować, zwiększać się **3.** zaczynać się, powstawać, mieć początek
to ~ **in prices** wzrastać w cenie
rising[1] s **1.** powstanie, rewolucja **2.** zamknięcie, zakończenie **3.** podniesienie (się), zwyżka **4.** awans, kariera, dojście do władzy
~ **and falling** podnoszenie się i opadanie
~ **of court** a) zamknięcie sesji sądu b) ogłoszenie przerwy w rozprawie
~ **of the people** powstanie ludności, rewolucja narodowa
to vote by ~ głosować przez powstanie

rising[2] adj **1.** wzrastający, zwyżkujący **2.** *(o pokoleniu)* młody, nowy
~ **generation** młode pokolenie
~ **market** rynek o tendencji zwyżkowej
~ **prices** wzrastające ⟨zwyżkujące⟩ ceny
~ **tendency** tendencja zwyżkowa
risk[1] s ryzyko, niebezpieczeństwo
~ **s and perils of the sea** ryzyka morskie *(związane z żeglugą)*
~ **bearer** ponoszący ryzyko
~ **capital** kapitał narażony na szczególne ryzyko
~ **covered by the policy** ryzyka objęte polisą
~ **of accident** ryzyko wypadku
~ **of breakage** ⟨**leakage etc.**⟩ ryzyko stłuczenia lub połamania ⟨wycieku itd.⟩
~ **of collision** ryzyko zderzenia
~ **of craft** ub. mors. ryzyko lichtugowania *(podczas przewozu lichtugami)*
~ **of currency depreciation** ryzyko deprecjacji waluty
~ **of insolvency** ryzyko niewypłacalności
~ **of the market** ryzyko związane ze zmianą sytuacji rynkowej
~ **of the sea** ryzyko morskie
~ **of shortage** ryzyko ubytków w towarze
~ **of strikes, riots and civil commotion** ub. mors. ryzyko strajków, rozruchów i zamieszek
~ **peculiar to a particular trade** ryzyko typowe dla danego rodzaju działalności
~ **subscribed** ryzyko ubezpieczone
aggravation of the ~ wzrost ryzyka
air ~ ryzyko transportu lotniczego
all ~**s** ub. mors. wszelkie ryzyka
amount at ~ suma określająca zainteresowanie w ubezpieczeniu
amount of the ~ suma, do wysokości której pokryte zostało ryzyko
at ~ **and expense of...** na ryzyko i koszt...
at buyer's ~ na ryzyko kupującego
at carrier's ~ na ryzyko przewoźnika
at charterer's ~ na ryzyko czarterującego
at consignee's ⟨**consumer's**⟩ ~ na ryzyko odbiorcy ⟨adresata⟩
at one's own ~ na własne ryzyko
at owner's ~ na ryzyko armatora
at seller's ~ na ryzyko sprzedającego
at sender's ~ na ryzyko wysyłającego
at shipper's ~ na ryzyko załadowcy
at your ~ na wasze ryzyko
breakage ~ ryzyko stłuczenia ⟨złamania⟩
builder's ⟨**building**⟩ ~ ryzyko przy budowie statku *(na jakie narażony jest statek w budowie)*
business ⟨**commercial**⟩ ~ ryzyko handlowe
calls ~ ryzyko związane z zawijaniem do portów pośrednich
cessation of ~ ustanie ryzyka
credit ~ ryzyko kredytowe
distribution of ~ rozłożenie ryzyka
exchange ~ ryzyko kursowe
extra ~**s** ryzyka nadzwyczajne
financial ~ ryzyko finansowe
fire ~ ryzyko pożaru
for account and ~ **of...** na rachunek i ryzyko...
increase of the ~ wzrost ryzyka
insurable ~ ryzyko podlegające ubezpieczeniu
insurance against ~ ubezpieczenie od ryzyka

land ~ ryzyko przewozu lądem
loading ~ ryzyko (przy) załadunku
maritime ⟨**marine**⟩ ~**s** ryzyka transportu morskiego
mixed ⟨**sea and land**⟩ ~**s** ryzyka przewozu trasą lądową i morską
non-insurable ~ ryzyko nie podlegające ubezpieczeniu
pilferage ~ ryzyko częściowej kradzieży ładunku w czasie przewozu
port ~ ryzyko portowe (*grożące ładunkowi w porcie*)
reduction of the ~ zmniejszenie ryzyka
running down ~ ryzyko zderzenia statków
special ~**s** ryzyka specjalne
spreading of ~ rozłożenie ryzyka
subscribed ~ ryzyko pokryte ubezpieczeniem
termination of ~ ustanie ⟨zakończenie⟩ ryzyka
theft ~ ryzyko kradzieży
transfer ~ ryzyko przekazu (*zwłoki w otrzymaniu zapłaty*)
transhipment ~ ryzyko przy przeładunku
transport ~ ryzyko przewozu
unloading ~ ryzyko przy wyładunku
underwritten ~ ryzyko ubezpieczone
war ~**s** *ub. mors.* ryzyko wojny
to accept a ~ wziąć na siebie ryzyko
to aggravate the ~ powiększać ryzyko
to be attended with ~ pociągać za sobą ryzyko, być związanym z ryzykiem
to be exposed to ~ być narażonym na ryzyko
to bear ⟨**incur**⟩ **the** ~ ponosić ryzyko
to cover the ~ pokryć ryzyko, ubezpieczyć od ryzyka
to insure against the ~ ubezpieczyć od ryzyka
to involve ~ pociągać za sobą ryzyko
to present ~**s** przedstawiać ryzyko
to reduce the ~ zmniejszyć ryzyko
to run the ~ ryzykować, narażać się (**of sth** na coś)
to take ⟨**undertake**⟩ **the** ~ wziąć na siebie ryzyko, ponosić ryzyko
risk[2] *v* ryzykować
to ~ **one's life** ryzykować własne życie
to ~ **losing everything** ryzykować utratę wszystkiego
risky *adj* ryzykowny, niebezpieczny
~ **business** ryzykowny interes
~ **plan** ⟨**undertaking**⟩ ryzykowne przedsięwzięcie
rival[1] *s* rywal, konkurent
~ **business** ⟨**firm**⟩ konkurująca firma, konkurujące przedsiębiorstwo
~ **political parties** rywalizujące ⟨konkurencyjne⟩ partie polityczne
~**s in election** konkurenci w wyborach
rival[2] *v* rywalizować, konkurować (**with sb** z kimś)
rivalry *s* rywalizacja, konkurencja
to enter into ~ **with sb** zacząć konkurować ⟨rywalizować⟩ z kimś, przystąpić do rywalizacji z kimś
river *s* rzeka
~ **and sea voyage** rejs na trasie morsko-rzecznej
~ **barge** barka rzeczna
~ **bed** koryto rzeki
~ **bill of lading** konosament rzeczny
~ **boat** statek rzeczny
~ **freight** fracht rzeczny
~ **harbour** ⟨**port**⟩ port rzeczny
~ **keeper** ⟨**watcher**⟩ strażnik rzeczny

~ **mouth** ujście rzeki
~ **ship** ⟨**vessel**⟩ statek rzeczny
~ **transport** ⟨**transportation**⟩ transport rzeczny
navigable ~ rzeka żeglowna ⟨nadająca się do żeglugi⟩
road *s* **1.** droga, szosa **2.** *pl* **roads** reda **3.** *pl* **roads** *am.* akcje kolejowe
~ **accident** wypadek drogowy
~ **crossing** skrzyżowanie dróg
~ **carriage** ⟨**haulage, transport**⟩ transport drogowy
~ **network** sieć drogowa ⟨dróg⟩
~ **repairs** roboty drogowe
~ **service** służba drogowa
~ **sign** znak drogowy
~ **surface** nawierzchnia drogi
~ **traffic** ruch drogowy
access ~ droga dojazdowa
by ~ *a)* transportem drogowym *b)* drogą lądową
by-pass ~ droga objazdowa (*omijająca miasto*)
country ⟨**rural**⟩ ~ droga wiejska
impracticable ~ droga nieprzejezdna
land ~ droga lądowa
main ⟨**arterial**⟩ ~ droga główna
motor ~ szosa
multi-lane ~ droga wielopasmowa
relief ⟨**loop**⟩ ~ droga objazdowa
rules of the ~ przepisy drogowe
sea ~ szlak morski
toll ⟨**turnpike**⟩ ~ droga płatna
roadstead *s* reda
rob *v* **1.** kraść **2.** rabować, zajmować się rozbojem **3.** prowadzić rabunkową gospodarkę
to ~ **a house** okraść dom
to ~ **a man of his money** okraść kogoś z pieniędzy
to ~ **sb of his rights** pozbawić kogoś (jego) praw
robber *s* zbój, rozbójnik, złodziej
robbery *s* rozbój, rabunek
armed ~ rozbój z bronią w ręku
bank ~ obrabowanie banku, napad na bank
highway ~ rabunek drogowy, napad na drodze
train ~ obrabowanie pociągu, napad na pociąg
robbing *s* kradzież
~ **with violence** kradzież rozbójnicza, rozbój
robot *s* robot
~ **portrait** portret pamięciowy (*zrobiony na podstawie opisu*)
rock-bottom *adj* najniższy, ostateczny, krańcowy
~ **poverty** krańcowe ubóstwo
~ **price** najniższa ⟨ostateczna⟩ cena, dolna granica ceny
rocket[1] *s* rakieta
~ **weapons** broń rakietowa
rocket[2] *v* (*o cenach, kursach*) szybować, iść gwałtownie w górę
rogue *s* **1.** łobuz **2.** oszust
~**s' gallery** album przestępców
roll[1] *s* **1.** zwój, rulon, rolka **2.** rejestr, spis, lista osób **3.** lista adwokatów **4.** *pl* **rolls** archiwa, akta
~ **of honour** lista zabitych (*na wojnie*)
~ **of lawyers** lista adwokatów
Master of the Rolls *bryt.* kierownik archiwum sądowego
muster ~ lista załogi statku
nominal ~ lista imienna
patent ~ rejestr patentów
pay ~ lista płac(y)

to be struck off the ~ zostać skreślonym z listy adwokatów
to call the ~ odczytać listę obecności, sprawdzić obecność
to strike sb off the ~ skreślić kogoś z listy adwokatów
roll² *v* **1.** toczyć (się), obracać (się) **2.** (*o statku*) kołysać się na boki
roll-bank *s am.* polityka ustalania cen niższych od rynkowych (*przy równoczesnym subsydiowaniu producentów lub dystrybutorów*)
roll in *v* licznie napływać
offers are rolling in oferty licznie napływają
rolling *adj*: ~ **capital** kapitał obrotowy
~ **stock** tabor kolejowy
roller *s* rolka
use ~s przesuwać na rolkach (*napis ostrzegawczy*)
roll up *v* **1.** gromadzić się, narastać **2.** zbierać ⟨akumulować⟩ (się)
Roman *adj* rzymski
~ **Catholic** rzymskokatolicki
~ **figure** ⟨**numeral**⟩ cyfra rzymska
~ **law** prawo rzymskie
room¹ *s* **1.** pomieszczenie, pokój, sala **2.** miejsce, wolna przestrzeń **3.** *pl* rooms mieszkanie, pokoje umeblowane
the ~ sala giełdy
~ **and board** mieszkanie i utrzymanie ⟨wyżywienie⟩, pensjonat
~ **mate** współmieszkaniec, współlokator
auction ~ sala aukcyjna
cold ~ komora chłodnicza
consulting ~ gabinet lekarski
exhibition ~ salon wystawowy
freight ~ przestrzeń ładunkowa
packing ~ paczkarnia, pakownia
reception ~ sala recepcyjna
sale ~ sala aukcyjna
sales ~ salon sprzedaży
set ⟨**suit**⟩ **of** ~s mieszkanie, apartament
storage ~ *a)* pomieszczenie składowe *b)* przestrzeń składowa
store ~ *a)* skład *b)* spiżarnia
strong ~ skarbiec pancerny
waiting ~ poczekalnia
to live in furnished ~s mieszkać w umeblowanym mieszkaniu
room² *v am.* **1.** mieszkać, zajmować pokój **2.** wynajmować pokoje
rotate *v* **1.** obracać się **2.** zmieniać się kolejno
to ~ **crops** stosować płodozmian
rotating *adj*: ~ **shifts** zmieniające się szychty, zmiany robocze pracujące w różnych porach doby
rotation *s* **1.** obrót, rotacja **2.** kolejne następstwo, kolejność zmian
~ **number** kolejny numer
~ **of ports** rotacja portów (*kolejność zawijania statku do portów*)
~ **of presidency** kolejność przewodniczenia
by ⟨**in**⟩ ~ kolejno, po kolei, na zmianę
job ~ rotacja stanowisk
to execute orders in ~ wykonywać zamówienia według kolejności
rotten *adj* **1.** zepsuty **2.** zużyty **3.** zgniły
~ **borough** *bryt. hist.* fikcyjny okręg wyborczy

~ **clause** *ub. mors.* klauzula zwalniająca ubezpieczyciela od przyjętego ubezpieczenia w przypadku niezdatności statku
rough¹ *s* **1.** nierówność, szorstkość **2.** nierówny teren **3.** stan surowy **4.** chuligan, łobuz, brutal **5.** faza wstępna
plans in the ~ plany w fazie wstępnej ⟨w przybliżeniu⟩
rough² *adj* **1.** surowy, nie obrobiony, szorstki **2.** przybliżony, pobieżny **3.** ostry, gwałtowny, brutalny
~ **average** średnia przybliżona
~ **balance** surowy bilans
~ **calculation** przybliżona kalkulacja, pobieżne obliczenie
~ **draft** pobieżny szkic, brulion
~ **estimate** przybliżona ocena, przybliżony kosztorys
~ **handling** nieostrożne ⟨brutalne⟩ obchodzenie się (*np. z ładunkiem*)
~ **piling** zrzucanie na stos (*bez układania*)
~ **road** wyboista droga
~ **sea** wzburzone morze
~ **translation** surowe tłumaczenie
~ **weather** burzliwa pogoda (*na morzu*)
~ **weight** przybliżona waga
roughly *adj* **1.** surowo, ostro, brutalnie **2.** z grubsza, w przybliżeniu
to handle ~ obchodzić się nieostrożnie (*np. z ładunkiem*)
round¹ *s* **1.** krąg **2.** tura, runda **3.** seria, cykl
collection ~ obchód w celu inkasa
inspection ~ objazd inspekcyjny
the postman's ~ obchód listonosza
round² *v* zaokrąglać
to ~ (**off**) **an amount downwards** ⟨**upwards**⟩ zaokrąglić sumę w dół ⟨w górę⟩
round³ *adj* **1.** okrągły **2.** okrężny, okólny
~ **charter** czarter na podróż w obie strony
~ **sum** *a)* zaokrąglona suma *b)* znaczna ⟨okrągła⟩ suma
~ **table meeting** spotkanie przy okrągłym stole
~ **table talks** rozmowy przy okrągłym stole
~ **trip** *a)* podróż w obie strony *b)* podróż okrężna *c)* tournée
~ **voyage** rejs statku w obie strony
~ **weight** zaokrąglona waga
in ~ **figures** w zaokrągleniu, w liczbach zaokrąglonych
roundsman *s* (*pl* **roundsmen**) **1.** roznosiciel zamówionych towarów w firmie **2.** *am.* inspektor policji
roup¹ *s* aukcja, przetarg publiczny
roup² *v* sprzedawać aukcyjnie ⟨z przetargu publicznego⟩ (**sth** coś)
rout *s* **1.** zgromadzenie nielegalne ⟨w celach niedozwolonych⟩ **2.** raut, przyjęcie
route¹ *s* **1.** trasa, szlak, droga **2.** marszruta
~ **instructions** dyspozycje dotyczące trasy przesyłki
air ~ trasa lotnicza
by cheapest ⟨**fastest**⟩ ~ najtańszą ⟨najszybszą⟩ drogą
by usual ~ zwykłą trasą ⟨drogą⟩
commercial ⟨**trade**⟩ ~ droga handlowa, szlak handlowy
land ~ drogą lądową
maritime ~ droga morska

navigation ⟨shipping⟩ ~ szlak żeglugowy
water ~ droga wodna
route² v ustalać marszrutę ⟨trasę⟩, kierować
to ~ shipment via ... skierować przesyłkę via ⟨przez, na⟩ ...
routine s normalny tok czynności, ustalona praktyka, zwykła procedura, ustalony tryb, rutyna
~ duties zwykłe ⟨normalne⟩ codzienne obowiązki
~ repair naprawa okresowa, remont okresowy
~ work praca rutynowa, codzienna praca
office ~ biurowa rutyna, biurowy tryb postępowania
routing s marszrutyzacja, wyznaczenie trasy (towaru, przesyłki itp.)
~ instructions dyspozycje co do trasy przewozu ładunków
~ order polecenie dostawcy przesłania przesyłki przez wskazanego spedytora
directions for ~ dyspozycje co do trasy przewozu ładunku
rove v 1. przewędrować 2. wałęsać się, błąkać się, tułać się
rover s 1. wędrowiec, włóczęga 2. pirat, rozbójnik morski
roving¹ s piractwo, rozbójnictwo morskie
roving² adj wędrowny
~ ambassador poseł do specjalnych poruczeń
royal adj królewski
Royal assent sankcja królewska (nadająca moc prawną uchwalonej przez Parlament ustawie)
Royal charter królewski przywilej ⟨patent⟩
Royal exchange bryt. gmach giełdy londyńskiej
~ great seal wielka pieczęć królewska
~ prerogative przywilej królewski, prerogatywy królewskie
~ stile and titles królewski tytuł
~ warrant dyplom dostawcy królewskiego
with ~ consent za zezwoleniem królewskim
royalist s monarchista; rojalista
royalty s 1. godność królewska, władza królewska 2. opłata licencyjna ⟨patentowa⟩ 3. opłata za prawa eksploatacji górniczej 4. honorarium autorskie, tantiema autorska
~ basis na bazie licencji
insignia of ~ insygnia królewskie
ruin¹ s 1. ruina, upadek, zniszczenie 2. zburzenie, spustoszenie, zagłada 3. katastrofa, zguba 4. pl ruins ruiny
in ~s zniszczony, spustoszony, w gruzach
to bring to ~ zrujnować, doprowadzić do upadku ⟨ruiny⟩
to go to ~ niszczeć
to lay in ~s obrócić w perzynę
to lie in ~ leżeć w gruzach
ruin² v 1. rujnować, niszczyć, burzyć, pustoszyć 2. doprowadzić do ruiny ⟨upadku, katastrofy, zguby⟩
to ~ by bad management doprowadzić do ruiny na skutek złego zarządzania
to ~ oneself by gambling zrujnować się grając hazardowo
to ~ sb's reputation zniszczyć czyjąś reputację ⟨dobrą sławę⟩
ruinous adj 1. (znajdujący się) w ruinie ⟨w opłakanym stanie⟩ 2. rujnujący, niszczący, zgubny
~ expenditure ⟨expense⟩ rujnujące wydatki
~ prices rujnujące ceny

~ sale sprzedaż z dużą stratą
~ state opłakany stan
rule¹ s 1. reguła, zasada, przepis, prawo, norma 2. panowanie, rządzenie 3. postanowienie, nakaz (sądu)
~ absolute rozstrzygnięcie ostateczne ⟨uwzględniające żądanie⟩, postanowienie sądu mające charakter ostateczny
~ discharged rozstrzygnięcie oddalające żądanie
~ nisi orzeczenie sądu nie mające charakteru ostatecznego (uzyskujące taki charakter, jeżeli strona przeciwna w określonym terminie nie przedstawi przeciwnych dowodów)
~ of reaction panowanie reakcji
~ of thumb zasada oparta na doświadczeniu ⟨praktyce⟩
~ of unanimity (of great powers) zasada jednomyślności (wielkich mocarstw)
~s in force przepisy obowiązujące
~s of law przepisy prawne ⟨ustawowe⟩
~s of practice ⟨procedure⟩ przepisy proceduralne
~s of the road a) przepisy drogowe b) przepisy żeglugowe
~s of succession zasady dziedziczenia
~s of warfare zasady prowadzenia wojny
as a ~ z reguły, z zasady
exception to the (general) ~ wyjątek od zasady
Hague Rules reguły konwencji haskiej (o konosamentach)
hard and fast ~ rygorystyczny ⟨sztywny⟩ przepis
in accordance with the ~s zgodnie z przepisami
legal ~ przepis prawny
M'Naghten ~s bryt. zasady odpowiedzialności prawnej osoby niepoczytalnej
navigation ⟨sailing⟩ ~s przepisy żeglugowe
unanimity ~ zasada jednomyślności
Warsaw-Oxford Rules reguły warszawsko-oksfordzkie z 1932 r. (o zasadach transakcji na warunkach c.i.f.)
York-Antwerp Rules reguły Jorku i Antwerpii (o awarii wspólnej)
to comply with a ~ przestrzegać zasady
to conform to the ~s of trade dostosować się ⟨podporządkować się ⟩ przepisom handlowym
to depart from the ~ naruszyć przepisy ⟨zasady⟩
to disregard a ~ ignorować zasadę, nie brać pod uwagę zasady
to lay down a ~ ustanowić zasadę
to subsume under the ~ podciągnąć pod przepis
rule² v 1. rządzić, panować 2. orzekać, postanawiać, zarządzać 3. kształtować się
to ~ a nation rządzić krajem
ruler s władca
arrest of ~s zatrzymanie statku na skutek zarządzenia władz zwierzchnich
ruling adj panujący, istniejący
~ class klasa panująca
~ circles koła rządzące
~ custom powszechnie stosowany zwyczaj
~ political party rządząca partia polityczna
~ price cena bieżąca ⟨rynkowa⟩
rummage¹ s 1. rewizja celna statku po wyładunku 2. towar wybrakowany
~ goods ⟨sale⟩ wyprzedaż towarów nie odebranych ⟨resztek⟩

rummage[2] *v* dokonać rewizji celnej statku po wyładunku

rummager *s* rewident celny

rummaging *s* rewizja celna statku po wyładunku

rumour *s* pogłoska
    disquieting ~ **s** niepokojące pogłoski
    unfounded ~ **s** nieuzasadnione pogłoski
    to deny ~ **s** zaprzeczyć pogłoskom
    to spread ~ **s** rozprzestrzeniać ⟨rozpowszechniać⟩
    pogłoski

run[1] *s* **1.** bieg, przebieg, tok **2.** powtarzanie się, ciąg,
seria **3.** trwanie, czas trwania, okres **4.** gwałtowny
spadek **5.** kategoria, typ **6.** kierunek, tendencja **7.** run
(*np. na banki*) **8.** kurs, jazda jednorazowa
    ~ **of business** tok ⟨bieg⟩ spraw
    ~ **of buyers** kategoria nabywców
    ~ **of commodities** kategoria towaru
    ~ **of events** przebieg wydarzeń
    ~ **of ill luck** seria niepowodzeń
    the ~ **of the market** tendencja rynkowych cen
    ~ **of validity** okres ważności
    ~ **on an article** popyt na (*dany*) artykuł
    ~ **on the bank** run na bank
    in the long ~ na dłuższą ⟨dalszą, daleką⟩ metę,
    długofalowo
    in the ~ **of time** z biegiem czasu
    trial ~ próbna jazda
    prices come down with a ~ ceny spadają gwałtow-
    nie
    the goods have a good ~ towary mają łatwy zbyt

run[2] *v* (**ran, run**) **1.** biec, przebiegać, toczyć się **2.**
funkcjonować, być w toku ⟨ruchu⟩ **3.** płynąć, upły-
wać, ciec **4.** rozpowszechniać się, szerzyć się **5.** mieć
tendencję ⟨charakter⟩, być nacechowanym **6.** być w
mocy, trwać **7.** stawać się **8.** wprowadzać, wpuszczać
9. kierować, prowadzić **10.** brzmieć, mieć brzmienie,
opiewać **11.** *zob.* **run after, against, down, into, off,
out, up, upon, (up) to**
    to ~ **a bank** *am.* kierować bankiem
    to ~ **a blockade** przerwać blokadę, przedrzeć się
    przez blokadę
    to ~ **a business** prowadzić przedsiębiorstwo
    to ~ **a candidate** wystawić kandydata
    to ~ **the car into the garage** wprowadzić samochód do
    garażu
    to ~ **contraband** zajmować się kontrabandą
    to ~ **dry** wyczerpywać się
    to ~ **foul of each other** zderzyć się, najechać
    to ~ **high** być wzburzonym
    to ~ **a hotel** prowadzić hotel
    to ~ **into debts** popaść w długi, zadłużyć się
    to ~ **into error** popełnić błąd
    to ~ **low** ubywać, wyczerpywać się
    to ~ **a newspaper** redagować ⟨wydawać⟩ gazetę
    to ~ **on the bank** robić run na bank, zgłaszać się
    masowo po wypłaty
    to ~ **on service** obsługiwać
    to ~ **a port** zawijać do portu
    to ~ **regularly** kursować regularnie
    to ~ **a risk** narażać się na niebezpieczeństwo, ryzy-
    kować
    to ~ **a ship** eksploatować statek
    to ~ **short** *a)* wyczerpywać się *b)* odczuwać brak (**of
    sth** czegoś)
    the bill has ... days to ~ do terminu płatności weksla
    pozostaje ...

the clause ~ **s as follows** klauzula brzmi jak następuje

run after *v* **1.** gonić **2.** poszukiwać, starać się zdobyć

run-after *adj* poszukiwany
    a much ~ **article** bardzo poszukiwany artykuł

run against *v* **1.** spotkać, natknąć się **2.** być w sprzeczności, kolidować
    to ~ **difficulties** napotkać trudności

runaway[1] *s* **1.** zbieg, uciekinier **2.** dezerter

runaway[2] *adj* **1.** zbiegły **2.** wymykający się spod kontroli
    ~ **inflation** niepohamowana inflacja
    ~ **rise of prices** niepohamowany wzrost cen

run down *v* **1.** zatrzymać się, stanąć **2.** zderzyć się,
najechać **3.** zatopić w wyniku zderzenia **4.** niszczyć,
psuć, rujnować (się) **5.** przejechać (*kogoś*) **6.** dości-
gnąć
    to ~ **an escaped convict** doścignąć ⟨pojmać⟩ zbiegłego
    więźnia
    to ~ **the goods** spowodować zepsucie towaru
    to ~ **a man** przejechać człowieka
    to ~ **prices** obniżać ⟨psuć⟩ ceny

run into *v* : **to** ~ **sb, sth** wpaść ⟨najechać⟩ na kogoś,
coś
    to ~ **debt** popaść w długi
    to ~ **a habit** popaść w nałóg
    to ~ **x editions** osiągnąć x wydań

runner *s* **1.** posłaniec, goniec **2.** szybki statek **3.** statek
przemytniczy **4.** *am.* mechanik, maszynista **5.** akwizytor **6.** przemytnik
    bank ~ goniec bankowy
    blockade ~ statek przełamujący blokadę

running[1] *s* **1.** bieg, ruch, funkcjonowanie **2.** prowadzenie, kierowanie
    ~ **of the border line** przebieg granicy
    ~ **of a factory** prowadzenie fabryki
    ~ **of a hotel** kierowanie hotelem, prowadzenie ho-
    telu
    ship ~ eksploatacja statku
    to be out of the ~ nie mieć szans w rywalizacji
    to make the ~ zwiększać szybkość
    to take up the ~ być na czele, wyprzedzać, przodo-
    wać

running[2] *adj* bieżący, nieprzerwany, ciągły
    ~ **account** rachunek bieżący, kontokurent
    ~ **commentary** bieżący komentarz
    ~ **contract** umowa bieżąca ⟨aktualnie realizowana⟩
    ~ **costs** ⟨**expenses**⟩ wydatki bieżące ⟨eksploatacyj-
    ne⟩
    ~ **days** kolejne dni kalendarzowe, „dni bieżące"
    ~ **hour** „godzina bieżąca"
    ~ **interest** odsetki bieżące
    ~ **landing numbers** kolejne sztuki przy wyładowywa-
    niu
    ~ **number** numer bieżący
    ~ **repair** remont bieżący
    ~ **of the statute of limitation** bieg terminu przedaw-
    nienia
    ~ **policy** polisa generalna
    four times ~ cztery razy pod rząd

running-down *s* zderzenie
    ~ **case** sprawa o najechanie ⟨przejechanie, zderze-
    nie⟩
    ~ **clause** klauzula kolizyjna

run off *v* 1. wyciekać, wypływać 2. (*o wekslu*) ulegać umorzeniu ⟨spłaceniu⟩ 3. zniżkować, spadać w cenie 4. (*o towarze*) mieć zbyt 5. drukować, odbijać
to ~ with cash *a)* uciekać z gotówką *b)* pozbywać się gotówki
run out *v* 1. wyciekać 2. (*o terminie*) upływać 3. kończyć się, wyczerpywać się
to ~ of stock wyczerpywać zapasy
run up *v* 1. podnosić, wznosić 2. wzrastać, powiększać się 3. (*o liczbach*) dodawać 4. przelicytować, podbijać (*ceny*)
to ~ the bidding podbijać cenę na licytacji
to ~ a flag podnieść flagę
to ~ prices śrubować ceny
run upon *v* 1. uderzyć 2. znaleźć przypadkowo, natknąć się
to ~ rocks *a)* uderzyć o skały *b)* natknąć się na przeszkody
run (up) to *v* dochodzić do (*wysokości*), wynosić
the bill runs up to ... rachunek dochodzi do kwoty ...
runway *s* 1. pas startowy 2. droga startowa
rupture *s* zerwanie
~ of diplomatic relations zerwanie stosunków dyplomatycznych
~ of negotiations zerwanie negocjacji
~ of relations zerwanie stosunków
rural *adj* wiejski
~ economy gospodarka rolna ⟨wiejska⟩
~ market rynek wiejski

~ population ludność wiejska
rush[1] *s* 1. pęd, gorączkowy ruch 2. gwałtowne uderzenie ⟨pchnięcie⟩ 3. wielki popyt
~ hours godziny szczytu ⟨największego nasilenia ruchu⟩
~ job ⟨**work**⟩ pilna ⟨terminowa⟩ praca
~ of armaments wyścig zbrojeń
~ of customers silny napływ kupujących
~ order pilne zamówienie
gold ~ gorączka złota
rush[2] *v* 1. rzucać się, pędzić 2. naglić, popędzać, przynaglać 3. działać pochopnie ⟨bardzo szybko⟩ 4. *pot.* brać zbyt wysoką cenę, zdzierać (**sb** z kogoś)
to ~ a bill through (**the House**) przeprowadzić pospiesznie ustawę
to ~ into a business pochopnie przystąpić do transakcji
to ~ the country into a war wplątać kraj w wojnę
to ~ into expense narazić się na wydatek
to ~ an order pospiesznie wykonać zamówienie
to ~ to a conclusion pochopnie powziąć decyzję
rust *s* rdza
~ and oxidation risk ryzyko rdzewienia i oksydacji
~ preventer środek antykorozyjny
~ prevention ochrona przed rdzą
ruthless *adj* bezwzględny, bezlitosny, niemiłosierny, srogi
ruthlessness *s* bezwzględność, bezlitosność, srogość

S

sabotage[1] *s* 1. sabotaż 2. dywersja
~ trial proces o sabotaż
act of ~ akt sabotażu
economic ⟨**industrial**⟩ **~** sabotaż gospodarczy ⟨przemysłowy⟩
to perform an act of ~ dokonać sabotażu
sabotage[2] *v* 1. sabotować 2. dokonywać dywersji
to ~ a plan sabotować plan
saboteur *s* 1. sabotażysta 2. dywersant
sabre *s* szabla
~ cut *a)* cięcie szablą *b)* szrama
sack[1] *s* 1. worek 2. *pot.* zwolnienie z pracy, wylanie z posady
to get the ~ *pot.* zostać zwolnionym z pracy, otrzymać dymisję
to give sb the ~ *pot.* zwolnić kogoś z pracy
to put in ~ pakować ⟨sypać⟩ w worki, ładować do worka
sack[2] *v* 1. pakować w worki, workować 2. *pot.* zwalniać ⟨wylewać⟩ z pracy 3. (*o wojsku*) plądrować, łupić
to be ~ed *pot.* zostać zwolnionym z pracy, otrzymać dymisję
sack-packer *s* maszyna workująca
sacred *adj* 1. poświęcony (**to sb** komuś) 2. święty 3. kościelny, religijny 4. nienaruszalny
~ cow *przen. pot.* święta krowa

~ duty święty obowiązek
~ interests nienaruszalne interesy
~ to the memory of sb (*o nagrobku, pomniku*) poświęcony czyjejś pamięci
sacrifice[1] *s* 1. poświęcenie, wyrzeczenie się, ofiara 2. *pot.* strata
~ sale sprzedaż ze stratą
general average ~ poświęcenie dobra w awarii wspólnej (*wyrzucenie części ładunku dla uratowania statku*)
the great ⟨**last, supreme**⟩ **~** najwyższa strata, śmierć za ojczyznę
to sell at a ~ sprzedawać ze stratą
sacrifice[2] *v* 1. poświęcać, wyrzekać się 2. *pot.* sprzedawać ze stratą
to ~ goods sprzedawać ze stratą towary
to ~ the interest wyrzec się interesów
sacrilege *s* świętokradztwo
to commit ~ popełnić świętokradztwo
sacrilegious *adj* świętokradzki
~ act czyn świętokradzki
sadism *s* sadyzm
sadist *s* sadysta
sadistic *adj* sadystyczny
safe[1] *s* skrytka bankowa, skarbiec bankowy, sejf
hirer of a ~ najemca sejfu

night ~ trezor, sejf nocny (*banku*)
safe² *adj* **1.** bezpieczny, pewny, godny zaufania **2.** ostrożny, rozważny
~ **aground** *czart.* bezpiecznie na gruncie (*warunek, by statek w porcie w czasie odpływu mógł osiąść na bezpiecznym gruncie*)
~ **and sound** bezpieczny i w dobrym stanie, cały i zdrów
~ **arrival** szczęśliwe przybycie (*statku wraz z towarem*)
~ **berth** bezpieczne miejsce postoju dla statku
~ **bill** bezpieczny ⟨pewny⟩ weksel
~ **conduct** list żelazny, glejt, gwarancja bezpieczeństwa (*umożliwiająca swobodne przybycie do ⟨wyjazd z⟩ kraju znajdującego się w stanie wojny*)
~ **convoy** konwojowanie zapewniające statkowi bezpieczeństwo
~ **custody** *a*) dobra ⟨pewna⟩ opieka *b*) trzymanie pod strażą dla bezpieczeństwa
~ **customer** pewny nabywca, wypłacalny klient
~ **deposit** bezpieczne miejsce przechowania, bank depozytów; *zob.* **safe-deposit**
~ **driver** ostrożny kierowca
~ **estimate** ostrożny szacunek
~ **for handling** (*o przyrządzie, maszynie*) bezpieczny w obsłudze
~ **house** pewna ⟨solidna⟩ firma
~ **investment** bezpieczna ⟨pewna⟩ lokata
~ **limit of speed** bezpieczna szybkość
~ **load** dopuszczalny ładunek
~ **port** bezpieczny port (*dla morskich statków*)
~ **wag(g)on** wagon ochronny
at a ~ **distance** w bezpiecznej odległości
business or ~ **arrival** transakcja „na szczęśliwe przybycie"
in ~ **hands** w pewnych rękach
to be on the ~ **side** być zabezpieczonym ⟨bezpiecznym, pewnym⟩
to feel ~ czuć się bezpiecznie
to put sth in a ~ **place** umieścić coś w bezpiecznym miejscu
safe-deposit *adj* : ~ **box** *a*) skrytka bankowa *b*) kasa pancerna
~ **vault** skarbiec pancerny (*banku*)
safeguard¹ *s* **1.** zabezpieczenie, gwarancja **2.** ochrona, eskorta
~ **against accidents** ochrona przed wypadkami
as a ~ **against** jako zabezpieczenie przeciwko
safeguard² *v* zabezpieczyć (**against** przed), zagwarantować
to ~ **industries** zabezpieczać ⟨chronić⟩ przemysł
to ~ **one's interests** chronić własne interesy
to ~ **sb's rights** zabezpieczyć czyjeś prawa
safe-keeping *s* bezpieczne przechowywanie (*np. w skarbcu*), ochrona
to entrust sth to sb's ~ powierzyć coś komuś do przechowania
to place securities in the bank for ~ umieścić walory w banku na przechowanie
safely *adv* bezpiecznie, pewnie
~ **arrived** (*o statku*) przybyły szczęśliwie
~ **invested** (*o kapitale*) bezpiecznie ulokowany
safety *s* **1.** bezpieczeństwo **2.** pewność
~ **belt** pas bezpieczeństwa (*w samochodzie, samolocie*)

~ **certificate** świadectwo ⟨certyfikat⟩ bezpieczeństwa (*o zdatności statku do przewozu pasażerów*)
~ **code** przepisy bezpieczeństwa
~ **construction certificate** certyfikat bezpieczeństwa konstrukcji (*statku*)
~ **deposit** zdeponowanie w skarbcu bankowym
~ **device** urządzenie zabezpieczające, zabezpieczenie
~ **education** przeszkolenie z zakresu bezpieczeństwa (*pracy*)
Safety First bezpieczeństwo przede wszystkim (*hasło*)
~ **glass** szkło nierozpryskowe
~ **lamp** lampa bezpieczeństwa ⟨górnicza⟩
~ **measures** środki bezpieczeństwa
~ **of life at sea** bezpieczeństwo życia na morzu
~ **of traffic** bezpieczeństwo ruchu
~ **of work** bezpieczeństwo pracy
~ **regulations** przepisy ⟨normy⟩ bezpieczeństwa
~ **vault** skarbiec, sejf
~ **zone** strefa bezpieczeństwa
fire ~ bezpieczeństwo pożarowe
for common ~ dla ogólnego bezpieczeństwa
for ~ **'s sake** ze względów bezpieczeństwa
labour ~ bezpieczeństwo pracy
the public ~ bezpieczeństwo publiczne
road ~ bezpieczeństwo ruchu drogowego ⟨na drodze⟩
to play for ~ unikać ryzyka
safety-boat *s* łódź ratunkowa
safety-fund *s* fundusz gwarancyjny
sag¹ *s* **1.** przechył, przegięcie, odchylenie **2.** zniżka, spadek (*cen*)
a ~ **in prices** spadek cen
sag² *v* **1.** opadać, odchylać się **2.** (*o cenie*) spadać, zniżkować
prices are sagging ceny spadają ⟨zniżkują⟩
sagging *adj* : ~ **market** rynek o tendencji zniżkowej
sail¹ *s* żagiel
~ **barge** barka żaglowa
~ **navigation** nawigacja żaglowa
sail² *v* **1.** żeglować **2.** odpływać, wychodzić w morze
about ⟨**ready**⟩ **to** ~ (*o statku*) gotowy do wyjścia w morze
to ~ **close** ⟨**near**⟩ **to the wind** *przen.* zbaczać ze ścieżki prawa, naruszać prawo
sailable *adj* **1.** żeglowny **2.** nadający się do żeglugi
sailboat *s* żaglowiec
sailer *s* żaglowiec
~ **bill of lading** konosament na przewóz żaglowcem
~ **cargo** ładunek przewożony żaglowcem
~ **charter party** czarter dotyczący najmu żaglowca
by ⟨**per**⟩ ~ żaglowcem
motor ~ żaglowiec motorowy
sailing *s* **1.** pływanie żaglowcem, żeglowanie **2.** wyjście statku na morze, wypłynięcie z portu
~ **boat** łódź żaglowa
~ **card** ⟨**list**, **schedule**⟩ rozkład rejsów statków
~ **date** ⟨**day**⟩ data ⟨dzień⟩ wyjścia statku w morze
~ **instructions** instrukcja na podróż, instrukcja konwojowa
~ **navigation** nawigacja żaglowa, żeglowanie
~ **orders** polecenie wyjścia w morze
~ **ship** ⟨**vessel**⟩ żaglowiec

arrivals and ~**s** przyjazdy i odjazdy, rozkład rejsów
list of ~**s** rozkład odjazdów
port of ~ port wyjściowy ⟨odejścia⟩
time of ~ czas odjazdu statku
sailor s marynarz
Sailor's Home Dom Marynarza
sake s : **for the** ~ **of sb, sth** ze względu na kogoś, coś
for argument's ~ jako przykład, dla przykładu
for economy's ~ dla oszczędności
for formalities' ~ ze względów formalnych
for order's ~ dla porządku
for regularity's ~ dla porządku
for simplicity's ~ dla uproszczenia
salability s możność zbytu
~ **of bonds** popularność obligacji wśród nabywców
salable adj = **sal(e)able**
salaried adj : **the** ~ **classes** warstwa urzędnicza
~ **man** ⟨**worker**⟩ pracownik otrzymujący ⟨pobierający⟩ pensję
~ **personnel** ⟨**staff**⟩ personel urzędniczy
~ **position** ⟨**post**⟩ stanowisko płatne miesięcznie (na podstawie rocznej umowy o pracę)
salary[1] s uposażenie, (miesięczne) pobory, pensja, wynagrodzenie za pracę (zwykle płacone miesięcznie na podstawie rocznego kontraktu)
~ **asked** ⟨**requested**⟩ żądane uposażenie
~ **bracket** grupa uposażenia
~ **earner** pracownik pobierający stałe uposażenie
~ **increase** a) podwyżka uposażenia b) wzrost uposażeń
a ~ **of £ 3,000 per annum** uposażenie w wysokości 3000 funtów rocznie
~ **reduction** ⟨**cuts**⟩ obniżka wynagrodzenia
~ **structure** struktura uposażeń
~ **tax** podatek od uposażeń
advance on ~ zaliczka na poczet poborów
annual ~ roczny zarobek, roczne uposażenie
basic ~ uposażenie zasadnicze, pensja zasadnicza, podstawowy zarobek
fat ~ pot. wysoki zarobek
fixed ⟨**regular, stated**⟩ ~ stałe uposażenie, stały zarobek
inadequate ~ niedostateczny zarobek
minimum ~ minimalne wynagrodzenie, minimalna płaca
starting ⟨**initial, commencing**⟩ ~ uposażenie początkowe, pensja początkowa
to appoint ⟨**fix**⟩ **a** ~ ustalić uposażenie ⟨pensję⟩
to draw a fixed ~ pobierać stałe uposażenie ⟨stałą pensję⟩
to draw ⟨**receive**⟩ **a** ~ pobierać uposażenie ⟨pensję⟩
salary[2] v płacić pobory ⟨wynagrodzenie za pracę⟩ (przeważnie umysłową)
sale s 1. sprzedaż, zbyt, transakcja sprzedaży 2. sprzedaż publiczna, aukcja, licytacja 3. wyprzedaż 4. pl
sales obroty, zbyt, ogół transakcji
~ **at auction** sprzedaż na licytacji
~ **at the basis** sprzedaż według bazy (określającej właściwości towaru)
~ **at a loss** ⟨**sacrifice**⟩ sprzedaż ze stratą
~ **at option** sprzedaż z premią
~ **at a profit** sprzedaż z zyskiem
~ **by brand** sprzedaż według marki firmowej
~ **by broker** sprzedaż za pośrednictwem maklera

~ **by commission** sprzedaż komisowa
~ **by the court** sprzedaż sądowa ⟨z polecenia sądu⟩
~ **by description** sprzedaż na podstawie opisu
~ **by** ⟨**in**⟩ **the bulk** a) sprzedaż w partiach b) sprzedaż masowa ⟨hurtowa⟩
~ **by inspection** sprzedaż z zastrzeżeniem odstąpienia od transakcji (po obejrzeniu towaru)
~ **by** ⟨**on**⟩ **sample** sprzedaż według próbki
~ **by pattern** ⟨**type**⟩ sprzedaż według wzoru
~ **by tender** sprzedaż za wpisem (na podstawie ofert przetargowych)
~ **campaign** kampania sprzedaży
~ **contract** umowa kupna-sprzedaży
~ **ex bond** sprzedaż z magazynu celnego (po zapłaceniu cła)
~ **for the account** ⟨**for settlement**⟩ sprzedaż na termin rozliczeniowy ⟨obrachunkowy⟩
~ **for advertisement purposes** sprzedaż reklamowa
~ **for cash** ⟨**money**⟩ sprzedaż za gotówkę
~ **for (future) delivery** sprzedaż na przyszłą dostawę ⟨na termin⟩
~ **for** ⟨**on**⟩ **shipment** sprzedaż na załadowanie (z ustaleniem terminu)
~ **for prompt delivery** sprzedaż z dostawą w krótkim terminie
~ **from door to door** sprzedaż domokrążna
~ **in blank** sprzedaż blankowa ⟨nie pokryta⟩ (towaru, którego sprzedawca nie posiada w czasie zawierania transakcji)
~ **in bulk** sprzedaż ryczałtowa
~ **in lots** sprzedaż całymi partiami
~ **in the lump** sprzedaż ryczałtowa
~ **invoice** faktura sprzedaży
~ **note** giełdowa karta sprzedaży
~ **of commodities** sprzedaż towarów
~ **of goods afloat** ⟨**on passage**⟩ sprzedaż towarów w drodze
Sale of Goods Act bryt. ustawa o sprzedaży handlowej z 1893 r.
~ **of job** ⟨**rummage**⟩ **goods** sprzedaż towarów wybrakowanych ⟨przecenionych⟩
~ **of pledge** sprzedaż zastawu (przez wierzyciela)
~ **of steaming terms** sprzedaż towarów „pod parą" ⟨płynących⟩ (zwykle całookrętowa)
~ **on approval** sprzedaż z zastrzeżeniem odstąpienia po obejrzeniu towaru
~ **on arrival** sprzedaż na przybycie (towaru będącego w drodze)
~ **on deferred terms** sprzedaż na raty
~ **on hire-purchase system** ⟨**instalment plan**⟩ sprzedaż na raty ⟨ratalna⟩
~ **on open account** sprzedaż na rachunek otwarty
~ **on specification** sprzedaż według specyfikacji
~ **on spot** sprzedaż z natychmiastową dostawą, transakcja loko
~ **on** ⟨**upon**⟩ **credit** sprzedaż na kredyt
~ **or return** sprzedaż z prawem zwrotu towaru przez nabywcę w określonym terminie
~ **price** cena wyprzedaży ⟨po obniżce⟩
~ **problem** problem zbytu
~**s account** a) rachunek ⟨konto⟩ sprzedaży b) rozliczenie agenta ze sprzedaży
~**s agent** przedstawiciel ⟨agent⟩ sprzedaży, dystrybutor
~**s book** księga sprzedaży
~**s campaign** ⟨**drive**⟩ kampania sprzedaży

~s **commission** prowizja od sprzedaży
~s **department** dział sprzedaży ⟨handlowy⟩
~s **forecast** przewidywanie ⟨prognoza⟩ sprzedaży
~s **law** prawo dotyczące umów kupna-sprzedaży
~s **letter** prospekt handlowy, oferta otwarta
~s **manager** kierownik sprzedaży
~s **market** rynek sprzedaży
~s **monopoly** monopol sprzedaży
~s **office** biuro sprzedaży
~s **price** cena okazyjna
~s **promotion** promocja handlowa, popieranie sprzedaży, zachęcanie do kupna (*w postaci ogłoszeń, katalogów, ulotek, wystaw itp.*)
~s **returns** wpływy ze sprzedaży
~s **slip** am. paragon sklepowy
~s **talk** a) namawianie do kupna b) *przen.* namawianie ⟨przekonywanie⟩ (*do czegoś*)
~s **tax** am. podatek od wartości dodanej (*przy zakupie*)
~s **volume** wielkość sprzedaży
~ **to highest bidder** (*na licytacji*) sprzedaż oferentowi najwyższej stawki ⟨ceny⟩
~ **value** wartość sprzedażna ⟨handlowa⟩
~ **volume** wielkość ⟨wolumen⟩ sprzedaży
~ **with option** ⟨**right**⟩ **of repurchase** ⟨**redemption**⟩ sprzedaż z prawem odkupu
amicable ⟨**free**⟩ ~ sprzedaż z wolnej ręki
amount of ~s wysokość ⟨suma⟩ obrotów
annual ~s roczne obroty, sprzedaż roczna
arrival ~ sprzedaż „na przybycie"
auction ~ sprzedaż aukcyjna, aukcja
average ~ przeciętny zakres sprzedaży
bargain ~ a) sprzedaż okazyjna ⟨tania, reklamowa⟩ b) sprzedaż towarów przecenionych
bear(ish) ~ sprzedaż spekulacyjna na zniżkę, sprzedaż blankowa
bill of ~ a) akt kupna (*zwłaszcza statku*) b) am. dowód dostawy
block ~ sprzedaż partii (*papierów wartościowych*)
bogus ~ sprzedaż fikcyjna
brisk ~ łatwy ⟨szybki⟩ zbyt, szybki obrót
bulk ~ sprzedaż masowa
bull ~ sprzedaż spekulacyjna na zwyżkę, sprzedaż blankowa
cash-and-carry ~ sprzedaż za gotówkę bez dostawy do domu
cash-and-delivery ~ sprzedaż za gotówkę z dostawą do domu
cash ⟨**cash-down, money**⟩ ~ sprzedaż za gotówkę
cash-on-delivery ~ sprzedaż z zapłatą przy dostawie
cash only ~ sprzedaż tylko za gotówkę ⟨bezkredytowa⟩
charge-and-carry ~ sprzedaż na rachunek nabywcy bez dostawy do domu
charge-and-delivery ~ sprzedaż na rachunek nabywcy z dostawą do domu
clearance ⟨**jumble**⟩ ~ wyprzedaż
closing-down ⟨**liquidation, winding up**⟩ ~ wyprzedaż ⟨sprzedaż⟩ likwidacyjna
commission ~ sprzedaż komisowa
compulsory ⟨**forced**⟩ ~ sprzedaż przymusowa ⟨licytacyjna⟩, licytacja
conditional ~ sprzedaż warunkowa
consignment ~ sprzedaż konsygnacyjna ⟨komisowa⟩

contract of ~ umowa sprzedaży
credit ~ sprzedaż na kredyt
deed of ~ umowa sprzedaży (*zawarta w formie dokumentu*)
deferred payment ~ transakcja towarowa z odroczonym terminem płatności
delayed ~ sprzedaż odroczona
discount ~ sprzedaż z rabatem
distress ~ sprzedaż rzeczy wystawionych na licytację
exchange ~ sprzedaż giełdowa
exclusive ~ wyłączna sprzedaż
execution ~ sprzedaż licytacyjna ⟨przymusowa⟩
export ~ sprzedaż eksportowa
export ~s obroty eksportowe
fictitious ⟨**pro forma, sham**⟩ ~ sprzedaż fikcyjna
for ~ (*o nieruchomości itd.*) do sprzedania, na sprzedaż
forward ~ sprzedaż na termin
gross ~s obroty brutto
guaranteed ~ sprzedaż (*towaru*) z gwarancją zwrotu po tej samej cenie
heavy ~s duże ⟨poważne⟩ obroty
hire-purchase ⟨**instalment**⟩ ~ sprzedaż na raty ⟨ratalna⟩
home ⟨**internal**⟩ ~ sprzedaż na rynek wewnętrzny
illicit ~ sprzedaż nielegalna ⟨spod lady⟩
imputed ~ sprzedaż domniemana
judicial ~ sprzedaż na polecenie sądu ⟨licytacyjna⟩
losing ⟨**sacrifice**⟩ ~ sprzedaż ze stratą
mail-order ~ sprzedaż wysyłkowa
net ~ **price** cena sprzedaży netto
net ~s obroty netto
observed ~ faktyczny zbyt
offer for ~ oferta sprzedaży
off-hand ~ sprzedaż z wolnej ręki
on ~ a) (*o towarach w sklepie*) w sprzedaży, na sprzedaż b) am. (*kupić coś*) na wyprzedaży
on ~ **everywhere** wszędzie w sprzedaży ⟨do nabycia⟩
on ~ **or** ⟨**and**⟩ **return** (*o towarach wysyłanych do detalisty*) na sprzedaż lub do zwrotu
outright ~ sprzedaż ryczałtowa
port ~ sprzedaż w porcie ⟨na nabrzeżu⟩ bezpośrednio po wyładunku
private ~ sprzedaż prywatna ⟨z wolnej ręki⟩
proceeds of the ~ wpływy ze sprzedaży
public ~ sprzedaż publiczna, przetarg publiczny, licytacja
quick ⟨**ready**⟩ ~ szybki ⟨łatwy⟩ zbyt
retail ~ sprzedaż detaliczna
seasonal ~ sprzedaż ⟨wyprzedaż⟩ sezonowa
securities ~ sprzedaż papierów wartościowych
spot ~ sprzedaż loko, transakcja na miejscu z natychmiastową dostawą
stock-taking ~s wyprzedaż resztek ⟨poinwentaryzacyjna⟩
terms of ~ warunki sprzedaży
tied ⟨**tie-in**⟩ ~ sprzedaż wiązana
time ~ sprzedaż na termin
uncovered ~ sprzedaż blankowa
wash ~ fikcyjna wyprzedaż papierów wartościowych
wholesale ~ sprzedaż hurtowa
to be dull ⟨**slow of**⟩ ~ być trudnym do zbycia

to command ⟨**find, meet with**⟩ **a ready** ~ mieć zapewniony zbyt
to complete ⟨**effect**⟩ **a** ~ dokonać sprzedaży
to effect ~**s** osiągnąć obroty
to expose ⟨**exhibit**⟩ **for** ~ wystawić na sprzedaż
to have no ~ nie mieć zbytu
to increase ~**s** zwiększać obroty
to make by the ~ uzyskać ze sprzedaży
to offer for ~ oferować do sprzedaży
to promote ~**s** rozwijać zbyt ⟨obroty⟩
to push ~**s** forsować sprzedaż
to put up for ~ *a)* oferować na sprzedaż *b)* wystawić na sprzedaż
to undertake the ~ wziąć na siebie sprzedaż, podjąć się sprzedaży
sal(e)able *adj* **1.** (*o towarze*) łatwy do sprzedania, pokupny, mający łatwy zbyt **2.** (*o cenie, wartości*) sprzedażny
~ **goods** pokupny towar
~ **value** wartość sprzedażna
readily ~ łatwy do sprzedania, pokupny
saleroom *s* sala aukcyjna
salesclerk *s am.* = **salesman 1.**
salesgirl *s* (młoda) sprzedawczyni, ekspedientka
salesman *s* (*pl* **salesmen**) **1.** sprzedawca sklepowy, ekspedient **2.** pośrednik handlowy **3.** *am.* komiwojażer
advanced ~ *am.* agent wyszukujący nowe trasy dla sklepów objazdowych
driver ⟨**route**⟩ ~ *am.* sprzedawca obsługujący sklep objazdowy
factory ⟨**industrial**⟩ ~ agent handlowy przedsiębiorstwa przemysłowego
a good ~ dobry kupiec, człowiek posiadający podejście kupieckie
hard-selling ~ operatywny pośrednik handlowy
staff of salesmen personel zajmujący się sprzedażą
travelling ~ komiwojażer
salesmanship *s* **1.** zdolności kupieckie, talent kupiecki **2.** umiejętność przekonywania ⟨zachęcania⟩ do zakupu
salespeople *s* sprzedawcy (*jako grupa zawodowa*)
saleswoman *s* **1.** sprzedawczyni, ekspedientka **2.** pośredniczka handlowa
saloon *s* **1.** salon (*na statku*) **2.** *bryt.* wagon-salonka **3.** *am.* bar, szynk **4.** salon fryzjerski **5.** sala (*taneczna, bilardowa itd.*)
~ **car** limuzyna
~ **keeper** *am.* szynkarz, oberżysta
~ **stores** towary sprzedawane pasażerom na statku
salt *v* **1.** solić **2.** *pot.* zbyt wysoko cenić, słono wyceniać (*towary*)
to ~ **prices** *pot.* żądać nadmiernej ceny
salt-water *adj*: ~ **damages** szkody spowodowane przez wodę morską (*przy przewozie ładunku morzem*)
salutation *s* **1.** pozdrowienie, powitanie **2.** *koresp.* nagłówek listu (*np. Szanowny Panie!*)
salute *v* **1.** pozdrawiać, witać **2.** oddawać honory, salutować
salvage[1] *s* **1.** uratowanie statku i mienia **2.** ratunek, akcja ratownicza **3.** ratownictwo **4.** uratowane mienie **5.** wynagrodzenie za ratownictwo **6.** wykorzystanie odpadków
~ **agreement** umowa o ratownictwo ⟨ratownicza⟩
~ **boat** statek ratowniczy, łódź ratunkowa

~ **bond** rewers gwarancyjny za należność z tytułu ratownictwa
~ **charges** koszty ratownictwa
~ **claim** roszczenie o wynagrodzenie za ratownictwo
~ **clause** *ub. mors.* klauzula w przedmiocie udziału ubezpieczyciela w kosztach ratownictwa
~ **crew** ratownicy, załoga ratownicza
~ **goods** uratowane mienie
~ **lien** zastaw ratowniczy, prawo zastawu za koszty ratownictwa
~ **loss** strata powstała na skutek podjęcia akcji ratowniczej
~ **money** ⟨**reward**⟩ wynagrodzenie ratownicze ⟨za ratownictwo⟩
~ **on cargo** wynagrodzenie za uratowanie ładunku
~ **on ship** wynagrodzenie za uratowanie statku
~ **operations** czynności ratownicze
~ **service** służba ratownicza, ratownictwo
~ **ship** ⟨**vessel, steamer**⟩ statek ratowniczy
~ **statement** oświadczenie o podziale wynagrodzenia ratowniczego
~ **value** wartość uratowanego mienia
without benefit of ~ *ub. mors.* bez uwzględniania odzysku (*klauzula zastrzegająca niepotrącanie wartości odzyskanego mienia z sumy odszkodowania*)
salvage[2], **salve** *v* ratować, uratować (*od zatonięcia, pożaru itp.*)
to ~ **a marriage** ratować małżeństwo
to ~ **a ship** ratować statek
salvaged, salved *adj*: ~ **value** wartość mienia uratowanego
salvaging, salving *s* **1.** ratowanie **2.** ratownictwo **3.** czynności ratownicze
~ **operations** czynności ratownicze
salvor *s* **1.** ratownik **2.** statek ratowniczy
sample[1] *s* próbka, wzór
~ **assortment** komplet próbek (*np. posiadanych przez komiwojażera*)
~ **book** księga próbek ⟨wzorów⟩
~ **census** *stat.* spis reprezentacyjny
~ **collection** kolekcja ⟨zestaw⟩ próbek ⟨wzorów⟩
~ **copy** próbny egzemplarz (*książki*)
~ **enquiry** *stat.* badanie reprezentacyjne
~ **fair** targi próbek
~ **for analysis** próbka do analizy ⟨badania⟩
~ **method** *stat.* metoda wybiórcza ⟨wyrywkowa, reprezentacyjna⟩
~ **of no value** próbka bez wartości
~ **of value** próbka wartościowa
~ **order** zamówienie według próbki
~ **packet** ⟨**parcel, post**⟩ przesyłka pocztowa zawierająca próbki (*towarów*)
~ **rates** taryfa pocztowa za przesyłkę próbek
~ **room** salon wystawowy próbek i wzorów
~ **survey** *stat.* badanie reprezentacyjne
~ **taken at random** próbka pobrana wyrywkowo
~ **verification** weryfikacja ⟨sprawdzenie⟩ próbek
according to ⟨**as per**⟩ ~ zgodnie ⟨zgodny⟩ z próbką
average ~ przeciętna próbka
below ~ poniżej jakości próbki, gorszy od próbki
blood ~ próba krwi
bulk ~ próbka typowa dla całości ⟨przeciętna, reprezentatywna⟩
bulk up to ~ całość (*towaru, partii*) zgodna z próbką

buying ~ próbka będąca podstawą zakupu
buying to ~ kupowanie według próbki
by ~ według próbki
check ~ próbka kontrolna
composite ~ złożona próbka (*np. pobrana z różnych opakowań*)
conforming ⟨equal⟩ to ~ zgodny z próbką
fair ~ rzetelna ⟨właściwie pobrana⟩ próbka
flattering ~ próbka nierzetelna (*o jakości wyższej od jakości towaru w celu zachęcenia do kupna*)
free ~ próbka bezpłatna
in accordance with ~ zgodnie z próbką
inferior to ~ poniżej jakości próbki
item ⟨product⟩ ~ próbka towaru
large ~ duża próbka
matched ~s sprawdzone próbki
moderate size ~ próbka średniej wielkości
no value ~ próbka bez wartości
on ⟨per⟩ ~ według próbki
picked ~ próbka nietypowa ⟨selekcjonowana⟩
probability ~ próbka losowa
random ~ próbka losowa (*pobrana metodą wyrywkową*)
range ~ zestaw próbek
representative ~ próbka reprezentatywna
sealed ~ próbka opieczętowana
stratified ~ próbka warstwowa
taking ~s pobieranie próbek
testing ~ próbka do badania organoleptycznego
traveller's ~ kolekcja próbek komiwojażera
type ~ próbka typowa
up to ~ zgodny ⟨zgodnie⟩ z próbką
to answer ⟨equal, match⟩ the ~ odpowiadać próbce
to buy sth from ~ kupować coś według próbki
to correspond to ⟨with⟩ the ~ odpowiadać próbce
to draw ⟨take⟩ a ~ pobrać próbkę
to sell by ~ sprzedawać według próbki
to send out ~s wysłać próbki
to submit ~s przedstawić próbki
sample² *v* 1. pobierać próbki 2. badać, oceniać, wypróbowywać
to ~ **an offer** dołączyć próbki do oferty
sampled *adj:* ~ **offer** oferta z dołączonymi próbkami
~ **quality** jakość według próbki ⟨zgodna z próbką⟩
sampler *s* 1. próbobiorca, specjalista od pobierania próbek 2. sonda do pobierania próbek z towarów workowanych
grain ~ sonda zbożowa
sampling *s* 1. pobieranie próbek 2. *stat.* losowanie próbek
~ **certificate** świadectwo pobrania próbki
~ **order** zlecenie pobrania próbek
~ **plan** *stat.* plan losowania
~ **procedure** *stat.* metoda losowania
~ **unit** *stat.* jednostka losowania
random ~ pobranie próbek wyrywkowych
sanction¹ *s* 1. sankcja 2. usankcjonowanie, zatwierdzenie, aprobata
~ **of custom** usankcjonowanie zwyczaju
contractual ~s sankcje umowne
economic ⟨financial⟩ ~s sankcje gospodarcze ⟨finansowe⟩
legal ~s sankcje prawne
moral ~ przymus moralny
penal ~ sankcja karna

to apply ⟨impose⟩ ~s **against sb** zastosować sankcje wobec kogoś
to come ⟨fall⟩ under the penal ~s podlegać sankcjom karnym
sanction² *v* 1. sankcjonować, aprobować 2. zastosować sankcje
sane *adj* 1. zdrowy umysłowo ⟨psychicznie⟩ 2. rozsądny, sensowny
sanitary *adj* sanitarny, higieniczny, zdrowotny
~ **authority** władza sanitarna
~ **certificate** świadectwo sanitarne, świadectwo zdrowia (*towaru*)
~ **conditions** warunki sanitarne
~ **cordon** kordon sanitarny
~ **custom house regulations** sanitarne przepisy celne
~ **inspection** inspekcja sanitarna
~ **inspector** inspektor sanitarny
~ **measures** zarządzenia sanitarne
sanity *s* 1. zdrowie psychiczne, normalny stan psychiczny 2. rozsądek, umiar
satellite *s* satelita
~ **communications system** system łączności satelitarnej
~ **state** państwo satelitarne
~ **town** miasto satelita
to shoot up ⟨launch⟩ a ~ wystrzelić satelitę
satisfaction *s* 1. zaspokojenie, spłacenie, zadośćuczynienie 2. zadowolenie, satysfakcja
~ **of a condition** spełnienie warunku
~ **of a creditor** zaspokojenie ⟨spłacenie⟩ wierzyciela
~ **of a debt** spłacenie długu
~ **of need** zaspokojenie potrzeby, pokrycie zapotrzebowania
~ **of an obligation** spełnienie zobowiązania, zadośćuczynienie obowiązkowi
~ **of a want** zaspokojenie ⟨pokrycie⟩ zapotrzebowania
job ~ zadowolenie z pracy
to the ~ ku zadowoleniu
to demand ~ **from sb** żądać ⟨domagać się⟩ zadośćuczynienia ⟨satysfakcji⟩ od kogoś
to enter ~ odnotować w aktach sądowych dokonanie nakazanej wpłaty
to obtain ~ **from sb** otrzymać zaspokojenie ⟨satysfakcję⟩ od kogoś
to refuse sb ~ odmówić zaspokojenia ⟨spłacenia⟩ kogoś
satisfactory *adj* 1. zadowalający, należyty 2. dostateczny
~ **argument** przekonywający argument
~ **arrangement ⟨solution⟩** zadowalające rozwiązanie
~ **evidence** przekonywający dowód
~ **marriage** udane małżeństwo
~ **reason** dostateczna przyczyna
~ **reply** zadowalająca odpowiedź
mutually ~ obopólnie zadowalający, odpowiadający obydwu stronom
satisfy *v* 1. zaspokoić, zadośćuczynić, spłacić 2. zadowolić 3. przekonać
to ~ **all requirements** spełnić wszystkie wymagania
to ~ **a claim** zaspokoić roszczenie
to ~ **conditions** spełniać warunki ⟨wymagania⟩
to ~ **the court of sth** przekonać sąd o czymś

to ~ **one's creditors** zaspokoić ⟨spłacić⟩ wierzycieli
to ~ **a debt** spłacić dług
to ~ **the demand** zaspokoić popyt
to ~ **judgement** wykonać wyrok
to ~ **the needs** zaspokoić potrzeby
to ~ **an obligation** wypełnić ⟨wykonać⟩ zobowiązanie
to be **satisfied that** ... być przekonanym, że ...
to be **satisfied with sth** być zadowolonym z czegoś
saturate *v* nasycić
to ~ **the market** nasycić rynek
saturation *s* nasycenie
~ **bombing** bombardowanie dywanowe
~ **level** poziom nasycenia (*na rynku*)
~ **point** punkt nasycenia
demand ~ nasycenie popytu
save¹ *v* **1.** uratować **2.** oszczędzać, zaoszczędzić, odkładać (*pieniądze itp.*) na później
to ~ **appearances** zachować ⟨ratować⟩ pozory
to ~ **one's bail** (*o zwolnionym za kaucją*) stawić się w sądzie
to ~ **expenses** zaoszczędzić na wydatkach
to ~ **fuel** oszczędzać paliwo
to ~ **money** zaoszczędzić pieniądze
to ~ **on sth** zaoszczędzić na czymś
to ~ **sb the trouble** zaoszczędzić komuś kłopotów
to ~ **the situation** uratować sytuację
to ~ **time** oszczędzać czas
propensity to ~ skłonność do oszczędzania
~ **as you earn** (*skr.* **SAYE**) oszczędzaj według dochodów
save² *praep conj* z wyjątkiem, wyjąwszy
~ **as pointed otherwise** z zastrzeżeniem ⟨z wyjątkiem⟩ odmiennych postanowień (*ogłoszonych uprzednio lub w niniejszym, w innym miejscu*)
saver *s* osoba oszczędzająca ⟨gromadząca oszczędności⟩
to be a ~ oszczędzać pieniądze
saving¹ *s* **1.** oszczędzanie, oszczędność **2.** uratowanie **3.** zastrzeżenie **4.** *pl* **savings** oszczędności, wkłady oszczędnościowe
~ **of energy** ⟨**time**⟩ oszczędność energii ⟨czasu⟩
~**s account** rachunek oszczędności, konto oszczędnościowe
~**s account passbook** książeczka ⟨wyciąg z konta⟩ wkładów oszczędnościowych
~**s bank** kasa ⟨bank⟩ oszczędności; *zob.* **savings-bank**
~**s bonds** bony oszczędnościowe
~**s deposits** wkłady oszczędnościowe
~**s ratio** stopa oszczędności
compulsory ~**s** przymusowe oszczędzanie
increase in ⟨**accrual of**⟩ ~**s** wzrost oszczędności
labour ~ oszczędzanie ⟨oszczędność⟩ pracy
long-term ~**s** oszczędzanie długofalowe ⟨długoterminowe⟩
mutual ~**s** bank ⟨kasa⟩ wzajemnej pomocy
national ~**s** narodowe oszczędności
postal ⟨**post office**⟩ ~**s bank** pocztowa kasa oszczędności
private ~**s** prywatne oszczędności
small ~**s** drobne wkłady oszczędnościowe
voluntary ~**s** dobrowolne oszczędności
saving² *adj* **1.** oszczędzający, oszczędny **2.** ratujący, stanowiący ratunek **3.** ograniczający, zastrzegający, warunkujący

~ **clause** zastrzeżenie, klauzula zawierająca zastrzeżenie
~ **housekeeper** oszczędna gospodyni
~ **price** ostateczna ⟨najniższa⟩ cena
saving³ *praep* z wyjątkiem, wyjąwszy
savings-bank *adj* : ~ **deposit** bankowy wkład oszczędnościowy
~ **depositor** właściciel wkładów oszczędnościowych
say¹ *s* **1.** pogląd, wypowiedź, głos (*w sprawie*) **2.** wpływ
to have one's ~ wypowiedzieć się
to have no ~ **in the matter** nie mieć prawa mieszania się do sprawy
to have a ~ **in the matter** mieć wpływ na jakąś sprawę
to say one's ~ powiedzieć wszystko, co należało ⟨co się chciało powiedzieć⟩
it is now my ~ teraz moja kolej, teraz ja powiem
say² *v* (**said, said**) **1.** mówić, wypowiadać się **2.** (*jako wtrącenie*) powiedzmy, na przykład
to ~ **nothing of** ... nie mówiąc już o ⟨pomijając już⟩ ...
the said letter wymieniony list
the bag is said to weigh ... worek podobno ⟨jak podano⟩ waży ...
it goes without saying jest rzeczą oczywistą, rozumie się samo przez się
that is to ~ to znaczy, innymi słowy
£ 100 (~ **a hundred**) 100 (słownie: sto) funtów
scab *s* **1.** strup **2.** *sl.* robotnik przyjmujący warunki pracy gorsze od ustalonych przez związek zawodowy **3.** *sl.* łamistrajk
scaffold *s* **1.** platforma **2.** rusztowanie **3.** *hist.* szafot
to go to the ~ *hist.* iść na szafot
scale¹ *s* **1.** szala, szalka **2.** *pl* **scales** waga
~ **test** próba wagi
~ **ticket** kwit wagowy
automatic ~**s** waga automatyczna
superintendence of ~ kontrola wag
to hold the ~**s even** *przen.* sprawiedliwie sądzić
to turn ⟨**tip**⟩ the ~**s** *przen.* przechylić szalę
scale² *s* **1.** skala, podziałka **2.** proporcja
~ **of charges** ⟨**prices**⟩ taryfa opłat ⟨cen⟩
~ **of commissions** taryfa wynagrodzenia komisyjnego
~ **of decrease** skala spadku
~ **of draught** ⟨**draft**⟩ skala zanurzenia (*statku*)
~ **of increase** skala wzrostu
~ **of living** poziom życia
~ **of payment** taryfa opłat
~ **of rates** taryfa stawek
~ **of taxation** skala opodatkowania
~ **of wages** taryfa płac
~ **rate** stawka progresywna
Beaufort's ~ skala Beauforta (*system mierzenia szybkości wiatru*)
Celsius ⟨**centigrade**⟩ ~ skala Celsjusza ⟨stustopniowa⟩
degressive ⟨**progressive**⟩ ~ skala degresywna ⟨progresywna⟩
Fahrenheit ⟨**Réamure**⟩ ~ skala Fahrenheita ⟨Réamure'a⟩
on a large ~ na dużą skalę
on a national ~ w skali ogólnokrajowej
on a ~ *giełd.* po różnych kursach

sliding wage ~ ruchoma skala płac
to buy on a ~ kupować (*akcje*) przed zniżką kursów
to sell on a ~ sprzedawać (*akcje*) przed podwyżką kursów
scale[3] *v* **1.** wspinać się **2.** ustalać według określonej skali
scale down *v* stopniowo obniżać
   to ~ **prices** 〈**taxes**〉 obniżać ceny 〈podatki〉
scale up *v* stopniowo podwyższać
   to ~ **taxes** 〈**wages**〉 podwyższać podatki 〈płace〉
scan *v inf.* badać; przeglądać; odczytywać
scandal *s* **1.** skandal **2.** awantura **3.** zgorszenie **4.** obmowa, oszczerstwo
   ~ **sheet** *am.* brukowa gazeta
   to create a ~ wywołać 〈wszcząć〉 awanturę
scandalmonger *s* **1.** plotkarz, plotkarka **2.** oszczerca
scandalous *adj* **1.** skandaliczny, gorszący **2.** oszczerczy
   ~ **conduct** gorszące prowadzenie się
   ~ **crime** haniebna zbrodnia
scant *adj* ledwo wystarczający, niedostateczny
scantiness *s* niedostatek, brak
scanty *adj* **1.** niedostateczny, niewystarczający, skąpy **2.** szczupły, ubogi, ograniczony
   ~ **demand** niedostateczny 〈słaby〉 popyt
   ~ **means** ograniczone środki
   ~ **resources** słabe zasoby
   ~ **supply** niedostateczna podaż
scapegoat *s* kozioł ofiarny
scar *s* blizna, szrama, cięcie
scarce *adj* rzadki, występujący w małych ilościach
   ~ **article** artykuł bardzo poszukiwany 〈trudny do dostania〉
   ~ **raw materials** deficytowe surowce
   capital is ~ brak jest kapitału
scarcity *s* niedostatek, brak
   ~ **of capital** trudność uzyskania kapitału
   ~ **of cargo** brak ładunków (*do przewozu*)
   ~ **of goods** brak towarów
   ~ **of labour** brak siły roboczej
   ~ **of supplies** brak podaży
   money ~ brak pieniędzy
   temporary ~ czasowy brak
scare[1] *s* panika, popłoch
   ~ **buying** panikarskie 〈paniczne〉 zakupy
scare[2] *v* przestraszyć, zastraszyć
   to ~ **off a thief** wystraszyć 〈wypłoszyć〉 złodzieja
   this price is scaring away buyers ta cena odstrasza nabywców 〈klientów〉
scaremonger *s* panikarz
scaremongering *s* panikarstwo, sianie paniki
scatter *v* rozrzucać, rozsypywać
scattering *s* **1.** rozproszenie, rozsypywanie **2.** rozkurz
   loss by ~ ubytek przez rozkurz
scene *s* **1.** miejsce 〈teren〉 wydarzeń **2.** wydarzenie, sytuacja, scena
   the ~ **of the disaster** miejsce katastrofy
   ~ **of transaction** miejsce zawarcia umowy
   behind the ~**s** w tajemnicy
   on the ~ **of the crime** na miejscu przestępstwa
   to set the ~ przygotować grunt, stworzyć pretekst
schedule[1] *s* **1.** lista, spis, wykaz, rejestr, taryfa **2.** plan, harmonogram **3.** *am.* rozkład (*np. jazdy*) **4.** załącznik do ustawy
   ~ **fee** opłata taryfowa

~ **of action** plan działania
~ **of charges** 〈**fees**〉 taryfa opłat
~ **of commission charges** taryfa stawek wynagrodzenia komisyjnego
~ **of prices** wykaz cen, cennik
~ **of sailings** *am.* rozkład rejsów
~ **time** planowany czas (*odjazdu, przyjazdu itp.*)
according to ~ zgodnie z planem 〈rozkładem〉, terminowo
ahead of ~ przedterminowo
behind ~ z opóźnieniem
customs ~ taryfa celna
delivery ~ harmonogram dostaw, terminarz dostaw
detailed 〈**tight**〉 ~ szczegółowy harmonogram
factory production ~ plan produkcyjny 〈produkcji〉 fabryki
inquiry ~ ankieta
on ~ zgodnie z rozkładem 〈harmonogramem, planem〉, terminowo
priority ~ lista priorytetowa
railroad 〈**railway**〉 ~ taryfa kolejowa
sailing ~ rozkład rejsów
train ~ *am.* kolejowy rozkład jazdy
to be ahead of ~ wyprzedzić plan, wykonać przed terminem
to be behind ~ mieć opóźnienie w stosunku do planu
to be on ~ pracować 〈wykonywać〉 zgodnie z planem 〈terminowo〉
to complete to ~ zakończyć zgodnie z harmonogramem 〈planem〉, skończyć w terminie 〈terminowo〉
schedule[2] *v* **1.** wpisywać na listę, układać w postaci tabeli 〈rejestru itp.〉 **2.** planować, wstawiać do rozkładu
scheduled *pp adj* : ~ **departure** planowy odjazd 〈odlot〉
   ~ **airlines** regularne linie lotnicze
   ~ **flight** planowy 〈rejsowy〉 lot
   ~ **prices** ceny według cennika
   ~ **service** regularne kursowanie (*autobusu itd.*), kursowanie według rozkładu jazdy
   ~ **tare** *am.* tara celna
   ~ **taxes** podatki cedularne 〈od określonego rodzaju dochodu〉
   ~ **territories** *bryt.* terytoria zarejestrowane, obszar szterlingowy
   ~ **voyage** rejs zgodny z rozkładem
   as ~ planowo, według rozkładu
   delivery ~ **for ...** dostawa planowana na ...
scheme[1] *s* **1.** plan, projekt, schemat **2.** potajemny zamiar, intryga
   ~**s and intrigues** machinacje i intrygi
   health insurance ~ system ubezpieczeń społecznych
   incentive ~ system 〈plan〉 bodźców materialnych 〈pieniężnych〉
   preliminary ~ projekt wstępny
   profit-sharing ~ system 〈plan〉 uczestniczenia w dochodach 〈zyskach〉
   shady ~**s** ciemne machinacje
   simple 〈**practical**〉 ~ prosty 〈praktyczny〉 plan 〈projekt〉
   town-planning ~ plan urbanistyczny
scheme[2] *v* intrygować, spiskować, knuć

to ~ **for power** intrygować ⟨spiskować⟩ w celu zdobycia władzy
schemer s intrygant
scheming s intrygi, knowania
schism s 1. rozłam 2. schizma, odszczepieństwo
schizophrenia s *med.* schizofrenia
school s szkoła, zakład naukowy
  ~ **age** wiek szkolny
  ~ **of commerce** szkoła handlowa
  boarding ~ szkoła z internatem
  comprehensive ~ *bryt.* szkoła średnia ogólnokształcąca (*od 11 lat*)
  high ~ *am.* szkoła średnia (*od 14 lat*)
  navigation ~ szkoła morska
  primary ~ szkoła podstawowa
  public ~ *a*) *bryt.* ekskluzywna szkoła średnia z internatem (*od 11 lat*) *b*) (*w Szkocji i USA*) publiczna szkoła podstawowa
  secondary modern ~ *bryt.* szkoła średnia zawodowa
  secondary ~ *bryt.* szkoła średnia
  teacher training ~ seminarium nauczycielskie
  technical ⟨**engineering**⟩ ~ szkoła techniczna
  trade ⟨**vocational**⟩ ~ szkoła zawodowa
schooner s szkuner
science s 1. nauka, wiedza 2. nauki przyrodnicze 3. umiejętność, fachowość
  allied ~s nauki pokrewne
  applied ~ nauka stosowana
  commercial ~ nauka o handlu
  economic ~ nauka ekonomii
  exact ~(s) nauki ścisłe
  legal ~ nauka prawa, wiedza prawnicza
  management ~ nauka o zarządzaniu
  social ~(s) nauki społeczne
  technical ⟨**technological**⟩ ~s nauki techniczne
scientific *adj* naukowy, oparty na nauce
  ~ **and technical co-operation** współpraca naukowo--techniczna
  ~ **and technological progress** postęp naukowo--techniczny
  ~ **exports** *am.* przedmioty wywiezione dla celów naukowych
  ~ **management** ⟨**organization of labour**⟩ naukowa organizacja pracy
  ~ **method** ⟨**principle**⟩ metoda ⟨zasada⟩ naukowa
  ~ **research** badania naukowe
  ~ **socialism** socjalizm naukowy
  ~ **worker** pracownik naukowy
scoop[1] s *pot.* duży zysk (*uzyskany dzięki szybkiemu działaniu*)
scoop[2] v *pot.* zagarnąć duży zysk
scope s 1. pole widzenia, zakres, zasięg 2. pole (*działania*), dziedzina, sfera
  ~ **of activity** zakres ⟨pole⟩ działania
  ~ **of the authority** zakres władzy ⟨uprawnień⟩
  ~ **of an inquiry** zakres dochodzeń
  ~ **of the law** zakres działania ustawy
  territorial ~ zasięg terytorialny
  within a limited ~ w niewielkim zakresie
  to come within the ~ **of the obligation** wchodzić w zakres obowiązków
scorched *adj* spalony
  ~ **earth policy** taktyka spalonej ziemi

score[1] s 1. nacięcie, kreska, rysa 2. rachunek, należność, dług 3. punkt (*zdobyty w grze, w konkursie itp.*), sukces 4. dwadzieścia 5. *pl* **scores** mnóstwo
  ~s **of years** dziesiątki lat
  on the ~ **of ...** z powodu ⟨z przyczyny⟩ ...
  on that ⟨**this**⟩ ~ co do tego, w tej kwestii, pod tym względem
  two ⟨**three etc.**⟩ ~ czterdzieści ⟨sześćdziesiąt itp.⟩
  to pay one's ~ wyrównać rachunek
  to run up a ~ brać na kredyt, zaciągać długi
score[2] v 1. zaznaczać, podkreślać 2. zaliczać, wykazywać 3. zdobywać, osiągać 4. wygrywać, dobrze wychodzić (**by sth** na czymś)
  to ~ **an advance** podnosić się w cenie, wykazywać zwyżkę
  to ~ **an advantage** osiągać korzyść, uzyskać przewagę
  to ~ **a success** zdobyć powodzenie, uzyskać sukces
score up v zaliczać, wykazywać (*w rachunku*)
  to ~ **a debt against** ⟨**to**⟩ **sb** zapisać komuś dług
scorge s klęska, plaga
  ~ **of war** klęska ⟨plaga⟩ wojny
scot s *hist.* podatek (*samorządowy*)
  ~ **and lot** *hist.* podatki samorządowe, których płacenie uprawniało do udziału w wyborach parlamentarnych
  to pay ~ **and lot** zapłacić w całości
Scotch *adj* (*o produktach*) szkocki
  ~ **marriage** małżeństwo oparte tylko na zgodnym oświadczeniu stron (*bez innych formalności*)
  ~ **peers** szkoccy lordowie ⟨parowie⟩ (*reprezentujący Szkocję w Izbie Lordów*)
Scotland Yard s *bryt.* siedziba ⟨władze naczelne⟩ policji śledczej w Londynie
Scottish *adj* szkocki
  ~ **Office** *bryt.* ministerstwo do spraw Szkocji
scoundrel s łotr, łajdak, kanalia
scourge s 1. bicz 2. dopust, plaga
scrap[1] s 1. złom, odpadki 2. wyrób wybrakowany
  ~ **dealer** handlarz złomem
  ~ **paper** makulatura
  ~ **value** wartość złomowa (*np. maszyny*)
  .**to sell sth for** ~ sprzedać coś na złom
scrap[2] v 1. złomować, przeznaczać na złom 2. wybrakowywać
  to ~ **an old ship** oddać stary statek na złom
  to ~ **a project** odrzucić projekt
scratch off ⟨**out**⟩ v wykreślać, ścierać
  to ~ **sb from the list** skreślić kogoś z listy
scream v piskliwie krzyczeć, wrzeszczeć
  to ~ **for help** wołać o pomoc
screen v 1. przesiewać, sortować, odsiewać 2. ukrywać, zasłaniać 3. filmować
  to ~ **a real culprit** ukrywać właściwego przestępcę
  to ~ **sb from suspicion** ⟨**blame**⟩ oczyszczać kogoś od ⟨z⟩ podejrzenia ⟨winy⟩
screenings *spl* odsiewki, wysiewki
screw[1] s 1. śruba, wkręt 2. śruba napędowa ⟨okrętowa⟩ 3. *bryt. pot.* dusigrosz, sknera 4. śmigło, śmiga
  ~ **steamer** parowiec
screw[2] v 1. skręcać śrubą, śrubować 2. wymuszać, wyciskać 3. *sl.* oszukiwać 4. *sl.* spółkować
  to ~ **a confession out of sb** wycisnąć z kogoś zeznanie
  to ~ **money out of sb** wycisnąć z kogoś pieniądze
screwed *adj pot.* zawiany, pijany, pod dobrą datą

scrip *s* **1.** skrypt, pokwitowanie **2.** dokument stwierdzający prawo majątkowe **3.** świadectwo tymczasowe (*dla akcjonariusza*)
~ **bonus** bezpłatna akcja
~ **certificate** świadectwo tymczasowe
~ **dividend** dywidenda wypłacana na podstawie tymczasowego zaświadczenia
~ **issue** akcje gratisowe
registered ~ dokumenty ⟨papiery handlowe⟩ imienne
script *s* **1.** rękopis **2.** oryginał aktu **3.** alfabet
Russian ~ cyrylica
scrupulous *adj* **1.** skrupulatny, sumienny, pedantyczny, dokładny **2.** drobiazgowy
to act with ~ **honesty** działać z pedantyczną uczciwością
to be ~ **in business relations** być sumiennym w stosunkach handlowych
scrutinize *v* **1.** szczegółowo badać, poddawać dokładnemu badaniu **2.** krytycznie oceniać
to ~ **a document** dokładnie badać dokument
scrutiny *s* **1.** dokładne badanie **2.** skrutynium (*głosów*)
~ **of a proposal** ⟨**plan**⟩ dokładne badanie propozycji ⟨planu⟩
~ **of the shipping documents** dokładne badanie dokumentów ładunkowych
scum *s* szumowiny, męty
the ~ **of the earth** ⟨**society**⟩ męty społeczne
scurrilous *adj* **1.** (*o słowach*) ordynarny, obelżywy **2.** nieprzyzwoity, sprośny
~ **accusation** obelżywe oskarżenie
scuttle *v* przedziurawić statek, zatopić statek rozkręcając zawory denne
scuttling *s* umyślne zatopienie statku
fraudulent ~ zatopienie statku w celu otrzymania sumy ubezpieczeniowej
sea *s* morze
~ **accident** wypadek na morzu, katastrofa morska
~ **adventure** wyprawa morska, morskie przedsięwzięcie handlowe
~ **and land carriage** przewóz na trasie morsko--lądowej
~ **bed** ⟨**bottom**⟩ dno morskie
~ **bill** weksel w handlu morskim
~ **bill of lading** konosament morski
~ **brief** ⟨**letter, pass**⟩ paszport statku (*wydawany w czasie wojny statkom państw neutralnych*)
~ **captain** kapitan marynarki handlowej
~ **carriage** transport morski
~ **code** kod morski
~ **damage** szkoda powstała w czasie transportu morzem (*przez wodę morską lub działanie morza*)
~ **freights** frachty morskie
~ **frontier** granica morska
~ **insurance** ubezpieczenie morskie
~ **law** prawo morskie
~ **level** poziom morza
~ **mile** mila morska
~ **navigation** żegluga morska
~ **passage** ⟨**transit**⟩ rejs, podróż morska
~ **pay** zapłata za dni przepracowane na morzu
~ **perils** ⟨**risks**⟩ niebezpieczeństwo morskie
~ **period** czas pobytu na morzu
~ **plane** hydroplan

~ **power** *a*) potęga morska *b*) siły morskie (*danego kraju*)
~ **prize** pryza morska, łup morski
~ **protest** protest morski (*oświadczenie kapitana statku co do okoliczności wypadku morskiego, złożone wobec sądu lub innego organu*)
~ **rescue (work)** ratownictwo morskie
~ **resources** zasoby morza
~ **road** ⟨**route, way**⟩ szlak morski
~ **rover** *a*) rozbójnik morski, korsarz, pirat *b*) statek piracki
~ **scale** skala stanu morza
~ **service** służba morska
~ **shipment** wysyłka drogą morską
~ **sickness** choroba morska
~ **stores** zapasy statku ⟨okrętowe⟩ (*prowiant itp.*) na jeden rejs
~ **term** termin morski
~ **town** miasto portowe ⟨nadmorskie⟩
~ **trade** *a*) handel morski *b*) żegluga morska
~ **trading company** przedsiębiorstwo handlu morskiego ⟨żeglugowe⟩
~ **traffic** przewozy morskie
~ **train** prom morski
~ **transport** transport morski
~ **trials** próby na morzu
~ **trip** podróż ⟨przejażdżka⟩ morska (*wypoczynkowa itp.*), rejs spacerowy
~ **warfare** wojna morska ⟨na morzu⟩
~ **water** woda morska
above ⟨**below**⟩ ~ **level** nad poziom ⟨poniżej poziomu⟩ morza
at ~ na ⟨w⟩ morzu
beyond the ~**(s)** za morzami, w dalekich krajach
broken ⟨**heavy**⟩ ~ wzburzone morze
by ~ morzem, drogą morską
carriage by ~ transport morski
carrier by ~ przewoźnik morski
closed ⟨**inland**⟩ ~ morze zamknięte, wewnętrzne wody morskie
deep ⟨**open**⟩ ~ pełne ⟨otwarte⟩ morze
deep ~ **navigation** żegluga dalekomorska ⟨wielka⟩
fit for ~ zdatny do żeglugi
freedom of the ~**s** wolność mórz
high ~**(s)** otwarte ⟨pełne⟩ morze
law of the ~ prawo morskie
main ~ pełne morze
on the ~ (*o miejscowości*) nad morzem, nadmorski
outlet to the ~ dostęp do morza
perils of the ~ niebezpieczeństwa ⟨ryzyka⟩ morskie ⟨związane z żywiołem morskim⟩
perils on the ~ ryzyka morskie (*wszystkie wypadki, jakie mogą się zdarzyć na morzu*)
tempestuous ⟨**rough**⟩ ~ wzburzone morze
territorial ~**s** wody terytorialne, morze przybrzeżne
to go to ~ pójść ⟨wstąpić⟩ do marynarki
to put (out) to ~ (*o statku*) wypłynąć ⟨wyjść⟩ w morze, rozpocząć rejs
seaboard *s* wybrzeże, brzeg morski, linia brzegowa
sea-boat *s* **1.** statek morski **2.** łódź ⟨szalupa⟩ ratunkowa
~ **markets** rynki wybrzeża morskiego ⟨przybrzeżne⟩
~ **port** port nadmorski ⟨brzegowy⟩
sea-borne *adj* morski, przewożony morzem

~ **attack** atak z ⟨od strony⟩ morza
~ **commerce** handel morski
~ **goods** ładunek morski ⟨przewożony morzem⟩
~ **traffic** ⟨**trade**⟩ *a)* handel morski *b)* transport morski
sea-bound *adj* (*o statku*) wychodzący w morze, udający się w rejs
sea-coast *s* wybrzeże morskie
sea-damaged *adj* uszkodzony w transporcie morskim (*przez wodę morską lub działanie morza*)
seafarer *s* żeglarz
seafaring[1] *s* żeglarstwo, podróże morskie
seafaring[2] *adj* morski, żeglarski
~ **nation** państwo morskie (*o tradycjach morskich*)
sea(-)going[1] *s* podróż ⟨żegluga⟩ morska
sea(-)going[2] *adj* **1.** morski **2.** pełnomorski, dalekomorski
~ **commerce** ⟨**trade**⟩ handel morski
~ **ship** ⟨**vessel**⟩ statek pełnomorski
seal[1] *s* **1.** pieczęć **2.** odcisk pieczęci, stempel **3.** plomba
~ **of the company** pieczęć spółki handlowej ⟨przedsiębiorstwa⟩
contract under ~ umowa w formie urzędowej ⟨zaopatrzona pieczęcią⟩
customs ⟨**custom-house**⟩ ~ *a)* pieczęć urzędu celnego *b)* plomba celna
impression of a ~ odcisk pieczęci
to affix a ~ **to sth** *a)* przybić pieczęć na czymś *b)* nałożyć plombę na coś
to break the ~ złamać pieczęć ⟨plombę⟩
to impress a ~ wycisnąć pieczęć
to place ⟨**put**⟩ **under** ~ opieczętować, oplombować
to remove ⟨**take off**⟩ **the** ~ zdjąć pieczęć ⟨plombę⟩
to set one's ~ **to** ⟨**set the** ~ **on**⟩ **sth** potwierdzić ⟨poświadczyć⟩ pieczęcią
given under my hand and ~ (*o oświadczeniu lub innym dokumencie pisemnym*) własnoręcznie przeze mnie podpisany i opieczętowany
seal[2] *v* **1.** szczelnie zamknąć **2.** opieczętować, ostemplować, zaplombować
to ~ **an envelope** zapieczętować ⟨zakleić⟩ kopertę
sealed *adj*: ~ **instrument** dokument opatrzony pieczęcią
~ **sample** próbka opieczętowana
~ **tender** zapieczętowana oferta przetargowa, oferta submisyjna
~ **verdict** werdykt w zapieczętowanej kopercie
sea-letter *s* glejt, list żelazny (*neutralnego statku podczas wojny*)
sealing *s* pieczętowanie, zaopatrywanie w pieczęć, plombowanie
seaman *s* (*pl* **seamen**) marynarz
~ **'s passport** *am.* paszport marynarski
merchant ~ marynarz marynarki handlowej
sea-pass *s* = **sea-letter**
seaport *s* port morski
seaproof *adj*: ~ **packing** opakowanie odpowiadające wymaganiom przewozu morzem
search[1] *s* **1.** poszukiwanie **2.** przeszukanie, rewizja **3.** *inf.* wybieranie informacji
~ **warrant** nakaz rewizji ⟨przeszukania⟩
body ~ rewizja osobista
house ~ rewizja w mieszkaniu
right of ~ prawo przeprowadzenia rewizji

to make a ~ przeprowadzić rewizję, dokonać przeszukania
to make a ~ **in premises** przeprowadzić rewizję w lokalu
search[2] *v* **1.** szukać (**after sth** czegoś), poszukiwać (**for sb** kogoś) **2.** przeszukiwać, rewidować
to ~ **a house** ⟨**ship**⟩ przeszukać dom ⟨statek⟩
to ~ **sb** poddać kogoś rewizji osobistej
searcher *s* **1.** rewident (*celny*) **2.** badacz, poszukiwacz
sea-shore *s* **1.** wybrzeże morskie, brzeg morski **2.** pas przybrzeżny zalewany przez morze
seaside *s* teren nadmorski, wybrzeże
~ **resort** nadmorska miejscowość wypoczynkowa, kąpielisko nadmorskie
~ **town** miasto nadmorskie
to go to the ~ pojechać nad morze
season[1] *s* **1.** pora roku **2.** sezon (*w handlu*)
~ **ticket** abonament, stała karta wstępu ⟨przejazdu itp.⟩
advanced ~ sezon zbliżający się ku końcowi ⟨daleko posunięty⟩
at the height ⟨**midst, peak**⟩ **of the** ~ w pełni sezonu
autumn ⟨**summer, spring, winter**⟩ ~ sezon jesienny ⟨letni, wiosenny, zimowy⟩
dead ⟨**dull, quiet, slack**⟩ ~ martwy sezon
fishing ~ sezon połowów
forthcoming ~ nadchodzący sezon
in ~ w sezonie
navigation ⟨**shipping**⟩ ~ sezon żeglugowy
out of ~ po sezonie
rush ~ sezon największego popytu
tourist ⟨**holiday**⟩ ~ sezon turystyczny ⟨wakacyjny⟩
season[2] *v* **1.** dojrzewać, dochodzić **2.** doprowadzić do właściwego stanu, kondycjonować **3.** sezonować (*drewno*) **4.** przyprawiać (*potrawy*)
seasonable *adj* **1.** sezonowy, właściwy dla danej pory roku **2.** będący na czasie, występujący w porę
~ **advice** udzielona w porę (po)rada
seasonal *adj* sezonowy
~ **article** artykuł sezonowy
~ **clearance sale** wyprzedaż posezonowa
~ **credit** kredyt sezonowy
~ **demand** popyt sezonowy ⟨okresowy⟩
~ **employment** praca sezonowa, zajęcie ⟨zatrudnienie⟩ sezonowe
~ **fluctuations** ⟨**variations**⟩ wahania sezonowe
~ **index** *stat.* wskaźnik sezonowości
~ **loadline** linia ładunkowa sezonowa ⟨zależna od pory roku⟩
~ **ports** porty dostępne dla statków tylko w pewnych porach roku
~ **reduction in prices** sezonowa obniżka cen
~ **trade** handel sezonowy
~ **unemployment** sezonowe bezrobocie
~ **worker** robotnik sezonowy
seat[1] *s* **1.** siedziba, siedlisko **2.** prawa członka giełdy, członkostwo giełdy **3.** miejsce sprawowania urzędu itp. **4.** *przen.* stanowisko
~ **belt** pas bezpieczeństwa (*w samochodzie, samolocie*)
~ **of the company** siedziba spółki
~ **of the court** siedziba sądu
~ **of government** siedziba rządu
~ **on the bench** stanowisko sędziego
~ **on the board (of directors)** stanowisko dyrektora
~ **on the exchange** miejsce na giełdzie

country ~ wiejska siedziba
presidential ~ fotel prezydencki
reserved ~ miejsce zarezerwowane
to have a ~ **in Parliament** *bryt.* zasiadać w Parlamencie, być członkiem Parlamentu
to resign ⟨vacate⟩ one's ~ składać mandat, rezygnować z członkostwa
seat² *v* **1.** posadzić, umieścić **2.** wybrać
seaward *adj* **1.** skierowany ku morzu **2.** (*o wietrze*) od morza
seaward(s) *adv* ku morzu, w stronę morza
seaway *s* **1.** szlak morski **2.** tor wodny **3.** prędkość na morzu
seaworthiness *s* zdatność do żeglugi morskiej, zdolność żeglugowa
~ **admitted clause** *ub. mors.* klauzula zastrzegająca, że ubezpieczyciel nie może po powstaniu szkody podnosić zarzutu niezdatności statku do żeglugi
~ **certificate** świadectwo zdolności żeglugowej
~ **of packing** zdatność opakowania do transportu morskiego
warranty of ~ gwarancja zdolności do żeglugi
seaworthy *adj* **1.** (*o statku*) zdatny do żeglugi **2.** (*o opakowaniu*) odpowiedni do transportu morzem
~ **packing** opakowanie do transportu morskiego
~ **ship** statek zdatny do żeglugi
~ **trim** stan gotowości statku do wyjścia w morze
goods in ~ **condition** towar w stanie nadającym się do transportu morskiego
secede *v* odłączyć się, dokonać secesji
to ~ **from military blocs** wystąpić z bloków militarnych
to ~ **from a party** wystąpić z partii
secession *s* secesja, wystąpienie
War of Secession *am. hist.* wojna secesyjna (*1861–1865*)
second¹ *s* **1.** wtóropis weksla, weksel secunda **2.** *pl* **seconds** towary drugiego gatunku ⟨średniej jakości⟩
~ **of a bill (of exchange)** wtóropis weksla, secunda
second² *adj* **1.** drugi, drugi z kolei **2.** drugorzędny **3.** dodatkowy
~ **articles** towary drugorzędnej ⟨średniej⟩ jakości
~ **best** drugi co do jakości
~ **cause** dodatkowa przyczyna
~ **conviction** powtórne skazanie
~ **debentures** zobowiązania drugorzędne
~ **half-year** drugie półrocze, drugi semestr
~ **mate** drugi oficer (*na statku handlowym*)
~ **mortgage** druga hipoteka
~ **offence** powtórne przestępstwo
~ **quality** drugi gatunek
~ **to none** nie ustępujący niczemu ⟨nikomu⟩, najlepszy
~ **via** wtóropis weksla
at ~ **hand** z drugiej ręki
on ~ **thoughts** po namyśle
secondary *adj* drugorzędny, wtórny, uboczny
~ **income** dodatkowy dochód
~ **industry** drugorzędny przemysł
~ **market** drugorzędny rynek
~ **matter** drugorzędna sprawa
~ **occupation** uboczne zajęcie
~ **port** drugorzędny port
~ **product** produkt uboczny
~ **school** szkoła średnia
~ **strike** strajk solidarnościowy

to be of ~ **importance** mieć drugorzędne znaczenie
second-class *adj* **1.** drugorzędny **2.** średniej klasy
~ **goods** towar podrzędnej jakości
~ **hotel** hotel średniej klasy
~ **restaurant** restauracja II kategorii
~ **ticket** bilet drugiej klasy
second-degree *adj* drugiego stopnia
~ **burns** oparzenia drugiego stopnia
second-hand *adj* **1.** używany **2.** z drugiej ręki
~ **bookshop** antykwariat
~ **car** używany samochód
~ **dealer** handlarz starzyzną
~ **goods** towar używany ⟨z drugiej ręki⟩
~ **information** informacje z drugiej ręki
~ **shop** sklep komisowy
second-rate *adj* drugorzędnej ⟨średniej⟩ jakości
~ **goods** towary gorszej jakości
~ **stock** drugorzędna akcja
secrecy *s* **1.** tajemnica, sekret **2.** dyskrecja, zachowanie tajemnicy
~ **of correspondence ⟨letter⟩** tajemnica korespondencji
~ **of vote ⟨voting⟩** tajemnica głosowania
bound to ~ związany tajemnicą
breach of ~ naruszenie tajemnicy
duty of ~ obowiązek zachowania tajemnicy
in ~ w tajemnicy
official ~ tajemnica służbowa
professional ~ tajemnica zawodowa
to bind sb to ~ zobowiązać kogoś do zachowania tajemnicy
to keep ⟨preserve⟩ ~ **about sth** przestrzegać tajemnicy
secret¹ *s* tajemnica, sekret
~ **of success** tajemnica powodzenia
bank ~ tajemnica bankowa
business ~ tajemnica handlowa
manufacture ~ tajemnica produkcji
official ~ tajemnica służbowa
open ~ tajemnica publiczna ⟨poliszynela⟩
professional ~ tajemnica zawodowa
to betray a ~ zdradzić tajemnicę
to keep a ~ **from sb** trzymać w tajemnicy przed kimś
to let sb into a ~ dopuścić kogoś do tajemnicy
to make no ~ **of sth** nie robić tajemnicy z czegoś
secret² *adj* tajny, poufny, trzymany w tajemnicy
~ **agent** tajny agent
~ **alliance** tajny sojusz ⟨związek⟩, tajne przymierze
~ **ballot** tajne głosowanie
~ **defect** ukryty defekt, wada ukryta
~ **diplomacy** tajna dyplomacja
~ **document** tajny dokument
~ **language** język szyfrowany
~ **meeting** tajne zebranie
~ **organization** tajna organizacja
~ **papers** tajne dokumenty
~ **partner** cichy wspólnik
~ **reserve** ukryte rezerwy
~ **service** wywiad, służba wywiadowcza
~ **subversion** tajna działalność wywrotowa
~ **treaty** tajny układ
~ **writing** pismo zaszyfrowane
by a ~ **ballot ⟨vote⟩** w tajnym głosowaniu
top ~ ściśle tajne
to keep sth ~ trzymać coś w tajemnicy

secretariat(e) *s* sekretariat
~ **work** praca sekretariatu
secretary *s* 1. sekretarz, sekretarka 2. minister
Secretary General sekretarz generalny
Secretary of Agriculture *am.* minister rolnictwa
Secretary of the Air Force *am.* minister lotnictwa
Secretary of the Army *am.* minister wojny
Secretary of Commerce *am.* minister handlu
Secretary of Defence *am.* minister obrony
Secretary of Health, Education and Welfare *am.* minister zdrowia, nauki i spraw socjalnych
Secretary of the Interior *am.* minister spraw wewnętrznych
Secretary of Labor *am.* minister pracy
Secretary of the Navy *am.* minister marynarki
Secretary of State *a) am.* minister spraw zagranicznych *b) bryt.* Sekretarz Stanu (*tytuł niektórych ministrów*)
Secretary of State for Air *bryt.* minister lotnictwa
Secretary od State for Foreign Affairs *bryt.* minister spraw zagranicznych
Secretary of State for War *bryt.* minister wojny
Secretary of the Treasury *am.* minister finansów
~ **'s office** sekretariat
deputy ~ zastępca sekretarza
Foreign Secretary *bryt.* minister spraw zagranicznych
Home Secretary *bryt.* minister spraw wewnętrznych
press ~ sekretarz prasowy
private ~ sekretarz osobisty
section *s* 1. sekcja (*zwłok*) 2. odcinek, dział, część 3. rozdział, paragraf 4. przekrój 5. *am.* dzielnica miasta 6. *am.* przedział (*w wagonie sypialnym*)
~ **clerk** (**official**) referent
~ **of the law** rozdział (paragraf) prawa
commercial ~ rejon targowy
in ~ w przekroju
to cut into ~s rozdzielać na części
sector *s* 1. sektor, odcinek 2. okręg
capitalist ~ sektor kapitalistyczny
co-operative ~ sektor spółdzielczy
key ~s **of the economy** kluczowe sektory gospodarki
postal ~ okręg pocztowy
private ~ sektor prywatny
public (**state**) ~ sektor państwowy
socialized ~ sektor uspołeczniony
secular *adj* 1. świecki 2. stuletni, wiekowy
~ **education** świeckie nauczanie
~ **enmity** odwieczna wrogość
~ **trend** tendencja długookresowa
secularize *v* sekularyzować
secure¹ *adj* 1. pewny, niezawodny, solidny 2. bezpieczny, zabezpieczony
~ **investments** pewne (bezpieczne) inwestycje
~ **lock** bezpieczny (niezawodny) zamek
to be ~ **from danger** być zabezpieczonym przed niebezpieczeństwem
to feel ~ **of sth** być pewnym czegoś
secure² *v* 1. zabezpieczyć, zapewnić 2. uzyskać, osiągnąć 3. zamknąć, ukryć, schować w bezpiecznym miejscu
to ~ **a cargo** zapewnić sobie ładunek
to ~ **connections** nawiązać stosunki
to ~ **a creditor** dać zabezpieczenie wierzycielowi

to ~ **a debt by mortgage** zabezpieczyć dług hipoteką (przez ustanowienie hipoteki)
to ~ **delivery** zapewnić dostawę
to ~ **international peace** zapewnić międzynarodowy pokój
to ~ **the issue of bonds** zabezpieczyć wypuszczenie obligacji
to ~ **a loan** zabezpieczyć (zagwarantować) pożyczkę
to ~ **money** postarać się o pieniądze
to ~ **an order** uzyskać zamówienie
to ~ **the priority** zapewnić pierwszeństwo
to ~ **profits** zapewnić zyski
secured *pp adj* : ~ **bill** zabezpieczony weksel (*dokumentami towarowymi dającymi prawo do towaru*)
~ **by patent** chroniony patentem
~ **creditor** zabezpieczony wierzyciel
~ **debt** zabezpieczony dług
~ **loan** zabezpieczona pożyczka
~ **profit** zagwarantowany dochód, zapewniony zysk
securities *spl* papiery wartościowe (procentowe), walory, efekty; *zob.* **security**
~ **account** rachunek (konto) papierów wartościowych
~ **broker** makler papierów wartościowych
~ **exchange** giełda papierów wartościowych
~ **quotation** notowania papierów wartościowych
~ **tax** podatek od papierów wartościowych
accrued interest ~ papiery wartościowe z narosłymi odsetkami
active ~ papiery wartościowe poszukiwane na rynku
advance on ~ pożyczka pod zastaw papierów wartościowych
arbitrage in ~ arbitraż papierami wartościowymi
bearer ~ papiery wartościowe na okaziciela
block of ~ pakiet papierów wartościowych
convertible ~ papiery wartościowe wymienialne
credit on ~ kredyt pod zastaw papierów wartościowych
deposit of ~ depozyt (zdeponowanie) papierów wartościowych
first-class ~ pierwszorzędne papiery wartościowe
fixed-interest (-bearing) (**fixed-yield**) ~ papiery wartościowe o stałym oprocentowaniu
foreign ~ zagraniczne papiery wartościowe
forward ~ papiery wartościowe w transakcjach terminowych
gilt-edged (**top-quality**) ~ pierwszorzędne papiery wartościowe
government ~ państwowe papiery wartościowe
holding of ~ portfel papierów wartościowych
inactive ~ papiery wartościowe mało poszukiwane (*pot.* niechodliwe)
interbourse ~ papiery wartościowe mające obieg w różnych krajach
investment in ~ lokata w papierach wartościowych
investment ~ papiery wartościowe służące jako lokata kapitału
lesser-known ~ papiery wartościowe nie notowane na rynku
listed (**quoted**) ~ papiery wartościowe dopuszczone do obrotu giełdowego (notowane na giełdzie)
marketable (**meaning**) ~ pokupne (*pot.* chodliwe) papiery wartościowe

negotiable ~ zbywalne papiery wartościowe
off-board ~ papiery wartościowe nie zarejestrowane na giełdzie
over-the-counter ~ papiery wartościowe w obrocie nieoficjalnym
pegged ~ papiery wartościowe o sztucznie utrzymywanym stałym kursie
pledging of ~ zlombardowanie papierów wartościowych
portion of ~ pakiet walorów
registered ~ imienne papiery wartościowe
state ⟨treasury⟩ ~ państwowe ⟨skarbowe⟩ papiery wartościowe
tax on ~ podatek od papierów wartościowych
transactions in ~ transakcje ⟨obrót⟩ papierami wartościowymi
transferable ~ przenoszalne papiery wartościowe
transfer of ~ przelew papierów wartościowych
unquoted ⟨unlisted⟩ ~ papiery wartościowe nie notowane na giełdzie
variable-yield ~ papiery wartościowe o nie ustalonym oprocentowaniu
to lend on ~ pożyczać pod zastaw papierów wartościowych
to pawn ~ zastawiać papiery wartościowe
to place ~ **on deposit** deponować papiery wartościowe
to pledge ~ lombardować papiery wartościowe
security s 1. bezpieczeństwo, pewność 2. zabezpieczenie, gwarancja 3. rękojmia, poręka 4. kaucja, zastaw 5. solidność 6. poręczyciel, gwarant 7. papier wartościowy 8. *zob.* **securities**
~ **and co-operation conference** konferencja bezpieczeństwa i współpracy
~ **and peace of Europe** bezpieczeństwo i pokój w Europie
~ **bill** weksel zabezpieczony dokumentami towarowymi lub papierami wartościowymi
~ **by ⟨on⟩ mortgage** zabezpieczenie hipoteczne
Security Council Rada Bezpieczeństwa (*Organizacji Narodów Zjednoczonych*)
~ **forces** siły bezpieczeństwa (*policja i wojsko*)
~ **for claim** zabezpieczenie powództwa
~ **for costs** zabezpieczenie kosztów
~ **for a debt** zabezpieczenie długu
~ **for a loan** zabezpieczenie pożyczki
~ **margin** margines bezpieczeństwa
~ **service** służba bezpieczeństwa
~ **zone** strefa bezpieczeństwa
additional ~ zabezpieczenie uzupełniające
adequate ~ dostateczne zabezpieczenie
against ~ za zabezpieczeniem ⟨kaucją⟩
amount of the ~ suma ⟨wysokość⟩ zabezpieczenia
ample ~ zabezpieczenie dostateczne
bank ~ zabezpieczenie bankowe, gwarancja bankowa
bond of ~ rewers gwarancyjny, list zastawny
by way of ~ tytułem zabezpieczenia, jako zabezpieczenie
cash ~ zabezpieczenie pieniężne
collateral ~ dodatkowe zabezpieczenie
collective ~ zbiorowe bezpieczeństwo
counter ~ gwarancja wzajemna
credit on ~ kredyt za zabezpieczeniem
forfeit of ~ przepadek kaucji
for ~ **reasons** ze względów bezpieczeństwa

high-grade ~ pierwszorzędne zabezpieczenie
hypothecary ~ zabezpieczenie hipoteczne
job ~ zabezpieczenie pracy
joint ~ *a*) poręka ⟨gwarancja⟩ solidarna *b*) poręczyciel solidarny
loan against ~ pożyczka za zabezpieczeniem
personal ~ gwarancja osobista
social ~ ubezpieczenie społeczne
sufficient ~ dostateczne zabezpieczenie, dostateczna gwarancja
value as ~ waluta na zabezpieczenie
without ~ bez zabezpieczenia
to borrow ⟨lend⟩ on ~ pożyczać za zabezpieczeniem
to give ⟨furnish⟩ a ~ dać zabezpieczenie
to lodge a ~ złożyć kaucję
to stand ~ udzielać gwarancji
sedation s: **under** ~ pod wpływem (działania) środków uspokajających
sedative s lek ⟨środek⟩ uspokajający
sedition s 1. podburzanie, podżeganie, budzenie niepokojów społecznych 2. akcja wywrotowa
incitement to ~ podżeganie do buntu ⟨akcji wywrotowej⟩
seditious adj buntowniczy; wywrotowy
~ **acts** wywrotowa działalność
~ **conspiracy** wywrotowy spisek
~ **intention** buntowniczy zamiar, wywrotowy cel
~ **speeches ⟨writings⟩** wywrotowe przemówienia ⟨pisma⟩
seduce v 1. uwodzić (*kobietę*) 2. kusić, nęcić
to ~ **sb into crime** skłonić kogoś do przestępstwa
to ~ **a woman** uwieść kobietę
seduction s 1. uwiedzenie 2. pokusa 3. *bryt.* odszkodowanie za uwiedzenie (*może dochodzić go ojciec córki lub pan służącej – nie ona sama*)
see v (**saw, seen**) 1. widzieć, zobaczyć, oglądać 2. dostrzegać, rozumieć 3. odwiedzać 4. doglądać, dopilnowywać, troszczyć się (**about ⟨after, to⟩ sth** o coś)
to ~ **sth over** dokładnie coś obejrzeć
~ **back** patrz na odwrocie
seen or not seen niezależnie od obejrzenia towaru (*klauzula umowy sprzedaży bez gwarancji jakości*)
seek v (**sought, sought**) 1. szukać (**sth** czegoś), poszukiwać (**for ⟨after⟩ sth** czegoś) 2. starać się, zabiegać (**sth** o coś) 3. prosić (**sth of ⟨from⟩ sb** kogoś o coś)
to ~ **advice** zasięgać rady, zwracać się o poradę, konsultować
to ~ **(for) employment** szukać zatrudnienia ⟨pracy⟩
to ~ **permission** prosić o pozwolenie ⟨zezwolenie⟩
to ~ **political domination** ubiegać się o władzę polityczną
to ~ **recourse** korzystać z prawa regresu
to ~ **work** poszukiwać pracy
to be sought after (*o towarze*) być poszukiwanym
seeking adj poszukujący
~ **work** poszukujący pracy
seem v wydawać się, mieć pozory
seeming adj pozorny, stwarzający pozory
~ **reason** pozorna przyczyna
seemingly adv pozornie
segment s *inf.* segment, część programu w pamięci operacyjnej
segmentation s *inf.* dzielenie programu na segmenty
segregate v segregować, oddzielać

segregation s segregacja, oddzielenie
racial ~ segregacja rasowa
seigneur, seignior s *fr. hist.* senior, pan lenny
seigniory s *hist.* **1.** władza suwerenna **2.** posiadłości pana lennego
seised *adj* posiadający, władający
~ **in demesne as of fee** posiadający tak jak właściciel
seisin s władanie, posiadanie
~ **in deed ⟨fact⟩** faktyczne władanie
~ **in law** prawne władanie
seize *v* **1.** schwytać, zagarnąć, zabrać **2.** skonfiskować **3.** dokonać zajęcia (*majątku*) **4.** pojąć, zrozumieć
to ~ **the body of a person** zatrzymać osobę (*a nie jej majątek*)
to ~ **goods** skonfiskować towary
to ~ **power** zagarnąć władzę
to ~ **a ship** skonfiskować statek
to ~ **(upon) the opportunity** skorzystać ze sposobności
seizure s **1.** schwytanie, zagarnięcie, zabór **2.** konfiskata **3.** zajęcie (*majątku*), sekwestr **4.** *pl* **seisures** towary skonfiskowane na komorze celnej
~ **by court order** zajęcie sądowe
~ **note** zawiadomienie celne o konfiskacie towarów
~ **of alien territories** zagarnięcie obcych terytoriów
~ **of chattels** zajęcie ruchomości
~ **of contraband by custom officers** konfiskata kontrabandy przez celników
~ **of crops** zajęcie zbiorów
~ **under legal process** zajęcie sądowe
~ **under a lien** zatrzymanie (*rzeczy*) z tytułu prawa zastawu
illegal ~ bezprawne zawładnięcie ⟨zagarnięcie⟩
to lift the ~ uchylić zajęcie
to make ~ **of sth** skonfiskować coś
select[1] *v* wybierać, dobierać, selekcjonować
to ~ **specimens at random** wybierać próbki wyrywkowo
select[2] *adj* **1.** wybrany, wyborowy, selekcyjny **2.** doborowy, ekskluzywny
~ **club** ekskluzywny klub
~ **committee** specjalna komisja (*parlamentu*)
selected *adj*: ~ **goods** wyborowy towar
~ **quality** wyborowa jakość
selection s **1.** wybór **2.** dobór, selekcja
~ **board ⟨committee⟩** komisja selekcyjna
conscious ~ świadomy wybór
for ~ do wyboru
natural ~ dobór naturalny
occasional ~ przypadkowy wybór
promotion by ~ awansowanie ⟨awans⟩ w drodze wyboru ⟨konkursu⟩
rich ~ bogaty wybór
to make a ~ **from sth** dokonać wyboru spośród czegoś
selective *adj* selekcyjny, selektywny
~ **control** kontrola selektywna
~ **service** *am.* przymusowa służba wojskowa
~ **tax** selektywny podatek
selectness s doskonałość, wyborowa jakość
self *pron* (*pl* **selves**) sam, we własnej osobie
pay ~ (*mnie*) wypłacić do rąk własnych
self-abuse s samogwałt, masturbacja

self-accusation s samooskarżenie
self-acting *adj* samoczynny, automatyczny
self-adjusting *adj* samonastawny, samoregulujący się
self-check s czek przedstawiony w banku, na który był wystawiony
self-confidence s pewność siebie
self-contradiction s sprzeczność wewnętrzna
self-control s panowanie nad sobą
self-cost s koszt własny
self-criticism s samokrytyka
self-defence s samoobrona, obrona własna
in ~ w obronie własnej
to kill sb in ~ zabić kogoś w obronie własnej
self-dependence s niezależność
self-destruction s samobójstwo
self-determination s **1.** samookreślenie, samostanowienie **2.** wolna wola
the right of peoples to ~ prawo narodów do samostanowienia
self-devotion s poświęcenie się
self-discipline s dyscyplina wewnętrzna
self-educated *adj*: ~ **man** samouk
self-employed *adj* pracujący we własnym przedsiębiorstwie
self-evident *adj* oczywisty, sam przez się zrozumiały
~ **truth** oczywista prawda
self-examination s **1.** samokrytyka **2.** rachunek sumienia
self-explanatory *adj* nie wymagający wyjaśnienia, jasny
self-finance, self-financing s samofinansowanie
self-governing *adj* samorządny, autonomiczny
~ **body** ciało autonomiczne, samorządna organizacja
~ **territory** autonomiczny rejon
self-government s samorząd, autonomia
complete ⟨partial⟩ ~ całkowita ⟨częściowa⟩ autonomia
to obtain ~ uzyskać autonomię
self-help s samopomoc
self-inflicted *adj* zadany samemu sobie
~ **wound** rana zadana samemu sobie
self-injury s samozranienie
self-insurance s samoubezpieczenie
self-interest s własny interes, osobiste zainteresowanie
self-interested *adj* interesowny, osobiście zainteresowany
self-jurisdiction s jurysdykcja przedstawiciela dyplomatycznego w stosunku do członków jego misji
self-justification s usprawiedliwienie się
in ~ na swoje usprawiedliwienie
self-limitation s samoograniczenie
self-liquidating *adj* samoumarzalny
~ **loan** *am.* pożyczka krótkoterminowa pod zastaw towaru (*ulegająca umorzeniu z chwilą sprzedaży towaru*)
self-loading *adj* samoładujący
self-murder, self-slaughter s samobójstwo
self-murderer s samobójca
self-mutilation s samookaleczenie, samouszkodzenie ciała
self-possession s spokój, opanowanie, zimna krew
to lose ⟨regain⟩ one's ~ stracić ⟨odzyskać⟩ panowanie nad sobą ⟨zimną krew⟩

self-preservation s 1. samoobrona 2. instynkt samozachowawczy
instinct of ~ instynkt samozachowawczy
self-reliance s samodzielność, poleganie na własnych siłach, liczenie na własne siły
self-repayment s samospłata
self-restrained adj opanowany, powściągliwy
selfsame adj ten sam, identyczny
self-service s samoobsługa
~ **store** am. sklep ⟨magazyn⟩ samoobsługowy
self-sufficiency s samowystarczalność
economic ⟨**national**⟩ ~ samowystarczalność ekonomiczna, autarkia
self-sufficient adj samowystarczalny
self-support s samowystarczalność, niezależność (materialna)
self-supporting adj samowystarczalny, niezależny materialnie, będący na własnym utrzymaniu
~ **enterprise** rentowne przedsiębiorstwo
self-sustaining adj samowystarczalny, niezależny
self-trimmer s statek samotrymujący
self-unloading adj samowyładowczy
~ **vessel** statek samowyładowczy
sell[1] s pot. oszustwo
sell[2] v (**sold, sold**) 1. sprzedawać, zbywać 2. być sprzedawanym, mieć zbyt 3. przen. zdradzić 4. zob. **sell off, out, up**
to ~ **against a box** sprzedawać akcje przechowywane w sejfie bez ich bezpośredniego udziału w transakcji
to ~ **ahead** sprzedawać na termin
to ~ **at...** sprzedawać po ⟨za⟩...
to ~ **at best** giełd. sprzedawać po najwyższym kursie ⟨najwyższej cenie⟩
to ~ **at** ⟨**by**⟩ **auction** sprzedawać na licytacji
to ~ **at cost** sprzedawać po cenie kosztu ⟨własnej⟩
to ~ **at a discount** a) sprzedawać z rabatem b) giełd. sprzedawać poniżej pari
to ~ **at a loss** sprzedawać ze stratą
to ~ **at the market** giełd. sprzedawać po najwyższym rynkowym kursie
to ~ **at a premium** a) sprzedawać z premią b) giełd. sprzedawać powyżej pari
to ~ **at a profit** sprzedawać z zyskiem
to ~ **at a reduction** sprzedawać z rabatem ⟨ze zniżką⟩
to ~ **at a ruinous price** sprzedawać za bezcen ⟨po rujnującej cenie⟩
to ~ **at a sacrifice** sprzedawać ze stratą
to ~ **(at) wholesale** sprzedawać hurtowo
to ~ **badly** mieć słaby zbyt
to ~ **a bear** ⟨**bull**⟩ giełd. grać na zniżkę ⟨zwyżkę⟩
to ~ **below cost** sprzedawać poniżej kosztów
to ~ **by auction** sprzedawać z licytacji
to ~ **by the gross** sprzedawać hurtowo
to ~ **by** ⟨**on**⟩ **sample** sprzedawać według próbki
to ~ **by piece** ⟨**weight**⟩ sprzedawać na sztuki ⟨wagę⟩
to ~ **by private contract** ⟨**treaty**⟩ sprzedawać z wolnej ręki
to ~ **(by) retail** sprzedawać detalicznie
to ~ **cheap** ⟨**dear**⟩ sprzedawać tanio ⟨drogo⟩
to ~ **for the account** ⟨**settlement**⟩ giełd. sprzedawać na termin rozliczeniowy
to ~ **for account of...** sprzedawać na rachunek...
to ~ **for cash** sprzedawać za gotówkę

to ~ **for (forward, future) delivery** sprzedawać na przyszłą dostawę ⟨na termin⟩
to ~ **for shipment** sprzedawać na załadowanie (z ustaleniem terminu załadowania statku)
to ~ **hard** ⟨**heavily**⟩ sprzedawać z trudem, mieć słaby zbyt
to ~ **in bulk** a) sprzedawać masowo b) sprzedawać luzem ⟨bez opakowania⟩
to ~ **in lots** sprzedawać partiami
to ~ **off-hand** sprzedawać z wolnej ręki
to ~ **on approbation** ⟨**approval**⟩ sprzedawać pod warunkiem aprobaty towaru przez nabywcę (po obejrzeniu)
to ~ **on arrival** sprzedawać „na przybycie" (towar w drodze)
to ~ **on the basis** sprzedawać według bazy transakcji (określonej zawartości substancji, zanieczyszczeń itp.)
to ~ **on commission** sprzedawać na warunkach prowizyjnych ⟨komisowo⟩
to ~ **on open account** sprzedawać na rachunek otwarty
to ~ **on** ⟨**upon**⟩ **credit** sprzedawać na kredyt
to ~ **outright** a) sprzedawać ryczałtem b) sprzedawać z natychmiastową dostawą i zapłatą
to ~ **privately** sprzedawać z wolnej ręki
to ~ **quickly** ⟨**rapidly, readily, well**⟩ mieć szybki zbyt
to ~ **a secret** zdradzić tajemnicę
to ~ **short** blankować, sprzedawać bez pokrycia
to ~ **slowly** nie mieć zbytu
to ~ **stock** sprzedawać ze składu (towar stale znajdujący się na składzie)
to ~ **through a middleman** sprzedawać przez pośrednika
to ~ **to resellers** ⟨**to the trade**⟩ sprzedawać odsprzedawcom
to ~ **under cords** sprzedawać towar nie rozpakowany
to ~ **under cost** sprzedawać ze stratą ⟨poniżej kosztów własnych⟩
to ~ **under the price** sprzedawać poniżej cen rynkowych
agreement to ~ porozumienie co do sprzedaży
order to ~ zlecenie sprzedaży
promise to ~ przyrzeczenie sprzedaży
right to ~ prawo sprzedaży
seller s 1. sprzedawca, sprzedający, zbywający 2. rzecz będąca w sprzedaży 3. towar pokupny ⟨mający łatwy zbyt⟩
~ **over** podaż przewyższa popyt
~'s **agent** przedstawiciel sprzedawcy
~'s **market** rynek sprzedawcy (przewaga popytu nad podażą)
~'s **option** giełdowa transakcja terminowa z premią (której zapłata uprawnia nabywcę do niewykonywania transakcji)
~'s **price** cena sprzedawcy ⟨dogodna dla sprzedawcy⟩
~'s **warranties** gwarancja sprzedawcy
at ~'s **option** według wyboru sprzedawcy
bad ~ towar niepokupny ⟨nieatrakcyjny⟩
bear ⟨**short**⟩ ~ spekulant giełdowy grający na zniżkę, blankista
best ~ artykuł cieszący się wielkim popytem (zwłaszcza książka)

bull ⟨**long**⟩ ~ spekulant giełdowy grający na zwyżkę
good ⟨**quick**⟩ ~ towar pokupny ⟨mający łatwy zbyt⟩
marginal ~ drobny sprzedawca
street ~ sprzedawca uliczny
would-be ~ ewentualny sprzedawca
selling *s* 1. sprzedaż, sprzedawanie 2. zbyt
~ **agency** przedstawicielstwo sprzedaży
~ **agent** przedstawiciel do spraw sprzedaży
~ **broker** agent ⟨makler⟩ sprzedaży
~ **brokerage** *a)* pośrednictwo sprzedaży *b)* prowizja maklerska
~ **campaign** kampania sprzedaży ⟨reklamowa⟩
~ **charges** ⟨**cost, expenses**⟩ koszty handlowe ⟨zbytu⟩
~ **licence** licencja na sprzedaż
~ **methods** metody sprzedaży
~ **office** biuro sprzedaży
~ **of licences** sprzedaż licencji
~ **on balance** *giełd.* przewaga podaży papierów wartościowych nad zakupami
~ **on a scale** sprzedaż papierów wartościowych *(maklerom)* po równomiernie wzrastającej cenie
~ **order** zlecenie sprzedaży
~ **organization** organizacja sprzedaży
~ **point** zaleta ⟨reklamowana cecha⟩ *(towaru)*
~ **price** cena sprzedaży
~ **rate** kurs sprzedaży
~ **staff** personel zajmujący się sprzedażą
~ **terms** warunki sprzedaży
~ **value** wartość sprzedaży ⟨rynkowa⟩
bulk ~ sprzedaż masowa
door-to-door ⟨**house-to-house**⟩ ~ sprzedaż domokrążna *(przez agentów)*
installment ~ *am.* sprzedaż na raty
mail (**order**) ~ sprzedaż wysyłkowa *(na pisemne zamówienie)*
shop ~ *giełd.* sprzedaż zawodowym spekulantom
sole ~ **right** wyłączne prawo sprzedaży
time-payment ~ sprzedaż z odroczoną płatnością
to rush into heavy ~ sprzedawać z trudem, mieć słaby zbyt
sell off *v* 1. wyprzedawać *(zwłaszcza po niskich cenach)* 2. wyzbywać się *(towaru, majątku)*
to ~ **goods** wyzbywać się towaru
sell out *v* 1. sprzedawać, zbywać *(papiery wartościowe, akcje)* 2. *giełd.* odprzedawać innemu kontrahentowi towary lub walory, gdy pierwotny kupujący nie wywiązał się z umowy
to ~ **one's business** sprzedać (swoją) firmę ⟨(swoje) przedsiębiorstwo⟩
sell up *v* 1. wystawiać na sprzedaż *(majątek dłużnika)* 2. zlicytować
semi-annual *adj* półroczny
semi-automatic *adj* półautomatyczny
~ **weapon** półautomatyczna broń
semi-colony *s* półkolonia
semi-fabricated, semi-finished *adj* półgotowy
~ **goods** ⟨**products**⟩ półfabrykaty, półprodukty, półwyroby
semi-manufactured *adj:* ~ **article** półfabrykat, półprodukt, półwyrób
~ **goods** półfabrykaty, półprodukty
semi-official *adj* półoficjalny, półurzędowy
semi-processed *adj* półobrobiony
semi-product *s* półfabrykat, półprodukt

semiself-service *s* częściowa samoobsługa *(w sklepie)*
semisenior *s* księgowy-rewident
semi-skilled *adj* przyuczony, niepełnowykwalifikowany
~ **workman** ⟨**worker**⟩ robotnik przyuczony
semi-weekly *adj (o publikacji)* ukazujący się dwa razy w tygodniu
senate *s* 1. senat 2. rada zarządzająca
~ **committee** komisja senacka
senator *s* senator
send *v* (**sent, sent**) 1. posyłać, wysyłać, przesyłać 2. *(o rádiu)* nadawać, transmitować 3. *zob.* **send after, along, away, back, down, in, off, out, round, up**
to ~ **by air** ⟨**rail, sea** etc.⟩ wysyłać drogą lotniczą ⟨koleją, morzem itd.⟩
to ~ **by mail** ⟨**post**⟩ wysyłać pocztą
to ~ **by parcel post** wysłać pocztą jako paczkę
to ~ **by special delivery** wysłać ekspresem
to ~ **care of ...** przesłać na adres ⟨z listami⟩...
to ~ **cash on delivery** przesłać za pobraniem pocztowym
to ~ **a delegation** wysłać delegację
to ~ **for acceptance** posłać do akceptacji
to ~ **a message** wysłać wiadomość ⟨depeszę⟩
to ~ **a note** wysłać notę
to ~ **per express** przesłać ekspresem
to ~ **a representative** wysłać reprezentanta
to ~ **sb as ambassador** wysłać kogoś jako ambasadora
to ~ **to imprisonment** spowodować aresztowanie
to ~ **a warning** wysłać ostrzeżenie
send after *v* dosłać
send along *v* wysłać, przesłać
send away *v* 1. wysłać, odesłać 2. odprawić, zwolnić
send back *v* odesłać, zwrócić
send down *v* 1. obniżać *(np. ceny)* 2. relegować, wydalić *(z uczelni)*
to ~ **prices** obniżyć ceny
sender *v* nadawca, wysyłający
~ **of a letter** nadawca listu
return to ~ zwrot do nadawcy
send in *v* nadesłać, przysłać
to ~ **one's resignation** podać się do dymisji, złożyć rezygnację
sending *s* wysłanie, nadanie
~ **station** stacja wysyłkowa
send off *v* odesłać, wysłać, wyekspediować
to ~ **a letter** wysłać list
send out *v* 1. wypuszczać 2. wysłać, rozesłać
to ~ **a circular letter** rozesłać okólnik
send round *v* rozesłać, puścić w obieg
send up *v* podnosić *(np. ceny)*
to ~ **the prices** podnosić ceny
senile *adj* starczy
~ **decay** *med.* uwiąd starczy
~ **delinquency** przestępczość starcza
senior[1] *s* 1. osoba starsza wiekiem, senior 2. osoba starsza rangą itp.
senior[2] *adj* 1. starszy, poważniejszy 2. główny
~ **clerk** kierownik biura
~ **counsel** główny adwokat strony
~ **creditor** główny wierzyciel *(mający pierwszeństwo zaspokojenia)*
~ **in rank** starszy stopniem
~ **judge** najstarszy wiekiem lub rangą członek kompletu sędziowskiego

~ **lien** najstarszy zastaw (*mający pierwszeństwo zaspokojenia*)
~ **mortgage** pierwsza hipoteka, hipoteka mająca pierwszeństwo zaspokojenia
~ **partner** główny wspólnik
~ **stock** uprzywilejowana akcja
seniority *s* **1.** starszeństwo **2.** staż pracy, wysługa lat
~ **list** lista według starszeństwa służbowego
~ **pay** dodatek za wysługę lat
~ **rights** seniorat
promotion by ~ awans na podstawie starszeństwa ⟨wysługi lat⟩
he is a chairman by ~ on jest przewodniczącym, ponieważ jest najstarszy ⟨z uwagi na starszeństwo⟩
sense *s* **1.** zmysł **2.** poczucie, zrozumienie **3.** sens, znaczenie **4.** rozsądek
~ **of duty** poczucie obowiązku
~ **of justice** poczucie prawa
common ~ zdrowy rozsądek
in the figurative ~ w przenośni
in the legal ~ w rozumieniu prawa
in the literal ~ w dosłownym znaczeniu
in the narrowest ⟨**strictest**⟩ ~ w najściślejszym (tego słowa) znaczeniu
senseless *adj* **1.** nieprzytomny, bez czucia **2.** bezsensowny, nonsensowny
~ **custom** bezsensowny zwyczaj
to knock sb ~ ogłuszyć kogoś
sensible *adj* **1.** rozsądny, sensowny, mądry **2.** znaczny, pokaźny, dostrzegalny
~ **difference** znaczna różnica
~ **idea** rozsądna myśl
~ **increase** dostrzegalny wzrost
sensitive *adj* wrażliwy, czuły, uczulony
~ **market** rynek wrażliwy ⟨silnie reagujący⟩ (*na wszelkie zmiany zewnętrzne itp.*)
sentence[1] *s* **1.** sentencja, zdanie **2.** wyrok w sprawie karnej, kara
~ **fixed by law** kara przewidziana w prawie
~ **of death** wyrok śmierci
~ **to imprisonment** wyrok orzekający karę więzienia
capital ⟨**death**⟩ ~ wyrok śmierci
execution of a ~ wykonanie wyroku
heavy ⟨**light**⟩ ~ kara długoterminowego ⟨krótkoterminowego⟩ więzienia
lenient ⟨**severe**⟩ ~ łagodny ⟨surowy⟩ wyrok
life ~ dożywocie, kara dożywotniego więzienia
prison ~ wyrok skazujący na karę więzienia
publication of a ~ ogłoszenie ⟨publikacja⟩ wyroku
suspended ~ wyrok z zawieszeniem (*wykonania kary*)
to get a life ~ zostać skazanym na karę dożywotniego więzienia
to give ⟨**pass, pronounce**⟩ **a** ~ ogłosić wyrok, skazywać (**on sb** kogoś)
to reverse ⟨**quash**⟩ **a** ~ uchylić wyrok
to serve ⟨**do**⟩ **a** ~ odbywać karę, *pot.* odsiadywać wyrok
sentence[2] *v* wyrokować, skazywać (**to sth** na coś)
to ~ **sb in absence** skazać kogoś zaocznie
to ~ **sb to death** ⟨**6 years' imprisonment**⟩ skazać kogoś na śmierć ⟨na 6 lat więzienia⟩
sentiment *s* **1.** uczucie **2.** nastrój
~ **of the market** nastrój na rynku, tendencja rynkowa

patriotic ~ uczucia patriotyczne
sentimental *adj* sentymentalny, uczuciowy
~ **damage** strata przedmiotu (*mającego wartość emocjonalną dla posiadacza*)
~ **price** cena amatorska
separable *adj* dający się oddzielić
~ **contract** umowa dająca się podzielić (*na kilka umów*)
separate[1] *v* **1.** dzielić, rozdzielać **2.** oddzielać (się), odłączać (się), segregować **3.** przeprowadzać separację
separate[2] *adj* **1.** oddzielny, odrębny, osobny **2.** poszczególny, indywidualny
~ **account** konto oddzielne ⟨separato⟩
~ **agreement** odrębne porozumienie
~ **cell** separatka, pojedyncza cela więzienna
~ **estate** odrębny majątek
~ **items** poszczególne pozycje (*wykazu itp.*)
~ **judgement** wyrok częściowy
~ **maintenance** odrębne utrzymanie, alimenty płacone przez męża rozwiedzionej żonie
~ **opinion** odrębne zdanie, odrębny pogląd
~ **peace treaty** osobny traktat pokojowy
~ **vote** ⟨**voting**⟩ odrębne głosowanie
to send under ~ **cover** wysłać jako osobną przesyłkę
separation *s* **1.** oddzielenie, separacja, rozłąka **2.** podział ładunku na partie **3.** odseparowanie, wyodrębnienie
~ **allowance** zasiłek za rozłąkę (*np. wypłacany żonom wojskowych*)
~ **contract** umowa o rozdzielności majątkowej
~ **from bed and board** separacja od łoża i stołu
~ **material** materiał rozdzielający (*partie ładunku*)
~ **of church and state** rozdział kościoła od państwa
~ **of goods** rozdział majątkowy
~ **of partnership** rozwiązanie spółki
~ **of powers** rozdział władzy
cargo ~ oddzielenie ładunków (*w ładowni statku*)
de facto ~ separacja faktyczna
judicial ⟨**legal**⟩ ~ separacja sądowa ⟨prawna⟩
separatism *s* separatyzm
separatist *s* separatysta, zwolennik separacji
sequence *s* kolejność, następstwo, sekwencja, bieg (*wydarzeń*)
(the) ~ **of events** kolejność wydarzeń, przebieg wydarzeń
logical ~ logiczne następstwo
recurrent ~ **s of expansion and recession, contraction and revival** powtarzające się następstwo ekspansji i recesji, ograniczenia i ożywienia
sequester, sequestrate *v* **1.** sekwestrować, zajmować **2.** oddzielać, izolować, odosobniać
to ~ **sb's property** skonfiskować ⟨nałożyć sekwestr na⟩ czyjeś mienie
sequestration *s* **1.** sekwestracja, nałożenie sekwestru **2.** odosobnienie
~ **of property** konfiskata ⟨zajęcie⟩ majątku
goods in ~ towar pod sekwestrem
writ of ~ sekwestr sądowy
sequestrator *s* sekwestrator
serf *s hist.* chłop pańszczyźniany
serfdom *s hist.* pańszczyzna
serial *adj* seryjny, kolejny, periodyczny, porządkowy

~ **discounts** dyskonta seryjne (*przy sprzedaży dużych partii towarów*)
~ **number** a) numer serii b) numer seryjny
~ **production** produkcja seryjna
~ **rights** prawo drukowania w odcinkach
series s (pl **series**) seria, szereg, ciąg
historical ~ szereg historyczny
in ~ seriami, seryjnie
substitute ~ szereg zastępczy
time ~ szereg chronologiczny
serious adj poważny, znaczny
~ **buyer** poważny nabywca
~ **damage** znaczna (poważna) szkoda
~ **injury** poważne (ciężkie) uszkodzenie ciała
~ **intention** poważny zamiar
~ **mistake** poważny błąd
~ **offer** poważna oferta
~ **warning** poważne ostrzeżenie
serjeant-at-arms s (pl **serjeants-at-arms**) woźny sądowy
servant s 1. służący 2. pracownik najemny
civil (**public**) ~ pracownik (urzędnik) państwowy
domestic ~ pomoc domowa, służący, sługa
general ~ służący (pomocnica) do wszystkiego
indoor ~ a) lokaj b) kucharz
officer's ~ ordynans
outdoor ~ a) parobek b) ogrodnik
Your (humble, obedient) ~ koresp. Pański uniżony sługa
to become a civil ~ wstąpić do służby państwowej, zostać urzędnikiem
serve v 1. służyć, być w służbie 2. służyć, mieć zastosowanie 3. obsługiwać, służyć pomocą, świadczyć usługi 4. zaopatrywać (**with** sth w coś) 5. doręczać (*urzędowo*) 6. odbywać (*np. praktykę*)
to ~ **one's apprenticeship** odbywać praktykę
to ~ **as collateral (security)** służyć jako dodatkowe zabezpieczenie
to ~ **as a judge** (**secretary**) pracować jako sędzia (sekretarz)
to ~ **as a pretext** służyć jako pretekst
to ~ **as one's own counsel** występować samemu we własnej sprawie (obronie)
to ~ **as a proof** służyć jako dowód
to ~ **customers** obsługiwać klientów
to ~ **customers with goods** zaopatrywać klientów w towary
to ~ **for guidance** służyć jako wskazówka
to ~ **in the armed forces** służyć w wojsku
to ~ **in a shop** pracować w sklepie, być sprzedawcą (sprzedawczynią)
to ~ **the interests of ...** służyć interesom...
to ~ **sb with a summons** (**writ**) doręczać komuś wezwanie
to ~ **a sentence** odbywać karę więzienia, pot. odsiadywać wyrok
to ~ **some purpose** służyć jakiemuś celowi
to ~ **a summons** (**writ**) **on** (**upon**) sb doręczać komuś wezwanie
to ~ **a term of imprisonment** odbywać karę pozbawienia wolności (więzienia)
to ~ **time (for a crime)** sl. odsiadywać wyrok (za popełnienie zbrodni)
as occasion ~s gdy nadarzy się okazja
it will ~ to wystarczy

service[1] s 1. służba, wykonywanie funkcji publicznych (pracy najemnej itp.) 2. służba, dział usług lub urządzeń publicznych 3. usługa, przysługa, grzeczność 4. obsługa 5. doręczenie urzędowe (wezwania sądowego) 6. nabożeństwo
~ **bureau** biuro obsługi
~ **by publication** sądowe zawiadomienie w drodze ogłoszenia w prasie
~ **call** służbowa rozmowa telefoniczna
~ **charge** koszt obsługi (usługi) (*bankowej, hotelowej itp.*)
~ **contract** umowa o świadczenie usług
~ **included** łącznie z obsługą, wliczając obsługę
~ **industry** (**trade**) przemysł usługowy
~ **input** wkład usług
~ **life** a) okres (czas) życia b) okres (czas) czynnego życia zawodowego
~ **of action** doręczenie pozwu
~ **of customers** obsługa klientów
~ **of a loan** obsługa pożyczki
~ **of notice** doręczenie zawiadomienia
~ **regulations** przepisy służbowe
~ **speed** szybkość eksploatacyjna
~ **station** stacja obsługi (*zwłaszcza samochodów*)
active ~ służba czynna
address for ~ adres dla doręczeń
advisory ~s usługi doradcze
air ~ obsługa linii lotniczych, komunikacja lotnicza
air-freight ~s a) lotniczy transport towarów b) towarowa linia lotnicza
air-mail ~ poczta lotnicza
air-passenger ~s lotniczy transport pasażerski
all-transport ~s transport wszelkiego typu
ancillary (**auxiliary**) ~ służba pomocnicza
cargo ~ przewóz ładunków, służba frachtowa
charter ~s usługi czarterowe
civil ~ służba państwowa
collecting ~ inkaso
compulsory ~ przymusowa służba (*wojskowa*)
commuter ~ transport podmiejski
consular ~ służba konsularna
customer ~ obsługa klientów
customs ~ służba celna
diplomatic ~ służba dyplomatyczna
direct ~ a) komunikacja bezpośrednia b) doręczenie bezpośrednie (osobiste)
dock ~ usługi portowe
economy ~ transport pasażerów II lub III klasą
express ~ usługa ekspresowa
fringe ~s bankowe usługi uzupełniające (*agencje turystyczne, punkty wymiany itp.*)
foreign ~ służba zagraniczna
goods ~ przewóz towarów, służba frachtowa
health ~ służba zdrowia
home-delivery ~ dostawa (*towarów*) do domu
in-house ~s usługi świadczone w obrębie jednego przedsiębiorstwa
intelligence ~ służba wywiadowcza (informacyjna), wywiad
line ~ żegluga liniowa
mail ~ służba pocztowa, poczta
maintenance ~ obsługa konserwacyjna (techniczna)
major ~s usługi podstawowe
medical ~ służba medyczna

military ~ służba wojskowa
mixed-transport ~s transport pasażerski i towarowy
news ⟨press⟩ ~ obsługa prasowa, serwis prasowy
passenger ~ a) ruch pasażerski b) obsługa podróżnych
performed ⟨rendered⟩ ~s (wy)świadczone usługi
postal ~s usługi pocztowe
public ~s usługi powszechne, służby publiczne
rail ⟨railway⟩ ~ a) koleje, kolejnictwo b) transport kolejowy
reliable ~ staranna obsługa
revenue ~s dochodowe usługi transportowe
road ~ transport drogowy
salvage ~ służba ratownicza
Senior Service bryt. marynarka wojenna
social ~s świadczenia socjalne
telegraph ~ telegraf, łączność telegraficzna
telephone ~ sieć ⟨łączność⟩ telefoniczna
tourist ~ usługi turystyczne
traffic control ~ służba ruchu (drogowego)
transportation ~s pomocnicze usługi transportowe (np. spedycja, składowanie)
weather ~ służba meteorologiczna
years of ~ lata służby
to be of ~ być użytecznym
to expand ~s rozwijać usługi
to offer ⟨proffer⟩ one's ~s ofiarować swoje usługi
to render ⟨do⟩ sb a ~ 'wyświadczyć komuś przysługę
to render ~s świadczyć usługi
to utilize sb's ~s korzystać z czyichś usług
service² v 1. obsługiwać, doglądać 2. naprawiać 3. spłacać sumę kapitałową lub procenty, płacić dywidendy 4. obsługiwać (dług), płacić odsetki (od długu)
to ~ a car przeglądać samochód (w ramach gwarancji)
to ~ external debts spłacać długi zagraniczne
to ~ interest charges płacić odsetki
to ~ a loan obsługiwać pożyczkę, płacić odsetki od pożyczki
serviceable adj przydatny, zdatny do użytku, w dobrym stanie
in ~ condition w dobrym stanie
servient adj obciążony serwitutem ⟨służebnością⟩
~ estate ⟨tenement⟩ nieruchomość obciążona serwitutem ⟨służebnością⟩
servility s 1. niewolniczość 2. służalczość
serving s 1. doręczenie 2. obsługiwanie
servitude s 1. niewolnictwo 2. serwitut
penal ~ for life dożywotnie ciężkie roboty
personal ~ służebność osobista
session s 1. sesja, zebranie 2. posiedzenie sądu 3. bryt. sesja Parlamentu (okres pomiędzy otwarciem a zamknięciem sesji Parlamentu)
Session Laws am. a) zbiór ustaw stanowych b) zbiór ustaw przyjętych na sesjach Kongresu
Session of the Peace bryt. sesja sądu pokoju
closed ~ posiedzenie sądu przy drzwiach zamkniętych
Court of Session Sąd Najwyższy Szkocji (w sprawach cywilnych)
Court of Petty Sessions bryt. Trybunał Małej Sesji (co najmniej dwóch sędziów pokoju orzekających w sprawach karnych I instancji)

opening ⟨closure⟩ of ~ otwarcie ⟨zamknięcie⟩ sesji
parliamentary ~ sesja parlamentarna
plenary ~ sesja plenarna
routine ⟨special⟩ ~ zwykła ⟨nadzwyczajna⟩ sesja
to be in ~ odbywać sesję
set¹ s 1. komplet, zestaw 2. grupa, zespół 3. aparatura, urządzenie 4. kierunek, tendencja
~ of bill of lading komplet konosamentów
~ of bills komplet weksli, oryginał weksla wraz z wtóropisami
~ of samples komplet próbek
~ of stamps seria znaczków pocztowych
complete ⟨full⟩ ~ of bill of lading pełny komplet konosamentów
to issue ⟨draw⟩ in a ~ of three wystawić w trzech egzemplarzach
set² v (set, set) 1. ustawiać, umieszczać, kłaść 2. ustanawiać, wyznaczać, ustalać 3. wprowadzać (w ruch), doprowadzać (do pewnego stanu) 4. kształtować się, zmierzać w kierunku 5. zob. set about, against, apart, ashore, aside, back, by, down, forth, forward, in, off, out, together, up
to ~ a date ⟨day⟩ for sth wyznaczyć datę ⟨dzień⟩ na coś
to ~ at ease łagodzić, uspokajać
to ~ at naught zlikwidować, anulować
to ~ an example dać przykład
to ~ free on bail zwolnić za kaucją
to ~ going ⟨in motion⟩ wprowadzić w ruch, uruchomić
to ~ one's hand ⟨name⟩ to a document podpisać dokument
to ~ a limit wyznaczyć ⟨ustalić⟩ limit, limitować
to ~ in order uporządkować
to ~ on foot przen. postawić na nogi, umocnić, wspomóc
to ~ a precedent ustanowić precedens
to ~ a price wyznaczyć cenę (on sth czegoś, na coś)
to ~ a question postawić zagadnienie ⟨pytanie⟩
to ~ sail odpłynąć, wyjść w morze
to ~ sb at liberty ⟨free⟩ uwolnić ⟨oswobodzić⟩ kogoś
to ~ a seal ⟨signature⟩ położyć pieczęć ⟨podpis⟩
to ~ a term wyznaczyć termin
to ~ to sale wyznaczyć sprzedaż
set³ adj 1. ustalony, określony, wyznaczony 2. zdeterminowany, zdecydowany
~ date ustalony termin
~ prices ceny stałe
to be ~ on sth upierać się przy czymś
set about v przystępować, zabierać się (do czegoś)
set against v sprzeciwiać się, przeciwstawiać się
set apart v 1. odkładać, rezerwować 2. oddzielać, rozdzielać
set ashore v wysadzić na brzeg ⟨ląd⟩
set aside v 1. odkładać, rezerwować 2. pomijać, nie uwzględniać 3. odrzucać, uchylać, unieważniać
to ~ a claim odrzucić reklamację ⟨skargę⟩
to ~ a judgment uchylić wyrok
set-back s 1. cofnięcie się 2. zahamowanie, regres 3. niepowodzenie
to have ⟨suffer⟩ a ~ doznać niepowodzenia
set back v zatrzymywać, hamować, cofać
set by v 1. odkładać, rezerwować 2. cenić, dbać

set down v 1. kłaść, składać 2. wysadzać (*pasażera*) 3. opisywać, przedstawiać (*na piśmie*), zapisywać 4. przypisywać (**to** sth czemuś) 5. ustalać, określać, wyznaczać
to ~ **to one's account** zapisać na czyjś rachunek
to ~ **the loss to negligence** przypisać stratę niedbalstwu
to ~ **a name** ⟨**signature**⟩ złożyć podpis
to ~ **rules** ustalić zasady ⟨przepisy⟩
set forth v 1. komunikować, oświadczać, przedstawiać, wyjaśniać, ustalać 2. wyruszać
to ~ **an argument** przedstawić argument
to ~ **the facts** przedstawić fakty
to ~ **an opinion** wyrazić opinię
to ~ **a proposal** ⟨**proposition**⟩ przedstawić propozycję
to ~ **a question** postawić pytanie
to ~ **a reason** podawać przyczynę
to ~ **one's view** przedstawić swój pogląd
set forward v 1. iść naprzód, wyruszać 2. popierać (*np. sprawę*) 3. wysuwać
to ~ **proposals** przedstawiać propozycje
set in v rozpoczynać się, następować
set-off s 1. kompensata, potrącenie (*wzajemnych należności*) 2. roszczenie wzajemne (*do potrącenia* ⟨*skompensowania*⟩) 3. dekoracja 4. odjazd
set off v 1. odchodzić, odjeżdżać 2. oddzielać, wydzielać 3. dokonywać potrącenia ⟨kompensaty⟩, rozliczać wzajemne należności 4. wypuszczać, wystrzeliwać (*np. rakietę*) 5. skłaniać 6. uwydatniać
to ~ **one debt against another** rozliczać się z wzajemnych długów, kompensować jeden dług innym
to ~ **a gain against a loss** kompensować zysk ze stratą
to ~ **a rocket** wystrzelić rakietę
set out v 1. odjeżdżać, wyruszać 2. wykładać (*np. do sprzedaży*) 3. przedstawiać szczegółowo (*na piśmie*) 4. upiększać, dekorować 5. rozgraniczać, oznaczać, wyznaczać 6. projektować, planować
to ~ **goods on a stall** wyłożyć towary na stoisku
to ~ **from London** wyjeżdżać z Londynu
to ~ **in search of sth** udać się na poszukiwanie czegoś
settle v 1. ustalić, rozstrzygnąć, załatwić 2. ułożyć się, zawrzeć ugodę ⟨porozumienie⟩ 3. zapłacić, pokryć, uregulować, zaspokoić 4. rozliczyć się 5. osiedlić (się) 6. unormować się, ustalić się 7. osiadać, opadać, opuszczać się 8. klarować (się), oczyszczać (się)
to ~ **an account** uregulować ⟨wyrównać⟩ rachunek
to ~ **accounts** uzgodnić konta
to ~ **an affair** ⟨**a matter**⟩ **amicably** załatwić sprawę polubownie ⟨ugodowo⟩
to ~ **one's affairs** uporządkować swoje sprawy
to ~ **a balance** wyrównać bilans ⟨saldo⟩
to ~ **a bill** a) zapłacić rachunek b) wykupić weksel
to ~ **a claim** a) zaspokoić roszczenie b) załatwić reklamację
to ~ **complaints** załatwić reklamacje
to ~ **a debt** spłacić dług
to ~ **a difference** ⟨**dispute**⟩ załatwić ⟨rozstrzygnąć⟩ spór
to ~ **disputes** rozstrzygać spory
to ~ **new lands** zasiedlać nowe ziemie
to ~ **a question** rozstrzygnąć kwestię ⟨sprawę⟩
to ~ **a transaction** załatwić transakcję

to ~ **with creditors** a) ułożyć się z wierzycielami b) rozliczyć się z wierzycielami
settled adj: ~ **account** rozliczony ⟨zapłacony⟩ rachunek
~ **habit** zakorzeniony ⟨ustalony⟩ zwyczaj
~ **peace** trwały pokój
~ **policy** ustalona polityka
settlement s 1. ustalenie, uzgodnienie 2. rozstrzygnięcie, załatwienie 3. porozumienie, ugoda, układ (*z wierzycielami*) 4. zapłata, pokrycie, uregulowanie, zaspokojenie 5. rozliczenie, rachunek 6. *giełd.* termin rozrachunkowy ⟨likwidacyjny⟩ 7. osadnictwo 8. tereny osadnicze
~ **day** *giełd.* dzień ⟨termin⟩ rozrachunkowy
~ **house** izba rozrachunkowa
~ **in** ⟨**before the**⟩ **court** ugoda sądowa
~ **of an account** zamknięcie rachunkowe
~ **of accounts** uzgodnienie kont ⟨rachunków⟩
~ **of a bill** a) pokrycie rachunku b) zapłacenie weksla
~ **of claims** zaspokojenie pretensji ⟨roszczeń⟩
~ **of debts** uregulowanie długów
~ **of general average contributions** a) rozliczenie udziału w awarii wspólnej b) pokrycie należności z tytułu udziału w awarii wspólnej
~ **of an international dispute** rozstrzygnięcie sporu międzynarodowego
~ **out of court** ugoda pozasądowa
~ **price** cena rozrachunkowa
~ **rate** kurs rozrachunkowy
~ **terms** warunki rozrachunku
amicable ~ układ rozrachunkowy polubowny
bilateral ~s rozliczenia dwustronne
cash ~ a) rozliczenie w gotówce b) zapłata gotówką
International Settlements Bank Bank Rozrachunków Międzynarodowych
legal ~ (**between merchant and creditors**) układ (między upadłym kupcem a wierzycielami)
marriage ~ umowa majątkowa małżeństwa, intercyza
multilateral ~s rozliczenie wielostronne
to buy ⟨**sell**⟩ **for the** ~ *giełd.* kupować ⟨sprzedawać⟩ na termin rozliczeniowy
to reach a ~ dochodzić do porozumienia
settler s 1. likwidator 2. osadnik, kolonista
claim ~ *ubezp.* likwidator szkód
settling, settlement s: ~ **agent** agent awaryjny (*likwidujący roszczenia odszkodowawcze*)
~ **area** obszar zasiedlania
~ **price** giełdowy kurs rozliczeniowy ⟨likwidacyjny⟩
set together v zestawiać, porównywać
set up v 1. rozpoczynać, inicjować, organizować, zakładać (*np. przedsiębiorstwo*) 2. podnosić, wznosić 3. wnosić (*skargę itp.*) 4. wystawić (*na sprzedaż, licytację itp.*)
to ~ **a boycott** ogłosić bojkot
to ~ **a business** ⟨**company**⟩ założyć firmę ⟨spółkę⟩
to ~ **a claim** wnieść reklamację
to ~ **a committee** utworzyć komitet
to ~ **a common fund** utworzyć wspólny fundusz
to ~ **a custom** wprowadzić zwyczaj
to ~ **a government** utworzyć rząd
to ~ **a notice** wywiesić ogłoszenie

to ~ **sb in a business** umieścić kogoś w przedsiębiorstwie

to ~ **the statute of limitations** podnosić zarzut przedawnienia

sever v **1.** rozcinać, rozdzielać, dokonywać podziału (*majątku*) **2.** odłączać (się), zrywać

to ~ **one's connections with sb** zrywać z kimś stosunki

to ~ **oneself from a party** wystąpić z partii

to ~ **relations** zerwać stosunki

severable adj podzielny

~ **contract** podzielna umowa

~ **liability** podzielne zobowiązanie

several adj **1.** poszczególny, oddzielny **2.** osobny, indywidualny, dotyczący jednej osoby

~ **liability** indywidualna odpowiedzialność

joint and ~ **debtors** solidarni dłużnicy

joint and ~ **liability** odpowiedzialność solidarna

joint and ~ **obligation** zobowiązanie solidarne

severally adv pojedynczo, osobno, oddzielnie, indywidualnie

jointly and ~ solidarnie

to be jointly and ~ **responsible** być odpowiedzialnym solidarnie

severance s **1.** rozcięcie, rozdział **2.** podział (*majątku itp.*) **3.** odłączenie (się), zerwanie

~ **of relations** zerwanie stosunków

~ **pay** odprawa

~ **tax** am. podatek od eksploatacji bogactw naturalnych

severe adj **1.** surowy, ostry **2.** bolesny, dotkliwy

~ **competition** ostra konkurencja

~ **criticism** surowa krytyka

~ **judge** surowy sędzia

~ **justice** surowa sprawiedliwość

~ **loss** dotkliwa strata

~ **measures** surowe środki

~ **sentence** surowy wyrok

severity s **1.** surowość, srogość **2.** ciężki stan

~ **of the penalties** surowość kar

sex s płeć

~ **delinquency** przestępczość seksualna, przestępstwa seksualne

female ⟨**male**⟩ ~ płeć żeńska ⟨męska⟩

sexual adj seksualny, płciowy

~ **connection** ⟨**intercourse**⟩ stosunek płciowy

~ **offences** przestępstwa seksualne

to have a ~ **intercourse with sb** mieć z kimś stosunek płciowy

shade[1] s **1.** cień, miejsce zacienione **2.** odcień **3.** odrobina, ślad

people of all ~**s of opinion** ludzie najróżniejszych poglądów

to bid a higher ⟨**lower**⟩ ~ oferować nieco wyższą ⟨niższą⟩ cenę

shade[2] v **1.** osłaniać (*od słońca itp.*) **2.** nieznacznie obniżać (*cenę*)

to ~ **prices** nieznacznie obniżyć ceny

shadow s cień

~ **cabinet** gabinet cieni, gabinet przygotowany przez opozycję na wypadek zmiany rządu

~ **factory** makieta fabryki dla zmylenia lotnictwa nieprzyjaciela

shady adj **1.** cienisty, zacieniony **2.** niesolidny, niepewny, podejrzany, *przen.* ciemny

~ **bargain** ⟨**business**⟩ podejrzany ⟨nieczysty⟩ interes

~ **deal** ⟨**transaction**⟩ podejrzana transakcja

~ **financier** ⟨**trader**⟩ niesolidny finansista ⟨kupiec⟩

shake v (**shook, shaken**) **1.** wstrząsać, potrząsać **2.** powodować zachwianie

to ~ **hands on sth** zgodzić się na coś

to ~ **sb's purpose** ⟨**resolution**⟩ podważyć czyjąś decyzję ⟨uchwałę⟩

shakening of credit zachwianie kredytu

shaky adj chwiejny, nieustabilizowany, słaby (*np. finansowo*)

~ **business** ⟨**firm, undertaking**⟩ niepewna firma, niepewne przedsiębiorstwo

~ **claims** nieuzasadnione pretensje ⟨skargi⟩

~ **position** niepewna pozycja

shallow[1] s płycizna, mielizna

shallow[2] adj płytki, powierzchowny

~ **draught** ⟨**draft**⟩ płytkie zanurzenie statku

~ **person** ograniczony człowiek

sham[1] s **1.** imitacja **2.** wprowadzenie w błąd

sham[2] adj **1.** fikcyjny, pozorny **2.** symulowany, fałszywy

~ **business** fikcyjna transakcja

~ **contract** fikcyjna umowa

~ **doctor** szarlatan

~ **jewellery** sztuczna biżuteria

~ **marriage** fikcyjne małżeństwo

~ **purchase** pozorne kupno

share[1] s **1.** udział, część przypadająca z podziału **2.** akcja **3.** świadectwo udziałowe

~ **and** ~ **alike** w równych częściach

~ **applied for** akcja subskrybowana

~ **broker** makler walorów

~ **bonus** superdywidenda

~ **capital** kapitał zakładowy ⟨akcyjny⟩

~ **certificate** świadectwo udziałowe (*dokument posiadania akcji*)

~ **dividend** dywidenda

~ **fraud** oszukańcza emisja akcji

~ **in a business** udział w przedsiębiorstwie

~ **in foreign trade** udział w handlu zagranicznym

~ **in percentage terms** zysk procentowy

~ **in the profits** udział w zyskach

~ **in a ship** udział we współwłasności statku

~ **in trade** udział w handlu

~ **issue** ⟨**issuing**⟩ emisja ⟨emitowanie⟩ akcji

~ **ledger** rejestr akcji

~ **paid up in cash** akcje nabywane za gotówkę

~ **premium** ażio przy emisji akcji

~ **price** kurs akcji

~ **pusher** osoba dopuszczająca się oszukańczych machinacji akcjami

~ **quotation** notowanie giełdowe

~ **register** rejestr akcji ⟨akcjonariuszy⟩

~**s admitted to quotation** ⟨**trading**⟩ giełd. akcje dopuszczone do obrotu

~**s ex all** akcje bez prawa do dywidendy ⟨premii, wykupu i wymiany⟩

~**s ex dividend** akcje bez prawa do dywidendy

~ **subscriber** subskrybent akcji

~ **to bearer** akcja na okaziciela

~ **transfer** przelew akcji

~ **warrant** świadectwo udziałowe

~ **with limited voting** akcje dające ograniczone prawo głosu

~ **with plural voting** akcje dające uprzywilejowane prawo głosu

allotment of ~s przydział ⟨rozprowadzenie⟩ akcji
baby ~s *am.* akcje o niskiej wartości nominalnej (*nie przekraczające 100 dolarów*)
bank ⟨**banking**⟩ ~s akcje bankowe
bearer ~s akcje na okaziciela
block of ~s pakiet akcji
bonus ~s akcje gratisowe
cash ~s akcje nabywane za gotówkę
common ~s akcje zwykłe ⟨nie uprzywilejowane⟩
cumulative preferred ~s akcje uprzywilejowane kumulacyjne (*z kumulującą się dywidendą za lata ubiegłe*)
deferred ~s akcje odroczone (*od których dywidendy wypłaca się po wypłacie dywidend od akcji uprzywilejowanych i zwykłych*)
dividend ~ akcja gratisowa
floating of ~s rozprowadzenie akcji
founder's ~s akcje założycielskie
fresh ~s akcje nowe ⟨nowej emisji⟩
fully paid (up) ~s akcje opłacane w całości
holder of ~s posiadacz akcji
industrial ~s akcje przemysłowe
inscribed ~s akcje imienne
junior ~s akcje nowej emisji
listed ~s akcje notowane na giełdzie
mining ~s akcje górnicze ⟨kopalniane⟩
multiple ~s akcje dające uprzywilejowane prawo głosu
new ~s akcje nowej emisji ⟨nowe⟩
no par value ~s akcje nie mające wartości nominalnej
old ~s akcje stare ⟨starej emisji⟩
ordinary ~s akcje zwykłe
original ~s *a)* akcje pierwszej emisji *b)* akcje oryginalne ⟨autentyczne⟩
parcel of ~s pakiet akcji
participation ~s akcje z prawem udziału w zyskach
partly paid ~s akcje częściowo zapłacone
preference ⟨**preferred, priority**⟩ ~s akcje uprzywilejowane
promoter's ⟨**vendor's**⟩ ~s akcje założycielskie
railway ~s akcje kolejowe
redemption of ~s wykup akcji
registered ~s akcje imienne
shipbuilding ~s akcje towarzystw stoczniowych
shipping ~s akcje towarzystw okrętowych
subscription to ~s subskrypcja akcji
unquoted ~s akcje nie notowane na giełdzie
utility ~s akcje przedsiębiorstw użyteczności publicznej
withdrawal of ~s skup akcji, wycofanie akcji z obiegu
to apply for ~s subskrybować akcje
to call in ~s skupować ⟨wycofywać z obiegu⟩ akcje
to exchange old ~s **against new ones** wymieniać stare akcje na nowe
to fall to one's ~ przypadać komuś w udziale
to go ~s *bryt.* podzielić się (*kosztami, zyskami*)
to have a ~ **in** ⟨**at**⟩ ... mieć udział w ..
to hold ~s mieć ⟨posiadać⟩ akcje, być akcjonariuszem, mieć udziały
to issue ~s emitować akcje
to pay up ~s **(in full)** spłacać akcje (całkowicie)
to place ~ **s with the public** rozprowadzać akcje przez publiczną subskrypcję

to sell out ~s sprzedawać akcje
to subscribe for ⟨**to**⟩ ~s subskrybować akcje
to withdraw ~s wycofywać akcje z obiegu
share² *v* 1. dzielić (się), rozdzielać 2. uczestniczyć, partycypować 3. posiadać wspólnie
to ~ **and** ~ **alike** uczestniczyć w czymś w jednakowej części (*na równych prawach*)
to ~ **costs** dzielić ⟨ponosić⟩ wspólnie koszty (**with sb** z kimś)
to ~ **the feeling of joy** podzielać uczucie radości
to ~ **sb's opinion** ⟨**view**⟩ podzielać czyjś pogląd
to ~ **the** ⟨**in**⟩ **profits** partycypować w zyskach, dzielić zyski
to ~ **in sth** mieć udział w czymś, uczestniczyć w czymś
to ~ **out the work** dzielić ⟨rozdzielać⟩ pracę
shareholder *s* akcjonariusz, udziałowiec
~**'s meeting** zebranie akcjonariuszy
controlling ⟨**major, principal**⟩ ~ główny akcjonariusz (*posiadający kontrolny pakiet akcji*)
deferred ~ właściciel akcji z odroczonymi dywidendami
ordinary ~ zwykły ⟨nie uprzywilejowany⟩ akcjonariusz
small ⟨**minority**⟩ ~ drobny akcjonariusz
preference ~s posiadacze akcji uprzywilejowanych
registered ~ posiadacz akcji imiennej
to be a ~ być akcjonariuszem ⟨udziałowcem⟩
shareholding *s* 1. posiadanie akcji ⟨udziałów⟩ 2. *pl* **shareholdings** posiadane akcje ⟨udziały⟩, pakiet akcji
sharing *s* podział, udział
gain ⟨**profits**⟩ ~ udział w zyskach
market ~ udział w rynku
time ~ *inf.* podział czasu
shark¹ *s* 1. rekin 2. oszust, szuler
financial ~ *przen.* rekin finansowy
land ~ *am.* spekulant gruntami ⟨nieruchomościami⟩
shark² *v* oszukiwać, żyć z krętactw, *pot.* nabierać
sharp¹ *adj* 1. ostry, zaostrzony 2. gwałtowny, szybki 3. chytry, przebiegły, pozbawiony skrupułów
~ **advance** gwałtowna zwyżka
~ **contradictions** ostre sprzeczności
~ **practice** oszustwo
~ **protest** ostry protest
~ **rebuke** surowe upomnienie, surowa nagana
~ **rise** ⟨**drop**⟩ **in prices** szybki wzrost ⟨spadek⟩ cen
~ **warning** kategoryczne ostrzeżenie
~ **work** intensywna praca
sharp² *v* oszukiwać
sharp³ *adv* ściśle, dokładnie
at 1 o'clock ~ punktualnie o pierwszej
sharpen *v* zaostrzać, obostrzać (*np. przepisy*)
to ~ **contradictions** zaostrzać sprzeczności
sharper *s* oszust, szalbierz, szuler
sharp(-)shooter *s* strzelec wyborowy
shatter *v* 1. połamać, zniszczyć, roztrzaskać 2. uszkodzić 3. zrujnować
shave¹ *s* kwota płacona za prolongatę dostawy, zapłata za zmianę warunków umowy
shave² *v* 1. golić 2. *przen.* obcinać pozycje budżetu 3. być nieustępliwym w targu 4. *am. pot.* pobierać wygórowane dyskonto
shed¹ *s* 1. hangar, szopa 2. zajezdnia
transshipment ~ hangar przeładunkowy

shed[2] *v* (**shed, shed**) 1. wylewać 2. *bryt.* (*o pojeździe*) gubić (*ładunek*)
  to ~ blood przelewać (*czyjąś*) krew
sheddage *s* 1. składowanie, magazynowanie (*w hangarze portowym*) 2. opłata składowa, składowe
sheet *s* 1. arkusz (*papieru itp.*), płachta 2. arkusz druku 3. karta 4. formularz, wykaz 5. gazeta
  agenda ~ porządek dzienny
  attendance ~ lista obecności
  balance ~ bilans
  cargo ~ lista ładunkowa (*towarów przewożonych na statku*)
  cargo ~ clerk *am.* urzędnik spedycyjny nadzorujący załadunek statku
  census ~ arkusz spisowy (*statystyczny*)
  clearing ~ arkusz rozliczeniowy
  cost ~ kalkulacja, kosztorys
  coupon ~ arkusz kuponów
  delivery ~ *a)* maklerska nota kryjąca *b)* kwitariusz doręczeniowy
  order ~ arkusz zamówień
  pay ~ lista płacy
  sale ~ paragon
  tally ⟨**tallying**⟩ **~** arkusz kontroli ilościowej ładunku
  time ~ *a)* karta kontrolna (*pracy robotnika*) *b)* lista obecności
shelf[1] *s* (*pl* **shelves**) półka
  ~ warmer towar niepokupny, *pot.* buble
  to put sb upon the ~ zwolnić kogoś
  to stay on the shelves pozostawać na półkach
shelf[2] *s* mielizna, rafa, szelf
  continental ~ szelf kontynentalny
  ice ~ szelf lodowy
shelter[1] *s* 1. schronienie 2. osłona, ochrona 3. przytułek 4. schron
  ~ belt pas ochronny, strefa ochronna
  ~ for the poor przytułek dla biednych
  night ~ dom noclegowy
  under the ~ of the government pod ochroną rządu
  to give sb ~ dać komuś schronienie
shelter[2] *v* 1. chronić 2. udzielać schronienia (**sb** komuś)
sheltered *adj* · **~ industry** przemysł chroniony (*cłami ochronnymi*)
shelve *v* 1. zaopatrzyć w półki 2. umieścić na półce, odłożyć na półkę 3. odsunąć na dalszy plan, odłożyć (*sprawę itp.*) 4. zwolnić z pracy (**sb** kogoś), wymówić służbę (**sb** komuś)
  to ~ the business odłożyć sprawę do szuflady
  to ~ an official zwolnić urzędnika
sheriff *s* szeryf (*w Wielkiej Brytanii obecnie tytuł honorowy, w Stanach Zjednoczonych wybierany wyższy urzędnik policji*)
  deputy ~ zastępca szeryfa
sheriffalty *s am.* 1. urząd szeryfa 2. okres urzędowania szeryfa
shift[1] *s* 1. zmiana 2. przesunięcie (się) 3. zmiana robocza, szychta 4. sposób, wybieg
  ~ labour praca na zmiany, system zmianowy
  ~ of crops płodozmian
  day ⟨**time**⟩ **~** zmiana dzienna
  night ~ zmiana nocna
  policy ~ zmiana polityki
  to make ~ znajdować sposób, poradzić sobie
  to use ~s używać wybiegów

  to work in ~s pracować na zmiany
shift[2] *v* 1. przesuwać, przestawiać, przekładać, przenosić 2. przesuwać się, zmieniać położenie 3. szukać sposobów, radzić sobie
  to ~ berth zmienić miejsce postoju statku w porcie
  to ~ the blame on sb zwalić winę na kogoś
  to ~ gears *am.* zmieniać biegi (*w samochodzie*)
  to ~ the responsibility on sb przerzucić na kogoś odpowiedzialność
  to ~ to another line of production zmienić branżę
shifting *s* 1. przesuwanie, przenoszenie, przekładanie, przestawianie 2. przesunięcie się ładunku 3. przesunięcie statku w porcie na inne miejsce 4. opłata za przesunięcie statku
  ~ of taxation przesunięcie ciężaru podatkowego (*na inną grupę*)
ship[1] *s* 1. statek 2. okręt
  ~ 's agency service obsługa agencyjna statku
  ~ agent agent statku
  ~ 's arrival nadejście ⟨przybycie⟩ statku do portu
  ~ breaker przedsiębiorca skupujący statki na złom
  ~ canal kanał morski
  ~ 's certificate of registry certyfikat okrętowy
  ~ 's class klasa statku
  ~ 's clearance odprawa celna, klarowanie statku
  ~ foreman kierownik brygady sztauerskiej
  ~ 's hold ładownia statku
  ~ 's husband osoba lub firma upoważniona przez właściciela do eksploatacji statku
  ~ in balast statek pod balastem ⟨bez ładunku⟩
  ~ in distress statek w niebezpieczeństwie
  ~ in operation statek w eksploatacji
  ~ letter list przesłany statkiem pocztowym
  ~ 's log ⟨**log-book**⟩ dziennik okrętowy
  ~ 's manifest manifest okrętowy (*wykaz ładunku wysłany do portu przeznaczenia*)
  ~ 's master kapitan statku handlowego
  ~ 's mortgage hipoteka morska
  ~ 's name nazwa statku
  ~ 's nationality przynależność państwowa statku, bandera statku
  ~ navicert zaświadczenie morskie statku (*że nie łamie on przepisów o kontrabandzie wojennej*)
  ~ 's option prawo wyboru służące armatorowi (*obliczania frachtu według wagi lub objętości ładunku*)
  ~ 's papers dokumenty ⟨papiery⟩ okrętowe
  ~ 's protest protest morski
  ~ 's passport paszport statku (*wydawany statkowi państwa neutralnego w czasie wojny*)
  ~ 's receipt *am.* kwit sternika ⟨okrętowy⟩
  ~ 's register rejestr okrętowy
  ~ 's report zgłoszenie przybycia statku (*do władz celnych*)
  ~ 's return raport statku o przyjęciu ładunku lub wyładowaniu
  ~ running eksploatacja statku
  ~ 's stores zapasy (*żywnościowe*) statku
  ~ 's sweat „pocenie się statku” (*nadmiar wilgoci w ładowniach*)
  ~ 's warrant warrant okrętowy, składowy dowód zastawniczy
  ~ under average statek w awarii, uszkodzony statek
  arrived ~ statek przybyły do portu

at ~ **'s expense and risk** na koszt i ryzyko statku
at ~ **'s rail** przy burcie statku (*określenie warunków dostawy ładunku na statek*)
alongside ~ wzdłuż burty statku
backward ~ statek zgłaszający się po ładunek przed terminem
calling ~ statek zawijający do portu zleceń (*po dyspozycje co do portu przeznaczenia*)
cargo ~ statek towarowy
cargo and passenger ~ statek towarowo-pasażerski
chartered ~ statek zaczarterowany, statek w czarterze
class of a ~ klasa statku
clean ~ statek „zdrowy" (*pod względem sanitarnym*)
coal ~ węglowiec, statek węglowy
coastal ⟨**coasting, coastwise**⟩ ~ statek kabotażowy ⟨żeglugi przybrzeżnej⟩
cold-storage ~ chłodniowiec, statek chłodnia
conference ~ statek armatora należącego do konferencji żeglugowej
convoy ~ statek konwojowy
deep-sea ⟨**deep-sea-going**⟩ ~ statek pełnomorski
demise of a ~ najem statku
depot ~ statek baza
dirty ~ tankowiec, ropowiec
documented ~ *am.* statek zarejestrowany
dry-cargo ~ statek do przewozu ładunków suchych
enemy ~ *a)* statek nieprzyjacielski *b)* statek linii konkurencyjnej
ex ~ ze statku, franko statek (*w porcie przeznaczenia*)
factory ~ statek przetwórnia
foreign-going ~ statek pełnomorski
free alongside ~ franko wzdłuż burty statku
freight ~ statek towarowy, frachtowiec
from under ~ **'s tackle** (*o warunkach wyładunku statku*) spod dźwigu statku
general ⟨**general-cargo**⟩ ~ drobnicowiec
home-bound ⟨**homeward-bound, inward-bound**⟩ ~ statek powracający do portu macierzystego
light ~ *a)* latarniowiec *b)* statek bez ładunku
mail ~ statek pocztowy
mercantile ⟨**merchant**⟩ ~ statek handlowy
missing ~ statek zaginiony ⟨przepadły bez wieści⟩
motor ~ statek motorowy, motorowiec
mother ~ statek baza
nuclear ~ statek z napędem atomowym
ocean ⟨**ocean-going**⟩ ~ statek pełnomorski
navigable ~ statek zdatny do żeglugi
oil-burning ⟨**oil-fuelled**⟩ ~ motorowiec na ropę
oil-carrying ⟨**oil tank**⟩ ~ zbiornikowiec, ropowiec, tankowiec
ore ~ rudowiec, statek do przewozu rudy
outbound ⟨**outward-bound**⟩ ~ *a)* statek udający się w podróż *b)* statek udający się za granicę
outside ~ statek nie należący do konferencji żeglugowej
overdue ~ statek opóźniony
parent ~ statek baza
passenger ~ statek pasażerski
patrol ~ statek patrolowy
pilot ~ statek pilotowy
pirate ~ statek piracki

privileged ~ statek uprzywilejowany (*mający pierwszeństwo drogi przy wymijaniu*)
prompt ~ statek gotowy do załadunku lub wyładunku
refrigerated ⟨**refrigerating, refrigerator**⟩ ~ chłodniowiec, statek chłodnia
registry of a ~ rejestracja statku
roll-on ⟨**roll-off**⟩ ~ statek do przewozu kontenerów, kontenerowiec (*ładowany systemem tocznym*)
sailing ~ żaglowiec
salvage ~ statek ratowniczy
sea-going ~ statek pełnomorski
seaworthy ~ statek zdatny do żeglugi
sister ~ statek bliźniaczy
space ~ statek kosmiczny
spot ~ statek gotowy do przyjęcia ładunku
steam ~ parowiec
store ~ statek prowiantowy
substitute ~ statek zastępczy
tank ~ zbiornikowiec, tankowiec
timber ~ statek do przewozu drewna, drewnicowiec
training ⟨**school**⟩ ~ statek szkolny
tramp ~ statek żeglugi trampowej, tramp
unseaworthy ~ statek niezdolny do żeglugi
to abandon a ~ *ub. mors.* abandonować statek
to ballast a ~ obciążyć statek balastem
to board a ~ wejść na statek, zaokrętować się
to bream a ~ oczyszczać dno statku (*podwodną część kadłuba*)
to bring up a ~ **at ...** zakotwiczyć ⟨zatrzymać statek⟩ w ...
to cast away a ~ wycofać statek z eksploatacji
to charter a ~ zaczarterować statek
to clear a ~ **inward** ⟨**outward**⟩ wyklarować statek na wejściu ⟨wyjściu⟩
to condemn a ~ uznać statek za niezdatny do żeglugi
to fall aboard of a ~ najechać na statek, zderzyć się ze statkiem
to freight a ~ zafrachtować statek
to get a ~ **off** podnieść zatopiony statek
to join a ~ wejść na statek, zaokrętować się
to launch a ~ wodować statek
to lay a ~ **on the berth for ...** podstawić statek do załadowania do ...
to lighten a ~ *a)* odciążyć statek, wyładować część ładunku *b)* wyładować część ładunku statku na lichtugi
to operate ⟨**run**⟩ **a** ~ eksploatować statek
to put a ~ **in service** oddać statek do eksploatacji
to receive ⟨**take**⟩ **on** ~ **board** przyjąć na statek (*towar*)
to run foul of a ~ najechać na statek, zderzyć się ze statkiem
to run a ~ **aground** osadzić statek na gruncie
to tip a ~ zadokować statek
ship² *v* **1.** brać na statek (*osoby lub rzeczy*), załadować na statek, zaokrętować **2.** wysłać (*statkiem lub innym środkiem transportu*) **3.** zaokrętować się **4.** angażować (się) do służby na statku
to ~ **by steamer** wysłać parowcem
to ~ **in bulk** załadować luzem, wysyłać luzem
to ~ **on board** ⟨**deck**⟩ załadować na statek ⟨pokład⟩
to ~ **on consignment** wysłać (*towar*) w konsygnację
to ~ **short** załadować niepełną ilość

ready to ~ gotowy do wysyłki ⟨załadunku⟩
shipbroker *s* **1.** makler okrętowy **2.** agent sprzedaży statków
shipbroking *s* maklerstwo okrętowe
shipbuilding *s* **1.** budownictwo okrętowe **2.** budowa okrętów
~ **industry** przemysł stoczniowy ⟨okrętowy⟩
~ **yard** stocznia
shipchandler *s* dostawca okrętowy (*dostarczający prowiant i sprzęt*)
shipchandlery *s* **1.** zaopatrywanie statków **2.** przedsiębiorstwo dostaw (*prowiantu i sprzętu*) dla statków
shipholder *s* armator
ship(-)load *s* ładunek całostatkowy ⟨pełnostatkowy, całookrętowy⟩
shipmaster *s* kapitan statku handlowego
~**'s lien** przysługujące kapitanowi statku prawo zastawu na ładunku
shipment *s* **1.** ładowanie, załadunek (*zwłaszcza na statek*) **2.** przesyłka, partia towaru **3.** wysyłka towaru, ekspedycja
~ **as soon as possible** załadowanie jak najszybciej
~ **after harvest** załadowanie po zbiorach
~ **beginning** ⟨**middle, end**⟩ **of month** załadowanie na początku ⟨w środku, końcu⟩ miesiąca (*tj. w pierwszej, drugiej, trzeciej dekadzie*)
~ **by instalments** wysyłka partiami
~ **by air** ⟨**rail, sea etc.**⟩ wysyłka samolotem ⟨koleją, statkiem itp.⟩
~ **in bulk** *a*) wysyłka luzem *b*) partia towaru wysłana luzem
~ **in first** ⟨**last**⟩ **four months** wysyłka w ciągu czterech pierwszych ⟨ostatnich⟩ miesięcy roku
~ **of goods** wysyłka towarów
~ **on consignment** wysyłka w konsygnację, przesyłka konsygnacyjna
~ **on ... or before ...** załadowanie najpóźniej w dniu ... lub przed ...
~ **this month** wysyłka w bieżącym miesiącu
~ **to ...** załadowanie do dnia ...
~ **to the end of month** załadowanie do końca miesiąca
~ **with open water** załadowanie z chwilą otwarcia żeglugi
advice of ~ zawiadomienie o wysyłce, awizacja wysyłki
aggregated ~ odprawa zbiorcza
air ~ *a*) przesyłka lotnicza *b*) wysyłka drogą lotniczą
bulk ~ wysyłka luzem
business for ~ transakcja „na załadowanie" (*sprzedawca obowiązany jest załadować towar w ustalonym terminie*)
carload ~ przesyłka całowagonowa
cash before ⟨**on**⟩ ~ gotówką przed załadowaniem ⟨przy załadowaniu⟩
certificate of ~ dowód załadowania, kwit wysyłkowy
contract on ~ umowa „na załadowanie"
date of ~ data załadunku ⟨wysyłki⟩
deck ~ ładunek na pokładzie
direct ~ wysyłka bezpośrednia (*bez przeładunku*)
early ~ załadowanie wczesne (*na początku sezonu eksportowego*)
forward ~ załadowanie późniejsze (*nie wcześniej niż za miesiąc*)

gross ~ pełne załadowanie
immediate ~ załadowanie natychmiastowe, towar gotów do załadowania
instalment ~ wysyłka partiami
late ~ załadowanie późne (*pod koniec sezonu eksportowego*)
less-than-cardload ~ drobnicowa przesyłka kolejowa
lost in ~ utracony ⟨zagubiony⟩ w transporcie morskim
mode of ~ sposób wysyłki
note ⟨**notice**⟩ **of** ~ zawiadomienie o wysyłce, awizacja wysyłki
part ⟨**partial**⟩ ~ wysyłka częściowa
place ⟨**point**⟩ **of** ~ miejsce załadunku
port of ~ port załadowania
prompt ~ załadowanie szybkie (*zwyczajowo w granicach 10 dni*)
rail ~ *a*) przesyłka kolejowa *b*) wysyłka koleją
ready for ~ (*o towarze*) gotowy do wysyłki (*statkiem*)
received for ~ **bill of lading** konosament na towary przyjęte do załadunku
sea ~ *a*) wysyłka statkiem *b*) przesyłka drogą morską ⟨w przewozie morskim⟩
short ~ *a*) niedoładowanie *b*) przesyłka niekompletna
through ~ przesyłka bezpośrednia ⟨bez przeładunku⟩
time of ~ czas załadowania, termin wysyłki
shipowner *s* **1.** armator **2.** właściciel statku
~**'s lien** przysługujące armatorowi prawo zastawu na ładunku na zabezpieczenie należności frachtowych
~**'s office** biuro armatora
shipowning *s* własność statku
~ **business** usługi handlowo-morskie, eksploatacja statków
shipped *pp adj* : ~ **bill of lading** konosament na towary już załadowane (*w przeciwieństwie do konosamentu na towary przyjęte do załadowania*)
~ **in and upon the ...** załadowany na ... (*nazwa statku*)
~ **on board ...** załadowany na ... (*nazwa statku*)
~ **on deck** załadowany na pokładzie
~ **or to be** ~ załadowany lub już do załadowania
~ **quality** jakość w chwili załadunku
~ **quantity** ilość załadowana
~ **weight** waga załadunku
condition when ~ jakość w chwili załadunku
goods to be ~ towar do załadowania
shipper *s* **1.** załadowca (*towaru na statek*) **2.** *am.* załadowca, nadawca ładunku **3.** frachtujący w przewozie na podstawie umowy bukingowej **4.** czarterujący, dysponent ładunku
~**'s agent** agent ⟨makler⟩ statku wyznaczony przez załadowcę
~**'s forwarding agent** spedytor załadowczy
~**'s guarantee** list gwarancyjny załadowcy dla armatora, rewers, gwarancja załadowcy
~**'s mark** cecha załadowcy (*na ładunku*)
~**'s papers** dokumenty załadowcy (*konosament, polisa, dyspozycja załadowcza, kwit dokowy, manifest ładunkowy, faktura*)
~**'s stevedore** sztauer wyznaczony przez załadowcę
~**'s weight** waga podana przez załadowcę

general ~ załadowca nie specjalizujący się w określonej branży
merchant ~ eksporter branżowy
nominal ~ załadowca nie będący stroną w umowie frachtowej
shipping *s* **1.** załadowanie na statek **2.** ekspedycja (*towaru*) **3.** zaokrętowanie (*pasażera*) **4.** zamustrowanie załogi **5.** żegluga handlowa, przewozy morskie **6.** flota handlowa
~ **advice** zawiadomienie o wysyłce, awizacja wysyłkowa
~ **agency** *a*) agencja okrętowa, biuro okrętowe *b*) biuro spedycyjne
~ **agent** *a*) agent okrętowy *b*) spedytor portowy
~ **and forwarding agent** spedytor portowy
~ **articles** rola zaciągowa, umowa (*zbiorowa*) o pracę na statku
~ **balance** bilans masy towarowej (*wywiezionej i przywiezionej*)
~ **bills** dokumenty ładunkowe przewozowe ⟨wysyłkowe⟩
~ **broker** makler okrętowy
~ **business** handlowo-morskie usługi, żegluga handlowa towarzystwa okrętowego
~ **casualty** katastrofa okrętowa, wypadek na morzu
~ **certificate** świadectwo załadowania (*wydawane przez spedytora*)
~ **charges** koszty transportu ⟨przewozu, przesłania⟩
~ **clerk** pracownik spedycyjny, ekspedytor ładunków
~ **combination** ⟨conference⟩ konferencja żeglugowa, porozumienie armatorów
~ **company** towarzystwo ⟨przedsiębiorstwo⟩ żeglugowe ⟨okrętowe⟩
~ **company stevedore** sztauer pracujący stale na zlecenie armatora
~ **condition** stan ładunku kwalifikujący go do wysyłki
~ **container** pojemnik transportowy
~ **corporation** *am.* towarzystwo ⟨przedsiębiorstwo⟩ żeglugowe ⟨okrętowe⟩
~ **country** kraj załadowania ⟨wysyłki, pochodzenia⟩
~ **date** data załadowania ⟨wysyłki⟩
~ **department** ekspedycja
~ **documents** dokumenty ładunkowe ⟨przewozowe, wysyłkowe⟩
~ **exchange** giełda frachtowa ⟨żeglugowa⟩
~ **expenses** koszty załadunku ⟨wysyłki, przewozu⟩
~ **firm** firma spedycyjna
~ **house** towarzystwo żeglugowe ⟨okrętowe⟩, firma eksploatująca linię żeglugową
~ **industry** żegluga handlowa, przewozy morskie, usługi transportu morskiego
~ **instructions** dyspozycja wysyłkowa, instrukcja załadowcza
~ **insurance** ubezpieczenie przewozowe
~ **invoice** faktura wysyłkowa
~ **lane** szlak żeglugowy, morska droga żeglugowa ⟨okrętowa⟩
~ **law** prawo morskie
~ **line** linia okrętowa ⟨żeglugowa⟩
~ **mark** cecha wysyłkowa na sztuce ładunku
~ **market** rynek frachtowy ⟨czarterowy⟩
~ **merchant** eksporter branżowy

~ **note** ⟨permit⟩ zlecenie załadowania, kwit załadowczy
~ **office** *bryt.* biuro zaciągu i zwolnień marynarzy, urząd żeglarski
~ **opportunity** okazja przewozu, możliwość wysyłki
~ **order** zlecenie załadunkowe ⟨spedycyjne⟩, polecenie załadowania
~ **place** miejsce załadunku ⟨wysyłki⟩
~ **port** port załadowania
~ **quality** jakość (*towaru*) w czasie załadowania
~ **route** szlak żeglugowy
~ **season** sezon żeglugowy
~ **shares** akcje przedsiębiorstw żeglugowych
~ **space** przestrzeń ładunkowa
~ **ton** tona frachtowa (*przestrzenna lub ciężarowa*)
~ **trade** ⟨traffic⟩ żegluga handlowa, przewozy morskie
~ **value** wartość towaru w czasie załadowania ⟨wysyłki⟩
~ **ventures** przedsięwzięcia handlowo-morskie
~ **weight** waga załadowana, ciężar wysyłkowy (*przedmiotów przygotowanych do wysyłki*)
buyer's ~ **agent** agent spedycyjny kupującego ⟨importera⟩
Chamber of Shipping of the United Kingdom Brytyjska Izba Żeglugowa
coastwise ~ ⟨trade⟩ żegluga przybrzeżna, kabotaż
direct ~ wysyłka bezpośrednia (*bez przeładunku*)
coastal ~ żegluga kabotażowa wielka (*między portami różnych mórz*)
liner ~ żegluga liniowa
merchant ~ żegluga handlowa
register of ~ rejestr statków
regular ~ **line** linia żeglugi regularnej
scarcity of ~ brak statków
tramp ~ żegluga trampowa
shipside *s* burta statku
carting to ~ dowóz pod burtę statku
shipwreck[1] *s* **1.** rozbicie statku **2.** wrak **3.** ruina, zniszczenie
shipwreck[2] *v* **1.** (*o statku*) rozbić się **2.** rozbić, zniszczyć, zrujnować
to ~ **a vessel** zatopić ⟨rozbić⟩ statek
to ~ **plans** zrujnować plany
shipyard *s* stocznia
shire *s hist.* hrabstwo (*okręg administracyjny w Wielkiej Brytanii*)
shirk *v* unikać (*niemiłej*) pracy
shirker *s* osoba uchylająca się od pracy
shoal *s* **1.** mielizna, płycizna **2.** wielka ilość, mnóstwo
shock *s*: ~ **worker** przodownik pracy
shoddy[1] *s* **1.** lichy materiał wełniany z odpadków **2.** tandetny wyrób, towar wybrakowany
shoddy[2] *adj* lichy, tandetny, (*o towarze*) wysortowany
shoot *v* (shot, shot) **1.** wyrzucać **2.** podskoczyć gwałtownie **3.** wystrzelić **4.** filmować
to ~ **an anchor** zarzucić kotwicę
to ~ **ballast** wyrzucić balast
to ~ **a gun** wystrzelić ze strzelby
to ~ **into another vessel** przeładować na inny statek
to ~ **a missile** wystrzelić pocisk
to ~ **sb dead** zastrzelić kogoś
shoot down *v* zestrzelić (*samolot*)

shooting *s* **1.** polowanie **2.** kręcenie filmu
~ **licence** karta łowiecka
~ **season** sezon łowiecki
~ **war** prawdziwa wojna
shop[1] *s* **1.** sklep **2.** pracownia, warsztat, zakład pracy
~ **assistant** sprzedawca sklepowy, ekspedient
~ **board** lada sklepowa
~ **book** księga handlowa
~ **car** furgonetka
~ **folk** personel sklepowy
~ **hours** godziny otwarcia sklepu
~ **mark** wywieszka z ceną (*na towarze*)
~ **practice** praktyka warsztatowa ⟨sklepowa⟩
~ **price** cena detaliczna
~ **premises** lokal ⟨teren⟩ sklepu ⟨pracowni, warsztatu⟩
~ **sign** wywieszka sklepowa
~ **theft** kradzież sklepowa
~ **thief** złodziej sklepowy
closing of the ~ **s** zamykanie sklepów
closed ⟨**union**⟩ ~ *am.* zakład pracy wymagający od pracowników należenia do związku zawodowego
corner ⟨**street-corner**⟩ ~ sklepik spożywczy (*najbliżej miejsca zamieszkania*)
counter-service ~ sklep z tradycyjną obsługą (*w odróżnieniu od sklepu samoobsługowego*)
exhibition ~ salon sprzedaży (*głównie informacyjno--reklamowy*)
food ~ *bryt.* sklep spożywczy
general ⟨**mixed**⟩ ~ *bryt.* sklep z towarami mieszanymi
ill-run ~ źle prowadzony sklep
job ⟨**lot**⟩ ~ przedsiębiorstwo pracujące na specjalne zamówienie
manufacturer's own ~ sklep fabryczny
money ~ *bryt.* oddział banku w centrum handlowym (*miasta*)
one-price ~ sklep z jednolitymi cenami
open ~ *am.* zakład pracy nie wymagający od pracowników należenia do związku zawodowego
pawnbroker's ~ lombard
preferential union ~ zakład pracy zatrudniający w pierwszej kolejności członków związku zawodowego
repair ~ warsztat naprawczy
self-service ~ sklep samoobsługowy
single-line ⟨**speciality, specialty**⟩ ~ sklep specjalistyczny
well-furnished ~ sklep dobrze zaopatrzony
well-run ⟨~ dobrze prowadzony sklep
to close ⟨**shut**⟩ **down a** ~ zlikwidować sklep
to keep ⟨**run**⟩ **a** ~ prowadzić sklep
to open ⟨**set up**⟩ **a** ~ otworzyć ⟨założyć⟩ sklep
shop[2] *v* kupować, robić zakupy
to ~ **at the stores** kupować w domach towarowych
shop around *v* **1.** porównywać ceny w różnych sklepach (*przed dokonaniem zakupu*) **2.** polować na okazję ⟨okazyjny zakup⟩
shop(-)boy *s bryt.* chłopiec sklepowy na posyłki
shopfront *s* wystawa sklepowa, witryna
shop(-)girl *s* sprzedawczyni, ekspedientka
shopkeeper *s* właściciel sklepu, kupiec detaliczny, sklepikarz
shoplifter *s* złodziej sklepowy (*zwłaszcza w sklepach samoobsługowych*)

shoplifting *s* dokonywanie kradzieży w sklepach (*zwłaszcza samoobsługowych*)
shopman *s* (*pl* **shopmen**) **1.** kupiec, sklepikarz **2.** ekspedient, sprzedawca, pracownik sklepowy **3.** warsztatowiec, robotnik warsztatowy
shopper *s* **1.** klient, kupujący (*w sklepie*) **2.** *am.* pracownik zatrudniony celem badania towaru i cen u konkurentów
shopping *s* robienie zakupów, chodzenie po sprawunki, zakupy
~ **centre** ⟨*am.* **center**⟩ centrum handlowe (*miasta*)
~ **district** dzielnica handlowa ⟨sklepowa⟩
~ **goods** *am.* towary niestandardowe (*nabywane zwykle po zbadaniu jakości i cen w innych sklepach*)
~ **street** ulica centrum handlowego
main-street ~ zakupy w centrum handlowym
night ~ zakupy nocne
one-stop ~ zakup wszystkich potrzebnych towarów w jednym sklepie
window ~ oglądanie wystaw sklepowych *a*) w celu wyboru towaru *b*) zamiast zakupu (*z braku pieniędzy*)
to do the ~ robić zakupy, załatwiać sprawunki
to go ~ iść po zakupy, załatwiać sprawunki
shoppy *adj* **1.** *bryt.* handlowy **2.** związany z handlem
shop(-)steward *s* mąż zaufania (*załogi*)
shop-walker *s* pracownik dużego magazynu informujący klientów i nadzorujący personel
shopworn *adj* (*o towarze*) zniszczony ⟨zabrudzony⟩ przez długie leżenie w sklepie
shop-window *s* wystawa sklepowa, okno wystawowe
in the ~ na wystawie
to dress a ~ dekorować ⟨ubierać⟩ wystawę
shorage *s* **1.** przepisy brzegowe **2.** opłaty brzegowe ⟨wyładunkowe⟩
shore[1] *s* **1.** brzeg, wybrzeże **2.** obszar objęty przypływem
~ **fast** cuma, lina cumownicza
~ **hand** robotnik portowy, doker
~ **leave** przepustka na zejście na ląd (*dla załogi*)
~ **risks** ryzyka transportu lądowego
distant ~ **s** dalekie kraje
in ~ przy brzegu
off ~ z dala od wybrzeża, na pełnym morzu
to go ⟨**come**⟩ **on** ~ wylądować, zejść na ląd
to head off ~ kierować się w morze
to put to ~ kierować się w stronę lądu
to reach ~ lądować
to run on ~ wyrzucić statek na brzeg
shore[2] *v* **1.** lądować, wychodzić na ląd **2.** wyładowywać na ląd **3.** pływać statkiem wzdłuż lądu, kabotażować
to ~ **passengers** wysadzić pasażerów na ląd
shoreward(s) *adv* do brzegu, w stronę brzegu
to sail ⟨**swim**⟩ ~ żeglować ⟨płynąć⟩ ku brzegowi ⟨do brzegu⟩
short[1] *s* **1.** podsumowanie, krótkie zestawienie, skrót (**of sth** czegoś) **2.** spekulant na zniżkę, blankista **3.** skrawek, odpad, ścinek **4.** manko, brak **5.** *pl* **shorts** *giełd.* spekulanci grający na zniżkę
~ **dated** krótkoterminowy
~ **s and overs** manka i superaty
for ~ krótko mówiąc
in ~ w skrócie

short² *adj* **1.** krótki, skrócony **2.** krótkoterminowy **3.** niepełny, niecałkowity, niedostateczny **4.** blankowy, nie pokryty (*o transakcjach giełdowych na zniżkę*)
~ **balance** saldo ujemne ⟨debetowe⟩
~ **bill** weksel krótkoterminowy
~ **borrowing** zaciąganie krótkoterminowych pożyczek
~ **cause** krótka ⟨nie wymagająca długiego czasu, prosta⟩ sprawa
~ **contents** niepełna zawartość, braki w zawartości
~ **credit** kredyt krótkoterminowy
~ **cut** skrót, krótsza droga
~ **date** krótki termin
~ **delivery** niepełne wydanie (*ładunku*), brak części ładunku
~ **distance** mała odległość, krótki odcinek drogi
~ **draft** trata krótkoterminowa
~ **entry** niepełna deklaracja celna
~ **gauge** niepełna miara, niepełny wymiar
~ **insurance** ubezpieczenie zaniżone ⟨na niedostatecznie wysoką kwotę⟩
~ **lease** krótkoterminowa dzierżawa
~ **loan** ⟨money⟩ pożyczka krótkoterminowa
~ **market** rynek pozostający pod wpływem transakcji na zniżkę ⟨blankowych⟩
~ **measure** niepełna miara, niepełny wymiar
~ **price** *a)* cena bez cła, cena nieoclona *b)* cena netto ⟨obniżona⟩
~ **rate** kurs krótkoterminowych wpłat na zagranicę
~ **ration** szczupła racja
~ **run** krótki termin
~ **sale** ⟨selling⟩ sprzedaż blankowa ⟨nie pokryta⟩
~ **shipment** *a)* załadowanie z brakiem, niedoładowanie *b)* przesyłka niepełna ⟨z brakiem⟩
~ **story** nowela, nowelka
~ **supply** słaba podaż
~ **term** krótki termin
~ **week** niepełny tydzień pracy
~ **weight** niedowaga, niepełna waga
at a ~ **date** ⟨term⟩ na krótki termin
at a ~ **range** *a)* na krótką metę *b)* z bliska
bill at ~ **sight** weksel krótkoterminowy (*płatny w krótkim czasie po okazaniu*)
deposit at ~ **notice** wkład krótkoterminowy
loan at ~ **notice** pożyczka krótkoterminowa
workers on ~ **time** częściowo bezrobotni, robotnicy pracujący niepełny tydzień
to be in ~ **supply** być w niedostatecznej ilości, nie wystarczać
to be ~ **of cash** ⟨funds⟩ odczuwać brak gotówki ⟨kapitału⟩
to be ~ **of hands** cierpieć na brak rąk do pracy
to be ~ **of staff** cierpieć na brak personelu
to come ⟨fall⟩ ~ *a)* nie osiągać (**of sth** czegoś) *b)* okazać się niedostatecznym ⟨nieodpowiednim⟩, nie wystarczać
to come ~ **of one's duty** nie spełnić swego obowiązku
to come ~ **of expectations** nie spełniać nadziei ⟨oczekiwań⟩
to fall ~ **in weight** nie mieć pełnej wagi
to get ~ **weight** zostać oszukanym na wadze, dać się oszukać na wadze
to give ~ **weight** nie doważać, okradać na wadze
to give ~ **measure** okradać na mierze

to keep (sb) ~ **of money** nie dawać (komuś) pieniędzy
to run ~ *a)* wyczerpywać się, być w niedostatecznej ilości *b)* odczuwać brak (**of sth** czegoś)
short³ *adj* **1.** nieoczekiwanie, nagle **2.** bez pokrycia, blankowo
~ **of** z wyłączeniem, pomijając
to borrow ~ pożyczać na krótki termin, brać pożyczki krótkoterminowe
to sell ~ spekulować na zniżkę, sprzedawać blankowo ⟨bez pokrycia⟩
to ship ~ załadować ⟨wysłać⟩ niepełną ilość, nie doładować
shortage *s* **1.** niedobór, manko **2.** brak, ubytek **3.** deficyt
~ **in weight** niedobór na wadze
~ **of capital** brak kapitału
~ **of goods** brak towarów
~ **of labour** brak siły roboczej
~ **of raw material** brak surowców
~ **of staff** brak personelu
~ **risk** ryzyko ubytków (*w towarze*)
acute ~ dotkliwy brak
admissible ~ dopuszczalny deficyt, dozwolony ubytek
cash ~ *a)* brak gotówki *b)* manko kasowe
chronic ~ chroniczny deficyt
dollar ~ brak dolara
food ~ brak żywności
housing ~ głód mieszkaniowy
job ~ brak miejsc pracy
planned ~ planowany deficyt
supply ~ braki w zaopatrzeniu
trade ~ ubytek naturalny (*towaru*)
to make up ⟨good⟩ **a** ~ wyrównać deficyt, pokryć manko
short-change *v* wydać za mało reszty
shortcoming *s* **1.** wada, brak, niedostatek **2.** niedociągnięcia **3.** *pl* **shortcomings** wybrakowane sztuki towaru, braki
~ **in cash** manko kasowe
to compensate for a ~ **of sth** wynagrodzić brak czegoś
short-dated *adj* **1.** (*o wekslu*) krótkoterminowy, płatny w krótkim czasie po wystawieniu **2.** (*o bilecie*) o krótkim terminie ważności
a ~ **bill** ⟨draft⟩ krótkoterminowy weksel, krótkoterminowa trata
shorten *v* **1.** skrócić, zredukować, ograniczyć **2.** stać się krótszym, ulec ograniczeniu ⟨zredukowaniu⟩
to ~ **a ration** zmniejszyć rację ⟨przydział⟩
to ~ **working time** skrócić czas pracy
shorthand *s* stenografia
~ **minutes** ⟨report⟩ protokół stenografowany
~ **note** stenogram
~ **typewriter** maszyna do stenografowania
~ **typist** stenotypista, stenotypistka
~ **writing** stenografowanie
to write in ~ stenografować
short-handed *adj* mający niedobór siły roboczej ⟨niedostateczną obsadę⟩
to be ~ mieć niedobór siły roboczej
short-haul *adj*: ~ **service** przeloty na krótkich dystansach
short-insured *adj* ubezpieczony na niedostatecznie wysoką sumę

short-landed *adj* (*o towarze*) wyładowany niecałkowicie ⟨z brakiem⟩

shortly *adj* **1.** wkrótce, zaraz, wnet, niebawem **2.** krótko, treściwie
~ **after** wkrótce potem
~ **maturing loan** krótkoterminowa pożyczka

shortness *s* **1.** krótkość **2.** krótkotrwałość **3.** braki
~ **of money** brak pieniędzy
~ **of sight** krótkowzroczność
~ **of time** krótkość czasu
for ~ **sake** dla zwięzłości

short-range *adj:* ~ **missile** pocisk bliskiego zasięgu
~ **plane** samolot krótkiego zasięgu

short-sea *adj:* ~ **service** ⟨trade⟩ żegluga mała

short-shipped *adj* niedoładowany, niecałkowicie załadowany, załadowany z brakiem
~ **cargo** ładunek nie załadowany (*nie mieszczący się lub zapomniany*)

short-sighted *adj* **1.** (*o wekslu*) krótkoterminowy, płatny w krótkim czasie po wystawieniu **2.** krótkowzroczny
~ **policy** krótkowzroczna polityka

short-term, short-termed *adj* krótkoterminowy
~ **bill** krótkoterminowy weksel
~ **bonds** krótkoterminowe obligacje
~ **credit** kredyt krótkoterminowy
~ **debt** krótkoterminowy dług
~ **deliveries** dostawy krótkoterminowe
~ **investment** krótkoterminowa inwestycja
~ **loan** pożyczka krótkoterminowa
~ **program(me)** program krótkoterminowy
~ **worker** robotnik częściowo bezrobotny

short-time *adj, adv:* ~ **working** częściowe bezrobocie, niepełne zatrudnienie
to work ⟨to be on⟩ ~ być częściowo zatrudnionym

short-valuation *s* zbyt niskie oszacowanie

shortweight *s* niedowaga, niepełna waga

shot *s* **1.** strzał **2.** wystrzelenie **3.** zastrzyk

show[1] *s* **1.** pokaz, wystawa **2.** wrażenie, efekt **3.** *pot.* sprawa
~ **business** przemysł rozrywkowy
~ **card** *a*) plakat ogłoszeniowy *b*) karta próbek
~ **case** gablota, witryna
~ **of force** pokaz siły
~ **of hands** głosowanie jawne ⟨przez podniesienie rąk⟩
agricultural ~ wystawa rolnicza
fashion ~ pokaz mody
for ~ na pokaz
international ~ wystawa międzynarodowa
motor ~ *a*) wystawa samochodowa *b*) salon samochodowy
sample ~ pokaz wzorów
to be on ~ być wystawionym ⟨do obejrzenia⟩
to make a ~ **of sth** demonstrować coś
to run the ~ *pot.* rządzić wszystkim, decydować o wszystkim
to vote by ~ **of hands** głosować przez podniesienie rąk

show[2] *v* (**showed**, *pp* **showed, shown**) **1.** pokazywać, okazywać, wystawiać na pokaz **2.** wykazywać, przejawiać **3.** wskazywać **4.** być widocznym, odznaczać się **5.** *zob.* **show off, over, up**
to ~ **an advance in price** wykazywać wzrost cen
to ~ **a balance** wykazywać saldo
to ~ **cause** przedstawiać sprawę

to ~ **a gain** wykazywać wzrost
to ~ **good title** okazać dobry tytuł
to ~ **an improvement** wykazywać poprawę
to ~ **a loss** ⟨profit⟩ wykazywać stratę ⟨zysk⟩
to ~ **a favour** wyświadczyć grzeczność
to ~ **one's passport** okazać paszport
to ~ **a tendency** wykazywać tendencję
to ~ **to the satisfaction of the court** wykazywać przed sądem

show(-)floor *s* teren ⟨pawilon⟩ wystawowy

show off *v* wystawiać na pokaz, zachwalać
to ~ **one's wealth** chwalić się swym bogactwem

show over *v* *bryt.* oprowadzić (*gości po fabryce, klienta po nieruchomości itp.*)

showpiece *s* egzemplarz okazowy, eksponat

show(-)room *s* salon wystawowy

show up *v* zdemaskować, wyjawić, ujawnić
to ~ **a fraud** ujawnić oszustwo
to ~ **a swindler** zdemaskować oszusta

show(-)window *s* wystawa sklepowa, witryna

showy *adj* okazały, efektowny, obliczony na efekt

shriek *v* wrzeszczeć, krzyczeć, wykrzykiwać
to ~ **abuse** ⟨curses, threats⟩ wykrzykiwać obelgi ⟨przekleństwa, groźby⟩
to ~ **for help** wołać o pomoc

shrievalty *s* **1.** urząd szeryfa **2.** jurysdykcja szeryfa

shrink *v* (**shrank, shrunk**, *pp* **shrunk**) **1.** zmniejszać się, kurczyć się **2.** (*o tkaninie*) zbiegać się, kurczyć się

shrinkage *s* **1.** zmniejszanie się, kurczenie się **2.** ubytek naturalny (*towaru*), wyschnięcie, ususzka, skurczenie się **3.** upust ⟨bonifikata, refakcja⟩ za ubytek ilości (*towaru*)
~ **in bulk** ubytek w objętości
~ **in value** zmniejszenie się wartości
~ **in weight** ubytek na wadze
~ **of credit** zmniejszanie się kredytu
~ **of exports** kurczenie się eksportu
~ **of market** kurczenie się rynku
~ **of trade** zmniejszenie się handlu
loss by ~ strata na skutek ubytku
normal ~ ubytek naturalny ⟨zgodny z normami, normatywny⟩

shrinking: **the market is** ~ rynek się kurczy
the supply is ~ podaż się zmniejsza

shunt *v* przetaczać wagony
„~ **with care**" „ostrożnie przetaczać"

shunting *s* *giełd.* arbitraż na rynku wewnętrznym

shut *v* (**shut, shut**) **1.** zamykać **2.** zatarasować
to ~ **for dividend** zamknąć dostęp do ksiąg spółki akcyjnej z powodu obliczania dywidendy
to ~ **in prison** zamknąć w więzieniu
to ~ **a passage** zamknąć przejście

shut-down *s* **1.** zamknięcie (*zakładu pracy*) **2.** zatrzymanie (*produkcji*), przestój

shut down *v* **1.** zamykać (*przez spuszczenie kraty*) **2.** unieruchomić, wstrzymać **3.** zaprzestać, przerwać (*np. pracę, działalność*)

shut-out *s* **1.** towar nie przyjęty do załadunku (*z powodu braku miejsca lub opóźnienia*) **2.** lokaut, strajk okupacyjny

shut out *v* nie dopuszczać, wyłączać, wykluczać
to ~ **cargo** nie przyjąć towaru do załadowania (*z powodu braku miejsca lub opóźnienia*)

shut up *v* **1.** zamykać **2.** likwidować
to ~ **ports** zamknąć porty
to ~ **a shop** zamknąć sklep

shyster *s am.* 1. podejrzany typ 2. krętacz, kanciarz
~ **lawyer** *pot.* pokątny adwokat
sick *adj* chory
~ **absenteeism** absencja chorobowa
~ **allowance** ⟨benefit, pay⟩ zasiłek chorobowy
~ **leave** zwolnienie lekarskie
to be ⟨feel⟩ ~ być ⟨czuć się⟩ chorym
side *s* 1. płaszczyzna boczna, bok, brzeg 2. strona 3.
sprawa, zagadnienie, punkt widzenia 4. rejon, okręg
5. część budynku, oddział
~ **launching** wodowanie boczne (*statku*)
~ **line** *a)* boczna linia (*pokrewieństwa*) *b)* boczna
linia (*kolejowa*) *c)* uboczna branża *d)* artykuł
uboczny
~ **of selling** zagadnienie zbytu
~ **of a ship** bok statku, burta
~ **result** efekt uboczny
~ **street** boczna ulica
address ~ strona (*listu*) zawierająca adres
credit ⟨debit⟩ ~ strona „winien" ⟨„ma"⟩
front ~ strona tytułowa
good ~ dobra strona
left ⟨left-hand⟩ ~ *a)* lewa strona *b)* strona „winien",
debet
on the father's ⟨mother's⟩ ~ ze strony ojca ⟨matki⟩
the other ~ *a)* strona przeciwna *b)* *am. pot.*
Europa
port ~ lewa burta, bakbort
reverse ~ *a)* odwrotna strona *b)* lewa strona (*tkani-ny*)
right ⟨right-hand⟩ ~ *a)* prawa strona *b)* strona „ma",
kredyt
this ~ *a)* ta strona *b)* *am. pot.* Ameryka
this ~ **up** tą stroną do góry
windward ~ strona nawietrzna
to be on the same ~ znajdować się po tej samej
stronie ⟨w tym samym obozie⟩
to change ~s przejść na drugą stronę, zmienić stronę
⟨obóz⟩
to study a problem from all ~s wszechstronnie badać
zagadnienie
to take ~s **with sb** brać ⟨popierać⟩ czyjąś stronę,
stanąć po czyjejś stronie
siding *s* boczny tor, bocznica kolejowa
factory ~ bocznica kolejowa (*do fabryki*)
loading ~ bocznica załadowcza
sift *v* 1. przesiewać, odsiewać 2. *przen.* poddawać
dokładnemu badaniu
to ~ **evidence** analizować dowody
sight[1] *s* 1. wzrok 2. widzenie 3. okazanie, przedstawienie, przedłożenie 4. widok
~ **bill** ⟨exchange⟩ weksel płatny za okazaniem ⟨awi-
sta⟩
~ **credit** akredytywa dająca prawo wystawienia na
bank traty płatnej za okazaniem
~ **draft** trata płatna za okazaniem ⟨awista⟩
~ **entry** tymczasowa ⟨wstępna⟩ deklaracja celna
~ **rate** kurs czeków i weksli płatnych za okazaniem,
kurs czekowy
~ **test** badanie wzroku
~ **unseen** (*kupować*) bez obejrzenia ⟨na ślepo⟩
after ~ po okazaniu
at ~ za okazaniem
at... days ~ w... dni po okazaniu
at first ~ na pierwszy rzut oka

banker's ~ weksel awista trasowany przez bank na
swój oddział lub inny bank
bill at ~ weksel awista
long ~ *a)* długi termin płatności weksla po okazaniu
b) długoterminowy weksel awista
payable at ~ płatny za okazaniem
short ~ *a)* krótki termin płatności weksla po okazaniu *b)* krótkoterminowy weksel awista
to draw at ~ wystawić ⟨trasować⟩ weksel płatny
awista
sight[2] *v* okazać, przedstawić
to ~ **a bill for acceptance** ⟨payment⟩ okazać ⟨przed-
stawić⟩ weksel do przyjęcia ⟨zapłaty⟩
sign[1] *s* 1. znak, oznaka, symbol 2. wywieszka, szyld,
tablica z napisem
~ **manual** podpis własnoręczny
~ **of quality** znak jakości
~ **of recognition** znak rozpoznawczy
~s **of better trade** oznaki poprawy w handlu
~s **of a crisis** objawy kryzysu
calling ~ znak wywoławczy
caution ~ znak ostrzegawczy
conventional ~s *stat.* znaki umowne
illuminated ⟨neon⟩ ~ świetlna ⟨neonowa⟩ wywieszka
⟨reklama⟩
road ⟨traffic⟩ ~ znak drogowy
shop ~ wywieszka sklepowa, szyld
outdoor ~ szyld
sign[2] *v* podpisywać (się); *zob.* **sign away, off, on**
to ~ **a bill** podpisać rachunek
to ~ **by proxy** podpisać w zastępstwie ⟨per procu-
ra⟩
to ~ **a contract** ⟨document⟩ podpisać umowę ⟨doku-
ment⟩
to ~ **indictment** podpisać akt oskarżenia
to ~ **in blank** podpisać in blanco
to ~ **in one's own hand** podpisać własnoręcznie
to ~ **jointly** podpisać wspólnie
to ~ **on behalf of sb** podpisać w czyimś imieniu
to ~ **„per pro"** ⟨per procuration, p.p.⟩ podpisać per
procura ⟨z upoważnienia, w zastępstwie⟩
to ~ **a treaty in sb's name** podpisać traktat w czyimś
imieniu
to ~ **under protest** podpisywać się pod protestem
authority ⟨power⟩ to ~ upoważnienie do podpisu
to be entitled ⟨to have power⟩ to ~ być upoważnionym do podpisywania, mieć prawo podpisu
signal[1] *s* 1. sygnał 2. urządzenie sygnalizacyjne
~ **code** kod sygnałowy
~ **letters** litery rozpoznawcze (*statku*)
alarm ⟨distress⟩ ~ sygnał alarmowy, sygnał wzywania pomocy SOS
approach ~ sygnał statku przy wejściu do portu
audible ⟨sound⟩ ~ sygnał dźwiękowy
call ~ sygnał wywoławczy
cautionary ~ sygnał ostrzegawczy
light ~ sygnał świetlny
semaphore ~ sygnał semaforowy
signal[2] *v* sygnalizować
signal(-)book *s* zbiór kodów, księga sygnałów, książka
kodowa
signalize *v* 1. sygnalizować 2. zaznaczać, wykazywać
to ~ **one's loyalty** wykazywać lojalność
signaller, signal-man *s* sygnalista
signalling *s* sygnalizacja, sygnalizowanie
~ **orders** ⟨procedure⟩ przepisy o sygnalizacji

light ~ sygnalizacja świetlna
signatory s sygnatariusz
~ **of a convention** strona podpisująca umowę
~ **power** ⟨state⟩ państwo-sygnatariusz; państwo, które podpisało umowę
signature v 1. podpis 2. podpisanie, sygnowanie, położenie podpisu
~ **book** ⟨card⟩ księga ⟨karta⟩ ze wzorami podpisów
~ **of the agreement** podpisanie układu
~ **of the firm** podpis firmowy
~ **stamp** pieczątka z podpisem, faksymile
authentic ⟨genuine, original⟩ ~ podpis autentyczny
autograph ~ podpis własnoręczny
authorized ~ podpis osoby upoważnionej do podpisywania
blank ~ podpis in blanco
forged ⟨counterfeited⟩ ~ sfałszowany podpis
genuine ~ podpis autentyczny
illegible ~ podpis nieczytelny
joint ~ podpis łączny
legalized ~ podpis uwierzytelniony
proxy ~ podpis w zastępstwie ⟨per procura⟩
specimen ~ wzór podpisu
stamped ~ podpis w postaci pieczątki, faksymile
valid ~ ważny podpis
to appose one's ~ **to a document** położyć swój podpis na dokumencie
to authenticate ⟨attest, legalize⟩ **a** ~ uwierzytelnić podpis
to bear sb's ~ nosić czyjś podpis, być podpisanym przez kogoś
to have one's ~ **authenticated** ⟨attested, legalized⟩ uwierzytelnić swój podpis
to present ⟨submit⟩ **for** ~ przedstawić do podpisu
to put a ~ **on a document** złożyć podpis na dokumencie
to verify a ~ sprawdzić podpis
sign away v podpisywać zrzeczenie, zrzec się (praw itp.)
sign-board s wywieszka, szyld
signer s osoba podpisująca dokument ⟨podpisana na dokumencie⟩, sygnatariusz
the Signers am. osoby, które podpisały Deklarację Niepodległości
signet s pieczęć, odcisk pieczęci
significance s 1. znaczenie, sens 2. znaczenie, waga, doniosłość
of great ~ o wielkim znaczeniu
of no ~ bez znaczenia
significant adj ważny, doniosły, znamienny
~ **amount** znaczna kwota
~ **growth of trade** znaczny wzrost handlu
signify v 1. znaczyć, oznaczać, mieć znaczenie 2. okazywać, dawać wyraz
to ~ **one's approval** ⟨consent⟩ okazać swoją aprobatę ⟨zgodę⟩
please ~ proszę głosować (przez podniesienie rąk)
sign off v zwolnić z zaciągu, zmustrować, spisać ze statku
sign on v 1. angażować, przyjmować do pracy 2. najmować się do pracy 3. podpisywać obecność w pracy
to ~ **the crew** przyjmować ⟨mustrować⟩ załogę
silence[1] s milczenie, cisza
~ **gives consent** milczenie uchodzi za zgodę ⟨znak zgody⟩

silence[2] v 1. uspokoić 2. skłonić do milczenia, nakazać milczenie
to ~ **criticism** zamknąć usta krytyce
to ~ **a speaker** nakazać mówcy milczenie
silent adj 1. milczący 2. cichy, bezgłośny
~ **film** film niemy
~ **hours** godziny nocnego odpoczynku (na statku 22.00–06.00)
~ **partner** cichy wspólnik, komandytariusz
~ **partnership** cicha spółka
~ **system** zakaz rozmawiania (w więzieniu)
silo s silos, zbiornik na kiszonkę
grain ~ spichlerz, elewator
silver s srebro
~ **bar** srebro w sztabach
~ **bullion** kruszec srebrny
~ **coin** ⟨money⟩ moneta srebrna, bilon srebrny
~ **standard** waluta srebrna
~ **wedding** srebrne wesele
similar adj jednakowy, podobny, analogiczny
~ **case** analogiczny przypadek
~ **in properties** mający podobne właściwości
~ **in quality** podobnej jakości
~ **in quality to sample** takiej samej jakości co próbka
~ **to sth** podobny do czegoś
simple adj 1. prosty, zwykły 2. nieskomplikowany, zwyczajny
~ **arbitrage** ⟨arbitration⟩ arbitraż prosty
~ **average** awaria zwykła
~ **blocade** blokada nie ogłoszona oficjalnie
~ **commodity system** zwykła gospodarka towarowa
~ **construction** prosta konstrukcja
~ **contract** zwykła ⟨ustna⟩ umowa
~ **interest** odsetki proste
~ **larceny** zwykła kradzież
~ **majority** zwykła większość
~ **obligation** zwykłe ⟨ustne⟩ zobowiązanie
~ **reproduction** reprodukcja prosta
simplification s uproszczenie, ułatwienie
simplify v upraszczać, ułatwiać
to ~ **a process** uprościć proces
simulate v pozorować, udawać, symulować, imitować
to ~ **interest** udawać zainteresowanie
to ~ **illness** ⟨deafness, blindness⟩ symulować chorobę ⟨głuchotę, ślepotę⟩
simulated pp adj : ~ **contract** pozorna umowa, fikcyjny układ
~ **fact** symulowane zdarzenie
~ **invoice** faktura pro forma
~ **debt** fikcyjny dług
~ **judgment** fikcyjny wyrok (mający na celu oszukanie innych osób), wyrok w fikcyjnym procesie
~ **sale** fikcyjna sprzedaż
~ **transaction** fikcyjna transakcja
simulation s udawanie, pozorowanie, symulacja, fingowanie
simulator s symulant
simultaneous adj równoczesny, jednoczesny
~ **death** równoczesna śmierć (dwóch lub większej ilości osób)
~ **events** jednoczesne wydarzenia
~ **interpretation** równoczesne ⟨symultaniczne⟩ tłumaczenie
sincerely adv szczerze

„yours ~" „szczerze oddany" (*końcowa formułka grzecznościowa w liście*)
sine *praep łac.* bez
~ **die** *łac.* bez oznaczenia dokładnej daty, bezterminowo
~ **qua non** *łac.* konieczny, niezbędny (*warunek*)
sinecure *s* synekura
single *adj* **1.** pojedynczy, jednoosobowy **2.** jeden, jedyny
~ **agent** wyłączny przedstawiciel
~ **bill** weksel sola ⟨wystawiony w jednym egzemplarzu⟩
~ **condition** pojedynczy ⟨jedyny⟩ warunek
~ **cost** koszt jednostkowy
~ **entry bookkeeping** księgowość pojedyncza
~ **judge** pojedynczy sędzia, sąd jednoosobowy
~ **liability** zobowiązanie jednostronne
a ~ **man** nieżonaty mężczyzna
~ **member constituency** okręg wyborczy wybierający jednego posła
~ **option** transakcja giełdowa z premią prostą ⟨pojedyncza⟩
~ **payment** wpłata jednorazowa
~ **price** cena jednolita
~ **room** pokój jednoosobowy
~ **standard** monometalizm
~ **tax** jedyny podatek
~ **ticket** bilet w jedną stronę
~ **track** jednotorowa kolej
~ **trip** ⟨**voyage**⟩ podróż statku w jedną stronę
a ~ **woman** niezamężna kobieta
to be ~ być nieżonatym ⟨kawalerem⟩, być niezamężną ⟨panną⟩
to pay in a ~ **sum** płacić całą sumę jednorazowo
single-line *adj* : ~ **shop** ⟨**store**⟩ sklep sprzedający jeden rodzaj artykułów
~ **tariff** taryfa celna jednolita
single-price *adj* : ~ **shop** ⟨**store**⟩ sklep z cenami jednolitymi
single-track *adj* **1.** jednotorowy **2.** ograniczony, ciasny
~ **line** jednotorowa linia kolejowa
~ **mind** ciasny umysł
single-trip *adj*: ~ **charter** czarter ⟨kontrakt frachtowy⟩ na podróż w jedną stronę
singular *adj* **1.** pojedynczy, indywidualny **2.** osobliwy, szczególny, niezwykły
~ **case** niezwykły przypadek
~ **successor** spadkobierca pod tytułem szczególnym (*w przeciwieństwie do generalnego spadkobiercy*)
~ **title** szczególny tytuł (*w odróżnieniu od generalnego* ⟨*uniwersalnego*⟩)
sink *v* (**sank, sunk**) **1.** tonąć, zatonąć **2.** topić, zatopić **3.** spadać, obniżać (się), pogrążać (się) **4.** umarzać (*dług*), amortyzować **5.** niekorzystnie ulokować (*pieniądze*)
to ~ **a debt** umorzyć dług
to ~ **in price** potanieć
to ~ **a loan** umorzyć pożyczkę
to ~ **money** ulokować niefortunnie ⟨*pot.* utopić⟩ pieniądze
to ~ **prices** obniżać ceny
to ~ **a ship** zatopić statek
sinking *s* **1.** zatopienie, zatonięcie **2.** spadek, obniżanie (się) **3.** umorzenie, amortyzacja
~ **fund** fundusz amortyzacyjny

~ **fund bonds** obligacje ulegające umorzeniu z funduszu amortyzacyjnego
~ **plan** plan amortyzacyjny
sister *s* siostra
~ **company** przedsiębiorstwo afiliowane
~ **ship** statek bliźniaczy ⟨siostrzany, tego samego typu⟩
~ **ship clause** *ub. mors.* klauzula o statkach należących do tego samego armatora
sit *v* (**sat, sat**) **1.** siadać **2.** siedzieć **3.** zasiadać **4.** obradować
to ~ **at home** *a*) nie wychodzić z domu *b*) nie wyjeżdżać za granicę *c*) nic nie robić, nie pracować
to ~ **for an examination** zdawać egzamin, przystąpić do egzaminu
to ~ **in camera** obradować przy drzwiach zamkniętych
to ~ **in judgment** zasiadać w sądzie, być sędzią
to ~ **in meeting** uczestniczyć w posiedzeniu
to ~ **in Parliament** ⟨**Congress**⟩ zasiadać w Parlamencie ⟨Kongresie⟩
to ~ **on a committee** zasiadać w komitecie
to ~ **on a jury** wchodzić w skład ławy przysięgłych
sit-down *adj* : ~ **strike** strajk okupacyjny
site *s* **1.** teren, miejsce pod budowę **2.** położenie, usytuowanie
~ **of industry** rozmieszczenie przemysłu
~ **owner** właściciel terenu
~ **plan** plan sytuacyjny
building ~ plac budowy
fair ~ teren wystawowy
sitting[1] *s* **1.** posiedzenie, sesja **2.** posiedzenie (*okres trwania czynności*)
~ **in camera** posiedzenie niejawne, sesja niejawna
~ **of the court** posiedzenie sądu
~ **of Parliament** sesja parlamentu
at a ⟨**one**⟩ ~ na jednym posiedzeniu, za jednym zamachem
public ~ sesja publiczna
sitting[2] *adj* : ~ **judge** sędzia zasiadający na sesji ⟨uczestniczący w rozpoznaniu sprawy⟩
situated *adj* położony, znajdujący się w (*jakimś*) położeniu
well ~ dobrze sytuowany, zasobny
situation *s* **1.** położenie, sytuacja **2.** posada, praca zarobkowa **3.** koniunktura
~ **of the market** sytuacja na rynku, koniunktura rynkowa
critical ~ krytyczna sytuacja
economic ~ sytuacja ekonomiczna
embarrassing ⟨**awkward**⟩ ~ kłopotliwa sytuacja
financial ~ sytuacja finansowa
general ~ ogólna sytuacja
legal ~ sytuacja prawna
seriousness of the ~ powaga sytuacji
„~ **s vacant** ⟨**wanted**⟩" „posady wolne ⟨poszukiwane⟩"
to come out of a dangerous ~ wyjść z niebezpiecznej sytuacji
to explain the ~ wyjaśnić sytuację
to find a ~ znaleźć posadę ⟨pracę⟩
to get ⟨**obtain**⟩ **a** ~ uzyskać ⟨dostać⟩ posadę
situational *adj*: ~ **criminal** sytuacyjny przestępca
sizable *adj* **1.** mający dość duże rozmiary, dość duży **2.** pojemny

size¹ *s* **1.** wielkość, rozmiar **2.** objętość, wymiar, format
  book ~ format książki
  standard ~ wielkość normalna ⟨typowa⟩
  standardized ~ wielkość znormalizowana
size² *v* sortować według wielkości ⟨formatu, rozmiaru⟩
size up *v* **1.** wymierzać, określać wielkość **2.** oceniać
  to ~ **a man** prawidłowo oceniać człowieka
  to ~ **a situation** prawidłowo oceniać sytuację
skeleton *s* **1.** szkielet **2.** rama, kontur, zarys
  ~ **agreement** układ ramowy
  ~ **bill** *a)* nie wypełniony weksel *b)* nie wypełniony formularz rachunku
  ~ **case** skrzynka ażurowa, klatka opakunkowa
  ~ **key** *a)* klucz uniwersalny *b)* wytrych
  ~ **organization** zręby organizacji
  ~ **staff** minimalny personel
sketch¹ *s* **1.** szkic, zarys **2.** prowizoryczne obliczenie
sketch² *v* szkicować, przedstawiać w ogólnych zarysach
sketch up *v* zaprojektować w zarysach, ustalić wytyczne
sketchy *adj* szkicowy, pobieżny, fragmentaryczny
  ~ **knowledge** powierzchowna znajomość rzeczy
skill *s* zręczność, umiejętność, biegłość, wprawa
  ~ **in diplomacy** umiejętność dyplomacji
  marketing ~ umiejętność sprzedaży
  technical ~ biegłość techniczna
skilled *adj* **1.** zręczny, biegły, wykwalifikowany **2.** rutynowany
  ~ **in business** znający się na interesach
  ~ **labour** praca kwalifikowana
  ~ **labourer** ⟨**worker**⟩ wykwalifikowany robotnik
  ~ **witness** świadek biegły
  ~ **work** praca wymagająca wysokich kwalifikacji
  to be ~ **in sth** być biegłym w czymś
skim *v* **1.** szumować, zbierać z powierzchni **2.** przerzucać
skimming *s* **1.** część płynu oddzielona przez szumowanie **2.** *pl* **skimmings** zepsute części towaru oddzielone od części nie zepsutej
  ~**s clause** *ub. mors.* klauzula dotycząca kosztów przebrania towaru (*np. kawy, kakao itp.*) w razie uszkodzenia ładunku, oraz odpowiedzialności za szkody związane z tym przebraniem
skipper *s* szyper, kapitan statku handlowego
skipping *s* przepakowanie (*towaru*) na komorze celnej
sky(-)rocket *v* silnie zwyżkować, wyskoczyć w górę
  skyrocketing prices skaczące ceny
skyscraper *s* drapacz chmur
skyway *s* **1.** trasa lotnicza **2.** *pl* **skyways** linie lotnicze
slack *adj* **1.** luźny, słaby, wiotki **2.** powolny, leniwy
  ~ **demand** słaby popyt
  ~ **discipline** słaba dyscyplina
  ~ **hours** godziny słabego ruchu
  ~ **season** martwy sezon
  the trade ⟨**business**⟩ **is** ~ jest zastój w handlu ⟨interesach⟩
slacken *v* **1.** zwalniać, rozluźniać **2.** słabnąć, podupadać
  to ~ **opposition** osłabić opozycję
  to ~ **speed** zwolnić szybkość
  the demand ~**s** popyt słabnie

slackness *s* **1.** zastój **2.** opieszałość, niedbalstwo
  ~ **of business** zastój w interesach
  ~ **of the market** zastój na rynku
  ~ **of trade** zastój w handlu
slander¹ *s* **1.** zniesławienie, oszczerstwo **2.** potwarz, obmowa, pomówienie
  ~ **action** ⟨**suit**⟩ skarga o zniesławienie
  ~ **of title** pomówienie o brak tytułu (*o ile wywoła szkodę, może być podstawą żądania odszkodowania*)
  libel and ~ zniesławienie (*na piśmie*) i obmowa (*słowna*)
slander² *v* **1.** zniesławiać **2.** spotwarzać
slanderer *s* oszczerca, potwarca
slanderous *adj* oszczerczy, zniesławiający, szkalujący
  ~ **attacks** oszczercze ataki
  ~ **person** oszczerca
  ~ **words** oszczercze słowa
slang¹ *s* gwara, żargon
slang² *adj* gwarowy, żargonowy
  ~ **word** ⟨**expression**⟩ gwarowe ⟨żargonowe⟩ słowo ⟨wyrażenie⟩
slaughter¹ *s* **1.** rzeź, masowy mord, masakra **2.** ubój **3.** *pot.* znaczna obniżka ceny
  ~ **house** rzeźnia
  ~ **of civilian population** masakra ludności cywilnej
  fratricidal ~ bratobójcza rzeź
slaughter² *v* **1.** urządzać rzeź ⟨masakrę⟩ **2.** dokonywać uboju, rżnąć, bić **3.** *pot.* sprzedawać za bezcen
  to ~ **goods** sprzedawać towary ze stratą
slave *s* niewolnik, niewolnica
  a ~ **to a passion** ofiara ⟨niewolnik⟩ nałogu
  ~ **trade** handel niewolnikami
  white ~**s** białe niewolnice
slavery *s* **1.** niewolnictwo **2.** praca niewolnicza, katorga
  white ~ handel żywym towarem
slavish *adj* niewolniczy
  ~ **imitation** niewolnicze ⟨wierne⟩ naśladownictwo
slay *v* (**slew, slain**) mordować, zabijać
slayer *s* zabójca, morderca
sleeping *adj:* ~ **partner** cichy wspólnik
  ~ **partnership** cicha spółka
sleeping-bag *s* śpiwór
sleeping-car *s* wagon sypialny
slender *adj* **1.** szczupły **2.** znikomy, skromny
  ~ **means** szczupłe środki
  ~ **profit** niewielki dochód
sleuth *s* **1.** pies policyjny **2.** tajny agent, detektyw
slide¹ *s* **1.** zsuwnia, ześlizg, rynna sztauerska **2.** zsuwanie (się)
  ~ **rule** suwak logarytmiczny
slide² *v* (**slid, slid**) zsuwać (się), ześlizgiwać się
slide down *v am. pot.* (*o cenach, kursach itp.*) zniżkować
sliding *s* poślizgnięcie się, poślizg
  ~ **scale** ruchoma skala (*stawek taryfowych*)
  ~ **scale tariff** taryfa ruchoma
  ~ **wage(s) scale** ruchoma skala płac
slight *adj* **1.** drobny, mały **2.** nieznaczny, słaby **3.** powierzchowny
  ~ **advance** nieznaczna zwyżka
  ~ **average** drobna awaria
  ~ **care** słaba opieka ⟨troska⟩, mała ⟨niewielka⟩ staranność
  ~ **decline** nieznaczna obniżka, niewielki spadek

~ **demand** słaby popyt
~ **error** drobny błąd
~ **fluctuation** słaba ⟨niewielka⟩ fluktuacja
~ **injury** nieznaczny uraz, niewielkie zranienie
~ **knowledge** powierzchowna znajomość ⟨wiedza⟩
~ **provocation** mała prowokacja
to be in ~ **demand** cieszyć się niewielkim popytem
slightly *adv* nieznacznie
to fluctuate ~ (*o cenach, kursach*) nieznacznie fluktuować
sling *s* 1. pas, rzemień, szelka 2. proca 3. temblak 4. unos
with one's arm on a ~ z ręką na temblaku
slip *s* 1. pasek (*np. papieru*), przedłużka, alonż 2. *przen.* potknięcie się, pomyłka, błąd 3. poślizg
~ **bookkeeping** księgowość kartkowa (*zapis zastępuje się dokumentem*)
~ **of the pen** błąd w pisowni, błąd ortograficzny
~ **of the tongue** lapsus linguae, przejęzyczenie się
check ~ odcinek kontrolny
deposit ~ odcinek wpłaty
packing ~ kartka ze specyfikacją przesyłki
pay ~ karta płacy
paying-in ~ odcinek wpłaty
wage ~ pasek wypłaty
weight ~ kwit wagowy
slipshod *adj* niestaranny, niedbały, nieporządny
slogan *s* 1. slogan, hasło (*np. reklamowe*) 2. transparent
advertising ~ slogan reklamowy
propaganda ~ slogan propagandowy
slot *s* 1. szczelina, otwór, rozcięcie 2. otwór na monetę (*w automacie*)
slot-machine *s* automat (*do sprzedaży papierosów, napojów itp.*)
slot-meter *s* licznik automatyczny (*działający po wrzuceniu monety*)
slow *adj* 1. powolny, wolny 2. opieszały, ospały, leniwy
~ **assets** aktywa trudne do upłynnienia
~ **increase** powolny wzrost
~ **payer** opieszały płatnik
~ **poison** wolno działająca trucizna
~ **sale** powolna sprzedaż
~ **train** pociąg osobowy
to be ~ **of sale** mieć mały zbyt, być niepokupnym
slow(-)down *v* zwalniać, zmniejszać tempo
to ~ **investment** zwolnić tempo inwestycji
to ~ **production** zwolnić tempo produkcji
sluggish *adj* leniwy, powolny, ospały
~ **period** okres zastoju
sluice *s* śluza
~ **dues** opłaty śluzowe
slum *s* 1. rudera 2. dzielnica ruder, slumsy
~ **clearance** usuwanie ruder
slump¹ *s* załamanie się, gwałtowny spadek (*cen, popytu itp.*), depresja na rynku, kryzys
~ **in business** kryzys ekonomiczny ⟨gospodarczy⟩
~ **in demand** spadek popytu
~ **in prices** załamanie się cen ⟨kursów⟩
~ **in production** gwałtowny spadek produkcji
~ **in sales** brak zbytu
~ **stricken** dotknięty kryzysem
world ~ kryzys światowy
slump² *v* (*o cenach, popycie itp.*) załamać się, spaść gwałtownie

small *adj* 1. mały, niewielki 2. drobny, nieznaczny
~ **advertisements** drobne ogłoszenia
~ **articles** drobna galanteria
~ **businessman** drobny przedsiębiorca
~ **buyer** drobny nabywca
~ **change** ⟨coin, money⟩ drobne pieniądze
~ **coasting trade** kabotaż mały
~ **countries** ⟨nations⟩ małe państwa ⟨narody⟩
~ **craft** drobne rzemiosło
~ **demand** mały ⟨nieznaczny⟩ popyt
~ **denominations** małe odcinki (*banknotów, obligacji itp.*)
~ **difference** niewielka różnica
~ **enterprise** małe przedsiębiorstwo
~ **income** niewielki dochód
~ **industry** drobny przemysł
~ **holders** drobni posiadacze
~ **holding** drobne ⟨małe⟩ gospodarstwo
~ **manufacturer** drobny wytwórca
~ **owner** drobny właściciel
~ **price** niska cena
~ **progress** niewielki postęp
~ **savings** drobne oszczędności ⟨wkłady oszczędnościowe⟩
~ **shopkeeper** drobny sklepikarz
~ **stores** towary kantynowe
~ **trader** drobny kupiec
~ **wares** drobne towary (*galanteryjne*)
on a ~ **scale** na małą skalę
to a ~ **extent** w niewielkim stopniu, w małym zakresie
smallness *s* 1. drobne rozmiary 2. skromność, niewielkość 3. małostkowość
~ **of sb's income** skromność czyjegoś dochodu
~ **of a sum** niewielkość sumy
small-sized *adj* małych rozmiarów, małego formatu
smart *adj* 1. ostry, silny 2. żywy, szybki 3. elegancki, wytworny, modny 4. *pot.* dość duży, znaczny
~ **drop in prices** znaczne obniżenie cen
~ **price** dość wysoka cena
smart-money *s* 1. odstępne 2. odszkodowanie za odstąpienie od umowy, kara umowna
smash¹ *s* 1. rozbicie, zdruzgotanie 2. bankructwo, krach 3. katastrofa, zderzenie
train ~ zderzenie pociągów, katastrofa kolejowa
smash² *v* 1. rozbić (się), zdruzgotać, zmiażdżyć 2. zbankrutować, upaść
to ~ **an organization** rozbić organizację
to ~ **a revolt** zgnieść rewolucję
smoke *s* dym
~ **screen** zasłona dymna
damage by ~ szkoda (*w ładunku*) wywołana przez dym
smooth *v* 1. wygładzać (się) 2. uspokajać (się), łagodzić
to ~ **away obstacles** usunąć przeszkody
to ~ **over difficulties** złagodzić trudności
smuggle *v* 1. przemycać 2. trudnić się przemytem
to ~ **goods** przemycać towary
to ~ **sth into the country** przemycać coś do kraju
smuggled *adj* przemycony, pochodzący z przemytu
~ **goods** towary pochodzące z przemytu, kontrabanda
smuggler *s* 1. przemytnik 2. statek przemytniczy
gang of ~**s** banda przemytników
smuggling *s* przemyt, kontrabanda

~ **trade** handel przemytniczy
soar *v* wzbijać się, wznosić się
prices ~ **ed** ceny wzrosły
soaring *adj* 1. wysoki, strzelisty 2. rosnący
~ **prices** rosnące ceny
socager *s hist.* posiadacz ⟨dzierżawca⟩ nieruchomości na prawie lennym
soc(c)age *s hist.* dzierżawa na prawie lennym (*wiążąca się ze świadczeniami na rzecz feudała*)
~ **estate** ⟨**tenure**⟩ nieruchomość posiadana na prawie lennym
social *adj* 1. społeczny, socjalny 2. spółkowy, dotyczący spółki
~ **accounting** rachunkowość społeczna
~ **activities** działalność społeczna
~ **advancement** awans społeczny
~ **and economic reforms** reformy socjalne i ekonomiczne
~ **assistance** pomoc społeczna, akcja socjalna
~ **benefits** korzyści społeczne
~ **class** klasa społeczna
~ **compact** ⟨**contract**⟩ umowa społeczna
~ **disease** choroba społeczna
~ **division of labour** społeczny podział pracy
~ **economics** ekonomia społeczna
~ **fund** fundusz społeczny
~ **group** grupa społeczna
~ **infrastructure** infrastruktura społeczna
~ **insurance** ⟨**security**⟩ ubezpieczenia społeczne
~ **legislation** ustawodawstwo społeczne
~ **order** porządek społeczny
~ **policy** polityka socjalna ⟨społeczna⟩
~ **property** własność społeczna
~ **rank** ⟨**stratum**⟩ warstwa społeczna
~ **reforms** reformy społeczne
~ **sciences** nauki społeczne
~ **service** opieka społeczna
~ **stock** kapitał spółki
~ **stratification** rozwarstwienie społeczne
~ **structure** struktura społeczna
~ **system** ustrój społeczny
~ **upheaval** a) wrzenie społeczne b) przewrót społeczny
~ **wealth** dobra społeczne, dobrobyt społeczny
~ **welfare** opieka społeczna
~ **work** praca społeczna
~ **worker** a) pracownik społeczny, społecznik b) pracownik opieki społecznej
social-democracy *s* socjaldemokracja
social-democrat *s* socjaldemokrata
socialism *s* socjalizm
construction of ~ budowa socjalizmu
socialist[1] *s* socjalista
socialist[2] *adj* socjalistyczny
~ **community** wspólnota socjalistyczna
~ **competition** ⟨**emulation**⟩ socjalistyczne współzawodnictwo (*pracy*)
~ **economic system** socjalistyczny system gospodarczy
~ **humanism** humanizm socjalistyczny
~ **industrialization** industrializacja socjalistyczna
~ **market** rynek socjalistyczny
~ **mode of production** socjalistyczny sposób produkcji
~ **party** partia socjalistyczna
~ **property** własność socjalistyczna

~ **revolution** rewolucja socjalistyczna
~ **state** państwo socjalistyczne
~ **system** ustrój socjalistyczny
~ **transformations** przeobrażenia socjalistyczne
socialization *s* socjalizacja, uspołecznienie
~ **of means of production** socjalizacja ⟨uspołecznienie⟩ środków produkcji
socialize *v* 1. uspołecznić, znacjonalizować 2. *am. sl.* obcować
society *s* 1. społeczeństwo 2. stowarzyszenie, towarzystwo 3. zakon 4. spółdzielnia, spółka
~ **in participation** spółka zwykła
benefit ~ kasa wzajemnej pomocy
building ~ spółdzielnia budowlana
building and loan ~ spółdzielnia budowlana ⟨budowlano-mieszkaniowa⟩
capitalist ~ społeczeństwo kapitalistyczne
charitable ~ towarzystwo dobroczynności
class ⟨**classless**⟩ ~ klasowe ⟨bezklasowe⟩ społeczeństwo
classification ~ towarzystwo klasyfikacyjne (*statków*)
communist ~ społeczeństwo komunistyczne
consumer ~ zrzeszenie konsumentów
co-operative ~ spółdzielnia
co-operative productive ~ spółdzielnia produkcyjna
credit ⟨**loan**⟩ ~ towarzystwo kredytowe
friendly ⟨**provident**⟩ ~ kasa wzajemnej pomocy
mutual loan ~ spółdzielnia kredytowa ⟨oszczędnościowo-pożyczkowa⟩
secret ~ tajne stowarzyszenie, tajny związek
socialist ~ społeczeństwo socjalistyczne
socio-economic *adj* społeczno-ekonomiczny, socjalno-ekonomiczny
sociology *s* socjologia
sodomy *s* 1. sodomia 2. pederastia
soft *adj* 1. miękki 2. gładki 3. łagodny 4. słaby 5. łatwy
~ **currency** słaba waluta
~ **goods** tkaniny
~ **market** rynek o słabej tendencji ⟨o tendencji zniżkowej⟩
~ **money** a) słaba ⟨niewymienialna⟩ waluta b) pieniądz papierowy
software *s inf.* oprogramowanie
sojourn[1] *s* pobyt
sojourn[2] *v* przebywać czasowo
sojourning *s* przebywanie czasowe, pobyt czasowy
sola *s* weksel lub czek wystawiony w jednym egzemplarzu
~ **bill** ⟨**of exchange**⟩ weksel wystawiony w jednym egzemplarzu, weksel sola
~ **check** *am.* czek wystawiony w jednym egzemplarzu
sold *adj*: ~ **contract** *giełd.* kontrakt sprzedaży
soldier *s* żołnierz
~ **of fortune** najemnik
disabled ~ żołnierz inwalida
sole *adj* 1. jedyny, wyłączny 2. pojedynczy, samotny
~ **agent** wyłączny przedstawiciel ⟨zastępca⟩
~ **arbitrator** arbiter jednoosobowy ⟨wyłączny⟩
~ **bill** weksel wystawiony w jednym egzemplarzu, weksel sola
~ **corporation** pojedyncza osoba prawna (*np. król*)
~ **exporter** wyłączny eksporter

~ **heir** wyłączny spadkobierca
~ **judge** sąd jednoosobowy
~ **management** zarząd jednoosobowy
~ **owner** ⟨**proprietor**⟩ wyłączny właściciel
~ **possession** wyłączne posiadanie
~ **right** wyłączne prawo
~ **weight** waga własna
solemn *adj* **1.** uroczysty, solenny **2.** poważny
~ **declaration** uroczysta deklaracja
~ **duty** święty obowiązek
~ **oath** uroczysta przysięga
~ **obligation** uroczyste zobowiązanie
~ **warning** poważne ostrzeżenie
solemnization *s* **1.** uroczysty obchód **2.** uroczyste dopełnienie obrzędu
~ **of a marriage** uroczystość ślubna
solicit *v* **1.** prosić (**sb for sth** kogoś o coś) **2.** ubiegać się, zabiegać, starać się (**sth** o coś) **3.** zaczepiać mężczyzn na ulicy
to ~ **a favour of sb** prosić kogoś o przysługę
to ~ **help** prosić o pomoc
to ~ **orders** starać się o zamówienia
to ~ **a post** ubiegać się o stanowisko
solicitation *s* **1.** prośba **2.** zabieganie **3.** nagabywanie mężczyzn (*przez prostytutkę*)
~ **of votes** zabieganie o głosy
solicitor *s* **1.** *bryt.* adwokat występujący jedynie w niższych sądach **2.** *am.* akwizytor **3.** radca prawny instytucji publicznej
Solicitor-General wyższy urzędnik wymiaru sprawiedliwości występujący jako rzecznik państwa
~ **s' firm** firma solicytorska
city ~ syndyk miejski
solid *adj* **1.** stały, niepłynny **2.** masywny, trwały **3.** solidny, rzetelny **4.** jednomyślny, solidarny
~ **cash** waluta kruszcowa
~ **firm** solidna firma
~ **vote** jednomyślne głosowanie
of ~ **gold** z masywnego złota
solidarity *s* solidarność
~ **of interests** wspólność interesów
class ~ solidarność klasowa
declaration of ~ deklaracja solidarności
national ~ solidarność narodowa
to act in ~ występować solidarnie
solidary *adj* solidarny
~ **obligation** solidarne zobowiązanie
solitary *adj* **1.** samotny, odosobniony, odludny **2.** pojedynczy, odosobniony
~ **case** odosobniony wypadek
~ **confinement** osadzenie w pojedynczej ⟨samotnej⟩ celi
~ **system** system celkowy (*w zakładzie karnym*)
solution *s* **1.** rozwiązanie, rozstrzygnięcie **2.** roztwór **3.** rozpuszczanie się
~ **of a difficulty** rozwiązanie trudności
~ **of a problem** rozstrzygnięcie problemu
final ⟨**partial**⟩ ~ ostateczne ⟨częściowe⟩ rozwiązanie
optimal ~ rozwiązanie optymalne
temporary ~ czasowe rozwiązanie
unique ~ unikalne rozwiązanie
to arrive at a ~ znaleźć rozwiązanie
solve *v* **1.** rozwiązywać, rozstrzygać **2.** spłacać, uiszczać
to ~ **a difficulty** rozwiązać trudności

to ~ **a problem** rozstrzygnąć problem
solvency *s* wypłacalność
business ⟨**financial**⟩ ~ wypłacalność finansowa
solvent *adj* **1.** wypłacalny **2.** rozpuszczalny
~ **firm** wypłacalna firma
~ **man** wypłacalny człowiek
soon *adv* **1.** wkrótce **2.** wcześnie
as ~ **as possible** jak najwcześniej
sort[1] *s* rodzaj, gatunek, klasa
~ **of goods** rodzaj towarów
better ~ lepszy gatunek
different ~ **s** różne sorty
of every ~ różnego rodzaju ⟨gatunku⟩
sort[2] *v* sortować, klasyfikować
to ~ **into classes** podzielić na grupy
to ~ **out** wydzielić (*grupę, klasę*) z całości
sorter *s* **1.** brakarz, klasyfikator **2.** maszyna do sortowania
electronic ~ elektroniczny sortownik czeków
sorting *s* sortowanie, klasyfikowanie
check ~ sortowanie czeków
sought-after *adj:* ~ **article** artykuł poszukiwany
sound[1] *s* dźwięk, głos, odgłos
sound[2] *adj* **1.** zdrowy, w dobrym stanie **2.** mocny, nie uszkodzony **3.** rozsądny, trafny, mądry, logiczny **4.** solidny, oparty na mocnych podstawach
~ **argument** logiczny argument
~ **business** dobrze prosperująca firma
~ **currency** mocna waluta
~ **delivered** dostarczony w dobrym stanie
~ **financial position** solidna pozycja finansowa
~ **foreign trade** solidny handel zagraniczny
~ **goods** zdrowy towar
~ **guarantee** solidna gwarancja
~ **mind** zdrowy rozsądek
~ **quality** solidna jakość
~ **title** mocny ⟨pewny⟩ tytuł
~ **value** wartość w zdrowym ⟨nie uszkodzonym⟩ stanie
economically ~ mocny ekonomicznie
in ~ **condition** (*o towarze*) w dobrym ⟨zdrowym, nie uszkodzonym⟩ stanie
on ~ **lines** na zdrowych zasadach ⟨podstawach⟩
safe and ~ cały i zdrów, bezpieczny i w dobrym stanie
to have a ~ **judgement** mieć prawidłową ocenę
sound[3] *v* sondować
to ~ **out sb** wysondować ⟨wybadać⟩ kogoś
soundness *s* **1.** dobry stan **2.** mądrość, trafność **3.** solidność
~ **of an argument** trafność argumentu
~ **of judgment** słuszność sądu
~ **of mind** poczytalność
financial ~ solidność finansowa
source *s* **1.** źródło **2.** początek, pochodzenie
~ **of accumulation** źródło akumulacji
~ **of error** źródło omyłki
~ **of income** ⟨**revenue**⟩ źródło dochodów
~ **of information** źródło informacji
~ **of law** źródło prawa
~ **of raw materials** baza surowców
~ **of supply** źródło zaopatrzenia
~ **of taxation** źródło podatku
from authorized ~ z upoważnionego źródła
from an official ~ z oficjalnego źródła

from a reliable ⟨**well-informed**⟩ ~ z wiarygodnego ⟨dobrze poinformowanego⟩ źródła
income taxed at the ~ dochód opodatkowany u źródła (*u pracodawcy*)
primary ~ źródło bezpośrednie ⟨z pierwszej ręki⟩
taxation at the ~ opodatkowanie dochodu w miejscu jego powstania (*potrącenie podatku z dochodu*)
to trace sth from its ~ dojść do źródła czegoś
sovereign¹ *s* **1.** monarcha, władca **2.** złoty funt szterling
half ~ *hist.* 10 szylingów
sovereign² *adj* **1.** suwerenny, nieograniczony **2.** wszechwładny, monarszy **3.** skrajny
~ **equality** suwerenna równość
~ **rights** suwerenne prawa
~ **power** ⟨**state**⟩ suwerenne mocarstwo ⟨państwo⟩
~ **territory** suwerenne terytorium, suwerenny obszar ⟨teren⟩
with ~ **contempt** z najwyższą pogardą
sovereignty *s* **1.** najwyższa władza **2.** suwerenność **3.** zwierzchnictwo
~ **of states** suwerenność państw
territorial ~ suwerenność terytorialna, zwierzchnictwo terytorialne
to exercise ~ sprawować zwierzchnictwo
Soviet¹ *s* **1.** rada (*organ władzy państwowej w ZSRR*) **2.** obywatel radziecki
Soviet² *adj* radziecki
~ **citizen** obywatel radziecki
the ~ **Union** Związek Radziecki
space *s* **1.** przestrzeń, obszar, wolne miejsce **2.** okres
~ **buyer** osoba dająca ogłoszenie do gazety
~ **flight** lot kosmiczny
~ **law** prawo kosmiczne
~ **of a month** ⟨**time**⟩ okres jednego miesiąca ⟨czasu⟩
blank ~ puste miejsce do wypełnienia (*w formularzu*)
cargo ~ *a)* pomieszczenie ładunkowe statku, ładownia, przestrzeń ładunkowa statku *b)* przedział bagażowy
dead ~ nie wykorzystana (*mimo zarezerwowania*) przestrzeń ładunkowa
living ~ przestrzeń życiowa
outer ~ przestrzeń kosmiczna
shipping ~ przestrzeń ładunkowa
storage ~ pomieszczenia składowe, przestrzeń składowa
to book ~ bukować ładunek, rezerwować miejsce na ładunek
to charter ~ zafrachtować miejsce na statku
to spare ~ oszczędzać miejsca
spaceman *s* kosmonauta
spaceship *s* pojazd ⟨statek⟩ kosmiczny
spacious *adj* obszerny, rozległy
~ **accommodation** obszerne pomieszczenie
span¹ *s* okres
~ **of life** okres życia
~ **of time** okres czasu
span² *v* rozciągać (się)
to ~ **over a period** obejmować okres
spare¹ *s* **1.** część zapasowa **2.** część zamienna
spare² *adj* **1.** zapasowy, rezerwowy **2.** zbywający, wolny **3.** skąpy, oszczędny
~ **capital** kapitał zapasowy
~ **parts** części zapasowe
~ **supply** skąpe zaopatrzenie

~ **stowage** wolna przestrzeń ładunkowa
~ **time** czas wolny ⟨do dyspozycji⟩
spare³ *v* **1.** oszczędzać, szczędzić, chronić **2.** mieć na zbyciu, rozporządzać (*czymś*), dawać
to ~ **no efforts** nie szczędzić wysiłków
to ~ **no expense** nie szczędzić wydatków
to have no time to ~ nie mieć czasu do rozporządzenia
sparing *adj* oszczędny, skromny, wstrzemięźliwy
sparingly *adv* oszczędnie, wstrzemięźliwie, skromnie
to use sth ~ używać czegoś oszczędnie
spate *s* napływ
~ **of orders** napływ zamówień
speak *v* (**spoke, spoken**) mówić, przemawiać
to ~ **from the floor** ⟨**one's place**⟩ mówić ⟨zabrać głos⟩ z miejsca
to ~ **from the rostrum** mówić ⟨przemawiać⟩ z trybuny
to ~ **in public** wystąpić publicznie
to ~ **into microphone** mówić do mikrofonu
to ~ **on behalf of...** wystąpić ⟨mówić⟩ z polecenia ⟨w imieniu⟩...
speaker *s* **1.** mówca **2. Speaker** *a) bryt.* przewodniczący w Izbie Gmin *b) am.* przewodniczący w Izbie Reprezentantów
Speakership *s* stanowisko przewodniczącego *a) bryt.* w Izbie Gmin *b) am.* w Izbie Reprezentantów
special *adj* **1.** specjalny, szczególny, wyjątkowy **2.** dodatkowy, nadzwyczajny
~ **abatement** rabat specjalny
~ **acceptance** specjalny ⟨częściowy⟩ akcept, przyjęcie z zastrzeżeniami
~ **account** konto specjalne
~ **agency** specjalne ⟨ograniczone⟩ przedstawicielstwo
~ **agent** pełnomocnik szczególny
~ **authority** pełnomocnictwo szczególne
~ **bargain** sprzedaż okazyjna
~ **bastard** dziecko pozamałżeńskie uznane za legalne w następstwie małżeństwa jego rodziców
~ **care** szczególna troska
~ **care children** dzieci szczególnej troski
~ **cargo** ładunek specjalny (*z uwagi na jego właściwości*)
~ **case** zagadnienie prawne przekazane na wniosek stron do rozpatrzenia przez sąd
~ **charges** dodatkowe koszty
~ **clause** specjalna klauzula
~ **commerce** handel zagraniczny (*z wyłączeniem tranzytu i obrotu uszlachetniającego*)
~ **commission** komisja specjalna
~ **contract** umowa specjalna zaopatrzona w pieczęć
~ **correspondent** specjalny korespondent
~ **court** sąd specjalny
~ **custom** wyjątkowy ⟨lokalny⟩ zwyczaj
~ **damages** szkody szczególne
~ **delivery** doręczenie specjalne, ekspres
~ **demurrer** zarzut formalno-prawny mający na celu umorzenie postępowania w sądzie
~ **deposit** depozyt specjalny
~ **deputy** specjalny przedstawiciel
~ **duty** specjalny obowiązek, specjalne zadanie
~ **edition** wydanie specjalne
~ **election** *am.* wybory uzupełniające

~ **endorsement** ⟨**indorsement**⟩ indos specjalny ⟨i-mienny⟩

~ **envoy** poseł do specjalnych poruczeń

~ **execution** *a*) odpis wyroku skierowany do szeryfa w celu jego wykonania *b*) egzekucja skierowana przeciwko określonemu przedmiotowi majątkowemu

~ **exporter** firma specjalizująca się w eksporcie określonych towarów

~ **feature** rys charakterystyczny, znak szczególny

~ **fee** opłata dodatkowa

~ **guardian** kurator szczególny (*z określonymi zadaniami*)

~ **hazard** niebezpieczeństwo specjalne (*zwiększające normalne ryzyko wypadku*)

~ **jurisdiction** specjalna jurysdykcja

~ **jury** specjalny zestaw przysięgłych (*z określonego kręgu osób*)

~ **jury list** spis spraw podlegających rozpoznaniu z udziałem specjalnego zestawu przysięgłych

~ **law** ustawa specjalna

~ **licence** specjalne zezwolenie

~ **line** specjalność (*branża, towar*)

~ **meeting** nadzwyczajne zebranie

~ **message** posłanie specjalne

~ **mission** misja specjalna

~ **offer** oferta specjalna

~ **order work** praca chałupnicza ⟨nakładcza⟩

~ **partner** wspólnik odpowiadający za długi całym majątkiem

~ **passport** paszport służbowy ⟨specjalny⟩

~ **permit** specjalne zezwolenie

~ **power of attorney** pełnomocnictwo szczególne ⟨specjalne⟩

~ **price** cena specjalna

~ **reserve** rezerwa specjalna

~ **right** prawo specjalne, przywilej

~ **session** nadzwyczajna sesja

~ **survey** specjalny nadzór klasyfikacyjny (*statku*)

~ **tariff** taryfa specjalna

~ **train** pociąg specjalny

~ **treatment** specjalne traktowanie, reżym specjalny (*w więzieniu*)

~ **treaty** układ specjalny

~ **verdict** werdykt specjalny (*orzeczenie przysięgłych w odrębnej kwestii*)

specialist *s* 1. fachowiec, specjalista 2. *am.* makler giełdowy

firm of ~**s** firma specjalistyczna

to become a ~ **in sth** stać się specjalistą w czymś

speciality *s* 1. specjalność (*branża, towar*) 2. cecha szczególna

~ **store** sklep z wyrobami specjalnymi

specialization *s* specjalizacja

~ **of labour** specjalizacja pracy

area of ~ dział ⟨dziedzina⟩ specjalizacji

industrial ~ specjalizacja przemysłowa

specialize *v* specjalizować się

to ~ **in an article** specjalizować się w jakimś artykule

specialized *adj*: ~ **knowledge** wiedza specjalistyczna

~ **court** sąd specjalistyczny ⟨wyspecjalizowany⟩

~ **import merchants** importerzy branżowi

~ **trade** handel wyspecjalizowany

specialty *s* = **speciality**

specie *s* pieniądz kruszcowy, monety, bilon

~ **payment** płatność w pieniądzu kruszcowym

~ **point** punkt złota

~ **remittance** przesyłka w pieniądzu kruszcowym

in ~ gotówką

to pay in ~ płacić w pieniądzu kruszcowym

species *s* rodzaj, gatunek

the human ~ rodzaj ⟨gatunek, ród⟩ ludzki

in ~ w naturze

of various ~ w różnych gatunkach

specific *adj* 1. specyficzny, szczególny 2. ściśle określony, skonkretyzowany, wyraźny

~ **aim** określony cel

~ **amount** ściśle określona suma

~ **delivery** dostawa w ściśle określony sposób

~ **duty** cło specyficzne ⟨jednostkowe⟩

~ **goods** towary zindywidualizowane ⟨ściśle określone⟩ (*co do rodzaju*)

~ **legacy** zapis szczególny

~ **performance** świadczenie w naturze

~ **tariff** specyficzna taryfa celna

~ **weight** ⟨**gravity**⟩ ciężar właściwy

in each ~ **case** w każdym poszczególnym przypadku

specification *s* 1. specyfikacja, wykaz, spis 2. wyszczególnienie 3. sprecyzowanie

~ **of charge** sprecyzowanie oskarżenia, główny punkt oskarżenia

~ **of the invention** opis wynalazku ⟨patentowy⟩

~ **of quality** warunki techniczne

~ **of value** deklaracja wartości

~ **of weight** specyfikacja wagi

according to ~ zgodnie ze specyfikacją

as per ~ według specyfikacji

contract ~**s** warunki umowy

delivery ~**s** szczegóły ⟨wskazówki, instrukcje⟩ dotyczące dostawy

detailed ~ szczegółowa specyfikacja

job ~ sprecyzowanie zakresu pracy ⟨obowiązków służbowych⟩

patent ~ opis patentu

safety ~**s** warunki techniczne zapewnienia bezpieczeństwa

specified *pp adj* 1. sprecyzowany, określony, wymieniony 2. umówiony

~ **data** wyszczególnione dane

~ **goods** zindywidualizowany ⟨ściśle oznaczony⟩ towar

as ~ zgodnie ze specyfikacją

for a ~ **period** ⟨**term**⟩ w określonym czasie ⟨terminie⟩

terms to be ~ warunki do określenia ⟨omówienia⟩

unless otherwise ~ chyba, że ustalono inaczej

specify *v* 1. precyzować, konkretyzować 2. sporządzać specyfikację 3. wyszczególniać, wymieniać

specimen *s* 1. egzemplarz ⟨okaz⟩ (*reprezentujący serię, gatunek, rodzaj*) 2. przykład, wzór 3. próba, próbka

~ **copy** ⟨**number**⟩ próbny egzemplarz ⟨numer⟩

~ **invoice** wzór faktury

~ **of the handwriting** próba pisma

~ **(of) signature** wzór podpisu

speculate *v* 1. spekulować, dokonywać spekulacji (**in sth** czymś) 2. rozważać (**on** ⟨**upon, about**⟩ **sth** coś), rozmyślać (**on** ⟨**upon, about**⟩ **sth** o czymś)

to ~ **for the fall** ⟨**decline**⟩ spekulować na zniżkę

to ~ **for the rise** ⟨**advance**⟩ spekulować na zwyżkę to ~ **in exchanges** spekulować walutami ⟨dewizami⟩

to ~ **in stocks and shares** spekulować ⟨grać⟩ na giełdzie

speculation s 1. spekulacja 2. domysł 3. pl **speculations** transakcje spekulacyjne

~ **for a fall** ⟨**rise**⟩ spekulacja na zniżkę ⟨zwyżkę⟩

~ **in foreign exchange** spekulacja dewizami

~ **on gold** spekulacja złotem

~ **on stock and shares** spekulacja papierami wartościowymi

bear ⟨**bearish**⟩ ~ spekulacja na zniżkę

business on ~ transakcja spekulacyjna

bull ⟨**bullish**⟩ ~ spekulacja na zwyżkę

exchange ~ a) spekulacja giełdowa b) spekulacja dewizowa ⟨dewizami⟩

heavy ~ spekulacja na wielką skalę

profits from ⟨**on**⟩ ~ s zyski spekulacyjne ⟨z transakcji spekulacyjnych⟩

real estate ~ spekulacja nieruchomościami ⟨ziemią⟩

risky ~ ryzykowna spekulacja

successful ⟨**unsuccessful**⟩ ~ udana ⟨nieudana⟩ spekulacja

to buy on ~ kupić w celach spekulacyjnych

to share in a ~ uczestniczyć w spekulacji

to suppress ⟨**put down, stem**⟩ ~ ukrócić ⟨zwalczyć⟩ spekulację

speculative adj 1. spekulacyjny 2. teoretyczny

~ **article** artykuł spekulacyjny

~ **buyer** nabywca w celach spekulacyjnych

~ **damages** teoretyczne ⟨przypuszczalne⟩ straty ⟨szkody⟩

~ **dealing** transakcja spekulacyjna

~ **fever** gorączka spekulacyjna

~ **market** rynek spekulacyjny

~ **operation** ⟨**transaction**⟩ transakcja spekulacyjna

~ **price** cena spekulacyjna

~ **profit** zysk spekulacyjny

~ **purchase** kupno spekulacyjne

~ **stocks** spekulacyjne papiery wartościowe

speculator s spekulant

blanket ~ spekulant grający na zniżkę

small ⟨**professional**⟩ ~ drobny ⟨zawodowy⟩ spekulant

stock exchange ~ spekulant giełdowy

speech s 1. mowa 2. przemówienie

~ **for the defence** ⟨**prosecution**⟩ mowa obrończa ⟨oskarżycielska⟩

~ **from the throne** bryt. mowa tronowa

campaign ⟨**election**⟩ ~ mowa wyborcza

freedom ⟨**liberty**⟩ **of** ~ wolność słowa

to deliver ⟨**make**⟩ a ~ wygłosić mowę

speed[1] s szybkość, prędkość

~ **indicator** szybkościomierz

~ **limit** dozwolona szybkość, ograniczenie szybkości

~ **of turnover** szybkość obrotu

at a ~ of ... z szybkością ...

commercial ⟨**economical**⟩ ~ szybkość handlowa ⟨ekonomiczna⟩ ⟨środków transportu⟩

port ~ szybkość przeładunków portowych

top ~ szybkość maksymalna

to reduce ~ zwolnić szybkość

speed[2] v (**sped, sped**) 1. spieszyć, pospieszać 2. przyspieszać, pobudzać

to ~ **the inventive activity** pobudzać działalność wynalazczą

to ~ **up the delivery** ⟨**shipment**⟩ przyspieszyć dostawę ⟨wysyłkę⟩

speedy adj szybki, niezwłoczny, prędki, rychły

~ **arrival** szybkie nadejście (towarów)

~ **progress** szybki postęp

~ **response** szybka reakcja (**to sth** na coś)

spell[1] s 1. okres, przeciąg czasu 2. krótki czas, chwila, moment

~ **of service** okres służby

~ **of trading** krótki okres ożywionego handlu

profitable ~ krótki okres uzyskiwania znacznego dochodu

spell[2] v (**spelt, spelt**) przesylabizować, przeliterować

to ~ **one's name** przeliterować nazwisko

spend v (**spent, spent**) 1. wydawać, wydatkować 2. zużywać, wyczerpywać

to ~ **one's fortune** roztrwonić majątek

to ~ **money on sth** wydawać na coś pieniądze

to ~ **resources** zużywać środki

to ~ **time on sth** zużywać czas na coś

spending s rozchody, wydatki

~ **by government** wydatki rządowe

~ **capacity** ⟨**power**⟩ zdolność nabywcza

~ **money** pieniądze na bieżące wydatki

armament ~ wydatki na zbrojenia

business ~ wydatki na działalność gospodarczą

capital ~ wydatki inwestycyjne

consumer ~ wydatki konsumentów

defence ~ wydatki na obronę

expansion ~ wydatki na rozwój przedsiębiorstwa

heavy ~ wysokie wydatki

limitations on ~ ograniczenie wydatków

military ~ wydatki wojskowe

personal ~ osobiste wydatki

public ~ wydatki publiczne ⟨rządowe⟩

tourist ~ wydatki turystów za granicą

spendthrift s rozrzutnik, marnotrawca

~ **trust** zarząd powierniczy majątku marnotrawcy

sphere s sfera, zakres

~ **of activity** zakres działalności

~ **of application** zakres zastosowania

~ **of business** a) zakres działalności handlowej b) branża

~ **of influence** strefa wpływów

~ **of interests** sfera interesów

~ **of power** zakres władzy

production ~ zakres produkcji

within the ~ **of competence** w zakresie kompetencji

spill v (**spilled** lub **spilt**) 1. rozlewać się 2. rozsypywać się 3. wyciekać

to ~ **money** roztrwonić pieniądze

spillage s 1. ubytek (wagi, objętości) na skutek wycieku ⟨wysypywania się⟩ towaru 2. towar rozsypany ⟨wyciekły⟩, zmiotki

spinster s 1. panna, kobieta niezamężna 2. stara panna

spiral s spirala

deflationary ⟨**inflationary**⟩ ~ deflacyjna ⟨inflacyjna⟩ spirala cen

wage-price ~ spirala płac i cen

spirit s 1. duch 2. intelekt, umysł 3. spirytus 4. pl **spirits** alkohol, wódka

~ **of opposition** duch opozycji

according to the ~ of law zgodnie z duchem prawa in a ~ of mutual collaboration w duchu wzajemnej współpracy
spiritual *adj* 1. duchowy 2. duchowny
~ **court** sąd duchowny ⟨kościelny⟩
~ **jurisdiction** jurysdykcja sądów duchownych
~ **relationship** pokrewieństwo duchowe
spit¹ *s* sonda (*do pobierania próbek*)
spit² *v* (**spat, spat**) 1. sondować towar 2. spluwać, pluć
to ~ **blood** pluć krwią
splendid *adj* : ~ **isolation** *bryt.* całkowita izolacja (*doktryna nie łączenia się sojuszami z innymi krajami*)
split¹ *s* rozszczepienie, rozbicie na części
~ **delivery** dostawa partiami
~ **in the party** rozłam w partii
~ **order** *giełd.* zamówienie ⟨polecenie zakupu⟩ wykonywane partiami po różnych cenach
~ **quotation** notowanie kursu w ułamkach punktu
~ **shipment** wysyłka partiami
split² *v* rozszczepiać (się), dzielić (się), rozbijać na części
to ~ **the atom** rozbić atom
to ~ **the difference** wypośrodkować różnicę (*np. w cenie*), dojść do kompromisu
to ~ **a parcel on different bills of lading** rozdzielić partię (*towarów*) na kilka konosamentów
to ~ **the profits** podzielić się zyskiem
to ~ **shares** rozdzielić akcje na mniejsze odcinki
to ~ **a shipment** rozdzielić partię towaru (*dla przesłania różnymi statkami*)
to ~ **one's vote** rozdzielić głos na kilku kandydatów
splitter *s* rozłamowiec, rozbijacz
splitting *s* rozdrobnienie, rozdzielenie
~ **policy** polityka rozłamowa ⟨prowadząca do rozłamu⟩
~ **up of a party** rozłam w partii
~ **up of farm units** rozdrobnienie gospodarstw rolnych
spoil¹ *s* 1. zdobycz, łup, trofeum 2. *pl* **spoils** obejmowanie stanowisk państwowych przez stronników zwycięskiej partii
~ **s system** *am.* system obejmowania stanowisk państwowych przez stronników zwycięskiej partii
spoil² *v* (**spoilt** *lub* **spoiled**) 1. psuć (się), zepsuć (się) 2. niszczyć ⟨uszkodzić⟩ (się), ulec zniszczeniu 3. ograbiać, okradać (**sb of sth** kogoś z czegoś)
to ~ **the market** psuć rynek
to ~ **prices** psuć ceny (*w celach konkurencyjnych*)
spoiled, spoilt *adj* zepsuty, wybrakowany
~ **goods** wybrakowane towary
spoilage *s* 1. zepsucie (się) 2. odpadki, odpady, towar zdefektowany 3. makulatura
~ **of goods** psucie się towarów
spokesman *s* rzecznik
government ~ rzecznik rządu
to act as ~ działać w charakterze rzecznika
spoliate *v* złupić, ograbić, obrabować
spoliation *s* 1. grabież, rabunek 2. zagarnięcie okrętu neutralnego w czasie wojny 3. zniszczenie dokumentu w celu usunięcia dowodów
sponsion *s* poręka, rękojmia

sponsor¹ *s* 1. protektor, poręczyciel 2. inicjator 3. osoba ⟨firma⟩ finansująca radiową lub telewizyjną audycję reklamową
~ **for a loan** poręczyciel pożyczki
program ~ inicjator programu
to be ⟨**stand**⟩ ~ **for sb** poręczyć ⟨gwarantować⟩ za kogoś
sponsor² *v* 1. popierać, inicjować 2. przedstawiać program (*radiowy, telewizyjny*) publiczności
to ~ **a motion** wystąpić z wnioskiem
to ~ **a radio programme** inicjować ⟨finansować⟩ program radiowy
sponsorship *s* 1. poręka, poręczenie, gwarancja 2. finansowanie programu reklamowego itp.
spontaneous *adj* 1. samoczynny 2. spontaniczny, dobrowolny
~ **actions** działania spontaniczne
~ **combustion** ⟨**ignition**⟩ samozapalenie się, samozapłon
~ **movement** spontaniczny ruch
spot *s* 1. miejsce 2. plam(k)a, punkt 3. skaza, znamię 4. *pl* **spots** towary do natychmiastowej dostawy, towary na składzie ⟨loko⟩
~ **business** ⟨**deal**⟩ transakcja z natychmiastową dostawą, transakcja loko
~ **cargo** ładunek gotowy do natychmiastowej wysyłki
~ **cash** gotówką natychmiast, gotówką przy zamówieniu
~ **check** sprawdzenie na miejscu
~ **consumption** konsumpcja na miejscu
~ **contract** umowa dotycząca towaru na miejscu, transakcja kasowa
~ **credit** kredyt krótkoterminowy
~ **delivery** natychmiastowa dostawa
~ **exchange** dewizy z natychmiastową dostawą
~ **execution** natychmiastowe wykonanie
~ **goods** towary loko
~ **market** rynek transakcji z natychmiastową dostawą
~ **price** cena przy transakcjach z natychmiastową dostawą, cena loko
~ **rate** kurs dewiz przy transakcjach z natychmiastową dostawą lub płatnością
~ **sale** transakcja loko
~ **ship** statek gotowy do natychmiastowego przyjęcia ładunku
~ **terms** *a*) warunki dostawy natychmiastowej *b*) warunki dostawy płatne natychmiast gotówką
on the ~ *a*) natychmiast *b*) na miejscu
to buy (on the) ~ *a*) kupować z natychmiastową dostawą *b*) kupować z natychmiastową zapłatą
to pay ~ **cash** płacić gotówką na miejscu ⟨przy zamówieniu⟩
spotless *adj* czysty, nieskazitelny, bez skazy
~ **reputation** nieskazitelna reputacja
spouse *s* małżonek, małżonka
the surviving ~ pozostały przy życiu współmałżonek
spread¹ *s* 1. rozszerzanie się 2. rozpiętość, zasięg 3. rozpiętość cen ⟨kursów⟩ 4. *am.* różnica między kosztami własnymi a ceną sprzedaży 5. transakcja stelażowa na giełdzie, opcja z podwójną premią 6. arbitrażowa transakcja różniczkowa (*na giełdach towarowych*)

~ **of nuclear weapons** rozpowszechnianie broni jądrowej
spread² *v* **(spread, spread) 1.** rozpościerać (się), rozciągać (się) **2.** rozrzucać, rozsypywać, rozkładać **3.** rozpowszechniać
  to ~ **news** ⟨**rumours**⟩ rozpowszechniać wiadomości ⟨pogłoski⟩
  to ~ **payment into instalments** rozkładać zapłatę na raty
  to ~ **a risk** rozkładać ⟨rozdzielać⟩ ryzyko
  to ~ **sth over several years** rozkładać coś na wiele lat
  the prices ~ **between ... and ...** ceny wahają się od .. do ...
spread out *v* : **to** ~ **goods** rozkładać towar (*na wystawie itp.*)
spurious *adj* **1.** sfałszowany, podrobiony, nieautentyczny **2.** udawany, symulowany **3.** rzekomy
  ~ **coin** fałszywa moneta
spy¹ *s* **1.** szpieg **2.** tajny agent
  ~ **flights** loty szpiegowskie
  ~ **plane** samolot szpiegowski
  ~ **ring** organizacja szpiegowska
  ~ **spaceship** szpiegowski statek kosmiczny
  ~ **system** system szpiegowski
spy² *v* **(spied, spied) 1.** szpiegować **2.** śledzić
  to ~ **on sb** szpiegować kogoś
  to ~ **upon sb's movements** śledzić czyjeś ruchy ⟨posunięcia⟩
spying *s* szpiegowanie
squad *s* oddział, grupa, zespół ludzi
square¹ *adj* **1.** uregulowany, załatwiony, rozliczony **2.** całkowity, zupełny, niedwuznaczny **3.** rzetelny, uczciwy **4.** kwadratowy
  ~ **deal** uczciwa transakcja
  ~ **dealings** uczciwe postępowanie
  ~ **denial** stanowcze zaprzeczenie
  ~ **refusal** zdecydowana odmowa
  ~ **talk** otwarta rozmowa, szczera dyskusja
  to be ~ **with sb** uregulować rachunki z kimś
  to get one's accounts ~ wyrównać swoje rachunki
square² *v* **1.** regulować, załatwiać, rozliczać się **2.** uzgadniać, doprowadzać do zgodności **3.** zgadzać się, być zgodnym, pokrywać się
  to ~ **accounts** uzgadniać rachunki **(with sb** z kimś)
  to ~ **one's creditors** rozliczyć się z wierzycielami
  to ~ **a matter** załatwić sprawę
  the offer does not ~ **with our requirements** oferta nie odpowiada naszym wymaganiom
square³ *adv* uczciwie, rzetelnie
square up *v* rozliczyć się, rozrachować się **(with sb** z kimś)
squat *v* osiedlać się nie na swoim gruncie
squatter *s* **1.** osadnik zajmujący grunt samowolnie **2.** osoba zajmująca bezprawnie lokal, *pot.* dziki lokator
squeeze¹ *s* **1.** naciskanie, wyciskanie **2.** ciasnota **3.** wymuszenie, wyciąganie **4.** *giełd. pot.* ograniczenie podaży (*przez akaparację*) w celu wywołania zwyżki cen ⟨kursów⟩
  credit ~ ograniczenie kredytu
  money ~ brak pieniędzy, ciasnota gotówkowa
squeeze² *v* **1.** naciskać, wyciskać **2.** wymuszać **3.** *giełd. pot.* ograniczać sztucznie podaż (*w celu wywołania zwyżki cen*)

to ~ **a confession from sb** wymusić od kogoś przyznanie się
to ~ **credits** ograniczać ⟨hamować⟩ kredyt
to ~ **money out of sb** wycisnąć z kogoś pieniądze
to ~ **(down) prices** powodować celowo obniżkę cen
stab¹ *s* **1.** pchnięcie nożem ⟨sztyletem⟩ **2.** zasztyletowanie
  a ~ **in the back** nóż w plecy
  ~ **wound** rana kłuta
stab² *v* **1.** pchnąć nożem ⟨sztyletem⟩ **2.** szargać, godzić (*w coś*)
  to ~ **at sb's reputation** godzić w czyjąś opinię ⟨reputację⟩
  to ~ **to death** zasztyletować ⟨zakłuć⟩ na śmierć
stability *s* **1.** stateczność, stabilność **2.** stałość, trwałość
  ~ **loan** pożyczka stabilizacyjna
  ~ **of price levels** ⟨**of the level of prices**⟩ stałość poziomu cen
  currency ⟨**monetary**⟩ ~ stabilność waluty
  economic ~ stabilizacja gospodarcza ⟨ekonomiczna⟩
  increased ~ wzrastająca stabilizacja
  market ~ stabilność rynku
  to assume ~ zapewniać stabilizację, stabilizować
stabilization *s* stabilizacja, ustabilizowanie
  ~ **credit** kredyt stabilizacyjny
  ~ **fund** fundusz stabilizacyjny
  ~ **loan** pożyczka stabilizacyjna
  ~ **of currency** stabilizacja waluty
  ~ **of international exchange rates** stabilizacja kursów dewizowych
  ~ **of prices** stabilizacja cen
  economic ⟨**business**⟩ ~ stabilizacja gospodarcza
  financial ~ stabilizacja finansowa
stabilize *v* stabilizować (się)
  to ~ **the currency** stabilizować walutę
  to ~ **the dollar** stabilizować kurs dolara
  to ~ **prices** stabilizować ceny
stable *adj* **1.** stały, trwały, niezmienny, ustabilizowany **2.** mocny
  ~ **currency** ustabilizowana waluta
  ~ **market** rynek ustabilizowany ⟨o tendencji stałej⟩
  ~ **peace** trwały pokój
  ~ **population** ludność stała
  ~ **prices** stałe ceny
  to keep ~ utrzymywać na stałym poziomie
  to remain ~ (*o cenach, kursach*) utrzymywać się na stałym poziomie
staff¹ *s* **1.** personel **2.** sztab
  ~ **department** dział personalny, (wy)dział kadr
  ~ **manager** kierownik personalny
  ~ **matters** sprawy personalne ⟨kadrowe⟩
  ~ **of collaborators** sztab współpracowników
  ~ **only** (*o wejściu itp.*) tylko dla personelu
  ~ **recruitment** rekrutacja personelu
  ~ **reduction** redukcja personelu
  ~ **salaries** wynagrodzenie personelu
  ~ **shares** akcje ⟨udziały⟩ nabywane przez własnych pracowników
  administrative ~ personel administracyjny
  canvassing ~ personel akwizytorski
  clerical ⟨**office**⟩ ~ personel biurowy
  dismissal of the ~ zwalnianie personelu (*na okres przejściowy*)
  editorial ~ personel ⟨zespół⟩ redakcyjny

general ~ sztab generalny
managerial ⟨managing⟩ ~ kadra kierownicza
permanent ~ personel stały
sales ⟨selling⟩ ~ personel sprzedający ⟨sklepu⟩
shortage of ~ brak personelu
service ~ personel obsługi
skilled ~ personel wykwalifikowany
teaching ~ kadra nauczycielska
technical ~ personel techniczny
temporary ~ personel tymczasowy
to be on the ~ należeć do personelu
to dismiss the ~ zwalniać personel
to engage the ~ angażować personel
to reduce the ~ zmniejszać ⟨redukować⟩ personel
staff[2] v zaopatrywać w personel ⟨załogę⟩, obsadzać
personelem
to ~ an institution obsadzić instytucję personelem
to ~ an office obsadzić urząd personelem, zaangażować personel do biura
staffed adj obsadzony personelem
to be short ~ mieć niedostateczny personel
to be well ~ mieć dostateczny personel
stag v giełd. spekulować akcjami, subskrybować akcje
nowej emisji w celu niezwłocznej odprzedaży
to ~ the market a) obniżać kursy akcji nowymi
emisjami b) kupować nowe emisje akcji w celu
niezwłocznej odprzedaży po wyższym kursie
to ~ new issues spekulować nowymi emisjami
akcji
stage s 1. pomost, platforma, rampa 2. etap, stadium,
faza, okres
~ of capitalism stadium kapitalizmu
~ of economic development stadium rozwoju gospodarczego
~ of manufacture stadium produkcji
at any ~ w każdym stadium, na każdym etapie
initial ~ stadium początkowe
landing ~ rampa wyładunkowa, pomost wyładunkowy
preliminary ~ stadium wstępne
processing ~s etapy przetwarzania
successive ⟨progressive⟩ ~s kolejne etapy
taxation by ~s opodatkowanie etapami
stagflation s stagflacja, połączenie stagnacji gospodarczej z inflacją
stagnancy s zastój, stagnacja, bezruch
economic ~ stagnacja ekonomiczna, zastój gospodarczy
to produce ~ spowodować zastój
stagnant adj będący w zastoju
~ business zastój w interesach
~ economy stagnacja gospodarcza
~ market zastój na rynku
the economy is ~ gospodarka znajduje się w
zastoju
stagnation s stagnacja, zastój, marazm
~ of business zastój w interesach
~ of the market zastój na rynku
~ of trade zastój w handlu
economic ~ zastój gospodarczy, stagnacja ekonomiczna
general ~ generalny zastój
to fall into ~ popaść w marazm ⟨zastój⟩
stale[1] adj 1. przedawniony, przeterminowany 2. nieaktualny 3. nieświeży, stary
~ bill of lading nieaktualny konosament

~ cheque ⟨am. check⟩ przeterminowany ⟨przedaw-
niony⟩ czek
~ claim przedawnione roszczenie
~ date przedawniony termin
~ debt przedawniony dług
~ demand przedawnione roszczenie
~ document dokument przeterminowany ⟨którego
termin ważności upłynął⟩
~ goods stare ⟨przeterminowane⟩ towary
~ market rynek w zastoju
~ news przestarzałe wiadomości
stale[2] v 1. przedawniać się 2. tracić aktualność 3. tracić
świeżość
stalemate s martwy punkt, impas
stall[1] s pomocnik złodzieja kieszonkowego (odciąga-
jący uwagę okradanego)
stall[2] s 1. stoisko, punkt sprzedaży 2. stragan, kiosk,
kram
~ at an exhibition stoisko wystawowe
~ money placowe, opłata pobierana od handlują-
cych
stallage s opłata za prawo handlowania, placowe
stamp[1] s 1. pieczęć, pieczątka, stempel 2. znaczek
(pocztowy, skarbowy, stemplowy) 3. odcisk pieczęci,
znak odciśnięty, cecha 4. rodzaj, gatunek, klasa 5.
datownik, kasownik (pocztowy)
~ act ustawa o opłatach stemplowych
~ book ⟨booklet⟩ książka ⟨książeczka⟩ ze znaczkami
~ charges a) opłaty skarbowe ⟨stemplowe⟩ b) obciążenie tymi opłatami
~ collector filatelista, zbieracz znaczków pocztowych
~ dealer handlarz walorami filatelistycznymi
~ duty opłata stemplowa
~ duty on bills of exchange ⟨cheques, contracts,
deeds, invoices, policies, powers of attorney, receipts
etc.⟩ opłata stemplowa od weksli ⟨czeków, umów,
aktów prawnych, faktur, polis, pełnomocnictw, po-
kwitowań itp.⟩
~ law ustawa o opłatach stemplowych
~ mark odcisk pieczęci
~ office urząd opłat stemplowych
~ pad poduszka do pieczęci
~ paper papier stemplowy, blankiet z wydrukowaną
opłatą stemplową
~ tax opłata stemplowa
acceptance ⟨inspection, inspector's⟩ ~ znak ⟨pieczęć⟩
kontroli technicznej
adhesive ~ znaczek do naklejania
ad valorem ~ opłata stemplowa uzależniona od
wartości (np. weksla)
bill ⟨cheque⟩ ~ opłata wekslowa ⟨czekowa⟩
business ~ pieczęć firmowa
cancelling ~ kasownik
contract ~ opłata stemplowa od umów
date ~ datownik
date-of-receipt ~ prezentata, pieczęć z datą
wpływu
free of ~ wolne od opłaty, nie podlegające opłacie
embossed ⟨impressed⟩ ~ wytłoczony ⟨suchy⟩ odcisk
pieczęci
evasion of ~ duty uchylanie się od opłaty stemplowej
exempt from ~ duty wolny od opłaty stemplowej
facsimile ~ faksymile, pieczątka z podpisem

firm ~ pieczęć firmowa
letter mail ~ znaczek pocztowy
official ~ pieczęć urzędowa
policy ~ opłata stemplowa od polisy
post ⟨**postage**⟩ ~ znaczek pocztowy
postage-due ~ znaczek dopłaty pocztowej
received ~ prezentata, pieczęć z datą wpływu
revenue ~ znaczek skarbowy
rubber ~ pieczęć kauczukowa
signature ~ faksymile, pieczątka z podpisem
subject to ~ **duty** podlegający opłacie stemplowej
weight ~ pieczęć wagowa (*na towarze*)
to affix a ~ nalepić znaczek
to cancel a ~ skasować znaczek
to impress a ~ przyłożyć ⟨odcisnąć⟩ pieczęć
stamp[2] *v* **1.** stemplować, znakować **2.** zaopatrywać w znaczek, ofrankować
to ~ **a letter** ⟨**receipt etc.**⟩ ostemplować list ⟨pokwitowanie itp.⟩
to ~ **"paid" on a bill** przybić pieczątkę ⟨ostemplować⟩ „zapłacono" na rachunku
stamped *adj:* **envelope** koperta ofrankowana
~ **paper** papier stemplowy
~ **signature** faksymile, pieczątka z podpisem
insufficiently ~ *a)* niedostatecznie ofrankowany *b)* z niedostateczną opłatą stemplową
stand[1] *s* **1.** postument, podstawka **2.** stoisko, kiosk **3.** pozycja, stanowisko **4.** zatrzymanie, zahamowanie, unieruchomienie **5.** opór, przeciwstawienie się **6.** *am.* miejsce, z którego przemawiają świadkowie w sądzie
assembly ~ stanowisko montażowe
exhibition ~ stoisko wystawowe
firm ~ zdecydowane stanowisko
market ~ stan rynku
to bring to a ~ zahamować, zatrzymać się
to make a ~ przeciwstawiać się
to take one's ~ stanąć na stanowisku, przyjąć punkt widzenia
to take the ~ *am.* składać zeznania w sądzie
stand[2] *v* (**stood, stood**) **1.** stać, wstać **2.** pozostawać, utrzymywać się **3.** wytrzymywać **4.** podlegać **5.** pozostawać **6.** *zob.* **stand back, by, for, in, on, out, over, to, up for**
to ~ **against sth** sprzeciwiać się, przeciwstawiać się czemuś
to ~ **as a candidate for sth** kandydować do czegoś
to ~ **at a high** ⟨**low**⟩ **price** mieć wysoką ⟨niską⟩ cenę, stać wysoko ⟨nisko⟩
to ~ **convicted** zostać skazanym ⟨uznanym winnym⟩
to ~ **firm** ⟨**fast**⟩ nie odstępować (*od swego stanowiska, zdania itp.*)
to ~ **good** pozostawać w mocy, obowiązywać nadal
to ~ **good in law** mieć oparcie w prawie, być zgodnym z prawem
to ~ **high temperature** wytrzymywać wysoką temperaturę
to ~ **in need of sth** potrzebować czegoś
to ~ **ready** być w pogotowiu
to ~ **security for a person** poręczyć za kogoś
to ~ **surety for** stanowić gwarancję ⟨zabezpieczenie⟩ (*czegoś*)
to ~ **well with sb** być z kimś w dobrych stosunkach

to ~ **the test** wytrzymywać próbę
to ~ **the transit** wytrzymać transport
~ **and deliver** pieniądze albo życie
the agreement ~**s** umowa obowiązuje ⟨jest w mocy⟩
standard[1] *s* **1.** sztandar, flaga **2.** emblemat **3.** standard, norma, wzorzec **4.** kryterium, miernik **5.** próba (*kruszcu*) **6.** waluta, system walutowy
~ **bullion** kruszec określonej próby
~ **mark** znak próby na kruszcu
~ **of alloy** próba stopu
~ **of coinage** próba monet
~ **of gold** próba złota
~ **of invention** poziom wynalazku ⟨wynalazczy⟩
~ **of knowledge** ⟨**learning**⟩ poziom wiedzy ⟨wykształcenia⟩
~ **of living** ⟨**life**⟩ stopa życiowa, poziom życia
~ **of performance** wykonawstwo, poziom wykonawstwa
~ **of price** ⟨**value**⟩ miernik wartości
~ **of wages** poziom płac
~ **of well-being** poziom dobrobytu
~**s of society** normy społeczne ⟨współżycia społecznego⟩
above ⟨**below**⟩ **the** ~ powyżej ⟨poniżej⟩ poziomu ⟨standardu⟩
bimetallic ⟨**double**⟩ ~ bimetalizm, system walutowy oparty na złocie i srebrze
commercial ~ standard handlowy
consumption ~ poziom konsumpcji
contract on ~ umowa na bazie standardu
currency ~ system walutowy
engineering ~ standard techniczny, normy techniczne
factory ~ norma fabryczna
free ⟨**fiduciary**⟩ ~ waluta niewymienialna na złoto ⟨nie mająca pokrycia w złocie⟩
gold ~ waluta złota
gold-bullion ~ waluta kruszcowa złota
gold-coin ~ waluta złota monetarna
gold-exchange ~ waluta złoto-dewizowa
gold specie ~ *am.* waluta złota
minimum ~ norma minimalna
monetary ~ system pieniężny
normal ~ średni normatyw
paper ~ waluta papierowa
quality ~ standard jakości
recommended ~ zalecany standard
safety ~**s** wymogi bezpieczeństwa
silver ~ waluta srebrna
single ~ monometalizm
up to ~ zgodny ze standardem, zgodny z normą
to depart from the gold ~ odstąpić od systemu waluty złotej
to reach a high ~ (**of quality**) osiągnąć wysoki poziom (jakości)
standard[2] *adj* **1.** standardowy, typowy, normalny **2.** zgodny z normą, ogólnie obowiązujący, urzędowy
~ **brand** standardowy ⟨normalny⟩ gatunek
~ **charter party** czarter typowy
~ **clause** standardowa klauzula
~ **commodities** towary standardowe
~ **contract** umowa typowa
~ **costs** normalne wydatki ⟨koszty⟩
~ **dimensions** standardowe rozmiary
~ **form** formularz typowy

~ **gauge** normalna szerokość toru kolejowego
~ **gold** złoto standardowej próby do bicia monet
~ **grade** gatunek standardowy
~ **packing** opakowanie standardowe
~ **policy** polisa typowa
~ **price** cena normalna ⟨rynkowa⟩
~ **production** produkcja typowa ⟨standardowa⟩
~ **quality** jakość standardowa
~ **railway** kolej normalnotorowa
~ **sample** próbka typowa ⟨przeciętna⟩
~ **scale** normalna skala
~ **size** standardowy ⟨typowy⟩ rozmiar
standardization s 1. standaryzacja, normalizacja, znormalizowanie, ujednolicenie 2. cechowanie, wzorcowanie
~ **of committee** komisja normalizacyjna
~ **of charges** ujednolicenie kosztów
~ **of coefficients** stat. standaryzacja współczynników
~ **of tariffs** ujednolicenie taryf
job ~ normalizacja robót
product ~ standaryzacja wyrobów
standardize v standaryzować, normalizować, ujednolicać
measures to ~ środki ujednolicenia ⟨normalizacji⟩
standardized adj: ~ **product** wyrób standaryzowany
~ **size** wielkość znormalizowana
stand back v powstrzymywać się, zachowywać rezerwę
stand-by adj rezerwowy, zapasowy
~ **credit** rezerwowy kredyt
~ **engine** zapasowy silnik
stand by v 1. asystować, być świadkiem 2. popierać, pomagać 3. dotrzymywać
to ~ **a bargain** dotrzymywać umowy, trwać przy umowie
to ~ **the clauses of the contract** dotrzymywać warunków kontraktu
to ~ **one's promise** dotrzymywać obietnicy
stand for v 1. oznaczać, reprezentować, symbolizować 2. popierać, być zwolennikiem 3. kandydować
to ~ **election** kandydować w wyborach, zgłosić swą kandydaturę
to ~ **free trade** być zwolennikiem wolnego handlu
to ~ **parliament** kandydować do parlamentu
stand in v uczestniczyć, brać udział
to ~ **with the others** solidaryzować się z innymi
to ~ **with the plotters** uczestniczyć w spisku
standing[1] s 1. sytuacja, pozycja, położenie 2. powaga, znaczenie, reputacja 3. przystawanie, czas postoju 4. czas trwania
commercial ~ reputacja handlowa, pozycja w kołach handlowych
credit ~ zdolność kredytowa
debt of long ~ stary dług
financial ~ sytuacja finansowa
a firm of 30 years ~ firma istniejąca 30 lat
a habit of long ~ zwyczaj od dawna stosowany
of bad ⟨**good**⟩ ~ o złej ⟨dobrej⟩ reputacji
social ~ pozycja socjalna
standing[2] adj 1. stojący 2. stały, trwały
~ **charges** koszty stałe
~ **committee** stała komisja, stały komitet
~ **crops** zbiory na pniu
~ **expenses** stałe wydatki
~ **instruction** stałe obowiązujące instrukcje

~ **order** stałe zamówienie ⟨polecenie⟩
~ **orders** stałe obowiązujące reguły postępowania ⟨obowiązujący regulamin obrad⟩ (np. w parlamencie)
Standing Orders Committee bryt. Komisja Regulaminowa (w Parlamencie)
~ **position** stałe stanowisko
~ **price** stała cena
a ~ **rule** stała ⟨niezmienna⟩ zasada
stand on ⟨**upon**⟩ v obstawać, nalegać
stand out v 1. wyróżniać się, uwydatniać się 2. opierać się, wytrzymywać, nie ustępować
to ~ **for better terms** nie zaprzestawać żądania lepszych warunków
to ~ **for one's claims** upierać się przy swoich żądaniach
to ~ **for a rise** nie odstępować od żądania podwyżki płacy
stand over v ulec odroczeniu ⟨odłożeniu⟩
to let a question ~ odłożyć rozstrzygnięcie zagadnienia
standstill s 1. stan spoczynku, zastój 2. unieruchomienie, martwy punkt
~ **agreement** układ o utrzymaniu status quo ⟨istniejącego stanu⟩
~ **order** zakaz przemieszczania się ⟨przenoszenia się z miejsca na miejsce⟩
business is at a ~ jest zastój w interesach
to be at a ~ nie ruszać się z miejsca, nie funkcjonować, być w zastoju
to bring to a ~ zatrzymać
to come to a ~ a) zatrzymać się b) stanąć w martwym punkcie
to start from a ~ ruszyć z miejsca ⟨martwego punktu⟩
stand to v 1. obstawać, utrzymywać 2. dotrzymywać
to ~ **a promise** dotrzymać obietnicy
to ~ **sth** twierdzić coś stanowczo
sellers ~ **their prices** sprzedawcy obstają przy swoich cenach
stand up for v podtrzymywać, bronić
to ~ **one's opinion** obstawać przy swym poglądzie, bronić swego poglądu
staple[1] s 1. wyrób główny ⟨podstawowy⟩ (danego kraju, rynku itp.) 2. artykuł masowo produkowany 3. źródło dostawy ⟨zaopatrzenia⟩ 4. surowiec 5. magazyn, skład
the ~**s of that country** podstawowe artykuły ⟨wyroby⟩ tego kraju
staple[2] adj główny, podstawowy
~ **articles** ⟨**products**⟩ artykuły podstawowe, wyroby główne
~ **commodities** ⟨**goods**⟩ artykuły pierwszej potrzeby
~ **exports** główne pozycje eksportu
~ **food** podstawowe pożywienie ⟨produkty żywnościowe⟩
~ **house** magazyn, skład
~ **industry** podstawowy przemysł
~ **topic of conversation** główny temat rozmowy
~ **trade** zwykły ⟨normalny⟩ handel
star s gwiazda
~ (**prosecution**) **witness** główny świadek (oskarżenia)
the Stars and Stripes am. sztandar gwiaździsty, flaga amerykańska

star-spangled *adj* usiany gwiazdami
  The Star-Spangled Banner sztandar gwiaździsty *a)* flaga USA *b)* hymn narodowy USA
start[1] *s* **1.** start, początek **2.** odjazd **3.** nagły ruch, poderwanie się
  at the ~ na początku, początkowo
  by fits and ~s dorywczo, sporadycznie, zrywami
  to take a ~ (*o cenach*) wzrosnąć, podskoczyć
start[2] *v* rozpocząć, wszcząć, podjąć, uruchomić
  to ~ **a business** założyć ⟨uruchomić⟩ firmę
  to ~ **an enterprise** uruchomić przedsiębiorstwo
  to ~ **a newspaper** przystąpić do wydawania gazety
  to ~ **a proposal** wystąpić z propozycją
  to ~ **a question** podnieść kwestię
  to ~ **(up)on a task** podjąć się zadania
starting *adj* początkowy, wyjściowy
  ~ **date** początkowa data
  ~ **price** *a)* cena wyjściowa *b)* cena wywoławcza (*na licytacji*) *c)* kurs otwarcia
  ~ **point** punkt wyjściowy
  ~ **salary** początkowa płaca (*po zaangażowaniu*)
starvation *s* **1.** głód, przymieranie głodem **2.** wygłodzenie
  ~ **wages** głodowe zarobki ⟨płace⟩
starve *v* **1.** głodować, przymierać głodem **2.** morzyć głodem, zmusić głodem (**into sth** do czegoś)
  to ~ **into submission** ⟨**surrender**⟩ zmusić głodem do uległości ⟨poddania się⟩
  to ~ **to death** umrzeć z głodu ⟨śmiercią głodową⟩
  to ~ **with cold** ⟨**hunger**⟩ umierać z zimna ⟨głodu⟩
state[1] *s* **1.** stan **2.** pompa, parada **3.** stanowisko, godność, zajęcie
  ~ **cabin** kabina luksusowa
  ~ **call** oficjalna wizyta
  ~ **of the account** stan rachunku ⟨konta⟩
  ~ **of affairs** stan spraw
  ~ **of anarchy** stan anarchii
  ~ **of emergency** *a)* stan wyjątkowy *b)* stan wyższej konieczności
  ~ **of equilibrium** stan równowagi
  ~ **of fitness** stan gotowości
  ~ **of the market** stan rynku, sytuacja rynkowa
  ~ **of martial law** stan obowiązywania prawa wojennego ⟨zawieszenia swobód obywatelskich⟩, stan wojenny
  ~ **of peace** stan pokoju
  ~ **of siege** stan oblężenia
  ~ **of things** stan rzeczy
  ~ **of trade** stan handlu ⟨rynku⟩
  ~ **of war** stan wojny
  in bad ⟨**good**⟩ ~ w złym ⟨dobrym⟩ stanie
  in a ~ **of good preservation** zachowany w dobrym stanie
  in a ~ **of intoxication** w stanie nietrzeźwym ⟨upojenia alkoholowego⟩
  in sound ~ zdrowy, w dobrym stanie
  the married ~ stan małżeński, małżeństwo
  natural ~ naturalny stan
  the single ~ bezżeństwo, stan kawalerski ⟨panieński⟩
  preliminary ~ stadium wstępne
  to declare a ~ **of war** proklamować ⟨ogłosić⟩ stan wojny
  to lie in ~ (*o zwłokach*) być wystawionym na widok publiczny

state[2] *s* **1.** państwo **2.** *am.* stan **3.** **the States** Stany Zjednoczone
  ~ **administration** administracja państwa ⟨państwowa⟩
  ~ **arbitration** arbitraż państwowy
  ~ **authority** władza państwowa
  ~ **bank** bank państwowy
  ~ **boundary** granica państwa
  ~ **budget** budżet państwowy ⟨państwa⟩
  ~ **capitalism** kapitalizm państwowy
  ~ **coat of arms** godło państwowe
  ~ **colours** barwy państwowe
  ~ **control** kontrola państwowa
  ~ **credit** kredyt państwowy
  ~ **difference** międzynarodowy spór
State Department Ministerstwo Spraw Zagranicznych USA
  ~ **enterprise** przedsiębiorstwo państwowe
  ~ **farm** państwowe gospodarstwo rolne
  ~ **fisc** fiskus, skarb państwa
  ~ **frontiers** granice państwowe ⟨państwa⟩
  ~ **guarantee** gwarancja państwowa
  ~ **independence** niezależność państwowa
  ~ **interference** ⟨**intervention**⟩ interwencja państwa
  ~ **law** prawo państwowe
  ~ **laws** *am.* ustawy poszczególnych stanów
  ~ **monopoly** monopol państwowy
  ~ **of destination** kraj przeznaczenia
  ~ **official** urzędnik państwowy
  ~ **of origin** kraj pochodzenia (*towaru, człowieka*)
  ~ **organ** organ państwowy
  ~ **policy** polityka państwowa
  ~ **power** władza państwowa
  ~ **property** własność państwowa
  ~ **revenue** państwowe dochody
  ~ **railways** koleje państwowe
  ~ **seal** pieczęć państwowa
  ~ **secret** tajemnica państwowa
  ~ **social insurance** państwowe ubezpieczenia społeczne
  ~ **socialism** socjalizm państwowy
  ~ **sovereignty** suwerenność państwowa
  ~ **structure** ⟨**system**⟩ struktura państwowa
  ~ **subvention** ⟨**subsidy**⟩ subwencja ⟨subsydium⟩ państwowe
  ~ **taxes** podatki państwowe
  ~ **territory** terytorium państwowe
  ~ **treaty** traktat państwowy
  act of ~ akt władzy państwowej
  agrarian ~ państwo rolnicze
  border ⟨**bordering**⟩ ~ państwo ościenne
  buffer ~ państwo buforowe
  capitalist ~ państwo kapitalistyczne
  confederation of ~s konfederacja państw
  conference of ~s konferencja państw
  contracting ~ państwo umawiające się ⟨zawierające układ⟩
  constitution of the ~ konstytucja państwowa
  Council of State Rada Państwa
  court of ~ sąd państwowy
  creditor ~ państwo wierzycielskie
  crime against the ~ zbrodnia przeciwko państwu, przestępstwo polityczne
  debtor ~ państwo dłużnicze
  decaying of the ~ obumieranie ⟨upadek⟩ państwa
  federal ~ państwo federalne

finances of the ~ finanse państwowe
head of the ~ głowa państwa
law-observing ~ państwo praworządne
member ~ państwo członkowskie
national ~ państwo narodowe
neutral ~ państwo neutralne
police ~ państwo policyjne
prisoner of ~ *a*) więzień stanu *b*) więzień polityczny
puppet ~ państwo marionetkowe
satellite ~ państwo satelita, państwo satelickie
Secretary of State *a*) *am.* Minister Spraw Zagranicznych *b*) *bryt.* Sekretarz Stanu
signatory ~ państwo sygnatariusz
socialist ~ państwo socjalistyczne
the United States Stany Zjednoczone
welfare ~ państwo dobrobytu
state³ *v* **1.** ustalić, stwierdzić, skonstatować **2.** przedstawić, wyłożyć, wyrazić, wypowiedzieć **3.** oświadczyć, ogłosić, oznajmić
  to ~ **an account** wyspecyfikować rachunek
  to ~ **a case** *a*) przedstawić sprawę *b*) sformułować sporne zagadnienia w sprawie
  to ~ **charge** sformułować oskarżenie
  to ~ **the following** stwierdzić co następuje
  to ~ **full particulars** podać wszystkie szczegóły
  to ~ **one's opinion** przedstawić swoją opinię
  to ~ **sth definitely** sprecyzować coś ostatecznie
  to ~ **terms** ustalić warunki
state-aided *adj* korzystający z pomocy państwa, subwencjonowany przez państwo
state-controlled *adj* kontrolowany ⟨reglamentowany⟩ przez państwo
stated *pp adj:* ~ **account** uzgodniony ⟨potwierdzony⟩ rachunek
  ~ **capital** ujawniony kapitał
  ~ **meeting** ustalone (*poprzednio*) zebranie, wyznaczone spotkanie
  ~ **office hours** ustalone godziny urzędowania
  ~ **salary** stałe wynagrodzenie, stała pensja
  as ~ **above** jak ustalono wyżej
  at ~ **intervals** w umówionych odstępach czasu
  at a ~ **time** w umówionym czasie ⟨terminie⟩
  on ~ **days** w ustalonych dniach
stateless *adj:* ~ **person** osoba nie posiadająca żadnego obywatelstwa, apatryda, apolita, bezpaństwowiec
statement *s* **1.** stwierdzenie, oświadczenie, deklaracja, exposé **2.** sprawozdanie, raport **3.** wykaz, zestawienie, wyciąg (*np. z konta*) **4.** *am.* bilans
  ~ **of account** *a*) wyciąg z konta *b*) *am.* bilans
  ~ **of the accused** oświadczenie oskarżonego
  ~ **of affairs** bilans
  ~ **of average** rozliczenie awarii wspólnej, dyspasza
  ~ **of assets and liabilities** zestawienie aktywów i pasywów, *am.* bilans
  ~ **of charges** ⟨**costs**⟩ zestawienie ⟨wykaz⟩ kosztów
  ~ **of claim** pozew, twierdzenie powództwa
  ~ **of contents** deklaracja zawartości
  ~ **of defence** oświadczenie od pozwu
  ~ **of deposits** zestawienie depozytów
  ~ **of expenses** zestawienie wydatków ⟨kosztów⟩
  ~ **of facts** stwierdzenie faktów (*bezspornych między stronami*)
  ~ **of goods** wykaz towarów
  ~ **of income** zeznanie podatkowe (*do podatku dochodowego*)

~ **of nullity** orzeczenie o nieważności (*np. umowy*)
~ **of particulars** szczegółowe zestawienie żądań pozwu
~ **of proceedings** protokół obrad
bank ~ *a*) zestawienie stanu rachunków *b*) *am.* wyciąg z rachunku bankowego
binding ~ wiążące oświadczenie
cash ~ raport kasowy
detailed ~ szczegółowe zestawienie
expert's ~ orzeczenie biegłego ⟨rzeczoznawcy⟩
false ~ fałszywe ⟨kłamliwe⟩ oświadczenie
laydays ~ zestawienie dni postoju statku w porcie
legalized ~ uwierzytelnione oświadczenie
official ~ oficjalne oświadczenie
preliminary ~ wstępne oświadczenie
sworn ~ oświadczenie pod przysięgą
unilateral ⟨**one-sided**⟩ ~ jednostronne oświadczenie
verbal ~ słowne oświadczenie
written ~ pisemna deklaracja
to contradict a ~ zdementować oświadczenie
to deny a ~ zaprzeczyć twierdzeniu
to issue ⟨**make**⟩ **a** ~ wydać oświadczenie
to make out a ~ sporządzić sprawozdanie ⟨wyciąg, zestawienie⟩
to publish a ~ opublikować oświadczenie
state-owned *adj* stanowiący własność państwa, państwowy
~ **enterprise** przedsiębiorstwo państwowe
to be ~ stanowić własność państwową
station *s* **1.** stacja, dworzec **2.** stanowisko, pozycja, placówka, miejsce **3.** stan społeczny
  ~ **in life** pozycja socjalna ⟨społeczna⟩
  ~ **master** naczelnik stacji
  ~ **of arrival** stacja przyjazdowa, dworzec przyjazdowy
  ~ **of departure** stacja odjazdu, dworzec odjazdowy
  ~ **of destination** stacja przeznaczenia
  ~ **of dispatch** stacja nadania
  ~ **of origin** stacja wysyłki
  air ~ dworzec lotniczy
  border ~ stacja graniczna
  broadcasting ~ stacja radiowa
  crossing ~ stacja węzłowa
  customs ~ placówka celna, punkt celny
  exchange ~ stacja przesiadkowa ⟨przeładunkowa⟩
  experiment(al) ~ stacja doświadczalna
  filling ~ stacja benzynowa
  forwarding ⟨**origin**⟩ ~ stacja wysyłki
  free at ~ franko stacja kolejowa
  frontier ~ stacja graniczna
  goods ~ stacja towarowa, dworzec towarowy
  harbour ⟨**marine, port**⟩ ~ dworzec morski ⟨portowy⟩
  inbound ~ stacja przyjazdowa
  intermediate ~ stacja pośrednia
  junction ~ stacja węzłowa
  main ~ dworzec główny
  passenger ~ dworzec osobowy (*kolejowy*)
  police ~ posterunek ⟨komisariat⟩ policji
  railway ~ stacja kolejowa, dworzec kolejowy
  receiving ~ stacja odbioru ⟨przyjęcia⟩
  sending ~ stacja wysyłki ⟨wysyłkowa⟩
  starting ~ stacja początkowa ⟨wysyłki⟩
  terminal ~ stacja końcowa
  through(way) ~ stacja przelotowa

trading ~ placówka handlowa
transit ~ stacja tranzytowa
waterside ~ stacja wodna, dworzec wodny
stationary *adj* **1.** stały, nie ulegający zmianom **2.**
stacjonarny, nieruchomy, niezmienny
~ **economy** gospodarka stacjonarna
~ **distribution** *stat.* rozkład stacjonarny
~ **population** *stat.* ludność stacjonarna ⟨zastojowa⟩
to remain ~ pozostać na miejscu
stationer *s* handlarz materiałami piśmiennymi i biuro-
wymi
~'**s shop** sklep z materiałami piśmiennymi i biuro-
wymi
stationery *s* materiały piśmienne i biurowe
~ **expenses** wydatki kancelaryjne
Stationery Office *bryt.* drukarnia państwowa
statistical *adj* statystyczny
~ **abstract** krótki przegląd statystyczny
~ **analysis** analiza statystyczna
~ **accounting** sprawozdawczość statystyczna
~ **classification** grupowanie statystyczne
~ **control** kontrola statystyczna
~ **data** dane statystyczne
~ **department** wydział statystyczny
~ **estimation** estymacja statystyczna, szacunek statystyczny
~ **expert** biegły z zakresu statystyki
~ **information** informacja statystyczna
~ **inquiry** zbieranie danych statystycznych
~ **machines** maszyny statystyczne
~ **map** ⟨**chart**⟩ mapa statystyczna, kartogram
~ **material** materiał statystyczny
~ **observation** obserwacja statystyczna
~ **office** urząd statystyczny
~ **processing** przetwarzanie danych statystycznych
~ **records** dane statystyczne
~ **report** biuletyn statystyczny, sprawozdanie statystyczne
~ **reporting** sprawozdawczość statystyczna
~ **returns** zestawienie statystyczne
~ **studies** ⟨**research**⟩ badania statystyczne
~ **survey** statystyczne badanie, statystyczna ankieta
~ **tables** tablice statystyczne
~ **unit** jednostka badania statystycznego
~ **yearbook** rocznik statystyczny
for ~ **purposes** dla celów statystycznych
to collect ~ **data** zbierać dane statystyczne
to process ⟨**collate**⟩ **the** ~ **data** opracowywać dane
statystyczne
statistician *s* statystyk
statistics *s* statystyka
accident ~ statystyka wypadków
actuarial ~ statystyka ubezpieczeniowa
agricultural ~ statystyka rolna
applied ~ statystyka stosowana
banking ~ statystyka operacji bankowych
birth ~ statystyka urodzin
business ⟨**commercial**⟩ ~ statystyka handlowa
criminal ~ statystyka przestępczości
cultural ~ statystyka kultury
customs ~ statystyka celna
demographic ~ statystyka demograficzna
economic ~ statystyka ekonomiczna
educational ~ statystyka oświaty
financial ~ statystyka finansowa

fishery ~ statystyka połowów
foreign trade ~ statystyka handlu zagranicznego
forged ~ statystyka fałszowana
general ~ statystyka ogólna, ogólne dane statystyczne
health ~ statystyka zdrowia
honest ~ rzetelna statystyka
industrial ~ statystyka przemysłowa
insurance ~ statystyka ubezpieczeniowa
international ~ statystyka międzynarodowa
labour ~ statystyka pracy
mathematical ~ statystyka matematyczna
migration ~ statystyka migracji
misleading ⟨**unreliable**⟩ ~ nierzetelna statystyka
morbidity ~ statystyka zachorowalności
mortality ~ statystyka umieralności ⟨zgonów⟩
national income ~ statystyka dochodu narodowego
official ~ statystyka urzędowa
population ~ statystyka ludnościowa
price ~ statystyka cen
regional ~ statystyka regionalna
registration ~ statystyka stanu cywilnego
social ~ statystyka społeczna
trade ~ statystyka handlowa
traffic ~ statystyka natężenia ruchu
transport ~ statystyka transportu ⟨przewozów⟩
wages ~ statystyka płac
status *s* **1.** sytuacja, położenie **2.** status (*prawny*),
stanowisko, stan
~ **inquiry** ⟨**enquiry**⟩ wywiad dotyczący stanu finan-
sowego (*firmy*)
~ **obligation** obowiązek wynikający ze statusu ⟨łą-
czący się ze statusem⟩
~ **quo** *łac.* stan istniejący w danej chwili
~ **quo ante bellum** *łac.* stan przedwojenny ⟨sprzed
wojny⟩
economic ⟨**financial**⟩ ~ sytuacja gospodarcza ⟨finan-
sowa⟩
dominion ~ *bryt.* status dominium
employment ~ stanowisko w zawodzie
legal ~ *a)* status prawny *b)* stan cywilny *c)* osobowość
prawna
marital ⟨**personal**⟩ ~ stan cywilny
social ~ pozycja socjalna
to acquire legal ~ uzyskać osobowość prawną
to preserve the ~ **quo** zachować ⟨utrzymać⟩ istniejący
stan rzeczy
statute *s* **1.** ustawa, przepisy prawne, prawo **2.** przepis
regulaminowy **3.** *pl* **statutes** statut, regulamin
~ **law** *a)* prawo pisane *b)* zbiór ustaw parlamentu
~ **of bankruptcy** prawo upadłościowe ⟨o upadłoś-
ci⟩
~ **of limitation(s)** przepis o przedawnieniu
~ **(s) of association** statut spółki
statute-barred *adj* przedawniony, wygasły z powodu
upływu terminu ⟨przedawnienia⟩
~ **claim** przedawniona skarga, przedawnione roszczenie
~ **debt** przedawniony dług
statute-book *s* kodeks, zbiór ustaw ⟨praw⟩
statute-run *adj* = **statute-barred**
statutory *adj* **1.** ustawowy, przewidywany przez prawo
2. statutowy, regulaminowy
~ **age limit** ustawowa granica wieku

~ **agent** ustawowy zastępca prawny ⟨przedstawiciel⟩

~ **company** spółka akcyjna założona na podstawie osobnego aktu parlamentu

~ **control** regulaminowa kontrola

~ **damages** odszkodowanie ustawowe ⟨należne z mocy ustawy⟩

~ **declaration** pisemne oświadczenie pod przysięgą

~ **dividend** ustawowa dywidenda

~ **duty** obowiązek ustawowy

~ **effect** moc prawna

~ **holiday** święto ustawowe

~ **interest** ustawowe odsetki

~ **law** prawo pisane

~ **liability** odpowiedzialność ustawowa

~ **lien** ustawowe prawo zastawu

~ **meeting** statutowe zebranie

~ **percentage** odsetki ustawowe, procent ustawowy

~ **presumption** domniemanie prawne, presumpcja ustawowa

~ **reserve** rezerwa ustawowa

~ **right** uprawnienie ustawowe

Statutory Rules and Orders *bryt.* rozporządzenia i inne akty prawne mające moc ustawy

~ **term of notice** ustawowy termin wypowiedzenia

~ **working time** ustawowy czas pracy

~ **writing off** przewidziana prawem amortyzacja, odpis amortyzacyjny

~ **tariff** taryfa ustawowa

staunch *adj* **1.** wierny, oddany, godny zaufania **2.** mocny **3.** zagorzały

~ **ally** wierny sojusznik

~ **belief** mocne przekonanie

~ **supporter** *a)* wierny stronnik *b)* zagorzały zwolennik ⟨kibic⟩

stay[1] *s* **1.** zatrzymanie się, postój, pobyt **2.** wstrzymanie, zawieszenie **3.** odroczenie

~ **in port** pobyt w porcie

~ **of execution** *a)* zawieszenie egzekucji ⟨postępowania wykonawczego⟩ *b)* zawieszenie wykonania wyroku (*śmierci*)

~ **of legal proceedings** zawieszenie postępowania sądowego

duration of ~ długość pobytu

to ask for a ~ **of execution** prosić o zawieszenie egzekucji ⟨postępowania wykonawczego⟩

to grant a ~ **of execution** udzielić odroczenia egzekucji ⟨postępowania wykonawczego⟩

stay[2] *v* **1.** pozostawać w miejscu, przebywać **2.** wstrzymywać, zawieszać **3.** wytrzymywać

to ~ **a case** zawiesić sprawę ⟨postępowanie w sprawie⟩

to ~ **a judgment** odroczyć ogłoszenie wyroku

to ~ **legal proceedings** zawiesić postępowanie

to ~ **the rise of prices** wstrzymać wzrost ⟨podwyżkę⟩ cen

stay-in *adj* : ~ **strike** strajk okupacyjny

staying *s* pozostawanie

~ **dues** postojowe

steady[1] *adj* **1.** stały, niezmienny **2.** mocny, solidny **3.** regularny

~ **correspondent** stały korespondent

~ **customer** stały klient

~ **decline** stały spadek

~ **demand** stały popyt

~ **expansion** stała ekspansja

~ **foundation** mocne podstawy

~ **improvement** regularna poprawa

~ **increase** stały wzrost

~ **market** mocny rynek, rynek o mocnej tendencji

~ **price** stała cena

~ **progress** stały postęp

~ **purpose** niezmienny cel

~ **shipments** stałe ⟨regularne⟩ wysyłki

~ **worker** stały pracownik

to keep ⟨**remain**⟩ ~ stabilizować się, nie ulegać zmianie

steady[2] *v* stabilizować (się), umacniać (się), utrzymywać (się) w nie zmienionym stanie

to ~ **the fluctuations** zmniejszyć fluktuację

to ~ **prices** stabilizować ceny

steal *v* (**stole, stolen**) kraść (**sth from sb** coś komuś)

stealing *adj* : ~ **mania** kleptomania

steam[1] *s* para

~ **boat** ⟨**vessel**⟩ statek parowy, parowiec

~ **engine** maszyna parowa

~ **line** linia żeglugowa

~ **navigation** żegluga parowa

~ **turbine** turbina parowa

under ~ pod parą, gotowy do odjazdu

to travel by ~ podróżować parowcem

steam[2] *v* **1.** wypuszczać parę **2.** być poruszanym parą **3.** podróżować parowcem

to ~ **out of the port** wypłynąć z portu

steamboat *s* = **steamer**

steamer *s* parowiec, statek parowy

~ **bill of lading** konosament morski

~ **cargo** ładunek przewożony parowcem

~ **date** data odjazdu statku

~ **documents** papiery okrętowe

cargo and passenger ~ parowiec towarowo-pasażerski

cargo ~ parowy statek towarowy, frachtowiec

coasting ⟨**coastwise**⟩ ~ parowiec kabotażowy

deep-sea ~ parowiec pełnomorski

direct ~ parowiec bezpośredni

ex ~ ze statku, franko statek (*w porcie przeznaczenia*)

foreign-going ~ *bryt.* statek parowy żeglugi wielkiej

inland ~ parowiec żeglugi śródlądowej

line ~ liniowiec

mail ~ parowiec pocztowy

ocean ⟨**ocean-going**⟩ ~ statek transoceaniczny, parowiec pełnomorski

passenger ~ parowiec pasażerski

salvage ~ parowiec ratowniczy

shipment on first ~ przesyłka pierwszym statkiem

tank ~ tankowiec parowy

tramp ~ parowiec trampowy, tramp

steamer-borne *adj* przewożony parowcem

~ **cargo** ładunek przewożony parowcem

steamship *s* parowiec, statek parowy

~ **agency** agencja okrętowa, biuro okrętowe

~ **agent** agent okrętowy

~ **bill of lading** konosament morski

~ **company** towarzystwo żeglugowe ⟨okrętowe⟩

~ **conference** konferencja żeglugowa

~ **line** linia żeglugowa

steel *s* **1.** stal **2.** *pl* **steels** akcje przemysłu stalowego

~ **industry** przemysł stalowy, stalownictwo

~ **works** zakłady przemysłu stalowego, huta stali, stalownia

steep *adj* **1.** stromy, gwałtownie wznoszący się ⟨opadający⟩ **2.** *pot.* nadmierny, wygórowany

~ **demand** wygórowane roszczenie ⟨żądanie⟩

~ **fall** ⟨**rise**⟩ **of prices** gwałtowna zniżka ⟨zwyżka⟩ cen

~ **price** wygórowana ⟨zawyżona⟩ cena

~ **requirements** wygórowane żądania

steepen *v* gwałtownie podnosić ⟨podwyższać⟩ się

steer *v* **1.** sterować, prowadzić, kierować **2.** kierować się

to ~ **a car** prowadzić samochód

to ~ **a middle course** trzymać się złotego środka, postępować z umiarem

to ~ **a ship** sterować statkiem

steerage *s* **1.** sterowanie **2.** międzypokład **3.** (*na statkach pasażerskich*) III klasa (*dla ubogich emigrantów*)

~ **passenger** pasażer podróżujący III klasą

to travel ~ podróżować III klasą

stem[1] *s* łodyga

~ **house** firma macierzysta, centrala firmy

stem[2] *s czart.* stem, klauzula o gotowości ładunku w porcie (*zobowiązująca załadowcę do dostarczenia ładunku w całości w wyznaczonym terminie*)

~ **date** data stemu ⟨gotowości ładunku w porcie⟩

~ **note** pisemne potwierdzenie daty stemu

free ~ wolne od stemu

subject to ~ pod warunkiem uzyskania stemu

to secure a ~ zapewnić uzyskanie stemu, zastemować

stem[3] *v* **1.** uzyskiwać stem **2.** stemować

stemming *s* **1.** zamówienie (*przez maklera*) miejsca dla statku w porcie **2.** stemowanie, uzyskiwanie stemu

~ **list** lista kolejnych zgłoszeń statków na miejsce przy nabrzeżu w porcie wyładowania

stencil *s* **1.** klisza, matryca, woskówka do powielania **2.** szablon

stenograph[1] *s* stenogram

stenograph[2] *v* stenografować

stenographer *s* stenograf

stenography *s* stenografia

step[1] *s* **1.** krok **2.** stopień, szczebel

legal ~**s** kroki prawne

preventive ~**s** kroki zapobiegawcze

to attempt all ~**s** użyć wszelkich środków

to take ⟨**adopt**⟩ **necessary** ~**s** podjąć niezbędne kroki, zastosować niezbędne środki

to take legal ~ **against sb** podjąć kroki prawne ⟨wystąpić z procesem⟩ przeciwko komuś

to take ~**s** przedsięwziąć kroki, zastosować środki

to take ~**s towards** ... podjąć kroki zmierzające do ... (*czegoś*)

step[2] *v* **1.** kroczyć, postępować **2.** wstępować **3.** *zob.* **step back, in, up**

to ~ **across a road** ⟨**street**⟩ przejść przez drogę ⟨ulicę⟩

to ~ **into a job** ⟨**fortune**⟩ objąć posadę ⟨majątek⟩

step back *v* cofnąć się, odstąpić

stepbrother *s* brat przyrodni

stepchild *s* pasierb, pasierbica

stepdaughter *s* pasierbica

stepfather *s* ojczym

step in *v* wkraczać, interweniować

stepmother *s* macocha

stepsister *s* siostra przyrodnia

stepson *s* pasierb

step up *v* **1.** wznosić się **2.** podnosić, podwyższać, zwiększać

to ~ **export** zwiększać eksport

to ~ **production** zwiększyć produkcję

step-up *adj* : ~ **rate** stawka stopniowo wzrastająca

sterility *s* **1.** jałowość, bezpłodność **2.** bezdzietność

sterilization *s* sterylizacja, wyjałowienie

certificate of ~ świadectwo o dokonaniu sterylizacji

sterilize *v* sterylizować, dokonywać sterylizacji

sterling[1] *s* **1.** funt szterling **2.** moneta pełnowartościowa **3.** srebro ustawowej próby

sterling[2] *adj* **1.** szterlingowy, w walucie szterlingowej, opiewający na walutę szterlingową **2.** zgodny z próbą urzędową, pełnowartościowy **3.** rzetelny, solidny

~ **account** rachunek szterlingowy

~ **area** strefa szterlingowa

~ **bill** weksel opiewający na funty szterlingi

~ **bloc** blok szterlingowy

~ **bond** obligacja w funtach szterlingach

~ **exchange** dewiza szterlingowa

~ **gold** ⟨**silver**⟩ złoto ⟨srebro⟩ pełnowartościowe ⟨zgodne z próbą urzędową⟩

convertibility of ~ wymienialność szterlinga

demand for ~ popyt na szterlingi

of ~ **worth** pełnowartościowy, wypróbowanej wartości

pound(s) ~ funt(y) szterling(i)

to draw in ~ *a*) uzyskać pieniądze z banku w funtach szterlingach *b*) wystawić weksel w funtach szterlingach

stern[1] *s* rufa statku

stern[2] *adj* **1.** surowy, srogi **2.** rygorystyczny, twardy

~ **economy** rygorystyczne oszczędności, ścisła oszczędność

~ **necessity** surowa ⟨twarda⟩ konieczność

~ **punishment** surowa kara

~ **resolve** stanowcza decyzja

~ **treatment** surowe traktowanie

stevedorage *s* **1.** sztauowanie, sztauerka **2.** opłata sztauerska

stevedore[1] *s* przedsiębiorca sztauerski ⟨przeładunkowy⟩, sztauer

~ **gang** brygada sztauerska

~ **ton** tona frachtowa ⟨sztauerska⟩ (*przestrzenna lub ciężarowa*)

charterer's ~ *czart.* klauzula zastrzegająca, że czarterujący wyznaczy sztauera

contract ~ sztauer kontraktowy

stevedore[2] *v* sztauować

stevedoring *s* sztauowanie, sztauerka, prace przeładunkowe (*na statkach*)

~ **charges** opłaty sztauerskie

~ **rate** stawka sztauerska (*obejmująca czynności dodatkowe według zwyczaju danego portu*)

~ **staff** brygada sztauerska

improper ~ niewłaściwe sztauowanie

steward *s* **1.** steward **2.** rządca, ekonom

~'**s supplies** zapasy żywności, prowiant okrętowy

land ~ zarządca nieruchomości, ekonom

shop ~ mąż zaufania (*związku zawodowego pracowników*)

stewardess *s* stewardesa

stewardship *s* **1.** stanowisko ekonoma **2.** zarządzanie

stick *v* (**stuck, stuck**) 1. nalepiać, przylepiać 2. przebijać, przekłuwać 3. trwać, pozostawać·
 to ~ **a label on the luggage** przylepić nalepkę na bagaż
 to ~ **a stamp on a letter** przylepić znaczek na list
 to ~ **to the agenda** trzymać się porządku dziennego
 to ~ **to (the) facts** trzymać się faktów
 to ~ **to one's opinion** upierać się, pozostawać przy swoim zdaniu
 ~ **no bills** nalepianie afiszów zabronione
sticker *s* 1. nalepka (*firmowa itp.*) 2. rozlepiacz afiszów 3. *am.* niepokupny towar
sticky *adj* 1. lepki, klejący się 2. uporczywy 3. niepokupny, trudny do upłynnienia
 ~ **assets** aktywa trudne do upłynnienia
stiff *adj* 1. sztywny 2. nieugięty, nieustępliwy 3. mocny 4. (*o cenie*) wygórowany
 ~ **denial** stanowcza odmowa
 ~ **market** rynek o mocnej tendencji
 ~ **monetary policy** twarda polityka walutowa
 ~ **price** wygórowana stała cena
 ~ **resistance** zacięty opór
stiffen *v* 1. usztywniać 2. umacniać (się), wzmacniać (się) 3. utrzymywać na wysokim poziomie
 to ~ **an examination** podnieść wymagania przy egzaminie
 to ~ **the prices** ustalać ceny ⟨kursy⟩ na wysokim poziomie
stiffening *s* specjalny balast ⟨ładunek⟩ dla utrzymania stateczności rozładowanego statku
 ~ **order** *bryt.* zezwolenie celne na wzięcie ciężkiego ładunku jako balastu
still-birth *s* urodzenie martwego dziecka
 ~ **rate** współczynnik urodzeń martwych
stillborn *adj* martwo urodzony
stimulate *v* pobudzać, stymulować, zachęcać (**to sth** do czegoś)
 to ~ **the inventive activity** pobudzać wynalazczość ⟨działalność wynalazczą⟩
 to ~ **production** pobudzać ⟨ożywiać⟩ produkcję
 to ~ **sales** ożywiać sprzedaż
 to ~ **trade** popierać ⟨ożywiać⟩ handel
stimulus *s* (*pl* **stimuli**) bodziec, zachęta, podnieta
 competitive ~ bodziec konkurencyjny
 under the ~ **of sth** pod wpływem czegoś
 to **give a** ~ pobudzać
 to **serve as a** ~ stanowić zachętę
stint[1] *s* 1. ograniczenie, restrykcja 2. wyznaczona praca ⟨norma⟩
 without ~ bez ograniczenia, dowolnie
 to **appoint** ⟨**set**⟩ **a** ~ wyznaczyć normę
 to **work without** ~ pracować nie żałując sił
stint[2] *v* 1. ograniczać (**sb of** ⟨**in**⟩ **sth** kogoś w czymś) 2. wyznaczać normę ⟨zadanie, pracę⟩
 to ~ **food** ⟨**money**⟩ oszczędzać żywność ⟨pieniądze⟩
 to ~ **population in its consumption** ograniczać konsumpcję ludności
 to ~ **work** oszczędzać ⟨nie przemęczać⟩ się w pracy
stipend *s* 1. wynagrodzenie ⟨pensja⟩ duchownego 2. zasiłek 3. *am.* stypendium
stipendiary *adj* płatny, wynagradzany
 ~ **magistrate** *bryt.* płatny urzędnik pełniący funkcję sędziego pokoju
 ~ **office** płatny urząd

stipulate *v* 1. umawiać się, ustalać, zastrzegać 2. postanawiać, przewidywać (*w umowie itp.*) 3. żądać (**for sth** czegoś)
 to ~ **cash payment** przewidywać ⟨zastrzegać⟩ płatność w gotówce
 to ~ **conditions** ⟨**terms**⟩ ustalać warunki, umawiać się co do warunków
 to ~ **for a reward** zastrzec sobie nagrodę
 to ~ **in contract** postanawiać ⟨ustalać, przewidywać⟩ w umowie
 to ~ **a right** zastrzec sobie prawo
stipulated *pp adj* : ~ **damages** poprzednio ocenione szkody
 ~ **price** umówiona cena
 ~ **quality** umówiona jakość
 ~ **term** uzgodniony termin
 as ~ jak uzgodniono (*w umowie*)
stipulation *s* klauzula, postanowienie umowne, warunek umowy
 ~**s of a contract** postanowienia ⟨warunki⟩ umowy
 on ⟨**under**⟩ **the** ~ **that ...** pod warunkiem, że ...
 without any ~ bez żadnego warunku, bez zastrzeżeń
stock[1] *s* 1. zapas, zasób 2. inwentarz 3. bydło 4. ród
 ~ **account** *a*) rachunek towarów *b*) konto magazynowe
 ~ **bookkeeping** księgowość magazynowa ⟨materiałowa⟩
 ~ **clearance** wyprzedaż zapasów (*towarów*)
 ~ **farm** gospodarstwo hodowlane
 ~ **of cars** park samochodowy
 ~ **of gold** rezerwa złota
 ~ **of goods** ⟨**commodities**⟩ zapas towarów
 ~ **of orders** portfel zamówień
 ~ **of wealth** bogactwo, zasoby
 ~ **sheet** spis inwentarza
 ~ **turnover** rotacja zapasów
 ~ **valuation** ocena ⟨obliczanie wartości⟩ zapasów
 accounting ~ zapas podlegający rozliczeniu
 anticipation ~ *a*) spodziewana ilość zapasów *b*) zapas zawyżony w przewidywaniu rozwoju przedsiębiorstwa
 as long as the ~ **lasts** dopóki wystarczy zapasu
 backroom ~ zapasy na zapleczu
 bare of ~ pozbawiony zapasów
 basic ~ zapas podstawowy
 buffer ⟨**contingency, cushion**⟩ ~ zapas zabezpieczający ⟨buforowy⟩
 business ~**s** zapasy produkcyjne (*w przemyśle przetwórczym*)
 capital ~ zasób kapitału
 closing ~ zapas końcowy
 consignment ~ ładunek, partia towaru
 credit ~ towar wydany na kredyt
 dead ~ *a*) inwentarz martwy *b*) zapas niewykorzystany, *pot.* buble
 excessive ⟨**surplus**⟩ ~**s** nadmierne zapasy, nadwyżki zapasów
 extra ~ zapas uzupełniający
 finished ~ zapas produktów gotowych
 fluctuation ~ zapas rezerwowy dla zaspokojenia wahań popytu
 from ~ ze składu, z magazynu
 gold ~ zapas złota
 goods in ~ towary na składzie
 heavy ⟨**large**⟩ ~ duży zapas

in ~ na składzie
in-transit ~ zapas w trakcie transportu
lead-time ~ zapas rezerwowy
live ~ inwentarz żywy
low ~ zapas mały ⟨na wyczerpaniu⟩
monetary ⟨**money**⟩ ~ *am.* suma pieniędzy w obrocie
out of ~ brak na składzie, (*towar*) wyczerpany
retail ~s zapasy towarów detalicznych
running down of ~s likwidacja zapasów
sea ~ zapasy statku na rejs
shelf ~ resztki towarów na półkach magazynu
wholesale ~s zapas towarów hurtowych
to be out of ~ wyczerpać zapas, nie mieć towarów na składzie
to build up ~s gromadzić zapasy towarów
to carry ~ mieć w zapasie
to clear the ~ wyprzedać zapas
to draw on the ~ czerpać z zapasu
to get rid of excessive ~s pozbywać się nadmiernych zapasów
to hold ⟨**keep**⟩ **a** ~ mieć zapas, mieć towar na składzie
to jettison ~s *a*) wyrzucać towary za burtę *b*) uwalniać się od zbędnych zapasów ⟨*pot.* bubli⟩
to make for ~ produkować na skład
to refresh the ~ odnawiać zapas
to replenish the ~ uzupełniać zapas
to sell (from) ~ sprzedawać ze składu
to take ~ *a*) inwentaryzować, sporządzać spis kontrolny *b*) oceniać, szacować
to unload the ~ rozprowadzać zapasy
stock² *s* **1.** kapitał akcyjny ⟨zakładowy⟩ **2.** papier wartościowy, obligacja **3.** *am.* akcja, akcje
the ~s *bryt.* państwowe papiery wartościowe, obligacje państwowe
~ **account** *a*) rachunek ⟨konto⟩ papierów wartościowych *b*) konto kapitału
~ **appreciation** zwyżka wartości akcji
~ **arbitrage** ⟨**arbitration**⟩ transakcje arbitrażowe walorami
~ **association** spółka akcyjna
~ **broker** makler giełdy pieniężnej ⟨walorów⟩
~ **broking** maklerka walorami
~ **business** operacje walorami
~ **capital** kapitał akcyjny ⟨zakładowy⟩
~ **certificate** *a*) świadectwo udziałowe *b*) *am.* akcja
~ **corporation** *am.* spółka akcyjna
~ **deposit** depozyt papierów wartościowych
~ **dividend** dywidenda wypłacana w akcjach
~ **exchange**, **Stock Exchange** giełda (*walorów i towarów*); *zob.* **stock-exchange**
~ **list** ceduła kursów walorów
~ **market** rynek walorów
~ **of bills of exchange** suma weksli w portfelu
~ **prices** kursy akcji
~ **quotation** notowanie kursowe akcji
~ **register** rejestr akcji
~s **(and bonds** ⟨**shares**⟩**)** papiery wartościowe, walory
~ **script** świadectwo tymczasowe (*na subskrybowanie akcji*)
~ **share** udział w kapitale
~s **in portfolio** ⟨**hand**⟩, ~s **on hand** portfel papierów wartościowych ⟨walorów⟩
~ **transfer** cesja walorów

~ **watering** rozwodnienie kapitału akcyjnego
active ~s walory poszukiwane na rynku
admission of ~s **to quotation** dopuszczenie akcji ⟨walorów⟩ do notowań giełdowych
assessable ~ *am.* akcja wymagająca ewentualnej dopłaty ponad wartość wniesionej sumy
authorized (capital) ~ kapitał akcyjny nominalny ⟨statutowy⟩
barometer ~s akcje, których kursy odzwierciedlają nastroje rynku walorów
bearer ~ akcje na okaziciela
below par ~ akcje wypuszczone poniżej nominalnej wartości
block of ~ pakiet walorów ⟨akcji⟩
bonus ~ akcje gratisowe ⟨bezpłatne⟩
capital ~ *a*) kapitał akcyjny ⟨zakładowy⟩ *b*) akcje, walory
clearing ~s *am.* akcje służące do bezprocentowych rozliczeń między maklerami
closing ~ akcje przy zamknięciu giełdy
common ~ akcje zwykłe ⟨nie uprzywilejowane⟩
convertible ~s akcje wymienialne (*na inne akcje*)
corporation ~s akcje wypuszczane przez korporacje
coupon ~s papiery wartościowe z kuponami do wypłaty dywidend
cumulative preferred ~ akcje kumulacyjne uprzywilejowane (*z kumulującą się dywidendą nie wypłaconą w poprzednich latach*)
curb ~s *am.* akcje występujące na nieoficjalnej giełdzie
dated ~s *bryt.* państwowe papiery wartościowe z określonym terminem ważności lub wykupu
dead ~s akcje niepokupne ⟨na które brak zapotrzebowania⟩
dealer in ~s makler walorów
debenture ~s *bryt.* akcje bez specjalnego zabezpieczenia
deferred ~ akcje odroczone (*z dywidendą płatną po wypłaceniu dywidendy od akcji uprzywilejowanych i zwykłych*)
eight ~s akcje niestandardowe (*o wartości mniejszej o 1/8 punktu od akcji standardowych*)
equity ~ akcje zwykłe
Exchequer ~s *bryt.* obligacje państwowe ⟨skarbowe⟩
fancy ~s spekulacyjne papiery wartościowe
firmness of ~s stałość kursów, ustabilizowanie się walorów
first preferred ~s pierwsza emisja akcji uprzywilejowanych
first interest ~ akcje o stałym oprocentowaniu
founder's ⟨**promoter's**⟩ ~ akcja założycielska
fresh ⟨**junior, new**⟩ ~ akcje nowej emisji
full ~ *am.* akcja o wartości nominalnej 100 dolarów
general ~s *am.* akcje zwyczajne
gilt-edged ⟨**glamour**⟩ ~ pierwszorzędny ⟨pewny⟩ papier wartościowy
government ~ akcje państwowe
growth ~s akcje przedsiębiorstw rozwijających się pomyślnie
guaranteed ~ akcje gwarantowane (*przez inną spółkę*)
half ~ *am.* akcja o wartości nominalnej 50 dolarów

high-flying ~s akcje o wysokich kursach giełdowych

inactive ~s walory o małym popycie ⟨mało poszukiwane⟩

industrial ~ akcje przemysłowe

inscribed ~ akcje imienne

international ~s walory o obrocie międzynarodowym

investment ~s papiery wartościowe inwestycyjne ⟨służące za lokatę kapitału⟩

issue ⟨issuing⟩ **of** ~s emisja akcji

joint ~ kapitał akcyjny; *zob.* **joint-stock**

law on ~ **corporations** prawo o spółkach akcyjnych

listed ~s *am.* akcje notowane na giełdach

long ~s *am.* akcje wykupywane przy grze na zwyżkę

margin ~s akcje podlegające prawom operacji z marżą

market in ~s rynek walorów

no-par (value) ~ akcje bez wartości nominalnej

opening ~ akcje w chwili otwarcia giełdy

ordinary ~ akcje zwykłe ⟨nie uprzywilejowane⟩

paid(-up) ~ kapitał wpłacony ⟨akcyjny⟩

preference ⟨**preferred, priority**⟩ ~s akcje uprzywilejowane ⟨priorytetowe⟩

profit-sharing ~ akcje z prawem udziału w zyskach

purchase and sale of ~s kupno i sprzedaż papierów wartościowych

quarter ~ *am.* akcja o wartości nominalnej 25 dolarów

registered ~ akcje imienne

shipbuilding ~s akcje stoczni okrętowych

social ~ kapitał spółki

speculating ~s spekulacyjne papiery wartościowe

transferable ~s zbywalne papiery wartościowe

treasury ~ *am.* akcje własne w posiadaniu spółki akcyjnej

trustee ~ pierwszorzędny papier wartościowy (*mogący być lokatą funduszy pupilarnych ⟨będących własnością nieletnich lub ubezwłasnowolnionych⟩*)

unlisted ~s akcje nie notowane na giełdzie

utility ~s akcje zakładów użyteczności publicznej

voting ~s akcje uprawniające do głosowania (*w sprawach spółki akcyjnej*)

to hold ~ posiadać akcje

to issue ~ emitować akcje

to kite ~s sztucznie zawyżać kurs akcji

to unload the ~ rozprowadzać zapas akcji

stock³ *v* **1.** zaopatrywać **2.** mieć na składzie ⟨w zapasie⟩ **3.** gromadzić zapasy

to ~ **a shop with ...** zaopatrywać sklep w ...

stockbreeding *s* hodowla bydła

stockbroker *s* makler giełdowy

outside ~ makler pozagiełdowy

stockbroking *s* maklerstwo, maklerka

stocked *pp adj* : ~ **goods** towar na składzie

heavily ~ **in ...** obficie zaopatrzony w ...

stock-exchange *adj* giełdowy

~ **broker** makler giełdy pieniężnej ⟨walorów⟩

~ **dealings** operacje walorami

~ **list** ceduła giełdowa

~ **operator** spekulant giełdowy

~ **securities** papiery wartościowe dopuszczone do obrotu giełdowego, walory

stockholder *s* akcjonariusz

~ **of record** posiadacz akcji imiennych

~**'s book** rejestr akcjonariuszy

~**'s meeting** zebranie akcjonariuszy

majority ~s akcjonariusze posiadający kontrolny pakiet akcji

stockholdings *spl am.* posiadane akcje, pakiet akcji, udział w kapitale akcyjnym

stock-in-trade *s* **1.** kapitał obrotowy **2.** zapasy, towary na składzie, inwentarz **3.** zestaw narzędzi

stockjobber *s* **1.** makler giełdowy (*będący członkiem giełdy*) **2.** spekulant giełdowy

stockjobbing *s* **1.** maklerstwo, maklerka **2.** spekulacja walorami

stockkeeper *s* magazynier

stockkeeping *s* księgowość magazynowa

stockpile¹ *s* zapas, rezerwy

~ **s of nuclear weapons** zapasy broni atomowej

strategic(al) ~ zapas materiałów strategicznych

stockpile² *v* gromadzić zapasy

to ~ **strategic materials** gromadzić materiały strategiczne

stockpiling *s* magazynowanie, gromadzenie

stockroom *s* skład podręczny

stocktaking *s* **1.** inwentaryzacja, spis kontrolny (*towarów*) **2.** dopełnianie ⟨uzupełnianie⟩ zapasów

~ **sale** sprzedaż poinwentarzowa

~ **value** wartość inwentarzowa

annual ~ roczna inwentaryzacja

perpetual ~ stałe uzupełnianie zapasów

physical ~ inwentaryzacja w naturze

to do the ~ dokonać inwentaryzacji ⟨remanentu⟩, sporządzić spis kontrolny

stool-pigeon *s* donosiciel

stop¹ *s* **1.** zatrzymanie, wstrzymanie, zaprzestanie **2.** wstrzymanie ⟨zakaz, zablokowanie⟩ wypłaty **3.** przystanek, postój

~ **for freight** *a)* wstrzymanie wydania ładunku do czasu uiszczenia frachtu *b)* wydane przez armatora polecenie zatrzymania ładunku

~ **letter** zaświadczenie spedytora stwierdzające załadowanie towaru na statek i wydanie spedytorowi kwitu sternika

~ **of cash payment** wstrzymanie wypłaty w gotówce

~ **order** *a)* polecenie banku wstrzymania wypłaty (*z weksla, czeku itp.*) *b)* zajęcie sądowe

price ~ zablokowanie cen

technical ~ postój z przyczyn technicznych

traffic ~ wstrzymanie ruchu

without ~ bez zatrzymania

to bring to a ~ zatrzymać, wstrzymać

to come to a ~ zatrzymać się

stop² *v* **1.** zatrzymać (się), przestawać, ustawać **2.** wstrzymywać, hamować **3.** zatykać

to ~ **an account** zablokować konto

to ~ **bankruptcy proceedings** wstrzymać postępowanie upadłościowe

to ~ **a cheque** wstrzymać wypłatę czeku

to ~ **delivery** wstrzymać dostawy

to ~ **goods in transit** wstrzymać na polecenie sprzedawcy wydawanie towaru nabywcy z powodu braku płatności

to ~ **interference** *a)* wstrzymać zagłuszanie *b)* zaprzestać ingerencji ⟨mieszania się⟩

to ~ **payment** wstrzymać zapłatę

to ~ **payments** *a)* wstrzymać wypłaty *b)* ogłosić niewypłacalność
to ~ **sb's pension** ⟨**wages**⟩ wstrzymać komuś wypłatę wynagrodzenia
to ~ **the proceedings** wstrzymać postępowanie sądowe
to ~ **work** wstrzymać pracę
stoppage *s* **1.** zatrzymanie, wstrzymanie, zawieszenie **2.** przerwa, postój
~ **in transit** wstrzymanie na polecenie sprzedawcy wydawania towaru nabywcy z powodu braku płatności
~ **of credit** wstrzymanie kredytów
~ **of immigration** wstrzymanie imigracji
~ **of labour** ⟨**work**⟩ *a)* wstrzymanie pracy, przerwa w pracy *b)* strajk
~ **of navigation** wstrzymanie żeglugi
~ **of pay** ⟨**payment**⟩ wstrzymanie zapłaty
~ **of payments** *a)* wstrzymanie wypłat *b)* ogłoszenie niewypłacalności
~ **of a railway car** przestój wagonu kolejowego
~ **of trade** zakaz handlu, embargo handlowe
~ **of the traffic** przerwa w ruchu drogowym, zatrzymanie ruchu drogowego
storage *s* **1.** składowanie, magazynowanie, przechowywanie **2.** skład(y), magazyn(y) **3.** (opłaty) składowe
~ **accommodation** pomieszczenie składowe
~ **business** składownictwo
~ **capacity** pojemność magazynu
~ **charges** ⟨**dues, fees**⟩ (opłaty) składowe
~ **costs** koszty składowania
~ **facilities** urządzenia magazynowe
~ **goods** towary zmagazynowane
~ **life** dopuszczalny okres przechowywania
~ **room** ⟨**space**⟩ *a)* pomieszczenia składowe *b)* przestrzeń składowa
~ **shortage** ubytek magazynowy
~ **yard** plac składowy
bonded ~ składowanie w magazynach celnych
bulk ~ składowanie towarów luzem
cold ~ chłodnictwo, przechowywanie w chłodni
floating ~ składowanie na wodzie
grain ~ magazyn ⟨elewator, spichrz⟩ zbożowy
limited ⟨**short-term**⟩ ~ krótkotrwałe składowanie
period ⟨**time**⟩ **of** ~ czas składowania
small-lot ~ składowanie (*produkcji*) w małych partiach
waterside ~ skład portowy pierwszej linii
to put in ~ złożyć na przechowanie
store[1] *s* **1.** zapas, zasób **2.** magazyn, skład **3.** *am.* sklep **4.** dom towarowy **5.** *pl* **stores** zapasy, materiały, rezerwy
~ **book** księga magazynowa
~ **clerk** magazynier
~ **clothes** gotowe wyroby odzieżowe, odzież gotowa
~ **display** ⟨**layout**⟩ ekspozycja towaru w sklepie
~ **man** robotnik magazynowy
~ **of fuel** zapas paliwa ⟨materiałów pędnych⟩
~ **rent** (opłaty) składowe
~ **ship** statek prowiantowy
appraiser's ~ *am.* magazyn celny towarów do oclenia
basement ~ *am.* sklep w suterenie, w którym sprzedawany jest tańszy towar

bill of ~ pozwolenie na bezcłowy reimport towarów, deklaracja celna na reimport
bond ⟨**bonded**⟩ ~ magazyn pod zamknięciem celnym
bonded ~ **s** zapasy statku wolne od cła
chain ~ sklep należący do sieci sklepów jednego przedsiębiorstwa ⟨jednej firmy⟩
clothing ~ magazyn wyrobów gotowych ⟨odzieży⟩
cold ~ chłodnia
co-operative ~ *am.* sklep spółdzielczy
customs ~ magazyn celny
delivered in ~ franko skład odbiorcy
department ⟨**departmental**⟩ ~ dom towarowy, sklep wielobranżowy
duty-free ~ magazyn wolnocłowy
ex ~ ze składu, z magazynu
fruit ~ przechowalnia owoców
a good ~ **of sth** bogaty ⟨wielki⟩ zapas czegoś
in ~ *a)* na składzie *b)* loko skład
intermediate ~ magazyn przejściowy
one-price ⟨**single-price**⟩ ~ *am.* sklep z jednolitymi cenami
ready-to-wear ~ magazyn odzieży gotowej
saloon ~ **s** towary sprzedawane pasażerom na okręcie
self-service ~ magazyn samoobsługowy
single-line ~ *am.* sklep jednobranżowy ⟨sprzedający jeden rodzaj artykułów⟩
spare parts ~ magazyn części zapasowych
village ~ magazyn wiejski, wiejski sklep wielobranżowy
to keep sth in ~ trzymać coś w zapasie ⟨na zapas⟩
to put in ~ złożyć na skład
to take out of ~ odebrać ze składu
store[2] *v* **1.** gromadzić, robić zapas **2.** magazynować, składować **3.** *inf.* umieszczać w pamięci
to ~ **afloat** składować na wodzie (*na lichtugach itp.*)
to ~ **goods** trzymać towar na składzie
to ~ **in bond** złożyć do magazynu pod zamknięciem celnym
store(-)house *s* magazyn, skład
storekeeper *s* **1.** magazynier **2.** *am.* właściciel sklepu, kupiec
store-room *s* **1.** magazyn, skład **2.** spiżarnia
storing *s* składowanie, przechowywanie, magazynowanie
~ **business** składownictwo
~ **charges** ⟨**fees**⟩ składowe, opłaty za przechowywanie
~ **place** plac składowy
stow *v* sztauować, rozmieszczać ⟨układać, upakowywać⟩ ładunek na statku
to ~ **away from boilers** ⟨**from wet and moist goods**⟩ sztauować z dala od kotłów ⟨od płynnych i wilgotnych towarów⟩
to ~ **the cargo** sztauować ładunek
to ~ **closely** ciasno ⟨ściśle⟩ sztauować
to ~ **on flat** układać płasko
to ~ **with marks up** sztauować znakami do góry
stowage *s* **1.** sztauowanie, sztauerka, rozmieszczanie ładunku na statku **2.** układanie, upakowywanie, ładowanie, przeładowywanie **3.** przestrzeń ładunkowa **4.** opłaty sztauerskie **5.** materiały sztauerskie
~ **capacity** pojemność ładunkowa ⟨sztauerska⟩

~ **certificate** atest sztauerski, świadectwo sztauerskie

~ **factor** współczynnik przestrzenności (*stosunek wagi ładunku do zajmowanej przestrzeni ładunkowej*)

~ **manifest** manifest sztauerski (*wykaz ładunków*)

~ **order** polecenie zasztauowania (*ładunku specjalnego, niebezpiecznego itp.*)

~ **plan** plan sztauerski (*szkic rozmieszczenia ładunków*)

~ **space** przestrzeń ładunkowa, pomieszczenie ładunkowe

~ **surveyor** ekspert sztauerski

bad ~ wadliwe sztauowanie

bottom ~ sztauowanie w ładowni na dnie statku

breaking the ~ rozpoczęcie wyładowania, otwarcie luk ładunkowych w celu wyładunku

broken ~ a) przestrzeń ładunkowa nie wykorzystana na skutek nieustawności ładunków b) ładunki użyte dla zapełnienia przestrzeni ładunkowej

bulk ~ sztauowanie ładunku luzem (*rynnami zsypowymi*)

dead ⟨**waste**⟩ ~ strata sztauerska (*nie wykorzystana przestrzeń ładunkowa*)

deep ~ sztauowanie głębokie ⟨w głębi ładowni⟩

expert in ⟨**on**⟩ ~ ekspert sztauerski

improper ~ wadliwe sztauowanie

negligent ~ niedbałe sztauowanie

proper ~ właściwe sztauowanie

special ~ sztauowanie ładunków specjalnych (*np. niebezpiecznych*)

top ~ płytkie sztauowanie

to break ~ rozpocząć wyładunek ⟨wypakowywanie towaru⟩

stowaway *s* pasażer na gapę

stower *s* = stevedore *s*

straddle *s* 1. arbitrażowa różniczkowa transakcja towarowa (*zwykle na giełdach bawełny*) 2. transakcja stelażowa, opcja z podwójną premią

straight[1] *adj* 1. prosty, bezpośredni 2. prawidłowy, uporządkowany

~ **bill of lading** konosament imienny

~ **dealing(s)** uczciwe ⟨prostolinijne⟩ postępowanie

~ **letter of credit** *am.* akredytywa nieodwołalna potwierdzona (*realizowana wyłącznie przez bank awizujący*)

~ **loan** zwykła pożyczka (*nie zabezpieczona*)

~ **railroad bill of lading** *am.* imienny kolejowy list przewozowy

~ **talk** szczera rozmowa

straight[2] *adv* prosto, wprost, bezpośrednio

to come ⟨**go**⟩ ~ **to the point** mówić bez ogródek

straighten *v* 1. uporządkować, uregulować 2. załatwić

to ~ **things out** wyjaśnić nieporozumienia, załagodzić spór

to ~ (**up**) **one's affairs** uporządkować swoje sprawy

strain[1] *s* 1. napięcie, natężenie, wysiłek 2. przemęczenie

~ **on credit** trudności kredytowe

to stand a ~ wytrzymać napięcie ⟨wysiłek⟩

strain[2] *v* 1. naciągać, naprężać 2. wytężać

to ~ **the law** naginać ⟨naciągać⟩ prawo

to ~ **the truth** przekręcać fakty

strained *adj* : ~ **interpretation** naciągana interpretacja ⟨wykładnia⟩

~ **relations** napięte ⟨naprężone⟩ stosunki

straiten *v* 1. ograniczać 2. stwarzać trudności

straitened *adj* : **to be in** ~ **circumstances** być w trudnej sytuacji finansowej, mieć kłopoty finansowe

to live in ~ **circumstances** żyć w biedzie ⟨w trudnych warunkach⟩

straits *spl* 1. cieśnina 2. trudna sytuacja, kłopoty ⟨tarapaty⟩ pieniężne ⟨finansowe⟩

financial ~ kłopoty finansowe

to be in ~ znajdować się w trudnej sytuacji, mieć kłopoty

strand[1] *s* wybrzeże, brzeg morski

~ **fisheries** rybołówstwo przybrzeżne ⟨łodziowe⟩

strand[2] *v* 1. osiąść na mieliźnie ⟨gruncie⟩ 2. osadzić (*statek*) na gruncie ⟨mieliźnie⟩ 3. wyrzucić na brzeg

stranded *adj* : ~ **goods** towary wyrzucone na brzeg

~ **ship** statek, który utknął na gruncie

~ **wreck** (*widoczny*) wrak na mieliźnie

stranding *s* 1. utknięcie (*statku*) na gruncie ⟨mieliźnie⟩ 2. wyrzucenie (*statku*) na brzeg

accidental ~ przypadkowe utknięcie (*statku*)

voluntary ~ dobrowolne osadzenie (*statku*)

strange *adj* 1. obcy, nieznany 2. dziwny, niezwykły

~ **behaviour** dziwne ⟨niezwykłe⟩ zachowanie

~ **tongue** ⟨**voice**⟩ nieznany język ⟨głos⟩

stranger *s* 1. nieznajomy, obcy (człowiek), przybysz 2. osoba trzecia

~ **in blood** osoba nie spokrewniona (*ze spadkobiercą*)

a perfect ~ człowiek zupełnie nieznany ⟨obcy⟩

to spy ⟨**see**⟩ ~s *bryt. parl.* żądać usunięcia osób postronnych ⟨prowadzenia obrad przy drzwiach zamkniętych⟩

strangle *v* 1. udusić, zadusić (**sb** kogoś) 2. stłumić, zdławić

to ~ **an insurrection** zdławić powstanie ⟨bunt⟩

strangulate *v* 1. udusić 2. *med.* ucisnąć, zacisnąć (*za pomocą opaski uciskowej*)

strangulation *s med.* uduszenie, zaduszenie

~ **murder** zabójstwo przez uduszenie

strategic *adj* strategiczny, ważny pod względem strategicznym

~ **goods** ⟨**materials**⟩ towary ⟨materiały⟩ o znaczeniu strategicznym

~ **list** lista towarów o znaczeniu strategicznym

~ **locality** miejscowość mająca znaczenie strategiczne

~ **place of arms** baza strategiczna

~ **raw materials** surowce o znaczeniu strategicznym

~ **territories** terytoria strategiczne

strategy *s* strategia

financial ~ strategia finansowa

marketing ~ strategia handlowa ⟨marketingowa⟩

stratification *s* uwarstwienie

social ~ rozwarstwienie społeczne

stratocracy *s* wojenna dyktatura

stratum *s* (*pl* **stratums** ⟨**strata**⟩) 1. złoże, warstwa 2. klasa ⟨warstwa⟩ społeczna

~ **of the population** klasa ⟨warstwa⟩ społeczna

straw *adj* słomiany

~ **bail** ⟨**bond**⟩ fikcyjne poręczenie (*przez osobę nie posiadającą środków materialnych*)

~ **vote** *am.* próbne ⟨orientacyjne⟩ głosowanie

man of ~ figurant

stray *adj* 1. przypadkowy 2. zabłąkany

~ **bullet** zabłąkana kula
~ **customer** przypadkowy klient
street s **1.** ulica **2.** *am.* **the Street (= Wall Street)** finansjera amerykańska
~ **accident** wypadek uliczny ⟨drogowy⟩
~ **address** dokładny adres (*ulica, nr domu itd.*)
~ **betting** *bryt.* zakłady uliczne ⟨dokonywane na ulicy⟩ (*stanowiące przestępstwo zgodnie z ustawą z 1965 r. o zakładach, grach i loteriach*)
~ **boarding** uliczne tablice reklamowe
~ **broker** *am. giełd.* makler uliczny ⟨pozagiełdowy⟩
~ **guide** plan miasta i spis ulic
~ **market** *giełd.* obrót pozagiełdowy, wolny rynek
~ **offences** *bryt.* wykroczenia uliczne (*rozpoznawane przez sądy policyjne*)
~ **price** *giełd.* kurs pozagiełdowy
~ **railway** tramwaj
~ **sale** ⟨**vending**⟩ sprzedaż uliczna
~ **traffic** ruch uliczny
main ~ główna ulica
one-way ~ ulica jednokierunkowa
shopping ~ ulica handlowa
side ~ boczna ulica
to sell in the ~ *giełd.* sprzedawać poza giełdą
strength s **1.** siła, moc, stałość **2.** mocna tendencja rynkowa
~ **of mind** ⟨**will**⟩ siła umysłu ⟨woli⟩
alcoholic ~ moc ⟨zawartość⟩ alkoholu
economic ~ siła gospodarcza
on the ~ **of...** na mocy ⟨podstawie⟩...
the market gained ~ rynek ustabilizował się
strengthen v wzmacniać (się), wzmacniać (się)
to ~ **sb's authority** wzmocnić czyjś autorytet
to ~ **contacts** wzmocnić kontakty (*handlowe*)
to ~ **friendship** wzmocnić przyjaźń
to ~ **one's position** umocnić swoją pozycję
to ~ **ties with ...** umacniać więzy z...
to ~ **the unity** wzmocnić jedność
strengthening s: ~ **of the market** wzmocnienie tendencji rynkowej
stress s **1.** siła, nacisk, presja **2.** obciążenie, napięcie
~ **of weather** wpływ warunków atmosferycznych
the period of ~ okres napiętej sytuacji
times of slackness and times of ~ okresy słabego i wielkiego napięcia
under the ~ **of sth** pod wpływem czegoś
to lay a ~ kłaść nacisk (**on sth** na coś)
strict adj **1.** ścisły, dokładny **2.** całkowity, zupełny **3.** surowy, rygorystyczny
~ **application** ścisłe ⟨rygorystyczne⟩ stosowanie
~ **blockade** ścisła blokada
~ **censorship** rygorystyczna cenzura
~ **construction** ⟨**interpretation**⟩ interpretacja ścieśniająca
~ **discipline** surowa dyscyplina
~ **law** surowe prawo
~ **neutrality** ścisła neutralność
~ **observance** ścisłe przestrzeganie
~ **price** ściśle skalkulowana cena
~ **prohibition** ścisła prohibicja, ściśle przestrzegany zakaz
~ **rule** rygorystyczny przepis
~ **time limit** rygorystyczny termin
in ~ **confidence** ściśle poufnie, w wielkim zaufaniu
to keep ~ **watch** roztoczyć ścisły nadzór

strictly adv **1.** ściśle, dokładnie **2.** surowo, rygorystycznie
~ **confidential** ściśle tajne ⟨poufne⟩
~ **forbidden** ⟨**prohibited**⟩ surowo zabronione
~ **speaking** dokładnie ⟨ściśle⟩ mówiąc
to comply ~ **with a rule** stosować się ściśle do przepisu
to define sth ~ dokładnie coś zdefiniować
strife s spór, konflikt, walka
~ **and bloodshed** walka z przelewem krwi
industrial ~ konflikt między robotnikami a pracodawcami
political ~ walka polityczna
to be at ~ **with sb** być z kimś w konflikcie
strike[1] s **1.** strajk **2.** *am.* szczęśliwe odkrycie ⟨znalezienie⟩ (*np. ropy, żyły złota*)
~ **benefit** ⟨**pay**⟩ zasiłek strajkowy (*wypłacany przez związki zawodowe*)
~ **clause** *ub. mors.* klauzula strajkowa
~ **committee** komitet strajkowy
~ **fund** fundusz strajkowy
~ **of solidarity** strajk solidarnościowy
~ **on the job** strajk okupacyjny
~ **pay** zasiłek strajkowy
~ **picket** pikieta strajkowa
dock ~ strajk dokerów
freedom of ~ prawo do strajku
general ~ strajk generalny
hunger ~ strajk głodowy
lightning ~ strajk błyskawiczny
official ~ oficjalny strajk
partial ~ strajk częściowy
sit-down ⟨**sit-in**⟩ ~ strajk okupacyjny
slow-down ~ strajk włoski (*polegający na zwolnionym tempie pracy*)
sympathetic ⟨**sympathy**⟩ ~ strajk solidarnościowy
token ~ strajk symboliczny
unofficial ⟨*pot.* **wild-cat**⟩ ~ nieoficjalny ⟨*pot.* dziki⟩ strajk
warning ~ strajk ostrzegawczy
workers on ~ strajkujący robotnicy
to be on ~ strajkować
to break a ~ przerwać strajk
to call off a ~ odwołać strajk
to call a ~ ogłosić strajk
to come out ⟨**go**⟩ **on** ~ przystąpić do strajku
strike[2] v (**struck, struck**) **1.** uderzać **2.** znajdować, napotykać, natrafiać (**sth** na coś) **3.** wybijać (*monety itp.*) **4.** wyprowadzać (*saldo*) **5.** doprowadzać (*np. do zgody*) **6.** strajkować **7.** *zob.* **strike off, out**
to ~ **a balance** wyprowadzić saldo
to ~ **a bargain** zawrzeć transakcję, dobić targu
to ~ **a blow** zadać cios, uderzyć
to ~ **coins** wybijać monety
to ~ **for better conditions** strajkować o lepsze warunki ⟨poprawę warunków⟩
to ~ **in sympathy** strajkować solidarnie
to ~ **a jury** utworzyć zestaw przysięgłych
to ~ **an obstruction** napotkać na przeszkodę
to ~ **oil** ⟨**ore**⟩ natrafić na ropę ⟨rudę żelaza⟩, odkryć ropę ⟨rudę żelaza⟩
to ~ **upon a rock** wpaść na skałę
right to ~ prawo do strajku
strike-bound adj objęty strajkiem
strike(-)breaker s łamistrajk
striker s osoba strajkująca, uczestnik strajku

sit-down ~ uczestnik strajku okupacyjnego
striking *adj* 1. uderzeniowy 2. uderzający, zwracający uwagę, imponujący, zastanawiający
~ **change** uderzająca zmiana
~ **force** siła ⟨moc⟩ uderzenia, siła uderzeniowa
~ **improvement** uderzająca poprawa
~ **likeness** zdumiewające ⟨uderzające⟩ podobieństwo
strike off *v* 1. skreślać, przekreślać 2. potrącać (*z rachunku*) 3. drukować, odbijać
to ~ **a case** skreślić ⟨zdjąć⟩ sprawę z wokandy (*np. z braku właściwości sądu*)
to ~ **sb's head** ściąć komuś głowę
to ~ **a name from a list** ⟨**register**⟩ skreślić nazwisko z listy ⟨rejestru⟩
to ~ **the roll** *bryt.* skreślić adwokata z listy, pozbawić adwokata prawa prowadzenia praktyki
to ~ **1000 copies of a book** wydrukować tysiąc egzemplarzy książki
to ~ **5 percent** *a*) zredukować o 5% *b*) potrącić 5% z rachunku
strike out *v* 1. wykreślić, wymazać 2. wynaleźć, wymyślić
to ~ **from the record** skreślić z protokołu
to ~ **an item** wykreślić ustęp ⟨pozycję, rozdział⟩, skreślić paragraf
to ~ **a new idea** wpaść na nowy pomysł
string *s* 1. sznur, sznurek 2. szereg, rząd
~ **contracts** szereg następujących po sobie umów
~ **of barges** sznur barek
~ **of cars** sznur samochodów
to have sb on a ~ prowadzić ⟨wodzić⟩ kogoś na sznurku, uzależnić kogoś od siebie
to pull the ~ **s** używać wpływów, prowadzić zakulisową politykę
stringency *s* 1. surowość, rygorystyczność 2. brak, niedostatek 3. trudności finansowe
~ **in** ⟨**of**⟩ **credit** brak kredytu, trudności kredytowe
the ~ **of discipline** surowość dyscypliny
~ **on money market** trudności pieniężne na rynku
financial ~ trudności finansowe
labour ~ niedostatek siły roboczej
money ~ brak pieniądza
stringent *adj* 1. surowy, rygorystyczny 2. (*o rynku pieniężnym*) ciasny 3. przekonywający
~ **argument** przekonywający argument
~ **form** rygorystyczna forma
~ **law** surowe prawo
~ **market** ciasny rynek (*na którym brak kapitałów*)
~ **necessity** surowa konieczność
~ **restrictions** surowe restrykcje
~ **rule** rygorystyczny przepis
strong *adj* 1. mocny, silny 2. zwyżkujący, mający mocną tendencję
~ **box** kasa ogniotrwała
~ **competition** silna konkurencja
~ **evidence** mocny ⟨przekonywający⟩ dowód
~ **language** obelżywe ⟨ordynarne⟩ słowa, przekleństwa
~ **man** człowiek silnej ręki
~ **market** rynek o mocnej tendencji, tendencja zwyżkowa na rynku
~ **poison** silna trucizna
~ **prices** ceny mocne ⟨o tendencji zwyżkowej⟩
~ **room** skarbiec pancerny

~ **tendency** mocna ⟨zwyżkowa⟩ tendencja
~ **will** silna wola
to be ~ **for** ⟨**against**⟩ **sth** opowiadać się stanowczo za czymś ⟨przeciwko czemuś⟩
stronghold *s* warownia, twierdza
~ **of peace** ostoja pokoju
structural *adj* 1. budowlany 2. strukturalny
~ **changes** zmiany strukturalne
~ **damage** uszkodzenie konstrukcji (*np. statku*)
~ **engineer** inżynier budowlany
~ **fault** błąd konstrukcyjny ⟨w konstrukcji⟩
~ **features** cechy strukturalne
~ **series** *stat.* szeregi strukturalne
~ **unemployment** *stat.* bezrobocie strukturalne (*występujące w pewnych zawodach przy równoczesnym poszukiwaniu fachowców w innych zawodach*)
structure *s* 1. struktura, budowa 2. konstrukcja 3. budowla
age ~ *stat.* struktura wieku
agricultural ~ struktura agrarna
corporate ⟨**company**⟩ ~ struktura przedsiębiorstwa
economic ~ struktura ekonomiczna
income ~ struktura dochodów (*ludności*)
market ~ struktura rynku
occupational ~ struktura zawodowa
organizational ~ struktura organizacyjna
price ~ struktura cen
revenue ~ struktura dochodów (*państwa*)
salary ⟨**wage**⟩ ~ struktura płac
social ~ ustrój społeczny, struktura społeczna
soil ~ struktura gleby
urban spatial ~ struktura przestrzeni urbanistycznej
struggle[1] *s* walka
~ **for independence** walka o niepodległość
~ **for life** walka o życie
~ **for the markets** walka o rynki zbytu
~ **of attrition** wyniszczająca walka
the class ~ walka klasowa ⟨klas⟩
the ~ **for existence** walka o byt
struggle[2] *v* walczyć, zmagać się (**with** ⟨**against**⟩ **sb, sth** z kimś, czymś)
to ~ **against difficulties** walczyć z trudnościami
to ~ **for liberty** ⟨**peace**⟩ walczyć o wolność ⟨pokój⟩
to ~ **for position** ⟨**power**⟩ walczyć o stanowisko ⟨władzę⟩
stub *s* 1. talon 2. *am.* odcinek czeku ⟨kwitu⟩ (*pozostający w grzbiecie książeczki czekowej lub kwitariusza*) 3. ogarek, niedopałek
student *s* student
~ **s' union** *a*) związek akademicki ⟨studencki⟩ *b*) klub studencki
study[1] *s* 1. studiowanie, badanie, nauka 2. przedmiot studiów ⟨badań⟩
~ **committee** komisja badawcza
law ~ nauka prawa
market ~ badanie rynku
study[2] *v* 1. studiować, badać 2. uczyć się, przygotowywać się
to ~ **a document** studiować dokument
to ~ **for the bar** przygotowywać się do zawodu adwokata
to ~ **for an examination** uczyć się do egzaminu
to ~ **law** ⟨**languages**⟩ studiować prawo ⟨języki⟩
stuff *s* 1. materiał, substancja 2. tkanina, materiał 3. rzecz(y)

~ **gown** *bryt. a)* toga początkującego adwokata *b) pot.* młody adwokat
doctor's ~ lekarstwo
green garden ~ warzywa
household ~ urządzenia domowe
stumer *s bryt.* **1.** czek bez pokrycia **2.** sfałszowany banknot
stunt *s* **1** sztu(cz)ka, wyczyn **2.** sensacja
~ **advertising** sensacyjna reklama
~ **press** prasa sensacyjna ⟨brukowa⟩
style *s* **1.** styl **2.** rodzaj, typ **3.** fason, krój, moda **4.** tytuł, nazwa, nazwa firmy
~ **committee** komitet redakcyjny
the ~ **of court** styl sądowy ⟨pism sądowych⟩
~ **of living** sposób ⟨styl⟩ życia
~ **of manufacture** *a)* rodzaj wyrobu *b)* fason wyrobu
commodity in this ~ towar tego rodzaju
old ~ staromodny, niemodny
under the ~ pod nazwą ⟨firmą⟩
to live in great ⟨**grand**⟩ ~ żyć na szerokiej stopie
suability *s* zaskarżalność
suable *adj* **1.** mogący być pozwanym **2.** zaskarżalny w drodze powództwa
sub *praep łac.* : ~ **colore iuris** pod pozorem prawa
~ **judice** *łac.* w rozpatrywaniu sądowym, w sądzie
~ **modo** *łac.* pod warunkiem, z zastrzeżeniem
~ **nomine** ⟨**nom**⟩ *łac.* pod nazwiskiem
~ **open** oferta otwarta ⟨nie wiążąca⟩
~ **potestate** *łac.* pod władzą ⟨ochroną, protekcją⟩
~ **rosa** *łac.* w dyskrecji
~ **silentio** *łac.* w tajemnicy
~ **suo periculo** *łac.* na własne ryzyko
~ **voce** *łac.* (*w słowniku*) pod hasłem ⟨wyrazem⟩
sub-account *s* konto pomocnicze, podkonto, subkonto
sub-agency *s* subagentura
sub-agent *s* subagent
subaudition *s* czytanie między wierszami, domyślanie się
sub-charter *s* umowa podczarterowania, podczarter, podnajem statku
sub-charterer *s* osoba ⟨firma⟩ podczarterująca, podnajemca (*statku*)
sub-commission *s* podkomisja
subcommittee *s* podkomisja
investigations ~ podkomisja dochodzeniowa ⟨śledcza⟩
working ~ podkomisja robocza
to establish ~s powołać podkomisje
subconscious *adj* podświadomy
~ **idea** podświadoma myśl
subconsciousness *s* podświadomość
subcontract *s* subkontrakt, umowa zawarta w celu wykonania ⟨wywiązania się z⟩ innej umowy
subcontractor *s* poddostawca
subdivision *s* **1.** pododdział **2.** dalszy podział
~s **of profit** dalsze podziały dochodu
subdual *s* podbój, ujarzmienie
subdue *v* **1.** podbijać, pokonywać, ujarzmiać **2.** opanować
to ~ **a fire** opanować pożar
to ~ **the nature** opanować siły przyrody, ujarzmić naturę ⟨przyrodę⟩
to ~ **a revolt** pokonać bunt ⟨powstanie⟩

sub-editor *s* **1.** redaktor działu (*gazety*) **2.** zastępca redaktora, młodszy redaktor
subhead, subheading *s* podtytuł
subject[1] *s* **1.** poddany, obywatel **2.** przedmiot **3.** temat
a ~ **for discussion** ⟨**debate**⟩ przedmiot dyskusji ⟨debaty⟩
~ **index** skorowidz ⟨indeks⟩ rzeczowy
~ **of the action** przedmiot powództwa
~ **of a contract** przedmiot umowy
~ **of insurance** przedmiot ubezpieczenia
~ **of international law** przedmiot prawa międzynarodowego
~ **of negotiations** przedmiot negocjacji
British ⟨**French, Italian**⟩ ~ obywatel brytyjski ⟨francuski, włoski⟩
on the ~ **of** na temat, w przedmiocie
to be ~ **to a condition** podlegać warunkowi, być zależnym od warunku
to change the ~ zmienić temat
subject[2] *adj* **1.** podporządkowany, zależny, uzależniony **2.** podlegający (**to sth** czemuś)
~ **nations** narody zależne
~ **territory** terytorium zależne, podporządkowany obszar
~ **to abatement** *a)* podlegający obniżce *b)* pod warunkiem obniżki
~ **to acceptance** *a)* podlegający akceptacji *b)* pod warunkiem ⟨z zastrzeżeniem⟩ zaakceptowania
~ **to alteration** *a)* podlegający zmianom *b)* z zastrzeżeniem zmian
~ **to approval** z zastrzeżeniem (uzyskania) zgody
~ **to breakage** tłukący się, łamliwy
~ **to commercial law** podlegający prawu handlowemu
~ **to compulsory insurance** *a)* podlegający przymusowemu ubezpieczeniu *b)* pod warunkiem przymusowego ubezpieczenia
~ **to a condition** *a)* uwarunkowany *b)* pod warunkiem
~ **to a confirmation** *a)* podlegający zatwierdzeniu *b)* wymagający ⟨z zastrzeżeniem⟩ potwierdzenia
~ **to control** podlegający kontroli
~ **to duty** podlegający ocleniu
~ **to fees** podlegający opłatom
~ **to fluctuations** podlegający fluktuacjom
~ **to inspection** *a)* podlegający kontroli *b)* pod warunkiem obejrzenia (*sprzedaż na próbę*)
~ **to letter of credit** pod warunkiem otwarcia akredytywy
~ **to licence** pod warunkiem otrzymania licencji (*np. eksportowej*)
~ **to prescription** podlegający przedawnieniu
~ **to reservations** z zastrzeżeniami, z ograniczeniami
~ **to safe arrival** z zastrzeżeniem szczęśliwego przybycia (*towaru*)
~ **to stamp duty** podlegający opłacie stemplowej
~ **to stem** pod warunkiem uzyskania stemu
~ **to taxation** podlegający opodatkowaniu
deliveries are ~ **to strikes** dostawy mogą nie nastąpić w wypadku strajku
offer ~ **to prior sale** ⟨**being unsold**⟩ oferta z zastrzeżeniem ewentualnej sprzedaży przed otrzymaniem zamówienia
subject[3] *adv* z zastrzeżeniem, pod warunkiem

~ **free** z zastrzeżeniem, że statek ⟨ładunek⟩ jest jeszcze wolny ⟨nie zafrachtowany⟩

~ **open** ⟨ship being free⟩ pod warunkiem, że statek jest wolny ⟨nie zaczarterowany⟩

to buy ~ **to a discount of 5%** kupić z zastrzeżeniem otrzymania 5% rabatu

subject⁴ v **1.** poddawać (**to sth** czemuś) **2.** narażać (**to sth na** coś)

to ~ **a nation to sb's rule** poddać naród czyjemuś panowaniu

to ~ **sb, sth to an examination** poddać kogoś, coś egzaminowi

to ~ **sb to criticism** poddać kogoś krytyce

to ~ **sb to torture** poddać kogoś torturom

to ~ **to customs examination** poddać kontroli celnej

subject-matter s przedmiot, treść (*rozmowy, umowy itp.*)

~ **of the agreement** ⟨contract⟩ przedmiot ⟨treść⟩ porozumienia ⟨umowy⟩

~ **of the application** ⟨invention⟩ przedmiot zgłoszenia ⟨wynalazku⟩

~ **of insurance** przedmiot ubezpieczenia

~ **of negotiation** *a)* przedmiot pertraktacji *b)* temat negocjacji

subjoin v dołączyć, dodać, dopisać

to ~ **a postscript to a letter** dopisać postscriptum do listu

subjugation s **1.** opanowanie **2.** podbój, ujarzmienie

~ **of a territory** podbój obszaru

sub(-)lease¹ s poddzierżawa, podnajem

sub(-)lease² v poddzierżawiać, podnajmować

sub-lessee s poddzierżawca, podnajemca

sub(-)lessor s poddzierżawiający, podnajmujący

tenant and ~ dzierżawca i poddzierżawiający, najemca i podnajemca

sub(-)let¹ s podnajem

sub(-)let² v podnajmować

sub(-)letting s podnajmowanie, podnajem

submarine adj podmorski, podwodny

~ **bell** dzwon podwodny

~ **cable** podmorski kabel

~ **camera** kamera podwodna (*do zdjęć pod wodą*)

submerged adj zatopiony, zalany

the ~ **tenth** *przen.* odsetek ludności borykającej się z nędzą

submission s **1.** poddanie ⟨podporządkowanie⟩ (się) **2.** przedstawienie, przedłożenie, sugerowanie **3.** teoria ⟨argumentacja⟩ wysunięta przez obrońcę

~ **of a dispute to arbitration** poddanie sporu pod arbitraż, zapis na sąd polubowny

~ **of samples** przedstawienie próbek

~ **of tenders** złożenie ⟨submisja⟩ ofert przetargowych

~ **to sb's will** podporządkowanie się czyjejś woli

with all due ~ z należytym szacunkiem

submit v **1.** podporządkować (się) **2.** przedstawić, przedłożyć

to ~ **a case to the court** wnieść spór ⟨sprawę⟩ do sądu

to ~ **a draft resolution** przedłożyć ⟨przedstawić⟩ projekt rezolucji

to ~ **for approval** przedstawić do aprobaty ⟨zatwierdzenia⟩

to ~ **for consideration** poddać pod rozwagę

to ~ **for signature** przedstawić do podpisu

to ~ **a letter of guarantee** przedstawić list gwarancyjny ⟨rewers⟩

to ~ **a plan** przedstawić plan (*do rozpatrzenia*)

to ~ **proofs** przedstawić dowody

to ~ **samples** przedstawić próbki

to ~ **to arbitration** poddać się arbitrażowi, poddać spór pod arbitraż

to ~ **to decision** ⟨judgment⟩ podporządkować się decyzji ⟨wyrokowi⟩

to ~ **to terms** podporządkować się warunkom, przyjąć warunki

to ~ **to treatment** poddać leczeniu

sub-office s oddział, filia

subordinate¹ s podwładny

subordinate² adj **1.** podporządkowany, podległy **2.** niższy, niższego rzędu **3.** drugorzędny, drugoplanowy

~ **body** organ podporządkowany ⟨niższego rzędu⟩

~ **claim** *pat.* zastrzeżenie zależne ⟨dalsze⟩

~ **interests** podporządkowane interesy

~ **legislation** ustawodawstwo niższego rzędu (*niż ustawy*)

~ **partnership in crime** drugorzędna rola w przestępstwie

~ **question** drugorzędne zagadnienie

in a ~ **position** na stanowisku podrzędnym (*podporządkowany komuś*)

subordinate³ v podporządkować, uzależnić

subordination s **1.** podporządkowanie, uzależnienie **2.** uległość, posłuszeństwo, subordynacja

suborn v **1.** przekupić **2.** namówić ⟨nakłonić⟩ do przestępstwa

to ~ **sb to commit perjury** skłonić kogoś do krzywoprzysięstwa

to ~ **a witness** przekupić świadka

subornation s **1.** przekupienie, przekupstwo **2.** namowa do przestępstwa

~ **of witnesses** przekupywanie świadków

attempted ~ usiłowanie przekupstwa

subpoena s *łac.* wezwanie do stawiennictwa w sądzie pod groźbą kary

~ **ad testificandum** *łac.* wezwanie celem złożenia zeznań

~ **duces tecum** *łac.* wezwanie celem dostarczenia (*wymienionych*) dokumentów

subreption s podstępne wyłudzenie

subrogation s subrogacja, nabycie praw

~ **clause** *a)* klauzula subrogacyjna *b)* *ub. mors.* klauzula przyznająca ubezpieczycielowi prawo dochodzenia szkód od przewoźnika

~ **of a creditor** nabycie praw zaspokojonego wierzyciela (*przez osobę, która zapłaciła cudzy dług*)

~ **of rights** subrogacja ⟨nabycie⟩ prawa

subrogee s osoba, na którą przechodzą prawa w drodze subrogacji

subscribe v **1.** subskrybować, prenumerować, abonować **2.** podpisywać **3.** zapisywać się

to ~ **bonds** subskrybować obligacje

to ~ **to a course of lectures** zapisać się na kurs wykładów

to ~ **a document** ⟨letter⟩ podpisać dokument ⟨list⟩

to ~ **a loan** subskrybować pożyczkę

to ~ **a risk** przyjąć ryzyko do ubezpieczenia, pokryć ryzyko

to ~ **a sum to a charity** złożyć pewną kwotę na cele dobroczynne to ~ to a newspaper zaprenumerować gazetę

subscribed *adj* : ~ **capital** subskrybowany kapitał akcyjny

subscriber *s* 1. subskrybent, abonent 2. podpisujący, sygnatariusz
~ **for shares** subskrybent akcji
~ **'s ticket** abonament, karta abonamentowa
~ **to a loan** subskrybent pożyczki
~ **to a periodical** prenumerator periodyku
cash ~ subskrybent płacący gotówką
list of ~**s** lista subskrybentów ⟨abonentów⟩
telephone ~ abonent telefoniczny

subscription *s* 1. subskrypcja, abonament, prenumerata 2. podpisanie (się) 3. składka, ofiara 4. składka członkowska
~ **certificate** tymczasowe świadectwo o subskrypcji (*np. akcji*)
~ **fee** opłata abonamentowa
~ **list** lista subskrybentów ⟨abonentów⟩
~ **of shares** zapis na akcje
~ **period** okres prenumeraty
~ **price** cena w przedpłacie ⟨prenumeracie⟩
~ **rate** *a*) cena abonamentu *b*) koszt prenumeraty
~ **receipt** pokwitowanie przedpłaty
~ **right** prawo nabycia akcji nowej emisji
~ **ticket** abonament, karta abonamentowa
~ **to a loan** subskrypcja pożyczki
~ **to a newspaper** prenumerata gazety
annual ~ roczna prenumerata
by public ~ ze składek publicznych
by ~ w drodze subskrypcji, przez subskrypcję
to close ⟨open⟩ **the** ~ zamknąć ⟨otworzyć⟩ subskrypcję
to renew a ~ odnowić prenumeratę
to take out a ~ **to a newspaper** zaprenumerować gazetę

subsequent *adj* 1. następny, późniejszy 2. następujący (**to sth** po czymś)
~ **charges** dalsze koszty
~ **condition** warunek rozwiązujący
~ **conviction** następne ⟨późniejsze⟩ skazanie
~ **delivery** dodatkowa ⟨uzupełniająca⟩ dostawa
~ **endorsement** dalszy indos
~ **holder** ⟨owner⟩ następny posiadacz ⟨właściciel⟩
~ **losses** dalsze straty
~ **offence** następne przestępstwo
~ **order** następne zamówienie
~ **payment** późniejsza zapłata, wyrównanie zaległości
in the ~ **pages** na następnych ⟨dalszych⟩ stronicach

subsidiary¹ *s* 1. pomocnik 2. przedsiębiorstwo zależne (*kontrolowane przez przedsiębiorstwo holdingowe*)
~ **company** filia spółki
foreign ~ filia zagraniczna

subsidiary² *adj* 1. pomocniczy 2. dodatkowy, uboczny 3. zależny
~ **address** adres pomocniczy
~ **claim** dodatkowe roszczenie
~ **coin** *a*) bilon *b*) am. monety srebrne o wartości niższej od 1 dolara
~ **income** dochód uboczny
~ **intention** uboczny zamiar
~ **premises** zaplecze
~ **source of income** dodatkowe ⟨uboczne⟩ źródło dochodu

subsidize *v* subsydiować, udzielać subwencji
to ~ **agriculture** subsydiować rolnictwo
to ~ **export** subsydiować eksport
to ~ **industry** udzielać subwencji przemysłowi

subsidy *s* 1. subsydium, subwencja 2. zasiłek
construction ~ *am.* subwencja na budowę statków
consumer ~ subwencja dla konsumenta
export ~ subwencja eksportowa
family ~ zasiłek rodzinny
food ~ zasiłek żywnościowy
producer ~ subwencja dla producenta
public ~ subwencja publiczna
state ⟨government⟩ ~ subsydium państwowe

subsist *v* 1. istnieć, egzystować 2. utrzymywać się (**on sth** z czegoś), zdobywać środki utrzymania
to ~ **by begging** żyć z żebraniny
to ~ **on charity** żyć z dobroczynności

subsistence *s* 1. istnienie, egzystencja 2. środki utrzymania
~ **crops** zbiory zapewniające zaledwie utrzymanie rodziny
~ **economy** gospodarka na poziomie minimum egzystencji
~ **expenses** koszty utrzymania
~ **farmer** rolnik produkujący na potrzeby własne
~ **farm** ⟨homestead⟩ małe gospodarstwo rolne (*wystarczające zaledwie na utrzymanie rodziny*)
~ **level** ⟨minimum⟩ minimum utrzymania
~ **wages** płace zapewniające minimum utrzymania ⟨egzystencji⟩
means of ~ środki utrzymania
necessary ~ niezbędne środki utrzymania
to prolong ~ przedłużyć istnienie

substance *s* 1. materia, substancja 2. istota, sens, sedno 3. moc, trwałość 4. własność, majątek, dobra materialne
the ~ **of the case** istota sprawy
an argument of little ~ argument nieistotny
the form and ~ **of sth** forma i treść czegoś
loss of ~ utrata majątku
a man of ~ zamożny człowiek
matter of ~ sprawa zasadnicza
radioactive ~ substancja radioaktywna
to waste one's ~ roztrwonić majątek

substandard *adj* niższy od standardu ⟨średniego poziomu⟩
~ **goods** towary gorszego gatunku

substantial *adj* 1. znaczny, istotny, pokaźny 2. mocny, trwały 3. rzeczywisty, realny, konkretny 4. majętny, zamożny 5. (*o środkach żywności*) odżywczy
~ **agreement** zgoda co do podstawowych kwestii
~ **amount** znaczna suma, poważna ilość
~ **change** istotna zmiana
~ **contribution** poważny wkład
~ **damages** rzeczywiste ⟨faktyczne⟩ szkody
~ **difference** istotna różnica
~ **improvement** istotna poprawa, znaczne usprawnienie
~ **landlord** zamożny gospodarz ⟨właściciel ziemski⟩
~ **loss** poważna strata
~ **performance** spełnienie istotnych warunków umowy
~ **proof** niezbity dowód
~ **quality** istotna cecha
~ **reduction** znaczna redukcja ⟨obniżka⟩

substantiate v 1. uzasadniać 2. udowadniać, poprzeć dowodami 3. skonkretyzować
  to ~ a charge poprzeć skargę ⟨oskarżenie⟩ dowodami
  to ~ a claim udowodnić ⟨uzasadnić⟩ roszczenie
  to ~ a statement uzasadnić oświadczenie ⟨stwierdzenie⟩
  to ~ sth by oath potwierdzić ⟨poprzeć⟩ coś przysięgą
substantiation s 1. uzasadnienie 2. udowodnienie 3. konkretyzacja
  ~ of charges uzasadnienie zarzutów
substantive adj 1. istniejący samodzielnie 2. materialno-prawny 3. rzeczywisty, faktyczny 4. poważny
  ~ charge uzasadnione ⟨poważne⟩ oskarżenie
  ~ evidence istotny dowód
  ~ law prawo materialne
  ~ motion rzeczowy wniosek
  ~ provision istotna ⟨zasadnicza⟩ część orzeczenia sądu
  ~ question istotne zagadnienie
substitute[1] s 1. substytut 2. zastępca 3. surogat, namiastka, środek zastępczy
  money ~ namiastka pieniądza
  or ~ czart. klauzula dopuszczająca zastąpienie statku innym statkiem
  to be appointed sb's ~ zostać ustanowionym czyimś zastępcą
  to find a ~ znaleźć zastępcę
substitute[2] v 1. zastępować (**sth for sth** coś czymś) 2. substytuować
  to ~ a child zastępować dziecko (np. w sądzie)
  to ~ a draft for cash payment zapłacić wekslem zamiast gotówką
substituted adj zastępczy
  ~ agreement nowacja
  ~ cargo ładunek zastępczy
  ~ heir podstawiony spadkobierca
  ~ package opakowanie zastępcze
  ~ performance zastępcze wykonanie (zobowiązania)
  ~ service zastępcze doręczenie
substitution s 1. substytucja, przekazanie prawa ⟨pełnomocnictwa⟩ 2. zastąpienie
  ~ clause klauzula substytucyjna (upoważniająca armatora do podstawienia frachtującemu innego statku)
  ~ in collateral zastąpienie jednego rodzaju zabezpieczenia innym
  ~ of a debt nowacja
  ~ of home production for imports zastąpienie importu produkcją krajową
  ~ of machinery for human labour zastąpienie pracy ludzkiej maszynami
  ~ of an obligation nowacja zobowiązania
  elasticity of ~ elastyczność substytucyjna
  power of attorney and ~ pełnomocnictwo z prawem substytucji
substitutionary adj zastępczy
  ~ evidence zastępczy dowód
substratum s (pl **substrata, substratums**) 1. dolna warstwa, podłoże 2. substrat
sub(-)supplier s poddostawca
subtenant s 1. poddzierżawca 2. sublokator, podnajemca

subterfuge s 1. wybieg, wykręt 2. podstęp, fortel
  skilful ⟨**ingenious**⟩ **~** zręczny ⟨pomysłowy⟩ wybieg ⟨wykręt⟩
  to use ⟨**resort to** ⟩ **~s** używać wykrętów, posługiwać się wykrętami
subterranean adj 1. podziemny 2. skryty, tajny
  ~ diplomacy tajna dyplomacja
  ~ dwelling podziemne mieszkanie
subtotal s 1. suma ⟨ilość⟩ częściowa 2. suma z przeniesienia
subtract v odejmować
subtraction s odejmowanie
suburb s przedmieście, okolica podmiejska
  a house in the ~s dom na przedmieściu
suburban adj podmiejski
  ~ area okręg podmiejski
  ~ line kolej ⟨linia⟩ podmiejska
subvention s subwencja, zasiłek, subsydium
  family ~s zasiłki rodzinne
subversion s 1. obalenie, przewrót 2. działalność wywrotowa
subversive adj wywrotowy
  ~ activity działalność wywrotowa
  ~ elements elementy wywrotowe
  ~ ideas ⟨**tendencies**⟩ idee ⟨tendencje⟩ wywrotowe
subway s 1. przejście podziemne, tunel 2. am. kolej podziemna, metro
succeed v 1. osiągnąć cel ⟨sukces⟩ (**in sth** w czymś) 2. udać się, powieść się 3. następować (**sb, sth** po kimś, czymś)
  to ~ as a lawyer ⟨**doctor**⟩ osiągnąć sukces jako prawnik ⟨lekarz⟩
  to ~ to the crown ⟨**throne**⟩ odziedziczyć koronę ⟨tron⟩
  to ~ to an estate odziedziczyć nieruchomość ⟨majątek⟩
  to ~ to one's father's fortune odziedziczyć majątek po ojcu
  to ~ to sb's office objąć urząd po kimś
  right to ~ prawo do dziedziczenia
success s 1. powodzenie 2. sukces 3. szczęście, pomyślność
  box-office ~ sukces kasowy
  good ⟨**ill**⟩ **~** dobry ⟨zły⟩ wynik
  to achieve ~ osiągnąć sukces
  the experiment was a ~ eksperyment się udał
  to meet with ~ mieć powodzenie
  without ~ bez powodzenia
successful adj udany, mający powodzenie, pomyślny
  ~ candidate kandydat, który wygrał wybory
  ~ party strona wygrywająca sprawę
  to be ~ at the polls odnieść sukces w wyborach
  to bring sth to a ~ conclusion doprowadzić coś do pomyślnego końca
succession s 1. dziedziczenie, spadkobranie, sukcesja 2. następstwo, ciągłość
  ~ by testamentary disposition dziedziczenie testamentowe
  ~ duty podatek spadkowy
  ~ law prawo spadkowe
  ~ of crops płodozmian
  ~ of disasters szereg niepowodzeń, seria klęsk
  by right of ~ w drodze dziedziczenia
  in close ~ w krótkich odstępach czasu
  in the direct line ⟨**linear**⟩ **~** dziedziczenie w linii prostej

intestate ~ dziedziczenie ustawowe
right of ~ prawo spadkobrania ⟨spadkowe⟩
simple ~ dziedziczenie proste
statutory ~ dziedziczenie ustawowe
testamentary ~ dziedziczenie testamentowe
title by ~ tytuł uzyskany w drodze dziedziczenia
vacant ~ spadek bezdziedziczny
all orders are executed in ~ wszystkie zamówienia wykonywane są kolejno ⟨w kolejności ich składania⟩
successive *adj* kolejny, sukcesywny
~ **ballots** kolejne głosowania
~ **delivery** kolejne dostawy
~ **endorsements** kolejne indosy
~ **losses clause** *ub. mors.* klauzula *a)* wykluczająca odpowiedzialność za szkody nie naprawione, które powstały przed stratą całkowitą *b)* ustalająca odpowiedzialność osobno za każdą szkodę do wysokości ubezpieczenia
successor *s* 1. następca 2. spadkobierca, dziedzic
~ **in title, legal** ~ następca prawny
legitimate ⟨**rightful**⟩ ~ uprawniony spadkobierca, prawowity następca
sue *v* 1. pozywać, skarżyć do sądu (**for sth** o coś) 2. dochodzić sądownie (**for sth** czegoś) 3. prosić (**to sb for sth** kogoś o coś)
to ~ **and be** ~**d** pozywać i być pozywanym
to ~ **for an armistice** prosić o zawieszenie broni
to ~ **for a divorce** wystąpić (*z pozwem*) o rozwód, żądać orzeczenia rozwodu
to ~ **for eviction** wystąpić o eksmisję, żądać orzeczenia eksmisji
to ~ **for recovery (of a title)** wystąpić ze skargą windykacyjną
to ~ **sb for damages** skarżyć kogoś o odszkodowanie, dochodzić od kogoś odszkodowania
to ~ **sb for debt** dochodzić długu od kogoś, pozwać kogoś o zwrot długu
to ~ **sb for libel** zaskarżyć kogoś o zniesławienie (*w piśmie*)
to ~ **sb for slander** wystąpić przeciwko komuś o obrazę (*słowną*)
capacity to ~ zdolność procesowa, czynna legitymacja procesowa
sue out *v* 1. wyprocesować 2. uzyskać, uprosić
to ~ **pardon for sb** uzyskać łaskę dla kogoś
suffer *v* 1. ucierpieć, doznać (*np. szkody*) 2. znosić tolerować
to ~ **average** ulec awarii
to ~ **damage** ponieść szkodę
to ~ **death** ponieść śmierć, umrzeć
to ~ **a decline** (*o cenach, kursach*) ulec obniżeniu
to ~ **dishonour** (*o wekslu*) nie być honorowanym
to ~ **hunger** cierpieć głód
to ~ **losses** ponieść straty
to ~ **a punishment** odbywać karę, zostać skazanym
sufferance *s* tolerowanie
~ **wharf** nabrzeże pod nadzorem celnym (*na którym dozwolony jest wyładunek towarów podlegających ocleniu – bez opłaty cła*)
beyond ~ nie do wytrzymania
tenant by ~ posiadacz gruntu po wygaśnięciu jego tytułu do posiadania
sufferer *s* 1. poszkodowany 2. cierpiący

suffice *v* 1. wystarczać (**for sth** do czegoś) 2. zadowolić (*kogoś*)
to ~ **for sb's needs** wystarczyć na czyjeś potrzeby
sufficiency *s* 1. dostateczna ilość, wystarczajacv zapas 2. skromny majątek
~ **in law** ważność, moc prawna, legalność
a ~ **of food** dostateczna ilość żywności
to have a ~ **of sth** mieć dostateczną ilość czegoś
sufficient *adj* dostateczny, wystarczający
~ **consideration** dostateczne świadczenie wzajemne
~ **intelligence** wystarczająca informacja
~ **security** dostateczne zabezpieczenie, wystarczająca gwarancja
~ **water** dostateczna ilość wody (*w porcie*)
not ~ **funds** niedostateczne pokrycie, brak pokrycia
suffocation *s* uduszenie (się)
suffrage *s* 1. prawo głosowania, głosowanie 2. głos (*oddany w wyborach*)
direct ~ głosowanie ⟨wybory⟩ bezpośrednie
female ⟨**woman**⟩ ~ prawo głosowania dla kobiet
universal ~ powszechne prawo wyborcze
to give one's ~ **to sb** oddać swój głos na kogoś
suffragette *s hist.* sufrażystka
suggest *v* 1. sugerować, podsuwać myśl 2. proponować 3. insynuować
to ~ **that sth should be done** sugerować, że coś należy zrobić
these figures ~ **that ...** cyfry te wskazują, że ...
suggestion *s* 1. sugestia, wskazówka, propozycja 2. przypuszczenie
~ **s for improvement** propozycje usprawnienia ⟨udoskonalenia⟩
at the ~ **of sb** na skutek czyjejś sugestii
practical ~ praktyczna wskazówka
suggestive *adj* 1. sugestywny 2. dwuznaczny
~ **interrogation** sugestywne pytanie
~ **joke** dwuznaczny dowcip
~ **remarks** sugestywne uwagi ⟨spostrzeżenia⟩
~ **therapy** terapia przy pomocy sugestii
suicidal *adj* samobójczy
suicide *s* samobójstwo
attempted ~ usiłowanie samobójstwa, usiłowane samobójstwo
economic ⟨**political**⟩ ~ gospodarcze ⟨polityczne⟩ samobójstwo
to commit ~ popełnić samobójstwo
suit[1] *s* 1. prośba, petycja 2. pozew sądowy, powództwo 3. proces 4. komplet
~ **at law** proces sądowy, skarga sądowa
~ **for damages** powództwo o odszkodowanie
~ **for maintenance** powództwo o alimenty
~ **for payment** powództwo o zapłatę
civil ~ sprawa cywilna
criminal ~ sprawa karna
dismissal of a ~ oddalenie powództwa
divorce ~ powództwo o rozwód
nullity ~ powództwo o unieważnienie
to bring ⟨**file**⟩ **a** ~ **against sb** wnieść powództwo przeciwko komuś
to grant one's ~ spełnić czyjąś prośbę
to withdraw a ~ cofnąć powództwo
suit[2] *v* 1. odpowiadać (*potrzebom, wymaganiom itp.*) 2. dostosowywać (**to sth** do czegoś)

to ~ the market odpowiadać rynkowi ⟨potrzebom rynku⟩
to ~ oneself dostosowywać do swego gustu, działać zgodnie ze swymi życzeniami
to ~ the purpose odpowiadać celowi
to ~ the requirements odpowiadać wymaganiom
suitable *adj* odpowiedni, właściwy, stosowny
~ **date** właściwa data, stosowny termin
~ **expression** właściwe wyrażenie
~ **marriage** dobrane małżeństwo
~ **price** odpowiednia ⟨odpowiadająca komuś⟩ cena
~ **to occasion** stosowny do okoliczności
packing ~ **for sea** opakowanie odpowiednie do transportu morzem
to be ~ **for sth** być odpowiednim do czegoś
suitor *s* **1.** powód, strona powodowa (*w procesie*) **2.** petent **3.** konkurent (*do ręki*)
~ **s' fee fund (in Chancery)** *bryt.* koszty postępowania płacone przez strony w Sądzie Kanclerskim
sum *s* **1.** suma, kwota **2.** sedno sprawy
~ **and substance (of a matter)** istota ⟨sedno⟩ (sprawy)
~ **due** ⟨**of the debt**⟩ suma długu
~ **in dispute** sporna kwota; kwota, o którą toczy się sprawa
~ **insured** suma ubezpieczenia
~ **of indemnity** suma odszkodowania
~ **of money** suma pieniężna
~ **paid in** suma wpłacona
~ **total** *a)* suma łączna ⟨ogólna⟩, ogółem *b) przen.* wynik, efekt
after ~ pozostała kwota, reszta
agreed ~ uzgodniona kwota
gross ~ suma brutto
in round ~ suma w zaokrągleniu
in ~ w sumie, ogółem
large ~ poważna ⟨znaczna⟩ suma ⟨kwota⟩
lump ~ suma ryczałtowa
net ~ suma netto
paltry ~ drobna suma
penal ~ kara umowna
principal ~ suma kapitału bez odsetek
to the ~ **of ...** do sumy ...
total ~ suma ogólna, ogółem
weighted ~ *stat.* suma ważona
to round off a ~ zaokrąglić sumę
summarize *v* streszczać, rekapitulować
to ~ **the speech** streszczać przemówienie
summary[1] *s* **1.** streszczenie, wyciąg **2.** spis treści
~ **of bills of ladings** lista ładunkowa z danymi dotyczącymi towarów i wydanych konosamentów
~ **of facts** opis stanu faktycznego
~ **table** *stat.* tablica zbiorcza
summary[2] *adj* **1.** krótki, skrócony, ·pobieżny **2.** (*o postępowaniu sądowym*) doraźny, przyspieszony
~ **conviction** *a)* skazanie w trybie przyspieszonym *b)* skazanie przez sąd bez udziału ławników
~ **dismissal** zwolnienie z pracy ze skutkiem natychmiastowym
~ **jurisdiction** uproszczone orzecznictwo (*bez udziału przysięgłych*)
~ **proceedings** tryb doraźny, uproszczone postępowanie w sprawie (*bez udziału przysięgłych i bez zachowania wszystkich wymogów zwykłej procedury*)

court of ~ **jurisdiction** sąd jednoosobowy w drobnych sprawach
summer *s* lato
~ **cargo** ładunek letni (*zanurzenie statku nie przekracza letniej linii wodnej*)
~ **house** letni domek (*wypoczynkowy*)
~ **loadline** linia ładunkowa letnia
~ **resort** miejscowość letniskowa, letnisko
~ **school** kurs wakacyjny
~ **season** sezon letni
~ **time** czas letni
summing up *s* **1.** krótkie streszczenie, podsumowanie **2.** rekapitulacja wyników postępowania
~ **by the judge** podsumowanie przez sędziego (*ławnikom*) wyników postępowania dowodowego
summit *s* szczyt, wierzchołek
~ **conference** konferencja na szczycie
~ **diplomacy** dyplomacja na szczycie (*na szczeblu szefów państw lub rządów*)
~ **meeting** ⟨**talks**⟩ spotkanie ⟨rozmowy⟩ na szczycie ⟨na najwyższym szczeblu⟩
summon *v* **1.** wzywać, zwoływać **2.** pozywać do sądu
to ~ **parliament** ⟨**shareholders**⟩ zwołać parlament ⟨akcjonariuszy⟩
to ~ **sb before the court** pozwać kogoś do sądu
to ~ **sb by telephone** wzywać kogoś przez telefon
to ~ **sb for debt** pozwać kogoś o zwrot długu
to ~ **sb to appear** ⟨**attend**⟩ wezwać kogoś do stawiennictwa ⟨udziału⟩
to ~ **sb to perform a contract** wezwać kogoś do wykonania ⟨dotrzymania terminu⟩ umowy
to ~ **a witness** powołać świadka, wezwać (kogoś na) świadka
summons[1] *s* (*pl* **summonses**) **1.** wezwanie **2.** nakaz stawiennictwa
~ **to pay** nakaz płatniczy
court ~ wezwanie sądowe
to issue a ~ wydać nakaz stawiennictwa
to serve a ~ **on sb** doręczyć komuś wezwanie urzędowe
summons[2] *v* **1.** wzywać do stawiennictwa **2.** nakazać stawiennictwo
sumptuary *adj* regulujący wydatki, kontrolujący wydatki uznane za społecznie szkodliwe
~ **laws** ustawy ⟨przepisy prawne⟩ zwalczające społecznie szkodliwą konsumpcję
~ **tax** podatek od luksusu ⟨przedmiotów zbytku⟩
sum up *v* **1.** sumować, dodawać **2.** reasumować **3.** oceniać (*sytuację*)
to ~ **the evidence** podsumować wyniki ustaleń (*w sprawie*)
to ~ **an experience** podsumować doświadczenie
sundries *spl* **1.** rozmaitości, różne rzeczy ⟨przedmioty⟩ **2.** rachunek „różni" **3.** wydatki „różne"
~ **account** konto „różni"
sundry *adj* różny, różnorodny, rozmaity
~ **account** *a)* rachunek „różni" *b)* wydatki „różne"
~ **articles** różne towary ⟨artykuły⟩
~ **creditors** różni wierzyciele
~ **expenses** różne wydatki
~ **goods** różne ⟨mieszane⟩ towary
~ **moneys** różne dochody ⟨wkłady⟩
~ **samples** różne próbki
to talk of ~ **matters** mówić o różnych rzeczach ⟨sprawach⟩

super¹ *s* **1.** najlepszy gatunek, najwyższa jakość **2.** towar ⟨rzecz⟩ najwyższego gatunku ⟨najlepszej jakości⟩
super² *adj* **1.** najlepszy, doskonały, super **2.** dodatkowy, ekstra
superabundance *s* nadmiar, zbytnia obfitość
~ **of capital** nadmiar kapitału
~ **of food, food in** ~ nadmiar żywności
year of ~ rok (nadmiernie) obfitych urodzajów
superabundant *adj* będący w nadmiarze, zbyteczny
~ **population** przeludnienie, nadmiar ludności
superannuate *v* **1.** przedawnić się **2.** przenieść na emeryturę, spensjonować
to ~ **an official** przenieść urzędnika na emeryturę
superannuation *s* **1.** emerytura **2.** przeniesienie na emeryturę ⟨rentę⟩
~ **allowance** emerytura
~ **contributions** składki emerytalne
~ **fund** fundusz emerytalny
~ **scheme** ⟨system⟩ system emerytalny
supercargo *s* opiekun ładunku, płynący na statku przedstawiciel właściciela ładunku
supercharge *v* przeciążać, przeładowywać
superficial *adj* **1.** powierzchowny **2.** pobieżny **3.** (*o mierze*) kwadratowy
~ **examination** pobieżny przegląd, pobieżne badanie
~ **knowledge** ⟨**learning**⟩ powierzchowna wiedza ⟨nauka⟩
~ **measure** miara powierzchni
~ **wound** powierzchowna rana
superfine *adj* wyborowy, najprzedniejszy
superfluous *adj* będący w nadmiarze, zbyteczny, niepotrzebny
superintend *v* nadzorować, kontrolować, przeprowadzać inspekcję
to ~ **the counting of the votes** nadzorować liczenie głosów
to ~ **the weight** kontrolować wagę
to ~ **the work** nadzorować pracę
superintendence *s* nadzór, kontrola, inspekcja
~ **of quality** kontrola jakości
~ **with guarantee of weight** nadzór (*nad wysyłką towaru*) gwarantujący dokładność wagi
superintendent *s* nadzorca, kontroler, inspektor, rewident, zarządca, kierownik
~ **of bank** *am.* dyrektor stanowego departamentu banków
~ **of police** *bryt.* inspektor policji
cargo ~ inspektor ładunkowy
inspection ~ naczelnik wydziału kontroli technicznej
marine ~ inspektor nawigacyjny (*armatora*)
superior¹ *s* **1.** przełożony, osoba najwyższa rangą ⟨stanowiskiem⟩ **2.** zwierzchnik
he has no ~ **in ...** nikt nie przewyższa go w ⟨pod względem⟩ ...
superior² *adj* **1.** przewyższający, lepszy (**to sth** od czegoś) **2.** pierwszorzędny, wyborowy **3.** nadrzędny, mający wyższe stanowisko
~ **authority** władza zwierzchnia, przełożeni
~ **body** najwyższy organ, najwyższa instancja
~ **court** sąd wyższej instancji
~ **education** wyższe wykształcenie
~ **estate** nieruchomość władnąca (*korzystająca z serwitutu*)
~ **forces** przeważające siły

~ **goods** towary lepszego gatunku
~ **in quality to the samples** gatunkowo lepszy od próbki
~ **officer** wyższy urzędnik
~ **quality** pierwszorzędna jakość, wyższy gatunek
to be ~ **to sb, sth in sth** przewyższać kogoś, coś w czymś ⟨pod względem czegoś⟩
superiority *s* **1.** wyższość, przewaga **2.** starszeństwo **3.** wysoka klasa, wyborowa jakość
~ **complex** kompleks wyższości
superliner *s* wielki liniowiec
supermarket *s* duży samoobsługowy sklep o szerokim asortymencie towarów, hala targowa, supermarket, supersam
departmentized ~ supermarket z oddziałami
discount ~ supermarket z towarami o cenach obniżonych
punched-card ~ supermarket, w którym kupujący posługują się perforowanymi kartkami, ułatwiającymi obliczenie rachunku i wydanie towaru
telephone ~ *am.* sklep sprzedający tylko na telefoniczne zamówienie
supernumerary *adj* **1.** nadliczbowy, zbywający **2.** (*o pracowniku*) nieetatowy
superscribe *v* **1.** umieszczać napis nad tekstem lub na zewnętrznej stronie **2.** adresować
superscription *s* **1.** napis nad tekstem lub na zewnętrznej stronie **2.** adres
supersede *v* **1.** zastępować (**sb, sth by sb, sth** kogoś, coś kimś, czymś) **2.** usunąć **3.** wyrugować, zająć miejsce (**sb** czyjeś)
to ~ **an official** usunąć urzędnika
to ~ **sb as chairman** zastąpić kogoś na stanowisku przewodniczącego
to ~ **a system** zmienić system
supersedeas *s łac.* orzeczenie (*wyższego sądu*) wstrzymujące postępowanie (*niższego sądu*)
~ **bond** obowiązek zabezpieczenia przez apelującego wykonania wstrzymanego orzeczenia
supersession *s* **1.** zastąpienie (**sth of sth** czegoś czymś) **2.** usuwanie, relegowanie **3.** zajęcie miejsca (**sb, sth** czyjegoś, czegoś)
superstructure *s* **1.** nadbudówka (*statku*) **2.** część nadziemna (*budynku*) **3.** nadbudowa (*np. filozoficzna*)
supertare *s* nadtara, tara dodatkowa
supertax *s bryt. hist.* podatek wyrównawczy
supervise *v* **1.** nadzorować, dozorować **2.** doglądać, kontrolować **3.** kierować
supervising *adj* : ~ **agent** agent statku z ramienia czarterującego
~ **authority** władza nadzorcza
~ **company** przedsiębiorstwo kontrolne
~ **staff** personel nadzorczy ⟨nadzoru⟩
supervision *s* **1.** nadzór, kontrola **2.** zarządzanie, kierowanie
~ **personnel** personel nadzorczy ⟨nadzoru⟩
certificate of ~ świadectwo przeprowadzenia kontroli
customs ~ nadzór celny
engineering ~ nadzór techniczny
police ~ nadzór policyjny
under ~ **of ...** pod nadzorem...
to keep sb under strict ~ trzymać kogoś pod ścisłym nadzorem

supervisor *s* 1. nadzorca, kontroler, inspektor 2. zarządca
board of ~**s** rada nadzorcza
chief ~ główny inspektor
to act as ~ działać jako kontroler
supervisory *adj* nadzorczy, kontrolny
~ **authority** władza nadzorcza, organ nadzorczy
~ **board** rada nadzorcza
~ **body** organ nadzorczy
~ **committee** komitet nadzorczy
~ **jurisdiction** jurysdykcja nadzorcza
~ **office** władza nadzorcza
~ **staff** personel nadzorczy ⟨nadzoru⟩
supplement[1] *s* dodatek, uzupełnienie, suplement
~**s to wages and salaries** dodatki do płac i wynagrodzeń
by way of ~ jako uzupełnienie
free ~ gratisowy dodatek
oath in ~ dodatkowa ⟨powtórna⟩ przysięga
supplement[2] *v* uzupełniać, załączać dodatek
supplemental *adj* uzupełniający, dodatkowy
~ **agreement** dodatkowe porozumienie
~ **compensation** dodatkowe odszkodowanie
~ **policy** polisa uzupełniająca
supplementary *adj* dodatkowy, uzupełniający, zapasowy
~ **allowance** a) dodatkowy zasiłek b) renta uzupełniająca
~ **benefit** *bryt.* uzupełniający zasiłek (*dla ubogich*)
~ **bond** dodatkowe zabezpieczenie
~ **charge** dodatkowa opłata
~ **claim** dodatkowe żądanie
~ **clause** klauzula uzupełniająca
~ **contract** ⟨**agreement**⟩ dodatkowa ⟨uzupełniająca⟩ umowa
~ **cost** koszty dodatkowe
~ **delivery** uzupełniająca dostawa
~ **demand** popyt uzupełniający
~ **food supply** awaryjny zapas żywności
~ **order** dodatkowe zamówienie
~ **payment** dopłata, wyrównanie, uzupełniająca wpłata
~ **policy** polisa dodatkowa ⟨uzupełniająca⟩
~ **protocol** ⟨**report**⟩ dodatkowy protokół ⟨raport⟩
~ **tax** podatek uzupełniający ⟨wyrównawczy⟩
~ **ticket** dodatkowy bilet
~ **wages** dodatkowe wynagrodzenie
supplementation *s* uzupełnienie
supplier *s* dostawca
~ **firm** firma dostawcza
~**'s credit** kredyt dostawczy
chief ⟨**main**⟩ ~ główny dostawca
list of ~**s** lista dostawców
regular ~ stały dostawca
supplies *spl* 1. rezerwy, zapasy, zasoby 2. dostawy 3. kieszonkowe, pieniądze wypłacane dzieciom przez rodziców 4. *zob.* **supply** *s*
~ **are exhausted** zapasy się wyczerpały
ample ⟨**adequate**⟩ ~ dostateczny zapas
bulk ~ dostawy masowe
food ~ artykuły żywnościowe
market ⟨**marketable**⟩ ~ dostawy rynkowe
to run short of ~ wyczerpać zapasy
supply[1] *s* 1. zapas, zaopatrzenie 2. podaż 3. dostawa, dowóz 4. *zob.* **supplies**
~ **and demand** podaż i popyt

~ **area** okręg zaopatrzenia
~ **contract** umowa dostawy
~ **curve** krzywa podaży
~ **days** dni oceny wydatków budżetowych w parlamencie
~ **department** dział zaopatrzenia
~ **of credit** zaofiarowanie kredytu
~ **of goods** podaż towarów
~ **of labour** ⟨**manpower**⟩ podaż siły roboczej
~ **of land** zapas ziemi
~ **of money** podaż kapitału
~ **of tonnage** podaż tonażu (*do zaczarterowania*)
~ **price** cena podaży
~ **service** ⟨**staff**⟩ służba zaopatrzenia
~ **with food** ⟨**provisions**⟩ zaopatrzenie w żywność
bulk ~ dostawa masowa
capital ~ podaż kapitału
competitive ~ zaopatrzenie ze strony konkurencyjnej firmy
difficulties of ~ trudności z zaopatrzeniem
elastic ⟨**inelastic**⟩ ~ elastyczna ⟨nieelastyczna⟩ podaż
floating ~ podaż bieżąca, dostawy bieżące
great ~ duża podaż
in short ~ (*o towarze*) brakujący, (*o zaopatrzeniu*) niedostateczny
market ~ dostawy rynkowe
regular ~ stała dostawa
reserve ~ zapas rezerwowy
short ⟨**scant, tight**⟩ ~ mała podaż
source of ~ źródło zaopatrzenia
spare ⟨**insufficient**⟩ ~ niedostateczne zaopatrzenie
water ~ zaopatrzenie w wodę
to (sign a) contract for the ~ **of** sth zawrzeć umowę na dostawę czegoś
the ~ **is in excess of the demand** podaż przekracza popyt
the ~ **meets the demand** podaż zaspokaja popyt
supply[2] *v* 1. dostarczać (**sth to sb** czegoś komuś), zaopatrywać (się) (**with sth** w coś) 2. zaspokajać (*potrzeby itp.*)
to ~ **a deficit** wyrównać deficyt
to ~ **a demand** zaspokajać popyt
to ~ **foodstuffs to the customers** zaopatrywać klientów w żywność ⟨artykuły żywnościowe⟩
to ~ **a need** zaspokoić potrzebę
to ~ **proofs** dostarczyć dowodów
to ~ **a shop with goods** zaopatrywać sklep w towar
to ~ **a vacancy** obsadzić wakat ⟨wakujące stanowisko⟩
to ~ **a want** zaspokoić potrzebę ⟨żądanie⟩
supply-house *s* dostawca, firma dostawcza
supplying *s adj* : ~ **firm** dostawca, firma dostawcza
~ **with provisions** zaopatrywanie w żywność
support[1] *s* 1. poparcie, podtrzymanie 2. utrzymanie
~ **of prices** podtrzymanie cen ⟨kursów⟩
~ **payment** zapomoga, zasiłek
banking ~ podtrzymanie kursów przez interwencję bankową
documents in ~ dokumenty na dowód ⟨poparcie⟩ (*roszczenia*)
financial ⟨**moral**⟩ ~ finansowe ⟨moralne⟩ poparcie
in ~ **of ...** a) na poparcie ... (*wywodów itp.*) b) na rzecz... (*instytucji*)
means of ~ środki utrzymania

reasons in ~ of a claim dowody na poparcie roszczenia

to deserve ~ zasługiwać na poparcie
to enjoy a ~ cieszyć się poparciem
to give ⟨lend, render⟩ ~ udzielać poparcia
to obtain no ~ nie uzyskać żadnego poparcia
to win ⟨gain⟩ ~ uzyskać poparcie
support² v 1. popierać, podtrzymywać 2. utrzymywać (rodzinę itp.)
to ~ a cause popierać sprawę, udzielać poparcia sprawie
to ~ a family utrzymywać rodzinę
to ~ law and order popierać prawo i porządek
to ~ a motion ⟨petition⟩ popierać wniosek ⟨petycję⟩
to ~ a nomination poprzeć kandydaturę
to ~ oneself on sth utrzymywać się z czegoś
to ~ the peace policy popierać politykę pokojową
to ~ prices by buying podtrzymywać ceny przez dokonywanie zakupów
supported pp adj : ~ by experience poparty doświadczeniem
~ by facts poparty faktami, oparty na faktach
~ by proofs ⟨evidence⟩ poparty dowodami, oparty na dowodach
~ prices ceny sztucznie podtrzymywane
supporter s 1. stronnik, zwolennik 2. żywiciel rodziny
supporting adj : ~ orders zlecenia interwencyjne (w celu podtrzymywania kursów ⟨cen⟩)
suppose v 1. przypuszczać 2. zakładać, przyjmować założenie, mniemać
to ~ beforehand zakładać z góry
supposed adj przypuszczalny, domniemany
~ delinquent domniemany winowajca ⟨przestępca⟩
~ infringement przypuszczalne naruszenie (np. patentu)
~ invention przypuszczalny wynalazek
supposition s przypuszczenie, domniemanie
on the ~ that ... przypuszczając ⟨zakładając⟩, że ...
unfounded ~ nieuzasadnione przypuszczenie
suppositious, supposititious adj podstawiony, fałszywy
~ child podstawione dziecko
~ name fałszywe nazwisko
~ will fałszywy testament
suppress v 1. stłumić 2. zlikwidować, usunąć 3. zakazać 4. zatuszować 5. zataić, ukryć, przemilczeć
to ~ a document ukryć dokument
to ~ a fact zataić fakt
to ~ an insurrection ⟨a revolt⟩ zgnieść powstanie ⟨rewolucję⟩
to ~ a publication zakazać publikacji
to ~ a riot stłumić rozruchy
to ~ a strike stłumić strajk
to ~ a testament ukryć testament
to ~ the truth przemilczeć prawdę
suppression s 1. tłumienie, represja 2. likwidacja 3. zakaz
policy of ~ polityka represji
suppressive adj : ~ measures środki represyjne
supra adv : ~ protest po proteście
acceptance ⟨payment⟩ ~ protest przyjęcie ⟨zapłata⟩ weksla zaprotestowanego
supranational adj ponadnarodowy
supremacy s zwierzchnictwo, przewaga, supremacja

~ clause klauzula supremacji prawa federalnego nad stanowym
~ of law zwierzchnictwo prawa, panowanie prawa
the Act of Supremacy bryt. ustawa o zwierzchnictwie króla nad kościołem anglikańskim
supreme adj najwyższy
Supreme Allied Commander Naczelny Dowódca Sił Sojuszniczych
Supreme Council Rada Najwyższa
Supreme Court am. Sąd Najwyższy (stanowy lub federalny)
Supreme Court of Judicature bryt. Najwyższy Sąd Orzecznictwa
the Supreme Pontiff papież
~ power najwyższa władza
~ punishment kara śmierci
~ quality najwyższa jakość
~ sacrifice ofiara życia
surcharge¹ s 1. dodatkowe obciążenie, dodatkowy ładunek 2. dodatkowa opłata, dopłata 3. nadmierne obciążenie, przeciążenie 4. nadpłata 5. dodatkowa składka ubezpieczeniowa (przy zwiększeniu ryzyka)
~ for an overweight ⟨excess⟩ luggage dopłata za nadwagę ⟨nadwyżkę⟩
import ~ dopłata importowa
priority ~ dopłata za przeładunek poza kolejnością
surcharge² v 1. dodatkowo obciążać, pobierać dodatkową opłatę, pobierać dopłatę 2. nadmiernie obciążać, przeciążać 3. nadrukowywać, przedrukowywać (znaczek pocztowy)
to ~ the population przeciążać ludność podatkami
sure adj pewny, niewątpliwy
~ proof dowód pewny ⟨nie nasuwający wątpliwości⟩
~ sale zapewniony zbyt
~ success pewny sukces
for ~ na pewno, z pewnością
to be ⟨feel⟩ ~ of sth być pewnym czegoś
to make ~ a) być przekonanym b) upewnić się
surety s 1. pewność 2. zabezpieczenie (for sth czegoś) 3. gwarancja, poręka, rękojmia, kaucja 4. poręczyciel, gwarant 5. list ⟨rewers⟩ gwarancyjny
~ bond list gwarancyjny
~ commission prowizja za del credere
~ for a bill poręczenie za osobę zobowiązaną z weksla
~ for a debt poręczenie za dług
~ of a bill poręka wekslowa
~ on a bill poręczyciel wekslowy
bill ~ a) poręka wekslowa, awal b) poręczyciel
collateral ~ gwarancja dodatkowa, zabezpieczenie dodatkowe
counter ~ gwarancja wzajemna
joint ~ gwarancja solidarna
sufficient ~ dostateczne zabezpieczenie
to act as ⟨to be, to become⟩ ~ poręczyć, udzielić poręczenia
to stand ~ poręczyć (for sb za kogoś)
suretyship s gwarancja, poręka, rękojmia
declaration of ~ deklaracja gwarancyjna
surf s fala przybojowa
~ day dzień przyboju (fala uniemożliwiająca czynności ładunkowe)

surface s 1. powierzchnia, strona zewnętrzna 2. obszar, powierzchnia
~ **area** obszar powierzchni
~ **mail** poczta naziemna (*nie lotnicza*)
~ **measure** miara powierzchni
~ **of dwellings** powierzchnia mieszkalna
~ **railway** kolej naziemna
~ **transport** transport naziemny
~ **worker** pracownik naziemny
~ **works** roboty powierzchniowe
~ **wound** powierzchowna rana
water ~ **of the port** powierzchnia wodna portu
to work on ~ pracować na powierzchni
surface-to-air adj : ~ **missile** rakieta typu ziemia--powietrze
surface-to-surface adj : ~ **missile** rakieta typu ziemia–ziemia
surfeit[1] s przesycenie, nadmiar
~ **of complaints** nadmiar skarg
~ **of goods in the market** nadmiar towarów na rynku
to eat to a ~ jeść zbyt obficie, przejadać się
surfeit[2] v przesycić, przepełnić, nasycić nadmiernie
to be ~**ed with sth** być przesyconym czymś
surfeited adj : ~ **market** rynek przesycony ⟨zalany⟩ towarem
surge[1] s 1. falowanie, wznoszenie się 2. przypływ, napływ
~ **of inflation** wzrost inflacji
~ **of pressure** nagły wzrost ciśnienia
upward ~ tendencja zwyżkowa ⟨rozwojowa⟩ (*cen, kursów*)
surge[2] v falować, wznosić się
to ~ **forward** (*o cenach, kursach*) wzrastać, podnosić się
surgeon s 1. chirurg 2. lekarz wojskowy
surgery s 1. gabinet lekarski, przychodnia lekarska 2. chirurgia 3. operacja chirurgiczna, zabieg chirurgiczny
surmount v pokonać, przezwyciężyć
to ~ **difficulties** ⟨**obstacles**⟩ pokonać trudności ⟨przeszkody⟩
surname s nazwisko
Christian name ⟨**names**⟩ **and** ~ imię ⟨imiona⟩ i nazwisko
surpass v 1. przewyższać, prześcigać 2. przekraczać
to ~ **all expectations** przewyższyć wszelkie oczekiwania
to ~ **a limit** przekroczyć limit
surplus s nadwyżka, pozostałość, superata
~ **dividend** dodatkowa dywidenda
~ **of assets over liabilities** nadwyżka aktywów nad pasywami
~ **of capital** nadwyżka kapitału
~ **of goods** nadwyżka towarów
~ **of weight** nadwyżka wagi, nadwaga, superata
~ **population** nadwyżka ludności (*przy przeludnieniu kraju*)
~ **produce** produkt dodatkowy
~ **production** a) nadwyżka produkcyjna b) nadprodukcja
~ **stores** nadwyżki zapasów ⟨towarowe⟩
~ **value** wartość dodatkowa
above line ~ nadwyżka dochodów nad rozchodami wykazana w bilansie

accumulated ~ akumulowany ⟨nie rozdzielony⟩ zysk przedsiębiorstwa
agricultural ~ nadwyżki towarowe produktów rolnych
budget ~ nadwyżka budżetowa
capital ~ a) nadwyżka sumy uzyskanej z subskrypcji akcji ponad ich wartość nominalną b) nadwyżka aktywów nad pasywami
cash ~ nadwyżka ⟨superata⟩ kasowa
current ~ saldo dodatnie w aktualnych rozliczeniach
exportable ~ nadwyżka towarów przeznaczonych na eksport
export ~ nadwyżka wartości eksportu nad wartością importu
external ~ saldo dodatnie w transakcjach zagranicznych
foreign trade ~ nadwyżka bilansu handlowego
import ~ nadwyżka wartości importu nad wartością eksportu
labour ~ nadwyżka siły roboczej
operating ~ nadwyżka eksploatacyjna
stock ~ superata towarowa
trade ~ dodatnie saldo bilansu handlowego
to have ~ **of sth** mieć nadwyżkę czegoś
surplusage s 1. nadwyżka, nadmiar, superata 2. nadmiar słów (*w pismach procesowych*)
surprisal s zawładnięcie statkiem, pryza morska
surprise[1] s 1. niespodzianka 2. zaskoczenie
to take sb by ~ a) zaskoczyć kogoś b) złapać kogoś przez zaskoczenie
surprise[2] v 1. zdziwić, zdumieć 2. zaskoczyć (*np. złodzieja*), złapać (*np. przestępcę*) przez zaskoczenie
surrebutter, surrejoinder s replika powoda na odpowiedź na pozew, duplika (*powoda na replikę pozwanego*)
surrender[1] s 1. zrzeczenie się, zrezygnowanie 2. oddanie, wydanie 3. wręczenie, przekazanie, odstąpienie 4. odpłatne zrzeczenie się przez ubezpieczonego praw wynikających z polisy 5. poddanie się, kapitulacja
~ **at discretion** bezwarunkowa kapitulacja
~ **bail** stawienie się w sądzie osoby zwolnionej za kaucją lub poręczeniem
~ **of the bankrupt's estate** ⟨**property**⟩ oddanie majątku bankruta wierzycielom
~ **of documents** wydanie dokumentów
~ **of property** przekazanie ⟨zrzeczenie się⟩ własności
~ **of right** cesja prawa
~ **value** suma stanowiąca ekwiwalent za zrzeczenie się przez ubezpieczonego praw wynikających z polisy
compulsory ~ a) przymusowe wywłaszczenie b) przymusowa cesja
on ~ **of ...** w zamian za wydanie ...
terms of ~ warunki kapitulacji
unconditional ~ bezwarunkowa kapitulacja
surrender[2] v 1. zrzekać się, rezygnować 2. oddawać, wydawać, przekazywać, odstępować
to ~ **one's claim to the money** odstąpić od ⟨zrezygnować z⟩ roszczeń finansowych
to ~ **documents** wydać dokumenty
to ~ **for exchange** wydać na wymianę ⟨w celu wymiany⟩

to ~ **a lease** wydać dzierżawę, odstąpić od dzierżawy

to ~ **oneself** poddać się

to ~ **a policy** ⟨an insurance policy⟩ odstąpić polisę ubezpieczeniową

to ~ **property** zrzec się własności

to ~ **a right** zrzec się prawa, odstąpić prawo

to ~ **to one's bail** stawić się w sądzie po zwolnieniu za kaucją lub poręczeniem

to ~ **to justice** oddać się w ręce sprawiedliwości

to force sb to ~ zmusić kogoś do kapitulacji

surrenderee s osoba, na której rzecz nastąpiło zrzeczenie się

surrenderer s 1. osoba zrzekająca się ⟨rezygnująca⟩ 2. osoba kapitulująca

surrogate s 1. namiastka, surogat 2. substytut, zastępca prawny 3. *am.* sędzia do spraw spadkowych i opiekuńczych

~ **mother** matka nosicielka (*nosząca płód innej kobiety*)

Surrogate's Court *am.* sąd w sprawach spadkowych i opiekuńczych

surtax[1] s 1. podatek wyrównawczy 2. domiar podatkowy 3. *am.* dodatkowa importowa opłata celna

to impose ~ **on sb** wymierzyć komuś domiar

surtax[2] v 1. opodatkować podatkiem wyrównawczym 2. wymierzyć domiar (podatkowy)

survey[1] s 1. przegląd, oględziny, inspekcja 2. nadzór, kontrola, ekspertyza 3. pomiary 4. plan, mapa 5. ankieta, badanie

~ **certificate** świadectwo oględzin, atest rzeczoznawcy

~ **charges** koszty pomiarów ⟨kontroli, inspekcji⟩

~ **of foreign markets** przegląd rynków zagranicznych

~ **of hatches** inspekcja luków

~ **of holds** inspekcja ładowni

~ **of the ship** inspekcja statku

~ **report** a) protokół oględzin ⟨ekspertyzy⟩ b) atest awaryjny c) protokół przeglądu (*statku*)

accurate ~ dokładne oględziny

continuous ~ przegląd ciągły, stałe badanie

damage ~ przegląd awaryjny, ekspertyza szkodowa

economic ~ przegląd gospodarczy (*publikacja*)

joint ~ oględziny przy udziale obu stron, ekspertyza wspólna

land ~ pomiar gruntu

market ~ badanie rynku

occasional ~ przegląd doraźny

periodical ~ przegląd okresowy

pilot ~ badanie próbne

quality ~ kontrola jakości

to carry out ⟨make⟩ a ~ przeprowadzać oględziny ⟨kontrolę⟩

survey[2] v 1. dokonywać przeglądu ⟨inspekcji, kontroli⟩ 2. badać, nadzorować

to ~ **a building** dokonać inspekcji budynku

to ~ **the situation** dokonać przeglądu sytuacji

surveying s 1. oględziny, przegląd 2. inspekcja, nadzorowanie 3. miernictwo

~ **ship** statek hydrograficzny

land ~ pomiary gruntu

quantity ~ kontrola ilości (*przez władze celne*)

surveyor s 1. inspektor, kontroler, nadzorca 2. rzeczoznawca, ekspert 3. inspektor celny

~ **of customs** inspektor celny

~ **of the port** *am.* portowy inspektor celny

~ **of stowage** ekspert sztauerski

~ **of taxes** *bryt.* inspektor podatkowy

~ **of weights and measures** kontroler wag i miar

average ~ ekspert awaryjny

classification ~ inspektor towarzystwa klasyfikacji statków

highways ⟨road⟩ ~ inspektor drogowy

land ~ geodeta, mierniczy, topograf

Lloyd's ~ inspektor Lloyda (*towarzystwa klasyfikacji statków*)

marine ~ ekspert morski

naval ~ hydrograf

quality ~ kontroler jakości

survival s 1. przeżycie, przetrwanie, utrzymanie się przy życiu 2. pozostałość (*z dawnych czasów*), przeżytek

(the) ~ **of the fittest** ewolucja drogą doboru naturalnego

~ **of times past** przeżytek dawnych czasów

~s **of capitalism** przeżytki kapitalizmu

~s **of colonialism** pozostałości kolonializmu

presumption of ~ domniemanie przeżycia

probability of ~ prawdopodobieństwo przeżycia

survive v przeżyć, przetrwać, utrzymać się przy życiu

to ~ **all perils** przejść przez ⟨przeżyć⟩ wszystkie niebezpieczeństwa

to ~ **an injury** ⟨a disease⟩ przeżyć zranienie ⟨chorobę⟩

to ~ **one's wife** ⟨children⟩ przeżyć własną żonę ⟨własne dzieci⟩

surviving adj pozostający przy życiu

~ **children** pozostające przy życiu dzieci

~ **spouse** pozostały przy życiu współmałżonek

survivor s osoba pozostała przy życiu

the ~s of the shipwreck pozostali przy życiu rozbitkowie

the only ~ of the family jedyny pozostały przy życiu ⟨żyjący⟩ członek rodziny

survivorship s prawo do dzierżawy całego majątku w wypadku śmierci współdzierżawcy

susceptible adj 1. podatny, wrażliwy **(to sth** na coś**)** 2. dopuszczający **(of sth** coś**)**

goods ~ **to spoilage** towary łatwo psujące się

a statement not ~ of proof twierdzenie nie dające się udowodnić

to be ~ of revision podlegać rewizji

suspect v 1. podejrzewać, mieć podejrzenia **(sb, sth** co do kogoś, czegoś**)** 2. obawiać się

to ~ **a collusion** podejrzewać zmowę

to ~ **evidence** nie dowierzać dowodom

to ~ **sb of murder** ⟨deceit⟩ podejrzewać kogoś o morderstwo ⟨oszustwo⟩

to ~ **sb to be the murderer** podejrzewać, że ktoś jest mordercą

to ~ **the truth of an account** podejrzewać, że rachunek nie jest prawidłowy

reason to ~ przyczyna podejrzenia

suspected adj : a ~ **person** osoba podejrzana

~ **ship** statek podejrzany pod względem zdrowotnym

to be ~ być podejrzewanym

suspend v 1. zawiesić, wstrzymać 2. przerwać

to ~ **an action** ⟨a cause⟩ zawiesić postępowanie sądowe ⟨sprawę⟩

to ~ **a driver's licence** zatrzymać prawo jazdy
to ~ **a judgment** zawiesić wykonanie wyroku
to ~ **the law** zawiesić działanie ustawy
to ~ **negotiations** zawiesić pertraktacje ⟨negocjacje⟩
to ~ **an official** zawiesić urzędnika w czynnościach
to ~ **payment** zawiesić ⟨wstrzymać⟩ wypłaty
to ~ **punishment** zawiesić wykonanie kary
to ~ **relations** przerwać ⟨zawiesić⟩ stosunki
to ~ **a rule** zawiesić działanie przepisu
to ~ **the traffic** wstrzymać ruch
to ~ **work for two days** przerwać pracę na dwa dni
suspended *adj* : ~ **account** *księgow.* rachunek sum przejściowych
~ **from school** zawieszony w prawach ucznia
~ **sentence** wyrok z zawieszeniem (*wykonania kary*)
with ~ **execution of sentence** z zawieszeniem wykonania kary
suspense *s* **1.** zawieszenie **2.** niepewność, stan niepewności
~ **account** *księgow.* rachunek sum przejściowych ⟨przejściowy⟩
bill in ~ weksel nie wykupiony
the question is in ~ sprawa jest w zawieszeniu
to keep sb in ~ trzymać kogoś w niepewności
suspension *s* zawieszenie, wstrzymanie
~ **of arms** zawieszenie broni
~ **of business** zastój w handlu
~ **of the gold standard** zawieszenie standardu złota
~ **of judgment** zawieszenie wykonania wyroku
~ **of legal proceedings** zawieszenie postępowania sądowego
~ **of payment(s)** zawieszenie wypłat
~ **of statute** zawieszenie działalności ustawy
suspensive *adj* zawieszający
~ **condition** warunek zawieszający
suspensory *adj* zawieszający
~ **veto** weto zawieszające ⟨wstrzymujące wejście w życie⟩
suspicion *s* **1.** podejrzenie **2.** odrobina, ślad
above ~ poza podejrzeniem
detention on ~ zatrzymanie pod zarzutem
ground for ~ podstawa podejrzenia
reasonable ~ uzasadnione podejrzenie
under ~ **of partiality** pod zarzutem stronniczości
upon strong ~ na podstawie poważnego podejrzenia
well-founded ~ usprawiedliwione podejrzenie
with ~ podejrzliwie, z podejrzliwością
to arouse ⟨**excite**⟩ ~ wzbudzać podejrzenie
to arrest sb on ~ **of theft** aresztować kogoś pod zarzutem kradzieży
to be under ~ **of sth** być podejrzanym o coś
to dispel ~**s** rozproszyć podejrzenia
to have a ~ podejrzewać
to hold sb in ~ uważać kogoś za podejrzanego
suspicious *adj* podejrzany
~ **character** ⟨**person**⟩ podejrzane indywiduum, podejrzana osoba
under ~ **circumstances** w podejrzanych okolicznościach
to be ~ **of sb, sth** podejrzewać kogoś, coś
to look ~ wyglądać podejrzanie

sustain *v* **1.** podtrzymywać, utrzymywać **2.** ponosić **3.** znosić, doznawać
to ~ **a decision** utrzymać w mocy decyzję
to ~ **a family** utrzymywać rodzinę
to ~ **an injury** doznać uszkodzenia ciała
to ~ **a loss** ponieść stratę
to ~ **a motion** podtrzymać wniosek
to ~ **an objection** podtrzymać zastrzeżenie
to ~ **a sentence** utrzymać w mocy orzeczenie sądowe
to ~ **a statement** podtrzymać twierdzenie
the court ~**ed the claim** sąd orzekł na korzyść powoda
sustenance *s* **1.** wyżywienie, żywność **2.** środki egzystencji
means of ~ środki utrzymania
suzerain *s* **1.** *hist.* zwierzchnik feudalny, suweren **2.** mocarstwo kontrolujące politykę zagraniczną innego państwa
suzerainty *s hist.* zwierzchnictwo feudalne
swap *s* **1.** operacja giełdowa polegająca na jednoczesnym zakupie ⟨sprzedaży⟩ dewiz za gotówkę oraz sprzedaży ⟨zakupie⟩ ną termin **2.** wymiana, zamiana
swapping *s* handel wymienny
swatch *s* **1.** próbka **2.** kolekcja próbek
swear *v* (**swore, sworn**) **1.** przysięgać, oświadczać pod przysięgą **2.** przyjmować przysięgę, zaprzysięgać (*kogoś*)
to ~ **an affidavit** złożyć oświadczenie pod przysięgą
to ~ **allegiance** ⟨**fidelity**⟩ **to sb** przysięgać komuś wierność, złożyć komuś przysięgę wierności
to ~ **an oath** złożyć przysięgę
to ~ **on the Bible** ⟨**Book**⟩ przysięgać na Biblię
to ~ **a witness** zaprzysięgać świadka
sweat[1] *s* zapocenie się (*ładunku w ładowni*)
~ **risk** ryzyko zapocenia się
sweat[2] *v* **1.** (*o ładunku w ładowni*) zapocić się **2.** *przen.* ciężko pracować, harować **3.** *przen.* eksploatować pracę ⟨wyzyskiwać⟩ robotników
sweated *adj* : ~ **goods** towary wytwarzane dzięki wyzyskowi robotników
~ **labour** wyzyskiwana siła robocza
sweating *adj* : ~ **system** system wyzysku
sweat-shop *s* warsztat, w którym pracują wyzyskiwani robotnicy
sweeping *adj* **1.** szeroki, rozległy, mający duży zakres **2.** generalny, gruntowny, radykalny **3.** ogólnikowy
~ **changes** daleko idące zmiany
~ **proposals on disarmament** radykalne propozycje rozbrojeniowe
~ **statement** ogólnikowe stwierdzenie
~ **victory** pełne zwycięstwo
sweepings, swips *spl* zmiotki
swindle[1] *s* oszustwo, krętactwo, *pot.* szwindel
swindle[2] *v* oszukiwać, okpiwać, *pot.* nabierać
to ~ **money out of sb** okraść kogoś z pieniędzy, wyłudzić od kogoś pieniądze
to ~ **sb out of sth** oszukać kogoś na czymś
swindler *s* oszust, krętacz, hochsztapler
swing[1] *s* **1.** ruch wahadłowy, odchylenia **2.** fluktuacja **3.** gwałtowna zmiana koniunktury **4.** dopuszczalne saldo jednej ze stron na rachunku kliringowym
~ **credit** dopuszczalne saldo na rachunku kliringowym

~ **in production** wahania w produkcji

~ **in public opinion** zwrot w opinii publicznej

~s **in business conditions** wahania koniunktury gospodarczej

~s **in demand** wahania popytu

downward ⟨**upward**⟩ ~ tendencja zniżkowa ⟨zwyżkowa⟩ na rynku

in full ~ w pełnym ruchu ⟨toku⟩

swing² *v* (**swung, swung**) **1.** wahać się, ulegać odchyleniom **2.** fluktuować

to ~ **the balance of payment out of deficit** wyprowadzić bilans płatniczy z deficytu

switch¹ *s* **1.** zwrot, zmiana kierunku, odchylenie **2.** gwałtowna zmiana koniunktury rynkowej **3.** transakcja switchowa (*sprzedaż salda kliringowego za gotówkę lub towary z innego kraju*) **4.** likwidacja giełdowej transakcji terminowej przez sprzedaż walorów i równoczesny zakup walorów z późniejszym terminem dostawy

~ **deal** ⟨**transaction**⟩ transakcja switchowa

~ **yard** stacja przetokowa

switch² *v* **1.** zmienić kierunek, przesunąć **2.** likwidować giełdową transakcję terminową przez sprzedaż walorów i równoczesny zakup innych z późniejszym terminem dostawy **3.** wyłączać, przełączać **4.** przetaczać (*wagony*) **5.** *zob.* **switch over**

to ~ **the conversation** zmienić temat rozmowy

switchboard *s* **1.** centrala telefoniczna **2.** tablica rozdzielcza

to call the ~ zadzwonić do centrali telefonicznej

switching *adj* : ~ **charges** opłaty przetokowe

switch over *v* **1.** przełączyć (*telewizor na inny kanał, radio na inną falę*) **2.** *przen.* radykalnie zmienić (*poglądy, przynależność partyjną itp.*)

to ~ **to another wave-length** przerzucić się na inną falę

to ~ **to the opposite party** przejść do przeciwnej partii

sworn *adj* zaprzysiężony, przysięgły

~ **broker** makler przysięgły

~ **checker** liczman zaprzysiężony

~ **evidence** zeznanie złożone pod przysięgą

~ **expert** zaprzysiężony biegły

~ **interpreter** tłumacz przysięgły

~ **sampler** zaprzysiężony próbkobiorca

~ **statement** zaprzysiężone oświadczenie, oświadczenie złożone pod przysięgą

~ **testimony** zaprzysiężone zeznanie

~ **weighter** zaprzysiężony wagowy

~ **witness** zaprzysiężony świadek

syllabus *s* (*pl* **syllabuses, syllabi**) program (*kursu, nauki*)

symbol *s* **1.** symbol, znak **2.** hasło, godło

~ **of value** znak wartości

stock ~ znak ⟨oznaczenie⟩ wypuszczonych akcji

sympathetic *adj* **1.** współczujący **2.** życzliwy, solidaryzujący się

~ **audience** życzliwa widownia

~ **damage** szkoda wyrządzona przez inną szkodę ⟨pochodna, wtórna⟩

~ **surroundings** przyjemne otoczenie

to be ⟨**feel**⟩ ~ **to** ⟨**towards**⟩ **sb** być życzliwym w stosunku do kogoś

sympathy *s* **1.** sympatia **2.** współczucie

~ **strike** strajk solidarnościowy ⟨popierający⟩

to come out in ~ zastrajkować dla okazania solidarności ⟨poparcia⟩

synallagmatic *adj* wzajemnie obowiązujący, dwustronny

~ **contract** wzajemna ⟨dwustronna⟩ umowa

syndic *s* syndyk

syndicalism *s* syndykalizm

syndicate¹ *s* **1.** syndykat **2.** konsorcjum

~ **agreement** porozumienie o zorganizowaniu syndykatu

~ **manager(s)** bank prowadzący sprawy syndykatu

~ **of banks, banking** ~ *a*) konsorcjum bankowe *b*) syndykat bankowy

distributing ~ konsorcjum zorganizowane dla rozprowadzenia (*np. akcji*)

finance ⟨**financial**⟩ ~ konsorcjum finansowe

issue ~ konsorcjum emisyjne

market ~ konsorcjum giełdowe

member of a ~ członek konsorcjum ⟨syndykatu⟩

underwriters ⟨**underwriting**⟩ ~ *a*) konsorcjum ubezpieczeniowe ⟨gwarancyjne⟩ *b*) syndykat w celu emisji akcji ⟨obligacji⟩

to form a ~ utworzyć syndykat ⟨konsorcjum⟩

syndicate² *v* **1.** łączyć w syndykat ⟨konsorcjum⟩ **2.** publikować równocześnie w kilku gazetach należących do jednego syndykatu

syndicated *adj* : ~ **article** artykuł ukazujący się jednocześnie w wielu pismach

syndication *s* tworzenie syndykatu ⟨konsorcjum⟩, syndykalizacja

synthetic *adj* syntetyczny

~ **fibre** włókno syntetyczne

~ **rubber** kauczuk syntetyczny

system *s* **1.** system, metoda **2.** ustrój **3.** sieć, układ

~ **approach** podejście systemowe

~ **of accounting** ⟨**bookkeeping**⟩ system księgowania

~ **of coinage** system monetarny

~ **of collective security** system bezpieczeństwa zbiorowego

~ **of contract deliveries** kontraktacja

~ **of government** ustrój

~ **of marketing** system sprzedaży, organizacja zbytu

~ **of payments** system płatności

~ **of quotas** system kontyngentowy, kontyngentowanie importu

~ **of tariffs** system celny

~ **of taxation** system podatkowy

~ **of teaching** system nauczania

airway ~ sieć linii lotniczych

autonomous ~ system autonomiczny

budgetary ~ system budżetowy

capitalist ~ ustrój kapitalistyczny

credit ~ system kredytowy, organizacja kredytu

currency ~ system pieniężny

decimal ~ system dziesiętny

delivery ~ organizacja dostawy

distributing ~ organizacja dystrybucji

economic ~ ustrój gospodarczy

electoral ~ system wyborczy

legal ~ system prawny

metric ~ system metryczny

monetary ~ system pieniężny

parliamentary ~ system parlamentarny

penitentiary ~ system penitencjarny
quota ~ system kontyngentowania ⟨ustanawiania kwoty, kontyngentu⟩
railway ~ sieć kolejowa
road ~ sieć drogowa
schooling ~ szkolnictwo
social insurance ~ system ubezpieczeń społecznych
socialist ~ ustrój socjalistyczny
social ~ ustrój społeczny
solar ~ system słoneczny
state ~ ustrój państwowy
trusteeship ~ system powierniczy

under this ~ przy tym systemie
unicameral ~ jednoizbowość
wage ~ system płac
systematic *adj* systematyczny, planowy, metodyczny
~ **error** *stat.* błąd systematyczny
~ **sample** *stat.* systematyczna próba
~ **search** metodyczne przeszukanie
to be ~ być systematycznym, pracować metodycznie
systematically *adv* systematycznie, metodycznie
to work ~ pracować metodycznie
systematization *s* systematyzacja
systematize *v* systematyzować

T

tab *s* **1.** klapka, fiszka, uchwyt (*kartki kartotekowej*) **2.** przywieszka, etykieta (*towaru*) **3.** *pot.* rachunek **4.** opłata za usługi
to keep a ~ **on daily sales** obliczać utarg dzienny
to keep a ~ ⟨~ **s**⟩ **on sth** prowadzić rachunek czegoś, pilnować wydatków na coś
to pick up the ~ brać opłatę za usługi
table[1] *s* **1.** stół **2.** tablica **3.** spis, wykaz
~ **of charges** taryfa opłat
~ **of contents** spis treści
~ **of depreciation rates** tablice amortyzacyjne ⟨odpisów amortyzacyjnych⟩
~ **of exchanges** ⟨**exchange rates**⟩ tabela kursów ⟨kursowa⟩
~ **of interest** tablica procentów ⟨odsetek⟩
~ **of par values** tabela parytetów przeliczeniowych
~ **of postage** tabela opłat pocztowych
~ **of rates** taryfa
~ **of weights and measures** tablica wag i miar
alphabetical ~ spis alfabetyczny
arrangement of the ~ układ tablicy
comparative ~ tabela porównawcza
conversion ~ tabela przeliczeniowa
interest ~ tabela odsetek
life ⟨**mortality**⟩ ~ *stat.* tablica wymieralności, tabela umieralności
multiplication ~ tabliczka mnożenia
on the ~ a) *bryt. parl.* rozpatrywany przez komisję b) *am.* do późniejszego rozpatrzenia
parity ~ tabela przeliczeniowa kursów podstawowych
redemption ~ plan amortyzacyjny
statistical ~ tabela statystyczna
summary ⟨**recapitulative**⟩ ~ tablica zbiorcza
the ten ~**s** dziesięcioro przykazań
time ~ rozkład jazdy
to compile a ~ zestawić tablicę
table[2] *v* **1.** układać w formie tabeli **2.** poddawać pod dyskusję, przekładać do rozpatrzenia **3.** *am.* odkładać do późniejszego rozpatrzenia
to ~ **a bill** wnieść projekt ustawy (*do rozpatrzenia*)
to ~ **the data** zestawić dane w formie tablicy

to ~ **a motion** postawić ⟨złożyć⟩ wniosek
tablet *s* **1.** tabliczka **2.** tablica pamiątkowa **3.** tabletka
tabloid *s* **1.** tabletka **2.** ilustrowana gazeta, ilustrowane pismo
~ **press** ilustrowana prasa (*zawierająca niewiele wiadomości*)
tabular *adj* tabelaryczny, w formie tablic
~ **bookkeeping** amerykańska buchalteria
~ **data** dane w układzie tabelarycznym
statistics in ~ **form** statystyka ujęta w formie tablic
tabulate *v* **1.** układać w formie tabeli, ujmować tabelarycznie **2.** wciągać do spisu ⟨katalogu⟩
to ~ **the data** zestawić dane w formie tabeli
tabulation *s* tabulacja, zestawienie w formie tabeli
tabulator *s* tabulator
digital ~ tabulator numeryczny
tacit *adj* cichy, milczący, nie wypowiedziany, dorozumiany
~ **acceptance** milczące przyjęcie
~ **agreement** dorozumiane ⟨ciche⟩ porozumienie
~ **approval** milczące uznanie
~ **consent** milcząca zgoda
~ **extension** milcząca ⟨automatyczna⟩ prolongata
~ **law** prawo zwyczajowe
~ **renewal** milcząca odnowa (*np. kontraktu*)
~ **understanding** milcząca zgoda, milczące porozumienie
tacitly *adv* milcząco
expressly or ~ wyraźnie lub milcząco
to consent ~ zgodzić się milcząco
to extend the contract ~ przedłużyć milcząco umowę ⟨ważność umowy⟩
tack *s szkoc.* umowa dzierżawy
~ **duty** *szkoc.* zapłata za dzierżawę
tacking *s* **1.** dodatkowy dług hipoteczny z prawem pierwszeństwa **2.** dołączenie do projektu ustawy klauzuli w celu zapewnienia uchwalenia tego projektu
tackle[1] *s* **1.** (o)sprzęt, oprzyrządowanie **2.** dźwig statku, urządzenie przeładunkowe

tackle[2] *v* **1.** chwycić, zatrzymać **2.** przystąpić, zabrać się (**sth** do czegoś)
to ~ **a problem** poruszyć problem, przystąpić do rozwiązania problemu
to ~ **a thief** zatrzymać złodzieja
tag[1] *s* **1.** przywieszka, metka **2.** przywieszka z nazwiskiem
name ~ przywieszka z nazwiskiem
price ~ przywieszka z ceną, metka
tag[2] *v* **1.** zaopatrywać w przywieszkę ⟨metkę⟩ **2.** wiązać, przywiązywać
to ~ **trunks** zaopatrywać walizki w przywieszki
tail *s* ograniczone prawo własności (*na skutek ograniczenia dziedziczenia do wyznaczonych spadkobierców*), fideikomis
~ **female** ⟨**male**⟩ majątek, który może być dziedziczony tylko w linii żeńskiej ⟨męskiej⟩
estate in ~ fideikomis
heir in ~ spadkobierca ustanowiony
tailings *spl* odpadki, odsiew
taint[1] *s* **1.** skaza **2.** plama **3.** obciążenie dziedziczne
damage by ~ szkoda wskutek poplamienia
hereditary ~ obciążenie dziedziczne
taint[2] *v* **1.** skazić **2.** zepsuć (się)
to ~ **sb's reputation** zepsuć komuś opinię
tainted *adj* : ~ **goods** towary bojkotowane przez członków związku zawodowego (*wytworzone przez nie należących do związku*)
~ **money** *przen.* brudne pieniądze
take[1] *s* **1.** wpływ (*kasowy*) **2.** dochód, przychód **3.** połów **4.** łup (*złodzieja*)
take[2] *v* (**took, taken**) **1.** brać, zabierać **2.** otrzymywać, dostawać **3.** potrzebować, wymagać (*np. czasu*) **4.** uważać, rozumieć **5.** zatrzymywać, aresztować **6.** składać (*np. przysięgę, śluby*) **7.** nabywać tytuł prawny **8.** *zob.* **take away, back, down, for, from, in, off, on, out, over, up, upon oneself**
to ~ **aboard** przyjmować na statek
to ~ **account** brać pod uwagę (**of sth** coś), liczyć się (**of sth** z czymś)
to ~ **action** działać, podejmować działanie
to ~ **an active part in...** brać czynny udział w ...
to ~ **advantage** wykorzystać, skorzystać (**of sth** z czegoś)
to ~ **advice** zasięgać rady ⟨porady⟩
to ~ **affidavit** składać pisemne oświadczenie pod przysięgą
to ~ **along** zabierać ze sobą
to ~ **appeal** wnosić apelację
to ~ **attitude** ⟨**stand**⟩ zająć stanowisko
to ~ **ballot** poddać pod głosowanie
to ~ **berth on the vessel** rezerwować miejsce na statku
to ~ **bills on discount** przyjmować weksle do dyskonta
to ~ **brief** przyjmować na siebie prowadzenie sprawy, podjąć się prowadzenia sprawy
to ~ **by descent** nabyć (*tytuł prawny*) w drodze dziedziczenia
to ~ **by purchase** nabyć w drodze kupna
to ~ **care** *a)* być ostrożnym, uważać *b)* troszczyć się ⟨dbać⟩ (**of sth** o coś), mieć pieczę ⟨nadzór⟩ (**of sth** nad czymś)
to ~ **cargo** brać ładunek (*na statek*)
to ~ **chair** *a)* otwierać posiedzenie *b)* przewodniczyć zebraniu

to ~ **one's chance** *a)* zdać się na los *b)* próbować szczęścia, skorzystać z okazji, zaryzykować
to ~ **charge** *a)* objąć kierownictwo (**of sth** czegoś) *b)* przyjąć odpowiedzialność (**of sth** za coś), wziąć pod opiekę ⟨nadzór⟩
to ~ **cognizance** (**of sth**) zapoznać się (z czymś), przyjąć (coś) do wiadomości
to ~ **a copy** sporządzić odpis, skopiować
to ~ **counsel's opinion** zasięgnąć opinii radcy prawnego ⟨porady prawnej⟩
to ~ **cover** schronić się
to ~ **criminal proceedings** wszcząć postępowanie karne
to ~ **custody of sth** wziąć coś pod opiekę, objąć pieczę nad czymś
to ~ **a definite stand** zająć określone stanowisko
to ~ **delivery** przyjąć dostawę (**of sth** czegoś)
to ~ **effect** *a)* odnosić skutek, działać *b)* wejść w życie
to ~ **evidence** przeprowadzić dowód
to ~ **an examination** *a)* złożyć egzamin *b)* poddać się egzaminowi
to ~ **exception to sth** sprzeciwiać się czemuś
to ~ **a flier** brać udział w grze na giełdzie
to ~ **the floor** zabrać głos
to ~ **for the call** sprzedać
to ~ **for the put** kupić
to ~ **goods on sale** brać towary w komis ⟨do komisowej sprzedaży⟩
to ~ **hold** *a)* uchwycić (**of sth** coś) *b)* zawładnąć (**of sth** czymś), mieć kontrolę (**of sth** nad czymś)
to ~ **hostages** brać zakładników
to ~ **in advance** pobrać z góry
to ~ **information** zasięgać informacji
to ~ **in hire** wziąć w najem
to ~ **the initiative** podjąć ⟨przejąć⟩ inicjatywę
to ~ **in pledge** wziąć w zastaw
to ~ **an interest** zainteresować się (**in sth** czymś)
to ~ **into account** ⟨**consideration**⟩ brać pod uwagę ⟨rozwagę⟩, uwzględniać
to ~ **in tow** wziąć na hol
to ~ **inventory** inwentaryzować
to ~ **a lease on sth** wydzierżawić coś
to ~ **legal steps** podjąć kroki prawne, wystąpić do sądu
to ~ **the liberty to do sth** *koresp.* pozwolić sobie na zrobienie czegoś
to ~ **life** pozbawić życia
to ~ **a loan** wziąć pożyczkę
to ~ **the measurement** pomierzyć, wymierzyć
to ~ **measures** podejmować kroki
to ~ **the minutes** prowadzić ⟨sporządzać⟩ protokół, protokołować
to ~ **a mortgage on a property** obciążyć nieruchomość hipoteką
to ~ **sb's name and address** zanotować czyjeś nazwisko i adres
to ~ **no part in a vote** nie brać udziału w głosowaniu
to ~ **notes** notować, robić notatki
to ~ **notice** *a)* przyjąć do wiadomości, dowiedzieć się (**of sth** o czymś) *b)* spostrzec, zauważyć (**of sth** coś)
to ~ **an oath** złożyć przysięgę
to ~ **an offence at sth** obrazić się o coś, poczuć się czymś dotkniętym
to ~ **on commission (basis)** brać w komis

to ~ **on credit** brać na kredyt
to ~ **on lease** brać w dzierżawę, wydzierżawiać
to ~ **an opinion** zasięgnąć opinii
to ~ **an opportunity** skorzystać z okazji
to ~ **an order** przyjąć zamówienie
to ~ **orders** przyjąć święcenia (*kapłańskie*)
to ~ **pains** zadać sobie trud, postarać się
to ~ **part** brać udział (**in sth** w czymś)
to ~ **a partner** przyjąć wspólnika
to ~ **place** mieć miejsce
to ~ **the poll** oddawać głos, głosować
to ~ **possession** wziąć (objąć) w posiadanie
to ~ **precautions** podjąć środki zabezpieczające
to ~ **premises** wynająć lokal (pomieszczenie)
to ~ **a prize** wziąć nagrodę
to ~ **proceedings against sb** wnieść proces przeciwko komuś
to ~ **recourse** wystąpić z roszczeniem regresowym (**upon sb** przeciwko komuś)
to ~ **refuge** uciec
to ~ **a risk** ryzykować, wziąć na siebie ryzyko
to ~ **a route** wybrać drogę, ustalić marszrutę
to ~ **samples** pobierać próbki
to ~ **sb prisoner** schwytać (uwięzić) kogoś
to ~ **sea** wychodzić w morze
to ~ **silk** *bryt.* zostać radcą królewskim, *przen.* założyć jedwabną togę (*strój* **Queen's Council**)
to ~ **steps** poczynić kroki, przedsięwziąć środki
to ~ **stock** sporządzić inwentarz
to ~ **the tare** obliczyć tarę
to ~ **testimony** odbierać zeznania
to ~ **time** zabierać czas, (*o czynności*) wymagać czasu
to ~ **one's time** nie spieszyć się
to ~ **to the air** wzbijać się w powietrze
to ~ **to business** zabrać się do interesów, otworzyć firmę
to ~ **to court** wnieść do sądu
to ~ **to destination** dostarczyć do miejsca przeznaczenia
to ~ **to freight** frachtować
to ~ **trouble** zadać sobie trud (kłopot)
to ~ **verdict** powziąć (uzgodnić) werdykt
~ **care** (*napis ostrzegawczy*) ostrożnie
open to ~ gotowe do zabrania (odbioru)
take-away *adj*: ~ **meal** posiłek do zabrania ze sobą (*pot.* na wynos)
~ **shop** garmażeria, sklep sprzedający posiłki do zabrania ze sobą
take away *v* zabierać (**sth from sb** coś komuś)
take back *v* 1. odbierać 2. zanosić z powrotem (**sth to sb** coś komuś)
take down *v* 1. zapisywać, notować 2. obniżać 3. burzyć
to ~ **an address** zapisać adres
to ~ **in shorthand** zastenografować, zapisać w postaci stenogramu
to ~ **in writing** sporządzić na piśmie
to ~ **a machine** zdemontować maszynę
to ~ **notes** robić notatki
take for *v* uważać (za), traktować
to **take sth for granted** uważać coś za rzecz niewątpliwą (naturalną)
take from *v* umniejszać, potrącać
to ~ **the value of sth** obniżać wartość czegoś
take-home *adj*: ~ **pay** *pot.* płaca netto

take-in *s* oszukiwanie, nabieranie, naciąganie
take in *v* 1. przyjmować, brać 2. zawierać, obejmować, mieścić 3. prenumerować 4. oszukiwać, *pot.* nabierać
to ~ **bunkers** bunkrować, brać paliwo (*na statek*)
to ~ **cargo** brać ładunek (*na statek*)
to ~ **a customer** oszukać klienta
to ~ **extra work** podejmować dodatkowe prace
to ~ **guests** (**lodgers**) przyjmować gości (lokatorów)
to ~ **a newspaper** prenumerować gazetę
to ~ **petrol** zatankować benzynę
to ~ **a supply** zrobić zapas
to ~ **typewriting** przyjmować przepisywanie na maszynie
take-off *s* 1. start 2. początek, punkt wyjścia 3. zniżka 4. komisowe
take off *v* 1. zabierać 2. potrącać, odliczać, odejmować 3. kasować, skreślać, usuwać 4. startować, odlatywać
to ~ **an embargo** znieść embargo
to ~ **the leads** zdjąć plomby
to ~ **the price of sth** obniżyć cenę czegoś
take on *v* 1. przyjmować, podejmować 2. angażować, zatrudniać 3. brać na pokład
to ~ **passengers** przyjąć pasażerów (*na pokład*)
to ~ **responsibilities** przyjąć odpowiedzialność
to ~ **work** podejmować się pracy
to ~ **workers** przyjmować pracowników
take out *v* 1. wyjmować, wyciągać 2. wydostawać, odbierać, uzyskiwać
to ~ **an insurance policy** uzyskać polisę ubezpieczeniową, zawierać umowę ubezpieczenia
to ~ **a licence** otrzymać (uzyskać) licencję
to ~ **of bond** uzyskać zwolnienie (*towaru*) spod zamknięcia celnego
to ~ **of circulation** wycofać z obiegu
to ~ **of pledge** wykupić zastaw
to ~ **of store** odebrać z magazynu
to ~ **a patent for an invention** uzyskać patent na wynalazek
take over *v* 1. przejmować, obejmować 2. przewozić, odwozić
to ~ **the assets and liabilities** przejmować aktywa i pasywa
to ~ **the business of sb** przejmować czyjąś firmę
to ~ **the government** obejmować rządy
to ~ **an issue** przejąć emisję
to ~ **the liabilities** przejąć długi (należności)
to ~ **the management** przejmować kierownictwo (**of sth** czegoś)
to ~ **an office** obejmować urząd
to ~ **the power** obejmować władzę
to ~ **the receipts and expenditures** objąć kontrolę nad dochodami i wydatkami
taker *s* 1. nabywca, odbiorca, kupujący 2. osoba przyjmująca (biorąca) 3. akceptant, przyjemca (*weksla*)
~ **of the bill** (**draft**) akceptant weksla
census ~ rachmistrz spisowy
take up *v* 1. spłacać, honorować 2. podnosić 3. przyjmować 4. obejmować 5. kontynuować, podejmować (*np. sprawę*) 6. zabierać, zajmować
to ~ **agency** objąć przedstawicielstwo
to ~ **a bet** przyjąć zakład

to ~ **a bill** wykupić weksel, akceptować ⟨honorować⟩ weksel

to ~ **one's duties again** powrócić do swoich obowiązków

to ~ **a loan on securities** uzyskać kredyt pod zastaw walorów

to ~ **an option** zabezpieczyć transakcję premiową ⟨opcyjną⟩

to ~ **passengers** przyjmować pasażerów (*na statek itp.*)

to ~ **a profession** obrać zawód

to ~ **shares** *a*) zapisać się na akcje *b*) wziąć na siebie rozprowadzenie akcji

take upon oneself *v* brać na siebie, podejmować się

takings *spl* wpływy kasowe, dochód

day's ~ wpływy dzienne

falling off in ~ spadek dochodów

Tale Quale Clause *s* klauzula, na mocy której sprzedający nie odpowiada za jakość towaru po odbytej podróży, jeśli stwierdzono dobrą jakość towaru w chwili załadunku na statek

talion *s* odwet

law of ~ *hist.* prawo odwetu

talk[1] *s* 1. rozmowa 2. dyskusja

informal ~s rozmowy nieformalne

peace ~s rozmowy pokojowe

private ~s rozmowy prywatne

summit ~s rozmowy na szczycie

trade ~s rozmowy handlowe

~ **was held** ⟨**conducted**⟩ **in an atmosphere of** ... rozmowa toczyła się w atmosferze...

talk[2] *v* 1. mówić 2. rozmawiać (**to** ⟨**with**⟩ **sb about** ⟨**of**⟩ **sth** z kimś o czymś)

to ~ **business** rozmawiać o interesach

to ~ **a foreign language** mówić w obcym języku

to ~ **politics** mówić o polityce

talk over *v* omówić, przedyskutować

to ~ **the matter** przedyskutować kwestię

tallied *pp adj*: ~ **goods** przeliczony towar

tallier, tallyman *s* kontroler ilości ładunku, liczman

tally[1] *s* 1. liczenie, przeliczanie, kontrola ilościowa (*towaru*) 2. zestawienie ilości sztuk (*przy kontroli ilościowej*) 3. jednostka obliczeniowa przy liczeniu (*tuziny, setki itp.*) 4. przywieszka, etykietka, znak identyfikacyjny 5. odpowiednik, duplikat

~ **card** ⟨**sheet**⟩ karta kontrolna liczenia ładunku

~ **clerk** ⟨**keeper**⟩ kontroler ilościowy (*ładunku*), liczman

~ **note** atest stwierdzający ilość sztuk ⟨liczenie⟩

~ **system** system sprzedaży ratalnej

~ **trade** handel ratalny

to keep ~ kontrolować liczenie

to keep ~ **of names on a list** odkreślać ⟨odfajkowywać⟩ nazwiska na liście

tally[2] *v* 1. przeliczać, sprawdzać 2. zestawiać, uzgadniać (**with sth** z czymś) 3. zgadzać się (**with sth** z czymś) 4. zaznaczać, odfajkowywać (*na liście, wykazie*) 5. zaopatrywać (*przeliczone sztuki*) w znaki identyfikacyjne

the amounts do not ~ sumy ⟨ilości⟩ nie zgadzają się

tallybook *s* książka kontroli ilościowej (*ładunku*)

tallyman *s* (*pl* **tallymen**) kupiec sprzedający towar na raty ⟨kredyt⟩

tallysheet *s* karta kontrolna liczenia ładunku

tally-shop *s* sklep, w którym sprzedaje się towar na raty ⟨kredyt⟩

talon *s* talon (*w kwitariuszu itp.*)

tamper *v* 1. manipulować 2. dokonywać machinacji, *pot.* kombinować 3. przekupywać (**with sb** kogoś)

to ~ **with the accounts** dokonywać manipulacji na kontach

to ~ **with a document** fałszować dokument

to ~ **with packages** wykradać zawartość paczek

to ~ **with a register** fałszować rejestr

to ~ **with a witness** przekupywać ⟨wpływać na⟩ świadka

tampering *s* : ~ **with** ⟨**of**⟩ **witnesses** wpływanie na świadków

tangible *adj* 1. namacalny, dotykalny, konkretny 2. istotny, rzeczywisty, faktyczny

~ **advantage** konkretna korzyść

~ **assets** aktywa materialne ⟨faktyczne, rzeczywiste⟩

~ **personalty** materialny majątek osobisty ⟨odrębny⟩

~ **property** dobra materialne

~ **results** konkretne rezultaty

~ **thing** przedmiot materialny

non ~ **assets** aktywa niematerialne (*np. wartość firmy, patenty*)

tank[1] *s* 1. zbiornik, cysterna 2. czołg

~ **capacity** pojemność zbiornika

~ **ship** ⟨**vessel**⟩ zbiornikowiec, tankowiec, statek cysterna

ballast ~ zbiornik balastowy (*statku*)

cargo in ~s ładunek w cysternach ⟨luzem⟩

ex ~ franko cysterna

fuel ~ zbiornik paliwa

oil ~ **ship** ropowiec, zbiornikowiec do przewozu ropy naftowej

rail ~ **car** cysterna kolejowa

ship's ⟨**vessel's**⟩ ~s zbiorniki statku

spare ⟨**storage**⟩ ~ zbiornik zapasowy

tank[2] *v* 1. tankować, napełniać zbiornik ⟨cysternę⟩ 2. gromadzić ⟨trzymać, przechowywać⟩ w zbiorniku

tankage *s* 1. pojemność zbiornika ⟨cysterny⟩ 2. tankowanie, napełnianie zbiorników 3. opłata za przechowanie w zbiornikach 4. osad ⟨zanieczyszczenie⟩ zbiornika

tanker *s* zbiornikowiec, tankowiec, statek cysterna

~ **fleet** flota tankowców ⟨zbiornikowców⟩

oil ~ ropowiec, zbiornikowiec do przewozu ropy naftowej

petrol ~ zbiornikowiec do przewozu benzyny

tankship *s* zbiornikowiec, tankowiec

tantamount *adj* równoznaczny (**to sth** z czymś), ekwiwalentny

it is ~ **to treachery** to jest równoznaczne ze zdradą

tap[1] *s* 1. kurek, kran 2. szpunt, czop

tap[2] *v* 1. odszpuntować (*beczkę*) 2. wypuszczać płyn (*z beczki*) 3. dostać się (**sth** do czegoś) 4. zwracać się (**sb for sth** do kogoś o coś) 5. podsłuchiwać, podłączać się 6. wydobywać, wyciągać

to ~ **a line** podłączyć się do linii

to ~ **a market** zdobyć rynek

to ~ **sb for information** wydobywać od kogoś informacje

to ~ **sb for money** wyciągać od kogoś pieniądze

to ~ **a telephone wire** podsłuchiwać rozmowy telefoniczne

tape[1] *s* **1.** taśma **2.** sznurek **3.** pasek telegraficzny
~ **abbreviations** skróty terminów giełdowych podawane w telegramach
~ **machine** dalekopis
~ **measure** ⟨**line**⟩ taśma miernicza
~ **prices** ⟨**quotations**⟩ kursy ⟨notowania⟩ giełdowe
~ **recorder** magnetofon
~ **recording** nagrywanie na taśmę magnetofonową
adhesive ~ przylepiec
insulative ~ taśma izolacyjna
magnetic ~ taśma magnetyczna
perforated ⟨**punched**⟩ ~ taśma dziurkowana ⟨perforowana⟩
recording ~ taśma magnetofonowa
red ~ *przen.* biurokracja, formalistyka
ticker ~ taśma dalekopisowa
video ~ taśma wideomagnetofonu ⟨magnetowidu, wideo⟩
tape[2] *v* **1.** zawiązywać taśmą ⟨sznurkiem⟩ **2.** oklejać gumową taśmą **3.** mierzyć taśmą mierniczą
taper *v* (*także* ~ **away** ⟨**down, off**⟩) **1.** zwężać się **2.** zmniejszać się
tapering *s*: ~ **of rates** degresja stawek (*np. frachtowych w miarę wzrostu odległości*)
taping *s*: ~ **and sealing** obwiązanie i opieczętowanie (*cennych przesyłek*)
tardy *adj* **1.** powolny **2.** opóźniający się **3.** opieszały, niechętny
~ **arrival** opóźnione przybycie
~ **debtor** oporny dłużnik
~ **payer** opieszały płatnik
to **make a** ~ **appearance** przybyć z opóźnieniem
tare[1] *s* tara, waga opakowania
~ **allowance, allowance for** ~ potrącenie ⟨odliczenie, bonifikata⟩ na tarę
~ **carriage** przewóz opakowania
~ **weight** waga tary ⟨opakowania⟩
actual ~ tara rzeczywista
average ~ tara przeciętna (*dla całej partii towaru ustalana po przeważeniu kilku opakowań*)
computed ⟨**estimated**⟩ ~ tara szacunkowa
customary ~ tara zwyczajowa
customs ⟨**custom-house**⟩ ~ tara celna (*stosowana dla ustalenia wagi towaru netto*)
estimated ~ tara szacunkowa
extra ⟨**super**⟩ ~ tara dodatkowa, nadtara
invoice ~ tara fakturowa
legal ~ tara prawna (*określona przepisami*)
less ~ po potrąceniu tary
note of ~ specyfikacja tary
original ~ tara ustalona przez sprzedawcę przy wysyłce towaru
percentage ~ tara procentowa
real ~ tara rzeczywista
schedule ~ *am.* tara celna
usual ⟨**uso**⟩ ~ tara zwyczajowa
to **allow** ⟨**ascertain**⟩ **for the** ~ odliczyć ⟨potrącić, zbonifikować⟩ tarę
to **ascertain the** ~ ustalić tarę
tare[2] *v* **1.** tarować **2.** stosować obniżkę na tarę
tared *adj*: ~ **goods** wytarowane towary
target *s* **1.** cel; obiekt **2.** zadanie **3.** zamierzona liczba
~ **figure** zaplanowana ⟨zamierzona⟩ cyfra ⟨liczba⟩

to **be the** ~ **of** ⟨**for**⟩ **a claim** być przedmiotem reklamacji
to **hit** ⟨**realize**⟩ **the** ~ osiągnąć cel, wypełnić zadanie

tariff[1] *s* **1.** taryfa, stawka taryfowa **2.** taryfa celna **3.** opłata celna, cło
~ **agreement** umowa celna, układ taryfowy ⟨celny⟩
~ **amendment** zmiana taryfy
~ **barrier** bariera celna
~ **charges** opłaty taryfowe
~ **concession** ulga celna ⟨taryfowa⟩
~ **conference** konferencja celna ⟨taryfowa⟩
~ **cutting** obniżka ceł
~ **for tare carriage** taryfa dla przewozu opakowań
~ **goods** towary podlegające ocleniu
~ **increase** podwyżka ceł
~ **in force** obowiązująca taryfa
~ **item** pozycja taryfy
~ **law** ⟨**legislation**⟩ prawo celne, przepisy celne
~ **of charges** ⟨**fees**⟩ taryfa opłat
~ **policy** polityka celna ⟨taryfowa⟩
~ **protection** ochrona celna
~ **quota** kontyngent celny
~ **rates** stawki celne ⟨taryfowe, taryfy celnej⟩
~ **reduction** *a*) obniżka taryfy *b*) ulga celna
~ **reform** *a*) reforma taryf *b*) wprowadzenie ceł ochronnych
~ **schedule** grupa taryfowa
~ **system** system taryfowy
~ **treaty** układ ⟨traktat⟩ celny
~ **union** unia celna
~ **value** wartość podlegająca ocleniu
~ **walls** bariery celne
~ **war** wojna celna
according to ~ zgodnie z taryfą
ad valorem ~ cło od wartości ⟨wartościowe⟩
agricultural ~ cło agrarne ⟨na produkty rolne⟩
as per ~ według taryfy
autonomous ~ cło autonomiczne, autonomiczna taryfa celna
bargaining ~ negocjacyjna taryfa celna
bilinear ~ podwójna taryfa celna
collection ~ taryfa opłat za inkaso
common external ~ taryfa stosowana przez grupę krajów w stosunku do krajów trzecich
compensatory ~ wyrównawcza taryfa celna
compound ⟨**double, mixed**⟩ ~ cła mieszane, taryfa celna mieszana (*cła od wartości i cła specyficzne*)
contractual ⟨**conventional**⟩ ~ konwencyjna taryfa celna
countervailing ~ taryfa ceł wyrównawczych
customs ~ taryfa celna
differential ~ taryfa celna dyferencyjna, cła dyferencyjne
discriminating ~ taryfa ceł dyskryminacyjnych, cła dyskryminacyjne
distance ~ taryfa przewozowa odległościowa
educational ~ taryfa celna wychowawcza (*ochraniająca nowe gałęzie gospodarki*)
export ~ taryfa celna wywozowa, cła wywozowe
flexible ~ ruchoma taryfa celna
foreign ~ taryfa celna zagraniczna
freight ~ taryfa frachtowa
general ~ generalna ⟨jednolita⟩ taryfa celna (*niezależna od kraju pochodzenia towaru*)
goods ~ taryfa przewozowa kolejowa

graded ~ klasowa taryfa celna
graduated ~ stopniowana taryfa celna
harbour ~ taryfa opłat portowych
harmonization of ~s zharmonizowanie taryf celnych
import ~ taryfa celna przywozowa, cła przywozowe
insurance ~ taryfa ubezpieczeniowa
mail ⟨postal⟩ ~ taryfa opłat pocztowych
maximum and minimum ~ taryfa celna ustalająca maksymalne i minimalne stawki
most-favoured-nation ~ taryfa celna największego uprzywilejowania
multilinear ⟨multiple⟩ ~ wieloklasowa taryfa celna
passenger ~ taryfa pasażerska
penalty ⟨retaliation, retaliatory⟩ ~ taryfa celna odwetowa ⟨retorsyjna⟩, cła odwetowe ⟨retorsyjne⟩
preferential ~ preferencyjna taryfa celna, cła preferencyjne
prohibitive ⟨protection, protective⟩ ~ ochronna taryfa celna, cła ochronne ⟨protekcyjne⟩
rail ⟨railway⟩ ~ taryfa kolejowa
reduced ~ taryfa obniżona ⟨ulgowa⟩
restricted-hours ~ ulgowa taryfa opłat za elektryczność (*poza godzinami szczytu*)
revenue ~ cła fiskalne
rise ⟨rising⟩ of ~ podwyższenie taryfy
seasonal ~ sezonowa taryfa opłat za elektryczność (*zależna od pory roku*)
single ⟨single-line, single-scheduled⟩ ~ generalna taryfa celna
sliding-scale ~ ruchoma taryfa celna (*zależna od cen towarów importowanych*)
space ~ taryfa przewozowa przestrzenna (*za miejsce zajęte przez ładunek*)
specific ~ taryfa ceł specyficznych, cła specyficzne (*od jednostki miary*)
statutory ~ ustawowa taryfa celna
time ~ taryfa przewozowa czasowa (*za czas korzystania z transportu*)
transit ~ cła tranzytowe
uniform ~ jednolita taryfa celna
unilinear ~ generalna taryfa celna
to lower a ~ obniżyć taryfę
to raise a ~ podwyższyć taryfę
tariff² v taryfikować
to ~ goods taryfikować towary
tariffication s taryfikacja
tarpaulin s płótno nieprzemakalne, brezent, plandeka
task¹ s 1. zadanie, przedsięwzięcie 2. *am.* norma pracy
~ **force** grupa interwencyjna
~ **group** grupa robocza
~ **wage(s)** płaca akordowa
~ **work** praca na akord
the achievement of a ~ wypełnianie ⟨wykonanie⟩ zadania
onerous ~ ciężkie zadanie
to be equal to ⟨cope with⟩ the ~ sprostać zadaniu
to carry out ⟨perform⟩ one's ~ wypełnić ⟨wykonać⟩ zadanie
to set oneself a ~ postawić sobie zadanie
task² v wyznaczyć zadanie (*do wykonania*)
to ~ the workers wyznaczyć zadania pracownikom

taskmaster s 1. osoba wyznaczająca zadania 2. szef, nadzorca
taste¹ s 1. smak 2. gust 3. upodobanie, zamiłowanie (**for sth** do czegoś)
~ **s of the market** upodobania nabywców
in bad ⟨good⟩ ~ w złym ⟨dobrym⟩ guście
a matter of ~ rzecz gustu
a person of ~ osoba mająca dobry gust
taste² v 1. kosztować (*czegoś*), próbować 2. smakować 3. przeprowadzać próbę organoleptyczną (*artykułów spożywczych*)
taster s 1. degustator, kiper 2. *hist.* służący próbujący potraw przed ich podaniem
tea ~ degustator herbaty
tasting adj: ~ **order** polecenie dokonania degustacji
~ **sample** próba organoleptyczna
tawdry adj niegustowny, tandetny
tax¹ s 1. podatek 2. opłata
~ **abatement** obniżenie ⟨zmniejszenie⟩ podatku
~ **act ⟨bill⟩** ustawa podatkowa
~ **allowance** ulga podatkowa
~ **amount** kwota podatku
~ **arrears** zaległości podatkowe
~ **assessment** wymiar podatku
~ **authority** władza podatkowa
~ **avoidance** uchylanie się od podatków
~ **basis ⟨base⟩** podstawa wymiaru podatku
~ **bearer** podatnik
~ **benefit** przywilej podatkowy
~ **board** urząd podatkowy
~ **bracket** klasa ⟨grupa⟩ podatkowa
~ **burden** obciążenie podatkowe, ucisk podatkowy
~ **claim** roszczenie podatkowe
~ **collection** ściąganie podatków
~ **collector** poborca podatkowy
~ **concession** obniżenie podatku
~ **cut** ogólna obniżka podatków
~ **deducted** po potrąceniu podatku
~ **deducted at source** podatek potrącany u źródła (*przez pracodawcę*)
~ **deduction** potrącenie podatku (*przy wypłacie uposażenia*)
~ **dodging** pot. = ~ **evasion**
~ **due** podatek przypadający do zapłaty, należność podatkowa
~ **evaluation** oszacowanie dla wymiaru podatku
~ **evasion** uchylanie się od płacenia podatku, omijanie przepisów podatkowych
~ **exemption** zwolnienie od podatku
~ **free** wolny od podatku
~ **form** formularz podatkowy
~ **fraud** oszustwo podatkowe
~ **heaven** przen. raj fiskalny, miejsce, w którym (prawie) nie obowiązuje płacenie podatków
~ **increase** wzrost podatku
~ **in kind** podatek w naturze
~ **instalment** rata podatku ⟨podatku⟩
~ **landholder** dzierżawca opłacający podatki
~ **law** prawo podatkowe
~ **legislation** ustawodawstwo podatkowe
~ **matters** sprawy podatkowe
~ **office** urząd skarbowy ⟨finansowy⟩
~ **on articles of consumption** podatek konsumpcyjny ⟨od artykułów spożycia⟩
~ **on buildings** podatek od budynków ⟨terenów zabudowanych⟩

~ **on business receipts** *am.* podatek obrotowy
~ **on capital** podatek od kapitału ⟨majątkowy⟩
~ **on commodities and services** podatek konsumpcyjny
~ **on exchange dealings** podatek od transakcji giełdowych
~ **on export** ⟨**exportation**⟩ opłata eksportowa, cło eksportowe
~ **on income** podatek dochodowy
~ **on increment value** podatek od przyrostu wartości majątku
~ **on investments** podatek od papierów wartościowych
~ **on land** podatek od nieruchomości
~ **on profits** podatek od zysków
~ **on property** podatek majątkowy
~ **on real estate (property)** podatek od nieruchomości
~ **on rents** podatek od czynszów najmu
~ **on revenue** podatek dochodowy
~ **on sales** podatek obrotowy
~ **on stock-exchange transactions** podatek od transakcji giełdowych
~ **on trade** podatek od działalności handlowej i przemysłowej
~ **on transfer of real estate property** podatek od przeniesienia tytułu własności nieruchomości
~ **on transfer of stocks and bonds** podatek od przelewu papierów wartościowych
~ **payer** podatnik, płatnik podatku
~ **period** okres podatkowy
~ **policy** polityka podatkowa
~ **preference** przywilej podatkowy
~ **proceeds** wpływy z podatków ⟨podatkowe⟩
~ **progression** progresja podatkowa
~ **rate** stawka ⟨stopa⟩ podatkowa
~ **receipts** ⟨**revenue**⟩ wpływy podatkowe, dochód z podatków
~ **refund** refundacja podatku
~ **regulations** przepisy podatkowe
~ **reimbursement** zwrot nadpłaconego podatku
~ **relief** ulga podatkowa, obniżka ⟨obniżenie⟩ podatku
~ **remission** *a)* zwrot nadpłaconego podatku *b)* umorzenie podatku
~ **respite** odroczenie płatności podatku
~ **return** deklaracja podatkowa, zeznania podatkowe
~ **revenues** wpływy z podatków
~ **roll** księga podatkowa, rejestr podatkowy
~ **rules** prawo podatkowe
~ **schedule** tabela ⟨skala⟩ podatkowa
~ **screw** śruba podatkowa
~ **selling** *am.* sprzedaż ze stratą (*np. papierów wartościowych*) w celu zmniejszenia podstawy wymiaru podatku
~ **sharing** podział wpływów podatkowych (*np. między władze państwowe i samorządowe*)
~ **shelter** ulga podatkowa
~ **system** system podatkowy
~ **withheld** podatek potrącony
~ **year** rok podatkowy
~ **yield** dochód z podatków
additional ~ domiar podatkowy
after ~**es** po opłaceniu podatków
airport ~ opłata lotniskowa

apportioned ~ podatek proporcjonalny
assessed ~ *a)* podatek wymierzony *b)* podatek bezpośredni
bachelor ~ podatek kawalerski
back ~ zaległy podatek
before ~**es** przed opodatkowaniem (*nie licząc podatku*)
betterment ~ *am.* podatek od przyrostu wartości majątku
betting ~ podatek od zakładów
business ~ podatek obrotowy
capital-gains ~ podatek od zysków kapitałowych ⟨od przyrostu majątku⟩
capital-stock ~ podatek od kapitału akcyjnego
capital ~ podatek majątkowy
classified ~**es** podatki zróżnicowane (*progresywne, degresywne*)
collection of ~**es** pobór podatków
consumption ~ podatek konsumpcyjny ⟨pośredni⟩
conveyance ~ podatek od nabycia praw majątkowych
corporation ~ podatek od spółek
countervailing ~ podatek wyrównawczy (*na towary importowane*)
coupon ⟨**dividend**⟩ ~ podatek od dywidend
deduction of the ~ potrącenie podatku
deferment of ~ odroczenie podatku
deferred ~ podatek odroczony
degressive ~ podatek degresyjny
direct ~ podatek bezpośredni
distribution of a ~ repartycja podatku
dividend ~ podatek od dywidend
double ~ podwójne opodatkowanie
entertainment ~ podatek od widowisk
equalization turnover ~ podatek wyrównawczy (*na towary importowane*)
estate ~ podatek spadkowy
excess profits ~ podatek od nadmiernych zysków
exceptional ⟨**special**⟩ ~ podatek specjalny ⟨parafiskalny⟩
excise ~ akcyza, opłata akcyzowa
export ~ cło wywozowe
federal ~ podatek na rzecz rządu federalnego
franchise ~ podatek od licencji ⟨patentów⟩
freedom from ~**es** zwolnienie od podatków
free of ~ wolny od podatku
gift ~ podatek od darowizn
graduated ~ podatek progresywny
head ~ podatek osobisty ⟨pogłówny⟩
heavy ~ wysoki ⟨uciążliwy⟩ podatek
hidden ~ podatek pośredni
import ~ cło przywozowe
imposition of a ~ nałożenie podatku
income ~ podatek dochodowy
income ~ **on wages** podatek od wynagrodzeń
income ~ **return** zeznanie podatkowe o dochodzie
increment ~ podatek od przyrostu wartości
indirect ~ podatek pośredni
inheritance ~ podatek spadkowy
insurance ~ podatek od ubezpieczeń
land ~ podatek od nieruchomości
less ~**es** po opłaceniu podatków
levy of ~**es** nakładanie podatków
liability for ~**es** zobowiązanie podatkowe, odpowiedzialność podatkowa
liable to ~**es** podlegający opodatkowaniu

licence ~ podatek od licencji
limit of ~ **exemption** minimum wolne od opodatkowania
local ~ podatek lokalny
lottery ~ podatek loteryjny
lump-sum ~ podatek ryczałtowy ⟨zryczałtowany⟩
luxury ~ podatek od zbytku ⟨luksusu⟩
money ~ podatek pieniężny
national ~ podatek państwowy
non-residence ~ opłata za pobyt czasowy, taksa kuracyjna
occupation ⟨**occupational**⟩ ~ podatek od wykonywania zawodu, opłata za zezwolenie na wykonywanie zawodu
overdue ~ zaległy podatek
overpayment of ~ nadpłata podatku
personal ⟨**poll, single**⟩ ~ pogłówne, podatek osobisty
profits ~ podatek od zysków
progressive ~ podatek progresywny
property ~ podatek majątkowy
proportional ~ podatek proporcjonalny
purchase ~ podatek od nabycia praw majątkowych
raising of ~ **es** a) pobieranie podatków b) podwyższenie podatków
rate of ~ stawka podatku
rates and ~ **es** podatki komunalne i państwowe
real estate ~ podatek od nieruchomości
reduction of a ~ obniżenie ⟨zmniejszenie⟩ podatku
salary ~ podatek od wynagrodzeń
sales ~ podatek obrotowy
severance ~ podatek od eksploatacji bogactw naturalnych
stamp ~ opłata stemplowa
state ~ podatek państwowy
stock-exchange turnover ~ podatek obrotowy od operacji giełdowych
stock-transfer ~ podatek od transakcji giełdowych
succession ~ podatek spadkowy
supplementary ~ domiar podatkowy
trade ~ podatek od zysków przedsiębiorstw przemysłowych i handlowych
turnover ~ podatek obrotowy
turnover ~ **return** zeznanie podatkowe o obrocie
undistributed profits ~ podatek od zysków niepodzielonych
unearned income ~ podatek od zysków z kapitału
value-added ~ (*skr.* **VAT**) podatek od wartości dodanej
visitors' ~ opłata za pobyt czasowy, taksa kuracyjna
wealth ~ podatek majątkowy
to abate a ~ obniżyć podatek
to abolish a ~ znieść podatek
to assess a ~ nałożyć podatek
to be liable to ~ podlegać opodatkowaniu
to create a ~ wprowadzić podatek
to collect ~ **es** ściągać podatki
to cut down the ~ **es** obniżać podatki
to deduct a ~ **at the source** potrącić podatek u źródła powstania dochodu
to evade ~ **es** uchylać się od płacenia podatków
to exempt from ~ **es** zwolnić od podatków
to file ⟨**make**⟩ **a** ~ **return** złożyć zeznanie podatkowe

to impose ⟨**lay**⟩ ~ **es** nakładać podatki
to increase ~ **es** podwyższać podatki
to introduce a ~ wprowadzać (nowy) podatek
to levy ~ **es** ściągać ⟨pobierać⟩ podatki
to pay the ~ zapłacić podatek
to raise ~ **es** a) podnosić podatki b) ściągać podatki
to reduce ~ **es** obniżać podatki
to shift the burden of the ~ przerzucać ciężar podatkowy (*na inną grupę podatników*)
to subject sth to a ~ obłożyć coś podatkiem
to withhold a ~ potrącić podatek
tax² *v* 1. opodatkować 2. obciążać, obarczać 3. ustalać wysokość (*np. kosztów*)
to ~ **the citizens** nakładać podatki na obywateli
to ~ **the costs of an action** ustalać wysokość kosztów sprawy
to ~ **income** ⟨**revenue**⟩ **at the source** opodatkować dochód u źródła (*u pracodawcy*)
to ~ **sb with neglect** obciążać kogoś niedbalstwem, zarzucać komuś niedbalstwo
taxable *adj* 1. podlegający opodatkowaniu 2. (*o kosztach*) podlegający zaliczeniu (*komuś*)
~ **article** artykuł podlegający opodatkowaniu
~ **class of goods** grupa towarów podlegających opodatkowaniu
~ **income** ⟨**revenue**⟩ dochód podlegający opodatkowaniu
~ **transaction** transakcja podlegająca opodatkowaniu
~ **turnover** obrót podlegający opodatkowaniu
~ **value** wartość podlegająca opodatkowaniu
~ **year** rok podatkowy
not ~ nie podlegający opodatkowaniu
to be ~ podlegać opodatkowaniu
to make sth ~ obciążyć coś opodatkowaniem
the costs which are ~ **to** ⟨**against**⟩ **sb** koszty, którymi należy kogoś obciążyć
taxation *s* 1. opodatkowanie 2. ustalenie wysokości (*kosztów itp.*)
~ **at the source** opodatkowanie u źródła (*dochodu w miejscu jego powstania*)
~ **authority** władza podatkowa
~ **of costs** ustalenic kosztów sądowych
~ **period** okres opodatkowania
~ **provisions** przepisy podatkowe
~ **receipts** wpływy podatkowe
basis of ⟨**for**⟩ ~ podstawa opodatkowania ⟨wymiaru podatku⟩
burden of ~ ciężar opodatkowania
commensurate ~ proporcjonalne opodatkowanie
distribution of ~ repartycja podatków
double ⟨**dual**⟩ ~ podwójne opodatkowanie
excessive ~ nadmierne opodatkowanie
exempt from ⟨**free of**⟩ ~ wolny od opodatkowania
heavy ~ wysokie opodatkowanie
indirect ~ pośrednie opodatkowanie
oppressive ~ uciążliwe opodatkowanie, ucisk podatkowy
profit after ~ dochód po opodatkowaniu ⟨netto⟩
progressive ⟨**graduated**⟩ ~ progresja podatkowa
rate of ~ stawka opodatkowania
relief from ~ zwolnienie od opodatkowania
supplementary ~ dodatkowe opodatkowanie
to be subject to ~ podlegać opodatkowaniu

to subject sth to ~ poddać coś opodatkowaniu, nałożyć na coś podatek
taxed *adj*: ~ **costs** ustalone koszty postępowania
~ **insurance** ubezpieczenie z ustaleniem wartości przedmiotu ubezpieczonego
highly ⟨**low**⟩ ~ **goods** wysoko ⟨nisko⟩ opodatkowane towary
to be heavily ~ płacić wysokie podatki
taxer *s* taksator
tax-exempt *adj* zwolniony od podatku
tax-free *adj* wolny od podatku, nie podlegający opodatkowaniu
~ **dividend** dywidenda wolna od podatku
taxing *s* 1. opodatkowanie 2. ustalanie wysokości (*kosztów*)
~ **authorities** władze podatkowe
~ **master** *a*) taksator *b*) sędzia ustalający koszty procesu
~ **of costs** ustalanie kosztów
~ **power** prawo ustanawiania podatków
tax(-)payer *s* podatnik, płatnik podatku
~ **in arrears** podatnik zalegający z zapłatą
at ~**'s expense** na koszt podatnika
taxpaying *adj* : ~ **capacity** zdolność podatkowa
team *s* zespół (*osób*), grupa
~ **of workmen** zespół roboczy, szychta, brygada
~ **spirit** duch zespołu ⟨kolektywu⟩
economic ~ grupa ekonomistów ⟨doradców ekonomicznych⟩
tear[1] *s* rozdarcie, podarcie
fair ⟨**normal, reasonable**⟩ **wear and** ~ normalne zużycie
tear[2] *v* (**tore, torn**) 1. drzeć (się), rozdzierać 2. ranić
to ~ **sth to pieces** ⟨**tatters**⟩ podrzeć coś na kawałki ⟨strzępy⟩
tear down *v* 1. podrzeć 2. zniszczyć
to ~ **a notice** podrzeć notatkę
tear up *v* 1. rozerwać, rozedrzeć 2. zniszczyć
to ~ **a letter** rozerwać list
technical *adj* 1. techniczny 2. fachowy, zawodowy, specjalistyczny 3. formalny, proceduralny
~ **advance** postęp techniczny
~ **adviser** doradca techniczny
~ **assistance** ⟨**aid**⟩ pomoc techniczna
Technical Assistance Board (UNO) Rada Pomocy Technicznej (ONZ)
Technical Assistance Committee (UNO) Komitet Pomocy Technicznej (ONZ)
~ **base** baza techniczna
~ **conditions** warunki techniczne
~ **co-operation** współpraca techniczna
~ **data** dane techniczne
~ **difficulties** trudności techniczne
~ **division of labour** techniczny podział pracy (*wewnątrz zakładu*)
~ **documentation** dokumentacja techniczna
~ **education** wykształcenie techniczne
~ **institute** ⟨**school**⟩ szkoła techniczna, technikum
~ **knowledge** wiedza techniczna
~ **language** język techniczny, terminologia techniczna
~ **methods** metody techniczne
~ **offence** formalne przestępstwo
~ **personnel** personel techniczny
~ **price** cena wywołana sztucznie (*przez spekulacje giełdowe*)

~ **progress** postęp techniczny
~ **question** zagadnienie proceduralne
~ **service** obsługa techniczna
~ **staff** personel techniczny
~ **tear and wear** techniczne zużycie
~ **term** termin techniczny ⟨fachowy⟩
~ **term of law** fachowa terminologia prawnicza
technician *s* 1. technik 2. fachowiec
technics *s* 1. technika 2. wiedza techniczna
technique *s* (*często pl* **techniques**) technika, metoda działania ⟨wykonania⟩
~ **of estimation** metoda szacowania
~ **of research** technika badań naukowych
~ **of selling** technika sprzedaży ⟨zbytu⟩
calculation ~ technika obliczeniowa
management ~ technika zarządzania
marketing ~**s** technika marketingu
merchandizing ~ technika zbytu ⟨sprzedaży⟩
new ⟨**modern**⟩ ~**s** nowa ⟨nowoczesna⟩ technika
production ~ metoda produkcji
trade ~ technika handlu
to master new ~ opanować nową technikę
technocracy *s* technokracja
technological *adj* technologiczny, techniczny
~ **backwardness** zacofanie techniczne
~ **improvement** racjonalizacja
~ **know-how** znajomość metod technicznych, technologia (*np. produkcji*)
~ **operation** operacja technologiczna
~ **progress** postęp techniczny
~ **unemployment** bezrobocie spowodowane postępem technicznym
technology *s* 1. technologia 2. technika 3. nauki techniczne
advanced ~ wysoko rozwinięta technologia
telautograph *s* dalekopis
telecommunication *s* telekomunikacja, łączność
~ **services** służba telekomunikacyjna, usługi telekomunikacyjne
secrecy of ~ tajemnica telekomunikacji
telegram *s* telegram, depesza
~ **address** adres telegraficzny
~ **by telephone** telegram nadany telefonicznie ⟨przekazany telefonicznie adresatowi⟩
~ **form** formularz telegraficzny
~ **in cipher** telegram szyfrowany
~ **in code** (**language**) depesza kodowana
~ **in plain language** depesza zwykła ⟨nie kodowana⟩
~ **to be called for** telegram na poste restante
~ **via wireless** radiotelegram
~ **with notice of delivery** depesza z potwierdzeniem odbioru
~ **with reply paid** telegram z opłaconą odpowiedzią
charge for ~**s** opłaty telegraficzne
deferred ~ telegram z późniejszym terminem doręczenia
exchange of ~**s** wymiana depesz
exchange ~ telegram podający notowania giełdowe
letter ~ telegram listowy, list telegraficzny
mutilation of a ~ zniekształcenie tekstu telegramu
rates for ~**s** taryfa opłat telegraficznych
reply ~ odpowiedź telegraficzna
urgent ~ pilny telegram

to dispatch ⟨**send**⟩ a ∼ wysłać telegram
to intercept a ∼ przejąć ⟨przechwycić⟩ telegram
to send a ∼ **collect** *am.* wysłać telegram płatny przez adresata
to send a ∼ **payable by addressee** wysłać telegram płatny przez adresata
to telephone a ∼, **to tender a** ∼ **by telephone** nadać telegram telefonicznie
telegraph[1] *s* telegraf
∼ **address** adres telegraficzny
∼ **code** kod telegraficzny
∼ **line** linia telegraficzna
∼ **office** urząd telegraficzny
∼ **service** służba ⟨obsługa⟩ telegraficzna
by ∼ telegraficznie
telegraph[2] *v* telegrafować ⟨przesłać telegraficznie wiadomość⟩ (**sth to sb** do kogoś o czymś)
to ∼ **an order** zamówić telegraficznie
to ∼ **sb to come** wezwać kogoś telegraficznie
telegraphic *adj* telegraficzny
∼ **acceptance** telegraficzne przyjęcie (*np. oferty*)
∼ **address** adres telegraficzny
∼ **advice** awizo telegraficzne
∼ **charges** opłaty telegraficzne
∼ **code** kod telegraficzny
∼ **connection** połączenie telegraficzne
∼ **information** informacja telegraficzna
∼ **letter of credit** telegraficznie otwarta akredytywa
∼ **money order** telegraficzny przekaz pieniężny
∼ **offer** oferta telegraficzna
∼ **order** zamówienie telegraficzne
∼ **rates** taryfa telegraficzna
∼ **remittance** ⟨**transfer**⟩ przekaz telegraficzny
∼ **reply** odpowiedź telegraficzna
telegraphy *s* telegrafia
wireless ∼ radiotelegrafia
telephone[1] *s* telefon
∼ **agency** urząd telefoniczny
∼ **book** ⟨**directory**⟩ książka telefoniczna, spis abonentów
∼ **box** ⟨**booth**⟩ kabina ⟨budka⟩ telefoniczna
∼ **call** rozmowa telefoniczna
∼ **communication** łączność telefoniczna
∼ **connection** połączenie telefoniczne
∼ **exchange** centrala telefoniczna
∼ **extension** telefon wewnętrzny
∼ **fees** ⟨**charges**⟩ opłaty telefoniczne
∼ **line** linia telefoniczna
∼ **message** wiadomość telefoniczna
∼ **network** sieć telefoniczna ⟨telefonów⟩
∼ **number** numer telefonu
∼ **office** urząd telefoniczny
∼ **operator** telefonista, telefonistka
∼ **order** zamówienie ⟨polecenie⟩ telefoniczne
∼ **receiver** słuchawka telefoniczna
∼ **set** aparat telefoniczny
∼ **subscriber** abonent telefoniczny
automatic ∼ automat telefoniczny
by ∼ telefonicznie, przez telefon
conversation on ⟨**over**⟩ **the** ∼ rozmowa telefoniczna
desk ∼ telefon biurkowy
extension ∼ telefon wewnętrzny
to answer the ∼ odebrać telefon
to be wanted ⟨**called**⟩ **on the** ∼ być proszonym ⟨wezwanym⟩ do telefonu

to get sb on the ∼ zadzwonić do kogoś
to order sth by ∼ zamówić coś telefonicznie
to speak through ⟨**over**⟩ **the** ∼ rozmawiać przez telefon
telephone[2] *v* telefonować
to ∼ **the news to sb** przekazać komuś wiadomości przez telefon
telephonic *adj* telefoniczny
∼ **communication** łączność telefoniczna
∼ **conversation** rozmowa telefoniczna
telephonist *s* telefonista, telefonistka
teleprinter *s* 1. dalekopis (*urządzenie*) 2. teletypista
∼ **operator** teletypista
telerecording *s* telerekording, program telewizyjny nadawany z taśmy
teletype[1] *s* dalekopis (*urządzenie, tekst*)
by ∼ dalekopisem
teletype[2] *v* nadawać dalekopisem
teletyper *s* dalekopis
televise *v* nadawać w telewizji
televised *pp*: ∼ **speech** przemówienie telewizyjne
television *s* telewizja
∼ **advertising** reklama telewizyjna
∼ **set** ⟨**receiver**⟩ telewizor, aparat telewizyjny
telex[1] *s* teleks, dalekopis
∼ **network** sieć teleksowa
∼ **rate** taryfa teleksowa
∼ **subscriber** ⟨**user**⟩ abonent teleksu
by ∼ teleksem, dalekopisem
telex[2] *v* teleksować, nadawać teleksem ⟨dalekopisem⟩
to ∼ **information** przekazać wiadomość teleksem
tell *v* (**told, told**) powiedzieć
teller *s* 1. kasjer bankowy 2. osoba dokonująca liczenia ⟨obliczania⟩ (*np. głosów w parlamencie*)
paying ⟨**receiving**⟩ ∼ wypłacający ⟨przyjmujący wpłaty⟩ kasjer
telling *adj* skuteczny
∼ **argument** skuteczny argument
temperance *s* 1. wstrzemięźliwość, umiar 2. abstynencja
∼ **association** ⟨**society**⟩ towarzystwo trzeźwości ⟨antyalkoholowe⟩
∼ **hotel** hotel, w którym się nie sprzedaje napojów alkoholowych
temporal *adj* 1. świecki 2. czasowy (*związany z czasem*)
∼ **affairs** sprawy świeckie
∼ **lords** *bryt.* lordowie świeccy
∼ **power** władza świecka
temporary *adj* czasowy, tymczasowy, przejściowy, prowizoryczny
∼ **admission** tymczasowe dopuszczenie
∼ **admission of imports** pozwolenie na przywóz towarów przeznaczonych do reeksportu
∼ **certificate** tymczasowe zaświadczenie
∼ **commission** tymczasowa komisja
∼ **contract** tymczasowa umowa
∼ **credit** kredyt przejściowy ⟨doraźny⟩
∼ **disablement** czasowa niezdolność (do pracy)
∼ **injunction** tymczasowe zarządzenie tymczasowe
∼ **measures** tymczasowe środki ⟨zarządzenia⟩
∼ **post** tymczasowe stanowisko
∼ **repairs** prowizoryczna naprawa, doraźny remont
∼ **secretary** tymczasowy sekretarz
∼ **solution** tymczasowe rozwiązanie

~ **staff** tymczasowy personel
~ **trade agreement** tymczasowa umowa handlowa
temporization *s* gra na zwłokę
temporize *v* grać na zwłokę, nie angażować się
  to ~ **with sb** pójść z kimś na kompromis
tempt *v* **1.** nęcić, zachęcać **2.** nakłaniać
  to ~ **sb to steal** ⟨**stealing**⟩ nakłaniać kogoś do
kradzieży
tempting *adj* : ~ **offer** nęcąca oferta
tenacious *adj* **1.** uporczywy, wytrwały **2.** uporczywie
trzymający się (**of sth** czegoś)
  ~ **defence** uporczywa obrona
  to be ~ **of the principle** trzymać się ściśle zasady
tenancy *s* **1.** dzierżawa **2.** czas trwania dzierżawy **3.**
nieruchomość
  ~ **at sufferance** *bryt.* władanie gruntem za milczącą
zgodą właściciela (*po wygaśnięciu umowy dzierżawy*)
  ~ **by the entirety** *bryt. hist.* małżeńska wspólność
majątkowa nieruchomości
  ~ **in common** współwładanie nieruchomością
  contract of ~ umowa dzierżawy
  expiration of ~ wygaśnięcie dzierżawy
  joint ~ współdzierżawca
  life ~ dożywotnia dzierżawa
  terms of ~ warunki dzierżawy
tenant *s* **1.** dzierżawca, najemca **2.** lokator, mieszkaniec
  ~ **at sufferance** *bryt.* władający gruntem za milczącą
zgodą właściciela
  ~ **by courtesy** *bryt.* dożywotni dzierżawca majątku
zmarłej żony
  ~ **farmer** dzierżawca gruntów rolnych
  ~ **for life** posiadacz dożywotniej dzierżawy
  ~ **for years** dzierżawca na określony czas, czasowy
dzierżawca
  ~ **from year to year** dzierżawca, którego dzierżawa
przedłużana jest co rok
  ~ **in common** współdzierżawca
  ~ **in possession** dzierżawca znajdujący się w posiadaniu gruntu
  ~ **lessee** najemca
  ~ **rights** prawa dzierżawcy ⟨lokatora⟩
  ~ **s repairs** naprawy obowiązujące dzierżawcę ⟨loka-
tora⟩
  ~ **s risks** ryzyka dzierżawcy ⟨lokatora⟩
  joint ~ *a)* współdzierżawca *b)* współlokator
  life ~ dożywotni dzierżawca
  long-lease ~ dzierżawca długoterminowy
  main ~ główny lokator
  shooting ~ dzierżawca terenów łowieckich
tend[1] *v* **1.** doglądać, pilnować **2.** usługiwać, obsługiwać
(**on** ⟨**upon**⟩ **sb** kogoś)
  to ~ **the sick** pielęgnować chorego
  to ~ **to business** doglądać interesu
tend[2] *v* zmierzać, zdążać, skłaniać się, wykazywać
tendencję
  to ~ **to radicalism** wykazywać skłonności do radyka-
lizmu
  to ~ **to the same conclusion** skłaniać się do tego
samego wniosku
  the prices ~ ⟨**are** ~**ing**⟩ **downwards** ⟨**upwards**⟩ ceny
mają tendencję zniżkową ⟨zwyżkową⟩
tendency *s* tendencja, skłonność, dążność
  ~ **of the market** tendencja rynkowa
  ~ **of prices** tendencja cen

~ **to criminality** skłonność do przestępczości
bearish ⟨**bullish**⟩ ~ tendencja zniżkowa ⟨zwyżko-
wa⟩
declining ⟨**downward, falling**⟩ ~ tendencja zniżkowa
deflationary ~ tendencja deflacyjna
dull ⟨**firm**⟩ ~ słaba ⟨mocna⟩ tendencja
hardening of ~ wzmocnienie ⟨poprawa⟩ tendencji
inflationary ~ tendencja inflacyjna
latent ~ ukryta tendencja
market ~ tendencja rynkowa
rallying ~ tendencja poprawiająca się ⟨zapowiada-
jąca ożywienie⟩
retrograde ~ tendencja recesyjna, zastój
rising ~ tendencja zwyżkowa
strong ⟨**weak**⟩ ~ mocna ⟨słaba⟩ tendencja
tottering ~ tendencja chwiejna
to have ⟨**show**⟩ **a falling** ⟨**rising**⟩ ~ mieć ⟨wykazywać⟩
tendencję zniżkową ⟨zwyżkową⟩
tender[1] *s* **1.** oferta (przetargowa) **2.** przedłożenie, przedstawienie **3.** zaofiarowanie świadczenia (*celem uniknięcia zarzutu niedopełnienia zobowiązania*) **4.**
suma pieniężna świadczenia **5.** środek płatniczy
  ~ **clause** *ub. mors.* klauzula przetargowa (*zastrzegająca, że wykonanie dostaw lub robót nastąpi w
wyniku przetargu*)
  ~ **of amends** zaofiarowanie odszkodowania
  ~ **of delivery** zaofiarowanie dostawy
  ~ **of payment** zaofiarowanie zapłaty
  ~ **of service** zaofiarowanie usługi
  by ~ w drodze konkursu
  invitation to ~ (**s**) wezwanie ⟨zaproszenie⟩ do składania ofert
  legal ⟨**lawful**⟩ ~ prawny środek płatniczy
  limited invitation to ~(**s**) wezwanie do składania
ofert przy przetargu ograniczonym
  plea of ~ zarzut gotowości zaspokojenia roszczenia
  public invitation to ~ publiczne wezwanie do składania ofert pisemnych
  refusal of ~ odmowa przyjęcia oferty
  sale by ~ sprzedaż za wpisem, submisja (*ograniczony przetarg*)
  sealed ~ zapieczętowana oferta przetargowa
  submission of ~**s** złożenie ofert przetargowych
  winning ~ przyjęta oferta przetargowa
  to call for ⟨**invite**⟩ ~**s** wezwać do składania ofert
przetargowych
  to hold a ~ prowadzić przetarg (ofertowy)
  to make ⟨**lodge, put in**⟩ **a** ~ składać ofertę przetargową
(**for sth** na coś)
tender[2] *s* **1.** statek zaopatrujący inne statki **2.** dozorca
nadzorujący **3.** tender (*parowozu*)
  ~ **service** żegluga dowozowa
  water ~ statek zaopatrujący w wodę
tender[3] *v* **1.** składać ofertę, oferować **2.** zgłaszać, ofiarować, przedstawiać, przedkładać
  to ~ **apologies** przedstawiać usprawiedliwienie
⟨przeproszenie⟩
  to ~ **documents** przedstawić dokumenty
  to ~ **evidence** przedstawić dowód
  to ~ **for a contract** składać ofertę na zawarcie
umowy
  to ~ **for shares** podać wiadomości o zapisie na akcje,
oferować akcje

to ~ **for supply of goods** ubiegać się o dostawę towarów

to ~ **money in discharge of a debt** zaofiarować pieniądze na zapłatę długu

to ~ **an offer** przedstawić ofertę

to ~ **payment** zaoferować zapłatę

to ~ **performance** zaoferować świadczenie

to ~ **a plea** przytoczyć argument, zgłosić zarzut

to ~ **resignation** zgłosić rezygnację

to ~ **one's services** ofiarować swe usługi

to ~ **a sum in satisfaction of a claim** zaoferować sumę na zaspokojenie pretensji

tenderer s 1. oferent, oferujący, submitent 2. osoba zgłaszająca zaofiarowanie świadczenia

tenement s 1. dom mieszkalny 2. mieszkanie lokatorskie 3. nieruchomość dzierżawiona ⟨w dzierżawie⟩ 4. posiadłość ziemska

~ **at will** dzierżawa bez zawarcia pisemnej umowy

~ **district** dzielnica domów czynszowych

~ **house** dom czynszowy

dominant ~ nieruchomość władnąca (*korzystająca ze służebności innej nieruchomości*)

servient ~ nieruchomość służebna

tenet s zasada, dogmat, doktryna

tenor s 1. myśl przewodnia, sens, treść 2. dokładny odpis 3. termin płatności (*np. weksla*)

~ **of a bill** termin płatności weksla

~ **of a speech** treść ⟨sens⟩ przemówienia

of the following ⟨this⟩ ~ o następującej treści

of the same ~ a) tej samej treści b) tego samego rodzaju

tense adj napięty, naprężony

~ **moment** chwila napięcia

~ **situation on the market** napięta sytuacja na rynku

to be ~ być zdenerwowanym ⟨pot. spiętym⟩

tension s napięcie, naprężenie

~ **between (the) nations** napięcie w stosunkach międzynarodowych

~ **strength** wytrzymałość na rozciąganie

attenuation of ~ złagodzenie napięcia

high ⟨low⟩ ~ wysokie ⟨niskie⟩ napięcie

international ~ napięcie w stosunkach międzynarodowych

political ~ napięcie polityczne

relieving ~ zmniejszające się napięcie

to create ~s tworzenie napięcia

to ease ⟨relax, reduce, slacken⟩ ~ osłabić napięcie

tentative adj 1. próbny, eksperymentalny 2. tymczasowy

~ **agreement** tymczasowe porozumienie, projekt porozumienia

~ **decision** tymczasowa decyzja

~ **draft** projekt wstępny

~ **plan** eksperymentalny plan

~ **specification** tymczasowa specyfikacja

tentatively adv próbnie, tymczasowo, tytułem próby, na próbę

tenure s 1. posiadanie 2. tytuł prawny posiadania (*nieruchomości*) 3. urzędowanie, piastowanie (*stanowiska*), kadencja

~ **by lease** posiadanie na prawach ⟨tytułem⟩ dzierżawy

~ **of appointment** ⟨office⟩ piastowanie urzędu

feudal ~ feudalny system władania ziemią

leasehold ~ posiadanie tytułem dzierżawy

security of ~ stabilność zatrudnienia

temporal ⟨lay⟩ ~ hist. władanie ziemią przez osobę świecką

term[1] s 1. termin, okres, czas 2. określenie, wyrażenie, nazwa 3. kadencja 4. trymestr, kwartał 5. zob. **terms**

~ **day** a) dzień płatności (*np. czynszu, odsetek*) b) termin sesji sądowej

~ **deposit** terminowy depozyt ⟨zastaw⟩

~ **for the acceptance** termin przyjęcia

~ **in a contract** postanowienie umowy

~ **insurance** ubezpieczenie terminowe ⟨czasowe, na określony czas⟩

~ **loan** pożyczka terminowa

~ **of appeal** termin wniesienia odwołania

~ **of a bill** termin płatności weksla

~ **of a contract** termin wykonania umowy

~ **of copyright** termin ⟨okres⟩ ochrony praw autorskich

~ **of delivery** termin dostawy

~ **of execution** termin wykonania

~ **of expiration** termin wygaśnięcia

~ **of imprisonment** okres pozbawienia wolności, termin odbywania kary

~ **of insurance** okres ubezpieczenia

~ **of a lease** okres najmu

~ **of the licence** okres ważności licencji

~ **of notice** termin wypowiedzenia

~ **of office** kadencja, okres urzędowania

~ **of payment** termin płatności ⟨zapłaty⟩

~ **of prescription** okres przedawnienia

~ **of protection** okres ⟨termin⟩ ochrony

~ **of subscription** okres prenumeraty

~ **of validity** okres ważności

beginning of a ~ początek okresu

business ⟨commercial⟩ ~ określenie handlowe, termin handlowy

course of a ~ bieg terminu

delivery on ~ dostawa na termin

economic ~ termin ekonomiczny

expiration of the ~ wygaśnięcie terminu

final ~ końcowy ⟨ostateczny⟩ termin

fixed ~ ustalony termin

forensic ~ termin sądowy

law ⟨legal⟩ ~ termin prawniczy ⟨prawny⟩

long ~ długi termin

maritime ~ termin morski

on ~ a) na kredyt b) na termin

peremptory ~ ostateczny termin

presidential ~ kadencja prezydenta ⟨przewodniczącego, prezesa⟩

short ~ krótki termin

stated ⟨stipulated⟩ ~ ustalony termin

technical ~ termin techniczny

trade ~ termin handlowy

to comply with a ~ dotrzymać ⟨przestrzegać⟩ terminu

to defer ⟨delay, postpone⟩ **the** ~ odroczyć ⟨odłożyć⟩ termin

to exceed a ~ przekroczyć termin

to extend ⟨prolong⟩ **a** ~ przedłużyć ⟨prolongować⟩ termin

to fix ⟨state⟩ **a** ~ wyznaczyć termin

to set ⟨put⟩ **a** ~ **to sth** położyć kres czemuś

term[2] v 1. określać, nazywać 2. nadawać nazwę (**sth** czemuś)

terminable *adj* **1.** terminowy, mający określony termin, wygasający w określonym terminie **2.** podlegający wypowiedzeniu ⟨rozwiązaniu⟩
~ **annuity** terminowa renta
~ **contract** umowa podlegająca wypowiedzeniu
terminal[1] *s* **1.** koniec, końcowy punkt **2.** końcowa stacja kolejowa **3.** *pl* **terminals** opłaty za wyładowanie towarów na końcowej stacji, koszty manipulacyjne (*kolejowe*)
air ~ miejski dworzec lotniczy
computer ~ końcówka ⟨wejście do⟩ komputera
terminal[2] *adj* **1.** końcowy, ostateczny **2.** terminowy **3.** periodyczny, powtarzający się
~ **charges** opłaty kolejowe manipulacyjne
~ **contract** umowa terminowa ⟨czasowa⟩
~ **examination** egzamin końcowy
~ **market** rynek transakcji terminowych ⟨na termin⟩
~ **pay** ⟨**wage**⟩ odprawa (*po zakończeniu stosunku pracy*)
~ **port** port docelowy ⟨końcowy⟩ linii żeglugowej
~ **price** cena przy dostawie na termin, kurs w transakcji terminowej
~ **station** końcowa ⟨węzłowa⟩ stacja kolejowa
terminate *v* **1.** kończyć (się), ustawać, wygasać **2.** wyznaczać ⟨stanowić⟩ granicę, odgraniczać
to ~ **an agreement** ⟨**a contract**⟩ rozwiązać ⟨wypowiedzieć⟩ układ ⟨umowę⟩
to ~ **a controversy** zakończyć spór
to ~ **a partnership** rozwiązać spółkę ⟨umowę spółki⟩
the right to ~ **a contract** prawo rozwiązania umowy
termination *s* **1.** zakończenie, koniec, ustanie, wygaśnięcie **2.** wypowiedzenie, rozwiązanie
~ **of an agreement** *a)* rozwiązanie porozumienia ⟨układu⟩ *b)* wygaśnięcie porozumienia ⟨układu⟩
~ **of a contract** *a)* rozwiązanie ⟨wypowiedzenie⟩ umowy *b)* wygaśnięcie umowy
~ **of a controversy** ⟨**dispute**⟩ zakończenie sporu ⟨nieporozumienia⟩
~ **of hostilities** zakończenie działań wojennych
~ **of a journey** zakończenie podróży
~ **of a patent** wygaśnięcie patentu
~ **of a pregnancy** przerwanie ciąży
~ **of the risk** ustanie ryzyka
~ **pay** odprawa (*wypłacona w związku ze zwolnieniem pracownika*)
compensation for ~ **of a contract** odstępne, odszkodowanie za odstąpienie od umowy
upon ~ **of ...** po upływie ⟨zakończeniu⟩ ...
to bring sth to a ~ zakończyć coś, doprowadzić coś do końca
terminological *adj* terminologiczny
~ **inexactitude** nieścisłość terminologiczna
terminology *s* terminologia, nomenklatura
legal ~ terminologia prawna ⟨sądowa⟩
terminus *s* (*pl* **termini**) *łac.* **1.** termin **2.** granica **3.** *bryt.* stacja końcowa (*kolei, tramwaju*), dworzec kolejowy
~ **ad quem** *łac.* termin końcowy
~ **a quo** *łac.* termin początkowy
~ **of a policy** termin upływu ważności polisy
railway ~ końcowa stacja kolejowa
termor *s* posiadacz czasowy (*nieruchomości itp.*)

terms *spl* **1.** warunki **2.** stosunki **3.** słowa **4.** *zob.* **term**[1]
~ **of acceptance** warunki przyjęcia ⟨akceptu, akceptacji⟩
~ **of agency** warunki przedstawicielstwa
~ **of an agreement** ⟨**a contract**⟩ warunki porozumienia ⟨umowy⟩
~ **of arbitration** warunki arbitrażowe ⟨oddania sporu pod arbitraż⟩
~ **of a charter** warunki czarteru
~ **of composition** warunki ugody
~ **of credit** warunki kredytowe
~ **of delivery** warunki dostawy
~ **of freight** *a)* warunki frachtowania *b)* warunki przewozu towarów
~ **of insurance** warunki ubezpieczenia
~ **of issue** warunki emisji
~ **of offer** warunki ofertowe
~ **of partnership** umowa spółki
~ **of payment** warunki płatności
~ **of the policy** warunki polisy
~ **of purchase** ⟨**sale**⟩ warunki zakupu ⟨sprzedaży⟩
~ **of registration** warunki rejestracji ⟨wpisu⟩
~ **of subscription** warunki prenumeraty ⟨subskrypcji⟩
~ **of trade** *a)* stosunek cen importowych do eksportowych *b)* terminy handlowe
~ **of a treaty** warunki umowy
acceptable ~ warunki nadające się ⟨możliwe⟩ do przyjęcia
accommodating ⟨**easy**⟩ ~ dogodne warunki
advantageous ⟨**favourable**⟩ ~ korzystne warunki
berth ⟨**liner**⟩ ~ warunki liniowe (*przewozu na podstawie konosamentu*)
best ~ **obtainable** warunki najkorzystniejsze z możliwych
by the ~ według warunków, zgodnie z warunkami
cash ~ *a)* warunki gotówkowe ⟨płatności⟩ *b)* warunki umowy za gotówkę
charter ~ warunki czarteru
club ~ warunki ubezpieczeniowe klubów armatorskich
conference ~ warunki konferencyjne (*przewozów morskich ustalone przez konferencje żeglugowe*)
confirmation of ~ potwierdzenie warunków
consignment ~ warunki konsygnacyjne (*oddania towaru do sprzedaży komisowej*)
credit ~ warunki kredytu
current ~ warunki bieżące ⟨normalne, zwykle stosowane⟩
delivery ~ warunki dostawy
discriminatory ~ warunki dyskryminacyjne
friendly ~ przyjacielskie stosunki
general ~ **of delivery (and payment)** ogólne warunki dostawy (i płatności)
gross ~ warunki czarterowe brutto (*koszty załadunku i wyładunku ponosi armator*)
hard ~ uciążliwe warunki
in percentage ~ w procentach
in ~ **of dollars** w dolarach
in ~ **of money** przeliczywszy (to) na pieniądze
in ~ **of value** według wartości
landed ~ warunki dostawy (*np. sprzedawca ponosi koszty załadowania*)
named ~ wymienione ⟨określone, wyszczególnione⟩ warunki

net ~ warunki czarterowe netto (*koszty załadunku i wyładunku ponosi czarterujący*)
on any ~ na każdych warunkach
on deferred ~ na raty
on equal ~ na jednakowych ⟨równych⟩ warunkach
onerous ~ uciążliwe warunki
on moderate ~ po umiarkowanych cenach
on ~ na warunkach
payment ~ warunki płatności
preferential ~ warunki preferencyjne ⟨specjalnie korzystne⟩
reasonable ~ rozsądne ⟨umiarkowane⟩ warunki
selling ~ warunki sprzedaży
under the stated ~ zgodnie z ustalonymi warunkami
usual ~ zwykłe ⟨normalne⟩ warunki
very best ~ doskonałe ⟨najkorzystniejsze⟩ warunki
to accept ~ przyjąć warunki
to adhere to the ~ stosować się do ⟨przestrzegać⟩ warunków
to be on good ⟨**bad**⟩ ~ być w dobrych ⟨złych⟩ stosunkach
to bring sb to ~ skłonić kogoś od porozumienia ⟨przyjęcia warunków⟩
to buy ⟨**sell**⟩ **on c.i.f.** ⟨**f.o.b.**⟩ ~ kupować ⟨sprzedawać⟩ na warunkach c.i.f. ⟨f.o.b.⟩
to come to ~ **with one's creditors** zawrzeć ugodę z wierzycielami
to comply with the ~ stosować się do ⟨przestrzegać⟩ warunków
to do a business on the named ~ zawrzeć transakcję na podanych warunkach
to fail to meet the ~ nie dotrzymywać ⟨przestrzegać⟩ warunków
to fulfil ⟨**stand by**⟩ **the** ~ spełnić warunki, dotrzymać warunków
to give better ~ dać lepsze ⟨korzystniejsze⟩ warunki
to impose ⟨**put on**⟩ ~ narzucić warunki
to make ~ uzgodnić warunki
to quote ~ podawać warunki
to relax ⟨**ease**⟩ ~ złagodzić warunki
to state ~ *a*) ustalać warunki *b*) przedstawić warunki (**to sb** komuś)
territorial *adj* terytorialny
~ **and frontier disputes** spory terytorialne i graniczne
Territorial Army ⟨**Force**⟩ *bryt.* armia pomocnicza ⟨terytorialna⟩
~ **changes** zmiany terytorialne
~ **claims** roszczenia terytorialne
~ **division of labour** terytorialny podział pracy (*w kraju*)
~ **integrity** nienaruszalność terytorialna ⟨granic terytorialnych⟩
~ **jurisdiction** jurysdykcja terytorialna
~ **sovereignty** ⟨**supremacy**⟩ suwerenność terytorialna
~ **waters** wody terytorialne
territory *s* terytorium, obszar, rejon
agent's ~ rejon podległy agentowi (*objęty przedstawicielstwem*)
customs ~ obszar celny
enlargement of ~ powiększenie obszaru
exchange of ~ wymiana terytorium
fertile ~ urodzajny rejon

mandated ~ terytorium mandatowe
marketing ~ rejon zbytu
national ⟨**state**⟩ ~ terytorium ⟨obszar⟩ państwa
occupied ~ terytorium okupowane
overseas ~ obszar zamorski
postal ~ rejon pocztowy
self-governing ~ terytorium autonomiczne
trust ~ terytorium powiernicze
terror *s* 1. terror, strach 2. przerażenie
reign of ~ panowanie ⟨rządy⟩ terroru
terrorism *s* terroryzm
act of ~ akt terroru
terrorist *s* terrorysta
terrorist(ic) *adj* terrorystyczny
~ **plot** spisek terrorystyczny
terrorize *v* terroryzować
terse *adj* zwięzły, rzeczowy
~ **style** zwięzły styl
test[1] *s* 1. próba 2. badanie, doświadczenie, analiza 3. kryterium 4. sprawdzian, test
~ **action** sprawa mająca charakter precedensowy
~ **ban** zakaz prób jądrowych
~ **case** precedens sądowy
~ **certificate** zaświadczenie o przeprowadzeniu badania (*towaru*)
~ **drive** jazda próbna ⟨testowa⟩
~ **explosions** wybuchy próbne
~ **load** próbny ładunek
~**s in the atmosphere** ⟨**outer space, under water**⟩ próby w atmosferze ⟨przestrzeni kosmicznej, pod wodą⟩
~ **specimen** *a*) próbka do badań *b*) próbny egzemplarz
~ **weight** próba wagowa (*np. zboża dla zbadania jakości*)
~ **word** hasło, symbol klasyfikacyjny
aptitude ~ próba przydatności
atom bomb ~**s** próby z bombą atomową
blood ~ badanie krwi
check ⟨**control**⟩ ~ badanie kontrolne (*towaru*)
crucial ⟨**decisive**⟩ ~ decydująca próba
driving ~ egzamin praktyczny na prawo jazdy
feasibility ~ próba możliwości ⟨wykonalności⟩
intelligence ~ test na inteligencję
laboratory ~ badanie laboratoryjne
legal ~ badanie urzędowe
life ~ próba trwałości
market ~ próba sprzedaży
oral ~ egzamin ustny
performance ⟨**service**⟩ ~ próba eksploatacyjna
random ~ próba wyrywkowa, badanie wyrywkowe
the severity of a ~ surowość egzaminu
voting ~ próbne głosowanie
wear ~ próba zużywalności
written ~ egzamin pisemny
to pass the ~ *a*) przejść ⟨przebyć⟩ próbę *b*) zdać egzamin
to perform a ~ przeprowadzić próbę
to put sth to the ~ poddać coś próbie, wystawić coś na próbę
to stand the ~ wytrzymać próbę
test[2] *v* badać, próbować, poddawać próbie
to ~ **out a scheme** wypróbować plan
legally ~**ed** urzędowo zbadany
testament *s* testament, ostatnia wola
~ **made before a notary** testament notarialny

by ~ w drodze ⟨na podstawie⟩ testamentu
later ~ późniejszy testament
military ~ testament wojskowy
verbal ~ testament ustny
this is my last will and ~ to jest moja ostatnia
wola
testamentary *adj* testamentowy
~ **arrangements** rozporządzenia testamentowe
~ **capacity** zdolność testamentowa ⟨testowania⟩
~ **clause** ⟨**disposition**⟩ klauzula testamentowa
~ **gift** darowizna testamentowa
~ **guardian** opiekun wyznaczony w testamencie
⟨testamentowy⟩
~ **heir** spadkobierca testamentowy
~ **heiress** spadkobierczyni testamentowa
~ **inheritance** ⟨**succession**⟩ dziedziczenie testamentowe
~ **instrument** ⟨**document, paper**⟩ dokument zawierający testament
~ **witness** świadek (sporządzania) testamentu
succession by ~ **disposition** dziedziczenie testamentowe
testate *adj* : **to die** ~ umrzeć pozostawiając testament
testator *s* testator
~ **'s capacity** zdolność testowania
testatrix *s* (*pl* **testatrices**) testatorka
tester *s* **1.** specjalista przeprowadzający próbę ⟨badanie,
analizę⟩ **2.** aparat do badań, próbnik
testifier *s* świadek
testify *v* **1.** świadczyć, zeznawać **2.** dawać wyraz,
oświadczać **3.** potwierdzać, być dowodem (**to sth**
czegoś) **4.** dawać świadectwo (**to sth** czemuś)
to ~ **against sb** świadczyć przeciwko komuś
to ~ **in sb's favour** świadczyć na czyjąś korzyść
to ~ **under oath** zeznawać pod przysięgą
to refuse to ~ odmówić składania zeznań
testimonial *s* **1.** świadectwo, zaświadczenie (*z miejsca
pracy*) **2.** opinia **3.** dyplom uznania, wyróżnienie
~ **as to character** charakterystyka
~ **evidence** dowód z zeznania świadka
~ **proof** ustalenie faktu w oparciu o zeznania świadków
~ **qualification** kwalifikacja do zeznawania jako
świadek
to present ⟨**show**⟩ **one's** ~ **s** przedstawić swoje świadectwa
testimony *s* **1.** zeznanie **2.** świadectwo
~ **for the defence** ⟨**prosecution**⟩ zeznanie świadka
obrony ⟨oskarżenia⟩
expert ~ zeznanie biegłego
false ~ fałszywe zeznanie
in ~ **of sth whereof** na dowód czego
sworn ~ zeznanie złożone pod przysięgą ⟨zaprzysię-
żone⟩
to bear ~ **to sth** świadczyć o czymś, dawać świadectwo czemuś
to call sb in ~ powołać kogoś na świadka
testing *s* **1.** próba, próbowanie **2.** badanie, analiza
~ **order** polecenie dokonania badania ⟨analizy⟩
~ **period** okres próbny
~ **sample** próba do analizy
routine ~ badanie typowe ⟨rutynowe⟩
test-tube *adj*: ~ **baby** dziecko z probówki
text *s* tekst
~ **of an agreement** tekst umowy

~ **of the law** tekst prawa
~ **of an oath** formuła przysięgi
~ **with notes** tekst z uwagami
abridged ~ tekst skrócony
agreed ~ uzgodniony tekst
corrupt ⟨**distorted**⟩ ~ zniekształcony tekst
final ~ ostateczne brzmienie (*dokumentu*)
full ~ pełny tekst
genuine ⟨**authentic**⟩ ~ oryginalny ⟨autentyczny⟩
tekst
official ~ tekst urzędowy
original ~ *a*) tekst pierwotny *b*) tekst oryginalny
publicity ~ tekst reklamowy ⟨reklamowy⟩
to stick to one's ~ trzymać się tematu
textbook *s* **1.** podręcznik **2.** komentarz do prawa
~ **definition** definicja podręcznikowa
~ **writer** komentator
textile[1] *s* **1.** tkanina **2.** *pl* **textiles** wyroby włókiennicze,
tekstylia
textile[2] *adj* **1.** tekstylny, włókienniczy **2.** tkacki
~ **goods** towary włókiennicze
~ **industry** ⟨**trade**⟩ przemysł włókienniczy
~ **machinery** maszyny tkackie
textual *adj* **1.** tekstowy **2.** dosłowny, literalny
~ **criticism** krytyka tekstu
~ **error** błąd w tekście
~ **quotation** dosłowny cytat
thank *v* dziękować
to ~ **beforehand** ⟨**in advance, in anticipation**⟩ dziękować z góry
to ~ **for the kind reception and hospitality** dziękować za miłe przyjęcie i gościnność
thankful *adj* wdzięczny (**for sth** za coś)
thankless *adj* niewdzięczny
~ **job** ⟨**task**⟩ niewdzięczne zajęcie ⟨zadanie⟩
~ **pupil** niewdzięczny uczeń
thanks *spl* podziękowanie
~ **to...** dzięki... (**sb, sth** komuś, czemuś)
letter of ~ list z podziękowaniem
to accept ⟨**decline**⟩ **with** ~ przyjąć ⟨odmówić⟩ z
podziękowaniem
to acknowledge with ~ potwierdzić z podziękowaniem
to express one's ~ wyrazić podziękowanie
thanksgiving *s* dziękczynienie
Thanksgiving Day *am.* Dzień Dziękczynienia, święto
plonów, dożynki
theft *s* kradzież, złodziejstwo
~ **insurance** ubezpieczenie od kradzieży
~ **risk** ryzyko kradzieży
perpetrator of a ~ sprawca kradzieży
petty ~ drobna kradzież
qualified ~ kradzież kwalifikowana
shop ~ kradzież sklepowa
to commit a ~ popełnić kradzież
theoretics *spl* teoretyczne podstawy
~ **and practice** teoria i praktyka
theory *s* teoria
~ **of business cycle** teoria cyklu ekonomicznego
~ **of distribution** teoria dystrybucji
~ **of evolution** teoria ewolucji
~ **of firm** teoria przedsiębiorstwa
~ **of games** teoria gier
~ **of money** teoria pieniądza
~ **of probability** teoria prawdopodobieństwa
~ **of relativity** teoria względności

~ **of risk** teoria ryzyka
~ **of value** teoria wartości
economic ~ teoria ekonomiczna
information ~ teoria informacji
in ~ w teorii, teoretycznie
Keynes economic ~ keynesowska teoria ekonomii
management ~ teoria zarządzania
Marxist economic ~ marksistowska teoria ekonomii
number ~ teoria liczb
population ~ teoria ludności
to put forward ⟨**set up**⟩ **a** ~ wysunąć teorię
thereafter *adv* 1. następnie, później 2. poniżej
thereby *adv* 1. w ten sposób 2. w następstwie czego
therefore *adv* 1. w następstwie ⟨wyniku⟩ czego 2. więc, co dowodzi
therein *adv* tu, w niniejszym, w tym
thereinafter *adv* poniżej, w dalszym ciągu niniejszego ⟨*dokumentu, pisma itp.*⟩
thereon *adv* 1. o powyższym, na temat powyższego, na jego temat 2. = **thereupon** 1., 2.
thereto *adv* także, w dodatku
thereunder *adv* 1. pod nim, pod tym 2. poniżej, w dalszym ciągu niniejszego
thereupon *adv* 1. w wyniku czego 2. na ten temat, w tej sprawie 3. bezzwłocznie, po czym
thesis *s* (*pl* **theses**) 1. teza 2. praca ⟨rozprawa⟩ naukowa
thief *s* złodziej
church ~ złodziej kościelny
hotel ~ złodziej hotelowy
shop ~ złodziej sklepowy
thieve *v* kraść, podkradać
thievery *s* 1. złodziejstwo, kradzież 2. skradziony przedmiot
petty ~ drobna kradzież
thievish *adj* złodziejski
thin *adj* 1. cienki 2. słaby 3. kiepski, nieprzekonywający
~ **argument** nieprzekonywający argument
~ **excuse** kiepska wymówka
~ **market** słaba koniunktura rynkowa
~ **pretext** słaby pretekst
thing *s* 1. rzecz, przedmiot 2. sprawa 3. *pl* **things** ruchomości
~ **in action** *bryt.* przedmiot majątkowy nie będący w posiadaniu właściciela, ale którego wydania ma on prawo się domagać
~ **in possession** *bryt.* przedmiot majątkowy będący w posiadaniu właściciela
~**s personal** ruchomości, rzeczy osobiste
~**s real** nieruchomości
derelict ~ rzecz porzucona
fungible ~**s** rzeczy zamienne
material ~**s** przedmioty materialne
principal ~ rzecz główna
spiritual ~**s** sprawy duchowe
state of ~**s** stan rzeczy
taking one ~ **with another** rozważając różne okoliczności
to do the right ~ zrobić właściwą rzecz, postąpić właściwie
to make a good ~ **of sth** *am. pot.* dobrze na czymś zarobić
to make a mess of ~**s** wszystko zepsuć

to take ~**s seriously** traktować rzeczy poważnie
think *v* (**thought, thought**) myśleć, mniemać, sądzić
to ~ **better of sth** rozmyślić się co do czegoś, zmienić o czymś zdanie
to ~ **fit** ⟨**proper**⟩ **to do sth** uważać za stosowne coś zrobić
to ~ **highly of sb** mieć o kimś jak najlepsze zdanie, wysoko kogoś cenić
to ~ **little of sb** mieć o kimś niepochlebne zdanie, niezbyt wysoko kogoś cenić
think out *v* 1. przemyśleć, zastanowić się 2. wymyślić ⟨*sposób, rozwiązanie*⟩
to ~ **a plan** wymyślić ⟨obmyślić⟩ plan
think over *v* ponownie rozważyć, przemyśleć
third[1] *s* 1. trzecia część 2. trzeci egzemplarz 3. osoba trzecia
~ **of exchange** trzeci egzemplarz weksla, tercja
majority of two ~**s** większość dwóch trzecich
third[2] *adj* trzeci
~ **bill of exchange** trzeci egzemplarz weksla, tercja
~ **class** trzecia kategoria jakości, trzecia klasa (*gatunku*)
~ **copy** trzecia kopia
~ **degree** wymuszenie zeznań ⟨przyznania się⟩ (*przy pomocy tortur*)
~ **party** ⟨**person**⟩ osoba trzecia
Third World Trzeci Świat
effective against ~ **parties** ze skutkiem wobec osób trzecich
for the account of a ~ **party** na rachunek osoby trzeciej
without prejudice to the rights of ~ **parties** bez naruszenia praw osób trzecich
third-class *adj* trzeciej klasy
~ **compartment** przedział trzeciej klasy
~ **matter** *am.* druki pocztowe
~ **paper** weksel trzeciorzędny (*pod względem reputacji finansowej akceptanta lub wystawcy*)
third-party *adj*: ~ **rights** prawa osób trzecich
third-rate *adj* trzeciorzędny, kiepski (*np. towar*)
thorough *adj* 1. dokładny, gruntowny, sumienny 2. całkowity, zupełny, kompletny
~ **analysis** gruntowna analiza
~ **enquiry** gruntowne badanie
~ **investigation** wszechstronne śledztwo
~ **knowledge** gruntowna wiedza
~ **measures** radykalne środki
~ **repair** kapitalny remont
~ **search** dokładna rewizja, skrupulatne przeszukanie
thoroughfare *s* 1. arteria (*komunikacyjna*), magistrala 2. przejazd
no ~ nie ma przejazdu, przejazd wzbroniony, droga zamknięta
public ~ magistrala publiczna
thoroughgoing *adj* bezkompromisowy, zdecydowany na wszystko
~ **measures** bezkompromisowe środki
~ **reforms** radykalne reformy
thoroughly *adv* 1. gruntownie 2. zupełnie, całkowicie
~ **spoiled** zepsuty do gruntu
to do sth ~ zrobić coś gruntownie
to go ~ **into sth** zbadać coś gruntownie
those *pron* ci; tamci, owi
~ **present** obecni

~ **whom it may concern** ci ⟨dla tych⟩, których to może dotyczyć; zainteresowani; odnośne władze (*formuła przy pisaniu np. opinii*)
thought *s* **1.** myśl **2.** pomysł **3.** zamiar **4.** *pl* **thoughts** zdanie, opinia
freedom of ~ wolność myśli
history of economic ~ historia myśli ekonomicznej
thousand *s* tysiąc
long ~ 1200 sztuk
one in a ~ *a*) jeden na tysiąc *b*) znakomity, wyjątkowy
per ~ od tysiąca, na tysiąc, promil
the upper ten ~ arystokracja, wyższe sfery, bogacze
Threadneedle Street *s przen.* finansowe centrum Londynu (*nazwa ulicy, przy której się mieści Bank Angielski*)
threat *s* **1.** groźba **2.** pogróżka
~ **of dismissal** groźba zwolnienia (*z pracy*)
~ **of famine** groźba ⟨niebezpieczeństwo⟩ głodu
~ **of future injury** groźba uszkodzenia ciała
~ **of punishment** groźba kary, zagrożenie karą
~ **of violence** groźba użycia siły
~ **of the war** groźba ⟨niebezpieczeństwo⟩ wojny
~ **of burn** groźba ⟨niebezpieczeństwo⟩ pożaru
~ **to murder** groźba morderstwa
~ **to peace** groźba dla pokoju, zagrożenie pokoju
~ **to public security** groźba dla ⟨zagrożenie⟩ bezpieczeństwa publicznego
empty ⟨**idle**⟩ ~**s** czcze pogróżki
to carry out a ~ spełnić pogróżkę
to utter ~**s** grozić, odgrażać się, wypowiadać ⟨wykrzykiwać⟩ pogróżki
threaten *v* grozić, zagrażać (**sb with sth** komuś czymś)
to ~ **peace** zagrażać pokojowi
to ~ **sb with lawsuit** ⟨**legal proceedings**⟩ grozić komuś wszczęciem kroków sądowych ⟨procesem⟩
to ~ **sb with punishment** grozić komuś ukaraniem
to ~ **to do sth** grozić zrobieniem czegoś
threatening *adj* **1.** grożący **2.** groźny
~ **attitude** groźna postawa
~ **language** pogróżki, groźby
~ **letter** list z pogróżkami
thrift, thriftiness *s* **1.** oszczędność **2.** zapobiegliwość, gospodarność
thriftless *adj* rozrzutny
thriftlessness *s* **1.** marnotrawstwo **2.** rozrzutność
thrifty *adj* **1.** oszczędny, zapobiegliwy, gospodarny **2.** *am.* prosperujący, kwitnący
thrive *v* (**throve, thrived,** *pp* **thriven, thrived**) **1.** rozkwitać, dobrze prosperować **2.** odnieść korzyść (**on sth** z czegoś)
thriving *adj* kwitnący, dobrze prosperujący
~ **business** *a*) dobrze prosperująca firma *b*) rozwijający się ⟨kwitnący⟩ handel
Throgmorton Street *s przen.* **1.** giełda londyńska **2.** giełdziarze
throne *s* tron
~ **address** mowa tronowa
abdication of the ~ abdykacja
accession to the ~ wstąpienie na tron
heir ⟨**heiress**⟩ **to the** ~ następca ⟨następczyni⟩ tronu
pretender to the ~ pretendent do tronu
speech from the ~ mowa tronowa

succession to the ~ następstwo tronu
to ascend ⟨**come to**⟩ **the** ~ wstąpić na tron
to sit on the ~ siedzieć na tronie, panować
through[1] *adj* **1.** bezpośredni **2.** tranzytowy
~ **bill of lading** konosament bezpośredni
~ **car** ⟨**carriage**⟩ wagon bezpośredni
~ **cargo** ładunek bezpośredni
~ **communication** bezpośrednia komunikacja
~ **consignment note** list przewozowy bezpośredni
~ **freight** fracht bezpośredni (*przy przewozie za konosamentem bezpośrednim*)
~ **line** linia bezpośrednia (*kolejowa, żeglugowa, telegraficzna*)
~ **passage** tranzyt
~ **rate** stawka za przewóz bezpośredni do miejsca przeznaczenia (*różnymi środkami transportu*)
~ **repairs** *mor.* remont kapitalny
~ **route** trasa bezpośrednia
~ **shipment** *a*) przesyłka bezpośrednia *b*) wysyłka bezpośrednia
~ **station** stacja tranzytowa
~ **ticket** bilet bezpośredni
~ **traffic** *a*) bezpośredni obrót, bezpośrednia wymiana handlowa *b*) komunikacja bezpośrednia *c*) komunikacja tranzytowa, obrót tranzytowy
~ **train** pociąg bezpośredni
~ **transport** transport bezpośredni
~ **waybill** list przewozowy bezpośredni
railroad ~ **bill of lading** konosament bezpośredni wystawiony przez kolej
uniform ~ **export bill of lading** *am.* konosament bezpośredni wystawiony przez kolej ⟨kolejowo-morski⟩
through[2] *adv* bezpośrednio, bez przeładunku
to go ~ **to...** iść ⟨jechać, płynąć⟩ bezpośrednio do...
through[3] *praep* **1.** przez, poprzez **2.** wskutek, z powodu, dzięki
~ **the agency of sb** za czyimś pośrednictwem
~ **the bank** przez bank, za pośrednictwem banku
~ **error** przez pomyłkę, na skutek błędu
~ **sb's fault** z czyjejś winy
~ **an interpreter** za pośrednictwem ⟨przez⟩ tłumacza
to go ~ **the accounts** przejrzeć rachunki
throw *v* (**threw, thrown**) rzucać; *zob.* **throw away, down, in, off, open, out, up**
to ~ **the blame for sth on sb** zrzucić na kogoś winę za coś
to ~ **goods on the market** rzucać towary na rynek
to ~ **overboard** wyrzucać za burtę (*np, ładunek w wypadku awarii*)
to ~ **the responsibility on sb** zrzucić na kogoś odpowiedzialność
to ~ **sb into prison** wtrącić kogoś do więzienia
to ~ **sb out of work** wyrzucić ⟨zwolnić⟩ kogoś z pracy
throwaway[1] *s* ulotka, druk reklamowy
throwaway[2] *adj* (*o opakowaniu, naczyniu*) jednorazowego użytku
~ **paper cup** papierowy kubek (*do wyrzucenia po użyciu*)
throw away *v* odrzucać, marnować (*okazję, korzyść itp.*)
to ~ **money** tracić ⟨marnować⟩ pieniądze
to ~ **an offer** odrzucić ofertę
throw down *v* zrzucać, zwalać

to ~ **one's arms** składać broń, poddawać się
to ~ **tools** strajkować
throw in *v* 1. dorzucać, dokładać, dawać jako dodatek 2. wtrącać uwagę
throw off *v* 1. odrzucać, zrzucać 2. pozbywać się 3. opuszczać z ceny
to ~ **an illness** pozbyć się choroby, wyzdrowieć
to ~ **one's pursuers** pozbyć się prześladowców
to ~ **the yoke** zrzucić jarzmo
throw open *v* otwierać, udostępniać (*np. wystawę publiczności*)
throw out *v* 1. wyrzucać 2. odrzucać
to ~ **the bill** odrzucić projekt ustawy
throw-outs *spl* odpadki, braki towarowe, odrzuty
throw up *v* 1. podnosić 2. rezygnować (**sth** z czegoś), zaniechać, porzucić
to ~ **one's job** (**employment**) zrezygnować z pracy (zatrudnienia)
thru *am. pot.* = **through**[1],[2],[3]
tick[1] *s* 1. kredyt 2. zaznaczenie pozycji (*w wykazie*), znaczek, *przen.* fajka, ptaszek
to buy sth on ~ kupić coś na kredyt
to mark sth with a ~ odfajkować coś, zaznaczyć coś w wykazie
to put a ~ **against a name** odznaczyć ptaszkiem czyjeś nazwisko
tick[2] *v* 1. zaznaczyć pozycję (*w wykazie*), *przen.* odfajkować 2. *zob.* **tick out**
to ~ **the appropriate box** zaznaczyć właściwą rubrykę (*w formularzu*)
ticker *s* telegraf taśmowy, dalekopis
ticket[1] *s* 1. bilet 2. znaczek, numerek (*do szatni*) 3. kwit bagażowy 4. przywieszka, etykietka, metka 5. odcinek kontrolny 6. *giełd.* kartka zawierająca nazwiska nabywców papierów wartościowych (*doręczana maklerom przy transakcjach na termin rozliczeniowy*) 7. licencja, dyplom (*pilota, kapitana statku*) 8. *am.* lista wyborcza 9. *pot.* mandat (*za wykroczenie drogowe*)
~ **agent** kasjer biletowy
~ **at reduced fare** (**rate**) bilet ulgowy
~ **collector** kontroler biletów
~ **holder** posiadacz biletu
~ **of admission** bilet wstępu
~ **office** kasa biletowa
~ **of leave** warunkowe zwolnienie z więzienia
~ **window** okienko sprzedaży biletów, kasa biletowa
air (**airplane, aeroplane**) ~ bilet lotniczy
baggage (**luggage**) ~ kwit bagażowy (*na bagaż*)
berth ~ bilet na miejsce sypialne (*w pociągu lub na statku*)
book of ~s karnet biletów, książeczka biletowa
circular ~ bilet okrężny
cloak-room ~ a) kwit bagażowy b) numerek (*w szatni*)
combined ~ bilet na przejazd z przesiadką
commutation ~ *am.* bilet okresowy (*dla dojeżdżających do miasta*)
complimentary (**free**) ~ bilet bezpłatny
day ~ bilet powrotny (*ważny jeden dzień*)
deposit ~ dowód wpłaty (*wkładu bankowego, wadium itp.*)
entrance ~ bilet wstępu
excess ~ bilet dodatkowy
excursion ~ bilet wycieczkowy

full-fare ~ bilet normalny (bez zniżki)
half-fare ~ bilet ulgowy (*50%*)
landing ~ karta lądowania
lottery ~ bilet loteryjny
one-way ~ *am.* bilet w jedną stronę
parcel ~ kwit przesyłkowy
parking ~ mandat za parkowanie (*w niedozwolonym miejscu*)
passage ~ bilet na przejazd statkiem
pawn ~ kwit zastawniczy
platform ~ bilet peronowy
price ~ wywieszka z ceną
railway ~ bilet kolejowy
reserved-seat ~ bilet z rezerwacją miejsca, *pot.* miejscówka
return ~ bilet powrotny
roundtrip ~ bilet okrężny (na okrężną trasę podróży)
season (**subscription**) ~ bilet okresowy (*zwykle miesięczny*)
single ~ bilet w jedną stronę
through ~ bilet bezpośredni
tourist ~ bilet turystyczny
weekly ~ bilet tygodniowy
to buy a ~ kupić bilet
to order (**reserve**) **a** ~ zarezerwować bilet
to produce ~s okazywać bilety (*kontrolerowi*)
ticket[2] *v* 1. etykietować, opatrywać przywieszką (etykietką), metkować 2. *am.* zaopatrywać w bilety, wydawać bilety
ticket-day *s giełd.* dzień poprzedzający datę rozliczeń giełdowych
ticket-porter *s* bagażowy z urzędowym numerkiem
tickler *s* 1. zagadka, problem, dylemat 2. *am.* terminarz, raptularz
tick out *v* (*o aparacie odbiorczym telegrafu, dalekopisie*) wystukiwać
tidal *adj* pływowy, przypływowy, odpływowy (*podlegający działaniu przypływów i odpływów morza*)
~ **basin** (**dock**) basen (dok) otwarty dla przypływów i odpływów
~ **flat** teren zalewany w czasie przypływu
~ **harbour** port przypływowy
~ **waters** wody przypływowe
tide *s* 1. pływ, przypływ i odpływ morza 2. *przen.* prąd, fala
~ **harbour** port pływowy
~s **in business activity** wahania (fluktuacje) w handlu
ebb ~ odpływ
flood ~ przypływ
high ~ wysoki stan wody, przypływ
low ~ niski stan wody, odpływ
neap ~ mały przypływ (*kwadrowy*)
spring ~ maksymalny przypływ
to go with (**against**) **the** ~ płynąć (iść) z prądem (pod prąd)
tide-bound *adj* (*o statku*) unieruchomiony przez odpływ
tidings *spl* wieści, wiadomości
evil ~ złe wiadomości
good (**glad**) ~ dobre wiadomości
tie[1] *s* węzeł, więź
family ~s więzy rodzinne
marriage (**matrimonial**) ~s więzy małżeńskie

tie[2] *v* **1.** wiązać, krępować **2.** zobowiązywać **3.** *zob.* **tie down, up**
 to ~ sb's hands skrępować komuś ręce
 to ~ into bundles wiązać w wiązki ⟨pęczki⟩
 to ~ sb to secrecy zobowiązać kogoś do zachowania tajemnicy
tied *adj* wiązany
 ~ loan pożyczka wiązana (*kredyt zagraniczny uwarunkowany zakupami w kraju wierzycielskim*)
 ~ sale sprzedaż wiązana (*uzależniona od zakupu innych towarów*)
tie down *v* związać, skrępować
tie-in *adj* : **~ sale** sprzedaż wiązana (*uzależniona od zakupu innego towaru*)
tie-on *adj*: **~ label** nalepka, etykietka
tier *s* **1.** rząd (*w układzie pionowym*) **2.** klasa, kategoria
 ~ of goods klasa towaru
tie-up *s* **1.** związanie, uwiązanie **2.** połączenie, związek **3.** wstrzymanie ⟨zablokowanie⟩ ruchu, korek (*uliczny*) **4.** *am.* przestój, przerwa w pracy
 ~ of capital uwięzienie ⟨związanie⟩ kapitału
tie up *v* **1.** unieruchomić (*np. kapitał na koncie*) **2.** ograniczyć przepisami (*np. wywóz kapitału*) **3.** wiązać, kojarzyć (*np. fakty*) **4.** blokować (*np. ruch uliczny*)
 to ~ capital uwięzić kapitał
 to ~ one's luggage pakować ⟨spakować⟩ bagaż
 to ~ one's money in land ulokować ⟨zainwestować⟩ pieniądze w ziemi
 to ~ property ograniczyć własność (*np. zastrzeżeniami*)
 to ~ sb's tongue nakazać komuś milczenie
tight *adj* **1.** ciasny **2.** zwarty, silnie związany, spoisty **3.** szczelny **4.** występujący w niedostatecznej ilości, ograniczony, niewystarczający
 ~ bag szczelnie wypełniony worek
 ~ control ścisła kontrola
 ~ market rynek niedostatecznie zaopatrzony w towary
 ~ money ograniczona ilość pieniędzy, trudny pieniądz
 ~ restrictions surowe ograniczenia
 ~ situation napięta sytuacja
 money is ~ brakuje pieniądza (*na rynku*), pieniądz ⟨kredyt⟩ jest drogi
 to be in a ~ place ⟨**corner**⟩ znaleźć się w krytycznej sytuacji
tighten *v* **1.** zaciskać, zacieśniać (się) **2.** napinać
 to ~ the blockade zacieśniać blokadę
 to ~ the control zaostrzać kontrolę
 to ~ economic bonds zacieśniać więzy ekonomiczne
 to ~ restrictions zaostrzyć ograniczenia
 to ~ security zaostrzyć środki bezpieczeństwa
tightening *s* : **~ of prices** *giełd.* wzmocnienie kursów
 ~ of monetary or fiscal policy zaostrzenie polityki kredytowej lub fiskalnej
tightness *s* **1.** zwartość, szczelność **2.** ciasnota **3.** napięcie
 ~ of money ciasnota ⟨brak⟩ pieniądza
 manpower ~ brak ⟨niedostatek⟩ siły roboczej
till[1] *s* kasetka na pieniądze, kasa podręczna
 ~ book książka kasowa
 ~ money gotówka w kasie podręcznej, pogotowie kasowe

till[2] *praep* **1.** do, aż do **2.** dopóki nie
 ~ cancelled ⟨**countermanded**⟩ aż do odwołania
 ~ due do chwili ⟨terminu⟩ płatności
 ~ further advice ⟨**notice**⟩ aż do dalszego powiadomienia
 ~ now dotychczas
 ~ then do tego czasu
tillage *s* **1.** uprawa ziemi **2.** ziemia uprawna, grunt rolniczy
 fit for ~ nadający się pod uprawę ⟨do uprawy⟩
 in ~ pod uprawą
tiller *s* rolnik
timber *s* **1.** drewno **2.** las do eksploatacji **3.** belka **4.** tarcica
 ~ assortments gatunki drewna
 ~ auction sprzedaż aukcyjna drewna
 ~ basin ⟨**dock**⟩ *a*) basen portowy drzewny *b*) basen tratwowy
 ~ cargo ładunek drewna
 ~ carrier ⟨**carrying vessel**⟩ statek do przewozu drewna, drewnowiec
 ~ charter czarter na przewozy drewna
 ~ industry przemysł drzewny
 ~ load line linia ładunkowa ⟨dla pokładowego ładunku⟩ drewna
 ~ merchant kupiec drzewny
 ~ trade handel drzewny
 ~ work konstrukcja drewniana
 ~ yard skład drzewny
building ⟨**structural**⟩ **~** drewno budowlane
timbered *adj* **1.** wybudowany z drzewa, drewniany **2.** zadrzewiony
 ~ country zadrzewiona ⟨lesista⟩ okolica
 ~ houses drewniane domy
time[1] *s* **1.** czas, pora, okres **2.** termin **3.** kara więzienia **4.** (jeden) raz **5.** *pl* **times** czasy, okres
 ~ allowed czas dozwolony ⟨dopuszczalny⟩
 ~ bargain transakcja terminowa ⟨na termin, na przyszłą dostawę⟩
 ~ bill *a*) weksel terminowy *b*) rozkład (*np. jazdy*)
 ~ bomb bomba zegarowa
 ~ card karta zegarowa (*pracownika*)
 ~ charter czarter na czas
 ~ charterer osoba ⟨firma⟩ czarterująca na czas
 ~ chartering czarterowanie (*statku*) na czas
 ~ clock zegar kontrolny
 ~ deposit wkład długoterminowy
 ~ discount skonto ⟨rabat⟩ za wpłatę przedterminową
 ~ draft weksel terminowy
 ~ for payment termin płatności
 ~ for presentation termin przedłożenia (*czeku*)
 ~ for protesting termin protestu (*weksla*)
 ~ freight fracht czasowy (*zależny od okresu zatrudnienia statku*)
 ~ insurance ubezpieczenie na czas
 ~ interval odstęp w czasie, przerwa czasowa
 ~ lag zwłoka, opóźnienie
 ~ limit ograniczenie czasu, termin końcowy
 ~ loan pożyczka o określonym terminie zwrotu ⟨zwrotna w ustalonym terminie⟩
 ~ measuring chronometraż
 ~ of appeal ⟨**appealing**⟩ termin odwołania ⟨apelacji⟩
 ~ of apprenticeship czas nauki ⟨terminowania⟩
 ~ of arrival termin przybycia

~ **of circulation** okres obiegu ⟨cyrkulacji⟩
~ **of crisis** okres kryzysu
~ **of death** godzina śmierci
~ **of delivery** termin ⟨okres⟩ dostawy
~ **of departure** czas odjazdu
~ **of election** termin wyborów
~ **of life** okres życia ⟨trwałości⟩
~ **of loading** czas załadowania
~ **of maturity** czas ⟨termin⟩ płatności (np. weksla)
~ **of payment** termin płatności
~ **of performance** termin wykonania (zobowiązania)
~ **of prescription** termin przedawnienia
~ **of rest** czas wypoczynku
~ **of trial** okres próby ⟨próbny⟩
~ **of validity** okres ważności
~ **of waiting** czas oczekiwania
~ **of working** czas pracy
~ **policy** polisa ubezpieczenia na czas
~ **premium** składka ubezpieczenia na czas
~ **promissory note** weksel własny terminowy
~ **purchase** ⟨sale⟩ zakup ⟨sprzedaż⟩ na termin
~ **recorder** zegar kontrolny
~ **series** szeregi czasowe
~ **sheet** a) zestawienie czasu (załadunku lub wyładunku) b) karta zegarowa (pracownika)
~ **table** a) rozkład jazdy b) harmonogram
~ **wages** płace ⟨wynagrodzenie⟩ za czas
~ **work** praca płatna za godziny
~ **worker** robotnik płatny za godziny pracy
additional ~ termin dodatkowy
ahead of ~ przed czasem, przedterminowo
all ~ **saved both ends** łączny czas zaoszczędzony przy przeładunkach (w porcie załadowania i wyładowania)
appointed ~ wyznaczony termin
astronomical ~ czas astronomiczny
at any ~ w każdej chwili, w każdym czasie
at the appointed ~ w wyznaczonym czasie ⟨terminie⟩
at a ~ naraz, jednocześnie
at ~s od czasu do czasu
auction ~ termin aukcji ⟨przetargu, licytacji⟩
average ~ średni ⟨przeciętny⟩ czas
back in ⟨behind⟩ ~ opóźniony, po czasie
before ~ przed czasem ⟨terminem⟩
Central European Time czas środkowoeuropejski
charter ~ a) termin wygaśnięcia czarteru b) czas trwania czarteru
close ~ czas ochronny (w łowiectwie)
closing ~ czas ⟨pora⟩ zamknięcia (np. giełdy)
dead ⟨idle⟩ ~ czas przestoju (maszyny)
dealings for ~ transakcje terminowe ⟨na termin⟩
delivery ~ termin dostawy
discharging ~ czas trwania wyładunku ⟨postoju przy wyładunku⟩
draft's ~ **limit** a) termin płatności traty b) okres od wystawienia do terminu płatności traty
dull ~ martwy sezon
effective ~ czas efektywny
effluxion of ~ upływ czasu ⟨terminu⟩
elapsed ~ czas miniony ⟨który upłynął⟩
extension of ~ przedłużenie terminu, prolongata
fixed ~ ustalony termin
for ~ na okres ⟨termin⟩

free ~ a) wolny czas od zawiadomienia o gotowości statku do załadunku lub wyładunku do chwili, od której liczy się postój b) wolny czas składowania (bez opłat składowych) c) wolny czas postoju wagonu (po upływie którego płaci się postojowe)
from ~ **to** ~ od czasu do czasu
Greenwich mean ~ średni czas Greenwich
guarantee ~ okres gwarancji
harvest ~ okres żniw
holiday ~ okres wakacji ⟨urlopu⟩
idle ~ czas przestoju (maszyny)
in any foreseeable ~ w dającym się przewidzieć czasie ⟨terminie⟩
in due ~ we właściwym czasie ⟨terminie⟩, w porę, na czas
in a given ~ w danym czasie
in good ~ a) w odpowiednim czasie, w terminie b) w krótkim czasie
in a reasonable ~ w rozsądnym czasie ⟨terminie⟩
in ~ na czas, w porę
labour ~ czas pracy
lack of ~ brak czasu
lapse of ~ upływ czasu
latest ~ termin ostateczny ⟨nieprzekraczalny⟩
lay ~ czas postoju statku w porcie
leisure ~ czas wolny
loading ~ czas trwania załadunku, czas postoju (statku) przy załadunku
local ~ czas lokalny
loss of ~ a) strata czasu b) czas wyłączenia z eksploatacji i utraty zarobków przez właściciela (ryzyko podlegające ubezpieczeniu)
many a ~ niejednokrotnie
matter of ~ kwestia czasu
mean ~ średni czas
on ~ a) na czas, punktualnie b) na raty
opening ~ czas ⟨pora⟩ otwarcia (np. giełdy)
order ~ czas wykonania zamówienia
out of ~ a) spóźniony b) po czasie ⟨terminie⟩
period of ~ okres czasu
productive ~ okres produkcyjny
reversible ~ czas przemiany (liczony łącznie na wyładunek i załadunek)
space ⟨span⟩ **of** ~ odstęp ⟨ilość⟩ czasu
standard ~ czas urzędowy
stated ⟨stipulated⟩ ~ czas ustalony ⟨umówiony⟩
steering - czas przebywania (statku) na morzu (bez postoju w portach)
storage ~ okres składowania
turn ~ czas oczekiwania (statku) na miejsce przy nabrzeżu
waste of ~ strata ⟨marnowanie⟩ czasu
within the required ~ w wymaganym ⟨przewidzianym⟩ czasie
working ~ czas pracy
to appoint ⟨fix⟩ **a** ~ **for doing sth** wyznaczyć ⟨ustalić⟩ czas na wykonanie czegoś
to ask for ~ prosić o zwłokę
to gain ~ zyskać na czasie
to get double ~ **on Sundays** pracować w niedzielę za podwójną stawkę
to lose ~ tracić czas
to make up for the lost ~ nadrabiać spóźnienie
to play for ~ grać na zwłokę
to save ~ oszczędzać na czasie
to waste ~ tracić czas

to win ~ zyskać na czasie
time² *v* **1.** obliczać ⟨mierzyć⟩ czas **2.** regulować w czasie, wybierać odpowiedni czas
   to ~ **ill** ⟨**well**⟩ wybrać nieodpowiedni ⟨odpowiedni, właściwy⟩ czas
time-barred *adj* przedawniony
time-consuming *adj* czasochłonny
timekeeper *s* kontroler czasu pracy robotników
timely *adj* na czasie, w porę
   ~ **notification** zawiadomienie w porę
timesaving *adj* oszczędzający czas
   ~ **device** przyrząd umożliwiający oszczędność czasu
timetable *s* **1.** rozkład jazdy **2.** rozkład zajęć, plan lekcji **3.** harmonogram, rozkład czynności
time(-)work *s* praca płatna w stawkach godzinowych ⟨dniowych⟩, praca dniówkowa ⟨na dniówki⟩
time-worker *s* robotnik dniówkowy
time-worn *adj* **1.** starodawny **2.** przestarzały **3.** zniszczony, zużyty
timid *adj* nieśmiały, bojaźliwy
   ~ **investor** bojaźliwy ⟨ostrożny⟩ inwestor
timing *s* uzgodnienie w czasie (*np. czynności*), synchronizacja, koordynacja
timocracy *s* oligarchia
timorous *adj* nieśmiały, bojaźliwy
   ~ **objection** nieśmiały sprzeciw
   ~ **policy** bojaźliwa polityka
tin¹ *s* **1.** cyna **2.** blacha **3.** puszka blaszana **4.** kanister
   ~ **opener** klucz do konserw
tin² *v* **1.** cynować **2.** puszkować (*konserwy*)
tinned *pp adj* : ~ **box** puszka
   ~ **fruit** konserwy owocowe
   ~ **goods** ⟨**food**⟩ konserwy
   ~ **meat** konserwa mięsna
tip¹ *s* **1.** koniec, końcowy punkt, szczyt **2.** zakończenie, oprawka, okucie
tip² *s* **1.** poufna informacja **2.** napiwek
   stock-exchange ~ poufna informacja giełdowa
tip³ *v* **1.** udzielać poufnych informacji **2.** dawać napiwki (**sb** komuś) **3.** typować (*zwycięzcę*)
   to ~ **a porter** ⟨**waiter**⟩ dawać napiwek bagażowemu ⟨kelnerowi⟩
tip-cart *s* wywrotka
tipstaff *s* **1.** *hist.* laska z okuciem (*oznaka pomocnika szeryfa*) **2.** pomocnik szeryfa
   ~'**s warrant** nakaz aresztowania
   to send out a ~ wydać nakaz aresztowania
tipster *s* pokątny doradca (*w sprawach giełdowych, na wyścigach*)
tiptop¹ *s pot.* najwyższy punkt
tiptop² *adj pot.* najwyższej klasy
tire *s am.* = tyre
tithe *s* **1.** *hist.* dziesięcina **2.** dziesiąta część
title *s* **1.** tytuł prawny ⟨własności⟩ **2.** tytuł, nagłówek, rozdział (*ustawy*) **3.** tytuł (*naukowy*) **4.** prawo (**to sth** do czegoś)
   ~ **by possession** tytuł oparty na posiadaniu
   ~ **by prescription** prawo własności na podstawie przedawnienia
   ~ **deed** dokument stanowiący tytuł własności
   ~ **holder** posiadacz tytułu prawnego
   ~ **insurance** ubezpieczenie od wadliwego tytułu własności
   ~ **of honour** honorowy tytuł

   ~ **of office** ⟨**rank**⟩ tytuł urzędowy
   ~ **of ownership** tytuł własności
   ~ **page** strona tytułowa
   ~ **to land** tytuł do posiadania nieruchomości
   abstract of ~ wyciąg ⟨wypis⟩ hipoteczny ⟨z księgi wieczystej⟩
   acquisition of ~ uzyskanie własności
   bad ~ wadliwy tytuł prawny
   change of ~ przejście własności, przeniesienie tytułu
   clear ⟨**good**⟩ ~ prawidłowy tytuł
   document of ~ **(to the goods)** dowód ⟨dokument stwierdzający prawo⟩ własności (towarów)
   enforceable ~ tytuł egzekucyjny
   instrument of ~ dokument stanowiący tytuł własności
   legal ~ tytuł prawny
   possessory ~ tytuł posiadania
   predecessor in ~ poprzednik prawny, poprzedni właściciel
   successor in ~ następca prawny, następny właściciel
   transfer of ~ przeniesienie własności ⟨tytułu⟩
   valid ~ ważny tytuł
   voidable ~ tytuł, który można unieważnić
   to acquire ~ **to sth** uzyskać tytuł do czegoś
   to constitute a ~ stanowić ⟨tworzyć⟩ tytuł
   to contest ⟨**dispute**⟩ **sb's** ~ kwestionować ⟨zwalczać⟩ czyjś tytuł
   to derive one's ~ **from sb** wyprowadzać swój tytuł od kogoś
   to have a ~ **to a thing** mieć tytuł ⟨prawo⟩ do czegoś ⟨jakiejś rzeczy⟩
   to make a good ~ stwarzać dobry tytuł, dawać prawo
   to recover one's ~ odzyskać tytuł ⟨prawo⟩
   to reserve ⟨**retain**⟩ **one's** ~ zatrzymać ⟨zachować⟩ prawo
   to show a good ~ wykazać tytuł prawny
   to transfer ~ przenieść prawo
titular *adj* **1.** tytularny, nominalny **2.** związany z tytułem, prawowity
   ~ **ruler** prawowity władca
   ~ **possession** nominalne posiadanie
   ~ **professor** tytularny profesor (*bez własnej katedry*)
   ~ **sovereignty** tytularna suwerenność
to *praep* do, na, ku
   to and fro tam i z powrotem
   to arrive (*umowa*) na przybycie, (*sprzedaż towaru*) w drodze
   to bearer na okaziciela
   to sb's knowledge za czyjąś wiedzą
   to or from the ship's tackle wzdłuż burty statku
   to ship's rail do nadburcia statku
   to ship's side do burty statku
   to this day do dnia dzisiejszego, po dzień dzisiejszy
tobacco *s* tytoń
   ~ **dealer** kupiec branży tytoniowej
   ~ **monopoly** monopol tytoniowy
   tax on ~ podatek od tytoniu
today¹ *adv* **1.** dziś, dzisiaj **2.** obecnie
today² *s* dziś, dzisiejszy dzień
token *s* **1.** znak, symbol **2.** żeton, bon, kupon
   ~ **coin** ⟨**coinage**⟩ bilon, moneta zdawkowa
   ~ **imports** symboliczny import

~ **of respect** znak szacunku
~ **payment** symboliczna wpłata (*pokrywająca niewielką część długów*)
~ **strike** strajk manifestacyjny
~ **vote** *parl.* głosowanie na asygnowanie symbolicznej sumy (*właściwa suma zostanie określona później*)
premium ~ bon premiowy
tolerable *adj* znośny, dość dobry, nie najgorszy
~ **road** dość dobra droga
an article in ~ **demand** artykuł dość poszukiwany
in ~ **health** w nie najgorszym zdrowiu, dość zdrowy
tolerance *s* tolerancja, wyrozumiałość
~ **limits** granice tolerancji
~ **of weight** tolerancja wagi
tolerate *v* 1. tolerować, znosić 2. dopuszczać
to ~ **sb's impudence** tolerować czyjąś złośliwość
toleration *s* tolerancja
racial ~ tolerancja rasowa
religious ~ tolerancja religijna
toll *s* 1. *hist.* myto, rogatkowe, mostowe 2. opłata pobierana za korzystanie z urządzeń publicznych 3. opłata za rozmowy międzymiastowe 4. opłata za przewóz towarów 5. straty
~ **bar** bariera celna (przed urzędem celnym)
~ **call** rozmowa telefoniczna międzymiastowa
~ **line** międzymiastowa linia telefoniczna
~ **traverse** opłata za korzystanie z przejazdu przez cudzy teren
anchorage ~ kotwiczne
canal ~**s** opłaty kanałowe
a heavy ~ **of lives** długa lista ofiar (*katastrofy*)
tollage *s* 1. opłata 2. cło
toll-free *adj* wolny od cła
tollgate *s* rogatka, wjazd na płatny odcinek autostrady
tomb *s* grób, grobowiec
Tomb of the Unknown Soldier Grób Nieznanego Żołnierza
to rifle (despoil) **a** ~ zbezcześcić grób
tomorrow[1] *adv* jutro
tomorrow[2] *s* 1. jutro 2. przyszłość
the day after ~ pojutrze
ton *s* tona
~ **burden** tona wagi
~ **freight** fracht wyrażony w tonach
~ **weight** tona wagi
bill-of-lading ~ tona konosamentowa
by ~ **delivered** (*o opłacie frachtowej*) za każdą tonę wyładowaną
deadweight ~ tona nośności
displacement ~ tona wyporności
freight ~ tona frachtowa
gross register ~ tona rejestrowa brutto
register ~ tona rejestrowa
tone *s* ton; nastrój
~ **of the market** nastrój na rynku
bearish (bullish) ~ tendencja zniżkowa (zwyżkowa)
general (prevailing) ~ ogólny (przeważający) nastrój
tonnage *s* 1. tonaż, pojemność w tonach 2. *przen.* statki, flota 3. ilość (waga) ładunku na statku
~ **certificate** świadectwo pomiarowe statku
~ **dues** opłaty tonażowe (portowe)

~ **measurement** pomiar tonażu
~ **offerings** podaż wolnego tonażu, podaż statków na rynku czarterowym
~ **of ships afloat** tonaż statków w eksploatacji
~ **plan** plan pomieszczeń ładunkowych (*statku*)
~ **tax** opłaty tonażowe
~ **under deck** tonaż przestrzeni ładunkowej
active ~ tonaż (statki) w eksploatacji (w ruchu)
bill (certificate) **of** ~ świadectwo pomiarowe statku
cargo ~ tonaż statków frachtowych, statki frachtowe, flota handlowa
cleared ~ tonaż klarowany (*po załatwieniu formalności związanych z wyjściem lub wejściem statku*)
coastwise ~ tonaż żeglugi przybrzeżnej, statki kabotażowe
deadweight ~ nośność statku
demand for weight ~ zapotrzebowanie na tonaż (na statki do przewozu ładunków)
displacement ~ wyporność statku
freight ~ *a*) pojemność ładunkowa statku (*w tonach frachtowych*) *b*) tonaż floty handlowej
gross register ~ tonaż rejestrowy brutto, pojemność rejestrowa brutto
idle ~ tonaż nie wykorzystany (nie zakontraktowany)
laid-up ~ tonaż rezerwowy
Moorsom ~ tonaż rejestrowy netto (*obliczony systemem Moorsoma*)
net register ~ tonaż rejestrowy netto (*bez przestrzeni przeznaczonej na cele inne niż ładunkowe*)
open ~ tonaż wolny (*do zafrachtowania*)
register(ed) ~ tonaż rejestrowy
river ~ tonaż żeglugi rzecznej, flota rzeczna
small ~ statki niewielkich rozmiarów
supply of ~ podaż wolnego tonażu, podaż statków na rynku
tanker ~ tonaż tankowców (zbiornikowców)
tramp ~ tonaż statków trampowych
'tweendeck ~ pojemność przestrzeni międzypokładowej
underdeck ~ tonaż przestrzeni podpokładowej
waste ~ tonaż nie wykorzystany (nie zakontraktowany)
to charter ~ czarterować statki
to have a ~ **of ...tons** posiadać tonaż o nośności ... ton
to measure the ~ **of the vessel** zmierzyć tonaż statku
tonner *s* (*w zestawieniu z liczbą*) oznaczenie tonażu statku
10,000 ~ statek o pojemności 10 000 ton, dziesięciotysięcznik
tool[1] *s* narzędzie, przyrząd
~ **kit** zestaw narzędzi (*w opakowaniu*)
farming ~**s** narzędzia rolnicze
machine ~ obrabiarka
policy ~ narzędzie polityki
to down ~**s** zaprzestać pracy, zastrajkować
tool[2] *v* 1. obrabiać 2. wyposażyć w narzędzia (maszyny, urządzenia)
tooled *adj* obrobiony mechanicznie
tooling *s* wyposażenie w narzędzia (maszyny, urządzenia)
top *s* 1. wierzch 2. szczyt
~ **grade** najwyższy gatunek

~ **level talks** rozmowy na szczycie
~ **price** maksymalna cena
~ **priority** absolutne pierwszeństwo
~ **quality** najwyższa jakość
~ **secret** ściśle tajne
~ **stowage** sztauowanie płytkie (*w górnych warstwach ładunku*)
at ~ **speed** z maksymalną szybkością
on the ~ w dodatku, na domiar (wszystkiego)
to come to the ~ wyróżnić się, wybić się, osiągnąć powodzenie
topic *s* 1. temat, kwestia, przedmiot 2. *pl* **topics** aktualności
~ **for discussion** temat do dyskusji
~ **of the day** szlagier dnia
topical *adj* aktualny, bieżący
~ **question** aktualne zagadnienie
torment *s* udręczenie, tortury
tort *s* czyn niedozwolony, delikt
action for ⟨**in**⟩ ~ roszczenie o wynagrodzenie szkody spowodowanej czynem niedozwolonym
law of ~ prawo o czynach niedozwolonych
liability in ~ odpowiedzialność za szkodę wyrządzoną czynem niedozwolonym
maritime ~ czyn niedozwolony (*związany z nawigacją*) powodujący szkody podczas żeglugi
to bring ⟨**file**⟩ **action for** ~ wnieść powództwo oparte na czynie niedozwolonym
tort-feasor *s* osoba dopuszczająca się czynu niedozwolonego
tortious *adj* : ~ **act** czyn niedozwolony
~ **liability** odpowiedzialność za szkodę wyrządzoną czynem niedozwolonym
torture¹ *s* tortury, męki
instrument of ~ narzędzie tortur
to put to the ~ poddać torturom
torture² *v* poddawać torturom, torturować
to ~ **a prisoner** poddawać więźnia torturom
tot¹ *s pot.* suma (*podliczona*)
tot² *v pot.* 1. sumować, dodawać 2. wynosić
total¹ *s* całość, ogół, suma
~ **of costs** całość kosztów
~ **of taxes** suma podatków
balance-sheet ~ suma bilansowa
grand ~ łączna ⟨globalna⟩ suma
in ~ w sumie, ogółem
to buy the ~ **of a lot** kupić partię towaru w całości
total² *adj* 1. całkowity, cały, kompletny 2. (*o liczbie*) ogólny, całkowity 3. (*o wojnie*) totalny
~ **amount** suma całkowita ⟨globalna⟩
~ **assets** całość aktywów, aktywa ogółem
~ **claims** całość ⟨ogólna suma⟩ roszczeń
~ **costs** całkowite koszty
~ **earnings** całkowity dochód, całkowity zarobek
~ **expenditure** ⟨**expenses**⟩ całkowite wydatki
~ **exports** ⟨**imports**⟩ całkowity eksport ⟨import⟩
~ **failure** kompletne niepowodzenie
~ **freight** całkowity fracht
~ **indebtedness** ⟨**liabilities**⟩ całkowite zadłużenie, całość zobowiązań
~ **loss** (*o przedmiocie ubezpieczenia, ładunku*) strata całkowita
~ **output** ⟨**production**⟩ *a*) całkowite wydobycie *b*) całkowita produkcja
~ **population** całkowite zaludnienie, ogólna liczba ludności

~ **property** ogólna masa majątkowa
~ **revenue** całkowity dochód państwa
~ **ruin** całkowita ruina
~ **stock** ogólny kapitał
~ **turnover** ogólny ⟨całkowity⟩ obrót
~ **value** całkowita ⟨ogólna⟩ wartość
~ **war** wojna totalna
~ **weight** waga całkowita ⟨ogółem⟩
total³ *v* 1. sumować, obliczać 2. wynosić (ogółem)
the amount ~ **s to** ... suma wynosi ogółem ..
the costs ~ **to** ... koszty wynoszą ...
totalitarian *adj* totalitarny
~ **government** rząd totalitarny
~ **state** państwo totalitarne
totality *s* całość, ogół
~ **of debts** łączna kwota długów, ogólne zadłużenie
totalizator *s* totalizator
totalize *v* zsumować, zliczyć
totter *v* chwiać się
tottering *adj* : ~ **price** chwiejna cena, chwiejny kurs
tot up *v pot.* sumować, dodawać
to ~ **to** ... wynosić sumę ...
touch¹ *s* 1. dotknięcie 2. kontakt
close ⟨**constant**⟩ ~ ścisły ⟨stały⟩ kontakt
direct ~ bezpośredni kontakt
personal ~ kontakt osobisty
to be ⟨**keep**⟩ **in** ~ być w kontakcie
to be out of ~ utracić kontakt
to bring ⟨**put**⟩ **into** ~ skontaktować się (**with sb** z kimś)
to get into ~ nawiązać kontakt
touch² *v* 1. dotykać, stykać się 2. dorównywać 3. uszkadzać 4. dotyczyć 5. wzruszać
to ~ **at a port** zawijać do portu
to ~ **bottom** osiągnąć dno ⟨najniższy poziom⟩
to ~ **on** ⟨**upon**⟩ **a problem** poruszyć zagadnienie
~ **and stay** *ub. mors.* klauzula polisy dopuszczająca zawijanie i pozostawanie statku w dowolnym porcie
touched *pp adj*: ~ **bill of health** świadectwo zdrowia z zastrzeżeniem
~ **bill of lading** konosament z zastrzeżeniem ⟨klauzulą⟩, konosament nieczysty
~ **by fire** uszkodzony przez ogień
tour *s* objazd, wycieczka
~ **of a country** zwiedzanie kraju, podróż po kraju
~ **of inspection** podróż inspekcyjna
~ **operator** organizator wycieczki
conducted ⟨**guided, organized**⟩ ~ wycieczka zbiorowa
official ~ podróż służbowa
to be on a ~ być w podróży
tourism *s* turystyka
tourist *s* turysta
~ **agency** agencja turystyczna
~ **bureau** biuro turystyczne
~ **centre** centrum turystyczne
~ **class** klasa turystyczna (*na statku, w samolocie*)
~ **expenditures** wydatki turystów ⟨na turystykę⟩
~ **industry** przemysł turystyczny
~ **information** informacja turystyczna
~ **office** biuro turystyczne
~ **passenger** pasażer klasy turystycznej
~ **ticket** bilet turystyczny ⟨wycieczkowy⟩
~ **trade** branża turystyczna

~ **traffic** ruch turystyczny

tout[1] *s* **1.** osoba natrętnie domagająca się czegoś ⟨ofiarująca usługi⟩ **2.** naganiacz (*klienteli*) **3.** pokątny sprzedawca biletów, *pot.* konik

tout[2] *v* **1.** nagabywać (**for sth** o coś) **2.** kaptować, natrętnie zdobywać klientelę **3.** handlować pokątnie biletami

  to ~ for customers ⟨**voters**⟩ kaptować klientów ⟨wyborców⟩

tow *v* holować

  ~ **barge** barka holownicza

  ~ **boat** statek holowniczy

  ~ **rope** lina holownicza

  liberty to ~ prawo (*statku*) do podejmowania się holowania

  to have in ~ mieć na holu

towage *s* **1.** holowanie **2.** opłaty holownicze

  ~ **clause** klauzula holownicza

  ~ **dues** ⟨**money**⟩ opłata holownicza

  ~ **service(s)** służba holownicza, usługi holownicze

towboat *s* holownik

tower *s* **1.** właściciel ⟨kapitan⟩ holownika ⟨statku holowniczego⟩ **2.** holownik, statek holowniczy

towing *s* holowanie

  ~ **and salving clause** *a*) klauzula holownicza (*zezwalająca na podejmowanie holowania przy udzielaniu pomocy*) *b*) *ub. mors.* klauzula określająca odpowiedzialność ubezpieczyciela w przypadku podejmowania przez statek czynności holowniczych

  ~ **boat** ⟨**vessel**⟩ holownik

town *s* **1.** miasto **2.** *am.* miasto prowincjonalne

  ~ **bill** weksel miejscowy

  ~ **boundary** granice miasta

  ~ **council** rada miejska, miejska rada narodowa

  ~ **councillor** radny miejski, radny miejskiej rady narodowej

  ~ **district** dzielnica miasta

  ~ **inhabitant** mieszkaniec miasta

  ~ **planning scheme** plan zagospodarowania miasta

  ~ **traveller** agent sprzedający w granicach miasta

  border ~ miasto graniczne

  business ⟨**commercial, trading**⟩ ~ miasto handlowe

  country ⟨**provincial**⟩ ~ miasto prowincjonalne

  industrial ~ miasto przemysłowe

  port ⟨**sea-side**⟩ ~ miasto portowe ⟨nadmorskie⟩

  satellite ~ miasto satelita

township *s* **1.** *am.* miasto wydzielone **2.** (*w Australii*) obszar wydzielony pod miasto **3.** (*w południowej Afryce*) dzielnica murzyńska **4.** *hist.* parafia

trace[1] *s* ślad

  to leave no ~ nie pozostawić śladów

  to remove the ~**s** zatrzeć ślady

trace[2] *v* **1.** śledzić, iść śladem **2.** wyśledzić, odnaleźć **3.** wyznaczać, wytyczać **4.** kalkować, odrysowywać (*przez kalkę*)

  to ~ **a criminal** śledzić przestępcę

  to ~ **lost property** ⟨**goods**⟩ odnaleźć zagubione rzeczy ⟨towary⟩

  to ~ **a plan** przekalkować ⟨odrysować⟩ plan

trace back *v* wywodzić

  to ~ **one's** ⟨**sb's**⟩ **origin to sb** wywodzić swój ⟨czyjś⟩ ród od kogoś

trace out *v* wyznaczyć, nakreślić

  to ~ **a plan of a building** sporządzić plan budynku

tracer *s* **1.** reklamacja w sprawie zagubionej rzeczy ⟨przesyłki⟩ **2.** osoba zajmująca się poszukiwaniem zagubionych rzeczy ⟨przesyłek⟩

track[1] *s* **1.** ślad **2.** trasa, szlak, ścieżka **3.** tor kolejowy **4.** rozstaw osi **5.** gąsienica (*pojazdu, czołgu*)

  ~ **delivery** *am.* dostawa loko stacja kolejowa

  ~ **gauge** szerokość toru

  ~ **scale** waga kolejowa ⟨wagonowa⟩

  air ~ szlak powietrzny, trasa lotów

  beaten ~ utarty szlak

  double ⟨**single**⟩ ~ dwutorowa ⟨jednotorowa⟩ linia kolejowa

  main ~ główny tor

  on ~ *am. a*) loko stacja kolejowa ⟨wagon⟩ *b*) (*o towarze*) w drodze koleją

  passing ~ objazdowy tor kolejowy

  railway ⟨*am.* **railroad**⟩ ~ tor kolejowy

  running ~ tor kolejowy przelotowy

  storage ~ postojowy tor kolejowy

  to be on the right ~ znajdować się na dobrej drodze

  to be on sb's ~ być na czyimś tropie

track[2] *v* **1.** śledzić, tropić **2.** zakładać ⟨układać⟩ tor ⟨szyny⟩ **3.** pozostawić ślady **4.** holować na linie **5.** (*o kołach pojazdu*) mieć rozstęp ⟨rozstaw⟩

track down *v* **1.** wyśledzić, wytropić **2.** pojmać, schwytać

track out *v* wyśledzić ⟨znaleźć⟩ źródło

tract *s* **1.** rozprawa, krótki traktat naukowy **2.** obszar, szmat ziemi **3.** *anat.* drogi (*np. oddechowe*), przewód

  ~ **of land** obszar gruntu

  alimentary ⟨**digestive**⟩ ~ drogi trawienne, przewód pokarmowy

  census ~ obszar spisowy

  respiratory ~ drogi oddechowe

  urinary ~ przewód moczowy, moczowód

traction *s* **1.** trakcja **2.** *am.* transport miejski

  electric ⟨**motor**⟩ ~ trakcja elektryczna ⟨motorowa⟩

trade[1] *s* **1.** handel (**in sth** czymś), wymiana handlowa, obrót handlowy **2.** zajęcie zarobkowe, zawód, fach, rzemiosło **3.** branża, gałąź (*gospodarki, handlu, przemysłu*) **4.** pracownicy danej branży **5.** *am.* transakcja, umowa kupna-sprzedaży **6.** żegluga, pływanie (*statków handlowych*)

  ~ **acceptance** akcept ⟨weksel⟩ handlowy ⟨towarowy, kupiecki⟩

  ~ **agency** agencja handlowa

  ~ **agent** agent, przedstawiciel handlowy

  ~ **agreement** *a*) umowa handlowa, układ handlowy *b*) *am.* układ zbiorowy pracy

  ~ **allowance** rabat detaliczny

  ~ **and payment agreement** umowa o obrocie handlowym i płatnościach

  ~ **area** obszar handlowy

  ~ **association** związek branżowy przedsiębiorców

  Trade Association Clauses standardowe warunki ubezpieczeń poszczególnych towarów

  ~ **balance** bilans handlowy

  ~ **bank** bank handlowy

  ~ **barriers** ograniczenia wolnego handlu

  ~ **bill** weksel handlowy ⟨towarowy, kupiecki⟩

  ~ **board** rada przedsiębiorców i pracowników określonej branży

  ~ **books** księgi handlowe

~ **boom** ożywienie w handlu, koniunktura gospodarcza

~ **by barter** a) handel zamienny b) handel (zagraniczny) oparty na kompensacie towarowej

~ **capital** kapitał handlowy

~ **catalogue** katalog handlowy

~ **channels** kanały handlu, drogi dystrybucji

~ **clause** klauzula czarteru określająca zasięg pływania statku

~ **company** towarzystwo handlowe

~ **conference** konferencja handlowa

~ **control** reglamentacja handlu

~ **co-operation** współpraca handlowa

~ **court** sąd handlowy

~ **credit** kredyt handlowy

~ **custom** zwyczaj handlowy

~ **cycle** cykl koniunkturalny

~ **deficit** deficyt bilansu handlowego

~ **directory** informator handlowy

~ **discount** rabat detaliczny

~ **disease** choroba zawodowa

~ **draft** trata, weksel handlowy (towarowy, kupiecki)

~ **embargo** embargo handlowe

~ **exchange** weksel handlowy (towarowy, kupiecki)

~ **expansion** ekspansja handlowa

~ **expenses** koszty handlowe

~ **gap** deficyt, niedobór handlowy

~ **in arms** handel bronią

~ **journal** gazeta handlowa

~ **knowledge** znajomość handlu

~ **licence** a) koncesja handlowa b) pozwolenie (licencja) na wykonywanie zawodu

~ **limitation** ograniczenie handlu

~ **limits** zasięg pływania statku handlowego

~ **list** cennik

~ **loss** ubytek naturalny, strata kupiecka

~ **mark** znak firmowy (handlowy, ochronny)

~ **mark counterfeit** złe oznaczenie pochodzenia towarów

~ **mission** a) misja handlowa b) przedstawicielstwo handlowe

~ **monopoly** monopol handlu

~ **name** firma, nazwa firmy

the ~ **of a printer** zawód drukarza

~ **opening** (**opportunity**) możliwość (okazja) zawarcia transakcji (dokonania sprzedaży)

~ **paper** a) weksel handlowy (towarowy, kupiecki) b) gazeta handlowa (fachowa)

~ **policy** polityka handlowa

~ **port** port handlowy

~ **price** cena hurtowa (producenta)

~ **profits** zysk z handlu

~ **purchase** kupno handlowe

~ **recession** recesja w handlu, spadek koniunktury gospodarczej

~ **reference** informacja handlowa (o firmie, partnerze itp.)

~ **register** rejestr handlowy

~ **regulation** reglamentacja handlu

~ **relations** stosunki handlowe

~ **report** biuletyn handlowy (gospodarczy)

~ **representation** przedstawicielstwo handlowe

~ **representative** przedstawiciel handlowy

~ **restraint** reglamentacja handlu

~ **restrictions** ograniczenia handlu

~ **rights** prawa właściciela firmy dotyczące nazwy firmy

~ **risk** ryzyko handlowe

~ **road** (**route**) droga handlowa, szlak handlowy

~ **sale** sprzedaż handlowa

~ **sample** próbka handlowa

~ **school** szkoła zawodowa

~ **secret** tajemnica zawodowa (handlowa)

~ **shortage** ubytek naturalny (w granicach uznanej normy)

~ **sign** wywieszka, szyld

~ **statistics** statystyka handlowa

~ **surplus** nadwyżka handlowa

~ **technique** technika handlu

~ **terms** a) terminy (określenia) handlowe b) stosunek cen importowych do eksportowych

~ **treaty** układ (traktat) handlowy

~ **turnover** obrót handlowy

~ **ullage** ubytek naturalny towaru płynnego (w granicach normy)

~ **union** związek zawodowy

~ **union contract** układ zbiorowy (między związkiem zawodowym a pracodawcą)

~ **unionist** związkowiec, członek związku zawodowego

~ **usage** zwyczaj handlowy

~ **value** wartość handlowa

active ~ a) handel wywozowy (eksportowy) b) ożywiony obrót handlowy

active ~ **balance** czynny bilans handlowy (mający dodatnie saldo)

adverse ~ **balance** bierny bilans handlowy

articles of ~ artykuły handlowe, towary

balance of ~ bilans handlowy

barter ~ handel wymienny

bazaar ~ handel bazarowy

bilateral ~ handel dwustronny

Board of Trade a) bryt. ministerstwo handlu i przemysłu b) am. izba handlowa

branch of ~ gałąź handlu, branża handlowa

brisk ~ ożywiony obrót handlowy

by way of ~ handlowo, drogą handlową

carrying ~ transport, przewoźnictwo

chamber of ~ izba handlowa

channels of ~ kanały handlowe

clandestine ~ handel pokątny

coast (**coasting, coastal**) ~ a) żegluga kabotażowa (przybrzeżna), kabotaż b) handel kabotażowy

colonial ~ handel kolonialny (między metropolią a koloniami)

contraband ~ a) przemyt b) kontrabanda (wojenna)

control of ~ reglamentacja handlu

co(-)operative ~ handel spółdzielczy

distant ~ żegluga dalekomorska

domestic ~ a) handel wewnętrzny b) kabotaż

exchange ~ obrót giełdowy

export ~ handel wywozowy (eksportowy)

foreign ~ a) handel zagraniczny b) żegluga dalekomorska

forwarding ~ spedycja

freedom of ~ wolność handlu

free ~ wolny handel

free ~ **area** strefa wolnocłowa

frontier ~ handel przygraniczny

general ~ handel ogólny
home ~ a) handel wewnętrzny b) kabotaż
home ~ vessel statek uprawiający kabotaż
homeward ~ morski ruch przewozowy
illegal ⟨illicit⟩ ~ handel nielegalny
import ~ handel importowy
improvement ~ obrót uszlachetniający
inland ⟨interior, internal⟩ ~ handel wewnętrzny
intermediary ⟨intermediate⟩ ~ handel pośredniczący
international ~ handel międzynarodowy
invisible ~ handel niewidoczny (*usługi związane z obrotem towarowym*)
itinerant ~ handel obnośny
land-born ~ handel lądowy
lawful ~ handel legalny
liberalization of ~ liberalizacja handlu
liberty of ~ wolność handlu
line of ~ branża handlowa
local ~ handel lokalny
mail-order ~ handel wysyłkowy
maritime ⟨ocean⟩ ~ handel morski
money ~ handel walutą
outward ~ a) handel wywozowy ⟨eksportowy⟩ b) morski ruch wywozowy
overland ~ handel lądowy
oversea(s) ~ handel zamorski
passive ~ handel przywozowy ⟨importowy⟩
passive ~ balance ujemny ⟨bierny⟩ bilans handlowy
pattern of ~ struktura handlu
petty ⟨small⟩ ~ drobny handel
private ~ handel prywatny
proceeds ⟨profit(s)⟩ of ~ zysk ⟨dochód⟩ z handlu
re-export ~ handel reeksportowy
restrictions ⟨restraint⟩ of ~ ograniczenia handlu
retail ~ handel detaliczny
sea ⟨sea-borne⟩ ~ a) handel morski b) żegluga morska, przewozy morskie
seasonal ~ handel sezonowy
self-service ~ handel samoobsługowy
shipping ~ żegluga morska, przewozy morskie
slackness ⟨stagnancy, stagnation⟩ of ~ zastój w handlu
small ~ drobny handel
socialized ~ handel uspołeczniony
special ~ handel specjalny
state ~ handel państwowy
tally ~ handel ratalny
terms of ~ a) terminy ⟨określenia⟩ handlowe b) stosunek cen importowych do eksportowych
terms to the ~ warunki dla odprzedawców
tourist ~ przemysł turystyczny, turystyka
transit ~ handel tranzytowy (*z udziałem kraju pośredniczącego*)
up-country ~ handel terenowy ⟨prowincjonalny⟩
usage of ~ zwyczaj handlowy
visible ~ handel „widzialny" (*obrót towarowy*)
volume of ~ rozmiar handlu, wolumen obrotów handlowych
walk of ~ dziedzina handlu, branża
warehousing ~ składownictwo
wholesale ~ handel hurtowy
world ~ handel światowy
to be in ~ trudnić się handlem
to be a merchant by ~ być z zawodu kupcem

to carry on ⟨drive⟩ a ~ prowadzić handel, handlować
to do a good ~ prowadzić korzystny handel
to follow a ~ wykonywać zawód
to promote a ~ popierać rozwój handlu
to restrict ~ ograniczać handel
to revive ~ ożywić handel
trade² v 1. handlować (in sth czymś), prowadzić handel ⟨wymianę⟩ (with sb z kimś) 2. odbywać rejsy handlowe, (*o statku*) dokonywać przewozów 3. znajdować się w rejsie
to ~ under the name ⟨style, title⟩ handlować pod firmą
trade away ⟨off⟩ v przehandlować, pozbyć się
trade(-)mark¹ s znak handlowy ⟨towarowy, fabryczny, ochronny⟩
~ certification zalegalizowanie znaku handlowego
~ law prawo o ochronie znaków towarowych
~ protection ochrona znaków towarowych
~ register rejestr znaków towarowych
maker's ~ marka fabryczna
owner of a ~ właściciel znaku towarowego
registered ~ znak handlowy zastrzeżony ⟨zarejestrowany⟩
to infringe a ~ naruszyć ochronę znaku towarowego
to register a ~ zarejestrować znak towarowy
trade(-)mark² v 1. oznaczyć znakiem handlowym ⟨towarowym, fabrycznym⟩ 2. zastrzec znak handlowy ⟨towarowy, fabryczny⟩
trader s 1. kupiec, handlowiec 2. członek giełdy spekulujący na własny rachunek 3. okręt handlowy
femme sole ~ nie ograniczona w prawach kobieta prowadząca handel
floor ~ spekulant giełdowy
petty ⟨small⟩ ~ drobny kupiec
private ~ prywatny kupiec
retail ~ kupiec detaliczny
street ~ handlarz uliczny
wholesale ~ kupiec hurtownik, grosista
to act as a careful mercantile ~ postępować ze starannością dobrego kupca
tradesfolk, tradespeople s kupiectwo, kupcy, handlowcy
tradesman s (pl tradesmen) 1. drobny kupiec, właściciel sklepu 2. pracownik sklepowy 3. *bryt.* robotnik określonego zawodu, wykwalifikowany rzemieślnik
tradesmen's entrance wejście dla dostawców
trading s handel, obrót handlowy, zakupy, transakcje
~ account rachunek handlowy
~ agent przedstawiciel handlowy, agent
~ area rejon zbytu
~ assets aktywa handlowe
~ bank bank handlowy
~ capital kapitał handlowy ⟨obrotowy, własny⟩ firmy
~ centre ośrodek handlowy
~ company ⟨am. corporation⟩ towarzystwo handlowe
~ costs koszty handlowe
~ firm a) firma handlowa, przedsiębiorstwo handlowe b) firma (*nazwa firmy*)
~ flag flaga handlowa
~ house dom handlowy

~ **licence** koncesja ⟨patent⟩ na prowadzenie handlu

~ **market** *giełd.* rynek mało aktywny ⟨bez określonej tendencji kursów⟩

~ **methods** metody handlowe ⟨sprzedaży⟩

~ **of commodities** sprzedaż towarów, dystrybucja, obrót handlowy

~ **partnership** spółka handlowa

~ **port** port handlowy

~ **profit** zysk handlowy

~ **relations** stosunki handlowe

~ **stamp** bon premiowy (*wydawany klientom przez sklepy przy zakupie*)

~ **town** miasto handlowe

~ **value** wartość handlowa

~ **vessel** ⟨**ship**⟩ statek handlowy

~ **voyage** rejs statku z ładunkiem

~ **warranties** *ub. mors.* warunki polisy określające zasięg pływania statku

~ **year** rok handlowy

course of ~ działalność handlowa

instalment ~ handel ratalny

private ~ handel prywatny

state ~ handel państwowy

tradition *s* 1. tradycja 2. przeniesienie własności, wręczenie, wydanie

traffic[1] *s* 1. ruch (*drogowy, kolejowy itp.*), przewozy, transport, komunikacja 2. handel (**in sth** czymś), wymiana, obrót

~ **accident** wypadek drogowy

~ **capacity** przelotowość

~ **duty** podatek drogowy

~ **flow** wielkość transportu lotniczego

~ **in transit** przewozy tranzytowe, tranzyt

~ **junction** węzeł komunikacyjny

~ **lights** sygnalizacja świetlna

~ **manager** kierownik działu transportu

~ **police** policja drogowa

~ **pool** kartel żeglugowy

~ **rates** stawki przewozowe

~ **regulations** przepisy drogowe

aerial ⟨**air**⟩ ~ ruch ⟨transport⟩ lotniczy

aerodrome ~ ruch lotniskowy

berth ~ *am.* przewóz statkami kursującymi na ustalonych trasach, ale nie w ściśle ustalonych terminach (*po skompletowaniu ładunku*)

border ~ ruch graniczny

bulk ~ przewozy masowe

carrying ~ przewozy, ruch przewozowy

coastwise ~ żegluga przybrzeżna ⟨kabotażowa⟩

direct ~ *a*) przewóz bezpośredni *b*) wymiana bezpośrednia, ruch bezpośredni

freight ⟨**goods**⟩ ~ *a*) przewóz towarów *b*) obrót towarowy

frontier ~ ruch graniczny

heavy ~ duży ruch (*drogowy itp.*)

inbound ~ ruch przyjazdowy (*statków*)

incoming ~ ruch przyjazdowy

inland ~ *a*) ruch krajowy *b*) obrót wewnętrzny

line ~ komunikacja liniowa, przewozy liniowe (*morskie*)

maritime ~ przewozy morskie

mixed ~ *a*) przewóz na trasie łączonej (*np. lądowo--morskiej*) *b*) przewóz z ładunkiem

motor ~ ruch samochodowy

obstruction of ~ zakłócenie w ruchu

one-way ~ ruch jednokierunkowy

parcel ~ przewóz paczek

part-load ~ przewóz drobnicowy

passenger ~ ruch pasażerski

railroad ⟨**railway**⟩ ~ ruch kolejowy, przewozy kolejowe

river ~ transport rzeczny

road ~ ruch drogowy

sea ⟨**sea-borne**⟩ ~ *a*) przewozy morskie, transport morski *b*) handel morski

through ~ *a*) bezpośredni obrót towarowy, bezpośrednia wymiana *b*) bezpośrednia komunikacja, bezpośredni transport *c*) ruch tranzytowy, komunikacja tranzytowa

transit ~ ruch tranzytowy, komunikacja tranzytowa

trunk ~ łączność międzynarodowa

vehicular ~ ruch drogowy

to block the ~ zatrzymać ruch

to direct the ~ kierować ruchem

to open a road for ~ oddać drogę do użytku, otworzyć drogę dla ruchu

traffic[2] *v* handlować (**in sth** czymś)

traffic-jam *s* korek ⟨zator⟩ w ruchu ulicznym

trailer *s* 1. przyczepa samochodowa 2. tropiciel

train[1] *s* 1. pociąg 2. szereg, ciąg, łańcuch, pasmo

~ **accident** wypadek kolejowy

~ **connection** połączenie kolejowe

~ **ferry** prom kolejowy

~ **journey** podróż koleją

~ **of barges** sznur ⟨szereg⟩ barek, pociąg wodny

~ **robbery** ⟨**theft**⟩ kradzież kolejowa, rabunek kolejowy

boat ~ pociąg przewożony ·promem

by ~ pociągiem, koleją

commuting ~ *am.* pociąg podmiejski

down and up ~ pociąg wahadłowy

excursion ~ pociąg wycieczkowy

express ⟨**fast**⟩ ~ pociąg pospieszny

freight ⟨**goods, luggage, merchandise**⟩ ~ pociąg towarowy

holiday ~ pociąg kursujący w dni świąteczne

local ~ pociąg lokalny

long-distance ~ pociąg dalekobieżny

mail ~ pociąg pocztowy

mixed ~ pociąg osobowo-towarowy

ordinary ~ pociąg zwykły ⟨osobowy⟩

passenger and goods ~ pociąg osobowo-towarowy

passenger ~ pociąg pasażerski

scheduled ⟨**regular**⟩ ~ pociąg rozkładowy

sea ~ prom kolejowy

special ~ pociąg specjalny

through ~ pociąg bezpośredni

workmen's ~ pociąg kursujący w dni robocze

to change the ~ przesiąść się do innego pociągu

to draw up a ~ podstawić pociąg

to miss one's ~ spóźnić się na pociąg

train[2] *v* szkolić (się), trenować, instruować

trained *adj* : ~ **nurse** wykwalifikowana ⟨dyplomowana⟩ pielęgniarka

~ **staff** wykwalifikowany ⟨wyszkolony⟩ personel

~ **worker** wykwalifikowany robotnik

well ~ dobrze wyszkolony

trainful *s* pociąg (*jako określenie ilości*)

~ **of coal** pociąg węgla

training *s* szkolenie, wyszkolenie

~ **course** kurs szkoleniowy
~ **of personnel** szkolenie kadry ⟨personelu⟩
~ **ship** statek szkolny
commercial ~ wyszkolenie handlowe
executive ⟨**management**⟩ ~ szkolenie personelu kierowniczego
in-service ⟨**on-the-job**⟩ ~ szkolenie przyzakładowe
professional ⟨**vocational, trade**⟩ ~ szkolenie zawodowe
specialist ~ szkolenie specjalistów
traitor *s* zdrajca
  to be a ~ **to one's country** ⟨**party, oneself**⟩ zdradzić ojczyznę ⟨partię, samego siebie⟩
  to turn ~ popełnić zdradę, stać się zdrajcą
traitorous *adj* **1.** zdradziecki, wiarołomny **2.** perfidny
  ~ **practice** zdradziecki postępek
tram *s* tramwaj
  ~ **car** wóz tramwajowy
  ~ **driver** motorniczy
  ~ **line** linia tramwajowa
  ~ **rail** tor tramwajowy
tramp[1] *s* **1.** tramp, trampowiec, statek trampowy ⟨żeglugi nieregularnej⟩ **2.** włóczęga, wędrowiec
  ~ **freight market** rynek frachtowy żeglugi trampowej
  ~ **navigation** ⟨**shipping, service**⟩ żegluga trampowa
  ~ **rate of freight** stawka frachtowa w żegludze trampowej
  ~ **shipowner** właściciel ⟨armator⟩ trampowców
  ~ **ship** ⟨**vessel**⟩ statek żeglugi trampowej
  cargo ~ tramp towarowy, frachtowiec trampowy ⟨żeglugi nieregularnej⟩
  to be on the ~ włóczyć się
tramp[2] *v* **1.** pływać statkami trampowymi **2.** eksploatować statek w żegludze trampowej **3.** wędrować, włóczyć się, wałęsać się
  to ~ **the country** wędrować po kraju
tramping *s* żegluga trampowa (*nieregularna, bez ustalonych rejsów*), tramping
transact *v* **1.** załatwiać, prowadzić (*sprawy, interesy*), zawierać transakcje **2.** pertraktować (**with sb** z kimś) **3.** zawrzeć porozumienie z wierzycielami
  to ~ **a business** załatwić sprawę, zawrzeć transakcję
transaction *s* **1.** załatwienie, prowadzenie (*sprawy, interesu*) **2.** transakcja, interes **3.** operacja (*giełdowa itp.*) **4.** ugoda **5.** *pl* **transactions** sprawozdania z działalności towarzystw
  ~ **for cash** transakcja gotówkowa
  ~ **for future delivery** transakcja na przyszłą dostawę
  ~ **in foreign exchange** transakcja dewizowa
  ~ **in goods** ⟨**commodities**⟩ transakcja towarowa
  ~ **in securities** transakcja papierami wartościowymi
  ~ **on commission (basis)** transakcja komisowa
  ~ **on the spot** transakcja loko ⟨na miejscu, z natychmiastową dostawą⟩
  ~ **on** ⟨**upon**⟩ **credit** transakcja na kredyt
  advantageous ~ korzystna transakcja
  arm's length ~ operacja handlowa między niezależnymi uczestnikami
  banking ~ transakcja bankowa
  barter ~ *a)* transakcja zamienna ⟨wymienna⟩ *b)* transakcja kompensacyjna (*w handlu zagranicznym*)

bear ⟨**bull**⟩ ~ transakcja na zniżkę ⟨zwyżkę⟩
bogus ~ transakcja fikcyjna
call ~ *giełd.* transakcja ,,call"
capital ~ transakcja kapitałowa
cash ~ transakcja gotówkowa
clearing ~ transakcja kliringowa
commercial ~ transakcja handlowa
compensation ~ transakcja kompensacyjna
consummation of a ~ zawarcie transakcji
current ~ transakcja bieżąca
exchange ~ transakcja dewizowa
export ⟨**import**⟩ ~ transakcja eksportowa ⟨importowa⟩
financial ~ transakcja finansowa
foreign trade ~ transakcja w handlu zagranicznym
forward ~ transakcja na przyszłą dostawę
legal ~ czynność prawna
loan ~ transakcja pożyczkowa, pożyczka
long-term ~ transakcja długoterminowa
losing ~ transakcja niekorzystna
market ~ transakcja rynkowa
monetary ~ operacja walutowa
money ~ transakcja gotówkowa
over-the-counter ~ transakcja pozagiełdowa
profitable ~ transakcja korzystna
sham ~ transakcja fikcyjna
speculative ~ transakcja spekulacyjna
spot ~ transakcja loko
stock exchange ~s transakcje giełdowe
transactor *s* kontrahent, negocjator
transatlantic *adj* transatlantycki
  ~ **cable** kabel transatlantycki
  ~ **flight** przelot transatlantycki
  ~ **liner** liniowiec transatlantycki
  ~ **service** rejsy transatlantyckie
  ~ **voyage** podróż transatlantycka
transcontinental *adj* transkontynentalny
  ~ **railway** kolej transkontynentalna
transcribe *v* przepisywać, kopiować
transcript *s* odpis, kopia
  ~ **of a bill** odpis weksla
  ~ **of record** kopia ⟨odpis⟩ protokołu sądowego
transcription *s* **1.** przepisywanie, kopiowanie **2.** odpis, kopia **3.** utrwalanie ⟨nagrywanie⟩ na taśmie **4.** odtwarzanie z taśmy
  a mistake in ~ pomyłka w przepisywaniu
transfer[1] *s* **1.** przelew, cesja, odstąpienie, przekaz, przekazanie **2.** transfer (*należności za granicę*) **3.** przeniesienie **4.** przeksięgowanie **5.** suma do ⟨z⟩ przeniesienia **6.** stacja przeładunkowa **7.** prom kolejowy **8.** *am.* telegraficzny przekaz pieniężny
  ~ **agent** funkcjonariusz spółki akcyjnej prowadzący ewidencję przelewów własności akcji
  ~ **book** rejestr ⟨księga⟩ przelewów prawa własności papierów wartościowych
  ~ **by indorsement** przelew w drodze indosu
  ~ **company** przedsiębiorstwo przewozowe obsługujące przewozy z dworca do miasta i pomiędzy dworcami
  ~ **days** *bryt.* dni rejestracji transferów (*w banku Anglii*)
  ~ **deed** akt ⟨dokument⟩ przelewu ⟨cesji⟩
  ~ **duty** podatek giełdowy
  ~ **form** formularz przelewu ⟨transferu⟩
  ~ **in blank** przelew in blanco
  ~ **into account** przelew na konto ⟨rachunek⟩

~ **of capital** transfer kapitałów
~ **of a cause** przeniesienie rozpoznawania sprawy do innego sądu
~ **of credit** przelew akredytywy *(na inną osobę lub zmiana miejsca negocjowania)*
~ **of debentures** przelew obligacji
~ **of debt** przelew długu
~ **of foreign exchange** transfer dewiz
~ **of funds** przelew funduszów
~ **of mortgage** przelew hipoteki
~ **of ownership** przeniesienie prawa własności
~ **of profits** transfer zysków *(towarzystw zagranicznych)*
~ **of rights** przeniesienie praw
~ **of securities** przelew papierów wartościowych
~ **of shares** przelew akcji
~ **order** *a)* polecenie przelewu *b)* polecenie wydania nabywcy towaru z magazynu celnego
~ **risk** ryzyko przekazu *(związane z wprowadzeniem ograniczeń dewizowych)*
~ **tax** *am.* podatek giełdowy
~ **ticket** *a)* bilet przesiadkowy *b)* blankiet przelewowy *c) bryt.* czek transferowy *(na bank Anglii między bankami członkami Izby Rozrachunkowej)*
absolute ~ cesja bezwarunkowa
bank ~ przelew ⟨przekaz⟩ bankowy
business ~ **payments** *am.* wydatki pozaoperacyjne przedsiębiorstwa *(np. na cele charytatywne)*
cable ~ przekaz telegraficzny
cash ~ przekaz pieniężny
certified ~ przelew potwierdzony *(np. walorów przez władze giełdowe)*
current ~ przelew ⟨transfer⟩ bieżący
lumpsum ~ przelew ryczałtowy
mail ⟨**postal**⟩ ~ przekaz pocztowy
money ~ przekaz pieniężny
notice of ~ zawiadomienie o przelewie ⟨cesji⟩
population ~ przemieszczenie ludności
restriction on ~**s** ograniczenie przelewów
staff ~ przeniesienie personelu
stock ~ cesja walorów
telegraphic ~ przekaz telegraficzny
to effect ⟨**make**⟩ **a** ~ dokonać przelewu
transfer² *v* 1. przekazywać, przelewać, odstępować, cedować, dokonywać transferu 2. przenosić (się) 3. księgować 4. *am.* przesiadać się
to ~ **the balance to sb's account** przekazać ⟨przelać⟩ saldo na czyjś rachunek
to ~ **by cable** przekazać telegraficznie
to ~ **by endorsement** przenieść przez indos
to ~ **a debt** przelać wierzytelności ⟨długi⟩
to ~ **a right to** ⟨**upon**⟩ **sb** przenieść prawo na kogoś
to ~ **the title** przenieść własność *na kogoś*
transferable *adj* przenośny, przenoszalny
~ **accounts** rachunki transferowane
~ **by endorsement** przenoszalny przez indos
~ **document** ⟨**instrument**⟩ przenoszalny dokument ⟨papier⟩ handlowy
~ **letter of credit** przenośna akredytywa
not ~ nieprzenoszalny
transferee *s* cesjonariusz, beneficjent przelewu, odbiorca przekazu
~ **of a bill** nabywca weksla
transference *s* 1. przelanie, przekazanie, transfer 2. przeniesienie
~ **of a debt** przelew długu

~ **of a firm** przeniesienie przedsiębiorstwa
transferor *s* cedent, zleceniodawca przelewu ⟨przekazu, transferu⟩
transform *v* 1. przekształcać (się), zmieniać **(sth into sth** coś na coś) 2. przerabiać, przemieniać
to ~ **beyond recognition** przemienić ⟨zmienić⟩ nie do poznania
to ~ **a company** przekształcić spółkę
transformation *s* 1. przekształcenie, przemiana, transformacja 2. przeróbka
to undergo ~ przekształcić się
transgress *v* 1. przekraczać *(np. termin)* 2. naruszać *(np. prawo)*
to ~ **one's competence** przekroczyć kompetencje
to ~ **a contract** naruszyć umowę
to ~ **the law** przekroczyć prawo
to ~ **a rule** naruszyć przepis ⟨zasadę⟩
to ~ **a treaty** naruszyć układ
transgression *s* 1. naruszenie, pogwałcenie 2. wykroczenie
~ **of the law** naruszenie prawa
transgressor *s* gwałciciel prawa, przestępca
tranship *v* 1. przeładowywać 2. przesiadać się na inny statek ⟨pociąg itp.⟩
to ~ **goods under bond** *a)* przeładowywać towary znajdujące się pod kontrolą celną *b)* przeładowywać towary nie podlegające ocleniu
transhipment *s* przeładunek
~ **allowed** przeładunek dozwolony *(klauzula konosamentu lub akredytywy)*
~ **bill of lading** konosament przeładunkowy
~ **bond note** *bryt.* deklaracja na towar tranzytowy lub eksportowy
~ **cargo** ładunek podlegający przeładunkowi w drodze
~ **charges** ⟨**expenses**⟩ opłaty za przeładunek, koszty przeładunku
~ **clause** klauzula przeładunkowa ⟨o przeładunku towaru w drodze⟩
~ **delivery order** zezwolenie *(władz celnych)* na przeładunek towarów tranzytowych
~ **not permitted** ⟨**prohibited**⟩ przeładunek nie dozwolony *(klauzula akredytywy lub warunek dostawy)*
~ **risk** ryzyko przy przeładunku
~ **shed** hangar przeładunkowy
~ **trade** handel tranzytowy
harbour ⟨**place**⟩ **of** ~ port ⟨miejsce⟩ przeładunku
without ~ bez przeładunku *(klauzula akredytywy lub warunek dostawy)*
transhipper *s* przeładowca, przedsiębiorca przeładunkowy
transhipping *s* przeładowanie, przeładunek, reekspedycja
~ **charges** ⟨**expenses**⟩ koszty przeładunku
~ **documents** dokumenty przeładunkowe
~ **port** port przeładunkowy
transient *adj* 1. chwilowy, przemijający, przelotny 2. przejezdny
~ **success** chwilowy sukces
~ **visitor** przejezdny gość
transire *s bryt.* 1. wyklarowanie statku żeglugi przybrzeżnej 2. świadectwo wyklarowania
transit¹ *s* 1. przejście, przejazd, przebycie, przelot 2. przewóz, transport 3. tranzyt
~ **bill** pozwolenie przewozowe
~ **business** handel tranzytowy

~ **cargo** ładunek tranzytowy ⟨w przewozie⟩
~ **charges** ⟨dues⟩ opłaty tranzytowe
~ **damage** uszkodzenie podczas transportu
~ **duty** cło przewozowe ⟨tranzytowe⟩
~ **entry** ⟨declaration⟩ deklaracja celna ładunku tranzytowego
~ **freight** fracht tranzytowy
~ **goods** towar tranzytowy
~ **manifest** manifest okrętowy ładunku tranzytowego
~ **of goods** tranzyt towarów
~ **permit** pozwolenie przewozu
~ **port** port tranzytowy ⟨przejściowy, przewozowy⟩
~ **rates** taryfa celna towarów w tranzycie
~ **shed** hangar portowy (*do składowania towarów w strefie wolnocłowej*)
~ **shipment** przesyłka tranzytowa
~ **storage** *a)* składowanie krótkoterminowe towarów w strefie wolnocłowej *b)* składy ⟨magazyny⟩ tranzytowe
~ **tariff** cła tranzytowe ⟨przewozowe⟩, taryfa tranzytowa
~ **trade** handel tranzytowy
~ **traffic** obrót tranzytowy
~ **visa** wiza tranzytowa
~ **warehouse** magazyn tranzytowy
air ~ przelot
damaged in ~ uszkodzony w czasie przewozu ⟨transportu⟩
free ~ tranzyt bezcłowy
in course of ~ podczas przewozu, w toku przewozu
in ~ w drodze, w transporcie
land ~ przejazd lądem, transport lądowy
loss in ~ szkoda ⟨strata⟩ podczas przewozu
passengers ⟨goods⟩ **in** ~ pasażerowie ⟨towary⟩ w tranzycie
prohibition of ~ zakaz tranzytu
sea ~ przejazd ⟨transport⟩ morzem, rejs
stoppage in ~ wstrzymanie wydania nabywcy towaru w toku dostawy (*z powodu nieuiszczenia ceny kupna*)
to be ⟨pass⟩ **in** ~ *a)* (*o towarze, ładunku, pociągu itp.*) przechodzić tranzytem *b)* przewozić tranzytem
transit[2] *v* 1. przechodzić (sth przez coś) 2. przechodzić tranzytem
to ~ **the canal** przejechać przez kanał
transition *s* przejście
~ **period** okres przejściowy
~ **stage** stadium przejściowe
transitional, transitory *adj* przejściowy, przemijający
~ **arrangement** przejściowe porozumienie
~ **provisions** zarządzenia przejściowe
transitus *s łac.* przejście, przewóz, przebycie (*drogi*)
translate *v* 1. tłumaczyć, przekładać 2. odczytywać
to ~ **a code message** odczytać zakodowaną depeszę
to ~ **from English into Polish** tłumaczyć z angielskiego na polski
to ~ **word for** ⟨by⟩ **word** tłumaczyć dosłownie
translation *s* tłumaczenie, przekład
bad ⟨good⟩ ~ złe ⟨dobre⟩ tłumaczenie
certified ~ tłumaczenie uwierzytelnione
free ~ wolne tłumaczenie
mistake in ~ błąd w tłumaczeniu

nearness of ~ dokładność ⟨wierność⟩ tłumaczenia ⟨przekładu⟩
right of ~ prawo przekładu
simultaneous ~ równoczesne tłumaczenie
true ~ dokładne ⟨wierne⟩ tłumaczenie
word-by-word ⟨word-for-word⟩ ~ tłumaczenie dosłowne
to do ⟨make⟩ **a** ~ **of sth** dokonać tłumaczenia czegoś
translator *s* tłumacz
sworn ~ tłumacz przysięgły
translocate *v* przenieść, przemieścić
translocation *s* przemieszczenie, przeniesienie
transmarine *adj* zamorski
~ **dominions** zamorskie dominia
transmissible *adj* przenośny, przenoszalny
~ **letter of credit** przenośna akredytywa
transmission *s* 1. przenoszenie, przekazywanie, przesyłanie 2. transmisja 3. przesłanie sprawy do drugiej instancji
~ **business** spedycja
~ **of goods** przesyłka towarów
~ **of information** przekazywanie informacji
~ **of money** przesłanie pieniędzy
~ **of an order** przesłanie zamówienia
~ **of ownership** przeniesienie prawa własności
~ **of rights** przeniesienie praw
charges for ~ koszty przesyłki ⟨przewozu, spedycji⟩
place of ~ miejsce przeznaczenia (*przesyłki*)
transmit *v* 1. przekazywać, przenosić, przesyłać 2. transmitować
to ~ **orders** przekazywać zlecenia, przesyłać zamówienia
to ~ **a parcel by rail** przesyłać paczkę koleją
to ~ **sth by will** przekazać coś w drodze testamentu ⟨testamentem⟩
transplant *v* 1. przesiedlać (*ludność*) 2. przesadzać (*rośliny*)
to ~ **a population** przesiedlać ludność
transport[1] *s* 1. transport, przewóz, przewozy, środki transportu 2. wojskowy transport morski 3. transportowiec 4. suma z ⟨do⟩ przeniesienia
~ **agent** spedytor
~ **aircraft** samolot transportowy
~ **arrangements** urządzenia transportowe
~ **business** przedsiębiorstwo transportowe
~ **by air** ⟨land, rail, road, sea⟩ transport lotniczy ⟨lądowy, kolejowy, drogowy, morski⟩
~ **capacity** zdolność przewozowa
~ **charges** ⟨costs⟩ koszty transportu
~ **company** przedsiębiorstwo transportowe
~ **facilities** ⟨equipment⟩ urządzenia dla potrzeb transportu
~ **for hire and reward** transport ⟨przewóz⟩ na cudzy rachunek
~ **insurance** ubezpieczenie transportowe
~ **on one's own account** transport na własny rachunek
~ **risk** ryzyko transportu
~ **services** usługi transportowe
~ **ship** ⟨vessel⟩ statek transportowy (*wojskowy*), transportowiec
~ **undertaking** przedsiębiorstwo przewozowe
~ **worker** robotnik ⟨pracownik⟩ transportowy ⟨transportu⟩

air ⟨aerial⟩ ~ transport lotniczy ⟨powietrzny⟩
air-passenger ~ lotniczy transport pasażerski
autumn ~ przewozy jesienne
cargo ~ transport towarowy
combined ~ transport łączony, przewozy różnymi środkami transportu
commercial ~ transport towarowy ⟨handlowy⟩
hand ~ transport ręczny
highway ~ transport drogowy ⟨kołowy⟩
horse-drawn ~ transport konny
inland ⟨internal⟩ ~ transport wewnętrzny
inland water ~ transport wodny śródlądowy
intercity ~ transport międzymiastowy
international ~ transport międzynarodowy
land ⟨land-borne⟩ ~ transport lądowy
local ~ transport miejscowy
long-distance ~ transport dalekobieżny
marine ⟨maritime⟩ ~ transport morski
means of ~ środki transportu
mechanical ⟨motor, motor-truck⟩ ~ transport samochodowy
mixed ~ transport na trasie łamanej
ocean ⟨overseas⟩ ~ transport morski
overland ~ transport lądowy
passenger ~ transport osobowy ⟨pasażerski⟩
public ~ transport publiczny
rail ⟨railroad, railway⟩ ~ transport kolejowy
river ~ transport rzeczny
road ⟨surface, vehicular⟩ ~ transport drogowy ⟨kołowy⟩
sea ⟨sea-borne⟩ ~ transport morski
short-distance ~ transport lokalny, przewozy bliskie
through ~ transport bezpośredni
transit ~ transport tranzytowy, przewóz tranzytem
water ⟨water-borne⟩ ~ transport wodny
transport² v 1. przewozić, transportować 2. przenosić (sumę na drugą stronę) 3. deportować, zsyłać, wywozić (na miejsce wygnania)
  to ~ by rail ⟨lorry⟩ przewozić koleją ⟨samochodem⟩
  to ~ a convict deportować skazanego
  to ~ goods and passengers przewozić towary i ludzi
transportable adj nadający się do przewozu ⟨przeniesienia⟩
transportation s 1. przewóz, transport, przewożenie 2. deportacja, zesłanie 3. am. środki transportu 4. am. dokument podróży, bilet
  ~ charges ⟨costs⟩ koszty przewozu, opłaty przewozowe
  ~ company towarzystwo przewozowe ⟨spedycyjne⟩
  ~ facilities urządzenia transportowe
  ~ for life dożywotnie zesłanie
  ~ insurance ubezpieczenie przewozu
  ~ method sposób przewozu
  ~ purchases ⟨sales⟩ kupno ⟨sprzedaż⟩ usług transportowych
  ~ with hard labour zesłanie na ciężkie roboty, katorga
transporter s 1. przewoźnik 2. przenośnik, transporter
trans(-)ship v = tranship
trans(-)shipment s = transhipment
trans(-)shipper s = transhipper

trans(-)shipping s = transhipping
transvestism v transwestytyzm, przebieranie się w stroje odmiennej płci
transvestite s transwestyta, osoba przebierająca się w stroje odmiennej płci
trap¹ s 1. pułapka, zasadzka 2. podstęp
  police ~ zasadzka policyjna
  to be caught in a ~ zostać schwytanym w pułapkę
  to fall into a ~ wpaść w pułapkę
  to set a ~ for sb zastawić pułapkę na kogoś
trap² v złapać w pułapkę, schwytać w zasadzkę
trash s 1. (o towarze) tandeta 2. rupiecie, śmiecie, odpadki 3. am. (o ludziach) hołota
trashy adj bezwartościowy, lichy, tandetny
  ~ goods towar wybrakowany
travel¹ s podróż, podróżowanie
  ~ abroad podróż za granicę
  ~ advance zaliczka na podróż
  ~ agency ⟨bureau⟩ biuro podróży
  ~ book ⟨guide⟩ przewodnik (książka)
  ~ cheque czek podróżny
  ~ document dokument podróży (zastępujący paszport dla bezpaństwowców)
  ~ expense report rozliczenie (z) podróży
  ~ expenses koszty podróży
  ~ insurance ubezpieczenie podróży
  ~ office biuro podróży
  business ~ podróż służbowa
travel² v 1. podróżować, odbywać podróż 2. zwiedzać świat
  to ~ for a firm podróżować jako przedstawiciel firmy, reprezentować firmę
  to ~ on business podróżować w interesach ⟨służbowo⟩
traveller s 1. podróżny 2. agent podróżujący, komiwojażer
  ~ on commission komiwojażer
  ~'s cheque czek podróżny
  ~'s letter of credit akredytywa podróżnicza ⟨turystyczna⟩
  ~'s samples kolekcja próbek komiwojażera
  commercial ~ agent handlowy, komiwojażer
travelling adj 1. podróżujący, podróżny 2. wędrowny, ruchomy
  ~ agency biuro podróży
  ~ agent komiwojażer
  ~ allowance diety podróżne
  ~ charges ⟨costs, expenses⟩ koszty podróży
  ~ insurance ubezpieczenie podróżne
  ~ salesman am. komiwojażer
  ~ store magazyn ruchomy, ruchomy skład towarów
traversable adj 1. sporny, kóntrowersyjny 2. zaskarżalny, podważalny
traverse¹ s 1. przeszkoda 2. formalne zaprzeczenie, zarzut formalny
  ~ jury przysięgli wybrani dla rozstrzygnięcia spornych kwestii i ustalenia należnych kwot
  ~ of an allegation zaprzeczenie zarzutów
  ~ of facts zaprzeczenie faktów
traverse² v 1. przecinać, przechodzić 2. zaprzeczać, negować 3. rozważać, omawiać
  to ~ an accusation zaprzeczyć oskarżeniu
  to ~ a claim negować roszczenie
  to ~ an indictment zaprzeczyć zarzutom aktu oskarżenia

traverser s 1. obwiniony 2. osoba zaprzeczająca
traversing s zaprzeczenie
travesty¹ s 1. trawestacja 2. parodia
~ **of facts** przekręcenie faktów
travesty² v 1. trawestować, przekręcać 2. parodiować
trawler s trawler, trałowiec
treacherous adj 1. zdradziecki, perfidny 2. zdradliwy, niebezpieczny 3. zawodny, niepewny
~ **action** perfidne działanie
~ **memory** zawodna pamięć
treachery s 1. zdrada 2. wiarołomstwo, perfidia
an act of ~ akt zdrady
treason s zdrada
high ~ zdrada stanu
to talk ~ spiskować, knuć zdradę
treasonable adj 1. zdradziecki 2. wywrotowy
~ **conspiracy** wywrotowy spisek
~ **practices** zdradzieckie praktyki
~ **purpose** wywrotowy cel
treason-felony s spisek przeciwko bezpieczeństwu państwa
treasure¹ s 1. skarb 2. cenny przedmiot
~ **trove** ukryty ⟨zakopany w ziemi⟩ skarb
treasure² v 1. tezauryzować 2. cenić
to ~ **wealth** gromadzić bogactwo
treasure-house s skarbiec, skarbnica
treasurer s skarbnik
Treasurer of the Household bryt. podskarbi królewski
Treasurer's Remembrancer bryt. poborca podatków należnych koronie
Lord High Treasurer bryt. hist. minister skarbu
treasury s 1. skarbiec 2. bryt. skarb państwa
the Treasure bryt. skarb państwa, ministerstwo skarbu
~ **bench** bryt. ława rządowa (w Izbie Gmin)
~ **bill** bilet skarbowy
~ **bond** bon skarbowy
Treasure Department am. Ministerstwo Skarbu ⟨Finansów⟩
~ **deposit receipts** przychody od zdeponowanych bonów skarbowych
~ **note** a) bilet skarbowy b) bryt. banknot zdawkowy
Treasury Statement am. codzienny biuletyn ministerstwa skarbu
~ **stock** akcja stanowiąca własność spółki akcyjnej
Secretary of the Treasury am. minister skarbu
treat v 1. traktować 2. pertraktować (**for sth** o coś, **with sb** z kimś) 3. leczyć
to ~ **for peace** pertraktować o pokój
to ~ **sb as an equal** traktować kogoś jak równego
to ~ **sb for a disease** leczyć kogoś na jakąś chorobę
to ~ **with one's creditors** pertraktować z wierzycielami
treatise s traktat (naukowy), rozprawa naukowa
legal ~ prawnicza rozprawa naukowa
treatment s 1. traktowanie, poddanie działaniu (**with sth** czegoś) 2. obróbka (techniczna) 3. leczenie
~ **by reciprocity** traktowanie na zasadach wzajemności
~ **of offenders** postępowanie z przestępcami
~ **of prisoners of war** traktowanie jeńców wojennych
customs ~ odprawa celna

equal ⟨**ill**⟩ ~ jednakowe ⟨złe⟩ traktowanie
machine ~ mechaniczna obróbka
most favoured nation ~ największe uprzywilejowanie (w handlu)
preferred ⟨**preferential, special**⟩ ~ uprzywilejowane ⟨specjalne⟩ traktowanie
timber ~ impregnacja drewna
under ~ w leczeniu
to enjoy special ~ cieszyć się specjalnym traktowaniem
to undergo ~ **for ...** być leczonym na ...
treaty s układ, traktat, umowa
~ **banning underground nuclear tests** układ o zakazie prób z bronią jądrową pod ziemią
~ **of alliance** umowa sojusznicza
~ **of cession** umowa cesji
~ **of commerce and navigation** układ o handlu i żegludze
~ **of friendship** układ przyjaźni
~ **of guarantee** umowa gwarancyjna
~ **of marriage** umowa małżeńska
~ **of mutual assistance** umowa o wzajemnej pomocy
~ **of neutrality** umowa o neutralności
~ **of non-aggression** traktat o nieagresji
~ **on aerial navigation** układ lotniczy
~ **on the protection of seas and oceans** układ o ochronie mórz i oceanów
~ **port** port umowny
~ **prolongation** przedłużenie ⟨prolongowanie⟩ traktatu
bilateral ~ układ dwustronny ⟨bilateralny⟩
boundary ~ umowa graniczna
commercial ~ umowa handlowa
conciliation ~ układ o postępowaniu pojednawczym
customs ~ układ celny
intergovernmental ~ układ międzypaństwowy
international ~ układ międzynarodowy
multilateral ~ układ wielostronny ⟨multilateralny⟩
navigation ~ układ o żegludze
nonproliferation ~ układ o zakazie rozpowszechniania broni jądrowej
peace ~ układ pokojowy
private ~ układ prywatny, umowa prywatna
reinsurance ~ umowa reasekuracyjna
secret ~ tajny układ
test-ban ~ układ o zakazie prób jądrowych
trade ~ układ handlowy
the Warsaw Treaty Układ Warszawski
to be in ~ pertraktować, układać się, umawiać się (**for sth** co do czegoś)
to enter into a ~ zawrzeć układ
to sell by private ~ sprzedać z wolnej ręki ⟨prywatnie⟩
treble adj potrójny, trzykrotny, trojaki
~ **costs** trzykrotne koszty
~ **damages** potrójne szkody
trend¹ s 1. tendencja, ogólny kierunek, trend (ekonomiczny, statystyczny) 2. dążność, bieg
~ **analysis** analiza trendu
~ **in** ⟨**of**⟩ **prices** tendencja kształtowania się cen
~ **of affairs** bieg spraw
~ **of business** tendencja w handlu ⟨interesach⟩
~ **of events** bieg wydarzeń
~ **of the market** tendencja rynkowa

development ~ tendencja rozwojowa
downward ⟨upward⟩ ~ tendencja zniżkowa ⟨zwyżkowa⟩
economic ~ tendencja gospodarcza
inflationary ~ tendencja inflacyjna
long-term ⟨long-run⟩ ~ tendencja długoterminowa
political ~ ogólny kierunek polityczny
reversal of the ~ odwrócenie trendu
rising ~ tendencja zwyżkowa
secular ~ tendencja sekularna (obejmująca szereg okresów)
short-term ~ trend krótkoterminowy
trend² v 1. mieć tendencję, zmierzać, dążyć (to ⟨towards⟩ sth do czegoś) 2. (o cenach) kształtować się
prices ~ upwards ⟨downwards⟩ ceny kształtują się zwyżkowo ⟨zniżkowo⟩
trend away v zmierzać ⟨dążyć⟩ w kierunku przeciwnym (from sth od czegoś)
trespass¹ s 1. przekroczenie, nadużycie, naruszenie (prawa) 2. powództwo o naruszenie prawa (dochodzone na podstawie common law)
~ de bonis asportatis powództwo o naruszenie posiadania ruchomości
~ for mesne profits powództwo o wydanie dochodów uzyskanych z zajętej nieruchomości
~ quare clausum fregit powództwo o odszkodowanie za naruszenie posiadania (oparte na prawie zwyczajowym)
~ to goods naruszenie posiadania ruchomości połączone z jej uszkodzeniem
~ to land naruszenie posiadania nieruchomości połączone z wyrządzeniem szkody
~ to the person powództwo o odszkodowanie za uszkodzenie ciała
~ vi et armis powództwo o odszkodowanie za wyrządzoną przy użyciu siły szkodę cielesną lub majątkową
action of ~ powództwo o naruszenie posiadania
joint ~ wspólne naruszenie (przez kilka osób)
permanent ~ ciągłe ⟨stałe⟩ naruszanie
to commit a ~ naruszyć posiadanie
trespass² v 1. przekroczyć 2. naruszyć, wkroczyć (np. na cudzy grunt)
to ~ against the law ⟨rule⟩ naruszyć ⟨pogwałcić⟩ prawo ⟨zasadę⟩
to ~ on ⟨upon⟩ sb's rights naruszyć czyjeś prawa, wedrzeć się w czyjeś prawa
trespasser s osoba naruszająca cudze prawo (np. posiadania)
~ s will be prosecuted osoby naruszające posiadanie będą ścigane sądownie (napis na tablicy stojącej na gruncie)
triable adj nadający się do sądzenia, podlegający osądzeniu
a case ~ without a jury sprawa nadająca się do sądzenia bez ławy przysięgłych
triage s odpadki wysiane, wysiewki
trial s 1. próba 2. rozprawa sądowa
~ at bar rozprawa sądowa (przed pełnym składem sądu)
~ at nisi prius rozpoznanie sprawy przed sądem I instancji
~ balance próbny bilans
~ by battle ⟨combat, duel⟩ hist. rozstrzygnięcie przez pojedynek

~ by certificate a) rozpoznanie sprawy na podstawie oświadczeń złożonych na piśmie (bez udziału przysięgłych) b) am. rozpoznanie sprawy na podstawie przedstawienia Sądowi Najwyższemu do rozstrzygnięcia zagadnienia prawnego
~ by court martial rozprawa przed sądem wojennym
~ by inspection or examination rozpoznanie sprawy bez udziału przysięgłych
~ by jury rozpoznanie sprawy z udziałem przysięgłych
~ by record rozpoznanie sprawy na podstawie istnienia uznania długu na piśmie
~ census próbny spis
~ consignment wysyłka na próbę
~ counsel ⟨lawyer⟩ adwokat
~ court am. sąd I instancji
~ de novo ponowne rozpoznanie sprawy
~ docket ⟨list⟩ wokanda
~ in camera ⟨private⟩ rozprawa przy drzwiach zamkniętych
~ in open court rozprawa jawna
~ judge sędzia pierwszej instancji
~ jury ława przysięgłych
~ lot próbna wysyłka
~ of a case rozpoznanie sprawy
~ order próbne zamówienie
~ period okres próbny
~ per pais sąd przysięgłych
~ per testes rozpoznanie sprawy bez udziału przysięgłych
~ purchase kupno na próbę
~ shipment próbna wysyłka
~ term sesja sądowa, posiedzenie sądu
~ trip próbny rejs, próbna jazda
~ with assessors rozpoznanie sprawy z udziałem biegłych – konsultantów
acceptance ~ próba odbiorcza
assassination ~ proces o zabójstwo
by ~ and error metodą prób i błędów
by way of ~ tytułem próby
conspiracy ~ proces o zdradę stanu
control ~ próba kontrolna
day of the ~ termin rozprawy
free ~ próba bezpłatna
monster ~ proces „monstre", olbrzymi proces
murder ~ proces o zabójstwo
on ~ a) na próbę, tytułem próby b) (o pracowniku) w okresie próby
purchase ⟨sale⟩ on ~ kupno ⟨sprzedaż⟩ na próbę (z prawem zwrotu towaru)
show ~ proces pokazowy
spy ~ proces o szpiegostwo
treason ~ proces o zdradę stanu
witch ~ hist. proces o czary
to adjourn the ~ odroczyć rozprawę
to attend a ~ brać udział w rozprawie
to be up ⟨come up⟩ for ~ stawić się na rozprawę
to bring sb to ~ postawić kogoś przed sądem
to buy sth on ~ kupić coś na próbę
to conduct the ~ prowadzić rozprawę
to give sth a ~ poddać coś próbie
to open the ~ otworzyć rozprawę
to postpone the ~ odroczyć rozprawę
to reopen ⟨resume⟩ the ~ wznowić rozprawę
to stand ~ stanąć przed sądem

to undergo ~ być sądzonym (*na ławie oskarżonych*)

triangular *adj* **1.** trójkątny **2.** trójstronny
~ **agreement** trójstronna ugoda
~ **arbitrage** arbitraż złożony ⟨trójkątny⟩
~ **trade** handel zagraniczny, w którym równowagę bilansu osiąga się w wymianie między trzema krajami
~ **treaty** ⟨**pact**⟩ trójstronny układ ⟨pakt⟩

tribunal *s* **1.** trybunał, sąd **2.** miejsce sądzenia
~ **of commerce** sąd handlowy
~ **of last resort** sąd ostatniej instancji
~ **of public opinion** sąd opinii publicznej
arbitration ~ trybunał rozjemczy
military ~ sąd wojskowy

tributary *adj* **1.** płacący daninę **2.** (*o państwie*) poddany, hołdowniczy, lenny
~ **states** państwa zależne ⟨hołdownicze⟩

tribute *s* **1.** danina, haracz **2.** system wynagradzania w naturze
~ **system** system wynagradzania pracy w naturze
~ **work** praca wynagradzana w naturze
to lay a country under ~ nałożyć daninę na państwo
to pay ~ składać daninę, płacić haracz

trick[1] *s* podstęp, pułapka, chwyt
to obtain money by ~ zdobyć pieniądze podstępem
to play sb a ~ nabrać ⟨oszukać⟩ kogoś

trick[2] *v* oszukać, okpić
to ~ **sb into doing sth** namówić kogoś na zrobienie czegoś
to ~ **sb out of sth** wyłudzić coś od kogoś

trickery *s* oszustwo, oszukaństwo, podstęp

trickster *s* oszust, naciągacz

tricky *adj* **1.** podstępny, chytry **2.** wykrętny **3.** niebezpieczny
~ **argument** wykrętny argument
~ **politician** podstępny polityk

tried *pp adj* **1.** rozpatrywany przez sąd **2.** wypróbowany
~ **for murder** ⟨**theft**⟩ sądzony za morderstwo ⟨kradzież⟩
~ **method** wypróbowana metoda
~ **on indictment** sądzony na podstawie aktu oskarżenia

triennial *adj* trzyletni, powtarzający się co trzy lata

trier *s* **1.** osoba wyznaczona (*przez sąd*) do zbadania słuszności wyłączenia sędziego przysięgłego **2.** sędzia prowadzący rozprawę **3.** kontroler, brakarz **4.** kiper

trifle *s* drobnostka, bagatela, błahostka
a ~ trochę, nieco, odrobinę

trifling *adj* drobny, błahy, bez znaczenia
~ **error** drobny błąd
of ~ **value** o niewielkiej wartości

trilateral *adj* trójstronny
~ **talks** rozmowy trójstronne

trilingual *adj* trójjęzyczny

trim[1] *s* **1.** porządek, porządkowanie **2.** trim, przegłębienie statku **3.** dekoracja (*wystawy sklepowej*)
~ **by the head** ⟨**stern**⟩ przegłębienie rufowe ⟨dziobowe⟩ statku

trim[2] *v* **1.** porządkować, wyrównywać **2.** trymować, rozmieszczać ładunek **3.** dekorować, ozdabiać
to ~ **a cargo** trymować ładunek

trimmer *s* trymer (*rozmieszczający ładunek na statku*)
easy ~ statek łatwo trymujący
heavy ~ statek trudno trymujący

trimming *s* **1.** trymowanie, rozmieszczanie ładunku na statku **2.** ozdoba, dekoracja
~ **certificate** atest stwierdzający klasę trymowania statku
~ **class of the hold** klasa trymownicza ładowni (*statku*)
~ **excluded** bez trymowania

trimmings *spl* obrzynki, ścinki, odpadki

trinity *s* **1.** trójka **2.** grupa trzyosobowa
Trinity House *bryt.* stowarzyszenie zajmujące się utrzymaniem znaków nawigacyjnych na wybrzeżu Anglii i wydawaniem dyplomów pilotom statków
Trinity masters członkowie **Trinity House**
Trinity sittings *bryt.* posiedzenie Sądu Apelacyjnego i Wysokiego Trybunału
Trinity term *bryt.* jedna z czterech sesji sądu prawa zwyczajowego (*22 maja – 12 czerwca*)

trip *s* podróż, rejs
~ **charter** czarter rejsowy
~ **police** *ub. mors.* polisa na jedną podróż
business ~ podróż służbowa
conducted ⟨**organized**⟩ ~ wycieczka turystyczna z przewodnikiem
holiday ~ podróż wakacyjna, rejs wakacyjny
maiden ~ dziewiczy rejs
return ~ podróż powrotna
round ~ podróż okrężna
trial ~ próbny rejs

tripartite *adj* **1.** trójstronny **2.** złożony z trzech części
~ **agreement** porozumienie trójstronne
~ **alliance** trójprzymierze
~ **treaty** traktat trójstronny

triple *adj* potrójny, trzykrotny
~ **alliance** trójprzymierze

triplicate[1] *s* tryplikat, jedna z trzech kopii
~ **of a bill** (**of exchange**) weksel tercja
in ~ w trzech egzemplarzach

triplicate[2] *adj* potrójny, wystawiony w trzech egzemplarzach
~ **bill of lading** konosament w trzech egzemplarzach

triplicate[3] *v* **1.** potrajać **2.** sporządzać w trzech egzemplarzach

tripper *s* turysta, wycieczkowicz

tropic *s* **1.** zwrotnik **2.** *pl* **tropics** kraje tropikalne
Tropic of Cancer ⟨**Capricorn**⟩ zwrotnik Raka ⟨Koziorożca⟩

tropical *adj* tropikalny, zwrotnikowy
~ **depresion** depresja tropikalna
~ **diseases** choroby tropikalne
~ **load line** linia ładunkowa tropikalna
~ **zone** strefa tropikalna ⟨zwrotnikowa⟩

trouble[1] *s* **1.** kłopot, zmartwienie, trudność **2.** zaburzenie, zakłócenie **3.** awaria, defekt, uszkodzenie
~ **car** ⟨**truck**⟩ samochód pomocy technicznej
~ **crew** brygada awaryjna
economic ~**s** trudności gospodarcze
family ~**s** kłopoty rodzinne
labour ~**s** zakłócenia w pracy (*np. strajki*)
mental ~ zaburzenia psychiczne
money ~**s** kłopoty pieniężne

to get into ~ popaść w kłopoty, narazić się na kłopot
to make ~ **for sb** narazić kogoś na kłopot
trouble[2] *v* **1.** martwić (się) **2.** trudzić (się) **3.** zakłócać, mącić
troublemaker *s* intrygant, człowiek siejący niezgodę
troubleshooter *s* mediator, pośrednik, rozjemca
trove *s* skarb znaleziony
trover *s* **1.** bezprawne zatrzymanie cudzej ruchomości **2.** powództwo o wydanie lub zwrot wartości bezprawnie zatrzymanej rzeczy
troy, troy weights *s* system wag dla złota i srebra
truancy *s* absencja, absentowanie się
truant[1] *s* pracownik opuszczający pracę, bumelant
truant[2] *adj* absentujący się, opuszczający pracę, uchylający się od pracy
truce *s* rozejm, zawieszenie broni
~ **of God** *hist.* pokój boży
truck[1] *s* **1.** wymiana, handel zamienny **2.** interes, transakcja **3.** drobne towary **4.** *am.* warzywa
~ **farm** *am.* gospodarstwo warzywnicze
~ **shop** sklep wydający pracownikom towary jako zapłatę za pracę
~ **system (of payment)** zapłata w naturze (*przez zakup towarów u pracodawcy*)
~ **wages** wynagrodzenie wydawane w towarach
truck[2] *s* **1.** wagon towarowy, platforma, lora **2.** *am.* samochód ciężarowy **3.** wóz, zestaw kołowy do przewozu ciężkich ładunków
~ **load** przesyłka całowagonowa
~ **rent** osiowe
~ **transportation** *am.* transport drogowy
luggage ~ wózek bagażowy
truck[3] *v* **1.** wymieniać, zamieniać (**for sth** na coś) **2.** obnosić (*towar*) w celu sprzedaży **3.** sprzedawać bezpośrednio z samochodu **4.** płacić wynagrodzenie w towarach
truck[4] *v* przewozić (*ładunki*) środkami transportu drogowego
truckage *s* **1.** przewoźne, opłata za przewóz **2.** *am.* przewożenie środkami transportu drogowego
truckful *s* wagon (*jako jednostka*)
~ **of coal** wagon węgla
trucking *s am.* **1.** przewóz środkami transportu drogowego **2.** uprawa warzyw
~ **company** przedsiębiorstwo przewozowe
~ **costs** koszty transportu drogowego
~ **in bond** przewożenie towarów do ⟨ze⟩ składu celnego
true *adj* **1.** prawdziwy, dokładny, wierny **2.** autentyczny, rzeczywisty, faktyczny **3.** lojalny **4.** legalny
~ **bill** akt oskarżenia zaakceptowany przez przysięgłych
~ **copy** *a)* wierna kopia *b)* odpis uwierzytelniony
~ **heir** legalny spadkobierca
~ **owner** legalny właściciel
~ **to pattern** zgodny ze wzorem
~ **translation** wierne tłumaczenie
~ **value** rzeczywista wartość
~ **verdict** zgodny werdykt (*wydany bez jakichkolwiek nacisków*)
truly *adv* rzeczywiście, prawdziwie
~ **yours** z poważaniem (*końcowa formuła listu*)
truncheon *s* pałka policyjna
trunk *s* **1.** pień **2.** trzon, podstawa **3.** główna magistrala **4.** *am.* bagażnik samochodu

~ **call** *bryt.* rozmowa telefoniczna zamiejscowa
~ **exchange** *bryt.* centrala telefoniczna międzymiastowa
~ **road** główna szosa
trust[1] *s* **1.** zaufanie **2.** kredyt **3.** powiernictwo, powierzenie, przechowanie **4.** przedmiot dany na przechowanie ⟨w zarząd powierniczy⟩ **5.** trust (*związek przedsiębiorstw*)
~ **administration** zarząd powierniczy
~ **agreement** ⟨**deed**⟩ umowa powiernicza
~ **company** przedsiębiorstwo powiernicze, towarzystwo bankowe
~ **corporation** *bryt.* towarzystwo powiernicze wskazane przez sąd w konkretnej sprawie dla działania jako powiernik
~ **for sale** powierzenie (*nieruchomości*) celem sprzedaży
~ **fund** fundusz powierniczy
~ **letter** ⟨**receipt**⟩ potwierdzenie odbioru
~ **money** *a)* pieniądze oddane w depozyt *b)* pieniądze pupilarne ⟨sieroce⟩
~ **territory** obszar objęty powiernictwem, terytorium powiernicze
banking ~ trust bankowy
beneficiary of a ~ obdarowany fideikomisem
brain ~ trust mózgów
breach of ~ nadużycie zaufania
court ~ własność powiernicza ustanowiona przez sąd
formation of ~s tworzenie trustów
industrial ~ trust przemysłowy
investment ~ trust inwestycyjny (*zakupujący akcje innych przedsiębiorstw*)
oil ⟨**steel**⟩ ~ trust naftowy ⟨stalowy⟩
to create ⟨**make**⟩ **a** ~ utworzyć trust
to hold sth in ~ mieć coś w zarządzie powierniczym
to leave sth in ~ **with sb** zostawić coś pod czyjąś opieką
to repose ~ **in sb** pokładać w kimś zaufanie
to take in ~ brać na przechowanie
to take on ~ brać na kredyt
trust[2] *v* **1.** zaufać **2.** powierzyć **3.** kredytować
to ~ **a person up to ...** udzielić komuś kredytu do ... (*kwoty*)
to ~ **sb with one's affairs** ⟨**one's affairs to sb**⟩ powierzyć komuś prowadzenie swoich spraw
trustee *s* **1.** powiernik, mąż zaufania **2.** zarządca, kurator **3.** syndyk masy upadłości
~ **in bankruptcy** ⟨**of bankrupt's estate**⟩ syndyk ⟨kurator⟩ masy upadłości
~ **process** zajęcie majątku dłużnika znajdującego się u osoby trzeciej
~**'s certificate** zaświadczenie o ustanowieniu kuratora
~ **stocks** pierwszorzędne papiery wartościowe (*w których można lokować fundusze sieroce* ⟨pupilarne⟩)
appointment of a ~ ustanowienie powiernika ⟨kuratora⟩
board of ~s *a)* zarząd powierniczy *b)* centralna rada wykonawcza trustu
public ~ (**in bankruptcy**) syndyk upadłości
to act as a ~ działać w charakterze powiernika
trusteeship *s* **1.** powiernictwo, zarząd powierniczy, kuratela **2.** terytorium powiernicze ⟨mandatowe⟩

~ **council** rada powiernicza
~ **investment** lokowanie funduszów pupilarnych
Trusteeship Territories obszary powiernicze ⟨mandatowe⟩ (*powstałe po byłych koloniach po I wojnie światowej*)
the international ~ **system** międzynarodowy system powierniczy
trustification *s* tworzenie trustów, łączenie przedsiębiorstw w trusty
vertical ~ pionowe łączenie (się) w trusty
trustify *v* tworzyć trusty, łączyć (*przedsiębiorstwa*) w trusty
to ~ **industrial enterprises** łączyć przedsiębiorstwa przemysłowe w trusty
trustworthiness *s* solidność
trustworthy *adj* 1. godny zaufania 2. solidny
~ **business** ⟨**firm**⟩ solidna firma
~ **evidence** godny zaufania dowód
~ **guarantee** solidna gwarancja
~ **source** godne zaufania źródło
~ **witness** godny zaufania świadek
to **consider a person** ~ uważać osobę za godną zaufania ⟨solidną⟩
truth *s* 1. prawda 2. prawdziwość 3. rzetelność
contrary to the ~ wbrew prawdzie
to **conceal** ⟨**suppress**⟩ **the** ~ ukryć ⟨zataić⟩ prawdę
to **deviate from the** ~ odbiegać od prawdy
to **distort the** ~ zniekształcać prawdę
to **tell the** ~ powiedzieć prawdę
truthful *adj* 1. prawdomówny 2. prawdziwy, zgodny z prawdą
try *v* 1. próbować, wypróbowywać 2. sądzić, rozpoznawać w sądzie 3. ubiegać się (**for sth** o coś), starać się
to ~ **a case** rozpoznawać sprawę
to ~ **a criminal** sądzić przestępcę
to ~ **for a post** ubiegać się o stanowisko
to ~ **in absentia** sądzić zaocznie
to ~ **summarily** sądzić w trybie przyspieszonym
trying *adj* 1. trudny, ciężki 2. przykry, dokuczliwy
~ **situation** trudne położenie
tube *s* 1. rura, przewód 2. tunel kolei podziemnej 3. *bryt.* **the tube** kolej podziemna, metro
pneumatic ~ rura poczty pneumatycznej
tubular *adj* : ~ **post** poczta pneumatyczna
tug[1] *s* holownik
~ **boat charge** opłata za holowanie
dock ⟨**harbour**⟩ ~ holownik portowy
salvage ~ holownik ratowniczy
tug[2] *v* holować
tugboat *s* holownik
~ **charge** opłata holownicza
tuggage *s* 1. holowanie 2. opłata holownicza
tumble *v* 1. (*o cenach, kursach*) spadać gwałtownie 2. opadać
tumult *s* 1. wzburzenie, niepokój 2. zamęt, zgiełk, wrzawa
tumultuous *adj* burzliwy, niespokojny
~ **assembly** burzliwe zgromadzenie ⟨zebranie⟩
turn[1] *s* 1. obrót 2. kolejność, kolejka 3. punkt zwrotny, zakręt 4. przysługa 5. transakcja giełdowa 6. różnica między ceną zakupu i sprzedaży na giełdzie
~ **clause** klauzula czarterowa, zaliczająca czas oczekiwania na załadunek do czasu postoju
~ **for the better** ⟨**worse**⟩ zmiana na lepsze ⟨gorsze⟩
~ **in the market** zmiana w koniunkturze rynkowej

~ **limited to** ... czas wyczekiwania na kolejność ogranicza się do ...
~ **of loading** kolejność ładowania (*statków*)
~ **of the port** kolejność załadunku ⟨wyładunku⟩ statku według kolejności przyjścia do portu
~ **of the year** koniec ⟨przełom⟩ roku
~ **time** czas czekania (*statku*) w kolejce
by ~**s** kolejno, na przemian
colliery ~ kolejność podstawiania statku do załadunku węgla
free of ~ bez wyczekiwania kolejności
in ~ w kolejności
inventory ⟨*am.* **stock**⟩ ~ rotacja zapasów, obrót towarowy
jobber's ~ zysk kursowy maklera walorów
out of ~ *a*) poza kolejnością *b*) nie w porę
to **do sb a good** ⟨**ill**⟩ ~ wyświadczyć komuś dobrą ⟨złą⟩ przysługę
to **execute orders in their** ~ wykonywać zamówienie według kolejności
to **take a good** ⟨**bad**⟩ ~ przyjąć dobry ⟨zły⟩ obrót
to **take** ~**s** zmieniać się (*przy pracy*), robić coś kolejno
turn[2] *v* 1. obracać (się) 2. zwracać się (**to sth, sb** do czegoś, kogoś, **for sth** o coś) 3. zmieniać się, przekształcać się 4. tłumaczyć, przekładać 5. stawać się 6. doprowadzać (**sb to sth** kogoś do czegoś) 7. *zob.* **turn down, out, over**
to ~ **against sb** obracać się przeciwko komuś
to ~ **bankrupt** zbankrutować
to ~ **criminal** stać się przestępcą
to ~ **firm** (*o cenach, kursach*) wzmacniać się
to ~ **on sb** napaść na kogoś
to ~ **Polish into English** przetłumaczyć z polskiego na angielski
to ~ **to advantage** ⟨**disadvantage**⟩ obrócić się na korzyść ⟨niekorzyść⟩
to ~ **to commerce** wziąć ⟨zabrać⟩ się do handlu
to ~ **to good account** wykorzystać, zrobić dobry użytek
to ~ **to work** zabrać się do pracy
to ~ **traitor** stać się zdrajcą
to ~ **weak** (*o cenach, kursach*) słabnąć
turn down *v* odrzucić, nie przyjąć
to ~ **an applicant** nie przyjąć kandydata
to ~ **a claim** odrzucić reklamację ⟨roszczenie⟩
to ~ **an offer** odrzucić ofertę
turning *s* 1. skręt 2. przecznica
turning-point *s* punkt zwrotny
turnkey *s* dozorca więzienny
turn(-)out *s* 1. produkcja, wydajność 2. wyposażenie, ekwipunek 3. *bryt.* strajk
turn out *v* 1. wyrzucać, wyładowywać 2. eksmitować 3. zwalniać z pracy 4. wytwarzać, produkować 5. okazać się (*w wyniku czegoś*)
to ~ **an employee** zwolnić pracownika
to ~ **a tenant** wyeksmitować lokatora
turnover *s* 1. obrót, obieg (*pieniężny, towarowy itp.*) 2. płynność (*kadr*)
~ **acceleration** przyspieszenie obrotu
~ **acceleration balance sheet** bilans obrotów
~ **commission** prowizja od obrotu
~ **fund** kapitał obrotowy
~ **of capital** obrót kapitału
~ **of commodities** obrót towarowy
~ **of funds** obieg pieniężny

~ **of staff** płynność kadr
~ **of stocks** *a*) obrót magazynowy *b*) obrót akcji
~ **rate speed** szybkość ⟨wskaźnik⟩ obrotu
~ **tax** podatek obrotowy
annual ~ obrót roczny
bill ~ obrót wekslowy
capital ~ obrót kapitałowy
cargo ~ obrót towarowy
cheque ~ obrót czekowy
economic ~ obrót gospodarczy
export ⟨**import**⟩ ~ obrót eksportowy ⟨importowy⟩
foreign trade ~ obroty handlu zagranicznego
inventory ~ rotacja zapasów ⟨towarów⟩
labour ~ płynność siły roboczej
merchandise ⟨**trade**⟩ ~ obrót towarowy
money ~ obrót pieniężny, obieg pieniądza
staff ~ rotacja personelu
taxable ~**s** obroty podlegające opodatkowaniu
total ~ łączny obrót
turn over *v* **1.** przewracać (się) **2.** obracać, wykazywać obrót **3.** rozważać, rozpatrywać **4.** przekazywać, oddawać
to ~ **capital** obracać kapitałem
to ~ **a criminal to the police** wydać przestępcę policji
to ~ **a firm to sb** przekazać komuś firmę
turnpike *s* **1.** zapora ⟨bariera⟩ drogowa **2.** płatna autostrada
~ **money** opłata drogowa
~ **roads** płatne autostrady
turpis *adj łac.* niegodziwy
~ **causa** *łac.* niegodziwy cel
~ **contractus** *łac.* umowa mająca niegodziwy cel
tutelage *s* **1.** opieka, kuratela **2.** okres kurateli
child in ~ dziecko pozostające pod opieką
to be in ~ być pod opieką ⟨kuratelą⟩
tutor *s* **1.** wychowawca, nauczyciel prywatny **2.** opiekun, kurator **3.** pracownik naukowy kierujący indywidualną pracą studentów
~ **nominate** opiekun dziecka wyznaczony w testamencie (*ojca*)
tutoress *s* **1.** wychowawczyni, nauczycielka prywatna **2.** opiekunka, kuratorka
tutorial *adj* **1.** wychowawczy **2.** opiekuńczy
twin *s* bliźniak
~ **brother** bliźniaczy brat, brat bliźniak
~ **ship** statek bliźniaczy
~ **sister** bliźniacza siostra, siostra bliźniaczka

twist *s* skłonność, predyspozycja
to have a criminal ~ mieć skłonności przestępcze
twister *s* kłamca, krętacz
tycoon *s am.* magnat ⟨rekin⟩ finansowy
type[1] *s* **1.** typ, rodzaj **2.** wzór, przykład **3.** okaz, model **4.** czcionka drukarska
~ **certificate** typowe świadectwo
~ **charter-party** typowy czarter
~ **of goods** ⟨**cargo**⟩ typ ⟨rodzaj⟩ towaru ⟨ładunku⟩
~ **of offender** rodzaj przestępcy
~ **sample** typowa próbka
blood ~ grupa krwi
sale by ~ sprzedaż według próbki
type[2] *v* pisać na maszynie
typed *adj* pisany na maszynie
~ **copy** odbitka maszynowa
type-script *s* maszynopis
typewrite *v* (**typewrote, typewritten**) pisać na maszynie
typewriter *s* **1.** maszyna do pisania **2.** maszynistka
~**s' room** hala maszyn
electric ~ elektryczna maszyna do pisania
portable ~ przenośna ⟨walizkowa⟩ maszyna do pisania
typewriting *s* **1.** pisanie na maszynie **2.** maszynopis
~ **paper** papier do maszyny
typewritten *adj* napisany na maszynie
~ **letter** list napisany na maszynie
typical *adj* typowy
~ **condition** typowy stan
typification *s* typizacja
typify *v* **1.** stanowić typ, reprezentować typ, uosabiać **2.** typizować
typing *s* pisanie na maszynie
~ **error** błąd maszynowy
~ **paper** papier maszynowy
typist *s* maszynistka
~**'s error** błąd maszynowy
shorthand ~ stenotypista, stenotypistka
tyrannical *adj* tyrański
tyrannize *v* **1.** tyranizować, dręczyć **2.** być tyranem (**over sb** dla kogoś)
tyranny *s* tyrania
tyrant *s* tyran
tyre *s* **1.** obręcz **2.** ogumienie, opona **3.** guma rowerowa
flat ~ przebita opona

U

uberrima fides *s łac.* najlepsza wiara, najwyższy stopień dobrej wiary (*niezbędny dla ważności niektórych umów ubezpieczeniowych, rodzinnych itp. zwanych* **contractus uberrimae fidei**)
ufology *s* ufologia, nauka o nie zidentyfikowanych obiektach latających
ullage[1] *s* **1.** manko ładunku płynnego (*wskutek wycieku*) **2.** różnica pomiędzy pojemnością opakowania (*np.*

cysterny) a ilością zawartego w niej płynu **3.** bonifikata na wyciek towaru płynnego **4.** *pl* **ullages** niepełne beczki
~ **rod** ⟨**stick**⟩ pręt do mierzenia poziomu cieczy
customary ⟨**trade**⟩ ~ dopuszczalny ⟨zwyczajowo uznany⟩ ubytek towaru płynnego wskutek wycieku
on ~ mający manko wskutek wycieku, niepełny
risk of ~ ryzyko wycieku

ullage² *v* **1.** obliczać manko, wymierzać brakującą ilość płynu (*w naczyniu, zbiorniku*) **2.** uzupełniać zawartość płynu (*w naczyniu, zbiorniku*), dolewać do pełna

ullage-cask *s* **1.** niepełna beczka **2.** beczka mająca manko wskutek wycieku

ullaged *adj* **1.** niepełny **2.** mający manko wskutek wycieku
~ **cask** niepełna beczka

ulterior *adj* **1.** (*w przestrzeni*) dalszy **2.** (*w czasie*) późniejszy **3.** ukryty
~ **motives** ⟨ends⟩ ukryte pobudki ⟨motywy⟩

ultimate *adj* **1.** ostateczny **2.** ostatni, końcowy **3.** krańcowy, najdalszy **4.** podstawowy, elementarny **5.** maksymalny
~ **buyer** ⟨consumer⟩ ostateczny nabywca ⟨konsument⟩
~ **decision** ostateczna decyzja
~ **destination** krańcowy punkt podróży, port docelowy
~ **output** maksymalna wydajność
~ **purpose** ostateczny cel
~ **result** końcowy wynik
~ **success** końcowy sukces
~ **strength** maksymalna wytrzymałość

ultimatum *s* (*pl* ~s, **ultimata**) **1.** ultimatum **2.** ostateczny cel **3.** podstawowa zasada
in the form of an ~ w ultymatywnej formie, w formie ultimatum
to deliver ⟨issue⟩ **an** ~ **to sb** postawić komuś ultimatum
to present a government with an ~ wystosować rządowi ultimatum

ultimo, ult *adv łac.* **1.** (*w korespondencji urzędowej*) ubiegłego miesiąca **2.** *giełd.* w końcu miesiąca, ostatniego dnia miesiąca
per ~ z opłatą przy końcu miesiąca

ultra *praep łac.* poza, ponad
~ **mare** *łac. bryt. hist.* poza morzem (*jako usprawiedliwienie niestawiennictwa w sądzie*)
~ **vires** *łac.* przekraczając kompetencje ⟨uprawnienia⟩
action ~ **vires** działanie przekraczające kompetencje ⟨uprawnienia⟩
damages ~ szkody przekraczające sumę zasądzoną

umpirage *s* **1.** arbitraż, superarbitraż **2.** sąd polubowny **3.** rozjemstwo

umpire *s* **1.** arbiter, superarbiter **2.** sędzia polubowny **3.** rozjemca
~'s **award** wyrok arbitrażowy

unabatable *adj* **1.** nie podlegający potrąceniu **2.** nie podlegający obniżce ⟨redukcji⟩ **3.** nie podlegający uchyleniu ⟨obaleniu⟩

unabated *adj* bez zniżki ⟨rabatu⟩, nie obniżony, nie zmniejszony
with ~ **speed** nie zmniejszając szybkości

unabbreviated *adj* nie skrócony, pełny

unable *adj* **1.** niezdolny, nie będący w stanie **2.** (*o statku*) niezdatny do żeglugi
~ **to pay** niewypłacalny

unabridged *adj* nie skrócony, pełny
~ **edition** pełne wydanie

unacceptable *adj* **1.** nie (nadający się) do przyjęcia **2.** (*o wekslu, tracie*) nie nadający się do akceptacji
~ **decision** ⟨solution⟩ decyzja ⟨rozwiązanie⟩ nie do przyjęcia

~ **terms** warunki nie do przyjęcia

unacceptance *s* **1.** odmowa przyjęcia, nieprzyjęcie **2.** niezaakceptowanie

unaccepted *adj* **1.** nie przyjęty **2.** nie zaakceptowany **3.** nie uznany
~ **bill** nie przyjęty weksel
~ **draft** nie przyjęta trata

unaccomplishable *adj* niewykonalny

unaccomplished *adj* nie ukończony ⟨wykonany, spełniony⟩

unaccountable *adj* **1.** nieodpowiedzialny **2.** nie ponoszący odpowiedzialności **3.** niezrozumiały, niewytłumaczalny
an ~ **person** nieodpowiedzialna osoba
~ **reasons** niezrozumiałe przyczyny

unaccustomed *adj* **1.** niecodzienny, niezwykły, niepraktykowany **2.** nie przyzwyczajony (**to sth** do czegoś)

unachievable *adj* niewykonalny, nieosiągalny

unacknowledged *adj* **1.** nie uznany **2.** nie potwierdzony **3.** (*o liście*) pozostawiony bez odpowiedzi

unacquaintance *s* nieznajomość (**with sth** czegoś)

unacquainted *pp adj* nie obznajmiony ⟨zaznajomiony⟩
to be ~ **with sb, sth** nie znać kogoś, czegoś
to be ~ **with a fact** nie znać faktu

unacquirable *adj* nie do nabycia

unacquitted *adj* nie spłacony ⟨uregulowany, pokryty⟩

unactionable *adj* niezaskarżalny, nie nadający się do dochodzenia na drodze sądowej

unadapted *adj* nie dostosowany ⟨przystosowany⟩

unaddressed *adj* bez adresu, nie zaadresowany
~ **envelope** nie zaadresowana koperta
~ **printed matter** druk bezadresowy

unadjusted *pp adj* **1.** nie wyrównany, nie pokryty, nie uregulowany, nie rozliczony **2.** nie przystosowany **3.** nie uzgodniony
~ **claim** nie załatwiona reklamacja, nie zaspokojona pretensja
~ **to the circumstances** nie przystosowany do okoliczności

unadmitted *adj* nie dopuszczony, niedozwolony, nie uznany

unadulterated *adj* nie zafałszowany, czysty, nie skażony
the ~ **truth** nie zafałszowana prawda

unadvisable *adj* niewskazany, niecelowy

unadvised *pp adj* **1.** nie zawiadomiony, nie notyfikowany **2.** nie powiadomiony, nie poinformowany **3.** nierozważny
to do sth ~ zrobić coś nierozważnie

unalienable *adj* niezbywalny, nieprzenośny
~ **right to liberty** niezbywalne prawo do wolności

unallotted *adj* nie rozdzielony

unalterable *adj* niezmienny, nie ulegający zmianom
~ **law** nie ulegające zmianom prawo

unaltered *adj* nie zmieniony

unamortized *adj* niezamortyzowany

unanimity *s* jednomyślność, jednogłośność
~ **rule** zasada jednomyślności
with ~ jednomyślnie, jednogłośnie

unanimous *adj* jednomyślny, jednogłośny
~ **adoption** jednomyślne przyjęcie (*np. wniosku*)
~ **approval** jednomyślna aprobata
~ **vote** jednomyślne głosowanie ⟨wotum⟩
by ~ **consent** jednogłośnie

to express the ~ opinion wyrazić jednomyślną opinię
to give a ~ decision wydać jednomyślną decyzję
unanimously *adv* jednomyślnie, jednogłośnie
~ elected jednomyślnie wybrany
to adopt a motion ~ przyjąć jednomyślnie wniosek
to resolve ~ uchwalić ⟨rozstrzygnąć⟩ jednomyślnie
to vote ~ głosować jednomyślnie
unannounced *pp adj* nie zapowiedziany, nie ogłoszony
to enter ~ wejść bez zameldowania
unanswered *pp adj* 1. pozostawiony bez odpowiedzi 2. (*o argumencie*) niezbity, nieodparty
~ accusations obwinienia nie do odparcia
to leave a letter ~ pozostawić list bez odpowiedzi
unanticipated *adj* nie przewidziany, nie spodziewany
unapparent *adj* niewidoczny, nieoczywisty
~ defect wada ukryta
unappealable *adj* (*o wyroku*) nie podlegający apelacji
unapplicable *adj* nie dający się zastosować, niewłaściwy
unapplied *adj* nie mający zastosowania, nie wykorzystany
~ equipment nie wykorzystane urządzenia
~ funds nie wykorzystany ⟨nie przynoszący dochodu, martwy⟩ kapitał
unappreciated *adj* 1. nie oszacowany 2. nie doceniony
unapproachable *adj* 1. niedostępny 2. niedościgniony, niezrównany
~ by ice (*o porcie*) niedostępny z powodu zalodzenia
unappropriated *adj* 1. nie objęty w posiadanie 2. bez przeznaczenia 3. nie przydzielony
~ balance ⟨profit⟩ nie rozdzielony zysk (*między akcjonariuszy*)
~ funds kapitał martwy ⟨nie przynoszący dochodu⟩
~ payment płatność nie przeznaczona do pokrycia konkretnego długu
unapproved *adj* nie zaaprobowany ⟨potwierdzony, uznany⟩
unapt *adj* 1. niezdatny, niestosowny, niezdolny 2. nieskłonny
~ comparison niewłaściwe porównanie
~ remark niestosowna uwaga
~ to do sth nieskłonny do zrobienia czegoś
unascertainable *adj* nie dający się ustalić, nie do ustalenia
unascertained *adj* nie stwierdzony ⟨ustalony⟩
~ facts nie ustalone fakty
~ goods niezindywidualizowany towar
unasked *adj* 1. nie proszony 2. nie poszukiwany ⟨żądany⟩
unassessable *adj* nie podlegający opodatkowaniu
unassessed *adj* 1. nie oszacowany ⟨wyceniony⟩ 2. nie opodatkowany
unassignable *adj* nieprzenośny, niezbywalny
unassigned *adj* nie wyasygnowany ⟨przekazany⟩
~ revenue nie wyasygnowany dochód
unassorted *adj* 1. nie sortowany ⟨segregowany⟩ 2. (*o sklepie*) nie zaopatrzony w asortyment towaru
unassured *adj* 1. nieubezpieczony 2. nie zapewniony ⟨zagwarantowany⟩
~ success nie gwarantowany sukces

unattached *adj* 1. nie załączony ⟨dołączony⟩ 2. nie obłożony zajęciem sądowym 3. nie związany, niezależny, nie zaangażowany
unattainable *adj* nieosiągalny
unattested *adj* nie poświadczony ⟨zalegalizowany, uwierzytelniony⟩
unattractive *adj* nieatrakcyjny
unaudited *adj* nie skontrolowany rachunkowo
~ invoice nie sprawdzona rachunkowo faktura
unauthentic *adj* nieautentyczny
unauthenticated *adj* nie uwierzytelniony ⟨poświadczony⟩
unauthorized *adj* 1. nie upoważniony ⟨uprawniony⟩ 2. niedozwolony, bezprawny 3. nielegalny
~ person nie upoważniona osoba
~ reprint nie autoryzowany przedruk
~ use niedozwolone ⟨bezprawne⟩ użycie
unavailable *adj* 1. nie będący w dyspozycji, niedostępny 2. bezużyteczny, nieprzydatny
~ in law nie mający skutku prawnego, prawnie bezskuteczny
unavailing *adj* bezskuteczny
unavoidable *adj* nieunikniony, niechybny
~ accident wypadek nie do uniknięcia
~ cause nieunikniona przyczyna
~ cost nieunuknione koszty
~ delay nieunikniona zwłoka
unaware *adj* nieświadomy (of sth czegoś)
to be ~ of sth nie wiedzieć o czymś, nie podejrzewać czegoś
unawares *adv* 1. mimo woli, nieświadomie 2. niespodziewanie
to do sth ~ zrobić coś nieświadomie
to take sb ~ zaskoczyć kogoś
unbacked *adj* 1. nie zabezpieczony ⟨pokryty⟩ 2. nie mający poparcia, bez poparcia, nie korzystający z pomocy
unbalance[1] *s* niezrównoważenie, brak równowagi
~ in foreign trade brak równowagi w handlu zagranicznym (*między importem a eksportem*)
unbalance[2] *v* wytrącać z równowagi
unbalanced *adj* 1. nie zrównoważony ⟨zbilansowany, wyrównany⟩ 2. nierównomierny 3. (*o człowieku*) wytrącony z równowagi; niezrównoważony
~ budget nie zrównoważony budżet
~ load nierównomierne obciążenie
~ mind obłąkany umysł
unbale *v* rozpakowywać bele
unballast *v* usunąć balast (*ze statku*)
unballasted *adj* (*o statku*) bez balastu, nieobciążony balastem
unbankable *adj* nie nadający się ⟨nie przeznaczony⟩ do obrotu bankowego
~ paper weksel nie nadający się do obrotu bankowego ⟨dyskonta⟩
unbarrel *v* wylać z beczek
unbearable *adj* nieznośny, przekraczający granice wytrzymałości
~ conditions warunki nie do zniesienia
unbecoming *adj* niestosowny, nieodpowiedni, niewłaściwy
~ conduct niestosowne zachowanie
unbelievable *adj* niewiarygodny, nieprawdopodobny
unbeneficial *adj* niekorzystny, nie przynoszący korzyści
unbenefited *adj* nie wykorzystany

unberthed *adj* pozbawiony kajuty ⟨koi⟩
~ **passenger** pasażer bez koi ⟨pokładowy⟩
~ **ship** statek bez koi
unbiased *adj* bezstronny, nie uprzedzony, nie tendencyjny
~ **opinion** bezstronna opinia
~ **witness** bezstronny ⟨obiektywny⟩ świadek
unbidden *pp adj* **1.** spontaniczny, samorzutny **2.** nie nakazany **3.** nie zaproszony, nieproszony
to do sth ~ zrobić coś spontanicznie
unbind *v* (**unbound, unbound**) **1.** rozwiązywać **2.** uwalniać
unblended *adj* czysty, bez domieszek, nie mieszany
unblock *v* odblokować
unbooked *adj* **1.** nie zaksięgowany **2.** nie zabukowany ⟨rezerwowany⟩
unborn *adj* nie urodzony
~ **generations** przyszłe pokolenia
unbought *adj* **1.** (*o towarze*) niepokupny **2.** pozostający na składzie, nie zakupiony
unbounded *adj* nieograniczony, bezgraniczny
unbranded *adj* niefirmowy, bez znaku firmowego
unbreakable *adj* nie tłukący się, nie do złamania
unbribed *adj* nieprzekupny
unbroken *adj* **1.** nie uszkodzony ⟨rozbity⟩, w całości **2.** niezłomny, niepokonany **3.** (*o obietnicy*) dotrzymany
~ **oath** dotrzymana przysięga
~ **rule** niezłomna zasada
unbusinesslike *adj adv* niezgodny ⟨niezgodnie⟩ z zasadami postępowania kupieckiego, nie po kupiecku
uncalled *pp adj* **1.** nie żądany **2.** nie wezwany **3.** nie powołany (**for sth** do czegoś)
~ **capital** część kapitału akcyjnego, do pokrycia którego subskrybenci nie zostali wezwani
~ **for interference** nie powołany do ingerowania
uncalled-for *adj* **1.** niestosowny **2.** niezasłużony, niczym nie usprawiedliwiony
~ **measure** niczym nie uzasadniony środek
uncancellable *adj* nie podlegający anulowaniu, nieodwołalny
uncancelled *adj* nie anulowany, pozostający w mocy
uncared-for *adj* zaniedbany, porzucony
~ **child** zaniedbane ⟨porzucone⟩ dziecko
uncased *adj* nie opakowany, bez opakowania, luzem
uncaused *adj* niczym nie spowodowany, samorzutny
unceasing *adj* nieustanny, nieprzerwany
uncensored *adj* nie cenzurowany
uncensured *adj* nie skrytykowany
uncertain *adj* **1.** niepewny, nieokreślony, wątpliwy **2.** niezdecydowany
~ **market** niezdecydowany ⟨chwiejny⟩ rynek
uncertainty *s* niepewność
uncertificated *adj* nie dyplomowany
~ **bankrupt** dłużnik, w stosunku do którego nie uchylono upadłości
uncertified *adj* nie poświadczony, nie zalegalizowany
unchallengeable *adj* bezsporny, niezaprzeczalny, bezsprzeczny, niezbity, nieodparty
~ **evidence** niezbity dowód
~ **right** bezsporne ⟨niezaprzeczalne⟩ prawo
unchallenged *pp adj* nie kwestionowany
to leave the evidence ~ nie kwestionować dowodu
unchangeable *adj* **1.** niezmienny **2.** niewymienny
unchanged *pp adj* nie zmieniony, utrzymujący się
~ **prices** nie zmienione ceny

trend of market ~ tendencja rynkowa utrzymuje się
uncharged *adj* **1.** nie obciążony, bezpłatny **2.** nie oskarżony, nie obwiniony
~ **with responsibility** nie obciążony odpowiedzialnością
uncharged-for *adj* bezpłatny, franko
unchartered *adj* **1.** (*o firmie*) nie posiadający zatwierdzonego statusu **2.** (*o statku*) nie zaczarterowany, nie zafrachtowany
unchecked *adj* **1.** nie sprawdzony, niekontrolowany **2.** niepowstrzymany, niepohamowany
uncircumstancial *adj* ogólnikowy, (przedstawiony) bez bliższych szczegółów
uncivil *adj* nieuprzejmy, niegrzeczny
unclaimed *adj* **1.** (*o liście*) nie odebrany **2.** nie żądany **3.** nie reklamowany
~ **dividend** nie podjęta dywidenda
~ **goods** nie odebrane towary
~ **right** prawo, do którego nikt nie zgłasza pretensji
unclarified *adj* **1.** nie wyjaśniony **2.** (*o płynie*) nie oczyszczony
unclassified *adj* **1.** nie sklasyfikowany **2.** (*o dokumencie*) nietajny
unclean *adj* nieczysty
~ **bill of health** świadectwo zdrowia z zastrzeżeniami
~ **bill of lading** konosament nieczysty (*z zastrzeżeniami*)
unclear *adj* niejasny, mglisty
uncleared *adj* **1.** nie zapłacony, nie rozliczony **2.** nie odprawiony celnie, nie oclony **3.** (*o statku*) nie wyklarowany
uncollected *adj* nie zainkasowany, nie pobrany, nie ściągnięty
~ **taxes** nie ściągnięte podatki
uncollectible *adj* nieściągalny
uncommercial *adj* niehandlowy, niekupiecki
uncommissioned *adj* **1.** nie upoważniony **2.** (*o pracy*) bez zlecenia
uncommitted *adj* **1.** (*o czynie*) nie popełniony **2.** nie zaangażowany; wolny, niezależny
the ~ **countries** kraje niezaangażowane
uncompromising *adj* bezkompromisowy, nieustępliwy
~ **attitude to...** bezkompromisowe podejście do...
unconcerned *adj* obojętny, nie zaangażowany, nie zainteresowany (**in** ⟨**with**⟩ **an affair** w sprawie)
unconditional *adj* bezwarunkowy, nie uwarunkowany, bez zastrzeżeń
~ **acceptance** akceptacja bezwarunkowa ⟨bez zastrzeżeń⟩
~ **capitulation** bezwarunkowa kapitulacja
~ **consent** zgoda bez zastrzeżeń
~ **order** bezwarunkowe polecenie ⟨zamówienie⟩
~ **refusal** kategoryczna odmowa
~ **surrender** bezwarunkowa kapitulacja
unconditionally *adv* bezwarunkowo, bez zastrzeżeń
to accept ~ przyjąć bez zastrzeżeń
to surrender ~ poddać się bezwarunkowo
unconditioned *adj* nie uwarunkowany, nie obwarowany warunkami
~ **reflex** odruch bezwarunkowy
unconfirmed *adj* nie potwierdzony
~ **credit** nie potwierdzony kredyt
~ **letter of credit** akredytywa nie potwierdzona

~ **rumour** nie sprawdzona pogłoska ⟨plotka⟩
unconformable *adj* **1.** niezgodny, nie dostosowany **2.** nie stosujący się (**to sth** do czegoś), nie ulegający (**to sth** czemuś)
unconformity *s* niezgodność, rozbieżność
~ **to the rules** niezgodność z zasadami
unconfutable *adj* niezbity, nieodparty
unconnected *adj* **1.** nie związany, nie mający związku (**with sb, sth** z kimś, czymś) **2.** nie powiązany wewnętrznie, chaotyczny
unconscionable *adj* **1.** (*o człowieku*) bez sumienia, bez skrupułów **2.** (*o cenie*) horrendalny, nadmierny
~ **bargain** umowa oparta na wyzysku ⟨sprzeczna z zasadami współżycia⟩
unconscious[1] *adj* **1.** nieświadomy (**of sth** czegoś) **2.** podświadomy **3.** nieprzytomny
to become ~ stracić świadomość ⟨przytomność⟩
to be ~ **of having done sth** zrobić coś nieświadomie
to be ~ **of sth** nie zdawać sobie sprawy z czegoś, nie wiedzieć o czymś
unconscious[2] *s* : **the** ~ podświadomość
unconsidered *adj* nierozważny
~ **action** nierozważne działanie
unconsolidated *adj* nie skonsolidowany, nie zjednoczony
unconstitutional *adj* niekonstytucyjny, niezgodny z konstytucją
uncontemplated *adj* **1.** niezamierzony, mimowolny **2.** nieprzewidziany, nieoczekiwany
uncontestable *adj* **1.** niezaprzeczalny **2.** bezkonkurencyjny
~ **rights** niezaprzeczalne prawa
uncontested *adj* **1.** bezsporny, nie kwestionowany **2.** (*o wyborach*) odbyty bez kontrkandydatów
~ **divorce** zgodny rozwód
~ **election** wybór odbyty bez kontrkandydatur
~ **fact** niezaprzeczalny ⟨bezsporny⟩ fakt
~ **owner** bezsporny właściciel
uncontradictable *adj* niezaprzeczalny, nie do obalenia
uncontradicted *adj* nie zaprzeczony, nie wywołujący sprzeciwu
~ **evidence** nie zaprzeczony dowód
uncontrollable *adj* niepohamowany, nie do opanowania
~ **desire** niepohamowana żądza
~ **impulse** niekontrolowany odruch
uncontrolled *adj* nieopanowany, niepohamowany
uncontrovertible *adj* bezsporny, niezbity, nie podlegający dyskusji
~ **proof** niezbity dowód
unconventional *adj* **1.** niekonwencjonalny **2.** sprzeczny z przyjętym zwyczajem
~ **weapons** broń niekonwencjonalna
unconvertible *adj* niewymienny, niezamienny
unconvicted *adj* nie skazany
~ **defendant** oskarżony, któremu nie udowodniono winy
unconvinced *adj* nie przekonany
unconvincing *adj* nieprzekonujący
~ **argument** nieprzekonywający argument
uncorrected *adj* **1.** nie poprawiony, nie skorygowany **2.** (*o dziecku*) nie ukarany
uncorroborated *adj* nie potwierdzony
~ **testimony** nie potwierdzone zeznanie, nie potwierdzony dowód

uncover *v* **1.** odkryć, odsłonić **2.** zdemaskować
to ~ **the reason of sth** odkryć przyczynę czegoś
uncovered *adj* **1.** nie zakryty **2.** nie pokryty ⟨zabezpieczony⟩
~ **balance** nie pokryty bilans
~ **bill** nie pokryty ⟨zabezpieczony⟩ weksel
~ **check** czek bez pokrycia
~ **credit** nie zabezpieczony ⟨pokryty⟩ kredyt
~ **paper money** nie pokryty pieniądz papierowy
~ **sale** *giełd.* sprzedaż blankowa ⟨nie pokryta⟩
uncrossed *adj* nie zakrzyżowany, nie zakreślony
~ **cheque** czek (gotówkowy) nie zakrzyżowany ⟨nie zakreślony⟩
uncustomary *adj* niezgodny ze zwyczajem, nie będący w zwyczaju
uncustomed *adj* **1.** nie oclony **2.** nie podlegający ocleniu
~ **goods** ⟨**merchandise**⟩ towary nie oclone
undamaged *pp adj* nie uszkodzony
~ **reputation** nieskazitelna reputacja
to arrive ~ (*o towarze*) dojść w stanie nieuszkodzonym
undated *adj* **1.** nie datowany, bez daty **2.** nie podający określonego terminu
~ **bonds** akcje bez terminu ⟨daty płatności⟩
~ **debenture** obligacje bez terminu ⟨daty⟩
undebatable *adj* bezsporny
undebated *adj* (*o wniosku*) nie dyskutowany, (przyjęty) bez dyskusji
undecided *adj* **1.** niezdecydowany, niepewny **2.** nie rozstrzygnięty **3.** (*o procesie*) toczący się, w toku
~ **lawsuit** toczący się proces
undeclared *adj* nie zadeklarowany, nie zgłoszony (*na cle*)
undefended *adj* nie broniony, (będący) bez obrońcy ⟨obrony⟩
~ **case** ⟨**trial**⟩ nie broniona sprawa
~ **prisoner** więzień nie mający obrońcy
undefined *adj* nieokreślony, nie zdefiniowany
~ **crime** nie zdefiniowane przestępstwo
undelayed *adj* nie opóźniony, natychmiastowy, bezzwłoczny
undeliberated *adj* nie zamierzony, nierozmyślny
undeliverable *adj* niedoręczalny
undelivered *pp adj* **1.** nie doręczony, nie dostarczony **2.** nie uwolniony **3.** (*o wyroku*) nie ogłoszony
~ **goods** nie dostarczone towary
~ **summons** nie doręczone wezwanie do sądu ⟨sądowe⟩
if ~ w razie niedoręczenia
undeniable *adj* niezaprzeczalny, bezsprzeczny
~ **evidence** dowód nie budzący zastrzeżeń
~ **truth** niezaprzeczalna prawda
undependable *adj* **1.** niesolidny, niesłowny **2.** niepewny, niewiarygodny
~ **news** niewiarygodna wiadomość
~ **person** niesolidna osoba
under *praep* pod, poniżej
~ **advice** za powiadomieniem
~ **sb's advice** za czyjąś poradą, na skutek czyjejś porady
~ **arrest** pod aresztem ⟨zajęciem⟩
~ **auspices** pod auspicjami
~ **bond** pod zamknięciem celnym, w magazynie celnym
~ **charter** (*o statku*) zaczarterowany

~ **the** ⟨**these**⟩ **circumstances** w tych ⟨takich⟩ okolicznościach ⟨warunkach⟩
~ **claim of right** z tytułu prawa własności
~ **colour of office** pod pozorem pełnienia urzędu
~ **compulsion** pod przymusem
~ **control** kontrolowany, będący ⟨znajdujący się⟩ pod kontrolą
~ **cost** poniżej kosztów własnych
~ **the date** pod datą
~ **deck** pod pokładem
~ **a delusion** w błędzie, łudząc się
~ **discussion** będący przedmiotem dyskusji, dyskutowany
~ **examination** w badaniu, badany
~ **sb's hand and seal** (*o dokumencie*) podpisany i zaopatrzony w pieczęć
~ **legal process** w trybie sądowym
~ **the name** pod nazwą
~ **the necessity to do sth** muszący coś zrobić, zmuszony do zrobienia czegoś
~ **obligation** zobowiązany, obciążony zobowiązaniem
~ **pain of death** pod karą śmierci
~ **pretence** pod pozorem
~ **a promise** związany przyrzeczeniem
~ **protest** zaprotestowany, pod protestem
~ **the provisions of the contract** zgodnie z postanowieniami umowy
~ **reserve** z zastrzeżeniem
~ **the rules of ...** według przepisów ⟨stosownie do przepisów...⟩
~ **sealed cover** w zapieczętowanej kopercie
~ **sentence of death** skazany na śmierć
~ **sentence of sth** pod zarzutem czegoś
~ **separate cover** w osobnej kopercie, osobną przesyłką
~ **sb's signature** za czyimś podpisem
~ **the threat of sth** pod groźbą czegoś
~ **value** poniżej wartości
~ **way** w drodze
~ **the weight of evidence** pod ciężarem dowodów
~ **the will of sb** zgodnie z czyimś testamentem
~ **wrapper** (*o przesyłce pocztowej*) pod opaską
to be ~ **suspicion** być podejrzanym
to come ~ **the scope** wchodzić w zakres, być objętym
underage *adj* małoletni, niepełnoletni
~ **vessel** statek, którego termin eksploatacji jeszcze nic nie upłynął
under(-)agent *s* sub-agent
underassessment *s* 1. zbyt niskie opodatkowanie 2. zbyt niskie oszacowanie
underbid[1] *s* niższa cena (*od konkurencyjnej*), korzystniejsza oferta
underbid[2] *v* (**underbade, underbidden**) złożyć korzystniejszą ofertę, oferować lepsze warunki
underbill *v* 1. fakturować poniżej wartości 2. deklarować poniżej wartości
underbuy *v* (**underbought, underbought**) 1. kupić za bezcen 2. kupić zbyt mało
undercapacity *s* niedostateczne moce produkcyjne
undercapitalized *adj* nie doinwestowany, niedostatecznie zaopatrzony w kapitał
undercarrier *s* przewoźnik, który przewiózł mniej ładunku niż przewidywała umowa pulowa

undercharge[1] *s* opłata ⟨cena⟩ niższa od właściwej ⟨należnej⟩
undercharge[2] *v* pobierać za mało, żądać zbyt niskiej ceny ⟨zbyt niskiego honorarium itp.⟩
underconsumption *s* podkonsumpcja
theory of ~ teoria podkonsumpcji
undercount *s* niepełne rozliczenie
undercoverage *s* niedostateczne ⟨niepełne⟩ wyrażenie
undercut *v* (**undercut, undercut**) podcinać, sprzedawać po konkurencyjnie niskiej cenie
to ~ **prices** podcinać ceny
undercutter *s am.* handlowiec sprzedający po niższych cenach w celu pokonania konkurencji
underdeck *s* pokład dolny
~ **cargo** ładunek podpokładowy
~ **tonnage** tonaż przestrzeni podpokładowej
underdeclaration *s* : ~ **of income** zaniżenie dochodu w deklaracji podatkowej
underdeveloped *adj* słabo rozwinięty, gospodarczo zacofany
~ **areas** ⟨**regions**⟩ obszary słabo rozwinięte ⟨gospodarczo zacofane⟩
~ **countries** kraje słabo rozwinięte ⟨gospodarczo zacofane⟩
~ **industry** niedorozwinięty przemysł
underdevelopment *s* niedorozwój ekonomiczny, zacofanie gospodarcze
underemployment *s* niepełne zatrudnienie, częściowe bezrobocie
underestimate[1] *s*, **underestimation** *s* zbyt niska wycena, zbyt niski szacunek
underestimate[2] *v* 1. szacować zbyt nisko 2. nie doceniać
underexporting *s* niedostateczny ⟨zbyt mały⟩ eksport
underfreight *v* podczarterować, podnajać (*statek*)
underfreighter *s* podczarterujący, podnajemca (*statku*)
undergo *s* (**underwent, undergone**) 1. doświadczać, doznawać 2. przeżywać, przechodzić 3. być poddanym (*czemuś*)
to ~ **changes** podlegać zmianom
to ~ **a damage** doznać szkody
to ~ **a test** zostać poddanym próbie ⟨testowi⟩
undergrade *adj* (*o towarze*) gorszej jakości
undergraduate *s* student, studentka
underground[1] *s* 1. podziemie 2. *bryt.* kolej podziemna, metro 3. podziemny ruch oporu
underground[2] *adj* 1. podziemny 2. tajny, ukryty, *przen.* podziemny
~ **activities** działalność podziemna
~ **army** armia podziemna
~ **movement** podziemny ruch oporu
~ **press** prasa podziemna ⟨nielegalna⟩
underground[3] *adv* 1. pod ziemią, w podziemiu 2. tajnie
to go ~ zejść w podziemie
underhand *adj* 1. tajny, skryty, potajemny 2. fałszywy, oszukańczy
~ **dealings** ⟨**practices**⟩ tajne działania ⟨praktyki⟩
underimporting *s* niedostateczny ⟨zbyt mały⟩ import
underinsurance *s* niedoubezpieczenie, ubezpieczenie poniżej wartości
underinsure *v* ubezpieczyć poniżej wartości
underinvoicing *s* fakturowanie (*towarów eksportowych*) po zaniżonych cenach
underlease[1] *s* poddzierżawca, podnajemca

underlease² *v* poddzierżawiać, podnajmować
underlessee *s* poddzierżawca, podnajemca
underlessor *s* poddzierżawiający, podnajmujący
underlet *v* (**underlet, underlet**) **1.** wynajmować po zbyt niskiej cenie **2.** podnajmować
underletter *s* podnajemca, poddzierżawca
underletting *s* **1.** podnajem, poddzierżawa **2.** najem po zbyt niskiej cenie
underlie *v* (**underlay, underlain**) **1.** stanowić podstawę, leżeć u podstaw **2.** podlegać (**sth** czemuś) **3.** mieć pierwszeństwo, wyprzedzać
to ~ a penalty podlegać karze
underline *v* podkreślać, uwydatniać
underload¹ *s* **1.** niedostateczny ⟨niewystarczający⟩ ładunek **2.** niedoładowanie
underload² *v* nie całkowicie załadować, nie załadować do pełna
underloading *s* niedoładowanie, niepełny załadunek
underlying *adj* **1.** zasadniczy, podstawowy **2.** ukryty, niejasny
~ cause istotna ⟨właściwa⟩ przyczyna, zasadniczy powód
~ company *am.* firma zależna ⟨kontrolowana⟩ (*przez inną*)
~ principles podstawowe zasady
~ right prawo pierwszeństwa
under-manager *s* zastępca dyrektora
undermanned *adj* **1.** (*o statku*) z niepełną ⟨niekompletną⟩ załogą **2.** (*o zakładzie pracy*) mający niepełny ⟨niedostateczny⟩ personel, mający niepełne zatrudnienie
undermentioned *adj* niżej wymieniony, wymieniony poniżej
undermine *v* **1.** podkopywać **2.** podrywać
to ~ sb's authority podrywać czyjś autorytet
to ~ economy przynosić szkodę gospodarce
to ~ unity rozbijać jedność
undernourishment *s* niedożywienie
underpaid *adj* niedostatecznie opłacony
~ letter list niedostatecznie ofrankowany
~ workmen źle opłacani robotnicy
underpay *v* (**underpaid, underpaid**) źle wynagradzać, za mało płacić, płacić mniej niż się należy (**sb** komuś)
underpayment *s* zbyt niska zapłata, niewystarczająca opłata, niedopłata
underpopulation *s* *stat.* niedoludnienie, zbyt małe zaludnienie
underprice¹ *s* cena zbyt niska (*niższa od normalnej, rynkowej*)
underprice² *v* **1.** wyceniać zbyt nisko **2.** konkurować przez obniżanie cen
underprivileged *adj* (*o grupie społecznej*) upośledzony, mający mniejsze prawa
~ children *am.* dzieci biednych rodzin
the ~ classes klasy upośledzone
underproduce *v* produkować w niedostatecznej ilości
underproduction *s* **1.** produkcja deficytowa ⟨niedostateczna⟩ **2.** produkcja przy niepełnym wykorzystaniu mocy produkcyjnych
underproof *adj* (*o alkoholu*) niskoprocentowy
10 degrees ~ 10 stopni poniżej normy procentowej
underquote *v* **1.** notować zbyt nisko **2.** proponować zbyt niskie ceny ⟨stawki⟩ **3.** konkurować przez proponowanie niższych cen i korzystniejszych warunków płatności

underrate¹ *s* cena ⟨stawka⟩ niższa od normalnej ⟨rynkowej⟩
underrate² *v* **1.** nie doceniać **2.** zbyt nisko szacować ⟨wyceniać⟩
under-secretary *s* podsekretarz, wiceminister
Under-Secretary of State podsekretarz stanu, wiceminister
undersell *v* (**undersold, undersold**) **1.** sprzedawać po niższych cenach ⟨taniej⟩ **2.** sprzedawać poniżej wartości
underseller *s* konkurent sprzedający po niższych cenach
under-sheriff *s* zastępca szeryfa
undership *v* nie doładować statku
undersign *v* podpisać
undersigned *adj* (niżej) podpisany
the ~ niżej podany ⟨podpisany⟩; niżej podani ⟨podpisani⟩
undersigner *s* podpisujący, niżej podpisany
undersize *s* zbyt mały rozmiar ⟨format⟩
undersized *adj* **1.** za mały, zbyt małych rozmiarów **2.** karłowaty
understaffed *adj* = **undermanned 2.**
understand *v* (**understood, understood**) **1.** rozumieć, wiedzieć **2.** wnioskować (**sth from sth** coś z czegoś) **3.** przyjmować (**that ...** że ...) **4.** dowiadywać się **5.** zdawać sobie sprawę (**that ...** z tego, że ...) **6.** znać się (**sth** na czymś)
to ~ running a business znać się na prowadzeniu interesu ⟨firmy⟩
to give (sb) to ~ (that) dać (komuś) do zrozumienia (że)
to make oneself understood (*w przemówieniu, rozmowie*) jasno się wyrażać
we ~ from your letter that ... wnioskujemy z Waszego listu, że...
understandable *adj* zrozumiały
understanding *s* **1.** zrozumienie **2.** porozumienie, umowa **3.** warunek, zastrzeżenie **4.** wyrozumiałość
the age of ~ wiek dojrzały
on the ~ that... pod warunkiem, że...
private ~ umowa prywatna (*zawarta bez wymaganej formy*)
secret ~ tajne porozumienie
to be full of ~ być bardzo wyrozumiałym
to bring about an ~ doprowadzić do porozumienia
to come to an ~ dojść do porozumienia
to have an ~ of several languages znać kilka języków, władać kilkoma językami
understate *v* **1.** umniejszać, pomniejszać, zaniżać **2.** deklarować poniżej wartości
understatement *s* **1.** umniejszanie, pomniejszanie, zaniżanie **2.** deklarowanie poniżej wartości
~ of facts pomniejszanie faktów
understock¹ *s* mały ⟨niedostateczny⟩ zapas
understock² *v* niedostatecznie zaopatrzyć w towar, nie zapewnić dostatecznych zapasów
understocked *adj*: **~ market** niedostatecznie zaopatrzony rynek
undertake *v* (**undertook, undertaken**) **1.** przedsięwziąć, podjąć się (**sth** czegoś), zobowiązać się (**sth** do czegoś) **2.** ręczyć, gwarantować
to ~ the collection podjąć się inkasa
to ~ a guarantee for sb poręczyć za kogoś, udzielić gwarancji ⟨poręki⟩ za kogoś

to ~ **the insurance** przyjąć ubezpieczenie ⟨do ubezpieczenia⟩
to ~ **a responsibility** przyjąć odpowiedzialność
to ~ **a risk** przyjąć na siebie ryzyko
to ~ **a task** podjąć się zadania
undertaker s przedsiębiorca pogrzebowy
undertaking s 1. przedsięwzięcie 2. przedsiębiorstwo 3. zobowiązanie, gwarancja 4. zakład pogrzebowy
business ⟨**commercial**⟩ ~ przedsiębiorstwo handlowe
collateral ~ dodatkowe zobowiązanie
industrial ~ przedsiębiorstwo przemysłowe
joint ~ wspólne przedsiębiorstwo
private ~ przedsiębiorstwo prywatne
public-utility ~ przedsiębiorstwo użyteczności publicznej
undertenancy s poddzierżawa, podnajem
undertenant s poddzierżawca, podnajemca, sublokator
under-the-counter adj pot. kupiony ⟨sprzedany⟩ po kryjomu
~ **sales** sprzedaż spod lady
undervaluation s zbyt niskie oszacowanie, zbyt niska wycena
undervalue v 1. za nisko szacować 2. nie doceniać
underweigh v 1. nie doważać 2. nie mieć pełnej wagi
underweight s niedowaga, manko wagowe
underworld s świat przestępczy
~ **crimes** zbrodnie świata przestępczego
underwrite v (**underwrote, underwritten**) 1. podpisywać (się) 2. asekurować, przyjmować do ubezpieczenia 3. gwarantować rozprowadzenie nowo emitowanych papierów wartościowych 4. subskrybować akcje ⟨obligacje⟩
to ~ **an issue** gwarantować rozprowadzenie akcji
to ~ **a policy** wystawić polisę ubezpieczeniową
underwriter s 1. ubezpieczyciel, asekurator 2. pl **underwriters** towarzystwo ubezpieczeniowe 3. giełd. subskrybent 4. gwarant, poręczyciel
~ **'s agent** agent towarzystwa ubezpieczeniowego, przedstawiciel ubezpieczyciela
cargo ⟨**hull**⟩ ~ ubezpieczyciel ładunku okrętowego ⟨statku⟩
Institute of London Underwriters Zrzeszenie Londyńskich Ubezpieczycieli ⟨Towarzystw Ubezpieczeniowych⟩
leading ~ (w wypadku koasekuracji) ubezpieczyciel ⟨poręczyciel⟩ główny
Lloyd's ~ ubezpieczyciel zrzeszony w towarzystwie Lloyda
marine ~ ubezpieczyciel morski
underwriting s 1. podpisanie 2. ubezpieczenie, przyjęcie do ubezpieczenia 3. gwarancja nowo emitowanych papierów wartościowych 4. subskrypcja akcji ⟨obligacji⟩
~ **agent** agent ubezpieczeniowy
~ **agreement** umowa o przyjęciu gwarancji za rozprowadzenie nowo emitowanych papierów wartościowych
~ **business** a) ubezpieczenia b) przedsiębiorstwo rozprowadzające papiery wartościowe
~ **commission** prowizja ubezpieczeniowa
~ **rate** taryfa ubezpieczeniowa
underwritten pp adj : **risks** ~ ryzyka przyjęte do ubezpieczenia
undesirable adj niepożądany

~ **alien** niepożądany cudzoziemiec
undeterminable adj nie dający się określić ⟨ustalić, oznaczyć⟩
undeterminate adj : ~ **sentence** wyrok nie określający terminu skazania (zależy od zachowania się skazanego)
undetermined adj 1. nie określony, nie oznaczony, nie ustalony 2. niewygasły, zachowujący moc 3. nie rozstrzygnięty
~ **question** nie rozstrzygnięte zagadnienie
of an ~ **cause** z nie ustalonej przyczyny
undeveloped adj 1. (o kraju) nie rozwinięty 2. (o glebie) nieuprawny 3. (o terenie) nie zabudowany
undirected adj 1. nie zaadresowany 2. nie kierowany
~ **letters** listy bez adresu
undischarged adj 1. (o długu itp.) nie spłacony, nie uiszczony, nie pokryty 2. (o towarze) nie wyładowany 3. (o człowieku) sądownie nie zwolniony ⟨uwolniony⟩ od spłaty długów
~ **bankrupt** dłużnik, w stosunku do którego nie uchylono upadłości
~ **debt** nie zapłacony dług
~ **duty** a) nie wypełniony obowiązek b) nie uiszczony podatek
~ **of an obligation** nie zwolniony z obowiązku ⟨z zobowiązania⟩
undisclosed adj 1. nie ujawniony, nie wyjawiony 2. niewiadomy, anonimowy
~ **agent** agent nie ujawnionego zleceniodawcy
~ **buyer** anonimowy nabywca
~ **fact** nieznany ⟨nie ujawniony⟩ fakt
~ **principal** nie ujawniony ⟨nieznany⟩ zleceniodawca
~ **seller** anonimowy sprzedawca
undiscountable adj nie nadający się ⟨nie przeznaczony⟩ do dyskonta
~ **bill** weksel nie nadający się do dyskonta
undispatched adj nie wysłany, nie wyekspediowany
undisposed adj 1. niesklonny, niechętny (**to sth** do czegoś) 2. (o towarze) nie sprzedany, nie rozdysponowany
~ **property** majątek, którym nie zadysponowano
stock ~ **of** nie sprzedane towary
undisputable adj niesporny, nie podlegający dyskusji
undisputed adj nie kwestionowany, niesporny, bezsporny
~ **fact** bezsporny fakt
undissolved adj (o umowie, parlamencie) nie rozwiązany
undistributed adj nie rozdzielony
~ **cost** koszty ogólne
~ **income** ⟨**profits**⟩ nie rozdzielone zyski
undisturbed adj nie zakłócony, nie natrafiający na przeszkody
undivided adj 1. niepodzielny 2. nie podzielony, w całości 3. (o opinii) jednomyślny
~ **interest** nie podzielony udział w zyskach
~ **opinion** jednomyślna opinia
~ **ownership** ⟨**property**⟩ niepodzielna własność
~ **profits** nie rozdzielone zyski
undo v (**undid, undone**) 1. anulować, unieważnić 2. unicestwić 3. rozwiązać, rozpakować 4. rozmontować, rozebrać na części
to ~ **the achievements** zmarnować osiągnięcia
to ~ **the bargain** zerwać ⟨unieważnić⟩ transakcję
to ~ **a parcel** otworzyć paczkę

to ~ **a treaty** anulować traktat ⟨porozumienie⟩
undock *v* **1.** wyprowadzić z doku ⟨basenu⟩, wydokować (*statek*) **2.** (*o statku*) wyjść z doku ⟨basenu⟩
undocumented *adj* **1.** nie udokumentowany **2.** *am.* (*o statku*) nie zarejestrowany
undressed *adj* (*o wyrobie*) nie wykończony, nie obrobiony
undue *adj* **1.** niewymagalny, nie zapadły, jeszcze nie płatny **2.** nienależyty, nieodpowiedni, niewłaściwy **3.** nadmierny, przesadny **4.** bezprawny, sprzeczny z prawem
~ **behaviour** niewłaściwe postępowanie ⟨zachowanie się⟩
~ **influence** sprzeczne z prawem oddziaływanie, bezprawny nacisk
~ **preference** bezprawne uprzywilejowanie jednego z wierzycieli przez dłużnika zagrożonego upadłością
use of ~ **authority** nadużycie władzy
unduly *adv* **1.** nadmiernie, przesadnie, zbytnio **2.** niesłusznie, bezprawnie
~ **high price** nadmiernie wysoka cena
~ **severe** ⟨**strict**⟩ nadmiernie ⟨zbyt⟩ surowy
unearned *adj* **1.** nie zarobiony, nie pochodzący z pracy zarobkowej **2.** niezasłużony
~ **income** dochód nie pochodzący z pracy zarobkowej
~ **increment** przyrost ⟨wzrost⟩ wartości (*np. gruntu*) spowodowany przez okoliczności zewnętrzne (*bez nakładu pracy lub inwestycji*)
~ **punishment** niezasłużona kara
tax on ~ **income** podatek od dochodu nie pochodzącego z pracy
uneasy *adj* **1.** niespokojny **2.** budzący niepokój **3.** skrępowany **4.** niewygodny, trudny
~ **conscience** nieczyste sumienie
to be ~ **about sb, sth** niepokoić się ⟨martwić się⟩ o kogoś, coś
the market is ~ rynek jest niespokojny, sytuacja na rynku jest niepewna
uneconomic *adj* **1.** nieekonomiczny **2.** (*o pracy*) niepopłatny **3.** nieoszczędny, ekonomicznie nieefektywny
uneconomical *adj* nieoszczędny, ekonomicznie nieefektywny
uneducated *adj* **1.** niewykształcony, bez wykształcenia **2.** (*o języku*) niedbały, prostacki
unembarassed *adj* **1.** nieskrępowany **2.** nie mający trudności finansowych, wolny od długów
unemployable *adj* (*o człowieku*) nie mogący znaleźć zatrudnienia (*z powodu wieku, charakteru itp.*)
unemployed[1] *adj* **1.** nie zatrudniony, bezrobotny **2.** nie wykorzystany, nie zastosowany
~ **capital** kapitał nie wykorzystany gospodarczo, martwy kapitał
~ **energies** nie wykorzystana energia
~ **funds** nie wykorzystane fundusze
~ **person** bezrobotny
to be ~ być nie zatrudnionym ⟨bezrobotnym⟩
unemployed[2] *s* bezrobotny
~ **on benefit** bezrobotny otrzymujący zasiłek
partially ~ częściowo bezrobotny
registered ~ bezrobotny zarejestrowany
wholly ~ całkowicie bezrobotny
unemployment *s* bezrobocie
~ **allowance** zasiłek na wypadek bezrobocia ⟨dla bezrobotnych⟩

~ **assistance** ⟨**benefit, pay, relief**⟩ pomoc ⟨zasiłek⟩ dla bezrobotnych
~ **fund** fundusz bezrobocia ⟨dla bezrobotnych⟩
~ **insurance** ubezpieczenie od bezrobocia
agricultural ~ bezrobocie agrarne
casual ~ przypadkowe bezrobocie
concealed ⟨**disguised**⟩ ~ ukryte bezrobocie
cyclical ~ bezrobocie koniunkturalne ⟨cykliczne, kryzysowe⟩
disguised ~ ukryte bezrobocie
duration of ~ okres trwania bezrobocia
frictional ~ bezrobocie przejściowe ⟨fluktuacyjne⟩ (*wynikające z niedopasowania popytu i podaży siły roboczej*)
mass ~ masowe ⟨powszechne⟩ bezrobocie
rate of ~ stopa bezrobocia
seasonal ~ bezrobocie sezonowe
structural ~ bezrobocie strukturalne ⟨trwałe, chroniczne⟩
technological ~ bezrobocie technologiczne (*związane z postępem technicznym*)
unemptied *adj* nie opróżniony
unencumbered *adj* wolny od obciążeń
~ **estate** nieruchomość wolna od obciążeń
unendorsed *adj* **1.** nie indosowany, bez indosu, nie żyrowany **2.** nie aprobowany, nie popierany
unenforceable *adj* **1.** nie podlegający dochodzeniu na drodze prawnej, niezaskarżalny **2.** nieściągalny **3.** (*o wyroku*) niewykonalny, nie zaopatrzony w rygor wykonalności
unenforced *adj* (*o wyroku, należności*) nie egzekwowany
unengaged *adj* **1.** nie zarezerwowany, wolny **2.** nie zaangażowany (**in sth** w coś)
unentered *adj* **1.** nie zaksięgowany, nie zarejestrowany **2.** nie zadeklarowany celnie
~ **goods** nie zadeklarowany celnie towar
unenterprising *adj* mało przedsiębiorczy, mało obrotny, bez inicjatywy
unentitled *adj* **1.** nieuprawniony **2.** nie mający legitymacji prawnej, nie mający tytułu prawnego (**to sth** do czegoś)
to be ~ **to sth** być nieuprawnionym do czegoś
unenumerated *adj* nie wymieniony, nie wyszczególniony, nie objęty (*np. taryfą, wykazem*)
unequal *adj* **1.** nierówny **2.** nie dorównujący
~ **chances** nierówne szanse
~ **conditions** ⟨**terms**⟩ nierówne warunki
~ **treaty** nierówny traktat
unequalled *adj* niezrównany, niedościgniony
~ **skill** niedościgniona zręczność
unequipped *adj* **1.** nie wyposażony **2.** nie przygotowany (**for sth** do czegoś)
unequivocal *adj* niedwuznaczny, nie budzący wątpliwości, wyraźny, jasny
to give an ~ **answer** dać jasną odpowiedź
unessential *adj* nieistotny
uneven *adj* **1.** nierówny, niegładki **2.** niejednakowy **3.** nieparzysty
~ **development** nierówny ⟨nierównomierny⟩ rozwój
~ **number** nieparzysta liczba
unevident *adj* nieoczywisty, niejawny
unexampled *adj* bezprzykładny, bez precedensu
unexcelled *adj* niedościgły, niedościgniony
unexceptionable *adj* bez zarzutu, nienaganny
~ **evidence** niepodważalny dowód

unexceptional *adj* **1.** nie dopuszczający wyjątków **2.** zwykły, nie wyjątkowy
~ **circumstances** zwykłe ⟨normalne⟩ okoliczności
~ **rule** zasada nie dopuszczająca wyjątków
unexchangeable *adj* **1.** niewymienny **2.** niezastępowalny, niezamienny
~ **securities** walory niezamienne
unexcised *adj* nie podlegający opłacie akcyzowej, bez akcyzy
unexecuted *adj* nie wykonany, nie egzekwowany
unexempt *adj* nie wyłączony, nie zwolniony (**from sth** od czegoś)
unexpected *adj* nieoczekiwany
~ **news** nieoczekiwana wiadomość, nieoczekiwane wiadomości
unexpedient *adj* niecelowy, nieodpowiedni, nieskuteczny
unexperienced *adj* **1.** niedoświadczony, nie rutynowany **2.** nie wypróbowany
unexpired *adj* niewygasły, nieprzedawniony, pozostający w mocy
~ **bill** weksel niewymagalny
~ **term of the lease** niewygasły termin dzierżawy
unexploited *adj* nie (wy)eksploatowany, nie wykorzystany
~ **natural resources** nie wykorzystane zasoby naturalne
unexposed *adj* **1.** nie ujawniony **2.** nie wystawiony **3.** nie naświetlony
~ **crime** nie wykryta zbrodnia
~ **swindler** nie ujawniony oszust
unexpurgated *adj* nie okrojony, nie skrócony, bez skreśleń
~ **edition** nie okrojone wydanie
unfailing *adj* **1.** niesłabnący **2.** niezawodny, pewny **3.** niewyczerpany
~ **supply** niewyczerpany zapas
~ **test** niezawodny test ⟨sprawdzian⟩
unfair *adj* **1.** niesprawiedliwy **2.** nielojalny **3.** krzywdzący **4.** (*o konkurencji*) nieuczciwy
~ **competition** nieuczciwa konkurencja
~ **judgment** krzywdzący wyrok
~ **price** niesłuszna ⟨wygórowana⟩ cena
~ **trade practice** nieuczciwy sposób prowadzenia handlu
~ **wages** krzywdzące płace
~ **wind** nie sprzyjający wiatr
got by ~ **means** uzyskany nieuczciwymi środkami
unfaithful *adj* niewierny, wiarołomny
~ **husband** niewierny mąż ⟨małżonek⟩
~ **wife** niewierna żona ⟨małżonka⟩
to be ~ **to one's wife** ⟨**husband**⟩ zdradzić żonę ⟨męża⟩
unfavourable *adj* **1.** niepomyślny, nie sprzyjający, nieżyczliwy **2.** ujemny
~ **balance of trade** ⟨**payment**⟩ niepomyślny ⟨ujemny⟩ bilans handlowy ⟨płatniczy⟩
~ **circumstances** nie sprzyjające okoliczności
~ **criticism** nieżyczliwa krytyka
~ **exchange rate** niekorzystny kurs
~ **terms** niekorzystne warunki
unfeed *adj* nie pobierający honorarium
unfilled *adj* **1.** nie wypełniony, nie wykonany **2.** nie zajęty
~ **orders** nie wykonane zamówienia
~ **post** nie zajęte stanowisko

unfinished *adj* nie wykończony, nie obrobiony
~ **goods** półfabrykaty
unfirm *adj* niepewny, niestały, nie ustabilizowany
unfit *adj* niezdatny, nieodpowiedni (**for sth** do czegoś; **to do sth** do robienia czegoś)
~ **for consumption** nie nadający się do spożycia
~ **for duty** niezdolny do pełnienia obowiązków
~ **for military service** niezdolny do służby wojskowej
~ **for print** ⟨**publication**⟩ nie nadający się do druku ⟨publikacji⟩
unforeseen *adj* nieprzewidziany, nie przewidywany
~ **consequences** nieprzewidziane skutki
~ **delay** nieprzewidziane opóźnienie
~ **events** nie przewidywane wydarzenia
~ **expenses** nieprzewidziane wydatki
unfortunate *adj* niepomyślny, niefortunny, nie sprzyjający
~ **accident** nieszczęśliwy wypadek
~ **business venture** nieszczęsne ⟨nieudane⟩ przedsięwzięcie handlowe
unfounded *adj* **1.** nieuzasadniony, bezpodstawny **2.** nie fundowany
~ **accusations** bezpodstawne oskarżenia
~ **rumours** nieuzasadnione pogłoski
unfriendly *adj* **1.** nieprzyjazny, wrogi, wrogo usposobiony (**towards sb, sth** przeciwko komuś, czemuś) **2.** niepomyślny
~ **act** ⟨**action**⟩ wroga czynność, wrogie działanie
unfulfilled *adj* nie wypełniony, nie wykonany
~ **condition** ⟨**duty**⟩ nie spełniony warunek ⟨obowiązek⟩
unfunded *adj* nie fundowany
~ **debt** nie skonsolidowany ⟨krótkoterminowy⟩ dług
unfurnished *adj* **1.** (*o mieszkaniu, pokoju*) nie umeblowany **2.** nie zaopatrzony (**with sth** w coś)
ungraded *adj* (*o towarze*) nie sortowany, nie zaklasyfikowany
ungrounded *adj* bezpodstawny, nieuzasadniony
unguarded *adj* **1.** nie strzeżony, nie chroniony **2.** zaskoczony
in an ~ **moment** w chwili nieuwagi
unguided *adj* nie kierowany, nie poddany kontroli
unharmed *adj* **1.** nie uszkodzony, nie ponoszący uszczerbku **2.** (*o człowieku*) nietknięty
he is ~ jest cały i zdrów
unheard-of *adj* niesłychany, zadziwiający
unhook *v* **1.** zdjąć z haka **2.** odczepić hak
unhoped-for *adj* niespodziewany, nieoczekiwany
~ **success** niespodziewany sukces
unhurt *adj* nietknięty, nienaruszony, nie uszkodzony
to escape ~ wyjść cało (*z wypadku*)
unicameral *adj* (*o parlamencie*) jednoizbowy
unidentified *adj* **1.** nie zidentyfikowany **2.** (*o sprawcy*) nieznany
unification *s* **1.** unifikacja, ujednolicenie **2.** zjednoczenie, konsolidacja
~ **of standards** ujednolicenie norm ⟨standardów⟩
political ~ unifikacja polityczna
unified *adj* **1.** ujednolicony, zunifikowany **2.** zjednoczony **3.** skonsolidowany
~ **bond** obligacja skonsolidowana
~ **debt** skonsolidowany dług
uniform *adj* **1.** jednolity, ujednolicony **2.** jednostajny, równomierny

~ **act** jednolita ustawa, jednolity tekst ustawy
~ **cargo** jednolity ładunek
~ **charter** czarter typowy ⟨standardowy⟩
~ **load** obciążenie równomiernie rozłożone
~ **prices** ceny jednolite
~ **rate** jednolita stawka
The Uniform Sales Act (1906) *am.* ustawa o sprzedaży handlowej (z 1906 r.)
~ **tariff** jednolita taryfa
goods of ~ **quality** towar jednakowej jakości
of ~ **length** ⟨**weight**⟩ jednakowej długości ⟨wagi⟩
to make ~ ujednolicić
uniformed *adj* umundurowany, w mundurze
~ **police** policja mundurowa ⟨umundurowana⟩
uniformity *s* jednolitość
~ **in taxation** jednolite opodatkowanie
lack of ~ brak jednolitości
level of ~ poziom jednolitości
unify *v* 1. ujednostajniać, ujednolicać 2. jednoczyć, unifikować 3. konsolidować
to ~ **the country** ⟨**the whole population**⟩ jednoczyć kraj ⟨całe społeczeństwo⟩
unilateral *adj* 1. jednostronny 2. (*o parkowaniu*) jednostronny, po jednej stronie ulicy
~ **action** jednostronne działanie
~ **contract** jednostronny układ
~ **decision** jednostronna decyzja
~ **declaration of independence** jednostronna deklaracja niepodległości, jednostronne ogłoszenie niepodległości
~ **disarmament** jednostronne rozbrojenie
~ **flow** jednostronny przepływ
~ **obligation** jednostronne zobowiązanie
~ **transaction** jednostronna transakcja
by ~ **action** na skutek jednostronnego działania
unilaterally *adv* jednostronnie
~ **binding** jednostronnie wiążący
to denounce a treaty ~ rozwiązać jednostronnie układ
unilinear *adj* jednokolumnowy
~ **tariff** jednokolumnowa taryfa celna
unimpaired *adj* nie uszkodzony, nie naruszony
with faculties ~ w pełni władz umysłowych
unimpeachable *adj* 1. niezaprzeczalny, nie zakwestionowany 2. nienaganny, bez zarzutu
~ **character** nieskazitelny charakter
~ **conduct** nienaganne prowadzenie się
~ **evidence** niepodważalny dowód
~ **honesty** nienaganna uczciwość
~ **right** niezaprzeczalne prawo
~ **title** nienaganny tytuł prawny
~ **witness** niepodważalny ⟨wiarygodny⟩ świadek
from an ~ **source** z pewnego źródła
unimpeded *adj* nie doznający przeszkód, nie hamowany, swobodny
unimportant *adj* mało ważny, błahy, nieistotny, bez znaczenia
unimproved *adj* 1. nie poprawiony, nie udoskonalony, nie ulepszony, bez żadnych poprawek ⟨udoskonaleń, ulepszeń⟩ 2. (*o gruncie*) niekultywowany, nieuprawny
unincorporated *adj* 1. nie stowarzyszony 2. nie zarejestrowany
~ **association** nie zarejestrowane stowarzyszenie
~ **enterprise** *am.* przedsiębiorstwo nie zarejestrowane ⟨stowarzyszone⟩

unindebted *adj* nie zadłużony
unindorsed *adj* nie indosowany, bez indosu, nie żyrowany
uninflammable *adj* niepalny
uninformed *adj* nie poinformowany, nie zorientowany
to be ~ **of** ⟨**about**⟩ **sth** nie wiedzieć ⟨nie być poinformowanym⟩ o czymś
uninhabitable *adj* nie nadający się do zamieszkania, niemieszkalny
uninjured *adj* nietknięty, nie naruszony, nie uszkodzony
to escape ~ wyjść cało ⟨bez szwanku⟩
uninominal *adj* jednoimienny
~ **ballot** ⟨**voting**⟩ głosowanie indywidualne
uninstructed *adj* 1. nie posiadający dyspozycji ⟨instrukcji⟩ 2. nie pouczony
to do sth ~ zrobić coś bez instrukcji
uninsurable *adj* nie podlegający ubezpieczeniu, nie dający się ubezpieczyć
uninsured *adj* nie ubezpieczony (**against sth** od czegoś)
unintelligible *adj* niezrozumiały
unintended *adj* nie zamierzony
~ **bodily harm** nie zamierzone ⟨nieumyślne⟩ uszkodzenie ciała
unintentional *adj* nieumyślny
uninterested *adj* 1. nie zainteresowany 2. bezinteresowny
uninvested *adj* nie zainwestowany, nie ulokowany
uninvited *adj* nie zaproszony, nieproszony
to come ~ przyjść bez zaproszenia
union *s* 1. połączenie, unia, związek 2. związek, stowarzyszenie 3. związek zawodowy
the Union *a)* Zjednoczone Królestwo (*Anglii, Szkocji i Irlandii*) *b) am.* Stany Zjednoczone
Union for the Protection of Industrial Property Związek Ochrony Własności Przemysłowej (*konwencja paryska*)
Union Jack flaga brytyjska
Union of International Fairs Unia Targów Międzynarodowych
Union of South Africa *hist.* Związek Południowej Afryki
Union of Soviet Socialist Republics Związek Socjalistycznych Republik Radzieckich
~ **regulations** przepisy związkowe
~ **shop** *am.* zakład pracy, w którym zatrudnieni są wyłącznie pracownicy zrzeszeni w związkach zawodowych
~ **workmen** ⟨**labour**⟩ robotnicy-członkowie związku zawodowego
customs ⟨**tariff**⟩ ~ unia celna
economic ~ unia gospodarcza
international ~ związek międzynarodowy
monetary ~ unia monetarna
personal ~ unia personalna
postal ~ unia pocztowa
trade ~ związek zawodowy
to form a ~ założyć związek zawodowy
to join the ~ wstąpić do związku zawodowego
unionism *s* system związków zawodowych, ruch związkowy
unionist *s* członek związku zawodowego, związkowiec

unionize v łączyć się w związek ⟨unię⟩, przyłączyć się do związku

unionized adj : ~ **labour** ⟨**workers**⟩ robotnicy zorganizowani w związku zawodowym

unipersonal adj jednoosobowy

unique[1] s unikat

unique[2] adj **1.** jedyny (w swym rodzaju), unikalny, wyjątkowy **2.** pojedynczy

~ **opportunity** jedyna ⟨wyjątkowa⟩ okazja ⟨możliwość⟩

unisex adj : ~ **shop** ⟨**fashion**⟩ sklep ⟨moda jednakowa⟩ dla obu płci

unissued adj nie emitowany, nie wydany

~ **debentures** ⟨**shares**⟩ nie emitowane obligacje ⟨akcje⟩

~ **stock** część kapitału akcyjnego nie pokrytego akcjami

unit s jednostka

~ **banking** am. system banków nie powiązanych z innymi ⟨nie uzależnionych od innych⟩

~ **cost** koszt jednostkowy

~ **of account** jednostka obrachunkowa

~ **of administration** jednostka administracyjna

~ **of measure** ⟨**measurement**⟩ jednostka miary

~ **of output** jednostka produkcji ⟨wydajności⟩

~ **of trade** jednostka kontraktowa giełdowych transakcji terminowych

~ **of value** jednostka wartości

~ **price** cena jednostkowa

~ **rule** am. (na zjeździe partyjnym) zasada głosowania całej delegacji stanu na jednego kandydata

~ **sample** próbka jednostkowa przeciętna (wybrana z różnych części jednorodnej partii towaru)

~ **tare** tara jednostkowa

~ **value** wartość jednostkowa

~ **work** praca akordowa

as one ~ jako jedna część ⟨całość⟩

currency ⟨**monetary**⟩ ~ jednostka pieniężna ⟨walutowa⟩

per ~ na jednostkę

workday ~ dniówka robocza

unitary adj **1.** jednostkowy **2.** jednolity

~ **state** jednolite państwo

unite v łączyć (się), jednoczyć (się)

to ~ **against sb** zjednoczyć się przeciwko komuś

to ~ **in doing sth** połączyć się dla zrobienia czegoś

to ~ **two companies** zjednoczyć dwie spółki

to ~ **two parties** połączyć dwie partie

united adj połączony, zjednoczony

~ **efforts** połączone wysiłki

the United Kingdom (of Great Britain and Northern Ireland) bryt. Zjednoczone Królestwo (Wielkiej Brytanii i Północnej Irlandii)

the United Nations (Organization) Organizacja Narodów Zjednoczonych

the United States (of America) Stany Zjednoczone (Ameryki)

to present a ~ **front** tworzyć jednolity front

unity s **1.** jedność, jednolitość **3.** zgoda

~ **of interest** wspólnota interesów

~ **of the invention** jedność wynalazku

~ **of possession** wspólne posiadanie

~ **of title** wspólny tytuł

~ **system** ustrój małżeńskiej wspólności majątkowej

at ~ **with...** w zgodzie z...

in ~ w zgodzie

national ~ jedność narodowa ⟨narodu⟩

to strengthen the ~ wzmacniać jedność

universal adj **1.** powszechny, uniwersalny **2.** wszechświatowy, ogólnoświatowy **3.** ogólny

~ **agency** uniwersalne przedstawicielstwo

~ **agent** uniwersalny agent (posiadający generalne pełnomocnictwo)

~ **authority** generalne pełnomocnictwo

Universal Declaration of Human Rights Deklaracja Ogólna Praw Człowieka

~ **exposition** wystawa powszechna

~ **heir** spadkobierca generalny

~ **legatee** zapisobiorca generalny

~ **partnership** spółka generalna

~ **peace** powszechny pokój

Universal Postal Union Międzynarodowa Unia Pocztowa (z 1863 r.)

~ **rule** powszechnie obowiązująca zasada

~ **security** powszechne bezpieczeństwo

~ **succession** sukcesja generalna

~ **suffrage** powszechne prawo wyborcze

universality s powszechność

universally adv ogólnie, powszechnie

~ **accepted** ogólnie ⟨powszechnie⟩ przyjęty ⟨uznawany⟩

~ **known** powszechnie znany

university s uniwersytet, wszechnica

~ **degree** stopień uniwersytecki ⟨naukowy⟩

~ **education** wykształcenie uniwersyteckie ⟨wyższe⟩

University Extention filia uniwersytetu

univocal adj jednoznaczny, niedwuznaczny

unjudged adj nie osądzony, nie rozpoznany przez sąd

unjust adj **1.** niesłuszny, niesprawiedliwy **2.** niedokładny, niewłaściwy

~ **benefit** ⟨**enrichment**⟩ nieusprawiedliwione ⟨bezprawne⟩ bogacenie się

~ **gain** niesłuszny zysk

~ **sentence** niesprawiedliwy wyrok

~ **war** niesprawiedliwa wojna

unjustifiable adj nieuzasadniony

unjustified adj niesłuszny, nieuzasadniony, nieusprawiedliwiony

economically ~ ekonomicznie nieuzasadniony

unknown adj nieznany (**to sb** komuś), niewiadomy

~ **address** adres nieznany

~ **delinquent** nieznany sprawca

~ **destination** nieznany port przeznaczenia

contents ⟨**weight**⟩ ~ zawartość ⟨waga⟩ nieznana (zastrzeżenie w konosamencie)

unlabelled adj nie etykietowany, bez etykiety

unlade v (**unladed, unladen**) wyładowywać, rozładowywać

unlading s wyładunek

unlawful adj **1.** bezprawny, nielegalny, niedozwolony **2.** (o dziecku) nieślubny

~ **act** czyn niedozwolony, delikt

~ **assembly** nielegalne zebranie ⟨zgromadzenie⟩

~ **custody** bezprawne uwięzienie

~ **gain** nielegalna korzyść

~ **measures** nielegalne środki

unlawfulness s bezprawność, nielegalność, niezgodność z prawem

unless conj jeśli nie, chyba że

~ **countermanded** jeżeli nie zostanie odwołane (zastrzeżenie ofertowe)

~ **otherwise instructed** jeżeli nie ma innych dyspozycji

~ **otherwise stated** chyba, że postanowiono inaczej

unlicensed *adj* nie licencjonowany, nie koncesjonowany, niedozwolony

unlike[1] *adj* niepodobny, inny, odmienny

unlike[2] *praep* inaczej niż, w przeciwieństwie do

unlikelihood *s* nieprawdopodobieństwo

unlikely *adj* nieprawdopodobny, nierealny, nie mający widoków powodzenia

unlimited *adj* 1. nieograniczony, nie limitowany 2. wielki, niezmierzony

~ **authority** nieograniczone pełnomocnictwo

~ **company** spółka z nieograniczoną odpowiedzialnością

~ **credit** nieograniczony kredyt

~ **liability** nieograniczona odpowiedzialność

~ **order** zamówienie nie limitowane

~ **power** nieograniczona władza

for an ~ **period** na czas nieokreślony ⟨nieoznaczony⟩

unliquidated *adj* 1. nie zapłacony, nie uregulowany 2. nie zlikwidowany

~ **damages** odszkodowanie nie wypłacone, odszkodowanie, którego wysokość nie została ustalona

unlisted *adj* 1. nie figurujący na liście, skreślony z listy 2. nie notowany na giełdzie, nie dopuszczony do obrotu giełdowego

~ **securities** papiery wartościowe nie dopuszczone od obrotu giełdowego

unload *v* 1. wyładowywać 2. pozbywać się papierów wartościowych ⟨towarów⟩

to ~ **cargo** wyładowywać towar

to ~ **securities to the public** rzucić papiery wartościowe na rynek

to ~ **a ship** rozładowywać statek

readiness to ~ gotowość (*statku*) do wyładunku

unloading *s* 1. wyładunek, wyładowanie 2. pozbycie się papierów wartościowych ⟨towarów⟩

~ **berth** stanowisko wyładowcze (*statku*)

~ **charges** koszty wyładunku

~ **place** ⟨port⟩ miejsce ⟨port⟩ wyładunku

~ **risk** ryzyko wyładunku ⟨związane z wyładunkiem⟩

~ **time** czas trwania wyładunku

unlock *v* otwierać (się), uwalniać (*spod zamknięcia, od ograniczeń*)

unlocked *adj* : ~ **capital** kapitał uwolniony ⟨odblokowany⟩

unmake *v* (**unmade, unmade**) 1. obalić, zniweczyć 2. rozwiązać 3. złożyć z urzędu, usunąć ze stanowiska

to ~ **law** zmienić prawo

unmanageable *adj* trudny do prowadzenia ⟨kierowania⟩

~ **child** trudne (do wychowania) dziecko

unmanifested *adj* nie zgłoszony

~ **cargo** ładunek nie figurujący w manifeście okrętowym

unmanufactured *adj* surowy, nie obrobiony, niegotowy

unmarked *adj* 1. niefirmowy, bez znaku firmowego 2. nie oznakowany, nie cechowany 3. nie zaznaczony, nie wyróżniający się

~ **shares** nie ostemplowane akcje

unmarketable *adj* (*o towarze*) nie nadający się do sprzedaży, niepokupny

~ **assets** niepokupne akcje

unmarriageable *adj* nie nadający się do małżeństwa, nieodpowiedni do małżeństwa

unmarried *adj* nieżonaty, niezamężna

~ **man** nieżonaty mężczyzna

~ **mother** niezamężna ⟨samotna⟩ matka

~ **state** stan bezżenny

~ **woman** niezamężna kobieta

unmask *v* zdemaskować, ujawnić

to ~ **a conspiracy** ujawnić spisek

to ~ **a traitor** ujawnić zdrajcę

unmatched *adj* 1. niezrównany, niedościgniony 2. niedobrany 3. nie do pary

unmatured *adj* 1. niedojrzały 2. nie przypadający jeszcze do zapłaty, niewymagalny

unmeant *adj* 1. nieumyślny, niezamierzony 2. mimowolny

unmeasurable *adj* 1. niewymierny 2. niezmierny, niezmierzony

unmeasured *adj* 1. nie wymierzony 2. niezmierzony, niezmierny

unmerchantable *adj* (*o towarze*) nie nadający się do handlu, niepokupny

unmingled *adj* bez domieszki, czysty, nie mieszany

unmistakable *adj* niewątpliwy, oczywisty, niedwuznaczny

unmitigated *adj* : ~ **criminal** niepoprawny przestępca

unmoor *v* odcumować

unmortgaged *adj* nie obciążony hipotecznie

unnamed *adj* nie wymieniony, anonimowy, bez nazwy

~ **benefactor** anonimowy ⟨nieznany⟩ dobroczyńca

~ **principal** nie nazwany pryncypał ⟨zwierzchnik⟩

unnavigable *adj* nieżeglowny, niespławny

unnecessary *adj* niepotrzebny, zbędny

~ **care** zbędna troska

~ **haste** niepotrzebny pośpiech

unnegotiable *adj* 1. nieprzenośny, niezbywalny 2. (*o wekslu*) nie nadający się do dyskonta

~ **bill** weksel niehandlowy ⟨nie nadający się do dyskonta⟩

unneutral *adj* sprzeczny z zasadą neutralności

~ **service** sprzeczne z neutralnością usługi świadczone państwu wojującemu

unnotified *adj* 1. nie powiadomiony, nie uprzedzony (**of sth** o czymś) 2. nie notyfikowany, nie podany do wiadomości

unnumbered *adj* 1. nie oznaczony numerem, nie ponumerowany 2. niezliczony, nie dający się policzyć

~ **pages** nie ponumerowane stronice

unobjectionable *adj* (*o człowieku*) bez zarzutu, (*o zachowaniu*) nienaganny

~ **in law** bez zarzutu pod względem prawnym

unobtainable *adj* nie do nabycia, nie do uzyskania, niedostępny, nieosiągalny

unoccupied *adj* nie zajęty, wolny, wakujący

~ **area** ⟨territory⟩ nie zajęty obszar

unoffending *adj* 1. nieszkodliwy 2. niewinny

unofficial *adj* 1. nieoficjalny, nieurzędowy 2. nie potwierdzony

~ **broker** makler pozagiełdowy

~ **market** nieoficjalna giełda

~ **meeting** nieoficjalne spotkanie

~ **strike** nieoficjalny (*pot.* dziki) strajk

unopposed *adj* nie napotykający na opór, pozostawiony bez sprzeciwu
~ **candidate** jedyny kandydat
to leave sth ~ pozostawić coś bez sprzeciwu
unordered *adj* 1. nie uporządkowany 2. nie zamówiony, okazowy
unoriginal *adj* nieoryginalny, nie pochodzący z pierwszego źródła
unowed *adj* nienależny
unowned *adj* nie mający właściciela, bezpański, niczyj
unpack *v* rozpakować, wypakować
unpacked *adj*: ~ **goods** *a*) towar nie opakowany ⟨luzem⟩ *b*) towar rozpakowany
unpaid *pp adj* 1. nie zapłacony, nie pokryty, nie wykupiony 2. nie ofrankowany 3. darmowy
~ **agent** bezpłatny agent ⟨przedstawiciel⟩
~ **bill (of exchange)** nie wykupiony weksel
~ **capital** nie wpłacona część kapitału akcyjnego
~ **check** nie wykupiony czek
~ **holidays** bezpłatny urlop
~ **interest** nie zapłacone odsetki
~ **judge** sędzia nie pobierający wynagrodzenia
~ **letter** nie ofrankowany list
~ **services** bezpłatne usługi
~ **work** bezpłatna praca
duty ~ cło nie zapłacone
to leave sth ~ pozostawić coś bez zapłaty
unpatented *adj* nie opatentowany
unpawn *v* wykupić z zastawu
unpayable *adj* 1. nie przypadający jeszcze do zapłaty, niewymagalny, nienależny 2. nieopłacalny, nierentowny
unperishable *adj* (*o towarze*) nie psujący się łatwo, trwały
unperson *s* (*pl* **unpersons**) nikt, osoba nieistniejąca
to become an ~ stać się nikim ⟨osobą nieistniejącą⟩
unpicked *adj* 1. nie wybierany, nie selekcjonowany 2. nie przebierany, nie sortowany
~ **sample** próbka nie wyszukana ⟨reprezentująca jakość całego towaru⟩
unpiloted *adj* nie pilotowany, bez pilota
unplaced *adj* nie sprzedany, nie uplasowany
unplanned *adj* nie zaplanowany, nie projektowany, nieplanowy
~ **order** nieplanowe ⟨nieoczekiwane⟩ zamówienie
unpledged *adj* 1. nie zastawiony, nie obciążony zastawem 2. nie związany obietnicą
unpolitical *adj* apolityczny, nie związany z polityką
unpolluted *adj* nieskażony, nie zanieczyszczony
unpopular *adj* niepopularny, niemile widziany, źle przyjęty
unposted *adj* 1. nie zaksięgowany, nie zapisany 2. nie nadany na pocztę
unpracticable *adj* niewykonalny
unpractical *adj* 1. niepraktyczny 2. niewykonalny, nierealny
unpractised *adj* 1. niedoświadczony, niewykwalifikowany 2. nie stosowany, nie praktykowany
~ **in business** niedoświadczony w interesach
unprecedented *adj* bezprecedensowy, bezprzykładny, niesłychany, bez precedensu
unpredictable *adj* niemożliwy do przewidzenia
unprejudiced *adj* 1. nie uprzedzony, bezstronny 2. nie mający przesądów

~ **judge** bezstronny sędzia
~ **opinion** bezstronna opinia
unpremeditated *adj* nierozmyślny, nieumyślny
unprepared *adj* nie przygotowany
unpreventable *adj* nieunikniony
unpriced *adj* 1. nie wyceniony, nie posiadający ustalonej ceny 2. bezcenny
unprincipled *adj* bez zasad moralnych, pozbawiony skrupułów, niegodziwy
unprintable *adj* (*o słowach*) nie nadający się do druku, niecenzuralny
unprivileged *adj* nie uprzywilejowany, nie posiadający przywilejów
the ~ **classes** warstwy upośledzone
unprocurable *adj* (*o towarze itd.*) nie do zdobycia, niemożliwy do dostarczenia
unproductive *adj* 1. bezproduktywny, nieproduktywny, jałowy 2. nieprodukcyjny
~ **capital** nieprodukcyjny ⟨martwy⟩ kapitał
~ **consumption** spożycie nieprodukcyjne
~ **work** nieproduktywna praca
unproductiveness, unproductivity *s* nieproduktywność
unprofessional *adj* 1. niezawodowy, dyletancki 2. nie należący do zawodu 3. sprzeczny z zasadami przyjętymi w zawodzie
~ **conduct** postępowanie sprzeczne z etyką zawodową
unprofitable *adj* nierentowny, niekorzystny, niepopłatny
~ **enterprise** nierentowne przedsiębiorstwo
unpromising *adj* nie obiecujący, nie mający widoków powodzenia
unprotected *adj* 1. nie chroniony, nie zabezpieczony 2. (*o czeku*) bez pokrycia
~ **cargo** ładunek nie opakowany
unprotested *adj* nie protestowany
~ **bill** nie protestowany weksel
unprovable *adj* nie do udowodnienia
unproved *adj* nie udowodniony, nie dowiedziony
unproven *adj* nie udowodniony
unprovided *adj* 1. nie zaopatrzony (**with sth** w coś), pozbawiony (**with sth** czegoś) 2. nie przewidziany 3. nie subwencjonowany
~ **for** *a*) bez środków do życia *b*) nie zabezpieczony finansowo
unprovoked *adj* 1. nie sprowokowany 2. (*o obeldze*) nieuzasadniony, niezasłużony
~ **abuse** ⟨**insult**⟩ nieuzasadniona obraza
~ **aggression** ⟨**assault**⟩ niesprowokowana napaść
unpunctual *adj* niepunktualny
unpunished *adj* bezkarny, nie karany
to go ~ uniknąć kary
unpurchasable *adj* nieosiągalny na rynku (*np. towar*)
unpurchased *adj* nie zakupiony
unqualified *adj* 1. niewykwalifikowany, niezdatny, nie posiadający kwalifikacji 2. nie sprecyzowany, ogólnej natury 3. (*o odmowie*) kategoryczny, bezwzględny 4. (*o zgodzie*) bez zastrzeżeń
~ **acceptance** bezwarunkowe przyjęcie, bezwarunkowa akceptacja
~ **denial** *a*) kategoryczna odmowa *b*) kategoryczne zaprzeczenie
~ **statement** nie sprecyzowane oświadczenie
to be ~ **for sth** nie nadawać się do czegoś

unquestionable *adj* niewątpliwy, bezsporny, bezsprzeczny
~ **title** bezsporny tytuł
unquestioned *adj* nie zakwestionowany, nie zaprzeczony
unquoted *adj* **1.** nie notowany (*na giełdzie*) **2.** nie przytoczony
~ **securities** nie notowane na giełdzie papiery wartościowe
unrated *adj* nie wyceniony, nie objęty taryfą
unratified *adj* nie ratyfikowany, nie potwierdzony
unravel *v* **1.** wyjaśnić, rozwiązać **2.** ulec wyjaśnieniu ⟨rozwiązaniu⟩
unreadable *adj* nieczytelny
unreal *adj* nierealny, nieprawdziwy, wyimaginowany
unrealistic *adj* nierealistyczny, pozbawiony poczucia rzeczywitości
unrealizable *adj* **1.** niewykonalny, nie nadający się do realizacji **2.** niemożliwy do upłynnienia
~ **capital** kapitał niemożliwy do upłynnienia
unreasonable *adj* **1.** nierozsądny, niedorzeczny **2.** nadmierny, wygórowany
~ **claim** nierozsądne żądanie
~ **delay** nadmierna zwłoka
~ **price** wygórowana cena
unreceipted *adj* **1.** nie pokwitowany **2.** nie uiszczony
unreckoned *adj* nie przeliczony, nie sprawdzony
unrecorded *adj* **1.** nie zaprotokołowany, nie zarejestrowany **2.** nie notowany **3.** nie utrwalony na taśmie, nie nagrany
unrecoverable *adj* **1.** nie do odzyskania, bezpowrotnie stracony **2.** nieściągalny
~ **debt** nieściągalny dług
unrectified *adj* nie sprostowany, nie poprawiony
unredeemable *adj* nie podlegający wykupowi ⟨spłacie, amortyzacji⟩, bezzwrotny
unredeemed *adj* **1.** nie wykupiony, nie zapłacony **2.** nie spełniony
~ **bill** nie wykupiony weksel
~ **promise** nie spełniona obietnica
sale of ~ **pledges** sprzedaż nie wykupionych zastawionych rzeczy
unredressed *adj* (*o krzywdzie*) nie naprawiony
unreduced *adj* nie zmniejszony, nie obniżony, bez zniżki ⟨ulgi⟩
unregistered *adj* nie zarejestrowany, nie polecony
~ **letter** list zwykły ⟨nie polecony⟩
unrelated *adj* **1.** nie związany, nie mający związku (**to sth** z czymś) **2.** nie zrelacjonowany **3.** (*o człowieku*) nie spokrewniony
unreliable *adj* **1.** (*o człowieku*) nierzetelny, niesolidny **2.** (*o informacji, źródle*) niepewny, nie budzący zaufania, na którym nie można polegać
~ **information** niepewna informacja
~ **man** nieodpowiedzialny człowiek
~ **witness** niewiarygodny świadek
from an ~ **source** z niepewnego ⟨nie budzącego zaufania⟩ źródła
he is ~ nie można na nim polegać
unremitted *adj* **1.** nie pokryty **2.** nieprzerwany, nieustanny
~ **attention** niesłabnąca uwaga
unremitting *adj* **1.** nieprzerwany, nieustanny **2.** niesłabnący
~ **efforts** nieustanne wysiłki
~ **toil** nieustanny trud

unremunerated *adj* nie wynagradzany, bezpłatny, nie honorowany
~ **work** bezpłatna praca
unremunerative *adj* niedochodowy, nieopłacalny, nierentowny
~ **occupation** niedochodowe zajęcie
unrenewed *adj* (*o wekslu*) nie odnowiony, nie prolongowany
unrepaid *adj* nie spłacony, nie zwrócony
unrepealable *adj* nie podlegający odwołaniu
~ **law** prawo nie podlegające odwołaniu
unreported *adj* **1.** nie zgłoszony **2.** nie będący przedmiotem sprawozdania
unrequitted *adj* nie wynagrodzony
~ **exports** eksport nie zrównoważony importem
unreserved *adj* **1.** nie zarezerwowany **2.** nie zawierający zastrzeżeń ⟨ograniczeń⟩, bezwarunkowy
~ **confidence** bezwarunkowe zaufanie
unrest *s* niepokój, wzburzenie
labour ~ wzburzenie wśród robotników
social ~ ferment społeczny, niepokoje społeczne
unrestrained *adj* swobodny, nieograniczony, nie hamowany
~ **anger** niepohamowany gniew
unrestricted *adj* nie podlegający ograniczeniom, swobodny
~ **authority** nieograniczone pełnomocnictwo
~ **opportunities** ⟨**possibilities**⟩ nieograniczone możliwości
~ **sale** wolna sprzedaż
unretentive *adj* nieszczelny, przepuszczający
unreturnable *adj* bezzwrotny
unreturned *adj* nie zwrócony
unrevokable *adj* nieodwołalny
unrevoked *adj* nie odwołany
unrivalled *adj* bezkonkurencyjny, niedościgniony
unrouted *adj* **1.** nie wysłany **2.** nie mający ustalonej marszruty
unsafe *adj* **1.** niebezpieczny **2.** niepewny, ryzykowny
~ **method** niebezpieczna metoda
~ **paper** niepewny papier wartościowy
unsailable *adj* nieżeglowny
unsalable *adj* **1.** nie nadający się do sprzedaży **2.** (*o towarze*) niepokupny **3.** (*o wekslu*) nie nadający się do dyskonta
~ **article** niepokupny artykuł
unsatisfactory *adj* nie zadowalający, niedostateczny
unsatisfied *adj* **1.** nie zaspokojony, nie zapłacony, nie pokryty **2.** niezadowolony
~ **demand** nie zaspokojony popyt
~ **judgment** nie wykonane sądowe orzeczenie
~ **order** nie wykonane zamówienie
unscrupulous *adj* pozbawiony skrupułów
unseal *v* odpieczętować, odplombować
to ~ **a letter** otworzyć list
to ~ **sb's lips** zwolnić kogoś z obowiązku dochowania tajemnicy
unseasonable *adj* nie w porę, nie na czasie
~ **request** prośba ⟨żądanie⟩ nie na czasie
unseasoned *adj* niedojrzały
unseaworthiness *s* **1.** (*statku*) niezdolność żeglugowa ⟨do żeglugi⟩ **2.** (*towaru, opakowania*) niezdatność do przewozu morzem
unseaworthy *adj* **1.** niezdatny do żeglugi **2.** nie nadający się do przewozu morzem

condemned as ~ (*o statku*) uznany za niezdatny do żeglugi

unsecure *adj* niepewny

unsecured *adj* nie zabezpieczony

~ **cargo** ładunek nie zabezpieczony ⟨nie umocowany, nie opakowany⟩

~ **claim** nie zabezpieczone roszczenie

~ **credit** kredyt nie zabezpieczony ⟨nie pokryty⟩

~ **creditor** wierzyciel nie zabezpieczony

~ **debt** nie zabezpieczony dług

~ **loan** nie zabezpieczona pożyczka

unserved *adj* nie doręczony

unserviceable *adj* 1. niezdatny od użytku 2. nieprzydatny

~ **equipment** nieprzydatny sprzęt

to go ~ stać się niezdatnym do użytku

unsettle *v* zakłócać, dezorganizować, wytrącać z równowagi

unsettled *adj* 1. nie ustalony, niestały, chwiejny, niezdecydowany 2. nie uregulowany, nie zabezpieczony, nie pokryty

~ **account** nie zapłacony rachunek

~ **condition** nie uregulowany stan

~ **debts** nie uregulowane długi

~ **of mind** o zachwianej równowadze umysłowej

~ **problem** nierozstrzygnięty problem

prices remain ~ ceny pozostają chwiejne

unship *v* wyładować ze statku, wyokrętować (się), wysadzać na ląd

unshipped *adj* : ~ **goods** towar wyładowany

to cancel ~ **contracts** unieważnić umowy na nie załadowane towary

unshipment, unshipping *s* 1. wyładunek, wyładowanie 2. wyokrętowanie (się)

unshrinkable *adj* (*o tkaninie*) niekurczliwy, nie kurczący się, nie zbiegający się

unsigned *adj* nie podpisany

~ **letter** ⟨**document**⟩ nie podpisany list ⟨dokument⟩, list ⟨dokument⟩ bez podpisu

unsized *adj* 1. nie dostosowany pod względem rozmiaru ⟨formatu⟩ 2. nie posortowany według rozmiarów

unskilful *adj* niezręczny, niewprawny

~ **attempt** nieudolne usiłowanie

unskilled *adj* 1. niewprawny 2. (*o robotniku*) niewykwalifikowany

~ **job** stanowisko pracy nie wymagające kwalifikacji

~ **labour** praca nie wymagająca kwalifikacji

~ **worker** ⟨**workman**⟩ robotnik niewykwalifikowany

unsold *adj* nie sprzedany, leżący na składzie

~ **copies** nie sprzedane egzemplarze

offer subject to being ~ oferta z zastrzeżeniem możliwości sprzedaży przed zawiadomieniem o przyjęciu oferty

to remain ~ pozostać na składzie

unsolemn *adj* nieformalny

~ **war** wojna nie wypowiedziana formalnie ⟨bez wypowiedzenia⟩

~ **will** nieformalny testament

unsorted *adj* nie sortowany, nie klasyfikowany

~ **goods** nie sortowane towary

unsound *adj* 1. niezdrowy 2. (*o towarze*) w złym stanie, uszkodzony 3. (*o przedsiębiorstwie itp.*) niesolidny 4. błędny, wadliwy

~ **argument** błędny argument

~ **of** ⟨**in**⟩ **mind** chory psychicznie

while of ~ **mind** w stanie zaburzenia władz umysłowych

unsoundness *s* 1. brak zdrowia 2. uszkodzony ⟨zły⟩ stan (*towaru*) 3. niepewność, niesolidność (*np. przedsiębiorstwa*)

~ **of mind** choroba psychiczna

unspecified *adj* nie wyszczególniony, nie sprecyzowany

for an ~ **period** na czas nieokreślony

unspent *adj* nie wydatkowany, nie rozchodowany

unspoiled *adj* nie zepsuty

unstable *adj* 1. nie ustalony, niestały, niepewny 2. chwiejny, zmienny, niezrównoważony

~ **equilibrium** chwiejna równowaga

~ **peace** niepewny pokój

unstamped *adj* 1. nie stemplowany 2. od którego nie uiszczono opłaty stemplowej 3. nie ofrankowany, bez znaczka pocztowego

~ **bill** weksel nie ostemplowany ⟨bez opłaty stemplowej⟩

~ **letter** nie ofrankowany list

unsteady *adj* 1. niestały, chwiejny, zmienny 2. niepewny

~ **output** niestała ⟨zmienna⟩ wydajność

unstinted *adj* nie limitowany, nie ograniczony

unstipulated *adj* nie przewidziany ⟨nie zastrzeżony⟩ w umowie

unstock *v* pozbawić zapasów, zabierać zapasy z magazynu

to ~ **a farm** pozbawiać gospodarstwo rolne inwentarza

to ~ **a store** opróżniać magazyn

unstocked *adj* : ~ **market** nie zaopatrzony rynek

unstore *v* odbierać z magazynu

unstored *adj* : ~ **goods** a) towar nie zmagazynowany b) towar odebrany z magazynu

unstow *v* rozsztauować (*ładunek*), wyładować (*ze statku*)

unstowage *s* 1. rozsztauowanie (*ładunku*) 2. wyładunek (*ze statku*)

unstowed *adj* : ~ **cargo** a) ładunek nie zasztauowany b) ładunek rozsztauowany ⟨wyładowany ze statku⟩

unstrap *v* rozwiązać, odwiązać, odczepić

unsubstantiated *adj* 1. nie poparty dowodami, nie udowodniony 2. nie zmaterializowany, nie skonkretyzowany

~ **claim** nie poparte dowodami roszczenie

~ **report** mało konkretne sprawozdanie

unsuccess *s* niepowodzenie

unsuccessful *adj* niepomyślny, nieudany

~ **attempt** nieudolne usiłowanie

~ **candidate** nie wybrany kandydat

~ **efforts** nieudane wysiłki

~ **speculation** nieudana spekulacja

unsufficient *adj* niedostateczny, niewystarczający

unsuitable *adj* nieodpowiedni, niestosowny, niewłaściwy

~ **article for export** towar nie nadający się na eksport

unsuited *adj* nie dostosowany, nie dopasowany, nie nadający się (**for sth** do czegoś)

unsupplied *adj* 1. nie dostarczony 2. nie zaopatrzony

unsworn *adj* nie zaprzysiężony

~ **witness** nie zaprzysiężony świadek

untalked-of *adj* nie wspomniany, nie wymieniony, pominięty

untapped *adj* nie wykorzystany, nie wyzyskany
~ **resources** nie wykorzystane zasoby

untaxed *adj* 1. nie opodatkowany 2. nie wymierzony
~ **costs** nie wymierzone koszty
~ **product** nie opodatkowany produkt

untie *v* rozwiązywać (się), odwiązywać
to ~ **difficulties** rozwiązać ⟨usunąć⟩ trudności

untight *adj* nieszczelny, przepuszczalny, niehermetyczny

until *praep conj* aż do, aż
~ **the contrary is proved** aż do czasu udowodnienia faktu przeciwnego
good ~ **cancelled** ⟨**recalled, withdrawn**⟩ ważny aż do odwołania

untimely *adj* 1. przedwczesny 2. (*o momencie*) nieodpowiedni, nie na czasie, nie w porę
~ **death** przedwczesna śmierć

untitled *adj* nie upoważniony, nieuprawniony, nie mający tytułu prawnego

untold *adj* 1. niesłychany, nieprawdopodobny 2. niewypowiedziany, niewysłowiony 3. nie opisany, przemilczany 4. olbrzymi, niezliczony
~ **losses** olbrzymie straty
~ **sufferings** niesłychane ⟨nieopisane⟩ cierpienia
~ **wealth** olbrzymie bogactwo

untoward *adj* 1. niefortunny, przewrotny 2. występujący nie w porę 3. pożałowania godny 4. nie sprzyjający, niepomyślny
~ **conditions** niepomyślne warunki

untraceable *adj* 1. nie do wykrycia 2. nie do znalezienia
~ **poison** trucizna nie do wykrycia

untradesmanlike *adj* nie kupiecki, niezgodny z zasadami handlowymi

untrained *adj* 1. niewprawny, niedoświadczony 2. niewykwalifikowany

untransferable *adj* nieprzenośny, niezbywalny

untransferred *adj* nie przeniesiony, nie transferowany

untried *adj* 1. nie wypróbowany 2. nie osądzony, nie rozpoznany przez sąd
~ **prisoner** nie osądzony więzień

untrim *v* roztrymować

untrimmed *adj* : ~ **cargo** a) ładunek roztrymowany b) ładunek nie trymowany

untrue *adj* 1. nieprawdziwy, niezgodny z prawdą, fałszywy 2. nielojalny, sprzeniewierzający się (**to sth** czemuś)
~ **declaration** nieprawdziwe oświadczenie
~ **methods** nieuczciwe metody
to be ~ **to sb** być nielojalnym w stosunku do kogoś

untrustworthy *adj* 1. niegodny zaufania, niepewny, na którym nie można polegać 2. wątpliwy, wątpliwej natury
~ **evidence** wątpliwy dowód
~ **memory** pamięć, na której nie można polegać
~ **person** osoba niegodna zaufania
~ **witness** świadek niegodny zaufania

untruth *s* nieprawda, kłamstwo
to tell an ~ powiedzieć nieprawdę, skłamać

untruthful *adj* 1. skłonny do kłamstwa 2. nieprawdziwy, kłamliwy, mijający się z prawdą
~ **report** nieprawdziwy raport, kłamliwe sprawozdanie

ununiform *adj* niejednolity, niestandardowy, nie ujednolicony

unusable *adj* niezdatny do użytku, nieużyteczny

unused *adj* nie używany, nie wykorzystany

unusual *adj* niezwykły, niecodzienny, wyjątkowy, nadzwyczajny

unvalid *adj* nieważny

unvalued *adj* nie wyceniony, nie oszacowany
~ **policy** polisa nie otaksowana
~ **shares** akcje nie wycenione

unvendible *adj* niepokupny, mało poszukiwany, trudny do sprzedania, *pot.* niechodliwy
~ **goods** niepokupne towary

unvest *v* pozbawiać (**of sth** czegoś)
to ~ **of rights** odebrać prawa, pozbawić praw

unvouched *adj* (*także* **unvouched-for**) nie gwarantowany, nie potwierdzony

unwanted *adj* niepożądany, niepotrzebny, zbyteczny

unwarrantable *adj* 1. nie usprawiedliwiony 2. nieuzasadniony
~ **assertion** nieuzasadnione twierdzenie
~ **conduct** nie usprawiedliwione zachowanie

unwarranted *adj* 1. nie zagwarantowany 2. nie usprawiedliwiony 3. nieuzasadniony, bezpodstawny
~ **insult** nieuzasadniona zniewaga
~ **intervention** bezpodstawna interwencja

unwary *adj* nieostrożny, nierozważny

unwater *v* odwadniać, osuszać

unwed(ed) *adj* nie poślubiony
to live ~ żyć bez ślubu

unweighted *adj* nie ważony, nie przeważony

unwilling *adj* 1. niechętny 2. niedobrowolny, wymuszony

unwitnessed *adj* 1. nie widziany przez nikogo 2. popełniony bez świadków 3. nie poświadczony
~ **legal document** nie poświadczony dokument prawny

unwitting *adj* nieświadomy, niezamierzony, nieumyślny
~ **mistake** nieświadomy błąd

unwittingly *adj* nieświadomie, mimo woli, niechcący

unworkable *adj* 1. niewykonalny 2. nie nadający się do eksploatacji ⟨obróbki itp.⟩

unworkmanlike *adj* niefachowy, partacki

unworthy *adj* 1. bezwartościowy, niezdatny 2. niegodny (**of sth** czegoś) 3. niegodziwy, godny pogardy
~ **of belief** nie zasługujący na wiarę
~ **person** człowiek godny pogardy

unwrap *v* odwijać, odpakowywać, rozpakowywać

unwritten *adj* 1. niepisany, nie na piśmie 2. nie zapisany
~ **constitution** niepisana konstytucja
~ **law** niepisane prawo, prawo zwyczajowe

up[1] *s* : **ups and downs** zwyżki i spadki (*np. cen, kursów*)

up[2] *v* podnosić (się), podwyższać (*np. ceny*)

up[3] *adj adv praep* w górę, w górze, wyżej
up for sale (wystawiony) na sprzedaż
up price clause klauzula przewidująca podwyższenie ceny
up to a) aż do b) według, zgodnie
up to the amount of ... aż do sumy ...
up to date do chwili obecnej, na bieżąco
up to the present aż do chwili obecnej
up to the sample zgodny ⟨zgodnie⟩ z próbką
from this date up od tej daty począwszy

the market is up koniunktura na rynku poprawia się

prices are (going) up ceny wzrastają

road up roboty drogowe

speak up! głośniej!

this side up (*napis na opakowaniu*) tą stroną do góry

the time is up termin upłynął, czas minął

upbringing s wychowanie

up-country s wnętrze kraju, głębia kraju

~ **trade** handel prowincjonalny ⟨w terenie⟩

update v modernizować

up-grade[1] s kierunek wiodący w górę

to be on the ~ a) (*o cenach*) zwyżkować b) (*o przedsiębiorstwie*) prosperować

upgrade[2] v przenieść do wyższej grupy ⟨kategorii⟩

upheaval s przewrót, wstrząs

political ~ przewrót polityczny

uphold v (**upheld, upheld**) 1. podtrzymywać, popierać 2. utrzymywać w mocy, aprobować 3. przestrzegać poszanowania

to ~ **a decision** podtrzymać decyzję

to ~ **the law** stać na straży ⟨przestrzegać⟩ prawa

upholder s stronnik, poplecznik

upkeep s 1. utrzymanie, konserwacja 2. koszty utrzymania ⟨konserwacji⟩ 3. koszty eksploatacyjne ⟨administracyjne⟩

uplift[1] s poprawa (*sytuacji*), ożywienie

economic ~ poprawa gospodarcza, ożywienie gospodarcze

uplift[2] v 1. podnosić, ulepszać 2. poprawiać się

upon *praep* = **on**

~ **authorization of ...** z upoważnienia ...

~ **condition** pod warunkiem

~ **delivery** przy dostawie

~ **inquiry** na żądanie

~ **the pains** pod groźbą kary

~ **the trial** w czasie sądowego ⟨arbitrażowego⟩ rozpoznawania

upper *adj* 1. górny 2. wierzchni

the ~ **classes** wyższe sfery

~ **deck** górny pokład

~ **hold** górna ładownia

The Upper House a) izba wyższa ⟨senat⟩ (*parlamentu*) b) *bryt.* Izba Lordów

uppermost *adj* 1. najwyższy, górny, szczytowy 2. przeważający, dominujący

upright[1] *adj* 1. prosty, pionowy 2. uczciwy, prawy, sprawiedliwy

upright[2] *adv* prosto, pionowo

to keep ~ (*napis na przesyłce*) trzymać w pozycji pionowej

uprising s powstanie, insurekcja

upset[1] s 1. upadek 2. nieporozumienie, niezgoda 3. zakłócenie, zaburzenie

upset[2] v (**upset, upset**) 1. przewracać, dezorganizować 2. udaremniać

to ~ **sb's plans** pokrzyżować czyjeś plany

upset[3] *adj* : ~ **price** cena wywoławcza (*na licytacji*)

upside down *adv* 1. na odwrót 2. do góry nogami, dnem do góry 3. w nieładzie

upstanding *adj* 1. wyprostowany, sztywny 2. uczciwy, szczery

~ **wages** sztywne płace

upsurge s 1. wzrost 2. rozkwit 3. gwałtowny napływ

economic ~ ożywienie gospodarcze, rozkwit gospodarczy

market ~ zwyżka na rynku, wzrost koniunktury rynkowej

population ~ wzrost zaludnienia

upswing[1] s poprawa, wzrost (*cen itp.*)

upswing[2] v poprawiać się, rozkwitać, rozwijać się

up-to-date *adj* 1. nowoczesny, modny 2. aktualny

upturn s poprawa (*gospodarcza*), tendencja zwyżkowa, zmiana (*sytuacji gospodarczej*) na lepsze

~ **in commerce** poprawa koniunktury w handlu

upvalue v podwyższać wartość

upward *adj* 1. idący w górę, zwyżkowy 2. oddolny

~ **movement** ruch zwyżkowy (*cen lub kursów*)

~ **tendency** ⟨**trend**⟩ tendencja zwyżkowa

upwards *adv* 1. w górę, ku górze 2. powyżej, ponad

~ **of fifty years old** (*o człowieku*) mający ponad 50 lat

~ **of two hundred pounds** (*kosztować*) z górą ⟨ponad⟩ dwieście funtów

urban *adj* miejski

~ **area** obszar miejski

~ **crime** przestępczość w miastach

~ **population** ludność miejska

urbanization s urbanizacja

urbanize v urbanizować

urge v 1. ponaglać, przyspieszać 2. nakłaniać, wywierać nacisk, nalegać (**sb** na kogoś)

to ~ **payment** przyspieszać ⟨ponaglać⟩ płatność

urgence, urgency s 1. nagła potrzeba, pilność, nagłość 2. naleganie, usilna prośba 3. *bryt.* uchwała o nagłości wniosku

in case of ~ w nagłej potrzebie

urgent *adj* 1. pilny, nagły, nie cierpiący zwłoki 2. natarczywy 3. usilny

~ **business** pilny interes

~ **case** sprawa nie cierpiąca zwłoki

~ **creditor** natarczywy wierzyciel

~ **letter** pilny list

~ **need** pilna ⟨gwałtowna⟩ potrzeba

~ **order** pilne zamówienie

~ **telegram** pilny telegram

urgently *adv* 1. pilnie, bezzwłocznie 2. usilnie, natarczywie

~ **needed goods** pilnie potrzebne towary

urn s urna

usability s przydatność

usable *adj* 1. użyteczny 2. zdatny do użytku

usage s 1. zwyczaj 2. używanie, stosowanie 3. stosowana praktyka 4. traktowanie, obchodzenie się (**of sb, sth** z kimś, czymś)

~ **of the market** zwyczaje rynkowe

~ **of the port** zwyczaje portu

~ **of trade** zwyczaj handlowy, praktyka handlowa

according to the ~ według przyjętego zwyczaju

business ⟨**commercial**⟩ ~ zwyczaj handlowy

exchange ~ zwyczaj giełdowy

general ~ zwyczaj ogólnie obowiązujący

local ~ zwyczaj miejscowy

usance s zwyczajowy termin płatności weksla, uso wekslowe

bill at ~ weksel uso ⟨płatny w terminie zwyczajowym⟩

use[1] *s* **1.** użytek, użytkowanie, używanie, posługiwanie się **(of sth** czymś) **2.** pożytek, korzyść **3.** przydatność, użyteczność **4.** praktyka, zwyczaj

~ **factor** współczynnik wykorzystania (*np. urządzenia*)

~ **of force** użycie siły (przemocy)

~ **of outer space for military purposes** wykorzystanie przestrzeni kosmicznej dla celów militarnych

~ **of power** użycie władzy

~ **of a privilege** korzystanie z przywileju

~ **of right** wykonywanie prawa, korzystanie z uprawnienia

~ **value** wartość użytkowa

directions (instructions) for ~ sposób użycia

fit for ~ zdatny do użytku

for civilian ~ do użytku ludności

for home ~ *a*) do użytku krajowego *b*) do użytku domowego

for official ~ do użytku służbowego

joint ~ wspólne użytkowanie (używanie, posługiwanie się)

land ~ użytkowanie ziemi

to be in ~ być w użyciu

to be of no ~ być nieprzydatnym, nie nadawać się

to be of ~ być przydatnym, nadawać się

to come into ~ wchodzić w użycie

to fall out of ~ wyjść z użycia

to make ~ **of sth** zastosować coś, używać czegoś, wykorzystywać coś

use[2] *v* **1.** używać, użytkować, robić użytek **2.** korzystać **3.** zużywać

to ~ **all means** użyć wszelkich środków

to ~ **force** użyć siły

to ~ **one's own discretion** działać według swego uznania

to ~ **a right** korzystać z prawa

used *pp adj* **1.** używany, stosowany **2.** używany, nienowy, z drugiej ręki

~ **car** używany samochód

no hooks to be ~ nie używać haków (*napis na ładunku*)

used-up *adj* zużyty, zniszczony

~ **bags** zniszczone (zużyte) worki

useful *adj* użyteczny, pożyteczny, przydatny

~ **capacity** nośność użyteczna (*ładunkowa*)

~ **deadweight** ładowność

~ **exchange of views** pożyteczna wymiana poglądów

~ **load** użyteczny ciężar, nośność (ładowność) użytkowa

usefulness *s* przydatność

useless *adj* niepotrzebny, bezużyteczny, zbyteczny, bezcelowy

user *s* **1.** użytkownik **2.** prawo użytkowania

adverse ~ szkodliwy użytkownik

business ~ użytkownik przedsiębiorstwa

chief ~ **s** główni użytkownicy

commercial ~ *am.* użytkownik handlowy

full right ~ pełnoprawny użytkownik

joint ~ współużytkownik

land ~ użytkownik gospodarstwa rolnego

usher *s* **1.** odźwierny **2.** woźny sądowy

uso *s*: ~ **tare** tara zwyczajowa

usual *adj* **1.** zwykły, zwyczajny **2.** normalny, stereotypowy **3.** zwyczajowy, ogólnie przyjęty **4.** typowy, charakterystyczny

~ **allowance** zwyczajowy rabat

~ **commercial quality** zwykła jakość handlowa

~ **hours (of business)** zwykłe godziny (handlu)

~ **risk** normalne ryzyko

~ **tare** tara zwyczajowa

~ **terms** zwykłe (normalne) warunki

as ~ jak zwykle, normalnie

business as ~ urzędowanie normalne, zwykłe godziny urzędowania (pracy)

in ~ **turn** w normalnej kolejności

usucaption *s* nabycie własności przez zasiedzenie

usufruct[1] *s* użytkowanie, pobieranie pożytków

usufruct[2] *v* użytkować, pobierać pożytki

usufructuary *adj*: ~ **right** prawo użytkowania

usurer *s* lichwiarz

~ **'s interest** lichwiarski procent

usurious *adj* lichwiarski

~ **credit** kredyt lichwiarski

~ **interest** procent lichwiarski

~ **terms** warunki lichwiarskie

usurp *v* **1.** uzurpować **2.** przywłaszczać sobie

to ~ **on sb's rights** wkraczać w czyjeś prawa

usurpation *s* uzurpacja

usurpatory *adj* uzurpatorski

usurper *s* uzurpator

usury *s* lichwa, lichwiarstwo

to practise ~ uprawiać lichwiarstwo

utility[1] *s* **1.** użyteczność, pożytek **2.** rzecz użyteczna **3.** *am.* przedsiębiorstwo użyteczności publicznej **4.** *pl* **utilities** akcje przedsiębiorstw użyteczności publicznej

~ **car** półciężarówka

~ **goods (products)** artykuły codziennego użytku

~ **value** wartość użytkowa

~ **waste** odpady użytkowe

diminishing ~ malejąca użyteczność

marginal ~ użyteczność krańcowa

public ~ *a*) użyteczność publiczna *b*) przedsiębiorstwo użyteczności publicznej

public ~ **company (corporation, undertaking)** przedsiębiorstwo użyteczności publicznej

total ~ całkowita użyteczność

utility[2] *adj* oszczędnościowy, tani, prosty, na codzienny użytek

~ **clothing** oszczędnościowe (tanie) ubranie

utilizable *adj* nadający się do użytku, użyteczny

~ **waste** odpady użytkowe

utilization *s* **1.** użytkowanie, używanie **2.** wykorzystanie

~ **of opportunities** wykorzystanie możliwości

~ **of a patent** użytkowanie patentu

~ **of power** wykorzystanie energii

~ **of practical knowledge** wykorzystanie praktycznych umiejętności

~ **ratio** współczynnik wykorzystania (*np. urządzeń*)

utilize *v* **1.** użytkować, zużyć, spożytkować **2.** wykorzystać **(sth** coś)

utmost[1] *s* maksimum

we shall do our ~ zrobimy co tylko (jest) w naszej mocy

utmost[2] *adj* **1.** najdalszy, krańcowy, skrajny **2.** maksymalny

~ **capacity** najwyższa (maksymalna) wydajność

~ **care** najwyższy stopień staranności

~ **dispatch** maksymalna szybkość
~ **price** cena ostateczna ⟨maksymalna⟩
matters of the ~ **importance** sprawy największej wagi
utter¹ *v* **1.** puszczać w obieg **2.** wypowiadać, wygłaszać
to ~ **a declaration** wydać deklarację
to ~ **false coins** wypuszczać fałszywe monety
to ~ **a forged cheque** puścić w obieg fałszywy czek
utter² *adj* **1.** zupełny, całkowity, kompletny **2.** *hist.* zewnętrzny

~ **bar** *bryt.* zewnętrzna bariera (*miejsce, z którego przemawiają adwokaci nie będący adwokatami królewskimi*)
~ **barrister** *bryt.* młodszy adwokat (*nie posiadający rangi adwokata królewskiego*)
utterance *s* wypowiedź, wyrażenie
uttering *s* puszczenie w obieg
~ **counterfeit coin** puszczenie w obieg fałszywej monety
uxor *s łac.* żona
uxoricide *s* **1.** zabójstwo żony **2.** żonobójca

V

vacancy *s* **1.** próżnia, pusta przestrzeń **2.** wolne stanowisko, wakans
~ **report** zawiadomienie o wolnych stanowiskach
~ **in office** wakujący urząd
no vacancies brak (nie ma) wolnych miejsc
to fill a ~ zająć wolne stanowisko
a ~ **has occurred** zawakowało stanowisko
vacant *adj* **1.** próżny, pusty **2.** wolny, wakujący
~ **accommodation** wolne pomieszczenie
~ **lot** *am.* nie zabudowana działka
~ **position** ⟨situation⟩ wolne stanowisko
~ **possession** *bryt.* prawo nabywcy nieruchomości do wprowadzenia się
~ **seat** wolne miejsce
~ **space** wolna przestrzeń
~ **succession** wakujący spadek
~ **time** czas wolny od zajęć
situations ~ posady wolne ⟨do objęcia⟩
to be ~ wakować, być nie obsadzonym
vacate *v* **1.** opróżnić, opuścić **2.** unieważnić
to ~ **an apartment** *am.* opuścić mieszkanie
to ~ **civilians from the city** wysiedlić ⟨ewakuować⟩ ludność cywilną z miasta
to ~ **a contract** unieważnić umowę
to ~ **an office** zwolnić urząd, ustąpić z urzędu
to ~ **the position** zrezygnować ze stanowiska
to ~ **the premises** opróżnić lokal ⟨mieszkanie⟩, wyprowadzić się z lokalu ⟨mieszkania⟩
vacation *s* **1.** opuszczenie, porzucenie **2.** wakacje **3.** *am.* urlop **4. the vacation** wakacje sądowe
~ **of a house** opuszczenie domu
~ **of an office** opuszczenie urzędu
~ **time** okres urlopowy
~ **without pay** bezpłatny urlop
~ **with pay** płatny urlop
long ⟨summer⟩ ~ wakacje letnie
on ~ na urlopie ⟨wakacjach⟩
vacationist *s* wczasowicz, urlopowicz, letnik
vaccination *s* szczepienie
vacillate *v* wahać się, chwiać się, być niezdecydowanym
vacillation *s* wahanie, chwiejność, niezdecydowanie
market ~ chwiejność rynku
vacuity *s* **1.** próżnia **2.** nie wypełniona przestrzeń (*np. w opakowaniu*) **3.** tępota, bezmyślność

vacuum *s* próżnia
~ **bottle** ⟨flask⟩ termos
vadium *s łac.* zastaw, wadium
~ **mortuum** *łac. bryt.* zastaw, w którym dochody z zastawionej własności pokrywały tylko procenty od pożyczonego kapitału
~ **vivum** *łac. bryt.* zastaw, w którym dochody z zastawionej własności stanowiły zarówno spłatę pożyczki jak i pokrycie procentów
vagabond *s* **1.** wagabunda, włóczęga **2.** próżniak, nierób
vagabondage, vagabonding, vagabondism *s* włóczęgostwo
vagrancy *s* włóczęgostwo
vague *adj* niejasny, niewyraźny, niesprecyzowany
~ **answer** wymijająca ⟨niejasna⟩ odpowiedź
~ **proposal** niejasna ⟨niesprecyzowana⟩ propozycja
~ **term** niesprecyzowany termin
to be ~ **about sth** nie mieć o czymś sprecyzowanego zdania
vagueness *s* niejasność
valid *adj* **1.** ważny, mający moc obowiązującą **2.** uzasadniony **3.** ważki, przekonywający
~ **argument** poważny argument
~ **claim** uzasadnione żądanie
~ **contract** ⟨deed, instrument⟩ ważna ⟨mająca moc prawną⟩ umowa
~ **defence** przekonywająca obrona (*przed zarzutami*)
~ **for (one year, two years)** ważny (rok, dwa lata)
~ **in form** w ważnej formie
~ **in law** mający moc prawną
~ **objection** przekonywające zastrzeżenie
~ **passport** ważny paszport
~ **reason** uzasadniona przyczyna
~ **receipt** ważne pokwitowanie (*np. wypłaty*)
~ **title** ważny tytuł prawny
~ **until recalled** ważny ⟨wiążący⟩ aż do odwołania
ticket ~ **for one month** bilet ważny 1 miesiąc
to become ~ uzyskać ważność ⟨moc prawną⟩
to be ~ mieć ważność, być ważnym
to remain ~ pozostawać w mocy
validate *v* **1.** legalizować, nadawać moc prawną **2.** zatwierdzać, ratyfikować
to ~ **a passport** legalizować paszport

to ~ **a report** zatwierdzić raport
validation s 1. uprawomocnienie, zalegalizowanie, nadanie mocy prawnej (**of sth** czemuś) 2. zatwierdzenie, ratyfikacja
~ **of a marriage** zalegalizowanie małżeństwa
validity s 1. ważność, legalność, moc obowiązująca 2. słuszność (*argumentu itp.*)
~ **in law** prawomocność
~ **of an argument** słuszność argumentu
~ **of a contract** ważność umowy
~ **of a letter of credit** ważność (okres ważności) akredytywy
~ **of proofs** ważność dowodów
~ **of a statute** moc obowiązująca statutu
~ **of a treaty** ważność traktatu
~ **of a will** ważność testamentu
term of ~ okres ważności
to contest (**dispute**) ~ **of...** kwestionować ważność... (*czegoś*)
to extend ~ **of the credit** prolongować czas kredytu
to extend ~ **until ...** przedłużyć ważność do ...
valor s *łac.* wartość
~ **beneficiorum** *łac. bryt. hist.* wartość beneficjów (*wpisana do Księgi Królewskiej, na podstawie której wypłacano dziesięcinę duchownym*)
~ **maritagii** *łac. bryt. hist.* wartość małżeństwa (*kwota, którą podopieczna płaciła feudalnemu opiekunowi, jeśli odmówiła zawarcia proponowanego jej małżeństwa albo zawarła małżeństwo bez jego zgody*)
valorization s 1. waloryzacja. wpływanie na wartość rynkową towaru przez reglamentację lub utrzymywanie cen 2. rewaloryzacja (*pieniędzy*)
valorize v 1. waloryzować, nadawać (*towarom*) wartość (*inną od wolnorynkowej*) przez reglamentację lub utrzymanie cen 2. rewaloryzować (*pieniądze*)
valuable[1] s 1. cenny (kosztowny) przedmiot 2. *pl* **valuables** kosztowności, cenne przedmioty, cenna biżuteria
valuable[2] *adj* 1. wartościowy, cenny, kosztowny 2. dający się oszacować (**in money** w pieniądzach)
~ **article** cenny przedmiot
~ **cargo** cenny ładunek
~ **papers** papiery wartościowe
for ~ **consideration** za odpłatnością, pod tytułem obciążliwym
valuate v oceniać, wyceniać, szacować
valuation s 1. oszacowanie, ocena, wycena 2. cena, wartość, szacunek
~ **at factory cost** wycena według kosztów produkcji
~ **at market prices** wycena po cenach rynkowych
~ **at original cost** wycena po cenach pierwotnych
~ **charge** opłata według wartości
~ **charges** opłaty szacunkowe
~ **clause** a) *ub. mors.* klauzula ustalająca, iż rozliczenie roszczeń stron nastąpi w granicach sumy ubezpieczenia b) klauzula konosamentowa ustalająca maksymalną kwotę odpowiedzialności przewoźnika za stratę ładunku c) wekslowa klauzula wartości
~ **of risk** ocena ryzyka
~ **policy** polisa otaksowana (*ustalająca wartość ubezpieczeniową*)
~ **tariff** a) cła zróżnicowane b) taryfa szacunkowa

basis of ~ podstawa oszacowania
customs ~ ocena celna (*towarów*)
dual ~ **clause** *ub. mors.* klauzula o podwójnym szacunku ubezpieczeniowym (*dla roszczeń awaryjnych i straty całkowitej*)
factory ~ cena fabryczna
insurance ~ szacunek ubezpieczeniowy
inventory ~ ocena inwentaryzacyjna (remanentowa)
official ~ szacunek urzędowy
to ask for a ~ prosić o ekspertyzę (ocenę)
to make (**set, draw up**) **a** ~ **of sth** oszacować (ocenić, otaksować) coś
valuator s taksator
value[1] s 1. wartość, cena 2. waluta 3. walor, zaleta 4. równowartość 5. *pl* **values** wartości majątkowe, aktywa
~ **added** wartość dodana, wartość nowo wytworzona; *zob.* **value-added**
~ **analysis** analiza wartości
~ **appraisement** wycena wartości
~ **as pledge** waluta na zastaw
~ **at par** wartość nominalna
~ **bill** weksel towarowy, weksel z klauzulą waluty
~ **date** data walutowania (*zapisu księgowego, od której biegną odsetki*)
~ **for collection** wartość (waluta) do inkasa
~ **in account** wartość (waluta) w obrachunku
~ **in cash** wartość (waluta) w gotówce
~ **index** wskaźnik wartości
~ **in exchange** równowartość, wartość wymienna
~ **in goods** wartość (waluta) w towarze
~ **insured** wartość ubezpieczeniowa
~ **in use** wartość użytkowa
~ **of exports** (**imports**) wartość eksportu (importu)
~ **of gold** wartość złota
~ **of invoice** wartość fakturowa
~ **of production** wartość produkcji
~ **of subject matter of the insurance** wartość przedmiotu ubezpieczenia
~ **parcel** przesyłka wartościowa
~ **post payable** za pobraniem pocztowym
~ **received** walutę otrzymano
absolute ~ wartość absolutna
actual ~ wartość rzeczywista
agreed ~ **clause** klauzula konosamentowa określająca maksymalną kwotę odpowiedzialności przewoźnika za utracony ładunek
anticipated (**expected**) ~ wartość oczekiwana
appraised ~ wartość szacunkowa
approximate ~ wartość przybliżona
article of ~ przedmiot wartościowy
assessment of ~ oszacowanie (ustalenie) wartości
attention ~ atrakcyjność, siła atrakcyjna
at ~ po kursie dnia
average ~ wartość przeciętna
balance sheet ~ wartość bilansowa
below ~ poniżej wartości
bonded ~ wartość towaru pod zamknięciem celnym
book ~ wartość księgowa
brand ~ wartość marki firmowej (*niematerialnego składnika majątkowego*)
business ~ wartość handlowa (obiegowa)
capitalized ~ wartość skapitalizowana
capital ~ wartość kapitałowa

cash ~ wartość pieniężna
c.i.f. ~ wartość c.i.f.
commercial ~ wartość rynkowa ⟨handlowa⟩
contract ~ wartość kontraktu
contributory ~ wartość mienia uczestniczącego w awarii wspólnej
current ~ wartość bieżąca ⟨rynkowa⟩
customs ~ wartość podlegająca ocleniu
damaged ~ wartość uszkodzona ⟨w stanie uszkodzonym⟩
declared ~ wartość zadeklarowana ⟨zgłoszona⟩
decrease in ~ spadek wartości, deprecjacja
denominational ~ wartość nominalna
dutiable ~ wartość podlegająca ocleniu
effective ~ wartość rzeczywista ⟨realna⟩
equivalent ~ równowartość
estimated ~ wartość szacunkowa
exchange ~ wartość wymienna, równowartość
export ~ ogólna wartość eksportu
face ~ wartość nominalna
f.o.b ~ wartość f.o.b.
foreign exchange ~ wartość w dewizach ⟨dewizowa⟩
global ~ wartość globalna
gold ~ wartość w złocie
gross ~ wartość brutto
import ~ ogólna wartość importu
increase in ~ wzrost ⟨przyrost⟩ wartości
increment of ~ przyrost wartości
initial ~ wartość początkowa
insurable ~ wartość ubezpieczeniowa ⟨podlegająca ubezpieczeniu⟩
insured ~ wartość ubezpieczeniowa
in terms of ~ według wartości, w kategorii wartości
intrinsic ~ wartość istotna ⟨rzeczywista⟩
inventory ~ wartość inwentarzowa
invoice ~ wartość fakturowa
law of ~ prawo wartości
loss of ~ utrata wartości
marketable ~ a) wartość rynkowa b) atrakcyjność (towaru)
market ~ wartość ⟨cena⟩ rynkowa ⟨handlowa⟩
maximum ~ clause klauzula konosamentu określająca maksymalną kwotę odpowiedzialności przewoźnika za utracony ładunek
mean ~ wartość przeciętna
measure of ~ miernik wartości
money ~ wartość efektywna ⟨pieniężna⟩
net ~ wartość netto
nominal ~ wartość nominalna
normal ~ wartość zwykła
no ~ sample próbka bez wartości
object of ~ przedmiot wartościowy
of full ⟨good⟩ ~ pełnowartościowy
of great ~ wielkiej wartości
of little ~ małowartościowy
of no ~ bezwartościowy
original ~ wartość pierwotna
par ~ wartość nominalna
policy ~ wartość ubezpieczeniowa zgodna z polisą
present ~ wartość aktualna
real ~ wartość rzeczywista
redemption ~ wartość wykupu
rise in ~ wzrost wartości
sale ⟨selling⟩ ~ wartość sprzedażna

salvage ~ wartość uratowanego mienia
scarcity ~ wartość dóbr rzadkich
scrap ~ wartość złomowa
sentimental ~ wartość emocjonalna
shipping ~ wartość towarów w momencie wysyłki
sound ~ wartość w stanie nieuszkodzonym ⟨zdrowa⟩
standard ~ a) miernik wartości b) skala cen
statement of ~ podanie wartości
stock ~ wartość zapasów
surplus ~ wartość dodatkowa
tariff ~ wartość według taryfy celnej
theory of ~ teoria wartości
to the ~ of... do sumy...
trade ⟨trading⟩ ~ wartość handlowa
true ~ wartość rzeczywista
unit of ~ jednostka wartości
unit ~ cena jednostkowa
without ~ bez wartości
to advance ⟨increase, rise⟩ in ~ wzrastać w cenie, zyskiwać na wartości
to assess the ~ ustalać wartość
to attach ~ to sth przywiązywać wagę do czegoś
to be of ~ posiadać wartość
to decline ⟨fall⟩ in ~ spadać w cenie, tracić na wartości
to lose ~ tracić na wartości
to set a high ~ wysoko szacować (on sth coś)
value[2] v 1. oceniać, szacować, wyceniać 2. trasować, ciągnąć (weksel) (on ⟨upon⟩ sb na kogoś)
value-added adj: ~ tax (skr. VAT) podatek od wartości dodanej
valued pp adj 1. oceniony, oszacowany, otaksowany 2. cenny
~ policy polisa otaksowana (z określoną kwotą ubezpieczenia)
a draft ⟨cheque⟩ ~ on ⟨upon⟩ ... weksel ⟨czek⟩ trasowany na...
to be ~ at ... być oszacowanym na...
valueless adj bezwartościowy
~ stock bezwartościowa akcja
valuer s taksator
official ~ urzędowy taksator
van[1] s 1. wóz ciężarowy, furgonetka, wóz meblowy 2. wagon bagażowy
covered ~ kryty wagon towarowy
delivery ~ furgonetka
luggage ~ wagon bagażowy
mail ~ wagon pocztowy
per ~ wozem, wagonem
police ⟨prison⟩ ~ wóz policyjny, karetka więzienna
refrigerated ⟨refrigerator⟩ ~ wagon chłodnia
van[2] v przewozić krytym wozem ⟨furgonem⟩
vandal s wandal
vandalism s wandalizm
vandalize v niszczyć
to ~ the public telephones rozbijać automaty telefoniczne
variability s zmienność
~ of prices zmienność cen
variable[1] s stat. zmienna, wartość zmienna
endogenous ~ zmienna objaśniana
exogenous ~ zmienna objaśniająca
value of the ~ wartość zmiennej
variable[2] adj zmienny, niestały
~ capital zmienny kapitał

~ **costs** ⟨**expenses**⟩ koszty zmienne
~ **dividend securities** akcje ze zmienną dywidendą
~ **exchange** zmienny kurs walutowy
~ **interest rates** zmienna stopa procentowa
~ **price** zmienna cena
~ **proportions** zmienne proporcje
variance s **1**. niezgodność, rozbieżność, różnica **2.** zmienność
~ **analysis** analiza różnic ⟨niezgodności⟩
at ~ **with the facts** w sprzeczności z faktami
budget ~ różnice ⟨odchylenia⟩ budżetowe
to be at ~ **with sb, sth** nie zgadzać się z kimś, czymś
variant[1] s wariant, odmiana
variant[2] adj **1.** odmienny, różny **2.** zmienny, niestały
variation s **1.** zmiana, odmiana, fluktuacja **2.** odchylenie
~ **in** ⟨**of**⟩ **prices** zmiana ⟨fluktuacja⟩ cen
annual ⟨**seasonal**⟩ ~**s** wahania roczne ⟨sezonowe⟩
varied adj **1.** różny, zróżnicowany **2.** urozmaicony, różnorodny
~ **assortment** szeroki asortyment
~ **stock** bogaty asortyment, wielka rozmaitość (towarów)
variety s **1.** rozmaitość, różnorodność **2.** odmiana, gatunek **3.** wybór, bogactwo (towarów)
~ **of goods** duży wybór towarów
~ **of opinions** różnorodność opinii
~ **of patterns** różnorodność wzorów
~ **of reasons** szereg przyczyn
~ **shop** ⟨**store**⟩ am. sklep z galanterią
various adj **1.** różny, rozmaity **2.** urozmaicony
for ~ **reasons** z różnych ⟨wielu⟩ powodów
vary v **1.** zmieniać (się) **2.** różnić się **3.** odbiegać (**from sth** od czegoś)
to ~ **the terms of a contract** zmienić warunki umowy
varying adj zmieniający się, różny, rozmaity
~ **prices** a) ceny zmienne b) ceny różne
vassal s hist. wasal, lennik
~ **state** hist. państwo lenne
vassalage s podległość, zależność
vast adj **1.** rozległy, obszerny **2.** ogromny, niezmierny
~ **investments** inwestycje na wielką skalę
~ **knowledge** szeroka wiedza
~ **resources** ogromne zasoby
vault s **1.** piwnica **2.** skarbiec ⟨trezor⟩ bankowy
bonded ~**s** piwnice pod zamknięciem celnym
cash in ~ gotówka w kasie banku
safety ~ trezor ⟨sejf⟩ bankowy
vector s wektor
vehicle s **1.** pojazd, środek transportu **2.** przen. narzędzie, środek (przekazywania)
articulated ~ samochód ciężarowy z przyczepą
cargo ⟨**commercial, freight, goods**⟩ ~ pojazd ciężarowy
motor ~ pojazd mechaniczny
space ~ statek ⟨pojazd⟩ kosmiczny
vehicular adj kołowy, samochodowy
~ **traffic** ruch kołowy
~ **transport** transport kołowy
veil v ukrywać, maskować
under the ~ **of** pod płaszczykiem
velocity s szybkość, prędkość
~ **of circulation** szybkość obiegu

~ **of turnover** szybkość obrotów
venal adj przekupny, skorumpowany, sprzedajny
~ **judges** ⟨**politicians**⟩ przekupni sędziowie ⟨politycy⟩
~ **justice** sprzedajny wymiar sprawiedliwości
venality s sprzedajność, korupcja, przekupstwo
vend v sprzedawać
vendee s nabywca (głównie nieruchomości)
vendetta s hist. wendeta, krwawa zemsta
vendible[1] s (zwykle pl **vendibles**) pokupny artykuł
vendible[2] adj (o towarze) pokupny, mający łatwy zbyt
vending-machine s automat towarowy
vendor, vender s **1.** sprzedawca, zbywca **2.** osoba sprzedająca nieruchomość
~'**s lien** prawo zastawu sprzedawcy (na rzeczy sprzedanej)
~'**s shares** akcje otrzymane (tytułem zapłaty przez właściciela przedsiębiorstwa przekształconego w spółkę akcyjną)
street ~ sprzedawca uliczny
vendus s aukcja, przetarg publiczny
~ **master** prowadzący aukcję
venereal adj weneryczny
~ **disease** choroba weneryczna
vengeance s zemsta, pomsta
with a ~ gwałtownie
to take ~ **on** ⟨**upon**⟩ **sb** zemścić się na kimś
venia aetatis s łac. hist. przywilej królewski nadający małoletniemu prawo do czynności prawnych przysługujących osobie pełnoletniej
venial adj (o przekroczeniu, uchybieniu) drobny, wybaczalny
venire facias s łac. hist. polecenie sądowe skierowane do szeryfa okręgu, w którym ma być sądzona sprawa, aby zgłosił do wyboru skład przysięgłych
~ **ad respondendum** łac. wezwanie do oskarżonego, aby stawił się w sprawie o drobne przestępstwo (**misdemeanor**) zagrożone grzywną lub aresztem do 1 roku
~ **de novo** łac. polecenie o ponowne stawienie się oskarżonego, gdy pierwsze rozpoznanie nie doszło do skutku z powodu błędów proceduralnych
~ **tot matronas** łac. polecenie o utworzenie składu przysięgłych z kobiet dla stwierdzenia, czy kobieta jest w ciąży
venireman s osoba powołana do składu przysięgłych
vent[1] s **1.** otwór, ujście **2.** przen. możliwość zbytu
vent[2] v wypuszczać, dawać ujście
venture[1] s **1.** ryzyko, spekulacja, przedsięwzięcie, impreza **2.** majątek zaangażowany w przedsiębiorstwo handlowe, wkład zaryzykowany
~ **at sea** wysyłka towarów morzem na ryzyko sprzedającego (w celu sprzedania w miejscu przeznaczenia)
~ **capital** kapitał narażony na szczególne ryzyko
at a ~ na chybił trafił
business ~ przedsięwzięcie handlowe, transakcja
joint ~ transakcja partycypacyjna (przeprowadzana przez duże firmy handlowe)
to have a share in a ~ mieć udział ⟨partycypować⟩ w przedsięwzięciu
to run a ~ ryzykować
venture[2] v **1.** ośmielać się, pozwalać sobie **2.** przedsiębrać, ryzykować (**on** ⟨**upon**⟩ **sth** coś)
to ~ **a lawsuit** ryzykować proces
to ~ **one's life** ryzykować życie

to ~ **one's money in an enterprise** ryzykować pieniądze w przedsiębiorstwie
to ~ **on a not reliable investment** zaryzykować niepewną lokatę
I ~ **to contradict** ośmielam się zaprzeczyć
venturous adj 1. ryzykowny, niebezpieczny 2. spekulacyjny 3. śmiały, przedsiębiorczy
~ **crossing** niebezpieczne przejście
~ **scheme** ryzykowny plan
venue s 1. miejsce dokonania czynu lub aktu prawnego, określające właściwość terytorialną sądu 2. ustalenie właściwości terytorialnej sądu 3. pot. miejsce spotkania
change of ~ zmiana właściwości terytorialnej sądu
of improper ~ z powodu niewłaściwości terytorialnej
veracious adj 1. prawdomówny 2. prawdziwy; prawidłowy
~ **account** prawidłowe sprawozdanie
~ **statement** prawdziwe oświadczenie
~ **testimony** wiarygodne świadectwo
~ **witness** prawdomówny świadek
veracity s 1. prawdomówność 2. prawdziwość 3. prawda
of ~ zasługujący na wiarę
verbal[1] s pot. oskarżenie o popełnienie zbrodni
verbal[2] adj 1. ustny, słowny 2. dosłowny
~ **acceptance** ustna zgoda
~ **agreement** ustne porozumienie
~ **authority** ustne upoważnienie
~ **confirmation** ustne potwierdzenie
~ **contract** ustna umowa
~ **evidence** ustny dowód
~ **message** ustne polecenie
~ **note** nota werbalna
~ **offer** ustna oferta
~ **translation** dosłowny przekład
~ **understanding** ustne porozumienie
verbally adv 1. ustnie 2. dosłownie
to explain sth ~ wyjaśnić coś ustnie
to translate a letter ~ przetłumaczyć pismo dosłownie
verbatim adj adv łac. dosłowny; dosłownie
~ **translation** dosłowne tłumaczenie
verdict s 1. werdykt, wyrok 2. orzeczenie (np. lekarza) 3. sąd (opinii publicznej)
~ **of guilty** werdykt o winie
~ **of non-guilty** werdykt o niewinności
open ~ werdykt stwierdzający, że sprawca jest nieznany lub zgon mógł być spowodowany nieszczęśliwym wypadkiem
special ~ werdykt stwierdzający dowiedzione fakty, a pozostawiający sądowi wyciągnięcie z nich wniosków
privy ⟨sealed⟩ ~ werdykt na piśmie, gdy sąd odroczył posiedzenie podczas narady ławy przysięgłych (dostarczony sekretarzowi)
verge s 1. krawędź, skraj, kres 2. zakres jurysdykcji
on the ~ **of suicide** bliski (popełnienia) samobójstwa
to be on the ~ **of bankruptcy** być bliskim bankructwa
verifiable adj sprawdzalny, dający się sprawdzić
verification s 1. sprawdzenie, kontrola, weryfikacja 2. potwierdzenie, uwierzytelnienie

~ **of genuineness of signature** zbadanie autentyczności podpisu
close ~ dokładne sprawdzenie ⟨zbadanie⟩
subject to ~ podlega sprawdzeniu
verified adj: ~ **copy** uwierzytelniona kopia
verify v 1. sprawdzać, kontrolować, weryfikować 2. potwierdzać, udowadniać, popierać dowodami
to ~ **an account** sprawdzić rachunek (zgodność zapisów na koncie)
to ~ **the books** sprawdzić księgi handlowe
to ~ **a claim** zbadać zasadność roszczenia
to ~ **the data** sprawdzić dane
to ~ **sth by signature** potwierdzić coś podpisem
verisimilar adj prawdopodobny
verisimilitude s prawdopodobieństwo
veritable adj prawdziwy, rzeczywisty
verity s 1. prawdziwość 2. prawda 3. fakt (nie podlegający dyskusji)
~ **of objections** prawdziwość zarzutów
vernacular[1] s 1. język krajowy ⟨tubylczy⟩ 2. język zawodowy
vernacular[2] adj krajowy, miejscowy, tubylczy
~ **language** język miejscowy ⟨tubylczy⟩
versatile adj 1. wszechstronny, uniwersalny 2. ruchliwy 3. zmienny, niestały
versed adj doświadczony, wykwalifikowany, biegły, zorientowany (**in sth** w czymś)
version s wersja, interpretacja
abridged ~ wersja skrócona
original ~ wersja oryginalna
verso s łac. odwrotna strona, verso
on the ~ na odwrocie
versus praep przeciw, przeciwko, kontra
the case Kramer ~ **Kramer** sprawa Kramer przeciwko Kramerowi
vertical adj pionowy, wertykalny
~ **card index** kartoteka pionowa
~ **combination** połączenie przedsiębiorstw obejmujące poszczególne fazy procesu produkcyjnego
~ **concentration** ⟨**merger**⟩ koncentracja pionowa (np. przemysłu)
~ **expansion** rozszerzenie przedsiębiorstwa przez objęcie nim kolejnych faz procesu produkcyjnego
~ **integration** integracja pionowa
~ **labour union** am. branżowy związek zawodowy
~ **trust** trust pionowy
very[1] adj 1. prawdziwy, rzeczywisty 2. tenże, ten sam, ten właśnie
the ~ **person** ⟨**man**⟩ ta właśnie osoba, ten właśnie człowiek
in the ~ **act** na gorącym uczynku
in ~ **deed** niewątpliwie, faktycznie
in ~ **truth** naprawdę
very[2] adv bardzo
the ~ **best conditions** najkorzystniejsze warunki
the ~ **lowest price** najniższa cena
vessel s 1. statek, okręt 2. naczynie
~ **bond** am. rewers ⟨prawo zastawu statku⟩ na zabezpieczenie należności celnych
~ **documents** dokumenty statku
~ **draught** ⟨**draft**⟩ zanurzenie statku
~ **idleness** przestój statku
~ **in balast** statek bez ładunku obciążony balastem
~ **in distress** statek w niebezpieczeństwie
~ **inspection** oględziny statku

~ **insurance** ubezpieczenie statku
~ **manifest** manifest okrętowy, wykaz ładunku okrętowego
~ **mortgage** hipoteka morska
~ **papers** dokumenty statku
~ **rating** klasyfikacja statków
~ **register** rejestr morski
~ **registration** rejestracja statków
~ **registry** świadectwo rejestracyjne statku
~**'s arrival** przybycie statku do portu
~**'s bill of health** świadectwo zdrowia statku
~**'s bill of lading** *am.* konosament morski
~**'s entry** zgłoszenie statku do odprawy celnej
~**'s hull** kadłub statku
~**'s ordinary disbursement** wydatki eksploatacyjne statku
~**'s protest** protest morski
abandonment of a ~ abandon statku
age of ~ wiek statku
capacity of ~ pojemność statku
cargo ~ frachtowiec
chartered ~ statek zaczarterowany
coal ~ węglowiec
coastal ⟨**coasting, coastwise**⟩ ~ kabotażowiec, statek żeglugi przybrzeżnej ⟨kabotażowej⟩
combination freight and passenger ~ statek pasażersko-towarowy
documented ~ *am.* statek zarejestrowany
dry-cargo ~ statek do przewozu ładunków suchych
factory ~ statek przetwórnia
fishing ~ statek rybacki
foreign-going ~ statek pełnomorski
general-cargo ~ drobnicowiec
grain ~ zbożowiec, statek do przewozu zboża
home-trade ~ statek żeglugi przybrzeżnej, kabotażowiec
inbound ~ statek w podróży powrotnej (*powracający do portu macierzystego*)
inland ~ statek żeglugi śródlądowej
light ~ *a)* statek nie załadowany *b)* latarniowiec
merchant ⟨**mercantile**⟩ ~ statek handlowy
motor ~ statek motorowy
ocean ⟨**ocean-going**⟩ ~ statek pełnomorski
out-bound ~ statek wychodzący z portu macierzystego
passenger ~ statek pasażerski
patrol ~ statek patrolowy
pilot ~ statek pilotujący
privileged ~ statek uprzywilejowany (*z pierwszeństwem przy mijaniu*)
refrigerated ⟨**refrigerating**⟩ ~ statek chłodnia
registered ~ statek zarejestrowany w rejestrze statków
revenue ~ statek celny
right-of-way ~ statek uprzywilejowany
river ~ statek rzeczny
sailing ~ żaglowiec
salvage ~ statek ratowniczy
sea-going ~ statek pełnomorski
single-line ~ s statki jednego typu
steam ~ parowiec
supply ~ statek zaopatrzeniowy
tank ~ tankowiec, zbiornikowiec, statek cysterna
timber-carrying ~ drewnowiec, statek do przewożenia drewna

towing ~ holownik
trading ~ statek handlowy
tramp ~ trampowiec, statek żeglugi trampowej ⟨nieregularnej⟩
transport ~ transportowiec (wojskowy)
to board a ~ *a)* wejść na statek *b)* dokonać rewizji celnej statku
to charter a ~ zaczarterować statek
to condemn a ~ orzec kondemnatę statku, uznać statek za niezdatny do żeglugi, a naprawę za nieopłacalną
to fix a ~ zarezerwować statek do zaczarterowania
vest *v* **1.** nadawać, przyznawać, udzielać, wyposażać (**with sth** w coś) **2.** przysługiwać, przypadać (**in sb** komuś)
to ~ **sb with an authority** ⟨**a power**⟩ udzielić komuś pełnomocnictwa
to ~ **sb with a function** nadać komuś funkcję
to ~ **sb with an inheritance** przekazać komuś majątek spadkowy
to ~ **sb with property** przekazać komuś własność
to ~ **sb with rights** przyznać komuś prawa
vested *pp adj* (*o prawie*) nabyty, usankcjonowany
~ **capital** zainwestowany kapitał
~ **estate** ⟨**interest**⟩ nabyte prawo majątkowe
~ **in interest** wyposażony w prawo posiadania w przyszłości
~ **in possession** wyposażony w prawo posiadania obecnie
~ **interest** żywotny interes
~ **right** bezwarunkowe prawo
the courts are ~ **with the authority to deliver judgments** sądom przysługuje prawo wydawania wyroków
vesting *adj*: ~ **order** *bryt.* polecenie sądu o przeniesieniu tytułu prawnego
vet *s* weterynarz
veteran *s* weteran
veterinary *adj* weterynaryjny
~ **certificate** świadectwo weterynaryjne
~ **surgeon** weterynarz, lekarz weterynarii
veto[1] *s* weto
~ **in the UN** weto w ONZ
right of ~ prawo weta
to put a ~ **on sth** zakładać weto przeciwko czemuś
veto[2] *v* zakładać weto
to ~ **a resolution** założyć weto w stosunku do rezolucji
vexation *s* udręczenie
via[1] *s łac.* **1.** droga **2.** egzemplarz weksla, trata
first ⟨**second, third**⟩ ~ weksel prima ⟨secunda, tertia⟩
via[2] *praep łac.* przez, drogą przez, via
vicarious *adj* zastępczy, pochodny, wykonywany z czyjegoś polecenia
~ **liability** ⟨**responsibility**⟩ odpowiedzialność za cudze czyny
~ **power** władza delegowana
vice[1] *s* **1.** wada, defekt **2.** występek, rozpusta **3.** zły nawyk, nałóg
concealed ⟨**latent**⟩ ~ wada ukryta
inherent ~ wada naturalna ⟨przyrodzona⟩
vice[2] *praep łac.* zamiast, w miejsce, w zastępstwie
vice-chairman *s* wiceprzewodniczący
vice-consul *s* wicekonsul

vice-president *s* 1. wiceprezydent 2. wiceprzewodniczący, wiceprezes
viceroy *s* wicekról
vice versa *adv* i odwrotnie
vicious *adj* 1. występny, rozpustny, zdeprawowany 2. złośliwy 3. pełen złości 4. błędny, fałszywy
 ~ **circle** błędne koło
 ~ **life** występne życie
 ~ **propensities** złe ⟨występne⟩ skłonności
victim *s* ofiara (*czyjejś zbrodni*)
 ~ **of an accident** ofiara wypadku
 ~ **of a crime** ofiara zbrodni
 to die ⟨**fall**⟩ **a** ~ **to sth** paść ofiarą czegoś
victimization *s* 1. pastwienie się (**of sb** nad kimś), tyranizowanie 2. represje, stosowanie represji 3. oszukaństwo
victimize *v* 1. pastwić się (**sb** nad kimś), gnębić 2. stosować represje 3. oszukiwać
victory *s* zwycięstwo
 ~ **at the polls** zwycięstwo wyborcze
 to gain a ~ **over sb, sth** odnieść zwycięstwo nad kimś, czymś
victual *v* zaopatrywać w żywność, zaprowiantować
victualler *s* 1. dostawca artykułów spożywczych 2. statek prowiantowy
 licensed ~ *bryt.* restaurator mający prawo wyszynku
victualling *s* zaprowiantowanie, aprowizacja
 ~ **bill** lista prowiantowa (*statku*)
 ~ **ship** statek prowiantowy
victuals *spl* prowiant, żywność
videlicet *adv* (*skr.* **viz.**) *łac.* to jest, to znaczy, mianowicie
videophone *s* wideofon
videotape[1] *s* taśma wideo ⟨wideomagnetofonu, magnetowidu⟩
wideotape[2] *v* nagrywać na taśmę wideo
vidimus *s* (*pl* **vidimuses**) 1. badanie ⟨kontrola⟩ ksiąg 2. uwierzytelniona kopia, wypis z dokumentu
vie *v* rywalizować, współzawodniczyć (**for sth** o coś)
view[1] *s* 1. widok 2. przegląd, pokaz 3. zbadanie na miejscu, wizja lokalna 4. pogląd, opinia 5. zamiar, intencja, cel
 in ~ **of** wobec, ze względu na, z uwagi na
 on ~ do obejrzenia, (wystawiony) na pokaz
 point of ~ punkt widzenia
 with a ~ **to, with the** ~ **of** w celu, w nadziei, z intencją, mając na względzie
 to be in ~ być widocznym
 to come into ~ ukazać się
 to form a clear ~ **of sth** tworzyć sobie jasny obraz czegoś
 to have in ~ mieć na widoku ⟨celu⟩
 to keep sth in ~ nie tracić czegoś z oczu, pamiętać o czymś
 to take a different ~ **of sth** inaczej się na coś zapatrywać
 to take long ~**s** przewidywać na dłuższą metę
view[2] *v* 1. oglądać 2. rozpatrywać, badać, oceniać
viewer *s* 1. widz 2. świadek zajścia 3. inspektor
viewing *s* oględziny
viewpoint *s* 1. punkt widzenia, zapatrywanie (**of sth** na coś) 2. *am.* punkt obserwacyjny
vigour *s* moc prawna
 in ~ mający moc prawną, obowiązujący
vile *adj* podły, nikczemny, niegodny

 ~ **practices** podłe praktyki
vilification *s* oczernienie, obmowa, kalumnia
villain *s* 1. łotr, łajdak 2. *bryt. pot.* przestępca
vindicate *v* 1. bronić ⟨dochodzić⟩ praw, windykować 2. usprawiedliwiać, oczyszczać z zarzutów
 to ~ **one's opinion** bronić swoich poglądów
 to ~ **one's rights** dochodzić swoich praw
vindication *s* 1. obrona ⟨dochodzenie⟩ praw, windykacja 2. usprawiedliwienie, oczyszczenie z zarzutów
 in ~ **of sth, sb** na usprawiedliwienie czegoś, czyjeś
vindicatory *adj* 1. usprawiedliwiający, broniący 2. karzący
 ~ **justice** karząca sprawiedliwość
vindicative *adj* 1. mściwy 2. karzący 3. (*o odszkodowaniu*) przyznawany w drodze kary
 ~ **damages** odszkodowanie pieniężne (*przekraczające poniesioną stratę*) jako kara
vintage *s* 1. winobranie 2. rocznik wina
 ~ **wine** wino dobrego rocznika
vintner *s* handlarz win
violate *v* 1. naruszyć, pogwałcić 2. zbezcześcić 3. zgwałcić
 to ~ **air space** naruszyć przestrzeń powietrzną
 to ~ **the contract** naruszyć umowę
 to ~ **one's duty** sprzeniewierzyć się swoim obowiązkom
 to ~ **the frontier** naruszyć granicę
 to ~ **the law** naruszyć prawo
 to ~ **an oath** złamać przysięgę
 to ~ **a rule** złamać zasadę
 to ~ **a treaty** naruszyć układ ⟨traktat⟩
violation *s* 1. naruszenie, pogwałcenie 2. zbezczeszczenie 3. gwałt, zgwałcenie
 ~ **of international law** naruszenie prawa międzynarodowego
 ~ **of neutrality** pogwałcenie neutralności
 ~ **of a promise** złamanie przyrzeczenia
violator *s* 1. gwałciciel 2. osobnik naruszający (*coś*)
violence *s* 1. gwałtowność, siła 2. gwałt, przemoc, użycie siły 3. furia
 robbery with ~ rabunek
 to die by ~ umrzeć śmiercią gwałtowną
 to do ~ **to sb, sth** zadawać gwałt komuś, czemuś
 to use ~ zastosować przemoc
violent *adj* 1. gwałtowny 2. niepohamowany
 ~ **assault** gwałtowna napaść
 ~ **controversy** gwałtowny spór
 ~ **death** gwałtowna śmierć (*spowodowana gwałtownymi siłami zewnętrznymi*)
 ~ **offender** przestępca broniący się gwałtownie przy aresztowaniu
 ~ **presumption** domniemanie graniczące z pewnością
 ~ **profits** *szkoc.* dochody uzyskane w okresie bezprawnego władania nieruchomością
 to become ~ wpaść w furię
 to lay ~ **hands on oneself** targnąć się na własne życie
 to lay ~ **hands on sb** zastosować przemoc wobec kogoś
violently *adv* gwałtownie
 to resist ~ opierać się gwałtownie
virgin *adj* 1. dziewiczy 2. rodzimy, samorodny (*produkt*) 3. czysty
 ~ **gold** ⟨**silver**⟩ czyste złoto ⟨srebro⟩
 ~ **land** ⟨**soil**⟩ dziewicza ⟨nie uprawiana⟩ ziemia

~ **voyage of a ship** dziewicza podróż statku
virginhood, virginity *s* dziewictwo, panieństwo
virtual *adj* **1.** faktyczny, rzeczywiście istniejący, prawdziwy **2.** potencjalny, ewentualny **3.** pozorny
~ **manager of a business** faktyczny kierownik firmy
virtue *s* **1.** moc (*prawna*), skuteczność **2.** cnota, prawość
by ⟨in⟩ ~ of sth na mocy ⟨z tytułu, z mocy⟩ czegoś
by ~ of law na ⟨z⟩ mocy prawa
vis *s* (*pl* **vires**) *łac.* siła
~ **major** *łac.* siła wyższa
visa[1] *s* wiza
collective ~ wiza zbiorowa
consular ~ wiza konsularna
diplomatic ~ wiza dyplomatyczna
entry ~ wiza wjazdowa
exit ~ wiza wyjazdowa
permanent ~ wiza stała
transit ~ wiza tranzytowa
visitor's ~ wiza pobytowa
visa[2] *v* wizować, udzielać wizy
to ~ a passport wizować paszport
to have one's passport ~ed otrzymać wizę w paszporcie
visé *s* = **visa** *s*
visible *adj* widoczny, widzialny
~ **export** ⟨**import**⟩ eksport ⟨import⟩ widoczny (*towarowy*)
~ **trade** widoczny handel
visit[1] *s* **1.** wizyta, odwiedziny (**to sb** kogoś) **2.** inspekcja, wizytacja
a ~ to the scene of crime wizja lokalna w miejscu zbrodni
courtesy ~ wizyta grzecznościowa
domiciliary ~ rewizja w mieszkaniu
parting ~ wizyta pożegnalna
to pay sb a ~ złożyć komuś wizytę
to return sb's ~ rewizytować kogoś
visit[2] *v* **1.** odwiedzać **2.** zwiedzać **3.** dokonywać inspekcji, wizytować **4.** przeprowadzać wizję lokalną
to ~ the fair zwiedzać targi
to ~ the scene przeprowadzać wizję lokalną
visitation *s* **1.** wizytacja, inspekcja **2.** wejście na statek neutralny celem dokonania rewizji
right of ~ prawo przeszukania (*statku*)
visiting *adj* : ~ **card** bilet wizytowy, wizytówka
visitor *s* **1.** gość odwiedzający ⟨zwiedzający⟩ **2.** inspektor
~ **of fairs** zwiedzający targi
~'s **tax** taksa kuracyjna
commercial ~ odwiedzający w sprawach handlowych
visual *adj* wzrokowy, wizualny
~ **advertising** reklama wizualna
vital *adj* **1.** życiowy, żywotny **2.** konieczny, istotny, podstawowy, najwyższej wagi
~ **contribution** istotny wkład
~ **factor** decydujący czynnik
~ **interests** żywotne interesy
~ **record** akt stanu cywilnego
~ **statistics** statystyka ruchu ludności
problem of ~ **importance** problem o istotnym znaczeniu
vitality *s* żywotność

vitiate *v* **1.** unieważniać, podważać moc prawną **2.** psuć, niszczyć, wypaczać
to ~ a contract unieważnić umowę
vitiation *s* **1.** unieważnienie **2.** zepsucie, zniszczenie, wypaczenie
viva-voce *adv łac.* ustnie
vivid *adj* żywy
~ **interest** żywe zainteresowanie
vocation *s* **1.** zawód, zajęcie zawodowe **2.** powołanie
vocational *adj* zawodowy
~ **education** wykształcenie zawodowe
~ **guidance** poradnictwo zawodowe
~ **school** szkoła zawodowa
~ **training** szkolenie zawodowe
vogue *s* **1.** moda **2.** popularność, wzięcie
to be in ~ być w modzie
to bring in ~ wprowadzić modę
to come in ~ wejść w modę
voice[1] *s* głos
consultative ~ głos doradczy
dissentient ~ głos przeciw(ny)
with one ~ jednogłośnie
to give ~ dać wyraz (**to sth** czemuś)
to have a ~ in ... mieć coś do powiedzenia w...
voice[2] *v* wypowiadać, wyrażać
to ~ an opinion wyrażać ⟨głosić⟩ pogląd
void[1] *adj* **1.** nieważny, bezskuteczny **2.** pusty, próżny, wakujący **3.** pozbawiony (**of sth** czegoś)
~ **contract** nieważna umowa
~ **of reason** pozbawiony słuszności
null and ~ nieważny i niebyły
to declare sth null and ~ uznać coś za nieważne i niebyłe
to make ⟨render⟩ a clause ~ unieważnić klauzulę
void[2] *v* unieważniać, uchylać
to ~ a contract unieważnić umowę
voidable *adj* podlegający unieważnieniu
~ **contract** umowa, która może być unieważniona
voidance *s* **1.** unieważnienie **2.** opróżnienie **3.** pozbawienie
volition *s* wola
act of ~ akt woli
of one's own ~ z własnej woli, dobrowolnie
volume *s* **1.** rozmiar, objętość, masa, wolumen **2.** tom
~ **of business** wolumen handlu, wielkość obrotów handlowych
~ **of consumption** wielkość ⟨rozmiar⟩ spożycia
~ **of expenditures** wielkość rozchodów
~ **of exports** ⟨**imports**⟩ wielkość eksportu ⟨importu⟩
~ **of foreign trade** wielkość ⟨wolumen⟩ handlu zagranicznego
~ **of inquiry** a) wielkość popytu b) rozmiar ⟨skala⟩ zainteresowania
~ **of migration** wielkość migracji
~ **of output** ⟨**production**⟩ wielkość ⟨wysokość⟩ produkcji
~ **of stocks** wielkość zapasów
in terms of ~ w kategoriach ilościowych, według ilości
in ~ w dużej ilości
voluminous *adj* **1.** obszerny, wielki **2.** wielotomowy
~ **correspondence** obszerna korespondencja

voluntary *adj* **1.** dobrowolny **2.** rozmyślny, umyślny **3.** nieodpłatny, pod tytułem darmym
~ **abandonment** dobrowolne opuszczenie (*współmałżonka*)
~ **bankruptcy** bankructwo rozmyślne
~ **clearing-sale** dobrowolna wyprzedaż
~ **confession** dobrowolne przyznanie się
~ **dissolution** dobrowolne rozwiązanie
~ **ignorance** zawiniona nieświadomość (nieznajomość)
~ **insurance** dobrowolne ubezpieczenie
~ **liquidation** dobrowolna likwidacja
~ **migration** dobrowolna migracja
~ **offer** oferta nie wywołana
~ **organization** dobrowolna organizacja
~ **stranding** rozmyślne osadzenie statku na gruncie (na mieliźnie)
~ **waste** świadome niszczenie majątku przez dzierżawcę
volunteer¹ *s* **1.** ochotnik, wolontariusz **2.** osoba otrzymująca darowiznę
volunteer² *adj* ochotniczy, dobrowolny
volunteer³ *v* **1.** podejmować się dobrowolnie, zgłaszać się na ochotnika **2.** ochotniczo wstępować do wojska
vote¹ *s* **1.** głos **2.** głosowanie **3.** prawo głosowania (wyborcze) **4.** wotum **5.** uchwała **6.** kartka wyborcza
~ **of censure** wotum nieufności
~ **of confidence** wotum zaufania
~ **of non** (**no**) **confidence** wotum nieufności
by (**with**) **majority** (**plurality**) **of** ~ **s** większością głosów
casting ~ głos rozstrzygający (*przewodniczącego*)
counting of ~ **s** liczenie głosów
postal ~ głos przysłany pocztą, głosowanie przez pocztę
right of ~ prawo głosowania
secret ~ tajne głosowanie
to carry a ~ uchwalić (przyjąć) rezolucję (uchwałę)
to cast a ~ oddać głos
to count the ~ **s** liczyć głosy
to give one's ~ **to sb** głosować (oddać głos) na kogoś
to proceed to a ~ przystąpić do głosowania
to put to the ~ oddać pod głosowanie
to take a ~ przeprowadzić głosowanie
vote² *v* **1.** głosować **2.** uchwalać przez głosowanie **3.** *zob.* **vote down, in, through**
to ~ **against sth, sb** głosować przeciwko czemuś, komuś
to ~ **article by article** głosować artykuł po artykule
to ~ **aye** głosować „za"
to ~ **by ballot** głosować tajnie
to ~ **by correspondence** głosować pisemnie
to ~ **by proxy** głosować przez pełnomocnika
to ~ **by roll call** głosować imiennie
to ~ **by show of hands** głosować przez podniesienie rąk
to ~ **by sitting and standing** głosować przez powstanie
to ~ **en bloc** głosować en bloc
to ~ **for sth** głosować za czymś

to ~ **in favour of sb** głosować za kimś
to ~ **nay** głosować „przeciw"
to ~ **a proposal** przegłosować wniosek, uchwalić wniosek
to ~ **unanimously** głosować jednomyślnie
to ~ **viva-voce** głosować ustnie
to ~ **without debate** głosować bez debaty
to be entitled to ~ być uprawnionym do głosowania
vote down *v* odrzucić w głosowaniu
vote in *v* wybrać w głosowaniu
voter *s* głosujący, wyborca
~ **s' list** lista (spis) wyborców
vote through *v* uchwalić (przyjąć) w głosowaniu
to ~ **a bill** przyjąć projekt ustawy (*w parlamencie*)
voting *s* głosowanie, uczestniczenie w głosowaniu
~ **ballot** (**card**) kartka wyborcza
~ **by acclamation** głosowanie przez aklamację
~ **by ballot** głosowanie tajne (*przy użyciu kartek*)
~ **by proxy** głosowanie przez pełnomocnika
~ **for a list** głosowanie na listę
~ **for a single candidate** głosowanie na jednego (indywidualnego) kandydata
~ **machine** maszyna do liczenia głosów
~ **paper** kartka do głosowania
~ **power** prawo głosowania
~ **procedure** procedura głosowania
~ **right** prawo uczestnictwa w głosowaniu (głosu)
~ **stock** akcja uprawniająca do głosowania
~ **trust** spółka rozporządzająca głosami na podstawie akcji swych klientów
blank ~ kartka wyborcza nie wypełniona
in the first (**second**) ~ w pierwszym (drugim) głosowaniu
manner (**method**) **of** ~ sposób głosowania
secrecy of ~ tajemnica głosowania
to abstain from ~ wstrzymać się od głosowania
votum *s łac.*: ~ **separatum** zdanie odrębne (*sędziego lub ławnika*)
vouch *v* **1.** gwarantować, ręczyć (**for sb, sth** za kogoś, coś) **2.** zapewniać (**that ...** że ...) **3.** potwierdzać, popierać
to ~ **for the truth of sth** ręczyć za prawdziwość czegoś
voucher *s* **1.** poręczyciel, gwarant **2.** dowód kasowy, kwit, rachunek **3.** potwierdzenie, podkładka, załącznik
~ **attached** dowód (dokument) potwierdzający w załączeniu
~ **for payment** dowód wpłaty
~ **for receipt** kwit odbioru
baggage ~ kwit bagażowy
bookkeeping ~ dowód kasowy
cash ~ kwit kasowy
credit ~ kwit kredytowy, poręczenie kredytowe
expense ~ rozliczenie kosztów (*np. podróży*)
gift ~ bezpłatny talon
luncheon ~ talon (bon) obiadowy
pay ~ asygnata kasowa
sick ~ świadectwo (zaświadczenie) chorobowe
to support sth by ~ **s** poprzeć coś dokumentami
voyage¹ *s* **1.** podróż (*statkiem*), rejs **2.** podróż powietrzna, przelot
~ **book** księga wydatków (*armatora*) na podróż statku
~ **charter** czarter na podróż

~ **chartered** podróż zaczarterowana
~ **charterer** czarterujący statek na podróż
~ **clause** *ub. mors.* klauzula określająca od kiedy do kiedy liczy się czas podróży statku
~ **freight** fracht na podróż
~ **home** podróż powrotna, rejs powrotny
~ **insurance** ubezpieczenie na podróż
~ **out** podróż wyjściowa statku, rejs docelowy
~ **out and home** podróż okrężna statku ⟨tam i z powrotem⟩
~ **policy** polisa na podróż morską
~ **premium** stawka ubezpieczeniowa na podróż
~ **up** ⟨**down**⟩ **the river** podróż statku w górę ⟨w dół⟩ rzeki
abandoned ~ zaniechana podróż morska
ballast ~ rejs pod balastem (*bez ładunku*)
change of ~ zmiana rejsu ⟨trasy podróży⟩
coastal ⟨**coasting, coastwise**⟩ ~ rejs kabotażowy ⟨przybrzeżny⟩
consecutive ~**s charter** czarter na kolejne podróże statku
domestic ~ podróż przybrzeżna
foreign ~ rejs dalekomorski

home ⟨**homeward, inbound, inwardbound**⟩ ~ podróż powrotna do portu macierzystego
maiden ~ pierwszy rejs nowego statku, dziewicza podróż
ocean ~ rejs dalekomorski
on the ~ w podróży, w drodze (*statkiem lub samolotem*)
round ~ podróż okrężna ⟨tam i z powrotem⟩
sea ~ podróż morska
single ~ pojedyncza podróż statku (*w jedną stronę*)
to go on a ~ wyruszyć w podróż, odbywać podróż
voyage² *v* **1.** podróżować (*statkiem lub samolotem*), jechać **2.** odbywać rejs
voyager *s* podróżnik
vulgar *adj* **1.** zwykły, pospolity **2.** powszechny **3.** wulgarny, ordynarny
~ **manner** ordynarne ⟨prostackie⟩ zachowanie
vulnerability *s* **1.** bezbronność, słabość, słaby punkt **2.** brak odporności; wrażliwość
vulnerable *adj* **1.** (*o terenie itp.*) źle broniony, odkryty, odsłonięty **2.** (*o człowieku*) bezbronny, słaby; nieodporny; wrażliwy

W

wad *s* **1.** rulon, zwitek **2.** plik (*banknotów, dokumentów, gazet*)
~ **of banknotes** paczka banknotów
wage¹ *s* (*często pl* **wages**) płaca, zarobek, wynagrodzenie, pobory, zapłata za pracę
~ **adjustment** regulacja płac
~ **category** grupa płac
~ **ceiling** pułap zarobków
~ **claims** roszczenia płacowe
~ **control** kontrola płac·
~ **cut** obniżka płac
~ **differentiation** zróżnicowanie ⟨rozpiętość⟩ płac
~ **dispute** spór o płacę
~ **earner** *a*) pracownik najemny *b*) żywiciel rodziny
~ **freeze** ⟨**freezing**⟩ zamrożenie płac
~ **fund** fundusz płac
~ **increase** ⟨**rise**⟩ (**of £ 2 a week**) wzrost płacy (o 2 funty tygodniowo)
~ **index** indeks płac
~ **labour** praca najemna
~ **level** poziom płac
~ **limit** granica ⟨pułap⟩ zarobków
~ **negotiations** negocjacje ⟨rokowania⟩ płacowe ⟨w sprawie płac⟩
~ **payment** wypłata zarobków
~ **rate** wskaźnik płac
~ **restraint** ograniczenie wzrostu płac
~**(s) agreement** porozumienie płacowe, układ płacowy
~ **scale** siatka płac
~ **sheet** lista płac
~**(s) policy** polityka płac

~ **spread** rozpiętość płac
~ **stabilization** stabilizacja płac
~**s tax** podatek od zarobków
~ **structure** struktura płac
~ **supplements** dodatki do płac
~ **system** system płac
~ **worker** pracownik najemny
average ~ przeciętna płaca
day's ⟨**daily**⟩ ~ zarobek dzienny, dniówka
dismissal ~ odprawa (*wypłacona zwolnionemu pracownikowi*)
fixed ~ ustalona płaca
hourly ~ płaca za godzinę
living ~ płaca zapewniająca minimum egzystencji
minimum ⟨**maximum**⟩ ~ minimalna ⟨maksymalna⟩ płaca
monthly ~ płaca miesięczna
nominal ~**s** płace nominalne
piece ⟨**piece-work**⟩ ~ płaca akordowa
real ~**s** płace realne
supplementary ~ płaca dodatkowa
time ~ płaca za czas
weekly ~ płaca tygodniowa
wage² *v* prowadzić, toczyć
to ~ **a war with sb, sth** prowadzić wojnę z kimś, czymś
wagebill *s* fundusz płac
industrial ~ fundusz płac w przemyśle
total ~ całkowity ⟨ogólny⟩ fundusz płac
wager¹ *s* zakład (*o coś*)
~ **of battle** *hist.* sąd boży, rozstrzygnięcie sporu za pomocą pojedynku między stronami

~ **of law** *hist.* kompurgacja, oczyszczenie z zarzutu dzięki zeznaniom świadków

~ **policy** polisa hazardowa ⟨spekulacyjna⟩

wager² *v* zakładać się (*o coś*), stawiać (*na coś*)

wagering *adj*: ~ **contract** zakład losowy (*hazardowy*)

~ **policy** polisa spekulacyjna ⟨hazardowa⟩

~ **tax** podatek od zakładów

wag(g)on *s* **1.** wóz ciężarowy, furgon **2.** *bryt.* wagon towarowy, lora **3.** *am. pot.* statek

~ **burdening** obciążenie wagonu

~ **for piece-goods** wagon do przewozu drobnicy

~ **loader** załadowca towaru przewożonego koleją lub wozem

box ⟨**covered**⟩ ~ wagon towarowy kryty

bulk ~ wagon do przewozu towarów luzem

dumping ~ wagon samowyładowczy

goods ~ wagon towarowy

idle ~ wagon wyłączony z ruchu ⟨na bocznicy kolejowej⟩

police ⟨**patrol**⟩ ~ więźniarka, samochód ⟨wóz policyjny⟩ przeznaczony do przewożenia więźniów

railway ~ wagon kolejowy

station ~ *am.* samochód kombi

tank ~ wagon cysterna

wag(g)onage *s* **1.** transport wozem ⟨furgonem⟩ **2.** opłata za przewóz (*wozem, furgonem*)

wag(g)oner *s* **1.** przewoźnik wozem **2.** woźnica, furman

wag(g)onload *s* ładunek całowagonowy (*określenie ilości*)

waif *s* **1.** rzecz bezpańska ⟨porzucona⟩ **2.** porzucone dziecko

~**s and strays** porzucone ⟨bezdomne⟩ dzieci ⟨zwierzęta⟩

waif-goods *spl* bezpańskie ⟨porzucone⟩ towary

wain *s am.* wóz, platforma

wait *v* **1.** czekać (**for sb, sth** na kogoś, coś) **2.** oczekiwać, wyczekiwać (**sth, on** ⟨**upon**⟩ **sth** czegoś, na coś) **3.** obsługiwać, usługiwać **4.** składać formalną ⟨urzędową⟩ wizytę (**on** ⟨**upon**⟩ **sb** komuś)

to ~ **and see** poczekać (*na wyjaśnienie sytuacji*)

to ~ **in queue** czekać w kolejce ⟨kolejności⟩

wait-and-see *adj* : ~ **attitude** postawa wyczekująca, stanowisko wyczekujące

~ **policy** polityka wyczekiwania

waiting *adj* : ~ **list** lista oczekujących ⟨kandydatów⟩

~ **period** okres wyczekiwania

to keep sb ~ pozwolić ⟨kazać⟩ komuś czekać na siebie

to put sb on the ~ **list** wpisać kogoś na listę rezerwową

waiting(-)berth *s* miejsce oczekiwania (*statku na podejście do nabrzeża przeładunkowego*)

waiting-lighter *s* **1.** barka ⟨lichtuga⟩ przewożąca ładunek między statkiem a nabrzeżem **2.** barka, na której towar jest składowany

waiting-room *s* poczekalnia

waive *v* **1.** rezygnować, zrzekać się (*np. uprawnień*) **2.** zaniechać, odstępować (**sth** od czegoś) **3.** odkładać, odraczać

to ~ **a claim** zrezygnować z żądania ⟨roszczenia, reklamacji⟩

to ~ **a clause** odstąpić od klauzuli

to ~ **a demand** zaniechać żądania

to ~ **the examination of the goods** zaniechać kontroli towarów

to ~ **the exercise of one's duty** nie wypełnić swego obowiązku

to ~ **the lien** zrezygnować z prawa zastawu

to ~ **a principle** odstąpić od zasady

to ~ **one's right** zrezygnować ze swego prawa

waiver *s* **1.** zrzeczenie się, zrezygnowanie, odstąpienie **2.** dokument ⟨akt⟩ zrzeczenia się ⟨rezygnacji⟩

~ **clause** *ub. mors.* klauzula abandonu

~ **of a claim** zrzeczenie się roszczenia

~ **of demand, notice and protest** odstąpienie od protestu weksla

~ **of a right** zrzeczenie się prawa

~ **of a warranty** zrzeczenie się rękojmi

to allow ~ zwolnić od obowiązku

to sign a ~ podpisać zrzeczenie się

walk *s* **1.** dziedzina **2.** rejon, obwód

~ **clerk** *pot.* inkasent bankowy

~ **of life** zawód, zajęcie, zatrudnienie

~**(s) bill** weksel miejscowy (*do inkasa na miejscu*)

walkie-talkie *s* przenośny aparat nadawczo-odbiorczy

walk(-)out *s* **1.** strajk **2.** demonstracyjne opuszczenie (*np. konferencji*)

walk out *v* **1.** zastrajkować **2.** demonstracyjnie opuścić (*np. zebranie*)

walk out on *v pot.* opuścić ⟨porzucić⟩ (*np. żonę*)

wall *s* ściana, mur

tariff ~ bariera celna

Wall Street *a*) ulica w Nowym Jorku, przy której mieszczą się banki i giełda *b*) *przen.* amerykańska finansjera

wallet *s* portfel

bill ~ portfel wekslowy (*banku*)

wanderer *s* włóczęga, wędrowiec

wangle *v* **1.** wyłudzać **2.** szachrować, oszukiwać, *pot.* kantować

to ~ **the accounts** fałszować rachunki

to ~ **sb loaning money** wyłudzić od kogoś pożyczkę

to ~ **statistics** manipulować danymi statystycznymi

want¹ *s* **1.** brak, niedostatek **2.** potrzeba **3.** *pl* **wants** potrzeby, wymagania

~ **ad** *am.* drobne ogłoszenie w gazecie (*np. o poszukiwaniu pracy*)

~ **of acceptance** brak akceptacji

~ **of capital** brak kapitału

~ **of care** brak staranności, zaniedbanie, niedopatrzenie

~ **of confidence** brak zaufania

~ **of cover** brak pokrycia

~ **of food** brak żywności

~ **of goods** niedostatek towarów

~ **of money** brak pieniędzy

~ **of payment** brak zapłaty, niezapłacenie

for ~ **of sth** z braku czegoś

unsatisfied ~**s** nie zaspokojone potrzeby, nie pokryte zapotrzebowanie

to be in ~ **of sth** potrzebować czegoś

to live in ~ żyć w biedzie

to satisfy ~**s** zaspokoić potrzeby

want² *v* **1.** chcieć, pragnąć **2.** potrzebować, poszukiwać **3.** brakować **4.** odczuwać brak, wykazywać brak (**for sth** czegoś)

to ~ **sb's assistance** ⟨**help**⟩ potrzebować czyjejś pomocy

wantage *s am.* brak, braki, niedobór, manko, deficyt

wanted *pp adj* poszukiwany, pożądany
~ **a secretary** poszukuje się sekretarki ⟨sekretarza⟩
situations ~ oferty pracy, wolne posady
workers ~ pracownicy poszukiwani
to be ~ **by the police** być poszukiwanym przez policję
wanting[1] *adj* **1.** brakujący **2.** pozbawiony (**in sth** czegoś) **3.** kiepski, niedokładny
to be ~ **to one's duty** nie spełnić należycie obowiązków
to be ~ **to the occasion** być nie na poziomie
the enclosure is ~ brakuje załącznika
wanting[2] *praep* bez (*czegoś*), przy braku (*czegoś*)
wares ~ **mark** towar bez marki ⟨niefirmowy⟩
wanton *adj* **1.** lubieżny, rozpustny **2.** bezsensowny, niczym nie usprawiedliwiony
~ **aggression** niczym nie usprawiedliwiona napaść
~ **cruelty** bezmyślne okrucieństwo
~ **destruction** ⟨**damage**⟩· bezmyślne zniszczenie ⟨uszkodzenie⟩, wandalizm
~ **insult** niczym nie sprowokowana obelga
~ **negligence** bezmyślne zaniedbanie
~ **waste of money** (bezsensowne) trwonienie pieniędzy
to lead a ~ **life** prowadzić niemoralny tryb życia
war *s* **1.** wojna **2.** walka
~ **against poverty** walka z biedą ⟨nędzą⟩
~ **armaments** zbrojenia wojenne
~ **baby** dziecko wojny
~ **bonds** obligacje ⟨pożyczki⟩ wojenne
~ **booty** łup wojenny
~ **clauses** klauzule wojenne (*ub. mors. i konosamentowe*)
~ **contraband** kontrabanda wojenna
~ **contribution** kontrybucja wojenna
~ **correspondent** korespondent wojenny
~ **crime** zbrodnia wojenna
~ **criminal** zbrodniarz wojenny
~ **damages** odszkodowania wojenne
~ **debts** długi wojenne
~ **economy** gospodarka wojenna ⟨w okresie wojny⟩
~ **expenditure** wydatki wojenne
~ **fleet** flota wojenna
~ **hysteria** histeria wojenna
~ **industry** przemysł wojenny
~ **loan** pożyczka wojenna
~ **of aggression** wojna agresywna
~ **of attrition** wojna wyniszczająca
the War Office ⟨*am.* **Department**⟩ *hist.* Ministerstwo Wojny
~ **of independence** wojna ⟨walka⟩ o niepodległość
~ **of intervention** wojna interwencyjna
~ **of liberation** wojna ⟨walka⟩ wyzwoleńcza
~ **of nerves** wojna nerwów (*przy użyciu pogróżek, propagandy itp.*)
~ **of succession** wojna sukcesyjna
~ **orders** zamówienia wojenne
~ **premium** stawka ubezpieczenia od ryzyk wojennych
~ **prisoner** jeniec wojenny
~ **profits** zyski wojenne
~ **risk clauses** *ub. mors.* klauzula od ryzyk wojennych
~ **risk insurance** ubezpieczenie od ryzyk wojennych
~ **veteran** weteran wojenny ⟨wojny⟩

~ **widow** wdowa po poległym żołnierzu
act of ~ akcja wojenna
civil ~ wojna domowa
cold ~ zimna wojna
customs ~ wojna celna
danger of ~ niebezpieczeństwo wojny
defensive ~ wojna obronna
economic ~ wojna gospodarcza
guerilla ~ wojna partyzancka
holy ~ krucjata, święta wojna
nuclear ~ wojna nuklearna ⟨atomowa⟩
offensive ~ wojna agresyjna
preventive ~ wojna prewencyjna
prisoner of ~ jeniec wojenny
private ~ wojna rodzinna, wendeta
psychological ~ wojna psychologiczna
religious ~ wojna religijna
tariff ~ wojna celna ⟨taryfowa⟩
threat of ~ groźba wojny
trade ~ wojna handlowa
wage ~ walka o podwyższenie płac
world ~ wojna światowa
to be at ~ prowadzić ⟨toczyć⟩ wojnę, wojować
to carry on ⟨**make, wage**⟩ ~ **against sb, sth** prowadzić ⟨toczyć⟩ wojnę z kimś, czymś
to declare ~ **on** ⟨**against**⟩ **sb** wypowiedzieć komuś wojnę
to put an end to ~ zakończyć wojnę
warcraft *s* **1.** flota wojenna, okręt wojenny **2.** wojenna flota powietrzna, samolot wojskowy
ward *s* **1.** opieka, kuratela **2.** osoba znajdująca się pod opieką ⟨kuratelą⟩; osoba znajdująca się pod nadzorem sądowym **3.** *bryt.* (*w wyborach lokalnych*) okręg wyborczy **4.** oddział (*szpitala, więzienia*)
electoral ~ okręg wyborczy (*w wyborach lokalnych*)
isolation ~ izolatka
prison ~ cela więzienna
warden *s* **1.** opiekun **2.** nadzorca, dozorca **3.** kurator, kustosz, konserwator **4.** *am.* naczelnik więzienia
warder *s* strażnik więzienny
wardress *s* strażniczka więzienna
wardship *s* kuratela, opieka
ware *s* (*zwykle pl* **wares**) towary, wyroby
warehouse[1] *s* **1.** magazyn, skład, dom składowy **2.** *bryt.* skład hurtowy, hurtownia **3.** dom towarowy
~ **account** rachunek ⟨konto⟩ magazynu
~ **bond** zamknięcie celne (*towarów przed ocleniem*)
~ **book** księga magazynowa
~ **breaking** włamanie do domu towarowego ⟨magazynu⟩
~ **business** przedsiębiorstwo składowe
~ **certificate** kwit składowy
~ **charges** opłaty składowe
~ **clerk** magazynier
~ **company** przedsiębiorstwo składowe
~ **entry** *am.* deklaracja na towary składane do magazynu przed zamknięciem celnym
~ **goods** towar zmagazynowany
~ **line** składownictwo, składy, magazyny
~ **loan** kredyt warrantowy, pożyczka pod zastaw warrantu
~ **order** dyspozycja przygotowania towaru przez (*własny*) magazyn
~ **porter** pracownik magazynowy

~ **receipt** *am.* kwit składowy (*dowód złożenia na skład*)

~ **release** *am.* wydanie towaru z magazynu (*po uiszczeniu należności – ceny kupna, cła itd.*)

~ **rent** opłaty składowe

~ **room** pomieszczenie składowe

~ **to** ~ od składu do składu (*fromuła ubezpieczenia towaru od szkody w czasie transportu z magazynu sprzedawcy do magazynu odbiorcy*)

~ **warrant** *bryt.* warrant, dowód składowy reprezentujący prawo do towaru i zbywalny przez indos (*wystawiany na zlecenie składującego*)

~ **withdrawal permit** *bryt.* zezwolenie władz celnych na wydanie towaru ze składu

bonded ~ magazyn celny, skład pod zamknięciem celnym

cash and carry ~ skład sprzedaży towarów za gotówkę

consignment ~ skład konsygnacyjny

customs (bonded) ~ magazyn celny

delivered free at ~ franko skład odbiorcy

delivered free (to) ~ **of purchaser** franko skład nabywcy

dock ~ skład portowy

ex bonded ~ spod zamknięcia celnego, loko magazyn celny

ex seller's ~ loko skład sprzedawcy

ex ~ loko skład

free at buyer's ~ franko skład nabywcy

free ~ a) skład wolnocłowy b) franko skład

general merchandise ~ skład do przechowywania różnorodnych towarów

perishable food ~ skład towarów łatwo psujących się

price ex bonded ~ cena nie oclona

price ex ~ cena loko skład

private ~ skład prywatny (*do składowania własnych towarów*)

public ~ publiczny dom składowy

recognized ~ publiczny dom składowy upoważniony do wystawiania warrantów

refining ~ magazyn, w którym towary poddaje się przetwórstwu lub uszlachetnieniu

refrigerated ~ skład chłodnia

regular ~ skład zbożowy, w którym miesza się zboże należące do różnych właścicieli

to lodge ⟨lay⟩ in a ~ złożyć w magazynie

to put ⟨place⟩ in a ~ zmagazynować, wstawić do magazynu

warehouse² *v* składować, magazynować, złożyć na skład

warehouse-keeper *s* magazynier, kierownik składu

~**'s certificate ⟨receipt⟩** kwit składowy

~**'s order** zezwolenie władz celnych na wydanie towaru ze składu

~**'s warrant** *bryt.* warrant

warehouseman *s* (*pl* **warehousemen**) 1. magazynier, kierownik składu, właściciel składu 2. *bryt.* hurtownik

~**'s lien** zastaw właściciela składu na zmagazynowanym towarze

warehousing *s* 1. składowanie, magazynowanie, przechowywanie 2. składownictwo

~ **charges ⟨cost(s)⟩** składowe, opłaty za składowanie

~ **entry** deklaracja na towary składowane do magazynu pod zamknięciem celnym

~ **of mortgages** składowanie zastawów (*czasowy zakup przez banki lombardów i innych przedsiębiorstw finansowych*)

~ **port** port rozdzielczy

~ **system** organizacja składownictwa

warfare *s* wojna, działania wojenne

guerilla ⟨partisan⟩ ~ partyzanckie działania wojenne

naval ~ morskie działania wojenne

warhead *s* głowica (*pocisku*)

warlike *adj* wojenny

~ **nation** wojowniczy ⟨waleczny⟩ naród

risk of ~ **operations** ryzyko działań wojennych

warmonger *s am.* podżegacz wojenny

warmongering *s am.* podżeganie do wojny, propaganda wojenna

~ **policy** polityka podżegania do wojny

warn *v* 1. ostrzegać, uprzedzać 2. przypominać 3. wzywać, alarmować

to ~ **the police** zawiadomić policję

to ~ **sb against sb, sth** ostrzegać kogoś przed kimś, czymś

to ~ **sb of danger** ostrzegać kogoś przed niebezpieczeństwem

to ~ **sb of sth** uprzedzać kogoś o czymś

you have been warned (*napis ostrzegawczy*) zostałeś ostrzeżony

warning *s* 1. ostrzeżenie, uprzedzenie, przestroga, znak ostrzegawczy 2. wypowiedzenie (*np. umowy*)

~ **device** urządzenie alarmowe

~ **light** światło ostrzegawcze

~ **shot** strzał ostrzegawczy

~ **strike** strajk ostrzegawczy

danger ~ ostrzeżenie przed niebezpieczeństwem

gale ~ ostrzeżenie o sztormie

navigational ~ ostrzeżenie o warunkach nawigacji (*pogodzie itp.*)

street ~ drogowy znak ostrzegawczy

to give a month's ~ dać miesięczne wypowiedzenie (*pracownikowi*)

warrant¹ *s* 1. dokument stanowiący tytuł prawny 2. upoważnienie, pełnomocnictwo 3. nakaz sądowy (*aresztowania, rewizji itp.*) 4. kwit, dowód 5. gwarancja 6. gwarant 7. *bryt.* warrant, składowy dowód zastawniczy

~ **credit** kredyt warrantowy

~ **for goods** kwit składowy

~ **for payment** sądowy nakaz zapłaty

~ **of arrest** nakaz aresztowania

~ **of attorney** pełnomocnictwo procesowe

~ **of seizure** nakaz zajęcia

~ **to load** zezwolenie na załadunek

by ~ **of the court** z nakazu sądowego

death ~ a) wyrok śmierci b) nakaz wykonania wyroku śmierci

distress ~ nakaz zajęcia majątku

dividend ~ dokument uprawniający do pobrania dywidendy

dock ~ *bryt.* warrant portowy

extradition ~ nakaz ekstradycji

share ⟨stock⟩ ~ świadectwo udziałowe (*akcjonariusza*)

to issue a ~ wydać nakaz ⟨upoważnienie itp.⟩

warrant[2] *v* **1.** gwarantować, ręczyć, zapewniać **2.** uzasadniać, usprawiedliwiać **3.** uprawniać, dawać podstawę

warrantable *adj* dający się usprawiedliwić

warranted *adj* **1.** gwarantowany, z gwarancją **2.** z zastrzeżeniem
~ **fine quality** gwarantowana dobra jakość
~ **free from** ... *ub. mors.* z zastrzeżeniem, że ubezpieczyciel nie odpowiada za ...
~ **free of defects** pod gwarancją ,,wolny od wad''
~ **professionally packed** *ub. mors.* zastrzeżenie o obowiązku opakowania w sposób fachowy
~ **pure** z gwarancją czystej jakości (*bez domieszek*)
~ **(to be) genuine** pod gwarancją ,,oryginalny''

warrantee *s* posiadacz ⟨beneficjent⟩ gwarancji, otrzymujący gwarancję

warranter, warrantor *s* gwarant, poręczyciel, udzielający gwarancji

warranty *s* **1.** gwarancja, rękojmia **2.** *ub. mors.* zastrzeżenie, że niespełnienie określonych warunków unieważnia polisę **3.** uzasadnienie, usprawiedliwienie
~ **clause** klauzula gwarancyjna
~ **of authority** upoważnienie
~ **of origin** gwarancja pochodzenia (*towaru*)
~ **of quality** gwarancja jakości
~ **of seaworthiness** gwarancja zdatności statku do żeglugi
⤳ **period** okres gwarancji
breach of clause ~ *ub. mors.* klauzula polisy na czas ustalająca termin i tryb zgłaszania przekroczenia zastrzeżeń polisy (*dla utrzymania odpowiedzialności ubezpieczycieli*)
covenant of ~ rękojmia, postanowienie umowne dotyczące rękojmi
express ~ a) rękojmia wyraźna b) *ub. mors.* zastrzeżenie (*dotyczące warunków*) wyraźne ⟨zamieszczone w polisie⟩
extended ~ a) przedłużony termin gwarancji b) gwarancja z przedłużonym terminem
implied ~ a) rękojmia dorozumiana b) *ub. mors.* zastrzeżenie (*dotyczące warunków*) dorozumiane (*wynikające z przepisu prawnego*)
Institute Warranties *ub. mors.* typowe zastrzeżenia zamieszczane w polisach, ustalone przez zrzeszenie londyńskich ubezpieczycieli
long-term ⟨**short-time**⟩ ~ gwarancja długoterminowa ⟨krótkoterminowa⟩
product ~ gwarancja jakości produktów
seller's ~ gwarancja sprzedawcy (*odpowiedzialność za wady towaru*)
under ~ pod gwarancją
warranted ~ gwarancja zabezpieczona
to keep ~ **in force** utrzymać gwarancję w mocy

wartime *s* okres wojny, czasy wojenne
~ **regulations** przepisy (dotyczące) czasu wojny

wash *s* : ~ **sale** *giełd.* fikcyjna sprzedaż (*osobom podstawionym*) dla wywołania popytu

washed *pp* : ~ **ashore** wyrzucony na brzeg (*przez morze*)
~ **away** zmyty przez fale
~ **overboard** zmyty z pokładu

wastage *s* **1.** marnotrawstwo **2.** strata, utrata **3.** brak, niedobór, ubytek
~ **in bulk** ⟨**weight**⟩ ubytek w objętości ⟨na wadze⟩
normal ~ dopuszczalne ⟨normalne⟩ ubytki

waste[1] *s* **1.** zużycie, ubytek, strata **2.** odpadki, odpady
~ **by measuring** strata przy mierzeniu
~ **of energy** stracony trud
~ **of money** strata ⟨zmarnowanie⟩ pieniędzy
~ **of time** strata czasu
~ **product** odpady
~ **stuff** odpadki, złom
~ **tonnage** tonaż nie wykorzystany
~ **waters** ścieki
to run ⟨**go**⟩ **to** ~ zmarnować się, ulec zniszczeniu

waste[2] *v* **1.** marnować, trwonić, niszczyć **2.** ulegać zniszczeniu, zużywać się, wyczerpywać się
to ~ **one's fortune** ⟨**money**⟩ marnować ⟨trwonić⟩ majątek ⟨pieniądze⟩
to ~ **one's time** marnować ⟨tracić⟩ czas

waste[3] *adj* **1.** bezwartościowy, bezużyteczny **2.** wybrakowany, wysortowany, odpadkowy **3.** nie wykorzystany
~ **book** księga memoriałowa, kontrolka kasowa
~ **land** ziemia leżąca odłogiem, ugór
~ **material** ⟨**products**⟩ odpady produkcyjne
~ **paper** makulatura
~ **stowage** strata sztauerska (*na skutek niewykorzystania przestrzeni ładunkowej*)

wasteful *adj* **1.** niszczący, rujnujący **2.** idący na marne
~ **administration** rujnująca administracja
~ **economic crisis** rujnujący kryzys ekonomiczny
~ **expenditure** ⟨**expenses**⟩ rujnujące wydatki

wastefulness *s* marnotrawstwo

waster *s* **1.** brak, produkt z defektem fabrycznym, towar wybrakowany **2.** ładunek pozostawiony ⟨nie wyładowany⟩ **3.** marnotrawca, niszczyciel

wasting *adj* : ~ **assets** aktywa zużywalne (*nie dające się odtworzyć*)

wastrel *s* **1.** brak, wyrób z defektem, towar wybrakowany **2.** brakorób, marnotrawca
~ **product** towar wysortowany

watch[1] *s* **1.** czujność, czuwanie **2.** straż, wachta **3.** zegarek
~ **and ward** baczny dozór
Watch Committee Komitet Porządku Publicznego
to keep ~ **on** ⟨**over**⟩ **sth** dozorować ⟨pilnować⟩ czegoś

watch[2] *v* **1.** obserwować, śledzić **2.** dozorować ⟨pilnować, czuwać⟩ (**on** ⟨**over**⟩ **sth** nad czymś) **3.** utrzymywać się na wodzie
to ~ **a case for sb** występować w czyjejś sprawie sądowej jako obserwator

watcher *s* **1.** strażnik, dozorca **2.** obserwator

watching *adj* : ~ **brief** pełnomocnictwo dla przedstawiciela czarterującego lub załadowcy do nadzorowania agenta statku
~ **buoy** boja pływająca

watchword *s* hasło, slogan

water[1] *s* woda
~ **ballast** balast wodny
~ **boat** statek zaopatrujący w wodę, wodownik
~ **carriage** ⟨**conveyance**⟩ transport wodny, przewóz wodą
~ **carrier** przewoźnik drogą wodną
~ **clerk** a) pracownik maklerski (*klarujący statki*) b) akwizytor shipchandlera ⟨dostawcy okrętowego⟩
~ **course** a) bieg wody b) rzeka, kanał, strumień
~ **damage** szkoda spowodowana przez wodę

~ **guard** urzędnik celny
~ **level** poziom wody
~ **loadline** wodna linia ładunkowa
~ **pollution** zanieczyszczenie wody
~ **route** droga wodna, szlak wodny
~ **space** przestrzeń wodna
~ **supply** zaopatrzenie w wodę
~ **tank** zbiornik wody
~ **tower** wieża ciśnień
~ **transport** transport wodny
~ **treatment** uzdatnianie wody
by ~ wodą, drogą wodną, statkiem
crowded ~s uczęszczane szlaki wodne
customs ~s morski obszar celny
„**first open** ~" załadowanie „natychmiast po otwarciu żeglugi"
fresh ~ woda słodka ⟨deszczowa⟩
high ~ przypływ
home ~s wody ojczyste
inland ⟨*am*. **internal**⟩ ~s wody wewnętrzne ⟨śródlądowe⟩
low ~ odpływ
marginal ~s wody przybrzeżne
navigable ~s wody żeglowne
salt ~ woda słona ⟨morska⟩
sea ~ woda morska
territorial ~s wody terytorialne ⟨przybrzeżne⟩
to be above ~ nie mieć kłopotów pieniężnych, być w dobrej sytuacji finansowej
to be in low ~s mieć kłopoty pieniężne, być w trudnościach finansowych
to hold ~ *a)* nie przepuszczać wody *b)* ⟨*o opowiadaniu itp.*⟩ być wiarygodnym
water² *v* 1. rozwadniać, rozcieńczać 2. rozwadniać kapitał 3. zaopatrywać w wodę 4. polewać, nawadniać
to ~ **the capital** ⟨**stock**⟩ rozwadniać kapitał ⟨kapitał akcyjny⟩
waterage *s* 1. transport wodny 2. koszt transportu wodnego, przewoźne w transporcie wodnym
waterborne *adj* 1. pływający ⟨*unoszący się na wodzie*⟩ 2. przewożony drogą wodną, ⟨*o ładunku*⟩ załadowany na statek
~ **agreement** ⟨**clause**⟩ umowa ⟨klauzula⟩ o ubezpieczeniu ładunków tylko w czasie, gdy znajdują się na statku
~ **goods** towar przewożony drogą wodną
water(-)craft *s* statek, jednostka pływająca
water-damaged *adj* uszkodzony przez wodę
watergate *s* śluza
water(-)line *s* 1. linia wodna zanurzenia 2. linia brzegu 3. poziom wody
~ **plane** płaszczyzna pływania
light ⟨**load**⟩ ~ linia zanurzenia bez ładunku ⟨pod ładunkiem⟩
waterlogged *adj* 1. zalany wodą, przepuszczający wodę 2. nasycony wodą, podmokły
~ **ship** statek zalewany wodą
watermain *s* magistrala wodna
waterman *s* (*pl* **watermen**) przewoźnik (*na łodzi, tratwie*)
watermark *s* 1. znak zanurzenia 2. znak wodny (*na papierze*)
water-power *s* energia wodna, zasoby energii wodnej
~ **plant** siłownia wodna

waterproof *adj* 1. wodoodporny, wodoszczelny 2. nieprzemakalny, impregnowany
~ **packing** opakowanie wodoodporne
water-rate *s* opłata za zużycie wody (*wodociągowej*)
waterside *s* brzeg morza ⟨rzeki, jeziora⟩
~ **station** dworzec morski
~ **worker** *am*. robotnik portowy
water-soluble *adj* rozpuszczalny w wodzie
watertight *adj* wodoszczelny, nie przepuszczający wody
~ **bulkhead** gródź wodoszczelna
~ **compartment** komora wodoszczelna
~ **integrity** wodoszczelność
waterway *s* droga wodna, tor wodny
international ~s międzynarodowe drogi wodne
waterworks *spl* zakłady wodociągowe, filtry, stacja pomp
wave¹ *s* 1. fala 2. fala morska
~ **of arrestations** fala aresztowań
~ **of strikes** fala strajków
wave² *v* falować
wax *s* 1. wosk 2. lak do pieczętowania
~ **seal** pieczęć lakowa
sealing ~ lak do pieczętowania
way *s* 1. droga, trakt, szlak, kierunek 2. bieg, tok, stan, sytuacja 3. sposób, metoda 4. sposób postępowania, zwyczaj 5. dziedzina, zajęcie, sfera zainteresowań, branża 6. prawo przejścia ⟨przejazdu⟩ (*rodzaj serwitutu*)
~ **in gross** prawo przejścia jako osobista służebność
~ **of acting** sposób działania
~ **of conveyance** sposób przewozu ⟨przesłania⟩
~ **of doing business** sposób prowadzenia interesów
~ **of exploitation** sposób eksploatacji ⟨użytkowania⟩
~ **of forwarding** sposób wysyłki ⟨ekspedycji⟩
~ **of life** sposób ⟨styl⟩ życia
~ **of packing** sposób pakowania
~ **of payment** sposób zapłaty
~ **of performance** sposób wykonania
~ **of settling** sposób rozliczenia ⟨załatwienia⟩
~ **of transportation** sposób przewozu ⟨transportu⟩
~s **and customs** zwyczaje i obyczaje
~s **and means** środki i sposoby
Ways and Means Committee *bryt*. Komisja Budżetowa
~ **station** przelotowa stacja kolejowa
any ~ w każdym razie
both ~s (*o drodze*) w obie strony, tam i z powrotem
by the ~ *a)* w drodze, w czasie podróży *b)* przy sposobności, nawiasem mówiąc
by ~ **of ...** *a)* drogą na ⟨via⟩ ... *b)* jako ⟨w celu, w charakterze, tytułem, za pomocą, zamiast⟩ ...
by ~ **of advance** tytułem zaliczki
by ~ **of a bill** (*o zapłacie*) wekslem
by ~ **of compromise** w drodze kompromisu
by ~ **of mutual concessions** w drodze wzajemnych ustępstw
by ~ **of negotiation** ⟨**negotiating**⟩ w drodze negocjacji
by ~ **of security** tytułem zabezpieczenia, jako zabezpieczenie
by ~ **of trial and error** w drodze prób, metodą prób i błędów

by ~ **of warning** jako ostrzeżenie
in no ~ pod żadnym względem, bynajmniej
in a small ⟨**large**⟩ ~ na małą ⟨wielką⟩ skalę
in a ~ pod pewnym względem, w pewnym sensie, poniekąd
in the ~ **of** ... w trybie ⟨ na zasadach, na drodze⟩ ...
on the ~ w drodze
on the ~ **back** w drodze powrotnej
on the ~ **to** ... w drodze do ...
right of ~ a) prawo pierwszeństwa drogi ⟨statku⟩ b) prawo pierwszeństwa przejazdu ⟨przechodzenia⟩
under ~ a) w drodze, w podróży b) w toku
to be in the retail ~ zajmować się handlem detalicznym
to be in the ~ przeszkadzać, stać na drodze
to choose the right ~ wybrać właściwą drogę
to force one's ~ utorować sobie drogę
to get one's own ~ postawić na swoim
to give ~ a) ustępować b) (o cenie) zniżać się, spadać
to go a little ~ mało znaczyć (**with sb** dla kogoś)
to make one's ~ osiągać sukcesy
to pave the ~ torować drogę
to take one's ~ wyruszyć
waybill[1] s 1. list przewozowy 2. kolejowy list przewozowy 3. lista pasażerów
~ **destination** stacja przeznaczenia według listu przewozowego
air ~ lotniczy list przewozowy
counterfoil ~ , **duplicate (of)** ~ wtórnik listu przewozowego
overhead ~ list przewozowy dla ładunku tranzytowego
revenue ~ list przewożowy z wykazem opłat
waybill[2] v 1. wysłać za listem przewozowym 2. wysłać koleją 3. wystawić list przewozowy
waylay v (**waylaid, waylaid**) 1. zasadzić się (**sb** na kogoś) 2. napaść (**sb** na kogoś)
waylayer s napastnik
wayleave s prawo przewozu ⟨przejazdu⟩ przez cudzy teren
weak adj słaby
~ **argument** słaby ⟨nieprzekonywający⟩ argument
~ **market** rynek o tendencji zniżkowej
~ **point** słaby punkt
~ **tendency** tendencja zniżkowa
to turn ~ a) słabnąć b) (o cenach) spadać
weaken v słabnąć, ulegać osłabieniu
weak-minded adj niedorozwinięty umysłowo
weakness s słabość; wada, brak, usterka
~ **of character** słabość charakteru
price ~ zniżkowa tendencja cen
wealth s bogactwo, zamożność, majątek
~ **tax** podatek od bogactwa
assessed ~ opodatkowany majątek
distribution of ~ podział dóbr ⟨bogactwa⟩
national ~ bogactwo narodowe
wealthy adj 1. bogaty, zamożny 2. zasobny (**in sth** w coś)
weapon s broń
~ **of mass destruction** broń masowej zagłady
atomic ⟨**nuclear**⟩ ~**s** broń atomowa ⟨nuklearna⟩
conventional ~**s** broń konwencjonalna
lethal ~ śmiercionośna broń
wear[1] s 1. używanie, noszenie 2. zużycie, znoszenie
~ **and tear** normalne zużycie w eksploatacji

wear[2] v (**wore, worn**) 1. nosić 2. wycierać, niszczyć się, zużywać się
to ~ **a flag** pływać pod banderą
wearing adj : ~ **apparel** odzież
weather s pogoda, stan pogody, wpływy atmosferyczne
~ **bulletin** komunikat meteorologiczny
~ **bureau** instytut meteorologiczny
~ **conditions** warunki atmosferyczne
~ **forecast** prognoza pogody, komunikat meteorologiczny
~ **glass** barometr
~ **map** ⟨**chart**⟩ mapa synoptyczna pogody
~ **permitting** o ile pogoda pozwoli, przy sprzyjającej pogodzie
~ **permitting clause** klauzula uzależniająca czas załadunku od pogody
~ **report** komunikat meteorologiczny
~ **service** służba meteorologiczna
~ **station** stacja meteorologiczna
~ **working day** pogodny dzień roboczy (*pozwalający na przeładunek towarów ulegających uszkodzeniu w złych warunkach atmosferycznych*)
affected by ~ uszkodzony przez złe warunki atmosferyczne (*np. opady*)
bad ⟨**foul, rough**⟩ ~ niepogoda, zła pogoda, złe warunki atmosferyczne
heavy ~ pogoda sztormowa
under stress of ~ na skutek złej pogody ⟨złych warunków atmosferycznych⟩
weather-beaten adj uszkodzony przez działanie warunków atmosferycznych
weather-bound adj (o statku) zatrzymany ⟨unieruchomiony⟩ przez złą pogodę
weather(-)tight adj zabezpieczony przed wpływem złych warunków atmosferycznych
wed v (**wedded, wed**) 1. poślubiać, zaślubiać 2. wydawać za mąż, żenić
wedded adj 1. poślubiony, ślubny 2. małżeński
~ **life** pożycie małżeńskie
wedding s ślub, zaślubiny, wesele
~ **tour** ⟨**trip**⟩ podróż poślubna
church ~ ślub kościelny
silver ⟨**golden, diamond**⟩ ~ srebrne ⟨złote, diamentowe⟩ wesele
wedlock s stan małżeński
the bonds of ~ więzy małżeńskie
born in ~ urodzony w małżeństwie, ślubny
born out of ~ pozamałżeński, nieślubny
week s tydzień
by the ~ tygodniowo (*wynajmować itp.*)
current ~ bieżący tydzień
earnings per ~ zarobki tygodniowe
forty-hour ~ 40-godzinny tydzień (*pracy*)
last ⟨**next**⟩ ~ ubiegły ⟨przyszły⟩ tydzień
once ⟨**twice**⟩ **a** ~ raz ⟨dwa razy⟩ w tygodniu ⟨tygodniowo⟩
within a ~ w ciągu tygodnia
working ~ tydzień pracy
to adjourn a case for a ~ odroczyć sprawę na tydzień
week(-)day s dzień powszedni
week-end s weekend, czas wolny od pracy w końcu tygodnia, sobota i niedziela
~ **ticket** bilet wycieczkowy na sobotę i niedzielę

~ **trip** wycieczka weekendowa, wyjazd na week-
end
weekly[1] s tygodnik (*czasopismo*)
weekly[2] *adj* tygodniowy, cotygodniowy
~ **instalment** rata tygodniowa
~ **pay** ⟨**payment, salary, wages**⟩ płaca tygodniowa,
wynagrodzenie tygodniowe, zarobki tygodniowe
~ **report** sprawozdanie tygodniowe
~ **ticket** bilet tygodniowy
weigh v 1. ważyć, ustalać wagę 2. mieć wagę ⟨znaczenie⟩
3. rozważać, oceniać 4. podnosić 5. *zob.* **weigh down,
in, out, over, with**
to ~ **again** ponownie zważyć, przeważyć
to ~ **anchor** podnieść kotwicę
to ~ **the consequences of sth** rozważać konsekwencje
czegoś
to ~ **the pros and cons** rozważyć argumenty za i
przeciw
to ~ **one's words** ważyć słowa
weighage s opłata wagowa
weigh-bridge s waga pomostowa
weigh down v 1. przeważać, mieć większą wagę (**sth** od
czegoś) 2. przechylać szalę 3. przeciążać
weigher s wagowy (*pracownik*)
~'**s certificate** atest wagi, świadectwo ważenia
certified public ~ wagowy przysięgły
customs ~ wagowy celny
official ~ wagowy urzędowy
sworn ~ wagowy przysięgły
weigh in v 1. ważyć (*towar przy przyjmowaniu*) 2.
wystąpić (**with sth** z czymś)
to ~ **with an argument** wystąpić z argumentem
weighing s ważenie
~ **charges** ⟨**fee, money**⟩ opłata wagowa
~ **machine** waga do ładunków ciężkich
~ **note** atest wagi
~ **stamp** pieczęć wagowa
check ⟨**test**⟩ ~ ważenie kontrolne
weigh out v 1. ważyć (*towar przy wydawaniu*) 2.
rozważyć, odważyć
to ~ **portions** rozważać na porcje ⟨partie⟩
loss by weighing out strata ⟨ubytek⟩ wskutek rozważenia
weigh over v zważyć ponownie, przeważyć
weight s 1. waga, ciężar 2. doniosłość, znaczenie 3.
system wag 4. odważnik
~ **account** specyfikacja wagi
~ **allowance** bonifikata na tarę, tolerancja ciężaru
~ **as per bill of lading** waga konosamentowa
~ **basis of sale** sprzedaż na bazie wagi towaru
~ **cargo** ładunek ciężki
~ **certificate** atest ⟨certyfikat⟩ wagi
~ **charge** opłata wagowa
~ **distribution** rozmieszczenie ciężaru
~ **draft** tolerancja wagi, bonifikata ilościowa
~ **goods** towary ciężkie, ładunek ciężki
~ **guarantee** gwarancja wagi
~ **handling equipment** urządzenia przeładunkowe
~ **inwards** waga wejściowa (*przy nadejściu towaru*)
~ **limit** górna granica wagi (*przesyłki*)
~ **list** specyfikacja wagi (*poszczególnych partii
ładunku*)
~ **measurement option** opcja (*przewoźnika, armatora*) co do obliczania frachtu według wagi lub objętości
ładunku

~ **note** *a*) atest wagi *b*) specyfikacja wagi, notatka z
wyszczególnieniem wagi dołączona do przesyłki
~ **of packing** tara, waga opakowania
~ **on the hoof** waga żywca
~ **outwards** waga wysyłkowa ⟨podana przez załа-
dowcę⟩
~ **price** cena płatna od wagi
~ **quotation** notowanie na bazie wagi
~ **rate** stawka płatna od wagi
~ **returns** specyfikacja wagi
Weights and Measures Department Urząd Miar i
Wag
~ **slip** kwit wagowy
~ **test** próba wagowa
~ **ton** tona wagowa
~ **unknown** (*zastrzeżenie w konosamencie*) waga
nieznana
~**, value and contents unknown** (*zastrzeżenie w
konosamencie*) waga, wartość i zawartość nieznane
actual net ~ waga rzeczywista netto
allowance for ~ bonifikata za tarę
average ~ waga przeciętna
bill ⟨**certificate**⟩ **of** ~ certyfikat wagi
by ~ na wagę, od wagi
case-lot ~ waga jednostkowa (*sztuki ładunku*)
certified ~ waga urzędowo stwierdzona
dead ~ waga poubojowa (*bydła*)
declaration of ~ deklaracja wagi
deficiency in ~ manko wagowe, niedobór wagowy
delivered ~ waga przy dostawie ⟨wydaniu⟩
difference of ~ różnica wagi
disputed ~ waga sporna ⟨zakwestionowana⟩
dry ~ waga sucha ⟨w stanie suchym⟩
duty by ~ cło od wagi
empty ~ waga opakowania, tara
excess ~ nadwyżka ⟨superata⟩ wagi
extra ~ nadwaga
freight by ~ fracht liczony od wagi ładunku
full ~ dobra ⟨pełna⟩ waga
gain in ~ przyrost wagi, przybytek na wadze
gross ~ waga brutto
house ~ am. waga wysyłkowa (*podana przez załа-
dowcę*)
intaken ~ waga załadowana ⟨przyjęta⟩
invoice ~ waga fakturowa
laden ⟨**loaded**⟩ ~ *a*) waga załadowana *b*) waga łączna
brutto
landed ⟨**landing**⟩ ~ waga wyładowana, rzeczywista
waga w porcie wyładowania
legal ~ waga urzędowa
live ~ waga żywca
loss in ⟨**of**⟩ ~ ubytek na wadze, utrata wagi
make-up ~ nadwaga
marketable ~ waga sprzedaży
maximum ~ waga maksymalna
net ~ waga netto
net net ~ czysta waga netto (*bez opakowania
wewnętrznego*)
official ~ waga urzędowa
of great ~ mający wielkie znaczenie, o dużym
znaczeniu
of no ~ bez znaczenia
original ~ waga przy załadowaniu
outturn ~ waga rzeczywista w chwili wydawania
towaru
packed ~ waga brutto

railway ~ waga kolejowa
rough ~ waga przybliżona
round ~ waga zaokrąglona
shipped ~ waga załadowana
short ~ niedowaga, manko wagowe
shrinkage in ~ utrata wagi
sole ~ waga własna
specification of ~ specyfikacja wagi
specific ~ ciężar właściwy
surplus (of) ~ nadwaga, nadwyżka wagi
tare ~ waga tary
troy ~s jednostki wagi kruszców szlachetnych
unit of ~ jednostka wagi
to buy ⟨**sell**⟩ **goods by** ~ kupować ⟨sprzedawać⟩ towar na wagę
to check the ~ sprawdzać wagę
to fall short in ~ nie mieć pełnej wagi
to give good ~ dać dobrą wagę
weight² *v* **1.** obciążać, obarczać (**sb with sth** kogoś czymś) **2.** wyważać, równoważyć
weight-carrying *adj*: ~ **capacity** nośność, udźwig
weighted *adj*: ~ **average** ⟨**mean**⟩ średnia ważona
weighty *adj* **1.** ciężki **2.** ważki, doniosły, poważny **3.** (*o człowieku*) ważny, wpływowy
  ~ **argument** ważki argument
  ~ **man** wpływowy człowiek
  ~ **statement** oświadczenie o dużym znaczeniu
  for ~ **reasons** z ważnych powodów
weigh with *v* dorównywać wagą ⟨znaczeniem⟩
welcome *v* witać, powitać
  welcome! serdecznie witamy!
welcoming *s* : ~ **party** grupa witających
  ~ **speech** przemówienie powitalne
welfare *s* **1.** dobrobyt, pomyślność **2.** opieka społeczna
  ~ **allocations** sumy przeznaczone na cele socjalne
  ~ **centre** ośrodek opieki społecznej
  ~ **economics** dobrobyt gospodarczy
  ~ **organization** organizacja charytatywna ⟨pomocy społecznej⟩
  ~ **state** państwo dobrobytu (*z rozbudowanym systemem ubezpieczeń społecznych*)
  ~ **work** praca społeczna ⟨charytatywna⟩
  child ~ opieka nad dzieckiem
  persons on ~ osoby korzystające z opieki społecznej
  public ⟨**am. social**⟩ ~ opieka społeczna
well *adv* **1.** dobrze, należycie **2.** znacznie, w znacznej mierze
  to pay ~ opłacać się
  to sell ~ (*o towarze*) mieć dobry zbyt, dobrze się sprzedawać
  to stand ~ **with sb** mieć dobre stosunki z kimś
well-advertised *adj* szeroko rozreklamowany
well-appointed *adj* dobrze wyposażony ⟨wyekwipowany⟩
well-assorted *adj* **1.** dobrze dobrany **2.** w dużym asortymencie
well-being *s* **1.** powodzenie, dobrobyt, pomyślność **2.** dobro (*np. ogółu*)
  the public ~ powszechny dobrobyt
well-conditioned *adj* (*o towarze*) nie uszkodzony, w dobrym stanie
well-established *adj* (*o reputacji*) dobrze ugruntowany
well-founded *adj* w pełni uzasadniony
  ~ **suspicion** w pełni uzasadnione podejrzenie

well-grounded *adj* dobrze uzasadniony, oparty na solidnych podstawach
  ~ **claim** dobrze uzasadnione roszczenie
well-known *adj* (dobrze) znany
well-off *adj* **1.** zamożny, dobrze sytuowany **2.** dobrze prosperujący
well-paid *adj* dobrze płatny ⟨wynagradzany⟩
  ~ **job** dobrze płatne zajęcie
well-reputed *adj* renomowany, mający dobrą reputację
well-timed *adj* zrobiony na czas ⟨w porę⟩
well-to-do *adj* zamożny, znajdujący się w dobrej sytuacji
  ~ **classes** klasy posiadające
welsher *s sl.* (*na wyścigach*) bukmacher oszukujący klientów
west *s* **1.** zachód, kierunek zachodni **2.** zachodnia część
  the West *am.* zachodnie stany (*między Missisipi a Pacyfikiem*)
  West Country *bryt.* południowo-zachodnie hrabstwa
  West End wytworna ⟨bogata⟩ część Londynu
  Wild West *am.* Dziki Zachód
western *adj* zachodni
  Western Church Kościół zachodni ⟨rzymskokatolicki⟩
  Western European time czas środkowoeuropejski
westward *adj* zachodni
westward(s) *adv* na zachód, ku zachodowi
wet¹ *s* **1.** wilgoć **2.** deszcz **3.** *bryt. sl.* napój alkoholowy
  protect from ~ (*napis ostrzegawczy*) chronić przed wilgocią
wet² *adj* **1.** mokry, wilgotny, zwilżony **2.** deszczowy **3.** płynny
  ~ **dock** mokry dok, basen portowy (*zamykany bramą*)
  ~ **goods** *a)* towary płynne *b) pot.* towary alkoholowe
  ~ **nurse** mamka
  ~ **paint** świeżo malowane
  ~ **weather** pogoda deszczowa
wetness *s* wilgotność
wetting *s* zmoczenie, zawilgocenie, zamoknięcie
  ~ **by fresh** ⟨**sea**⟩ **water** zmoczenie spowodowane przez wodę deszczową ⟨morską⟩
  risk of ~ ryzyko zamoczenia ⟨zawilgocenia, zamoknięcia⟩
wharf¹ *s* (*pl* **wharfs, wharves**) nabrzeże, przystań, pirs
  ~ **charges** ⟨**dues**⟩ brzegowe, opłaty portowe
  ~ **crane** dźwig nabrzeżny
  ~ **demurrage** składowe nabrzegowe, opłata za składowanie na brzegu po przewidzianym terminie odbioru
  ~ **man** ⟨**porter**⟩ robotnik portowy
  ~ **superintendent** *am.* administrator nabrzeża należącego do armatora
  coal ~ nabrzeże węglowe
  ex ~ z nabrzeża, loko nabrzeże
  lighterage ~ *a)* przystań barek *b)* nabrzeże do przeładunku z barek
  loading ~ nabrzeże załadowcze
  private ~ nabrzeże własne ⟨prywatne⟩
  public ~ nabrzeże publiczne
  sufferance ~ *bryt.* nabrzeże wolnocłowe

wharf[2] *v* **1.** wyładować na nabrzeże **2.** doprowadzić statek na nabrzeże **3.** (*o statku*) podejść do nabrzeża

wharfage *s* **1.** opłata przystaniowa **2.** opłata ładunkowa, brzegowe **3.** przeładunek na nabrzeżu **4.** przechowywanie w składach nabrzeżnych
double ~ *am.* karna podwójna opłata w razie odpłynięcia statku bez uiszczenia brzegowego

wharfing *s* nabrzeże

wharfinger *s* **1.** właściciel ⟨eksploatator⟩ nabrzeża ⟨magazynów⟩ **2.** nadzorca prac przeładunkowych (*z ramienia armatora lub właściciela ładunku*)
~ 's **certificate** dowód składowy ⟨zastawniczy⟩, warrant składów portowych
~ 's **receipt** kwit składowy, pokwitowanie przyjęcia przesyłki na skład portowy
~ 's **warrant** *bryt.* warrant składowy

wharfman *s* doker, robotnik portowy zatrudniony na nabrzeżu, cumownik

wharfmaster *s am.* = **wharfinger**

wheat *s* pszenica
international ~ **contract** międzynarodowe porozumienie w sprawie pszenicy

wheel[1] *s* **1.** koło **2.** ster **3.** kierownica
~ **transport** przewóz kołowy, transport wozem
meals on ~**s** gorące posiłki dowożone do domów samotnych starych ludzi

wheel[2] *v* **1.** przewozić pojazdem kołowym, popychać przedmiot zaopatrzony w koła **2.** obracać, toczyć

wheelage *s* przewoźne w transporcie kołowym ⟨wozowym⟩

when *adv conj* **1.** kiedy **2.** podczas gdy
~ **due** w terminie płatności
~ **in cash** po otrzymaniu pieniędzy
~ **received** po otrzymaniu, po odbiorze

whereabouts *s* miejsce pobytu ⟨przebywania⟩
do you know his ~ ? czy wiesz gdzie on przebywa?

whereas *conj* **1.** lecz, ale, jednakże **2.** (*na początku zdania*) ponieważ, skoro

whereby *adv* **1.** dzięki któremu **2.** według którego

wherein *adv conj* w którym, gdzie

whereof *adv conj* którego

whereto *adv conj* **1.** po co **2.** dokąd **3.** do którego

whereupon *conj* na co, natychmiast, z miejsca

wherewithal *s* środki (**for sth** na coś), fundusze, materiały

whip[1] *s* **1.** bat, bicz **2.** *bryt. parl.* poseł wyznaczony do przestrzegania dyscypliny partyjnej podczas głosowania **3.** *bryt. parl.* wezwanie do wzięcia udziału w głosowaniu

whip[2] *v* chłostać, bić, biczować

whipping *s* kara chłosty
to give sb a ~ wychłostać kogoś

whipping-boy *s* **1.** *hist.* kolega szkolny młodego szlachcica, który odbierał za niego chłostę **2.** *przen.* chłopiec do bicia, kozioł ofiarny

whisper *s* **1.** szept **2.** pogłoska, plotka

whispering *s* szepty, szeptanina
~ **campaign** szeptana propaganda, kampania plotek ⟨oszczerstw⟩

white *adj* biały
~ **ensign** *bryt.* flaga marynarki wojennej
~ **flag** biała flaga
~ **goods** tkaniny białe, płótna, bielizna pościelowa
White House Biały Dom

a ~ **lie** niewinne ⟨nieszkodliwe⟩ kłamstwo
~ **man** biały (człowiek), człowiek białej rasy
~ **paper** *a*) *bryt.* biała księga (*rządowy raport*) *b*) pierwszorzędny weksel handlowy
~ **sale** wyprzedaż bielizny pościelowej ⟨stołowej⟩
~ **slave** biała niewolnica, cudzoziemka zmuszona do uprawiania nierządu
~ **slavery** ⟨**slave-traffic**⟩ handel białymi niewolnicami
~ **week** tydzień wyprzedaży bielizny pościelowej ⟨stołowej⟩

white-collar *adj* : ~ **crime** przestępstwo urzędnicze
~ **job** zajęcie biurowe, praca biurowa
~ **worker** urzędnik

whitewash[1] *s przen.* wybielanie (*kogoś*), rehabilitacja

whitewash[2] *v przen.* **1.** wybielać (*kogoś*), usprawiedliwiać, rehabilitować **2.** uchylać upadłość

whole[1] *s* całość
the ~ **of ...** cały ⟨wszystek⟩ ...
(the) ~ **of cargo** całość ładunku
the ~ **of country** cały kraj
on the ~ ogółem biorąc, w sumie, uwzględniając całokształt sprawy
organic ~ organiczna całość.
taken as a ~ ogółem wziąwszy
to consider the problem as a ~ rozważyć zagadnienie jako całość
to form one ~ tworzyć całość
to pay the ~ **of one's debt** spłacić w całości ⟨całkowicie⟩ (swoje) długi

whole[2] *adj* cały, całkowity, wszystek
~ **brother** rodzony brat
~ **cargo** ładunek pełny ⟨całostatkowy⟩
~ **life insurance** *bryt.* ubezpieczenie na wypadek śmierci
the ~ **lot** wszystko (*bez reszty*)
~ **numbers** liczby całkowite
~ **sister** rodzona siostra
the ~ **truth** cała prawda

whole-cargo *adj*: ~ **charter** czarter na ładunek pełnostatkowy

whole-life *adj*: ~ **policy** *bryt.* polisa ubezpieczenia na wypadek śmierci

wholesale[1] *s* hurt, handel hurtowy, sprzedaż hurtowa
~ **and retail** hurt i detal, handel hurtowy i detaliczny
~ **business** przedsiębiorstwo hurtowe, hurt
~ **buyer** kupiec hurtowy, hurtownik
~ **commerce** ⟨**trade**⟩ handel hurtowy
~ **cost** cena hurtowa
~ **dealer** ⟨**merchant**⟩ hurtownik, kupiec hurtowy
~ **discount** rabat hurtowy
~ **distributing house** przedsiębiorstwo hurtowe
~ **distributor** hurtownik
~ **exporter** eksporter hurtowy ⟨na wielką skalę⟩
~ **firm** firma hurtowa
~ **goods** towary hurtowe
~ **house** ⟨**shop, store**⟩ przedsiębiorstwo hurtowe
~ **market** rynek hurtowy
~ **price** cena hurtowa
~ **price index** wskaźnik cen hurtowych
~ **purchase** zakup hurtowy
~ **sale** sprzedaż hurtowa
~ **warehouse** skład hurtowy, hurtownia
in ~ w hurcie, hurtowo, hurtem

wholesale[2] *adv* hurtowo, hurtem, masowo

to buy ⟨sell⟩ ~ kupować ⟨sprzedawać⟩ hurtowo ⟨hurtem⟩
to deal ~ prowadzić handel hurtowy
wholesaler *s* **1.** hurtownik, kupiec hurtowy **2.** przedsiębiorstwo sprzedaży hurtowej
general-line ⟨speciality⟩ ~ przedsiębiorstwo sprzedaży hurtowej szerokiego ⟨wąskiego⟩ asortymentu towarów
wholesaling *s* hurt, handel hurtowy
whole-time *adj* : ~ **work** praca całodzienna ⟨w pełnym wymiarze godzin⟩
wholly *adv* całkowicie, zupełnie, w całości
  ~ **and permanently disabled** całkowicie i trwale niezdolny do pracy
  ~ **destroyed** całkowicie zniszczony
  ~ **liable ⟨responsible⟩** całkowicie odpowiedzialny
  ~ **manufactured goods** towary produkowane fabrycznie ⟨maszynowo⟩
  ~ **or partly** całkowicie lub częściowo
  ~ **unjustified** zupełnie nieusprawiedliwiony ⟨nieuzasadniony⟩
wholly-owned *adj* stanowiący pełną własność
wicked *adj* niegodziwy, nikczemny
  ~ **deed** niegodziwy postępek
  ~ **design ⟨intent⟩** zły zamiar
wickedness *s* niegodziwość, nikczemność
wide *adj* **1.** szeroki, rozległy **2.** obszerny, pokaźny **3.** odległy
  ~ **connections** szerokie stosunki
  ~ **influences** szerokie wpływy
  ~ **margin (of profit etc.)** wysoka marża (zysku itp.)
  ~ **powers** szerokie uprawnienia ⟨pełnomocnictwa⟩
  ~ **prices** ceny o dużej rozpiętości
  ~ **publicity** szeroka reklama
  ~ **range of goods** szeroki asortyment towarów
  ~ **range of problems** szeroki wachlarz zagadnień
widen *v* roszerzać (się), rozprzestrzeniać (się)
  to ~ **the scope of the invention to ...** rozszerzać zakres wynalazku na ...
widening *s* rozszerzenie, rozprzestrzenienie
  ~ **of capital** zwiększenie kapitału
  ~ **of investment** rozszerzenie inwestycji
widespread *adj* **1.** rozprzestrzeniony, rozległy **2.** utarty, ogólny
  ~ **connections** rozległe stosunki
  ~ **opinion** ogólna opinia, powszechny pogląd
widow *s* wdowa
  the ~ **of ...** wdowa po ... ⟨*kimś*⟩
  ~ **'s pension** renta wdowia
  war ~ wdowa po poległym na wojnie
  to become a ~ owdowieć
widowed *adj* owdowiały, owdowiała
widower *s* wdowiec
width *s* szerokość
  double ⟨single⟩ ~ podwójna ⟨pojedyncza⟩ szerokość
wife *s* żona, małżonka
  ~ **'s part** ustawowa część żony (*w spadku*)
  allowance for a ~ dodatek ⟨zasiłek⟩ na żonę
  lawful ⟨wedded⟩ ~ ślubna żona
  to pose as sb's ~ podawać się za czyjąś żonę
  to take a ~ ożenić się
wild *adj* **1.** dziki, gwałtowny **2.** rozwydrzony, zdemoralizowany **3.** (*o pogodzie*) burzliwy **4.** ekstrawagancki
  ~ **rumours** niewiarygodne pogłoski

  ~ **with rage** rozwścieczony
  to drive sb ~ doprowadzić kogoś do szału
wild-cat *adj* **1.** dziki **2.** niesolidny **3.** nielegalny, ryzykowny, spekulacyjny, pokątny
  ~ **business** przedsiębiorstwo spekulacyjne
  ~ **company** spółka zajmująca się nieczystymi spekulacjami ⟨interesami⟩
  ~ **currency ⟨money⟩** bezwartościowe banknoty
  ~ **securities** bezwartościowe papiery giełdowe
  ~ **strike** nielegalny ⟨*pot.* dziki⟩ strajk
wildcatter *s* spekulant, aferzysta
wilful *adj* **1.** (*o czynie*) rozmyślny, zamierzony, świadomy, popełniony z premedytacją **2.** uparty, samowolny
  ~ **bankruptcy** rozmyślne bankructwo
  ~ **damage** rozmyślnie wyrządzona szkoda
  ~ **deception** świadome wprowadzenie w błąd
  ~ **homicide ⟨murder⟩** zabójstwo z premedytacją, morderstwo
  ~ **neglect** świadome niedbalstwo, zamierzone zaniedbanie
  ~ **taking** zabór
will[1] *s* **1.** wola **2.** testament
  ~ **of the parties** wola stron
  ~ **suit** *a*) proces o ustalenie ważności testamentu *b*) proces o unieważnienie testamentu
  ~ **to peace** wola pokoju
  ~ **to power** wola władzy
  against the ~ **of sb** wbrew czyjejś woli
  at ~ dowolnie, według uznania, stosownie do życzenia
  disposal ⟨disposition⟩ by ~ rozporządzenie w drodze testamentu
  expression of one's ~ wyrażenie swojej woli
  free ~ wolna wola
  good ~ dobra wola, życzliwość
  holographic ~ testament holograficzny ⟨własnoręczny⟩
  ill ~ zła wola, niechęć, wrogość
  joint ⟨mutual⟩ ~ wzajemny ⟨wspólny⟩ testament (*małżonków*)
  last ~ **and testament** testament, ostatnia wola
  nuncupative ~ testament ustny
  of one's own free ~ z własnej i nieprzymuszonej woli, dobrowolnie
  revocation of a ~ odwołanie testamentu
  succession by ~ dziedziczenie testamentowe
  tenant at ~ dzierżawca ⟨lokator⟩ obowiązany do usunięcia się na żądanie
  to contest ⟨dispute⟩ a ~ kwestionować testament ⟨ważność testamentu⟩
  to dispose by ~ rozporządzić w drodze testamentu
  to make a ⟨one's⟩ ~ sporządzić testament
  to revoke a ~ odwołać testament
  to work one's ~ postawić na swoim, przeprowadzić swoją wolę
will[2] *v* **(would)** **1.** chcieć **2.** rozporządzić na wypadek śmierci, zapisać w testamencie **(sth to sb** coś komuś)
willful *adj* = **wilful**
willing *adj* chętny, skory
  ~ **to contract** skłonny do zawarcia umowy
  ~ **to pay** chętny do zapłaty
  ~ **to work** chętny do pracy
win *v* **(won, won)** **1.** wygrać **2.** osiągnąć, zdobyć, pozyskać

to ~ **adherents** zdobyć zwolenników
to ~ **a case** ⟨**lawsuit**⟩ wygrać sprawę
to ~ **sb's confidence** pozyskać czyjeś zaufanie
to ~ **a fortune** zdobyć majątek
to ~ **independence** zdobyć niezależność
to ~ **the market** zdobyć rynek
to ~ **the prize** zdobyć ⟨uzyskać⟩ nagrodę
to ~ **sb to consent** uzyskać czyjąś zgodę
to ~ **time** zyskać na czasie
to ~ **a vote of confidence** otrzymać wotum zaufania
to ~ **a war** wygrać wojnę
wind¹ s wiatr
~ **and weather permitting** (*klauzula w konosamencie*) przy sprzyjającej pogodzie
force of ~ siła wiatru
trade ~ pasat
wind² v (**wound, wound**) **1.** zwijać się **2.** ciągnąć do góry, windować **3.** *zob.* **wind up**
windbill s weksel grzecznościowy
windfall s *przen.* gratka, nieoczekiwane szczęście
~ **profits** nadzwyczajne ⟨nieoczekiwane⟩ zyski ⟨dochody⟩
winding-up s likwidacja, rozwiązanie
~ **by the court** likwidacja (*przymusowa*) postanowieniem sądu
~ **of the firm** likwidacja przedsiębiorstwa
~ **order** polecenie likwidacji ⟨rozwiązania⟩
compulsory ~ przymusowa likwidacja
petition for the ~ wniosek o likwidację
voluntary ~ dobrowolna likwidacja
windjammer s **1.** żaglowiec **2.** członek załogi żaglowca
windmill s **1.** wiatrak **2.** *bryt.* weksel grzecznościowy
~ **plane** helikopter
window s **1.** okno, witryna **2.** wystawa sklepowa, okno wystawowe
~ **display** dekoracja wystawy okiennej
~ **dresser** dekorator wystaw
~ **dressing** *a)* dekoracja witryny ⟨wystawy sklepowej⟩ *b)* upiększanie bilansu ⟨sprawozdania itp.⟩, *przen.* fryzowanie
~ **envelope** koperta z okienkiem (*na adres*)
~ **glass** szyba wystawowa
~ **goods** towary dekorujące wystawę
shop ⟨**show**⟩ ~ wystawa sklepowa
teller's ~ okienko kasowe
window-shop v oglądać wystawy sklepowe
window-shopping s oglądanie wystaw sklepowych (*bez kupowania*)
wind up v **1.** zwinąć, zlikwidować (*przedsiębiorstwo*) **2.** zamknąć, zakończyć (*np. zebranie*)
wine s wino
~ **shop** winiarnia, sklep winny
~ **taster** kiper win
~ **trade** handel winem ⟨winny⟩
~ **vault** *a)* piwnica do składowania win *b)* winiarnia
adulteration of ~ fałszowanie wina
bastard ~ wino mieszane
duty ⟨**tax**⟩ **on** ~ podatek od wina
winner s wygrywający (*w sądzie*), zwycięzca (*w konkursie*)
prize ~ zdobywca nagrody, laureat
winter¹ s zima

~ **cargo** ładunek zimowy przy zanurzeniu do zimowej linii wodnej
~ **load line** zimowa linia ładunkowa
~ **risk** ryzyko zimowej żeglugi morskiej
~ **schedule** zimowy rozkład (*rejsów*)
~ **season** sezon zimowy
~ **stockpiling** gromadzenie zapasów zimowych
winter² v zimować
wintering s : ~ **port** port zimowania
wipe v wycierać, ścierać
to ~ **off** ⟨**out**⟩ **a debt** spłacić ⟨uregulować⟩ dług
to ~ **out corruption** wykorzenić korupcję
wire¹ s **1.** depesza, telegram **2.** przewód, kabel
~ **acceptance** akcept telegraficzny
~ **message** depesza, telegram
~ **offer** oferta telegraficzna
~ **payment** zapłata telegraficzna
address for ~s adres telegraficzny
by ~ telegraficznie
to send a ~ wysłać telegram
wire² v **1.** depeszować, telegrafować **2.** zakładać przewody ⟨kable⟩
wireless¹ s radio
~ **message** depesza radiowa, telegram radiowy
~ **operator** radiotelegrafista
~ (**receiving**) **set** radioodbiornik
~ **station** stacja radiowa
~ **telegraphy** radiotelegraf
~ **transmitter** nadajnik radiowy
wireless² v **1.** zawiadomić drogą radiową, nadawać depeszę radiową **2.** komunikować się drogą radiową
wish¹ s życzenie, pragnienie, chęć
wish² v życzyć sobie, pragnąć
wishful *adj* pragnący
~ **thinking** pobożne życzenie
witch s czarownica, wiedźma
witches' trials *hist.* procesy czarownic
witchcraft, witchery s czary, czarna magia, czarnoksięstwo
with *praep* **1.** z, razem z **2.** przy pomocy, za pomocą **3.** u (*kogoś*), przy (*kimś*) **4.** pomimo, mimo, nie zważając na
~ **all faults** z ryzykiem ewentualnych wad (*rzeczy*)
~ **all our efforts** mimo naszych wysiłków
~ **average** *ub. mors.* łącznie z awarią poszczególną
~ **care** (*napis ostrzegawczy na przesyłce*) ostrożnie
~ **customary dispatch** (*przeładunek*) ze zwyczajową szybkością
~ **effect from ...** z mocą obowiązującą od ...
~ **force** siłą, z użyciem siły
~ **good faith and fidelity** z dobrą wiarą i dokładnością
~ **hereditary title to ...** z prawem dziedziczenia ...
~ **insufficient capital** z niedostatecznym kapitałem
~ **interest** wraz z procentami
~ **mutual allowances** ze wzajemną bonifikatą
~ **recourse** z prawem regresu
~ **reference to ...** powołując się na ...
~ **regard to ...** z uwagi na ...
~ **respect to ...** w odniesieniu do ...
~ **that** przy tym
~ **a view to ...** w celu ⟨z zamiarem⟩ ...
to be pleased ~ **the purchase** być zadowolonym z kupna
to leave sth ~ **sb** zostawić coś u kogoś

the decision rests ~ you decyzja należy do was
prices are increasing ~ the demand ceny wzrastają z popytem
withdraw v (withdrew, withdrawn) 1. cofnąć (się), wycofać (się) 2. odwołać 3. usunąć się 4. wymówić, wypowiedzieć (np. układ)
  to ~ an action wycofać sprawę
  to ~ an application wycofać podanie
  to ~ (banknotes) from circulation wycofać (banknoty) z obiegu
  to ~ a bid wycofać zgłoszenie gotowości nabycia
  to ~ a bill wycofać weksel
  to ~ one's candidature wycofać swoją kandydaturę
  to ~ a charge wycofać oskarżenie
  to ~ one's claim ⟨complaint⟩ wycofać reklamację ⟨roszczenie⟩
  to ~ a credit cofnąć kredyt
  to ~ a decision cofnąć decyzję
  to ~ a deposit wycofać wkład
  to ~ from an agreement ⟨treaty⟩ wycofać się z układu ⟨porozumienia, umowy⟩
  to ~ from business wycofać się z interesu
  to ~ from circulation wycofać z obiegu
  to ~ from a contract wycofać się z umowy
  to ~ from partnership wycofać się ze spółki
  to ~ from a post ustąpić ze stanowiska
  to ~ goods from sale wycofać towar ze sprzedaży
  to ~ an offer cofnąć ofertę
  to ~ an order cofnąć zamówienie
  to ~ a power cofnąć pełnomocnictwo
  to ~ securities from a deposit wycofać z depozytu papiery wartościowe
  to ~ a sum of money wycofać kwotę, podjąć pieniądze (z banku)
  to ~ troops wycofać wojsko
withdrawal s 1. cofnięcie (się), wycofanie (się) 2. odwołanie 3. podjęcie (pieniędzy) 4. odwrót
  ~ from circulation wycofanie z obiegu
  ~ from a treaty ⟨war⟩ wycofanie się z traktatu ⟨wojny⟩
  ~ of the appeal cofnięcie apelacji
  ~ of capital wycofanie kapitału
  ~ of credit cofnięcie ⟨zamknięcie⟩ kredytu
  ~ of a deposit wycofanie wkładu bankowego ⟨depozytu⟩
  ~ of gold wycofanie zdeponowanego złota
  ~ of inventory quantities wycofanie zapasów
  ~ of a juror wycofanie jednego z sędziów przysięgłych
  ~ of a licence cofnięcie licencji
  ~ of money from an account wycofanie pieniędzy z konta
  ~ of an order cofnięcie zamówienia
  ~ of a partner wycofanie się wspólnika
  ~ of the power of attorney cofnięcie pełnomocnictwa
  ~ of a promise cofnięcie przyrzeczenia
  ~ of troops wycofanie wojsk
notice of ~ zawiadomienie o wycofaniu
telephone ~ telefoniczne wycofanie ⟨podjęcie⟩ pieniędzy
withhold v (withheld, withheld) 1. wstrzymywać 2. powstrzymywać (sb from doing sth kogoś od zrobienia czegoś) 3. odmawiać, nie udzielać 4. potrącać 5. ukrywać 6. wzbraniać się od wydania (czegoś)
  to ~ one's consent odmawiać udzielenia zgody

  to ~ delivery wstrzymać dostawę
  to ~ the examination wstrzymać ⟨zawiesić⟩ badanie
  to ~ important facts ukrywać istotne fakty
  to ~ payment wstrzymać płatność
  to ~ sb's property zatrzymać czyjąś własność
  to ~ the truth from sb ukrywać przed kimś prawdę
  to ~ sb's wages wstrzymać wypłatę czyichś zarobków
  to ~ 5% out of sb's pay potrącić komuś 5% z poborów
to add and to ~ nothing niczego nie dodać i niczego nie przemilczeć
within praep 1. w ciągu 2. w zasięgu, w granicach, w obrębie 3. wewnątrz (sth czegoś), w (czymś), w łonie (np. komitetu)
  ~ the committee w komitecie
  ~ hearing w zasięgu głosu
  ~ jurisdiction w granicach jurysdykcji
  ~ (the) law w ramach prawa
  ~ a mile w odległości mili
  ~ a month ⟨year⟩ w ciągu miesiąca ⟨roku⟩
  ~ sight w zasięgu wzroku
  to come ~ sb's duties wchodzić w zakres czyichś obowiązków
  to come ~ the provision of the law podpadać pod ustawę
  to fall ~ the scope wchodzić w zakres (np. działania)
  to keep ~ the law nie przekraczać przepisów prawa
  to live ~ one's means żyć w granicach swoich finansowych możliwości
without praep bez (kogoś, czegoś), poza (kimś, czymś)
  ~ abatement bez potrąceń
  ~ appeal bez apelacji
  ~ authority bez upoważnienia
  ~ benefit of salvage bez wynagrodzenia za ratownictwo
  ~ change a) bez przesiadania b) bez przeładunku
  ~ charge bezpłatnie, bez kosztów, gratis, franko
  ~ consent bez zgody ⟨zezwolenia⟩
  ~ day bez określenia terminu
  ~ delay bez zwłoki, natychmiast
  ~ doubt niewątpliwie
  ~ engagement bez zobowiązania, niewiążąco
  ~ expenses (klauzula wekslowa) bez kosztów
  ~ extra charge bez dodatkowych opłat
  ~ going to law bez uciekania się do drogi sądowej
  ~ guarantee bez gwarancji
  ~ justification bez usprawiedliwienia
  ~ lawful excuse bez prawnego uzasadnienia
  ~ notice bez uprzedzenia ⟨wypowiedzenia⟩
  ~ notification ⟨warning⟩ bez uprzedzenia
  ~ prejudice a) bez szkody ⟨uszczerbku⟩ (np. dla cudzych praw) b) bez obliga, z zastrzeżeniem praw
  ~ recourse bez prawa regresu
  ~ reserve ⟨reservation⟩ bez zastrzeżeń ⟨ograniczeń⟩
  ~ tran(s)shipment bez przeładunku
  ~ vote bez prawa głosu
withstand v (withstood, withstood) 1. opierać się, przeciwstawiać się (sth czemuś) 2. wytrzymywać, być wytrzymałym (sth na coś)
  to ~ competition wytrzymywać konkurencję

to ~ **temptation** opierać się pokusie
witness[1] s **1.** świadek **2.** świadectwo, zeznanie **3.** osoba
poświadczająca dokument
  ~ **box** ⟨**stand**⟩ miejsce wyznaczone dla składania
zeznań przez świadków
  ~ **for the defence** ⟨**prosecution**⟩ świadek obrony
⟨oskarżenia⟩
  ~ **to a document** ⟨**deed**⟩ osoba poświadczająca dokument ⟨akt prawny⟩
  ~ **to a signature** świadek podpisu ⟨podpisania⟩
  ~ **to will** świadek testamentu
  attestation of a ~ zaprzysiężenie świadka
  attesting ~ świadek asystujący przy akcie prawnym
  crown ~ *bryt.* świadek oskarżenia
  false ~ fałszywy świadek
  hearing of a ~ przesłuchanie świadka
  in ~ **whereof** w dowód czego
  testamentary ~ świadek testamentu
  to bear ~ **to** ⟨**of**⟩ **sth** *a)* poświadczyć coś *b)* świadczyć
o czymś
  to call sb as ~ powołać kogoś na świadka
  to give evidence as a ~ zeznawać jako świadek
witness[2] *v* **1.** być świadkiem (**sth** czegoś), być obecnym
(**sth** przy czymś) **2.** świadczyć (**for sb** za kimś, **against
sb** przeciwko komuś) **3.** być świadkiem przy sporządzaniu aktu prawnego
  to ~ **an accident** być świadkiem wypadku
  to ~ **a will** być świadkiem testamentu
witnessed *adj* : ~ **deed** akt prawny sporządzony w
obecności świadków ⟨poświadczony przez świad-
ków⟩
woman *s* (*pl* **women**) kobieta
  ~ **artist** artystka
  ~ **doctor** lekarka
  ~ **labour** praca kobiet
  women's hospital szpital kobiecy ⟨ginekologiczny⟩
  Women's Lib ⟨**Liberation Movement**⟩ ruch femini-
styczny o równouprawnienie kobiet
  women's rights równouprawnienie kobiet
  business ~ kobieta kupiec
  divorced ⟨**married, unmarried**⟩ ~ rozwiedziona ⟨za-
mężna, niezamężna⟩ kobieta
  single ~ kobieta niezamężna
woman-hater *s* wróg kobiet
woman-suffrage *s* prawa wyborcze dla kobiet
wood *s* drzewo, drewno
  ~ **cargo** ładunek drewna
  ~ **depot** ⟨**yard**⟩ skład drewna
  ~ **trade** handel drzewem
  in ⟨**from**⟩ **the** ~ (*np. o winie*) beczkowy, z beczki, nie
butelkowany
wool *s* wełna
  ~ **trade** handel wełną
wool(l)en[1] *s* **1.** wyrób z wełny, tkanina wełniana **2.** *pl*
woollens *a)* dzianiny, wyroby wełniane *b)* tkaniny
wełniane, wełny
wool(l)en[2] *adj* wełniany
  ~ **goods** towary wełniane
  ~ **industry** przemysł wełniany
woolsack *s* wór wełny
  the Woolsack *bryt.* fotel kanclerski w Izbie Lordów
word[1] *s* **1.** wyraz, słowo, słówko **2.** mowa **3.** wiadomość,
wieść
  ~ **of honour** słowo honoru

  ~ **rate** stawka od słowa (*w opłatach telegraficznych*)
  ~**s and figures differ** słowa i cyfry nie zgadzają się
(*uwaga banku na czeku lub wekslu*)
  amount in ~**s** suma słownie
  by ~ **of mouth** *a)* ustnie *b)* słownie
  code ~ słowo kodowe
  in a ⟨**in one**⟩ ~ krótko mówiąc
  in other ~**s** innymi słowy, inaczej mówiąc
  in ~**s** słownie, słowami
  key ~ hasło, slogan
  the last ~ **in ...** ostatni krzyk ... (*np. mody*)
  test ~ hasło (*identyfikacyjne*)
  to break one's ~ nie dotrzymać słowa
  to go back on one's ~ cofnąć (swoje) słowo
  to have the last ~ mieć ostatnie słowo
  to keep one's ~ dotrzymać słowa
  to receive ~ otrzymać wiadomość
  to say a good ~ **for sb** wstawić się za kimś
  to send ~ **to sb** zawiadomić kogoś
  to take sb at his ~ trzymać kogoś za słowo
  to translate ~ **for** ~ tłumaczyć dosłownie
word[2] *v* formułować, redagować, wyrażać w słowach
worded *pp adj* : ~ **as follows** mający następujące
brzmienie
  well ~ dobrze sformułowany ⟨zredagowany⟩
word-for-word *adj* : ~ **translation** dosłowne tłumaczenie
wording *s* **1.** sformułowanie, redakcja (*tekstu*), sposób
wypowiedzenia, tekst, treść **2.** omówienie słowne
(*rysunku, ilustracji*), legenda
  ~ **of a clause** sformułowanie klauzuli
  ~ **of a draft** treść weksla
  ~ **of the law** treść ⟨tekst⟩ prawa
  ~ **of a letter** treść listu
  ~ **of the oath** treść przysięgi
  ~ **of the sentence** treść wyroku
  to change ⟨**modify**⟩ **the** ~ **of sth** zmienić sformułowanie czegoś
work[1] *s* **1.** praca, robota, zajęcie **2.** zadanie **3.** dzieło,
utwór **4.** *pl* **works** zakład produkcyjny, zakłady,
fabryka, wytwórnia **5.** *pl* **works** dzieła
  ~ **by the day** praca dzienna ⟨dniówkowa⟩
  ~ **by job** praca na akord
  ~ **division** podział pracy
  ~ **force** siła robocza
  ~ **hand** robotnik
  ~ **in arrear** praca zaległa
  ~ **injury** uraz na skutek wypadku przy pracy
  ~ **in process** ⟨**progress**⟩ produkcja w toku
  ~ **in shifts** praca zmianowa ⟨na zmiany⟩
  ~ **of art** dzieło sztuki
  ~ **on hand** bieżąca praca, praca w toku
  ~ **safety** bezpieczeństwo pracy
  ~ **stoppage** przestój
  ~ **week** tydzień roboczy
  administrative ~ praca administracyjna
  applicants for ~ poszukujący pracy
  at full ~ w pełnym ruchu ⟨biegu⟩
  at ~ przy pracy
  brain ~ praca umysłowa
  bungling ~ brakoróbstwo
  capable of ~ zdolny do pracy
  cargo ~ prace przeładunkowe
  clerical ~ praca urzędnicza ⟨biurowa⟩
  contract ~ praca kontraktowa ⟨na zlecenie⟩

creative ⟨constructive⟩ ~ praca twórcza
dangerous ~ praca niebezpieczna
day's ~ praca dzienna ⟨dniówkowa⟩
extra ~ praca dodatkowa
factory ~ praca fabryczna
farm ~ praca rolna
full-time ~ praca na pełnym etacie ⟨w pełnym wymiarze⟩
gainful ~ praca zarobkowa
hired ~ praca najemna
home ~ praca chałupnicza
industrial ~ praca w przemyśle
in ~ zatrudniony, mający pracę
juvenile ~ praca młodocianych
machine ~ praca maszynowa
main ~ praca główna
managerial ~ praca na stanowisku kierowniczym
manual ~ praca fizyczna
mental ~ praca umysłowa
night ~ praca nocna
occasional ~ praca dorywcza
office ~ praca biurowa
out of ~ bez pracy, niepracujący
overtime ~ praca w godzinach nadliczbowych
pace of ~ tempo pracy
part-time ~ praca w niepełnym wymiarze godzin
permanent ~ praca stała
piece ~ praca na akord
preliminary ~ prace wstępne
preparatory ~ prace przygotowawcze
professional ~ praca zawodowa
public ~s prace publiczne
regular ~ praca stała
repair ~ prace naprawcze
research ~ praca naukowo-badawcza
resumption of ~ podjęcie na nowo pracy
salaried ~ praca zarobkowa
seasonal ~ praca sezonowa
short-time ~ praca o skróconym dniu roboczym
skilled ~ praca kwalifikowana
sparetime ~ zajęcie uboczne
specialized ~ praca specjalistyczna
speed of ~ tempo pracy
team ~ praca zespołowa
temporary ~ praca czasowa ⟨dorywcza⟩
unskilled ~ praca niewykwalifikowana
to be out of ~ nie mieć pracy, być bezrobotnym
to cease ~ zaprzestać pracy
to set to ~ zabrać się do pracy
work² v 1. pracować 2. działać, funkcjonować 3. wymagać pracy, obciążać pracą 4. wprawiać w ruch, obsługiwać 5. wprowadzać w życie, realizować 6. eksploatować, prowadzić 7. sprawiać, powodować 8. *zob.* work off, out, up
to ~ against sb działać przeciwko komuś
to ~ by the day pracować na dniówki
to ~ by the job pracować na akord
to ~ a farm prowadzić gospodarstwo rolne
to ~ for an employer pracować dla pracodawcy
to ~ for money pracować za pieniądze
to ~ for sth walczyć o coś, dążyć do czegoś
to ~ a mine eksploatować kopalnię
to ~ on one's own account pracować na własny rachunek
to ~ overtime pracować w godzinach nadliczbowych

to ~ one's passage odpracować przejazd (*pokryć koszty podróży pracą na statku*)
to ~ one's way torować sobie drogę
to ~ ship kierować statkiem
able to ~ zdolny do pracy
unwilling to ~ niechętny do pracy
workable *adj* 1. wykonalny, realny, dający się zrealizować 2. rentowny, opłacalny
workday *s* dzień roboczy, dniówka
worker *s* robotnik, pracownik
~s crew załoga robocza
~s gang ⟨team⟩ brygada robocza
~s party *a)* partia robotnicza *b)* grupa robotników
~s union związek (zawodowy) robotników ⟨pracowników⟩
administrative ~ pracownik administracyjny
agricultural ⟨farm⟩ ~ robotnik rolny
black-coated ~ *bryt.* pracownik biurowy
blue-collar ⟨manual⟩ ~ robotnik fizyczny
brain ⟨intellectual ⟩ ~ pracownik umysłowy
casual ~ pracownik dorywczy
clerical ⟨office⟩ ~ pracownik biurowy, urzędnik
dockside ~ doker, robotnik portowy
factory ~ robotnik fabryczny
family ~ pracujący członek rodziny
full-time ~ robotnik pracujący w pełnym wymiarze godzin
general ~ robotnik niewykwalifikowany
hired ~ robotnik najemny
home ~ chałupnik
independent ~ robotnik samodzielny ⟨niezależny⟩
industrial ~ robotnik przemysłowy
migratory ~ robotnik wędrujący
part-time ~ robotnik pracujący w niepełnym wymiarze godzin
piece ~ robotnik akordowy
professional ~ pracownik umysłowy
regular ~ pracownik stały
research ~ pracownik naukowo-badawczy
rural ~ robotnik wiejski
salaried ~ pracownik umysłowy ⟨pobierający uposażenie miesięczne⟩
seasonal ~ robotnik sezonowy
skilled ~ robotnik wykwalifikowany
staff of ~s załoga pracownicza
trained ~ robotnik przyuczony
unskilled ~ pracownik niewykwalifikowany
wage ~ *am.* pracownik najemny
white-collar ~ *am.* pracownik biurowy, urzędnik
woman ~ robotnica, pracownica
work-girl *s* robotnica, pracownica
workhouse *s* 1. przytułek 2. *am.* dom ⟨zakład⟩ poprawczy
working¹ *s* 1. praca, robota, działanie 2. eksploatacja 3. obróbka
~ below capacity niedostateczne zatrudnienie
~ by hand obróbka ręczna
~ for hire praca najemna
~ a patent eksploatacja patentu
overtime ~ praca dodatkowa (*poza godzinami pracy*)
regulations for ~ regulamin pracy
working² *adj* 1. pracujący, czynny 2. funkcjonujący, działający
~ accident wypadek przy pracy
~ account rachunek ⟨konto⟩ o dużych obrotach

~ **agreement** układ pracy
~ **assets** środki obrotowe
~ **capacity** zdolność do pracy
~ **capital** kapitał obrotowy
~ **class** klasa pracująca, świat pracy
~ **committee** rada pracownicza
~ **conditions** warunki pracy
~ **costs** ⟨**expenses**⟩ koszty eksploatacji
~ **day** dzień roboczy ⟨powszedni⟩
~ **day of 24 consecutive hours** doba robocza obejmująca kolejne 24 godziny
~ **group** grupa ⟨brygada⟩ robocza
~ **fund** kapitał eksploatacyjny
~ **hours** godziny pracy
~ **knowledge** wiedza praktyczna
~ **life** okres pracy aktywnej
~ **load** ciężar użyteczny, nośność
~ **majority** wymagana większość
~ **masses** masy pracujące
~ **paper** dokument roboczy
~ **partner** czynny wspólnik, udziałowiec
~ **party** grupa robocza
~ **people** ⟨**population**⟩ ludność pracująca, świat pracy
~ **regulations** regulamin pracy
~ **schedule** plan pracy
~ **shift** zmiana robocza
~ **time** czas pracy
~ **time saved** czas zaoszczędzony (*przy przeładunku*)
~ **year** rok obrotowy ⟨obrachunkowy, gospodarczy⟩
customary ~ **days** zwyczajowo przyjęte dni pracy
reduced ~ **day** skrócony dzień pracy
running ~ **days** bieżące ⟨kalendarzowe⟩ dni powszednie
workless *adj* bezrobotny, (*o człowieku*) bez zajęcia
workman *s* (*pl* **workmen**) robotnik, pracownik fizyczny
workmanship *s* 1. wykonanie, wykończenie 2. sztuka ⟨umiejętność⟩ wykonania, fachowość
of good ⟨**poor**⟩ ~ dobrze ⟨kiepsko⟩ wykonany
workmaster *s* majster
work off *v* 1. pozbywać się, wyzbywać się (**sth** czegoś) 2. zużywać się
to ~ **a debt** uwolnić się od długu
to ~ **goods** wyzbyć się towarów
work out *v* 1. obliczać, kalkulować 2. opracować 3. wynosić (*kwotę*) 4. okazywać się skutecznym, dawać efekt 5. wyczerpać zasoby, wyeksploatować
to ~ **an idea** rozwijać ideę
to ~ **a mine** wyeksploatować kopalnię
to ~ **a plan** ⟨**programme**⟩ opracować plan ⟨program⟩
to ~ **a price** skalkulować ⟨obliczyć⟩ cenę
to ~ **a problem** *a)* opracować zagadnienie *b)* rozwiązać zagadnienie
the costs worked out at ... koszty wyniosły ...
workpeople *spl* robotnicy, lud pracujący, świat pracy
workplace *s* stanowisko robocze
works *spl* zakład produkcyjny, zakłady, fabryka, wytwórnia; *zob.* **work** *s*
~ **council** rada zakładowa
~ **foreman** brygadzista
~ **manager** kierownik zakładów ⟨produkcji⟩
ex ~ (*o cenie*) loko fabryka

workshop *s* pracownia, warsztat, wytwórnia
worktime *s* czas pracy
~ **standard** norma pracy
work up *v* 1. wznosić, podnosić 2. wypracowywać, wyrabiać 3. opracowywać szczegółowo 4. wzbudzać, wzniecać, wywoływać
to ~ **a business** pracować nad podniesieniem rangi przedsiębiorstwa
to ~ **connections** wyrabiać stosunki
to ~ **disturbances** wywoływać zamieszki
to ~ **prices** podbijać ceny
work-woman *s* (*pl* **work-women**) robotnica, pracownica fizyczna
world *s* świat
World Bank Międzynarodowy Bank (Odbudowy i Rozwoju)
~ **commerce** handel światowy
~ **domination** dominacja światowa
~ **conference** konferencja światowa
~ **congress** światowy kongres
~ **consumption** spożycie światowe
World Council of Churches Światowa Rada Kościołów
~ **crisis** kryzys światowy
~ **currency** waluta światowa
~ **economy** gospodarka światowa
~ **exhibition** wystawa światowa
~ **exports** eksport światowy
~ **food programme** światowy program żywnościowy
~ **mark** marka światowa
~ **market** rynek światowy
~ **monopoly** monopol światowy
~ **output** ⟨**production**⟩ produkcja światowa
~ **peace** pokój światowy
World Peace Council Światowa Rada Pokoju
~ **peace movement** światowy ruch pokoju
~ **population** ludność świata
~ **power** potęga ⟨mocarstwo⟩ o znaczeniu światowym
~ **price** cena światowa
~ **public opinion** światowa opinia publiczna
~ **stock exchanges** giełdy światowe
~ **trade** handel światowy
World Trade Organization Światowa Organizacja Handlu
~ **war** wojna światowa
business ⟨**commercial**⟩ ~ sfery handlowe ⟨gospodarcze⟩
financial ~ sfery finansowe, świat finansów
trends in ~ **trade** trendy ⟨tendencje⟩ w handlu światowym
world-known *adj* znany na całym świecie, ogólnie znany
world-wide *adj* światowy, ogólnoświatowy, wszechświatowy
~ **crisis** światowy kryzys
~ **interests** światowe interesy
~ **limits** *czart. ub. mors.* zasięg pływania obejmujący cały świat
~ **reputation** światowa sława ⟨reputacja⟩
~ **support** wszechświatowe poparcie
worn-out *adj* zużyty, zniszczony
~ **shoes** zniszczone buty
worsen *v* pogarszać się
to ~ **relations** pogorszyć stosunki

worship¹ *s* **1.** kult **2.** wyznanie religijne **3.** uszanowanie
  freedom of ~ wolność wyznania ⟨religii⟩
  hours of ~ godziny nabożeństw
  place of ~ świątynia, kościół
  public ~ nabożeństwo
  Your ⟨His⟩ Worship *bryt.* tytuł używany w stosunku do sędziów ⟨burmistrzów⟩
worship² *v* **1.** czcić, oddawać cześć **2.** chodzić ⟨uczęszczać⟩ do kościoła ⟨cerkwi, meczetu itp.⟩
worth¹ *s* **1.** wartość, cena **2.** zasługi **3.** równowartość danej kwoty w towarze
  money's ~ równowartość pieniężna
  net ~ wartość netto
  of great ⟨little⟩ ~ mający dużą ⟨małą⟩ wartość
  of no ~ nie mający wartości, bezwartościowy
  a person of ~ wartościowy człowiek
  ten pound's ~ **of goods** towar wartości dziesięciu funtów
  to have ⟨get⟩ one's money's ~ dobrze kupić, zrobić dobry interes
worth² *adj* **1.** wart **(sth** czegoś) **2.** zasługujący **(sth na** coś)
  ~ **attention** zasługujący na uwagę
  to be ~ posiadać wartość
  to be ~ **nothing** nie posiadać żadnej wartości
  to be ~ **while** zasługiwać, być wartym (*np. obejrzenia, wzmianki*)
  to be ~ **5 dollars** *a)* być wartym ⟨kosztować⟩ 5 dolarów *b)* mieć w majątku 5 dolarów
  it isn't ~ **it** nie warto
  it's ~ ... warto ...
worthless *adj* bezwartościowy
  ~ **bill** bezwartościowy weksel
  ~ **securities** bezwartościowe papiery wartościowe
worthwhile *adj* wart zachodu, opłacający się
  ~ **effort** opłacający się wysiłek
  ~ **experiment** eksperyment wart zachodu
  ~ **job** opłacalna ⟨popłatna⟩ praca
worthy *adj* **1.** godzien, wart **(of sth** czegoś) **2.** godny, szanowany, zasługujący na szacunek
  ~ **of attention** zasługujący na uwagę
  ~ **of being patented** wart opatentowania
  ~ **of credit** zasługujący na kredyt
  ~ **of punishment ⟨being punished⟩** zasługujący na ukaranie ⟨karę⟩
  ~ **of respect** zasługujący na szacunek
would-be *adj* **1.** rzekomy, domniemany **2.** niedoszły **3.** przyszły, ewentualny
  ~ **candidate** ewentualny kandydat
  ~ **purchaser** ewentualny reflektant ⟨nabywca⟩
wound¹ *s* **1.** rana, zranienie **2.** uszczerbek
  bullet ~ rana od kuli
  flesh ~ powierzchowna rana
  knife ~ rana zadana nożem
  to inflict a ~ zadać ranę, zranić
wound² *v* ranić, zadawać rany
  to ~ **mortally** śmiertelnie zranić
wounded *adj* ranny, zraniony
  badly ⟨seriously, severely⟩ ~ ciężko ⟨poważnie⟩ ranny
  fatally ~ śmiertelnie ranny
wounding *s* zranienie, zadanie ran
  ~ **and maiming** zranienie i okaleczenie
wrack *s* ruina, zaniedbany dom

wrap *v* opakowywać, zawijać, owijać
  to ~ **(up) in paper** owijać papierem, pakować w papier
wrappage *s* opakowanie, materiał do opakowania
wrapper *s* **1.** opaska, banderola **2.** obwoluta **3.** pakowacz
  postal ~ opaska, banderola
  under ~ (*przesyłka pocztowa*) pod opaską
wrapping *s* opakowanie
  ~ **machine** maszyna do pakowania, pakowarka
  ~ **paper** papier pakowy ⟨do pakowania⟩
wreck¹ *s* **1.** rozbicie się (*statku*), katastrofa morska ⟨na morzu⟩ **2.** zagłada, zniszczenie, zburzenie, ruina **3.** wrak, rozbity statek **4.** szczątki rozbitego statku **5.** ładunek z rozbitego statku **6.** *przen.* rozbitek życiowy, ruina człowieka
  nervous ~ człowiek o starganych nerwach
  total ~ całkowita strata
  to suffer ~ (*o statku*) doznać awarii, ulec rozbiciu
wreck² *v* **1.** rozbić (się), ulec rozbiciu **2.** zniszczyć, zrujnować, zburzyć
  to ~ **a building** zniszczyć budynek
  to ~ **one's health** zrujnować sobie zdrowie
  to ~ **negotiations ⟨talks⟩** zerwać pertraktacje ⟨rozmowy⟩
  to ~ **a plan** zniweczyć plan
  to ~ **a ship** spowodować rozbicie statku
  to ~ **a train** wykoleić pociąg
wreckage *s* **1.** wrak, szczątki rozbitego statku ⟨samochodu⟩ **2.** rozbicie się (*statku*) **3.** ładunek rozbitego statku
wrecked *pp adj* : ~ **cargo ⟨goods⟩** ładunek z rozbitego statku
  ~ **hull** wrak, rozbity statek
  ~ **seamen** marynarze z rozbitego statku, rozbitkowie
  to be ~ ulec rozbiciu ⟨zniszczeniu⟩
wrecker *s* **1.** statek ratowniczy **2.** przedsiębiorca ratujący uszkodzony statek **3.** grabieżca wraku **4.** człowiek powodujący rozbicie się statku celem dokonania grabieży jego ładunku **5.** *am.* pomoc drogowa, pogotowie (*np. samochodowe*), przedsiębiorstwo usuwające szczątki pozostałe po katastrofie **6.** *am.* przedsiębiorca rozbiórkowy
  plunder by ~**s** grabież szczątków rozbitego statku
wrecking¹ *s* ratownictwo okrętowe (*wydobywanie wraków lub ładunku*)
wrecking² *adj* ratowniczy, awaryjny
  ~ **amendment** *parl.* poprawka pozbawiająca wartości całą ustawę
  ~ **crew** załoga ratownictwa okrętowego
  ~ **train** pociąg ratowniczy
wrest *v* **1.** przekręcać, wypaczać **2.** wyrywać, wydobywać **(sth from sb** coś od kogoś)
  to ~ **evidence ⟨a confession⟩ from sb** wydobyć zeznanie ⟨przyznanie się do winy⟩ od kogoś
writ *s* **1.** pismo urzędowe, nakaz urzędowy, wezwanie urzędowe **2.** nakaz (*dawniej wydawany przez króla lub w jego imieniu, a obecnie przez sąd*) skierowany do szeryfa lub prywatnej osoby nakazujący określone działanie lub zachowanie
  ~ **of apprehension ⟨capias⟩** nakaz aresztowania
  ~ **of assistance** *a)* sądowe polecenie wprowadzenia w posiadanie nieruchomości *b)* polecenie zajęcia towarów z powodu niezapłacenia cła

~ **of association** sądowe polecenie wzięcia udziału w sesji sądu przysięgłych (*skierowane do urzędników sądowych*)

~ **of attachment** *a*) nakaz stawienia się w sądzie *b*) nakaz zajęcia majątku

~ **of attendance** polecenie udziału w sesji sądowej

~ **of error** polecenie przekazania sprawy wyższemu sądowi z powodu popełnienia błędu w zakresie prawa przez niższy sąd

~ **of error coram nobis** środek prawny mający na celu naprawienie błędu dotyczącego stanu faktycznego (*zwłaszcza w sprawach karnych*)

~ **of execution** nakaz egzekucyjny

~ **of extend** polecenie konfiskaty majątku (*osoby skazanej wyrokiem*)

~ **of habeas corpus** sądowy nakaz obrony nietykalności osobistej przed bezprawnym aresztowaniem

~ **of ne exeat regno** *bryt.* zakaz opuszczania kraju ⟨wyjazdu poza granice państwa⟩

~ **of possession** sądowe polecenie wprowadzenia w posiadanie

~ **of privilege** polecenie uwolnienia spod zajęcia

~ **of prohibition** polecenie wstrzymania postępowania w sprawie

~ **of right** *hist.* wszczęcie postępowania celem odzyskania nieruchomości bezprawnie zajętej przed mniej niż 60 laty

~ **of sequestration** nakaz sekwestracji

~ **of subpoena** polecenie stawienia się w sądzie

~ **of summons** nakaz stawienia się w sądzie (*dla pozwanego*) celem podjęcia obrony

interlocutory ~ nakaz wydawany przez sąd w trakcie postępowania

judicial ~ nakaz wydawany przez sąd

original ~ sposób wszczynania sprawy oparty o prawo zwyczajowe (**common law**)

to issue a ~ **against sb** wystawić nakaz sądowy przeciwko komuś

to serve a ~ **on sb** posyłać komuś nakaz sądowy

write *v* (wrote, written) pisać

write back *v* 1. odpisywać, odpowiadać na piśmie 2. księgować, stornować

write down *v* 1. pisać, zapisać, zanotować 2. *księgow.* obniżać zapis (**sth** czegoś), odpisywać częściowo
to ~ **the capital** obniżać kapitał

write-in *s am.* głos złożony na piśmie

write in *v* 1. napisać (*do firmy itp.*) 2. *am.* złożyć głos (*na kogoś*) na piśmie ⟨pisemnie⟩ 3. *am.* dopisać (*czyjeś nazwisko*) na karcie wyborczej

write off *v* 1. wyksięgować, stornować 2. zredagować od ręki, napisać na poczekaniu 3. odpisywać dług
to ~ **a bad debt** odpisać nieściągalne długi

write out *v* wypisywać, wystawiać na piśmie, sporządzać (*dokument*)
to ~ **a bill** *a*) wystawić weksel *b*) wystawić rachunek
to ~ **a check** wypisać ⟨wystawić⟩ czek

writer *s* 1. pisarz, autor 2. niżej podpisany 3. podręcznik pisania
~ **to the signet** *szkoc.* adwokat

write up *v* 1. dopisywać 2. doprowadzać księgi do dnia bieżącego 3. spisywać, opisywać 4. *księgow.* podwyższać zapis

writing *s* 1. pismo 2. sztuka pisania, piśmiennictwo 3. praca literacka, dzieło
~ **book** zeszyt

~ **materials** materiały piśmienne

~ **pad** blok do pisania

~ **paper** papier listowy

acknowledgment in ~ stwierdzenie na piśmie

agreement in ~ umowa na piśmie

consent in ~ zgoda na piśmie

evidence in ~ dowód na piśmie

order in ~ zamówienie pisemne

to confirm in ~ potwierdzić na piśmie

to put down in ~ złożyć na piśmie

to set ⟨**take**⟩ **down in** ~ sporządzić na piśmie

written *adj* napisany, pisemny, na piśmie

~ **apology** pisemne usprawiedliwienie

~ **clause** klauzula na piśmie

~ **complaint** reklamacja na piśmie

~ **confirmation** potwierdzenie na piśmie

~ **consent** zgoda pisemna

~ **contract** umowa pisemna

~ **decision** pisemna decyzja

~ **examination** pisemny egzamin

~ **form** forma pisemna

~ **law** prawo pisane

~ **notice** pisemne powiadomienie

~ **order** pisemne zamówienie

~ **proceeding** procedura pisemna

~ **proof** dowód na piśmie

~ **reply** pisemna odpowiedź

~ **statement** oświadczenie na piśmie

~ **warranty** gwarancja na piśmie

wrong[1] *s* 1. przestępstwo, czyn bezprawny 2. wina, błąd 3. szkoda, krzywda 4. uszczerbek, strata

civil ~ czyn niedozwolony

public ~ przestępstwo

right and ~ dobro i zło

to be in the ~ nie mieć racji, ponosić winę ⟨odpowiedzialność⟩

to do ~ *a*) popełnić wykroczenie *b*) wyrządzić krzywdę

to put sb in the ~ zarzucać komuś winę, czynić kogoś odpowiedzialnym

wrong[2] *adj* 1. zły, niewłaściwy 2. błędny, fałszywy, mylny 3. w złym stanie, nie w porządku 4. bezprawny

~ **act** czyn niedozwolony

~ **address** mylny adres

~ **calculation** złe obliczenie

~ **entry** *księgow.* zły zapis

~ **expression** błędne wyrażenie

~ **number** pomyłka telefoniczna

~ **opinion** mylny sąd, błędne mniemanie

~ **side** odwrotna strona

to be ~ mylić się, nie mieć racji

to do in the ~ **way** postępować w niewłaściwy sposób

wrong[3] *adv* 1. niewłaściwie, błędnie, mylnie 2. niesłusznie, źle

to answer ~ dać mylną odpowiedź

to do ~ czynić źle

to go ~ *a*) pomylić się, popełnić błąd *b*) zejść na złą drogę *c*) przyjąć zły obrót, nie udać się

wrong(-)doer *s* 1. sprawca szkody ⟨krzywdy⟩ 2. przestępca

wrong(-)doing *s* 1. zły czyn 2. krzywda 3. bezprawie 4. przestępstwo

wrongful *adj* 1. zły 2. krzywdzący 3. powodujący szkodę 4. bezprawny

~ **accusation** ⟨**charge**⟩ niesłuszne oskarżenie
~ **act** czyn bezprawny
~ **dismissal** niesłuszne ⟨bezprawne⟩ zwolnienie
~ **imprisonment** bezprawne uwięzienie
~ **intention** zły zamiar

wrongly *adv* źle, niewłaściwie
~ **informed** niewłaściwie poinformowany
rightly or ~ słusznie czy niesłusznie
wrongous *adj szkoc.* niesprawiedliwy, bezprawny
~ **arrest** bezprawne aresztowanie

X

xenophobia *s* ksenofobia, wrogość wobec obcych
xerocopy *s* kserokopia
xerography *s* kserografia
xerox[1] *s* kserokopia, odbitka kserograficzna
xerox[2] *v* odbijać ⟨powielać⟩ na kserografie ⟨kopiarce⟩

x-ray[1] *adj* rentgenowski
~ **examination** prześwietlenie (*promieniami Rentgena*)
~ **picture** ⟨**photography**⟩ rentgenogram, zdjęcie rentgenowskie
x-ray[2] *v* prześwietlać (*promieniami Rentgena*)

Y

yacht[1] *s* jacht
yacht[2] *v* pływać ⟨żeglować⟩ jachtem
yachting *s* **1.** żeglowanie **2.** żeglarstwo
yard *s* **1.** jard (*miara*) **2.** dziedziniec, podwórze **3.** plac składowy **4.** stacja przetokowa
~ **goods** *am.* towary sprzedawane na jardy (*np. tkaniny*)
goods ~ plac składowy
lumber ⟨**timber, wood**⟩ ~ skład drewna
Scotland Yard siedziba policji śledczej w Londynie
shipbuilding ~ stocznia
yardage *s* rozmiar, długość ⟨szerokość, wysokość⟩ wyrażona w jardach
yard-stick *s* **1.** miarka jardowa (*do mierzenia materiału*) **2.** *przen.* miernik, kryterium
yarn *s* przędza, włókno
year *s* rok
~ **book** rocznik
~ **by** ~ co roku, w kolejnych latach
~ **end** ⟨**ending**⟩ koniec roku
~ **of account** rok obliczeniowy
~ **of assessment** rok podatkowy
~ **of birth** rok urodzenia
~ **of grace** rok ulgowy (*poprzedzający pierwszą inspekcję statku przez ekspertów*)
~ **of** ⟨**in**⟩ **office** rok służby ⟨urzędowania⟩
~ **of issue** rok wydania
~ **of manufacture** rok wykonania ⟨produkcji⟩
~ **of marriage** rok zawarcia małżeństwa
~ **of maturity** rok płatności
~ **of publishing** rok wydania ⟨publikacji⟩
~ **of traffic** rok obrotowy
~ **of trial** rok próbny
~ **'s time** okres roczny
~ **under review** ⟨**report**⟩ rok sprawozdawczy

advanced in ~**s** posunięty w latach
all the ~ **round** przez cały rok
auspicious ~ pomyślny rok
balance of ~ saldo na koniec roku
beginning of the ~ początek roku
bissextile ~ rok przestępny
budget(ary) ~ rok budżetowy
business ~ rok obrachunkowy ⟨obrotowy, operacyjny⟩
calendar ⟨**civil**⟩ ~ rok kalendarzowy
close of the ~ koniec roku
commercial ~ rok finansowy
common ~ rok zwykły
company's ~ rok gospodarczy spółki
current ~ rok bieżący
every ~ co rok, corocznie
every other ~ co drugi rok
financial ~ *a*) rok budżetowy ⟨skarbowy, gospodarczy⟩ *b*) rok obrotowy ⟨operacyjny⟩
fiscal ~ rok podatkowy ⟨skarbowy, fiskalny⟩
in the course of the ~ w ciągu roku
insurance ~ rok ubezpieczeniowy
intercensal ~**s** lata między spisami (*statystycznymi*)
last ~ *a*) ubiegły ⟨zeszły⟩ rok *b*) w ubiegłym ⟨zeszłym⟩ roku
leap ~ rok przestępny
legal ⟨**natural**⟩ ~ rok kalendarzowy
next ~ *a*) przyszły rok *b*) w przyszłym roku
once a ~ raz do roku
previous ⟨**past**⟩ ~ ubiegły ⟨poprzedni⟩ rok
school ~ rok szkolny
tax ~ rok podatkowy
tenancy ~ rok dzierżawy
this ~ *a*) bieżący rok *b*) w tym ⟨bieżącym⟩ roku

throughout the ~ przez cały rok
trading ⟨working⟩ ~ rok gospodarczy
turn of the ~ przełom roku
valid for one ~ ważny jeden rok
within a ~ w ciągu roku
yearbook s rocznik
  statistical ~ rocznik statystyczny
yearly[1] *adj* roczny, coroczny, doroczny
  ~ **account** roczny obrachunek
  ~ **contract** roczna umowa
  ~ **income ⟨revenue⟩** roczny dochód
  ~ **instalment** roczna rata
  ~ **output** produkcja roczna
  ~ **payment** roczna rata, roczna płatność
  ~ **premium** roczna premia ⟨nagroda⟩
  ~ **rent** opłata roczna, roczny czynsz dzierżawny
  ~ **report** roczne sprawozdanie
  ~ **sales** sprzedaż roczna
  ~ **settlement** rozliczenie roczne
  ~ **subscription** roczna subskrypcja
  ~ **term** okres ⟨termin⟩ roczny
yearly[2] *adv* rocznie, corocznie, raz do roku
yellow *adj* żółty
  ~ **flag ⟨jack⟩** flaga kwarantannowa
  ~ **pages** część książki telefonicznej zawierająca (*na żółtych stronach*) spis przedsiębiorstw i firm usługowych
  ~ **peril** żółte niebezpieczeństwo (*rzekome zagrożenie cywilizacji europejskiej przez przewagę liczebną żółtej rasy*)
  ~ **press** prasa brukowa ⟨sensacyjna⟩
yellow-dog s *am.* szubrawiec
  ~ **contract** *am.* umowa o pracę sprzeczna z regulaminem związków zawodowych (*zobowiązująca pracownika do niewstąpienia do związku zawodowego*)
yield[1] s 1. wydajność, produktywność 2. produkcja, ilość wyprodukowana 3. dochód, przychód, procenty od kapitału, wpływy 4. zbiory, plony
  ~ **capacity** zdolność produkcyjna
  ~ **of bonds** dochód z obligacji
  ~ **of the crop** plony, zbiory
  ~ **of a mine** produkcja ⟨wydobycie⟩ kopalni
  ~ **on capital** dochód z kapitału
  ~ **on shares** dochód z akcji
  average ~ przeciętny dochód
  earnings ~ intratność, rentowność, dochodowość

net ~ dochód netto
tax ~ dochód podatkowy
yield[2] *v* 1. dawać, przynosić (*np. wyniki*) 2. rodzić (*plony*) 3. przynosić (*korzyść, procent*) 4. poddawać się, ustępować (**to sth** przed czymś), rezygnować
  to ~ **interest** dawać odsetki, procentować
  to ~ **a loss** przynosić stratę
  to ~ **precedence to sb** ustępować komuś pierwszeństwa
  to ~ **one's rights** odstąpić swoje prawa
  to ~ **to force** ustępować przed siłą
  to ~ **under pressure** ustępować pod presją
yielding *adj* 1. przynoszący, dający (*procent*) 2. ustępliwy
  ~ **a dividend of ...** przynoszący dywidendę ...
  ~ **interest** przynoszący procenty
  ~ **no interest** nie procentujący
yoke s jarzmo
  ~ **of colonialism** jarzmo kolonializmu
  under the ~ pod jarzmem
York-Antwerp Rules *spl* reguły Yorku i Antwerpii dotyczące rozliczenia wspólnej awarii
young *adj* 1. młody 2. młodociany 3. niedoświadczony
  ~ **in crime** niedoświadczony przestępca
  ~ **offender** młodociany przestępca (*w wieku 14–17 lat*)
  ~ **prisoner centre** *bryt.* ośrodek dla młodocianych więźniów
your *adj koresp.* twój, wasz, pański
  at ~ **end** u was, u panów
  at ~ **place** u was, w waszej siedzibie
  for ~ **sake** dla waszego dobra, w waszym interesie
  on ~ **behalf** dla was, na wasz rachunek
yours *pron adj koresp.* twój, wasz, pański
  ~ **faithfully ⟨sincerely, truly⟩** z poważaniem (*końcowa formułka grzecznościowa listu*)
  ~ **of the ...** wasze pismo z dnia ...
  at ~ u was, u panów
  free at ~ franko u was, z dostawą do odbiorcy
youth s 1. młodość 2. młodzież
  ~ **hostel** młodzieżowe schronisko
  ~ **organization** organizacja młodzieżowa
  ~**s' detention camp** młodzieżowa izba zatrzymań
youthful *adj* 1. młody 2. młodociany
  ~ **age** młody wiek
  ~ **offender** młodociany przestępca

Z

zealot s gorliwiec, zagorzały stronnik ⟨zwolennik⟩
zebra s: ~ **crossing** *bryt.* przejście dla pieszych oznaczone pasami, *pot.* zebra
zero s zero
  ~ **hour** godzina rozpoczęcia (*działania*), chwila decydująca
  ~ **visibility** widoczność zerowa
  to fall to ~ spaść do zera
Zionism s syjonizm

Zionist s syjonista
zip code[1] s *am.* kod pocztowy
zip code[2] *v am.* zaopatrzyć (*list*) w kod pocztowy
zloty s (*pl* **zlotys**) złoty polski, złotówka
zonal *adj* strefowy
zone[1] s 1. strefa, obszar, rejon, zona 2. pas, pasmo
  ~ **of conflicts and clashes** strefa konfliktów i starć
  ~ **of distribution** strefa doręczeniowa (*listów*)

~ **of free trade** strefa wolnego handlu ⟨wolnocło-
wa⟩
~ **of influence** strefa wpływów
~ **of trading** zakres pływania statku
~ **tariff** taryfa strefowa
~ **time** czas strefowy
bonded ⟨**free**⟩ ~ portowa strefa wolnocłowa
border ⟨**frontier**⟩ ~ strefa graniczna
climatic ~ strefa klimatyczna
danger ~ obszar zagrożony
demilitarized ~ strefa zdemilitaryzowana
dollar ⟨**sterling**⟩ ~ strefa dolarowa ⟨szterlingowa⟩
free-trade ~ *am.* portowa strefa wolnocłowa
frigid ~ strefa zimna ⟨podbiegunowa⟩
military ~ strefa wojskowa
monetary ~ strefa walutowa
neutral ~ strefa neutralna
occupied ~ strefa okupowana

polar ~ strefa polarna
prohibited ~ strefa zakazana
safety ~ strefa ochronna
tariff ~ strefa taryfowa
temperate ~ strefa umiarkowana
torrid ⟨**tropical**⟩ ~ strefa gorąca ⟨zwrotnikowa⟩
war ~ strefa wojenna
zone² *v* dzielić na strefy, rejonizować
to ~ **for industry** wydzielać obszary dla budownictwa
przemysłowego
zoning *s* wyznaczanie stref, rejonizacja
restrictive ~ wyznaczanie stref, w których zakazana
jest działalność gospodarcza (*dla ochrony przyrody*)
rural ~ *am.* wyznaczanie obszarów rolnych na ⟨przy⟩
granicach miast
zoom *v* wznosić się szybko w górę
to ~ **prices** gwałtownie podnosić ceny

Wagi i miary – Weights and Measures

1 **acre** *bryt. am.* akr = **4840 square yards** = 4046,86 m²
1 **anker** *bryt.* = **10 gallons** = 45,435 l
1 **are** ar = 100 m²
1 **bag** worek (*o różnej wadze w zależności od towaru*)
1 **bale** bela (*o różnej wadze w zależności od towaru*)
1 **barrel** *bryt.* beczka, baryłka = **36 Imperial gallons** = 163,656 l
    1 **U.S. barrel** *am.* beczka ⟨baryłka⟩ naftowa = **42 U.S. gallons** = 158,98 l
1 **bushel** *bryt.* buszel = **8 Imperial gallons** = 36,368 l
    1 **U.S. bushel** *am.* buszel = 35,238 l
1 **bushel** buszel dla zbóż i innych towarów sypkich, o różnej wadze
1 **can** *am.* = **10 wine gallons** = 37, 853 l
1 **carat** *bryt. am.* karat (*dla kamieni szlachetnych*) = 205,3 mg
    1 **metric carat** karat metryczny = 200 mg
1 **cask** *am.* beczułka = **32 wine gallons** = 121,13 l
1 **centigram(me)** centygram = 0,01 g
1 **centilitre** ⟨*am.* **centiliter**⟩ centylitr = 0,01 l
1 **centimetre** ⟨*am.* **centimeter**⟩ = 0,01 m = 10 mm
    1 **cubic centimetre** centymetr sześcienny = 1000 mm³
    1 **square centimetre** centymetr kwadratowy = 100 mm²
1 **decagram(me)** dekagram = 10 g
1 **decalitre** ⟨*am.* **decaliter**⟩ dekalitr = 10 l
1 **decametre** ⟨*am.* **decameter**⟩ dekametr = 10 m
1 **decigram(me)** decygram = 0,1 g
1 **decilitre** ⟨*am.* **deciliter**⟩ decylitr = 0,1 l
1 **decimetre** ⟨*am.* **decimeter**⟩ decymetr = 0,1 m
1 **fathom** *bryt. am.* sążeń = **2 yards** = 1,829 m
1 **foot** (*pl* **feet**) *bryt. am.* stopa = **12 inches** = 30,48 cm
1 **gallon** *bryt.* galon = **4 quarts** = 4,5435 l
    1 **U.S. gallon** *am.* galon = 3,785 l
1 **gram(me)** gram = 0,01 kg
1 **hectare** hektar = **100 are** = 10000 m²
1 **hectogram(me)** hektogram = 100 g
1 **hectolitre** ⟨*am.* **hectoliter**⟩ hektolitr = 100 l
1 **hundredweight avoirdupois** *bryt.* cetnar = **112 pounds avoirdupois** = 50,802 kg
    1 **long hundredweight** = **1 hundredweight avoirdupois**
    1 **metric hundredweight** cetnar metryczny = 50 kg
    1 **short hundredweight** = **1 U.S. hundredweight**
    1 **U.S. hundredweight** *am.* cetnar = **100 pounds avoirdupois** = 45,359 kg

1 inch *bryt. am.* cal = 2,54 cm

    1 cubic inch *bryt. am.* cal sześcienny = 16,387 cm³

    1 square inch *bryt. am.* cal kwadratowy = 6,452 cm²

1 kilogram(me) kilogram = 1000 g

1 kilometre ⟨*am.* **kilometer**⟩ kilometr = 1000 m

1 knot węzeł = 1 mila morska na godzinę = 1,8532 km/h

1 litre ⟨*am.* **liter**⟩ litr = 1000 cm³

1 metre ⟨*am.* **meter**⟩ metr = 100 cm

1 mile *bryt. am.* mila lądowa = **1760 yards** = 1609,344 m

    1 nautical mile *bryt.* mila morska = **6080 feet** = 1853,184 m

    1 U.S. nautical mile *am.* mila morska = **6080,2 feet** = 1853,245 m

1 milligram(me) miligram = 0,001 g

1 millilitre ⟨*am.* **milliliter**⟩ mililitr = 0,001 l

1 millimetre ⟨*am.* **millimeter**⟩ milimetr = 0,1 cm

1 ounce avoirdupois *bryt. am.* uncja handlowa = 28,349 g

1 pint *bryt.* = 0,568 l

1 pound avoirdupois *bryt. am.* funt handlowy = 453,592 g

1 quart *bryt.* = **2 pints** = 1,136 l

1 stone *bryt. am.* = **14 pounds avoirdupois** = 6,35 kg

1 ton *bryt.* tona = **2240 pounds avoirdupois** = 1016,046 kg

    1 British shipping ton = **42 cubic feet** = 1,189 m³

    1 continental ton = **1 metric ton**

    1 freight ton *bryt.* tona frachtowa = **40 cubic feet** = 1,133 m³

    1 Imperial ton *bryt.* = **1 ton**

    1 just ton *am.* = **1 short ton**

    1 long ton *am.* = **1 ton**

    1 measurement ton = **1 freight ton**

    1 metric ton tona metryczna = 1000 kg

    1 railroad ton *am.* = **1 short ton**

    1 register(ed) ton *bryt. am.* tona rejestrowa = **100 cubic feet** = 2,832 m³

    1 shipping ton *bryt. am.* = **40 cubic feet** = 1,133 m³

    1 short ton *am.* tona amerykańska = **2000 pounds avoirdupois** = 907,19 kg

    1 vessel ton = **1 register(ed) ton**

1 yard *bryt. am.* jard = **3 feet** = 91,44 cm

Wybór powszechnie stosowanych skrótów angielskich i amerykańskich

Selected English and American Common Abbreviations

A.	=	**accepted** przyjęte
A.A.	=	**1. American Army** Armia Amerykańska **2. Automobile Association** Związek Automobilowy
A.A.A.	=	**American Arbitration Association** Amerykańskie Stowarzyszenie Specjalistów Arbitrażowych
a.	=	**1. about** około, mniej więcej **2. acre** akr **3. arrived** przybył **4. attached** załączony, w załączeniu
a/a	=	**for account of...** na rachunek...
a.a.r., A.A.R.	=	**against all risks** *ub. mors.* wszelkie ryzyka pokryte
a&r	=	**air and rail** samolotem i koleją
A.B.C.	=	**1.** abecadło **2.** alfabetyczny rozkład jazdy kolei **3. American Broadcasting Company** Amerykańskie Radio
ab init.	=	**ab initio** od początku
abr.	=	**1. abridged** skrócony **2. abridgment** skrót, skrócenie
abs.	=	**absolute** absolutny, bezwzględny
a/c	=	**account/current** rachunek bieżący, konto
acc	=	**1. acceptance** akcept **2. accepted** zaakceptowany, zaakceptowano **3. account** rachunek
A.D.	=	**Anno Domini** naszej ery, roku Pańskiego
a.d., a/d	=	**after date** po terminie (*płatności*)
ad fin.	=	**ad finem** *łac.* ku końcowi, do końca
ad inf.	=	**ad infinitum** *łac.* w nieskończoność
ad init.	=	**ad initium** *łac.* na początek, do początku
ad int.	=	**ad interim** *łac.* chwilowo, tymczasowo
ad lib.	=	**ad libitum** *łac.* dowolnie, do woli
ad loc.	=	**ad locum** *łac.* w miejscu
adm., Adm.	=	**Administration** administracja
Adv.	=	**1. advance** zaliczka **2. advice** awiz **3. advised** awizowany **4. Advocate** adwokat
adv., ad val.	=	**ad valorem** według wartości, w zależności od wartości
adv., advert., advt	=	**advertisement** ogłoszenie, reklama
AEC	=	**Atomic Energy Commission** Komisja do Spraw Energii Atomowej

A.F.B.	=	**air freight bill** konosament lotniczy
afft	=	**affidavit** affidawit, oświadczenie pod przysięgą
A.F.L.-C.I.O.	=	**American Federation of Labour and Congress of Industrial Organizations** Amerykańska Federacja Pracy – Kongres Organizacji Przemysłowych
A.-G.	=	**Attorney-General** Prokurator Generalny
agst	=	**against** przeciw, przeciwko
Agt., agt	=	**Agent** agent
AIDS	=	**Acquired Immune Deficiency Syndrome** syndrom nabytej obniżonej odporności (organizmu)
Ala.	=	**Alabama** (*stan*) Alabama
Alas.	=	**Alaska** (*stan*) Alaska
alt.	=	**altitude** wysokość nad poziomem morza
A.M.	=	**Artium Magister** magister nauk humanistycznych
Am.	=	**1. America** Ameryka **2. American** amerykański
a.m.	=	**above mentioned** wyżej wymieniony
a.m., A.M.	=	**ante meridiem** przed południem
A.P.	=	**1. Associated Press** amerykańska agencja prasowa **2. Atlantic Pact** Pakt Atlantycki
app.	=	**1. appendix** dodatek, załącznik **2. appended** dodany **3. appointed** wyznaczony, mianowany **4. approved** zaaprobowany, zatwierdzony
approx.	=	**approximately** około, w pobliżu
Apr.	=	**April** kwiecień
A.R.	=	**accounts receivable** rachunki do inkasa
arbtrn	=	**arbitration** arbitraż
Ariz.	=	**Arizona** (*stan*) Arizona
Ark.	=	**Arkansas** (*stan*) Arkansas
Art., art.	=	**article** artykuł, paragraf
a.s.	=	**after sight, at sight** za okazaniem
assd	=	**1. assessed** wymierzony (*podatek*) **2. assured** ubezpieczony **3. assorted** (wy)sortowany
Assoc., assoc	=	**1. associate** *a)* współpracownik *b)* członek stowarzyszenia **2. association** stowarzyszenie, związek
A.S.T.	=	**Atlantic Standard Time** atlantycki czas urzędowy
Atl.	=	**Atlantic** atlantycki
Att.	=	**attorney** pełnomocnik, adwokat
Aug.	=	**August** sierpień
Austr.	=	**Australia** Australia
av., avdp.	=	**avoirdupois** angielski system wagowy
av., ave.	=	**avenue** aleja, ulica
av., avg.	=	**average** przeciętny, średni
a.w.	=	**all water** drogą wodną
a/w	=	**actual weight** ciężar rzeczywisty
b.	=	**born** urodzony
B.A.	=	**1. baccalaureus artium (Bachelor of Arts)** absolwent uniwersytetu bez stopnia magisterskiego **2. British Airways** Brytyjskie Linie Lotnicze
bal, Bal.	=	**balance** saldo, bilans
bar.	=	**barometer** barometr
barl	=	**barrel** baryłka
B.B.C.	=	**British Broadcasting Corporation** brytyjskie radio i telewizja

B.C.	= **1. Before Christ** przed Chrystusem, przed naszą erą **2. Birth Control** regulacja urodzeń **3. British Council** Brytyjska Rada Wymiany Kulturalnej
B/C	= **bill for collection** weksel do inkasa
B.C.L.	= **Bachelor of Civil Law** absolwent wydziału prawa cywilnego (*bez stopnia magisterskiego*)
B.C.N., BCON	= **British Commonwealth of Nations** Brytyjska Wspólnota Narodów
B.Com.	= **Bachelor of Commerce** absolwent wydziału nauk ekonomicznych
BD, B/D	= **1. bank draft** trata bankowa **2. bills discounted** weksle zdyskontowane
B.E.	= **1. Bachelor of Engineering** absolwent politechniki **2. Bank of England** Bank Angielski
B.E., B/E, b/e	= **bill of exchange** weksel
B/E	= **bill of entry** zgłoszenie celne, deklaracja celna
B/f, b/f	= **brought forward** z przeniesienia
BFDC	= **Bureau of Foreign and Domestic Commerce** Biuro Handlu Zagranicznego i Wewnętrznego
B/H	= **Bill of Health** świadectwo zdrowia
B.H.P., b.h.p.	= **brake horse-power** moc użyteczna (*w koniach mechanicznych*)
B.I.S.	= **Bank of International Settlements** Bank Rozrachunków Międzynarodowych
bkpt	= **bankrupt** a) upadły, zbankrutowany b) bankrut
B.L.	= **Bachelor of Law** absolwent prawa (*bez stopnia magisterskiego*)
B/L, b/l	= **Bill of Lading** list przewozowy, konosament
bldg	= **building** budynek
Blvd, blvd	= **boulevard** bulwar
B.M.	= **1. Bachelor of Medicine** absolwent medycyny (*bez stopnia magisterskiego*) **2. British Museum** Muzeum Brytyjskie
B.M.N.	= **British Merchant Navy** Brytyjska Marynarka Handlowa
B.of E.	= **Bank of England** Bank Angielski
B.of T.	= **Board of Trade** Ministerstwo Handlu
Br., Brit.	= **1. Britain** Brytania, Wielka Brytania **2. British** brytyjski
B.R.	= **British Railways** Brytyjskie Koleje
B.R.C.S	= **British Red Cross Society** Brytyjski Czerwony Krzyż
Bros, bros	= **brothers** bracia (*w nazwach firm*)
B.S.	= **1. British Standard** norma brytyjska **2. balance sheet** bilans **3. bill of sale** paragon
B.S.T.	= **British Summer Time** brytyjski czas letni
bur.	= **bureau** biuro
B.V., B/V, b.v., b/v	= **book value** wartość inwentarzowa
B.W.	= **bonded warehouse** skład wolnocłowy
BWT	= **British Winter Time** brytyjski czas zimowy
C.	= **Celsius, Centigrade** stopień skali Celsjusza
c.	= **cent** *am.* cent
ca.	= **circa** około, mniej więcej
C.A.	= **1. chartered accountant** dyplomowany księgowy koncesjonowany **2. chief accountant** główny księgowy
C/A	= **1. capital account** rachunek kapitału **2. credit account** rachunek (otrzymanych) kredytów **3. commercial agent** agent handlowy **4. Court of Appeal** sąd apelacyjny

C/ac.	=	**current account** rachunek bieżący
C.A.D.	=	**cash against documents** gotówka ⟨zapłata⟩ za okazaniem dokumentów
caf, c.a.f.	=	**cost and freight** koszt i fracht
Cal., Calif.	=	**California** (*stan*) Kalifornia
Can.	=	**Canada** Kanada
cap.	=	**1. capacity** pojemność **2. capital** kapitał
Capt.	=	**Captain** kapitan
carr. pd	=	**carriage paid** koszty transportu pobrano, ofrankowany
cash., Cash.	=	**cashier** kasjer
cash B/L	=	**cash against bill of lading** zapłata za okazaniem konosamentu
C/B	=	**cash book** księga kasowa
C.B.D.	=	**cash before delivery** płatność przed dostawą
CC	=	**Consular Corps** Korpus Konsularny
C.C.	=	**1. Chamber of Commerce** Izba Handlowa **2. County Council** Rada Hrabstwa **3. custom charge** opłaty celne
c.d.	=	**cash discount** skonto, rabat gotówkowy
C.D.	=	**Corps Diplomatique** Korpus Dyplomatyczny
C/D	=	**certificate of deposit** kwit depozytowy
c.d.v.	=	**carte de visite** karta wizytowa, wizytówka
CE	=	**Council of Europe** Rada Europejska
Cels.	=	**Celsius** (*stopień*) w skali Celsjusza
Cent.	=	**centigrade** (*stopień*) w skali Celsjusza
cent.	=	**century** wiek, stulecie
CENTO	=	**Central Treaty Organization** Organizacja Paktu Centralnego
cert.	=	**1. certificate** zaświadczenie **2. certified** poświadczony
C.E.T.	=	**Central European Time** czas środkowoeuropejski
cf	=	**confer (compare)** zobacz, porównaj
C.H.	=	**1. clearing house** izba rozrachunkowa **2. custom house** urząd celny
ch.pd	=	**charges paid** koszty opłacone
ch.ppd	=	**charges prepaid** koszty przedpłacone ⟨opłacone z góry⟩
chq	=	**cheque** czek
CI	=	**Counter-Intelligence** kontrwywiad
C/I	=	**certificate of insurance** polisa ubezpieczeniowa
C.I.	=	**1. consular invoice** faktura konsularna **2. cost and insurance** cena i ubezpieczenie
CIA	=	**Central Intelligence Agency** *am.* Centralna Agencja Wywiadowcza
C.I.D.	=	**Criminal Investigation Department** *bryt.* Urząd Śledczy do Spraw Kryminalnych
C.I.F., c.i.f.	=	**cost insurance freight** cena łącznie z kosztami transportu i ubezpieczenia
cit.	=	**citation** cytat
C.J.	=	**Chief Justice** Prezes Sądu Najwyższego
cl.	=	**1. class** klasa **2. clause** paragraf (*w dokumencie*)
C.M.	=	**Corresponding Member** członek korespondent
C/M	=	**certificate of manufacture** świadectwo wyrobu
cm.	=	**centimetre** centymetr
CMEA	=	**Council for Mutual Economic Aid** Rada Wzajemnej Pomocy Gospodarczej (RWPG)
CN	=	**Commonwealth of Nations** *bryt.* Wspólnota Narodów
C/N	=	**1. circular note** okólnik **2. credit note** nota kredytowa

CO, c.o.	= **conscientious objector** osoba uchylająca się od służby wojskowej ze względów moralnych
Co.	= **1. company** towarzystwo, spółka, kompania **2. county** *bryt.* hrabstwo, *am.* okręg
c/o	= **care of...** z listami...
C/O	= **certificate od origin** świadectwo pochodzenia
C.O.D., COD	= **cash on delivery** płatne gotówką przy odbiorze
C. of E.	= **Church of England** Kościół anglikański
Col.	= **1. colonel** pułkownik **2. Colorado** (*stan*) Kolorado
col.	= **column** szpalta, rubryka
Coll.	= **College** *a*) szkoła średnia *b*) uczelnia
coll.	= **collection** inkaso
com.	= **commerce** handel
Comecon	= **CMEA**
Con.	= **consul** konsul
Conn.	= **Connecticut** (*stan*) Connecticut
contd	= **continued** dalszy ciąg
contemp.	= **contemporary** współczesny
co-op.	= **co-operative society** spółdzielnia
copr.	= **copyright, copyrighted** prawa autorskie zastrzeżone
Corp., corp.	= **corporation** korporacja, spółka akcyjna
corr.	= **1. corrected** poprawiony **2. correspondent** korespondent
C.P.G.B.	= **Communist Party of Great Britain** Komunistyczna Partia Wielkiej Brytanii
C.P.S.U.	= **Communist Party of the Soviet Union** Komunistyczna Partia Związku Radzieckiego
C.P.U.S	= **Communist Party of the United States** Komunistyczna Partia Stanów Zjednoczonych
C.S.	= **Civil Service** administracja państwowa
C/T	= **cable transfer** przekaz telegraficzny
CTV	= **colour television** telewizja kolorowa
cu., cub.	= **cubic** sześcienny, kubiczny
C.W.O., c.w.o.	= **cash with order** płatne gotówką przy zamówieniu
cw.	= **clockwise** zgodnie z ruchem wskazówek zegara
cwt.	= **hundredweight** cetnar angielski, kwintal (112 funtów=50,802 kg)
d.	= **1. denarius (penny)** pens, *pl* **denarii (pence)** pensy **2. date** data **3. died** zmarł
D.A.	= **District Attorney** *am.* prokurator okręgowy
D/A	= **1. deposit account** rachunek depozytowy **2. documents attached** dokumenty załączone
dag	= **decagram** dekagram
Dak.	= **Dakota** (*stan*) Dakota
dbl.	= **double** podwójny
D.C.	= **1. decimal system** układ dziesiętny (*miar i wag*) **2. Diplomatic Corps** Korpus Dyplomatyczny
D.C.L.	= **Doctor of Civil Law** doktor prawa cywilnego
dd	= **delivered** dostarczony
d/d	= **1. dated** datowany **2. delivered** dostarczony **3. delayed delivery** dostawa opóźniona
Dec.	= **December** grudzień
dec.	= **deceased** zmarły
deg.	= **degree** stopień

Del.	=	**Delaware** (*stan*) Delaware
dep.	=	**1. departure** godzina odjazdu **2. deposit** depozyt
dept.	=	**department** dział, wydział, oddział, departament
D.L.O.	=	**Dead-letter Office** dział listów nie doręczonych
D.M.	=	**doctor of medicine** doktor medycyny
D/N	=	**debit note** nota debitowa
D/O	=	**delivery order** zlecenie dostawy
do	=	**ditto** tak samo, tenże, wyżej wymieniony
doc.	=	**doctor** doktor
dol.	=	**dollar** dolar
doz.	=	**dozen** tuzin
D.P.	=	**displaced person** osoba wysiedlona, przesiedleniec
Dr.	=	**doctor** doktor
Dr.Jur.	=	**doctor juris** doktor praw
Dr.Phil.	=	**doctor of philosophy** doktor filozofii
D&S	=	**demand and supply** popyt i podaż
d.s., d/s, D/S	=	**...days after sight** ... dni po okazaniu
dup., dupl.	=	**duplicate** duplikat
d.w., D.W.T.	=	**deadweight** nośność statku
D/y, dy	=	**delivery** dostawa
E.	=	**East** wschód
E.A.	=	**Economic Adviser** doradca w sprawach ekonomicznych
E.&.O.E.	=	**errors and omissions excepted** z zastrzeżeniem błędów i opuszczeń
econ.	=	**1. economic** ekonomiczny, gospodarczy **2. economics** ekonomia
ed.	=	**1. edited** wydany **2. editor** redaktor, wydawca
E.E.C.	=	**European Economic Community** Europejska Wspólnota Gospodarcza, Wspólny Rynek
EET, E.E.T.	=	**East European Time** czas wschodnioeuropejski
E.F.T.A., Efta	=	**European Free Trade Association** Europejskie Zrzeszenie Wolnego Handlu
e.g.	=	**exempli gratia (for example)** na przykład
emb.	=	**embargo** embargo
E.M.S.	=	**emergency medical service** pomoc lekarska w nagłych wypadkach
enc., encl.	=	**1. enclosed** załączony **2. enclosure** załącznik
E., Engl.	=	**1. England** Anglia **2. English** angielski
end.	=	**1. endorsed** indosowany **2. endorsement** indos
eng.	=	**engineer** inżynier, technik
E.P.T.	=	**excess profit tax** podatek wyrównawczy
erron.	=	**erroneous** błędny
esp.	=	**especially** szczególnie, zwłaszcza
Esq.	=	**Esquire** (*w adresie*) Wielmożny Pan
est.	=	**established** ... założony w ...
etc.	=	**et cetera (and so on)** i tak dalej, i inne
EURATOM	=	**European Atomic Energy Community** Europejska Wspólnota Energii Atomowej
EWT	=	**Eastern Winter Time** wschodni czas zimowy
Ex.	=	**exchange** *a*) giełda *b*) kurs
ex.	=	**1. examined** sprawdzony, wypróbowany **2. example** przykład
exam.	=	**examination** badanie, egzamin
exc.	=	**except** z wyjątkiem, z wyłączeniem

ex off.	=	**ex officio** z urzędu
exp.	=	**1. expenses** wydatki **2. export** eksport **3. express** ekspres
F.	=	**Fahrenheit** (w skali) Fahrenheita
f	=	**1. female** żeński **2. foot** stopa
fac.	=	**facsimile** faksymile
fas, F.A.S.	=	**free alongside ship** wzdłuż burty statku
FBI, F.B.I.	=	**Federal Bureau of Investigation** *am.* Federalne Biuro Śledcze
fco	=	**franco** franko, franco
Feb.	=	**February** luty
fig.	=	**figure** rycina, rysunek, ilustracja
Fla	=	**Florida** (*stan*) Floryda
F.O.	=	**Foreign Office** *bryt.* Ministerstwo Spraw Zagranicznych
F.O.B., f.o.b	=	**free on board** z dostawą na pokład
f.o.c.	=	**free of charge** bezpłatnie, bez ponoszenia kosztów
f.o.r.	=	**free on rail** z dostawą i załadowaniem do wagonu kolejowego
f.o.t.	=	**free of tax** wolne od podatku
Fr.	=	**French** francuski
F.R.G.	=	**Federal Republic of Germany** Republika Federalna Niemiec
Fri	=	**Friday** piątek
Frisco	=	**San Francisco**
ft	=	**foot** stopa
FX	=	**foreign exchange** obca waluta
Ga	=	**Georgia** (*stan*) Georgia
G.A.	=	**1. general agent** przedstawiciel generalny **2. General Assembly** *a)* Zgromadzenie Ogólne *b)* walne zebranie
gal.	=	**gallon** galon
GATT	=	**General Agreement on Tariffs and Trade** Układ Ogólny w sprawie Ceł i Handlu
GB, G.B.	=	**Great Britain** Wielka Brytania
G.B.&I.	=	**Great Britain and Ireland** Wielka Brytania i Irlandia
G.D.R.	=	**German Democratic Republic** Niemiecka Republika Demokratyczna
Gen.	=	**General** generał
gent(s)	=	**gentlemen** panowie, mężczyźni
Ger.	=	**German** niemiecki
GFTU, G.F.T.U.	=	**General Federation of Trade Unions** Powszechna Federacja Związków Zawodowych
G.H.Q.	=	**General Headquarters** Kwatera Główna
G.I.	=	**government issue** *am.* ,,emisja rządowa" (*popularna nazwa żołnierza*)
GM	=	**General Manager** dyrektor naczelny
gm.	=	**gramme** gram
G.M.T.	=	**Greenwich Mean Time** średni czas zachodnioeuropejski
G.N.P.	=	**Gross National Product** produkt narodowy brutto
Gov., Govt	=	**Government** rząd
G.P.	=	**General Practitioner** lekarz ogólnie praktykujący
G.P.O.	=	**General Post Office** Poczta Główna
gr.wt.	=	**gross weight** waga brutto
G.S.	=	**General Secretary** sekretarz generalny
gt	=	**great** wielki, duży
g.t.c.	=	**good till cancelled** ważny aż do odwołania

h.	=	**1. hour** godzina **2. height** wysokość
ha.	=	**hectare** hektar
HC, H.C.	=	**House of Commons** Izba Gmin
Hi-Fi, hi-fi	=	**high fidelity** wysoka wierność (*odtwarzania*)
HL, H.L.	=	**House of Lords** Izba Lordów
H.M.	=	**His ⟨Her⟩ Majesty** Jego ⟨Jej⟩ Królewska Mość
HMS, H.M.S.	=	**His ⟨Her⟩ Majesty Ship** Okręt Jego ⟨Jej⟩ Królewskiej Mości
H.O.	=	**1. Head Office** centrala **2. Home Office** *bryt.* Ministerstwo Spraw Wewnętrznych
hosp.	=	**hospital** szpital
h.p.	=	**horse power** koń mechaniczny
HR, H.R.	=	**House of Representatives** *am.* Izba Reprezentantów
H.R.H.	=	**His ⟨Her⟩ Royal Highness** Jego ⟨Jej⟩ Królewska Wysokość
I.	=	**Idaho** (*stan*) Idaho
i.	=	**island** wyspa
Ia	=	**Iowa** (*stan*) Iowa
I.A.F.	=	**International Automobile Federation** Międzynarodowa Federacja Automobilowa
I.A.T.A.	=	**International Air Transport Association** Międzynarodowy Związek Transportu Powietrznego
I.C.	=	**interior communication** łączność wewnętrzna, telefon wewnętrzny
IC	=	**1. Intelligence Corps** służba wywiadowcza **2. internment camp** obóz internowanych
i/c	=	**in charge** pod kierownictwem
ICC	=	**International Chamber of Commerce** Międzynarodowa Izba Handlowa
I.C.F.T.U.	=	**International Confederation of Free Trade Unions** Międzynarodowa Konfederacja Wolnych Związków Zawodowych
I.C.J.	=	**International Court of Justice** Międzynarodowy Trybunał Sprawiedliwości
ICRC	=	**International Committee of the Red Cross** Międzynarodowy Komitet Czerwonego Krzyża
Id.	=	**Idaho** (*stan*) Idaho
i.e.	=	**id est (that is)** to jest
ILA	=	**International Law Association** Stowarzyszenie Prawa Międzynarodowego
Ill	=	**Illinois** (*stan*) Illinois
ill.	=	**1. illustration** rycina, ilustracja **2. illustrated** ilustrowany
ILO	=	**International Labour Organization** Międzynarodowa Organizacja Pracy
IMF	=	**International Monetary Fund** Międzynarodowy Fundusz Walutowy
in.	=	**inch** cal
Inc.	=	**Incorporated** zarejestrowany
incl.	=	**including** włącznie
incog.	=	**incognito** incognito
Ind.	=	**1. Indiana** (*stan*) Indiana **2. Independent** niezależny, niezawisły
INF	=	**Intermediate Range Nuclear Force** pociski jądrowe średniego zasięgu
insp.	=	**inspector** inspektor
Inst.	=	**1. Institute** instytut **2. institution** instytucja

inst.	=	**instant (of the present month)** bieżącego miesiąca
int.	=	**1. internal** wewnętrzny **2. international** międzynarodowy
intercom, intercomm	=	**intercommunication** telefon wewnętrzny, interkom
inv, inv.	=	**invoice** faktura
IOU	=	**I owe you** jestem winien (*skrypt dłużny*)
I.Q.	=	**Intelligence Quotient** współczynnik inteligencji
I.R.A.	=	**Irish Republican Army** Irlandzka Armia Republikańska
I.R.C.	=	**International Red Cross** Międzynarodowy Czerwony Krzyż
Ire	=	**Ireland** Irlandia
IS	=	**Intelligence Service** *bryt.* służba informacyjna, wywiad
ITA	=	**International Touring Alliance** Międzynarodowy Związek Turystyczny
I.T.O.	=	**International Trade Organization** Międzynarodowa Organizacja Handlu
ITU	=	**International Telecommunication Union** Międzynarodowa Unia Telekomunikacyjna
ITV, I.T.V.	=	**Independent Television** *bryt.* Niezależna Telewizja
I.U.S.	=	**International Union of Students** Międzynarodowy Związek Studentów
I.U.S.Y.	=	**International Union of Socialist Youth** Międzynarodowy Związek Młodzieży Socjalistycznej
I.W.T.	=	**inland water transport** transport wodny śródlądowy
I.Y.C.	=	**International Youth Congress** Międzynarodowy Kongres Młodzieży
Jan.	=	**January** styczeń
J.P.	=	**Justice of the Peace** sędzia pokoju
Jr., jr.	=	**junior** młodszy
Jul.	=	**July** lipiec
Jun.	=	**June** czerwiec
juv.	=	**juvenile** młodociany
Kan	=	**Kansas** (*stan*) Kansas
K.B.	=	**King's Bench** *bryt.* Sąd Ławy Królewskiej
K.C.	=	**King's Counsel** *bryt.* doradca królewski (*tytuł nadawany adwokatom*)
Ken	=	**Kentucky** (*stan*) Kentucky
kg	=	**kilogramme** kilogram
km	=	**kilometre** kilometr
Kw, kw	=	**kilowatt** kilowat
Ky	=	**Kentucky** (*stan*) Kentucky
£	=	**libra** *łac.* (**pound sterling**) funt szterling
L	=	**1. learner** *bryt.* nauka jazdy **2. Liberal** *bryt.* Partia Liberalna
l	=	**1. litre** litr **2. left** lewy **3. length** długość
La	=	**Louisiana** (*stan*) Louisiana
LA	=	**1. Legislative Assembly** zgromadzenie ustawodawcze **2. Los Angeles** *am.* Los Angeles
L/A	=	**Letter of Authority** pełnomocnictwo
Lab.	=	**Labour** *bryt.* Partia Pracy
lab.	=	**laboratory** laboratorium
lat.	=	**latitude** szerokość geograficzna

lb.	=	**libra** *łac.* **(pound)** funt (*wagi*)
L/C	=	**letter of credit** akredytywa
L.C.C.	=	**London County Council** Rada Miasta Londynu
L.C.J.	=	**Lord Chief Justice** *bryt.* Prezes Sądu Najwyższego
L.D.	=	**London District** Okręg Londyński
Ld	=	**limited** ograniczony
Ldn	=	**London** Londyn
lgth	=	**length** długość
Lib.	=	**Liberal** *bryt.* Partia Liberalna
Lieut.	=	**Lieutenant** porucznik
L.Mr	=	**Lord Mayor** burmistrz, prezydent miasta
L.M.T.	=	**local mean time** miejscowy czas średni
long.	=	**longitude** długość geograficzna
LP	=	**1. Labour Party** *bryt.* Partia Pracy **2. long-playing (record)** (płyta) długogrająca
L.S.T.	=	**Local Standard Time** *am.* miejscowy czas średni
Lt	=	**Lieutenant** porucznik
Ltd.	=	**Limited (company)** (spółka) z ograniczoną odpowiedzialnością
lux	=	**luxury** luksus
M, M.	=	**member** członek (*stowarzyszenia*)
m.	=	**1. married** żonaty, zamężna **2. male** męski
m, m.	=	**1. metre** metr **2. mile** mila (angielska) **3. million** milion
M.A.	=	**1. Magister Artium (Master of Arts)** magister nauk humanistycznych **2. Military Attaché** Attaché Wojskowy
Ma	=	**Minnesota** (*stan*) Minnesota
Maj.	=	**Major** major
manuf.	=	**manufactured** wyprodukowany
Mar.	=	**March** marzec
mar.	=	**maritime** morski
Mass.	=	**Massachusetts** (*stan*) Massachusetts
math.	=	**mathematics** *am.* matematyka
maths	=	**mathematics** *bryt.* matematyka
max.	=	**maximum** maksimum
M.C.	=	**Member of Congress** *am.* członek Kongresu
M.D.	=	**Medicinae Doctor** doktor medycyny
Md	=	**Maryland** (*stan*) Maryland
Me	=	**Maine** (*stan*) Maine
mem., memo.	=	**memorandum** memorandum
Messrs.	=	**Messieurs** panowie (*w nazwie firmy*)
MFNC	=	**most favoured nation clause** klauzula największego uprzywilejowania
mg	=	**milligramme** miligram
Mgr	=	**Monsignor** tytuł duchownych katolickich
MI	=	**Marine Insurance** ubezpieczenie morskie
Mi.	=	**Mississippi** (*stan*) Missisipi
mi	=	**mile** mila
Mich.	=	**Michigan** (*stan*) Michigan
min.	=	**1. minute** minuta **2. minimum** minimum
Minn.	=	**Minnesota** (*stan*) Minnesota
ml	=	**1. mile** mila **2. millilitre** mililitr
mm.	=	**millimetre** milimetr
M.N.	=	**Merchant Navy** Marynarka Handlowa

M.O.	= **1. Medical Officer** lekarz wojskowy **2. money order** przekaz pieniężny **3. mail order** adres pomocniczy, przekaz pocztowy
Mo	= **Missouri** (*stan*) Missouri
mod. cons	= **modern conveniences** (*w ogłoszeniu*) wygody
Mon.	= **Monday** poniedziałek
Mont.	= **Montana** (*stan*) Montana
M.P.	= **1. Member of Parliament** *bryt.* członek Parlamentu **2. Metropolitan Police** policja stołeczna **3. Military Police** *am.* żandarmeria
m.p.g.	= **miles per gallon** mil na galonie (*paliwa*)
m.p.h.	= **miles per hour** mil na godzinę
Mr	= **Mister** pan
Mrs	= **Mistress** pani
Ms	= **Miss, Mistress** panna, pani
M/S	= **Motor Ship** statek motorowy
Mt	= **Mount** góra, szczyt
mth	= **month** miesiąc
My	= **May** maj
N.	= **North** północ
n/a	= **1. no account** nie posiada rachunku **2. non applicable** nie dotyczy
N.A.	= **1. new account** nowy rachunek **2. North America** Ameryka Północna
NASA	= **National Aeronautics and Space Administration** Narodowa Agencja do spraw Aeronautyki i Przestrzeni Kosmicznej
NATO, N.A.T.O.	= **North Atlantic Treaty Organization** Organizacja Paktu Północnoatlantyckiego
NBC	= **National Broadcasting Company** Radio Amerykańskie
N.C.	= **North Carolina** (*stan*) Północna Karolina
N.C.O.	= **Non-Commissioned Officer** podoficer
N.D.	= **North Dakota** (*stan*) Północna Dakota
n.d.	= **no date** (*adnotacja na czeku*) bez daty
N.E.	= **New England** Nowa Anglia
N/E	= **no effects** brak pokrycia
Neb.	= **Nebraska** (*stan*) Nebraska
Nev.	= **Nevada** (*stan*) Newada
N.F.	= **no funds** brak pokrycia
N.H.	= **New Hampshire** (*stan*) New Hampshire
N.H.I.	= **National Health Insurance** Krajowe Ubezpieczenia Społeczne
N.H.S.	= **National Health Service** *bryt.* Państwowa Służba Zdrowia
N.J.	= **New Jersey** (*stan*) New Jersey
N.Lat.	= **north latitude** północna szerokość geograficzna
n.m.	= **nautical mile** mila morska (1852,5 m)
N.M., N.Mex.	= **New Mexico** (*stan*) Nowy Meksyk
no(s)	= **number(s)** numer(y)
N.O., Not. Publ.	= **notary public** notariusz, rejent
Nov.	= **November** listopad
N/S, N.S.F.	= **non sufficient funds** nie zabezpieczone pieniężnym pokryciem
nt wt	= **net weight** waga netto
N.U.	= **name unknown** nazwisko nieznane
N.Y.(C.)	= **New York (City)** (*miasto*) Nowy Jork
N.Z.	= **New Zealand** Nowa Zelandia
O.	= **1. Ohio** (*stan*) Ohio **2. order** zamówienie

o/a, O/a	= **on account** na rachunek, na konto, tytułem zaliczki
OAP	= **old age pensioner** *bryt.* emeryt
O.A.S.	= **Organization of American States** Organizacja Państw Amerykańskich
O.A.U.	= **Organization of African Unity** Organizacja Jedności Afrykańskiej
ob.	= **obiit** zmarł
obs.	= **obsolete** przestarzały
Oct.	= **October** październik
O/D, o/d	= **on demand** na żądanie
off.	= **official** urzędowy
O.H.M.S.	= **on His ⟨Her⟩ Majesty Service** w służbie Jego ⟨Jej⟩ Królewskiej Mości
O.K., o.k.	= **all correct** wszystko w porządku, bardzo dobrze
Okla	= **Oklahoma** (*stan*) Oklahoma
OPEC	= **Organization of Petroleum Exporting Countries** Organizacja Krajów Eksportujących Naftę
opt.	= **1. option** opcja **2. optional** fakultatywny
Ore(g)	= **Oregon** (*stan*) Oregon
O/S, o/s	= **out of stock** zapas wyczerpany, brak na składzie
ourlet	= **our letter** nasz list
ourtel	= **our telegram** nasz telegram
oz	= **ounce** uncja
P.	= **1. park, parking** postój, parking **2. pedestrian (crossing)** (przejście) dla pieszych
p.	= **1. page** strona **2. per** przez, na **3. pint** miara pojemności
p	= **penny, pence** pens(y)
Pa.	= **Pennsylvania** (*stan*) Pensylwania
p.a.	= **per annum** rocznie
PAA, P.A.A., PANAM	= **Pan-American Airways** Panamerykańskie Linie Lotnicze
par.	= **paragraph** paragraf
Partn.	= **1. partner** wspólnik **2. partnership** spółka
pat.	= **patent** patent
patt.	= **pattern** wzór, próbka
PAYE, P.A.Y.E.	= **pay-as-you-earn** podatek od zarobków
payt	= **payment** płatność
P.C.	= **1. Police Constable** policjant **2. prime cost** koszt własny
P/C, p/c	= **petty cash** drobna gotówka (*w kasie*)
p.c.	= **1. per cent** procent **2. post card** pocztówka
pcs	= **pieces** sztuki
Pd, pd	= **paid** zapłacony
p.d.	= **per day** dziennie
p.h.	= **per hour** na godzinę
Ph.D.	= **Philosophiae Doctor** doktor filozofii
P.M.	= **1. Police Magistrate** sędzia sądu policyjnego (*dla drobnych przestępstw*) **2. Postmaster** naczelnik poczty **3. Prime Minister** Premier
P.M., p.m.	= **1. post meridiem** po południu **2. post mortem** pośmiertny **3. per month** miesięcznie
P.O.	= **1. Postal Order** (*pieniężny*) przekaz pocztowy **2. Post Office** Urząd Pocztowy
P.O.Box	= **post-office box** skrytka pocztowa

P.O.D., p.o.d.	= **pay on delivery** płatny przy odbiorze
P.O.O.	= **post office order** przekaz pieniężny
P.O.S.B.	= **Post-Office Savings Bank** Pocztowa Kasa Oszczędności
P.O.W.	= **Prisoner of War** jeniec wojenny
P.P., p.p.	= **1. per procurationem** z upoważnienia, w zastępstwie **2. post** ⟨**postage**⟩ **paid** opłata pocztowa opłacona
P.P.S.	= **post postcriptum** dodatkowy dopisek (*w liście*)
pr.	= **1. price** cena **2. pair** para
Pres.	= **President** prezydent
Prof., prof.	= **professor** profesor
Pro. Note	= **promissory note** weksel własny
Prov.	= **Province** region, okręg, województwo
prox.	= **proximo** przyszłego miesiąca
P.S.	= **1. Petrol Station** stacja benzynowa **2. Postscript** postscriptum, dopisek w liście
P/S	= **public sale** licytacja
p.s.	= **per second** na sekundę
pseud.	= **pseudonym** pseudonim
pt	= **1. part** część **2. payment** płatność **3. pint** miara pojemności **4. point** punkt
P.T.O.	= **please turn over** proszę odwrócić, verte
pub., publ.	= **1. publication** publikacja, wydanie **2. published** wydany, opublikowany **3. publisher** wydawca **4. public** publiczny **5. publicity** reklama
P.W.	= **packed weight** waga brutto
p.w.	= **per week** tygodniowo
Q.,q	= **quarter** ćwierć, ćwiartka
Q.	= **Queen** królowa
qr	= **quarter** kwartał
qr.	= **quarterly** kwartalnie
qt	= **quart** kwarta
Qu	= **Queen** królowa
Qual.	= **quality** jakość
Quant.	= **quantity** ilość
ques.	− **question** pytanic, kwestia, spiawa
q.v.	= **quod vide** *łac.* zobacz, patrz
R	= **1. register** rejestr **2. registered** polecony (*o przesyłce*)
R.	= **1. radio** radio **2. railway** kolej żelazna
r	= **right** prawy
R.A.F	= **Royal Air Force** *bryt.* Królewskie Lotnictwo
R.C.	= **1. Red Cross** Czerwony Krzyż **2. Roman Catholic** rzymski katolik
Rd, rd	= **road** droga, ulica
rec(d)	= **received** otrzymałem, kwituję odbiór
Ref., ref.	= **1. reference** opinia, referencje **2. referring to** dotyczy, dotyczący
Reg.T.M	= **registered trade mark** zarejestrowany (*zastrzeżony*) znak handlowy
Rep.	= **1. Republic** republika **2. Republican** republikanin **3. report** sprawozdanie, raport **4. representative** przedstawiciel, reprezentant
Ret., Retd., retd.	= **retired** emerytowany
Rev., Revd	= **Reverend** wielebny

rev.	= **1. revenue** dochód **2. revision** rewizja **3. revolution** obrót
R.H.	= **Royal Highness** Jego ⟨Jej⟩ Królewska Wysokość
R.I.P.	= **requiescat in pace** *łac.* niech spoczywa w spokoju
R.M.D.	= **ready money down** płatne gotówką
R.P.	= **reply paid** odpowiedź opłacona
R.R.	= **Right Reverend** Przewielebny
r.p.m	= **revolutions per minute** obroty na minutę
R.S.V.P	= **répondez s'il vous plaît** *fr.* proszę odpowiedzieć (*na zaproszenie*)
rt	= **right** prawy
R/W	= **right of way** pierwszeństwo przejazdu
Ry	= **railway** kolej żelazna
Ry Stn	= **railway station** stacja kolejowa
S.	= **1. South** południe **2. Saint** święty
$	= **dollar** dolar
s.	= **1. second** sekunda **2. shilling** szyling **3. son** syn
S.A.	= **Salvation Army** Armia Zbawienia
SALT	= **Strategic Armaments Limitation Talks** Rokowania w sprawie Ograniczenia Zbrojeń Strategicznych
SAS	= **Scandinavian Airlines System** Skandynawskie Linie Lotnicze
Sat.	= **Saturday** sobota
SC	= **Security Council** Rada Bezpieczeństwa (ONZ)
S.C.	= **South Carolina** (*stan*) Południowa Karolina
Scot.	= **Scotland** Szkocja
S.Dak.	= **South Dakota** (*stan*) Południowa Dakota
SEATO, S.E.A.T.O.	= **South-East Asia Treaty Organization** Organizacja Paktu Azji Południowo-Wschodniej
Sec	= **secretary** sekretarz
sec, sec.	= **1. second** sekunda **2. section** sekcja, dział **3. security** bezpieczeństwo, zabezpieczenie
Sen.	= **1. Senator** senator **2. Senior** senior
Sept.	= **September** wrzesień
Serg., Sergt.	= **Sergeant** sierżant
sgd	= **signed** podpisany
s.g.	= **specific gravity** ciężar właściwy
sh.	= **shilling** szyling
S.Lat.	= **south latitude** południowa szerokość geograficzna
Sn(r), Sr	= **Senior** starszy, senior
Soc.	= **Society** towarzystwo, spółka handlowa
Sol., solr	= **solicitor** doradca prawny, solicytor
SOS, S.O.S.	= **Save Our Souls** sygnały SOS (*wzywania pomocy*)
sq	= **square** plac
S.S.	= **1. Secret Service** tajna służba **2. Secretary of State** sekretarz Stanu
S.S., S/S	= **steamship** parowiec
S.T.	= **summer time** czas letni
St	= **1. Saint** święty **2. Street** ulica
st.	= **stone** jednostka wagi (6,348 kg)
START	= **Strategic Arms Reduction Talks** Rokowania o Redukcji Broni Strategicznych
St.Ex.	= **Stock Exchange** giełda
Stn.	= **station** stacja, dworzec kolejowy
S.U.	= **Soviet Union** Związek Radziecki

Sun.	= **Sunday** niedziela
sup.	= **superior** lepszy, wyższej jakości
suppl.	= **supplement** dodatek, uzupełnienie
sur.	= **surplus** nadwyżka
surg.	= **surgeon** chirurg
T.	= **1. telegram** telegram **2. telephone** telefon **3. time** czas
t.	= **ton** tona
T.C.	= **till countermanded** aż do odwołania
tel.	= **1. telegram** telegram **2. telegraph** telegraf **3. telephone** telefon
Telex	= **telegraph exchange** dalekopis, telex
Tel.No.	= **telephone number** numer telefoniczny
temp.	= **temperature** temperatura
Tenn.	= **Tennessee** (*stan*) Tennessee
Ter., ter., Terr., terr.	= **Terrace** ulica (*w nazwach*)
Tex.	= **Texas** (*stan*) Teksas
Thurs.	= **Thursday** czwartek
T/L	= **time loan** pożyczka terminowa
T.M.O.	= **telegraph money order** przekaz telegraficzny
TP	= **teleprinter** dalekopis
transl.	= **translation** tłumaczenie
Trs.	= **trustees** członkowie zarządu
TT	= **telegraphic transfer** przekaz telegraficzny
T.U.	= **Trade Union** Związek Zawodowy
Tu., Tues.	= **Tuesday** wtorek
TUC	= **Trade Union Council** *bryt.* Rada Związków Zawodowych
T.U.C.	= **Trade Union Congress** *bryt.* Kongres Związków Zawodowych
T.V.	= **Television** telewizja
U., Ut.	= **Utah** (*stan*) Utah
u.	= **unit** jednostka
UFO	= **unidentified flying object** nie zidentyfikowany przedmiot latający
U.K.	= **United Kingdom (of Great Britain and Northern Ireland)** Zjednoczone Królestwo (Wielkiej Brytanii i Północnej Irlandii)
ult.	= **ultimo** zeszłego (ubiegłego) miesiąca
u.m.	= **under mentioned** niżej wymieniony
U.N.	= **United Nations** Narody Zjednoczone
UNESCO, U.N.E.S.C.O.	= **United Nations Educational, Scientific and Cultural Organization** Organizacja Narodów Zjednoczonych do spraw Oświaty, Nauki i Kultury
UNICEF	= **United Nations Children's Fund** Fundusz Narodów Zjednoczonych Pomocy Dzieciom
Univ.	= **University** uniwersytet
UNO, U.N.O.	= **United Nations Organization** Organizacja Narodów Zjednoczonych (ONZ)
UNRRA, U.N.R.R.A.	= **United Nations Relief and Rehabilitation Administration** *hist.* Administracja Narodów Zjednoczonych do spraw Pomocy i Odbudowy
U.S.	= **United States** Stany Zjednoczone
U.S.A.	= **1. United States of America** Stany Zjednoczone Ameryki **2. United States Army** Armia Stanów Zjednoczonych
U.P.U.	= **Universal Postal Union** Światowa Unia Pocztowa
urgt.	= **urgent** pilny

USSR, U.S.S.R.	= **Union of Soviet Socialist Republics** Związek Socjalistycznych Republik Radzieckich
usu.	= **usually** zwykle
u.t.	= **usual terms** zwyczajowe warunki
U.T.	= **universal time** czas uniwersalny (*przyjęty umownie*)
v.	= **1. versus** przeciw **2. vide** zobacz **3. very** bardzo **4. verse** wiersz
Va	= **Virginia** (*stan*) Wirginia
val.	= **value** wartość
VAT	= **Value Added Tax** podatek od wartości dodanej
V.C.	= **1. Vice-Chairman** wiceprzewodniczący **2. Vice-Chancellor** wice-kanclerz **3. Vice-Consul** wicekonsul
VEDay	= **Victory in Europe Day** Dzień Zwycięstwa w Europie
vet	= **veterinary surgeon** weterynarz
V.I.P.	= **very important person** bardzo ważna osobistość
viz.	= **videlicet** *łac.* mianowicie
vol.	= **volume** tom
voy	= **voyage** podróż
VP(res).	= **Vice-President** wiceprezydent
V.S.	= **Veterinary Surgeon** *am.* weterynarz
vs.	= **versus** *łac.* przeciw
Vt.	= **Vermont** (*stan*) Vermont
v.v.	= **vice versa** na odwrót
W, W.	= **West** zachód
w.	= **1.week** tydzień **2. wife** żona **3. with** wraz z, z **4. watt** wat **5. width** szerokość
Wash.	= **Washington** (*stan*) Washington
W/B	= **way bill** list przewozowy
w.c.	= **water closet** toaleta, ubikacja
WCP	= **World Council of Peace** Światowa Rada Pokoju
w/d	= **warranted** gwarantowany, z gwarancją
Wed.	= **Wednesday** środa
w.e.f.	= **with effect from...** z ważnością od ...
W.F.D.Y.	= **World Federation of Democratic Youth** Światowa Federacja Mło-dzieży Demokratycznej
W.F.T.U.	= **World Federation of Trade Unions** Światowa Federacja Związków Zawodowych
W.H.O.	= **World Health Organization** Światowa Organizacja Zdrowia
Wisc.	= **Wisconsin** (*stan*) Wisconsin
wk	= **week** tydzień
W.P.	= **weather permitting** przy sprzyjających warunkach atmosferycz-nych
WPC, W.P.C.	= **World Peace Council** Światowa Rada Pokoju
WS	= **Weather Station** Stacja Meteorologiczna
wt	= **weight** waga
Wyo.	= **Wyoming** (*stan*) Wyoming
X	= znak wskazujący, że film nie jest dozwolony dla młodzieży
x.i.	= **ex interest** bez procentu ⟨odsetek⟩
Xmas	= **Christmas** Boże Narodzenie
Xrds	= **crossroads** skrzyżowanie dróg

y.	=	**year** rok
y, yd	=	**yard** jard
Y.M.C.A.	=	**Young Men's Christian Association** Chrześcijańskie Stowarzyszenie Młodzieży Męskiej
yourlet	=	**your letter** wasz list
yourtel	=	**your telegram** wasz telegram
Y.W.C.A.	=	**Young Women's Christian Association** Chrześcijańskie Stowarzyszenie Młodzieży Żeńskiej
z.	=	**1. zero** zero **2. zone** strefa
Z.G.	=	**Zoological Gardens** Ogród Zoologiczny
Zl.	=	**zloty** złoty polski

ONZ i organizacje wyspecjalizowane
UNO and Specialized Agencies

Economic and Social Council Rada Gospodarczo-Społeczna
Food and Agriculture Organization of the UN (*skr.* **FAO**) Organizacja Wyżywienia i Rolnictwa ONZ
General Agreement on Tariffs and Trade (*skr.* **GATT**) Układ Ogólny w sprawie Ceł i Handlu
General Assembly Zgromadzenie Ogólne
International Atomic Energy Agency (*skr.* **IAEA**) Międzynarodowa Agencja Energii Atomowej
International Bank for Reconstruction and Development (*skr.* **IBRD**) Międzynarodowy Bank Odbudowy i Rozwoju
International Civil Aviation Organization (*skr.* **ICAO**) Międzynarodowa Organizacja Lotnictwa Cywilnego
International Court of Justice (*skr.* **ICJ**) Międzynarodowy Trybunał Sprawiedliwości
International Development Association (*skr.* **IDA**) Międzynarodowe Stowarzyszenie Rozwoju
International Finance Corporation (*skr.* **IFC**) Międzynarodowe Towarzystwo Finansowe
International Fund for Agricultural Development (*skr.* **IFAD**) Międzynarodowy Fundusz Rozwoju Rolnictwa
International Labour Organization (*skr.* **ILO**) Międzynarodowa Organizacja Pracy
International Monetary Fund (*skr.* **IMF**) Międzynarodowy Fundusz Monetarny
International Telecommunication Union (*skr.* **ITU**) Międzynarodowa Unia Telekomunikacyjna
Inter-Governmental Maritime Consultative Organization (*skr.* **IMCO**) Międzynarodowa Morska Organizacja Konsultatywna
Military Staff Committee Wojskowy Komitet Sztabowy
Security Council Rada Bezpieczeństwa
United Nations Children's Fund (*skr.* **UNICEF**) Fundusz Narodów Zjednoczonych Pomocy Dzieciom
United Nations Centre for Human Settlements Centrum ONZ d/s Osiedli Ludzkich
United Nations Commission on International Trade Law (*skr.* **UNCITRAL**) Komisja ONZ d/s Międzynarodowego Prawa Handlowego
United Nations Conference on Trade and Development (*skr.* **UNCTAD**) Konferencja Narodów Zjednoczonych d/s Handlu i Rozwoju
United Nations Correspondents Association (*skr.* **UNCA**) Stowarzyszenie Korespondentów Prasy, Radia i Telewizji akredytowanych przy ONZ
United Nations Development Programme (*skr.* **UNDP**) Program Rozwoju Narodów Zjednoczonych
United Nations Emergency Forces (*skr.* **UNEF**) Doraźne Siły Zbrojne N.Z.
United Nations Educational, Scientific and Cultural Organization (*skr.* **UNESCO**) Organizacja N.Z. d/s Oświaty, Nauki i Kultury
United Nations Environment Programme (*skr.* **UNEP**) Program ONZ Ochrony Środowiska

United Nations High Commissioner for Refugees (*skr.* **UNHCR**) Wysoki Komisarz Narodów Zjednoczonych d/s Uchodźców

United Nations Industrial Development Organization (*skr.* **UNIDO**) Organizacja Narodów Zjednoczonych d/s Rozwoju Przemysłowego

United Nations Institute for Training and Research (*skr.* **UNITAR**) Instytut Narodów Zjednoczonych Szkolenia i Studiów

United Nations Relief and Works Agency for Palestine Refugees (*skr.* **UNRWA**) Agencja Narodów Zjednoczonych d/s Pomocy Uchodźcom Palestyńskim

United Nations Special Fund Fundusz Specjalny ONZ

United Nations Trusteeship Council Rada Powiernicza Narodów Zjednoczonych

United Nations University (*skr.* **UNU**) Uniwersytet Narodów Zjednoczonych

Universal Postal Union Światowy Związek Pocztowy

World Food Programme (*skr.* **WFP**) Światowy Program Żywnościowy

World Health Organization (*skr.* **WHO**) Światowa Organizacja Zdrowia

World Intellectual Property Organization (*skr.* **WIPO**) Światowa Organizacja Własności Intelektualnej

World Meteorological Organization (*skr.* **WMO**) Światowa Organizacja Meteorologiczna

Angielski akt urodzenia

CERTIFICATE OF BIRTH

Name and Surname		Jan Piotr Nowakowski
Sex		Male
Date of Birth		Twenty second February 1963
Place of Birth	Registration District	WANDSWORTH
	Sub-district	CLAPHAM

I, James Joyce . . . . Registrar of Births and Deaths for the Sub-district of

CLAPHAM . . . . do hereby certify that the above particulars have been compiled from an entry in a register in my custody.

Witness my hand this 20th day of March 1963

CAUTION: – Any person who (1) falsifies any
of particulars on this certificate,
or (2) uses a falsified certificate
as true, knowing it to be false,
is liable to prosecution.

(–) James Joyce

Registrar of Births and Deaths

Angielski akt małżeństwa

CERTIFIED COPY of an ENTRY OF MARRIAGE
Pursuant to the Marriage Act 1949

Registration District B R I S T O L

1982   Marriage solemnized at ___The Register Office___ in the
District of ___Bristol___   in the ___County of Avon___

Columns:	1	2	3	4	5	6	7	8
No.	When married	Name and sur-name	Age	Condition	Rank or profession	Residence at the time of marriage	Father's name and surname	Rank or profession of father
92	Tenth March 1982	Adam Gajos	28 years	Bachelor	Teacher	6 Sun Rd Bristol	Jan Gajos	Civil servant (retired)
		Anna Mazur	24	Spinster	University student	6 Sun Rd Bristol	Józef Mazur	Judge (retired)

Certified to be a true copy of an entry in a register in my custody.

.... (-) N. Scott Deputy Registrar

___10th March 1982___   Date

Caution: – Any person who (1) falsifies any of the particulars of this certificate, or (2) uses a falsified certificate as true, knowing it to be false, is liable to prosecution.

Amerykański akt małżeństwa

STATE of NEW JERSEY
(SEAL)
CERTIFICATE of MARRIAGE

This is to Certify, that, acting under the authority vested in me, by the laws of the State of New Jersey, I have joined together in marriage

Seal of
(–) Municipal
Court

Adam Jerzy KRAWIEC   of   Lakewood, N.J.

Anna Maria GROMEK   of   Lakewood, N.J.

on the day and the date hereto attested.

Given under my hand and the seal of my office in the
City of Lakewood   this   10th   day of
January   nineteen hundred and   sixty two

WITNESSES
(–) Agata Wolski   (–) John Flynn
                         Judge
(–) Helen Wolak

Amerykański akt małżeństwa

CONNECTICUT STATE DEPARTMENT OF HEALTH
Public Health Statistics Section – Hartford, Connecticut, U.S.A.

MARRIAGE LICENSE: TOWN OF___HARTFORD___

1. Groom's Name Jerzy Gora	11. Bride's Name Stella Kupczyk
2. (a) Date of Birth (b) Age 3. Race Aug. 1, 1947 29 White	12. (a) Date of Birth (b) Age 13. Race Sept. 23, 1950 26 White
4. Occupation Physician	14. Occupation Actuarial Analyst
5. Birthplace (Town) (State or Country) Polanica Poland	15. Birthplace (Town) (State or Country) Poznań Poland
6. Residence 2, Brown Street Hartford, Connecticut	16. Residence 2, Brown Street Hartford, Connecticut
7. Previous Never Last Marriage Ended by: (a) Marital Married – Death Divorce Annulment Status x (b) Number of This Marriage 1st	17. Previous Never Last Marriage Ended by: (a) Marital Married – Death Divorce Annulment Status x (b) Number of This Marriage 1st
8. Father's Name Franciszek Gora	18. Father's Name Jan Kupczyk
9. Mother's Maiden Name Maria Gawron	19. Mother's Maiden Name Helena Rawa
10. Supervision or Control of Guardian or Conservator No	20. Supervision or Control of Guardian or Conservator No

We_Jerzy Gora_____ and _Stella Kupczyk_____ The Persons
Named in this Marriage License, do solemnly swear that the Statements therein made are true.
Sworn to before me this __22nd__   Signed   _(–) Jerzy Gora____
Day of June 1977   Signed   _(–) Sheila Dullytt__ Asst. Registrar
Sworn to before me this _22nd_   Signed   _(–) Stella Kupczyk__
Day of June 1977   Signed   _(–) Sheila Dullytt__ Asst. Registrar

This Certifies that the above-named parties have complied with the laws of Connecticut relating to a marriage license, and any person authorised to celebrate marriage may join the above-named in marriage within the town of
_Hartford___
THIS LICENSE MUST BE USED ON OR BEFORE _August 26th 1977_   Not Good After That Date.
Date Issued _June 26th 1977_   Attest ( ) Sheila Dullytt   Asst. Registrar

MARRIAGE CERTIFICATE
I hereby certify that_Mr Jerzy Gora_ and _M. Stella Kupczyk__ the above named parties, were legally joined
in marriage by me at _HARTFORD_ THIS _9th_ day of _August_ 1977
                    Town
Signed _(–) John T. O'Brien_ Address 26 Saybrooke St – Htfd, Official Capacity Justice of the Peace

This Certificate Received for Record on Aug 10 1977   Registrar   by (–) Morton Chaver

(SEAL)
I certify that this is a true copy of the certificate as recorded in this office.
Attest: _(–) Daniel Szulkin_ Asst. Registrar of "VITAL STATISTICS"
Dated: _Apr. 8 1982_____City of "HARTFORD CONNECTICUT"
Not good without SEAL of the "HARTFORD HEALTH DEPARTMENT"

Angielski akt zgonu

CERTIFIED COPY OF AN ENTRY
Pursuant to the Births and Deaths Registration Act 1953

DEATH	Entry No. 253

| Registration district | Haringey | Administrative area |
| Sub-district | Haringey | London Borough of Haringey |

1. Date and place of death
    Fourteenth March 1979
    Prince of Wales's Hospital   Tottenham

2. Name and surname	3. Sex Female
Jadwiga KANIA	4. Maiden surname of woman who has married GACKA

5. Date and place of birth
    26th February 1910
    Poland

6. Occupation and usual address
    Wife of Edward KANIA Chef (retired)
    12 Windsor Road   Tottenham N. 17.

7. (a) Name and Surname of informant Edward KANIA	(b) Qualification Widower of deceased

(c) Usual address
    12 Windsor Road   Tottenham N. 17.

8. Cause of death
    1a Ruptured myocardial infarction
    b Coronary atheroma
    Certified by D.M. Paul Coroner for Northern District after post mortem without inquest

9. I certify that the particulars given by me are true to the best of my knowledge and belief
    Edward KANIA   Signature of informant

10. Date of registration Nineteenth March 1979	11. Signature of registrar Joyce L. Jones Registrar

Certified to be a true copy of an entry in a register in my custody.
(–) Joyce L. Jones   Registrar   19.3 1979   Date

Angielski wzór testamentu

This is the last Will and Testament

of me Wanda Larski of 1, Gipsy Lane, London S. W. 12, widow, made 13th of May one thousand nine hundred and seventy nine.
1. I HEREBY REVOKE all previous Wills and testamentary dispositions made by me. _____
2. I WISH that my body be cremated and my ashes sent to Poland and interned in the family grave at the cemetery at Powązki in Warsaw. _____
3. I APPOINT Daniel Brown of 21 Oxford Gardens London S.W.10 to be the sole Executor and Trustee of this my will. _____
4. I GIVE all my personal Chattels to my niece Anna Maria Klimek of 25 Leśna Street, Białystok, Poland. _____
5. I MAKE the following gifts free of capital transfer tax:
   a. To Zofia Kunert my god-daughter of 2 Mazowiecka Street, Warsaw, Poland, the sum of One thousand Pounds. _____
   b. To Jan Malicki of 1, Katedralna Street, Płock, Poland, the sum of Five hundred Pounds. _____
6. Subject to the payment of my funeral Expenses debts and estate duty I GIVE the residue of my Estate in equal parts to my two sons Witold Larski and Jan Larski. _____
In Witness whereof I have hereunto set my hand the day and year first above written

(–) Wanda Larski

SIGNED by the said Wanda Larski
as and for her last Will in the presence
of us both being present at the same time
who in her presence and in the presence
of each other have hereunto subscribed
our names as Witnesses

(–) John Bird   (–) Gene Bowden
   71, Park Road   15, Elms Park
   London S.W.18,   London S.W.17
   secretary   typist

Oświadczenie pod przysięgą

AFFIDAVIT OF ZOFIA PAC
IN THE HIGH COURT OF JUSTICE
FAMILY DIVISION
BRIGHTON DISTRICT PROBATE REGISTRY
IN THE ESTATE OF WANDA LARSKI DECEASED

I, Zofia PAC of 2, Fernside Road, London S.W.16, make oath and say as follows: –

1. I am one of the subscribing witnesses to the last Will and Testament of Wanda Larski of 1, Gipsy Road, London S.W.12, aforesaid deceased, the said Will bearing date the 1st August 1979 being now produced to me and marked "A".

2. The said Testatrix executed the said Will on the day of the date thereof by signing her name at the foot or end therefore as the same now appears thereon in the presence of me and of Maria Rowna the other subscribing witness thereto both of us being present at the same time and we thereupon (to witness after the Testatrix had so signed) attested and subscribed the said Will in the presence of the said Testatrix.

SWORN by the above named
Deponent at BRIGHTON
this 2nd day of May 1982

Before me (–) James Bowden
solicitor

Wzór pełnomocnictwa

THIS POWER OF ATTORNEY is made the 21st day of September 1982 by DANUTA N O W A K of PO-
ZNAŃ POLAND W H E R E A S MARIANNE NOWAK late
of . . . . died on the Sixteenth day of February One Thousand Nine Hundred and Seventy Nine and by her last Will and Testament dated the Fifteenth day of September One
Thousand Nine Hundred and Seventy Seven appointed <u>EDMUND NOWAK</u> to be the Sole Executor of her said
Will and named him as her Sole Beneficiary AND the said <u>EDMUND NOWAK</u> died intestate on the Twenty First
day of March One Thousand Nine Hundred and Seventy Nine before proving the said Will of the late <u>MARIANNE</u>
<u>NOWAK</u> And I am the lawful daughter of the said late <u>EDMUND NOWAK</u> and one of the persons entitled to a
Grant of Administration to his estate and thereby entitled to a Grant of Administration to the estate of the said late
<u>MARIANNE NOWAK</u> pursuant to Rule 21 (5) of the Non-Contentious Probate Rules 1954.
N O W I appoint . . . . OF THE CONSULATE GENERAL OF THE
POLISH PEOPLE'S REPUBLIC IN LONDON 19 Weymouth Street London W1 to be my Attorney for the
purpose of proving the Will of the late <u>MARIANNE NOWAK</u> in solemn form collecting and getting in her estate
and administering it according to the law and further for the purpose of administering the estate of the late
<u>EDMUND NOWAK</u> according to the law.
IN WITNESS whereof I have hereunto set my hand and seal the day and year first above written

SIGNED SEALED AND DELIVERED
by the said Danuta Nowak   (–) Danuta Nowak

Name of Witness: Frank A. BLOOM
Address: British Embassy,
        Consular Section, Warsaw.

Occupation: British Vice-Consul
        (–) F. A. Bloom
        British Vice-Consul
(–) Seal

Wzór zaświadczenia-opinii

TESTIMONIAL

Reynolds and Harvey,   9th June, 1982
30, Kings Street,
Exeter.

To Whom it May Concern

Mr ANDREW WILLIAMS has worked for this company for the last three years, having joined us after completing his course and gaining qualifications at the HIGH SCHOOL OF COMMERCE in LONDON.

He has given loyal and competent service in the department in which he has worked and I and my fellow directors have formed a high opinion of his potential. Now that he has decided to leave us, we are sorry to lose the services of this talented and promising young man.

If more specific information is required about his work here, we would be pleased to supply details.

(–) Henry Reynolds
manager

Wzór zaświadczenia-opinii

TESTIMONIAL

John Blandy   11th May, 1983
78, Cannon Street,
Kingston.

To Whom it May Concern

This is to certify that
                    Mrs EMILY FAIRFAX née DAVENPORT
has worked in our Institute for five years and during that time acquitted herself on her duties to her superiors' entire satisfaction.
    She is intelligent with broad range of interests, industrious and capable of carrying on individual research.
    Her work has always been excellent, her manner pleasant and her loyalty unquestioned.
    I consider it a real privilege to recommend this young lady of exceptional promise for your consideration.

                                                                                     (–) John Blandy

Wzór listu polecającego

LETTER OF RECOMMENDATION

Macdonald, Potter & Co.,   2nd February, 1979
72, Union Street,
Aberdeen

Messrs. T.C. Burnside & Co.,
General Contractors,
117, Allenby Street,
Wellington.

Dear Sirs,

It is with great pleasure and confidence that I support the application of

Mr PETER MORGAN

for the post of export manager.

Before joining us as a senior executive six years ago, Mr Peter Morgan had wide and varied business experience in a number of responsible positions, both at home and abroad.

His services to our firm and his help to me personally, have been invaluable. In his dealing with customers and employees he is tactful, understanding and sympathetic. As an organiser he is efficient and far-sighted and, as an administrator, level-headed.

If this application is successful it will mean a great loss to our enterprise and to me personally, but I feel bound to pay tribute to his outstanding qualities and to wish him success which, in my opinion, he thoroughly deserves.

Yours faithfully
(–) Arthur Potter
general manager

Notatki

Wydawnictwo „Wiedza Powszechna"
ul. Jasna 26, 00-054 Warszawa, tel./fax: 826-95-92
Wydanie IV   1997 r.
Druk i oprawa Drukarnia Naukowo-Techniczna w Warszawie ul. Mińska 65
Zam. 4054/11/97